DICCIONARIO DE NEGOCIOS

INGLÉS-ESPAÑOL
ESPAÑOL-INGLÉS

*Contabilidad, Administración, Finanzas,
Economía y Mercadotecnia*

DICTIONARY OF BUSINESS

ENGLISH-SPANISH
SPANISH-ENGLISH

*Accounting, Management, Finance,
Economics and Marketing*

DICCIONARIO DE NEGOCIOS

INGLÉS-ESPAÑOL
ESPAÑOL-INGLÉS

Contabilidad, Administración, Finanzas, Economía y Mercadotecnia

DICTIONARY OF BUSINESS

ENGLISH-SPANISH
SPANISH-ENGLISH

Accounting, Management, Finance, Economics and Marketing

Manuel Urrutia R.
Ingeniero Químico
Universidad de La Habana

MÉXICO • España • Venezuela • Colombia

La presentación y disposición en conjunto de

**DICCIONARIO DE NEGOCIOS
INGLÉS-ESPAÑOL,
ESPAÑOL-INGLÉS**

son propiedad del editor. Ninguna parte de esta obra puede ser reproducida o transmitida, mediante ningún sistema o método, electrónico o mecánico (incluyendo el fotocopiado, la grabación o cualquier sistema de recuperación y almacenamiento de información), sin consentimiento por escrito del editor.

Derechos reservados:

© 1999, EDITORIAL LIMUSA, S.A. de C.V.
    GRUPO NORIEGA EDITORES
    Balderas 95, México, D.F.
    C.P. 06040
    ☎ 521-21-05
       01(800) 7-06-91-00
    📠 512-29-03
    ✉ limusa@noriega.com.mx
    💻 www.noriega.com.mex.

CANIEM Núm. 121

Segunda reimpresión

Impreso en México
ISBN 968-18-5482-9

**DICTIONARY OF BUSINESS
ENGLISH-SPANISH,
SPANISH-ENGLISH**

No part of this book may be reproduced in any form, by photostat, magnetic tape, or any other means, or incorporated into any information retrieval system, electronic, or mechanical, without the written permission of the copyright owner.

All right reserved:

© 1999, EDITORIAL LIMUSA, S.A. de C.V.
    GRUPO NORIEGA EDITORES
    Balderas 95, México, D.F.
    C.P. 06040
    ☎ 521-21-05
       01(800) 7-06-91-00
    📠 512-29-03
    ✉ limusa@noriega.com.mx
    💻 www.noriega.com.mex.

CANIEM Núm. 121

Second reprint

Made in Mexico
ISBN 968-18-5482-9

First Part
ENGLISH-SPANISH

Foreword

Compiling a bilingual dictionary of business for English and Spanish speaking people may seem an ease task at first. It is hard work, however, considering the amount of time required for selecting the vocabulary to be used and choosing the correct equivalent in a foreign language for each technical term, in its accepted standard usage. Furthermore, any dictionary involving more than one language implies careful crosschecking of differing meanings for similar words.

In my work as an editor in a Latin-American country I have been made acutely aware of how difficult it was, even for bilingual Spanish and English people, to understand each other when dealing in business matters. The root of the problem usually lay in the fact that they were not familiar with the technical terminology used in the other language. The world of business, nowadays, embraces almost all branches of human activities, political, social and economic, affecting in one way or another the life of every single person. Thus, a specialized dictionary would appear to be useful, as a means of communication, where the necessary terminology could be found and consulted.

Such a dictionary would need to include an adequate selection of basic terms in Accounting, Management, Finances, Economics and Marketing, since these topics are closely related and anybody in the field of business should be familiar with them.

The words *markup* and *markdown* are good examples of basic terminology, but when we come across these words we are at a loss, unless we know their precise meaning. Markup is not any simple price increase, as one may think, nor is markdown its exact oposite. The first is the assigned increase of sales over cost price, usually a percentage, while the second just means cutting an originally established sales price.

Another important source of misunderstanding in both languages is the use of idioms and idiomatic expressions. Usually they are not included in business dictionary, yet they inevitably appear in speak, texts and reference books, and the speaker of the other language is obliged to consult another dictionary. This work offers hundreds of such phrases listed under the main entry to be consulted and memorized. Take, for instance, an expression *to have the floor*. Of course it has nothing to do with the word *floor*, but if you look up this entry you will find below that the Spanish equivalent is *tener la palabra* or to be the spokesman.

Finally, a dictionary should be easy to handle and provide the necessary information where it is most likely to be looked for. With this in mind, the plurals of words, when used with a different meaning are included as a separate entry, and they are listed immediately after the principal entry, which is not always in the strictly alphabetical order.

If this dictionary proves to be a reliable and useful tool for students and teachers in business schools, translators, accountants, businessmen and other professional people, then my efforts shall be richly rewarded.

M. U.

A

ABA NUMBER, número de banco asignado por la Asociación de Banqueros Americanos.
ABACUS, ábaco, tablero para cálculos matemáticos.
ABANDON A SUIT, desistir de la instancia.
ABANDONED ASSETS, activo abandonado, bienes cedidos.
ABANDONED PROPERTY, bienes o propiedad abandonados.
ABANDONEE, beneficiario de un abandono o de una cesión de derechos.
ABANDONER, cedente, cesionista.
ABANDONMENT, abandono, dejación, desamparo (aplicado generalmente a activos fijos).
—— **OF LEASED PROPERTY,** abandono de una propiedad sin el consentimiento del arrendador.
—— **OF RIGHTS,** renuncia de derechos, abandono de derechos.
—— **OF TRADEMARK,** renuncia o abandono de marca.
—— **VALUE,** valor de abandono, valor de renuncia de bienes.
ABATEMENT, abatimiento, rebaja, descuento, disminución.
—— **OF TAXES,** rebaja o disminución de impuestos.
ABDICATION, abdicación, renuncia, dimisión.
ABEYANCE, espera, expectativa, vacante.
ABILITY, habilidad, capacidad, facultad.
—— **TO PAY,** capacidad financiera, solvencia económica.
ABLE, apto, capaz, competente.
ABOARD, TO GO, ir a bordo, embarcarse.
ABOLITION, abolición, anulación, revocación.
ABORIGINAL COST, costo primitivo.
ABOVE MENTIONED, antedicho, ya mencionado.
ABOVE PAR, sobre par, con prima, a premio.
ABOVE-STANDARD BONUS, prima o pago extra por producción sobre lo normal.
ABRIDGMENT, resumen, compendio.
ABROAD, exterior, en el extranjero, fuera del país.
ABROGATE, abrogar, derogar, anular.
ABROGATION, abrogación, derogación, anulación.
ABSCOND, TO, evadirse, fugarse.
ABSENCE RATE, porcentaje de ausencia o de faltantes.
ABSENCE WITHOUT LEAVE, ausencia sin permiso o sin licencia.
ABSENT ON LEAVE, ausente con permiso o con licencia.
ABSENT WITHOUT LEAVE, ausente sin licencia o sin permiso.
ABSENTEE, ausentista, ausente.
—— **RECORD,** registro de ausencia, libre de faltantes.
—— **STOCKHOLDER,** accionista ausente.

ABSENTEEISM, ausentismo, inasistencia habitual.
—— **RATE,** tasa o índice de ausentismo.
ABSOLUTE, absoluto, sin restricciones.
—— **ADVANTAGE,** ventaja absoluta o total.
—— **ERROR,** error absoluto o definitivo.
—— **GUARANTY,** garantía absoluta, garantía sin restricción.
—— **OWNER,** dueño absoluto, propietario sin restricción.
—— **TOTAL LOSS,** pérdida total efectiva.
—— **VALUE,** valor absoluto.
ABSORB, TO, absorber, incorporar, consolidar.
ABSORB THE COST, absorber la pérdida.
ABSORBED COST, costo absorbido o aplicado.
ABSORPTION ACCOUNT, cuenta de absorción.
ABSORPTION COST, costo de absorción.
ABSORPTION COSTING, costeo de absorción.
ABSTINENCE CONSUMPTION, abstenerse de consumir, dejar de consumir.
ABSTRACT, extracto, resumen.
—— **OF POSTINGS,** resumen de pases al mayor, extracto de asientos al mayor.
ABUSE OF AUTHORITY, abuso de autoridad.
ACADEMIC RECORD, antecedentes académicos, información de estudios efectuados.
ACADEMICIAN, académico, miembro de la academia.
ACCELERATED AMORTIZATION, amortización acelerada.
—— **DEPRECIATION,** depreciación acelerada, deterioro acelerado.
—— **MATURITY,** vencimiento adelantado o acelerado.
—— **NOTE,** documento con opción de pago anticipado.
ACCELERATION PRINCIPLE IN BUSINESS CYCLES, principio de aceleración en el ciclo económico.
ACCEPT, TO, aceptar, recibir, reconocer.
—— **A BID,** aceptar una oferta o una propuesta.
ACCEPTABLE BOOK VALUE, valor en libros aceptable, valor contable admisible.
ACCEPTABLE INDUSTRY STANDARD, estándar aceptable para la industria, norma industrial aceptable.
ACCEPTABLE QUALITY PRICE, nivel aceptable de calidad.
ACCEPTANCE, aceptación, giro aceptado, admisión, acogida.
—— **AGAINST DOCUMENTS,** aceptación contra documentos.
—— **AGREEMENT,** contrato o convenio de aceptación.
—— **BILL,** letra aceptada, letra de aceptación.
—— **CLERK,** oficinista encargado de pedidos.
—— **CREDIT,** crédito de aceptación.
—— **DEALER,** comerciante o negociante de aceptaciones.
—— **IN PORTFOLIO,** aceptación en cartera.
—— **OF AN ORDER,** aceptación del pedido.

—— OF A PRODUCT, aceptación del producto.
—— OF A SHIPMENT, aceptación de las mercancías.
—— REGISTER, registro de aceptaciones.
—— SAMPLING, muestreo de aceptaciones.
ACCEPTANCES OUTSTANDING, aceptaciones pendientes de pago.
ACCEPTANCES PAYABLE, aceptaciones por pagar.
ACCEPTANCES RECEIVABLE, aceptaciones por cobrar.
ACCEPTED BILL OF EXCHANGE, letra de cambio aceptada, aceptación cambiaria.
ACCEPTOR, aceptante, aceptador.
ACCESORIES, accesorios, agregados, aditamentos.
ACCESS TIME, tiempo de acceso a una computadora.
ACCESSION, aumento, asentimiento, advenimiento.
ACCIDENT, accidente, incidente, emergencia.
—— AND HEALTH INSURANCE, seguro contra accidentes y enfermedades.
—— BENEFITS, beneficios por accidentes.
—— FREQUENCY, tasa o índice de accidentes.
—— FUND, fondo para accidentes.
—— INSURANCE, seguro contra accidentes.
—— POLICY, póliza de incapacidad, seguro de incapacidad.
—— PREVENTION, prevención de accidentes.
—— PRONENESS, tendencia a los accidentes, propensión a los accidentes.
—— REPORT, informe sobre accidente, parte del accidente.
ACCIDENT-REPORT BLANK, formulario para informe de accidente.
ACCIDENTAL DAMAGE, daños por accidente, avería por accidente.
ACCIDENTAL-DEATH BENEFITS, seguro de doble indemnización.
ACCIDENTAL INJURY, lesión por accidente.
ACCIDENTAL LOSS, pérdida accidental, pérdida casual.
ACCOMMODATION, servicio, favor, préstamo sin garantía, arreglo.
—— BILL, giro de favor, letra de deferencia.
—— DRAFT, giro de favor, letra de cambio de favor.
—— ENDORSEMENT, aval de un préstamo, endoso de favor, aval.
—— ENDORSER, avalista, endosante de favor.
—— NOTE, pagaré de favor o de cortesía, documento de garantía.
—— TRAIN, tren de escalas, tren que para en todas las estaciones.
ACCOUNT, cuenta, cálculo, cómputo.
—— ANALYSIS, análisis de cuentas, análisis del costo y beneficio de cuentas corrientes.
—— BALANCE, saldo de cuenta, balance de cuenta.
—— CARD, tarjeta-cuenta, ficha-cuenta.
—— CLOSED, cuenta saldada o liquidada.

—— COLLECTIBILITY, cobrabilidad de las cuentas, cobranza de facturas.
—— CURRENT, cuenta corriente.
—— DAY, día de liquidación.
—— DIVIDENDS, dividendos por cobrar.
—— DUE, cuenta vencida o por pagar.
—— EXECUTIVE, ejecutivo de cuentas, funcionario a cargo de cuentas.
—— FOR, dar cuenta, razón o responder de.
—— FORM, balance o estado de cuenta.
—— FORM BALANCE SHEET, balance general en forma de cuenta.
—— HEADING, encabezado de cuenta.
—— MANAGER, gerente de cuentas, ejecutivo de cuentas.
—— NUMBER, número de cuenta, número asignado a cada cuenta bancaria.
—, ON, a cuenta.
—— PAST DUE, cuenta vencida.
—— PAYABLE, cuenta por pagar, factura por pagar.
—— RECEIVABLE, cuenta por cobrar, factura por cobrar.
—— RECEIVABLE COLLECTION, cobranza o recaudación de cuentas por cobrar.
—— RECEIVABLE CONFIRMATION, confirmación de cuentas por cobrar, confirmación de facturas por cobrar.
—— RECEIVABLE DISCOUNTED, cuenta por cobrar descontada.
—— RECEIVABLE PLEDGING, cuentas por cobrar como garantía colateral, facturas por cobrar prendarias.
—— RECEIVABLE TURNOVER, rotación de cuentas por cobrar.
—— REGISTER, registro de cuentas, libro de anotación de cuentas.
—— RENDERED, cuenta rendida, cuenta pasada o girada.
—— RESEARCH, investigación de cuentas.
—— SALES, informe o liquidación de ventas, estado de ventas.
—— SETTLED, cuenta pagada o saldada.
—— STATED, cuenta convenida.
—, TO, presentar cuentas.
—— TURNOVER, movimiento o rotación de cuentas.
ACCOUNTS
—— DUE, cuentas vencidas, adeudo de cuentas.
—— PAYABLE CREDITOR, acreedor de cuentas por cobrar, acreedor de facturas por pagar.
—— PAYABLE DEBIT, cargo a cuentas por cobrar, débito a facturas por pagar.
—— PAYABLE LEDGER, mayor de cuentas a pagar, libro mayor de compras, mayor de proveedores.
—— RECEIVABLE BALANCES, saldos de cuentas por cobrar.
—— RECEIVABLE COLLECTION, cobro de cuentas, cobranza de facturas por pagar.

ACCOUNTABILITY-ACCOUNTING

—— RECEIVABLE CUSTOMER, cliente con cuentas por cobrar.
—— RECEIVABLE DEPARTMENT, departamento de cuentas por cobrar, departamento de facturas por cobrar.
—— RECEIVABLE FINANCING, financiamiento de cuentas por cobrar
—— RECEIVABLE LEDGER, mayor de clientes, mayor de cuentas a cobrar, mayor de deudores.
—— RECEIVABLE LEDGER CARDS, tarjetas del mayor de cuentas por cobrar o del mayor de deudores.
—— RECEIVABLE LOAN, préstamos para cuentas por cobrar, empréstitos para facturas por cobrar.
—— RECEIVABLE MASTER FILE, archivo maestro de cuentas por cobrar.
—— RECEIVABLE PLEDGING, cuentas por cobrar como garantía colateral.
—— RECEIVABLE TURNOVER, rotación de cuentas por cobrar, movimiento de facturas por cobrar.
—— RECEIVABLE TURNOVER RATIO, razón de la rotación de cuentas por cobrar, índice de movimiento de facturas por pagar.
—— WRITTEN OFF, cuentas canceladas, cuentas anuladas por incobrables.
ACCOUNTABILITY, obligación de dar cuentas, responsabilidad.
—— UNIT, unidad de responsabilidad contable.
ACCOUNTABLE, responsable de dar o rendir cuentas.
—— CONDITION, condición o evento contabilizable.
—— OFFICER, oficial o funcionario responsable.
—— PERSON, persona responsable, individuo confiable.
—— WARRANT, autorización sujeta a cuenta.
ACCOUNTANCY, contabilidad, técnica contable, cargo de contador.
ACCOUNTANT, contador, contable, perito mercantil.
—— GENERAL, jefe de contabilidad, jefe contador.
—— IN CHARGE, contador encargado o responsable.
ACCOUNTANT'S CERTIFICATE, certificado o dictamen del contador.
ACCOUNTANT'S COMPILATION REPORT, informe de compilación del contador, dictamen de recopilación del contador.
ACCOUNTANT'S OFFICE, contaduría, oficina del contador.
ACCOUNTANT'S RESPONSABILITY, responsabilidad del contador.
ACCOUNTING, contabilidad, contaduría, estado de cuentas, teneduría de libros.
—— BOOKS AND RECORDS, libros y registros contables.
—— CAPITALIZATION POLICY, políticas de capitalización.

—— CLASIFICATION, clasificación de cuentas.
—— CONTROL SYSTEM, sistema de control contable, método de control de contaduría.
—— CONTROLS, controles contables, controles de contaduría.
—— CYCLE, ciclo contable, ciclo de operaciones contables.
—— DAY, fecha de vencimiento.
—— DEPARTMENT, departamento de contabilidad, contaduría.
—— ENTITY, entidad contable.
—— ENTRY, asiento contable, partida contable.
—— EQUATION, ecuación de contabilidad o contable.
—— ERRORS, errores de contabilidad, errores contables.
—— ESTIMATES, estimados contables.
—— EVIDENCE, pruebas de contabilidad, evidencia de contaduría.
—— EXECUTIVE, jefe de contabilidad, director de contabilidad.
—— FEE, honorarios o retribución del contador.
—— FILE, archivo de contabilidad o contable.
—— FOR ESTATES, contabilidad de herencias o de patrimonios.
—— FIRM, firma o empresa de contadores.
—— IDENTITY, identidad contable.
—— INCOME, utilidad contable, ingresos contables, renta contable.
—— MACHINE, máquina de contabilidad, máquina contadora.
—— MANUAL, manual de contabilidad, manual de contaduría.
—— MATTERS, cuestiones o asuntos contables.
—— PERIOD, ejercicio contable, período contable, período fiscal.
—— POLICIES, políticas contables, normas de contaduría.
—— PRACTICE, práctica contable, desempeño de la profesión de contador.
—— PRICES (shadow prices), precios contables o fantasmas.
—— PRINCIPLES, principios de contabilidad, fundamentos de contabilidad.
—— PROCEDURES, procedimientos contables.
—— PROFITS, utilidad o beneficio contable.
—— RECEIVABLE FINANCING, financiamiento de cuentas a cobrar, financiar facturas a cobrar.
—— RECORDS, registros de contabilidad, registros contables.
—— SERVICES, servicios contables.
—— STANDARDS, normas de contabilidad, normas contables.
—— SYSTEM, sistema de contabilidad o de contaduría.
—— TRANSACTIONS, operaciones contables, trámites contables.
—— UNIT, unidad o entidad contable, departamento de contabilidad.

—— VALUATION, valuación o avalúo contable.
ACCOUNTING YEAR, ejercicio contable.
ACCOUNTINGWISE, contablemente, en términos contables.
ACCREDIT, TO, acreditar, abonar, conceder crédito.
ACCRETION, acumulación, acrecentamiento, aumento.
ACCROACH, TO, usurpar, usupar el poder.
ACCRUAL, acumulación, incremento, rédito.
—— BASIS OF ACCOUNTING, base de acumulación de contabilidad.
—— LEDGER, mayor de partidas acumuladas o devengadas.
—— METHOD OF ACCOUNTING, contabilidad a base de acumulaciones, contabilidad diferida.
—— RATE, fecha de acumulación
ACCRUE, TO, acumular, devengar, redituar.
ACCRUED, acumulado, devengado.
—— ASSETS, activo acumulado o devengado.
—— COMMISSIONS, comisiones acumuladas, cuotas devengadas.
—— CURRENT LIABILITIES, pasivo comercial acumulado, gastos por pagar a corto plazo.
—— DEPRECIATION, depreciación acumulada o devengada.
—— DIVIDENDS, dividendos acumulados, dividendos devengados.
—— EXPENSES, gastos acumulados por pagar, gastos devengados.
—— INCOME, ingresos acumulados, ingresos devengados, renta acumulada.
—— INSURANCE PREMIUMS, primas de seguro acumuladas o vencidas.
—— INTEREST, intereses acumulados o vencidos.
—— INTEREST PAYABLE, interés acumulado por pagar, intereses vencidos por pagar.
—— INTEREST RECEIVABLE, intereses vencidos por cobrar.
—— INTEREST RECEIVABLE ACCOUNT, cuenta de intereses por cobrar acumulados.
—— ITEMS, partidas acumuladas, datos acumulados.
—— LIABILITIES, pasivo acumulado o devengado, obligaciones a pagar acumuladas.
—— LIABILITY ACCOUNT, cuenta de pasivo acumulado o devengado.
—— PAYROLL, nómina acumulada, nómina a pagar, lista de raya por pagar.
—— PAYROLL TAXES, impuestos acumulados sobre sueldos.
—— PENSION LIABILITY, pasivo acumulado por pensiones, pasivo devengado por jubilación.
—— PROPERTY TAX BALANCES, saldos del impuesto predial acumulado.
—— PROPERTY TAXES, impuesto predial acumulado.
—— RENT PAYABLE, renta por pagar acumulada, renta vencida acumulada.

—— REVENUE, ingresos acumulados, réditos acumulados, rentas devengadas.
—— SALARIES, sueldos vencidos, sueldos acumulados.
—— SALARIES AND WAGES, sueldos y jornales devengados, sueldos y jornales percibidos.
—— SALARIES PAYABLE, sueldos acumulados a pagar, salarios devengados por pagar.
—— TAXES, impuestos acumulados, impuestos vencidos.
ACCUMULATED, acumulado.
—— ANNUITY, anualidad acumulada.
—— DEPRECIATION, depreciación acumulada.
—— DIVIDENDS, dividendos acumulados, dividendos atrasados.
—— INCOME, utilidades acumuladas, renta o ingreso acumulado.
—— PROFITS, utilidades o ganancias acumuladas.
—— SURPLUS, superávit acumulado, excedente acumulado.
—— VALUE, valor acumulado.
ACCUMULATION, acumulación, cantidad acumulada.
—— FACTOR, factor de acumulación.
ACCUMULATIVE, acumulativo.
—— ERROR, error acumulativo.
—— SCHEDULE, plan o programa de acumulación.
ACCURACY, exactitud, precisión.
ACHIEVEMENT, logro, ejecución, realización.
ACID TEST, prueba "del ácido".
ACID-TEST RATIO, razón entre activo disponible y pasivo a corto plazo.
ACIDPROOF, a prueba de ácidos.
ACKNOWLEDGMENT, atestación, acta o escritura notarial de reconocimiento.
—— OF RECEIPT, acuse o aviso de recibo.
ACOUSTICS, acústica, parte de la física que estudia los sonidos.
ACQUIRE, TO, adquirir, obtener.
ACQUIRED SURPLUS, superávit adquirido, excedente obtenido.
ACQUISITION, adquisición, obtención.
—— CHARGE, cargo por compra o por adquisición.
—— COSTS, costos de adquisición u obtención.
ACQUIT, TO, descargar, satisfacer, pagar.
ACQUITMENT, descargo, pago, recibo.
ACQUITTANCE, descargo, quita (legal), carta de pago, finiquito, recibo.
ACRE, acre (medida de superficie).
ACROSS-THE-BOARD COMPETITION, competencia en todos los ramos.
ACT, acto, hecho, acción.
—— OF BANKRUPTCY, ley de quiebra, declaración de suspensión de pagos, acto de insolvencia.
—— OF GOD, caso fortuito o de fuerza mayor.
—— OF HONOR, acto de intervención.
—— OF INCORPORATION, escritura de incorporación, documento de constitución de una empresa.
—— OF SURETY, dar o conceder confianza.

—— UNDER INSTRUCTIONS, actuar según instrucciones.
ACTING, suplente, interino.
—— CHAIRMAN, presidente en funciones, presidente interino.
—— CONSUL, cónsul interino o en funciones.
—— PRESIDENT, presidente en funciones, presidente interino.
ACTIVE, activa o activo.
—— ACCOUNT, cuenta activa o corriente.
—— BOND, bono que devenga interés fijo.
—— CAPITAL capital activo o disponible.
—— DEBT, deuda que causa interés.
—— PARTNER, socio activo.
ACTIVITY, actividad, acción.
—— ACCOUNT, cuenta de actividad.
—— ACCOUNTING, contabilidad por actividades.
—— RATIO, índice de actividad, coeficiente de actividad.
ACTOR, actor, comediante, demandante.
ACTUAL, real, efectivo, verdadero.
—— BURDEN EXPENSE, gastos de fabricación incurridos, gastos generales de fabricación efectuados.
—— CASH VALUE, valor realizable en efectivo, costo actual de reposición.
—— CHARGES, cargos reales, costos verdaderos.
—— COST, costo real, costo efectivo, costo de compra.
—— COST OF PRODUCTION, costo real de producción.
—— DEPRECIATION, depreciación real o verdadera.
—— FACTORY EXPENSE, gastos reales o verdaderos de fábrica.
—— LABOR COST, costo real de mano de obra, costo verdadero de mano de obra.
—— LIABILITIES, pasivo real, obligaciones a pagar verdaderas.
—— LOSS, pérdida real o efectiva.
—— MARKET, valor realizable, mercado físico, mercado de productos disponibles.
—— MARKET VALUE, valor real de mercado, valor real en plaza.
—— MORTALITY, mortalidad real o verdadera.
—— OUTPUT, producto real, producción real.
—— OVERDRAFT, sobregiro real.
—— PRICE, precio verdadero, precio real.
—— POPULATION, población real o actual.
—— STOCK, existencia real, mercancía actual almacenada, abastecimientos reales.
—— TARE, tara real.
—— VALUE, valor real, valor en plaza o del mercado.
ACTUARIAL, actuarial, relativo al actuario.
—— BASIS, base actuarial.
—— CALCULATIONS, cálculos actuariales, cálculos hechos por los actuarios.
—— GAIN, ganancia actuarial, beneficios de tipo actuarial.

—— GAINS AND LOSSES, ganancias y pérdidas actuariales.
—— LOSS, pérdida actuarial, pérdida de tipo actuarial.
—— PRESENT VALUE, valor actuarial actual.
—— RESERVE, reserva actuarial, fondo actuarial.
—— SERVICES, servicios actuariales o de contaduría.
—— TABLES, tablas de mortalidad, cuadros actuariales.
—— VALUE, valor actuarial, valor asignado por el actuario.
ACTUARY, actuario.
ACTUATING MACHINE, mecanismo impulsor o de movimiento.
AD VALOREM, ad valorem, según valor.
—— DUTY, derechos de aduana según valor.
ADD UP, totalizar, arrastrar el total, sumar.
ADDED VALUE, valor agregado o adicional.
ADDED-VALUE TAX, impuesto al valor agregado.
ADDENDUM, apéndice, adición, añadidura.
ADDING BOX ACCUMULATION, acumulación en casillas sumadoras.
ADDING MACHINE, sumadora, máquina de sumar.
ADDING-MACHINE TAPE, tabular de la sumadora, tira de papel para sumadora.
ADDITION, suma, adición.
ADDITIONAL, adicional.
—— ACCIDENTS BENEFITS, beneficios adicionales por accidente.
—— CHARGE, recargo, sobreprecio, gasto adicional.
—— DEBIT, cargo adicional, adeudo adicional.
—— MARKON, margen adicional entre costo y precio de venta.
—— PAID-IN CAPITAL, capital pagado adicional, superávit de capital.
—— PAYMENT, pago complementario, pago adicional.
—— PLANT CAPACITY, capacidad adicional de procesamiento de la fábrica o de la planta.
—— PREMIUM, sobreprima, recargo de la prima.
ADDITIONS TO PROPERTY, adiciones al activo fijo, adiciones a la propiedad o a los bienes.
ADDITIVE REGISTER, totalizador para sumar.
ADDRESOGRAPH, adresógrafo.
ADDRESS, TO, dirigir, consignar, dirigir la palabra a.
—— A MEETING, hablar o dirigirse a la asamblea.
ADDRESSEE, consignatario, destinatario.
ADDRESSER, remitente, expedidor.
ADDRESSING MACHINE, adresógrafo, máquina impresora de direcciones.
ADEQUATE, adecuado, apropiado.
ADJOURN, TO, aplazar, suspender, diferir, terminarse.
—— THE HEARING, suspender la vista.
—— THE MEETING, aplazar la junta o reunión.
—— THE SESSION, levantar o suspender la sesión.

ADJOURNMENT, aplazamiento, suspensión, período de suspensión.
ADJUDGE, TO, juzgar, sentenciar.
ADJUDICATE, TO, adjudicar, declarar judicialmente, fallar.
ADJUDICATION OF BANKRUPTCY, juicio de quiebra, quiebra judicial, declaración judicial de quiebra.
ADJUNCT ACCOUNT, cuenta adjunta, cuenta auxiliar.
ADJUST, TO, arreglar, ajustar, regular, conformar.
—— **A LOSS,** tasar o evaluar una pérdida.
—— **ACCOUNTS,** arreglar o ajustar cuentas.
ADJUSTABLE, regulable, graduable, ajustable.
—— **RATE MORTGAGE,** hipoteca con tasa ajustable.
—— **TAX RATES,** tipo o tasa de impuestos ajustables.
ADJUSTED, ajustado, arreglado, regulado.
—— **BASIS,** base ajustada.
—— **GROSS INCOME,** ingresos brutos ajustados, renta bruta ajustada.
—— **HISTORICAL COST,** costo histórico ajustado.
—— **NET INCOME,** utilidad neta ajustada, renta neta ajustada.
—— **RATE,** tasa ajustada.
—— **TRIAL BALANCE,** balanza de saldos ajustados, balanza ajustada de comprobación.
ADJUSTER INSURANCE, ajustador de seguros, valuador de seguros.
ADJUSTING ENTRIES, asientos de ajuste, partidas de ajuste.
ADJUSTMENT, ajuste, tasación, corrección.
ADMAN, director de anuncios, publicista profesional.
—— **OF CLAIMS,** valuación de daños, liquidación de la reclamación.
—— **PROCEDURE,** procedimiento de ajuste.
ADMINISTER, TO, administrar, manejar.
—— **A TRUST,** administrar el fideicomiso.
—— **AN OATH,** recibir el juramento.
ADMINISTERED PRICE, precio controlado, precio controlado por el gobierno.
ADMINISTRATION, administración, dirección de empresa, gerencia.
ADMINISTRATIVE, administrativo, ejecutivo.
—— **ACCOUNTING,** contabilidad administrativa, contabilidad de la dirección empresarial.
—— **ACTION,** acción o decisión administrativa.
—— **AUDIT,** auditoría administrativa, auditoría interna.
—— **BOARD,** junta administrativa, consejo ejecutivo.
—— **BUDGET,** presupuesto administrativo, presupuesto de la dirección empresarial.
—— **COMMITTEE,** comité administrativo, junta de la dirección.
—— **CONTROLS,** controles administrativos, controles de la dirección.

—— **COST,** costo de administración o administrativo.
—— **EXPENSE BUDGET,** presupuesto de gastos administrativos, presupuesto de gastos del consejo empresarial.
—— **EXPENSES,** gastos de administración o de la dirección empresarial.
—— **OVERHEADS,** gastos de administración, gastos generales de administración.
—— **PROCEEDING,** procedimiento administrativo o de la dirección.
ADMINISTRATOR, administrador, albacea, fideicomisario.
ADMIRALTY, almirantazgo, marítimo.
—— **COURT,** tribunal marítimo.
—— **LIEN,** gravamen marítimo.
ADMISSIBLE, admisible, aceptable.
—— **ASSET,** activo admisible o computable.
ADMISSION, admisión, ingreso, entrada.
—— **FEE,** cuota de admisión, precio de entrada, cuota de ingreso.
—— **FREE,** entrada gratis o libre.
—— **TAX,** impuesto sobre entrada, impuesto sobre admisión a un espectáculo.
—— **TICKET,** boleto o papelería de admisión, billete de entrada.
ADOPT A RESOLUTION, tomar un resolución.
ADOPTION, adopción.
—— **PATTERN,** patrón o modelo de adopción.
—— **PROCESS,** proceso de adopción, pasos a seguir para adoptar a un niño.
ADULTERATION, falsificación, adulteración.
ADVANCE, anticipo, adelanto, pago adelantado, ascenso, alza.
—— **FREIGHT,** flete pagado con anticipación, porte pagado anticipadamente.
—— **IN SALARY,** aumento de sueldo.
—— **ON WAGES,** pago anticipado de jornales.
—— **PAYMENT,** adelanto, anticipo, pago anticipado.
—— **PREMIUM,** prima cobrada con anticipación, adelanto de prima.
ADVANCES, anticipos, adelantos, préstamos y descuentos.
—— **AGAINST BILL OF LADING,** anticipos sobre conocimientos de embarque, anticipos sobre carta de porte.
—— **TO AGENTS,** adelantos a agentes, anticipos a representantes o comisionistas.
—— **TO EMPLOYEES,** anticipos o adelantos a empleados.
ADVANCEMENT, ascenso, promoción, adelanto, desarrollo.
ADVENTURE, especulación eventual, contingencia, casualidad, lance.
ADVERSE, adverso.
—— **OPINION,** opinión adversa o negativa.
—— **REPORT,** informe negativo, dictamen desfavorable.

ADVERTISE FOR BIDS, anunciar la subasta o la liquidación.
ADVERTISING, propaganda, publicidad, anuncios.
—— AGENCY, agencia de publicidad, agencia de propaganda.
—— ALLOCATION, asignación de la publicidad, distribución de la publicidad.
—— APPEALS, reclamos publicitarios, llamamientos de propaganda.
—— ARTIST, dibujante comercial, dibujante publicitario o de propaganda.
—— BATTLE, batalla publicitaria o propagandística.
—— BUDGET, presupuesto de publicidad, presupuesto de gastos de propaganda.
—— CAMPAIGN, campaña publicitaria o de propaganda.
—— COMPETITION, concurso publicitario, certamen de propaganda.
—— CONSULTANT, asesor o consejero de publicidad, publicista profesional.
—— CONTINUITY, continuidad de la publicidad.
—— COPY, texto publicitario, material de propaganda.
—— COPYWRITER, autor de texto publicitario, autor del material de propaganda.
—— DEPARTMENT, departamento de publicidad o de propaganda.
—— DEVICE, medio publicitario o de propaganda.
—— DRAWING, dibujo publicitario.
—— EXPENSES, gastos de publicidad o de propaganda, gastos de anuncios.
—— FLIGHT, vuelo de propaganda.
—— FREQUENCY, frecuencia de la publicidad o de la propaganda.
—— MANAGER, gerente o director de publicidad.
—— MATERIAL, material de publicidad o de propaganda.
—— MEDIA, medios publicitarios, vehículos de propaganda.
—— MODEL, modelo o patrón de publicidad.
—— POLICY, política publicitaria o de propaganda.
—— RATES, tarifas de publicidad, cuotas de propaganda.
—— RESEARCH, investigación publicitaria, estudio del mercado y de la propaganda para lograrlo.
—— SAMPLE, muestra de propaganda.
—— SCHEME, plan publicitario, proyecto de propaganda.
—— SING, letrero publicitario, anuncio de propaganda.
—— SIZE, amplitud o alcance de la publicidad.
—— STRATEGY, estrategia publicitaria.
—— SUPPLIES, material de propaganda o de publicidad.
—— SURVEY, estudio o encuesta del mercado previo al anuncio.
—— THEME, tema o lema de la publicidad.
—— VEHICLE, medio publicitario, medio de propaganda o de anuncios.
ADVICE, aviso, notificación, anuncio.
—— NOTE, aviso al deudor, notificación de adeudo.
—— SHIPMENT, aviso de embarque o despacho.
——, TO, aconsejar, asesorar, notificar.
ADVISED, FULLY, bien enterado o informado.
ADVISED, UNTIL FURTHER, hasta nuevo aviso.
ADVISORY, consultivo, aconsejador.
—— BOARD, junta directiva, consejo consultivo, comisión asesora.
—— COMMITTEE, comité consultivo, comisión consultiva.
—— COUNCIL, consejo consultivo, junta de asesoría.
—— SERVICES, servicios de asesoría o de consultoría.
ADVOCACY ADVERTISING, publicidad de intercesión o mediación.
AERIAL SURVEYING, fotogrametría aérea.
AERIAL TRAMWAY, funicular aéreo, teleférico.
AFFIDAVIT, declaración jurada, testimonio, atestiguación.
AFFILIATE, afiliado, asociado.
AFFILIATE, TO, afiliar, afiliarse, asociarse.
AFFILIATED COMPANY, compañía afiliada o asociada.
AFFILIATED CORPORATION, corporación afiliada o asociada.
AFFILIATION, afiliación, adopción, legitimación de un hijo.
AFFIRMATIVE, afirmativo.
—— COVENANT, convenio o contrato afirmativo.
—— WARRANTY, garantía escrita o expresa.
AFFIX THE SEAL, poner el sello o sellar.
AFFLUENCE, comodidad, abundancia, afluencia.
AFFLUENT SOCIETY, sociedad opulenta o rica.
AFFREIGHTMENT, fletamiento, fletamento.
AFORESAID, antedicho, susodicho.
AFTER, después.
—— CLOSING TRIAL BALANCE, balance de comprobación después del cierre, balanza de prueba después del cierre.
—— COST, costo adicional, sobrecarga.
—— HOURS, a deshora, después de horas de oficina.
AFTER-TAX, después de impuestos.
—— BENEFITS, beneficios o ganancias después de deducir impuestos.
—— CALL PREMIUM COSTS, costos de la prima por reembolso anticipado después de impuestos.
—— COST OF DEBT, costo del pasivo después de deducir impuestos.
—— COST OF EQUITY, costo del capital común después de deducir impuestos.
—— FLOTATION COSTS, costos de la nueva emisión después de impuestos.

—— NET OPERATING INCOME, ingresos o entradas netas de operación después de deducir impuestos.
—— OVERLAPPING INTEREST, intereses superpuestos después de impuestos.
—— PROFITABILITY, utilidades después de impuestos, beneficios después de deducir impuestos.
—— RETURN, rendimiento después de impuestos, beneficio después de deducir impuestos.
AFTERTHOUGHT, ocurrencia, reflexión tardía.
AGAINST, contra, comparado con.
—— ALL RISKS, contra todo riesgo.
—— DOCUMENTS, contra impuestos.
—— DRAFT, contra giro.
AGE, edad, antigüedad.
—— ANALYSIS OF ACCOUNTS, análisis de cuentas por antigüedad .
—— DISCRIMINATION, discriminación por edad.
—— DISTRIBUTION, distribución por edades.
—— DISTRIBUTION OF THE POPULATION, distribución o clasificación de la población por edades.
—— GRADING, clasificación por edades.
—— OF ACCOUNTS PAYABLE, antigüedad de cuentas a pagar, antigüedad de facturas por cobrar.
—— PENALTY, multa o castigo por edad.
AGE-SPECIFIC DEATH RATE, tasa de mortalidad por edad.
AGE-TRIAL BALANCE, balanza de comprobación por vencimiento o por antigüedad.
AGENCY, agencia, entidad, órgano.
—— BOND, bono o pagaré de agencia federal.
—— CONTRACT, contrato de administración, contrato de agencia.
—— FUND, fondo de agencia, reserva financiera de una entidad.
—— NOTE, obligación o pagaré de agencia federal.
—— OFFICE, oficina de agencia.
AGENDA, agenda, temario, orden del día en una junta, puntos a tratar en una reunión, programa de trabajo.
AGENT, agente, gestor, apoderado, encargado.
—— MIDDLEMAN, agente intermediario, gestor mediador.
AGGREGATE, agregado, conjunto, global.
—— COST, costo total o global.
—— DEMAND, demanda total, demanda en conjunto.
—— INDEMNITY POLICY, póliza de indemnización global o total.
—— INVESTMENT, inversión total o global.
—— LIFE TABLE, tabla de mortalidad general.
—— MARKET VALUE, valor del mercado total, valor del mercado conjunto.
—— NET PROFITABILITY, ganancia neta conjunta o global.
—— PRESENT VALUE, valor total o global actual.
—— REDEMPTION VALUE, valor total de amortización, valor conjunto de rescate.
—— VALUATION, total de valores de rescate.
—— VALUE, valor agregado o total.
—— VALUE ADDED, valor global agregado, valor conjunto añadido.
AGGRESSIVENESS, agresividad, dinamismo.
AGING, antigüedad.
—— ACCOUNT, antigüedad de cuentas.
—— ACCOUNTS RECEIVABLE, antigüedad de cuentas por cobrar, antigüedad de facturas por cobrar.
—— SCHEDULE, programa por vencimiento, plan basado en la antigüedad.
AGITATOR, agitador, perturbador, instigador.
AGREE, acordar, convenir, arreglarse.
—— ON, convenir en.
—— TO, convenir, acordar, estar de acuerdo.
—— WITH, estar de acuerdo con, convenir con.
AGREED, convenido, de acuerdo, concedido.
—— RATE, tasa convenida o acordada.
—— VALUE, valor convenido o acordado.
AGREEMENT, acuerdo, convenio, pacto.
——, IN, de acuerdo, acorde.
—— OF SALE, contrato de venta, compromiso de compraventa.
—— TO MAKE, llegar a un acuerdo, convenir en.
AGRICULTURAL, agrícola, agropecuario.
—— CENSUS, censo agrícola, catastro agrario.
—— CHEMICAL, producto químico agrícola.
—— COMMUNITY, comunidad agrícola, colectividad agraria.
—— COOPERATION, cooperativismo agrícola, cooperativa agrícola.
—— ECONOMICS, economía agrícola, economía aplicada a la agricultura.
—— ENGINEERING, ingeniería agronómica, agrotecnia.
—— ENTERPRISE, empresa agrícola, compañía agraria.
—— EXPERIMENT STATION, estación agrícola experimental.
—— IMPLEMENTS, implementos agrícolas, aperos de labranza.
—— INDUSTRY, industria agrícola o agraria.
—— LOAN, préstamo agrícola o para fines agrícolas.
—— MARKETING, mercado agrícola, comercialización agraria.
—— PRODUCTS, productos agrícolas o de la agricultura.
—— RESOURCES, recursos o bienes agrícolas.
AGRICULTURE, agricultura, arte o ciencia de cultivar la tierra.
AGRONOMY, agronomía, ciencia del cultivo de la tierra.
AHEAD OF SCHEDULE, adelanto en el programa de trabajo o en el itinerario.
AICPA, Instituto Americano de Contadores Públicos Titulados.
AIDE, ayudante, auxiliar.
AIR, aire, aéreo.

—— CARGO, aerocarga, carga por avión.
—— CARRIER, empresa o compañía de transporte aéreo.
—— CLEARANCE, franquicia de carga por avión.
—— CONDITIONING, acondicionamiento de aire, clima artificial.
—— CONDITIONING EQUIPMENT, equipo de aire acondicionado.
—— CONSIGNMENT NOTE, guía de carga aérea.
—— CREW, tripulacion del avión.
—— FORCE, fuerza aérea.
—— FREIGHT, flete aéreo, carga aérea.
—— FREIGHT CONTAINER, contenedor o envase para carga aérea.
—— INSURANCE, seguro de transporte aéreo.
—— MAIL, correo aéreo, correspondencia aérea.
——, ON THE, propaganda por radio.
—— PARCEL POST, paquete aéreo, bulto por correo aéreo.
—— POLLUTION, contaminación del aire, viciado del aire.
—— SERVICE, servicio aéreo, servicio de transporte aéreo.
—— TRAFFIC CONTROLLER, controlador de tráfico o tránsito aéreo.
—— TRANSPORTATION, transportación o transporte aéreo.
—— WAYBILL, guía aérea, talón de porte aéreo.
AIR-FREIGHT FORWARDER, expedidor de carga aérea.
AIR-MAIL, correo aéreo, vía aérea.
—— LETTER, carta aérea, carta por avión.
—— POSTAGE, franqueo aéreo, porte de correo aéreo.
—— RATE, tarifa postal aérea, tarifa de correo aéreo.
AIR-RAID DRILL, simulacro de ataque aéreo, prueba para refugio antiaéreo.
AIR-RAID SHELTER, refugio antiaéreo, refugio contra ataque aéreo.
AIRBORNE, transporte por aire.
AIRCAST, radiodifusión.
AIRCRAFT, aeronave, avión.
—— INSURANCE, seguro de transporte aéreo.
—— SHIPMENT, embarque aéreo, cargamento aéreo.
—— SPARES, refacciones para aviones, piezas de repuesto de aviones.
AIRCRAFT-ACCIDENT INSURANCE, seguro contra accidentes de aviación.
AIRCRAFT-DAMAGE INSURANCE, seguro contra daños causados por aviones, aeroseguro.
AIRFILD, campo de aviación, campo de aterrizaje y despegue de aviones.
AIRLINE, línea aérea, compañía de aviación, aerolínea de transporte.
—— CRASH, caída o estrellamiento de avión.
—— INDUSTRY, industria del transporte aéreo.
—— INSURANCE, seguro aéreo, seguro de avión.
—— TICKET COUNTER, mostrador o ventanilla de pasajes de avión.
AIRPLANE, avión, aeroplano.
—— TAX, impuesto sobre viajes de avión, impuesto aéreo.
AIRPORT, aeropuerto, aeródromo, campo de aviación.
—— CUSTOMHOUSE, aduana de aeropuerto, servicio aduanal de aeropuerto.
—— OF CALL, aeropuerto de escala.
—— OF ENTRY, aeropuerto aduanero.
—— RUNWAY, pista de despegue y aterrizaje de aviones.
—— TOLL, peaje o derecho de aeropuerto.
—— TRAFFIC CONTROL, control de tráfico o de tránsito aéreo.
ALCOHOL, alcohol.
ALCOHOLIC BEVERAGE, bebida alcohólica.
ALCOHOLISM, alcoholismo, enfermedad producida por ingerir exceso de bebidas alcohólicas.
ALGEBRA, álgebra.
—— OF SETS, álgebra de conjuntos.
ALGOL (algorithmic language), siglas del lenguaje algorítmico.
ALGORITHM, algoritmo.
ALIEN, extranjero, forastero.
—— ADMISSION BOND, fianza o garantía de admisión de extranjeros.
ALIENATION, traspaso, enajenación.
—— BARRIER, barrera de la indiferencia.
ALIENEE, beneficiario, comprador.
ALIGNMENT CHART, nomograma.
ALIMONY, pensión alimenticia, asignación económica para alimentos.
ALL, todo.
—— CASH ITEMS, todos los pagos al contado o en efectivo.
—— LIABILITY, todas las partidas del pasivo.
—— OR NONE, todo o ninguno.
—— RIGHTS RESERVED, reservados todos los derechos, reservados todos los derechos de reproducción.
—— RISKS, todo riesgo.
ALL-IN COST, costo total o global.
ALL-IN INSURANCE, seguro total, seguro con cobertura total.
ALL-INCLUSIVE INCOME STATEMENT, estado de resultados inclusivo, declaración de ingresos inclusivo.
ALL-NIGHT PARKING, estacionamiento durante toda la noche, estacionamiento nocturno.
ALL-PURPOSE FINANCIAL STATEMENT, estado financiero para uso general.
ALL-PURPOSE SHIP, barco para toda clase de carga, barco para carga diversa.
ALL-RISK INSURANCE, seguro contra todo riesgo.
ALL-ROUND MAN, hombre idóneo en diversos trabajos.
ALL-ROUND PRICE, precio redondo o global.

ALLEGIANCE, lealtad, fidelidad.
ALLIED, afiliado, asociado.
—— **COMPANY,** compañía asociada, empresa afiliada.
—— **PRODUCTS,** productos afines o semejantes.
ALLOCABLE COSTS, costos asignables o adjudicables.
ALLOCATE, asignar, colocar, aplicar.
—— **RESOURCES,** distribuir recursos, asignar recursos.
ALLOCATED COST, costo asignado, costo distribuido.
ALLOCATION, asignación, distribución, cuota.
—— **OF COSTS,** asignación de costos, distribución de costos.
—— **OF RESOURCES,** asignación de recursos, distribución de recursos.
ALLOT, TO, repartir, asignar, distribuir.
ALLOTMENT, asignación, cuota.
—— **LEDGER,** mayor o auxiliar de asignaciones.
—— **OF FUNDS,** asignación o reparto de fondos.
ALLOW, permitir, conceder, descontar.
—— **A COMMISSION,** conceder una comisión, dar una comisión.
—— **A DISCOUNT,** conceder un descuento, hacer una rebaja.
—— **INTEREST,** conceder o acordar interés.
ALLOWABLE, permisible, admisible.
—— **DEDUCTIONS,** deducciones admisibles, deducciones permisibles (impuestos).
—— **DEFECTS,** defectos permisibles.
ALLOWANCE, bonificación, concesión, rebaja, descuento, asignación.
—— **FOR BAD DEBTS,** reserva para cuentas dudosas o de cobro difícil.
—— **FOR DEPRECIATION,** provisión o reserva para depreciación.
—— **FOR DOUBTFUL ACCOUNTS,** reserva para cuentas dudosas, asignación para cuentas morosas.
—— **FOR UNCOLLECTIBLE,** provisión o reserva para cuentas incobrables.
—— **RESERVE,** reserva para bonificaciones, fondo para asignación.
—— **TRAVELLING,** viáticos, provisión para viajes.
ALLOWANCES TO CUSTOMERS, bonificaciones a clientes, concesiones, descuentos a parroquianos.
ALLOWED DEPRECIATION, depreciación fiscal, depreciación concedida.
ALLOY, aleación, aleación de metales.
ALPHABETICAL, alfabético.
—— **CROSS REFERENCE,** referencia cruzada.
—— **FILE,** archivo ordenado alfabéticamente.
—— **FILLING,** archivo alfabético.
ALPHABETICALLY FILED ACCOUNTS, cuentas clasificadas alfabéticamente.
ALTERATION, alteración, reforma, corrección.
ALTERATIONS AND REPAIRS, reformas y reparaciones.

ALTERED CHECK, cheque alterado.
ALTERNATE, suplente, alterno, alternativo.
—— **DIRECTOR,** director suplente.
—— **HYPOTHESIS,** hipótesis alternativa.
ALTERNATIVE, alternativo.
—— **COST,** costo alternativo.
—— **MARKETING CHANNELS,** canales alternativos de mercadotecnia, medios alternativos de comercialización.
—— **PAYEE,** beneficiario o portador alternativo.
—— **PRICING STRATEGIES,** estrategias diversas de fijación de precios.
—— **SOLUTIONS,** soluciones alternas o alternativas.
—— **WORK SCHEDULE,** programa de trabajo alternativo.
ALUMINUM, aluminio, metal aluminio.
—— **FOIL,** papel de aluminio.
—— **SHAPE,** perfil de aluminio.
AMALGAMATION, fusión de empresas, consolidación de sociedades.
AMBULANCE, ambulancia, vehículo para transportar a heridos y enfermos.
AMENDMENT, enmienda, modificación, reforma.
AMERICAN CITIZEN, ciudadano americano o de Estados Unidos.
AMERICAN FEDERATION OF LABOR, Federación Americana del Trabajo.
AMORTIZABLE ASSETS, activo amortizable, bienes o valores amortizables.
AMORTIZATION, amortización, redención del capital de una deuda.
—— **OF ASSETS,** amortización de activos o de bienes.
—— **OF GOODWILL,** amortización del crédito mercantil.
—— **OF PATENTS,** amortización de patentes.
—— **OF PREMIUMS,** amortización de primas.
—— **ON INTANGIBLE ASSETS,** amortización de activos intangibles.
—— **RESERVE,** reserva o fondo de amortización.
—— **SCHEDULE,** tabla o programa de amortización.
AMORTIZE, TO, amortizar, redimir el capital de una deuda.
AMORTIZED COST, costo menos amortización, costo amortizado.
AMORTIZED OR REDEEMED CAPITAL STOCK, acciones amortizadas, capital social redimido.
AMOUNT, cantidad, importe, monto, cuantía.
—— **AT RISK,** importe a riesgo, cantidad en riesgo.
—— **BROUGHT FORWARD,** suma anterior.
—— **CERTAIN,** suma cierta o definida.
—— **DUE,** suma debida o adeudada, importe a pagar.
—— **OF AN ANNUITY,** monto de la anualidad.
—— **OF ASSESSMENT,** líquido disponible, suma de tasación.
—— **OF INVOICE,** importe o monto de factura.
—— **OF REMITTANCE,** importe de la remesa, monto de envío.

—— **PAYABLE**, saldo por pagar, importe o suma a pagar.
—— **TO**, importar, valer, ascender a.
AMOUNTS, cantidades, sumas.
—— **ISSUED**, salidas, sumas emitidas.
—— **OUTSTANDING**, cantidades vigentes, sumas pendientes de pago.
—— **WITHHELD**, sumas retenidas, importes retenidos.
AMUSEMENT, diversión, entretenimiento.
—— **ENTERPRISE**, empresa de diversiones.
—— **TAX**, impuestos sobre espectáculos o sobre diversiones.
ANALOGUE COMPUTER, computadora analógica.
ANALOGUE MODEL, modelo analógico.
ANALYSIS, análisis, estudio.
—— **COLUMNS**, columnas de análisis.
—— **OF BALANCES**, análisis de saldos, estudio de saldos.
—— **TICKET**, volante o tarjeta de análisis.
ANALYST, analista, analizador.
ANALYTIC, analítico.
—— **BALANCE SHEET**, balance general analítico, estado general analítico.
—— **GEOMETRY**, geometría analítica.
—— **SCHEDULE**, tabla o escala analítica.
—— **THINKING**, razonamiento analítico.
ANALYTICAL, analítico.
—— **REVIEW PROCEDURES**, procedimientos analíticos de revisión.
—— **SKILLS**, facultades analíticas, habilidades analíticas.
ANALYZE BY GROUPS, TO, analizar por grupos.
ANALYZE, TO, analizar, estudiar, examinar.
ANALYZER, analizador.
—— **ORGANIZATION**, organización o empresa conservadora.
ANARCHISM, anarquismo, anarquía.
ANCHORAGE, ancladero, fondeadero, anclaje.
—— **DUES**, derechos de fondeadero de barcos.
ANCILLARY, subordinado, subsidiario.
—— **CHARGES**, gastos subordinados o complementarios.
—— **LETTER OF CREDIT**, carta de crédito complementaria o suplementaria.
—— **RECIVER**, síndico auxiliar.
ANGEL, caballo blanco, el que aporta dinero para empresa dudosa.
ANIMAL, animal.
—— **HUSBANDRY**, ganadería.
—— **PRODUCT**, producto pecuario, producto de origen animal.
ANNOTATE, anotar, glosar.
ANNOTATION, anotación, nota, acotación.
ANNOTATIONS TO FINANCIAL STATEMENT, notas o acotaciones a los estados financieros.
ANNUAL, anual, anuario.
—— **ALLOWANCE**, anualidad, asignación anual.

—— **AUDIT**, auditoría efectuada anualmente.
—— **AUDIT FEE**, honorarios anuales de auditoría.
—— **BONUS**, aguinaldo, prima o gratificación anual.
—— **CASH FLOWS**, flujos anuales de efectivo, flujos anuales de fondos.
—— **CASH INFLOW**, ingresos anuales en efectivo, entrada o renta anual en efectivo.
—— **CLOSING**, cierre anual, cierre anual del ejercicio contable.
—— **COMPOUND INTEREST**, interés compuesto anual.
—— **CREDIT SALES**, ventas a crédito anuales, ventas en abonos anuales.
—— **DIVIDEND**, dividendo anual, dividendo pagado anualmente.
—— **ENTRY**, asiento anual, partida anual.
—— **FINANCIAL STATEMENT**, estado financiero anual, estado contable anual.
—— **FORECAST**, pronóstico anual, predicción anual.
—— **GROWTH RATE**, tasa de crecimiento anual, índice anual de crecimiento.
—— **INTEREST PAYMENT**, pago de interés anual, pago de tasa anual.
—— **INTEREST RATE**, tasa o tipo de interés anual.
—— **LEASE EXPENSE**, gasto anual por arrendamiento o por arriendo.
—— **MARKETING PLAN**, plan anual de mercadotecnia, proyecto anual de comercialización.
—— **MEETING**, junta anual, asamblea anual, reunión anual.
—— **OVERHEAD**, gastos generales anuales, gastos indirectos anuales.
—— **PERCENTAGE RATE**, tasa o tipo con porcentaje anual.
—— **PREFERRED DIVIDENDS**, dividendos preferentes o preferenciales anuales.
—— **PROFITS PLAN**, plan de utilidades anuales, proyecto anual de utilidades.
—— **RATE**, tasa anual, tipo de interés anual.
—— **RATE OF RETURN**, tasa de rendimiento anual, tipo de rendimiento anual.
—— **RENT**, renta anual, entrada o ingreso anual.
—— **RENTAL**, renta anual.
—— **REPORT**, informe anual, dictamen anual.
—— **REPORT TO STOCKHODERS**, informe o memoria anual a los accionistas.
—— **RETURN**, rédito anual, beneficio o rendimiento anual.
—— **REVENUES**, ingresos o percepciones anuales, rentas anuales.
—— **SIMPLE INTEREST RATE**, tasa de interés simple anual, tipo de interés simple anual.
—— **STATEMENT**, estado anual, balance anual.
—— **TOTAL COST**, costo total o global anual.
—— **VALUE**, rendimiento anual.
ANNUITANT, beneficiario de una anualidad, rentista, pensionista.

ANNUITY, anualidad, pensión anual, renta vitalicia.
—— AGREEMENT, convenio o contrato de anualidad.
—— BOND, bono sin vencimiento o perpetuo.
—— CERTAIN, anualidad pagadera durante cierto número de períodos, anualidad incondicional.
—— COST, costo de anualidad, costo de pensión.
—— DUE, anualidad vencida, pensión anual anticipada.
—— FUND, fondo de anualidad, caja de anualidad.
—— INSURANCE POLICY, póliza de seguro por anualidad, póliza de seguro pagado en anualidades.
—— METHOD, método de anualidades.
—— METHOD DEPRECIATION, depreciación a base de anualidades, depreciación calculada por el método de anualidades.
—— MORTALITY TABLE, tabla de mortalidad de rentistas.
—— TABLE, tabla de anualidades.
ANNUL, TO, anular, rescindir, cancelar.
ANNULMENT, rescisión, cancelación, revocación.
ANSWER, contestación, respuesta, resultado.
—— FOR, responder de, salir fiador.
ANSWERING YOUR LETTER, en contestación a su carta.
ANTEDATED CHECK, cheque con fecha anterior, cheque antefechado.
ANTICIPATED, anticipado.
—— BONUS, dividendo anticipado, bono anticipado.
—— COST, costo anticipado, costo previsto.
—— DIVIDEND, dividendo esperado, bono anticipado.
—— PAYMENT, pago anticipado o adelantado.
—— PROFIT, utilidad anticipada, beneficio esperado.
ANTIMILITARISM, antimilitarismo.
ANTIQUE, antigüedad, objeto antiguo.
—— DEALER, anticuario.
—— SHOP, tienda o taller de antigüedades.
ANTITRUST, antimonopolio.
—— ACTION, acción antimonopolista.
—— COMPLAINT, demanda por monopolio, queja contra monopolio.
—— LAWS, leyes contra el monopolio, leyes antimonopolistas.
—— POLICY, política antimonopolista, plan antimonopolio.
ANY GOOD BRANDY, cualquier marca de calidad.
APARTHEID, segregación política.
APARTMENT, apartamento, departamento.
—— BUILDING, edificio de apartamentos o departamentos.
—— HOUSE, edificio de apartamentos, edificio de renta.
—— MORTGAGE, hipoteca de apartamento o de departamento.

APPAREL, industria del vestido, ropa, traje.
—— INDUSTRY, industria del vestido, industria de la confección.
APPEALS COURT TRIAL, juicio en corte de apelaciones, pleito en juzgado de apelaciones.
APPELLANT, apelante, demandante.
APPLIANCES, mobiliario, artefactos, aparatos, utensilios.
APPLICANT, aspirante, solicitante, candidato, postulante.
—— CREDIT FILE, archivo de crédito del solicitante, expediente de antecedentes de crédito del solicitante.
APPLICANT'S CREDIT HISTORY, antecedentes de crédito del solicitante.
APPLICANT'S NATIONAL ORIGIN, nacionalidad original del solicitante.
APPLICANT'S RACE, raza del solicitante.
APPLICANT'S RELIGION, religión del solicitante.
APPLICATION, solicitud, petición, utilización.
—— BLANK, modelo de solicitud, forma de solicitud de empleo.
—— CONTROLS, controles de aplicación.
—— FOR LOAN, solicitud o petición de préstamo.
—— FOR PATENT, solicitud de patente, petición de patente.
—— FOR REGISTRATION, solicitud de registro, petición de matrícula.
—— FORM, formulario de solicitud, modelo de solicitud.
—— OF FUNDS, solicitud de fondos.
APPLIED, aplicado.
—— COST, costo aplicado.
—— ECONOMICS, economía aplicada o práctica.
—— FOR, solicitado, pedido.
—— PROFITS, utilidades aplicadas.
APPLY, aplicar, fijar, poner.
—— A SURCHARGE, aplicar un recargo.
—— FOR A JOB, solicitar un puesto, pedir trabajo.
—— FOR A PENSION, gestionar o acogerse a la jubilación.
—— FOR A PERMIT, gestionar un permiso.
APPOINT AN ATTORNEY, nombrar un abogado, designar un procurador.
APPOINT, TO, designar, nombrar, asignar.
APPOINTED OFFICIAL, funcionario por nombramiento.
APPOINTMENT, cita, compromiso, nombramiento, designación.
—— OF TRUSTEE, nombramiento de fideicomisario o síndico.
——, TO MAKE AN, citar, concertar cita.
APPORTION, TO, prorratear, repartir, distribuir.
APPORTIONED COSTS, costos prorrateados, costos distribuidos.
APPORTIONMENT, prorrateo, distribución, repartición.
—— OF NET INCOME, distribución de la utilidad neta, reparto de la renta líquida.

—— OF THE LIABILITY, prorrateo de la obligación, repartición de la obligación.
APPRAISAL, tasación, avalúo, aforo, arqueo.
—— CAPITAL, evaluación de capital, tasación de capital.
—— CERTIFICATE, certificado de avalúo o de tasación.
—— METHOD OF DEPRECIATION, depreciación por el método de diferencia en valores de tasación.
—— REPORT, informe de valuación o tasación.
—— SURPLUS, superávit por tasación o valuación, excedente por arqueo.
—— VALUE, valor de tasación o de avalúo.
APPRAISE THE LOSS, valorar o tasar la pérdida.
APPRAISE, TO, tasar, valuar, aforar, cuantificar.
APPRAISED VALUE, valor de tasación, valor estimado, valor de avalúo.
APPRAISED VALUE OF SECURITIES, importe de tasación de valores.
APPRAISEMENT, avalúo, tasación, valuación.
APPRAISER, valuador, tasador, aforador.
APPRECIATION, plusvalía, alza, apreciación, aumento de valor.
—— SURPLUS, superávit de plusvalía.
APPRENTICE, aprendiz, principiante, aspirante.
APPROACH, enfoque, abordar a una persona, punto de vista.
APROACHING A BANK, contacto con el banco, presentarse o tener acceso al banco.
APPROPRIATE, apropiarse, incautarse, consignar.
APPROPRIATED PROFIT, utilidad aplicada, ganancia asignada.
APPROPRIATED SURPLUS, superávit reservado, superávit asignado o consignado, superávit aplicado.
APPROPRIATION, apropiación, asignación, aplicación.
—— ACCOUNT, cuenta de apropiaciones o consignación.
—— ACT, decreto de apropiación o asignación.
—— BUDGET, presupuesto de apropiaciones o asignaciones.
—— FOR CONTINGENCIES, apropiación por contingencias.
—— LEDGER, mayor de apropiaciones o asignaciones.
—— PERIOD, período de apropiación o asignación.
—— RECEIPT, recibo de apropiación o asignación.
—— REFUND, reintegro de apropiación o asignación.
—— REIMBURSEMENT, reembolso de apropiación o de consignación.
—— REQUEST, solicitud de apropiación o asignación.
—— WARRANT, autorización de apropiación, garantía de consignación.
APPROVAL, aprobación, visto bueno, conforme.
——, ON, a prueba, sujeto a aprobación.

APPROVED, aprobado, visto bueno, aceptado.
—— COMPANY, compañía autorizada o aprobada.
APPROXIMATE, aproximado, aproximativo.
APPROXIMATELY, aproximadamente, más o menos.
APPROXIMATION, aproximación, acercamiento.
APTITUDE, capacidad, aptitud.
—— TEST, prueba de capacidad o de aptitud.
ARBITER, árbitro, tercero.
ARBITRAGE, arbitraje, someter a arbitraje, intervenir como tercero.
ARBITRARY, arbitrario, discrecional.
ARBITRATION, arbitraje, tercería.
—— BOARD, junta o directiva de arbitraje.
—— CLAUSE, cláusula de arbitraje o de tercería.
—— PROCEEDING, juicio de arbitraje, instancia de arbitraje.
ARBITRATOR, árbitro, tercero, ponente.
ARCHITECT, arquitecto, profesional que ejerce como arquitecto.
ARCHITECTURAL DESIGN FEES, gastos de diseño arquitectónico, honorarios de diseño arquitectónico.
ARCHITECTURE, arquitectura, arte o ciencia de la edificación.
ARCHIVE, archivo, documento archivado.
AREA, área, superficie.
AREA-SALES MANAGER, gerente de ventas regional o por zona.
AREA SAMPLING, muestreo por área o por zona.
ARITHMETIC, aritmética.
—— AVERAGE, promedio aritmético.
—— FUNCTION, función aritmética.
—— MEAN, media aritmética.
—— PROGRESSION, progresión aritmética.
—— UNIT, unidad aritmética.
ARMED FORCES, fuerzas armadas, ejército.
ARMORED TRUCK, camión blindado.
ARM'S-LENGTH TRANSACTION, transacción de libre competencia.
ARMY, ejército, fuerzas armadas.
ARRANGE, TO, arreglar, disponer, preparar, convenir.
—— WITH, acordar con, convenir con.
ARRANGED ABSENCE, ausencia con licencia o con permiso.
ARRANGEMENT, convenio, acuerdo, disposición.
——, MAKE, tomar medidas, hacer arreglos.
ARRAY, clasificación, arreglo, ordenación.
ARREARAGE, demora en pagar, atrasos.
ARREARS, atrasos, retrasos, retardos en los pagos.
—— OF DEPRECIATION, atrasos o retrasos de depreciación.
—— OF PREMIUM, primas atrasadas.
ARRIVAL, llegada, arribo.
—— DRAFT, giro o letra pagadera contra mercancía recibida.
—— NOTICE, aviso de llegada, notificación de arribo.
ARRIVE SAFELY, llegar bien o sin novedad.

ARRIVE, TO, a la llegada, por llegar.
ARSON, incendio intencional.
ART, habilidad, arte.
—— **EDITOR**, redactor gráfico, director artístico.
—— **WORK**, trabajo artístico, ilustraciones de un libro o revista.
ARTICLES, reglamento, estatuto, contrato.
—— **OF AGREEMENT**, contrato, convenio, pacto.
—— **OF ASSOCIATION**, escritura de constitución social, escritura constitutiva.
—— **OF INCORPORATION**, escritura de incorporación o de constitución, estatutos.
—— **OF PARTNERSHIP**, contrato de asociación, escritura de sociedad, convenio social.
ARTICULATION STATEMENT, estado de articulación o tabulación.
ARTIFICIAL, artificial, fabricado.
—— **LANGUAGE**, lenguaje artificial.
—— **PERSON**, persona jurídica o moral.
ARTISAN, artesano, artífice.
ARTISAN'S LIEN, derecho de un artesano de retención de su trabajo hasta cobrarlo.
ARTIST, artista, persona dedicada al arte.
ARTISTIC APTITUDE, aptitudes artísticas, habilidades artísticas.
ARTS AND CRAFTS, artesanías, artes y oficios, trabajos de artesanía.
AS, tal, con, en.
—— **ADVISED**, según aviso.
AT (december 31), al (31 de diciembre).
—— **REGARDS**, con respecto a, con relación a.
—— **SOON AS POSSIBLE**, lo más pronto posible, cuanto antes.
ASCERTAINMENT OF LOSS, averiguación de la pérdida, determinación del monto de la pérdida.
ASHORE, en tierra, encallado, varado.
ASKED YIELD, rendimiento de la demanda, rendimiento solicitado.
ASKING PRICE, precio de oferta, precio nominal, precio de venta.
ASPHALT, asfalto, brea mineral.
ASSAY, prueba, ensayo, contraste.
—— **OFFICE**, oficina de ensayo o de análisis.
ASSAY-OFFICE VALUE, valor de ensayo o de contraste.
ASSEMBLER, ensamblador, armador.
ASSEMBLING PLANT, planta de montaje, planta ensambladora o armadora.
ASSEMBLY, asamblea, junta, reunión.
—— **HALL**, sala de juntas, sala de sesiones, salón de asambleas.
—— **LINE**, línea de montaje, cadena de producción continua.
—— **PRODUCT**, producto de línea de montaje, producción de línea de ensamble.
ASSEMBLY-LINE CONVEYOR, transportador de línea de ensamble, transportador de cadena de producción.

ASSEMBLY-LINE OPERATION, operación de línea de ensamble o de montaje.
ASSERT, TO, afirmar, asegurar.
—— **A CLAIM**, entablar una reclamación, hacer una demanda.
ASSERTION, afirmación o aseveración.
ASSESS DAMAGES, evaluar daños y perjuicios.
ASSESS, TO, amillarar, tasar, gravar.
ASSESSABLE CAPITAL STOCK, capital en acciones pendientes de exhibir, capital social gravable.
ASSESSED VALUATION, valor catastral, valuación fiscal, tasación oficial.
ASSESSMENT, valuación fiscal, avalúo catastral, tasación, amillaramiento, impuestos de cooperación municipal, gravamen.
—— **DISTRICT**, zona fiscal, distrito impositivo.
—— **PERIOD**, ejercicio impositivo, plazo de gravamen.
ASSET, partida del activo.
—— **ACCOUNT**, cuenta del activo.
—— **LIABILITY PORTFOLIO**, cartera o portafolio de activo y pasivo.
ASSET'S LIFE, vida del activo, vigencia del activo.
ASSET'S LIFE EXPECTANCY, vida útil del activo.
—— **LOSS**, pérdida de activos.
—— **PORTFOLIO**, cartera o portafolio del activo.
—— **REPLACEMENT COST**, costo de reposición de activo, valor de reemplazo de activo.
—— **STRUCTURE**, estructura del capital, composición del capital.
—— **TURNOVER**, rotación de activos, movimiento del activo.
—— **VALUES**, valores de inversión, valores según libros.
ASSETS, activo, partidas que forman el activo, bienes, haberes.
—— **AND EQUITIES**, activos y pasivos u obligaciones.
—— **AND LIABILITIES**, activos y pasivos.
—— **COVER**, cobertura de activos.
—— **OF A BANKRUPT**, activo de la quiebra o de la bancarrota.
ASSIGN, traspasar, asignar, hacer cesión.
—— **A CONTRACT**, ceder o traspasar un contrato.
—— **A RATE**, fijar la tarifa, establecer la cuota.
—— **AN ACCOUNT**, ceder o asignar la cuenta.
ASSIGNED ACCOUNT, cuenta con garantía, cuenta cedida.
ASSIGNEE, cesionario, apoderado, síndico.
ASSIGNER, persona que transfiere el interés en la póliza, cedente.
ASSIGNMENT, asignación, cesión, comisión, traspaso, encargo, escritura de cesión de bienes.
—— **MATERIAL**, material de práctica.
—— **OF PATENT**, traspaso de derecho de patente.
—— **OF RESPONSIBILITY**, asignación o cesión de responsabilidades.
—— **OF WAGES**, traspaso o transferencia de salario.
ASSIGNOR, cedente, cesionista, asignante.

ASSISTANT, asistente, auxiliar, ayudante, subalterno.
— ACCOUNTANT, contador auxiliar, subcontador.
— CASHIER, cajero auxiliar, subcajero.
— CHIEF, subjefe, auxiliar del jefe.
— MANAGER, subgerente, subdirector, subadministrador.
— SECRETARY, subsecretario, viceministro.
— TREASURER, subtesorero, vicetesorero.
ASSOCIATE, asociado, socio, adjunto, consocio.
ASSOCIATED COMPANY, empresa afiliada, compañía asociada.
ASSOCIATION, asociación, sociedad, comunidad, compañía, cofradía.
— AGREEMENT, convenio o contrato de la asociación patronal.
ASSORTMENTS, surtido, acopio.
ASSUME OFFICE, asumir el cargo, ocupar el puesto.
ASSUME THE RISK, asumir el riesgo.
ASSUMED, asumido, supuesto.
— BOND, bono reconocido, bono garantizado por otra compañía.
— LIABILITIES, pasivo asumido o supuesto.
— PROFIT, utilidad supuesta, ganancia asumida.
ASSUMPIST, juicio por incumplimiento de contrato.
ASSUMPTION, supuesto o presunción.
ASSURED, asegurado, acreditado, confiado, seguro.
ASYNCHRONOUS COMPUTER, computadora asíncrona.
AT A PREMIUM, arriba de par, con premio.
AT A PROFIT, con ganancia o beneficio.
AT A RISK, a riesgo, con peligro.
AT CALL, a la presentación, a la vista.
AT OUR EXPENSE, por nuestra cuenta, a nuestro cargo.
AT PAR, a la par.
AT PRESENT, actualmente, al presente.
AT RANDOM, al azar, en forma aleatoria.
AT RETAIL, a precio de menudeo, al detalle.
AT SHORT DATE, a corto plazo o en breve.
AT SIGHT, a la vista, a la presentación.
AT THE SAME RATE, al mismo ritmo.
AT WORK, ocuparse de, trabajar en.
ATHLETIC TEAM, equipo de atletismo.
ATOMIC-ENERGY PROGRAM, programa de energía atómica, plan de desarrollo de la energía atómica.
ATTACH, TO, embargar, decomisar, adjuntar.
ATTACHED, anexo, adjunto.
— ACCOUNT, cuenta intervenida, cuenta embargada.
ATTACHMENT, embargo, decomiso, incautación, aditamento.
— OF RISK, vigencia del riesgo.
ATTEND, acudir, concurrir, asistir.
— A MEETING, asistir o acudir a una junta.
— TO CORRESPONDENCE, despachar la correspondencia.

ATTENDANCE, asistencia, concurrencia, permanencia.
— BOARD, registro de asistencia.
— FEES, cuota o cargo de asistencia.
— RECORDER, registro de asistencia.
— TIMECARD, tarjeta de asistencia.
ATTENDEE, asistente, concurrente.
ATTENTION OF, atención de.
ATTEST, TO, atestiguar, declarar, dar fe.
ATTESTOR, testigo, confirmador.
ATTITUDE SURVEY, encuesta de actitudes de empleados sobre su empleo.
ATTORNEY, abogado, apoderado, consejero, procurador.
— AT LAW, abogado, procurador judicial.
— IN FACT, apoderado, procurador.
ATTRIBUTE, atributo, calificativo.
— GAGE, calibrador de atributos, medidor de atributos.
— SAMPLING, muestreo de atributos.
AUCTION, subasta, remate, venta al martillo.
— BROKER, subastador.
— COMPANY, empresa subastadora, compañía dedicada al remate de mercancías.
— SALE, subasta pública, remate, venta en almoneda, venta en subasta.
AUCTIONEER, subastador, rematador.
AUDIO, la parte sonora de un televisor.
— RESPONSE UNIT, unidad de audio-respuesta.
— TAPE, cinta sonora.
AUDIT, intervención, fiscalización, auditoría, arqueo, revisión contable.
— ADJUSTING ENTRIES, asientos o partidas de ajuste de auditoría.
— ADJUSTMENT, ajuste en la revisión de auditoría.
— CERTIFICATE, certificado de auditoría, dictamen de auditoría, certificado de arqueo.
— CLIENT, cliente o parroquiano de auditoría.
— COMMITTEE, comité de auditoría, comisión o junta de revisión contable.
— COUNT, recuento del auditor, arqueo del auditor.
— DATE, fecha de auditoría, fecha en que se efectúa la auditoría.
— ENGAGEMENT, trabajo o compromiso de auditoría.
— ENGAGEMENT LETTER, carta de prestación de servicios de auditoría.
— EVIDENCE, evidencia de auditoría, testimonio o prueba de auditoría.
— EXAMINATION, examen o revisión de auditoría.
— FEES, honorarios de auditoría, retribución del auditor por efectuar su revisión contable.
— MANAGEMENT, LETTER, carta del auditor a la gerencia o a la dirección de la empresa.
— NOTE BOOK, libro de notas de auditoría, agenda de la revisión de cuentas.
— OBJECTIVES, objetivos o metas de la auditoría.

—— **PERIOD,** período de la auditoría, plazo en que se efectúa la auditoría o la revisión contable.
—— **PLANNING,** planificación o proyección de la auditoría.
—— **PROCESS,** proceso de auditoría, procedimiento seguido para realizar una auditoría.
—— **PROGRAM,** programa de auditoría, plan de revisión contable.
—— **PROGRAMMING,** programación de auditoría, planificación de la revisión contable.
—— **RECLASSYFYING ENTRIES,** asientos de reclasificación de auditoría, partidas de reclasificación de auditoría.
—— **REPORT,** informe de auditoría, reporte del auditor.
—— **RISK,** riesgo de auditoría, riesgo que implica una auditoría.
—— **SCHEDULING,** coordinación de auditoría, programación de auditoría.
—— **SCOPE,** alcance de la auditoría, extensión de la verificación contable.
—— **SHEET,** hoja de comprobación.
—— **STAFF,** personal de auditoría, personal encargado de la revisión contable.
—— **STAFF ASSISTANT,** auxiliar del personal de auditoría, asistente de los ejecutivos de auditoría.
—— **TEAM,** grupo de auditoría, personal encargado de efectuar auditorías.
—— **TECHNIQUES,** técnicas o mecanismos de la auditoría.
—— **TO,** auditar, arquear, revisar las cuentas, intervenir las cuentas.
—— **TRIAL,** referencia o traza de la auditoría.
—— **TRIAL BALANCE,** balanza de comprobación de auditoría, balance de prueba de auditoría.
—— **WORKING PAPERS,** documentos de trabajo de auditoría, papeles de trabajo del auditor.
—— **WORKLOAD,** trabajo o carga de trabajo de auditoría.
—— **YEAR,** año de auditoría, año en que se efectúa la auditoría.
AUDITED, auditado, revisado.
—— **DATA,** datos auditados, información revisada contablemente.
—— **FIGURE,** cifra auditada, cifra revisada contablemente.
—— **FINANCIAL STATEMENT,** estado financiero auditado, balance financiero revisado por el auditor.
—— **STATEMENT,** balance auditado, balance de contabilidad examinado por el auditor.
—— **VOUCHER,** comprobante auditado, vale revisado.
AUDITING, auditoría, revisión contable, auditar, verificación de cuentas.
—— **AND LEGAL EXPENSE,** auditorías y honorarios legales, gastos legales y de auditoría.
—— **DEPARTMENT,** departamento de auditoría, departamento de revisión contable.

—— **FUNCTION,** función de auditoría o de revisión contable.
—— **OF ACCOUNTS,** revisión de cuentas, intervención de cuentas.
—— **PROCEDURES,** procedimientos de auditoría.
—— **RESEARCH,** investigación de auditoría.
—— **SERVICES,** servicios de auditoría, servicios contables prestados por el auditor.
—— **STANDARD BOARD,** Consejo de Normas de Auditoría, Junta de Normas de Auditoría.
—— **STANDARDS,** normas de auditoría, normas de verificación de cuentas.
—— **STANDARDS OF INDEPENDENCE,** normas de independencia en auditoría.
—— **SYSTEM,** sistema de auditoría, método de auditoría.
AUDITOR, auditor, interventor, contralor, revisor de cuentas.
AUDITOR-GENERAL, auditor general, interventor general.
AUDITOR ROTATION, rotación del auditor, cambio alternativo del auditor.
AUDITOR'S CERTIFICATE, certificado de auditoría, informe de arqueo.
AUDITOR'S FINDINGS, hallazgos del auditor, resultado de la investigación del auditor.
AUDITOR'S INDEPENDENCE, independencia del auditor.
AUDITOR'S OPINION, dictamen del auditor, opinión del auditor.
AUDITOR'S QUALIFIED OPINION, opinión autorizada del auditor.
AUDITOR'S REPORT, informe o dictamen del auditor.
AUDITOR'S UNQUALIFIED OPINION, opinión no autorizada del auditor.
AUTHENTICATE, TO, refrendar, certificar, autorizar.
AUTHENTICATED DEPOSIT SLIP, autenticidad o certificación de ficha de depósito.
AUTHENTICATION OF SIGNATURE, reconocimiento o autorización de firma.
AUTHORITARIAN, autoritario, gobierno dictatorial.
AUTHORITY, autoridad, poder, mando.
—— **, BY,** por poder.
—— **GAP,** brecha de autoridad, falta de autoridad.
—— **TO PAY,** autorización de pago, autorizar pago.
—— **TO PURCHASE,** autorización de compra, autorizar compra.
AUTHORIZATION, autorización, legalización.
AUTHORIZED, autorizado, acreditado.
—— **ABSENCE,** ausencia autorizada.
—— **AGENCY,** agencia oficial, agencia autorizada.
—— **CAPITAL,** capital autorizado o acreditado.
—— **CAPITAL STOCK,** acciones de capital autorizado, capital social declarado.
—— **COMMON STOCK,** acciones comunes autorizadas, acciones ordinarias garantizadas.

—SIGNATURE, firma acreditada.
AUTHOR'S PROOF, prueba para el autor (corrección de errores de composición).
AUTO ASSEMBLY PLANT, planta armadora de automóviles, planta ensambladora de automóviles.
AUTOCODER, autocodificador.
AUTOCORRELATION, autocorrelación.
AUTOMATED, automatizada, automatizado.
— OFFICE, oficina automatizada, oficina que funciona automáticamente.
— TELLER, cajero automático, servicio automático de caja.
— TELLER MACHINE, cajera automática, máquina automática de servicios bancarios.
AUTOMATIC, automático, que funciona automáticamente.
— CODING, codificación automática, asignación de claves automáticamente.
— LEDGER FEEDER, alimentadora automática de tarjetas.
— LINE-FEEDING FEATURES MACHINE, máquinas con características automáticas de alimentación de espacios.
— MACHINE, máquina automática, máquina que funciona automáticamente.
— MERCHANDISING, venta por máquinas expendedoras.
— OPERATION, operación automática.
— PREMIUM LOAN, préstamo automático de prima.
— REINSTATEMENT, renovación automática, reposición automática.
— RECORDER POINT, punto de reposición automática.
— REPEAT PRINTING, repetición automática de la impresión.
— SPRINKLER, rociador automático.
— STABILIZER IN THE ECONOMY, estabilizador automático de la economía.
— TABULATING CARRIAGE, carro de tabulación automática.
— TOTAL CLEARING, despeje automático de totales.
— TRANSFER ACCOUNT, cuenta bancaria de transferencia automática.
— WASHING MACHINE, máquina lavadora automática, lavadora automática.
AUTOMATION, automatización, control automático, producción automática continua.
AUTOMOBILE, automóvil, coche, carro.
— ASSEMBLY, ensamblaje o montaje de automóviles.
— COLLISION INSURANCE, seguro contra choques de automóviles.
— COLLISION INSURANCE POLICY, seguro de automóvil contra choque.
— DEALER, distribuidor de automóviles, comerciante de automóviles.

— INDUSTRY, industria automotriz, industria fabricante de automóviles.
— INSURANCE, seguro de automóviles, seguro contra daños al automóvil y del dueño contra responsabilidades civiles.
— LENDING, préstamo sobre automóvil, préstamo para comprar automóvil.
— LIABILITY INSURANCE, seguro contra responsabilidad civil sobre automóvil.
— LICENSE, licencia de automóvil, licencia para conducir, licencia de circulación.
— LOAN, préstamo sobre automóvil, préstamo para financiar automóvil.
— MANUFACTURER, fabricante de automóviles.
— THEFT INSURANCE, seguro contra robo de automóvil.
— WRECKING PLANT, desarmaduría, planta desarmadora de autos.
AUTOMOTIVE, automotriz.
— ENGINEERING, ingeniería automotriz.
— PARTS, piezas de automóvil, partes automotrices.
AUTONOMY, autonomía, derecho a gobernarse por sí mismo.
AUXILIARY, auxiliar.
— ACTIVITIES, actividades auxiliares o complementarias.
— COMPUTER, computadora auxiliar, computadora de reserva.
— EQUIPMENT, equipo auxiliar o de reserva.
— JOURNAL, diario auxiliar, libro auxiliar.
— LEDGER, auxiliar del mayor o del libro mayor.
— OPERATION, operación auxiliar o subsidiaria.
AVAILABILITY, disponibilidad, aprovechabilidad.
— FACTOR, factor de disponibilidad.
— MACHINE TIME, disponibilidad de tiempo de máquina, tiempo de máquina aprovechable.
— OF CREDIT, disponibilidad de crédito, volumen de crédito disponible.
— OF LABOR, disponibilidad de mano de obra, personal obrero, fuerza obrera que ofrece sus servicios.
AVAILABLE, disponible, aprovechable.
— ASSETS, activo realizable o disponible.
— BALANCE, saldo disponible o aprovechable.
— CASH, efectivo disponible, dinero a la mano.
— RESOURCE, recurso disponible, bienes aprovechables.
— SURPLUS, superávit disponible, excedente aprovechable.
AVERAGE, promedio, (seguro marítimo) avería, término medio.
— ACCOUNTS, plazo medio, vencimiento común.
— AMOUNT, importe medio o promedio, cantidad disponible.
— ANNUAL CUMULATIVE TOTAL COST, promedio anual del costo total acumulado.
— CASH BALANCE, saldo promedio de efectivo, saldo de caja promedio.

—— COLLECTION PERIOD, período medio de cobranza, plazo promedio de cobranza.
—— COLLECTION PERIOD RATIO, razón del período de cobro promedio.
—— COST, costo medio o promedio.
—— COST OF CAPITAL, costo promedio o medio del capital.
—— DATE, fecha promedio, plazo medio.
—— DATE OF AN ACCOUNT, fecha media de una cuenta.
—— DEVIATION, desviación media.
—— DUE DATE, fecha media de vencimiento.
—— INCOME, ingreso promedio o medio, entrada o renta promedio.
—— INTEREST RATE PAID, promedio de tasa de interés pagada.
—— INVENTORY, inventario promedio, promedio de existencia de mercancía.
—— JOB TYPE PROFILE, perfil de tipo de trabajo promedio.
—— LABOR COST, costo medio o promedio de mano de obra.
—— LIFE, vida promedio o media.
—— NATIONAL PRIME RATE, tasa preferencial nacional promedio.
—— OUTGOING QUALITY, calidad promedio del producto surtido o de salida.
—— OUTGOING QUALITY LIMIT, límite de calidad promedio del producto fabricado o surtido.
—— POLICY, póliza de averías.
—— PRICE, precio medio o promedio.
—— RATE OF RETURN, tasa de rendimiento promedio, cuota de contribución promedio.
—— REVENUE, ingreso medio, entrada o renta promedio.
—— SAMPLE NUMBER, tamaño promedio de la muestra.
—— SHARES OUTSTANDING, promedio de acciones vigentes, promedio de acciones en circulación.
—— UNIT PRICE, precio unitario promedio, precio promedio por unidad.
—— WHOLESALE PRICES, precios medios al por mayor, precios promedio del mayorista.
AVERAGING DOWN, compra nacional de acciones a menor precio que las originales.
AVIATION, aviación, aeronavegación.
—— HAZARD, riesgos de la aviación.
—— INSURANCE, seguro aéreo, seguro de transporte aéreo.
AVIATION-ACCIDENT INSURANCE, seguro contra accidente de aviación o accidente aéreo.
AVIATION-TICKET POLICY, seguro de viaje en avión.
AVOUCHMENT, testimonio, declaración, protesta.
AVOWAL, declaración, admisión, aprobación.
AVOWER, declarante, manifestante.
AWAIT ORDERS, aguardar órdenes o instrucciones.
AWARD, arbitraje, fallo, premio, cancelación.
—— A PRICE, otorgar un premio, conferir un premio.
—— THE CONTRACT, adjudicar o conceder el contrato.
——, TO, otorgar, conceder, adjudicar.
AWARENESS, estar consciente o enterado de algo.
AXIOM, axioma, postulado, sentencia.

B

BABY, bebé, nene.
—— **FOOD**, alimento para bebé.
—— **SITTER**, niñera, aya.
BACK, dorso, reverso, respaldo, posterior.
—— **BOND**, contraconfianza, hipoteca.
—— **COVER**, contraportada, contratapa.
—— **LETTER**, carta de indemnización, carta que modifica un contrato.
—— **NUMBER**, ejemplar o número atrasado de una revista.
—— **ORDER**, pedido de entrega diferida, orden o pedido atrasado.
—— **OUT**, retirarse o eludir un compromiso.
—— **PAY**, sueldo atrasado, sueldo retroactivo.
—— **TAXES**, impuestos atrasados o vencidos.
——, **TO**, endosar, respaldar, favorecer.
—— **UP**, respaldar, apoyar, sostener.
—— **WAGES**, jornales adeudados o atrasados.
BACK-DATING, antedatado, fechado con anterioridad.
BACK-FEED OF THE MACHINE, alimentador posterior de la máquina.
BACKBONE, base, columna, lo principal.
BACKDOOR FINANCING, financiamiento no presupuestado.
BACKER, promotor, fomentador.
BACKGROUND, antecedentes, fondo.
BACKING, apoyo, abono, garantía, retroceso.
—— **SHEET**, hoja matriz, hoja de control o de respaldo.
—— **STORE**, memoria de almacenamiento de una computadora.
BACKLOG, atraso, pedidos no despachados, cartera de pedidos, reserva.
—— **DEPRECIATION**, depreciación de acumulaciones.
—— **OF ORDERS**, relación de pedidos no surtidos, órdenes no despachadas.
—— **REPORTING**, informe de pedidos no surtidos.
BACKWARD ECONOMY, economía subdesarrollada, economía atrasada.
BACKWARDATION, prima pagada por entrega aplazada.
BAD, falso, malo.
—— **COIN**, moneda falsa.
—— **DEBT**, cuenta incobrable, deuda mala.
—— **DEBT EXPENSE**, gasto de cuentas de cobro dudosa, gasto de factura incobrable.
—— **DEBTS CHARGED OFF**, deudas incobrables dadas de baja en libros.
—— **FAITH**, mala fe, tener mala fe.
—— **NAME**, mala fama, mala reputación.
—— **PAY RECORD**, registro de pagos malos, expediente de pagos dudosos.
—— **RISK**, gran riesgo.
—— **TIMES**, época de depresión, tiempos difíciles.
—— **WEATHER**, mal tiempo, intemperie.
BAD-DEBT LOSS, pérdidas por cuentas incobrables o cuentas dudosas.
BAD-ORDER FREIGHT, carga dañada.
BADGE, distintivo, insignia, emblema.
BADWILL, crédito mercantil negativo.
BAG, bolsa, saco, maleta.
—— **FACTORY**, fábrica de bolsas o sacos.
BAGASSE, bagazo.
—— **SILAGE**, ensilado de bagazo.
BAGGAGE, equipaje, bagaje.
—— **CAR**, vagón de equipaje, carro de equipaje.
—— **CHECK**, talón de equipaje, comprobante de equipaje.
—— **DECLARATION**, declaración o entrada de equipaje.
—— **DELIVERY**, entrega o reparto de equipaje.
—— **INSURANCE**, seguro de equipaje.
—— **RECEIPT**, recibo de equipaje, billete de equipaje.
—— **ROOM**, depósito o bodega de equipaje.
BAGGAGE-INSPECTION ROOM, sala de revisión de equipaje.
BAGGAGEMASTER, guardaequipaje, encargado de equipajes.
BAIL, fianza, dar fianza, caución, fiador.
—— **BOND**, caución, escritura de fianza.
BAILEE, depositario, fiador.
BAILMENT, depósito mercantil, entrega en depósito.
BAILOR, depositante, fiador.
BAILOUT, dividendo de impuesto diferido.
BAKERY, panadería.
—— **INDUSTRY**, industria panadera.
BALANCE, saldo, balance, resto, restante, equilibrio.
—— **ACCEPTANCE**, aceptación bancaria, giro aceptado por un banco.
—— **AN ACCOUNT**, saldar o liquidar una cuenta.
—— **CARRIED FORWARD**, suma a la vuelta.
—— **COLUMN**, columna para saldos.
—— **DUE**, saldo pagadero, saldo adeudado.
—— **FORWARD**, traspaso de saldos.
—— **FORWARDED**, saldo anterior.
—— **ITEM**, contrapartida.
—— **KEY**, tecla de saldos.
—— **OF INTERNATIONAL PAYMENTS**, balanza de pagos internacionales, balanza económica.
—— **OF PAYMENTS**, balanza de pagos.
—— **OF POWER**, equilibrio de poder o fuerza de naciones.
—— **OF PREVIOUS PERIOD**, saldo del ejercicio anterior.
—— **OF STOCK**, saldo o resto de existencia.
—— **OF THE ACCOUNT**, saldo de la cuenta, balance de la cuenta.
—— **OF THE BOOKS**, saldar los libros, balancear los libros.

—— OF TRADE, balance de pagos, balanza de pagos, balanza mercantil.
—— OUTSTANDING, saldo anterior o pendiente.
—— PER TRIAL BALANCE, saldo según balanza de comprobación.
—— SHEET, balance general, estado de situación, estado de contabilidad.
—— SHEET ACCOUNT, cuenta del balance general, cuenta del estado de contabilidad.
—— SHEET COVENANT, convenio del balance general, escritura del contrato de balance.
—— SHEET EQUITY, valor líquido o beneficio del balance general.
—— SHEET OF A FUND, balance general de un fondo.
—— SHEET PRESENTATION, presentación del balance general.
—— THE BUDGET, nivelar o balancear el presupuesto.
——, TO, saldar, balancear.
——, ULTIMATE, último saldo, saldo final.
BALANCE-OF-PAYMENTS ADJUSTMENTS, ajuste de la balanza de pagos.
BALANCE-OF-PAYMENTS DEFICIT, déficit de la balanza de pagos.
BALANCE-SHEET AUDIT, auditoría de balance, auditoría del estado financiero.
BALANCED, ajustado, compensado, equilibrado.
—— ADDITION, adición equilibrada.
—— BUDGET, presupuesto equilibrado o ajustado.
—— GROWTH, desarrollo equilibrado o proporcionado.
—— ECONOMY, economía equilibrada o ajustada.
BALANCES WITH AGENTS, saldos de los agentes.
BALANCING ENTRY, contrapartida, asiento complementario.
BALE, fardo, paca.
BALER, empacador, enfardador.
BALING, embalaje, enfardado.
BALL, bola, pelota, bala.
BALLAST, lastre, balasto.
BALLOON PAYMENT, pago global o total.
BALLOONING, alza artificial de precios.
BALLOT, papeleta, boleta, hoja de votación.
—— BOX, urna, ánfora.
BALLYHOO, bombo, propaganda ruidosa.
BANANA, plátano, banana.
BANK, banco, casa de banca.
—— ACCEPTANCE, aceptación bancaria, giro aceptado por un banco.
—— AFFILIATE, banco asociado o afiliado.
—— ASSETS, activo bancario, o bienes bancarios.
—— AUDITOR, auditor bancario.
—— BALANCE, saldo bancario, saldo en el banco.
—— BALANCE SHEET, balance general del banco.
—— BILL, letra bancaria, billete de banco.
—— BOARD, directiva bancaria, consejo bancario.
—— CAPITAL, capital bancario, capital que posee el banco.

—— CARD PROGRAM, programa de tarjetas de crédito bancario.
—— CASH BALANCES, saldo en el banco.
—— CHARGE, cargo del banco, comisión bancaria.
—— CHARTER, acta de constitución del banco, escritura de constitución del banco.
—— CHECK, cheque bancario.
—— CLERK, empleado bancario, oficinista bancario.
—— CONFIRMATION, confirmación bancaria.
—— CONSOLIDATION, consolidación bancaria, fusión bancaria.
—— CREDIT, crédito bancario, crédito concedido por el banco.
—— CREDIT CARD, tarjeta de crédito bancaria.
—— CUSTOMER OVERDRAFT, cliente de banco que está sobregirado.
—— DEPOSIT, depósito bancario o en cuenta bancaria.
—— DEPOSIT SLIP, ficha de depósito bancario.
—— DISCOUNT, descuento bancario, descuento comercial.
—— DISCOUNT RATE, tasa o tipo de descuento bancario.
—— DRAFT, giro bancario, letra bancaria.
—— ENDORSEMENT, endoso bancario.
—— EQUIPMENT, equipo bancario, accesorios bancarios.
—— EXAMINATION, inspección bancaria, investigación bancaria.
—— EXAMINER, inspector de banco, investigador bancario.
—— FAILURE, bancarrota, quiebra bancaria.
—— FUNDS, fondos bancarios, recursos bancarios.
—— GUARANTY, garantía bancaria, seguro contra quiebra bancaria.
—— HOUSE, casa de banca, oficina bancaria.
—— INVESTMENT, inversión bancaria, capital invertido por un banco.
—— ITEMS, documentos negociables.
—— LIABILITIES, pasivo bancario, obligaciones bancarias.
—— LOAN, préstamo bancario, empréstito bancario.
—— MANAGEMENT, administración bancaria, dirección bancaria.
—— MERGER, fusión bancaria, incorporación bancaria.
—— MONEY, valores bancarios, depósito bancario, letra bancaria, cheques y créditos bancarios.
—— MONEY ORDER, giro bancario.
—— NOTE, billete de banco, cédula de banco.
—— NOTE SECURED, letra bancaria asegurada, billete de banco garantizado.
—— NOTE UNSECURED, billete de banco no asegurado o no garantizado.
—— OF CIRCULATION, banco de emisión.
—— OF DEPOSIT, banco de depósito.

—— OF ISSUE, banco emisor.
—— OVERDRAFT, sobregiro bancario, giro bancario en descubierto.
—— PAPER, papel bancario, valores o efectos bancarios.
—— PAYING-IN SLIPS, fichas de depósito al banco.
—— PREMISES, propiedades bancarias, establecimiento o local del banco, valor en libros del edificio y el equipo.
—— PRIME INTEREST RATE, tasa prima de interés bancario, tipo preferencial de interés bancario.
—— RATE, tasa bancaria, tipo de descuento bancario, tipo bancario.
—— RECONCILIATION, conciliación de banco, comprobación del estado de cuenta.
—— RECONCILIATION STATEMENT, estado de reconciliación bancaria, comprobación del estado mensual.
—— REFERENCES, referencias bancarias, informes proporcionados por el banco.
—— RESERVES, reservas bancarias, dinero y valores reservados por el banco.
—— RETURN, balance, estado de situación.
—— RISKS, riesgos bancarios, peligros que corre un banco en sus operaciones.
—— SAFETY DEPOSIT BOX, caja de seguridad del banco.
—— SAVING, depósito bancario, ahorro bancario.
—— SERVICE CHARGE, cargo o gasto por servicio bancario.
—— SHARE, acción bancaria, acción del banco.
—— STATEMENT, estado bancario, estado de cuenta del banco, balance del banco.
—— STOCK, acciones o valores bancarios.
—— STOCK INVESTOR, inversionista en acciones o títulos bancarios.
—— STOCK PRICES, precios de acciones o valores bancarios.
—— TRANSFER, transferencia bancaria.
—— VAULT, bóveda bancaria, depósito de seguridad.
BANK-BY-MAIL, servicio bancario por correo, operaciones bancarias postales.
BANK-INSURED CAPITAL, capital bancario asegurado o garantizado.
BANK-POST REMITTANCE, transferencia bancaria postal.
BANK'S ANNUAL REPORT, informe o reporte anual bancario.
BANK'S CAPITAL ACCOUNT, cuenta de capital del banco, cuenta patrimonial del banco.
BANK'S CAPITAL POSITION, situación o estado de capital del banco.
BANK'S CAPITAL RISK, riesgo del manejo de capital bancario.
BANK'S CAPITAL STRUCTURE, estructura del capital del banco.

BANK'S CAPITALIZATION, capitalización del banco, operaciones que realiza el banco para administrar y aumentar su capital.
BANK'S CASH DIVIDEND PAYOUT, liquidación bancaria de dividendo en efectivo.
BANK'S CREDIT DEPARTMENT, departamento de crédito bancario, departamento bancario de crédito.
BANK'S CREDIT SCORING SYSTEM, sistema bancario de calificación o evaluación de crédito.
BANK'S DEFAULTED NOTE, pagaré bancario incumplido, letra bancaria no pagada.
BANK'S EARNING ASSETS, activo que devenga interés bancario, activos bancarios que producen intereses.
BANK'S EXECUTIVE COMMITTEE, comité ejecutivo bancario, junta administrativa del banco.
BANK'S FINANCIAL STRENGTHS, poderes financieros bancarios, capacidad financiera.
BANK'S FINANCIAL WEAKNESSES, deficiencias financieras bancarias.
BANK'S INCOME, ingreso o entradas del banco.
BANK'S INVESTMENT ORDERS, órdenes de inversión del banco, notificación de inversión bancaria.
BANK'S INVESTMENT PORTFOLIO, cartera o portafolio de inversión del banco.
BANK'S LEGAL LENDING LIMIT, límite legal de préstamo bancario.
BANK'S LINE OF CREDIT, línea de crédito bancaria, límite de crédito bancario.
BANK'S LIQUIDITY CALCULATIONS, cálculo de liquidez o convertibilidad bancaria.
BANK'S LIQUIDITY POSITION, estado de liquidez bancario, situación de convertibilidad bancaria.
BANK'S LOAN DEPARTMENT, departamento de préstamos bancarios.
BANK'S LOAN OFFICER, ejecutivo o funcionario de préstamos bancarios.
BANK'S LOANS OUTSTANDING, préstamos bancarios pendientes de pago.
BANK'S LOAN PORTFOLIO, portafolio de préstamos del banco, cartera de empréstitos bancarios.
BANK'S NET INCOME, ingreso neto bancario, entradas netas bancarias.
BANK'S PERFORMANCE, rendimiento del banco, ejecución del banco.
BANK'S PRIMARY RESERVES, reservas primarias del banco.
BANK'S SECURITY PORTFOLIO, cartera de valores bancarios, portafolio de títulos bancarios.
BANK'S STOCKHOLDERS, accionistas bancarios, personas que poseen acciones bancarias.
BANKBOOK, libreta de depósitos bancarios.
BANKER, banquero.
BANKER'S ACCEPTANCES, aceptaciones bancarias.
BANKER'S LIEN, gravamen bancario.
BANKHOLDER, obligacionista.
BANKING, banca, sistema bancario, operaciones bancarias.

—— AND SECURITY SPECIALIST, especialista en banca y valores.
—— BUSINESS, operaciones o negocios bancarios.
—— CHARGES, cargos bancarios, gastos bancarios.
—— COMPANY, campañía o institución bancaria.
—— HOUSE, casa de banca, institución bancaria.
—— INDUSTRY, industria bancaria, institución bancaria.
—— MARKET, mercado bancario, mercado de operaciones bancarias.
—— OFFICE, oficina bancaria.
—— OPERATIONS, operaciones bancarias, transacciones bancarias.
—— REGULATION, regulación bancaria, reglamento bancario.
—— STRUCTURE, estructura bancaria, forma en que está constituida la banca.
—— SYSTEM, sistema bancario, sistema de operación bancario.
BANKRUPT, quebrado, insolvente.
—— DRAWEE, librado en bancarrota.
——, TO, quebrar, declararse insolvente.
BANKRUPTCY, quiebra, bancarrota, insolvencia.
—— DISCHARGE, rehabilitación de quiebra.
—— PROCEEDINGS, juicio o procedimiento de quiebra.
BAR, barra, cantina, varilla.
—— CHART, gráfica de barras.
BARBERSHOP, barbería, peluquería.
BAREBOAT CHARTER, fletamento de un buque con iguales derechos que el propietario del mismo.
BARGAIN, ganga, barata, regatear.
—— AND SALE, compraventa.
—— DAY, día de gangas o de rebajas.
—— PRICE, precio de ganga, precio de barata, precio de ocasión.
—— SALE, baratillo, venta de ofertas, liquidación.
BARGAINEE, contratante, comprador.
BARGAINING, regateo, negociar con el comprador.
—— POSITION, posición de negociar o regatear.
BARGE LINE, empresa de transporte por lanchones.
BARMAID, cantinera, tabernera.
BARRACK, barraca, albergue.
BARRATRY, baratería, demanda fraudulenta.
BARREL, barril, tonel, barrica.
BARREN MONEY, deuda sin interés, dinero improductivo.
BARREN PERIOD, período improductivo.
BARRIER, barrera, impedimento, obstáculo.
BARRIERS TO TRADE, barreras u obstáculos al comercio.
BARTENDER, cantinero, encargado de la barra.
BARTER, trueque, permuta, tráfico.
—— AGREEMENT, convenio de trueque.
—— CONTRACT, contrato de permuta, contrato de trueque.

——, TO, cambiar, permutar géneros.
BASE, base, común.
—— PAY, salario básico, sueldo base.
—— PERIOD, período base o de base.
—— RATE, tasa básica, tipo básico.
—— RATE OF PAY, tipo básico de pago.
—— WEIGHT, peso base.
BASE-STOCK METHOD, método de existencias básicas.
BASE-STOCK METHOD OF VALUATION, método de valoración de inventario básico.
BASEMENT, sótano, subsuelo.
BASIC, básico.
—— DIMENSION, dimensión o acotación básica.
—— EXPENDITURE, erogación básica, gasto o desembolso básico.
—— FINANCIAL STATEMENT, estado financiero básico.
—— PREMIUM, prima básica.
—— RATE, tarifa básica, tasa básica.
—— STANDARD COST, costo estándar básico, costo normal básico.
—— WAGE, salario o jornal básico.
BASING-POINT, punto básico (geográfico) para fijación de precios.
BASING-POINT SYSTEM, sistema de punto base.
BASIS, base.
—— OF ACCOUNTING, base contable.
BASKET, canasta, cesta.
—— PURCHASE, compra global o de conjunto.
BASTARD, falso, bastardo.
BATCH, lote, partida, colada, carga.
—— CONTROL, control por lote o en lote.
—— COSTING, costeo por lote o partida, contabilidad de costos por unidad.
—— PROCESSING, procesamiento por lote o por carga.
BATCH-PROCESSING SYSTEM, sistema de procesamiento por lote o por carga.
BATCH TOTALS, totales por lote.
BATTERY, batería, acumulador, pila, grupo.
BATTERY-POWER DIGITAL WATCH, reloj digital de bolsillo que funciona con batería.
BAY, bahía, rada, ensenada.
BEACH, playa, costa, orilla.
BEAR, bajista, llevar, sufragar.
—— INTEREST, predecir intereses, causar o devengar intereses.
—— MARKET, mercado bajista.
—— THE COSTS, correr con los gastos, asumir el costo.
—— THE LOSS, cargar con la pérdida, soportar la pérdida.
—— THE MARKET, especular a la baja.
——, TO, jugar o especular a la baja, llevar, sufragar.
BEARER, portador.
—— BOND, bono al portador, título al portador.
—— CAPITAL STOCK, acciones al portador, capital social al portador.

—— MORTGAGE NOTE, pagaré hipotecario al portador.
—— PAPER, documentos o efectos al portador.
—— SECURITIES, valores al portador, títulos a la orden.
—— STOCK, acciones al portador.
BEAT, vencer, ganar a.
—— DOWN, regatear.
—— THE RECORD, batir el récord, romper la marca.
BEATING THE GUN, oferta anticipada.
BEAUTY PARLOR, salón de belleza, instituto de belleza.
BECOME llegar a, tornarse, hacerse, volverse, ponerse, convertirse en.
—— DUE, vencer, vencerse.
—— EFECTIVE, entrar en vigor o en vigencia.
—— OF AGE, llegar a la mayoría de edad.
BEDROOM, dormitorio, recámara.
BEEF, carne de res, carne de vaca.
—— CATTLE, ganado vacuno, ganado bovino.
BEER, cerveza.
BEET SUGAR, azúcar de remolacha.
BEFORE-MENTIONED, antemencionado, susodicho.
BEFORE-TAXES, antes de deducir impuestos.
BEFORE-TAX RATE, tasa antes de deducir impuestos.
BEG TO, WE, nos permitimos, les pedimos.
BEGINNING INVENTORY, inventario inicial o de entrada.
BEHALF OF, ON, en nombre de, por cuenta de.
BEHAVIOR, conducta, comportamiento.
—— MODIFICATION, modificación de conducta o de comportamiento.
—— PATTERNS, modelos o patrones de comportamiento.
BEHAVIORAL OBJECTIVES, objetivos de comportamiento.
BEHAVIORAL SCIENCE RESEARCHER, investigador de la ciencia de la conducta.
BEHAVIORAL SCIENTIST, especialista de la conducta.
BEHAVIORISM, conductismo.
BEHOLDER, espectador, mirón.
BELIEFS, creencias, ideas, credo.
BELOW, bajo, debajo de.
—— COST, bajo costo, a menos del costo.
—— PAR, bajo par, con descuento.
—— THE LINE, abajo o fuera de la línea.
BENCH MARK, punto de referencia.
BENCH WORKER, operario de banco.
BENEFICIAL INTEREST, interés de beneficio.
BENEFICIARY, beneficiario, asegurado, derechohabiente, portador.
—— OWNER, usufructuario.
BENEFIT, beneficio, provecho.
—— COST RATIO, razón de beneficio.
—— FUND RESERVE, reserva o fondo de reserva para beneficencia.
—— IN KIND, beneficio en especie.
—— PAYMENTS, indemnización, beneficios.

BEQUEATH, TO, legar, donar en testamento.
BEQUEATHER, testador.
BEQUEST, legado.
BERTH, atracadero, cargadero, descargadero.
—— CHARTER, carta de fletamento sin especificar la carga.
——, ON THE, listo para recibir carga.
BEST, mejor, el mejor.
—— BID, la mejor oferta o propuesta.
—— SELLER, el que más se vende, libro de mayor venta.
BET, apuesta, apostar.
BETA ANALYSIS, análisis beta.
BETRAYAL, prevaricación, traición, violación.
BETTERMENT TAX, impuesto para mejoras, contribución de mejoras.
BETTERMENTS, mejoras, mejorías, perfeccionamientos.
BETTING, apuestas, hacer apuestas.
BIAS, predisposición, parcialidad.
BIASED, sesgado.
BID, oferta, propuesta, postura, (subasta) puja.
—— AND ASK, oferta y demanda.
—— AT AUCTION, pujar en una subasta.
—— IN, sobrepujar en beneficio del vendedor.
—— PRICE, precio de oferta, precio de subasta, precio de comprador.
—— UP, aumentar la oferta en una subasta.
—— WITHDRAW, oferta retirada.
—— YIELD, rendimiento a la oferta o la propuesta.
BIDS, licitaciones, propuestas.
BIDDER, postor, proponente, licitador.
BIDDING, licitación, concurso de subasta, postura, remate.
—— AT AUCTION, pujas, licitaciones.
—— NOTICE, aviso de subasta o licitación.
—— PRICE, precio de competencia o de subasta.
BIENNIALLY, cada dos años, bianualmente.
BIG, grande.
—— BUSINESS, grandes negocios, comercio en grande.
—— GUN, persona influyente o importante.
—— NEWS, noticia importante.
—— SHOT, persona importante.
BILATERAL, bilateral.
—— AGREEMENT, convenio o acuerdo bilateral.
—— CONTRACT, contrato o convenio bilateral.
BILL, nota de venta, factura, cuenta, letra de cambio, giro.
—— BOOK, libro de cuentas por pagar o cobrar, registro de facturas.
—— BROKER, agiotista, agente de cambios, corredor.
—— CLERK, facturista, encargado de facturación.
—— CLIENTS, cobrar servicios a clientes.
—— HOLDER, tenedor de una letra.
—— OF CREDIT, carta de crédito.
—— OF DEBT, pagaré por una letra o por una deuda.

—— OF ENTRY, pliego de aduana, declaración de entrada.
—— OF EXCHANGE, letra de cambio, cédula de cambio, libranza, documento cambiario.
—— OF FREIGHT, carta de porte o de flete.
—— OF GOODS, factura de mercancías vendidas, partida de mercancías vendidas.
—— OF HEALTH, certificado de salud, carta de sanidad.
—— OF INDICTMENT, acta de acusación.
—— OF LADING, conocimiento de embarque, carta de porte, guía de embarque.
—— OF LADING FILE, archivo de conocimiento de embarque.
—— OF MATERIALS, relación o especificación de materiales, tabla de materiales.
—— OF RIGHTS, declaración de derechos, carta de derechos.
—— OF SALE, escritura de venta, documento de venta, título de adquisición.
—— OF STORE, permiso de reimportación.
—— PAYABLE, letra por pagar, factura por pagar.
—— RECEIVABLE, letra a cobrar, efecto a cobrar.
—— REGISTER, registro de letras o pagarés.
——, SHIPPING, factura de embarque, documento de embarque.
——, TO, facturar, cargar en cuenta, adeudar.
—— TOTALS, totales.
BILLS, facturas, letras, giros.
—— DISCOUNTED, efectos descontados, letras descontadas, documentos descontados.
—— PAYABLE, efectos a pagar, documentos a pagar, letras a pagar, vales a pagar, cuentas a pagar, vencimientos.
—— RECEIVABLES, documentos a cobrar, letras a cobrar, vales o cuentas a cobrar, obligaciones a cobrar.
BILLBOARD, tablilla de anuncios, cartelera, pizarra de anuncios.
BILLER, facturador, facturista.
BILLFOLD, billetera.
BILLHOLDER, portador de la letra.
BILLING, facturación, registro.
—— CLERK, empleado de cobranzas, facturador.
——, FINAL, cobranza final o definitiva.
—— MACHINE, máquina de facturar, facturadora.
—— PRICES, precios facturados.
BILLINGS, facturación, facturas despachadas.
BIMESTER, bimestre.
BIMONTHLY, bimestralmente.
BIN CARD, tarjeta de existencia en unidades.
BINARY, binario.
—— ARITHMETIC, aritmética binaria.
—— CODED DECIMAL SYSTEM, sistema decimal codificado en binario.
—— CODING SYSTEM, sistema codificado en binario.
—— DIGIT, dígito binario.
—— NUMBER, número binario.
—— NUMBER SYSTEM, sistema numérico binario.

—— SYSTEM, sistema binario.
BIND, comprometer, obligarse, atar, encuadernar.
BINDER, resguardo (seguros), garantía provisional.
BINDING, obligatorio, valedero, encuadernación (libro).
—— AGREEMENT, acuerdo obligatorio, compromiso.
—— RECEIPT, recibo condicional.
BINOMIAL, binomial.
—— DISTRIBUTION, distribución binomial.
—— EQUATION, ecuación binomial.
—— PROBABILITY DISTRIBUTION, distribución binomial de probabilidades.
—— PROBABILITIES, probabilidades binomiales.
BIOMETRY, biometría.
BIONICS, biónica.
BIOSCIENCE INDUSTRY, industria biológica.
BIOSTATISTICS, bioestadística, estadística aplicada a la biología.
BIPARTISAN FOREIGN POLICY, política exterior bipartidista.
BIRTH, nacimiento, natalidad.
—— CERTIFICATE, acta de nacimiento, certificado de nacimiento.
—— CONTROL, control de natalidad, control del índice de nacimientos.
—— RATE, tasa de natalidad, coeficiente de nacimientos.
BISCUIT INDUSTRY, industria galletera o de fabricación de bizcochos.
BIWEEKLY MEETING, junta quincenal, reunión quincenal.
BLACK, negro.
—— LIST, boicotear, poner en lista negra.
—— MARKET, mercado negro o clandestino, bolsa negra, mercado ilegal.
BLACK-BOX MODEL, modelo de la caja negra.
BLACK-MARKET EXCHANGE, cambio de contrabando, cambio de bolsa negra.
BLACKMAIL, chantaje, extorsión.
BLACKMAILER, chantajista, extorsionista.
BLACKSMITH, herrero, forjador.
BLANK, planilla, modelo, esqueleto, machote.
—— ACCEPTANCE, aceptación en blanco.
—— CHECK, cheque en blanco, cheque firmado en blanco.
—— COMPANY CHECK, cheque en blanco de la compañía.
—— ENDORSEMENT, endoso al portador, endoso en blanco.
—— FORM, formulario en blanco, modelo, machote, forma.
—— SIGNATURE, firma en blanco.
BLANKET, frazada, manta, cobija, general.
—— BRAND, marca general.
—— CLAUSE, cláusula general.
—— DEPRECIATION, depreciación global.
—— INSURANCE, seguro abierto o flotante.

—— MORTGAGE, hipoteca colectiva, hipoteca general.
—— ORGANIZATION, organización colectiva o general.
—— POLICY, póliza abierta, póliza integral, póliza flotante.
BLAST FURNACE, alto horno, horno de fundición.
BLIND, ciego, cegar, sin salida.
—— ENTRY, asiento confuso o incompleto, asiento sin explicación.
—— PRODUCT TEST, prueba o ensayo de producto velado.
BLIND-ALLEY JOB, empleo sin posibilidad de progreso.
BLOATED INVENTORY, inventario inflado, inventario hinchado.
BLOCK, bloque, adoquín, manzana, cuadra (ciudad).
—— DIAGRAM, diagrama de bloque.
—— METHOD, método de grupo o de bloque.
—— OF INFORMATION, lote de información.
—— OF STOCK, bloque de acciones, paquete de acciones.
—— RECONCILIATION, conciliación cuadrada.
—— SALE, venta de bloque de acciones.
—— TRANSFER, transferencia de bloque.
—— VOUCHING, verificación de comprobantes en serie.
BLOCKADE, bloqueo, obstrucción.
BLOCKED, bloqueado.
—— ASSETS, valores congelados, activos congelados.
—— COMMUNICATION CHANNEL, canal de comunicación bloqueado.
—— CURRENCY, moneda bloqueada, moneda congelada o controlada.
—— OF PAYMENTS, bloqueo de pagos.
BLOODSHED, matanza, derramamiento de sangre.
BLOTTER, borrador, diario, libro de entrada usado en la contabilidad de corredores de valores.
BLOUSES AND DRESSES INDUSTRY, industria de blusas y vestidos.
BLOW
—— OUT, explotar, reventar, quemarse.
—— THE HORN, tocar la bocina.
—— UPON, TO, desacreditar.
BLUE-CHIP STOCK, valores de primera clase con precios superiores de demanda.
BLUE-COLLAR WORKER, obrero, trabajador.
BLUE-SKY LAWS, legislación para regular la emisión y venta de valores.
BLUEPRINT, copia azul o heliográfica, ferroprusiato, fotocopiar.
BLUFF, fanfarronada, alarde.
BLUNDER, error grave, equivocación, disparate.
BOARD, consejo, junta directiva.
—— AND LODGING, cuarto y comida, alimento y alojamiento.

—— COMMITTEE, comité de la junta directiva, junta del consejo de administración.
—— MEETING, junta de la directiva, sesión de la administración.
—— MEMBER, miembro de la junta directiva, socio del consejo directivo.
—— OF ALDERMEN, consejo municipal.
—— OF AUDIT, consejo de auditoría, junta de revisión.
—— OF DIRECTORS, junta directiva, junta administrativa, directiva, mesa directiva, consejo de administración o de directores.
—— OF DIRECTORS MINUTE, acta de la junta de directores, minuta del consejo de administración.
—— OF GOVERNORS, consejo de dirección, mesa directiva.
—— OF REVIEW, junta revisora de avalúos.
—— OF TAX APPEALS, junta de apelación de impuestos.
—— OF TRADE, junta de comercio, cámara de la industria.
—— OF TRUSTEES, junta de síndicos o de patronos.
—— OF UNDERWRITERS, consejo o directiva de aseguradores.
—— ROOM, cuarto del tablero de cotización de acciones, sala de sesiones.
BOARDING HOUSE, casa de huéspedes, hospedaje.
BOAT, bote, barco, embarcación.
BODILY-INJURED LIABILITY, responsabilidad por daños corporales.
BODY, cuerpo, órgano, corporación, carrocería de automóvil.
—— CORPORATE, corporación, sociedad anónima.
—— LANGUAGE, lenguaje mediante movimientos del cuerpo.
—— POLITIC, región política.
BOGUS, falsificación, espurio.
BOILER, caldera, generador de vapor de agua.
—— EXPLOSION INSURANCE, seguro contra explosión de calderas.
BOILERHOUSE, casa de calderas, planta generadora de vapor de agua.
BOLT, perno, tornillo.
BONA FIDE HOLDER, tenedor bona fide o de buena fe.
BONA FIDE SALE, venta de buena fe.
BOND, bono, fianza, título, obligación.
—— AND MORTGAGE, escritura de préstamo e hipoteca.
—— BROKER, corredor de bonos.
—— CERTIFICATE, certificado de bono, título, cédula.
—— COVENANT, contrato de bonos.
—— CREDITOR, acreedor con obligación.
—— DISCOUNT, descuento en bonos o sobre bonos.
—— DISCOUNT AMORTIZATION, amortización del descuento sobre bonos.
—— DIVIDEND, dividendo de bonos o de títulos.

—— FACE VALUE, valor nominal del bono, valor a la par del bono.
—— FUND, fondo de bono, sociedad inversionista tenedora de bonos.
——, GIVE, dar fianza.
—— HOUSE, casa de inversiones.
—— INDENTURE, contrato de emisión de bonos, contrato de empréstito.
—— INTEREST, pago de intereses sobre bonos o sobre títulos.
—— ISSUE, emisión de bonos, expedición de títulos.
—— ISSUE EXPENSES, gastos de emisión de bonos o de títulos.
—— MARKET, mercado de bonos.
—— MARKET VALUE, valor de mercado del bono, valor en plaza del título.
—— MATURITY VALUE, valor del bono o del título al vencimiento.
—— NOTE, certificado de depósito.
—— OF ASSIGNEE, fianza de cesionario.
—— PAR VALUE, valor a la par del bono, valor nominal del título.
—— PAYABLE, bono por pagar, título u obligación a pagar.
—— PAYABLE ACCOUNT, cuenta de bonos o títulos por pagar.
—— PAYABLE TO BEARER, título al portador, bono por pagar al portador.
—— PREMIUM, prima de fianza, cuota de fianza.
—— PREMIUM AMORTIZATION, amortización de prima sobre bonos.
—— PRICE, precio o valor del bono.
—— PRINCIPAL VALUE, valor capitalizado del bono o del título.
—— REFUNDING, reembolso de bonos, restitución de títulos.
—— REGISTER, encargado de registro de bonos, acopio de bonos.
—— RETIREMENT, retiro de bonos.
—— SINKING FUND, fondo para amortización de obligaciones.
—— TABLES, tablas de amortización de bonos.
——, TO, poner en depósito, dar fianza, hipotecar (bienes).
—— TRUSTEE, depositario de bonos.
—— UNDERWRITERS, subscriptor de bono, asegurador de títulos.
—— VALUATION, valuación o evaluación de bonos.
—— VALUE, valor de bono, monto del título.
—— YIELD, rendimiento de bono o de obligaciones.
—— YIELD TABLE, tabla de rendimiento de bonos u obligaciones.
BONDED, afianzado, hipotecado.
—— DEBT, pasivo representado por bonos, deuda consolidada o en bonos, deuda garantizada.
—— GOODS, mercancías en depósito, mercancías en aduana.

—— STORE, almacén afianzado.
—— WAREHOUSE, almacén en depósito, bodega fiscal, depósito de aduana.
BONDING COMPANY, empresa de fianzas, compañía de afianzamiento.
BONDING INSTITUTION, institución de fianzas, empresa fiadora.
BONDS CALLABLE, bonos redimibles antes de su vencimiento.
BONDS-OUTSTANDING METHOD, método de bonos en circulación.
BONDS RETIRED, bonos redimidos.
BONDSMAN, fiador, garante.
BONHOLDER, tenedor o poseedor de bonos.
BONHOLDINGS, bonos o títulos en cartera.
BONUS, gratificación, sobresueldo, regalía, bonificación.
—— ADDITIONS, aumentos en bonificaciones.
—— AGREEMENTS, acuerdo sobre gratificaciones, convenio sobre bonificaciones.
—— AND PENALTY, prima y multa, multa y bonificación.
—— PLAN, plan de bonificaciones o de prima.
—— SHARES, acciones con gratificación.
—— STOCK, acciones beneficiarias, acciones liberadas.
BOOK, libro, libreta, anotar, registrar.
—— A SEAT, reservar o apartar asiento.
—— AN ORDER, hacer un pedido, ordenar un pedido.
—— ASSETS, activo contable.
—— CREDIT, haber contabilizado, haber en libros.
—— DEBT, deuda o crédito en libros, deuda según el mayor.
—— DEPRECIATION, depreciación cargada en libros.
—— FIGURE, cifra en libros.
—— INCOME, utilidad en libros.
—— INVENTORY, inventario en libros, inventario perpetuo o continuo.
—— LOSS, pérdida contable o según libros.
—— OF ACCOUNT, libro de cuentas.
—— OF FINAL ENTRY, libro de entrada o asiento final.
—— OF ORIGINAL ENTRY, libro de entrada original.
—— OF RATES, arancel de aduanas, derechos aduanales.
—— OF SECONDARY ENTRY, libro de entrada secundaria.
—— POST, tarifa postal para libros, correo para envío de libros.
—— PREMIUM, prima bruta o total.
—— PROFIT, beneficio contable, ganancias según libros, utilidades aparentes.
—— SURPLUS, superávit en libros, capital, reservas y resultados según libros.
—— TRADE, librería, negocio de libros.
—— VALUE, valor en libros, valor según libros, valor de balance.

―― VALUE PER SHARE, valor en libros por acción, valor de balance por acción.
BOOKBINDING, encuadernación, encuadernar un libro.
BOOKIE, corredor de apuestas.
BOOKING OFFICE, despacho de pasajes, agencia de transporte.
BOOKKEEPER, tenedor de libros, contador.
BOOKKEEPING, teneduría de libros, contabilización.
―― ACCOUNT, registros contables.
―― EXPENSES, gastos de contabilidad.
―― MACHINE, máquina de contabilidad o contabilizadora.
―― WORK, trabajo de contabilidad o de contaduría.
BOOKLET, folleto, libro pequeño de notas.
BOOKS OF ACCOUNT, libros de contabilidad, libros de teneduría, libros de comercio.
BOOKS OF ORIGINAL ENTRY, libros de asiento original, libros de contabilidad, libros de teneduría.
BOOKSELLER librero.
BOOKSTORE, librería.
BOOM, prosperidad, alza de precios, auge comercial, aguilón de grúa.
―― TIMES, período de abundancia o de prosperidad.
BOOMER, obrero o trabajador migratorio.
BOOMING ECONOMY, auge de la economía.
BOONDOGGLING, despilfarro de fondos públicos.
BOOST, fomentar, respaldar, apoyo, ayuda.
BOOT, ganancia adicional, provecho, ventaja.
BOOTH, casilla, estante, garita.
BOOTLEG, ilícito.
BOOTLEGGER, contrabandista.
BOREDOM BARRIER, barrera del fastidio, barrera del aburrimiento.
BORROWER, prestatario, prestamista.
―― FINANCIAL STATEMENT, estado financiero del prestatario, balance del prestatario.
―― OF CAPITAL, solicitante o prestatario de capital.
BORROWER'S CREDIT BACKGROUND, antecedentes de crédito del prestatario.
BORROWER'S PROTECTIVE INSURANCE, seguro de protección contra adeudos.
BORROWER'S SAVINGS, ahorros o economías del prestatario.
BORROWER'S TIME DEPOSIT, depósito a plazo del prestatario, depósito en abonos del prestatario.
BORROWING, concesión o emisión de préstamos.
―― DEMAND, demanda de préstamos.
―― POWER, capacidad crediticia.
―― RATE, tipo de interés sobre créditos, tasa de préstamo.
BOSS, jefe, empresario, capataz.
BOSSISM, control ejercido por jefes políticos.

BOTCH, chapucería.
BOTTLE, botella, frasco, embotellar.
BOTTLED GAS, gas licuado de petróleo, gas embotellado.
BOTTLENECK, cuello de botella, atascamiento de la producción, embotellamiento.
BOTTLING PLANT, planta embotelladora.
BOTTOM-UP AUTHORITY, autoridad de abajo hacia arriba.
BOTTOM-UP PLANNING, planeación o planificación de abajo hacia arriba.
BOUGTH LEDGER, auxiliar de proveedores.
BOUND, obligado, comprometido.
―― BOOK, libro encuadernado o empastado.
―― RATE, tarifa fija.
BOUNDARY PRODUCTION, límite de la producción.
BOUNDED, acotado.
BOUNTY, prima, subvención, subsidio, bonificación.
BOURGEOISIE, clase media, burguesía.
BOX, caja, cofre, apartado postal.
―― OFFICE, taquilla, casilla de venta de boletos.
BOYCOTT, boicot, desacreditar o rechazar a una persona.
BRAINSTORMING, tormenta de cerebros.
BRAINWASHING, lavado de cerebro.
BRAKE, freno, retranca, frenar.
―― OFF, freno aflojado.
―― ON, freno aplicado.
BRANCH, sucursal, ramo, dependencia.
―― BANK, sucursal bancaria, banco filial.
―― BANKING, banca de sucursales.
―― FACTORY, fábrica subsidiaria o filial.
―― HOLDING COMPANY, compañía matriz bancaria, compañía controladora bancaria.
―― MANAGER, gerente de sucursal o de dependencia.
―― OFFICE, sucursal, dependencia.
―― OPERATIONS, operaciones de sucursales, operaciones de dependencias.
―― OUT, ampliar actividades, desarrollar nuevos ramos.
―― PLANT, planta subsidiaria.
―― POST OFFICE, agencia de correos, sucursal de oficina de correos.
―― SALES OFFICE, oficina de sucursal de ventas.
―― STORE, tienda sucursal o filial.
―― TRANSFERS, traslado entre sucursales o dependencias.
BRANCHING PROCESS, proceso de ramificación.
BRAND, marca de venta, marca de fábrica.
―― ACCEPTANCE, aceptación de una marca.
―― LOYALTY, lealtad a la marca.
―― NAME, marca comercial, marca de fábrica.
―― RECOGNITION, reconocimiento de marca.
BRANDED GOODS, productos o artículos de marca.
BRANDY, coñac.
BREACH, infracción, rompimiento, violación.

—— OF CONTRACT, incumplimiento de contrato, quebrantamiento de contrato, violación de contrato.
—— OF DISCIPLINE, indisciplina.
—— OF FAITH, abuso de confianza.
—— OF TRUST, abuso de confianza, incumplimiento de fideicomiso.
—— THE AGREEMENT, violar el acuerdo, incumplir el contrato.
—— THE RULE, romper la regla o violarla.
BREAD, pan.
BREADTH, ancho, anchura.
BREADWINNER, persona que se gana la vida, persona que se sostiene con su trabajo.
BREAK, rotura, descanso, interrupción.
—— A STRIKE, romper la huelga.
—— DOWN, fallar, desglosar, analizar.
—— EVEN, tener entradas y gastos iguales.
—— FAITH, faltar a la palabra.
—— IN, adiestrar, amaestrar, asentar.
—— OFF, interrumpir.
—— THE CONTRACT, violar o anular el contrato.
—— WITH, romper relaciones.
BREAK-EVEN ANALYSIS, análisis del punto de equilibrio.
BREAK-EVEN CHART, gráfica o diagrama del punto de equilibrio.
BREAK-EVEN POINT, punto de equilibrio.
BREAK-EVEN YIELD, rendimiento en el punto de equilibrio.
BREAK-IN PERIOD, período de estreno de una máquina.
BREAK-UP VALUE, valor de realización inmediata, valor de liquidación.
BREAKDOWN, falla, fracaso, distribución, análisis.
BREAKING IN, asentamiento de una máquina, puesta a punto, adiestramiento de personal.
BREAKPOINT, punto de ruptura.
BREEDING, incubación, crianza, educación.
BREWERY, cervecería, fábrica de cerveza.
BREWING TRADE, industria cervecera, industria de fabricación de cerveza.
BRIBERY, soborno, cohecho.
BRICK, ladrillo.
BRIDGE, puente, construir o levantar un puente.
BRIDGE-OVER, crédito provisional.
BRIDGE TOLL, peaje de puente, tarifa por cruzar puente.
BRIEF, escrito o información breve, recopilar, corto.
—— CASE, portafolio, cartera, cartapacio.
—— ABOUT, efectuar, concluir, llevar a cabo.
—— FORWARD, pasar a nueva cuenta o pasar a otra hoja.
—— THE ACCOUNTS UP TO DATE, poner las cuentas al día.
—— UP TO DATE, actualizar, poner al día.
BROAD, ancho, amplio, extenso, liberal.
—— FORM, forma amplia.
—— POWERS, plenos poderes, amplia autoridad.
BROADCASTING, radiodifusión, difusión.
—— ADVERTISING, publicidad o propaganda por radiodifusión.
—— LICENSE, licencia para radiodifusión.
—— STATION, radioemisora, radiodifusora.
BROCHURE, folleto, panfleto de propaganda.
BROKE, arrancado, sin un centavo, en apuros.
BROKEN DOWN, descompuesto, estropeado, inhabilitado.
BROKER, corredor, bolsista, agiotista.
BROKER'S ORDER, orden de corredoría.
BROKERAGE, corretaje, corredoría.
—— COLLATERAL LOAN, préstamo colateral de corretaje, préstamo pignoraticio de corretaje.
—— COMMISSION, corretaje, comisión de corretaje.
—— FEES, comisiones al corredor, retribución al corredor.
—— FIRM, firma de bolsistas, empresa o casa de corredores de bolsa.
—— HOUSE, casa de corretaje o de corredoría.
BROKERS' BOARD, bolsa de valores.
BROKERS' COMMISSION, honorarios de corretaje.
BROKERS' LOAN, préstamo de corredor.
BROTHERHOOD, confraternidad, hermandad.
BROUGHT FORWARD, de la hoja anterior, del frente.
BRUNCH, alimento tomado entre el desayuno y la comida, refrigerio.
BUCKET, cubo, cubeta, balde.
BUDGET, presupuesto, presupuesto de ingresos y egresos.
—— ALLOWANCE, asignación presupuestal.
—— COMMITTEE, comité de presupuestos, junta encargada de hacer presupuestos.
—— CONSTRUCTION, formulación de un presupuesto.
—— DEFICIT, déficit del presupuesto.
—— DOCUMENT, cuenta del presupuesto.
—— ESTIMATES, estimaciones para formular el presupuesto.
—— EXPENDITURES, gastos presupuestales, egresos de presupuesto.
—— GAMES, artimañas para proteger el presupuesto.
—— GOODS, artículos menos costosos.
—— PERIOD, período fiscal o del presupuesto.
—— PLANNING, planificación del presupuesto.
—— PREPARATION, elaboración del presupuesto.
—— RECEIPTS, ingresos de presupuesto.
—— REPORT, informe sobre presupuesto.
—— REPORTING, información sobre el presupuesto.
—— REVISION, revisiones o exámenes del presupuesto.
—— SURPLUS, superávit del presupuesto.
—— UTILIZATION, utilización o uso del presupuesto.
—— VARIANCE, variación o alteración del presupuesto.
BUDGETARY, presupuestario, presupuestal.

BUDGETED COST-BUSINESS 37

—— ACCOUNTING, contabilidad de presupuestos, contaduría presupuestaria.
—— ACCOUNTS, cuentas presupuestarias, cuentas del ejercicio.
—— CONTROL, control presupuestario o del presupuesto.
BUDGETED COST OF GOODS SOLD, costo de artículos por vender presupuestados.
BUDGETED COSTS, costos presupuestados, gastos proyectados.
BUDGETING, plan presupuestal, presupuestación.
—— TECHNIQUES, técnicas presupuestarias o de formulación de presupuestos.
BUFFER, memoria intermedia (computación), tope, amortiguador.
—— POOL, fondo amortiguador.
—— STATE, estado o país que armoniza conflictos entre vecinos.
BUILD UP, aumentar, ampliar, ensanchar.
BUILDING, edificio, construcción.
—— AND LOAN ASSOCIATION, asociación de préstamo para la construcción.
—— CONTRACTOR, contratista de la construcción.
—— COST, costo de edificación o de construcción.
—— DEPRECIATION, depreciación del edificio o de la construcción.
—— INDUSTRY, industria de la construcción o de la edificación.
—— INSPECTOR, inspector de construcción, inspector de edificios.
—— INSULATION, aislamiento de edificios.
—— LEASE, arriendo de terreno para edificar.
—— LOAN, préstamo para edificación, empréstito para construir.
—— LOT, solar para edificar.
—— MATERIAL, material para construcción, material usado en la industria de la construcción.
—— PERMIT, permiso para edificar, licencia de fabricación.
—— PERMIT ISSUED, permiso de edificación emitido, permiso de construcción concedido.
—— SITE, terreno o predio para edificar.
—— WRECKER, demoledor de edificios, empresa dedicada a la demolición de edificios.
BUILT-IN ADDING MACHINE, acumulación incorporada en la sumadora.
BULGE EARNINGS, abultar la utilidad o las ganancias.
BULK, grueso, tamaño, volumen.
—— CARGO, carga a granel o voluminosa.
—— CARRIER, buque de carga a granel.
—— COMMODITIES, productos o artículos a granel.
—— DISCOUNT, descuento por carga completa, descuento por facturación total.
—— FIGURE, cifra global o total.
—— HANDLING, manejo a granel.
——, IN, a granel, en masa o en bruto.
—— PACKAGING, envase de materiales a granel.

—— WHISKEY, whisky a granel.
BULKY PRODUCT, producto voluminoso o a granel.
BULL, alcista, jugador al alza, toro.
—— MARKET, mercado alcista o a la alza.
—— THE MARKET, especular a la alza.
BULLETIN BOARD, tablero de noticias, pizarra de avisos.
BULLION, metálico, metal precioso en barras.
BULLISH, alcista, disparatado.
BUMPING, desplazamiento de un empleado por otro de más antigüedad.
BUNCHED COST, costo global o total.
BUNCHED INCOME, ingreso total o global.
BUNDLE, paquete, lío.
BUNK, casa, litera.
BUNKER, arcón, buzón, pañol, carbonera.
BUNKERS, combustible para barcos.
BUNKHOUSE, barraca, albergue.
BURDEN, gastos de fabricación, gastos generales, sobrecarga.
—— ADJUSTMENT, repartición de gastos generales.
—— APPLIED TO PRODUCT, gastos de fabricación aplicados al producto.
—— CREDIT, crédito a gastos generales.
—— DISTRIBUTION, distribución de los gastos de fabricación o fabriles.
—— IN PROCESS, gastos de fabricación en proceso, gastos generales en proceso.
—— OF PROOF, presentación de pruebas.
—— RATE, coeficiente de gastos de fabricación.
BUREAU, oficina o agencia gubernamental, negociado, dirección.
—— OF INTERNATIONAL COMMERCE, oficina o negociado de comercio internacional.
—— OF LABOR STATISTICS, oficina de estadística laboral o del trabajo.
BUREAUCRACY, burocracia, empleados públicos, personal que trabaja en oficinas del gobierno.
BUREAUCRAT, burócrata, empleado del gobierno, empleado público.
BUREAUCRATIC RED TAPE, papeleo burocrático, tecnicismo burocrático.
BURGLAR, ladrón que escala.
—— ALARM, alarma contra robos.
BURGLARY, robo con escalo.
—— INSURANCE, seguro contra robos, seguro de escalo.
BURNING RATIO, índice de incendios.
BUS, autobús, ómnibus, camión.
—— DRIVER, conductor de autobús o de ómnibus.
—— LINE, línea de autobuses, empresa de transporte de pasajeros.
—— STATION, estación de autobuses, terminal de camiones.
—— STOP, parada de autobuses.
BUSHEL, medida de volumen para semillas.
BUSINESS, negocio(s), transacciones, negociaciones.

—— **AFFAIR,** asunto comercial, operación mercantil, trato comercial.
—— **AGENT,** agente de negocios, agente comercial.
—— **BORROWER,** prestatario comercial, prestatario mercantil.
—— **CARD,** tarjeta comercial o de presentación.
—— **CAREER,** carrera comercial.
—— **CENSUS,** censo comercial, censo de negocios.
—— **CENTER,** centro o distrito comercial.
—— **COLLEGE,** academia o escuela comercial.
—— **COMBINATION,** combinación mercantil o de negocios.
—— **COMMUNITY,** comunidad o colectividad comercial.
—— **CONCERN,** empresa mercantil, entidad comercial.
—— **CONDITIONS,** estado de los negocios, condiciones comerciales.
—— **CONNECTIONS,** relaciones comerciales.
—— **CONSULTATION,** servicio de consultoría o de asesoría.
—— **CORPORATION,** corporación mercantil, sociedad anónima o especulativa.
—— **COUNSELOR,** asesor comercial, consultor de negocios.
—— **CYCLE,** ciclo económico, ciclo de los negocios.
—— **DATA CLASSIFICATION,** clasificación de datos comerciales.
—— **DATA COLLECTION,** obtención de datos comerciales.
—— **DATA REPORT,** informe de datos comerciales.
—— **DATA SUMMARY,** resumen de datos comerciales.
—— **DAY,** día hábil, día laborable.
—— **DEALINGS,** trato o relaciones comerciales.
—— **DEPOSIT,** depósito comercial.
—— **DEPRESSION,** receso comercial, baja económica.
—— **DIRECTORY,** guía comercial, directorio comercial.
—— **DISTRICT,** sección comercial, zona comercial.
—— , **DO,** hacer negocios.
—— **ENTERPRISE,** empresa comercial o de negocios, firma comercial.
—— **ENTITY,** unidad u organismo mercantil.
—— **ETHICS,** ética comercial o de los negocios.
—— **EXPENSES,** gastos de negocios, gastos comerciales.
—— **FAILURE,** empresa en quiebra, bancarrota.
—— **FINANCE COMPANY,** compañía financiera, empresa de operaciones financieras.
—— **FIRM,** firma o empresa comercial.
—— **FORECAST,** pronósticos comerciales, predicciones comerciales.
—— , **GIVE UP,** retirarse del negocio, no hacer negocio.
—— **HOURS,** horario de oficina, horas hábiles.
—— **HOUSE,** casa de comercio, entidad comercial.
—— , **IN,** entidad comercial establecida.
—— **INCOME,** ingreso del negocio, rendimiento mercantil.
—— **INDEX,** índice comercial.
—— **INSURANCE COVERAGE,** cobertura de seguro en empresas.
—— **INVENTORIES,** existencias de las empresas.
—— **JUDGEMENT,** juicio o criterio comercial
—— **LAW,** derecho mercantil.
—— **LETTER,** carta comercial.
—— **LICENSE,** licencia comercial, matrícula o permiso oficial para administrar un negocio, patente de giro.
—— **LIFE INSURANCE,** seguro de vida en negocios.
—— , **LINE OF,** ramo de negocios, giro de negocios.
—— **LOANS,** préstamos mercantiles o comerciales.
—— **MANAGEMENT,** dirección de negocios, administración de empresas.
—— **MANAGER,** director comercial, gerente comercial.
—— **NAME,** razón comercial, nombre de la empresa.
—— **OFFICE BUILDING,** edificio de oficinas comerciales.
—— **OPERATIONS,** operaciones de los negocios.
—— **ORGANIZATION,** organización comercial, compañía mercantil.
—— **OUTLOOK,** perspectiva o futuro de los negocios.
—— **PRACTICE,** práctica o costumbre comercial.
—— **PROTECTION,** protección del comercio o del negocio.
—— **PURCHASING,** compra de empresas, adquisición de compañías.
—— **RECEIPTS,** ingresos de operaciones.
—— **RECESSION,** recesión comercial, depresión de los negocios.
—— **RECOVERY,** recuperación económica, mejoría económica.
—— **RELATIONS,** relaciones comerciales o de negocios.
—— **RISK,** riesgos de inversiones de capital.
—— **SLOWDOWNS,** disminución de negocios, tortuguismo.
—— **SPENDING,** gasto de los negocios, gasto comercial.
—— **STATISTICS,** estadística comercial.
—— **SYSTEM,** sistema comercial o mercantil.
—— **TAXES,** impuestos o gravámenes de los negocios.
—— **TRANSACTION,** transacción mercantil o de los negocios.
—— **TRANSFER PAYMENTS,** pagos de transferencias de negocios.
—— **TRENDS,** tendencias comerciales.
—— **TRIP,** viaje o gira de negocios.
—— **TRUST,** asociación de negocios, consorcio de operaciones mercantiles.
—— **TYPE,** tipo de negocio mercantil o comercial.
—— **UNIT,** unidad mercantil o comercial.

—— WORLD, mundo de los negocios, mundo comercial.
BUSINESS-INTERRUPTION INSURANCE, seguro contra cese de negocios, seguro de uso y ocupación.
BUSINESSLIKE, formal, serio.
BUSINESSMAN, comerciante, hombre de negocios, industrial.
BUSINESSMAN'S INVESTMENT, valor sólo disponible para el inversionista.
BUSINESSWOMAN, mujer de negocios, mujer dedicada a los negocios.
BUSY, atareado, ocupado.
—— LINE, línea ocupada (teléfono).
BUT-FOR-INCOME, ingreso subordinado o circunstancial.
BUY, compra, comprar.
—— FOR THE RISE, jugar a la alza.
—— FROM, comprar a o comprar de.
—— IN, comprar por cuenta del dueño.
—— ON A SCALE, comprar a precios escalonados.
—— ON COMMISSION, comprar a comisión.
—— ON CREDIT, comprar a crédito o fiado.
—— ON INSTALLMENTS, comprar a plazos o en abonos.
—— OUTRIGHT, comprar en firme.
—— UP, acaparar, monopolizar.

BUYER, comprador, parroquiano.
—— ATTITUDES, actitudes del comprador.
—— BENEFITS, beneficios al consumidor o al comprador.
—— HABITS, hábitos o costumbres del comprador.
—— MOTIVATION, motivación del comprador, estímulo al comprador.
BUYER'S ACCOUNT, cuenta del comprador.
BUYERS' MARKET, mercado de compradores, mercado bajo.
BUYING, compra.
—— AGENCY, agencia u oficina de compras.
—— AGENT, agente de compras, representante de compras.
—— AND SELLING, compraventa.
—— COMMISSION, comisión de compra.
—— HEDGE, compra compensadora.
—— MOTIVES, motivos de compra.
—— POWER, poder adquisitivo, poder de compra.
—— PRICE, precio o valor de compra.
BY-BIDDER, postor simulado.
BY-PASSING, brincar niveles de supervisión para tomar decisiones y obtener información.
BY-PRODUCT, subproducto, derivado, producto secundario.
BYLAWS, estatutos, reglamentos interiores.

C

CAB, taxi, automóvil de alquiler.
—— **STAND**, parada de automóviles de plaza, piquera, paradero.
CABLE, cable, cablegrama, cablegrafiar.
—— **ADDRESS**, dirección cablegráfica o telegráfica.
—— **DRAFT**, giro cablegráfico, transferencia cablegráfica.
—— **CREDIT**, carta de crédito autorizado por telegrama.
—— **LETTER**, carta cablegráfica.
—— **ORDER**, pedido u orden cablegráfica.
—— **RAILROAD**, ferrocarril funicular.
—— **SERVICE**, servicio cablegráfico.
—— **TRANSFER**, transferencia cablegráfica, transferencia por cable.
CABLEGRAM, cablegrama, cable.
CABMAN, chofer, conductor de taxi.
CABOTAGE, cabotaje, navegación costera.
CADUCITY, caducidad, expiración.
CAFETERIA, cafetería.
—— **COMPENSATION**, plan de beneficios adicionales seleccionado por el empleado.
CALCULATING MACHINE, máquina calculadora o de calcular.
CALCULUS, cálculo.
—— **OF PROBABILITIES**, cálculo de probabilidades.
—— **OF VARIATIONS**, cálculo de variaciones.
CALENDAR, calendario, almanaque.
—— **DAY**, día civil o natural, día corrido.
—— **MONTH**, mes natural, mes calendario.
—— **YEAR**, año natural, año civil, ejercicio anual.
CALENDAR-YEAR BASIS, con base en el año natural en el ejercicio anual.
CALL, opción de compra de valores, requerimiento de pago de acciones suscritas, visita, conferencia.
—— **A MEETING**, convocar a junta, citar a sesión.
—— **A STRIKE**, emplazar a huelga, declarar una huelga.
—— **ACCOUNT**, cuenta de subscripciones.
—— **ATTENTION**, llamar la atención, reprender.
—— **BACK**, responder llamada, cotejar.
—— **BOARD**, tablero de avisos, pizarra de llamadas.
—— **DATE**, fecha de llamada o de retiro.
—— **FOR BIDS**, llamar a licitación, solicitar propuestas, anunciar licitación.
—— **IN**, redimir, retirar.
—— **LOAN**, préstamo pagadero al solicitarlo, dinero a la vista.
—— **MONEY**, dinero a la orden, dinero prestado a la demanda, dinero a la vista.
—— **OFF**, suspender, abandonar, desistir de.
—— **ON**, ir a ver, visitar.
—— **PREMIUM**, prima de amortización de un bono (antes de su vencimiento), prima de redención.
—— **PRICE**, precio de redención, precio de amortización, valor de rescate, precio de redención o amortización de un bono.
—— **PROVISIONS AND PREMIUMS**, opciones de compra y primas.
—— **RATE**, tasa de interés sobre préstamos a corto plazo, tipo de interés para préstamos diarios.
—— **SALE**, venta con elección de fecha de entrega.
—— **THE ROLL**, pasar la lista del personal.
—— **UP**, telefonear, llamar.
CALL-UP CAPITAL, capital amortizable según notificación efectuada, suscriptores de acciones requeridos para el pago, acciones pagaderas.
CALLABLE, amortizable, redimible, rescatable.
—— **BOND**, bono amortizable anticipadamente, bono retirable, obligación redimible.
—— **CAPITAL**, capital amortizable, capital representado por acciones suscritas.
—— **LOAN**, préstamo de amortización anticipada, préstamo redimible.
—— **PREFERRED STOCK**, acciones preferentes amortizables.
CALLING STOCKHOLDERS MEETING, convocatoria a junta de accionistas.
CAM, leva, álabe.
CAMBIST, banquero, cambista.
CAMERA, cámara fotográfica.
—— **FILM**, película fotográfica.
CAMERAMAN, camarógrafo, fotógrafo.
CAMPAIGN, campaña.
—— **MANAGER**, gerente o director de campaña.
CAN, lata, bote.
CANAL, canal.
—— **LOCK**, esclusa.
—— **TOLLS**, derechos de cruce de canal.
CANCEL, cancelar, rescindir, anular.
—— **A CONTRACT**, anular o cancelar un contrato.
—— **EACH OTHER**, se cancelan.
CANCELED, cancelado, anulado.
—— **CHECK**, cheque cancelado o anulado.
CANCELING, ENTRY, contrapartida o asiento cancelado.
CANCELATION, cancelación, anulación.
CANDIDATE, candidato, aspirante a un puesto.
CANDY STORE, dulcería, bombonería.
CANE SUGAR, sucrosa, azúcar de caña.
CANNED, enlatado, conservado.
—— **FRUIT AND VEGETABLES**, frutas y legumbres enlatadas o en conserva.
—— **GOODS**, productos enlatados, conservas alimenticias.
—— **MEAT**, carne en conserva, conservas de carne.
CANNIBALIZE, sacar piezas de un vehículo para arreglar otro.
CANNING, enlatado, conservación.

—— INDUSTRY, industria conservera, fábrica de productos enlatados.
—— PLANT, fábrica de conservas o de productos enlatados.
CANONICAL ANALYSIS, análisis normativo.
CANVAS, lona, cañamazo, lienzo.
—— GOODS, artículos de lona, lonería.
CANVASSING FOR A JOB, gestiones para obtener empleo.
CAPABILITY, capacidad, competencia, aptitud.
CAPACITY, capacidad, cabida, carga máxima.
—— COST, costo a plena capacidad.
—— RATIO, índice de capacidad.
—— VARIANCE, variación en capacidad.
CAPITAL, capital, principal, capital de un país.
—— ACCOUNT, cuenta de capital, cuenta de patrimonio.
—— ACCOUNT BALANCE, saldo de la cuenta de capital o de la cuenta de patrimonio.
—— ACCUMULATION, acumulación de capital.
—— ACQUISITION, adquisición u obtención de capital.
—— ADEQUACY, adecuación de capital, contar con suficiente capital.
—— ADEQUACY STANDARDS, normas de adecuación de capital.
—— ASSETS, activo fijo, bienes de capital, valores patrimoniales.
—— BONUS, bono o prima de capital.
—— BUDGET, presupuesto de activo fijo, presupuesto de gastos de capital.
—— BUDGET OFFICER, director de proyectos de inversión.
—— BUDGETING ANALYSIS, análisis de evaluación de proyectos, análisis de presupuesto de activo fijo.
—— BUDGETING DECISION CRITERIA, criterios para evaluación de proyectos de inversión.
—— BUDGETING FOR SMALL BUSINESS, presupuesto de capital para pequeñas empresas.
—— BUDGETING UNDER CERTAINTY, presupuesto de capital en condiciones de certidumbre.
—— BUDGETING UNDER RISK, presupuesto de capital en condiciones de riesgo.
—— CHARGE, cargo en la cuenta de activo fijo, gasto fijo.
—— COEFFICIENT, coeficiente de capital.
—— COMMITMENTS, obligaciones de capital.
—— COMPOSITE, composición del capital, cómo está compuesto el capital.
—— CONSTRAINT, limitaciones o restricciones de capital.
—— CONSUMPTION ALLOWANCES, reservas o asignaciones para el consumo de capital.
—— COST, costo del capital, valor del capital.
—— DEFICIENCY INSURANCE, seguro contra deficiencia o falta de capital.
—— DEBENTURE, obligación no hipotecaria de capital.
—— DEPLETION, agotamiento de capital.
—— DIVIDENDS, dividendos de capital, dividendos de liquidación, dividendos cargados contra el capital.
—— EQUIPMENT, bienes de capital empleados en producción.
—— EXPANSION PROGRAM, programa de expansión o aumento de capital.
—— EXPENDITURE, desembolso capitalizable, inversión en activo fijo, gasto de capital, erogaciones capitalizables.
—— FORMATION, formación de capital.
—— FUNDS, fondos de capital o patrimoniales.
—— GAINS, ganancias en bienes de capital, utilidades de capital, utilidades por venta de bienes.
—— GAINS TAX, impuesto a las ganancias de capital.
—— GAINS TAX REGULATIONS, disposiciones fiscales sobre ganancias de capital.
—— GOODS, bienes de capital, medios de producción, equipo industrial.
—— GOODS EQUIPMENT, bienes de capital en equipo.
—— IMPAIRMENT, reducción del capital, perjuicio o deterioro de capital (por devoluciones de capital, dividendos y pérdidas).
—— IN EXCESS OF PAIR, capital en exceso del valor a la par.
—— IN PARTNERSHIP, capital en sociedad mercantil.
—— INFLOW, entradas de capitales al país.
—— INFUSION, aportación de capital, inyección de capital.
—— INSURANCE, seguro de capital, seguro de protección del capital.
—— INSURANCE COVERAGE, cobertura de seguro de capital.
—— INVESTMENT, inversión de capital.
—— INVESTMENT PROJECTS, proyectos de inversión de capital.
—— LEASE, arrendamiento o arriendo de capital.
—— LETTERS, mayúsculas, letras versales.
—— LEVELS, niveles de capital.
—— LEVERAGE, palanca de capital, relación entre beneficio y gastos fijos.
—— LEVY, impuesto sobre el capital o sobre la propiedad.
—— LIABILITY, pasivo de capital, obligación de capital.
—— LOAN, préstamo o empréstito de capital.
—— LOSSES, pérdidas de capital, pérdidas en ventas de bienes.
—— MARKET, mercado de capitales, mercado financiero.
—— MARKET ANALYSIS, análisis del mercado de capitales.
—— MARKET EQUILIBRIUM, equilibrio del mercado de capitales.
—— MARKET LINE, línea del mercado de capitales.
—— MARKET PARTICIPANTS, participantes en el mercado de capitales.

—MOVEMENT, movimiento o circulación de capital.
—NOTE, pagaré de capital.
—OBJECTIVES, objetivos o metas del capital.
—OUTFLOW, salidas de capitales del país.
—OUTLAY, desembolso o gasto de capital.
—PROJECT, proyecto de inversión de capital.
—RATIO, índice o proporción de capital.
—RATIONING, racionamiento de capital.
—RECONCILIATION STATEMENT, estado de conciliación de capital.
—REQUIREMENTS BUDGET, presupuesto de capital necesario, presupuesto de necesidades de capital.
—RESERVES, reservas de capital.
—RISK, riesgo del capital, peligro al que está expuesto el capital.
—SECURITIES, títulos de capital.
—STOCK, capital en acciones, capital social, acciones de capital.
—STOCK ISSUANCE, emisión de acciones de capital o de capital social.
—STOCK OUTSTANDING, acciones de capital vigentes, capital social vigente.
—STOCK REGISTRAR, registrador de acciones de capital.
—STOCK, SHARES IN DEFAULT OF PAYMENT, acciones desertoras (fraudulentas).
—STOCK, SUBSCRIBED NOT PAID, acciones suscritas no pagadas, capital no realizado, capital no exhibido.
—STOCK TAX, impuesto sobre el capital social o sobre capital declarado.
—STRUCTURE, estructura del capital, composición del capital.
—STRUCTURE BREAKDOWN, descomposición de la estructura del capital.
—SUM, suma o monto del capital.
—SURPLUS, excedente o superávit de capital.
—TO ASSETS RATIO, relación de capital a activos.
—TRANSFER, transferencia de capital, traspaso de capital.
—TURNOVER, rotación del capital de trabajo, giro del capital.
CAPITAL-CONSUMING INDUSTRY, industria que consume capital.
CAPITAL-GOODS INDUSTRY, industria de bienes de capital, industria de medios de producción.
CAPITAL-OUTPUT RATIO, relación capital-producto.
CAPITAL-SAVING INVENTIONS, inventos que ahorran capital.
CAPITAL-TO-ASSET LEVELS, niveles de capital en relación al activo.
CAPITALISM, capitalismo, sistema capitalista.
CAPITALIST, capitalista.
—CLASS, clase capitalista.
—ECONOMY, economía capitalista, economía de país capitalista.

CAPITALIZATION, capitalización, capital.
—OF ASSETS, capitalización de activos.
—OF EXPENSES, cargo de gastos a cuenta de capital.
—OF LEASES, capitalización de arrendamientos.
—POLICY, política de capitalización.
—UNITY, unidad de capitalización.
CAPITALIZE, TO, capitalizar, hacer capital.
CAPITALIZED, capitalizado.
—COST, costo capitalizado.
—EXPENSE, gasto capitalizado.
—PROFITS, utilidades capitalizadas, ganancias de capitalización.
—VALUE, valor capitalizado o de capitalización.
CAPTIVE FINANCE COMPANY, compañía financiera "de grupo".
CAR, carro, vagón, automóvil.
—CARDS, anuncios o carteles en vehículos.
—FERRY, barco transportador de vagones de ferrocarril.
—FLOAT, barco transportador de vagones.
CARAT, quilate.
CARBON, carbón, (química) carbono.
—COPY, copia al carbón.
—PAPER, papel carbón, papel de calcar.
CARBOY, garrafón.
CARD, tarjeta, ficha.
—CATALOGUE, fichero.
—COLUMN, columna de tarjeta.
—FILE, archivo en tarjetas, tarjetero, fichero.
—INDEX, fichero, índice de tarjetas.
—ISSUING BANK, banco emisor de tarjetas de crédito.
—OF ACCOUNTS, plan de cuentas, tarjeta de cuentas.
—REPORTING SYSTEM, sistema de tarjetas de información.
—SORTER, clasificadora de tarjetas.
—SYSTEM, sistema de tarjetas o de fichas.
—VERIFIER, verificadora de tarjetas.
CARD-PUNCH MACHINE, perforadora de tarjetas.
CARD-READ-PUNCH UNIT, lectora-perforadora de tarjetas.
CARD-USING COSTUMER, consumidor que tiene tarjeta de crédito.
CARDBOARD, cartón, cartulina.
CARDHOLDER, tarjetahabiente, persona que tiene tarjeta de crédito.
CARDHOLDER BALANCE, saldo del tarjetahabiente.
CARDHOLDER'S CHECKING ACCOUNT, cuenta de cheques del tarjetahabiente.
CARDINAL NUMBER, número cardinal.
CARE OF, IN, a cargo de, al cuidado de.
CARE, WITH, con cuidado.
CAREER, carrera.
—CYCLE, ciclo de la carrera.
—LADDER, escalera de la profesión, escalera a subir para ascender en una profesión.
—MANAGEMENT, administración de la carrera.

—— WOMAN, mujer profesionista, mujer que ejerce su profesión.
CAREFUL, cuidadoso, esmerado, prudente.
CARELESS, descuidado, negligente.
CARGO, cargamento, carga marítima, carga.
—— BOAT, carguero, buque de carga.
—— BROKER, corredor de fletes o de carga.
—— CARRIER, empresa de transporte marítimo.
—— FORWARDER, expedidor de carga.
—— INSURANCE, seguro de la carga o del cargamento.
—— LIFT, servicio de carga aérea.
—— LINER, buque de carga de línea.
—— MANIFEST, manifiesto de carga, documento de carga.
—— OFFICER, oficial encargado de la carga.
—— RECEIPT, guía de carga, recibo de carga.
—— RISK, riesgo de la carga.
—— SUMMARY, manifiesto, declaración del cargamento.
—— UNDERWRITER, asegurador de carga.
CARGO-HANDLING FACILITIES, instalaciones para el manejo de carga.
CARLOAD, furgón, carga de vagón, carga completa, vagonada.
—— LOT, vagón completo, carro completo.
—— RATE, flete por vagón completo, tarifa de furgón.
CARPENTRY, carpintería, trabajo de carpintería.
CARPET, alfombra, alfombrar.
CARRIAGE, transporte, carro, carruaje, coche.
—— FORWARD, flete por cobrar, porte a pagar.
—— PAID, porte pagado, flete pagado.
CARRIAGE-FREE, franco de porte.
CARRIED INTEREST, participación en los intereses sin adelantar ninguna cantidad para gastos.
CARRIED OVER, suma y sigue.
CARRIER, portador, conductor, empresa transportadora.
—— SERVICE, empresa de transporte pública.
CARRIER'S LIEN, gravamen del transportador.
CARRIER'S RISK, riesgo del portador.
CARRY, llevar, acarrear, transportar, conducir.
—— A STOCK, mantener existencias.
—— DOWN, traspasar el saldo bajo la línea, trasladar una cuenta por su saldo.
—— FORWARD, pasar adelante un saldo o una suma.
—— ON, emprender, explotar, administrar.
—— OUT, llevar a cabo, ejecutar, realizar.
—— THROUGH, llevar a cabo, efectuar.
——, TO, pasar o llevar a.
CARRY-FORWARD SCHEDULE, programa de actualización.
CARRY-FORWARD WORKING PAPERS, papeles de trabajo para consulta futura.
CARRYBACK, valor trasladable a períodos anteriores.

CARRYBACK-CARRYFORWARD, retroalimentación y arrastre.
CARRYFORWARD, TO, suma y sigue, pasar.
CARRYING, acarreo, transporte, traslado.
—— AMOUNT, valor en libros.
—— CHARGES, cargos por manejo de crédito, gastos anuales por impuestos.
—— COSTS, costos corrientes o en libros, costos de manejo.
—— TRADE, comercio o industria de transporte.
—— VALUE, valor neto en libros, costo no recobrado.
—— VALUE OF ASSETS, valor en libros del activo.
—— VALUE OF BOND, valor en libros del bono.
CARRYOVER, pérdida trasladable a períodos anteriores, suma y sigue.
CARRYOVER FILE, archivo continuo.
CARSHOP, taller de reparación de automóviles.
CART, carro, carreta, carretón.
CARTAGE, acarreo, conducción, acarreamiento.
—— BILL, pago de acarreo o de transporte.
—— COST, costo de acarreo o de conducción.
CARTEL, monopolio, consorcio, bloque, sindicato de comercio internacional.
CARTESIAN COORDINATE SYSTEM, sistema de coordenadas cartesianas.
CARTMAN'S LICENCE, patente de acarreador.
CARTOON, caricatura, boceto.
CARTOONIST, caricaturista.
CASCADE PROCESS, proceso en cascada.
CASE, caja, cubierta, funda, estuche, caso, pleito.
—— ANALYSIS, análisis de caso.
—— STUDIES TRAINING, entrenamiento o adiestramiento mediante estudios de casos.
CASH, caja, efectivo, contado.
—— A CHECK, cobrar un cheque, hacer efectivo un cheque.
—— ACCOUNT, cuenta en efectivo, cuenta de caja.
—— ADVANCE, anticipo, adelanto de dinero.
—— AFTER DELIVERY, pago después de entrega.
—— AGAINST DOCUMENTS, pago contra documentos de embarque.
—— AND CARRY, pago al contado y transporte a cargo del comprador, operación al contado.
—— ASSET, activo o efectivo disponible.
—— AUDIT, auditoría o arqueo de caja.
—— AVAILABLE, efectivo disponible o aprovechable.
—— AVAILABLE CONSTRAINT, restricción del efectivo disponible.
—— BALANCE, saldo en efectivo, saldo de caja.
—— BASIS, base de efectivo.
—— BASIS ACCOUNTING, contabilidad a base de efectivo.
—— BEFORE DELIVERY (C.B.D.), cobro antes del envío, pago antes de entrega.
—— BEFORE SHIPMENT, pago antes de embarcar.
—— BONUS, prima en metálico, gratificación en efectivo.

—— BOOK, libro de caja, diario de caja, registro de caja.
—— BOOK POSTING, pases al libro de caja y bancos.
—— BOX, bóveda, caja fuerte.
—— BUDGET, presupuesto de efectivo, presupuesto de entradas y salidas de caja.
—— CAPITAL FLOW, flujo de efectivo.
—— COLLECTION, cobro o cobranza.
—— CONSTRAINT, restricción o limitación de efectivo.
—— CONTROL, cuenta de control de bancos.
—— COUNT, arqueo de caja, recuento de caja.
—— CREDIT, abono a efectivo, crédito de caja.
—— CREDIT INSTRUMENTS, documentos de crédito de cobro inmediato.
—— DISBURSED, salidas o egresos de caja, desembolsos.
—— DISBURSEMENTS, gastos en efectivo, desembolsos de dinero.
—— DISBURSEMENTS REGISTER, registro de pagos, registro de salidas de caja.
—— DISCOUNT, descuento por pronto pago, descuento por pago al contado, descuento de caja.
—— DIVIDENDS, dividendos en efectivo, dividendos de contado.
—— DIVIDENDS DECLARED, dividendos en efectivo o al contado declarados.
—— DIVIDENDS PAID, dividendos pagados en efectivo o al contado.
—— DIVIDENDS PAYABLE, dividendos por pagar en efectivo.
—— DIVIDENDS PAYOUT RATIO, tipo o tasa de liquidación del dividendo en efectivo.
—— DONATION, donación o donativo en efectivo.
—— DOWN, al contado de mostrador.
—— EARNINGS, ingresos o entradas en efectivo.
—— ENTRY, asiento o partida de caja.
—— FLOW, flujo de fondos o de efectivo.
—— FLOW BUDGET, presupuesto de flujo de efectivo o de fondos.
—— FLOW COVERAGE, cobertura de flujo de efectivo.
—— FLOW PER SHARE, flujo de efectivo por acción.
—— FLOW STATEMENT, estado de flujo de efectivo.
——, FOR, al contado, de contado.
—— FORECAST, pronóstico de efectivo.
—— FUNDS, dinero en efectivo o de contado, fondos en efectivo.
—— HOLDINGS, efectivo, valores en efectivo.
—— IN, hacer efectivo, cobrar.
—— IN ADVANCE, pago en efectivo por adelantado, pago al contado anticipado.
—— IN BANK, efectivo en el banco, dinero depositado en el banco.
—— IN HAND, efectivo en caja o en existencia.
—— IN TRANSIT, efectivo en tránsito.
—— INFLOW, entrada en efectivo o al contado.
—— INFLOW AND OUTFLOW, entradas y salidas de efectivo.
—— INTEREST, interés en efectivo.
—— ITEMS, efectivo de caja, pagos al contado, partidas de caja.
—— JOURNAL, diario o libro de caja.
—— KEEPER, cajero.
—— LEAD SCHEDULE, cédula sumaria de efectivo.
—— LETTER, cheque de caja, boleta de depósito de un banco a otro.
—— LOAN, préstamo de dinero, empréstito de efectivo.
—— MANAGEMENT, administración del efectivo.
—— MANAGEMENT MODELS, modelos para la administración de efectivo.
—— MANAGEMENT OBJECTIVES, objetos de la administración del efectivo.
—— MANAGEMENT OFFICER, cajero general.
—— ON ARRIVAL, de contado al llegar.
—— ON DELIVERY, entrega contra reembolso, pago contra entrega.
—— ON HAND, efectivo o existencia en caja.
—— ON HAND AND IN BANKS, efectivo en caja y bancos, activo disponible.
—— ON THE NAIL, pago inmediato, contado rabioso.
—— OPERATING EXPENDITURES, gastos en efectivo de operación.
—— OR FINANCIAL BUDGET, presupuesto de efectivo o de caja.
—— ORDER, pedido al contado, pedido pagado en efectivo.
—— OUTLAYS, desembolso en efectivo, gastos en efectivo.
—— OVER, sobrante de caja.
—— OVER AND SHORT, sobrantes y faltantes de caja.
—— OVER AND SHORT ACCOUNT, cuenta de sobrantes y faltantes de caja.
—— PAID, pagos en efectivo o con cheque.
—— PAYMENT, pago al contado o en efectivo.
—— PAYMENT JOURNAL, diario de salidas de caja.
—— POSTINGS, asientos o pases de cobranza.
—— PRICE, precio de contado, precio de venta en efectivo.
—— PURCHASE, compra al contado o en efectivo.
—— RECEIPTS, ingresos en efectivo, entradas en caja.
—— RECEIPTS AND DISBURSEMENTS, entradas y salidas de caja.
—— RECEIPTS AND DISBURSEMENTS STATEMENT, estado de entradas y salidas de caja.
—— RECEIPTS IN TRANSIT, pago en tránsito.
—— RECEIPTS JOURNAL, diario de entradas a caja.
—— RECEIPTS LISTINGS, lista de cheques recibidos.
—— RECEIPTS RECORDS, registro de pagos recibidos, registro de entradas de caja.
—— RECEIPTS TRANSACTION, operación de recepción de pagos, transacción de entradas de caja.
—— RECEIVED, efectivo y cheques recibidos.

CASH-AND-CARRY WHOLESALER—CEMENTERY ASSOCIATION

—— RECORDS, registros y documentos de caja.
—— REFUND, reembolso o reintegro en efectivo.
—— REFUND ANNUITY, anualidad con reembolso en efectivo.
—— REGISTER, caja registradora, contadora.
—— RENT, renta en efectivo, renta al contado.
—— REPORT, informe o dictamen de caja.
—— REPURCHASE TRANSACTION, transacción u operación de efectivo y recompra.
—— REQUIREMENTS, requerimientos de caja o efectivo.
—— RESERVE, reserva o fondo en efectivo.
—— RESOURCE, recursos de caja.
—— RETURNS, rendimientos o ganancias en efectivo.
—— SALE, venta de contado o al contado.
—— SHEET, hoja de pagos.
—— SHORTAGE, faltante de efectivo, faltante de caja.
—— SHORTFALL, faltantes de efectivo.
—— STATEMENT, estado de caja o de efectivo.
—— STORE, tienda de ventas al contado.
—— SURRENDER VALUE, valor de rescate, valor liquidable.
—— SURRENDER VALUE OF LIFE INSURANCE, valor de cancelación de seguro de vida, valor de rescate en efectivo de seguro de vida.
—— TERMS, condiciones de pago al contado, forma de pago en efectivo.
—— , TO, cambiar o hacer efectivo, cobrar.
—— TRANSACTIONS, operaciones o transacciones en efectivo.
—— VALUE, valor en efectivo o al contado.
—— VALUE LIFE INSURANCE, valor de rescate de seguro de vida.
—— VOUCHER, comprobante o vale de caja.
—— WARRANTS, bonos de caja.
—— WINDOW, ventanilla de caja, taquilla.
—— WITH ORDER, efectivo con pedido.
—— WITHDRAWAL TRANSACTION, transacción de retiro en efectivo, retiro de fondos en efectivo.
—— YIELD, rendimiento en efectivo.
CASH-AND-CARRY WHOLESALER, mayorista de pague y lleve.
CASH-BALANCE SHEET, balance general en efectivo.
CASH-BASIS FINANCIAL STATEMENTS, estados financieros basados en efectivo.
CASH-BUDGET BALANCE, saldo del presupuesto de efectivo.
CASH-DISBURSEMENT JOURNAL, diario de salidas de caja, diario de desembolsos.
CASH-FLOW STATEMENT, estado de flujo de caja.
CASH-RECEIPTS JOURNAL, diario de entrada de caja, libro de entradas de caja.
CASH-REFUND ANNUITY, anualidad con reintegro en efectivo.
CASHED CHECK, cheque cobrado o liquidado.
CASHFLOW STREAMS, serie de flujo de efectivo, flujo de fondos.

CASHFLOWS, flujos de fondos, corriente de efectivo.
CASHIER, cajero, cajera.
CASHIER'S.
—— CHECK, cheque de caja.
—— DEPARTMENT, departamento de caja.
—— STAMP, sello o iniciales del cajero.
CASING, cubierta, envoltura, caja.
CASK, tonel, cajón, barrica, cuba, bocoy.
CAST, arrojar, vaciar, fundir.
—— A BALLOT, emitir voto, votar, depositar voto.
—— OFF, desamarrar.
CASTING, fundición, pieza fundida, vaciado.
—— OUT NINES, eliminación de nueves.
CASUAL WORKER, obrero o trabajador migratorio.
CASUALTY, accidente, contingencia, siniestro.
—— COVERAGE, seguro contra riesgos o contra siniestros.
—— INSURANCE, seguro contra accidentes (excepto incendio, vida y marítimo).
—— LOSS ACCOUNT, cuenta de pérdidas por siniestro.
—— LOSSES, pérdidas por siniestro.
CATALOGUE, catálogo, lista.
—— NUMBER, número de catálogo.
—— OF ACCOUNTS, clasificación de cuentas, catálogo de cuentas.
—— PRICE, precio de lista o de catálogo.
—— SHOWROOM, sala exhibidora de ventas por catálogo.
CATASTROPHE RESERVE, fondo de reserva para catástrofes.
CATCH FIRE, encenderse, incendiarse.
CATCH THE TRAIN, abordar el tren, coger el tren.
CATCH-UP DEPRECIATION CHARGE, cargo por actualización de la depreciación.
CATERER, proveedor, abastecedor.
CATS AND DOGS, valores de especulación de precio bajo.
CATTLE, ganado vacuno, bovinos, reses.
—— CENSUS, censo pecuario.
—— FEED, alimento para ganado, forraje para ganado.
—— MARKET, mercado ganadero o de ganado.
—— RANCH, hacienda ganadera, ganadería.
CAUCUS, junta política secreta para elegir caudillos y planear campañas.
CAUTION, advertencia, cautela, precaución.
—— SIGN, señal de precaución, aviso de cautela.
—— LIGHT, luz de precaución.
CAVEAT EMPTOR, al riesgo del comprador.
CEILING, tope, límite máximo, cielo raso.
—— PRICE, precio tope, precio máximo permitido.
CELL, celda, unidad magnética de almacenamiento.
CELLAR, sótano, bodega.
CEMENT, cemento.
—— MILL, fábrica de cemento.
CEMETERY ASSOCIATION, asociación funeraria.

CENSURE, censura, represión, crítica.
CENSUS, censo, catastro, empadronamiento.
—— DATA datos o información del censo.
—— ENUMERATION, empadronamiento.
—— LIST, padrón.
—— OF HOUSING, censo de viviendas, censo de habitaciones.
—— OF POPULATION, censo demográfico, censo de población.
—— SCHEDULE, formulario de censo.
CENTIGRAM, centígramo.
CENTIMETER, centímetro.
CENTRAL, central.
—— AIR CONDITIONING, aire acondicionado central.
—— BANK, banco emisor, banco central.
—— BUSINESS DISTRICT, distrito comercial central, zona mercantil central.
—— BUYING, compras centralizadas.
—— COMPUTER, computadora central.
—— DATA BANK, banco central de datos.
—— MERCHANDISING, comercialización centralizada.
—— PROCESSOR, unidad central de procesamiento.
—— STATION, planta generadora de energía, estación central.
—— TENDENCY, tendencia central.
CENTRALIZATION, centralización, centralizar operaciones o el trabajo.
CENTRALIZED, centralizado.
—— ACCOUNTING SYSTEM, sistema centralizado de contaduría.
—— CONTROL, control centralizado.
—— FIRM, empresa o compañía centralizada.
CENTRALIZED DATA-PROCESSING SYSTEM, sistema centralizado de procesamiento de datos.
CERAMICS, cerámica, alfarería.
—— INDUSTRY, industria de la cerámica.
CERTAINTY, certeza, certidumbre.
—— AND UNCERTAINTY, certidumbre e incertidumbre.
CERTAINTY-EQUIVALENT APPROACH, método del equivalente de la certidumbre.
CERTIFICATE, certificado, acta, cédula.
—— OF ACKNOWLEDGEMENT, acta notarial, certificado de reconocimiento.
—— OF AWARD, acta de adjudicación.
—— OF BALANCE, certificado del saldo de una cuenta.
—— OF DAMAGE, certificado de averías o daños.
—— OF DEPOSIT, certificado de depósito, boleta bancaria.
—— OF ENROLLMENT, certificado de matrícula.
—— OF IDENTITY, certificado de identidad.
—— OF INCORPORATION, escritura de constitución, acta de constitución de una sociedad anónima.
—— OF INDEBTEDNESS, certificado de deuda o adeudo.

—— OF INTENTION, certificado de intención.
—— OF LOADING, certificado de estiba o de carga.
—— OF NECESSITY, certificado de necesidad.
—— OF ORIGEN, certificado de origen.
—— OF REGISTRY, certificado de matrícula, registro de nacionalidad.
—— OF RESIDENCE, certificado de residencia, carta de vecindad.
—— OF VALUATION, certificado catastral.
CERTIFICATION OF A CHECK, certificación de un cheque.
CERTIFIED, certificado, titulado.
—— APPRAISAL, avalúo o tasación certificada.
—— BALANCE SHEET, balance certificado, estado de contabilidad autorizado.
—— BILL OF LADING, conocimiento de embarque, conocimiento de carta de porte.
—— CHECK, cheque certificado, cheque intervenido.
—— COPY, copia certificada o registrada.
—— FINANCIAL STATEMENT, estado financiero certificado.
—— INTERNAL AUDITOR, auditor interno titulado.
—— PUBLIC ACCOUNTANT, contador público titulado, contador público.
—— PUBLIC ACCOUNT CERTIFICATE, título de contador público.
—— TRUE INVOICE, factura legalizada.
CERTIFY, certificar, dar fe.
CERTIFYNG OFFICER, funcionario autorizado o diplomado.
CESSION, traspaso, cesión, transferencia.
CESSIONAIRE, cesionario.
CHAIN, cadena.
—— BANKING, banca en cadena.
—— DISCOUNT, descuentos en serie, descuentos en efectivo en serie.
—— OF COMMAND, cadena de mando, sucesión de mando.
—— RESTAURANT, restaurantes en cadena, cadena de restaurantes.
—— STORES, tiendas en cadena, almacenes en serie.
—— STORES COMPANY, compañía o empresa de tiendas en cadena.
—— STORE FIRM, firma o almacén de tiendas en cadena.
—— STORE SALES, ventas de tiendas en cadena.
CHAIR, presidir, dirigir, silla.
—— A COMMITTEE, presidir un comité, dirigir una junta.
—— OF THE BOARD, presidente de la junta directiva, presidente del consejo de administración de una empresa.
CHAIRLIFT, transportador.
CHAIRMAN, presidente.
CHAIRWOMAN, presidenta.
CHALLENGING ECONOMY, economía desafiante o demandante.

CHALLENGING OBJECTIVE, objetivo desafiante, meta disputada.
CHAMBER, cámara.
—— **COUNCIL,** junta secreta.
—— **OF COMMERCE,** cámara de comercio.
CHANCE, oportunidad, azar, casualidad.
CHANGE, moneda suelta, menudo, cambio, vuelto.
—— **ADDRESS,** cambio de domicilio, cambio de dirección.
—— **CARS,** cambiar de tren.
—— **FUND,** fondo de cambio.
—— **HANDS,** cambiar de dueño, empresa que cambia de propietario.
—— **IN STOCKS,** cambio en existencias.
CHANGES IN TAXES, cambios en los impuestos.
CHANGES OVER TIME, cambios con el tiempo, cambios con el transcurso del tiempo.
CHANGING INTEREST RATE, cambio en la tasa o tipo de interés.
CHANNEL, canal, cauce, caño.
—— **DISCOUNT,** descuento preferente.
—— **OF DISTRIBUTION,** canal de distribución.
—— **POLICY,** políticas de canales.
CHARACTER, carácter, entereza, genio, reputación.
—— **DENSITY,** densidad de caracteres.
—— **READER,** lectora de caracteres.
CHARACTERISTIC OF LOGARITHM, característica de un logaritmo.
CHARGE, cargo, débito, debe, adeudo, cargar en cuenta.
—— **ACCOUNT,** cuenta corriente, cuenta abierta.
—— **ACCOUNT CREDIT,** crédito en cuenta corriente.
——, **IN,** encargado de, responsable de.
—— **ITEMS,** partidas de cargo.
—— **OFF,** castigar o dar de baja una partida.
—— **PURCHASES,** compras cargadas en cuenta.
—— **SALE,** venta a crédito, venta cargada en cuenta.
—— **TICKET,** boleta de débito.
——, **TO,** cargar, debitar, adeudar.
CHARGE-AND-DISCHARGE STATEMENT, estado de cargos y descargos.
CHARGE-BACK, contracargo, contracargar.
CHARGED OFF, dado de baja en libros.
CHARGED OFF LOAN, préstamo dado de baja en libros.
CHARGEOFF, cancelación contra superávit, cuenta de ganancias y pérdidas.
CHARGEOFF LOAN, préstamo amortizado o dado de baja.
CHARGES, gastos, cargos, desembolsos.
—— **COLLECT,** gastos por cobrar, cobrar al destinatario.
CHARITABLE, caritativo.
—— **CONTRIBUTIONS,** contribuciones caritativas, aportaciones de beneficencia.
—— **DONATIONS,** donaciones o donativos a instituciones de beneficencia.
—— **INSTITUTION,** institución o centro de beneficencia.

CHARM PRICE, precio atractivo.
CHART, gráfica, diagrama, cuadro.
—— **FOR ATTRIBUTES,** gráfica para atributos.
—— **OF ACCOUNTS,** catálogo o código de cuentas.
CHARTER, fletamento, contrato de fletamento, escritura de constitución.
—— **BROKER,** corredor de fletamentos.
—— **MARKET,** puerto de fletamento.
—— **MONEY,** pago de fletamento.
—— **PARTY,** contrato de fletamento, póliza de fletamento, carta partida.
CHARTERED ACCOUNTANT, contador público titulado (Gran Bretaña), contador autorizado.
CHARTERED CORPORATION, sociedad constituida.
CHASER carta recordatorio o de insistencia.
CHATTEL, bienes muebles, enseres.
—— **MORTGAGE,** gravamen sobre bienes muebles, hipoteca prendaria, crédito mobiliario.
CHATTELS, bienes muebles, enseres.
—— **REAL,** bienes reales, bienes muebles.
CHEAT, engaño, fraude, trampa, embuste.
CHECK, cheque, talón, contraseña, cuenta (restaurante), comprobación.
—— **AMOUNT,** importe o monto del cheque.
—— **CLEARINGS,** compensaciones bancarias o de cheque.
—— **DATE,** fecha del cheque, fecha de expedición del cheque.
—— **DIGIT,** dígito de verificación.
—— **ENDORSEMENT,** endoso del cheque.
—— **EXCHANGE,** cambio a la vista.
—— **FIGURE,** cifra de comprobación.
—— **IN,** registrarse en un hotel, inscribirse.
—— **IN FULL SETTLEMENT,** cheque como pago completo.
—— **LIST,** lista de comprobación o de cotejo.
—— **MARK,** marca de chequeo, marca de comprobación, contraseña.
—— **NUMBER,** número de cheque, número de expedición de cheque.
—— **OFF,** chequear, tildar.
—— **OUT,** liquidar el hotel, registrar existencias.
—— **PAYEE,** beneficiario del cheque.
—— **RATE,** cotización para cheque, tipo de cambio para cheque.
—— **REGISTER,** registro de cheques.
—— **SIGNATURE,** firma de cheque.
—— **SIGNER,** quien firma cheques, persona que firma cheque.
—— **STUB,** talón de cheque.
——, **TO,** confrontar, cotejar, comprobar, chequear.
—— **TO BEARER,** cheque al portador.
—— **UP,** verificar, comprobar.
CHECK-CLEARING FACILITIES, recursos de compensación de cheques, medios de compensación bancaria.
CHECK-CLEARING TIME, tiempo de depósito del cheque.

CHECK-OUT COUNTER, caja de pago de mercancías de un mercado o de una tienda.
CHECKBOOK, talonario de cheques, chequera, libreta de cheques.
CHECKING, prueba, recuento, revisión.
—— ACCOUNT, cuenta corriente bancaria, cuenta de cheques.
—— ACCOUNT BALANCES, saldos de cuenta de cheques, saldos de cuenta corriente.
—— ACCOUNT FUNDS, fondos o dinero en cuenta de cheques.
—— TRANSACTION, transacción u operación de cheque.
CHECKLIST, lista de comprobación o de cotejo.
CHECKROOM, guardarropa, ropero.
CHECKS, cheques.
—— DRAWN, cheques expedidos o emitidos.
—— FOR COLLECTION, cheques al cobro.
—— OUTSTANDING, cheques pendientes de pago, cheques no cobrados.
CHECKS-SIGNING OFFICIAL, funcionario que firma cheques.
CHEF, jefe cocinero.
CHEMICAL, producto químico.
CHEMICALS INDUSTRY, industria química, industria de productos químicos.
CHEMIST, químico, boticario.
CHIEF, jefe, director.
—— ACCOUNTANT, contador en jefe, jefe de contabilidad.
—— CLERK, oficial mayor, primer oficial.
—— CREDIT OFFICER, jefe ejecutivo de crédito, director de crédito.
—— ENGINEER, ingeniero jefe, jefe de máquinas.
—— EXECUTIVE OFFICER, funcionario ejecutivo en jefe, ejecutivo principal.
—— FINANCIAL OFFICER, ejecutivo de finanzas, director de finanzas.
—— MATE, primer oficial.
—— MONEY TRADER, jefe corredor de dinero, director de cambios.
—— OF STATE, jefe de estado.
—— OFFICER, primer oficial, piloto.
—— OPERATING OFFICER, jefe de operación, director de operaciones.
—— PILOT, primer piloto.
CHILD, niño.
—— LABOR, trabajo de menores, trabajo infantil.
—— REARING, crianza o educación de niños.
—— SUPPORT, sostenimiento de niños, costear la manutención de un niño.
CHILD-CARE FACILITIES, institución o casa de cuidado de niños.
CHILD-WOMAN RATIO, relación de hijos a mujeres.
CHILDREN'S CLOTHING, ropa de niños.
CHINA, porcelana, loza.
CHINAWARE, porcelana, loza.
CHIP IN, contribuir.
CHISELER, tramposo, competidor injusto.
CHOICE, opción, selección, selecto.

CHOOSING AN ADVERTISING AGENCY, selección de una agencia publicitaria.
CHOSE IN ACTION, derecho de acción.
CHRISTMAS, Navidad, pascua de Navidad.
—— BONUS, aguinaldo, gratificación navideña.
—— SALES, ventas de Navidad.
—— SAVINGS, ahorros navideños, ahorro en compras de Navidad.
CHROME-PLATED STEEL, acero cromado, acero con cubierta de cromo.
CHRONOLOGICAL RECORD, registro cronológico.
CHUNK, trozo, pedazo.
CHURCH SCHOOL, escuela parroquial o eclesiástica.
CHUTE, canal, conducto, canaleta.
CIGAR, tabaco, puro, cigarro.
—— FACTORY, fábrica de cigarros, tabaquería.
CIGARETTE, cigarrillo, pitillo.
CINCH, cosa fácil, ganga.
CINEMA, cine, cinema.
—— ADVERTISING, publicidad cinematográfica.
CIPHER PROOF, prueba a cero.
CIRCULAR, circular.
—— FLOW, movimiento continuo de dinero y mercancías en la economía.
—— LETTER, carta circular, circular.
—— TRANSFORMATION, transformación circular.
CIRCULARIZATION, circularización, anunciar por circulares.
CIRCULATING
—— ASSETS, activo corriente, activo circulante, disponibilidades, créditos, bienes de cambio y cargos diferidos a corto plazo.
—— CAPITAL, capital circulante, activo corriente, activo circulante, capital flotante, bienes de cambio.
—— DECIMAL, fracción decimal continua o periódica.
CIRCULATION OF COSTS, redistribución de costos.
CIRCUMSTANCE, circunstancia, incidente, acontecimiento.
CIRCUMSTANTIAL EVIDENCE, prueba circunstancial, conjetura.
CITIZEN, ciudadano, conciudadano.
CITIZENSHIP PAPERS, carta o certificado de naturalización.
CITY, ciudad.
—— BLOCK, manzana de ciudad.
—— COUNCIL, consejo municipal, ayuntamiento.
—— COUNCIL CHAIRMAN, presidente del consejo municipal.
—— EDITOR, jefe de redacción de un periódico.
—— HALL, ayuntamiento, casa del ayuntamiento.
—— LIMITS, límites de la ciudad, límite urbano.
—— ORDINANCE, ordenanza municipal.
—— REAL ESTATE, bienes raíces urbanos o municipales.
—— SIZE, tamaño de la ciudad.
CITY'S REVENUES, ingresos de la ciudad, recaudaciones municipales.

CIVIC CENTER, centro cívico, institución cívica.
CIVIL, civil.
—— CLIENT, cliente del orden civil.
—— CODE, código civil.
—— CORPORATION, corporación civil, sociedad civil, asociación o institución civil.
—— DISABILITY, incapacidad jurídica.
—— INJURY, delito civil.
—— LAW, derecho civil.
—— LAWSUIT, juicio civil, acción civil.
—— LIABILITY, demanda civil.
—— PARTNERSHIP, sociedad o asociación civil.
—— PENALTY, multa civil, pena civil.
—— RIGHTS, derechos civiles.
—— RIGHTS MOVEMENT, movimiento de derechos civiles.
—— SOCIETY, sociedad civil.
—— STATUS, estado civil.
—— SUIT, juicio civil, pleito civil.
—— WAR, guerra civil, insurrección revolucionaria.
—— YEAR, año civil.
CLAIM, reclamación, demanda.
—— BOND fianza de reclamante.
—— DAMAGES, demanda por daños y perjuicios.
—— FOR DAMAGES, demanda por daños y perjuicios.
—— INVESTIGATOR, investigador de reclamaciones.
—— JUMPER, violador de pertenencia.
CLAIMS
—— CENTER, centro de quejas o de reclamaciones.
—— DUE, reclamaciones vencidas.
CLAIMANT, reclamante de la compensación de una póliza.
CLASH, disputa, antagonismo, conflicto.
CLASS, clase, género, calidad, categoría.
—— INTERVAL, intervalo de clase.
—— OF ACCOUNTS, grupo o tipo de cuentas.
—— RATE, tarifa por clases.
—— STRUGGLE, lucha de clases.
CLASSIFICATION, clasificación, separar en clases.
—— OF ACCOUNTS, clasificación de cuentas, catálogo de cuentas.
CLASSIFIED, clasificado.
—— ADVERTISING, anuncios clasificados, avisos de ocasión.
—— COMMON STOCKS, acciones comunes u ordinarias autorizadas.
—— COST, costo clasificado.
—— TELEPHONE DIRECTORY, guía telefónica, directorio telefónico.
—— TRIAL BALANCE, balanza de comprobación clasificada.
CLASSLESS SOCIETY, sociedad sin clases.
CLAUSE, cláusula, inciso, artículo.
CLAYTON ACT, ley Clayton.
CLEAN, limpio, perfecto, completo, neto.
—— ACCEPTANCE, aceptación incondicional.
—— BILL OF LADING, conocimiento de embarque sin restricciones.

—— CHARTER, contrato justo de fletamento.
CLEANUP, gran ganancia, consumación, limpieza general.
CLEAR, aclarar, liquidar, limpiar, claro, libre, líquido.
—— A REGISTER, despejar un registro.
—— OUT, despachar en aduana.
—— PROFIT, beneficio líquido, utilidad líquida.
—— SIGNAL, señal de descarga.
—— UP, aclarar, ordenar.
—— VALUE, valor neto o líquido.
—— WATER, agua pura y cristalina.
CLEAR-CUT, bien claro, incisivo.
CLEARANCE, despacho aduanal, tolerancia (espacio), sección libre, franqueo.
—— FEES, derechos de compensación o de salida.
—— OF CHECKS, compensación de cheques.
—— PAPERS, certificado del pago de derechos.
—— SALE, liquidación de mercancías, venta de liquidación.
CLEARING, liquidación, compensación.
—— ACCOUNT, cuenta de liquidación o de compensación, cuenta de suspensión o de tránsito.
—— BANK, banco de compensaciones, banco afiliado a la caja de compensaciones.
—— HOUSE, cámara de compensaciones.
—— SECURITIES, compensación o liquidación de valores.
—— SHEET, hoja de compensación o liquidaciones.
—— TELLER, contador de compensaciones.
CLEARING-HOUSE STATEMENT, estado o liquidación de la cámara de compensación.
CLEARINGS, compensaciones bancarias.
CLERGYMAN, clérigo.
CLERICAL, de oficinista, de empleado.
—— EMPLOYEE, empleado de oficina, oficinista.
—— ERROR, error de oficina o de empleado, error de pluma.
—— FORCE, personal de oficinas, oficinistas.
—— MISTAKE, error personal o de oficinista.
—— PAYROLL, nómina de empleados o de oficinistas.
—— SALARIES, sueldos del personal de oficina, sueldos de oficinistas.
—— WORK, trabajo de oficina o de escritorio.
CLERK, oficinista, escribiente, dependiente.
CLICK, tener buen éxito.
CLIENT, cliente, marchante, parroquiano, comprador.
CLIENT'S
—— COMPUTER FILES, archivos de computadora de la empresa.
—— COUNT, recuento del cliente.
—— EXPENSE ACCOUNT, cuenta de gastos o de desembolsos del cliente.
—— INPUT FILE, archivo de entrada del cliente.
—— INSURANCE AGENT, agente de seguro del cliente.
—— INSURANCE COVERAGE, cobertura de seguro del cliente.

——INVENTORY CUTOFF, corte hecho por el cliente.
——INVENTORY TEAM, grupo encargado del inventario.
——LEGAL COUNSEL, asesor legal de la empresa.
——LOAN AGREEMENT, convenio o contrato de préstamo del cliente.
CLIENTELE, clientela, marchantería.
CLIMATE, clima, condiciones atmosféricas.
CLINIC, reunión para estudio de problemas.
CLIP, sujetapapeles, broche.
CLIPPER CARGO, carga aérea.
CLOAKROOM, ropero, guardarropa.
CLOCK, reloj de pared.
——CARD, tarjeta de tiempo, tarjeta del reloj marcador de tiempo.
CLOSE, conclusión, cierre.
——DOWN, cerrar una empresa, liquidar un negocio.
——OF BUSINESS, cierre de operaciones, liquidación de un negocio.
——OUT, liquidar, realizar.
——PRICE, precio estable.
——THE BOOKS, cerrar los libros, saldar los libros, clausurar los libros.
——THE DEAL, cerrar el trato, realizar el negocio.
——TO, ultimar, concluir, clausurar.
CLOSE-OUT, liquidación, corte de operaciones, cierre de operaciones.
CLOSE-OUT DATE, fecha de corte o cierre de operaciones.
CLOSED, cerrado, concluido.
——ACCOUNT, cuenta saldada o liquidada.
——CHAPTER, asunto concluido, asunto terminado.
——CORPORATION, corporación cerrada, compañía propietaria.
——ECONOMY, economía cerrada.
——MORTGAGE, hipoteca cancelada o cerrada.
——SESSION, sesión o junta a puerta cerrada.
——STOCK, existencias no renovables.
——SYSTEM, sistema cerrado o autosuficiente.
CLOSED-CIRCUIT PROGRAM, programa de circuito cerrado.
CLOSED-CIRCUIT TELEVISION, televisión de circuito cerrado.
CLOSED-END COMPANY, compañía de inversión cerrada.
CLOSED-END INVESTMENT COMPANY, empresa inversionista de capital líquido.
CLOSED-END MORTGAGE BOND, bono hipotecario cerrado.
CLOSET, ropero, armario, guardarropa.
CLOSING, cierre, clausura, despedida.
——AGREEMENT, convenio final.
——BALANCE, saldo de cierre.
——DAILY PRICES, cotizaciones diarias de cierre.
——DATE, fecha de cierre, plazo.
——ENTRIES, asientos o partidas de cierre.
——INVENTORY, inventario final o de cierre.
——PRICE, precio de cierre, cotización de cierre.

——QUOTATION, cotización de clausura o de cierre.
——RATE, tipo de cierre o cambio.
——THE BOOKS, cierre de los libros.
——TRIAL BALANCE, balanza de comprobación de cierre.
CLOTHES DRYER, secadora de ropa, máquina secadora de ropa.
CLOTHING, ropa, vestidos, indumentaria.
——INDUSTRY, industria del vestido, fábrica de ropa.
CLOTURE RULE, procedimiento parlamentario para detener un debate para asegurar un voto.
CLUB, centro social, círculo, casino.
——MEMBERSHIP, membresía en club, afiliación o asociación a un círculo social.
CLUMSY, chapucero, desgarbado, tosco.
CLUSTER, conglomerado, grupo.
——ANALYSIS, análisis de conglomerado.
——SAMPLE, muestra de conglomerado, muestra en grupo.
COACH, carro, carruaje, vagón, instructor, adiestrador.
——FARE, pasaje de coche de viajeros.
COACHING TRAINING, entrenamiento o adiestramiento con instructor.
COAL, hulla, carbón de piedra.
——MINING, minería de la hulla, explotación de mina de hulla.
——RIGHTS, derechos hulleros.
COARSE, tosco, grueso, basto.
COAST, costa, costear, avanzar sin esfuerzo.
——TRADE, cabotaje, comercio de cabotaje.
——VESSEL, barco de cabotaje, buque costanero.
COATINGS, géneros para trajes.
COBOL, (common business oriented language), siglas del lenguaje común de negocios.
——SOURCE PROGRAM, programa fuente COBOL.
COBONDING, coafianzamiento.
COCHAIRMAN, copresidente.
COCOA, cacao, cacaotero.
COCREDITOR, coacreedor.
COD, bacalao, abadejo.
CODE, código, clave, símbolo que describe una operación, cifrar.
——BOOK, libro de claves.
——IN, cifrado, codificado.
——MESSAGE, telegrama en clave, mensaje cifrado.
——NUMBER, número de clave o de código.
——OF PROFESSIONAL ETHICS, código de ética profesional.
——, TO, codificar, cifrar, asignar un símbolo.
CODEBTOR, codeudor.
CODED, codificado.
——PROGRAM, programa codificado o en clave.
——RECORDS, registros codificados.
CODICIL, codicilo.
CODIFICATION, codificación, codificar.
CODING, codificación, poner en clave.
——AND CLASSIFYING, codificación y clasificación.

—— CLERK, encargado de poner claves o codificar, empleado codificador.
—— METHOD, método de codificación.
—— SCHEME, código, esquema de codificación.
COEFFICIENT, coeficiente.
—— OF CAPITAL YIELD, coeficiente de rentabilidad de capital.
—— OF IMMEDIATE LIQUIDITY, coeficiente de liquidez inmediata.
—— OF SOLVENCY, coeficiente de solvencia.
COFFEE, café (grano o bebida).
—— BREAK, receso o descanso para tomar café.
—— MARKET, bolsa del café, mercado cafetalero.
—— SHOP, cafetería, merendero.
COGNITIVE THEORY, teoría cognoscitiva.
COIN, moneda, dinero, acuñar, sellar.
—— GOLD, oro acuñado, oro amonedado.
—— TELEPHONE, teléfono de monedas.
COIN-COUNTING MACHINE, contadora de monedas.
COINED WORD, palabra acuñada o inventada.
COINSURANCE, coaseguramiento, coaseguro.
—— CLAUSE, cláusula de coaseguro o de seguro mutuo.
COINSURER, coasegurador.
COKE, coque, coquizar.
COLD WAR, guerra fría.
COLLAPSE, fracaso, ruina, derrumbamiento.
COLLAPSIBLE CORPORATION, corporación o sociedad de vida temporal.
COLLATE, TO, cotejar, comparar, combinar.
COLLATERAL, colateral, garantía, resguardo, pignoración.
—— AND NOTE DEPARTMENT, departamento de resguardo y pagarés.
—— INSURANCE, seguro con garantía colateral o prendaria.
—— LOAN, préstamo colateral, empréstito con garantía.
—— NOTE, pagaré con garantía, pagaré prendario.
—— SECURITY, garantía colateral o prendaria.
—— SIGNATURE (in a note), aval, persona que garantiza un pagaré.
—— TRUST BONDS, bonos de garantía colateral, bonos colaterales.
—— WARRANTY, garantía colateral.
COLLATERAL-TRUST BOND, bono de garantía colateral.
COLLATERALIZE, garantizar con colateral.
COLLEAGUE, colega, compañero.
COLLECT, cobrar, recaudar, hacer efectivo.
—— BILL, factura por cobrar.
—— CALL, llamada por cobrar, telefonema por cobrar.
—— TELEGRAM, telegrama por cobrar.
COLLECTED FUND, fondos cobrados, fondos recaudados.
COLLECTIBLE, cobrable, cobradero, recaudables.
COLLECTING DATA, recopilación u obtención de datos.

COLLECTION, recaudación, cobranza, cobro, recolección.
—— AGENCY, agencia de cobros o de cobranza.
—— CHARGE, cargo por cobro, gastos de cobranza.
—— COSTS, costos de cobranza.
—— DEPARTMENT, departamentro de cobranzas, oficina de recaudación.
—— DRAFT, letra de cobro, giro de cobranza.
—— EXPENSES, gastos de cobranza.
—— FEE, comisión de cobro, derecho de cobranza.
—— FOLLOW-UP, seguimiento o perseguidor de cobros.
—— FOR, al cobro, por cobrar.
—— LETTER, carta de cobranza.
—— MANAGER, gerente de cobranzas, jefe de cobranzas.
—— PERIOD, plazo de cobranza, período de recaudación.
—— REMINDER, recordatorio de cobranza.
—— SERVICE, agencia u oficina de cobranzas.
—— TELLER, cajero, contador de cobranzas.
—— TICKET, hoja de cobro, boleta de cobranza.
COLLECTION-ON-DELIVERY ACCOUNT, cuenta de cobro contra entrega.
COLLECTION FROM CUSTOMERS, cobros o cobranzas a clientes.
COLLECTIVE, colectivo.
—— BARGAINING, contrato colectivo, negociación colectiva.
—— BARGAINING AGREEMENT, contrato colectivo de trabajo, convenio colectivo de trabajo.
—— CONTRACT, contrato colectivo de trabajo.
—— DECISION MAKING, toma de decisiones colectivas.
—— DEMAND, demanda colectiva o de grupo.
—— FARM, granja o hacienda colectiva.
—— GOODS, bienes colectivos, bienes públicos.
—— INSURANCE, seguro de grupo, seguro colectivo.
—— RESPONSIBILITY, responsabilidad colectiva o de la colectividad.
COLLECTOR, recaudador, cobrador.
—— OF A PORT, administrador o recaudador de aduanas.
—— OF CUSTOMS, recaudador de aduanas, administrador de aduanas.
—— OF INTERNAL REVENUE, recaudador de rentas internas.
—— OF TAXES, recaudador de impuestos o de contribuciones.
COLLECTOR'S OFFICE, colecturía, oficina de recaudaciones.
COLLEGE TUITION, colegiatura.
COLLIDE, TO, chocar, estrellarse.
COLLISION, choque, colisión.
—— INSURANCE, seguro contra choque.
COLLUDE, TO, confabularse, pactar con perjuicio de tercero.
COLLUSION, colusión.
COLONIAL EXPLOITATION explotación colonial, explotación de un país como colonia de otro.

COLOR, color.
—— PHOTOGRAPHY, fotografía a color o en colores.
—— PRINTING, impresión a color.
COLORED INK, tinta de color.
COLUMNAR, columnar, tabular.
—— ANALYSIS, análisis por columnas.
—— SYSTEM, sistema columnar o tabular.
COLUMNIST, columnista, periodista que escribe una columna de periódico.
COMAKER, fiador, codeudor, cogirador.
COMBINATION, combinación, consolidación.
—— LOCK, cerradura de combinación.
—— MERCHANDISE OFFER, oferta de mercancía mixta o combinada.
—— RATE, tarifa combinada.
COMBINED, combinado.
—— BALANCE SHEET, balance de situación, estado de contabilidad combinado.
—— CASH FLOWS, flujos de efectivo combinados.
—— DEPRECIATION AND UPKEEP METHOD, método de depreciación y conservación combinadas.
—— FINANCIAL STATEMENT, estado financiero combinado.
—— PROJECTS, proyectos combinados.
—— STATEMENT OF INCOME AND RETAINED EARNINGS, estado combinado de resultados y utilidades retenidas.
COME, llegar, venir.
—— SHORT, faltar, no alcanzar.
—— THROUGH, llevar a cabo, salir bien.
—— TO TERMS, llegar a un acuerdo, convenir en.
—— UP, surgir, ocurrir, presentarse.
COMEBACK, recuperación, rehabilitación, retroceder.
COMFORT, bienestar, comodidad.
—— INDEX, índice de bienestar.
—— LETTER, carta de bienestar o de alivio.
COMIC STRIP, tira cómica, historieta cómica.
COMING MONTH, mes venidero, siguiente mes.
COMMAND, mando, autoridad, poder.
COMMANDITE, sociedad en comandita.
COMMENCE, TO, comenzar, iniciar, empezar.
COMMENTATOR, comentarista, comentador.
COMMERCE, comercio, negocio.
—— CLEARING HOUSE, cámara comercial de compensaciones.
COMMERCIAL, mensaje comercial, anuncio publicitario, comercial.
—— AGENCY, agencia u oficina de información comercial.
—— AGENT, agente comercial o mercantil.
—— AIR FLEET, flota o línea aérea comercial.
—— ART, arte comercial o publicitario.
—— ARTIST, dibujante o artista publicitario.
—— ATTACHE, agregado comercial.
—— BANK, banco mercantil, banco comercial.
—— BANK CONSUMER CREDIT, crédito del banco comercial a consumidores.
—— BORROWER, prestatario comercial o mercantil.
—— BUILDER, constructor comercial, arquitecto de obras comerciales.
—— CENTER, plaza o centro comercial.
—— COMPANY, empresa o compañía comercial.
—— COPY, texto publicitario.
—— CREDIT, crédito comercial.
—— CREDIT GRANTOR, otorgante de crédito comercial.
—— DISCOUNT, descuento comercial o mercantil.
—— DRAFT, letra o giro comercial.
—— ENTERPRISE, empresa mercantil, organización comercial.
—— EXPENSE, gasto comercial o mercantil.
—— INVOICE, factura comercial.
—— LAUNCH, lanzamiento comercial, lanzar un producto al mercado.
—— LAW, derecho o legislación comercial.
—— LETTER O CREDIT, carta de crédito comercial.
—— LOAN, préstamo comercial o mercantil.
—— MARKET, mercado comercial o mercantil.
—— PAPER, documentos negociables, efectos comerciales, papel comercial.
—— PAPER BROKER, corredor de documentos comerciales.
—— PAPER HOUSE, casa de documentos comerciales.
—— PAPER MARKET, mercado de documentos o valores negociables.
—— PAPER OUTSTANDING, documento comercial pendiente de pago.
—— PRODUCT, producto o artículo comercial.
—— PROPERTY, propiedad de edificios.
—— REAL ESTATE DEVELOPER, fomentador de bienes raíces comerciales.
—— RELATIONS, relaciones o tratos comerciales.
—— SEASONAL LOAN, préstamo comercial estacional, préstamo mercantil de temporada.
—— SERVICES, servicios comerciales.
—— STANDING, crédito mercantil, posición comercial.
—— TERM LOAN, préstamo comercial a plazo o a término.
—— TRAVELER, viajante comercial, agente viajero, viajante.
—— TREATY, pacto comercial, trato comercial.
—— YEAR, año comercial (12 meses de 30 días).
COMMERCIALISM, comercialismo, mercantilismo.
COMMERCIALIZATION, comercialización, acción de comercializar un producto
COMMISSARY, comisaría, comisario.
COMMISSION, comisión, junta, comité, encomienda, cuota (comercial).
—— ACCOUNT, cuenta de comisión.
—— AGENT, comisionista, viajante a comisión.
—— BILLING, facturación de comisiones.
—— BUSINESS, comercio o negocio a comisión.
—— DUE, comisión vencida, cargo vencido.
—— INCOME, ingreso por comisiones, entrada por concepto de comisiones.

——MAN, comisionista.
——MERCHANT, comisionista, comerciante a comisión.
——ON, a comisión, trabajo a comisión.
——ON SALES, comisión sobre ventas, ventas a comisión.
——RATE, tasa de comisión.
——RECEIVABLES, comisión por pagar, cuota sin pagar.
——SALES, ventas a comisión.
COMMISSIONER, comisionista, comisionado, comisario.
COMMIT, cometer, encomendar, confiar.
——BURGLARY, robo con escalo.
——SUICIDE, suicidarse, privarse de la vida.
COMMITMENT, compromiso, convenio, compromiso o convenio de compra o para un desembolso futuro.
——FEE, honorario o comisión de un convenio.
——PRICE, precio de convenio o de compromiso.
COMMITMENTS AND CONTINGENCIES, compromisos y contingencias.
COMMITTED, comprometido, obligado.
——COSTS, costos comprometidos u obligados.
——WORKING CAPITAL, capital de trabajo comprometido.
COMMITTEE, comité, consejo de administración, junta, comisión.
COMMITTEEMAN, vocal, miembro del comité.
COMMODITY, artículo o género comercial, mercancía, producto.
——AVERAGE, promedio común u ordinario de mercancía.
——DRAFT, letra para compraventa de productos.
——EXCHANGE, lonja o bolsa de comercio, lonja o bolsa de productos.
——FLOW, corriente de mercancías, flujo de artículos de consumo.
——FUTURES, bienes futuros, productos para entrega futura.
——LOAN, préstamo sobre productos o artículos.
——MARKET, mercado de productos, mercado de bienes de consumo.
——TRANSACTIONS, transacciones o negociaciones de mercancías.
COMMODITIES MARKET WARRANT, garantía de mercado de productos.
COMMON, común, corriente, ordinario.
——BAIL, fianza común, caución común.
——CAPITAL STOCK, acciones comunes u ordinarias.
——CARRIER, porteador público, empresa de transporte público, empresa transportadora.
——CARRIER'S INSURANCE, seguro contra pérdidas de compañías transportistas.
——COST, costo común o conjunto.
——ENTERPRISE, empresa colectiva o conjunta.
——EQUITY, capital contable, acciones comunes, patrimonio común, valor líquido común.

——EQUITY, CAPITAL, capital en acciones comunes o acciones ordinarias.
——GOAL, objetivo o meta común.
——LAW, ley no escrita, derecho consuetudinario, costumbre con fuerza de ley.
——LOGARITHM, logaritmo común.
——MACHINE LANGUAGE, lenguaje común de máquina.
——MARKET, Mercado Común Europeo.
——PROPERTY, propiedad común.
——SENSE, sentido común, juicio, sensatez.
——SHARES OUTSTANDING, acciones comunes u ordinarias por pagar.
——STOCK, acciones comunes u ordinarias, capital social común.
——STOCK ACCOUNT, cuenta de capital social, cuenta de acciones comunes.
——STOCK DIVIDEND, dividendo de acciones comunes, dividendo en acciones ordinarias.
——STOCK EQUITY, acciones de capital social.
——STOCK OFFERING oferta de acciones comunes u ordinarias.
——STOCK OUTSTANDING, acciones comunes pendientes, acciones ordinarias pendientes.
——STOCK SALE, venta de acciones comunes, acciones ordinarias en venta.
——STOCK SALE PRICE, precio de venta de acciones comunes u ordinarias.
——STOCK SUBSCRIBER, capital social común suscrito.
——STOCKHOLDER, tenedor de acciones comunes u ordinarias, accionista común.
——VENTURE, riesgo o especulación común.
COMMON-LAW CORPORATION, corporación o sociedad voluntaria.
COMMON-LAW TRUST, asociación voluntaria.
COMMON-SIZE FINANCIAL STATEMENTS. estados financieros homogéneos.
COMMONWEALTH, comunidad, estado, nación.
COMMONWEALTH ORGANIZATION, organización de la comunidad.
COMMUNICATING FUNCTION, función de comunicación.
COMMUNICATING SYSTEM, sistema de comunicación.
COMMUNICATION, comunicación, comunicarse las personas entre sí, colaboración.
——BREAKDOWN, fracaso o falla de la comunicación.
——CHAIN, cadena o red de comunicación.
——DOWNWARD, comunicación descendente, comunicación hacia el nivel inferior de administración.
——LINK, enlace de la comunicación.
——NETWORK, red o cadena de distribución.
——PROCESS, proceso de comunicación.
——SATELLITE, satélite de comunicación.
——UPWARD, comunicación ascendente o hacia la alta gerencia.

COMMUNICATIONS TECHNOLOGY, tecnología de las comunicaciones.
COMMUNITY, comunidad, público, población, pueblo.
—CONSUMPTION, consumo de la comunidad, consumo público.
—INCOME, utilidades pro-individuos, ingresos de la comunidad.
—LEADER, dirigente de la comunidad, guía de la comunidad.
—OF INTERESTS, comunidad de intereses.
—PROJECT, proyecto de la comunidad.
—PROPERTY, bienes de la comunidad, propiedad común, comunidad de bienes.
—RECREATION PROGRAM, programa de recreación de la comunidad, plan de esparcimiento de la comunidad.
—SERVICE, servicio prestado a la comunidad.
—STORE, tienda de la comunidad o del pueblo.
—UNION, sindicato independiente.
COMMUTATIVE CONTRACT, contrato conmutativo.
COMPANY, compañía, sociedad, empresa, corporación.
—ACCOUNTING PROCEDURES, procedimientos contables de empresa.
—AUDIT, auditoría de la empresa, auditoría efectuada por la propia compañía.
—CAFETERIA, cafetería de la compañía, cafetería administrada por la compañía.
—CONTRIBUTION, contribución patronal, aportación de la empresa.
—DOCTOR, doctor o médico de la compañía.
—FORECAST, pronósticos empresariales, predicciones de la compañía.
—RECREATION FACILITIES, instalaciones o edificios de recreo de la compañía.
—RULES VIOLATION, violación de las normas o las reglas de la empresa.
—SALESMAN, agente vendedor empresarial, vendedor de una compañía.
—SERVICES, servicios de la compañía, servicios prestados por la compañía.
—TIME, tiempo de la empresa, horas por cuenta de la compañía.
COMPANY-OWNED PROPERTY, terreno propiedad de la empresa.
COMPANY-OWNED RETAIL STORE, tienda, de menudeo, propiedad de la compañía.
COMPANY-OWNED STORE, tienda propiedad de la compañía.
COMPANY'S ACCOUNTING RECORDS, registros contables de la empresa.
COMPANY'S ACCOUNTING SYSTEM, sistema contable de la compañía.
COMPANY'S INSURANCE COVERAGE, cobertura del seguro de la compañía.
COMPARABILITY, comparabilidad.
COMPARATIVE, comparativo.
—ADVANTAGE, ventaja comparativa.
—BALANCE SHEET, balance general comparativo.
—COST, costo comparativo.
—DATA, datos comparativos.
—FINANCIAL STATEMENTS, estados financieros comparativos.
—HISTORICAL INFORMATION, información histórica comparativa.
—MANAGEMENT, administración comparativa, dirección comparativa.
—STATEMENT, estado comparativo, balance comparativo.
—VALUE, valor comparativo.
COMPARE, TO, comparar, confrontar, cotejar.
COMPARISON, comparación, cotejo.
COMPEL PAYMENT, apremiar el pago o forzarlo.
COMPENSATING BALANCE, saldo compensador o remunerador.
—BANK BALANCE, saldo de compensación bancario.
—ERRORS, errores compensados.
COMPENSATION, compensación, remuneración, indemnización.
—AGREEMENT, convenio de compensación, acuerdo de remuneración.
—CASH BALANCES, compensación de saldos en efectivo.
—EXPENSE, gasto de compensación.
—FOR SERVICES, haberes, pago por servicios recibidos.
—INSURANCE, seguro de compensación, seguro de indemnización por accidentes.
—OF EMPLOYEES, compensación de empleados o asalariados.
COMPENSATORY, compensatorio.
—BALANCE, saldo de compensación o reciprocidad.
—DAMAGE, indemnización compensatoria.
—TIME, tiempo de compensación.
COMPETE, competir, hacer competencia.
—WITH, competir con o contra.
COMPETENT, competente, apto, capaz.
—AUTHORITY, autoridad competente o calificada.
COMPETING BANK, banco competidor o de competencia.
COMPETING FIRMS, empresas competidoras, empresas en competencia.
COMPETITION, competencia, concurso, certamen.
—FOR PROFIT, competencia por la ganancia.
—IN BUSINESS, competencia en los negocios o en operaciones mercantiles.
—IN FOREING TRADE, competencia en comercio exterior.
—IN INTERNATIONAL TRADE, competencia en el mercado internacional.
COMPETITIVE, competidor, competitivo.
—BID, propuesta o cotización de competencia.
—BIDDING, licitación competitiva, subasta competitiva.
—CAPITALISM, capitalismo de competencia.

COMPETITOR-COMPUTARIZED

—— CONDITIONS, condiciones competitivas o de competencia.
—— DISADVANTAGE OVERSEAS desventaja competitiva en ultramar o en el extranjero.
—— ECONOMY, economía de competencia.
—— ENVIRONMENT, medio competitivo, medio ambiente de competencia.
—— EQUILIBRIUM, equilibrio competitivo o de competencia.
—— LETHARGY, letargo de competidores.
—— PARITY, paridad competitiva o de competencia.
—— POSITION, capacidad competidora, puesto cubierto por examen de selección.
—— PRICE, precio de competencia, precio competidor.
—— RETAIL PRICING, precios competitivos de menudeo o al detalle.
COMPETITOR, competidor, opositor, concursante.
COMPETITORS' INNOVATIONS, innovaciones de los competidores.
COMPILATION OF FINANCIAL STATEMENTS, compilación de estados financieros o de balance
COMPILED FINANCIAL STATEMENTS, estados financieros compilados.
COMPILER, compilador, recopilador.
COMPLAINT, queja, (legal) demanda.
COMPLEMENTARY, complementario.
—— COMMODITIES, productos o artículos complementarios.
—— CREDIT, abono complementario.
—— DEBIT, cargo o adeudo complementario.
COMPLEMENTING ENTRY, asiento o partida de complemento.
COMPLETE, completo, entero.
—— AUDIT, auditoría completa.
—— TRANSACTION, transacción completa o terminada.
COMPLETENESS TEST, prueba de integridad o de entereza.
COMPLETION, terminación, ejecución, consumación.
COMPLEX, complejo, intrincado.
—— CAPITAL STRUCTURE, estructura compleja de capital.
—— NUMBER, número complejo.
—— RANDOM SAMPLE, muestra aleatoria compleja.
—— TRUST, fideicomiso complejo.
COMPLEXITY, complejidad, grado de dificultad.
COMPLIANCE OFFICER, ejecutivo de consentimiento o ausencia.
COMPLIANCE TESTS, pruebas de cumplimiento.
COMPLY, TO, acatar, cumplir con.
COMPOSING ROOM, taller de composición de la industria gráfica.
COMPOSITE, compuesto.
—— CONSTRUCTION COST INDEX, índice de costos compuestos de construcción.
—— FINANCIAL DATA, datos financieros compuestos, información financiera mixta.

—— LIFE, vida media o compuesta.
—— LIFE METHOD DEPRECIATION, cálculo de depreciación sobre vida compuesta.
—— SHIP, buque de carga mixta o diversa.
—— TECHNIQUES, técnicas compuestas.
COMPOSITE-LIFE METHOD, método de vida compuesta.
COMPOSITION, composición, ajuste, redacción, arreglo.
COMPOUND, compuesto, combinación, capitalizar.
—— ACCOUNT, cuenta compuesta o mixta.
—— AMOUNT OF 1, monto de 1 a interés compuesto.
—— AMOUNT OF 1 PER PERIOD, monto de 1 a interés compuesto por período.
—— ANNUITY, anualidad compuesta.
—— ANNUITY DUE, anualidad compuesta anticipada o adeudada.
—— BANK DISCOUNT, descuento bancario compuesto.
—— DISCOUNT, descuento a interés compuesto, descuento en cadena.
—— ENTRY, asiento o partida compuesta.
—— INTEREST, interés compuesto.
—— INTEREST PERIOD, período de interés compuesto.
—— INTEREST TABLES, tablas de interés compuesto.
—— JOURNAL ENTRY, asiento compuesto de diario.
—— PRESENT WORTH, valor actual a interés compuesto.
—— VALUE OF AN ANNUITY, valor compuesto de una anualidad.
COMPOUND-INTEREST DEPLETION, agotamiento por interés compuesto.
COMPOUND-INTEREST DEPRECIATION, depreciación de la inversión más interés compuesto.
COMPOUND-INTEREST FORMULA, fórmula de interés compuesto.
COMPOUND-INTEREST METHOD, método de interés compuesto.
COMPOUNDABLE, capitalizable.
COMPOUNDED ANNUAL RATE, tasa o tipo anual compuesto.
COMPOUNDED ANNUALLY, capitalizado anualmente.
COMPOUNDING, interés compuesto.
COMPROMISE, compromiso, obligación, arreglo.
COMPTROLLER, contralor, interventor.
—— GENERAL, contralor general, interventor general.
COMPTROLLERSHIP, contraloría, intervención.
COMPULSORY, obligatorio, apremiante.
—— ARBITRATION, arbitraje obligatorio o necesario.
—— COMPENSATION, compensación obligatoria.
—— UNDER THE LAW, obligatorio por ley.
—— UNION MEMBERSHIP, sindicalización obligatoria, obligación sindical forzosa.
COMPUTARIZED, computarizado.
—— ACCOUNTING, SYSTEM, sistema contable computarizado.

—— BILLING OPERATIONS, procedimiento computarizado de cobranza o de facturación.
—— BOOKKEEPING SERVICES, servicios de contabilidad computarizados.
—— DATA PROCESSING, procesamiento de datos computarizados, procesamiento de datos por computadora.
—— GAMING, juegos computarizados, hacer juegos en la computadora.
—— INVENTORY CONTROL, control de inventario computarizado.
COMPUTATION, cálculo, cómputo, computación.
COMPUTE, TO, computar, calcular.
COMPUTED PRICE, precio computado o calculado.
COMPUTER, computadora, computadora electrónica, máquina de cómputo.
—— CENTER, centro de computación.
—— CODE, código de computadora, lenguaje de máquina.
—— CONTROLS, controles computarizados o de computación.
—— CRIME, delito cometido con computadora.
—— DEPARTMENT STAFF, personal del departamento de computación.
—— EDIT PROGRAM, programa de corrección por computadora.
—— EQUIPMENT, equipo de computación o de computadora.
—— FILE, archivo de computadora.
—— FORECASTING METHODS, pronósticos mediante computadora.
—— FRAUD, fraude o engaño hecho en computadora.
—— GRAPHICS, gráficas computarizadas, gráficas hechas con computadora.
—— HARDWARE, equipo de computadora.
—— MEMORY, memoria de computadora, almacén de memoria de la computadora electrónica.
—— MONTHLY RUNS, corridas mensuales de computadora.
—— OUTPUT, salida de computadora.
—— PRINTER, impresora de computación.
—— PRINTOUT, datos de computadora.
—— PROGRAM, programa de computadora, programa que se va a correr en computadora.
—— RUN, corrida de computadora.
—— SERVICE CENTER, centro de servicio de cómputo.
—— SIMULATION, simulación por computadora o en computadora.
—— SOFTWARE, programa de computadora.
—— SOFTWARE PACKAGE, paquete de programas de computadora.
—— TECHNOLOGY, tecnología de computación o de computadoras.
COMPUTER-AIDED DESIGN, diseño hecho con computadora.
COMPUTER-AIDED FRAUD, fraude con ayuda de computadora.

COMPUTER-AIDED MANUFACTURING SYSTEM, sistema de fabricación mediante computadora.
COMPUTER-BASED MODEL, modelo basado en computadora.
COMPUTER-BASED SALES REPORT, informe de ventas computarizado.
COMPUTER-LINKED VIDEO SCREEN, pantalla de video conectada a una computadora.
COMPUTING ACCOUNTING, contabilidad por computadora.
CONCEALED, oculto, invisible.
—— ASSETS, activo oculto o invisible.
—— LOSS, pérdida invisible.
CONCENTRATION, concentración, reunión, reconcentración.
—— OF CAPITAL, concentración de capitales.
CONCEPT, concepto, noción.
CONCERN, empresa o razón social, firma, negocio, asunto.
CONCERT, concierto, convenio, común acuerdo.
CONCILIATION, conciliación, mediación.
—— BOARD, junta de conciliación, tribunal de conciliación.
—— HEARING, audiencia de avenimiento.
CONCLUSION, conclusión, decisión, término.
CONCURRENCE, concurrencia, coincidencia.
CONDEMN, expropiar, confiscar.
CONDEMNATION, expropiación, confiscación.
—— AWARD, indemnización por expropiación o por confiscación.
CONDENSED, condensado.
—— ANALYSIS, análisis condensado.
—— BALANCE SHEET, balance condensado, balance general condensado.
—— STATEMENT, estado o balance condensado.
—— STATEMENT OF INCOME AND RETAINED EARNINGS, balance condensado de resultados y utilidades retenidas.
CONDITION, condición, estado.
——, BAD, mal estado.
—— OF ACCEPTANCE, aceptación condicional.
—— OF THE RECEIVABLES, situación de las partidas por cobrar o de valores al cobro.
—— PRECEDENT, condición precedente.
CONDITIONAL, condicional, condicionado.
—— ANNUITY, anualidad condicional, pensión anual condicionada.
—— CONTRACT, contrato o convenio condicional.
—— ENDORSEMENT, endoso condicional.
—— GUARANTY, garantía condicional.
—— PAYMENTS, pagos condicionales.
—— PROBABILITY, probabilidad condicional.
—— SALE, venta condicional, venta con reserva.
—— SALES CONTRACT, contrato de venta condicional.
—— VALUE, valor condicional.
CONDOMINIUM, condominio, apartamento en condominio.
CONFERENCE, conferencia, consulta, junta.

CONFIDENCE-CONSTANT

—— ROOM, salón de conferencias, salón de juntas.
—— WITH, IN, en conservación o en entrevista con
CONFIDENCE, confianza, seguridad, fe.
—— GAME, embaucamiento, estafa, cuento del tío.
——, IN, en confianza.
—— INTERVAL, intervalo de confianza.
—— LEVEL, nivel de confianza.
—— LIMITS, límites de confianza.
CONFIDENTIAL, confidencial, de confianza.
—— CLERK, empleado de confianza.
—— INFORMATION, información confidencial o privada.
—— POSITION, puesto de confianza, cargo de confianza.
CONFIRMATION, confirmación, comprobación, ratificación, convalidación.
—— BY LETTER, confirmación por correo.
—— LETTER, carta de confirmación o verificación.
—— REQUEST, solicitud o petición de confirmación.
—— OF ACCOUNTS, confirmación de cuentas, ratificación de cuentas.
CONFIRMED CREDIT, crédito confirmado, crédito verificado.
CONFIRMING, LETTER, carta de confirmación.
CONFISCATE, TO, confiscar, decomisar.
CONFISCATION, confiscación, decomiso.
CONFLICT OF INTEREST, conflicto o choque de intereses.
CONFLICT RESOLUTION, resolución o solución de conflictos.
CONFLICTING INDUSTRY PRACTICES, prácticas industriales conflictivas.
CONFLICTING, ORDER, orden conflictiva o contradictoria.
CONFUSING RULE, regla confusa.
CONGLOMERATE, conglomerado, agrupado.
—— COMPANY, empresa o compañía conglomerada.
—— FINANCIAL STATEMENT, estado financiero conglomerado o agrupado.
CONGRESSMAN, congresista, diputado, parlamentario.
CONNECTIONS, relaciones comerciales.
CONSENSUS, consenso.
CONSENT, consentimiento, conformidad, aprobación.
—— DIVIDEND, dividendo virtual.
CONSEQUENTIAL LOSS, pérdida consecuente o consiguiente.
CONSERVATISM, conservadurismo.
CONSIDERATION, consideración, prestación.
CONSIGNATION, consignación, envío.
—— CREDITORS, acreedores por consignación.
CONSIGNED, consignado.
—— FOR SALE, consignado para venta.
—— TO, consignado a, a la consignación de.
CONSIGNEE, consignatario, destinatario.
CONSIGNMENT, consignación, remesa, envío.
—— ACCOUNT, cuenta de consignación.
—— CONTRACT, contrato de consignación.
—— IN, consignaciones o remesas recibidas.
—— INVENTORY, inventario en consignación.
—— NOTE, nota de consignación, guía de carga aérea.
—— OUT, consignación remitida.
—— OUT ACCOUNT, cuenta de consignaciones remitidas.
—— SALES, ventas en consignación.
—— SHIPMENT, mercancías vendidas en consignación, embarque en consignación.
—— TERMS, condiciones de consignación.
CONSIGNMENTS
—— IN, consignaciones recibidas.
—— OUT, consignaciones enviadas o despachadas.
—— REGISTER, registro de consignaciones.
CONSIGNOR, consignador, remitente.
CONSISTENCY, consistencia, conformidad, compatibilidad.
CONSISTENT, uniforme, consistente, concordante.
—— WITH, conforme a, compatible con.
CONSOLE, consola.
—— KEYBOARD, teclado de la consola.
CONSOLIDATED, consolidado.
—— BALANCE SHEET, balance general consolidado, estado de contabilidad consolidado.
—— BOND ISSUE, emisión consolidada.
—— FINANCIAL STATEMENT, estado financiero consolidado.
—— FOREIGN SUBSIDIARIES, subsidiarias extranjeras consolidadas.
—— GOODWILL, crédito mercantil consolidado.
—— GROUP, grupo consolidado.
—— INCOME STATEMENT, estado de ingresos consolidados.
—— MORTGAGE, hipoteca consolidada.
—— OPERATING REVENUES, ingresos consolidados de operaciones.
—— PROFIT AND LOSS STATEMENT, estado de pérdidas y ganancias consolidado.
—— SHIPMENT, carga consolidada o combinada.
—— STATEMENT, estado o balance consolidado.
—— SURPLUS, superávit consolidado.
—— TAX RETURN, liquidación de impuestos consolidados.
—— WORKING FUND, fondo de trabajo consolidado.
CONSOLIDATING FINANCIAL STATEMENT, estado financiero de consolidación.
CONSOLIDATION, consolidación, concentración.
—— LEDGER, mayor o libro mayor de consolidación.
—— POLICY, política de consolidación.
—— SURPLUS, superávit o excedente de consolidación.
CONSORTIUM, consorcio.
CONSTANT, constante, firme, permanente.
—— COSTS, gastos fijos.
—— DOLLAR, dólar de valor constante.
—— PERPETUAL DIVIDEND, dividendo constante y a perpetuidad.
—— PRICES, precios constantes.

CONSTITUENT BANK, banco remitente o cedente.
CONSTITUENT COMPANY, compañía constituyente o integrante de un grupo.
CONSTRUCTION, construcción, edificación.
——**BID,** presupuesto o propuesta de construcción.
——**COMPANY,** compañía constructora, empresa de construcción.
——**COST,** costo de construcción o de fabricación.
——**EQUIPMENT,** maquinaria o equipo para construcción.
——**FINANCING,** financiamiento para construcción, aportación de fondos.
——**IN PROCESS,** construcción o edificación en proceso.
——**IN PROCESS LEDGER,** mayor o libro mayor de obras en proceso.
——**IN PROGRESS LEDGER,** mayor de obras en proceso.
——**INDUSTRY,** industria de la construcción.
——**LOAN,** préstamo para la construcción.
——**MORTGAGE,** hipoteca para construcción.
——**MORTGAGE LOAN,** préstamo hipotecario para construcción.
——**WORK ORDER,** orden de trabajo de construcción.
CONSTRUCTIVE RECEIPT, recibo virtual o implícito.
CONSUL GENERAL, cónsul general.
CONSULAR, consular.
——**AGENT,** agente consular.
——**CERTIFICATE,** certificado consular.
——**FEES,** derechos consulares.
——**INVOICE,** factura consular.
CONSULATE, consulado.
CONSULT, TO, consultar, conferenciar.
CONSULTANT, consultor, asesor, consejero.
CONSULTING, consultor, asesor.
——**BOARD,** junta consultiva, comisión asesora.
——**ENGINEER,** ingeniero consultor o asesor.
CONSUMED COST, costo incurrido.
CONSUMER, consumidor, cliente.
——**ACCEPTANCE,** aceptación por los consumidores.
——**BEHAVIOR,** comportamiento del consumidor.
——**BORROWER,** prestatario del consumidor o del cliente.
——**BUYER,** comprador consumidor.
——**CHOICE,** selección hecha por el consumidor.
——**COMPLAINTS,** quejas o reclamaciones de los consumidores.
——**CONTEST,** concurso de consumidores, certamen de consumidores.
——**COOPERATIVE,** cooperativa de consumo.
——**COUNTRY,** país consumidor, país que consume productos.
——**CREDIT,** crédito al consumidor, crédito de consumo.
——**CREDIT ANALYSIS,** análisis o examen de crédito del consumidor.
——**CREDIT POLICY,** política de crédito al consumidor, normas para conceder crédito al consumidor.
——**DEBT,** deuda o adeudo del consumidor.
——**DEMAND,** demanda de los consumidores.
——**DURABLES,** bienes durables de consumo, productos duraderos del consumidor.
——**DURABLES GOODS,** bienes durables de consumo, artículos de consumo durables.
——**EQUILIBRIUM,** equilibrio del consumidor.
——**EXPENDITURES,** gastos o desembolsos de los consumidores.
——**GOODS MANUFACTURER,** fabricante de bienes o artículos de consumo.
——**GROUP STRATIFICATION,** estratificación del grupo consumidor.
——**INSTALLMENT LOAN,** préstamo a plazo al consumidor, préstamo al cliente en abonos.
——**LENDING,** préstamos al consumidor, préstamos al cliente.
——**LOAN CHARGES,** cargos o gastos sobre préstamos al consumidor
——**LOAN COMPANY,** institución de préstamos al consumidor.
——**LOAN MARKET,** mercado de préstamos al consumidor.
——**LOAN OFFICE,** oficina o institución de préstamos al consumidor.
——**LOANS,** préstamos al consumidor, empréstitos a los consumidores.
——**MARKET,** mercado de consumo, mercado del consumidor.
——**PACKAGED-GOODS MANUFACTURER,** fabricante de bienes de consumo empacados.
——**PANEL,** reunión de un grupo de consumidores para tratar un asunto, jurado de consumidores, grupo de especialistas en consumo.
——**PREDISPOSITION,** predisposición del consumidor.
——**PREFERENCE,** preferencia del consumidor.
——**PRICE INDEX,** índice de precios del consumidor.
——**PROTECTION,** protección al consumidor.
——**RESEARCH,** estudio e investigación de clientes en perspectiva.
——**RESPONSE,** respuesta del consumidor.
——**SAVINGS CERTIFICATE,** certificado de ahorros del consumidor
CONSUMER'S CREDIT RECORD, registro o antecedentes de crédito del consumidor.
CONSUMER'S CREDIT WORTHINESS, valor crediticio del consumidor, solvencia del cliente.
CONSUMER'S GOODS, bienes de consumo, artículos de consumo.
CONSUMER'S RISK, riesgo del consumidor o del cliente.
CONSUMER'S SURPLUS, excedente del consumidor.
CONSUMERS' COOPERATIVE, cooperativa de consumo.
CONSUMERS' TASTE, gusto de los consumidores o del público.
CONSUMERISM, consumismo.
CONSUMING PUBLIC, público o pueblo consumidor.
CONSUMPTION, consumo, gasto.

—— **EXPENDITURES,** gastos o desembolsos de consumo.
—— **FLOW,** corriente o flujo de consumo.
—— **GOODS,** bienes o productos de consumo.
—— **LOANS,** préstamos para el consumo.
—— **PATTERNS,** patrones o modelos de consumo.
—— **SCHEDULE,** curva de consumo o de gastos.
—— **SECTOR,** sector de consumo, sector de consumo de artículos.
—— **TAX,** impuesto al consumo.
CONTACT, contacto, consultar, comunicarse, establecer relaciones.
—— **MAN,** agente, representante, hombre de enlace.
——, **TO,** consultar, entablar relaciones.
CONTACTING, entrevista, consulta.
CONTAINER, envase, recipiente, depósito metálico para almacenaje de líquidos y gases.
CONTENTION, discordia, disputa, debate.
CONTENTS, contenido, cabida, contenido de un libro.
CONTEST, concurso, competencia, oposición, certamen.
CONTEXT, contexto.
CONTINENTAL SYSTEM, sistema continental.
CONTINGENCY, contingencia, eventualidad, imprevisto.
—— **BUDGET,** presupuesto de contingencia o eventual.
—— **DESIGN,** diseño para contingencias.
—— **FUND,** fondo para contingencias, fondo de imprevistos.
—— **MANAGEMENT,** administración de contingencias.
—— **PLAN,** plan para contingencias o eventualidades.
—— **PROJECTS,** proyectos de contingencia, proyectos eventuales.
—— **RESERVES,** reservas para contingencias o eventualidades.
—— **SURPLUS,** reserva para eventualidades o contingencias.
—— **TABLE,** tabla de contingencias o eventualidades.
CONTINGENT, eventual, contingente.
—— **ASSETS,** activo contingente, activo eventual.
—— **BENEFICIARY,** beneficiario eventual o condicional.
—— **CHARGE,** cargo o costo contingente, gasto eventual.
—— **DUTY,** derechos condicionales.
—— **EVENT,** evento imprevisto, caso eventual.
—— **FEE,** honorario condicional, participación en la cobranza.
—— **LIABILITIES,** pasivo contingente, pasivo eventual.
—— **LIFE ANNUITY,** anualidad vitalicia eventual o condicional.

—— **PROFITS,** utilidades eventuales, ganancias contingentes.
—— **RESERVE,** reserva contingente, fondo eventual.
—— **TRANSACTION,** transacción eventual, operación contingente.
CONTINUED BOND, título o bono de vencimiento aplazado.
CONTINUING, continua, continuidad.
—— **ACCOUNT,** cuenta de continuidad.
—— **APPROPRIATION,** apropiación o asignación de continuidad.
—— **AUDIT,** expediente continuo de auditoría.
CONTINUITY CONCEPT, concepto de continuidad.
CONTINUOUS, continuo.
—— **AUDIT,** auditoría continua o progresiva.
—— **BUDGET,** presupuesto continuo o permanente.
—— **COMPOUNDING,** interés compuesto continuo.
—— **DISCOUNTING,** descuento continuo.
—— **INVENTORY,** inventario o recuento continuo, inventario permanente o perpetuo.
—— **PROCESS,** proceso continuo.
—— **STATIONERY,** papelería continua, control perpetuo de papelería.
CONTINUOUS-PROCESS INDUSTRY, industria de producción continua.
CONTOUR CHART, plano acotado.
CONTRA, contrapartida, compensación.
—— **ACCOUNT,** cuenta cruzada, cuenta de orden, cuenta compensada, contracuenta.
—— **ENTRY,** contraasiento.
—— **EQUITY,** partida contra-pasivo.
CONTRA-ASSETS ACCOUNTS, contracuentas del activo.
CONTRABAND, contrabando, negocio ilegal o prohibido.
—— **OF WAR,** contrabando de guerra.
CONTRACT, contrato, convenio, escritura, acuerdo.
—— **ADMINISTRATION MANAGER,** gerente de administración de contratos.
—— **AUTHORIZATION,** autorización para contrato o convenio.
—— **BOND,** fianza de contratista.
—— **CARRIER,** transportista por contrato, empresa transportadora por ajuste.
—— **FOOD CHAINS,** cadenas de contrato de productos alimenticios.
—— **FORM,** modelo o forma de contrato.
—— **HAULING,** acarreo o transporte por contrato.
—— **INSURANCE,** seguro contra incumplimiento de contrato.
—— **MADE,** contrato suscrito o hecho.
—— **MARKET,** mercado de futuros.
—— **OF SALE,** convenio o contrato de compraventa.
—— **OUT,** subcontratar.
—— **PRICE,** precio según contrato, precio del contrato.
—— **TERMS,** condiciones o términos del contrato.

——TIME, plazo del contrato, lapso de terminación de contrato.
——, UNDER, bajo contrato, contratado.
CONTRACTING PARTIES, partes contratantes.
CONTRACTOR, contratista, empresario, contratante.
——OVERHEAD, gastos generales del contratista.
——PROFIT, utilidad o ganancia del contratista.
CONTRACTUAL, contractual.
——AGREEMENT, acuerdo o convenio contractual.
——OBLIGATION, obligación contractual o convencional.
——PAYMENT, pago obligatorio.
CONTRADICTORY RULE, regla o norma contradictoria.
CONTRIBUTED, aportado, contribuido.
——CAPITAL, capital aportado.
——SURPLUS, superávit pagado.
CONTRIBUTION, contribución, erogación, cuota.
——MARGIN, margen de contribución.
——THEORY, teoría de la contribución.
——TO OVERHEAD, contribución o aporte a gastos generales.
CONTRIBUTIONS, donaciones, donativos, contribuciones.
CONTRIBUTOR, contribuyente, contribuidor, causante.
CONTRIBUTORY PENSION PLANS, sistema de jubilación con cuotas de empleados.
CONTROL, dirección, mando, fiscalización, regulación, control.
——ACCOUNT, cuenta de control o controladora.
——BAR, barra de control o de tabulación.
——BOARD, panel o tablero de control.
——CARD PROOF, prueba por tarjeta de control.
——CHART, gráfica o diagrama de control.
——CONCEPT, concepto de control.
——ENGINEERING, ingeniería de control.
——GROUP, grupo de control.
——INTEREST, interés mayoritario.
——PANEL, tablero de control o de mando.
——REGISTER, registro de control.
——REPORT, informe o dictamen de control.
——, TO, controlar, regular.
CONTROLLABLE COST, costo controlable.
CONTROLLED, controlado.
——COMPANY, compañía controlada, compañía subsidiaria o filial.
——CORPORATION, corporación controlada, sociedad anónima subsidiaria o filial.
——ECONOMY, economía dirigida, economía controlada.
——EXCHANGE, cambio controlado o dirigido.
——PRICES, precios intervenidos o controlados.
CONTROLLER, contralor, interventor.
——GENERAL, interventor o contralor general.
CONTROLLERSHIP, contraloría.
CONTROLLING, controladora, de control.
——ACCOUNT, cuenta de control, cuenta controladora.

——COMPANY, compañía controladora o dominante.
——CORPORATION, compañía controladora, sociedad anónima dominante.
——FUNCTION, función de control.
——PERSONNEL COST, control de costos del personal.
——STOCK OWNERSHIP, mayoría de acciones.
CONTROLLING-COMPANY ACCOUNTING, contabilidad de la compañía controladora.
CONVENIENCE, AT YOUR, cuando le convenga, a su conveniencia.
——GOODS, artículos convenientes o provechosos.
——STORE, tienda cercana o de fácil acceso.
CONVENTION, asamblea, convención, junta, tratado multilateral.
CONVENTIONAL, convencional.
——MORTGAGE, hipoteca voluntaria o convencional.
——TARIFF, tarifa convencional, arancel contractual.
CONVERSION, conversión, canje, apropiación ilícita, transformación.
——ACCOUNT, cuenta de conversiones, cuenta de canje.
——COST, costo de transformación, costo primo.
——CYCLE, ciclo de conversión.
——FACTOR, factor de conversión.
——PREMIUM, prima por conversión.
——RATE, tasa de conversión.
——RATIO, relación o razón de conversión.
——TABLE, tabla de conversión.
——VALUE, valor de conversión.
CONVERT, TO, convertir, transformar, canjear.
CONVERTIBILITY, convertibilidad.
——OF CURRENCIES, convertibilidad de monedas o divisas.
CONVERTIBLE, convertible, canjeable.
——BOND, bono o título convertible.
——BONDS PAYABLE, bonos por pagar convertibles.
——CAPITAL, capital convertible, capital canjeable.
——CAPITAL DEBENTURE, obligación convertible no hipotecaria de capital.
——CAPITAL NOTE, letra de capital convertible, pagaré de capital convertible.
——DEBENTURE, obligación no hipotecaria convertible.
——DEBENTURE BOND, obligación convertible, bono amortizable convertible.
——DEBT, pasivo o deuda convertible.
——PREFERRED, acciones preferentes.
——PREFERRED STOCK, acciones preferentes convertibles, acciones privilegiadas convertibles.
——SECURITIES, títulos o valores convertibles.
CONVERTIBLES, bonos que devengan interés.
CONVEY, TO, transportar, transferir, traspasar.
CONVEYANCE, cesión, escritura de traspaso, transferencia, transporte, conducción.
CONVEYOR, transportador, banda transportadora.

CONVICT LABOR, trabajo de presidiarios o de reos.
COOKIE FACTORY, fábrica de bizcochos, bizcochería.
COOLING PERIOD, período de congelación o enfriamiento.
COOPERATION, cooperación, ayuda mutua.
COOPERATIVE, cooperativa, cooperativo.
— ADVERTISING, publicidad cooperativa.
— BANK, banco cooperativo, sociedad de préstamos para edificación.
— INSURANCE, seguro cooperativo.
— MARKET, mercado cooperativo, mercado que funciona en cooperativa.
— STORE, almacén cooperativo, tienda de cooperativa.
COORDINATE, semejante, equivalente.
— SYSTEM, sistema de coordenadas.
—, TO, coordinar.
COORDINATING COMMITTEE, comité coordinador, junta coordinadora.
COORDINATION, coordinación, igualación de funciones.
— OF EFFORT, coordinación de esfuerzos.
COORDINATOR, coordinador, persona encargada de la coordinación.
COPARCENER, coheredero.
COPARTNER, copartícipe, consocio, asociado.
COPARTNERSHIP, sociedad comanditaria, coparticipación.
COPILOT, copiloto, segundo piloto.
COPROPRIETOR, copropietario.
COPY, ejemplar de un libro o revista, número suelto, sacar una copia, manuscrito, original.
—, INVOICES, copias de facturas.
—, RECEIPTS, copias de recibos.
— TESTING, comprobación de eficacia del anuncio.
— WRITING, redacción de textos.
COPYBOOK, copiador de cartas, cuaderno de apuntes.
COPYRIGHT, derechos de autor, propiedad literaria.
COPYRIGHTS, derechos de autor, propiedad literaria.
COPYRIGHTS AND ROYALTIES, derechos de autor y regalías.
COPYRIGHTED, derechos registrados o de propiedad literaria.
CORE STORE MEMORY, memoria de núcleos magnéticos.
CORN, maíz, cereal, grano.
CORNERSTONE, piedra angular, primera piedra.
CORPORATE, incorporado, cooperativo, social.
— ACTION, acción corporativa, acción de sociedad anónima.
— AFFAIRS, asuntos o cuestiones corporativas.
— BOND, bono u obligación de sociedad anónima.
— BOND MARKET, mercado de bonos de sociedad anónima.
— BOOKS, libros de sociedad anónima.

— BORROWING, préstamos de sociedades anónimas.
— CAPITAL, capital social, capital de sociedad anónima.
— CHAIN, cadenas de tiendas corporativas o de tiendas de sociedades anónimas.
— CONTROLLER, contralor de compañía, interventor de sociedad anónima.
— DEMAND DEPOSIT, depósito de giro de sociedad anónima.
— DEPOSIT, depósito social, depósito de sociedad anónima.
— DEVELOPMENT COMMITTEE, comité de desarrollo de la sociedad anónima.
— ENTERPRISE, sociedad de capital.
— FINANCE, finanzas de las sociedades anónimas o corporaciones.
— FRANCHISE, escritura de constitución, concesión fiscal.
— FRAUD, fraude en empresa o en sociedades anónimas.
— GOALS, objetivos o metas de la empresa.
— HEADQUARTER STAFF, personal de las oficinas principales.
— INCOME, utilidades o ganancias de la sociedad anónima.
— INCOME TAX, impuesto sobre utilidades de sociedades anónimas.
— INSOLVENCY, insolvencia de sociedad anónima.
— JOINT VENTURE, empresa conjunta, empresa con asociación de capitales.
— MANAGER, director de empresa, director de sociedad anónima.
— MARKET, mercado corporativo, mercado de sociedades anónimas.
— MEETING, juntas corporativas, reunión de sociedad anónima.
— MISCONDUCT, mala conducta o mala actuación de una corporación.
— NAME, razón social, nombre de la entidad.
— NET WORTH, capital contable de sociedades anónimas.
— OBJECTIVES, objetivos corporativos, metas de las sociedades anónimas.
— PHILANTHROPY, filantropía de una corporación, acciones humanitarias de una sociedad anónima.
— POLICY, política de la compañía o de la sociedad anónima.
— PROFITS, utilidades de la sociedad anónima, ganancias de las compañías.
— SAVINGS, ahorros de sociedad anónima.
— SECURITIES, valores o títulos de sociedades anónimas.
— SOCIAL RESPONSIBILITY, responsabilidad social de una corporación o de una sociedad anónima.
— STAFF, personal corporativo o de una corporación.
— STOCK, acciones de sociedades anónimas, bonos municipales.

—— **STRATEGY,** estrategia empresarial, estrategia de sociedad anónima.
—— **TAX ENTITY,** entidad u organización de impuesto corporativo.
—— **TAX RATE,** tasa de impuestos de la sociedad anónima.
—— **TAX RETURNS,** declaraciones del pago de impuesto de empresas, declaración fiscal de sociedades anónimas.
—— **TAXES,** impuestos corporativos o de sociedades anónimas.
—— **TECHNOLOGY,** tecnología de la empresa, tecnología de las sociedades anónimas.
—— **TREASURER,** tesorero de una corporación o sociedad.
—— **TREASURY,** departamento de caja de sociedad anónima.
—— **YEAR,** año social.
CORPORATION, corporación, compañía o sociedad anónima.
—— **BOND,** bono de sociedad anónima.
—— **CHARTER,** escritura de constitución, certificado de incorporación.
—— **INCOME TAX,** impuesto sobre la renta de sociedades anónimas.
CORPUS, capital o principal (de una herencia, fondo o fideicomiso).
CORRECTION, corrección.
—— **FACTOR,** factor de corrección.
—— **KEY,** tecla de corrección de máquina de escribir.
CORRECTIVE ACTION, acción correctiva o enmendadora.
CORRELATION, correlación, relacionar una cosa con otra.
—— **ANALYSIS,** análisis de correlación.
—— **COEFFICIENT,** coeficiente de correlación.
—— **TABLE,** tabla de correlación.
CORRELATIVE ENTRY, asiento o pase correlativo.
CORRESPONDENCE, correspondencia, comunicación por carta, correo.
—— **CLERK,** corresponsal.
—— **SCHOOL,** enseñanza por correspondencia.
CORRESPONDENT, corresponsal, correspondiente.
—— **BANK,** banco corresponsal, banco depositario de otro.
—— **BANKING SYSTEM,** sistema de bancos corresponsales.
—— **MARKET,** mercado corresposal, mercado que presta servicios a otro.
CORRESPONDING BANK, banco corresponsal.
CORROBORATING EVIDENCE, corroboración o confirmación de evidencia.
COSMETICS, cosméticos, productos de belleza.
COST, costo, coste.
—— **ABSORPTION,** absorción de costos.
—— **ACCOUNTANT,** contador de costos, perito contador de costos.

—— **ACCOUNTING,** contabilidad de costos, contaduría de costos.
—— **ACCOUNTING SYSTEM,** sistema de contabilidad de costos, contaduría de costos.
—— **ACCOUNTS,** cuentas de costos.
—— **ALLOCATION,** aplicación o distribución de costos.
—— **ANALYSIS,** análisis de costo.
—— **AND FREIGHT,** costo y flete.
—— **AND INSURANCE,** costo y seguro.
—— **AND RISK OF,** costo y riesgo de.
——, **AT,** al costo, a precio de costo.
——; **AT LOW,** a bajo precio, a precio reducido.
—— **APPORTIONMENTS,** prorrateos o repartición del costo.
——, **ASSURANCE AND FREIGHT,** costo, seguro y flete.
—— **BASIS,** base de costo.
—— **BEHAVIOR,** comportamiento del costo.
—— **/BENEFIT RATIO,** razón beneficio/costo.
—— **BREAKDOWN,** composición o distribución del costo.
—— **CENTER,** centro o departamento para acumulación de costos, unidad para asignación de costos.
—— **CONTROL,** control de costos, fiscalización de los costos de una empresa.
—— **CONTROL TECHNIQUES,** técnicas de control de costos.
—— **CURVE,** curva o gráfica de costos.
—— **CUTTING,** reducción o disminución de costos.
—— **DEPARTMENT,** departamento de costos.
—— **DISTRIBUTION,** distribución o repartición de costos.
—— **FINDING,** cálculo del costo.
—— **FLOW,** flujo o movimiento de costos.
—— **FRACTION,** fracción o porción del costo.
—— **FREE,** gratis, sin costo.
—— **INFLATION,** inflación de costo.
——, **INSURANCE AND FREIGHT (C.I.F.),** costo, seguro y flete.
——, **INSURANCE, FREIGHT AND EXCHANGE,** costo, seguro, flete y cambio.
—— **LEDGER,** mayor de costos, libro mayor de costos.
—— **LESS DEPRECIATION,** costo menos depreciación.
—— **OF CAPITAL,** costo del capital.
—— **OF CAPITAL FOR DEBT,** costo del capital con deuda.
—— **OF DEBT,** costo del pasivo.
—— **OF DEBT CAPITAL,** costo del capital con emisión de pasivo.
—— **OF DISPOSAL,** gastos de realización.
—— **OF EQUITY CAPITAL,** costo del capital común.
—— **OF FUNDS,** costo de fondos.
—— **OF GOODS MANUFACTURED STATEMENT,** estado de costo de artículos producidos.
—— **OF GOODS PURCHASED,** costo de artículos adquiridos o comprados.
—— **OF GOODS SOLD,** costo de mercancías o artículos vendidos.

—— OF GOODS SOLD BUDGET, presupuesto de costo de artículos vendidos.
—— OF INSTALLMENT SALES, costo de ventas a plazos, costo de ventas en abonos.
—— OF JOB COMPLETED, costo de trabajo terminado.
—— OF LIVING, costo de vida.
—— OF LIVING ALLOWANCES, subvenciones por el costo de vida.
—— OF MANUFACTURING AND SELLING, costo de fabricación y venta.
—— OF MARKETING, costo de mercadotecnia o de comercialización.
—— OF NEWLY ISSUED EQUITY, costo de nuevas acciones comunes emitidas.
—— OF POWER, costo de energía.
—— OF PREFERRED EQUITY CAPITAL, costo de capital con emisión de acciones preferentes.
—— OF PRODUCTION, costo de producción.
—— OF REPRODUCTION, costo de reposición o reemplazo.
—— OF RETAILING, costo de negocio detallista o minorista.
—— OF RETAINED EARNINGS, costo de utilidades o ganancias retenidas.
—— OF SALES, costo de ventas.
—— OF SALES STATEMENT, estado de costo de ventas.
—— OR MARKET, costo o mercado.
—— OR MARKET, WHICHEVER IS LOWER, costo o mercado, el más bajo.
—— OUTLAYS, desembolsos de costo.
—— OVERRUNS, excedentes de costo, sobrantes de costo.
—— PER ORDER, costo por pedido o por orden.
—— PRICE, precio de costo o de adquisición.
—— RATE, coeficiente de costo.
—— RATIO, razón o índice del costo.
—— RECORDS, registros de costo.
—— RECOVERY, recuperación del costo.
—— REDUCTION, reducción en el costo.
—— REPORT, informe o dictamen de costos.
—— RESPONSIBILITY, determinación de costos con fijación de responsabilidades.
—— SAVINGS, ahorros de costo, economía en el costo.
—— SHEET, hoja de costo.
—— STANDARD, estándar o norma de costo.
—— STUDY, estudio de costos, investigación de costos.
—— SYNERGY, sinergia del costo.
—— SYSTEM, sistema de costo.
—— THEORY, teoría de costo.
—— UNIT, unidad de costo.
—— VALUE, valor de costo.
—— VARIANCE, variación en costo, variaciones de costo.
COST-CUTTING CAMPAIGN, campaña de reducción de costo.

COST-DEPENDENT DECISION MAKING, toma de decisiones dependientes del costo.
COST-FLOW CONCEPT, concepto de flujo de costo.
COST-OF-CAPITAL CURVE, curva del costo del capital.
COST-OF-LIVING INDEX, índice del costo de vida.
COST-OR-LESS PRINCIPLES, principios de "costo o menos".
COST-PLUS, costo más cantidad convenida.
COST-PLUS PRICING, recargo de precios, precio al costo y recargos, costo más beneficio.
COST-RECOVERY BASIS, base de recuperación del costo.
COST-REDUCTION PROGRAMS, programas de reducción de costos.
COST-SAVING AWARD, premio o recompensa por ahorro en el costo.
COST-VOLUME-PROFIT, relación de costo, volumen y utilidades.
COSTING, costeo, contabilidad de costos.
—— AND STATISTICAL COPY, copia para pases y estadística.
—— SYSTEM, sistema de costos, sistema de contabilidad de costos.
—— UNIT, unidad de costeo.
COSTLY, costoso, caro.
COTTON, algodón, hilo o tela de algodón.
—— CROP, cosecha de algodón.
—— GOODS, tejidos o artículos de algodón.
—— MILL, fábrica de algodón.
COUNCIL, consejo, juntas.
—— OF ECONOMIC ADVISERS, junta o consejo de asesores económicos.
COUNSEL, consejo, aconsejar, asesorar.
COUNSELOR, consultor, consejero, asesor, abogado.
COUNT, conteo, recuento, cuantía.
—— OF GENERAL CASH, arqueo de la caja general.
—— ON, contar con, confiar en.
—— THE CASH, arquear la caja.
—— TO, contar, numerar.
COUNTER, mostrador, ventanilla, contador.
—— CHECK, cheque de ventanilla, cheque de mostrador.
—— SALES, ventas de mostrador.
—— VALUE, valor de mostrador.
COUNTERBALANCING ERRORS, errores que se compensan.
COUNTERCLAIM, contrademanda, contrapetición.
COUNTERFEIT, moneda falsa, falsificar.
—— BILL, billete falso.
COUNTERFEITER, falsificador.
COUNTERORDER, contraorden.
COUNTERPART, contraparte, duplicado, equivalente.
COUNTERPROPOSAL, contrapropuesta, contraoferta.
COUNTERSIGN, TO, refrendar, visar.
COUNTERSIGNATURE, refrendo, contraseña, segunda firma (en cheques).
COUNTERVAILING, compensadora.

—— FORCES AND RESTRAINTS, fuerzas y restricciones compensadoras.
—— POWER, poder compensador.
—— SUBSIDY, subvención compensadora.
COUNTINGHOUSE, oficina contable, despacho.
COUNTRY, país, nación.
—— ASSESSMENT, avalúo del país, evaluación económica de la nación.
—— CENTER BANK, banco del centro monetario.
—— CLUB, club campestre.
—— PRIME LOAN, préstamo preferencial rural, préstamo privilegiado rural.
COUNTRYSIDE, campo, campiña.
COUNTRY'S ECONOMIC STRUCTURE, estructura económica del país o de la nación.
COUNTRY'S POLITICAL STRUCTURE, estructura política de la nación o del país.
COUNTRY'S SOCIAL STRUCTURE, estructura social del país o de la nación.
COUNTY, condado, provincia.
—— HOSPITAL, hospital del condado.
COUP D'ETAT, golpe de estado.
COUPON, cupón, talón, billete.
—— BOND, bono de cupones o talonario.
—— BOOK, registro de cupones.
—— PAYABLE, cupón por pagar.
—— PAYMENTS, pago de cupones.
—— RATE, cupón de interés, talón de interés.
COURAGE, valor, coraje, valentía, firmeza.
COURIER, estafeta, mensajero, correo.
—— SERVICE, servicio de estafeta, servicio expreso.
COURT, tribunal, juzgado, corte, audiencia.
—— BOND, fianza de tribunales o de litigante.
—— HOUSE, palacio de justicia, tribunal o corte de justicia.
—— OF APPEALS, tribunal o corte de apelaciones.
—— OF ARBITRATION, tribunal de arbitraje.
—— OF CLAIMS, tribunal de reclamaciones, tribunal de justicia contra el gobierno.
—— OF EQUITY, tribunal o juzgado de equidad.
—— OF HONOR, tribunal de honor.
—— OF JUSTICE, tribunal, juzgado.
—— OF LAW, juzgado, tribunal de derecho.
—— ORDER, orden judicial, orden del tribunal, apremio.
—— PROCEEDINGS, procesos seguidos por los tribunales, actuaciones del juzgado.
—— RULINGS, fallos del tribunal, decisiones de la corte.
COVARIANCE, covariancia.
COVENANT, convenio, pacto, trato.
COVENANTS, cláusulas contractuales.
COVER, cubierta, tapa, portada de un libro o revista, cobertura, protección.
—— CHARGE, derecho de mesa en restaurant, consumo mínimo.
—— INTO, restituir.
—— LETTER, carta de transmisión.
—— THE COST, cubrir los gastos o el costo.

COVERAGE, cobertura de seguro, reserva de garantía, fondos de reserva.
—— AREA, extensión de póliza de seguro.
COVERED, cubierto, asegurado, tapado, amparado.
—— BY INSURANCE, asegurado, amparado por seguro.
COVERING, envoltura, cubierta, abrigo.
—— ENTRY, asiento de cobertura, asiento de diario.
—— WARRANT, certificado o garantía de cobertura.
COWBOY, vaquero, llanero.
COWORKER, colaborador.
CRAFT, trabajo manual, oficio, embarcación.
—— UNION, gremio, gremio del oficio.
CRAFTSMAN, artífice, artesano.
CRANE, grúa, guinche, cabria.
—— OPERATOR, operador de grúa.
CRASH, quiebra, caída, desastre económico, bancarrota.
CRATE, caja, huacal.
CREATIVITY, creatividad.
CREDIT, crédito, abono, haber, saldo a favor, acreditar, bonificar.
—— ACCOUNT, cuenta de crédito, cuenta acreedora.
—— ANALYSIS, análisis de crédito, examen del crédito concedido a personas.
—— AND REFUND POLICIES, políticas de crédito y reembolso.
—— APPLICATION, solicitud o petición de crédito.
—— APPRAISAL, capacidad o valuación de crédito.
—— BALANCE, saldo acreedor, saldo al haber.
—— BANK, banco de crédito, banco que concede crédito, institución de crédito.
—— BOND DISCOUNT, abono a descuento en bonos.
—— BUREAU, oficina de crédito, agencia de crédito, entidad crediticia.
—— BUREAU FILE, archivo o expediente de la agencia de crédito.
—— BUREAU'S REPORT, informe de agencia de crédito.
—— CARD, tarjeta de crédito, tarjeta para comprar a crédito.
—— CARD LOAN, préstamo con tarjeta de crédito.
—— CASH, abono a efectivo.
—— CHECK, verificar o comprobar el estado del crédito.
—— CONTROL, control de créditos.
—— CRUNCH, crisis crediticia, problema de crédito.
—— CYCLES, ciclos del crédito, ciclos de concesión de crédito.
—— DEPARTMENT, departamento de crédito, departamento que concede crédito.
—— ENTRY, abono, crédito, asiento de abono, partida de crédito.
—— EVALUATION FACTOR, factores usados para evaluación de crédito.
—— SYSTEM, sistema de evaluación de crédito concedido a personas.
—— EXPANSION, expansión o aumento del crédito.
—— EXTENSION, prórroga de crédito.

— FILE, archivo de crédito, expediente de antecedentes de crédito.
— FILE DATA, datos del archivo de crédito, información del expediente de crédito.
— FORM, formulario de solicitud de crédito.
— GRANTOR, entidad crediticia.
— INFORMATION, antecedentes de crédito del solicitante, información respecto al crédito del solicitante.
— INQUIRY, investigación de crédito, indagación de antecedentes de crédito.
— INSTITUTION, institución o establecimiento de crédito.
— INSURANCE, seguro sobre el crédito, seguro contra deudas incobrables.
— INTEREST INCOME, abono a intereses cobrados.
— INVESTIGATOR, investigación de crédito, investigación de la solvencia personal.
— LIFE INSURANCE, seguro que cubre adeudo del asegurado en caso de muerte.
— LIMIT, límite de crédito.
— LINES, líneas de crédito, convenio bancario de concesión de crédito.
— LOSSES, pérdidas por cuentas incobrables.
— MANAGER, gerente de crédito, jefe de crédito.
— MEMORANDA, notas de crédito.
— MEMORANDUM, nota de crédito, nota de abono.
— OBLIGATION, compromiso de crédito, obligación de crédito.
— POSTINGS, asientos de abono.
— PRODUCTION, producción o generación de crédito.
— PURCHASE, compra a crédito o en abono.
— RATING, crédito, límite o índice de crédito, evaluación de crédito.
— REFERENCES, referencias o antecedentes para conceder crédito.
— REFERRALS, informes de crédito.
— REPORTS, dictámenes o informes de crédito.
— REQUEST, solicitud de crédito, petición de crédito.
— RISK, riesgo del crédito, riesgo de conceder crédito.
— RISK ASSESSMENT, avalúo del riesgo del crédito, evaluación del riesgo de falta de pago.
— SALE, venta a crédito, venta en abonos.
— SCORING, puntuación o calificación del crédito.
— STANDARDS, normas de crédito, normas para conceder crédito.
— STATEMENT, estado financiero para obtener crédito.
— STATUS, situación o estado del crédito.
— TERMS, condiciones de crédito, términos para conceder crédito.
— TICKET, boleta de crédito o nota de crédito.
— , TO, abonar, acreditar, descargar.
— TO SALES, abono a ventas.
— TRANSACTION, transacción u operación de crédito.
— TRANSFER, transferencia de crédito.
— TRANSFER LIST, lista de transferencia de crédito.
— TRANSFER SYSTEM, sistema de transferencia de crédito.
— UNAMORTIZED DISCOUNT, abono a descuento no amortizado.
— UNION, unión de crédito, asociación para préstamos pequeños, cooperativa de crédito.
CREDIT SALES-CASH RECEIPTS, efectivo recibido por ventas a crédito.
CREDIT WORTHY APPLICANT, solicitante digno de crédito, solicitante solvente.
CREDIT-CARD BUYING, compra con tarjeta de crédito.
CREDIT-INVESTOR LAWSUIT, demanda de acreedor-inversionista.
CREDIT-WORTHY CUSTOMER, cliente digno de crédito, cliente merecedor de crédito.
CREDITOR, acreedor, haber (contabilidad).
— ACCOUNT, cuenta acreedora, cuenta del acreedor.
— NATION, nación acreedora.
CREDITORS' CLAIM, reclamación o queja de acreedores.
CREDITORS' EQUITY, participación de los acreedores.
CREDITORS' LEDGER, mayor o auxiliar de acreedores, mayor de compras.
CREDITORS' MEETING, junta o reunión de acreedores.
CREDITWORTHINESS, aceptabilidad.
CREEPING INFLATION inflación deslizante o ascendente.
CREMATION CERTIFICATE, certificado de incineración.
CREW, tripulación, cuadrilla, dotación.
— FOREMAN, capataz o capitán de cuadrilla.
— MANAGER, jefe de cuadrilla de obreros, capataz de obreros.
CRIMINAL, criminal, penal.
— CHARGES, demanda por vía penal, cargos de tipo criminal.
— CLIENT, cliente del orden penal.
— LAW, derecho penal, ley penal.
— LIABILITY, demanda penal, responsabilidad penal.
— PENALTY, sanción penal.
— RECORD, antecedentes criminales o penales.
CRITICAL, crítico.
— AUDIT AREAS, áreas críticas de auditoría.
— PATH, ruta crítica, camino crítico.
— PATH ACCOUNTING, contabilidad de ruta crítica.
— PATH ANALYSIS, análisis de la ruta crítica.
— POINT, punto crítico.
— VALUE, valor crítico.
CRONOLOGICAL MATURITY, madurez cronológica.
CROOK, estafador, embustero, tramposo.
CROP, cosecha, producción agrícola.
— CYCLE, ciclo de cosecha, ciclo de producción agrícola.

—— FAILURE, pérdida de la cosecha, cosecha arruinada.
—— INSURANCE, seguro de cosechas, seguro contra pérdidas de cosechas.
—— OPERATION, explotación o aprovechamiento de la cosecha.
—— ROTATION, rotación de cultivos o de cosechas.
—— SURPLUS, excedentes o sobrantes de cosechas.
CROSS, cruzar, atravesar, cruzado.
—— LICENSING, explotación mutua de derechos de patente.
—— OUT, tachar, tildar, testar.
—— SECTION, sección transversal.
—— TABULATION, tabulación de múltiples entradas.
CROSS-ADDITION, suma horizontal.
CROSS-CLASIFICATION, clasificación cruzada.
CROSS-CORRELATION, correlación cruzada.
CROSS-ELASTICITY, elasticidad cruzada.
CROSS-FILE RECORD, archivos con referencias cruzadas.
CROSS-FUNCTIONAL TEAM, equipo o grupo de funciones cruzadas o entrelazadas.
CROSS-INDEX, hacer referencias cruzadas.
CROSS-SECTION STUDY, estudio segmentado.
CROSS-SECTIONAL DATA, datos cruzados.
CROSSCHECK, TO, sumar vertical y horizontalmente, conteo doble.
CROSSED CHECK, cheque cruzado o rayado.
CROSSFOOT, suma cruzada o suma horizontal.
CROSSFOOTER, registro saldador, mecanismo de saldos.
CROSSFOOTING THE JOURNAL, totalizar horizontalmente el diario.
CROSSING, paso a nivel.
—— GATE, barrera de cruce.
CRUDE, crudo, tosco, bruto.
—— OIL, petróleo crudo, petróleo sin refinar.
CUASI-CONTRACT, cuasicontrato.
CUASI-PUBLIC COMPANY, compañía cuasipública.
CUASI-RENT, cuasiproducto, cuasirrenta.
CUBIC, cúbico.
—— CENTIMETER, centímetro cúbico.
—— DECIMETER, decímetro cúbico.
—— EQUATION, ecuación cúbica o de tercer grado.
—— FOOT, pie cúbico.
—— INCH, pulgada cúbica.
—— MEASURE, medida cúbica o de capacidad.
—— METER, metro cúbico.
CULTURAL, cultural.
—— DIVERSITY, diversidad cultural, diferentes culturas.
—— ENVIRONMENT, medio cultural, ambiente cultural.
CUM DIVIDEND, con dividendo incluido.
CUMULATIVE, acumulativo, acumulado, acumulable.
—— CAPITAL STOCK, acciones acumulativas.
—— DIVIDEND, dividendo acumulativo.
—— PREFERRED STOCK, acciones privilegiadas o preferentes de dividendo acumulativo.

—— QUANTITY, cantidad acumulativa.
—— RESERVE DEFICIT, déficit de reserva acumulativo.
—— STATEMENT, estado o balance acumulativo.
—— TOTAL COST, costo total acumulado.
—— VOTING, votación acumulativa o cumulativa.
CURRENCY, moneda, circulante, divisa, moneda nacional.
—— DEVALUATION, devaluación de la moneda o de la divisa.
—— INFLATION, inflación monetaria.
—— OF BILL, período de validez de una letra de cambio.
—— ON HAND, efectivo en existencia.
—— PAPER, billetes corrientes, billetes en circulación.
—— PRICE, precio del dinero o de la moneda.
—— TRANSLATION, conversión monetaria.
CURRENT, actual, corriente, presente.
—— ACCOUNT, cuenta corriente o cuenta abierta.
—— ACCOUNT CARD, tarjeta o ficha de cuenta corriente.
—— ASSETS, activo corriente, activo circulante, disponibilidades, créditos, bienes de cambio y cargos diferidos a corto plazo.
—— ASSETS LESS INVENTORIES, activo circulante menos inventario.
—— AUDIT FILES, archivos actuales de auditoría.
—— BILLINGS, facturación actual o corriente.
—— BUDGET, presupuesto actual o corriente.
—— CASH RECEIPTS, pagos actuales recibidos.
—— CHARGES, gastos corrientes u ordinarios.
—— COST, costo actual o corriente.
—— COST ACCOUNTING, contabilidad basada en el costo actual.
—— COST INCOME, utilidad por costo actual.
—— DIVIDEND YIELD, rendimiento actual de dividendos.
—— ECONOMIC FORECAST, pronóstico económico actual o presente.
—— EMPLOYEE, empleado actual, empleado en funciones.
—— EXPENDITURES, gastos corrientes u ordinarios, erogación corriente.
—— EXPENSE, gasto corriente o actual.
—— FINANCIAL STATEMENT, estado financiero actual, estado de situación financiera actual.
—— FUND, fondo corriente o actual.
—— INCOME, ingresos actuales, rendimientos corrientes.
—— INVESTMENTS, inversiones corrientes, inversiones en valores de fácil realización.
—— LIABILITIES, pasivo corriente, pasivo circulante, deuda flotante.
—— LIABILITY ACCOUNT, cuenta de pasivo a corto plazo.
—— LOANS, préstamos corrientes o actuales.
—— MANUFACTURING LONG-TERM DEBT, deuda actual a largo plazo de fabricación.

CURRENT-ASSET CYCLE—CUSTOMS

—— MARKET PRICES, precios corrientes o actuales del mercado.
—— MARKET VALUE, valor de mercado actual o corriente.
—— MATURITY, vencimiento corriente.
—— MONEY, moneda nacional o legal.
—— MONTH, mes actual o en curso.
—— OBLIGATIONS, pago de obligaciones actuales.
—— OPERATING EXPENSES, gastos corrientes de explotación, gastos actuales de operación.
—— OPERATING PERFORMANCE, realización de las operaciones.
—— OUTLAYS, erogaciones o desembolsos corrientes.
—— PAYMENT, pagos corrientes.
—— PRICE, precio corriente o actual.
—— RATIO, razón o relación del circulante.
—— REPLACEMENT COST, costo actual de reposición o de reemplazo.
—— REVENUE, rentas corrientes, ingresos actuales.
—— SELLING PRICE, precio de venta actual.
—— STANDARD COST, costos estándar corrientes.
—— SURPLUS, superávit devengado o ganado, excedente de explotación.
—— TAX RATE, tasa o tipo de impuesto actual.
—— TAXES, impuestos corrientes o actuales.
—— VALUE, valor actual o valor corriente.
—— YEAR BUDGET, presupuesto del año actual.
—— YIELD, rédito normal, rendimiento actual.
CURRENT-ASSET CYCLE, ciclo de activo circulante.
CURRENT-LIABILITY RESERVES, reserva de pasivo circulante.
CURRENT-OUTLAY COST, costo de desembolso o gasto corriente.
CURRENT-YEAR AUDIT FILE, archivo de auditoría del año en curso.
CURRENT-YEAR BALANCE, saldo del presente año.
CURRENT-YEAR EARNINGS, ingresos o entradas del año en curso.
CURTAIL, limitación, restricción.
—— INVESTMENT PROGRAM, reducir programas de inversión.
CURTAILED INSPECTION, inspección limitada o restringida.
CURTAILED SAMPLING, muestreo limitado o restringido.
CURVE, curva, línea curva.
—— FITTING, adaptación de curvas.
CUSTODIAL ACCOUNT, cuenta de custodia o en custodia.
CUSTODIAN, custodio, conservador, guardián.
—— ACCOUNT, cuenta de custodia.
—— FEE, cargos de custodia.
—— TRUSTEE, agente fiduciario.
CUSTODIANSHIP, custodia, en custodia.
CUSTODY, custodia, guardia, en custodia.
—— ACCOUNT, cuenta de custodia.
CUSTOM, costumbre, uso, hábito.
—— HOUSE, aduana.
—— HOUSE AGENT, agente de aduana.

—— HOUSE CERTIFICATE, certificado de aduana.
—— JOB SHOP, taller de trabajo según pedido, taller de trabajo a la orden.
CUSTOM-BUILD, hecho a la medida, fabricado a la orden.
CUSTOMARY, usual, acostumbrado, corriente.
—— FORM, forma acostumbrada o usual.
—— PRICES, precios usuales o de costumbre.
CUSTOMER, cliente, marchante, parroquiano.
—— ACCOUNT BALANCES, saldos de cuentas de clientes.
—— ACCOUNT NUMBER, número de cuenta del cliente.
—— CALL REPORT, informe de visita al cliente.
—— CLASSIFICATION DEPARTMENT, departamento de clasificación de consumidores o de clientes.
—— CODE, código de clientes o de consumidores.
—— COMPLAINTS, quejas de clientes o marchantes, reclamaciones de parroquianos.
—— COPY, copia del cliente.
—— IS ALWAYS RIGHT, el cliente siempre tiene la razón.
—— LEDGER ACCOUNT, cuenta del mayor de clientes, cuenta del libro mayor de ventas.
—— MAIL RECEIPT, pagos del cliente recibidos por correo.
—— ORDEN FILE, archivo de pedidos u órdenes del cliente.
—— SERVICE, servicios al cliente, servicios prestados al cliente.
—— SERVICE DEPARTMENT, departamento de servicios al cliente.
—— SERVICE FACILITY, instalación de servicios a clientes.
—— STATUS REPORT, informe de situación de clientes.
—— TRADE RECEIVABLES, cuentas por cobrar a clientes.
CUSTOMER-SERVICE PROBLEMS, problemas de clientes y servicios.
CUSTOMER'S ACCOUNT NUMBER, número de cuenta del cliente.
CUSTOMER'S CREDIT STANDING, límite de crédito del cliente.
CUSTOMER'S DEPOSIT, cuenta de depósito del consumidor, cuenta de fondos bancarios del consumidor.
CUSTOMER'S LOYALTY, lealtad de los clientes o marchantes.
CUSTOMER'S NAME, apellido del cliente.
CUSTOMER'S SAVINGS ACCOUNT BALANCE, saldo de cuenta de ahorros del cliente.
CUSTOMERS' STATEMENT, estado de cuenta del cliente.
CUSTOMERS' ACCOUNTS, cuentas de clientes.
CUSTOMERS' LEDGER, mayor auxiliar de clientes, libro mayor de ventas.
CUSTOMHOUSE, aduana, oficina de aduana, aduanal.
—— ASSESSMENT, valuación o tasación de aduana.
—— BROKER, corredor de aduana, agente aduanal.
—— CLEARANCE, despacho aduanal, guía de aduana.
CUSTOMS, derechos de aduana, arancel de aduanas.

—— AIR WAYBILL, guía aérea de aduana.
—— AREA, zona o área aduanera.
—— BROKER, agente de aduana.
—— CERTIFICATE, boleta aduanal.
—— CLEARANCE, despacho aduanal.
—— DECLARATION, declaración de aduana, declaración arancelaria.
—— DUTIES, derechos de aduana, derechos de importación, derechos aduaneros.
—— EXPENSES, gastos aduanales o arancelarios.
—— FEES, cuotas aduanales.
—— INSPECTION, revisión aduanal.
—— INSPECTOR, vista o inspector de aduana.
—— INVOICE, factura de artículos importados.
—— MANIFEST, manifiesto aduanal, declaración de aduana.
—— PORT, puerto aduanero o de entrada.
—— TARIFF, arancel aduanero, tarifa aduanal.
—— UNION, sindicato o unión aduanera, asociación aduanera.
—— WAREHOUSE, almacén aduanal, bodega fiscal, depósito de aduana.
CUSTOMS-EXEMPT, franco o exento de derechos aduanales.
CUT, corte, rebaja, reducción.
—— A MELON, repartir ganancias acumuladas.
—— EXPENSES, reducir o bajar costos.
—— PRICE, precio reducido o rebajado.
—— RATE, precio rebajado o de baratillo.
—— OFF, cortar la comunicación telefónica.
CUTBACK, reducción del volumen de producción, disminución de producción.

CUTLERY, cubiertos, cuchillería.
CUTOFF, cierre de libros para inventario o para comprobación.
—— BANK STATEMENT, estado de cuenta al corte emitido por el banco.
—— DATE, fecha de corte, fecha de cierre de libros, fecha límite o tope.
—— RATE, tasa de equilibrio.
—— STATEMENT, estado hasta la fecha de corte de operaciones.
CYBERNETICS, cibernética, ciencia de los sistemas de comunicación y control de los animales y máquinas.
CICLE, ciclo, repetición.
—— COUNT, conteo cíclico.
CYCLICAL, cíclico.
—— BOOM, prosperidad cíclica, auge cíclico.
—— DOWNTURNS, bajas cíclicas, recesos económicos cíclicos.
—— HOLDING COSTS, costos cíclicos de conservación.
—— INDUSTRIES, industrias o empresas cíclicas.
—— INSTABILITY, inestabilidad cíclica, variabilidad cíclica.
—— MOVEMENT, movimiento cíclico.
—— PROFITABILITY, rentabilidad cíclica.
—— TREND, tendencia cíclica.
—— UNEMPLOYMENT, desempleo cíclico.
CYLINDRICAL SURFACE, superficie cilíndrica.

DABBLE IN STOCKS, TO, especular, jugar a la baja.
DAILY, diario, diariamente, cotidiano.
—— **CASH POSITION,** situación de efectivo diaria, estado diario de caja.
—— **CASH STATEMENT,** estado diario de caja.
—— **PAPER,** diario, periódico.
—— **PERFORMANCE STANDARD,** norma de rendimiento diario.
—— **PRODUCTION REPORT,** informe de producción diario.
—— **SALES INVOICE,** factura de venta diaria.
—— **STOCK MOVEMENTS,** movimientos diarios de existencias.
—— **TIME SHEET,** hoja o registro diario de jornales devengados.
—— **WAGES,** jornal diario o salario diario.
DAIRY PRODUCTS, productos lácteos o de leche.
DAMAGE, daño, desperfecto, avería.
—— **IN TRANSIT,** daños durante el tránsito.
——, **TO,** dañar, perjudicar, averiar.
—— **TO PROPERTY,** delito contra la propiedad, daños a la propiedad.
DAMAGEABLE, sujeto a daño o deterioro.
DAMAGES, daños y perjuicios.
DAMNATION, condenación, maldición.
DATA, datos, antecedentes, información.
—— **ANALYSIS,** análisis de datos.
—— **BANK,** banco de datos.
—— **BASE,** base de datos.
—— **COLLECTION,** obtención o recopilación de datos.
—— **COLLECTION ERRORS,** errores de recopilación de datos.
—— **CONVERSION,** conversión de datos.
—— **GATHERING,** obtención o recolección de información.
—— **PROCESSING,** procesamiento de datos.
—— **PROCESSING DEPARTMENT,** departamento de procesamiento de datos.
—— **RECORDING,** registro de datos.
—— **RECORDING AND TABULATING PROCESS,** proceso de registro y tabulación de datos.
—— **RETRIEVAL,** recuperación de datos.
—— **SOURCES,** fuentes de datos.
—— **SPECIFICATION,** especificación de datos.
—— **STORAGE,** almacenamiento o almacenaje de datos.
—— **TABULATION,** tabulación de datos, enlistado de datos.
DATE, fecha, época, cita.
—— **DRAFT,** letra a ... días fecha.
—— **OF ACQUISITION,** fecha de adquisición u obtención.
—— **OF ISSUE,** fecha de emisión o expedición.
—— **OF MANUFACTURE,** fecha de fabricación.

—— **OF RECORD,** fecha de registro.
—— **OF SAILING,** fecha de salida o de embarque.
DATED BALANCE SHEET, balance general postfechado, balance de contabilidad postfechado.
DATED EARNED SURPLUS, superávit ganado fechado.
DATE SURPLUS, superávit ganado después de la fecha de reorganización o recapitulación.
DAY, día.
—— **AFTER TOMORROW,** pasado mañana.
—— **BEFORE YESTERDAY,** anteayer, antier.
—— **BOOD COPY,** copia para el diario.
—— **IN DAY OUT,** día tras día.
—— **LABOR,** trabajo a jornal.
—— **OFF,** día libre, día de asueto o de descanso.
—— **RATE,** cuota diaria, tarifa diurna.
—— **WAGES,** jornal, salario diario.
—— **WORK,** trabajo diurno, trabajo a jornal.
DAYBOOK, libro diario, diario, borrador.
DAY-CARE FACILITY, institución de cuidado diurno de niños.
DAYLIGHT-SAVING TIME, hora u horario de verano.
DAYS PAST DUE, días de atraso.
DE FACTO, de hecho.
DE FACTO CORPORATION, corporación con existencia de hecho.
DE FACTO POPULATION, población de hecho o presente.
DE JURE, de derecho.
DE JURE CORPORATION, corporación de derecho, de fuero.
DE JURE POPULATION, población de derecho.
DEAD, inactiva, improductiva, muerta.
—— **ACCOUNT,** cuenta inactiva o improductiva.
—— **ASSETS,** activo sin valor, bienes improductivos.
—— **CARGO,** lastre.
—— **FAILURE,** fracaso completo.
—— **LOAD,** carga muerta.
—— **STOCK,** existencias sin movimiento, capital improductivo.
—— **SURE,** muy seguro.
—— **TIME,** tiempo muerto, tiempo pagado.
—— **WRONG,** completamente equivocado.
DEAD-END JOB, empleo sin futuro, trabajo de estancamiento.
DEAD-END STREET, calle sin salida.
DEAD-WEIGHT CAPACITY, capacidad de carga.
DEADLINE, fecha límite, término, plazo final.
DEADLINE JOB, trabajo con plazo límite, trabajo a término.
DEADWEIGHT, peso o carga muerta.
DEAL, trato, negociación, negocio.
DEALER, comerciante, negociante, expendedor.
—— **CONTEST,** concurso o competencia de comerciantes.
—— **DISPLAY,** exhibición para minoristas.
—— **INTERVIEW,** encuesta a comerciantes, entrevista a distribuidores.
—— **LOYALTY,** lealtad del comerciante.

—— SURVEY, encuesta o investigación de comerciantes.
DEALINGS, transacciones, negocios, negociaciones.
DEAR MONEY, dinero caro, dinero prestado a alto interés.
DEATH, muerte, fallecimiento, deceso.
—— BENEFIT FUND, indemnización por defunción, cuota mortuoria.
—— CERTIFICATE, acta de defunción, certificado de defunción.
—— CLAIM, reclamo por muerte, demanda por muerte del asegurado.
—— DUTY, impuesto a la herencia, impuesto de sucesión.
—— RATE, tasa o coeficiente de mortalidad.
—— RATIO, tasa o razón de mortalidad.
DEBASEMENT, falsificación, adulteración, degradación.
DEBENTURE, obligación no hipotecaria, bono sin respaldo, título sin garantía.
—— AGREEMENT, contrato de emisión, convenio de obligación amortizable.
—— BONDS, obligaciones sin garantía colateral o tangible, bonos sin respaldo específico.
—— CAPITAL, producto obtenido de la venta de obligaciones, capital de obligaciones sin garantía hipotecaria.
—— LOAN, préstamo sin garantía colateral.
—— STOCK, acciones irredimibles o privilegiadas.
DEBENTURES, obligaciones no hipotecarias, títulos de crédito llamados obligaciones, bonos sin garantía.
—— DUE, documentos con vencimiento, obligación sin garantía vencida.
DEBIT, cargo, débito, adeudo.
—— ACCOUNT, cuenta deudora.
—— AND CREDIT, cargo y crédito, debe y haber.
—— BALANCE, saldo deudor o en contra, balance de cargo.
—— BOND INVESTMENT, cargo a inversiones en bonos.
—— BOND PREMIUM, cargo a prima en bonos.
—— CAPITAL, capital de adeudo, fondos en préstamo para financiar un negocio.
—— CARD, tarjeta de débito o de adeudo.
—— CARD LENDING, préstamo mediante cajero automático.
—— CARD OVERDRAFT LOAN, préstamo en descubierto mediante cajero automático.
—— CASH, cargo a efectivo.
—— COLUMN, columna de los cargos o de los adeudos.
—— ENTRY, asiento de cargo, débito, cargo, partida deudora.
—— INSURANCE EXPENSE, cargo a seguros pagados.
—— INTEREST EXPENSE, cargo a gasto por intereses.
—— MEMORANDUM, nota de débito, volante de débito o de cargo.

—— NOTE, nota de débito, nota de cargo o de adeudo.
—— POSTINGS, asientos de cargo o de débito.
—— SALARIES PAYABLE, cargo a sueldos por pagar.
—— SLIP, boleta de débito o de adeudo.
——, TO, cargar, debitar, adeudar.
DEBT, deuda, obligación, débito.
—— AMORTIZATION, amortización de pasivo.
—— CAPITAL, pasivo.
—— DISCOUNT, descuento en bonos u otros préstamos.
—— EQUITY, pasivo/capital contable.
—— EQUITY RATIO, razón pasivo/capital contable.
—— FINANCING, financiamiento, financiamiento de deuda.
—— OBLIGATION, obligación de pasivo.
—— OFFERING, emisión de valores de pasivo.
—— RATIO, razón de deuda, índice de deuda.
—— REPAYMENT, reembolso de pasivo.
—— SECURITY, obligación, bono.
—— SERVICE, amortización de capital o intereses de una deuda, atenciones de la deuda.
DEBTOR, deudor, debiente.
—— ASSET, activo del deudor, bienes del deudor.
—— NATION, estado deudor, nación deudora.
DEBUG, depurar, localización y corrección en programas de computadora.
DECAPITALIZATION, descapitalización, agotarse el capital.
DECEASED ACCOUNT, cuenta de persona fallecida.
DECEIT, fraude, engaño.
DECENTRALIZATION, descentralización.
DECENTRALIZE, TO, descentralizar.
DECENTRALIZED FIRM, empresa o compañía descentralizada.
DECIGRAM, decigramo.
DECIL, decil.
DECIMAL SYSTEM, sistema decimal.
DECIMETER, decímetro.
DECISION, decisión, fallo, resolución.
—— ANALYSIS, análisis de decisiones.
—— CRITERION, criterio de decisión.
—— ERRORS, errores de decisión.
—— MAKER, persona que toma decisiones.
—— MAKERS, personas que toman decisiones.
—— MAKING, toma de decisiones, tomar decisiones.
—— MAKING FUNCTION, función de toma de decisiones.
—— MODELS, modelos de decisión.
—— PROCESS STAGES, etapas o fases del proceso de decisión.
—— ROLE, papel referente a toma de decisiones.
—— RULE, regla de decisiones.
—— THEORY, teoría de las decisiones.
—— TREE, árbol de decisiones.
DECISION-MAKING PROCESS, proceso de toma de decisiones.

DECISION-MAKING ROLE—DEFERRED   71

DECISION-MAKING ROLE, función de toma de decisiones.
DECK, cubierta, puente, plataforma.
—— **LOAD**, carga sobre cubierta.
DECLARATION, declaración, manifiesto, declaratoria.
—— **OF TRUST**, declaración de fideicomiso.
DECLARE, declarar, declararse.
—— **BANKRUPT**, declarar en quiebra.
DECLARED CAPITAL, capital declarado o testificado.
DECLARED DIVIDEND, dividendo declarado, dividendo decretado.
DECLARED VALUE, valor declarado o establecido.
DECLINING, reducción, declinación.
—— **BALANCE METHOD**, método de saldos decrecientes.
—— **IN ECONOMIC USEFULNESS**, declinación en la utilidad económica.
—— **JOB SATISFACTION**, reducción de la satisfacción con el trabajo.
—— **LIQUIDITY**, liquidez descendente, realización descendente.
—— **MARKET**, mercado de precios decrecientes, bolsa débil.
—— **PRODUCTIVITY GROWTH**, crecimiento de productividad descendente.
—— **PROFITABILITY TREND**, tendencia de utilidad descendente.
—— **RETURNS**, rendimientos o utilidades descendentes.
DECODE THE MESSAGE, descifrar o interpretar el mensaje.
DECODER, decodificador, descifrador.
DECREASING, decreciente, descendente.
—— **ANNUITY**, anualidad decreciente.
—— **CHARGE METHOD OF DEPRECIATION**, depreciación por cargos decrecientes.
—— **COST**, costo descreciente o descendente.
DECREASING-CHARGE METHOD, método de cargos decrecientes.
DECREE, decreto, edicto, mandato.
—— **OF INSOLVENCY**, declaración de insolvencia.
DECREMENT, decremento.
DEDUCTIBLE, deducible.
—— **EXPENDITURES**, gastos o desembolsos deducibles.
—— **EXPENSE**, pago deducible o descontable.
DEDUCTION, deducción, descuento, rebaja.
—— **DETAILS**, detalles de deducciones.
—— **SLIP**, nota de deducción o de descuento.
DEDUCTIONS
—— **FROM GROSS INCOME**, deducciones del ingreso o renta bruta.
—— **FROM INCOME**, deducciones o descuentos de ingresos.
—— **FROM NET INCOME**, deducciones del ingreso o rentas netas.
DEDUCTIVE REASONING, razonamiento deductivo.
DEED, escritura, contrato.

—— **OF ASSIGNMENT**, escritura de cesión, acta de cesión.
—— **OF CONSTITUTION**, escritura de constitución.
—— **OF CONVEYANCE**, escritura de traspaso, acta de cesión.
—— **OF PARTNERSHIP**, contrato o escritura de sociedad.
—— **OF RELEASE**, acta de cesión.
—— **OF SETTLEMENT**, acta de constitución.
—— **OF TRUST**, cesión (a un fideicomisario).
DEEP DISCOUNT BOND, bono con valor descontado.
DEEP-DRAFT VESSEL, buque de gran calado.
DEEP-FREEZE, cámara frigorífica, depósito frigorífico del hogar.
DEFAMATION OF CHARACTER, difamación oral.
DEFAULT COSTS, costos de incumplimiento o de morosidad.
DEFAULT-FREE INTEREST RATE, tasa de interés libre de riesgo.
DEFAULT-FREE RATE, tasa libre de riesgo.
DEFAULTED, incumplido, moroso.
—— **CONTRACT**, contrato incumplido, convenio moroso.
—— **SUBSCRIPTION ACCOUNTS**, cuentas de suscripción con incumplimiento de pago.
DEFEAT, derrota, anulación.
DEFECTIVE, defectuoso.
—— **TITLE**, título de propiedad fraudulento.
—— **WORK**, producción defectuosa, trabajo defectuoso.
DEFENDER ORGANIZATION, organización o empresa que funciona a la defensiva.
DEFERMENT, diferimiento, aplazamiento.
—— **OF COLLECTION**, aplazamiento de cobro o de cobranza.
DEFERRAL, diferimiento, aplazamiento.
DEFERRED, diferido, aplazado.
—— **ANNUITY**, anualidad diferida o aplazada, pensión anual aplazada.
—— **ASSETS**, activo diferido, cargos diferidos.
—— **BONUS**, dividendo diferido, bono aplazado.
—— **CALL PRIVILEGE**, privilegio de redención diferido.
—— **CHARGES**, cargos diferidos, gastos prepagados.
—— **CREDIT**, cargo diferido, abono aplazado.
—— **DEBIT**, débito diferido, cargos aplazados.
—— **DEMAND**, demanda diferida o aplazada.
—— **DIVIDEND**, dividendo diferido, dividendo de acumulación.
—— **ENDOWMENT POLICY**, póliza dotal diferida.
—— **EXPENSE**, gasto diferido o aplazado.
—— **EXPENSES CHARGED OFF**, cargos diferidos amortizados.
—— **FEDERAL INCOME TAX**, impuesto sobre la renta diferido.
—— **GROUP ANNUITY**, anualidades de grupo diferidas.
—— **INCOME**, ingresos diferidos, utilidades o créditos diferidos.

—— INCOME TAX CREDIT, impuesto diferido con saldo acreedor.
—— INCOME TAX DEBIT, impuesto diferido con saldo deudor.
—— INCOME TAX LIABILITY, impuesto sobre rentas por pagar diferido.
—— INCOME TAXES, impuestos sobre la renta diferidos o aplazados.
—— INVESTMENTS CREDIT, crédito fiscal diferido por inversiones.
—— INVESTMENTS TAX CREDITS, créditos fiscales diferidos sobre inversiones.
—— LIABILITIES, pasivo diferido, pasivo transitorio.
—— PAYMENT, pago aplazado o diferido.
—— PAYMENT CONTRACT, contrato o convenio de pagos diferidos.
—— POSTINGS, asientos aplazados.
—— REFUND ANNUITY, anualidades diferidas con reembolso.
—— REPAIRS, reparaciones diferidas o aplazadas.
—— REVENUE, ingresos aplazados o diferidos.
—— ROYALTY INCOME, ingresos de regalías diferidos.
—— TAX, impuesto aplazado, pago de impuesto diferido.
DEFERRED-PAYMENT INSURANCE, seguro de pagos aplazados.
DEFERRED-PAYMENT SALE, venta de pagos diferidos.
DEFICIENCY, deficiencia, déficit, falta.
—— ACCOUNT, cuenta del faltante.
—— APPROPRIATION, apropiación o asignación para deficiencias.
—— LETTER, carta de objeciones (E.U.A.) por la Comisión de Valores y Bolsa en una solicitud de registro de valores.
DEFICIT, déficit.
—— ACCOUNT, cuenta de déficit o deficitaria.
—— FUND, fondo deficitario.
—— SPENDING, gastos deficitarios.
DEFINED-BENEFIT PLANS, planes de beneficios definidos.
DEFINITION, definición, explicación.
DEFLATION, deflación, contracción.
DEFORESTATION, deforestación, tala de bosques.
DEFRAUDATION, fraude, estafa, engaño.
DEGRADATION, degradación o deterioro.
DEGREE OF FREEDOM, grado de libertad.
DEGREE STUDENT, estudiante con grado académico.
DELAYED, aplazado, diferido.
—— DRAFT, giro aplazado o diferido.
—— POSTING, pase diferido o aplazado.
DELAYING PAYMENT, demora o atraso de pagos.
DELEGATION OF AUTHORITY, delegación de autoridad.
DELIBERATION, deliberación, consideración, reflexión.

DELICATESSEN, fiambres, manjares, tienda de fiambres o de víveres.
DELICT, delito.
DELINQUENCY, morosidad, atraso.
—— COSTS, costos de morosidad o de atraso.
—— NOTE, recordatorio de atraso o de morosidad.
DELINQUENT, delincuente, moroso, atrasado.
—— BORROWER, prestatario moroso o atrasado.
—— DEBTOR, deudor moroso o atrasado.
—— INTEREST, intereses atrasados o morosos.
—— PAYMENT, pago moroso, pago atrasado.
—— TAX, impuesto atrasado o moroso.
DELIVERED PRICES, precios de entrega.
DELIVERY, entrega, reparto, suministro.
—— CHARGES, gastos de entrega.
—— DEADLINE, plazo final, fecha límite de entrega.
—— DETAILS, detalles de entrega.
—— EQUIPMENT, equipo de entrega o reparto.
—— EXPENSES, gastos de entrega o de reparto.
—— FEES, ingresos de reparto, retribución por entrega.
—— FLEET, camiones repartidores, flota de reparto.
—— INSTRUCTIONS, instrucciones de entrega.
—— NOTE, nota o vale de remisión.
—— NOTICE, aviso o notificación de entrega.
—— POINT, lugar de entrega, punto de entrega.
—— SCHEDULE, programa de entrega, plan de reparto.
—— TERMS, condiciones de entrega.
—— TRUCK, camión de reparto.
DEMAND, demanda, exigencia.
—— BILL, giro a la vista, letra a la presentación.
—— CURVE, curva o gráfica de demanda.
—— CURVES FOR OUTPUT AN INPUT, curvas de demanda para el producto y factores de producción.
—— DEPOSIT, depósito a la demanda, depósito a la vista o exigible a la vista, depósito en cuenta corriente.
—— ELASTICITY, elasticidad de la demanda.
—— EXCHANGE, divisas a la vista.
—— FACTOR, factor de demanda.
—— FACTOR IN CAPITAL MARKETS, factores de la demanda en mercados de capital.
—— LOAN, préstamos pagaderos a la demanda o a la solicitud.
—— NOTE, pagaré a la vista o a la presentación.
—— SCHEDULE, programa o plan de demanda.
DEMAND-PULL INFLATION, elevación inflacionaria de la demanda.
DEMANDANT, demandante, demandador.
DEMISE, arrendamiento, cesión, defunción.
DEMOGRAPHIC, demográfico.
—— BREAKOUT, desglose demográfico.
—— GROWTH, crecimiento demográfico, aumento de la población.
—— MARKET SEGMENTATION, segmentación demográfica del mercado.

DEMOGRAPHY-DEPRECIATION

—— PROFILE, perfil demográfico.
—— STATISTICS, estadísticas demográficas.
DEMOGRAPHY, demografía, estudio estadístico de la población.
DEMOLITION, demolición, derribo.
—— INSURANCE, seguro de demolición.
DEMURRAGE, demora, estadía.
DEMURRER, excepción, objeción.
DENIAL, negación, negativa, repulsa.
—— OF CREDIT, negación de crédito, crédito negado.
DENTAL CARE, servicio dental, atención dental.
DEOBLIGATION, liberación.
DEPARTMENT, departamento, negociado, sección.
—— HEAD, jefe de departamento, gerente o director de departamento.
—— OF AGRICULTURE, Ministerio o Secretaría de Agricultura.
—— OF COMMERCE, Departamento de Comercio.
—— OF FOREIGN AFFAIRS, Ministerio de Relaciones Exteriores, Secretaría de Estado.
—— OF LABOR, Secretaría o Ministerio de Trabajo.
—— OF PUBLIC WORKS, Ministerio de Obras Públicas.
—— OF THE TREASURE, Secretaría de Hacienda, Ministerio del Tesoro.
—— OF WAR, Ministerio de Guerra.
—— OVERHEAD COSTS, costos indirectos departamentales.
—— STORE, tienda o almacén de departamentos.
—— STORE BUILDING, edificio de tienda por departamentos.
DEPARTMENTAL, departamental, divisional.
—— BURDEN, sobrecarga departamental, gastos generales departamentales.
—— CAPITAL, capital departamental.
—— OVERHEAD, gastos indirectos o gastos fijos departamentales.
—— PROFITS, utilidades departamentales, utilidades por departamentos.
DEPARTMENTALIZATION, departamentalización, división por departamentos.
DEPARTMENTALIZED PURCHASES, control de compras por departamentos.
DEPARTMENTALIZING, departamentalización, organización de compañía por líneas de producto.
DEPENDABILITY, confiabilidad.
DEPENDENT, dependiente económico, persona a cargo de otra, subalterno, condicional.
—— DEDUCTIONS, deducciones por gastos de la familia.
—— VARIABLE, variable dependiente.
DEPENDENTS, personas a cargo de otra, dependientes.
DEPLETABLE, agotado, agotable.
—— ASSETS, activo o bienes agotables.
DEPLETED COST, costo agotado.
DEPLETED FUND, fondo disipado o agotado.

DEPLETION, agotamiento, deterioro.
—— ALLOWANCE, reserva por agotamiento.
—— BASE, base de agotamiento.
—— EXPENSE, gasto por agotamiento.
—— RESERVES, reservas de agotamiento.
DEPOSIT, depósito, pago a cuenta, enganche.
—— ACCOUNT, cuenta de depósito.
—— CREATION, creación de depósitos.
—— FLOW, flujo o movimiento de depósito bancario.
—— GROWTH, crecimiento del depósito, aumento del depósito bancario.
—— INFLOW, entrada o recepción de depósitos.
—— INSURANCE, seguro de depósito bancario.
—— INSURANCE RESOURCES, recursos de seguro de depósito, patrimonio del seguro de depósitos bancarios.
—— LIABILITIES, obligaciones a los depositantes.
—— LOAN, préstamo por abono en cuenta de depósito.
—— MARKET, mercado de depósitos, mercado de recursos financieros.
—— OUTFLOWS, salida de depósitos, flujo de depósitos.
—— RECEIPT, recibo de depósito.
—— SERVICE CHARGES, gastos por servicio de depósito, cargo por manejo de depósito.
—— SLIP, ficha de depósito, boleta o volante de depósito.
DEPOSITS, depósitos.
—— IN BANKS, depósito en bancos, dinero depositado en bancos.
—— IN TRANSIT, depósitos en tránsito.
—— ON BIDS, depósitos sobre licitaciones, depósitos sobre propuestas.
DEPOSITS-TO-CAPITAL RATIO, relación de depósitos a capital.
DEPOSITARY, depositario, almacén, depósito.
DEPOSITION, declaración, confesión judicial fuera de la corte.
DEPOSITOR, depositante, depositador, poseedor de cuenta corriente, cuentahabiente.
DEPOSITOR' STATEMENT, estado de la cuenta del depositante.
DEPOSITORS' FUNDS, fondos de los depositantes.
DEPOT, bodega, almacén, depósito, estación.
—— STOCK, existencia en depósito o en almacén.
DEPRECIABLE, depreciable.
—— ASSETS, activos o bienes depreciables.
—— VALUE, valor depreciable, valor amortizable.
DEPRECIABLE, TO, depreciar, depreciarse.
DEPRECIATED, depreciado.
—— COST, costo depreciado.
—— ORIGINAL COST, costo original depreciado.
—— VALUE, valor depreciado.
DEPRECIATION, depreciación, deterioro, demérito, reducción de precio.
—— ACCOUNTING, contabilidad de depreciación.
—— ADEQUACY, depreciación adecuada.

—— ALLOWANCE, asignación o subvención para depreciación.
—— BASE, base para depreciación.
—— CHARGE, cargo o gasto por depreciación.
—— EXPENSE, gasto para depreciación, cargos de depreciación, provisión para depreciación.
—— FUND, fondo de depreciación.
—— INSURANCE, seguro de depreciación.
—— METHOD, método de depreciación.
—— POLICY, normas o políticas de depreciación.
—— RATE, tasa de depreciación, coeficiente de depreciación, razón de depreciación.
—— RESERVE, reserva o provisión de depreciación.
—— UNIT, unidad de depreciación.
DEPRESSED AREA, zona de depresión.
DEPRESSED MARKET, mercado flojo o en depresión.
DEPRESSION MODEL, modelo de depresión.
DERIVED, indirecto, imputado.
—— DEMAND, demanda indirecta.
DESCENT, intestado, persona que muere sin dejar testamento.
DESCRIPTION, concepto, descripción, clase.
—— OF SECURITIES, descripción de valores o títulos.
DESCRIPTIVE FINANCIAL STATEMENT, estado financiero descriptivo.
DESIGN, diseño, proyecto, bosquejo.
—— ALTERNATIVES, alternativas u opciones de diseño.
—— ENGINEER, ingeniero de diseño.
—— FLAW, falla de diseño, defecto de diseño.
—— MANAGER, director o jefe de proyecto.
—— SPECIFICATIONS, especificaciones de diseño.
DESK, escritorio, bufete, buró.
—— BOOKKEEPING MACHINE, máquina de contabilidad de escritorio.
—— CALCULATOR, calculadora de escritorio.
—— JOBBERS, despachadores directos.
—— WORK, trabajo de oficina o de escritorio.
DESK-TOP MICROCOMPUTER, microcomputadora de escritorio.
DESTRUCTION, destrucción, ruina, devastación.
DESTRUCTIVE COMPETITION, competencia destructiva o ruinosa.
DETAIL, detalle, pormenor.
—— ACCOUNT, cuenta de detalle, cuenta pormenorizada.
—— DRAWING, dibujo detallado.
DETAILED AUDIT, auditoría detallada.
DETAINER, retenedor, detentador.
DETECTION, averiguación, descubrimiento.
DETENTE, suavizar las relaciones tensas entre estados.
DETERIORATION, deterioro, desperfecto.
DETERMINE, TO, determinar, establecer.
DETOUR, desvío, desviación, rodeo.
DETRACTOR, detractor, difamador.

DEVALUATED CURRENCY, divisa o moneda devaluada.
DEVALUATION, devaluación, desvalorización.
—— OF CURRENCY, devaluación de la moneda o de la divisa.
DEVELOPING, desarrollo, en vías de desarrollo, fomento.
—— COUNTRY, país en desarrollo, país en vías de desarrollo.
—— NATION, país o nación en vías de desarrollo.
—— PEOPLE, preparación de personal, capacitación de personal.
DEVELOPMENT, desarrollo, producción, proyecto, fomento.
—— AND CONSTRUCTION PROJECT, proyecto de desarrollo y construcción.
—— COSTS, costos de desarrollo o de fomento.
—— ENGINEER, ingeniero de desarrollo.
—— EXPENSE, gasto de desarrollo o de fomento.
—— STAGE ENTERPRISE, empresa en etapa de desarrollo, compañía en fase de desarrollo.
DEVIATION, desviación, desvío o cambio de ruta.
—— RATE, tasa de desviación o de cambio de ruta.
DEVICE, dispositivo, instrumento, aparato.
DEVISE, donación, legado de bienes muebles, idear, trazar, inventar.
DEVISEE, legatario.
DIAGNOSIS-PRESCRIPTION CYCLE, ciclo de diagnóstico y prescripción.
DIAL, carátula, cuadrante, disco, selector de llamada, marcar número telefónico.
—— TELEPHONE, teléfono automático.
DIAMOND, diamante, brillante.
—— DRILLING, perforación con taladro de diamante.
DICTATING MACHINE, dictáfono, máquina de dictar.
DICTATOR, dictador, gobernante que impone su mandato.
DICTATORSHIP, dictadura, régimen dictatorial.
DIESEL OIL, petróleo o aceite diesel, petróleo combustible para diesel.
DIFFER, diferir, diferenciarse.
—— FROM, diferir de.
—— WITH, disentir, no estar de acuerdo con.
DIFFERENCE ESTIMATION, estimación de diferencias.
DIFFERENTIAL, diferencial.
—— CALCULUS, cálculo diferencial.
—— COST, costo diferencial.
—— DUTIES, derechos diferenciales, arancel diferencial.
—— MORTALITY, mortalidad diferencial.
—— RATE, tipo o tasa diferencial.
DIGEST, resumen, recopilación.
DIGIT, dígito, número, cifra.
DIGITAL, digital.
—— COMPUTER, computadora digital, ordenador electrónico digital.
—— WATCH, reloj digital de pulsera.
DIGNITY, dignidad, honorabilidad, nobleza.

DILUTION, dilución, reducción.
—— **OF EARNINGS PER SHARE,** reducción de utilidades por acción.
DILUTIVE SECURITIES, valores o títulos sujetos a dilución.
DIMENSIONING, acotado.
DIMINISHING, agotable, gastable.
—— **ASSETS,** activo amortizable, bienes agotables.
—— **BALANCE,** saldo decreciente.
—— **MARGINAL RETURNS,** rendimientos marginales decrecientes.
—— **MARGINAL UTILITY,** utilidad marginal decreciente.
—— **RESOURCES,** recursos decrecientes o descendentes.
—— **RETURNS,** rendimientos decrecientes, utilidades decrecientes.
—— **VALUE, METHOD DEPRECIATION,** depreciación por valor decreciente.
DIMINISHING-BALANCE DEPRECIATION, depreciación por saldo decreciente.
DIMINISHING-PROVISION METHOD, método de provisión decreciente.
DIPLOMACY, diplomacia, tacto, cautela.
DIRECT, directo, derecho.
—— **ADVERTISING,** publicidad o propaganda directa.
—— **AUTOMOBILE LOAN,** préstamo directo para compra de automóvil.
—— **BILL PAYING,** pago directo de letra o factura.
—— **BUSINESS COST,** costo directo de negocios.
—— **BUY,** compra directa.
—— **CHARGE-OFF,** cargo directo.
—— **CHARGES,** cargos o gastos directos.
—— **CONFIRMATION,** confirmación directa.
—— **COST,** costo directo o neto.
—— **COST OF PRODUCTION,** costo directo de la producción.
—— **COSTING,** costeo directo.
—— **DEPOSIT,** depósito directo, depósito bancario hecho personalmente.
—— **DISTANCE DIALING,** servicio telefónico automático de larga distancia.
—— **EXPENSE,** gasto directo, desembolso directo.
—— **FACTORY OVERHEAD,** gastos generales directos de fábrica.
—— **FINANCING LEASES,** arrendamientos financieros directos.
—— **FOREIGN INVESTMENT,** inversión directa en el extranjero.
—— **LABOR,** mano de obra directa, trabajo productivo, trabajo directo.
—— **LABOR BUDGET,** presupuesto de mano de obra.
—— **LABOR COSTS,** costos de mano de obra directa.
—— **LIABILITIES,** pasivo directo.
—— **MAJORITY VOTING,** votación directa por mayoría.
—— **MARKETING,** mercadotecnia directa, comercialización directa de mercancías.

—— **MATCHING,** comparación directa.
—— **MATERIAL,** material que entra en un proceso.
—— **OVERHEAD,** gastos generales directos.
—— **PAYROLL CREDITING,** crédito directo a la nómina.
—— **PREMIUM,** prima sin gasto adicional.
—— **PRODUCTION,** producción directa.
—— **PROOF,** prueba de imprenta directa.
—— **SALE,** venta directa.
—— **SHIPMENT,** embarque directo.
—— **TAX,** impuesto directo, tributación directa.
—— **, TO,** administrar, dirigir.
DIRECT-ENTRY MACHINE, máquina corriente de registro directo.
DIRECT-LEASE FINANCING, financiamiento de arrendamiento directo, costear el arrendamiento directamente.
DIRECT-MAIL ADVERTISING, publicidad o propaganda directa por correo.
DIRECT-MAIL SELLING, venta directa por correo.
DIRECT-WRITING COMPANY, compañía de suscripción directa.
DIRECTION, dirección, administración.
—— **EFFORT,** dirección de esfuerzos.
DIRECTIONS, instrucciones.
DIRECTOR, director, gerente, administrador.
DIRECTORS SALARIES, sueldos de directores.
DIRECTORS' FEES, honorarios de los directores, honorarios a los administradores.
DIRECTORS' MEETING, sesión de la junta directiva, reunión de la directiva.
DIRECTORY, directorio, guía.
DIRTY, sucio, indecente, asqueroso.
—— **WORK,** trabajo clandestino y desleal.
DISABILITY, incapacidad, invalidez.
—— **BENEFITS,** beneficios de incapacidad o de invalidez.
—— **CLAIMS,** reclamaciones por incapacidad.
—— **COVERAGE,** seguro contra incapacidad.
—— **INCOME,** ingresos o renta por incapacidad.
—— **INSURANCE,** seguro de invalidez o de incapacidad.
—— **RATE,** proporción o coeficiente de invalidez.
—— **TABLES,** tablas de incapacidad.
DISABLED, incapacitado, inhabilitado físicamente.
—— **EMPLOYEES,** empleados incapacitados, empleados imposibilitados de trabajar.
—— **VETERAN,** veterano inhabilitado o incapacitado.
DISADVANTAGE, desventaja, impedimento.
—— **INDIVIDUAL,** individuo con desventaja, persona con impedimento.
DISAGREEMENT, desacuerdo, inconformidad.
DISALLOWANCE, desaprobación, rechazo.
DISAPPROVAL, desaprobación, inconformidad.
DISASTER, desastre, catástrofe.
—— **ASSISTANCE,** ayuda o auxilio para desastre.
DISBURSEMENT, desembolso, gasto, egreso, erogación, pago.

—— OF CASH, desembolso en efectivo o al contado.
—— SCHEDULE, programa de desembolsos, plan de gastos.
—— VOUCHER, comprobante de desembolso, póliza de egreso.
DISBURSING CASHIER, cajero pagador.
DISBURSING OFFICE, dirección de egresos.
DISBURSING OFFICER, pagador oficial.
DISCHARGE, cesantía, despido, dar de baja, finiquito.
—— A DEBT, liquidar o pagar una deuda.
—— AN EMPLOYEE, despedir a un empleado, liquidarlo.
—— AN OBLIGATION, cumplir una obligación o un compromiso.
DISCHARGED WORKMEN, obreros despedidos o cesantes.
DISCIPLINE, disciplina, orden, regla de conducta.
DISCLAIMER, abstención, negación.
—— OF OPINION, abstención de opinión, no dar opinión.
—— REPORT, informe de abstención.
DISCLOUSURE, revelación, explicación clara de un hecho o situación.
—— STATEMENTS, declaración sobre aclaraciones.
DISCOUNT, descuento, bonificación, rebaja, deducción.
—— ACCOUNT, cuenta de descuento.
—— ALLOWED, descuentos concedidos, rebajas sobre ventas.
—— AMORTIZED, descuento amortizado.
——, AT A, con descuento, bajo par.
—— BILLS, obligaciones fiscales emitidas con descuento.
—— BROKER, corredor o agente de préstamos.
—— CALCULATIONS, cálculos de descuentos.
—— DEBT, descuento en bonos u otro préstamo.
—— EARNED, descuento recibido, rebajas sobre compras.
—— HOUSE, tienda o empresa de descuento.
—— LOST, descuento perdido.
—— MARKET, mercado o plaza de descuentos.
—— ON PREFERRED STOCK, descuento en acciones preferentes.
—— RATE, tipo o tasa de descuento.
—— REGISTER, registro de descuentos.
—— SALE, venta con descuento.
—— TELLER, contador de préstamos.
—— TERMS, condiciones o términos del descuento.
——, TO, descontar, rebajar, bonificar, deducir.
—— WINDOW, ventanilla o mostrador de descuentos.
DISCOUNTED CASH FLOW, flujo de efectivo descontado.
DISCOUNTED LOANS, préstamos con interés descontado.
DISCOUNTED RECEIVABLE ACCOUNTS, cuentas a cobrar descontadas.
DISCOUNTS AND ADVANCES, descuentos y anticipos.

DISCOUNTING MERCHANT'S SALES VOUCHER, comprobante de venta con descuento del comerciante.
DISCOUNTING NOTES, documentos o letras descontadas.
DISCOVERY, descubrimiento, hallazgo.
—— PERIOD, período de protección.
—— VALUE, valor de descubrimiento.
DISCREDIT, descrédito, desprestigio, desacreditar.
DISCREPANCY, discrepancia, diferencia, desacuerdo.
DISCRETE DISTRIBUTION, distribución discreta.
DISCRIMINANT ANALYSIS, análisis discriminante.
DISCRIMINATING DUTIES, derechos diferenciales.
DISCRIMINATION, discriminación, parcialidad, preferencia.
—— AGAINST MINORITIES, discriminación de las minorías.
DISCUSS, TO, discutir, tratar, estudiar.
DISHONOR, rehusar la aceptación o pago de un documento comercial, falta de pago.
—— AT MATURITY, falta de pago al vencimiento.
DISHONORED, rechazado, no pagado.
—— BILL, letra rechazada.
—— CHECK, cheque rehusado o no aceptado.
—— NOTES, documentos no pagados o rechazados.
DISK, disco, plato.
—— FILE, archivo de discos.
—— PACK, paquete de discos.
DISMISS, TO, despedir, dejar cesante, liquidar.
—— AN APPLICATION, denegar la solicitud.
DISMISSAL, despido, destitución, desahucio.
—— INDEMNITY, indemnización por despido o por cesantía.
—— PAY, sueldo de despido, indemnización por despido.
DISPATCH, aviso de embarque, embarque, despacho.
—— CENTER, centro de despacho o distribución.
—— DEPARTMENT, departamento de embarques o de despacho.
—— EARNING, ganancia por pronto despacho.
—— NOTE, aviso o nota de expedición.
——, TO, despachar, expedir, remitir, embarcar.
DISPATCHING AGENT, agente expedidor.
DISPERSION, dispersión, difusión.
—— TESTS, pruebas o ensayos de dispersión.
DISPLAY, desplegado, exhibición, exhibir.
—— ADVERTISING, anuncio desplegado, publicidad mediante exhibición.
—— STAND, estante para exhibición.
—— UNIT, unidad exhibidora o de exposición.
DISPOSABLE, disponible.
—— INCOME, sueldo después de hacer deducciones.
—— PERSONAL INCOME, ingreso o renta personal disponible.
DISPOSAL, distribución, disposición.

—— OF CURRENT REVENUE, disposición de la renta corriente.
—— OF FIXED ASSETS, cancelación del activo fijo.
—— OF INVESTMENT SECURITIES, venta de valores de inversión o de títulos rentables.
DISPOSITION, disposición, arreglo, inclinación.
—— OF NET INCOME, disposición del ingreso neto.
DISPUTE, pleito, disputa, controversia, contienda.
DISPUTED ACCOUNT, cuenta impugnada o de controversia.
DISQUALIFIED, incompetente, incapacitado, inhabilitado.
DISSENTING STOCKHOLDERS, accionistas disidentes o disconformes.
DISSOLUTION, disolución, liquidación.
DISTANCE, distancia.
—— RATES, tarifa por distancia.
DISTILLERY, destilería, alambique, equipo de destilación.
DISTORT, TO, distorsionar, falsear, torcer.
DISTORTIONS DOWNWARD, distorsión de mensajes al pasar a niveles inferiores.
DISTRAINT, embargo, secuestro.
DISTRESS, peligro, remate, embargo, angustia.
—— MERCHANDISE, mercancía en remate o liquidación.
—— SELLING, venta de urgencia.
—— WARRANT, auto de embargo.
DISTRIBUTABLE, distribuible, repartible.
—— PROFITS, utilidades repartibles o por repartir, ganancias a repartir.
DISTRIBUTE, TO, distribuir, repartir.
DISTRIBUTED, distribuido, repartido.
—— DATA PROCESSING, procesamiento de datos distribuidos.
—— DATA-PROCESSING SYSTEM, sistema distribuido de procesamiento de datos.
—— PROFITS, utilidades distribuidas o repartidas.
DISTRIBUTION, distribución, repartición.
—— AGENCY, agencia u oficina de distribución.
—— BUDGET, presupuesto de distribución.
—— CHANNELS, canales o medios de distribución.
—— CENTER, centro de distribución o de reparto.
—— COLUMN, columna de distribución.
—— COST, costo de distribución.
—— EXPENSE BUDGET, presupuesto de gastos de distribución.
—— MANAGER, gerente de distribución.
—— OF DEMAND, distribución de la demanda.
—— OF FAMILY INCOME, distribución o desglose del ingreso familiar.
—— OF INCOME, distribución del ingreso o la renta.
—— OF SAMPLE MEANS, distribución de medias de muestreo.
—— OF WEALTH, distribución de la riqueza.
—— OUTLET, establecimiento de distribución o de reparto.
—— PATTERN, modelo de distribución.
—— RIGHTS, derechos de distribución.

—— SURPLUS, excedente de distribución.
DISTRIBUTION COST-ANALYSIS, análisis de costos de distribución.
DISTRIBUTIVE LAW, ley distributiva.
DISTRIBUTOR, distribuidor, comerciante.
—— DISCOUNT, descuento de distribuidor o de comerciante.
DISTRICT MANAGER, gerente de distrito o de territorio.
DISTURBANCE HANDLER, encargado de resolver disturbios o desórdenes.
DIURNAL, diurno, cotidiano.
DIVERSITY OF PRODUCTION, diversidad o variedad de producción.
DIVERTED INVESTMENT INCOME, ingreso desviado sobre inversiones.
DIVIDED ACCOUNT, cuenta dividida.
DIVIDEND, dividendo, dividendo activo.
—— ADDITIONS, uso de dividendos para adquisición de seguro adicional.
—— ARREARS, atrasos de dividendos.
—— AUDIT, auditoría de dividendos.
—— BOOST, aumento de dividendo.
—— CAPITAL, dividendo cargado contra el capital.
—— CASH ACCOUNT, cuenta de efectivo para dividendos.
—— GROWING AT A CONSTANT RATE, dividendo que aumenta a tasa constante.
—— IN ARREARS, dividendo atrasado, atraso de dividendo.
—— IN KINDS, dividendo en especies.
—— INCOME, ingreso por dividendos, dividendos devengados.
—— ON SHARES, dividendo en acciones.
—— PAID, dividendo pagado.
—— PAYABLE, dividendo a pagar, dividendo por pagar.
—— PAYMENTS, pagos de dividendos.
—— PAYOUT, liquidación de dividendo, pago de dividendo.
—— PAYOUT RATIO, tasa de liquidación de dividendos.
—— POLICY, política de dividendos o de manejo de dividendos.
—— POLICY MODELS, modelos del políticas de dividendos.
—— RECEIVED, dividendo recibido.
—— TAX, impuesto sobre dividendos.
—— WARRANT, certificado de dividendo, cédula de dividendo.
—— YIELD, rendimiento del dividendo.
DIVIDENDS ON COMMON STOCK, dividendos sobre acciones comunes u ordinarias.
DIVIDENDS TAX, impuesto sobre dividendos.
DIVIDENDS TO MINORITY STOCKHOLDERS, dividendos a accionistas minoritarios.
DIVIDEND-EQUALIZATION RESERVE, reserva estabilizadora de dividendos.

DIVIDEND-PAYING AGENT, agente a quien se paga dividendos.
DIVIDENDS TO STOCKHOLDERS, dividendos a accionistas.
DIVISION HEAD, jefe de división, gerente de división.
DIVISION, división, distribución.
—— LABOR, división del trabajo, distribución del trabajo.
—— OF INCOME, división o distribución del ingreso.
DIVISION SALES MANAGER, gerente de ventas de división.
DO IT YOURSELF, hágalo usted mismo.
DOCK, muelle, espigón, dique seco, andén de ferrocarril.
—— CHARGES, derechos de muelle, derechos de atraque.
—— INSURANCE, seguro de mercancías en muelle.
—— RECEIPT, guía de muelle, resguardo de muelle.
—— WAGES, jornales de estibadores.
—— WARRANT, conocimiento de almacén, talón u orden de entrega, certificado de depósito.
—— WORKER, estibador, trabajador de muelle.
DOCKET, papeleta, lista.
DOCUMENT, documento, letra, carta.
DOCUMENTARY, documentario, documental.
—— DRAFT, letra documental, giro documentario.
—— EVIDENCE, prueba documental o escrita.
—— TAX, impuesto sobre documentos.
DOCUMENTS AGAINST ACCEPTANCE, documentos contra aceptación.
DOCUMENTS AGAINST PAYMENT, documentos contra pago.
DOCUMENTS FOR COLLECTION, documentos a cobrar.
DODGE POSTING, pase salteado.
DOLLAR, dólar, moneda de los Estados Unidos de América.
—— BILL, billete de un dólar, letra pagadera en dólares.
—— BONDS, bonos pagaderos en dólares.
—— DEPRECIATION, depreciación o deterioro del dólar.
—— DESEQUILIBRIUM, desequilibrio del dólar.
—— DEVALUATION, devaluación del dólar.
—— EXCHANGE, divisa en dólares, cambio del dólar.
—— GAP, escasez o déficit de dólares.
—— NET INTEREST MARGIN, margen del interés neto en dólares.
—— RETURN, rendimiento o beneficio en dólares.
—— SHORTAGE, escasez o falta de dólares.
—— VALUE, valor del dólar.
—— VALUE OF INVENTORY, importe del inventario en dólares.
—— YIELD, rendimiento en dólares.
DOMAIN, dominio, finca, heredad.
DOMESTIC, nacional, doméstico, interior, del país, criollo.
—— AIRLINE, transporte aéreo nacional.
—— BRIBERY, soborno o cohecho nacional.
—— CAPITAL FORMATION, formación interna de capital.
—— COMMERCE, comercio interior o nacional.
—— COMMODITIES, productos nacionales, frutos del país.
—— COMPETITION, competencia nacional o interna.
—— CONCERN, empresa o compañía nacional.
—— CORPORATION, corporación estatal, sociedad anónima nacional.
—— DEBT, deuda interna o nacional.
—— DEPOSITORY INSTITUTION, institución nacional de depósito, establecimiento nacional de depósito.
—— ECONOMY, economía interna o nacional.
—— EXCHANGE, cambio interior o nacional.
—— INDUSTRY, industria nacional o del país.
—— LENDING TRANSACTION, transacción de préstamo nacional, negociación de préstamo interior.
—— LOAN, préstamo nacional, préstamo interior.
—— MARKET, mercado nacional o interior.
—— PRODUCT, producto nacional o del país.
—— SALES, ventas internas o nacionales.
—— SERVICE, servicio nacional o interior.
—— TRADE, comercio interior o nacional.
—— TRANSFERS, transferencias internas o nacionales.
DONATE, TO, donar, obsequiar, contribuir.
DONATED CAPITAL, donaciones o donativos de capital.
DONATED CAPITAL STOCK, acciones de capital donadas, capital social donado.
DONATED SURPLUS, superávit donado.
DONATION, donación, donativo.
DOOR-TO-DOOR SELLING, venta a domicilio o de puerta en puerta.
DOOR-TO-DOOR SURVEY, investigación a domicilio o de puerta en puerta, encuesta a domicilio.
DOT CHART, diagrama de puntos.
DOT MAP, cartograma de puntos.
DOTTED LINE, línea de puntos o punteada.
DOUBLE, doble, duplo, duplicado.
—— CROOSFOOTER, doble registro de saldo.
—— DAMAGES, doble indemnización.
—— DISTRIBUTION, distribución doble, duplicar la distribución.
—— ENTRY, partida doble.
—— INCOME TAXATION, doble imposición fiscal.
—— INDEMNITY, doble indemnización.
—— INDEMNITY COVERAGE, seguro de doble indemnización.
—— INTEGRAL, integral doble (matemáticas).
—— LIABILITY, doble responsabilidad.
—— PARKING, estacionamiento en doble fila.
—— PICK-UP PROOF, prueba por traspaso doble.
—— SAMPLING, muestreo doble.

DOUBLE-ACCOUNT-FORM BALANCE SHEET—DUAL

—— SHIFT, doble turno, jornada doble, tiempo doble.
—— TAXATION, doble imposición o tributación.
DOUBLE-ACCOUNT-FORM BALANCE SHEET, balance general en dos secciones.
DOUBLE-ACCOUNT SYSTEM, sistema de cuenta doble.
DOUBLE-CROSS, traicionar, engañar.
DOUBLE-DEALING, falsedad, estafa, fraude, engaño.
DOUBLE-DECLINING BALANCE, doble cuota sobre valor en libros.
DOUBLE-DUTY, doble servicio.
DOUBLE-ENTRY ACCOUNTING, contabilidad por partida doble.
DOUBLE-ENTRY BOOKKEEPING, teneduría o contabilidad de libros por partida doble.
DOUBLE-ENTRY SYSTEM, sistema por partida doble.
DOUBLE-SPACE, escribir a doble espacio, dar interlínea doble.
DOUBTFUL, dudoso, moroso.
—— ACCOUNT, cuenta dudosa o morosa.
—— ASSETS, activo dudoso.
—— CREDIT, crédito dudoso o moroso.
—— DEBTS, cuentas morosas o dudosas.
DOW-JONES AVERAGES, índice de movimientos en la bolsa de valores.
DOWN PAYMENT, pago inicial, depósito en pago a plazos, enganche.
DOWN TIME, tiempo improductivo, tiempo de parada de máquina.
DOWNGRADING, reducir operarios a clasificación inferior.
DOWNSTAIRS MERGER, fusión de empresas descendente, incorporación descendente de compañías.
DOWNSTREAM HAVOC, ruina o estrago en la línea de producción.
DOWNTOWN, centro de la ciudad, distrito comercial.
DOWNTOWN SHOPPING CENTER, establecimiento comercial del centro.
DOWNTURN, depresión, receso económico.
DOWRY, dote, dádiva.
DRAFT, giro, letra de cambio, borrador de un escrito.
——, AGAINST, contra giro.
—— AN ENTRY, formular un asiento.
—— FOR ACCEPTANCE, giro o letra para aceptación.
DRAFTING OF RESOLUTIONS, redacción de resoluciones.
DRAFTS AND BILLS SIGHT NOTES, documentos de cobro inmediato a la vista.
DRAFTS OR BILLS DISCOUNTED, efectos descontados, letras descontadas, giros descontados.
DRAFTSMAN, dibujante, delineante.
DRAW, girar, librar, dibujar.
—— A BILL, girar una letra.
—— A CHECK, expedir o extender un cheque.
—— A DRAFT, girar una letra, expedir un giro.
—— A SALARY, cobrar o percibir un sueldo.

—— AGAINST, girar a cargo.
—— CASH, retirar efectivo, girar dinero.
—— INTEREST, devengar o producir intereses.
—— ON, girar sobre o contra.
—— ON US, a nuestro cargo.
——, UP, redactar, confeccionar.
DRAWBACK, inconveniente, desventaja, rebaja, devolución, reembolso.
DRAWBACK ENTRY, declaración para registro.
DRAWDOWN, aprovechamiento de fondos prestados.
DRAWEE, girado, librado.
DRAWER, librador, girador, firmante, signatario.
—— OF A CHECK, expedidor de cheque.
DRAWING, dibujo, plano, sorteo, disposición.
—— ACCOUNT, cuenta corriente, cuenta de extracciones o de anticipos.
DRILLING, perforación, operación de taladrar con máquina de perforar.
—— CREW, cuadrilla de perforación.
—— RIG, equipo de perforación, equipo de sondeo.
DRINKING WATER, agua potable o de beber.
DRIVE, dinamismo, energía, mandar, impulsar.
DRIVE-IN FACILITY, estacionamiento gratis para automovilistas.
DRIVE-UP WINDOW, ventanilla para servicio bancario a clientela con automóvil.
DRIVER, conductor, chofer, camionero, automovilista.
DRIVER'S LICENSE, licencia de manejar o conducir, permiso de circulación.
DRIVING TEST, examen de manejo o de conducción de automóvil.
DROP, baja, caída, bajar.
—— SHIPMENT, embarque directo del fabricante al detallista, remesa directa.
—— SHIPPER, despachador directo.
DROUGHT, sequía, seca.
—— INSURANCE, seguro de sequía.
DRUG, fármaco, medicamento, droga.
DRUGSTORE, farmacia, droguería, botica, establecimiento que vende medicamentos.
DRY, seco, árido.
—— CLEANING PLANT, planta de lavado en seco, tintorería.
—— GOODS, géneros, telas, mercería.
—— MEASURE, medida para áridos o productos secos.
—— SEASON, estación o temporada de sequía.
DRY-GOODS STORE, comercio de telas, mercería.
DUAL, doble.
—— BANKING, banca dual, banca regulada por el estado y el gobierno federal.
—— CAREER COUPLE, matrimonio con dos carreras, pareja en la que los dos tienen carrera.
—— CAREER MARRIAGE, matrimonio de profesionistas.
—— CONTROL ACCOUNT, cuenta de doble control.

—— POSTING, asiento doble.
—— RUN PROOF, prueba de doble operación.
DUAL-FEED CARRIAGE, carro de dos alimentadores.
DUAL-PURPOSE TESTS, pruebas de doble propósito.
DUALISM, dualismo.
—— CONCEPT, concepto de dualismo.
DUE, vencido, debido, pagadero.
—— BILL, abonaré, pagaré vencido.
—— DATE, fecha de vencimiento, plazo.
—— FROM EMPLOYEES, adeudos de empleados.
—— FROM LESSORS, adeudos de arrendadores.
—— FROM OFFICERS, adeudos de los directores o funcionarios.
—— FROM OTHER FUNDS, pagadero de otros fondos.
—— NOTICE, aviso de vencimiento.
—— ON DEMAND, pagadero a la vista o a la presentación.
—— PROCESS OF LAW, debido curso de la ley.
—— TO ARRIVE, debe llegar.
—— TO LEAVE, debe salir.
—— TO OTHER FUNDS, pagadero a otros fondos.
DUES, cuota, contribución, derechos.
DULL, inactivo, flojo, torpe, tedioso, sin brillo.
—— MARKET, mercado inactivo, mercado flojo o muerto.
—— SEASON, tiempo muerto, temporada inactiva.
DUMMY, maniquí, modelo.
—— STOCKHOLDER, accionista aparente o testaferro.
DUMP, basurero, vertedero, escombrera.
DUMPING, venta en el extranjero a precios reducidos, volcamiento o descarga de escombros.
DUN, apremio, acreedor inoportuno, importunar.
DUNNING LETTER, carta de apremio, carta de cobranza.

DUOPOLY, duopolio.
DUPLEX APARTMENT, departamento o apartamento de dos pisos.
DUPLICATE, duplicado, doble, copia.
—— ACCOUNTS, cuentas duplicadas.
——, IN, por duplicado.
—— PAPERWORK, papeleo duplicado o doble.
DUPLICATOR, copiadora, duplicadora.
DURABLE, durable, duradero.
—— ASSET, activo duradero.
—— CONSUMER GOODS, bienes de consumo duraderos, artículos duraderos.
—— EQUIPMENT, equipo durable o duradero.
—— GOODS, bienes duraderos o productos duraderos.
DURABLES, bienes duraderos, artículos duraderos.
DURESS, compulsión, coacción.
DUTIABLE, gravable, imponible, sujeto a derechos.
DUTIES, derechos de aduana, deberes, obligaciones.
DUTY, derechos de aduana, cargo, impuesto, adeudo, trabajo.
—— DRAWBACK, reintegro o rebaja de derechos aduanales.
DUTY-FREE, franco o libre de derechos, con franquicia.
DWELLING, alojamiento, morada, vivienda, casa.
—— UNIT, residencia, vivienda.
DYNAMIC, dinámico, enérgico, activo.
—— EQUILIBRIUM, equilibrio dinámico.
—— PROGRAMMING, (computación) programación dinámica.
DYNAMITE, dinamita, volar con dinamita.
DYSFUNCTIONAL BUREAUCRACY, burocracia no funcional.

E

EACH DAY'S POSTINGS, pase de cada día.
EARLY, temprano, anticipado, matinal.
—— **DEPARTURE,** salida antes de tiempo, salida anticipada.
—— **PAYMENT,** pronto pago, pago anticipado.
EARLY-RETIREMENT PROGRAM, programa de jubilación temprana o anticipada.
EARMARK, TO, afectar, apartar, asignar.
EARMARKING STOCKS, señal de separación de existencias.
EARN, TO, ganar, devengar.
EARNED, ganado, devengado.
—— **CAPITAL,** capital ganado o percibido.
—— **COMMISSIONS,** comisiones devengadas, comisiones ganadas.
—— **INCOME,** ingresos devengados, renta ganada.
—— **REVENUES,** ingresos percibidos, rentas devengadas.
—— **SURPLUS,** superávit ganado, beneficios acumulados, utilidad contable.
EARNEST MONEY, prenda, arras, depósito, anticipo.
EARNING, productivo, ganancia.
—— **ASSETS,** activos productivos, bienes productivos.
—— **CAPACITY,** capacidad de ganancia o de ingresos.
—— **FORECAST,** pronóstico de la utilidad.
—— **POWER,** rentabilidad, rendimiento, poder lucrativo.
—— **POWER RATIO,** razón de la rentabilidad.
—— **RETAINED IN BUSINESS,** reservas del negocio.
EARNING-CAPACITY VALUE, valor de la capacidad de gastos.
EARNINGS, ganancias, rentas, ingresos, entradas, remuneración, salario.
—— **BEFORE INTEREST AND TAXES,** ingresos antes de intereses e impuestos.
—— **CARD,** tarjeta de percepciones o de ingresos.
—— **COVERAGE,** cobertura de los ingresos, reserva de garantía de las ganancias.
—— **GROWTH,** aumento de ingresos o de entradas.
—— **PER SHARE,** ganancias o utilidades por acción.
—— **RECORD CARD,** tarjeta de registros de percepciones.
—— **STATEMENT,** estado de ingresos, estado de ganancias y pérdidas, estado de ingresos y gastos.
EARPHONES, auriculares.
EARTH, tierra, suelo, planeta Tierra.
EARTH-MOVING EQUIPMENT, equipo o maquinaria de movimiento de tierra.
EARTHENWARE, loza de barro, utensilios de barro.
EARTHQUAKE, terremoto, temblor de tierra.
—— **INSURANCE,** seguro contra daños por terremoto.

EASEMENT, servidumbre de propiedades, derecho del usuario sobre propiedad ajena.
EASY, facilidad, comodidad, soltura.
—— **MONEY,** dinero abundante a bajo interés, dinero fácil.
—— **PAYMENTS,** facilidades de pago, pagos a plazo o en abonos.
ECOLOGICAL BALANCE, equilibrio ecológico.
ECOLOGY, ecología, relación de los organismos con el medio ambiente.
ECONOMETRICS, econometría.
ECONOMIC, económico.
—— **ACCOUNT,** cuenta de resultados.
—— **ACTIVITY,** actividad o movimiento económico.
—— **ADVISER,** consultor en economía, asesor o consejero en economía.
—— **AID,** ayuda económica, apoyo económico.
—— **ANALYSIS,** análisis económico.
—— **ASSET VALUE,** valor económico del activo.
—— **BEHAVIOR,** comportamiento económico.
—— **COST,** costo económico.
—— **CYCLE,** ciclo económico.
—— **DECISIONS,** decisiones económicas.
—— **DECLINE,** baja económica, descenso económico.
—— **DEPRESSION,** depresión o retroceso económico.
—— **EFFICIENCY,** eficiencia económica.
—— **ENTITY,** entidad económica.
—— **ENVIRONMENT,** medio económico.
—— **EVENT,** evento económico o suceso económico.
—— **EXPANSION,** expansión económica, aumento de la actividad económica.
—— **FORECASTING,** pronósticos o predicciones económicas.
—— **FREEDOM,** libertad económica.
—— **GOAL,** objetivo o meta económica.
—— **GOODS,** bienes económicos.
—— **GROWTH,** crecimiento económico.
—— **GROWTH AND DEVELOPMENT,** crecimiento y desarrollo económico.
—— **INDEPENDENCE,** independencia económica.
—— **INEQUALITY,** desigualdad económica.
—— **INSTABILITY,** inestabilidad económica.
—— **INTEREST,** interés económico.
—— **LIFE,** vida económica.
—— **LOT SIZE,** tamaño de lote económico.
—— **MODEL,** modelo económico.
—— **NATIONALISM,** nacionalismo económico.
—— **OPPORTUNITY,** oportunidad económica.
—— **ORDER QUANTITY,** pedido económico, cantidad económica de pedido.
—— **ORDER QUANTITY MODEL,** modelo de cantidad económica de pedido.
—— **POLICY,** política económica.
—— **POWER,** poder económico, fuerza económica.
—— **PRESSURE,** presión económica, tensión económica.

—PROFITS, ganancias o utilidades económicas.
—RECESSION, recesión económica, depresión económica.
—RENT, renta económica.
—RESEARCHER, investigador en economía, investigador economista.
—SANCTIONS, sanciones económicas.
—SCARCITY, escasez o carencia económica.
—SECURITY, seguridad económica, estabilidad económica.
—STABILITY, estabilidad económica.
—STAGNATION, estancamiento o paralización económica.
—STATUS, situación económica, estado económico.
—STRATIFICATION, estratificación económica.
—STRUCTURE, estructura económica.
—SYSTEM, sistema económico.
—TRENDS, tendencias o rumbos económicos.
—UNDERDEVELOPMENT, subdesarrollo económico.
—UNIT, unidad económica.
—VALUE, valor económico.
—WANTS, necesidades económicas.
—WELL-BEING, bienestar económico.
—WORTH, valor económico.
ECONOMICALLY FEASIBLE, económicamente factible o posible.
ECONOMICS, economía, ciencia de la economía, economía política.
ECONOMIES OF SCALE, economías de escala.
ECONOMIST, economista.
ECONOMY, economía, ahorro.
EDITING PROCESS, proceso de edición de un libro.
EDITOR, editor, redactor, director de un periódico, compilador.
EDITORIAL, artículo de redacción, editorial.
—STAFF, personal o cuerpo de redacción.
—WRITER, editorialista.
EDP SYSTEM, sistema de procesamiento electrónico de datos.
EDUCATION, educación, enseñanza, instrucción.
EDUCATIONAL, educacional, educativo.
—ADVERTISING, publicidad educativa, propaganda educacional.
—BACKGROUND, antecedentes escolares.
—CAMPAING, campaña educativa.
—LEVEL, nivel escolar, nivel educacional.
—SERVICES, servicios educativos o educacionales.
—TEST, examen de conocimientos o prueba de conocimientos.
EFFECT, significado, efecto.
—A LOAN, negociar o gestionar un préstamo.
—A SALE, efectuar una venta o verificarla.
—, TO TAKE, entrar en vigor.
EFFECTS, efectos o bienes.
EFFECTIVE, eficaz, efectivo.

—MANAGEMENT, administración o dirección eficaz.
—MARKET, mercado real o actual.
—PAY RATE, tarifa de salario efectivo.
—PRICE, precio real o verdadero.
—RATE, tasa real o efectiva.
EFFECTIVENESS, efectividad, eficacia.
EFFICIENCY, eficiencia, eficacia.
EFFICIENCY VARIANCE, variación en eficiencia.
EFFORT, esfuerzo, gestión, diligencia.
—RATING, tasa o coeficiente de rendimiento.
EIGHT-HOUR DAY, jornada de ocho horas.
EJECTMENT, desahucio, lanzamiento, expulsión.
ELAPSED TIME, tiempo de operación.
ELASTIC, elástico.
—CURRENCY, circulante elástico, moneda o divisa elástica.
—DEMAND, demanda elástica.
ELASTICITY OF SUPPLY AND DEMAND, elasticidad de la oferta y la demanda.
ELECTION, elección, comicios.
—BOARD, comicio, junta de elecciones.
ELECTRIC, eléctrico.
—ENERGY, energía eléctrica.
—MACHINERY INDUSTRY, industria de maquinaria eléctrica.
—PLANT, planta eléctrica, central generadora.
—POWER, energía o potencia eléctrica.
—SERVICES, servicios eléctricos.
—TYPEWRITER, máquina de escribir eléctrica.
ELECTRICAL, eléctrica.
—INDUSTRY, industria eléctrica.
—UTILITIES, compañías de electricidad.
ELECTRICIAN, electricista, técnico en electricidad.
ELECTRICITY, electricidad.
ELECTRONIC, electrónico.
—ACCOUNTING MACHINE, máquina electrónica de contabilidad.
—ACCUMULATION, acumulación electrónica.
—BANKING DEVICE, dispositivo o servicio bancario electrónico.
—DATA PROCESSING ANALYSIS, análisis por computadora electrónica.
—DICTATING MACHINE, máquina electrónica de dictar.
—FUND TRANSFER, transferencia electrónica de fondos, transferencia electrónica de recursos financieros.
—FUNDS TRANSFER SYSTEM, sistema electrónico de transferencia de fondos.
—INDUSTRY, industria electrónica.
—MAILING, correspondencia manejada electrónicamente.
—SECURITY, dispositivo electrónico de seguridad.
—TRANSACTION NETWORKS, red electrónica de transacciones u operaciones comerciales.

—— TRANSFER DEVICES, dispositivos de transferencia electrónica de fondos.
ELECTRONICS, electrónica, ciencia de la electrónica.
—— INDUSTRY, industria electrónica, industria de equipo electrónico.
ELEEMOSYNARY CORPORATION, corporación de beneficencia.
ELEMENTS OF CAPITAL BUDGETING, elementos de evaluación de proyectos de inversión.
ELEVATOR, ascensor, elevador, montacargas.
—— INSURANCE, seguro de elevadores o ascensores.
ELIMINATING ENTRY, asiento de eliminación.
ELIMINATION, eliminación.
—— LEDGER, mayor de eliminaciones.
EMBARGO, embargo, prohibición, embargar.
EMBARK ON AN ENTERPRISE, lanzarse a una empresa.
EMBARRASSED, estar en dificultades financieras, avergonzado.
EMBEZZLE, TO, desfalcar, malversar.
EMBEZZLEMENT, malversación, peculado, desfalco, hurto, fraude.
—— AND THEFT, malversación y robo.
EMBLEMENTS, derecho de arrendatario a su cosecha.
EMERGENCY, urgencia, emergencia.
—— AMORTIZATION, amortización de emergencia.
—— FACILITIES, equipo de emergencia (plantas auxiliares de luz, extinguidores, botiquín, etc.).
—— FUND, fondo de emergencia, recursos financieros de urgencia.
—— MONEY, papel moneda de circulación forzada.
—— RATES, tarifa provisional por emergencia.
—— WORK, trabajo de urgencia, emergencia.
EMINENT DOMAIN, dominio eminente de propiedad privada por el Estado, derecho del Estado de comprar propiedad privada para uso público.
EMOLUMENT, emolumento, dotación.
EMOTIONAL, emocional.
—— OUTBURST, explosión emocional, colapso emocional.
—— STABILITY, estabilidad emocional.
—— STRAIN, tensión emocional, alteración emocional.
EMPIRICAL, empírico.
EMPIRICIST, empirista.
EMPLOY, empleo, ocupación, emplear.
EMPLOYEE, empleado, dependiente, operario.
—— ACHIEVEMENT, logros o ejecución del empleo.
—— ADVANCEMENT, ascenso o promoción del empleado.
—— ASSISTANCE PROGRAM, programa o plan de ayuda al empleado.
—— ATTITUDE, actitud del empleado.
—— ATTITUDE PROFILE, perfil de actitud del empleado.

—— BENEFITS, beneficios a empleados, prestaciones a empleados.
—— BREAK, descanso de empleados, receso en el trabajo.
—— CLOCK CARD, tarjeta de tiempo del empleado.
—— CONTRIBUTIONS, contribuciones o aportes de los empleados.
—— DISCOUNTS, descuentos o rebajas a empleados.
—— DISSATISFACTION, insatisfacción de empleados, descontento de empleados.
—— FRAUD, fraude o timo del empleado.
—— GROWTH, mejoras del empleado.
—— INCENTIVES, incentivos o estímulos al empleado.
—— MOTIVATION, motivación o estímulo al empleado.
—— PENSION FUND, fondo de pensiones de empleados.
—— RECOGNITION, reconocimiento de mérito del empleado.
—— RELATIONS, relaciones con los empleados o con el personal.
—— RESPONSIBILITY, responsabilidad del empleado.
—— SAFETY REGULATIONS, reglamentos de seguridad para el empleado.
—— SATISFACTION, satisfacción del empleado.
—— SAVINGS, ahorro de los empleados.
—— SKILL PROFILE, perfil de habilidad del empleado.
—— STOCKHOLDERS-VOTERS, empleado votante y accionista.
—— THEFT, robo de un empleado.
—— TURNOVER, rotación de personal, desplazamiento de personal, movimiento de empleados.
—— WELFARE, ayuda o asistencia a empleados.
—— WORK, trabajo del empleado, labor del empleado.
EMPLOYEE'S BIOGRAPHICAL SUMMARY, resumen biográfico del empleado.
EMPLOYEE'S EARNING RECORD CARD, tarjeta de registro de percepciones del empleado.
EMPLOYEE'S PAT STATUS, estado de pagos del empleado.
EMPLOYEE'S PROMOTIONS RECORD, registro de ascensos del empleado.
EMPLOYEE'S SELECTION, selección del personal.
EMPLOYEE'S SENIORITY, antigüedad del empleado en una empresa.
EMPLOYEE'S TRAINING EXPERIENCE, experiencia de entrenamiento del empleado.
EMPLOYEES SALARY LEVELS, niveles de salarios o sueldos de empleados.
EMPLOYER, patrón, patrono, empresario.
EMPLOYERS' FRONT, frente patronal.
EMPLOYERS' LIABILITY INSURANCE, seguro de responsabilidad patronal.
EMPLOYMENT, empleo, puesto, colocación, trabajo.

—AGENCY, agencia u oficina de empleos, bolsa de trabajo.
—AGENCY FEES, honorarios de agencia de empleos, costo de servicios de buró de empleos.
—AND OUTPUT, ocupación y producción.
—BUREAU, bolsa de trabajo, agencia de colocaciones, buró de empleos.
—CONTRACT, contrato de trabajo o de empleo.
—INDEX NUMBER, índice de empleos o de ocupación.
—OFFER, oferta de empleo vacante.
—OPPORTUNITIES, oportunidades de empleo o de trabajo.
—SELECTION TEST, prueba de selección de empleo.
—WANTED, demanda de empleo, solicitud de trabajo, se busca colocación.
—EMPOWER, TO, autorizar, facultar, comisionar, dar poder.
EN ROUTE, en tránsito y en ruta.
ENCASH, hacer efectivo.
ENCLOSE, TO, incluir, adjuntar, acompañar.
ENCLOSED HEREWITH, adjunto a la presente.
ENCLOSURE, anexo, adjunto, recinto.
ENCODE, TO, cifrar, codificar, poner en clave.
ENCODES THE MESSAGE, cifrar o codificar el mensaje.
ENCUMBRANCE, gravamen, afectación.
END, fin, extremo, conclusión.
END OF MONTH, condiciones de fin de mes.
END PRODUCT, producto final, producto terminado.
END-OF-MONTH TERMS, condiciones de fin de mes.
END-OF-PERIOD ADJUSTMENTS, ajustes de fin de período o de ejercicio contable.
END-OF-PERIOD BALANCE, saldo al final del ejercicio contable.
END-OF-PERIOD STOCKS, existencias al final del período.
ENDING INVENTORY, inventario final o de salida.
ENDORSE, TO, endosar, abonar, respaldar.
ENDORSED BOND, título respaldado o endosado.
ENDORSEE, portador, tenedor por endoso.
ENDORSEMENT, endoso, aval, garantía.
—GUARANTIES, garantías colaterales.
ENDORSER, endosante, endosador, persona que endosa un documento a favor de otra.
ENDOWMENT, fondo de ayuda, dote, donación.
—ANNUITY, anualidad dotal, pensión dotal.
—FUND, fondo de beneficencia o para caridad.
—INSTITUTION, fundación de beneficencia.
—INSURANCE, seguro dotal.
—LIFE INSURANCE, seguro de vida dotal.
—POLICY, póliza dotal.
ENERGY, energía, potencia, fuerza.
—CRISIS, crisis de energía.
—CRUNCH, crisis o falta de energía.

—INDUSTRY, industria energética.
—MANAGEMENT PROGRAM, programa o plan de administración de energía.
—RESOURCES, recursos energéticos o de energía.
ENERGY-SAVING PROGRAM, programa o plan de ahorro de energía.
ENERGY-SAVING TECHNOLOGY, tecnología de ahorro de energía.
ENFORCE, TO, hacer cumplir, ejecutar una ley.
ENFORCEMENT OF LAW, cumplimiento o ejecución de las leyes.
ENGAGE, TO, contratar, emplear, ocupar.
—IN, ocuparse o encargarse de.
ENGAGEMENT, compromiso, contrato, cita.
—LETTER, carta de contratación de servicios.
ENGINE, máquina, motor.
—ROOM, cuarto de máquinas.
ENGINEER, ingeniero, profesional que ejerce la carrera de ingeniero, maquinista.
—OFFICER, oficial de máquinas.
ENGINEERING, ingeniería.
—DEPARTMENT, departamento de ingeniería.
—FIRM, firma o empresa de ingeniería.
—MANAGER, gerente o director de ingeniería.
—SERVICES, servicios de ingeniería.
—STANDARDS, normas de ingeniería.
ENGLISH-SPEAKING, de habla inglesa.
ENGRAVE, TO, grabar.
ENGRAVING, grabado, clisé.
ENLARGE, TO, ampliar, agrandar, aumentar.
ENRICH, TO, enriquecer.
ENROLL, TO, matricular, alistar, inscribirse.
ENROLLMENT, matricularse, inscribirse, registrarse.
ENTER AN ORDER, registrar o anotar el pedido.
ENTER DATA, registrar o asentar datos.
ENTER IN THE BOOKS, asentar en libros, contabilizar.
ENTER, TO, dar entrada, hacer asiento contable.
ENTERED VALUE, valor declarado.
ENTERPRISE, empresa, iniciativa.
—ACCOUNTING, contabilidad general de la empresa.
—ASSETS, activo o bienes de la compañía.
—COST, costo de la empresa.
—SECTOR, sector empresarial o de empresas.
—VALUE, valor de la empresa en marcha.
ENTERTAIN, TO, agasajar, hospedar, festejar.
ENTERTAINMENT, diversión, entretenimiento, agasajo.
ENTITY, entidad, ente.
—ACCOUNTING, contabilidad de una entidad.
—CONCEPT, concepto de entidad.
ENTRANCE, entrada, puerta, ingreso, admisión.
—FEE, cuota de entrada, derechos de ingreso a una asociación.
ENTREPRENEUR, empresario u hombre de empresa, emprendedor.

ENTREPRENEURIAL ABILITY, habilidad empresarial, habilidad para dirigir compañías.
ENTRUST, TO, encomendar, confiar.
ENTRY, asiento, entrada, partida.
—— BOND, fianza de entrada.
—— FEES, cuotas de entrada.
—— FOR SETTLEMENT, asientos por liquidación.
—— OUTWARD, declaración de salida.
ENTRY, TO, asentar, dar entrada en libros.
ENTRY-LEVEL WORKER, nivel del obrero al entrar a trabajar.
ENVELOPE, sobre, cubierta, envoltura.
ENVIRONMENT, medio ambiente, cercanía.
—— POLLUTION, contaminación ambiental.
ENVIRONMENTAL, ambiental.
—— DEGRADATION, degradación ambiental, deterioro ambiental.
—— STABILITY, estabilidad ambiental.
—— UNCERTAINTY, incertidumbre ambiental.
EQUAL, igual.
—— EMPLOYMENT OPPORTUNITY, iguales oportunidades en el empleo o en el trabajo.
—— PAY FOR EQUAL WORK, retribución igual para igual salario, equiparación de salarios.
—— SIGN, signo de igualdad.
EQUAL-ANNUAL-PAYMENT METHOD, método de pagos anuales iguales.
EQUALITARIANISM, igualitarismo, sistema social igualitario.
EQUALIZATION FEE, cuota de igualación, honorarios de estabilización.
EQUALIZATION POINT, punto de nivelación o igualación.
EQUALIZATION RESERVE, reserva estabilizadora de gastos, reserva de nivelación.
EQUALIZATION DIVIDENDS, dividendos complementarios o compensatorios.
EQUATION, ecuación.
—— OF A CURVE, ecuación de una curva.
—— OF LIFE, expectativa de vida, esperanza de vida.
—— PRICE, precio de igualación.
EQUIFINALITY, equifinalidad, obtener iguales resultados por diferentes medios.
EQUILIBRIUM, equilibrio.
—— INCOME, ingreso de equilibrio.
—— NATIONAL INCOME, renta nacional de equilibrio.
—— OF PRICES, equilibrio de precios.
—— OF WAGES, equilibrio de salarios.
—— POINT, punto de equilibrio.
—— PRICE, precio de equilibrio.
EQUIPMENT, equipo, aperos, accesorios.
—— BONDS, títulos para compra de equipo.
—— DEALER, comerciante de equipo, distribuidor de maquinaria.
—— RENTALS, arriendo de equipo, arrendamiento de equipo.
—— TRUST BONDS, bonos sobre equipo en fideicomiso.
—— TRUST CERTIFICATE, certificado de crédito sobre equipo.
EQUIPMENT-TRUST CERTIFICATE, certificado de fideicomiso de equipo.
EQUITABLE, equitativo.
—— DISTRIBUTION OF INCOME, distribución equitativa del ingreso.
—— LIEN, gravamen equitativo.
EQUITY, equidad, valor líquido, derecho de propiedad, derecho sobre el activo, beneficio.
—— ACCOUNT, cuenta de capital social o de participación.
—— CAPITAL, capital fijo, capital propio, acciones.
—— CAPITAL COST, costo del capital común.
—— CLAIMS, participación en el capital social.
—— CONTRACT, contrato de participación, convenio de valor líquido.
—— FINANCING, financiamiento por venta de participación.
—— FUNDING, fondos en títulos.
—— FUNDS, fondos en títulos.
—— INVESTOR, inversionista, inversionista en patrimonio.
—— MARKET, mercado de acciones o de patrimonio.
—— METHOD, método de participación.
—— MULTIPLIER, multiplicador de equidad.
—— OF A POLICY, valor liquidable.
—— OWNERSHIP, propiedad o derecho de participación.
—— RATIOS, razones de capital.
—— RECEIVER, síndico, interventor.
—— RESERVE ACCOUNT, cuenta de reserva de participación o de patrimonio.
—— RESERVES, reservas de participación, fondos de reserva de patrimonio.
—— RETENTION, retención del valor líquido o del beneficio.
—— SECURITIES, valores de especulación, acciones beneficiarias.
—— SECURITY, acciones de capital social, valores de especulación.
—— TRANSACTION, transacción de capital o de participación.
—— TURNOVER RATIO, razón de ventas a participación o capital neto.
EQUIVALENT, equivalente.
—— PRODUCTION, producción equivalente o igual.
ERASABLE MEMORY, (computación) memoria borrable.
ERGONOMICS, ergonomía, ergionomía.
ERRONEOUS, erróneo, equivocado.
—— CHARGES, cargos equivocados o erróneos.
—— DEPRECIATION CALCULATION, cálculos de depreciación incorrectos.
ERROR, error, equivocación.
—— ANALYSIS, análisis de errores.

ERROR-DETECTION ROUTINE, (computación) rutina, código de detección de errores.
ERRORS AND OMISSIONS EXCEPTED, salvo error u omisión.
ERRORS EXCEPTED, salvo errores.
ESCALATION, escalonado, progresivo, sucesivo, aumento paso por paso.
—— **PRICE,** precio escalonado.
ESCALATOR, escalera mecánica o rodante.
—— **CLAUSE,** cláusula de precio escalonado, cláusula de escala móvil de jornales.
ESCAPABLE, eludible, evadible.
—— **COST,** costo eludible.
ESCAPE CLAUSE, cláusula que permite ajustar las condiciones o retirarse de un contrato.
ESCHEAT, reversión de propiedad al estado.
ESCROWN, garantía, plica, depósito en fideicomiso.
ESTABLISHMENT, establecimiento, institución, pensión vitalicia.
ESTATE, sucesión, hacienda, propiedad, patrimonio en bienes raíces de una persona.
—— **ACCOUNTING,** contabilidad de sucesiones, contabilidad de herencia o patrimonio.
—— **CORPUS,** cuerpo de la herencia, testamentaría.
—— **IN COMMON,** propiedad mancomunada.
—— **IN FEE SIMPLE,** propiedad en dominio pleno.
—— **INCOME,** ingresos sucesorios o testamentarios.
—— **OF BANKRUPT,** monto de la quiebra o de la bancarrota.
—— **OF DECEASED,** testamentaría, bienes de herencia.
—— **TAX,** impuesto sucesorio o testamentario, impuesto sobre propiedades o herencias.
ESTEEM NEEDS, necesidades de estima o aprecio.
ESTIMATE, estimación, cálculo, presupuesto.
—— **FOR PAYMENT,** planilla de pago, situación de pago.
—— **OF CASH REQUIREMENTS,** estimación de requerimientos de caja.
—— **, TO,** valorar, tasar, evaluar, presupuestar.
ESTIMATED, estimado, presupuestado.
—— **BALANCE SHEET,** balance general estimado.
—— **BUYING INCOME,** estimado de los ingresos por compras.
—— **CASH OUTLAYS,** importe estimado de gastos.
—— **CHARGES,** gastos presupuestados.
—— **COSTS,** costos estimados.
—— **INVENTORY,** inventario estimativo.
—— **LIFE,** vida probable o estimada.
—— **PROFITS,** utilidades estimadas, ganancias probables.
—— **REVENUES,** ingresos o rentas estimadas.
ESTIMATING COST SYSTEM, sistema de costos estimados.
ESTIMATION, cálculo, estimación.
ESTOPPEL, impedimento, exclusión, imposibilidad de negar lo afirmado anteriormente.
ETHICAL, ético.

—— **BEHAVIOR,** conducta ética, comportamiento ético.
—— **RULES,** reglas de ética o de honorabilidad.
ETHICS, ética, moralidad.
—— **OF ADVERTISING,** ética publicitaria.
ETHNIC BACKGROUND, antecedentes étnicos.
EURODOLLAR, eurodólar.
—— **LOAN,** préstamo en eurodólares.
EUROMARKET, MERCOMÚN.
EVADE, TO, eludir, evadir.
—— **TAXES,** eludir impuestos, evadir pago de impuestos.
EVALUATION, evaluación, avalúo, tasación.
—— **OF EVIDENCE,** evaluación o valuación de la evidencia.
EVALUATION-REWARD SYSTEM, sistema de evaluación y recompensa.
EVALUATOR, evaluador, tasador.
EVEN, liso, plano, igual, uniforme.
—— **LOT,** lote uniforme.
—— **NUMBER,** número par.
EVENING NEWSPAPER, periódico o diario vespertino.
EVENT, evento, acontecimiento, contingencia, suceso.
—— **OUTCOME FORECAST,** pronóstico del resultado del evento.
—— **TIMING FORECAST,** pronóstico de lo oportuno del evento.
EVENTS AND CONDITIONS, eventos y condiciones.
EVER-INCREASING PRODUCTIVITY, productividad siempre creciente.
EVIDENCE, evidencia, justificación, prueba, testimonio.
—— **OF INDEBTEDNESS,** comprobación de una deuda, título de deuda, pagaré.
EVIDENCE-GATHERING TECHNIQUES, técnicas de obtención de evidencia.
EVIL, malo, maligno, diabólico, aciago.
EVILS OF COMPETITION, males derivados de la competencia.
EX-CUPON, ex-cupón, sin cupón.
EX-DIVIDEND, exdividiendo, sin dividendo.
EX-MEDICAL POLICY, póliza sin beneficios médicos.
EXACT, exacto, preciso, riguroso.
—— **DUPLICATE,** duplicado exacto, copia fiel.
—— **INTEREST,** interés exacto.
EXAMINATION, examen, reconocimiento, prueba.
—— **OF BOOKS,** inspección o revisión de los libros de contabilidad.
EXAMINE, TO, examinar, inspeccionar, probar.
EXCAVATION FEES, gastos de excavación.
EXCEPTION, excepción, salvedad.
—— **, MAKE AN,** hacer una excepción, exceptuar.
EXCEPTIVE WARRANTY, garantía con excepciones.
EXCERPT, extracto.
EXCESS, exceso, excedente, excesivo, sobrante.
—— **BAGGAGE,** exceso de equipaje, sobrepeso.
—— **CASH BALANCE COSTS,** costo de saldos excesivos.
—— **EARNINGS,** utilidades o ganancias excedentes.

—— IDLE CASH, exceso de efectivo ocioso.
—— INTEREST, interés excedente o sobrante.
—— INVENTORY, inventario en exceso, existencia excedente.
—— ITEM, partida en exceso, artículo sobrante.
—— PRIMARY RESERVES, reservas primarias excedentes.
—— PROFITS, ganancias o utilidades excesivas.
—— RESERVES, reservas excesivas de la estipulación legal, encaje excedente.
—— SUPPLY, oferta excedente.
EXCESS-PROFIT CREDIT, crédito por utilidades excedentes.
EXCESS-PROFIT TAX, impuesto sobre ganancias o utilidades excesivas.
EXCESSIVE, excesivo, desmedido.
—— BAIL, fianza o caución excesiva.
—— PAPERWORK, papeleo excesivo, trabajo de oficina excesivo.
EXCHANGE, cambio, cambio exterior, bolsa, encaje.
—— BOARD, junta de cambios, oficina de conversión monetaria.
—— BROKER, corredor o agente de cambios.
—— CERTIFICATE, certificado de divisas.
—— CHECK, cheque de canje o de cambio.
—— COMMISSION, comisión de bolsa de valores.
—— CONTROL, control de cambios o divisas.
—— CURRENT, tipo actual de cambio.
—— DISCOUNT, descuento cambiario o de canje.
—— MARKET, mercado de futuros, bolsa de cambios.
—— NOTARY, agente de cambio y bolsa.
—— OFFICE, casa de cambio, oficina de canje.
—— PERMIT, permiso de cambio.
—— RATE, tipo de cambio.
—— RATE FLUCTUATION, fluctuación en los tipos de cambio.
—— TAX, impuesto sobre remesa de fondos al extranjero.
—— TICKET, boleta o billete de comprobación.
—— TRANSACTION, operación de cambio, transacción de divisas.
—— VALUE, valor de cambio.
EXCHANGE-CLEARING AGREEMENT, convenio o acuerdo de compensaciones.
EXCHANGE-CONTROL BOARD, junta de control de cambios, oficina de incautación de cambio.
EXCHEQUER, tesoro, erario, tesorería, fisco.
EXCISE, gravar artículos de consumo, hacer incisión.
—— BOND, fianza sobre impuestos de consumo.
—— EXPENSE, impuesto sobre artículos de consumo.
—— TAX, impuesto interno, impuesto sobre consumo o ventas en el país.
EXCLUSION, exclusión, excepción, eliminación.
EXCLUSIVE, exclusivo, único, selecto.
—— AGENT, agente único o exclusivo.

—— RIGHTS, derechos de exclusividad.
EXECUTE, TO, ejecutar, efectuar, actuar.
—— A CONTRACT, firmar contrato, celebrar contrato.
—— AN ORDER, surtir o entregar un pedido.
EXECUTED SALE, venta efectuada o consumada.
EXECUTION, ejecución, otorgamiento.
—— SALE, venta judicial.
—— TIME, tiempo de ejecución de un trabajo.
EXECUTIVE, ejecutivo, administrador, funcionario.
—— COMMITTEE, comité ejecutivo, junta administrativa.
—— COMPENSATION, remuneración a los funcionarios.
—— DECREE, decreto supremo o presidencial.
—— HEAD, jefe ejecutivo, director ejecutivo.
—— JUDGMENT, opinión de ejecutivos.
—— PERSONNEL, personal ejecutivo o administrativo.
—— POWER, poder ejecutivo.
—— RECRUITING, contratación de ejecutivos.
—— STAFF, personal administrativo o de administración.
—— SUIT, apartamento de ejecutivo.
—— TURNOVER, rotación de ejecutivos, desplazamiento de ejecutivos.
EXECUTIVE-PERSONNEL INVENTORY, inventario de personal ejecutivo.
EXECUTOR, albacea, administrador de una herencia, ejecutor testamentario.
EXECUTORY CONTRACT, contrato por realizarse.
EXECUTORY COSTS, costos de ejecución.
EXECUTORY LEASE, renta obligatoria.
EXEMPLARY DAMAGES, daños punitivos.
EXEMPTION, exención, franquicia.
—— FOR DEPENDENTS, exención por personas a cargo.
EXHAUST, gastar, agotar.
—— LISTING, listado exhaustivo.
EXHIBIT, documento de prueba, documento que se exhibe o aporta, anexo, ilustración.
EXHIBITION, exhibición, exposición.
EXIT, salida, partida.
—— INTERVIEW, entrevista del empleado al dejar la empresa.
—— VALUE, valor de salida.
EXOFFENDER, exdelincuente, individuo con antecedentes penales.
EXPAND, TO, ampliar, expandir, agrandar, ensanchar.
EXPANDING ECONOMY, economía en expansión o en aumento.
EXPANSION, ampliación, expansión.
—— OF PLANT FACILITIES, ampliación de instalaciones de la planta o fábrica.
—— PROGRAM, programa de expansión.
EXPECTANCY, expectativa, expectación.
EXPECTATION, expectativa, esperanza.
—— OF LIFE, expectativa o probabilidad de vida.

EXPECTED, esperado, probable.
—**COSTS,** costos esperados.
—**LIFE,** vida esperada o probable.
—**LIFE OF MACHINERY,** vida útil de la maquinaria.
—**MORTALITY,** mortalidad probable o esperada.
—**NET CASHFLOW,** flujo neto esperado, flujo de fondo neto esperado.
—**NET CASHINFLOW,** ingreso neto esperado.
—**RETURN,** rendimiento o beneficio esperado.
—**TAX RATE,** tasa de impuesto probable.
—**USEFUL LIFE,** vida útil prevista.
—**VALUE,** valor esperado.
EXPENDABLE, disponible, gastable.
—**FUND,** fondo disponible o gastable.
EXPENDED APPROPRIATION, apropiación o asignación agotada.
EXPENDITURE, desembolso, gasto, erogación.
—**ANALYSIS,** análisis de gastos.
—**BREAK-DOWNS,** subdivisiones de gastos, desglose de gastos.
—**CYCLE,** ciclo de desembolsos, ciclo de gastos.
—**RATE,** cuota de erogación o de gasto.
EXPENSE, gasto, desembolso, erogación.
—**ACCOUNT,** cuenta de gastos o desembolsos, factura de gastos.
—**ACCOUNT ANALYSIS,** análisis de la cuenta de gastos o de la factura de gastos.
—**ACCOUNT RECORD,** registro de cuenta de gastos.
—**ANALYSIS,** análisis de gastos o de desembolsos.
—**BUDGET,** presupuesto de gastos generales.
—**CENTER,** centro o unidad de contabilización de gastos.
—**CODE,** codificación de los gastos.
—**CONTROL,** control de desembolsos o de gastos.
—**DISTRIBUTION,** distribución o repartición de gastos.
—**FUND,** fondo para gastos.
—**INVOICE,** factura de gastos.
—**ITEM,** partida de costo, renglón de gasto.
—**LEDGER,** libro auxiliar de gastos, mayor de gastos indirectos.
—**LOADING,** recargo.
—**MANAGEMENT,** administración o manejo de gastos.
—**OF, AT,** por cuenta de.
—**QUOTA,** cupo de gastos.
—**RATIO,** coeficiente de gastos, razón de recargo.
—**REDUCTION,** reducción o disminución de gastos.
—**REFUNDS,** reembolso de gastos.
—**REGISTER,** registro de gastos.
—**RESERVES,** reservas para gastos.
—**STATEMENT,** nota de gastos, estado o relación de gastos.
—**VOUCHER,** comprobante de gastos, nota de gastos.
EXPENSIVE, costoso, caro.
EXPERIENCE, experiencia, práctica, conocimiento.

—**RATING,** tarifa o tasa de experiencia.
EXPERIENCED FIELD PERSONNEL, personal de campo experimentado.
EXPERIMENT, experimento, prueba, tentativa.
EXPERIMENTAL, experimental.
—**COMPUTER,** computadora o computador experimental.
—**DESIGN,** diseño experimental.
—**GROUP,** grupo experimental o de experimentación.
—**RESEARCH,** investigación experimental.
EXPERT, experto, perito, técnico, experimentado.
—**ACCOUNTANT,** perito contador, técnico contable.
—**APPRAISAL,** peritaje, tasación de perito.
—**APPRAISER,** perito valuador o tasador.
—**COUNSELLING,** asesoría pericial, consultoría especializada.
—**OPINION,** dictamen pericial.
—**WITNESS,** testigo pericial.
EXPERTISE, habilidad, pericia, técnica, experiencia.
EXPIRATION, expiración, vencimiento.
—**DATE,** fecha de vencimiento o caducidad.
EXPIRE, TO, vencer, cumplirse el plazo, caducar.
EXPIRED, vencido, caducado, terminado.
—**COST,** costo vencido o caducado.
—**UTILITY,** utilidad vencida o caducada.
EXPLOITATION, explotación, aprovechamiento.
—**OF LABOR,** explotación del trabajo o del obrero.
—**TAX,** impuesto de explotación, derechos de mineraje.
EXPLORATION, exploración, reconocimiento, cateo.
—**COSTS,** costos de exploración.
—**RIGHTS,** derechos de exploración o de sondeo.
EXPLORATORY RESEARCH, investigación exploratoria.
EXPLOSION, explosión, reventón.
—**INSURANCE,** seguro contra explosiones.
EXPORT, exportación, artículo exportado.
—**ASSOCIATION,** asociación de exportadores.
—**BILL OF LADING,** conocimiento de exportación, guía de exportación.
—**BOND,** fianza de exportación.
—**BONUS,** subvención de exportación, prima de exportación.
—**BOUNTY,** subsidio o prima a exportaciones.
—**BROKER,** corredor de exportaciones o agencia de exportaciones.
—**CERTIFICATE,** comprobante de exportación, permiso de exportación.
—**COMMODITY,** artículo o producto de exportación.
—**CREDIT,** crédito para exportación.
—**DUTY,** derechos de exportación, arancel de exportación.

—HOUSE, casa o empresa exportadora.
—LICENSE, permiso de exportación.
—MARKET, mercado de exportación.
—MERCHANT, comerciante exportador, exportador.
—PACKING, embalaje o empaque de exportación.
—PRICE, precio para exportación.
—QUOTA, cuota de exportación.
—SALE, venta de exportación.
—STATUS, condiciones de exportación.
—TAXES, arancel o derechos de exportación.
—, TO, exportar, exportación, artículos de exportación.
—TRADE, comercio de exportación.
—VALUE, valor para exportación.
—WAYBILL, guía de exportación.
EXPORT-IMPORT ASSISTANCE, ayuda para exportaciones e importaciones.
EXPORT-IMPORT BANK, banco de importación y exportación.
EXPORT-SALES MANAGER, gerente de ventas de exportación.
EXPORTER, exportador, comerciante exportador.
EXPORTER'S ACCOUNT, cuenta del exportador, cuenta del comerciante exportador.
EXPORTER'S BANK, banco del exportador, banco del comerciante exportador.
EXPORTER'S NATION, nacionalidad del exportador.
EXPOSURE, exposición, divulgación, extensión del riesgo.
EXPRESS, expreso, enviar por expreso, servicio rápido.
—CARRIER, transporte expreso, compañía de transporte rápido.
—CHARGES, porte por expreso, gastos de expreso.
—COMPANY, compañía de servicio expreso.
—RATES, tarifa de expreso, cuota de expreso.
—SERVICE, servicio rápido o expreso.
—TRAIN, tren expreso o directo.
—TRUST, fideicomiso expreso o explícito.
EXPRESSWAY, vía rápida con circulación continua.
EXPROPRIATE, TO, expropiar, confiscar, enajenar.
—AN INVESTMENT, expropiar o confiscar una inversión.
EXPROPRIATION, expropiación, enajenación.
EXTEND, aplazar, prorrogar, diferir, conceder.
—A MORTGAGE, prorrogar el vencimiento de hipoteca.
—A NOTE, prorrogar un pagaré, aplazar una letra.
—CREDIT, conceder crédito u otorgarlo.
—TERMS, conceder plazos.
EXTENDED COVERAGE, aplicación de cobertura.
EXTENDED-COVER ENDORSEMENT, endoso de cobertura ampliada.
EXTENDED-TERM INSURANCE, seguro prorrogado o aplazado.

EXTENSION, prórroga, ampliación de plazo.
—OF CREDIT, concesión de crédito.
EXTENSIONS, multiplicaciones, extensiones, cálculos.
EXTERNAL, externo, exterior.
—ACCOUNT, cuenta en el exterior o en el extranjero.
—AUDIT, auditoría externa.
—AUDITING, auditoría externa.
—AUDITOR, auditor externo.
—COMMON STOCK, acciones comunes externas, acciones ordinarias externas.
—COMMUNICATION NETWORK, red de comunicación externa.
—DATA BASE, base o banco de datos externos (computación).
—DEBT, deuda exterior o externa.
—DIAMETER, diámetro exterior.
—ENVIRONMENT FORECAST, pronóstico ambiental externo, predicción externa del ambiente.
—FINANCING, financiamiento en el extranjero, aportación de fondos para financiamiento extranjero.
—LOAN, préstamo en el extranjero, empréstito extranjero.
—NATIONAL DEBT, deuda nacional exterior o externa.
—OPERTING RISKS, riesgos de operación externos.
—TRADE, comercio exterior.
—TRANSACTION, operación o transacción externa.
EXTORTION, extorsión, agio.
EXTRA, extra, extraordinario.
—CHARGE, sobreprecio, recargo.
—DIVIDEND, dividendo adicional o extra.
—PAY, sobresueldo, pago extraordinario o adicional.
—SHIFT, turno extraordinario.
—TRAIN, tren extra o especial.
—WAGES, sobresueldo, pago de trabajo extra.
—WORK, trabajo extra o extraordinario.
EXTRACTIVE INDUSTRY, industria extractiva.
EXTRACURRICULAR ACTIVITIES, actividades extraescolares.
EXTRADITION, extradición.
EXTRANEOUS EARNINGS, ganancias extraordinarias, ganancias ajenas al giro.
EXTRAORDINARY, extraordinario, especial.
—DEPRECIATION, depreciación extraordinaria.
—DIVIDENDS, dividendos extraordinarios.
—EXPENSES, gastos extraordinarios.
—GAINS, ganancias o utilidades extraordinarias.
—LOSS, pérdida extraordinaria.
—OR NONRECURRING CHARGES, cargos extraordinarios o no recurrentes.
—PROFITS, utilidades o ganancias extraordinarias.
—REPAIRS, reparaciones extraordinarias.

——RESERVE, reserva extraordinaria, fondos extraordinarios.
——SESSION, asamblea extraordinaria o junta extraordinaria.

EXTRAPOLATION, extrapolación.
EXTRINSIC, REWARD, recompensa extrínseca.
EYEWITNESS, testigo presencial u ocular.

F

FABRIC, tejido, tela, género.
FABRICATED, fabricado, elaborado.
—— **METALS INDUSTRY,** industria de metales elaborados.
—— **TEXTILES INDUSTRY,** industria de textiles elaborados.
FACE, cara, frente, anverso, hacer frente a.
—— **AMOUNT,** valor nominal, importe nominal.
—— **OF A NOTE,** valor nominal del pagaré, monto pagadero al vencimiento.
—— **OF THE POLICY,** valor nominal o neto de la póliza.
—— **PAR,** valor nominal o a la par.
—— **THE FACTS,** encarar los hechos.
—— **VALUE,** valor nominal, valor impreso.
FACE-AMOUNT CERTIFICATE, certificado del valor nominal.
FACE-TO-FACE MEETING, reunión o junta de enfrentamiento.
FACE-TO-FACE SURVEY, encuesta personal o cara a cara.
FACIAL LANGUAGE, lenguaje facial.
FACILITATE, TO, facilitar, auxiliar.
FACILITIES, recursos, facilidades, instalaciones, medios.
FACILITY, medio de producción.
FACSIMILE SIGNATURE, firma facsímil.
FACT, hecho, verdad.
—— **IN,** en verdad, en realidad.
FACTOR, factor, encargado, (matemáticas) factor.
—— **ANALYSIS,** análisis de factores.
—— **OF SAFETY,** factor de seguridad.
FACTORIAL, factorial.
—— **NOTATION,** notación factorial.
FACTORIZATION, factorización, descomposición en factores.
FACTORS OF PRODUCTION, factores de la producción.
FACTORSHIP, factoría, fábrica.
FACTORY, fábrica, planta, factoría.
—— **BURDEN,** gastos de fabricación, gastos indirectos de fábrica.
—— **COST,** costo de fábrica.
—— **EXPENSES,** gastos de fábrica, gastos de fabricación, gastos de manufactura.
—— **LAYOUT,** distribución o disposición de la fábrica.
—— **LEDGER,** libro mayor de fabricación, mayor de fábrica.
—— **OVERHEAD,** gastos indirectos de fabricación, gastos generales de fábrica.
—— **PAYROLL,** nómina de fábrica, nómina del personal de fábrica.
—— **PRICE,** precio de fábrica.
—— **SALARIES,** sueldos o salarios de fábrica.
—— **SUPPLIES,** suministro de fábrica.
—— **TEST,** prueba en fábrica.
FACTORY-EXPENSE LEDGER, mayor de gastos de fábrica.
FACTORY-MADE, hecho en fábrica.
FACULTY, facultad, cuerpo de profesores.
—— **MEMBER,** miembro del profesorado de un centro educativo.
FAD, novedad, moda.
FAIL, TO, fracasar, fallar, quebrar.
—— **WITHOUT,** sin falta.
FAILURE, fracaso, bancarrota, falta, omisión.
—— **TO PAY,** falta de pago.
—— **TO PERFORM,** incumplimiento.
FAIR, justo, equitativo, razonable, feria.
—— **AVERAGE QUALITY,** buena calidad comercial.
—— **COMPETITION,** competencia justa o imparcial.
—— **GAME,** juego justo o equitativo.
—— **INFORMATION,** información imparcial o confiable.
—— **MARKET VALUE,** valor razonable de mercado, valor equitativo de venta.
—— **RETURN,** rendimiento justo o razonable.
—— **TRADE,** comercio equitativo, competencia leal.
—— **TREATMENT,** trato justo o imparcial.
—— **VALUE,** valor razonable o justo.
—— **WAGES,** salario justo o equitativo.
FAIR-TRADE LAW, ley que permite al fabricante regular los precios de reventa.
FAIR-TRADE PRICE, precio comercial justo.
FAIRGROUNDS, parque o plaza de ferias.
FAIRLY, razonablemente, equitativamente.
FAIRNESS, razonabilidad, equidad.
FAKE, engaño, falsificación, falsificar.
FALL, caída, disminución, baja.
—— **DOWN,** producir menos de lo normal.
—— **DUE,** vencer, cumplir.
—— **FLAT,** fracasar, no tener éxito.
—— **OFF,** disminuir, menguar.
—— **SHORT,** no alcanzar, quedarse corto, ser deficiente.
—— **THROUGH,** abortar, fracasar.
——, **TO,** caer, decrecer, bajar, disminuir.
FALLING PRICES, precios descendentes.
FALSE, falso, postizo, fingido.
—— **CLAIM,** reclamación fraudulenta o falsa.
—— **DOCUMENT,** documento falso o fraudulento.
—— **ENTRY,** asiento falsificado o alterado.
—— **FINANCIAL STATEMENT,** estado financiero falso.
—— **INSTRUMENT,** documento falsificado.
—— **RETURN,** declaración falsa.
—— **STATEMENT,** estado falsificado o falso.
FALSEHOOD, falsedad, mentira.
FALSIFICATION, falsificación, alteración de documentos.
FAMILY, familia, linaje.
—— **ALLOTMENT,** asignación familiar.

—— ALLOWANCES, rebajas o concesiones por gastos de familia.
—— BRAND, marca familiar, marca de un producto preferida por las familias.
—— BUDGET, presupuesto familiar, presupuesto de gastos de la familia.
—— CONSUMPTION PATTERNS, patrones de consumo familiares.
—— CONSUMPTION SCHEDULE, curva de consumo familiar, plan de consumo familiar.
—— EXPENDITURE, gastos de familia o familiares.
—— EXPENSES, gastos de familia.
—— HISTORY, antecedentes familiares.
—— HOLDING CORPORATIONS, negocios particulares familiares.
—— INCOME, ingreso o renta de la familia.
—— INSURANCE, seguro familiar.
—— LIFE CYCLE, ciclo de vida de la familia.
—— NAME, apellido.
—— PARTNERSHIP, sociedad de familia.
—— PATTERNS, tendencias o normas familiares.
—— POLICY, póliza familiar.
—— PROBLEMS, problemas familiares, dificultades familiares.
—— SECURITY, seguridad de la familia.
—— SIZE, tamaño de la familia, número de miembros de la familia.
FAMILY-PROTECTION POLICY, póliza de protección de familia.
FAMILY'S RANCH, rancho de la familia, hacienda propiedad de la familia.
FANCY, fantasía, antojo, capricho.
—— GOODS, artículos u objetos de fantasía.
FANOUT, despliegue, división.
FAR, lejano, remoto, lejos, distante.
—— APART, distanciado, infrecuente.
—— AWAY, muy lejos.
—— EAST, Lejano Oriente.
—— OFF, muy lejos.
——, SO, hasta ahora, hasta aquí.
FAR-FETCHED IDEA, idea muy atractiva.
FARE, pasaje, cuota, tarifa.
FARM, finca rústica, granja, predio rural, hacienda, estancia.
—— AND RANCH LENDING, préstamo sobre granja y rancho.
—— CAPITAL EQUIPMENT, dotación o aportación de capital agrícola.
—— COMMODITIES, productos o artículos agrícolas.
—— CREDIT, crédito agrícola, crédito agrario.
—— EQUIPMENT, equipo o implemento agrícola.
—— INCOME, ingreso o renta de granja.
—— INDUSTRY, industria agrícola, industria rural.
—— LAND, tierra de cultivo, terreno agrícola.
—— LOAN, préstamo agrario refacción agrícola.
—— LOAN BANK, banco de crédito agrario, banco que concede créditos agrícolas.
—— MACHINERY, maquinaria agrícola.
—— OPERATOR, granjero, agricultor.

—— OUT, subcontratar.
—— PRICES, precios agrícolas o de productos agrícolas.
—— PRODUCT, producto agrícola o agrario.
—— REAL ESTATE, bienes raíces agrícolas o rurales.
—— STOCKS, existencias agropecuarias.
—— TERM LOAN, préstamo agrario a plazo, préstamo agrícola en abonos.
FARMER, agricultor, granjero, ranchero, campesino.
FARMERS' MARKET, mercado de productos agrícolas.
FARMING, agricultura, cultivo del campo, labor agrícola.
FARSIGHTED, de gran visión, sagaz.
FASHION, moda, estilo, boga.
—— SHOW, exposición de modas.
—— TRENDS, dictados o tendencias de la moda.
FAST, rápido, veloz, firme.
—— COLOR, color fijo.
FAST-ACCESS STORAGE, almacenamiento de acceso rápido.
FAST-FOOD CHAIN, cadena de restaurantes de comida rápida.
FAST-FOOD RESTAURANT, restaurante de comidas rápidas.
FATALITY, desgracia, muerte, fatalidad.
—— RATE, tasa de defunciones o fatalidades.
FATIGUE, fatiga, cansancio.
FAULT, falta, defecto.
FAULTY, defectuoso, imperfecto.
—— CONSTRUCTION, construcción defectuosa o deficiente.
FAVOR, favor, cortesía, preferencia.
——, IN YOUR, a su favor.
—— OF, IN, a favor de.
FAVORABLE, favorable, halagador.
—— DIFFERENCE, diferencia o variación favorable.
—— VERDICT, veredicto favorable.
FEASIBLE, factible, posible.
FEATHERBEDDING, prebendaje.
FEATURE, característica, aspecto, calidad.
FECUNDITY, fecundidad.
FEDERAL, federal.
—— AGENCY, organismo u oficina federal.
—— AGENCY OBLIGATIONS, obligaciones de organismos federales.
—— BUDGET, presupuesto federal de gastos.
—— BUDGET DEFICIT, déficit en el presupuesto federal.
—— BUREAU OF INVESTIGATION, Oficina Federal de Investigación.
—— CORPORATION OBLIGATION, obligación o deuda de la corporación federal.
—— DEPOSIT INSURANCE CORPORATION, corporación federal de seguros de depósito.
—— FUNDS, fondos federales, fondos de la reserva federal.
—— FUNDS MARKET, mercado de fondos de la reserva federal.

—— GOVERNMENT, gobierno federal.
—— GOVERNMENT BUDGET, presupuesto del gobierno federal.
—— HEALTH INSURANCE PROGRAM (MEDICARE), programa federal de seguro de salud o médico.
—— HIGHWAY, carretera federal o nacional.
—— INCOME TAX, impuesto nacional sobre la renta.
—— INCOME TAX LAWS, leyes del impuesto federal.
—— INCOME TAX PAID, impuesto sobre la renta pagado.
—— INCOME TAX REGULATIONS, disposiciones del impuesto federal.
—— RESERVE BANK, Banco de la Reserva Federal.
—— RESERVE BOARD, Comisión de la Reserva Federal, Consejo de la Reserva Federal.
—— RESERVE DISCOUNT RATE, tasa de descuento de la reserva federal, tipo de descuento de la reserva federal.
—— RESERVE NOTE, billete de la reserva federal.
—— RESERVE SYSTEM, sistema de la reserva federal.
—— REVENUE SHARING, subsidios federales.
—— TAX, impuesto federal.
—— TAX CODES, leyes del impuesto sobre la renta, gravámenes fiscales.
—— TAXES, impuestos federales, gravámenes fiscales.
—— TRADE COMMISSION, Comisión Federal de Comercio.
—— UNEMPLOYMENT INSURANCE, seguro nacional de desempleo.
FEE, honorarios, cuota, emolumentos.
—— AND EXPENSES, comisión y gastos.
—— CONTRACT, contrato a costo más comisión.
—— SIMPLE, dominio absoluto o pleno dominio de bienes.
—— SPLITTING, división de la comisión.
FEEDBACK, realimentación de información de empleados hacia la gerencia, retroalimentación de un sistema.
—— CONTROL, control de retroalimentación.
—— PROCESS, proceso de retroalimentación.
—— QUALITY CONTROL, control de calidad de la retroalimentación.
—— SISTEM, sistema de retroalimentación.
FEEDER, engordador de ganado, tolva.
—— AIRPORT, aeropuerto de enlace.
—— LINE, ramal.
—— ORGANIZATION, empresa alimentadora o abastecedora.
FEEDFORWARD CONTROL, control de alimentación anticipada.
FELLOW, camarada, compañero, colega, individuo.
—— DIRECTOR, director asociado.
—— MEMBER, miembro asociado, compañero, colega.
—— PRACTITIONER, colega de profesión.
—— SUBSIDIARY, subsidiaria asociada.
—— WORKMAN, compañero de trabajo.

FEMALE, mujer, hembra, femenino, del sexo femenino.
FEMINISM, feminismo.
FENCE, cerca, barrera, valla.
——, TO, cercar, rodear, defenderse.
FERRY, TO, cruzar un río en barco, embarcadero.
—— BRIDGE, puente transportador, puente chalán.
FERRYBOAT, transportador, barca de pasaje, balsa.
FERTILITY, fertilidad, fecundidad.
—— RATE, tasa de fertilidad.
FERTILIZE, TO, fertilizar, abonar.
FEUDALISM, feudalismo, sistema político feudal.
FIAT MONEY, moneda de curso forzoso, moneda fiduciaria.
FICTITIOUS, ficticio, inexistente.
—— ASSETS, activo ficticio.
—— EMPLOYEE, empleado ficticio o inexistente.
—— INVENTORY ITEM, partida ficticia del inventario.
FIDEICOMMISSARY, fideicomisario.
FIDELITY, fidelidad.
—— BOND, póliza de seguro de fidelidad, fianza de fidelidad.
—— BOND COVERAGE, cobertura de fianza.
—— INSURANCE, seguro de fidelidad, seguro de fianza.
FIDUCIAL, fiduciario.
—— DISTRIBUTION, distribución fiduciaria.
—— LIMITS, límites fiduciarios.
FIDUCIARIES' LIABILITY INSURANCE, seguro de responsabilidad por fideicomiso.
FIDUCIARY, fiduciario, confiado.
—— ACCOUNTING, contabilidad fiduciaria o de fideicomiso.
—— BOND, fianza de fideicomiso o fiduciaria.
—— MONEY, moneda de curso forzoso, moneda fiduciaria.
—— RELATIONSHIP, relación fiduciaria.
FIELD, campo, campiña, ramo, renglón.
—— AUDITOR, auditor viajero.
—— MANAGER, gerente de campo, director de campo.
—— OFFICE, oficina sucursal.
—— OR TRAVELING AUDITOR, auditor viajero.
—— REPRESENTATIVE, representante o gerente de zona.
—— SALES MANAGER, gerente de ventas regionales.
—— SALESMAN, representante de ventas, vendedor regional.
—— SERVICE TECHNICIAN, técnico de servicio de zona.
—— SURVEY, estudio o investigación de campo.
—— TEST, prueba de campo, ensayo de campaña.
—— WAREHOUSE, almacén provisional para mercancías pignoradas.
—— WAREHOUSE RECEIPT, recibo provisional de almacén.
—— WORK, trabajo de campo, obras de campiña.
FIFO, primeras entradas, primeras salidas.

FIGURE, cifra, número, guarismo.
—**ON,** contar con.
—**OUT,** calcular, resolver, estimar.
—, **TO,** calcular, estimar, imaginarse.
—**UP,** calcular, sumar.
FILE, archivo, expediente, legajo, carpeta.
—**A CLAIM,** presentar una reclamación o hacerla.
—**AN APPLICATION,** hacer una solicitud o presentarla.
—**CARD,** ficha, tarjeta de archivo.
—**CLERK,** archivista, archivador.
—**COPY,** copia de archivo.
—**DRAWER,** cajón o gaveta archivadora.
—**ON,** archivado.
—, **TO,** archivar, registrar.
FILES, archivos, registros.
FILIBUSTER, obstruir la aprobación de leyes en un cuerpo legislativo.
FILING, registro, acción de archivar.
—**A PETITION,** presentación de solicitud.
—**CARD,** ficha, tarjeta de archivo.
—**FEE,** honorarios de registro o de archivo.
—**PROOFS,** presentación de pruebas.
—**SYSTEM,** sistema de archivo.
FILL A NEED, satisfacer una necesidad.
—**A POSITION,** desempeñar un puesto, ocupar una plaza.
—**A VACANCY,** cubrir una vacante o una plaza.
—**AN ORDER,** surtir un pedido, entregar un pedido.
—**OUT A FORM,** llenar un formulario o un modelo.
—**OUT AN ORDER,** surtir un pedido.
—, **TO,** llenar, ocupar, satisfacer.
FILLING STATION, gasolinería, gasolinera.
FILM, película, película cinematográfica.
—**ADVERTISING,** publicidad cinematográfica.
—**PROGRAM,** programa cinematográfico.
—, **TO,** hacer una película de cine, filmar, rodar una película.
FILTHY CONDITIONS, condiciones malsanas o inmundas.
FINAL, final, definitivo, decisivo, último.
—**AUDIT WORK,** trabajo final de auditoría, auditoría final.
—**BALANCE,** saldo final, balance de salida.
—**DATA,** datos definitivos o finales.
—**DIVIDEND,** dividendo final o definitivo.
—**INVENTORY LISTING,** listado del inventario final.
—**INVOICE,** factura definitiva o final.
—**OUTPUT,** producción final.
—**PREMIUM,** prima definitiva o final.
—**PRODUCT,** producto final.
—**RESELLER,** revendedor final.
—**SETTLEMENT,** liquidación final o definitiva.
FINANCE, finanzas, hacienda, asuntos monetarios.
—**CHARGE,** gasto financiero, desembolso financiero.
—**COMMITTEE,** comité o comisión de finanzas.
—**COMPANY,** compañía o empresa financiera.
—**COMPANY REFERENCE,** referencias proporcionadas por compañías financieras.
—**DEPARTMENT,** departamento de finanzas.
—, **TO,** financiar, solventar, costear.
FINANCES, recursos financieros, recursos económicos, fondos.
FINANCIAL, financiero, monetario.
—**ACCOUNT,** cuenta financiera.
—**ACCOUNTING,** contabilidad financiera.
—**ACCOUNTING PRINCIPLES,** principios de contabilidad financiera.
—**ACCOUNTING STANDARD BOARD,** consejo de normas de contabilidad financiera.
—**ADVISER,** asesor financiero, consultor en finanzas.
—**ANALYST,** analista financiero.
—**AND DISTRIBUTION CENTER,** centro financiero y de distribución.
—**ASSETS,** activo financiero.
—**ASSISTANCE,** ayuda o apoyo financiero.
—**AUDITING,** auditoría financiera.
—**BACKING,** respaldo o apoyo financiero.
—**BREAK-EVEN POINT,** punto de equilibrio financiero, punto financiero de no-ganancia-no-pérdida.
—**BUDGET,** presupuesto financiero.
—**CASH INFLOWS,** ingresos financieros.
—**COMPUTER CENTER,** centro de cálculo financiero.
—**CONDITION,** situación financiera, estado financiero.
—**CONSTRAINT,** restricción financiera, limitación financiera.
—**CONTROL,** control financiero, control de las finanzas.
—**CORPORATION,** corporación financiera, sociedad anónima financiera.
—**DATA,** datos financieros, información financiera.
—**DIAGNOSIS,** diagnóstico financiero, emitir juicio sobre finanzas.
—**DISTRICT,** distrito o centro financiero.
—**EMBARRASSMENT,** problemas o dificultades financieras.
—**EXPENSES,** gastos financieros.
—**FLOW,** flujos financieros, circulante financiero.
—**FORECAST,** pronóstico financiero.
—**FUNCTION,** función financiera.
—**GOODWILL,** buen nombre financiero, buena reputación financiera.
—**HISTORY,** historia financiera, antecedentes financieros.
—**INCENTIVES,** incentivos financieros, estímulos financieros.
—**INCOMES,** ingresos o rentas financieras.
—**INDICATOR,** indicador financiero.

—— INFORMATION COMPANY, compañía de información financiera, empresa que proporciona información financiera.
—— INSTITUTION, empresa o institución financiera.
—— INTERMEDIARY, intermediario financiero.
—— LAWS, leyes fiscales.
—— LEASE, arrendamiento financiero, contrato de arrendamiento financiero.
—— LENDING INSTITUTIONS, instituciones financieras de préstamo.
—— LEVERAGE, apalancamiento financiero, palanca financiera.
—— LIABILITY, responsabilidad económica.
—— MANAGEMENT, administración o dirección financiera.
—— MARKET, mercado financiero.
—— MATTERS, cuestiones o asuntos financieros.
—— OBJECTIVES, objetivos financieros, metas financieras.
—— OFFICER, director o funcionario de finanzas.
—— OUTLAY, desembolso financiero.
—— PANIC, pánico bursátil.
—— PERFORMANCE, rendimiento financiero, ejecución financiera.
—— PERIOD, ejercicio contable.
—— POLICY, política financiera, política hacendaria.
—— POSITION, situación o posición financiera.
—— PROJECTION, proyección financiera, tendencia financiera de los negocios.
—— RATIO, índice financiero.
—— RECORDS, documentos o registros financieros.
—— REHABILITATION, rehabilitación o recuperación financiera.
—— REPORT, informe o reporte financiero.
—— REPORTING, información financiera.
—— RESOURCES, recursos o medios financieros.
—— RESPONSIBILITY, solvencia, capacidad financiera.
—— RISKS, riesgos financieros.
—— RUIN, ruina financiera, fracaso financiero.
—— SECURITIES, títulos o valores de empresas financieras.
—— SERVICES, servicios financieros.
—— SERVICES COMPANY, compañía de servicios financieros.
—— SETTLEMENT, arreglo o convenio financiero.
—— SOLVENCY, solvencia financiera.
—— SOUNDNESS, solvencia financiera, solidez financiera.
—— STANDING, capacidad o reputación financiera.
—— STATEMENT, estado financiero, balance.
—— STATEMENT ANALYSIS, análisis de estados financieros.
—— STATEMENT FAIRNESS, imparcialidad o equidad de estados financieros.
—— STATEMENT STANDARD, norma de estados financieros.
—— STRENGTH, solidez financiera.
—— THEORIST, teórico de finanzas.
—— YEAR, año contable, ejercicio contable.
FINANCIALLY SOUND BANK, banco financiero estable.
FINANCIER, financiero, rentista, hacendista.
FINANCING, financiamiento, refacción.
—— ACCOUNTS RECEIVABLES, financiamiento de cuentas por cobrar.
—— BASE CELL, base financiera.
—— BUSINESS, financiamiento comercial.
—— CONSUMERS, financiamiento a consumidores.
—— COST, costo de financiamiento.
—— PLANT, plan de financiamiento.
FIND GUILTY, declarar o encontrar culpable.
FIND OUT, averiguar, descubrir.
FIND, TO, encontrar, hallar, averiguar.
FINDER, intermediario.
FINDINGS, resultado de una investigación.
FINE, fino, refinado, excelente, multa, castigo.
—— ARTS, bellas artes.
——, TO, multar, imponer multa.
—— WEATHER, buen tiempo, tiempo despejado.
FINISH, TO, terminar, acabar, concluir.
FINISHED, terminado, acabado.
—— GOODS, artículos o productos terminados.
—— GOODS INVENTORY, inventario de productos terminados, inventario de mercancía terminada.
—— GOODS INVENTORY LISTING, listado de inventario de productos terminados.
—— GOODS LEDGER, mayor de productos terminados.
—— GOODS TURNOVER, rotación de artículos de consumo o terminados.
—— PRODUCTS, productos terminados, artículos manufacturados.
—— STOCK, artículos o existencias terminadas.
—— UNITS, unidades terminadas o fabricadas.
FINISHING MATERIAL, material de acabado.
FINITE POPULATION, población finita.
FIRE, incendio, fuego, candela, lumbre.
—— ALARM, alarma para incendio, llamada de incendios.
—— AND CASUALTY COMPANY, compañía de seguros contra incendios y accidentes.
—— COVERAGE, coberturas de incendios.
—— DEPARTMENT, departamento de incendios.
—— DOOR, puerta contra fuego o a prueba de incendio.
—— DRILL, simulacro de incendio, entrenamiento contra incendio o para combatir incendio.
—— ESCAPE, escalera de salvamento para incendios, escape de emergencia.
—— EXIT, salida de emergencia o de seguridad en caso de incendio.
—— EXTINGUISHER, extinguidor o extintor de incendios.

—— HAZARD, riesgo de incendio, peligro de incendio.
—— INSURANCE, seguro de incendio o contra incendio.
—— INSURANCE COMPANY, compañía de seguros contra incendios.
—— SALE, remate o venta de mercancías dañadas por incendio.
——, TO, despedir o echar a un empleado, disparar un arma, incendiar, quemar.
—— UNDERWRITERS, aseguradores contra incendios.
FIRE-AND-THEFT POLICY, póliza de seguro contra incendio y robo.
FIRE-FIGHTING EQUIPMENT, equipo para extinguir incendios, aparatos contra incendios.
FIRE-HOUSE, cuartel de bomberos.
FIRE-LOSS CLAIM, reclamación de pérdidas por incendio.
FIREMAN, bombero, fogonero.
FIREPROOF SAFE, caja fuerte a prueba de incendio.
FIRESAFE, a prueba de incendio.
FIRING PEOPLE, despido de personal, liquidación de personal.
FIRM, firma, empresa, compañía.
—— CONTRACT, contrato en firme.
—— LETTERHEAD, papel membretado de una empresa.
—— NAME, razón social, firma.
—— OFFER, oferta en firme.
—— ORDER, pedido en firme.
—— POLICY, política de la firma o de la empresa.
—— PRICE, precio fijo o firme, precio estable.
—— SALE CONTRACT, contrato o convenio de venta en firme.
FIRM'S ANNUAL MEETING, asamblea anual de la empresa.
FIRM'S CASH BUDGET, presupuesto de efectivo de la compañía.
FIRM'S CREDIT LINE, línea de crédito de la empresa.
FIRM'S CREDITORS, acreedores de la empresa.
FIRM'S HISTORY, historia de la empresa, antecedentes de la fundación de la compañía.
FIRM'S IDLE CASH BALANCES, saldos ociosos de efectivo de la empresa.
FIRM'S LIQUID RESERVE ASSETS, activos de la reserva líquida de la compañía.
FIRM'S PROFIT PLAN, plan de utilidades de la empresa.
FIRM'S STOCK, acciones de la empresa, valores de la compañía.
FIRM'S TAX ATTORNEY, consejero de impuestos de la empresa.
FIRST, primero, al principio.
—— AID, primeros auxilios o primeras curas.
—— COST, costo primario, costo original de adquisición.
—— DRAFT, borrador.
—— INSTALLMENT, primer plazo o abono.

—— LIEN, primer gravamen, primera hipoteca.
—— MORTGAGE, primera hipoteca, hipoteca en primer grado.
—— MORTGAGE BONDS, bonos de primera hipoteca.
—— MORTGAGE SINKING FOUND, fondo de amortización de primera hipoteca.
—— OF EXCHANGE, primera de cambio.
—— OFFICER, piloto.
FIRST-AID KIT, botiquín de urgencias o de primeros auxilios.
FIRST-AID STATION, puesto de primeros auxilios.
FIRST-CLASS MAIL, correo de primera clase.
FIRST-CLASS TICKET, boleto o billete de primera clase.
FIRST-HAND, de primera mano.
FIRST-IN-FIRST-OUT (FIFO), primeras entradas primeras salidas, sale primero lo que entra primero.
FIRST-IN-FIRST-OUT VALUATION, valoración en el orden de entrada o de primeras entradas primeras salidas.
FIRST-LINE SUPERVISOR, supervisor de primera línea.
FIRST-MORTGAGE NOTE, pagaré de primera hipoteca.
FIRST-RATE, de primera clase.
FIRST-YEAR LABOR WARRANTY, garantía de servicio del primer año.
FISCAL, fiscal, del fisco.
—— ADMINISTRATION, administración fiscal.
—— AGENT, agente financiero o fiscal.
—— DATE, fecha fiscal, fecha económica.
—— EXPENDITURES, desembolsos o gastos financieros.
—— LAWS, leyes fiscales.
—— PERIOD, período fiscal o social.
—— POLICY, política fiscal o tributaria.
—— RECEIPTS, recaudaciones o cobros fiscales.
—— YEAR, año fiscal, año económico o financiero, año social, ejercicio contable.
—— YEAR PROFITS, utilidades del ejercicio fiscal.
FISH, pescado, pescar.
—— PRODUCTS, productos de pescado.
FISHERY, pesca, pesquera.
FISHING, pesca, pesquería.
—— INDUSTRY, industria de la pesca, pesquería.
—— PORT, puerto pesquero.
—— RIGHTS, derechos pesqueros o de pesca.
FIT, adaptación, ajuste, apto, conveniente.
—— FOR DUTY, apto o capaz para servicio.
—— OUT, TO, equipar, habilitar, dotar.
——, TO, ajustar, adaptar, preparar, entallar un vestido.
FITNESS, aptitud, capacidad, competencia.
FITTINGS, accesorios, aditamentos.
FIVE, cinco, número cinco.
FIVE-YEAR PERIOD, quinquenio, período de cinco años.
FIVE-YEAR PLAN, plan quinquenal o de cinco años.

FIX, TO, fijar, asegurar, arreglar, reparar.
FIXED, fijo.
—— ASSETS, activo fijo, o inmovilizado, valores fijos.
—— ASSETS LEDGER, mayor de activo fijo, mayor de valores fijos.
—— ASSETS TURNOVER, rotación del activo fijo o de valores fijos.
—— ASSETS UNIT, unidad del activo fijo.
—— BUDGET, presupuesto fijo.
—— CAPITAL, inversión en activo fijo, bienes de uso, capital inmovilizado, capital de inversión, de investigación o de establecimiento.
—— CAPITAL GOODS, bienes de capital fijo.
—— CHARGE COVERAGE, cobertura de gastos fijos.
—— CHARGES, cargos o gastos fijos.
—— COST, costo fijo.
—— DEBT, deuda consolidada o fija.
—— DEDUCTIONS, deducciones fijas.
—— EXPENSES, gastos fijos.
—— FEE, honorarios o retribución fija.
—— INCOME, renta o ingreso fijo.
—— INVESTMENTS, inversiones fijas.
—— LIABILITY, pasivo fijo, pasivo a largo plazo, deuda consolidada, deuda a largo plazo.
—— MANUFACTURING OVERHEAD, costo indirecto fijo.
—— PRICE, precio fijo o determinado.
—— PROPERTY, bienes inmuebles, propiedad fija.
—— RATE METHOD, método de porcentaje fijo.
—— RATE METHOD DEPRECIATION, depreciación por porcentaje fijo.
—— RESALE PRICE, precio fijo de reventa.
—— TERM, plazo fijo.
—— TERM DEPOSIT, depósito a plazo fijo.
—— TRUST, fideicomiso fijo.
—— WEIGHT, peso fijo.
FIXED-ASSET SCHEDULE, cédula de activo fijo.
FIXED-ASSET TURNOVER, rotación del activo fijo.
FIXED-COST FINANCING, financiamiento a costo fijo, refaccionamiento a costo fijo.
FIXED-COUNT CODING, codificación de conteo fijo.
FIXED-DATA AREA, área de datos fijos.
FIXED-FUNDING RATE, tasa fija de depósito de fondos o de consolidación.
FIXED-INCOME SECURITIES, valores de renta fija, títulos de interés fijo.
FIXED-RATE DEBT ISSUE, deuda de tasa fija, contraer deuda con tipo de interés fijo.
FIXED-RATE LOAN, préstamo con tasa fija, préstamo con tipo de interés fijo.
FIXED-RATE MORTGAGE, hipoteca con tasa fija o con interés fijo.
FIXED-RETURN MORTGAGE PORTFOLIO, cartera hipotecaria de rendimiento fijo.
FIXED-TERM FRANCHISES, concesiones o franquicias a plazo fijo.
FIXED WORD-LENGTH, (computación) palabra de longitud fija.

FIXING, fijación, adornos.
FIXTURE, dispositivo, accesorio, enseres.
FLAG, bandera, señal, banderola.
——, TO, decaer, debilitarse, flaquear.
FLAIR, instinto, sagacidad, olfato.
FLAME, llama, flama.
FLASH, relámpago, destello.
—— REPORT, informe breve.
FLAT, apartamento, sin interés, plano.
—— COST, costo neto o redondo.
—— FEE, cuota fija, cuota sin interés.
—— LOAN, préstamo sin interés.
—— MARKET, mercado inactivo.
—— MONEY, moneda fiduciaria o de curso forzoso.
—— PRICE, precio redondo o de compra.
—— RATE, tipo fijo, tarifa única.
—— STOCK LOAN, prestación de acciones sin interés.
FLAT-SUM CONTRACT, contrato a precio global o a suma alzada.
FLATTER, TO, lisonjear, adular.
FLAW, falla, defecto, imperfección.
FLEET, flota, armada.
FLEXIBILITY, flexibilidad, docilidad, persona dispuesta a cambios o modificaciones.
FLEXIBLE, flexible, razonable.
—— BUDGET, presupuesto flexible, presupuesto elástico o ajustable.
—— EXCHANGE RATES, tipos de cambio flexibles.
—— MARKUP PRICING, precio de sobremarca flexible.
—— STANDARD, norma o estándar flexible.
—— TARIFF, tarifa diferencial o variable.
—— THINKING, razonamiento o juicio flexible.
—— TRUST, sociedad inversionista sin restricciones.
—— WORK SCHEDULE, programa de trabajo flexible.
FLIER, aviador, volador, volante.
FLIGHT, vuelo, fuga, huida.
FLIGHT-RESERVATION COMPUTER, computadora de control de pasajes de avión.
FLIRT, coqueta, galanteador.
FLOAT, flotador, balsa, cheque pendiente de pago.
—— A LOAN, colocar un empréstito, promover un préstamo.
—— SECURITIES, emitir o colocar valores.
——, TO, flotar, lanzar, emitir.
FLOATER, obrero migratorio, título al portador, póliza flotante.
—— POLICY, póliza flotante o abierta.
FLOATING, flotante, circulante.
—— ASSETS, activo flotante o circulante.
—— CAPITAL, capital flotante, capital circulante o en giro.
—— COLLATERAL LIENS, gravámenes flotantes.
—— DEBT, pasivo corriente, pasivo flotante, deuda flotante, pasivo a corto plazo.
—— LIABILITIES, pasivo flotante o corriente.
—— LIEN, gravamen flotante o corriente.

—— POLICY, póliza abierta o flotante.
—— RATE CONSUMER LOAN, préstamo al consumidor con tasa flotante.
—— RATE LOAN, préstamo con tasa flotante, empréstito con tipo de interés flotante.
FLOATING-RATE NOTE, pagaré o letra con tasa flotante.
FLOOD, inundación, creciente, diluvio.
—— INSURANCE, seguro contra inundación.
FLOOR, suelo, piso.
—— BROKER, corredor de bolsa.
—— SHOW, espectáculo de cabaret.
——, TO HAVE THE, tener la palabra.
FLOP, fracasar, fracaso, ruina.
FLOTATION COSTS, costos de emisión.
FLOTATION OF SECURITIES, emisión de valores.
FLOUR, harina.
—— INDUSTRY, industria harinera.
—— MILL, fábrica de harina, molino harinero.
FLOW, corriente, salida, flujo.
—— CHART, diagrama de flujo, gráfica de flujo.
—— CHART DOCUMENTATION, documentos del diagrama de flujo.
—— CHART OF FINANCIAL STATEMENTS, diagrama de flujo de estados financieros.
—— CHARTING, diagrama o gráfica de flujo.
—— DIAGRAM, gráfica o diagrama de flujo.
—— LINE, línea de flujo.
—— OF GOODS, flujo de mercancías o productos.
—— OF TRANSACTIONS, flujo de operaciones o transacciones.
—— SHEET, diagrama de flujo.
—— STATEMENT, estado de flujo.
——, TO, fluir, correr, circular.
FLUCTUATE, TO, fluctuar, variar.
FLUCTUATING PRICE LEVELS, niveles de precio fluctuantes.
FLUID, fluido, líquido.
—— CAPITAL, capital circulante.
FLY SHEET, volante.
FLY, TO, volar, huir, pasar rápidamente.
FOG, niebla, neblina.
FOLD, TO, doblar, plegar.
FOLDER, carpeta, cubierta de un legajo, cartapacio, portapapeles, pliego.
FOLIO, folio, foja.
—— REFERENCE, referencia de folio.
FOLLOW INSTRUCTIONS, seguir instrucciones, atenerse a las órdenes.
FOLLOW ON, continuar.
FOLLOW, TO, seguir, ir detrás.
FOLLOW UP, secuencia, seguimiento de documentos.
FOLLOW-UP COMMUNICATION, comunicación recordatoria.
FOLLOW-UP COPY, copia recordatoria o de insistencia.
FOLLOW-UP GUIDELINES, vigilancia o atención de lineamientos.

FOLLOW-UP LETTER, carta recordatoria, carta de seguimiento.
FOLLOW-UP WORK, trabajo de completación.
FOOD, alimento, víveres, comestibles, productos alimenticios.
—— CHAIN, cadena de tiendas de víveres.
—— COMMODITY, producto alimentario.
—— COMPANY, compañía de alimentos, empresa que fabrica alimentos.
—— INDUSTRY, industria alimentaria o de alimentos.
—— PROCESSING, procesamiento de alimentos.
—— PROCESSING INDUSTRY, industria de procesamiento de alimentos.
—— PROCUREMENT, procuración o gestión para obtener alimentos.
—— RETAILER, detallista de alimentos o de víveres, comercio minorista de comestibles.
—— SURPLUS, excedente o sobrante de alimentos.
FOODSTUFFS, productos alimenticios, víveres, comestibles.
FOOL, tonto, necio, payaso.
——, TO, engañar, bromear.
FOOLISH, tonto, ridículo, necio.
FOOT, pie, medida.
—— AND CROSSFOOT, sumar vertical y horizontalmente.
—— OF THE COLUMN, pie de la columna.
—— THE RECONCILIATION, sumar la reconciliación.
——, TO, sumar, totalizar.
——, UP, sumar, totalizar.
FOOTING, suma o total de una columna.
FOOTINGS AND POSTINGS, sumas y asientos.
FOOTINGS, EXTENSIONS AND POSTINGS, totales, adiciones y asientos.
FOOTNOTE, nota al calce, nota al pie de una página.
—— DISCLOSURE, aclaraciones en notas al pie de estados financieros.
FOOTPRINT, huella, rastro, pisada.
FOOTWEAR, calzado.
—— INDUSTRY, industria del calzado.
FOR HIRE, se alquila, propiedad en renta.
FOR LIFE, vitalicio, de por vida.
FOR OUR ACCOUNT, por nuestra cuenta, a nuestro cargo.
FOR RENT, se alquila o se renta.
FOR SALE, en venta, se vende.
FORCE, fuerza, validez, eficacia.
—— ACCOUNT, costo más porcentaje.
——, BY, a la fuerza, por fuerza.
——, IN, vigente, en vigor.
—— OUT, echar a la fuerza.
——, TO, forzar, obligar.
FORCED, forzado, forzoso.
—— CURRENCY, circulante de curso forzado.
—— LABOR, trabajo forzado.
—— LANDING, aterrizaje forzoso o de emergencia.

—— **LIQUIDATION OF A BUSINESS,** liquidación forzada de un negocio.
—— **LOAN,** empréstito obligatorio, préstamo forzado.
—— **SALE,** venta forzosa, remate.
—— **SALE VALUE,** valor de realización forzada, valor de venta forzada.
—— **SAVINGS,** ahorro forzado.
FORECAST, pronóstico, predicción.
—— **AVERAGE ASSETS,** pronóstico del activo promedio.
——, **TO,** pronosticar, predecir.
FORECASTER, pronosticador.
FORECASTING, predicción, previsión, pronóstico.
—— **SURVEYS,** encuestas de mercadotecnia.
—— **TECHNIQUES,** técnicas de pronóstico o de predicción.
FORECLOSURE, remate, juicio hipotecario, privación de redimir la casa hipotecada, embargo.
—— **SALE,** venta judicial.
—— **SUIT,** proceso hipotecario.
FOREGOING DOCUMENT, documento anterior.
FOREIGN, extranjero, exterior, foráneo.
—— **AFFAIRS,** relaciones exteriores, asuntos exteriores.
—— **AID,** ayuda exterior, ayuda en el extranjero.
—— **BRIBERY,** soborno en el extranjero, cohecho en el exterior.
—— **COMMERCIAL BANK,** banco comercial extranjero, banco mercantil extranjero.
—— **COMPETITION,** competencia extranjera o en el extranjero.
—— **CORPORATION,** compañía extranjera, sociedad en el extranjero.
—— **CORRUPT PRACTICES,** prácticas de corrupción en el extranjero.
—— **COUNTRY,** país extranjero.
—— **CREDITORS,** acreedores extranjeros, acreedores en el extranjero.
—— **CURRENCY,** monedas o divisas extranjeras.
—— **CURRENCY FINANCIAL STATEMENT,** estados financieros en moneda extranjera.
—— **CURRENCY RESERVES,** reserva o fondo de divisas extranjeras.
—— **CURRENCY TRANSACTIONS,** operaciones con monedas o divisas extranjeras.
—— **CURRENCY TRANSLATION,** conversión de divisas o moneda extranjera.
—— **DEBT,** deuda exterior.
—— **DRAFT,** giro al extranjero, giro foráneo.
—— **EXCHANGE,** cambio extranjero, cambio de divisas extranjeras.
—— **EXCHANGE INCOME,** ingresos por el cambio extranjero, entradas por divisas extranjeras.
—— **EXCHANGE RISK,** riesgo cambiario o de divisas.
—— **FINANCIAL OBLIGATION,** obligación o deuda financiera extranjera.
—— **INCOME TAXES,** impuestos por pagar en el extranjero.

—— **INVESTMENTS,** inversión extranjera, inversión en el extranjero.
—— **INVESTOR,** inversionista extranjero o en el extranjero.
—— **LABOR,** mano de obra extranjera.
—— **LANGUAGE SKILLS,** habilidades en lengua extranjera.
—— **LOAN,** empréstito o préstamo extranjero.
—— **LOAN MARKET,** mercado de empréstitos extranjeros.
—— **LOANS,** empréstitos extranjeros, préstamo al extranjero.
—— **MARKET,** mercado exterior.
—— **NATION'S GOVERNMENT,** gobierno de la nación extranjera.
—— **OFFICE DEPOSIT,** depósito en oficina extranjera, depósito de dinero en el extranjero.
—— **OFFICIAL,** oficial o ejecutivo en el extranjero.
—— **OFFICIALS BRIBERY,** soborno de funcionarios en el extranjero.
—— **PAYOFFS,** despidos en el extranjero.
—— **POLITICAL PARTY,** partido político en el extranjero.
—— **REMITTANCE,** remesa al extranjero.
—— **SALES,** ventas extranjeras o en el extranjero.
—— **SECURITIES,** valores o bienes extranjeros.
—— **SUBSIDIARY,** compañía subsidiaria extranjera o en el extranjero.
—— **TAX CREDIT,** crédito por impuesto pagado en el extranjero.
—— **TRADE,** comercio exterior.
—— **TRADER,** comerciante exportador o importador.
—— **TRAVEL,** viaje al exterior o al extranjero.
FOREIGN-AID PROGRAM, plan de ayuda al extranjero.
FOREIGN-EXCHANGE ASSETS, divisas o activos internacionales.
FOREIGN-EXCHANGE BROKER, corredor de cambios o divisas.
FOREIGN-EXCHANGE CONTROL, control de cambios o divisas.
FOREIGN-EXCHANGE FUTURES, letras para entrega futura, cambio a trámite.
FOREIGN-EXCHANGE MARKET, mercado de cambio extranjero o de divisas extranjeras.
FOREIGN-OWNED, propiedad extranjera.
FOREIGN-OWNED COMPANY, compañía poseída en el extranjero.
FOREIGN-TRADE CONSULTANT, asesor o consultor en comercio exterior.
FOREIGN-TRADE FINANCING, financiamiento de comercio exterior.
FOREMAN, capataz, encargado, supervisor.
FOREMOST, primero, delantero, principal.
FORERUNNER, precursor.
FORESEEN PERSON, persona prevista.
FORESIGHT, previsión, perspicacia.
FOREST, bosque, selva.

FORESTRY, silvicultura, dasonomía, técnica forestal.
—— INDUSTRY, industria forestal, industria de la silvicultura.
FORETHOUGHT, prevención, providencia.
FOREVER, por siempre.
FOREWORD, advertencia, prefacio, preámbulo.
FOREFEIT, decomiso, multa.
——, TO, decomisar, confiscar.
FORFEITED, decomisado, caducado, confiscado.
—— CLAIM, reclamación decomisada.
—— CONTRACT, contrato incumplido o caducado.
—— INTEREST RATE, tasa de interés perdida.
FORFEITURE, pérdida, decomiso, confiscación, caducidad.
—— OF A BOND, caducidad de la fianza.
FORGE, fragua, forja.
FORGE, TO, falsificar, falsear.
FORGED CHECK, cheque falsificado o falso.
FORGED SECURITY, valores falsificados.
FORGERY, falsificación, documento falsificado.
—— INSURANCE, seguro contra falsificación.
FORGET IT, no se preocupe.
FORGET, TO, olvidar, olvidarse de.
FORGIVENESS OF A DEBT, cancelación de deuda.
FORM, forma, modelo, formulario.
—— LETTER, carta modelo o circular.
—— OF PROPOSAL, pliego de licitación, fórmula de propuesta.
——, TO, formar, constituir, modelar.
FORMAL, formal, metódico.
—— INTERVIEW, entrevista formal.
—— LEADERSHIP, liderato formal.
FORMAT, formato, tamaño y estilo de un libro, proceso de formación.
FORMER, primero, anterior, precedente.
—— DRUG ADDICT, antiguo adicto a las drogas, drogadicto.
—— LECTURER, exprofesor.
—— PRESIDENT, expresidente.
FORT, fuerte, fortaleza, fortín.
FORTRAN (formula translator), siglas del lenguaje de traducción de fórmulas.
FORTUITOUS, fortuito, eventual.
FORTUNE, dinero, bienes, fortuna, suerte.
—— HUNTER, aventurero, cazafortuna.
FORWARD, hacia adelante, adelante, delantero.
—— ACCOUNTING, contabilidad anticipada.
—— BUYING, compras para futuro.
—— DELIVERY, entrega en fecha futura.
—— EXCHANGE, letra para futura entrega.
—— FINANCIAL STATEMENT, estado financiero predeterminado.
—— FOREIGN EXCHANGE MARKET, futuros en el mercado cambiario.
—— MARKET, mercado de futuros.
—— QUOTATION, cotización para entrega futura.
—— SALE, venta de letras futuras.
——, TO, remitir, despachar, expedir.

FORWARDER, remitente, comisionista, expedidor.
FORWARDING, embarque, expedición.
—— AGENT, agente expedidor o despachador.
—— FEE, comisión de transportista.
—— MERCHANT, comisionista expedidor.
FOUND A BUSINESS, fundar una empresa o un negocio.
FOUND, TO, fundar, establecer.
FOUNDATION, fundación, institución, base, cimientos de un edificio.
FOUNDER, fundador.
FOUNDERS' CAPITAL STOCK, acciones del fundador.
FOUNDERS' SHARES, acciones de los fundadores de una empresa.
FOUNDRY, fundición, taller de fundición.
FOUNTAIN, fuente, manantial.
—— PEN, pluma fuente, estilográfica.
FOUR, cuatro, número cuatro.
—— COLUMN RECONCILIATION, conciliación a cuatro columnas.
FOUR-REGISTER MACHINE, máquina con cuatro totalizadores.
FOURFOLD, cuádruple.
FOURTH-CLASS MAIL, correo de cuarta clase.
FRACTION, fracción, quebrado, número fraccionario.
FRACTIONAL, fraccionamiento.
—— CURRENCY, moneda fraccionaria.
—— LOT, lote fraccionario.
—— PAPER CURRENCY, papel moneda fraccionario.
—— RESERVE, reserva fraccionaria.
—— SHARES, acciones fraccionarias.
FRAGILE, frágil, endeble, delicado.
—— GOOD, artículo frágil.
FRAME, marco, estructura.
——, TO, armar, ensamblar, idear.
FRAME-UP, trampa, treta.
FRAMEWORK, marco de trabajo.
—— OF THE ECONOMY, estructura de la economía.
FRANCHISE, franquicia, concesión, franquicia de seguro.
—— AGREEMENT, acuerdo o convenio sobre franquicia.
—— FREE REVENUE, ingreso por cuotas de franquicia.
—— INSURANCE, seguro de franquicia.
—— SALE, venta de concesiones.
—— TAX, impuesto sobre franquicia o por privilegio, impuesto sobre concesión.
FRANCHISED RETAIL DEALER, comerciante al menudeo autorizado.
FRANCHISEE, comprador de la concesión.
FRANCHISOR, vendedor de la concesión.
FRANK, porte franco, franquicia postal.
FRANKING, franqueo.
—— MACHINE, franqueadora, máquina de franquear.
—— PRIVILEGE, franquicia postal, franqueo.
FRATERNAL, fraternal.

—— ASSOCIATION, asociación de beneficencia.
FRATERNITY, fraternidad, hermandad, congregación, club de estudiantes en E.U.A.
FRAUD, fraude, engaño, hurto.
—— DETECTION, detección de fraude o malversación.
FRAUDULENT, fraudulento, engañoso.
—— ALTERATION, alteración fraudulenta.
—— BANKRUPTCY, quiebra o bancarrota fraudulenta.
—— DISBURSEMENTS, desembolsos o gastos fraudulentos.
FREE, libre, gratuito, exento, franco.
—— ALONGSIDE SHIP, libre al costado del buque.
—— BILLING, porte gratuito.
—— COPY, ejemplar gratuito o gratis.
—— CURRENCY, moneda o cambio libre.
—— ENTERPRISE, libre empresa, libertad de empresa o de iniciativa.
—— ENTRY, entrada o acceso libre, declaración de artículos libres de derechos.
—— EXCHANGE, libre cambio, libre divisa.
—— FROM ENCUMBRANCES, libre o exento de gravámenes.
—— GOODS, mercancías o productos libres de derecho.
—— HAUL, acarreo o transportación libre.
—— LANCE, redactor, artista u otra persona que trabaja independientemente.
—— MARKET, mercado libre o abierto.
—— MARKET EXCHANGE RATES, tipos de cambio de mercado libre.
—— OF CHARGE, gratis, sin costo, de balde.
—— OF DUTY, libre o franco de derechos.
—— ON BOARD (FOB), libre a bordo, franco a bordo.
—— ON BOARD PRICE, precio libre a bordo.
—— ON BOARD PRICING, cotización libre a bordo (L.A.B.).
—— ON CAR, libre o franco sobre vagón.
—— ON QUAY, libre sobre muelle.
—— ON TRUCK, libre sobre camión.
—— PORT, puerto libre o franco.
—— PRICE, precio libre.
—— RATE OF EXCHANGE, tipo de cambio libre.
—— SURPLUS, superávit libre, excedente disponible o aprovechable.
—— TRADE, libre comercio, libertad de comercio.
—— ZONE, zona franca o libre.
FREE-CHECKING ACCOUNT, servicio libre de cuenta de cheques.
FREE-ENTERPRISE CAPITALISM, capitalismo de libre empresa.
FREE-ENTERPRISE ECONOMY, economía de libre empresa.
FREE-ENTERPRISE SYSTEM, sistema de libre empresa.
FREE-LANCE INVENTOR, inventor independiente.
FREE-MARKET ECONOMY, economía de mercado libre.
FREEDOM, libertad, independencia, inmunidad.
—— OF ENTERPRISE, libertad de empresa, libre empresa.
—— OF THE PRESS, libertad de prensa o de imprenta.
FREEHOLDER, dueño, propietario absoluto.
FREELY TRANSFERABLE STOCK CERTIFICATES, certificados libremente transferibles.
FREEWAY, vía de circulación continua.
FREEZE, TO, congelar, bloquear, estabilizar.
FREEZER, congelador, congeladora.
FREIGHT, flete, porte, carga.
—— ABSORPTION, absorción del flete.
—— ALLOWANCES, descuentos por flete, bonificación sobre flete.
—— ALLOWED, entrega sin cargo por flete.
—— AND HAULING CHARGES, cargos por flete y acarreo.
—— AND WAREHOUSE EXPENSES, gastos de almacenaje y fletes.
—— BILL, carta de porte, factura de flete.
—— BOAT, buque o barco de carga, carguero.
—— BOOKING, reservaciones para carga.
—— BROKER, corredor de fletes o de carga, comisionista de transporte.
—— CHARGES, flete, gastos de flete, porte.
—— COLLECT, flete a cobrar o por cobrar.
—— CONTINGENCY, flete eventual.
—— CONTRACT, contrato de transporte.
—— EQUALIZATION, equiparación del flete.
—— FORWARD, flete o porte por cobrar.
—— FORWARDERS, expedidores o intermediarios de fletes.
—— FREE, libre de flete.
—— HOME, flete de vuelta.
—— IN, fletes y acarreos sobre compras.
—— INSURANCE, seguro de fletes.
—— NOTICE, aviso de llegada de carga.
—— OUT, fletes y acarreos sobre ventas.
—— OUTWARDS, flete de ida.
—— PAID, flete pagado.
—— PLANE, avión de carga, transporte aéreo de carga.
—— RATE, tarifa o cuota de carga.
—— RECEIPT, guía o recibo de carga.
—— RECEIPTS, ingresos por carga.
—— SHEET, manifiesto de todos los ingresos por carga.
—— STATION, estación de carga, cargadero.
—— STORAGE FACILITY, instalación de almacenamiento de carga.
——, TO, fletar, cargar.
—— TRAIN, tren de carga.
FREIGHT-OUT ACCOUNT, cuenta de flete de envío o de salida.
FREIGHT-SALES DEPARTMENT, sección de solicitud de cargas.
FREQUENCY, frecuencia.
—— CHART, gráfica de frecuencia.
—— CURVE, curva de frecuencia.

—— **DISTRIBUTION**, distribución de frecuencia.
—— **OF OCCURRENCE**, frecuencia de ocurrencia.
—— **POLYGON**, polígono de frecuencia.
—— **SERIES**, serie de frecuencia.
—— **TEST**, prueba de frecuencias.
FRESH, fresco, nuevo, reciente.
—— **AIR**, aire puro, aire fresco.
—— **MEAT**, carne fresca.
—— **WATER**, agua dulce.
FRIEND, amigo, amiga.
FRIENDLY, amistoso, amigable.
—— **RELATIONS**, relaciones amistosas o cordiales.
FRIENDSHIP, amistad, confraternidad.
FRINGE, marginal, adicional, margen.
—— **BENEFITS**, beneficios laborales, beneficios marginales, descanso retribuido, prestaciones adicionales al sueldo.
—— **BENEFIT PACKAGE**, paquete de beneficios adicionales del empleado.
FROM BAD TO WORSE, de mal en peor.
FROM NOW ON, de ahora en adelante.
FRONT, frente, fachada, frontera.
—— **COVER**, portada de un libro o revista, tapa, contratapa anterior.
—— **FEED**, alimentador del frente (máquina comercial).
—— **FEED CARRIAGE**, carro de inserción frontal.
—— **FEED CARRIAGE MACHINE**, máquina con carro de alimentación al frente.
FROST, helada, escarcha.
—— **INSURANCE**, seguro contra helada.
FROZEN, congelado, estancado.
—— **ASSETS**, activo congelado, activo bloqueado, bienes congelados.
—— **CREDITS**, créditos congelados, créditos inactivos.
—— **FOOD**, alimento o comestible congelado.
—— **VEGETABLE**, legumbre congelada.
FRUIT, fruta, frutal.
—— **CANNING**, enlatado o conserva de frutas.
—— **DEALER**, frutero, distribuidor de frutas.
—— **STORE**, frutería.
FRUITGROWER, fruticultor, cosechero de frutas.
FRUSTRATE, TO, frustrar, invalidar, anular.
FRUSTRATION, frustración, chasco.
FUEL, combustible, aprovisionarse de combustible.
—— **OIL**, petróleo combustible, aceite combustible.
FULFILL, TO, ejecutar, cumplir, despachar.
FULFILLMENT, ejecución, cumplimiento, realización.
FULL, lleno, completo, pleno.
—— **AMOUNT**, valor o cantidad íntegra.
—— **AUTHORITY**, amplios poderes, plena autoridad.
—— **BLAST, IN**, en pleno funcionamiento.
—— **CARGO**, cargamento completo.
—— **COSTING**, costeo total.

—— **COVERAGE**, seguro contra todo riesgo.
—— **EMPLOYMENT**, empleo de tiempo completo.
—— **EMPLOYMENT BUDGET**, presupuesto de plena ocupación.
—— **ENDORSEMENT**, endoso completo, endoso a la orden.
—— **KEYBOARD**, teclado desplegado.
—— **LIABILITY**, responsabilidad completa o total.
—— **LINE**, renglón completo.
—— **MEETING**, asamblea plenaria, junta general.
—— **OBLIGATION DUE**, obligación íntegra vencida, deuda total vencida.
—— **PAYMENT**, pago total o completo.
—— **ROUND-TRIP FARE**, tarifa completa de viaje redondo.
—— **SETTLEMENT**, finiquito, liquidación.
—— **SIZE**, tamaño natural.
—— **TIME**, tiempo completo.
FULL-EMPLOYMENT BUDGET SURPLUS, superávit presupuestario de pleno empleo.
FULL-EMPLOYMENT EQUILIBRIUM, equilibrio de pleno empleo.
FULL-FAITH-AND-CREDIT DEBT, deuda municipal solidaria.
FULL-LOAD DRAFT, calado en plena carga.
FULL-PAGE ADVERTISEMENT, anuncio a toda plana.
FULL-PAID CAPITAL STOCK, capital social totalmente pagado.
FULL-PAID SHARES, acciones pagadas o cubiertas.
FULL-RATE TELEGRAM, telegrama de tarifa ordinaria.
FULL-SCALE PRODUCTION, producción en gran escala.
FULL-SCALE PROJECT, proyecto en gran escala.
FULL-SECURED CREDITOR, acreedor totalmente garantizado o preferente.
FULL-SERVICE WHOLESALER, mayorista de servicio completo.
FULL-TIME CREW, cuadrilla de trabajo de tiempo completo.
FULL-TIME EMPLOYEE, empleado de tiempo completo o de planta.
FULL-TIME OFFICER, funcionario de tiempo completo, ejecutivo de planta.
FULL-TIME POLITICAL ANALYST, analista político de tiempo completo.
FULL-TIME STAFF, personal de tiempo completo.
FULL-TIME TEACHER, profesor de tiempo completo.
FULL-TIME WORKER, obrero a horario completo, trabajador de tiempo completo.
FULLY, totalmente, completamente.
—— **AUTOMATED BOOKKEEPING MACHINE**, máquina de contabilidad totalmente automática.
—— **DILUTED EARNINGS**, utilidades completamente diluidas.
—— **DILUTED EARNINGS PER SHARE**, utilidades por acción totalmente diluidas.
—— **TAXABLE OBLIGATION**, obligación totalmente gravable, deuda totalmente impositiva.

FUN, diversión, broma, burla.
FUNCTION, función, desempeño, ocupación.
FUNCTIONS OF THE BUDGET, funciones del presupuesto.
FUNCTIONAL, funcional, de uso práctico.
—— ACCOUNTING, contabilidad por funciones.
—— AUTHORITY, autoridad funcional, poder o mando funcional.
—— CAREER, carrera profesional.
—— ORGANIZATION, organización funcional.
—— STATEMENT, estado de costos por funciones.
FUND, fondo, caja.
—— ACCOUNT, cuenta de fondo.
—— ACCOUNTABILITY, contabilidad de fondos.
—— ACCOUNTING, contabilidad de fondos.
—— ASSET, activo del fondo.
—— BALANCE, saldo del fondo.
—— BALANCE SHEET, balance general de un fondo.
—— GAP, brecha en los fondos, faltante en los recursos financieros.
—— GAP MANAGEMENT, administración del faltante en recursos financieros.
—— GROUP, grupo de fondos.
—— LIABILITY, responsabilidad del fondo.
—— OBLIGATION, obligación del fondo.
—— POOL, agrupamiento de fondos, fusión de fondos.
—— RAISING, obtención o adquisición de fondos.
—— SURPLUS, superávit o excedente del fondo.
——, TO, consolidar, proporcionar fondos.
FUNDS, fondos, recursos financieros, dinero.
—— ABROAD, fondos en el exterior.
—— FLOW, flujo de recursos financieros.
—— LIQUIDITY, liquidez de los recursos financieros.
—— OUTFLOWS, salida de fondos, flujo de fondos.
—— STATEMENT, estado de recursos o de fondos.
FUNDS-FLOW STATEMENT, estado de flujo de fondos.
FUNDED, consolidado.
—— DEBT, deuda a largo plazo, pasivo a largo plazo, deuda consolidada, pasivo consolidado.
—— LIABILITY, pasivo fijo.
—— PENSION PLANS, planes de pensión financiados.
—— RESERVE, reserva consolidada.
—— SECURITIES, valores de interés fijo.
FUNDHOLDER, rentista.
FUNDING BOND, bono de consolidación.
FUNDING RESOURCES, recursos de depósito de fondos, recursos de consolidación.
FUNERAL, funeral, sepelio.
—— EXPENSES, gastos funerarios o de sepelio.
FUNGIBLE, fungible.
FUR, piel.
—— COAT, abrigo de piel.
—— INDUSTRY, industria de las pieles.
FURNACE, horno, hogar.
FURNISH A BOND, otorgar o dar fianza.
FURNISH A GUARANTY, ofrecer o proporcionar garantía.
FURNISH EMPLOYMENT, ofrecer o brindar empleo.
FURNISH INFORMATION, proporcionar o facilitar información.
FURNISH MONEY, financiar, refaccionar.
FURNISH, TO, proveer, surtir, suministrar, proporcionar.
FURNISHED APARTMENT, apartamento o departamento amueblado.
FURNISHING, abastecimiento, suministro, aprovisionamiento.
FURNITURE, muebles, mobiliario.
—— AND FIXTURES, muebles y enseres, muebles y útiles, mobiliario y equipo.
—— FACTORY, mueblería, fábrica de muebles.
—— INDUSTRY, industria mueblera.
—— MANUFACTURE, fabricación de muebles.
—— STORE, mueblería, tienda de muebles.
FURTHER, más lejano, adicional, además, adelantar.
—— ADVISE, nuevo aviso.
—— INFORMATION, nuevos avisos, mayores informes.
—— INSTRUCTIONS, instrucciones adicionales.
FURTHERMORE, además.
FUTURE, futuro, porvenir.
—— CAPITAL VALUE, valor futuro del capital.
—— CASH INFLOWS, valor actual de ingresos futuros.
—— CASH OUTLAYS, desembolsos futuros.
—— EXCHANGE, mercado de futuros, bolsa de futuros.
—— INFLATION RATE, tasa de inflación futura, índice de inflación futura.
—— PRICE, precio para entrega futura.
—— VALUE, valor futuro.
FUTURES, futuros, convenios para entrega futura, compra-venta a futuro.
—— CONTRACT, contrato de futuros, contrato en el que al firmarlo se fija el precio de compraventa del producto y la fecha de la operación.
—— CONTRACT PRICES, precio de contrato de futuros.
—— PRICES, precio de futuros o a futuro.
—— TRADING, comercio de futuros, compra-venta a futuro.
FUTURISM, futurismo.
FUTURIST, futurista.

G

GADGET, dispositivo, artefacto.
GAGING, aforo, calibración, medición.
GAIN, ganancia, utilidad, beneficio, provecho.
—— **CONTINGENCIES**, contingencias en ganancias.
—— **OF VENTURE**, ganancia en cuenta de participación.
—— **OR LOSS**, ganancia o pérdida.
—— **SHARING**, participación en las utilidades o ganancias.
GAINFUL EMPLOYMENT, empleo provechoso, ocupación lucrativa o bien retribuida.
GALLEY, (imprenta) galera.
—— **PROOF**, prueba de galera, galerada.
GALLON, galón.
GAMBLING, juego de dinero, jugar al azar, especulación.
GAME, juego, deporte, caza.
—— **THEORY**, teoría de probabilidades, teoría de juegos.
GANG, cuadrilla, equipo, brigada.
—— **BOSS**, capataz de cuadrilla o de brigada.
GANTT'S WORK-SCHEDULING CHART, gráfica de Gantt de programación del trabajo.
GARAGE, garaje, cochera.
—— **OWNER**, dueño de garaje.
GARBAGE, basura, desperdicio de las ciudades.
—— **TRUCK**, camión de basura.
GARDEN, jardín, huerto.
—— **TOOL**, herramienta o implemento de jardín.
GARMENT, prenda de vestir.
GARNISH, TO, embargar.
GARNISHEE, embargado, embargar.
GARNISHMENT, embargo de bienes del deudor.
GAS, gas.
—— **COMPANY**, compañía o empresa de gas.
—— **METER**, gasómetro, contador de gas.
—— **RESERVES**, reservas de gas existentes en un yacimiento.
—— **SERVICES**, servicio de gas, servicio de suministro de gas.
—— **STATION**, estación de gasolina, gasolinería.
GATE, puerta, barrera, portón.
GATHER, TO, recoger, reunir, juntar.
GATT, Acuerdo General sobre Tarifas y Comercio.
GEAR, engrane, engranaje, equipo, útiles.
GEIGER COUNTER, contador Geiger.
GENERAL, general, usual, común.
—— **ACCEPTANCE**, aceptación general.
—— **ACCOUNTANT**, contador general.
—— **ACCOUNTING**, contabilidad general o comercial, contaduría general.
—— **ACCOUNTING OFFICE**, tribunal de cuentas.
—— **ACCOUNTS**, cuentas generales o principales.
—— **AUDIT**, auditoría general.
—— **AVERAGE**, promedio general, (seguro marítimo) avería gruesa.
—— **BALANCE SHEET**, balance general, balance de activo y pasivo.
—— **BONDED-DEBT FUND**, fondo general de la deuda consolidada.
—— **CARGO**, carga mixta o general.
—— **CASH**, caja general.
—— **CONTINGENCY RESERVE**, reserva para contingencias generales.
—— **CONTRACTOR**, contratista general.
—— **COUNSEL**, asesoría general.
—— **DELIVERY**, lista de correos.
—— **EXPENSES**, gastos generales.
—— **FACTORY OVERHEAD**, gastos generales de fábrica.
—— **FIXED-ASSETS FUND**, fondo general para activos fijos.
—— **FOREMAN**, capataz general, contramaestre.
—— **FUND**, fondo general.
—— **JOURNAL**, diario general, diario central.
—— **LEDGER**, mayor general, libro mayor general, mayor principal.
—— **LEDGER DEPARTMENT**, departamento del mayor general.
—— **MANAGER**, gerente o director general.
—— **MARKET SURVEY**, investigación o estudio general de mercado.
—— **MEETING**, junta o asamblea general.
—— **MERCHANDISE HOUSE**, tienda de mercancías en general.
—— **MORTGAGE**, hipoteca general o colectiva.
—— **OBLIGATION**, deuda general, obligación general.
—— **OBLIGATION BOND**, bono de obligación general.
—— **OFFICE SALARIES**, sueldos generales de oficina.
—— **OPERATING EXPENSE**, gasto general de operación.
—— **OVERHEAD**, gasto general de operación.
—— **PARTNER**, socio general, socio regular.
—— **PARTNERSHIP**, sociedad colectiva, agrupación.
—— **PATTERN**, norma general, modelo general.
—— **PRICE LEVEL**, nivel general de precios.
—— **PUBLIC**, público en general.
—— **RECORDS**, registros o libros generales.
—— **RESERVE**, reserva general.
—— **SPECIFICATIONS**, especificaciones generales, normas contractuales.
—— **STAFF PERSONNEL**, personal en general.
—— **STOCK**, acciones ordinarias en general.
—— **STORE**, tienda de mercancías en general.
—— **STRIKE**, huelga o paro general.
—— **SYSTEM THEORY**, teoría general de sistemas.
—— **UNEMPLOYMENT**, desempleo general.
—— **WELFARE**, bienestar general.
GENERAL-OBLIGATION BONDS, bonos de responsabilidad general.
GENERAL-PURPOSE FINANCIAL STATEMENT, estados financieros de uso general.

GENERALIZED COMPUTER AUDIT PROGRAM, programa generalizado de auditoría para computadora.
GENERALLY ACCEPTED, generalmente aceptados.
GENERALLY ACCEPTED ACCOUNTING PRINCIPLES, principios de contabilidad generalmente aceptados.
GENERALLY ACCEPTED AUDITING STANDARDS, normas de auditoría generalmente aceptadas.
GENTLEMEN, muy señores míos.
GENTLEMEN'S AGREEMENT, acuerdo o pacto de caballeros.
GEOGRAPHIC MARKET SEGMENTATION, segmentación geográfica del mercado.
GEOGRAPHIC PROFIT CENTER, centro geográfico de venta de productos baratos.
GEOGRAPHICAL, geográfico.
— **ALLOWANCES**, bonificación por cuestión geográfica.
— **BARRIER**, barrera geográfica, barrera debida a ubicación geográfica.
— **DIFFERENTIALS**, diferencias por ubicación geográfica.
— **DISPERSION OF MARKET**, dispersión geográfica del mercado.
— **DISTRIBUTION**, distribución por zona geográfica.
— **DIVERSIFICATION**, diversificación por zonas geográficas.
— **MARKET**, mercado geográfico.
— **ORGANIZATION**, organización geográfica.
— **PRICE DIFFERENTIALS**, diferenciales geográficos de precio.
GEOMETRIC, geométrico.
— **AVERAGE**, promedio geométrico.
— **MEAN**, media geométrica.
— **PROGRESSION**, progresión geométrica.
GEOMETRY, geometría.
GEOTHERMAL ENERGY, energía geotérmica.
GESTURAL LANGUAGE, lenguaje gesticulado o mediante gestos.
GET, obtener, conseguir, adquirir, ganar.
— **A JOB**, encontrar o conseguir empleo.
— **AWAY WITH IT**, resolver algo, salirse con la suya.
— **BACK**, recobrar o recuperar.
— **BEHIND**, respaldar, apoyar, fomentar, promover.
— **GOING**, emprender, activar, ponerse en marcha.
— **MARRIED**, casarse.
— **OUT**, salir, despedirse.
— **RICH**, enriquecerse, hacerse rico.
— **RID OF**, deshacerse o liberarse de.
— **TO WORK**, ponerse a trabajar.
GIFT, donativo, regalo, obsequio.
— **IN KIND**, donación en especie.
— **SHOP**, tienda de artículos de regalo.
— **TAX**, impuesto sobre donaciones o donativos.
— **TAX LAWS**, leyes de impuestos sobre donaciones.
GIFTED PEOPLE, persona brillante o talentosa.
GIFTS AND RELIEF IN AGRICULTURE, donaciones y subsidios a la agricultura.
GIVE, dar, conceder, donar.
— **AN ORDER**, hacer o colocar un pedido.
— **AWAY**, regalar u obsequiar.
— **IN**, ceder o acceder.
— **NOTICE**, avisar, notificar.
— **OUT**, publicar, proclamar, agotarse.
— **UP**, renunciar, abandonar, desistir.
— **WARNING**, prevenir, advertir.
GIVING-EFFECT STATEMENT, estado de actualización o supuesto.
GLANCE, AT FIRST, a primera vista.
GLASS, vidrio, cristal, vaso.
— **INDUSTRY**, industria vidriera.
— **SHOP**, vidriera, cristalería.
GLASSES, lentes, anteojos.
GLASSWARE, cristalería, artículos de vidrio.
GLOBAL NETWORK, red de distribución global o mundial.
GLOBAL SCALE, escala mundial.
GLOVE, guante.
GO, ir, andar, marchar.
— **AHEAD**, avanzar, adelantar, proseguir.
— **ASHORE**, desembarcar.
— **'ASTRAY**, extraviarse, descarriarse.
— **BETWEEN**, intermediario, corredor.
— **FIFTY-FIFTY**, ir a medias.
— **ON STRIKE**, ir a la huelga o a un paro.
— **ON VACATION**, salir o ir de vacaciones.
— **OUT OF BUSINESS**, liquidar el negocio.
— **OVER**, repasar, examinar, estudiar.
— **SHOPPING**, ir de tiendas o de compras.
GO-AND-NOT GO GAUGE, calibrador de aceptación-rechazamiento.
GO-GETTER, hombre de empuje, sujeto emprendedor, hombre muy enérgico.
GOAL, meta, objetivo.
— **ATTAINMENT**, logro u obtención del objetivo.
— **PRIORITIES**, prioridades de objetivos.
— **PROGRAMMING**, programación por metas.
— **SETTING**, fijación o establecimiento del objetivo.
GOING, activo, que funciona bien.
— **CONCERN**, empresa en marcha, negocio establecido.
— **CONCERN VALUE**, valor de negocio en marcha, valor de empresa en marcha.
— **PRICE**, precio de plaza o del mercado.
GOLD, oro, dorado, áureo.
— **ACCOUNT**, cuenta en oro.
— **BAR**, barra de oro.

—— BOND, bono pagadero en oro.
—— BULLION, lingote de oro.
—— CERTIFICATE, certificado de oro.
—— COIN, moneda de oro.
—— FIELD, campo aurífero.
—— FREE MARKET, mercado libre de oro.
—— RESERVE, reserva aurífera, respaldo en oro.
—— STANDARD, patrón oro.
GOLD-EXCHANGE STANDARD, patrón de divisa en oro.
GOLF, golf, deporte del golf.
—— COURSE, campo de golf.
GOOD, bien o efecto de comercio, bueno, válido, solvente.
—— APPEARANCE, bien presentada, de buena apariencia.
—— BARGAIN, negocio redondo, buen negocio.
—— ENOUGH, suficiente.
—— FAITH, buena fe.
—— , FOR, para siempre.
—— INVESTMENT, inversión productiva.
—— NAME, buena reputación, buena fama.
—— SENSE, sensatez.
—— STANDING, acreditado.
—— TIME, buen rato, rato agradable.
GOOD-LOOKING, buen mozo, guapo.
GOODS, mercancías, mercaderías, efectos de comercio.
—— AND SERVICES, bienes y servicios.
—— IN PROCESS, productos o artículos en proceso.
—— IN TRANSIT, mercancías o productos en tránsito.
—— INVOICED, mercancías o artículos facturados.
—— INWARDS NOTES, reportes de entrada de mercancías.
—— RECEIVED, mercancías recibidas.
—— SOLD, mercancías vendidas.
—— SOLD ON CREDIT, mercancías vendidas a crédito.
GOODNESS OF FIT, calidad del ajuste.
GOODWILL, crédito mercantil, plusvalía mercantil, reputación comercial, buen nombre.
GORILLA, gorila, matón, bruto.
GOSSIP, chisme, murmuración, habladuría.
GOVERN, TO, gobernar, dirigir, guiar.
GOVERNING BOARD, consejo administrativo, junta administrativa.
GOVERNMENT, gobierno, administración, dirección.
—— ACCOUNTING, contabilidad fiscal o gubernamental.
—— AGENCY, agencia del gobierno, agencia pública.
—— AGENCY BOND, bono de agencia del gobierno, título u obligación estatal.
—— AID TO AGRICULTURE, ayuda estatal a la agricultura.

—— BANK, banco estatal o nacional.
—— BOND, bono del estado, bono de tesorería o fiscal.
—— BUREAUCRACY, burocracia gubernamental, burocracia estatal.
—— CAPITAL OUTLAYS, desembolsos del gobierno en bienes de capital.
—— COERCION, coerción del gobierno, coacción gubernamental.
—— CONTRACT, contrato o convenio del gobierno.
—— CONTRACTING AGENCY, agencia de contratación del gobierno.
—— CONTRACTOR, contratista del gobierno.
—— CONTROLS AND REGULATIONS, control y disposiciones oficiales.
—— CREDIT, crédito estatal, crédito fiscal.
—— DEBT, deuda gubernamental o estatal.
—— DEBT OBLIGATIONS, obligaciones emitidas por el gobierno.
—— DEBT SECURITIES, valores de la deuda del gobierno.
—— EDICT, disposición gubernamental.
—— ENTERPRISES, empresas públicas o fiscales.
—— EXPENDITURES, gastos gubernamentales, desembolsos del gobierno.
—— EXPENDITURES FOR WAR, gastos públicos militares.
—— EXPENDITURES FOR WELFARE, gastos públicos para el bienestar.
—— EXPENDITURES IN NATIONAL INCOME, gastos públicos en la renta o ingreso nacional.
—— EXPENDITURES ON GOODS AND SERVICES, gastos públicos en bienes y servicios.
—— FISCAL POLICY, política fiscal del gobierno.
—— FOREIGN RELATIONS EXPERT, experto en relaciones gubernamentales extranjeras.
—— GRANTS, donaciones o concesiones gubernamentales.
—— INTERVENTION, intervención del gobierno.
—— LEADERSHIP, liderato del Estado, caudillaje estatal.
—— LOAN, empréstito público o del gobierno.
—— MARKET, mercado estatal, mercado del gobierno.
—— MONETARY POLICY, política fiscal del gobierno.
—— MONOPOLY, monopolio fiscal.
—— NOTE, billete fiscal, billete del Estado o del tesoro.
—— OBLIGATIONS, valores fiscales u oficiales.
—— OWNERSHIP, propiedad del gobierno o del Estado, patrimonio fiscal.
—— PAPER, obligaciones del Estado.
—— PRICE CONTROL, control de precios gubernamentales.
—— PROGRAMS, programas del gobierno.
—— PROTECTION OF BANKS, apoyo del gobierno a bancos.

——PURCHASES, compras del gobierno.
——REGULATIONS, regulaciones o disposiciones gubernamentales.
——RESEARCH PROJECTS, proyectos de investigación gubernamentales.
——REVENUE, rentas o ingresos del gobierno.
——SECURITIES, valores estatales o nacionales.
——SERVICES, servicios públicos, servicios que da el gobierno.
——SPENDING, gastos gubernamentales, gasto público.
——SPENDING PLANS, planes de egresos o gastos del gobierno.
——SUBCONTRACTOR, subcontratista del gobierno.
——SUBSIDIES, subsidios gubernamentales.
——TRANSFER PAYMENTS, pagos de transferencia gubernamentales.
——TREASURER, tesorero del gobierno, tesorero fiscal.
GOVERNMENT-BACKED MORTGAGE, hipoteca con respaldo del Estado, hipoteca avalada por el Estado.
GOVERNMENT-FORCED CONDEMNATION SALE, venta por expropiación gubernamental.
GOVERNMENT-ISSUED SECURITIES, valores emitidos por el Estado, títulos expedidos por el gobierno.
GOVERNMENT-OWNED AGENCY, agencia propiedad del gobierno, entidad gubernamental.
GOVERNMENT-OWNED COMPANY, compañía propiedad del gobierno, empresa estatal.
GOVERNMENT-SPONSORED AGENCY, agencia auspiciada o patrocinada por el gobierno.
GOVERNMENT-SUPERVISED COOPERATIVE, cooperativa supervisada por el Estado o por el gobierno.
GOVERNMENT'S TAXING POLICIES, políticas impositivas del gobierno.
GOVERNMENTAL, gubernamental.
——ANTITRUST POLICIES, políticas contra el monopolio, políticas antimonopolistas.
——AUDITING, auditoría gubernamental.
——AUDITOR, auditor del gobierno.
——AUTHORITIES, autoridades gubernamentales.
——DECISIONS, decisiones gubernamentales.
——DEPOSITS, depósitos del estado o gubernamentales.
——REGULATORY AGENCY, dependencia u oficina reguladora gubernamental.
GOVERNOR, gobernador, administrador, (mecánica) regulador.
GRACE, gracia, donaire, favor.
——PERIOD, período de gracia (seguro de vida).
GRADE, grado, calidad, clase, pendiente.
——CERTIFICATE, certificado de calidad.
——, DOWN, cuesta abajo.
——, TO, tasar, clasificar, nivelar.
——, UP, cuesta arriba.
GRADING, clasificación, nivelación.

GRADUATE, graduado, egresado de una institución de enseñanza.
——LIFE TABLE, tabla de expectativa de vida.
GRADUATE TAXATION, impuesto progresivo, tributación escalonada.
GRAFT, peculado, chanchullo, soborno político, mordida.
GRAIN, grano, cereales.
——EXCHANGE, bolsa o lonja de granos.
——FUTURES, futuros de granos.
——MARKET, mercado de granos.
——PRODUCTS, productos de granos.
GRAM, gramo.
GRAND, grande, admirable, grandioso.
——JURY, gran jurado de acusación.
——LARCENY, hurto mayor.
——TOTAL, total general, gran total.
GRANT, subvención, concesión, cesión.
——A PATENT, conceder u otorgar una patente.
——CREDIT, conceder crédito o fiar.
——LICENSES, conceder licencias.
——, TO, conceder, otorgar, ceder.
GRANT-IN-AID, donación, concesión, donativo del gobierno federal, subsidio federal.
GRANTEE, beneficiario, concesionario.
GRANTOR, otorgante, cedente, cesionista.
GRAPEVINE, comunicación informal entre empleados para transmitir información de palabra, vid, parra.
——COMMUNICATION, comunicación tipo parra o vid.
GRAPH, gráfica, diagrama.
——PAPER, papel cuadriculado o milimétrico.
——PLOTTER, graficador.
GRAPHIC, gráfico.
——ARTS, artes gráficas, industria gráfica.
——DISPLAY, exhibición gráfica, pantalla gráfica.
——MANAGEMENT TOOL, administración gráfica de herramientas.
——PLANNING, planeación o planificación gráfica.
GRAPHICAL BREAK-EVEN ANALYSIS, análisis gráfico del punto de equilibrio.
GRAPHICAL SCHEDULING TECHNIQUE, técnica de programación gráfica.
GRASS, hierba, pasto, césped.
——ROOTS, electorado.
GRATE, reja, verja.
GRATIFICATION, gratificación, recompensa, satisfacción.
GRAVE, sepulcro, tumba, sepultura.
GRAVERYAD SHIFT, turno de madrugada o último turno.
GRAY HEADED, canoso.
GRAY, gris, entrecano, canoso.
——MARKET, mercado de artículos escasos a precios excesivos.
GREASE, grasa, lubricante.
GREAT, grande, eminente, excelente.
——LOSS, quebranto.

GREATER THAN, mayor que.
GREED, codicia, avaricia.
GREEN, verde, novato, inexperto.
—— **LIGHT,** autorización para seguir adelante, luz verde de tránsito.
GREENBACK, papel moneda de E.U.A., billete.
GREETING, saludo, felicitación.
GRIEVANCE, agravio, injusticia.
—— **PROCEDURE,** procedimiento de reivindicación.
—— **RATE,** tasa o índice de quejas.
GRIND, TO, moler, afilar, machacar.
GROCERIES, comestibles, víveres, abarrotes.
GROCERY CHAIN, cadena de tiendas de abarrotes o de comestibles.
GROCERY STORE, tienda de víveres, bodega.
GROSS, bruto, tosco, craso, total.
—— **AMOUNT,** importe o cantidad total.
—— **BOOK VALUE,** valor bruto en libros.
—— **BONDED DEBT,** deuda bruta consolidada.
—— **BUSINESS SAVING,** ahorro bruto de los negocios.
—— **CASH INFLOW,** entrada bruta.
—— **COST OF MERCHANDISE SOLD,** costo bruto de mercancía vendida.
—— **DOMESTIC PRODUCT,** producto interno bruto.
—— **EARNINGS,** ganancias brutas, ingresos brutos, retribución bruta.
—— **ERROR,** error craso.
—— **INCOME,** renta bruta, ingresos brutos, entradas brutas.
—— **INTEREST,** interés bruto.
—— **LOAN LOSSES,** pérdidas brutas en préstamos.
—— **LOAN PORTFOLIO,** cartera o portafolio del préstamo bruto.
—— **LOAN RECOVERIES,** recuperación bruta en préstamos.
—— **LOSS,** pérdida bruta.
—— **MARGIN,** utilidad bruta, margen bruto, beneficio bruto.
—— **MARGIN PERCENTAGE,** porcentaje de margen bruto.
—— **MERCHANDISE MARGIN,** margen bruto en mercancías.
—— **NATIONAL DEBT,** deuda nacional bruta.
—— **NATIONAL INCOME,** ingreso nacional bruto.
—— **NATIONAL PRODUCT,** producto nacional bruto, producción bruta nacional.
—— **NEGLIGENCE,** gran negligencia o descuido.
—— **OPERATING SPREAD,** margen bruto de operaciones.
—— **OUTPUT,** producción bruta.
—— **PAY,** percepción bruta, salario bruto.
—— **PREMISES EXPENSES,** gasto bruto de las propiedades o de los bienes.
—— **PREMIUM,** prima bruta o total.
—— **PRICE,** precio bruto.
—— **PROCEEDS,** producto bruto.
—— **PROFIT,** utilidad bruta, ganancia bruta, beneficio bruto.
—— **PROFIT ANALYSIS,** análisis de la utilidad bruta.
—— **PROFIT MARGIN,** margen de la utilidad bruta.
—— **PROFIT METHOD,** método de la utilidad bruta.
—— **PROFIT ON SALES,** utilidad bruta en ventas.
—— **PROFIT RATIO,** razón del ingreso bruto.
—— **RECEIPTS,** rendimiento bruto, ingresos brutos.
—— **RENT,** renta bruta.
—— **RETURN ON STOCK INVESTMENT,** rendimiento bruto de inversión en acciones.
—— **REVENUE,** entradas o ingresos brutos.
—— **SALES,** ventas brutas.
—— **SALES VOLUME,** volumen bruto de ventas.
—— **TOTAL,** total bruto.
—— **UNREALIZED GAIN,** ganancia bruta no realizada.
—— **UNREALIZED LOSS,** pérdida bruta no obtenida.
—— **VALUE,** valor bruto.
—— **WEIGHT,** peso bruto.
—— **YIELD,** rendimiento bruto, producto bruto.
GROSS-PROFIT RATE, porcentaje de utilidad bruta.
GROSS-PROFIT RATIO, índice de utilidad bruta.
GROUND, terreno, suelo, territorio.
—— **FLOOR,** planta baja, bajos.
—— **TRANSPORTATION,** transporte terrestre.
GROUND-RENTS, censos, alquiler de terreno.
GROUNDWORK, plan, base, fundamento.
GROUP, grupo, colectivo.
—— **ACCIDENT INSURANCE,** seguro de grupo contra accidentes.
—— **ANNUITY,** anualidad o pensión de grupo.
—— **BUYING,** compra en cooperativa de tiendas independientes.
—— **COHESION,** cohesión o unidad de grupo.
—— **DEPRECIATION,** depreciación por el método de vida compuesta.
—— **DEVELOPMENT,** desarrollo del grupo, preparación del grupo.
—— **DESABILITY COVERAGE,** seguro colectivo de incapacidad, cobertura del seguro colectivo de incapacidad.
—— **DYNAMICS,** dinámica de grupo.
—— **FINANCIAL STATEMENT,** estado financiero de agrupamiento.
—— **HEAD,** jefe o director de grupo.
—— **HEALTH INSURANCE,** seguro colectivo de salud.
—— **INSURANCE,** seguro colectivo o de grupo.
—— **INTERACTION,** interacción del grupo.
—— **LEADER,** jefe de grupo.
—— **LIFE INSURANCE,** seguro de vida colectivo o de grupo.
—— **NORM,** normas de grupo.
—— **POLICY,** póliza de grupo.
—— **RATE,** tarifa de grupo.
—— **SICKNESS INSURANCE,** seguro colectivo contra enfermedades.
—— **STANDARDS,** normas de conducta de grupo.
GROW OLD, envejecer.
GROW, TO, crecer, cultivar, criar, producir.
GROW UP, crecer, desarrollarse.

GROWER, cosechero, agricultor, colono, cosechero de productos agrícolas.
GROWTH, crecimiento, aumento, desarrollo.
—— CURVE, curva de crecimiento.
—— FORMULA, fórmula de crecimiento.
—— OF DEBT, aumento de la deuda.
—— OF DEMAND, aumento o crecimiento de la demanda.
—— OF EXPENDITURES, aumento de gastos o desembolsos.
—— OF POLITICAL POWER, aumento de poder político.
—— OF PRODUCTIVITY, aumento o incremento de productividad.
—— RATE, tasa de crecimiento.
—— RECORD, registro de crecimiento o de desarrollo.
—— STOCK, acciones de compañía de gran futuro.
GROWTH-ORIENTED COMPANY, empresa que tiende al crecimiento.
GRUMBLE, TO, refunfuñar, quejarse.
GUARANTEE, garantía, caución, garante.
—— FUND, fondo o caja de garantía.
—— SOCIETY, empresa de finanzas.
GUARANTEED, garantizado, afianzado.
—— ANNUAL WAGE, salario anual garantizado.
—— BOND, bono garantizado o avalado.
—— DIVIDENDS, dividendos garantizados.
—— JOB, empleo garantizado, trabajo seguro.
—— STOCK, acciones de dividendo protegido.
GUARANTEED-DIVIDEND POLICY, póliza de dividendos garantizados.
GUARANTOR, fiador, garante, avalista.
—— BANK, banco que da garantía.
GUARANTY, garantía, caución.
—— SURPLUS, superávit de garantía.
——, TO, garantizar, respaldar.
GUARD, guardia, vigilante.
——, TO, guardar, vigilar, resguardar.
——, TO BE ON, estar en guardia, estar alerta.
GUARDIAN, (legal) tutor, guardián, custodio.
GUESS, TO, conjeturar, suponer, adivinar.
GUEST, cliente, huésped, invitado.
GUIDE, guía, director, conductor.
—— SLIP, volante, guía.
GUIDEPOST, indicador, poste indicador.
GUILD, gremio, hermandad.
GUILTY, culpable, delincuente, reo.
GULF, golfo, abismo.
GUM, goma.
——, TO, engomar, pegar con goma.
GUN, arma de fuego, fusil, cañón, escopeta.
GUNFIRE, tiroteo, cañoneo.
GUNPOWDER, pólvora.
GUY, tirante, sujeto, tipo.
GYMNASIUM, gimnasio.

H

HAGGLE, TO, regatear.
HAGGLING, regateo.
HAILSTORM, granizada.
HALF, mitad, medio.
—— **A YEAR,** semestre.
—— **FARE,** medio pasaje, media tarifa.
—— **HOLIDAY,** medio día festivo.
—— **MONTH,** quincena.
—— **PAY,** medio sueldo o paga.
—— **PRICE,** medio precio, mitad de precio.
—— **SPEED,** media velocidad.
—— **TIME,** media tarea.
HALF-PAGE INSERTION, inserción de media plana.
HALF-SIZE, de medio tamaño.
HALF-WAY, a medio camino, equidistante.
HALF-YEARLY, semestral.
HALFTONE, medio tono, (imprenta) media tinta.
HALLWAY, corredor.
HAND, mano, firma, operario.
——, **AT,** a la mano, cerca.
—— **BAGGAGE,** equipaje o bulto de mano.
—— **COMPOSITION,** composición a mano, impresión a mano (artes gráficas).
—— **IN A REPORT,** presentar un informe.
—— **LABOR,** mano de obra, trabajo manual.
—— **OVER,** entregar.
—— **POWER,** fuerza laboral o de mano de obra.
——, **TO,** entregar, dar.
—— **TOOL,** herramienta de mano o manual.
HAND-SORTED INTO NUMERICAL ORDER, ordenar manualmente en secuencia numérica (computación).
HAND-SORTING, clasificación manual.
HAND-TO-MOUTH BUYING, compra para uso inmediato.
HANDBAG, maletín, bolsa o bolso de mano.
HANDFUL, puñado, grupo, manojo.
HANDICAP, desventaja, impedimento, desigualdad.
HANDICAPPED PERSON, persona con impedimento físico o defecto físico.
HANDICRAFT, artesanía, oficio, habilidad manual.
HANDLE, mango, agarradera, manija.
—— **MEN,** manejar gente.
——, **TO,** manejar, manipular, maniobrar.
—— **WITH CARE,** frágil, manéjese con cuidado.
HANDLING, manejo, manipulación, gestión.
—— **CHARGES,** gastos de manejo, derechos de maniobra.
—— **COST,** costo de manejo o despacho.
HANDMADE, hecho o confeccionado a mano.
HAMDOUT, boletín de prensa, volante.
HANDSHAKE, apretón de manos.
HANDWORK, trabajo manual o hecho a mano.
HANDWRITING, letra manuscrita, caligrafía.

HANDWRITTEN DOCUMENT, documento escrito a mano.
HANDY, conveniente, útil, a la mano.
—— **MAN,** persona habilidosa en diversos trabajos.
HANG, colgar, suspender, ahorcar.
—— **AROUND,** rondar.
—— **BACK,** rezagarse, vacilar, resistirse.
—— **ON,** colgarse de, persistir.
—— **UP,** colgar el teléfono.
HAPHAZARD, casual, fortuito.
—— **GUESSWORK,** tanteo, cálculo aproximado, conjetura, suposición.
—— **SAMPLING,** encuesta al azar.
HAPPEN, TO, suceder, pasar, acontecer.
HARBOR, puerto, refugio, asilo.
—— **DUES,** derechos portuarios.
——, **TO,** abrigar, albergar, amparar.
—— **WORKS,** obras portuarias.
HARD, duro, difícil, fuerte.
—— **CASH,** dinero en efectivo.
—— **FACTS,** hechos evidentes.
—— **FEELINGS,** rencor, inquina.
—— **GOODS,** bienes durables, artículos duraderos.
—— **JOB,** trabajo pesado, tarea dura.
—— **LUCK,** mala suerte.
—— **TIMES,** depresión, tiempos difíciles.
—— **UP,** en apuros, sin dinero.
—— **WATER,** agua dura.
HARD-CORE UNEMPLOYMENT, desempleo penoso o difícil.
HARD-WORKING, asiduo, diligente, trabajador.
HARDWARE, ferretería, quincalla, equipo de computadora.
—— **CONTROL,** control integrado al equipo (computación).
—— **STORE,** ferretería, quincallería.
HARMONIC MEAN, media armónica.
HARMONIC PROGRESSION, progresión armónica.
HARVEST, cosecha, recolección, levantar la cosecha.
HARVESTING, cosecha, recolección.
HASH TOTAL, cifra de control.
HASSLE, confusión, enredo, pelea.
HASTE, prisa.
——, **IN,** de prisa.
——, **TO MAKE,** darse prisa.
HATE, odio, aborrecimiento, aversión.
——, **TO,** odiar, aborrecer.
HAUGHTY, arrogante, soberbio.
HAUL, acarreo, transporte.
——, **TO,** acarrear, transportar.
HAULAGE, acarreo, arrastre, transporte.
HAULING CHARGES, costos de acarreo o de transporte.
HAVE, tener, haber, conseguir.
—— **DONE,** hacer arreglos para.
—— **INSURED,** tener asegurado.
—— **IT OUT,** poner punto final a un asunto, terminarlo.

—— PAID, mandar a pagar.
HAY, heno, forraje, pasto.
HAZARD, riesgo, peligro.
HEAD, cabeza, cima, jefe.
—— CLERK, primer oficinista, oficial mayor.
—— FOR, dirigirse a.
—— MAN, jefe, principal.
—— OF DEPARTMENT, jefe o titular de una oficina.
—— OFF, atajar, detener.
—— OFFICE, casa matriz o principal, cuartel general.
—— TAX, impuesto per cápita, impuesto de inmigración.
—— TELLER, cajero principal, cajero contador.
——, TO, encabezar, mandar.
—— TOWARDS, dirigirse a.
HEAD-END BUSINESS, transporte por correo expreso.
HEADACHE, dificultad, dolor de cabeza.
HEADING, título, encabezado, membrete, dirección.
—— EXPENSE, concepto de gasto.
—— OF THE INVOICE, encabezado de la factura.
HEADLINE, encabezado, título, titular.
HEADMASTER, director de un colegio.
HEADQUARTERS, oficina o dirección general, jefatura, cuartel general, sede.
—— POOL, fusión o integración de las oficinas centrales.
HEADS OR TAILS, cara o cruz.
HEALTH, salud, sanidad.
—— CARE, cuidado de la salud, atención de la salud.
—— CERTIFICATE, certificado de salud, carnet sanitario.
—— DEPARTMENT, dirección de salubridad, departamento de salud.
—— FACILITIES, servicios de salud, instalaciones para atención de la salud.
—— INSURANCE, seguro de invalidez o enfermedad.
—— OFFICER, oficial de cuarentena o de sanidad.
—— SPAS, balnearios.
HEALTHY GROWTH, crecimiento sano, crecimiento bueno.
HEAR, oír, saber, percibir.
—— FROM, recibir aviso de.
—— IT SAID, oír decir.
—— OF, tener noticias.
HEARING, audiencia, vista juicio preliminar.
—— AID, audífono.
——, HOLD A, celebrar una audiencia.
HEARSAY EVIDENCE, testimonio de oídas.
HEART, corazón, ánimo.
——, AT, en realidad.
—— ATTACK, ataque cardíaco.
HEARTBROKEN, desengañado, desilusionado, adolorido.

HEAT, calefacción, calor, ardor, celo de los animales.
—— BARRIER, barrera térmica.
——, TO, calentar, calentarse.
—— WAVE, ola de calor.
HEATER, calentador, calefactor.
HEATING, calefacción, calentamiento.
—— EQUIPMENT, equipo de calefacción.
—— OIL, aceite combustible o de calefacción.
HEATPROOF, a prueba de calor.
HEAVY, pesado, espeso, fuerte, difícil.
—— CHARGES, gastos fuertes o cuantiosos.
—— CONSTRUCTION, construcción pesada.
—— DEBTS, deudas grandes o considerables.
—— DUTY, servicio o trabajo pesado.
—— GRADE, pendiente pronunciada.
—— INDUSTRY, industria pesada o de manufactura.
—— LOSS, fuerte pérdida, gran pérdida.
—— MANUFACTURING, fabricación o manufactura de maquinaria pesada.
—— MARKET, tendencia bajista, mercado a la baja.
—— RAINFALL, lluvia copiosa.
—— SALES, ventas cuantiosas o grandes.
—— TASK, tarea difícil.
—— TAXES, altos impuestos.
—— TRAFFIC, tráfico intenso.
—— WEAPONS, armamento pesado.
HEAVY-SET, robusto, ancho de espaldas.
HECTARE, hectárea.
HECTOLITER, hectolitro.
HEDGE, resguardo, cobertura, transacción financiera efectuada para protegerse de otra transacción anterior.
—— CLAUSE, cláusula de protección o de resguardo.
—— PURCHASES, compras compensadoras o de previsión.
HEDGING, cobertura o compensación en transacciones.
—— ASSETS AND LIABILITIES, operaciones compensatorias con activos y pasivos.
HEIR, heredero.
HELICOPTER, helicóptero.
HELIPORT, helipuerto, área de aterrizaje de helicópteros.
HELMET, casco, casquete.
HELP, ayudar, auxiliar, socorrer.
—— WANTED, se necesitan empleados.
—— YOURSELF, sírvase usted mismo.
HELPER, ayudante, auxiliar, asistente.
HELPMATE, compañero y ayudante.
HEREAFTER, en adelante, en lo futuro.
HEREBY, por la presente, por esto.
HERETOFORE, hasta ahora.
HEREUNDER, por la presente, en virtud de este.
HEREWITH, adjunto, con la presente.
HERITAGE, herencia, patrimonio.
HERO, héroe, protagonista.

HEURISTIC, heurístico.
HEXADECIMAL, hexadecimal, sistema numérico con base de diez y seis.
HIDDEN RESERVES, reserva encubierta en libros.
HIDE, piel, cuero.
HIDE, TO, ocultar, ocultarse, esconder, disimular.
HIERARCHY, jerarquía.
—— OF AUTHORITY, jerarquía de autoridad.
—— OF NEEDS, jerarquía de necesidades.
HIGH, alto, superior, elevado, poderoso.
—— COST OF LIVING, carestía de la vida.
—— EMPLOYMENT, nivel elevado de empleo, alto nivel de empleo.
—— FINANCE, altas finanzas.
—— INTEREST RATE, tasa de interés alta, tipo de interés alto.
—— LIFE, alta sociedad.
—— OUTPUT, rendimiento elevado o alto.
—— SCHOOL, escuela de segunda enseñanza en E.U.A.
—— SEAS, alta mar.
—— SPEED CARD SORTER, (computación) clasificadora de tarjetas de alta velocidad.
—— TIDE, marea alta o llena, pleamar.
—— TURNOVER GOODS, artículos de rotación acelerada.
—— UNEMPLOYMENT, período de recesión o de gran desempleo.
HIGH-CLASS, de gran calidad, de categoría.
HIGH-GRADE, de primera clase, superior, de alta calidad.
HIGH-INCOME CLASS, clase de ingresos altos, personas de solvencia económica.
HIGH-INCOME CONSUMER, consumidor de alto ingreso.
HIGH-OUTPUT POLICY, política de alta producción.
HIGH-PRICED, caro, costoso.
HIGH-PRIORITY GOAL, objetivo de gran prioridad.
HIGH-PROOF, de alto contenido de alcohol.
HIGH-SCHOOL PRINCIPAL, director de secundaria.
HIGH-SPEED DRIVING, manejo a alta velocidad o a gran velocidad.
HIGH-SPEED PRINTER, (computación) impresora de alta velocidad.
HIGH-SPIRITED, animoso, valiente.
HIGH-TECHNOLOGY INDUSTRY, industria de alta tecnología, industria de tecnología especializada.
HIGH-TURNOVER MERCHANDISE, mercancía de gran demanda o de mucho movimiento.
HIGH-YIELD BOND, bono de rendimiento alto.
HIGH-YIELD PROJECTS, proyectos de alto rendimiento.
HIGHEST BIDDER, el mejor postor, el que más ofrece en una subasta.
HIGHLIGHT, destacar, hacer énfasis.
HIGHLIGHTS, puntos destacados o notables.
HIGHLY DEVELOPED COUNTRIES, países muy desarrollados.

HIGHWAY, carretera, calzada.
—— CARRIER, empresa de transporte vial.
—— ENGINEERING, ingeniería vial o de caminos.
—— POLICE, policía vial.
—— SYSTEMS, sistemas de carreteras.
—— TRAFFIC, tránsito o tráfico vial, tránsito en carretera.
HIGHWAY-USER TAX, impuesto vial, impuesto por uso de carretera.
HINGE, bisagra, gozne.
HINT, indicación, indirecta, alusión.
HIRE, alquiler, arriendo, fletamento.
——, FOR, se alquila, de alquiler.
—— PURCHASE, arrendamiento con opción de compra, compra a plazos.
——, TO, contratar, emplear personal.
HIRER, alquilador, arrendador.
HIRING PEOPLE, contratación de personal, emplear personal.
HISTOGRAM, histograma.
HISTORIAN, historiador, cronista.
HISTORICAL, histórico.
—— COST, costo histórico o real.
—— RATE, tipo o tasa histórica.
—— SALES, ventas históricas.
HISTORY, historia, antecedentes.
HIT, pegar, golpear, herir.
—— AND RUN, atropellar y huir en automóvil.
—— THE MARK, dar en el blanco.
HITCHHIKE, pedir a automovilistas transportación gratis.
HOARD, TO, atesorar, acopiar.
HOARDING, atesoramiento, acaparamiento.
HOBBY, pasatiempo, entretenimiento, manía.
HOG, puerco, cerdo, cochino.
—— MARKET, mercado porcino.
—— SLAUGHTER, matanza de cerdos.
HOIST, malacate, aparejo, grúa.
—— TO, izar, alzar, elevar.
HOLD, asa, mango, dominio.
—— A HEARING, celebrar o tener una audiencia.
—— A MEETING, celebrar o tener una reunión.
—— AN ELECTION, efectuar o celebrar una elección.
—— BACK, retener, detener.
—— CREW, cuadrilla de estiba.
—— DOWN A JOB, desempeñar un cargo.
—— OFF, detener, retener, esperar.
—— OFFICE, desempeñar un cargo, tener funciones.
—— ON, persistir, agarrarse.
—— OVER, aplazar, durar.
—— RESPONSIBLE, hacer responsable o tener la responsabilidad.
—— THE LINE, mantener la comunicación telefónica.
—— THE PRICE, mantener el precio.
——, TO, agarrar, asir, retener.
—— UP, atrasar, aplazar, extorsionar.

HOLD-HARMLESS AGREEMENT, convenio de liberación de responsabilidades.
HOLDER, portador, tenedor.
—— IN DUE COURSE, tenedor legítimo o de buena fe.
—— OF A BILL, tenedor de una letra.
—— OF DEBENTURES, tenedor de obligaciones.
—— OF SECURITIES, tenedor de valores.
HOLDING, posesión, tenencia.
—— COMPANY, compañía matriz, compañía controladora, compañía propietaria, compañía tenedora de acciones.
—— COMPANY BANK, banco que controla la operación de otro.
—— COMPANY FUND, fondo de compañía matriz, fondo de compañía tenedora de acciones.
—— COST, costo de posesión.
—— GAIN, ganancia por posesión.
—— PERIOD, período de tenencia.
HOLDINGS, participaciones, tenencias, propiedades, valores en cartera.
HOLDUP, extorsión, atraco, cargo excesivo.
—— INSURANCE, seguro contra atraco.
HOLIDAY, día de fiesta, día de asueto o feriado, vacaciones.
—— PAY ACCRUALS, primas por vacaciones.
—— WITH PAY, vacaciones pagadas o retribuidas.
HOLOGRAPHIC WILL, testamento ológrafo.
HOLY, santo, sacro, sagrado.
—— WEEK, Semana Santa.
HOME, domicilio, hogar, casa, país de origen, nacional.
—— ADDRESS, dirección personal o del domicilio.
—— APPLIANCES, aparatos caseros o domésticos.
——, AT, en casa, en el país.
—— BANKING, servicio bancario casero, servicio bancario mediante pantalla de televisión y teléfono conectado al banco del cliente.
—— BUYER, comprador doméstico o nacional.
—— CONSUMPTION, consumo doméstico o nacional.
—— DELIVERY, entrega a domicilio.
—— ECONOMICS, economía doméstica.
—— IMPROVEMENT LOAN, préstamo o empréstito para mejora de residencia.
—— INDUSTRY, industria nacional o doméstica.
—— LOAN, préstamos para adquisición de casa o residencia.
—— MARKET, mercado nacional o interior.
—— MICROCOMPUTER, microcomputadora del hogar o casera.
—— MORTGAGE hipoteca de casa o de residencia.
—— MORTGAGE LOAN, préstamo sobre hipoteca de casa o de residencia.
—— OFFICE, casa matriz, oficina principal.
—— OFFICE RECORDS, documentos de la oficina central.
——, TO GO, irse a su casa o a su tierra.

—— USE TEST QUESTIONAIRE, cuestionario para prueba de uso en el hogar.
HOMEMADE, hecho en el país, fabricación casera o nacional.
—— LEVERAGE, apalancamiento casero.
HOMEMAKER, fabricante nacional o doméstico.
HOMEOWNER, propietario de casa.
HOMESICK, nostálgico.
HOMESTEAD, casa o finca solariega, heredad.
—— LAWS, leyes de patrimonio familiar.
HOMEWORK, trabajo casero o a domicilio.
HOMEWORKER, trabajador a domicilio.
HONEST, honrado, probo, recto.
HONESTY, honestidad, probidad, honradez, rectitud.
HONEY, miel, querido, dulzura.
HONEYMOON, luna de miel.
HONOR, honor, rectitud, honradez.
—— A DRAFT, atender un giro.
—— AN ORDER, aceptar el pedido o la orden.
——, UPON MY, por mi honor, palabra de honor.
——, TO, cancelar, reconocer, pagar, aceptar.
HOOKUP, conexión, red, cadena.
HOPE, esperanza.
——, TO, esperar, anhelar, confiar.
HOPEFUL, prometedor, esperanzado.
HOPELESS, desahuciado, inútil, incurable.
——, IT IS, no tiene remedio.
HORIZONTAL, horizontal.
—— AUDIT, auditoría horizontal.
—— COMBINATION, consolidación horizontal de empresas competidoras.
—— INTEGRATION, integración horizontal de empresas competidoras.
—— MERGER, fusión horizontal.
—— SPECIALIZATION, especialización horizontal.
HORSE, caballo.
—— DOCTOR, veterinario.
—— RACE, carrera de caballos.
—— SENSE, sentido común.
HORSEPOWER, caballo de fuerza, caballaje.
HORSESHOE, herradura.
HORTICULTURE, horticultura, cultivo de hortalizas.
HOSE, manguera, medias.
HOSPITAL, hospital.
—— EXPENSES, gastos de hospitalización o de hospital.
—— SERVICES, servicios de hospital, atención hospitalaria.
—— TREATMENT, atención hospitalaria.
HOSPITAL-AND-SURGICAL COVERAGE, seguro de gastos de hospital e intervención quirúrgica.
HOSPITALIZE, TO, hospitalizar, internar a un paciente en un hospital.
HOST, huésped, anfitrión, posadero.
—— COUNTRY, país huésped, país anfitrión.
—— GOVERNMENT, gobierno anfitrión, gobierno huésped.
HOSTESS, anfitriona, azafata, patrona.

HOT, caliente, caluroso, cálido.
—— CAKE, panqué.
—— DOG, perro caliente.
—— PLATE, hornilla, hornillo.
—— SEAT, silla eléctrica.
—— SPRINGS, aguas termales.
—— TEMPERED, malgeniudo, irascible, de mal carácter.
HOTCHPOT, fondo de propiedad común.
HOTEL, hotel.
—— CHAIN, cadena de hoteles.
—— RESERVATION, reservación de hotel.
—— WORKERS, trabajadores gastronómicos.
HOTELKEEPER, hotelero, fondista.
HOUR, hora.
——, BY THE, por horas.
——, ON THE, a la hora en punto.
HOURLY, por hora.
—— EARNINGS, salarios o retribución por hora.
—— EMPLOYEE, obrero que trabaja por hora.
—— PRODUCTION, producción por hora.
—— RATE, salarios por hora, tasa por hora.
—— WAGES, jornal o salarios por hora.
HOUSE, casa, vivienda, domicilio.
—— PHYSICIAN, médico residente.
——, TO, hospedar, alojar.
HOUSE-TO-HOUSE COLLECTION, cobro o cobranza de casa en casa.
HOUSE-TO-HOUSE RETAILING, ventas al menudeo de casa en casa.
HOUSEFURNISHINGS, artículos del hogar, ajuares caseros.
HOUSEHOLD, hogar, familia, casero.
—— APPLIANCES, aparatos caseros o domésticos.
—— BUILDING MATERIALS, materiales para construcción.
—— EQUIPMENT, enseres o aparatos domésticos.
—— EXPENDITURES, normas de gastos del hogar.
—— FURNISHINGS, mobiliario doméstico.
—— GOODS, artículos caseros, productos del hogar.
—— INCOME, ingreso de la familia o del hogar.
—— SECTOR, sector familiar.
—— SPENDING, gastos del hogar o de la familia.
HOUSEHOLDER DEBT, deuda del dueño de casa.
HOUSEKEEPER, casera, ama de llaves.
HOUSEKEEPING, administración del hogar, limpieza.
HOUSEWIFE, ama de casa, madre de familia.
HOUSING, alojamiento, vivienda, habitación, albergue.
—— CREDIT, crédito para construcción de viviendas.
—— DEVELOPMENT, proyecto de viviendas o habitacional.
—— SUBSIDY, subvención o subsidio para viviendas.
—— UNIT, unidad de vivienda, vivienda de una sola casa.

—— UNITS CONSTRUCTED, unidades de vivienda construidas, unidades habitacionales fabricadas.
—— URBAN PROBLEMS, problemas urbanos habitacionales.
HOW, cómo, cuánto, qué.
—— ARE YOU, ¿cómo está usted?
—— FAR, ¿a qué distancia?, ¿hasta donde?
—— LONG, ¿cuánto tiempo?
—— MANY, ¿cuántos?
—— MUCH, ¿cuánto?
HUCKSTER, vendedor ambulante, traficante.
HUMAN, humano.
—— BEHAVIOR, comportamiento humano, conducta humana.
—— BEING, ser humano.
—— COST, costo humano.
—— ENDEAVORS, esfuerzos o intentos humanos.
—— ORGANIZATION, organización humana.
—— RELATIONIST, persona dedicada a las relaciones públicas.
—— RELATIONS, relaciones humanas.
—— RELATIONS MOVEMENT, movimiento de relaciones humanas.
—— RESOURCE PLANNING, planificación de recursos humanos.
—— RESOURCES, recursos humanos, personal de trabajo disponible.
—— RIGHTS, derechos humanos.
—— WANTS, necesidades humanas.
—— WELFARE, bienestar humano.
HUNCH, impresión, corazonada, joroba, giba.
HUNDRED, cien, ciento, centenar, centena.
HUNDREDWEIGHT, quintal (cien libras).
HUNGER, hambre.
—— STRIKE, huelga de hambre.
——, TO, tener hambre.
HUNGRY, TO BE, tener hambre.
HUNT, TO, cazar, buscar, perseguir.
HUNTING, cacería, montería.
HURRICANE, huracán.
—— INSURANCE, seguro contra huracán y tornado.
HURRY, prisa, precipitación, premura.
—— BACK, volver pronto.
——, TO BE IN A, tener prisa, estar de prisa.
—— UP, darse prisa, apresurarse.
HURT, TO, dañar, herir, perjudicar, lastimar.
HUSBAND, esposo, marido.
HUSBANDRY, exploración agropecuaria, labranza, agricultura.
HUSTLE, tener mucha actividad en negocios, afanarse.
HUT, cabaña, choza.
HYBRID RESERVE, reserva híbrida.
HYDRAULIC, hidráulico.
—— ENGINEER, ingeniero o técnico hidráulico.
HYDROELECTRIC, hidroeléctrico.
—— DEVELOPMENT, proyecto o desarrollo hidroeléctrico.

—— ENERGY, energía hidroeléctrica.
—— PLANT, planta o central hidroeléctrica.
HYDROGEN, hidrógeno.
—— BOMB, bomba de hidrógeno.
—— ENERGY, energía del hidrógeno.
—— REACTOR, reactor de hidrógeno.
HYDROPLANE, hidroplano.
HYGIENE, higiene.

HYGIENIST, higienista.
HYPOTHECATED ASSETS, activo pignorado, activo hipotecado.
HIPOTHECATION, hipoteca, gravamen, pignoración.
HYPOTHESIS, hipótesis.
—— TESTING, prueba de hipótesis.

I

ICE, hielo.
—— CREAM, helado.
—— PLANT, fábrica de hielo.
——, TO, helar.
ICE-CREAM FACTORY, fábrica de helados.
ICEBERG, témpano de hielo.
ICEBOX, nevera, refrigerador.
ICESKATE, TO, patinar en hielo.
ICONIC MODEL, modelo icónico.
IDEA, idea, noción.
IDEAL STANDARD COST, costo estándar ideal.
IDENTICAL QUANTITIES, cantidades idénticas.
IDENTIFICATION, identificación.
—— BADGE, placa de identificación.
—— PLATE, placa o chapa de identificación.
IDENTITY, identidad.
—— CARD, tarjeta de identificación.
IDLE, ocioso, desocupado, parado.
—— CAPACITY, capacidad ociosa, capacidad no utilizada.
—— CAPITAL, capital ocioso, capital inactivo o sin invertir.
—— CASH, efectivo ocioso, dinero inactivo.
—— CASH HOLDINGS, efectivo ocioso.
—— FACILITIES, instalaciones ociosas, edificios desocupados.
—— LABOR, mano de obra ociosa, obreros desocupados.
—— OR UNPRODUCTIVE CAPITAL, capital improductivo, capital ocioso, capital inactivo o por invertir.
—— PERSONNEL, personal ocioso, personal inactivo.
—— PLANT, planta inactiva o parada, planta ociosa.
—— TALENT, talento ocioso o desaprovechado.
—— TIME, tiempo ocioso, tiempo inactivo, tiempo perdido.
IDLE-CAPACITY COST, costo de capacidad no utilizada.
IDLER, haragán, perezoso.
IGNORANCE, ignorancia.
IGNORANT, ignorante.
ILL, enfermo, malo, mal, calamidad.
—— HEALTH, mala salud, enfermizo.
—— WILL, mala voluntad, odio.
ILL-TIMED INVESTMENTS, inversiones inoportunas.
ILLEGAL, ilegal, ilícito.
—— ACT, acto o acción ilegal.
—— INTEREST, usura, tipo ilegal de interés.
—— STRIKE, huelga ilegal o desautorizada.
ILLEGITIMATE, ilegítimo.
—— CHILD, hijo ilegítimo.
ILLITERATE, analfabeto, iliterato.
ILLNESS, enfermedad, mal, dolencia.
ILLTEMPERED, malgeniudo.
ILLTIMED, inoportuno, intempestivo.
ILLUMINATE, TO, iluminar, alumbrar.

ILLUMINATING GAS, gas de alumbrado.
ILLUMINATING OIL, kerosina, aceite de alumbrado.
ILLUSTRATION, ilustración, dibujo, grabado.
ILLUSTRATOR, ilustrador.
IMAGINARY NUMBER, número imaginario.
IMAGE, TO, imaginar, figurarse.
IMITATE, TO, imitar.
IMMATERIAL, sin importancia, insignificante, inmaterial.
—— ASSETS, activo intangible.
—— ERROR, error insignificante, error sin importancia.
—— IRREGULARITY, irregularidad insignificante.
IMMEDIATE, inmediato, urgente.
—— ACCESS, acceso inmediato, acceso directo (computación).
—— ANNUITIES, anualidades inmediatas.
—— BENEFIT, protección inmediata del seguro.
IMMIGRANT, inmigrante.
IMMIGRATION, inmigración.
—— AUTHORITIES, autoridades de inmigración.
—— STATUS, estado migratorio, calidad migratoria de una persona.
IMMOBILIZE, TO, inmovilizar, paralizar.
IMMOBILIZED ASSETS, activo fijo, activo inmovilizado.
IMMORAL, inmoral, licencioso.
IMMOVABLES, inmuebles, bienes raíces.
IMPAIRED, menguado, deteriorado, alterado.
—— PRODUCTIVITY, productividad subnormal.
IMPAIRMENT, afectación, reducción, perjuicio, deterioro.
IMPARTIAL, imparcial.
IMPARTIALITY, imparcialidad.
IMPEACHMENT, acusación de alta traición, juicio.
IMPENDING MATURITY, vencimiento inminente.
IMPERFECT, defectuoso, imperfecto.
—— COMPETITION, competencia imperfecta.
IMPLEMENT, TO, equipar, llevar a cabo, cumplir.
IMPLEMENTATION, ejecución.
—— OF PROJECT, ejecución de proyectos.
IMPLEMENTS, útiles, herramientas, utensilios.
IMPLICATION, implicación, complicación, inferencia, complicidad.
IMPLICIT INTEREST, interés implícito.
IMPLIED, implícito, sobrentendido.
—— ACCEPTANCE, aceptación implícita.
—— AUTHORITY, autorización implícita.
—— CONTRACT, contrato implícito o tácito.
—— OBLIGATION, obligación implícita.
—— TRUST, fideicomiso implícito.
—— WARRANTIES, garantías implícitas.
IMPORT, importación, internación, artículo importado.
—— ARTICLE, artículo de importación.
—— BROKER, corredor de importaciones.
—— CERTIFICATE, certificado de importación.
—— DRAFT, letra de importación.
—— DUTY, derechos de importación o de aduana.
—— FINANCING, financiamiento de importaciones.

—— HOUSE, firma o casa importadora.
—— LICENSE, permiso o licencia de importación.
—— MANAGER, gerente de importación.
—— MERCHANT, comerciante importador.
—— MIDDLEMAN, intermediario de importaciones.
—— PERMIT, permiso de importación, licencia de importación.
—— QUOTA, cuota de importación.
—— REGULATION, disposición sobre importaciones.
——, TO, importar, internar.
—— TRADE, comercio de importación.
IMPORT-EXPORT TRANSACTION, transacción de importación-exportación, operación mercantil de importación-exportación.
IMPORTS, importaciones, artículos de importación.
IMPORTANCE, importancia, consideración, valor.
IMPORTANT, importante, considerable, valioso.
IMPORTATION CERTIFICATE, certificado o permiso de importación.
IMPORTER, importador, comerciante importador.
IMPORTER'S ACCOUNT, cuenta del importador o del comerciante importador.
IMPORTER'S BANK, banco del importador, o del comerciante importador.
IMPORTER'S NATION, nacionalidad del importador.
IMPOSE A FINE, imponer una multa.
IMPOSE, TO, imponer.
IMPOST, impuesto, tributo, derechos de aduana.
IMPOUND, TO, incautar, restringir, encerrar, aprisionar.
IMPREST, anticipo del erario, pago anticipado.
—— CASH, caja chica, fondo fijo.
—— FUND, fondo fijo, fondo rotativo para gastos menores.
—— PAYROLL ACCOUNT, cuenta de anticipos sobre sueldos.
—— PETTY CASH, caja chica para anticipos.
—— SYSTEM, sistema de fondo fijo.
IMPROVE, TO, mejorar, progresar, mejorarse.
IMPROVEMENTS, mejoras, bienhechurías, mejorías.
—— TO LEASED PROPERTY, mejorar en propiedad arrendada.
IMPULSE, impulso, ímpetu, motivo.
IMPUTE, TO, imputar, atribuir.
IMPUTED, imputado, atribuido.
—— COST, costo atribuido o imputado.
—— INTEREST, interés imputado.
—— INTEREST RATE, tasa de interés atribuida.
—— VALUE, valor imputado o derivado.
IN, en, de, por, durante, con, dentro de, mientras.
—— ABEYANCE, en espera, en reserva.
—— ADVANCE, adelantado, por adelantado.
—— AGREEMENT, conforme, de acuerdo.
—— ARREARS, atrasado, retrasado.
—— BOND, afianzado, en depósito.
—— BULK, a granel, en masa, en bruto.
—— CASH, en efectivo.

—— DEBT, endeudado, se adeuda.
—— DEFAULT, atraso de pago, moroso.
—— DISTRESS, en peligro.
—— EFFECT, en vigor, vigente.
—— ERROR, equivocado, erróneo.
—— EXCHANGE FOR, a cambio de.
—— FASHION, de moda, en boga.
—— FAVOR OF, a favor de, a la orden de.
—— GOOD ORDER, en orden, en buen estado.
—— KIND, en especie.
—— OPERATION, en marcha, en explotación.
—— ORDER, en orden, a fin de, conforme a.
—— PORTFOLIO, en cartera.
—— SHORT, en breve, en resumen.
—— SPECIE, en efectivo, en especie.
—— STOCK, en existencia, en almacén.
—— TERMS OF, en función de.
—— THE CIRCUMSTANCE, de acuerdo con las circunstancias.
——, TO BE, estar en casa o en la oficina.
—— TRANSIT, en tránsito, de paso.
—— TRANSIT STOCK, mercancías en tránsito.
—— TRUST, en administración.
—— USE, en uso, en servicio.
—— WITNESS WHEREOF, en virtud de lo cual, en testimonio de lo cual.
—— WORKING ORDER, en buen estado de funcionamiento.
—— WRITING, por escrito, informar por escrito.
—— YOUR FAVOR, a su favor.
IN-BASKET, bandeja de documentos recibidos o de entrada.
IN-CHARGE ACCOUNTANT, contador responsable o encargado.
IN-FLIGHT SERVICE, servicio en vuelo.
IN-LIEU, en lugar de.
IN-PROCESS PRODUCT, producto en proceso, producto intermedio.
IN-TRANSIT SHIPMENT, cargamento en tránsito.
IN-TRANSIT WAREHOUSE, almacén para mercancías en tránsito.
INACCURACY, inexactitud.
INACCURATE, inexacto, erróneo.
INACTIVE, inactivo, inerte.
—— ACCOUNT, cuenta inactiva o sin movimiento.
—— BALANCES, saldos inactivos o sin movimientos.
—— FILE, archivo inactivo.
INADEQUACY, insuficiencia.
INADMISSIBLE ASSETS, activo no admisible, activo no computable.
INASMUCH AS, puesto que, visto que, en cuanto.
INBORN ABILITY, habilidad innata.
INBOUND FREIGHT, carga de entrada.
INCAPABLE, incapaz, incompetente.
INCENTIVE, incentivos, estímulos.
—— PAYMENT, pago incentivo o de estímulo.
—— PLAN, plan de incentivos.
—— PREMIUM, prima de estímulo o de incentivo.
—— WAGES, remuneración según productividad.

INCH, pulgada.
INCHOATE, comenzado pero sin terminar.
INCIDENCE, incidencia, frecuencia.
INCIDENTAL, incidental, incidente.
—— EXPENSES, gastos menores o incidentales.
INCINERATE, TO, incinerar.
INCINERATOR, incinerador, horno crematorio
INCOME, ingreso, entrada, rédito, producto, renta, ganancia, utilidad.
—— ACCOUNT, cuenta de ingreso o de resultados.
—— ALLOCATION, distribución del ingreso.
—— AND EXPENSE ACCOUNTS, cuentas de ingresos y gastos.
—— AND EXPENSES, ingresos y gastos.
—— AND ITS DISTRIBUTION, ingresos y su distribución.
—— AND PROFIT AND LOSS STATEMENT, estado de ingresos, ganancias y pérdidas.
—— AVERAGING, ingreso promedio.
—— BEFORE MINORITY INTEREST, utilidades antes de considerar el interés minoritario.
—— BONDS, bonos de interés sobre utilidades, bonos cuyos intereses producen utilidades, bonos de renta o sobre ganancias.
—— DEDUCTION, deducción de los ingresos.
—— DETERMINATION, determinación de la renta.
—— DIFFERENTIALS, diferenciales de ingresos o entradas.
—— DISTRIBUTION, distribución del ingreso.
—— EARNED, ingresos devengados.
—— ELASTICITY, elasticidad del ingreso.
—— FROM INVESTMENTS, producto de inversiones.
—— IN KIND, ingreso en especie.
—— LEVEL, nivel de ingresos.
—— MEASUREMENT, medida o medición de los ingresos.
—— OF HOUSEHOLDS, ingreso o renta de las familias.
—— POLICY, política de la renta o del ingreso.
—— PROPERTY, edificio de renta, propiedad en renta.
—— REALIZATION, realización del ingreso.
—— REDISTRIBUTION, redistribución del ingreso.
—— REGISTER, registro de ingresos.
—— RETURN, rentabilidad, rendimiento.
—— SHARE, participación en las utilidades.
—— SHEET, hoja de ingresos, estado de rendimientos.
—— STATEMENT, estado de ingresos, estado de ganancias y pérdidas, balance de resultados, estado de ingresos y gastos.
—— STATEMENT ACCOUNT, cuenta de balance de resultados, cuenta de declaración de ingresos.
—— TAX, impuesto sobre la renta, impuesto sobre las ganancias o sobre los réditos.
—— TAX ALLOCATION, distribución del impuesto sobre la renta.
—— TAX COLLECTOR, retenedor o recaudador del impuesto.
—— TAX EXPENSE, gasto por impuesto.
—— TAX PAYABLE, impuesto sobre la renta por pagar.
—— TAX REFUND, reembolso de impuestos.
—— TAX RESERVE, reserva para impuesto sobre la renta o sobre las ganancias.
—— TAX RETURN, declaración del impuesto sobre la renta.
—— TAX WITHHOLDING, impuesto por pagar.
INCOME-PRODUCING SECURITIES, valores que aportan ingresos.
INCOMES OF CONSUMERS, ingresos de los consumidores.
INCOMING, entrante, por llegar.
—— BILLS, letras o facturas por cobrar.
—— FREIGHT, carga de entrada.
—— MAIL, correspondencia que llega.
—— MERCHANDISE, mercancía recibida.
INCOMPETENCE, incompetencia, incapacidad.
INCOMPLETE TRANSACTION, transacción u operación incompleta.
INCONGRUENCY, incongruencia.
INCORPORATE INVESTMENTS, inversiones entre empresas.
INCORPORATE, TO, incorporar, constituir.
INCORPORATED COMPANY, compañía o sociedad anónima.
INCORPORATION, incorporación, constitución.
—— CHARTER, escritura de sociedad o de constitución.
—— PAPERS, escritura de constitución o incorporación.
—— PROCEDURE, constitución de sociedad.
INCORPORATOR, socio, incorporador, otorgante.
INCORRECT, incorrecto, falso, inexacto, erróneo.
INCREASE, aumento, incremento, crecimiento.
——, TO, aumentar, acrecentar, agrandar.
INCREASING, creciente.
—— ANNUITY, anualidad creciente.
—— MARGINAL UTILITY, utilidad marginal creciente.
—— OUTPUT, aumento de producción.
—— RETURNS, utilidad o rendimiento creciente.
INCREMENT, incremento.
INCREMENTAL, incremental.
—— CASH FLOW, flujo incremental de circulante.
—— COMPUTER, computadora u ordenador diferencial.
—— COST, costo incremental.
—— INVESTMENT, inversión incremental.
INCUMBENT, empleado público en campaña de reelección.
INCUR, incurrir, contraer.
—— A DEBT, contraer una deuda, endeudarse.
—— A LOSS, tener o sufrir una pérdida.
—— EXPENSES, causar gastos o desembolsos.
INCURRED OBLIGATIONS, obligaciones contraídas.
INDEBTEDNESS, adeudos, deudas, obligaciones, adeudo.

—— CERTIFICATE, certificado de deuda.
INDEBTMENT, adeudo, deuda.
INDECISION, indecisión.
INDEED, de veras, en verdad, realmente.
INDEMNIFY, TO, indemnizar, resarcir.
INDEMNITY, indemnización, resarcimiento, reparación.
—— BOND, contraconfianza.
—— CONTRACT, contrato de indemnización.
—— INSURANCE, seguro de indemnización.
INDENT, orden de compra, solicitud de cotización, muesca.
—— AGENT, agente de compras.
—— HOUSE, agencia de importación.
—— MERCHANT, comerciante importador.
——, TO, dentar, mellar, (imprenta) sangrar.
INDENTOR, comprador.
INDENTURE, contrato, escritura, instrumento.
INDEPENDENCE, independencia, libertad, autonomía.
INDEPENDENT, independiente.
—— ACCOUNTANT, contador independiente, contador que trabaja por su cuenta.
—— AUDIT, auditoría independiente.
—— AUDITOR, auditor independiente.
—— CERTIFIED PUBLIC ACCOUNTANT, contador público titulado independiente.
—— EVENTS, eventos independientes.
—— RETAILER, detallista independiente.
—— VALUES, valores independientes.
—— VARIABLE, variable independiente.
—— WHOLESALER, mayorista independiente.
INDEX, índice, señal, indicador.
—— NUMBER, número índice.
—— OF CORRELATION, índice de correlación.
—— OF INVENTORY, índice del inventario.
—— REGISTER, registro índice.
INDEXING SYSTEM, sistema de índice.
INDIA INK, tinta china.
INDIA PAPER, papel de China.
INDICT, TO, procesar, enjuiciar.
INDICTMENT, acusación por gran jurado, procesamiento.
INDIFFERENCE CURVE, curva de indiferencia.
INDIRECT, indirecto.
—— AUTOMOBILE LOAN, préstamo indirecto para compra de automóvil.
—— COST, costo indirecto, costo general.
—— DAMAGES, daños indirectos.
—— DEMAND, demanda indirecta.
—— EXPENSE, gastos indirectos.
—— LABOR, mano de obra indirecta, trabajo indirecto.
—— LIABILITIES, pasivo indirecto, pasivo contingente.
—— MANUFACTURING COSTS, costos indirectos de fabricación.
—— MATERIAL, material indirecto.
—— PRODUCTION, producción indirecta.

—— SELLING, venta por intermediario o indirecta.
—— TAX, impuesto o gravamen indirecto.
INDIVIDUAL, individuo, sujeto, individual, personal, particular.
—— ACCOUNT, cuenta individual o personal.
—— AUTONOMY, autonomía individual.
—— BRAND, marca individual.
—— COMMITMENT, compromiso individual, comisión individual.
—— CREDIT, crédito individual o personal.
—— DECISION MAKING, toma de decisiones individuales.
—— FREEDOM, libertad individual.
—— INCOME TAX, impuesto individual sobre la renta.
—— LOAN, préstamo personal o particular.
—— ORDER, pedido personal o individual.
—— OUTSTANDING LOAN, préstamo individual pendiente, préstamo personal sin conceder.
—— PERFORMANCE, desempeño individual, ejecución individual.
—— PRIVACY, privacía individual o personal.
—— RESPONSIBILITY, responsabilidad individual.
—— TAX RETURNS, declaraciones del pago de impuestos de personas físicas.
—— WELFARE, bienestar individual.
INDIVIDUAL-ORGANIZATION INTERACTION, interacción de la organización y el individuo.
INDIVIDUAL-ORGANIZATION MISMATCH, desajuste entre la organización y el individuo.
INDIVIDUAL'S INTEGRITY, integridad del individuo.
INDOOR, interno, de puertas adentro.
INDUCTIVE METHOD, método inductivo.
INDUSTRIAL, industrial, fabril.
—— ACCIDENT, accidente de trabajo.
—— ACCOUNTANT, contador industrial.
—— ARBITRATION, arbitraje industrial.
—— AUDITOR, auditor industrial.
—— BANK, banco industrial.
—— BEHAVIOR, comportamiento industrial.
—— CIVILIZATION, civilización industrial.
—— COMPANY, empresa o compañía industrial.
—— CONTROL, control industrial.
—— DIRECTORY, directorio industrial.
—— DISTRIBUTION, distribución industrial.
—— DISTRIBUTOR, distribuidor industrial.
—— DIVERSIFICATION, diversificación industrial, instalación de industrias diversas.
—— ENGINEERING, ingeniería industrial.
—— FIRM, empresa industrial.
—— GOOD, artículo industrial.
—— GOODS, bienes industriales, bienes de capital.
—— GOODWILL, buen nombre o reputación industrial.
—— HUMANISM, humanismo industrial.
—— INSURANCE, seguro contra accidentes de trabajo, seguro industrial.
—— LAWS, leyes industriales.
—— LOAN, préstamo a la industria.

—— LOAN COMPANY, compañía de préstamos industriales, compañía de préstamos a la industria.
—— MARKET, mercado industrial.
—— NATIONALISM, nacionalismo industrial.
—— POLLUTION, contaminación industrial.
—— PRODUCT, producto o artículo industrial.
—— PRODUCTION producción industrial.
—— PROPERTY, propiedad industrial, plusvalía.
—— RELATIONS, relaciones humanas, relaciones obreras o laborales.
—— REVENUE BONDS, bonos industriales.
—— REVOLUTION, revolución industrial.
—— ROBOT, robot industrial.
—— SECURITIES, valores o títulos industriales.
—— WASTES, desechos o desperdicios industriales.
INDUSTRIAL-ACCIDENT RESERVE, reserva para accidentes industriales o de trabajo.
INDUSTRIALIST, industrial, fabricante.
INDUSTRIALIZATION, industrialización.
—— AND AGRICULTURE, industrialización y agricultura.
—— OF LESS DEVELOPED COUNTRIES, industrialización de países poco desarrollados.
INDUSTRIALIZE, TO, industrializar.
INDUSTRIALIZED, COUNTRY, país industrializado.
INDUSTRY, industria, ramo industrial.
—— ANALYST, analista industrial.
—— EXPANSION, expansión o ampliación de la industria.
—— FORECAST, pronóstico industrial.
—— POTENTIAL, potencial de la industria.
—— SPECIALIST, especialista industrial.
—— STANDARDS, normas o estándares industriales.
INDUSTRYWIDE PROMOTION, promoción de una industria completa.
INEFFICIENCY, ineficacia, ineficiencia.
INELASTIC DEMAND, demanda inelástica.
INEQUALITY, desigualdad.
—— OF INCOME, desigualdad de la renta o del ingreso.
INEQUATION, inecuación.
INEXPENSIVE, económico, barato.
INFANT, infante, bebé, infantil.
—— INDUSTRY, industria incipiente o en ciernes.
—— MORTALITY RATE, tasa de mortalidad infantil.
INFERENCE, inferencia.
INFERIOR, inferior, subordinado.
INFINITE POPULATION, población infinita.
INFLATED PROFITS, utilidades o ganancias infladas.
INFLATION, inflación, inflación monetaria, exceso de circulante.
—— FACTOR, factor de inflación.
—— RATE, tasa de inflación.
INFLATIONARY, inflacionario, inflacionista.
—— BOOMS, períodos inflacionarios.
—— GAP, vacío inflacionario.
—— PRESSURES, presiones o urgencias inflacionarias.
—— PROCESS, proceso inflacionario.
INFLEXIBLE DESIGN, diseño inflexible, diseño rígido.
INFLOW, entrada de información, alimentación, entrada.
INFORM, informar, participar, enterar, avisar.
—— AGAINST, denunciar, delatar.
—— ONESELF, cerciorarse, informarse.
INFORMAL, informal, irregular.
—— INTERVIEW, entrevista informal.
—— LEADERSHIP, liderato informal.
—— RECORD, registro informal.
INFORMANT, informante, confidente.
INFORMATION, información, informe, antecedentes, datos.
—— AT SOURCE, información en la fuente.
—— BUREAU, buró o despacho de información.
—— COLLECTION, obtención de información.
—— FEEDBACK, retroalimentación de la información.
—— FLOW, flujo de información.
—— FOR BIDDERS, bases de licitación, pliego de licitación.
——, FOR YOUR, para que se entere.
—— GATHERING COST, costo de obtener información.
—— INPUT, información que entra, entrada de información o de datos.
—— MANAGEMENT, administración de la información.
—— OVERLOAD, sobrecarga o exceso de información.
—— PROCESSING, (computación) procesamiento o elaboración de datos.
—— RECENCY, origen reciente de la información.
—— SERVICE, servicio de información.
—— TRANSMISSION, transmisión de información.
INFORMATIONAL ENVIRONMENT, medio informativo o de información.
INFORMATIONAL ROLE, papel o cargo informativo.
INFORMER, delator, informador.
INFRINGE, TO, violar, infringir.
INFRINGEMENT, infracción, violación, contravención.
INFRINGER, infractor, violador.
INGENUITY, inventiva, genio.
INGOT, lingote.
INHABIT, TO, habitar.
INHERIT, TO, heredar.
INHERITANCE, herencia, patrimonio.
—— TAX, impuesto sobre herencias y legados.
INITIAL, inicial, letra inicial.
—— ANNUAL CASH FLOW, flujo anual de efectivo inicial.
—— CAMPAIGN, publicidad de lanzamiento.
—— CAPITAL, capital inicial o de entrada.
—— CAPITAL OUTFLOW, desembolso inicial de capital.
—— COST, costo inicial u original.
—— COVERAGE, protección inicial.

—— DIRECT COST, costo directo inicial.
—— DIVIDEND, dividendo inicial.
—— INVESTED CAPITAL, capital inicial invertido.
—— PRINCIPAL DEPOSIT, depósito inicial principal.
—— RESERVE, reserva inicial.
INITIATE, TO, iniciar, comenzar.
INITIATIVE, iniciativa, energía o aptitud para actuar.
INJUNCTION, requerimiento judicial, juicio de amparo.
INJURE, TO, dañar, herir, lesionar.
INJURED, lesionado, herido, accidentado.
INJURY, (corporal) lesión, herida; (legal) daño, perjuicio.
INK, tinta.
—— CARTRIDGE, cartucho o repuesto de tinta.
—— ERASER, goma para tinta, borrador de tinta.
——, TO, entintar.
INLAND, interior, terrestre.
—— BILL OF LADING, conocimiento terrestre, carta de porte.
—— FREIGHT, flete interior, carga terrestre.
—— NAVIGATION, navegación fluvial.
—— SEAPORT, puerto marítimo fluvial.
—— TRANSPORTATION, transportación terrestre.
—— WATERWAY, vía de navegación interior.
INLET, entrada, caleta.
INMATE, residente, recluso.
INN, posada, fonda, mesón, hospedería.
INNING, turno, entrada.
INNKEEPER, hotelero, fondista, mesonero.
INNOVATE, TO, innovar.
INNOVATION, innovación, novedad.
—— LAG, retraso en la innovación.
—— PROCESS, proceso de innovación.
INPAYMENT, pago de entrada.
INPUT, consumo, gasto, información recibida.
—— COMPONENT, componente de consumo.
—— CONTROL, (computación) control de entrada.
—— DATA, (computación) datos de entrada.
—— DATA OPERATOR, operador de datos de entrada.
—— MASTER TAPE, (computación) cinta maestra de entrada.
INPUT-OUTPUT, (computación) entrada-salida; insumo-producto.
INPUT-OUTPUT ANALYSIS, análisis del insumo y del producto.
INPUT-OUTPUT STATEMENT, estado de insumo-producto.
INPUT-OUTPUT TERMINAL, (computación) terminal de entrada y salida.
INQUEST, encuesta, indagación.
INQUIRIES, indagaciones, averiguaciones.
INQUIRY, indagación, averiguación, encuesta.
—— STATION, estación de consulta.

INSANITY, locura, demencia.
INSCRIPTION, inscripción, letrero, rótulo.
—— REGISTER, registro de inscripción.
INSIDE, interior, adentro, interno.
—— CONSULTANT, consultor interno, asesor interno.
—— INFORMATION, información interna.
—— SHOP, taller propio.
INSIDER, poseedor de información financiera de primera mano.
INSIGHT, perspicacia, penetración, comprensión.
INSOLVENCY, insolvencia, sin recursos económicos.
INSOLVENT, insolvente.
INSPECT, TO, inspeccionar, revisar, reconocer.
INSPECTION, inspección, revisión, registro, vigilancia.
—— CERTIFICATE, certificado de inspección.
—— TOUR VISIT, visita de inspección, gira de inspección.
—— TRIP, gira o viaje de inspección.
INSPECTOR, inspector, revisor, fiscalizador.
INSTABILITY, inestabilidad.
—— IN AGRICULTURE, inestabilidad en la agricultura.
INSTALL, TO, instalar, montar.
INSTALLATION, instalación, montaje, establecimiento.
—— COSTS, costos de instalación.
—— EXPENSES, gastos de instalación.
INSTALLMENT, plazo, abono, pago parcial, cuota.
—— ACCOUNT DUE, cuentas en abonos vencidas.
—— ACCOUNTS, cuentas a plazos, cuentas en abonos.
—— BORROWER, prestatario que trabaja a plazos o en abonos.
—— BUYING, compra en abonos o a plazos.
—— CONTRACT, contrato de ventas a plazos o en abonos.
—— CREDIT, crédito para ventas a plazos.
—— DEBT, deuda a plazo, deuda a pagar en abonos.
—— DRAFT, letra a plazos.
—— EXTENSION, prórroga de abono, ampliación del plazo de pago.
—— FINANCING, financiamiento a plazos o en abonos.
—— FUNDING, creación de fondos.
—— INSURANCE, seguro pagadero en cuotas o a plazos.
—— LENDING, préstamo a plazo, empréstito en abonos.
—— LOAN, préstamo en abonos o a plazos.
—— LOAN APPLICATION, solicitud de préstamos a plazo o en abonos.
—— LOAN DEPARTMENT, departamento de préstamos a plazos o a término.

—— LOAN INTEREST RATE, tasa o tipo de interés sobre préstamo a plazo.
—— METHOD OF ACCOUNTING, método de utilidad diferida en ventas a plazos.
—— MORTGAGE, hipoteca pagadera a plazo.
—— PAYMENTS, pagos a plazos o en abonos.
—— PREMIUM, prima a plazos.
—— RECEIVABLE, cuenta por cobrar en abonos o a plazos.
—— REFUND LIFE ANNUITY, anualidad con reembolso en cuotas.
—— SALES, ventas a plazos o en abonos.
—— TERMS, condiciones de ventas a plazos.
INSTALLMENTS, pagos parciales o en abonos.
INSTANCE, ejemplo, ocasión, caso.
——, FOR, por ejemplo.
INSTITUTION, institución, establecimiento.
INSTITUTIONAL, institucional.
—— BUYER, comprador institucional.
—— CARRIER, empresa de transporte particular o privado.
—— MARKET, mercado institucional.
INSTRUCT, TO, dar órdenes o instrucciones, enseñar, instruir.
INSTRUCTION, instrucción, enseñanza.
—— FORMAT, formato de instrucción.
—— SHEET, instructivo, hoja de instrucciones.
INSTRUCTIONS
—— AS PER, según instrucciones.
—— FOLLOW, seguir instrucciones.
INSTRUCTOR, instructor, maestro.
INSTRUMENT, instrumento, documento, agente.
—— BOARD, tablero o panel de instrumentos.
—— LANDING, aterrizaje a ciegas.
—— OF PAYMENT, medio de pago.
INSTRUMENTAL VALUE, valor instrumental.
INSTRUMENTATION, instrumentación.
—— ENGINEER, ingeniero o técnico en instrumentos.
INSUFFICIENCY, insuficiencia.
INSUFFICIENT, insuficiente, inadecuado.
—— FUNDS, falta de fondos.
INSULATE, TO, aislar.
INSULATING OIL, aceite aislante.
INSULATION, aislamiento, aislación.
INSULT, TO, insultar, ofender.
INSURABLE, asegurable.
—— INTEREST, interés asegurable.
—— RISKS, riesgos asegurables.
—— VALUE, valor asegurable.
INSURANCE, seguro, aseguramiento, seguridad, garantía.
—— ADJUSTER, asesor de averías.
—— AGENCY SUBSIDIARY, subsidiaria o filial de agencia de seguros.
—— AGENT, agente de seguros, corredor de seguros.
—— BROKER, corredor o agente de seguros.
—— CARRIER, empresa o compañía aseguradora.
—— COMPANY DECLINATION, rechazo de una compañía de seguros para asegurar a una persona.
—— COUNSELOR, consultor o perito de seguros.
—— COVERAGE, cobertura del seguro, amplitud del seguro.
—— EXAMINER, inspector de seguros.
—— EXPENSE, gasto debido a seguros.
—— FUND, fondo o caja de seguro.
—— IN FORCE, póliza vigente o en vigor.
—— IN TRANSIT, seguro en trámite.
—— OF BANK DEPOSITS, seguro de depósitos bancarios.
—— ON STOCK OF MERCHANDISE, seguro de existencias.
—— PATROL, brigada de salvamento.
—— POLICY, póliza de seguro.
—— PREMIUM, prima de seguro.
—— PREMIUM FUNDING, obtención de fondos para prima de seguros.
—— PREMIUM PAYMENT, pago de prima de seguro.
—— PROTECTION, protección mediante seguros.
—— RATE, tasa o tipo de seguro, cuota de seguro.
—— REGISTER, registro de seguros.
—— RESERVE, reserva para seguro.
—— SAVINGS PLAN, plan de ahorros asegurados o garantizados.
—— SCHEDULES, programas de seguros.
—— TRUST, fideicomiso de seguro.
—— UNDERWRITERS, aseguradores.
—— VALUE, valor del seguro.
INSURANT, beneficiario de seguro, asegurado.
INSURE, TO, asegurar, asegurarse, afianzar.
INSURED, asegurado.
—— CAPITAL COVERAGE, cobertura de capital asegurado.
—— INTEREST, interés asegurado.
—— PENSION, pensión garantizada por compañía de seguros.
INSURER, asegurador, afianzador.
INSURMONTABLE BARRIER, barrera insalvable o insuperable.
INTANGIBLE, intangible.
—— ASSETS, activo intangible, activo nominal.
—— FIXED ASSETS, valores fijos intangibles.
—— INDUSTRY, industria de servicio.
—— VALUE, valor intangible.
INTANGIBLES, activo intangible, intangibles, servicios.
INTEGER, número entero, entero.
—— PROGRAMMING, programación por enteros, programación entera.
INTEGRAL, íntegro, entero, integral.
—— CALCULUS, cálculo integral.
INTEGRATED, integrado.
—— ACCOUNTING, sistema de contabilidad integrado.
—— DATA PROCESSING, procesamiento de datos integrado (computación).
—— INFORMATION, información integrada.

—— STORES, tiendas en cadena o por departamentos.
—— TRUST, consorcio que domina materia prima, fabricación y distribución.
INTEGRITY, integridad, honradez.
INTELLECT, intelecto, inteligencia, entendimiento.
INTELLIGENCE, inteligencia, agudeza mental.
—— QUOTIENT, cociente intelectual o de inteligencia.
—— TEST, test o prueba de inteligencia.
INTEND, TO, intentar, pensar.
INTENSIVE, intensivo.
—— CULTIVATION, cultivo intensivo.
—— TECHNOLOGY, tecnología intensiva.
INTERACTION, acción recíproca, interacción.
INTERBANK, interbancario o entre bancos.
—— DEPOSITS, depósitos interbancarios.
—— TRANSFER, transferencia interbancaria.
—— TRANSFER SCHEDULE, cédula de transferencia interbancaria.
INTERBRANCH TRANSFERS, transferencias entre sucursales.
INTERCHANGE STATION, estación de intercambio o de transbordo.
INTERCHANGE, TO, intercambiar, cambiar, permutar.
INTERCHANGEABLE PART, parte intercambiable o de repuesto, pieza de repuesto.
INTERCOMPANY, entre compañías afiliadas.
—— ACCOUNT, cuenta entre compañías.
—— BONDHOLDINGS, tenencias de bonos entre compañías.
—— PROFITS, utilidades entre compañías afiliadas.
—— SALES, venta a empresas afiliadas.
—— TRANSACTIONS, transacciones entre compañías.
INTERDEPARTAMENTAL PROFITS, utilidades entre departamentos.
INTERDICT, prohibición, interdicto.
INTEREST, interés, participación, rédito, afición.
—— AND DIVIDEND INCOME, ingreso por intereses y dividendos.
—— CAPITALIZED, intereses capitalizados.
—— CARRIED, intereses ganados o devengados.
—— COSTS, costo de intereses.
—— COVERAGE, cobertura del interés, respaldo del interés.
—— COVERAGE RATIO, tasa de cobertura de interés.
—— DIFFERENTIAL, diferencial de interés.
—— DIVIDEND, dividendo por interés excedente.
—— DUE, intereses vencidos.
—— EARNED, intereses devengados, intereses ganados.
—— EARNINGS, ganancias por intereses.
—— EXPENSE, gastos por intereses, intereses pagados.
—— EXPENSE ACCOUNT, cuenta de intereses pagados.
—— FLOW, corriente o flujo de intereses.

—— FREE OF TAX, intereses libres de impuestos.
—— FUND, fondo para intereses.
—— INCOME, interés devengado, ingresos por intereses.
—— INCOME ACCOUNT, cuenta de intereses cobrados.
—— INCOME RECEIVABLE, intereses por cobrar.
—— MARGIN, margen de interés.
—— OBLIGATION, obligación de interés.
—— OF TERM LOAN, intereses sobre préstamos a plazo.
—— ON BANK BALANCES, intereses en saldos bancarios.
—— ON DEPOSITS, intereses o réditos sobre depósitos.
—— ON GOVERNMENT BONDS, intereses o réditos sobre obligaciones del Estado.
—— ON LATE PAYMENT, intereses moratorios.
—— ON LOAN, intereses sobre préstamos.
—— ON PERSONAL BORROWING, intereses por préstamo personal.
—— ON SECURITIES, intereses sobre valores.
—— PAID, intereses pagados.
—— PAYABLE, intereses a pagar o por pagar.
—— PAYMENT DUE, pago de intereses del período.
—— PAYMENTS TO DATE, pago de intereses a la fecha.
—— PENALTY, multa o penalidad sobre el interés.
—— PLUS PRINCIPAL REPAYMENT, pago de intereses y capital.
—— RATE, tasa de interés, tipo de interés.
—— RATE CEILING, tope o máxima tasa de interés.
—— RATE ON BANK DEPOSITS, tasa de interés en depósitos bancarios.
—— RATE RISK, riesgo de la tasa o tipo de interés.
—— RATE SCHEDULE, programa de tasa de interés, lista de tasa de interés.
—— RECEIVABLE, intereses a cobrar o por percibir.
—— REVENUE, ingresos por intereses.
—— TABLES, tablas de intereses.
INTEREST-BEARING, que devenga interés, con interés, que causa o produce interés.
INTEREST-BEARING BANK BALANCES, saldos bancarios que devengan o producen interés.
INTEREST-BEARING CHECKING ACCOUNT, cuenta de cheques que devenga interés.
INTEREST-BEARING DEBT OUTSTANDING, adeudos pendientes que causan intereses.
INTEREST-BEARING DEMAND DEPOSIT, depósito a la vista que devenga interés.
INTEREST-BEARING DEPOSIT, depósito que devenga o produce interés.
INTEREST-BEARING NOTE, documentos que devengan interés.
INTEREST-BEARING OBLIGATION, obligación o deuda que devenga interés.
INTEREST-BEARING SECURITIES, valores que producen intereses.

INTEREST-FREE LOAN, préstamo libre de intereses, préstamo sin intereses.
INTERESTED PARTY, interesado, (legal) parte interesada.
INTERESTED, TO BE, estar interesado, tener interés.
INTERFERE, TO, intervenir, interponerse.
INTERFERE WITH, impedir, estorbar.
INTERFERENCE, interferencia, intervención, obstáculo.
INTERIM, intermedio, ínterin, provisional.
—— AUDIT, auditoría intermedia.
—— BALANCE SHEET, balance provisional.
—— BILLING, cobro o facturación provisional.
—— CERTIFICATE, certificado provisional.
—— CLOSING, cierre intermedio.
—— DIVIDENDS, dividendos parciales, dividendos provisionales.
—— FINANCIAL INFORMATION, información financiera provisional.
—— FINANCIAL STATEMENTS, estados financieros provisionales.
—— FINANCING, financiamiento provisional.
——, IN THE, entretanto.
—— INVENTORY, inventario intermedio.
—— REPORT, informe provisional.
—— STATEMENT, estado en fecha intermedia.
INTERIOR, interior, interno.
—— DECORATION, decoración de interiores.
—— DESIGN, diseño de interiores.
INTERLOPER, intruso, entrometido.
INTERMARRIAGE, matrimonio entre parientes.
INTERMEDIARY, intermediario.
—— MARKET, mercado intermediario.
INTERMEDIATE, intermedio.
—— GOODS, bienes o productos intermedios.
—— PLANNING, planeación intermedia, planeación de nivel medio.
—— PORT, puerto intermedio.
—— PURCHASE, compra intermedia.
—— RETAILER, revendedor intermedio.
—— TERM LOANS, préstamos de plazo medio.
INTERMEDIATE-TERM NOTE, pagaré o documento a plazo intermedio.
INTERMISSION, intermedio, intermisión, entreacto.
INTERMITTENT DIVIDEND GROWTH, dividendo con crecimiento intermitente.
INTERN, médico residente en un hospital.
INTERNAL, interno, interior, nacional.
—— ACCOUNTING CONTROL, control contable interno.
—— ADMINISTRATIVE CONTROL, control administrativo interno.
—— AUDIT, auditoría interna, auditoría privada.
—— AUDIT STAFF, personal de auditoría interna.
—— AUDITOR, auditor interno.
—— BALANCE, balanza interna.
—— BORROWING, financiamiento interno.
—— CHECK, comprobación interna.
—— COMMUNICATION NETWORK, red de comunicación interna.
—— CONTROL, control interno.
—— CONTROL QUESTIONNAIRE, cuestionario de control interno.
—— DATA BASE, base o banco de datos internos.
—— DEBT, deuda interna o nacional.
—— INPUT, datos o información almacenada.
—— NATIONAL DEBT, deuda nacional interna.
—— OPERATING RISKS, riesgos de operación internos.
—— OPERATING TARGETS, metas de operación internas.
—— RATE OF RETURN, tasa de rendimiento interna.
—— REINVESTMENT RATE, tasa de reinversión interna.
—— REPORTING, informe interno.
—— REVENUE, rentas internas, ingresos internos.
—— REVENUE CODE, código de ingresos internos.
—— REVENUE SERVICE, servicio fiscal interno.
—— REVENUE TAXES, impuestos sobre operaciones internas.
—— TRANSACTION, operación o transacción interna.
INTERNATIONAL, internacional.
—— AGENCIES, organismos internacionales.
—— BANK LOAN, préstamos o empréstito bancario internacional.
—— BANKING, banca internacional, operaciones bancarias internacionales.
—— BOUNDARY, frontera internacional.
—— BUSINESS, operaciones o negocios internacionales.
—— CAPITAL BUDGETING, evaluación de proyectos de inversión internacionales.
—— COMPETITION, competencia internacional.
—— CREDIT, crédito internacional.
—— CREDIT INSTRUMENTS, instrumentos internacionales de crédito.
—— FINANCE, finanzas internacionales.
—— FINANCIAL TRANSACTION, transacción financiera internacional, operación financiera internacional.
—— LAW, derecho internacional.
—— LENDING AGREEMENT, convenio o acuerdo de préstamos internacionales.
—— LOAN, préstamo o empréstito internacional.
—— MANAGEMENT, administración internacional, dirección internacional de negocios.
—— MANAGER, gerente o director internacional.
—— MONEY ORDER, giro postal internacional.
—— NETWORK, red internacional, cadena internacional.
—— POLITICS, política internacional.
—— STANDARD, estándar o norma internacional.
—— TRADE, comercio internacional.
—— TRADE CONSULTANT, consultor o asesor en comercio internacional.
—— TRADE CREDIT, crédito comercial o mercantil internacional.

—— TRADE OBLIGATION, obligación o deuda comercial internacional.
—— TRANSACTION, transacción internacional, operación comercial internacional.
—— UNION, sindicato o gremio internacional.
—— WORKING CAPITAL, capital de trabajo internacional.
INTERNATIONAL MONEY-MARKET RATES, tasas de mercado de dinero internacionales.
INTERNIST, internista (medicina).
INTERPERIOD TAX ALLOCATION, asignación del impuesto entre períodos.
INTERPERSONAL, interpersonal.
—— COMMUNICATION, comunicación interpersonal.
—— CONFLICT, conflicto interpersonal.
—— COOPERATION, cooperación interpersonal.
—— RELATIONSHIP, relación interpersonal.
—— ROLE, trabajo o papel internacional.
—— SUPPORT, apoyo o ayuda interpersonal.
—— TRUST, confianza interpersonal.
INTERPHONE, interfono.
INTERPOLATE, TO, interpolar, intercalar.
INTERPOLATION, interpolación.
INTERPRET, TO, interpretar, traducir.
INTERPRETATION, interpretación.
INTERPRETER, intérprete.
INTERROGATE, TO, interrogar.
INTERROGATOR, interrogador.
INTERSTATE, interestatal.
—— BRANCH BANKING, banca filial interestatal, banca de sucursales interestatal.
—— COMMERCE, comercio interestatal o entre estados.
—— HIGHWAY, carretera interestatal.
INTERTERRITORY TRANSFER SALES, ventas de transferencia interterritoriales.
INTERVAL ESTIMATION, estimación por intervalo.
INTERVAL OF DEFERMENT, intervalo de aplazamiento.
INTERVIEW, entrevista, conferencia, reportaje.
——, TO, entrevistar, entrevistarse con.
INTERVIEWEE, entrevistado, persona entrevistada.
INTERVIEWER, entrevistador, reportero.
INTESTATE, intestado, persona que muere sin dejar testamento.
INTIMACY, intimidad.
INTIMATE, íntimo, amigo íntimo, de confianza.
INTRAPERIOD TAX ALLOCATION, asignación del impuesto dentro del período.
INTRASTATE, intraestatal.
—— BUSINESS, negocios intraestatales.
INTRINSIC, intrínseco.
—— REWARD, recompensa intrínseca.
—— VALUE, valor intrínseco.
INTRODUCE, TO, presentar una persona, implantar, introducir.
INTRODUCTORY, introductorio, preliminar.

—— CAMPAIGN, propaganda o campaña de lanzamiento de un producto al mercado.
INTROVERSION, introversión.
INTUITION, intuición, percepción clara de ideas.
INVALID, inválido, ineficaz, nulo, persona inválida, lisiado.
—— ACCOUNT, cuenta no válida o nula.
—— SALE, venta nula o no válida.
INVENT, TO, inventar.
INVENTION, invento, invención, ingenio.
INVENTOR, inventor.
INVENTORIABLE COSTS, costos inventariales.
INVENTORY, inventario, existencia, recuento.
—— ACCOUNT, cuenta de inventario, cuenta de almacén.
—— ACCOUNTING, contabilidad o contaduría de inventarios.
—— ADJUSTMENTS, ajuste de inventario.
—— AT COST, inventario de costo.
—— AT MARKET, inventario al valor del mercado.
—— CALCULATIONS, cálculo de inventario.
—— CERTIFICATE, certificado de inventarios, confirmación de inventarios.
—— CONTROL, control de inventarios.
—— CONTROL MODEL, modelo de control de inventario.
—— CUTOFF, corte en inventario.
—— CUTOFF TEST, prueba de corte del inventario.
—— CYCLE, ciclo del inventario.
—— ERROR, error de inventario.
—— FINANCING, financiamiento de inventario o de las existencias.
—— IN PROCESS, inventario en proceso o en elaboración.
—— IN TRANSIT, mercancías en tránsito, inventario en tránsito.
—— INVESTMENT, inversión en inventario.
—— ITEM, partida del inventario.
—— LENDING, préstamo para respaldar el inventario.
—— LEVEL, nivel de inventario.
—— LOAN, préstamo para inventario, empréstito sobre las existencias.
—— LOSS PROVISIONS, provisiones para pérdidas en inventario.
—— LOSSES, pérdidas por ajuste de inventario.
—— MANAGEMENT, administración del inventario.
—— MASTER FILE, archivo maestro de inventario.
—— OBSERVATIONS, observación del inventario.
—— OBSOLESCENCE, obsolescencia de inventarios.
—— OBSOLESCENCE CHARGES, cargos por obsolescencia de inventario.
—— OF CONSIGNMENT, inventario en consignación, inventario de mercancía en consignación.
—— OF SUPPLIES, inventario de suministros.
—— ON HAND, mercancías en existencia o disponibles.
—— PLEDGING, inventario como garantía colateral.

—— PRICING, fijación de precios o costeo del inventario.
—— PRICING TESTS, pruebas de precio en inventario.
—— PROFITS, beneficios o ganancias en el inventario.
—— REGISTER, registro de existencias, libro de almacén, tarjetas de almacén.
—— REPORTS, informes de inventario.
—— REQUIREMENTS, requisitos de inventario.
—— RESERVES, reservas o fondos para fluctuación de precios del inventario.
—— SHEET, hoja o formulario de inventario.
—— SIZE, tamaño o volumen del inventario.
—— STORAGE LOCATION, ubicación del almacén de inventarios.
—— SISTEM, sistema o método de inventario.
—— TAG, tarjeta o marbete de inventario físico, etiqueta de inventario.
—— TEST COUNTS, verificación de prueba del inventario.
——, TO, inventariar, hacer inventario.
—— TURN, rotación de inventario.
—— TURNOVER, rotación o movimiento del inventario.
—— TURNOVER ANALYSIS, análisis de rotación del inventario.
—— TURNOVER RATIO, razón de la rotación del inventario.
—— VALUATION, valuación o valoración del inventario.
—— VALUATION ADJUSTMENT, ajuste en la valuación de las existencias o de los inventarios.
—— VALUE, valor del inventario.
—— VARIATION, variación del inventario.
INVENTORY-CONTROL COMPUTER, computadora de control de inventario.
INVENTORY-MANAGEMENT SYSTEM, sistema de manejo de inventario.
INVENTORY WRITE-DOWN, rebaja de inventario.
INVERSE RATIO, razón inversa.
INVEST, TO, invertir, aportar fondos en negocio.
INVESTED CAPITAL, capital invertido, capital de inversión, capital empleado.
INVESTEE CORPORATION, empresa donde se invierte.
INVESTIGATE, TO, investigar, indagar, averiguar.
INVESTIGATION, investigación, estudio, encuesta.
INVESTIGATOR, investigador.
INVESTING, inversión.
—— COMPANY, compañía de inversiones.
—— PUBLIC, público inversionista.
INVESTMENT, inversión, capital empleado.
—— ADVISORY, asesor o consultor de inversión.
—— ANALYSIS, análisis de inversiones, examen de inversiones.
—— BANK, banco inversionista o de inversiones.
—— BANKER, banquero inversionista, empresa que compra todas las emisiones de valores y después las vende.
—— BANKING, banca inversionista, banca de valores o de rentas.
—— BANKING FIRM, firma de banca de inversiones, empresa de banca de valores.
—— BROKER, corredor de títulos rentables, corredor de títulos y valores.
—— CAPITAL, capital de inversión.
—— CHANNELS, canales de inversión o de títulos rentables.
—— CERTIFICATE, certificado de inversiones.
—— COMPANY, compañía inversionista, compañía dedicada a la inversión en valores.
—— COUNSEL, asesor o consejero de inversiones.
—— CREDIT, crédito fiscal por inversiones, crédito para gastos de capital.
—— DECISION CRITERIA, criterios de inversión.
—— EVALUATION, evaluación de la inversión.
—— EXPENDITURES, gasto o desembolso de inversión.
—— FLOW, corriente o flujo de inversiones.
—— HORIZON, horizonte o panorama de inversión.
—— IN DEFAULT, inversión de pago incumplido.
—— INCOME, ingreso o producto de inversiones.
—— LEDGER, mayor de inversiones.
—— MANAGER, gerente o administrador de inversiones.
—— OFFICER, ejecutivo de inversiones, funcionario de inversiones.
—— OPPORTUNITIES, oportunidades de inversión.
—— PORTFOLIO, cartera de inversiones.
—— RATE, tasa de inversión, rendimiento neto.
—— RECOVERY, recuperación de la inversión.
—— SCHEDULES, curvas de inversión.
—— SECTOR, sector de inversión.
—— SECURITIES, valores para inversión, títulos rentables, documentos de inversión.
—— SERVICES, servicios de inversión, gastos de servicios de inversión.
—— TAX CREDIT, crédito para impuesto sobre inversión.
—— TAX CREDIT CARRY-OVER, crédito para impuesto sobre inversión pasado a otra cuenta.
—— TRUST, compañía de inversiones, sociedad de cartera, consorcio de inversionistas.
—— VALUE, valor de inversión.
—— YIELD, rendimiento o producto de inversión.
INVESTMENTS
—— IN FUNDS, inversiones en fondos.
—— IN MORTGAGES, inversiones en hipotecas.
—— IN SECURITIES, inversiones en valores o títulos.
—— IN STOCKS, inversiones en acciones o valores.
INVESTOR, inversionista, capitalista.
—— CAPITAL, capital del inversionista, capital aportado por el inversionista.
—— CORPORATION, empresa inversionista.

INVITATION TO BIDDERS, llamada a licitación, anuncio del concurso.
INVITE, TO, invitar, convidar, instar.
INVOICE, factura.
— **A SHIPMENT,** facturar un embarque o remesa.
— **BOOK,** libro o registro de facturas.
— **CLERK,** facturista o encargado de las facturas.
— **COMPLETION,** terminación de la factura.
— **COST,** costo según factura.
— **DATE,** fecha de factura.
— **FILE,** archivo de factura.
— **JOURNAL,** diario de facturas.
— **PRICE,** precio de factura.
— **REGISTER,** registro de facturas.
— **SET,** juego de facturas.
—, **TO,** facturar.
— **TOTALS,** total de las facturas.
— **VALUE,** valor de la factura.
INVOICES FALLING DUE, facturas a vencer.
INVOICES RECEIVABLE, facturas a cobrar, facturas a recibir.
INVOICING, facturación.
— **MACHINE,** facturadora, máquina facturadora.
INVOLUNTARY BANKRUPTCY, quiebra o bancarrota involuntaria.
INVOLUNTARY CONVERSION, conversión involuntaria.
INVOLVE, TO, complicar, comprometer.
INVOLVED, complicado, mezclado en un asunto, comprometido.
INWARD, interior, interno, hacia adentro.
— **CARGO,** cargamento de entrada.
— **MANIFEST,** guía de carga importada.
I.O.U., vale o recibo provisional, vale, pagaré, abonaré.
IRON, hierro, fierro.
— **FOUNDRY,** fundición de hierro.
— **MINE,** mina de hierro.
— **ORE,** mineral de hierro.
IRONWORKS, herrería, trabajos de herrería.
IRRATIONAL, irracional, absurdo.
— **NUMBER,** número irracional.
IRREGULAR, irregular, anormal.
— **BID,** propuesta informal.
— **DEPOSIT,** depósito irregular.
— **DIVIDEND,** dividendo casual.
— **MARKET,** mercado irregular.
IRREGULARITY, irregularidad, desorden, anomalía.
IRREPLACEABLE RESOURCES, recursos irremplazables.
IRRESPONSIBLE, irresponsable.
IRREVOCABLE, irrevocable.

— **CREDIT,** crédito irrevocable.
— **TRUST,** fideicomiso irrevocable.
IRRIGATE, TO, irrigar, regar.
IRRIGATION, regadío, riego.
— **CANAL,** canal de riego.
— **RIGHTS,** derechos de riego.
ISLAND, isla.
ISOLATE, TO, aislar, separar.
ISOLATIONISM, aislacionismo.
ISSUANCE, emisión, expedición de documento.
— **OF A CERTIFICATE,** expedición o extensión de un certificado.
— **OF BONDS,** emisión de bonos.
— **OF REPORT,** emisión de informe.
ISSUE, emisión, edición, tiro o tirada (revista), cuestión, punto.
— **A CHECK,** extender o expedir un cheque.
—, **AT,** en disputa.
— **OF LETTERS OF CREDIT,** emisión de cartas de crédito.
— **OF STORES,** salidas de almacén.
— **PRICE,** precio o valor de emisión.
—, **TO,** emitir, expedir, publicar, despachar.
ISSUED, emitido, expedido, despachado.
— **CAPITAL,** capital emitido.
— **CAPITAL STOCK,** acciones de capital emitidas.
— **COMMON STOCKS,** acciones comunes emitidas.
— **STOCK,** acciones emitidas o expedidas.
ISSUER, emisor, expedidor.
ISSUING, emisión.
— **BANK,** banco emisor.
— **COSTS,** costos de emisión.
— **LONG-TERM SECURITIES,** emisión de valores a largo plazo.
— **THE AUDIT REPORT,** emisión del informe de auditoría.
ITALICS, letra cursiva, bastardilla.
ITEM, partida, lote de información, artículo, detalle.
— **ON CONSIGNMENT,** partida en consignación.
— **ON HAND,** partida disponible o a mano.
— **ON TRANSIT,** partida en tránsito.
ITEM'S SELLING PRICE, precio de venta del artículo.
ITEMS FOR COLLECTION, partidas al cobro.
ITEMS IN TRANSIT, efectos o artículos en tránsito.
ITEMIZED PRICE, precio detallado.
ITEMIZED STATEMENT, estado de cuenta detallado.
ITEMIZE, TO, detallar, pormenorizar.
ITERATIVE PROCESS, proceso iterativo.
ITINERARY, itinerario, ruta, guía de viajeros.
IVORY, marfil.

J

JACK, (mecánica) gato, sujeto, mozo.
JACKET, chaqueta, chaleco, forro o camisa de un libro.
JACKPOT, apuesta acumulada en juegos de cartas como el póquer.
—, HIT THE, llevarse el premio.
JAIL, cárcel, prisión.
—, BREAK, fugarse de la cárcel.
JALOPY, carcacha, fotingo.
JAM, conserva, atascamiento.
— TRAFFIC, congestión de tránsito.
JANITOR, portero, conserje, mayordomo.
JANITOR'S ROOM, portería.
JANITORIAL SERVICES, servicios de vigilancia.
JAR, jarra, botija, tarro.
—, TO, trepidar, chirriar.
JARGON, jerga, jerigonza, argot.
JAW, quijada, mandíbula, mordaza (mecánica).
JEALOUSY, envidia, celos.
JEANS, pantalones de dril.
JEEP, yip, auto pequeño con tracción en las cuatro ruedas.
JEOPARDIZE, TO, arriesgar, exponer, comprometer.
JEOPARDY, riesgo, peligro.
JET, surtidor, chorro.
— AIR-FREIGHTER, avión de carga a propulsión.
— AIRCRAFT, avión de propulsión o retropropulsión, avión de reacción o de a chorro.
— SET, gente rica que viaja en avión y frecuenta centros vacacionales.
JETTY, malecón, rompeolas, dique, muelle.
JEWEL, joya, piedra preciosa, alhaja.
JEWELRY, joyería, alhajas.
— STORE, joyería.
JOB, tarea, trabajo, empleo, ocupación.
— AGREEMENT, pacto colectivo o laboral.
— ANALYSIS, análisis de tareas o trabajos.
— AUTONOMY, autonomía en el trabajo, independencia en el trabajo.
— BREAKDOWN, desglose o descripción de una tarea.
— CLASS, clase o grupo de tareas similares.
— CLASSIFICATION, clasificación del trabajo.
— COST SHEET, hoja de costo por órdenes de trabajo.
— COSTING, cuenta de costo por orden de producción.
— COSTS, costos por órdenes de trabajo.
— DESCRIPTION, descripción de la tarea o del puesto.
— DESIGN, diseño del trabajo o de la tarea.
— DESIGNATIONS, asignaciones de labores o tareas.
— ENLARGEMENTS, aumentos o ampliaciones del trabajo.
— ENRICHMENT, enriquecimiento del trabajo.
— EVALUATION, valuación o calificación del trabajo.
— FEEDBACK, retroalimentación recibida del trabajo realizado.
— LIABILITY, responsabilidad del contratista.
— LOT, lote irregular.
— NUMBER, número de orden.
— OPENING, oferta de trabajo, plaza vacante.
— ORDER, orden de trabajo o de producción.
— ORDER SYSTEM, sistema de órdenes de producción.
— OVERHEAD, gastos generales de la obra.
— PERFORMANCE, rendimiento en el trabajo, ejecución del trabajo.
— PROMOTION, ascenso en el trabajo o en el puesto.
— ROTATION, rotación del personal en el trabajo.
— SATISFACTION, satisfacción con el trabajo.
— SECURITY, permanencia o seguridad del empleo.
— SEGREGATION, segregación o separación del trabajo.
— SENIORITY, prioridad por antigüedad en el empleo.
— SITE, lugar o sitio de trabajo.
— SPECIFICATION, especificación de tareas o trabajos.
— STANDARDIZATION, normalización o uniformidad de las tareas.
— TICKET, tarjeta de tiempo de trabajo.
— TIME TICKET, tarjeta de trabajo.
JOB-COST ACCOUNTING, contabilidad de costo por órdenes.
JOB-ORDER COST, costo por órdenes de fabricación, sistema de costo por orden.
JOB-ORDER COST SHEET, hoja de costos por pedido.
JOB-TIME CARD, tarjeta de tiempo de trabajo.
JOBBER, agiotista, corredor, negociante, distribuidor, intermediario.
JOBBING SALES, ventas de los mayoristas.
JOBLESS, cesante, sin trabajo.
JOCKEY, jinete de carreras de caballos.
JOIN THE FIRM ingresar en una empresa.
JOIN THE UNION, agremiarse, afiliarse al sindicato o gremio.
JOIN, TO, asociarse, ingresar, unir, ensamblar.
JOINT, junta, bisagra, asociado, colectivo.
— ACCOUNTS, cuentas mancomunadas o en participación, cuentas conjuntas.
— ACTION, acción conjunta.
— ADVENTURE, sociedad en participación, empresa colectiva.
— AGREEMENT, pacto o acuerdo conjunto.
— AND SEVERAL LIABILITY, responsabilidad solidaria, obligación solidaria.
— ANNUITY, anualidad conjunta.

—— BOND, bono con aval conjunto o con garantía conjunta, fianza mancomunada.
—— COMMITTEE, comisión mixta.
—— COMPANY, compañía filial.
—— CONSENT, común acuerdo.
—— CONTRACT, contrato conjunto o mancomunado.
—— COST, costo conjunto o mancomunado, costo de producción conjunta.
—— CREDIT, crédito conjunto, crédito mancomunado.
—— DEMAND, demanda conjunta o mancomunada.
—— ENTERPRISE, empresa conjunta o colectiva.
—— HEIR, coheredero.
—— LIABILITY, pasivo mancomunado, obligación mancomunada.
—— LIFE, vida mancomunada.
—— LIFE ANNUITY, anualidad mancomunada de vida, renta vitalicia conjunta.
—— LIFE POLICY, póliza de vida mancomunada.
—— NOTE, pagaré mancomunado.
—— OBLIGATION, obligación conjunta o mancomunada.
—— OPERATION, explotación conjunta.
—— OWNER, condómino, copropietario, codueño.
—— OWNERSHIP, propiedad conjunta o en condominio, propiedad mancomunada.
—— PRODUCTS, productos conexos, productos simultáneos.
—— PROPERTY, propiedad conjunta.
—— RATE, flete consolidado.
—— RESPONSIBILITY, responsabilidad solidaria o conjunta.
—— SERVICES, servicios conjuntos o mancomunados.
—— STOCK, capital social.
—— STOCK ASSOCIATION, sociedad en comandita por acciones.
—— STOCK COMPANY, compañía en comandita por acciones.
—— SURETY, cofiador.
—— TARIFF, tarifa conjunta.
—— TENANCY, tenencia conjunta.
—— TENANT, coarrendatario, coparticipante de cuenta bancaria.
—— UNDERTAKING, empresa colectiva o en participación.
—— VENTURE, especulación en participación con otros, negocio conjunto con participación de riesgos.
JOINT-AND-SEVERAL LIABILITY, responsabilidad mancomunada y solidaria.
JOINT-FACILITIES INCOME, ingresos de servicios públicos conjuntos.
JOINT-STOCK COMPANY, sociedad anónima, sociedad en comandita por acciones.
JOINTLY, conjuntamente.

—— AND SEVERALLY, solidariamente, mancomunada.
—— OWNED, de propiedad conjunta, en condominio.
—— PROPERTY, copropiedad.
JOKE, broma, chiste.
JOLLY, festivo, alegre.
JOT DOWN, apuntar, anotar.
JOURNAL, diario, libro diario, periódico, revista.
—— ENTRY, asiento del diario, artículo del diario, asiento en el libro diario.
—— FORM, modelo o forma de diario.
—— SHEET, diario, tira de control.
—— VOUCHER, comprobante de diario.
JOURNALISM, periodismo.
JOURNALIST, periodista.
JOURNALIZE, TO, asentar en el diario, preparar un asiento y anotarlo, contabilizar.
JOURNEY, viaje, jornada.
JOURNEYMAN, jornalero, artesano.
JOY, júbilo, alegría, regocijo.
JUDGE, juez, magistrado.
——, TO, juzgar.
JUDGMENT, juicio, criterio, sentencia, (legal) fallo.
—— LIEN, gravamen por juicio.
—— SAMPLE, muestra de criterio o de juicio.
JUDGMENTAL FORECAST, pronóstico de criterio, pronóstico de juicio.
JUDICIAL, judicial.
—— BOND, fianza judicial.
—— DECISION, sentencia judicial.
—— MORTGAGE, gravamen por fallo.
—— PROCEEDING, juicio, gestión judicial.
—— REMEDY, recurso legal.
—— SALE, venta o subasta judicial.
JUDICIARY BOND, fianza judicial.
JUG, jarra, botija, cántaro.
JUICE, jugo, zumo, electricidad.
JUICY STORY, cuento picante.
JUMBLE PACK, empaque a granel.
JUMP, saltar, brincar.
—— AT, apresurarse, aprovechar.
—— OVER, saltar por encima de.
—— TO CONCLUSIONS, saltar a conclusiones.
JUMPER, blusa, chamarra.
JUNCTION, entronque, empalme, bifurcación.
JUNGLE, selva, jungla, maraña.
JUNIOR, hijo, subalterno, menor.
—— ACCOUNTANT, contador auxiliar o ayudante.
—— BONDS, bonos secundarios.
—— CLERK, empleado subalterno.
—— CREDITOR, acreedor secundario.
—— ENGINEER, ingeniero asistente, segundo maquinista.
—— MANAGER, funcionario asistente o menor.
—— PARTNER, socio menor o minoritario.
—— SECURITY, valor o título de garantía secundaria.

JUNK, hierro viejo o de desecho, basura, desperdicios, trastos viejos.
—— **SHOP,** tienda de trastos viejos.
—— **VALUE,** valor de desecho.
JURIDICAL, judicial.
JURISDICTION, jurisdicción.
JURISDICTIONAL, jurisdiccional.
—— **STRIKE,** huelga para establecer jurisdicción.
JURISTIC PERSON, persona jurídica o moral.
JURY, jurado.
JUST, justo, legítimo, legal.
—— **A MINUTE,** espere un momento, enseguida.

—— **COMPENSATION,** remuneración justa o razonable.
—— **DEBTS,** deudas legítimas.
—— **NOW,** ahora mismo.
—— **VALUE,** valor de venta equitativo.
JUSTICE, justicia, equidad, rectitud.
—— **DEPARTMENT,** departamento de justicia.
JUSTIFICATION, justificación, descargo.
JUSTIFY, TO, justificar, defender, vindicar.
JUVENILE, juvenil, joven.
—— **COURT,** tribunal de menores.
—— **DELINQUENCY,** delincuencia juvenil.

K

KEEN, afilado, agudo, perspicaz.
KEEP, guardar, retener.
—— **A RECORD**, llevar un registro.
—— **AN ACCOUNT**, llevar una cuenta.
—— **AN APPOINTMENT**, acudir al compromiso o a la cita.
—— **AWAY**, mantenerse alejado.
—— **BOOKS**, llevar la contabilidad o los libros.
—— **COMPANY**, acompañar.
—— **DOWN EXPENSES**, reducir gastos.
—— **HOUSE**, manejar o administrar casa.
—— **IN TOUCH**, mantener comunicación o relaciones.
—— **ONE'S WORD**, cumplir su palabra.
—— **OUT**, no entrar, excluir.
—— **POSTED**, llevar o poner al corriente.
—— **QUIET**, estarse callado.
—— **TIME**, registrar o anotar las horas trabajadas.
—— **TRACK OF**, no perder de vista, llevar la cuenta.
—— **UP**, mantener o conservar, mantenerse al día.
KEEPER, guardián, encargado, custodio.
KEY, llave, clave, tecla.
—— **BOARD**, teclado, tablero de control.
—— **EMPLOYEE**, empleado clave.
—— **FIGURES**, números o cifras claves.
—— **INDUSTRY**, industria clave o esencial.
—— **JOB**, oficio o trabajo clave.
—— **MEN**, personal indispensable o clave.
—— **NUMBER**, número de clave.
—— **POSITION**, puesto o empleo clave.
—— **PUNCH**, perforadora, perforadora manual o de tecla.
—— **RATE**, tarifa clave.
—— **ROLE**, papel clave, puesto clave.
—— **TERM**, término clave, palabra clave.
—— **WORD**, palabra clave.
KEYHOLE, ojo de la cerradura.
KEYPUNCH VERIFICATION, verificación del perforado de tarjetas.
KEYSET, teclado.
KICK OUT, echar a puntapiés.
KICK, TO, patear, dar coces, protestar, quejarse.
KICKBACK, contragolpe, detracción.
KID, muchacho, niño, cabrito.

KILL TIME, matar el tiempo, desperdiciarlo.
KILL, TO, matar, descartar, destruir.
KILOCYCLE, kilociclo.
KILOGRAM, kilogramo, mil gramos.
KILOLITER, kilolitro.
KILOMETER, kilómetro.
KILOWATT, kilovatio, kilowatt.
KILOWATT-HOUR, kilovatio-hora, kilowatt-hora.
KIND, especie, benévolo, bondadoso, favorable, afable.
——, **IN**, en especie.
—— **REGARDS**, cordiales saludos.
KINDERGARTEN, jardín infantil.
KING, rey, monarca de un reino, rey en naipes y ajedrez.
—— **SIZE**, tamaño gigante.
KINGDOM, reino.
KIT, estuche, caja de herramientas, juego de implementos.
KITCHEN, cocina.
—— **STOVE**, estufa para cocinar.
KITCHENWARE, utensilio de cocina, batería de cocina.
KITE, circular cheques en descubierto, cometa, papalote.
KITING, desfalco mediante cheques no registrados, circulación de cheques en descubierto, girar sin fondos.
KNIFE, cuchillo, cuchilla.
KNIGHT, caballero, campeón.
KNIT GOODS, géneros o tejidos de punto.
KNITTING MILL, fábrica de tejidos de punto.
KNOB, perilla, tirador de puerta, botón.
KNOCK, golpear, golpetear, tocar a la puerta.
—— **ABOUT**, vagar sin rumbo.
—— **DOWN**, desarmar, rematar.
—— **OFF**, cesar o suspender el trabajo, echar abajo.
KNOCKED DOWN, desmontado, desarmado.
KNOT, nudo, milla náutica, lazo.
KNOW, saber, conocer, distinguir.
—— **BETTER**, saber lo que debe hacerse.
—— **HOW**, experiencia práctica, habilidad, conocimiento técnico.
—— **OF**, tener noticia, saber de.
KNOWLEDGE, conocimiento, saber.
——, **TO MY**, que yo sepa.
KRONE, corona (moneda danesa o noruega).

L

LABEL, etiqueta, marbete, rótulo.
——, **TO**, rotular, etiquetar.
LABOR, mano de obra, trabajo, personal a jornal, clase obrera.
——**AGENT**, agente de colocaciones o reclutador.
——**AGREEMENT**, contrato colectivo de trabajo, pacto laboral.
——**ARBITRATION**, arbitraje industrial.
——**AVAILABILITY**, disponibilidad de obreros, mano de obra disponible.
——**BANK**, banco obrero.
——, **CHILD**, trabajo de menores.
——**CODE**, ley del trabajo, derecho obrero.
——**CONDITIONS**, condiciones laborales u obreras.
——**CONSTRAINT**, restricción o limitación de mano de obra.
——**CONTRACT**, contrato de trabajo, contrato colectivo laboral.
——**COST**, costo de mano de obra.
——**COURT**, tribunal del trabajo.
——**DAY**, día del trabajo.
——**DEMAND**, demanda de trabajo o de mano de obra.
——**DEPARTMENT**, Secretaría o Ministerio del Trabajo.
——**DISPUTE**, conflicto laboral u obrero.
——**EXCHANGE**, agencia de colocaciones, oficina de empleos, bolsa de trabajo.
——**EXPENSES**, costo de mano de obra.
——**EXPORTATION**, exportación de obreros, exportación de trabajadores.
——**FEDERATION**, federación del trabajo, unión gremial u obrera.
——**FORCE**, fuerza de trabajo, personal obrero.
——**FOREMAN** capataz, jefe de obreros.
——**GANG**, cuadrilla de peones o de trabajadores.
——**HOUR**, hora de trabajo.
——, **IN**, de parto.
——**IN PROCESS**, mano de obra en proceso, trabajo en proceso.
——**INCOME**, ingreso procedente del trabajo.
——**LAW**, derecho obrero, leyes del trabajo.
——**LEADER**, líder sindical, dirigente obrero o gremial.
——**MARKET**, mercado de trabajo.
——**MATTERS**, asuntos o cuestiones laborales.
——**MOVEMENT**, movimiento obrero o sindical.
——**PARTY**, Partido Laborista (Inglaterra).
——**PAYROLL**, nómina o plantilla de obreros.
——**POLICY**, política laboral.
——**RATE**, jornal del peón o del obrero.
——**RELATIONS**, relaciones laborales, relaciones obrero-patronales.
——**RELATIONS SPECIALIST**, especialista en relaciones laborales.
——**SCOUT**, agente buscador de mano de obra, enganchador.
——**SHORTAGE**, escasez o falta de mano de obra.
——**STATISTICS**, estadística laboral o del trabajo.
——**STOPPAGE**, paro laboral, paro obrero.
——**STRIKE**, huelga laboral, paro obrero.
——**SUPPLY**, oferta de trabajo o de trabajadores.
——**TIME TICKET**, tarjeta de tiempo de trabajo.
——**TRAINING PROGRAM**, programa de adiestramiento de obreros.
——**TURNOVER**, rotación de personal, desplazamiento de personal.
——**UNION**, sindicato obrero, gremio, asociación obrera o sindical.
——**VARIANCE**, variación en mano de obra.
——**WAGE SETTLEMENTS**, salarios negociados.
——**WAGES**, jornal obrero.
——**WORKING HOURS**, horas de trabajo laborales, jornada de trabajo.
LABOR-SAVING DEVICE, equipo para ahorrar trabajo.
LABOR-SAVING INVENTIONS, inventos que ahorran trabajo.
LABORATORY, laboratorio.
——**EQUIPMENT**, aparato o equipo de laboratorio.
LABORER, obrero, jornalero, peón, trabajador, operario.
LACE, encaje, cordón.
LACK, falta, carencia, necesidad.
——**OF BUSINESS**, falta de negocios.
——, **TO**, necesitar, carecer de, faltar.
LAD, muchacho, mozalbete.
LADDER, escalera de mano, escala.
LADDEN IN BULK, cargado a granel.
LADING, carga, cargamento, conocimiento de embarque.
LADY, dama, señora.
LAG, retraso, desplazamiento, demora.
LAID DOWN, trabajo entregado.
LAID-OFF, cesante, despedido.
LAID-UP, incapacitado, inhabilitado.
LAITY, lego.
LAKE, lago.
LAME DUCK, deudor insolvente.
LAMP, lámpara, farol, linterna.
LAND, terrenos, tierra, país.
——**A JOB**, conseguir un puesto.
——**AGENT**, corredor de tierras.
——**BANK**, banco de crédito territorial.
——**CONSERVATION**, conservación del suelo.
——**COSTS**, costos de terreno.
——**DEAL**, negociación o compra-venta de terrenos.
——**DEVELOPER**, promotor de desarrollo urbano.
——**FREIGHT**, flete terrestre.
——**GRANT**, concesión de tierras.
——**IMPROVEMENTS**, mejoras de terrenos.
——**MEASURE**, medida agraria.
——**OFFICE**, oficina de catastro.

—— ON THE WATER, acuatizar, amarar.
—— REFORM, reforma agraria.
—— RENT, renta de la tierra.
—— ROUTE, vía terrestre o por tierra.
—— SURVEY, agrimensura, levantamiento topográfico.
—— SURVEYING, agrimensura, levantamiento topográfico.
—— SURVEYOR, agrimensor, topógrafo.
—— TAX, impuesto territorial, impuesto sobre bienes raíces.
——, TO, desembarcar, descargar, aterrizar.
—— TRANSPORTATION, transporte terrestre.
—— VALUE TAX, impuesto sobre el valor del terreno.
LAND-SAVING INVENTIONS, inventos que ahorran suelo.
LANDED PRICE, precio puesto en destino.
LANDED PROPERTY, bienes raíces.
LANDED WEIGHT, peso de descarga.
LANDING, desembarque, aterrizaje.
—— BOND, fianza de desembarque.
—— CERTIFICATE, certificado de desembarque, guía internacional.
—— CHARGES, derechos o cargos de desembarque.
—— FEE, derecho de aterrizaje.
—— FIELD, campo de aterrizaje.
—— FORCES, tropas de desembarque.
—— PERMIT, permiso de desembarque.
—— STAGE, embarcadero flotante.
LANDLORD, patrón, casero, arrendador.
LANDOWNER, terrateniente, propietario de inmueble o terreno.
LANDSCAPE, paisaje, campiña.
LANDSLIDE, derrumbe o deslizamiento de tierra.
LANGUAGE TRANSLATOR, traductor de lenguaje (computación).
LAPPING, jineteo, encubrimiento de extracción indebida de fondos.
LAPSE, TO, caducar, prescribir.
LAPSED, caducado.
—— DISCOUNT, descuento caducado.
LAPSING SCHEDULE, estado de análisis de activos fijos, programa de vencimientos.
LARCENY, hurto, ratería.
LARD, manteca, manteca de puerco.
LARGE, grande.
—— ORDER, orden o pedido grande.
LARGE-SCALE INDUSTRY, industria en gran escala.
LARGE-SCALE PRODUCTION, producción en gran escala.
LARGE-SCALE RETAILING, ventas al menudeo en gran escala.
LARGE-SCALE SELLING, ventas en gran escala.
LARGE-SIZED MANUFACTURER, gran fabricante, fabricante en gran escala.
LASER TECHNOLOGY, tecnología del rayo láser.
LAST, último, final, pasado.
——, AT, por fin.

——, AT LONG, al fin.
—— MONTH, mes pasado.
—— NAME, apellido.
—— NIGHT, anoche.
—— RESORT, último recurso, último medio.
—— WEEK, semana pasada.
—— WILL, última voluntad.
—— YEAR, año pasado o anterior.
LAST-IN-FIRST-OUT (LIFO), últimas entradas primeras salidas, los artículos salen en orden inverso de entrada.
LAST-IN-FIRST-OUT VALUATION (LIFO), valoración en el orden inverso de entrada, evaluación de últimas entradas primeras salidas.
LASTING, duradero, perdurable, durable.
LATE, atrasado, tardío, persona difunta.
——, TO BE, llegar tarde, estar atrasado.
——, TOO, demasiado tarde.
LATECOMER, persona tardía o demorada.
LATENCY TIME, tiempo de espera.
LATER ON, más tarde, después.
LATERAL, lateral.
—— COMBINATION, integración lateral.
—— INTEGRATION, combinación de empresas en el mismo giro de negocios.
—— THINKING, razonamiento indirecto o lateral.
LATEST, AT THE, a más tardar.
LATHE, torno mecánico.
—— OPERATOR, tornero, operador de torno.
LATTICE, reja, celosía, enrejado.
LAUNCHING, lanzamiento, botadura de una embarcación.
LAUNDRY, lavandería, lavado.
LAVATORY, lavabo, lavamanos.
LAW, ley, derecho, abogacía.
—— COURT, tribunal de justicia.
—— DEGREE, título de abogado.
—— FIRM, bufete de abogados, despacho de licenciados en derecho.
—— MERCHANT, derecho mercantil.
—— OF DIMINISHING RETURNS, ley de rendimientos decrecientes.
—— OF DIMINISHING UTILITY, ley de utilidades decrecientes.
—— OF INCREASING RETURNS, ley de rendimientos crecientes.
—— OF MORTGAGES, derecho hipotecario.
—— OF NATIONS, derecho internacional.
—— OF SCARCITY, ley de la escasez o carestía.
—— OF SUPPLY AND DEMAND, ley de la oferta y la demanda.
—— OF VESSELS, derecho marítimo.
—— OFFICE, despacho u oficina de abogados.
—— SCHOOL, escuela de derecho o de leyes.
——, TO PRACTICE, ejercer la abogacía o la profesión de abogado.
LAWFUL, legal, lícito, legítimo.
LAWN, césped, prado.
—— FURNITURE, muebles de jardín.

LAWS OF PROBABILITY, leyes de probabilidad.
LAWSUIT, pleito, acción, litigio, juicio, demanda judicial.
LAWYER, abogado, licenciado en leyes, jurista, procurador.
LAX SECURITY, falta de seguridad.
LAY, colocar, poner, instalar.
—— **A WAGER**, hacer una apuesta.
—— **CLAIM TO**, reclamar, pretender.
—— **DAYS**, estadías.
—— **DOWN**, colocar, poner, abandonar.
—— **DIRECTOR**, director lego.
—— **IN**, proveerse de.
—— **OFF**, despedir, desplazar, cesantear.
—— **OFFICER**, funcionario lego.
—— **OUT**, proyectar, estudiar, bosquejar.
—— **OVER**, aplazar.
—— **TIME**, estadía.
—— **UP**, almacenar, (náutica) amarrar.
LAYER, capa.
LAYMAN, lego, profano.
LAYOFF, despido, cesantía, desahucio, suspensión.
LAYOUT, diseño, disposición, arreglo, compaginación.
—— **MAN**, dibujante, proyectista, bocetista.
LAZY, perezoso, indolente, flojo.
—— **INDIVIDUAL**, individuo perezoso, haragán, holgazán.
LEAD, dirección, mando, delantera.
—— **OFF**, principiar.
—— **SCHEDULE**, hoja resumen, cédula sumaria.
—— **SCHEDULES**, programas de orientación.
—— **THE WAY**, mostrar el camino, ir adelante.
—— **TIME**, plazo de entrega, tiempo de entrega.
——, **TO**, dirigir, mandar, conducir.
LEADER, jefe, dirigente, caudillo, líder, guía.
LEADERSHIP, liderato, liderazgo.
LEADING, principal, dominante.
—— **ARTICLE**, artículo de fondo.
—— **FUNCTION**, función de dirección o liderato.
—— **PEOPLE**, dirección o liderato de personal.
—— **QUESTION**, pregunta capciosa.
—— **RATE**, tipo de interés sobre préstamos.
LEAF, hoja, folio.
—— **TOBACCO**, tabaco en rama.
LEAFLET, folleto, volante.
LEAK, fuga de agua, gotera, escape de agua, vapor o gas.
—— **OUT**, divulgarse un hecho.
——, **TO**, gotear, hacer agua.
LEAKAGE, derrame, merma, escape, fuga.
—— **INSURANCE**, seguro de derrames.
LEAN, magro, flaco.
——, **TO**, inclinarse, recostarse.
—— **YEAR**, año improductivo o estéril.
LEAP, salto, avance.
—— **YEAR**, año bisiesto.
LEARNER, aprendiz, pasante.

LEASE, arrendamiento, arriendo, contrato de arrendamiento.
—— **ARRANGEMENT**, contrato de arrendamiento o arriendo.
—— **COMMITMENTS**, compromiso de arrendamiento.
—— **CONTRACT**, contrato de arrendamiento.
—— **EVALUATION**, evaluación de arrendamiento financiero.
—— **FINANCIAL INCOME**, ingresos o entradas para financiar arriendos.
—— **FINANCING**, financiamiento de arriendo, solventar contrato de arrendamiento.
—— **FINANCING INCOME**, ingreso o entrada por financiamiento de arriendo.
—— **FUNDS**, recursos en arrendamiento.
—— **(law)**, inquilinato, contrato de locación.
—— **LOAN**, préstamo para arrendamiento.
—— **OBLIGATION**, obligación de arriendo, deuda de contrato de arrendamiento.
—— **PAYMENT RECEIVABLE**, rentas por cobrar.
—— **PROVISIONS**, estipulaciones del arrendamiento.
—— **RENTALS**, rentas.
—— **TERM**, plazo de contrato.
——, **TO**, arrendar, dar o tomar en arriendo.
LEASE-PURCHASE AGREEMENT, contrato de arrendamiento y compra.
LEASED, arrendados, en arriendo.
—— **ASSETS**, activos en arrendamiento.
—— **PAYMENTS**, pagos por arrendamiento o por arriendo.
—— **PROPERTY**, propiedad alquilada.
LEASEHOLD, derecho o contrato de arrendamiento, inquilinato.
—— **AGREEMENT**, convenio de inquilinato, contrato de arrendamiento.
—— **IMPROVEMENTS**, mejoras a propiedad arrendada.
—— **INSURANCE**, seguro de inquilinato o arrendamiento.
—— **MORTGAGE**, hipoteca de arrendamiento o inquilinato.
LEASEHOLDER, arrendamiento.
LEASING, arrendamiento, arriendo.
—— **AGENT**, agente o corredor de arrendamiento.
LEAST, mínimo, el más pequeño.
——, **AT**, al menos, por lo menos.
——, **IN THE**, de ninguna manera.
—— **SQUARES**, mínimos cuadrados.
——, **THE**, lo menos.
—— **WORK**, trabajo mínimo.
LEAST-SQUARES METHOD, método de mínimos cuadrados.
LEAST-SQUARES STATISTICAL TECHNIQUE, técnica estadística de mínimos cuadrados.
LEATHER, cuero, piel, suela.
—— **GOODS**, artículos de piel o cuero.
—— **INDUSTRY**, industria del cuero.

—— SHOP, peletería.
LEAVE, dejar, partir, permiso.
—— ALONE, dejar en paz.
—— OF ABSENCE, licencia.
—— OFF, suspender, cesar.
——, ON, con licencia.
—— OUT, excluir, omitir.
—— WORD, dejar mensaje o dejar dicho.
LECTURE, conferencia, dar una clase, regaño, reprender.
LEDGER, mayor, libro mayor, libro de cuentas.
—— ACCOUNTS, cuentas del libro auxiliar.
—— ASSET, activo del mayor.
—— BALANCE, saldo o balance del libro mayor.
—— CARD, tarjeta del auxiliar de clientes.
—— CLERK, encargado del libro mayor o auxiliar.
—— CONTROL, control del mayor auxiliar.
—— ENTRY, asiento del mayor, pase en el mayor.
—— JOURNAL, diario mayor.
—— RULINGS, rayados del auxiliar de clientes.
—— TRANSFER, transferencia del mayor o registro auxiliar.
—— VALUE, valor según libros.
LEFT, izquierdo, izquierda.
——, TO THE, a la izquierda.
—— TURN, vuelta a la izquierda.
—— WING, ala izquierda.
LEFT-HAND DRIVE, volante o dirección a la izquierda.
LEFTOVER MACHINERY, maquinaria excedente.
LEFTOVERS, excedentes, sobrantes, rezagos.
LEGACY, legado, herencia.
—— DUTY, derechos de herencia o legado.
LEGAL, legal, lícito, legítimo, jurídico.
—— ACTION, acción legal.
—— ACTIONS PENDING, acciones legales pendientes, acción jurídica en trámite.
—— ADDRESS, domicilio legal.
—— ADVICE, consejo jurídico o legal.
—— ADVISER, asesor jurídico o legal, letrado consultor.
—— AFFAIRS, asuntos o cuestiones legales.
—— AGE, mayoría de edad.
—— ARRANGEMENTS, convenios legales, acuerdos legales.
—— ASSETS, activo legal.
—— ASSOCIATION, convenio legal.
—— AUCTION, subasta legal.
—— CAPITAL, capital legal, capital declarado.
—— COMMITMENTS, cumplimiento de disposiciones legales.
—— COUNSEL, asesor jurídico o legal.
—— DEBT MARGIN, margen de la deuda legal.
—— DEPARTMENT, departamento jurídico o legal.
—— ENTERPRISE, empresa legal, compañía legal.
—— ENTITY, entidad legal.
—— EVIDENCE, prueba legal.
—— EXPENSES, gastos legales, gastos jurídicos.
—— EXPOSURE, revelación o exposición legal.
—— FEES, honorarios legales.
—— HOLIDAY, fiesta oficial, día de fiesta legal.
—— INTEREST, interés legal.
—— INVESTMENT, inversión legal.
—— LIABILITY, obligación o responsabilidad legal.
—— LENDING LIMIT, límite legal de préstamo.
—— MANEUVERING, maniobra legal, intriga legal.
—— NAME, razón social, nombre legal de la empresa.
—— PERSON, persona jurídica o social.
—— POSSESSION, posesión legal.
—— PROCEEDINGS, procedimientos legales o jurídicos.
—— PROFESSION, abogacía, profesión de abogado.
—— QUAY, muelle de aduana.
—— RESERVE, reserva legal, encaje legal.
—— RESIDENCE, domicilio legal.
—— RESPONSIBILITY, responsabilidad legal.
—— RESTRICTIONS, restricciones o limitaciones legales.
—— SERVICES, servicios jurídicos o legales.
—— SIZE, tamaño legal u oficio.
—— STAFF, departamento jurídico, abogacía.
—— STANDARDS OF QUALITY, WEIGHT OR MEASURE, normas legales de calidad, peso o medida.
—— STANDPOINT, punto de vista legal.
—— STATUS, estado legal, capacidad legal.
—— SYSTEM, sistema jurídico o legal.
—— TARE, tara aduanera o legal.
—— TENDER, moneda de curso legal, moneda legal.
LEGAL-LIABILITY POLICY, póliza de seguro contra responsabilidad legal.
LEGAL-TENDER BOND, bono pagadero en moneda de curso legal.
LEGAL TAX-FREE TRANSFER, transferencia libre de impuesto legal.
LEGALIZE, TO, legalizar, refrendar, legitimar.
LEGATARY, legatario.
LEGATEE, legatario.
LEGATION, embajada, legación.
LEGATOR, testador.
LEGEND, leyenda, letrero, inscripción.
LEGISLATION, legislación.
LEGISLATIVE BODY, cuerpo legislativo, órgano legislativo.
LEGISLATIVE SCRUTINY, escrutinio hecho por legislatura.
LEGITIMATE, legítimo, genuino, lícito.
—— BUSINESS, negocio lícito o legítimo.
LEISURE, ocio, desocupación.
—— HOURS, horas libres.
——, TO BE AT, estar desocupado.
LEND, prestar, dar préstamo.
—— A HAND, ayudar, prestar ayuda.
—— ON COLLATERAL, prestar con seguridad colateral.
LEND-LEASE, préstamo y arriendo.

LENDER, acreedor, prestamista.
LENDER'S LIEN, gravamen del prestamista.
LENDING, préstamo, empréstito.
——AGENCY, agencia prestataria o de préstamos.
——INSTITUTION, institución de préstamo.
——RATE, tipo de interés sobre préstamos.
LENGTH, largo, longitud, duración de tiempo.
——, AT, al final.
——, AT FULL, a todo lo largo.
——OF CREDIT TERMS, amplitud de los plazos.
——OF LIFE, vida útil, duración de vida.
——OF SERVICE, antigüedad, duración de servicio.
LENGTHY, prolongado, largo.
LESION, lesión, daño.
LESS, menos, menor, inferior.
——DEVELOPED COUNTRY, país poco desarrollado, país en vías de desarrollo.
——DISCOUNT, deducido el descuento.
——THAN, menor que.
LESS-THAN-CARLOAD LOT, lote por lo menos de carro completo.
LESS-THAN-CARLOAD RATE, tarifa de menos de carro completo.
LESSEE, inquilino, arrendatario.
LESSON, lección, escarmiento, ejemplo.
LESSOR, arrendador.
LET, alquilar, arrendar, rentar, permitir, dejar.
——DOWN, abandonar, no apoyar, decaimiento.
——GO, despedir, desahuciar, soltar.
——HIM GO, admitir, dejar entrar.
——IN, admitir, dejar entrar.
——OFF, dejar libre.
——ON, dar a entender.
——THE CONTRACT, adjudicar el contrato.
——THROUGH, dejar pasar.
LETTER, carta, letra.
——BOX, buzón, apartado.
——, BY, por carta, por correo.
——CARRIER, cartero.
——DROP, buzón.
——FILE, archivo de cartas, guardacartas.
——FOLLOWS, sigue carta, carta recordatorio.
——OF ADVICE, carta de aviso o de notificación.
——OF ATTORNEY, carta poder, poder.
——OF AUTHORITY, carta de autorización.
——OF CREDIT, carta de crédito, carta bancaria de crédito, letra de crédito.
——OF DEMAND, carta de demanda.
——OF GUARANTY, carta de garantía.
——OF HYPOTHECATION, carta hipotecaria.
——OF INDEMNITY, carta de indemnización.
——OF INTRODUCTION, carta de presentación o de recomendación.
——OF RECOMMENDATION, carta de recomendación.
——OF TRANSMITTAL, carta de transmisión.
——OPENER, abrecartas.
——PAPER, papel de cartas.
——RATES, tarifas de correspondencia.
——SCALE, pesacartas, balanza para cartas.
——SIZE, tamaño carta.
——STOCK, acciones no registradas, acciones no cotizadas en bolsa.
——, TO, rotular.
LETTER-OF-CREDIT SERVICES, servicios prestados por carta de crédito.
LETTER-TELEGRAM, carta telegráfica (diurna o nocturna).
LETTERHEAD, papel membretado, encabezamiento de carta.
LETTERING, rótulo, letrero, inscripción.
LETTERS OF INQUIRY, cartas de solicitud de informes.
——TESTAMENTARY, auto de autorización del albacea.
LEVEL, nivel, cuantía.
——OF CONFIDENCES, nivel de confianza.
——OF CONSUMPTION, nivel de consumo.
——OF DEMAND, nivel o grado de demanda.
——OF LIVING, nivel de vida.
——OF SIGNIFICANCE, nivel de significación o significancia.
——OFF, nivelar, uniformar, estabilizar.
——PREMIUM, prima nivelada, prima anual uniforme.
——, TO, nivelar, allanar.
——, TO BE ON THE, obrar rectamente, sin engaño.
LEVELS OF PLANNING, niveles de planificación.
LEVER, palanca.
LEVERAGE, palanca, apalancamiento, influencia, poder.
——MULTIPLIER, multiplicador de apalancamiento.
——RATIO, índice de apalancamiento.
LEVERAGED DEBT, pasivo con apoyo económico.
LEVERAGED LEASE, arrendamiento con palanca.
LEVIER, recaudador de impuestos.
LEVY, exacción de tributos, impuestos (cargas impositivas), ejecución, embargo.
——ON, gravar.
——TAXES, imponer contribuciones.
——, TO, gravar, (legal) embargar.
LIABILITIES, pasivo, deudas, obligaciones.
——AND STOCKHOLDERS' EQUITY, pasivo y capital contable.
——TO OUTSIDERS, pasivo comercial.
LIABILITY, pasivo, obligaciones a pagar, responsabilidad, gravamen.
——ACCOUNTS, cuentas del pasivo.
——BOND, fianza de responsabilidad civil.
——CERTIFICATE, certificado de pasivo.
——DIVIDEND, dividendo de pasivo.
——FOR ENDORSEMENT, responsabilidad por endoso o aval.
——FOR SALES TAXES, impuestos por pagar sobre ventas.
——INSURANCE, seguro contra responsabilidad civil, seguro de responsabilidad.

—— INSURANCE PREMIUM, prima por seguro de responsabilidades.
—— LEDGER, mayor de obligaciones o colocaciones.
—— OF DEPOSITS, pasivo por depósitos.
—— OF DIRECTORS, responsabilidad de los directores.
—— RESERVE, reserva de pasivo o para obligaciones.
—— TO AN OUTSIDER, pasivo a favor de tercero.
LIABLE, responsable.
——, BECOME, comprometerse.
—— TO DUTY, sujeto a derechos.
LIAISON, enlace, conexión, coordinación de actividades.
—— GROUP, grupo de enlace en una compañía.
—— INDIVIDUAL, individuo de enlace en una empresa.
LIAR, mentiroso, embustero.
LIBEL, libelo, difamación escrita.
LIBERATOR, libertador.
LIBERTINE, libertino.
LIBERTY, libertad, libre.
——, AT, en libertad, libre.
LIBRARIAN, bibliotecario.
LIBRARY, biblioteca.
—— SCIENCE, biblioteconomía.
LICENSE, licencia, permiso, título, cédula.
—— BOND, fianza de permisionario.
—— CLERK, encargado de licencias, empleado de licencias.
——, DRIVER'S, licencia de conducir o de manejo, permiso de circulación.
—— FEES, derechos de licencia.
—— NUMBER, número de matrícula o de licencia.
—— PLATE, chapa de circulación, placa de matrícula, chapa de patente.
LICENSED, titulado, diplomado, autorizado.
—— OFFICER, oficial autorizado o acreditado.
—— PUBLIC ACCOUNTANT, contador público titulado, contador público con licencia o autorizado.
—— WAREHOUSE, almacén afianzado.
LICENSEE, concesionario, permisionario.
LICENSING, conceder licencia, otorgar autorización.
—— AGREEMENT, convenio de licencia.
—— DEPARTMENTS, oficinas de licencias.
LID, tapa, tapadera.
LIE, mentira.
—— DETECTOR, detector de mentiras.
LIE, acostarse, tenderse, yacer.
—— BACK, recostarse.
—— DOWN, acostarse, echarse.
——, TO, mentir.
LIEN, gravamen, hipoteca, derecho prendario.
LIENEE, embargado.
LIENOR, embargador.
LIEUTENANT, teniente.

—— COLONEL, teniente coronel.
—— GENERAL, teniente general.
LIFE, vida, duración, vital, vigencia.
—— AND CAREER PLANNING, planeación de vida y carrera.
—— ANNUITY, anualidad o renta vitalicia, pensión vitalicia.
—— BELT, cinturón salvavidas.
—— EXPECTANCY, expectativa o esperanza de vida, vida probable de una persona.
—— EXPECTANCY POLICY, póliza de expectativa de vida.
——, FOR, de por vida.
—— INCOME ENDOWMENT, seguro dotal con renta vitalicia.
—— INSURANCE, seguro de vida.
—— INSURANCE AGENT, agente de seguros de vida.
—— INSURANCE COMPANY, compañía de seguros de vida.
—— INSURANCE ESTATE, patrimonio o capital de seguro de vida.
—— INSURANCE POLICY, póliza de seguro de vida.
—— INSURANCE PREMIUM, prima de seguro de vida.
—— INTEREST, renta vitalicia o usufructo.
—— OF A PATENT, duración de la patente.
—— OF GUARANTY, vigencia de la garantía.
—— PENSION, pensión vitalicia.
—— RISK, riesgo o contingencia de vida.
—— SATISFACTION, satisfacción en la vida.
—— SENTENCE, condena a prisión perpetua, cadena perpetua.
—— SPAN, duración de la vida.
—— STYLE, tren de vida.
—— TABLE, tabla de mortalidad.
—— TENANT, usufructuario vitalicio.
LIFE-INCOME POLICY, póliza de renta vitalicia.
LIFE-INSURANCE TRUST, fideicomiso de seguro de vida.
LIFESAVER, salvavidas, persona que salva vidas.
LIFETIME, curso de la vida, toda la vida.
—— EMPLOYMENT, empleo vitalicio, empleo por toda la vida.
—— POLICY, seguro de beneficio por toda la vida.
LIFO, últimas entradas primeras salidas.
—— RESERVES, efecto de últimas entradas primeras salidas.
LIFT, levantar, alzar, elevar.
—— TRUCK, carro montacargas o elevador.
LIFTER, levantador.
LIFTING, levantamiento.
—— CAPACITY, capacidad de levantamiento.
LIGHT, alumbrado, luz, ligero, claro.
—— BULB, foco de alumbrado, bombilla.
—— DUES, derechos de faro.
—— DUTY, servicio liviano, trabajo ligero.
—— INDUSTRIES, industrias ligeras.
—— LOAD, carga ligera.
—— MANUFACTURING, manufactura o fabricación ligera.

—— ORDERS, pedidos escasos.
—— UP, encender las luces.
—— WORK, trabajo ligero o liviano.
LIGHT-DRAFT VESSEL, buque de poco calado.
LIGHTEN, TO, aclarar, aligerar, aliviar.
LIGHTERAGE, lanchaje, alijo, derechos de lanchaje.
—— LICENSE, patente de lanchaje.
LIGHTHOUSE, faro.
LIGHTING EQUIPMENT, equipo de alumbrado o de iluminación.
LIGHTING FIXTURES, artefactos de alumbrado.
LIGHTNING INSURANCE, seguro contra daños por rayos.
LIKABLE, agradable, simpático.
LIKE, semejante, del mismo modo que, parecido.
——, DO AS YOU, haga lo que guste.
—— THIS, así, de este modo.
——, TO FEEL, con ganas, sentirse dispuesto a.
LIKELIHOOD, posibilidad, probabilidad.
LIKEWISE, igualmente, asimismo, también.
LIKING, simpatía, preferencia, gusto.
LIMIT límite, confín, extremo.
—— LOAD, carga límite.
—— TEST, prueba del límite.
——, TO, limitar, concretar.
——, TO BE THE, ser el colmo.
——, TO THE, hasta más no poder.
LIMITED, limitado, reducido, parcial.
—— ACCEPTANCE, aceptación limitada.
—— AUDIT, auditoría limitada.
—— COMPANY, compañía o sociedad de responsabilidad limitada.
—— LIABILITY, obligación o responsabilidad limitada.
—— LIABILITY COMPANY, compañía o sociedad de responsabilidad limitada.
—— LIABILITY PARTNER, socio con responsabilidad limitada.
—— LIABILITY PARTNERSHIP, sociedad o compañía limitada, compañía de responsabilidad limitada.
—— LINE STORE, tienda de línea limitada.
—— ORDER, pedido con límite de precio.
—— PARTNERSHIP, sociedad en comandita o parcialmente limitada.
—— RESOURCES, recursos limitados, medios limitados.
—— TRAIN, tren rápido de tarifa alta.
—— VOTE CAPITAL STOCK, acciones de voto limitado, acciones preferidas.
LIMITED-LIABILITY COMPANY, sociedad de responsabilidad limitada.
LIMITED-LIFE ASSET, activo de la vida limitada.
LIMITED-SERVICES WHOLESALER, mayorista de servicio limitado.
LIMITING COST, costo límite o marginal.
LIMITING PRICE, precio tope o límite.
LINE, línea, raya, renglón, rama de negocios, cuerda, cable.

—— AND STAFF ORGANIZATION, organización de línea y de ejecutivos.
—— AUTHORITY, autoridad lineal.
—— DRAWING, dibujo de línea.
—— EXECUTIVE, ejecutivo o funcionario de línea.
—— FUNCTIONS, funciones de línea.
—— HAUL, acarreo sin maniobras.
—— MANAGER, gerente de línea, director de línea.
—— OF BUSINESS, giro de negocio, ramo, género de comercio.
—— OF CREDIT, línea o límite de crédito.
—— OF GOODS, surtido de mercancías.
—— OF PRODUCTS, surtido o línea de productos.
—— OF SAMPLES, muestrario.
—— OF TRADE CREDIT, línea de crédito comercial.
—— ORGANIZATION, organización de línea.
—— PRINTER, impresora por renglones.
—— RATE, tarifa por línea.
—— SAMPLING, muestreo por líneas.
—— STAFF, personal de línea.
——, TO, forrar, alinear, rayar.
LINE-BY-LINE PROOF, comprobación línea por línea.
LINE-OFF CREDIT BORROWING, préstamos para línea de crédito.
LINEAR, lineal.
—— BREAKEVEN ANALYSIS, análisis de equilibrio lineal.
—— EQUATION, ecuación lineal.
—— PROGRAMMING, programación lineal o matemática.
—— PROGRAMMING MODEL, modelo de programación lineal.
—— TRANSFORMATION, transformación lineal.
—— TREND, tendencia lineal.
LINEN, lino, ropa blanca, lienzo.
—— GOODS, lencería, géneros de lino.
—— TRADE, comercio del lino.
LINER, buque o barco de línea, forro, revestimiento.
—— SERVICE, empresa pública de transporte.
LINING, forro, cubierta.
LINING-UP PROBLEM, problema de colas.
LINK, enlace, eslabonar.
LINOTYPE, linotipo, composición en linotipo.
LINOTYPIST, linotipista.
LIQUEFIED PETROLEUM GAS, gas líquido de petróleo.
LIQUID, líquido, realizable, disponible.
—— ASSETS, activo circulante, valores realizables.
—— CARGO, carga o cargamento líquido, en estado líquido.
—— CONSUMER LOAN PORTFOLIO, cartera o portafolio de préstamo realizable al consumidor.
—— MARKETABLE SECURITIES, liquidez de valores realizables.
—— MEASURE, medida de volumen o de líquidos.
—— RESERVES, reservas realizables.
LIQUIDATE, TO, liquidar, pagar, saldar cuentas, cancelar.
LIQUIDATED, liquidado, pagado, cancelado.

—— DAMAGES, daños liquidados.
—— DEBT, deuda liquidada o saldada.
LIQUIDATING, liquidación, realización.
—— BALANCE SHEET, balance general de liquidación.
—— DIVIDEND, dividendo de liquidación.
LIQUIDATION, liquidación, cancelación.
—— IN INSTALLMENTS, liquidación en plazos o en abonos.
—— STATEMENT, estado de liquidación.
—— VALUE, valor de liquidación.
LIQUIDATOR, liquidador, síndico.
LIQUIDITY, liquidez, convertibilidad, realizabilidad.
—— CRISIS, crisis de liquidez o de convertibilidad.
—— NEEDS, necesidades de liquidez o convertibilidad.
—— OF GOLD SUPPLY, liquidez de la oferta de oro.
—— OF THE FIRM'S EQUITY, liquidez de la empresa.
—— POSITION, situación de liquidez, estado de liquidez.
—— PREFERENCE, preferencia de liquidez.
—— RATIO, índice de liquidez, índice de convertibilidad.
—— RESERVES, reservas de liquidez, reservas de convertibilidad.
—— RISK, riesgo de liquidez o de convertibilidad.
—— SOURCES, fuentes de liquidez o convertibilidad.
LIQUOR, licor, bebida alcohólica.
—— INDUSTRY, industria licorera.
—— STORE, licorería, expendio de bebidas.
LIST, lista, registro, planilla, catálogo.
—— OF COLLECTIONS, relación de cobros.
—— OF MEMBERS, escalafón, rol.
—— OF PARTS, lista de piezas de repuesto.
—— PRICE, precio de lista, precio de catálogo.
——, TO, registrar, catalogar, listar, inscribir.
LISTED, cotizado, tabulado, listado, inscrito.
—— CORPORATION, empresa registrada.
—— SECURITY, valor inscrito en la bolsa, valores bursátiles.
—— STOCK, acción inscrita en la bolsa.
LISTEN, escuchar, prestar atención, atender.
——, IN, escuchar, (radio) sintonizar.
—— TO REASON, razonar.
LISTENER, radioescucha, radioyente.
LISTING, listado, inscripción.
—— OF TRANSACTIONS, lista de operaciones o transacciones.
—— SECURITIES, cotización de valores.
—— TAPE, cinta de listado.
LITER, litro, medida de volumen.
LITERARY PROPERTY, derechos de autor, propiedad literaria.
LITHOGRAPHER, litógrafo.
LITHOGRAPHY, litografía (arte).
LITIGATE, TO, litigar, pleitear.
LITIGATION, litigio, pleito, litigación.

LITTLE, pequeño, poco.
——, A, un poco de.
—— DEMAND, escasa demanda.
LIVE, vivo, enérgico, activo.
—— LIFE, archivo corriente o activo.
—— QUESTION, asunto de actualidad o palpitante.
—— STOCK, ganado.
—— WEIGHT, peso de animales vivos.
—— WIRE, hombre de empuje, persona lista y activa.
LIVE, TO, vivir, habitar.
—— HIGH, darse buena vida.
—— ON, seguir viviendo, alimentarse de.
LIVESTOCK, ganado, ganadería, animales vivos, pecuario.
—— BANK, banco pecuario.
—— BROKER, corredor de ganado.
—— INDUSTRY, industria ganadera o pecuaria.
—— INSURANCE, seguro de ganado o pecuario.
—— MARKET, mercado ganadero o de animales vivos.
—— OPERATION, explotación ganadera, hacienda ganadera.
LIVING, vida, subsistencia, mantenimiento.
—— ARRANGEMENTS, acomodo de vida, medios de subsistencia de una persona.
—— CONDITIONS, condiciones de vida.
—— EXPENSES, gastos de mantenimiento o de subsistencia.
—— QUARTERS, habitaciones.
—— STANDARDS, estándar de vida, nivel medio de vida, normas de vida.
——, TO MAKE A, ganarse la vida.
—— WAGE, salario suficiente para vivir, sueldo de subsistencia.
LOAD, carga, cargamento, vagonada.
—— DRAFT, calado en plena carga.
—— FACTOR, factor de carga.
—— LIMIT, carga máxima.
——, TO, cargar, embarcar.
LOAD-FACTOR PRICING, precio según el coeficiente de carga.
LOADED, cargado, con carga.
—— ON CARS, libre a bordo, puesto en vagón.
LOADER, cargador, carguero.
LOADING, recargo, carga, cargamento, embarque.
—— BERTH, embarcadero, cargadero.
—— DOCK, plataforma o muelle de carga.
—— FACILITIES, instalaciones para carga.
—— HOPPER, tolva de carga.
—— LIST, guía o planilla de empaque.
—— ON DECK, embarque sobre cubierta.
—— PERMIT, permiso de embarque o de exportación.
—— POINT, punto o lugar de embarque.
—— RAMP, rampa de carga.
—— ROUTINE, rutina de carga.
—— TRACK, vía de carga.
—— WHARF, muelle embarcadero.

——ZONE, zona de carga.
LOAN, préstamo, empréstito.
——ACCOUNT, cuenta de préstamos o de crédito.
——AGREEMENT, contrato de préstamo, convenio de empréstito.
——AGREEMENT AND FUNDING, convenio de préstamo y depósito de fondos.
——APPLICANT, solicitante de crédito, persona que solicita crédito.
——APPLICATION, solicitud de préstamo.
——APPROVAL CHANNEL, canal o medio de aprobación de préstamo.
——BOND, obligación de empréstito.
——CALL, solicitud o petición de préstamo.
——CLERK, empleado encargado de préstamos.
——COLLECTION, cobranza de préstamos, cobro de empréstitos.
——COMMITTEE, comité de préstamos, junta que concede préstamos.
——COMPANY, compañía de préstamos.
——COSTUMER, cliente o parroquiano de préstamos.
——CROWD, corredores que piden prestado o prestan acciones para ventas al descubierto.
——DELINQUENCY, morosidad en préstamos, tardanza en conceder préstamo.
——DEMAND, demanda o solicitud de préstamo.
——FEE, comisión cobrada sobre préstamo, cargo sobre préstamo.
——FILE, archivo de préstamos, expediente de préstamos.
——FUNDS, fondos para préstamos, recursos financieros para empréstitos.
——INTEREST RATE, tasa o tipo de interés sobre préstamos.
——LOSS RATE, tasa o tipo de pérdida en préstamos.
——LOSS RESERVE, reserva monetaria para pérdida en préstamos.
——LOSSES, pérdidas en préstamos.
——MARKET, mercado de préstamos, mercado donde se negocian préstamos.
——MIX, préstamos mixtos o compuestos.
——OBLIGATION, préstamo.
——OFFICE, oficina de préstamos, casa de empeño.
——OFFICER, ejecutivo de préstamos, funcionario que concede préstamos.
——ON NONACCRUAL, préstamo sobre acumulación.
——PAYMENTS, pago de préstamos.
——POLICY, política de préstamos, política para conceder préstamos.
——PORTFOLIO, cartera de préstamos o de empréstitos.
——PREPAYMENT CHARGES, cargo sobre anticipo de préstamos.
——PRICING, fijación de precio de préstamos, tasación de préstamos.

——PRINCIPAL, capital principal del préstamo, valor actual del préstamo.
——PROFITABILITY ANALYSIS, análisis de utilidad sobre préstamo.
——PROPOSAL, propuesta de préstamo, proposición para obtener préstamo.
——RATE, tipos de interés sobre préstamos.
——REGISTER, registro de préstamos.
——RENEWAL, renovación o prórroga de préstamo.
——REPAYMENT, reembolso de préstamo, reintegro de préstamo.
——RESTRICTIONS, restricciones a los préstamos.
——REVIEW, revisión o examen de préstamos.
——REVIEW PROGRAM, programa de revisión de préstamos, plan de examen de préstamos concedidos.
——SEGURED, préstamo garantizado.
——TAKEN, préstamo, empréstito.
——TELLER, contador o cajero de préstamos.
——VALUE, valor para préstamo.
——VOLUME, volumen o monto del préstamo.
LOAN-TO-DEPOSIT RATIO, relación de préstamo a depósito.
LOANS, préstamos.
——AND DISCOUNTS, préstamos y descuentos.
——CHARGED OFF, préstamos amortizados, préstamos dados de baja en libros.
——PAYABLE, préstamos a pagar o pendientes de pago.
LOBBYING, cabildeo.
LOBBY, vestíbulo, antesala de un hotel.
LOCAL, local, regional.
——ADVERTISING, publicidad local, anuncio minorista.
——AGENCY, organismo local.
——AGENT, agente regional o local.
——AIRPORT, aeropuerto local o regional.
——ASSEMBLY, ensamblaje o montaje local.
——BANK, banco local.
——CALL, llamada local.
——CLEARINGHOUSE, cámara de compensación local.
——CURRENCY, moneda local, circulante local.
——DATA BANK, banco de datos local.
——DISTRIBUTION, distribución local.
——ELECTRIC UTILITY, compañía local de electricidad.
——FREIGHT, carga transportada a corta distancia.
——GOVERNMENT, gobierno local.
——LABOR MARKET, mercado local de mano de obra, fuerza de trabajo local.
——LANGUAGE, lengua local o nacional.
——MARKET, mercado local.
——MERCHANT, comerciante regional o local.
——PACKING, empaque o envase local.
——POLITICS, política local o interna.
——REPRESENTATIVE, agente o representante de plaza.
——ROAD, camino vecinal.

—— SELLING, venta local.
—— TAXES, impuestos locales.
—— TRANSIT, tránsito urbano o interurbano.
—— UNION, sindicato o gremio local.
—— VALUE, valor local.
—— WAREHOUSING, almacenamiento local.
—— WHOLESALER, mayorista local.
LOCAL-IMPROVEMENT FUND, fondo para mejoras locales.
LOCATE, TO, ubicar, colocar, situar.
LOCATION, localización, ubicación, sitio.
LOCK, cerradura, chapa, esclusa.
—— BOX, apartado postal.
—— GATE, compuerta de esclusa, portillo.
——, TO, cerrar con llave, trancar.
LOCKER, gaveta, cajón, ropero.
LOCKOUT, cierre, huelga patronal, paro forzoso.
LOCKSMITH, cerrajero.
LOCKSMITHING, cerrajería, trabajos de cerrajería.
LOCOMOTIVE, locomotora.
—— ENGINEER, maquinista, conductor de locomotora.
—— FIREMAN, fogonero.
LODGE, TO, alojar, hospedar, albergar.
LODGING, hospedaje, alojamiento, vivienda.
—— CHAIN, cadena de establecimientos de hospedaje.
LODGINGHOUSE, hospedaje, casa de huéspedes.
LOFTY GOAL, objetivo elevado o difícil de alcanzar.
LOG, tronco, registro, bitácora.
——, TO, cortar árboles, cortar trozas y transportarlas.
LOGARITHM, logaritmo.
—— TABLE, tabla logarítmica o de logaritmos.
LOGBOOK, diario de navegación, cuaderno de bitácora, libro de vuelos.
LOGGER, maderero.
LOGGING, explotación o aprovechamiento forestal, corte y transporte de troncos, registro.
—— FLIGHT DATA, datos de los vuelos.
LOGICAL, lógico.
—— OPERATIONS, operaciones de cotejo.
—— THINKING, razonamiento lógico, juicio lógico.
LOGISTICS, logística.
LOGROLLING, cabildeo de politicastros para que aprueben proyectos de ley que les interesan.
LONG, largo, de largo, largamente.
—— ACCOUNT, cuenta del comprador a largo plazo.
—— AGO, hace mucho tiempo.
—— BEFORE, dentro de poco.
—— BILL, letra a largo plazo.
—— COSTS, costos de saldos excesivos.
—— DATE, AT, a largo plazo.
——, HOW, ¿cuándo?, ¿cuánto tiempo?
—— MATURITY, vencimiento a largo plazo.
—— MEASURE, medida de longitud.
—— PRICE, precio final, precio sin descuento.
—— RUN, IN THE, a la larga, al fin y al cabo.

—— SALE, venta de acciones en mano.
—— TERM, a largo plazo, largo plazo.
—— TON, tonelada larga o bruta.
LONG-DISTANCE CALL, llamada telefónica de larga distancia.
LONG-FORM REPORT, informe largo.
LONG-LINKED TECHNOLOGY, tecnología de líneas de ensamble o de producción.
LONG-LIVED, de larga vida, longevo.
LONG-LIVED ASSETS, activos de larga vida.
LONG-PLAYING RECORD, disco de larga duración.
LONG-RANGE, a largo plazo, de largo alcance, en gran escala.
—— COMMUNICATIONS, comunicaciones de largo alcance.
—— FORECAST, pronóstico a largo plazo.
—— PLAN, plan de largo alcance o a largo plazo.
—— PLANNER, planificador en gran escala.
—— PLANNING, planificación a largo plazo.
—— STRATEGY, estrategia a largo plazo.
LONG-RUN COST, costo a largo plazo.
LONG-STANDING BALANCES, saldos acreedores muy antiguos.
LONG-TERM, a largo plazo.
—— CAPITAL GAINS, ganancias de capital a largo plazo.
—— CAPITAL LOSSES, pérdidas de capital a largo plazo.
—— CAPITAL PROJECTS, proyectos de capital a largo plazo.
—— COMMITMENT, compromiso o convenio a largo plazo.
—— COMPENSATION, compensación a largo plazo.
—— CONTRACT, contrato a largo plazo.
—— CREDITOR, acreedor a largo plazo.
—— DEBT, deuda a largo plazo, obligación a largo término.
—— DEBT REPAYMENT, pago de pasivo a largo plazo.
—— EQUITY CAPITAL, capital contable a largo plazo.
—— FINANCE, financiamiento a largo plazo.
—— FORECASTS, pronósticos a largo plazo.
—— IMPLICATIONS, implicaciones o complicaciones a largo plazo.
—— INTEREST, interés a largo plazo.
—— INVESTMENT PROJECT EVALUATION, evaluación de proyectos de inversión a largo plazo.
—— INVESTMENTS, inversiones a largo plazo.
—— LEASE, arrendamiento a largo plazo.
—— LIABILITIES, pasivo a largo plazo, obligaciones a largo plazo, pasivo fijo.
—— MATURITIES, vencimientos a largo plazo.
—— NOTE PAYABLE, documento por pagar a largo plazo.
—— NOTES RECEIVABLES, pagaré a largo plazo por cobrar.
—— OBLIGATION, obligación a largo plazo.
—— PROFITS, utilidades a largo plazo.

—— PROJECT, proyecto a largo plazo.
—— PROMISSORY NOTES, pagarés a largo plazo.
—— RECEIVABLES, cuentas a cobrar a largo plazo.
—— REPORT, informe de largo plazo.
—— SECURITIES, valores a largo plazo, títulos a largo plazo.
—— SOLVENCY, capacidad de pago a largo plazo.
—— STOCK INVESTMENTS, inversiones a largo plazo en acciones.
—— TREND, tendencia a largo plazo.
LONGSHORE GANG, cuadrilla de estibadores.
LONGSHOREMAN, estibador, trabajador portuario, peón o cargador de muelle.
LOOK, mirar, parecer.
—— AFTER, encargarse de, atender, cuidar.
—— ALIKE, parecerse, semejarse.
—— AT, mirar, considerar.
—— FOR A JOB, buscar o solicitar empleo.
—— INTO, estudiar, examinar.
—— OVER, examinar, repasar.
—— UP, buscar, averiguar.
LOOKING GLASS, espejo.
LOOP, gaza, lazo, vuelta, curva, circuito, anillo.
—— PLAN, procedimiento de enlace.
LOOPHOLE, agujero, evasiva, escapatoria.
LOOSE, suelto, flojo, holgado, desatado.
——, BREAK, evadirse, desatarse.
—— END, cabo suelto.
——, LET, soltar.
LOOSE-LEAF BOOK, libro de hojas sueltas.
LOOSE-LEAF LEDGER, registro de hojas sueltas.
LOOSE-LEAF RECORD, registro de hojas sueltas.
LOSE, perder, quedar vencido.
—— A JOB, perder el trabajo, ser despedido.
—— GROUND, perder terreno.
—— HEART, desanimarse.
—— MONEY, perder dinero.
—— ONE'S TEMPER, perder los estribos.
—— SIGHT OF, perder de vista.
—— THE MARKET, desaprovechar la oportunidad de comprar o vender.
—— TIME, perder el tiempo, malgastarlo.
LOSER, perdedor.
LOSS, pérdida, quebranto, daño.
—— AND GAIN, pérdida y ganancia.
——, AT A, con pérdida.
—— ADJUSTMENTS, ajuste de pérdidas.
—— CARRYBACKS, pérdidas con efectos retroactivos.
—— CARRYFORWARDS, pérdidas con efectos posteriores.
—— CONTINGENCIES, pérdidas estimadas por contingencias.
—— CORPORATION, empresa que tiene pérdida.
—— EXPECTANCY, probabilidad o expectativa de pérdida.
—— LEADERS, artículos de propaganda o de reclamo.
—— OF SIGHT, pérdida de la vista o de la visión.

—— ON FIXED ASSETS RETIRED OR SOLD, pérdida en activo fijo retirado o vencido.
—— ON REPOSSESSION, pérdida en recuperaciones.
—— RATIO, coeficiente de pérdida.
—— RESERVE, reserva o fondo para pérdidas ocurridas.
——, SELL AT A, vender con pérdida.
——, TO BE AT A, no saber qué hacer, estar perplejo.
LOSS-OF-INCOME POLICY, seguro contra pérdidas de ingresos.
LOSS-SHARING, participación en las pérdidas.
LOSSES, pérdidas, daños.
—— INCURRED, daños incurridos.
—— RECOVERED, pérdidas recuperadas.
LOST, perdido, extraviado.
—— AND FOUND, extravíos y hallazgos.
—— AND FOUND DEPARTMENT, oficina de objetos perdidos.
—— DISCOUNT, descuento perdido.
—— TIME, tiempo perdido.
—— TRADE DISCOUNTS, descuentos por pronto pago que se pierden.
—— USEFULNESS, pérdida de utilidad.
LOST-INTEREST RATE, tasa de interés perdido.
LOST-OPPORTUNITY COST, costo de oportunidad.
LOT, lote, partida, solar, terreno.
——, BY, por sorteo.
—— TO, asignar, repartir.
—— TOLERANCE PERCENT DEFECTIVE, porcentaje de tolerancia de defectos por lote.
LOT-ACCEPTANCE SAMPLING, muestreo de aceptación de lote.
LOTTERY, lotería, rifa.
—— DRAWING, sorteo de la lotería.
—— SAMPLING, muestreo por el método de lotería.
LOTTERY-TICKET AGENCY, billetería, expendio de billetes.
LOUD-SPEAKER, altavoz, magnavoz, altoparlante.
LOVE, amor, cariño, afición.
—— AFFAIR, amorío, amores.
——, FALL IN, enamorarse.
—— NEEDS, necesidades de amor o cariño.
——, TO, amar, querer, gustar mucho de.
LOVELY, amable, hermoso, bello.
LOW, bajo, humilde, débil.
—— BIDDER, postor más bajo.
—— INTEREST, bajos intereses.
—— OUTPUT, rendimiento bajo o reducido.
—— PRICE, precio bajo o reducido.
—— SPIRITS, abatimiento, decaimiento.
—— TIDE, marea baja, bajamar.
—— WAGE, salario bajo o reducido.
—— WATER, marea baja.
LOW-COST, barato, económico.
LOW-COST DISTRIBUTION NETWORK, red de distribución barata o económica.
LOW-COST PRODUCER, productor o fabricante a bajo costo.

**LOW-COST PRODUCTION, ** producción de bajo costo, producción barata.
LOW-INCOME CONSUMER, consumidor de bajo ingreso, cliente de bajas entradas.
LOW-INCOME GROUP, personas de ingresos o rentas bajas.
LOW-PRESSURE, de baja presión.
LOW-PRICE POLICY, política de precios bajos.
LOW-RENT HOUSING, viviendas o habitaciones baratas.
LOW-RENT HOUSING PROJECT, proyecto habitacional económico o de baja renta.
LOW-TURNOVER MERCHANDISE, mercancía de baja demanda.
LOW-YIELD BOND, bono de bajo rendimiento.
LOWER, más bajo, inferior.
—— **CASE,** letras minúsculas.
—— **MANAGEMENT,** gerencia inferior, baja gerencia.
—— **PRECISION,** límite inferior de precisión.
LOWEST INCOME GROUPS, grupo de los ingresos más bajos.
LOWEST PRICE, precio mínimo, el precio más bajo.
LOYAL, leal, fiel.
LUBE OIL, aceite lubricante.
LUBRICANT, lubricante.
LUBRICATING OILS AND GREASES, aceites y grasas lubricantes.
LUBRICATION BRIBE, soborno o cohecho con poco dinero.
LUCK, suerte, fortuna.
LUCKY, afortunado, feliz, favorable.
——, **TO BE,** tener buena suerte.
LUGGAGE, equipaje, maletas, valija.
—— **FACTORY,** maletería, fábrica de maletas.
LUMBER, madera aserrada.

—— **INDUSTRY,** industria maderera o de la madera.
LUMBERING, aprovechamiento forestal.
LUMBERYARD, depósito de maderas.
LUMP, bulto, montón, chichón, protuberancia.
—— **ENTRY,** asiento global.
—— **FREIGHT,** flete global o total.
—— **SUM,** suma global o total, pago de una vez.
—— **SUM SALES OF STOCK,** venta de acciones por suma global.
LUMP-SUM APPROPRIATION, apropiación o asignación a suma alzada.
LUMP-SUM BID, propuesta a suma alzada.
LUMP-SUM CONTRACT, contrato a precio global o en un solo pago.
LUMP-SUM INVESTMENT, inversión global.
LUMP-SUM ITEM, partida global.
LUMP-SUM PAYMENT, pago global de una vez, pago a suma alzada.
LUMP-SUM PURCHASES, compra de valores a precio global.
LUMPED ORDERS, pedidos englobados.
LUNAR, lunar.
—— **LANDING,** alunizaje.
LUNATIC, loco, lunático.
LUNCH, merienda, almuerzo.
—— **HOUR,** hora de almuerzo o merienda.
—— **ROOM,** merendero, lonchería.
——, **TO,** almorzar, merendar.
LUNCHEON, MEETING, junta celebrada durante la merienda.
LUXURIES, lujos, artículos de lujo.
LUXURY, lujo.
—— **GOODS,** artículos de lujo o suntuarios.
—— **TAX,** impuesto suntuario, impuesto sobre artículos de lujo.

M

MACHINE, máquina, mecanismo.
—— ACCOUNTING, contabilidad mecanizada o con máquina.
—— FINISH, acabado a máquina.
—— HOUR RATE, coeficiente por hora de máquina.
—— HOURS, horas máquina.
—— LANGUAGE, lenguaje de máquina (computación).
—— MADE, hecho o elaborado a máquina.
—— OPERATION, operación a máquina.
—— OPERATOR, operario y operador de máquina.
—— OVERPRINTING, sobreimpresión de la máquina.
——, POLITICAL, camarilla política.
—— POSTING, asientos mecanizados o a máquina.
—— PRICING, precio fijado a máquina.
—— PROOF, prueba mecánica.
—— READABLE RECORDS, registros legibles para computadora (computación).
—— SALES, ventas con máquinas.
—— SHOP, taller de máquinas o de mecánica.
—— STEEL, acero para maquinaria.
—— SYSTEMS, sistemas mecanizados.
—— TIME, tiempo-máquina, máquina-hora.
—— TIME CONSTRAINT, restricción de tiempo de máquina.
——, TO, trabajar a máquina, fresar, labrar, tornear, ajustar.
—— TOOL, herramienta mecánica, máquina-herramienta.
—— UNIT VOLUME, volumen de máquina.
MACHINE-POSTED ACCOUNT, pase a máquina sobre una cuenta.
MACHINE-TOOL INDUSTRY, industria de máquinas-herramienta.
MACHINE-TOOLS, máquinas-herramienta.
MACHINELIKE EFFICIENCY, eficiencia semejante a la de una máquina.
MACHINERY, maquinaria, organización o estructura de una empresa.
—— AND EQUIPMENT, maquinaria y equipo.
—— AND EQUIPMENT COSTS, costo de maquinaria y equipo.
—— AND TOOLS, maquinaria y herramientas.
—— DEALER, comerciante o negociante de maquinaria.
—— DIVISION, división de maquinaria.
—— INDUSTRY, industria de maquinaria.
—— OF PRODUCTION, maquinaria de producción.
MACHINING, maquinado de una pieza, labrado, fresado.
—— DEPARTMENT, departamento de maquinado de piezas.

MACHINIST, maquinista, mecánico.
MACROECONOMIC POLICY, política macroeconómica.
MACROECONOMICS, macroeconomía.
MACROINSTRUCTION, (computación) macroinstrucción.
MACROMARKETING, macromercadotecnia.
MAD, loco, furioso, encolerizado.
——, DRIVE, enloquecer, volver loco.
——, GET, enojarse.
MADE, producido, fabricado, hecho.
—— OVER, rehecho.
—— UP, falso, fingido.
MADE-TO-ORDER, hecho a la orden o sobre pedido, maquilado.
MADHOUSE, manicomio.
MAGAZINE, revista, magazín, polvorín.
—— ADVERTISING, anuncios o publicidad en revistas.
—— STAND, puesto de revistas.
MAGNET, imán.
MAGNETIC, magnético.
—— BACKING STORE, memoria auxiliar magnética (computación).
—— COMPASS, brújula.
—— DISK, (computación) disco magnético.
—— FILE, (computación) archivo magnético.
—— INFORMATION, datos magnéticos.
—— INK CHARACTERS, (computación) caracteres de tinta magnética.
—— MEMORY, (computación) memoria magnética.
—— READING, (computación) lectura magnética.
—— RECORD, registro magnético.
—— STRIP, tira magnética.
—— TAPE, (computación) cinta magnética.
MAGNETICALLY ENCODED, clave magnética.
MAGNIFY, TO, aumentar, ampliar.
MAGNIFYING GLASS, vidrio de aumento, lente, lupa.
MAID, soltera, doncella, sirvienta.
——, OLD, solterona.
MAIL, correo, correspondencia.
——, AIR, correo aéreo.
—— BOX, valija de correspondencia.
——, BY, por correo.
——, BY RETURN, a vuelta de correo, contestar carta de inmediato.
—— CAR, vagón correo o postal, carro estafeta.
—— CLERK, empleado a cargo del correo.
—— ORDER CATALOG, catálogo de pedidos por correo.
—— ORDER HOUSE, empresa de servicio por correo, empresa que surte pedidos por correo.
—— PLANE, aeronave postal.
—— QUESTIONAIRE, cuestionario por correo.
—— RECEIPTS, pagos recibidos por correo.
—— ROOM, oficina de recepción de correspondencia.
—— SERVICE, servicio postal o de correo.
—— STEAMER, buque o vapor correo.

—— SUBSIDY, subsidio del servicio de correo.
—— SURVEY, encuesta por correo.
—— TRAIN, tren correo o postal.
—— TRANSFER, carta orden, orden de pago por correo.
—— VAN, carro o vagón correo.
MAIL-CARRIER, cartero.
MAIL-ORDER BUSINESS, venta por correspondencia o por correo.
MAIL-ORDER RETAILING, ventas al menudeo por correo.
MAIL-ORDER SELLING, ventas por correo.
MAIL-OUT NOTICE, aviso o notificación de envío.
MAIL-STAMPING MACHINE, franqueadora.
MAILBAG, valija de correspondencia, portacartas.
MAILBOX, buzón, apartado.
MAILING, correspondencia.
—— ADDRESS, dirección postal.
—— CHECKS, envío de cheques.
—— LABEL, etiqueta para paquete postal.
—— LIST, lista de direcciones o de correspondencia.
—— ROOM, cuarto para clasificación de correspondencia.
—— SCALE, pesacartas, balanza postal.
MAILMAN, cartero.
MAIN, principal, mayor, tubería, cañería principal.
—— COURSE, plato principal.
—— DECK, cubierta principal.
—— FLOOR, planta baja, primer piso.
—— HEADING, cuenta principal.
——, IN THE, en general.
—— LINE, vía férrea troncal, vía principal.
—— OFFICE, casa matriz, oficina central.
—— ROAD, camino troncal, carretera principal.
—— STREET, calle principal.
MAINLAND, continente.
MAINTAIN, TO, mantener, sostener, afirmar.
MAINTENANCE, mantenimiento, conservación, sustento.
—— ALLOWANCE, bonificación de mantenimiento.
—— BUDGET, presupuesto de mantenimiento.
—— CHARGES, gastos o cargos de mantenimiento.
—— COSTS, costos de mantenimiento.
—— EXPENDITURE, gastos de mantenimiento.
—— EXPENSES, gastos de mantenimiento.
—— MAN, celador.
—— OF EQUIPMENT, mantenimiento de equipo.
—— OF WAY, conservación o mantenimiento de vía.
—— RESERVE, reserva para mantenimiento, reserva para conservación.
MAJOR, mayor, principal, más grande, comandante, curso o asignatura de especialización en EUA.
—— EXECUTIVES, ejecutivos o funcionarios principales.

—— FINANCE COMPANY, compañía financiera principal, financiera importante.
—— MANUFACTURER, fabricante principal.
—— MEDICAL INSURANCE, seguro para gastos médicos mayores.
—— TREND, tendencia de precios a largo plazo.
MAJORITY, mayoría, mayoritario, el mayor número.
—— INTEREST, interés mayoritario.
—— SHARE, acción mayoritaria.
—— STOCKHOLDER, accionista mayoritario.
MAJORITY-HELD SUBSIDIARY, compañía subsidiaria controlada por interés mayoritario.
MAJORITY-OWNED SUBSIDIARY, interés mayoritario en una subsidiaria.
MAKE, marca, nombre, hacer.
—— A BID, hacer propuesta, licitar, ofrecer.
—— A CONTRACT, acelerar o efectuar un contrato.
—— A DATE, hacer cita, concertar cita.
—— A FOOL OF, engañar, poner en ridículo.
—— A MISTAKE, cometer un error, equivocarse.
—— A MOVE, dar un paso, hacer una jugada.
—— A PROFIT, obtener utilidades, tener una ganancia.
—— A SALE, efectuar o hacer una venta.
—— A SPEECH, pronunciar un discurso, hacer uso de la palabra.
—— A TRAIN, alcanzar un tren.
—— AN AGREEMENT, hacer o celebrar un acuerdo.
—— AN APPOINTMENT WITH, hacer una cita, concertar una cita.
—— DOWN, producción descendente.
—— FRIENDS, hacer amistades.
—— GOOD, cumplir, demostrar capacidad, salir bien.
—— GOOD A LOSS, subsanar una pérdida.
—— MONEY, ganar dinero.
—— OUT, componer, redactar, tener éxito, descubrir, justificar.
—— OVER, traspasar, ceder.
—— READY, prepararse, alistarse.
—— SENSE, tener sentido, parecer acertado.
—— SURE, asegurarse.
——, TO, fabricar, confeccionar.
—— UP FOR A LOSS, compensar una pérdida.
—— UP THE CASH, hacer el balance de caja, arquear la caja.
—— USE OF, aprovechar, servirse de.
MAKE-READY TIME, tiempo de reparación.
MAKING, hechura, fabricación.
——, IN THE, que se está haciendo.
MAKING-UP PRICE, precio de liquidación.
MALE, hombre, sexo masculino.
MALFEASANCE, acto ilegal o doloso, fechoría.
MALFUNCTION, mal funcionamiento.
MALICE, malicia.
—— AFORETHOUGHT, malicia premeditada.
MALNUTRITION, desnutrición.
MALT, malta, cebada cervecera.

MALTHUS THEORY OF POPULATION, teoría malthusiana de la población.
MALVERSATION, malversación, fraude.
MAN, hombre, varón, sujeto.
—— **AND WIFE,** marido y mujer.
—— **OF HIS WORD,** hombre de palabra.
—— **OF MEANS,** hombre adinerado o pudiente.
—— **POWER,** fuerza de trabajo, personal obrero.
MAN-DAY, día-hombre.
MAN-HOUR, hora-hombre, jornada laboral.
MANAGE, TO, administrar, dirigir, manejar, gobernar.
MANAGED, administrado, dirigido.
—— **ECONOMY,** economía dirigida o planificada.
—— **COSTS,** costos administrados.
MANAGEMENT, gerencia, administración, dirección.
—— **ABILITY,** habilidad administrativa, capacidad administrativa.
—— **ACCOUNTING,** contabilidad o contaduría administrativa.
—— **ADVISORY COMMITTEE,** comité de asesoría administrativa.
—— **ADVISORY SERVICE,** servicios de consultoría administrativa.
—— **AUDITING,** auditoría administrativa.
—— **BY EXCEPTION,** administración por excepción.
—— **BY OBJECTIVES,** administración por objetivos, dirección por objetivos.
—— **BY OBJECTIVES CYCLE,** administración por el ciclo de objetivos.
—— **CENTRALIZATION,** centralización administrativa, centralización de la dirección.
—— **CHALLENGE,** reto administrativo, desafío administrativo.
—— **CONSULTANT,** asesor o consejero en administración.
—— **CONTRACT,** contrato de la gerencia o de la administración.
—— **DECENTRALIZATION,** descentralización administrativa, descentralización de la dirección.
—— **DEVELOPMENT,** capacitación de gerentes.
—— **DEVELOPMENT OBJECTIVES,** objetivos de desarrollo administrativo, metas del desenvolvimiento de la dirección.
—— **FAD,** moda o novedad administrativa.
—— **FEE,** honorarios de la gerencia o administración.
—— **FRAUD,** fraude o timo de la administración.
—— **GOALS,** objetivos administrativos, metas de la dirección.
—— **INFORMATION SYSTEM (MIS),** sistema de administración de información.
—— **INPUTS,** insumos de la administración.
—— **INTEGRITY,** integridad u honradez administrativa.
—— **KNOWLEDGE,** conocimientos administrativos, pericia de la dirección.
—— **LETTER,** carta de la gerencia.
—— **OUTPUT,** producto de la administración.
—— **PERFORMANCE,** realización o desempeño de la gerencia.
—— **PRACTICE,** práctica de la administración, ejercer la profesión administrativa.
—— **PROCESS,** proceso administrativo.
—— **REPRESENTATION LETTER,** carta de declaración de la empresa.
—— **REVIEW,** revisión de la gestión general o administrativa.
—— **SCIENCE,** ciencia de la administración.
—— **SCIENCE TECHNIQUE,** técnica de la ciencia de la administración.
—— **SCIENTIST,** experto o especialista en administración.
—— **SERVICES,** servicios administrativos o de la gerencia.
—— **SHARES,** acciones de la gerencia o de la administración.
—— **SYNERGY,** sinergia administrativa.
—— **TEAM,** grupo administrativo.
—— **TECHNIQUES,** técnicas administrativas o gerenciales.
—— **THEORIST,** teórico de la administración o de la dirección.
—— **THEORY JUNGLE,** jungla de la teoría administrativa.
—— **TRAINEE,** practicante de administración.
—— **TRAINING,** adiestramiento administrativo, capacitación administrativa.
MANAGEMENT-INVESTMENT COMPANY, compañía de inversiones administrativas.
MANAGEMENT'S ASSERTIONS, afirmaciones de la administración.
MANAGER, gerente, administrador, director.
MANAGER-ADMINISTRATOR, administrador-gerente.
MANAGERIAL, administrativo, ejecutivo, directivo.
—— **ABILITY,** capacidad o habilidad administrativa.
—— **ACCOUNTING,** contabilidad administrativa.
—— **AUDIT,** auditoría administrativa.
—— **COMMUNICATION,** comunicación administrativa.
—— **EXPERTISE,** pericia o habilidad administrativa.
—— **FUNCTIONS,** funciones administrativas, funciones de la dirección.
—— **INFLUENCE,** influencia administrativa.
—— **INVESTMENT EXPERTISE,** pericia o especialidad en inversiones administrativas.
—— **JOB,** cargo o puesto administrativo.
—— **LADDER,** escalera administrativa, escalera de la dirección.
—— **OVERHEAD,** gastos generales administrativos.
—— **PROBLEM SOLVING,** solución de problemas administrativos.
—— **PYRAMID,** pirámide administrativa.
—— **RESOURCES,** recursos o medios administrativos.
—— **ROLE,** papel o cargo administrativo.
—— **SELF-CONTROL,** autocontrol administrativo.

MANAGING-MARGIN

—— WORK-STATION, estación de trabajo administrativo.
MANAGING, administrativo, directivo.
—— AGENT, agente administrador.
—— BOARD, junta directiva, consejo de administración.
—— COMMITTEE, comité administrativo o directivo.
—— EXPENSES, gastos de administración.
—— PARTNER, socio gerente o administrador.
—— STOCKHOLDER, accionista administrador.
MANDAMUS, mandamiento del tribunal a un funcionario público para cumplir su deber.
MANDATE, mandato, orden, comisión.
MANDATOR, mandante.
MANDATORY LETTER, carta orden.
MANDATORY REDEMPTION VALUE, valor total de amortización.
MANHOOD, virilidad.
MANIFOLD, múltiple, agregado.
MAKIND, humanidad, género humano.
MANNER, manera, modo, ademán.
——, IN A, en cierto modo.
MANNING REQUIREMENTS, necesidades de personal.
MANPOWER, fuerza humana, fuerza laboral, recursos humanos.
—— PLANNING, planificación de mano de obra, planificación de la fuerza laboral.
—— RESOURCE, recurso de fuerza laboral.
—— SURVEY, estudio de recursos humanos.
—— TRAINING, adiestramiento de personal.
MANTISSA, mantisa.
MANUAL, manual, guía, de mano
—— INPUT, entrada manual.
—— LABOR, trabajo manual o trabajo a mano.
—— OPERATION, operación manual.
—— PROCEDURES, procedimientos manuales.
—— RATE, tarifa tabulada.
—— SYSTEM, sistema manual.
MANUALLY OPERATED, manejado a mano.
MANUALLY-PREPARED PAYROLL, elaboración manual de la nómina.
MANUFACTORY, fábrica.
MANUFACTURE, manufactura, fabricación, elaboración.
——, TO, fabricar, manufacturar, confeccionar.
MANUFACTURED, manufacturado, fabricado.
—— GOODS, mercancías o productos manufacturados, artículos fabricados.
—— GOODS INVENTORY, inventario de productos fabricados o manufacturados.
—— PRODUCTS, productos fabricados o manufacturados.
MANUFACTURER, fabricante, industrial.
—— DIRECT TO CONSUMER, del fabricante al consumidor.
—— TO AGENT MIDDLEMAN, del fabricante al intermediario.
—— TO RETAILER TO CONSUMER, del fabricante al detallista al consumidor.

—— TO WHOLESALER TO RETAILER TO CONSUMER, del fabricante al mayorista al detallista al consumidor.
MANUFACTURER-RETAILER, fabricante-detallista.
MANUFACTURER-WHOLESALER, fabricante-mayorista.
MANUFACTURER'S AGENT, agente del fabricante.
MANUFACTURER'S REPRESENTATIVE, representante del fabricante.
MANUFACTURER'S RETAIL STORE, empresa al menudeo propiedad del fabricante.
MANUFACTURING, fabricación, producción.
—— ACCOUNTING, contabilidad o contaduría industrial.
—— CONCERN, empresa fabril, compañía fabricante.
—— COST, costo de fabricación, costo de elaboración, costo de transformación.
—— DISTRICT, región fabril, barrio industrial.
—— EFFICIENCY, eficiencia en la producción.
—— ENGINEER, ingeniero de fabricación.
—— ENGINEERING, ingeniería de fabricación o de producción.
—— EXPENSE LEDGER, mayor de gastos de fabricación.
—— EXPENSES, gastos de fabricación o de fábrica, gastos de elaboración, gastos de manufactura.
—— IN PROCESS, fabricación en proceso, mercancías en proceso de elaboración.
—— LEAD TIME, tiempo o plazo de fabricación.
—— LEDGER, mayor de fábrica, libro mayor de fábrica.
—— MANAGER, gerente de fabricación, director de producción.
—— MARGIN, margen de manufactura o fabricación.
—— OVERHEAD, gastos generales de fabricación.
—— OVERHEAD BUDGET, presupuesto de gastos generales de fabricación.
—— OVERHEAD COSTS, costos indirectos de producción.
—— PROBLEMS, problemas de fabricación o producción.
—— PROCESS, proceso de fabricación o de elaboración.
—— STATEMENT, estado de costo de fabricación, estado de manufactura.
MANUSCRIPT, manuscrito, original (imprenta).
MANY, muchos, muchas.
——, A GREAT, muchísimos.
——, HOW?, ¿cuántos?
——, TOO, demasiados.
MAP, mapa, carta geográfica, planimetría.
—— OUT, proyectar, planear.
——, TO, levantar un plano, hacer mapas.
MARGIN, margen, beneficio, reserva de fondos, sobrante, orilla.
—— ACCOUNT, cuenta de margen.
—— OF PROFIT, margen de utilidad o de ganancia.

—— OF SAFETY, margen de seguridad.
—— PERCENTAGE, porcentaje de utilidad bruta.
MARGINAL, marginal.
—— ANALYSIS, análisis marginal.
—— BALANCE, saldo marginal.
—— BORROWER, prestamista marginal.
—— BUYER, comprador con límite máximo de precio.
—— COST, costo marginal, costo límite.
—— COST OF CAPITAL, costo marginal de capital.
—— COST OF FUNDS, costo marginal de recursos.
—— COSTING, costeo o costos marginales.
—— EFFICIENCY, eficiencia marginal.
—— INCOME, utilidad marginal, ganancia marginal.
—— INCOME TAX RATE, tasa o tipo de impuesto al ingreso marginal.
—— INDUSTRY, industria marginal.
—— LAND, terreno marginal, suelo para explotación con fertilidad mínima.
—— NOTE, nota marginal o al margen.
—— PRODUCT, producto marginal.
—— PRODUCTIVITY, productividad marginal.
—— PROJECTS, proyectos marginales.
—— REVENUE, ingreso o renta marginal.
—— REVENUE PRODUCT, producto marginal de entrada.
—— SEA, mar territorial, aguas jurisdiccionales.
—— SELLER, vendedor con límite mínimo de precio.
—— TAX RATE, tasa o tipo marginal de impuesto.
—— UNIT COST, costo unitario marginal.
—— UTILITY, utilidad marginal de servicio.
—— WORKER, obrero marginal o de rendimiento mínimo.
MARGINAL-INCOME RATIO, razón o índice de ingreso marginal.
MARGINALLY PRODUCTIVE RESOURCES, recursos con productividad marginal.
MARINE, marino, marítimo, naval, infante de marina.
—— AIRPORT, aeropuerto marítimo.
—— APPRAISER, tasador marítimo.
—— CORPS, infantería de marina.
—— ENGINEER, ingeniería naval, maquinista naval.
—— INSURANCE, seguro marítimo.
—— INSURANCE POLICY, póliza de seguro marítimo.
—— INSURANCE UNDERWRITERS, compañía de seguros marítimos.
—— INTEREST, interés sobre préstamo marítimo.
—— PORT FACILITIES TOLL, peaje de instalaciones portuarias.
—— RAILWAY, vía de carena.
—— RISK, riesgo marítimo.
—— TERMINAL, terminal marítima.
—— UNDERWRITERS, aseguradores contra riesgos marítimos.
MARINE-INSURANCE BROKER, corredor o agente de seguros marítimos.

MARITAL, marital, matrimonial.
—— STATUS, estado civil.
MARITIME, marítimo, marino.
—— LABOR, trabajadores marítimos, marineros y estibadores.
—— LAW, código o derecho marítimo.
—— LIEN, gravamen marítimo.
—— LOAN, préstamo marítimo.
—— MORTGAGE, hipoteca marítima.
—— PORT, puerto marítimo.
—— TRANSPORTATION, transportación marítima.
—— UNION, sindicato o gremio marítimo.
MARK, marca, señal, nota.
——, HIT THE, dar en el blanco.
—— OUT, separar con una marca.
—— TIME, estar ocioso o inactivo.
——, TO, marcar, señalar, observar.
MARKON, aumento en el precio de venta, margen entre costo y precio de venta.
MARKDOWN, reducción de un precio establecido, descuento, rebaja.
—— CANCELLATION, cancelación de una reducción de precio establecido.
—— SALE, baratillo, venta a precios reducidos.
MARKED CHECK, cheque con marca confidencial.
MARKER, marcador, lápiz marcador.
MARKET, mercado, plaza.
—— ANALYSIS, análisis o estudio de mercado.
—— ANALYST, analista de mercado, especialista en mercadotecnia.
—— AREA, área o zona de mercado.
——, AT THE, a la cotización corriente.
—— BASKET, cesta para compras.
—— COST, costo de mercado.
—— COVERAGE, cobertura de mercado.
—— DECLINE, disminución o baja del mercado.
—— DEPRECIATION, depreciación del mercado, abaratamiento del mercado.
—— DEVELOPMENT, desarrollo de mercados.
—— DIRECTOR, director de ventas.
—— FINANCE, finanzas del mercado.
—— FLUCTUATIONS, fluctuaciones del mercado.
—— FOR IMPORTS, mercado para importaciones.
—— FOR RESOURCES, mercado de recursos.
—— FORECAST, pronóstico del mercado, predicción del mercado.
——, IN THE, de venta, en el mercado.
—— INDICATOR, indicador de mercado.
—— INFORMATION, información sobre el mercado.
—— INTEREST RATE, tasa de interés del mercado.
—— LOCATION, ubicación del mercado.
—— MEASUREMENT, medición del mercado.
——, ON THE, en el mercado.
—— ORDER, orden de compra o venta al precio corriente.
—— ORGANIZATION, organización basada en el mercado.
—— PLACE, local del mercado, plaza.

MARKET-ORIENTED ECONOMY—MARKETING

—— POTENTIAL, potencial del mercado, capacidad del mercado.
—— PRICE, precio de plaza o de mercado.
—— RATE, tipo o tasa de mercado.
—— RATE LIABILITIES, pasivo al tipo de mercado, obligaciones al tipo de mercado.
—— REPORT, estado de la plaza, boletín del mercado.
—— RESEARCH, investigación del mercado.
—— RESEARCH EXPENSES, gastos de investigación de mercado.
—— RESEARCH PROJECT, proyecto de investigación de mercado.
—— RISKS, riesgos del mercado.
—— SECURITY PRICE, precio de valores o títulos de mercado.
—— SEGMENT, segmento del mercado.
—— SEGMENTATION, segmentación del mercado, división del mercado en segmentos.
—— SEGMENTATION STRATEGY, estrategia de segmentación del mercado.
—— SHARE, participación en el mercado.
—— SHARE GOAL, meta de participación en el mercado.
—— SIZE, tamaño del mercado, volumen de venta en unidades.
—— STRUCTURE, estructura del mercado.
—— STUDY, estudio o investigación de mercado.
—— SUPPLY, oferta del mercado.
—— SURVEY, estudio del mercado.
—— SYNERGY, sinergia del mercado.
—— TARGET, meta u objetivo de mercado.
—— TESTING, prueba de mercado.
—— TESTS, pruebas de mercado.
——, TO, comerciar, comercializar, vender o comprar en el mercado.
—— TRENDS, tendencias o inclinaciones del mercado.
—— VALUE, valor de mercado, valor en plaza o de venta.
MARKET-ORIENTED ECONOMY, economía orientada al mercado.
MARKET-PRICE ECONOMY, economía de precios.
MARKETABILITY, vendibilidad, comerciabilidad.
—— OF SECURITIES, facilidad de realización de valores.
MARKETABLE, vendible, realizable, negociable.
—— BONDS, obligaciones cotizables o negociables.
—— COLLATERAL, resguardo negociable, garantía cotizable.
—— DEBT, valores de pasivo.
—— DEBT SECURITY, valor realizable de renta fija.
—— EQUITY SECURITIES PORTFOLIO, cartera de valores realizables.
—— EQUITY SECURITY, valor realizable de renta variable.
—— GOOD, producto o artículo vendible o comerciable.

—— PAPER, documento negociable o realizable.
—— SECURITIES, valores o títulos negociables.
—— SERVICES, servicios negociables.
—— STOCK, acciones o valores realizables.
MARKETING, mercadotecnia, comercialización, mercadeo.
—— ANALYSIS, análisis de mercado.
—— ASSOCIATION, asociación o compañía mercantil.
—— AUDIT, auditoría de mercadotecnia.
—— CHANNEL COMPETITION, competencia de canales de distribución.
—— CHANNEL STRUCTURE, estructura de los canales de mercadotecnia.
—— CHANNELS, canales de distribución o comercialización.
—— COMMUNICATION POLICIES, políticas de comunicación mediante la mercadotecnia.
—— COMMUNICATION PROGRAM, programa de comunicación en mercadotecnia.
—— COMMUNICATION VEHICLE, medio de comunicación en mercadotecnia.
—— CONCEPT, concepto de mercadotecnia, coordinación del proceso completo de mercadotecnia con producción, finanzas, contabilidad, control estadístico y personal.
—— CONSULTANT, asesor o perito comercial, asesor en mercadotecnia.
—— CONTROL, control de mercadotecnia.
—— COOPERATIVE, cooperativa de mercadeo o distribución.
—— COST, costo de mercado o de comercialización.
—— DECISIONS, decisiones de mercadotecnia o comercialización.
—— DEPARTMENT, departamento de mercadotecnia o de comercialización.
—— DESCRIPTIVE MODEL, modelo descriptivo de mercadotecnia.
—— DETERMINISTIC MODEL, modelo determinístico de mercadotecnia.
—— DIRECTOR, director de mercadotecnia, gerente de comercialización.
—— DIVISION, división comercial.
—— DYNAMIC MODEL, modelo dinámico de mercadotecnia.
—— EFFICIENCY, eficiencia de la mercadotecnia.
—— EXECUTIVE, directivo o director de mercadotecnia.
—— EXPERIMENTATION, experimentación en mercadotecnia.
—— EXPERT, perito mercantil, especialista en mercadotecnia.
—— EXPLICIT MODEL, modelo explícito de mercadotecnia.
—— FACILITIES, instalaciones de mercadotecnia.
—— FUNCTIONS, funciones de la mercadotecnia.
—— FUNDAMENTALS, fundamentos de mercadotecnia; las cinco funciones interrelacionadas de

mercadotecnia: diseño del producto, fabricación, publicidad y ventas, distribución, facturación y cobranza.
—— IMPLICIT MODEL, modelo implícito de mercadotecnia.
—— INFORMATION SYSTEM, sistema de información en mercadotecnia.
—— LAW, ley de mercados.
—— MANAGEMENT, administración de mercadotecnia o de la comercialización.
—— MANAGER, gerente de mercadotecnia, director de comercialización.
—— MATHEMATICAL MODEL, modelo matemático de mercadotecnia.
—— MIX, composición de la mercadotecnia.
—— MODEL, modelo de mercadotecnia.
—— NETWORK, red de empleados en mercadotecnia.
—— NORMATIVE MODEL, modelo normativo de mercadotecnia.
—— OBJECTIVES, objetivos de la comercialización, metas de la mercadotecnia.
—— OF SECURITIES, colocación o comercialización de valores.
—— ORGANIZATION, organización de la mercadotecnia, organización mercantil.
—— OUTLET, canal de ventas.
—— PLAN, plan de distribución o mercadeo, plan de mercadotecnia.
—— PLANNING, planificación de la mercadotecnia.
—— POLICIES, políticas de mercadotecnia o de comercialización.
—— PREDICTIVE MODEL, modelo predictivo de mercadotecnia.
—— PROBLEMS, problemas de comercialización o mercadeo.
—— PROGRAM, programa de mercadotecnia o de comercialización.
—— PROGRAM EVALUATION, evaluación del programa de mercadotecnia.
—— PROGRAM FORMULATION, formulación del programa de mercadotecnia.
—— PROGRAM IMPLEMENTATION, ejecución del programa de mercadotecnia.
—— PROGRAM INNOVATION, innovación del programa de mercadotecnia.
—— PROGRAM INTEGRATION, integración del programa de mercadotecnia.
—— RESEARCH, investigación de mercados.
—— RESEARCH COSTS, costos de investigación de mercado.
—— SKILL, habilidad en mercadeo, pericia en ventas o comercialización.
—— STAFF, personal de mercadotecnia o de comercialización.
—— STOCHASTIC MODEL, modelo estocástico de mercadotecnia.
—— STRATEGY, estrategia en mercadotecnia.

—— SYSTEM, sistema de comercialización o mercadeo.
MARKETPLACE, mercado, plaza.
MARKON, aumento de costo para fijar un precio, cargo por gastos generales y utilidad.
MARKUP, diferencia entre el precio de costo y el de venta.
—— CANCELLATION, cancelación de un aumento de precio establecido.
—— INFLATION, inflación por sobreprecio.
—— ON COST, sobremarca en el costo.
—— SELLING PRICE, sobremarca en el precio de venta.
MARRIAGE, matrimonio, casamiento.
—— BY PROXY, matrimonio por poder.
—— DISSOLUTION RATE, tasa de disolución de matrimonios.
—— PORTION, dote.
—— RATE, tasa de nupcialidad o de matrimonios.
MARRIED, casado, persona casada.
—— TAXPAYER, causante casado, contribuyente casado.
MARSHAL, mariscal, jefe de ceremonias, alguacil (EUA).
MARSHAL, TO, ordenar, arreglar, disciplinar, establecer prioridad.
MARSHALL, PLAN, Plan Marshall.
MARTIAL LAW, estado de guerra, ley marcial.
MASON, albañil.
MASONRY, albañilería, mampostería.
MASS, masa, volumen, mayoría.
—— COMMUNICATION, comunicación masiva.
—— INSURANCE, seguro de grupo.
—— MEETING, mitin popular.
—— PRODUCTION, producción en masa, producción en gran escala.
—— PUBLICATION, revista de gran circulación.
—— PURCHASING POWER, poder de compra de las masas.
—— UNEMPLOYMENT, desempleo en masa.
MASSIVE COLLUSION, complicidad masiva.
MASTER, matriz, patrón, señor, maestro, experto.
—— AGREEMENT, convenio maestro.
—— BUDGET, presupuesto maestro o general.
—— BUILDER, maestro de obras.
—— CARD, tarjeta maestra.
—— CONTRACT, contrato o convenio patrón.
—— CONTROL ACCOUNT, cuenta maestra de control.
—— CONTROL CARD, (computación) tarjeta maestra de control.
—— COPY, copia maestra o matriz.
—— FILE, archivo maestro, registro principal.
—— KEY, llave maestra o de paso, tecla maestra.
—— MECHANIC, maestro mecánico, jefe de taller de máquinas.
—— PAYROLL FILE, archivo maestro de nómina.
—— PLAN, plan maestro, proyecto principal.
—— POLICY, póliza general.

MASTERMIND-MATURITY

—— PRICE LIST, lista maestra de precios.
—— PRODUCTION SCHEDULE, programa maestro de producción.
—— RECORD, registro maestro.
—— RECORD DATA, (computación) datos del registro maestro.
—— SAMPLE, muestra principal.
—— SCHEDULE, programa general o base.
—— STRATEGY, estrategia maestra o principal.
—— TAPE, cinta maestra.
—— TAPE FILE, (computación) archivo de cinta maestra.
—— UNIT, unidad maestra.
MASTERMIND, tener mente directora.
MASTERPIECE, obra maestra.
MATCH, fósforo, cerillo.
—— FACTORY, fábrica de fósforos.
——, TO, aparear, hermanar, igualar a, equiparar.
—— WITH, combinar con.
MATCHED ORDER, orden para compra y venta al mismo precio.
MATCHED SAMPLES, muestras apareadas.
MATCHING, apareamiento, igualación.
—— MATURITIES, coincidencia de vencimientos.
MATE, piloto, segundo, compañero.
MATERIAL, material, importante.
—— CONTROL, control de material.
—— COST VARIANCE, variación en el costo de materiales.
—— CREDITS, créditos importantes o considerables.
—— ERROR, error importante, gran error.
—— FLOW, flujo de materiales y piezas.
—— GOODS, bienes materiales, cosas corporales.
—— HANDLING, manejo de materiales.
—— HANDLING MACHINERY, maquinaria de acarreo o transporte de materiales.
—— INPUT SCHEDULES, programas de suministro de materiales.
—— IRREGULARITY, irregularidad importante.
—— ISSUE SLIP, ficha de entrega de materiales.
—— ISSUE TICKET, boleta de emisión de material.
—— RESOURCES, recursos materiales o de equipo.
—— REWARD, recompensa material o económica.
—— SUPPLIER, proveedor de materiales.
—— YARD, corralón o patio de materiales.
MATERIAL-HANDLING COST, costo de manejo de materiales.
MATERIAL-HANDLING EQUIPMENT, equipo de manejo de materiales, equipo de movimiento de materiales.
MATERIALS, materiales.
—— AND SERVICES, materiales y servicios.
—— AND SUPPLIES, materiales y suministros, efectos y materiales.
—— AND TRANSIT, materiales en tránsito.
—— BUDGET, presupuesto de materiales.
—— LEDGER, mayor de materiales.

—— RECEIPT, remisión, comprobante de recepción de materiales.
—— REQUISITION, requisición de materiales, solicitud de materiales, vale de almacén, petición de materiales.
—— SHORTAGE, escasez o falta de materiales.
—— MATERIALITY, importancia.
MATERIALS-HANDLING DEVICE, equipo de manejo de materiales.
MATHEMATICAL, matemático.
—— ECONOMICS, economía matemática.
—— EXPECTATION, esperanza matemática.
—— LOGIC, lógica matemática.
—— MISTAKE, error de cálculo, error matemático.
—— PREMIUM, prima neta o matemática.
—— PROBABILITY, probabilidad matemática.
—— PROGRAMMING, programación matemática.
—— PROGRAMMING IN CAPITAL BUDGETING, programación matemática en la evaluación de proyectos de inversión.
—— PROGRAMMING MODEL, modelo matemático de programación.
—— RESERVE, reserva matemática.
—— STATISTICS, estadística matemática.
MATHEMATICIAN, matemático, persona que ejerce la profesión de matemático.
MATHEMATICS, matemáticas.
—— OF FINANCE, matemáticas de las finanzas.
MATING, apareamiento.
—— SEASON, época de celo.
MATRIX, matriz, molde.
—— MANAGEMENT, administración mediante el sistema de matriz.
—— OPERATIONS, operaciones matriciales.
—— ORGANIZATION, organización matricial.
—— ORGANIZATION CHART, gráfica de organización matricial.
——, PAY-OFF, matriz de las ganancias.
——, RANK OF A, rango de una matriz.
——, UNITARY, matriz unitaria.
MATTER, asunto, materia, negocio, cuestión.
——, IN THE, al respecto.
—— OF LAW, cuestión de derecho.
——, PRINTED, impresos.
——, WHAT IS THE?, ¿qué pasa?
MATTRESS, colchón.
MATURE, vencido, pagadero, cumplido el plazo.
—— NOTE, pagaré vencido.
——, TO, vencer un plazo.
MATURED, vencido.
—— BONDS, obligaciones vencidas.
—— COUPON, cupón vencido.
—— LIABILITY, pasivo vencido, obligación vencida.
MATURING COUPON, cupón vencedero.
MATURING LIABILITY, pasivo de vencimiento próximo.
MATURITY, vencimiento, madurez.
—— ASSETS, activos al vencimiento, bienes al vencimiento.

——BASIS, base de vencimiento.
——BONUS, dividendo de vencimiento.
——DATE, fecha de vencimiento, vencimiento.
——DIVIDEND, dividendo de vencimiento.
——SCHEDULE, programa o plan de vencimientos.
——TREASURE NOTE, pagaré de tesorería al vencimiento, pagaré fiscal al vencimiento.
——VALUE, valor al vencimiento.
MAXIMAX CRITERION, criterio maximax.
MAXIMIN STRATEGY, estrategia maximin.
MAXIMIZE PROFITS, maximizar las ganancias o utilidades.
MAXIMIZE, TO, maximizar, elevar al máximo.
MAXIMUM, máximo, máxima.
——AUDIT FEE, honorarios máximos de auditoría.
——LIKELIHOOD, máxima probabilidad.
——LOAD, carga límite o máxima.
——POSSIBLE PAYOFF, máxima ganancia posible.
——PROFIT, utilidad o beneficio máximo.
——TOLERANCE, tolerancia máxima.
MEAL, alimento, comida.
MEAN, media, medio, ruin, bajo.
——ANNUAL RATE, tasa media anual.
——DEVIATION, desviación media.
——DRAFT, calado medio.
——ERROR, error medio.
——ESTIMATION, estimación media.
——LIFETIME, vida media.
——OF SAMPLES, media de las muestras.
——RESERVE, reserva media.
——VALUE, valor medio.
——, WHAT DO YOU?, ¿qué quiere decir usted?
MEANING, significado, acepción.
MEANS, medios, recursos, fondos.
——, A MAN OF, hombre pudiente o rico.
——AND ENDS, medios y fines.
——, BY ALL, de cualquier modo.
——, BY NO, de ningún modo.
MEANS-ENDS CHAIN OF OBJECTIVES, cadena de objetivos de medios y fines.
MEANTIME, mientras tanto.
MEASURE, medida, provisión, proyecto.
——OF DAMAGES, evaluación o apreciación de los daños.
——OF LENGTH, medida de longitud.
——OF PROBABILITY, medida o evaluación de la probabilidad.
——OF VOLUME, medida de volumen.
——OF WEIGHT, medida de peso.
MEASURES, medidas.
——OF ASSOCIATION, medidas de asociación.
——OF CAUSATION, medidas de causalidad.
——OF CENTRAL TENDENCY, medidas de tendencia central.
——OF DISPERSION, medidas de dispersión.
MEASUREMENT, medición, medida, aforo.
——CARGO, carga tasada por volumen o cubicación.
——CONCEPT, concepto de medición.

——INCOME, medida o monto de los ingresos.
——OF GROSS NATIONAL PRODUCT, medición del producto nacional bruto.
——OF WORK, medición del trabajo.
MEASUREMENTS, medidas, dimensiones, mediciones.
MEASURER, medidor, persona que hace mediciones.
MEASURING, medición, medida.
——STICK, regla de medir.
——TAPE, cinta de medir, cinta métrica.
——UNIT, unidad de medida.
MEAT, carne, carne comestible.
——ANIMALS, ganado para carne.
——GRINDER, máquina de moler carne.
——MARKET, carnicería.
——PACKING, empacadora de carne, elaboración de carnes.
——PRODUCTS, productos de carne.
MEAT-PACKING PLANT, frigorífico, fábrica empacadora de carne.
MECHANIC, mecánico.
MECHANICAL, mecánico.
——ACCOUNTING, contabilidad mecanizada o con máquina.
——APTITUDE, aptitudes mecánicas, habilidad para trabajos mecánicos.
——EFFICIENCY, rendimiento mecánico.
——ENGINEERING, ingeniería mecánica.
——FAULT, falla mecánica.
MECHANICS OF DIVIDEND PAYMENT, mecánica del pago de dividendos.
MECHANISTIC ORGANIZATION, organización mecanística, organización de estructura rígida.
MECHANIZATION OF PAYROLL, mecanización de la nómina.
MECHANIZE, TO, mecanizar.
MECHANIZED SYSTEM, sistema mecanizado.
MEDAL, medalla.
——, TO, conferir una medalla.
MEDIAN, mediana, medio.
——LIFETIME, vida media.
MEDIATE, TO, mediar, intervenir.
MEDIATING TECHNOLOGY, tecnología mediadora.
MEDIATOR, mediador, tercero.
MEDICAL, médico, de medicina.
——APPLIANCES, aparatos médicos.
——ATTENTION, atención médica o facultativa.
——BENEFITS, beneficios médicos.
——CARE, atención médica, cuidado médico.
——CENTER, centro médico, institución de servicios médicos.
——CENTER COMPLEX, centro médico integrado con todos los hospitales de especialidades.
——CERTIFICATE, certificado médico.
——DIRECTOR, director médico.
——EQUIPMENT, equipo médico, instrumental médico.
——EXAM, examen médico.

—— EXAMINATION, examen o reconocimiento médico.
—— EXAMINER, médico forense.
—— EXPENSES, gastos médicos o de atención médica.
—— FEES, honorarios o cuotas médicas.
—— INSURANCE, seguro médico.
—— MAN, médico, médico general.
—— SCHOOL, escuela de medicina.
—— SERVICES, servicios médicos, atención médica.
MEDICAL-AID BENEFIT, beneficio de atención médica.
MEDICAL-ATTENDANCE INDEMNITY, indemnización de asistencia médica.
MEDICINE, remedio, ciencias médicas.
MEDIOCRITY, mediocridad, medianía.
MEDIUM, medio, expediente, órgano.
—— OF EXCHANGE, medio de cambio o de pago.
—— RANGE, de alcance medio.
MEDIUM-GRADE, de clase media.
MEDIUM-QUALITY LOAN, préstamo mediano, empréstito de mediano monto.
MEDIUM-SIZED, de tamaño mediano, de capacidad mediana.
MEDIUM-SIZED BANK, banco de mediano tamaño.
MEDIUM-SIZED BUSINESS, negocio de tamaño mediano.
MEDIUM-SIZED MANUFACTURER, mediano fabricante, fabricante en mediana escala.
MEDIUM-SIZED MANUFACTURING COMPANY, empresa manufacturera de tamaño mediano.
MEDIUM-TERM BOND, bono de plazo medio.
MEET, reunirse, concurrir, encontrarse.
—— AN OBLIGATION, cumplir un compromiso, pagar, saldar, atender.
—— COMPETITION, hacer frente a la competencia.
—— EXPENSES, cumplir o sufragar los gastos.
—— SPECIFICATIONS, cumplir con especificaciones.
—— THE DEMAND, satisfacer o cubrir la demanda.
—— THE PRICE, aceptar el precio del comprador.
——, TRACK, competencia de atletismo.
—— WITH, reunirse o encontrarse con una persona.
—— WITH SUCCESS, lograr éxito.
MEETING, reunión, junta, asamblea.
—— ADJOURNED, junta aplazada.
——, CORPORATE, junta corporativa.
—— OF CREDITORS, junta de acreedores.
——, SALES, reunión o junta de ventas o sobre ventas.
—— SHAREHOLDERS', junta o asamblea de accionistas.
—— THE PAYROLL, pago de sueldos, pago de nómina.
MELT, derretir, disolver, fundir.
—— AWAY, desvanecerse.
MELTING POINT, punto de fusión.
MEMBER, socio, asociado, miembro.
—— BANK, banco afiliado.

—— FIRM, firma de un socio de la bolsa.
—— OF THE FIRM, miembro o socio de la firma.
—— OF THE UNION, afiliado al gremio o sindicato.
MEMBERSHIP, afiliación, asociación.
—— CARD, credencial de socio o afiliado.
—— DUES, cuotas de asociaciones o gremios.
—— LIST, nómina de socios o agremiados.
——, UNION, número de miembros sindicales.
MEMORANDA ACCOUNT, cuenta de orden o de memoranda.
MEMORANDUM, memorándum, apunte, nota.
—— ACCOUNT, cuenta de orden o de memorándum.
—— BOOK, cuaderno, libro de apuntes.
——, CREDIT, nota de crédito.
—— INVOICE, factura de embarque, nota de envío.
—— LEDGER, mayor de ventas provisionales.
—— OF AGREEMENT, aviso de acuerdo o avenimiento.
——, ON, en memorándum.
—— ORDER, nota o aviso de pedido.
—— SALE, venta por confirmar o a prueba.
MEMORY, memoria, dispositivo de almacenamiento de datos (computación).
—— REGISTER, registro de memoria.
—— UNIT, unidad de acopio o de memoria.
MEN'S ROOM, lavabo para hombres.
MEN'S WEAR, ropa de caballero.
MENACE, amenaza.
——, TO, amenazar.
MEND, TO, remendar, reparar, componer.
MENTAL, mental.
—— ABILITY, capacidad mental.
—— ABILITY TEST SCORE, puntuación obtenida en la prueba de capacidad mental.
—— ADDITION, cálculo mental.
—— AGE, desarrollo mental según la edad.
—— CALCULATION, cálculo mental.
—— EFFORT, esfuerzo mental.
—— HEALTH, salud mental.
—— ILLNESS, enfermedad mental.
—— RESERVATION, reserva mental.
—— TEST, examen de capacidad mental.
MENTALLY RETARDED INDIVIDUAL, individuo con retardo mental, retardo mental.
MENTION, mención, alusión.
——, NOT TO MENTION, por no decir nada de, además.
MENTOR, mentor, guía.
MERCANTILE, mercantil, comercial
—— ACCOUNTING, contabilidad mercantil o comercial.
—— AGENCY, agencia informativa sobre casas comerciales.
—— CREDIT, crédito mercantil.
—— CREDIT MANAGER, gerente o director de crédito mercantil.
—— CREDIT TERMS, condiciones de crédito mercantil.

——EXCHANGE, lonja mercantil.
——HOUSES, establecimientos mercantiles o comerciales.
——PAPER, papel comercial, efectos comerciales.
——SAFE POLICY, seguro de valores en caja fuerte.
——SOCIETY, sociedad mercantil.
——TERMS, condiciones crediticias.
——TERMS OF SALE, condiciones de las ventas mercantiles.
MERCANTILIST, mercantilista.
MERCHANDISE, mercancías, mercaderías, efectos.
——ACCOUNT, cuenta de mercancías o de mercaderías.
——, ADVANCES ON, anticipos sobre mercancías.
——CAR, carro de ferrocarril para lotes de mercancía.
——CONTROL, control de mercancías.
——COST, costo de mercancías.
——INVENTORY, inventario de mercancías o efectos.
——LINE, renglón de mercancías.
——NOT PLEDGED, mercancía no pignorada.
——PROCUREMENT COST, costo de obtención de las mercancías.
——RECOVERED, mercancías recuperadas.
——TURNOVER, movimiento o rotación de la mercancía.
MERCHANDISING, comercialización, política de ventas, compraventa de mercancías.
——ACCOUNTING, contabilidad de distribución o de mercadeo.
——COMPANY, compañía de comercialización o de distribución.
——DEPARTMENT, departamento u oficina de comercialización.
——DISPLAY, exhibición de mercancía.
——MACHINE, máquina vendedora de mercancía.
——MANAGER, gerente de ventas o de comercialización.
MERCHANT, comerciante, negociante, mercader.
——APPRAISER, comerciante tasador o valuador de aduana.
——BANKER, casa de aceptaciones.
——BAR, barra o cantina comercial.
——, COMMISSION, comerciante a comisión.
——FEES, comisiones de los comerciantes.
——FLAG, bandera mercante.
——MARINE, marina mercante, flota mercante.
——MIDDLEMAN, comerciante intermediario.
——SALES, ventas de comerciantes o negociantes.
——VESSEL, buque o barco mercante.
MERCHANT'S ACCOUNT, cuenta del cliente o del marchante.
MERCHANT'S BANK ACCOUNT, cuenta bancaria del comerciante o del negociante.
MERCHANT'S RULE, regla del comerciante.
MERCY, favor, piedad, compasión.
——KILLING, eutanasia.
MERGE, TO, incorporar, combinar, absorber.

MERGED COMPANY, compañía fusionada o incorporada a otra.
MERGER, incorporación o fusión de empresas comerciales, unión.
——ASSESMENT, contrato o convenio de incorporación, fusión de una compañía con otra.
MERIT, mérito.
——INCREASES, aumento de salario por méritos.
——PAY, pago por mérito o merecimiento.
——RATING, salario según capacidad por mérito.
——, TO, merecer.
MESS, confusión, desorden, alteración.
MESSAGE, mensaje, aviso, recado.
——DECODING, descifrar mensajes.
——ENCODING, transmitir mensajes en clave.
MESSENGER, mensajero, mandadero.
——BOY, muchacho mensajero, mandadero.
METAL, metal, metálico.
——FABRICATION, fabricación de metales.
——MINING INDUSTRY, industria de extracción de metales.
——PANEL, tablero metálico.
——PRODUCTS, productos metálicos o de metal.
——REFINERY, refinería de metales.
METALLURGY, metalurgia, ciencia de la extracción y refinación de metales para su uso.
METALWORK, trabajo con metales, metalistería.
METER, metro, medida lineal, medidor, contador.
METHOD, método, técnica.
——, CODING, método de codificación.
——INDUCTIVE, método inductivo.
METHODS, métodos, técnicas.
——DIRECTOR, director de métodos.
——ENGINEER, ingeniero de métodos.
——ENGINEERING, ingeniería de métodos.
——, RANKING, métodos de clasificación.
METRIC, métrico.
——SIZE, medida métrica.
——SYSTEM, sistema métrico decimal, sistema métrico.
——TON, tonelada métrica.
——UNIT, unidad del sistema métrico decimal.
METROPOLIS, metrópoli.
METROPOLITAN, metropolitano, metropolitana.
——DEPARTMENT STORE, tienda departamental metropolitana.
——MARKET, mercado metropolitano.
MEZZANINE, entresuelo, piso entre la planta baja y el primer piso.
MICROCOMPUTER, microcomputadora.
MICROECONOMICS, microeconomía.
MICROELECTRONIC TECHNOLOGY, tecnología microelectrónica.
MICROFILM, micropelícula, copiar o reproducir con micropelícula.
MICROMARKETING, micromercadotecnia.
MICROMOTION CHARTS, gráficas de micromovimientos para estudio de tareas.
MICROPHONE, micrófono.

MICROPROCESSOR, microprocesadora, microprocesador.
MICROSCOPE, microscopio.
MICROSECOND, microsegundo, millonésima parte del segundo.
MICROWAVE, microonda.
MICRO-COMPUTER PROGRAM, programa de microcomputadora.
MICRO-SECOND, microsegundo.
MIDDLE, medio, intermedio, centro.
——**CLASS,** clase media, perteneciente a la clase media.
——**EAST,** Medio Oriente.
——**MANAGEMENT,** administración intermedia, administración de nivel medio.
——**PRICE,** precio medio.
——**SIZE,** tamaño medio.
——**TERM,** término medio.
——**WEST,** Medio Oeste (EUA).
MIDDLE-CLASS HOMEOWNER, propietario de casa de clase media.
MIDDLE-CLASS WORKER, obrero o jornalero de la clase media.
MIDDLEMAN, intermediario, corredor, agente de negocios.
——, **WHOLESALE,** intermediario mayorista.
MIDLAND, mediterráneo, región central de un país.
MIDNIGHT, media noche, de media noche.
——**SHIFT,** turno de media noche o de madrugada.
MIDSUMMER, pleno verano.
MIDWEEK, mediados de semana.
MIDWIFE, partera, comadrona.
MIDWINTER, pleno invierno.
MIDYEAR, mitad del año.
MIGRATE, TO, migrar.
MIGRATION OF WORKERS, migración de trabajadores o braceros.
MIGRATORY LABOR, trabajadores u obreros migratorios, personal que trabaja fuera de su país.
MILE, milla.
——**INDICATOR,** cuentamillas, cuentakilómetros.
——**RATES,** tarifa por distancia.
MILITANT, militante, combatiente.
MILITARY, militar, de guerra.
——**AID PROGRAM,** programa de ayuda militar.
——**COUP,** golpe militar, golpe de Estado.
——**EXPENDITURES,** gastos militares.
——**POLICE,** policía militar.
——**SALVAGE,** salvamento militar.
——**SERVICE,** servicio militar.
——**STRATEGY,** estrategia militar.
MILITIA, milicia.
MILK, leche, ordeñar.
——**CAN,** lata o envase para leche.
——**DIET,** régimen o dieta láctea.

——**POWDER,** leche en polvo o desecada.
——**PRODUCTS,** productos lácteos o de leche.
MILL, molino, fábrica, taller, ingenio.
——**HAND,** obrero de fábrica.
——**OVERHEAD,** gastos generales de fábrica.
——**TEST,** prueba en fábrica.
——, **TEXTILE,** fábrica de tejidos.
MILLER, molinero.
MILLIGRAM, miligramo.
MILLILITER, mililitro, centímetro cúbico.
MILLIMETER, milímetro.
MILLINERY INDUSTRY, industria sombrerera.
MILLIONAIRE, millonario.
MILLISECOND, milisegundo, milésima parte del segundo (computación).
MILLNET PRICE, precio neto en fábrica.
MIMEOGRAPH, mimeógrafo.
——, **TO,** mimeografiar.
MIND, mente, pensamiento, inteligencia, parecer.
——, **NEVER,** no importa, no se preocupe.
——, **TO KEEP IN,** recordar.
——, **TO SPEAK ONE'S,** hablar con franqueza.
MINE, mina, extraer mineral.
——**FIELD,** terreno minado.
——**HOIST,** malacate de mina o de extracción.
——**SHAFT,** pozo o tiro de mina.
——**SWEEPER,** dragaminas.
MINER, minero, persona que labora en minas.
MINERAL, mineral.
——**OIL,** petróleo.
——**PRODUCTION,** producción de mineral.
——**RIGHTS,** derechos mineros.
MINERALOGY, mineralogía.
MINIATURE, miniatura, en miniatura.
MINICOMPUTER, minicomputadora, minicomputador.
MINIMIZE, TO, minimizar, reducir al mínimo.
MINIMUM, mínimo, mínima.
——**AUDIT FEE,** honorarios mínimos de auditoría.
——**RATE,** tipo o tarifa mínima.
——**STOCKS,** existencias mínimas.
——**WAGE,** jornal o salario mínimo.
MINIMUM-CONFORT BUDGET, presupuesto mínimo de comodidad.
MINIMUM-MAXIMUM STOCK LEVELS, niveles máximos y mínimos de existencias.
MINIMUM-SUBSISTENCE BUDGET, presupuesto mínimo de subsistencia.
MINIMUM-SUBSISTENCE INCOME, ingreso mínimo de subsistencia.
MINIMUM-WAGE LAW, ley del jornal mínimo.
MINING, minería, explotación de minas, labores mineras.
——**CLAIM,** concesión o título minero, denuncia minera.
——**COMPANY,** compañía minera o de minas.
——**ENGINEER,** ingeniero de minas o minero.
——**PROPERTY,** propiedad minera, bienes mineros.

—RIGHTS, derechos mineros, derechos para explotación de minas.
—ROYALTY, derechos o regalías de mineraje.
—STOCKS, acciones mineras.
MINISTER, ministro, clérigo, pastor.
MINISTRY, ministerio.
—OF FOREIGN AFFAIRS, Ministerio de Estado o de Relaciones Exteriores.
—OF LABOR, Ministerio del Trabajo.
—OF PUBLIC WORKS, Ministerio de Obras Públicas.
—OF THE INTERIOR, Ministerio de Gobernación o del Interior.
MINOR, menor, de menor edad, secundario.
—ADJUSTMENTS, ajustes menores.
—ERRORS, errores menores.
—EXECUTIVE, ejecutivo o funcionario subalterno.
MINORITY, minoría.
—HIRING, contratación minoritaria.
—INTEREST, interés minoritario, intereses de la minoría.
—RIGHTS, derechos de la minoría.
—STOCKHOLDERS, accionistas minoritarios.
MINT, casa de moneda o acuñación, menta, hierbabuena.
—PRICE, precio de metal para acuñación.
—, TO, acuñar moneda, amonedar.
MINUS, menos, negativo, sin, falta de.
—QUANTITY, cantidad negativa.
—SIGN, signo menos o negativo.
—TOLERANCE, tolerancia de menos.
MINUTE, acta, minuta, pequeño, diminuto.
—BOOK, libro de actas o de minutas.
MIRACLE DRUG, fármaco o medicina milagrosa.
MISAPPLICATION, malversación o distracción de fondos.
MISAPPROPRIATION, malversación.
—OF ASSETS, malversación de activos, posesión ilegal de fondos.
—OF FUNDS, malversación o manejo ilícito de fondos.
MISBEHAVIOR, mal comportamiento, mala conducta.
MISCALCULATION, cálculo erróneo, error.
MISCELLANEOUS, misceláneo, varios, diversos.
—ASSET, activo misceláneo.
—COLUMN, columna de varios.
—EXPENSES, gastos misceláneos o diversos.
—INCOME, ingresos diversos, ingresos o productos varios.
—OPERATING ACCOUNT, cuenta de operaciones diversas.
—RECEIVABLES, efectos varios por cobrar.
—REVENUE, ingresos misceláneos.
MISCHIEF, travesura, mal, daño, persona traviesa.
MISCONDUCT, mala conducta, mal comportamiento.

MISDATE, fecha equivocada, poner fecha equivocada.
MISDOING, mala acción.
MISERY, miseria, desgracia.
MISFEASANCE, acto legal hecho ilegalmente.
MISFORTUNE, siniestro, desgracia.
MISINFORMATION, información errónea.
MISJUDGE, TO, juzgar mal, errar.
MISLEADING, engañoso, incorrecto.
—CLAIM, queja engañosa o perversa.
—INFORMATION, información engañosa o no digna de confianza.
—FINANCIAL STATEMENT, estados financieros no confiables o engañosos.
MISMANAGEMENT, mala administración, mala dirección.
MISPLACE, TO, extraviar, traspapelar.
MISPLACED, traspapelado, documento extraviado.
MISS, errar, no acertar, equivocar, faltar, error, falla, falta.
—AN OPPORTUNITY, perder la oportunidad, no aprovechar la ocasión.
—THE BOAT, llegar tarde, perder la oportunidad.
—THE FIRE, fallar el tiro.
—THE TRAIN, perder o no alcanzar el tren.
MISSED DISCOUNT, descuento no aprovechado.
MISSILE, proyectil.
MISSING, faltante, ausente, extraviado.
—INVENTORY COUNT CARD, tarjeta de verificación omitida.
—, TO BE, faltar, estar ausente o perdido.
MISSIONARY, misionero.
—SALESMAN, vendedor comisionado.
MISTAKE, error, equivocación, yerro.
—, BY, por error o equivocación.
—, MAKE A, equivocarse, errar.
MISTREAT, TO, maltratar.
MISTRESS, señora, ama de casa, querida.
MISTRUST, desconfianza, recelo, sospecha.
MISUNDERSTANDING, equivocación, error, mal entendido.
MISUSE, abuso, maltrato, uso indebido.
MITIGATION OF DAMAGES, mitigación de daños.
MIX, mezcla, confusión, líos.
—, TO, mezclar, asociarse, confundir.
—VARIANCE, variación en la mezcla.
—WELL, hacer buenas migas.
MIXED, mezclado, mixto.
—ACCOUNT, cuenta mixta o compuesta.
—COSTS, costos compuestos o mixtos.
—ECONOMY, economía mixta.
—INVENTORY, inventario mixto.
—RESERVE, reserva mixta.
—SAMPLING, muestreo mixto.
—SURPLUS, superávit mixto.
—UP, confundido, atolondrado.
MIXED-CAR RATE, tarifa de carga mixta o general.
MIXTURE, mezcla.

MNEMONIC OPERATION CODE, código mnemónico de operación (computación).
MNEMONIC SYSTEM, sistema mnemónico o mnemotécnico.
MOB, chusma, populacho, multitud.
—— RULE, gobierno del populacho.
MOBILE, móvil.
—— HOME, casa móvil, casa tirada por remolque.
—— HOME DEALER, negociante o distribuidor de casas móviles.
—— HOME FINANCING, financiamiento de casa móvil, solventar la compra de casa móvil.
MOBILITY, movilidad o habilidad de una persona para ascender en una empresa.
—— OF CREDIT, movilidad del crédito.
MOBILIZE, TO, movilizar, movilizarse.
MOCKERY, burla, mofa.
MODE, moda, estilo, manera, modo.
MODEL, modelo, maqueta, patrón, tipo.
—— BANK, banco de modelos.
—— PLANT, planta modelo.
——, TO, modelar, moldear.
MODELS, modelos.
—— AND DESIGNS, modelos y diseños.
—— IN MARKETING, modelos en mercadotecnia.
——, STOCHASTIC, modelos estocásticos.
MODELLING, modelado.
—— AGENCY, agencia de modelos, agencia que prepara modelos.
MODERATE INCOME, retribución o ingreso moderado.
MODERATE PRICE, precio módico.
MODERATE, TO, moderar, templar.
MODERATOR, moderador, árbitro.
MODERN, moderno.
—— CONVENIENCES, comodidades.
—— ECONOMICS, economía moderna.
MODERNIZE, TO, modernizar.
MODESTY, modestia.
MODIFIED AUDITOR'S OPINION, opinión del auditor modificada.
MODIFIED LIFE POLICY, póliza de vida modificada.
MODIFY, TO, modificar o modificarse.
MODULATION, modulación.
MODULE, módulo.
MOISTURE, humedad.
—— INSURANCE, seguro contra daños por condensación.
MOISTUREPROOF, a prueba de humedad.
MOLASSES, melaza, miel de purga.
MOMENT, momento, importancia.
MONARCH, monarca.
MONARCHY, monarquía.
MONASTERY, monasterio.
MONETARY, monetario, pecuniario.
—— ASSETS, activos monetarios.
—— EXCHANGE, cambio monetario, tipo de cambio monetario.
—— GOLD, oro sellado o amonedado, oro-moneda.
—— INDUCEMENTS, incentivos o estímulos monetarios.
—— ITEMS, partidas monetarias.
—— POLICY, política monetaria o pecuniaria.
—— RESERVES, reservas monetarias o en metálico.
—— STANDARDS, patrones o normas monetarias.
—— SYSTEM, sistema monetario.
—— UNIT, unidad monetaria, divisa.
—— WAGE, salario en efectivo.
MONEY, dinero, moneda.
—— AND SECURITIES INSURANCE, seguro de dinero y valores.
—— BACK, dinero devuelto, devolución de dinero.
——, BANK, valores de banco.
——, BARREN, dinero improductivo.
—— BOX, alcancía, caja para dinero.
—— BROKER, prestamista, corredor de cambios, cambista.
—— CENTER, centro monetario, institución pecuniaria.
—— CHANGER, cambista, agiotista.
——, CHECKBOOK, dinero de talonario.
——, COUNTERFEIT, moneda o dinero falso.
—— DEMAND, demanda de dinero.
—— DEPRECIATION, depreciación de la moneda o del dinero.
—— DEVALUATION, devaluación de la moneda.
—— ECONOMY, economía monetaria.
—— EQUIVALENT, equivalente en dinero.
——, FOR, al contado.
——, FUNCTIONS OF, funciones del dinero.
——, MAKE, ganar o hacer dinero.
—— MARKET, mercado monetario o de dinero.
—— MARKET CENTER, centro del mercado monetario o del mercado de dinero.
—— MARKET CERTIFICATE, certificado del mercado monetario, bono del mercado monetario.
—— MARKET CREDIT, crédito para el mercado monetario.
—— MARKET DEALER, negociante o comerciante del mercado monetario.
—— MARKET FUND, fondo del mercado monetario, recursos financieros del mercado de dinero.
—— MARKET LOAN, préstamo del mercado monetario, empréstito en el mercado de dinero.
—— MARKET MUTUAL FUND, fondo mutualista del mercado monetario, fondo mutuo del mercado de dinero.
—— MATTERS, asuntos o cuestiones monetarias.
—— ORDER, giro bancario, giro postal.
—— PAPER, papel moneda.
—— POSITION, situación monetaria, situación financiera.
—— POUCH, saco o bolsa para dinero.
—— PROFITS, utilidades monetarias.
——, READY, dinero contante.
—— STOCK, reservas monetarias.
—— SUPPLY, oferta de dinero.
——, TOKEN, moneda divisionaria.

——WAGES, jornales o salarios en dinero.
MONEY-EXCHANGE OFFICE, casa de cambio.
MONEY-PURCHASE PLAN, aporte o contribución de empleados al fondo de retiro.
MONEY-RATE BONDS, bonos de tasa monetaria.
MONEY'S WORTH, valor monetario.
MONEYLENDER, prestamista.
MONEYMAKER, el que gana dinero.
MONITOR, monitor.
——SYSTEM, sistema monitor.
MONITORING SERVICES, servicios de vigilancia o de monitoreo.
MONOCULTURE, monocultivo.
MONOECONOMY, economía basada en un solo producto.
MONOPOLIST, monopolista, acaparador.
MONOPOLISTIC, monopolista, monopolizador.
——COMPETITION, competencia monopolista.
——MARKET, mercado monopolista.
MONOPOLIZE, TO, monopolizar, acaparar.
MONOPOLY, monopolio.
——BANK, monopolio bancario.
——PROFIT, beneficio o utilidad del monopolio.
——, PURE, monopolio puro.
——REVENUE, renta de monopolio.
——VALUE, valor de monopolio.
MONOPSONY, monopsonio.
MONORAIL, monorriel.
MONTE CARLO METHOD, método de Montecarlo.
MONTE CARLO SIMULATION, simulación Montecarlo.
MONTH, mes.
——AFTER MONTH, mes tras mes.
——AFTER NEXT, mes siguiente al próximo.
——AGO, hace un mes.
——BEFORE LAST, mes antepasado.
MONTH-END STATEMENTS, estados de cuenta mensuales.
MONTHLY, mensual, mensualmente.
——AMORTIZATION, amortización mensual.
——BALANCE, saldo mensual.
——BILLING CYCLE, ciclo de facturación mensual.
——BILLING SERVICES, servicios de facturación mensual.
——CASH INFLOWS, entradas mensuales en efectivo.
——CHARGES, cargos mensuales.
——COMMUTATION, abono mensual.
——FORECAST, pronóstico mensual.
——INCOME, renta mensual.
——INSTALLMENT, mensualidades, abono mensual.
——MORTGAGE PAYMENT, pago mensual hipotecario, pago mensual de hipoteca.
——PAYMENTS, mensualidades, pagos mensuales.
——PAYROLL, nómina mensual.
——QUOTA, cuota mensual.
——RECONCILIATION, conciliación mensual.
——RENTAL CHARGES, cargos mensuales por renta.
——REPORT, informe o reporte mensual.
——SALARY, mensualidad, sueldo mensual.

——SALES QUOTA, cuotas mensuales de vendedores.
——STATEMENT, estado de cuenta mensual.
MOOD, disposición de ánimo, humor, genio.
——, IN A GOOD, de buen humor.
——, TO BE IN THE, estar dispuesto a.
MOODY, caprichoso, voluble.
MORAL, moral, moraleja.
——ENVIRONMENT, medio moral.
——HAZARD, riesgos morales, peligro moral.
——OBLIGATION, obligación moral.
——PHILOSOPHY, ética moral.
MORALITY, moralidad, ética, rectitud.
MORALIZE, TO, moralizar.
MORATORIUM, moratoria.
MORATORY, moratoria.
——PERMIT, carta de moratoria.
MORE, más.
——AND MORE, cada vez más.
——, ANY, algo más.
——, NO, no más, se acabó.
——OR LESS, más o menos.
MOREOVER, además, por otra parte.
MORNING, mañana, matutino, matinal.
——EDITION, edición matutina o de la mañana.
——, GOOD, buenos días.
——MAIL, correspondencia matutina, correo matutino.
——PAPER, diario o periódico matutino.
——SESSION, sesión o rueda matinal.
——, TOMORROW, mañana en la mañana.
MORTALITY, mortalidad, coeficiente de mortalidad.
——CURVE, curva de mortalidad.
——DIFFERENTIAL, mortalidad diferencial.
——RATE, índice de mortalidad.
——RATE, NEONATAL, tasa de mortalidad neonatal.
——TABLE, tabla de mortalidad.
MORTGAGE, hipoteca.
——BALANCE, saldo de la hipoteca.
——BANK, banco hipotecario, banco territorial.
——BANKER, institución hipotecaria o de crédito inmobiliario.
——, BLANKET, hipoteca colectiva.
——BOND, título o bono hipotecario.
——BONDHOLDER, tenedor de bono hipotecario.
——BROKER, corredor de hipotecas.
——CANCELLATION, cancelación o liquidación de hipoteca.
——, CHATTEL, hipoteca prendaria.
——CERTIFICATE, cédula o título hipotecario.
——CREDIT, crédito hipotecario, crédito sobre hipoteca.
——CREDITOR, acreedor hipotecario.
——DEBENTURES, cédulas hipotecarias, títulos hipotecarios.
——DEED, escritura hipotecaria.
——INDEBTENESS, adeudo o deuda hipotecaria.

—— INSTALLMENTS, pagos a plazo de hipoteca o por hipoteca.
—— INSURANCE, seguro hipotecario.
—— INTEREST EXPENSE, intereses sobre la hipoteca.
—— LAW, ley hipotecaria.
—— LENDER, prestamista hipotecario.
—— LENDING, empréstito hipotecario, préstamo para hipoteca.
—— LOAN, préstamo hipotecario, préstamo respaldado por hipoteca.
—— LOAN BANK, caja de crédito hipotecario.
—— NOTE, pagaré hipotecario.
—— NOTE PAYABLE, hipoteca por pagar.
—— PAYABLE, hipoteca a pagar.
—— POOL, consorcio que maneja hipotecas.
—— PREMISE, propiedad cubierta por hipoteca, predio amparado por hipoteca.
—— PRINCIPAL, valor actual de la hipoteca.
——, REAL ESTATE, hipoteca sobre bienes raíces.
—— RECEIVABLE, hipoteca a cobrar.
——, TO, hipotecar, gravar.
MORTGAGE-BACKED BOND, bono respaldado por hipoteca, título asegurado con hipoteca.
MORTGAGE-BACKED SECURITIES, valores o títulos respaldados por hipotecas.
MORTGAGE-NOTE CONFIRMATION, confirmación de hipotecas y pagarés.
MORTGAGED ASSETS, activo hipotecado.
MORTGAGEE, acreedor hipotecario.
MORTGAGOR, deudor hipotecario.
MORTUARY, mortuorio, funerario.
—— DIVIDEND, dividendo con liquidación de póliza por muerte del asegurado.
—— FUND, fondo para compensación por muerte.
MOTEL, motel, albergue turístico cerca de carreteras.
—— CHAIN, cadena de moteles.
MOTION, movimiento, moción, señal, ademán.
——, IN, en movimiento.
—— PICTURE, cine, cinematógrafo, cinema.
—— SICKNESS, mareo.
——, SLOW, cámara lenta.
—— STUDY, estudio de movimientos y tiempos.
MOTION-PICTURE, cine, cinema, cinematógrafo.
—— ADVERTISING, publicidad cinematográfica.
—— INDUSTRY, industria cinematográfica.
—— MACHINE, cinematógrafo.
—— WORKER, operador cinematográfico.
MOTIVATING FUNCTION, función de motivación.
MOTIVATING PEOPLE, motivación del personal, estímulo del personal.
MOTIVATION, motivación o estímulo a subordinados para que se superen en el trabajo.
—— RESEARCH, investigación de motivaciones.
MOTIVE, motor, motriz, motivo.
—— POWER, fuerza motriz o motora.
——, PROFIT, móvil o fines de lucro.
MOTOR, motor.
—— BAR, barra motriz.

—— CARRIER, empresa camionera, compañía de transportes automotrices.
—— COACH, autobús, camión de pasajeros.
—— FREIGHT LINE, línea o empresa de carga automotriz.
—— FUEL, gasolina corriente.
—— SCOOTER, motoneta.
—— SHIP, buque de motor.
—— TRANSPORT, autotransporte.
—— TRUCK, autocamión.
—— VEHICLE, vehículo motorizado, vehículo de motor.
MOTOR-TRANSIT INSURANCE, seguro contra riesgos de autotransporte.
MOTOR-TRUCK LINE, línea camionera o de transporte.
MOTOR-TRUCKING COMPANY, empresa camionera o de autotransporte.
MOTORBOAT, bote motor, lancha automotriz.
MOTORBUS, autobús, camión de pasajeros.
—— RATES, tarifa camionera.
MOTORCAR, automóvil.
MOTORCYCLE, motocicleta.
MOTORMAN, motorista, conductor.
MOUNTAIN, montaña, de montaña.
—— CLIMBING, alpinismo.
—— RANGE, cordillera.
—— SICKNESS, mal de montaña.
MOURNING, luto, duelo, dolor.
MOVE, mover, moverse, mudarse, proponer.
—— AWAY, irse, alejarse.
—— FORWARD, avanzar.
—— IN, instalarse en.
—— ON, caminar, seguir adelante.
——, ON THE, en movimiento.
—— OUT, desocupar, desalojar.
MOVEMENT, movimiento, circulación, maniobra.
MOVIE, cine, película.
—— PASS, pase para el cine, boleto gratis para el cine.
MOVING, movimiento, mudanza, cambio de domicilio.
—— AVERAGE, promedio móvil o variable.
—— BUDGET, presupuesto móvil o variable.
—— MEAN, media móvil.
—— PICTURE, cinematógrafo.
—— PROJECTION, proyección móvil o variable.
—— SEASONAL VARIATION, variación estacional móvil.
—— VAN, camión de mudanza.
MUCH, mucho.
——, HOW, ¿cuánto?
—— THE SAME, casi lo mismo.
——, TOO, demasiado.
——, VERY, muchísimo.
MULTIBANK HOLDING COMPANY, compañía matriz de banca múltiple.
MULTICOLLINEARITY, multicolinearidad.

MULTICOLUMN PRINTER, impresora de columnas múltiples.
MULTICOMPANY CONSOLIDATION, consolidación de compañías múltiples.
MULTIMILLIONAIRE, multimillonario.
MULTINATIONAL, multinacional.
—— **COMPANY,** compañía multinacional.
—— **CORPORATION,** corporación multinacional, sociedad anónima multinacional.
—— **FINANCIAL MANAGEMENT,** administración financiera multinacional.
—— **FINANCIAL OPERATIONS,** operaciones financieras multinacionales.
—— **RECIPROCITY,** reciprocidad multinacional, reciprocidad mundial de naciones.
MULTIPHASE SAMPLING, muestreo multifásico.
MULTIPLE, múltiple, múltiplo.
—— **ADVERTISING MESSAGES,** mensajes publicitarios múltiples.
—— **COSTS,** costos múltiples.
—— **CRITERIA,** criterios múltiples.
—— **DISCRIMINANT ANALYSIS,** análisis discriminativo múltiple.
—— **EXPANSION OF CREDIT,** expansión múltiple de crédito.
—— **INTEGRAL,** integral múltiple.
—— **LISTING,** listado múltiple.
—— **PACKAGING,** empaque o envase múltiple.
—— **PRODUCTS,** productos múltiples.
—— **RECORDS,** registros múltiples.
—— **REGISTER,** registro múltiple.
—— **RETAIL OUTLETS,** expendios múltiples.
—— **SAMPLING,** muestreo múltiple.
—— **SERIES DIAGRAM,** diagrama de series múltiples.
—— **TARIFF,** derechos variables o flexibles.
—— **WORKING PAPERS,** hojas de trabajo múltiples.
MULTIPLE-ADDRESS INSTRUCTION, instrucción de direcciones múltiples (computación).
MULTIPLE-ASSET ACCOUNT, cuenta de activo múltiple.
MULTIPLE-COVERAGE POLICY, póliza para riesgos múltiples.
MULTIPLE-DUTY, de servicio o uso múltiple.
MULTIPLE-FAMILY HOUSING, multifamiliar, edificio multifamiliar.
MULTIPLE-LOCATION POLICY, póliza de ubicación múltiple.
MULTIPLE-PERIL UNDERWRITING, seguro de riesgos múltiples.
MULTIPLE-PIECE-RATE PLAN, sistema de precio múltiple a destajo.'
MULTIPLE-PRODUCT PRICING, fijación de precios de productos múltiples.
MULTIPLE-STEP INCOME STATEMENTS, estados de resultados de etapas múltiples.
MULTIPLIER, multiplicador.
MULTIPLYING, multiplicador.
—— **MACHINE,** multiplicadora.

MULTIPRODUCT FIRM, empresa de productos múltiples.
MULTIPROGRAMMING, multiprogramación (computación).
MULTIPURPOSE PLANT, planta de varios productos.
MULTISTAGE SAMPLING, muestreo de etapas múltiples.
MULTIVARIATE ANALYSIS, análisis de múltiples variables.
MULTIVARIATE STATISTICAL METHODS, métodos estadísticos de múltiples variables.
MULTI-LINE INVOICES, facturas con muchos renglones.
MULTI-PURPOSE COLUMNS, columnas de propósitos múltiples.
MULTI-TOTAL ANALYSIS MACHINE, máquina de análisis con totalizadores múltiples.
MUNICIPAL, municipal, comunal.
—— **BOND PORTFOLIO,** cartera de bono municipal, portafolio de obligaciones municipales.
—— **BOROUGH,** corporación municipal.
—— **BUILDING,** casa consistorial.
—— **CORPORATION,** corporación municipal, corporación pública, empresa municipal.
—— **COUNCIL,** ayuntamiento, cabildo.
—— **SECURITIES,** valores municipales, títulos públicos.
—— **SECURITY TAX BENEFIT,** beneficio o utilidad obtenida del impuesto federal sobre valores.
—— **TAXES,** impuestos municipales.
—— **UTILITIES,** empresas municipales.
—— **WARRANT,** autorización de pago.
MUNICIPALITY, municipio, municipalidad.
MURDER, asesinato, homicidio.
MUSEUM, museo.
MUSIC, música.
—— **BOX,** caja de música.
—— **HALL,** salón de conciertos.
—— **COMEDY,** comedia musical.
MUSICIAN, músico.
MUSTACHE, bigote.
MUSTER ROLL, lista de la tripulación de un barco.
MUTATION, mudanza, alteración.
MUTE, mudo.
MUTILATE, TO, mutilar.
MUTINY, motín, rebelión.
MUTTER, TO, murmurar, refunfuñar.
MUTUAL, mutuo, mutualista.
—— **AID,** ayuda mutua.
—— **BENEFIT ORGANIZATION,** organización o entidad de beneficios mutuos.
—— **COMPANY,** compañía mutualista, sociedad mutua.
—— **CORPORATION,** corporación mutualista, sociedad mutualista.
—— **FUND,** fondo mutualista, sociedad inversionista de capital variable.
—— **INSURANCE COMPANY,** compañía de seguros mutua, sociedad mutua de seguros.

—— INVESTMENT COMPANY, compañía mutualista de inversiones.
—— LIFE INSURANCE COMPANY, compañía de seguros mutualista.
—— LOAN ASSOCIATION, sociedad de préstamos para edificaciones.
—— SAVINGS BANK, banco mutualista de ahorros, caja mutua de ahorros.
—— TRUST, confianza mutua.

MUTUALISM, mutualismo.
MUTUALLY EXCLUSIVE PROJECTS, proyectos mutuamente exclusivos.

MYSELF, yo mismo, a mí.
——, BY, yo mismo, yo solo.
MYSTERY, misterio, enigma.
MYTH, mito, fábula.
MYTHOLOGY, mitología.

N

NAIL, clavo, puntilla, punta
—— **FILE,** lima para uñas.
—— **PULLER,** sacaclavos, arrancaclavos.
NAIVE, ingenuo, cándido.
NAKED TRUST, fideicomiso pasivo o simple.
NAME, nombre, reputación, apellido.
—— **DAY,** día del santo.
—— **OF, IN THE,** en nombre de.
—— **PLATE,** placa, placa-marca, rótulo.
——, **TO,** nombrar, mencionar.
NAMED, nombrado, asignado.
—— **INSURED,** asegurado, designado o nombrado.
—— **PORT OF SHIPMENT,** puerto de embarque designado.
NAMELESS, anónimo, desconocido.
NANOSECOND, nanosegundo (millonésima parte de un segundo).
NAP, siesta, echar una siesta.
NAPKIN, servilleta.
NARCOTIC, narcótico, somnífero.
NARRATE, TO, narrar.
NARRATION, narración.
NARRATIVE, narrativo.
—— **COPY,** texto de cuento corto o texto narrativo.
—— **FORM,** forma narrativa.
—— **FORM IN INCOME STATEMENT,** estado de resultados narrativos, y estado de pérdidas y ganancias en forma corrida.
NARROW, estrecho, angosto.
—— **GAGE,** trocha angosta.
NARROW-GAGE RAILROAD, ferrocarriles de vía angosta.
NARROW-MINDED, fanático.
NASTY, indecente, sucio.
NATALITY RATE, tasa de natalidad o de nacimientos.
NATION, nación.
—— **DEBTOR,** Estado deudor.
NATION-WIDE, de toda la nación.
NATION-WIDE BANKING, operaciones o transacciones bancarias nacionales.
NATION-WIDE COMPUTER CREDIT RECORD, registro nacional de crédito por computadora.
NATION'S MONETARY SYSTEM, sistema monetario o pecuniario nacional.
NATIONAL, nacional.
—— **ADVERTISING,** publicidad nacional o de fabricante.
—— **ANTHEM,** himno nacional.
—— **BANK,** banco nacional o de la nación.
—— **BANK CARD SYSTEM,** sistema nacional de tarjeta de crédito bancaria.
—— **BOYCOTT,** boicot nacional.
—— **BUSINESS CYCLE,** ciclo comercial nacional, ciclo de negocios nacionales.
—— **CAPITAL MARKET,** mercado de capital nacional o de capital doméstico.
—— **CHARTER,** escritura de constitución nacional, carta constitucional nacional.
—— **CHARTERED INSTITUTION,** sociedad anónima nacional, sociedad anónima regida por la nación.
—— **DEBT,** deuda nacional o pública.
—— **ECONOMY,** economía nacional.
—— **GROUPING,** agrupamiento por su naturaleza.
—— **HOLIDAY,** día de fiesta nacional.
—— **INCOME,** ingreso o renta nacional.
—— **INCOME ACCOUNT,** cuentas del ingreso o renta nacional.
—— **INCOME ACCOUNTING,** contabilidad del ingreso o renta nacional.
—— **INCOME ANALYSIS,** análisis del ingreso nacional.
—— **INTEREST,** interés nacional.
—— **LABOR MARKET,** mercado nacional de mano de obra, fuerza de trabajo nacional.
—— **LAUNCH,** lanzamiento nacional, lanzar un producto en escala nacional.
—— **ORIGIN,** nacionalidad original.
—— **OUTPUT,** producto nacional.
—— **POLITICS,** política nacional.
—— **PRIME RATE,** tasa preferencial nacional, interés privilegiado nacional.
—— **PRODUCT,** producto nacional.
—— **PRODUCTS,** productos nacionales, frutos del país.
—— **SALES MANAGER,** gerente nacional de ventas.
—— **SCALE,** escala nacional.
—— **SOVEREIGNTY,** soberanía nacional, autoridad o independencia nacional.
—— **TELEVISION ADVERTISING CAMPAIGN,** campaña publicitaria nacional de televisión.
—— **UNION,** sindicato o gremio del país único.
—— **WAGE POLICY,** política nacional de salario o jornales.
—— **WEALTH,** riqueza o patrimonio nacional.
—— **WHOLESALER,** mayorista nacional.
NATIONAL-BANK NOTE, billete de un banco nacional.
NATIONAL-DEFENSE BONDS, bonos de la defensa nacional.
NATIONALISM, nacionalismo.
NATIONALIST, nacionalista.
NATIONALITY, nacionalidad.
NATIONALIZATION, nacionalización, nacionalizar bienes privados y extranjeros.
—— **OF INDUSTRIES,** nacionalización de industrias.
NATIONALIZE, TO, nacionalizar, incautar el Estado bienes privados.
NATIVE, nativo, nacional.
—— **CITIZEN,** ciudadano nativo.
—— **LAND,** patria.
—— **PRODUCE,** productos domésticos, frutos del país.

NATURAL, natural, nativo.
—— BUSINESS YEAR, año económico más apropiado al giro.
—— ENVIRONMENT, medio ambiente natural.
—— GAS, gas natural.
—— PERSON, persona física o natural.
—— POSSESSION, posesión natural o física.
—— RAW MATERIAL, materia prima natural.
—— RESOURCE ASSETS, activo de recursos naturales.
—— RESOURCES, recursos naturales.
—— RIGHTS, derechos naturales.
—— SUCCESSION, sucesión hereditaria.
—— TOLERANCE, tolerancia natural.
NATURALIZATION, naturalización, ciudadanía.
—— PAPER, carta de ciudadanía o de naturalización.
NATURE, naturaleza, índole, carácter.
—— OF EVIDENCE, naturaleza de la evidencia.
—— OF ITEMS, descripción de las partidas.
NAUGHT, cero, nada.
NAUGHTY, pícaro.
NAUTICAL, náutico, marino.
—— MILE, milla náutica.
NAVAL, naval, de marina.
—— ACADEMY, academia naval militar.
—— ARCHITECT, constructor naval.
—— BASE, base naval o de la marina.
—— OFFICER, contralor aduanero.
—— STATION, estación naval, astillero.
NAVIGATION, navegación, náutica.
—— FEES, derechos de navegación.
—— LAWS, derecho marítimo.
NAVY, marina, fuerzas navales, armada.
—— DEPARTMENT, Ministerio de Marina.
NEAR, cerca, cercano, casi.
—— EAST, Cercano Oriente.
—— FUTURE, futuro cercano, futuro próximo.
NEAR-BY DELIVERY, entrega cercana.
NEARBY, cerca, cercano, próximo.
—— CITY, ciudad cercana o próxima.
—— SUBURBAN AREA, área suburbana contigua, área contigua a la ciudad.
NEARSIGHTED, de poca visión, miope, pusilánime.
NECESSARIES, artículos de primera necesidad.
NECESSARY, necesario, de rigor.
—— CONDITION, condición necesaria.
NEEDLE, aguja.
—— FACTORY, fábrica de agujas.
NEEDLESS, inútil, innecesario.
NEGATIVE, negativa, negativo, negación.
—— ASSET, activo negativo.
—— ASSURANCE, afirmación negativa.
—— BALANCE, saldo negativo.
—— CONDITION, condición negativa.
—— CONFIRMATION, confirmación supuesta, notificación de diferencia.
—— COVENANT, convenio o contrato negativo.

—— FEEDBACK, realimentación negativa.
—— FINANCIAL LEVERAGE, apalancamiento financiero negativo.
—— GOODWILL, plusvalía negativa, crédito mercantil negativo.
—— INVESTMENT, inversión negativa.
—— NUMBER, número negativo.
—— SAVING, ahorro negativo.
—— TRANSFER, transferencia negativa.
NEGLECT, descuido, desatender, desuso.
NEGLIGENCE, negligencia, descuido.
NEGLIGENCE-LIABILITY POLICY, seguro contra responsabilidad por negligencia.
NEGLIGIBLE, insignificante, despreciable.
NEGOTIABLE, negociable.
—— INSTRUMENTS, documentos negociables, efectos de comercio.
—— ORDER OF WITHDRAWAL, orden negociable de retiro de fondos.
—— PAPER, papel negociable o transferible.
—— RECEIPT, recibo negociable.
—— SECURITIES, valores negociables o transmisibles.
NEGOTIATE, negociar, tratar.
—— A BILL, negociar o vender una letra.
—— A LOAN, negociar o efectuar un empréstito.
NEGOTIATED, negociado, tratado.
—— CONTRACT, contrato otorgado sin concurso, contrato negociado.
—— MARKET PRICE, precio negociado de mercado.
—— PRICE, precio de regateo.
NEGOTIATION, negociación, gestión, trato.
—— CREDIT, crédito de negociación.
——, UNDER, en gestión.
NEGOTIATOR, negociador, gestor.
NEIGHBOR, vecino.
NEIGHBORHOOD, vecindad, vecindario, alrededores.
—— SHOPPING CENTER, centro comercial suburbano.
NEITHER, ningún, tampoco.
NEOCLASSICAL ECONOMICS, economía neoclásica.
NET, neto, producir, rendir, malla.
—— AMOUNT, importe neto.
—— ANNUAL PREMIUM, prima anual neta.
—— ASSETS, activo neto, capital líquido, activo líquido.
—— AVAILS, productos líquidos, producto neto.
—— BALANCE, saldo líquido.
—— BONDED DEBT, deuda neta consolidada.
—— BOOK VALUE, valor neto en libros, valor neto según libros.
—— CASH, precio neto, precio sin rebaja.
—— CASH FLOW, flujo de efectivo neto.
—— CASH OUTFLOW, salida neta.
—— CASH SALES, ventas al contado.
—— CAPITAL, capital neto, capital líquido.
—— CURRENT ASSETS, activo circulante neto.
—— DEBT, deuda efectiva.

—— EARNINGS, ganancias netas, ingresos netos, retribución neta.
—— EARNINGS AFTER TAXES, utilidades después de impuestos.
—— FINANCIAL INCOME, utilidad o ingresos netos financieros.
—— INCOME ingresos netos, ganancias netas, renta o ingresos líquidos.
—— INCOME AFTER INTEREST AND TAXES, utilidad neta después de intereses e impuestos.
—— INCOME AFTER TAX, utilidad neta.
—— INCOME BEFORE INTEREST AND TAXES, utilidades antes de intereses e impuestos.
—— INCOME BEFORE TAXES, utilidades antes de impuestos.
—— INCOME PER COMMON SHARE, utilidad neta por acción común.
—— INTEREST, interés neto líquido.
—— INVESTMENT, inversión neta.
—— INVOICE PRICE, precio neto de factura.
—— INVOICE VALUE, valor neto de la factura.
—— LEASE, arrendamiento o arriendo neto.
—— LEASE ARRANGEMENT, convenio de arrendamiento neto.
—— LOAN LOSSES, pérdidas netas en préstamos.
—— LOAN-TERM GAINS, ganancias netas de capital a largo plazo.
—— LOSS, pérdida neta.
—— MARGIN, margen neto.
—— MARKUPS, aumentos netos a los precios de venta.
—— NATIONAL PRODUCT, producto nacional, producto nacional neto.
——NONCURRENT ASSETS, activo neto no circulante
—— OPERATING CARRYBACK AND CARRYFORWARD, transferencia de resultados netos de operación.
—— OPERATING CARRY-OVER, pérdida neta de operación pasada a otra cuenta.
—— OPERATING CASH FLOW, flujo neto de efectivo de operación.
—— OPERATING EARNINGS, ingresos de operación netos, ganancias netas de explotación.
—— OPERATING INCOME, utilidad neta de operación.
—— OPERATING LOSSES, pérdidas netas de operación.
—— OPERATING PROFIT, utilidad neta de operación.
—— PAY, salario neto, sueldo neto.
—— PREMISES EXPENSE, gasto neto de las propiedades o de los bienes.
—— PREMIUM, prima neta, prima de riesgo.
—— PRESENT VALUE, valor actual neto.
—— PRICE, precio neto.
—— PROCEEDS, producto líquido.
—— PRODUCTIVITY OF CAPITAL, productividad neta del capital.
—— PROFIT, beneficio neto, ganancia neta o líquida.
—— PROFIT AFTER TAXES, utilidad neta después de impuestos.
—— PROFIT MARGIN, margen de utilidad neta.
—— PROFIT ON SALES, utilidad neta en ventas.
—— PROFITS, utilidades netas, utilidades líquidas, ganancias netas, beneficio neto.
—— PURCHASES, compras netas.
—— QUICK ASSETS, activo neto de rápida liquidación.
—— REALIZABLE VALUE, valor neto realizable.
—— REALIZED GAIN, ganancia neta realizada.
—— REALIZED LOSS, pérdida neta obtenida.
—— RECEIPTS, entradas netas, ingresos netos.
—— RECEIVABLE ACCOUNTS, cuentas a cobrar netas.
—— RECEIVABLES, neto de cuentas y documentos por cobrar.
—— REPRODUCTION RATE, tasa neta de reproducción.
—— REVENUE, rentas netas, entradas netas.
—— SALES, ventas netas.
—— SALES TO DATE LEDGER, auxiliar de clientes con registro de ventas netas hasta la fecha.
—— SALES TOTAL, total neto de ventas.
—— SELLING PROFITS, utilidad neta en ventas.
—— SINGLE PREMIUM, prima neta única.
—— TAX, impuesto neto.
—— UNREALIZED LOSS, pérdida neta imprevista.
—— VALUE, valor neto, valor líquido.
—— WEIGHT, peso neto.
—— WORKING CAPITAL, capital de trabajo neto.
—— WORTH, capital líquido, activo líquido, capital contable, capital fiscal, patrimonio neto.
—— YIELD, rendimiento o producto neto.
—— NET-CAPITAL LOSSES, pérdidas netas de capital.
NETBACK PRICE, precio neto inverso.
NETWORK, red, cadena.
—— OF EXCHANGES, red de intercambios.
—— TELEVISION, red de televisión.
—— TELEVISION ADVERTISING, publicidad o propaganda por red de televisión.
NEUTRAL, neutral, neutro.
—— POSITION, posición inactiva o neutra.
NEVER, nunca, jamás, no.
—— MIND, no importa, olvídalo, no haga caso.
NEW, nuevo, moderno, reciente.
—— ACCOUNT BALANCE, nuevo saldo de la cuenta.
—— BALANCES, saldos nuevos.
—— FASHION, última moda.
—— MAN, novato, principiante.
—— PRODUCT INNOVATION, innovación del nuevo producto.
—— PRODUCTS, nuevos productos.
—— YEAR, Año Nuevo.
—— YEAR'S EVE, víspera de Año Nuevo.
—— YEAR'S GIFT, aguinaldo.
—— YORK STOCK EXCHANGE, bolsa de Nueva York.
NEW-MADE, acabado de hacer, fresco.
NEW-PRODUCT ADOPTION PROCESS, proceso de adopción del nuevo producto.

NEW-PRODUCT BUSINESS ANALYSIS, análisis empresarial del nuevo producto.
NEW-PRODUCT COMMERCIALIZATION, comercialización del nuevo producto.
NEW-PRODUCT DEVELOPMENT, desarrollo del nuevo producto.
NEW-PRODUCT EXPLORATION, exploración del nuevo producto.
NEW-PRODUCT MANAGER, gerente del nuevo producto.
NEW-PRODUCT MODEL, modelo del nuevo producto.
NEW-PRODUCT PLANNING, planeación del nuevo producto.
NEW-PRODUCT PLANNING MODEL, modelo de planeación el nuevo producto.
NEW-PRODUCT PROTOTYPE DEVELOPMENT, desarrollo del prototipo del nuevo producto.
NEW-PRODUCT SALES FORECASTING, pronóstico de ventas del nuevo producto.
NEW-PRODUCT SCREENING, selección del nuevo producto.
NEW-PRODUCT SPECIFICATION, especificaciones del nuevo producto.
NEW-PRODUCT TEST MARKETING, mercado de prueba del nuevo producto.
NEWBORN, recién nacido.
NEWCOMER, nuevo empleado, recién llegado.
NEWLY, recientemente, nuevamente.
—— ARRIVED, recién llegado.
—— WED, recién casado.
NEWS, noticias, información.
—— AGENCY, agencia de noticias.
—— BROADCAST, transmisión de noticias, noticiero.
—— BULLETIN, boletín de noticias.
—— CONFERENCE, rueda de periodistas.
—— EDITOR, redactor de noticias, jefe de información.
—— HEADLINE, encabezado de periódico, título noticiero.
—— MEDIA, medios de noticias, medios de información.
—— RELEASE, publicación de noticias periodísticas, difusión de noticias.
—— REPORT, noticiero, programa de noticias.
—— SERVICE, servicio noticioso.
NEWSBOY, vendedor de periódicos, voceador.
NEWS CAST, noticiero, noticiario.
NEWSCASTER, periodista radiofónico.
NEWSMAN, periodista, reportero, noticiero.
NEWSPAPER, diario, periódico.
—— ADVERTISEMENT, anuncio publicado en periódico.
—— ADVERTISING, anuncios en periódicos, publicidad periodística.
—— COPY, texto para diarios.
—— PUBLISHER, editor de periódico.
—— READER, lector de periódicos.
NEWSPAPERS, diarios, periódicos.

NEWSPAPERMAN, periodista.
NEWSPRINT, papel de imprenta o de periódicos.
NEWSREEL, noticiero.
NEWSSTAND, puesto de periódico y revista.
NEWSSTOCK, papel de imprenta.
NEXT, próximo, entrante, siguiente.
—— DAY, día siguiente.
—— DOOR, la casa vecina.
—— MONTH, mes entrante, próximo mes.
—— POSTING OPERATION, siguiente operación de pago.
—— TIME, la próxima vez, otra vez.
—— TO IMPOSSIBLE, casi imposible.
—— WEEK, próxima semana o semana entrante.
—— YEAR, año próximo o entrante.
NICKEL, níquel (E.U.A.), moneda de cinco centavos.
—— COIN, moneda de níquel.
—— SILVER, plata alemana.
NICKEL-PLATED, niquelado.
NICKNAME, apodo, sobrenombre.
NIGGARD, tacaño, mezquino, cicatero, avaro.
NIGHT, noche, nocturno.
—— AT O BY, por la noche, de noche.
—— DEPOSITORY, depósito bancario nocturno.
——, GOOD, buenas noches.
——, LAST, anoche, ayer en la noche.
—— LETTER, carta nocturna.
—— RATE, tarifa nocturna.
—— SHIFT, turno de noche, guardia nocturna.
——, TOMORROW, mañana por la noche.
—— TRAIN, tren nocturno.
—— WATCHMAN, sereno, vigilante nocturno.
—— WORK, trabajo nocturno.
NIGHTFALL, anochecer.
NIGHTLONG, durante toda la noche, de toda la noche.
NIGHTMARE, pesadilla.
NIHILISM, nihilismo, revuelta contra la autoridad.
NIL, nada.
NINE, nueve.
NINE-HOUR SHIFT, turno de nueve horas.
NINETY, noventa.
NINETY-DAY CLAUSE, cláusula de noventa días.
NINETY DAYS DATE, noventa días fecha.
NO, ningún, ninguno, no, prohibido, sin.
—— ADMITTANCE, prohibida la entrada, acceso prohibido.
—— ADVISE, sin aviso.
—— BRANCH, sin ninguna sucursal.
—— CARBON REQUIRED PAPER, papel sin carbón.
—— COLLATERAL, sin garantía.
—— COMMERCIAL VALUE, sin valor comercial.
—— DIVIDEND COST OF EQUITY, costo del capital común sin dividendos.
—— FUNDS, sin fondos, faltan fondos.
—— GOOD, vil, ruin, sin valor.
—— LONGER, ya no.
—— MAN'S LAND, tierra de nadie.
—— MORE, no más.

——ONE, nadie, ninguno.
——ORDERS, sin instrucciones, sin aviso.
——PARKING, estacionamiento prohibido.
——SMOKING, se prohíbe fumar.
——THOROUGHFARE, no hay paso.
——USE, sin provecho, inútil.
——VALUE, sin valor.
NO-ACCOUNT, sin valor, despreciable.
NO-CHARGE BILLING, guía de carga con flete libre.
NO-PAR, sin valor nominal, sin paridad nominal.
NO-PAR COMMON SHARES, acciones comunes sin valor nominal.
NO-PAR SHARES, acciones sin valor nominal.
NO-PAR STOCK, acciones sin valor a la par.
NO-PAR VALUE CAPITAL STOCK, acciones sin valor a la par o nominal.
NOBODY, nadie, ninguno.
——ELSE, nadie más, ningún otro.
NOISE, ruido, sonido, bulla, gritería.
NOISY, ruidoso, bullicioso, estrepitoso.
NOMINAL, nominal.
——ACCOUNT, cuenta nominal o de resultados.
——AMOUNT, importe nominal.
——CAPITAL, capital nominal, capital social.
——CAPITAL STOCK, acciones nominativas.
——DAMAGES, indemnización nominal.
——ELEMENT, elemento nominal o de resultados.
——INTEREST RATE, tasa de interés nominal.
——LEDGER, auxiliar de clientes.
——PARTNER, socio nominal.
——RATE, tasa nominal.
——VALUE, valor nominal.
——WAGE, salario nominal o en efectivo.
NOMINATE, designado, nombrado
——, TO, nombrar, designar, elegir.
NOMINATION, nombramiento, nominación, postulación.
NOMINATOR, nominador, asegurado.
NOMINEE, nominado para elección.
NOMOGRAPH, nomógrafo.
NON, partícula negativa que corresponde generalmente al prefijo in.
NON-COMPLIANCE, incumplimiento.
NON-DEDUCTIBLE EXPENSES, gastos no deducibles.
NON-EXISTING ACCOUNT CARDS, tarjetas de cuentas inexistentes.
NON-INTEREST BEARING NOTE, pagaré sin interés o que no devenga interés.
NON-NEGOTIABLE, no negociable.
NON-OPERATING EARNINGS, otros ingresos, ganancias fuera de operaciones.
NON-OPERATING EXPENSES, egresos diversos, gastos no operativos.
NON-PROFIT ORGANIZATION, organización no lucrativa, empresa no ganancial.
NON-VARIABLE DEDUCTIONS, deducciones o descuentos no variables.
NONACCEPTANCE, falta de aceptación.

NONACCOUNTANT, no contador, persona que no es contador.
NONADD KEY, tecla de no-suma.
NONADMITTED ASSET, activo no admitido.
NONADMITTED CARRIER, compañía de transporte no aprobada.
NONAGRESSION PACT, pacto de no agresión entre naciones.
NONAMORTIZABLE, no amortizable.
NONANNUAL PERIODS, períodos no anuales.
NONAPROVAL, inconformidad.
NONASSESSABLE CAPITAL STOCK, acciones de capital no gravables.
NONASSESSABLE STOCK, acciones no gravables.
NONASSIGNABLE, no transferible.
NONBONDED DEBT, deuda flotante.
NONBUSINESS, no comercial.
NONCALLABLE, no retirable.
——BONDS, bonos no redimibles.
NONCANCELABLE LEASE, arrendamiento no cancelable o vigente.
NONCAPITALIZABLE EXPENDITURES, gastos no capitalizables.
NONCASH, no efectivo, no de caja.
——ASSET, activo no efectivo, activo no de caja.
——EXPENDITURES, gastos no en efectivo.
——TRANSACTIONS, operaciones o transacciones no en efectivo.
NONCITIZEN, extranjero.
NONCOLLECTIBLE, incobrable.
NONCOMMERCIAL, no comercial, no especulativo.
NONCONTRIBUTORY PENSION PLAN, fondo de jubilación sin cuota del empleado.
NONCONTROLLABLE COST, costo incontrolable.
NONCONVERTIBLE, inconvertible.
——CAPITAL NOTE, pagaré o letra de capital no convertible.
——DEBT, deuda o adeudo no convertible.
NONCOUNTERBALANCING ERRORS, errores que no se compensan.
NONCREDIT WORTHY APPLICANT, solicitante no digno de crédito, solicitante insolvente.
NONCUMULATIVE DIVIDEND, dividendo no acumulativo.
NONCURRENT ASSET, activo a largo plazo.
NONCURRENT PORTFOLIO, cartera de inversiones a largo plazo.
NONDEGREE STUDENT, estudiante sin grado académico.
NONDELIVERY, falta de entrega.
NONDEPOSIT LIABILITIES, pasivo no depositado, obligaciones no depositadas.
NONDEPRECIATING ASSETS, bienes no depreciables.
NONDIRECTIVE INTERVIEW, entrevista no directiva o con libertad de expresión.
NONDURABLE GOODS, bienes no duraderos, artículos de consumo.
NONEARNING CASH BALANCES, saldos que no producen interés.

NONEARNING RESERVE, reserva monetaria que no devenga interés.
NONEQUITY SECURITIES, títulos de interés fijo.
NONESSENTIAL, innecesario.
NONEXPENDABLE FUND, fondo no disponible.
NONFARM PROPERTY, propiedad no agrícola, bienes no agrícolas.
NONFATAL INJURY, lesión no mortal.
NONFEASANCE, omisión, negligencia, incumplimiento.
NONFINANCIAL, no financiero, no remunerativo.
—— **BUSINESS,** negocio no financiero, operación no remunerativa.
—— **CORPORATION,** corporación no financiera, sociedad anónima no financiera.
NONFORFEITED VALUE, valor incaducable.
NONFORFEITURE BENEFITS, beneficios del tenedor por póliza anulada.
NONFORFEITURE VALUE, valores garantizados, beneficios por póliza anulada.
NONFUNDABLE, no consolidable.
NONHAZARDOUS, no riesgoso.
NONINSTALLMENT CREDIT, crédito no en abonos.
NONINSURABLE, no asegurable.
NONINTEREST, sin interés, que no devenga interés.
—— **DEMAND DEPOSIT,** depósito a la vista que no devenga interés.
—— **INCOME,** ingreso o renta que no devenga interés.
NONINTEREST-BEARING, sin interés, que no devenga interés.
—— **DEMAND DEPOSIT,** depósito a la vista que no devenga interés.
—— **DEPOSIT,** depósito que no devenga interés.
NONLEDGER ASSET, activo fuera de libros.
NONLINEAR BREAKEVEN ANALYSIS, análisis de equilibrio no lineal.
NONLIQUID, no realizable, no disponible.
NONMARKETABLE, no vendible, no comerciable.
NONMATERIAL GOODS, bien o artículo inmaterial.
NONMEMBER, no miembro, no socio.
—— **BANK,** banco fuera de la cámara de compensación.
NONMONETARY, no monetario.
—— **ASSETS,** activos no monetarios.
—— **ITEMS,** partidas no monetarias.
—— **LIABILITIES,** obligaciones no monetarias.
NONMORTGAGE, no hipotecario.
—— **CONSUMER CREDIT,** crédito no hipotecario a consumidores.
—— **LOAN,** préstamo no hipotecario.
NONNEGOTIABLE, no negociable, intransferible.
NONOCCUPATIONAL, no profesional.
—— **ACCIDENT,** accidente no de trabajo.
—— **DISEASE,** enfermedad no profesional.
NONOFFICIAL, no oficial, extraoficial.
NONOPERATING, ajeno a las operaciones regulares.
—— **ASSETS,** activo no operativo.
—— **COMPANY,** compañía no operante, compañía inactiva.
—— **INCOME,** ingresos diversos, ingresos o productos varios, ingresos ajenos a la operación.
—— **REVENUE,** ingresos o productos ajenos a la operación.
—— **SURPLUS,** superávit no de operación.
NONPAR, no a la par.
—— **BANK,** banco no perteneciente al sistema de compensaciones a la par.
—— **STOCK,** acciones sin valor a la par.
NONPARTISAN, sin adhesión a ningún partido.
NONPAYMENT, falta de pago.
NONPERSONAL SAVINGS DEPOSIT, depósito de ahorros no personales.
NONPOLITICAL, apolítico
NONPRICE COMPETITION, competencia ajena a los precios.
NONPROBABILITY SAMPLE, muestra de no probabilidad.
NONPRODUCTIVE, no productivo, antieconómico.
—— **COST,** costo no productivo, costo antieconómico.
—— **LABOR,** mano de obra improductiva.
NONPROFIT, no lucrativa.
—— **ACCOUNTING,** contabilidad de empresas no lucrativas.
—— **COMPANY,** empresa no lucrativa, compañía no especulativa.
—— **CORPORATION,** corporación o sociedad no lucrativa.
—— **INSTITUTIONS,** instituciones no lucrativas.
—— **ORGANIZATIONAL PLANNING,** planeación de proyectos no lucrativos.
—— **RESEARCH FOUNDATION,** fundación de investigación no lucrativa.
—— **SERVICE ORGANIZATION,** organización de servicios no lucrativa.
NONPROGRAMMED DECISION, decisión no programada.
NONPUBLIC, no pública, privada.
—— **COMPANY,** empresa o compañía no pública.
—— **ENTERPRISE,** empresa privada.
—— **ENTITY,** entidad o empresa privada.
NONRANDOM SAMPLE, muestra no aleatoria.
NONRECURRING, no recurrente, que no se repite.
—— **CHARGE,** cargo no recurrente o accidental.
—— **EXPENSES,** gastos extraordinarios.
—— **TAX,** contribución única.
NONREDEEMABLE PREFERRED STOCKS, acciones preferentes no redimibles.
NONRENEWABLE improrrogable, no renovable.
—— **RESOURCES,** recursos no renovables.
NONRESIDENT, no residente.
NONRESIDENTIAL MORTGAGE, hipoteca no residencial.
NONRESTRICTIVE, sin restricción.
—— **ENDORSEMENT,** endoso sin restricción.
NONRETURNABLE, no restituible.

NONREVENUE, sin ingreso.
—— CARGO, carga no pagada.
—— RECEIPTS, entradas que no representan ingresos.
NONREVOLVING CARDHOLDER, tarjetahabiente no rotativo.
NONRUSTING, inoxidable.
NONSERIOUS INJURY, lesión menor.
NONSLIP, antideslizante.
NONSTANDARD, no uniforme.
—— MATERIAL, material no uniforme o no estándar.
—— METHOD, método no estándar.
NONSTOCK CORPORATION, corporación o sociedad sin acciones.
NONSTOP, sin escala, sin parada.
NONSUIT, sobreseimiento, caducidad de la instancia.
NONSURPLUS RESERVES, reservas provisionales.
NONTAXABLE, no gravable, libre de impuestos.
NONTECHNICAL, no técnico.
—— FORM OF BALANCE SHEET, balance informativo.
NONTRADE, no comercial.
—— RECEIVABLES, cuentas por cobrar no negociables.
NONTRADING ENTERPRISE, empresa no mercantil.
NONTRANSFERABLE, intransferible, innegociable.
NONUNION, no gremial, no sindical.
—— JOB, trabajo u obra no sindical.
—— MAN, obrero no agremiado, trabajador u operario no sindicalizado.
NONVERBAL COMMUNICATION, comunicación no verbal.
NOR, ni, no, tampoco.
NORM, norma, modelo, patrón, regla, pauta.
—— OF LIVING, norma de vida.
NORMAL, normal, regular.
—— CREDIT TERMS, condiciones normales de crédito.
—— CURVE, curva normal.
—— DERIVATIVE, derivada normal.
—— DISTRIBUTION, distribución normal.
—— DISTRIBUTION CHART, gráfica de distribución normal.
—— HOURS, horas normales.
—— OPERATING CONDITIONS, condiciones normales de trabajo.
—— PERIOD, período normal.
—— PRICE, precio normal o regular.
—— RANGE, margen normal.
—— RETURN, rendimiento normal.
—— SPOILAGE, cantidad normal de material averiado.
—— STANDARD COST, costo estándar normal.
—— TABLE, tabla de normales.
—— TAX, impuesto normal básico.
—— TIME, tiempo o lapso normal.
—— VALUE, valor normal.
NOT, no, de ninguna manera.
—— AT ALL, de ningún modo.
—— BASED ON BOOKS, extracontable.
—— DUE, no vencido, sin vencer.
—— EXCEEDING, sin exceder de, no más de.
—— GREATER THAN, no mayor que.
—— LATER THAN, no después de.
—— LESS THAN, no menor que.
—— TO SAY, por no decir.
——, WHY, ¿por qué no?
—— YET, todavía no.
NOTARIAL, notarial.
—— CERTIFICATE, acta o testimonio notarial.
—— SEAL, sello notarial.
NOTARIZE, TO, escriturar, otorgar ante el notario público.
NOTARY PUBLIC, notario público, corredor público, escribano.
NOTE, nota, efecto, documento, pagaré.
—— BANK, billete de banco.
—— BROKER, corredor de pagarés.
——, FACE OF, valor nominal del pagaré.
—— OF HAND, pagaré.
—— OF PROTEST, acta o nota de protesto.
—— PAPER, papel de cartas.
——, PROMISORY, pagaré.
—— RECEIVABLE, efecto a cobrar, documento por cobrar.
—— REGISTER, registro de documentos.
—— TELLER, contador de pagarés.
NOTES, letras, documentos.
——, DEMAND, pagarés a la vista.
—— DISCOUNTED, pagarés descontados, letras descontadas.
——, FEDERAL RESERVE, billetes de la Reserva Federal de E.U.A.
—— FOR COLLECTION, documentos al cobro.
—— NOT DUE, documentos no vencidos.
—— PAYABLE, documentos a pagar, letras a pagar, efectos a pagar.
—— PAYABLE REGISTER, registro de efectos a pagar.
—— PAYABLE TO BANKS, pagarés a bancos.
—— PAYABLE TO INDIVIDUALS, pagarés a particulares.
—— PAYABLE TO PARTNERS, pagarés a socios.
—— PAYABLE TO SUPPLIERS, pagarés a proveedores.
—— RECEIVABLE, documentos a cobrar, pagarés por cobrar, efectos a cobrar.
—— RECEIVABLE DISCOUNTED, documentos por cobrar descontados, efectos a cobrar descontados.
—— RECEIVABLE FROM OFFICERS AND EMPLOYEES, efectos a cobrar de funcionarios y empleados, documentos a cargo de funcionarios y empleados.
—— RECEIVABLE REGISTER, registro de documentos a cobrar, registro de efectos a cobrar.
—— SECURED BY COLLATERAL, documentos garantizados con colateral.
NOTEBOOK, libreta, agenda, cuaderno.

NOTEHOLDER, tenedor de pagarés.
NOTHING, nada, ninguna cosa.
—— DAUNTED, sin ningún temor.
—— DOING, de eso nada, no se puede, no hay trato.
—— ELSE, nada más.
——, FOR, gratis, inútilmente, de balde.
——, GOOD FOR, inútil, despreciable, inservible.
—— MUCH, poca cosa.
—— NEW, sin novedad.
NOTHING-WORTH, sin valor, despreciable.
NOTICE, notificación, aviso, advertencia, nota.
——, AT THE SHORTEST, al momento, tan pronto como sea posible.
—— BIDDING, aviso de subasta.
—— BOARD, tablilla de noticias o avisos, cartelera.
—— CLERK, encargado de avisos de llegada.
—— DAY, día del aviso.
—— OF CLAIM, notificación de demanda.
—— OF DISCHARGE, aviso de despido o de despedida.
—— OF DISHONOR, aviso de rechazo.
—— OF LOSS, notificación o aviso de pérdida, denuncia de extravío.
—— OF MEETING, convocatoria, aviso de asamblea.
—— OF PROTEST, aviso de protesto.
—— OF SHAREHOLDERS MEETING convocatoria de la asamblea de accionistas.
—— OF WITHDRAWAL, aviso de extracción o retiro.
——, ON SHORT, con poco plazo.
——, TO, advertir, notar, notificar.
—— TO CREDITORS, aviso a los acreedores.
——, TO GIVE, notificar, avisar, informar.
——, WORTHY OF, digno de mención.
NOTIFICATION, notificación, aviso, cita, advertencia.
NOTIFY PARTY, parte por avisar.
NOTIFY, TO, notificar, avisar, comunicar, informar.
NOTIONS, mercería, quincalla, baratijas.
NOTORIETY, notoriedad, publicidad.
NOTORIOUS INSOLVENCY, insolvencia notoria.
NOTWITHSTANDING, no obstante, sin embargo, empero.
NOURISH, TO, nutrir, alimentar, mantener.
NOVEL, novel, nuevo, novela.
NOVELIST, novelista.
NOVELTY, novedad, fantasía, innovación.
NOVICE, novicio, principiante, neófito, novato.
NOW, ahora, en este momento, actualmente.
—— AND THEN, de vez en cuando, algunas veces.
——, JUST, mismo, inmediatamente.
—— THAT, ya que, puesto que.
——, UNTIL, hasta ahora.
NOWADAYS, hoy día, en nuestro tiempo.

NOWAY, de ningún modo.
NOWHERE, en ninguna parte.
—— ELSE, en ninguna otra parte.
NUCLEAR, nuclear.
—— CHAIN REACTION, reacción nuclear en cadena.
—— ENGINEER, ingeniero en energía nuclear.
—— GENERATING FACILITY, planta generadora nuclear.
—— POWER, energía nuclear.
—— POWER PLANT, central o planta de energía nuclear.
—— REACTOR, reactor nuclear.
—— WASTE, desechos nucleares, desechos de plantas nucleares.
NUISANCE, incomodidad, molestia, persona o cosa fastidiosa.
—— TAXES, impuestos menores sobre consumo.
—— VALUE, valor de daño o perjuicio.
NULL, nulo, sin efecto.
—— AND VOID, nulo y sin valor.
—— HYPOTHESIS, hipótesis nula o falsa.
NULLIFY, TO, anular, invalidar.
NUMBER, número, cifra.
——, CODE, número de código.
——, EVEN, número par.
——, INTEGRAL, número entero.
——, ODD, número impar.
—— PAGES, foliar, compaginar, numerar las páginas.
—— PLATE, chapa de patente.
——, RANDOM, número aleatorio.
——, ROUND, número entero.
——, SERIAL, número de serie.
——, TO, numerar, contar, computar.
NUMBERED INVOICES, facturas numeradas.
NUMBERING, foliación, numeración.
—— MACHINE, foliador.
—— STAMP, sello numerador.
NUMERAL, número, cifra.
NUMERIC CODE, código numérico.
NUMERICAL, numérico.
—— FILE, archivo ordenado numéricamente.
—— FILING, archivo numérico.
—— VALUE, valor numérico.
NUMERICALLY FILED ACCOUNTS, cuentas clasificadas numéricamente.
NUN, monja, religiosæ.
NUPTIALITY RATE, tasa de nupcialidad o de matrimonios.
NURSE, enfermera, nodriza, niñera.
NURSE-MAID, niñera, criandera, aya.
NURSERY, guardería infantil, cuarto para niños, criadero, vivero.
NUTRITION, nutrición, alimentación.

O

OATH, juramento.
——**OF OFFICE,** juramento de cargo.
——, **ON,** bajo juramento.
——, **TAKE AN,** prestar juramento.
OATH-BREAKING, violación de juramento, perjurio.
OATS, avena.
OBEDIENT, obediente, dócil, sumiso.
OBEY, TO, obedecer, acatar, cumplir.
OBJECT, elemento, concepto, objeto, cosa.
——**COST,** costo por elemento o concepto.
——, **TO,** objetar, desaprobar, oponerse.
OBJECTION, objeción, inconveniente, reparo, dificultad.
OBJECTIVE, objetivo, meta, propósito, aspiraciones.
——**FUNCTION,** función objetivo.
——**PROBABILITIES,** probabilidades objetivas.
——**STATEMENT,** estado de erogaciones por conceptos.
——**VALUE,** valor objetivo.
OBLIGATE, TO, obligar, comprometer.
OBLIGATED BALANCE, saldo comprometido.
OBLIGATION, obligación, deuda, compromiso.
——, **UNDER,** obligado.
——**UNDER CAPITAL LEASE,** obligación bajo arriendo de capital, deuda de arriendo de capital.
OBLIGATIONS, obligaciones, deudas.
——**INCURRED,** obligaciones contraídas.
——**OUTSTANDING,** obligaciones pendientes.
OBLIGEE, obligado, tenedor de una obligación.
OBLITERATE, TO, borrar, testar, tachar lo escrito.
OBLITERATION, cancelación.
OBSERVATION, observación, escrutinio.
——**PERIOD,** duración de estudio de tiempo.
OBSERVATIONAL ERROR, error de observación.
OBSERVE, TO, observar, advertir, cumplir.
OBSERVED DEPRECIATION, depreciación observada o aplicable.
OBSERVED LIFE TABLE, tabla de vida observada o aplicada.
OBSOLESCE, TO, caer en obsolescencia.
OBSOLESCENCE, antigüedad, desuso, obsolescencia, depreciación por desuso.
——**RESERVES,** reserva para desuso.
OBSOLETE, obsoleto, anticuado, en desuso.
——**ASSETS,** activo obsoleto.
——**EQUIPMENT,** equipo obsoleto, equipo anticuado.
——**INVENTORY,** inventario obsoleto.
——**ITEM,** partida obsoleta.
——**MACHINERY,** maquinaria obsoleta o anticuada.
——**MATERIALS,** materiales obsoletos o en desuso.
——**MERCHANDISE,** mercancía obsoleta.
OBTAIN, TO, obtener, adquirir, alcanzar.
OBTAINED PROFIT, utilidad obtenida.
OCCASION, ocasión, oportunidad, acontecimiento.
——, **ON,** ocasionalmente, en su oportunidad.
OCCASIONAL, ocasional, casual.
——**WORKER,** trabajador ocasional, obrero eventual.
OCCUPANCY, ocupación, tenencia.
——**EXPENSES,** gastos de tenencias, cargos de ocupación.
——**RATIO,** relación de ocupación.
OCCUPATION, ocupación, empleo, oficio.
——**TAX,** impuesto al trabajo.
OCCUPATIONAL, ocupacional, de trabajo.
——**ACCIDENT,** accidente profesional o de trabajo.
——**DISEASE,** enfermedad profesional, enfermedad debida al trabajo.
——**HAZARD,** riesgo profesional, contingencia del trabajo.
——**INJURY,** lesión de trabajo.
——**SENIORITY,** prioridad según antigüedad de ocupación.
——**STATUS,** categoría de ocupación.
——**STRESS,** tensión ocupacional o profesional.
——**TAX,** impuesto al trabajo.
——**TRAINING,** capacitación profesional.
——**WAGES,** salario según oficio.
OCCUPY, TO, ocupar, emplear.
OCCUR, TO, suceder, venir a la imaginación.
OCCURRENCE, ocurrencia, suceso, caso.
OCEAN océano, mar.
——**BILL OF LADING,** conocimiento marítimo, carta de porte marítima.
——**CARRIER,** empresa de transporte marítimo.
——**DOCUMENTS,** documentos marítimos o de transporte marítimo.
——**FREIGHT,** flete marítimo, carga marítima.
——**LINER,** buque de línea oceánico.
——**MARINE INSURANCE,** seguro marítimo.
——**ROUTE,** vía o ruta marítima.
——**SHIPMENT,** cargamento o embarque marítimo.
——**SHIPPING DOCUMENTS,** documentos de embarque marítimo, documentos de despacho marítimo.
——**TERMINAL,** terminal marítima.
——**THERMAL ENERGY CONVERSION,** conversión de energía eléctrica de océanos.
——**TRADE,** comercio marítimo.
——**TRANSPORTATION,** transporte marítimo.
OCEAN-FREIGHT BROKER, corredor de fletes marítimos.
OCEAN-GOING, de ultramar, de alta mar.
OCTANE RATING, grado de octano, octanaje de la gasolina.
ODD, extraño, singular, non, impar.
——**JOB,** trabajo accidental o temporal.
——**LOT,** lote incompleto, menos de un lote.
——**MOMENTS,** ratos de ocio, momentos libres.
——**NUMBER,** número impar.
——**OR EVEN,** jugar a pares o nones.
ODDS AND ENDS, restos, retazos.
OF, de.

OFF-OFFLINE STORAGE

—— AGE, mayor de edad.
—— COURSE, por supuesto, claro está.
—— LATE, últimamente.
OFF, lejos, fuera, a distancia.
—— AND ON, de vez en cuando, algunas veces.
—— BALANCE SHEET FINANCING, financiamiento aparte del estado de situación financiera.
——, FAR, lejos.
—— GUARD, desprevenido, descuidado.
—— HOURS, tiempo no laborable, tiempo libre.
—— SEASON, temporada inactiva, estación muerta.
—— THE COAST, lejos de la costa.
—— YOUR HANDS, no está en sus manos o a su cargo.
OFF-BOARD TRANSACTION, negocio fuera de la bolsa.
OFF-DUTY, libre, fuera de servicio.
OFF-LINE, fuera de línea.
OFF-LINE EQUIPMENT, (computación) equipo fuera de línea.
OFF-LIST SELLING, ventas con descuento.
OFF-LOAD, descargar.
OFF-SEASON, fuera de temporada.
OFF-SITE EMPLOYMENT, trabajo fuera del lugar de la obra.
OFF-STREET PARKING, estacionamiento fuera de la calle.
OFF-THE RECORD, reservado, privado.
OFF-THE ROAD, fuera de la vía o del camino.
OFF-THE TRACK despistado.
OFF-WEIGHT, con diferencia de peso.
OFFEND, TO, ofender, irritar, enfadar.
OFFENSE, ofensa, culpa, delito.
OFFER, oferta, propuesta, promesa.
——, BEST, la mejor oferta.
——, ON, en venta.
—— PRICE, precio de demanda.
OFFERING, oferta, ofrecimiento.
OFFGRADE, inferior, defectuoso.
OFFHAND, sin preparación, de improviso.
OFFICE, oficina, despacho.
——, BOOKING, oficina de registro.
—— BOY, chico de oficina, mandadero.
—— BUILDING, edificio de oficinas o de despachos.
—— CLERK, oficinista.
—— COPY, copia certificada, copia de archivo.
—— EMPLOYEE, oficinista, empleado.
—— EQUIPMENT, equipo de oficina, útiles o efectos de oficina.
—— EQUIPMENT AND SUPPLIES, equipo o efectos de oficina.
—— EQUIPMENT INDUSTRY, industria de equipo de oficina.
—— EXPENSES, gastos de oficina.
——, FIELD, oficina sucursal.
—— FORCE, personal o empleados de oficina.
—— FURNITURE AND FIXTURES, mobiliario y enseres de oficina.
—— GIRL, mecanógrafa.

——, HOME, oficina matriz.
—— HOURS, horario u horas de oficina.
—— JOB, plaza de oficinista o de empleado
—— JUNIOR, ayudante de oficina.
—— MACHINE, máquina de oficina.
—— MACHINES AND EQUIPMENT, máquinas y equipo de oficinas.
—— MANAGEMENT, gerencia o dirección de oficinas.
—— MANAGER, jefe o director de oficina, gerente de oficina.
—— MEMORANDUM, volante o memorando.
—— ORGANIZATION, personal de oficina, organización de la oficina.
—— OVERHEAD, gastos indirectos de oficina.
—— PAYROLL, nómina o planilla de empleados, lista de raya.
—— POLITICS, política de la oficina.
—— RENT, renta de la oficina.
—— SAFE, caja de caudales de oficina, caja fuerte de oficina.
—— SALARIES, sueldos de oficina.
—— SALARIES ACCRUED, sueldos de oficina acumulados.
—— STAFF, personal de oficina.
—— SUPPLIES, material de oficina, efectos de escritorio.
—— TRAINING PROGRAM, programa de entrenamiento de personal de oficina.
—— TRAVEL EXPENSES, gastos de viaje de funcionarios.
—— WORK, trabajo de oficina o de escritorio.
—— WORKER, oficinista, empleado.
OFFICE-BURGLARY INSURANCE, seguro de escalo de oficina.
OFFICEHOLDER, funcionario, empleado público, burócrata.
OFFICER, funcionario, ejecutivo, agente de policía.
——, COURT, alguacil.
——, CUSTOM-HOUSE, aduanero.
——, PUBLIC, funcionario público.
——, STAFF, oficial de estado mayor.
OFFICER'S CHECK, cheque de gerencia.
OFFICERS, DUE FROM, adeudos de los directores.
OFFICIAL, oficial, funcionario, ejecutivo, empleado público.
—— AUDITING PRONOUNCEMENT, pronunciamiento oficial de auditoría.
—— CHECK, cheque del banco.
—— DISCOUNT RATES, tasas de descuento autorizadas.
—— ENVELOPE, sobre tamaño oficio.
—— EXCHANGE RATE, tipo de cambio oficial.
—— NEWSPAPER, boletín oficial.
—— SIZE, tamaño oficio.
OFFICIAL-SIZE PAPER, papel oficio.
OFFICIALS, CHECK-SIGNING, funcionarios autorizados para firmar cheques.
OFFLINE STORAGE, almacén fuera de línea.

OFFPRINT, reimpresión.
OFFSET, compensación, contrapartida, duplicación de documentos, desplazamiento.
—— **ACCOUNT**, contracuenta, cuenta de orden.
—— **PAPER**, papel offset.
—— **RESERVES**, reservas de tasación.
OFFSETTING, desplazamiento.
—— **ACCOUNTS**, separación de las cuentas.
—— **ERROR**, error compensado.
OFFSHORE, marino, submarino.
—— **CONCESSION**, concesión marina (petróleo).
—— **DRILLING**, perforación submarina.
—— **FLEET**, flota o buques de alta mar.
—— **OIL**, petróleo submarino.
—— **PURCHASING**, compras en el extranjero.
—— **TRANSPORTATION**, transporte de alta mar.
—— **WELL**, pozo marino (petróleo).
OFTEN, a menudo, frecuentemente.
——, **HOW**, ¿cuántas veces?
——, **SO**, tantas veces.
——, **TOO**, muy a menudo.
OGIVE, ojiva.
OIL, petróleo, aceite.
—— **AND GAS LENDING**, préstamo para petróleo y gas.
—— **AND GAS PAYMENT**, participación del perforador de un pozo de petróleo.
—— **AND GAS PROPERTIES**, propiedades o bienes de petróleo y gas.
—— **BARGE**, lanchón petrolero.
—— **BUNKERING**, carga de petróleo combustible.
—— **BURNER**, quemador de petróleo.
—— **CAR**, carro tanque de petróleo.
—— **COMPANY**, compañía petrolera.
—— **DERRICK**, torre de perforación petrolera.
—— **DEVELOPMENT**, producción de petróleo, explotación de petróleo.
—— **DRILLING EQUIPMENT**, equipo de perforación de petróleo.
—— **ENGINE**, motor para aceite o petróleo.
—— **EXPLORATION**, exploración o búsqueda de petróleo.
—— **FIELD**, campo o yacimiento petrolero.
—— **GAS**, gas de petróleo.
—— **GEOLOGIST**, geólogo petrolero.
—— **INDUSTRY**, industria petrolera.
—— **LEASE**, arrendamiento petrolero.
—— **MARKETING**, comercialización del petróleo, venta y distribución del petróleo.
—— **PAINTING**, pintura al óleo.
—— **PIPE LINE**, oleoducto.
—— **PORT**, puerto petrolero.
—— **PRODUCTION**, producción de petróleo.
—— **REFINERY**, refinería de petróleo.
—— **REFINING**, refinación de petróleo.
—— **RESEARCH**, investigación o estudio del petróleo.
—— **RESERVES**, reservas de petróleo.
—— **RESOURCES**, recursos petroleros.
—— **RIGHTS**, derechos petroleros.
—— **SPILL**, derrame de petróleo en el mar.
—— **STOCKS**, acciones petroleras.
—— **TANKER**, buque petrolero, barco tanque para petróleo.
——, **TO**, lubricar, aceitar, petrolizar.
—— **TRANSPORTATION**, transporte o acarreo de petróleo.
—— **WELL**, pozo de petróleo.
OIL-BEARING LAND, terreno petrolífero.
OIL-EXPORTER NATION, nación o país exportador de petróleo.
OIL-FIELD WORKERS, obreros o trabajadores petroleros.
OIL-IMPORTING NATION, nación importadora de petróleo.
OIL-ORE SHIP, buque para petróleo o mineral.
OIL-WELL GAS, gas natural.
OILCAN aceitera, alcuza.
O.K., visto bueno, conforme, aprobación.
OLD, viejo, antiguo.
—— **AGE**, vejez, ancianidad.
—— **BACHELOR**, solterón.
—— **BALANCE**, saldo anterior.
—— **CUSTOMER**, cliente antiguo, viejo cliente.
—— **DEBT**, deuda antigua.
—— **MAID**, solterona.
—— **MAN**, viejo, jefe, padre.
—— **SAYING**, viejo dicho, refrán.
——, **TO GROW**, envejecer.
OLD-AGE BENEFIT, subsidio por vejez, seguro social por vejez.
OLD-AGE INSURANCE, seguro de vejez o de ancianidad.
OLD-AGE PENSION, jubilación o pensión por vejez.
OLD-FASHIONED, chapado a la antigua, anticuado, fuera de moda.
OLD-FASHIONED COMPANY, compañía anticuada, empresa que usa sistemas anticuados.
OLD-TIMER, veterano.
OLIGOPOLISTIC, oligopolista.
—— **INDUSTRY**, industria oligopolista.
—— **MARKET**, mercado oligopolista.
OLIGOPOLY, oligopolio.
—— **PRICE**, precio de oligopolio.
OLIGOPSONY PRICE, precio de oligopsonio.
OMISSION, omisión, olvido, exclusión.
OMIT, TO, omitir, prescindir de, olvidar.
OMITTED DIVIDENDS, dividendos omitidos.
OMITTED ENTRY, asiento de diario omitido.
OMNIBUS, ómnibus, inclusivo, general.
—— **ACCOUNT**, cuenta combinada.
—— **RESERVES**, reservas para contingencias.
ON, en, a, por, bajo, con, sobre, encima de.
—— **ACCOUNT**, a cuenta.
—— **ACCOUNT OF**, a causa de.
—— **AN AVERAGE**, por término medio.
—— **AND OFF**, de vez en cuando, a intervalos.
——, **AND SO**, y así sucesivamente.

—— ARRIVAL, al llegar, a la llegada.
—— BAIL, bajo fianza, bajo caución.
—— BOARD, a bordo.
—— CONSIGNMENT, en consignación, a consignación.
—— CREDIT, a crédito, a plazo.
—— CREDIT SALE, venta a crédito o al fiado.
—— DEMAND, a la demanda, a la vista, a la presentación.
—— DUTY, de servicio, trabajando.
—— FOOT, a pie.
——, GO, continúe, prosiga.
—— HAND, en existencia, mercancía disponible, a mano.
—— INSTALLMENTS, a plazos o en abonos.
——, LATER, después.
—— MY PART, por mi parte.
—— MY RETURN, a mi regreso.
—— OFFER, en venta.
—— ORDER, pedido.
—— ORDER STATUS, pedidos por recibir.
—— PRESENTATION, a la vista, a la presentación.
—— PURPOSE, a propósito, adrede.
—— RECEIPT OF, al recibo de.
—— RECORD, registrado, anotado.
—— REQUEST, a solicitud, a petición.
—— SALE, de venta, en venta.
—— STRIKE, en huelga.
—— TERMS, a plazos.
—— THE AIR, por radio.
—— THE CONTRARY, por el contrario.
—— THE DISPOSAL OF ASSETS, en la venta del activo.
—— THE DUE LINE, en el renglón de vencimientos.
—— THE FLOOR, en el suelo.
—— THE JOB, activo, trabajando.
—— THE WAY, en camino, en marcha.
—— TIME, a tiempo, puntual, a la hora.
—— TRACK, en marcha, en acción.
—— TRIAL, a prueba, sometido a juicio.
ON-DECK STOWAGE, carga sobre cubierta.
ON-GOING FIRM, empresa en marcha.
ON-GOING OPERATIONS, operaciones en marcha.
ON-LINE, en línea.
ON-LINE ACCOUNTING MACHINE, máquina de contabilidad conectada en línea.
ON-LINE COMPUTER TERMINAL, (computación) terminal de computadora en línea.
ON-LINE DATA BANK, (computación) banco de datos en línea.
ON-LINE PROCESSING, procesamiento en línea.
ON-OFF CONTROL, control de arranque y parada.
ON-THE-JOB TRAINING, capacitación en el propio trabajo, capacitación sobre la marcha.
ONCE, una vez, en otro tiempo, una vez que.
——, ALL AT, de repente.
——, AT, de una vez, al mismo tiempo.
—— IN A WHILE, de vez en cuando.
—— MORE, otra vez.
—— UPON A TIME, en otro tiempo, había una vez.

ONCOST, sobrecosto.
ONE, uno, único, solo, igual.
——, A BETTER, uno mejor.
—— ANOTHER, uno a otro.
——, ANY, cualquiera, alguien.
——, BY, uno a uno.
——, EVERY, cada uno.
——, THIS, éste.
ONE-BANK HOLDING COMPANY, compañía matriz que controla un banco comercial.
ONE-CLASS STOCK, acciones únicas.
ONE-CROP COUNTRY, país de monocultivo.
ONE-EYED, tuerto.
ONE-FAMILY HOUSE, casa unifamiliar.
ONE-HANDED, manco.
ONE-MAN BAND, banda o negocio de un hombre orquesta.
ONE-MAN CONCERN, empresa o compañía de propietario único.
ONE-PAYMENT POLICY, póliza de prima única.
ONE-PRICE POLICY, política de precio único.
ONE-SIDED TEST, prueba unilateral.
ONE-TIME RATE, tarifa básica, tasa fija.
ONE-WAY, de una vía.
ONE-WAY STREET, calle de un solo sentido.
ONE-WAY TICKET, boleto de ida, billete sencillo.
ONE-WAY TRIP, viaje sencillo o de ida.
ONGOING COMPANY, empresa en marcha.
ONGOING EVALUATION, evaluación sobre la marcha.
ONLINE COMPUTER SYSTEMS, sistemas de computación en línea (computación).
ONLINE STORAGE, almacén en línea.
ONSHORE DRILLING, perforación terrestre, perforación de petróleo desde la costa.
ONSHORE TRANSPORTATION, transportación terrestre.
OPEN, abierto, libre, público, franco, abrir, iniciar, inaugurar.
—— A LINE OF CREDIT, abrir un crédito.
—— A STORE, abrir una tienda.
—— ACCOUNT, cuenta abierta o corriente.
—— ACCOUNT CREDIT, crédito de cuenta abierta.
—— AN ACCOUNT, abrir una cuenta.
—— BALANCE, saldo.
—— BIDDING, propuestas públicas.
—— BIDS, abrir propuestas.
—— BOND, bono abierto sin límite de importe.
—— CHECK, cheque no rayado.
—— CITY, ciudad abierta.
—— CONTRACTS, contratos en vigor o pendientes.
—— CORPORATION, sociedad abierta.
—— CREDIT, crédito abierto, crédito en blanco, crédito sin límite.
—— HOUSE, agasajo de la empresa a todos los empleados, celebración familiar a puertas abiertas.
——, IN THE, al aire libre.
—— INSOLVENCY, insolvencia sin bienes embargables.

—— LETTER, carta abierta.
—— MARKET, mercado libre o abierto.
—— MORTGAGE, hipoteca abierta sin límite de importe.
—— ORDER, pedido pendiente de surtir, orden no surtida.
—— POLICY, póliza abierta o sin valor declarado.
—— PORT, puerto libre o franco.
—— POSITION, plaza o puesto vacante.
—— PRICE, precio público o abierto.
—— QUESTION, pregunta abierta o discutible.
—— RATES, tarifa oficial.
—— SEA, alta mar.
—— SHAME, vergüenza pública.
—— SHOP, taller no sindicalizado.
—— STORAGE, almacenamiento al aire libre.
—— SYSTEM, sistema abierto o dependiente del medio que lo rodea.
—— SYSTEM INFORMATION, sistema abierto de información.
—— TARE, peso del envase.
—— THE BOOKS, abrir los libros.
—— THE MEETING, abrir la sesión o la junta.
—— TO BUY, límite autorizado de compras.
—— TRADE ACCOUNTS RECEIVABLE, cuentas por cobrar a clientes.
—— TREATY, convenio o trato abierto.
—— UNION, sindicato sin límite de afiliados.
OPEN-AIR ADVERTISING, publicidad en la vía pública o al aire libre.
OPEN-DOOR POLICY, política de puertas abiertas, política de oportunidad igual para el comercio internacional.
OPEN-END COMPANY, compañía de inversión abierta.
OPEN-END INVESTMENT COMPANY, empresa inversionista de capital variable.
OPEN-END MORTGAGE, hipoteca sin límite de importe.
OPEN-END MORTGAGE BOND, bono hipotecario abierto o sin límite.
OPEN-END MUTUAL FUND, fondo mutualista no limitado.
OPEN-END QUESTION, pregunta con libertad de respuesta.
OPEN-END TRUST, sociedad inversionista.
OPEN-EYED, alerta, vigilante.
OPEN-HANDED, generoso, dadivoso.
OPEN-HEARTED, ingenuo, sincero, franco.
OPEN-MARKET RATE OF EXCHANGE, tipo de cambio libre.
OPEN-MINDEDNESS, razonable, persona asequible o que dialoga.
OPEN-TO-BUY REPORT, informe de límites autorizados de compra.
OPENER, abridor.
OPENING, abertura, apertura, estreno, puesto vacante.
—— BALANCE, saldo de apertura.

—— BANK, banco emisor.
—— CREDIT, apertura o establecimiento de crédito.
—— ENTRY, asiento de apertura o de entrada.
—— INVENTORY, inventario inicial, inventario de apertura.
—— NIGHT, noche de estreno.
—— PRICE, precio de apertura, precio inicial.
OPENINGS BIDS, apertura de las propuestas.
OPERA, ópera.
OPERA-HOUSE, teatro de la ópera, coliseo.
OPERAND, operando (computación).
OPERATING, operante, operativo, en operación, de explotación.
—— ACCOUNTS, cuentas de operación o resultados.
—— BUDGET, presupuesto de operación o de explotación.
—— CAPACITY, capacidad operativa o de operación.
—— CAPITAL, capital de operación o en giro.
—— CHARGES, gastos de explotación o de operación.
—— COMPANY, compañía operadora, compañía de operación, empresa operadora o de explotación.
—— COST, costo de operación.
—— CYCLE, ciclo de operación.
—— DEPARTMENT, departamento de operación.
—— EARNINGS, ganancias de explotación, ganancias de operaciones.
—— EXPENSE LEDGER, libro mayor de gastos de operación, libro mayor de gastos de explotación.
—— EXPENSES, gastos de operación o de explotación.
—— INCOME, ingresos de operación, rentas o utilidades de explotación, productos de operación.
—— LEASE, arrendamiento de operación o de explotación.
—— LEDGER, mayor auxiliar de operación.
—— LEVERAGE, palanca de operación.
—— LOSS, pérdida de explotación.
—— OFFICER, funcionario de operación.
—— PERFORMANCE, realización de las operaciones.
—— PROFIT, utilidad en operaciones, beneficios de explotación.
—— PROFIT MARGIN, margen de utilidad de operación.
—— RATIO, coeficiente de operación.
—— REPORT, informe de operación.
—— RESERVES, reservas de operación.
—— RESULTS, resultados de las operaciones.
—— REVENUE, entradas de operación, ingresos de explotación.
—— RISKS, riesgos de operación.
—— STATEMENT, estado de operación, estado de pérdidas y ganancias.
—— SURPLUS, superávit devengado, beneficios acumulados.

OPERATING-DIFFERENTIAL SUBSIDY, subsidio diferencial de operación.
OPERATING-PERFORMANCE INCOME STATEMENT, estado de ingresos o resultados en la operación.
OPERATION, operación, funcionamiento, explotación, maniobra, manejo.
—— **ANALYSIS,** análisis de una operación.
—— **BREAKDOWN,** descripción o desglose de los elementos de una tarea.
——, **IN,** en explotación, en marcha.
OPERATIONS, operaciones.
——, **BANKING,** operaciones bancarias.
——, **BUSINESS,** operaciones de negocios.
—— **CHART,** gráfica o diagrama de ejecución de un trabajo para mejorarlo.
—— **MANAGEMENT,** administración o dirección de operaciones.
——, **RECORDING,** contabilización de operaciones.
—— **RESEARCH,** investigación de operaciones.
OPERATIONAL, operacional.
—— **AUDITING,** auditoría operacional.
—— **GAME,** juego de operaciones.
—— **OBJECTIVES,** objetivos operacionales, metas de la operación.
—— **PLANNING,** planificación operacional u operativa.
—— **PROCEDURE,** procedimiento de operación.
—— **RESEARCH,** investigación operacional.
OPERATOR, operador, maquinista, telefonista, telegrafista, corredor de bolsa.
OPINION, opinión, parecer, juicio.
—— **POLL,** encuesta o estudio de opiniones.
——, **PUBLIC,** opinión pública.
—— **SURVEY,** encuesta o estudio de opiniones.
—— **SURVEY RESULTS,** resultados de encuesta de opiniones.
OPPONENT, opositor, antagonista, competidor.
OPPORTUNE, oportuno, a propósito.
OPPORTUNIST, oportunista.
OPPORTUNITY, oportunidad, ocasión.
—— **COST,** costo de oportunidad, costo de desplazamiento.
——, **SALES,** oportunidad de ventas.
——, **TAKE THE,** aprovechar la oportunidad o la ocasión.
OPPOSE, TO, oponer, oponerse a, resistir, objetar.
OPPOSITE, opuesto, contrario, adverso.
——, **THE,** lo contrario, lo opuesto.
—— **TO,** frente a.
OPPRESS, TO, oprimir, agobiar, abrumar.
OPPRESSION, opresión, tiranía, crueldad.
OPTICAL, óptico.
—— **CHARACTER READER,** lectora óptica de caracteres.
—— **GOODS,** artículos de óptica.
—— **INSTRUMENTS,** instrumentos ópticos.
—— **READING,** lectura óptica.
—— **SCANNER,** explorador óptico.
OPTICIAN, especialista en óptica, óptico.

OPTICS, óptica.
OPTIMAL, óptimo.
—— **ALLOCATION,** distribución óptima.
—— **CASH BALANCE,** saldo de efectivo óptimo.
—— **INVENTORY ORDER,** inventario óptimo.
—— **ORDER QUANTITY,** lote óptimo.
—— **POINT,** punto óptimo.
—— **SIZE,** tamaño óptimo.
OPTIMUM, óptimo, lo más apropiado.
—— **CODING,** codificación óptima.
—— **LIFE,** duración óptima.
—— **OUTPUT,** producción óptima.
—— **VALUE,** valor óptimo.
OPTION, opción, alternativa, facultad de escoger.
——, **AT YOUR,** a su elección.
—— **OF THE CARRIER,** elección del transportador o transportista.
—— **TO PURCHASE,** opción de compra.
—— **WARRANT,** certificado de opción para compra de títulos.
OPTION-RATE DEBT, deuda con tasa o tipo opcional.
OPTIONS LAPSED, opciones caducadas.
OPTIONEE, tenedor de opción.
ORAL, oral, verbal, hablado.
—— **CONTRACT,** contrato verbal.
—— **INQUIRY,** indagación o averiguación verbal.
ORANGE, naranja, color de naranja.
—— **GROVE,** naranjal.
—— **JUICE,** jugo o zumo de naranja.
—— **TREE,** naranjo.
ORCHARD, huerto.
ORDER, pedido, orden, encargo, instrucción, regla.
—— **ACCEPTANCE,** aceptación del pedido o de la orden.
——, **AS PER,** según su pedido.
—— **BALANCE,** saldo de pedidos.
——, **BANK MONEY,** giro bancario.
—— **BLANK,** hoja de pedidos, formulario de pedidos.
—— **BOOK,** libro de pedidos.
——, **CASH,** pedido al contado.
—— **CLERK,** empleado encargado de pedidos.
—— **FORM,** impreso de pedido.
——, **IN,** en regla, en buen estado.
—— **INSTRUMENT,** título a la orden.
——, **MONEY,** giro postal.
—— **OF, TO THE,** a la orden de.
—— **OFFICE,** oficina de pedidos.
——, **ON,** pedido.
——, **OUT OF,** descompuesto, fuera de servicio, mal estado.
——, **PLACE AN,** hacer un pedido.
——, **PURCHASE,** pedido, orden de compra.
—— **THAT, IN,** a fin de que.
——, **TO,** ordenar, pedir, disponer.
—— **TO, IN,** a fin de, para.
——, **TRIAL,** pedido a prueba.

ORDINAL NUMBER, número ordinal.
ORDINARY, regular, ordinario, corriente.
— **ANNUITIES,** anualidades ordinarias, anualidades vencidas.
— **AVERAGE,** avería simple.
— **CAPITAL STOCK,** acciones ordinarias, acciones comunes.
— **CASH DIVIDENDS,** dividendos ordinarios en efectivo.
— **DEPRECIATION,** depreciación ordinaria.
— **DIVIDENDS,** dividendos ordinarios o usuales.
— **HAZARDS,** riesgo profesional sin negligencia.
— **INCOME,** utilidades ordinarias.
— **INTEREST,** interés ordinario o corriente.
— **LIFE INSURANCE,** seguro de vida ordinario.
— **NEGLIGENCE,** negligencia común.
— **SERVICE,** servicio ordinario o usual.
— **SHARES,** acciones comunes u ordinarias.
— **STOCK,** acciones comunes u ordinarias.
— **WEAR AND TEAR,** desgaste natural.
ORDINATE, ordenada.
ORDNANCE INDUSTRY, industria de material bélico.
ORE, mineral, mena.
— **CAR,** vagón de mineral.
— **DEPOSIT,** yacimiento de mineral.
ORGANIC, orgánico, organizado, fundamental.
— **ACT,** ley orgánica.
— **CHEMISTRY,** química orgánica.
— **DISEASE,** afección orgánica.
— **ORGANIZATION,** organización orgánica, organización de estructura flexible.
ORGANIZATION, organización, empresa, compañía.
— **, BUSINESS,** organización comercial.
— **, CHAIN STORE,** organización de tiendas en cadena.
— **CHART,** organigrama, diagrama de organización de una empresa.
— **COST,** costo de organización.
— **DEVELOPMENT,** desarrollo de la organización, desenvolvimiento de la empresa.
— **DEVELOPMENT PROGRAM,** programa de desarrollo de la organización.
— **EXPENSES,** gastos de organización.
— **MAN,** hombre clave de una compañía decidido a ascender en la misma.
— **, MARKETING,** organización de la mercadotecnia, organización mercantil.
— **MEETING,** asamblea constitutiva.
— **OF BUSINESS,** organización de negocios.
— **PROCEDURE,** procedimiento de organización.
— **STRUCTURE,** estructura de la organización o de la empresa.
— **THEORY,** teoría de la organización.
ORGANIZATION'S DRIVING FORCE, fuerza directriz de la empresa.
ORGANIZATIONAL, organizacional, de organización.
— **BEHAVIOR,** conducta organizacional, comportamiento organizacional.

— **BEHAVIORIST,** conductista de organización, conductista administrativo.
— **CHART,** organigrama.
— **COMMUNICATION,** comunicación organizacional.
— **DIFFERENTIATION,** diferenciación organizacional.
— **FAILURE,** fracaso organizacional, falla administrativa.
— **INTEGRATION,** integración organizacional.
— **OBJECTIVE,** objetivo o meta organizacional.
— **PERFORMANCE,** ejecución o desempeño organizacional.
— **POLITICS,** política organizacional.
— **ROLE,** papel que desempeña la comunidad.
— **STRUCTURE,** estructura de la organización o de la empresa.
— **STRUCTURE OBJECTIVES,** objetivos o metas de la estructura organizacional.
— **SUCCESS,** éxito organizacional o administrativo.
— **UNIT,** unidad de organización.
ORGANIZE, TO, organizar, constituir, disponer.
ORGANIZED, organizado.
— **ENDEAVOR,** esfuerzo o empeño organizado.
— **LABOR,** trabajadores sindicalizados, agremiación obrera, obrerismo.
— **MARKET,** mercado, bolsa, lonja.
ORGANIZER, organizador.
ORGANIZING FUNCTION, función de organización.
ORIGIN, origen, principio, procedencia, raíz.
— **PERIOD,** período de origen.
ORIGINAL, original, primitivo, primero.
— **BILL OF LADING,** conocimiento o documento de embarque, guía de embarque original.
— **CAPITAL,** capital original, capital inicial, capital de entrada, capital de establecimiento.
— **COST,** costo original o inicial.
— **ENTRY,** asiento original.
— **ESTATE,** propiedad original.
— **INVOICE,** factura original.
— **PACKAGE,** envase original.
— **RECORDS,** documentos o registros originales.
— **RECORDS EXAMINATION,** examen de los documentos originales.
— **STOCK,** acciones originales o primitivas.
ORIGINATE, TO, crear, originar, inventar, producir.
ORPHAN, huérfano.
— **ASYLUM,** orfanato, hospicio.
ORPHANAGE, orfanato, orfandad.
OSTRACISM, ostracismo, aislamiento.
OTHER, otro, otros, otra.
— **ASSETS,** otros activos.
— **DAY, SOME,** otro día.
— **DEDUCTIONS,** otras deducciones.
— **, EACH,** el uno al otro.
— **, EVERY,** uno sí y otro no.
— **EXPENSES,** otros gastos, deducciones de los ingresos.

—— INCOME, otros ingresos, productos varios, otros productos.
—— LIABILITIES, otros pasivos u obligaciones.
—— REVENUE, otras entradas o ingresos.
—— TAXES, otros impuestos.
OTHERWISE, de otro modo, por otra parte.
OUNCE, onza.
OUT, fuera, afuera, exteriormente.
——, A WAY, una salida o escapatoria.
—— AT INTEREST, puesto a interés.
——, CONSIGNMENT, consignación remitida.
—— OF CASH, sin fondos, sin dinero.
—— OF DEBT, sin deudas.
—— OF JOB, sin trabajo o sin empleo.
—— OF ONE'S MIND, fuera de sí, enloquecido.
—— OF STOCK POSITIONS, faltantes en inventarios.
——, TO GO, salir, marcharse, partir.
——, TO SPEAK, hablar con franqueza o sin rodeos.
OUT-AND-HOME, ida y vuelta, viaje redondo.
OUT-BASKET, bandeja de documentos de salida o despachados.
OUT-CYCLE WORK, trabajo fuera de ciclo.
OUT-OF-COURT SETTLEMENT, arreglo fuera de los tribunales.
OUT-OF-DATE, anticuado, fuera de uso.
OUT-OF-FASHION, anticuado, pasado de moda.
OUT-OF-LINE, excesivo, fuera de línea.
OUT-OF-ORDER, descompuesto, fuera de orden, inhabilitado.
OUT-OF-PLACE, impropio, fuera de lugar.
OUT-OF-POCKET, desembolso, gasto erogado.
OUT-OF-POCKET COST, costo erogado.
OUT-OF-POCKET EXPENSES, gastos efectivos, gastos pagados personalmente.
OUT-OF-PRINT, libro o publicación agotada.
OUT-OF-REACH, no alcanzar, inaccesible.
OUT-OF-REASON, sin razón, desmedido.
OUT-OF-SEASON, fuera de temporada, a destiempo.
OUT-OF-SERVICE, fuera de servicio, descompuesto.
OUT-OF-STOCK, sin existencia, agotado.
OUT-OF-THE-QUESTION, inadmisible, fuera de lugar.
OUT-OF-TOWN, ausente de la ciudad, foráneo, forastero.
OUT-OF-WORK, sin empleo, cesante.
OUTBID, pujar, hacer mejor oferta.
OUTCOME, resultado, consecuencia, suceso.
—— FORECAST, pronóstico del resultado.
OUTDATED, anticuado.
OUTDOOR, externo, al aire libre, fuera de casa.
—— ADVERTISING, propaganda en la vía pública, publicidad externa.
—— COPY, materia para tableros.
—— SPORTS, juegos al aire libre.
OUTDOOR-PUBLICITY CONTRACTOR, contratista de carteles.
OUTFIT, equipo, habilitación, avíos.
OUTFLOW, salida de información, flujo de salida.
OUTFLOWS, salidas de dinero, desembolsos.

OUTGO, erogaciones, desembolsos, egresos.
——, TO, exceder, aventajar.
OUTGOING, saliente, salida, cesante.
—— FREIGHT, carga de salida.
—— MAIL, correspondencia enviada o de salida.
—— PRESIDENT, presidente saliente.
—— QUALITY, calidad resultante u obtenida.
OUTGROWTH, resultado, consecuencia.
OUTLAW, bandido, forajido.
—— COMPANY, compañía no autorizada.
—— STRIKE, huelga no autorizada o ilegal.
OUTLAY, desembolso, gasto, egreso.
—— COST, costo desembolsado.
—— EXPIRATION, expiración del desembolso.
OUTLAYS CURRENT, desemboisos corrientes.
OUTLAYS, GOVERNMENT CAPITAL, desembolsos del gobierno en bienes de capital.
OUTLET, salida, orificio de salida, desagüe.
OUTLINE, bosquejo, esquema, plan general.
—— DRAWINGS, dibujos de contorno.
OUTLOOK, perspectivas, probabilidades, vista, vigía, garita.
——, PROFIT, perspectiva de lucro.
OUTMODED, anticuado.
OUTPUT, producción, cantidad producida, rendimiento, energía de salida.
——, ACTUAL, producción real.
—— COMPONENT, componente de producción.
—— CONTRACT, contrato de venta del total de la producción.
—— COST, costo de rendimiento.
—— DATA, datos de salida.
——, EMPLOYMENT AND, nivel de empleo y producción.
—— FACILITIES, instalaciones de salida.
—— FACTOR, factor de producción.
——, FINISHED, producción terminada.
——, GROSS, producción bruta.
—— MASTER TAPE, (computación) cinta maestra de salida.
——, NATIONAL, producción nacional.
—— PER MAN HOUR, producción por hora hombre.
—— POOL, mancomunidad de producción.
—— STANDARD, norma de producción.
——, VALUATION OF, valuación de la producción.
OUTRIGHT, sincero, franco, sin reserva, completo.
—— CASH SALES, ventas directas al contado.
—— PURCHASE, compra en firme.
—— SALE, venta directa.
OUTSET, principio, inauguración, comienzo.
OUTSIDE, exterior, foráneo, externo, afuera.
——, AT THE, a lo sumo.
—— BROKER, corredor de la bolsa exterior.
—— CONSULTANT, consultor externo, asesor externo.
—— FINANCING, financiamiento externo.
—— INTEREST, participación extraña.
—— INVESTOR, inversionista externo.

——LEGAL COUNSEL, asesor jurídico externo.
——OF, fuera de.
OUTSIDER, forastero, extraño, intruso.
OUTSTANDING, pendiente, vigente, en consignación, sobresaliente, destacado.
——ACCOUNT, cuenta pendiente o por pagar.
——BILLS, cuentas pendientes de pago.
——BOND, bono en circulación.
——CAPITAL, capital emitido y en circulación, capital en poder de los accionistas.
——CAPITAL STOCK, acciones de capital en circulación.
——CHECK, cheque pendiente, cheque no cobrado.
——CLAIMS, reclamaciones sin cancelar.
——COMMON SHARES, acciones comunes vigentes.
——COMMON STOCK, acciones comunes vigentes.
——CONVERTIBLE DEBT, pasivo convertible.
——DEBENTURE, obligación pendiente.
——DEBT, deuda pendiente, deuda no cobrada.
——DEBT SECURITIES, obligaciones pendientes, bonos pendientes.
——INSTALLMENT CREDIT, crédito a plazo pendiente de pago.
——ITEMS, partidas pendientes.
——LOAN, préstamo pendiente, préstamo no cobrado.
——LOAN BALANCE, saldo sobre préstamo pendiente de pago.
——OBLIGATION, obligación no pagada o pendiente.
——PRINCIPAL BALANCE, saldo de capital pendiente de pago.
——RECEIVABLES, cuentas por cobrar vigentes.
——SECURITIES, valores vigentes o en circulación.
——SHARE, acción en circulación.
——STOCK, acciones vigentes o en circulación.
OUTTURN, rendimiento, resultado.
OUTWARD, exterior, externo, fuera.
——BILL, letra de remesa.
——BOUND, de salida, que sale, rumbo a un puerto extranjero.
——CARGO, cargamento de ida.
——FREIGHT, flete de ida.
——MANIFEST, guía de carga exportada.
——TRANSPORTATION, transporte de salida.
OUTWORN, gastado, agotado.
OVER, por encima de, sobre, excesivo, superior.
——ABSORBED BURDEN, gastos de fabricación absorbidos en exceso.
——AGAIN, de nuevo, otra vez.
——, ALL, por todas partes.
——HERE, aquí.
——THERE, allá.
OVER-ALL EFFICIENCY, rendimiento total.
OVER-ALL SPEED, velocidad media.
OVER-ALL TRADE, comercio con todos los países.
OVER-AND-SHORT, sobrante y faltante.

OVER-THE-COUNTER, transacciones no registradas en bolsa.
OVER-THE-COUNTER CORPORATION, sociedad que negocia en mostrador.
OVER-THE-COUNTER MARKET, mercado fuera de bolsa.
OVER-THE-COUNTER SALES, ventas en ventanilla.
OVER-THE-COUNTER SECURITIES, valores no vendidos en la bolsa.
OVER-THE-COUNTER VALUE, valor de mostrador o de ventanilla.
OVER-THE-ROAD HAULING, acarreo vial de larga distancia.
OVER-THE-ROAD LINE, empresa camionera.
OVERABSORPTION, sobreabsorción.
OVERACCRUAL, acumulación excesiva.
OVERAGE, sobrante, excedente, exceso.
OVERAGES AND SHORTAGES, sobrantes y faltantes.
OVERALL, completo, total.
——ANALYSIS, análisis general.
——BALANCE, saldo global.
——COST OF CAPITAL, costo total del capital.
——DATA, datos globales.
——ESTIMATE, estimado o estimación total.
——OPERATING BUDGET, presupuesto general de operación.
——REPORT, informe general.
——RETURNS, rendimientos totales, beneficios totales.
OVERALLS, traje de trabajo.
OVERBID, TO, ofrecer demasiado, ofrecer más que el valor.
OVERBOARD, al mar, al agua.
——, MAN, ¡hombre al agua!
OVERBOUGHT, de compras excesivas.
OVERCAPITALIZATION, exceso de capital, capitalizar en exceso.
OVERCAPITALIZE, TO, sobrecapitalizar, capitalizar en exceso.
OVERCHARGE, cargo excesivo, cobrar de más, extorsión.
OVERCOAT, abrigo, sobretodo, gabán.
OVERCOME, TO, superar, vencer, contrarrestar.
OVERCREDIT, TO, abonar de más.
OVERCROWD, TO, atestar, apiñar.
OVERDEDUCTION, deducción excesiva, descuento excesivo.
OVERDO, TO, excederse, extralimitarse, exagerar.
OVERDRAFT, sobregiro, giro en descubierto.
——ACCOUNT, cuenta en descubierto.
——PER BOOKS, sobregiro según libros.
OVERDRAFTS, BANK, sobregiros bancarios.
OVERDRAW, sobregirar, excederse en un giro del crédito disponible.
OVERDUE, vencido, atrasado, moroso.
——ACCOUNT, cuenta vencida y no pagada.
——AUDIT FEE, honorarios de auditoría vencidos.
OVEREXPANSION, sobreexpansión.

OVEREXTEND CREDIT, excederse en otorgar crédito.
OVERHAUL, reparación, revisión, transporte adicional.
OVERHEAD, gastos generales, gastos indirectos, gastos generales fijos.
——, **ADMINISTRATIVE**, gastos generales administrativos.
—— **BUDGET**, presupuesto de gastos generales.
—— **CHARGES**, gastos indirectos, gastos generales, sobrecarga.
—— **EXPENSES**, gastos generales fijos, sobrecarga.
——, **FACTORY**, gastos de fábrica indirectos.
—— **PRICE**, precio global o general.
—— **RATE**, tasa de gastos o de costos indirectos.
—— **RATIO**, coeficiente de gastos indirectos.
—— **VARIANCE**, variación en los gastos indirectos o en los gastos generales de fabricación.
OVERINVESTMENT, inversión excesiva.
OVERISSUE, emisión excesiva.
OVERLAND, por tierra, por vía terrestre.
—— **SHIPMENT**, remesa por vía terrestre.
OVERLAP, TO, traslapar, sobreponer, solapar.
OVERLAPPING, sobrepuesto, superpuesto, traslape.
—— **DEBT**, deuda sobrepuesta.
—— **INTEREST**, intereses superpuestos.
—— **MARKET**, mercado de traslape.
OVERLOAD, sobrecarga, recargo.
OVERLOOK, TO, pasar por alto, inspeccionar.
OVERNIGHT, de noche.
—— **BAG**, saco de noche.
—— **LOAN**, préstamo pagadero al día siguiente.
—— **SUCCESS**, éxito repentino.
——, **TO STAY**, pasar la noche.
OVERPAY, TO, pagar en exceso.
OVERPAYMENT, pago excesivo, excedente de pago.
OVERPRICE, TO, fijar precio excesivo.
OVERPRODUCTION, sobreproducción, superproducción.
OVERRIDE, TO, supeditar, vencer, excederse.
OVERRIDING ROYALTY INTEREST, participación sobre regalías.
OVERSEAS, ultramar, ultramarino.
—— **AGENCY**, agencia del extranjero, sucursal en ultramar.
—— **BRANCH**, sucursal en ultramar.
—— **BRANCH BANKING**, banca filial en el extranjero, banca de sucursales en el extranjero.
—— **BUSINESS TRIP**, viaje de negocios al extranjero.
—— **DUTY**, derechos de aduana en el extranjero.
—— **FACTORY**, fábrica en el extrajero.
—— **FREIGHT**, carga de altura o de ultramar.
—— **LENDING INSTITUTIONS**, instituciones internacionales de préstamo.
—— **MARKET**, mercado del extranjero.
—— **PAYOFFS**, despidos en el extranjero, liquidación de personal en el extranjero.
—— **SALES REPRESENTATIVE**, representante de ventas en el extranjero.
—— **TRADE**, comercio exterior o de ultramar.
—— **VESSEL**, buque de travesía.
OVERSELL, TO, vender más que la demanda.
OVERSIZE, sobremedida, extragrande.
OVERSOLD, de ventas excesivas.
OVERSPENDING, gastos excesivos.
OVERSTAFF, TO, tener exceso de personal.
OVERSTAFFED, con exceso de personal.
OVERSTAFFING, exceso de personal, personal sobrante, excedente de personal.
OVERSTATE, TO, exagerar, declarar de más.
OVERSTATED, sobrevaluado, sobreestimar, declarado de más.
—— **INVENTORY**, inventario sobrevaluado.
—— **PROFITS**, sobreestimación de utilidades.
—— **PURCHASE**, compra sobrevaluada.
—— **SALE**, venta sobrevaluada.
—— **STOCK PRICES**, sobreestimación de precio de acciones.
OVERSTATEMENT, valuación excesiva.
OVERSTATING ACCOUNTS RECEIVABLE, sobreestimación de cuentas por cobrar.
OVERSTATING SALES, sobreestimación de ventas.
OVERSTAY THE MARKET, perder ganancias por ventas tardías.
OVERSTOCK, TO, abarrotar, surtir en exceso.
OVERSTOCKED, abarrotado, surtido excesivo.
OVERSTOCKING, abarrotamiento, exceso de existencias.
OVERSUPPLY, surtido excesivo, existencia excesiva.
OVERSUPPLY, TO, proveer en exceso.
OVERT, abierto, público, manifiesto.
OVERTAKE, TO, alcanzar, atrapar, atajar.
OVERTAX, TO, supergravar, aplicar exceso de impuestos.
OVERTHROW, TO, derrocar, destronar, derrocar un gobierno.
OVERTIME, tiempo extra o extraordinario.
—— **BOND**, fianza de horas extraordinarias, bono por horas extras.
—— **PAYMENT**, pago de horas extras, pago de tiempo extra.
—— **PREMIUM**, prima por tiempo extraordinario.
—— **WORK**, trabajo extraordinario o extra.
OVERTURN, volumen de comercio, movimiento de inventario.
OVERTURN, TO, voltear, volcar, derrocar.
OVERVALUE, TO, valorar en exceso, sobrevalorar.
OVERVALUED COMMON STOCK, acción común sobrevaluada.
OVERVALUED DOLLAR, dólar sobrevaluado.
OVERWEIGHT, TO, preponderar, prevalecer.
OVERWEIGHT, sobrepeso, peso excesivo.
OVERWHELM, TO, agobiar, abrumar.
OVERWHELMING, abrumador, opresivo, dominante.
OVERWORKED, con trabajo excesivo, agobiado de trabajo.
OWE, TO, deber, adeudar.
OWN, propio, particular, verdadero, poseer.

—— ACCOUNT, cuenta propia.
—— ACCOUNT, FOR, por cuenta propia.
—— COST AND RISK, costo y riesgo propio.
—— COUSIN, primo hermano, prima hermana.
—— NET PROFIT, utilidad neta propia.
—— REAL ESTATE, TO, poseer bienes raíces.
OWNER, propietario, dueño, amo.
OWNER-LESSOR, propietario-arrendador.
OWNER'S EQUITY, participación del dueño.
OWNER'S INVESTMENT, inversión del propietario, inversiones del terrateniente.
OWNER'S LIABILITY INSURANCE, seguro contra responsabilidad del dueño.

OWNER'S PERSONAL SAVINGS, ahorros personales del propietario.
OWNER'S EQUITY ACCOUNTS, cuentas de patrimonio de los dueños.
OWNERSHIP, propiedad, dominio, pertenencia.
—— CERTIFICATE, certificado de propiedad.
——, GOVERNMENT, propiedad del gobierno.
——, PRIVATE, propiedad privada.
OYSTER, ostión, ostra.
—— BAR, ostionería.
—— FISHERY, pesquería de ostiones.

PACE, ritmo, paso.
PACEMAKER, marcapaso.
PACIFIST, pacifista.
PACIFY, TO, pacificar, apaciguar.
PACK, fardo, lío, paquete.
—— A BAG, hacer la maleta, empacar.
—— HORSE, caballo de carga.
—— OF CARDS, baraja, naipes.
—— OF CIGARETTES, cajetilla de cigarros.
—— OFF, enviar, despedir, despachar.
PACKAGE, bulto, paquete, fardo.
—— ADVERTISING, propaganda en el envase.
—— CONVEYOR, transportador de paquetes o bultos.
—— DESIGN, diseño de envoltura.
—— PREIGTH, carga por lotes.
—— PRODUCTION LINE, tren de producción de paquetes.
PACKAGED-GOODS FIRM, empresa de artículos empacados.
PACKAGING, envase, empaque, empaquetadora.
—— MACHINERY, maquinaria empacadora o empaquetadora.
—— MATERIALS, materiales para envasar.
—— PRESS, prensa empaquetadora.
—— SCALE, balanza de empaque.
—— TAPE, cinta de empacar.
PACKER, envasador, empaquetador.
PACKING, empaque, envase, embalaje.
—— CASE, envase, caja de embalaje, cajón.
—— CHANGES, cambios de envoltura.
—— COMPANY, empresa empacadora, compañía de frigorífico.
—— COST, costo de empaque o de embalaje.
—— EXPENSE, gastos de embalaje.
—— HOUSE, planta refrigeradora, frigorífico, planta empacadora.
—— INSTRUCTIONS, instrucciones para empaque o embalaje.
—— LIST, lista de bultos, guía de empaque.
—— MATERIALS, materiales o productos para envasar.
—— PAPER, papel de empacar.
—— SLIP, boleta, talón de empaque.
PACT, convenio, pacto, acuerdo.
PAD, block, cojín, almohadilla.
PADDING OF PAYROLL, inflar la nómina con nombres ficticios.
PADDLE, TO, remar, bogar, impeler.
PADLOCK, candado.
PAGE, página, plana, folio.
—— PROOF, prueba de imprenta o de página.
—— , TO, foliar, paginar.
PAGINATE, TO, foliar, paginar.

PAGING MACHINE, foliadora.
PAID, pagado, liquidado, cancelado.
—— CHECK RETURNED, cheque pagado devuelto.
—— HOLIDAY, fiesta retribuida.
—— IN FULL, totalmente pagado, saldado.
—— VACATIONS, descanso retribuido, vacaciones pagadas.
PAID-IN CAPITAL, capital pagado, capital integrado, aportaciones de capital.
PAID-IN CAPITAL ACCOUNT, cuenta de superávit pagado.
PAID-IN SURPLUS, superávit pagado o de capital.
PAID-OFF, liquidado, cancelado, despedido y pagado.
PAID-UP, saldado.
—— BENEFITS, beneficios saldados.
—— CAPITAL, capital pagado, capital realizado, capital integrado o capital exhibido.
—— OPTION, opción saldada o liquidada.
—— POLICY, póliza pagada íntegramente, seguro saldado.
—— SHARE, acción liberada o saldada.
—— STOCK, acciones cubiertas o liberadas.
PAIL, cubo, cubeta, balde.
PAIN, dolor, pena, afligir.
PAINFUL, doloroso.
PAINT, pintura.
—— FACTORY, fábrica de pinturas.
PAINTER, pintor.
PAINTING, pintura.
PAIR, par, pareja, marido y mujer, macho y hembra.
—— OF SHOES, par de zapatos.
—— OFF, TO, aparearse, casarse.
PAIRED COMPARISON TEST, prueba de comparación por pares.
PAL, compañero, camarada.
PALACE, palacio.
PANEL, panel, tablero, grupo de personas que discuten un asunto.
—— BOARD, tablero de control, tablero de instrumentos.
PAPER, papel, documento.
—— BAG, bolsa o saco de papel.
—— , BANK, valores bancarios.
—— COMPANY, compañía papelera.
—— CURRENCY, papel moneda, billete de banco.
—— , DATE OF, fecha del documento.
—— DEALER, comerciante de papel.
—— INDUSTRY, industria papelera, industria de fabricación de papel.
—— MONEY, papel moneda, billete de banco.
—— , NEGOTIABLE, documento o papel negociable.
—— PRODUCTS, productos de papel.
—— PROFITS, ganancias por realizar.
—— STANDARD, papel moneda no convertible.
—— STOCK, papel en rama.
—— TAPE, cinta de papel.

——WORK, trabajo de oficina.
PAPER-MAKING EQUIPMENT, equipo para fabricar papel.
PAPER-TAPE RECORDER, perforadora de cinta de papel (computación).
PAPERBACK, libro en rústica, libro popular.
PAPERBOARD, cartón.
PAR, par, paridad, valor nominal.
——, ABOVE, sobre par.
——, AT, a la par.
——, BELOW, bajo par.
——COLLECTION, compensaciones bancarias sin cargo por cobro.
——OF EXCHANGE, cambio a la par.
——VALUE, valor a la par, valor de paridad, valor nominal.
——VALUE CAPITAL STOCK, acciones con valor nominal.
——VALUE STOCK, acciones con valor nominal, acciones de paridad.
PARACHUTE, paracaídas.
PARADE, parada, desfile, procesión, revista de tropas.
PARALLEL, paralelo, análogo.
——OPERATION, operación simultánea.
——STORAGE, almacenamiento en paralelo.
PARAMETER, parámetro.
PARAMOUNT, superior, importantísimo, supremo.
PARCEL, paquete, bulto.
——OF LAND, parcela, solar.
——POST, servicio de paquetes postales o por correo.
——POST INSURANCE, seguro de paquetes postales.
——POST SERVICE, servicio de paquetes postales o envíos postales.
——RATE, flete para paquetes pequeños.
——RECEIPT, guía o talón de paquete.
——ROOM, depósito de paquetes o de equipaje de mano.
——, TO, envasar, envolver, empaquetar.
——UP, envasar, envolver.
PARCEL-POST POLICY, póliza de seguro de paquetes postales.
PARCEL-POST RECEIPT, guía o talón de paquete postal, boleta de expedición.
PARDON, perdón, indulto.
——, BEG YOUR, perdóname.
——ME, perdóname, dispense.
PARENT, padre o madre, origen, matriz.
——AND SUBSIDIARY, matriz y subsidiaria.
——COMPANY, compañía matriz, compañía controladora, compañía principal.
——COMPANY STOCK, acciones de la casa matriz.
——DISTRIBUTION, distribución original.
——HOUSE, casa principal, compañía matriz.
——POPULATION, población original.
——STORE, tienda matriz de varias sucursales.
PARENT'S EQUITY, participación de la compañía matriz.

PARENTS, padres, progenitores.
PARITY, paridad, cambio a la par, igualdad.
——CHECK, verificación de paridad.
——PRICE, precio de paridad.
PARK, parque.
PARK, TO, estacionarse, estacionar un vehículo.
PARKING, estacionamiento.
——COMPLEX, complejo de estacionamiento.
——FACILITIES, lugar de estacionamiento, edificio de estacionamiento.
——LOT, plaza o solar de estacionamiento.
——METER, parquímetro, medidor de estacionamiento.
——RULES, reglamento de estacionamiento.
——SPACE, zona o lugar de estacionamiento.
PARKINSON LAW, tendencia a alargar el trabajo para terminarlo en el tiempo disponible.
PARKWAY, bulevar, prado.
PAROL AGREEMENT, acuerdo verbal.
PART, parte, pieza, porción.
——, DO YOUR, cumpla con su obligación.
——LIST, lista de piezas, catálogo de repuestos.
——NUMBER, número de pieza.
——OWNER, copropietario.
PART-TIME, tiempo parcial o medio tiempo.
——EMPLOYMENT, empleo de tiempo parcial.
——HOUSEKEEPER, ama de llaves o casera de medio tiempo.
——JOB, trabajo parcial o de medio tiempo.
——TEACHER, profesor de medio tiempo.
PARTS, refacciones, repuestos, piezas de repuesto.
PARTIAL, parcial, predispuesto.
——ACCEPTANCE, aceptación parcial.
——AUDIT, auditoría parcial.
——DERIVATIVE, derivada parcial.
——DISABILITY, incapacidad parcial, invalidez parcial.
——LOSS, pérdida parcial.
——PAYMENT, pago parcial, abono parcial.
——SHIPMENT, remesa parcial.
PARTICIPATE, TO, participar, tomar parte en.
PARTICIPATING, participación.
——ANNUITY, anualidad con participación.
——CAPITAL STOCK, acciones preferidas con participación adicional a un dividendo fijo.
——DIVIDENDS, dividendos con participación, dividendos a las acciones preferidas en exceso del tipo mínimo establecido.
——MORTGAGE, hipoteca conjunta o de participación.
——PREFERRED STOCK, acciones preferentes de participación.
——PROGRAM, programa compartido o de participación.
——REINSURANCE, reaseguro de participación.
——RIGHTS, derechos de participación.
——STOCK, acciones participantes preferentes, acciones preferidas con participación.
PARTICIPATION LOANS, préstamos de participación.

PARTICIPATIVE MANAGEMENT, administración participativa, dirección participativa.
PARTICIPATIVE MANAGEMENT TECHNIQUES, técnicas de administración participativa.
PARTICULAR, pormenor, detalle, particular.
—— **AVERAGE,** avería particular (seguro marítimo).
—— **CHARGES,** gastos particulares.
——, **IN,** en particular, especialmente.
—— **LIEN,** gravamen específico.
PARTICULARS, datos, detalles, explicación.
PARTISAN, partidario, guerrillero.
PARTISANSHIP, adhesión ciega a un partido.
PARTITION, tabique, cancel, pared divisoria, división.
PARTITIONING, cancelería, división mediante tabique o madera.
PARTNER, socio, asociado, miembro de una empresa.
PARTNERS' CAPITAL ACCOUNT, cuentas de capital de socios.
PARTNERS' CAPITAL CONTRIBUTIONS, participación de los socios en una compañía limitada.
PARTNERS' CAPITALS, capitales de los socios.
PARTNERS' EQUITY, capital contable o de los socios.
PARTNERSHIP, sociedad, asociación, consorcio, compañía colectiva.
—— **AGREEMENT,** convenio de asociación, contrato de sociedad comanditaria.
—— **ASSETS,** activo social.
—— **CAPITAL,** capital propio de asociaciones.
—— **CONTRACT,** contrato de asociación o social.
—— **DEBTS,** pasivo social.
——, **DEED OF,** escritura de sociedad.
——, **GENERAL,** sociedad regular colectiva.
—— **IN, COMMENDAM,** sociedad en comandita.
—— **INSURANCE,** seguro de la asociación.
—— **LIABILITY,** pasivo social.
—— **LIQUIDATION,** liquidación de la compañía colectiva.
—— **PROPERTY,** propiedad colectiva, propiedad en participación.
PARTY, brigada, cuadrilla, reunión, fiesta.
——, **FISHING,** partida de pesca.
——, **HUNTING,** partida de caza.
—— **IN INTEREST,** parte interesada.
—— **OFFICIAL,** funcionario de un partido.
—— **TICKET,** boleto colectivo.
—— **WALL,** pared medianera.
PASS, pase, admisión, ser aprobado.
—— **A DIVIDEND, TO,** no pagar el dividendo, omitir el dividendo
—— **A RESOLUTION,** tomar una resolución.
—— **A TEST,** pasar una prueba.
—— **AWAY,** morir, fallecer.
—— **BOOK,** libreta de depósito.
—— **ON,** decidir sobre, dar un dictamen.
—— **OUT,** desmayarse.
—— **OVER,** pasar por alto.

—— **THE BUCK,** echar la responsabilidad a otra persona, eludir una responsabilidad.
—— **THROUGH,** atravesar.
——, **TO,** admitir, ocurrir, aventajar.
—— **UP,** no aprovechar.
PASSAGE, pasaje, tránsito, pasillo, tarifa.
—— **MONEY,** pasaje, tarifa.
—— **TICKET,** billete de pasaje.
PASSBOOK, libreta de caja de ahorros, libreta de depósito, libreta de banco.
—— **SAVINGS,** ahorros depositados en libreta bancaria.
PASSED DIVIDEND, dividendo emitido.
PASSENGER, pasajero, viajero, transeúnte.
—— **AGENT,** agente de viajes.
—— **CAR,** carro o vagón de pasajeros, automóvil de pasajeros.
—— **DEPARTMENT,** departamento de pasajes.
—— **LINER,** buque de pasajeros.
—— **LIST,** lista de viajeros.
—— **SERVICE,** servicio de pasaje.
—— **STATION,** estación o terminal de viajeros.
—— **TARIFF,** tarifa de pasaje o viaje.
—— **TRAFFIC,** tráfico de viajeros o de pasajeros.
PASSENGER-LIABILITY INSURANCE, seguro de responsabilidad de pasajeros.
PASSIVE, pasivo, inactivo, quieto.
—— **ASSETS,** activo intangible.
—— **BOND,** bono sin interés.
—— **DEBT,** deuda que no causa interés.
—— **LIABILITIES,** pasivo fijo.
—— **RESISTANCE,** resistencia pasiva.
—— **TRADE BALANCE,** balanza comercial desventajosa.
PASSPORT, pasaporte, pasaporte de buque, salvoconducto.
PAST, pasado, concluido, último.
—— **A DOUBT,** fuera de duda.
—— **DEBT,** deuda pasada, obligación vencida.
—— **DIRECTOR,** exdirector.
—— **DUE,** vencido, atrasado, de vencimiento anterior.
—— **DUE ACCOUNTS PAYABLE,** cuentas por pagar atrasadas.
—— **DUE LOAN ANALYSIS,** análisis de préstamo de vencimiento atrasado.
—— **HOPE,** sin esperanza.
PAST-DUE ACCOUNT, cuenta vencida.
PAST-DUE NOTE, documento vencido.
PASTE, pasta, engrudo.
PASTE-UP, boceto de elementos pegados.
PASTEBOARD, cartón, cartulina.
—— **BOX,** caja de cartón.
PASTIME, pasatiempo, entretenimiento.
PASTRY, pastelería.
—— **SHOP,** pastelería, repostería.
PASTURE, pastizal, pastura, pasto.
PATENT, patente, invención, privilegio.
—— **AND TRADEMARK OFFICE,** oficina de patentes y marcas.

—— APPLICATION, solicitud o petición de patente.
—— ATTORNEY, abogado de patentes.
—— FEE, cuota de patente.
—— GRANTED, patente concedida o dada.
—— INFRINGEMENT, violación de patente.
—— INSURANCE, seguro contra pérdidas por violación de patente.
—— INVENTOR, inventor de lo que ampara la patente.
—— LAW, ley o derecho de patentes.
—— LAWYER, abogado de patentes.
—— LICENSE, licencia o título de patente.
—— MEDICINE, medicina de patente, especialidad farmacéutica.
—— OFFICE, oficina o negociado de patentes.
—— OWNER, dueño o propietario de la patente.
—— PENDING, patente pendiente de conceder, patente solicitada o en trámite.
—— RIGHT, derecho de patente.
—— ROYALTY, derechos o regalías recibidas por uso de patente.
—— SPECIFICATIONS, especificaciones de patente.
PATENT-INFRINGEMENT SUIT, juicio por violación de patente.
PATENTS AND GOODWILL, patentes y crédito mercantil.
PATENTED PROCESS, proceso patentado.
PATENTEE, poseedor de patente, concesionario de patente.
PATENTOR, dueño de la patente, el que otorga cédula de patente.
PATERNALISM, paternalismo.
PATRIMONY, patrimonio.
PATROL, patrulla, ronda.
PATROLMAN, patrullero, vigilante de policía.
PATRON, patrón, patrono.
PATRONAGE, patrocinio, clientela.
—— DIVIDEND, reparto de remanentes.
PATRONIZE, TO, patrocinar, proteger, favorecer.
PATTERN, plantilla, modelo, patrón, norma.
——, DISTRIBUTION, modelo de distribución.
——, SHOP, taller de modelado.
——, THE FAMILY, el patrón o norma familiar.
PAVE, pavimento, empedrar, adoquinar.
—— THE WAY, abrir el camino, preparar el terreno.
PAVED HIGHWAY, carretera pavimentada.
PAVEMENT, pavimento, empedrado.
PAWN, prenda, empeño, pignoración.
PAWN, TO, empeñar, pignorar.
PAWNBROKER, prestamista, usurero.
PAWNBROKING, comercio prendario.
PAWNEE, prestamista.
PAWNSHOP, casa de empeño o de préstamo.
PAY, pago, sueldo, salario, recompensa.
—— A VISIT, hacer una visita.
—— ADVICE SLIP, volante de nómina.
—— AT SIGHT, pagadero a la vista o a la presentación.
—— ATTENTION, prestar atención, estar atento.

—— BACK, restituir, reembolsar, devolver.
——, BASE, salario básico.
—— BY INSTALLMENTS, pagar a plazos.
—— CHECK, cheque de raya, cheque de pago.
—— DAMAGES, pagar daños y perjuicios.
—— DETAILS, detalles de percepciones.
—— DRAFT, giro de pago.
—— ENVELOPE, sobre de raya, sobre de pago.
—— EXPENSES, cubrir los gastos.
—— FOR, pagar, saldar.
—— IN ADVANCE, pagar por adelantado o por anticipado.
—— IN CASH, pagadero en efectivo o al contado.
—— IN FULL, pago total.
—— INCENTIVES, pago de incentivos o estímulos.
—— OFF, liquidar, redimir una hipoteca, tener éxito, despedir personal y pagarle.
—— ON ACCOUNT, pagar a cuenta.
—— ON DELIVERY, pagar a la entrega.
—— OUT, desembolsar.
—— RAISE, aumento de sueldo, mejora de sueldo.
—— RECEIPTS, recibos de pago
—— REVIEW, revisión de salarios y sueldos.
—— SCALES, escala de pagos, escala de sueldos.
——, TO, pagar, abonar, remunerar, saldar.
—— TO BEARER, pagadero al portador.
—— TO THE ORDER OF, páguese a la orden de.
—— UP, pagar, liquidar, cancelar.
—— WARRANT, certificado de pago.
PAY-BILL, vale.
PAYABLE, valor a pagar, pagadero, reembolsable.
—— ACCOUNTS, cuentas por pagar o a pagar.
—— AGAINST DOCUMENTS, pagadero contra documentos.
—— AT MATURITY, a pagar al vencimiento.
—— AT SIGHT, pagadero a la vista.
——, BILLS, facturas o cuentas a pagar.
——, BONDS, obligaciones por pagar.
—— COMMISSIONS, comisiones a pagar.
—— IN ADVANCE, pagadero por adelantado.
—— IN CASH, pagadero en efectivo.
——, LOANS, préstamos a pagar.
——, NOTES, vales por pagar.
—— ON DELIVERY, pagadero al entregar.
—— ON DEMAND, pagadero a la presentación.
——, TAXES, impuestos por pagar.
—— TO ORDER, pagadero a la orden.
——, VOUCHERS, vales por pagar.
PAYABLES, efectos a pagar, obligaciones por liquidar.
PAYBACK PERIOD, período de restitución o de reembolso.
PAYDAY, día de pago, día de raya.
PAYEE, portador o tenedor de una letra, beneficiario.
PAYER, pagador.
——, TAX, contribuyente, causante.
PAYER'S RECEIPT, recibo de pago.
PAYING, pagador.

—— AGENT, agente pagador.
—— AND RECEIVING TELLER, cajero pagador y cobrador.
—— BANK, banco pagador.
—— CASH, pagar en efectivo, pagar al contado.
—— TELLER, pagador, cajero pagador.
PAYING-IN SLIP, boleta o volante de depósito.
PAYMASTER, pagador, cajero, contador, tesorero.
PAYMASTER'S OFFICE, pagaduría.
PAYMENT, pago, liquidación, consignación, paga.
—— BILL, letra pagadera antes de entregar los documentos.
—— BOND, fianza de pago.
—— CASH SHEET, hoja de pagos por cheque.
—— DATE, fecha de pago.
—— DEFERRED, pago diferido o aplazado.
——, DOWN, pago inicial al contado, enganche.
——, EARLY, pronto pago.
—— FOR SERVICES, pago de servicios.
—— HISTORIES, historia o antecedentes de los pagos.
—— IN ADVANCE, anticipo, pago adelantado.
—— IN FULL, pago total, pago completo.
—— INTO COURT, pago en consignación.
—— OF COMMISSIONS, pago de comisiones.
—— ON ACCOUNT, pago a cuenta, abono parcial a cuenta.
—— ORDER, orden de pago.
——, READY, pago inmediato.
—— REFUSED, pago negado o rehusado.
—— SCHEDULE, programa de pagos.
—— STOPPED, pago suspendido.
—— TERMS, condiciones de pago.
PAYOFF, liquidación, redención.
—— PERIOD, período de redención o liquidación.
—— TABLE, tabla de ganancia, tabla de liquidación.
PAYOFFS, hacer pagos, liquidar, cancelar.
PAYOUT, liquidación, desembolso, pago, amortización.
—— PERIOD, período de amortización o liquidación.
—— RATIO, razón de rendimiento.
PAYROLL, nómina, planilla de pago o de sueldos, lista de raya.
—— ACCOUNT, cuenta de nómina, cuenta de raya.
——, ACCRUED, nómina devengada.
—— ARRANGEMENT, disposición de la nómina.
—— AUDITOR, auditor de nómina.
—— CASH ACCOUNT, cuenta de efectivo para sueldos.
—— CHECK, cheque de pago de sueldo.
—— CLEARING ACCOUNT, cuenta de aclaraciones de nómina.
—— CLERK, empleado encargado de la nómina.
—— CLOCK, reloj de nóminas.
—— CONTROL, control de nóminas.
—— DATA, datos de nómina.
—— DEDUCTIONS, deducciones en sueldos.

—— DEPARTMENT, departamento de nóminas.
—— DISTRIBUTION, distribución de la nómina, repartición del importe de la nómina.
—— ENTRIES, asientos de la nómina.
—— JOURNAL, diario de nóminas.
—— PADDING, rellenar o aumentar la nómina con personal inexistente.
—— PAYOFF, pago de sueldos.
—— RECORD, registro de nóminas.
—— REGISTER, registro de nómina.
—— TAX ACCRUALS, impuesto acumulado sobre sueldos.
—— TAXES, impuestos sobre la nómina.
—— TAXES PAYABLE, impuestos por pagar sobre sueldos.
—— TEST, prueba de la nómina de sueldos.
—— VOUCHER, póliza.
—— WEEK, semana de nómina.
PEACE, paz, tranquilidad, reposo.
——, AT, en paz.
PEACEFUL COEXISTENCE, coexistencia pacífica.
PEACEMAKER, pacificador, reconciliador.
PEAK, auge, pico, máximo, cima.
—— BUSINESS ACTIVITY, actividad comercial máxima, período de máximo negocio.
—— HOUR, hora de máxima actividad.
—— LOAD, carga o demanda máxima.
—— PERIODS IN THE OFFICE, períodos críticos de ocupación en la oficina.
—— SALES, ventas máximas.
—— SEASON, temporada de máxima actividad.
PEAK-HOUR TRAFFIC, hora de máximo tráfico, tráfico máximo por hora.
PECUNIARY, pecuniario, monetario.
—— BENEFIT, beneficio pecuniario.
—— DAMAGES, daños monetarios.
—— PENALTY, multa monetaria, sanción pecuniaria.
PEDDLE, TO, vender de casa en casa, vender baratijas.
PEDDLER, comerciante callejero, vendedor ambulante, buhonero.
PEDESTRIAN, peatón, paseante, caminante.
PEDIGREE, genealogía, linaje, árbol genealógico.
PEER, compañero de trabajo, colega, miembro de la nobleza.
—— BANK, banco de características similares a otro.
——, TO, atisbar, escudriñar, husmear.
PEER-GROUP BANKS, bancos agrupados de características similares.
PEG, espiga, clavija, taco.
——, TO, clavar, enclavijar, estaquillar.
PEGGING, estabilización artificial o convencional de precios.
PEN, pluma, plumilla, corral.
—— NAME, seudónimo.
—— PAL, amigo por correspondencia.
—— POSTING, asientos manuales.

PEN-AND-INK LEDGER, auxiliar manual.
PENAL, penal.
—— **BOND**, fianza para multa, obligación penal.
—— **CODE**, código penal.
—— **INTEREST**, interés penal.
—— **SUM**, importe de la multa.
PENALIZE, TO, multar, castigar, penalizar.
PENALTY, multa, castigo, pena, condena.
—— **CLAUSE**, cláusula penal.
—— **DUTY**, derechos penales.
—— **RATE**, tasa de castigo.
PENCHANT, inclinación, tendencia.
PENCIL, lápiz.
—— **DRAWING**, dibujo a lápiz.
—— **MARKINGS**, marcas de lápiz.
—— **SHARPENER**, sacapuntas, afilador de lápices.
PENDING, pendiente, en trámite, durante, mientras.
—— **LAWS AND REGULATIONS**, leyes y disposiciones pendientes.
—— **LITIGATION**, litigio o pleito pendiente.
PENITENTIARY, presidio, penitenciaría.
PENKNIFE, cuchilla, cortaplumas, navaja.
PENNY, penique en Inglaterra, centavo de dólar en EUA.
—— **STOCKS**, acciones cotizadas a menos de un dólar.
PENSION, jubilación, pensión, cesantía.
—— **AGREEMENT**, convenio de pago de pensiones.
—— **AND PROFIT-SHARING PLANS**, planes de jubilaciones y reparto de utilidades a empleados.
—— **ANNUITY**, pensión, anualidad de retiro.
—— **COMMITMENT**, compromiso de jubilación.
—— **CONTRIBUTION**, contribuciones o aportes al fondo de pensiones.
—— **COST**, costo de pensión o de jubilación.
—— **FUND**, fondo de pensiones, caja de jubilaciones o de previsión.
—— **FUND OBLIGATIONS**, obligaciones del fondo de pensiones.
—— **FUND RESERVE**, reserva para pensiones.
—— **LIABILITY**, responsabilidad derivada del plan de pensiones.
——, **LIFE**, pensión vitalicia.
—— **OBLIGATIONS**, obligaciones relativas a pensiones.
—— **PLAN**, sistema de jubilaciones o pensiones.
—— **PLAN OBLIGATION**, obligaciones del plan de pensiones.
—— **RECIPIENT**, beneficiario de pensión.
—— **RESERVE**, reserva para pensiones.
—— **RIGHTS**, derechos de jubilación o pensión.
——, **TO**, pensionar, jubilar.
—— **TRUST**, fideicomiso de pensiones.
PENSIONER, jubilado, pensionado.
PENSIONS FOR THE AGED, pensiones o jubilaciones a los ancianos.
PEOPLE, gente, pueblo, habitantes, población, público.

—— **ACTING**, actuación del individuo.
——, **COUNTRY**, campesinos, gente del campo.
—— **INTERACTING**, interacción del individuo.
—— **NEEDS**, necesidades o carencias de las personas.
—— **REACTING**, reacción del individuo.
——, **SALES**, personal de ventas, vendedores.
——, **TO**, poblar, habitar.
——, **YOUNG**, los jóvenes.
PEOPLE'S BANK, banco popular.
PER, por.
—— **ANNUM**, por año, anualmente.
—— **CAPITA**, per cápita, por persona.
—— **CAPITA INCOME**, ingreso por persona o per cápita.
—— **CENT**, por ciento.
—— **DIEM**, dieta, gastos diarios autorizados, por día.
—— **DIEM RATES**, tarifas regulares por día.
—— **HOUR**, por hora.
PER-HOUR PAY RATE, salario o jornal por hora.
PERCENT, porcentaje, tanto por ciento, por ciento.
—— **DEFECTIVE**, porcentaje defectuoso.
—— **EARNINGS**, tanto por ciento de utilidades.
—— **NET INTEREST MARGIN**, margen del porcentaje de interés neto.
PERCENTAGE, porcentaje, tanto por ciento.
—— **DEPLETION**, agotamiento basado en un porcentaje de ingresos brutos.
—— **RETURN ON INVESTMENT**, porcentaje de rendimiento de la inversión.
—— **SIGN**, signo de por ciento (%).
—— **STATEMENT**, balance general con porcentajes.
PERCENTILE, percentil.
PERCEPTION, percepción, conocimiento, idea.
PERCEPTUAL ABILITY, capacidad de percepción.
PERFECT, perfecto, acabado, completo.
—— **COMPETITION**, competencia perfecta.
——, **TO**, perfeccionar, acabar.
PERFORATE, TO, perforar, taladrar.
PERFORATED CHECK, cheque perforado.
PERFORATING MACHINE, máquina perforadora.
PERFORATOR, perforador, taladrador.
PERFORM, TO, ejecutar, cumplir, desempeñar, efectuar.
PERFORMANCE, realización, desempeño, cumplimiento, rendimiento (mecánico).
—— **APPRAISAL**, evaluación de actuación o ejecución.
—— **BOND**, fianza de cumplimiento.
—— **BUDGET**, presupuesto de trabajo.
—— **EFFICIENCY**, coeficiente de producción.
—— **RATING**, clasificación de operarios según rendimiento.
—— **REPORT**, informe de resultados o de ejecución.
—— **TEST**, prueba de rendimiento o de producción.
PERFORMER, ejecutante, actor, músico, acróbata.

PERFUMERY, perfumería.
—— SHOP, perfumería, tienda de perfumes.
PERHAPS, quizás, tal vez, acaso.
PERIL, peligro, riesgo, contingencia.
PERILS OF THE SEA, riesgos del mar.
PERILS OF TRANSPORTATION, riesgos o peligros del transporte.
PERIOD, período, plazo, punto (puntuación), época.
——, ACCOUNTING, ejercicio contable, período contable.
—— CHARGE, cargo del período.
—— COST, costo del período.
——, CURRENT, período actual o corriente.
—— EXPENSE, gasto del período.
—— OF GRACE, período de gracia.
——, PAYBACK, período de restitución o de reembolso.
——, PAYOFF, período de redención.
——, PAYOUT, período de amortización o liquidación.
PERIODIC, periódico.
—— AUDIT, auditoría periódica.
—— CHECKUP, comprobación periódica, verificación periódica.
—— CREDIT, crédito periódico.
—— INCOME, ingreso periódico.
—— INSTALLMENT, abono o pago periódico.
—— INVENTORY SYSTEMS, sistemas de inventario periódico.
—— INVESTOR INCOME, ingreso periódico del inversionista.
—— TRIAL BALANCE, balanza de comprobación periódica.
PERIODICAL, revista, publicación periódica, periódico.
—— COSTS, costos periódicos, costos en función del tiempo.
—— JOURNAL, publicación periódica, revista periódica.
PERIODICITY CONCEPT, concepto de periodicidad.
PERIPHERAL EQUIPMENT, equipo periférico de computación.
PERISH, TO, perecer, marchitarse, acabar.
PERISHABLE, perecedero, deteriorable.
—— FOOD, mercancía perecedera, alimentos deteriorables.
—— FOOD DEALER, comerciante de bienes de consumo.
—— GOODS, artículos deteriorables o perecederos, bienes de consumo.
PERMANENT, permanente, fijo, duradero, estable.
—— ASSETS, activo fijo, activo permanente.
—— AUDIT FILE, archivo permanente de auditoría.
—— COVER, póliza abierta.
—— DISABILITY, incapacidad permanente.
—— FILE, archivo permanente.
—— INVESTMENTS, inversiones permanentes.
—— PARTIAL DISABILITY, incapacidad parcial permanente.
—— REVOLVING FUND, fondo revolvente permanente, fondo rotativo permanente.
—— STORAGE, (computación) almacenamiento o memoria permanente.
—— STRUCTURE, estructura permanente.
—— TOTAL DISABILITY, incapacidad total permanente.
—— WAY, vía permanente.
PERMISSION, permiso, licencia.
PERMIT, licencia, permiso, pase.
—— BOND, fianza de tenedor de licencia.
—— CLERK, encargado de permisos de despacho.
——, IMPORT, licencia o permiso de importación.
——, TO, permitir, autorizar, consentir.
PERMITTEE, tenedor de licencia o de patente, permisionario.
PERMUTATION, permutación, permuta, trueque.
PERMUTE, TO, permutar, trocar.
PERPETUAL, perpetuo, vitalicio, continuo.
—— ANNUITY, anualidad perpetua, renta perpetua.
—— BOND, título de renta vitalicia, bono sin vencimiento.
—— BUDGET, presupuesto perpetuo o constante.
—— CARE SOCIETY, sociedad de cuidado perpetuo.
—— DEBENTURE, obligación perpetua.
—— HEDGE, cobertura permanente.
—— INVENTORY, inventario perpetuo, inventario permanente.
—— INVENTORY RECORDS, registros de inventario perpetuo.
—— LOAN, empréstitos de renta perpetua.
—— MOTION, movimiento continuo.
—— PREFERRED STOCK, acciones preferentes perpetuas, acciones preferenciales perpetuas.
—— PUBLIC DEBT, deuda pública perpetua.
—— TRIAL BALANCE, balance constante.
PERPETUATE, TO, perpetuar, eternizar.
PERPETUITY, perpetuidad, anualidad perpetua.
PERSECUTE, TO, perseguir, acosar, molestar.
PERSIST, TO, persistir, insistir, porfiar.
PERSON, persona, individuo, sujeto.
——, ARTIFICIAL, persona jurídica o legal.
——, IN, en persona, personalmente.
——, NATURAL, persona física.
PERSON-JOB MATCH, equiparar el trabajo con la persona.
PERSON-TO-PERSON CALL, llamada telefónica de persona a persona, conferencia con una persona en particular.
PERSONABLE INDIVIDUAL, individuo con personalidad.
PERSONAL, personal, privado, particular.
—— ACCOUNT, cuenta personal o individual.
—— ACHIEVEMENT, logro personal, ejecución personal.
—— APPEARANCE, porte o aspecto personal, apariencia personal.

—— ASSETS, bienes inmuebles.
—— ATTRIBUTE, atributo personal, cualidad personal.
—— BOND, fianza personal o particular.
—— BUSINESS, negocios o asuntos personales.
—— CHECK, cheque personal.
—— CHECKBOOK, talonario de cheques personal.
—— COACHING, instrucción individual, adiestramiento personal.
—— COMMITMENT, compromiso personal, encomienda personal.
—— COMPUTER, computadora o computador personal.
—— DATA, datos personales.
—— DISSAVING, ahorro negativo personal.
—— DISTRIBUTION OF INCOME, distribución personal del ingreso.
—— EFFECTS, artículos o prendas personales.
—— EQUITY SCALE, escala de equidad personal.
—— EXPENSES, gastos personales o particulares.
—— FINANCE COMPANY, compañía de financiamiento personal.
—— FINANCIAL STATEMENT, estado financiero personal, situación financiera individual.
—— GOALS, objetivos individuales, metas personales.
—— HABITS, hábitos o costumbres personales.
—— HOLDING COMPANY, compañía tenedora de acciones personales.
—— INCOME, renta o entradas personales.
—— INCOME TAX, impuesto sobre el ingreso personal.
—— INCOME TAX REGULATIONS, reglamentos aplicables al ingreso personal.
—— INJURY CLAIM, reclamación por daños corporales.
—— INSURANCE, seguro personal (vida, enfermedad, accidente).
—— INTERVIEW, entrevista personal.
—— INTERVIEW SURVEY, encuesta mediante entrevista personal.
—— INVOLVEMENT, implicación personal.
—— LETTER, carta particular o personal.
—— LIABILITY, pasivo, obligación o responsabilidad personal.
—— LIABILITY LAWSUIT, demanda por responsabilidad personal.
—— LOAN, préstamo personal o individual.
—— MICROCOMPUTER, microcomputadora personal.
—— PROBLEMS, problemas personales.
—— PROPERTY, propiedades o bienes muebles.
—— QUALIFICATIONS, capacidad personal, idoneidad individual.
—— RECORDS, antecedentes personales, historial de cada persona.
—— SAVING, ahorro personal o particular.
—— SAVINGS DEPOSIT, depósito de ahorros personales, depósito individual de ahorros.

—— SECURITY, seguridad o garantía personal
—— SELLING POLICIES, políticas de venta personal.
—— SHARE, acción nominativa.
—— STAFF, ejecutivos de personal, especialistas o asesores de personal.
—— STAKE, interés o participación personal en una empresa.
—— STRENGTH, energía personal, firmeza personal.
—— TAX LIABILITY, pasivo fiscal personal.
—— TRUST, crédito personal, garantía individual.
—— VIEW, opinión personal.
PERSONAL-INJURY LIABILITY, responsabilidad por daños corporales.
PERSONALITY, personalidad, individualidad.
—— CLASH, conflicto o choque de la personalidad.
—— TESTS, pruebas de personalidad.
—— TRAITS, rasgos de la personalidad.
PERSONNEL, personal, cuerpo o conjunto de empleados.
—— DEPARTMENT, departamento de personal.
—— FILE, archivo del personal.
—— HIRING, contratación de personal.
—— INTERVIEWER, entrevistador de personal, persona que entrevista a candidatos que solicitan trabajo.
—— MANAGER, director o jefe de personal.
—— POLICIES, políticas de personal.
—— PROMOTION, ascensos del personal.
—— RECORDS, registros de personal.
—— REQUIREMENTS ESTIMATE, estimado del personal necesario.
—— SELECTION, selección de personal.
—— SUPERVISOR, supervisor de personal.
—— SUPPLY, oferta de personal.
—— SURPLUS, excedente de personal, sobrante de personal.
—— TRAINING, capacitación de personal.
PERSUADE, TO, persuadir, inducir, influir.
PERSUASIVENESS, persuasión, poder de convencimiento.
PERT, atrevido, petulante, descarado.
PERT, (PROGRAM EVALUATION REVIEW TECHNIQUE), técnica de examen de evaluación de programa.
PERTAIN, TO, concernir, atañer, pertenecer.
PERTURB, TO, perturbar, inquietar, agitar.
PERUSAL, lectura cuidadosa.
PERVERSE, perverso, depravado, malo.
PERVERT, TO, pervertir, corromper, falsear.
PEST, peste, plaga, insecto, persona o cosa molesta.
PET, animal domesticado mimado, niño mimado, favorito, cariño.
——, TO, mimar, acariciar.
PETITION, instancia, súplica, solicitud, petición.
——, FILING A, presentar una solicitud.
——, IN BANKRUPTCY, petición de quiebra.
——, TO, suplicar, rogar, solicitar.

PETROCHEMICAL, producto petroquímico.
PETROLEUM, petróleo.
—— ENGINEER, ingeniero petrolero.
—— ENGINEERING STAFF, ejecutivos o funcionarios de ingeniería petrolera.
—— GEOLOGIST, geólogo petrolero.
—— INDUSTRY, industria petrolera.
—— PIPE LINE, oleoducto.
—— RESOURCES, recursos o riqueza petrolera.
PETTY, pequeño, insignificante, inferior, chico.
—— AVERAGE, avería menor.
—— CASH, caja chica, caja pequeña.
—— CASH BOOK, libro de caja chica.
—— CASH DISBURSEMENTS, desembolsos por caja chica.
—— CASH EXPENDITURES, gastos de caja chica.
—— CASH FUND, fondo de caja chica.
—— CASH VOUCHER, comprobante de caja chica.
—— CLAIMS, reclamaciones menores.
—— LARCENY, ratería, hurto.
—— OFFICER, suboficial de marina.
PHARMACEUTICAL, farmacéutico.
—— FIRM, empresa farmacéutica.
—— PREPARATION, preparación farmacéutica, producto farmacéutico.
PHARMACIST, boticario, farmacéutico.
PHARMACY, farmacia, botica.
PHASE, fase, aspecto.
—— DIAGRAM, diagrama de fases.
PHENOMENON, fenómeno.
PHILANTHROPIC CONTRIBUTION, aportación filantrópica, donación filantrópica.
PHILANTHROPIST, filántropo.
PHILANTHROPY, filantropía.
PHILATELIST, filatelista.
PHILATELY, filatelia.
PHILOSOPHER, filósofo.
PHILOSOPHY, filosofía.
—— OF ORGANIZATION, filosofía de la organización.
PHONE, teléfono, telefonear.
—— CALL, llamada telefónica.
——, TO, telefonear.
PHONY, falso, imitado, farsante.
PHOTO, foto, fotografía, retrato.
PHOTOCOPY, fotocopia.
PHOTOGRAPH, TO, fotografiar, tomar fotografía.
PHOTOGRAPHER, fotógrafo.
PHOTOGRAPHIC CAMERA, cámara fotográfica.
PHOTOGRAPHY, fotografía.
—— SHOP, fotografía, tienda o taller de fotografía.
PHRASE, frase, expresión, locución.
PHYSICAL, físico, material, corporal.
—— ASSETS, valores materiales o físicos.
—— BUDGET, presupuesto físico.
—— CONDITION, estado físico, salud, estado de salud.
—— DAMAGE, daño físico.
—— DEPRECIATION, depreciación material o física.
—— DETERIORATION, deterioro físico.
—— DISABILITY, incapacidad física.
—— DISTRIBUTION, distribución física.
—— EFFORT, esfuerzo físico.
—— ENVIRONMENT, medio ambiente físico.
—— EXAMINATION, examen físico.
—— HAZARD, riesgo material.
—— HEALTH, salud física, salud corporal.
—— INVENTORY, inventario físico o real.
—— INVENTORY COUNTS, verificación física del inventario.
—— LIFE, vida física, máximo período de uso.
—— PROPERTY, bienes materiales, propiedades.
—— QUANTITY, cantidad física.
—— RESOURCES, recursos físicos.
—— TEST, examen físico o médico.
—— VALUE, valor físico o tangible.
—— VARIANCE, variación física.
PHYSICIAN, médico, doctor, facultativo.
PHYSICIST, físico.
PHYSICS, física.
PHYSIOLOGICAL, fisiológico.
—— NEEDS, necesidades fisiológicas.
PHYSIOLOGIST, fisiólogo.
PHYSIOLOGY, fisiología.
PICK, escoger, recoger, coger, picar.
—— OFF, arrancar, quitar.
—— ON, criticar, molestar.
—— OUT, escoger, elegir.
—— POCKETS, ratear, carterear, robar la cartera.
—— UP, recoger, coger, alzar.
—— UP THE PREVIOUS BALANCE, tomar el saldo anterior.
—— UP THE RECEIVER, descolgar el teléfono para hablar.
PICK-UP PROOF, prueba por traspaso.
PICK-UP SHIP, barco para transporte de camión remolque.
PICK-UPS AND DELIVERIES, recogidas y entregas.
PICKET, piquete, centinela avanzada, estaca puntiaguda.
PICKLES, encurtidos, pepinillos.
PICKUP, recogida.
—— AND DELIVERY SERVICE, servicio de recogida y entrega de mercancías.
—— SERVICE, servicio de reparto y recogida de carga.
—— TRUCK, camión de reparto, camioneta de expreso.
PICNIC, jira, romería, merienda campestre.
PICTURE, cuadro, ilustración, pintura, retrato.
—— GALLERY, galería de pinturas, museo.
——, TO, pintar, dibujar, describir.
PIECE, pieza, trozo, pedazo, sección, parte.
—— ON ADVICE, consejo.
—— OF FURNITURE, mueble.
—— OF GROUND, solar, parcela.
—— OF NEWS, noticia, informe.
—— PRICE, precio a destajo, precio por pieza.
—— RATE, salario por tarea, trabajo a destajo.

——, TO, pegar, remendar, unir.
—— WAGES, jornal a destajo o por unidad de obra.
PIECEWORK, trabajo a destajo, tarea por pieza o por medida.
—— CONTRACTOR, contratista a destajo.
PIER, muelle, espigón, atracadero, embarcadero.
—— DUES, derechos de muelle.
—— SUPERINTENDENT, superintendente de muelle.
PIERAGE, derechos de muelle, muellaje.
PIG, cerdo, lechón, puerco.
—— FARM, granja porcina.
—— HEADED, terco, obstinado.
—— IRON, hierro cochino, arrabio, lingote de hierro.
PIGEONHOLE, casilla, cajoncillo.
PIGGYBACK SERVICE, servicio de remolque para camión.
PIGGY BANK, alcancía.
PIGNORATE, TO, pignorar.
PIGNORATION, pignoración.
PILE, montón, pila, pilote.
PILE, TO, amontonar, apilar.
PILFER, TO, hurtar, ratear.
PILFERAGE, hurto, ratería.
PILLAGE, saqueo, pillaje.
PILOT, piloto, práctico, guía.
—— BOAT, barco del práctico de puerto.
—— FARM, granja experimental o piloto.
—— FEES, honorarios o derechos del práctico de puerto.
——, HARBOR, práctico de puerto.
—— PLANT, planta piloto o de pruebas.
—— PLANT TESTS, pruebas de planta piloto.
—— PRODUCTION, producción piloto.
—— PROJECT, proyecto piloto.
—— SAMPLE, muestra piloto.
—— STUDY, estudio o encuesta preliminar.
—— SURVEY, encuesta piloto o de prueba.
——, TO, guiar, dirigir, gobernar, pilotear.
PILOTAGE, cabotaje, pilotaje.
PIN, alfiler, broche, prendedor, clavo.
PINCH, TO, pellizcar, apretar, escatimar.
PINPOINT, TO, señalar con precisión, resaltar.
PIONEER, pionero, descubridor, iniciador.
PIONEERING, promoción, introducción.
—— STAGE, etapa de introducción.
—— VALUE, valor de promoción o de desarrollo.
PIPE, tubo, tubería, pipa de fumar, flauta.
—— FITTER, plomero, tubero, instalador de tuberías.
—— FITTING, trabajo de plomería o de cañería.
—— LINE, tubería de presión, gasoducto.
——, TO, entubar, conducir por tubería.
PIPELINING, oleoducto, instalación de oleoductos y gasoductos.
PIPEWORK, tubería, cañería.
PIPING, tubería, cañería, fontanería.
PIRACY, piratería, plagio de libros.

PIRATE, pirata, piratear, plagiar propiedad literaria.
PIT, foso, abismo.
—— HEAD, boca de pozo.
PITFALLS, errores, fallas.
PITY, piedad, compasión, lástima.
—— SAKE, FOR, por piedad.
——, WHAT A, qué lástima.
PIVOT, pivote, eje, espiga.
PIVOTAL STATE, estado pivote con gran electorado que puede cambiar el resultado de la elección de un partido a otro.
PLACE, lugar, sitio, empleo.
—— A LOAN, gestionar o negociar un empréstito.
—— AN ORDER, formular o hacer un pedido.
——, IN, a propósito, en su sitio.
——, IN THE FIRST, en primer lugar.
—— INSURANCE, asegurarse.
—— OF BUSINESS, local, domicilio.
——, OUT OF, fuera de lugar, impropio, indebido.
—— RESPONSIBILITY, TO, exigir responsabilidad.
——, TO, poner, colocar, situar, instalar, fijar.
——, TO TAKE, suceder, ocurrir, verificarse.
PLACEMENT, empleo, colocación.
—— AGENCY, agencia de colocaciones.
—— DIRECTOR, director de colocaciones.
—— FEES, honorarios de colocación.
—— OFFICE, agencia de colocaciones, oficina de empleos.
PLAIN, simple, sencillo, común, llano, natural.
—— FOOD, alimento simple o sencillo.
—— MAN, hombre sincero o franco.
—— PEOPLE, gente sencilla, gente humilde.
—— TRUTH, la pura verdad.
PLAINT, querella, queja, lamento.
PLAINTIFF, demandante.
PLAN, proyecto, plan, programa, plano, dibujo.
—— A JOB, TO, planear un trabajo o una tarea.
——, BONUS, plan de bonificaciones.
—— FOR RETIREMENT, plan para retirarse, plan de jubilación.
——, MARKETING, plan de mercadotecnia, programa de comercialización.
—— OF ORGANIZATION, plan de la organización.
—— OF ROUTING, plan de operaciones.
PLANE, plano, superficie plana, llano, aeroplano.
—— TRIGONOMETRY, trigonometría plana.
PLANNED, planeado, programado.
—— AUDIT, auditoría planificada o planeada.
—— ECONOMY, economía planificada o programada.
—— PRODUCTION, producción planificada o planeada.
—— SHUTDOWN, paro planeado o programado.
PLANNER, planificador, proyectista.
PLANNER-MANAGER, planificador administrador.
PLANNING, planificación, planeación, proyección.
—— AND DECISION MAKING, planeación y toma de decisiones.

—— BOARD, comité, junta o consejo de planificación.
—— CONTROL CYCLE, ciclo de planeación y control.
—— DEPARTMENT, departamento de planificación.
—— FUNCTION, función de planeación.
—— HORIZON, horizonte de planeación.
—— MANAGER, gerente o director de planificación.
——, PRODUCT, planificación del producto
—— RESOURCES, planeación de recursos, programación de recursos.
——, SALES, planificación de ventas.
PLANNING-PROGRAMMING BUDGETING, planeación y programación presupuestal.
PLANNING-STAFF SPECIALIST, especialista de personal de planeación.
PLANT, planta, fábrica, unidad industrial, central de energía.
—— ASSETS, activo de la planta.
—— CAPACITY, capacidad de producción de la planta.
—— COMMITTEE, comisión de operarios.
—— EFFICIENCY, eficiencia de la fábrica.
—— ENGINEER, ingeniero de planta o fábrica.
—— EXPANSION, ampliación de planta.
—— EXPANSION FUND, fondo para ampliación de planta.
—— FUND, fondo de planta.
—— LAYOUT, disposición o distribución del equipo, distribución de la planta.
—— LEDGER, mayor del activo fijo, mayor de bienes de capital.
—— MAINTENANCE, mantenimiento de la planta.
—— MANAGER, gerente o jefe de planta.
——, PROCESSING, planta de procesamiento o de elaboración.
—— PROPERTY AND EQUIPMENT, planta, inmuebles y equipo.
—— SHUT DOWN, cierre de planta, cese de operaciones.
—— SITE, ubicación o localización de la planta.
—— SUPERINTENDENT, superintendente de planta.
—— SYSTEM, red de energía.
——, TO, plantar, sembrar, implantar, establecer, equipar.
—— UNIT, unidad del activo fijo.
PLANTATION, hacienda, plantío.
——, COFFEE, cafetal.
——, SUGAR, cañaveral, plantación de caña de azúcar.
——, TOBACCO, vega de tabaco.
PLANTER, hacendado, colono, cosechero.
PLASTER, yeso, argamasa, estuco.
PLASTIC, plástico, material plástico.
—— FABRICS, telas plásticas.
—— MATERIAL, material plástico.
—— PRODUCTS, productos plásticos.
PLASTICS INDUSTRY, industria de plásticos.
PLAT, mapa o plano de terreno acotado, solar, parcela.

PLATE, plancha, placa, lámina de metal, plato.
—— GLASS INSURANCE, seguro de cristales, seguro contra rotura de vidrios.
——, SILVER, vajilla de plata.
——, TO, platear, dorar, (galvanoplastia) niquelar.
PLATFORM, plataforma, andén, muelle, tribuna, programa de un partido político.
—— SCALE, báscula, balanza de plataforma.
PLAY, juego, jugar, tocar un instrumento, representar un papel, obra teatral.
—— A GAME, jugar un partido o una partida.
—— A JOKE, dar o hacer una broma.
—— AN INSTRUMENT, tocar un instrumento.
—— BACK, repetir, reproducir.
—— CARDS, jugar a las cartas o a los naipes.
——, FAIR, juego limpio.
——, FOUL, trampa, engaño, mala jugada.
—— THE MARKET, jugar a la bolsa de valores.
PLAY-OFF, juego de desempate.
PLAYBOY, tarambana, joven rico que se dedica a divertirse.
PLAYER, jugador, actor, comediante, músico.
PLAYGROUND, patio o campo de recreo.
PLAYHOUSE, teatro, coliseo.
PLAYMATE, compañero de juego.
PLAYWRIGHT, dramaturgo.
PLEA, ruego, súplica, alegato, argumento.
PLEAD, TO, alegar, disculpar, defender una causa, suplicar, interceder.
PLEADINGS, alegatos.
PLEASANT, grato, agradable, ameno.
PLEASE, gustar, complacer, agradar, satisfacer.
—— ADVISE, sírvase avisar, favor de avisar.
—— AS YOU, como usted guste.
——, IF YOU, si usted me hace el favor, con su permiso.
—— REMIT, favor de mandar cheque.
PLEASURE, gusto, placer, agrado, satisfacción.
——, AT, a voluntad, como guste.
—— TRIP, viaje de placer o de recreo.
——, WITH GREAT, con mucho gusto.
PLEBISCITE, plebiscito.
PLEDGE, pignorar, dar en prenda, promesa, fianza.
—— AGREEMENT, contrato prendario, convenio pignorado.
—— LOAN, préstamo prendario o pignorado.
—— OF SECURITIES, pignoración de valores.
—— RECEIVABLES, gravámenes de cuentas por cobrar.
PLEDGED, pignorado, gravado.
—— ACCOUNTS, cuentas a cobrar pignoradas.
——, AMOUNT, importe pignorado.
—— ASSETS, activo pignorado, activo gravado.
—— COLLATERAL, colateral gravado o pignorado.
—— INVESTMENT SECURITIES, documentos de inversión pignorados, valores de inversión prendarios.

—— SECURITIES, valores pignorados, títulos prendarios.
PLEDGEE, tenedor de prenda, depositario.
PLENARY POWERS, plenos poderes.
PLIGHT, apuro, aprieto, promesa, empeño.
PLOT, terreno, solar, parcela, trama, conspiración, gráfica, argumento teatral.
——, TO, tramar, conspirar, diagramar.
PLOW, arado, arar, surcar.
PLOWBACK, reinversión.
PLUG, tapón, clavija, enchufe.
——, FIRE, toma de agua para incendios.
—— IN, enchufar, conectar un aparato eléctrico.
——, SPARK, bujía de motor.
——, TO, enchufar, conectar un aparato, tapar, atarugar.
—— UP, tapar, obstruir.
PLUMB, plomada, vertical, recto.
——, TO, sondear, aplomar una pared.
PLUMBER, plomero, instalador de cañerías, fontanero.
PLUMBING, plomería, instalación sanitaria.
—— CONTRACTOR, contratista de plomería o de instalaciones sanitarias.
PLUMBING FIXTURES, muebles de baño.
PLUNGE, TO, zambullir, sumergir, precipitarse, jugar temerariamente en la bolsa.
PLUNGER, especulador temerario, tecla.
PLURAL, plural.
—— VOTE, voto plural.
PLURALITY, pluralidad, mayor número de votos, mayoría, multitud.
PLUS, más, positivo, (matemáticas) signo.
—— OR MINUS, más o menos.
—— SIGN, signo más, signo positivo.
PLYWOOD, madera laminada o contrachapada.
POCKET, bolsillo, bolsa, cavidad, carpeta.
——, OUT OF, con pérdida.
—— RADIO, radio de bolsillo.
——, TO, apropiarse, embolsarse, embolsillarse.
POCKETBOOK, cartera, portamonedas, libro de bolsillo.
POCKETKNIFE, cuchilla, cortaplumas.
POINT, punto, punta.
——, BESIDE THE, fuera de propósito.
——, BREAK-EVEN, punto de equilibrio.
——, IN, a propósito, al caso.
—— OF DESTINATION, punto de destino.
—— OF ORDER, punto o lugar de orden, lugar donde se hace un pedido.
—— OF ORIGIN, punto de origen.
—— OF SHIPMENT, punto de salida.
—— OF VIEW, punto de vista.
—— OUT, señalar.
——, SALES, punto de ventas.
——, STARTING, punto de partida.
——, TO, apuntar, señalar, indicar, afilar.
——, TURNING, punto crítico o decisivo.
POINTER, aguja, manecilla, índice.

POLE, poste, pértiga, asta, palo largo, polo.
——, NORTH, polo norte.
——, SOUTH, polo sur.
POLICE, policía, policiaco.
—— DEPARTMENT, departamento de policía.
—— FORCE, cuerpo policiaco.
—— HEADQUARTERS, jefatura de policía.
—— POWER, fuerza pública.
—— STATION, estación o cuartel de policía.
POLICEMAN, policía, agente de policía, polizonte, guardia municipal.
POLICIES, normas, políticas, pólizas.
——, BASIC, normas fundamentales.
—— OF ORGANIZATION, políticas de la organización.
POLICY, política, póliza, regla, norma, estrategia, sistema.
——, ACCOUNTING, normas de contabilidad.
——, ADVERTISING, política publicitaria.
—— BRAND, políticas usadas en marcas.
—— CANCELLATION, cancelación de póliza.
—— CASH OPTION, póliza con opción de cobro de efectivo al vencimiento.
—— CONDITIONS, condiciones o términos de la póliza.
—— COVERAGE ENDORSEMENT, endoso o modificación de cobertura de la póliza.
—— COVERAGE EXCLUSIONS, exclusiones de cobertura de una póliza.
—— DEPRECIATION, política de depreciación.
——, ECONOMIC, política económica.
——, ENDOWMENT, póliza dotal.
—— EQUITY, valor liquidable de una póliza.
—— EXHIBIT, estado de pólizas.
—— EXPIRATION DATE, fecha de vencimiento de una póliza.
—— EXTENDED COVERAGE, ampliación de cobertura de póliza.
——, FINANCIAL, política financiera.
——, FISCAL, política fiscal.
—— FORM, modelo de póliza.
—— GRACE PERIOD, período de gracia de una póliza.
—— IMPLICATIONS, consecuencias de la política.
—— LOAN, préstamo del asegurador al asegurado sobre el valor de la póliza.
—— LOAN INDEBTEDNESS, adeudos para préstamos sobre pólizas.
—— MAKING, formulación de planes.
—— MATURITY DATE, fecha de vencimiento de una póliza.
——, MONETARY, política monetaria.
—— NUMBERS, números de póliza.
—— PERIOD, término o plazo de la póliza.
—— VALUE, valor liquidable o de rescate de la póliza.
—— YEAR, año-póliza.
POLICYHOLDER, tenedor de póliza, asegurado.
POLISH, TO, pulir, pulimentar, lustrar.

POLITE, cortés, atento, bien educado.
POLITICAL, político.
—— BEHAVIOR, comportamiento o conducta política.
—— CAMPAIGN FINANCES, finanzas de campaña política.
—— CANDIDATE, candidato a cargo político.
—— CLIMATE, ambiente político, medio político.
—— CONTRIBUTIONS, contribuciones o aportes de carácter político.
—— CORPORATION, corporación pública o municipal.
—— CORRUPTION, corrupción política, inmoralidad política.
—— ECONOMY, economía política.
—— ENVIRONMENT, medio político, condición política.
—— INSTABILITY, inestabilidad política, política inestable.
—— MANEUVERING, maniobra o juego político.
—— PARTY, partido político.
—— POLL, encuesta política.
—— POWER, poder político, fuerza o influencia política.
—— PRESSURE, presión política, tensión política.
—— RISK ASSESSMENT, avalúo de riesgo político.
—— RISK INSURANCE, seguro contra riesgo político.
—— SCIENCE, ciencias políticas.
—— STRATEGY, estrategia política.
—— SYSTEM, sistema político.
—— TACTICS, táctica política.
—— TREND, tendencia o movimiento político.
—— TURMOIL, disturbio político, agitación política.
—— UPHEAVAL, levantamiento o alzamiento político.
POLITICALLY UNESTABLE COUNTRY, país políticamente inestable.
POLITICIAN, político, estadista.
POLITICS, política, politiquería.
POLL, encuesta, votación, escrutinio.
—— TAX, impuesto para votar.
—— , TO, votar, escrutar, empadronar, matricular.
POLLING, votación, escrutinio.
—— BOOTH, caseta de votación.
—— VOTERS, agrupamiento de votantes.
POLLUTE, TO, contaminar, corromper, ensuciar.
POLLUTION, contaminación, corrupción.
—— CONTROL LEGISLATION, legislación sobre control de contaminación.
—— CONTROL SYSTEM, sistema de control de contaminación.
—— EQUIPMENT, equipo contra la contaminación.
—— TAX, impuesto por contaminación.
POLLUTION-CONTROL EQUIPMENT, equipo para control de la contaminación.
POLYGRAPH, polígrafo, detector de mentiras.

POND, laguna, charca, estanque.
POOL, combinación, fusión de intereses o empresas, sindicato, consorcio piscina, alberca.
—— CAR, carro de servicio combinado para varios compradores.
—— , STOCK, unión de acciones.
—— , TO, combinar, agrupar, fusionar.
POOLED DECISION MAKING, toma de decisiones combinadas.
POOLED, SHARES, acciones mancomunadas.
POOLING, combinación, fusión.
—— OF CLASSES, agrupamiento de clases.
—— OF ERRORS, agrupamiento de errores.
—— OF INTERESTS, combinación de intereses.
POOR, pobre, humilde, malo, infeliz.
—— HEALTH, mala salud, persona enfermiza.
—— THING, pobrecito.
POOR-SPIRITED, abatido, cobarde.
POP, ruido seco, chasquido, detonación, papá.
—— A QUESTION, espetar una pregunta.
—— , TO, estallar, reventar, detonar.
POPE, papa, pontífice.
POPULAR, popular, de moda, preferido.
POPULATION, población.
—— AGING, envejecimiento de la población.
—— ANALYSIS, análisis demográfico.
—— CLOCK, reloj de población, reloj que cuenta la población.
—— CLUSTER, aglomeración de la población.
—— DECLINE, disminución de población.
—— DENSITY, densidad demográfica.
—— DEVELOPMENT, desarrollo demográfico.
—— DISTRIBUTION, distribución de la población.
—— DYNAMICS, dinámica demográfica.
—— ESTIMATE, estimación de la población.
—— EXPLOSION, explosión demográfica.
—— FIGURE, cifra de población.
—— FORECAST, pronóstico demográfico.
—— GROUPS, grupos de población.
—— GROWTH, crecimiento demográfico.
—— INCREASE, crecimiento de población.
—— MEAN, media de población.
—— MODELS, modelos de población.
—— POLICY, política demográfica.
—— SIZE, tamaño de la población.
—— STANDARD DEVIATION, desviación estándar de la población.
—— STATISTICS, estadística de la población.
—— TOTAL, total de la población.
—— , WORLD, población mundial.
POPULISM, populismo.
PORCH, vestíbulo, pórtico, atrio.
PORT, puerto, portuario, babor.
—— AUTHORITIES, autoridades o funcionarios portuarios.
—— BILL OF LADING, conocimiento de custodia para barco en puerto.
—— CAPTAIN, capitán del puerto.
—— DISTRICT, distrito portuario.

—— DUES, derechos de puerto, derechos portuarios.
—— DUTIES, derechos portuarios.
—— FACILITIES, instalaciones portuarias.
——, FREE, puerto franco o libre.
—— OF CALL, puerto de escala o de transbordo.
—— OF DELIVERY, puerto final o terminal.
—— OF DEPARTURE, puerto de salida o partida.
—— OF DESTINATION, puerto de destino o de descarga.
—— OF ENTRY, puerto aduanero o de entrada.
—— OF LOADING, puerto de embarque.
—— OF ORIGIN, puerto de procedencia.
—— OF REGISTRY, puerto de matrícula.
—— OF SHIPMENT, puerto de embarque o de procedencia.
—— OPERATIONS, operaciones portuarias.
—— TARIFF, tarifa de derechos portuarios.
—— WARDEN, capitán del puerto.
—— WORKER, trabajador portuario.
—— WORKS, obras portuarias.
PORTABLE, portátil, movible, manual.
—— BUILDING, casita o barraca desmontable.
—— STAND, estante portátil o movible.
—— TYPEWRITER, máquina de escribir portátil.
PORTAGE, acarreo, transporte.
PORTER, portero, mozo, acarreador.
PORTFOLIO, cartera, portafolio, carpeta.
—— ANALYSIS, análisis de cartera.
—— HOLDINGS, valores en cartera, tenencias en mano.
——, IN, en cartera.
—— INVESTMENT, valores en cartera.
—— LOANS, préstamos en cartera, préstamos pignorados.
—— MANAGEMENT, administración de cartera o portafolio.
—— MANAGER, administrador o gerente de cartera.
—— OF SECURITES, cartera de valores o títulos.
——, REINSURANCE, reaseguro de cartera.
PORTFOLIO'S DURATION, duración o vigencia de la cartera.
PORTFOLIO'S MATURITY, vencimiento de la cartera o del portafolio.
PORTRAIT, retrato.
—— PAINTER, retratista.
POSITION, posición, empleo, cargo, situación, ubicación.
—— BOOKKEEPING, contabilidad de posición.
——, FINANCIAL, posición o situación financiera.
—— OF TRUST, puesto de confianza.
—— OFFERED, oferta de empleo o de colocación.
—— TITLE, denominación del puesto.
—— VACANT, puesto vacante, plaza o empleo vacante.
—— WANTED, solicitud de empleo, se busca colocación.
POSITIVE, positivo, cierto, real, verdadero.

—— CONFIRMATION, confirmación positiva.
—— FEEDBACK, realimentación positiva.
—— FINANCIAL LEVERAGE, apalancamiento financiero positivo.
—— NUMBER, número positivo.
POSSESS, TO, poseer, tener, atesorar, apoderarse.
POSSESSION, posesión, dominio, patrimonio.
POSSESSOR, poseedor, posesor.
POSSESSORY TITLE, título de propiedad.
POSSIBILITY, posibilidad, contingencia.
POSSIBLE, posible, factible.
——, AS FAR AS, en lo posible.
—— OUTCOMES, resultados posibles.
POST, poste, empleo, puesto, correo.
—— A TARIFF, sacar una tarifa nueva.
—— BILLS, fijar carteles.
—— BINDER, carpeta de espiga.
——, BY RETURN, a vuelta de correo.
—— DATED CHECK, cheque posfechado.
—— NO BILLS, prohibido fijar carteles.
—— OFFICE, oficina de correos, correo.
—— THE LEDGER, pasar las partidas al libro mayor.
——, TO, asentar, registrar un asiento, enviar por correo, foliar.
POST-AUDIT WORK, trabajo posterior a la auditoría.
POST-FREE, franco de porte, exento de franqueo postal.
POST-OFFICE ADDRESS, dirección postal.
POST-OFFICE BOX, apartado de correos, buzón, casilla, apartado postal.
POST-OFFICE ORDER, giro postal.
POST-PAID, porte pagado, franco de porte.
POSTAGE, franqueo, porte de correos.
—— EXPENSE, gastos de correo o franqueo.
—— FREE, franco o libre de porte.
—— METER, franqueadora.
—— RATES, tarifa postal o de correos.
—— STAMP, sello de correo, estampilla.
POSTAL, postal.
—— CAR, vagón postal, carro correo.
—— CONVENTION, convenio postal.
—— CUSTOMHOUSE, aduana de correos.
—— INQUIRY, encuesta por correo.
—— MONEY ORDER, giro postal.
—— NOTE, vale postal.
—— ORDER, giro postal.
—— PERMIT, franquicia postal.
—— RATE, tasa postal, cuota de franqueo.
—— RECEIPT, talón o guía postal.
—— REGULATIONS, reglamento postal.
—— SAVINGS, ahorro postal.
—— SAVINGS BANK, caja postal de ahorros.
—— SCALE, balanza para cartas.
—— SURVEY, encuesta o estudio por correo.
—— ZONE, zona postal.
POSTAUDIT, auditoría posterior.
POSTCARD, tarjeta postal.
POSTCLOSING BALANCE SHEET, balance general posterior al cierre.

POSTCLOSING ENTRIES, asientos posteriores al cierre.
POSTCLOSING TRIAL BALANCE, balance después del cierre, balanza final de comprobación.
POSTDATED, posfechado, fechado después.
—— **CHECK**, cheque con fecha posterior.
POSTER, cartel, letrero, cartelón, pancarta.
—— **ADVERTISING**, publicidad con carteles, anuncios murales.
—— **BOARD**, cartelera.
POSTING, pase al mayor, asiento, posteo.
—— **MACHINE**, máquina de contabilidad.
—— **MEDIUM**, libro de entrada original.
—— **RUN**, operación de los pases.
—— **SHEET**, hoja de pases o asientos.
—— **SUMMARY**, concentración de pases.
POSTINGS, FOOTINGS AND, sumas y asientos.
POSTMAN, cartero.
POSTMASTER, administrador de correos.
POSTPAID, porte pagado.
POSTPONE, TO, prorrogar, posponer, diferir.
POSTPONEMENT, prórroga, aplazamiento.
POSTPURCHASE EVALUATION, evaluación después de la compra.
POSTULATE, postulado, postular, presuponer.
POSTURAL LANGUAGE, lenguaje mediante posturas.
POSTWAR, postguerra, posbélico.
—— **HOUSING BOOM**, auge o prosperidad de fabricación de viviendas en la postguerra.
—— **RESERVE**, reserva de postguerra.
POT, olla, marmita, cacharro, pote.
POTENTIAL, capacidad, potencial.
—— **COMPETITOR**, competidor potencial.
—— **DEMAND**, demanda potencial.
—— **INVESTOR**, inversionista potencial.
—— **MARKET**, mercado potencial.
—— **PROFITABILITY**, rentabilidad potencial.
—— **SALE**, venta potencial.
POTTERY, alfarería, cerámica.
POUCH, bolsa, saco.
POULTRY, aves, aves de corral, gallinas.
—— **FARMER**, avicultor, criador de aves.
—— **FOODS**, alimentos avícolas.
—— **MARKET**, pollería.
POULTRY-DRESSING PLANT, planta de aderezo de aves de corral.
POUND, libra (peso de 16 onzas), libra esterlina (Inglaterra).
—— **PRICE**, precio por libra.
—— **STERLING**, libra esterlina.
——, **TO**, golpear, machacar, martillar.
POUR DOWN, llover a cántaros, diluviar.
POUR, TO, vaciar, derramar, verter.
POVERTY, pobreza, miseria, indigencia.
POWDER, polvo, polvos de tocador, pólvora.
—— **ROOM**, tocador.
POWER, autoridad, poder, facultad, energía eléctrica.
—— **CONSUMPTION**, consumo de energía.
——, **COST OF**, costo de la energía.
—— **DEVELOPMENT PROJECTS**, proyectos de desarrollo de energía.
—— **FACTOR**, factor de potencia.
—— **LINE**, cable de alto voltaje.
—— **OF ATTORNEY**, poder general, carta poder, poder notarial.
—— **OF ATTORNEY, BY**, por poder.
—— **OF PROXY**, facultad del apoderado.
—— **PLANT**, central eléctrica, planta de energía, planta motriz.
—— **RATED**, potencia nominal.
—— **TEST**, prueba de habilidad sin limitación de tiempo.
—— **TOOLS**, herramientas mecánicas.
—— **TRANSMISSION**, transmisión de fuerza o de energía.
POWERFUL, potente, poderoso, influyente, fuerte.
POWERHOUSE, central eléctrica o generadora, planta eléctrica.
PRACTICAL, práctico, real, de hecho.
—— **CAPACITY**, capacidad práctica.
PRACTICE, práctica, uso, experiencia, ejercer una profesión.
—— **A PROFESSION**, ejercer una profesión.
——, **BUSINESS**, práctica comercial.
—— **OF LAW**, ejercer la abogacía o la profesión de abogado.
—— **SET**, serie de práctica.
——, **TO**, practicar, ejercitar, ejercer una profesión, hacer ejercicios, practicar un deporte.
——, **TO BE OUT OF**, estar fuera de práctica, no estar en forma.
PRACTICING AUDITOR, auditor en ejercicio profesional.
PRACTICING MANAGER, gerente en funciones, director que ejerce su profesión.
PRAISE, alabanza, elogio, reputación.
PRAISE, TO, celebrar, elogiar, alabar.
PRAY, TO, rogar, suplicar, rezar.
PREACH, TO, predicar, exhortar.
PREACHER, predicador.
PREACQUISITION PROFITS, utilidad anterior a la adquisición.
PREAUDIT, preauditoría, auditoría previa.
PREAUTHORIZED PREMIUM PAYMENT PLAN, plan del asegurado del pago automático de su prima.
PRECAUTION, precaución, cautela.
PRECAUTIONARY, preventivo, precaución.
—— **CASH BALANCES**, saldos precautorios.
PRECEDE, TO, preceder, antecedter, anteponer.
PRECEDING COMPANY, compañía antecesora.
PRECINCT, recinto, distrito electoral.
PRECISE, preciso, puntual, exacto.
PRECISION, precisión, exactitud.
—— **INTERVALS**, intervalos de precisión.
—— **RANGE**, límite de precisión.
—— **SCALE**, balanza de precisión.

PRECLOSING TRIAL BALANCE, balance de comprobación antes del cierre
PREDATE, TO, predatar, prefechar.
PREDECESSOR, predecesor, antecesor.
—— AUDITOR, auditor antecesor.
—— COMPANY, compañía predecesora o antecesora.
PREDETERMINED COSTS, costos predeterminados.
PREDICATE, TO, afirmar o negar mediante lógica matemática.
PREDICT, TO, predecir, pronosticar.
PREDICTED COST, costo pronosticado o previsto.
PREDICTION, predicción, pronóstico, vaticinio.
PREDICTIONS, MARKETING, pronósticos, predicciones comerciales.
PREDICTIVE AUDITING, auditoría pronosticada.
PRE-EMPTIVE RIGHT, derecho de prioridad.
PREFACE, prefacio, prólogo, preámbulo.
PREFER, TO, preferir, anteponer, dar prioridad.
PREFERENCE, preferencia, prioridad.
—— BOND, bono sobre ganancias.
—— STOCK, acciones preferentes o privilegiadas.
—— STOCK DIVIDENDS, dividendos en acciones preferenciales.
——, ZONE OF, zona de preferencia.
PREFERENCIAL, preferente, privilegiado, preferencial.
—— RATES, tarifa preferencial o preferente.
—— TARIFF, tarifa preferente, aranceles preferentes.
PREFERRED, preferente, privilegiado, preferencial.
—— CAPITAL STOCK, acciones preferentes, acciones preferidas.
—— CREDITOR, acreedor preferente o privilegiado.
—— DEBT, deuda privilegiada o preferente.
—— DIVIDEND, dividendo preferencial o preferente.
—— RISKS, riesgos preferentes.
—— SHARES AT PAR, acciones preferentes a la par.
—— STOCK, acciones preferentes o privilegiadas.
—— STOCK OUTSTANDING, acciones preferentes pendientes, acciones privilegiadas en circulación.
—— STOCKHOLDER, accionista privilegiado.
—— VALUE, valor preferente.
PREFINANCING, prefinanciamiento.
PREINVENTORY, preinventario.
—— SALE, venta por balance, realización por inventario.
PREJUDICE, prejuicio, parcialidad, perjuicio, daño.
PRELIMINARY, preliminar, introductorio.
—— AUDIT, auditoría preliminar.
—— AUDIT WORK, trabajo preliminar de auditoría.
—— BALANCE SHEET, balance general preliminar.
—— DATA, antecedentes.
—— DESIGN, anteproyecto, proyecto preliminar.
—— ESTIMATE, presupuesto preliminar.
—— INVOICE, factura provisional.

—— STUDY, estudio preliminar.
—— SURVEY, investigación o estudio preliminar.
—— TRIAL BALANCE, balance antes del cierre, balance preliminar de prueba.
PRE-LIST, listado previo.
PREMANUFACTURED, prefabricado, premanufacturado.
PREMARITAL, prenupcial.
PREMATURE, prematuro.
PREMIER, primer ministro, premier, primero, principal.
PREMISE, propiedad, establecimiento.
PREMISES OF ORGANIZATION, premisas o asertos de la organización.
PREMIUM, prima, premio, sobreprecio.
——, AT A, arriba de par, con premio.
—— BOND, bono comprado arriba de par.
—— GASOLINE, gasolina especial o de alto octanaje.
—— GRADE, calidad superior.
—— INCOME, primas ingresadas.
——, INSURANCE, prima del seguro.
—— LOAN, préstamo al asegurado para pago de prima.
—— NOTE, pagaré del asegurado para la prima.
—— ON BOND PAYABLE, prima en bonos por pagar.
—— ON CAPITAL STOCK, prima en emisión de acciones.
—— ON COMMON STOCK, prima sobre acciones comunes.
—— ON PREFERRED STOCK, prima en acciones preferentes.
—— PAY, pago extra.
—— RATE, tipo de prima.
—— REGISTER, registro de primas.
—— SELLING, venta con prima.
—— TAXES, impuestos sobre primas.
PREMONITION, prevención, presentimiento, advertencia.
PREOPERATING EXPENSES, gastos preoperacionales.
PREOPERATING LOSSES, pérdidas anteriores a la operación.
PREORGANIZATION CERTIFICATE, título provisional de acciones.
PREPAID, pagado por anticipado, porte pagado, franco de porte.
—— ADVERTISING, gastos de propaganda pagados por adelantado.
—— ASSET, activo pagado por anticipado.
—— DEFERRED, pagado por adelantado o diferido.
—— EXPENSES, gastos pagados por adelantado, cargos diferidos.
—— INCOME, entradas pagadas por anticipado, haberes diferidos.
—— INSURANCE, seguro pagado por anticipado.
—— INSURANCE PREMIUM, primas de seguro pagadas por adelantado.
—— INTEREST, interés pagado por adelantado, intereses anticipados.
—— ITEMS, partidas pagadas por anticipado.

PREPARE-PREVAIL

—— REPLY, franqueo de respuesta pagado, contestación prepagada.
—— SHARES, acciones pagadas por adelantado.
—— TAXES, impuestos pagados por adelantado, impuestos diferidos.
PREPARE, TO, preparar, prevenir, equipar, alistarse.
PREPARED FOOD, alimento preparado.
PREPAY, TO, pagar por anticipado.
PREPAYMENT, anticipo, pago adelantado.
—— PENALTY, multa anticipada, pago adelantado de multa.
—— TERMS, condiciones de pago adelantado.
PREPAYMENTS, pagos anticipados, activo transitorio.
PREPRODUCTION COSTS, costos preliminares de producción.
PREPROGRAMMING, programación anticipada.
PRERECEIVED INCOME, ingresos recibidos con anticipación.
PREROGATIVE, prerrogativa, privilegio.
PRESCRIBE, TO, prescribir, recetar, señalar, dictar.
PRESCRIPTION, prescripción, disposición, precepto.
PRESELLING, venta anticipada.
PRESENCE, presencia, asistencia personal, porte de una persona.
—— OF MIND, serenidad.
PRESENT, presente, actual, corriente, regalo.
—— A REPORT, presentar un informe.
——, AT, ahora, actualmente, al presente.
——, BIRTHDAY, regalo de cumpleaños.
—— DEPENDENT, persona que actualmente depende de otra.
—— DISCOUNTED VALUE, valor actual descontado.
—— FAIRLY, presentar razonablemente.
—— FOR ACCEPTANCE, presentar a la aceptación.
—— FOR PAYMENT, presentar al pago.
—— INVESTOR, inversionista actual.
—— MARKET, mercado actual o presente.
—— STATUS, estado actual, situación actual.
—— TIME, actualidad.
——, TO, presentar, introducir, regalar.
—— VALUE, valor presente o actual.
—— VALUE AMORTIZATION, amortización según valor actual.
—— VALUE OF AN ANNUITY, valor actual de una anualidad.
—— VALUE OF NOTE, valor actual del documento.
—— VALUE OF 1, valor actual de 1.
—— VALUE OF 1 PER PERIOD, valor actual de 1 por periodo.
—— WORTH, valor actual o presente.
—— YEAR, año en curso o actual.
PRESENT-VALUE DISCOUNTING, descuento a valor actual.
PRESERVE, TO, preservar, conservar, guardar, proteger.
PRESIDE, TO presidir, gobernar, dirigir.
PRESIDENT, presidente, rector de universidad.

——, FORMER, antiguo presidente, expresidente.
——, NOW IN OFFICE, presidente en funciones.
PRESIDENT-ELECT, presidente electo.
PRESIDENTIAL ELECTION YEAR, año de elección presidencial.
PRESS, prensa, periodistas, periódicos.
—— ADVERTISING, publicidad en la prensa, publicidad en periódicos y revistas.
—— AGENT, agente de publicidad, publicista, agente de prensa.
—— ASSOCIATION, asociación de prensa.
—— BUREAU, negociado de prensa.
—— CONFERENCE, rueda de prensa, entrevista periodística.
—— COPY, copia a prensa.
—— DATE, fecha de cierre.
—— NOTICE, noticia de prensa.
—— PROOF, prueba de imprenta.
—— RELEASE, boletín de prensa, comunicado de prensa.
—— SECRETARY, secretario de prensa o de información.
—— THE BUTTON, apretar el botón.
——, TO, prensar, apretar, comprimir, apremiar.
PRESSBOARD, cartón comprimido o prensado.
PRESSING, urgente, apremiante, importante.
—— BUSINESS, negocios o transacciones urgentes.
—— OBLIGATIONS, obligaciones apremiantes.
PRESSMAN, prensista.
PRESSROOM, taller de imprenta.
PRESSURE, presión, influencia, urgencia, apremio.
—— GAUGE, manómetro.
—— GROUP, grupo de presión que influencia a los legisladores en su beneficio, minoría que ejerce presión política.
PRESSWORK, imprenta, impresión.
PRESTIGE, prestigio, fama, influencia.
PRESUME, TO, presumir, suponer, sospechar.
PRETAX, antes del pago de impuestos.
—— ACCOUNTING INCOME, ingreso contable antes de impuestos.
—— EARNINGS, utilidades antes de impuestos.
—— PROFIT, utilidad antes del pago de impuesto, ganancias antes de pagar impuestos.
PRE-TAX COST, costo antes de impuestos.
PRE-TAX COST OF DEBT, costo del pasivo antes de impuestos.
PRETEND, TO, pretender, fingir, aparentar.
PRETENSE, pretexto, excusa, simulación, pretensión.
——, UNDER FALSE, con falsas apariencias.
PRETEST, prueba preliminar, comprobación experimental.
—— OFFER, oferta de prueba.
PRETTY, lindo, bonito, bueno, suficiente.
—— GOOD, muy bueno.
—— WELL, regular, bastante bien.
PREVAIL, TO, prevalecer, predominar, preponderar.

PREVAILING, comun, predominante, actual.
—— **DEVIDEND**, dividendos actuales.
—— **PRICES**, precios corrientes, precios normales.
—— **RATE OF WAGES**, salario actual, jornal corriente.
PREVENT, TO, prevenir, evitar, precaver.
PREVIEW, exhibición de una película antes de presentarla al público, preestreno, información previa.
PREVIOUS, anterior, previo.
—— **BALANCE**, balance anterior.
—— **CLOSE**, cierre anterior.
—— **ENDORSEMENT**, endoso anterior.
—— **QUESTION**, cuestión previa.
PRICE, precio, valor, cotización.
—— **ALLOWANCE**, rebaja, reducción de precio.
——, **AT ANY**, a toda costa, cueste lo que cueste.
—— **BOOK**, libreta de precios.
—— **CATALOG**, lista de precios, catálogo de precios.
——, **CEILING**, precio tope, precio máximo fijado.
—— **CHANGE**, cambio de precios.
—— **COMPETITION**, competencia de precios.
—— **COMPUTATIONS**, cálculos de precios.
—— **CONTROL**, control de precios.
—— **CONTROL BY GOVERNMENT**, control de precios gubernamentales.
—— **CURRENT**, boletín de precios corrientes.
—— **CUTTING**, reducción o rebaja de precios.
—— **DECLINE**, baja o caída de precios.
—— **DETERMINATION**, determinación del precio.
—— **DIFFERENTIALS**, diferenciales de precio.
—— **DISCRIMINATION**, discriminación en el precio.
—— **ELASTICITY**, elasticidad de precio.
—— **ELASTICITY OF DEMAND**, elasticidad de la demanda debido al precio.
—— **EXTENSIONS**, cálculo de precios.
—— **FIXING**, fijación o estabilización de precios.
—— **FREEZING**, congelación de precios.
—— **HIKE**, aumento de precios.
—— **INDEX**, índice de precios.
—— **LEADER**, precio de promoción.
—— **LEADERSHIP**, dirección o liderato de precios.
—— **LEVEL ADJUSTMENT**, ajuste por variación en el poder adquisitivo.
—— **LEVELS**, niveles de precios.
—— **LIST**, lista de precios, boletín de precios.
—— **MAINTENANCE**, mantenimiento del precio.
—— **MARGIN**, margen de precios.
——, **MARKET**, precio de mercado.
—— **MOVEMENT**, movimiento de precios.
—— **OF LABOR**, precio del trabajo.
—— **OF MONEY**, precio del dinero, tipo de interés.
——, **OPENING**, precio de apertura.
—— **PER UNIT**, precio por unidad.
—— **PLANNING**, planificación del precio.
—— **POLICY**, política de precios.
—— **QUOTATION**, cotización de precios.

—— **RANGE**, variación o límites de precios, precios máximos y mínimos.
——, **REDEMPTION**, precio de rescate.
——, **RESALE**, precio de reventa.
—— **RESEARCH**, investigación de precios.
——, **RETAIL**, precio de menudeo o al por menor.
——, **SALE**, precio de venta.
—— **SLUMP**, derrumbe o caída de precios.
—— **STABILITY**, estabilidad de los precios.
—— **STRUCTURE**, estructura de los precios.
—— **SUPPORT**, subsidio de precio, apoyo de precios.
—— **SYSTEM**, sistema de precios.
—— **TAG**, etiqueta o marbete de precio.
—— **THEORY**, teoría del precio.
——, **TOP**, precio máximo.
—— **TREND**, tendencia de los precios.
—— **VARIANCE**, variación en precio.
—— **VOLATILITY**, volatilidad de precios.
—— **WAR**, guerra de precios, competencia de precios bajos.
PRICE-EARNING RATIO, razón de precios a ingresos.
PRICE-EARNINGS RATIO, relación precio-utilidad por acción.
PRICE-LEVEL CHANGES, cambios en el nivel de precios.
PRICE-VOLATILE SECURITIES, valores de precio volátil.
PRICING, fijación de precios, poner precios.
—— **METHODS**, métodos de fijación de precios.
—— **POLICIES**, normas para fijar precios.
—— **RESEARCH**, investigación de precios.
—— **STRATEGY**, estrategia de precios.
PRIEST, sacerdote, cura.
PRIMAGE, gratificación.
PRIMARY, comicios, primario, fundamental, primordial.
—— **ACCOUNT**, cuenta primaria.
—— **CAPITAL**, capital original, capital primario.
—— **CLASSIFICATION**, clasificación primaria.
—— **DEPOSITS**, depósitos efectivos o primarios.
—— **DISCOUNT**, primer descuento.
—— **DISTRIBUTION**, distribución original.
—— **EARNINGS PER SHARE**, utilidades por acción primaria.
—— **ELECTION**, elecciones primarias.
—— **INDUSTRY**, industria extractiva.
—— **LIABILITY**, obligación primaria.
—— **MARKET**, mercado primario.
—— **METALS INDUSTRY**, industria de metales primarios.
—— **RESERVES**, reserva de pronta disponibilidad.
—— **RIGHTS**, derechos fundamentales o primarios.
—— **SCHOOL**, escuela primaria.
—— **SERVICE AREA**, zona de servicios primarios.
—— **WANTS**, artículos de primera necesidad.
PRIME, selecto, de primera calidad, primero, principal.

—— CONTRACTOR, contratista principal.
—— COST, costo primario, costo directo, precio de fábrica.
—— FACTOR, factor esencial.
—— INTEREST RATE, tasa prima de interés.
—— LENDING RATE, tasa preferencial de interés sobre préstamos.
—— LOAN RATE, tasa o tipo preferencial de préstamo.
—— MINISTER, primer ministro.
—— NECESSITIES, artículos de primera necesidad.
—— NUMBER, número primo.
—— PLUS, tasa prima aumentada.
—— POWER, energía primaria.
—— RATE, tasa prima, tasa preferencial.
PRIMER, imprimidor, fulminante, cartilla, libro primero de lectura, primero.
PRIMITIVE, primitivo, rudimentario.
PRINCIPAL, principal, capital, valor actual, director de una escuela, jefe.
—— AND INTEREST, capital e intereses.
—— AUDITOR, auditor principal, auditor jefe.
—— BILL, primera de cambio.
—— OFFICE, casa central, oficina principal.
—— PAYMENT TO DATE, pagos de capital a la fecha.
—— REPAYMENT DUE, pago de capital del período.
—— SUM, principal.
PRINCIPLE, principio, origen, fundamento.
——, A MATTER OF, cuestión de principios.
PRINT, impresión, tipo, letra de molde.
—— ADVERTISING, anuncios impresos.
—— CLOTH, telas para estampar.
—— MEDIA, medios impresos.
——, OUT OF, edición agotada.
—— PAPER, papel de impresión.
——, TO, imprimir, hacer una tirada de libros o revistas, publicar.
PRINT-OUT, impresión.
PRINTED, impreso.
—— CARD, tarjeta impresa.
—— FABRICS, estampados.
—— FORMS, formularios impresos, modelos en blanco, machotes impresos.
—— MATTER, impresos, material impreso.
—— ON BOTH SIDES, impreso en ambas caras o lados.
—— ROLL, rollo impreso.
PRINTER, impresor, tipógrafo, cajista.
PRINTER'S ERROR, error de imprenta.
PRINTER'S INK, tinta de imprenta.
PRINTING, impresión, imprenta, tipografía.
—— CALCULATOR, impresora calculadora, calculadora impresora.
—— EXPENSE, costos de impresión.
—— HOUSE, imprenta, compañía impresora.
—— INDUSTRY, industria impresora.
—— MACHINE, estampadora.
—— PRESS, prensa, máquina de imprenta.
—— SHOP, imprenta, taller de impresión.
—— TABULATOR, tabuladora impresora.
—— TYPES, caracteres o tipos de imprenta.
PRIOR, previo, anterior, precedente.
—— CLAIM, derecho preferente o superior.
—— LIEN, gravamen precedente.
—— PREFERRED STOCK, acciones preferentes superiores.
—— SERVICE COST, costo de servicios anteriores.
—— TO, anterior a, antes de.
PRIORITIES OF ORGANIZATION, prioridades de la organización.
PRIORITY, prioridad, precedencia, antelación.
PRISON, prisión, cárcel.
—— LABOR, trabajo de presos.
—— SENTENCE, sentencia penal, condena de cárcel.
PRISONER, preso, prisionero, presidiario.
PRIVATE, privado, personal, particular, confidencial.
—— ACCOUNTANT, contador privado.
—— AFFAIR, asunto o cuestión privada.
—— BANK, banco particular o privado.
—— BANK SERVICE COMPANY, compañía de servicios de banco privado.
—— BANKER, banquero particular.
—— BRAND, marca particular.
—— BUSINESS ENTERPRISE, empresa privada.
—— CORPORATION, corporación privada, sociedad particular, entidad de derecho privado.
—— ECONOMY, economía privada.
—— EDUCATION, educación privada.
—— ENTERPRISE, empresa privada o particular.
—— GOODS, bienes privados.
—— HOUSE, casa particular.
——, IN, a solas.
—— INDUSTRY, industria privada, empresa particular.
—— INICIATIVE, iniciativa privada.
—— INVESTMENT, inversión privada, inversión particular.
—— LAW, derecho privado.
—— LEDGER, mayor auxiliar privado.
—— MONINSURED PENSION FUND, fondo particular de pensiones no asegurado.
—— OFFERING, oferta privada de valores, venta directa por la empresa emisora.
—— OFFICE, despacho particular, oficina privada.
—— OWNERSHIP, propiedad privada.
—— PLACEMENT, colocación privada de valores.
—— PROPERTY, propiedad privada, bienes particulares.
—— RIGHTS, derechos individuales.
—— SECRETARY, secretaria particular, secretario privado.
—— SECTOR, sector privado.
—— SECTOR EMPLOYER, empresario del sector privado.

——UTILITY, sociedad particular de servicio público.
——WIRE, línea telefónica privada.
PRIVATELY, privadamente, en confianza, reservadamente.
——HELD FEDERAL AGENCY DEBT, bono de agencia federal en poder de particulares.
——HELD MORTGAGE, hipoteca con particulares.
——HELD TREASURY DEBT, bono de tesorería en poder de particulares.
PRIVILEGE, concesión, privilegio, patente.
——BROKER, corredor de opciones.
PRIVILEGED, privilegiado, exento.
——COMMUNICATION, comunicación privilegiada.
——DEBT, deuda preferente.
——SHARES, acciones privilegiadas o de preferencia.
——STOCK, acciones privilegiadas o preferentes.
PRIZE, premio, recompensa, botín, presa.
——CONTEST, concurso con premios.
——FIGHT, pelea de boxeo.
——FIGHTER, púgil, pugilista.
——, TO, estimar, valuar, tasar.
——, TO AWARD, adjudicar un premio.
——, TO DRAW A, sacarse un premio.
PRIZER, tasador, evaluador.
PRO FORMA, proforma.
——ACCOUNT, cuenta proforma.
——BALANCE, saldo proforma.
——BALANCE SHEET, balance general en proforma.
——CASH FLOW, flujo de efectivo proforma.
——FINANCIAL STATEMENT, estados financieros proforma.
——INCOME STATEMENT, estado de resultados proforma.
——INVOICE, factura proforma o simulada.
——SALE, venta proforma.
——STATEMENT, estado financiero proforma.
PRO TEMPORE, interino, interinamente.
PROBABILITY, probabilidad.
——CALCULATIONS, cálculos de probabilidad.
——DISTRIBUTION, distribución de probabilidades.
——FACTORS, factores de probabilidad.
——OF A SUCCESS, probabilidad de exito.
——OF DEATH, probabilidad de muerte.
——OF ERRORS, probabilidad de errores.
——OF OCCURRENCE, probabilidad de ocurrencia.
——OF SURVIVAL, probabilidad de supervivencia.
——SAMPLE, muestra de probabilidad.
——THEORY, teoría de la probabilidad.
PROBABLE, probable, verosímil.
——ERROR, error probable.
——LIFE, vida probable, vida potencial o esperada.
PROBABLE-LIFE CURVE, curva de vida probable.
PROBATION, prueba, experiencia, noviciado, libertad condicional de un preso.
PROBE, TO, indagar, escudriñar, explorar, examinar.

PROBLEM, problema, dificultad, cuestión.
——DISSOLVING, disolución o liquidación de problemas.
——FINDER, buscador de problemas, persona que localiza problemas.
——FINDING, búsqueda o localización de problemas.
——LOAN, préstamo problemático, préstamo con dificultades.
——RECOGNITION, reconocimiento del problema.
——RESOLVING, resolución de problemas.
——SOLVER, solucionador de problemas, persona que resuelve problemas.
——SOLVING, solución de problemas.
——, THE FARM, el problema agrícola.
PROBLEM-AVOIDING, evitar problemas.
PROBLEM-ORIENTED LANGUAGE, lenguaje orientado a un tipo de problemas.
PROBLEM-SOLVING PROCESS, proceso de solución de problemas.
PROCEDURAL AUDIT, auditoría de procedimientos.
PROCEDURE, procedimiento, tramitación, conducta, actuación.
——, ACCOUNTING, procedimiento de contabilidad.
——MANUAL, manual de procedimientos o normas.
——, POLICY, procedimiento de política.
PROCEED FROM SALE, productos de la venta.
PROCEED, TO, proseguir, proceder, avanzar.
PROCEEDINGS, actas, actuaciones, trámites o procedimientos legales.
——, BANKRUPTCY, procedimientos de quiebra.
PROCEEDS, producto líquido, valor efectivo, producto neto de una operación.
——OF DRAFT, producto líquido del giro.
——OF SALES, producto de ventas.
PROCESS, proceso, procedimiento, método.
——, BRANCHING, proceso de ramificación.
——CHART, diagrama o gráfica de proceso.
——CONTROL, control de proceso.
——COST, sistema de costo por proceso.
——COST SHEET, hoja de costo por proceso.
——COSTING, costeo por procedimiento o por proceso.
——, ECONOMIC, proceso económico.
——FLOW CHART, gráfica de flujo de proceso.
——, GOODS IN, productos en proceso.
——IMPROVEMENTS, mejoras o mejoramiento del proceso.
——, IN, en proceso.
——INDUSTRY, industria elaborada o de transformación.
——, INFLATIONARY, proceso inflacionario.
——LAYOUT, proyecto del proceso, diagrama del proceso.
——OF SETTLEMENT, IN, en proceso de liquidación.

PROCESSED GOODS, productos manufacturados o fabricados.
PROCESSED LETTERS, cartas reproducidas.
PROCESSES OF MARKETING, procesos de mercadotecnia o de comercialización.
PROCESSING, procesamiento, elaboración, transformación.
—— **LOGIC,** lógica de procesamiento.
—— **OF DATA,** procesamiento de datos.
—— **PLANT,** planta de procesamiento o de elaboración.
——, **STATISTICAL,** procesamiento estadístico.
PROCESSOR PROGRAM, programa formulado por el fabricante de la computadora
PROCLAIM, TO, proclamar, promulgar, pregonar, publicar.
PROCURATION, procuración, procura, poder.
—— **FEE,** comisión sobre la solicitud de préstamo.
PROCURE, TO, obtener, lograr, conseguir, procurar.
PROCUREMENT, obtención, adquisición.
—— **AND MANAGEMENT COSTS,** costos de manejo y administración.
—— **AUTHORIZATION,** autorización de compra.
—— **COSTS,** costos de adquisición.
PRODIGY, prodigio, maravilla.
PRODUCE, producto, producción, provisiones, frutos, productos agrícolas.
—— **A LOSS,** ocasionar o acarrear una pérdida.
—— **BROKER,** corredor de mercado de frutos.
—— **EXCHANGE,** lonja de comercio, lonja de productos.
—— **MARKET,** mercado de productos agrícolas o de víveres.
—— **MERCHANT,** importador de víveres, almacenista.
——, **TO,** producir, rendir, redituar.
PRODUCER, productor, empresario de cine o de teatro.
—— **CAPITAL,** capital de producción.
—— **COUNTRY,** país productor, país que fabrica productos.
—— **GOODS,** bienes o elementos de producción.
—— **LOAN,** préstamo para producción.
PRODUCERS', de productores, de producción.
PRODUCERS' ASSOCIATION, asociación de productores.
PRODUCERS' RISK, riesgo de los productores.
PRODUCERS' CAPITAL, capital de producción.
PRODUCT, producto, producción, resultado.
—— **APPEAL,** atractivo del producto.
—— **BRAND EVALUATION,** evaluación de marcas.
—— **BRANDING,** marca del producto.
—— **CATEGORY,** clase de producto.
—— **CHANGE,** cambios en el producto.
—— **COLOR,** color del producto.
—— **COMPETITION,** competencia de productos.
—— **COST,** costo del producto.
—— **COSTING,** determinación del costo del producto, costeo del producto.
—— **DECLINE,** decadencia del producto, declinación o mengua del producto.
—— **DELIVERY TIME,** tiempo o plazo de entrega del producto.
—— **DESIGN,** diseño del producto.
—— **DESIGN CHANGES,** cambios en el diseño del producto.
—— **DEVELOPMENT,** desarrollo o elaboración del producto.
—— **DEVELOPMENT COMMITTEE,** comité de desarrollo de productos.
—— **DEVELOPMENT DIFFERENTIATION,** diferenciación del producto.
—— **DISPLAY,** exhibición del producto.
—— **DIVERSIFICATION PROGRAM,** programa de diversificación de productos.
——, **DOMESTIC,** producto nacional o interno.
—— **ENGINEERING,** ingeniería de los productos.
—— **FAILURE,** falla del producto, defecto del producto.
—— **FEATURES,** características del producto.
——, **FINAL,** producto final.
——, **FINISHED,** producto terminado o acabado.
—— **FLOW,** flujo del producto.
—— **FORECAST,** pronóstico del producto.
——, **GROSS DOMESTIC,** producto interno bruto.
——, **GROSS NATIONAL,** producto nacional bruto.
—— **GROWTH,** crecimiento o desarrollo del producto.
—— **INTRODUCTION,** introducción del producto, presentación del producto al público.
—— **KNOWLEDGE,** conocimiento del producto.
—— **LAYOUT,** disposición del producto, distribución del producto.
—— **LEADERSHIP,** hegemonía de los productos.
—— **LIABILITY LAWSUIT,** juicio por la responsabilidad del producto.
—— **LIFE CYCLE,** ciclo de vida del producto.
—— **LIFE CYLCE STAGES,** etapas del ciclo de vida del producto.
—— **LIMITATIONS,** limitaciones del producto.
—— **LINE,** línea de productos.
—— **LINE MANAGER,** gerente de línea de productos.
—— **MANAGER,** gerente de productos.
——, **MARGINAL,** producto marginal.
—— **MATURITY,** madurez o florecimiento del producto.
—— **MIX,** combinación de productos.
—— **OBSOLESCENCE,** obsolescencia del producto.
—— **ORGANIZATION,** organización basada en el producto.
—— **PACKING,** empaque del producto.
—— **PATENTABILITY,** patentabilidad del producto.
—— **PERISHABILITY,** deteriorabilidad del producto.
—— **PLANNING,** planificación del producto.
—— **POLICY,** políticas de productos.

—— PORTFOLIO ANALYSIS, análisis de la cartera de productos.
—— POSITIONING, ubicación del producto.
—— PRECOMMERCIALIZATION, precomercialización del producto.
—— QUALITY, calidad del producto.
—— QUALITY CONTROL, control de la calidad del producto.
—— REDESIGN, rediseño del producto.
—— REGISTER, registro de productos.
—— RESEARCH, investigación de productos.
—— SAFETY, seguridad del producto, confiabilidad del producto.
—— SALES, venta de productos.
—— SERVICE DEPARTMENT, departamento de servicio del producto.
—— SIZE, tamaño del producto.
—— STYLE, estilo del producto.
—— TECHNOLOGY, tecnología del producto.
—— TESTING, prueba o comprobación del producto.
—— TRIAL, prueba del producto.
PRODUCT-DEVELOPMENT PROGRAM, programa de desarrollo del producto.
PRODUCT-LINE BREAKDOWN, desglose de línea de productos.
PRODUCT-LINE COMPOSITION, composición de la línea de productos.
PRODUCT-LINE COMPOSITION CHANGES, cambios en composición de la línea de productos.
PRODUCT-LINE MANAGER, gerente de la línea de productos.
PRODUCT-LINE MARKETING, mercadeo o comercialización de líneas de productos.
PRODUCT-LINE PRICING, fijación de precios de línea de productos.
PRODUCT-MARKET ORGANIZATION, organización basada en el producto y en el mercado.
PRODUCT-ORIENTED ORGANIZATION STRUCTURE, estructura de organización orientada al producto.
PRODUCT-PLANNING COMMITTEE, comité de planificación del producto.
PRODUCT-PLANNING MANAGER, gerente o director de planificación del producto.
PRODUCTION, producción, representación de una obra teatral.
—— BONUS, pago extra por producción adicional.
—— BUDGET, presupuesto de producción.
—— CAPACITY, capacidad de producción.
—— CENTER, centro de producción.
—— CONTROL, control de la producción.
—— COST, costo de producción, costo de fabricación.
—— CREDIT, crédito para producción.
—— DEPARTMENT, departamento de producción.
—— DEPRECIATION, depreciación de la producción.
——, DIRECT, producción directa.
——, ECONOMIC, producción económica.

—— ECONOMICS, economía de producción.
—— ENGINEER, ingeniero de producción.
—— ENGINEERING, ingeniería de producción.
—— ENGINEERING TECHNIQUES, técnica de ingeniería de producción.
—— FACILITIES, instalaciones de producción, edificios para producción.
—— FACTORS, factores de producción.
—— FUNCTION, función de producción.
—— INCENTIVES, incentivos o estímulos a la producción.
—— INDEX, índice de producción.
——, INDIRECT, producción indirecta.
—— INPUTS, insumos de producción.
—— KNOW HOW, técnica de la producción.
——, LARGE-SCALE, producción en gran escala.
—— LEVELING, nivelar la producción.
—— LEVELS, niveles de producción.
—— LINE, cadena o tren de producción, línea de montaje.
—— LOAN, préstamo para producción.
—— MACHINERY, maquinaria de producción, equipo de producción.
—— MANAGEMENT, gerencia de producción.
—— MANAGER, jefe o director de producción.
——, MASS, producción en masa.
—— METHOD, método de producción.
—— ORDER, orden de producción o de fabricación.
—— OUTPUT, rendimiento de la producción, volumen o monto de la producción.
—— PLANNING, planificación o planeación de la producción.
—— POLICIES, políticas de producción.
—— PROCESS, proceso de producción.
—— PROCESS RETOOLING, instalación de máquinas-herramienta para el proceso de producción.
—— SCHEDULE, programa o plan de producción.
—— SCHEDULING, programación de la producción, plan de producción.
—— STANDARD, norma de producción.
—— STATEMENT, estado de producción.
—— TAX, impuesto sobre producción.
—— TECHNIQUES, técnicas de producción.
—— TECHNOLOGY, tecnología de producción.
—— UNIT, unidad de producción.
—— VOLUME, volumen de producción.
PRODUCTION-ORIENTED ECONOMY, economía orientada a la producción.
PRODUCTION-PLANNING PROCESS, proceso de planeación y producción.
PRODUCTION-SHARING, participación en la producción.
PRODUCTIVE, productivo, fecundo, fértil.
—— CAPACITY, capacidad de producción.
—— COST, costo productivo, costo rentable.
—— FACILITY, instalación productiva, planta productiva.
—— INVESTMENT, inversión productiva.

—— LABOR, mano de obra productiva.
—— MATERIALS, materiales de producción.
—— PROCESS, proceso productivo.
—— SERVICES, servicios productivos.
—— TANGIBLE ASSET, activo tangible productivo.
—— WAGES, jornales productivos.
—— WORK, trabajo productivo.
PRODUCTIVITY, productividad.
——, GROWTH OF, aumento de la productividad.
—— OF CAPITAL, productividad del capital.
—— REPORT, informe de productividad.
—— STAGNATION, estancamiento de la productividad.
PROFESS, TO, profesar, manifestar, declarar, pretender.
PROFESSION, profesión, carrera, oficio.
PROFESSIONAL, profesional, especialista en alguna profesión o arte, facultativo.
—— ACCOUNTANT, contador profesional.
—— ADVERTISING, propaganda o publicidad profesional.
—— ASSISTANCE, asesoría profesional, consultoría profesional.
—— DIRECTORY, guía o directorio de profesionales.
—— ENGAGEMENT, servicios profesionales.
—— ETHICS, ética profesional.
—— GAMBLER, jugador profesional.
—— LIABILITY INSURANCE, seguro de responsabilidad profesional.
—— MAN, profesionista, técnico, perito.
—— MANAGEMENT, administración profesional.
—— MANAGER, director o gerente profesional.
—— MARKETING CIRCLE, círculo profesional de mercado.
—— OFFICE BUILDING, edificio de oficinas técnicas.
—— SCIENTIFIC INSTRUMENTS INDUSTRY, industria de instrumentos científicos profesionales.
—— SERVICES, servicios profesionales.
PROFESSOR, profesor, maestro, catedrático.
PROFILE, perfil, contorno.
PROFIT, utilidad, ganancia, beneficio, rédito.
—— AFTER TAX, utilidad después de deducir el impuesto.
—— AND LOSS, pérdidas y ganancias, ganancias y pérdidas, resultados.
—— AND LOSS ACCOUNTS, cuentas nominales, cuentas de ganancias y pérdidas, cuentas de resultados.
—— AND LOSS RATIO, relación de ganancias a pérdidas.
—— AND LOSS STATEMENT, estado de pérdidas y ganancias, estado de ganancias y pérdidas.
——, AT A, con ganancia.
—— BEFORE TAX, utilidad antes de deducir el impuesto.
—— BREAKDOWN, distribución de la utilidad.
—— BY PRODUCTS, utilidad por productos.
—— BY TERRITORIES, utilidad por territorios.

——, CLEAR, beneficio líquido, utilidad neta.
——, GROSS, beneficio bruto, utilidad bruta.
—— INSURANCE, seguro de beneficios o ganancias.
—— MARGIN, margen de utilidad.
—— MAXIMIZATION, maximización de utilidades.
——, MINIMUM, ganancia o utilidad mínima.
—— MOTIVE, móvil o fines de lucro.
——, NET, ganancia neta o líquida, utilidad líquida.
—— ON INSTALLMENT SALES, utilidad bruta obtenida en ventas a plazos.
—— ON INSTALLMENT SALES DEFERRED GROSS, utilidad bruta diferida en ventas a plazos.
—— ON SALE OF FIXED ASSETS, utilidad en venta de activo fijo.
—— ON SALE OF PROPERTY, utilidad en venta de propiedades.
—— ORGANIZATION, empresa o sociedad lucrativa o que tiene utilidades.
—— OUTLOOK, perspectiva de lucro o de enriquecimiento.
—— PLAN, plan o proyecto de utilidades.
—— PLANNING, planificación de la utilidad o la ganancia.
—— PRICE, precio remunerativo o lucrativo.
—— PRIOR TO CONSOLIDATION, utilidad previa a la consolidación.
—— PRIOR TO INCORPORATION, utilidad previa a la constitución de la empresa.
—— RATE, porcentaje de utilidad o beneficio.
—— RATIO, índice de rendimiento.
—— SHARING, reparto de utilidades, participación de los empleados en las utilidades de una compañía.
—— SHARING DEBENTURES, obligaciones beneficiarias o participantes de utilidades.
—— SQUEEZE, reducción de utilidad.
—— STATEMENT, estado de ganancias y pérdidas.
—— TAKING, realización de ganancias.
—— TAX, impuesto sobre utilidades.
PROFIT-AND-LOSS STATEMENT, estado de ganancias y pérdidas.
PROFIT-DIRECTED COMPANY, empresa lucrativa, compañía que tiene utilidades.
PROFIT-MAKING, lucrativo, productivo.
PROFIT-MAKING CORPORATION, sociedad o empresa lucrativa.
PROFIT-SEEKING ORGANIZATION, organización lucrativa, empresa que tiene utilidades.
PROFIT-SHARING, participación de utilidades, reparto de utilidades a los empleados.
—— BONUS, reparto de utilidades, participación de utilidades.
—— PAYMENTS TO EMPLOYEES, pago de reparto de utilidades a empleados.
—— PLAN, plan o programa de reparto de utilidades.
—— RESERVE, reserva para la participación de utilidades.

——SYSTEM, sistema de reparto de utilidades.
——TRUST, fideicomiso que participa de utilidades.
PROFITABILITY, utilidades, ganancias.
——ANALYSIS, análisis de utilidades o de ganancias.
——RATIO, índice de utilidad o de ganancia.
PROFITABLE, provechoso, productivo, lucrativo.
——ADVERTISING, propaganda provechosa o lucrativa.
PROFITEER, agiotista, explotador, usurero.
——, TO, explotar.
PROFITEERING, obtención de utilidades excesivas, usura.
PROGRAM, programa, agenda, plan de operación.
——EVALUATION AND REVIEW TECHNIQUE (PERT), técnica de evaluación y revisión de programas.
——FLOWCHART, gráfica de flujo de programa.
——FOLLOWING, programa que sigue.
——LANGUAGE, (computación) código de programa.
——MANAGER, gerente de programa.
——OF CONTINUING EDUCATION, programa de educación continua.
——PRECEDING, programa anterior.
——REGISTER, (computación) registro de programa.
——, SALES, programa de ventas.
PROGRAMMED DECISION, decisión programada, decisión planeada.
PROGRAMMER, programador, persona que ejecuta un programa de computación.
PROGRAMMING, programación, planeación del trabajo de la computadora.
——, DYNAMIC, programación dinámica.
——, LINEAR, programación lineal.
PROGRESS, progreso, desarrollo, marcha, avance.
——CHART, diagrama de ejecución, gráfica de avance.
——OF THE WORK, avance del trabajo.
——PAYMENT, pago parcial o a cuenta.
——REPORT, informe de avance de un trabajo u operación.
——SCHEDULE, plan de avance del trabajo.
——, TO, progresar, adelantar, avanzar.
PROGRESSION, progresión, adelantamiento.
PROGRESSIVE, progresivo, progresista.
——ASSEMBLY, montaje en cadena o progresivo.
——AVERAGE, promedio progresivo.
——INCOME TAXES, impuestos progresivos sobre el ingreso.
——LEDGER, mayor progresivo.
——SCHEDULE, presupuesto progresivo.
——TAX, impuesto progresivo o escalonado.
——WAGES SYSTEM, sistema progresivo de salarios.
PROHIBIT, TO, prohibir, vedar, impedir.
PROHIBITIVE, prohibitivo.
——COST, costo prohibitivo.
——TARIFF, tarifa prohibitiva.

PROJECT, obra o unidad de construcción, proyecto o plan.
——CONTROL, control de proyectos.
——ENGINEER, ingeniero de proyectos, ingeniero jefe de la obra.
——EVALUATION, evaluación de proyectos.
——MANAGER, gerente o director de proyectos.
——, TO, proyectar, idear, delinear, arrojar.
PROJECTED FINANCIAL STATEMENT, estado financiero proyectado.
PROJECTED SALES REVENUES, ingreso por ventas previstas.
PROLETARIAT, proletariado, clase obrera, populacho.
PROMISE, promesa, oferta, esperanza.
——, TO, prometer, dar esperanza.
——TO PAY, promesa de pago.
PROMISSORY, promisorio.
——NOTE, pagaré, documento, letra de cambio.
——WARRANTY, garantía promisoria.
PROMOTE, TO, promover, fomentar, ascender, desarrollar.
PROMOTER, promotor, activista, gestor.
PROMOTER'S STOCK, acciones de fundador.
PROMOTION, promoción, fomento, ascenso de personal.
——BY SENIORITY, ascenso por antigüedad.
——EXPENSE, gastos de promoción.
——POLICY, políticas de promoción.
——, SALES, promoción de ventas.
PROMOTIONAL, promocional.
——ADVERTISING, publicidad promocional.
——CAMPAIGN, campaña de promoción.
——DEVICE, instrumento o medio de promoción, medio publicitario.
——DISCOUNTS, descuentos promocionales.
——PROGRAM, programa de promoción.
——SELLING, venta promocional.
PROMPT, pronto, puntual, listo.
——BILLING, facturación inmediata.
——CASH, pago al contado, pago inmediato al contado.
——DELIVERY, entrega puntual o rápida.
——NOTE, nota de aviso de pago.
——PAYMENT, pronto pago, pago puntual.
——PAYMENT DISCOUNT, descuento por pronto pago, bonificación por pronto pago.
——PAYMENT OF BILLS, pronto pago de cuentas.
——SHIPMENT, embarque puntual o inmediato.
——, TO, incitar, mover, impulsar.
PROMPTNESS OF PAYMENT, puntualidad en pagos.
PRONE, propenso, inclinado.
PRONOUNCEMENT, declaración, fallo.
PROOF, prueba, comprobación.
——FOR FILES, prueba para el archivo.
——, INDIRECT, demostración o comprobación indirecta.
——OF CASH, verificación de la caja.
——OF INTEREST, prueba de interés.

—— OF LOSS, prueba de pérdida.
—— OF POSTING, comprobante de asiento.
—— SHEET, hoja de comprobación o de prueba.
—— TOTAL, total de prueba.
PROOFREAD, leer y corregir pruebas de imprenta.
PROOFREADER, corrector de pruebas o de imprenta.
PROPER, propio, apropiado, conveniente, justo.
—— MATCHING OF REVENUES AND RELATED EXPENSES, aplicación adecuada de ingresos y gastos correspondientes.
—— SENSE, sentido propio.
PROPERTIES, propiedades, terrenos y edificios.
PROPERTY, propiedad, bienes, haberes.
—— ACCOUNTABILITY, responsabilidad sobre propiedades o bienes muebles.
—— ACCOUNTS, cuentas de propiedades, cuentas de bienes inmuebles, cuentas de activo fijo
—— ADDITIONS, adiciones a los bienes.
—— AND EQUIPMENT DEPRECIATION, depreciación de inmuebles y equipo.
—— DAMAGES, daños materiales, daños de propiedad.
—— DIVIDEND, dividendo en bienes, dividendo de bienes.
—— EQUITY, valor líquido, derecho patrimonial.
—— INSURANCE, seguro de bienes o de la propiedad.
——, INTANGIBLE, propiedad intangible.
——, LEASED, propiedad alquilada.
—— LEDGER, mayor de activo fijo o de bienes.
—— LINE, lindero, linde.
—— OWNER, terrateniente, propietario de bienes raíces.
——, PERSONAL, bienes muebles.
——, PRIVATE, propiedad privada.
——, REAL, propiedad raíz, bienes raíces, bienes inmuebles.
—— RESERVED, propiedad reservada.
—— RETIREMENT, retiro de inmuebles.
—— RIGHTS, derechos de propiedad o patrimoniales.
——, SURRENDER OF, cesión de bienes.
—— TAX, impuesto sobre bienes, impuesto predial.
—— TAX EXPENSE, gastos del impuesto predial.
—— TAX FILE, archivo del impuesto predial.
—— TAX PAYABLE, impuesto predial por pagar.
PROPERTY-DAMAGE LIABILITY, responsabilidad por daños materiales.
PROPERTY-INCREMENT TAX, impuesto de plusvalía.
PROPORTION, proporción, simetría, ajuste.
——, DIRECT, proporción directa.
——, INVERSE, proporción inversa.
——, OUT OF, desproporcionado.
——, SAMPLE, proporción de muestra.
PROPORTIONAL, proporcional.
—— ALLOCATION, asignación proporcional.
—— DISTRIBUTION, distribución proporcional.

—— MEAN, media proporcional.
—— SAMPLING, muestreo proporcional.
—— TAX, impuesto proporcional.
PROPOSAL, propuesta, proposición, ofrecimiento, oferta de matrimonio.
—— FORM, formulario de propuesta.
PROPOSE, TO, proponer, ofrecer, declararse, proponer matrimonio.
PROPOSED DIVIDEND, dividendo propuesto.
PROPOSITION, proposición.
PROPRIETARY, dueño, propietario, hacendado.
—— ACCOUNT, cuenta de patrimonio.
—— COMPANY, compañía propietaria, compañía privada.
—— DRUG, especialidad farmacéutica.
—— EQUITY, valor líquido de propiedad.
—— INCOME, rendimiento neto, beneficio líquido.
—— INTERESTS, intereses patrimoniales.
—— INVESTMENT, inversión propietaria.
—— RATIO, índice de capital, relación de propiedad.
—— RESERVE, reserva de excedente.
PROPRIETOR, propietario, dueño, amo.
PROPRIETOR'S ACCOUNT, cuenta de propiedad o de patrimonio, cuenta de capital.
PROPRIETORSHIP, capital líquido, patrimonio, negocio de único propietario, derecho de propiedad.
—— ACCOUNT, cuenta de patrimonio.
—— CAPITAL, capital de negocios individuales.
—— EQUATION, ecuación de patrimonio, ecuación de solvencia, ecuación de capital.
——, INDIVIDUAL, propiedad individual.
——, SOLE, propiedad de una sola persona.
PROPRIETY, corrección, decoro.
PRORATA, en proporción, a prorrata.
PRORATE, TO, prorratear, distribuir.
PRORATED COST, costo prorrateado.
PRORATED TO ADMINISTRATION, prorrateado a administración.
PRORATED TO SALES, prorrateado a ventas.
PRORATION, prorrateo.
PROSECUTE, TO, desempeñar, procesar, enjuiciar.
PROSECUTION, enjuiciamiento, procesamiento.
PROSECUTOR, fiscal, acusador.
PROSPECT, prospecto, perspectiva, probabilidad, candidato, probable cliente.
——, TO, explorar, catear, buscar.
PROSPECTING, cateo, exploración.
PROSPECTIVE, anticipado, presunto, en expectativa.
—— CUSTOMER, presunto cliente.
—— DAMAGES, daños anticipados.
—— RETIREMENT, retiro en perspectiva, planes de jubilación de una persona.
—— YIELD, rendimiento anticipado.
PROSPECTOR, explorador, cateador.
—— ORGANIZATION, organización o empresa innovadora y progresista.

PROSPECTUS, prospecto, programa, estudio de proyecto.
PROSPER, TO, prosperar, florecer.
PROSPERITY, prosperidad, bonanza, bienandanza.
PROTECT, TO, proteger, amparar, patrocinar.
PROTECTED, protegido, resguardado, amparado.
—— AGAINST, protegido o resguardado contra.
—— DEBTOR'S ASSETS, activo del deudor protegido.
—— MARKET, mercado resguardado o protegido.
—— RISK, riesgo protegido.
PROTECTING, protección, resguardo.
—— TARIFFS, aranceles o tarifas de protección.
—— TRADEMARKS, protección de marcas comerciales.
PROTECTION, protección, amparo, defensa.
—— AND INDEMNITY, protección e indemnización.
——, BUSINESS, protección del comercio.
——, CONSUMER, protección al consumidor.
PROTECTIONISM, proteccionismo.
PROTECTIVE, protector, proteccionista.
—— COMMITTEE, comisión protectora, comité protector.
—— STOCK, existencia básica o mínima.
—— TARIFF, arancel de protección o proteccionista.
PROTECTOR, protector, patrocinador, patrono.
PROTEST, protesto, protesta.
—— A DRAFT, protestar una letra.
—— CHARGES, gastos de protesto.
—— FEE, gastos de protesto.
—— FOR NONPAYMENT, protesta por falta de pago.
—— STRIKE, huelga de protesta.
——, TO, protestar, declarar.
PROTESTED BILL, letra protestada.
PROUD, orgulloso, soberbio, arrogante.
PROVE THE CASH, arquear o comprobar la caja.
PROVE, TO, probar, demostrar, evidenciar.
PROVED, probado, comprobado.
—— OIL, petróleo probado, cantidad comprobada de petróleo existente en un yacimiento.
—— RESERVES, reservas probadas.
PROVIDE, TO, abastecer, suplir, proveer.
PROVIDED THAT, con tal que, dado que, siempre que.
PROVIDENT FUNDS, fondos de previsión.
PROVIDENT RESERVES, reservas de previsión.
PROVINCE, provincia, jurisdicción, incumbencia.
PROVISION, provisión, reserva, disposición.
—— ACCOUNT, cuenta de reserva o de provisión.
—— EXCHANGE, bolsa o lonja de víveres.
—— FOR BAD DEBTS, provisión para cuentas malas.
—— FOR TAXES, reserva para impuestos.
—— MARKET, mercado de abasto.
PROVISIONS, víveres, comestibles, abarrotes.
—— FOR INCOME TAX, provisión para impuesto sobre utilidades.
PROVISIONAL, provisional, temporal, interino.
—— INVOICE, factura provisional.
PROVOKE, TO, provocar, irritar, incitar.

PROWLER, ladrón, vago, rondador.
PROXY, poder, carta poder, apoderado, delegación.
——, BY, por poder.
—— HOLDER, apoderado.
—— STATEMENT, exposición que acompaña a una solicitud de poder.
——, VOTING BY, votación por poder.
PRUDENT INVESTMENT, inversión prudente.
PRY, TO, espiar, atisbar, acechar, registrar.
P.S. (POSTSCRIPT), postdata.
PSYCHIATRIST, siquiatra, psiquiatra.
PSYCHIATRY, siquiatría, psiquiatría.
PSYCHOANALYST, psicoanalista, sicoanalista.
PSYCHOGRAPHIC, psicografía.
—— MARKET SEGMENTATION, segmentación sicográfica del mercado.
PSYCHOLOGICAL, psicológico.
—— CONTRACT, contrato psicológico.
—— MATURITY, madurez psicológica.
—— TESTS, pruebas psicológicas.
PSYCHOLOGIST, sicólogo, psicólogo.
PUBLIC, público, notorio, manifiesto.
—— ACCOUNTANT, contador público.
—— ACCOUNTING, contabilidad pública, contaduría pública.
—— ACCOUNTING FIRM, firma o empresa de contadores públicos.
—— AFFAIRS, asuntos o negocios públicos.
—— ASSISTANCE, ayuda o apoyo público.
—— ATTORNEY, abogado.
—— AUCTION, SALE, subasta, venta pública.
—— AUDIT, auditoría pública.
—— BODY, organismo público.
—— BRIBERY, soborno.
—— CARRIER, empresa de transporte pública.
—— COMPANY, empresa o compañía pública.
——, CONSUMING, público consumidor.
—— CORPORATION, corporación pública.
—— DEBT, deuda pública, deuda oficial.
—— DECISIONS, decisiones públicas.
—— DEPOSIT, depósito oficial, depósito federal, estatal o municipal.
—— DOCUMENT, escritura pública.
—— EDUCATION, educación pública.
—— ENTITY, entidad o empresa pública.
—— FINANCES, finanzas públicas.
—— FUNDS, fondos públicos, hacienda pública.
—— GOODS, bienes públicos.
—— HEALTH, higiene o salud pública.
—— HEALTH PROJECT, proyecto de salud pública, plan de higiene pública.
—— HEARING, audiencia pública.
—— HOUSE, posada, taberna, fonda.
—— INTEREST, interés público.
—— INTEREST GROUP, grupo o agrupación de interés público.
—— INVESTOR, inversionista.
—— LAND, ejido o terreno público.

—— LAW, derecho público.
—— LETTING, subasta o licitación pública.
—— LIABILITY, responsabilidad civil.
—— LIABILITY INSURANCE, seguro de responsabilidad civil.
—— LIBRARY, biblioteca pública.
—— LOAN, empréstito o préstamo público.
—— MARKET, mercado público.
—— NOTICE, aviso al público, manifiesto.
—— OFFERING, oferta de valores al público.
—— OFFICIAL, funcionario público.
—— OPINION, opinión pública.
—— POLICY, política oficial, orden público.
—— POLL, encuesta pública.
—— PRESSURE, presión del público, presión que ejerce el público.
—— PROPERTY, bienes públicos o fiscales.
—— RELATIONS, relaciones públicas.
—— RELATIONS MANAGER, director o gerente de relaciones públicas.
—— RELATIONS STAFF, personal de relaciones públicas, especialistas o asesores en relaciones públicas.
—— RELIEF, asistencia o ayuda pública.
—— REVENUE, renta fiscal, ingresos del estado.
—— SALE, subasta pública.
—— SCHOOL, escuela pública, colegio público.
—— SCRUTINY, escrutinio público, encuesta pública.
—— SECTOR, sector público.
—— SECTOR EMPLOYER, empresario del sector público.
—— SECURITIES, valores o títulos públicos.
—— SERVANT, burócrata, funcionario del gobierno.
—— SERVICE CORPORATION, corporación de servicios públicos.
—— SERVICES, servicios públicos.
—— SPEAKING, oratoria pública.
—— SPOTLIGHT, a la vista del público.
—— STATEMENT, declaraciones públicas.
—— STORE, almacén público o afianzado (USA).
—— TREASURY, erario, hacienda pública.
—— TRIAL, juicio público.
—— UTILITIES, servicios públicos, empresas de servicio público.
—— UTILITIES BILLING OPERATIONS, facturación de servicios públicos.
—— UTILITY, empresa de servicios públicos.
—— UTILITY BONDS, bonos de servicios públicos.
—— UTILITY COMPANY, compañía de servicios públicos.
—— UTILITY CORPORATION, empresa de servicios públicos.
—— UTILITY INDUSTRIES, industrias o empresas de servicios públicos.
—— UTILITY REGULATIONS, reglamentos o reglamentación de los servicios públicos.
—— WAREHOUSE, almacén público.
—— WELFARE, bienestar público, previsión pública.
—— WORKS, obras públicas.
PUBLIC-RELATIONS ADVERTISING, publicidad institucional.
PUBLIC-RELATIONS COUNSEL, consejero de relaciones públicas.
PUBLIC-SECTOR MANAGER, gerente del sector público, director público.
PUBLIC-SERVICE COMMISSION, comisión de servicios públicos.
PUBLIC-SERVICE COMPANY, compañía de servicios públicos.
PUBLIC-UTILITY SECURITES, valores de empresas de servicios públicos.
PUBLIC-WORKS TAX, impuesto para obras públicas.
PUBLICATION, publicación, edición, revista.
—— DATE, fecha de publicación.
—— DESK, mesa de publicación.
PUBLICIST, publicista.
PUBLICITY, publicidad, propaganda, divulgación.
—— BUREAU, agencia u oficina publicitaria.
—— MANAGER, jefe de publicidad.
—— RELEASE, detalle publicitario.
—— VALUE, valor publicitario.
—— WRITER, propagandista, agente de publicidad.
PUBLICLY HELD STOCK, acciones colocadas entre el público.
PUBLICLY OWNED COMPANY, empresa de participación pública.
PUBLISH, TO, publicar, editar, difundir.
PUBLISHER, editor.
PUBLISHING, edición, publicación, editorial.
—— HOUSE, editorial, empresa editora, casa editorial.
—— INDUSTRY, industria editorial.
PUFF, resoplido, soplo, bocanada, elogio exagerado.
—— OF WIND, ráfaga, racha.
——, TO, hinchar, soplar, ensalzar.
PUGILIST, púgil, pugilista.
PULL, influencia, eficacia, tirón, sacudida.
—— A PROOF, sacar una prueba de imprenta.
—— DOWN, TO, derribar, demoler, degradar.
—— ONE'S LEG, tomar el pelo a uno, dar un sablazo.
—— OUT, abandonar una empresa, irse.
—— THROUGH, resolver o salir de una dificultad.
——, TO, tirar, halar, sacar, arrancar.
—— WIRES, aprovechar influencia oficial.
PULLING THE ACCOUNTS, retiro de las cuentas.
PULLING POWER, eficacia de la publicidad.
PULLMAN, vagón dormitorio de ferrocarril.
PULLOVER, suéter cerrado.
PUMP, bomba para sacar líquidos.
——, TO, bombear, trasegar líquidos con bomba.
PUNCH, punzón, punzadora, puñetazo, empuje.
—— OUT, perforación.
——, TO, perforar, punzar, horadar.

PUNCH-CARD CHECK, cheque perforado.
PUNCHED, perforado, horadado.
—— CARD, tarjeta perforada.
—— CARD ACCOUNTING, contabilidad por tarjetas perforadas.
—— CARD DATA, datos de tarjetas perforadas.
—— PAPER TAPE, cinta de papel perforado.
—— TABULATION, tabuladora de tarjetas perforadas.
—— TAPE, cinta perforada.
PUNCHED-CARD EQUIPMENT, equipo de tarjetas perforadas.
PUNCHED-CARD SORTER, clasificadora de tarjetas perforadas.
PUNCHING, perforadora, punzadora.
—— AND PRINTING MACHINE, máquina perforadora impresora.
—— CARD MACHINE, perforadora de tarjetas.
—— MACHINE, perforadora.
—— TAPE MACHINE, perforadora de cinta.
PUNCTUATE, TO, puntuar, acentuar, destacar.
PUNCTUATION, puntuación.
—— MARK, signo de puntuación.
PUNISH, TO, castigar, penar, corregir.
PUNISHMENT, castigo, pena, penitencia.
PUNITIVE DAMAGES, daños punitivos o penales.
PUPIL, discípulo, pupilo, pupila, niña del ojo.
PURCHASE, compra, adquisición, maniobra, aparejo.
—— ALLOWANCES, rebajas de precios de compra.
—— BUDGET, presupuesto de compra.
—— COMMITMENT, convenio o compromiso de compra.
—— CONTRACT, contrato de compraventa.
—— DISCOUNT, descuento en compras, rebaja por pago al contado.
—— DISCOUNT CREDIT, abono a descuento en compras.
—— ESTIMATE, estimación o estimado de compras.
—— FROM, comprar a.
—— GROUP, grupo de compra.
—— INTERMEDIATE, compra intermedia.
—— INVOICE, factura de compra.
—— JOURNAL, diario de compra.
—— LEDGER, libro mayor de compras.
—— MONEY, precio de compra.
—— OBLIGATIONS, obligaciones por compras.
—— ORDER, orden de compra, vale de pedido.
——, OUTRIGHT, compra en firme.
—— PRICE, precio de compra o de adquisición.
—— PRICE VARIANCE, variación en precio de compra.
—— RECORD, registro de compras.
—— REGISTER, registro de compras.
—— REQUISITION, solicitud de compra, requisición de compra.
—— RETURNS, devoluciones sobre compras, devolución de mercancías.
—— ROUTINE, procedimiento de compra.
—— SYNDICATE, sindicato de compra.
—— TAX, impuesto sobre ventas.
——, TO, comprar, mercar, adquirir, feriar.
PURCHASE-AND-SALES REGISTER, registro de compras y ventas.
PURCHASE-MONEY OBLIGATION, gravamen sobre el precio de compra.
PURCHASED, comprado, adquirido.
—— INTANGIBLES, archivo intangible adquirido.
—— SUBCOMPONENT INVENTORY, inventario de subcomponentes comprados.
PURCHASER, comprador, adquirente.
PURCHASES, compras, adquisiciones.
—— ACCOUNT, cuenta de compras.
—— ANALYSIS, análisis de compras.
—— BOOK, diario de compras.
—— CASH, compras al contado.
—— CASH SUMMARY, concentración de compras.
—— DAY BOOK, auxiliar de proveedores.
—— EXPENDITURE, gastos por concepto de compras.
——, GOVERNMENT, compras del gobierno.
—— JOURNAL, diario de compras, registro de facturas.
—— LEDGER, auxiliar de proveedores.
—— ON ACCOUNT, compras a crédito.
—— RETURNS, devoluciones sobre compras.
PURCHASING, compra, adquisición.
—— AGENCY, agencia de compras.
—— AGENT, agente de compras, jefe de compras.
—— AND DISTRIBUTION SYSTEM, sistema de compras y distribución.
—— COOPERATIVE, cooperativa de compras.
—— DATA, datos de compra.
—— DEPARTMENT, departamento de compras, sección de compras.
—— POLICIES, políticas de compra.
—— POWER, poder adquisitivo, poder de compra.
—— POWER RISK PREMIUM, prima por riesgo de disminución del poder adquisitivo.
—— RECORDS, libros o registros de compra.
—— STANDARDS, normas de compra, reglas de compra.
—— SYSTEM, sistema de compras, método de compras.
PURCHASING-POWER RISK OF FIRM, riesgo del poder adquisitivo de la empresa.
PURE, puro.
—— CAPITAL, capital permanente.
—— COMPETITION, competencia pura.
—— INTEREST, interés neto o puro.
—— MONOPOLY, monopolio puro.
—— PREMIUM, prima neta.
—— PROFIT, utilidad pura.
—— RISK, riesgo de pérdida.
PURE-ENDOWMENT POLICY, póliza dotal pura.
PURGE, TO, purgar, purificar.
PURIFY, TO purificar, refinar.
PURPOSE, propósito, intención, objeto, fin.

—, FOR NO, sin objeto.
—, FOR WHAT, ¿para qué?, ¿con qué fin?
— OF ORGANIZATION, fines o propósitos de la organización.
—, ON, a propósito, expresamente, adrede.
PURPOSES, ACCOUNTING, fines de contabilidad, fines contables.
PURPOSES, COMMON, usos ordinarios o comunes.
PURSE, portamonedas, bolsa.
PURSER, contador, sobrecargo, comisario.
PURSUE, TO, perseguir, proseguir, seguir una carrera.
PURSUIT, busca, ocupación, persecución, estudios, ejercicio de una profesión o de un cargo.
PURVEY, TO, proveer, surtir, suministrar.
PURVEYOR, proveedor, abastecedor.
PUSH, empuje, impulsión, empujón, iniciativa, energía, ofensiva, ataque.
— AWAY, TO, alejar, rechazar.
— BUTTON, botón de contacto, botón eléctrico.
— FORWARD, TO, abrirse paso, empujar.
— IN, TO, introducir, entremeterse.
— ON, TO, incitar, apresurar.
— OUT, TO, echar, expulsar, empujar hacia afuera.
— THE SALE, activar o impulsar la venta.
—, TO, empujar, activar, promover, fomentar, molestar.
PUSH-OVER, cosa muy fácil de hacer.
PUT, tipo de opción de venta de acciones.
— A QUESTION, hacer una pregunta.
— ACROSS, llevar a cabo, consumar.
— AN END TO, terminar, poner fin.
— AWAY, apartar, quitar, guardar.
— DOWN, anotar, reprimir, disminuir, degradar.
— FORWARD, proponer, ofrecer, adelantar.
— IN A BID, licitar, hacer propuesta.
— IN A CLAIM, demandar, presentar una reclamación.

— IN MIND, recordar.
— IN PRACTICE, usar, ejercitar.
— IN WRITING, poner por escrito, escribir.
— OFF, diferir, aplazar, posponer.
— ON AIRS, darse ínfulas.
— ON SALE, poner en venta.
— ON SHORE, desembarcar, arribar.
— ON THE MARKET, lanzar al mercado.
— ON WEIGHT, engordar, aumentar de peso.
— OUT, echar, sacar, arrojar, despedir, germinar.
— OUT A FIRE, extinguir o apagar un incendio.
— OUT FUNDS, invertir, prestar dinero.
— OVER, prorrogar, diferir, consumar.
— THROUGH, llevar a cabo, finalizar.
—, TO, poner, colocar, disponer, exponer, proponer.
— TO A VOTE, someter a votación.
— TO BED, acostar.
— TO DEATH, matar, poner pena capital, ajusticiar.
— TO SEA, zarpar, hacerse a la mar.
— TO THE CREDIT, abonar, acreditar.
— TOGETHER, acumular, juntar, amontonar.
— UP, guardar, conservar, poner en su lugar.
— UP A STOP, impedir, poner coto.
— UP AT AUCTION, llevar a remate, rematar.
— UP FOR SALE, poner en venta.
— UP MONEY, facilitar fondos, financiar.
— UP WITH, resignarse a, tolerar, conformarse con.
PUT-AND-CALL BROKER, corredor, de opciones.
PUZZLE, acertijo, rompecabezas, enigma, adivinanza, enredo.
—, CROSSWORD, crucigrama.
— OUT, TO, descifrar, resolver.
—, TO, confundir, enredar, embrollar.
PYRAMID, pirámide.

Q

QUADRANT, cuadrante, cuarto de círculo.
QUADRATIC, cuadrático.
—— **EQUATION**, ecuación cuadrática, ecuación de segundo grado.
QUADRUPLICATE, cuadruplicado.
QUAKE, temblor, estremecimiento, oscilación.
——, **TO**, temblar, estremecerse, trepidar, oscilar.
QUALIFICATION, calificación, descripción, requisito, idoneidad.
QUALIFICATOR, calificador.
QUALIFIED, competente, hábil, calificado, idóneo.
—— **ACCEPTANCE**, aceptación condicional o limitada.
—— **CERTIFICATE**, certificado con salvedades, certificado restringido o limitado.
—— **EMPLOYEE**, empleado competente o apto.
—— **ENDORSEMENT**, endoso condicional o limitado.
—— **OPERATOR**, operario calificado o competente.
—— **OPINION**, opinión autorizada o calificada.
—— **REPORT**, informe, certificado o dictamen con salvedades.
—— **STOCK OPTION**, opción de compra de acciones condicionada.
QUALIFY, TO, habilitar, limitar, calificar.
QUALIFYING RESERVE, reserva reguladora.
QUALIFYING SHARES, acciones calificadas.
QUALITATIVE, cualitativo.
—— **ANALYSIS**, análisis cualitativo.
QUALITY, calidad, cualidad, categoría, clase.
—— **BONUS**, bonificación por calidad.
—— **CONTROL**, control de la calidad.
—— **CONTROL CIRCLES**, círculos de control de la calidad.
—— **CONTROL PROGRAM**, programa o plan de control de calidad.
—— **DIFFERENTIAL**, diferencial por calidad.
—— **LEVEL, ACCEPTABLE,** nivel de calidad aceptable.
—— **OF PRODUCTS**, calidad de los productos.
——, **OUTGOING**, calidad resultante.
—— **PRODUCT**, producto de calidad.
—— **RECOGNITION**, reconocimiento de calidad.
—— **REPORT**, informe de calidad, dictamen de calidad.
—— **STANDARD**, norma de calidad.
QUALM, escrúpulo, compunción.
QUANTIFICATION, cuantificación, determinación de la cantidad.
QUANTIFIER, cuantificador.
QUANTIFY, TO, cuantificar.
QUANTILE, cuantil.
QUANTITATIVE, cuantitativo.
—— **ANALYSIS**, análisis cuantitativo.
—— **MANAGEMENT TOOL**, administración cuantitativa de herramientas.
—— **MEASUREMENT**, medición cuantitativa.
—— **METHOD**, método cuantitativo.
QUANTITY, cantidad, cuantía, número.
—— **DISCOUNT**, descuento por volumen de compras, descuento por cantidad.
—— **INDEX**, índice de cantidad.
—— **PRODUCTION**, producción en serie o en masa.
—— **VARIANCE**, variación en cantidad.
QUARANTINE, cuarentena, poner en cuarentena.
—— **FEES**, cuotas de cuarentena.
—— **FLAG**, bandera de cuarentena.
—— **INDEMNITY**, indemnización por cuarentena.
QUARREL, reyerta, riña, pendencia, bronca.
——, **TO,** reñir, pelear, disputar.
QUART, cuarto de galón, cuarta.
QUARTER, cuarto, trimestre.
—— **DAYS**, días de paga trimestral.
——, **GIVE NO,** no dar cuartel.
QUARTER-PAGE INSERTION, inserción de cuarto de página.
QUARTERAGE, importe trimestral.
QUARTERLY, trimestralmente, trimestral.
—— **DIVIDEND**, dividendo trimestral.
—— **EARNINGS**, ingresos trimestrales, ganancias trimestrales.
—— **FORECAST**, pronóstico trimestral.
—— **MAGAZINE**, revista trimestral.
—— **PAYMENT**, pago trimestral.
—— **WAGES**, salario trimestral.
QUARTET, cuarteto.
QUARTILE, cuartil.
QUASI, cuasi, casi.
—— **COMPETITION**, cuasicompetencia.
—— **CONTRACT**, cuasicontrato.
—— **CORPORATION**, cuasicorporación.
—— **CREDITOR**, cuasiacreedor.
CUASI-LEGAL, cuasilegal.
CUASI-PUBLIC CORPORATION, corporación o empresa privada de interés público, empresa mixta.
CUASI REORGANIZATION, semiorganización.
QUAY, muelle, malecón.
—— **CRANE**, grúa de muelle.
—— **DUES**, derechos de muelle, muellaje.
QUAYAGE, derechos de muelle, muellaje.
QUEER, raro, extraño, excéntrico, estrafalario.
QUELL, TO, sofocar, sojuzgar, apaciguar.
QUERY, pregunta, duda.
——, **TO,** preguntar, indagar, inquirir.
QUEST, pesquisa, indagación, investigación.
——, **TO,** averiguar, buscar, investigar.
QUESTION, pregunta, cuestión, asunto, problema, duda.
——, **ASK A,** hacer una pregunta.
——, **CALL IN,** poner en duda.
——, **LEADING,** pregunta capciosa.
—— **MARK**, signo de interrogación, interrogante.
——, **NOT A FAIR,** pregunta indiscreta.
——, **OPEN,** pregunta abierta, cuestión discutible.
——, **OUT OF THE,** que no viene al caso, fuera de la cuestión.

——, PAST, fuera de duda, ciertamente.
——, TO, preguntar, examinar, interrogar, dudar.
——, WHAT IS THE, ¿de qué se trata?
QUESTIONABLE, dudoso, sospechoso, cuestionable, discutible.
—— PAYMENTS ABROAD, pagos dudosos o sospechosos en el extranjero.
QUESTIONNAIRE, cuestionario.
QUEUE, cola, línea de espera, hilera de personas, fila.
QUEUEING, formación de colas.
—— PROBLEM, problema de colas y líneas de espera.
—— THEORY, teoría de colas.
QUICK, rápido, veloz, ligero, listo, activo.
—— ASSETS, activo de rápida liquidación, activo disponible.
—— EAR, oído fino.
—— MOTION, movimiento rápido.
—— PULSE, pulso acelerado.
—— RATIO razón de liquidez.
QUICK-SIGHTED, de vista aguda o penetrante.
QUICK-TEMPERED, de genio vivo, irascible.
QUICK-WITTED, perspicaz, agudo.
QUICKEN, TO, acelerar, avivar, apresurar, urgir.
QUIET, quieto, callado, tranquilo.
——, BE, no hable.
—— MARKET, mercado tranquilo o calmado.
—— PLEASE, silencio por favor.
QUINTAL, quintal métrico.
QUINTET, quinteto.
QUINTUPLE, quítuplo.
QUINTUPLICATE quintuplicado.
QUIRK, capricho, extravagancia, argucia, evasiva.
QUIT, abandonar, despedirse, desocupar el puesto, renunciar, irse.

—— AN EMPLOYMENT, dejar un empleo.
—— COST, reembolsar, pagar los gastos.
—— WORK, dejar el trabajo.
QUITCLAIM, cesión, renuncia, finiquito.
QUITE, completamente, enteramente, del todo, muy.
QUITTANCE, recibo, finiquito, descargo, recompensa.
QUIVER, TO, temblar, estremecerse, palpitar.
QUIZ, broma, guasa, patraña, interrogatorio.
——, TO, interrogar, examinar a un discípulo o a la clase.
QUORUM, quórum.
QUOTA, cuota, cupo, contribución.
——, SALES, cuota de ventas.
—— SAMPLE, muestra de cuota.
—— SAMPLING muestreo por cuotas.
—— SHEET, hoja de cuotas.
QUOTABLE, cotizable, citable.
QUOTATION, cotización, precio, presupuesto, curso, cita, texto, citado.
——, CLOSING, cotización de cierre.
—— MARKS, comillas.
——, PRICE, cotización de precios.
—— REQUEST, solicitud de cotización.
QUOTE, TO, cotizar, citar, poner entre comillas.
QUOTED, cotizado, citado.
—— ON THE EXCHANGE, cotizado en la bolsa.
—— STOCK, valores bursátiles cotizados, acciones cotizadas en la bolsa.
QUOTER, cotizador, citador.
QUOTIENT, cociente.
——, INTELLIGENCE, cociente intelectual o de inteligencia.
—— REGISTER, registro de cocientes.

R

RABBLE, populacho, plebe.
RACE, raza, estirpe, generación, carrera, contienda, competencia de velocidad.
—— **COURSE,** hipódromo, estadio.
—— **DISCRIMINATION,** discriminación racial, discriminación de razas.
—— **HORSE,** caballo de carreras.
——, **HORSE,** carrera de caballos.
——, **HUMAN,** género humano.
—— **RIOT,** motín racista.
——, **YACHT** regata de yates.
RACES, carreras de autos.
——, **DERBY,** carreras de Derby de autos en Inglaterra.
RACIAL, racial, de raza.
—— **DISCRIMINATION,** discriminación racial.
—— **EQUALITARIANISM,** igualitarismo racial.
—— **PREJUDICE,** prejuicio racial.
RACK, percha, bastidor, dolor, pena.
—— **JOBBER,** artesano.
RACKET, extorsión sistematizada, ruido, confusión, raqueta de tenis.
RACKETEER, extorsionador, pandillero.
RACKETEERING, extorsión por amedrentamiento, bandolerismo.
RADIAL, radial, radiado.
RADIATE, TO, radiar, irradiar, brillar.
RADIATOR, radiador.
RADICAL, radical, fundamental, extremado.
RADIO, radio (aparato y emisión).
—— **ADVERTISEMENT,** publicidad por radio.
—— **ADVERTISER,** anunciador o locutor de radio.
—— **ADVERTISING,** propaganda o publicidad por radio, anuncios por radio.
—— **AND TELEVISION ADVERTISING,** publicidad por radio y televisión.
—— **AND TELEVISION COMMERCIALS,** comerciales por radio y televisión.
—— **ANNOUNCER,** locutor de radio, anunciador de radio.
—— **BROADCASTING,** radiodifusión, radioemisión.
—— **COMMERCIAL,** publicidad comercial por radio.
—— **COMMUNICATION,** radiocomunicación.
—— **ENGINEER,** ingeniero de radio, radiotécnico.
—— **LISTENER,** radioyente, radioescucha.
—— **MESSAGE,** mensaje radial, radiograma.
—— **NETWORK,** cadena de radio, red.
—— **NEWS BROADCAST,** noticiero radial.
—— **OPERATOR,** radiooperador, operador de radio.
—— **PROGRAM,** programa radial o de radio.
—— **RECEIVER,** radiorreceptor, receptor de radio.
—— **STATION,** estación de radio.
RADIOGRAM, radiograma.
RADIOGRAPHY, radiografía.
RADIOLOGIST, radiólogo.
RADIOLOGY, radiología.
RADIOTELEGRAM, radiotelegrama.
RADIOTELEGRAPH, radiotelégrafo.
—— **OPERATOR,** radiotelegrafista.
RADIOTELEGRAPHY, radiotelegrafía.
RADIOTELEPHONY, radiotelefonía.
RADIUM, (química) radio.
RAFFLE, rifa, sorteo.
——, **TO,** rifar, sortear.
RAFT, balsa, maderada.
RAG, trapo, harapo, andrajo.
—— **PAPER,** papel de estraza.
RAGE, rabia, furor, ira.
——, **TO,** rabiar, enfurecerse.
RAID, incursión, invasión repentina.
——, **AIR,** ataque aéreo.
——, **TO,** incursionar, invadir, atacar.
RAIL, riel, carril, ferrocarril.
—— **AND WATER,** por ferrocarril y vía acuática.
——, **BY,** por ferrocarril.
—— **CAR,** vagón motor, carro ferroviario.
—— **FREIGHT,** flete o porte de ferrocarril.
RAIL-AIR SERVICE, transporte por ferrocarril y avión.
RAIL-TRUCK SERVICE, transporte por ferrocarril y camión.
RAILROAD, ferrocarril, línea férrea.
—— **BOND,** bono ferrocarrilero.
—— **CAR,** vagón de ferrocarril, carro ferroviario.
—— **COMPANY,** empresa ferroviaria o de ferrocarril.
—— **CROSSING,** cruce de ferrocarril.
—— **RATES,** tarifas de ferrocarril.
—— **SERVICE,** servicio ferroviario.
—— **SIDING,** desviadero de ferrocarril.
—— **STATION,** estación de ferrocarril.
—— **STOCKS,** acciones de ferrocarril.
—— **SYSTEM,** sistema ferroviario, red ferroviaria.
—— **TICKET,** boleto o billete de ferrocarril.
—— **TRACK,** vía férrea, línea, vía, vía ferroviaria.
—— **TRAFFIC,** tráfico ferroviario.
—— **UNION,** sindicato o gremio ferrocarrilero.
—— **WORKER,** trabajador ferroviario, obrero ferrocarrilero.
RAILWAY, ferrocarril, vía férrea.
—— **ADVERTISING,** exhibición ferroviaria, propaganda por ferrocarril.
—— **BOND,** obligación de ferrocarriles.
—— **BROTHERHOODS,** hermandades ferroviarias.
—— **GUIDE,** guía de ferrocarril.
—— **POST OFFICE,** carro estafeta, vagón postal.
—— **SERVICE,** servicio de ferrocarril, servicio de transporte ferroviario.
—— **TRANSPORTATION,** transporte ferroviario.
RAIN, lluvia.
—— **HEAVY,** llover copiosamente, aguacero.
—— **INSURANCE,** seguro contra pérdidas por lluvia.
——, **TO,** llover.

RAINCOAT, impermeable, abrigo impermeable, capa de agua.
RAINFALL, precipitación pluvial.
RAINY DAY, día lluvioso.
RAINY SEASON, época de lluvias, estación de lluvias.
RAISE, aumento, alza.
—— **A CHECK**, aumentar el importe de un cheque.
—— **A LOAN**, hacer un empréstito.
—— **A POINT**, presentar una cuestión, hacer una observación.
—— **A QUESTION**, plantear una cuestión o un asunto.
—— **A SALARY**, aumentar el sueldo.
—— **AN OBJECTION**, hacer una objeción.
—— **CAPITAL**, obtener capital, aportar capital.
—— **CATTLE**, criar ganado.
—— **FUNDS**, obtener recursos, conseguir fondos.
—— **MONEY**, procurar dinero, recoger o levantar fondos.
—— **OF WAGES**, alza de salarios.
—— **PRICES**, subir o aumentar precios.
——, **TO**, levantar, aumentar, subir, criar, cultivar.
RAISED CHECK, cheque falsificado.
RAISER, cultivador, ganadero.
RAISING BANK CAPITAL, incremento o aumento de capital bancario.
RAISING CHILDREN, crianza de niños.
RALLY, recuperación temporal de precios.
RANCH, hacienda, rancho, granja, estancia.
RANCHER, ganadero, hacendado, ranchero.
RANDOM, al azar, aleatorio, casual, fortuito.
—— **ACCESS**, acceso aleatorio o al azar.
——, **AT**, al azar, en forma aleatoria, a la ventura.
—— **DISTRIBUTION**, distribución aleatoria.
—— **ERROR**, error aleatorio.
—— **EVENT**, suceso o evento aleatorio.
—— **NUMBER**, número aleatorio, número elegido al azar.
—— **SAMPLE**, muestra aleatoria o al azar.
—— **SAMPLING**, muestreo aleatorio.
—— **SERIES**, serie aleatoria.
—— **VARIABLES**, variables aleatorias o al azar.
—— **VARIATION**, variación aleatoria.
RANDOM-ACCESS MEMORY, (computación) memoria de acceso aleatorio.
RANDOM-ACCESS STORAGE, almacenaje de acceso aleatorio.
RANGE, estufa, alcance, extensión, surtido, escala, duración, intervalo, terreno de pasto.
—— **OF PRICES**, variación o límites de precio.
——, **TEMPERATURE**, variación de temperatura.
——, **TO**, arreglar, colocar, ordenar, clasificar, distribuir, variar, alinear.
RANGER, guardabosque.
RANK, rango, grado, categoría, orden, clasificación.
—— **AND FILE**, personal subordinado, la tropa.
—— **CORRELATION**, correlación de rangos.
—— **DIFFERENCE**, diferencia de rangos.
——, **TO**, clasificar, ordenar, poner en fila.
RANKING, clasificación.
—— **BY RATE OF RETURN**, clasificación por tasa de rendimiento.
—— **METHODS**, métodos de clasificación.
RANSOM, rescate, redención.
——, **TO**, rescatar, redimir.
RAPID, rápido, veloz.
RAPPORT, concordancia, armonía.
RAPPROCHMENT, restablecimiento de buenas relaciones entre estados.
RARE, raro, extraño, sorprendente.
RASCAL, bribón, pillo, bellaco.
RAT, rata, renegado.
——, **SMELL A**, sospechar una intriga, gato encerrado.
RATABLE, tasable, valuable, imponible.
RATE, tasa, tipo, tarifa, cuota, razón, proporción.
——, **ACTIVITY**, tasa de actividad.
——, **AIR**, consumo de aire.
——, **AT ANY**, de todos modos, de cualquier modo.
——, **AT THE AGREED**, a la tasa convenida.
——, **AT THE SAME**, al mismo ritmo.
——, **BANK**, tasa bancaria, tipo bancario.
——, **BIRTH**, tasa de natalidad.
—— **BOOK**, libro de tarifas.
—— **BUSTING**, superproductividad de un obrero.
—— **CARD**, tarifa de anuncios, tarjeta-tarifa.
—— **CHARTER**, contrato de fletamento por tonelada.
——, **CHECK**, cotización para cheques.
—— **CLERK** encargado de aplicar tipos de flete.
—— **CUTTING**, reducción de tarifas o de cuotas.
——, **DEATH**, tasa de mortalidad.
——, **DISCOUNT**, tasa de descuento.
——, **FERTILITY**, tasa de fecundidad o fertilidad.
——, **FIRST**, de primera clase.
——, **INFANT MORTALITY**, tasa de mortalidad infantil.
—— **LIMIT DEPOSIT**, depósito con límite de tasa o de tipo.
—— **MAKING**, confección de tarifas.
—— **MANUAL**, manual de tipos de tarifa.
——, **MARKET**, tipo o tasa del mercado.
——, **MARRIAGE**, tasa de matrimonios.
——, **MEAN ANNUAL**, tasa media anual.
——, **MORTALITY**, tasa de mortalidad.
——, **NATALITY**, tasa de natalidad.
—— **OF EXCHANGE**, tipo de cambio.
—— **OF GROSS PROFIT**, tasa de utilidad bruta.
—— **OF GROWTH**, índice de crecimiento.
—— **OF INFLATION**, tasa de inflación, índice de inflación.
—— **OF INTEREST**, tipo de interés.
—— **OF PAY**, tipo de sueldo, cuota de salario.
—— **OF PROGRESS**, rapidez de avance del trabajo.
—— **OF RENTAL**, tipo de alquiler, canon de arrendamiento.

—— OF RETURN, tasa de rendimiento, cuota de retribución.
—— OF TURNOVER, índice de rotación.
——, OVERHEAD, tasa de gastos generales o costos indirectos.
—— RANGE, rango de salario.
—— REGULATION, control o regulación de tarifas.
—— STRUCTURE, estructura de tarifas.
——, SURTAX, tipo o tasa de recargo tributario.
——, TAX, tasa tributaria, tipo de impuesto.
—— UP, clasificar con prima más alta.
—— VARIANCE, variación en precio.
——, WAGE, tasa de salario, tarifa salarial, escala de jornales.
RATE-FLUCTUATING DEPOSIT, depósito con tasa o tipo fluctuante.
RATE-OF-PRICING, precio según el índice de rendimiento.
RATES, tarifas, tasas.
——, ADVERTISING, tarifas de publicidad.
——, FREIGHT, tarifas de flete.
——, RAILROAD, tarifas de ferrocarriles.
RATED, tasado, clasificado, valuado.
—— AIRPORT, aeropuerto clasificado.
—— CAPACITY, capacidad normal o asignada.
—— CONCERN, empresa con solvencia económica, compañía que tiene crédito.
—— POWER, potencial nominal o aforada.
RATHER, algo, un poco, más bien, preferentemente.
—— THAN, antes que, más bien que.
RATIFICATION, ratificación, confirmación.
RATIFY, TO, ratificar, confirmar.
RATING, tasación, apreciación, rango, grado, clasificación de solvencia.
RATIO, razón, relación, coeficiente, índice, proporción.
—— ANALYSIS, análisis de razones.
——, DIRECT, razón o proporción directa.
—— ESTIMATION, estimación de porcentajes.
——, INVERSE, razón o proporción inversa.
—— OF SOLVENCY, índice de solvencia.
—— TEST, prueba de proporciones o razones.
RATION, ración.
—— BOOK, cartilla de racionamiento.
——, TO, racionar.
RATIONAL NUMBER, número racional.
RATIONALIZE, TO, racionalizar.
RATIONING, racionamiento.
RAW, bruto, natural, crudo áspero, inexperto.
—— DATA, datos originales.
—— DEAL, decisión injusta.
—— EMPLOYEE, operario sin adiestramiento o inexperto.
—— MATERIALS, materias primas, productos primarios.
—— MATERIALS IN PROCESS, materias primas en proceso.
—— MATERIALS INVENTORY, inventario de materias primas.
—— SCORE, puntaje o puntuación bruta.
—— WATER, agua cruda, agua sin tratamiento químico, agua sin suavizar.
RAW-MATERIALS TURNOVER, movimiento de materias primas.
RAYON, rayón, seda sintética.
—— INDUSTRY, industria rayonera.
—— YARN, hilo de rayón.
RAZE, TO, arrasar, demoler, derruir.
RAZOR, navaja de afeitar o rasurar.
REACH, alcance, extensión, distancia, poder.
—— AN AGREEMENT, llegar a un acuerdo o a un arreglo.
—— AN UNDERSTANDING, llegar a un acuerdo, convenir en un asunto.
—— HOME, llegar a casa.
——, OUT OF, fuera de alcance.
——, TO, llegar a, alcanzar, obtener, conseguir.
REACQUIRED STOCK, acciones readquiridas o rescatadas.
REACT, TO, reaccionar, responder.
REACTION, reacción.
—— OF PRICES, reacción de precios.
—— TIME, tiempo de reacción.
REACTOR ORGANIZATION, organización o empresa pasiva.
READ, leer, descifrar, interpretar.
—— ABOUT, saber, enterarse de algo.
—— ALOUD, leer en voz alta.
—— BETWEEN LINES, leer entre líneas.
—— OFFHAND, leer de corrido.
—— OVER, leer todo el escrito.
—— THROUGH, leer de cabo a rabo.
READ-IN, transmitir información a la memoria de la computadora.
READ-OUT, transmitir información fuera de la computadora.
READABLE, legible.
READER, lector, máquina lectora, libro de lectura, corrector de pruebas.
READER-SORTER, (computación) lectora clasificadora.
READILY, fácilmente, prontamente, luego, con placer.
—— AVAILABLE, fácil de obtener, disponible.
READING, lectura, lección, conferencia, indicación de un instrumento graduado.
—— GLASS, lente, lupa.
READY, listo, preparado, pronto, dispuesto.
—— CASH, efectivo disponible, disponibilidades de caja.
—— MARKET, mercado inmediato.
—— MONEY, dinero al contado, efectivo, dinero contante y sonante.
—— PAYMENT, pago inmediato.
—— SALE, fácil venta, pronta salida, venta inmediata.

—— TO USE, listo para usarse.
READY-MADE, hecho, confeccionado.
REAL, real, verdadero, legítimo, sincero.
—— ACCOUNTS, cuentas reales o del balance general.
—— AND PERSONAL PROPERTY, propiedades muebles e inmuebles.
—— ASSETS, bienes raíces o inmuebles.
—— COST, costo real.
—— INTEREST RATE, tasa real de interés.
—— PRICE, precio real.
—— PROPERTY, bienes raíces o inmuebles.
—— SECURITY, garantía hipotecaria.
—— STOCK, acciones en mano.
—— TIME, (computación) tiempo real.
—— VALUE, valor real.
—— WAGE, salario real, jornal real.
REAL ESTATE, bienes raíces, inmuebles, bienes inmuebles.
—— AGENCY, agencia de bienes raíces o inmobiliaria.
—— AGENT, agente de bienes raíces o inmobiliario.
—— BOND, bono hipotecario o inmobiliario.
—— BROKER, corredor de bienes raíces, corredor de propiedad inmueble.
—— COMPANY, compañía inmobiliaria.
—— DEVELOPMENT COMPANY, compañía urbanizadora.
—— EQUITY, valor líquido de bienes raíces, patrimonio inmobiliario.
—— EXCHANGE, bolsa inmobiliaria, lonja de bienes raíces.
—— FIRM, compañía de bienes raíces.
—— LEASING, arrendamiento de bienes raíces.
—— LOAN, préstamo sobre bienes raíces, préstamo inmobiliario.
—— MATTERS, asuntos inmobiliarios o de bienes raíces.
—— MORTGAGE, hipoteca sobre bienes raíces.
—— PURCHASER, comprador de bienes raíces.
—— RATE, tasa del impuesto predial, tasa del impuesto catastral.
—— SALES, ventas de bienes raíces.
—— SALES REVENUE, ingreso por venta de bienes raíces.
—— SYNDICATION, consorcio o sindicato de bienes raíces.
—— TAX, impuesto sobre bienes raíces, impuesto predial.
—— TRUST, asociación de bienes raíces o inmobiliaria.
—— VENTURE, empresa de bienes raíces.
REALIZATION, realización, liquidación, apreciación, verificación.
—— ACCOUNT, cuenta de liquidación.
—— VALUE, valor de realización o liquidación.
REALIZE, TO, realizar, ganar, darse cuenta, lograr.
REALIZED, realizado, obtenido, efectuado.

—— APPRECIATION, apreciación realizada, plusvalía realizada.
—— DEPRECIATION, depreciación realizada.
—— GAIN, ganancia obtenida o realizada.
—— GROSS PROFIT, utilidad bruta obtenida.
—— HOLDING GAIN, ganancia realizada por posesión.
—— INCOME, utilidad realizada u obtenida.
—— LOSS, pérdida sufrida.
—— PROFIT ON INSTALLMENT SALES, utilidad realizada en ventas a plazos.
—— PROFITS, utilidades realizadas u obtenidas.
—— RETURN, rendimiento no logrado.
—— SURPLUS, superávit realizado o devengado.
REALLY, realmente, efectivamente, verdaderamente.
REALM, reino, región, dominio.
REALTOR, corredor de bienes raíces.
REALTY, bienes raíces, propiedades inmuebles.
—— TAX, impuesto sobre inmuebles.
REAPPOINT, TO, nombrar o designar de nuevo.
REAPPORTION, cambio de límites de distritos en los estados para uniformarlos respecto a los residentes.
REAPPORTIONMENT, redistribución.
REAR, posterior, trasero, último, parte de atrás.
—— ADMIRAL, contraalmirante.
—— GUARD, retaguardia.
—— IN THE, atrás, detrás.
—— RANK, última fila.
REASON, razón, motivo, causa, argumento.
——, IN, con razón, con justicia.
——, IT STANDS TO, es justo, es lógico.
—— LISTEN TO, ser razonable.
—— OF, BY, a causa de.
——, TO, razonar, discurrir.
REASONS FOR FRAUD, motivos del fraude.
REASONABLE, razonable, justo, equitativo, moderado.
—— NOTICE, aviso razonable.
—— PRICE, precio módico o razonable.
—— TIME, plazo prudencial.
REASONING, razonamiento, raciocinio, argumentación.
REBATE, descuento, rebaja, bonificación.
——, TO, rebajar, deducir, descontar.
REBATES RECEIVABLES, rebajas o descuentos por cobrar.
REBEL, TO, rebelarse, sublevarse, alzarse.
REBELLION, rebelión, sublevación, insurrección, revuelta.
REBILL, facturar de nuevo.
REBORROW, TO, refundir la deuda.
REBUILD, TO, reconstruir, reedificar.
REBUKE, TO, reprender, reprochar, regañar, censurar.
RECALL, revocación, anulación, recordación.
—— AN AMBASSADOR, retirar a un embajador de su cargo.

—— TO WORK, reempleo.
RECAPITALIZATION, recapitalización.
RECAPITULATE, TO, recapitular, resumir.
RECAPITULATING ENTRY, asiento de resumen, asiento de concentración.
RECAPITULATION, recapitulación.
—— STATEMENT, estado de recapitulación o concentración.
RECAPTURE, rescate, recuperación.
—— OF DEPRECIATION, recuperación de depreciación.
RECAST, TO, recomputar, reformar, refundir.
RECEIPT, recibo, talón, boleta de pago.
—— ACKNOWLEDGE, TO, acusar recibo.
—— BOOK, libro o registro de recibos.
—— IN FULL, finiquito.
—— NUMBER, número de recibo.
—— OF GOODS, recepción o recibo de artículos.
—— OF, ON, al recibo de.
——, SHIPING, recibo de embarque.
—— STAMP, sello de recibo.
—— WRITING, elaboración de recibos.
RECEIPTS, ingresos, entradas, percepciones.
—— AND DISBURSEMENTS STATEMENTS, estado de entradas y salidas.
—— AND EXPENDITURES, entradas y salidas.
——, CASH, ingresos en efectivo.
——, CURRENT AND CAPITAL, entradas corrientes y de capital.
—— JOURNAL, diario de entradas.
—— OF STORES, recibo de mercancía en almacén.
RECEIPTED BILL, factura firmada o cancelada.
RECEIVABLE, partida o efecto a cobrar, valor al cobro.
——, ACCEPTANCES, aceptaciones por cobrar.
—— ACCOUNT, cuenta por cobrar.
—— BALANCE, saldo de cuentas por cobrar.
——, BILL, letra a cobrar, efecto a cobrar.
——, COMMISSIONS, comisiones a recibir, comisiones por cobrar.
——, NOTE, efecto a cobrar.
——, TRADE ACCOUNT, cuenta comercial por cobrar.
—— TURNOVER, rotación de cuentas por cobrar.
—— TURNOVER RATIO, razón de rotación de cuentas por cobrar.
RECEIVABLE-BILLED ACCOUNT, cuenta por cobrar facturada.
RECEIVABLE-DISCOUNTED ACCOUNT, cuenta por cobrar descontada.
RECEIVABLES, cuentas y documentos por cobrar, partidas a cobrar, valores por cobrar.
—— LEDGER, mayor de cuentas a cobrar.
——, MISCELLANEOUS, cuentas diversas por cobrar.
——, NET, neto de cuentas y documentos por cobrar.
——, OUTSTANDING, partidas o cuentas por cobrar pendientes.
RECEIVE, recibir, admitir, aceptar, acoger.

—— WORD, recibir aviso.
RECEIVED, recibido, aceptado.
—— PAYMENT, recibí pago, pago recibido.
——, VALUE, valor recibido.
RECEIVER, síndico, recibidor o custodio de fondos, administrador judicial, receptor.
——, ANCILLARY, síndico auxiliar.
—— IN BANKRUPTCY, síndico de una quiebra.
—— IN EQUITY, administrador en equidad.
—— OF CARGO, receptor de carga.
RECEIVER'S ACCOUNT, cuenta del síndico.
RECEIVER'S CERTIFICATE, certificado del interventor o síndico.
RECEIVING, recepción.
—— BANK, banco recibidor o receptor.
—— CASHIER, cajero recibidor.
—— CLERK, recibidor.
—— COPY, copia de recibo de factura.
—— DATE, fecha de recepción.
—— DEPARTMENT, departamento de recepción.
—— FREIGHT HOUSE, bodega de material o artículos recibidos.
—— NOTE, nota de entrega.
—— RECORD, libro de entradas.
—— REPORT, informe de materiales recibidos.
—— STATION, estación receptora.
—— TELLER, cajero recibidor, cobrador.
RECEPTION, recepción, recibimiento, acogida, audiencia, audición.
RECEPTIONIST, recepcionista, empleado de recepción.
RECESSION, recesión, depresión, retroceso.
—— PERIODS, períodos de recesión o depresión.
RECESSIONARY ECONOMY, economía de recesión.
RECHECK, comprobar de nuevo.
RECIPE, receta, fórmula, receta de cocina.
RECIPIENT, beneficiario, receptor.
—— BANK, banco receptor, banco que recibe fondos.
RECIPROCAL, recíproco, mutuo, recíproca, alternativo, permutable.
—— BUYING, compras recíprocas.
—— EXCHANGE, grupo de seguro recíproco.
—— INSURANCE, seguro recíproco o mutuo.
—— TRADE AGREEMENT, convenio de reciprocidad, convenio comercial de reciprocidad.
RECIPROCITY, reciprocidad.
RECITE, TO, recitar, relatar, narrar, declamar.
RECKLESS, descuidado, temerario, indiferente.
RECKON, contar, calcular, estimar, suponer.
—— FOR, ser responsable de.
—— ON, contar con.
—— WITH, tener en cuenta.
RECLAIM, TO, aprovechar, redimir, recuperar.
RECLAMATION, bonificación, recuperación, restauración.
RECLASSIFICATION ENTRY, asiento de reclasificación.
RECLASSIFY, reclasificar.

RECOGNITION, reconocimiento, agradecimiento.
—, BRAND, reconocimiento de marca.
—, QUALITY, reconocimiento de calidad.
— RATE, tarifa de reconocimiento.
— TEST, prueba de identificación.
RECOGNIZE, reconocer, admitir.
— A DEBT, admitir o aceptar una deuda.
— THE UNION, reconocer el gremio o sindicato.
RECOLLECTION, recuerdo, memoria, reminiscencia.
RECOMMEND, TO, recomendar, acreditar, elogiar, aconsejar.
RECOMMENDATION, recomendación, consejo.
RECOMPENSE, recompensa, compensación, remuneración, indemnización.
RECONCILE, TO, conciliar, reconciliar, ajustar, conformarse, concertar.
RECONCILIATION, conciliación, reconciliación, ajuste, conformidad.
— ACCOUNT, cuenta de conciliación o de reconciliación.
—, BANK STATEMENT, estado de reconciliación del banco.
— OF ACCOUNT, conciliación de cuenta.
— OF BANK BALANCES, conciliación de saldos bancarios.
— OF DISBURSEMENTS, conciliación de los egresos.
— OF RECEIPTS, conciliación de los ingresos.
— OF SURPLUS, conciliación del superávit.
— SHEET, hoja de conciliación.
— STATEMENT, estado de conciliación.
RECORD, registro, inscripción, acta, expediente, grabación.
— A MORTGAGE, registrar una hipoteca.
— BOOK, libro borrador o de anotaciones.
— CARD, tarjeta de registro.
— COUNT, recuento de registros.
— DATE, fecha de registro para dividendo.
— FALSIFICATION, falsificación o adulteración de registro.
— KEEPING, sistema de archivos, llevar archivos.
— LAYOUT, disposición de registros.
— OF BUSINESS LOCATION, registro del local comercial.
—, ON, registrado.
— PLAYER, tocadiscos.
— RIBBON, cinta registradora.
— SYSTEM, sistema de registro, sistema de registro de datos.
—, TO, registrar, inscribir, archivar.
RECORD-BREAKING, que excede todo récord o registro.
RECORDS, registros, archivos, memorias, protocolo.
—, ACCOUNTING, registros de contabilidad o contables.
—, FINANCIAL, documentos financieros.
—, HOME OFFICE, libros de contabilidad de la oficina central.
—, ORIGINAL, documentos originales.
—, PURCHASING, libros de compras.
—, RECEIVING, libros de entradas.
RECORDED, registrado, anotado, grabado.
— DATA, datos anotados o registrados.
— INVENTORY TEST-COUNTS, verificaciones de prueba registradas del inventario.
— PROGRAM, programa grabado.
RECORDER, registrador, instrumento contador o indicador.
— OF DEEDS, registrador de la propiedad.
RECORDING, registro, registrador, grabador.
— A TRANSACTION, registrar una transacción.
— INSTRUMENT, anotador, instrumento registrador.
— MACHINE, máquina registradora.
— MEDIUM, medio de registro.
— OF DATA, registro de datos.
— OPERATIONS, contabilización de las operaciones.
— SCALE, balanza registradora.
— SECRETARY, secretario de actas.
— TAPE, cinta magnetofónica.
RECORDING-KEEPING PROCESS, proceso de llevar registros.
RECOUNT, recuento, reconteo, volver a contar.
RECOUP, TO, recobrar, reintegrar, indemnizar.
RECOURSE, recurso, remedio, auxilio, refugio.
—, WITHOUT, sin recurso
RECOVER, recobro, rescate.
— DAMAGES, cobrar daños y perjuicios.
— LOSSES, recuperar pérdidas.
—, TO, recuperar, cobrar, rescatar.
RECOVERY, recuperación, recobro, cobranza, mejora.
— COST, costo recuperable.
— EXPENDITURE, gasto recuperable.
— OF BUSINESS, mejoría o recuperación de los negocios.
—, PAST, desahuciado, sin remedio.
— VALUE, valor recuperable o de recuperación.
RECREATE, TO, recrear, divertir, entretener.
RECREATION, diversiones, recreo, entretenimiento.
— FACILITIES, instalaciones recreativas o de diversión.
RECREATIONAL VEHICLE, vehículo para diversión o recreo.
RECRIMINATE, TO, recriminar, reprochar.
RECRIMINATION, recriminación, reconvención, reproche.
RECRUIT, recluta, novicio.
—, TO, reclutar, enganchar, alistar.
RECRUTING, contratación de personal, reclutamiento.
— AGENT, contratante o enganchador de personal.
— SALES PERSONNEL, contratación de personal de ventas.

RECRUITMENT, reclutamiento, contratación de personal.
—— **AND TRAINING PEOPLE,** contratación y capacitación de trabajadores.
RECTIFY, TO, rectificar, corregir, enmendar.
RECTOR, rector, superior, cura, párroco, rector de universidad.
RECTORATE, rectorado.
RECUR, TO, recurrir, repetirse, ocurrir.
RECURRING, repetitivo, recurrente.
—— **COSTS,** costos repetitivos.
—— **EARNINGS,** ganancias repetitivas.
—— **EXPENSES,** gastos repetitivos.
—— **REVENUES,** ingresos repetitivos.
RED, rojo, colorado, color rojo.
—— **CROSS SOCIETY,** Sociedad de la Cruz Roja.
——, **IN THE,** negocio con pérdida o que tiene pérdida, endeudado, saldo rojo.
—— **INK,** tinta roja.
—— **TAPE,** papeleo, formalismo, burocratismo.
——, **TURN,** ponerse colorado, sonrojarse.
—— **WINE,** vino tinto.
RED-HAIRED, pelirrojo.
RED-HERRING PROSPECTUS, prospecto preliminar.
RED-INK ENTRY, asiento en números rojos.
REDDEN, TO, enrojecer, ruborizarse, teñir de rojo.
REDEEM, TO, redimir, rescatar, amortizar, desempeñar.
REDEEMABLE, amortizable, rescatable, redimible.
—— **CAPITAL STOCK,** acciones amortizables.
—— **COUPON,** cupón redimible o amortizable.
—— **PREFERRED STOCK,** acciones preferentes redimibles.
REDEEMED, bono redimido.
REDEEMING OF DEBT, amortización de una deuda.
REDEMPTION, redención, amortización, rescate.
—— **BEFORE MATURITY,** amortización antes del vencimiento.
—— **FUND,** fondo de redención o de amortización, fondo de rescate.
—— **PAYMENT,** pago de rescate, precio de redención.
—— **PREMIUM,** prima de rescate o de redención.
—— **PRICE,** precio de rescate o de demanda.
—— **PRICE OF BOND AT MATURITY,** precio de rescate al vencimiento del bono.
REDISCOUNT, redescuento.
—— **RATE,** tasa o tipo de redescuento.
——, **TO,** redescontar.
REDISTRIBUTION, redistribución.
—— **INCOME,** redistribución del ingreso.
REDUCE, reducir, rebajar, mermar, adelgazar.
——, **EXPENSES,** reducir o bajar los gastos.
—— **IN RANK,** degradar, postergar.
—— **SPEED,** aminorar la marcha, reducir velocidad.
REDUCED, abaratado, rebajado.
—— **OUTPUT,** producción reducida.
—— **PAID-UP INSURANCE,** seguro saldado reducido.
—— **PRICE,** precio reducido o rebajado.

REDUCING, decreciente.
—— **PREMIUM,** prima decreciente.
REDUCING-BALANCE FORM, forma de saldos decrecientes.
REDUCING-BALANCE METHOD, método de saldos decrecientes.
REEL, carrete, bobina, tambor.
—— **OF TAPE,** carrete de cinta.
REELECT, TO, reelegir.
REELECTION, reelección.
—— **CAMPAIGN,** campaña de reelección.
RE-ENTRY, entrada de mercancías en aduana.
REFER, referir, asignar, aludir, remitir, hacer referencia.
——, **TO,** referirse a, aludir a.
—— **TO ARBITRATION,** someter a la decisión de árbitros.
—— **TO US, YOU MAY,** puede usarnos como referencia.
REFEREE, árbitro, ponente, tercero en discordia.
—— **IN BANKRUPTCY,** juez de quiebra, ponente de la quiebra.
REFERENCE, referencia, alusión, mención, recomendación.
—— **BOOK,** libro de consulta.
—— **GROUP,** grupo de referencia.
——, **TO,** cotejar, con referencia a, en cuanto a.
REFERENCES, referencias, antecedentes, informes.
——, **CREDIT,** referencias de crédito.
REFERENDUM, referendo, plebiscito.
REFERRALS OF CLIENTS, recomendaciones de clientes.
REFERRING TO, respecto a, en cuanto a.
REFILL, pieza de repuesto, repuesto.
REFINANCE, TO, refinanciar, suministrar nuevo capital.
REFINANCING, refinanciamiento.
—— **OF MATURING,** renovación de adeudos vencidos.
REFINE, TO, purificar, pulir.
REFINERY, refinería.
——, **OIL,** refinería de petróleo.
REFOOT, TO, repetir la suma.
REFRIGERATE, TO, refrigerar.
REFRIGERATED, refrigerado.
—— **CARGO,** carga refrigerada.
—— **SPACE,** bodega refrigerada, espacio refrigerado.
REFRIGERATOR, refrigerador.
—— **CAR,** carro refrigerador, vagón frigorífico.
—— **SHIP,** buque frigorífico.
—— **TRUCK,** camión frigorífico.
RUFUGE, refugio, asilo, albergue.
REFUGEE, refugiado, asilado.
REFUND, devolución, reembolso, reembolsar.
—— **ANNUITY,** anualidad con reembolso.
—— **LIFE ANNUITY,** anualidad vitalicia con reembolso.
——, **TO,** reembolsar, restituir, reintegrar, devolver.

REFUNDING, reembolso, reintegro, conversión.
—— **BOND**, bono de conversión o de reembolso.
—— **MORTGAGE**, hipoteca de reintegración.
REFUSAL, negativa, denegación, repulsa, opción.
—— **TO WORK**, negativa de trabajar.
REFUSE, rehusar, negarse a, rechazar, renunciar.
—— **ACCEPTANCE**, negar la aceptación.
—— **PAYMENT**, rehusar al pago, negarse a pagar.
REGARD, considerar, juzgar, estimar, mirar, referirse a.
—— **TO, WITHOUT ANY**, sin miramientos, sin consideración.
——, **WITH, TO**, con relación a, en cuanto a.
REGARDS, AS, con respecto a, en cuanto a.
REGARDING, con respecto a, en relación con.
REGIME, régimen, sistema social.
REGIMENT, regimiento.
REGION, región, territorio, país.
REGIONAL, regional.
—— **BANK PAYMENT CENTER**, centro de cobro regional.
—— **COLLECTION OFFICE**, oficina regional de cobranza.
—— **COORDINATOR**, coordinador regional, coordinador de zona.
—— **ISSUING BANK**, banco regional emisor de tarjetas de crédito.
—— **LABOR MARKET**, mercado regional de mano de obra, fuerza de trabajo regional.
—— **POLITICS**, política regional.
—— **SALES MANAGER**, gerente regional de ventas.
REGIONAL-CHANNEL STATION, radiodifusora de canal regional.
REGISTER, registro, matrícula, inscripción, archivo, lista.
—— **A LETTER**, certificar o registrar una carta.
—— **A TRADEMARK**, registrar una marca de fábrica.
—— **A VESSEL**, abanderar un buque.
——, **BILL**, registro de letras.
—— **BOOK**, libro de registros o matrículas.
——, **CASH**, caja registradora.
—— **OF ACCEPTANCES**, registro de aceptaciones.
—— **OFFICE**, oficina de registro, oficina de inscripción o matrícula.
—— **PAPER**, papel de registro.
——, **TO**, registrar, inscribir, matricular.
REGISTERED, registrado, certificado, titulado, inscrito.
—— **ADDRESS**, dirección registrada.
—— **AGENT**, agente registrado, representante autorizado.
—— **BOND**, bono registrado o nominal, obligación registrada.
—— **CAPITAL**, capital autorizado.
—— **DEBENTURE**, obligación nominativa sin garantía.
—— **HOLDER**, tenedor inscrito.
—— **LETTER**, carta certificada o registrada.
—— **MAIL**, correo certificado o registrado.

—— **MAIL INSURANCE**, seguro de correspondencia certificada o registrada.
—— **OFFICE**, oficina registrada.
—— **SHARE**, acción nominativa o nominal.
—— **STOCK**, acciones nominativas o nominales.
—— **TRADEMARK**, marca registrada.
—— **WARRANT**, obligación registrada.
REGISTRAR, registrador, encargado de matrículas e inscripciones, archivero.
REGISTRATION, registro, inscripción, asiento, empadronamiento.
—— **FEE**, derechos de registro o de inscripción, derechos de certificado.
—— **NUMBER**, número de registro o matrícula.
—— **STATEMENT**, declaración de registro, certificado de registro.
—— **WITH RECEIPT REQUESTED**, registro con acuse de recibo.
REGISTRY, registro, protocolo, matrícula, patente de navegación.
REGRESSION, regresión.
—— **ANALYSIS**, análisis de regresión.
—— **EQUATION**, ecuación de regresión.
REGRESSIVE, TAX, impuesto regresivo.
REGRET, pena, pesar, sentimiento.
——, **TO**, sentir, lamentar, deplorar, condolerse.
REGULAR, regular, normal, corriente, metódico, mediano.
—— **CASH DIVIDEND**, dividendo regular en efectivo.
—— **DEPOSIT**, depósito regular.
—— **DIRECTOR**, director titular.
—— **DIVIDEND**, dividendo normal u ordinario.
—— **DIVIDEND INCOME**, ingreso regular como dividendos.
—— **GASOLINE**, gasolina regular o de bajo octanaje.
—— **JOB**, puesto permanente, empleo de planta.
—— **MAIL**, correo ordinario.
—— **MEETING**, junta ordinaria o regular.
—— **MEMBER**, vocal o miembro titular, socio en propiedad.
—— **TIME**, tiempo ordinario.
—— **TRAIN**, tren de itinerario.
—— **WHOLESALER**, mayorista corriente.
—— **WORKING CAPITAL**, capital de trabajo normal.
REGULATE, TO, regular, reglamentar, ordenar, controlar, dirigir, ajustar.
REGULATION, reglamento, disposición, norma, regulación, regla.°
—— **IMPORT**, disposiciones o normas sobre importación.
——, **PUBLIC UTILITY**, reglamento de los servicios públicos.
REGULATORY, regulador, reglamentario.
—— **AGENCY**, agencia reguladora.
—— **BODY**, órgano regulador, cuerpo regulador.
REHABILITATE, TO, rehabilitar, restablecer, reintegrar.
REHEARSAL, ensayo, recitación.
REHEARSE, TO, ensayar, recitar, repetir.

REIMBURSE, TO, reembolsar, reintegrar, indemnizar.
REIMBURSEMENT, reembolso, reintegro, indemnización.
—— **CHECK,** cheque de reintegro.
—— **CREDIT,** crédito reembolsable.
REIMPORT, TO, reimportar.
REIMPORTATION, reimportación, reinternación.
REINFORCE, TO, reforzar, fortalecer.
REINFORCEMENT, refuerzo, reforzamiento, fortalecimiento.
REINSURANCE, reaseguro, contraseguro.
—— **AGREEMENT,** convenio de reaseguro.
—— **CARRIER,** reasegurador.
—— **PREMIUM,** prima de reaseguro, pago de prima de reaseguro.
—— **SYNDICATE,** consorcio de reaseguro.
—— **TREATY,** convenio o contrato de reaseguro.
REINSURE, TO, reasegurar.
REINSURER, reasegurador.
REINSURING COMPANY, compañía reaseguradora.
REINVEST, TO, reinvertir.
REINVESTED, reinvertido.
—— **EARNINGS,** ganancias reinvertidas en bienes de producción.
—— **PROFIT,** utilidades reinvertidas.
REINVESTMENT, reinversión.
—— **OF EARNINGS,** reinversión de utilidades.
—— **RATE,** tasa de reinversión.
REISSUE, nueva emisión, remitir, reexpedir.
REISSUED AUDIT REPORT, informe reexpedido del auditor.
REISSUED POLICY, póliza reemitida.
REJECT, rechazar, descartar, renunciar, denegar.
—— **A PROPOSAL,** rehusar una propuesta.
—— **GOODS,** rechazar mercancías.
REJECTS, desechos, desperdicios.
REJECTABLE QUALITY LEVEL, nivel de calidad rechazable.
RELATE, TO, relatar, referir, relacionar, asociar.
RELATED, asociado, afiliado, relacionado.
—— **COMPANY,** compañía afiliada o asociada.
—— **CONCERNS,** empresas filiales o asociadas.
—— **COST,** costo relacionado.
—— **PARTIES,** partes asociadas o afiliadas.
—— **PARTY TRANSACTIONS,** operaciones con personas asociadas.
RELATION, relación, narración, parentesco.
——, **DISTANT,** pariente lejano.
——, **NEAR,** pariente cercano.
—— **TO, IN,** en relación con, respecto a.
RELATIONS, relaciones, tratos, parientes.
——, **PUBLIC,** relaciones públicas.
——, **WORK,** relaciones laborales u obreras, relaciones de trabajo.
RELATIONSHIP, relación, parentesco, vínculo, afinidad.
RELATIVE, pariente, familiar, relativo, pertinente, deudo.

—— **RIGHT,** derecho relativo.
RELATIVITY THEORY, teoría de la relatividad.
RELAX, relajarse, reposar, relajamiento de nervios y músculos.
—— **CREDIT,** facilitar o dar crédito.
RELAY, relevo, relé, relevador (electricidad), despachar.
—— **STATION,** estación repetidora.
RELEASE, liberación, exención de una obligación, descargo, finiquito, soltura, disparo.
—— **A GUARANTY,** quitar o suspender la garantía.
——, **DEED OF,** acta de cesión.
—— **OF GOODS,** liberación de mercancías.
—— **ORDER,** permiso de liberación.
——, **TO,** ceder, liberar, eximir, descargar, soltar, finiquitar.
RELEASEE, el que recibe descargo.
RELEASOR, el que otorga descargo.
RELEVANT, pertinente, apropiado.
—— **COST,** costo pertinente.
—— **RANGE,** escala pertinente.
RELIABILITY, confiabilidad, seguridad, precisión.
—— **COEFFICIENT,** coeficiente de confiabilidad.
——, **STATISTICAL,** confiabilidad estadística.
RELIABLE, digno de confianza, confiable, serio, formal, fidedigno, seguro.
—— **PERSON,** persona confiable, persona digna de confianza.
RELIEF, condonación, compensación, asistencia, beneficencia, ayuda, relevo, relieve.
—— **FUND RESERVE,** reserva para ayuda a empleados.
——, **ON,** vivir de socorro o de ayuda.
——, **OUTDOOR,** socorro o ayuda a domicilio.
—— **PERIOD,** período de descanso.
—— **SHIFT,** equipo de relevo, turno de relevo.
RELIEVE, TO, relevar, remediar, socorrer, librar.
RELIGION, religión, creencia.
RELIGIOUS, religioso, religiosa, devoto, fiel.
—— **AFFILIATION,** creencia religiosa.
—— **BACKGROUND,** creencias religiosas.
—— **CORPORATION,** corporación religiosa.
—— **INSTITUTION,** institución religiosa.
—— **LEADER,** dirigente religioso, guía religioso.
RELOAD, TO, recargar, reembarcar, reestibar.
RELOCATION COSTS, costos de reubicación.
RELAY, ON, confiar en, contar con, fiarse de.
RELAY, TO, depender de.
REMAIN, TO, quedarse, permanecer, faltar.
REMAINDER, residuo, resto, restante, remanente.
—— **THEOREM,** teorema del residuo.
REMAINDERMAN, heredero de la nuda propiedad.
REMAINING BALANCE, saldo insoluto.
REMAINING LIFE, vida disponible.
REMAKE, TO, rehacer.
REMARK, TO, observar, notar.
REMARKS, observaciones, advertencias.
REMEDIAL, de remedio, remediable, reparable.

—— EDUCATION PROGRAM, programa de educación especial o de remedio.
—— LOANS, préstamos personales pequeños.
REMEDY, remedio, medicamento, recurso, remediar, curar.
REMEMBER, TO, recordar, acordarse, tener presente.
REMINDER, recordatorio, advertencia.
—— ADVERTISING, publicidad recordatorio.
—— FILE, sistema o archivo de recordatorio.
REMISSION, remesa, remisión, perdón.
REMIT, TO, remitir, enviar, situar, aplazar, condonar.
REMITTANCE, remesa, envío, consignación, giro, letra de cambio.
—— ADVICE, notificación de remesa.
—— CREDIT, crédito por remesa.
—— DUE, remesa pendiente.
—— FROM BRANCH, remesa de la sucursal.
—— FROM HOME OFFICE, remesa de la oficina principal.
—— SLIP, ficha de remisión, boleta de remesa.
—— TO BRANCH, remesa a la sucursal.
REMITTANCES IN TRANSIT, remesas en tránsito, envíos en camino.
REMITTANCES PENDING, remesas pendientes.
REMITTEE, destinatario, recipiente de una remesa.
REMITTER, remitente.
REMNANT SALE, liquidación o realización de saldos.
REMODEL, TO, remodelar, reconstruir.
REMORSE, remordimiento, compunción.
REMOTE, remoto, distante, lejano, extraño.
—— BANK TERMINAL, terminal remota de banco.
—— COMPUTER TERMINAL, terminal de computadora remota.
—— CONTROL, control remoto.
—— TERMINAL, terminal remota de computadora.
—— VIDEO SCREEN, pantalla de video remota.
REMOVAL, remoción, destitución, traslado, eliminación, mudanza.
—— COST, costo de demolición.
—— OF AN OFFICER, destitución de un funcionario.
REMOVE, TO, quitar, despedir, destituir, eliminar, sacar.
REMUNERATE, TO, remunerar, retribuir, recompensar, premiar.
REMUNERATION, remuneración, retribución, recompensa.
REMUNERATIVE WORK, trabajo remunerativo, labor remunerativa.
RENDER, entregar, hacer, rendir, ejecutar, suministrar.
—— A DECISION, hacer la decisión.
—— A SERVICE, prestar o dar un servicio.
—— AN ACCOUNT, rendir una cuenta o factura, dar cuenta.
—— ASSISTANCE, prestar auxilio.
—— HOMAGE, rendir homenaje.

—— JUSTICE, hacer justicia.
RENEGADE, renegado, desertor.
RENEGOTIATED LOAN, préstamo sobre acumulación.
RENEGOTIABLE-RATE MORTGAGE, hipoteca con tasa renegociable.
RENEGOTIATION RESERVE, reserva para renegociaciones.
RENEW, TO, prorrogar, renovar, extender.
RENEWABLE, renovable, prorrogable.
—— CONTRACT, contrato renovable o prorrogable.
—— ENERGY, energía renovable o aprovechable.
—— RESOURCES, recursos renovables.
—— TERM INSURANCE, seguro de término renovable.
RENEWAL, renovación, extensión, prórroga.
—— COMMISSION, comisión de renovación.
—— FUND, fondo de reposición.
—— LOADING, recargo de renovación.
—— NOTICE, aviso de renovación.
—— OPTIONS, opciones de renovación.
—— PARTS, piezas o partes de repuesto.
—— PREMIUM, prima de renovación.
—— RATE, tasa o tipo de renovación.
RENEWED NOTES, pagarés renovados o prorrogados.
RENOVATION, renovación, compostura.
RENT, renta, alquiler, arriendo.
—— , ANCIENT, renta antigua.
—— , ECONOMIC, renta económica.
—— EXPENSE, renta.
—— , FOR, se alquila.
—— FREEZE, congelación de alquileres.
—— , GROSS, renta o arrendamiento bruto.
—— INCOME, ingreso por rentas.
—— INSURANCE, seguro de alquileres.
—— , LAND, renta de la tierra.
—— OF AN ANNUITY, renta de una anualidad.
—— OF ORDINARY ANNUITY, renta de una anualidad ordinaria.
—— , OFFICE, alquiler o renta de la oficina.
—— PAYABLE, alquiler por pagar.
—— PERIOD, período o anualidad de la renta.
—— , PREPAID, alquileres pagados por adelantado.
—— RECEIVABLE, rentas por cobrar.
—— RECEIVED IN ADVANCE, renta recibida por adelantado.
—— ROLL, registro de rentas o alquileres.
—— SUBSIDY, subsidio a la renta, subvención para pagar la renta.
—— , TO, alquilar, rentar, arrendar
RENT-FREE, sin alquiler, exenta de alquiler.
RENTABLE, rentable, arrendable.
—— AREA, área rentable, zona en arriendo.
RENTAL, arrendamiento, arriendo, alquiler, renta, censo.
—— AGREEMENT, convenio de arrendamiento, contrato de arrendamiento.
—— , ANNUAL, renta anual.

——INCOME, ingreso por arriendos.
——MARKET, servicio de arrendamiento.
——OFFICE, oficina de arrendamiento.
——PAYMENT, pago de arrendamiento o de renta.
——RATE, tipo de alquiler, canon de arrendamiento.
——REVENUE, ingreso por rentas.
——VALUE, valor en arriendo
——WITH OPTION TO PURCHASE, arrendamiento con opción de compra.
RENTAL-INCOME BUILDING, edificio de renta o en renta.
RENTED SHOWROOM, sala de exhibición rentada, salón de exposición alquilado.
RENTER, inquilino, arrendatario, residente.
REOPEN, TO, reabrir, reanudar.
REORDER, reordenar, repetir la orden o el pedido.
——LEVEL, nivel de reposición de mercancía.
——POINT, punto de reorden.
REORDER SIGNAL, señal de reposición.
REORDERING OF STOCKS, resurtido de existencias.
REORGANIZATION, reorganización.
REPAIR, reparación, compostura, restauración.
——EXPENSE, gasto de reparación.
——GANG, cuadrilla o equipo de reparaciones.
——, IN GOOD, en buen estado, reparado.
——KIT, equipo o estuche de reparación.
——, OUT OF, descompuesto.
——, PARTS, refacciones, repuestos, piezas de repuesto.
——SHOP, taller de reparaciones o de mantenimiento.
——, TO, reparar, componer, restaurar.
——WORK, reparación, trabajo de reparación.
——YARD, astillero.
REPAIRS, reparaciones, composturas.
——ACCOUNT, cuenta de reparaciones.
——AND MAINTENANCE, reparación y mantenimiento, reparación y conservación.
REPAIRMAN, reparador, componedor.
REPATRIATION OF CAPITAL, repatriación de capitales.
REPAY, TO, reembolsar, reintegrar, devolver, recompensar, restituir.
REPAYMENT, reembolso, reintegro de dinero, recompensa.
——AGREEMENT, convenio de reembolso, contrato de reintegro.
——OF BORROWINGS, pago de préstamos.
——OF SHORT-TERM FINANCING, pago de financiamiento a corto plazo.
——TERMS, condiciones de pago.
——WITH PENALTY, multa o prima por reembolso.
REPEAT, repetir, duplicar, repasar, reiterar.
——CUSTOMERS, clientes repetidos, clientes a quienes se les surte de nuevo.
——ORDER, pedido u orden repetido.
REPEATED MESSAGE, telegrama o mensaje verificado.

REPEATING AUDIT, auditoría repetitiva.
REPENT, TO, arrepentirse de.
REPETEND, reemplazo.
REPLACE, TO, reemplazar, reponer, renovar, substituir.
REPLACEMENT, reemplazo, reposición, renovación, repuesto, piezas de repuesto.
——COST, costo de reposición o de sustitución.
——EQUIPMENT, sustitución o reemplazo de equipo.
——FUND, fondo de renovación.
——PROJECTS, proyectos de reemplazo.
——RESERVE, reserva para reposición o reemplazo.
——SPARE PARTS, piezas sueltas de repuesto.
——UNIT, unidad de reemplazo.
REPLACEMENTS, piezas o partes de repuesto, refacciones, reposiciones, cambios de personal.
REPLENISH, TO, rellenar, reembolsar.
REPLEVIN, recurso legal para recuperar un bien.
REPLICATION, repetición, respuesta, réplica, repliegue.
REPLY, contestación, respuesta, réplica.
——CARD, tarjeta para respuesta, boletín de contesta.
——COUPON, cupón de respuesta.
——FORM, impreso para respuesta.
——, TO, responder, contestar, replicar.
REPLY-PAID POSAL CARD, tarjeta postal con contesta pagada.
REPORT, informe, memoria, relación, dictamen.
——, ACCOUNTANT'S informe del contador.
——, ANNUAL, informe anual.
——, APPRAISAL, informe de avalúo.
——, AUDIT, informe de auditoría.
——, BY, según se dice.
——, CASH, informe de caja.
——CHARGE, cargo o gasto por informe.
——, CONTROL, informe de control.
——, CREDIT, informe de crédito.
——DATE, fecha del informe.
——, FINANCIAL, informe financiero.
——FORM, forma de informe o reporte.
——FORM BALANCE SHEET, balance general en forma de informe.
——GENERATION, generación de informes.
——OF DELIVERY, aviso de entrega.
RPG (report program generator), generador de programas de informes.
——, PROGRESS, informe de avance.
——RETRIEVAL, recuperación de informe.
REPORTER, reportero, periodista, cronista.
REPORTING, informar, reportaje.
——OF DATA, presentación de datos.
——OF LEASES, informe de arrendamientos.
REPOSSESS, TO, recuperar, recobrar.
REPOSSESSED MERCHANDISE, mercancías recuperadas.
REPOSSESSION, recuperación.

REPREHEND, TO, reprender, censurar, tachar, regañar.
REPRESENT, TO, representar, manifestar, describir.
REPRESENTATION, declaración, exposición.
—— LETTER, carta de representación.
REPRESENTATIVE, representante, delegado, gestor, apoderado.
——, DIRECT, representante directo.
——, FIELD, representante de zona.
——, MANUFACTURER'S, representante del fabricante.
—— MONEY, moneda representativa.
——, SALES, agente de ventas.
—— SAMPLE, muestra representativa.
—— SAMPLING, muestreo representativo.
REPRESS, TO, refrenar, contener, dominar.
REPRINT, reimpresión, reimprimir, tirada o tiraje.
REPRODUCE, TO, reproducir, copiar.
REPRODUCTION, reproducción, duplicado.
—— COST, costo de reproducción o de duplicación.
—— MACHINE, máquina reproductora.
—— PROOF, prueba de reproducción.
—— VALUE, valor de reproducción.
REPULSE, repulsa, rechazo, repeler, denegar.
REPURCHASE, recompra, readquisición.
—— AGREEMENT, convenio de recompra o de adquisición.
REPURCHASED STOCK, acciones readquiridas o recompradas.
REPUTATION, reputación, buen nombre, crédito, prestigio.
REQUEST, solicitud, petición, demanda, ruego.
——, BY, a petición, a solicitud.
——, CONFIRMATION, solicitud de confirmación.
—— FOR A LOAN, solicitud de préstamo.
—— FOR PURCHASE, solicitud de compra.
—— OF, AT THE, a petición de.
——, ON, a solicitud.
—— QUOTATION, solicitud de cotización.
——, TO, pedir, solicitar, encargar.
REQUIRED, TO, demandar, necesitar, pedir.
REQUIRED, requerido, demandado.
—— EARNINGS, ingresos o entradas requeridas.
—— PRIMARY RESERVES, reservas primarias obligatorias.
REQUIREMENTS, necesidades, requisitos, exigencias.
——, INVENTORY, requisitos de inventario o de existencias.
——, MANNING, necesidades de personal.
REQUISITION, petición, solicitud, requisición, nota de pedido, encargo.
—— AUDITOR, auditor de requisiciones.
—— FORM, impreso o modelo para pedidos.
—— JOURNAL, diario de requisiciones o pedidos.
——, MATERIALS, solicitud de materiales.
RERUN ROUTINE, (computación) rutina.
RES JUDICATA, cosa juzgada.

RESALE, reventa.
—— DISCOUNT, descuento por reventa.
—— PRICE, precio de reventa.
—— VALUE, valor de reventa.
RESCIND, TO, rescindir, anular, disolver.
RESCISSION, rescisión, anulación.
RESCUE, TO, rescatar, salvar, librar.
RESEARCH, investigación, estudio, búsqueda.
——, ACCOUNT, investigación de cuentas.
—— AND DEVELOPMENT, investigación y desarrollo.
—— AND DEVELOPMENT COSTS, costos de investigación y desarrollo.
—— AND DEVELOPMENT ENGINEER, ingeniero de investigación y desarrollo.
—— AND DEVELOPMENT EXPENSE BUDGET, presupuesto de gastos de investigación y desarrollo.
—— DEPARTMENT, departamento de investigación.
—— DESIGN, diseño de investigación.
—— DIRECTOR, director o jefe de investigaciones.
——, ECONOMIC, investigación económica.
—— EXECUTIVE, ejecutivo o funcionario de investigación.
—— LABORATORY, laboratorio de investigación.
—— MAN, investigador.
—— MANAGER, gerente de investigación.
——, MARKETING, investigación de mercados.
—— MONOGRAPH, monografía de investigación.
——, OPERATIONS, investigación de operaciones.
—— PROGRAM, programa de investigación, plan de investigación.
—— PROJECT, proyecto de investigación.
—— STAFF, personal de investigación.
—— TECHNIQUES, técnicas de investigación.
—— WORK, trabajo de investigación.
RESEARCHER, investigador.
RESELL, TO, revender.
RESERVE, reserva, en reserva, cautela.
—— ACCOUNT, cuenta de reserva o de provisión.
—— ADEQUACY, reserva adecuada.
—— BANK, banco federal de reserva (EUA).
——, BANK, reserva bancaria.
——, CAPITAL, reserva de capital.
——, CASH, reserva en efectivo, reserva de efectivo.
—— DEPLETION, agotamiento de las reservas.
—— FOR ACCIDENT COMPENSATION, reserva para accidentes, reserva para compensación por accidentes.
—— FOR ACCIDENTS, reserva para accidentes.
—— FOR ALLOWANCES, reserva para bonificaciones.
—— FOR AMORTIZATION, reserva para amortización.
—— FOR BAD DEBTS, reserva para deudas incobrables.
—— FOR BOND REDEMPTION, reserva para rescate de obligaciones.
—— FOR CONTINGENCIES, reserva para imprevistos, emergencias o contingencias.
—— FOR DEPLETION, reserva para agotamiento.
—— FOR DEPRECIATION, reserva para depreciación.

—— FOR DEPRECIATION AND AMORTIZATION, reserva para depreciación y amortización.
—— FOR DISCOUNTS, reserva para descuentos.
—— FOR DOUBTFUL ACCOUNTS, reserva para cuentas dudosas, reserva para cobros dudosos.
—— FOR EMPLOYEES' PROFIT SHARING, reserva para participación de empleados en las utilidades de la empresa.
—— FOR ENCUMBRANCES, reserva para gravámenes.
—— FOR EXPANSION, reserva para ampliación.
—— FOR FIRE LOSS, reserva para pérdidas por incendio.
—— FOR FLOOD LOSS, reserva para pérdidas por inundación.
—— FOR INDEMNITIES, reserva para indemnizaciones.
—— FOR INVENTORY LOSSES, reserva para pérdidas en inventarios.
—— FOR LOSSES, reserva para pérdidas o para siniestros.
—— FOR MARKET DECLINE, reserva para bajas de mercado.
—— FOR OVERHEAD, reserva para gastos indirectos.
—— FOR PLANT EXPANSION, reserva para ampliación de planta.
—— FOR RENEWALS AND REPLACEMENTS, reserva para renovaciones y sustituciones, reserva para retiros y reemplazos.
—— FOR REPAIRS, reserva para reparaciones.
—— FOR REPLACEMENTS, reserva para renovación.
—— FOR RETIREMENT OF PREFERRED STOCK, reserva para retiro de acciones preferentes.
—— FOR SELF-INSURANCE, reserva de seguro propio.
—— FOR SINKING FUND, reserva de amortización.
—— FOR TAXES, reserva para impuestos.
—— FOR UNCOLLECTIBLE ACCOUNTS, reserva para cuentas incobrables.
—— FOR WEAR, TEAR, OBSOLESCENCE OR INADEQUACY, reserva para uso, desgaste, obsolescencia o insuficiencia.
—— FOR WORKING CAPITAL, reserva para aumentar el capital circulante.
—— FUND, fondo de reserva.
——, LEGAL, reserva legal.
—— MARGIN, reserva marginal.
—— PASSAGE, reservar pasaje.
—— PRICE, precio mínimo fijado, precio de reserva.
—— RIGHTS, reservar derechos.
—— SPLITUP, disminución proporcional de acciones.
—— STOCK, existencias en reserva.
—— SURPLUS, excedente o superávit de reserva.
——, TO, reservar, retener, guardar, conservar, excluir.
RESERVES, reservas.
——, BANK'S PRIMARY, reservas primarias del banco.
——, COAL, reservas de hulla o de carbón de piedra.
—— DEDUCTIBLE FROM ASSETS, reservas complementarias del activo.
——, OIL, reservas de petróleo.
RESERVED, reservado, guardado, discreto, callado
—— MARKET, mercado reservado.
RESERVOIR, represa, embalse.
RESHIP, TO, reembarcar, reexpedir.
RESHIPMENT, reembarque, reexpedición.
RESIDE, TO, residir, vivir, morar.
RESIDENCE, residencia, domicilio, morada, mansión.
RESIDENT, residente, habitante, morador.
—— AGENT, agente local.
—— BUYER, comprador residente.
—— OFFICE, oficina local o regional.
RESIDENTIAL, residencial.
—— AIR CONDITIONING, aire acondicionado residencial.
—— COMMUNITY, comunidad residencial.
—— MARKET, mercado residencial.
—— MORTGAGE, hipoteca de residencia, hipoteca de casa.
—— PROPERTY, propiedad de casas o viviendas.
RESIDUAL, residual, restante, remanente.
—— COST, costo residual.
—— INTEREST, interés residual.
—— NET INCOME, ingresos netos.
—— NET PROFIT, utilidades netas.
—— PRODUCT, subproducto, producto residual.
—— RETURN, rendimiento residual, beneficio residual, renta residual.
—— SHARE, participación residual.
—— VALUE, valor residual o de desecho.
RESIDUARY, residual, remanente.
—— LEGATEE, legatario residual, heredero universal.
—— OUTLAY, desembolso residual.
RESIDUE, residuo, resto, resta, sobrante, remanente.
RESIGN, TO, renunciar, despedirse, dimitir, abandonar.
RESIGNATION, renuncia, dimisión, cese de servicios.
—— OF AN OFFICER, renuncia de un funcionario.
RESIST, TO, resistir, oponerse, rechazar, impedir, contrariar.
RESISTANCE, resistencia.
—— POINT, punto de resistencia.
RESISTANT, resistente.
RESISTED CLAIMS, reclamaciones rechazadas.
RESOLUTION, resolución, acuerdo, determinación, decisión, disposición.
RESOLVE, TO, resolver, determinar, decidir, declarar, acordar.
RESORT, recurso, medio, refugio, concurso.
——, SUMMER, centro de veraneo o vacacional.
RESOURCE, recurso, medio, habilidad.

—— ALLOCATOR, localizador de recursos.
—— AVAILABILITY, disponibilidad de recursos.
—— DEVELOPMENT, desarrollo de recursos.
—— LIMITATIONS, limitación de recursos, escasez de recursos.
——, MANPOWER, recurso de mano de obra, recurso de fuerza laboral.
—— PRICING, precios de los recursos.
—— RECOVERY, recuperación de recursos.
—— RECOVERY DIVISION, división de recuperación de recursos.
—— SURVEY, estudio de recursos naturales.
RESOURCES, recursos, activo, bienes, patrimonio.
——, AGRICULTURAL, recursos agrícolas.
——, ALLOCATION OF, asignación de recursos.
——, CATTLE, recursos ganaderos o pecuarios.
——, CONSERVATION OF, conservación de recursos.
——, DEMAND FOR, demanda de recursos.
—— DEPLETION, agotamiento de recursos.
——, ENERGY, recursos de energía o energéticos.
——, FINANCIAL, recursos financieros.
——, FISHING, recursos pesqueros.
——, FOOD, recursos de alimentos.
——, HUMAN, recursos humanos.
——, HUMAN, MANAGEMENT OF, administración de recursos humanos.
——, MARKET FOR, mercado de recursos.
——, MATERIAL, recursos materiales.
——, NATURAL, recursos naturales.
——, OIL, recursos petroleros.
—— POLLUTION, contaminación de recursos, impurificación de recursos.
——, RENEWABLE, recursos renovables.
——, SUPPLY OF, oferta de recursos.
——, TIMBERLAND, recursos forestales.
——, UNDEVELOPED, recursos sin aprovechar.
——, WATER, recursos hidráulicos.
RESPECT, respeto, consideración, respecto.
——, IN SOME, de algún modo.
——, TO, respetar, referirse a, estimar.
—— TO, WITH, con respecto a, tocante a.
RESPECTFUL, respetuoso.
RESPECTFULLY YOURS, respetuosamente de ustedes.
RESPIRATOR, respirador.
RESPOND, TO, responder, obedecer, contestar.
RESPONDENT, entrevistado, respondedor, demandado.
RESPONSE, respuesta, contestación, réplica.
RESPONSIBILITY, responsabilidad, obligación, deber.
—— ACCOUNTING, contabilidad con fijación de responsabilidades.
——, ASSUME THE, asumir la responsabilidad.
—— COSTING, determinación de costos con fijación de responsabilidades.
——, LEGAL, responsabilidad legal.
——, PLACE, exigir responsabilidad.
RESPONSIBLE, responsable, solvente, fiable.
—— BIDDER, licitador o proponente responsable.

—— FOR, TO BE, responder de, ser responsable de.
—— OFFICER, funcionario responsable.
—— POST, cargo o puesto responsable.
REST, resto, diferencia, balance, saldo, descanso.
—— ACCOUNT, superávit.
—— PERIOD, período de descanso, pausa.
—— ROOM, sala de descanso o de espera.
——, TO, descansar, reposar, yacer.
RESTAURANT, restaurante, restorán, fonda.
—— CAR, coche comedor, carro restaurante.
—— WORKERS, obreros gastronómicos.
RESTITUTION, restitución, devolución, indemnización.
RESTLESS, inquieto, intranquilo, impaciente.
RESTORATION, restauración, renovación, restitución.
—— PREMIUM, prima de restablecimiento.
RESTRAIN, TO, refrenar, reprimir, contener, cohibir, limitar.
RESTRAINT, restricción, limitación, freno.
—— OF TRADE, restricción del comercio.
—— ON COMPETITION, freno a la competencia.
—— ON IMPORTS, restricción de las importaciones.
RESTRAINTS AND DETAINMENTS, retenciones y detenciones.
RESTRICT, TO, restringir, limitar.
RESTRICTED, limitado, restringido.
—— ACCOUNT, cuenta inactiva por falta de margen.
—— BOND, bono federal no transferible.
—— CASH, efectivo restringido o limitado.
—— COMMON STOCKS, acciones comunes limitadas.
—— FUND, fondo restringido.
—— IMPORTS, importación controlada o limitada.
—— LIABILITY, responsabilidad limitada.
—— RANDOM SAMPLING, muestreo aleatorio restringido.
—— RECEIPTS, entradas o ingresos restringidos.
—— STOCK OPTION, opción restringida de compra de acciones.
—— SURPLUS, superávit restringido.
RESTRICTIONS ON CASH, restricciones o limitaciones de efectivo.
RESULT, resultado, consecuencia, efecto.
——, AS A, como resultado.
——, TO, resultar, acabar, terminar en.
——, TO, FROM, resultar de.
RESULTS, resultados.
—— FROM OPERATION, resultados de la operación.
RÉSUMÉ, resumen, sumario, curriculum vitae, reducido, recapitulación.
—— PAYMENT, reanudar los pagos.
RETAIL, por menor, menudeo, detalle, al detalle.
—— ACCOUNTING, contabilidad de ventas al menudeo o al detalle.
—— ADVERTISING, publicidad minorista, propaganda del distribuidor.
——, AT, a precio de menudeo.

—— BRANCH, sucursal minorista, sucursal de venta al detalle.
—— BRANCH MANUFACTURER'S, sucursal detallista del fabricante.
—— BUSINESS, negocio al menudeo, comercio al detalle.
—— CLERK, dependiente de ventas al menudeo.
—— COPY, texto para minoristas.
—— COST, costo de ventas al menudeo.
—— CREDIT, venta a plazos.
—— CUSTOMER DEPOSIT, depósito del cliente detallista, depósito bancario del cliente detallista.
—— DEPARTMENT STORE CHAIN, cadena de tiendas de ventas al menudeo.
—— DISTRIBUTION, distribución al detalle o detallista.
—— ESTABLISHMENT, establecimiento minorista o detallista.
—— GROCERY, bodega, abarrotes.
—— INVENTORY, inventario de menudeo.
—— INVENTORY METHOD VALUATION, valoración por el método de inventario al detalle.
—— LAND SALES, ventas de terrenos a plazos.
—— LAND SALES REVENUE, ingreso por venta de terrenos.
—— MARKET, mercado minorista o al detalle.
—— MERCHANT, minorista, comerciante al por menor.
—— METHOD, método de ventas al menudeo o al detalle.
—— OUTLET, establecimiento de ventas al menudeo.
—— OUTLETS, detallistas.
—— PRICE, precio de menudeo.
—— SALE, venta al por menor o al detalle.
—— SHOPPING CENTER, centro comercial minorista, tienda comercial de venta al detalle.
—— STORE, tienda detallista o de venta al menudeo.
——, TO, detallar, vender al menudeo, vender al por menor.
—— TRADE, comercio minorista o al detalle.
RETAIL-PRICE INDEX, índice de precios al por menor.
RETAILER, comerciante detallista, minorista, detallista.
RETAILER-COOPERATIVE, cooperativa de comerciantes al detalle.
RETAILING, ventas al menudeo o al detalle.
——, COST OF, costo del negocio minorista o detallista.
—— FIRMS, empresas que venden al menudeo, empresas minoristas.
——, HOUSE-TO-HOUSE, ventas al menudeo de casa en casa.
——, MAIL-ORDER, ventas al menudeo por correo.
—— MANAGEMENT, administración de ventas al por menor.
RETAIN, TO, retener, guardar, conservar, detener.

RETAINED, retenido, guardado.
—— EARNINGS, superávit ganado, utilidades retenidas en el negocio.
—— EARNINGS APPROPRIATED, utilidades retenidas asignadas.
—— EARNINGS COST, costo de utilidades retenidas.
—— FEE, adelanto, anticipo.
—— INCOME, utilidades retenidas, excedentes de explotación.
—— PERCENTAGE, porcentaje retenido.
RETALIATION, desquite, desagravio.
——, LAW OF, ley del talión.
—— TARIFF, tarifa de represalia.
RETARD, TO, retardar, atrasar, retrasar, demorar, detener, dilatar.
RETENTION, retención, retentiva, memoria.
—— OF STOCKHOLDER EQUITY, retención del capital social.
RETIRE, retirarse, retirarse del trabajo o de la vida activa, jubilarse, retroceder, apartarse.
—— BONDS, amortizar bonos.
—— EQUIPMENT, dar de baja equipo, desechar equipo.
—— FROM BUSINESS, retirarse de los negocios.
—— ON A PENSION, acogerse o vivir de la jubilación o pensión, jubilarse.
RETIRED, retirado, amortizado, apartado.
—— ASSETS, activo retirado.
——, BONDS, bonos amortizados.
—— EMPLOYEE, empleado retirado, empleado jubilado.
—— OFFICER, oficial o funcionario retirado.
—— PROPERTY, bienes retirados.
RETIREMENT, retiro, jubilación, retirada.
—— ACCOUNTING, contabilidad de retiros.
—— AGE, edad de retiro.
—— ALLOWANCE, pensión de retiro, jubilación.
—— ANNUITY, pensión o anualidad de retiro.
—— BENEFIT, beneficio o indemnización de retiro.
——, BOND, retiro de bonos.
—— CURVE, curva de retiros.
—— ENDOWMENT, póliza dotal de retiro, anualidad total.
—— FUND, fondo de retiro, caja de retiro.
—— HOME, casa de retiro.
—— INCOME, renta de retiro.
—— INCOME ANNUITIES, anualidades por renta de retiro.
—— INCOME CONTRACT, contrato de renta de retiro.
—— METHOD, métodos de retiros.
—— OF ASSETS, retiro de activo.
—— OF CONVERTIBLE DEBT, retiro de valores de pasivo convertible.
—— OF DEBT, redención de la deuda.
—— PENSION, jubilación, pensión de retiro o de jubilación.
—— PLAN, plan de retiro o de jubilación.
—— RATE, promedio de retiro.

—— RESERVE, reserva para retiradas.
—— TABLE, tabla de retiros.
—— UNIT, unidad de retiro.
RETOOLING PROCESS, proceso de instalar máquinas-herramienta para nuevos productos.
RETRACT, TO, retractar, retirar, retraer.
RETREAT, retirada, retraimiento, refugio, asilo, batirse en retirada.
RETRIEVE, recobrar, cobrar la caza, recuperar.
—— DATA, recuperar datos.
RETROACTIVE, retroactivo.
RETROSPECT, mirada retrospectiva.
——, IN, mirando al pasado.
RETROSPECTIVE, retrospectivo.
—— FINANCE CHARGES, gastos financieros pasados.
—— RATING, apreciación retrospectiva.
—— YIELD, rendimiento efectivo.
RETURN, devolución, rendimiento, beneficio, producto, recompensa, regreso, retroceso.
—— A VERDICT, pronunciar un fallo.
—— ADDRESS, dirección para devolución.
——, ANNUAL, ganancia o rédito anual.
—— CARGO, carga de retorno o devolución.
—— COMMISSION, comisión por devolución.
—— COUPON, boletín o talón de contestación.
—— ENVELOPE, sobre para contestación.
—— FIGURES, valor o monto de la renta.
—— HOME, regresar a casa.
——, INCOME TAX, declaración del impuesto sobre la renta.
—— LEVEL, nivel de rendimiento o de beneficio.
—— MAIL, contesta a vuelta de correo, respuesta inmediata.
—— OF CAPITAL FROM RESERVES, amortización de capital con reservas.
—— OF GOODS, devolución de mercancías.
—— OF PRINCIPAL, reembolso del capital.
—— ON, rendimiento.
—— ON ASSETS, utilidades del activo, rendimiento del activo.
—— ON CAPITAL, utilidades del capital, rendimiento del capital.
—— ON EQUITY, rendimiento del valor líquido, rendimiento de títulos.
—— ON INVESTED CAPITAL, rendimiento del capital invertido.
—— ON INVESTED CAPITAL RATIO, razón del rendimiento del capital invertido.
—— ON INVESTMENT, rendimiento de la inversión.
—— ON LOANS, utilidades de préstamos o de empréstitos.
—— ON SECURITIES, utilidades de valores o de títulos.
—— ON SHAREHOLDE EQUITY, ganancias o utilidades sobre el capital contable.
—— ON STOCKHOLDER'S EQUITY, rendimiento del capital contable.
—— ON TOTAL ASSETS, rendimiento del activo total.
—— PREMIUM, prima de devolución.

——, RATE OF, tasa de rendimiento.
—— RECEIPT, recibo de devolución.
——, TAX, declaración, declaración fiscal, manifestación del impuesto.
—— TICKET, boleto de ida y vuelta.
—— TO SENDER, devuélvase al remitente o al expedidor.
—— TO WORK, volver o regresar al trabajo.
—— TRIP, viaje de regreso.
RETURNS, devoluciones, ingresos, ganancias, utilidades.
—— AND ALLOWANCES, devoluciones y bonificaciones.
——, DIMINISHING MARGINAL, rendimientos marginales decrecientes.
——, LAW OF DIMINISHING, ley de rendimientos decrecientes.
—— OF MERCHANDISE, devolución de mercancías.
RETURNABLE, restituible, devolutivo.
—— CONTAINER, recipiente retornable.
—— DEPOSITS, depósitos reintegrables.
RETURNED, devuelto, restituido.
—— CHECK, cheque devuelto.
RETURNED-TO-STORES RECORD, registro de devoluciones al almacén.
RETYPE, TO, volver a mecanografiar, volver a escribir a máquina.
REUNION, reunión, junta, reconciliación.
REVALIDATION, revalidación.
REVALUATION, revaluación, revalorización.
—— CAPITAL, capital de revaluación.
—— EXCESS, excedente de revaluación.
—— INCREMENT, incremento de revaluación.
—— OF CURRENCY, revaluación o revalorización de la moneda.
—— RESERVE, reserva para revaluación.
—— SURPLUS, superávit de revaluación.
REVEAL, TO, revelar, divulgar, manifestar.
REVENGE, venganza, desagravio, desquite.
REVENUE, ingresos, renta, productos, entradas brutas, rendimiento, rentas públicas.
—— ACCOUNT, cuenta de ingresos.
—— AND EXPENSE, ingresos y gastos.
—— AND EXPENSE SUMMARY, cuenta de ingresos y gastos.
——, AVERAGE, ingreso medio.
—— BOND, bono pagadero con los ingresos.
—— BREAKDOWN, distribución del ingreso.
—— CARGO, carga pagada.
——, CURRENT, renta corriente.
—— CUTTER, guardacostas.
—— CYCLE, ciclo del ingreso o de la recaudación.
—— DEDUCTION, deducción del ingreso.
—— DUTIES, derechos para renta pública.
—— EXPENDITURE, gastos corrientes, erogaciones no capitalizables.
—— FREIGHT, carga pagada.
—— FROM TAXES, ingresos por impuestos.
——, GOVERNMENT, rentas del gobierno.

—— GROWTH, crecimiento de la renta, aumento de las entradas.
——, INTEREST, ingresos por intereses.
——, INTERNAL, rentas internas.
——, MARGINAL, renta o ingreso marginal.
—— OFFICER, aduanero.
—— REALIZATION, realización de los ingresos.
—— RECEIPTS, ingresos efectivos.
—— RESERVES, reservas de ingresos.
——, SOURCES OF, fuentes de ingresos.
—— STAMPS, sellos del impuesto de consumo, timbres fiscales.
—— TARIFF, arancel de renta, derechos de renta pública.
—— TRANSACTION, operación de ingreso.
—— WAYBILL, guía de carga con gastos de flete.
REVENUES, recaudaciones, rentas, ingresos, réditos.
——, ACCRUED, réditos acumulados, ingresos acumulados.
——, DEFERRED, productos diferidos.
——, EARNED, ingresos devengados.
—— FROM TAXES, ingresos por impuestos.
——, UNEARNED, ingresos no devengados.
REVERSAL, inversión, reversión, revocación, volteo.
—— ENTRY, cancelación.
REVERSE, reverso, inverso, opuesto, dorso, revés.
—— OPERATION, operación inversa.
—— THE CHARGES, cobrar al número llamado.
——, TO, anular, invertir, dar marcha atrás.
REVERSING ENTRY, asiento de reversión, contrapartida, contraasiento.
REVERSIONARY, reversible, recuperable.
—— ANNUITY, anualidad o pensión reversible.
—— INTEREST, derecho de sucesión.
REVIEW, examen, revisión, repaso, crítica.
—— EXERCISES, ejercicios de repaso.
——, TO, revisar, analizar, repasar, criticar.
REVISE, TO, revisar, releer, enmendar.
REVISION, revisión, modificación.
——, BUDGET, revisión del presupuesto.
REVIVE, TO, revivir, restaurar, restablecer.
REVOCABLE TRUST, fideicomiso revocable.
REVOCATION, revocación.
REVOKE, TO, revocar, anular, derogar.
REVOLT, revuelta, rebelión, sublevación.
REVOLUTION, revolución, sublevación, revuelta.
REVOLVING, revolvente, rotativo.
—— CARDHOLDER, tarjetahabiente rotativo.
—— CREDIT, crédito rotativo o revolvente.
—— CREDIT LINE, línea de crédito revolvente o rotatoria.
—— DOOR, puerta giratoria.
—— FUND, fondo rotativo o revolvente.
—— LETTER OF CREDIT, carta de crédito revolvente.
—— METAL DRUM, tambor giratorio de metal.
—— STOCK, material revolvente.
REWARD, gratificación, recompensa, premio.

——, TO, gratificar, premiar, recompensar.
RIBBON, cinta, banda, tira.
—— PRINT, impresión de la cinta.
—— SPOOL, carrete de la cinta.
RICE, arroz, arrocero.
—— FIELD, arrozal.
—— GROWER, cosechero de arroz.
—— MILL, molino arrocero o de arroz.
RICH, rico, acaudalado, adinerado, opulento.
RIDDLE, acertijo, enigma, adivinanza.
RIDE, TO, montar, pasear en automóvil, a caballo, en tren, en tranvía.
RIG, equipo, aparejo, equipo de perforación de petróleo.
——, TO, equipar, aparejar.
RIGHT, derecho, título, poder, autoridad, privilegio, correcto, cierto.
—— ALONG, sin interrupción.
—— AWAY, ya, luego, de inmediato.
—— HAND, mano derecha.
——, IT IS, está bien, es justo.
—— LINE, línea recta.
—— OF ACTION, derecho de acción legal.
—— OF ASSEMBLY, derecho de reunión.
—— OF LIEN, derecho prendario.
—— OF PROPERTY, derecho de asilo.
—— OF RETENTION, derecho de retención.
—— OF WAY, derecho de paso o de vía, libertad de tránsito.
—— OR WRONG, con razón o sin ella, correcto o erróneo.
—— THERE, allí mismo.
——, TO BE ALL, estar sano, estar bien.
—— TO DISCHARGE, derechos de despido o de desahucio.
—— TO ORGANIZE, derecho sindical.
—— TO STRIKE, derecho de huelga.
——, TO THE, a la derecha.
—— TO VOTE, derecho de votar.
—— TO WORK, derecho al trabajo.
—— TURN, vuelta a la derecha.
—— WAY, camino recto o directo.
——, YOU ARE, usted tiene razón.
RIGHT-HAND MAN, brazo derecho, ayudante principal, hombre de confianza.
RIGHTS, privilegio de compra de acciones nuevas, derecho de subscripción.
—— AND DUTIES, derechos y deberes.
——, BILL OF, declaración de derechos.
——, CIVIL, derechos civiles.
——, DISTRIBUTION, derechos de distribución.
—— OF MAN, derechos humanos.
—— ON, con derechos.
—— RESERVED, ALL, todos los derechos reservados.
——, SELLING, derechos de venta.
—— TO STRIKE, derecho de huelga o de ir a un paro laboral.
RIGHTNESS, rectitud, justicia.
RING, anillo, argolla, camarilla, llamada.

—— BINDER, carpeta de argolla.
—— OFF, cortar la comunicación, colgar el receptor.
——, TO, llamar, tocar.
—— UP, llamar por teléfono.
RINGED ROUND, encerrar en círculo, señalar con círculo.
RINSE, TO, enjuagar, limpiar, lavar.
RIOT, tumulto, desorden, motín, alboroto.
—— INSURANCE, seguro del motín, seguro contra tumultos.
RIOTER, alborotador, amotinador.
RIPE, maduro, en sazón.
RISE, alza, aumento, auge, subida.
—— IN PRICE, encarecimiento de precio, alza de precios.
—— IN RANK, promoción, ascenso de puesto.
——, TO, aumentar, subir, ascender.
RISING COSTS, aumentos en los costos.
RISING PRICES, precios ascendentes, precios en alza.
RISK, riesgo, contingencia, azar, peligro, ventura.
—— ASSET, activo de riesgo, partida del activo aventurado.
——, AT, a riesgo.
——, BAD, gran riesgo.
—— CAPITAL, capital aventurado o de riesgo.
—— CONSTRAINTS, limitaciones del riesgo.
—— OF DETERIORATION, riesgos de deterioro o desperfecto.
—— OF FALLING PRICES, riesgo de baja de precios.
—— OF OVERRELIANCE, riesgo de confianza excesiva.
—— PREMIUM, prima por riesgo.
——, TO, arriesgar, aventurar, exponerse a.
RISK-FREE DISCOUNT RATE, tasa de descuento libre de riesgo.
RISK-FREE INTEREST RATE, tasa de interés libre de riesgo.
RISK-FREE RATE, tasa libre de riesgo.
RISK-FREE SERVICE, servicio sin riesgo.
RISK-RETURN TRADE-OFF, intercambio entre rendimiento y riesgo.
RISKS, CREDIT, riesgos en los créditos.
RIKS, MARKET, riesgos del mercado.
RISKY, arriesgado, aventurado.
RITE, rito, ceremonia.
RIVAL, rival, competidor, émulo.
RIVALRY, rivalidad, competencia entre personas.
RIVER, río, corriente.
—— DEVELOPMENT, aprovechamiento de los ríos.
——, DOWN THE, río abajo.
—— DUES, derechos fluviales.
—— NAVIGATION, navegación fluvial.
—— PORT, puerto fluvial.
—— TRANSPORTATION, transportación fluvial.
——, UP THE, río arriba.
ROAD, camino, carretera, vía.

—— BUILDER, constructor de caminos.
——, BY, atajo, trocha, sendero.
—— ENGINEERING, ingeniería de caminos, ingeniería vial.
—— MAP, mapa vial.
—— SIGN, letrero o aviso de tráfico.
—— SYSTEM, red vial, vialidad.
—— TOLL, peaje de carretera, tarifa por uso de carretera.
—— TRAFFIC, tráfico o tránsito vial.
—— TRANSPORTATION, transportación vial por carretera.
—— WORK, obras viales.
ROADBLOCK, barrera.
ROADWAY, calzada, carretera.
ROAST, asado, carne asada.
—— BEEF, carne asada.
—— PORK, carne de cerdo asada.
——, TO, asar, tostar.
ROB, TO, robar, hurtar, despojar.
ROBBERY, robo, hurto, sustracción, latrocinio, pillaje, saqueo.
—— INSURANCE, seguro contra robo.
ROBOT, robot, autómata.
ROD, varilla, vara.
ROGUE, pícaro, vagabundo, bribón, villano.
ROLE, papel que representa una persona.
—— ANALYSIS, análisis del papel o del puesto desempeñado.
—— OF CULTURE, papel de la cultura.
—— OF GOVERNMENT, papel del gobierno.
—— OF, PLAY THE, hacer el papel de.
—— PLAYING, desempeñar o ejecutar un trabajo simuladamente.
—— PLAYING TRAINING, entrenamiento mediante desempeño de un papel, desempeño figurado de un papel.
ROLL, rollo, nómina, lista, lista de asistencia de personal.
—— CALL, pase la lista.
—— OF HONOR, cuadro de honor.
—— PAPER, papel en rollo.
——, TO, rodar, girar, enrollar, aplanar.
—— UP, enrollar, envolver.
ROLLER, rodillo, cilindro.
ROLLING, rodadura, balanceo, enrollamiento, rodador.
—— MILL, planta de laminación, laminador.
—— STEEL DOOR, puerta rodante de acero, cortina puerta de acero.
—— STOCK, material ferroviario rodante, material móvil o equipo móvil.
ROMAN, romano, noble.
—— CATHOLIC, católico.
—— LAW, derecho romano.
—— LETTER, letra redonda (imprenta).
—— NUMERAL, número romano.
ROOF, techado, azotea.
——, FLAT, azotea.

—— GARDEN, jardín en la azotea, restorán en la azotea con música.
——, TILE, tejado.
——, TO, techar, alojar, abrigar.
ROOF-TOP PARKING, estacionamiento de azotea.
ROOM, cuarto, habitación, pieza, cámara, espacio, lugar.
—— CHARGES, cargos por habitación.
—— CLERK, empleado que asigna habitaciones o cuartos.
——, SAMPLE, cuarto de muestras, cuarto donde se reciben y preparan muestras.
—— STEWARD, empleado encargado de los camarotes de un barco.
——, TO, alojar, alojarse, tener habitación.
——, TO HAVE, tener cupo.
ROOMER, inquilino, huésped.
ROOMMATE, compañero de cuarto.
ROOT, raíz, base, origen.
—— BEER, cerveza no alcohólica.
——, CUBE, raíz cúbica.
——, SQUARE, raíz cuadrada.
——, TO, arraigar, echar raíces.
——, TO TAKE, echar raíces.
—— UP, arrancar de raíz.
ROPE, cuerda, soga, cordel, cabo.
—— LADDER, escala de cuerdas.
—— SHOP, cordelería, soguería.
——, TO, amarrar, enlazar, lazar.
ROPEMAKER, cordelero, soguero.
ROSTER, lista, nómina, rol, orden del día.
ROTARY, giratorio, rotativo, rotatorio.
—— CARD FILE, tarjetero giratorio, fichero rotatorio.
—— INTERSECTION, encrucijada o intersección con glorieta.
—— PRINTING, impresión en rotativo.
ROTATE, TO, rotar, girar, dar vueltas, alternar.
ROTATION, rotación, giro, alternativa.
——, IN, por turno, alternadamente.
—— OF ADVERTISEMENTS, rotación de los anuncios o la publicidad.
—— OF CROPS, rotación de cultivos.
—— OF JOBS, rotación de empleos.
—— SAMPLING, muestreo en rotación.
ROTEN, podrido, descompuesto, putrefacto.
ROUGH, áspero, tosco, brusco, grosero, aproximado.
—— APPROXIMATION, aproximación, cálculo estimado.
—— COPY, minuta, borrador.
—— DIAMOND, diamante en bruto.
—— DRAFT, borrador, boceto.
—— ESTIMATE, presupuesto aproximado.
—— GROUND, terreno escabroso.
—— HANDLING, mal trato, trato duro.
—— IDEA, idea aproximada.
—— PRO FORMA BALANCE SHEET, borrador del balance general proforma.

—— SEA, mar bravo, mar picado.
—— SORTING, clasificación aproximada.
—— WORDS, palabras duras u ofensivas.
ROUND, redondo, circular, cabal, sincero, asalto (boxeo).
——, ALL THE YEAR, todo el año.
—— LOT, lote redondo.
—— NUMBER, número redondo.
—— NUMBERS, IN, en números redondos.
—— OFF, redondear una cantidad.
—— OFF ERRORS, redondeo de errores.
—— OFF, TO, redondear.
—— SUM, suma redonda, cifra cerrada.
—— TABLE, mesa redonda (reunión).
——, TO MAKE THE, hacer la redonda.
—— TRIP, viaje redondo o de ida y vuelta.
—— TRIP CHECK-IN, registro de viaje redondo.
—— TURN, compra y liquidación subsiguiente.
—— UP, recoger, juntar, rodear (ganado).
ROUND-TRIP CHARTER, fletamento por viaje redondo.
ROUND-TRIP TICKET, boleto de ida y vuelta o de viaje redondo.
ROUNDABOUT, indirecto, tiovivo, circunloquio.
ROUNDING ERROR, error de redondeo.
ROUNDUP, rodeo, rodeo de ganado, recogida.
ROUTE, ruta, camino, vía, itinerario.
—— FILE, expediente de itinerario.
—— MARKER, señal de ruta.
—— SHEET, hoja de itinerario o de ruta.
—— SIGN, letrero indicador de recorrido.
——, TO, trazar, dirigir, encaminar.
ROUTINE, rutinario, rutina, costumbre, hábito.
—— DUTY, labores o trabajos de rutina.
—— OPERATION, operación normal o de rutina.
—— PRODUCTION, producción normal.
——, PURCHASE, procedimiento de compras.
——, SALES, procedimientos de ventas.
ROUTINE-TASK PERSONNEL, personal de trabajo o de tareas de rutina.
ROUTING, vía de transporte, ruta, circulación.
—— OF TRAFFIC, canalización del tránsito.
——, PLAN OF, plan de operaciones.
—— SLIP, boleta de circulación.
ROUTINIZE, reducir a rutina.
ROW, hilera, fila, riña, pelea, camorra, trifulca.
——, IN A, en fila.
——, TO, remar, bogar.
ROWBOAT, bote de remos.
ROWE, remero.
ROYALTIES, regalías, derechos.
——, COPYRIGHTS AND, derechos de autor y regalías.
—— ON PATENTS, derechos o regalías por uso de patentes.
—— PAYABLES, cánones a pagar, regalías por pagar.
ROYALTY, regalía, pago por derechos o privilegios de usar una propiedad material o inte-

RUB-RUSH

lectual, derechos pagados a un autor o inventor.
—— INCOME, ingreso por regalía o por derechos.
—— INCOME DEFERRED, ingresos de regalías diferidos.
—— INTEREST, participación en regalías.
RUB, TO, restregar, frotar, raspar.
RUBBER, caucho, hule, goma, goma elástica.
—— BAND, banda de hule o de goma, tira elástica.
—— CHECK, cheque sin fondo, cheque en descubierto.
—— ERASER, goma de borrar.
—— FUTURES, caucho para entrega futura.
—— INDUSTRY, industria cauchera o hulera.
—— PLANTATION, plantío de caucho.
—— PRODUCTS, productos de caucho o de hule.
—— STAMP, gomígrafo, sello de goma.
—— TIRE, neumático, llanta de caucho o de hule.
RUBBISH, desperdicios, escombros, cascajo, basura, tonterías.
RUG, carpeta, tapete, alfombrilla, felpudo.
RUIN, bancarrota, caída, ruina, arruinar, arruinarse, hundir, empobrecer.
RULE, regla, norma, pauta, reglamento, poder, autoridad.
——, AS A, por regla general.
—— OF LAW, el imperio de la ley.
—— OF THREE, regla de tres.
—— OF THUMB, método empírico, método de tanteo.
—— OFF, rayado de cierre.
—— OVER, mandar, regir, gobernar.
——, TO, gobernar, mandar, regir, dominar.
RULES, reglamento, norma.
—— FOR CODING AND CLASSIFYING, reglas para codificación y clasificación.
—— OF CONDUCT, reglas de conducta o comportamiento.
RULED PAPER, papel rayado.
RULER, gobernante, gobernador, regla.
RULING, decisión, fallo, rayadura.
—— CLOSED ACCOUNTS, corte de cuentas saldadas.
—— MACHINE, máquina rayadora.
—— PEN, tiralíneas.
—— PRICE, precio dominante, precio corriente.
RUM, ron.
RUMMAGE SALE, venta de rezagos o de artículos sobrantes.
RUN, recorrido, carrera, proceso, curso, manejo, duración.
—— A BUSINESS, manejar un negocio, administrar una empresa.
—— A RISK, correr un riesgo.
—— A TRAIN, conducir un tren.
—— ACROSS, encontrarse o tropezar con.
—— AFTER, seguir, proseguir, ir tras de.
—— AGAINST, chocar, topar.

—— AWAY, fugarse, huir.
—— BACK, retroceder, volver atrás.
—— DOWN, atropellar, dejar de funcionar una máquina.
—— DRY, secarse.
—— HOT, calentarse la maquinaria.
—— IN, estrenar, asentar.
——, IN THE LONG, a la larga, al fin y al cabo.
—— INTO DEBT, adeudarse.
—— LOW, agotarse, escasear.
—— OFF THE TRACK, descarrilarse.
—— ON, continuar.
—— OUT, expirar, agotarse, acabarse.
—— OUT OF INVENTORY, agotar el inventario.
—— OVER, arrollar o atropellar a una persona (automóvil).
—— SHORT, escasear, agotarse.
——, THE COMMON, lo común.
—— THROUGH, examinar, hojear un libro.
RUNAWAY, fuga, rastro, secuestro, fugitivo.
—— INFLATION, inflación desenfrenada o incontrolada, inflación galopante.
—— MARKET, mercado de alza rápida.
RUNNER, corredor, mensajero, maquinista.
RUNNING, carrera, corrida, dirección, manejo, funcionamiento, explotación.
—— ACCOUNT, cuenta continua.
—— BALANCE, saldo corriente.
—— CONDITION, IN, en buen estado.
—— DAYS, días corridos.
—— EXPENSES, gastos corrientes o gastos de operación.
—— FORM, forma corrida.
—— HOURS, horas corridas.
—— INVENTORY, inventario continuo, inventario perpetuo o según libro.
—— POLICY, póliza abierta.
—— SPEED, velocidad media de marcha.
—— TRACK, vía principal.
—— WATER, agua, corriente.
RUNNING-IN PERIOD, período inicial de acondicionamiento o asentamiento mecánico.
RUNWAY, vía, carrillera, pista de despegue y aterrizaje de aviones.
RURAL, rural, campestre, rústico.
—— AREA, área rural o campestre.
—— BIRTH RATE, tasa de nacimiento rural, tasa de natalidad rural.
—— CREDITS, créditos agrícolas.
—— MARKET, mercado rural.
—— POLICE, guardia o policía rural.
RUSH, prisa, apuro, urgencia.
—— HOURS, horas de máximo tránsito.
—— IN, entrar precipitadamente.
—— JOB, trabajo o labor de urgencia.
—— OF BUSINESS, afluencia de negocios.
—— ORDER, pedido u orden urgente.
—— OUT, salir rápidamente o a toda prisa.
—— THROUGH, ejecutar de prisa.

——, TO, precipitar, acelerar, activar, despachar con prontitud.
——, TO BE IN A, tener mucha prisa.
RUST, moho, herrumbre, orín.
——, TO, enmohecer, oxidar.
RUSTPROOF, inoxidable.
RYE, centeno.
——FLOUR, harina de centeno.

S

SABOTAGE, sabotaje, sabotear.
SACK, saco, costal, bolsa.
—— **FILLER,** máquina ensacadora, máquina de llenar sacos.
——, **HIT THE,** echarse en la cama, acostarse.
——, **TO,** ensacar, embolsar.
SACKER, ensacador.
SACKING SCALE, balanza de ensacar.
SACRIFICE, AT A, con pérdida.
SADDLE, silla de montar, ensillar.
SADDLER, talabartero.
SAFE, seguro, salvo, sin riesgo, digno de confianza, caja fuerte o de caudales.
—— **AND SOUND,** sano y salvo.
—— **ARRIVAL,** buena llegada.
—— **INVESTMENT,** inversión segura.
—— **KEEPING OF FUNDS AND SECURITIES,** custodia de fondos y valores.
—— **LOAD,** carga límite o admisible.
—— **PORT,** puerto seguro.
SAFE-CONDUCT, salvoconducto.
SAFE-CRACKER, ladrón de cajas fuertes.
SAFE-DEPOSIT BOX, caja de seguridad, caja de custodia.
SAFE-DEPOSIT BOX INSURANCE, seguro de valores de la caja de caudales.
SAFE-DEPOSIT COMPANY, empresa de depósitos de seguridad.
SAFE-DEPOSIT RENTAL FEES, comisión por caja de seguridad o caja de custodia.
SAFEGUARD, protección, resguardo, salvaguardia, escolta.
SAFEGUARDING OF ASSETS, salvaguarda o protección de activos.
SAFEKEEPING, custodia, depósito.
—— **ACCOUNT,** cuenta de custodia.
——, **IN,** en custodia, bajo custodia.
—— **OF SECURITIES,** custodia de valores.
SAFETY, seguridad.
—— **BELT,** cinturón de seguridad, salvavidas.
—— **CERTIFICATE,** certificado de seguridad.
—— **DEVICE,** aparato o dispositivo de seguridad.
—— **ENGINEER,** ingeniero de seguridad.
—— **ENGINEERING,** ingeniería de seguridad o de prevención de accidentes.
—— **EQUIPMENT,** equipo de seguridad.
—— **FACTOR,** factor de seguridad.
—— **FIRST,** seguridad ante todo, la seguridad primero.
—— **GLASS,** cristal irrompible, cristal de seguridad.
—— **HELMET,** casco de seguridad.
—— **LAMP,** lámpara de seguridad.
—— **NEEDS,** necesidades de seguridad.
—— **PRECAUTIONS,** medidas de seguridad.
—— **PROGRAM,** programa de seguridad.
—— **STANDARDS,** normas de seguridad.
—— **STOCK,** existencias de seguridad.
—— **STOCK BALANCE,** existencia de seguridad.
—— **STOCK LEVELS,** niveles de existencia de seguridad.
—— **STRAPS,** correas de seguridad.
—— **VIOLATIONS,** violaciones o infracciones a la seguridad.
SAG, TO, pandearse, combarse, ceder, doblegarse.
SAGGING MARKET, mercado flojo.
SAIL, zarpar, navegar, excursión o paseo en barco, partida de un barco.
—— **FOR,** zarpar para.
SAILBOAT, barco de vela, velero.
SAILCLOTH, lona.
SAILING, navegación, náutica, partida de un buque.
—— **DATE,** fecha o día de salida.
—— **VESSEL,** velero, buque de vela.
SAILINGS, partidas de los barcos.
SAILOR, marinero, marino.
SAKE, motivo, causa, objeto.
——, **FOR GOD'S,** por amor de Dios.
——, **FOR YOUR,** por usted.
SALABLE, vendible, de fácil venta, realizable.
—— **GOODS,** mercancías vendibles o de fácil venta.
SALARIED, asalariado, retribuido.
—— **EMPLOYEE,** empleado a sueldo.
SALARIES, salarios, sueldos, jornales.
—— **ACCOUNT,** cuenta de sueldos.
—— **AND WAGES,** sueldos y jornales.
——, **OFFICE,** sueldos de oficina.
—— **PAYABLE ACCOUNT,** cuenta de sueldos por pagar.
SALARY, sueldo, salario, paga.
—— **ALLOTMENTS,** cuotas deducidas de sueldos.
——, **DESIRED,** sueldo deseado, aspiración de sueldo.
—— **LEVELS,** niveles de salario, clasificación de sueldos.
—— **ROLL,** nómina de sueldos.
SALE, venta, realización.
——, **BARGAIN,** venta de ganga, barata.
——, **BILL OF,** comprobante de venta.
——, **CLEARANCE,** venta de liquidación.
—— **COMMISSION EXPENSE,** gastos por comisiones sobre ventas.
——, **CONTRACT OF,** contrato de compraventa.
——, **DISCOUNT,** venta con descuento.
——, **FOR,** en venta, se vende, para venta.
——, **INSTALLMENT,** venta a plazos.
—— **INVOICE,** factura de venta.
—— **LEASEBACKS,** ventas con arrendamiento.
—— **NOTE,** nota de venta, comprobante de venta.
—— **OF MERCHANDISE AT REDUCED PRICE,** realización de mercancías.
——, **ON,** en venta, de venta, a la venta.
—— **ON APPROVAL,** venta a prueba.
—— **ON CREDIT,** venta a crédito o al fiado.

—— **PRICE**, precio de venta.
——, **PROCEEDS FROM**, productos de la venta.
—— **VALUE**, valor de venta.
SALE-AND-LEASE-BACK, venta y arrendamiento posterior de una propiedad por el vendedor.
SALE-LEASE-BACK, venta con arrendamiento.
SALE-LEASEBACK TRANSACTIONS, operaciones de venta con arrendamiento.
SALES, ventas.
—— **ACCOUNT**, cuenta de ventas, carta cuenta.
——, **ACCOUNT**, ventas a crédito a clientes fijos.
—— **ACCOUNT BALANCE**, saldo de cuenta de ventas.
—— **ADMINISTRATION**, administración o dirección de ventas.
—— **AGENT**, agente de ventas, agente vendedor.
—— **ALLOWANCES**, bonificaciones sobre ventas.
—— **ANALYSIS**, análisis de ventas.
—— **APPROACH**, política de venta.
—— **APTITUDE TEST**, prueba de aptitud en ventas.
—— **AREA**, zona o área de ventas.
—— **ASSISTANT**, asistente o auxiliar de ventas.
——, **AUCTION**, ventas en subasta.
—— **BACKLOG REPORT**, informe de ventas atrasadas.
—— **BONUS**, bonificación sobre ventas.
—— **BOOK**, diario de ventas.
—— **BOOTH**, taquilla o casilla de ventas.
—— **BREAKOUTS**, desglose de ventas.
—— **BUDGET**, presupuesto de ventas.
—— **BULLETIN**, boletín para vendedores.
—— **BY DISTRICT**, ventas por distrito.
——, **CASH**, ventas al contado.
——, **CHAIN STORE**, ventas de tiendas en cadena.
——, **CHARGE**, ventas a crédito.
—— **COMMISSIONS**, comisiones por ventas.
—— **CONSULTANT**, asesor o consultor de ventas.
—— **CONTEST**, programa de competencia para vendedores.
—— **CONTROL**, control de ventas.
——, **CREDIT**, ventas a crédito.
—— **CUTOFF**, corte o reducción de las ventas.
—— **DATA**, datos de ventas.
—— **DAY BOOK**, diario de ventas.
—— **DEPARTMENT**, departamento de ventas, gerencia de ventas, sección de ventas.
—— **DEVELOPER**, fomentador o promotor de ventas.
—— **DISCOUNT**, descuento sobre ventas.
—— **DISSECTIONS**, desglose de las ventas.
—— **DRIVE**, campaña de ventas.
—— **ENGINEER**, ingeniero vendedor.
—— **EQUIPMENT**, equipo de ventas.
—— **EXECUTIVE**, director o jefe de ventas.
—— **EXPECTATIONS**, expectativas de ventas.
—— **FIGURES**, cifras de ventas, monto de las ventas.
—— **FORCE**, personal de ventas, vendedores.
—— **FORCE ALLOCATION PROGRAM**, programa de asignación de personal de ventas.
—— **FORCE SIZE**, tamaño o volumen del personal de ventas.

—— **FORCE TRAINING**, capacitación del personal de ventas.
—— **FORCE TURNOVER**, rotación o desplazamiento del personal de ventas.
—— **FORECAST**, pronóstico de ventas.
—— **FORECASTING ROLE**, papel del pronóstico de ventas.
—— **FORECASTING TECHNIQUES**, técnicas de pronósticos de ventas.
——, **GROSS**, ventas brutas.
—— **GROWTH RATE**, tasa o índice de crecimiento de ventas.
—— **INDEX**, índice de ventas.
——, **INSTALLMENT**, ventas a plazos.
—— **INVOICE**, factura de venta.
—— **INVOICE FILE**, archivo de facturas de venta.
—— **JOURNAL**, diario de ventas.
—— **LEDGER**, libro mayor de ventas.
—— **LEDGER ACCOUNT**, cuenta del auxiliar de clientes.
—— **LEDGER POSTING**, pases de cargo al registro de ventas.
—— **LEDGER SECTIONS**, secciones del auxiliar de clientes.
—— **LETTER**, carta publicitaria o de propaganda.
—— **LEVEL**, nivel de ventas.
—— **LITERATURE**, folletos del vendedor, folletos de promoción de ventas.
—— **MANAGEMENT**, administración o dirección de ventas.
—— **MANAGER**, gerente de ventas.
—— **MANUAL**, manual para vendedores.
—— **MEETING**, reunión o junta sobre ventas.
—— **MIX**, mezcla de productos vendidos.
——, **NET CASH**, ventas netas al contado.
—— **OPPORTUNITY**, oportunidad de ventas.
—— **ORDER**, orden de venta.
—— **OUTLET**, expendidos.
—— **PAYROLL**, personal o nómina de ventas.
—— **PEOPLE**, personal de ventas, vendedores.
—— **PERSONNEL**, personal de ventas, vendedores.
—— **PLANNING**, planificación de ventas.
—— **POINT**, punto de ventas.
—— **POLICY**, política o plan de ventas.
—— **POTENTIAL**, potencial de ventas.
—— **PRICE**, precio de venta.
—— **PROGRAM**, programa o plan de ventas.
—— **PROMOTION**, promoción o fomento de ventas.
—— **PROMOTION BUDGET**, presupuesto de promoción de ventas.
—— **PROMOTION PROGRAM**, programa de promoción de ventas.
—— **QUOTA**, cuota de venta.
—— **RATIO**, índice de ventas.
—— **RECORDS**, registros de ventas.
—— **REGISTER**, registro de ventas.
—— **REPRESENTATIVE**, agente o representante de ventas.

—— RESISTANCE, resistencia a comprar, falta de demanda.
—— RESULTS, resultados de las ventas.
—— RETURN, devolución sobre ventas, rendimiento de ventas.
—— RETURNS AND ALLOWANCES, devoluciones y bonificaciones sobre ventas.
—— REVENUE, ingresos o entradas por ventas.
—— ROUTINE, procedimiento de ventas.
—— SALARIES ACCOUNT, cuenta de sueldos del personal de ventas.
—— SALARIES ACCRUED, sueldos acumulados a vendedores.
—— SALARIES EXPENSE, sueldos pagados al personal de ventas.
—— SALARIES EXPENSE ACCOUNT, cuenta de gastos del personal de ventas.
—— SLIP, nota o boleta de venta.
—— STATISTICS, estadísticas de ventas.
—— TAX, impuesto sobre ventas.
—— TAX COLLECTION, cobro del impuesto sobre ventas.
—— TAX PAYABLE, impuesto sobre ventas por pagar.
—— TEAM, equipo o personal de ventas.
—— TERMS, condiciones o términos de venta.
—— TERRITORY, territorio o región de ventas.
—— TESTS, pruebas de ventas.
—— TICKET, boleta o comprobante de venta.
—— TIPS, información de ventas.
—— UNIT, unidad de venta.
—— VALUE, valor de venta.
—— VOLATILITY, volatilidad de las ventas.
—— VOLUME, volumen de ventas.
—— YIELD, rendimiento de ventas.
SALESCLERK, empleado de mostrador, dependiente de tienda.
SALESLADY, vendedora, dependienta de tienda.
SALESMAN, vendedor, dependiente de tienda.
SALESMAN'S LICENSE, licencia de vendedor, licencia de agente de ventas.
SALESMANSHIP, arte de vender, técnica de ventas.
SALESMEN'S COMMISSION, comisiones de vendedores.
SALESMEN'S COMMISSIONS RECORDS, registro de comisiones a vendedores.
SALESMEN'S SALARIES, sueldos de vendedores.
SALESROOM, salón o local de ventas.
SALOON, cantina, bar, licorería.
SALT, sal.
—— MINE, salina, mina de sal.
—— WATER, agua salada o salobre.
SALUTATION, saludo, bienvenida.
SALUTE, TO, saludar, cuadrarse.
SALVABLE MATERIALS, materiales recuperables.
SALVAGE, salvamento, valor de residuo, valor de desecho.
—— AGREEMENT, contrato o convenio de salvamento.

—— ASSOCIATION, asociación de salvamento.
—— CORPS, brigada de salvamento.
—— INVENTORY, inventario residual.
—— LOSS, pérdida neta.
—— MATERIALS, material sobrante, rezago.
—— MONEY, derechos de salvamento.
—— RECEIPTS, valor de desecho.
——, TO, salvar de un naufragio o de un incendio, rescatar, recobrar.
—— VALUE, valor de rezago o de recuperación.
—— VALUE CASH INFLOW, entrada de efectivo del valor de desecho.
SALVAGED ITEM, artículo o partida desechada.
SALVATION, salvación.
—— ARMY, ejército de salvación.
SAME, mismo, igual, idéntico.
——, THE, el mismo, lo mismo.
SAMPLE, muestra, testigo, prueba, ejemplo, patrón.
——, AREA, muestra por zona o sector.
——, AS PER, según muestra.
—— AVERAGE, promedio de muestra.
——, BALANCED, muestra compensada.
—— BOOK, muestrario.
—— CASE, muestrario, caja para muestra.
—— CENSUS, censo por muestras.
—— COPY, ejemplar de muestra.
—— CUTTER, cortamuestras, cortador de muestras.
—— DATA, datos de muestra.
—— ENVELOPE, sobre para muestras por correo.
——, EQUAL TO, como la muestra, igual a la muestra.
—— EXAMINATION, examen de la muestra.
——, FIXED, muestra fija.
—— INVENTORY, inventario parcial.
—— LINE, línea de muestras.
——, MASTER, muestra principal o maestra.
—— MEAN, media de muestras.
——, NONRANDOM, muestra no aleatoria.
—— NUMBER, número de muestra.
—— OF POPULATION, muestra de población.
—— OF UNIVERSE, muestra del universo.
—— ORDER, pedido de prueba.
——, PILOT, muestra piloto.
—— POLICY, póliza modelo.
—— POPULATION, población de muestra, población muestral.
——, PROBABILITY, muestra de probabilidad.
—— PROPORTION, proporción de muestra.
——, RANDOM, muestra aleatoria.
—— ROOM, cuarto de muestras.
—— SELECTION, selección de la muestra.
——, SIMPLE, muestra simple.
—— SIZE, tamaño de la muestra.
—— SIZE DETERMINATION, determinación del tamaño de la muestra.
—— SIZE EVALUATION, evaluación del tamaño de la muestra.
—— SIZE FORMULA, fórmula del tamaño de la muestra.

—— SPACE, espacio de muestras.
——, STRATIFIED, muestra estratificada.
—— TESTING, ensayo o prueba de muestras.
——, TO, muestrear, catear.
—— UNIT, unidad de muestra.
——, VALIDITY OF, validez de la muestra.
—— VALUES, valores muestrales.
—— VARIATION, variación de las muestras.
——, WEIGHTED, muestra ponderada.
SAMPLES, MATCHED, muestras apareadas.
SAMPLER, catador, muestreador, sacamuestras, probador.
SAMPLING, muestreo, cateo.
——, ACCEPTANCE, muestreo de aceptación.
——, BULK, muestreo de productos en bloque o en masa.
—— DISTRIBUTION, distribución de muestreo.
—— ERROR, error de muestreo.
—— FLUCTUATIONS, fluctuaciones del muestreo.
—— FRACTION, fracción de muestreo.
—— INSPECTION, inspección por muestreo.
——, INTENSIVE, muestreo intensivo.
—— INTERVAL, intervalo de muestreo.
——, PROBABILITY, muestreo de probabilidad.
—— PROCESS, proceso de muestreo.
——, QUOTA, muestreo por cuota.
——, RANDOM, muestreo aleatorio o al azar.
—— RISK, riesgos del muestreo.
—— SIZE EQUATION, ecuación del tamaño de la muestra.
—— SURVEY, encuesta o estudio por muestreo.
—— THEORY, teoría del muestreo.
—— TUBE, tubo muestreador o de muestreo.
—— UNIT, unidad de muestreo.
——, UNITARY, muestreo unitario.
—— VARIATION, variación del muestreo.
—— WITH REPLACEMENT, muestreo con reemplazo.
—— WITHOUT REPLACEMENT, muestreo sin reemplazo.
——, WORK, muestreo de trabajo.
SANCTION, sanción, autorización, aprobación, justificación.
——, TO, autorizar, sancionar, justificar, validar, aprobar.
SANCTIONS, ECONOMIC, sanciones económicas.
SAND, arena.
—— BAR, arenal, banco de arena.
SANDWICH, emparedado, queso, jamón o carne colocados entre dos rebanadas de pan.
SANE, sano, cuerdo.
SANITARY, sanitario, higiénico.
—— CERTIFICATE, certificado de sanidad.
—— MEASURES, medidas sanitarias o de higiene.
—— SERVICES, servicios sanitarios.
—— SURVEY, estudio o investigación sanitaria.
SANITY, cordura, sentido común.
SATISFACTION, cumplimiento, satisfacción, pago, finiquito, liquidación.
SATISFACTORY, satisfactorio, eficaz, conveniente.
—— CONTROL, control satisfactorio.

SATISFY, TO, satisfacer, liquidar, cancelar, pagar.
SATURATE, TO, saturar, colmar.
SATURDAY, sábado.
—— CLOSING, cierre sabatino o de sábado.
SAUSAGE, salchicha, chorizo.
—— FACTORY, fábrica de embutidos.
—— SHOP, salchichonería, choricería.
SAVE, ahorrar, economizar, guardar, conservar.
—— EXPENSE, ahorrar gastos, economizar.
—— LABOR, economizar mano de obra, economizar trabajo.
——, PROPENSITY, TO, propensión al ahorro.
—— SPACE, economizar espacio.
—— TIME, ahorrar o economizar tiempo.
—— TROUBLE, evitar molestias.
—— UP, ahorrar, acumular.
SAVING, ahorro, economía.
—— AND INVESTMENT, ahorro e inversión.
—— CLAUSE, cláusula de reserva o salvedad.
——, GROSS BUSINESS, ahorro bruto de los negocios.
——, PERSONAL, ahorro personal.
—— SCHEDULE, curva de ahorro.
SAVINGS, ahorros, reservas.
—— ACCOUNT, cuenta de ahorros.
—— AND LOAN ASSOCIATION, cooperativa de ahorros y préstamos, sociedad de capitalización.
—— BANK, banco o caja de ahorros.
—— BANK LIFE INSURANCE, seguro de vida de bancos de ahorros.
—— BONDS, títulos o bonos de ahorro.
—— CERTIFICATE, certificado de ahorros, constancia bancaria de ahorros.
—— DEPARTMENT, departamento o sección de ahorros.
—— DEPOSIT, depósito en cuenta de ahorros.
—— INSTITUTION, institución de ahorros.
—— THROUGH CASH DISCOUNT, ahorros por pronto pago.
SAVINGS-BANK BOOK, libreta de ahorros.
SAW, sierra, aserrar.
SAWDUST, aserrín, serrín.
SAWMILL, aserradero.
SAY, decir, hablar, declarar.
——, THAT IS TO, es decir, quiere decir.
——, THEY, se dice, dicen.
SAYING, dicho, refrán, relato, proverbio.
——, AN OLD, refrán antiguo.
SCAB, rompehuelgas, amarillo, esquirol.
SCAFFOLD, andamio, tablado.
SCALAR, escalar, numérico.
—— CHAIN, cadena de mando escalonada.
—— QUANTITY, cantidad escalar.
SCALE, báscula, balanza, romana, escala, escala de un plano, escama de peces, costra, incrustación en calderas.
—— BUYING, compra a precios escalonados.
—— DRAWING, dibujo a escala.
——, ECONOMIES OF, economías de escala.

—— MODEL, modelo reducido.
—— OF LIVING, escala social.
—— OF MILES, escala de millas.
—— OF PERCENTAGES, escala de porcentajes.
—— OF RATES, tarifa.
—— OF WAGES, escalafón, escala de sueldos.
——, ON A LARGE, en gran escala, en grande.
——, ON A SMALL, en pequeña escala, en pequeño.
—— SELLING, venta a precios escalonados.
——, STANDARD, escala normal.
——, TO, escamar, descortezar, raspar, escalar, medir por escalas, formarse incrustaciones.
—— TRACK, vía de báscula.
SCALE-DOWN, reducción a escala.
SCALE-UP, aumento a escala.
SCALEMAN, pesador, basculista.
SCAMP, pícaro, bribón.
SCAN, revisión rápida (no detallada), escudriñar, explorar.
SCANNER, explorador, antena exploradora, analizador.
SCANNING, exploración.
SCARCE, escaso, oneroso, raro.
—— COMMODITY, bien escaso, artículo escaso.
—— RESOURCES, escasos recursos.
SCARCITY, escasez, carestía, penuria.
——, CONDITIONS OF, condiciones de escasez.
——, LAW OF, ley de la escasez.
SCARE, TO, asustar, espantar, amedrentar.
SCARECROW, espantapájaros, espantajo, adefesio.
SCATTER, esparcirse, desparramarse, dispersarse.
—— BRAIN, atolondrado.
—— DIAGRAM, diagrama o gráfica de dispersión.
SCATTERED PRODUCTION, producción diseminada o dispersa.
SCAVENGE, TO, recoger la basura, barrer, limpiar.
SCHEDULE, programa, planilla, anexo, lista, plan de trabajo, modelo, formulario, inventario, horario, calendario.
—— BOND, fianza de fidelidad para empleados.
——, CENSUS, formulario censal.
——, DEMAND, cuadro o programa de demanda.
—— NUMBER, número de lista.
—— OF BALANCES, estado de saldos.
—— OF RATES, tarifas.
—— OF SAILINGS, lista o itinerario de salidas.
——, SUPPLY, curva de oferta, cuadro de oferta.
—— TARE, tara aduanera.
SCHEDULED, programado, planeado, proyectado.
—— AIRLINE, aerolínea de transporte.
—— COST, costo programado o proyectado.
—— FLIGHT, vuelo de itinerario.
—— MEETING, junta programada o planeada.
—— TRAIN, tren de horario o de itinerario.
SCHEME, plan, proyecto, esquema, modelo, ardid, treta.
——, ADVERTISING, plan publicitario.
——, TO, proyectar, trazar, tramar, urdir.
SCHOLAR, estudiante, erudito, letrado, escolar, colegial.

SCHOLARSHIP, beca, fondo para estudiantes con gastos pagados.
SCHOOL, escuela, colegio.
——, BOARDING, colegio interno, pupilaje.
—— BOY, muchacho de escuela, colegial.
——, CHARITY, escuela gratuita.
——, DANCING, escuela de baile.
——, LAW, escuela de derecho o de leyes.
——, PRIVATE, escuela particular.
——, PUBLIC, escuela pública.
SCHOOLHOUSE, escuela (edificio).
SCHOOLMASTER, maestro de escuela.
SCHOOLMATE, condiscípulo, compañero de escuela.
SCHOOLTEACHER, maestro o maestra de escuela
SCIENCE, ciencia, conocimiento.
—— FICTION, ciencia ficción.
SCIENTIFIC, científico.
—— MANAGEMENT, administración científica, dirección científica.
—— METODOLOGY, metodología científica.
—— OBSERVATION, observación científica.
SCIENTIST, científico, hombre de ciencia, persona científica dedicada a la investigación.
SCOPE, alcance, extensión, campo, propósito.
—— OF GOVERNMENT ACTIVITY, alcance de la actividad gubernamental.
—— OF THE EXAMINATION, alcance o extensión de la auditoría.
SCORE, cuenta, marca, calificación, tantos en el juego, línea, raya.
——, CUMULATIVE, puntuación acumulada.
SCOREBOARD, tablero de resultados o de puntuación.
SCOREKEEPER, marcador, persona que lleva los tantos de un juego.
SCOUT, explorar, reconocer.
—— TROUP, escuadrón de exploradores o de guías.
SCRAM, largarse, irse, lárgate (interjección).
SCRAP, residuo, chatarra, material de desecho, desperdicios.
—— BASKET, cesta para papeles o desperdicios.
—— HEAP, montón de desperdicios.
—— IRON, hierro viejo, chatarra.
—— MATERIALS, materiales desperdiciados o de desecho.
—— METAL, desperdicios metálicos.
—— PAPER, papel de desecho.
—— PARTS, partes descartadas, piezas de desecho.
—— SALES ACCOUNT, cuenta de ventas de rezago.
—— VALUE, valor de desecho o de rezago.
SCRAPE, TO, raspar, rascar, recoger.
SCRATCH, arañar, rascar, raspar, rayar, escarbar.
—— PAD, bloc de apuntes.
—— PAPER, papel borrador.
SCREAM, TO, gritar, chillar, vociferar, grito, alarido, chillido.

SCREEN, pantalla, mampara, biombo, cancel, persiana, tabique, tamiz.
——, TO, abrigar, ocultar, esconder, resguardar, cribar, tamizar.
SCREENING, selección.
——INSPECTION, inspección selectiva o eliminatoria.
SCREW, tornillo, tirabuzón, hélice, tacaño.
——CAP, tapón de rosca.
——CONVEYOR, transportador sin fin.
SCREWBALL, excéntrico, extravagante.
SCREWDRIVER, destornillador, atornillador.
SCRIBE, calígrafo.
SCRIP, vale, certificado provisional, nota esquela.
——CERTIFICATE, certificado de acción fraccionaria.
——DIVIDENDS, dividendos en pagarés, dividendos pagados con documentos de promesa de pago.
SCRIPT, escritura, texto, manuscrito, libreto de un drama, una película, letra cursiva.
SCRIPT-WRITER, guionista de cine o televisión.
SCRIVENER, notario, escribano.
SCRUB, TO, fregar, restregar.
SCRUTINIZE, TO, escrutar, escudriñar.
SCRUTINY, escrutinio.
SCULPT, TO, esculpir, tallar.
SCULPTOR, escultor.
SCULPTURE, escultura.
SEA, mar, océano, marino.
——CARRIER, empresa de transporte marítimo.
——DAMAGE, avería marina o marítima.
——FOOD, mariscos, productos marinos, alimentos marinos.
——LETTER, pasaporte de buque, certificado de navegación.
——LEVEL, nivel del mar.
——POST, correo marítimo.
——RISKS, riesgos de mar.
——STORES, provisiones para viaje o travesía marítima.
——TRUCKING, transporte marítimo de remolques.
SEABOARD, costa, litoral.
SEAL, sello, timbre.
——, TO, sellar, timbrar, cerrar.
SEAMAN, marinero, marino.
SEAPORT, puerto marino.
SEARCH, registro, reconocimiento, búsqueda.
——A HOUSE, registrar una casa.
——FOR, buscar, solicitar, procurar.
——OF TITLE, revisión de título.
——, TO, registrar, buscar, escudriñar, explorar.
SEARCHER, buscador, explorador, inspector.
SEASICK, mareado.
SEASON, estación, temporada.
——, CLOSE, veda.
——, HUNTING, tiempo de caza, época de cacería.
——, IN, en tiempo oportuno, en sazón, a su tiempo.
——, OUT OF, fuera de tiempo, intempestivo.
——, SELLING, época de ventas.
SEASONAL, de temporada, de estación.
——ADVERTISING, publicidad de temporada.
——BANK LOAN, préstamos bancarios de temporada.
——COST, costo por temporada.
——DEMAND, demanda de temporada o de estación.
——DEPOSIT, depósito de temporada, depósito estacional.
——DEPOSIT FLUCTUATION, fluctuación estacional de depósito, oscilación de depósitos por temporada.
——EXPENSE, gastos por temporada.
——FACTOR, factor estacional.
——FLUCTUATIONS, fluctuaciones de temporada o de estación.
——GOODS, artículos de temporada.
——INFLOW, entradas estacionales, flujos de temporada.
——LOAN DEMAND, demanda de préstamos de temporada.
——MANUFACTURING FIRM, empresa fabricante de temporada, fábrica de temporada.
——PRODUCTION, producción de temporada o de estación.
——PURCHASE, compra de temporada.
——REVENUE, utilidad por temporada o estación.
——REVENUE STATEMENT, estado de ingresos de temporada.
——SALES SLUMP, disminución o desplome de ventas debido a temporada.
——TREND, tendencia estacional o de temporada.
——UNEMPLOYMENT, desempleo estacional o de temporada.
——VARIATION, variación estacional o de temporada.
——WORKER, trabajador de estación o de temporada.
——WORKING CAPITAL LOAN, préstamo estacional de capital de trabajo.
SEASONING, estabilización, maduración.
SEAT, asiento, silla, banco.
——BELT, cinturón de asiento o de seguridad.
SEATRAIN, barco transportador de vagones de ferrocarril.
SEAWAY, ruta marítima.
SECLUDE, TO, recluir, apartar, alejar.
SECLUSION, reclusión, aislamiento, soledad, retiro.
SECOND, segundo, intermediario.
——AUDIT PARTNER, segundo colega de auditoría.
——CABIN, segunda clase.
——CALL, segunda llamada o segundo aviso.
——COPY, segunda copia.
——COUNT, segundo conteo.

—— FLOOR, segundo piso.
—— LANGUAGE, segunda lengua, segundo idioma de una persona después del nacional.
—— MATE, segundo piloto.
—— MATTER, artículo de segunda clase.
—— MORTGAGE, segunda hipoteca.
—— MORTGAGE BONDS, bonos de segunda hipoteca.
—— OF EXCHANGE, segunda de cambio.
—— OFFICER, contramaestre.
—— SHIFT, segundo turno.
—— THE MOTION, apoyar o secundar la moción.
——, TO, secundar, apoyar, apadrinar, ayudar.
—— VIA, segunda vía, segunda de cambio.
SECOND-CLASS MAIL, correo o correspondencia de segunda clase.
SECOND-RATE, de segunda clase, inferior.
SECONDARY, secundario, subordinado, subalterno.
—— ACCOUNT, cuenta secundaria o subordinada.
—— BOYCOTT, boicot secundario.
—— CAPITAL, capital secundario, capital de segundo orden.
—— CLASSIFICATION, clasificación secundaria.
—— DEPOSITS, depósitos secundarios.
—— DISCOUNT, descuento secundario.
—— DISTRIBUTION, distribución secundaria.
—— INDUSTRY, industria secundaria.
—— LIABILITY, obligación secundaria.
—— MARKET, mercado secundario o subordinado.
—— MORTGAGE, segunda hipoteca.
—— POWER, potencia secundaria, energía secundaria.
—— RESERVE, reserva secundaria.
—— STORAGE, memoria o almacenamiento secundario.
—— STRIKE, huelga de apoyo a otros huelguistas.
—— WHOLESALE MARKETS, mercado mayorista secundario.
SECONDHAND, de segunda mano, de ocasión, usado.
—— DEALER, comerciante o negociante de segunda mano.
—— STORE, tienda de baratillo.
SECRET, secreto, escondido, oculto, clandestino, reservado.
—— ACCOUNT, cuenta secreta.
—— DISCOUNTS, descuentos secretos.
——, IN, en secreto, secretamente.
—— PARTNER, socio secreto.
—— PARTNERSHIP, asociación secreta.
—— PROCESSES AND FORMULAS, procesos y fórmulas secretos.
—— RESERVE, reserva secreta u oculta.
—— SERVICE, servicio secreto, policía secreta.
SECRETARIAL, secretarial.
—— DESK, escritorio secretarial.
—— EXPENSES, gastos secretariales.
—— WORK, trabajo secretarial, secretariado.
SECRETARIAT, secretaría, secretariado.

SECRETARY, secretario, secretaria, secretaría.
——, ASSISTANT, subsecretario, secretario auxiliar.
—— OF AGRICULTURE, Ministro o Secretario de Agricultura.
—— OF COMMERCE, Secretario de Comercio.
—— OF HEALTH AND PUBLIC WELFARE, Secretario de Salud.
—— OF LABOR, Secretario o Ministro de Trabajo.
—— OF STATE, Secretario de Estado o de Relaciones Exteriores.
—— OF THE TREASURY, Secretario de Hacienda o del Tesoro.
—— TREASURER, secretario tesorero.
SECTION, sección, división, región, barrio.
——, CROSS, sección transversal.
—— FOREMAN, capataz de cuadrilla.
SECTOR, sector.
—— CHART, gráfica o diagrama de sectores.
——, CONSUMPTION, sector de consumo.
——, ENTERPRISE, sector de empresas, sector empresarial.
——, PRIVATE, sector privado.
——, PUBLIC, sector público.
SECULAR, secular, seglar.
—— PRICE, precio secular.
—— STAGNATION, estancamiento secular.
—— TREND, tendencia secular.
SECURE, seguro, firme, tranquilo, confiado.
——, TO, asegurar, conseguir, obtener, garantizar, proteger.
SECURED, asegurado, garantizado, resguardado.
—— ACCOUNT, cuenta garantizada o asegurada.
—— BANK LOAN, préstamo bancario garantizado.
—— BOND, bono hipotecario o colateral.
—— CREDITOR, acreedor asegurado o garantizado.
—— LIABILITY, pasivo garantizado.
—— LOAN, préstamo asegurado, préstamo garantizado.
—— LOAN PAYABLE, préstamo a pagar con garantía.
SECURITIES, valores, títulos de crédito, obligaciones, acciones, bonos.
—— ANALYSIS, análisis de valores o de títulos.
—— AND EXCHANGE COMMISSION, comisión de valores y bolsa.
—— APPROVED FOR INVESTMENTS, valores aprobados.
—— BROKER, corredor de valores o de la bolsa.
——, CONVERTIBLE, valores convertibles.
——, DEALER, negociante de valores, comerciante de títulos u obligaciones.
——, DESCRIPTION OF, descripción de los valores.
——, DISPOSAL OF, venta de valores de inversión.
——, EQUITY, acciones comunes de una sociedad anónima.
—— EXCHANGE, mercado de valores, bolsa.
—— HELD IN SAFEKEEPING, valores en custodia.
——, HOLDER OF, tenedor de valores.
—— IN HAND, valores en cartera.

—— INSURANCE, seguro de valores.
—— LISTED AND TRADED, valores cotizados y negociados.
——, LISTING, cotización de valores.
—— MARKET, bolsa de comercio, bolsa, mercado bursátil o de valores.
——, MARKETABLE, valores cotizables.
—— PORTFOLIO, cartera de valores o de títulos.
——, PUBLIC, valores públicos.
—— PURCHASE LOAN, préstamo para compra de valores, empréstito para adquisición de títulos.
—— TRADING, compraventa de valores.
——, UNLISTED, valores no cotizados.
SECURITY, valor bursátil, garantía, fianza, prenda, resguardo, protección.
—— AGREEMENTS, convenios de garantía.
—— ANALYST, analista de valores.
—— CAPITAL, capital bien garantizado.
——, COLLATERAL, seguridad colateral.
—— COUNT, recuento de valores.
—— DEALER, corredor de valores.
—— DEALER'S INVENTORY, inventario de valores de un corredor.
—— DEPOSIT, depósito de garantía.
—— DEPOSITOR, depositante de valores.
—— EVALUATION MODELS, modelos para evaluación de acciones.
—— EXCHANGE, bolsa de valores, mercado de valores.
—— GUARDS, personal de seguridad.
—— HOLDER, tenedor de títulos.
—— INCOME AND EXPENSES, productos y gastos de valores.
—— INTEREST, interés sobre título, interés sobre valor bursátil.
—— INVESTMENT, inversión en valores o títulos.
—— LEDGER, libro mayor de valores.
—— OF WORKING PAPERS, seguridad de documentos de trabajo.
—— OFFERING, valores por emitir.
——, PERSONAL, seguridad personal, garantía personal.
—— PORTFOLIO, cartera de valores, portafolio de títulos.
—— PROVISIONS OF TERM LOANS, estipulaciones de garantía de préstamos a plazo.
—— RATINGS, clasificación o tasación de valores.
—— REGISTER, registro de valores.
—— RISK, riesgo a la seguridad.
—— SALES, venta de valores.
SECURITY'S LIFE, período de vigencia de valores.
SEDUCE, TO, seducir.
SEE, ver, discernir, mirar, distinguir.
—— INTO, examinar a fondo.
——, LET ME, vamos a ver, déjeme pensar.
—— ONE ANOTHER, verse, visitarse.
—— THAT, ver que, hacer que.
SEED, semilla.

——, TO, sembrar, hacer la siembra.
SEEK, TO, solicitar, pedir, buscar.
SEEKER OF CREDIT, solicitante de crédito.
SEGMENT, segmento.
—— INFORMATION, información por segmentos.
SEGREGATE, TO, segregar, separar.
SEGREGATED ACCOUNT, cuenta reservada o segregada.
SEIZE, TO, embargar, decomisar, apoderarse de, secuestrar.
SEIZURE, embargo, incautación, decomiso, captura.
SELDOM, rara vez, raramente.
SELECT, selecto, escogido.
—— MORTALITY TABLE, tabla selecta de mortalidad.
—— SOCIETY, sociedad selecta.
——, TO, seleccionar, elegir, escoger.
SELECTED ADS, anuncios seleccionados.
SELECTING A BANK, elección del banco.
SELECTION, selección, elección.
—— OF A SECRETARY, elección de secretario.
—— OF NEW EMPLOYEES, selección de nuevos empleados.
——, SAMPLE, selección de muestras.
—— WITHOUT REPLACEMENT, selección sin reemplazo.
SELECTIVE, selectivo.
—— APPROACH, enfoque selectivo.
—— PERCEPTION, percepción selectiva.
—— SELLING, ventas a clientes selectos.
—— TABULATION, tabulación selectiva.
SELECTIVITY, selectividad.
SELF, mismo, por sí mismo, idéntico, propio.
SELF-ACTUALIZATION NEEDS, necesidades de superación personal.
SELF-ACTUALIZED EMPLOYEE, empleado que se supera.
SELF-ADDRESSED ENVELOPE, sobre con dirección para contestación.
SELF-ADDRESSED RETURN ENVELOPE, sobre de contesta rotulado.
SELF-ANALYSIS, análisis de sí mismo.
SELF-AND-LEASEBACK AGREEMENT, contrato de venta y arrendamiento con opción de recompra.
SELF-BALANCING, movimientos balanceados.
SELF-CLOSING, de cierre automático.
SELF-CONFIDENCE, confianza en sí mismo.
SELF-CONSUMPTION, autoconsumo.
SELF-CONTAINED, autocontenido, autointegrado, completo, íntegro.
SELF-CONTROL autocontrol, control de sí mismo.
SELF-CORRECTIVE PLANNING SYSTEM, sistema de planeación de autocorrección.
SELF-CRITICISM, autocrítica.
SELF-DEFENSE, defensa propia, legítima defensa.
SELF-DESTRUCTION, autodestrucción.
SELF-DETERMINATION, autonomía, autodeterminación.
SELF-EDUCATED, autodidáctico.

**SELF-EMPLOYED, ** persona que trabaja por cuenta propia.
SELF-EMPLOYED RETIREMENT PLAN, plan de retiro del empleado que trabaja por cuenta propia.
SELF-EMPLOYMENT, empleo independiente.
SELF-EMPLOYMENT INCOME, ingresos de trabajo por cuenta propia.
SELF-EMPLOYMENT TAXES PAYABLE, impuesto por pagar de trabajo por cuenta propia.
SELF-ESTEEM, amor propio.
SELF-EVIDENT, axiomático, evidente.
SELF-EXPLANATORY, que se explica por sí mismo.
SELF-FINANCED, autofinanciado.
SELF-FINANCING, autofinanciamiento, autofinanciación.
SELF-GOVERNMENT, autonomía, autogobierno.
SELF-INSURANCE, seguro propio, autoseguro.
SELF-INSURANCE FUND, fondo de seguro propio.
SELF-INSURER, asegurador propio, persona o entidad que asume el riesgo o riesgos que normalmente serían objeto de seguro.
SELF-LIQUIDATING, autoamortizable, de liquidación automática.
SELF-MOVING, automotor, autopropulsor.
SELF-OPERATING, funcionamiento automático.
SELF-PAYING, autoliquidable, productivo.
SELF-PERPETUATING BOARD OF TRUSTEES, junta perpetua de fideicomisarios.
SELF-REGULATING, autorregulador.
SELF-RESPECT, respeto propio.
SELF-SCORED TEST, prueba o ensayo autoevaluado.
SELF-SERVICE, autoservicio, sírvase usted mismo.
SELF-SERVICE ELEVATOR, ascensor de autoservicio.
SELF-SERVICE STORE, tienda de autoservicio.
SELF-SUFFICIENCY, autosuficiencia, suficiencia propia, que se basta a sí mismo.
SELF-SUFFICIENT ECONOMY, economía autosuficiente.
SELF-SUPPLYING, autoabastecimiento.
SELF-SUPPORTING, que se mantiene a sí mismo.
SELFISH, egoísta, interesado.
SELL, vender, enajenar, comerciar, traficar.
—— **AT A LOSS,** vender con pérdida.
—— **AT A PROFIT,** vender con ganancia o utilidad.
—— **AT AUCTION,** vender en subasta pública.
—— **AT RENTAL** vender al menudeo.
—— **AT WHOLESALE,** vender al mayoreo.
—— **BY WEIGHT,** vender por peso.
—— **DEBT,** vender pasivo.
—— **EQUITY,** vender acciones.
—— **FOR CASH,** vender al contado o de contado.
—— **FORWARD,** vender para entrega futura.
—— **OFF,** liquidar, agotar la mercancía.
—— **ON APPROVAL,** vender a prueba.
—— **ON COMMISSION,** vender a comisión.
—— **ON CONSIGNMENT,** vender a (o) en consignación.
—— **ON CREDIT,** vender a crédito, vender a plazo o al fiado.

—— **OUT,** liquidar, realizar, vender todo.
—— **TICKETS,** vender boletos.
SELLER, vendedor.
——, **DOOR-TO-DOOR,** vendedor de puerta en puerta, vendedor a domicilio.
SELLER'S, del vendedor.
—— **INFLATION,** inflación provocada por los vendedores.
—— **MARKET,** mercado del vendedor.
—— **OPTION,** opción o elección del vendedor.
SELLING, venta.
—— **AGAINST THE BOX,** venta de acciones en descubierto.
—— **AGENT,** agente vendedor o de ventas.
—— **AND ADMINISTRATIVE EXPENSES,** gastos de venta y administración.
—— **AND SHIPPING EXPENSES,** gastos de venta y embarque.
—— **AT PREMIUM,** venta a precio superior al normal.
—— **BROKER,** corredor de ventas.
—— **CAMPAIGN,** campaña de venta.
—— **COMMISSION,** comisión de venta.
—— **COST,** gasto de venta.
——, **DIRECT,** venta directa.
——, **DIRECT-MAIL,** venta directa por correo.
—— **EXPENSES,** gastos de venta.
—— **FIRE INSURANCE,** venta de seguros de incendio.
—— **GROUP,** grupo para venta de valores.
—— **HEDGE,** venta compensadora.
—— **LONG-TERM SECURITIES,** venta de valores a largo plazo.
——, **MAIL-ORDER,** venta por correo.
—— **OVERHEAD,** gastos generales de venta.
—— **POINT,** argumento de venta.
—— **POOL,** convenio para control de ventas.
——, **PREMIUM,** venta con prima.
—— **PRICE,** precio de venta.
—— **PRICE OF PRODUCT,** precio de venta del producto.
—— **PRICE PER UNIT,** precio de venta por unidad.
—— **PRICE PER UNIT OUTPUT,** precio de venta por unidad de producción.
—— **PROFITS,** utilidades sobre ventas.
——, **PROMOTIONAL,** venta promocional.
—— **RIGHTS,** derechos de venta.
—— **SAMPLES,** muestras de venta.
—— **SEASON,** época o temporada de ventas.
—— **SYNDICATE,** sindicato para venta de valores.
—— **TECHNIQUE,** técnica de ventas o de comercialización.
——, **THELEPHONE,** venta por teléfono.
—— **TERMS,** condiciones o términos de venta.
SELLOUT, agotamiento de existencias, liquidación de mercancías.
SEMANTIC, semántico.
—— **BARRIER,** barrera semántica.
—— **DIFFERENTIAL,** diferencial semántico.
SEMANTICS, semántica.

SEMESTER, semestre.
SEMI-FIXED COSTS, costos semifijos.
SEMI-MONTHLY PAYROLL, nómina quincenal.
SEMIANNUAL, semestral, semianual.
——**BASIS,** base semestral.
——**FORECAST,** pronóstico semestral.
SEMICOLON, punto y coma.
SEMIFINISHED, semiterminado.
——**COSTS,** costos semifijos.
——**PRODUCT,** producto semiterminado o semielaborado.
SEMIMANUFACTURED, semifabricado, semimanufacturado.
SEMIMONTHLY, quincenal.
SEMINARY, seminario.
SEMIOFFICIAL, semioficial.
SEMIPROCESSED, semielaborado.
SEMISENIOR ACCOUNTANT, contador semisenior, contador subencargado.
SEMISKILLED WORKER, trabajador u obrero semicalificado.
SEMIVARIABLE COST, costo semivariable.
SEMIWEEKLY, bisemanal.
SENATE, senado.
SENATOR, senador.
SEND, enviar, despachar, remitir, mandar.
——**AWAY,** despedir, liquidar a una persona.
——**BACK,** devolver, enviar de vuelta.
——**FOR,** enviar a buscar, llamar.
——**IN,** entregar, suministrar.
——**OFF,** expedir.
——**OUT,** emitir, despachar, distribuir.
——**WORD,** avisar, dar aviso.
SENDER, remitente, despachador.
SENIOR, más antiguo, mayor, principal.
——**ACCOUNTANT,** contador en jefe o principal.
——**CAPITAL,** capital superior, capital preferencial.
——**CLERK,** empleado principal.
——**CREDITOR,** acreedor principal.
——**PARTNER,** socio principal o superior.
——**RESEARCH ANALYST,** analista jefe de investigación.
——**SECURITY,** valor de garantía preferente, título de garantía preferente.
——**STAFF,** personal ejecutivo.
SENIORITY, antigüedad, derechos de antigüedad.
——**LIST,** escalafón de antigüedad.
——**RIGHTS,** derechos de antigüedad.
SENSE, sentido, sensación, juicio, sensatez.
——, **COMMON,** sentido común.
SENSIBLE, sensato, razonable, apreciable.
SENSING, percepción.
SENSITIVITY, sensibilidad, susceptibilidad.
——**ANALYSIS,** análisis de sensibilidad.
——**TRAINING,** entrenamiento de sensibilidad.
SENTENCE, oración, sentencia, fallo.
——, **TO,** sentenciar, condenar.
SENTRY, centinela.

——**BOX,** garita de centinela.
SEPARABLE COST, costo separable.
SEPARATE ACCOUNT CARD, tarjeta separada para cada concepto.
SEPARATE, TO, separar, separarse, divorciarse.
SEQUENCE, sucesión, secuencia, orden de sucesión.
——**OF ENTRIES,** orden de los asientos.
——**OF NUMBERS,** sucesión de números.
——**OF OPERATIONS,** secuencia de las operaciones.
——**TESTS,** pruebas consecutivas.
SEQUENTIAL, seccuencial.
——**ANALYSIS,** análisis secuencial.
——**CONTROL,** control secuencial.
——**OPERATION,** operación secuencial.
——**ORDER,** orden o pedido secuencial.
——**SAMPLING,** muestreo secuencial, muestreo en serie.
SERIAL, de serie, seriado.
——**BOND,** bono en serie o seriado, obligación seriada.
——**BOND ISSUES,** emisiones de bonos seriados.
——**DATA,** datos seriados.
——**NOTE,** vale en serie.
——**NOTES PAYABLE,** efectos a pagar seriados.
——**NUMBER,** número de serie o de fábrica.
——**OPERATION,** operación en serie o escalonada.
——**STORAGE,** almacenamiento en serie.
——**TRANSFER,** transferencia en serie de datos, traslado escalonado de datos.
SERIES, serie, cadena.
SERIOUS, grave, serio.
——**ACCIDENT,** accidente grave o serio.
SERVANT, sirviente, criado, servidor, doméstico.
SERVE, servir, abastecer, surtir, ayudar, obsequiar.
——**AS,** desempeñar las funciones de.
SERVICE, servicio, atenciones, prestar servicio, notificación.
——, **AT YOUR,** a su servicio, a la disposición de usted.
——**BUREAU,** oficina de servicios, negociado de servicios.
——**CAPACITY,** capacidad de servicio.
——**CAR,** camión de auxilio.
——**CARD,** tarjeta de servicios.
——**CENTER,** estación de servicio.
——**CHANNEL,** canal de servicio.
——**CHARGE,** cargo por servicio, cargo mensual por cuenta corriente.
——**CHARGES ON DEPOSITS,** servicios cobrados sobre depósitos, gastos de servicios por depósitos.
——**COSTS,** costos de servicio.
——, **DEBT,** servicio de la deuda.
——**DEPARTMENT,** departamento de servicio, sección de servicio.
——**FACILITIES,** instalaciones o edificios de servicios.
——**FEE,** gasto por servicio, retribución por servicio prestado.

—— FIRM, empresa o firma que presta servicios.
—— INDUSTRY, industria de servicios, empresa que presta servicios.
——, INFORMATION, servicio de información.
—— LIFE, vida útil, duración de servicio.
—— MAN, encargado de reparación y servicio.
—— MANAGER, gerente de servicios.
—— OF PROCESS, aviso de la demanda.
——, OUT OF, descompuesto, paralizado, fuera de servicio.
—— PARTS, piezas de repuesto, repuestos.
—— PENSIONER, jubilado por antigüedad.
——, PICKUP AND DELIVERY, servicio de recogida y entrega.
—— QUALITY, calidad del servicio.
—— RECORD, antecedentes personales, hoja de servicio.
—— SALE TRANSACTIONS, operaciones de venta de servicios.
—— SALES, venta de servicios.
——, SOCIAL, servicio social.
—— SPONSOR, patrocinador de servicios.
—— STATION, estación o taller de servicio, estación de gasolina.
—— TECHNICIAN, técnico de servicio.
—— TEST, prueba de servicio.
—— UNIT, unidad de servicio.
—— VALUE, valor de servicio.
SERVICE-ORIENTED ECONOMY, economía basada en el servicio prestado.
SERVICE-OUTPUT DEPRECIATION, depreciación sobre la producción.
SERVICE-YIELD BASIS, base de rendimiento de servicio.
SERVICES, servicios.
——, EDUCATIONAL, servicios educativos.
——, FINANCIAL, servicios financieros.
——, GOODS AND, bienes y servicios.
——, MANAGEMENT, servicios administrativos.
——, MEDICAL, servicios médicos.
——, PAYMENTS FOR, pago de servicios.
——, PRODUCTIVE, servicios productivos.
——, RENDERED, servicios prestados.
SERVICENTER, servicentro, estación de servicio.
SERVOMECHANISM, servomecanismo.
SESSION, sesión, rueda, jornada, período escolar.
SET, juego, serie, grupo, colección, conjunto.
—— A PRICE, fijar o establecer precio.
—— ABOUT, emprender, comenzar.
—— AN EXAMPLE, dar ejemplo.
—— ASIDE, apartar, reservar, ahorrar.
—— BACK, retrasar, obstaculizar.
——, DINNER, vajilla de mesa.
—— DOWN, poner por escrito, sentar, establecer.
—— FORTH, manifestar, exponer, promulgar.
—— FORWARD, adelantar, promover.
—— OF ACCOUNTS, grupo de cuentas.
—— OF BOOKS, serie de libros.
—— OF BY-LAWS, estatutos.

—— OF CHINA, juego de porcelana.
—— OF STATISTICS, conjunto de datos estadísticos.
—— OF TOOLS, juego de herramientas.
—— ON FIRE, prender fuego.
—— OUT, partir, emprender un viaje o un negocio, manifestar, equipar.
—— OVER, traspasar, ceder.
—— PRICE, precio fijo o establecido.
——, TO, colocar, establecer, fijar, ajustar, valuar.
—— UP, fundar, establecer, instalar, montar.
SETBACK, revés, retroceso, contrariedad.
SETOFF, compensación, contrarreclamación.
SETTING, puesta de un astro, montadura de una joya, escenario, escena.
—— UP CONTROLS, establecer o fijar controles.
SETTLE, ajustar, arreglar, resolver, cancelar, liquidar.
—— A BILL, cancelar una factura.
—— A COMPLAINT, dirimir la querella.
—— A DISPUTE, resolver la contienda o la disputa, hacer las paces.
—— A STRIKE, resolver o solucionar una huelga.
—— AN ACCOUNT, liquidar o saldar una cuenta.
—— DOWN, asentarse, fijarse.
—— UP, pagar.
SETTLEMENT, liquidación, saldo, cancelación, convenio, conciliación, pago, establecimiento, colonia.
—— DATE, día de liquidación.
——, DEED OF, acta de constitución.
——, ENTRY FOR, asiento por liquidación.
——, FINANCIAL, arreglo o acuerdo financiero.
——, FULL, finiquito, saldo final.
—— OF BALANCE, liquidación de saldo.
—— OF OLD ACCOUNT PAYABLE, liquidación de cuentas a pagar antiguas.
—— OF THE ACCOUNT, liquidación de la cuenta.
—— OPTIONS, opciones para liquidar una reclamación.
——, OUT OF COURT, ajuste o arreglo extrajudicial.
—— PLAN, plan de liquidación.
—— WARRANT, autorización para liquidación.
SETTLER, colono, poblador.
SETUP, organización, sistema, procedimiento, preparación.
—— TIME, tiempo de preparación de una máquina.
SETUPS, TEST, disposiciones de prueba.
SEVEN-BIT ALPHANUMERIC CODE, código alfanumérico de siete bits (computación).
SEVENFOLD, séptuplo, siete veces.
SEVERAL, varios, distintos, diversos.
—— OBLIGATION, obligación solidaria.
—— OBLIGOR, obligado solidario.
SEVERANCE, cesantía, separación, rompimiento de relaciones.
—— PAY, sueldo de cesantía o de despedida, indemnización por desahucio.
—— TAX, impuesto por extracción.

SEVERE, severo, grave.
——**DAMAGE**, quebranto, daño grave.
SEWAGE, aguas negras o de albañal.
SEWER, cloaca, albañal, alcantarilla.
SEWERAGE, alcantarillado, sistema de drenaje urbano.
SEX, sexo.
——**DIFFERENTIAL**, diferencial de pago al hombre y a la mujer por trabajo igual.
——**DISCRIMINATION**, discriminación de sexo.
——**STRUCTURE**, distribución por sexos.
SHACK, cabaña, choza.
SHAKE, sacudir, menear, agitar, estremecerse.
——**HANDS**, darse la mano, darse un apretón de manos.
——**OFF**, sacudir, arrojar con una sacudida.
SHAME, vergüenza, rubor, bochorno, deshonra.
——, **IT IS A**, es una vergüenza, es una lástima.
——**ON YOU**, ¡qué vergüenza!.
SHARE, cuota, cupo, parte, participación, interés, acción (documento mercantil).
——**BANK**, acción bancaria.
——**BONUS**, bonos en acciones.
——**CAPITAL**, capital en acciones.
——**CERTIFICATE**, certificado o título de acciones.
——, **INCOME**, participación en el ingreso.
——**OF CAPITAL STOCK**, acción.
——**OF EMPLOYEES**, participación de los empleados.
——**OF PROFITS**, participación en las ganancias.
——**OF THE MARKET**, participación en el mercado.
——, **PAID-UP**, acción liberada.
——, **PERSONAL**, acción nominativa.
——, **PRICE**, precio de las acciones.
——**REGISTER**, mayor de acciones, registro de accionistas.
——**REINSURANCE**, reaseguro prorrateado.
——**SPONSORSHIP**, patrimonio conjunto.
——, **TO**, participar, repartir, dividir, compartir.
——**WARRANT**, certificado, cédula.
SHARE-PREMIUM ACCOUNT, cuenta de primas sobre acciones.
SHARES, acciones, participaciones, cuotas, porciones.
——, **BONUS**, acciones en prima.
——, **DEFERRED**, acciones diferidas.
——, **GAIN**, participación en las utilidades.
——**IN DEFAULT OF PAYMENT**, acciones desiertas.
——, **NO-PAR**, acciones sin valor nominal.
——**OF STOCK**, acciones de capital, acciones.
——, **ORDINARY**, acciones ordinarias.
——**OUTSTANDING**, acciones en circulación o en manos del público.
——, **OWNED**, acciones poseídas.
——**PARTED**, acciones mancomunadas.
——**POOLED**, acciones mancomunadas.
——, **PRIVILEGED**, acciones privilegiadas.
SHAREBROKER, bolsista, corredor de bolsa.
SHAREHOLDER, accionista, tenedor de acciones.

——**WEALTH**, patrimonio del accionista.
——**WEALTH MAXIMIZATION**, maximización del patrimonio del accionista.
SHAREHOLDERS' MEETING, asamblea o junta de accionistas.
SHAREOWNER, accionista.
SHAREOWNERS' EQUITY, capital contable.
SHARER, partícipe, copartícipe.
SHARK, tiburón, escualo, estafador.
SHARP, agudo, puntiagudo, aguzado, astuto, vivo, perspicaz, estafador.
——, **FIVE O'CLOCK**, las cinco en punto.
——**KNIFE**, cuchillo afilado.
——**PAIN**, dolor agudo.
——**SIGHT**, vista penetrante.
——**TEMPER**, temperamento violento.
——**TURN**, curva cerrada.
SHARPEN, afilar, sacar punta, aguzar.
SHARPENER, afilador.
SHATTER, TO, astillar, hacer añicos, romper, destrozar.
SHATTERPROOF, inastillable, irrompible.
SHAVE, TO, afeitar, rasurar, rasurarse, cepillar, raspar, estafar, extorsionar.
——, **TO HAVE A CLOSE**, salvarse en una tabla.
SHAVER, rasuradora.
SHED, cobertizo, barraca, tinglado.
——, **TO**, derramar, verter, esparcir, mudar de piel o de pluma.
SHEEP, oveja, carnero.
——**BREEDING**, cría de ovejas.
——**FARM**, hacienda de ovejas.
SHEEPSHEARING, esquila.
SHEET, hoja, foja, sábana, lámina de metal, pliego de papel.
——, **JOB ORDER COST**, hoja de costos por pedido.
——**METAL**, chapa o lámina metálica.
——**OF PAPER**, hoja, papel.
——, **POSTING**, hoja de pases.
SHELF, estante, entrepaño, anaquel.
SHELTER, albergue, amparo, abrigo, refugio, resguardo, protección.
——, **TAKE**, refugiarse, abrigarse.
——, **TO**, resguardar, albergar, abrigar, amparar, defender.
SHELTERED INDUSTRY, industria con protección aduanal.
SHERIFF, jefe de policía de un condado, oficial mayor.
SHERIFF'S SALE, venta judicial.
SHIFT, turno, jornada de trabajo, relevo.
——**BOSS**, capataz o jefe de turno.
——**DIFFERENTIAL**, pago extra para segundo y tercer turnos.
——**GEARS**, cambiar de velocidad un automóvil.
——, **NIGHT**, turno nocturno.
——**OF DEMAND**, desplazamiento de la demanda.
——, **OFF**, diferir, posponer, eludir la dificultad.
——**THE BLAME**, echar la culpa a otra persona.

—WORK, trabajo de turno o por turno.
SHIFTING, variable, cambiable.
—COST, costo variable.
—OF CARGO, traslado o movimiento de la carga.
—OF TAXES, traslado de impuestos.
SHIP, buque, vapor, embarcación.
—A CREW, enrolar la tripulación.
—BROKER, corredor marítimo.
—BUILDING, astillero.
—CANAL, canal marítimo.
—CHARTER, fletamento de un buque.
—CHARTERER, fletador, encargado del fletamento de un buque.
—CRANE, grúa de abordo.
—, MERCHANT, buque mercante.
—OPERATOR, naviero, armador.
—REPAIR, carena, carenaje de barcos.
—SUPERINTENDENT, capataz de estibadores.
—, TO, embarcar, despachar, expedir, enviar.
SHIP'S, del barco o del buque.
—ARTICLE, contrato de empleo de los marineros.
—HUSBAND, agente o consignatario del barco.
—PAPERS, documentación del barco.
—PASSPORT, certificado de navegación.
—RECEIPT, guía o talón de embarque.
SHIPBUILDING, construcción de barcos.
SHIPMENT, embarque, cargamento, envío, remesa, despacho.
—BILLED AT COST, remesa facturada al costo.
—BY RAIL, cargamento o embarque por ferrocarril.
—CONTRACT, contrato de embarque.
—FROM HOME OFFICE, remesa de la oficina principal.
—OF GOODS, despacho o expedición de mercancías.
—ON CONSIGNMENT, embarque en consignación.
SHIPMENTS JOURNAL, diario de embarques.
SHIPOWNER, naviero, armador.
SHIPOWNER'S LIABILITY, responsabilidad del naviero.
SHIPPER, embarcador, expedidor, remitente.
—, DROP, despachador directo.
SHIPPER'S, del embarcador o expedidor.
—CERTIFICATE, declaración de mercancías del embarcador.
—DRAFT, letra del naviero o del embarcador.
—EXPORT DECLARATION, declaración de exportación.
—MANIFEST, manifiesto de expedidor, declaración de exportación.
—PAPER, documentos de embarque.
—WEIGHT, peso de mercancías según expedidor.
SHIPPING, embarque, despacho, envío, marina mercante.
—AGENCY, agencia marítima o naviera.
—AGENT, expedidor, transportista, embarcador.

—BALANCE, balanza de carga.
—BILL, factura de embarque o de remesa.
—BUSINESS, industria naval.
—CHARGES, gastos de embarque o de expedición.
—CLERK, encargado de expediciones o embarques.
—COMPANY, empresa o compañía, compañía armadora.
—CONFERENCE, junta o conferencia marítima.
—CONTAINER, envase o caja de embarque.
—COPY, copia de remisión o de embarque.
—DATE, fecha de embarque.
—DEPARTMENT, departamento de embarques, oficina de expedición o despacho.
—DOCUMENTS, documentos o papeles de embarque.
—EXPENSE, gastos de expedición o despacho.
—FACILITIES, medios de expedición.
—FIRM, casa expedidora, empresa naviera o armadora.
—INSTRUCTIONS, instrucciones de embarque.
—MARKS, marcas o señales de embarque.
—NOTE, nota o boleta de embarque, boleta de expedición.
—NOTICE, aviso de embarque, declaración de expedición.
—ORDER, orden o conocimiento de embarque, orden de despacho.
—PAPERS, documentos de embarque.
—PERMIT, permiso de embarque o de despacho.
—POINT, punto de salida o de embarque.
—RECEIPT, recibo de embarque.
—ROOM, sala de despacho, cuarto de embarques.
—ROUTE, línea de navegación.
—SPACE, capacidad de carga, espacio de carga, bodega.
—SPECIFICATIONS, especificaciones de embarque.
—TAG, etiqueta o marbete de embarque.
—TRADE, transporte marítimo.
—WEIGHT, peso de cargamento o de embarque.
SHIPWRECK, naufragio, echar a pique un barco.
SHIPYARD, astillero, varadero.
SHIRT, camisa.
—FACTORY, camisería.
SHIVER, temblor, escalofrío, estremecimiento.
—, TO, tiritar, temblar, vibrar.
SHOCK, sacudida, choque, golpe, colisión, susto, postración nerviosa.
—LOSS, pérdida por catástrofe mayor.
—, TO, chocar, ofender, disgustar.
SHOCKPROOF, a prueba de choques.
SHODDY, lana artificial, falso, aparente.
—MANUFACTURE, manufactura de mala calidad.
—WORKMANSHIP, manufactura falsa, mano de obra aparente.
SHOE, zapato, calzado, botín.

—— INDUSTRY, industria zapatera.
—— TRADE, zapatería.
SHOEMAKER, zapatero.
SHOOT, TO, matar con arma de fuego, disparar, fusilar, arrojar, tirar, tomar una fotografía, filmar una escena, echar los dados.
SHOOTER, tirador.
SHOOTING, cacería con escopeta, tiroteo.
SHOP, taller, tienda, fábrica, almacén, comprar.
—— AUDIT, inventario de tiendas.
—— CLERK, empleado de taller.
—— COMMITTEE, comisión de operarios.
—— COST, costo de fabricación o elaboración.
—— DEPUTY, delegado de taller, representante del gremio.
—— DRAWING, dibujo de taller.
—— FOREMAN, jefe o capataz de taller.
—— NUMBER, número de serie o de fábrica.
—— PLATE, placa del fabricante.
—— SUPERVISION, supervisor de taller.
—— TEST, prueba de fábrica o de taller.
——, UNION, taller sindicalizado.
SHOPKEEPER, tendero.
SHOPLIFTER, ratero o ladrón de tiendas, caco.
SHOPLIFTING, ratería o hurto en tiendas.
SHOPPER, comprador, cliente, parroquiano.
SHOPPING, ir de compras, comprar en varias tiendas, visitar tiendas para comprar.
—— CENTER, centro comercial.
—— DISTRICT, zona de tiendas.
——, GO, ir de compras.
—— GOOD, artículo comercial.
—— STREET, calle de comercio minorista.
SHOPWINDOW, escaparate, vidriera.
SHOPWORK, trabajo de taller.
SHOPWORKER, operario de taller.
SHORE, costa, ribera, playa, orilla.
—— CRANE, grúa de muelle.
—— GANG, cuadrilla o estibadores de muelle.
——, LEAVE, permiso para ir a tierra.
——, OFF, a lo largo de la costa.
——, ON, en tierra.
—— UNION, gremio o sindicato de estibadores.
SHORT, breve, escaso, corto, insuficiente, faltante, bajo.
—— ACCOUNT, cuenta del vendedor al descubierto.
—— BILL, letra de corto plazo.
—— COST, costos de saldos insuficientes.
—— COVERING, compra de valores para efectuar una transacción corta.
—— CROP, cosecha escasa.
—— DATE, AT, a corto plazo.
—— DELIVERY, entrega incompleta.
—— EXCHANGE, cambio a corto plazo.
——, FOR, para abreviar.
—— HAUL, acarreo corto.
—— HEDGE, venta compensadora.
——, IN, en suma, en resumen.

—— INTEREST, intereses bajistas.
—— LEASE, arrendamiento o arriendo a corto plazo.
—— LOANS, préstamos a corto plazo.
—— MATURITY, vencimiento a corto o breve plazo
—— MONEY, préstamo a corto plazo.
—— NOTICE, aviso a corto plazo.
—— NOTICE, ON, con corto tiempo de aviso.
—— OF, corto de, escaso de.
—— OF FUNDS, en apuros, escaso de dinero.
—— OF MONEY, escaso o falto de dinero.
—— RATE, tasa a corto plazo.
—— SALE, venta en descubierto.
—— SELLING, venta en descubierto o antes de comprar.
—— SUPPLY, surtido escaso, escasez.
—— TERM, a corto plazo.
—— TERM LIABILITY, pasivo a corto plazo.
—— TON, tonelada corta.
—— WEIGHT, falta de peso.
SHORT-CHARGE, cobrar de menos.
SHORT-CREDIT, abonar de menos.
SHORT-CUT METHOD, método abreviado.
SHORT-DATED, a corto plazo.
SHORT-DISTANCE TRAFFIC, tráfico a corta distancia.
SHORT-FORM REPORT, informe corto o breve.
SHORT-LIVED, de corta vida, de breve duración.
SHORT-MATURITY OBLIGATION, obligación o deuda de corto vencimiento.
SHORT-RANGE FORECAST, pronóstico a corto plazo.
SHORT-RANGE STRATEGY, estrategia a corto plazo o de corto alcance.
SHORT-TERM, a corto plazo, de corto término.
SHORT-TERM ACCOUNTS PAYABLE, cuentas por pagar a corto plazo.
SHORT-TERM ANNUITY, anualidad de corto plazo.
SHORT-TERM BANK LOANS, préstamos bancarios a corto plazo.
SHORT-TERM BILL, letra a corto plazo.
SHORT-TERM BOND, bono a corto plazo.
SHORT-TERM BORROWING, préstamos a corto plazo.
SHORT-TERM CAPITAL GAINS, ganancias de capital a corto plazo.
SHORT-TERM CAPITAL LOSSES, pérdidas de capital a corto plazo.
SHORT-TERM CASH, efectivo a corto plazo.
SHORT-TERM CREDITOR, acreedor a corto plazo.
SHORT-TERM DEBT, deuda o débito a corto plazo.
SHORT-TERM EMPLOYMENT, empleo a corto plazo.
SHORT-TERM FLUCTUATION, fluctuación a corto plazo.
SHORT-TERM FORECAST, pronóstico a corto plazo.
SHORT-TERM FUNDS, recursos o fondos a corto plazo.
SHORT-TERM INSTRUMENT, instrumento a corto plazo, documento o escritura a corto plazo.
SHORT-TERM INTEREST, interés a corto plazo.
SHORT-TERM INVESTMENTS, inversiones a corto plazo.

SHORT-TERM LAYOFF, despido temporal, cesantía temporal.
SHORT-TERM LOAN, préstamo a corto plazo.
SHORT-TERM LOAN NOTES, pagarés a corto plazo.
SHORT-TERM MATURITIES, vencimientos a corto plazo.
SHORT-TERM OBLIGATIONS, obligaciones a corto plazo.
SHORT-TERM POLICY, política a corto plazo.
SHORT-TERM PROFITS, utilidades a corto plazo.
SHORT-TERM RECEIVABLES, cuentas por cobrar a corto plazo.
SHORT-TERM REPORT, informe a corto plazo.
SHORT-TERM SECURITIES, valor a corto plazo, títulos a corto plazo.
SHORT-TERM SOLVENCY, capacidad de pago a corto plazo.
SHORT-WAVE, de onda corta (radio).
SHORTAGE, deficiencia, faltante, escasez, déficit.
—— AND OVERAGE, faltantes y sobrantes.
——, CASH, faltante en caja.
——, LABOR, escasez o falta de mano de obra.
—— OF CAPITAL, escasez o falta de capital.
SHORTCOMING, defecto, falta.
SHORTCUT, atajo.
SHORTENT, TO, acortar, acortarse, reducir, disminuir.
SHORTFALL, ganancias a corto plazo.
SHORTHAND, taquigrafía, estenografía.
SHORTHANDED, insuficiencia o falta de empleados.
SHORTLIVED, de corta vida.
SHORTLY, en breve.
SHORTRANGE, de poco alcance.
SHORTSIGHTED, falto de visión para los negocios, miope, de corta visión.
—— MANAGEMENT, gerencia miope, administración sin visión comercial.
SHOUT, TO, gritar, vocear.
SHOW, exhibición, demostración, espectáculo, función, apariencia.
—— A BALANCE, señalar o arrojar un saldo.
—— A LOSS, arrojar una pérdida.
—— A PROFIT, rendir utilidad, producir una ganancia.
—— ABILITY, demostrar capacidad.
—— AN INCREASE, arrojar un aumento, acusar alza.
—— BILL, cartelón, cartel.
——, IN OPEN, públicamente.
—— OF, TO MAKE A, hacer gala de.
—— RESULTS, mostrar resultados.
——, TO, mostrar, exhibir, enseñar, demostrar, probar.
—— UP, presentarse, asistir, descubrir.
—— WINDOW, escaparate, vitrina, aparador.
SHOWCASE, vitrina, aparador.
—— PRODUCT, artículo de lujo, producto selecto.
SHOWDOWN, declaración definitiva.
SHOWER, lluvia, chubasco, aguacero, ducha.

—— BATH, baño de ducha o de regadera.
——, HEAVY, aguacero, turbonada.
SHOWING, exposición.
SHOWMAN, empresario, director de espectáculos, circo, museo, etc.
SHOWROOM, salón de exposición, sala de exhibición.
SHREWD, astuto, perspicaz, despierto.
—— NEGOTIATIONS, negociaciones hábiles.
SHRINE, altar, santuario, capilla.
SHRINK, encoger, disminuir, contraerse, acortarse, mermar.
—— BACK, retroceder, retirarse.
SHRINKAGE, merma, pérdida, contracción.
SHUFFLE, TO, barajar, resolver, traspasar, arrastrar los pies.
SHUNT, TO, apartar, evadir, eludir, (electricidad) distribuir la corriente en derivación.
SHUT, cerrado, parado, paralizado.
—— DOWN, cerrar, paralizar operaciones.
—— FOR DIVIDEND, cerrado por dividendo.
—— FROM, excluir.
—— IN, encerrar.
—— OFF, interrumpir, parar, impedir la entrada, interceptar.
——, TO, cerrar, encerrar, obstruir, prohibir, impedir.
—— UP SHOP, cerrar la tienda, terminar el negocio, callarse.
SHUT-OFF FROM BORROWING, estar excluido de préstamos.
SHUTDOWN, paro, paralización, parada.
—— COST, costo de inactividad o parada.
SHY, tímido, asustadizo, miedoso.
SHYSTER LAWYER, abogado picapleitos.
SICK, enfermo, malo, doliente, demacrado.
—— BENEFITS, subsidio por invalidez, indemnización por enfermedad.
—— LEAVE, licencia o permiso por enfermedad.
—— PAY, pago por enfermedad.
—— RATE, proporción de enfermos.
—— TO DEATH, enfermo de peligro, de muerte.
SICKNESS, enfermedad, mal, indisposición.
—— BENEFITS, compensaciones por enfermedad.
—— INSURANCE, seguro contra enfermedad.
SIDE, lado, costado, cara, banda.
—— BY SIDE, lado a lado.
——, CREDIT, lado del haber.
—— DOOR, puerta lateral.
—— EFFECTS, efectos secundarios.
—— GLANCE, mirada de soslayo.
—— LINE, negocio o actividad suplementaria.
——, ON THE OTHER, del otro lado.
—— ROAD, vereda, camino apartado.
—— WHARFAGE, cuotas de amarraje.
SIDEHEAD, título de un renglón.
SIDERURGY, siderurgia.
SIDEWALK, acera, banqueta, calzada.
SIDING, vista, visión.

SIGHT, vista, visión.
——, **AT**, a la vista, a la presentación.
—— **BILL**, letra a la vista.
—— **CREDIT**, crédito para giros a la vista.
—— **DEPOSIT**, depósito a la vista.
—— **DRAFT**, letra o giro a la vista, cheque.
—— **DRAFT-BILL OF LADING**, giro a la vista, conocimiento de embarque.
—— **DRAFT PAYMENT**, pago de letra a la vista o a la presentación.
—— **ENTRY**, permiso provisional.
—— **LETTER OF CREDIT**, carta de crédito a la vista.
—— **TEST**, prueba visual.
SIGN, signo, señal, rótulo, letrero.
—— **AND SEAL**, rubricar, firmar y sellar.
—— **DESIGNER**, dibujante de rótulos.
—— **PAINTER**, rotulista, pintor de letreros.
——, **TO**, firmar, suscribir.
—— **UP**, ultimar el negocio, celebrar el contrato.
SIGNAL, señal, seña.
—— **CODE**, código de señales.
—— **LIGHT**, fanal.
——, **TO**, señalar, indicar, hacer señas.
SIGNATURE, firma, rúbrica.
——, **BLANK**, firma en blanco.
—— **CARD**, tarjeta de firmas.
—— **LOAN**, préstamo a la firma.
—— **STAMP MACHINE**, máquina estampadora de firmas.
SIGNBOARD, tablero de anuncios, letrero.
SIGNER, firmante, signatario, subscriptor.
SIGNIFICANT, de importancia, importante, significativo.
—— **AMOUNT**, cantidad significativa.
—— **DIGITS**, números significativos.
SIGNING CHECKS, firma de cheques.
SILAGE, forraje ensilado.
SILENT, silencioso, callado, taciturno.
—— **FILM**, película muda.
—— **PARTNER**, socio comanditario o capitalista.
—— **PARTNERSHIP**, sociedad en comandita.
SILK, seda, tejido o hilo de seda.
—— **CULTURE**, sericultura.
—— **GOODS**, sedería, géneros de seda.
—— **INDUSTRY**, industria de la seda.
—— **MARKET**, mercado de seda.
—— **STOCKING**, media de seda, lujoso, aristocrático.
—— **STORE**, sedería.
—— **TRADE**, comercio de seda.
SILVER, plata, plateado.
—— **CERTIFICATE**, certificado de plata.
—— **COIN**, moneda de plata.
—— **PLATE**, vajilla de plata.
—— **STANDARD**, patrón de plata.
—— **WEDDING**, bodas de plata.
SILVERPLATE FLATWARE, vajilla plateada.
SILVERPLATE HOLLOWARE, recipiente plateado.
SILVERSMITH, platero, orfebre.

SILVERSMITHING, orfebrería, platería.
SILVERWARE, platería, artículos de plata.
SIMILAR, semejante, análogo, similar, parecido.
SIMPLE, simple, sencillo, llano, ordinario.
—— **AVERAGE**, promedio simple.
—— **BOND**, pagaré, obligación incondicional.
—— **CAPITAL STRUCTURE**, estructura simple de capital.
—— **CREDIT**, crédito simple.
—— **DISCOUNT**, descuento simple.
—— **INTEREST**, interés simple.
—— **INTEREST FORMULA**, fórmula de interés simple.
—— **INTEREST RATE**, tasa de interés simple.
—— **JOURNAL**, diario simple u ordinario.
—— **MINDED**, ingenuo, cándido, confiado.
—— **RANDOM SAMPLE**, muestra aleatoria simple.
—— **RANDOM SAMPLING**, muestreo aleatorio simple.
—— **SAMPLE**, muestra simple.
—— **TRUST**, fideicomiso simple.
SIMPLEX MODEL, modelo simplex.
SIMPLIFY, TO, simplificar.
SIMULATE, TO, simular, fingir.
SIMULATED, simulado.
—— **CONTRACT**, contrato simulado.
—— **SALE**, venta simulada.
SIMULATION, simulación, fingimiento.
—— **GAMES**, juegos de simulación.
—— **TRAINING**, entrenamiento a base de simulación.
SIN, pecado, culpa, transgresión.
SINCE, hace, desde que, puesto que.
——, **NOT LONG**, hace poco.
—— **WHEN**, ¿desde cuándo?
SINCERITY, sinceridad, franqueza.
SINGLE, sencillo, único, simple, individual, solo.
—— **COPY**, ejemplar o número suelto.
—— **ENTRY**, partida simple o sencilla.
—— **FILE**, en hilera, hilera, uno tras otro.
—— **LOAN**, préstamo eventual.
—— **PREMIUM**, prima única.
—— **PROPRIETORSHIP**, propiedad individual.
—— **RULING**, rayado simple.
—— **SAMPLING**, muestreo simple.
—— **SHIFT**, jornada o turno único.
—— **SPACING**, renglón seguido.
—— **STANDARD**, patrón único.
—— **TARIFF**, tarifa única.
—— **TAX**, impuesto único.
—— **TAXPAYER**, causante o contribuyente individual.
—— **TICKET**, boleto sencillo o de ida.
—— **TOTAL MACHINE**, máquina de un totalizador.
—— **TRACK**, vía única.
SINGLE-CROP COUNTRY, país de monocultivo.
SINGLE-ENTRY BOOKKEEPING, teneduría de libros por partida simple, contabilidad por partida simple.
SINGLE-FAMILY MORTGAGE PORTFOLIO, cartera de hipoteca de una familia.

SINGLE-HANDED, solo, sin ayuda.
SINGLE-LANE ROAD, camino de una sola vía.
SINGLE-LINE WHOLESALER, mayorista de un solo producto o una sola rama.
SINGLE-NAME PAPER, letra de una sola firma, pagaré sin endoso.
SINGLE-PAYMENT LOAN, préstamo pagadero íntegramente.
SINGLE-PREMIUM ANNUITY, anualidad de prima única.
SINGLE-PRICE POLICY, política de precios únicos.
SINGLE-PROJECT OPERATION, proyecto único.
SINGLE-RISK INSURANCE, seguro de un solo riesgo.
SINGLE-STEP INCOME STATEMENT, estado de ingresos sencillos, estado de resultados sencillos.
SINGLE-TRIP TICKET, boleto de ida, billete sencillo.
SINGLE-YEAR TERM INSURANCE, seguro temporal por un año.
SINK, fregadero, hundir, irse a pique.
SINKING, amortización, hundimiento.
—— FUND, fondo de amortización, caja de amortización.
—— FUND ARREARS, atrasos en el fondo de amortización.
—— FUND, BOND, fondo para amortización de obligaciones.
—— FUND DEBENTURE, obligación hipotecaria del fondo de amortización.
—— FUND PAYMENT, pago del fondo de amortización.
—— FUND REQUIREMENTS, requisitos del fondo de amortización.
—— FUND RESERVE, reserva para fondo de amortización.
SINKING-FUND BOND, bono del fondo de amortización.
SINKING-FUND DEPLETION, agotamiento del fondo de amortización.
SINKING-FUND METHOD, método del fondo de amortización.
SINKING-FUND METHOD DEPRECIATION, depreciación por fondo de amortización.
SIP, TO, sorber, chupar.
SIRE, padre, progenitor.
SISTER, hermana, sor (monja).
—— OF CHARITY, hermana de la caridad.
—— SHIPS, barcos gemelos.
SISTER-IN-LAW, cuñada.
SISTERHOOD, hermandad, cofradía de monjas.
SIT, reunirse, celebrar sesión.
—— AT TABLE, sentarse a la mesa o a comer.
—— DOWN, sentarse.
—— FOR, servir de modelo.
—— IN, asistir como miembro, participar en reuniones.
—— STILL, estése quieto, no se mueva.
—— TIGHT, tenerse firme.
——, TO, sentarse, asentarse, colocar.
SIT-DOWN STRIKE, huelga de brazos caídos, huelga pasiva.

SITE, ubicación, sitio, situación, asiento, local.
—— AUDIT, auditoría domiciliaria.
SITTER, niñera por hora.
——, BABY, niñera por hora, niñera que cuida niños en ausencia de sus padres.
SITTING, sesión, junta, reunión.
—— ROOM, estancia, gabinete.
SITUATION, situación, ubicación, empleo, incidente.
—— OPEN, empleo vacante, ofrecen colocación.
—— WANTED, empleo solicitado, buscan colocación.
SITUATIONAL ANALYSIS, análisis de situación.
SIX, seis.
SIX COLUMN-WORK SHEET, hoja de trabajo de seis columnas.
SIX-LANE HIGHWAY, carretera de seis vías.
SIX-SHOOTER, revólver de seis tiros.
SIX-YEAR PERIOD, sexenio.
SIXTY-DAY BILL OF EXCHANGE, letra a sesenta días vista.
SIZABLE, considerable.
SIZE, tamaño, dimensiones, medida.
—— OF A BUSINESS, importancia o tamaño de un negocio.
—— OF BATCH, tamaño del lote.
—— OF THE SAMPLE, tamaño de la muestra.
——, OPTIMAL, tamaño óptimo.
——, POPULATION, tamaño de la población.
——, SAMPLE, tamaño de la muestra.
——, TO, medir el tamaño de, calibrar, clasificar por tamaño.
SIZING, ajuste a dimensiones, clasificación por tamaños, aderezo, encolado.
SKATE, patines.
——, TO, patinar.
SKATER, patinador.
SKATING, patinaje.
—— RINK, pista de patinaje.
SKETCH, croquis, esquema, diseño, bosquejo, boceto.
——, TO, bosquejar, diseñar, delinear, esbozar.
SKEW, sesgo, asimétrico, oblicuo.
—— DISTRIBUTION, distribución asimétrica.
——, TO, sesgar, andar o moverse sesgadamente.
SKEWED DISTRIBUTION, distribución desviada, distribución asimétrica.
SKEWED POPULATION, población asimétrica.
SKEWNESS, asimetría.
SKI, esquí.
—— RESORT, campo de esquí.
——, TO, esquiar, deslizarse o andar con esquís.
SKILL, habilidad, pericia, destreza, maña.
—— BANK, banco o registro de habilidades personales.
—— DEVELOPMENT, desarrollo de habilidades o de pericia.
——, TECHNICAL, habilidad técnica.

—— VARIETY, variedad de la pericia, variedad de la habilidad.
SKILLED, experto, adiestrado, práctico, experimentado.
—— LABOR, mano de obra calificada, obreros hábiles.
—— TRADE, oficio calificado.
—— WORKER, trabajador u obrero calificado.
SKILLFUL, hábil, experto, diestro.
SKIM, desnatar, espumar.
—— PRICING, precio de penetración.
SKIN, piel, epidermis, cuero, pellejo, corteza de frutas, cáscara.
——, TO, despellejar, pelar, desollar.
——, TO SAVE ONE'S, salvar el pellejo.
SKINS, cueros, pieles.
SKINNY, flaco, delgado.
SKIP A LINE, dejar una línea en blanco.
SKIP, TO, omitir, saltar, brincar, pasar por alto.
SKIPPER, patrón, capitán.
SKY, cielo, firmamento.
—— HIGH, por las nubes.
—— SIGN, letrero en el tope de un rascacielos.
SKYLIGHT, claraboya, tragaluz.
SKYROCKETING PRICE, precio estratosférico o prohibitivo.
SKYSCRAPER, rascacielos.
SKYWRITING, publicidad aérea.
SLACK, flojo, lento, tardío, débil.
—— BUSINESS, negocio flojo, baja en el negocio.
—— LOAN, disminución de demanda de préstamo, floja demanda de préstamo.
—— OFF, aflojar, arriar un cable.
—— PERIOD, período inactivo, período flojo.
—— SEASON, estación de ventas bajas, estación floja.
——, TO, aflojar, retardar, arriar.
—— VARIABLES, variables de holgura.
SLAG, escoria, chatarra.
SLANDER, calumnia, difamación oral.
——, TO, calumniar, difamar.
SLANG, vulgarismo, jerga, caló.
SLANT, TO, sesgar, inclinar.
SLANTED, tendencioso.
SLAP, palmada, bofetada, cachetada.
—— IN THE FACE, bofetada, insulto.
—— ON THE BACK, felicitación, palmadita en la espalda.
——, TO, abofetear, cachetear.
SLASH PRICES, reducir precios radicalmente.
SLASH, TO, acuchillar, dar cuchilladas o tajos, rebajar o reducir precios radicalmente.
SLATE, pizarra, esquisto, pizarra para escribir.
SLATING, crítica pública y mordaz.
SLAUGHTER, matanza de ganado, sacrificar reses, carnicería.
SLAUGHTERER, matarife.
SLAUGHTERHOUSE, matadero.
SLAVE, esclavo.

—— TRADE, trata de esclavos.
—— TRADER, traficante de esclavos.
SLAVE, TO, esclavizar.
SLAVER, negrero, esclavista, traficante de esclavos.
SLAVERY, esclavitud, servidumbre.
SLED, trineo, rastra.
SLEDGE, trineo.
SLEEP, dormir, sueño, reposo, descanso.
—— AWAY, malgastar el tiempo durmiendo.
—— LIKE A LOG, dormir como un lirón.
—— OUT, dormir fuera de casa.
—— SOUNDLY, dormir a pierna suelta o profundamente.
SLEEP-IN, que duerme donde trabaja.
SLEEPING, durmiente.
—— BAG, funda para dormir a la intemperie.
—— CAR, coche o carro dormitorio.
—— PARTNER, socio secreto.
SLEEPWALKER, sonámbulo.
SLENDER, delgado, esbelto, flaco, ligero, escaso.
SLICE, rebanada, tajada, lonja.
——, TO, rebanar, cortar en tajadas.
SLICKER, impermeable, flojo, farsante, embaucador.
SLIDE RULE, regla de cálculo.
SLIDE, TO, resbalar, deslizarse, patinar, escabullirse.
SLIDING DOOR, puerta corrediza o de corredera.
SLIGHT, ligero, pequeño, insignificante, desprecio.
SLIM, delgado, sutil, débil.
SLING, eslinga, braga, honda, cabestrillo.
SLIP, ficha, volante, boleta, papeleta.
—— AWAY, escabullirse, huir.
—— IN, introducir o meter secretamente.
—— INTO, entrometerse, introducir.
—— OFF, zafarse, quitarse rápidamente la ropa, los guantes, etc.
—— ON, ponerse de prisa la ropa, los guantes, etc.
—— OUT, escurrirse, salir sin ser observado.
——, TO, resbalar, deslizarse, equivocarse, eludir, desliz, resbalón, tropiezo.
SLIP-UP, error, descuido.
SLIPCASE, funda, estuche.
SLIPPING PRODUCTIVITY, productividad deslizante.
SLOGAN, lema, refrán, lema comercial, consigna, frase de campaña, estribillo.
SLOPE, pendiente, inclinación, buzamiento, talud, declive, cuesta.
SLOPPY, mojado, sucio, chapucero, desaliñado.
—— WORK, trabajo chapucero o corriente.
SLOT, abertura, ranura, muesca.
—— MACHINE, máquina de venta automática, traganíqueles.
——, TO, acanalar, ranurar.
SLOW, lento, despacioso, tardío, atrasado.
—— ASSETS, activo congelado.
—— DOWN, aflojarse el negocio, disminuir, disminuir la velocidad de un coche.

SLOW-MOVING-SNEEZE

—— FIRE, fuego lento.
—— MOTION, cámara lenta, velocidad reducida.
——, TO, retardar, aminorar.
—— UP, aminorar o retardar operaciones.
SLOW-MOVING, de salida lenta, de poco movimiento.
—— GOODS, mercancías o artículos de salida lenta.
—— INVENTORY, inventario de movimiento lento.
—— ITEM, partida o artículo de movimiento lento.
—— MATERIALS, materiales de poco movimiento, materiales de salida lenta.
SLOW-PAY, moroso, persona que paga atrasada.
SLOW-PAYING ACCOUNT, cuenta pagada con lentitud.
SLOW-PAYING CUSTOMER, cliente de pago lento.
SLOWDOWN, trabajo lento, paso de jicotea, tortuguismo.
SLUM, barrio bajo, arrabal.
—— CLEARANCE, supresión o eliminación de barrios bajos.
SLUMP, crisis económica, depresión, baja repentina en la bolsa.
——, TO, aplastarse, rebajarse, bajar, caer.
SLUMPING PRICE, precio flojo.
SLUMPING PRODUCTIVITY, productividad descendente o floja.
SLUSH, lodo, cieno, fango.
—— FUND, dinero para soborno, fondos para corrupción política.
——, TO, engrasar, ensebar, embarrar.
SLY, astuto, taimado, socarrón.
SMACK, sabor, gusto, chasquido, beso ruidoso.
——, TO, manotear, golpear, chasquear, besar ruidosamente.
SMALL, pequeño, chico, escaso, insignificante.
—— ARMS, armas ligeras o manuales (rifles, pistolas, etc.).
—— BUSINESS, negocio pequeño, industria pequeña.
—— BUSINESS ADMINISTRATION, administración de pequeñas empresas.
—— BUSINESS ADMINISTRATION LOANS, préstamos para administración de pequeñas empresas.
—— BUSINESS INVESTMENT COMPANIES, compañías inversionistas en pequeñas empresas.
—— BUSINESSMAN, pequeño comerciante.
—— CAPITAL, (imprenta) versalita.
—— CATTLE, ganado menor.
—— CHANGE, moneda suelta, menudo, cambio chico.
—— DEPRESSION, pequeña depresión.
—— MERCHANT, comerciante en pequeño, pequeño comerciante.
—— TALK, chismografía, vulgaridades.
—— TOOLS, herramientas pequeñas.
SMALL-SCALE OPERATIONS, operaciones en pequeña escala.
SMALL-SCALE PRODUCTION, producción en pequeña escala.

SMALL-SCALE RETAILER, detallista en pequeña escala.
SMART, listo, hábil, ingenioso, vivo, astuto.
SMASH, rotura, destrozo, fracaso, quiebra.
——, TO, quebrar, romper, destrozar, aplastar.
SMELL, olor, olfato, aroma.
—— A RAT, haber gato encerrado.
——, TO, oler, olfatear, husmear.
SMELT, TO, fundir o derretir minerales.
SMELTER, fundición, fundidor.
SMELTING, fundición, fusión.
—— FURNACE, horno de fundición, alto horno.
—— PLANT, planta de fundición.
SMILE, sonrisa, disposición favorable.
—— ASSENT, consentir con una sonrisa.
—— ONE'S THANKS, dar las gracias con una sonrisa.
——, TO, sonreír, favorecer.
SMILING, risueño, sonriente.
SMITH, forjador, herrero.
SMITHERY, herrería.
SMOG, mezcla de niebla y humo.
SMOKE, humo.
—— DAMAGE, daños por humo.
—— HELMET, casco de protección contra el humo.
—— OUT, ahogar con humo, hacer salir con humo, echar fuera.
—— SCREEN, cortina de humo.
—— TIGHT, a prueba de humo.
——, TO, fumar, humear, echar humo.
SMOKED FISH, pescado ahumado.
SMOKEPROOF, a prueba de humo.
SMOOTH, liso, pulido, terso, igual, uniforme.
——, TO, alisar, suavizar, aplanar.
SMOOTH-SHAVEN, bien afeitado.
SMOOTH-SPOKEN, lisonjero, adulador, meloso.
SMOOTHING, nivelación, alisadura, redondeo de números.
SMUGGLE, TO, contrabandear, alijar.
SMUGGLER, contrabandista.
SMUGGLING, contrabando, contrabandear.
SNACK, bocadillo, refrigerio, tentempié.
—— BAR, expendio de bebidas y bocadillos.
SNAP, chasquido, estallido, castañeteo con los dedos, mordisco.
—— FASTENER, cierre automático, broche de presión.
—— JUDGMENT, resolución irreflexiva.
—— OFF, soltarse, abrirse de golpe.
—— SHUT, cerrarse de golpe.
——, TO, chasquear, estallar, quebrar.
SNAPSHOT, fotografía instantánea, disparo rápido sin apuntar.
SNEAK, obrar solapadamente, andar furtivamente.
—— IN, entrar a hurtadillas.
—— OUT, salirse a hurtadillas, escabullirse.
—— THIEF, ratero.
SNEAKY INDIVIDUAL, individuo ruin, sujeto servil o bajo.
SNEEZE, TO, estornudar, despreciar, estornudo.

SNIPER, francotirador.
SNOB, fachendón, sujeto vulgar, arrogante, engreído.
SNOOPY, entrometido, curioso.
SNOOTY, arrogante, engreído.
SNOW, nieve, nevada.
——**BLINDNESS,** ceguera causada por el reflejo de la nieve.
——**FENCE,** valla o cerca paranieves.
——**, TO,** nevar.
——**WATER,** aguanieve.
——**WHITE,** níveo, blanco como la nieve.
SNOWFALL, nevada.
SNOWMOBILE, motoesquiador.
SNOWPLOW, arado quitanieve.
SNOWSTORM, tormenta de nieve, ventisca.
SO, así, muy, tan, tanto.
——**AND SO,** fulano, fulano de tal.
——**BE IT,** amén, así sea.
——**FAR,** hasta ahora, hasta aquí.
——**FAR AS I KNOW,** hasta donde yo sé, que yo sepa.
——**FAR SO GOOD,** hasta aquí muy bien, eso está bien.
——**FORTH, AND,** y así sucesivamente, etcétera.
——**, HOW?,** ¿cómo es eso?
——**, I THINK,** así lo creo.
——**, IF,** si lo fuere, en tal caso.
——**, IS THAT,** ¿de veras?, ¿así?, ¡no diga!
——**, JUST,** ni más ni menos, exactamente.
——**LONG,** hasta luego, abur.
——**MANY,** tantos.
——**MUCH,** tanto.
——**MUCH AS,** por mucho que, tanto como, siquiera.
——**MUCH THE BETTER,** tanto mejor.
——**MUCH THE LESS,** tanto menos.
——**MUCH THE WORSE,** tanto peor.
——**, NOT,** no es así, eso no es verdad.
——**OR SO,** de un modo u otro.
——**SO,** así, tal cual, regular.
——**THAT,** de modo que, para que, a fin de que.
——**THEN,** pues bien, conque, así pues.
——**TO SPEAK,** por decirlo así.
SO-CALLED, así llamado, llamado.
SOAK, TO, remojar, empapar, embeber.
SOAP, jabón, adulación.
——**FACTORY,** jabonería, fábrica de jabón.
——**POWDER,** jabón en polvo.
——**, TO,** enjabonar, adular.
SOAPMAKER, jabonero.
SOCIAL, social.
——**ACCOUNTING,** contabilidad social.
——**ACTIVIST,** activista social.
——**ARBITER,** árbitro social.
——**AUDIT,** auditoría social.
——**BEING,** ser o ente social.
——**CLASS,** clase social.
——**CLASS STRATIFICATION,** estratificación de clases sociales.
——**DEMOCRACY,** democracia social.
——**DIVIDEND,** dividendo social.
——**ECONOMY,** economía social.
——**ENTITY,** entidad o razón social.
——**ENVIRONMENT,** medio social, condición social.
——**EQUITY SCALE,** escala de equidad social.
——**EVENT,** evento social.
——**GOALS,** metas u objetivos sociales.
——**GROUP,** grupo social.
——**INSTITUTION,** institución o agrupación social.
——**INSURANCE,** seguro social, seguro contra responsabilidad civil.
——**JUSTICE,** justicia social.
——**MEDICINE,** medicina social.
——**OBSERVER,** observador social.
——**OVERHEAD CAPITAL,** capital para gastos generales sociales.
——**POWER,** poder social, fuerza social.
——**RESPONSIBILITY,** responsabilidad social.
——**SCIENCE,** sociología, ciencia política.
——**SECURITY,** seguridad o previsión social.
——**SECURITY CONTRIBUTION,** cuotas del seguro social o de previsión social.
——**SECURITY LEGISLATION,** legislación de seguridad social.
——**SERVICE,** servicio social.
——**SETTLEMENT,** centro de asistencia social.
——**SKILL,** habilidad social, habilidad para manejar cuestiones sociales.
——**STRATIFICATION,** estratificación social.
——**SUPPORT,** apoyo o ayuda social.
——**SYSTEM,** sistema social, sistema social de una comunidad.
——**TAX,** impuesto del seguro social.
——**TREND,** tendencial social, movimiento social.
——**VALUE,** valor social.
——**WELFARE,** bienestar social.
——**WELFARE PROGRAM,** programa de bienestar social.
——**WORK,** servicio o asistencia social.
SOCIAL-SECURITY, del seguro social.
——**BENEFITS,** beneficios del seguro social.
——**NUMBER,** número de la tarjeta del seguro social.
——**TAX,** impuestos del seguro social.
SOCIALISM, socialismo.
SOCIALIST PARTY, partido socialista.
SOCIALIZE, TO, socializar.
SOCIALIZED MEDICINE, medicina socializada.
SOCIETY, sociedad o asociación no comercial.
——**, CLASSLESS,** sociedad sin clases.
——**, CUSTOMS OF,** costumbres de la sociedad.
SOCIOECONOMIC ENTITY, entidad socioeconómica.
SOCIOECONOMIC MODEL, modelo socioeconómico.
SOFT, blando, suave, dúctil, tierno, delicado.
——**CURRENCY,** moneda depreciada o de valor inestable, moneda débil.
——**DRINK,** refresco, gaseosa, bebida refrescante.
——**GOODS,** géneros, telas, tejidos.

—— MONEY, papel moneda.
—— WATER, agua blanda.
SOFTHEARTED, bondadoso, de buen corazón.
SOGGY, mojado, empapado.
SOIL, suelo, tierra vegetal, terreno.
—— CONDITIONER, acondicionador de suelos.
—— CONSERVATION, conservación de suelos.
—— TEST, prueba de suelos, ensayo de suelos.
——, TO, manchar, ensuciar.
SOLAR ENERGY, energía solar.
SOLD, vendido, convencido.
—— ON, convencido respecto a.
—— OUT, agotado, totalmente vendido.
SOLE, único, solo, exclusivo, suela de zapato.
—— AGENCY, agencia única o exclusiva.
—— LICENSEE, concesionario único.
—— OWNER, propietario único.
—— PROPRIETORSHIP, propiedad de una sola persona.
—— REPRESENTATIVE, representante exclusivo o único.
——, TO, echar suelas.
SOLICIT, TO, solicitar, rogar, hacer una petición.
SOLICITATION, solicitación, requerimiento.
SOLICITOR, procurador, abogado, solicitante.
SOLID, sólido, macizo, firme, sensato.
—— GEOMETRY, geometría del espacio.
SOLIDARITY, solidaridad.
SOLIDIFY, TO, solidificar, solidificarse.
SOLITARY CONFINEMENT, reclusión o aislamiento penal.
SOLUTION, solución, resolución de un problema, resultado.
——, CHECK ON A, comprobación de una solución.
——, GRAPHICAL, solución gráfica.
SOLVE, TO, resolver, solucionar, aclarar.
SOLVENCY, solvencia.
SOLVENT, solvente, pudiente, persona con recursos económicos.
SOME, algún, alguno, un poco, varios, ciertos, unos.
—— DIFFICULTY, cierta dificultad.
—— OR OTHER, uno u otro.
SOMEBODY, alguien, alguno.
—— ELSE, otra persona, algún otro.
SOMEDAY, algún día.
SOMEHOW, de algún modo, por alguna razón.
—— OR OTHER, de un modo u otro, de algún modo.
SOMEONE, alguien, alguno.
—— ELSE, algún otro.
SOMETHING, algo.
—— ELSE, otra cosa, algo más.
SOMETIME, alguna vez, algún día.
SOMETIMES, a veces, de vez en cuando.
SOMEWHAT, alguna cosa, algo, un poco.
SOMEWHERE, en alguna parte.
—— ELSE, en otra parte.
SON-IN-LAW, yerno, hijo político.

SONG, canción, canto.
——, THE SAME OLD, la misma cantinela.
SOON, pronto, presto.
—— AFTER, poco después.
—— AS POSSIBLE, AS, lo antes posible, lo más breve posible, cuanto antes.
——, HOW?, ¿cuándo?
SOONER, más pronto.
—— OR LATER, tarde o temprano.
—— THAN, NO, tan pronto como, apenas.
——, THE, THE BETTER, cuanto antes mejor.
SOPHOMORE, estudiante de segundo año.
SORORITY, club de muchachas y damas en un college, hermandad de mujeres.
SORROW, dolor, pena, pesar, tristeza, luto.
SORRY, triste, pesaroso, arrepentido.
——, I AM, lo siento.
SORT, clase, especie, manera, modo.
—— DEBITS FROM CREDITS, separar cargos de créditos.
——, IN A, de cierto modo, hasta cierto punto.
——, IN LIKE, de modo análogo.
——, TO, clasificar, apartar, distribuir en grupos.
SORTS OF, ALL, toda clase de.
SORTER, clasificadora, máquina clasificadora.
SORTING, clasificación, distribución.
SO-SO, regular, así, así.
SOUND, sonido, solvente, confiable, durable, sensato.
—— ADVICE, buen consejo.
—— AND DISPOSING MIND, mente sana, cabal juicio.
—— EFFECTS, efectos de sonido.
—— JUDGEMENT, juicio sano, buen juicio.
—— LOAN, préstamo seguro.
—— METHOD, método confiable o seguro.
—— OF MIND, en su cabal juicio.
—— OUT, tantear, sondear, rastrear.
—— REASON, razón lógica.
—— SLEEP, sueño profundo.
—— THE HORN, tocar la bocina.
——, TO, sonar, tocar, tañer.
—— VALUE, valor razonable o justo.
SOUNDNESS, solvencia, firmeza, validez, salud, vigor.
SOUNDPROOF, a prueba de ruidos.
SOURCE, fuente, origen, principio, causa, procedencia.
——, AT THE, en la fuente, en el origen.
—— DOCUMENT, documento fuente.
—— MACHINE, computadora fuente.
—— OF CONFLICT, causa de conflicto.
—— OF INFORMATION, fuente de información.
—— OF SUPPLY, fuente de abastecimiento o suministro.
—— PROGRAM, programa fuente.
SOURCE-AND-DISPOSITION STATEMENT, estado de origen y disposición.
SOURCES, fuentes, causas.
——, DOMESTIC, fuentes internas.

—— OF CREDIT INFORMATION, fuentes de información crediticia.
—— OF FUNDS, fuentes u origen de fondos.
—— OF INTERNATIONAL FUNDS, fuentes de recursos internacionales.
—— OF RAW MATERIALS, fuentes de materias primas.
—— OF REVENUE, fuentes de ingresos.
—— OF THE SURPLUS, fuentes de superávit.
SOUTH AFRICA, África del Sur, Sudáfrica.
SOUTH AMERICA, América del Sur, Sudamérica.
SOUTH POLE, polo sur.
SOUTHEAST, sudeste.
SOUTHERN, meridional, austral, sureño, el sur.
SOUTHWEST, sudoeste.
SOVIET UNION, Unión Soviética.
SPA, balneario, manantial de agua.
SPACE, espacio, extensión, lugar, área.
—— CHARGE, cargo o adeudo por espacio.
—— CHARTER, fletamento por bodega.
—— CONTRACT, contrato de espacio.
—— GEOMETRY, geometría del espacio.
—— PROGRAM, programa espacial.
—— SCHEDULE, programa de inserciones publicitarias.
——, TO, espaciar, separar.
SPACE-AGE, era espacial.
—— ELECTRONIC NETWORKS, red electrónica de la era espacial.
—— ENGINEERING, ingeniería de la era espacial.
—— TECHNOLOGY, tecnología de la era espacial.
SPACECRAFT, nave espacial.
SPACESAVING, economía de espacio.
SPAN, lapso, espacio, tramo, envergadura.
——, LIFE, duración de la vida.
—— OF CONTROL, área de control de un supervisor.
——, TO, atravesar, abarcar, extender sobre.
SPANISH, español, castellano (el idioma), hispánico, hispano.
SPANISH-AMERICAN, hispanoamericano.
SPANISH-SPEAKING, de habla española, hispanohablante.
SPARE, repuesto, recambio, sobrante, disponible.
—— BED, cama sobrante.
—— MONEY, dinero de reserva o de ahorro.
—— NO EFFORTS, no dejar nada sin hacer.
—— PARTS, repuestos, piezas de repuesto, refacciones.
——, THERE IS NO TIME TO, no hay tiempo que perder.
—— TIME, tiempo libre o desocupado.
——, TO, ahorrar, economizar, escatimar, prescindir de.
SPEAK, hablar, decir, conversar, comunicarse.
—— FOR, TO, hablar en nombre de, hablar en favor de.
—— ONE'S MIND, TO, hablar sin rodeos.
——, SO TO, por decirlo así.
—— TO THE POINT, ir al grano.
—— UP, hablar claro.
SPEAKER, orador, conferencista.
SPECIAL, especial, extraordinario, particular.
—— AGENT, agente especial.
—— ASSESSMENT, impuesto especial de cooperación.
—— AUDIT, auditoría especial.
—— BUDGET, presupuesto extraordinario.
—— CONTINGENCY RESERVE, reserva para contingencia especial.
DEDUCTIONS, deducciones especiales.
—— DELIVERY, entrega inmediata, entrega urgente (correo).
—— DEPOSIT, depósito especial, consignación.
—— EDITION, edición extra.
—— ENDORSEMENT, endoso completo.
—— FUND, fondo especial.
—— LIEN, gravamen específico.
—— OFFERING, oferta especial de venta de acciones a precio fijo.
—— ORDER, orden especial, pedido especial.
—— PARTNER, comanditario.
—— PARTNERSHIP, sociedad limitada o comanditaria.
—— POWER OF ATTORNEY, poder especial.
—— REPORT, informe especial.
—— TRAIN, tren extra o especial.
SPECIAL-ASSESSMENT BONDS, bonos pagaderos con impuestos especiales.
SPECIAL-PURPOSE REPORT, informe con propósito especial.
SPECIAL-PURPOSE FINANCIAL STATEMENT, estado financiero para fines especiales.
SPECIAL PURPOSE ITEMS, partidas de uso especial.
SPECIAL-PURPUSE REPORT, informe con propósito especial.
SPECIAL-REVENUE FUND, fondo de ingresos especiales, fondo de productos especiales.
SPECIAL-RISK POLICY, póliza para riesgos especiales.
SPECIAL-SETTLEMENT DIVIDEND, dividendo de liquidación especial.
SPECIALIST, especialista.
SPECIALIZATION, especialización, grado de especialización del trabajo.
—— OF LABOR, especialización del trabajo, especialización de la mano de obra.
SPECIALIZED MACHINERY, maquinaria especializada.
SPECIALIZED STAFF, ejecutivo o asesores especializados.
SPECIALTY, especialidad, particularidad, rasgo característico.
—— CONTRACT, contrato con sello.
—— GOOD, artículo especial.
—— LEAPTHER MARKET, mercado de especialidades en pieles.
—— SALESMAN, vendedor de productos especiales.
—— STORE, tienda de mercancía especial o selecta.
SPECIALTIES, especialidades.

SPECIE, dinero en metálico, efectivo, numerario, especie.
—— PAYMENTS, pagos en efectivo.
—— RESERVE, encaje o cobertura en efectivo.
SPECIFIC, específico, determinado, característico.
—— APPEAL, apelación específica.
—— COST, costo específico.
—— DEPOSIT, depósito para uso especial.
—— DUTIES, derechos específicos.
—— PERFORMANCE, ejecución o cumplimiento específico.
—— POLICY, póliza específica.
SPECIFIC-ORDER COST SYSTEM, sistema de costos por pedidos específicos.
SPECIFICATION, especificación, datos fundamentales.
—— COST, costo especificado.
SPECIFICATIONS, especificaciones, normas, condiciones.
SPECIFY, TO, especificar, estipular, prescribir.
SPECIMEN, espécimen, muestra, testigo, ejemplar.
—— PAGE, página de muestra.
SPECIMEN-BOOK, muestrario.
SPECULATE, especular.
—— FOR A FALL, especular a la baja.
—— FOR A RAISE, especular a la alza.
SPECULATION, especulación, juego de bolsa.
SPECULATOR, especulador, agiotista, bolsista.
SPEECH, discurso, disertación, conferencia, habla, lenguaje.
——, FREE, libertad de palabra.
——, MAKE A, pronunciar un discurso.
SPEED, velocidad, rapidez, prontitud.
——, AT FULL, a toda velocidad, a toda máquina.
—— LIMIT, límite de velocidad.
—— SCHEDULE, programa de avance de la obra.
——, TO, despachar, expedir.
—— UP, acelerar, apresurar, dar prisa.
SPELL, TO, deletrear, descifrar, hechizar, relevar.
SPEELLING, deletreo.
—— BOOK, cartilla de deletrear.
SPEND, TO, gastar, desembolsar, consumir, erogar.
SPENDABLE, gastable, erogable.
—— EARNINGS, sueldo despues de deducciones.
SPENDER, gastador.
SPENDING, gastos, desembolsos.
——, DEFICIT, gastos deficitarios.
——, GOVERNMENT, gasto público o gubernamental.
—— INCOME, ingreso disponible.
—— STREAM, flujo de gastos, corriente de gastos.
—— VARIANCE, variación en el gasto.
SPHERE, esfera, globo, orbe, círculo de acción.
—— OF INVERSION, esfera de inversión.
SPHERICAL, esférico, esférica.
—— GEOMETRY, geometría esférica.
—— SURFACE, superficie esférica.
—— TRIGONOMETRY, trigonometría esférica.
SPICE, especia, picante.

SPILL, TO, derramar, verter, esparcir.
SPILLAGE, derrame, derramamiento.
SPIN, TO, hilar, girar, dar vueltas.
SPINNING MILL, hilandería.
SPINOFF, transferencia de activo o cambio de acciones.
SPIRIT, espíritu, genio, temple, ánimo, energía.
——, TO BE IN GOOD, estar de buen humor.
——, TO BE OUT OF, estar triste o abatido.
SPLIT, hendidura, grieta, fractura, rompimiento.
—— BALLOT, voto partido o dividido.
—— CHANNEL, canal dividido.
—— HAIRS, fijarse en minucias.
—— LEDGER ACCOUNT, cuenta de mayor dividida.
—— PAYROLLS, nóminas divididas.
—— SHIFT, turno discontinuo.
—— THE COMMISSION, dividir la comisión.
—— THE DIFFERENCE, partir o dividir la diferencia.
——, TO, partir, dividir, rajar, cuartear.
SPLIT-UP, división, separación.
——, STOCK, subdivisión de acciones.
SPLITOFF, reparto proporcional de acciones.
SPLITOFF POINT, punto de separación de costos.
SPLITUP, reparto de acciones adicionales o sustitutivas.
SPOIL, TO, dañar, estropear, echar a perder, podrirse.
SPOILAGE, material averiado, deterioro, desperdicio, daño, avería.
SPOILED, averiado, inutilizado, dañado.
—— CHECK, cheque inutilizado.
—— FOOD, alimento podrido o descompuesto.
—— GOODS, productos echados a perder o deteriorados.
—— WORK, trabajo inutilizado o echado a perder.
SPOKESMAN, vocero, interlocutor, relator.
SPONSOR, patrón, patrocinador, auspiciado, fiador.
——, TO, patrocinar, auspiciar, apadrinar, fomentar.
SPONSORED PROGRAM, programa auspiciado por el anunciante.
SPONSORSHIP, patrocinio, padrinaje.
SPORT, deporte, juego, diversión, pasatiempo.
——, FOR, en broma, de burla.
——, TO, jugar, divertirse, bromear.
SPORTING, deportivo, deportismo.
—— EVENT TICKET, boleto o pase para evento deportivo.
—— GOODS, artículos deportivos o de deporte.
SPORTS, deporte, actividades deportivas.
—— CLOTHES, trajes o prendas deportivas.
—— WRITER, cronista deportivo.
SPORTSMAN, deportista.
SPOT, sitio, lugar, punto, inmediato, mancha.
—— ANNOUNCEMENT, mensaje comercial entre dos programas.
—— BROADCASTING, radiodifusión local.

—— BROKER, corredor de productos para entrega inmediata.
—— CARGO, carga lista para embarque.
—— CASH, pago al contado, contado inmediato o riguroso.
—— CHECKING, verificación de algunas partidas.
—— COMMODITIES, productos físicos.
—— DELIVERY, entrega inmediata.
—— EXCHANGE, divisas en mano, cambio actual.
—— INSPECTION, inspección al azar.
—— MARKET, mercado para entrega inmediata, mercado de productos disponibles, mercado actual.
——, ON THE, allí mismo, al punto.
—— ORDER, orden de entrega y pago inmediato.
—— PRICE, precio para entrega inmediata.
—— PURCHASE, compra para entrega inmediata.
—— SALE, venta para entrega inmediata.
——, TO, marcar, señalar, colocar, distinguir, manchar.
—— TRANSACTIONS, operaciones a la vista.
SPRAY, rociada, rocío, ducha, salpicadura.
—— IRRIGATION, irrigación por aspersión.
—— PAINTING, pintura con pistola.
——, TO, rociar, pulverizar un líquido.
SPRAYER, rociador, pulverizador.
SPREAD, registro en detalle, margen bruto, comisión de subscriptor, diferencia entre oferta y demanda, opción de compra o venta, dispersión, propagación.
—— ABROAD, divulgar, propagar.
—— APART, separar, abrir.
—— OUT, extender, extenderse.
—— OVER, cubrir de, untar con.
—— SHEET, hoja de detalle o análisis.
——, TO, extender, desplegar, difundir, desarrollar, abrir.
SPREADER, distribuidor.
SPEREE, juerga, parranda, borrachera.
SPRING, muelle, resorte, primavera, manantial.
—— A LEAK, abrirse vía de agua.
—— AWAY, lanzarse de un salto.
—— FORWARD, abalanzarse, arrojarse.
—— STEEL, acero para resortes.
——, TO, saltar, brincar, brotar, torcerse.
—— UP, nacer, brotar, desarrollarse.
—— WATER, agua de manantial.
SPRINGBOARD, trampolín.
SPRINKLE, TO, rociar, regar, esparcir.
SPRINKLER SYSTEM, rociador automático para extinción de incendios.
SPRINT, dar una carrera, corrida.
SPURT, racha de alza.
SPY, espía.
—— OUT, explorar, reconocer un país.
——, TO, espiar, acechar, atisbar.
SQUABBLE, pendencia, riña, disputa.
——, TO, reñir, disputar.
SQUAD, escuadra, patrulla, pelotón, brigada.

—— BOSS, jefe de cuadrilla, capataz de brigada.
—— CAR, carro patrulla, carro de policía.
SQUARE, cuadrado, en cuadro, rectangular, justo.
—— CENTIMETER, centímetro cuadrado.
—— DEAL, juego limpio, justicia.
—— DECIMETER, decímetro cuadrado.
—— FOOT, pie cuadrado.
—— INCH, pulgada cuadrada.
—— KILOMETER, kilómetro cuadrado.
—— MEASURE, medida de superficie o cuadrada.
—— METER, metro cuadrado.
—— MILE, milla cuadrada.
——, ON THE, de buena fe, honradamente, a escuadra.
—— ROOT, raíz cuadrada.
—— SHOOTER, persona honrada.
—— WITH, TO GET, vengarse o desquitarse de.
—— YARD, yarda cuadrada.
SQUEEZE, TO, exprimir, apretar, comprimir, prensar
SQUINT, estrabismo, mirada bizca.
SQUIRE, escudero, acompañante de una dama, hacendado (Inglaterra).
STABILITY, estabilidad, firmeza, solidez, consistencia.
——, ECONOMIC, estabilidad económica.
—— OF EARNINGS, estabilidad de las utilidades.
—— OF ENTERPRISE, estabilidad de la empresa.
—— TEST, prueba de estabilidad.
STABILIZATION, estabilización.
—— FUND, fondo de estabilización o estabilizador.
STABILIZE, TO, estabilizar.
STABILIZER, política económica estabilizadora.
STABLE, estable, firme, sólido.
—— EQUILIBRIUM, equilibrio estable.
—— PRICES, precios estables o firmes.
STACK, pila, montón, rimero.
——, TO, apilar, amontonar, entongar.
STAFF, personal administrativo, cuerpo directivo de una empresa, plana mayor, personal, asesores.
—— ACCOUNTANT, contador administrativo, contador auxiliar.
—— AUDITOR, auditor de planta, auditor ejecutivo.
—— COUNSELOR, asesor de dirección.
—— DEPARTMENT, departamento administrativo o de dirección.
——, EDITORIAL, cuerpo de redactores de periódico.
—— EXECUTIVES, funcionarios administrativos.
——, FULL-TIME, personal de tiempo completo.
—— FUNCTIONS, funciones de asesoría.
——, LINE, personal de línea.
—— MEMBERS, miembros del personal administrativo o del cuerpo directivo.
—— OFFICER, oficial de estado mayor.
—— ORGANIZATION, organización administrativa de dirección.

STAFFING-STANDARD

—— OVERHEAD, gastos generales del personal administrativo, gastos generales de la dirección.
—— PLANNER, planificador ejecutivo o directivo.
—— RESPONSIBILITIES, responsabilidades de personal administrativo.
——, TO, proveer de personal o funcionarios.
—— TRAINING, capacitación de personal directivo o de administración.
STAFFING, dotación de personal.
—— FUNCTION, función de dotación de personal.
—— LEVELS, niveles de ejecutivos, clasificación de los directores de una empresa.
—— STRATEGY, estrategia de dotación de personal.
STAFFMAN, persona que redacta los estados contables y notas.
STAGE, escenario, escena, etapa, grado, jornada.
—— DRIVER, mayoral, cochero de ómnibus.
—— MANAGER, director de escena.
—— OF COMPLETION, grado de terminación.
——, TO, escenificar, actuar, montar obra teatral.
STAGFLATION, inflación que coexiste con estancamiento económico.
STAGGER, alternar, escalonar, titubear, tambalearse.
—— EMPLOYMENT, alternar trabajadores.
—— WORKING HOURS, escalonar las horas de trabajo.
STAGNATION, paralización, estancamiento de una compañía.
STAIN, mancha, tinte, tintura.
—— REMOVER, quitamanchas.
——, TO, manchar, teñir.
STAINLESS, limpio, sin mancha.
—— STEEL, acero inoxidable.
—— STELL FLATWARE, vajilla de acero inoxidable.
STAIR, escalón, peldaño.
STAIRCASE, escalera.
STAIRS, GO DOWN, bajar la escalera.
STAIRS, GO UP, subir la escalera.
STAKE, apuesta, riesgo, interés, prestar dinero, estaca.
—— ALL, jugar el todo por el todo, aventurarlo todo.
——, AT, en juego, comprometido.
—— OUT, estacar, demarcar con estacas.
——, TO, apostar, arriesgar, aventurar.
STAKEHOLDER, persona que tiene y paga apuestas.
STALE, añejo, rancio, viejo, pasado.
—— BREAD, pan viejo.
—— CHECK, cheque caducado o vencido.
—— DEBT, deuda vencida o caducada.
——, TO, añejar, enranciar, echarse a perder.
—— WINE, vino picado o rancio.
STAMP, sello postal, timbre, estampilla de correo, impresión, marca.

—— DUTY, impuesto del timbre.
—— NOTE, permiso de cargar.
—— OFFICE, oficina de timbres o estampillas.
—— REDEMPTION, reembolso de estampillas comerciales.
——, TO, estampar, imprimir, timbrar, sellar, marcar.
STAMP-VENDING MACHINE, máquina vendedora de sellos de correo, franqueadora.
STAMPED, sellado, timbrado.
—— ADDRESSED ENVELOPE, sobre timbrado.
—— ENVELOPE, sobre timbrado o porteado.
—— PAPER, papel timbrado, valores timbrados.
STANCE, posición, postura.
STAND, puesto, sitio, situación, tarima, estante, soporte, sostén.
—— AGAINST, resistir, hacer frente a.
—— ALONE, estar solo, ser el único.
—— ASIDE, apartarse, hacerse a un lado.
—— BACK, retroceder, quedarse atrás.
—— BEHIND, respaldar, garantizar.
—— BY, apoyar, defender, ser fiel.
—— FORTH, avanzar, adelantarse.
—— IN LINE, hacer cola.
—— IN THE WAY, estorbar, cerrar el paso.
—— OFF, apartarse, mantenerse lejos.
—— OUT, mantenerse firme, resistir.
—— OVER, aplazar.
—— STILL, no moverse, estarse quieto.
—— THE TEST, pasar la prueba.
——, TO, estar de pie, resistir, mantenerse, tolerar.
—— TO REASON, ser lógico, ser justo.
—— TOGETHER, mantenerse unidos.
—— UP, levantarse, ponerse de pie.
—— UP FOR, defender, sostener, apoyar, sacar la cara por.
—— WITH, estar conforme con.
STAND-BY LETTER OF CREDIT, carta de crédito en reserva.
STAND-BY TIME, tiempo de espera.
STANDARD, norma, estándar, patrón, tipo, modelo, reglamentario.
—— BANK CONFIRMATION INQUIRY, confirmación bancaria estándar.
—— BILL OF MATERIALS, lista estándar de materiales.
—— BLANK, formulario o modelo tipo.
—— CONDITIONS, condiciones normales.
—— COST SYSTEM, sistema de costeo estándar.
—— COSTS, costos estándar, costos normales, costos tipos.
—— DEDUCTION, deducción estándar.
—— DEVIATION, desviación estándar o normal.
—— EQUIPMENT, equipo normal o reglamentario.
—— ERROR, error estándar.
—— ERROR OF ESTIMATE, error estándar de estimación.
—— ERROR OF THE MEAN, error estándar de la media.
—— FORM, formulario tipo.

—— HOURS ALLOWED, horas estándar permitidas.
——, INTERNATIONAL, norma internacional.
—— LABOR RATE, tarifa estándar de mano de obra.
—— LABOR TIME, tiempo estándar de mano de obra.
—— LEASE FORM, modelo tipo de arriendo, norma de arrendamiento.
—— MACHINE TIME, tiempo estándar de máquina.
—— MATERIAL, material uniforme o tipo.
—— MEASURE, medida normal o estándar.
—— METHOD, método estándar o patrón.
—— NORMAL DISTRIBUTION, distribución normal estándar.
—— OF COMPARISON, estándar, de comparación, norma de comparación.
—— OF FIELD WORK, norma de ejecución de trabajo.
—— OF LIVING, nivel de vida, tren de vida.
—— OF PERFORMANCE, norma de rendimiento o de ejecución.
—— OF VALUE, patrón monetario.
—— PACKING, envase patrón.
—— PERFORMANCE, producción estándar o tipo.
—— PIPE, tubería corriente o estándar.
—— POLICY FORM, forma de póliza tipo.
—— POPULATION, población normal o estándar.
—— PRACTICE, sistema tipo o modelo.
—— PREPARATION HOURS, horas estándar de preparación.
—— PRICE, precio estándar, precio normal, precio regular.
—— PROFIT, utilidad estándar o normal.
—— PURCHASE PRICE, precio de compra estándar.
—— REPORT, informe estándar.
—— SCALE, escala normal.
—— SIZE, tamaño normal o corriente.
—— SPECIFICATIONS, especificaciones normales.
—— TIME, hora oficial o legal, hora del meridiano.
—— UNIT, unidad normal o patrón.
—— VALUES, valores estándar.
—— WEIGHT, peso legal.
—— WORK, obra clásica.
STANDARD-COST SYSTEM, sistema de costo estándar.
STANDARD-RUN QUANTITY, cantidad en serie estándar.
STANDARD-SHIFT CAR, automóvil de cambio mecánico.
STANDARD-SHORT-FORM REPORT, informe estándar abreviado.
STANDARDS, normas, estándares.
—— OF FIELD WORK, normas de ejecución del trabajo.
—— OF PERFORMANCE, normas de comportamiento.
—— OF REPORTING, normas que rigen el informe.
STANDARDIZATION, normalización, uniformidad.
STANDARDIZE, TO, normalizar, uniformar, estandarizar.
STANDARDIZED, normalizado, uniformado, en serie.
—— CREDIT APPLICATION FORM, modelo o forma normalizada de solicitud de crédito.

—— DEATH-RATES, tasas normalizadas de mortalidad.
—— METHODS, métodos normalizados o uniformados.
—— PRODUCTION, producción en serie.
—— VARIATE, variable estandarizada.
STANDBY, sustitución, reserva, espera.
—— COST, costo de sustitución.
—— EQUIPMENT, equipo de sustitución o de reserva.
—— TIME, tiempo disponible, tiempo de espera.
—— UNDERWRITING, subscripción de sustitución.
STANDING, rango, categoría, reputación, posición, permanente.
—— ARMY, ejército permanente.
—— CHARGE, cargo constante o fijo.
—— COMMITTEE, comité permanente, comisión permanente.
—— COST, costo constante o fijo.
—— EXPENSE, gasto constante o fijo.
——, OF LONG, que tiene larga permanencia.
—— ORDER, orden permanente o fija.
—— UP, parado, en pie.
—— WATER, agua estancada.
STANDOUT, persona destacada.
STANDPOINT, punto de vista, criterio para juzgar asuntos.
STAPLE, producto principal, materia prima, fibra, grapa.
—— COMMODITY, producto básico.
—— COMMODITIES, artículos corrientes de consumo, productos básicos.
——, TO, engrapar, presillar.
STAPLER, engrapadora, presilladora.
STAR, estrella, sobresaliente, actor, asterisco.
—— REGRESSION MODEL, modelo de regresión star.
STARE, TO, mirar con fijeza, clavar la mirada, fijar la vista.
START, principio, salida, arranque, partida.
—— A ROW, armar una gresca o escándalo.
—— A TRAIN, poner el tren en marcha.
—— AFTER, salir en busca de, salir tras.
—— BACK, emprender el viaje de regreso.
—— OFF, partir, ponerse en marcha.
——, TO, empezar, iniciar, comenzar, poner en marcha o en movimiento, echar a andar.
—— UP, salir de repente, levantarse precipitadamente.
START-STOP CONTROL, control de arranque y parada.
START-UP, arranque, puesta en marcha.
START-UP COST, costo de iniciación o de arranque de operaciones.
START-UP TIME, período de arranque.
STARTER, arrancador de una máquina o de un auto.
STARTING, principio, comienzo, arranque, poner en marcha, lanzamiento.

STARTING-LOAD COST—STATEMENT

—— COSTS, costos de establecimiento, gastos iniciales.
—— POINT, punto de partida.
—— RATE OF PAY, salario inicial.
STARTING-LOAD COST, costo de carga o puesta en marcha.
STARTLE, TO, asustar, alarmar.
STARTLING, asombroso, pasmoso, alarmante.
STARVATION, morir de hambre o de inanición, indigencia.
—— WAGES, salario de hambre.
STARVE, TO, morir de hambre, matar de hambre, hallarse en la inopia.
STATE, estado, situación, condición, el estado, la nación, gobierno civil, ceremonia.
—— AFFAIRS, asuntos públicos o de Estado.
—— AGENCY, organismo estatal.
—— AND LOCAL GOVERNMENT SECURITIES, valores de los gobiernos estatal y local.
—— AND LOCAL RETIREMENT FUND, fondo de retiro de los gobiernos estatal y local.
—— AND MUNICIPAL SECURITIES, valores o títulos estatales y municipales.
—— BANK, banco estatal.
—— BOND, bono del Estado.
—— CAPITALISM, capitalismo de Estado.
—— CARRIER, agencia estatal de seguros.
—— CHARTER, escritura de constitución estatal, carta de constitución nacional.
—— CHARTERED INSTITUTION, sociedad anónima estatal, sociedad anónima regida por el Estado.
—— DEPARTMENT, ministerio de Estado.
—— GOVERNMENT, gobierno estatal.
—— HIGHWAY, carretera estatal.
—— HOUSE, capitolio.
—— LEGISLATURE, legislatura estatal o del Estado.
—— PAPER, documento de Estado, tratado político.
—— PRISON, penitenciaría del Estado, cárcel estatal.
—— RAILWAY, ferrocarril del Estado.
—— SOCIALISM, socialismo estatal, socialismo de Estado.
—— SUPERVISION, supervisión del Estado.
—— TAX SYSTEMS, sistemas de impuestos estatales.
—— TAXES, impuestos estatales.
——, TO, enunciar, declarar, plantear, afirmar, formular.
—— TRANSFER TAXES, impuestos estatales por transferencia.
—— UNEMPLOYMENT COMPENSATION, compensación estatal por desempleo.
STATE-CHARTERED BANK, banco regulado o controlado por el Estado.
STATE-OWNED, de propiedad fiscal o de un Estado.
STATE-REGULATED BANK, banco regulado por el Estado, banco controlado por el Estado.

STATE'S RIGHTS, soberanía o derechos de los estados.
STATECRAFT, política, arte de gobernar.
STATED, declarado, convenido, establecido.
—— ACCOUNT, cuenta conforme o convenida.
—— CAPITAL, valor asignado al capital en acciones sin valor nominal, valor declarado de acciones sin valor nominal.
—— LIABILITIES, pasivo declarado.
—— RATE, tasa establecida o declarada.
—— VALUE, valor declarado o establecido.
STATELESS, apátrida.
STATEMENT, estado de cuenta, balance, declaración, proposición, relación, informe.
—— ANALYSIS, análisis de un estado contable.
——, BANK, estado del banco.
——, CONSOLIDATED, balance consolidado.
——, EARNINGS, estado de rendimiento.
——, FALSE FINANCIAL, estado financiero falso.
——, FINANCIAL, estado financiero.
—— FORM, formulario de declaración.
—— HEADING, encabezamiento de un estado contable.
——, ITEMIZED, estado detallado o pormenorizado.
—— LEDGER, mayor de estados mensuales.
—— OF ACCOUNT, estado de cuenta, extracto de cuenta.
—— OF AFFAIRS, estado del negocio.
—— OF AFFAIRS AND LIQUIDATION, estado estimado de liquidación.
—— OF APPLICATION AND FUNDS, estado de origen y aplicación de fondos.
—— OF ASSETS AND LIABILITIES, estado de activo y pasivo, estado de situación financiera, posición financiera.
—— OF CONDITION, estado bancario, estado de situación.
—— OF CONSOLIDATED SURPLUS, estado de superávit consolidado.
—— OF DAMAGE, acta de avería o de daño.
—— OF EARNINGS, estado de ganancias.
—— OF EARNINGS AND EXPENSES, estado de gastos y productos.
—— OF FINANCIAL POSITION, balance general, estado de situación financiera.
—— OF INCOME, estado de ingresos.
—— OF INCOME AND EXPENDITURES, estado de ingresos y egresos.
—— OF INCOME AND EXPENSES, estado de ingresos y egresos.
——, INCOME, PROFIT AND LOSS, estado de ingresos, ganancias y pérdidas.
—— OF OPERATIONS, estado de operaciones.
—— OF OWNERSHIP, estado de propiedad.
—— OF PROBLEM, planteamiento del problema.
—— OF PROFIT AND LOSS, estado de ganancias y pérdidas.
—— OF REALIZATION AND LIQUIDATION, estado de realización y liquidación.

—— OF RECEIPTS AND DISBURSEMENTS, estado de percepciones y desembolsos.
—— OF RESOURCES AND THEIR APPLICATION, estado de recursos y su aplicación.
—— OF RETAINED PROFITS, estado de superávit, estado de utilidades retenidas en el negocio.
—— OF REVENUES AND EXPENDITURES, estado de productos y gastos.
—— OF SHAREHOLDER'S EQUITY, estado de capital contable.
—— OF STOCKHOLDER'S EQUITY, estado de participación neta de los accionistas, estado de inversión de los accionistas.
—— PRESENTATION, presentación de los estados.
STATEMENTS, PUBLIC, declaraciones públicas.
STATEMENTS, UNAUDITED FINANCIAL, estados financieros no auditados.
STATESMAN, estadista, hombre de estado.
STATIC, estático, estática, perturbación eléctrica atmosférica.
—— BUDGET, presupuesto estático.
STATION, estación, planta, central, radioemisora, situación, posición social.
—— AGENT, agente de estación.
—— AUDIENCE, auditoría de la difusora.
—— DIRECTOR, director de estación.
——, GOODS, estación de mercancías.
—— PORTER, mozo de estación.
—— POSTERS, cartelones de estación.
——, SERVICE, estación de servicio, estación de gasolina.
—— WAGON, camioneta rural, vagoneta, guayín.
STATION-TO-STATION CALL, llamada de teléfono a teléfono.
STATIONARY, estacionario, fijo.
—— DISTRIBUTION, distribución estacionaria.
—— ECONOMY, economía estacionaria.
STATIONERY, papelería y artículos de escritorio.
—— AND SUPPLIES, papelería y útiles de escritorio.
—— COSTS, gastos de papelería.
—— EXPENSES, gastos de papelería.
—— STORE, papelería.
—— TRADE, ramo de papelería.
STATIONMASTER, jefe de estación.
STATISM, estatismo, economía dirigida.
STATISTICAL, estadístico.
—— ANALYSIS, análisis estadístico.
—— BANK, banco estadístico.
—— CONTROL, control estadístico.
—— DATA, datos estadísticos.
—— DECISION, decisión estadística.
—— DECISION MAKING, toma de decisiones de tipo estadístico.
—— DECISION MODEL, modelo estadístico de decisión.
—— DISTRIBUTION, distribución estadística.
—— ESTIMATION, estimación estadística.
—— HYPOTHESES, hipótesis estadística.
—— INFERENCE, inferencia estadística.

—— INTERPRETATION, interpretación estadística.
—— LEDGER, mayor estadístico.
—— MAP, cartograma.
—— METHODS, métodos estadísticos.
—— NOTATION, notación estadística.
—— PROBABILITY, probabilidad estadística.
—— PROCESSING, proceso estadístico.
—— QUALITY CONTROL, control estadístico de la calidad.
—— QUALITY CONTROL TECHNIQUE, técnica de control estadístico de la calidad.
—— RELIABILITY, confiabilidad estadística.
—— SAMPLING, muestreo estadístico.
—— SAMPLING CALCULATIONS, cálculos del muestreo estadístico.
—— SCIENCE, ciencia estadística.
—— SERIES, serie estadística.
—— STUDY, estudio estadístico, investigación estadística.
—— TECHNIQUES, técnicas estadísticas.
—— TESTING, pruebas estadísticas.
—— THEORY, teoría estadística.
STATISTICIAN, estadístico, estadígrafo, persona especializada en estadística.
STATISTICS, estadística, ciencia de la estadística.
——, CURRENT, estadísticas.
——, MATHEMATICAL, estadística matemática.
——, POPULATION, estadística de la población.
STATUS, estado legal, estado civil, categoría social, posición o cargo que tiene una persona en una empresa.
——, ECONOMIC, situación económica.
——, EXPORT, condiciones de exportación.
——, OCCUPATIONAL, categoría profesional.
——, PRESENT, estado actual.
STATUTE, estatuto, ley, ordenanza, decreto, reglamento.
—— LAW, derecho escrito.
—— MILE, milla ordinaria o terrestre.
—— OF FRAUDS, ley sobre fraudes.
—— OF LIMITATIONS, término de prescripción, estatuto de limitaciones.
STATUTORY, estatuido, estatutario, establecido por ley.
—— BOND, fianza legal.
—— DECLARATION, declaración sin juramento.
—— LAW, ley escrita, derecho escrito.
—— LIABILITY, responsabilidad estatutaria.
—— MERGER, fusión estatutaria.
—— OBLIGATION, obligación legal.
—— PROVISION, disposición estatutaria.
—— RESERVES, reserva legal.
STAY, suspensión, parada, detención, impedimento, estancia, permanencia.
—— AWAY, no volver.
—— IN, no salir, quedarse en casa.
—— IN BED, quedarse acostado, guardar cama.
—— IN PORT, estancia en puerto.
—— OUT, quedarse fuera, no entrar.

——, TO, detener, parar, quedarse, permanecer, hospedarse.
—— UP, velar, no acostarse.
STAY-AT-HOME, persona casera, hogareña.
STEADY, firme, estable, seguro, juicioso, formal.
—— FLOW, flujo continuo.
—— GOING, constante, metódico.
—— JOB, puesto fijo o de planta.
—— MARKET, precios estables o de poca fluctuación.
—— STATE, estado estable.
STEAL, robar, hurtar, andar furtivamente.
—— ALONG, pasar en silencio.
—— AWAY, escabullirse, marcharse a hurtadillas, escaparse.
—— DOWN, descender.
—— FORTH, salir.
—— IN, penetrar furtivamente.
—— THE SHOW, ganarse todos los aplausos.
—— UP, subir a escondidas.
—— UPON, sorprender, aproximarse sin ruido.
STEALING, hurto, robo, ratería.
STEAM, vapor, vaho, humo.
—— BOILER, caldera de vapor.
—— ENGINE, máquina de vapor o a vapor.
—— FITTER, montador o instalador de calderas y tuberías de vapor.
—— GAUGE, manómetro.
—— PIPE, tubería o cañería de vapor.
—— PLANT, planta de vapor, planta termoeléctrica.
—— POWER, energía térmica o de vapor.
—— POWER PLANT, central termoeléctrica, planta de vapor.
—— STAND-BY PLANT, planta térmica auxiliar.
——, TO, generar vapor, cocinar a vapor, evaporarse.
STEAM-BOILER INSURANCE, seguro de calderas.
STEAMBOAT, buque de transporte fluvial.
STEAMSHIP, buque de vapor, barco de travesía.
—— AGENCY, agencia de vapores.
—— LINE, línea de vapores o de barcos.
STEEL, acero, de acero.
—— FOUNDRY, fundición de acero.
—— INDUSTRY, industria del acero, industria siderúrgica.
—— MANUFACTURER, fabricante de acero.
—— OFFICE FURNITURE, muebles de acero para oficina.
STEELMAKER, siderúrgico, fabricante de acero.
STEELWORK, estructura de acero.
STEELWORKS, planta siderúrgica, acería.
STENCIL, patrón de estarcir, calado, esténcil.
—— INK, tinta para estarcido o esténcil.
—— PAPER, papel esténcil o para estarcido.
STENOGRAPHER, taquígrafo, taquígrafa, estenógrafo, estenógrafa.
STENOGRAPHER-TYPIST, taquimecanógrafo, taquígrafa-dactilógrafa.

STENOGRAPHER'S NOTEBOOK, cuaderno de taquigrafía.
STENOGRAPHY, taquigrafía, estenografía.
STENOTYPIST, estenotipista.
STENOTYPY, estenotipia, taquigrafía a máquina.
STEP, paso, escalón, peldaño, grada, gestión.
—— ASIDE, hacerse a un lado.
—— BACK, retroceder, volver atrás.
—— BONUS, prima o bono escalonado.
—— BY STEP, paso a paso, punto por punto.
—— DOWN, bajar, descender.
—— IN, entrar, intervenir, entrometerse.
—— ON IT, darse prisa, pisar el acelerador.
—— OUT, salir, apearse.
—— OVER, atravesar.
—— RATE, tarifa escalonada, tipo escalonado.
——, TO, andar, caminar, poner, escalonar.
—— UP, activar, aumentar, intensificar, subir, avanzar.
STEPBROTHER, medio hermano o hermanastro.
STEPCHILD, hijastro o hijastra.
STEPDAUGHTER, hijastra, entenada.
STEPFATHER, padrastro.
STEPLADDER, escalera de mano.
STEPMOTHER, madrastra.
STEPPED COST, costo escalonado.
STEPPING-STONE, estriberón.
STERILE, estéril, infecundo, improductivo.
STERILIZE, TO, esterilizar.
STERLING, esterlina, plata fina, genuino, puro, de ley.
—— BOND, bono pagadero en libras esterlinas.
—— DRAFT, letra pagadera en libras esterlinas.
—— EXCHANGE, divisas en libras esterlinas.
—— FLATWARE, vajilla de plata.
—— HOLLOWARE, recipiente de plata.
—— SILVER, plata fina o esterlina.
STEVEDORE, estibador, cargador de muelle.
—— TAX, impuesto a la estiba.
——, TO, estibar.
STEWARD, camarero, mozo, aeromozo, mayordomo.
STEWARDESS, camarera, aeromoza, azafata.
STICK, estaca, palo, varilla, bastón.
—— AT IT, persistir.
—— BY, respaldar, apoyar, sostener.
—— OUT, sacar, asomar.
—— THEM UP, ¡manos arriba!
——, TO, pegar, clavar, pinchar, permanecer.
—— TOGETHER, permanecer unidos.
—— UP, atracar, asaltar.
—— UP FOR, defender, apoyar, volver por.
STICK-UP, asalto, atraco.
STICKER, rótulo engomado, problema difícil, persona perseverante.
STIFF, tieso, arduo, difícil, inflexible.
—— NECK, tortícolis.
STIFF-BACKED, terco, testarudo.
STIFF-NECKED, terco, obstinado, testarudo.

STIFFEN, TO, atiesar, entumirse, endurecerse, espesarse.
STILL, quieto, silencioso, inmóvil, tranquilo, todavía, aún, no obstante, sin embargo, alambique.
——, **TO,** aquietar, calmar, acallar, parar.
—— **WATER,** agua tranquila.
STILL-HUNT, cazar al acecho, investigar secretamente, pesquisa.
STIMULATE, TO, estimular, halagar.
STIMULUS, estímulo, incentivo, acicate.
STIMULUS-RESPONSE, estímulo-respuesta.
STINGY, mezquino, tacaño, avaro.
STINK, hedor, hediondez.
——, **TO,** apestar, heder, oler mal.
STIPEND, sueldo, estipendio.
STIPULATE, TO, estipular, pactar, especificar.
STIPULATED, estipulado, pactado.
—— **DAMAGES,** daños estipulados.
—— **PREMIUM,** prima estipulada.
STIPULATION, estipulación, convenio, pacto.
STIR, movimiento, excitación, alboroto.
——, **TO,** agitar, mover, revolver, estimular, perturbar.
—— **UP,** conmover, excitar, revolver.
—— **UP A STORM,** promover desórdenes, armar escándalo.
STIRRING, emocionante, conmovedor, dramático.
STOCHASTIC, (estadística) estocástico.
—— **MODELS,** modelos estocásticos o aleatorios.
—— **PROCESSES,** procesos estocásticos.
—— **VARIABLE,** variable estocástica.
STOCK, existencias, acciones, valores, abastos, capital comercial, ganado.
—— **ACCOUNT,** auxiliar de almacén, libro de almacén.
—— **APPRECIATION,** aumento del precio de acciones.
——, **BASE,** existencia básica.
——, **BEARER,** acción del portador.
—— **BOOK,** libro de existencias o de almacén.
—— **BROKER,** corredor de bolsa, comisionista de bolsa, comisionista de acciones.
——, **CAPITAL,** capital social o comercial.
—— **CARD,** tarjeta de existencias, fichas de existencias.
—— **CARRIER,** sociedad anónima de seguros.
—— **CERTIFICATE,** certificado de acción, título de acciones.
—— **CHECK,** comprobación de existencias.
—— **CLERK,** almacenista, encargado de existencias.
——, **COMMON,** capital social común.
—— **COMPANY,** compañía o sociedad anónima, compañía o sociedad por acciones.
—— **CONTROL,** control de existencias.
—— **CORPORATION,** sociedad emisora de acciones.
——, **CUMULATIVE PREFERRED,** acciones preferentes acumulativas.
——, **DEAD,** capital improductivo.

——, **DEBENTURE,** acción irredimible.
—— **DISCOUNT,** descuento en acciones.
—— **DIVIDEND RATE,** tasa del dividendo en acciones.
—— **DIVIDENDS,** dividendos en acciones, dividendos en valores.
—— **DIVIDENDS RECEIVED,** dividendos en acciones recibidos.
—— **EXCHANGE,** bolsa de valores, bolsa de comercio.
—— **FARM,** ganadería, hacienda ganadera.
—— **FINANCING,** financiamiento con acciones.
—— **FOREMAN,** capataz de suministros o de existencias.
——, **IN,** en existencia, en almacén.
—— **IN HAND,** existencias disponibles.
—— **IN PROCESS,** producción en proceso.
—— **IN TRADE,** bienes comerciales, mercancías en almacén.
—— **INSURANCE COMPANY,** compañía anónima de seguros.
—— **INVESTMENTS,** inversiones en acciones.
—— **ISSUE,** emisión de acciones.
—— **ISSUE COSTS,** costos de emisión de acciones.
—— **ITEM,** artículo.
—— **LEDGER,** libro de acciones, mayor de almacén.
—— **LEVELS,** niveles de existencias.
—— **LIFE INSURANCE COMPANY,** compañía de seguros de vida que maneja acciones.
——, **LISTED,** acción inscrita en la bolsa.
—— **MARKET,** bolsa de valores, mercado bursátil.
—— **MARKET CRASH,** quiebra del mercado de acciones o de la bolsa de valores.
—— **MARKET DECLINE,** baja del mercado de acciones.
——, **MARKETABLE,** acciones realizables o negociables.
—— **NOTE,** pagaré garantizado por acciones.
—— **OF PARTS,** surtido de refacciones.
—— **ON HAND,** existencias físicas.
—— **ON ORDER,** existencias pedidas.
—— **OPTION,** opción de compra de acciones.
—— **OPTION PLAN,** plan de opción de compra de acciones.
——, **OUT OF,** agotado.
—— **OWNERSHIP,** posesión de acciones.
——, **PAR VALUE,** acciones con valor nominal.
—— **POOL,** unión o combinación de acciones.
—— **POWER,** carta poder sobre acciones.
——, **PREFERRED,** acciones preferentes.
—— **PREMIUM,** premio sobre acciones, prima de emisión.
—— **PRICE,** precio de acción.
—— **PRICE FLUCTUATIONS,** fluctuaciones del precio de acciones.
—— **PRICE PERFORMANCE,** comportamiento del precio de acciones.
——, **PRIVILEGED,** acciones privilegiadas.

STOCK-BOY-STOP

—— PURCHASE WARRANTS, garantías de compra de acciones.
—— RECORD, libro de existencias, registro de existencias.
—— REDEMPTION, redención de acciones.
—— REDEMPTION FUND, fondo para redimir acciones.
—— REDEMPTION FUND CASH, fondo en efectivo del retiro de acciones.
—— REDEMPTION FUND EXPENSE, gastos del fondo de retiro de acciones.
—— REDEMPTION FUND INCOME, ingreso del fondo de retiro de acciones.
—— REDEMPTION FUND INVESTMENT, inversiones en el fondo de retiro de acciones.
—— REGISTER, registro de accionistas.
—— RIGHTS, derechos sobre acciones, derechos de subscripción o de compra.
—— ROOM, almacén, bodega, depósito.
—— SAVINGS BANK, banco de ahorros por acciones.
——, SHARES OF, acciones de capital.
—— SHORTAGE, faltante en existencias.
—— SITUATION, estado de los inventarios o de las existencias.
—— SPECULATION, especulación bursátil, juego de bolsa.
—— SPLIT-UP, distribución o subdivisión de acciones.
—— SPLITS, división de acciones, aumentar el número de acciones a base de dividirlas.
—— SUBSCRIPTION, subscripción de acciones.
—— SURPLUS, excedentes de existencias.
——, TO, surtir, almacenar, abastecer, acumular.
—— TRADING, negociación de acciones, juego de bolsa.
—— TRANSFER BOOK, libro de transferencia de acciones.
——, TREASURE, acciones de tesorería o amortizadas.
—— TURNOVER, movimiento o rotación del inventario.
—— UP, proveerse, abastecerse, aprovisionarse.
—— WARRANT, garantía de compra de acciones.
—— WATERING, aumento del número de acciones sin aumentar los bienes.
STOCK-BOY, muchacho encargado de existencias.
STOCK-CERTIFICATE BOOK, talonario de certificado de acciones.
STOCK-EXCHANGE, bursátil, de bolsa.
—— HOUSE, compañía o firma de la bolsa.
—— QUOTATIONS, precios bursátiles.
—— SEAT, asiento o puesto en la bolsa.
—— SECURITIES, valores bursátiles o de bolsa.
STOCK-FOR-DEBT RECAPITALIZATION, acciones para recapitalización de la deuda.
STOCK-MARKET SPECULATION, especulación en la bolsa de valores.
STOCK-OPTION PLAN, adquisición de acciones a precio fijo.

STOCK-PURCHASE PLAN, plan de compra de acciones.
STOCK-SALES RATIO, relación existencias-ventas.
STOCK-TAKING, inventario de mercancías.
STOCK-TRANSFER BOOK, libro de transferencia de acciones.
STOCK-TRANSFER TAX, impuesto sobre transferencia de acciones.
STOCK-TURN, rotación o movimiento de mercancías, renovación del inventario.
STOCKS, FARM, existencias agropecuarias.
——, INCREASE IN, aumento de las existencias.
STOCKBOOK, libro de acciones de valores.
STOCKBOOK STUB, talón.
STOCKBROKER, corredor de acciones, agente de bolsa, bolsista.
STOCKHOLDER, accionista, tenedor de acciones.
—— OF RECORD, accionista registrado.
STOCKHOLDERS, de accionistas.
—— EQUITY, participación de los accionistas.
—— MEETING, junta de accionistas, asamblea de accionistas.
—— REGISTER, registro de accionistas.
—— RIGHTS, derechos de los accionistas.
STOCKING UP, acopio, acumulación.
STOCKJOBBER, agente de corredores de bolsa.
STOCKJOBBING, especulación en acciones, corretaje de acciones.
STOCKKEEPER, almacenista.
STOCKMAN, ganadero, encargado de existencias, almacenista.
STOCKOUT COST, costo de agotamiento.
STOCKOWNER, accionista ganadero.
STOCKPILE, reserva o acopio de existencias, reserva de materiales.
STOCKROOM, almacén, depósito, bodega.
—— CLERK, empleado de almacén.
STOCKTAKING, toma de existencias.
STONE, piedra, roca, canto.
——, CLAY, GLASS INDUSTRY, industria de la piedra, arcilla y vidrio.
——, TO, apedrear, deshuesar.
STONE-BROKE, sin un centavo, arrancado.
STONE-DEAF, sordo como una tapia, enteramente sordo.
STONE-DUMB, completamente mudo.
STONEWARE, objeto de barro.
STOP, parada, alto, interrupción, suspensión, obstáculo.
—— FROM, impedir.
—— LIGHT, luz de parada o de alto.
—— ORDER, orden de suspensión.
—— OVER AT, hacer escala en.
—— PAYMENT, suspensión de pago.
—— PAYMENT ORDER, orden de suspender pago.
—— PRODUCTION, TO, parar la producción.
—— SHORT, parar en seco o bruscamente.
—— SIGN, señal de parada.
——, TO, detener, suspender, parar, interrumpir.

—— WATCH, cronómetro.
—— WORK, suspender o dejar el trabajo.
STOP-OR-GO SAMPLING, muestreo de parada o arrancada.
STOP-OVER, escala intermedia, parada intermedia en un viaje.
STOP-OVER POINT, punto o estación de escala.
STORAGE, almacenaje, almacenamiento, acopio, derechos de almacenaje.
—— ALLOCATION, asignación de almacenaje.
—— CAPACITY, capacidad de almacenaje o de almacenamiento.
—— CHARGES, cargo por almacenaje, derechos de almacenaje o de depósito.
—— COMPONENT, componente de almacenamiento.
—— COST, costo de almacenaje.
—— CYCLE, ciclo de almacenaje.
—— DEVICE, dispositivo de almacenaje.
—— FACILITIES, instalaciones o medios de almacenamiento.
—— FILE, archivo inactivo o de transferencia.
—— IN TRANSIT, almacenaje en tránsito.
—— PILE, pila de existencia.
—— RECORD CLERK, encargado del registro de almacén.
—— SERVICE, servicio de almacenamiento.
—— SPACE, espacio de almacenaje.
—— TANK, tanque de almacenamiento o de depósito.
—— YARD, patio o corralón de materiales.
STORE, almacén, depósito, tienda, provisión.
—— CLERK, dependiente, empleado de almacén.
—— FIXTURES, accesorios o artefactos de tienda.
—— LAYOUT, arreglo o disposición de una tienda.
——, TO, almacenar, depositar, abastecer, guardar.
—— YARD, patio de almacenaje.
STORE-DOOR DELIVERY, entrega de puerta en puerta, entrega al almacén del consignatario.
STORES, pertrechos, equipos, abastos, provisiones.
——, CHAIN, tiendas en cadena.
—— ISSUES, salidas de almacén.
—— LEDGER, mayor de materiales, libro de existencias o de almacén.
—— LEDGER ACCOUNT, cuenta del auxiliar de almacén.
—— LEDGER CARD, tarjeta del auxiliar de almacén.
—— REQUISITION, requisición al almacén, vale al almacén.
—— REQUISITION NOTES, notas de requisición de almacén.
STORED-PROGRAM COMPUTER, computador de programa almacenado.
STOREHOUSE, almacén, depósito, bodega.
STOREKEEPER, encargado de almacén, almacenista.
STOREROOM, bodega, almacén, despensa.
—— CLERK, jefe o encargado de almacén.
STORING REGISTER, registro de almacenamiento.
STORM, tempestad, tormenta, tumulto, asalto.

—— CELLAR, sótano de refugio.
——, TO, estallar, asaltar, haber tormenta.
—— TROOPS, tropas de asalto.
—— WARNING, aviso de temporal o tormenta.
STORMY WEATHER, tiempo tempestuoso o borrascoso.
STORY, piso, planta, historia, cuento, anécdota.
—— TELLER, narrador, cuentista.
——, TO, narrar, contar cuentos.
STOUT, corpulento, fornido, fuerte.
STOVE, estufa, cocina, hornillo.
STOW, TO, guardar, estibar, alojar.
STOWAGE, estiba, apilar en bodega, almacenaje.
STOWAWAY, polizón.
STOWER, estibador.
STRAIGHT, recto, derecho, honrado, justo, correcto.
—— AHEAD, derecho, enfrente.
—— ANNUITY, anualidad completa.
—— AWAY, en seguida, inmediatamente.
—— BETTING, apuesta uniforme.
—— BILL OF LADING, conocimiento de embarque no traspasable.
—— COLLECTION, cobranza hecha por el remitente.
—— CREDIT, crédito irrevocable.
—— FACE, cara seria.
—— LEASE, arrendamiento sin interés.
—— LIFE INSURANCE, seguro de vida con primas pagadas de por vida.
—— LINE, línea recta.
—— LOAN, préstamo no amortizado.
—— OFF, sin demora, sin vacilar.
—— PAPER, efectos negociables de una sola firma.
—— SALARY, sueldo sin deducciones.
—— TELEGRAM, telegrama ordinario.
STRAIGHT-LINE, en línea recta.
—— AMORTIZATION, amortización en línea recta.
—— DEPRECIATION, depreciación en línea recta.
—— METHOD, método de línea recta.
—— METHOD DEPRECIATION, depreciación por el método directo, depreciación por anualidades uniformes.
—— PRODUCTION, producción rectilínea.
STRAIGHT-OUT, sincero, franco, abierto.
STRAIGHTFORWARD, recto, íntegro, sincero.
STRAIT, estrecho, angosto, apuro, apretado, estricto, desfiladero.
—— JACKET, camisa de fuerza.
STRANGE, extraño, singular, desconocido.
—— FACE, cara desconocida.
STRANGER, extranjero, forastero, desconocido.
STRAP, banda, correa, tira, faja, zuncho.
——, IRON, fleje de hierro.
——, TO, precintar, flejar, atar con correas.
STRAPPED, sin dinero, necesitado.
STRATEGIC, estratégico, ventajoso.
—— ADVISER, asesor o consejero en estrategia.
—— CONTROL, control estratégico.
—— METAL, metal estratégico.

—— MINERAL, mineral estratégico.
—— PITFALL, trampa estratégica.
—— PLANNING, planificación estratégica, proyección estratégica.
—— PLANNING PROCESS, proceso de planificación estratégica.
—— PLANNING SPECIALIST, especialista en planificación estratégica, asesor en planificación estratégica.
—— THINKING, razonamiento estratégico.
—— UPDATING, actualización estratégica.
STRATEGIST, estratega, persona versada en estrategia.
STRATEGY, estrategia.
——, ADVERTISING, estrategia publicitaria.
—— OF A GAME, estrategia de un juego.
——, PRICING, estrategia de precios.
STRATIFICATION, estratificación.
STRATIFIED, estratificado, estratificada.
—— RANDOM SAMPLE, muestra aleatoria estratificada.
—— SAMPLING, muestreo estratificado.
STRATIFY, TO, estratificar.
STRAW, paja, de paja, bagatela.
—— BOND, caución falsa.
—— BOSS, subcapataz, cabo de cuadrilla.
—— MAN, nulidad, títere.
——, THE LAST, el golpe de gracia.
STRAY, extraviarse, descarriarse, extraviado, perdido.
STREAM, corriente, arroyo, flujo, circulación.
——, AGAINST THE, contra la corriente.
——, DOWN, agua abajo.
——, ON, en servicio, en operación.
——, TO, fluir, brotar, ondear.
——, UP, agua arriba.
STREAMLINE, aerodinámico, perfilado.
STREAMLINED OPERATION, operación fácil y fluida.
STREAMLINING WORK MOTION, hacer aerodinámico el flujo del trabajo.
STREET, calle, vía pública.
—— BROKER, corredor que negocia fuera de la bolsa.
—— CERTIFICATE, certificado de acciones con endose garantizado por un corredor responsable.
—— INTERSECTION, bocacalle, encrucijada.
—— PRICE, precio fuera de la bolsa.
—— RAILWAY, tranvía, ferrocarril urbano.
STREETCAR, tranvía, ferrocarril urbano.
—— FARE, tarifa de tranvía.
STRENGTH, fuerza, resistencia, poder, firmeza.
—— OF A TEST, validez de una prueba.
—— OF MATERIALS, resistencia de materiales.
STRESS, fuerza, esfuerzo, tensión, importancia, énfasis.
—— MANAGEMENT, manejo de la tensión o de la alteración personal.
—— OF WEATHER, mal tiempo.

——, TIMES OF, tiempos difíciles.
——, TO, recalcar, acentuar, dar énfasis, hacer hincapié.
STRETCH, trecho, distancia, alcance, esfuerzo.
—— A POINT, hacer una concesión, ceder un poco.
—— OUT, extenderse, desplegarse, estirarse.
——, TO, estirar, alargar, violentar, forzar.
STRETCHER, camilla, tendedor, estirador.
STRIFE, pleito, contienda, refriega, rivalidad.
STRIKE, huelga, paro, paro obrero, descubrimiento, buen éxito.
—— A BALANCE, hacer balance, fijar el saldo.
—— A BARGAIN, completar un negocio.
—— A JURY, elegir jurado.
—— A SNAG, encontrar un obstáculo.
—— AN AVERAGE, sacar el promedio.
—— AT, atacar, acometer.
—— BACK, contraatacar, dar golpe por golpe.
—— BENEFITS, subsidios al paro.
—— CALL, emplazamiento de huelga.
—— CARGO, nivelar la carga.
—— FUND, fondo para huelga o paro.
—— INSURANCE, seguro contra pérdidas por huelga.
—— OIL, encontrar petróleo o descubrirlo, hacerse rico de repente.
——, ON, en huelga.
—— OUT, tachar, borrar, testar, cancelar.
—— PAY, pago a huelguistas.
—— THREAT, amenaza de huelga o de paro.
——, TO, golpear, herir, dar un golpe, chocar con, dar contra.
——, TO GO ON, declararse en huelga.
—— WORK, hallar trabajo.
STRIKE-BOUND, paralizado por huelga.
STRIKEBREAKER, rompehuelga, esquirol.
STRIKER, huelguista, golpeador.
STRIP, tira, faja, cinta.
—— MINE, mina a cielo abierto o de cantera.
—— TEASE, acto de desnudarse en público.
——, TO, despojar, robar, desnudar, desvestirse, desmantelar.
STROKE, toque, golpe, carrera, recorrido, ataque fulminante, rasgo de ingenio, proeza.
——, AT ONE, de un golpe, de un tirón.
—— OF FORTUNE, golpe de fortuna.
—— OF WIT, chiste, gracia.
STROLL, TO, callejear, vagar, paseo.
STROLLER, vagabundo, paseante.
STRONG, fuerte, resistente, firme, enérgico, pujante, concentrado.
—— ARM, WITH THE, con mano de hierro, por la fuerza.
—— BOX, caja de caudales, cofre.
—— CAPITAL, capital fuerte, capital sólido.
—— CONCERN, empresa fuerte.
—— FINANCIAL POSITION, posición financiera pujante.
—— MARKET, mercado alcista o pujante.

STRONG-BODIED, fornido, forzudo.
STRONG-MINDED, de inteligencia vigorosa.
STRONG-WILLED, voluntad recia, resuelto, obstinado.
STRUCK, cerrado por huelga.
STRUCTURAL, estructural, de construcción.
—— **CARPENTRY,** carpintería de obra en construcción.
—— **STEEL,** acero estructural o de construcción.
STRUCTURE, estructura, construcción, edificio.
——, **ECONOMIC,** estructura económica.
——, **GROUP,** estructura de grupo.
——, **PRICE,** estructura de precio.
STRUCTURED INTERVIEW, entrevista estructurada.
STRUGGLE, conflicto, lucha, pugna, esfuerzo.
STUB, talón, matriz, nota, boleto, tocón, cepa, fragmento.
—— **BOOK,** talonario, libro talonario.
——, **CHECK,** talón de cheque.
STUB-SURVIVOR CURVE, curva incompleta de supervivencia.
STUBBORN, terco, obstinado, testarudo.
STUCK-UP, orgulloso, estirado, presuntuoso.
STUDENT, estudiante, alumno, discípulo, escolar.
—— **BODY,** alumnado, estudiante, grupo estudiantil.
—— **FUND,** fondo estudiantil.
STUDENTS ENROLLMENT, inscripción de estudiantes, matricularse o registrarse los estudiantes.
STUDY, estudio, asignatura, materia, meditación, investigación.
—— **GUIDE,** guía de estudio.
——, **TO,** estudiar, examinar, investigar.
—— **UP,** considerar, meditar, idear.
STUFF, material, desperdicios, materia prima, tela, baratijas.
——, **TO,** rellenar, embutir, hartarse, empaquetar.
STUFFING METHOD, método de intercalación.
STUFFING THE ACCOUNTS, relleno de cuentas.
STUFFY, mal ventilado, sofocante.
STUMP, tacón, cepa, tribuna pública, desafío, reto.
—— **SPEAKER,** orador callejero.
——, **TO,** cojear, confundir, pronunciar discursos políticos.
STUMPAGE, corte de madera en pie, derecho de bosque.
STUPID, estúpido, tonto, necio.
STUPIDITY, estupidez, necedad.
STUTTER, TO, tartamudear.
STUTTERER, tartamudo.
STUTTERING, tartamudeo.
STYLE, estilo, moda, manera, uso, dicción, lenguaje.
——, **IN,** en boga, de moda.
——, **TO,** estilizar, diseñar a la moda.
SUBACCOUNT, subcuenta, cuenta subsidiaria.
—— **NUMBER,** número de subcuenta.
SUBAGENCY, subagencia.
SUBAGENT, subagente.

SUBALTERN, subalterno, subordinado, dependiente.
SUBAUDITOR, subauditor.
SUBBUREAU, subdirección, subgerencia.
SUBCHIEF, subjefe, jefe auxiliar.
SUBCLERK, empleado subordinado.
SUBCOMMITTEE, subcomité, subcomisión.
SUBCOMPANY, compañía subsidiaria.
SUBCOMPONENT, subcomponente.
SUBCONSCIOUS, subconsciente.
SUBCONTRACT, subcontrato.
SUBCONTRACTOR, subcontratista.
SUBDELEGATE, subdelegado.
SUBDEPARTMENT, subdepartamento, subsección.
SUBDIVISION, subdivisión.
SUBDUE, TO, subyugar, someter, vencer, humillar.
SUBFOREMAN, subcapataz, ayudante de capataz.
SUBGROUP, subgrupo.
SUBHEADING, subcuenta.
SUBINDEX, subíndice.
SUBINSPECTOR, subinspector.
SUBJECT, asunto, materia, tópico, asignatura, súbdito, sujeto.
—— **MATTER,** asunto, materia de que se trata, tema principal.
——, **TO,** sujetar, someter, subordinar.
—— **TO,** sujeto a, de acuerdo con, afecto a.
—— **TO ACCEPTANCE,** sujeto a la aceptación.
—— **TO APPROVAL,** por aprobar.
—— **TO ARRIVAL,** con tal que llegue, siempre que llegue.
—— **TO CHANGE,** sujeto a cambio.
—— **TO COLLECTION,** salvo buen cobro.
—— **TO DISCOUNT,** con descuento de.
—— **TO NOTICE,** sujeto a aviso.
—— **TO TAX,** gravable, tributable.
—— **TO VARIATION,** salvo variación.
SUBJECTIVE, subjetivo.
—— **PROBABILITIES,** probabilidades subjetivas.
—— **VALUE,** valor subjetivo.
SUBLEASE, subarriendo, subalquiler.
——, **TO,** subarrendar, subalquilar.
SUBLESSEE, subarrendatario, sublocatario.
SUBLESSOR, subarrendador.
SUBLET, TO, subarrendar, subcontratar, subalquilar.
SUBLEVEL, subnivel.
SUBMANAGER, subgerente, subadministrador.
SUBMISSION, sumisión, sometimiento, obediencia.
—— **OF A PROPOSAL,** presentación de una propuesta.
SUBMIT, someter, referir, presentar, rendir.
—— **A BID,** hacer una propuesta.
—— **A PROPOSITION,** presentar o hacer una proposición.
—— **A REPORT,** rendir o presentar un informe.
—— **SAMPLES,** ofrecer o presentar muestras.
—— **TO A VOTE,** someter a votación.
—— **TO ARBITRATION,** someter o referir al arbitraje.

SUBMORTGAGE, hipoteca con garantía de otra hipoteca.
SUBMULTIPLE, submúltiplo.
SUBORDINATE, subordinado, subalterno, agregado, dependiente.
—— **MANAGER,** gerente subalterno, gerente subordinado.
—— **PERSONNEL,** personal subordinado.
—— **POSITION,** puesto o plaza subalterna.
——, **TO,** subordinar.
SUBORDINATED DEBT, deuda subordinada o secundaria.
SUBPOENA, citación, citatorio.
SUBPRODUCT, subproducto.
SUBPROGRAM, subprograma.
SUBPURCHASER, subcomprador.
SUBROGATION, subrogación, substitución.
SUBROUTINE, subrutina.
SUBSAMPLE, submuestra.
SUBSCRIBE, TO, subscribir, firmar, aprobar, abonarse.
SUBSCRIBED, suscrito, aprobado.
—— **CAPITAL,** capital suscrito o subscrito.
—— **CAPITAL STOCK,** acciones suscritas, capital suscrito.
—— **STOCK,** acciones suscritas.
SUBSCRIBER, suscriptor, abonado.
SUBSCRIPT, subíndice.
SUBSCRIPTION, subscripción, abono, firma.
—— **LEDGER,** mayor de subscripciones.
—— **PRICE,** precio de subscripción.
—— **RATES,** tarifa de subscripciones.
—— **RIGHTS,** derechos de subscripción.
—— **WARRANT,** certificado de subscripción.
SUBSCRIPTIONS RECEIVABLE, subscripciones por cobrar, subscripciones de acciones por cobrar.
SUBSECRETARY, subsecretario.
SUBSECTION, inciso, subsección, subdivisión.
SUBSEQUENT, subsiguiente, subsecuente.
—— **CREDITOR,** acreedor subsecuente.
—— **ENDORSER,** endosante posterior.
—— **EVENTS,** eventos subsecuentes, acontecimientos subsecuentes.
—— **PERIOD,** período subsecuente o subsiguiente.
—— **TO,** posterior a, después de.
SUBSIDIARY, subsidiaria, compañía subsidiaria o filial, secundario, auxiliar.
—— **ACCOUNT,** cuenta auxiliar.
—— **BOOKS,** libros auxiliares.
—— **CASH BOOK,** auxiliar del libro de caja y bancos.
—— **COMPANY,** compañía filial o subsidiaria.
—— **CORPORATION,** corporación filial o subsidiaria.
—— **JOURNAL,** diario subsidiario.
—— **LEDGER,** mayor auxiliar, submayor.
——, **PARENT AND,** matriz y subsidiaria.
—— **ROAD,** camino vecinal.
SUBSIDIARY-COMPANY ACCOUNTING, contabilidad de la compañía subsidiaria.

SUBSIDIZE, TO, subvencionar, subsidiar.
SUBSIDY, subsidio, subvención, prima.
SUBSIST, TO, subsistir, permanecer, perdurar.
SUBSISTENCE, subsistencia, existencia, mantenimiento.
—— **DIET,** dieta de subsistencia.
—— **LEVEL,** nivel de subsistencia.
—— **WAGES,** salario mínimo, ingreso mínimo para vivir.
SUBSTANTIAL, considerable, sustancial, material, importante.
—— **INCREASE,** aumento considerable o sustancial.
SUBSTANTIATE, TO, verificar, justificar, comprobar, establecer.
SUBSTANTIVE, substantivo, real, duradero.
—— **TESTS,** pruebas substantivas.
SUBSTATION, subestación, subcentral eléctrica.
SUBSTITUTE, substituto, suplente, reemplazo, substituir.
—— **FOR,** hacer suplencia.
—— **GOOD,** artículo substituto.
—— **INHERITANCE TAX,** impuesto substitutivo de la herencia.
SUBSTITUTED CARGO, carga substituida.
SUBSTITUTED EXECUTOR, albacea suplente.
SUBSTITUTION, substitución, reemplazo, delegación, subrogación.
SUBSURFACE RIGHTS, derechos subterráneos, derechos de explotación subterránea.
SUBTENANCY, subarriendo.
SUBTENANT, subarrendatario, subinquilino.
SUBTLE, sutil, astuto, perspicaz.
SUBTOTAL, subtotal, total parcial.
SUBTOTAL KEY, tecla de subtotal.
SUBTOTALS, subtotales.
SUBTRACT KEY, tecla de resta.
SUBTRACT, TO, restar, sustraer, deducir.
SUBTRACTION, resta, sustracción.
—— **SIGN,** signo menos o de resta.
SUBTREASURER, subtesorero.
SUBTREASURY, subtesorería.
SUBUNIT, subunidad.
SUBURB, suburbio, barrio suburbano, afueras, inmediaciones.
SUBURBAN, suburbano, zona suburbana.
—— **COMMUNITY,** comunidad suburbana, población suburbana.
—— **SHOPPING CENTER,** centro comercial suburbano.
SUBVENTION, subvención, subsidio, ayuda.
SUBVERSION, subversión, trastorno, ruina.
SUBWAY, servicio de transporte subterráneo metro, ferrocarril subterráneo.
SUCCEED, salir bien, tener éxito, suceder a.
—— **IN,** tener éxito, conseguir, lograr.
—— **TO,** suceder a.
SUCCESS, éxito, prosperidad, bienestar de los negocios, logro.
SUCCESSFUL, exitoso, productivo.

—— BIDDER, postor favorecido.
SUCCESSION, sucesión, descendencia, herencia.
SUCCESSIVE TRIALS, pruebas sucesivas.
SUCCESSOR, sucesor, heredero.
—— AUDITOR, auditor sucesor.
SUCH, tal, semejante, dicho, mencionado.
—— A CASE, tal caso.
—— A MAN, tal hombre.
—— AND SUCH, tal o cual.
—— AS, tal como, a saber, como por ejemplo.
SUCKER, chupador, tonto, incauto, pelele.
SUDDEN, repentino, súbito, apresurado, inesperado.
——, ALL OF A, de repente, de pronto.
—— DEATH, muerte repentina.
SUE, demandar, entablar juicio.
—— FOR, rogar, pedir, suplicar.
—— FOR DAMAGES, demandar por daños y perjuicios.
—— FOR DIVORCE, solicitar el divorcio.
—— OUT, solicitar y obtener.
SUFFER, sufrir, padecer, tolerar, permitir.
—— FROM, adolecer o padecer de.
—— LOSS, sufrir o tener una pérdida.
SUFFICE, TO, bastar, ser suficiente, alcanzar.
SUFFICIENCY, suficiencia.
SUFFICIENT, suficiente, bastante.
—— CONDITION, condición suficiente.
SUFFRAGE, voto, sufragio, aprobación.
SUGAR, azúcar, azucarero.
—— BEET, remolacha.
—— BROKER, corredor azucarero.
—— CANE, caña de azúcar.
—— CROP, cosecha de caña de azúcar.
—— EXCHANGE, lonja o bolsa azucarera.
—— IN BULK, azúcar a granel.
—— INDUSTRY, industria azucarera.
—— MARKET, mercado azucarero.
—— MILL, ingenio, central azucarero.
—— PLANTATION, cañaveral, finca azucarera.
—— PRODUCTS, productos azucareros.
—— REFINERY, refinería de azúcar.
—— STOCKS, acciones azucareras, existencias de azúcar.
SUGAR-MILL WASTES, desechos de ingenios o centrales azucareros.
SUGGEST, TO, sugerir, insinuar, indicar, proponer.
SUGGESTION, sugerencia, insinuación, indicación.
—— BOX, buzón para sugerencias.
SUICIDE, suicidio.
——, TO COMMIT, suicidarse.
SUIT, litigio, pleito, juicio, petición, demanda, traje, colección.
—— FOR DAMAGES, demanda por daños y perjuicios.
—— ONE'S SELF, hacer uno lo que le guste.
——, TO, adaptar, convenir, satisfacer.

SUITS, SKIRTS AND COATS INDUSTRY, industria de conjuntos, faldas y chaquetas.
SUITABLE, apropiado, conveniente, adecuado.
SUITCASE, maleta, petaca, valija.
SULK, TO, enfurruñarse, ponerse de mal humor.
SULKY, malhumorado, hosco.
SUM, suma, monto, cantidad de dinero, esencia.
—— CARRIED FORWARD, suma y sigue.
——, IN, en resumen, en suma.
—— OF MONEY, cantidad de dinero.
——, TO, sumar, totalizar.
—— TOTAL, total.
—— UP, recapitular, resumir, adicionar.
SUM-OF-THE-DIGITS METHOD DEPRECIATION, depreciación por suma de los dígitos.
SUM-OF-THE-YEARS-DIGITS METHOD, método de la suma de los dígitos de los años varios.
SUMMARIZE, TO, resumir, recopilar, compendiar.
SUMMARY, resumen, recopilación, extracto.
—— ACCOUNT, cuenta de resumen.
—— CARD, tarjeta sumaria o de resumen.
—— ENTRY, asiento de resumen.
—— OF MATERIAL RECEIVED, resumen de material recibido.
—— OF MATERIAL USED, resumen de material usado.
—— OF POSTINGS TO LEDGER, resumen de pases al mayor.
—— SHEET, hoja de concentración.
—— TABLE, tabla o cuadro resumen.
SUMMATION, suma, resumen, recapitulación.
SUMMER, verano, estío.
—— BOARDER, veraneante.
—— CAMP, campo de verano, colonia juvenil veraniega.
—— HOUSE, casa de verano.
—— JOB, trabajo de verano, labor veraniega.
—— RESORT, centro o lugar de veraneo.
—— SALE, liquidación de verano.
—— TIME, hora de verano, verano.
SUMMING-UP, resumen.
SUMMIT, cima, cumbre, cúspide.
SUMMON, TO, convocar, citar, emplazar.
SUN, sol, luz de sol.
—— BATH, baño de sol.
——, IN THE, al sol.
——, TO, asolear, tomar el sol.
SUNBEAM, rayo de sol.
SUNDAY, domingo, dominical.
—— LETTER, carta dominical.
—— SCHOOL, doctrina dominical.
—— SUPPLEMENT, suplemento dominical.
SUNDER, TO, separar, apartar, dividir.
SUNDRIES, artículos varios, gastos varios.
SUNDRY, varios, diversos.
—— ACCOUNTS, cuentas varias o diversas.
—— ASSETS, activos varios, activos diversos.
—— CREDITORS, cuentas de acreedores o proveedores.

—— CREDITORS ACCOUNT, cuenta de proveedores o acreedores.
—— DEBIT, cargo a varios.
—— DEBTORS, deudores diversos, deudores varios.
—— DEBTORS' ACCOUNT, cuenta de clientes del mayor.
—— EXPENSES, gastos varios o diversos.
SUNK COST, costo perdido.
SUNLIGHT, luz del sol.
SUNRISE, amanecer, salida del sol.
SUNSET, anochecer, puesta del sol, ocaso.
SUPERANNUATE, TO, jubilar, jubilarse.
SUPERANNUATION, jubilación, incapacidad por vejez.
—— FUND, fondo de pensiones o de jubilación.
SUPERB, grandioso, soberbio, magnífico, de primera, excelente.
SUPERCARGO, sobrecargo.
SUPERCILLOUS, arrogante, altanero.
SUPERHIGHWAY, supercarretera, autopista.
SUPERINTEND, TO, dirigir, vigilar, inspeccionar.
SUPERINTENDENT, superintendente, jefe de construcción, interventor, inspector.
—— OF BANKS, superintendente bancario.
——, PLANT, superintendente o jefe de planta.
SUPERIOR, jefe superior, jefe inmediato superior.
—— FORCE, fuerza superior.
SUPERIORITY COMPLEX, complejo de superioridad.
SUPERLINER, trasatlántico de lujo.
SUPERMARKET, supermercado, almacén o tienda de autoservicio.
—— CHAIN, cadena de supermercados, cadena de tiendas de autoservicio.
SUPERNORMAL PROFIT, beneficio o ganancia extraordinaria.
SUPERNUMERARY, supernumerario, agregado, suplementario.
SUPERPOWER, superpotencia.
SUPERSEDE, TO, reemplazar, substituir, desalojar, sobreseer.
SUPERSEDEAS, sobreseimiento.
SUPERSESSION, sustitución, reemplazo.
SUPERTANKER, barco petrolero cisterna, barco petrolero de gran tonelaje.
SUPERTARE, exceso de tara.
SUPERTAX, sobretasa, impuesto adicional.
SUPERVISE, TO, supervisar, dirigir, inspeccionar.
SUPERVISION, supervisión, vigilancia, control, fiscalización.
SUPERVISOR, supervisor, superintendente, capataz.
SUPERVISORY, administrativo, fiscalizador.
—— COMMITTEE, comité de supervisión'
—— FOREMAN, supervisor.
—— JOB, plaza o puesto de supervisor.

—— OFFICE, oficina de supervisión, oficina de inspección.
—— PAYROLL, nómina de superintendencia.
SUPPER, cena.
—— TIME, hora de cenar.
SUPPLEMENT, suplemento, apéndice.
SUPPLEMENTAL APPROPRIATION, apropiación suplementaria, asignación suplementaria.
SUPPLEMENTARY, suplementario, suplemental.
—— ADVERTISING, publicidad complementaria.
—— COST, costo suplementario.
—— INFORMATION, información suplementaria.
—— INSURANCE, seguro adicional.
—— ORDER, pedido adicional.
—— TAX, impuesto adicional, recargo.
SUPPLIER, proveedor, abastecedor.
—— OF CAPITAL, proveedor de capital.
SUPPLIER'S ACCOUNT, cuenta de proveedor.
SUPPLIERS, proveedores, abastecedores.
—— PAYABLE ACCOUNTS, cuentas por pagar a abastecedores o a proveedores.
SUPPLIER'S INVOICE, factura de proveedores.
SUPPLIER'S OPERATING ACCOUNT, cuenta de operaciones con proveedores.
SUPPLIER'S STATEMENT, estado de cuenta de proveedores.
SUPPLIES, abastecimientos, suministros, provisiones, artículos, enseres.
—— FACTORY, suministros de fábrica.
—— INVENTORY, inventario o existencia de suministros.
——, OFFICE, material de oficina.
—— ON HAND, suministros disponibles.
——, STATIONERY AND, papelería y útiles de escritorio.
SUPPLY, abastecimiento, oferta, suministro.
—— AND DEMAND, oferta y demanda.
—— BOND, fianza de suministro.
—— CHECK-OUT COUNTER, taquilla de salida de existencias, ventanilla de salida de existencias.
—— ELASTICITY, elasticidad de la oferta.
——, EXCESS, oferta excedente o sobrante.
—— FACTORS IN CAPITAL MARKETS, factores de la oferta en mercado de capital.
—— INVENTORY, inventario de suministros.
—— LINE, vía de abastecimiento.
—— OF EFFORT, voluntad de esfuerzo.
—— OF MONEY, oferta de dinero.
—— OF RESOURCES, oferta de recursos.
—— PRICE, precio de oferta o de abastecimiento, precio de surtido.
—— SCHEDULE, programa o plan de oferta.
——, TO, abastecer, surtir, suministrar, proveer, ofrecer.
—— WAREHOUSE, almacén de suministros.
SUPPLY-AND-DEMAND CONDITIONS, condiciones o estado de la oferta y la demanda.

SUPPORT, apoyo, abono, ayuda, sostenimiento, prueba.
—— ONE'S SELF, ganarse la vida, mantenerse.
—— PRICE, precio base o precio de garantía.
——, PRICE, subsidio de precios.
—— SERVICES, servicios de apoyo, servicios de ayuda.
——, TO, apoyar, ayudar, respaldar, sostener.
SUPPORTER, simpatizante, persona que da apoyo, defensor, partidario.
SUPPORTING, justificativo, auxiliar.
—— DOCUMENT, comprobante, justificante, documento.
—— EVIDENCE, evidencia adicional.
—— RECORD, registro auxiliar.
—— SCHEDULE, cuadro o programa anexo.
—— STATEMENT, estado auxiliar, relación auxiliar.
SUPPOSE, TO, suponer, presuponer, creer.
SUPPOSITION, suposición, supuesto, hipótesis.
SUPPRESS, TO, suprimir, reprimir, sofocar, contener.
SUPREME, supremo, sumo, soberano.
—— COMMANDER, generalísimo.
—— COURT, tribunal supremo, corte suprema.
—— WORK, obra cumbre.
SURCHARGE, recargo, sobretasa, sobreprecio.
—— RATE, tasa suplementaria.
SURE, seguro, cierto, infalible.
—— ENOUGH, con certeza, en efecto, en realidad.
——, FOR, con seguridad, con certeza.
——, TO BE, estar seguro, seguramente, sin duda.
SURETY, fiador, garante, caución, fianza.
—— BOND, fianza, fianza de seguridad.
—— COMPANY, institución o compañía de fianzas.
—— INSURANCE, seguro de fidelidad.
SURETYSHIP, afianzamiento, garantía, fianza.
SURFACE, superficie, cara.
—— MEASURE, medida de superficie.
—— TAX, impuesto de explotación.
——, TO, allanar, alisar, igualar.
—— WATER, agua corriente.
SURGE, racha, surgimiento.
—— OF BUYING, racha de compras.
SURGEON, cirujano.
—— DENTIST, cirujano dentista.
SURGERY, cirugía.
SURGICAL, quirúrgico.
—— APPLIANCES AND SUPPLIES, instrumental y suministros quirúrgicos.
—— INDEMNITIES, indemnización por gastos quirúrgicos.
SURMONT, TO, superar, vencer, salvar.
SURNAME, apellido, sobrenombre, apodo.
SURPLUS, superávit, sobrante, reservas y resultados, excedentes.
——, ACQUIRED, superávit adquirido.
—— ANALYSIS, análisis del superávit.
—— AT DATE OF ACQUISITION, superávit en la fecha de adquisición.

——, CAPITAL, superávit o excedente de capital.
—— CASH, fondos excedentes.
—— CHARGE, cargo al superávit.
—— CROPS, excedentes agrícolas.
——, CURRENT, superávit corriente.
——, EARNED, superávit ganado.
—— EARNINGS, ganancias excedentes, utilidades sobrantes.
—— ECONOMY, economía de la abundancia.
——, FOOD, excedente de alimentos.
—— FROM CONSOLIDATION, superávit de consolidación.
—— FUNDS, fondos sobrantes o excedentes.
——, PAID-IN, superávit pagado.
—— PERSONNEL, personal excedente, personal sobrante.
—— POWER, potencia o energía de reserva.
——, RECONCILIATION OF, conciliación del superávit.
—— RESERVE, reserva de superávit.
—— STATEMENT, estado de superávit.
—— STOCK, sobrantes, existencias, excedentes.
—— VARIABLES, variables de superávit.
SURPLUS-FUND WARRANT, autorización para cancelación de sobrantes.
SURPRISE, sorpresa, novedad, asombro.
—— AUDIT, auditoría de sorpresa.
——, BY, de sorpresa.
SURRENDER, cesión, entrega, renuncia.
—— CHARGE, cargo por liquidación, cobro de rescate.
—— DIVIDEND, dividendo de suspensión.
—— OF PROPERTY, cesión de bienes.
—— THE POLICY, abandonar la póliza.
——, TO, ceder, entregar, rendirse.
—— VALUE, valor de rescate, valor de cesión.
SURROGATE, sustituto, delegado.
SURROGATE, TO, substituir, reemplazar.
SURROUND, TO, circundar, rodear, cercar.
SURTAX, impuesto adicional, sobretasa, recargo tributario.
—— RATE, tipo de recargo tributario, tipo de sobretasa.
SURVEY, levantamiento topográfico, planimetría, estudio, arqueo, escrutinio.
——, DEALER, encuesta sobre comerciantes.
—— INTERVIEWEES, personas entrevistadas en la encuesta.
—— METHOD, método de encuesta o investigación.
——, OPINION, encuesta de opiniones.
——, PILOT, encuesta piloto.
——, POSTAL, encuesta por correo.
—— QUESTIONAIRE, cuestionario de encuesta, cuestionario de estudio.
—— RESEARCH AND FEEDBACK, investigación de encuesta y retroalimentación.
——, TO, examinar, inspeccionar, hacer trabajos topográficos y de planimetría.

SURVEYOR, agrimensor, topógrafo, inspector, tasador, investigador.
SURVIVAL, supervivencia.
——, **GROUP**, supervivencia del grupo.
—— **OF THE FITTEST**, supervivencia del más apto.
——, **PROBABILITY OF**, probabilidad de supervivencia.
SURVIVE, TO, sobrevivir, quedar vivo.
SURVIVING COMPANY, compañía superviviente.
SURVIVOR, superviviente, sobreviviente.
—— **BENEFIT**, beneficio de supervivencia.
SURVIVOR-LIFE CURVE, curva de vida y supervivencia.
SUSPECT, TO, sospechar, desconfiar de, imaginar, persona sospechosa.
SUSPEND, suspender, interrumpir, cesar.
—— **PAYMENT**, suspender o cesar pagos.
—— **WORK**, paralizar o suspender el trabajo.
SUSPENSE, suspensión, suspenso, duda, incertidumbre.
—— **ACCOUNT**, cuenta en suspenso o transitoria.
——, **IN**, en suspenso.
—— **ITEMS**, partidas diferidas.
SUSPENSION, suspensión, cese.
—— **BRIDGE**, puente colgante.
—— **OF PAYMENTS**, suspensión o cese de pagos.
—— **POINTS**, puntos suspensivos.
SUSPICION, sospecha, desconfianza, duda.
SUSTAIN, sufrir, soportar, aguantar, sostener.
—— **DAMAGE**, sufrir daños.
SUSTAINING PROGRAM, programa sin patrocinador.
SUSTENANCE, sustento, subsistencia, alimentos, mantenimiento.
SWAG, robo, botín.
SWAMP, pantano, ciénaga.
——, **TO**, empantanar, encharcar, sumergir, arruinar, abrumar, echar a pique.
SWAP, canje, cambio, trueque, cambalache.
SWEAR, jurar, declarar bajo juramento, blasfemar, renegar.
—— **BY**, jurar por.
—— **IN**, juramentar, tomar juramento.
—— **OFF**, abjurar, renunciar a.
—— **UP AND DOWN**, jurar y perjurar.
SWEAT, sudor, trabajo, fatiga, condensación.
—— **DAMAGE**, averías por condensación.
—— **SHIRT**, sudadera.
——, **TO**, sudar, hacer sudar, trabajar duro.
SWEATER, chaqueta tejida.
SWEEP, barrida, redada.
—— **AWAY**, barrer con todo, robar sin dejar nada.
——, **TO**, barrer, deshollinar, arrastrar.
SWEET, dulce, sabroso, bello, agradable.
—— **POTATO**, camote, boniato.
SWEET-AND-SOUR, agridulce.
SWEET-TEMPERED, complaciente, de carácater dulce.
SWEETEN, endulzar, azucarar, suavizar, aplacar.
—— **AN ACCOUNT**, aumentar el colateral.

SWEETHEART, amiga, novia, querida.
SWELL, TO, hinchar, inflar, hincharse, engreír.
SWELLHEAD, engreído.
SWELLING SEA, mar agitado.
SWIFT, rápido, veloz, ligero, vivo, activo.
SWIFT-FOOTED, de paso rápido, ligero.
SWIM, nadar, flotar, deslizarse suavemente.
—— **ACROSS**, pasar a nado.
—— **AGAINST THE STREAM**, nadar contra la corriente.
——, **GO FOR A**, ir a nadar.
SWIMMER, nadador.
SWIMMING POOL, piscina o alberca de natación.
SWIMSUIT, traje de baño.
SWINDLE, estafa, timo, trampa.
SWINDLE, TO, estafar, timar, hacer trampas.
SWINDLER, estafador, timador, tramposo, embustero.
SWING, columpiar, balancear, mecerse, oscilar, girar, columpio, hamaca, vaivén.
—— **ABOUT**, dar una vuelta.
—— **BRIDGE**, puente giratorio.
—— **CLEAR**, evitar un choque.
—— **DOOR**, puerta giratoria.
—— **SHIFT**, turno de tarde.
SWINGS, oscilaciones ascendentes y descendentes de valores, precios de mercancías, actividad comercial.
SWITCH, varilla, cambiavía, interruptor, conmutador.
—— **ENGINE**, locomotora de maniobras.
—— **INVESTMENTS**, cambiar inversiones, vender valores y comprar otros.
—— **OFF**, apagar la luz, desconectar la corriente.
—— **ON**, encender la luz, conectar la corriente.
——, **TO**, desviar, cambiar, azotar.
SWITCHBOARD, tablero de control o distribución, conmutador telefónico.
—— **OPERATOR**, telefonista.
SWITCHING CHARGES, gastos de envío o de maniobras.
SWITCHMAN, guardavías, chuchero.
SWORD, espada.
SWORDPLAY, esgrima, manejo de la espada.
SWORDSMAN, espadachín, esgrimista.
SWORN, juramentado.
—— **APPRAISAL**, tasación jurada, juramento estimativo.
—— **DECLARATION**, declaración juramentada.
—— **STATEMENT**, declaración juramentada.
SYLLABUS, resumen, extracto, sumario, compendio.
SYMBOL, símbolo, signo, seña, emblema.
SYMBOLIC, simbólico.
—— **CODING**, codificación simbólica.
—— **LOGIC**, lógica simbólica.
—— **MODEL**, modelo simbólico.
—— **PROGRAMMING SYSTEM**, sistema simbólico de programación (computación).
—— **REASONING**, razonamiento simbólico.

SYMBOLIZATION, simbolización.
SYMMETRIC FIGURE, figura simétrica.
SYMMETRY, simetría.
SYMPATHETIC, que simpatiza, compasivo, comprensivo.
—— **INK,** tinta invisible.
—— **STRIKE,** huelga de solidaridad o de apoyo.
SYMPATHIZE, TO, simpatizar, compadecerse, condolerse.
SYMPATHY, simpatía, benevolencia.
SYMPOSIUM, simposio, conferencia, reunión, debate.
SYNCHRONIZE, TO, sincronizar.
SYNDIC, síndico.
SYNDICALISM, sindicalismo.
SYNDICALIZE TO, sindicalizar o sindicalizarse.
SYNDICATE, sindicato, consorcio, agrupación.
SYNDICATION FEES, cuota sindical, cuota que paga el obrero que pertenece al sindicato.
SYNERGY, sinergia, combinación de movimiento, actos u órganos.
SYNTHESIS, síntesis.
SYNTHESIZE, TO, sintetizar, producir por síntesis.
SYNTHETIC, sintético, fabricado.
—— **RESIN,** resina sintética.
—— **RUBBER,** caucho o hule sintético, goma sintética.
—— **TEXTILES,** textiles o tejidos sintéticos.
—— **THINKING,** razonamiento sintético.
SYSTEM, sistema, método, procedimiento.
——, **ACCOUNTING,** sistema de contabilidad.
—— **ANALYSIS,** análisis de sistemas.
—— **ANALYST,** analista de sistemas.
——, **BANKING,** sistema bancario.
—— **BUSINESS,** sistema comercial.
—— **DESIGN,** diseño de sistemas.
——, **DOUBLE-ENTRY,** sistema de partida doble.
——, **ECONOMIC,** sistema económico.
—— **ENGINEER,** ingeniero o técnico en sistemas.
——, **METRIC,** sistema métrico.
—— **OF ACCOUNTS,** sistema de contabilidad.
—— **OF EQUATIONS,** sistema de ecuaciones.
—— **OF EXCHANGE,** sistema de intercambio.
——, **POLITICAL,** sistema político.
—— **PROGRAMMER,** programador de sistemas.
—— **SPECIFICATION,** especificación de sistemas.
—— **START-UP,** poner en marcha el sistema.
SYSTEMS, sistemas.
—— **ENGINEERING,** ingeniería de sistemas.
—— **FLOWCHART,** diagrama de flujo de sistemas.
——, **HIGHWAY,** sistemas de carreteras.
——, **NUMBER,** sistemas numéricos.
——, **TAX,** sistemas de impuestos.
SYSTEMATIC, sistemático.
—— **ERROR,** error constante.
—— **EXPERIMENTATION,** experimentación sistemática.
—— **MANAGEMENT,** administración, sistemática, dirección sistemática.
—— **OBSERVATION,** observación sistemática.
—— **SAMPLING,** muestreo sistemático.
—— **SELECTION,** selección sistemática.
—— **TRAINING,** capacitación sistemática, entrenamiento sistemático.
SYSTEMATIZE, TO, sistematizar, metodizar.

T

T-ACCOUNT, cuenta T, cuenta provisional fuera del mayor.
T-TEST, prueba T.
TAB, pestaña, ceja, señal.
—— **ON, TO KEEP,** llevar cuenta de.
TABLE, mesa, banco, tabla, cuadro.
——, **AGGREGATE LIFE,** tabla de mortalidad general.
——, **CONVERSION,** tabla de conversiones.
——, **LIFE,** tabla de mortalidad.
——, **MORTALITY,** tabla de mortalidad.
—— **OF CONTENTS,** contenido de un libro, tabla de materias, índice.
—— **OF LOGARITHMS,** tabla de logaritmos.
—— **OF RANDOM NUMBERS,** tabla de números aleatorios.
——, **TO,** dar carpetazo, catalogar, ensamblar.
TABLEWARE, vajilla, artículos para mesa.
TABULAR, tabular.
—— **COST OF INSURANCE,** costo tabular de seguro.
—— **DESCRIPTION,** descripción tabular.
—— **DIFFERENCES,** diferencias tabulares.
—— **PREMIUM,** prima bruta (seguros).
—— **STOP,** tope de tabulación.
TABULATE, TO, tabular, poner en lista o en tablas.
TABULATING MACHINE, máquina tabuladora.
TABULATION, tabulación, planilla, catálogo.
TABULATOR, tabuladora, tabulador.
—— **SCALE,** escala del tabulador.
—— **STOP,** tope del tabulador.
TACIT, tácito.
—— **CONDITION,** condición, condición implícita o tácita.
—— **LAW,** ley tácita.
—— **MORTGAGE,** hipoteca tácita.
TACKLE, aparejo, equipo.
—— **A JOB,** emprender una obra, iniciar un trabajo.
——, **TO,** abordar, acometer o emprender un negocio.
TACT, tacto, tiento.
TACTFUL, prudente, cauto.
TACTICIAN, táctico.
TACTICS, táctica.
TACTLESS, indiscreto, sin tacto.
TAG, etiqueta, marbete, rótulo, marca.
—— **ENVELOPE,** sobre rotulado.
——, **TO,** rotular, marcar con rótulo, pegar marbete.
TAIL, cola, rabo, apéndice, fila de personas, cruz (reverso de moneda).
—— **END,** extremo o parte trasera.
—— **LAMP,** farol trasero.
TAILOR, sastre.
—— **MADE,** hecho a la medida, hecho a la orden.
—— **MADE SUIT,** traje sastre.
—— **SHOP,** sastrería.
——, **TO,** vestir, proveer de ropa, ajustar.
TAILORING, sastrería, corte y confección de vestidos.
TAKE, tomar, recibir, aceptar, coger.
—— **A CENSUS,** levantar el censo, censar.
—— **A CHANCE,** arriesgar, arriesgarse, probar.
—— **A HAND IN,** tomar parte en.
—— **A JOURNEY,** hacer un viaje.
—— **A LETTER,** tomar una carta en taquigrafía.
—— **A LOOK AT,** mirar, echar una ojeada a.
—— **A SAMPLE,** sacar una muestra, muestrear.
—— **A SHORT CUT,** tomar un atajo.
—— **A WALK,** dar un paseo o una vuelta.
—— **ACTION,** proceder, actuar, gestionar, tomar medidas.
—— **ADVANTAGE OF,** aprovechar, valerse de.
—— **ADVICE,** aconsejarse, tomar consejo.
—— **AN INVENTORY,** hacer o tomar inventario.
—— **AN OATH,** prestar juramento.
—— **AN ORDER,** tomar un pedido.
—— **ARMS,** tomar las armas, levantarse en armas.
—— **BACK,** aceptar de vuelta, retractarse, devolver.
—— **BIDS,** rematar, subastar.
—— **BREAKFAST,** desayunarse.
—— **CARE OF,** cuidar de, atender a.
—— **CHARGE OF,** encargarse de, asumir el cargo de.
—— **DELIVERY,** tomar posesión, aceptar, hacerse cargo de.
—— **DICTATION,** tomar dictado en taquigrafía.
—— **DOWN,** descolgar, bajar, tomar nota de.
—— **EFFECT,** entrar en vigor, surtir efecto.
—— **FOR GRANTED,** dar por sentado.
—— **HOLD OF,** encargarse de, asir, coger, tomar posesión.
—— **IN,** dar ingreso, admitir en casa o en la sociedad.
—— **INTO ACCOUNT,** tener en cuenta, hacerse cargo de.
—— **INVENTORY, TO,** inventariar, hacer inventario.
—— **IT EASE,** ir despacio, no apurarse.
—— **IT OR LEAVE IT,** tómelo o déjelo.
—— **LEAVE,** despedirse.
—— **LUNCH,** almorzar.
—— **MY WORD FOR IT,** créame, bajo mi palabra.
—— **NOTES,** tomar notas, hacer anotaciones.
—— **NOTICE OF,** observar, hacer caso de, notar, advertir, fijarse en.
—— **OFF,** despegarse, levantar vuelo.
—— **OFF A BALANCE,** cortar un saldo, arrojar el saldo, sacar el saldo.
—— **OFF A TRAIL BALANCE,** hacer el balance de comprobación.
—— **OFF THE TOTAL,** sacar el total.
—— **OFFICE,** tomar posesión de un cargo, ocupar un puesto.
—— **ON,** encargarse de, embarcar.

——OUT A PATENT, sacar patente, patentar.
——OUT INSURANCE, asegurarse.
——OVER, hacerse cargo de, encargarse de.
——PROFITS, realizar u obtener ganancias.
——RISKS, correr riesgos.
——SHELTER, refugiarse, guarecerse.
——STEPS, tomar medidas, hacer diligencias.
——STOCK, inventariar, tomar existencias, hacer inventario.
——THE DISCOUNT, descontar, aprovechar la rebaja.
——THE FLOOR, tomar la palabra.
——THE OPORTUNITY, aprovechar la ocasión u oportunidad.
——TO HEART, tomar a pecho.
——UP, emprender, gestionar, tratar.
——UP WITH, tratar con.
——WARNING, estar alerta, tener cuidado.
TAKE-HOME PAY, sueldo después de deducciones.
TALE, cuento, narración, fábula, relato.
TALENT, talento, ingenio, capacidad, artistas.
TALENTED EMPLOYEE, empleado talentoso, empleado capaz o ingenioso.
TALESMAN, jurado suplente.
TALETELLER, chismoso, cuentista, soplón.
TALK, conversación, plática.
——AWAY, malgastar el tiempo hablando, disiparlo.
——BUSINESS, hablar de negocios.
——INTO, convencer de, inducir a.
——NOSENSE, decir disparates.
——ON, hablar sin parar.
——OUT OF, disuadir, sonsacar.
——OVER, discutir, tratar, ventilar un asunto.
——TO, hablar a, reprender.
——, TO, hablar, conversar, platicar, charlar.
——UP, alabar, elogiar.
TALKATIVE, locuaz, hablador, parlanchín.
TALKER, conversador, orador, charlatán.
TALKING, conversación, palabrería.
TALL, alto, elevado, grande.
TALLAGE, tributo, impuesto.
TALLY, tarja, conteo.
——CLERK, tarjador, apuntador de carga.
——ROLL, cinta de comprobación, rollo de recuento.
——SHEET, hoja de tarja.
——, TO, tarjar, contar, marcar.
TAME, domado, manso, dócil.
TAMER, domador, amansador.
TAMP, TO, apisonar.
TAMPER WITH, falsificar, entrometerse, sobornar, corromper a un testigo.
TAN, tostar, curtir pieles, adobar, aderezar.
TANGIBLE, tangible, palpable, corpóreo.
——ASSETS, activo tangible.
——FIXED ASSETS, valores fijos tangibles.
——NET WORTH, capital neto tangible, activo neto tangible.

——PROPERTY, bienes tangibles, propiedad tangible.
——VALUE, valor tangible.
TANGLE, TO, enredar, enredarse, embrollar, confundir.
TANK, tanque, depósito, cuba.
——CAR, carro tanque, vagón cisterna, vagón tanque.
——FARM, área de tanques en una industria o en una refinería de petróleo.
——STEAMER, buque tanque, petrolero, buque cisterna.
——, TO, almacenar, depositar.
——TRAILER, remolque tanque, tanque de remolque.
——TRUCK, carro tanque, cuba, camión cisterna.
TANKER, barco tanque, barco petrolero, buque cisterna.
TANNED HIDE, piel curtida.
TANNER, curtidor.
TANNING, curtición, curtiduría.
——INDUSTRY, industria curtidora, tenería.
TANTAMOUNT, equivalente.
TAP, golpear ligeramente.
——AT THE DOOR, llamar a la puerta.
——WATER, agua corriente.
TAPE, cinta magnetofónica, cinta, listón.
——FILE, archivo de cintas.
——HANDLERS, unidad de cinta.
——JOURNAL, cinta de registro, tira de auditoría.
——MEASURE, cinta de medir.
——PUNCH, perforadora de cinta.
——RECORDER, grabadora de cinta.
TAPE-OPERATED TYPEWRITER, máquina de escribir accionada por cinta.
TARDINESS, tardanza, demora, lentitud.
TARDY, moroso, lento, tardío.
——EMPLOYEE, empleado tardío o moroso.
——WORKER, obrero retrasado, trabajador tardío.
TARE, tara, merma.
——, TO, restar la tara al pesar una cosa.
——WEIGHT, taraje.
TARGET, meta, objetivo, blanco.
——COST, costo por alcanzar.
——PRACTICE, tiro al blanco.
——PRICE, precio por alcanzar.
TARIFF, tarifa, arancel.
——BARRIERS, barreras arancelarias, aranceles.
——, FLEXIBLE, tarifa diferencial.
——FOR REVENUE, arancel de recaudación.
——LAW, ley arancelaria, código de aduanas.
——MAKING, fijar tarifas.
——PROTECTION, protección arancelaria o aduanera.
——RATES, tipos de tarifa.
——REVENUE, recaudación arancelaria.
——, TO, hacer tarifas, fijar tarifas.
——UNION, unión aduanera.
TASK, tarea, faena, labor.

TASK-AND-BONUS SYSTEM—TAX

—— FORCE, personal obrero, fuerza laboral.
—— IDENTITY, identificación con la tarea o con el trabajo.
—— RATE, cuota a destajo o por tarea.
—— SIGNIFICANCE, significación de la tarea, importancia del trabajo.
——, TO, atarear, asignar tarea, poner a prueba.
TASK-AND-BONUS SYSTEM, sistema de tarea y prima.
TASKMASTER, capataz, el que asigna tareas.
TASKWORK, tarea, destajo, trabajo a destajo.
TASKWORKER, trabajador a destajo.
TASTE, gusto, sabor, paladar.
——, CONSUMERS', gusto de los consumidores.
——, IN BAD, de mal gusto.
——, IN GOOD, de buen gusto.
——, TO, gustar, saborear, probar, catar, experimentar.
TASTELESS, insípido, desabrido, insulso.
TASTER, catador, probador.
TASTY, gustoso, sabroso, de buen gusto.
TATTLE, TO, chismear, comadrear, chacharear.
TATTOO, tatuaje.
TAX, impuesto, contribución, gravamen.
—— ACCOUNTANT, contador especialista en impuestos.
—— ACCOUNTING, contabilidad de impuestos.
—— ACCRUAL, impuesto acumulado.
—— ADVANTAGE, ventaja en impuestos.
—— ADVISER, asesor o consejero de impuestos.
—— ASSESSED, impuesto por cobrar.
—— ASSESSMENT BOARD, junta de fijación de impuestos.
—— AVOIDANCE, evasión de impuestos, evasión fiscal.
—— BASE, base tributaria o del impuesto.
—— BILL, importe del impuesto.
—— BURDEN, carga tributaria o impositiva.
—— CALENDAR, calendario de impuestos.
——, CAPITAL GAINS, impuesto a las ganancias de capital.
——, CAPITAL STOCK, impuesto sobre el capital social.
—— CERTIFICATE, certificado de amortización acelerada.
—— COLLECTED, impuesto cobrado o recaudado.
—— COLLECTIONS, recaudaciones fiscales.
—— COLLECTOR, recaudador o cobrador de impuestos.
—— COMPUTATION, liquidación o cómputo del impuesto.
—— CUT, reducción de impuestos.
—— DEDUCTIBLE LOSS, pérdida deducible del impuesto.
—— DEPARTMENT, dirección general de impuestos.
——, DIRECT, impuesto directo.
—— DISTRIBUTION, distribución de los impuestos.
——, DIVIDENDS, impuesto sobre dividendos.
—— DODGER, contribuyente evasor, causante que evade el pago de impuestos.
——, ESTATE, impuesto de sucesión.
—— EVASION, evasión de impuestos, evasión fiscal.
——, EXCESS-PROFITS, impuesto sobre el exceso de utilidades.
—— EXEMPTION, exención de impuestos.
——, FEDERAL INCOME, impuesto federal sobre la renta.
——, FRANCHISE, impuesto por privilegio.
——, GIFT, impuesto sobre donaciones.
——, HEAD, impuesto de inmigración.
—— INCENTIVE, aliciente tributario, estímulo de impuestos.
——, INCOME, impuesto sobre la renta.
——, INCOME, PERSONAL, impuesto sobre la renta personal.
—— INCREASES, aumento o incrementos de impuestos.
——, INHERITANCE, impuesto sobre la herencia.
——, LAND, impuesto o contribución territorial.
——, LAND VALUE, impuesto sobre el valor del terreno.
—— LAW, derecho fiscal.
—— LAWS, leyes de impuestos, leyes fiscales.
—— LEVY, exacción de impuestos.
—— LIABILITY, impuesto por pagar, obligación tributaria.
—— LIEN, gravamen por impuestos no pagados.
—— LIST, lista de contribuyentes.
—— LITIGATION, litigio fiscal.
——, LUXURY, impuesto al lujo.
—— MATTERS, asuntos impositivos.
—— OFFICE, colecturía, oficina recaudadora de impuestos.
—— ON PLANT, impuesto sobre fábrica.
—— ON PROFITS, impuesto sobre utilidades.
—— PAID IN ADVANCE, impuesto pagado por adelantado.
—— PAYABLE, impuesto a pagar o por pagar.
—— PENALTIES, sanciones y multas fiscales.
—— POLICY, política fiscal o impositiva.
——, PROGRESSIVE, impuesto progresivo.
—— RATE, tipo de impuesto, tasa tributaria.
——, REAL ESTATE, impuesto predial.
—— REBATE, bonificación tributaria.
—— RECEIVABLE, impuesto a cobrar.
—— RECEIVER, recaudador, receptor de impuestos.
—— REDUCTION, reducción de impuestos.
—— REFUND, devolución de impuestos.
——, REGRESSIVE, impuesto regresivo.
—— REGULATIONS, normas fiscales o impositivas.
—— RELIEF, alivio tributario.
—— RETURN PREPARATION, formulación de declaraciones fiscales.
—— RETURNS, liquidación de impuestos, declaración de impuestos, declaración fiscal.
—— ROLL, registro fiscal.
——, SALES, impuesto sobre ventas.
—— SCHEDULES, tarifa de impuestos.
—— SERVICES, servicios fiscales.

—— SHELTER, refugio fiscal.
—— STATUS, situación fiscal.
—— SYSTEM, sistema tributario o impositivo.
—— TABLES, tablas de impuestos.
——, TO, gravar, cargar, imponer.
——, UNEMPLOYMENT, impuesto para el desempleo.
——, WITHHOLDING, impuesto retenido.
—— WRITE-OFFS, deducciones de impuestos.
TAX-ANTICIPATION BOND, bono contra impuestos por recaudar.
TAX-ANTICIPATION NOTE, documento de anticipo de impuestos.
TAX-ANTICIPATION SECURITIES, valores de pago anticipado de impuestos.
TAX-ANTICIPATION WARRANT, certificado de anticipo de impuestos.
TAX-BENEFIT RULE, regla de beneficio de impuestos.
TAX-DEDUCTIBLE EXPENSE, gasto deducible de impuestos.
TAX-EXEMPT, exento de impuestos.
TAX-EXEMPT INTEREST INCOME, ingreso exento de impuesto, entrada o renta libre de impuesto.
TAX-EXEMPT INTEREST PAYMENT, pago de interés sin impuesto o exento de gravamen.
TAX-EXEMPT OBLIGATION, obligación exenta del pago de impuesto.
TAX-EXEMPT SECURITIES, valores exentos de impuestos, bonos sin impuestos.
TAX-FREE, libre o exento de impuestos.
TAX-FREE INCENTIVE, incentivo o estímulo libre de impuestos.
TAX-FREE INTEREST, interés libre o exento de impuestos.
TAX-FREE PAY, salario libre o exento de impuestos.
TAXES, impuestos, contribuciones.
——, BACK, impuestos atrasados.
——, BUSINESS, impuestos a los negocios.
——, CORPORATE INCOME, impuestos sobre la renta de las sociedades de capital.
——, EXCISE, impuestos sobre consumos.
——, NET, impuestos netos.
——, PAYROLL, impuestos de la nómina.
——, PROPERTY, impuestos sobre la propiedad de bienes raíces.
——, SHIFTING OF, traslado de los impuestos.
TAXABLE, gravable, imponible.
—— INCOME, ganancia gravable, renta o utilidad imponible, renta sujeta a impuesto.
—— MUNICIPAL BOND, título o bono municipal gravable.
—— PAY, salario gravable o imponible.
—— PROFITS, ganancias gravables, utilidades gravables, beneficios imponibles.
—— SECURITIES, valores gravables, títulos gravables.
—— VALUE, valor gravable o catastral.
—— YEAR, ejercicio gravable.

TAXATION, imposición tributaria, tributación.
TAXI, taxi, automóvil de alquiler.
—— DRIVER, conductor de taxi, taxista.
—— STAND, paradero de automóviles de alquiler, sitio o piquera.
——, TO, viajar en taxi.
TAXICAB, automóvil de alquiler, taxi.
TAXIMETER, taxímetro.
TAXPAYER, contribuyente, causante, tributario.
TAXPAYER-GENERATED CAPITAL, capital generado por los contribuyentes, capital aportado por los causantes.
TAYLOR'S DIFFERENTIAL PIECE-RATE SYSTEM, sistema de Taylor de trabajo a destajo diferencial.
TEACH, TO, enseñar, instruir, ejercer el magisterio.
TEACHER, maestro, maestra, profesor, instructor.
TEACHING, enseñanza, instrucción, docencia, magisterio.
TEAM, pareja, tronco, equipo, brigada.
—— BUILDING, formación de un grupo, integración de un grupo.
—— LEADER, guía o dirigente del equipo, dirigente del grupo.
—— MANAGEMENT, administración o dirección del grupo.
—— PLAYER, jugador en equipo.
——, SALES, equipo de ventas.
——, TO, enganchar, enyugar.
TEAMMATE, compañero de equipo o de juego.
TEAMWORK, trabajo en equipo, trabajo colectivo o conjunto.
TEAR, rasgón, rasgadura, desgarradura, lágrima.
—— AWAY, arrancar, desmembrar.
—— OFF, desprender, despedazar, hacer añicos.
——, TO, desgarrar, romper, arrancar, llorar.
TEARDOWN, desmontaje.
TEASE, TO, molestar, embromar, fastidiar, atormentar.
TECHNICAL, técnico, tecnológico.
—— ADVERTISING, propaganda técnica, publicidad industrial.
—— ADVISER, asesor técnico.
—— ASSISTANCE, ayuda técnica.
—— CAREER, carrera técnica o vocacional.
—— CENTER, centro técnico.
—— CORNER, acaparamiento efectivo o técnico de valores.
—— DATA, datos técnicos.
—— EXPERT, experto técnico, perito técnico.
—— EXPERTISE, conocimientos técnicos.
—— INFORMATION CENTER, centro de información técnica.
—— JOURNAL, revista técnica.
—— KNOWLEDGE, conocimientos técnicos.
—— OVERDRAFT, sobregiro aparente.
—— POSITION, relación de oferta y demanda de valores.
—— RESERVE, reserva técnica.

—— RESOURCES, recursos técnicos, medios técnicos.
—— SERVICE, servicio técnico.
—— SPECIALIST, especialista o perito técnico.
—— SPECIALIZATION, especialización técnica.
—— STANDARD, norma técnica.
—— TERM, tecnicismo.
—— TRAINING, capacitación o entrenamiento técnico.
TECHNICIAN, técnico, experto.
TECHNIQUE, técnica.
——, SELLING, técnica de ventas.
TECHNOCRACY, tecnocracia.
TECHNOLOGICAL, tecnológico.
—— BREAKTHROUGH, avances tecnológicos.
—— COMPLEXITY, complejidad tecnológica.
—— DEVELOPMENT, desarrollo tecnológico, progreso tecnológico.
—— DISPLACEMENT, desplazamiento de personal debido al avance tecnológico.
—— ENVIRONMENT, medio ambiente tecnológico, medio tecnológico circundante.
——, OBSOLESCENCE, obsolescencia tecnológica.
—— PROGRESS, progreso tecnológico.
—— SKILLS, capacidad técnica.
—— SYNERGY, sinergia tecnológica.
—— TREND, tendencia o movimiento tecnológico.
—— UNEMPLOYMENT, desempleo o paro tecnológico, desocupación por mecanización de industria.
TECHNOLOGIST, tecnólogo, técnico.
TECHNOLOGY, tecnología.
TEENAGER, adolescente.
TELECAST, teledifusión, transmisión por televisión, programa de televisión.
——, TO, transmitir por televisión.
TELECOMMUNICATION, telecomunicación.
—— SHOPPING, compra por telecomunicación.
TELEGRAM, telegrama, mensaje telegráfico.
—— WITH REPLY PREPAID, telegrama con respuesta pagada.
TELEGRAPH, telégrafo.
—— CABLE, cable telegráfico.
—— COMPANY, compañía de telégrafos.
—— FORM, forma o formulario para telegrama.
—— FRANK, franquicia telegráfica.
—— MESSENGER, mensajero de telégrafo.
—— MONEY ORDER, giro telegráfico.
—— OFFICE, oficina de telégrafos.
—— OPERATOR, telegrafista.
——, TO, telegrafiar, enviar mensaje telegráfico.
TELEGRAPHER, telegrafista.
TELEGRAPHIC, telegráfico.
—— ADDRESS, dirección telegráfica.
—— CODE, clave, código telegráfico.
—— TRANSFER, giro telegráfico, orden de pago por telégrafo.
TELEGRAPHIC, telegrafía.
TELEPATHY, telepatía.

TELEPHONE, teléfono.
—— BOOK, guía telefónica o de teléfonos, directorio telefónico.
—— BOOTH, caseta telefónica, cabina de teléfono.
——, BY, por teléfono, telefónicamente.
—— CALL, llamada telefónica, telefonazo.
—— COMPANY, compañía de teléfonos.
—— DIRECTORY, directorio telefónico, guía de teléfonos.
—— EXCHANGE, central telefónica.
—— MESSAGE, telefonema, mensaje telefónico.
—— NUMBER, número telefónico.
—— OPERATOR, operador de teléfono, telefonista.
—— RATES, tarifa telefónica.
—— RECEIVER, auricular, receptor telefónico.
—— SELLING, venta por teléfono.
—— SERVICE, servicio telefónico.
—— SUBSCRIBER, suscriptor o abonado de teléfono.
—— SURVEY, encuesta por teléfono.
—— SWITCHBOARD, conmutador telefónico.
—— TALK, conversación telefónica.
——, TO, telefonear, llamar por teléfono.
TELEPHONE-TRANSFER SERVICE, servicio bancario de transferencia por teléfono, traslado de fondos por teléfono.
TELEPRINTER, teletipo o teleimpresor.
TELETYPE, teletipo.
TELETYPEWRITER, teleimpresora, máquina teletipo.
TELEVISE, TO, televisar, transmitir o recibir imágenes por televisión.
TELEVISION, televisión.
—— ADVERTISER, anunciante de televisión, propagandista de televisión.
—— ADVERTISING, propaganda por televisión, anuncios por televisión.
—— AUDIENCE, teleauditorio.
—— BROADCASTING, teledifusión.
—— BROADCASTING STATION, estación de televisión, teledifusora.
—— CHANNEL, canal de televisión.
—— COMMERCIAL, comercial de televisión, propaganda comercial de televisión.
—— ENGINEER, técnico de televisión, ingeniero en televisión.
—— NETWORK, cadena o red de televisión.
—— SCREEN, pantalla de televisión.
—— SET, televisor, aparato de televisión.
—— STATION, estación de televisión, estación televisora.
TELL, decir, contar, expresar, relatar.
—— OF, contar, recontar.
—— ON, descubrir, delatar a.
—— THE STORY, contar el cuento.
TELLER, cobrador o pagador, cajero, taquillero, escrutador de votos.
TELLER'S CHECK, cheque firmado por el cajero del banco cobrador.

TELLER'S PROOF, comprobación diaria de entradas y salidas.
TELLER'S WINDOW, ventanilla o taquilla del cajero.
TEMPER, mal genio, carácter irascible, humor o disposición, calma, ecuanimidad.
——, **BAD,** mal humor, mal genio.
——, **TO,** moderar, calmar, mitigar, modificar, templar metales.
——, **TO LOSE ONE'S,** enojarse, perder la paciencia.
TEMPERAMENT, temperamento, disposición.
TEMPERATURE, temperatura, fiebre, calentura.
TEMPORARY, provisional, temporal, transitorio, interino.
—— **ACCOUNTS,** cuentas de resultados.
—— **ANNUITY,** anualidad temporal.
—— **CHAIRMAN,** presidente provisional o interino.
—— **DISABILITY,** incapacidad temporal.
—— **FINANCING,** financiamiento temporal.
—— **INVESTMENT,** inversión temporal.
—— **LIFE ANNUITY,** anualidad vitalicia temporal.
—— **LIFE INSURANCE,** seguro de vida temporal.
—— **NEEDS,** necesidades temporales.
—— **PARTIAL DISABILITY,** incapacidad parcial temporal.
—— **REPAIRS,** reparaciones provisionales.
—— **TOTAL DISABILITY,** incapacidad total temporal.
TEMPT, TO, tentar, incitar, seducir, instigar, poner a prueba.
TEMPTATION, tentación, incitación.
TEN, diez, decena, billete de diez dólares.
—— **KEY KEYBOARD,** teclado condensado de diez teclas.
TEN-DAY, decenal.
TEN-DOLLAR BILL, billete de diez dólares.
TEN-PAYMENT LIFE POLICY, póliza de seguro de vida a diez años.
TEN-POINT TYPE, tipo de diez puntos.
TEN YEAR ENDOWMENT, póliza dotal a diez años.
TENANCY, tenencia, posesión, inquilinato.
TENANT, inquilino, arrendatario.
—— **FOR LIFE,** residente, inquilino vitalicio.
—— **IN COMMON,** tenencia en común.
TEND, cuidar, guardar, vigilar, atender.
—— **ON,** asistir, servir a.
TENDER, oferta, oferta de pago, propuesta, delicado, tierno, sensible.
——, **LEGAL,** moneda corriente o de curso legal.
—— **OF ABANDONMENT,** notificación de abandono.
—— **OF PAYMENT,** oferta de pago.
—— **OFFER,** oferta de compra.
——, **TO,** ofrecer, proponer, presentar, hacer oferta o propuesta.
TENDERER, postor, licitante, proponente.
TENNIS, tenis, juego de tenis.
—— **COURT,** cancha de tenis.
—— **PLAYER,** tenista.
TENSION, tensión, tirantez, esfuerzo emocional o mental, ansiedad, nerviosismo.

TENT, toldo, tienda de campaña, carpa, acampar.
TENTATIVE, tentativo, provisional, de ensayo, prueba, tanteo.
—— **BALANCE SHEET,** balance general tentativo.
—— **BUDGET,** antepresupuesto.
—— **PLAN,** anteproyecto.
TERM, plazo, término, vigencia, vencimiento, vocablo, palabra, calificativo.
—— **ANNUITY,** anualidad temporal.
—— **BANK FUND,** fondo bancario a plazo o a término.
—— **BOND,** bono a plazo fijo.
—— **COMMERCIAL LOAN,** préstamo comercial a plazo, préstamo comercial a término.
—— **INSURANCE,** seguro temporal, seguro a término.
—— **INSURANCE POLICIES,** pólizas de seguro a plazo.
—— **LIFE INSURANCE,** seguro de vida a plazo, seguro de vida pagado a plazo.
—— **LOAN,** préstamo a plazo fijo.
—— **OF A PATENT,** duración o vigencia de la patente.
—— **OF DISCOUNT,** plazo del descuento.
—— **OF INSURANCE,** vigencia de la póliza.
—— **OF OFFICE,** tenencia, plazo.
—— **OF PATENT,** duración de la patente.
—— **OF SETTLEMENT,** liquidación a plazo.
—— **SAVINGS CERTIFICATE,** certificado de ahorros a plazo.
—— **SETTLEMENT,** liquidación a plazo.
TERM-OF-TRADE INDEXES, índices de los términos de intercambio.
TERMS, condiciones, términos, consideraciones, estipulaciones, obligaciones.
——, **CASH,** condiciones de pago al contado.
——, **CONSIGNMENT,** condiciones de consignación.
——, **DELIVERY,** condiciones de entrega.
——, **MERCANTILE,** condiciones crediticias.
——, **MERCANTILE CREDIT,** condiciones de crédito comercial.
——, **NOT ON ANY,** a ningún precio, por ningún concepto.
—— **OF CREDIT,** condiciones de crédito, plazos.
—— **OF, IN,** (matemáticas) en función de.
—— **OF PAYMENT,** condiciones de pago, plazos.
—— **OF SALE,** condiciones o términos de venta.
—— **OF TRADE,** términos de comercio exterior.
——, **SIMILAR,** condiciones o términos semejantes.
——, **TO BRING TO,** imponer condiciones, hacer arreglos con.
——, **UPON WHAT,** ¿en qué términos?
—— **WITH, TO BE IN BAD,** tener malas relaciones con, estar en malos términos con.
—— **WITH, TO BE IN GOOD,** tener buenas relaciones con, estar en buenos términos con.
TERMINABLE, terminable, limitable.
—— **ANNUITY,** anualidad a plazo o terminable.
TERMINALE, terminal, último, término, final, estación terminal.

—— ACCOUNT, cuenta terminal o final.
—— CARRIER, ferrocarril de destino.
—— CHARGES, gastos de muellaje o de lanchaje.
—— DECISION, decisión final.
—— FACILITIES, instalaciones de la terminal.
—— RAILROAD, ferrocarril terminal.
—— RESERVE, reserva final o terminal.
—— STATION, estación terminal.
—— SUPERINTENDENT, superintendente de una terminal de ferrocarril o de una línea naviera.
—— TYPEWRITER, impresora terminal.
—— VALUE, valor terminal.
—— WAGE, indemnización por desahucio.
TERMINATE, TO, terminar, caducar, acabar.
TERMINATION, terminación, fin, expiración.
—— DIVIDEND, dividendo con liquidación de la póliza.
—— OF CONTRACT, terminación del contrato.
—— OF EMPLOYMENT, cesantía, terminación de empleo.
—— OF INSURANCE, terminación o expiración del seguro.
—— OF PAYMENT, cesantía, terminación de empleo.
—— PAY, indemnización por desahucio, sueldo de despido.
TERMINOLOGY, terminología.
——, TECHNICAL, terminología técnica.
TERRIFY, TO, aterrorizar, aterrar.
TEST, prueba, ensayo, experimento, análisis, examen.
—— CAMPAIGN, campaña de prueba.
—— CASE, proceso de prueba.
—— CERTIFICATE, certificado de ensayo.
—— CHECKS, pruebas aisladas, pruebas selectivas.
——, DESTRUCTIVE, prueba destructiva.
—— FLIGHT, vuelo experimental o de prueba.
——, INTELLIGENCE, prueba o examen de inteligencia.
—— INTERVIEW, entrevista de prueba.
—— LOAD, carga de prueba.
——, MARKET, comprobación de mercados.
—— MARKET, mercado de prueba.
—— MARKET CAMPAIGN, campaña de prueba de mercado.
—— MARKET CITY, ciudad de prueba de mercado.
—— OF COMPLIANCE, prueba de cumplimiento.
——, ONE-SIDED, prueba unilateral.
—— PAPER, papel reactivo (química).
—— PILOT, piloto de pruebas.
—— PIT, pozo de exploración.
—— ROUTINE, programa de prueba o de ensayo.
——, STABILITY, prueba de estabilidad.
——, STATISTICAL, ensayo o prueba estadística.
—— STATISTICS, estadística de pruebas.
——, STRENGTH OF A, validez de una prueba.
——, THE ACID, la prueba decisiva o suprema.
——, TO, probar, ensayar, examinar, analizar.
—— TUBE, tubo de ensayo (química).
——, TWO-SIDED, prueba bilateral.

—— WELL, pozo de prueba.
TEST-DATA RUN, corrida de datos de prueba.
TEST-MARKET PERFORMANCE, comportamiento en el mercado de prueba.
TESTS, pruebas, ensayos.
——, BATTERY OF, serie de pruebas.
—— OF DIVIDENDS, pruebas de dividendos.
—— OF FITS, pruebas o ensayos de ajuste.
TESTAMENT, testamento.
TESTAMENTARY, testamentaría, testamentario.
—— CAPACITY, capacidad para otorgar testamentos.
—— TRUST, fideicomiso testamentario.
TESTATE DECEDENT, finado con testamento.
TESTATOR, testador.
TESTER, probador, ensayador, comprobador.
TESTIFY, TO, testificar, declarar, atestar.
TESTING, prueba, ensayo.
—— MACHINE, máquina de prueba o ensayo.
—— METHODS, métodos de prueba.
—— OF ENTRIES, prueba de los asientos.
——, PRODUCT, comprobación del producto.
TEXT, texto, tema, lema.
TEXTBOOK, libro de texto, texto.
TEXTILE, textil, tejido, tela, material textil.
—— ENGINEER, ingeniero o técnico textil.
—— FIBERS, fibras textiles.
—— INDUSTRY, industria textilera, industria textil.
—— MILL, industria textil, fábrica textil.
—— PRODUCTS, productos textiles.
THAN, que (comparativo).
—— HE KNOWS, MORE, más de lo que él sabe.
—— ONCE, MORE, más de una vez.
—— TWO, MORE, más de dos.
THANK, dar gracias, agradecer.
—— HEAVEN, gracias a Dios.
—— YOU, gracias.
THANKS, gracias.
THANKSGIVING, acción de gracias.
—— DAY, día de acción de gracias en E.U.A..
THAT, ese, esa, aquel, aquella.
——, AND ALL, y cosas por ese estilo.
——, FOR ALL, a pesar de eso.
—— IS HOW, así se hace.
—— IS THAT, es asunto concluido, no hay más qué hablar.
—— IS TO SAY, es decir.
—— MANY, tantos.
—— MAY BE, es posible.
—— MUCH, tanto.
——, SAVE, salvo que.
——, SO, con tal que, de modo que.
—— TOGETHER, TO PUT THIS AND, atar cabos.
—— WAY, por allí, por aquel camino, de ese modo.
THE, el, la, los, las.
—— ACT OF JUDGING, juicio, el acto de juzgar.
—— GREAT POWERS, las grandes potencias.
—— PATTERN OF THE LAW, estructura del derecho.
—— POWER OF JUDGING, el poder de juzgar, juicio.

——PROCEEDS OF A NOTE, valor líquido de un pagaré.
——SOONER THE BETTER, mientras más pronto mejor.
——UNDERSIGNED, los firmantes.
——YEARS AHEAD, los años venideros.
THEATER, teatro, anfiteatro, coliseo, arte dramático, drama, comedia.
——BOX OFFICE, oficina de taquilla de boletos de teatro.
——PASS, pase para el teatro, entrada gratis para el teatro.
THEFT, hurto, robo, latrocinio.
——INSURANCE, seguro contra robo.
——OF MERCHANDISE, robo de mercancías.
THEFTPROOF, a prueba de robo o hurto.
THEME, tema, asunto, tesis.
THEN, entonces, en aquel tiempo, después, luego, además, por consiguiente.
——, BUT, sin embargo, por otra parte.
——, BY, para entonces.
——, NOW, ahora bien.
——, NOW AND, de vez en cuando, de cuando en cuando.
——, UNTIL, hasta entonces.
——, WHAT, ¿qué más?, ¿qué resultó?
THEOREM, teorema.
——, PROVE A, TO, demostrar un teorema.
——, PYTHAGOREAN, teorema de Pitágoras.
THEORETICAL, teórico, hipotético.
——DEMOGRAPHY, demografía teórica.
——DEPRECIATION, depreciación teórica.
——DISTRIBUTION, distribución teórica.
THEORY, teoría.
——OF DEMAND, teoría de la demanda.
——OF ECONOMICS, teoría de la economía.
——OF EQUATIONS, teoría de las ecuaciones.
——OF RENT, teoría sobre la renta.
——, PROBABILITY, teoría de la probabilidad.
——, RELATIVITY, teoría de la relatividad.
THERE, allí, allá, ahí.
——YOU ARE, aquí tiene, eso es todo.
THEREAFTER, después de eso, después, de allí en adelante.
THEREBY, con eso, de tal modo, acerca de eso.
THEREFOR, por esto, por eso, para esto.
THEREFORE, por consiguiente, por lo tanto.
THEREIN, en eso, en ello, allí dentro.
THEREOF, de esto, de eso.
THEREON, por encima, por lo tanto, sobre eso.
THEREWITH, con eso, con esto, entonces.
THERMAL, térmico, termal.
——POWER PLANT, central o planta térmica.
——REACTOR, reactor térmico.
——UNIT, unidad térmica.
THERMODYNAMICS, termodinámica.
THERMOELECTRIC, termoeléctrico.
THERMOMETER, termómetro.
THERMONUCLEAR, termonuclear.
——PLANT, planta termonuclear.
——WEAPON, arma termonuclear.
THERMOPLASTIC, termoplástico.
THERMOSETTING, termoestable.
THERMOSTAT, termostato.
THESIS, tesis.
THICK, espeso, grueso, denso.
——AND THIN, cabal, a toda prueba.
THICKEN, TO, espesar, condensar, engrosar, aumentar, complicar.
THICKNESS, espesor, grosor, densidad, consistencia.
THIEF, ladrón, caco, estafador.
THIEVE, TO, robar, hurtar.
THIN, delgado, tenue, fino, flaco, escaso, débil.
——, TO, adelgazar, enflaquecer.
THING, cosa, objeto, asunto, acontecimiento.
——, FOR ONE, entre otras cosas.
——, NOT SUCH A, nada de eso, no hay tal cosa.
——, POOR LITTLE, ¡pobrecito!
——, THE, lo conveniente, lo que está de moda.
THINGS, ABOVE ALL, sobre todas las cosas, sobre todo.
THINGS STAND, AS, como están las cosas.
THINK, pensar, juzgar, creer, opinar, considerar.
——BETTER OF, formar mejor opinión.
——FIT, AS YOU, como usted quiera, como le parezca mejor.
——IT OVER, considerarlo, pensarlo.
——NOTHING OF, mirar con desprecio, no dar importancia a, tener en poco.
——SO, I DON'T, creo que no.
——TWICE, andar con tiento, reflexionar mucho.
——UP AN EXCUSE, inventar una disculpa.
——WELL OF, aprobar, tener a bien, tener buen concepto de.
THINKING, pensamiento, meditación, reflexión, juicio, concepto.
——, TO MY, en mi opinión, en mi concepto.
THIRD, tercero, tercera, tercio.
——CLASS, tercera clase, clase turística.
——FLOOR, tercer piso, tercera planta.
——MATE, tercer oficial o piloto.
——PARTY, tercero, tercera persona.
——PERSON, tercera persona.
——RATE, de calidad inferior.
——SHIFT, turno de madrugada.
——SPEED, tercera velocidad.
THIRD-CLASS MAIL, correspondencia de tercera clase.
THIRD-PARTY PLAINTIFFS, terceras personas demandantes.
THIRTY, treinta.
——DAYS DATE, a treinta días fecha.
——DAYS SIGHT, a treinta días vista.
THIS, este, esta, esto.
——SIDE UP, este lado para arriba.
——WEEK, semana actual o en curso.
THONG BINDER, carpeta de tiras de cuero.

THOROUGH, cabal, completo, entero, cumplido, acabado.
THOROUGHBRED, de pura raza, casta de sangre, un caballo de pura sangre.
THOROUGHFARE, vía pública, calle principal, paso, tránsito.
——, NO, calle cerrada, no hay paso.
THOUSAND, mil, millar.
—— AND ONE, innumerables.
——, BY THE, por millar, por miles.
THOUSAND-DOLLAR BILL, billete de mil dólares.
THREAT, amenaza, amago.
THREATEN, TO, amenazar, amagar.
THREE, tres.
THREE-DECKER, navío de tres puentes, edificio de tres pisos.
THREE-DIMENSIONAL CHART, gráfica tridimensional.
THREE-DIMENSIONAL GEOMETRY, geometría tridimensional.
THREE-LANE HIGHWAY, carretera o autopista de tres vías.
THREE-MILE LIMIT, límite de tres millas.
THREE-PARTY DRAFT, giro con endoso doble.
THREE-PHASE, trifásico.
THREE-PLY, de tres capas.
THREE-SHIFT, de tres turnos, de jornada triple.
THREE-TIERED BUDGET, presupuesto de tres columnas.
THREE-WAY COCK, llave o grifo de tres vías.
THREE-WAY SWITCH, interruptor de tres direcciones.
THREE-WAY VALVE, válvula de tres pasos o vías.
THREEFOLD, triple.
THRESHOLD, umbral, entrada.
THRIFT, ahorro, economía, frugalidad.
—— ACCOUNT, cuenta de ahorros.
—— DEPARTMENT, sección o departamento de ahorros.
—— INSTITUTION, institución de ahorros, establecimiento de ahorros.
THRIFTY, ahorrativo, económico, próspero.
THRILL, TO, estremecerse, emocionarse, conmoverse.
THRILLER, novela sensacional de misterio o policiaca.
THRILLING, emocionante, conmovedor.
THRIVE, TO, prosperar, medrar, tener buen éxito.
THROUGH, por, a través de, por conducto de, continuo, que va hasta el fin.
—— BILLING, billetaje único.
—— EXPORT BILL OF LADING, conocimiento directo de exportación.
—— FREIGHT, flete corrido.
—— HIGHWAY, carretera expresa o de vía libre.
—— RATE, tarifa consolidada o corrida.
—— TICKET, boleto o billete directo.
——, TO BE, haber terminado.
——, TO CARRY, llevar a cabo.
—— TRAFFIC, tráfico de larga distancia.

—— TRAIN, tren directo.
—— WITH, TO BE, haber terminado con.
THROUGHOUT, por todo, en todo, a lo largo de, de parte a parte.
THROUGHPUT, producción.
—— ACCOUNTING, contabilidad de flujo.
THROW, arrojar, tirar, lanzar, disparar, echar suertes.
—— AWAY, arrojar, desperdiciar, malgastar, botar.
—— BY, arrinconar.
—— DOWN, derribar, echar por tierra.
—— GOOD MONEY AFTER BAD, invertir dinero en un negocio fracasado, echar dinero bueno al malo.
—— IN, aportar, dar de más, echar dentro, intercalar.
—— LIGHT ON, esclarecer, aclarar.
—— OFF, echar fuera, quitarse, hacer salir, sacudir, renunciar.
—— ON THE MARKET, lanzar al mercado.
—— OPEN, abrir de par en par.
—— OVERBOARD, echar al agua, echar a la mar, desechar.
—— UP, abandonar, renunciar a, echar al aire.
THROWBACK, retroceso, vuelta atrás, reversión.
THUMP, golpazo, trastazo, porrazo, aporrear, cascar.
THUNDERSTORM, tormenta eléctrica, tormenta con truenos.
THUS, así, de este modo, por lo tanto, en estos términos.
—— AND SO, tal y tal cosa.
—— FAR, hasta ahora, hasta aquí.
TICK, tictac, sonido acompasado, hacer tictac como un reloj, contramarcar.
—— MARK, marca de comprobación, señal de comprobación.
TICKER, indicador eléctrico automático de cotizaciones y noticias.
TICKET, boleto, boleta, billete, pase, entrada, rótulo, marca.
—— AGENT, taquillero, boletero.
—— COLLECTOR, revisor de boletos, cobrador, billetero.
—— COUNTER, mostrador o taquilla de pasajes.
—— DAY, segundo día de liquidación.
—— HOLDER, tenedor de un billete.
—— OFFICE, expendio de boletos, despacho de billetes.
—— SELLER, billetero, boletero, taquillero.
—— SORTS, clasificación de volantes.
—— WINDOW, ventanilla o taquilla de billetes.
TICKET-VENDING MACHINE, máquina vendedora de billetes.
TICKLE, TO, cosquillas, halagar, lisonjear, agradar.
TICKLER, recordatorio de fechas venideras, libro borrador o diario.
TIDAL, de marea, periódico.
—— BASIN, dique o dársena de marea.

—— WAVE, aguaje, maremoto, ola popular, gran conmoción.
TIDE, marea, corriente, flujo, estación.
—— OVER, superar una dificultad.
——, TO GO AGAINST THE, ir contra la corriente.
——, TO GO WITH THE, seguir la corriente.
TIE, ligadura, atadura, lazo, nudo.
—— ENVELOPE, sobre con cinta o cordón.
—— TIGHT, amarrar bien, apretar fuerte.
——, TO, atar, amarrar, liar, enlazar, vincular.
—— UP THE TRAFFIC, obstruir el tráfico, bloquear el tráfico.
—— VOTE, empate.
TIE-IN, anuncio de enlace, conexión.
TIE-UP, amarraje.
TIED UP, TO, estar muy ocupado.
TIGHT, hermético, apretado, ajustado, escaso.
—— CREDIT, crédito restringido o limitado.
—— FISTED, tacaño.
—— FITTING, muy ajustado, ajustado al cuerpo.
—— LABOR MARKET, mano de obra escasa, falta de mano de obra.
—— MONETARY POLICY, política monetaria restringida o ajustada.
—— MONEY, crédito escaso.
—— SUPPLY, escasez de abastecimiento.
TIGHT-LIPPED, callado, reservado.
TIGHTEN, apretar, estrechar, estirar.
—— CREDIT, restringir crédito.
—— ONE'S BELT, hacer economías, aguantar privaciones.
TIGHTENED, inspección estricta o severa.
TILE, teja, azulejo, baldosa, mosaico.
—— PAVING, embaldosado.
—— ROOF, tejado.
TILL, hasta, hasta que, cajón o gaveta.
—— FURTHER ORDERS, hasta nuevo aviso, hasta nueva orden.
——, TO, cultivar, arar, labrar.
TILL-FORBID, hasta nuevo aviso.
TIMBER, madera, madero, madera de construcción.
—— DEALER, maderero.
—— FOREST, bosque maderable.
—— MILL, aserradero de trozas.
—— RIGHTS, derecho de monte o de bosque.
—— TRACT, terreno maderero.
—— TRADE, industria maderera.
TIMBERLAND, terreno maderero, bosque.
TIME, tiempo, hora, plazo, período, época.
—— ADJUSTMENT, ajuste de tiempo.
—— AND A HALF, tiempo y medio.
—— AND TASK STUDY, estudio de tiempo y tareas.
—— AND TIME AGAIN, una y otra vez, repetidamente.
——, ANY, a cualquier hora, cuando quiera.
——, AT A, a la vez, a un tiempo.
——, AT THE, entonces, en ese tiempo.
—— AT THE SAME, a la vez, al mismo tiempo.

—— BARGAIN, contrato a término.
—— BEHIND, atrasado.
—— BEING, FOR THE, por ahora.
—— BILL, letra a plazo o a término.
—— BOOK, libreta de jornales o de tiempo.
——, BUY ON, comprar a plazos.
—— CARD, tarjeta de reloj, tarjeta de tiempo.
—— CERTIFICATE, certificado a plazo o a término.
—— CHARTER, fletamento por tiempo o a plazo.
—— CHECK, cheque por cesantía.
—— CLERK, tomador o encargado de tiempo, listero de tiempo.
—— CLOCK, reloj marcador de tiempo, reloj registrador.
—— CLOCK CARD, tarjeta de registro de tiempo.
—— CONSTRAIN, restricción o limitación de tiempo.
—— CORRELATION, correlación cronológica.
—— COST, costo de tiempo.
—— DEPOSIT, depósito a plazo, depósito a término.
—— DRAFT, letra a plazo o en abonos.
—— DRAFT TRANSACTION, transacción u operación de letra a plazo.
——, IDLE, tiempo ocioso o desocupado.
——, IN, a tiempo, ser puntual.
——, IN NO, en un instante, en un abrir y cerrar de ojos.
—— LAG, desfasamiento cronológico.
—— LETTER OF CREDIT, carta de crédito a plazo.
—— LOAN, préstamo a plazo o a término, préstamo a plazo fijo.
—— MONEY, dinero a plazos, fondos para préstamo a plazo.
—— OF COMPLETION, plazo del contrato.
—— OF DELIVERY, plazo o término de entrega.
——, ON, a la hora, puntual, a tiempo.
—— PAPER, efectos a plazo, instrumentos a término.
—— PAYMENTS, pago a plazos.
—— POLICY, póliza con vencimiento fijo, póliza de plazo fijo.
—— PRESSURE, presión de tiempo, urgencia de tiempo.
—— RECORDER, marcador o registrador de tiempo.
—— REPORT, informe de tiempo.
—— SELLING, venta a plazo.
—— SERIES, serie de tiempos, serie cronológica.
—— SERIES ANALYSIS, análisis de series de tiempo.
—— SERIES FORECAST, pronóstico de serie cronológica.
—— SHEET, hoja de jornales devengados.
—— STUDY, estudio de tiempo de ejecución de tareas.
—— TICKET, tarjeta de tiempo, boleta de sueldo ganado.
——, TO, medir el tiempo, cronometrar.
—— TO COME, lo futuro o venidero.

——, TO HAVE A GOOD, divertirse, pasar un buen rato, pasar un día agradable.
—— TO TIME, FROM, de vez en cuando.
—— VALUE OF MONEY, valor del dinero en cuanto al tiempo.
—— WAGES, jornal, salario por hora.
—— WORK, trabajo a jornal.
TIME-BASED PAY, pago por tiempo trabajado.
TIME-CLOCK WORK, trabajo por horas.
TIME-CONSUMING OPERATION, operación dilatada, operación que requiere bastante tiempo.
TIME-CONSUMING PROCESS, proceso que consume tiempo, proceso dilatado.
TIME-CONSUMING WORK, trabajo dilatado, trabajo de gran consumo de tiempo.
TIME-INTEREST RATIO, razón entre la utilidad y el interés.
TIME-OUT, suspensión temporal de un juego o partido.
TIME-SHARED COMPUTER, computadora de tiempo compartido.
TIME-SHARING, (computación) tiempo compartido.
TIME-SHARING COMPANY, compañía de computación de tiempo compartido.
TIME-WASTING PROBLEM, problema de pérdida de tiempo.
TIMES, BETWEEN, en los intervalos.
TIMES, IN OLD, en otros tiempos, antiguamente.
TIMECARD, tarjeta de tiempo de trabajo, tarjeta de asistencia.
TIMEKEEPER, tomador de tiempo, listero, apuntador.
TIMEKEEPING DEPARTMENT, departamento de cronometraje de tiempo.
TIMELESS, eterno, inoportuno.
TIMELY, oportunamente, a tiempo.
TIMER, cronómetro, marcador de tiempo.
TIMESAVING, economía de tiempo.
TIMETABLE, calendario, horario, itinerario de llegadas y salidas de autobuses, trenes y aviones.
TIMING, cronometraje, aprovechamiento o regulación del tiempo.
—— OF CASH FLOWS, ocurrencia de los flujos.
—— OF CASH INFLOWS, ocurrencia de los ingresos.
—— OF SECURITY OFFERINGS, coordinación de oferta de valores.
TIN, estaño, lata, hojalata.
—— CAN, lata, envase de lata o de hojalata.
—— FOIL, hoja o papel de estaño.
—— INDUSTRY, industria del estaño.
—— PLATE, hojalata, lámina estañada.
TINY, diminuto, chiquitico, menudo.
TIP, aviso amistoso, propina, gratificación, punta, extremo, golpecito.
—— OVER, volcar, volcarse.
——, TO, ladearse, inclinarse, gratificar.
—— TO TOE, FROM, de pies a cabeza.
TIP-OFF, advertencia, dar información.
TIRE, neumático, llanta.

—— DEALER, comerciante de neumáticos o llantas.
—— INDUSTRY, industria de neumáticos o llantas.
—— OUT, rendir de cansancio.
——, TO, cansar, cansarse, fatigar, fastidiar.
TIRED, cansado, fatigado.
TIRELESS, incansable, infatigable.
TIRESOME, tedioso, cansado, pesado.
TITLE, título, denominación, inscripción, rótulo.
—— BOND, fianza de título o de propiedad.
—— DEEP, título o escritura de propiedad.
—— INSURANCE, seguro de un título de propiedad.
—— INSURANCE POLICY, póliza del seguro.
—— INVESTIGATION, investigación de título de propiedad.
—— PAGE, carátula.
TO, hacia, hasta, para.
—— A CERTAIN EXTENT, hasta cierto punto.
—— AND FRO, de un lado a otro.
—— BE PRESENT, estar presente, asistir.
—— BEARER, al portador.
—— COME TO, volver en sí.
—— DATE, hasta la fecha, a la fecha.
—— DO WORK, trabajo por hacer.
—— DOOR, FROM DOOR, de puerta en puerta.
—— DRAW ON, librar o girar contra.
—— GET AN ORDER CLEAR, procesar un pedido.
—— HAVE ROOM, tener cupo o espacio.
—— MAKE PARTIAL PAYMENT TO, hacer pagos parciales, abonar.
—— MY KNOWLEDGE, según me consta.
—— OPEN THE BOOKS, abrir los libros, apertura de libros.
—— PASS A DIVIDEND, omitir la declaración y pago de un dividendo.
—— THROW OUT THE ERROR, señalar el error.
—— WHOM IT MAY CONCERN, a quien interese, a quien corresponda o concierna.
TO-ARRIVE, por llegar.
TOAST, tostar, brindar por, tostada, brindis.
TOBACCO, tabaco.
—— CROP, cosecha de tabaco.
—— FACTORY, tabaquería.
—— INDUSTRY, industria tabaquera.
—— PLANTATION, vega de tabaco.
—— REGION, zona tabacalera.
—— STORE, tabaquería, cigarrería.
TODAY, hoy.
TOGETHER, a un tiempo, juntos, simultáneamente.
——, ALL, juntos.
—— WITH, junto con, juntos.
TOILET, inodoro, sanitario, tocador, cuarto de baño.
—— ROOM, inodoro, excusado, retrete.
—— SET, juego de tocador.
TOKEN, vale, ficha, contraseña, señal, símbolo, prenda.
——, BY THE SAME, por el mismo motivo.
—— COIN, moneda fraccionaria o divisionaria.
—— GIFT, obsequio simbólico.

——OF, IN, en señal de.
——PARTICIPATION, participación como muestra o en prenda.
——PAYMENT, pago en señal de obligación.
TOLERABLE ERROR, error tolerable.
TOLERANCE, tolerancia, variación.
——IN QUANTITY, tolerancia de cantidad.
——IN VALUE, variación de valor admitida.
——LIMITS, límites de tolerancia.
TOLERATE, TO, tolerar, soportar, sufrir.
TOLL, peaje, portazo.
——BRIDGE, puente de peaje.
——CALL, llamada telefónica de larga distancia.
——COLLECTOR, cobrador de peaje, peajero.
——RATE, tasa o cuota de peaje.
——ROAD, carretera de peaje.
——THE HOUR, dar la hora.
——, TO, trabajar asiduamente, afanarse, doblar o tañer las campanas.
TOLLBOOTH, caseta de peaje, garita de cobro de peaje.
TOLLGATE, barrera de peaje.
TOMORROW, mañana.
——AFTERNOON, mañana por la tarde.
——, DAY AFTER, pasado mañana.
——MORNING, mañana por la mañana.
——NIGHT, mañana por la noche.
——NOON, mañana al mediodía.
TON, tonelada.
TON-MILE, milla-tonelada.
TONE OF THE MARKET, tendencia del mercado.
TONE, TO, entonar, templar, modificar.
TONGUE, lengua, idioma, lenguaje, espiga, lengüeta.
——, TO HOLD ONE'S, callar, callarse.
——TWISTER, trabalenguas.
TONNAGE, tonelaje, porte, arqueo.
——, CERTIFICATE, certificado de arqueo.
——DUES, derechos de tonelaje.
——POOL, combinación de empresas para reparto de carga.
TOO, demasiado, además, asimismo, también.
——BAD, ¡qué lástima!
——MANY, demasiados.
——MUCH, demasiado, excesivo.
TOOL, herramienta, utensilio, instalar máquinas-herramienta.
——BAG, bolsa de herramientas.
——FACTORY, fábrica de herramientas.
——HOUSE, caseta o bodega de herramientas.
——KIT, juego de herramientas.
——, TO, labrar, trabajar, instalar máquinas-herramienta.
——UP, instalar máquinas-herramienta.
TOOLING COST, costos de mecanización.
TOOLMAKER, fabricante de herramientas.
TOOLROOM, depósito o cuarto de herramientas.
——CHECK-OUT COUNTER, ventanilla o taquilla de salida de herramientas.

TOP, tope, cubierta, cabeza, tapa, superficie.
——EXECUTIVE, ejecutivo o funcionario principal.
——FLOOR, piso más alto.
——HOLDING COMPANY, compañía matriz principal.
——LEVEL, superior, de primera clase.
——MANAGEMENT, alta gerencia, gerencia de nivel superior.
——MANAGEMENT TEAM, equipo o grupo de la alta gerencia.
——OUT, rematar.
——PRICE, precio máximo o tope.
——PRIORITY, prioridad principal o superior.
——QUALITY, calidad superior.
——RANKING, de primer rango.
——SECRET, secreto de estado, muy confidencial.
——SPEED, máxima velocidad.
——, TO, exceder, sobrepasar, rematar, sobrepujar.
——TO BOTTOM, FROM, de arriba abajo.
TOP-DOWN PLANNING, planeación de arriba hacia abajo.
TOPCOAT, abrigo, sobretodo.
TOPIC, asunto, materia, tema, tópico.
TOPICAL, tópico.
TOPOGRAPHER, topógrafo.
TOPOGRAPHY, topografía.
TOPPING, excelente, distinguido, magnífico.
——OFF, remate de la carga de una bodega.
TOPS, el mejor, de primera clase, excelente, admirable.
TOTAL, suma, total, entero, complejo, global.
——ACCOUNTS PAYABLE, total de cuentas por pagar.
——AMOUNT, importe total.
——ANNUAL RENTAL EXPENSE, importe anual de la renta.
——ASSETS, activo total.
——ASSETS TURNOVER, movimiento del activo total.
——AUDIT FEE, honorarios totales por auditoría.
——CARRYING COSTS, costos totales de manejo.
——COLUMN, columna de totales.
——CONTRIBUTION MARGIN, margen total de contribución.
——COSTS, costos totales.
——CREDIT EXTENDED, crédito total.
——CURRENT ASSETS, suma del activo circulante.
——DEDUCTIONS, total de deducciones.
——DISABILITY, incapacidad o invalidez absoluta.
——EQUITY, activo total.
——, GRAND, total general, gran total.
——INCOME, ingreso o percepción total.
——INDEBTEDNESS, total de los adeudos.
——INPUT, insumo o ingreso total.
——INVENTORY AMOUNT, importe total del inventario.
——ISSUES TO DATE, total de salidas hasta la fecha.
——KEY, tecla de totales.

—— NONCAPITAL FUNDS, fondos totales no capitalizados.
—— OPERATING COSTS, costos totales de operación.
—— ORDERING COSTS, costos totales de pedido.
—— OUTFLOWS, desembolsos totales.
—— OUTPUT, producto o producción total.
—— RANGE, intervalo total.
—— REVENUE, ingreso o renta total.
—— TAXABLE INCOME, ingreso o renta gravable.
——, TO, sumar, totalizar, ascender a.
—— TOLERANCE, tolerancia total.
—— VALUE, valor global o total.
—— WAR, guerra total.
TOTAL TAX-EXEMPT INCOME, ingreso total libre de impuestos, total de entradas sin impuestos.
TOTALITARIAN, totalitario.
TOTALIZE, TO, totalizar, hacer la suma.
TOTALIZER, totalizador, integrador.
TOUCH, tacto, toque, sentido del tacto, tiento.
—— AND STAY, hacer escala.
—— AT A PORT, hacer escala en un puerto.
——, BY, al tacto.
—— ON, tocar en, tratar ligeramente de.
——, TO, tocar, tentar, alcanzar, dar un sablazo, pedir prestado.
—— TYPING, mecanografía al tacto, escritura al tacto.
—— UP, retocar, corregir.
—— WITH, IN, en contacto, en comunicación o relaciones con.
—— WITH, TO PUT IN, ponerse en comunicación con, comunicarse con una persona.
TOUCHY, quisquilloso, susceptible.
TOUGH, duro, fuerte fornido, firme, resistente, testarudo, rufián.
—— BREAK, mala pata o mala suerte.
—— LUCK, mala suerte.
—— PERSON, camorrista, alborotador.
TOUR, viaje con escalas, excursión, jornada, gira de inspección, vuelta.
—— GUIDE, guía de turismo, guía de viajes.
——, TO, viajar por, viajes por placer, recorrer.
TOURISM, turismo.
TOURIST, turista, viajero.
—— BUSINESS, negocio turístico, actividad tirística.
—— CAMP, campo o albergue turístico.
—— CLASS, clase turista.
—— SEASON, temporada de turismo o turística.
—— SLEEPING CAR, coche dormitorio de clase turista.
—— TRADE, turismo.
—— TRAVEL, tráfico turístico.
TOURNAMENT, torneo, justa.
TOW, remolque, estopa.
—— OF BARGES, remolque de lanchas.
——, TO, remolcar, llevar con remolque.
—— TRACTOR, tractor remolcador o de arrastre.
—— TRUCK, camión remolcador.
TOWAGE, remolque, derechos de remolque.

—— FEES, derechos de remolque.
TOWBOAT, remolcador, barco remolcador.
TOWER, torre, campanario, torreón, fortaleza.
—— CRANE, grúa de torre.
TOWING, remolque, arrastre.
—— CAR, automóvil de remolque.
—— CHARGES, derechos de remolque.
—— COMPANY, empresa remolcadora.
—— TRUCK, camión de remolque o de arrastre.
TOWN, población, pueblo, poblado, municipio, ciudad.
—— CLERK, secretario de ayuntamiento.
—— HALL, ayuntamiento, concejo.
—— MEETING, reunión de los residentes de un municipio.
—— PLANNING, urbanismo, urbanización.
—— TALK, comidilla o habladuría de un pueblo.
TOWN'S ECONOMY, economía de la localidad o de la población.
TOWNSMAN, vecino, conciudadano, miembro del ayuntamiento.
TOWNSPEOPLE, pueblerino, habitante o ciudadano de pueblo.
TOY, juguete.
—— DEALER, juguetero, comerciante de juguetes.
—— FACTORY, juguetería.
TOYMAKER, fabricante de juguetes.
TOYSHOP, juguetería, tienda de juguetes.
TRACE, rastro, huella, pisada, señal, indicio.
—— BACK, derivar de, demostrar la procedencia de.
——, TO, seguir el rastro, investigar, localizar, calcar, rastrear, trazar, señalar, descubrir.
TRACES, trazos, indicaciones.
TRACEABLE COST, costo identificable o directo.
TRACING, trazo, calcado, pista.
—— PAPER, papel de calcar.
TRACK, rastro, pista, huella, vía, línea, carrilera.
—— ACCESSORIES, accesorios de vía.
—— DOWN, lograr, descubrir el origen.
—— FOREMAN, capataz de vía.
—— MAINTENANCE, conservación o mantenimiento de vía.
——, OFF THE, descarrilado, desviado, extraviado.
——, ON THE, en la pista, en el rastro.
—— SCALE, báscula de vía o de carretera.
——, TO, rastrear, seguir la pista.
TRACKMAN, rielero, guardavía.
TRACT, terreno, trecho, región, área, folleto.
TRACTOR, tractor.
—— HOIST, malacate de tractor.
—— OPERATOR, tractorista, maquinista.
—— PLOW, arado mecánico.
—— TRUCK, camión tractor.
TRADE, comercio, negocio, trueque, ocupación, oficio.
—— ACCEPTANCE, aceptación comercial.
—— ACCOUNT, cuenta comercial.

—— ACCOUNT PAYABLE, cuenta comercial por pagar.
—— ACCOUNT RECEIVABLE, cuenta comercial o mercantil por cobrar.
—— ADVERTISING, propaganda para minoristas.
—— AGREEMENT, tratado o convenio comercial.
—— AREA, área comercial, área mercantil.
—— ASSOCIATION, asociación comercial, sociedad gremial.
—— BALANCE, balanza de comercio, balance comercial.
—— BARRIERS, barreras comerciales, obstáculos al comercio internacional.
—— BILL, letra de cambio comercial.
—— BOARD, cámara industrial o junta profesional.
—— CENTER, centro comercial, tienda comercial.
——, COLONIAL, comercio colonial.
—— COUNCIL, consejo de gremios.
—— CREDIT, crédito mercantil o comercial.
—— CREDITOR, acreedor comercial.
—— CUSTOMERS NOTE RECEIVABLE, efectos a cobrar de clientes, documentos a cargo de clientes.
—— CYCLE, ciclo económico.
—— DEBTORS, deudores.
—— DEPRESSION, depresión económica.
—— DIRECTORY, directorio industrial o comercial, anuario comercial.
—— DISCOUNT, descuento comercial.
—— DISCOUNTS FOR EARLY PAYMENT, descuentos por pronto pago.
—— DISPUTE, conflicto con un gremio de oficio.
——, DOMESTIC, comercio interior o nacional.
—— DRAFT, giro comercial.
—— FAIR, feria comercial.
——, FAIR, comercio leal, competencia, comercio recíproco.
——, FOREIGN, comercio exterior.
——, FREE, libertad de comercio, libre comercio.
—— GUILD, sindicato gremial.
—— IN, entregar a cuenta, negociar.
—— INCENTIVES, incentivos comerciales.
——, INTERNATIONAL, comercio internacional.
—— INVESTIGATION, investigación en círculos mercantiles.
—— INVESTMENT, inversión comercial.
—— JOURNAL, periódico o revista comercial, publicación industrial o profesional.
—— LIABILITIES, pasivo comercial.
—— LITERATURE, publicidad comercial, impresos de publicidad.
—— MAGAZINE, revista o publicación comercial.
—— MARK, marca de fábrica o registrada.
—— NAME, nombre comercial, razón social.
—— NOTE, documento o pagaré comercial.
—— NOTES RECEIVABLES, documentos comerciales por cobrar.
—— NOTES RECEIVABLE ACCOUNT, cuenta de documentos por cobrar.
—— OFF, cambalachear.
—— ON, aprovecharse de.
—— PAPER, periódico comercial.
—— PAYABLE, cuenta por pagar de operaciones o transacciones.
—— PAYABLE ACCOUNTS, cuentas a pagar a proveedores.
—— PRACTICE, práctica comercial.
—— PRICE, precio de distribuidor a mayorista.
—— PROMOTION, fomento o promoción del comercio.
—— PUBLICATION, publicación técnica o comercial.
—— RECEIVABLE, cuentas comerciales por cobrar.
—— REFERENCES, referencia comercial.
—— RESTRICTIONS, restricciones o limitaciones comerciales.
—— RIGHTS, derechos comerciales.
—— ROUTE, línea de navegación.
—— SALE, remate para reventa.
—— SCHOOL, escuela de artes y oficios, escuela industrial.
—— SECRET, datos reservados de procesos industriales, secreto profesional.
—— SHOW, exposición comercial.
—— SUPPLIER, proveedor comercial, abastecedor comercial.
—— TERMS, condiciones comerciales.
——, TO, comerciar, negociar, traficar.
—— UNION, sindicato, unión gremial.
—— USAGE, costumbre del comercio, costumbre de plaza.
—— WASTES, desechos industriales.
—— WITH, comerciar con.
TRADE-IN, pago parcial de una compra.
TRADE-IN ALLOWANCE, concesión comercial.
TRADE-IN CYCLE, ciclo de intercambio.
TRADE-IN INVENTORY, inventario de artículos usados.
TRADE-IN, VALUE, valor a cambio, avalúo como pago parcial.
TRADE-INS, cambios a cuenta, entregas de activo fijo a cambio.
TRADES PAYABLES, negocios por pagar, operación comercial por liquidar.
TRADEMARK, marca registrada o de fábrica, marca comercial.
—— BUREAU, oficina o dirección de marcas.
—— OFFICE, oficina de marcas.
——, TO, registrar la marca, aplicar la marca.
TRADER, comerciante, negociante, traficante.
——, INDIVIDUAL, comerciante individual.
TRADESMAN, comerciante, artesano.
TRADING, comercio, trato, negociación, intercambio mercantil.
—— ACCOUNT, cuenta mercantil o de compraventa.
—— ACCOUNT INCOME, ingreso de cuenta mercantil, ingreso de cuenta de compraventa.

TRAFFIC-TRAINING

—— ACCOUNT SECURITIES, valores en la cuenta mercantil, títulos en la cuenta mercantil.
—— CORPORATION, sociedad mercantil.
—— ENTERPRISE, empresa o compañía mercantil.
—— HOURS, horas de contratación.
—— INCOME, utilidad bruta.
—— LIMIT, límite de transacciones de una persona en el día.
—— MARKET, escasa fluctuación de precios.
—— MONTHS, meses del contrato.
—— ON EQUITY, negociación con títulos, emisión de valores de renta fija.
—— ON THE EQUITY, utilización lucrativa del capital en préstamo.
—— PARTNERSHIP, sociedad mercantil colectiva.
—— POSTS, sitios de operaciones.
—— PROFIT, utilidad bruta, beneficio de operaciones.
—— RULES, reglamento de operaciones.
—— STAMPS, cupones publicitarios.
—— STATEMENT, estado de cuenta de gastos.
—— UNIT, unidad negociable.
—— VESSEL, buque mercante.
—— WARRANTIES, garantías de ruta.
TRAFFIC, tráfico, comercio, transporte, tránsito, circulación.
—— ACCIDENT, accidente de tránsito.
—— AUDIT, verificación o comprobación del tránsito.
—— CENSUS, censo de tráfico.
—— CONGESTION, congestionamiento o embotellamiento del tránsito.
—— CONSULTANT, asesor de tránsito.
—— CONTROL, regulación o control de tráfico.
—— COUNT, censo de tránsito o de tráfico, conteo de vehículos que circulan.
—— DENSITY, densidad del tráfico.
—— DEPARTMENT, departamento de tráfico.
—— DIRECTOR, director de tránsito.
—— ENGINEER, ingeniero o técnico de tránsito.
—— ENGINEERING, ingeniería de tránsito.
—— EXPENSE, gastos de tráfico.
—— GUARD, barrera de tránsito.
—— ISLAND, refugio de peatones.
—— JAM, congestionamiento de tráfico, embotellamiento de tránsito.
—— LINE, línea de tránsito, carril, línea de circulación.
—— LAWS, leyes de tráfico, leyes de tránsito.
—— LIGHT, semáforo, luz o señal de circulación.
—— MANAGER, gerente de tráfico.
—— MANAGER'S OFFICE, gerencia o jefatura de tráfico.
—— POLICEMAN, policía o agente de tránsito.
—— REGULATION, control o vigilancia del tránsito.
—— RULES, reglamento de tránsito o de tráfico.
—— SIGNALS, señales de tránsito o de tráfico.

—— SQUAD, patrulla de tránsito.
—— SURVEY, encuesta del tráfico.
—— TICKET, boleta de información de tránsito.
——, TO, negociar, comerciar, traficar.
—— VIOLATION, violación o infracción del reglamento de tránsito.
TRAFFIC-FLOW MAP, mapa de flujo o circulación del tráfico.
TRAFFICKER, traficante, negociante, comerciante.
TRAIL, pisada, pista, huella, sendero.
——, TO, arrastrar, remolcar, rastrear, seguir la pista.
TRAILER, remolque, carro de remolque, coche habitación remolcado por vehículo.
—— CAMP, campamento para coches de remolques.
—— TRAIN, tren de remolques.
—— TRUCK, camión con remolques.
TRAILERSHIP, barco de remolque, vapor de transporte de remolques.
TRAIN, tren, convoy, comitiva, séquito.
—— CREW, tripulación de tren.
—— DESPATCHER, despachador de trenes.
—— SCHEDULE, itinerario u horario de llegadas y salidas de trenes.
—— SERVICE, servicio de trenes.
——, TO, adiestrar, ejercitar, entrenar, educar, disciplinar, amaestrar.
—— WRECK, avería por descarrilamiento o colisión.
TRAINED, adiestrado, entrenado, ejercitado.
—— NURSE, enfermera graduada o capacitada.
—— REPLACEMENT PERSONNEL, personal capacitado de reemplazo.
TRAINEE, practicante, persona en entrenamiento.
—— GRADUATE, graduado practicante o en entrenamiento.
TRAINER, entrenador, adiestrador.
TRAINING, entrenamiento, adiestramiento, enseñanza, educación.
—— APPRENTICES, adiestramiento de aprendices.
—— BUDGET, presupuesto para entrenamiento o adiestramiento.
—— DEFICIENCY, deficiencia o falla del entrenamiento.
—— FILM, película educativa.
——, MANPOWER, instrucción de personal, entrenamiento de personal.
—— OF DIRECTOR, capacitación del director.
—— OF TECHNICIANS, capacitación o formación de técnicos.
—— ON THE JOB, adiestramiento o entrenamiento en el trabajo.
—— PEOPLE, capacitación de personal, entrenamiento de personal.
—— PROGRAM, programa de entrenamiento o adiestramiento.
—— SALESMEN, adiestramiento o capacitación de vendedores.

—— SCHOOL, escuela de entrenamiento.
—— SHIP, buque escuela.
—— TECHNIQUE, técnica de entrenamiento.
TRAIT, rasgo, característica, golpe, toque.
TRAMCAR, tranvía.
TRAMWAY, tranvía, tranvía de cable, funicular aéreo.
TRANSACT, negociar, tramitar, despachar.
—— BUSINESS, celebrar o efectuar negocios.
TRANSACTION, transacción, negocio, operación comercial.
—— ACCOUNT, cuenta de transacción u operación.
—— DATE, fecha de la transacción.
—— DEPOSIT, depósito para transacción u operación.
TRANSACTION-TYPE DEPOSIT, depósito tipo transacción u operación mercantil.
TRANSACTIONS, transacciones, operaciones.
——, ACCOUNTING, operaciones contables.
——, ACTUAL, transacciones reales.
——, COMMODITY, transacciones de mercancías.
——, EXTERNAL, transacciones con el exterior.
TRANSCRIBE, TO, transcribir, copiar.
TRANSCRIBED PROGRAM, programa grabado, reproducción eléctrica.
TRANSCRIPT, apógrafo, copia oficial de un juicio.
TRANSDUCER, transductor.
TRANSFER, transferencia, traspaso, cesión, transbordo.
—— AGENT, agente de transferencia.
—— AND COUNTER WARRANT, autorización de ajustes de transferencia.
——, BANK, transferencia bancaria.
—— BRIDGE, puente transbordador.
—— COMPANY, empresa de transporte local de pasajeros y equipaje.
—— CRANE, grúa de transbordo.
—— DEED, certificado de traspaso.
—— ENTRY, asiento de traspaso.
—— FILES, archivos de transferencia o inactivos.
—— JOURNAL, diario de traspasos.
—— LEDGER, mayor de cuentas transferidas.
—— OF ASSETS, traspaso o transferencia de bienes.
—— OF CASH, transferencia de efectivo.
—— OF FUNDS, remesa o situación de fondos.
—— OF SHARES, transferencia de acciones.
—— OF STOCK, traspaso o transferencia de valores o de acciones.
—— OF TITLE, transmisión o traslado de propiedad.
—— PAYMENT, pago de transferencia o de traspaso.
—— PLATFORM, plataforma o muelle de transbordo, andén de transbordo.
—— PRICING, fijación de precios de transferencia.
—— STAMP, estampilla o sello para transferencia de acciones.
—— TAX, impuesto sobre la renta de acciones, impuesto de transferencia.

—— TICKET, boleto de transbordo o de transferencia.
——, TO, transferir, trasladar, transbordar, traspasar, ceder.
—— TRACK, vía de transferencia.
—— VOUCHER, póliza de transferencia, comprobante de traspaso.
—— WARF, muelle de transbordo.
TRANSFEREE, cesionario.
TRANSFEROR, cedente, cesionista.
TRANSGRESS, TO, transgredir, violar, quebrantar, infringir.
TRANSGRESSION, delito, ofensa, atentado, violación.
TRANSGRESSOR, infractor, transgresor.
TRANSIENT, pasajero, transitorio, transeúnte.
TRANSIT, tránsito, pasaje, paso, trámite.
—— AUTHORITY, autoridad de tránsito o de transportes.
—— BY LAND, tránsito terrestre o por carretera.
—— CERTIFICATE, factura de tránsito.
—— DUTIES, derechos o impuestos de tránsito.
——, IN, en tránsito, en cambio.
—— ITEMS, artículos en tránsito.
—— PERMIT, guía de libre tránsito.
—— POLICY, póliza contra riesgos de acarreo.
—— SHIPMENT, cargamento en tránsito.
—— STATION, estación de tránsito.
—— STORAGE, almacenaje en tránsito.
—— TELLER, contador de artículos en tránsito.
——, TO, transitar, pasar por, circular.
TRANSITORY ASSETS, activo transitorio.
TRANSLATE, TO, traducir, interpretar, convertir de una moneda a otra, transformar.
TRANSLATION, traducción, interpretación, versión.
TRANSLATOR, traductor, intérprete.
TRANSMISSION, transmisión, comunicación.
—— LINE, línea de transmisión.
TRANSMIT, transmitir, conducir, emitir, contagiar.
—— ORDERS, transmitir órdenes.
TRANSMITTAL, transmisión.
—— LETTER, carta de transmisión o de envío.
TRANSMITTING STATION, estación emisora.
TRANSPORT, transporte, acarreo, buque o avión transporte.
—— RISKS, riesgos de transporte.
—— SYSTEM, sistema de transporte público.
——, TO, transportar, acarrear.
TRANSPORTATION, transporte, acarreo, conducción, transportación.
—— ADVERTISING, publicidad en vehículos, ómnibus y estaciones.
—— AGENCY, agencia de transporte.
—— COST, costo de transportación.
—— DOCUMENT, documentos de embarque.
—— ENTERPRISE, empresa de transporte.
—— EQUIPMENT, equipo de transporte, equipo rodante de acarreo.
—— EXPENSE, gastos de transporte o acarreo.
—— HAZARDS, riesgos o azares de transporte.

— IN, fletes y acarreos sobre compras.
— INDUSTRY, industria del transporte.
— INSURANCE, seguro de transporte.
— MANAGER, gerente de transportes.
— OUTWARD, transporte de salida.
— POLICY, póliza sobre riesgos de transporte.
— SERVICE, servicio de transporte.
TRANSPORTATION-AND-EXPORTATION ENTRY, declaración para transporte y exportación.
TRANSPORTATION-IN, fletes de mercancías recibidas.
TRANSPORTATION-OUT, fletes de mercancías despachadas.
TRANSSHIP, TO, transbordar.
TRANSSHIPMENT, transbordo.
— DELIVERY NOTE, permiso de transbordo.
— PERMIT, licencia de transbordo.
TRANSSHIPMENT BILL OF LADING, conocimiento de transbordo.
TRAP, trampa, ardid, artimaña.
—, TO, atrapar, coger con trampa.
TRAVEL, viaje, carrera, recorrido.
— ADVANCE, anticipo de dinero para viaje.
— AGENCY, agencia de viajes o de pasajes.
— EXPENSE, gastos de viaje.
—, FOREIGN, viaje al extranjero o al exterior.
— INDEMNITY, doble indemnización de viajeros.
—, TO, viajar, navegar, correr, andar.
— WORN, fatigado por el viaje, cansado del viaje.
TRAVELER, agente vendedor, viajante, turista.
—, COMMERCIAL, viajante de comercio, agente comercial.
TRAVELER'S, de viajero.
— CHECK, cheque de viajero.
— INSURANCE, seguro de viaje o de viajero.
— LETTER OF CREDIT, carta de crédito de viajero.
TRAVELING, viajante, turismo, viajes.
— AUDITOR, auditor viajero.
— BUYER, comprador viajante.
— CRANE, grúa corrediza, grúa móvil.
— DISPLAY, exhibición rodante.
— EXPENSES, gastos de viaje, viáticos.
— SALESMAN, agente viajero, vendedor viajante.
TRAY, bandeja, charola, cubeta, batea, cajón.
— CABINET, archivador de bandejas.
TREACHEROUS, traidor, traicionero, alevoso.
TREACHERY, traición, perfidia, felonía, falsedad.
TREASON, traición, deslealtad.
TREASURE, tesoro, riqueza, caudal.
— HOUSE, tesorería.
—, TO, atesorar, acumular riquezas.
TREASURER, tesorero.
— OF THE COMPANY, tesorero de la compañía.
— SECURITIES, valores de tesorería, obligaciones o títulos de tesorería.
TREASURER'S CHECK, cheque del tesorero o del banco.
TREASURER'S OFFICE, tesorería.
TREASURY, tesorería, erario, arcas fiscales.

— BILL, bono o letra de tesorería, bono de caja.
— BONDS, bonos de tesorería, bonos de estado.
— CAPITAL STOCK, acciones en tesorería, acciones rescatadas.
— CURRENCY, moneda de la tesorería.
— DEPARTMENT, hacienda, Departamento de Hacienda, Ministerio de Hacienda.
— NOTE, bono de tesorería, pagaré fiscal.
— OBLIGATIONS, obligaciones de tesorería.
— REPRESENTATIVE, agente fiscal o del fisco.
— SECURITIES, valores de tesorería, valores del erario.
— SHARE, acción de tesorería.
— STOCK, acciones amortizadas o de tesorería.
— STOCK CERTIFICATE, certificado o título de acciones de tesorería.
— TAX, impuesto de tesorería, gravamen de tesorería.
— WARRANT, autorización para pago de fondos públicos.
— YIELD CURVE, curva de rendimiento de tesorería o de fondos públicos.
TREAT, obsequio, agasajo, placer, gusto, convite, trato.
—, TO, tratar, convidar, dar buen o mal trato, atender a los enfermos.
TREATISE, tratado (libro o escrito).
TREATMENT, trato, (medicina) tratamiento.
—, FAIR, trato justo.
TREATY, tratado, pacto, trato.
— PORT, puerto abierto al comercio extranjero.
— REINSURANCE, reaseguro de convenio o tratado.
TREMBLE, temblor, estremecimiento.
—, TO, temblar, estremecerse.
TREND, tendencia, rumbo, dirección, curso.
— ANALYSIS, análisis de tendencias.
— LINE, línea de tendencia.
—, LONG-TIME, tendencia a largo plazo.
—, MARKET, tendencia del mercado.
TRENDS, tendencias.
—, PRICE, tendencias de los precios.
—, WAGE RATE, tendencias salariales, tendencias de los jornales.
TRENDLINE ANALYSIS, análisis de tendencia.
TRENDLINE GRAPH, gráfica de tendencia.
TRESPASS, violación, transgresión, infracción.
—, TO, violar, quebrantar, infringir.
TRESPASSER, violador, transgresor, intruso.
TRIAL, prueba, juicio, proceso, vista, experimento.
— AND ERROR, tanteos o ensayos sucesivos.
— BALANCE, balance de comprobación, balanza de comprobación, balance de saldos.
— BALANCE FIGURES, cifras de la balanza de comprobación.
— BASIS, a base de prueba y error, a base de tanteos.

—— BOARD, consejo de revisión, junta de revisión, jurado, tribunal.
—— BY JURY, juicio por jurado.
—— CENSUS, censo experimental, censo de prueba.
—— JURY, juicio procesal.
—— LAWYER, abogado litigante.
——, ON, a prueba, (legal) enjuiciado.
—— ORDER, pedido de prueba o de ensayo.
—— RUN, corrida de prueba.
—— TRIP, viaje de prueba.
TRIAL-AND-ERROR METHOD, método de prueba y error.
TRIAL-AND-ERROR PRICING, precio de prueba y error.
TRIBUNAL, tribunal, juzgado, foro.
TRIBUNE, tribuna, tribuno, defensor del pueblo.
TRIBUTE, tributo, contribución, impuesto, homenaje.
TRICK, treta, timo, engaño, truco.
——, DO THE, resolver el problema.
——, TO, engañar, timar, embaucar, burlar.
TRICKY, astuto, embustero, tramposo.
TRIGONOMETRIC FUNCTION, función trigonométrica.
TRIGONOMETRY, trigonometría.
——, PLANE, trigonometría plana.
——, SPHERICAL, trigonometría esférica.
TRIP, viaje, gira, travesía, recorrido.
—— CHARTER, carta de fletamento para viaje.
—— TICKET, billete o boleto de viaje.
——, TO, tropezar, equivocarse, tener un descuido.
—— TRANSIT POLICY, póliza sobre riesgos de viaje.
TRIPLE, triple, triplo.
—— TAXATION, triple imposición o tributación.
——, TO, triplicar.
TRIPLE-DUTY, de servicio triple.
TRIPLICATE, triplicado.
—— COPY, copia triplicada.
——, IN, por triplicado.
——, TO, triplicar.
TROLLEY, polea de trole.
—— BUS, trolebús, autobús de trole.
—— CAR, tranvía.
—— LINE, línea o red de tranvías de trole.
TROOP, cuadrilla, escuadrón de caballería.
—— AWAY, retirarse.
—— CARRIER, transporte de tropas.
TROOPS, tropas, ejército.
TROUBLE, dificultad, inconveniencia, molestia, avería, falla.
——, ENGINE, avería o falla de motor.
—— LOCATION PROBLEM, problema de búsqueda de error.
—— SHOOTER, buscador y reparador de fallas.
—— SPOT, lugar de problemas.
——, TO, incomodar, molestar, turbar.
——, TO BE IN, hallarse en apuros, estar afligido.
TROUBLE-FREE, sin problemas, sin dificultades.

TROUBLEMAKER, agitador, alborotador.
TROUBLESHOOTING PROGRAM, programa de búsqueda y solución de fallas.
TROUGH IN BUSINESS CYCLES, recuperación en el ciclo económico.
TRUCK, camión, camión de carga, autocamión.
—— BODY, carrocería.
—— DEPOT, estación de camiones.
—— DRIVER, camionero, conductor de camión.
—— FLEET, flotilla de camiones.
—— LINE, línea de camiones, empresa de transporte vial.
—— OWNER, propietario de camiones, contratista de transporte.
—— RECEIPT, recibo de transporte vial.
—— SHIP, barco para transporte de camiones remolques.
—— SYSTEM, pago de sueldos en mercancías.
—— TERMINAL, estación o terminal de camiones o de transporte vial.
——, TO, acarrear, transportar en camión.
—— TRACTOR, camión tractor.
—— TRAILER, remolque para camión, camión-rastra.
—— TRANSPORTATION, transporte vial o camionero.
TRUCK-WATER RATE, flete por barco y camión.
TRUCKAGE, acarreo, transporte vial.
TRUCKING, acarreo, carretonaje.
—— BUSINESS, industria camionera.
—— COMPANY, compañía de transporte vial, empresa camionera.
—— CONTRACTOR, contratista camionero.
TRUCKLOAD, carga de camión, furgonada.
TRUE, verdadero, cierto, real, fiel, exacto, efectivo.
—— COPY, copia fiel.
—— DISCOUNT, descuento verdadero.
—— INTEREST RATE, tasa real de interés.
—— MEAN, media verdadera.
—— POPULATION VALUE, valor verdadero de población.
—— RATE, tasa verdadera.
—— RESERVE, reserva real o verdadera.
—— VALUE, valor del mercado.
TRUEBORN, legítimo, verdadero.
TRUEBRED, de raza o casta legítima.
TRUE-HEARTED, leal, sincero.
TRUE-TIME, tiempo verdadero, solar.
TRULY, verdaderamente, en verdad, en realidad, exactamente.
—— YOURS, VERY, su seguro servidor.
TRUNK, baúl, cofre, tronco.
—— LINE, línea principal o troncal.
—— STORE, baulería.
TRUNK-LINE RAILROAD, ferrocarril troncal.
TRUST, confianza, tener confianza en una persona o en algo, fideicomiso, consorcio, monopolio.

—— ACCOUNT, cuenta fiduciaria, cuenta de registro.
—— ACCOUNTING, contabilidad de fideicomiso o fiduciaria.
—— AGREEMENT, contrato o convenio de fideicomiso.
—— ASSETS, activo del fideicomiso.
—— BONDS, COLLATERAL, bonos de garantía colateral.
——, BUSINESS, sociedad fiduciaria.
—— CERTIFICATE, certificado de participación en sociedad inversionista.
—— CLAUSE, cláusula de fideicomiso o de depositario.
—— COMMITTEE, comité fiduciario, junta administrativa de fideicomiso.
—— COMPANY, compañía fiduciaria, institución de fideicomiso.
—— DEED, escritura fiduciaria, contrato de fideicomiso.
—— DEED OF SALE, escritura de venta condicionada.
—— DEPARTMENT, departamento fiduciario, departamento de fideicomiso.
—— DEPOSIT, depósito especial.
—— FACILITIES, instalaciones de fideicomiso, instalaciones fiduciarias.
—— FEES, honorarios fiduciarios, gastos de fideicomiso.
—— FUND, fondo de fideicomiso, fondo fiduciario.
——, IN, en administración, en confianza, en depósito.
—— INCOME, ingreso fiduciario, entradas de fideicomiso.
—— INDENTURE, escritura de fideicomiso.
——, INVESTMENT, compañía de inversiones.
—— LEDGER, mayor de fideicomiso.
—— LIEN, gravamen fiduciario o de fideicomiso.
—— MORTGAGE, hipoteca fiduciaria.
—— OFFICER, fideicomisario, funcionario de la sección de fideicomisos.
——, ON, al fiado.
—— POWER, poder de fideicomiso, poder de crédito.
—— PRINCIPAL, principal del fideicomiso.
—— RECEIPT, recibo fiduciario.
—— RECEIPT FINANCING, financiamiento de recibo fiduciario.
——, TO, confiar, tener confianza, contar con, fiarse de, dar crédito a.
TRUST-AND-AGENCY FUND, fondo de agencia y fideicomiso.
TRUSTEE, fideicomisario, fiduciario, consignatario, síndico.
——, CUSTODIAN, agente fiduciario.
—— IN BANKRUPTCY, síndico de una quiebra, intendente de liquidación.
—— SAVINGS BANK, caja mutua de ahorros.

—— STOCK, valores legales para inversión por fiduciarios.
TRUSTEES, BOARD OF, junta de fideicomisarios o síndicos.
TRUSTWORTHY, confiable, de confianza, fiable, fidedigno.
TRUTH, verdad, realidad, exactitud, veracidad.
——, IN, a la verdad, en realidad, en verdad.
TRY, prueba, ensayo.
—— ON, probarse ropa.
—— ONE'S LUCK, probar fortuna.
—— OUT, probar, experimentar, tantear.
——, TO, probar, ensayar, tantear.
TRYING, molesto, penoso, irritante.
TRYOUT, prueba de capacidad o competencia de una persona, prueba de una cosa.
TUB, tina, cubeta, bañera, tubo, conducto, caño, bombillo, túnel.
TUBING, tubería, cañería, instalación de tubería.
TUG, tirón, estirón, remolcador.
——, TO, remolcar, halar, arrastrar, luchar, esforzarse.
TUGBOAT, remolcador.
TUITION, gastos escolares, colegiatura, cuota de enseñanza.
—— FEES, derechos de matrícula y enseñanza.
TUMBLE, caída, tumbo, voltereta, vuelco.
—— DOWN, caerse, desplomarse, rodar.
—— IN BED, acostarse, tumbarse en la cama.
—— IN PRICE, baja de precio repentina.
—— OUT, levantarse.
—— OVER, tumbar, derribar, volcar, trastornar.
——, TO, caerse, voltear, dar vueltas.
TUMULT, tumulto, motín, alboroto, escándalo.
TUNE, tonada, tono, tañido, afinación.
—— IN, sintonizar.
——, IN, templado, afinado.
—— OUT, apagar, sintonizar.
——, TO, templar, afinar, entonar, ajustar.
—— UP, poner a punto, ajustar, afinar un automóvil o un instrumento musical.
TUNER, afinador, sintonizador.
TUNING, afinación, sintonización.
TUNNEL, túnel, socavón.
——, TO, construir o abrir un túnel.
TUNNELLING, perforación o construcción de túneles.
TURBINE, turbina.
TURBOCOMPRESSOR, turbocompresor.
TURBOCONDENSER, turbocondensador.
TURBOGENERATOR, turbogenerador.
TURBOJET, turborreactor, turbina de reacción.
TURBOPROP, turbohélice.
TURBOREACTOR, turborreactor.
TURMOIL, tumulto, disturbio, alboroto, agitación, desorden.
TURN, vuelta, revolución, giro, turno.
—— A CORNER, doblar la esquina.
——, A GOOD, un favor.

—— AGAINST, predisponer en contra de, causar aversión.
—— AROUND, voltear, dar vuelta a, volver la cara.
—— ASIDE, desviar, hacer a un lado.
——, AT EVERY, a cada paso, a cada momento.
—— AWAY, despedir, echar, desviar.
—— BACK, retroceder, devolver.
—— DOWN, plegar, doblar, poner boca abajo.
—— DOWN OFFER, rechazar una oferta.
—— FROM, desviar, alejarse de.
—— IN, entregar, devolver.
—— INSIDE OUT, volver al revés.
—— INTO, convertir en, cambiar en.
—— LEFT, doblar o virar a la izquierda.
—— OFF, rechazar, despachar, despedir, desviar, cortar el agua, el gas, apagar la luz.
—— ON, encender la luz, abrir la llave del gas, del agua.
—— OUT, resultar, producir, cesantear, expulsar, arrojar.
—— OUT WELL, salir o resultar bien.
—— OVER, transferir, pasar, voltear, volcar, doblar.
—— RIGHT, doblar o virar a la derecha.
—— SIGNAL, señal de doblar o dar vuelta.
—— TAIL, volver la espalda.
—— THE COLD SHOULDER TO, tratar con desprecio, desairar.
—— TO, acudir a, dirigirse a.
——, TO, volver, voltear, dar vueltas, girar, cambiar, convertir.
——, TO BE ONE'S, tocarle a uno el turno.
—— UP, acontecer, suceder, aparecer, voltear, levantar.
—— UPSIDE DOWN, trastornar, volcar, poner patas arriba.
TURNS, BY, por turnos.
TURNS, TAKE, turnarse, alternar.
TURNABOUT, vuelta, voltereta.
TURNCOAT, desertor, renegado.
TURNDOWN, rechazo, doblado hacia abajo.
TURNING, vuelta, rodeo, recodo, giratorio.
—— BASIN, zona de evolución.
—— POINT, punto crítico o decisivo.
—— ZONE, zona de espera.
TURNOUT, concurrencia, salida de personas a paseo, huelga de obreros, séquito.
TURNOVER, rotación de personal, cambio de personal, volumen de comercio, ciclo, movimiento, reorganización.
——, FINISHED GOODS, rotación de artículos terminados.
—— OF CAPITAL, movimiento de capital.
—— OF DEPOSITS, movimiento bancario.
—— OF INVENTORIES, movimiento del inventario de existencias.
—— OF LABOR, rotación o movimiento de jornaleros, rotación de obreros.
—— RATE, tasa de rotación de personal, índice de cambio de personal.

—— RATIO, índice de movimiento.
——, STOCK, movimiento de renovación de existencias.
—— TAX, impuesto sobre ingresos brutos.
TURNPIKE, autopista, carretera troncal, carretera de peaje.
TURNSTILE, torniquete.
TURPITUDE, torpeza, infamia.
TUTOR, tutor, preceptor, maestro particular, enseñar, instruir.
TWICE, dos veces, al doble.
—— AS MUCH, el doble.
TWIN, gemelo, mellizo.
—— BEDS, cama doble o gemela.
—— BROTHER, hermano gemelo.
—— SISTER, hermana gemela.
TWINKLE, TO, destellar, centellear, chispear, parpadear, pestañear.
TWIST, torsión, torcedura, tirón, sacudida.
——, TO, torcer, torcerse, enroscar, enrollar.
TWO, dos.
—— AND TWO TOGETHER, PUT, atar cabos.
—— MONTHS SIGHT, AT, a dos meses vista.
TWO-CYCLE ENGINE, motor de dos tiempos.
TWO-DECKER, barco de dos puentes.
TWO-DIRECTION, bidireccional.
TWO-EDGED, de dos filos.
TWO-FACED, de dos caras, falso.
TWO-FAMILY HOUSE, casa de dos viviendas.
TWO-LINE HIGHWAY, carretera de dos vías, doble vía.
TWO-NAME PAPER, obligaciones de dos firmas, documentos mancomunados.
TWO-PARTY DRAFT, giro endosado o aceptado.
TWO-PHASE, bifásico.
TWO-PHASE SAMPLING, muestreo de dos fases.
TWO-SHIFT OPERATION, turno doble, jornada doble.
TWO-SIGNATURE ACCOUNT, cuenta a orden conjunta.
TWO-STAGE CLUSTER SAMPLE, muestra de conglomerado en dos etapas.
TWO-STAGE SAMPLING, muestreo en dos etapas.
TWO-STORY BUILDING, edificio de dos plantas.
TWO-TOTAL MACHINE, máquina de dos totalizadores.
TWO-WAY CLASSIFICATION, clasificación de doble entrada.
TWO-WAY COMMUNICATION, comunicación en dos sentidos, comunicación recíproca.
TWO-WAY STREET, calle de dos sentidos o de dos direcciones.
TWO-WAY TRADE, comercio o negocio recíproco.
TWO-WAY TRAFFIC, circulación de dos sentidos, tránsito de dos sentidos.
TWO-WHEELER, vehículo de dos ruedas.
TWO-YEAR PLAN, plan bienal.
TWOFOLD, doble, duplicado.
TWOSOME, pareja, par, partida jugada por dos personas.

TYPE, tipo, símbolo, signo, emblema, letra de imprenta.
—— **CASTING**, fundición de tipos.
—— **GAGE**, tipómetro.
—— **MEASURE**, medida de imprenta.
—— **METAL**, aleación de imprenta.
—— **PAGE**, página tipográfica.
——, **TO**, mecanografiar, escribir a máquina.
TYPES OF BUDGET, clases de presupuesto.
TYPESETTER, cajista, tipógrafo, componedor.
TYPESETTING, composición tipográfica.
—— **MACHINE**, máquina de composición.
TYPEWRITE, TO, mecanografiar, escribir a máquina.
TYPEWRITER, máquina de escribir.
—— **ACCOUNTING MACHINE**, máquina mecanográfica de contabilidad.
—— **KEYBOARD**, teclado de la máquina de escribir.
—— **PAPER**, papel para máquina de escribir.
—— **RIBBON**, cinta de máquina.
—— **TYPE PRINTER**, impresora de tipo de máquina de escribir.
TYPEWRITING, mecanografía, dactilografía, escritura a máquina.
TYPIST, mecanógrafo, dactilógrafo.
TYPOGRAPHER, tipógrafo.
TYPOGRAPHICAL ERROR, error tipográfico, error de imprenta.
TYPOGRAPHY, tipografía.

ULTIMATE, último, final, fundamental, esencial.
—— ANALYSIS, análisis básico.
—— BALANCE, último saldo.
—— CONSIGNEE, destinatario o consignatario final.
—— CONSUMER, último consumidor, consumidor final.
—— DESTINATION, destino final.
—— MORTALITY TABLE, tabla última de mortalidad.
—— NET LOSS, pérdida neta final.
—— RISK, riesgo final.
—— SOURCE, fuente esencial.
ULTIMATELY, últimamente, finalmente, al fin.
ULTIMATUM, ultimátum.
ULTRA VIRES, operaciones no autorizadas por escrituras.
ULTRASHORT WAVE, onda ultracorta.
ULTRASONIC, ultrasónico, supersónico.
UMBRELLA, paraguas, sombrilla.
—— STORE, paragüería.
UMPIRE, árbitro, juez, tercero en discordia.
——, TO, arbitrar.
UNABASHED, desenvuelto, descarado.
UNABLE, incapaz, incompetente.
UNABRIDGED, completo, sin averiar.
UNABSORBED, no consumidos, no absorbidos.
—— BURDEN, gastos de fabricación no absorbidos.
—— COMMODITIES, productos no consumidos o no asimilados.
—— EXPENSE, gastos no absorbidos o no distribuidos.
UNACCEPTABLE BOOK VALUE, valor en libros inaceptable.
UNACCOUNTABLE, inexplicable, extraño.
UNACCUSTOMED, insólito, no usual.
UNACQUAINTED, desconocido, inexperto.
—— WITH, ignorante de.
UNADJUSTED, no ajustado, por ajustar.
—— ASSETS, valores transitorios, activo transitorio.
—— CREDITS, abonos o haberes no ajustados.
—— DEBITS, cargos no ajustados.
—— LIABILITIES, pasivo transitorio o por ajustar.
UNADMITTED ASSET, activo no aceptado.
UNADVERTISED, sin propaganda, no anunciado.
UNADVISABLE, no conveniente o prudente.
UNAFFECTED, franco, impasible, natural.
UNAFFILIATED COMPANY, compañía no afiliada.
UNAFRAID, sin miedo, valiente, intrépido.
UNAIDED, sin ayuda.
UNALLOCATED, no asignado.
—— BALANCE, saldo no asignado.
UNALLOTED APPROPRIATION, apropiación o asignación no distribuida.
UNALLOWABLE, inadmisible, no permisible.
—— DEDUCTIONS, (impuestos) deducciones inadmisibles, partidas no deducibles.

—— DEPRECIATION, depreciación no admisible.
UNAMORTIZED, no amortizado, pendiente de amortizar.
—— BOND, descuento sobre bonos no amortizados.
—— BOND PREMIUM, prima sobre bonos no amortizados.
—— DEBT DISCOUNT, descuento sobre deuda no amortizado.
—— DISCOUNT, descuento no amortizado.
—— DISCOUNT BALANCE, saldo de descuento no amortizado.
UNANIMITY, unanimidad.
UNANIMOUS, unánime.
—— VOTE, voto por unanimidad.
UNANSWERED, por contestar, no contestado, no correspondido.
UNAPPEALABLE, inapelable.
UNAPPLIED CASH, efectivo no aplicado.
UNAPPROACHABLE, inaccesible.
UNAPPROPRIATED, no aplicado, no concedido o asignado.
—— BUDGET SURPLUS, superávit del presupuesto no aplicado.
—— EARNED SURPLUS, superávit ganado no aplicado.
—— INCOME, ingresos no aplicados.
—— PROFITS, utilidades por aplicar, beneficio no asignado.
—— RETAINED INCOME, utilidades retenidas.
—— SURPLUS, excedente sin consignar, superávit disponible.
UNAPPROVED, desaprobado.
UNAPT, inepto, lerdo.
UNARMED, desarmado, indefenso, inerme.
UNASKED, no solicitado, espontáneo.
UNASSEMBLED, sin montar, desarmado.
UNASSIGNABLE, intransferible.
UNASSIGNED FUNDS, fondos sin asignación.
UNATTACHED, suelto, despegado, libre.
UNATTAINABLE, inasequible, inalcanzable.
UNATTEMPTED, no intentado, no experimentado.
UNATTENDED, solo.
UNATTRACTIVE, inatractivo.
UNAUDITED, no auditado, no intervenido.
—— DATA, datos no auditados.
—— FINANCIAL STATEMENT, estado financiero sin auditar.
UNAUTHORIZED, sin autorización, desautorizado.
—— ABSENCE, ausencia indebida o no autorizada.
UNAVAILABLE, no disponible, inaprovechable.
UNAVOIDABLE, inevitable, ineludible.
—— ACCIDENT, accidente inevitable.
—— COST, costo inevitable.
—— DELAY, demora inevitable.
UNAWARE, desprevenido, inadvertido, ignorante.
—— OF, TO BE, no percatarse de, no tener conocimiento de.
——, TO TAKE, coger desprevenido.

UNBALANCED, desequilibrado, desnivelado.
—— **ADDITION,** adición no equilibrada.
—— **BID,** propuesta desequilibrada.
—— **BUDGET,** presupuesto desnivelado o deficitario, presupuesto desequilibrado.
UNBEARABLE, intolerable, insoportable.
UNBEATEN, invicto, no batido.
UNBECOMING, impropio, indecoroso, indigno.
UNBELIEF, incredulidad, infidelidad.
UNBELIEVABLE, increíble.
UNBELIEVER, incrédulo, infiel, irreligioso.
UNBEND, aflojar, soltar, zafar, relajar.
UNBIASED, imparcial, insesgado.
UNBIND, desligar, desatar.
UNBLEMISHED, sin mancha, puro.
UNBLUSHING, desvergonzado, descarado.
UNBORROWED BALANCE, crédito no aprovechado.
UNBOUND, sin encuadernar, en rústica, suelto.
UNBOUNDED, infinito, ilimitado.
UNBRANDED, producto sin marca de fábrica, ganado no herrado.
UNBREAKABLE, irrompible.
—— **GLASS,** vidrio o cristal irrompible.
UNBRED, malcriado.
UNBROKEN, intacto, entero, invicto.
UNBURIED, insepulto.
UNBUSINESSLIKE, inexperto en los negocios, informal, anticomercial.
UNCALLED, innecesario, no requerido, no pedido.
—— **CAPITAL,** capital amortizable no requerido, capital no exhibido, capital suscrito no realizado.
UNCANCELLED, sin cancelar, no rescindido, no anulado.
UNCANNY, misterioso, pavoroso.
UNCARED FOR, desamparado, abandonado, descuidado.
UNCERTAIN, incierto, dudoso, inseguro.
—— **ENVIRONMENT,** medio ambiente incierto o inestable.
UNCERTAINTY, incertidumbre, duda, inseguridad.
UNCERTIFIED BALANCE SHEET, balance general no certificado.
UNCHALLENGING JOB, empleo o trabajo no desafiante.
UNCHANGED, inalterable, igual, invariable.
—— **PRICE,** precio inalterado.
UNCHECKED, no comprobado, no verificado.
UNCIVILIZED, incivilizado, bárbaro.
UNCLAD, desvestido, desnudo.
UNCLAIMED, no reclamado, sin reclamar.
—— **CARGO,** carga rechazada o sin reclamar.
—— **DIVIDENDS,** dividendos no reclamados o no cobrados.
—— **MAIL,** correspondencia no reclamada.
—— **PAY,** sueldos no cobrados o no reclamados.
—— **PAYROLL CHECK,** cheque de pago no reclamado.
—— **WAGES,** salarios no reclamados o no cobrados.

UNCLASSIFIED, no clasificado, sin clasificar.
UNCLE, tío, anciano, prestamista, usurero,.
—— **SAM,** el tío Sam (los E.U.A.).
UNCLEAN, sucio, desaseado, inmundo.
UNCLOSE, abrir, revelar.
UNCLOUDED, claro, despejado.
UNCOLLECTABLE, incobrable.
UNCOLLECTED ITEMS, efectos por cobrar o sin cobrar.
UNCOLLECTIBLE, incobrable, irrecuperable.
—— **ACCOUNTS,** cuentas incobrables.
—— **ACCOUNTS RECEIVABLES,** cuentas incobrables.
—— **LOAN,** préstamo incobrable o irrecuperable.
—— **TAXES,** impuestos incobrables.
UNCOMFORTABLE, incómodo, desagradable, molesto.
UNCOMMITTED, no comprometido, disponible.
—— **FUNDS,** fondos disponibles.
—— **SURPLUS,** superávit no comprometido.
UNCOMMON, poco común, raro, extraño.
UNCOMMUNICATIVE, poco comunicativo, reservado, callado, taciturno.
UNCOMPLETED, incompleto, no terminado.
UNCOMPROMISING, inflexible, firme, intransigente.
UNCONCERNED, indiferente, frío, impasible.
UNCONDITIONAL, incondicional, absoluto, a discreción.
UNCONFINED, libre, ilimitado, sin obstáculos.
UNCONFIRMED, no confirmado, sin confirmar.
—— **CREDIT,** crédito no confirmado o sin confirmar.
UNCONGENIAL, incompatible.
UNCONNECTED, inconexo, no relacionado.
UNCONQUERABLE, invencible, inconquistable, insuperable.
UNCONSCIOUS, inconsciente, insensible, desmayado.
UNCONSOLIDATED, no consolidado.
UNCONSTITUTIONAL, inconstitucional.
UNCONTROLLED, descontrolado, ingobernable, no fiscalizado.
UNCONVERTED, no convertido.
UNCORRECTED, no corregido, sin corregir.
UNCORRUPTED, incorrupto.
UNCOUNTED, innumerable, sin contar.
UNCOVERED, descubierto, destapado.
UNCROWN, TO, destronar.
UNCULTIVATED, baldío, inculto, rústico.
UNCUT, sin cortar, sin tallar (aplicado a piedras preciosas).
—— **DIAMOND,** diamante en bruto.
UNDAMAGED, ileso, sin daño, sin avería.
UNDATED, sin fecha, no fechado.
—— **ENTRY,** asiento sin fecha.
UNDECIDED, indeciso, irresoluto.
UNDECLARED, no declarado, sin declarar.
UNDEFEATED, invicto.
UNDEFINED, indefinido.
UNDELIVERED, no entregado, por entregar.

——LETTER, carta no entregada o rezagada.
UNDENIABLE, innegable.
UNDEPENDABLE, incumplido, irresponsable.
UNDEPOSITED, no depositado, sin depositar.
——CASH, efectivo no depositado en banco.
UNDEPRECIATED, no depreciado.
——COST, costo no depreciado o sin depreciación.
——VALUE, valor sin depreciar.
UNDER, inferior, subordinado, debajo de, abajo.
——ARMS, bajo las armas.
——BOND, bajo fianza, afianzado.
——CONSIDERATION, en consideración.
——CONSTRUCTION, en construcción, obra en construcción.
——CONTRACT, bajo contrato.
——CONTROL, bajo control, controlado.
——DATE OF, con fecha de, fechado....
——DECK, en la bodega, bajo cubierta.
——FIRE, en combate, bajo el fuego enemigo.
——INSTRUCTIONS FROM, por orden de, bajo instrucciones de.
——OATH, bajo juramento.
——OBLIGATION, obligado, con obligación.
——PENALTY OF, bajo pena de.
——PROTEST, bajo protesta.
——REPAIR, en reparación, en proceso de reparación.
——SEALED COVER, bajo sobre sellado o cerrado.
——SEPARATE COVER, por correo aparte, por separado, en sobre separado.
——THE CARE OF, al cuidado de.
——THE COMMAND OF, al mando de.
——THE PROVISIONS, de acuerdo con las disposiciones.
——THE TERMS OF, según las condiciones de.
——THIS ACT, según esta ley.
——WAY, en marcha, en curso.
UNDER-CAPITALIZED FIRM, empresa de escaso capital.
UNDERAGE, menor de edad.
UNDERBID, hacer propuesta más baja.
UNDERBUY, comprar a menor precio que lo que vale.
UNDERCAPITALIZATION, falta de capital, subcapitalización.
UNDERCAPITALIZED, subcapitalizado, insuficiencia de capital.
UNDERCHARGE, precio insuficiente, cargar de menos.
UNDERCLERK, empleado, subordinado, escribiente.
UNDERCONSUMPTION, subconsumo.
UNDERCOVER, secreto, clandestino, escondido.
——AGENT, agente secreto de la policía, espía.
UNDERCUT, ofrecer precios más bajos, socavar.
UNDERDEDUCTION, deducción insuficiente.
UNDERDEMAND, falta de demanda, subdemanda.
UNDERDEPRECIATION, depreciación insuficiente.

UNDERDEVELOPED, subdesarrollado, poco desarrollado.
——COUNTRIES, países subdesarrollados.
UNDERDEVELOPMENT, escaso desarrollo, subdesarrollo.
——, ECONOMIC, subdesarrollo económico.
UNDERDRAIN, desagüe subterráneo.
UNDEREMPLOYMENT, subempleo, desempleo parcial, subocupación.
UNDERESTIMATE, menospreciar, subestimar.
UNDERFEED, desnutrir, falta de alimentación.
UNDERFEEDING, desnutrición, alimentación deficiente.
UNDERFOOT, en el piso o el suelo, oprimido, pisoteado.
UNDERFOOTING, total insuficiente.
UNDERGO, sufrir, padecer, aguantar.
UNDERGRADE CROSSING, paso inferior.
UNDERGRADUATE, estudiante no graduado.
——DEGREE, grado de licenciatura.
UNDERGROUND, subterráneo, secreto, clandestino, bajo tierra, ferrocarril subterráneo.
——MOVEMENT, movimiento de resistencia clandestina.
——PARKING, estacionamiento soterrado.
UNDERHAND, bajo cuerda, solapado, secreto.
UNDERHANDED, clandestino, disimulado.
UNDERLEASE, subarriendo.
UNDERLINE, subrayar.
UNDERLYING, fundamental, básico, precedente.
——ACCOUNTING DATA, datos contables subyacentes.
——BONDS, obligaciones principales.
——COMPANY, compañía subsidiaria.
——DOCUMENTS, documentos fundamentales.
——MORTGAGE, hipoteca precedente.
——PROPERTIES, bienes hipotecados.
——SECURITY, valor garantizado.
UNDERMANNED, con personal insuficiente.
UNDERMINE, socavar, minar, debilitar.
UNDERNEATH, debajo de, bajo.
UNDERPAID, de sueldo insuficiente, subremunerado, mal pagado, mala retribución.
UNDERPASS, paso inferior.
UNDERPAYMENT, pago incompleto.
UNDERPOPULATION, subpoblación.
UNDERPRICED, de precio insuficiente.
UNDERPRODUCTION, baja producción, subproducción.
UNDERQUOTE, cotizar precios más bajos.
UNDERRATED, menospreciado.
UNDERRUN, cantidad insuficiente.
UNDERSCORE, subrayar.
UNDERSEA, submarino.
UNDERSELL, malbaratar, vender a bajo precio.
UNDERSHIRT, camiseta.
UNDERSIGNED, el suscrito, el abajo firmante.
UNDERSTAFFED, escaso o falto de personal.
UNDERSTAFFING, escasez o falta de personal.

UNDERSTAND, entender, comprender.
UNDERSTANDING, entendimiento, inteligencia, acuerdo.
——, REACH AN, llegar a un acuerdo.
UNDERSTANDINGS, PRICE, acuerdos sobre precios.
UNDERSTATED, declarado de menos.
—— INVENTORY, inventario subvaluado.
—— PURCHASE, compra subvaluada.
—— SALE, venta subvaluada.
UNDERSTATEMENT, subestimación, subvaloración.
—— OF TAX LIABILITY, subestimación de la obligación fiscal.
UNDERSTOCKING, insuficiencia de existencias.
UNDERSTOOD, sobrentendido.
——, IT BEING, bien entendido.
——, THAT IS, eso se entiende, por supuesto.
UNDERSUPPLY, escaso de abastecimiento.
UNDERTAKE, encargarse de, emprender.
—— TO, comprometerse a, responder de.
UNDERTAKING, empresa, contratación, compromiso, empresa funeraria.
UNDERTENANT, subarrendatario, subinquilino.
UNDERTRADING, negocio insuficiente.
UNDERVALUATION, tasación baja, subvaluación.
UNDERVALUED, subvaluado.
—— COMMON STOCK, acción común subvaluada.
—— DOLLAR, dólar subvaluado.
UNDERWEAR, ropa interior.
UNDERWEIGHT, falta de peso.
UNDERWORK, trabajar por jornal inferior al usual, trabajo de rutina.
UNDERWORLD, hampa, bajo mundo, vida de vicio.
UNDERWRITE, subscribir, asegurar, garantizar.
UNDERWRITER, subscriptor, asegurador, fiador, empresa aseguradora, subscriptor de una emisión de valores.
UNDERWRITERS ASSOCIATION, asociación de aseguradores.
UNDERWRITERS, MARINE, compañía de seguros marítimos.
UNDERWRITERS STANDARDS, normas del consejo de aseguradores.
UNDERWRITERS' LABORATORIES, laboratorios de los aseguradores.
UNDERWRITING, subscripción.
—— ACCOUNT, cuenta de seguro.
—— COMMISSION, comisión de los subscriptores.
—— CONTRACT, contrato de subscripción.
—— PROFIT, primas menos pérdidas.
—— RESERVES, reservas para contingencias o imprevistos.
—— SYNDICATE, sindicato de subscriptores.
UNDESERVED, inmerecido.
UNDESIGNEDLY, involuntariamente, sin intención.
UNDESIGNING, sincero, de buena fe.
UNDESIRABLE, indeseable, inconveniente, desventajoso.
UNDETECTED, no descubierto.
UNDETERMINED, indeterminado, indeciso, incierto.

UNDEVELOPED, sin desarrollar, inexplotado, rudimentario.
—— LEASE, arrendamiento no urbanizado.
—— LEASE HOLDINGS, arrendamiento de terrenos no urbanizados.
—— RESOURCES, recursos no desarrollados o sin aprovechar.
UNDIGESTED SECURITIES, acciones no vendidas al público.
UNDIMINISHED, sin disminución, sin merma.
UNDIRECTED, sin dirección, sin señas.
UNDISBURSED, no desembolsado.
UNDISCHARGED, no rehabilitado.
UNDISCIPLINED, indisciplinado, falto de corrección.
UNDISCLOSED, encubierto.
—— RESERVE, reserva encubierta en los libros.
UNDISGUISED, sin disfraz, cándido, franco.
UNDISMAYED, perseverante, firme.
UNDISPLAY ADVERTISING, anuncios o avisos clasificados.
UNDISPUTED, indisputable, incontestable.
UNDISTRIBUTED, no distribuidos, no repartidos.
—— COSTS OF SALES, costos no distribuidos de las ventas.
—— EARNINGS, utilidades no repartidas o sin repartir.
—— PROFITS, utilidades no repartidas.
UNDISTURBED, imperturbable, impasible, sereno.
UNDIVIDED, íntegro, no repartido, no distribuido.
—— PROFITS, utilidades no distribuidas, ganancias no repartidas.
—— SURPLUS, superávit no repartido.
UNDO, anular, deshacer, desvirtuar, contrarrestar, desmontar.
UNDOCK, salir del muelle.
UNDOING, anulación, pérdida, ruina.
UNDONE, sin terminar, sin hacer.
——, TO BE, estar perdido o arruinado.
——, TO LEAVE NOTHING, no dejar nada por hacer.
UNDOUBTED, indudable, seguro.
UNDRAW, abrir, tirar hacia afuera.
UNDRAWN, no girado, no extraído.
UNDREAMED, no soñado, inopinado.
UNDRESS, desnudar, desnudarse, desvestir, quitar la ropa.
UNDRESSED HIDES, cueros sin curtir.
UNDUE, por vencer, indebido, desmedido, excesivo, injusto.
—— INFLUENCE, coacción, influencia indebida.
UNDULY, indebidamente, irregularmente.
UNDUTIFUL, desobediente, que no cumple sus deberes.
UNDYING, imperecedero.
UNEARNED, no ganado, no devengado, inmerecido.
—— DISCOUNT, descuento no debido o no ganado.
—— INCOME, ingreso no ganado o haberes diferidos.

—— INCREMENT, incremento no ganado, plusvalía.
—— INTEREST, interés no devengado.
—— INTEREST COLLECTED, interés cobrado sin devengar.
—— LOAN INTEREST, interés no devengado sobre préstamo.
—— PREMIUM INSURANCE, seguro de prima no devengada.
—— PREMIUM RESERVE, reserva técnica, reserva para primas no devengadas.
—— RENT COLLECTED, alquileres cobrados y no devengados.
—— RENT INCOME, ganancias por rentas no devengadas.
—— REVENUES, ingresos no percibidos o no devengados.
UNEARTH, desenterrar.
UNEASY, inquieto, intranquilo, ansioso, molesto.
UNECONOMIC, antieconómico, no económico.
UNEDUCATED, falto de educación, ignorante.
UNEMPLOYABLE, no empleable, incompetente para empleo.
UNEMPLOYED, desocupado, sin empleo, cesante, desplazado.
UNEMPLOYMENT, desempleo, desocupación, cesantía.
—— BENEFITS, beneficios para desempleo.
—— COMPENSATION, compensación por paro, seguro de cesantía o paro.
—— FUND, caja o fondo para el desempleo.
—— INDEX NUMBER, índice de desempleo.
—— INSURANCE, seguro de desempleo o de paro.
—— INSURANCE CLAIM, reclamación de pago de seguro de desempleo.
——, MASS, desempleo en masa.
—— RATE, tasa de desempleo.
—— RELIEF, auxilio o ayuda de cesantía.
—— TAX, impuesto para el desempleo.
——, TECHNOLOGICAL, desempleo de técnicos.
UNENCUMBERED, libre de gravamen, sin gravamen, saneado.
—— ALLOTMENT, asignación no gravada.
—— APPROPRIATION, apropiación no gravada, asignación no gravada.
—— BALANCE, saldo no gravado.
UNENDURABLE, inaguantable, insoportable, insufrible.
UNENGAGED, desocupado, libre, no comprometido.
UNENTERED, no asentado en cuenta.
UNENVIED, no enviado.
UNEQUAL, desigual, dispar.
UNESSENTIAL, no esencial o indispensable.
UNETHICAL INDIVIDUAL, individuo sin ética, persona sin escrúpulos.
UNEVEN, impar, desigual, accidentado, irregular.
—— INCOMES, ingresos desiguales.
—— NUMBER, non, impar.
UNEXAMINED, no examinado.

UNEXCUSED ABSENCE, ausencia sin licencia o sin permiso.
UNEXPECTED, inesperado, repentino, súbito.
UNEXPENDED, sin desembolsar, no gastado.
—— APPROPRIATION, aprobación no ejercida, asignación no ejercida.
—— BALANCE, saldo no ejercido o no gastado.
UNEXPERIENCED, inexperto, novel.
UNEXPIRED, vigente, no vencido.
—— COST, costo no vencido.
—— INSURANCE, seguro no vencido, seguro vigente.
—— INSURANCE PREMIUMS, primas de seguros no vencidos.
—— RISKS, riesgos no vencidos.
UNEXPLOITED, inexplotado, no aprovechado.
UNEXPLORED, inexplorado, sin explorar.
UNEXPOSED, no expuesto.
UNEXPRESSIVE, sin expresión, inexpresivo.
UNFAILING, inagotable, seguro, infalible.
UNFAIR, injusto, desleal, tramposo, falso.
—— COMPETITION, competencia desleal o injusta.
—— DIFFERENCE, diferencia desfavorable.
—— PRACTICES, prácticas desleales.
—— TRADE COMPETITION, competencia comercial desleal.
—— TRADE PRACTICES, prácticas comerciales desleales.
UNFAITHFUL, infiel, desleal.
UNFAMILIAR, poco familiar, poco común, no conocido.
UNFASTEN, desatar, desabrochar, zafar, soltar.
UNFAVORABLE, desfavorable, desventajoso, adverso.
—— BALANCE OF TRADE, saldo desfavorable, balanza deficitaria.
—— VERDICT, veredicto o fallo desfavorable.
UNFEASIBLE, no factible, impracticable.
UNFEELING, insensible, impasible.
UNFETTERED, libre, sin cadenas, sin trabas.
UNFILLED, no despachado, no surtido.
—— ORDERS, pedidos no despachados, órdenes de compra pendientes.
—— SALES ORDER, pedido no surtido, orden de compra pendiente.
UNFINISHED, incompleto, sin acabar, inconcluso.
—— BUSINESS, asunto no concluido o pendiente.
UNFIT, incapaz, incompetente, inepto.
UNFITNESS, ineptitud, incompetencia.
UNFIXED, suelto, errante, desarreglado, no fijado.
—— SALES, ventas sin precio fijado.
UNFOLD, desdoblar, desplegar, desenvolver, abrir, descubrir.
UNFORESEEN, imprevisto, inesperado.
UNFORGETABLE, inolvidable.
UNFORGIVING, duro, imperdonable, implacable.
UNFORTUNATE, desafortunado, desventurado, desdichado.

UNFOUNDED, infundado, sin fundamento, improcedente.
UNFREEZE, descongelar, desbloquear.
UNFRIENDLY, hostil, poco amistoso, desfavorable.
—— **ACT, AN,** acto hostil.
UNFRUITFUL, estéril, improductivo, infecundo.
UNFULFILLED, incumplido.
UNFUNDED, sin depósito de fondos.
—— **DEBT,** deuda flotante o no consolidada.
—— **SECURITIES,** valores sin interés fijo.
—— **TRUST,** fideicomiso sin depósito de fondos.
UNFURNISHED, sin amueblar, desamueblado.
—— **APARTMENT,** apartamento sin amueblar.
UNGOVERNABLE, indomable, ingobernable, díscolo.
UNGRACIOUS, rudo, poco afable, descortés.
UNGRADED, no clasificado, no tasado.
UNGRATEFUL, desagradecido, ingrato.
UNGUARDED, indefenso, desprevenido, incauto.
UNHAPPINESS, infelicidad, desdicha, desgracia.
UNHAPPY, infeliz, desdichado.
UNHARMED, ileso, sano y salvo, a salvo.
UNHEALTHFUL, malsano, insalubre.
—— **EMPLOYMENT,** trabajo insalubre, tarea antihigiénica.
UNHEALTHY, enfermizo, achacoso, malsano.
UNHESITATING, resuelto, listo, que no vacila.
UNHOLINESS, impiedad.
UNHOLY, profano, impío.
UNHONORED, despreciado, sin honrar.
UNHOOK, desenganchar, desabrochar, descolgar.
UNHURT, ileso, indemne.
UNIDENTIFIABLE CARGO, carga no identificable.
UNIFICATION, unificación.
UNIFIED, unificado.
UNIFORM, uniforme, semejante, consistente.
—— **ACCOUNTING SYSTEM,** sistema uniforme de contabilidad.
—— **BILL OF LADING,** conocimiento uniforme o normal.
—— **CLOTH,** tela para uniformes.
—— **DISTRIBUTION,** distribución uniforme.
—— **SAMPLING FRACTION,** fracción constante de muestreo.
—— **SENIORITY,** antigüedad uniforme.
—— **STRAIGHT BILL OF LADING,** carta de porte nominativa uniforme.
—— **TROUGH EXPORT BILL OF LADING,** conocimiento directo uniforme de carga para exportación.
UNILATERAL CONTRACT, contrato unilateral.
UNIMPAIRED SURPLUS, superávit intacto, excedente inalterado.
UNIMPORTANT, insignificante, de poca importancia.
UNIMPROVED, baldío, sin mejoras, sin urbanizar.
UNINCORPORATED, no incorporado, sin incorporar.
UNINFORMED, inculto, ignorante, mal informado.
UNINJURED, ileso, sin daño.

UNINSURABLE, no asegurable.
—— **RISKS,** riesgos no asegurables.
UNINSURED, sin seguro, no asegurado.
UNINTELLIGIBLE, ininteligible.
UNINTENTIONAL, no intencional, involuntario.
—— **MISTAKE,** equivocación no intencional.
UNINTERESTED, no interesado.
UNINTERRUPTED, continuo, ininterrumpido.
UNINVESTED, sin invertir.
—— **FUNDS,** fondos sin invertir.
UNION, sindicato, gremio, unión, confederación, fusión, estado matrimonial.
—— **CARD,** tarjeta sindical o gremial.
—— **, CREDIT,** cooperativa de créditos.
—— **CUSTOMS,** unión aduanera.
—— **DELEGATE,** delegado gremial o sindical.
—— **DUES,** cuota sindical o gremial.
—— **LABOR,** trabajadores u obreros sindicalizados, sindicato obrero, agremiación obrera.
—— **MAN,** agremiado, sindicalizado.
—— **MEMBERSHIP,** afiliación sindical.
—— **ORGANIZER,** organizador de sindicatos obreros.
—— **RECOGNITION,** reconocimiento del sindicato o gremio.
—— **SCALE,** escala de jornales del sindicato o del gremio.
—— **SHOP,** establecimiento o empresa sindicalizada.
—— **STATION,** estación consolidada.
—— **STEWARD,** delegado sindical.
—— **WAGE,** salario obrero o sindical.
UNION-MANAGEMENT COLLECTIVE BARGAINING, contrato colectivo entre el sindicato y la empresa, contrato colectivo de trabajo.
UNIONISM, gremialismo o sindicalismo.
UNIONIST, sindicalista, gremialista.
UNIONIZE, agremiar, sindicalizar.
UNIPERSONAL, unipersonal.
UNIQUE, único en su clase, singular, raro.
—— **FACTOR,** factor único.
UNIQUENESS, unicidad, singularidad.
UNISSUED, no emitidos.
—— **CAPITAL STOCK,** capital no emitido.
—— **STOCK,** acciones no libradas o por emitir.
UNIT, unidad, unitaria, individual.
—— **BANK,** banco unitario, banco independiente que efectúa sus operaciones en una oficina.
—— **BANKING,** banca unitaria o por unidades.
—— **COST,** costo unitario, costo por unidad, costo específico.
—— **COST INDEX,** índice de costo unitario.
—— **INVENTORY,** inventario por unidades.
—— **LOAD,** carga unitaria.
—— **MANAGER,** gerencia por unidad, director de unidad.
—— **MANUFACTURING COST,** costo de fabricación unitario.
—— **OF AREA,** unidad de área.

—— OF CURRENCY, unidad monetaria.
—— OF LENGTH, unidad de longitud.
—— OF MEASURE, unidad de medida.
—— OF SAMPLING, unidad de muestreo.
—— OF TEMPERATURE, unidad de temperatura.
—— OF TIME, unidad de tiempo.
—— OF WEIGHT, unidad de peso.
—— OF WORK, unidad de trabajo.
—— PACKAGING, envase unitario.
—— PRICE, precio unitario o por unidad.
—— PRICE PROOF, comprobación del precio unitario.
—— PRODUCTION COSTS, costos unitarios de producción.
—— PROFIT, utilidad unitaria.
—— PROFIT MARGIN, margen de utilidad unitario.
—— RECORD, registro unitario.
——, SAMPLE, unidad de muestra.
—— TELLER, cajero pagador y cobrador.
—— VOLUME, volumen unitario.
—— WEIGHT, peso unitario.
UNIT-BENEFIT PLAN, plan de unidad de beneficio.
UNIT-COST DEPRECIATION, depreciación basada en el costo unitario de producción.
UNIT-LIVESTOCK-PRICE METHOD, método del precio unitario del ganado.
UNIT-PRICE BID, propuesta a precios unitarios.
UNIT-PRICE CONTRACT, contrato a precios unitarios.
UNITS IN PROCESS, unidades en proceso.
UNITARY, unitario, unitaria.
—— ELASTICITY, elasticidad unitaria.
—— SAMPLING, muestreo unitario.
—— VALUE INDEX, índice de valor unitario.
UNITE, TO, unir, unirse, reunir, mancomunar, concordar.
UNITED, unido, de acuerdo.
—— KINGDOM, Reino Unido.
—— NATIONS, Naciones Unidas.
—— STATES, Estados Unidos.
UNITY, unidad, unión, concordia.
—— OF COMMAND, unidad de mando.
UNIVERSAL, universal.
—— AGENT, apoderado general.
—— COMPULSORY EDUCATION, educación obligatoria universal.
—— KEYBOARD, teclado universal.
—— PARTNERSHIP, sociedad universal.
—— QUANTIFIER, cuantificador universal.
UNIVERSE, universo, mundo.
UNIVERSITY, universidad, centro de estudios superiores.
—— DEGREE, título universitario.
—— GRADUATE, graduado universitario.
UNJOINTED, desunido, desarticulado.
UNJUST, injusto, pecador.
——, THE JUST AND THE, justos y pecadores.
UNJUSTIFIABLE, injustificable, inexcusable.

UNKIND, despiadado, falto de bondad, poco amable, áspero.
UNKNOWN, desconocido, ignoto.
—— POPULATION, población desconocida.
—— QUANTITY, (matemáticas) incógnita.
UNLADE, descargar.
UNLADING, descargar, descargue, desembarco.
—— PERMIT, permiso de descarga o de alijo.
UNLADYLIKE, poco femenino, impropio de una dama.
UNLAWFUL, ilegal, ilícito, ilegítimo.
—— INTEREST, usura.
UNLEARNED, ignorante, inculto.
UNLESS, a menos que, a no ser que, salvo, excepto.
—— COUNTERMANDED, salvo contraorden o revocación.
UNLICENSED, no autorizado, sin permiso o licencia.
UNLIKE, diferente, distinto, dispar, a diferencia de.
UNLIKELY, improbable, difícil.
UNLIMITED, sin limitación, ilimitado, sin restricción.
—— CREDIT, crédito ilimitado.
—— FUNDS, recursos ilimitados.
—— LIABILITY, responsabilidad u obligación ilimitada.
—— POLICY, póliza ilimitada.
—— VOTE CAPITAL STOCK, acciones de voto ilimitado.
—— WANTS, necesidades ilimitadas.
UNLIQUIDATED, pendiente de liquidación, sin liquidar, pendiente de pago.
—— DAMAGES, daños no determinados o no liquidados.
—— DEBT, deuda por pagar o liquidar.
—— ENCUMBRANCE, gravamen no liquidado.
UNLISTED, no cotizado.
—— SECURITIES, valores no cotizados.
—— STOCK, valores sin cotización.
UNLOAD, descargar, desembarcar, deshacerse de.
UNLOADING, descarga, descargue, alijo.
—— AND STORAGE FACILITY, instalación para descarga y almacenamiento.
—— PLATFORM, descargadero, desembarcadero.
UNLOCK, soltar, destrabar, disparar, abrir una cerradura.
UNLUCKY, desafortunado, de mala suerte, funesto.
UNMAILED, no enviado por correo.
—— DIRECT ADVERTISING, publicidad directa no por correo.
UNMANLIKE, afeminado, indigno de un hombre.
UNMARKETABLE, no comerciable, invendible.
—— FINISHED GOODS, productos o artículos terminados no comerciales.
UNMARRIED, soltero, libre, sin compromiso.
—— MAN, soltero.
—— WOMAN, soltera.

UNMASK, desenmascarar, descubrir, quitar la careta.
UNMATCHED, único, sin par, desapareado.
UNMATURED, no vencido, no devengado.
—— **BILLS**, documentos por vencer.
—— **INTEREST**, intereses no devengados.
UNMEANING, sin significado, sin sentido.
UNMEASURED, desmedido, ilimitado, infinito.
UNMERCIFUL, inclemente, riguroso, despiadado, cruel.
UNMINDFUL, olvidadizo, desatento.
UNMISTAKABLE, inconfundible, inequívoco, evidente.
UNMIXED, puro, sin mezcla, simple.
UNMOVED, inmutable, impasible, frío, inmovible.
UNNATURAL, monstruoso, inhumano, forzado, artificial.
UNNECESSARY, innecesario, inútil, superfluo.
UNNOTICED, inadvertido, no observado.
UNOBTAINABLE, inalcanzable.
UNOCCUPIED, desocupado, vacante, sin empleo.
UNOFFICIAL, no oficial, extraoficial.
—— **CHANNEL**, canal no oficial.
UNORGANIZED, no organizado, no agremiado o sindicalizado.
UNPACK, desempacar, desempaquetar, desembalar.
UNPACKAGED, sin empaquetar, no empacado.
UNPAID, pendiente de pago, no pagado, insoluto.
—— **DEBT**, deuda pendiente, deuda por pagar.
—— **DIVIDEND**, dividendo no pagado.
—— **LIABILITIES**, pasivo no pagado o insoluto.
—— **VOUCHER**, póliza por pagar.
UNPARDONABLE, imperdonable, inexcusable.
UNPAYABLE, impagable.
UNPLEASANT, desagradable, repulsivo.
UNPLEDGED, no pignorado.
—— **ASSETS**, bienes no pignorados.
—— **GOVERNMENT SECURITIES**, valores estatales no pignorados, títulos nacionales no pignorados.
UNPLUG, desconectar, desenchufar.
UNPOLISHED, áspero, tosco, sin pulir.
UNPOPULAR, impopular.
UNPRACTICAL, impráctico, no práctico.
UNPRECISE, impreciso, indefinido, vago.
UNPREPARED, desprevenido, desapercibido.
UNPRESENTED CHECK, cheque sin cobrar.
UNPRETENDING, modesto, sencillo, sin pretensiones.
UNPRICED, sin precio, no valuado.
UNPRODUCTIVE, improductivo, estéril, infructuoso.
—— **WAGES**, jornales o salarios improductivos.
UNPROFITABLE, improductivo, antieconómico, no lucrativo.
—— **RATE OF RETURN**, tasa de rendimiento incosteable.

UNPROMISING, que no promete.
UNPROTECTED, sin protección, indefenso, desamparado.
UNPROVED, sin demostrar, no probado, no demostrado.
UNPROVIDED, desprovisto, desabastecido, desprevenido.
—— **WITH**, desprovisto de.
UNPUBLISHED, no publicado, inédito.
UNQUALIFIED, inepto, incompetente, absoluto, incondicional.
—— **CERTIFICATE**, certificado sin salvedades.
—— **OPINION**, opinión no autorizada.
UNQUESTIONED, indisputable, incuestionable.
UNQUOTED STOCK, acciones no cotizadas, valores bursátiles no cotizados.
UNRATED COMPANY, empresa no clasificada.
UNREAD, no leído, iliterato.
UNREADY, desprevenido, lento, sin preparación.
UNREAL, irreal, imaginario, ilusorio.
UNREALIZED, no realizado.
—— **EXCHANGE GAIN**, utilidad en cambios no realizada.
—— **EXCHANGE LOSS**, pérdida en cambios no realizada.
—— **GAINS**, ganancias no realizadas.
—— **INCOME**, ingresos a cobrar o no vencidos.
—— **LOSSES**, pérdidas no realizadas.
—— **REVENUE**, ingresos o productos no realizados.
UNREASONABLE, irrazonable, irracional.
UNRECLAIMED, no reclamado, sin mejorar.
UNRECORDED, no registrado, no anotado.
—— **BANK ACCOUNT**, cuenta bancaria no registrada.
—— **PURCHASE**, compra no registrada.
UNRECOVERED, no recuperado, no amortizado.
—— **COST**, costo no recuperado.
UNREFINED, sin refinar, impuro, en bruto, tosco.
UNREFUNDABLE, no restituible, no reembolsable.
UNREGISTERED, no registrado, no certificado.
—— **MAIL**, correspondencia no certificada o no registrada.
—— **MARKS**, marcas no registradas.
—— **SECURITIES**, títulos o valores mobiliarios, valores no registrados.
UNREGULATED, no controlado, no reglamentado.
UNRELATED, no relacionado, no emparentado, inconexo.
—— **BUSINESS**, empresa no afiliada, negocio no relacionado.
—— **BUSINESS INCOME**, ingresos no relacionados con el negocio.
UNRELIABLE, informal, no digno de confianza, irresponsable.
—— **PERSON**, persona no confiable.
UNRENDERED BILLS, cuentas no rendidas o no pasadas.
UNRENTED, desalquilado, sin rentar.
UNREPAIRED, sin reparar, no reparado.
—— **DAMAGE**, averías o daños sin reparar.

UNRESERVED, no reservado, sin restricción, libre, comunicativo.
— MARKET, mercado libre o no reservado.
— SEAT, entrada general, puesto sin reservar.
— SURPLUS, superávit no reservado.
UNRESOLVED, no resuelto, irresoluto.
UNREST, inquietud, desasosiego.
UNRESTRAINED, desenfrenado, suelto, ilimitado.
— COMPETITION, competencia desenfrenada o despiadada.
UNRESTRICTED, ilimitado, sin restricción.
— RANDOM SAMPLING, muestreo aleatorio sin limitación.
UNRIGHTEOUS, injusto, inicuo, malo, perverso.
UNRIVALED, inigualable, sin igual.
UNROLL, desenrollar, desenvolver, desplegar.
UNROOF, destechar.
UNSAFE, inseguro, peligroso.
UNSALABLE, invendible.
— INVENTORY, inventario no vendible.
UNSANITARY, insalubre, malsano, antihigiénico.
UNSATISFACTORY, insatisfactorio, inaceptable, malo.
UNSATISFIED, insatisfecho, descontento, no liquidado.
— DEMAND, demanda insatisfecha.
UNSCHEDULED, no programado.
— MEETING, junta o reunión no programada.
— PROPERTY, efectos no inventariados.
UNSEALED, no sellado, abierto.
— ENVELOPE, sobre abierto.
— LETTER, carta sin sellar.
— PACKAGE, envase o paquete no sellado.
UNSEASONABLE, inoportuno, prematuro, inconveniente.
— HOURS, AT, a deshora.
UNSEAT, quitar de un asiento, derribar a un jinete, echar abajo a un mandatario.
UNSECURED, no garantizado, no asegurado, sin colateral.
— ACCOUNT, cuenta sin garantía.
— ASSETS, valores inmateriales.
— BANK LOANS, préstamos bancarios sin garantía.
— CREDIT, crédito no asegurado, crédito no garantizado, crédito personal.
— CREDITOR, acreedor no asegurado.
— DEBT, deuda no garantizada.
— LIABILITY, pasivo no garantizado.
— LOAN, préstamo no asegurado o no garantizado.
— LOANS PAYABLE, préstamos a pagar sin garantía.
— NOTES, documentos o pagarés sin garantía.
— PROMISSORY NOTE, pagaré no asegurado, letra no asegurada.
UNSEEMLY, indecoroso, indigno, impropio.
UNSEEN, inadvertido, invisible, oculto.
UNSELFISH, desinteresado, generoso, desprendido.

UNSETTLED, pendiente de pago, por pagar, no establecido, incierto, errante.
— ACCOUNT, cuenta pendiente.
— CONDITIONS, condiciones inseguras o no establecidas.
UNSHELTERED, desabrigado, sin casa, sin asilo.
UNSHIPPED ORDERS, pedidos no despachados.
UNSIGNED, sin firmar, anónimo.
— CHECK RECEIVED, cheque recibido sin firma.
UNSKILLED, inexperto, no calificado.
— LABOR, obreros o peones no calificados.
— WORKER, trabajador no calificado, obrero inexperto.
UNSOLD, sin vender, no vendido.
UNSOLVED, sin resolver, sin solución.
UNSOUND, defectuoso, erróneo, enfermizo.
— CURRENCY, moneda inestable.
— POLICY, política errónea o equivocada.
— PROJECT, proyecto improductivo.
— SECURITIES, valores especulativos o inestables.
UNSPOILED, bueno, sano, sin daño.
UNSPOKEN, tácito, no expresado.
UNSTABLE, inestable.
UNSTAMPED, no sellado, sin estampar.
— LETTER, carta sin franquear o sin sello.
UNSTEADY MARKET, mercado inestable o inseguro.
UNSTUDIED, no estudiado, desaplicado.
UNSUBSCRIBED STOCK, acciones no suscritas.
UNSUBSIDIZED, sin subvención.
UNSUBSTANTIAL, inconsistente, insubstancial, poco sólido.
UNSUCCESSFUL, sin éxito, desafortunado, infructuoso.
—, TO BE, fracasar.
UNSUITABLE, inapropiado, inadecuado, incompetente.
UNSUPPORTED, sin apoyo, sin sostén.
UNSURE, inseguro, incierto.
UNSURMONTABLE, insuperable, infranqueable, invencible.
UNSURPASSED, excelente, sin par.
UNSUSPECTED, insospechado.
UNSWEAR, abjurar, retractarse.
UNSYSTEMATIC, no sistemático, poco metódico.
UNTAINTED, incorrupto.
UNTAMED, indomado, bravío.
UNTANGLE, desenredar, desenmarañar.
UNTAUGHT, sin instrucción, ignorante.
UNTAXED, libre o exento de impuesto.
UNTENABLE, insostenible.
UNTENANTED, desalquilado, vacío, desocupado, deshabitado.
UNTESTED, no probado, no examinado.
UNTHINKABLE, inconcebible.
UNTIDY, desaliñado, desarreglado, en desorden.
UNTIL, hasta, hasta que.
— FURTHER NOTICE, hasta nuevo aviso.
— TOMORROW, hasta mañana.
UNTIMELY, intempestivo, inoportuno, prematuro.

UNTIRING, incansable, infatigable.
UNTOUCHABLE, intocable, intangible.
UNTOUCHED, intacto, ileso, impasible, insensible.
UNTRAINED, inexperto, indisciplinado.
UNTRANSFERABLE, intransferible, intraspasable, que no se puede ceder.
UNTRANSLATABLE, intraducible.
UNTRIED, no probado o envasado, no experimentado.
UNTROUBLED, no molestado, quieto, tranquilo.
UNTRUE, falso, infiel, mentiroso.
UNTRUSTWORTHY, no confiable.
UNTRUTH, falsedad, mentira, traición.
UNUSABLE, no aprovechable, inutilizable.
UNUSED, nuevo, flamante, sin usar.
UNUSUAL, raro, extraordinario, insólito.
UNUTILIZED, no utilizado, no aprovechado.
UNUTTERABLE, inenarrable, inexpresable, indecible.
UNVALUED, inapreciable, menos preciado.
—— **POLICY**, póliza sin valor declarado.
UNVANQUISHED, invicto.
UNVARYING, invariable, constante, uniforme.
UNVEIL, descubrir, revelar, quitar el velo.
UNVENTILATED, falto de ventilación, ahogado.
UNVESTED BENEFITS, beneficios no concedidos.
UNVOUCHERED INVOICE, factura sin póliza.
UNWALLED, sin murallas, no amurallado, abierto.
UNWANTED, indeseable, no necesitado.
UNWARLIKE, pacífico.
UNWARNED, desprevenido.
UNWARRANTED, sin garantía, no justificado, inexcusable.
UNWARY, incauto, imprudente.
UNWASHED, sin lavar, sucio.
UNWAVERING, firme, determinado, resuelto.
UNWEARIED, infatigable.
UNWED, soltero, soltera, célibe.
UNWEIGHTED, no ponderado.
—— **INDEX**, índice no ponderado.
UNWELCOME, indeseable, mal recibido, mal acogido, desagradable.
UNWELL, indispuesto, enfermizo.
UNWILLING, renuente, indispuesto, reacio.
UNWISE, imprudente, indiscreto.
UNWITTING, inconsciente.
UNWORKED, inexplotado, sin aprovechar.
—— **MATERIAL**, material no elaborado.
UNWORTHY, indigno, desmerecedor.
UNWOUNDED, ileso, sin herida.
UNWRAPPED, no envuelto.
—— **GOODS**, mercancías sin envolver.
UNWRINKLE, desarrugar.
UNWRITTEN, no escrito, en blanco, tradicional.
—— **LAW**, derecho consuetudinario.
UNWROUGHT, en bruto, no elaborado, manufacturado.
UNYIELDING, inflexible, inexorable, firme.

UP, arriba, hacia arriba, en lo alto, derecho, en pie, completamente.
—— **ABOVE**, allá arriba.
—— **AGAINST, TO BE**, tener que hacer frente a, tener que luchar con, estar en apuros.
—— **AND DOWN**, aquí y allá, por todos lados, de arriba abajo.
—— **IN ARMS, TO BE**, alzarse en armas, sublevarse.
——, **PRICES ARE**, suben los precios.
——, **THE HOUR IS**, ha llegado la hora.
——, **TIME IS**, ha expirado el plazo o se ha vencido.
—— **TO ANYTHING**, dispuesto a cualquier cosa.
——, **TO BE**, estar levantado.
—— **TO, TO BE**, estar a la altura de, ser capaz de.
—— **TO DATE**, hasta la fecha, hasta hoy, al día, al corriente.
——, **TO GET**, levantarse de la cama.
——, **TO STAND**, ponerse de pie, pararse.
—— **TO STANDARD**, dentro de las normas.
——, **WHAT IS?**, ¿qué pasa?, ¿qué hay?, ¿de qué se trata?
—— **WITH, TO BE**, no haber remedio para.
UP-DATE, poner al día, actualizar.
UP-TO-DATE RECORDS, registros actualizados.
UP-TO-THE MINUTE, al día, al corriente.
UPS AND DOWNS, altibajos, vaivenes.
UPBRINGING, crianza y educación de niños.
UPBUILD, armar, construir, erigir.
UPCOUNTRY, tierra adentro, el interior de un país.
UPDATED, actualizado, puesto al día, al día.
—— **AUDIT REPORT**, informe actualizado del auditor.
UPGRADE, pendiente, cuesta arriba, subida, ascenso.
——, **TO**, subir, ascender, mejorar.
UPGROWTH, crecimiento, lo que crece o ha crecido.
UPHEAVAL, trastorno, cataclismo.
UPHILL, cuesta arriba, ascendente, dificultoso.
UPHOLD, TO, sostener, apoyar, defender.
UPHOLSTERY, tapicería, tapizado.
UPKEEP, conservación, mantenimiento, costo de sostenimiento.
UPLIFT, levantar, alzar, elevar, levantamiento, elevación.
UPON, sobre, en, encima de.
—— **ARRIVING**, al llegar.
—— **MY HONOR**, por mi honor, a fe mía.
—— **MY WORD**, por mi palabra.
UPPER, superior, de encima o de arriba.
—— **BERTH**, litera alta.
—— **CLASS**, clase alta, aristocracia.
—— **FLOOR**, planta alta, piso alto.
—— **HAND, TO HAVE THE**, tomar la delantera.
—— **PRECISION**, precisión máxima.
—— **PRECISION LIMIT**, límite superior de precisión.
UPPER-CASE, letra mayúscula, de caja alta.
UPPERS, productos de calidad superior.
UPPERMOST, más alto, superior, predominante.

UPRIGHT, recto, derecho, vertical, justo, honrado.
UPRISING, levantamiento, sublevación, insurrección.
UPROAR, alboroto, grito, conmoción, tumulto.
UPSET, trastornar, desconcertar, volcar, inquieto, preocupado, nervioso.
——PRICE, precio mínimo de venta, precio base de venta, precio de subasta.
UPSIDE, parte superior, lo de arriba.
——DOWN, al revés, en desorden, patas arriba.
UPSPRING, levantarse de un salto.
UPSTAIRS, arriba, en el piso de arriba, de arriba de las escaleras.
UPSTART, principiante, advenedizo, presuntuoso.
——ENTERPRISE, empresa o compañía naciente.
UPSTREAM, río arriba.
UPSWING, tendencia hacia arriba, alza o mejora en el comercio.
UPTIGHT, tenso, alterado, persona tensa, tieso.
UPTIME, tiempo útil.
UPTOWN, en o hacia la parte alta de la ciudad.
UPTURN, vuelta hacia arriba, alza, subida de precios.
UPWARD, hacia arriba, ascendente, vuelto hacia arriba.
——COMMUNICATION, comunicación ascendente o hacia niveles superiores.
——OF, más de.
——TREND, tendencia ascendente.
URBAN, urbano.
——BIRTH RATE, tasa de nacimiento urbano.
——DISTRICT, distrito urbano.
——RENEWAL, renovación urbana, remodelación urbana.
URBANIZATION, urbanización, urbanismo.
URBANIZE, TO, urbanizar.
URGE, impulso, instinto, empujar, incitar, apremiar, apresurar.
——UPON, TO, pedir o manifestar con ahínco, esforzarse por convencer a.
URGENCY, urgencia, apremio, premura.
URGENT, urgente, apremiante.
——MESSAGE, mensaje urgente.
USABLE, aprovechable, utilizable, que se puede usar.
USAGE, uso, costumbre, tratamiento.
——, HARD, uso constante.
——RATE, medida de utilización.
——VALUE, valor de uso.
USANCE, usanza, plazo, condiciones de pago.
——BILL, letra a plazo.
USE, empleo, utilidad, servicio, aprovechamiento.
——FOR, TO HAVE NO, no necesitar, no servirse de.
——, IN, en uso, en servicio.
——, OF NO, inútil.
——OF TALKING, NO, eso no tiene discusión, es inútil discutirlo, sin duda.

——OF, TO MAKE, servirse de.
——OF, WHAT IS THE, ¿de qué sirve?, ¿para qué es útil?
——, OUT OF, fuera de moda, olvidado.
——SOMEONE, abusar de uno, aprovecharse de alguien.
——TAX, impuesto sobre utilización de bienes.
——, TO, usar, emplear, utilizar.
——, TO PUT TO GOOD, sacar partido de.
——UP, gastar, consumir, agotar.
——YOUR OWN JUDGMENT, usar su propio juicio, obrar como a uno le parezca.
USE-AND-OCCUPANCY INSURANCE, seguro de uso y ocupación.
USED, usado, no nuevo, de segunda mano.
——CAR, automóvil usado o de segunda mano.
——EQUIPMENT, equipo usado.
——, TO BE, estar acostumbrado.
USED-CAR DEALER, vendedor de autos usados.
USEFUL, útil, conveniente, provechoso.
——LIFE, vida útil.
——LOAD, carga útil.
USEFULNESS, utilidad.
USELESS, inútil, inservible.
USER, consumidor, usuario, dueño, comprador, el que usa alguna cosa.
——COST, costo del usuario.
——, END, consumidor final.
——, INDUSTRIAL, consumidor industrial.
——TAXES, impuestos sobre ventas o sobre consumo.
USUAL, usual, ordinario, acostumbrado, común.
——, AS, como de costumbre, como siempre.
USUFRUCT, usufructo.
USURER, usurero, agiotista.
USURP, TO, usurpar.
USURPATION, usurpación.
USURPER, usurpador.
USURY, usura, agio.
——CEILINGS, límites máximos de usura o agio.
——LAWS, leyes de usura, leyes de agio.
——RATES, tasas de usura o de agio.
UTENSILS, útiles, utensilios.
UTILITARIAN, utilitario.
UTILITIES, servicio de agua, electricidad, comunicaciones, etc..
——EXPENSE, gastos por servicio de agua, gas y electricidad.
——, PUBLIC, servicios públicos.
UTILITY, utilidad, servicio, empresa de servicio público.
——ANALYSIS, análisis de utilidad.
——BILL, cuenta de servicios públicos.
——BONDS, PUBLIC, bonos de servicios públicos.
——COMPANY, compañía de servicio público.
——CRANE, grúa para uso general.
——FUND, fondo de servicio público.
——INDUSTRIES, PUBLIC, industrias de servicios públicos.

—— MAN, operario apto para varios empleos, mozo para todo trabajo.
——, PUBLIC, empresa de servicio público.
UTILIZABLE, utilizable, aprovechable.
UTILIZATION, aprovechamiento, utilización.
UTILIZE, TO, utilizar, aprovechar.
UTMOST, extremo, mayor, más grande, sumo.
——, TO DO ONE'S, hacer uno cuanto puede, hacer lo sumo posible.
——, TO THE, hasta más no poder.
UTTER, total, entero, completo, absoluto.
—— A CRY, dar un grito.
——, TO, decir, proferir, expresar.
UTTERANCE, declaración, expresión, pronunciación, lenguaje.

V

VACANCY, vacante, puesto disponible, desocupado, vacío, libre.
—— CLAUSE, cláusula sobre vacancia.
——, TO FILL A, cubrir una vacante o un puesto.
VACANT, desocupado, vacante, libre
—— BUILDING, edificio desocupado.
—— LOT, terreno baldío, solar yermo.
VACATE, evacuar, desocupar, dejar vacante, anular.
—— THE PREMISES, desocupar o desalojar el establecimiento.
VACATION, vacaciones, días feriados, asueto, anulación (legal).
—— BENEFIT, beneficio de vacaciones.
—— PAY, compensación o retribución para vacaciones.
—— SAVINGS, ahorro para vacaciones, economías para vacaciones.
—— TIME, período de vacaciones, días feriados o de asueto.
——, TO GO ON, salir o ir de vacaciones.
—— WITH PAY, vacaciones retribuidas, vacaciones pagadas.
VACATIONIST, vacacionista, veraneante, persona que está de vacaciones.
VACCINATE, TO, vacunar, inocular
VACCINATION, vacunación.
—— CERTIFICATE, certificado de vacuna.
VACCINE, vacuna (medicina).
VACILLATE, TO, vacilar, titubear.
VACUUM, vacío, al vacío, de vacío.
—— BOTTLE, botella de vacío, termo.
—— CLEANER, aspiradora de polvo, limpiador de succión, barredora eléctrica.
—— GAUGE, indicador o medidor de vacío.
——, IN A, en el vacío.
—— PUMP, bomba de vacío o aspirante.
—— TUBE, tubo de vacío, tubo electrónico.
—— VALVE, válvula de admisión de aire.
VACUUM-PACKED, empacado o envasado al vacío.
VAGARY, capricho, extravagancia.
VAGRANCY, vagancia.
VAGUE, vago, indefinido, impreciso, incierto.
VAIN, vano, vanidoso.
——, IN, en vano.
VALENTINE, regalo o tarjeta del día de San Valentín enviado al novio o la novia (14 de febrero).
VALET, camarero, criado, paje.
VALIANT, valiente, valeroso, bravo.
VALID, válido, valedero, justo.
VALIDATE, TO, validar, convalidar, hacer válido, legalizar.
VALIDATING MACHINE, máquina de validación.
VALIDATION, validación.
—— TEST, prueba de validación.

VALIDITY, validez, vencimiento, valor, vigencia.
—— CHECK, prueba de validez.
—— OF SAMPLE, validez de la muestra.
—— PERIOD, plazo de validez o de vigencia.
VALISE, maleta, valija, saco de viaje.
VALLEY, valle, cuenca.
VALORIZATION, valorización, fijación de precios artificiales.
VALORIZE, TO, valorar, valorizar.
VALUABLE, valioso, apreciable, estimado, eficaz.
—— CONSIDERATION, remuneración valiosa.
—— PAPERS, documentos de valor o valiosos.
VALUABLES, artículos de valor, joyas, valores.
VALUATION, valuación, avalúo, valorización, tasa.
—— ACCOUNT, cuenta de valuación.
——, ACCOUNTING, valuación contable.
—— AT AVERAGE COST, valuación al costo promedio.
—— AT ESTIMATED COST, valuación al costo estimado.
—— AT STANDARD COST, valoración al costo estándar.
——, CONSTANT, valor constante.
—— ENGINEER, ingeniero tasador o evaluador.
——, INVENTORY, valuación de las existencias o del inventario.
—— OF OUTPUT, valuación de la producción.
—— OF PROPERTY PLANT AND EQUIPMENT, valuación de inmuebles, planta y equipo.
—— RESERVES, reservas de valuación o de tasación.
VALUATOR, tasador, evaluador.
VALUE, valor, importe, precio.
——, ABSOLUTE, valor absoluto.
——, ACCUMULATED, valor acumulado.
—— ADDED, valor agregado.
—— ADDED, AGGREGATE, valor global agregado.
——, AGGREGATE, valor agregado.
——, AGGREGATE PRESENT, valor total actual.
——, AGREED UPON, valor acordado o fijado.
—— ANALYSIS, análisis del valor.
——, ANNUAL, rendimiento anual.
——, ASSESSED, valor catastral.
—— AT MATURITY, valor al vencimiento.
—— BALANCE, saldo en valor.
——, BOOK, valor en libros, precio de lista.
——, CAPITALIZED, valor capitalizado, valor de capitalización.
——, CASH, valor en efectivo.
——, CLEAR, valor neto.
——, CRITICAL, valor crítico.
—— DATE, día de pago, fecha efectiva.
——, ECONOMIC, valor económico.
——, EXCHANGE, valor de cambio.
——, FACE, valor nominal.
——, FAIR, valor equitativo.
—— FOR COLLECTION, valor al cobro.
——, FUTURE, valor futuro.
——, GROSS, valor bruto.
—— IN ACCOUNT, valor en cuenta.

VALUE-ADDED TAX—VARIATE

—— IN USE, valor en uso.
—— INCREASE, plusvalía.
—— INDEX, índice de valores.
—— JUDGMENT, criterio de valor.
——, LOCAL, valor local.
——, MARKET, precio corriente, valor en plaza, valor comercial.
——, MATURITY, monto nominal, valor al vencimiento.
——, MEAN, valor medio.
——, NUMERICAL, valor numérico.
—— OF A NOTE, monto pagadero al vencimiento.
—— OF AN INSURANCE POLICY, valor de póliza de seguro.
—— OF GROSS NATIONAL PRODUCT, valor del producto nacional bruto.
—— OF LIFE INSURANCE, CASH SURRENDER, valor de rescate de seguro de vida.
—— OF SECURITES, APPRAISED, importe de tasación de valores.
——, OVER-THE-COUNTER, valor de mostrador.
——, PAR, valor a la par o nominal.
——, PRESENT, valor actual.
—— RECEIVED, valor recibido.
—— RETAINED, valor retenido.
——, SCRAP, valor depreciado, valor de desecho.
——, SECURED, valor en garantía o en prenda.
——, STATED, valor declarado o nominal.
——, SURRENDER, valor de rescate.
—— TAX, LAND, impuesto sobre el valor del terreno.
——, TO, valuar, evaluar, tasar, apreciar, estimar.
—— UPON, girar a cargo de.
——, VARIANCE, variación de valor.
VALUE-ADDED TAX, impuesto al valor agregado, IVA.
VALUES, valores.
——, ASSET, valores de activo.
——, CARRYING, valor en libros.
——, OPTIMUM, valores óptimos.
VALUED, valorado, valuado.
—— INVENTORY, inventario valorado, inventario valuado.
—— POLICY, póliza valuada o de valor declarado.
VALUELESS, sin valor, inservible.
VALUER, tasador, valuador.
VALVE, válvula, llave.
—— STEM, vástago de la válvula.
VAN, camión de mudanza, carromato, furgón de equipaje.
VANDAL, vándalo, forajido.
VANDALISM, vandalismo.
—— INSURANCE, seguro contra vandalismo.
VANGUARD, vanguardia.
VANISH, TO, desvanecerse, desaparecer.
VANTAGE, ventaja, superioridad.
—— GROUND, posición ventajosa.
VAPOR, vapor, niebla, bruma, vaho, humo.
——, TO, evaporarse, alardear.

VAPORIZE, TO, evaporar, vaporizar.
VARIABILITY, variabilidad, (estadística) dispersión.
VARIABLE, variable.
—— ANNUITY, anualidad variable.
—— BASE, base variable.
—— BUDGET, presupuesto variable o ajustable.
—— BURDEN, gastos generales variables.
—— COST, costo variable.
—— COST PER UNIT, costo variable por unidad.
—— COSTING, costeo variable.
—— DEDUCTIONS, deducciones o descuentos variables.
——, DEPENDENT, variable dependiente.
—— EXPENSE, gasto variable.
—— FEE, honorario variable.
—— GAUGE, calibrador variable.
——, INDEPENDENT, variable independiente.
—— INSPECTION, control de variables.
—— LIFE INCOME CONTRACTS, contratos de renta vitalicia variable.
—— OVERHEAD, costo variable indirecto.
——, RANDOM, variable aleatoria.
—— RATE LOAN, préstamo con interés variable, empréstito con tasa variable.
—— SAMPLING, muestreo variable.
——, STOCHASTIC, variable estocástica.
—— WORKING CAPITAL, capital de trabajo variable.
VARIABLE-COST RATIO, razón del costo variable.
VARIABLE-PRICE POLICY, política de precios variables.
VARIABLE-RATE CERTIFICATE, certificado de tasa variable.
VARIABLE-RATE DEBT, deuda con tasa o tipo variable.
VARIABLE-RATE DEBT ISSUE, contraer deuda con tasa variable, adeudo con tipo de interés variable.
VARIABLE-RATE MORTGAGE, hipoteca de tasa o tipo variable.
VARIABLE WORD-LENGTH, palabra de longitud variable.
VARIANCE, variación, varianza, fluctuación (entre costo real y costo estándar), cambio, desacuerdo, discordia.
—— ANALYSIS, análisis de varianza.
—— FROM STANDARD, variación del tipo.
——, INTERNAL, varianza o variación interna.
—— OF A VARIATE, variación o varianza de una variable.
—— POOLED, varianza agrupada.
—— RATIO, razón de las varianzas o variaciones.
——, STABILITY OF, estabilidad de la varianza o variación.
—— TEST, prueba de varianza.
——, TO BE AT, estar en desacuerdo o en discordia.
VARIATE, variable estadística, variante.
——, NORMAL, variable estadística normal.
——, STANDARDIZED, variable estandarizada.

——TRANSFORMATION, transformación de las variables.
VARIATION, variación, cambio, variedad.
——COEFFICIENT, coeficiente de variación.
——, DIRECT, variación directa.
——FROM THE AVERAGE, variación del promedio.
——, INVERSE, variación inversa.
——, RANGE OF, margen de variación.
——, SAMPLE, variación de las muestras.
——, SAMPLING, variación del muestreo.
VARIATIONS, CALCULUS OF, cálculo de variaciones.
VARIETY, variedad, diversidad, surtido.
——SHOW, función de variedades.
——STORE, tienda de mercancías de todas clases.
VARIOUS, varios, distinto, diferente, diversos, algunos.
VARNISH, barniz, charol.
——, TO, barnizar, disimular, encubrir.
VARNISHING MACHINE, barnizadora.
VARSITY, universidad (abreviatura de university), equipo de deporte de una universidad.
VARY, TO, variar, cambiar, diversificar, desviar.
VASE, jarrón, vaso, florero.
VAST, vasto, inmenso, enorme.
VAT, tanque, tina, cuba.
VAUDEVILLE, función de variedades.
VAULT, bóveda, depósito de valores de un banco, cámara blindada, cava, bodega, cúpula, cripta, voltereta, salto.
——ATTENDANT, empleado bancario de las cajas de seguridad.
——CASH, efectivo para uso corriente.
——DOOR, puerta de la bóveda de un banco.
——MANAGER, gerente de la bóveda.
VAUNT, TO, ostentar, jactarse, alardear, jactancia.
VAUNTER, fanfarrón, alardoso.
VECTOR, (matemáticas) vector, magnitud.
——ALGEBRA, álgebra vectorial.
——ANALYSIS, análisis vectorial.
——FIELD, campo vectorial.
——GEOMETRY, geometría vectorial.
——OPERATIONS, operaciones vectoriales.
——PRODUCT, producto vectorial.
——QUANTITY, cantidad vectorial.
——SPACE, espacio vectorial.
VEGETABLE, legumbre, verdura, hortaliza, vegetal.
——DEALER, comerciante de verduras.
——FIBERS, fibras vegetales.
——GARDEN, huerta de legumbres u hortalizas.
——MARKET, mercado de verduras, verdulería.
——OILS, aceites vegetales.
——PACKING, enlatado o conservación de legumbres.
——PRODUCTS, productos vegetales.
——STALL, puesto de verduras.
VEGETABLES, legumbres, verduras, hortalizas.
VEGETARIAN, vegetariano.
VEHICLE, vehículo, carruaje, transporte.

——AND ROLLING STOCK, vehículo y material rodante.
——CARGO VESSEL, buque para transporte de remolques cargados.
——MANUFACTURING, fabricación de vehículos.
——ROAD, camino carretero.
VEIL, velar, tapar, encubrir, disfrazar, velo, cortina, máscara.
VEIN, vena, filón, (minas) veta, humor, genio.
VELOCITY, velocidad.
——OF DEMAND DEPOSITS, movimiento bancario.
——OF MONEY, velocidad de circulación del dinero.
VELODROME, velódromo, lugar de carreras de bicicletas.
VEND, TO, vender, vender en carretón como buhonero o vendedor ambulante.
VENDEE, comprador, cesionario.
VENDER, vendedor, vendedor ambulante.
VENDING MACHINE, máquina vendedora o expendedora de cigarros, confituras, sellos, etc.
VENDOR, proveedor, vendedor, vendedor ambulante.
——INVOICE, factura del vendedor.
VENDOR'S, del vendedor.
——CREDIT, crédito del vendedor.
——LIEN, gravamen del vendedor.
——PRICE, precio del vendedor.
——QUALITY, calidad del vendedor.
——RELIABILITY, confiabilidad o seguridad del vendedor.
——SERVICE, servicio prestado por el vendedor.
——SHIPPING COSTS, costos de embarque del vendedor.
VENDUE, almoneda, subasta, venta pública.
VENGEANCE, venganza.
VENGEFUL, vengativo.
VENT, abertura, resolladero, escape, desahogo.
VENTILATE, TO, ventilar.
VENTILATION, ventilación, aireación.
——DUCT, conducto o canal de ventilación.
——EQUIPMENT, equipo de ventilación.
VENTURE, riesgo, especulación, aventura, operación o empresa arriesgada.
——ANALYSIS, análisis de riesgo.
——CAPITAL, capital de especulación, capital invertido en negocio arriesgado.
——, GAIN ON, ganancia en cuenta de participación.
——GROUP, grupo de empresa.
——, JOINT, asociación de capitales, empresa con capital en participación mancomunada.
VENTURE, TO, arriesgar, aventurar, atreverse.
VENUE, jurisdicción, lugar del crimen.
——, CHANGE OF, cambio de tribunal en un pleito.
VERBAL, verbal, oral, de palabra.
——CONTRACT, contrato o convenio verbal.
——MESSAGE, mensaje verbal.
——ORDER, pedido verbal.

VERDICT, veredicto, fallo, dictamen.
—— **OF GUILTY,** fallo condenatorio.
VERGE, borde, margen, orilla, alcance, vara, varilla.
——, **ON THE,** al borde de, a punto de.
—— **ON, TO,** rayar en, acercarse a.
—— **TOWARD, TO,** inclinarse a, tender a.
VERIFICATION, comprobación, verificación.
—— **FIGURE,** cifra de verificación.
VERIFIER, verificadora, verificador.
VERIFY, verificar, comprobar, constatar, acreditar, justificar.
—— **THE SIGNATURE,** reconocer la firma.
VERNIER, nonio, vernier.
VERSATILE, vesátil, de variados conocimientos, adaptable.
VERSED, versado, perito, experto.
VERSION, versión, exposición, interpretación, traducción.
VERSUS, (preposición) contra, en comparación con, en contraste con.
VERTEX, vértice, cima, cúspide.
VERTICAL, vertical.
—— **ANGLES,** ángulos opuestos por el vértice.
—— **CLEARANCE,** altura libre.
—— **COMBINATION,** fusión vertical, consolidación vertical, integración vertical.
—— **HIERARCHY,** jerarquía vertical.
—— **INTEGRATION,** integración de varias etapas de producción, integración vertical.
—— **INTEGRATION IN AGRICULTURE,** integración vertical en agricultura.
—— **MERGER,** fusión vertical de empresas.
—— **THINKING,** razonamiento vertical o directo.
—— **UNION,** sindicato o gremio industrial.
—— **VISIBLE FILE,** fichero o archivero vertical visible.
—— **WORKING PAPERS,** papeles u hojas de trabajo verticales.
VERY, muy, mucho, mismo, propio, verdadero, idéntico.
—— **BEST, THE,** lo mejor.
—— **DAY, THIS,** hoy mismo.
—— **GOOD,** buenísimo, muy bueno.
—— **MANY,** muchísimos.
—— **MUCH,** mucho, muchísimo.
—— **NIGHT, THIS,** esta misma noche.
—— **REASON, FOR THAT,** por lo mismo.
—— **TRULY YOURS,** atentamente, su seguro servidor.
VESSEL, barco, buque, embarcación, vasija, vaso, recipiente.
—— **INSURANCE,** seguro del casco de un buque.
——, **PRESSURE,** recipiente a presión.
—— **TERM BOND,** fianza de buque a término.
VEST, chaleco, vestido, vestidura, vestir, revestir, conferir.
—— **IN,** investir, dar posesión, pasar un título o derecho a.

—— **THE TITLE,** traspasar el título, ceder la propiedad.
—— **WITH,** vestir o revestir de.
VESTED BENEFITS, beneficios concedidos.
VESTED INTERESTS, derechos adquiridos o establecidos.
VESTED RIGHTS, derechos adquiridos o intrínsecos.
VESTIBULE, vestíbulo, portal, zaguán.
—— **SCHOOL,** escuela en una planta para adiestramiento de nuevo personal.
—— **TRAINING,** adiestramiento fuera del trabajo.
VESTRY, vestuario, sacristía.
VETERAN, veterano.
—— **OFFICER,** oficial veterano.
VETERANS' ADMINISTRATION, dirección de veteranos.
VETERINARIAN, veterinario, médico especializado en diagnosticar y curar enfermedades de animales.
VETERINARY, veterinaria, veterinario.
—— **MEDICINE,** medicina veterinaria.
—— **SURGEON,** cirujano veterinario.
VETO, veto, vedar, vetar, prohibir, rehusar la aprobación de.
VEX, TO, molestar, irritar, hostigar.
VIA, por vía de, vía.
VIABILITY, viabilidad.
VIADUCT, viaducto.
VIBRATE, TO, vibrar, oscilar, cimbrar.
VIBRATION, vibración, oscilación, titubeo.
VICAR, vicario.
VICE, vice, substituto, suplente, vicio, defecto, falta.
VICE, (preposición) en lugar de, en vez de.
VICE-ADMIRAL, vicealmirante.
VICE-CHAIRMAN, vicepresidente.
VICE-CHANCELLOR, vicecanciller.
VICE-CONSUL, vicecónsul.
VICE-CONSULATE, viceconsulado.
VICE-PRESIDENT, vicepresidente.
VICE-REGENT, vicerregente.
VICEROY, virrey.
VICINITY, vecindad, cercanía, inmediaciones, alrededores.
VICIOUS, vicioso, depravado, maligno.
—— **CIRCLE,** círculo vicioso.
VICTIMIZE, TO, estafar, embaucar, sacrificar.
VICTORY, victoria, triunfo, conquista.
VIDEO, video, la parte visual de la televisión.
—— **CHANNEL,** canal de video.
—— **FREQUENCY,** videofrecuencia.
—— **TERMINAL,** terminal de video.
VIEW, vista, inspección, opinión, mira, propósito, mirar, ver, examinar, inspeccionar, considerar.
——, **AT FIRST,** a primera vista.
——, **AT ONE,** de una hojeada, de una mirada.
—— **OF, IN,** en vista de, respecto de.
——, **ON,** en exhibición.

——, **PERSONAL,** opinión personal.
——, **TO,** mirar, ver, examinar, inspeccionar, considerar.
——**TO, WITH A,** a fin de, con el propósito de, con miras a.
VIEWER, mirador.
VIEWING METHOD, método de inspección visual.
VIEWPOINT, punto de vista.
VIGIL, vigilia, velada, vigilancia, desvelo.
VIGILANCE, vigilancia, cuidado, desvelo.
——**COMMITTEE,** junta de vigilancia.
VIGNETTE, viñeta, corto bosquejo, adornar con viñetas.
——**FINISH,** acabado viñeta.
VILLAGE, villa, aldea, pueblo.
VINE, vid, parra, enredadera.
——**GROWER,** viticultor.
——**GROWING,** viticultura.
VINEYARD, viña, viñedo.
——**OWNER,** viñatero.
——**WORKER,** viñatero, viñador.
VINTAGE, vendimia, cosecha.
VINTNER, vinatero.
VIOLATE, TO, violar, atropellar, infringir una ley, violar o deshonrar a una mujer.
VIOLATION, violación, infracción, atentado.
VIOLENCE, violencia, fuerza.
VIOLIN, violín.
——**MAKER,** fabricante de violines.
——**PLAYER,** violinista.
VIREMENT, traslación.
VIRGIN, virgen, doncella, religiosa que ha hecho voto de castidad.
——**FOREST,** selva virgen.
——**SOIL,** tierra virgen.
——**WOOL,** lana virgen.
VIRGINITY, virginidad.
VIRILITY, virilidad.
VIRTUAL, virtual, efectivo, implícito.
——**ACCEPTANCE,** aceptación virtual.
VIRTUE, virtud.
——**OF, IN,** en virtud de, en razón de.
VIRTUES OF COMPETITION, virtudes de la competencia.
VISA, visa, visado, refrendo.
——, **TO,** visar, refrendar.
VISCOSE, viscosa, viscoso.
——**RAYON,** rayón de viscosa.
VISIBLE, visible, manifiesto, a la vista.
——**BALANCE OF TRADE,** balanza de comercio visible.
——**BINDER,** carpeta para registros visibles.
——**FILLING,** archivo visible.
——**SUPPLY,** existencia visible.
VISIBLE-CARD SYSTEM, sistema de tarjetas visibles.
VISIBLE-INDEX LEDGER, mayor de índice visible.
VISIT, TO, visitar, hacer visita, visitarse, visita.
VISITING, visitante, de visita.
——**CARD,** tarjeta de visita.

——**HOURS,** horas de visita, horario de visita.
VISITOR, visitante, visitador, visita.
VISUAL, visual, visible.
——**AID,** enseñanza visual.
——**BALANCE OF STORES,** balance visible de existencias.
——**INSTRUCTIONS,** educación visual.
——**INVENTORY,** inventario físico.
——**SHOW,** audición visual.
VISUALIZE, TO, visualizar, representar con claridad en la mente.
VITAL, vital, esencial, fundamental, fatal.
——**IMPORTANCE, OF,** de importancia fundamental.
——**INDEX,** índice vital.
——**RECORDS,** actas del estado civil.
——**STATISTICS,** estadística demográfica.
VITICULTURE, viticultura.
VIZ, a saber, o sea.
VOCABLE, voz, vocablo.
VOCABULARY, vocabulario.
VOCATION, vocación, oficio, profesión, carrera.
VOCATIONAL, vocacional, profesional, práctico, de artes y oficios.
——**ADVISER,** consejero o asesor vocacional.
——**COUNSELING,** orientación profesional o vocacional.
——**INTEREST TEST,** prueba de interés vocacional.
——**SCHOOL,** escuela de artes y oficios, escuela vocacional.
——**TRAINING,** instrucción o enseñanza vocacional, enseñanza de oficios.
VOGUE, boga, moda.
——, **IN,** en boga, de moda.
VOICE, voz, palabra, voto, opinión, expresión.
——, **TO HAVE A,** tener voto.
——**VOTE,** de viva voz.
——, **WITH ONE,** por unanimidad.
VOID, nulo, inválido, sin efecto, vacío.
——**OF,** falto, desprovisto de.
——**OF COMMON SENSE,** sin sentido común.
——**THE POLICY,** anular la póliza.
——, **TO,** anular, invalidar, desocupar, evacuar, vaciar.
VOIDANCE, anulación.
VOLATILE, volátil, inconstante, voluble, transitorio.
——**LOAN,** préstamo volátil, variación de precio de un préstamo.
——**OIL,** aceite esencial o volátil.
VOLUME, volumen, tomo, importe, suma, cantidad.
——**CHART,** gráfica de volumen.
——**CONTROL,** control de volumen.
——**COST,** costo por volumen.
——**DISCOUNT,** descuento por volumen de compra.
——**FREIGHT RATE,** tipo rebajado por volumen de carga.
——, **GROSS SALE,** volumen bruto de ventas.

—— OF A CUBE, volumen de un cubo.
—— OF A SPHERE, volumen de una esfera.
—— OF BUSINESS, volumen de negocios.
—— OF TRAFFIC, volumen de tránsito.
——, SALES, volumen de ventas.
—— STATISTICS, estadística de volumen.
VOLUMETRIC ANALYSIS, (química) análisis volumétrico.
VOLUNTARY, voluntario, intencional, espontáneo, acción voluntaria.
—— AGENT, agente voluntario.
—— ASSIGNMENT, cesión voluntaria.
—— BANKRUPTCY, bancarrota o quiebra voluntaria.
—— CONFESSION, confesión espontánea.
—— INSURANCE, seguro voluntario.
—— PETITION, petición o solicitud voluntaria.
—— RESERVES, reservas voluntarias o eventuales.
—— STRANDING, (seguro marítimo) encallamiento voluntario.
—— WORK, trabajo voluntario.
VOLUNTEER, voluntario, servir como voluntario.
VORTEX, vórtice, vorágine, remolino, torbellino.
VOTE, voto, votación, sufragio.
—— AGAINST, votar contra.
—— BY PROXY, votar por poder.
—— BY SHOW OF HANDS, votación efectuada levantando las manos.
—— DOWN, rechazar por votación.
—— FOR, votar a favor o en pro.
—— OF CONFIDENCE, voto de confianza.
—— OF THANKS, voto de gracias.
—— ON, votar sobre.
——, TO, votar, dar el voto.
VOTER, votante, elector.
VOTING, votación, de votación, electoral.
—— BY PROXY, votación por poder.
—— CAPITAL STOCK, acciones con derecho a voto.
—— LIST, censo electoral.
—— MACHINE, máquina electoral.
—— POWER, derecho de votar.
—— PRECINCT, distrito electoral.
—— STOCK, acciones con derecho de voto.
—— TRUST, fideicomiso de votos, fideicomiso electoral.
—— TRUST CERTIFICATE, certificado de fideicomiso de votación.
—— TRUSTEE, fideicomisario con derecho a voto.
VOUCH, certificar, responder, comprobar, atestiguar.
—— CHARGES AND CREDITS, justificación de cargos y abonos.
—— FOR, responder de, confirmar, garantizar, acotar.
VOUCHER, comprobante, vale, justificante, póliza, resguardo.

—— AUDIT, auditoría de comprobantes.
—— CHECK, cheque-comprobante, póliza-cheque.
—— CLERK, encargado de pólizas por pagar.
—— COPY, ejemplar comprobante.
—— FILE, archivo de comprobantes o de pólizas.
—— FORM, formulario de póliza.
—— INDEX, índice de comprobantes o de pólizas.
—— RECORD, libro o registro de comprobantes.
—— REGISTER, registro de comprobantes, libro de pólizas por pagar.
—— SYSTEM, sistema de comprobantes, procedimiento de comprobantes.
——, TO, confirmar, certificar, atestar.
VOUCHERING AND PAYMENT, preparación de comprobante y pago.
VOUCHERS, comprobantes, pólizas.
—— APPROVED FOR PAYMENT, comprobantes aprobados para pago.
——, JOURNAL, pólizas de diario.
—— PAID, comprobantes de pago efectuados.
—— PAYABLE, comprobantes a pagar, pólizas por pagar.
——, TRANSFERS, pólizas de transferencia.
VOUCHING, comprobación contra justificantes, preparación para pago mediante comprobante.
—— OF CASH DISBURSEMENTS, justificantes o comprobantes de egresos en efectivo.
—— OF CASH RECEIPTS, justificantes o comprobantes de ingresos en efectivo.
—— OF CREDITORS' INVOICES, justificantes o comprobantes de las facturas de los acreedores.
—— OF PAID CHECKS, justificantes o comprobantes de cheques pagados.
—— OF PAYROLL RECORDS, comprobantes de los documentos de nómina.
—— OF PETTY CASH DISBURSEMENTS, comprobantes de los egresos de caja chica.
—— OF SALES, justificantes o comprobantes de ventas.
VOW, voto, juramento, promesa solemne.
——, MARRIAGE, voto o juramento del matrimonio.
——, TO, jurar, hacer voto de.
VOX POPULI, la voz del pueblo.
VOYAGE, viaje, travesía, viaje redondo, viaje por tierra, mar o aire.
—— CHARTER, fletamento de viaje redondo.
—— POLICY, póliza de viaje.
—— REPAIRS, reparación de bultos de carga averiados.
——, TO, navegar, viajar.
VOYAGER, viajero.
VULCANIZE, TO, vulcanizar.
VULGAR, vulgar, ordinario, común, grosero, vulgo, plebe.
VULGARITY, vulgaridad, bajeza, grosería.

W

WADDLE, meneo, tambaleo.
—, **TO,** columpiarse, menearse, tambalearse.
WADE, TO, chapotear, vadear.
WAFER, oblea, hostia.
WAGE, jornal, salario, paga.
—**AND SALARY ADMINISTRATION,** administración de jornales y salarios.
—**BOARD,** comisión de salarios, junta reguladora de jornales.
—**BRACKETS,** categorías de salario.
—**CEILING,** jornales máximos fijados.
—**DIFFERENTIALS,** variación del jornal para trabajo igual.
—**DISBURSEMENTS,** desembolsos de salarios.
—**DISPUTE,** disputa o controversia sobre salarios, desacuerdo sobre jornales.
—**EARNER,** jornalero, asalariado, obrero.
—**FREEZE,** congelación de jornales.
—**HIKE,** alza brusca de salarios, disparo de los salarios.
—**INCENTIVES,** incentivos o estímulos en los salarios.
—**LEVEL,** nivel de salarios o de jornales.
—**LIMITS,** jornales topes.
—, **MINIMUM,** salario o jornal mínimo.
—**POLICY, NATIONAL,** política nacional de salarios.
—**RATE,** tasa o tipo de salario, jornal.
—**RATE TRENDS,** tendencias salariales.
—**RATES INCREASE,** aumento de salarios.
—, **REAL,** salario real.
—**SCALE,** escala de salarios, escalafón.
—**STABILIZATION,** estabilización de salarios.
—, **TO,** emprender, sostener, empeñar.
—**WAR, TO,** hacer guerra.
WAGE-DIVIDEND PLAN, plan de dividendos sobre salarios.
WAGE-PRICE SPIRAL, aumento en espiral de salarios y precios.
WAGE-PUSH INFLATION, elevación inflacionaria de jornales.
WAGES, salario, jornal.
—**ACCOUNT,** cuenta de salarios o jornales.
—**AND PRICES CONTROLS,** control de precios y salarios.
—**AND SALARIES CASH OUTFLOW,** monto de sueldos y salarios.
—**BOOK,** registro de salarios.
—, **MONEY,** salarios monetarios.
—, **PROFESSIONAL,** sueldo profesional, sueldo por servicios profesionales.
—**SHEET,** lista de raya o nómina.
—**UNPAID,** salarios o jornales no pagados.
WAGER, apostar, apuesta, postura.
—**POLICY,** póliza de juego.

WAGEWORKER, asalariado, operario a jornal.
WAGGERY, jocosidad, travesura, bufonada.
WAGON, carretón, carro, carreta, vagón, furgón.
—**BUILDER,** carretero, fabricante de carretas.
—**CRANE,** grúa de carretón.
—**LOADER,** cargador portátil.
—**ROAD,** camino carretero.
—**TRAILER,** remolque de carretón o de quinta rueda.
—**TRAIN,** convoy de furgones.
WAGONER, carretero.
WAGONLOAD, carretada, carretonada.
WAIL, TO, lamentar, deplorar, llorar.
WAILING, lamento, gemido, lamentación.
WAIST, cintura, talle, cinto.
WAIT, espera, plantón, dilación, demora.
—**AT TABLE, TO,** servir a la mesa.
—**FOR, TO,** esperar, aguardar.
—**ON, TO,** servir a, atender a.
—, **TO,** esperar, aguardar, diferir, servir.
—, **TO LIE IN,** estar en acecho.
WAITER, camarero, mesero, mozo, sirviente.
WAITING, espera, demora, servicio, en espera.
—**ARRIVAL,** en espera de llegada.
—**CHARGE,** cuota de espera.
—**LINE,** cola, fila de espera.
—**LIST,** lista de solicitantes o de asuntos pendientes.
—**MAID,** doncella, camarera.
—**PERIOD,** período de espera.
—**ROOM,** sala o salón de espera, antesala.
—**TIME,** tiempo de espera.
WAITRESS, camarera, mesera, criada.
WAIVE, TO, renunciar, desistir, diferir.
WAIVER, renuncia, abandono.
—**OF NOTICE,** renuncia de citación o de aviso.
—**OF PROTEST,** excusa de protesta.
—**OF RIGHTS,** renuncia de derechos.
WAKE, despertar, despertarse, excitar, animar.
—**UP, TO,** llamar o despertar, velar, estar de velorio, velar un muerto.
WALK, paseo, caminata, modo de andar, vereda.
—**AFTER,** seguir a, ir tras.
—**AWAY,** irse, marcharse.
—**BACK,** regresar, volver atrás.
—**DOWN,** bajar a pie.
—**IN,** entrar, pasar adelante.
—**OF LIFE,** clase social, oficio, ocupación.
—**OFF WITH,** ganar, llevarse, robar.
—**OUT,** ir o declarar la huelga, paro, salir, irse, dejar el trabajo.
—**OUT OF A MEETING,** retirarse o salir de la asamblea.
—**OVER,** ganar fácilmente, abusar de, dominar a.
—**THE STREETS,** andar por las calles, andurriar.
—, **TO,** andar, caminar, marchar, ir a pie, pasear.
—**UP,** subir a pie, acercarse.

—— UP AND DOWN, ir y venir, pasearse.
WALK-UP APARTMENT, apartamento sin ascensor.
WALKER, caminante, peatón, paseante.
WALKIE-TALKIE, radio portátil.
WALKING, paseo, piso.
—— BOSS, capataz, general, ayudante de superintendente.
—— DELEGATE, delegado del gremio, diputado sindical.
—— STICK, bastón.
——, TO GO, dar un paseo, ir de paseo.
WALKOUT, paro, huelga.
WALKOVER, triunfo fácil, ganga.
WALL, pared, muro, tapia, tabique.
—— CASE, vitrina de pared.
—— CHART, cuadro mural.
—— CLOCK, reloj de pared.
——, GO TO THE, fracasar, tener bancarrota.
—— POSTER, cartel mural.
—— SAFE, caja de seguridad o cofre de pared.
—— SIGN, anuncio o letrero de pared.
—— TELEPHONE, teléfono de pared.
——, TO, emparedar, tapiar, amurallar, cercar.
——, TO DRIVE TO THE, acosar, poner entre la espada y la pared.
WALLBOARD, madera comprimida o laminada para paredes.
WALLET, cartera, billetera, bolsa de cuero.
WALTZ, bailar el vals, vals.
WANDER, TO, errar, vagar, delirar, perderse, extraviarse.
WANE, menguar, decaer, disminuir.
——, ON THE, en decadencia.
WANT, necesidad, falta, escasez, carencia, demanda.
—— ADS, avisos clasificados, anuncios.
—— OF, FOR, por falta de.
—— OF CASH, carencia o falta de dinero.
—— OF CONFIDENCE, desconfianza, falta de confianza.
——, TO, necesitar, carecer de, querer, desear.
——, TO BE IN, estar necesitado.
WANTAGE, deficiencia, merma, falta.
WANTED, se necesita, se solicita, se busca.
WAR, guerra, arte militar, lucha, estrategia.
—— BABY, hijo natural de un soldado.
—— BONDS, bonos de guerra.
—— BRIDE, novia de un soldado en guerra.
—— CLAUSE, cláusula de guerra.
—— DEPARTMENT, Ministerio de Guerra.
—— EFFORT, esfuerzo bélico.
—— GAMES, simulacros militares o de guerra.
—— LOAN, empréstito de guerra.
—— OFFICE, Ministerio de Guerra.
—— PLANT, planta del gobierno construida en época de guerra.
——, PRICE, guerra de precios.
—— RISK, riesgo o contingencia de guerra.
—— SURPLUS, sobrante.

—— TAX, impuesto o contribución de guerra.
——, TO, guerrear, hacer la guerra, estar en guerra.
—— TO THE DEATH, guerra a muerte.
WAR-DAMAGE INSURANCE, seguro contra daños bélicos.
WAR-RISK COVERAGE, cobertura de riesgos de guerra.
WARD, pupilo o menor en tutela, barrio o distrito de una ciudad, sala de hospital, pupilaje, tutela, custodia.
—— CHIEF, alcalde o cacique de barrio.
—— OFF, parar, detener, resguardarse de.
——, TO, guardar, proteger, defender.
WARDEN, custodio, guardián, celador, conserje, bedel.
—— OF A PORT, capitán de un puerto.
WARDROBE, guardarropa, armario, ropero, escaparate, vestuario.
WARDROOM, cuarto de los oficiales.
WAREHOUSE, almacén, depósito, bodega.
—— ACCEPTANCE, aceptación del almacén.
—— BOND, fianza de almacén.
——, BONDED, almacén de depósito aduanero privado.
—— CHARGES, derechos de almacenaje.
—— CLERK, empleado o encargado de almacén.
—— COPY, copia de almacén.
—— ENTRY, entrada para almacén afianzado.
—— FOREMAN, capataz de almacén.
—— IN A FREE PORT, depósito franco.
—— KEEPER, almacenero.
—— LOANS, préstamos contra guías de almacén.
—— RECEIPT, recibo de depósito en almacén público, guía de depósito, recibo de almacenaje.
—— SYSTEM, sistema de almacenaje.
——, TO, almacenar, embodegar.
—— TRUCK, carretilla de mano, carretilla para almacén.
—— WARRANT, duplicado del certificado de almacén.
—— WITHDRAWAL, retiro de almacén.
WAREHOUSE-TO-WAREHOUSE POLICY, póliza de bodega a bodega o de almacén a almacén.
WAREHOUSE-WITHDRAWAL PERMIT, permiso de retiro de mercancías de almacén.
WAREHOUSEMAN, almacenista, almacenero, guardalmacén.
WAREHOUSEMAN'S LIABILITY, responsabilidad del almacenista.
WAREHOUSING, almacenaje.
—— FINANCING, financiamiento de almacenaje, financiamiento para almacenar mercancías.
—— SYSTEM, sistema de almacenaje.
WARES, mercancías, artículos comerciales, géneros.
WARFARE, guerra, arte militar, milicia, combate.
WARM, caliente, caluroso, cálido, ardiente.
——, KEEP, conservar.

——OVER, recalentar.
——TEMPER, ardiente, genio vivo.
——, TO, calentar, calentarse, entusiasmar, abrigar.
——, TO BE, hacer o tener calor.
——UP, calentar, calentarse, practicar un poco antes de jugar.
——ZONE, zona cálida.
WARM-BLOODED, de sangre caliente, entusiasta, ardiente.
WARM-HEARTED, de buen corazón, afectuoso, simpático.
WARMTH, calor, cordialidad, entusiasmo, celo, irritación.
WARN, TO, avisar, advertir, poner sobre aviso, aconsejar, amonestar.
WARNING, advertencia, aviso, amonestación.
——SIGNAL, aviso de advertencia o alerta.
WARP, torcedura, deformación, comba, urdimbre.
——, TO, torcer, torcerse, deformarse, combarse.
WARRANT, orden de pago, autorización, certificado para compra de acciones, comprobante, certificado de depósito, vale, garantía.
——IN BANKRUPTCY, auto en bancarrota.
——OF ATTORNEY, poder.
——, TO, avalar, garantizar, certificar, justificar, autorizar.
WARRANTS ISSURED, cédulas emitidas.
WARRANTS PAYABLE, órdenes de pago pendientes.
WARRANTEE, afianzado, garantizado.
WARRANTER, garante, fiador.
WARRANTOR, fiador, garante.
WARRANTY, garantía, seguridad, autorización, poder.
——CLAIM, demanda o reclamación de garantía.
——CLAUSE, cláusula de evicción y saneamiento.
——COST, costo de garantía.
——DEED, escritura de propiedad con garantía de título.
——OBLIGATION, obligación de garantía.
——OF AVERAGE, convenio de avería.
——OF SEAWORTHINESS, garantía de seguridad marítima.
——OF TITLE, garantía de título.
WASH, TO, lavar, bañar, fregar la loza.
——OFF, lavar, borrar, hacer desaparecer.
——SALE, venta aparente o ficticia.
——TRANSACTION, transacción ficticia.
WASHABLE, lavable.
WASHED-UP, agotado, rechazado, fracasado.
WASHING, lavado, lavadura.
——MACHINE, lavadora, máquina de lavar.
WASHOUT, derrumbamiento, fracaso, arrastre.
WASHPROOF, a prueba de lavado.
WASHROOM, lavatorio, cuarto de lavar, cuarto de aseo.
WASTE, desperdicio, desecho, residuo.
——BIN, depósito de basura.
——BOOK, borrador diario.
——MATERIAL, material de desecho, material de desperdicio.
——MONEY, malgastar o despilfarrar dinero.
——OF MONEY, gasto inútil.
——OF TIME, ocupación inútil, perder o desperdiciar el tiempo.
——PAPER, papel de desecho.
——PILE, escombrera.
——PIPE, tubo de desagüe.
——PRODUCT, producto de desecho o de desperdicio.
——STEAM, vapor de escape.
——SYSTEM DIVISION, división de sistemas de desperdicio.
——TIME, malgastar o desperdiciar tiempo.
——, TO, malgastar, derrochar, desperdiciar.
——, TO GO TO, perderse, gastarse, desperdiciarse.
WASTES, desechos, desperdicios, despojos.
——DISPOSAL, utilización de desechos.
WASTEBASKET, cesto para papeles y desechos.
WASTEFUL, derrochador, malgastador.
WASTELAND, terreno baldío o árido, yermo.
WASTING, derramamiento, desgaste, agotamiento.
——ASSETS, activo amortizable, bienes agotables.
WATCH, reloj de bolsillo, vela, vigilancia, guardia, centinela.
——AND WARD, patrulla, ronda.
——CLOCK, reloj de sereno.
——FOR, TO, esperar, buscar.
——INDUSTRY, industria relojera.
——ONE'S STEP, TO, tener cuidado, andarse con tiento.
——OUT, ¡cuidado!, ¡ojo!
——OUT FOR, TO, tener cuidado con.
——OVER, TO, vigilar, velar por, cuidar de.
——OVER, TO KEEP, vigilar a.
——, TO, vigilar, observar, velar, cuidar.
——, TO BE ON THE, estar alerta.
WATCHDOG, perro guardián, guardián fiel.
WATCHING, observación, desvelo, vigía.
WATCHMAKER, relojero.
WATCHMAN, sereno, velador, vigilante.
WATCHMAN'S CLOCK, reloj para velador o sereno.
WATCHTOWER, torre, atalaya, mirador.
WATER, agua.
——, ABOVE, fuera de dificultades, flotante.
——BALLAST, lastre de agua.
——BARGE, barca que transporta agua.
——BATH, baño maría.
——, BY, por barco.
——CARRIAGE, transporte por mar, río o lago.
——CARRIER, transporte acuático.
——CART, aguador.
——CLOSET, excusado, inodoro, retrete.
——COLOR, acuarela, pintado a la acuarela.
——COMPANY, empresa de agua potable, compañía de acueducto.
——CONCESSION, concesión de aguas.

—— COOLER, enfriador de agua.
—— FRONT, litoral, terreno costero o ribereño.
—— GATE, compuerta para agua.
—— GAUGE, indicador de nivel de agua, fluviómetro.
—— HEATER, calentador de agua.
——, IN DEEP, en apuros, en aprietos, estar con el agua al cuello.
—— JACKET, (máquina de vapor) camisa de agua.
—— LINE, (náutica) línea de flotación.
—— METER, contador o medidor de agua.
—— PIPE, cañería o tubería de agua.
—— POLLUTION, contaminación del agua.
—— POWER, energía hidráulica.
—— RATES, tarifa o cuota de acueducto.
—— RESOURCES, recursos hidráulicos o acuíferos.
—— RIGHTS, derechos de agua.
—— ROUTE, ruta o vía acuática.
—— SERVICE, toma de agua potable, pluma.
—— SKI, esquí acuático.
—— SOFTENER, ablandador o suavizador de agua.
—— SUPPLY, abastecimiento o suministro de agua, acueducto.
—— TANK, tanque o depósito para agua.
——, TO, regar, bañar, echar agua, aguarse.
——, TO HOLD, ser lógico, tener fundamento.
——, TO MAKE ONE'S MOUTH, hacérsele a uno agua la boca.
—— VAPOR, vapor de agua.
—— WAGON, carro o furgón de agua.
WATER-DAMAGE INSURANCE, seguro contra daños causados por agua.
WATER-FRONT WAREHOUSE, almacén ribereño o costero.
WATER-POWER PLANT, planta hidroeléctrica, central hidráulica.
WATERCOURSE, corriente de agua, río, arroyo.
WATERCRAFT, destreza en navegación, natación o deportes acuáticos, embarcaciones en general.
WATERED, diluido, desvalorizado, inflado.
—— ASSETS, activo diluido.
—— CAPITAL, capital inflado, capital diluido.
—— STOCK, acciones desvalorizadas o diluidas, acciones de capital inflado.
WATERFALL, cascada, catarata, salto de agua.
WATERPROOF, impermeable, a prueba de agua.
—— CLOTHING, impermeable, ropa impermeable.
WATERTIGHT, hermético, impermeable, a prueba de agua.
WATERWAY, vía fluvial, canal, cauce.
WATERWORKS, planta de agua potable, acueducto.
WAVE, ola, onda, ondulación, ademán.
—— ASIDE, TO, apartar, rechazar.
—— OF SELLING, racha u ola de ventas.
—— OF STRIKES, ola de huelgas.
—— OFF, TO, rechazar, repudiar.
——, TO, ondear ondular, agitar.
WAX, cera, parafina.

—— ENGRAVING, grabado a la cera.
—— MATCH, fósforo, cerillo.
—— SEAL, sello de lacre.
——, TO, encerar.
WAX-MATCH INDUSTRY, industria fosforera o cerillera.
WAXED PAPER, papel encerado.
WAXWORK, objeto o figura de cera.
WAY, vía, ruta, camino, paso, conducto, uso, costumbre, comportamiento.
——, ACROSS THE, al otro lado, enfrente.
——, ALL THE, en todo el camino, en todo, hasta el fin.
——, ANY, de cualquier modo.
—— AROUND, THE OTHER, al contrario, al revés.
——, BY THE, a propósito, entre paréntesis, de paso.
——, EVERY, por todas partes, de todos modos.
—— IN, entrada.
——, IN NO, de ningún modo.
—— OF, BY, por vía de, pasando por.
—— OFF, A LONG, muy lejos.
——, ON THE, en camino, de paso.
—— OUT, salida.
——, OUT OF THE, fuera del camino, apartado, a un lado, poco común, extraordinario.
——, THIS, por aquí, de este modo, así.
——, TO BE IN THE, estar en el camino o en la vía, estorbar, incomodar.
——, TO GIVE, ceder.
——, TO HAVE ONE'S, hacer su capricho, salirse con la suya.
——, TO MAKE, abrir paso o campo.
——, TO MAKE ONE'S, proseguir, seguir adelante.
—— TO, ON THE, rumbo a, camino de.
—— TRAIN, tren de escalas o local.
——, UNDER, en marcha, en camino.
WAYS AND MEANS, vías y medios.
WAYBILL, carta de porte, guía de carga, ruta de embarque, boleta de expedición.
WAYFARER, pasajero, viajante, caminante.
WE, nosotros, nosotras.
—— ARE PLEASED TO, nos complace, nos es grato.
—— TAKE PLEASURE IN, tenemos el gusto de, nos complace.
WEAK, débil, endeble, frágil, poco resistente, inseguro.
—— CAPITAL, capital débil, capital inseguro.
—— CONCERN, empresa con debilidad financiera.
—— EFFORT, esfuerzo ineficaz.
—— MARKET, mercado flojo o débil.
WEAK-HANDED, escaso de braceros.
WEAK-HEADED, de escasa inteligencia.
WEAK-MINDED, pobre de espíritu, pusilánime, simple, mentecato.
WEAKEN, TO, debilitar, debilitarse, flaquear, disminuir, perder ánimo.
WEAKNESS, debilidad, flaqueza, decaimiento, flaco o lado débil.

WEALTH, riqueza, caudal, haber, abundancia.
—— **AND CLAIMS**, riqueza y derechos.
—— **AND OUTPUT**, riqueza y producción.
——, **DISTRIBUTION OF**, distribución de la riqueza.
—— **OF NATIONS**, riqueza o caudal de las naciones.
WEALTHY, adinerado, rico, acaudalado, opulento.
WEAPON, arma, medio de defensa, arma blanca.
WEAR, desgaste, uso, deterioro, moda.
—— **AND TEAR**, uso y desgaste, deterioro.
—— **AWAY**, gastar, gastarse, consumir, mermar.
—— **DOWN**, gastar, consumir, desgastar por rozamiento.
—— **OFF**, usarse, gastarse, borrarse, desaparecer.
—— **OUT**, desgastarse, gastarse.
——, **TO**, usar, gastar, desgastar, vestir, llevar puesto.
—— **WELL**, ser duradero, durar largo tiempo.
WEARING VALUE, valor de uso.
WEATHER, tiempo, estado del tiempo o atmosférico.
—— **BUREAU**, Oficina Meteorológica de Estados Unidos.
—— **CHANGES**, cambios atmosféricos.
—— **CHART**, mapa meteorológico.
—— **CONDITIONS**, condiciones atmosféricas o climáticas.
—— **FORECAST**, pronóstico o predicción del tiempo.
—— **FORECASTER**, pronosticador meteorológico, pronosticador del tiempo reinante.
—— **INSURANCE**, seguro contra daños por tormenta.
—— **REPORT**, boletín meteorológico o del observatorio sobre el estado del tiempo.
—— **SIGNAL**, señal o bandera que indica las variaciones del tiempo.
——, **TO**, exponer a la intemperie, orear, secar al aire.
——, **TO BE BAD**, hacer mal tiempo.
——, **TO BE GOOD**, hacer buen tiempo.
—— **WORN**, gastado o deteriorado por la intemperie.
WEATHER-RESISTANT, resistente a la intemperie.
WEATHERING, intemperismo, intemperización.
WEATHERPROOF, a prueba de intemperie.
WEAVE, tejido, tejer, tramar.
WEAVER, tejedora, tejedor.
WEAVING, tejido, textura, tejeduría.
WED, TO, casarse, unir en matrimonio.
WEDDING, boda, nupcias, casamiento, unión, enlace.
—— **ANNIVERSARY**, aniversario de bodas.
—— **CAKE**, pastel de boda.
—— **DRESS**, traje de boda o nupcial.
——, **GOLDEN**, bodas de oro.
—— **RING**, anillo de bodas, sortija de matrimonio.
——, **SILVER**, bodas de plata.
—— **TRIP**, viaje de novios.
WEEK, semana.
—— **ABOUT**, una semana sí y otra no.
—— **AFTER NEXT**, semana siguiente a la próxima.
—— **AGO**, hace una semana.

——, **BEFORE LAST**, semana antepasada.
—— **END**, fin de semana.
—— **FROM TODAY, A**, de hoy en ocho días.
—— **IN WEEK OUT**, semana tras semana.
——, **NEXT**, semana entrante, próxima semana.
——, **THIS**, semana actual o en curso.
——, **THIS DAY**, de hoy en ocho días.
WEEK-END TICKET, boleto de fin de semana.
WEEKDAY, día de trabajo o laborable.
WEEKLY, semanal, semanalmente.
—— **EARNINGS**, salario o percepciones semanales.
—— **INDEMNITY**, indemnización semanal.
—— **MAGAZINE**, revista semanal, semanario.
—— **PAPER**, periódico semanal.
—— **PAYROLL**, nómina semanal.
—— **REPORT**, informe semanal.
—— **SALARY**, sueldo semanal o por semana.
—— **STAFF MEETING**, junta semanal de la administración.
—— **TIME SHEET**, hoja de tiempo semanal.
—— **TRAINING MEETING**, junta semanal de entrenamiento.
WEIGH, TO, pesar, ponderar, considerar.
—— **ANCHOR**, levar anclas, zarpar.
—— **DOWN**, sobrecargar, exceder en peso, abrumar, oprimir.
—— **LIGHT**, tarar, pesar sin carga.
—— **ONE'S WORDS**, medir las palabras al hablar, hablar con cuidado.
—— **OUT**, pesar, separar por peso.
—— **THE MATTER**, considerar o ponderar el asunto.
WEIGHBRIDGE, puente-báscula.
WEIGHER, pesador, basculista.
WEIGHHOUSE, caseta de báscula.
WEIGHING, pesaje, pesada.
—— **AND PACKAGING MACHINE**, pesadora-envasadora.
—— **SCALE**, báscula, balanza.
WEIGHT, peso, pesa, carga, gravamen, cargo, lastre, importancia.
——, **BASE**, peso base.
——, **BY**, por peso.
—— **CARGO**, carga pagada por peso.
—— **CERTIFICATE**, certificado de peso.
—— **DRAFT**, tolerancia en peso.
——, **FIXED**, peso fijo.
——, **GROSS**, peso bruto.
—— **IN GOLD, TO BE WORTH ITS**, valer su peso en oro, vale lo que pesa en oro.
——, **NET**, peso neto.
—— **NOTE**, certificado de peso.
——, **TO**, cargar, gravar, aumentar el peso de.
—— **TOLERANCE**, tolerancia en peso.
WEIGHTS AND MEASURES, pesas y medidas.
WEIGHTED, ponderado, estimado, compensado.
—— **AVERAGE**, promedio ponderado o compensado.
—— **AVERAGE COST OF CAPITAL**, costo promedio o ponderado de capital.

—— **AVERAGE INVESTMENT,** rendimiento de la inversión promedio.
—— **MEAN,** media ponderada.
—— **PROBABILITIES,** probabilidades ponderadas.
—— **SAMPLE,** muestra ponderada.
—— **VALUE,** valor estimado o ponderado.
WEIGHTING, ponderación,(estadística) estimación.
—— **COEFFICIENT,** coeficiente de ponderación.
—— **FACTOR,** factor de ponderación.
WEIGHTLESS, sin peso, ligero, imponderable.
WELCOME, bienvenida, buena acogida, enhorabuena, agradable, grato.
——, **TO,** dar la bienvenida, acoger o recibir con gusto.
—— **TO IT, YOU ARE,** está a la disposición de usted, tengo mucho gusto en dárselo.
——, **YOU ARE,** sea usted bienvenido, no hay de qué, de nada (al dar las gracias).
WELD, soldadura, soldar.
WELDER, soldador.
WELDING, soldadura.
—— **GOGGLES,** gafas de soldar.
—— **HELMENT,** casco de soldar o de soldador.
—— **ROD,** varilla de soldadura o de soldar.
—— **TORCH,** soplete de soldar.
WELFARE, bienestar, previsión, asistencia pública, beneficencia.
—— **AGENCY,** entidad de beneficencia, agencia de beneficencia.
——, **CHILD,** bienestar infantil.
—— **ECONOMICS,** economía del bienestar.
——, **EMPLOYEE,** bienestar o prosperidad de los empleados.
—— **FUND,** fondo de previsión o de bienestar.
——, **GENERAL,** bienestar general.
——, **HUMAN,** bienestar humano.
——, **INDIVIDUAL,** bienestar individual.
—— **INSTITUTION,** organismo de previsión.
—— **SOCIETY,** sociedad de beneficencia o previsión.
—— **STATE,** estado benefactor o de beneficencia.
—— **WORK,** asistencia pública, auxilio social o de beneficencia, prestaciones asistenciales.
WELL, pozo, manantial, cisterna, bien, muy, mucho.
——, **AS,** también, igualmente.
—— **AS, AS,** tan bien como, tanto como, lo mismo que, así como.
—— **DECK,** cubierta de pozo.
—— **DRILLER,** pocero.
——, **HE IS,** él está bien.
—— **OVER FORTY,** tiene mucho más de cuarenta años.
——, **TO,** manar, fluir, verter, derramar.
WELL-AIMED, acertado, certero.
WELL-APPOINTED, bien equipado, bien provisto.
WELL-BALANCED, bien equilibrado, cuerdo, sensato, razonable.
WELL-BEING, bienestar, acomodado.

WELL-BORN, bien nacido, de buena familia.
WELL-BRED CATTLE, bien criado, educado, ganado de pura raza.
WELL-CONTENT, contento, satisfecho.
WELL-DISPOSED, bien dispuesto, favorable.
WELL-DOING, buena acción, buena conducta.
WELL-DONE, bien hecho, bien cocido.
WELL-DRESSED, bien vestido.
WELL-EARNED, merecido.
WELL-EQUIPPED, capacitado, bien dotado.
WELL-ESTABLISHED FIRM, empresa bien arraigada.
WELL-FAVORED, agraciado, bien parecido.
WELL-FED, bien nutrido, bien alimentado, rollizo.
WELL-FOUNDED, bien fundado, bien fundamentado.
WELL-GROOMED, bien cuidado, limpio, pulcro.
WELL-HEELED, adinerado, acaudalado, acomodado.
WELL-INFORMED, bien informado o documentado, instruido.
WELL-KEPT, bien guardado, bien conservado, bien cuidado.
WELL-KNOWN, bien conocido, acreditado.
WELL-MADE, bien hecho.
WELL-MANNERED, de buenas maneras, bien educado, cortés.
WELL-MEANT, con buena intención.
WELL-OFF, adinerado, rico, acomodado.
WELL-ORDERED, bien organizado, bien arreglado.
WELL-PAID, bien remunerado, bien recompensado.
WELL-PLANNED, bien planeado.
WELL-POSTED, bien informado, instruido.
WELL-PRESERVED, bien conservado.
WELL-READ, instruido, ilustrado, leído.
WELL-REGARDED, bien conceptuado, acreditado.
WELL-SPENT, bien invertido, bien empleado.
WELL-SPOKEN, bien dicho, que habla bien.
WELL-STOCKED, bien surtido, bien abastecido, con suficiente existencia.
WELL-SUITED, conveniente, apropiado, adecuado.
WELL-THOUGHT-OF, bien mirado.
WELL-TIMED, oportuno.
WELL-TO-DO, acaudalado, adinerado.
WELL-TRAINED, amaestrado, adiestrado.
WELL-WORDED, bien expresado.
WELL-WORN, usado, gastado.
WEST, oeste, poniente, occidente, occidental.
—— **INDIES,** Antillas.
WESTERN, occidental, novela o película de los vaqueros del oeste de EUA.
WESTWARD, hacia el oeste, que tiende o está al oeste.
WET, húmedo, mojado, lluvioso.
—— **BLANKET,** aguafiestas.
—— **CARGO,** líquidos envasados.
—— **DOCK,** dársena.
—— **GOODS,** líquidos envasados, licores.
—— **NURSE,** nodriza, ama de crianza o de leche.
—— **THROUGH,** empapado, hecho una sopa.
——, **TO,** mojar, humedecer, humectar.

——, TO GET, mojarse, calarse.
WETBACKS, espaldas mojadas, obreros mexicanos que entran ilegalmente en EUA.
WHACK, pegar, golpear, vapulear, tunda, golpe, golpazo.
WHALE, ballena, cachalote.
—— FISHING, pesca de ballenas.
—— OIL, aceite de ballena.
WHALER, ballenero, buque ballenero.
WHARF, muelle, embarcadero, desembarcadero, atracadero.
—— CRANE, grúa de muelle.
—— DUES, derecho de muelle.
—— LABORER, estibador, peón de muelle.
—— RISK, riesgo de mercancías sobre muelle.
WHARFAGE, derechos de muelle, muellaje.
WHARFMAN, peón de muelle.
WHARFMASTER, capataz de muelle.
WHAT, ¿qué?, ¿qué cosa?, ¿cuál?, el que, lo que.
—— ABOUT, ¿qué hay de?, ¿qué hay en cuanto a?
—— ABOUT IT, ¿qué más?
——, BUT, que no.
—— DOES IT MATTER, ¿y eso qué importa?
—— ELSE, ¿qué más?
—— FOR, ¿para qué?
—— IF, qué pasaría si.
—— IS WHAT, lo que hay.
—— NOT, AND, y qué sé yo qué más.
—— THOUGH, aun cuando, ¿qué importa que?
—— WITH, tanto, sea, en parte, entre.
WHATEVER, cuanto, cualquier cosa que, lo que, todo lo que sea, cualquiera.
——, ANY PERSON, cualquier persona.
WHEAT, trigo.
—— CROP, cosecha de trigo.
—— FARMER, cultivador de trigo.
—— FIELD, trigal, campo de trigo.
—— FLOUR, harina de trigo.
—— HARVEST, cosecha de trigo.
WHEEL, rueda, disco, roldana, timón o volante.
—— CHAIR, silla de ruedas.
—— CONVEYOR, transportador de ruedas.
——, TO, rodar, girar, dar vueltas, ir en bicicleta.
—— TRACK, carril.
—— TRACTOR, tractor de ruedas.
WHEEL-TYPE FILING SYSTEM, fichero giratorio.
WHEELBARROW, carretilla.
WHEELWRIGHT, carretero, carpintero de carretas.
WHEN, cuando, mientras que, en que, que, en cuanto, tan pronto como, y entonces.
——, SINCE, ¿desde cuándo?, ¿de cuándo acá?
WHEN-ISSUED TRADING, compra y venta de acciones por emitir.
WHENCE, de dónde, desde dónde, de qué causa, por eso es por lo que, por consiguiente.
WHENEVER, cuando, siempre que, cada vez que.
WHERE, donde, adonde, en donde, por donde.
WHEREABOUTS, paradero, ¿dónde?, ¿en qué lugar?

WHEREAS, por cuanto, en vista de, considerando, puesto que.
—— CLAUSES, por cuantos, considerandos.
WHEREBY, por lo cual, con lo cual, por donde, de que.
WHEREFORE, por lo cual, por qué, por eso, causa, motivo.
WHEREFROM, de donde.
WHEREIN, en qué, en donde, en lo cual.
WHEREOF, de lo cual, de lo que, cuyo, de qué, de quién.
WHEREON, en que, sobre lo cual, sobre que.
WHERETO, a lo que, a qué, donde, adonde.
WHEREUPON, después de lo cual, sobre lo cual, entonces.
WHEREVER, dondequiera que, a dondequiera que, por dondequiera que.
WHEREWITH, con que, con lo cual, medios, dinero necesario.
WHETHER, sí, sea, ya sea que.
—— OR NOT, de un modo u otro.
—— YOU WILL OR NOT, ya sea que quieras o no.
WHICH, qué, cuál, el cual, la cual.
——, ALL OF, todo lo cual.
—— IS WHICH, ¿cuál es cuál?
—— OF THEM, ¿cuál de ellos?
—— ONE, ¿cuál?
—— WAY, ¿por dónde?, ¿por qué camino?
WHICHEVER, cualquiera, cualesquiera, el que, lo que.
WHIFF, soplo, fumada, bocanada, echar bocanadas, fumar.
WHILE, rato, tiempo, temporada, mientras que, al mismo tiempo que, aun cuando, si bien.
—— AFTER, A, poco después, a poco.
—— AGO, A LITTLE, hace poco rato, no hace mucho.
——, ALL THIS, por algún tiempo, en todo este tiempo.
—— AWAY THE TIME, TO, pasar el tiempo.
——, FOR A, por algún tiempo.
——, LITTLE, ratito.
——, THE, mientras tanto, entre tanto.
——, TO WORTH, valer la pena.
WHILES, AT, a ratos, de cuando en cuando.
WHILES, BETWEEN, de cuando en cuando, a intervalos.
WHIM, capricho, fantasía, malacate.
WHIMPER, sollozar, lloriquear, quejarse, lloriqueo, quejido.
WHIP, azote, látigo, fuete, latigazo, aspa de molino, batido.
—— AWAY, arrebatar, llevarse.
—— DOWN, bajar corriendo o volando.
—— IN, meter con violencia, reunir, mantener juntos.
—— OFF, ahuyentar a latigazos, quitar de repente, hacer algo deprisa.
——, TO, azotar, fustigar, zurrar, vencer, batir.
—— UP, subir corriendo.

WHIRL, TO, girar, dar vueltas, arremolinarse, giro, vuelta.
WHIRLWIND, torbellino, remolino de viento, tifón.
WHISKEY, licor destilado de cebada, centeno, etc., aguardiente de semillas.
WHISPER, cuchichear, secretear, decir al oído, susurrar.
——, **TO TALK IN A,** hablar en secreto, susurrar.
WHISPERED THAT, IT IS, se dice que, se corre la voz que.
WHISTLE, silbar, chiflar, pitar, silbato, pito, silbido.
—— **A TUNE, TO,** silbar una tonada.
—— **BLAST,** toque de silbato.
—— **BLOWER,** persona o informador sobre mala conducta.
—— **BLOWING,** informar sobre mala conducta, dar pitazo de mala conducta.
—— **FOR, TO,** llamar silbando.
—— **SIGNAL,** pitazo, pitada.
WHITE, blanco, puro, inocente, color blanco.
—— **ELEPHANT,** negocio o inversión inútil o mala.
—— **FEATHER,** cobardía o señal de cobardía.
—— **FLAG,** (militar) bandera de parlamento o de rendición.
—— **GOODS,** ropa blanca, mantelería.
—— **HOUSE,** Casa Blanca, palacio presidencial de los E.U.A.
—— **LIE,** mentirilla.
—— **LIST,** lista blanca, lista de personas de confianza.
—— **MAGIC,** magia blanca.
—— **MEAT,** pechuga, carne de ternera o cerdo.
—— **METAL,** metal blanco, alpaca.
—— **OAK,** roble blanco.
—— **PAPER,** papel blanco, informe oficial de asuntos del gobierno.
—— **PINE,** pino blanco.
—— **SALE,** venta blanca.
—— **SLAVE,** mujer forzada a la prostitución.
—— **SLAVER,** traficante de mujeres para prostitución, traficante de prostitutas.
—— **SLAVERY,** trata de blancas.
—— **SUGAR,** azúcar blanca o refinada.
WHITE-COLLAR CRIME, delito de empleado de oficina.
WHITE-COLLAR WORKER, oficinista, empleado de oficina, empleado a sueldo.
WHITE-FACED, pálido, cariblanco.
WHITE-HANDED, maniblanco, puro, inocente.
WHITE-HEADED, blanco en canas, de cabeza con plumaje blanco.
WHITEMAIL BRIBE, soborno con mucho dinero, soborno millonario.
WHITEMAIL BRIBERY FUNDS, fondos para soborno millonario.
WHITEN, TO, blanquear, emblanquecer.
WHO, ¿quién?, ¿quiénes?, el que, la que, los que, las que.
—— **IS IT,** ¿quién es?
WHOEVER, cualquiera que, quienquiera que, el que, la que, etc.
WHOLE, todo, entero, total, íntegro, completo, intacto.
——, **AS A,** en conjunto.
—— **BROTHER,** hermano carnal.
—— **COUNTRY, THE,** todo el país.
—— **DAY,** todo el día.
—— **LIFE ANNUITY,** anualidad de toda la vida.
—— **LIFE CONTRACT,** contrato de toda la vida.
—— **LIFE INSURANCE,** seguro de toda la vida.
—— **MILK,** leche entera.
—— **NUMBER,** número entero.
——, **ON THE,** en general, en conjunto.
—— **SISTER,** hermana carnal.
——, **THE,** todo el (seguido del sustantivo).
WHOLE-HEARTED, sincero, enérgico, activo.
WHOLESALE, mayoreo, vender al por mayor, comercio mayorista.
—— **AND RETAIL TRADE,** ventas al mayoreo y menudeo.
—— **BUSINESS,** comercio o negocio al por mayor.
——, **BY,** al por mayor.
—— **CHANNELS,** canales de ventas al por mayor, canales mayoristas.
—— **CUSTOMER,** cliente mayorista.
—— **DEALERS,** mayoristas, comerciantes al por mayor.
—— **DISTRIBUTOR,** distribuidor al mayoreo.
—— **DISTRICT,** distrito mayorista.
—— **DRUG COMPANY,** compañía vendedora de medicamentos al mayoreo.
—— **ESTABLISHMENT,** establecimiento mayorista.
—— **GROCER,** bodeguero o abarrotero mayorista, tendero mayorista.
—— **HOUSE,** firma o casa mayorista, comercio al por mayor.
—— **INSURANCE,** seguro de mayoreo.
—— **LINE,** línea de mayoreo.
—— **LOT,** lote o partida al por mayor.
—— **MARKET,** mercado mayorista o al por mayor.
—— **MERCHANT,** mayorista, comerciante al por mayor.
—— **MIDDLEMAN,** intermediario mayorista.
—— **PRICE,** precio de mayoreo, precio del mayorista.
—— **PRICE INDEX,** índice de precios al por mayor o al mayoreo.
—— **PRICE LIST,** lista de precios del mayorista.
—— **SUPPLIER,** proveedor mayorista, abastecedor al por mayor.
——, **TO,** vender al por mayor.
—— **TRADE,** compañía de ventas al mayoreo, comercio mayorista o al por mayor.
WHOLESALER, mayorista, comerciante al por mayor.

——, INDEPENDENT, mayorista independiente.
—— OF CONSUMER GOODS, mayorista de bienes de consumo.
—— OF INDUSTRIAL GOODS, mayorista de productos o artículos industriales.
——, THE REGULAR, mayorista corriente.
—— TO RETAILER TO CONSUMER, MANUFACTURER, del fabricante al mayorista, al detallista y al consumidor.
WHOLESALER-RETAILER, mayorista-minorista.
WHOLESALER'S SERVICE TO THE MANUFACTURER, servicio del mayorista al fabricante.
WHOLESALER'S SERVICE TO THE RETAILER, servicio del mayorista al detallista.
WHOLESOME, sano, saludable.
WHOLLY OWNED SUBSIDIARY, subsidiaria que pertenece totalmente a la empresa.
WHOM, a quien, a quienes, que, al que o al cual, a los que o a los cuales.
——, BY, por quien, por el que o el cual.
——, FOR, para quien o por quien.
—— IT MAY CONCERN, a quien corresponda o concierna, a quien interese.
WHOMEVER, a quienquiera o cualquiera que.
WHY, ¿por qué?, ¿para qué?, ¿a qué?, por el cual, por lo cual, causa, razón, motivo, (interjección) ¡cómo!, ¡toma!, ¡qué!, ¡ca!
——, HE MUST BE MAD, sí, debe de estar loco.
——, THAT IS, es por eso que.
——, THE REASON, la razón por la cual.
WICKED, malo, malvado, perverso.
WICKET, ventanilla, taquilla, portezuela.
WIDE, ancho, vasto, amplio, extenso.
—— APART, muy alejados o apartados.
——, FAR AND, por todas partes, extensamente.
——, FIVE CENTIMETERS, cinco centímetros de ancho.
—— GAUGE, trocha ancha (ferrocarril).
—— MARGIN, margen amplio.
—— WORLD, THE, el ancho mundo.
WIDE-AWAKE, muy despierto, vigilante.
WIDE-CARRIAGE ACCOUNTING MACHINE, máquina de contabilidad de carro largo.
WIDE-EYED, de ojos muy abiertos.
WIDE-OPEN, abierto de par en par.
WIDE-OPEN COMPETITION, competencia abierta al mundo entero.
WIDEN, TO, ensanchar, ampliar, extender.
WIDESPREAD, esparcido, difundido, extendido.
WIDGET, artefacto.
WIDOW, viuda.
WIDOE, TO, dejar viuda.
WIDOW'S PENSION, pensión de viudez.
WIDOWED, enviudado, enviudada.
WIDOWER, viudo.
WIDOWHOOD, viudez.
WIDTH, anchura, ancho.
WIENER, especie de salchicha.
WIFE, esposa, mujer casada, señora.

WIFE'S ESTATE, bienes de la esposa, patrimonio de la esposa.
WIFEHOOD, estado de la mujer casada.
WIFELESS, sin esposa, soltero.
WILD, salvaje, silvestre, fiero, montaraz, indómito, virgen.
—— CHASE, caza infructuosa, empresa quimérica.
—— DUCK, pato salvaje.
—— FLOWER, flor silvestre.
—— FOWL, aves de caza.
—— LAND, terreno o región virgen.
—— LIFE, vida silvestre.
—— RUBBER, caucho silvestre.
—— SILK, seda silvestre o virgen.
—— TRIBE, tribu salvaje.
—— WELL, pozo petrolero fuera de control.
WILD-EYED, enfurecido, furioso.
WILDCAT, sin valor verdadero, improductivo, especulador.
—— DRILLING, perforación petrolera exploratoria.
—— STRIKE, huelga desautorizada.
—— WELL, pozo exploratorio o de cateo.
WILL, testamento, voluntad, gana, deseo, albedrío, intención, resolución.
——, AT, a voluntad, a discreción.
——, FREE, libre albedrío.
——, ILL, mala voluntad.
—— POWER, fuerza de voluntad, poder, vigor, pujanza.
——, TO, querer, estar resuelto a, resolver, disponer.
——, TO HAVE ONE'S, salirse uno con la suya, hacer lo que quiera.
——, TO MAKE ONE'S, hacer testamento.
WILLFUL, intencional, premeditado.
—— DAMAGE, daño premeditado.
—— INJURY, lesión o perjuicio premeditado.
—— NEGLIGENCE, negligencia intencional.
WILLING, gustoso, dispuesto, complaciente.
WILT, TO, marchitarse, secarse, ajarse.
WILY, astuto, marrullero.
WIN, TO, lograr, obtener, ganar, vencer, alcanzar, persuadir.
—— A COMPETITION, ganar la competencia o la oposición.
—— A CONTRACT, adjudicarse la licitación o el contrato.
—— A RAISE, tener un aumento de sueldo.
—— A SUIT, ganar el pleito.
—— AN ELECTION, ganar la elección.
—— AN ORDER, conseguir u obtener un pedido.
—— OUT, triunfar, ganar, vencer.
—— OVER, persuadir, ganar el favor de, atraer.
—— THE FAVOR OF, TO, caer en gracia a, tener el apoyo de.
WINCH, montacargas, malacate, cabrestante, cabria.
—— DRIVER, malacatero, operador de montacargas.

WINCHMAN, maquinista, malacatero.
WIND, viento, aire, aliento, respiración.
—— DAMAGE, daños por viento.
—— ENERGY, energía del viento, energía eólica.
—— GAUGE, anemómetro.
—— INSURANCE, seguro contra daños por viento.
—— OF, TO GET, husmear, descubrir.
—— OUT, desenmarañar, desenredar, salir de un enredo.
——, SOMETHING IS IN THE, se trama algo, algo pasa.
——, TO, devanar, enrollar, dar cuerda.
—— TO, CATCH ONE'S, recobrar el aliento.
—— TUNNEL, túnel aerodinámico.
—— UP, terminar, acabar, dar cuerda a un reloj.
—— UP A BUSINESS, liquidar o cerrar la empresa.
—— UP, TO HAVE THE, estar ansioso o alarmado, enojarse.
WIND-BOUND, detenido por vientos contrarios.
WIND'S EYE, IN THE, de cara al viento.
WINDFALL, ganga, ganancia inesperada, chiripa.
—— PROFIT, utilidad o ganancia inesperada.
WINDING, giro, vuelta, revuelta, rodeo, recodo, recoveco, alabeo, combadura.
WINDLESS, sin viento, encalmado, sin aliento.
WINDMILL, molino de viento.
WINDOW, escaparate, ventanilla, aparador, vidriera.
—— AIR CONDITIONER, aire acondicionado de ventana.
—— BLIND, persiana.
—— CARD, cartel de escaparate o para exposición.
—— CLEANER, limpiador de ventanas.
—— DECORATION, decoración o arreglo de aparadores.
—— DISPLAY, exposición de escaparates o aparadores.
—— DRESSER, decorador de aparadores o escaparates.
—— DRESSING, arreglo de aparadores o escaparates de tiendas.
—— ENVELOPE, sobre con ventanilla transparente.
—— GLASS, vidrio común o para ventana.
—— POSTING, contabilización a la ventanilla.
——, SHOW, escaparate, aparador, vitrina.
WINDSHIELD, parabrisa.
—— WIPER, limpiaparabrisas.
WINDSTORM, huracán, vendaval, ventarrón.
—— HAZARD, riesgos de huracán.
—— INSURANCE, seguro contra daños por huracán.
WINDWARD, barlovento.
WINDY, borrascoso, ventoso.
——, IT IS, hace o sopla el viento.
WINE, vino, licor, color de vino.
—— INDUSTRY, industria vinícola o licorera.
—— MERCHANT, vinatero, bodeguero.
——, RED, vino tinto.
—— SAMPLER, catavinos, catador de vinos.
—— SHOP, vinatería, taberna.
——, TO, convidar u obsequiar con vino.

—— TRADE, comercio de vinos, vinatería.
——, WHITE, vino blanco.
WINEGROWER, viticultor.
WINEGROWING, vinicultura.
—— INDUSTRY, industria vitivinícola.
WING, ala, vuelo, flanco, costado.
——, ON THE, al vuelo, en marcha, con un pie en el estribo.
—— RAIL, guardarriel.
——, UNDER ONE'S, bajo la protección de uno.
WINK, guiñar, pestañear, parpadear, pestañeo, parpadeo, guiño.
WINNER, ganador, vencedor, premiado.
WINNING, triunfo, ganancia, lucro.
—— BACK, desquite.
—— MANNERS, don de gente.
WINTER, invierno, de invierno.
—— QUARTERS, invernadero, cuarteles de invierno (militar).
—— RESORT, lugar invernal.
—— SEASON, estación invernal, invierno.
—— TIME, época de invierno, invierno, estación de invierno.
——, TO, invernar, pasar el invierno.
WIPE, secar, frotar, limpiar frotando, restregar, cepillar.
—— OFF, cancelar, anular, limpiar, lavar.
—— OUT, destruir, extirpar, exterminar, suprimir, cancelar.
—— OUT A DEBT, cancelar la deuda.
WIPED OUT, agotado, (finanzas) arruinado.
WIRE, alambre, hilo metálico, telegrama.
——, BARBED, alambre de púas.
—— BASKET, cesta de alambre.
—— BRUSH, cepillo metálico.
——, BY, por telégrafo.
—— ENTANGLEMENT, alambrada, defensa de alambres.
—— FABRIC, malla o tejido de alambre.
—— FENCE, cerca de alambre, alambrada.
—— GAUGE, calibrador de alambre, calibre o diámetro de alambre.
—— GAUZE, tela metálica.
—— GLASS, vidrio alambrado.
—— MILL, planta fabricante de alambre.
—— ROPE, cable de alambre o de acero.
—— SCREENING, tela metálica.
—— SEAL, sello de plomo y alambre.
—— TAPPING, intercepción de comunicación telefónica.
—— TELEGRAPHY, telegrafía alámbrica.
——, TO, telegrafiar, instalar alambres o conductores eléctricos, alambrar.
—— TRANSFER, giro telegráfico o cablegráfico.
WIRELESS, radiocomunicación, telégrafo o teléfono sin hilos.
—— OPERATOR, radiotelegrafista.
—— TELEGRAPHY, radiotelegrafía.
—— TELEPHONY, radiotelefonía, telefonía sin hilos.

WIREMAN, electricista de obras.
WIREPULLING, intrigas políticas, maquinaciones secretas.
WIRING, alambrado, instalación de cables eléctricos.
WISDOM, sabiduría, discernimiento, juicio, buen criterio.
WISE, sabio, ilustrado, erudito, sensato, discreto, acertado.
—— **GUY,** sabelotodo, persona ilustrada.
——, **IN ANY,** de cualquier modo.
——, **IN NO,** de ningún modo.
—— **MOVE,** paso acertado o atinado.
——, **TO GET,** darse cuenta de.
——, **TO PUT ONE,** ponerlo al tanto, advertirle a uno lo que pasa.
WISH, desear, querer, ansiar, anhelar, deseo, anhelo, voto, súplica.
—— **FOR,** desear, anhelar.
—— **IT WERE TRUE,** ¡ojalá fuera verdad!
——, **TO MAKE A,** tener un deseo, pensar en lo que se desea.
WIT, saber, tener noticia, agudeza, ingenio, talento, imaginación, inventiva.
WITS, juicio, sentido, razón.
—— **END, TO BE AT ONE'S,** quedarse perplejo, no saber uno qué hacer o decir, perder la chaveta.
——, **THE FIVE,** los cinco sentidos.
——, **TO BE OUT OF ONE'S,** estar fuera de sí, estar loco.
——, **TO LIVE BY ONE'S,** valerse de su ingenio para vivir, vivir de gorra.
WITH, con, en compañía de, de (preposición).
—— **ALL SPEED,** a toda prisa.
—— **GOOD SENSE, A MAN,** un hombre de juicio o de criterio.
——, **IDENTICAL,** idéntico a.
——, **TO BE ILL,** estar enfermo de.
——, **TO FILL,** llenar de.
——, **TO PART,** separarse de.
WITHDRAW, girar, sacar, retirar fondos, retirarse, separar, apartar.
—— **A BID,** retirar o rescindir la propuesta.
—— **A MOTION,** rescindir la moción.
—— **A STATEMENT,** retractarse.
—— **CASH,** retirar efectivo.
—— **FROM BUSINESS,** retirarse de los negocios.
—— **FROM CIRCULATION,** retirar de la circulación.
—— **FROM MEMBERSHIP,** cancelar la afiliación, darse de baja.
—— **FROM STORAGE,** sacar del almacén.
—— **FUNDS,** retirar o sacar fondos.
—— **MERCHANDISE,** retirar mercancías.
—— **SUPPORT,** retirar o privar del apoyo.
—— **THE APPLICATION,** retirar la solicitud.
WITHDRAWAL, extracción, retiro, baja.
—— **CHECK,** cheque de retiro.
—— **OF A PARTNER,** retirada de un socio.
—— **ORDER,** orden de retirada de fondos.

—— **VOUCHER,** comprobante de retiro de fondos.
WITHDRAWALS, extracciones, fondos retirados, egresos.
—— **FROM STOCK,** retiros de existencia.
—— **OF CASH,** retiros de caja.
WITHHELD, retenido.
——, **AMOUNTS,** sumas retenidas.
—— **TAX,** impuesto retenido.
WITHHOLD, TO, retener, rehusar, negar, impedir.
—— **AT THE SOURCE,** retener en la fuente.
—— **INFORMATION,** encubrir o retener información.
—— **ONE'S CONSENT,** negar el consentimiento.
—— **PAYMENT,** faltar o retener el pago.
WITHHOLDING, retención.
—— **AGENT,** agente retenedor, retentor, agente de retención.
—— **OF TAX,** retención del impuesto.
—— **TAX,** impuesto retenido.
WITHHOLDING-TAX FORM, formulario de impuesto retenido.
WITHIN, dentro de, en el interior de, al alcance de, cerca de, casi a.
—— **A SHORT DISTANCE,** a poca distancia.
—— **AN HOUR,** dentro de una hora.
—— **AN INCH,** una pulgada más o menos.
—— **HEARING,** al alcance de la voz.
—— **SIGHT,** al alcance de la vista, a la vista.
—— **SIX MILES,** a seis millas de distancia.
—— **THE AMOUNT AVAILABLE,** conforme a los fondos disponibles.
—— **THREE MONTHS,** dentro de tres meses.
WITHOUT, sin, falto de, fuera de, más allá de.
—— **BENEFIT,** sin beneficio de recuperación.
—— **DAY,** sin fijar fecha.
—— **DELAY,** sin demora, de inmediato.
—— **DUE NOTICE,** sin previo aviso, intempestivamente.
—— **END,** sin fin.
—— **ENGAGEMENT,** sin compromiso.
—— **EXCEPTION,** sin excepción.
—— **FAIL,** sin falta.
—— **FEAR,** sin temor.
—— **JUSTIFICATION,** sin justificación.
—— **MY SEEING HIM,** sin que yo lo viera. sin verlo.
—— **OBLIGATION,** sin compromiso u obligación.
—— **PAR VALUE,** sin valor nominal, sin valor a la par.
—— **PREJUDICE AND VIAS,** sin prejuicios ni preferencias.
—— **PROTEST,** sin protesto, libre de gastos.
—— **RECOURSE,** sin recurso.
—— **RESERVE,** sin precio mínimo fijado.
WITHSTAND, TO, contrarrestar, soportar, sufrir.
WITNESS, testigo, declarante, atestación, dar fe, constancia.
—— **CLAUSE,** cláusula de atestación.
—— **OF, TO BE A,** ser testigo, presenciar.

—— STAND, banquillo o estrado de los testigos.
—— STAND, TO TAKE THE, subir al banquillo o estrado de los testigos.
——, TO, testificar, atestar, atestiguar, dar fe, declarar como testigo.
—— WHEREOF, IN, en testimonio de lo cual.
WITNESSED, atestado, testificado.
—— BEFORE ME, atestado o declarado ante mí.
WITTY, ingenioso, agudo, ocurrente, chistoso.
—— SAYING, chiste, ocurrencia.
WOE, dolor, miseria, infortunio, pena.
—— IS ME, ¡pobre de mí!
WOMAN, mujer, sexo femenino.
—— ACCOUNTANT, contadora.
—— APPRENTICE, aprendiza.
—— ASSISTANT, ayudanta, auxiliar.
—— CANDIDATE, candidata.
—— CASHIER, cajera, contadora.
—— COMMISSIONER, comisionada.
—— CONTRACTOR, empresaria, contratista.
—— DIRECTOR, directora.
—— DRIVER, conductora.
—— HELPER, ayudanta.
—— LAWYER, abogada.
—— LEADER, jefa.
—— LOAN APPLICANT, solicitud de préstamo hecha por una mujer.
—— MANAGER, directora, administradora.
—— OF THE WORLD, mujer de mundo.
—— OPERATOR, operadora, operaria.
—— PHYSICIAN, doctora, médica.
—— PRESIDENT, presidenta.
—— REPORTER, reportera, periodista, cronista.
—— SALESCLERK, dependienta.
—— SECRETARY, secretaria.
—— SERVANT, sirvienta, criada.
—— TELLER, contadora, cajera.
—— THIEF, ladrona.
—— TICKET COLLECTOR, billetera.
—— TREASURER, tesorera.
—— VOTER, electora.
—— WITNESS, mujer testigo.
—— WORKER, trabajadora, obrera.
—— WRITER, escritora.
WOMEN WORK FORCE, fuerza laboral femenina.
WOMEN'S LIBERATION, liberación femenina, movimiento de liberación femenina.
WOMEN'S WEAR, vestidos de señora, prendas de mujer.
WONDER, maravilla, admiración, prodigio, milagro, enigma.
——, IN, maravilloso.
—— THAT, NO, no es extraño que.
——, TO, desear saber, maravillarse de, sorprenderse, asombrarse.
—— WHAT HE WANTS, I, ¿qué querrá?
WOOD, madera, leña, palo, bosque.
—— ALCOHOL, alcohol metílico.
—— CARVING, talla en madera.

—— DEALER, negociante o comerciante en madera, leñero.
—— ENGRAVING, grabado en madera.
—— PULP, pulpa de madera.
—— SCREW, tirafondo, tornillo de metal para madera.
—— TAR, alquitrán.
——, TO, proveer de leña, cubrir con bosques, convertir en selva.
—— YARD, maderería, depósito de madera.
WOODS, TO BE OUT OF, estar a salvo, haber salido de una dificultad.
WOODBIN, leñera.
WOODCHOPPER, leñador.
WOODCUT, grabado en madera.
WOODCUTTING, tala, corte de madera.
WOODEN, de madera o de palo.
—— LEG, pata de palo.
—— WEDDING, quinto aniversario de boda.
WOODENHEAD, imbécil, zopenco.
WOODENWARE, artículos caseros de madera.
WOODLAND, bosque, monte, selva.
WOODMAN, leñador, guardabosque.
WOODWORK, maderaje, obra de carpintería.
WOODWORKER, carpintero, ebanista.
WOOER, cortejador, pretendiente.
WOOL, lana, lanar, de lana.
—— BROKER, corredor de lana.
—— COMBING, cardadura.
—— DEALER, comerciante en lanas, lanero.
—— EXCHANGE, bolsa o lonja de la lana.
—— FUTURES, futuros de lana, lana para entrega futura.
—— MARKET, mercado lanero.
—— SORTER, clasificador de lana.
—— SUBSTITUTE, lana sintética, substituto de lana.
—— TRADE, comercio o negocio de lana.
—— WASTE, estopa o desperdicios de lana.
—— YARN, estambre o hilo de lana.
WOOLEN, de lana, lanudo, lanoso.
—— DEALER, comerciante de géneros de lana.
—— FABRICS, tejidos o géneros de lana.
—— INDUSTRY, industria de la lana.
—— MILL, fábrica de tejidos de lana.
—— TRADE, comercio de géneros de lana.
WOOLENS, vestidos o géneros de lana, prendas o ropa de lana.
WOOLGROWING, cría de ganado lanar, crianza de ovinos.
WORD, palabra, vocablo, voz, aviso, noticia.
—— FOR WORD, palabra por palabra, literalmente.
—— FROM, TO GET, tener noticias de.
——, IN, de palabra.
——, IN A, en resumen, en una palabra.
——, IN MY, bajo mi palabra, a fe mía.
—— OF HONOR, palabra de honor.
—— OF MOUTH, BY, de palabra, verbalmente.
—— SIGNS, (estenografía) gramálogos.
——, TO KEEP ONE'S, cumplir su palabra.

——, TO LEAVE, dejar dicho.
——, TO SEND, avisar, dar aviso.
—— WITH, TO HAVE A, hablar con, conversar dos palabras con.
WORD-OF-MOUTH ADVERTISING, recomendación verbal.
WORDS, IN OTHER, en otros términos.
——, IN SO MANY, en esas mismas palabras, claramente, sin ambages.
—— OF, IN THE, como dice, según las palabras.
——, TO HAVE, reñir de palabra.
WORDINESS, verbosidad, palabrería.
WORDING, redacción, fraseología.
WORDLESS, mudo, falto de palabras.
WORK, trabajo, empresa, labor, empleo, faena, tarea.
—— A PATENT, usar la patente.
—— ACCIDENT, accidente de trabajo, accidente laboral.
—— AGAINST, oponerse a, trabajar contra.
——, AT, ocuparse de, trabajar en.
—— CARGO, manipular carga.
—— CLOTHING, ropa o prendas de trabajo.
—— CYCLE, ciclo de trabajo.
—— DISTRIBUTION, distribución del trabajo.
—— DOWN, hacer bajar.
—— ETHICS, ética laboral o de trabajo.
—— FLOW, flujo del trabajo, movimiento del trabajo hecho.
—— FLOW BOTTLENECK, cuello de botella o atascamiento del flujo de trabajo.
—— FLOW LAYOUT, disposición o distribución del flujo de trabajo.
——, FOLLOW-UP, trabajo de completación o complementario.
—— FORCE, mano de obra.
—— GOALS, objetivos o metas del trabajo.
—— GROUP, grupo de trabajo.
—— HUMANIZATION MOVEMENT, movimiento de humanización laboral o del trabajo.
—— IN, meter, hacer entrar.
—— IN PROCESS, trabajo en proceso o en curso, manufactura en proceso.
—— IN PROCESS INVENTORY, inventario de trabajo en proceso.
—— IN PROCESS LEDGER, mayor de productos en proceso.
—— INTO, entrar en, penetrar.
—— IT, manejar las cosas, resolverlas.
——, LABORATORY, trabajo de laboratorio.
—— LOAD, carga de trabajo, volumen de trabajo.
—— OF ART, obra de arte.
—— OF MIDDLEMEN, trabajo de intermediarios.
—— OFF, deshacerse de, desempeñar, pagar una deuda trabajando.
—— ONE'S HEAD OFF, trabajar lo más duro posible.
—— ONE'S WAY THROUGH, abrirse camino en, pagar los gastos con su trabajo.

—— OR GOODS IN PROCESS INVENTORY, inventario de productos en proceso, inventario de productos en elaboración.
—— ORDER, orden de trabajo o de tarea.
—— OUT, solucionar, resolver, tener éxito, ejecutar, efectuar, idear.
——, OUT OF, sin trabajo, sin empleo, cesante.
—— OVER, alterar, rehacer.
—— PLAN, plan de trabajo.
—— PROGRAM, programa de trabajo.
—— REFORM MOVEMENT, movimiento de reforma laboral o del trabajo.
—— RELATIONS, relaciones laborales u obreras.
—— RELIEF, trabajo para ayuda a cesantes.
—— RULES, reglas laborales, normas de trabajo.
—— SAMPLING, muestreo del trabajo.
—— SHEET, hoja de trabajo, póliza de contabilidad.
—— SHIFT, turno de trabajo.
—— SIMPLIFICATION, simplificación de trabajos o tareas.
—— SLOWDOWN, retardar el trabajo o aminorarlo.
—— STATION, estación de trabajo.
—— STUDY, estudio del trabajo.
—— THROUGH, penetrar, atravesar con trabajo.
——, TO, trabajar, funcionar, surtir efecto, elaborar, producir, manufacturar.
——, TO BE AT, estar muy ocupado o atareado.
—— TRAIN, tren de trabajo, tren de construcción.
—— UNIT, unidad de trabajo o producción.
—— UP, promover, fomentar, redactar, elaborar.
—— UPON, trabajar en, estar ocupado en, sublevar.
—— WEEK, semana laboral.
——, WELFARE, obra social, asistencia social.
WORK-IN-PROCESS, trabajo en proceso.
WORK-SHARING, reducción de horas de trabajo para evitar cesantías.
WORK-STUDY PROGRAM, programa de estudio del trabajo.
WORKS, fábrica, la obra.
—— COUNCIL, comité de empresa, comisión de operarios, consejo de taller.
—— ENGINEER, ingeniero de fábrica.
—— MANAGER, director o jefe de obras.
——, PUBLIC, obras públicas.
WORKABILITY, practicabilidad, aplicabilidad, explotable, manejable.
WORKABLE, factible, viable, ejecutable, laborable.
—— COMPETITION, competencia factible o viable.
WORKBENCH, banco de taller, mesa de trabajo.
WORKBOOK, cuaderno de ejercicios.
WORKDAY, día de trabajo o laborable.
WORKER, trabajador, obrero, operario, jornalero.
WORKER-OWNED COMPANY, compañía o empresa propiedad del obrero.
WORKERS SELF MANAGEMENT, administración propia de los trabajadores, administración establecida por los trabajadores.
WORKFELLOW, compañero de trabajo, obrero.

WORKGIRL, operaria, obrera.
WORKING, obra, trabajo, operación, explotación.
—— **AGREEMENT**, contrato de trabajo, avenencia.
—— **ASSETS**, activo de trabajo, activo menos bienes de uso.
—— **CAPITAL**, capital en giro, activo circulante, capital de operación.
—— **CAPITAL ADVANCE**, anticipo o adelanto de capital de trabajo.
—— **CAPITAL ANALYSIS**, análisis o examen del capital de trabajo.
—— **CAPITAL COMMERCIAL LOAN**, préstamo comercial para capital de trabajo.
—— **CAPITAL CYCLE**, ciclo del capital de trabajo, ciclo del activo circulante.
—— **CAPITAL FLOW**, flujo de capital de trabajo.
—— **CAPITAL LOAN**, préstamo para capital de trabajo, préstamo para capital en giro.
—— **CAPITAL MANAGEMENT**, administración del capital de trabajo.
—— **CAPITAL, NET**, capital de explotación neto.
—— **CAPITAL POSITION**, situación del capital de trabajo, estado del capital en giro.
—— **CAPITAL REPORT**, informe sobre capital de trabajo.
—— **CAPITAL SHORTAGE**, escasez o insuficiencia de capital de trabajo.
—— **CARD**, tarjeta de afiliación al gremio.
—— **CLASS**, clase obrera o trabajadora.
—— **CONDITIONS**, condiciones de trabajo o de empleo.
—— **CONTROL**, control efectivo.
—— **DAY**, día laborable o de trabajo.
—— **DRAWING**, plano de ejecución.
—— **FORCE**, personal obrero o de trabajo.
—— **FOREMAN**, capataz que hace trabajo manual.
—— **FUND**, fondo de trabajo, fondo de habilitación.
—— **HOURS**, horas laborables o de trabajo.
—— **INTEREST**, participación del concesionario de un terreno en la producción de petróleo y gas obtenida del mismo.
—— **LOAD**, carga de servicio.
—— **MAJORITY**, mayoría suficiente.
—— **ORDER, IN**, en buen estado de funcionamiento.
—— **PAPERS**, documentos de trabajo, papeles de trabajo.
—— **PARTNER**, socio activo o comanditario.
—— **PLAN**, plan de ejecución.
—— **RESERVE**, reserva general de operación.
—— **SHEET**, hoja o estado de trabajo.
—— **STORAGE**, almacenaje para operación corriente.
—— **TRIAL BALANCE**, balanza de comprobación de trabajo, balance de prueba preliminar.
WORKING-CAPITAL FUND, fondo de capital de trabajo.
WORKING-CAPITAL RATIO, índice de capital de trabajo.

WORKING-CLASS DISTRICT, colonia proletaria.
WORKING-CLASS FAMILY, familia proletaria, familia de clase obrera.
WORKING-HOURS METHOD, método de horas de trabajo.
WORKING-PAPER FILE, archivo de documentos de trabajo.
WORKINGMAN, obrero, operario, jornalero, trabajador.
WORKINGWOMAN, obrera, trabajadora, operaria.
WORKLESS FACTORY, fábrica sin obreros, fábrica que funciona automáticamente.
WORKMAN, obrero, trabajador, operario.
WORKMANLIKE, bien hecho, bien ejecutado.
WORKMANSHIP, mano de obra, hechura.
WORKMASTER, maestro de taller, oficial.
WORKMEN'S, de trabajadores.
—— **COLLECTIVE, INSURANCE**, seguro colectivo obrero o de trabajadores.
—— **COMPENSATION**, compensación legal por accidente de trabajo.
—— **COMPENSATION ACTS**, leyes sobre compensaciones por accidentes de trabajo.
—— **COMPENSATION INSURANCE**, seguro obrero o de obreros.
—— **HOUSING**, viviendas o habitaciones obreras.
—— **INSURANCE**, seguro obrero.
WORKOUT, prueba, ensayo.
WORKPEOPLE, obreros, operarios.
WORKPIECE, pieza en elaboración.
WORKPLACE, centro o lugar de trabajo.
—— **DEMOCRACY**, democracia en el centro de trabajo.
—— **DEMOCRACY PROGRAM**, programa de democracia en el centro de trabajo.
—— **THEFT**, robo en el centro de trabajo.
WORKROOM, taller.
WORKSAVING, economía de trabajo.
WORKSHEET, hoja de trabajo, informe de labor.
WORKSHOP, taller.
WORLD, mundo, mundial, universo, humanidad.
——, **ANIMAL**, mundo animal.
—— **BANK**, banco mundial.
—— **CONTRACT**, contrato mundial.
—— **ECONOMIC POWER**, poder o fuerza económica mundial.
—— **ECONOMICS**, economía mundial.
—— **EVENTS**, acontecimientos o sucesos mundiales.
——, **FOR ALL THE**, bajo todos conceptos, por nada del mundo.
—— **HISTORY**, historia mundial.
—— **MARKET**, mercado mundial.
——, **MINERAL**, mundo mineral.
—— **POPULATION**, población mundial.
—— **POPULATION GROWTH**, crecimiento demográfico mundial.
—— **PORT**, puerto de comercio mundial.
—— **POWER**, potencia mundial.
—— **PRICE**, precio mundial.

—— SUGARS, azúcares de contrato mundial.
——, THE OTHER, el otro mundo, la vida futura.
—— TRADE, comercio mundial.
—— TRENDS, tendencias mundiales, rumbos mundiales.
——, VEGETABLE, mundo vegetal.
—— WAR, guerra mundial (la I de 1914 a 1918 y la II de 1939 a 1945).
—— WITHOUT END, para siempre jamás, por los siglos de los siglos.
WORLD-CONTRACT FUTURES, futuros mundiales.
WORLD-MARKET PRICE, precio en el mercado mundial.
WORLD-WIDE, de alcance mundial o internacional.
—— INFLATION, inflación mundial.
—— MARKET, mercado mundial.
WORLD'S, mundial, del mundo.
—— AFFAIR, asuntos o cuestiones mundiales.
—— ANNUAL OUTPUT, producto anual mundial.
—— FAIR, feria mundial, exposición internacional.
—— RECORD, marca mundial.
WORN, gastado, desgastado, estropeado, rendido, cansado, agotado.
—— PARTS, piezas desgastadas.
WORN-OUT, gastado, desgastado.
WORRIED, preocupado, intranquilo, angustiado.
——, TO BE, estar preocupado o angustiado.
WORRISOME, angustioso, inquietante.
WORRY, preocupación, cuidado, inquietud.
——, DON'T, no se preocupe.
——, TO, preocupar, preocuparse, inquietar, angustiar.
WORSE, peor, más malo, inferior.
—— AND WORSE, de mal en peor, peor que nunca.
——, FROM BAD TO, de mal en peor.
—— OF IT, TO HAVE THE, llevar la peor parte.
—— OFF, TO BE, estar peor que antes, estar en peores circunstancias.
——, SO MUCH THE, tanto peor.
—— THAN EVER, peor que nunca.
——, TO GET, empeorar.
WORSHIP, adoración, culto, reverencia, respeto.
——, TO, adorar, reverenciar, honrar.
WORSHIPPER, adorador, devoto.
WORST, pésimo, malísimo, lo peor.
——, AT THE, en las peores circunstancias.
—— COMES TO THE WORST, IF THE, si sucede lo peor.
—— IS YET TO COME, THE, aún falta lo peor.
—— OF, TO GET THE, llevar la peor parte.
WORTH, valor, valía, mérito, precio, riqueza, importancia.
—— A MILLION DOLLARS, SMITH IS, Smith tiene un millón de dólares.
——, ECONOMIC, valor económico.
——, LIABILITY AND NET, pasivo y capital líquido.
—— MAKING, THE CHANGE IS NOT, no vale la pena hacer el cambio.
——, NET, capital líquido o neto.
—— OF, A DOLLAR, un dólar de lo que se compra.

—— OF EDUCATION, THE, el valor de la educación.
—— OF SUGAR, TWENTY CENTS, veinte centavos de azúcar.
——, TANGIBLE NET, capital líquido o neto tangible.
——, TO BE, valer, costar, merecer.
—— WHILE, TO BE, valer la pena.
WORTH-DEBT RATIO, relación activo líquido a deuda total.
WORTHLESS, sin valor, inútil, despreciable.
—— ACCOUNTS, cuentas incobrables.
WORTHY, digno, apreciable, merecedor, acreedor.
—— OF NOTICE, digno de mención.
—— OF PROMOTION, digno de ascenso, merecedor de aumento de sueldo.
WOULD, (pretérito o subjuntivo de will) quieran, quisieran, hiciera.
—— COME, HE SAID HE, dijo que vendría.
—— DO IT, IF YOU, si lo hiciera usted.
—— SEEM, IT, parece, parecería, según parece.
—— YOU BE SO KIND, ¿tendría usted la bondad?, ¿sería usted tan amable?
WOUND, herida, llaga, lesión, ofensa.
——, TO, herir, lastimar, ofender, agraviar.
WOUNDED, herido, lesionado, descalabrado.
WRACK, naufragio, ruina, destrucción.
——, TO, naufragar, arruinarse.
WRANGLE, disputa, riña, altercado.
——, TO, reñir, disputar.
WRAP, envoltura, abrigo, capa, manta.
——, TO, envolver, empapelar, enrollar, arropar, cubrir.
——, TO PUT ON A, abrigarse.
—— UP, envolver, abrigar, enrollar, arropar, cubrir.
WRAPPED UP IN, TO BE, estar implicado o enrollado en.
WRAPPING, envoltura, empaquetadura.
—— MACHINE, máquina envolvedora o para envolver.
—— PAPER, papel de envolver o de envoltura.
—— TWINE, hilo o cordel para envolver.
WRECK, naufragio, ruina, destrucción, destrozo.
—— A BUSINESS, arruinar o destruir el negocio.
—— A TRAIN, descarrilarse el tren.
——, TO, naufragar, arruinar, demoler, desbaratar.
WRECKAGE, naufragio, restos de naufragio.
WRECKING, demoledor, ruinoso, desastroso.
—— CAR, carro de grúa o de auxilio en accidente, camión de auxilio.
—— CRANE, grúa de auxilio o de salvamento.
—— CREW, cuadrilla de salvamento, equipo de urgencia.
—— PLANT, planta de desarmar o demoler autos.
—— TRAIN, tren de auxilio o de socorro.
WRENCH, torcedura, torsión, tirón, llave de tuercas.
——, MONKEY, llave inglesa.
——, PIPE, llave de tubo o stillson.
——, TO, torcer, arrancar, dislocar, arrebatar.

WRESTLE, TO, luchar con, forcejar contra, luchar a brazo partido, esforzarse, disputar.
WRESTLER, luchador.
WRESTLING, lucha.
WRIGHT, artesano, artífice, obrero.
WRINKLE, arruga, surco, capricho, maña, idea.
——, **TO,** arrugar, arrugarse.
WRIST, (anatomía) muñeca, muñón.
——**BANDAGE,** pulsera.
——**WATCH,** reloj de pulsera o de muñeca.
WRIT, mandamiento, orden, auto, decreto, escrito, mandato.
——, **HOLY,** Sagrada Escritura.
——**OF ASSISTANCE,** mandamiento de lanzamiento.
——**OF ATTACHMENT,** mandamiento de embargo.
——**OF DELIVERY,** mandamiento para entrega de bienes muebles.
——**OF EJECTMENT,** mandamiento de desalojo o de lanzamiento.
——**OF EXECUTION,** mandamiento de ejecución, ejecutoria.
——**OF EXPROPRIATION,** auto de expropiación.
——**OF INQUIRY,** auto de indagación.
——**OF PROCESS,** citación.
——**OF RESTITUTION,** mandato de restitución.
——**OF SUMMONS,** emplazamiento.
WRITE, escribir, describir, redactar, registrar información.
——**A CHECK,** extender un cheque.
——**A CONTRACT,** redactar un contrato.
——**A GOOD HAND,** tener buena letra.
——**AFTER,** copiar de.
——**BACK,** contestar por carta.
——**BONDS,** subscribir fianzas.
——**COPY,** redactar texto.
——**DOWN,** transferencia a gastos de parte del valor de un activo, poner por escrito, rebajar el valor.
——**IN,** intercalar, insertar.
——**INSURANCE,** asegurar, subscribir seguros.
——**OFF,** anular, suprimir, descontabilizar, cancelación, castigo.
——**ON,** continuar escribiendo, escribir acerca de.
——**OUT,** redactar, copiar, transcribir, escribir sin abreviar.
——**OVER AGAIN,** volver a escribir, escribir de nuevo.
——**POLICIES,** extender pólizas.
——**UP,** aumento de valor de un activo no compensado por un desembolso, aumento injustificable del valor nominal del activo, aportación de capital, narrar, redactar, describir.
——**UP THE AGENDA,** redactar la orden del día.
WRITE-DOWN, castigo, rebaja.
WRITE-OFF, cancelación.
WRITE-OFF GOODWILL, amortización del crédito mercantil.
WRITE-UP, descripción escrita, crónica de prensa, revaluación, aumento de valor en libros.
WRITER, escritor, autor, literato.
WRITING, escritura, escrito, el arte de escribir, composición literaria.
——**BOARD,** tablilla o pizarra de escribir.
——**BOOK,** cuaderno de escritura.
——**CONTRACT,** contrato o convenio escrito.
——**DESK,** escritorio, buró, pupitre.
——, **IN,** por escrito.
——, **IN ONE'S OWN,** de su puño y letra.
——**INK,** tinta de escribir.
——**LINE,** línea de escritura.
——**MACHINE,** máquina de escribir.
——**MASTER,** maestro de escritura.
——**MATERIALS,** equipo de escritura.
——**OVERHEAD,** gastos de contratación.
——**PAD,** bloc de papel.
——**PAPER,** papel de escribir.
——**TABLE,** mesa-escritorio, mesa-pupitre.
WRITTEN, escrito, manuscrito.
——**AGREEMENT,** contrato escrito.
——**APPLICATION FORM,** modelo de solicitud escrito, forma de solicitud por escrito.
——**CONTRACT,** contrato escrito.
——**LAW,** derecho escrito, ley escrita.
——**MANUAL,** manual impreso.
——**MESSAGE,** mensaje escrito.
——**NOTICE,** aviso escrito.
——**REPRESENTATION,** declaraciones por escrito.
WRONG, incorrecto, equivocado, injusto, falso, daño, error, entuerto.
——**NUMBER,** número equivocado.
——**PLACE, THE,** el sitio que no le corresponde.
——**SIDE,** al revés, lado malo.
——**SIDE OUTWARD,** al revés.
——, **TO,** hacer mal, perjudicar, agraviar, ofender.
——, **TO BE,** ser malo, no ser justo, no tener razón.
——, **TO BE IN THE,** no tener razón.
——, **TO DO,** hacer mal, hacer daño, causar perjuicio.
WRONG-HEADEDNESS, terquedad, obstinación.
WRONGDOER, malvado, injuriador, perverso.
WRONGDOING, mala actuación, maleficencia.
WRONGFUL, injusto, inicuo.
WROUGHT, forjado, labrado, trabajado.
——**IRON,** hierro forjado o fraguado, hierro dulce.
WRY, torcido, doblado, distorsionado, tergiversado, perverso.
——**FACE,** gesto, visaje, mueca, mohín.
WRYNESS, torcedura.

X

X-RAY, rayos X, radiografía.
——**EQUIPMENT,** equipo de rayos X.
——**EXAMINATION,** examen por rayos X.
——**FILM,** película radiográfica.
——**PICTURE,** radiografía.
——**, TO,** radiografiar, tomar radiografía.
XENOPHOBIA, xenofobia, odio o antipatía hacia los extraños.
XMAS, siglas de Christmas, navidad.
XYLOGRAPH, grabado en madera.
XYLOGRAPHER, grabador en madera.
XYLOGRAPHY, el arte del grabado en madera.
XYLOPHONE, xilófono, especie de marimba.

Y

YACHT, yate.
——**CLUB,** club náutico.
——**RACE,** regata de yates.
——**, TO,** navegar en yate.
YACHTING, deporte de los yates, navegación o paseo en yate.
YACHTSMAN, dueño o timonel de yates, deportistas de yates.
YANK, tirón, estirón.
——**, TO,** dar un tirón, sacar de un tirón.
YARD, yarda o vara inglesa, patio, cancha, corral, cercado.
——**CONDUCTOR,** conductor de maniobras.
——**ENGINE,** locomotora de patio o de maniobras.
——**ENGINEER,** maquinista o ingeniero de patio.
——**FOREMAN,** capataz de patio.
——**, TO,** acorralar, confinar.
——**TRACK,** vía de patio o de playa.
YARDAGE, yardaje, cubicación en yardas, medida en yardas.
——**FEE,** derechos de almacenaje.
YARDMAN, ferrocarrilero de patio.
YARDSTICK, medida, evaluación, vara de medir.
YARN, hilaza, hilo, hilado, cuento chino o increíble.
——**CONDITIONER,** acondicionador de hilados.
——**NUMBER,** número o título del hilado.
——**WASTES,** hilo de desperdicio.
YAWN, bostezar, anhelar, abrirse, quedarse con la boca abierta, bostezo.
YEAR, año.
——**ACCOUNTING,** año contable.
——**AFTER NEXT,** año siguiente al próximo.
——**AFTER YEAR,** año tras año.

——**AGO,** hace un año.
——**BEFORE LAST,** año antepasado.
——**, BY THE,** por año.
——**, CALENDAR,** año civil.
——**CERTAIN,** (legal) un año incondicional.
——**, CIVIL,** año civil.
——**, FISCAL,** año fiscal, año económico.
——**, LAST,** el año pasado.
——**, LEAP,** año bisiesto.
——**, LEGAL,** año legal.
——**, LUNAR,** año lunar.
——**, NEW,** año nuevo.
——**, NEXT,** el año próximo o entrante.
——**OF ACCOUNT,** año o ejercicio contable.
——**OF GRACE,** año muerto.
——**OF WRITE-OFF,** año de cancelación.
——**, ONCE A,** cada año, una vez al año.
——**, SCHOOL,** año escolar.
——**, SOLAR,** año solar.
——**, THIS,** año corriente o actual.
YEAR-END, fin de año.
——**ACCOUNT BALANCE,** saldos de cuenta a fin de año.
——**ADJUSTMENTS,** ajustes de cierre de año o de fin de año.
——**AUDIT WORK,** auditoría de fin de año.
——**BALANCE SHEET,** balance de fin de año.
——**BONUS,** aguinaldo o gratificación de fin de año.
——**CUTOFF,** corte de fin de año.
——**DIVIDEND,** dividendo de fin de año.
——**INVENTORY,** inventario de fin de año.
——**PHYSICAL INVENTORY,** inventario físico de fin de año.
——**RECONCILIATIONS,** conciliaciones bancarias de fin de año.
YEAR'S PURCHASE, renta anual.
YEARS, de edad, años.
——**AHEAD, THE,** los años venideros.
——**, IN,** de edad.
——**, OF LATE,** en los últimos años, en años recientes.
——**, TO GROW IN,** envejecer.
YEARBOOK, anuario.
YEARLONG, que dura un año.
YEARLY, anual, anualmente, una vez al año, cada año.
——**INCOME,** renta anual.
——**RANGE,** precios máximos y mínimos del año.
YEARLY-ADJUSTMENT PREMIUM, prima de ajuste anual.
YEARLY-RENEWABLE TERM INSURANCE, seguro temporal renovable anualmente.
YEARN, anhelar, suspirar por, añorar.
YEARNING, anhelo, suspiro.
YEAST, levadura, fermento.
YELL, gritar, chillar, dar alaridos, grito, alarido.
YELLOW, amarillo, rubio, cobarde, medroso.
——**BRASS,** latón corriente.

—— FEVER, fiebre amarilla.
—— FLAG, bandera amarilla o de cuarentena.
—— JOURNALISM, periódico sensacionalista.
—— PINE, pinotea, pino amarillo.
—— RACE, raza amarilla o mongólica.
——, TO, amarillear, ponerse amarillo.
YELLOW-DOG CONTRACT, contrato que prohíbe afiliación con un sindicato.
YELP, aullar, ladrar, ladrido, aullido.
YES, sí (adverbio), respuesta afirmativa o favorable.
—— INDEED, ya lo creo, sí, por cierto.
—— MAN, hombre servil.
YESTERDAY, ayer.
—— MORNING, ayer por la mañana.
—— NIGHT, anoche, la noche pasada.
——, THE DAY BEFORE, anteayer.
YET, todavía, sin embargo, no obstante, mas, pero, empero.
——, AS, hasta ahora, hasta aquí, todavía.
——, NOT, todavía no, aún no.
YIELD, rendimiento, producto, renta, rédito, beneficio, interés.
—— A PROFIT, producir beneficio, rendir ganancia.
—— BASIS, tasación según rendimiento.
—— CONSENT, dar consentimiento, consentir.
——, CURRENT, rendimiento actual.
—— CURVE, curva de rendimiento, curva de producción.
—— METHOD, método de rendimiento.
—— MODEL, modelo de rendimiento.
—— OF CAPITAL, rendimiento de capital.
—— RATE, tasa o tipo de rendimiento.
—— SPREADS, despliegue de rendimiento.
——, TO, rendir, producir, redituar, ceder, devolver, restituir.
—— TO MATURITY, rendimiento al vencimiento.
—— UP, ceder, entregar, abandonar, devolver.
YIELDS, SALES, rendimiento de ventas.
YIELDING, complaciente, condescendiente, dócil.
YOKE, yugo, yunta, esclavitud, opresión.
—— OF DRAFT ANIMALS, yunta de bestias de tiro.
——, TO, uncir, acoplar, acollarar.
YONDER, allí, allá, acullá, aquel, aquella, etc.
YOU, tú, usted, ustedes, vosotros.
YOUNG, joven, mozo, novicio, inexperto, tierno, verde, fresco.
—— AGAIN, TO GROW, rejuvenecer, rejuvenecerse, remozar.
—— BLOOD, gente joven.
—— FACE, cara remozada.
—— FELLOW, joven, mozo.
—— GIRL, chica, jovencita, muchacha.
—— LADY, señorita, joven.
—— MAN, joven, mozo.
—— PEOPLE, la juventud, los jóvenes.
YOUNGER BROTHER, hermano menor.
YOUNGSTER, muchacho, jovencito, chiquillo, niño.

YOUR, tu, tus, vuestro, vuestra, usted, ustedes.
—— FAVOR OF, su atenta de ...
—— HIGHNESS, su alteza.
YOURS, el tuyo, la tuya, los tuyos, las tuyas, el vuestro, etc, de usted, de ustedes.
—— AFFECTIONATELY, su afectísimo.
——, SINCERELY, de usted sinceramente.
—— VERY CORDIALLY, su afectísimo servidor.
—— VERY FAITHFULLY, su seguro servidor, su afectísimo y atento servidor.
—— VERY TRULY, atentamente de ustedes, su seguro servidor.
YOURSELF, tú mismo, usted mismo.
YOURSELVES, vosotros o ustedes mismos.
YOUTH, juventud, mocedad, la juventud, los jóvenes.
YOUTHFUL, juvenil, joven.
—— SPORTS, deportes juveniles.
YOWL, aullar, ladrar, gritar, aullido, alarido.
YULETIDE, pascua de Navidad, Navidades.

Z

ZANY, bufón, simplón, tonto, alocado.
ZEAL, celo, fervor, ardor.
ZEALOUS, celoso, entusiasta, ardiente.
ZENITH, cenit, apogeo.
ZERO, cero.
—— BALANCES, saldos en cero.
——, BELOW, bajo cero, temperatura bajo cero.
—— DEPOSIT BALANCE, saldo de depósito cero.
—— HOUR, (militar) hora de ataque, hora o momento críticos.
—— MATRIX, matriz cero.
—— PRINT, impresión del cero.
—— PROOF, prueba a cero.
—— SUPPRESSION, supresión de ceros.
—— WEATHER, tiempo de cero grados de temperatura.
ZERO-BASE, base cero.
—— BUDGETING, presupuesto base cero.
—— BUDGETING DECISION PACKAGE, paquete de decisión del presupuesto base cero.
—— BUDGETING PROCESS, proceso del presupuesto base cero.
ZERO-SUM GAME, juego de suma cero.
ZEST, deleite, gusto, entusiasmo, dar gusto o sabor.
ZIGZAG, ir o pasar en zigzag, zigzaguear.
—— SPREAD, anuncio en zigzag.
ZINC, cinc o zinc.
—— ETCHING, grabado en cinc.
—— FUTURES, cinc para entrega futura.
—— ORE, mineral de cinc.

—— SCRAP, desechos de cinc.
——, TO, galvanizar, blanquear con cinc.
ZINC-COATED, galvanizado, tratado o cubierto con cinc.
ZIP, zumbido, silbido, zumbar como bala.
—— CODE, el número de identificación de una zona postal en E. U. A.
ZIPPER, cierre automático, cierre de cremallera.
ZIPPY, vivo, animado, alegre, festivo.
ZITHER, cítara.
ZODIAC, zodíaco, circuito.
ZODIACAL LIGHT, luz zodiacal.
ZONAL SAMPLING, muestreo zonal.
ZONE, zona, distrito, sección, territorio.
—— BITS, (computación) bits de zona.
—— FRIGID, zona fría.
—— OF INDIFFERENCE, zona de indiferencia.
—— OF PREFERENCE, zona de preferencia.
—— PRICING, precio de zona.
——, TO, zonificar, dividir en zonas.

——, TORRID, zona tórrida.
ZONING, zonificación.
—— LAWS, leyes municipales que dividen las ciudades en zonas y rigen el uso de las propiedades comerciales, fabriles y privadas.
—— RULES, reglamentación urbanística.
ZOO, jardín o parque zoológico, zoológico.
ZOOLOGICAL GARDEN, jardín o parque zoológico.
ZOOLOGIST, zoólogo.
ZOOLOGY, zoología.
ZOOM, TO, subir de pronto, levantar el vuelo rápidamente, empinarse.
ZOOTECHNICAL, zootécnico.
ZOOTECHNICS, zootecnia.
ZYGOTE, (genética) cigoto, huevo.
ZYMOLOGIST, zimólogo, especialista en fermentación.
ZYMOLOGY, zimología, la ciencia o tratado sobre la fermentación.

Segunda parte
ESPAÑOL-INGLÉS

Prólogo

A primera vista, parece una tarea fácil, compilar un diccionario de negocios para personas de habla inglesa y castellana. Sin embargo, es una tarea ardua, considerando el tiempo requerido en la selección del vocabulario usado, y la búsqueda del equivalente correcto de cada término técnico en idioma extranjero, de acuerdo con la norma de uso aceptada. Además, cualquier diccionario que abarque más de un idioma, implica la cuidadosa verificación de los diferentes significados de palabras similares.

En mi trabajo como editor en un país latinoamericano, me di perfecta cuenta de lo difícil que era, aun para personas bilingües en inglés y español, entenderse entre sí en cuestiones de negocios. La raíz del problema radica usualmente en el hecho de que ellas no están familiarizadas con la terminología técnica usada en el otro idioma. En la actualidad, el mundo de los negocios abarca casi todas las ramas de las actividades humanas; políticas, sociales y económicas, las cuales afectan de un modo u otro, la vida de cada persona. Por lo tanto, un diccionario especializado es útil como medio de comunicación, en el cual se puede encontrar y consultar la terminología necesaria.

Un diccionario de tales características, debe incluir una selección adecuada de términos básicos usados en contabilidad, administración, finanzas, economía y mercadotecnia, ya que estos temas están muy relacionados entre sí, y toda persona en el campo de los negocios debe estar familiarizada con ellos.

Las palabras *markup* y *markdown* son buenos ejemplos de terminología básica, pero cuando nos tropezamos con estas palabras estamos perdidos, a menos que sepamos su significado exacto. *Markup* no es un simple aumento de precio, como se piensa, ni *markdown* es exactamente lo opuesto. La primera es el aumento asignado de venta sobre el precio de costo, por lo regular un porcentaje, mientras que la segunda significa la reducción del precio de venta establecido originalmente.

En ambos idiomas, otra equivocación importante es el uso de modismos y expresiones idiomáticas. Por lo general, estos no se incluyen en un diccionario de negocios, aunque aparecen inevitablemente al hablar, en libros de texto y de consulta, y el que habla el otro idioma necesita consultar otro diccionario. Esta obra ofrece un caudal de tales frases, que están enlistadas bajo el vocablo principal para consultarlas y memorizarlas. Por ejemplo, tenemos la expresión *to have the floor*. Por supuesto, no tiene ninguna relación con la palabra *piso*, pero si busca este vocablo encontrará que el equivalente español es *tener la palabra* o ser el orador en una conversación.

Por último, un diccionario debe ser fácil de usar y proporcionar la información necesaria, donde es más probable que se busque. Teniendo esto en mente, el plural de las palabras que tienen significado diferente, se incluye como vocablo separado, y están enlistadas inmediatamente después del vocablo principal, el cual no siempre está en orden estrictamente alfabético.

Si este diccionario llega a ser un medio confiable y útil para estudiantes y profesores de escuelas comerciales, así como traductores, contadores, empresarios y otros profesionistas, entonces recompensará mis esfuerzos ampliamente.

M. U.

A

A, a; first letter of the Spanish alphabet.
—— BASE DE PRUEBA Y ERROR, trial basis.
—— CADA PASO, at every turn.
—— CAUSA DE, by reason of.
—— CORTO PLAZO, short term, short date, short-term.
—— CUALQUIER HORA o CUANDO QUIERA, any time.
—— DESHORA, at unseasonable hours, after hours.
—— DOS MESES VISTA, at two months sight.
—— FIN DE o CON EL PROPÓSITO DE, with a view to.
—— LA DERECHA, to the right.
—— LA HORA o PUNTUAL, on time.
—— LA TASA CONVENIDA, at the agreed rate.
—— LA VERDAD o EN REALIDAD, in truth.
—— LA VEZ o A UN TIEMPO, at a time.
—— LA VISTA o A LA PRESENTACIÓN, at sight.
—— LO LARGO DE LA COSTA, off shore.
—— LO QUE o A QUE, whereto.
—— MENOS QUE o A NO SER QUE, unless.
—— NINGÚN PRECIO O POR NINGÚN CONCEPTO, not on any terms.
—— PESAR DE ESO, for all that.
—— PETICIÓN DE, at the request of.
—— POCA DISTANCIA, within a short distance.
—— PRIMERA VISTA, at first view.
—— PROPÓSITO o AL CASO, in point, in place, by the way.
—— PRUEBA o ENJUICIADO, (legal), on trial.
—— PRUEBA DE CHOQUES, shockproof.
—— PRUEBA DE HUMO, smoke tight, smokeproof.
—— PRUEBA DE INTEMPERIE, weatherproof.
—— PRUEBA DE LAVADO, washproof.
—— PRUEBA DE ROBO o HURTO, theftproof.
—— PRUEBA DE RUIDOS, soundproof.
—— QUÉ DISTANCIA, how far?
—— QUIEN, A QUIENES, QUE, whom.
—— QUIEN CORRESPONDA O CONCIERNA, whom it may concern.
—— QUIEN INTERESE o A QUIEN CORRESPONDA, to whom it may concern.
—— QUIENQUIERA o CUALQUIERA QUE, whomever.
—— RATOS o DE CUANDO EN CUANDO, at whiles.
—— SABER o SEA, viz.
—— SEIS MILLAS DE DISTANCIA, within six miles.
—— SOLICITUD, on request.
—— SU SERVICIO o DISPOSICIÓN DE USTED, at your service.
—— TIEMPO o PUNTUAL, on time, in time.
—— TODA PRISA, with all speed.
—— TODA VELOCIDAD o A TODA MÁQUINA, at full speed.
—— TREINTA DÍAS FECHA, thirty days date.
—— TREINTA DÍAS VISTA, thirty days sight.
—— UN TIEMPO o JUNTOS, together.
—— VECES o DE VEZ EN CUANDO, sometimes.
—— VOLUNTAD o A DISCRECIÓN, at will.
ABACERÍA, groceries, grocery store.
ÁBACO, abacus, chart, nomograph.
ABACORAR, to corner, to monopolize.
ABAJO DE LA LÍNEA, below the line.
ABALANZARSE o ARROJARSE, spring forward.
ABANDERAR, to register a vessel.
ABANDERAR UN BUQUE, register a vessel.
ABANDONAR, to abandon.
—— EL BUQUE, to abandon ship.
—— LA PÓLIZA, surrender the policy.
—— O DESPEDIRSE o DESOCUPAR EL PUESTO, quit.
—— O RENUNCIAR A o ECHAR AL AIRE, throw up.
—— UN CARGO, to quit a job.
—— UNA EMPRESA, pull out.
ABANDONO, abandonment, dereliction, waiver.
—— DE SERVICIOS, quitting a job.
—— DE UNA PROPIEDAD ARRENDADA SIN EL CONSENTIMIENTO DEL ARRENDADOR, abandonment of leased property.
ABARATADO o REBAJADO, reduced.
ABARATAR, to cheapen, to lower the price.
ABARCAR, to corner, to monopolize, to cover.
ABARROTADO, congested, jammed.
—— DE MERCANCÍAS, overstocked.
—— DE TRABAJO, overworked.
ABARROTAMIENTO, overstocking, congestion, glut.
ABARROTAR, to overstock, to corner, to monopolize, to stow, to batten.
—— EL MERCADO, to corner the market, to supply the market.
ABARROTE, grocery store.
ABARROTES, groceries, provisions, foodstuffs.
ABARROTERO, retail grocer.
ABASTECEDOR, supplier, purveyor, caterer, wholesale butcher.
ABASTECER o SURTIR o SUMINISTRAR, to supply.
ABASTECIMIENTO, furnishing, supply, provisioning.
—— DE COMBUSTIBLE, fueling.
—— DE VÍVERES, provisioning.
—— O SUMINISTRO DE AGUA, water supply.
ABASTECIMIENTOS, supplies, stores, stock.
—— REALES, actual stock.
ABASTO, supply, furnishing.
ABASTOS, stock, supplies.
ABATIDO o COBARDE, poor-spirited.
ABATIMIENTO, abatement, depression, hard times.
—— DEL MERCADO, slackness of the market.
ABATIR, to lower, to knock, to demolish.
ABDICACIÓN, abdication.
ABECEDARIO, alphabet.
ABERTURA o RANURA o MUESCA, slot.
—— O RESOLLADERO o ESCAPE, vent.
ABIERTO, overt.
—— DE PAR EN PAR, wide-open.
ABISMO, abyss.

ABJURAR o **RENUNCIAR A,** to swear off.
—— **O RETRACTARSE,** unswear.
ABLANDADOR o **SUAVIZADOR DE AGUA,** water softener.
ABOCARSE, to keep an appointment, to have an interview.
ABOFETEAR o **ACACHETEAR,** to slap.
ABOGACÍA, legal profession, legal staff.
—— **DE SOCIEDADES ANÓNIMAS,** practice of a corporation manager.
ABOGADA, woman lawyer.
ABOGADO, attorney, lawyer, barrister, public attorney.
—— **CONSULTOR,** legal adviser.
—— **DE PATENTES,** patent lawyer, patent attorney.
—— **FISCAL,** government lawyer, prosecuting attorney.
—— **LITIGANTE,** trial lawyer.
—— **PICAPLEITOS,** shyster lawyer.
ABOGAR, to practice law, to advocate.
ABOLICIÓN, abolition.
ABOLIR, to annul, to revoke.
ABONABLE, payable.
ABONADO, subscriber, customer, consumer.
ABONAR, to credit, guarantee, to pay, to fertilize.
—— **AL CONTADO,** to pay cash.
—— **DE MÁS,** to overcredit.
—— **DE MENOS,** short-credit.
—— **EN CUENTA,** to credit.
—— **INTERESES,** to allow interest.
—— **O ACREDITAR,** put to the credit.
ABONARÉ, due bill, debit memorandum, promissory note.
ABONO, credit entry, voucher, certificate, fertilizer.
—— **A DESCUENTO EN BONOS,** credit bond discount.
—— **A DESCUENTO EN COMPRAS,** purchase discount credit.
—— **A DESCUENTO NO AMORTIZADO,** credit unamortized discount.
—— **A EFECTIVO,** cash credit.
—— **A INTERESES COBRADOS,** credit interest income.
—— **A VENTAS,** credit to sales.
—— **APLAZADO,** deferred credit.
—— **COMPLEMENTARIO,** complementary credit.
—— **MENSUAL,** monthly commutation, monthly installment.
—— **PARCIAL** o **A CUENTA,** payment on account.
—— **PERIÓDICO,** periodic installment.
ABONOS
—— **DIFERIDOS,** deferred credits.
—— **NO AJUSTADOS,** unadjusted credits.
ABORDAJE, collision, fouling of two vessels.
—— **CASUAL O INEVITABLE,** unavoidable collision.
—— **DE AERONAVES,** collision of airplanes.
ABORDAR o **ACOMETER** o **EMPRENDER UN NEGOCIO,** to tackle.
—— **EL TREN,** catch the train.
—— **O LLEGAR A PUERTO,** to make a port, to berth at a dock.

ABORRECER, to hate.
ABORRECIMIENTO, abhorrence, boredon.
ABORTAR, fall through, fail, miscarry.
ABRAZADERA, clip, clamp, brace.
—— **DE BILLETES,** bill strap.
—— **PARA FARDOS,** bale clamp.
ABRAZAR, to clip, to clamp.
ABRECARTAS, letter opener.
ABRELATAS, can opener.
ABREVIATURA, abbreviation.
ABRIDOR, opener, opening.
—— **DE BOTELLA,** bottle opener.
—— **DE CAJAS,** box opener.
ABRIGAR, to harbor, to shelter, to patronize.
—— **OCULTAR** o **ESCONDER,** to screen.
ABRIGARSE, to put on a wrap.
ABRIGO o **SOBRETODO,** topcoat, overcoat, cover, protection.
—— **DE, AL,** protected against, protected by.
—— **DE PIEL,** fur coat.
ABRIR, to open, to unlock, to unseal, to uncover.
—— **DE PAR EN PAR,** throw open.
—— **EL CAMINO** o **PREPARAR EL TERRENO,** pave the way.
—— **LA AUDIENCIA,** to open the hearing.
—— **LA CAJA,** to open the safe.
—— **LA SESIÓN** o **LA JUNTA,** to open the meeting.
—— **LOS LIBROS,** to open the books, to open a set of books.
—— **PASO** o **CAMPO,** to make way.
—— **PROPUESTAS,** to open bids.
—— **UN CRÉDITO,** to open a line of credit or a letter of credit.
—— **UNA CUENTA,** to open an account.
—— **UNA TIENDA,** to open a store.
ABRIRSE CAMINO EN o **PAGAR LOS GASTOS CON SU TRABAJO,** work one's way through.
ABRIRSE PASO o **EMPUJAR,** push forward.
ABRIRSE VÍA DE AGUA, spring a leak.
ABROCHAR, to clip, to fasten, to bind.
—— **EL CINTURÓN DE SEGURIDAD,** to fasten the seat belt.
ABROGACIÓN, abrogation.
ABROGAR, to abrogate, to annul, to repeal.
—— **UN REGLAMENTO,** to annul a regulation.
ABRUMADOR, overwhelming.
ABSOLVER, to solve, resolve, absolve.
ABSORBER, to absorb, to merge, to consolidate.
—— **LA PÉRDIDA,** to absorb the loss.
ABSORCIÓN, absorption, consumption or assimilation of a product.
—— **DE COSTOS,** cost absorption.
—— **DEL FLETE,** freight absorption.
ABSTENCIÓN, disclaimer, abstention (from voting).
—— **DE OPINIÓN,** disclaimer of opinion.
ABSTENCIONISMO, abstention from voting.
ABSTENERSE DE CONSUMIR, abstinence from consumption.
ABSURDO, absurd, absurdity.

ABULTAR LA UTILIDAD o **LAS GANANCIAS,** bulge earnings.
ABUNDANCIA, abundance.
ABUSAR, to exceed, go too far.
—— **DE UNO** o **APROVECHARSE DE ALGUIEN,** use someone.
ABUSIVO, abusive, extorsionate.
ABUSO, misuse, abuse, injustice.
—— **DE AUTORIDAD,** abuse of authority.
—— **DE CONFIANZA,** breach of faith or trust, betrayal of confidence.
ACABADO, finish, finished, complete, worn-out.
—— **A MÁQUINA,** machine finish.
—— **DE HACER,** new-made.
—— **DE LLEGAR,** just arrived.
—— **VIÑETA,** vignette finish.
ACABAR, to finish, to complete.
—— **CON,** to get through with, to do away with.
ACABARSE, to be finished, to run out, to be exhausted.
—— **EL DINERO,** the money gives out.
ACADEMIA, academy, university.
—— **COMERCIAL,** business college.
—— **NAVAL MILITAR,** naval academy.
ACADÉMICO, academician.
ACANALAR o **RANURAR,** to slot.
ACAPARADOR, monopolist, profiteer, monopolizing.
ACAPARAMIENTO, buying up, hoarding.
—— **EFECTIVO** o **TÉCNICO DE VALORES,** technical corner.
ACAPARAR, to buy up, to corner, to monopolize, to hoard.
ACARREADOR, carrier, porter, hauling contractor.
—— **AFIANZADO,** bonded truckman.
ACARREAMIENTO, transportation, hauling.
ACARREAR, to haul, to transport, to cart, to carry, to truck.
—— **BENEFICIO,** to show a profit.
—— **PERJUICIO,** to cause damage.
—— **UNA PÉRDIDA,** to produce a loss.
ACARREO, cartage, hauling, transportation trucking.
—— **AÉREO,** air transportation.
—— **CORTO,** short haul.
—— **EXTRA,** overhaul.
—— **FLUVIAL,** river transportation.
—— **LIBRE,** free haul.
—— **MARÍTIMO,** ocean transportation.
—— **POR CONTRATO,** contract hauling.
—— **SIN MANIOBRAS,** line haul.
—— **TERRESTRE,** land transportation.
—— **VIAL DE LARGA DISTANCIA,** over-the-road hauling.
ACATAR, to comply, to notice, to observe.
ACAUDALADO o **ADINERADO,** well-to-do.
ACCEDER, to agree, to consent.
ACCESIBLE, approachable, accessible.
ACCESO, access, admittance, approach.
—— **AL BANCO,** approaching a bank.
—— **ALEATORIO** o **AL AZAR,** random access.
—— **INMEDIATO** o **DIRECTO,** immediate access.
—— **LIBRE,** free entry.
—— **PROHIBIDO,** no admittance.
ACCESORIOS, accessories, fittings, attachments.
—— **BANCARIOS,** bank equipment.
—— **DE AUTOMÓVIL,** automobile equipment.
—— **DE CAÑERÍA,** pipe fittings.
—— **DE TIENDA,** store fixtures.
—— **DE VÍA,** track accessories.
ACCIDENTADO, hilly, injured in an accident, damaged.
ACCIDENTE, casualty, accident, chance.
—— **CORPORAL,** personal injury.
—— **DE APREMIO,** action of debt.
—— **DE TRABAJO,** industrial accident, work accident.
—— **DE TRÁNSITO,** traffic accident.
—— **FERROVIARIO,** railroad accident, train wreck.
—— **GRAVE** o **SERIO,** serious accident.
—— **INEVITABLE,** unavoidable accident.
—— **MORTAL,** fatal accident.
—— **NO DE TRABAJO,** nonoccupational accident.
—— **PROFESIONAL,** industrial or occupational accident.
ACCIDENTES DEL MAR, perils of the sea.
ACCIÓN, action, act, lawsuit, share of stock, stock certificate.
—— **ADMINISTRATIVA,** administrative action.
—— **AL PORTADOR,** bearer stock.
—— **AMIGABLE,** friendly suit.
—— **ANTIMONOPOLISTA,** antitrust action or suit, action for restraint of trade.
—— **BANCARIA,** bank share.
—— **CAUCIONAL,** giving bond.
—— **CIVIL,** civil lawsuit.
—— **COMÚN SOBREVALUADA,** overvalued common stock.
—— **COMÚN SUBVALUADA,** undervalued common stock.
—— **CONJUNTA,** joint action.
—— **CORPORATIVA,** corporate action.
—— **CORRECTIVA** o **ENMENDADORA,** corrective action.
—— **DE GRACIAS,** thanksgiving.
—— **DE TESORERÍA,** treasury share.
—— **DIRECTA,** direct action.
—— **EN CIRCULACIÓN,** outstanding share.
—— **HIPOTECARIA,** foreclosure.
—— **ILEGAL,** illegal act.
—— **INSCRITA EN LA BOLSA,** listed stock.
—— **IRREDIMIBLE,** debenture stock.
—— **JUDICIAL** o **JURÍDICA,** lawsuit.
—— **LEGAL,** legal action.
—— **LIBERADA** o **SALDADA,** paid-up share.
—— **MAYORITARIA,** majority share.
—— **NOMINATIVA** o **NOMINAL,** registered share, personal share.
—— **POR DAÑOS Y PERJUICIOS,** suit for damages.

—— RECÍPROCA, interaction.
—— SIN VALOR A LA PAR, no-par stock.
ACCIONES, shares of stock.
—— A LA ORDEN, registered stock.
—— ACUMULATIVAS, cumulative capital stock, cumulative stock.
—— AGUADAS, watered stock.
—— AL PORTADOR, bearer shares.
—— AMORTIZABLES, callable stock.
—— AMORTIZADAS o REDIMIDAS, amortized or redeemed capital stock.
—— AZUCARERAS o EXISTENCIAS DE AZÚCAR, sugar stocks.
—— BANCARIAS, bank stocks.
—— BENEFICIARIAS, equity securities, stock issued for services, bonus stock.
—— CALIFICADAS, qualifying shares.
—— COMUNES u ORDINARIAS, common stock, equities, common capital stock.
—— COMUNES AUTORIZADAS, classified common stocks, authorized common stock.
—— COMUNES DE UNA SOCIEDAD ANÓNIMA, equity securities.
—— COMUNES EMITIDAS, issued common stocks.
—— COMUNES EXTERNAS, external common stocks.
—— COMUNES LIMITADAS, restricted common stocks.
—— COMUNES PENDIENTES, common stock outstanding.
—— COMUNES POR PAGAR, common shares outstanding.
—— COMUNES SIN VALOR NOMINAL, no-par common shares.
—— COMUNES VIGENTES, outstanding common shares or stock.
—— CON DERECHO DE VOTO, voting capital stock, voting stock.
—— CON GRATIFICACIÓN, bonus shares.
—— CON VALOR NOMINAL o DE PARIDAD, par value stock, par value capital stock.
—— COTIZADAS A MENOS DE UN DÓLAR, penny stocks.
—— CUBIERTAS o LIBERADAS, paid-up stock.
—— DE ADMINISTRACIÓN, management stock, management shares.
—— DE CAPITAL, capital stock, stock paid for in cash.
—— DE CAPITAL AUTORIZADO, authorized capital stock.
—— DE CAPITAL DONADAS, donated capital stock.
—— DE CAPITAL EMITIDAS, issued capital stock.
—— DE CAPITAL EN CIRCULACIÓN, outstanding capital stock.
—— DE CAPITAL NO GRAVABLES, nonassessable capital stock.
—— DE CAPITAL SOCIAL, equity security, common stock equity.
—— DE CAPITAL VIGENTES, capital stock outstanding.
—— DE COMPAÑÍA DE GRAN FUTURO, growth stock.
—— DE CRECIMIENTO, growth stocks.
—— DE DIVIDENDO PROTEGIDO, guaranteed stock.
—— DE FERROCARRIL, railroad stocks.
—— DE FUNDADOR, promoters' stock.
—— DE INDUSTRIA, stock issued for services.
—— DE LA CASA MATRIZ, parent company stock.
—— DE LA EMPRESA, firm's stock.
—— DE LOS FUNDADORES DE UNA EMPRESA, founders' shares.
—— DE PREFERENCIA ACUMULATIVA, cumulative preferred stock.
—— DE PRIORIDAD, preferred stock.
—— DE RESGUARDO, stocks on margin.
—— DE SOCIEDADES ANÓNIMAS, corporate stock.
—— DE TESORERÍA, treasury stock.
—— DE TRABAJO, stock issued for services.
—— DE VOTO ILIMITADO, unlimited vote capital stock.
—— DE VOTO LIMITADO, limited vote capital stock, stock with contingent or with limited voting power, vetoing stock.
—— DEL FUNDADOR, founders' capital stock.
—— DESERTORAS o DESIERTAS, capital stock, shares in default of payment.
—— DIFERIDAS, deferred shares.
—— DILUIDAS, watered stock.
—— DONADAS, donated stock.
—— EMITIDAS, issued stock.
—— EN CAJA, treasury stock.
—— EN CIRCULACIÓN o EN MANOS DEL PÚBLICO, shares outstanding.
—— EN MANO, real stock.
—— EN PRIMA, bonus shares.
—— EN TESORERÍA o RESCATADAS, treasury capital stock.
—— FRACCIONARIAS, fractional shares.
—— IRREDIMIBLES, debenture stock.
—— LEGALES PENDIENTES, legal actions pending.
—— LIBERADAS, bonus stock, stock full-paid and issued.
—— MANCOMUNADAS, shares pooled, shares parted.
—— MINERAS, mining stocks.
—— NO ACUMULATIVAS, noncumulative stock.
—— NO COTIZADAS, unquoted stock.
—— NO GRAVABLES, nonassessable stock.
—— NO REGISTRADAS, letter stock.
—— NO SUSCRITAS, unsubscribed stock.
—— NO VENDIDAS AL PÚBLICO, undigested securities.
—— NO VOTANTES, nonvoting stock.
—— NOMINATIVAS, nominal capital stock, registered stock.
—— ORDINARIAS, common stock, equities.
—— ORDINARIAS EN GENERAL, general stock.
—— ORDINARIAS EXTERNAS, external common stock.
—— ORDINARIAS PENDIENTES, common stock outstanding.
—— PAGADAS, full-paid shares.
—— PAGADAS POR ADELANTADO, prepaid shares.

—— PAGADORAS, stock not fully paid for.
—— PARA RECAPITALIZACIÓN DE DEUDA, stock-for-debt recapitalization.
—— PARTICIPANTES PREFERENTES o ACCIONES PREFERIDAS CON PARTICIPACIÓN, participating stock.
—— PETROLERAS, oil stocks.
—— POR EMITIR, unissued stock.
—— POSEÍDAS, owned shares.
—— PREFERENTES, preferred stock, preferred capital stock.
—— PREFERENTES A LA PAR, preferred shares at par.
—— PREFERENTES ACUMULATIVAS, cumulative preferred stock.
—— PREFERENTES AMORTIZABLES, callable preferred stock.
—— PREFERENTES CONVERTIBLES, convertible preferred stock.
—— PREFERENTES DE PARTICIPACIÓN, participating preferred stock.
—— PREFERENTES NO REDIMIBLES, nonredeemable preferred stocks.
—— PREFERENTES PENDIENTES o ACCIONES PRIVILEGIADAS EN CIRCULACIÓN, preferred stock outstanding.
—— PREFERENTES PERPETUAS o PREFERENCIALES PERPETUAS, perpetual preferred stock.
—— PREFERENTES REDIMIBLES, redeemable preferred stock.
—— PREFERENTES SUPERIORES, preferred stock prior.
—— PREFERIDAS, preferred stock, stock preferred as to dividend.
—— PREFERIDAS CON PARTICIPACIÓN ADICIONAL A UN DIVIDENDO FIJO, participating capital stock.
—— PRIMERAS PREFERIDAS, first preferred stock.
—— PRIMITIVAS, original stock.
—— PRIVILEGIADAS, preferred stock, stock preferred in liquidation.
—— PRIVILEGIADAS CONVERTIBLES, convertible preferred stock.
—— PRIVILEGIADAS DE DIVIDENDO ACUMULATIVO, cumulative preferred stock.
—— PRIVILEGIADAS EN EL VOTO, stock with special voting rights.
—— READQUIRIDAS o RECOMPRADAS, repurchased stock.
—— READQUIRIDAS o RESCATADAS, reacquired stock.
—— REALIZABLES, marketable stock.
—— REDIMIBLES, redeemable capital stock.
—— REGISTRADAS, inscribed stock.
—— RESCATADAS, treasury stock.
—— RESTITUIDAS, donated stock.
—— SIDERÚRGICAS, steel stocks.
—— SIN VALOR o SIN PARIDAD NOMINAL, no-par value stock, no-par value capital stock.
—— SUSCRITAS, subscribed stock.
—— SUSCRITAS o CAPITAL SUSCRITO, subscribed capital stock.
—— SUSCRITAS NO PAGADAS, subscribed not paid capital stock.
—— ÚNICAS, one-class stock.
—— VIGENTES, outstanding stock.
—— VOTANTES, voting stock.
ACCIONISTA, stockholder, shareholder, shareowner.
—— ADMINISTRADOR, managing stockholder.
—— APARENTE o TESTAFERRO, dummy stockholder.
—— AUSENTE, absentee stockholder.
—— BANCARIO, bank's stockholder.
—— COMÚN, common stockholder.
—— DISIDENTE o DISCONFORME, dissenting stockholder.
—— DOMINANTE, controlling stockholder.
—— INDUSTRIAL, holder of stock issued for services.
—— INSCRITO o REGISTRADO, stockholder of record.
—— MAYORITARIO, majority stockholder.
—— MINORITARIO, minority stockholder.
—— PREFERIDO, preferred stockholder.
—— PRIVILEGIADO, preferred stockholder.
—— REGISTRADO, stockholder of record.
ACCIONISTAS, stockholders, shareholders.
—— CONSTITUYENTES, founding stockholders.
—— DISIDENTES, dissenting stockholders.
—— PRIMITIVOS, founding stockholders.
ACEITAR, to oil, to lubricate.
ACEITE, oil.
—— AISLANTE, insulating oil.
—— COMBUSTIBLE o DE HORNO, fuel oil, furnace oil.
—— CRUDO, raw oil, crude oil.
—— DE ALGODÓN o DE SEMILLA DE ALGODÓN, cottonseed oil.
—— DE ALUMBRADO o DE CARBÓN, kerosene, illuminating oil.
—— DE BALLENA, whale oil.
—— DE CALEFACCIÓN, heating oil, furnace oil.
—— DE COCO, coconut oil.
—— DE MOTOR, engine oil.
—— DE OLIVA, olive oil.
—— DIESEL, diesel oil.
—— ESENCIAL o VOLÁTIL, volatile oil.
—— LUBRICANTE o DE ENGRASE, lube oil, lubricating oil.
ACEITES
—— DE PESCADO, fish oils.
—— VEGETALES, vegetable oils.
—— Y GRASAS LUBRICANTES, lubricating oils and greases.
ACEITERA, oilcan.
ACELERAR o APRESURAR, to speed up, to quicken.
ACENTUAR o RECALCAR, to stress.
ACEPCIÓN, partiality, preference, unfairness aceptation.
ACEPTABILIDAD, creditworthiness.
ACEPTABLE o ADMISIBLE, acceptable, admissible.
ACEPTACIÓN, acceptance, approbation.
—— A 30 DÍAS VISTA, acceptance at 30 days sight.

—— A 90 DÍAS VISTA, acceptance at 90 days sight.
—— AL DESCUBIERTO, blank acceptance.
—— BANCARIA o DE BANCO, bank or banker's acceptance.
—— CAMBIARIA, accepted bill of exchange.
—— COMERCIAL, trade acceptance.
—— CONDICIONAL o LIMITADA, qualified acceptance.
—— CONDICIONAL o MODIFICADA, conditional or qualified acceptance.
—— CONTRA DOCUMENTOS, acceptance against documents.
—— DE LA PROPUESTA, acceptance of a bid.
—— DE UNA MARCA, brand acceptance.
—— DEFINITIVA, final acceptance.
—— DEL ALMACÉN, warehouse acceptance.
—— DEL PEDIDO, acceptance of an order.
—— DEL PRODUCTO, acceptance of a product.
—— DEL PÚBLICO, consumer acceptance.
—— EN BLANCO, blank acceptance.
—— GENERAL, general acceptance.
—— IMPLÍCITA, implied acceptance, constructive acceptance.
—— INCONDICIONAL, clean acceptance.
—— LIBRE o GENERAL, clean or general acceptance.
—— LIMITADA, limited acceptance.
—— PARCIAL, partial acceptance.
—— POR LOS CONSUMIDORES, consumer acceptance.
—— VIRTUAL, virtual acceptance.
ACEPTACIONES
—— EN CARTERA, acceptances in portfolio.
—— PENDIENTES, outstanding acceptances.
—— POR COBRAR, acceptances receivable.
—— POR PAGAR, acceptances payable.
ACEPTADO, approved.
—— COMO NORMA, accepted as standard.
ACEPTADOR, acceptor, accepting.
ACEPTANTE, acceptor, accepting.
ACEPTAR, to accept, to honor.
—— A RESERVA DE o PREVIA CONDICIÓN, to accept subject to.
—— DE VUELTA o RETRACTARSE o DEVOLVER, take back.
—— EL PEDIDO, honor an order.
—— EL PRECIO DEL COMPRADOR, to meet the price.
—— EMPLEO, to take a job.
—— MERCANCÍAS, to accept goods.
—— UN GIRO, to accept or honor a draft.
—— UNA LETRA DE CAMBIO o PAGARÉ, to accept a bill or draft.
—— UNA OFERTA o UNA PROPUESTA, to accept a bid or an offer.
—— UNA RECLAMACIÓN, to entertain a claim.
ACEQUIA, drain, irrigation ditch.
ACERA o BANQUETA o CALZADA, sidewalk.
—— DE TRANSPORTE, moving sidewalk.
ACERCAMIENTO, approximation.
ACERCARSE, to approach.
ACERÍA, steel mill, steelworks.
ACERO o DE ACERO, steel.

—— COLADO o FUNDIDO, cast steel.
—— CROMADO o CON CUBIERTA DE CROMO, chrome-plated steel.
—— DE ALEACIÓN, alloy steel.
—— ESTRUCTURAL o DE CONSTRUCCIÓN, structural steel.
—— INOXIDABLE, stainless steel.
—— PARA MAQUINARIA, machine steel.
—— PARA RESORTES, spring steel.
—— SIEMENS-MARTIN o A HOGAR ABIERTO, open-hearth steel.
ACEROCROMO, chromium steel.
ACERONÍQUEL, nickel steel.
ACERTADO o CERTERO, well-aimed.
ACERTIJO o ENIGMA o ROMPECABEZAS, puzzle, riddle.
ACERVO SOCIAL, corporate assets.
ACETATO, acetate, acetate rayon.
—— DE CELULOSA, cellulose acetate.
ACIERTO, skill, ability, success.
ACLAMACIÓN, POR, by acclamation.
ACLARACIONES EN NOTAS AL PIE DE ESTADOS FINANCIEROS, footnote disclosure.
ACLARAR, to clear up.
ACOGERSE A LA JUBILACIÓN, retire on a pension.
ACOGIDA o ACEPTACIÓN, acceptance, attention, reception.
—— DE UNA LETRA, honoring of a bill.
—— DE UN PRODUCTO, acceptance of a product.
ACOMETER, to undertake.
ACOMODADO, convenient, wealthy.
ACOMODAR, to arrange, to furnish, to supply, to compromise.
ACOMODO, arrangement, adjustment, agreement, occupation, lodging.
—— DE VIDA, living arrangements.
ACOMPAÑANTE, helper.
ACOMPAÑAR, to accompany, to enclose, to attach.
ACONDICIONADOR, conditioner.
—— DE AIRE, air conditioner.
—— DE HILADOS, yarn conditioner.
—— DE SUELOS, soil conditioner.
ACONDICIONAMIENTO DE AIRE, air conditioning.
ACONDICIONAR, to condition, to repair, to overhaul.
ACONSEJAR, to advise, to counsel.
ACONSEJARSE o TOMAR CONSEJO, take advice.
ACONTECER o SUCEDER, to happen, to turn up.
ACONTECIMIENTO, event.
ACONTECIMIENTOS o SUCESOS MUNDIALES, world events.
ACOPIAR, to store, to stock.
ACOPIO o ACUMULACIÓN, stocking up.
—— ACTIVO, live storage.
—— AUXILIAR, auxiliary memory (computers).
—— DE BONOS, bond register.
—— MUERTO, dead storage.
—— SECUNDARIO, secondary storage.
—— SIMULTÁNEO, parallel storage.
ACOPLADO, trailer, tow of barges, adjusted.

ACOPLAR-ACTIVO

ACOPLAR, to combine, to adjust, to settle.
ACORDAR, to agree, to resolve, to pass a resolution, to authorize.
—— CON, arrange with.
—— INTERESES, to allow interest.
—— O CONCEDER CRÉDITO, to grant credit.
—— PLAZO, to give terms.
—— UN DESCUENTO, to give a discount.
—— UN DIVIDENDO, to declare a dividend.
—— UN PRÉSTAMO, to grant a loan.
ACORDARSE, to remember.
ACORDE, in agreement.
ACORRALAR o CONFINAR, to yard.
ACORTAR o ACORTARSE, to shorten.
ACOSAR o PONER ENTRE LA ESPADA Y LA PARED, to drive to the wall.
ACOSTAR, to put to bed.
ACOSTARSE o TUMBARSE EN LA CAMA, to tumble in bed, to lie down.
ACOTACIÓN, annotation, assessment.
—— BÁSICA, basic dimension.
ACOTADO, bounded, dimensioning.
ACOTAMIENTO, boundary mark, marginal note.
ACRE (medida de superficie), acre.
ACRECENTAMIENTO, accretion.
ACRECENTAR, to increase, to promote.
ACREDITADO, borrower, accredited, in good financial standing, reliable.
ACREDITAR, to credit, to accredit, to verify, to authorize.
ACREEDOR, creditor.
—— A CORTO PLAZO, short-term creditor.
—— A LARGO PLAZO, long-term creditor.
—— ASEGURADO o GARANTIZADO, secured creditor.
—— COMERCIAL, trade creditor.
—— CON OBLIGACIÓN, bond creditor.
—— DE CONFIANZA, confidential creditor.
—— DE CUENTAS POR COBRAR o DE FACTURAS POR PAGAR, accounts payable creditor.
—— EMBARGANTE, execution creditor.
—— GARANTIZADO, secured creditor.
—— HIPOTECARIO, mortgage creditor, mortgagee.
—— NO ASEGURADO, unsecured creditor.
—— PERSONAL, holder of a personal obligation.
—— POR FALLO o JUICIO, judgment creditor.
—— PREFERENTE o PRIVILEGIADO, preferred creditor.
—— PRINCIPAL, senior creditor.
—— SECUNDARIO, junior creditor.
—— SUBSECUENTE, subsequent creditor.
—— TOTALMENTE GARANTIZADO o PREFERENTE, full-secured creditor.
ACREEDORES.
—— DE LA EMPRESA, firm's creditors.
—— EN CUENTA CORRIENTE, payables.
—— EXTRANJEROS o EN EL EXTRANJERO, foreign creditors.
—— POR CONSIGNACIÓN, consignment creditors.
ACTA, certificate, record.
—— CONSTITUTIVA, incorporation agreement.
—— DE ACUSACIÓN, bill of indictment.
—— DE ADJUDICACIÓN, certificate of award.
—— DE ARQUEO, auditor's report.
—— DE ASAMBLEA, minutes of a meeting.
—— DE AVENIMIENTO, memorandum of agreement.
—— DE AVERÍA, statement of damage.
—— DE CESIÓN, deed of release, conveyance, transfer.
—— DE CONSTITUCIÓN, deed of settlement.
—— DE CONSTITUCIÓN DEL BANCO, bank charter.
—— DE CONSTITUCIÓN DE UNA SOCIEDAD ANÓNIMA, certificate of incorporation.
—— DE COTIZACIÓN, official quotations.
—— DE DEFUNCIÓN, death certificate.
—— DE LA JUNTA DE DIRECTORES, board of directors minute.
—— DE NACIMIENTO, birth certificate.
—— DE NACIONALIDAD, certificate of registry.
—— DE PROTESTA, note of protest, captain's protest.
—— DE RECONOCIMIENTO, acknowledgment, receipt.
—— DE SOCIEDAD, articles of incorporation or of partnership.
—— NOTARIAL, notarial certificate acknowledgment.
ACTAS o TRÁMITES o PROCEDIMIENTOS LEGALES, proceedings, files, papers, minutes of a meeting.
—— DEL ESTADO CIVIL, vital records.
ACTITUD DEL EMPLEADO, employee attitude.
ACTITUDES DEL COMPRADOR, buyer attitudes.
ACTIVAR, to activate, to get going, to expedite, to step up.
—— LA ENTREGA, to hurry delivery.
—— LA VENTA, push the sale.
ACTIVIDAD, activity, action.
—— COMERCIAL MÁXIMA o PERÍODO DE MÁXIMO NEGOCIO, peak business activity.
—— ECONÓMICA, economic activity.
——, EN, in operation, going concern.
ACTIVIDADES
—— AUXILIARES o COMPLEMENTARIAS, auxiliary activities.
—— EXTRAESCOLARES, extracurricular activities.
ACTIVISTA, expediter, negotiator, promoter.
—— SOCIAL, social activist.
ACTIVO, assets, active.
—— A LARGO PLAZO, noncurrent asset.
—— A MANO, cash assets.
—— ABANDONADO, abandoned assets.
—— ACUMULADO, accrued assets.
—— ADMISIBLE o COMPUTABLE, admissible asset.
—— ADMITIDO o APROBADO, admitted or net assets.
—— AGOTABLE, depletable or wasting assets.
—— AMORTIZABLE, diminishing assets or amortizable assets.
—— APROBADO o CONFIRMADO, net or admitted assets.
—— BANCARIO, bank assets.
—— CAPITAL o PERMANENTE, capital or fixed assets.

—— CIRCULANTE, current assets.
—— CIRCULANTE MENOS INVENTARIO, current assets less inventories.
—— CIRCULANTE NETO, net current assets.
—— COMERCIAL, current assets.
—— CONGELADO o BLOQUEADO, frozen assets or slow assets.
—— CONTABLE, book assets.
—— CONTINGENTE, contingent assets.
—— CORRIENTE o CIRCULANTE, working capital assets.
—— DE LA EMPRESA, enterprise assets.
—— DE LA PLANTA, plant assets.
—— DE LA QUIEBRA o DE LA BANCARROTA, assets of a bankrupt.
—— DE RÁPIDA LIQUIDACIÓN o ACTIVO DISPONIBLE, quick assets.
—— DE RECURSOS NATURALES, natural resource assets.
—— DE RIESGO o PARTIDA DEL ACTIVO AVENTURADO, risk asset.
—— DE TRABAJO, working assets, working capital.
—— DE VIDA LIMITADA, limited-life asset.
—— DEL DEUDOR, debtor asset.
—— DEL DEUDOR PROTEGIDO, protected debtor's assets.
—— DEL FIDEICOMISO, trust assets.
—— DEL FONDO, fund asset.
—— DEL MAYOR o DEL BALANCE, ledger asset.
—— DIFERIDO o DEMORADO, deferred assets.
—— DILUIDO, watered assets.
—— DISPONIBLE, liquid assets, funds available.
—— DUDOSO, doubtful assets.
—— DURADERO, durable asset.
—— EFECTIVO o DISPONIBLE, cash asset.
——, EN, in office, active.
—— EQUITATIVO, equitable assets.
—— EVENTUAL, contingent assets, conditional assets.
—— EXIGIBLE, receivables.
—— FICTICIO, fictitious assets, intangible assets.
—— FIJO, capital assets, fixed capital, slow assets.
—— FINANCIERO, financial assets.
—— FUERA DEL BALANCE, nonledger assets.
—— HIPOTECADO, mortgaged assets, hypothecated assets.
—— INTANGIBLE, intangible assets, goodwill.
—— INTANGIBLE ADQUIRIDO, purchased intangibles.
—— INVISIBLE, goodwill, concealed assets.
—— LEGAL, legal assets.
—— MISCELÁNEO, miscellaneous asset.
—— NEGATIVO, negative asset.
—— NETO, net assets, net worth.
—— NETO NO CIRCULANTE, net noncurrent assets.
—— NETO REALIZABLE, net quick assets.
—— NO ACEPTADO, unadmitted asset.
—— NO ADMISIBLE, assets not admitted.
—— NO ADMITIDO, nonadmitted asset.
—— NO COMPUTABLE, inadmissible assets.
—— NO DISPONIBLE, slow assets.
—— NO EFECTIVO, noncash asset.
—— NO OPERATIVO, nonoperating assets, nonoperative assets.
—— NO REALIZADO, unrealized assets.
—— NOMINAL, passive assets.
—— OBSOLETO, obsolete assets.
—— OCULTO, concealed assets.
—— PAGADO POR ANTICIPADO, prepaid asset.
—— PIGNORADO, hypothecated assets, pledged assets.
—— QUE DEVENGA INTERÉS BANCARIO, bank's earning assets.
—— REALIZABLE, available assets, current assets.
—— RETIRADO, retired assets.
—— SIN VALOR, dead assets.
—— SOCIAL, partnership assets.
—— TANGIBLE, tangible assets.
—— TANGIBLE PRODUCTIVO, productive tangible asset.
—— TOTAL, total assets, total equity.
—— TRANSITORIO, transitory assets.
ACTIVOS
—— AL VENCIMIENTO, maturity assets.
—— CONTABLES, book assets.
—— DE COBERTURA, assets cover.
—— DE LA RESERVA LÍQUIDA DE LA EMPRESA, firm's liquid reserve assets.
—— DE LARGA VIDA, long-lived assets.
—— DEPRECIABLES, depreciable assets.
—— INTERNACIONALES, gold and foreign exchange.
—— MONETARIOS, monetary assets.
—— NO MONETARIOS, nonmonetary assets.
—— PRODUCTIVOS, earning assets.
—— VARIOS, sundry assets.
—— Y PASIVOS, assets and liabilities, assets and equities.
ACTO, act, action, proceeding.
—— CONCILIATORIO o DE CONCILIACIÓN, proceeding for conciliation.
—— CONSTITUTIVO, certificate of incorporation, charter.
—— DE GUERRA, act of war.
—— DE INSOLVENCIA, act of insolvency.
—— DE INTERVENCIÓN, act of honor.
—— DE PRESENCIA, attendance, presence.
—— DE QUIEBRA, act of insolvency.
—— HOSTIL, an unfriendly act.
—— ILEGAL, illegal act, malfeasance.
—— INAUGURAL, opening ceremonies.
—— JURÍDICO, legal proceeding, act of law.
—— LEGAL HECHO ILEGALMENTE, misfeasance.
—— LICITATORIO, making a bid.
—— MERCANTIL, commercial transaction.
—— PROCESAL, lawsuit.
ACTOR, plaintiff, claimant, actor.
ACTUACIÓN, proceeding, performance, operation.
—— DEL INDIVIDUO, people acting.
ACTUACIONES DEL JUZGADO, court proceedings.

ACTUAL, current, present, at this time.
ACTUALIDAD, present time.
ACTUALIZACIÓN ESTRATÉGICA, strategic updating.
ACTUALIZADO, updated.
ACTUALIZAR, to bring up to date, to make effective, put to work, get going.
ACTUALMENTE, at present, now.
ACTUAR, to actuate, to act, to execute.
—— SEGÚN INSTRUCCIONES, act under instructions.
ACTUARÍA, work of an actuary.
ACTUARIAL, actuarial.
ACTUARIO, actuary, marshal, sheriff.
—— ASESOR o CONSULTOR, consulting actuary.
—— MATEMÁTICO, insurance actuary.
ACUARELA o PINTADO A LA ACUARELA, water color.
ACUATIZAR, to land on the water.
ACUCHILLAR o REDUCIR PRECIOS RADICALMENTE, to slash.
ACUDIR, to attend, be present.
—— A, to turn to.
—— A LOS TRIBUNALES, bring suit, to go to law.
—— A UNA JUNTA, attend a meeting.
—— AL COMPROMISO o A LA CITA, to keep an appointment.
ACUEDUCTO, aqueduct, public work system.
ACUERDO o PACTO, agreement, understanding, decree.
—— BILATERAL, bilateral agreement.
—— CONJUNTO, joint agreement.
—— CONTRACTUAL, contractual agreement.
——, DE, in agreement.
—— DE CABALLEROS, gentlemen's agreement.
—— DE COMPENSACIONES, exchange-clearing agreement.
—— DE HUELGA, strike call.
—— DE INTERCAMBIO, trade agreement.
—— DE PRÉSTAMOS INTERNACIONAL, international lending agreement.
—— DE REMUNERACIÓN, compensation agreement.
——, ESTAR DE, to agree.
—— EXTRAJUDICIAL, settlement out of court.
—— GENERAL SOBRE TARIFAS Y COMERCIO, GATT, general agreement on tariffs and trade.
—— OBLIGATORIO, binding agreement.
—— POR ESCRITO, written agreement.
—— PRESIDENCIAL, executive decree.
—— SOBRE FRANQUICIA, franchise agreement.
—— SOBRE GRATIFICACIONES, bonus agreements.
—— VERBAL, parol agreement.
ACUERDO-LEY, executive decree having force of law.
ACUMULACIÓN, accrual, accretion, accumulation.
—— DE CAPITAL, capital accumulation.
—— DE DESCUENTOS, accrual of discount.
—— ELECTRÓNICA, electronic accumulation.
—— EN CASILLAS SUMADORAS, adding box accumulation.
—— EXCESIVA, overaccrual.

—— INCORPORADA EN LA SUMADORA, built-in adding machine.
ACUMULACIONES, accruals.
ACUMULADO, accrued.
ACUMULADOR, storage battery, accumulator.
ACUMULAR, to accrue, to accumulate, put together.
ACUMULATIVO, cumulative.
ACUÑACIÓN, coining, coinage, wedging.
ACUÑAR, to mint, to coin, to wedge, to check.
ACUSACIÓN, accusation.
—— DE ALTA TRAICIÓN, impeachment.
—— POR GRAN JURADO, indictment.
ACUSAR, to accuse, to prosecute, to show, to acknowledge.
—— ALZA, to show an increase.
—— DEFECTOS, to reveal defects.
—— RECIBO, to acknowledge receipt.
—— UNA PÉRDIDA, to show a loss.
ACUSE DE RECIBO, acknowledgment of receipt.
ACÚSTICA, acoustics.
AD VALOREM, ad valorem.
ADAPTACIÓN, fit.
—— DE CURVAS, curve fitting.
ADAPTAR, to adapt, to fit, to suit.
ADECUACIÓN DE CAPITAL, capital adequacy.
ADECUADO, adequate.
ADECUAR, to make adequate or suitable.
ADELANTADO, advanced, far ahead, forward.
—— EN EL ITINERARIO, ahead of schedule.
——, POR, in advance.
ADELANTAMIENTO, progression.
ADELANTAR, to advance, to promote, set forward.
—— DINERO, to advance money.
ADELANTARSE, to get ahead.
ADELANTE, farther, opposite, forward.
——, DE AQUÍ EN o DE HOY EN ADELANTE, henceforth, from now on, in the future.
——, EN, hereafter.
——, MÁS, farther on.
——, SALIR, to come through.
ADELANTO, advance payment, progress, improvement, retaining fee.
—— DE DINERO, cash advance.
—— DE PRIMA, advance premium.
—— EN CUENTA CORRIENTE, overdraft.
ADELANTOS, advances.
—— A AGENTES, advances to agents.
—— A EMPLEADOS, advances to employees.
ADELGAZAR, to thin.
ADEMÁS, further, too.
ADENTRO, inside, within.
——, HACIA, inward.
ADEREZO, sizing, dressing.
ADEUDA, SE, in debt.
ADEUDABLE, chargeable, dutiable.
ADEUDAR, to owe, to debit, to charge.
—— EN CUENTA, to charge the account.
ADEUDARSE, run into debt.
ADEUDO, duty, debit, charge.

——ADICIONAL, additional debit.
——DE CUENTAS, accounts due.
——DEL CONSUMIDOR, consumer debt.
——HIPOTECARIO, mortgage indebtedness.
ADEUDOS
——DE ARRENDADORES, due from lessors.
——DE EMPLEADOS, due from employees.
——DE LOS DIRECTORES o FUNCIONARIOS, due from officers.
——PARA PRÉSTAMOS SOBRE PÓLIZAS, policy loan indebtedness.
——PENDIENTES QUE CAUSAN INTERESES, interest-bearing debt outstanding.
ADHERIR, to attach, to stick, to paste.
——EL SELLO, to affix the seal or the stamp.
ADHERIRSE AL SINDICATO, to join the union.
ADHESIÓN, assent, concurrence, membership.
——A NINGÚN PARTIDO, SIN, nonpartisan.
——CIEGA A UN PARTIDO, partisanship.
ADICIÓN, addition, adding.
——EQUILIBRADA, balanced addition.
——NO EQUILIBRADA, unbalanced addition.
ADICIONAR, to add, sum up, to add to.
ADICIONES A LA PROPIEDAD, additions to property.
ADICIONES A LOS BIENES, property additions.
ADICTO, supporter, partisan.
ADIESTRADO, trained, skilled, expert.
ADIESTRADOR, instructor, trainer.
ADIESTRAMIENTO, breaking in, training.
——ADMINISTRATIVO, management training.
——CON INSTRUCTOR, coaching training.
——DE APRENDICES, training apprentices.
——DE PERSONAL, manpower training.
——DE VENDEDORES, training salesmen.
——EN EL TRABAJO, training on the job.
——FUERA DEL TRABAJO, vestibule training.
——MEDIANTE ESTUDIOS DE CASOS, case studies training.
——VOCACIONAL, vocational training.
ADIESTRAR, to train, to teach, break in.
ADINERADO, wealthy, rich, well-off, well-heeled.
ADITAMENTO, addition, attachment, accesory.
ADITAMENTOS, addenda, accesories, fittings, equipment.
ADITIVO, admixture, additive.
ADIVINAR, to foretell, to guess, to divine.
ADJUDICACIÓN, award, acceptance of a bid.
——DE QUIEBRA, adjudication in bankruptcy.
——EN PAGO, adjudication.
——PROCESAL, judgement, judicial award.
ADJUDICAR, to adjudicate, to award, adjudge.
——DAÑOS Y PERJUICIOS, to award damages.
——EL CONTRATO, award the contract, let the contract.
——EN SUBASTA, to knock down at auction.
——UN PREMIO, to award a prize.
ADJUDICARSE LA LICITACIÓN o EL CONTRATO, win a contract.
ADJUNTAR, to attach, to enclose, to append.

ADJUNTO, enclosure, herewith, enclosed.
——A LA PRESENTE, enclosed herewith.
ADMINISTRACIÓN, administration, management, manager's office, headquarters.
——ARANCELARIA, tariff board.
——BANCARIA, bank management.
——COMPARATIVA, comparative management
——CIENTÍFICA, scientific management.
——CUANTITATIVA DE HERRAMIENTAS, quantitative management tool.
——DE CARTERA, portfolio management.
——DE CONTINGENCIAS, contingency management.
——DE CORREOS, post-office department.
——DE EMPRESAS, business management.
——DE GASTOS, expense management.
——DE GRUPO, team management.
——DE IMPUESTOS o DE RENTAS, tax-collector's office.
——DE INVENTARIOS, inventory management.
——DE JORNALES Y SALARIOS, wage and salary administration.
——DE LA CARRERA, career management.
——DE LA INFORMACIÓN, information management.
——DE MERCADOTECNIA, marketing management.
——DE OPERACIONES, operations management.
——DE PEQUEÑAS EMPRESAS, small business administration.
——DE RECURSOS HUMANOS, human resources management.
——DE VENTAS, sales management.
——DEL CAPITAL DE TRABAJO, working capital management.
——DEL EFECTIVO, cash management.
——DEL FALTANTE EN RECURSOS FINANCIEROS, fund gap management.
——DEL HOGAR, housekeeping.
——DEL PUERTO, port authority.
——ECONÓMICA, financial management.
——EFICAZ, effective management.
——, EN, in trust.
——FINANCIERA, financial management.
——FINANCIERA MULTINACIONAL, multinational financial management.
——FISCAL, fiscal administration, tax collections, treasury department.
——GRÁFICA DE HERRAMIENTAS, graphic management tool.
——INDUSTRIAL, industrial engineering.
——INTERMEDIA, middle management.
——INTERNACIONAL, international management.
——MEDIANTE EL SISTEMA DE MATRIZ, matrix management.
——PARTICIPATIVA o DIRECCIÓN PARTICIPATIVA, participative management.
——POR CICLO DE OBJETIVOS, management by objectives cycle.
——POR EXCEPCIÓN, management by exception.
——POR OBJETIVOS, management by objectives.
——PROFESIONAL, professional management.

—— PROPIA DE LOS TRABAJADORES, workers' self management.
—— SISTEMÁTICA, systematic management.
—— SOCIAL, management of a partnership.
—— SUPERIOR, main office, headquarters.
ADMINISTRADOR, administrator, manager, executive, director.
—— AUXILIAR, assistant manager.
—— DE ADUANA, collector of the port or of customs.
—— DE CAMPO, field manager.
—— DE CARTERA, portfolio manager.
—— DE CORREOS, postmaster.
—— DE INVERSIONES, investment manager.
—— DE NEGOCIOS, business manager.
—— DE RENTAS INTERNAS, director of internal revenue.
—— DEL EDIFICIO, building superintendent.
—— DELEGADO, assistant manager, deputy director.
—— EN EQUIDAD, receiver in equity.
—— EN QUIEBRA, trustee in bankruptcy.
—— GENERAL, general manager.
—— JUDICIAL, receiver.
—— SUPLENTE, deputy manager.
ADMINISTRADOR-GERENTE, manager-administrator.
ADMINISTRAR, to manage, to administer, to direct.
—— EL FIDEICOMISO, administer a trust.
—— PRIMEROS AUXILIOS, to give first aid.
ADMINISTRATIVO, administrative, supervisory, managerial.
ADMIRABLE, admirable.
ADMISIBLE, acceptable, allowable.
ADMISIÓN, admission, admission fee, admittance.
—— LIBRE DE IMPUESTOS, entry duty-free.
ADMITIR, to admit, to acknowledge, to accept, to receive, to permit.
—— CON FRANQUICIA, to admit duty-free.
—— EN CONSORCIO, to admit to partnership.
—— UN RECLAMO, to accept a clain.
—— UNA DEUDA, recognize a debt.
ADOLECER o PADECER DE, suffer from.
ADOLESCENTE, teenager.
ADOPCIÓN, affiliation.
ADORADOR o DEVOTO, worshipper.
ADORAR o REVERENCIAR, to worship.
ADORNADOR, decorator, trimmer.
ADORNO, decoration, ornamentation, trimming.
ADQUIRIR, to acquire, to obtain, to purchase.
—— REPUTACIÓN, to get a reputation.
—— UN DERECHO, to acquire a right.
ADQUISICIÓN, acquisition, purchasing.
—— DE ACCIONES A PRECIO FIJO, stock-option plan.
—— DE CAPITAL, capital acquisition.
—— DE COMPAÑÍAS, business purchasing.
—— DE PEDIDOS, securing orders.
ADQUISITIVO, PODER, purchasing power.
ADRESÓGRAFO, addressograph.
ADSCRIPCIÓN, appointment, employment.
ADUANA, customhouse.

—— DE AEROPUERTO, airport customhouse.
—— DE CORREOS, postal customhouse.
—— FRONTERIZA, frontier customhouse.
—— MARÍTIMA, seabord customhouse.
—— TERRESTRE, inland customhouse.
ADUANAL, customhouse.
ADUANERO, customs official, customs revenue officer.
ADULTERACIÓN, adulteration.
ADULTERAR, to adulterate, falsify, to alter.
ADVENIMIENTO, accession.
—— DEL PLAZO, maturity.
ADVERSO, unsuccessful, unprofitable, adverse.
ADVERTENCIA, notice, warning, remark, foreward, tip-off.
ADVERTIR, to warn, to avoid.
AERACIÓN, ventilation.
AÉREO, air, aerial.
AEROAMBULANCIA, airplane ambulance.
AEROCARGA, air cargo.
AERODINÁMICO, streamline.
AERÓDROMO, airport.
AEROEXPRESO, air express.
AEROFOTOGRAMETRÍA, surveying by airplane.
AEROLÍNEA DE TRANSPORTE, scheduled airline.
AEROMOZA o AZAFATA, stewardess.
AEROMOZO, steward.
AERONAVE, aircraft.
—— POSTAL, mail plane.
AERONAVEGACIÓN, airline operation, aviation.
AEROPLANO, airplane.
—— DE CARGA, cargo plane.
—— DE LÍNEA, air liner.
AEROPUERTO, airport.
—— ADUANERO, airport of entry, customs airport.
—— CLASIFICADO, rated airport.
—— DE ENLACE, feeder airport.
—— DE ESCALA, airport of call.
—— FRANCO, customs-free airport.
—— LOCAL, local airport.
—— MARÍTIMO, marine airport, seaplane base.
—— VECINAL, local airport.
AEROSEGURO, air insurance.
AEROTRANSPORTE, air transportation, air liner.
AEROVÍA, airway.
—— DE CABLE, aerial tramway.
—— POSTAL, air-mail route.
AFANARSE, to hustle, to work hard.
AFECCIÓN, charge, assessment, pledging, illness.
—— ORGÁNICA, organic disease.
AFECTACIÓN, appropriation, charge, encumbrance.
AFECTAR, to earmark, injure.
AFEITADORA, electric shaver.
AFEITAR, to shave.
AFEMINADO o INDIGNO DE UN HOMBRE, unmanlike.
AFIANZADO, in bond, bonded, under bond.
—— PARA DERECHOS ADUANEROS, customs-bonded.
—— PARA RENTAS INTERIORES, internal-revenue bonded.

AFIANZADOR, fastener, bondsman.
AFIANZAMIENTO, suretyship.
AFIANZAR, to tie, make fast, to bond, to guarantee.
AFILADO, keen.
AFILADOR, sharpener.
AFILAR, to sharpen, to thin.
AFILIACIÓN, affiliation, membership.
—— **FORZOSA AL SINDICATO,** compulsory union membership.
—— **SINDICAL,** union membership.
AFILIADO, affiliate, member.
—— **AL GREMIO,** member of the union.
—— **SINDICAL,** union man.
AFILIAR, to affiliate.
AFILIARSE AL SINDICATO o AL GREMIO, to join the union.
AFINACIÓN, tuning.
AFINADOR o SINTONIZADOR, tuner.
AFINAR, to finish, to tune up, to regulate.
AFIRMACIÓN, assertion.
—— **NEGATIVA,** negative assurance.
AFIRMACIONES DE LA ADMINISTRACIÓN, management's assertions.
AFIRMAR, to make fast, to affirm, to assert.
—— **BAJO JURAMENTO,** to swear.
AFLOJAMIENTO, slackening, letdown.
AFLOJAR, to slack off, to slacken, to slow up.
AFLOJARSE EL NEGOCIO, slow down.
AFLUENCIA, affluence.
AFORABLE, gageable.
AFORADOR, gager, appraiser.
—— **DE ADUANA,** customs appraiser.
—— **DEL PUERTO,** surveyor of the port.
AFORO, gaging, measurement, appraisal.
AFORTUNADO, lucky, successful.
ÁFRICA DEL SUR o SUDÁFRICA, South Africa.
AFRONTAR, to deal with, to handle.
—— **EL RIESGO,** to take the risk.
—— **GASTOS,** to meet expenses.
AFUERA, outside.
AGARRADERA, handle, grip, clamp.
AGARRAR, to hold, to clip, to clamp.
AGASAJAR, to entertain.
AGASAJO, friendly treatment, kindness.
—— **DE LA EMPRESA A TODOS LOS EMPLEADOS,** open house.
AGASAJOS, entertainment.
AGENCIA, agency, bureau, office.
—— **ADUANAL,** office of a customhouse broker.
—— **AUSPICIADA o PATROCINADA POR EL GOBIERNO,** government-sponsored agency.
—— **AUTORIZADA,** authorized agency.
—— **CONSULAR,** consular agency.
—— **DE BIENES RAÍCES o INMOBILIARIA,** real estate agency.
—— **DE BOLETOS,** city ticket office.
—— **DE COBRANZAS,** collection agency.
—— **DE COBROS,** collection service.
—— **DE COLOCACIONES,** employment office, placement agency.
—— **DE COMPRAS,** buying agency, purchasing agency.
—— **DE CONTRATACIÓN DEL GOBIERNO,** government contracting agency.
—— **DE CORREOS,** branch post office.
—— **DE DISTRIBUCIÓN,** distribution agency.
—— **DE EMBARQUES o DE EXPEDICIÓN,** shipping or forwarding agency.
—— **DE EMPLEOS,** employment office.
—— **DE IMPORTACIÓN,** indent house.
—— **DE INFORMACIÓN COMERCIAL,** commercial agency.
—— **DE INFORMES SOBRE CRÉDITO,** credit bureau.
—— **DE MODELOS,** modelling agency.
—— **DE MUDANZAS,** fleet or moving vans.
—— **DE NOTICIAS,** news agency.
—— **DE PASAJES,** travel bureau or agency.
—— **DE PUBLICIDAD,** advertising agency.
—— **DE TRANSFERENCIAS,** transfer agency (stock).
—— **DE TRANSPORTE,** transportation agency.
—— **DE TRANSPORTES,** booking office, ticket office.
—— **DE VAPORES,** steamship agency.
—— **DE VIAJES o DE PASAJES,** travel agency.
—— **DEL EXTRANJERO,** overseas agency.
—— **DEL GOBIERNO,** government agency.
—— **INFORMATIVA SOBRE CASAS COMERCIALES,** mercantile agency.
—— **MARÍTIMA o NAVIERA,** shipping agency.
—— **OFICIAL,** authorized agency.
—— **PRESTATARIA o DE PRÉSTAMOS,** lending agency.
—— **PROPIEDAD DEL GOBIERNO,** government-owned agency.
—— **PUBLICITARIA,** publicity bureau.
—— **REGULADORA,** regulatory agency.
—— **ÚNICA o EXCLUSIVA,** sole agency.
—— **VENDEDORA,** sales agency.
AGENCIAS
—— **DE DIRECCIÓN,** administrative agencies.
—— **POSTALES,** branch post offices.
AGENCIAR, to negotiate, to solicit, to promote.
AGENCIARSE FONDOS, to raise money.
AGENDA, agenda, notebook.
AGENTE, agent.
—— **A QUIEN SE PAGA DIVIDENDOS,** dividend-paying agent.
—— **ACREDITADO o AUTORIZADO,** authorized agent.
—— **ADMINISTRADOR,** managing agent.
—— **AFIANZADO,** bonded agent or broker.
—— **AUXILIAR DE FLETES,** assistant freight agent.
—— **BANCARIO DE COMPENSACIONES,** clearing house agent.
—— **COMERCIAL o MERCANTIL,** commercial agent, mercantile agent.
—— **COMISIONISTA,** commission merchant.
—— **CONSULAR,** consular agent.
—— **DE ADUANA,** customs broker, customs agent, customhouse broker.

—— DE ARRENDAMIENTO, leasing agent.
—— DE BIENES RAÍCES o INMOBILIARIO, real estate agent.
—— DE BOLETOS, ticket agent.
—— DE BOLSA, stockbroker.
—— DE CAMBIO Y BOLSA, exchange notary.
—— DE CAMBIOS, exchange or bill broker.
—— DE CARGA o DE FLETE, freight agent.
—— DE COLOCACIONES o RECLUTADOR, labor agent.
—— DE COMERCIO, commission man, broker.
—— DE COMPRAS, buying agent, purchasing agent, indent agent.
—— DE CORREDORES DE BOLSA, stockjobber.
—— DE CORREOS, postmaster.
—— DE ESTACIÓN, station agent.
—— DE EXPORTACIONES, export broker.
—— DE INMUEBLES, real-state agent.
—— DE NEGOCIOS, business agent.
—— DE PASAJES, travel agent, passenger agent.
—— DE PLAZA, local representative.
—— DE POLICÍA, policeman.
—— DE PRÉSTAMOS, discount broker.
—— DE PUBLICIDAD, advertising representative, press agent.
—— DE RECLAMACIONES, claim agent.
—— DE SEGURO DEL CLIENTE, client's insurance agent.
—— DE SEGUROS, insurance agent.
—— DE SEGUROS DE VIDA, life insurance agent.
—— DE TRANSFERENCIA, transfer agent.
—— DE VENTAS, sales agent, sales representative.
—— DE VIAJES, passenger agent.
—— DEL BARCO, ship's husband.
—— DEL FABRICANTE, manufacturer's agent.
—— DEL FISCO, treasury representative.
—— EN PLAZA, local agent or representative.
—— ESPECIAL, special agent.
—— EXPEDIDOR, dispatching agent.
—— EXPEDIDOR o DESPACHADOR, forwarding agent.
—— FIDUCIARIO, custodian trustee, trustee.
—— FINANCIERO, fiscal agent.
—— FISCAL, treasury representative, fiscal agent.
—— INTERMEDIARIO, agent middleman.
—— LIBRE, broker who works with any company.
—— LOCAL, resident agent.
—— MARÍTIMO o NAVIERO, ship broker, shipping agent.
—— PAGADOR, paying agent.
—— PROPAGANDISTA o DE PRENSA, press agent.
—— RECLUTADOR, labor agent.
—— REGIONAL o LOCAL, local agent.
—— REGISTRADO o REPRESENTANTE AUTORIZADO, registered agent.
—— RETENEDOR o RETENTOR, withholding agent.
—— SECRETO DE LA POLICÍA, undercover agent.
—— UNICO o EXCLUSIVO, exclusive agent, sole agent or representative.
—— VENDEDOR, traveler, selling agent, travelling salesman.
—— VENDEDOR EMPRESARIAL, company salesman.
—— VIAJERO, commercial traveler.
—— VOLUNTARIO, voluntary agent.
AGIO, extortion, usury, speculation.
AGIOTISMO, agiotage, usury, speculation, jobbing.
AGIOTISTA, bill broker, money exchanger, speculator, usurer.
AGITACIÓN, civil commotion.
AGITADOR o ALBOROTADOR, troublemaker.
AGITAR o MOVER, to stir.
AGLOMERACIÓN DE LA POBLACIÓN, population cluster.
AGOBIAR, to overwhelm.
AGOSTO, harvester, harvest season, August.
AGOTABLE, depletable, exhaustible, wasting.
AGOTADO, sold out, exhausted, out-of-stock, out-of-print, washed-up.
AGOTAMIENTO, depletion, exhaustion, running down.
—— BASADO EN UN PORCENTAJE DE INGRESOS BRUTOS, percentage depletion.
—— DE CAPITAL, capital depletion.
—— DE EXISTENCIAS, sellout.
—— DE LAS RESERVAS, reserve depletion.
—— DEL FONDO DE AMORTIZACIÓN, sinking-fund depletion.
—— POR INTERÉS COMPUESTO, compound-interest depletion.
AGOTAR, to use up, to deplete, to exhaust.
AGOTARSE, to peter out, become depleted, to sell out, run low.
—— EL CAPITAL, decapitalization.
AGRACIADO o BIEN PARECIDO, well-favored.
AGRACIAR, to reward, to award.
AGRADABLE, likable.
AGRANDAR, to enlarge, to expand, to increase.
AGRAVIO, grievance.
AGREGADO, assistant, subordinate, attache, supernumerary.
—— COMERCIAL, commercial attache.
AGREGADOS, attachments, accessories.
—— ECONÓMICOS, economic aggregates.
AGREGAR, to add, to appoint, to gather.
AGREMIACIÓN, union, association.
—— OBRERA, labor union, organized labor.
—— PATRONAL, employers' association.
—— SINDICAL, labor union.
AGREMIADO o SINDICALIZADO, union man.
AGREMIAR, to unionize.
AGRESIVIDAD, aggressiveness.
AGRÍCOLA, farmer, agricultural.
AGRICULTOR, farmer.
AGRICULTURA, agriculture, farming.
—— EN GRAN ESCALA, large-scale farming.
AGRIDULCE, sweet-and-sour.
AGRIMENSOR o TOPÓGRAFO, land surveyor, surveyor.
AGRIMENSURA, land surveying, land survey.
AGRO, agriculture.

AGRONOMÍA, agronomy.
AGRÓNOMO, agricultural engineer, agronomist.
AGRUPECUARIO, pertaining to agriculture and stock-raising.
AGROTECNIA, agricultural engineering, agronomy.
AGRUPACIÓN o AGRUPAMIENTO, grouping, cartel, association.
—— DE CLASES, pooling of classes.
—— DE ERRORES, pooling of errors.
—— DE FONDOS, fund pool.
—— DE VOTANTES, pooling voters.
—— POR SU NATURALEZA, national grouping.
—— SINDICAL, labor federation.
AGRUPAR, to combine, to group.
AGUA, water.
—— ABAJO, down stream.
—— ARRIBA, up stream.
—— BLANDA, soft water.
—— CORRIENTE, tap water, running water.
—— CRUDA, raw water.
—— DE MANANTIAL, spring water.
—— DULCE, fresh water.
—— DURA, hard water.
—— ESTANCADA, standing water.
—— MINERAL, mineral water.
—— PESADA, heavy water.
—— POTABLE o DE BEBER, drinking water.
—— PURA Y CRISTALINA, clear water.
—— SALADA o SALOBRE, salt water.
—— SUPERFICIAL, surface water.
—— TRANQUILA, still water.
AGUAS
—— APROVECHABLES, water resources.
—— COSTERAS o JURISDICCIONALES o TERRITORIALES, maritime belt, territorial waters.
—— NEGRAS o DE ALBAÑAL, sewage.
—— RESIDUALES INDUSTRIALES, industrial wastes.
—— TERMALES, hot springs.
AGUACATE, avocado, alligator pear.
AGUACERO o TURBONADA, heavy shower.
AGUADOR, water cart.
AGUADORA, EMPRESA, water company.
AGUAFIESTAS, wet blanket.
AGUAJE o MAREMOTO, tidal wave.
AGUANIEVE, snow water.
AGUANTE, resistance, strength, goodwill.
AGUARDAR, to wait for.
—— INSTRUCCIONES u ÓRDENES, to await orders.
AGUARDIENTE, brandy, high wine.
AGUDO o PUNTIAGUDO, sharp.
AGUILÓN, boom.
—— DE BUQUE, cargo boom.
—— DE FUERA DE BORDA, outboard boom.
—— PARA CARGA PESADA, heavy-lift boom.
AGUINALDO o GRATIFICACIÓN ANUAL, annual bonus, gift, year-end bonus.
—— PASCUAL o DE PASCUAS, Christmas bonus or present.
AGUJA, needle, switch point, pointer.

AGUJERO, loophole.
AHOGAR CON HUMO o HACER SALIR CON HUMO, smoke out.
AHOGARSE, to sink.
AHORA o ACTUALMENTE, at present.
—— BIEN, now then.
—— MISMO, just now.
AHORRADOR, saver, saving.
—— DE TIEMPO, timesaving.
—— DE TRABAJO, laborsaving.
AHORRAR, to save, save up, to spare.
—— GASTOS, save expenses.
—— O ECONOMIZAR TIEMPO, save time.
AHORRATIVO, thrifty.
AHORRO o ECONOMÍA, saving.
—— BANCARIO, bank saving.
—— BRUTO DE LOS NEGOCIOS, gross business saving.
—— DE COMBUSTIBLE, fuel economy.
—— DE LOS EMPLEADOS, employee savings.
—— E INVERSIÓN, saving and investment.
—— EN COMPRAS DE NAVIDAD, Christmas savings.
—— FORZADO, forced savings.
—— NEGATIVO, negative dissaving.
—— NEGATIVO PERSONAL, personal dissaving.
—— PARA VACACIONES o ECONOMÍAS PARA VACACIONES, vacation savings.
—— PERSONAL o PARTICULAR, personal saving.
—— POSTAL, postal savings.
AHORROS, savings.
—— DE COSTO, cost savings.
—— DE SOCIEDAD ANÓNIMA, corporate savings.
—— DEL PRESTATARIO, borrower's savings.
—— DEPOSITADOS EN LA LIBRETA BANCARIA, passbook savings.
—— NAVIDEÑOS, Christmas savings.
—— PERSONALES DEL PROPIETARIO, owner's personal savings.
—— POR PRONTO PAGO, savings through cash discount.
AHUYENTAR A LATIGAZOS, whipp off.
AIRE, air.
—— ACONDICIONADO CENTRAL, central air conditioning.
—— ACONDICIONADO DE VENTANA, window air conditioner.
—— ACONDICIONADO RESIDENCIAL, residential air conditioning.
—— COMPRIMIDO, compressed air.
—— LIBRE, outdoors.
—— PURO, fresh air.
AISLACIÓN, insulation.
AISLACIONISMO, isolationism.
AISLADO, insulated, isolated.
AISLAMIENTO, insulation, isolation.
—— CONTRA RUIDOS, soundproofing.
—— DE EDIFICIOS, building insulation.
AISLAR, to insulate.
AJENO, foreign, belonging to another, unsuitable.
—— A LAS OPERACIONES REGULARES, nonoperating.

AJUARES CASEROS, housefurnishings.
AJUSTABLE, adjustable.
AJUSTADO, adjusted, fitted, tight.
AJUSTADOR, machinist, mechanic, adjuster.
—— DE ACCIDENTES, compensation adjuster.
—— DE CARROS, car repairman.
—— DE DERECHOS, customs appraiser.
—— DE INCENDIOS, fire-insurance adjuster.
—— DE LA CARGA, load dispatcher.
—— DE SEGUROS, adjuster insurance, insurance-claim adjuster.
AJUSTAR, to adjust, to settle, to regulate, to fit.
——, POR, unadjusted.
—— UN CONTRATO, to negotiate a contract.
—— UN PLEITO, to settle a lawsuit.
—— UN PRECIO, to agree on a price.
—— UNA PÉRDIDA, to adjust a loss.
AJUSTE, adjustment, agreement, settlement, discount.
—— A DIMENSIONES o CLASIFICACIÓN POR TAMAÑOS, sizing.
—— ALZADO, lump-sum contract.
—— DE ADQUISICIÓN, acquisition adjustment.
—— DE LA BALANZA DE PAGOS, balance-of-payments adjustment.
—— DE PÉRDIDAS, lost adjustments.
—— DE SALARIOS, wage adjustment.
—— DE TIEMPO, time adjustment.
—— EN LA REVISIÓN DE AUDITORÍA, audit adjustment.
—— EN LA VALUACIÓN DE LAS EXISTENCIAS, inventory valuation adjustment.
—— O ARREGLO EXTRAOFICIAL, out of court settlement.
—— POR VARIACIÓN EN EL PODER ADQUISITIVO, price level adjustment.
AJUSTES, fittings.
—— DE CIERRE DE UN AÑO o DE FIN DE AÑO, year-end adjustments.
—— DE FIN DE PERÍODO o DE EJERCICIO CONTABLE, end-of-period adjustments.
—— DE INVENTARIO, inventory adjustments.
—— MENORES, minor adjustments.
AL, on, about.
—— AIRE LIBRE, in the open, outdoors.
—— ALCANCE DE LA VISTA, within sight.
—— ALCANCE DE LA VOZ, within hearing.
—— AZAR, at random.
—— BORDE DE o A PUNTO DE, on the verge.
—— CONTRARIO o AL REVÉS, the other way around.
—— CUIDADO DE, under the care of.
—— DÍA o AL CORRIENTE, up-to-the minute.
—— FIADO, on trust.
—— LLEGAR, upon arriving.
—— MANDO DE, under the command of.
—— MISMO RITMO, at the same rate.
—— OTRO LADO o ENFRENTE, across the way.
—— POR MAYOR, by wholesale.
—— PORTADOR, to bearer.
—— RECIBO DE, on receipt of.
—— REVÉS, wrong side.
—— SOL, in the sun.
—— TACTO, by touch.
—— VUELO, on the wing.
—— 31 de diciembre, fechado el 31 de diciembre, as of december 31.
—— 31 de diciembre, as at december 31.
ALA, wing.
ALABANZA, praise.
ALABAR, to talk up.
ALACENA, locker, closet.
ALAMBICAR, to distill, to cut prices.
ALAMBIQUE, still, distillery.
ALAMBRADA, wire entanglement, wire fence.
ALAMBRADO, wiring.
ALAMBRE, wire.
—— AISLADO o FORRADO, insulated wire.
—— DE EMBALAR, bailing wire.
—— DE PÚAS, barbed wire.
ALARDE, bluff.
ALARDEAR, to bluff.
ALARGAR, to extend, to lengthen, to increase.
—— EL PLAZO, to extend the time.
ALARMA, alarm.
—— AÉREA, air-raid warning.
—— CONTRA ROBOS, burglar alarm.
—— PARA INCENDIO, fire alarm.
ALBACEA, executor, executrix.
—— SUPLENTE, substituted executor.
ALBAÑAL o CLOACA, sewer, drain.
—— PLUVIAL, storm-water sewer.
ALBAÑIL, mason, bricklayer.
ALBAÑILERÍA, masonry.
ALBEDRÍO, judgement, free choice.
ALBERGAR, to shelter, harbor.
ALBERGUE, bunkhouse, barracs, shelter.
—— TURÍSTICO, tourist camp or cabin, motel.
ALBOROTADOR, rioter.
ALBOROTO, uproar.
ALBOROTOS POPULARES, civil commotion.
ALCABALA, excise tax.
ALCAIDE, warden of a prison, customs official.
ALCALDE o CACIQUE DE BARRIO, ward chief.
ALCALDÍA, city hall, mayor's office.
ALCANCE, scope, extent, reach, capacity, ability.
—— DE, AL, within the means of.
—— DE LA ACTIVIDAD GUBERNAMENTAL, scope of government activity.
—— DE LA AUDITORÍA, audit scope.
—— DE LA PUBLICIDAD, advertising size.
—— DE LA VISTA, visibility distance.
—— MEDIO, medium range.
ALCANCÍA, money box, home savings bank, coin bank, piggy bank.
ALCANTARILLA, sewer, culvert, conduit.
ALCANTARILLADO o SISTEMA DE DRENAJE URBANO, sewerage.
—— SANITARIO, sanitary sewerage.
—— UNITARIO, combined system.

ALCANZAR, to reach, to obtain, to be a creditor, to overtake.
—— **BOGA,** come into style.
—— **EL REQUISITO,** to meet the requirements.
—— **EL TREN,** to make a train, to catch the train.
—— **PROGRESO,** to make progress.
—— **UN PUERTO,** to make a port.
—— **UNA CUOTA,** to fill a quota.
—— **UNA SUMA DE,** to amount to.
ALCISTA, bullish, bull, rising.
ALCOHOL, alcohol, spirits.
—— **INDUSTRIAL,** industrial alcohol.
—— **METÍLICO,** wood alcohol.
—— **O ALTO CONTENIDO DE ALCOHOL,** high-proof.
ALCOHOLERO, distiller, alcohol dealer.
ALCOHOLISMO, alcoholism.
ALEACIÓN, alloy.
—— **DE IMPRENTA,** type metal.
ALECCIONAR, to train, to instruct.
ALEGAR, o DEFENDER UNA CAUSA, to plead.
—— **AGRAVIOS,** to claim damages.
ALEGATOS, pleadings.
ALEJAR, to push away.
ALEMANIA OCCIDENTAL o DEL OESTE, West Germany.
ALEMANIA ORIENTAL o DEL ESTE, East Germany.
ALERTA, watchword, vigilant, open-eyed.
——, **ESTAR,** to be on the alert, **interj,** look out watch out.
ALEVOSÍA, dishonesty, perfidy.
ALFABÉTICO, alphabetical.
ALFABETISMO, literacy.
ALFABETO, alphabet.
ALFARERÍA, pottery, crockery, pottery factory.
ALFARERO, potter.
ALFILER o BROCHE o PRENDEDOR o CLAVO, pin.
ALFOMBRA, carpet.
ALFOMBRAR, to carpet.
ALFOMBRERO, carpetdealer, carpetmaker.
ÁLGEBRA, algebra.
—— **DE CONJUNTOS,** algebra of sets.
—— **VECTORIAL,** vector algebra.
ALGO, something.
ALGODÓN, cotton.
—— **COMÚN,** middlings.
—— **DE COSER,** sewing cotton.
—— **EN HILACHA,** cotton waste.
—— **EN PLAZA o PARA ENTREGA INMEDIATA,** spot cotton.
—— **EN RAMA o EN BRUTO,** raw cotton, cotton wool.
—— **HILADO,** cotton yarn, cotton thread.
—— **PARA ENTREGA FUTURA,** cotton futures.
ALGODONES, cotton goods.
ALGODONERÍA, cotton mill, cotton trade.
ALGORITMO, algorithm.
ALGUACIL, court officer, marshal.
ALGUIEN, somebody.
ALGÚN, some.
—— **DÍA,** someday.
—— **OTRO,** someone else.

ALGUNA COSA, somewhat.
ALGUNA VEZ, sometime.
ALHAJAS, jewelry.
ALIANZA, association, alliance.
—— **ADUANERA,** customs union.
ALICIENTE, incentive, inducement.
—— **TRIBUTARIO,** tax incentive.
ALIGERAR, to lighten.
ALIGERARSE DE EXISTENCIAS, to unload stock.
ALIJO, unloading, lightening a ship, lighterage, contraband.
ALIMENTACIÓN, food, meals, board, feed.
—— **CONTINUA,** continuous feed.
—— **DE LA CINTA,** ribbon feed.
—— **POR DELANTE,** front feed.
—— **POR DETRÁS,** back feed.
——, **VESTUARIO Y HABITACIÓN,** food, clothing and shelter.
ALIMENTADOR, any feeding device.
—— **DEL FRENTE,** front feed.
—— **POSTERIOR DE LA MÁQUINA,** back-feed of the machine.
ALIMENTADORA AUTOMÁTICA DE TARJETAS, automatic ledger feeder.
ALIMENTAR, to feed, support, to supply.
ALIMENTICIO, food.
ALIMENTO, food.
—— **CONGELADO,** frozen food.
—— **PARA BEBÉ,** baby food.
—— **PARA GANADO,** cattle feed.
—— **PODRIDO o DESCOMPUESTO,** spoiled food.
—— **PREPARADO,** prepared food.
—— **SIMPLE o SENCILLO,** plain food.
—— **TOMADO ENTRE EL DESAYUNO Y LA COMIDA,** brunch.
—— **Y ALOJAMIENTO,** board and lodging.
ALIMENTOS
—— **AVÍCOLAS,** poultry foods.
—— **ENLATADOS,** canned foods.
—— **PREPARADOS,** prepared foods.
ALINEAR u ORDENAR o CLASIFICAR, to range.
ALISAR o APLANAR, to smooth.
ALISTADO, listing.
—— **MÚLTIPLE,** multiple listing.
ALISTAMIENTO, enrollment, conscription, recruitment.
ALISTAR, to get ready, to enroll, to list.
ALIVIAR, to lighten.
ALIVIO TRIBUTARIO, tax relief.
ALMACÉN, warehouse, store, storeroom, shop, stock room.
—— **A ALMACÉN,** warehouse to warehouse.
—— **ADUANAL,** customs warehouse.
—— **ADUANERO,** bonded warehouse.
—— **AFIANZADO o ADUANERO,** bonded store, bonded warehouse.
—— **AL POR MAYOR,** wholesaler's warehouse.
—— **AL POR MENOR,** retail store.
—— **COOPERATIVO,** cooperative store.
—— **DE AUTOSERVICIO,** supermarket.

—— DE DEPARTAMENTOS o POR RAMOS, department store.
—— DE DEPÓSITO, bonded warehouse, warehouse, storehouse.
—— DE GRANOS, grain elevator.
—— DE MADERA, lumber yard, lumber shed.
—— DE SUMINISTROS, supply warehouse.
—— DE VENTAS, store, shop.
——, EN, in stock.
—— EN CADENA o EN SERIE, chain store firm.
—— EN LÍNEA, on line storage.
—— FISCAL, bonded warehouse.
—— FUERA DE LÍNEA, offline storage.
—— MAYORISTA, wholesale store.
—— MINORISTA o DETALLISTA, retail store.
—— PARA MERCANCÍAS EN TRÁNSITO, in-transit warehouse.
—— PROVISIONAL PARA MERCANCÍAS PIGNORADAS, field warehouse.
—— PÚBLICO, public warehouse, public store.
—— REFRIGERADO, cold-storage warehouse.
—— RIBEREÑO o COSTERO, water-front warehouse.
ALMACENAJE, storage, warehousing.
—— ACTIVO, live storage.
—— AFIANZADO, bonded storage.
—— DE ACCESO ALEATORIO, random-access storage.
—— EN TRÁNSITO, storage in transit.
—— INACTIVO o MUERTO, dead storage.
—— PARA OPERACIÓN CORRIENTE, working storage.
ALMACENAMIENTO, storage.
—— AL AIRE LIBRE, open storage, outdoor storage.
—— DE ACCESO RÁPIDO, fast-access storage.
—— DE DATOS, data storage.
—— EN PARALELO, parallel storage.
—— EN SERIE, serial storage.
—— LOCAL, local warehousing.
—— O MEMORIA PERMANENTE (Computación), permanent storage.
ALMACENAR, to store, to stock, to warehouse.
ALMACENERO, warehouse keeper.
ALMACENISTA, warehouseman, storekeeper, store clerk, warehouse keeper.
—— DE VÍVERES, grocer.
ALMANAQUE, calendar.
ALMENDRAS, almonds.
—— O GRANOS DE CAFÉ, coffee beans.
ALMIDÓN, starch.
ALMIDONERÍA, starch factory.
ALMONEDA o SUBASTA, vendue, auction, bargain sale.
ALMONEDERO, auctioneer.
ALMORZAR, to take lunch, to lunch.
ALMUERZO, lunch.
ALOJAMIENTO, dwelling, lodging.
ALOJAR, to room, to lodge.
ALPARGATAS, hemp sandals.
ALPARGATERÍA, hemp-sandal factory.
ALPINISMO, mountain climbing.
ALQUILA, SE, for hire.

ALQUILABLE, rentable.
ALQUILADOR, hirer, renter, lessor.
ALQUILAR o RENTAR, to rent, to employ, to hire.
——, POR, for rent.
ALQUILER, hire, rent, rental.
—— A PAGAR, rent payable.
——, DE, for hire.
—— DE LA OFICINA, office rent.
—— DE TERRENO, ground-rent.
ALQUILERES.
—— COBRADOS Y NO DEVENGADOS, unearned rent collected.
—— GANADOS, earned rent.
—— PAGADOS POR ADELANTADO, prepaid rent.
ALQUITRÁN, wood tar, tar, pitch.
—— DE HULLA, coal tar.
—— MINERAL, asphalt.
ALTA, employment, addition, entry, registration.
—— CALIDAD, high class, high-grade.
——, DAR DE, to enroll in the army, (hospital) to discharge as cured.
—— DIRECCIÓN, top management.
—— FRECUENCIA, high frecuency.
—— GERENCIA, top management.
—— MAR, high seas.
—— SOCIEDAD, high life.
—— VELOCIDAD, high speed.
ALTAS FINANZAS, high finance.
—— MATEMÁTICAS, higher mathematics.
ALTAR, shrine.
ALTAVOZ, loud-speaker, amplifier.
ALTERACIÓN, alteration, commotion, disorder.
—— DE DOCUMENTOS, falsification.
—— DEL CHEQUE, check alteration.
—— DEL ORDEN, breach of the peace.
—— EMOCIONAL, emotional strain.
—— FRAUDULENTA, fraudulent alteration.
ALTERAR, work over, to stagger.
ALTERNAR o ESCALONAR, to stagger.
—— TRABAJADORES, stagger employment.
ALTERNATIVA, option.
ALTERNATIVAS DE DISEÑO, design alternatives.
ALTIBAJOS, ups and downs.
ALTO, height, hill, elevation, upper floor, stop, high, tall.
—— COMERCIO, big business, high finance.
—— EXPLOSIVO, high explosive.
—— FUNCIONARIO, high official.
—— HORNO, blast furnace.
—— NIVEL DE EMPLEO, high employment.
—— RENDIMIENTO, high yield, high duty.
—— TIPO DE CAMBIO, high rate of exchange.
—— TOTAL, full stop.
ALTOS IMPUESTOS, heavy taxes.
ALTOPARLANTE, loud-speaker, amplifier.
ALTURA, height, elevation.
—— DEL TIEMPO, A LA, abreast of the times.
—— LIBRE, vertical clearance.
——, SERVICIO DE, overseas trade.

ALUMBRADO, light, lighting, lighted.
—— DIRECTO, direct lighting.
—— FLUORESCENTE, fluorescent lighting.
ALUMBRAR, to light, illuminate.
ALUMINIO, aluminum, aluminium.
ALUMNADO, student body.
ALUNIZAJE, lunar landing.
ALUSIÓN, allusion, hint.
ALZA, rise, appreciation, underlay, overlay.
—— ARTIFICIAL DE PRECIOS, ballooning.
—— BRUSCA DE SALARIOS, wage hike.
—— DE IMPUESTOS, increase of taxes.
—— DE PRECIOS, boom, rise in price.
—— DE SALARIOS, raise of wages.
——, EN, rising, prosperous.
—— GANADA, earned appreciation.
—— NO GANADA, unearned appreciation.
ALZAMIENTO, lifting, raising, absconding.
ALZAR, to hoist, to raise, to lift.
—— EL PRECIO, to raise the price.
—— LA GARANTÍA, to release the guaranty.
ALZARSE, to rise, to appel.
—— EN ARMAS, to be up in arms.
ALLÁ, over there.
—— ARRIBA, up above.
ALLANAR o ALISAR, to overcome difficulty, to settle, to surface.
ALLÍ o ALLÁ o AHÍ, there, yonder.
—— MISMO, right there, on the spot.
AMA, landlady, housekeeper.
—— DE CASA, housekeeper.
—— DE HUÉSPEDES, boarding-housekeeper.
—— DE LLAVES, housekeeper.
—— DE LLAVES DE MEDIO TIEMPO, part-time housekeeper.
AMABLE, lovely.
AMAESTRADO o ADIESTRADO, well-trained.
AMAESTRAR, to break in, to train.
AMAINAR, to lower, to slack off.
AMALGAMAR, to amalgamate, to consolidate, to merge.
AMANECER o SALIDA DEL SOL, sunrise.
AMAÑADO, skilled, able.
AMAÑAR, to train, to instruct, to fake.
AMAR, to love.
AMARILLEAR, to yellow.
AMARILLO, yellow, strikebreaker, scab.
AMARRA, mooring, lashing, cable.
AMARRADOR, longshoreman, dock laborer.
AMARRAJE, tie-up.
AMARRAR, to tie, to make fast, to cleat, to lay out, to rope.
—— BIEN, tie tight.
AMARRE, anchorage, tie, commitment.
AMBIENTAL, environmental.
AMBIENTE, environment, atmosphere.
—— CULTURAL, cultural environment.
—— POLÍTICO o MEDIO POLÍTICO, political climate.

AMBULANCIA, ambulance.
—— AÉREA, ambulance plane.
—— DE CORREOS, railway post office.
AMÉN o ASÍ SEA, so be it.
AMENAZA, menace, threat.
—— DE HUELGA o DE PARO, strike threat.
AMENAZAR, to menace, to threaten.
AMÉRICA, America.
—— CENTRAL, Central America.
—— DEL NORTE, North America.
—— DEL SUR o SUDAMÉRICA, South America.
—— LATINA, Latin America.
AMERICANA, sack coat.
AMIANTO, asbestos.
AMIGA o NOVIA, sweetheart.
AMIGABLE, friendly, amicable.
AMIGO o AMIGA, friend.
—— POR CORRESPONDENCIA, pen pal.
AMILLARAMIENTO, assessment.
AMILLARAR, to assess for taxes.
AMINORAR, to reduce, to lessen, to diminish.
—— GASTOS, to keep down expenses.
—— LA MARCHA o REDUCIR LA VELOCIDAD, reduce speed.
—— OPERACIONES, slow up.
AMISTAD, friendship.
AMISTOSO, friendly.
AMO, owner, landlord, employer.
AMOLAR, to sharpen, to grind, to injure.
AMONEDADO, coined, wealthy, rich.
AMONEDAR, to coin, to mint.
AMONTONAR O APILAR, to pile, to pile up.
AMOR, love.
—— DE, POR, for the sake of.
—— PATRIO, patriotism, love of country.
—— PROPIO, self-esteem.
AMORÍO o AMORES, love affair.
AMORTIGUADOR, damper, muffer, shock absorber.
AMORTIZABLE, callable, amortizable, redeemable.
——, NO, nonamortizable.
AMORTIZACIÓN, amortization, depreciation, charges, sinking.
—— ACELERADA, accelerated amortization.
—— ANTES DEL VENCIMIENTO, redemption before maturity.
—— CONTABLE, depreciation charges.
—— DE ACTIVOS, amortization of assets.
—— DE ACTIVOS INTANGIBLES, amortization on intangible assets.
—— DE CAPITAL CON RESERVAS, return of capital from reserves.
—— DE CAPITAL E INTERESES DE UNA DEUDA, debt service.
—— DE EMERGENCIA, emergency amortization.
—— DE PASIVO, debt amortization.
—— DE PATENTES, amortization of patents.
—— DE PRIMA SOBRE BONOS, bond premium amortization.
—— DE PRIMAS, amortization of premiums.

—— DE UNA DEUDA, redeeming of debt.
—— DEL CRÉDITO MERCANTIL, amortization of goodwill.
—— DEL DESCUENTO SOBRE BONOS, bond discount amortization.
—— EN LÍNEA RECTA, straight-line amortization.
—— MENSUAL, monthly amortization.
—— SEGÚN VALOR ACTUAL, present value amortization.
AMORTIZAR, to amortize, to redeem, to refund.
—— BIENES, to depreciate assets.
—— BONOS, retire bonds.
—— UN PRÉSTAMO, to amortize a loan.
AMORTIZARSE, to pay for it self.
AMOTINARSE, to riot, to mutiny.
AMPARAR, to protect, to cover, to help, to support, to exempt.
AMPARARSE, to get protection.
—— A, to have recourse to.
—— DE, to take advantage of.
AMPARO, relief, exemption, protection.
—— SOCIAL, social security.
AMPLIA, broad, full.
—— AUTORIDAD, broad powers.
—— CONFIANZA, full confidence.
AMPLIACIÓN, expansion, enlargement.
—— DE COBERTURA, extended coverage.
—— DE COBERTURA DE PÓLIZA, policy extended coverage.
—— DE INSTALACIONES DE LA PLANTA, expansion of plant facilities.
—— DE LA INDUSTRIA, industry expansion.
—— DE PLANTA, plant expansion.
—— DEL PLAZO, extension of time.
—— DEL TRABAJO, job enlargement.
AMPLIAR, to enlarge, to amplify, to extend.
—— ACTIVIDADES, branch out.
—— EL TÉRMINO, to extend the term.
—— UN CHEQUE, to raise a check.
AMPLIFICADOR, amplifier.
AMPLIFICAR, to extend, to expand, to enlarge.
AMPLIOS PODERES, full authority.
AMPLITUD, extent, coverage.
—— DE LA PUBLICIDAD, advertising size.
—— DE LOS PLAZOS, length of credit terms.
—— DEL SEGURO, insurance coverage.
AMUEBLAR, to furnish.
ANALFABETO, illiterate.
ANÁLISIS, analysis, breakdown.
—— BÁSICO, ultimate analysis.
—— BETA, beta analysis.
—— CONDENSADO, condensed analysis.
—— CUALITATIVO, (chemistry) qualitative analysis.
—— CUANTITATIVO, quantitative analysis.
—— DE ANTIGÜEDAD DE CUENTAS, aging.
—— DE CARTERA, portfolio analysis.
—— DE CASO, case analysis.
—— DE COMPRAS, purchases analysis.
—— DE COMPROBACIÓN, check analysis.
—— DE CONGLOMERADO, cluster analysis.
—— DE CORRELACIÓN, correlation analysis.
—— DE COSTO, cost analysis.
—— DE COSTOS DE DISTRIBUCIÓN, distribution cost analysis.
—— DE CRÉDITO, credit analysis.
—— DE CRÉDITO DEL CONSUMIDOR, consumer credit analysis.
—— DE CUENTAS, account analysis.
—— DE CUENTAS POR ANTIGÜEDAD, age analysis of accounts.
—— DE DATOS, data analysis.
—— DE DECISIONES, decision analysis.
—— DE EQUILIBRIO LINEAL, linear breakeven analysis.
—— DE EQUILIBRIO NO LINEAL, nonlinear breakeven analysis.
—— DE ERRORES, error analysis.
—— DE ESTADOS FINANCIEROS, financial statement analysis.
—— DE EVALUACIÓN DE PROYECTOS, capital budgeting analysis.
—— DE FACTORES, factor analysis.
—— DE GASTOS o DE DESEMBOLSOS, expense analysis, expenditure analysis.
—— DE INVERSIONES, investment analysis.
—— DE LA CARTERA DE PRODUCTOS, product portfolio analysis.
—— DE LA CUENTA DE GASTOS, expense account analysis.
—— DE LA RUTA CRÍTICA, critical path analysis (CPA).
—— DE LA UTILIDAD BRUTA, gross profit analysis.
—— DE MERCADO o MERCADOS, market analysis, marketing analysis.
—— DE MÚLTIPLES VARIABLES, multivariate analysis.
—— DE PRÉSTAMO DE VENCIMIENTO ATRASADO, past due loan analysis.
—— DE RAZONES, ratio analysis.
—— DE REGRESIÓN, regression analysis.
—— DE RIESGO, venture analysis.
—— DE ROTACIÓN DEL INVENTARIO, inventory turnover analysis.
—— DE SALDOS, analysis of balances.
—— DE SENSIBILIDAD, sensitivity analysis.
—— DE SERIES DE TIEMPO, time series analysis.
—— DE SÍ MISMO, self-analysis.
—— DE SISTEMAS, system analysis.
—— DE SITUACIÓN, situational analysis.
—— DE TAREAS o TRABAJOS, job analysis.
—— DE TENDENCIA, trendline analysis.
—— DE TENDENCIAS, trend analysis.
—— DE UN ESTADO CONTABLE, statement analysis.
—— DE UNA OPERACIÓN, operation analysis.
—— DE UTILIDAD, utility analysis.
—— DE UTILIDAD o DE GANANCIAS, profitability analysis.
—— DE UTILIDAD SOBRE PRÉSTAMO, loan profitability analysis.

—— DE VALORES o DE TÍTULOS, securities analysis.
—— DE VARIANCIA, variance analysis.
—— DE VENTAS, sales analysis.
—— DEL CAPITAL DE TRABAJO, working capital analysis.
—— DEL INGRESO NACIONAL, national income analysis.
—— DEL INSUMO Y DEL PRODUCTO, input-output analysis.
—— DEL MERCADO DE CAPITALES, capital market analysis.
—— DEL PAPEL o DEL PUESTO DESEMPEÑADO, role analysis.
—— DEL PUNTO DE EQUILIBRIO, break-even analysis.
—— DEL SUPERÁVIT, surplus analysis.
—— DEL VALOR, value analysis.
—— DEMOGRÁFICO, population analysis.
—— DISCRIMINANTE, discriminant analysis.
—— DISCRIMINATIVO MÚLTIPLE, multiple discriminant analysis.
—— ECONÓMICO, economic analysis.
—— EMPRESARIAL DEL NUEVO PRODUCTO, new-product business analysis.
—— ESTADÍSTICO, statistical analysis.
—— GENERAL, overall analysis.
—— GRÁFICO DEL PUNTO DE EQUILIBRIO, graphical break-even analysis.
—— MARGINAL, marginal analysis.
—— NORMATIVO, canonical analysis.
—— POR COLUMNAS, columnar analysis.
—— POR COMPUTADORA ELECTRÓNICA, electronic data processing analysis.
—— SECUENCIAL, sequential analysis.
—— VECTORIAL, vector analysis.
—— VOLUMÉTRICO, volumetric analysis.
ANALISTA, analyst.
—— DE MERCADO, market analyst.
—— DE SISTEMAS, system analyst.
—— DE VALORES, security analyst.
—— FINANCIERO, financial analyst.
—— INDUSTRIAL, industry analyst.
—— JEFE DE INVESTIGACIÓN, senior research analyst.
—— POLÍTICO DE TIEMPO COMPLETO, full-time political analyst.
ANALIZADOR, analyzer, analyst.
ANALIZAR, to analyze.
—— POR GRUPOS, to analyze by groups.
ANÁLOGO, analog.
ANAQUEL, shelving.
ANARQUISMO, anarchism.
ANCIANIDAD, old age, seniority.
ANCLADERO, anchorage, anchoring ground.
ANCLAJE, anchorage, anchoring.
ANCLAR, to anchor.
ANCHO, breadth, width, wide, broad.
—— DE ESPALDAS, heavy-set.
ANCHURA, width, breadth.
—— DE PASO, clearance width.
—— TOTAL, over-all width.

ANDAMIO o TABLADO, scaffold.
ANDAR o IR, to go, to speed, to move, to walk.
—— CON TIENTO, think twice.
—— DE MAL EN PEOR, to go from bad to worse.
—— POR LAS CALLES o ANDURRIAR, walk the streets.
ANDÉN, platform, walkway, dock.
—— DE LLEGADA, arrival platform.
—— DE SALIDA, departure platform.
—— DE TRASBORDO, transfer platform.
ANDRAJOS, rags.
ANEMÓMETRO, wind gauge.
ANEXO, attached sheet, enclosure, exhibit, addition.
—— DEMOSTRATIVO, supporting statement.
ANFITRIÓN, host.
ANFITRIONA, hostess.
ÁNGULO, angle, corner.
—— AGUDO, acute angle.
—— OBTUSO, obtuse angle.
—— RECTO, right angle.
ÁNGULOS OPUESTOS POR EL VÉRTICE, vertical angles.
ANGUSTIA, distress, anguish.
ANGUSTIOSO o INQUIETANTE, worrisome.
ANHELAR, to yearn, to hope.
ANHELO o SUSPIRO, yearning.
ANIDADO, nested.
ANILLO, ring, hoop, loop.
—— CERRADO, closed loop.
—— DE BODAS, wedding ring.
ANIMAL, animal, stupid.
—— DE CARGA, pack animal.
—— DE TIRO, draft animal.
—— MIMADO, pet.
ANIMALES
—— BOVINOS o VACUNOS, beef cattle.
—— DE LANA, wool-bearing animals.
—— DE PURA RAZA, blooded stock.
—— LECHEROS, milk cattle.
—— OVINOS, sheep.
—— PORCINOS, pigs.
ÁNIMO, spirit, curage.
ANIMOSO, high-spirited.
ANIVERSARIO, anniversary, annual, yearly.
—— DE BODAS, wedding anniversary.
ANOCHE, last night, yesterday night.
ANOCHECER, sunset, nightfall.
ANOMALÍA, disorder, defect.
ANÓNIMO, nameless.
ANOTACIÓN, annotation, note, entry.
—— CONTABLE, entry in the books.
—— O NOTA DE PIE DE PAGÍNA, footnote.
—— ORIGINAL, original entry.
ANOTADOR o INSTRUMENTO REGISTRADOR, recording instrument.
ANOTAR, to take notes, to note down, to annotate, to enter, to book.
—— UN PEDIDO, to book an order, to enter an order.
ANTAGONISMO, clash.

ANTAGONISTA, competitor, opponent.
— ANTEAYER, day before yesterday.
ANTECEDENTES, background, history, information, preliminary data.
— ACADÉMICOS, academic record.
— CRIMINALES o PENALES, criminal record.
— DE AUSENCIA, absentee record.
— DE CRÉDITO DEL PRESTATARIO, borrower's credit background.
— DE CRÉDITO DEL SOLICITANTE, credit information, applicant's credit history.
— DE LA FUNDACIÓN DE LA COMPAÑÍA, firm's history.
— ESCOLARES, educational background.
— ÉTNICOS, ethnic background.
— FAMILIARES, family history.
— FINANCIEROS, financial history.
— PERSONALES, personal records.
ANTECONTRATO, preliminary agreement.
ANTEDATAR, to antedate, date back.
ANTEDICHO, aforesaid, above mentioned.
ANTEFIRMA, title before the signature, closing.
ANTELACIÓN, CON, in advance, beforehand.
ANTEMENCIONADO, above-mentioned, before-mentioned.
ANTEOJOS, eyeglass, spectacles.
— CONTRA EL SOL o AHUMADOS, sun glasses.
— INDUSTRIALES, goggles.
ANTEPRESUPUESTO, tentative budget.
ANTEPROYECTO, tentative plan, tentative budget, preliminary design.
— DE CONTRATO, first draft of a contract.
— DE PRESUPUESTO, tentative budget.
ANTERIOR, former, previous, prior to.
ANTES, before.
— CITADO, above-mentioned, aforesaid.
— DE DEDUCIR IMPUESTOS, before taxes.
— DEL PAGO DE IMPUESTOS, pretax.
— POSIBLE, as soon as possible.
— QUE o MÁS BIEN QUE, rather than.
ANTICIPACIÓN, CON, in advance.
ANTICIPADO, advance (payment), prospective.
ANTICIPO, advance, advance payment, prepayment.
— DE CAPITAL DE TRABAJO, working capital advance.
— DE DINERO PARA VIAJES, travel advance.
— DEL ERARIO, imprest.
— PASIVO, borrowing.
ANTICIPOS, advances.
— A EMPLEADOS, employee' drawings.
— A REPRESENTANTES o COMISIONISTAS, advances to agents.
— SOBRE CONOCIMIENTOS DE EMBARQUE, advances against bill of lading.
— SOBRE MERCANCÍAS, advances on merchandise.
— SOBRE TÍTULOS, loan against securities.
ANTICOMBUSTIBLE, fire-resisting.
ANTICOMERCIAL, not good business.

ANTICONSTITUCIONAL, unconstitutional.
ANTICORROSIVO, rust-resisting.
ANTICUADO, obsolete, antiquated, out-of-date, out-of-fashion.
ANTICUARIO, antique dealer.
ANTICUARSE, to become obsolete.
ANTIDESLIZANTE, nonslip.
ANTIDETONANTE, antiknock, antidetonant.
ANTIECONÓMICO, uneconomic.
ANTIFUNCIONAL, nonfunctional.
ANTIGOLPETEO, antiknock.
ANTIGÜEDAD, age, length of service, seniority.
— DE CUENTAS A PAGAR, age of accounts payable.
— DE CUENTAS POR COBRAR o FACTURAS POR COBRAR, aging accounts receivable.
— DEL EMPLEADO EN UNA EMPRESA, employee's seniority.
— UNIFORME, uniform seniority.
ANTIGÜEDADES, antiques.
ANTIGUO, old, former, ancient.
— ADICTO A LAS DROGAS, former drug addict.
— DIRECTOR, former director.
— PRESIDENTE o EXPRESIDENTE, former president.
ANTIHIGIÉNICO, unhealthy, unsanitary.
ANTIINFLACIONARIO, anti-inflation.
ANTILLAS, West Indies.
ANTIMILITARISMO, antimilitarism.
ANTIMONOPÓLICO, antitrust.
ANTIMONOPOLIO, antitrust, antimonopoly.
ANTIOXIDANTE, antirust, rust-resisting.
ANTIRRESBALABLE, nonskid.
ANTIRRESONANTE, soundproof.
ANTOJO, whim, fancy.
—, A SU, as one pleases.
— DE, to take a fancy to.
ANTOLOGÍA, anthology.
ANTORCHA, torch.
ANTRACITA, anthracite, hard coal.
ANUAL o ANUALMENTE, yearly.
ANUALIDAD, annuity, rent, annual charge.
— A PLAZO, terminable annuity.
— A TÉRMINO VENCIDO, terminable annuity.
— ACUMULADA, accumulated annuity.
— ANTICIPADA, annuity due.
— COMPLETA, straight annuity.
— COMPUESTA, compound annuity, complete annuity.
— COMPUESTA ANTICIPADA, compound annuity.
— CON PARTICIPACIÓN, participating annuity.
— CON REEMBOLSO, refund annuity.
— CON REEMBOLSO EN CUENTAS, installment refund life annuity.
— CON REINTEGRO EN EFECTIVO, cash-refund annuity.
— CONDICIONAL o EVENTUAL, conditional annuity, contingent annuity.
— CONJUNTA, joint annuity.
— CONTINUA o PERPETUA, perpetuity, perpetual annuity.

—— CRECIENTE, increasing annuity.
—— DE CORTO PLAZO, short-term annuity.
—— DE GRUPO, group annuity.
—— DE PRIMA ÚNICA, single-premium annuity.
—— DE RETIRO, retirement annuity.
—— DE TODA LA VIDA, whole life annuity.
—— DECRECIENTE, decreasing annuity.
—— DIFERIDA o APLAZADA, deferred annuity.
—— DIFERIDA CON REEMBOLSO, deferred refund annuity.
—— DOTAL, endowment annuity.
—— INMEDIATA, immediate annuity.
—— MANCOMUNADA DE VIDA, joint life annuity.
—— ORDINARIA, ordinary annuity.
—— PAGADERA DURANTE CIERTO NÚMERO DE PERÍODOS o ANUALIDAD CONDICIONAL, annuity certain.
—— PERPETUA, perpetual annuity.
—— REVERSIBLE, reversionary annuity.
—— TEMPORAL, temporary annuity, term annuity.
—— VARIABLE, variable annuity.
—— VENCIDA, annuity due.
—— VITALICIA CON REEMBOLSO, refund life annuity.
—— VITALICIA EVENTUAL o CONDICIONAL, contingent life annuity.
—— VITALICIA TEMPORAL, temporary life annuity.
ANUALIDADES
—— DE GRUPO DIFERIDAS, deferred group annuities.
—— INMEDIATAS, immediate annuities.
—— ORDINARIAS, ordinary annuities.
—— PARA RENTA DE RETIRO, retirement income annuities.
ANUARIO, yearbook, trade directory.
ANUENCIA, consent.
ANULACIÓN, cancellation, annulment, liquidation. voidance, abrogation.
ANULAR, to annul, to void, to cancel, to write off, to reverse.
—— EL PEDIDO, to cancel the order.
—— LA COMUNICACIÓN, to cut off.
—— LA PÓLIZA, to void the policy.
—— UN CONTRATO, to cancel a contract.
ANULARSE, to become void, to run out, to expire, to lapse.
ANUNCIABLE, advertisable.
ANUNCIADOR, advertiser, announcer.
—— DE RADIO, radio announcer.
—— NACIONAL, nation advertiser.
—— O LOCUTOR DE RADIO, radio advertiser.
ANUNCIANTE, advertiser.
—— DE TELEVISIÓN, television advertiser.
ANUNCIAR, to announce, to advertise.
—— LA LICITACIÓN, to call for bids.
—— LA SUBASTA o LA LICITACIÓN, advertise for bids, to call for bids.
ANUNCIO, advice, announcement, advertisement.
—— A TODA PLANA, full-page advertisement.
—— DE ENLACE o CONEXIÓN, tie-in.
—— DE ESCAPARATE o DE VIDRIERA, window display.
—— DE PÁGINA ENTERA, full-page advertisement.
—— DE PARED, wall sign.
—— DE PROPAGANDA, advertising sign.
—— DE SUBASTA, advertising for bids.
—— DEL CONCURSO o DE SUBASTA, invitation to bidders, advertising for bids.
—— DESPLEGADO, display advertising.
—— ELÉCTRICO, electric sign.
—— EN ZIGZAG, zigzag spread.
—— INTERMITENTE, flashing electric sign.
—— LUMÍNICO, electric sign.
—— MINORISTA, retail advertising.
—— MURAL, poster advertising.
—— PUBLICADO EN EL PERIÓDICO, newspaper advertisement.
ANUNCIOS
—— CLASIFICADOS, classified advertising.
—— DE OCASIÓN, classified advertising.
—— DIRECTOS POR CORREO, direct-mail advertising.
—— ECONÓMICOS, classified ads.
—— EN PERIÓDICOS, newspaper advertising.
—— EN REVISTAS, magazine advertising.
—— EN VEHÍCULOS, car cards.
—— EXTERIORES, outdoor advertising.
—— IMPRESOS, print advertising.
—— PERIODÍSTICOS, newspaper advertising.
—— SELECCIONADOS, selected ads.
ANVERSO, face of a document, obverse.
AÑADIDO, additional, extra sheet attached.
AÑADIDURA, addition, increase extra.
AÑADIR, to add, to join.
AÑEJAR, to stale.
AÑEJO, stale.
AÑO, year.
—— ACTUAL o EN CURSO, present year, this year.
——, AL, annually, per anum.
—— ANTEPASADO, year before last.
—— BISIESTO, leap year.
—— CIVIL, calendar year, civil year.
—— COMERCIAL (12 meses de 30 días), commercial year.
—— CONTABLE, accounting year, financial year.
—— CORRIENTE o ACTUAL, this year.
—— DE AUDITORÍA, audit year.
—— DE CANCELACIÓN, year of write-off.
—— DE CONTRATO, contract year.
—— DE EJERCICIO, fiscal year.
—— DE ELECCIÓN PRESIDENCIAL, presidential election year.
—— DE GRACIA, year of grace.
—— ECONÓMICO o FINANCIERO, fiscal year.
—— ECONÓMICO MÁS APROPIADO AL GIRO, natural business year.
—— EN CURSO, present year.
—— ENTRANTE, next year.
—— ESCOLAR, school year.
—— FINANCIERO, fiscal year, financial year.
—— FISCAL, fiscal year.
—— IMPOSITIVO o GRAVABLE, tax year.
—— IMPRODUCTIVO o ESTÉRIL, lean year.
—— LEGAL, legal year.

—— LUNAR, lunar year.
—— MUERTO, year of grace.
—— NATURAL, calendar year.
—— NATURAL, CON BASE EN EL, calendar-year basis.
—— NUEVO, new year.
—— O EJERCICIO CONTABLE, year of account.
—— PASADO o ANTERIOR, last year.
—— SIGUIENTE AL PRÓXIMO, year after next.
—— SOCIAL, corporate year, fiscal year.
—— SOLAR, solar year.
—— TRAS AÑO, year after year.
AÑO-PÓLIZA, policy year.
AÑOS, ENTRADO EN, middle-aged, of mature age.
APACENTAMIENTO, grazing, pasture.
APACENTAR, to pasture, to graze.
APACIGUAR, to pacify, to calm, to appease.
APACIGUARSE, to calm down.
APADRINADOR, sponsor.
APADRINAR o PATROCINAR, to sponsor.
APAGAR, to quench, to extinguish, to tune out.
—— LA LUZ, switch off.
APAGÓN, blackout (failure of electricity).
APALABRAR, to discuss.
APALANCAMIENTO, leverage.
—— CASERO, homemade leverage.
—— FINANCIERO, financial leverage.
—— FINANCIERO NEGATIVO, negative financial leverage.
—— FINANCIERO POSITIVO, positive financial leverage.
APARADOR, show window, showcase.
APARATO, apparatus, device, fixture.
—— AÉREO o DE AVIACIÓN, aircraft.
—— DE LABORATORIO, laboratory equipment.
—— O DISPOSITIVO DE SEGURIDAD, safety device.
APARATOS
—— CASEROS o DOMÉSTICOS, household or home appliances.
—— CINEMATOGRÁFICOS, motion-picture equipment.
—— CONTRA INCENDIOS, fire-fighting equipment.
—— DE EMBELLECIMIENTO, beauty-parlor equipment.
—— ELÉCTRICOS, electric supplies.
—— HIGIÉNICOS o SANITARIOS, plumbing fixtures.
—— LUMÍNICOS, lighting fixtures.
—— MÉDICOS, medical appliances.
APARCERÍA, partnership, sharecropping.
—— AGRÍCOLA, farming on shares.
APAREAMIENTO, matching, mating.
APAREAR, to match, to mate.
APAREARSE, to pair off.
APAREJAR, to rig, to lay out.
APAREJO o EQUIPO, tackle.
—— DE CADENA, chain block, chain hoist.
—— DE PERFORACIÓN, drilling rig.
—— DIFERENCIAL, differential hoist.
—— ELÉCTRICO, electric chain block.
APARTADERO, siding.

—— DE CARGA, freight siding.
—— MUERTO, dead-end siding.
—— PARTICULAR, private siding.
—— SIN ACCESO, blind siding.
APARTADO, post-office box, section, paragraph.
—— AÉREO, air-mail box.
—— DE SEGURIDAD, safe-deposit box.
—— POSTAL o DE CORREO, post-office box.
APARTAMENTO, apartment, flat.
—— AMUEBLADO, furnished apartment.
—— DE EJECUTIVO, executive suit.
—— EN CONDOMINIO, apartment in join ownership.
—— SIN AMUEBLAR, unfurnished apartment.
—— SIN ASCENSOR, walk-up apartment.
APARTAR, to sort, to classify, to set aside, to shunt, to put away.
—— UN BOLETO, to make a reservation, to buy a ticket.
APARTARSE o HACERSE A UN LADO, stand off, to withdraw, to retire.
APARTE, paragraph, under separate cover.
APÁTRIDA, stateless.
APEADERO, small station, landing.
APEAR, to dismount, to get out, to survey.
APEARSE, to disembark, to leave a train.
APEDREAR, to stone.
APELACIÓN, appeal, consultation.
—— ESPECÍFICA, specific appeal.
APELADO, appellee.
APELANTE, appellant.
APELAR, to appeal, to have recourse to.
APELLIDO, last name, family name.
—— DEL CLIENTE, customer's name.
APÉNDICE, addendum, attached sheet, exhibit, supplement.
APERCIBIR, to receive, to collect, to warn.
APEROS, tools, equipment, outfit.
—— DE LABRANZA, agricultural implements.
—— DE PESCA, fishing tackle.
APERTRECHAR, to supply, to furnish.
APERTURA, opening, beginning.
—— DE CRÉDITO, opening a line of credit or a letter of credit.
—— DE LA SESIÓN, opening a meeting.
—— DE PROPUESTAS, opening bids.
APESTAR o HEDER, to stink.
APICULTOR, beekeeper.
APICULTURA, beekeeping.
APILADORA, stacker, portable elevator.
APILAR, to stack.
APISONADORA, tamping machine, roller.
APISONAR, to tamp.
APLASTAMIENTO, crushing, collapse of a structure.
APLASTAR, to crush, to smash, to flatten.
APLASTARSE, to stump.
APLAZADO, deferred.
APLAZAMIENTO, postponement, deferment, adjournment.

—— DE COBRO o DE COBRANZA, deferment of collection.
APLAZAR, to adjourn, to defer, to postpone, to extend.
—— LA JUNTA o LA REUNIÓN, adjourn the meeting.
—— UNA LETRA, extend a note.
APLICACIÓN, application, use, appropiation.
—— ADECUADA DE INGRESOS Y GASTOS CORRESPONDIENTES, proper matching of revenues and related expenses.
—— DE FONDOS, application of funds.
—— O DISTRIBUCIÓN DE COSTOS, cost allocation.
APLICAR, to apply, allocate, to appropiate.
—— IMPUESTOS, to impose taxes.
—— LOS FRENOS, to apply the brakes.
—— UN RECARGO, apply a surcharge.
—— UN RÓTULO, to stick a label.
APODERADO, agent, attorney, authorized, proxy.
—— ESPECIAL, special agent.
—— GENERAL, universal agent.
APODERAMIENTO, authority, power.
APODERAR, to empower, to grant power of attorney.
APODO, nickname.
APÓGRAFO o COPIA OFICIAL DE UN JUICIO, transcript.
APOLÍTICO, nonpolitical.
APORTACIÓN, provision, contribution.
—— DE CAPITAL, capital infusion, furnishing capital.
—— DE CAPITAL AGRÍCOLA, farm capital equipment.
—— DE FONDOS PARA CONSTRUCCIÓN, construction financing.
—— FILANTRÓPICA o DONACIÓN FILANTRÓPICA, philanthropic contribution.
—— PATRONAL, employer's quota.
APORTAR, to contribute, to throw in, to arrive in port.
—— FONDOS EN UN NEGOCIO, to invest.
—— PRUEBA, to produce proof.
APORTE, contribution.
—— A GASTOS GENERALES, contribution to overhead.
—— DE EMPLEADOS AL FONDO DE RETIRO, money-purchase plan.
—— PARA JUBILACIÓN, dues to a pension fund.
APOSTADERO, army post, naval station.
APOSTAR, to bet, to wager, to stake.
—— A QUE, to bet that.
APÓSTROFE, apostrophe.
APOYADOR, backer, booster.
APOYAR, to support, to advocate, to boost, to back, to get behind.
—— O SECUNDAR LA MOCIÓN, second the motion.
APOYO, support, help, boost.
—— DEL GOBIERNO A BANCOS, government protection of banks.
—— ECONÓMICO, economic aid.
—— FINANCIERO, financial backing.
—— INTERPERSONAL, interpersonal support.

—— O AYUDA SOCIAL, social support.
APRECIACIÓN, appreciation, rise in value, appraisal, valuation, estimate.
—— REALIZADA, realized appreciation.
APRECIADOR, appraiser, gager.
APRECIAR, to value, to appraise, to appreciate.
APREMIANTE, urgent.
APREMIAR, to urge, to press, to compel.
—— EL PAGO o FORZARLO, to compel payment.
APREMIO, dun, court order, legal proceedings for collection.
APRENDIZ, apprentice.
APRENDIZA, woman apprentice.
APRENDIZAJE, apprenticeship, learning.
APRESAR, to capture, to seize.
APRESTAR, to make ready, to prepare.
APRESTARSE, to get ready.
APRESTO, outfit, equipment.
APRESURARSE, hurry up, jump at.
APRETAR, to tighten.
—— EL BOTÓN, press the button.
APRETÓN, pressure.
—— DE MANOS, handshake.
APRETUJÓN, jam, congestion, bottleneck.
APRISIONAR, to imprison.
APROBACIÓN, approval, authorization.
—— DE UNA LEY, passing a law.
——, PARA LA, subject to approval.
APROBADO, approved.
APROBAR o TENER BUEN CONCEPTO DE, think well of.
—— UNA MOCIÓN, to carry a motion.
APROPIACIÓN, appropriation, allowance, adaptation.
—— A SUMA ALZADA, lump-sum appropriation.
—— AGOTADA, expended appropriation.
—— DE CONTINUIDAD, continuing appropriation.
—— ILÍCITA o INDEBIDA, conversion, misappropriation.
—— NO DISTRIBUIDA, unalloted appropriation.
—— NO EJERCIDA, unexpended appropriation.
—— NO GRAVADA, unencumbered appropiation.
—— PARA DEFICIENCIAS, deficiency appropriation.
—— POR CONTINGENCIAS, appropiation for contingencies.
—— SUPLEMENTARIA, supplemental appropriation.
APROPIADO o CONVENIENTE, suitable, adequate.
APROPIAR o ASIGNAR, to assign, to allocate.
APROPIARSE o INCAUTARSE, to apropriate, to take possession, to pocket.
APROVECHABLE o UTILIZABLE, usable.
APROVECHAMIENTO, development, utilization, exploitation, recovery.
—— DE ENERGÍA ELÉCTRICA, power development.
—— DE FONDOS PRESTADOS, drawdown.
—— DE LA COSECHA, crop operation.
—— DE LOS RÍOS, river development.
—— DE LUZ DE DÍA, daylight saving.
—— FORESTAL, lumbering logging.
—— HIDROELÉCTRICO, hydroelectric development.

APROVECHAR, to make use of, to take advantage of, to exploit, to develop.
—— DERECHOS, to exercise rights.
—— INFLUENCIA OFICIAL, pull wires.
—— LA OCASIÓN u OPORTUNIDAD, to take the opportunity.
APROVECHARSE DE, trade on, take advantage of.
APROVISIONAMIENTO, furnishing supplying, supply.
—— DE AGUA, water supply.
—— DE ALIMENTOS, food supply.
—— DE COMBUSTIBLE, fueling.
APROVISIONAR, to furnish, to supply.
APROVISIONARSE, to stock up, to lay in a supply.
APROXIMACIÓN, approximation, approach, rough approximation.
APROXIMADAMENTE, approximately.
APROXIMADO, approximate.
APROXIMAR, to approach, to move near, to approximate.
APTITUD, fitness, ability, competence, capability.
—— COMPETIDORA, competitive position.
—— DE VENDER, salesmanship.
—— FÍSICA, physical fitness.
—— LEGAL, competency.
—— PARA ACTUAR, initiative.
APTITUDES
—— ARTÍSTICAS, artistic aptitude.
—— MECÁNICAS, mechanical aptitude.
APTO o CAPAZ, able, competent, suitable, fit.
—— PARA SERVICIO, fit for duty.
—— PARA TRABAJAR, able to work.
APUESTA, bet, wager, stake.
—— ACUMULADA EN JUEGOS DE CARTAS COMO EL PÓQUER, jackpot.
—— UNIFORME, straight betting.
APUESTAS, betting.
APUNTADOR, timekeeper, note keeper.
APUNTAR, to make a note, to enter, to point, jot down.
APUNTE, rough sketch, memorandum, note, entry.
APURADO, in a hurry, short of funds.
APURAR, to clear up, to push.
APURO, difficulty, urgency, emergency, plight.
APUROS, EN, short of funds, hard up.
AQUÍ, here, then, now.
AQUÍ, over here.
—— TIENE o ESO ES TODO, there you are.
—— Y ALLÁ o POR TODOS LADOS o DE ARRIBA ABAJO, up-and-down.
AQUIETAR o CALMAR, to still.
AQUILATAR, to assay, to study, to examine.
ARADO, plow.
—— MECÁNICO, tractor plow.
—— QUITANIEVE, snowplow.
ARANCEL, tariff.
—— ADUANERO o DE ADUANA o DE IMPORTACIÓN, schedule of customs duties, import tariff.
—— DE ADUANAS, book of rates.

—— DE EXPORTACIÓN, export taxes, duties on exports.
—— DE PROTECCIÓN o PROTECCIONISTA, protective tariff.
—— DE RECAUDACIÓN, tariff fot revenue.
—— DE RENTA, revenue tariff.
—— DE TARIFA MÚLTIPLE, multiple or flexible tariff.
—— DE TRÁNSITO, transit duties.
—— FISCAL, tariff for revenue only.
—— JUDICIAL, schedule of court costs.
—— NOTARIAL, schedule of notary's fees.
—— PREFERENCIAL, preferential duties.
ARANCELES o TARIFAS DE PROTECCIÓN, protecting tariffs.
ARANCELARIO, tariff, customs.
ARAÑAR o RAYAR, to scratch.
ARBITRAJE, award, arbitration, arbitrage.
—— COMERCIAL, arbitration of business disputes.
—— INDUSTRIAL, industrial arbitration, arbitration of labor disputes.
—— JUDICIAL, arbitration under rules of court procedures.
—— OBLIGATORIO o NECESARIO, compulsory arbitration.
ARBITRAR, to arbitrate, to devise, to umpire.
—— FONDOS, to raise money.
—— MEDIOS, find a way, to devise means.
—— RECURSOS, to raise money.
ARBITRARIO, arbitrary.
ÁRBITRO, arbitrator, referee, arbiter, umpire.
—— SOCIAL, social arbiter.
ÁRBOL, tree, mast, axle.
—— DE DECISIONES, decision tree.
ARCA, chest, safe, reservoir.
—— DE AGUA, water tower.
—— DE CAUDALES, safe.
—— DE DEPÓSITO, vault, safe.
—— DE HERRAMIENTAS, toolbox.
ARCAS FISCALES, national treasury.
ARCO, arc, arch, bow.
ARCÓN, bunker, bin.
ARCHIVADO, on file.
ARCHIVADOR, filing, cabinet, file clerk.
—— DE BANDEJAS, tray cabinet.
—— DE CUATRO CAJONES, four-drawer filing cabinet.
—— DE SEGURIDAD, filing safe.
—— INACTIVO o DE TRANSFERENCIA, transfer or storage file.
—— LEGAL o DE TAMAÑO OFICIAL, legal-size filing cabinet.
—— PARA CORRESPONDENCIA, letter file, letter-size filing cabinet.
—— TAMAÑO CARTA, letter-size cabinet.
ARCHIVAR, to file, to put on the shelf.
ARCHIVISTA, file clerk, archivist.
ARCHIVO, office file, filing cabinet, filing, archive.
—— ACTIVO o CORRIENTE, live or active file.
—— ALFABÉTICO, alphabetical filing.

—— CONTINUO, carryover file.
—— DE AUDITORÍA DEL AÑO EN CURSO, current-year audit file.
—— DE CARTAS, letter file, letter-size filing cabinet.
—— DE CINTA MAESTRA (computación), master tape file.
—— DE CINTAS, tape file.
—— DE COMPROBANTES o DE PÓLIZAS, voucher file.
—— DE COMPUTADORA, computer file.
—— DE COMPUTADORA DE LA EMPRESA, clients' computer files.
—— DE CONOCIMIENTO DE EMBARQUE, bill of lading file.
—— DE CONTABILIDAD o CONTABLE, accounting file.
—— DE CRÉDITO, credit file.
—— DE CRÉDITO DEL SOLICITANTE, applicant credit file.
—— DE DISCOS, disk file.
—— DE DOCUMENTOS DE TRABAJO, working-paper file.
—— DE ENTRADA DEL CLIENTE, client's input file.
—— DE FACTURAS, invoice file.
—— DE FACTURAS DE VENTA, sales invoice file.
—— DE LA AGENCIA DE CRÉDITO, credit bureau file.
—— DE PEDIDOS DEL CLIENTE, customer order file.
—— DE PRÉSTAMOS, loan file.
—— DEL IMPUESTO PREDIAL, property tax file.
—— DEL PERSONAL, personnel file.
—— EN FORMACIÓN, current file.
—— EN TARJETAS, card file.
—— INACTIVO o DE TRANSFERENCIA, storage file, inactive file.
—— MAESTRO, master file.
—— MAESTRO DE CUENTAS POR COBRAR, accounts receivable master file.
—— MAESTRO DE NÓMINA, master payroll file.
—— MAGNÉTICO, magnetic file.
—— NUMÉRICO, numerical filing.
—— ORDENADO ALFABÉTICAMENTE, alphabetical file.
—— ORDENADO NUMÉRICAMENTE, numerical file.
—— PERMANENTE, permanent file.
—— PERMANENTE DE AUDITORÍA, permanent audit file.
—— VISIBLE, visible filing.
ARCHIVOS
—— ACTUALES DE AUDITORÍA, current audit files.
—— CON REFERENCIAS CRUZADAS, cross-file record.
—— DE TRANSFERENCIA o INACTIVOS, transfer files.
ARDER, to burn, to rage.
ARDID, trick, scheme, cunning.
ARDIENTE o GENIO VIVO, warm temper.
ARDOR, great heat, hardours.
ARDUO o DIFÍCIL, stiff.
ÁREA, area.
—— COMERCIAL o MERCANTIL, trade area.
—— DE CONTROL DE UN SUPERVISOR, span of control.
—— DE DATOS FIJOS, fixed-data area.
—— DE ESTACIONAMIENTO, parking space.
—— DE MERCADO, market area.
—— DE TANQUES EN INDUSTRIA O REFINERÍA DE PETRÓLEO, tank farm.
—— FRANCA, free zone.
—— METROPOLITANA, metropolitan area.
—— PETROLÍFERA, oil field.
—— RENTABLE o ZONA EN ARRIENDO, rentable area.
—— SUBURBANA CONTIGUA, nearby suburban area.
ÁREAS CRÍTICAS DE AUDITORÍA, critical audit areas.
ARENA, sand.
—— MOVEDIZA, quicksand.
ARENAL o BANCO DE ARENA, sand bar.
ARGAMASA o ESTUCO, plaster.
ARGOLLA, shackle.
ARGUMENTO, argument, summary, plot.
—— DE VENTA, selling point.
ARIDEZ, dryness, aridity, drought.
ÁRIDO, dry.
ÁRIDOS, dry commodities.
ARITMÉTICA, arithmetic.
—— BINARIA, binary arithmetic.
ARMA o MEDIO DE DEFENSA, weapon.
—— BLANCA, steel blade.
—— DE FUEGO, gun, fire arm.
—— TERMONUCLEAR, thermonuclear weapon.
ARMAS
—— LIGERAS o MANUALES (rifles, pistolas, etc.), small arms.
——, PASAR POR LAS, to execute by shooting.
——, SOBRE LAS o EN, under arms.
ARMADA, erection, assembly, navy, fleat.
ARMADOR, erector, framer, assembler.
—— DE BUQUES, shipbuilder, shipfitter.
—— FLETADOR, ship charter.
—— PROPIETARIO, shipowner.
ARMADORA AUTOMOTRIZ, automobile assembling plant.
ARMAMENTO, equipment, fleet of ships, shipping business.
—— PESADO, heavy weapons.
ARMAR, to frame, to assembly, to equip, upbuild.
—— UN LÍO, to make a mess of something.
—— UNA GRESCA o UN ESCÁNDALO, start a row.
ARMARIO, closet, cabinet, wadrobe.
—— ARCHIVADOR, filing cabinet.
—— DE CAJONES o DE GAVETAS, drawer cabinet.
—— DE HERRAMIENTAS, tool cabinet.
—— DE LIBROS, bookcase.
—— FICHERO, card file.
—— GUARDARROPAS, clothes locker.
ARMAZÓN, shelving, framework.
ARQUEAR, to arch, to survey a ship, to audit.
—— LA CAJA, count the cash, prove the cash.
ARQUEO, arching, measurement of a vessel, audit, appraisal of assets.
—— BRUTO, gross tonnage.
—— DE CAJA, cash count, proving the cash.
—— DE LA CAJA GENERAL, count of general cash.
—— DEL AUDITOR, audit count.
—— NETO, net tonnage.

ARQUITECTO, architect.
—— DE OBRAS COMERCIALES, commercial builder.
—— NAVAL, naval architect.
ARQUITECTURA, architecture.
—— CIVIL, architecture.
—— MILITAR, military engineering.
ARRABAL, suburb, slums, outskirts.
ARRABIO, pig iron, ingot.
ARRAIGAR o ECHAR RAÍCES, to root.
ARRAIGO, real estate, bond, bail, obligation.
ARRANCADO, broke, pressed for money, poor, penniless.
ARRANCADOR DE UNA MÁQUINA o DE UN AUTO, starter.
ARRANCAR, to pick off, to draw out, to start, to tear away.
—— DE RAÍZ, root up.
ARRANQUE o PUESTA EN MARCHA, start-up, beginning, starting.
ARRAS, earnest or hand money, down payment, bond, security.
ARRASAR o DEMOLER, to raze, to demolish.
ARRASTRAR, to haul, to move, to pull.
—— EL SALDO, to take off the balance.
—— EL TOTAL, to add up, total.
—— UNA CARGA, to haul a load.
ARRASTRE, haulage, haul, hauling, carrying.
—— DE, brought forward.
—— POR AJUSTE, contract hauling.
—— VIAL, highway transportation.
ARREAR, to drive mules or horses, to herd cattle.
ARREBATAR, to whip away.
ARREGLADOR, adjuster.
—— DE AVERÍAS, average adjuster.
—— DE ESCAPARATES, window dresser.
ARREGLAR, to arrange, to adjust, to compose.
—— CUENTAS, adjust accounts.
—— UNA CUENTA, to settle an account.
—— UNA FACTURA, to pay a bill.
—— UNA RECLAMACIÓN, to adjust a claim.
ARREGLARSE, PARA, to make arrangements for, to arrange.
ARREGLO, settlement, agreement, understanding, adjusting, arrangement, repair, compromise.
—— DE APARADORES o ESCAPARATES DE TIENDAS, window dressing.
—— DE UNA TIENDA, store layout.
—— ENTRE CABALLEROS, gentlemen's agreement.
—— FINANCIERO, financial settlement.
—— FUERA DE LOS TRIBUNALES, out-of-court settlement.
ARRENDABLE, rentable.
ARRENDADOR, lessor, landlord, lessee, tenant.
ARRENDAMIENTO, lease, rent, hiring, rental, demise.
—— A CORTO PLAZO, short lease.
—— A LARGO PLAZO, long-term lease.
—— CON OPCIÓN DE COMPRA, hire purchase, rental with option to purchase.
—— CON PALANCA, leveraged lease.
—— DE BIENES RAÍCES, real estate leasing.
—— DE CAPITAL, capital lease.
—— DE EQUIPO, equipment rentals.
—— DE OPERACIÓN o DE EXPLOTACIÓN, operating lease.
—— DE SERVICIOS, employment contract.
—— DE TERRENOS NO URBANIZADOS, undeveloped lease holdings.
—— FINANCIERO, financial lease.
—— NETO, net lease.
—— NO CANCELABLE, noncancelable lease.
—— NO URBANIZADO, undeveloped lease.
—— PETROLERO, oil lease.
—— SIN INTERÉS, straight lease.
ARRENDAMIENTOS FINANCIEROS DIRECTOS, direct financing leases.
ARRENDAR, to lease, to let, to hire, to rent.
ARRENDATARIO, leaseholder, lessee, tenant, rent.
ARREPENTIRSE DE, to repent.
ARRESTO o RESTRICCIONES, arrest, restraint.
—— DOMICILIARIO, house arrest.
ARRIAR, to slack off, to lower.
ARRIBA o EN EL PISO DE ARRIBA, upstairs.
—— ABAJO, DE, from top to bottom.
—— DE PAR, at a premium.
—— DE, POR, above, over.
—— MENCIONADO, above mentioned.
—— O HACIA ARRIBA, up.
ARRIBADA FORZOSA, forced landing.
ARRIBAR, to arrive, to put into port.
ARRIBISTA, go-getter, aggressive and unscrupulous worker.
ARRIBO, arrival.
ARRIENDO, rental, lease.
—— DE CAPITAL, capital lease.
—— DE TERRENO PARA EDIFICAR, building lease.
ARRIERO, porter, carrier, mule driver.
ARRIESGADO, risky.
ARRIESGAR, to jeopardize, to risk, to venture, take a chance.
ARRIMAR, to place against, to dock, to berth.
ARRINCONAR, to lay aside, to put away.
ARROGANTE o ALTANERO, supercillous.
ARROJAR, to throw, to discard, to scrap.
—— DE UN PUESTO, to discharge, to dismiss.
—— DIVIDENDOS, to pay dividends.
—— POR LA BORDA, to throw overboard.
—— UN AUMENTO o ACUSAR ALZA, show an increase.
—— UN SALDO, to show a balance, to take off a balance.
—— UNA PÉRDIDA, to show a loss.
—— UTILIDADES o GANANCIA, to show a profit, to be profitable.
ARROLLAR o ATROPELLAR A UNA PERSONA (automóvil), run over.
ARROZ, rice.
—— EN GRANO, whole rice.
—— MOLIDO, milled rice.
ARROZAL, rice field.

ARRUGA, wrinkle.
ARRUGAR o ARRUGARSE, to wrinkle.
——**LA FRENTE,** to frow.
ARRUINAR, to ruin, to demolish, to destroy.
——**o DESTRUIR EL NEGOCIO,** wreck a business.
ARRUINARSE, go broke, to be ruined.
ARRUMAJE, stowage, stowing.
ARRUMAR, to stow.
ARTE, art, skill, trade, profession.
——**COMERCIAL o PUBLICITARIO,** commercial art.
——**DE ANUNCIAR,** advertising profession.
——**DE VENDER u TÉCNICA DE VENTAS,** salesmanship.
——**MECÁNICO,** handicraft.
ARTES
——**GRÁFICAS,** graphic arts.
——**MANUALES,** handicrafts.
——**Y OFICIOS,** arts and crafts.
ARTEFACTOS, widget.
——**DE ALUMBRADO,** lighting fixtures.
——**DOMÉSTICOS o PARA EL HOGAR,** huosehold appliances.
ELÉCTRICOS, electric fixtures or electric appliances.
——**SANITARIOS o DE PLOMERÍA,** plumbing fixtures.
ARTESANÍA, handicraft, workmanship, arts and crafts.
ARTESANO, artesan, skilled workman, mechanic, wright.
——**DE BANCO,** bench worker.
ARTICULADO, series of articles, clauses or paragraphs.
ARTÍCULO, stock item, commodity, entry, article.
——**COMERCIAL,** shopping good.
——**DE DIARIO,** journal entry, newspaper article.
——**DE EXPORTACIÓN,** export commodity.
——**DE IMPORTACIÓN,** import article.
——**DE LUJO,** showcase product.
——**DE PATENTE,** patented or trademarked article.
——**DE REDACCIÓN o DE FONDO,** editorial.
——**DE SEGUNDA CLASE,** second matter.
——**DEL CONTRATO,** clause of a contract.
——**DESECHADO,** salvaged item.
——**ESPECIAL,** specialty good.
——**FRÁGIL,** fragile good.
——**INDUSTRIAL,** industrial good, industrial product.
——**SOBRANTE,** excess item.
——**SUBSTITUTO o DE REEMPLAZO,** substitute good.
ARTÍCULOS, goods, products, merchandise.
——**A GRANEL,** bulk commodities.
——**ALIMENTICIOS,** foodstuffs.
——**CASEROS,** household goods, household appliances.
——**CASEROS DE MADERA,** woodenware.
——**CONVENIENTES,** convenience goods.
——**CORRIENTES DE CONSUMO,** staple commodities.
——**DE BELLEZA,** cosmetics.
——**DE COMERCIO,** commodities.
——**DE CONSTRUCCIÓN,** building materials.
——**DE CONSUMO,** consumer goods.
——**DE CONSUMO DURABLES,** consumer durable goods.
——**DE CONSUMO DURADEROS,** durable consumer goods.
——**DE FANTASÍA,** fancy goods.
——**DE IMPORTACIÓN,** imports.
——**DE LUJO o SUNTUARIOS,** luxury goods, luxuries.
——**DE NOVEDAD,** novelties.
——**DE ÓPTICA,** optical goods.
——**DE PIEL o CUERO,** leather goods.
——**DE PRIMERA NECESIDAD,** primary wants, prime necessities.
——**DE PRODUCCIÓN,** producers' goods.
——**DE PROPAGANDA,** loss leaders.
——**DE ROTACIÓN ACELERADA,** high turnover goods.
——**DE TEMPORADA,** seasonal goods.
——**DE TOCADOR,** toiletries.
——**DE VALOR o VALORES o JOYAS,** valuables.
——**DE VESTIR,** clothing.
——**DE VIDRIO,** glassware.
——**DEL HOGAR,** huosefurnishings.
——**DEPORTIVOS o DE DEPORTE,** sporting goods.
——**DETERIORABLES o PERECEDEROS,** perishable goods.
——**DURADEROS,** hard goods, durables.
——**EN PROCESO,** work in process.
——**EN TRÁNSITO,** transit items, items in transit.
——**FACTURADOS,** goods invoiced.
——**MANUFACTURADOS,** finished products.
——**MENOS COSTOSOS,** budget goods.
——**O PRENDAS PERSONALES,** personal effects.
——**SANITARIOS,** plumbing supplies.
——**TERMINADOS,** finished stock.
——**VARIOS,** sundries.
——**Y SERVICIOS,** goods and services.
ARTÍFICE, craftsman, artist, skilled worker.
ARTIMAÑAS PARA PROTEGER EL PRESUPUESTO, budget games.
ARTISTA, artist.
——**DE MODAS,** fashion artist.
——**PUBLICITARIO,** commercial artist.
ASA, hold.
ASALARIADO, salaried, wage earner.
ASALTO o ATRACO, stick-up.
ASAMBLEA, meeting, assembly, convention.
——**ANUAL,** annual meeting.
——**ANUAL DE LA EMPRESA,** firm's annual meeting.
——**CONSTITUTIVA,** organization meeting.
——**DE ACCIONISTAS,** shareholders' meeting.
——**EXTRAORDINARIA,** extraordinary session, special meeting.
——**GENERAL,** general meeting.
——**ORDINARIA,** regular meeting.
——**PLENARIA,** full meeting.
ASAMBLEÍSTAS, members of an assembly.
ASAR o TOSTAR, to roast.
ASCENDER, to promote, to be promoted.
——**A,** to amount to.
ASCENSO, advancement, rise, promotion.

—— DE PUESTO, rise in rank.
—— DE SALARIOS, raise of wages.
—— DEL EMPLEADO, employee advancement.
—— DEL PERSONAL, personnel promotion.
—— EN EL TRABAJO o EN EL PUESTO, job promotion.
—— POR ANTIGÜEDAD, promotion by seniority.
ASCENSOR, elevator, lift.
—— DE AUTOSERVICIO, self-service elevator.
—— DE CARGA, freight elevator.
—— DE MATERIALES, material hoist.
—— MONTACARGA, freight elevator.
ASCENSORISTA, elevator operator.
ASEGURABLE, insurable.
——, NO, noninsurable.
ASEGURADO, the assured, covered, insured, guaranteed, secured.
—— POR FIANZA, bonded.
—— POR SEGURO, covered by insurance.
ASEGURADOR, insurer, assurer, fastener.
—— DE CARGA, cargo underwriter.
—— DE PAPELES, paper fastener or file.
—— PROPIO, self-insurer.
ASEGURADORES, insurance underwriters, underwriters.
—— CONTRA INCENDIOS, fire underwriters.
—— CONTRA RIESGOS MARÍTIMOS, marine underwriters.
—— DE CARGA, cargo underwriters.
—— DE CRÉDITO, credit underwriters.
ASEGURAMIENTO, securing, insuring, assuring.
ASEGURAR, to fasten, to secure, to assure, write insurance.
ASEGURARSE, to carry insurance, to place insurance, to take out insurance.
ASEGURO, insurance, assurance.
ASENTAMIENTO, establishment, settling, attachment assent.
—— DE UNA MÁQUINA o PUESTA A PUNTO, breaking in.
ASENTAR, to entry, to enter, to note down, to post.
—— AL DEBE, to debit.
—— AL HABER, to credit.
—— DATOS, enter data.
—— EN EL DIARIO, to journalize.
—— EN LIBROS, enter in the books.
—— UNA PARTIDA, to make an entry.
ASENTARSE, settle down.
ASENTIR, to agree, to assent.
ASEO, cleaning, adornment.
—— URBANO, street cleaning.
ASEQUIBLE, available, obtainable.
ASERRADERO, sawmill.
—— DE TROZAS, timber mill.
ASERRAR, to saw.
ASERRÍN o SERRÍN, sawdust.
ASESOR, consultant, adviser, assessor, advisory.
—— COMERCIAL, business counselor.
—— DE ADMINISTRACIÓN, management consultant.
—— DE AVERÍAS, insurance adjuster, average adjuster.

—— DE DIRECCIÓN, staff counselor.
—— DE IMPUESTOS, tax adviser, tax consultant.
—— DE INVERSIONES, investment counsel, investment advisory.
—— DE PUBLICIDAD, advertising consultant.
—— DE RELACIONES PÚBLICAS, counsel on public relations.
—— DE TRÁNSITO, traffic consultant.
—— DE VENTAS, sales consultant.
—— ECONÓMICO, economist, financial adviser.
—— EN ADMINISTRACIÓN, management consultant.
—— EN COMERCIO EXTERIOR, foreign-trade consultant.
—— EN ESTRATEGIA, strategic adviser.
—— EN MERCADOTECNIA, marketing consultant.
—— FINANCIERO, financial adviser.
—— INTERNO, internal consultant.
—— JURÍDICO o LEGAL, legal counsel, legal adviser.
—— JURÍDICO EXTERNO, outside legal counsel.
—— LEGAL DE LA EMPRESA, client's legal counsel.
—— TÉCNICO, technical adviser.
ASESORAMIENTO, advice, consulting.
ASESORAR, to advise, to adjust.
ASESORÍA, advice, consultation, consultant's office.
—— FINANCIERA, financial assistance.
—— GENERAL, general counsel.
—— PERICIAL, expert counselling.
—— PROFESIONAL, professional assistance.
—— TÉCNICA, technical counselling or advicing.
—— TRIBUTARIA, advice on taxation.
ASEVERACIÓN, assertion.
ASEVERAR, to assert, to affirm, to asseverate.
ASFALTO, asphalt.
ASÍ, so, thus, in this manner, therefore.
—— LO CREO, so, I think.
—— LLAMADO o LLAMADO, so-called.
—— O DE ESTE MODO, like this.
—— SE HACE, this is how.
—— SUCESIVAMENTE, Y, and so on.
ASIDUO, hard-working.
ASIENTO, seat, site, registration, posting, entry.
—— ANUAL, annual entry.
—— COMPLEMENTARIO o DE COMPLEMENTO, balancing entry.
—— COMPUESTO, compound entry.
—— COMPUESTO DE DIARIO, compound journal entry.
—— CONFUSO o INCOMPLETO, blind entry.
—— CONTABLE, accounting entry.
—— CORRELATIVO o CRUZADO, correlative entry, balancing entry.
—— DE ABONO, credit entry.
—— DE AJUSTE, adjusting entry.
—— DE APERTURA o DE ENTRADA, opening entry.
—— DE ATRÁS, back seat.
—— DE CAJA, cash entry, cash item.
—— DE CARGO, debit entry.
—— DE COBERTURA o DEL DIARIO, covering entry.
—— DE COMPLEMENTO, complementing entry.

—— DE DIARIO, journal entry.
—— DE DIARIO OMITIDO, omitted entry.
—— DE ELIMINACIÓN, eliminating entry.
—— DE RECLASIFICACIÓN, reclassification entry.
—— DE RESUMEN, summary entry, recapitulating entry.
—— DE REVERSIÓN o CONTRAPARTIDA o CONTRAASIENTO, reversing entry.
—— DE TRASPASO, transfer entry.
—— DEL MAYOR, ledger entry.
—— DOBLE, dual posting.
—— EN LA BOLSA, stock-exchange seat.
—— EN NÚMEROS ROJOS, red ink entry.
—— FALSIFICADO o ALTERADO, false entry.
—— GLOBAL o CONCENTRADO, lump or concentrated entry.
—— INVERSO, reversing entry.
—— ORIGINAL, original entry.
—— POR LIQUIDACIÓN, entry for settlement.
—— PROFORMA, pro forma entry.
—— REVERTIDO, reversing entry.
—— SIMPLE, single entry.
—— SIN EXPLICACIÓN, blind entry.
—— SIN FECHA, updated entry.
—— VIRTUAL, journal entry not involving cash.
ASIENTOS
—— APLAZADOS, deferred postings.
—— DE ABONO, credit postings.
—— DE AJUSTE DE AUDITORÍA, audit adjusting entries, adjusting entries.
—— DE APERTURA o DE CONSTITUCIÓN, opening entries.
—— DE CARGO o DE DÉBITO, debit postings.
—— DE CIERRE, closing entries.
—— DE COBRANZA, cash postings.
—— DE LA NÓMINA, payroll entries.
—— DE RECLASIFICACIÓN DE AUDITORÍA, audit reclassifying entries.
—— MANUALES, pen postings.
—— MECANIZADOS o A MÁQUINA, machine postings.
——, ORDEN DE LOS, sequence of entries.
—— POSTERIORES AL CIERRE, postclosing entries.
ASIGNABLE, assignable, allocable.
ASIGNACIÓN, allotment, allowance, assignment, quota, allocation.
—— ANUAL, annual allowance.
—— DE ALMACENAJE, storage allocation.
—— DE CLAVES AUTOMÁTICAMENTE, automatic coding.
—— DE COSTOS, allocation of costs.
—— DE DEPRECIACIÓN, depreciation allowance.
—— DE FONDOS, allotment of funds.
—— DE LA PUBLICIDAD, advertising allocation.
—— DE LABORES o TAREAS, job designation.
—— DE RECURSOS, allocation of resources.
—— DE RESPONSABILIDADES, assignment of responsability.
—— DE RETIRO, retirement allowance.

—— DEL IMPUESTO DENTRO DEL PERÍODO, intraperiod tax allocation.
—— DEL IMPUESTO ENTRE PERÍODOS, interperiod tax allocation.
—— FAMILIAR, family allotment, allowance for dependents.
—— NO GRAVADA, unencumbered allotment.
—— PARA DEPRECIACIÓN, depreciation allowance.
—— POR DECRETO, appropriation act.
—— PRESUPUESTAL, budget allowance.
—— PROPORCIONAL, proportional allocation.
—— SOBRE ACCIONES, assessment on stock.
—— TESTAMENTARIA, bequest.
—— VITALICIA, allowance for life.
ASIGNADO, named.
ASIGNANTE, assignor.
ASIGNAR, to allocate, to assign, to allot, to appoint.
—— FONDOS, to make an appropriation.
—— LA CUENTA, assign an account.
—— RECURSOS, allocate resources.
—— UN SÍMBOLO, to code, to codify.
ASIGNATARIO, beneficiary, legatee.
ASILO, asylum, asilus.
ASIMETRÍA, skewness.
ASIR, to hold.
ASISTENCIA, attendance, assistance, relief.
—— A EMPLEADOS, employees' service, welfare work.
—— HOSPITALARIA, hospital treatment.
—— MÉDICA, medical attention.
—— O AYUDA PÚBLICA, public relief, public welfare work.
—— SOCIAL, social welfare.
—— TÉCNICA, technical assistance.
ASISTENTA, woman assistant.
ASISTENTE o AUXILIAR, assistant, helper, attendee.
—— DE LOS EJECUTIVOS DE AUDITORÍA, audit staff assistant.
—— DE VENTAS, sales assistant.
ASISTIR o AYUDAR, to help, to assist, to be present, to tend on.
—— A UNA JUNTA, to attend a meeting.
—— COMO MIEMBRO o PARTICIPAR EN REUNIONES, sit in.
ASOCIACIÓN o SOCIEDAD, association, company, partnership.
—— ADUANERA, customs union.
—— AMERICANA DE ADMINISTRACIÓN, American Management Association.
—— AMERICANA DE ARBITRAJE, American Arbitration Association.
—— AMERICANA DE BANQUEROS, American Bankers Association.
—— ANÓNIMA, corporation, stock company.
—— CIVIL, civil corporation.
—— COMERCIAL o MERCANTIL, trade association.
—— COOPERATIVA, cooperative.

—— DE ABOGADOS, bar association.
—— DE AHORRO Y PRÉSTAMO, federal savings and loan association (USA).
—— DE ASEGURADORES, underwriters association.
—— DE BENEFICENCIA o BENÉFICA, fraternal association, benefit society.
—— DE BIENES RAÍCES o INMOBILIARIA, real estate trust.
—— DE CAPITALES o EMPRESA CON CAPITAL EN PARTICIPACIÓN o MANCOMUNADO, joint venture.
—— DE COMERCIANTES, merchants' association.
—— DE CRÉDITO, credit union.
—— DE EXPORTADORES, export association.
—— DE FABRICANTES, manufacturers' association.
—— DE FERROCARRILES AMERICANOS, Association of American Railroads.
—— DE TENEDORES DE VALORES, Security Owners Association.
—— DE NEGOCIOS, business trust.
—— DE PRENSA, press association.
—— DE PRÉSTAMOS PARA LA CONSTRUCCIÓN, building and loan association.
—— DE PRODUCTORES, producers' association.
—— DE SALVAMENTO, salvage association.
—— FRATERNAL, fraternal association.
—— FUNERARIA, cementery association.
—— GREMIAL, trade union, trade association.
—— INTERNACIONAL DE ESTIBADORES, International Longshoremen's Association.
—— INTERNACIONAL DE TRANSPORTE AÉREO, International Air Transport Association.
—— MERCANTIL, marketing association.
—— NACIONAL DE FABRICANTES, National Association of Manufacturers.
—— NACIONAL DE PROTECCIÓN CONTRA INCENDIO, National Fire Protection Association.
—— NORTEAMERICANA DE EDITORES DE PERIÓDICOS, American Newspaper Publishers Association.
—— NO ESPECULATIVA, nonprofit institution.
—— OBRERA o LABORAL, labor union of federation.
—— PARA COMPENSACIONES, clearing association.
—— PATRONAL, employers' association.
—— PERSONAL, partnership.
—— PROFESIONAL, professional or trade association.
—— SECRETA, secret partnership.
—— SINDICAL, labor union.
—— VOLUNTARIA, business or common-law trust.
ASOCIADO, associate, partner, associated, related.
—— COTIZANTE, dues-paying member.
—— DEL GREMIO, member of the union.
ASOCIAR, to associate, to affiliate.
ASOCIARSE, to unit, to form a partnership.
ASOLEAR o TOMAR EL SOL, to sun.
ASOMAR, to show, to stick out.
—— LA CABEZA, to stick one's head out.
ASOMARSE, to look out of a window.

ASOMBRAR, to frighten, to astonish, to amaze.
ASOMBROSO o PASMOSO, startling.
ASPA, reel, cross.
ASPECTO, feature, look aspect.
ÁSPERO o TOSCO, rough, unpolished.
ASPIRADORA DE POLVO o BARREDORA ELÉCTRICA, vacuum cleaner.
ASPIRANTE, applicant, candidate, apprentice.
—— A UN PUESTO, applicant for a job.
ASTILLAR o DESTROZAR, to shatter.
ASTILLERO, shipyard, dockyard, naval station, ship building.
—— FLOTANTE, floating drydock.
ASTUCIA, trickery, shrewdness.
ASTUTO, shrewd, tricky, sly.
ASUETO, school holiday, vacation.
ASUMIR, to assume, to take.
—— EL CARGO, to take charge of, to assume the office of.
—— EL CONTROL, to take control.
—— EL COSTO, to bear the cost.
—— EL RIESGO, to assume the risk, to take the risk.
—— LA PÉRDIDA, to assume or absorb the loss.
—— LA REPRESENTACIÓN, to take over the agency.
—— LA RESPONSABILIDAD, to assume the responsability.
—— LA VENTA, to undertake the sell.
ASUNTO, matter, business, affair, subject, issue.
—— COLATERAL, side issue.
—— COMERCIAL, business affair.
—— CONCLUIDO o TERMINADO, closed chapter.
—— CONTENCIOSO, subject of litigation.
—— CONTROVERTIDO, matter in dispute.
—— DE ACTUALIDAD o PALPITANTE, live question.
—— DE QUE SE TRATA, subject matter.
—— NO CONCLUIDO o PENDIENTE, unfinished business.
—— PRIVADO, private affair.
ASUNTOS
—— CONTABLES, accounting matters.
—— CORPORATIVOS, corporate affairs.
—— DE ESTADO, state affairs.
—— ECONÓMICOS, financial affairs.
—— FINANCIEROS, financial matters.
—— IMPOSITIVOS, tax matters.
—— INMOBILIARIOS o DE BIENES RAÍCES, real-estate matters.
—— LABORALES, labor matters, labor questions.
—— LEGALES, legal affairs.
—— MONETARIOS, money matters.
—— MUNDIALES, world's affairs.
—— PUBLICITARIOS, questions of advertising.
—— PÚBLICOS, public affairs.
ASUSTADIZO o TÍMIDO, shy.
ASUSTAR o ESPANTAR, to frighten, to scare, to startle.
ATACAR o ACOMETER, to attack, to corner, to atrike at.

ATADO, bundle, packet.
ATAJAR, to head off.
ATAJO, shortcut.
ATAQUE, attack.
—— AÉREO, air raid.
—— CARDIACO, heart attack.
ATAR, to tie, to bind, to lash, to bundle.
—— CABOS, to put two and two together, to put this and that together.
ATAREADO, busy.
ATAREAR o ASIGNAR TAREA, to task.
ATASCADERO, bottleneck.
ATASCAMIENTO, obstruction, impediment.
—— DE LA PRODUCCIÓN, bottleneck.
ATENCIÓN, attention, handling, servicing.
—— A, EN, considering, in view of.
—— DE, attention of.
—— DE LA SALUD, health care.
—— DEL PERSONAL, employees' service.
—— DENTAL, dental care.
—— HOSPITALARIA, hospital services, hospital treatment.
—— MÉDICA o FACULTATIVA, medical attention.
ATENCIONES, affairs, business, service.
—— DE LA DEUDA, debt service.
—— EXTRAORDINARIAS, extra service.
ATENDER, to attend, to take care of, to handle, to service, to serve.
—— CLIENTES, to wait on costumers.
—— EL COMPROMISO, to meet the obligation.
—— LA DEUDA, to provide debt service.
—— LA LLAMADA, to answer the telephone.
—— UN GIRO, honor a draft.
—— UNA ZONA, to cover a territory.
ATENERSE A LAS INSTRUCCIONES, to follow instructions.
ATENTAMENTE o SU SEGURO SERVIDOR, very truly yours.
—— DE USTEDES, yours very truly.
ATENTO, SU, yours truly.
ATERRIZAJE, landing.
—— A CIEGAS, instrument landing or blind landing.
—— FORZOSO o DE EMERGENCIA, forced landing.
——, PISTA DE, runway.
ATERRIZAR, to land.
ATERRORIZAR, to terrify.
ATESORAMIENTO, hoarding, saving.
ATESORAR, to hoard, to store, to save, to treasure.
ATESTACIÓN, acknowledgment, attestation, affidavit.
ATESTADO o DECLARADO, witnessed, certificate, certification.
—— ANTE MÍ, witnessed before me.
ATESTAR, to overcrowd.
—— LA FIRMA, to witness the signature.
ATESTIGUAR o DAR FE, to attest, to testify.
ATIBORRAR, to stuff, to crowd.
—— LA NÓMINA, to pad the payroll.
ATIESAR, to stiffen.

ATINAR, to hit the mark, to guess right.
ATISBAR o ESCUDRIÑAR, to peer.
ATLETA, athlete.
ATLETISMO, athletics.
ATOAJE, towage, towing.
ATOLONDRADO, scatter brain.
ATÓMICO o ATÓMICA, atomic.
——, ENERGÍA, atomic energy.
——, SUBMARINO, atomic submarine.
ATONTAR, to stunt, to stupefy.
ATORMENTAR, to torment, to torture.
ATORNILLAR, to screw, to screw on.
ATRACADERO, berth, wharf, landing place.
—— FLOTANTE, landing stage.
—— SALIENTE, pier.
ATRACAR o ASALTAR, to berth, to dock, to stick up.
ATRACO o ASALTO, assault, robbery.
ATRACTIVO, public appeal, attractive.
—— DEL PRODUCTO, product appeal.
ATRAER, to attract, to charm, to allure.
—— CLIENTELA, to attract customers.
ATRAPAR, to trap, to overtake.
ATRÁS o DETRÁS, back, behind, in the rear.
——, DAR MARCHA, to back up, go into reverse.
ATRASADO, delinquent, in arrears, time behind.
—— DE MEDIOS, short of funds.
—— DE PAGO, in default.
——, ESTAR, to be late.
ATRASAR, to hold up, to delay.
ATRASARSE, to be in arrears, to be late.
ATRASO, delay, lateness.
—— DE PAGOS, delaying payment, in default.
ATRASOS, arrears.
—— DE DEPRECIACIÓN, arrears of depreciation.
—— DE DIVIDENDO, dividend arrears.
—— DE INTERESES, arrears of interest.
—— EN EL FONDO DE AMORTIZACIÓN, sinking fund arrears.
ATRAVESAR, to cross, to go through, to pass through, to step over.
ATREVIDO o PETULANTE, bold, daring, fearless.
ATRIBUCIONES, powers, authority.
ATRIBUIR, to attribute.
ATRIBUTO, attribute.
—— PERSONAL, personal attribute.
ATROPELLAR, to violate, to collide with, to run-down.
—— Y HUIR EN AUTOMÓVIL, hit and run.
ATROPELLO, violation, collision.
ATÚN, tuna fish.
AUDICIÓN, reception, broadcast, audition.
—— RADIAL, radio broadcast.
—— VISUAL, visual show.
AUDIENCIA, hearing, audience, court.
—— A PUERTAS CERRADAS, closed hearing.
—— DE AVENIMIENTO, conciliation hearing.
—— DE PRENSA, press conference.
—— PÚBLICA, public hearing.
AUDÍFONO, hearing aid, headphones.

AUDITAR, to audit.
AUDITOR, auditor, judge.
—— **ANTECESOR,** predecessor auditor.
—— **BANCARIO,** bank auditor.
—— **DE DESEMBOLSOS,** auditor of disbursements.
—— **DE NÓMINA,** payroll auditor.
—— **DE PLANTA o EJECUTIVO,** staff auditor.
—— **DE RADIO,** radio listener.
—— **DE REQUISICIONES,** requisition auditor.
—— **DE TREN,** ticket collector.
—— **DEL GOBIERNO,** governmental auditor.
—— **EN EJERCICIO PROFESIONAL,** practicing auditor.
—— **EXTERNO,** external or independent auditor.
—— **GENERAL,** auditor-general.
—— **INDEPENDIENTE,** independent auditor.
—— **INDUSTRIAL,** industrial auditor.
—— **INTERNO,** internal auditor.
—— **INTERNO TITULADO,** certified internal auditor.
—— **PRINCIPAL,** principal auditor.
—— **SUCESOR,** successor auditor.
—— **VIAJERO,** field or travelling auditor.
AUDITORÍA, auditing, audit, auditor's office.
—— **ADMINISTRATIVA,** management auditing, managerial audit.
—— **ANUAL,** annual audit.
—— **COMPLETA,** complete audit.
—— **CONTINUA o PROGRESIVA,** continuous audit.
—— **DE BALANCE,** balance-sheet audit.
—— **DE CAJA,** cash audit.
—— **DE COMPROBANTES,** voucher audit.
—— **DE DIVIDENDOS,** dividend audit.
—— **DE FIN DE AÑO,** year-end audit work.
—— **DE LA DIFUSORA,** station audience.
—— **DE LA EMPRESA,** company audit.
—— **DE MERCADOTECNIA,** marketing audit.
—— **DE PROCEDIMIENTOS,** procedural audit.
—— **DE SORPRESA,** surprise audit.
—— **DETALLADA,** detailed audit.
—— **DOMICILIARIA,** site audit.
—— **ESPECIAL,** special audit.
—— **EXTERNA,** external audit or auditing.
—— **FINANCIERA,** financial auditing.
—— **GENERAL,** general audit.
—— **GUBERNAMENTAL,** governmental auditing.
—— **HORIZONTAL,** horizontal audit.
—— **INDEPENDIENTE,** independent audit.
—— **INTEGRAL,** complete audit.
—— **INTERMEDIA,** interim audit.
—— **INTERNA,** internal audit.
—— **LIMITADA,** limited audit.
—— **OPERACIONAL,** operational auditing.
—— **PARCIAL,** partial audit.
—— **PERIÓDICA,** periodic audit.
—— **PLANIFICADA o PLANEADA,** planned audit.
—— **POSTERIOR,** postaudit.
—— **PRELIMINAR,** preliminary audit.
—— **PRIVADA,** internal audit.
—— **PRONOSTICADA,** predictive auditing.
—— **PÚBLICA,** public audit.
—— **REPETITIVA,** repeating audit.
—— **SOCIAL,** social audit.
AUDITORÍAS Y HONORARIOS LEGALES, auditing and legal expenses.
AUGE, peak, increase, rise, boom.
—— **DE LA ECONOMÍA,** booming economy.
—— **ECONÓMICO,** prosperity, good business.
—— **O PROSPERIDAD DE FABRICACIÓN DE VIVIENDAS EN LA POSTGUERRA,** postwar housing boom.
AULLAR o LADRAR, to yelp.
AUMENTAR, to increase, to raise, to amplify, to expand, to build up.
—— **EL COLATERAL,** sweeten an account.
—— **EL IMPORTE DE UN CHEQUE,** raise a check.
—— **EL SUELDO,** raise a salary.
—— **LA OFERTA EN UNA SUBASTA,** bid up.
—— **UN CHEQUE,** to raise a check.
AUMENTO, increase, addition, enlargement, expansion.
—— **A ESCALA,** scale-up.
—— **CONSIDERABLE o SUBSTANCIAL,** substantial increase.
—— **DE COSTO PARA FIJAR UN PRECIO,** markon.
—— **DE DIVIDENDO,** dividend boost.
—— **DE GASTOS o DESEMBOLSOS,** growth of expenditures.
—— **DE INGRESOS o DE ENTRADAS,** earnings growth.
—— **DE LA ACTIVIDAD ECONÓMICA,** economic expansion.
—— **DE LA DEMANDA,** growth of demand.
—— **DE LA DEUDA,** growth of debt.
—— **DE LAS EXISTENCIAS,** increase in stocks.
—— **DE LOS RECURSOS HUMANOS,** increase in human resources.
—— **DE PODER POLÍTICO,** growth of political power.
—— **DE PRECIOS,** price hike.
—— **DE PRODUCCIÓN,** increasing output.
—— **DE PRODUCTIVIDAD,** growth of productivity.
—— **DE SALARIO POR MÉRITOS,** merit increase.
—— **DE SUELDO,** advance in salary, raise in salary, pay raise.
—— **DE UN PRECIO ESTABLECIDO,** markup.
—— **DE VALOR DE UN ACTIVO NO COMPENSADO POR UN DESEMBOLSO,** write up.
—— **DEL CRÉDITO,** credit expansion.
—— **DEL DEPÓSITO BANCARIO,** deposit growth.
—— **DEL NÚMERO DE ACCIONES SIN AUMENTAR LOS BIENES,** stock watering.
—— **DEL PRECIO DE ACCIONES,** stock appreciation.
—— **DEL TRABAJO,** job enlargement.
—— **EN EL PRECIO DE VENTA,** markon.
—— **EN ESPIRAL DE SALARIOS Y PRECIOS,** wage-price spiral.
—— **PASO POR PASO,** escalation.
—— **SALARIAL,** raise of wages.
AUMENTOS
—— **DE IMPUESTOS,** tax increases.
—— **EN BONIFICACIONES,** bonus additions.
—— **EN COSTOS,** rising costs.

—— NETOS EN LOS PRECIOS DE VENTA, net markups.
AUN, yet, still, as yet.
—— CUANDO o ¿QUÉ IMPORTA?, what though.
—— FALTA LO PEOR, worst is yet to come.
——, MÁS, still, furthermore, moreover.
—— NO, not yet, not as yet.
AUNAR, to unite, to join, to combine.
AUNQUE, although, even though.
ÁUREO, gold, gilt.
AURICULAR, telephone receiver.
AURICULARES, earphones, headphones.
AUSENCIA, absence.
—— AUTORIZADA, authorized absence.
—— CON LICENCIA, arranged absence.
—— HABITUAL, chronic or habitual absence.
—— INDEBIDA o NO AUTORIZADA, unauthorized absence.
—— SIN LICENCIA o SIN PERMISO, unexcused absence.
AUSENTARSE, to dissapear, to absent oneself.
AUSENTE, absentee, absent.
—— CON PERMISO o CON LICENCIA, absent on leave.
—— DE LA CIUDAD, out-of-town.
—— SIN LICENCIA o SIN PERMISO, absent without leave.
AUSENTISMO, absenteeism.
AUSENTISTA, absentee.
AUSPICIADO POR, sponsored by, under the auspices of.
AUSPICIADOR o PATROCINADOR, sponsor.
AUSPICIAR, to sponsor, to promote, to support, to back.
AUSPICIO, patronage, sponsorship, auspice.
AUTENTICIDAD, authenticity.
—— DE FICHA DE DEPÓSITO, authenticated deposit slip.
AUTÉNTICO, certified, genuine, authentic.
AUTO, automobile, decree, writ, warrant.
—— DE AUTORIZACIÓN DEL ALBACEA, letters testamentary.
—— DE COMPARECENCIA, summons.
—— DE EMBARGO, distress warrant, writ of attachment.
—— DE ENJUICIAMIENTO, judgement.
—— DE EXPROPIACIÓN, writ of expropriation.
—— DE INDAGACIÓN, writ of inquiry.
—— DE QUIEBRA, decree of insolvency.
—— DE RESTITUCIÓN, writ of restitution.
—— EJECUTIVO o DE EJECUCIÓN, writ of execution.
—— EN BANCARROTA, warrant in bankruptcy.
—— PEQUEÑO CON TRACCIÓN EN LAS CUATRO RUEDAS, jeep, yip.
AUTOABASTECIMIENTO, self-supplying.
AUTOAMORTIZABLE, self-liquidating.
AUTOASEGURADO, self-insured.
AUTOBÚS, bus, motorbus, autobus.
—— DE TROLE, trolley coach or bus.
—— PULLMAN, high-class motorbus.
AUTOCAMIÓN, motor truck, autotruck.
AUTOCAR, automobile.

AUTOCINEMA, drive-in-theatre.
AUTOCODIFICADOR, autocoder.
AUTOCONSUMO, self-consumption.
AUTOCONTENIDO o AUTOINTEGRADO, self-container.
AUTOCONTROL, self-control.
—— ADMINISTRATIVO, managerial self-control.
AUTOCORRECCIÓN, self-correcting.
AUTOCORRELACIÓN, autocorrelation, self-correlation.
AUTOCRÍTICA, self-criticism.
AUTÓCTONO, domestic, native, national.
AUTODESCARGADOR, self-unloading.
AUTODESTRUCCIÓN, self-destruction.
AUTODIDÁCTICO, self-educated.
AUTOELEVADOR, lift truck, automobile lift.
AUTOFINANCIACIÓN, self-financing.
AUTOFINANCIADO, self-financed.
AUTOFINANCIAMIENTO, self-financing.
AUTOGENERADOR, generating set.
AUTÓGRAFO, autograph, autographic.
AUTOGRÚA, truck crane.
AUTOINTEGRADO, self-contained, packed, unit.
AUTOLIQUIDABLE, self-paying.
AUTOLLENADOR, self-filling.
AUTOMÁTICO, automatic.
AUTOMATIZACIÓN, automation, automatization.
AUTOMATIZAR, to automatize, to make automatic.
AUTOMOTOR o AUTOPROPULSOR, self-moving.
AUTOMÓVIL, automobile, automotive.
—— BLINDADO, armored car.
—— DE ALQUILER o TAXI, taxicab.
—— DE CAMBIO MECÁNICO, standard-shift car.
—— DE PLAZA, taxicab, car for hire.
—— DE REMOLQUE, towing car.
—— DE SOCORRO, service car.
—— DE TURISMO, touring car.
—— USADO o DE SEGUNDA MANO, used car.
AUTOMOVILISTA, motorist, automotive.
AUTONOMÍA, autonomy, self-determination.
—— ECONÓMICA, economic self- determination.
—— EN EL TRABAJO, job autonomy.
—— INDIVIDUAL, individual autonomy.
AUTÓNOMO, self-governing, autonomous.
AUTOPISTA o CARRERA TRONCAL, highway, freeway, turnpike.
AUTOR o AUTORA, author, writer, composer.
—— DE TEXTO PUBLICITARIO o DE MATERIAL DE PROPAGANDA, advertising copywriter.
AUTORES CLÁSICOS, classical authors.
AUTORIDAD, authority, power.
—— CENTRAL, central authority.
—— COMPETENTE o CALIFICADA, competent authority.
—— DE ABAJO HACIA ARRIBA, bottom-up authority.
—— DE TRÁNSITO, transit authority.
—— FISCAL, taxing power.
—— FUNCIONAL, functional authority.
—— FUNDAMENTAL, ultimate authority.
—— LINEAL, line authority.

AUTORIDADES
— ADUANERAS o ARANCELARIAS, customs authorities.
— DE INMIGRACIÓN, immigration authorities.
— DE SANIDAD, health authorities.
— GUBERNAMENTALES, governmental authorities.
— HACENDARIAS, treasury authorities.
— PORTUARIAS, port authorities.

AUTORITARIO, authoritarian, authoritative, by authority.

AUTORIZACIÓN, authorization, authority, privilege, franchise, release.
— DE AJUSTES DE TRANFERENCIAS, transfer and counter warrant.
— DE CAMBIO, exchange permit.
— DE COMPRA, authority to purchase or to negotiate, procurement authorization.
— DE ESTACIONAMIENTO, parking privilege.
— DE FIRMA, authorization of signature.
— DE PAGO, authority to pay.
— IMPLÍCITA, implied authority.
— NOTARIAL, notarization.
— PARA CANCELACIÓN DE SOBRANTES, surplus-fund warrant.
— PARA CONTRATO o CONVENIO, contract authorization.
— PARA LIQUIDACIÓN, settlement warrant.
— PARA PAGO DE FONDOS PÚBLICOS, treasury warrant.
— PARA SEGUIR ADELANTE, green light.
— SUJETA A CUENTA, accountable warrant.

AUTORIZADA COMO CORRESPONDENCIA DE SEGUNDA CLASE, entered as second class matter.

AUTORIZADO, authorized, licensed, authoritative, responsible.

AUTORIZAR, to empower, to authorize, to legalize, to approve.
— COMPRA, authority to purchase.
— PAGO, authority to pay.

AUTORREDIMIBLE, self-liquidating.
AUTORREGULADOR, self-regulating.
AUTORRETRATO, self-portrait.
AUTOSEGURO, self-insurance.
AUTOSERVICIO o SÍRVASE USTED MISMO, self-service.
AUTOSUFICIENCIA o QUE SE BASTA A SÍ MISMO, self-sufficiency.
AUTOSUFICIENTE, self-sufficient.
AUTOTANQUE, tank truck.
AUTOTIPIA, halftone.
— DE RETÍCULA ABIERTA, coarse-screen halftone.
AUTOTRANSPORTE, motor transport.
AUTOVAGÓN, motorcar.
AUTOVÍA, automobile highway, motorcar.
AUXILIAR, helper, assistant, to aid, to help, auxiliary.
—, CUENTA, subsidiary account.
— DE ALMACÉN o LIBRO DE ALMACÉN, stock account.
— DE AUDITORÍA, assistant auditor.
— DE CAJA, assistant cashier.
— DE CLIENTES, nominal ledger.
— DE CLIENTES CON REGISTRO DE VENTAS NETAS HASTA LA FECHA, net sales to date ledger.
— DE COMERCIO, salesman clerk.
— DE CONTABILIDAD, assistant accountant.
— DE PROVEEDORES, purchases ledger, bought ledger, purchase day book.
— DEL JEFE, assistant chief, assistant superintendent.
— DEL LIBRO DE CAJA Y BANCOS, subsidiary cash book.
— DEL MAYOR, auxiliary or subsidiary ledger.
— DEL PERSONAL DE AUDITORÍA, audit staff assistant.
— MANUAL, pen-and-ink ledger.
— PRINCIPAL, principal assistant.

AUXILIO, assistant, help, relief.
— DE CESANTÍA, unemployment relief.
— DE INVALIDEZ o POR ENFERMEDAD, sick benefit.
— FUNERARIO, allowances for funeral expenses.
— O ATENCIÓN MÉDICA, medical attention.
— POR DESASTRE, disaster assistance.

AUXILIOS, PRIMEROS, first aid.

AVAL, aval, special guarantee endorsement.
— ABSOLUTO, full endorsement.
— DE UN PRÉSTAMO, accomodation endorsement.

AVALAR, to back, to support, to vouch for, endorse.

AVALISTA, accomodation endorser, special endorser, guarantor.
— DE FAVOR, accomodation endorser.

AVALÚO, appraisal, valuation, assessment.
— CATASTRAL, assessed valuation.
— CERTIFICADO, certified appraisal.
— DE RIESGO POLÍTICO, political risk assessment.
— DEL PAÍS, country assessment.
— DEL RIESGO DEL CRÉDITO, credit risk assessment.
— FISCAL, appraisal for taxation.
—, POR, ad valorem.

AVANCE, progress, advance payment, feed.
— DEL TRABAJO, progress of the work.
— EN CUENTA CORRIENTE, overdraft.

AVANCES TECNOLÓGICOS, technological breakthrough.

AVANZAR, to advance, to stand forth.
AVARICIA, avarice.
AVE, bird, fowl.
— DE CAZA, wild fowl.
— DE RAPIÑA, bird of prey.

AVES DE CORRAL o DOMÉSTICAS, poultry.
AVENA, oats, oatmeal.
AVENENCIA, agreement, bargain, compromise.
AVENIDA, avenue.
AVENIRSE, to settle, come to agreement.
AVENTAJAR, to better, to improve on, to surpass, to outgo.
AVENTURA, risk, venture, adventure.
AVENTURADO, risky, speculative.
AVENTURAR, to venture, to risk, to hazard.

AVENTURERO, speculator, daring operator.
AVERGONZADO, embarrassed.
AVERÍA, average, damage, breakdown.
—— GRUESA o COMÚN, general or gross average.
—— MARINA o MARÍTIMA, sea damage.
—— MENOR, petty average.
—— O FALLA DE MOTOR, engine trouble.
—— PARCIAL, particular average.
—— PARTICULAR (seguro marítimo), particular average.
—— POR ACCIDENTE, accidental demage.
—— POR DESCARRILAMIENTO o COLISIÓN DE TRENES, train wreck.
—— SIMPLE o PARTICULAR, ordinary average, common or particular average.
AVERÍAS
—— POR CONDENSACIÓN, sweat damage.
—— SIN REPARAR, unrepaired damage.
AVERIADO o DAÑADO, spoiled.
AVERIAR, to damage.
AVERIGUACIÓN, detection, investigation, inquiry, inquest.
—— DE LA PÉRDIDA, ascertainment of loss.
AVERIGUACIONES, inquiries.
AVERIGUADOR, investigator, tracer.
—— DE RECLAMACIONES, claims investigator.
AVERIGUAR, to investigate, to find out, to verify, to quest.
AVERSIÓN, aversion.
AVIACIÓN, air force, aviation.
—— CIVIL, civil air force, civil aviation.
—— MILITAR, military air force, military aviation.
AVIADOR, flier, aviator, airman.
AVIAR, to equip, to equip out, to finance.
AVÍCOLA, poultry-farming.
AVICULTOR o CRIADOR DE AVES, poultry farmer.
AVICULTURA, poultry raising.
AVÍO, money advanced, equipment, fitting out.
AVÍOS, tools, equipment, outfit.
—— DE BUQUE, ship's tackle.
—— DE PESCA, fishing tackle.
AVIÓN, airplane, plane.
—— COMERCIAL o DE TRANSPORTE, transport.
—— DE CARGA, freight or cargo plane.
—— DE CARGA A PROPULSIÓN, jet air-freighter.
—— DE CORREO, mail plane.
—— DE CHORRO o DE REACCIÓN, jet plane.
—— DE FLETAMENTO o FLETADO, charter plane.
—— DE LÍNEA, air liner.
—— DE PROPULSIÓN o RETROPROPULSIÓN, jet aircraft.
—— DORMITORIO, sleeper plane.
——, POR, by plane.
AVISAR, to notify, to advise, to advertise, to announce, send word.
—— LA LICITACIÓN, to call for bids.
—— UN ACCIDENTE, to report an accident.
AVISO o NOTIFICACIÓN, advice, notice, announcement, warning.
—— A CORTO PLAZO, short notice.
—— A LOS ACREEDORES, notice to creditors.
—— AL DEUDOR, advice notice.
—— AL PÚBLICO o MANIFIESTO, public notice.
—— AMISTOSO o PROPINA, tip.
—— ANTICIPADO, advance notice.
—— CABLEGRÁFICO, cable advice.
—— DE ACCIDENTE, accident report.
—— DE ACUERDO o AVENIMIENTO, memorandum of agreement.
—— DE ADVERTENCIA o ALERTA, warning signal.
—— DE ASAMBLEA, notice of meeting.
—— DE CRÉDITO, credit advice.
—— DE DÉBITO, debit advice.
—— DE DESPIDO, notice of discharge.
—— DE EMBARQUE o DE CARGA, shipping notice, advice of shipment, delivery notice.
—— DE ENTREGA, report of delivery.
—— DE ENVÍO, mail-out notice.
—— DE ESPERA, wait order.
—— DE EXTRACCIÓN o RETIRO, notice of withdrawal.
—— DE LA DEMANDA, service of process.
—— DE LICITACIÓN, call for bids.
—— DE LLEGADA, arrival notice, freight notice.
—— DE LLEGADA DE CARGA, freight notice.
—— DE PÉRDIDA, notice of loss.
—— DE PROTESTO, notice of protest.
—— DE RECEPCIÓN o DE RETORNO, return receipt.
—— DE RECHAZO, notice of dishonor.
—— DE RENOVACIÓN, renewal notice.
—— DE SUBASTA o LICITACIÓN, bidding notice, call for bids.
—— DE TEMPORAL o TORMENTA, storm warning.
—— DE VENCIMIENTO, due notice, notice of due date.
—— EMPLAZATORIO, summons.
—— ESCRITO, written notice.
—— LUMÍNICO, electric sign.
—— RAZONABLE o JUSTO, reasonable notice.
——, SIN, no advise.
AVISOS CLASIFICADOS o ANUNCIOS CLASIFICADOS, want ads.
AVISOS ECONÓMICOS o DE OCASIÓN, business opportunities, merchandise offerings, want ads.
AVISOS OPORTUNOS, classified ads, business opportunities.
AXIOMA o POSTULADO, axiom.
AXIOMÁTICO o EVIDENTE, self-evident.
AYER, yesterday.
—— POR LA MAÑANA, yesterday morning.
—— TARDE, yesterday afternoon.
AYUDA, assistance, help, aid.
—— A EMPLEADOS, employee welfare.
—— ECONÓMICA, economic aid.
—— ESTATAL A LA AGRICULTURA, government aid to agriculture.
—— EXTERIOR, foreign aid.
—— FINANCIERA, financial assistance.
—— INTERPERSONAL, interpersonal support.
—— MUTUA, mutual aid, cooperation.

—— **PARA EXPORTACIONES E IMPORTACIONES,** export-import assistance.
—— **POR DESASTRE,** disaster assistance.
—— **PÚBLICA,** public assistance.
—— **SOCIAL,** welfare work.
—— **TÉCNICA,** technical assistance.
AYUDANTA, woman assistant.
AYUDANTE, aide, helper, assistant.
—— **ADMINISTRADOR,** assistant manager.
—— **CAJERO,** assistant cashier.
—— **DE CAPATAZ,** subforeman.
—— **DE INGENIERO,** assistant engineer.
—— **DE MÁQUINAS,** junior engineer.
—— **DE OFICINA,** office junior.
—— **DE SUPERINTENDENTE,** assistant superintendent, general foreman.
—— **DE SUPERVISOR,** subforeman, assistant supervisor.
AYUDAR, to help, to assist.
AYUNAR, to fast.
AYUNAS, EN, fasting before breakfast, without knowledge.
AYUNO, fast, abstinence.
AYUNTAMIENTO, city council, municipal council, city hall, town hall.
AZAFATA, airplane stewardess.

AZAR, hazard, chance, risk, accident.
——, **AL,** at random.
——, **MUESTREO AL,** random sampling.
—— **O RIESGO ASEGURABLE,** insurable risk.
—— **O RIESGO DE CATÁSTROFE,** catastrophe risk.
—— **O RIESGO FÍSICO,** physical hazard.
AZARES DE TRANSPORTE, transportation hazards.
AZOGUE, mercury, quicksilver.
AZOTAR o FUSTIGAR, to whip.
AZOTE o LÁTIGO, whip.
AZOTEA, flat roof.
AZÚCAR, sugar.
—— **A GRANEL,** sugar in bulk.
—— **BLANCA o REFINADA,** white sugar.
—— **CRUDA,** raw sugar.
—— **DE CAÑA,** cane sugar.
—— **DE MAÍZ,** corn sugar.
—— **DE REMOLACHA,** beet sugar.
—— **INVERTIDA,** inverted sugar.
—— **MORENA,** brown sugar.
—— **PARA ENTREGA FUTURA,** sugar futures.
—— **TURBINADA,** centrifugal sugar.
AZÚCARES DE CONTRATO MUNDIAL, world sugars.
AZUFRE, sulphur.
AZULEJERO, tileworker, tilemaker.
AZULEJO, tile.

B

BABIA, ESTAR EN, to be absent-minded.
BABIECA, ignorant, idiot, stupid fellow.
BACALAO, cod, codfish.
BACHE, deep hole.
BACHILLER, bachelor (degree).
BAGAJE, baggage, equipment.
BAGATELA, trifle, bagatelle.
BAGAZO, bagasse.
BAHÍA, bay, harbor.
BAILAR, to dance.
—— **EL VALS,** to waltz.
BAILARÍN, dancer.
BAILE, dance.
BAJA, drop, fail, decline, decrease.
——, **DAR DE,** to drop a person from a list.
——, **DARSE DE,** to drop out as a member.
—— **DE PRECIO REPENTINA,** tumble in price.
—— **DE PRECIOS,** fall of prices.
—— **DE SALARIOS,** wage cut.
—— **DEL MERCADO DE ACCIONES,** stock market decline.
—— **ECONÓMICA,** business depression.
—— **FORZOSA,** discharge, dismissal, removal.
—— **LEY,** low grade (ore).
—— **O CAÍDA DE PRECIOS,** price decline.
—— **PRODUCCIÓN o SUBPRODUCCIÓN,** underproduction.
BAJAMAR, low tide.
BAJAR o DESCENDER, to step down, to fall, to drop, to descend, to lower.
—— **A PIE,** walk down.
—— **CORRIENDO o VOLANDO,** whip down.
—— **DE VALOR,** to decline in value.
—— **LA ESCALERA,** go down stairs.
—— **PRECIOS,** to reduce prices.
BAJARSE, to get off, to disembark.
BAJEZA, meanness, low action.
BAJISTA, bear, bearish, falling.
BAJO, sand bar, shoal, low, below, under.
—— **APAREJO,** under ship's tackle.
—— **CAUCIÓN,** on bail.
—— **CERO o TEMPERATURA BAJO CERO,** below zero.
—— **CONTRATO,** under contract.
—— **CONTROL o CONTROLADO,** under control.
—— **COSTO,** below cost, low cost.
—— **CUBIERTA,** under desk.
—— **CUERDA o SOLAPADO,** underhand.
—— **FIANZA o AFIANZADO,** under bond.
—— **INSTRUCCIONES DE,** under instructions from.
—— **JURAMENTO,** on oath, under oath.
—— **LA PROTECCIÓN DE UNO,** under one's wing.
—— **LAS ARMAS,** under arms.
—— **MANO,** secretly, underhandedly.
——, **MÁS,** lower.
—— **MI PALABRA o A FE MÍA,** in my word.
—— **PAR,** below par, at a discount.
—— **PENA DE,** under penalty of.
—— **PLIEGO CERRADO,** under sealed cover.
—— **PROTESTA,** under protest.
—— **RESERVA,** in confidence.
—— **SELLO,** under seal.
—— **SOBRE SELLADO o CERRADO,** under sealed cover.
—— **TODOS CONCEPTOS,** for all the world.
BAJOS, ground floor.
—— **INTERESES,** low interest.
BALA, ball, bale.
BALANCE, balance, balance sheet.
—— **ACUMULATIVO,** cumulative statement.
—— **ANALÍTICO,** analytical balance sheet.
—— **ANTERIOR,** previous balance.
—— **ANTES DEL CIERRE o BALANCE PRELIMINAR DE PRUEBA,** preliminary trial balance.
—— **ANUAL,** annual statement.
—— **AUDITADO,** audited statement.
—— **BANCARIO,** statement of condition.
—— **CERTIFICADO,** certified balance sheet.
—— **COMERCIAL o DE COMERCIO VENTAJOSO,** favorable balance of trade.
—— **COMPARATIVO,** comparative statement, comparison of balance sheet.
—— **CONDENSADO o DE RECOPILACIÓN,** condensed balance sheet.
—— **CONSOLIDADO,** consolidated balance sheet, consolidated statement.
—— **CONSTANTE,** perpetual trial balance.
—— **DE ACTIVO Y PASIVO,** general balance sheet.
—— **DE APERTURA o DE ENTRADA,** opening balance sheet.
—— **DE CARGO,** debit balance.
—— **DE CIERRE o DE SALIDA,** closing balance sheet.
—— **DE COMPROBACIÓN o BALANZA DE COMPROBACIÓN o BALANCE DE SALDOS,** trial balance.
—— **DE COMPROBACIÓN ANTES DEL CIERRE,** preclosing trial balance.
—— **DE COMPROBACIÓN DE SALDOS,** trial balance of the balances of all accounts.
—— **DE COMPROBACIÓN DESPUÉS DEL CIERRE,** after closing trial balance.
—— **DE CONCILIACIÓN,** balance of a subsidiary ledger.
—— **DE CONTABILIDAD,** balance sheet.
—— **DE CONTABILIDAD POSTFECHADO,** dated balance sheet.
—— **DE CRÉDITO,** credit balance.
—— **DE CUENTAS,** balance of payments.
—— **DE FIN DE AÑO,** year-end balance sheet.
—— **DE FIN DE EJERCICIO,** year-end balance sheet.
—— **DE LIQUIDACIÓN,** balance sheet for liquidation.
—— **DE OPERACIÓN o DE RESULTADOS,** profit and loss statement.
—— **DE PAGOS,** balance of trade, balance of payments.
—— **DE PRUEBA DE AUDITORÍA,** audit trial balance.

BALANCEAR-BALANZA

—— DE RESULTADOS, income statement.
—— DE SITUACIÓN, balance sheet, statement of conditions.
—— DE SITUACIÓN COMBINADO, combined balance sheet.
—— DEFINITIVO DE SALDOS o DESPUÉS DEL CIERRE, postclosing trial balance.
—— DEL BANCO, bank statement.
—— DEL MAYOR, ledger balance.
—— DEL PRESTATARIO, borrower financial statement.
—— DESPUÉS DEL CIERRE o BALANZA FINAL DE COMPROBACIÓN, postclosing trial balance.
—— ECONÓMICO, balance of international payments.
—— , EN, in balance.
—— EN CONTRA, debit balance.
—— FINAL o DEFINITIVO DE PRUEBA, final trial balance.
—— FINANCIERO REVISADO POR EL AUDITOR, audited financial statement.
—— FISCAL, balance sheet for income-tax report.
—— GENERAL, general balance sheet.
—— GENERAL ANALÍTICO, analytic balance sheet.
—— GENERAL COMPARATIVO, comparative balance sheet.
—— GENERAL CON PORCENTAJES, percentage statement.
—— GENERAL CONSOLIDADO, consolidated balance sheet.
—— GENERAL DE EFECTIVO, cash-balance sheet.
—— GENERAL DE LIQUIDACIÓN, liquidating balance sheet.
—— GENERAL DE UN FONDO, balance sheet of a fund, fund balance sheet.
—— GENERAL DEL BANCO, bank balance sheet.
—— GENERAL EN DOS SECCIONES, double-account-form balance sheet.
—— GENERAL EN FORMA DE CUENTA, account form balance sheet.
—— GENERAL EN FORMA DE INFORME, report form balance sheet.
—— GENERAL EN PROFORMA, pro forma balance sheet.
—— GENERAL ESTIMADO, estimated balance sheet.
—— GENERAL EXPLICATIVO, balance sheet with explanatory notes.
—— GENERAL NO CERTIFICADO, uncertified balance sheet.
—— GENERAL POSTERIOR AL CIERRE, postclosing balance sheet.
—— GENERAL PRELIMINAR, preliminary balance sheet.
—— GENERAL TENTATIVO, tentative balance sheet.
—— IMPOSITIVO, balance sheet for income tax purposes.
—— INFORMATIVO, nontechnical form of balance sheet.
—— PASIVO, adverse balance.

—— PRELIMINAR o PROVISIONAL DE PRUEBA, preliminary trial balance.
—— PREVENTIVO, provisional or tentative balance sheet.
—— PROVISIONAL, interim balance sheet.
—— SIMULADO o PROFORMA, pro forma balance sheet.
—— TOTAL DE COMPROBACIÓN, trial balance of all debits and credits.
—— VISIBLE DE EXISTENCIAS, visual balance of stores.
BALANCEAR, to balance.
—— EL PRESUPUESTO, balance the budget.
BALANCEO, balancing, rolling.
BALANZA, balance, scale.
—— ACTIVA, favorable balance of trade.
—— COMERCIAL o DE INTERCAMBIO, balance of trade.
—— COMERCIAL DESVENTAJOSA, passive trade balance.
—— CONTRARIA o DESFAVORABLE o ADVERSA, unfavorable trade balance.
—— DE CAMBIOS, balance of trade.
—— DE CARGA, shipping balance.
—— DE COMERCIO, trade balance.
—— DE COMERCIO VISIBLE, visible balance of trade.
—— DE COMPROBACIÓN, trial balance.
—— DE COMPROBACIÓN CLASIFICADA, classified trial balance.
—— DE COMPROBACIÓN DE AUDITORÍA, audit trial balance.
—— DE COMPROBACIÓN DE CIERRE, closing trial balance.
—— DE COMPROBACIÓN DE TRABAJO, working trial balance.
—— DE COMPROBACIÓN PERIÓDICA, periodic trial balance.
—— DE COMPROBACIÓN POR VENCIMIENTO o POR ANTIGÜEDAD, aged trial balance.
—— DE EMPAQUE, packaging scale.
—— DE ENSACAR, sacking scale.
—— DE MERCANCÍAS, balance of trade.
—— DE MESA, bench scale.
—— DE MOSTRADOR, counter scale.
—— DE PAGOS, balance of payments, balance of trade.
—— DE PAGOS AL EXTERIOR, balance of external payments.
—— DE PAGOS INTERNACIONALES, balance of international payments.
—— DE PAGOS NEGATIVA o DÉBIL, unfavorable or passive balance of payments.
—— DE PAGOS POSITIVA o FUERTE, favorable or active balance of payments.
—— DE PLATAFORMA, platform scale.
—— DE PRECISIÓN, precision scale.
—— DE SALDOS AJUSTADOS, adjusted trial balance.
—— DEFICITARIA, unfavorable trade balance.
—— ECONÓMICA, balance of international payments.

—— **FAVORABLE** o **VENTAJOSA**, active or favorable trade balance.
—— **FINAL DE COMPROBACIÓN**, postclosing trial balance.
—— **INTERNA**, internal balance.
—— **MERCANTIL**, balance of trade.
—— **PARA CARTAS**, postal scale, letter scale.
—— **PASIVA**, unfavorable trade balance.
—— **POSTAL**, mailing scale.
—— **REGISTRADORA**, recording scale.
—— **VISIBLE**, commodity or visible balance of trade.
BALASTO, ballast, road metal.
BALCÓN, balcony, porch.
BALDE, bucket, pail.
——, **DE**, free of charge.
——, **EN**, in vain.
BALDÍO o **RÚSTICO**, uncultivated.
BALDOSA, floor, tile, paving tile, flagstone.
BALDOSADO, tile paving.
BALEAR, to shoot, to wound, to kill.
BALIZA, buoy, marker, beacon.
BALNEARIO, bathing resort, watering place.
BALNEARIOS, health spas.
BALOMPIÉ, football, soccer.
BALONCESTO, basketball.
BALSA, pool, pond, raft, corkwood.
—— **DE SALVAMENTO**, life raft.
BALSEAR, to raft, to ferry.
BALSERO, ferryman.
BALLENA o **CACHALOTE**, whale.
BALLENERO o **BUQUE BALLENERO**, whaler.
BALLESTRINQUE, clove hitch.
BAMBALINA, advertising on a theater curtain.
BANANA o **PLÁTANO**, banana.
BANANAL o **PLATANAL**, banana plantation.
BANCA, banking, bench.
—— **CENTRAL**, central banking.
—— **DE CADENA**, chain banking.
—— **DE RENTAS**, investment banking.
—— **DE SUCURSALES**, branch banking.
—— **DE SUCURSALES INTERESTATAL**, interstate branch banking.
—— **DE VALORES** o **DE RENTAS**, investment banking.
—— **DUAL** o **BANCA REGULADA POR EL ESTADO Y EL GOBIERNO FEDERAL**, dual banking.
—— **EN CADENA**, chain banking.
—— **FILIAL EN EL EXTRANJERO**, overseas branch banking.
—— **FILIAL INTERESTATAL**, interstate branch banking.
—— **INTERNACIONAL**, international banking.
—— **INVERSIONISTA** o **DE INVERSIONES**, investment banking.
—— **PRIVADA**, private banking.
—— **UNITARIA** o **POR UNIDADES**, unit banking.
BANCARIO, bank employee, banking.
BANCARROTA, bankruptcy, bank failure.
—— **VOLUNTARIA** o **QUIEBRA VOLUNTARIA**, voluntary bankruptcy.
BANCO, bank, bench, sand bar.
—— **ABRIDOR**, opening bank.
—— **ACCIONISTA**, member bank.
—— **ACEPTANTE**, accepting bank.
—— **AFILIADO AL SISTEMA DE RESERVA FEDERAL**, member bank.
—— **AGRÍCOLA**, farm loan bank.
—— **ASOCIADO** o **AFILIADO**, bank affiliate.
—— **CEDENTE**, remitting or constituent bank.
—— **CENTRAL**, central bank, bank of issue, banker's bank.
—— **CENTRAL DE DATOS**, central data bank.
—— **COMERCIAL**, bank of discount, commercial bank.
—— **COMERCIAL EXTRANJERO**, foreign commercial bank.
—— **COMPETIDOR** o **DE COMPETENCIA**, competing bank.
—— **COMPRADOR**, negotiating bank.
—— **COOPERATIVO**, cooperative bank.
—— **CORRESPONSAL**, corresponding or correspondent bank.
—— **DE AHORRO Y PRÉSTAMO**, savings and loan association.
—— **DE AHORROS**, savings bank.
—— **DE AHORROS POR ACCIONES**, stock savings bank.
—— **DE ANTICIPOS**, mutual association for small loans.
—— **DE BANCOS**, central or banker's bank.
—— **DE CARACTERÍSTICAS SIMILARES A OTRO**, peer bank.
—— **DE COMPENSACIONES** o **BANCO AFILIADO A LA CAJA DE COMPENSACIONES**, clearing bank.
—— **DE CRÉDITO**, credit bank.
—— **DE CRÉDITO AGRARIO**, farm loan bank.
—— **DE CRÉDITO INMOBILIARIO**, mortgage bank.
—— **DE CRÉDITO MUTUO**, credit union.
—— **DE CRÉDITO TERRITORIAL**, land bank, mortgage bank.
—— **DE DATOS**, data bank, data base.
—— **DE DATOS EN LÍNEA**, on-line data bank.
—— **DE DATOS INTERNOS** (computación), internal data base.
—— **DE DATOS LOCAL**, local data bank.
—— **DE DEPÓSITO**, bank of deposit.
—— **DE DESCUENTO**, bank of discount, commercial bank.
—— **DE EMISIÓN**, bank of circulation.
—— **DE HABILIDADES PERSONALES**, skill bank.
—— **DE IMPORTACIÓN Y EXPORTACIÓN**, export-import bank.
—— **DE LA RESERVA FEDERAL**, Federal Reserve Bank.
—— **DE LIQUIDACIÓN**, clearing house.
—— **DE MEDIANO TAMAÑO**, medium-sized bank.
—— **DE MODELOS**, model bank.
—— **DE NIEVE**, snowbank.
—— **DE TALLER** o **MESA DE TRABAJO**, workbench.

BANCO-BARATERÍA 45

— DE TÉRMINO, paving bank.
— DEL CENTRO MONETARIO, country center bank.
— DEL ESTADO, government bank.
— DEL EXPORTADOR, exporter's bank.
— DEL IMPORTADOR, importer's bank.
— DEPOSITARIO DE OTRO, correspondent bank.
— EMISOR, bank of issue, central bank, opening bank.
— EMISOR DE TARJETAS DE CRÉDITO, card issuing bank.
— ESTADÍSTICO, statistical bank.
— ESTATAL, government bank, state bank.
— FEDERAL DE RESERVA (E.U.A.), reserve bank.
— FIDUCIARIO, trust company.
— FILIAL o SUCURSAL, branch bank.
— FINANCIERAMENTE ESTABLE, financially sound bank.
— FUERA DE LA CÁMARA DE COMPENSACIÓN, nonmember bank.
— HIPOTECARIO, mortgage bank.
— INDUSTRIAL, industrial bank.
— INMOBILIARIO, land bank.
— INVERSIONISTA o DE INVERSIONES, investment bank.
— LIBRADO o PAGADOR, paying bank.
— LOCAL, local bank.
— MERCANTIL, commercial bank.
— MERCANTIL EXTRANJERO, foreign commercial bank.
— MINERO, mining bank.
— MUNDIAL, world bank.
— MUTUALISTA DE AHORRO, mutual savings bank.
— NACIONAL, government bank, national bank.
— NO ACCIONISTA, nonmember bank.
— NO PERTENECIENTE AL SISTEMA DE COMPENSACIONES A LA PAR, nonpar bank.
— OBRERO, labor bank.
— PAGADOR, paying bank.
— PARTICULAR o PRIVADO, private bank.
— PECUARIO, livestock bank.
— POPULAR, people's bank.
— POR ACCIONES, banking company or corporation.
— PORTADOR o TENEDOR, bank holding a draft.
— PRENDARIO, bank for collateral loans.
— QUE CONTROLA LA OPERACIÓN DE OTRO, holding company bank.
— QUE DA GARANTÍA, guarantor bank.
— RECEPTOR o QUE RECIBE FONDOS, recipient bank.
— RECIBIDOR, receiving bank.
— REGIONAL EMISOR DE TARJETAS DE CRÉDITO, regional issuing bank.
— REGULADO POR EL ESTADO, state-regulated bank, state-chartered bank.
— REMITENTE, remitting or constituent bank.
— TERRITORIAL, mortgage bank.
— UNITARIO o BANCO INDEPENDIENTE QUE EFECTÚA SUS OPERACIONES EN UNA OFICINA, unit bank.

BANCO
— AGRARIO HIPOTECARIO, Agricultural Mortgage Bank.
— DE EXPORTACIÓN E IMPORTACIÓN, Export-Import Bank.
— DE INGLATERRA, Bank of England.
— DE RESERVA FEDERAL, Federal Reserve Bank.
— GANADERO, cattlemen's Bank.
— INTERAMERICANO DE FOMENTO ECONÓMICO, Interamerican Bank for Economic Development.
— MUNDIAL, World Bank, International Bank for Reconstruction and Development.
BANCOS AGRUPADOS DE CARACTERÍSTICAS SIMILARES, peer-group banks.
BANDA, belt, band, side of a ship, strap, sash.
— CARGADORA, portable conveyor, wagon loader.
— DE GOMA o DE CAUCHO o DE HULE, rubber band.
— DE UN HOMBRE ORQUESTA, one-man band.
— TRANSPORTADORA, belt conveyor.
BANDEJA o CHAROLA, tray, pallet.
— DE DOCUMENTOS DE SALIDA o DESPACHADOS, out-basket.
— DE DOCUMENTOS RECIBIDOS o DE ENTRADA, in-basket.
— PARA FICHAS A CONTABILIZAR, posting tray.
BANDERA, flag.
— AMARILLA, yellow flag.
— BLANCA o DE PAZ, white flag.
— DE CORREOS, mail flag.
— DE CUARENTENA, quarantine flag.
— DE PARLAMENTO o DE RENDICIÓN (militar), white flag.
— DE PRÁCTICO, pilot flag.
— DE REMATE, auctionee's flag.
— MERCANTE, merchant flag.
BANDERILLA, taximeter flag.
BANDEROLA, bannerol, signal flag, pennant.
BANDIDO, outlaw, fugitive from justice.
BANDO, faction, party.
BANDOLERO, robber, highwayman.
BANQUERO, banker.
— INVERSIONISTA, investment banker.
— PARTICULAR, private banker.
BANQUETE, banquet.
BANQUILLO o ESTRADO DE LOS TESTIGOS, witness stand.
BAÑADERA, bathtub.
BAÑO, bath, bathtub, bathroom, coating.
— DE DUCHA o DE REGADERA, shower bath, shower.
— DE SOL, sun bath.
— MARÍA, water bath.
BAR, bar, saloon.
BARAJA o NAIPES, pack of cards.
BARAJAR o REVOLVER o ARRASTRAR LOS PIES, to shuffle.
BARAJEO, stalling, slacking.
BARANDA o BARANDAL, railing.
BARATA, bargain, bargain sale.
BARATERÍA, barratry, fraud, trickery, official graft.

BARATEZ, cheapness.
BARATILLO, markdown sale, bargain counter, bargain sale.
BARATÍSIMO, dirt cheap.
BARATO, bargain sale, low-cost, cheap, cheaply.
——, MUY, dirty cheap.
BARBACOA, barbecue, stretcher.
BARBARIDAD, barbarity, cruelty, nonsense, blunder.
BARBERA, safety razor, shaver.
BARBERÍA, barbershop, trade of a barber.
BARBERO, barber.
BARBIBLANCO, gray or white-bearded.
BARBINEGRO, black-bearded.
BARCA, barge, boat.
—— DE GRÚA, derrick barge.
—— DE PASAJE, ferryboat.
—— DE PESCA, fishing boat.
—— QUE TRANSPORTA AGUA, water barge.
—— TANQUE, tank barge.
BARCADA, bargeload, boatload.
BARCAZA, lighter, barge, flatboat.
—— DE DESEMBARQUE, landing barge, tender.
BARCO, ship, boat, vessel.
—— CARGUERO o DE CARGA, freighter, cargo boat.
—— CISTERNA, tanker.
—— COSTERO o DE CABOTAJE, coasting vessel.
—— DE ALTURA o DE TRAVESÍA, vessel in overseas trade.
—— DE BODEGA, freighter, cargo boat.
—— DE DOS PUENTES, two-decker.
—— DE GRAN CALADO, deep-draft vessel.
—— DE REMOLQUE o BARCO DE TRANSPORTE DE REMOLQUES, trailership.
—— DE ULTRAMAR, foreign vessel, vessel in overseas trade.
—— DE VELA o VELERO, sailboat.
—— DEL PRÁCTICO DE PUERTO, pilot boat.
—— FLUVIAL, river boat.
—— MERCANTE, merchant ship or vessel.
—— NEVERO o REFRIGERADO, refrigerator ship.
—— PARA CARGA DIVERSA, all-purpose ship.
—— PARA TRANSPORTE DE CAMIONES REMOLQUES, truck ship, pick-up ship.
—— PESQUERO, fishing boat.
—— PETROLERO, oil tanker.
—— TANQUE o BARCO PETROLERO o BUQUE CISTERNA, tanker.
—— TRANSBORDADOR DE VAGONES DE FERROCARRIL, car ferry.
—— TRANSPORTADOR DE VAGONES, car float.
—— TRANSPORTADOR DE VAGONES DE FERROCARRIL, seatrain.
BARCO-GRÚA, floating crane.
BARCOS GEMELOS, sister ships.
BARDA, bard, thatch.
BARLOVENTO, windward.
BARNIZ, varnish.
BARNIZADORA, varnishing machine.

BARNIZAR, to varnish.
BARÓMETRO, barometer.
BARQUERO, boatman, ferryman, lighterman, shipowner.
—— AUTORIZADO, licensed lighterman.
BARRA, bar, rod, barroom, share of stock in a mine.
—— COMERCIAL, merchant bar.
—— DE ABOGADOS, bar association.
—— DE CONTROL o DE TABULACIÓN, control bar.
—— DE ORO, gold bar or ingot.
—— DE PRENSA, press bar, press gallery.
—— DE SEGURIDAD, safety rod.
—— DE TARAS, tare bar.
—— DE TRACCIÓN, drawbar.
—— DE UÑA, claw bar, nail puller.
—— MOTOR o MOTRIZ, motor bar.
—— SUMADORA, add bar.
—— TABULADORA, tabulating bar.
—— TOTALIZADORA, total bar.
BARRAS DE CONTROL, control rods.
BARRABASADA, serious mischief, bold action.
BARRACA, barrack, bunkhouse, warehouse, market stall or stand.
—— DE HIERRO, hardware store.
—— DE MADERA, lumber shed, lumberyard.
—— DESMONTABLE, portable building.
BARRANCA, gorge, cliff, ravine.
BARREDORA, sweeper.
—— ELÉCTRICA, vacuum cleaner.
BARRENA, drill, auger, gimlet.
BARRENAR, to drill, to bore.
BARRENDERO, sweeper (man).
BARRENERO, drill runner.
BARRENO, large borer, drill or auger, bored hole.
BARRER o DESHOLLINAR, to sweep.
—— CON TODO o ROBAR SIN DEJAR NADA, sweep away.
BARRERA, barrier, barricade, fence, crossing gate, roadlock.
—— CORTAFUEGO, firebreak, fire stop.
—— DE CRUCE, crossing gate.
—— DE LA INDIFERENCIA, alienation barrier.
—— DE PEAJE, tollgate.
—— DE TRÁNSITO, traffic guard.
—— DEL FASTIDIO o DEL ABURRIMIENTO, boredom barrier.
—— GEOGRÁFICA, geographical barrier.
—— GIRATORIA, turnstile.
—— GUARDACRUCE, crossing gate.
—— INSALVABLE o INSUPERABLE, insurmountable barrier.
—— SEMÁNTICA, semantic barrier.
—— TÉRMICA, heat barrier.
BARRERAS
—— AL COMERCIO, barriers to trade.
—— ARANCELARIAS o ARANCELES, tariff barriers.
—— COMERCIALES u OBSTÁCULOS AL COMERCIO INTERNACIONAL, trade barriers.
—— DE CAMBIO, exchange barriers.

BARRIADA, city ward, district.
BARRICA, cask, barrel.
BARRICADA, barricade.
BARRIDA, sweep.
BARRIL, barrel, measure of about 20 gallons.
BARRILERÍA, barrel factory, stock of barrels.
BARRIO, city district, ward, suburb.
—— BAJO o ARRABAL, slum.
—— COMERCIAL, business district.
—— INDUSTRIAL, manufacturing district.
—— OBRERO, workingmen's district.
—— RESIDENCIAL, residential neighborhood.
BARRO, clay, mud, earthware.
—— ESMALTADO, glazed terra cotta.
—— REFRACTARIO, fire clay.
BÁRTULOS, affairs, business, personal effects, household goods.
BARULLO o ESCÁNDALO, disorder, confusion.
BÁSCULA o ROMANA o ESCALA, scale, weighing scale.
—— DE PLATAFORMA, platform scale.
—— DE VÍA o DE CARRETERA, track scale.
—— PARA MOSTRADOR, counter scale.
—— REGISTRADORA, recording scale.
BÁSCULA-PUENTE, weighbridge.
BÁSCULA-VAGONES, car dumper.
BASCULADOR, any tipping or dumping device, scaleman.
BASCULANTE DE CAMIÓN, truck-dumping device.
BASCULAR, to tip, to tilt.
BASE, basis, base, upset price, backbone.
—— ACTUARIAL, actuarial basis.
—— ACUMULATIVA, accrual basis.
—— AÉREA o DE AVIACIÓN, air base, aviation base.
—— AJUSTADA, adjusted basis.
—— CERO, zero-base.
—— CONTABLE, basis of accounting.
—— CUOTA, rate base.
—— DE ACUMULACIÓN EN CONTABILIDAD, accrual basis of accounting.
—— DE AGOTAMIENTO, depletion base.
—— DE COSTO, cost basis.
—— DE DATOS EXTERNOS (computación), external data base.
—— DE DATOS INTERNOS, internal data base.
—— DE EFECTIVO, cash basis.
—— DE EROGACIONES ACUMULADAS o DEVENGADAS, accrued-expenditure basis.
—— DE RECUPERACIÓN DEL COSTO, cost-recovery basis.
—— DE RENDIMIENTO EN SERVICIO, service-yield basis.
—— DE VENCIMIENTO, maturity basis.
—— DEL AJUSTE, basis of settlement.
—— FINANCIERA, financing base cell.
—— NAVAL o DE LA MARINA, naval base.
—— PARA DEPRECIACIÓN, depreciation base.
—— SEMESTRAL, semiannual basis.
—— TRIBUTARIA o DEL IMPUESTO, tax base.
—— VARIABLE, variable base.

BASES DE LICITACIÓN o DEL CONCURSO, information for bidders, bidding conditions.
BASTANTE o UN POCO, rather.
BASTAR o SER SUFICIENTE, to suffice.
BASTARDILLA, italics.
BASTARDO, bastard.
BASTIDOR, frame, chassis.
BASTIDORES, ENTRE, behind the scenes.
BASTO, coarse, rough, unfinished.
BASTÓN, walking stick or cane.
BASURAS, refuse, garbage.
—— CASERAS, garbage.
BASURERO o ESCOMBRERA, dump, trash can, garbage man.
BATALLA, battle, fencing bout.
—— PUBLICITARIA o DE PROPAGANDA, advertising battle.
BATALLAR, to battle, to fight, to struggle.
BATALLÓN DE TRÁNSITO, traffic squad.
BATE, baseball bat.
BATEA, tray, small barge, or lighter, flatcar.
BATERÍA, battery.
—— DE ACUMULADORES, storage battery.
—— DE CAMIONES, fleet of trucks.
—— DE COCINA, kitchen utensils, kitchenware.
—— SECA, dry battery.
BATIDA, hunting party.
BATIDORA, mixer.
—— DE CONCRETO o MEZCLADORA, concrete mixer.
BATIR, to beat, to defeat, to demolish.
—— EL RECORD o ROMPER LA MARCA, to beat the record.
—— PALMAS, to clap the hands.
BATUTA, authority, leadership, command, baton.
——, LLEVAR LA, to lead, to preside.
BAÚL o COFRE, trunk.
—— DE MUESTRAS, sample trunk.
BAULERÍA, trunk store.
BAUTIZAR, to baptize, to christen.
BAUTIZO, baptism, christening party.
BAZAR, department store, bazaar, market place.
BEATA, devout, woman engaged in works of charity.
BEBÉ, baby, babe.
BEBEDERO, drinking fountain, watering trough.
BEBER, to drink, to swallow.
—— A LA SALUD DE ALGUIEN, to drink some one's health.
—— COMO UNA CUBA, to drink like a fish.
BEBIDA, drink, beverage.
—— ALCOHÓLICA, alcoholic beverage.
BEBIDAS, beverages, drinks.
—— GASEOSAS, carbonated beverages.
—— REFRESCANTES, soft drinks.
BECA, scholarship, fellowship.
BECARIO, fellow, fellowship or scholarship holder.
BEISBOLISTA, baseball player.
BEJUCO, rattan.
BÉLICO, bellicose, warlike.

BELLACO, artful, cunning, sly, villain, knave.
BELLAS ARTES, fine arts.
BENCINA, gasoline, benzine.
BENDECIR, to bless, to consacrate.
BENDICIONES NUPCIALES, wedding or marriage ceremony.
BENEFICENCIA, relief, social service, welfare, charity.
BENEFICIAR, to benefit, to smelt, to refine, to work a mine, to develop.
BENEFICIARIO o RECEPTOR, recipient, alienee, beneficiary, payee.
—— **ALTERNATIVO,** alternative beneficiary or payee.
—— **CONDICIONAL,** contingent beneficiary.
—— **DE PATENTE,** patentee.
—— **DE PENSIÓN,** pension recipient.
—— **DE SEGURO,** insurant.
—— **DE UN ABANDONO o DE UNA CESIÓN DE DERECHOS,** abandonee.
—— **DE UNA ANUALIDAD,** annuitant.
—— **DEL CHEQUE,** check payee, payee of a check.
—— **EN EXPECTATIVA,** expectant beneficiary.
—— **EVENTUAL,** contingent beneficiary.
BENEFICIO, benefit, benefit payment, favor, smelting, ore reduction.
——, **A,** at a profit.
—— **BRUTO o UTILIDAD BRUTA,** gross profit, gross margin.
—— **CONTABLE,** book profit.
—— **DE ATENCIÓN MÉDICA,** medical-aid benefit.
—— **DE INVALIDEZ,** disability or sick benefit.
—— **DE MINERALES,** smelting, ore reduction, ore dressing.
—— **DE OPERACIONES o DE EXPLOTACIÓN,** operating profit.
—— **DE RETIRO,** retirement benefit.
—— **DE SUPERVIVENCIA,** survivor benefit.
—— **DE TIPO ACTUARIAL,** actuarial gain.
—— **DE UNA PÓLIZA,** proceeds of a policy.
—— **DE VACACIONES,** vacation benefit.
—— **DECRECIENTE,** diminishing returns.
—— **DEL EMPRESARIO,** producer's surplus.
—— **DEL MONOPOLIO,** monopoly profit.
—— **EN ESPECIE,** benefit in kind.
—— **ESPERADO,** anticipated benefit.
—— **EXTRAORDINARIO,** supernormal profit.
—— **IMPOSITIVO o GRAVABLE,** taxable profits.
—— **LÍQUIDO o UTILIDAD NETA,** clear, profit.
—— **MARGINAL,** marginal profit.
—— **MORTUORIO o POR DEFUNCIÓN,** death benefit.
—— **NETO,** clear profit.
—— **OBTENIDO DEL IMPUESTO FEDERAL SOBRE VALORES,** municipal security tax benefit.
—— **PECUNIARIO,** pecuniary benefit.
—— **POR DESEMPLEO,** unemployment benefit.
—— **POR DESPIDO,** severance benefit.
—— **VACACIONAL,** right to a vacation.
BENEFICIOS, benefits, profits, gains.
—— **A EMPLEADOS,** employee benefits.
—— **ACUMULADOS o POR DISTRIBUIR,** undivided profits, earned surplus.
—— **ADICIONALES,** fringe benefits.
—— **ADICIONALES POR ACCIDENTE,** additional accident benefits.
—— **AL CONSUMIDOR,** buyer benefits.
—— **CONCEDIDOS,** vested benefits.
—— **DEL SEGURO SOCIAL,** social-security benefits.
—— **DEL TENEDOR DE PÓLIZA ANULADA,** nonforfeiture benefits.
—— **EN EL INVENTARIO,** inventory profits.
—— **IMPONIBLES,** taxable profits.
—— **LABORALES,** fringe benefits.
—— **MARGINALES,** fringe benefits.
—— **MÉDICOS,** medical benefits.
—— **NO CONCEDIDOS,** unvested benefits.
—— **NO GANADOS,** unearned increment.
—— **O GANANCIAS DESPUÉS DE DEDUCIR IMPUESTOS,** after-tax benefits.
—— **PARA DESEMPLEO,** unemployment benefits.
—— **POR ACCIDENTES,** accident benefits.
—— **POR INCAPACIDAD o POR INVALIDEZ,** disability benefits.
—— **SALDADOS,** paid-up benefits.
BENEPLÁCITO, approval, consent.
BENJAMÍN, the youngest son or daughter.
BEODO, drunk.
BERRINCHUDO, irritable, sulky.
BESAR, to kiss.
BESARSE, to kiss one another.
BESO, kiss, collision of persons of things.
BESTIA, animal, beast.
—— **DE CARGA o DE ALBARDA,** pack animal.
—— **DE TIRO,** draft animal.
BETÚN, bitumen, pitch, shoe blacking.
BIANUAL, biannual.
BIANUALMENTE, biannually.
BIBLIA, bible.
BIBLIÓFILO, book lover, bibliophile.
BIBLIOGRAFÍA, bibliography.
BIBLIOTECA, library, bookcase.
—— **PÚBLICA,** public library.
BIBLIOTECARIO, librarian.
BIBLIOTECONOMÍA, library science.
BICICLETA, bicycle.
BICOCA, triffle, small fort, bagatelle.
BICHO, insect, bug, an insignificant person.
BIDIRECCIONAL, two-direction.
BIDÓN, steel drum, tin, large can.
BIEN, good, benefit, well, very, right.
—— **ACREDITADO,** well-recommended.
—— **AFEITADO,** smooth-shaven.
——, **AHORA,** now then.
—— **CLARO,** clear-cut.
—— **COCIDO,** well-done.
—— **CONCEPTUADO o ACREDITADO,** well-regarded.
—— **CONOCIDO,** well-known.
—— **CONSERVADO,** well-preserved.

— CRIADO o BIEN EDUCADO, well-bred.
— CUIDADO o LIMPIO, well-groomed.
— DE FAMILIA, homestead.
— DICHO o QUE HABLA BIEN, well-spoken.
— DISPUESTO o FAVORABLE, well-disposed.
— EJECUTADO, workmanlike.
—, EN o POR BIEN DE, for the sake of, for the benefit of.
— ENTENDIDO, it being understood.
— ENTERADO o INFORMADO, fully informed, fully advised, well posted.
— EQUILIBRADO o SENSATO, well-balanced.
— EQUIPADO o BIEN PROVISTO, well-appointed.
— ESCASO o ARTÍCULO ESCASO, scarce commodity.
— EXPRESADO, well-worded.
— FUNDADO o FUNDAMENTADO, well-founded.
— GUARDADO o CONSERVADO, well-kept.
— HECHO, well-made.
— INFORMADO o DOCUMENTADO, well-informed, well-posted.
— INVERTIDO, well-spent.
— MIRADO, well-thought.
— NACIDO o DE BUENA FAMILIA, wellborn.
— NUTRIDO o ALIMENTADO, well-fed.
—, O, or else, otherwise.
— ORGANIZADO o ARREGLADO, well-ordered.
— PLANEADO, well-planned.
— PRESENTADA o PRESENTADO, of good appearance.
— RAÍZ, piece of real estate.
— REMUNERADO o RECOMPENSADO, well-paid.
—, SI, while, though.
— SURTIDO o ABASTECIDO, well-stocked.
— VESTIDO, well-dressed.
BIENES, property, assets, goods.
— ABANDONADOS, abandoned property.
— AGOTABLES, wasting or diminishing assets.
— AMORTIZABLES, amortizable assets.
— BANCARIOS, bank assets.
— CAPITALES, capital goods.
— CEDIDOS, abandoned assets.
— CIRCULANTES, circulating assets.
— COLECTIVOS, collective goods.
— COMERCIALES o MERCANCÍAS EN ALMACÉN, stock in trade.
— COMUNALES o DE DOMINIO PÚBLICO, public property.
— CONGELADOS, frozen assets.
— CORPORALES, material goods.
— DE CAMBIO, circulating capital.
— DE CAPITAL, capital assets, capital goods.
— DE CAPITAL EN EQUIPO, capital goods equipment.
— DE CAPITAL FIJO, fixed capital goods.
— DE CONSUMO, consumption goods, consumer's goods.
— DE CONSUMO DURABLES, consumer durables.
— DE FORTUNA, worldly possessions.
— DE HERENCIA, estate of deceased.
— DE INVERSIÓN, capital goods.
— DE LUJO, luxury goods.
— DE PRODUCCIÓN, capital goods, producers' goods.
— DE USO, durable goods.
— DE LA COMUNIDAD, community property.
— DE LA EMPRESA, enterprise assets.
— DE LA ESPOSA o PATRIMONIO DE LA ESPOSA, wife's estate.
— DEL DEUDOR, debtor assets.
— DEPRECIABLES, depreciable assets.
— DURABLES DE CONSUMO, consumer durable goods.
— DURADEROS o DURABLES, durable goods, capital goods, durables.
— ECONÓMICOS, economic goods.
— FISCALES, government property.
— GASTABLES, wasting assets.
— HIPOTECADOS, underlying properties.
— IMPRODUCTIVOS, dead assets.
— INDUSTRIALES, industrial goods.
— INMATERIALES, nonmaterial goods.
— INMUEBLES, personal assets, real estate.
— INTANGIBLES o INCORPÓREOS, intangible assets.
— INTERMEDIOS, intermediate goods.
— MATERIALES o PROPIEDADES, physical property, material goods.
— MUEBLES o ENSERES, chattels, personal property.
— NO AGRÍCOLAS, nonfarm property.
— NO DEPRECIABLES, nondepreciating assets.
— NO DURADEROS, nondurable goods.
— NO PIGNORADOS, unpledged assets.
— PARTICULARES o DE DOMINIO PRIVADO, private property.
— PRIVADOS, private goods.
— PRODUCTIVOS, earnings assets.
— PÚBLICOS o FISCALES, public property, public goods, collective goods.
— RAÍCES o INMUEBLES o BIENES INMUEBLES, real estate, real assets, real property, realty, landed property.
— RAÍCES AGRÍCOLAS o RURALES, farm real estate.
— RAÍCES URBANOS o MUNICIPALES, city real estate.
— REALES, chattels real.
— RETIRADOS, retired property.
— SOCIALES, property of a partnership or corporation.
— TANGIBLES o PROPIEDAD TANGIBLE, tangible property.
— Y EFECTOS, goods and chattels.
— Y SERVICIOS, goods and services.
BIENANDANZA, success, prosperity.
BIENESTAR o ASISTENCIA PÚBLICA, welfare, well-being, good condition, comfort.
— ECONÓMICO, economic well-being.
— GENERAL, general welfare.
— HUMANO, human welfare.
— INDIVIDUAL, individual welfare.

——INFANTIL, child welfare.
——O PROSPERIDAD DE LOS EMPLEADOS, employee welfare.
——PÚBLICO o PREVISIÓN PÚBLICA, public welfare.
——SOCIAL, social welfare.
BIENHECHURÍA, improvements, betterment.
BIENIO, term of two years.
BIENVENIDA o BUENA ACOGIDA, welcome, safe arrival.
¡BIENVENIDO!, welcome.
BIFÁSICO, two-phase.
BIFURCACIÓN, junction of streams.
BIGOTE, mustache, swell dash.
BILATERAL, bilateral.
BILLETAJE ÚNICO, through billing.
BILLETE, note, brief letter, ticket.
——CONTRAMARCADO, marked bill.
——DE ABONADO, commutation ticket.
——DE ADMISIÓN o DE ENTRADA, admission ticket.
——DE BANCO, bank note or bill.
——DE BANCO GARANTIZADO, bank note secured.
——DE BANCO NO ASEGURADO o NO GARANTIZADO, bank note unsecured.
——DE COMPROBACIÓN, exchange ticket.
——DE CONDUCCIÓN o DE PASAJE, passage ticket.
——DE CORTESÍA o DE FAVOR, pass, free ticket.
——DE CURSO FISCAL, legal-tender note.
——DE DIEZ DÓLARES, ten-dollar bill.
——DE EMPEÑO, pawn ticket.
——DE EQUIPAJES, baggage check or receipt.
——DE FIN DE SEMANA, week-end ticket.
——DE IDA Y VUELTA, return or round-trip ticket.
——DE LA RESERVA FEDERAL, federal reserve note.
——DE LOTERÍA, lottery ticket.
——DE MIL DÓLARES, thousand-dollar bill.
——DE PASAJE, passage ticket.
——DE PRIMERA CLASE, first-class ticket.
——DE PREMIO, trading stamp, coupon.
——DE RETORNO o DE VUELTA, return ticket.
——DE TRANSFERENCIA, transfer ticket.
——DE UN BANCO NACIONAL, national-bank note.
——DE UN DÓLAR, dollar bill.
——ESTATAL o DEL ESTADO o DEL TESORO, government or treasury note.
——FALSO o FALSIFICADO, counterfeit bill.
——FISCAL, government note.
——O BOLETO DE VIAJE, trip ticket.
——SENCILLO, one-way ticket.
——TALONARIO, coupon ticket.
BILLETES
——CONTRA RESERVAS DE ORO, gold certificates.
——CORRIENTES EN CIRCULACIÓN, currency paper.
——DE LA RESERVA FEDERAL DE E.U.A., federal reserve notes.
——DIVISIONARIOS o FRACCIONARIOS, fractional paper currency.
BILLETERA, billfold, wallet, woman ticket collector.
BILLETERÍA, lottery-ticket agency.
BILLETERO o TAQUILLERO, ticket seller.

BILLÓN, billion (one million millions).
BIMESTRALMENTE, bimonthly.
BIMESTRE, bimester, two months.
BIMOTOR, two-motor.
BINOCULAR, binocular.
BIOESTADÍSTICA, biostatistics.
BIOGRAFÍA, biography.
BIOLOGÍA, biology.
BIOMETRÍA, biometry.
BIÓNICA, bionics.
BIOPSIA, biopsy (medicine).
BIOQUÍMICA, biochemistry.
BIPERSONAL, two-person.
BISABUELA, great-grandmother.
BISABUELO, great-grandfather.
BISAGRA, hinge.
BISEMANAL, semiweekly.
BISOÑO, inexperienced, unskilled, untrained, novice.
BISTURÍ, surgical knife (surgery).
BISUTERÍA, jewelry (cheap).
BITS DE ZONA (computación), zone bits.
BIZCO, cross-eyed or squint.
BIZCOCHERÍA, sweet-cracker factory or store.
BIZCOCHO, biscuit, sponge cake, pastry.
BIZNIETA, great-granddaughter.
BIZNIETO, great-grandson.
BLANCO o INOCENTE o COLOR BLANCO, white.
——, DAR EN EL, to hit the mark.
——, EN, blank.
——, EN CANAS, o DE CABEZA CON PLUMAJE BLANCO, white-headed.
——, QUEDARSE EN, be disappointed, to be frustrated.
BLANCOS, white goods, household linen.
BLANDO o SUAVE o DELICADO, soft, tender, kindly.
BLANQUEAR, to whiten.
BLANQUEO, bleaching, whitewashing.
BLASFEMIA, blasphemy, grave insult.
BLINDAJE, shielding.
——TÉRMICO, thermal shield.
BLINDAR, to armor.
BLOC, bloc, (of) pad of paper.
——DE APUNTES, scratch pad.
——DE PAPEL, writing pad.
BLOCK o COJÍN o ALMOHADILLA, pad.
BLOQUE, cartel, block, pad.
——DE ACCIONES, block of stock.
——DE CASAS, block of houses, city block.
——, EN, as a whole.
——UNIONISTA o SINDICALISTA, organized-labor bloc.
BLOQUEAR, to freeze (funds), to blockade.
——UNA PROPOSICIÓN, to block a proposition.
BLOQUEO, blockade, blocking.
——DE PAGOS, blocking of payments.
——DE SALARIOS, wage freezing.
BLUSA, jumper.
BOBALICÓN, simpleton, blockhead, silly.

BOBEAR, to act or talk foolishly.
BOBERÍA, foolish speech or action, folly, trifle.
BOBINA, reel spool, bobbin, coil.
—— **DE INDUCCIÓN**, induction coil.
BOBO, fool, simpleton, stupid.
BOCA, mouth, opening, entrance.
—— **ABAJO**, flat on one's face, prone.
—— **ARRIBA**, flat on one's back.
—— **CERRADA NO ENTRAN MOSCAS, EN**, silence is golden.
—— **DE AGUA**, hydrant.
—— **DE INCENDIO**, fireplug, fire hydrant.
—— **DE JARRO, A**, very near, at close range.
—— **DE LOBO, COMO**, pitch black.
—— **DE POZO**, pit head.
—— **DE PUERTO**, entrance to a harbor.
—— **DE RÍO**, mouth of a river.
—— **EN BOCA, ANDAR DE**, to be the talk of the town.
BOCACALLE o ENCRUCIJADA, street intersection.
BOCADILLO o REFRIGERIO, snack.
BOCAMINA, entrance to a mine.
BOCETISTA, layout man.
BOCETO, sketch, cartoon, layout, plan.
—— **DE ELEMENTOS PEGADOS**, paste-up.
BOCINA, horn, mouthpiece.
BOCONEAR, to bluff, to brag.
BOCOY, large barrel, hogshead.
BOCHINCHE, uproar, tumult, riot, mess.
BOCHORNO, blush, suffocating, heat, embarrassment.
BODA o CASAMIENTO, wedding.
BODAS
—— **DE DIAMANTE**, diamond wedding.
—— **DE ORO**, golden wedding.
—— **DE PLATA**, silver wedding.
BODEGA o ALMACÉN, storeroom, warehouse, grocery store, retail grocery, depot.
—— **AL POR MAYOR**, wholesale store.
—— **DE ALMACENAMIENTO EN FRÍO**, cold-storage warehouse.
—— **DE CARGA**, freight house.
—— **DE EQUIPAJE**, baggage room.
—— **DE FLETE**, freight house.
—— **DE HERRAMIENTAS**, tool house.
—— **DE MATERIAL o ARTÍCULOS RECIBIDOS**, receiving freight house.
—— **DE VINO**, wine cellar.
—— **DISPONIBLE**, available cargo space.
—— **FISCAL**, bonded warehouse.
—— **REFRIGERADA o ESPACIO REFRIGERADO**, refrigerated space.
BODEGUERO o ABARROTERO MAYORISTA, wholesale grocer.
BOFETADA o INSULTO, slap in the face.
BOGA o MODA, vogue, fashion, style, popularity.
——, **EN**, popular, in fashion.
——, **ESTAR EN**, to be in fashion.
BOGAR, to row.

BOHEMIO o BOHEMIA, a bohemian life or person, gypsy.
BOHÍO, indian hut, cabin, hovel.
BOICOT, boycott.
—— **DE CONSUMIDORES**, buyers' strike.
—— **NACIONAL**, national boycott.
—— **PRIMARIO**, primary boycott.
—— **SECUNDARIO**, secondary boycott.
BOICOTEAR, to boycott, black-list.
BOLA, ball, marble, lie, falsehood.
——, **DEJAR RODAR LA**, to let things take their course.
——, **NO DAR PIE CON**, not to succeed, not to hit the mark.
BOLAZO, blunder, mistake.
BOLEAR, to play billiards for fun, to bowl, to shine shoes (Mexico).
BOLERA, bowling alley.
BOLETA, ballot, admission ticket, pay order, slip.
—— **ADUANAL o DE ADUANA**, customs certificate.
—— **BANCARIA**, certificate of deposit.
—— **DE ADEUDO**, debit slip.
—— **DE CIRCULACIÓN**, routing slip.
—— **DE COBRANZA**, collection ticket.
—— **DE COMPROBACIÓN o DE COMPARACIÓN**, exchange ticket, comparison slip.
—— **DE CONDUCCIÓN**, shipping memorandum or note.
—— **DE CONSIGNACIÓN**, certificate of deposit.
—— **DE CRÉDITO**, credit ticket.
—— **DE DÉBITO**, charge ticket, debit slip.
—— **DE DEPÓSITO**, deposit slip, credit slip.
—— **DE DEPÓSITO DE UN BANCO A OTRO**, cash letter.
—— **DE EMBARQUE**, shipping memorandum.
—— **DE EMISIÓN DE MATERIAL**, material issue ticket.
—— **DE EMPEÑO o DE PRENDA**, pawn ticket.
—— **DE ENTRADA**, material receipt.
—— **DE ENTREGA**, delivery ticket.
—— **DE ENVASE o TALÓN DE EMPAQUE**, packing slip.
—— **DE EXPEDICIÓN**, waybill.
—— **DE GUARDARROPA**, coatroom check.
—— **DE INFORMACIÓN DE TRÁNSITO**, traffic ticket.
—— **DE MATRÍCULA**, certificate of registry.
—— **DE REMESA**, remittance slip.
—— **DE SALIDA**, voucher for material issued.
—— **DE SANIDAD**, sanitary certificate, bill of health.
—— **DE VENTA**, sales ticket.
—— **ELECTORAL o DE VOTACIÓN**, ballot.
BOLETERÍA, box or ticket office.
BOLETERO, ticket agent, seller of any kind of tickets.
BOLETÍN, bulletin, list, ticket, card, voucher, newsletter, price list.
—— **DE AHORRO**, receipt for savings deposit.
—— **DE CONTESTACIÓN**, return coupon.
—— **DE COSTOS**, cost report.
—— **DE ENTREGA**, delivery receipt.
—— **DE EQUIPAJES**, baggage check.
—— **DE EXPEDICIÓN**, parcel-post receipt, waybill.

—— DE FERROCARRIL, railroad ticket.
—— DE GARANTÍA, surety, guarantee deposit.
—— DE PRECIOS CORRIENTES, price current.
—— DE PRENSA o COMUNICADO DE PRENSA, press release, handout.
—— DEL MERCADO, market report or bulletin.
—— DIRECTO, through ticket.
—— INFORMATIVO o DE NOTICIAS, news bulletin.
—— METEOROLÓGICO o DEL OBSERVATORIO SOBRE EL ESTADO DEL TIEMPO, weather report.
—— OFICIAL, official newspaper or gazette.
—— PARA VENDEDORES, sales bulletin.
BOLETO o BOLETA o BILLETE, ticket, ballot, lottery ticket.
—— COLECTIVO, party ticket.
—— CON ESCALA, ticket with stop-over privilege.
—— DE ADMISIÓN, admission ticket.
—— DE ASIENTO RESERVADO, reserved-seat ticket.
—— DE CAMA, sleeping-car ticket.
—— DE CARGA, waybill, bill of lading.
—— DE EMBARQUE, shipping memorandum.
—— DE ENTRADA, admission ticket, material receipt.
—— DE FERROCARRIL, railroad ticket, railway ticket.
—— DE FIN DE SEMANA, week-end ticket.
—— DE IDA, one-way or single ticket, outward ticket.
—— DE IDA Y REGRESO o DE VIAJE REDONDO, round-trip ticket.
—— DE IDA Y VUELTA, return ticket.
—— DE PRIMERA CLASE, first-class ticket.
—— DE REGRESO, excursion ticket.
—— DE REGRESO o DE RETORNO, return ticket.
—— DE TEATRO, theatre ticket.
—— DE TRANSBORDO o DE TRANSFERENCIA, transfer ticket.
—— DE VIAJE, passenger's ticket.
—— DIRECTO, through ticket.
—— PARA EVENTO DEPORTIVO, sporting event ticket.
—— SENCILLO o DE IDA, single ticket.
BOLETO-RECIBO, receipt slip.
BOLÍGRAFO, ball-point pen.
BOLITA, bead, drop, illegal betting, numbers game.
BOLSA, bag, sack, handbag, pocket, pouch, stock or commodity exchange.
—— AZUCARERA o DEL AZÚCAR, sugar exchange.
——, BAJAR o SUBIR LA, to go down or up (stock market).
—— COMERCIAL o DE COMERCIO, stock or commodity exchange.
—— DE AGUA CALIENTE, hot-water bottle.
—— DE ALGODÓN, cotton exchange.
—— DE CAMBIOS, foreign-exchange market.
—— DE CEREALES, o DE GRANOS, grain exchange.
—— DE COMERCIO o BOLSA o MERCADO BURSÁTIL o DE VALORES, securities market.
—— DE COMPENSACIONES, clearing house.
—— DE CONTRATACIÓN, commodity exchange.
—— DE CORREDORES, stock exchange.
—— DE DORMIR, sleeping bag.
—— DE FUTUROS, future exchange, futures market.
—— DE GANADOS, livestock exchange.
—— DE HERRAMIENTAS, tool bag.
—— DE HIELO, ice bag.
—— DE LA LANA, wool exchange.
—— DE MANO, handbag.
—— DE NUEVA YORK, New York Stock Exchange.
—— DE PAPEL, paper bag.
—— DE PRODUCTOS o DE MERCANCÍAS, commodities exchange.
—— DE PROPIEDAD RAÍZ o DE BIENES RAÍCES, real-estate exchange.
—— DE SEGUROS, headquarters of the insurance business.
—— DE TRABAJO, labor exchange, employment bureau.
—— DE VALORES o MERCADO BURSÁTIL o BOLSA DE COMERCIO, stock market, stock exchange, security exchange, brokers' board.
—— DE VÍVERES, provision exchange.
—— DÉBIL o FLOJA, weak or declining market.
—— DEL AUTOMÓVIL, automobile market.
—— DEL CAFÉ, coffee market, coffee exchange.
—— INMOBILIARIA o LONJA DE BIENES RAÍCES, real estate exchange.
——, JUGAR A LA, to buy or sell stocks on margin.
—— NEGRA, black market.
—— O LA VIDA, LA, your money or your life.
—— PARA HERRAMIENTAS, tool bag.
BOLSILLO o BOLSA o CAVIDAD o CARPETA, pocket, handbag, purse (woman's).
BOLSISTA o CORREDOR DE BOLSA, sharebroker, broker, stockjobber, speculator.
BOLSO, bag, purse, purse of money, moneybag.
—— DE MANO, handbag.
BOMBA, pump, fire engine, lamp globe.
—— ASPIRANTE, lift pump.
—— ATÓMICA, atomic bomb.
—— CENTRÍFUGA, centrifugal pump.
—— DE AIRE COMPRIMIDO, air lift.
—— DE COBALTO, cobalt bomb.
—— DE GASOLINA, filling station.
—— DE HIDRÓGENO, hydrogen bomb.
—— DE INCENDIOS, fire engine, fire pump.
—— DE PROFUNDIDAD, depth bomb or charge.
—— DE TIEMPO, time bomb.
—— DE VACÍO o ASPIRANTE, vacuum pump.
—— INCENDIARIA, incendiary bomb.
—— LACRIMÓGENA, tear gas bomb.
—— PARA SACAR LÍQUIDOS, pump.
BOMBARDEAR, to bomb, to bombard.
BOMBARDEO, bombing, bombardment.
BOMBARDERO, bomber.
BOMBEADOR, pumping, pumper.
BOMBEAR o TRASEGAR LÍQUIDOS CON BOMBA, to pump.
BOMBEO, pumping.

BOMBERO, fireman, pumpman.
BOMBILLA, bulb, incandescent lamp.
BOMBO, ballyhoo, lighter, barge.
——, DARSE, to put on airs.
BOMBONERÍA, candy store.
BOMBONERO, candy manufacturer or dealer.
BOMBONES, candy.
BONACHÓN, good-natured kind.
BONANZA, success, prosperity, fair weather.
BONDAD, goodness, kindness.
—— DE, TENGA LA, would you be so king as to.
——, TENER LA, please.
BONDADOSO o DE BUEN CORAZÓN, softhearted, kind.
BONETE, bonnet, college cap.
BONETERÍA, bonnet store, dry-goods store, haberdashery.
BONETERO, dealer in dry goods.
BONIFICACIÓN, allowance, bonus, discount, bonification, reclamation.
—— DE CONTRAESTADÍA, dispatch money.
—— DE MANTENIMIENTO, maintenance allowance.
—— POR CALIDAD, quality bonus.
—— POR CUESTIÓN GEOGRÁFICA, geographical allowances.
—— POR GRUPOS, group-bonus system.
—— POR PAQUETE, bonus pack.
—— SOBRE VENTAS, sales allowances, sales bonus.
—— TRIBUTARIA, tax rebate.
BONIFICACIONES.
—— A CLIENTES, allowances to customers.
——, AUMENTOS EN, bonus additions.
——, DEVOLUCIONES Y, returns and allowances.
—— FAMILIARES, family allowances.
——, PLAN DE, bonus plan.
—— SOBRE FLETES, freight allowances.
—— SOBRE VENTAS, sales discounts.
BONIFICAR, to credit, to allow a discount.
BONISTA, bondholder.
BONITO, pretty.
BONO, bond, certificate, warrant, voucher.
—— A CORTO PLAZO, short-term bond.
—— A INTERÉS FIJO, active bond.
—— A PLAZO FIJO, term bond.
—— ABIERTO SIN LÍMITE DE IMPORTE, open bond.
—— AL PORTADOR, bearer bond.
—— AMORTIZABLE ANTICIPADAMENTE, callable bond.
—— ANTICIPADO, anticipated bonus.
—— APLAZADO, deferred bonus.
—— ASUMIDO, assumed bond.
—— COLATERAL, collateral-trust bond.
—— COMERCIAL, bond backed by commercial paper.
—— COMPRADO ARRIBA DE PAR, premium bond.
—— CON AVAL CONJUNTO o CON GARANTÍA CONJUNTA, joint bond.
—— CON VALOR DESCONTADO, deep discount bond.
—— CONTRA IMPUESTOS POR RECAUDAR, tax-anticipation bond.
—— CONVERTIBLE, convertible bond.
—— DE AGENCIA DEL GOBIERNO, government agency bond.
—— DE AGENCIA FEDERAL, agency bond.
—— DE AGENCIA FEDERAL EN PODER DE PARTICULARES, privately held federal agency debt.
—— DE AHORRO, savings bond.
—— DE BAJO RENDIMIENTO, low-yield bond.
—— DE CAJA, treasury bill, short-term government note.
—— DE CAPITAL, capital bonus.
—— DE CONSOLIDACIÓN, funding bond.
—— DE CONVERSIÓN o REEMBOLSO, refunding bond.
—— DE CUPONES o TALONARIO, coupon bond.
—— DE ENTREGA, delivery order.
—— DE GARANTÍA COLATERAL o COLATERAL, collateral-trust bond.
—— DE GUERRA, bond of a war loan.
—— DE OBLIGACIÓN, prior-lien bond.
—— DE OBLIGACIÓN GENERAL, general obligation bond.
—— DE PLAZO LARGO, long-term bond.
—— DE PLAZO MEDIO, medium-term bond.
—— DE PRIMERA HIPOTECA, first-mortgage bond.
—— DE REINTEGRACIÓN o DE CONVERSIÓN, refunding bond.
—— DE RENDIMIENTO ALTO, high-yield bond.
—— DE RENDIMIENTO BAJO, low-yield bond.
—— DE RENDIMIENTOS o DE RENTA, income bond.
—— DE RENTA PERPETUA, perpetual bond.
—— DE SOCIEDAD ANÓNIMA, corporation bond, corporate bond.
—— DE TESORERÍA o PAGARÉ FISCAL, treasury note.
—— DE TESORERÍA EN PODER DE PARTICULARES, privately held treasury debt.
—— DEL ESTADO, government bond, state bond.
—— DEL FONDO DE AMORTIZACIÓN, sinking-fund bond.
—— EN CIRCULACIÓN, outstanding bond.
—— EN SERIE o SERIADO, serial bond.
—— FEDERAL NO TRANSFERIBLE, restricted bond.
—— FERROCARRILERO, railroad bond.
—— FINANCIERO, bond of a finance company.
—— FISCAL o DE TESORERÍA, government bond.
—— GARANTIZADO o AVALADO, guaranteed bond.
—— GENERAL, debenture, revenue bond.
—— HIPOTECARIO, mortgage bond, bond of a mortgage bank.
—— HIPOTECARIO ABIERTO o SIN LÍMITE, open-end mortgage bond.
—— HIPOTECARIO CERRADO, closed-end mortgage bond.
—— HIPOTECARIO o COLATERAL, secured bond.
—— HIPOTECARIO o INMOBILIARIO, real estate bond.
—— INDUSTRIAL, industrial bond.
—— INMOBILIARIO, real-estate bond.
—— NOCTURNO, overtime pay for night work.
—— NOMINATIVO o REGISTRADO, registered bond.
—— PAGADERO CON LOS INGRESOS, revenue bond.
—— PAGADERO EN LIBRAS ESTERLINAS, sterling bond.

—— PAGADERO EN MONEDA DE CURSO LEGAL, legal-tender bond.
—— PAGADERO EN ORO, gold bond.
—— PERPETUO, annuity bond.
—— POR PAGAR, bond payable.
—— POSTAL, postal bond or money order.
—— QUE DEVENGA INTERÉS FIJO, active bond.
—— RECONOCIDO, assumed bond.
—— REDIMIDO, redeemed bond.
—— REGISTRADO o NOMINAL u OBLIGACIÓN REGISTRADA, registered bond.
—— RESPALDADO POR HIPOTECA, mortgage-backed bond.
—— RETIRABLE o REDIMIBLE o RESCATABLE, callable bond.
—— SIN INTERÉS, passive bond.
—— SIN RESPALDO ESPECÍFICO, debenture.
—— SIN VENCIMIENTO o PERPETUO, annuity bond, perpetual bond.
—— SOBRE EQUIPO, equipment bond.
—— SOBRE GANANCIAS, preference bond.
—— SORTEADO, bond drawn for redemption.
—— TALONARIO o DE CUPONES, coupon bond.

BONOS
—— A LARGO PLAZO, long-term bonds.
—— AMORTIZADOS, retired bonds.
—— DE AMORTIZACIÓN, sinking-fund bonds.
—— DE CAJA, cash warrants.
—— DE FERROCARRIL TERMINAL, terminal bonds.
—— DE FIANZA, fidelity bonds.
—— DE GARANTÍA COLATERAL o COLATERALES, collateral trust bonds.
—— DE GUERRA, war bonds.
—— DE INTERÉS SOBRE UTILIDADES, income bonds.
—— DE INVERSIÓN, investment securities.
—— DE LA DEFENSA NACIONAL, national-defense bonds.
—— DE PRIMERA HIPOTECA, first-mortgage bonds.
—— DE RENTA o SOBRE GANANCIAS, income bonds.
—— DE RESPONSABILIDAD GENERAL, general-obligation bonds.
—— DE SEGUNDA HIPOTECA, second-mortgage bonds.
—— DE SERIE o DE VENCIMIENTO ESCALONADO, serial bonds.
—— DE SERVICIOS PÚBLICOS, public utility bonds.
—— DE TASA MONETARIA, money-rate bonds.
—— DE TESORERÍA o DEL ESTADO, treasury bonds.
—— , EMISIÓN DE, bond issue.
—— EN ACCIONES, share bonus.
—— EN CARTERA, bondholdings.
—— EN CIRCULACIÓN, outstanding bonds.
—— EN MORA, bonds in default.
—— INDUSTRIALES, industrial revenue bonds.
—— MUNICIPALES, corporate stock.
—— NO REDIMIBLES, noncallable bonds.
—— PAGADEROS CON IMPUESTOS ESPECIALES, special-assessment bonds.
—— PAGADEROS EN DÓLARES, dollar bonds.
—— PATRIÓTICOS o DE DEFENSA NACIONAL, national-defense bonds.
—— POR PAGAR, bonds payable.
—— POR PAGAR CONVERTIBLES, convertible bonds payable.
—— QUE DEVENGAN INTERÉS, convertibles.
—— REDIMIBLES ANTES DE SU VENCIMIENTO, bonds callable.
—— REDIMIDOS, bonds retired.
—— , RETIRO DE, bond retirement.
—— SECUNDARIOS, junior bonds.
—— SERIADOS, serial bonds.
—— SOBRE EQUIPO EN FIDEICOMISO, equipment trust bonds.

BOQUETE, gap, narrow entrance.
BOQUIABIERTO, open-mouthed, gaping.
BORBOTAR, to gush out, to boil over.
BORDA, gunwale.
—— TIRAR POR LA, to throw overboard.
BORDADO, embroidery, embroidering.
BORDAR, to embroider.
BORDE o MARGEN u ORILLA, verge.
BORDO, side of a ship, dike, edge.
—— , A, on board.
—— , DE ALTO, sea-going, of importance.
—— LIBRE DE INVIERNO, winter freeboard.
—— LIBRE DE VERANO, summer freeboard.
—— O NO A BORDO, A, on board or not on board.
BOREAL, boreal, northern.
BORGOÑA, burgundy, burgundy wine.
BORRA, waste, flose, lint.
—— DE ALGODÓN, cotton waste, cotton linters.
—— DE LANA, wool waste, wool flock.
—— DE SEDA, flose silk.
BORRABLE, erasable.
BORRACHERA, drunkeness, drunken feast.
BORRACHÍN, drunkard.
BORRACHO, drunkard, drunk, habitually drunk.
BORRADOR o BOCETO o DIARIO, rough draft, eraser, draft, daybook, blotter.
—— DE ACUERDO, rough draft of agreement.
—— DE DIARIO, daybook.
—— DE GOMA, rubber eraser.
—— DE TINTA, ink eraser.
—— DE UN ESCRITO, draft.
—— DEL BALANCE GENERAL PROFORMA, rough pro forma balance sheet.
—— , LIBRO, auxiliary ledger.
—— PARA MÁQUINA, typewriter eraser.
BORRAR, to erase, to blot out, to delete, to close.
—— DEL ACTA, to strike from the record.
—— UN DÉFICIT, to wipe out a deficit.
BORRASCA, storm, tempest.
BORRASCOSO, windy, stormy.
BORREGADA, flock of sheep.
BORREGO, lamb, sheep.
BORRICO, donkey.
BORRÓN, blot, smear, smudge.
BORRONEAR, to blot, to smear, to spoil.

BORROSO, blurred, illegible.
BORUCA, noise, uproar.
BOSQUE o MONTE o SELVA, woodland, forest, timberland, wood, grove.
——**MADERABLE**, timber forest.
BOSQUEJADOR, layout man.
BOSQUEJAR o DISEÑAR o DELINEAR, to sketch, to lay out, to outline, to plan.
BOSQUEJO, sketch, design, layout.
BOSTEZAR, to yawn.
BOSTEZO, yawn, yawning.
BOTA, boot, shoe.
BOTAS
——**DE GOMA**, rubber boots.
——**DE MONTAR**, riding boots.
——, **PONERSE LAS**, to become rich or prosperous.
BOTADERO, dump, waste, bin.
BOTADOR DE BASURA, garbage man.
BOTADURA, launching.
BOTÁNICA, botany.
BOTAR, to throw away, to scrap, to waste.
BOTE, boat, container, can.
——**DE CABOTAJE**, coasting vessel.
——**DE CARTÓN**, cardboard container.
——**DE HOJALATA o DE LATA**, tin can.
——**DE PRÁCTICO**, pilot boat.
——**DE REMOS**, rowboat.
——**DE SALVAMENTO**, crash boat.
——**EN BOTE, DE**, jammed, packed, crowded.
——**LECHERO**, milk can.
——**PARA BASURA**, trash can.
——**PESQUERO**, fishing boat.
——**SALVAVIDAS**, lifeboat.
——**TRANSBORDADOR o DE PASO**, ferryboat.
BOTELLA, bottle.
——**DE VACÍO**, vacuum bottle
BOTELLERÍA, bottle factory, bottle shop.
BOTELLERO, bottle dealer, bottle maker.
BOTEMOTOR, motorboat.
BOTERO, boatman, ferryman.
BOTICA, drugstore, chemist's shop.
BOTICARIO o FARMACÉUTICO, pharmacist, apothecary.
BOTIJA, jar, jug.
BOTÍN, booty, stolen goods.
BOTIQUÍN, dispensary.
——**DE URGENCIAS o DE PRIMEROS AUXILIOS**, first-aid kit, first-aid station.
BOTÓN, button, knob, bead, snap team.
——**DE CONTACTO o BOTÓN ELÉCTRICO**, push button.
——**DE CONTACTO o DE PRESIÓN**, push button.
——**DE SINTONIZACIÓN**, tuning knob.
BOTONES, bellboy, messenger.
BOTONADURA, set of buttons.
BOTONERÍA, button factory.
BÓVEDA o CÁMARA BLINDADA, vault, cash box, arch, safe.
——**A PRUEBA DE INCENDIO**, fireproof safe.
——**BANCARIA**, bank vault.

——**CELESTE**, firmament.
——**DE SEGURIDAD**, vault, strong room.
BOVINOS, cattle.
BOXEADOR, boxer.
BOXEAR, to box.
BOXEO, boxing.
BOYA, buoy.
——**DE ANCLAJE o DE AMARRE**, mooring buoy.
——**DE CUARENTENA**, quarantine buoy.
——**SALVAVIDAS**, life buoy.
BOYADA, drove of steers.
BOYERO, cattleman, ox driver.
BRACEAR, to brace, to swim one's arms, to swim
BRACERO, laborer, day laborer.
——**AGRÍCOLA**, farm hand.
——**DE BAHÍA**, stevedore, longshoreman.
——**DE CARGA**, freight handler.
——**DE MUELLE**, stevedore, dock laborer.
BRACEROS
——**CONTRATADOS**, contract labor.
——**MIGRATORIOS**, migratory workers.
BRAGUERO, truss, bandage for rupture, brace.
BRAMANTE, twine, cord.
——**DE COSER**, sewing twine.
——**DE EMPACAR o DE EMBALAR**, bailing twine.
——**PARA SACOS**, bag twine.
BRAVATA, boast, brag, bravado.
BRAVATAS, ECHAR, to talk big, threat.
BRAZA, fathom (measure).
BRAZO, arm, branch, beam of a scale, lever.
——, **A**, by hand.
——**A TORCER, NO DAR EL**, to be stubborn.
——**DE GRÚA**, boom.
——**DERECHO DE ALGUIEN, SER EL**, to be somebody's right-hand man.
——**DERECHO u HOMBRE DE CONFIANZA**, right-hand man.
BRAZOS, labor, manpower, hands.
——**ABIERTOS, CON**, with open arms.
——**CRUZADOS, DE**, idle, not working.
——**OCIOSOS**, unemployed workmen.
——**PROLETARIOS**, labor, the working class.
BREA, tar, pitch.
——**DE HULLA o DE CARBÓN**, coal tar.
——**MINERAL**, asphalt.
BRECHA, breach, opening, gap.
——, **ABRIR**, to make progress, to make a breach.
——**DE AUTORIDAD**, authority gap.
——**DEL DÓLAR**, dollar gap.
——**EN LOS FONDOS**, fund gap.
BREGAR, to struggle, to contend.
BRETE, fetters, shackless, difficulties.
——, **ESTAR EN UN**, to be in difficulties.
BREVE o ESCASO o INSUFICIENTE, short.
——, **EN**, in short, shortly.
BREVEDAD, briefness, conciseness.
——**POSIBLE, A LA**, as soon as possible.
BREVIARIO, summary, brevier.
BRIBÓN o PILLO, rascal, impostor, vagrant.

BRIGADA o CUADRILLA, party, gang, squad, fleet.
—— DE CAMPO, field party.
—— DE OBREROS, gang of laborers.
—— DE SALVAMENTO, salvage corps.
—— DE TRÁNSITO, traffic squad.
—— TOPOGRÁFICA, survey party.
BRIGADIER, brigadier, general.
BRILLANTE, diamond, brilliant, glossy.
BRINCAR, to leap, to jump.
—— NIVELES DE SUPERVISIÓN PARA TOMAR DECISIONES Y OBTENER INFORMACIÓN, by-passing.
BRINCO, leap, jump, hop.
—— EN EL PRECIO, jump in price.
BRINDAR, to offer, to afford, to bring.
—— CONSEJO, to give advice.
—— EMPLEO, to furnish employment.
—— ENTREVISTA, to grant an interview.
—— INFORME, to submit a report.
—— POR, to toast, to drink a person's health.
—— TESTIMONIO, to testify.
BRÍO, vigor, courage, enterprise.
BRISA, breeze.
BROCHA, brush, painter's brush, shaving brush.
—— DE AIRE, airbrush.
—— GORDA, PINTOR DE, house painter.
BROCHE, clasp, hasp, paper clip.
—— DE PRESIÓN, snap fastener.
—— RELÁMPAGO o CIERRE AUTOMÁTICO, zipper.
BROMA, joke, jest, merriment.
BROMAS, DAR, to tease, to jest.
BROMEAR, to fool, to joke, to make fun.
BROMISTA, merry person.
BRONCA, wrangle, quarrel.
BRONCE, bronze, brass.
BRONCEADO, brass-plated, bronzed.
BRONCEAR, to bronze.
BRONCO, rough, coarse, rude.
BROTAR, to bud, to germinate.
BRUJA, witch, hag.
BRUJERÍA, witchcraft, sorcery.
BRÚJULA, magnetic needle, compass.
BRUÑIR, to burnish, to polish.
BRUSCO, rough, rude, crude.
BRUTA, gross, raw.
——, GANANCIA, gross profit.
——, PRODUCCIÓN, gross output.
——, UTILIDAD, gross profit.
BRUTAS, VENTAS, gross sales.
BRUTO o CRUDO o INEXPERTO, raw, gross, crude, in bulk.
——, ARRENDAMIENTO, gross rent.
——, BENEFICIO, gross profit.
BRUTO, EN, unfinished, in the rough.
——, IMPORTE, gross amount.
——, INGRESO, gross income.
——, MARGEN, gross margin.
——, PRODUCTO INTERNO, gross domestic product.
——, PRODUCTO NACIONAL, gross national product.
BUCEAR, to dive.

BUCEO, work of a diver, diving.
BUDÍN, pudding.
BUEN, good.
—— CONSEJO, sound advice.
—— ESTADO, EN, in good order, in running condition.
—— ESTADO DE FUNCIONAMIENTO, EN, in working order.
—— FIN, consummation, success.
—— HOMBRE, good man.
—— HUMOR, DE, in a good mood.
—— MOZO, good-looking.
—— NEGOCIO, good business.
—— NOMBRE, goodwill.
—— NOMBRE FINANCIERO, financial goodwill, industrial goodwill.
—— PESO, full weight, draft.
—— PROVECHO, DE, profitable.
—— RATO, good time.
—— TIEMPO, fine weather.
—— VECINO, good neighbor.
BUENA
—— ACCIÓN o BUENA CONDUCTA, well-doing.
—— ACOGIDA, favorable reception, acceptance.
—— CALIDAD COMERCIAL, fair average quality.
—— FAMA, good name.
—— FE, good faith, bona fides.
—— LLEGADA, safe arrival.
—— MARCHA, EN, in good working order.
—— PAGA, DE, of good credit.
—— PRESENTACIÓN, good appearance.
—— REPUTACIÓN, good name.
—— REPUTACIÓN FINANCIERA, financial goodwill.
—— VECINDAD, DE, good neighbor.
—— VENTA, DE, salable.
—— VOLUNTAD, goodwill.
BUENAS
—— A PRIMERAS, DE, all of a sudden, without warning.
——, DE, in good luck, in good mood, all right.
—— NOCHES, good night.
——, POR LAS, willingly.
—— TARDES, good afternoon.
BUENÍSIMO o MUY BUENO, very good.
BUENO, good.
—— ES, LO, the strange thing is.
—— O SANO o SIN DAÑO, unspoiled, good.
BUENOS
—— DÍAS, good morning.
—— OFICIOS, good offices.
BUEY, steer.
BUEYADA, drove of steers, team of oxen.
BUEYERO, cattleman, driver of an ox team.
BUEYES, steers, bulls used for hauling.
—— DE TIRO, oxen, draft cattle.
—— PARA MATAR, slaughter steers.
BUFANDA, scarf, muffler.
BUFETE, desk, lawyer's office, lawyer's clientele.
—— DE ABOGADOS, law firm.

BUFÓN-BUTACA

—— DIRECTIVO o DE DIRECTORES, board of directors.
—— JURÍDICO, lawyer's office.
BUFÓN o SIMPLÓN, fool, funny, comical, clown.
BUHONERO, peddler, hawker.
BUJÍA, candle, candlestick.
—— DE MOTOR, spark plug.
BULEVAR o PRADO, parkway.
BULTO o PAQUETE, package, bulk, bundle, parcel.
——, A, wholesale, as a whole.
—— DE EQUIPAJE, piece of baggage.
—— DE EXPRESO, express package.
——, ESCURRIR o SACAR EL, to sneak out.
—— POR CORREO AÉREO, air parcel post.
—— POSTAL, parcel-post package.
BULTOS DE MANO, hand baggage.
BULLA o RUIDO, noise, bustle, crowd.
——, ARMAR, to make a racket.
BULLANGA, riot, civil disturbance.
BULLIR, to boil, to bubble up.
BUQUE, boat, vessel, ship.
—— ATÓMICO, nuclear ship.
—— BALLENERO, whaler.
—— CARBONERO, collier.
—— CISTERNA o TANQUE, tanker.
—— CORREO, mail steamer.
—— COSTANERO o DE CABOTAJE, coasting vessel.
—— DE ALTA MAR o DE ALTURA, vessel in overseas trade.
—— DE ALTO BORDO, large ship, seagoing vessel.
—— DE BANDERA EXTRANJERA, foreign-flag vessel.
—— DE CARGA o CARGUERO, freight or cargo boat, freighter.
—— DE CARGA A GRANEL, bulk carrier.
—— DE CARGA EN LÍNEA, cargo liner.
—— DE CARGA MIXTA o DIVERSA, composite ship.
—— DE GRAN CALADO, deep-draft vessel.
—— DE LÍNEA, liner.
—— DE LÍNEA OCEÁNICO, ocean liner.
—— DE MOTOR, motor ship.
—— DE PASAJEROS, passenger liner.
—— DE POCO CALADO, light-draft vessel.
—— DE TRANSPORTE FLUVIAL, steamboat.
—— DE TRAVESÍA o DE ULTRAMAR, overseas vessel, vessel in overseas trade.
—— DE VAPOR o BARCO DE TRAVESÍA, steamship, steamer.
—— DE VELA, sailing vessel.
—— ESCUELA, training ship.
—— FLETADO, chartered ship.
—— FRIGORÍFICO, refrigerator ship.
—— FRUTERO, fruit ship, fruiter.
—— GANADERO, cattle ship.
—— MERCANTE, trading vessel, merchant ship, merchant vessel.
—— MIXTO, composite vessel.
—— PARA PETRÓLEO o MINERAL, oil-ore ship.
—— PARA TODA CLASE DE CARGA, all-purpose ship.
—— PARA TRANSPORTE DE REMOLQUES CARGADOS, vehicle cargo vessel.
—— PESQUERO, fishing boat.
—— TANQUE o PETROLERO o BUQUE CISTERNA, tank steamer, oil tanker.
—— TRANSBORDADOR DE VAGONES, freight-car ferry.
—— TRANSPORTADOR, carrying vessel.
BURBUJEAR, to bubble.
BURDO o BURDA, coarse, ordinary, common.
BURGUESÍA, bourgeosie.
BURLA, scoff, flout, mockery.
—— PESADA, biting jest.
BURLARSE DE o HACER BURLAS DE, to make fun of, to make a fool of.
BURÓ, desk, agency bureau, writing desk.
—— DE DIRECCIÓN, board of directors.
—— DE EMPLEOS, employment agency.
—— DE INFORMACIÓN, information bureau.
—— FEDERAL DE INVESTIGACIONES, Federal Bureau of Investigation.
—— TABACALERO, tobacco association or board.
BUROCRACIA, bureaucracy.
—— GUBERNAMENTAL, government bureaucracy.
—— NO FUNCIONAL, dysfunctional bureaucracy.
BURÓCRATA o EMPLEADO DEL GOBIERNO, bureaucrat, public employee, public servant.
BUROCRATISMO, bureaucracy.
BURRO, donkey, winch.
BURSÁTIL, stock-exchange.
——, PÁNICO, financial panic.
BUSCA, pursuit, search, research.
—— DE TRABAJO, looking for a job.
BUSCA-EMPLEOS, men looking for work.
BUSCADOR o EXPLORADOR, searcher, investigator.
—— DE GANGAS, bargain hunter.
—— DE PROBLEMAS o PERSONA QUE LOCALIZA PROBLEMAS, problem finder.
—— Y REPARADOR DE FALLAS, trouble shooter.
BUSCAN COLOCACIÓN, employment wanted.
BUSCAPLEITOS, litigious person, shyster, quarrelsome person, trouble maker.
BUSCAR o SOLICITAR o PROCURAR, search for, to look for, to seek.
—— COLOCACIÓN o EMPLEO, to look for a job, seek employment.
—— INFORMES, to make inquiries.
—— MINERALES, to prospect.
—— ÓRDENES o PEDIDOS, to solicit orders.
—— TRES PIES AL GATO, to pick a quarrel.
BUSCAVIDAS, hustler, busybody.
BUSCÓN, prospector, investigator.
BÚSQUEDA, search, investigation, tracing.
—— DE COLOCACIÓN, looking for a job.
—— DE LOS ARCHIVOS, search of the records.
—— O LOCALIZACIÓN DE PROBLEMAS, problem finding.
BUTACA, chair, seat.

—— DE AVIÓN, airplane seat.
—— GIRATORIA, revolving desk chair.
BUTIFARRA, sausage, ham sandwich.
BUZO, diver, sweater.
BUZÓN, letter box, letter drop, bin, bunker, chute.

—— DE CORREO, mailbox.
—— PARA SUGERENCIAS, suggestion box.
—— TUBULAR, mail chute.
BUZONERO, postman who collects from mailboxes.

C

CABAL, thorough.
CABALGAR, to ride.
CABALLAJE, horsepower.
CABALLERO, knight.
CABALLO, horse.
—— **DE CARGA,** pack horse.
—— **DE CARRERAS,** race horse.
—— **DE FUERZA o DE VAPOR,** horsepower.
—— **DE SILLA o DE MONTURA,** saddle horse.
—— **DE TIRO,** draft horse.
——, **MONTAR A,** to ride horseback.
CABALLO-HORA, horsepower-hour.
CABAÑA, hut, cabin, flock, herd.
CABE DUDA, NO, there is no doubt.
CABECEAR, to pitch (nautical).
CABECILLA, leader.
CABEZA, head, chief, leader.
—— **DE, A LA,** at the head of, directing.
—— **DE GANADO,** head of cattle.
—— **O JEFE DE DEPARTAMENTO,** department head.
CABIDA, capacity, space, contents.
—— **PARA CARGA,** cargo space.
CABILDEO, lobbying.
—— **DE POLITICASTROS PARA QUE APRUEBEN PROYECTOS DE LEY QUE LES INTERESAN,** logrolling.
CABILDO, municipal council, city hall, municipal corporation, meeting.
CABINA, elevator car, cabin of an airplane.
—— **DE ASCENSOR,** elevator car.
—— **DE VOTAR,** voting booth.
CABLE, cable, rope, line, cablegram.
—— **DE ALAMBRE o DE ACERO,** wire rope.
—— **DE ALTO VOLTAJE,** power line.
—— **DE CADENA,** chain cable.
—— **DE REMOLQUE,** hawser, towing line.
—— **TELEGRÁFICO,** telegraph cable.
—— **TRANSBORDADOR,** cableway.
CABLEGRAFIAR, to cable, send a cable.
CABLEGRÁFICO, cable, cablegram.
CABLEGRAMA, cablegram.
—— **CARTA,** cable letter.
—— **CIFRADO o EN CLAVE,** code message.
—— **DE AVISO,** cable advice.
—— **DIFERIDO,** deffered message.
—— **ORDINARIO o DE TARIFA COMPLETA,** full-rate message.
CABO, rope, strand, end.
—— **A RABO, DE,** from beginning to end.
——, **AL FIN Y AL,** in the long run.
—— **DE CUADRILLA,** assistant foreman, straw boss.
—— **DE MAR,** quartermaster.
—— **MANILA,** Manila rope.
—— **SUELTO,** loose end.
CABOS, ATAR, to put two and two together.

CABOTAJE o PILOTAJE, cabotage, pilotage, coastwise shipping.
—— **AÉREO,** coastwise trade by air.
—— **FLUVIAL,** trade between river ports.
—— **MAYOR,** long-distance coastwise trade.
—— **MENOR,** local coastwise trade.
CABRESTANTE, winch, crab, capstan.
—— **DE CADENA,** chain block.
—— **DE CAMIÓN,** truck winch.
—— **DE REMOLCAR,** towing winch.
CABRIA, wich, capstan, windlass, crane.
—— **DE AGUILÓN,** jib crane.
—— **DE MANO,** hand winch.
CÁBULA, trick, fraud, crooked scheme.
CABUYA, sisal or hemp, rope, hemp.
CACAHUAL, cocoa plantation.
CACAHUATERO, dealer in peanuts.
CACAO, cocoa.
—— **EN GRANO** cocoa beans.
CACAOTERO, cocoa planter, cocoa.
CACERÍA, hunting.
—— **CON ESCOPETA o TIROTEO,** shooting.
CACICAZGO, leadership, territory of a leader.
CACIQUE, leader, political boss.
CACHARRERÍA, crockery store.
CACHARROS, knickknacks, rubbish, earthenware.
CACHIVACHES, trash.
CADA, each, every.
—— **AÑO o UNA VEZ AL AÑO,** once a year.
—— **DÍA,** every day.
—— **DOS AÑOS,** biannually.
—— **DOS MESES,** bimonthly.
—— **UNO,** every one.
—— **VEZ QUE,** whenever.
CADENA, chain.
—— **DE ALMACENES,** chain of stores.
—— **DE COMUNICACIÓN,** communication chain.
—— **DE ESTABLECIMIENTOS DE HOSPEDAJE,** lodging chain.
—— **DE HOTELES,** hotels, chain, chain of hotels.
—— **DE MANDO,** chain of command.
—— **DE MANDO ESCALONADA,** scalar chain.
—— **DE MONTAJE,** assembly line.
—— **DE MOTELES,** motel chain.
—— **DE OBJETIVOS DE MEDIOS Y FINES,** means-ends chain of objectives.
—— **DE PERIÓDICOS o DIARIOS,** chain of newspapers.
—— **DE PRODUCCIÓN,** production line.
—— **DE PRODUCCIÓN CONTINUA,** assembly line, production line.
—— **DE RADIO o RED,** radio network.
—— **DE RESTAURANTES DE COMIDA RÁPIDA,** fast-food chain.
—— **DE SUPERMERCADOS o CADENA DE TIENDAS DE AUTOSERVICIO,** supermarket chain.
—— **DE TIENDAS,** chain of retail stores.
—— **DE TIENDAS CORPORATIVAS,** corporate chain.

—— DE TIENDAS DE ABARROTES o COMESTIBLES, grocery chain.
—— DE TIENDAS DE VENTAS AL MENUDEO, retail department store chain.
—— DE TIENDAS DE VÍVERES, food chain.
—— INTERNACIONAL, international network.
—— O RED DE TELEVISIÓN, television network.
—— PERPETUA, life imprisonment.
—— TRANSPORTADORA, chain conveyor.
CADENAS DE CONTRATO DE PRODUCTOS ALIMENTICIOS, contract food chains.
CADUCABLE, forfeitable.
CADUCADO, lapsed, expired.
CADUCAR, to lapse, to expire, to be outlawed.
CADUCIDAD, caducity, lapsing, expiration, forfeiture.
—— DE LA FIANZA, forfeiture of a bond.
—— DEL SEGURO, lapse of insurance.
CADUCO, worn-out, frail lapsed, expired.
CAER, to fall, to decrease, to fall due.
—— BIEN, to fit.
—— EN CAMA, to fall ill.
—— EN DECOMISO, to be forfeited.
—— EN DESUSO, to become obsoleto.
—— EN GRACIA o TENER EL APOYO DE, with the favor of.
—— EN OBSOLESCENCIA, obsolescence.
—— MUERTO, to drop dead.
CAERSE o VOLTEAR, to tumble, to crash.
—— AL MAR, to fall overboard.
CAFÉ (grano o bebida), coffee, coffee shop.
—— COMBINADO o MEZCLADO, blended coffee.
—— EN GRANO, coffee berries, green coffee.
—— EN PLAZA, spot coffee.
—— PARA ENTREGA FUTURA, coffee futures.
—— SOLUBLE o EN POLVO, soluble or instant coffee.
CAFETAL, coffee plantation.
CAFETERÍA, coffee shop, cafeteria.
—— DE LA COMPAÑÍA, company cafeteria.
CAFETERO, coffee planter or dealer.
CAÍDA, fall, drop, failure, colapse.
—— DE AVIÓN, airplane crash.
—— DEL PRECIO, fall in price.
—— EN EL MERCADO, slump in the market.
—— O QUIEBRA DE UNA CASA, bankruptcy or ruin of a concern.
CAJA, box, case, container, car body, safe.
—— ANÓNIMA DE AHORROS, joint-stock savings bank.
—— BLINDADA, armored truck body.
—— CHICA o PEQUEÑA o DE MENORES, petty cash, imprest cash, imprest fund.
—— CHICA PARA ANTICIPOS, imprest petty cash.
—— DE AHORROS, savings bank.
—— DE AMORTIZACIÓN, sinking fund.
—— DE ANUALIDAD, annuity fund.
—— DE ARCHIVO, filing case.
—— DE BOTIQUÍN, first-aid kit.
—— DE CARTÓN, pasteboard box.
—— DE CAUDALES o COFRE, strong box.
—— DE CAUDALES DE OFICINA, office safe.
—— DE COMPENSACIONES, equalization fund, clearing house.
—— DE CRÉDITO HIPOTECARIO, mortgage loan bank, bank for mortgage loans.
—— DE EMPAQUE o DE ENVASE, packing case.
—— DE EXPRESO o DE REPARTO, express body.
—— DE GARANTÍA, guarantee fund.
—— DE HERRAMIENTAS, toolbox, tool chest.
—— DE INCENDIO, fire hydrant.
—— DE JUBILACIONES o DE PENSIONES, pension fund.
—— DE MENUDO, patty cash.
—— DE MÚSICA, music box.
—— DE PAGO DE MERCANCÍAS DE UN MERCADO o UNA TIENDA, check-out counter.
—— DE RESARCIMIENTO, indemnity fund.
—— DE RESERVA PARA GASTOS DE ACCIDENTES, accident fund.
—— DE SEGURIDAD DEL BANCO, bank safety deposit box.
—— DE SEGURIDAD o COFRE DE PARED, wall safe.
—— DE SEGURIDAD o DE CUSTODIA, safe-deposit box.
—— DE SEGURO, insurance fund.
—— DE TRANSFERENCIA, transfer case.
—— DE VAGÓN, car body.
—— DE VOLTEO, dump body.
—— FUERTE, cash box.
—— FUERTE A PRUEBA DE INCENDIO, fireproof safe.
—— FUERTE CONTRA ROBO, burglarproof safe.
—— GENERAL, general cash.
—— MUTUA DE AHORROS, trustee savings bank, mutual savings bank.
—— O FONDO PARA EL DESEMPLEO, unemployment fund.
—— PANEL, panel body.
—— PARA DINERO, cashbox.
—— POSTAL DE AHORROS, postal savings bank.
—— REGISTRADORA o CONTADORA, cash register.
—— REGISTRADORA DE CONTABILIDAD, bookkeeping cash register.
—— Y BANCOS, cash and due from banks.
CAJERA o CONTADORA, woman cashier.
—— AUTOMÁTICA, automated teller machine.
CAJERO, cashier, cash keeper, teller.
—— ADJUNTO o AUXILIAR, assistant cashier.
—— AUTOMÁTICO, automated teller.
—— CONTADOR, head teller.
—— DE CAJA CHICA, petty cashier.
—— DE COBRANZAS, collection teller.
—— GENERAL, cash management officer.
—— MENOR, petty cashier.
—— PAGADOR, disbursing cashier, paying teller.
—— PAGADOR Y COBRADOR, paying and receiving teller, unit teller.
—— PRINCIPAL, head teller.
—— RECIBIDOR o COBRADOR, receiving teller, receiving cashier.
CAJETILLA DE CIGARROS, pack of cigarettes.

CAJISTA o TIPÓGRAFO, typesetter, compositor.
CAJÓN, packing case, box, chest, drawer.
—— ARCHIVADOR, file drawer.
—— DE CARRO, wagon body, car body.
—— DE ENVASE, packing case.
CAJONCILLO, pigeonhole.
CAJUELA, small box.
CALABAZA, pumpking, squash.
——, DAR, to give the cold shoulder to, to flunk, to jilt.
CALABAZAR, pumpking plantation.
CALADO, draft, depth.
—— EN PLENA CARGA, full-load draft.
—— MÁXIMO, extreme draft.
—— MEDIO, mean draft.
—— SIN CARGA, light draft.
CALAMIDAD, calamity, misfortune.
CALAR, to perforate, to draw, to wedge.
CALCA, copy.
—— HELIOGRÁFICA, blueprint.
CALCADO, tracing.
CALCAR, to trace, to copy.
CALCETA, stocking.
CALCETERÍA, hosiery, hosiery factory.
CALCETINES, socks, half hose.
CALCOMANÍA, transparency, decalcomania.
CALCULADOR, calculator, computer.
—— DIGITAL, digital computer.
—— ELECTRÓNICO, electronic computer.
—— O CALCULADORA ANALÓGICA, analog computer.
CALCULADORA, calculating machine, computer.
—— DE ESCRITORIO, desk calculator.
—— DE MESA, desk calculator.
—— IMPRESORA, printing calculator.
CALCULAR, to compute, to calculate, to figure, to design.
CÁLCULO, calculus, computation, calculation, estimate.
—— APROXIMADO, haphasare gueeswork.
—— DE DEPRECIACIÓN SOBRE VIDA COMPUESTA, composite life method depreciation.
—— DE LIQUIDEZ, bank's liquidity calculations.
—— DE PRECIOS, price extensions.
—— DE PROBABILIDADES, calculus of probabilities.
—— DE VARIACIONES, calculus of variations.
—— DEL COSTO, cost finding.
—— DEL INVENTARIO, inventory calculations.
—— DIFERENCIAL, differential calculus.
—— ERRÓNEO, miscalculation.
—— INTEGRAL, integral calculus.
—— MENTAL, mental calculation, mental addition.
CÁLCULOS, (factura), extensions.
—— ACTUARIALES, actuarial calculations.
—— DE DEPRECIACIÓN INCORRECTOS, erroneous depreciation calculation.
—— DE DESCUENTOS, discount calculations.
—— DE PRECIOS, price computations.
—— DE PROBABILIDADES, probability calculations.
—— DEL MUESTREO ESTADÍSTICO, statistical sampling calculations.
CALDERA, boiler.
—— DE VAPOR, steam boiler.
CALDERERO, boilermaker.
CALEFACCIÓN, heat, heating.
CALEFACTOR, heater, heating contractor.
CALENDARIO, calendar, list, schedule, agenda.
—— DE IMPUESTOS, tax calendar.
—— DE LABORES, agenda.
—— DE MESA, desk calendar.
CALENTADOR, heater.
—— DE AGUA, water heater.
CALENTAMIENTO, heating, calefaction, warming.
CALENTAR, to heat, to warm, to warm up.
CALENTARSE, to run hot, to heat up.
—— LA MAQUINARIA, run hot.
CALETA, cove small bay, organization of dock laborers.
CALIBRACIÓN, gaging, sizing, calibration.
CALIBRADOR, gauge.
—— DE ACEPTACIÓN Y RECHAZAMIENTO, go-and-not-go gauge.
—— DE ALAMBRE, CALIBRE o DIÁMETROS DE ALAMBRE, wire gauge.
—— DE ATRIBUTOS, attribute gauge.
—— VARIABLE, variable gauge.
CALIBRAR, to gage, to measure, to calibrate.
CALIBRE, gage, caliper, capacity, fitness.
CALIDAD o CLASE, quality, grade, class.
——, ALTA, DE, high-grade.
——, DE GRAN, high-class.
—— DE LOS PRODUCTOS, quality of products.
—— DEL AJUSTE, goodness of fit.
—— DEL PRODUCTO, product quality.
—— DEL SERVICIO, service quality.
—— DEL VENDEDOR, vendor's quality.
—— INFERIOR, discount grade.
—— MIGRATORIA DE UNA PERSONA, immigration status.
—— OFICIAL, oficial or contract grade.
—— PROMEDIO DEL PRODUCTO SURTIDO o DE SALIDA, average outgoing quality.
—— RESULTANTE u OBTENIDA, outgoing quality.
—— SUPERIOR, top quality, premium grade.
CÁLIDO, warm, calid.
CALIENTE o CALUROSO, hot, warm, calid, scalding.
CALIFICACIÓN, qualification, rating, evaluation, judgment, proof.
—— DEL TRABAJO, job evaluation.
—— POR MÉRITO, merit rating.
CALIFICADO o COMPETENTE, qualified, competent, authorized.
CALIFICADOR, qualificator.
CALIFICATIVO, qualified, conditional, attribute.
CALIGRAFÍA, calligraphy, handwriting.
CALÍGRAFO, scribe, calligrapher.
CALMA DE LOS NEGOCIOS, slack business.
CALOR o CORDIALIDAD o ENTUSIASMO, warmth, heat.

CALUMNIA o DIFAMACIÓN ORAL, slander.
CALUMNIAR o DIFAMAR, to slander.
CALUROSO, warm, hot.
CALZADA o CARRETERA, roadway, paved roadway.
—— DE UN SOLO SENTIDO, one-way street.
CALZADO, shoes, footwear.
CALLADO o RESERVADO, tight-lipped.
CALLAR O CALLARSE, to hold one's tongue.
CALLE o VÍA PÚBLICA, street.
—— DE COMERCIO MINORISTA, shopping street.
—— DE CUATRO VÍAS, four traffic lanes street.
—— DE DIRECCIÓN ÚNICA, one-way street.
—— DE DOS SENTIDOS, two-way street.
——DE UN SOLO SENTIDO, one-way street.
——PRINCIPAL, main street.
——SIN SALIDA, dead-end street.
CAMA, bed, bunk, berth, couch.
——ALTA, upper berth.
——BAJA, lower berth.
——DOBLE o GEMELA, twin beds.
——SOBRANTE, spare bed.
CÁMARA, chamber, room camera, legislation body, board, council.
——ALGODONERA, cotton board.
——CINEMATOGRÁFICA, motion-picture camera.
——COMERCIAL o DE COMERCIO, chamber of commerce.
——COMERCIAL DE COMPENSACIONES, commerce clearing house.
——COMPENSADORA o DE COMPENSACIONES, clearing house.
——DE ARBITRAJE, board of arbitration.
——DE ASEGURADORES, board of underwriters.
——DE CAFETALEROS, coffee growers' association.
——DE COMPENSACIONES LOCAL, local clearing house.
——DE INDUSTRIALES, trade board, manufacturers association.
——DE PROPIEDAD, real-estate board.
——FOTOGRÁFICA, camera.
——FRIGORÍFICA, deepfreeze, cold-storage vault.
——INDUSTRIAL o JUNTA PROFESIONAL, trade board.
——LENTA o VELOCIDAD REDUCIDA, slow motion.
——MUNICIPAL, city council.
——REFRIGERADORA, cold-storage vault, deep-freeze.
CAMARADA, fellow, pal.
CAMARERA o MESERA o CRIADA, waitress, stewardess.
CAMARERO o MESERO o SIRVIENTE, waiter.
CAMARILLA, clique, coterie, ring, combine, lobby.
——POLÍTICA, political machine.
CAMARÓGRAFO, cameraman, photographer.
CAMAROTE, stateroom, cabin.
CAMBALACHEAR, trade off, trader, barterer.
CAMBALECHERO, trader, barterer.
CAMBIADISCOS, record changer, diskchanger.
CAMBIADOR DE CALOR, heat exchanger.
CAMBIAR, to change, to convert, to negotiate, to exchange.

——CHEQUES, to cash checks.
——DE DOMICILIO, to move.
——DE PROPIETARIO o DE DUEÑO, to change hands.
——DE TREN, to change cars.
——DE VELOCIDAD UN AUTOMÓVIL, to shift gears.
——INVERSIONES o VENDER VALORES Y COMPRAR OTROS, to switch investments.
——UNA LETRA, to negotiate a bill.
CAMBIO, exchange, change, rate of exchange.
——A CORTO PLAZO, short exchange.
——A LA PAR, par of exchange.
——A LA PAR DE MONEDA, mint par of exchange.
——A TÉRMINO, foreign-exchange futures.
——A LA VISTA, check exchange, exchange at sight.
——CONTROLADO o DIRIGIDO, controlled exchange.
——CHICO, small change.
——, DE, A, in exchange for.
——DE CIERRE, closing rate of exchange.
——DE CONTRABANDO, black-market exchange.
——DE DIRECCIÓN o DE DOMICILIO, change of address.
——DE DIVISAS EXTRANJERAS, foreign exchange.
——DE ENTREGA, foreign-exchange futures.
——DE FAVOR, accommodation draft.
——DE LA DIVISA, rate of exchange.
——DE LÍMITES DE DISTRITOS EN LOS ESTADOS PARA UNIFORMARLOS RESPECTO A LOS RESIDENTES, reapportion.
——DE PERSONAL, labor turnover.
——DE PRECIOS, price change.
——DE RUTA o DE VIAJE, deviation, change of voyage.
——DE TRIBUNAL EN UN PLEITO, change of venue.
——DEL DÍA, spot exchange.
——DEL DÓLAR o EN DÓLARES dollar exchange.
——DIRIGIDO u OFICIAL, controlled rate of exchange.
——, EN, on the other hand, in exchange.
——EN EXISTENCIAS, change in stocks.
——EN LA TASA o TIPO DE INTERÉS, changing interest rate.
——EN LIBRA ESTERLINA, sterling exchange.
——EXTRANJERO, foreign exchange.
——INTERIOR o NACIONAL, domestic exchange.
——LIBRE, rate of exchange on free market.
——NEGRO o DE LA BOLSA NEGRA, exchange on the black market, bootleg exchange.
——TELEGRÁFICO, cable rate.
CAMBIOS
——A CUENTA o ENTREGAS DE ACTIVO FIJO A CAMBIO, trade-ins.
——ATMOSFÉRICOS, weather changes.
——CON EL TIEMPO o CAMBIOS CON EL TRANSCURSO DEL TIEMPO, changes over time.
——DE ENVOLTURA, packing changes.
——EN COMPOSICIÓN DE LA LÍNEA DE PRODUCTOS, product-line composition changes.
——EN EL DISEÑO DEL PRODUCTO, product design changes.

—— EN EL NIVEL DE PRECIOS, price-level changes.
—— EN EL PRODUCTO, product changes.
—— EN LOS IMPUESTOS, changes in taxes.
CAMBISTA, cambist, foreign-exchange trader, money changer.
CAMILLA O ESTIRADOR, stretcher, cot, bunk.
CAMINANTE o PASEANTE, walker, foot passenger, traveler.
CAMINO o CARRETERA o VÍA, road.
—— CARRETERO, wagon road, vehicle road.
—— DE DESVÍO, detour.
—— DE PEAJE, toll road.
—— DE UNA SOLA VÍA, single-lane road.
—— DE VÍA ÚNICA, one-way road.
—— DOS CALZADAS, two-lane highway.
——, EN, on the way, en route, in transit.
—— ESTATAL, state road.
——, IR POR BUEN, to be on the right track.
—— RECTO o DIRECTO, right way.
—— SUBTERRÁNEO, underpass.
—— TRONCAL, main road, highway.
—— VECINAL o DE SERVICIO o DE TRÁNSITO LOCAL, local road, subsidiary or service road.
CAMIÓN o CAMIÓN DE CARGA o AUTOCAMIÓN, truck.
—— AFIANZADO, bonded truck.
—— APILADOR, fork or lift truck.
—— BASCULANTE, dump truck.
—— BASURERO, garbage truck.
—— BLINDADO o ACORAZADO, armored truck.
—— BOMBA, fire engine.
—— CISTERNA, tank truck.
—— CON REMOLQUE, trailer truck.
—— CUBA o TANQUE, tank truck.
—— DE ARRASTRE, towing truck.
—— DE AUXILIO, service car.
—— DE CARGA, truck.
—— DE GRÚA, truck crane.
—— DE MUDANZAS, furniture or moving van.
—— DE PASAJEROS o DE PASAJE, bus, motor, coach, motorbus.
—— DE PLANCHA, flat truck.
—— DE REMOLQUE o DE ARRASTRE, towing truck.
—— DE REPARTO o CAMIONETA EXPRESO, pickup truck.
—— DE VOLTEO, dump truck.
—— ELEVADOR, lift truck.
—— FRIGORÍFICO, refrigerator truck.
—— LIGERO, light truck.
—— POSTAL o DE CORREO, mail truck.
—— REMOLCADOR, tow truck.
—— RAPARTIDOR o DE REPARTO, delivery or pickup truck.
—— REVOLVEDOR o MEZCLADOR DE CONCRETO, truck mixer.
—— TRACTOR, truck tractor.
CAMIÓN-RASTRA, truck trailer.
CAMIONES REPARTIDORES, delivery fleet.
CAMIONAZO, collision of public buses.
CAMIONERO o CONDUCTOR DE CAMIÓN, truck driver, truck man, bus operator.

CAMIONETA, light truck.
—— DE ESTACIÓN, station wagon.
—— GUAYÍN, light truck with seats for passengers.
—— PARA PASAJEROS, bus.
—— REPARTIDORA, delivery truck.
—— RURAL o VAGONETA o GUAYÍN, station wagon.
CAMISA, shirt, lagging, jacket.
—— DE AGUA (máquina de vapor), water jacket.
—— DE FUERZA, strait jacket.
CAMISERÍA, shirt factory, shirt store.
CAMISETA, undershirt.
CAMORRA, BUSCAR, to look for trouble.
CAMORRISTA o ALBOROTADOR, tough person.
CAMOTE o BONIATO, sweet potato.
CAMPAMENTO PARA COCHES DE REMOLQUES, trailer camp.
CAMPANILLA, alarm bell.
—— DE ALARMA, alarm bell.
—— DE LLAMADA, call bell.
CAMPAÑA, field work, campaign, drive.
—— DE LANZAMIENTO DE UN PRODUCTO AL MERCADO, introductory campaign.
—— DE OBTENCIÓN DE FONDOS, fund-raising campaign.
—— DE PROMOCIÓN, promotional campaign.
—— DE PRUEBA, test campaign.
—— DE PRUEBA DE MERCADO, test market campaign.
—— DE REDUCCIÓN DE COSTOS, cost-cutting campaign.
—— DE REELECCIÓN, reelection campaign.
—— DE SEGURIDAD, safety-first campaign.
—— DE VENTA, selling campaign.
—— DE VENTAS, sales drive.
—— EDUCATIVA, educational campaign.
—— PUBLICITARIA o DE PROPAGANDA o DE PUBLICIDAD, advertising campaign.
—— PUBLICITARIA NACIONAL DE TELEVISIÓN, national TV advertising campaign.
CAMPESINADO, farmers.
CAMPESINO, farmer, farm hand.
CAMPESINOS o GENTE DEL CAMPO, country people.
CAMPIÑA, country, landscape.
CAMPO, field (all senses), country, mining district.
—— AÉREO, airfield.
—— AURÍFERO, gold field.
—— CARBONÍFERO, coal field.
—— DE ATERRIZAJE o DE AVIACIÓN, landing field, airport.
—— DE GOLF, golf course.
—— DE VERANO o COLONIA JUVENIL VERANIEGA, summer camp.
—— FORESTAL, forest, woodland.
—— PETROLERO o PETROLÍFERO, oil field.
—— TURÍSTICO, tourist camp.
—— VECTORIAL, vector field.
CANAL, canal, channel, gullet, race.
—— DE APROBACIÓN DE PRÉSTAMO, loan approval channel.
—— DE COMUNICACIÓN BLOQUEADO, blocked communication channel.

—— DE DISTRIBUCIÓN, channel of distribution.
—— DE MAREAS, tideway.
—— DE RADIODIFUSIÓN, broadcasting channel.
—— DE RIEGO, irrigation canal.
—— DE SERVICIO, service channel.
—— DE TELEVISIÓN, television channel.
—— DE VENTAS, marketing outlet.
—— DE VIDEO, video channel.
—— DIVIDIDO, split channel.
—— MAESTRO o TRONCAL, main channel.
—— MARÍTIMO, ship canal.
—— NO OFICIAL, unofficial channel.
—— PARA LANCHONES, barge canal.
CANALES
—— ALTERNATIVOS DE MERCADOTECNIA, alternative marketing channels.
—— DE DISTRIBUCIÓN o COMERCIALIZACIÓN, marketing channels.
—— DE INVERSIÓN o DE TÍTULOS RENTABLES, investment channels.
—— DE VENTAS AL POR MAYOR o CANALES MAYORISTAS, wholesale channels.
—— O MEDIOS DE DISTRIBUCIÓN, distribution channels.
CANALETA, chute, spout, gutter.
—— DE CARGA, loading chute.
—— DE DESCARGA, dumping chute.
CANALIZACIÓN canalization, channeling, piping.
—— DEL TRÁNSITO, routing of traffic.
CANASTA, basket, hamper.
—— PARA DESPERDICIOS, wastebasket.
CANCEL, partition.
CANCELACIÓN, cancellation, annulment, liquidation, reversal entry, write-off.
—— CONTRA SUPERÁVIT, chargeoff.
—— DE DEUDA, forgiveness of a debt.
—— DE HIPOTECA, mortgage, cancellation.
—— DE PÓLIZA, policy cancellation.
—— DE UN AUMENTO DE PRECIO ESTABLECIDO, markup cancellation.
—— DE UNA REDUCCIÓN DE PRECIO ESTABLECIDO, markdown cancellation.
—— DEL ACTIVO FIJO, disposal of fixed assets.
CANCELADO, canceled.
—— EN LOS LIBROS, written off.
CANCELAR o ANULAR, to cancel, to annul, to countermand, to liquidate, to pay.
—— EL CHEQUE, to cancel the check.
—— EL CONTRATO, to cancel or annul the contract.
—— EL PEDIDO, to cancel the order.
—— LA AFILIACIÓN o DARSE DE BAJA, withdraw from membership.
—— LA DEUDA, wipe out a debt.
—— LA FACTURA, to pay the bill.
—— UN GIRO, to honor or pay a draft.
—— UNA DEUDA MALA, to write off a bad debt.
—— UNA FACTURA, to settle a bill.
—— UNA HIPOTECA, to pay off a mortgage.
—— UNA RECLAMACIÓN, to settle a claim.

CANCELERÍA, partitioning.
CANCILLER, minister of foreign affairs.
CANCILLERÍA, ministry of foreign affairs.
CANCIÓN o CANTO, song.
CANCHA, yard, level, tract of land.
——, ABRIR, to make way.
—— DE ATERRIZAJE, landing field, airfield.
—— DE TENIS, tennis court.
CANDADO, padlock.
CANDIDATA, woman candidate.
CANDIDATO, candidate, applicant.
—— A CARGO POLÍTICO, political candidate.
CANGILÓN, bucket.
CANGREJO, crab.
CANJE, exchange, conversion, clearing check, switch.
CANJEAR, to exchange, to convert, to clear, to switch.
CANOA, barge, lighter.
CANON, list, rate, royalty, rule.
—— DE AGUA, water rate.
—— DE PRODUCCIÓN, royalty.
CANONES A PAGAR o REGALÍAS A PAGAR, royalties payable.
CANOSO, gray headed.
CANSADO O FATIGADO, tired.
CANSANCIO, weariness, fatigue, lassitude.
CANSAR o CANSARSE, to tire.
CANSARSE, to get tired.
CANTAR DE PLANO, to make a full confession.
CÁNTAROS, LLOVER A, to rain cats and dogs.
CANTERA, quarry.
—— DE ARENA, sand pit.
CANTIDAD, quantity, amount, sum.
—— ACUMULATIVA, cumulative quantity.
—— ALZADA o GLOBAL, lump sum.
—— DE DINERO, sum of money.
—— ECONÓMICA DE PEDIDO, economic order quantity.
—— EN RIESGO, amount at risk.
—— EN SERIE ESTÁNDAR, standard-run quantity.
—— ESCALAR, scalar quantity.
—— FÍSICA, physical quantity.
—— INSUFICIENTE, underrun.
—— NEGATIVA, minus quantity.
—— NORMAL DE MATERIAL AVERIADO, normal spoilage.
—— PROMEDIO, average amount.
—— SIGNIFICATIVA, significant amount.
—— TOTAL, gross amount.
—— VECTORIAL, vector quantity.
—— VENCIDA, amount due.
CANTIDADES
—— IDÉNTICAS, identical quantities.
—— VIGENTES, amounts outstanding.
CANTINA o BAR o LICORERÍA, saloon, bar, canteen.
CANTINERO, bartender, saloonkeeper.
CAÑA, cane, sugar cane.
—— DE AZÚCAR, sugar cane.

—— DE COLONOS, cane purchased by the mill.
CAÑAMAZO, burlap, canvas.
CAÑAVERAL o FINCA AZUCARERA, sugar plantation.
CAÑERÍA, piping, pipe, conduit, pipework.
—— CONDUCTORA, line pipe.
—— DE ENTUBACIÓN, casing pipe.
—— DE FUNDICIÓN, cast-iron pipe.
—— O TUBERÍA DE AGUA, water pipe.
—— SIN COSTURA, seamless tubbing.
CAÑERO, pipeman, plumber, sugar planter.
CAÑO, pipe, conduit, waterway.
—— COLECTOR, main sewer.
CAÑÓN, tube, pipe, cannon.
—— DE ASCENSOR, elevator shaft.
—— DE ESCALERA, stair well.
—— DE VENTILACIÓN, air shaft.
CAÑONEO, gunfire.
CAPA, layer, coat, cover, wrapper.
CAPACIDAD, capability, capacity, ability, fitness, competency.
—— ADICIONAL DE PROCESAMIENTO DE LA FÁBRICA o PLANTA, additional plant capacity.
—— ADMINISTRATIVA o DIRECTIVA, managerial ability, executive ability, execution ability.
—— CIVIL, legal qualification.
—— COMERCIAL, commercial standing.
—— COMPETIDORA, competitive position.
—— CREDITICIA, borrowing power, lending capacity.
—— DE ALMACENAJE o DE ALMACENAMIENTO, storage capacity.
—— DE CARGA, dead-weight capacity.
—— DE COMPRA o ADQUISITIVA, purchasing power.
—— DE CRÉDITO, credit appraisal.
—— DE GANANCIA DE INGRESOS, earning capacity.
—— DE LEVANTAMIENTO, lifting capacity.
—— DE PAGO, ability to pay.
—— DE PAGO A CORTO PLAZO, short-term solvency.
—— DE PAGO A LARGO PLAZO, long-term solvency.
—— DE PERCEPCIÓN, perceptual ability.
—— DE PRODUCCIÓN, production capacity.
—— DE PRODUCCIÓN DE LA PLANTA, plant capacity.
—— DE SERVICIO, service capacity.
—— ESTABLECIDA o NOMINAL, rated capacity.
—— FIDUCIARIA, fiduciary capacity.
—— FINANCIERA, ability to pay, financial standing.
—— FINANCIERA BANCARIA, bank's financial strengths.
—— LEGAL, legal standing, legal capacity.
—— LUCRATIVA o DE GANANCIA, earning power.
—— MENTAL, mental ability.
—— NO UTILIZADA, idle capacity.
—— NORMAL o ASIGNADA, rated capacity.
—— OCIOSA, idle capacity.
—— OPERATIVA o DE OPERACIÓN, operating capacity.
—— PARA OTORGAR TESTAMENTOS, testamentary capacity.
—— PERSONAL o IDONEIDAD, personal qualifications.
—— PLENA, full authority.
—— PRÁCTICA, practical capacity.

—— PRESTATARIA, lending capacity.
—— PRODUCTIVA, earning power, productive capacity.
—— TÉCNICA, technological skills.
—— TRIBUTARIA, tax-paying ability.
CAPACITACIÓN, preparing qualifying, training.
—— ADMINISTRATIVA, management training.
—— DE GERENTES, management development.
—— DE PERSONAL o ENTRENAMIENTO DE PERSONAL, training people, personnel training.
—— DE PERSONAL DIRECTIVO o DE ADMINISTRACIÓN, staff training.
—— DE TÉCNICOS, training of technicians.
—— DEL DIRECTOR, training of director.
—— DEL PERSONAL DE VENTAS, sales force training.
—— DEL TRABAJADOR, breaking in a workman.
—— EN EL PROPIO TRABAJO, on-the-job training.
—— PROFESIONAL, occupational training.
—— SISTEMÁTICA o ENTRENAMIENTO SISTEMÁTICO, systematic training.
—— TÉCNICA, technical training.
CAPACITADO o BIEN DOTADO, competent, capable, well-equipped.
CAPACITAR, to enable, to commission, to qualify, to prepare.
CAPATAZ o EL QUE ASIGNA TAREAS, foreman, boss, taskmaster.
—— DE ALMACÉN, warehouse foreman.
—— DE BRIGADA, gang boss.
—— DE CUADRILLA, crew foreman, squad boss, section foreman.
—— DE ESTIBADORES, ship superintendent.
—— DE MUELLE, dockmaster, wharfmaster.
—— DE PATIO, yard foreman.
—— DE SUMINISTROS o DE EXISTENCIAS, stock foreman.
—— DE TALLER, shop foreman.
—— DE VÍA, track foreman.
—— GENERAL, general foreman, walking boss.
—— O JEFE DE TURNO, shift boss.
—— QUE HACE TRABAJO MANUAL, working foreman.
CAPAZ, competent, able, capable.
—— PARA, qualified for.
—— PARA SERVICIO, fit for duty.
CAPIROTE, TONTO DE, dunce, fool.
CAPITAL, capital city, (money) capital, principal.
—— ACCIONARIO, capital stock.
—— ACTIVO o DISPONIBLE, active capital, capital assets.
—— AMORTIZABLE, callable capital.
—— AMORTIZABLE NO REQUERIDO o NO EXHIBIDO, uncalled capital.
—— AMORTIZABLE SEGÚN NOTIFICACIÓN EFECTUADA, call-up capital.
—— APORTADO, contributed capital.
—— APORTADO POR EL INVERSIONISTA, investor capital.
—— APORTADO POR LOS CAUSANTES, taxpayer generated capital.
—— AUTORIZADO o ACREDITADO, authorized capital.
—— AVENTURADO o DE RIESGO, risk capital.

—— BANCARIO, bank capital.
—— BANCARIO ASEGURADO o GARANTIZADO, bank insured capital.
—— BIEN GARANTIZADO, security capital.
—— CIRCULANTE o EN CIRCULACIÓN, floating or circulating capital.
—— COMPUTABLE, taxable capital.
—— CONTABLE, common equity, net worth, shareowners' equity.
—— CONTABLE A LARGO PLAZO, long-term equity capital.
—— CONTABLE DE SOCIEDADES ANÓNIMAS, corporate net worth.
—— CONTABLE o DE LOS SOCIOS, partners' equity.
—— CONVERTIBLE o CANJEABLE, convertible capital.
—— CUBIERTO o DESEMBOLSADO o PAGADO, full-paid shares, paid-up capital.
—— DE ADEUDO, debit capital.
—— DE DEFUNCIÓN, death benefit.
—— DE ENTRADA, original capital.
—— DE ESPECULACIÓN o CAPITAL INVERTIDO EN NEGOCIO ARRIESGADO, venture capital.
—— DE ESTABLECIMIENTO o DE INVESTIGACIÓN, fixed capital.
—— DE EXPLOTACIÓN o DE TRABAJO, working capital.
—— DE EXPLOTACIÓN NETO, net working capital.
—— DE INVERSIÓN, investment capital, invested capital, fixed capital.
—— DE NEGOCIOS INDIVIDUALES, proprietorship capital.
—— DE OBLIGACIONES SIN GARANTÍA HIPOTECARIA, debenture capital.
—— DE OPERACIÓN o EN GIRO, operating capital.
—— DE PRODUCCIÓN, producer capital.
—— DE REVALUACIÓN, revaluation capital.
—— DE SOCIEDAD ANÓNIMA, corporate capital.
—— DE TRABAJO COMPROMETIDO, committed working capital.
—— DE TRABAJO INTERNACIONAL, international working capital.
—— DE TRABAJO NETO, net working capital.
—— DE TRABAJO NORMAL, regular working capital.
—— DE TRABAJO VARIABLE, variable working capital.
—— DÉBIL o INSEGURO, weak capital.
—— DECLARADO o ESCRITURADO o TESTIFICADO, declared or stated capital.
—— DEL INVERSIONISTA, investor capital.
—— DEPARTAMENTAL, departmental capital.
—— E INTERESES, principal and interest.
—— ECONÓMICO, financial strength.
—— EMITIDO, issued capital.
—— EMPLEADO, invested capital.
—— EN ACCIONES, share capital, capital stock.
—— EN ACCIONES COMUNES o ACCIONES ORDINARIAS, common equity capital.
—— EN ACCIONES PENDIENTES DE EXHIBIR, assessable capital stock.
—— EN CIRCULACIÓN o EN GIRO o FLOTANTE, floating or circulating capital.

—— EN EXCESO DEL VALOR A LA PAR, capital in excess of par.
—— EN GIRO o ACTIVO CIRCULANTE o CAPITAL DE OPERACIÓN, working capital.
—— EN PODER DE LOS ACCIONISTAS, outstanding capital.
—— EN SOCIEDAD MERCANTIL, capital in partnership.
—— ESTÁTICO, fixed capital.
—— FIJO o INMOVIBLE, equity capital, fixed capital.
—— FISCAL, net worth.
—— FÍSICO, capital assets.
—— FUERTE o SÓLIDO, strong capital.
—— GANADO o PERCIBIDO, earned capital.
—— IMPRODUCTIVO, idle or unproductive capital, dead stock.
—— INACTIVO o POR INVERTIR, idle or unproductive capital.
—— INFLADO o DILUIDO, watered capital.
—— INICIAL o DE ENTRADA, initial capital.
—— INICIAL INVERTIDO, initial invested capital.
—— INMOVILIZADO, fixed capital.
—— INTANGIBLE, goodwill, fixed capital.
—— INVERTIDO invested capital.
—— INVERTIDO POR UN BANCO, bank investment.
—— LEGAL, legal capital.
—— LIBRE, floating capital.
—— LÍQUIDO o NETO, net worth.
—— LÍQUIDO o NETO TANGIBLE, tangible net worth.
—— MOBILIARIO, investments.
—— MORAL, goodwill.
—— MOVIBLE o MÓVIL, personal property.
—— NETO, net capital.
—— NETO TANGIBLE o ACTIVO NETO TANGIBLE, tangible net worth.
—— NO EMITIDO, unissued capital stock.
—— NO EXHIBIDO, stock not fully paid for.
—— NOMINAL, nominal capital.
—— O PRINCIPAL (de una herencia, fondo o fideicomiso), corpus.
—— OCIOSO, idle or unproductive capital.
—— OPERATIVO, working capital.
—— ORIGINAL, original capital.
—— PAGADO o INTEGRADO, paid-in capital.
—— PAGADO ADICIONAL, additional paid-in capital.
—— PARA GASTOS GENERALES SOCIALES, social overhead capital.
—— PASIVO, liabilities, capital liabilities.
—— PERMANENTE, pure capital.
—— PRESTADO, borrowed or creditor capital.
—— PRIMARIO, primary capital.
—— PRINCIPAL DEL PRÉSTAMO, loan principal.
—— PROPIO, equity capital.
—— PROPIO DE ASOCIACIONES, partnership capital.
—— REALIZADO, paid-up capital.
—— SECUNDARIO o DE SEGUNDO ORDEN, secondary capital.
—— SOCIAL, joint capital, capital stock, capital of a partnership.
—— SOCIAL AL PORTADOR, bearer capital stock.

—— SOCIAL COMÚN, common stock.
—— SOCIAL COMÚN SUSCRITO, common stock subscribed.
—— SOCIAL DECLARADO, authorized capital stock.
—— SOCIAL DONADO, donated capital stock.
—— SOCIAL GRAVABLE, assessable capital stock.
—— SOCIAL REDIMIDO, amortized or redeemed capital stock.
—— SOCIAL TOTALMENTE-PAGADO, full-paid capital stock.
—— SOCIAL VIGENTE, capital stock outstanding.
—— SUPERIOR o CAPITAL PREFERENCIAL, senior capital.
—— SUSCRITO o SUBSCRITO, subscribed capital.
—— TANGIBLE, tangible assets.
—— Y SOBRANTES, capital and surplus.
CAPITALES DE LOS SOCIOS, partners' capitals.
CAPITALINO, of the capital city.
CAPITALISMO, capitalism.
—— DE COMPETENCIA, competitive capitalism.
—— DE ESTADO, state capitalism.
—— DE LIBRE EMPRESA, free-enterprise capitalism.
CAPITALISTA, capitalist, investor, capitalistic.
CAPITALIZABLE, compoundable, convertible, capitalizable.
—— SEMESTRALMENTE, compounded semiannually.
CAPITALIZACIÓN, capitalization, conversion, compounding.
—— DE ACTIVOS, capitalization of assets.
—— DE ARRENDAMIENTOS, capitalization of leases.
—— DEL BANCO, bank's capitalization.
—— DE INTERESES, compounding of interest.
CAPITALIZADO, provided with capital.
—— ANUALMENTE, compounded annually.
—— POR TRIMESTRES, compounded quarterly.
CAPITALIZAR, to capitalize, to invest, to convert, to compound.
CAPITÁN, captain, shipmaster, foreman.
—— DE CUADRILLA, crew foreman.
—— DE EMPRESAS, business or industrial leader.
—— DE INDUSTRIA, captain of industry.
—— DE PATIO, yard foreman.
—— DE PUERTO, port captain.
—— DEL PUERTO, port warden, port captain, harbor master.
CAPITANEAR, to lead, to direct, to be the head.
CAPITANÍA DEL PUERTO, office of the harbor master or captain of the port.
CAPITOLIO, state house.
CAPITULAR, to make an agreement, to accuse, to impeach.
CAPÍTULO, chapter of a book, item, heading.
—— PRESUPUESTAL, item of the budget.
CAPOTE, coat, cloak.
CAPRICHO, caprice, whim, fancy, mood.
CAPRICHOSO, moody.
CÁPSULA, bottle cap, capsule, cotton boll.
—— FULMINANTE o DETONANTE, blasting cap, exploder.

CAPTURA, capture.
—— Y APREHENSIÓN, capture and seizure.
CARA, face.
—— DESCONOCIDA, strange face.
—— o CRUZ, heads or tails.
—— o FRENTE DE LA PÓLIZA, face of the policy.
—— o FRENTE DEL DOCUMENTO, face of a document.
—— POR ALGUIEN, SACAR LA, to take someone's part.
—— REMOZADA, young face.
—— SERIA, straight face.
CARÁCTER, character, stroke.
CARACTERES, characters or types.
—— DE TINTA MAGNÉTICA, magnetic ink characters.
—— O TIPOS DE IMPRENTA, printing types.
CARACTERÍSTICA, feature.
—— DE UN LOGARITMO, characteristic of a logarithm.
CARACTERÍSTICAS DEL PRODUCTO, product features.
CARÁTULA, cover of a magazine, title page, dial.
—— DEL FRENTE, front cover.
—— DEL REVERSO, back cover.
—— INTERIOR, second or third cover.
CARBÓN, coal, charcoal, carbon.
—— BITUMINOSO, bituminous coal.
—— DE FRAGUA o DE FORJA, blacksmith coal.
—— DE LAS CARBONERAS, bunker coal.
—— MINERAL o DE PIEDRA, coal.
—— VEGETAL o DE LEÑA, charcoal.
CARBONERA, coal mine, coaling station, bunker.
CARBONERÍA, coalyard, coal mine.
CARBONÍFERO, coal-bearing, coal-carrying.
CARCACHA, jalopy.
CARCAJADA, SOLTAR LA, to burst out laughing.
CÁRCEL, jail.
CARDADURA, wool combing.
CARDAR, to card (wool).
CARECER DE, to lack, be shorst of or out of.
—— DE AUTORIDAD, to be without authority.
—— DE EMPLEO, to be out of a job.
—— DE OPERARIOS, to be shorthanded.
CARENA o CARENAJE DE BARCOS, ship repair.
CARENAJE, ship repair, dry-docking.
CARENAR, to repair, to dock for repairs.
CARENCIA, scarcity, waiting period.
—— DE FONDOS, need of funds.
—— DE TRABAJO, shortage of work.
—— ECONÓMICA economic scarcity.
—— O FALTA DE DINERO, want of cash.
CARENTE, lacking, scarce.
—— DE, short of, out of.
CAREO, confrontation, comparison.
CARERO, seller at high prices.
CARESTÍA, scarcity, high price, dearness.
—— DE LA VIDA, high cost of living.
—— DE VIVIENDAS, housing shortage.
CARETA, mask.
CARGA, load, loading, freight, cargo, lading.
——, A, on the berth.
—— A GRANEL o VOLUMINOSA, bulk cargo.

—— AÉREA, clipper cargo, air freight.
—— BAJO CUBIERTA, underdeck cargo.
—— BRUTA, dead-weight tonnage.
—— COMERCIAL o PAGADA, pay load.
—— COMPLETA o PLENA, full load.
—— CONSOLIDADA o COMBINADA, consolidated shipment.
—— DAÑADA, bad-order freight.
—— DE ALTURA o DE ULTRAMAR, overseas freight.
—— DE CAMIÓN o FURGONADA, truckload.
—— DE CARRO, carload, wagonload.
—— DE ENSAYO o DE PRUEBA, test load.
—— DE ENTRADA, inbound freight, incoming freight.
—— DE FAMILIA, charge for dependents.
—— DE IDA o DE SALIDA, outgoing or outbound freight.
—— DE IMPORTACIÓN, import duty.
—— DE LA PRUEBA, burden of proof.
—— DE LOS IMPUESTOS, tax burden.
—— DE PETRÓLEO COMBUSTIBLE, oil bunkering.
—— DE SALIDA, outgoing freight.
—— DE SEGURIDAD, safe load.
—— DE SERVICIO, working load.
—— DE TRABAJO o VOLUMEN DE TRABAJO, work load.
—— DE VAGÓN, carload, carload freight.
—— DE VOLUMEN, bulk cargo.
—— ENTRANTE o DE ENTRADA, inbound or incoming freight.
—— FABRIL, cost of manufacture, factory bundle.
—— HIDRÁULICA, head of water.
—— LIGERA, light load.
—— LÍMITE, limit load.
—— LÍMITE o ADMISIBLE, safe load.
—— LÍMITE o MÁXIMA, maximum load.
—— LÍQUIDA, liquid cargo.
—— LISTA PARA EMBARQUE, spot cargo.
—— MARÍTIMA, cargo, ocean freight.
—— MÁXIMA, load limit, capacity.
—— MIXTA o GENERAL, mixed cargo, general cargo.
—— MUERTA, dead load.
—— NETA, cargo dead-weight tonnage.
—— NO IDENTIFICADA, unidentifiable cargo.
—— NO PAGADA, nonrevenue cargo.
—— O DEMANDA MÁXIMA, peak load.
—— PAGADA, revenue cargo, revenue freight.
—— PAGADA POR PESO, weight cargo.
—— POR AVIÓN, air cargo.
—— POR LOTES, package freight.
—— RECHAZADA o SIN RECLAMAR, unclaimed cargo.
—— REFRIGERADA, refrigerated cargo.
—— SOBRE CUBIERTA, deck load, deck cargo.
—— SUBSTITUIDA, substituted cargo.
—— TASADA POR VOLUMEN o CUBICACIÓN, measurement cargo.
—— TERRESTRE, inland freight.
—— TRANSPORTADA A CORTA DISTANCIA, local freight.
—— TRIBUTARIA o IMPOSITIVA, tax burden.
—— UNITARIA, unit load.
—— ÚTIL, useful load.
—— VIVA, live load.
——, VOLVER A LA, to insist again and again.
CARGADERO, loading platform, freight station, berth.
—— DE CARBÓN, dock wharf.
CARGADO, loaded, laden, charged.
—— A GRANEL, laden in bulk.
—— EN CARRO o EN VAGÓN, loaded on cars, F.O.B. cars.
CARGADOR, loader, stoker, shipper, freighter, carrier, porter.
—— DE ACUMULADORES o DE BATERÍAS, battery charger.
—— DE BARRILES, barrel loader.
—— DE MUELLE, stevedore, longshoreman.
—— DE VAGONES, car loader.
—— PORTÁTIL, wagon loader.
CARGADORA, any loading or stocking apparatus.
—— DE HORQUILLA, fork truck.
—— DE TRONCOS, logger.
CARGAMENTO, cargo, load, loading shipment.
—— AÉREO, aircraft shipment.
—— COMPLETO, full load or cargo.
—— DE ENTRADA, inward cargo.
—— DE IDA, outward cargo.
—— DE RETORNO, homeward cargo.
—— DE TRÁNSITO, in-transit shipment.
—— O EMBARQUE POR FERROCARRIL, shipment by rail.
—— SOBRE CUBIERTA, deck load, on deck stowage.
CARGAR, to charge, to load, to lade, to stroke.
—— CON EXCESO, to overload, to overcharge.
—— CON LA PÉRDIDA, bear the loss.
—— DE MENOS, to undercharge.
—— EN CUENTA, to charge, to debit.
CARGO, commission, duty, position, charge, debit.
—— A CUENTAS POR COBRAR, accounts payable debit.
—— A EFECTIVO, debit cash.
—— A GASTO POR INTERESES, debit interest expense.
—— A INVERSIONES EN BONOS, debit bond investment.
——, A NUESTRO, drawn on us, for our account.
—— A PRIMA EN BONOS, debit bond premium.
—— A SEGUROS PAGADOS, debit insurance expense.
—— A SUELDOS POR PAGAR, debit salaries payable.
—— A VARIOS, sundry debit.
—— ADICIONAL, additional debit.
—— ADMINISTRATIVO o EJECUTIVO, managerial job, executive position.
—— AL SUPERÁVIT, surplus charge.
—— COMPLEMENTARIO, complementary debit.
—— CONSTANTE o FIJO, standing charge.
—— CONTINGENTE, contingent charge.
—— DE, A, in care of, drawn on, charged to, in care of.
—— DE ASISTENCIA, attendance fees.

—— DE CONCIENCIA, sense of guilt.
—— DE CONFIANZA, trust, office of a trustee, confidential position.
—— DE CONTADOR, accountancy.
—— DE ESCRITORIO, office job.
—— DE GASTOS A CUENTA DE CAPITAL, capitalization of expenses.
—— DE, HACERSE, to take charge of.
—— DE LA PRUEBA, burden of proof.
—— DE LIQUIDACIÓN, surrender charge.
—— DE RESCATE, surrender charge.
—— DEL BANCO, bank charge.
—— DEL PERIODO, period charge.
—— DIFERIDO, deferred credit.
—— DIRECTO, direct charge-off.
—— EN LA CUENTA DE ACTIVO FIJO, capital charge.
—— EXCESIVO, overcharge.
—— FIDUCIARIO, trusteeship.
—— INFORMATIVO, informational role.
—— NO RECURRENTE o ACCIDENTAL, nonrecurring charge.
—— O ADEUDO POR ESPACIO, space charge.
—— O GASTO POR INFORMACIÓN, report charge.
—— O PUESTO DE RESPONSABILIDAD, responsible post.
—— POR ACTUALIZACIÓN DE LA DEPRECIACIÓN, catch-up depreciation charge.
—— POR ALMACENAJE o DERECHOS DE ALMACENAJE o DE DEPÓSITO, storage charges.
—— POR COBRO, collection charge.
—— POR COMPRA o POR ADQUISICIÓN, depreciation charge.
—— POR DEPRECIACIÓN, depreciation charge.
—— POR GASTOS GENERALES Y UTILIDAD, markon.
—— POR LIQUIDACIÓN o COBRO DE RESCATE, surrender charge.
—— POR MANEJO DE DEPÓSITO, deposit service charges.
—— POR SERVICIO, service charge.
—— POR SERVICIO BANCARIO, bank service charge.
—— RENTADO o RETRIBUIDO, salaried position.
—— SOBRE ANTICIPO DE PRÉSTAMOS, loan prepayment charges.
—— SOBRE PRÉSTAMO, loan fee.
—— VENCIDO, commission due.
—— Y CRÉDITO, debit and credit.
CARGOS
—— APLAZADOS, deferred debit.
—— BANCARIOS, banking charges.
—— DE CUSTODIA, custodian fee.
—— DE DEPRECIACIÓN, depreciation expense.
—— DE PISO, storage charges, dock charges.
—— DE TIPO CRIMINAL, criminal charges.
—— DIFERIDOS, deferred charges, prepaid expense.
—— DIFERIDOS AMORTIZADOS, deferred expenses charged off.
—— DIRECTOS, direct charges or direct expense.
—— EQUIVOCADOS o ERRÓNEOS, erroneous charges.

—— EXTRAORDINARIOS o NO RECURRENTES, extraordinary or nonrecurring charges.
—— FIJOS, fixed charges.
—— MENSUALES, monthly charges.
—— MENSUALES POR RENTA, monthly rental charges.
—— NO AJUSTADOS, unadjusted debits.
—— POR FLETE Y ACARREO, freight and hauling charges.
—— POR HABITACIÓN, room charges.
—— POR MANEJO DE CRÉDITO, carrying charges.
—— POR OBSOLESCENCIA DE INVENTARIO, inventory obsolescence charges.
—— REALES, actual charges.
—— SOBRE PRÉSTAMOS AL CONSUMIDOR, consumer loan charges.
CARGUERO, cargo boat, carrier, poster, beast of burden.
—— AÉREO, cargo plane.
—— DE LÍNEA, cargo liner.
—— DE VAPOR, freight steamer.
CARICATURA, cartoon, caricature.
CARICATURISTA, cartoonist.
CARNE, meat.
—— ASADA, roast beef.
—— CONGELADA, frozen meat.
—— DE AVE VIVA, live poultry.
—— DE BOVINOS, beef.
—— DE CARNERO, mutton.
—— DE CERDO ASADA, roast pork.
—— DE RES o DE VACA, beef.
—— DE TERNERA, beal.
—— DE VACA EN SALMUERA, corned beef.
—— EN CONSERVA o ENLATADA, canned meat or potted meat.
—— ENFRIADA o REFRIGERADA, chilled meat.
—— FRESCA, fresh meat.
—— O PRODUCTO MARINO, sea food.
—— OVINA, mutton.
—— PORCINA o DE CERDO, pork.
——, SER UÑA Y, to be intimate friends.
—— VACUNA o DE RES, beef.
CARNET, booklet, small cover, identity card.
—— DE AFILIACIÓN, membership card.
—— DE CONDUCTOR o DE MANEJO, driver's license.
—— DE PASO, pass.
—— PROFESIONAL, license card.
—— SANITARIO, health certificate.
CARNICERÍA, meat market, butcher shop, slaughter house.
CARNICERO, butcher.
CARO, dear, costly, expensive, high-priced.
CARPA, tent, tarpaulin.
CARPETA, folder, portfolio, file papers.
—— ARCHIVO, file folder.
—— DE ACORDEÓN, accordion file.
—— DE ARGOLLAS, ring binder.
—— DE ESPIGA, post binder.
—— DE TIRAS DE CUERO, thong binder.
—— PARA REGISTROS VISIBLES, visibles binder.

CARPETAZO, DAR, to lay on the table, to pigeonhole.
CARPINTERÍA, carpentry, carpenter shop.
—— DE OBRA EN CONSTRUCCIÓN, structural carpentry.
—— DE TALLER, shop carpentry, millwork.
—— MACÁNICA, mill, carpenter shop.
—— NAVAL, ship carpentry.
CARPINTERO o EBANISTA, woodworker.
—— DE BANCO, shop carpenter.
—— DE RIBERA o DE BUQUE, shipwright.
——, MAESTRO, foreman or master carpenter.
CARRERA, career, profession, course of study, highway.
—— AL ATERRIZAR, landing run.
—— COMERCIAL, business career.
—— DE AUTOS, races.
—— DE CABALLOS, horse race.
—— DE DERBY DE AUTOS EN INGLATERRA, Derby races.
—— PROFESIONAL, functional career.
—— TÉCNICA o VOCACIONAL, technical career.
CARRETA, cart wagon.
—— DE CAÑA, cane wagon.
—— DE REMOLQUE, trailer.
CARRETADA o CARRETONADA, wagonload.
CARRETE o BOBINA o TAMBOR, reel, spool.
—— DE CINTA, reel of tape.
—— DE LA CINTA, ribbon spool.
CARRETEL, spool, reel, winch head.
CARRETERA, highway, road.
—— CAMPESTRE, country road.
—— DE ACCESO LIMITADO, freeway, parkway.
—— DE ALTA VELOCIDAD, express highway.
—— DE CUATRO VÍAS, four-lane highway.
—— DE DOS TROCHAS, two-lane highway.
—— DE DOS VÍAS o DE DOBLE VÍA, two-lane highway.
—— DE PEAJE, toll road.
—— DE SEIS VÍAS, six-lane highway.
—— ESTATAL, state highway.
—— EXPRESA o DE VÍA LIBRE, through highway.
—— FEDERAL o NACIONAL, federal highway.
—— INTERESTATAL, interstate highway.
—— MATRIZ o TRONCAL, main or through highway.
—— NACIONAL, federal highway (USA).
—— o AUTOPISTA DE TRES VÍAS, three-lane highway.
—— PAVIMENTADA, paved highway.
—— PRINCIPAL o TRONCAL, main road, highway.
CARRETERO o CARPINTERO DE CARRETAS, wheelwright.
CARRETILLA, wheelbarrow.
—— ALZADORA o MONTACARGA, lift truck, fork truck.
—— APILADORA o ENTONGADORA, stacker, tiering truck.
—— DE AUTOCARGA, self-loading truck.
—— DE EQUIPAJE, baggage truck.
—— DE HORQUILLA o DE TENEDOR, fork truck.
—— DE MANO o PARA ALMACÉN, warehouse truck.
—— DE MUELLE, dock truck.
—— DE PLATAFORMA, platform truck.
—— DE REMOLQUE, towing truck.
—— PARA DEPÓSITOS, warehouse truck.
CARRETILLAR, to transport by wheelbarrow or hand truck.
CARRETÓN o CARRO o CARRETA, wagon.
—— DE EQUIPAJE, baggage truck.
—— DE MANO, hand truck.
—— DE ORUGAS o DE CARRILES, track wagon.
—— DE REMOLQUE, trailer.
—— DE VOLTEO, dump wagon.
CARRETONADA, wagonload, truckload, cartload.
CARRETONERO, wagoner.
CARRIL, wheel track.
CARRILERA, track, rut, siding, railroad.
—— DE GRÚA, crane runway.
—— INDUSTRIAL, industrial railway.
—— TRANVIARIA o DE TRANVÍA, streetcar track.
CARRIOLA, motor scooter.
CARRITO, small car, carriage.
—— DE BARRILES, barrel truck.
—— DE MANO, handcar.
—— FIJO, stationary carriage.
—— PARA CAJONES, box truck.
—— REPARTIDOR, delivery cart.
CARRO, car, wagon, truck, automobile, carriage.
—— AUTOMOTOR, motor vehicle, motorcar.
—— BODEGA, boxcar.
—— CARBONERO, coal car.
—— COMEDOR, dining car.
—— CORREO o ESTAFETA, mail van, mail car.
—— DE ARRASTRE, towing car.
—— DE AUXILIO o DE GRÚA, wrecking car, derrick car.
—— DE CARGA, freight car.
—— DE DOS ALIMENTADORES, dual-feed carriage.
—— DE EQUIPAJES, baggage car.
—— DE FERROCARRIL PARA LOTES DE MERCANCÍA, merchandise car.
—— DE GANADO, cattle car, stockcar.
—— DE INSERCIÓN FRONTAL, front feed carriage.
—— DE MANO, handcar, pushcart.
—— DE MUDANZAS, moving or furniture van.
—— DE PLANCHA, flatcar.
—— DE REMOLQUE, trailer, trail car.
—— DE SERVICIO COMBINADO o PARA VARIOS COMPRADORES, pool car.
—— DE TABULACIÓN AUTOMÁTICA, automatic tabulating carriage.
—— DE VIAJEROS, coach, passenger car.
—— DE VOLTEO, dump car, tipcart.
—— DORMITORIO, sleeping car.
—— ENTERO, POR, in carload lots.
—— ESTAFETA o VAGÓN POSTAL, railway post office.
—— GÓNDOLA, gondola car.
—— MANUAL, hand carriage.
—— MONTACARGAS o ELEVADOR, lift truck.
—— O FURGÓN DE AGUA, water wagon.
—— O VAGÓN DE PASAJEROS o AUTOMÓVIL DE PASAJEROS, passenger car.

—— PATRULLA o CARRO DE POLICÍA, squad car.
—— PETROLERO, tank car.
—— REFRIGERADOR o VAGÓN FRIGORÍFICO, refrigerator car.
—— REPARTIDOR o DE REPARTO, express truck, delivery cart.
—— RESTAURANTE, dining car.
—— TANQUE o CUBA o CAMIÓN CISTERNA, tank truck.
—— TANQUE DE PETRÓLEO, oil car.
—— TRANVÍA, street car.
CARRO-GRÚA, crane truck, derrick car.
CARRO-MONTACARGAS, lift truck.
CARROCERÍA, automobile body, truck body, carriage factory.
—— BLINDADA, armored body.
—— CERRADA, closed body.
—— DE EXPRESO, express body.
—— DE FURGÓN, panel body.
—— DE VOLTEO, dump body.
—— RURAL, station-wagon body.
CARROMATO, cart, van, truck.
CARRUAJE, carriage.
—— AUTOMOTOR, motorcar.
—— DE REMOLQUE, trailer.
CARTA, letter, document, charter, map, chart, roll, list.
—— ABIERTA, open letter.
—— ACOMPAÑATORIA, cover letter, letter of transmittal.
—— AÉREA, air-mail letter.
—— ANTERIOR, previous letter.
—— BLANCA, full power, carte blanche.
—— CABLEGRÁFICA, cable letter.
—— CERTIFICADA o REGISTRADA, registered letter.
—— CERTIFICADA CON ACUSE DE RECIBO, registered letter with receipt requested.
—— CIRCULAR, circular letter.
—— COMERCIAL, business letter.
—— COMERCIAL DE CRÉDITO, commercial letter of credit.
—— CONFIRMADORA o DE CONFIRMACIÓN, confirming letter.
—— CONSTITUCIONAL, incorporation letter, charter.
—— CONSTITUTIVA, corporation charter.
—— CREDENCIAL, credentials.
—— DE ALIVIO o DE BIENESTAR, comfort letter.
—— DE APREMIO, dunning letter.
—— DE AUTORIZACIÓN, letter of authority.
—— DE AVISO o DE NOTIFICACIÓN, letter of advice.
—— DE CIUDADANÍA o DE NATURALIZACIÓN, citizenship papers, naturalization papers.
—— DE COBRANZA, collection letter, dunning letter.
—— DE COMPROMISO, letter of undertaking, letter of commitment.
—— DE CONFIRMACIÓN o CONFIRMADORA, confirming letter.
—— DE CONTRATACIÓN DE SERVICIOS, engagement letter.
—— DE CRÉDITO, letter of credit, bill of credit.
—— DE CRÉDITO A LA VISTA, sight letter of credit.
—— DE CRÉDITO A PLAZO, time letter of credit.
—— DE CRÉDITO AUTORIZADO POR TELEGRAMA, cable credit.
—— DE CRÉDITO COMERCIAL, commercial letter of credit.
—— DE CRÉDITO COMPLEMENTARIA o SUPLEMENTARIA, ancillary letter of credit.
—— DE CRÉDITO CONFIRMADO IRREVOCABLE, straight or confirmed irrevocable letter of credit.
—— DE CRÉDITO DE VIAJERO, traveler's letter of credit.
—— DE CRÉDITO EN RESERVA, stand-by letter of credit.
—— DE CRÉDITO NO CONFIRMADO, unconfirmed letter of credit.
—— DE CRÉDITO REVOLVENTE, revolving letter of credit.
—— DE DECLARACIÓN DE LA EMPRESA, management representation letter.
—— DE DEMANDA, letter of demand.
—— DE EMBARQUE, bill of lading.
—— DE EMPLAZAMIENTO, summons.
—— DE EXENCIÓN, bill of suffrance.
—— DE FLETAMENTO, charter party, contract of affreightment.
—— DE FLETAMENTO PARA VIAJE, trip charter.
—— DE FLETAMENTO SIN ESPECIFICAR CARGA, berth charter.
—— DE FLETAMENTO SIN TRIPULACIÓN NI COMBUSTIBLE, bareboat charter.
—— DE FLETE o DE PORTE, bill of freight, bill of lading, waybill.
—— DE GARANTÍA, letter of guaranty.
—— DE INDEMNIZACIÓN, letter of indemnity.
—— DE INSISTENCIA, chaser, follow-up letter.
—— DE LA GERENCIA, management letter.
—— DE MAR o DE NACIONALIDAD, sea letter, ship's passport.
—— DE MORATORIA, moratory permit.
—— DE OBJECIONES (E.U.A.) POR LA COMISIÓN DE VALORES Y BOLSA EN UNA SOLICITUD DE REGISTRO DE VALORES, deficiency letter.
—— DE PAGO, receipt, acquittance.
—— DE PEDIDO o DE COMPRA, purchase order.
—— DE PORTE, bill of lading, waybill, freight bill.
—— DE PORTE A LA ORDEN o AL PORTADOR, order bill of lading.
—— DE PORTE MARÍTIMA, ocean bill of lading.
—— DE PORTE NOMINATIVA UNIFORME, uniform straight bill of lading.
—— DE PRESENTACIÓN, letter of introduction, letter of transmittal.
—— DE PRESENTACIÓN DE SERVICIOS DE AUDITORÍA, audit engagement letter.
—— DE RECOMENDACIÓN, letter of recommendation, testimonial, letter of introduction.
—— DE REFERENCIA, letter of reference.

—— DE REPRESENTACIÓN, representation letter.
—— DE SANIDAD, bill of health.
—— DE SEGUIMIENTO, follow-up letter.
—— DE TRANSMISIÓN o ENVÍO, transmittal letter, cover letter.
—— DE TRANSPORTE AÉREO, air waybill or bill of lading.
—— DE VENTA, sales letter, bill of sale.
—— DE VERIFICACIÓN, confirmation letter.
—— DE LA GERENCIA, management letter.
—— DEL AUDITOR A LA GERENCIA, audit management letter.
—— DIURNA, day letter, lettergram.
—— DOMINICAL, sunday letter.
—— FIANZA, letter of guaranty.
—— HIPOTECARIA, letter of hypothecation.
—— MARINA, chart.
—— MODELO, form letter.
—— NO ENTREGADA o REZAGADA, undelivered letter.
—— NOCTURNA, night letter.
—— ORDEN, mandatory letter, mail transfer.
—— ORDEN DE CRÉDITO, letter of credit.
—— PARTICULAR o PERSONAL, personal letter.
—— PODER, letter of attorney, proxy, power of attorney.
—— PODER SOBRE ACCIONES, stock power.
—— PRIVADA o PERSONAL, personal letter.
—— PUBLICITARIA o DE PROPAGANDA, sales letter.
—— QUE MODIFICA UN CONTRATO, back letter.
—— RECORDATORIA, chaser, follow-up letter.
—— SIN FRANQUEAR o SIN SELLO, unstamped letter.
—— SIN SELLAR, unsealed letter.
—— TELEGRÁFICA (diurna o nocturna), letter-telegram, lettergram.
—— URGENTE o DE ENTREGA INMEDIATA, special-delivery letter.
CARTAS
—— DE SOLICITUD DE INFORMES, letters of inquiry.
—— DETENIDAS, undelivered or dead letters.
—— DEVUELTAS, letters returned to sender.
—— REPRODUCIDAS, processed letters.
—— REZAGADAS, undelivered letters.
CARTA-PATENTE, corporation charter.
CARTABÓN, rule, ruler, draftsman' triangle.
CARTAPACIO, folder, portfolio, notebook, brief case.
CARTEL o CARTELÓN o LETRERO, poster.
—— DE ANUNCIO, advertising card.
—— DE CARRO, car card.
—— DE CERCA, fence poster.
—— DE ESCAPARATE o APARADOR, window card, show card.
—— DE LICITACIÓN, call for bids.
—— DE MOSTRADOR, counter display.
—— DE MURO, wall card.
—— DE PRECIOS, cartel for price fixing.
—— LUMINOSO, electric sign.
—— MURAL, wall poster.
—— PARA EXPLOTACIÓN DE PATENTES, patent pool.

CARTELERA, billboard, bulletin, poster board.
CARTELERO, billposter.
CARTELÓN o CARTEL, show bill.
—— DE VITRINA, window display card.
CARTELONES DE ESTACIÓN, station posters.
CARTERA, portfolio, brief case, wallet, lady's handbag, list of securities and commercial paper owned.
—— BANCARIA, list of bills discounted.
—— CREDITICIA, holdings of commercial paper.
—— DACTILAR, driver's license.
—— DE ACTIVO Y PASIVO, asset liability portfolio.
—— DE BONO MUNICIPAL, municipal bond portfolio.
—— DE COMERCIO, department of commerce.
—— DE EMPRÉSTITOS BANCARIOS, bank's loan portfolio.
—— DE GOBERNACIÓN, interior department.
—— DE HACIENDA, ministry of the treasury.
—— DE HIPOTECA DE UNA FAMILIA, single family mortgage portfolio.
—— DE INVERSIÓN DEL BANCO, bank's investment portfolio.
—— DE INVERSIONES, investment portfolio.
—— DE INVERSIONES A LARGO PLAZO, noncurrent portfolio.
—— DE PEDIDOS, backlog of orders.
—— DE PRÉSTAMO REALIZABLE AL CONSUMIDOR, liquid consumer loan portfolio.
—— DE PRÉSTAMOS o DE EMPRÉSTITOS, loan portfolio.
—— DE TRABAJO, ministry of labor.
—— DE VALORES, security portfolio.
—— DE VALORES o TÍTULOS, portfolio securities.
—— DE VALORES BANCARIOS, banks security portfolio.
—— DE VALORES REALIZABLES, marketable equity securities portfolio.
—— DEL ACTIVO, asset portfolio.
—— DEL PRÉSTAMO BRUTO, gross loan portfolio.
——, EN, in portfolio, on hand.
—— HIPOTECARIA, list of mortgages held.
—— HIPOTECARIA DE RENDIMIENTO FIJO, fixed-return mortgage portfolio.
—— MOROSA, bills past due.
—— VENCIDA, notes due.
CARTERO, postman, letter carrier, mail carrier.
CARTILLA, short letter, identity card.
—— DE DELETREAR, spelling book.
—— DE RACIONAMIENTO, ration book.
CARTOGRAFIAR, to survey, to make maps.
CARTOGRAMA, cartogram, statistical map.
—— DE PUNTOS, dot map.
CARTÓN, cardboard, pasteboard, carton, paperboard.
—— COMPRIMIDO o PRENSADO, pressboard.
—— CORRUGADO, corrugated paper or board.
—— DE BAGAZO, celotex.
—— DE EMPAQUE, carton.
—— DE MUESTRAS, sample card.
—— DE YESO, plasterboard, wallboard.
—— PARA ENVASES, container board.

CARTONERA, cardboard factory.
CARTONERO, cardboard manufacturer or dealer.
CARTUCHO, cartridge.
—— DE REPUESTO, refill cartridge.
—— DE TINTA, ink cartridge.
CARTULINA, cardboard, pasteboard, card.
—— COUCHÉ, coated cardboard.
—— PARA ENCUADERNAR, millboard.
CASA, house, firm, concern.
—— ALCALDÍA, city hall.
—— BANCARIA o DE BANCA, banking house, bank.
—— BLANCA o PALACIO PRESIDENCIAL DE LOS E.U.A. White House.
—— CENTRAL u OFICINA PRINCIPAL, principal office.
—— CENTRAL DE CORREOS, general post office.
—— CONSIGNATARIA, firm that receives goods on consignment.
—— CONSISTORIAL, municipal building.
—— DE ABASTO, delicatessen shop, commissary.
—— DE ACEPTACIONES, merchant banker, acceptance house.
—— DE APARTAMENTOS o DE DEPARTAMENTOS, apartment house.
—— DE BANCA o BANCARIA, banking house, bank.
—— DE CALDERAS, boilerhouse.
—— DE CAMBIO, money-exchange office, exchange office.
—— DE COMERCIO, business house or concern, commercial house.
—— DE CONTRATACIÓN, stock or commodity exchange.
—— DE CORREDORES DE BOLSA, brokerage firm, brokerage concern.
—— DE CORREOS, post office.
—— DE CORRETAJE o DE CORREDURÍA, brokerage house.
—— DE CUIDADO DE NIÑOS, child-care facilities.
—— DE DESCUENTOS, discount house, discount company.
—— DE DOCUMENTOS COMERCIALES, commercial paper house.
—— DE DOS VIVIENDAS, two-family house.
—— DE EMPEÑO o DE PRÉSTAMO, pawnshop.
—— DE HUÉSPEDES, boarding house, lodginghouse.
—— DE INVERSIONES, bond house, investment bankers.
—— DE LIQUIDACIÓN, clearing house.
—— DE MÁQUINAS, enginehouse, powerhouse.
—— DE MODA, fashion shop, women's clothing store.
—— DE MONEDA o ACUÑACIÓN, mint.
—— DE PRÉSTAMO, pawnshop, loan office.
—— DE PUBLICIDAD, advertising concern.
—— DE REMATE, auction house.
—— DE RENTA, apartment house.
—— DE REVENTA, distributer, jobber, dealer.
—— DE SOCORROS, first-aid station.
—— DE VERANO, summer house.
—— DETALLISTA o MINORISTA, retail store.
—— EDITORIAL o EDITORA, publishing house.
——, EN, at home.
—— EXPEDIDORA o EMPRESA NAVIERA o ARMADORA, shipping firm.
—— EXPORTADORA, export house.
—— IMPORTADORA, importing firm, import house.
—— MATRIZ, main or home office.
—— MAYORISTA o AL POR MAYOR, wholesale house.
—— MÓVIL, mobile home.
—— NAVIERA, steamship company.
—— O FINCA SOLARIEGA, homestead.
—— PARTICULAR, private house.
—— POR LA VENTANA, ECHAR LA, to spend recklessly.
—— PRINCIPAL o CUARTEL GENERAL, parent company, home office.
—— SÓLIDA, sound firm, house of good standing
—— UNIFAMILIAR, one-family house.
—— VECINA, next door.
CASA-HABITACIÓN, dwelling house.
CASADO, married.
CASAR, (legal), to abrogate, to annul, to agree.
CASARSE o UNIR EN MATRIMONIO, to wed, to get married.
CASCADA o CATARATA o SALTO DE AGUA, waterfall.
CASCAJO, gravel o rubbish.
CASCO, helmet, cask, barrel, hull.
—— DE BUZO, diving helmet.
—— DE PROTECCIÓN CONTRA EL HUMO, smoke helmet.
—— DE SEGURIDAD, safety helmet.
—— DE SOLDAR o DE SOLDADOR, welding helmet.
—— URBANO, heart of the city.
CASCOS, LIGERO DE, light-headed, frivolous.
CASERA, housekeeper.
CASERO, caretaker, landlord, household, domestic.
CASETA, small, building, cabin, shanty, booth.
—— DE BALANZA, scale house, weighhouse.
—— DE BÁSCULA, weighhouse.
—— DE ELEVADOR, elevator car.
—— DE GUARDACRUCERO, crossing watchman's shanty.
—— DE INFORMES, information booth.
—— DE MANDO, control house.
—— DE PEAJE o GARITA DE COBRO DE PEAJE, tollbooth.
—— DE VOTACIÓN, polling booth.
—— DEL CONDUCTOR, driving compartment.
—— O BODEGA DE HERRAMIENTAS, tool house.
—— TELEFÓNICA o CABINA DE TELÉFONO, telephone booth.
CASI LO MISMO, much the same.
CASILLA, booth, shed, small building, voting booth.
—— AÉREA, air-mail box.
—— DE CORREO, post-office box.
—— DE HERRAMIENTAS, tool house.
—— ELECTORAL, voting booth, ballot box.
—— TELEFÓNICA, telephone booth.
CASIMIR, cashmere, cassimere.

CASINO, casino, club.
CASITA o BARRACA DESMONTABLE, portable building.
CASO, case, chance, event.
—— EVENTUAL, contingent event.
—— FORTUITO o DE FUERZA MAYOR, act of God, inevitable accident.
—— OMISO, HACER, to pass over in silence, to ignore.
—— PERDIDO, hopeless case.
CASQUETE, helmet.
—— DE SOLDADOR, welding helmet.
—— GUARDAHUMO, smoke helmet.
CASQUILLO o TAPA DE BOTELLA, bottle cap.
CASTA, race, breed.
CASTELLANO, Spanish.
CASTIGAR, to punish.
—— O DAR DE BAJA UNA PARTIDA, charge off.
—— O REDUCIR GASTOS, to reduce expenses.
—— O REDUCIR PRECIOS, to cut prices.
CASTIGO, penalty, fine, charge-off, depreciation, write-down.
—— DE RESCATE, surrender charge.
CASTIZO, of good breed.
CASUAL, haphazard.
CASUALIDAD, accident, hazard, casualty.
CATADOR, sampler, tester.
CATADORA, any sampling device.
CATALOGADOR, cataloguer.
CATALOGAR, to enlist, to tabulate, to catalogue.
CATÁLOGO, catalogue, list, tabulation, schedule.
—— COMERCIAL, mercantile schedule.
—— DE CUENTAS, catalogue of accounts.
—— DE PEDIDOS POR CORREO, mail order catalog.
—— DE REPUESTOS, part list.
—— PATRÓN, standard schedule.
CATAR, to sample, to examine, to inspect.
CATASTRADOR, enumerator, census taker.
CATASTRAR, to enumerate, to take a census, to register.
CATASTRO, census, cadastre.
—— AGRARIO, agricultural census.
CATÁSTROFE, catastrophe.
—— BURSÁTIL, crash of the stock market.
—— COMERCIAL, business slump.
CATAVINOS o CATADOR DE VINOS, wine sampler.
CATEGORÍA, class, category, quality, grade, position, rank.
——, DE, high-class, high-ranking.
—— DE OCUPACIÓN, occupational status.
—— FINANCIERA, financial rating.
—— PROFESIONAL, occupational status.
CATEGORÍAS DE SALARIO, wage brackets.
CATEO, prospecting, exploration, sampling, official, entry and search.
CATÓLICO, roman catholic.
CAUCIÓN, bail bond, guarantee, surety, warning.
—— COMÚN, common bail.
—— DE FIDELIDAD, fidelity bond.
—— DE INDEMNIZACIÓN, indemnity bond.
—— DE LICITADOR, bid bond.
—— EXCESIVA, excessive bail.
—— FALSA, straw bond.
—— PIGNORATICIA, guarantee deposit.
CAUCHERO, rubber dealer, rubber worker.
CAUCHO, rubber, rubber tree.
—— DE ENTREGA FUTURA, rubber futures.
—— MACIZO, solid tire.
—— O HULE SINTÉTICO o GOMA SINTÉTICA, synthetic rubber.
—— SILVESTRE, wild rubber.
—— VEGETAL, plantation rubber.
CAUDAL, volume, wealth, plenty, means.
—— HEREDITARIO, corpus of an estate.
—— SOCIAL, assets of a partnership.
CAUDILLAJE, leadership, leaders.
—— ESTATAL, government leadership.
—— PROLETARIO, labor leaders.
CAUDILLO, leader, boss chief.
—— OBRERO, labor leader.
CAUSA, lawsuit, case, cause, consideration.
—— DE, A, on account of.
—— DE ACCIÓN, cause of action.
—— DE CONFLICTO, source of conflict.
—— DE INSOLVENCIA, bankruptcy proceedings.
—— ONEROSA, or good consideration.
CAUSAHABIENTE, assign, successor.
CAUSAL, cause, reason, ground.
—— DE DESPIDO, motive for discharge.
CAUSANTE, constituent, principal, originator, taxpayer.
—— CASADO, married taxpayer.
—— O CONTRIBUYENTE INDIVIDUAL, single taxpayer.
CAUSAR, to cause, to bring about, to use.
—— GASTOS o DESEMBOLSOS, to incur expenses.
—— IMPUESTO, to be subject to tax.
—— INTERESES, to bear interest.
—— UN DIVIDENDO, to declare a dividend.
CAUTELA, prudence, precaution.
CAVA, vault, safe.
CAZA, chase, hunting, fowling.
—— DE, A, in search of, on the hunt for.
—— INFRUCTUOSA o EMPRESA QUIMÉRICA, wild chase.
CAZANOTICIAS, reporter.
CAZAFORTUNA, fortune hunter.
CAZAR, to hunt.
—— AL ACECHO o INVESTIGAR SECRETAMENTE o PESQUISA, still-hunt.
CAZO, pot, ladle.
CEBA, fattening of cattle.
CEBADA, barley.
—— CERVECERA, malt.
—— DE ENTREGA FUTURA, barley futures.
CEBADOR DE GANADO, cattle feeder or fattener.
CEBAR, to feed (furnace), to prime (pump), to fatten (cattle).
CEBO, fattening of cattle.
CEBOLLAR, onion plantation.

CEDENTE, abandoner, assigner, conveyor, transferer, endoser.
CEDER, to yield, to give way, to fail, to assign, to cede, to convey, to transfer, to decline in value.
—— EL USO DE LA PALABRA, to give the floor, to recognize.
—— LA CUENTA, assign an account.
—— LA PROPIEDAD, to transfer title.
—— UN CONTRATO, assign a contract.
CÉDULA, certificate, official document, order, schedule, scrip.
—— BANCARIA, bank-stock certificate.
—— DE ADUANA, customhouse permit.
—— DE ACTIVO FIJO, fixed-asset schedule.
—— DE CAMBIO, bill of exchange.
—— DE CITACIÓN, subpoena.
—— DE CIUDADANÍA, citizenship papers.
—— DE DIVIDENDO, dividend warrant.
—— DE EMPADRONAMIENTO, registration certificate, license.
—— DE EMPLAZAMIENTO, summons (legal).
—— DE IDENTIDAD, certificate of identity.
—— DE PRIVILEGIO DE INVENCIÓN, letters patent.
—— DE SEGURO SOCIAL, social security card.
—— DE SUBSCRIPCIÓN, subscription warrant.
—— DE TESORERÍA, treasury note.
—— DE TRANSFERENCIA INTERBANCARIA, interbank transfer schedule.
—— FISCAL, income-tax return form.
—— HIPOTECARIA, mortgage, certificate, mortgage bond, court order for foreclosure.
—— INMOBILIARIA, real-estate bond, mortgage certificate.
—— PERSONAL, identity card.
—— SUMARIA, lead schedule.
—— SUMARIA DE EFECTIVO, cash lead schedule.
CÉDULAS
—— DE INVERSIÓN, investment securities.
—— EMITIDAS, warrants issued.
CEGUERA CAUSADA POR EL REFLEJO DE LA NIEVE, snow blindness.
CEJAS, QUEMARSE LAS, to burn the midnight oil.
CELADOR, maintenance man, warden, overseer, inspector, watchman.
CELADURÍA, office of watchman, caretaker or warden.
CELDA, cell, bin.
CELEBRAR, to formalize, to execute, to carry out.
—— ASAMBLEA o JUNTA, to hold a meeting.
—— COMICIOS ó ELECCIÓN, to hold an election.
—— O EFECTUAR NEGOCIOS, transact business.
—— UN ACUERDO, to make an agreement.
—— UN CONTRATO, to enter into a contract.
—— UN TRATADO, to sign a treaty.
—— UNA AUDIENCIA o UNA VISTA, to hold a hearing.
—— UNA ELECCIÓN, to hold an election.
—— UNA ENTREVISTA, to have an interview.
—— UNA REUNIÓN, to hold a meeting.
—— UNA SESIÓN, to have a session, to sit.
—— UNA SUBASTA, to have an auction sale.
CELO, zeal.
CELOFÁN, cellophane.
CELOS, TENER, to be jealous.
CELOSO, zealous.
CÉLULA, cell, blister.
CEMENTO, cement.
—— A GRANEL o SUELTO, bulk cement.
—— ARMADO, reinforced concrete.
—— PORTLAND, Portland cement.
CENA, supper, evening meal.
CENICERO, ash tray.
CENIT o APOGEO, zenith.
CENSAR, to take a census.
CENSO, census, ground rent, tax.
—— AGRÍCOLA, agricultural census.
—— COMERCIAL o CENSO DE NEGOCIOS, business census.
—— DE BIENES, inventory.
—— DE CONTRIBUYENTES, tax list.
—— DE TRÁFICO, traffic census.
—— DE TRÁNSITO o DE TRÁFICO o CONTEO DE VEHÍCULOS QUE CIRCULAN, traffic count.
—— DE VIVIENDAS o DE HABITACIONES, census of housing.
—— DEMOGRÁFICO o DE POBLACIÓN, census of population.
—— ELECTORAL, voting list.
—— EXPERIMENTAL o DE PRUEBA, trial census.
——, LEVANTAR EL, to take the census.
—— PECUARIO, cattle census.
—— PERPETUO, perpetual annuity.
—— POR MUESTRAS, sample census.
—— VITALICIO, life annuity.
CENSOR, censor, inspector, auditor.
—— DE CUENTAS, auditor.
CENSURA, censure, censorship, censor's office.
—— DE PRENSA, press censorship.
CENTENO, rye.
—— DE ENTREGA FUTURA, rye futures.
CENTÍGRAMO, centigram.
CENTÍMETRO, centimeter.
—— CUADRADO, square centimeter.
—— CÚBICO, cubic centimeter.
CENTINELA, sentry.
CENTRAL, plant, station, powerhouse, sugar mill, telephone exchange, central office.
—— ATÓMICA o DE ENERGÍA NUCLEAR, atomic power plant.
—— AUXILIAR, stand-by power plant.
—— BANCARIA, banking institution.
—— DE ABASTECIMIENTOS, wholesale provision market.
—— DE CALDERAS, boiler plant.
—— DE ENERGÍA o DE POTENCIA, power plant, powerhouse.
—— DE TRABAJADORES, federation of labor.
—— ELÉCTRICA o PLANTA DE ENERGÍA, power plant.

——GENERADORA o ELECTRÓGENA, powerhouse, electric power plant, generating station.
——HIDRÁULICA, water-power plant.
——HIDROELÉCTRICA, hydroelectric power plant.
——NUCLEOELÉCTRICA, atomic powerhouse.
——O PLANTA TÉRMICA, thermal power plant.
——OBRERA, labor headquarters.
——SINDICAL, federation of labor.
——TELEFÓNICA, telephone exchange.
——TERMOELÉCTRICA o PLANTA DE VAPOR, steam power plant.
CENTRALIZACIÓN, centralization.
——ADMINISTRATIVA, management centralization.
CENTRALIZAR, to centralize.
CENTRO, central, headquarters, meeting place, club.
——CÍVICO, civic center.
——COMERCIAL, business or commercial center, shopping center.
——COMERCIAL MINORISTA o TIENDA COMERCIAL DE VENTA AL DETALLE, retail shopping center.
——COMERCIAL SUBURBANO, neighborhood shopping center, suburban shopping center.
——DE ASISTENCIA SOCIAL, social settlement.
——DE BENEFICENCIA, charitable institution.
——DE CÁLCULO FINANCIERO, financial computing center.
——DE COBRO REGIONAL, regional bank payment center.
——DE COMPRAS, shopping center.
——DE COMPUTACIÓN, computer center.
——DE DESPACHO, dispatch center.
——DE DISTRIBUCIÓN o DE REPARTO, distribution center.
——DE INFORMACIÓN TÉCNICA, technical information center.
——DE LA CIUDAD, downtown.
——DE PRODUCCIÓN, production center.
——DE QUEJAS o RECLAMACIONES, claims center.
——DE SERVICIO, service center.
——DE SERVICIO DE CÓMPUTO, computer service center.
——DE VERANEO o VACACIONAL, summer resort.
——DEL MERCADO MONETARIO o DEL MERCADO DE DINERO, money market center.
——FABRIL, industrial or manufacturing center.
——FINANCIERO, financial district.
——FINANCIERO y DE DISTRIBUCIÓN, financial and distribution center.
——GEOGRÁFICO DE VENTA DE PRODUCTOS BARATOS, geographic profit center.
——MÉDICO, medical center.
——MÉDICO INTEGRADO CON TODOS LOS HOSPITALES DE ESPECIALIDADES, medical center complex.
——MINERO, mining region.
——MONETARIO, money center.
——NAVIERO, shipping business headquarters.
——O ESTACIÓN METEOROLÓGICA, weather station.
——O LUGAR DE TRABAJO, workplace.
——O UNIDAD DE CONTABILIZACIÓN DE GASTOS, expense center.
——PARA ACUMULACIÓN DE COSTOS, cost center.
——PATRONAL, employers' association.
——SOCIAL, club.
——TÉCNICO, technical center.
——TELEFÓNICO, telephone exchange.
CENTROAMÉRICA, Central America.
CEPILLADORA, planer.
CEPILLO, brush, plane.
——METÁLICO, wire brush.
CERA o PARAFINA, wax.
CERÁMICA, ceramics.
CERCA, fence, near.
——DE ALAMBRE, wire fence.
——PARANIEVE, snow fence.
CERCANO, near by.
——ORIENTE, Near East.
CERCAR, to fence.
CERCIORARSE, inform oneself.
CERCO, fence, loop.
——DE ALAMBRE, wire fence.
CERDAS, bristles, hair.
——DE CRÍN, horsehair from the mane.
CERDO o LECHÓN o PUERCO, pig, hog.
CEREALES, grain, cereals.
——A GRANEL, bulk grain.
CEREBRO, brain.
——ELECTRÓNICO, electronic brain.
——, LAVADO DE, brain washing.
CERO, naught, zero, cipher.
CERRADO, closed.
——POR DIVIDENDO, shut for dividend.
——POR HUELGA, struck.
CERRADORA, closing or sealing machine.
CERRADURA, lock.
——DE COMBINACIÓN, combination lock.
——DE RELOJ, time lock.
CERRAJERÍA, locksmithing, locksmith's hardware, ironworks.
——ARTÍSTICA, ornamental ironworker.
CERRAJERO, locksmith, architectural ironworker.
CERRAR u OBSTRUIR o IMPEDIR, to shut.
——CON LLAVE, to lock.
——EL BALANCE, to take off a trial balance.
——EL INTERRUPTOR o EL CHUCHO, to switch off.
——EL TRATO, to close the deal, to strike a bargain.
——LA CUENTA, to close the account.
——LA PLANTA, to shut down the plant.
——LA SESIÓN, to adjourn.
——LA TIENDA o TERMINAR EL NEGOCIO, shut up shop.
——LOS LIBROS, to close the books.
——O PARALIZAR OPERACIONES, shut down, to close.
——UNA EMPRESA o LIQUIDAR UN NEGOCIO, to close down.
CERRARSE DE GOLPE, snap shut.

CERTAMEN, competition, competitive examination.
—— DE CONSUMIDORES, consumer contest.
—— DE PROPAGANDA, advertising competition.
CERTERO, well-informed, skillful, accurate.
CERTEZA, certainty.
CERTIDUMBRE, certainty.
—— E INCERTIDUMBRE, certainty and uncertainty.
CERTIFICACIÓN, certification, registration.
—— DE UN CHEQUE, certification of a check.
—— Y AVISO DE RECEPCIÓN, registration with receipt requested.
CERTIFICADO, certificate, warrant, attestation, certified.
—— A PLAZO o A TÉRMINO, time certificate.
—— CATASTRAL, certificate of valuation.
—— CON SALVEDADES o CERTIFICADO RESTRINGIDO o LIMITADO, qualified certificate.
—— CONSULAR, consular certificate.
—— DE ACCIÓN, stock certificate.
—— DE ACCIÓN FRACCIONARIA, scrip certificate.
—— DE ACCIONES CON ENDOSO GARANTIZADO POR UN CORREDOR RESPONSABLE, street certificate.
—— DE ADEUDO o DEUDA, certificate of indebtedness.
—— DE ADUANA, custom house certificate.
—— DE AHORROS o CONSTANCIA BANCARIA DE AHORROS, savings certificate.
—— DE AHORROS A PLAZO, term savings certificate.
—— DE AHORROS DEL CONSUMIDOR, consumer savings certificate.
—— DE ALMACÉN, warehouse certificate of receipt.
—— DE AMORTIZACIÓN ACELERADA, tax certificate.
—— DE ANTICIPO DE IMPUESTO, tax-anticipation warrant.
—— DE ARQUEO, auditor's certificate, tonnage certificate.
—— DE AUDITORÍA, audit certificate, auditor's certificate.
—— DE AVALÚO o DE TASACIÓN, appraisal certificate.
—— DE AVERÍAS o DAÑOS, certificate of damage, average statement.
—— DE BONO, bond certificate.
—— DE BORDO LIBRE, freeboard certificate.
—— DE BUENA CONDUCTA, certificate of good conduct.
—— DE CALIDAD, grade certificate.
—— DE CAMBIO, exchange certificate.
—— DE CIUDADANÍA, citizenship papers.
—— DE COBERTURA, covering warrant.
—— DE CONSTITUCIÓN o DE INCORPORACIÓN, certificate of incorporation.
—— DE DEFUNCIÓN, death certificate.
—— DE DEPÓSITO, certificate of deposit, warehouse warrant, bond note.
—— DE DESEMBARQUE, landing certificate.
—— DE DEUDA, indebtedness certificate.
—— DE DISPONIBILIDAD, certificate of availability.
—— DE DIVIDENDO, dividend warrant.
—— DE DIVIDENDO DIFERIDO, scrip certificate.
—— DE DIVISAS, exchange certificate.
—— DE ENSAYO, test certificate.
—— DE ESTIBA o DE CARGA, certificate of loading, storage certificate.
—— DE EXPORTACIÓN, export license.
—— DE FABRICACIÓN, certificate of manufacture.
—— DE FIDEICOMISO DE EQUIPO, equipment-trust certificate.
—— DE FIDEICOMISO DE VOTACIÓN, voting trust certificate.
—— DE IDENTIDAD, certificate of identity.
—— DE IMPORTACIÓN, importation certificate, import permit, import certificate.
—— DE INCINERACIÓN, cremation certificate.
—— DE INCORPORACIÓN, corporation charter.
—— DE INSPECCIÓN, inspection certificate.
—— DE INTENCIÓN, certificate of intention.
—— DE INVENTARIOS, inventory certificate.
—— DE INVERSIONES, investment certificate.
—— DE MATRÍCULA, certificate of enrollment, certificate of registry.
—— DE NACIMIENTO, birth certificate.
—— DE NATURALIZACIÓN, citizenship papers.
—— DE NAVEGACIÓN, ship's passport.
—— DE NECESIDAD, certificate of necessity.
—— DE OPCIÓN PARA COMPRA DE TÍTULOS, option warrant.
—— DE ORIGEN, certificate of origin.
—— DE ORO, gold certificate.
—— DE PAGO, pay warrant.
—— DE PARTICIPACIÓN, certificate of participation.
—— DE PARTICIPACIÓN EN SOCIEDAD INVERSIONISTA, trust certificate.
—— DE PASIVO, liability certificate.
—— DE PESO, weight note, weight certificate.
—— DE PLATA, silver certificate.
—— DE PROPIEDAD, ownership certificate, deed.
—— DE PROTESTO, certificate of protest.
—— DE RECONOCIMIENTO, certificate of acknowledgment.
—— DE REGISTRO, certificate of registry.
—— DE RESIDENCIA, certificate of residence.
—— DE RETORNO, debenture.
—— DE REVISIÓN, auditor's certificate.
—— DE SALUD, health certificate, bill of health.
—— DE SANIDAD, sanitary certificate.
—— DE SEGURIDAD, safety certificate.
—— DE SEGURO, insurance certificate.
—— DE SUBSCRIPCIÓN, subscription warrant.
—— DE TASA VARIABLE, variable-rate certificate.
—— DE TRASPASO, transfer deed.
—— DE VACUNA, vaccination certificate.
—— DE VALOR NOMINAL, face-amount certificate.
—— DEL CONTADOR, accountant's certificate.
—— DEL INTERVENTOR o SÍNDICO, receiver's certificate.
—— DEL MERCADO MONETARIO, money market certificate.

—— DEL PAGO DE DERECHOS o CERTIFICADO DE ADUANA DE SALIDA DE BUQUE, clearance papers.
—— DEL SÍNDICO, receiver's certificate.
—— DEL TESORO, treasury note.
—— MÉDICO, medical certificate.
—— O TÍTULO DE ACCIONES, share certificate.
—— O TÍTULO DE ACCIONES DE TESORERÍA, treasury stock certificate.
—— PLATA, silver certificate.
—— PROVISIONAL, interim or temporary certificate.
—— SANITARIO, sanitary certificate.
—— SIN SALVEDADES, unqualified certificate.
CERTIFICADOS
—— DE CRÉDITO SOBRE EQUIPO, equipment trust certificates.
—— LIBREMENTE TRANSFERIBLES, freely transferable stock certificates.
CERTIFICAR, to certify, to attest, to acknowledge, to certificate, to register.
—— O REGISTRAR UNA CARTA, register a letter.
—— UNA FIRMA, to attest a signature.
CERVECERÍA, brewery, beer garden or saloon.
CERVEZA, beer, ale.
—— INGLESA, ale.
—— NO ALCOHÓLICA, root beer.
CESANTE, jobless, unemployed, discharged.
CESANTEAR, to lay off, to dismiss, to discharge.
CESANTÍA, discharge, unemployment, lay off.
CESAR, to leave of, to cease, to stop, to resign, to quit, to retire.
—— EL TRABAJO, knock off.
—— OPERACIONES, to shut down.
—— PAGOS, to suspend payments.
—— UN PUESTO, to quit a job.
CESE, discharge, layoff, quitting.
CESIÓN o RENUNCIA, surrender, assignment, concession.
—— A UN FIDEICOMISARIO, deed of trust.
—— DE BIENES, surrender of property.
—— DE CRÉDITO, extension of credit.
—— DE RECLAMACIÓN, assignment of claim.
—— DE RESPONSABILIDADES, assignment of responsibility.
—— DE UNA CUENTA POR COBRAR, assignment of account.
—— EN BLANCO, assignment in blank.
—— VOLUNTARIA, voluntary assignment.
CESIONARIO, assignee, transferee, grantee, cessionaire.
—— CONJUNTO o SOLIDARIO, coassignee, joint assignee.
—— REGISTRADO, assignee of record.
CESIONISTA, assigner, transferor.
CÉSPED, lawn.
CESTA, basket, hamper.
—— DE ALAMBRE, wire basket.
—— PARA COMPRAS, market basket.
—— PARA PAPELES o DESPERDICIOS, scrap basket.

CESTO, basket
—— DE PAPELES o DE BASURA, wastebasket, scrapbasket.
—— PARA CARTAS, desk or letter basket.
CIBERNÉTICA o CIENCIA DE LOS SISTEMAS DE COMUNICACIÓN DE LOS ANIMALES Y MÁQUINAS, cybernetics.
CICLO, cycle.
—— COMERCIAL NACIONAL, national business cycle.
—— CONTABLE o CICLO DE OPERACIONES CONTABLES, accounting cycle.
—— DE ACTIVO CIRCULANTE, current-asset cycle.
—— DE ALMACENAJE, storage cycle.
—— DE CONVERSIÓN, conversion cycle.
—— DE COSECHA o CICLO DE PRODUCCIÓN AGRÍCOLA, crop cycle.
—— DE DESEMBOLSOS o DE GASTOS, expenditure cycle.
—— DE DIAGNÓSTICO Y PRESCRIPCIÓN, diagnosis-prescription cycle.
—— DE EDIFICACIÓN, building cycle.
—— DE FACTURACIÓN MENSUAL, monthly billing cycle.
—— DE INTERCAMBIO, trade-in cycle.
—— DE LA CARRERA, career cycle.
—— DE LOS NEGOCIOS, business cycle or trade cycle.
—— DE NEGOCIOS, trade or business cycle.
—— DE OPERACIÓN, operating cycle.
—— DE PLANEACIÓN Y CONTROL, planning control cycle.
—— DE TRABAJO, work cycle.
—— DE VIDA DEL PRODUCTO, product life cycle.
—— DE VIDA DE LA FAMILIA, family life cycle.
—— DEL CAPITAL DE TRABAJO o DEL ACTIVO CIRCULANTE, working capital cycle.
—— DEL CRÉDITO o DE CONCESIÓN DE CRÉDITO, credit cycle.
—— DEL INVENTARIO, inventory cycle.
—— ECONÓMICO, trade cycle, economic cycle.
CICLÓN, cyclone.
CIEGAS, A, blindly, without watching or looking.
CIENCIA, science.
—— DE LA ADMINISTRACIÓN, management science, operations research, scientific management.
—— ESTADÍSTICA, statistical science.
—— FICCIÓN, science fiction.
CIENCIAS POLÍTICAS, political science.
CIENTÍFICO u HOMBRE DE CIENCIA, scientist, scientific.
CIENTO o CIEN, hundred.
CIERRE, closing, closure, clasp, lockout.
—— ANTERIOR, previous close.
—— ANUAL o CIERRE ANUAL DEL EJERCICIO CONTABLE, annual closing.
—— AUTOMÁTICO o BROCHE DE PRESIÓN, snap fastener.
—— DE CREMALLERA, zipper.
—— DE LA ASAMBLEA, adjournment, close of the meeting.

—— DE LIBROS PARA INVENTARIO o PARA COMPROBACIÓN, cutoff.
—— DE LOS LIBROS, closing the books.
—— DE OPERACIONES, close of business.
—— DE PLANTA o CESE DE OPERACIONES, plant shut down.
—— INTERMEDIO, interim closing.
—— PATRONAL, lockout.
—— SABATINO, saturday closing.
CIERTA DIFICULTAD, some difficulty.
CIFRA, figure, number, digit, amount, sum.
—— AUDITADA o REVISADA CONTABLEMENTE, audited figure.
—— DE COMPROBACIÓN, check figure.
—— DE CONTROL, hash total, test number.
—— DE POBLACIÓN, population figure.
—— DE VERIFICACIÓN, verification figure.
—— DECIMAL, decimal place.
—— EN LIBROS, books figure.
—— GLOBAL o TOTAL, bulk figure, lump sum.
—— REDONDA, round figure.
CIFRAS
—— ARÁBIGAS, Arabig numerals.
—— ROMANAS, Roman numerals.
—— DE LA BALANZA DE COMPROBACIÓN, trial balance figures.
—— DE VENTAS o MONTO DE LAS VENTAS, sales figures.
CIFRADO, in code, coding.
CIFRAR o CODIFICAR, to encode, to code, to figure.
—— EL MENSAJE, encode the message.
CIGARRERA, cigar case, cigar showcase.
CIGARRERÍA, tobacco factory, cigarette factory.
CIGARRERO, cigar or cigarette maker or dealer.
CIGARRILLO, cigarette.
CIGARRILLOS, cigarettes.
—— CON FILTRO, filter cigarettes.
CIGARRO, cigar, cigarette.
—— O PURO o DE HOJA, cigar.
CIGOTO o HUEVO (biología, genética), zygote.
CIGÜEÑA, crank, winch, windlass.
CILINDRO, cylinder, drum.
CIMA o CUMBRE o CÚSPIDE, summit, height, crest, peak.
CIMENTAR, to establish, to found.
—— UNA REPUTACIÓN, in to make a reputation.
CINC, zinc, galvanized iron.
—— PARA ENTREGA FUTURA, zinc futures.
CINCEL, box chisel.
CINCO, five.
—— CENTÍMETROS DE ANCHO, five centimeters wide.
CINCHA, girth, belt.
—— O CINTURÓN DE SEGURIDAD, safety belt.
CINCHAR, to band, to hoop, to cinch.
—— CON ALAMBRE, to band with wire.
CINE, movie, cinema, motion picture.
CINEASTA, movie fan, movie star or producer.
CINEMATOGRAFÍA, motion-picture business.
CINEMATÓGRAFO, motion picture, moving picture, motion-picture machine.

—— AUSPICIADO, sponsored motion-picture.
CINTA, belt, tape, strip, sliver.
—— ADHESIVA, adhesive tape.
—— CELULOSA, scotch tape, cellulose tape.
—— CINEMATOGRÁFICA o DE CINEMA, motion-picture film.
—— CON TINTA RESISTENTE A LOS ÁCIDOS, acid-proof ink ribbon.
—— COPIADORA o DE COPIAR, copying ribbon.
—— CUBRIDORA o PARA CUBRIR, masking tape.
—— DE AUDITORÍA, tape journal.
—— DE COMPROBACIÓN o ROLLO DE RECUENTO, tally roll.
—— DE EMPACAR, packaging tape.
—— DE HIERRO, strap or band iron.
—— DE LISTADO, listing tape.
—— DE MÁQUINA, typewriter ribbon.
—— DE MEDIR, tape measure, measuring tape.
—— DE PAPEL, paper tape.
—— DE PAPEL PERFORADO, punched paper tape.
—— DE REGISTRO o TIRA DE AUDITORÍA, tape journal.
—— DE ZUNCHAR, box strapping.
—— ENGOMADA, gummed tape, sealing or packaging tape.
—— MAESTRA, master tape.
—— MAESTRA DE ENTRADA (computación), input master tape.
—— MAESTRA DE SALIDA (computación), output master tape.
—— MAGNÉTICA (computación), magnetic tape.
—— MAGNETOFÓNICA, recording tape.
—— MÉTRICA o DE MEDIR, measuring tape, tape measure.
—— PARA CONGELADORAS, freezer tape.
—— PERFORADA (computación), punched tape.
—— REGISTRADORA, record ribbon.
—— SELLADORA, sealing tape.
—— SONORA, audio tape.
CINTURA o TALLE, waist.
CINTURÓN, belt, girdle.
—— DE ASIENTO o DE SEGURIDAD, seat belt.
—— DE PETRÓLEO, oil belt.
—— DE SEGURIDAD, safety belt.
—— MINERAL, mineral belt.
—— SALVAVIDAS, life belt.
CIRCULACIÓN, circulation, currency, traffic.
—— AÉREA, air traffic.
—— CONTROLADA o FISCALIZADA, controlled circulation.
—— CREDITICIA o FIDUCIARIA, flat money, legal tender.
—— DE CHEQUES EN DESCUBIERTO, kiting checks.
—— DE DOS SENTIDOS o EN DOS SENTIDOS o TRÁNSITO DE DOS SENTIDOS, two-way traffic.
CIRCULANTE, currency, circulating medium, current.
—— DE CURSO FORZADO, forced currency.
—— ELÁSTICO, elastic currency.
—— FINANCIERO, financial flow.

—— LOCAL, local currency.
—— MANIPULADO, managed currency.
—— MONETARIO, money in circulation.
CIRCULAR, circular, circular letter, to circulate.
—— UN CHEQUE EN DESCUBIERTO, kite.
CIRCULARIZACIÓN, circularization.
CIRCULARIZAR, to circularize.
CÍRCULO, circle, district, club, association.
—— PROFESIONAL DE MERCADO, professional marketing circle.
—— VICIOSO, vicious circle.
CÍRCULOS
—— DE CONTROL DE LA CALIDAD, quality control circles.
—— FINANCIEROS, financial circles.
CIRCUNDAR o RODEAR o CERCAR, to surround.
CIRCUNSTANCIA, circumstance.
CIRCUNSTANCIAS FINANCIERAS, financial conditions.
CIRUGÍA, surgery.
CIRUJANO, surgeon.
—— DENTISTA, surgeon dentist.
—— VETERINARIO, veterinary surgeon.
CITA, appointment, engagement, citation, quotation.
—— PREVIA, CON, by appointment.
CITACIÓN, writ of process, citation.
—— A ASAMBLEA, notice of a meeting.
—— A JUICIO, summons (legal).
—— A LICITADORES, call for bids.
—— DE REMATE, notice of public sale.
—— DE TRÁNSITO, traffic ticket.
CITADO, quotation.
CÍTANSE POSTORES, bids invited.
CITAR, to make an appointment with, to give notice, to quote, to cite.
—— A CONCURSO, to call a meeting of creditors, to call for bids.
—— A JUNTA, to call a meeting.
—— A LICITACIÓN, to invite bids.
CÍTARA (música), zither.
CITATORIA o CITATORIO, notice of a meeting, summons.
CITATORIO, subpoena.
CÍTRICOS, citrus fruits.
CIUDAD, city.
—— ABIERTA, open city.
—— CERCANA o PRÓXIMA, nearby city.
—— DE PRUEBA DE MERCADO, test market city.
CIUDADANÍA, citizenship.
CIUDADANO, citizen.
—— AMERICANO o DE ESTADOS UNIDOS, American citizen.
CIVIL, civil, individual (not corporate), personal.
CIVILES, DERECHOS, civil rights.
CIVILIZACIÓN INDUSTRIAL, industrial civilization.
CIZALLA, shear.
CLANDESTINAJE, illegal operations.
—— COMERCIAL, smuggling, trade on the black market.

CLANDESTINO o DISIMULADO, underhanded.
CLARABOYA o TRAGALUZ, skylight.
CLARO, bay of a building, span of a bridge, light, clear, bright.
——, PASAR LA NOCHE EN, not to sleep a wink.
——, PONER EN, to make plain.
CLASE, class, grade, description, category.
—— ALTA o ARISTOCRACIA, upper class.
—— CAPITALISTA, capitalist class.
—— DE INGRESOS ALTOS, high-income class.
—— DE PRODUCTO, product category.
—— DE TAREAS SIMILARES, job class.
—— MEDIA, bourgeoisie.
—— MEDIA, DE, medium-grade, middle class.
—— OBRERA o TRABAJADORA, working class, proletariat.
—— PATRONAL, employers.
——, DE PRIMERA, high-grade.
—— SOCIAL, social class.
—— TURISTA, tourist class.
CLASES
—— DE PRESUPUESTOS, types of budget.
—— LABORALES, working classes.
CLASIFICACIÓN, classification, category, grading, rating, ranking.
—— APROXIMADA, rough sorting.
—— CRUZADA, cross-classification.
—— DE BUQUES, ship classification.
—— DE CARGA, freight classification.
—— DE CUENTAS, classification of accounts, accounting classification.
—— DE DATOS COMERCIALES, business data classification.
—— DE DOBLE ENTRADA, two-way classification.
—— DE GRAVÁMENES, marshaling of liens.
—— DE OPERARIOS SEGÚN RENDIMIENTO, performance rating.
—— DE VOLANTES, ticket sorts.
—— DEL TRABAJO, job classification.
—— MANUAL, hand-sorting.
—— O TASACIÓN DE VALORES, security ratings.
—— POR EDADES, age grading.
—— POR TASA DE RENDIMIENTO, ranking by rate of return.
—— PRIMARIA, primary classification.
—— SECUNDARIA, secondary classification.
—— SEGÚN ANTIGÜEDAD, aging (accounts).
CLASIFICADO PARA CRÉDITO, rated (commercial).
CLASIFICADOR, classifier, grader, filing cabinet.
—— COMERCIAL, classified directory (telephone).
—— DE CUENTAS, system of accounts.
—— DE LANA, wool sorter.
CLASIFICADORA, grader, sorter.
—— DE TARJETAS, card sorter.
—— DE TARJETAS DE ALTA VELOCIDAD (computación), high speed card sorter.
—— DE TARJETAS PERFORADAS, punched-card sorter.
CLASIFICAR, to classify, to sort, to grade, to rate, to screen.

CLÁUSULA-COBERTIZO

—— BIENES, to marshal assets.
—— CON PRIMA MÁS ALTA, rate up.
CLÁUSULA, clause.
—— ADICIONAL, added clause.
—— AMARILLA, yellow-dog contract or clause.
—— DE ACUMULACIÓN, accumulation clause.
—— DE ARBITRAJE o DE TERCERÍA, arbitration clause.
—— DE ATESTACIÓN, witness clause.
—— DE AVERÍA DEDUCIBLE, deductible-average clause (insurance).
—— DE BODEGA A BODEGA, warehouse-to-warehouse clause.
—— DE COASEGURO o DE SEGURO MUTUO, coinsurance clause.
—— DE COBERTURA AMPLIA, full-coverage clause.
—— DE CONTRATIEMPO, frustration clause.
—— DE ESCALA MÓVIL DE JORNALES, escalator clause.
—— DE ESCAPE, escape clause.
—— DE EVICCIÓN Y SANEAMIENTO, warranty clause.
—— DE EXCEPCIÓN, saving clause.
—— DE EXCLUSIÓN, exclusion clause.
—— DE EXENCIONES o DE MEMORÁNDUM, memorandum clause.
—— DE FIDEICOMISO o DE DEPOSITARIO, trust clause.
—— DE FRANQUICIA o DE AVERÍA, average clause.
—— DE GUERRA, war clause.
—— DE NOVENTA DÍAS, ninety-day clause.
—— DE PELIGROS, perils clause (marine insurance).
—— DE PRECIO ESCALONADO, escalator clause.
—— DE PROTECCIÓN E INDEMNIZACIÓN, protection and indemnity clause.
—— DE PROTECCIÓN o DE RESGUARDO, hedge clause.
—— DE RESERVA o SALVEDAD, saving clause.
—— DE TODO RIESGO, full-coverage clause (marine insurance).
—— DILATORIA, delay clause.
—— GENERAL, blanket clause.
—— MERCANTIL, suspension of business by a commercial house.
—— ORO, gold clause (bond).
—— PENAL, penalty clause.
—— RESOLUTIVA, cancellation clause.
—— SOBRE VACANCIA, vacancy clause.
—— SUBORDINADA o SUBSIDIARIA, subclause.
CLÁUSULAS CONTRACTUALES, covenants.
CLAUSURA, closing, closure.
—— DE LOS LIBROS, closing the books.
—— DE SESIONES, adjournment.
—— DE TIENDA, closing the store.
CLAUSURAR, to close, close up, close out, to adjourn.
—— LOS LIBROS, to close the books.
CLAVAR o ENCLAVIJAR o ESTAQUILLAR, to peg.
CLAVE, code, key, cipher, key.
—— COMERCIAL, commercial code.
—— DE CAPITAL, financial rating.
—— MAGNÉTICA, magnetically encoded.
—— TELEGRÁFICA, cable code, cable key.
CLAVIJA, plug.

CLAVO, nail, spike, unsalable article.
CLÉRIGO, clergyman.
CLIENTE, customer, client, patron.
—— ANTIGUO, old customer.
—— CON CUENTA POR COBRAR, accounts receivable customer.
—— , DE, client's.
—— DE AUDITORÍA, audit client.
—— DE BANCO QUE ESTÁ SOBREGIRADO, bank customer overdraft.
—— DE PAGO LENTO, slow-paying customer.
—— DE PRÉSTAMOS, loan customer.
—— DEL ORDEN CIVIL, civil client.
—— DEL ORDEN PENAL, criminal client.
—— DIGNO DE CRÉDITO o CLIENTE MERECEDOR DE CRÉDITO, credit-worthy customer.
—— EN PERSPECTIVA, prospect, prospective customer.
—— MAYORISTA, wholesale customer.
—— REPETIDOS o CLIENTES A QUIENES SE LES SURTE DE NUEVO, repeat customers.
—— , SIEMPRE TIENE LA RAZÓN, customer is always right.
CLIENTELA, clientele, customers, goodwill.
CLIMA, climate.
—— ARTIFICIAL, air conditioning.
CLIMATIZAR, to air-condition.
CLISÉ, cut, engraving cliche.
—— DE LINÓLEO, linoleum block.
—— LINEAL, line engraving.
—— MODELO, pattern plate.
CLOACA, sewer.
—— PLUVIAL, storm-water sewer.
CLUB, club.
—— CAMPESTRE, country club.
—— DE MUCHACHAS Y DAMAS EN UN COLEGIO, sorority.
—— NÁUTICO, yacht club.
COACCIÓN, compulsion, coercion.
—— GUBERNAMENTAL, government coercion.
COACREEDOR, cocreditor.
COAFIANZAMIENTO, coboding.
COAGENTE, joint agent.
COALICIÓN, association, coalition.
COALIGARSE, to unite, to form a union or asociación.
COARMADOR, joint owner of a vessel.
COARRENDATARIO, joint tenant, colessee, cotenant.
COASEGURADOR, coinsurer.
COASEGURAMIENTO, coinsurance.
COASEGURO, coinsurance.
COASOCIACIÓN, partnership, copartnership.
COAVALISTA, coguarantor.
COBARDÍA o SEÑAL DE COBARDÍA, white feather.
COBERTIZO o BARRANCA o TINGLADO, shed.
—— DE COCHES o CARROS, carbarn.
—— DE FLETES o DE CARGA, freight shed, freight house.
—— DE TRASBORDO, transfer shed.

—— DE TRENES, train shed.
COBERTURA, cover, wrapper, coverage, security.
—— DE CAPITAL ASEGURADO, insured capital coverage.
—— DE FIANZA, fidelity bond coverage.
—— DE FLUJO DE EFECTIVO, cash flow coverage.
—— DE GASTOS FIJOS, fixed charge coverage.
—— DE INCENDIO, fire coverage.
—— DE LOS INGRESOS, earnings coverage.
—— DE MERCADO, market coverage.
—— DE RIESGOS DE GUERRA, war-risk coverage.
—— DE SEGURO, coverage.
—— DE SEGURO DE CAPITAL, capital insurance coverage.
—— DE SEGURO DEL CLIENTE, client's insurance coverage.
—— DE SEGURO EN EMPRESAS, business insurance coverage.
—— DEL INTERÉS, interest coverage.
—— DEL SEGURO, insurance coverage.
—— DEL SEGURO COLECTIVO DE INCAPACIDAD, group disability coverage.
—— DEL SEGURO DE LA COMPAÑÍA, company's insurance coverage.
—— EN TRANSACCIONES, hedging.
—— PERMANENTE, perpetual hedge.
COBERTURAS
—— DE VENTAS EN DESCUBIERTO, short coverings.
—— DEL COMERCIO, trade coverings.
COBIJA, cover, shawl, blanket.
COBIJAR, to protect, to cover.
COBRABILIDAD, collectibility.
—— DE LAS CUENTAS, account collectibility.
COBRABLE, collectible.
COBRADERO, collectible, recoverable.
COBRADOR, collector, receiving teller, payee, ticket collector.
—— DE IMPUESTOS o DE CONTRIBUCIONES, collector of taxes.
—— DE IMPUESTOS INTERNOS, collector of internal revenue.
—— DE PEAJE, toll collector.
—— O PAGADOR o CAJERO, teller.
COBRANZA, collection, recovery, cashing.
—— DE CASA EN CASA, house-to-house collection.
—— DE CUENTAS POR COBRAR, account receivable collection.
—— DE FACTURAS, account collectibility.
—— DE FACTURAS POR PAGAR, accounts receivable collection.
—— DE PRÉSTAMOS, loan collection.
——, EN, for collection.
—— FINAL o DEFINITIVA, final billing.
—— HECHA POR EL REMITENTE, straight collection.
COBRANZAS
—— A CLIENTES, collections from customers.
—— A REEMBOLSAR, collection repayable, reinbursements pending.

COBRAR, to collect, to recover, to charge, to claim, to cash.
—— A LA ENTREGA, to collect on delivery.
—— AL DESTINATARIO, charges collect.
—— AL NÚMERO LLAMADO, reverse the charges.
—— BENEFICIOS o GANANCIAS, to take profits.
—— DAÑOS Y PERJUICIOS, recover damages.
—— DE MÁS, to overcharge.
—— DE MENOS, short-charge.
—— FUERZAS, to gain strength.
——, POR, for collection.
—— REMUNERACIÓN, to be paid.
—— SERVICIOS A CLIENTES, bill clients.
—— UN CHEQUE, to cash a check.
—— UN SUELDO, draw a salary.
COBRE, copper.
—— DE ENTREGA FUTURA, copper futures.
CÓBRESE AL DESTINATARIO, charges collect.
CÓBRESE AL ENTREGAR, cash on delivery.
CÓBRESE O DEVUÉLVASE, to be paid for or returned.
COBRO, collection, charge.
——, AL, for collection.
—— ANTES DEL ENVÍO (C.A.E.), cash before delivery (C.B.D.).
—— DE CASA EN CASA, house-to-house collection.
—— DE CUENTAS, accounts receivable collection.
—— DE RESCATE, surrender charge.
—— DEL IMPUESTO SOBRE VENTAS, sales tax collection.
—— EN EFECTIVO, cash collection.
—— JUDICIAL, collection by legal means.
—— PROVISIONAL, interim billing.
COBROS A CLIENTES, collections from customers.
COCAL, coconut plantation.
COCIENTE, quotient.
—— INTELECTUAL o DE INTELIGENCIA, intelligence quotient, I.Q.
COCINA, kitchen, stove, range.
—— ELÉCTRICA, electric range.
COCHE, car, coach, closed automobile.
—— AUTOMOTOR, motorcar.
—— CAMA o DORMITORIO, sleeping car.
—— COMEDOR o CARRO RESTAURANTE, restaurant car.
—— CORREO o POSTAL, mail car.
—— DE ALQUILER, cab, taxi.
—— DE ESTACIÓN, station wagon.
—— DE OCASIÓN, used car.
—— DE REMOLQUE, trail car.
—— DE SITIO, automobile for hire.
—— DE TRANVÍA, streetcar, trolley car.
—— DE VIAJEROS o DE PASAJEROS, passenger car.
—— DORMITORIO DE CLASE TURISTA, tourist sleeping car.
—— ESTAFETA, mail car
—— O CARRO DORMITORIO, sleeping car
—— RESTAURANTE, dining car, buffet car

**COCHERA, **carbarn, garage.
**COCHERO, **cabman, operator of a car.
**COCHINO, **hog, pig.
**CODEUDOR, **codebtor.
**CODICIA, **greed.
**CODICILO, **codicil.
**CODIFICACIÓN, **coding.
—— **AUTOMÁTICA, **automatic coding.
—— **DE CONTEO FIJO, **fixed-count coding.
—— **DE LOS GASTOS, **expense code.
—— **ÓPTIMA, **optimum coding.
—— **SIMBÓLICA, **symbolic coding.
—— **Y CLASIFICACIÓN, **coding and classifying.
**CODIFICADO, **incode, coding.
**CODIFICADOR, **codification, classifier, digest, coder, codifying.
—— **ARANCELARIO, **schedule of imports duties.
**CODIFICAR, **to code, to codify.
—— **EL MENSAJE, **encodes the message.
**CÓDIGO, **code.
—— **ALFAMÉRICO DE SIETE BITS (computación), **seven-bit alphameric code.
—— **CIVIL, **civil code.
—— **DE ADUANAS, **tariff law.
—— **DE CIRCULACIÓN o DEL TRÁNSITO, **traffic rules.
—— **DE CLIENTES o DE CONSUMIDORES, **customer code.
—— **DE COMERCIO, **commercial law.
—— **DE COMPUTADORA, **computer code.
—— **DE CUENTAS, **chart of accounts.
—— **DE DETECCIÓN DE ERRORES (computación), **error-detection routine.
—— **DE EDIFICACIÓN, **building code.
—— **DE ÉTICA PROFESIONAL, **code of professional ethics.
—— **DE INGRESOS INTERNOS, **internal revenue code.
—— **DE LAS QUIEBRAS, **bankruptcy law.
—— **DE PLANIFICACIÓN, **instruction code.
—— **DE PROGRAMA (computación), **program language.
—— **DE SEÑALES, **signal code.
—— **FISCAL o TRIBUTARIO, **tax laws.
—— **MARÍTIMO, **maritime law, admiralty law.
—— **MERCANTIL, **commercial law.
—— **MILITAR, **military law.
—— **NEMÓNICO DE OPERACIÓN, **mnemonic operation code.
—— **NUMÉRICO, **numeric code.
—— **PENAL, **penal code.
—— **TELEGRÁFICO, **telegraphic code.
**CODOS, HABLAR POR LOS, **to talk too much.
**COEFICIENTE, **coefficient, factor, index, quota, allowance.
—— **DE ACTIVIDAD, **activity ratio.
—— **DE AMORTIZACIÓN, **amortization factor.
—— **DE BENEFICIOS, **percentage of profit.
—— **DE CAPITAL, **capital coefficient.
—— **DE CARGAMENTO, **load factor.

—— **DE CONFIABILIDAD, **reliability coefficient.
—— **DE CORRELACIÓN, **correlation coefficient.
—— **DE COSTO, **cost rate.
—— **DE FRANQUICIA, **franchise percentage.
—— **DE GASTOS DE FABRICACIÓN, **burden rate.
—— **DE GASTOS INDIRECTOS, **overhead ratio.
—— **DE INVALIDEZ, **disability rate.
—— **DE LIQUIDEZ INMEDIATA, **coefficient of immediate liquidity.
—— **DE MORTALIDAD, **death rate.
—— **DE NATALIDAD, **birth rate.
—— **DE OPERACIÓN, **operating ratio.
—— **DE PÉRDIDA, **loss ratio.
—— **DE PONDERACIÓN, **weighting coefficient.
—— **DE PRODUCCIÓN, **performance efficiency.
—— **DE RENTABILIDAD DEL CAPITAL, **coefficient of capital yield.
—— **DE ROTACIÓN, **rate of turnover.
—— **DE SEGURIDAD, **factor of safety.
—— **DE SOLVENCIA, **coefficient of solvency.
—— **DE UTILIDAD, **percentage of profit.
—— **DE VARIACIÓN, **variation coefficient.
—— **POR HORA DE MÁQUINA, **machine hour rate.
**COERCIÓN DEL GOBIERNO, **government coercion.
**COEXISTENCIA PACÍFICA, **peaceful coexistence.
**COFIADOR, **joint surety, cosurety.
**COFINANCIAR, **to finance jointly.
**COFRADÍA, **brotherhood, trade union.
**COFRE, **box, trunk, bin.
—— **BLINDADO CONTRA ROBO, **burglarproof safe.
—— **DE CAUDALES, **strongbox, safe.
—— **DE SEGURIDAD, **safe-deposit box.
**COGER, **to gather, to collect, to procure, to pick.
—— **DESPREVENIDO, **to take unaware.
—— **EL TREN, **catch the train.
**COGERSE, **to misappropriate.
**COGIRADOR, **comaker.
**COHECHAR, **to bribe, to graft.
**COHECHO, **bribe, bribery.
**COHEREDERO, **copartner, joint heir.
**COHESIÓN o UNIDAD DE GRUPO, **group cohesion.
**COINCIDENCIA, **coincidence.
—— **DE VENCIMIENTOS, **matching maturities.
**COINQUILINO, **cotenant.
**COJEAR o CONFUNDIR, **to stump.
**COLA o LÍNEA DE ESPERA o HILERA DE PERSONAS, **queue, waiting line, tail.
——, **HACER, **to stand in line.
**COLABORACIÓN, **collaboration, communication to a newspaper.
**COLABORADOR, **coworker, contributor to a publication.
**COLACIÓN, **comparison, checking, (legal) collation.
**COLAPSO, **breakdown, collapse.
—— **EMOCIONAL, **emotional outburst.
**COLARSE, **to slip in or out, to sneak in.
**COLATERAL, **collateral.

—— GRAVADO o PIGNORADO, pledged collateral.
COLCHÓN, mattress.
COLCHONERÍA, mattress maker or dealer.
COLECCIÓN, collection.
COLECCIONAR, to collect, to gather.
COLECCIONISTA, collector.
COLECTA, collection, receipts, assessment.
COLECTIVIDAD, community.
—— AGRARIA, agricultural community.
—— COMERCIAL, business community.
COLECTIVO, small public bus, colective, group, joint.
COLECTOR, collector, intercepting sewer.
—— DE POLVO, dust collector.
—— DE RENTAS INTERNAS, collector of internal revenue.
—— FISCAL o DE IMPUESTOS, tax collector.
COLECTURÍA, collector's, office tax office.
COLEGA, colleague, associate, fellow member.
—— DE PROFESIÓN, fellow practitioner.
COLEGIARSE, to form an association.
COLEGIATURA, college tuition.
COLEGIO, professional association.
—— DE ABOGADOS, bar association.
—— DE CORREDORES, brokers' association or syndicate.
—— DE INGENIEROS, society or association of engineers.
—— INTERNO o PUPILAJE, boarding school.
COLGADERO, hanger, clothes rack.
COLGADO, DEJAR, to disappoint.
COLGAR, to hang.
—— EL RECEPTOR o EL AUDÍFONO, to hang up.
—— EL TELÉFONO, to hang up.
COLGARSE DE, to hang on.
COLISIÓN, collision, clash, opposition.
—— DE DERECHOS, conflict of rights.
COLMO, heap, pile, finish, completion.
—— DE, PARA, on top of.
——, SER EL, to be the limit.
COLOCACIÓN, position, situation, employment.
—— DE CARTELES, billposting.
—— PRIVADA DE VALORES, private placement.
COLOCADOR, placer, locater.
—— DE ANUNCIOS, billposter.
—— DE PÓLIZAS, insurance agent.
COLOCAR, to lay down, to place, to locate, to set, to allocate, to place in a job.
—— A INTERESES, to place at interest.
—— O INVERTIR DINERO, to invest money.
—— SEGUROS, to place insurance.
—— UN EMPRÉSTITO, to float a loan.
—— UN PEDIDO, to place an order.
—— VALORES, to float securities.
COLOCARSE, to get a job.
COLONIA, sugar plantation, farm.
—— CAÑERA, sugar plantation.
—— DE TRABAJO, labor camp.
—— PROLETARIA, working-class district.

COLONO, sugar planter, settler.
COLOR, color.
—— DEL PRODUCTO, product color.
—— FIJO, fast color.
COLORADO, PONERSE, to blush.
COLORANTE, dye, dyestuff.
COLORANTES DE ANILINA, aniline dyes.
COLUMNA, column (all senses).
—— DE DISTRIBUCIÓN, distribution column.
—— DE LOS CARGOS o DE LOS ADEUDOS, debit column.
—— DE NÚMEROS DE CUENTAS, account number column.
—— DE TARJETA, card column.
—— DE TOTALES, total column.
—— DE VARIOS, miscellaneous column.
—— DEL HABER, credit column.
—— PARA SALDOS, balance column.
COLUMNAS
—— CONMUTATIVAS o DE CONMUTACIÓN, conmutation columns.
—— DE ANÁLISIS, analysis columns.
—— DE PROPÓSITOS MÚLTIPLES, multi-purpose columns.
COLUMNAR, columnar, ruled in columns.
COLUMNISTA, columnist.
COLUMPIAR o BALANCEAR o MECERSE o COLUMPIO, swing.
COLUMPIARSE, to waddle.
COLUSIÓN, collusion.
COMANDANTE, shipmaster, captain.
COMANDITA, silent partnership.
—— POR ACCIONES, joint-stock company, stock association.
COMANDITARIO, special partner.
COMANDO, authority, control.
—— OBRERO, labor leaders.
COMBINACIÓN, combination, cartel, compounding, mixing.
—— DE EMPRESAS EN EL MISMO GIRO DE NEGOCIOS, lateral integration.
—— DE EMPRESAS PARA REPARTO DE CARGA, tonnage pool.
—— DE INTERESES, pooling of interests.
—— DE LA CAJA FUERTE, combination of the safe.
—— DE PRODUCTOS, product mix.
—— MERCANTIL o DE NEGOCIOS, business combination.
—— VERTICAL, vertical trust or consolidation.
COMBINAR, to merge, to combine, to consolidate.
—— CON, match with.
COMBUSTIBLE, fuel, combustible.
—— PARA BARCOS, bunkers.
COMBUSTÓLEO, fuel oil.
—— DE CALEFACCIÓN, furnace oil.
—— DIESEL, diesel oil.
—— PARA BUQUES, bunker oil.
COMEDIA, comedy, play, drama.
—— MUSICAL, musical comedy.
COMENTADOR, commentator.

COMENTARISTA o COMENTADOR, commentator.
—— RADIAL, radio commentator.
COMENZADO PERO SIN TERMINAR, inchoate.
COMENZAR, to commence, to begin.
COMER, DAR DE, to feed.
COMERCIABILIDAD, marketability, merchantability.
COMERCIABLE, marketable, merchantable.
——, NO, nonmarketable.
COMERCIAL, enterprise, commercial, mercantile.
—— DE TELEVISIÓN o PROPAGANDA COMERCIAL DE TELEVISIÓN, television commercial.
——, NO, nontrade, noncommercial, nonbusiness.
COMERCIALES PARA RADIO Y TELEVISIÓN, radio and television commercials.
COMERCIALISMO, commercialism.
COMERCIALIZACIÓN, commercialization, marketing, trading.
—— AGRARIA, agricultural marketing.
—— CENTRALIZADA, central merchandising.
—— DE VALORES, marketing of securities.
—— DEL NUEVO PRODUCTO, new-product commercialization.
—— DEL PETRÓLEO, oil marketing.
COMERCIALIZAR, to commercialize, to market, to merchandise.
COMERCIANTE, dealer, jobber, distributor, businessman, tradesman.
—— A COMISIÓN, commission merchant, factor.
—— AL MENUDEO AUTORIZADO, franchised retail dealer.
—— ALMACENISTA, middleman, jobber, wholesaler.
—— AMBULANTE, peddler.
—— CALLEJERO o VENDEDOR AMBULANTE, peddler.
—— COMISIONISTA, commission mechant, factor.
—— DE AUTOMÓVILES, automobile dealer.
—— DE BIENES DE CONSUMO, perishable food dealer.
—— DE COMESTIBLES, grocer.
—— DE CHATARRA, junkman.
—— DE EQUIPO, equipment dealer.
—— DE GÉNEROS DE LANA, woolen dealer.
—— DE NEUMÁTICOS o LLANTAS, tire dealer.
—— DE PAPEL, paper dealer.
—— DE VERDURAS, vegetable dealer.
—— DETALLISTA o MINORISTA, retailer.
—— EN BIENES RAÍCES, real-estate broker, realtor.
—— DE LANAS o LANERO, wool dealer.
—— EN PEQUEÑO o PEQUEÑO COMERCIANTE, small merchant.
—— EXPORTADOR, exporter, export merchant.
—— EXPORTADOR o IMPORTADOR, foreign trader.
—— IMPORTADOR, indent or import marchant, importer.
—— INDIVIDUAL, individual trader.
—— INTERMEDIARIO, merchant middleman, middleman, jobber.
—— MAYORISTA o AL POR MAYOR, wholesaler.
—— O NEGOCIANTE DE SEGUNDA MANO, secondhand dealer.
—— REGIONAL o LOCAL, local merchant.

COMERCIAR o NEGOCIAR, to trade, to market, to deal.
—— CON, trade with.
COMERCIO, commerce, trade, business, store, shop.
—— A COMISIÓN, commission business.
—— AUTOMOTRIZ, automobile business.
—— COLONIAL, colonial trade.
—— CON TODOS LOS PAÍSES, over-all trade.
—— DE CABOTAJE, coast trade, coastwise trade.
—— DE COMISIÓN, commission business.
—— DE EXPORTACIÓN, export trade.
—— DE FUTUROS, futures trading.
—— DE GÉNEROS DE LANA, woolen trade.
—— DE IMPORTACIÓN, import trade.
—— DE LA SEDA, silk trade.
—— DE TELAS, dry-goods store, dry-goods business.
—— DE TRANSPORTE, carrying trade.
—— DE ULTRAMAR o DE ALTURA, overseas trade.
—— DE VINOS o VINATERÍA, wine trade.
—— DE LINO, linen trade.
—— EN GRANDE, big business.
—— EQUITATIVO, fair trade.
—— EXTERIOR o FORÁNEO, foreign trade, external trade.
—— FRONTERIZO, trade across the border.
—— INTERESTATAL o ENTRE ESTADOS, interstate commerce.
—— INTERIOR o INTERNO, domestic trade.
—— INTERNACIONAL, international trade.
—— LEAL o RECÍPROCO, fair trade.
—— LIBRE, fee trade.
—— MARÍTIMO, ocean trade.
—— MAYORISTA, wholesale trade.
—— MINORISTA o AL DETALLE, retail trade.
—— MINORISTA o AL MENUDEO, retail trade, retail store.
—— MINORISTA DE COMESTIBLES, food retailer.
—— MUNDIAL, world trade.
—— NACIONAL domestic commerce.
—— O NEGOCIO AL POR MAYOR, wholesale business.
—— O NEGOCIO DE LANA wool trade.
—— O NEGOCIO RECÍPROCO, two-way trade.
—— PECUARIO, cattle trade.
—— PRENDARIO, pawnbroking.
COMESTIBLES, provisions, foodstuffs.
—— CONGELADOS, frozen foods.
COMETER, to entrust, to commit, to charge, to order.
—— FALTAS, to make mistakes.
—— FRAUDE, to be guilty of fraud.
—— UN ERROR, to make a mistake.
COMICIOS, election.
—— O PRELIMINARES o FUNDAMENTAL, primary.
COMIDA, dinner.
COMIDILLA o HABLADURÍA DE UN PUEBLO, town talk.
COMILLAS, quotation marks.
COMISARÍA, commissary, police headquarters.

COMISARIO, deputy, delegate, commissioner, police official.
—— **DE COMERCIO,** trade commissioner.
—— **DE PATENTES,** commissioner of patents.
—— **DE SEGUROS,** superintendent of insurance.
COMISIÓN, committee, commission, order, assignment.
——, **A,** on commission.
—— **ASESORA o CONSULTORA,** advisory commission, consulting board.
—— **BANCARIA,** bank charge.
—— **DE BOLSA DE VALORES,** exchange commission.
—— **DE COBRO,** collection fee.
—— **DE COMERCIO,** board of trade.
—— **DE COMPRA,** buying or purchasing commission.
—— **DE CONTABILIDAD,** board of accountancy.
—— **DE CORREDOR,** broker's commission.
—— **DE CORRETAJE,** brokerage commission.
—— **DE DIVISAS o DEL CONTROL DE CAMBIOS,** exchange control board.
—— **DE ENCUESTA,** factfinding board.
—— **DE FINANZAS,** finance committee.
—— **DE GARANTÍA,** commission of a guarantee broker.
—— **DE HIGIENE,** board of health.
—— **DE INVESTIGACIÓN,** board of inquiry.
—— **DE LOS SUBSCRIPTORES,** underwriting commission.
—— **DE MEDIOS Y ARBITRIOS,** ways and means committee.
—— **DE OPERARIOS,** shop committee, plant committee.
—— **DE RENOVACIÓN,** renewal commission.
—— **DE RESERVA FEDERAL,** federal reserve board.
—— **DE REVISIÓN CONTABLE,** audit committee.
—— **DE SALARIOS o JUNTA REGULADORA DE JORNALES,** wage board.
—— **DE SERVICIOS PÚBLICOS,** public-service commission.
—— **DE TRANSPORTISTA,** forwarding fee.
—— **DE UN CONVENIO,** commitment fee.
—— **DE VALORES Y BOLSA,** securities and exchange commission.
—— **DE VENTA,** selling commission.
—— **DE VIGILANCIA,** vigilance committee.
—— **DIFERIDA EN VENTAS,** deferred sales commission.
—— **DIRECTIVA o EJECUTIVA,** executive committee.
——, **EN,** on commission.
—— **FEDERAL DE COMERCIO,** Federal Trade Commission.
—— **INDIVIDUAL,** individual commitment.
—— **MIXTA,** joint committee.
—— **PLANIFICADORA,** planning board.
—— **POR CAJA DE SEGURIDAD DE CUSTODIA,** safe-deposit rental fees.
—— **POR DEVOLUCIÓN,** return commission.
—— **POR PAGAR,** commission receivables.
—— **PROTECTORA o COMITÉ PROTECTOR,** protective committee.
—— **SOBRE SOLICITUD DE PRÉSTAMO,** procuration fee.
—— **SOBRE VENTAS,** commission on sales.
—— **VENCIDA,** commission due.
—— **Y GASTOS,** fee and expenses.
COMISIÓN
—— **ARANCELARIA o DE DERECHOS ADUANEROS,** Tariff Commission (USA).
—— **DE ENERGÍA ATÓMICA,** Atomic Energy Commission.
—— **DE RESERVA FEDERAL,** Federal Reserve Board (USA).
—— **DE VALORES,** Securities Commission.
—— **DE VALORES Y BOLSA,** Securities and Exchange Commission (USA).
COMISIONES
—— **A PAGAR,** payable commissions.
—— **A RECIBIR o COMISIONES POR COBRAR,** receivable commissions.
—— **ACUMULADAS,** accrued commissions.
—— **AL CORREDOR,** brokerage fees.
—— **DE LOS COMERCIANTES,** merchant fees.
—— **DE VENDEDORES,** salesmen's commission.
—— **GANADAS,** earned commissions.
—— **POR VENTAS,** sales commissions.
COMISIONADA, woman commissioner.
COMISIONADO, commissioner, deputy, marshal.
COMISIONAR, to commission, to empower, to appoint.
COMISIONISTA, commission man, commission merchant.
—— **DE ACCIONES,** stockbroker.
—— **DE BOLSA,** stockbroker.
—— **DE TRANSPORTE,** forwarder, shipping agent, freight broker.
—— **EXPEDIDOR,** forwarding merchant.
COMITÉ, committee, commission.
—— **ADMINISTRADOR,** managing committee, executive committee.
—— **ADMINISTRATIVO,** administrative committee.
—— **ASESOR o CONSULTIVO,** advisory committee, advisory board.
—— **COORDINADOR,** coordinating committee.
—— **DE AFOROS,** board of appraisers.
—— **DE ASESORÍA ADMINISTRATIVA,** management advisory committee.
—— **DE AUDITORÍA,** audit committee.
—— **DE DESARROLLO DE LA SOCIEDAD ANÓNIMA,** corporate development committee.
—— **DE DESARROLLO DE PRODUCTOS,** product development committee.
—— **DE EMPRESA o COMISIÓN DE OPERARIOS o CONSEJO DE TALLER,** works council.
—— **DE FINANZAS o FINANCIERO,** finance committee.
—— **DE LA JUNTA DIRECTIVA,** board's committee.
—— **DE PLANIFICACIÓN DEL PRODUCTO,** product-planning committee.
—— **DE PRÉSTAMOS,** loan committee.

—— DE PRESUPUESTOS, budget committee.
—— DE SUPERVISIÓN, supervisory committee.
—— DIRECTIVO, managing committee, executive committee.
—— EJECUTIVO, executive committee.
—— EJECUTIVO BANCARIO, bank's executive committee.
—— FIDUCIARIO, board of trustees.
—— PERMANENTE o COMISIÓN PERMANENTE, standing committee.
—— PLANIFICADOR, planning board.
COMITIVA, delegation, party, group.
CÓMO, ¡TOMA!, ¡QUÉ!, how?, ca!, why!, you don't say!
—— DE COSTUMBRE o COMO SIEMPRE, as usual.
—— DICE o SEGÚN LAS PALABRAS, in the words of.
—— ES ESO?, how so.
—— ESTÁ USTED?, how are you?.
—— ESTÁN LAS COSAS, as things stand.
—— LA MUESTRA o IGUAL A LA MUESTRA, equal to sample.
—— NO, why not? certainly.
—— QUIERE QUE, inasmuch as, in any event.
—— SALE DE LA FÁBRICA, factory-run.
—— USTED GUSTE, as you please.
—— USTED QUIERA o COMO LE PAREZCA MEJOR, as you think fit.
COMODATO, loan.
COMODIDAD, comfort, accommodation.
COMODIDADES, facilities, accommodations, conveniences.
—— MODERNAS, modern conveniences.
CÓMODOS PLAZOS, ease terms.
COMPADECERSE, to feel sorry for, to take pity on.
COMPAGINACIÓN (publicidad), layout.
COMPAGINAR, to arrange, to put in order, to number pages.
COMPAÑERO, associate, colleague.
—— DE CUARTO, roommate.
—— DE EQUIPO o DE JUEGO, teammate.
—— DE JUEGO, playmate.
—— DE TRABAJO, fellow workman, peer.
—— Y AYUDANTE, helpmate.
COMPAÑÍA, company, corporation, partnership.
—— AFIANZADORA o DE FIANZAS, bonding or surety company.
—— AFILIADA o ASOCIADA, affiliated or associated company, related company.
—— AGRARIA, agricultural enterprise.
—— ANÓNIMA, stock company, corporation.
—— ANÓNIMA DE SEGUROS, stock insurance company.
—— ANTECESORA, preceding company.
—— ANTICUADA, old-fashioned company.
—— ANUNCIADORA, advertising agency.
—— APROBADA o AUTORIZADA, approved company, admitted company.
—— ARMADORA o NAVIERA, shipping company.
—— ASEGURADORA o DE SEGUROS, insurance carrier or company.
—— ASOCIADA, allied company.
—— BANCARIA o DE BANCA, banking company.
—— CENTRALIZADA, centralized firm.
—— CESIONARIA, reinsuring company.
—— COMANDITARIA, special partnership.
—— COMERCIAL, commercial company.
—— CONGLOMERADA, conglomerate company.
—— CONSTRUCTORA, construction company.
—— CONTROLADA, controlled company.
—— CONTROLADORA, holding company.
—— CONTROLADORA BANCARIA, branch holding company.
—— CONTROLADORA o DOMINANTE, controlling company, holding company.
—— CUASIPÚBLICA, cuasi-public company.
—— DE ALIMENTOS, food company.
—— DE AVIACIÓN o DE TRANSPORTE AÉREO, airline.
—— DE BIENES RAÍCES, real estate firm.
—— DE COMERCIALIZACIÓN o DE DISTRIBUCIÓN, merchandising company.
—— DE COMPUTACIÓN DE TIEMPO COMPARTIDO, time-sharing company.
—— DE CRÉDITO COMERCIAL, finance or commercial credit company.
—— DE FINANCIAMIENTO PERSONAL, personal finance company.
—— DE GAS, gas company.
—— DE INFORMACIÓN FINANCIERA, financial information company.
—— DE INVERSIÓN ABIERTA, open-end company.
—— DE INVERSIÓN CERRADA, closed-end company.
—— DE INVERSIONES, investment trust, investing company, mutual fund.
—— DE INVERSIONES ADMINISTRADA, management-investment company.
—— DE LUZ Y FUERZA MOTRIZ, light and power company.
—— DE NAVEGACIÓN, shipping company.
—— DE PRÉSTAMOS, loan company.
—— DE PRÉSTAMOS INDUSTRIALES, industrial loan company.
—— DE RESPONSABILIDAD LIMITADA, limited company, limited-liability company.
—— DE SEGUROS CONTRA INCENDIOS, fire insurance company.
—— DE SEGUROS CONTRA INCENDIOS Y ACCIDENTES, fire and casualty company.
—— DE SEGUROS DE VIDA, life insurance company.
—— DE SEGUROS DE VIDA QUE MANEJA ACCIONES, stock life insurance company.
—— DE SEGUROS MARÍTIMOS, marine insurance underwriters.
—— DE SEGUROS MUTUALISTAS, mutual life insurance company.
—— DE SEGUROS MUTUOS, mutual insurance company.
—— DE SERVICIO EXPRESO, express company.
—— DE SERVICIO PÚBLICO, public-service company, public utility company.

—— DE SERVICIOS DE BANCO PRIVADO, private bank service company.
—— DE SERVICIOS FINANCIEROS, financial services company.
—— DE SUSCRIPCIÓN DIRECTA, direct-writing company.
—— DE TELÉFONOS, telephone company.
—— DE TELÉGRAFO, telegraph company.
—— DE TIENDAS EN CADENA, chain store company.
—— DE TRANSPORTE AÉREO, airline, air carrier.
—— DE TRANSPORTE NO APROBADA, nonadmitted carrier.
—— DE TRANSPORTE RÁPIDO, express carrier.
—— DE TRANSPORTE VIAL o EMPRESA CAMIONERA, motor carrier.
—— DE UTILIDAD PÚBLICA, public-utility company.
—— DE VENTAS AL MAYOREO o COMERCIO MAYORISTA, wholesale trade.
—— EMISORA, borrowing company.
—— EN COMANDITA POR ACCIONES, joint stock company.
—— EN FASE DE DESARROLLO, development stage enterprise.
—— EXTRANJERA, foreign corporation.
—— FIADORA, bonding company.
—— FIDUCIARIA o INSTITUCIÓN DE FIDEICOMISO, trust company.
—— FILIAL o DOMINADA, subsidiary company.
—— FILIAL o SUBSIDIARIA, subsidiary company.
—— FINANCIERA, finance company.
—— FINANCIERA "DE GRUPO", captive finance company.
—— FINANCIERA PRINCIPAL, major finance company.
—— FISCALIZADA, government enterprise.
—— FUSIONADA o INCORPORADA A OTRA, merged company, company absorbed by another.
—— INDUSTRIAL, industrial company.
—— INMOBILIARIA, real estate company.
—— INVERSIONISTA, investment company.
—— LOCAL DE ELECTRICIDAD, local electric utility.
—— MATRIZ, parent company.
—— MATRIZ BANCARIA, branch holding company.
—— MATRIZ DE BANCA MÚLTIPLE, multibank holding company.
—— MATRIZ o PRINCIPAL, parent company.
—— MATRIZ PRINCIPAL, top holding company.
—— MATRIZ QUE CONTROLA UN BANCO COMERCIAL, one-bank holding company.
—— MERCANTIL, corporation, partnership.
—— MINERA o DE MINAS, mining company.
—— MULTINACIONAL, multinational company.
—— MUTUALISTA DE INVERSIONES, mutual investment company.
—— NACIONAL, domestic concern.
—— NO AFILIADA, unaffiliated company.
—— NO AUTORIZADA, outlaw company.
—— NO OPERANTE, nonoperating company.
—— O EMPRESA PROPIEDAD DEL OBRERO, worker-owned company.
—— O FIRMA DE LA BOLSA, stock-exchange house.
—— O SOCIEDAD ANÓNIMA o COMPAÑÍA POR ACCIONES, stock company.
—— OPERADORA, operating company.
—— PAPELERA, paper company.
—— PETROLERA, oil company.
—— POSEÍDA EN EL EXTRANJERO, foreign-owned company.
—— PREDECESORA o ANTECESORA, predecessor company.
—— PROPIEDAD DEL GOBIERNO, government-owned company.
—— PROPIETARIA, proprietary company, close corporation.
—— REASEGURADORA, reinsuring company.
—— SUBSCRIPTORA, direct-writing company.
—— SUBSIDIARIA, subcompany, underlying company.
—— SUBSIDIARIA CONTROLADA POR INTERÉS MAYORITARIO, majority-held subsidiary.
—— SUBSIDIARIA EXTRANJERA o EN EL EXTRANJERO, foreign subsidiary.
—— SUPERVIVIENTE, surviving company.
—— TENEDORA DE ACCIONES, holding company.
—— TENEDORA DE ACCIONES PERSONALES, personal holding company.
—— TERRATENIENTE, real-estate company.
—— URBANIZADORA, real estate development company.
—— VENDEDORA DE MEDICAMENTOS AL MAYOREO, wholesale drug company.
COMPAÑÍAS
—— CONSTITUYENTES o INTEGRANTES DE UN GRUPO, constituent companies.
—— DE ELECTRICIDAD, electrical utilities.
—— INVERSIONISTAS EN PEQUEÑAS EMPRESAS, small business investment companies.
COMPARABILIDAD, comparability.
COMPARACIÓN, comparison.
—— DIRECTA, direct matching.
COMPARAR, to compare, to collate.
COMPARECENCIA, appearance.
COMPARECER, to appear.
COMPARTIMIENTO, compartment, bedroom.
—— DE EQUIPAJE, baggage compartment.
COMPARTIR, to distribute, to divide, to share.
COMPASIÓN, mercy.
COMPATIBILIDAD, compatibility.
COMPATIBLE CON, consistent with.
COMPENDIO, compendium, summary.
COMPENSACIÓN, compensation, balancing, pay, hedging.
—— A LARGO PLAZO, long-term compensation.
—— DE CHEQUES, clearance of checks.
—— DE EMPLEADOS o ASALARIADOS, compensation of employees.
—— DE SALDOS EN EFECTIVO, compensation cash balances.
—— DE VALORES, clearing securities.

COMPENSACIONES—COMPOSICIÓN

—— EN TRANSACCIONES, hedging.
—— ESTATAL POR DESEMPLEO, state unemployment compensation.
—— LEGAL POR ACCIDENTES DE TRABAJO, workmen's compensation.
—— O RETRIBUCIÓN PARA VACACIONES, vacation pay.
—— OBLIGATORIA, compulsory compensation.
—— POR ACCIDENTES DE TRABAJO, workmen's compensation.
—— POR PARO o SEGURO DE CESANTÍA o PARO, unemployment compensation.
—— VACACIONAL, vacation pay.
COMPENSACIONES
—— BANCARIAS o DE CHEQUES, check or bank clearings.
—— BANCARIAS SIN CARGO POR COBRO, par collection.
—— POR ENFERMEDAD, sickness benefits.
COMPENSAR, to compensate, to balance, to equilize, to clear.
—— UNA PÉRDIDA, to make up for a loss.
COMPETENCIA, competition, competence, fitness, capacity.
—— ABIERTA AL MUNDO ENTERO, wide-open competition.
—— AJENA A LOS PRECIOS, nonprice competition.
—— COMERCIAL DESLEAL, unfair trade competition.
—— DE ATLETISMO o DE PISTA Y CAMPO, track meet.
—— DE CANALES DE DISTRIBUCIÓN, marketing channel competition.
—— DE COMERCIANTES, dealer contest.
—— DE PRECIOS, price competition.
—— DE PRODUCTOS, product competition.
—— DESENFRENADA o DESPIADADA, unrestrained competition.
—— DESLEAL o INJUSTA, unfair competition.
—— DESTRUCTIVA o RUINOSA, destructive competition.
—— EN COMERCIO EXTERIOR, competition in foreign trade.
—— EN EL COMERCIO INTERNACIONAL, competition in international trade.
—— EN LOS NEGOCIOS o EN OPERACIONES MERCANTILES, competition in business.
—— EN TODOS LOS RAMOS, across-the-board competition.
—— EXTRANJERA o EN EL EXTRANJERO, foreign competition.
—— FACTIBLE o VIABLE, workable competition.
—— IMPERFECTA, imperfect competition.
—— INTERNACIONAL, international competition.
—— JUSTA o IMPARCIAL, fair competition.
—— LEAL, fair trade.
—— MONOPOLISTA, monopolistic competition.
—— NACIONAL o INTERNA, domestic competition.
—— PERFECTA, perfect competition.
—— POR LA GANANCIA, competition for profit.
—— PURA, pure competition.
COMPETENTE, competent, capable, apropriate.

COMPETIDOR, competitor, competitive.
—— POTENCIAL, potential competitor.
COMPETIR, to compete, to contest
—— CON o CONTRA, compete with.
COMPETITIVO, competitive.
COMPILACIÓN, compilation.
—— DE ESTADOS FINANCIEROS o DE BALANCE, compilation of financial statements.
COMPILADOR, compiller, reporter.
COMPILAR, to compile.
COMPLACIDO, pleased, satisfied.
COMPLACIENTE o CONDESCENDIENTE, yielding.
COMPLEJIDAD, complexity.
—— TECNOLÓGICA, technological complexity.
COMPLEJO, complex.
—— DE ESTACIONAMIENTO, parking complex.
—— DE INFERIORIDAD, inferiority complex.
—— DE SUPERIORIDAD, superiority complex.
COMPLEMENTO, complement.
COMPLETAMENTE o ENTERAMENTE o DEL TODO, quite.
—— EQUIVOCADO, dead wrong.
—— MUDO, stone-dumb.
COMPLETAR UN NEGOCIO, strike a bargain.
COMPLETO, finished, complete, full.
COMPLICACIÓN, complication.
COMPLICADO, involved.
COMPLICAR o COMPROMETER, to involve.
COMPLICIDAD MASIVA, massive collusion.
COMPONENDA, compromise, settlement.
COMPONENTE, componeńt, element.
—— DE ALMACENAMIENTO, storage component.
—— DE CONSUMO, input component.
—— DE PRODUCCIÓN, output component.
COMPONER, to make out, to compose, make up.
COMPONÉRSELAS, to manage, to make out.
COMPORTAMIENTO, behavior.
—— DEL CONSUMIDOR, consumer behavior.
—— DEL COSTO, cost behavior.
—— DEL PRECIO DE ACCIONES, stock price performance.
—— ECONÓMICO, economic behavior.
—— EN EL MERCADO DE PRUEBA, test-market performance.
—— ÉTICO, ethical behavior.
—— HUMANO, human behavior.
—— INDUSTRIAL, industrial behavior.
—— O CONDUCTA POLÍTICA, political behavior.
COMPOSICIÓN, composition, adjustment, settlement.
—— A MANO, hand composition, typesetting by hand (printing).
—— DE LA LÍNEA DE PRODUCTOS, product-line composition.
—— DE LA MERCADOTECNIA, marketing mix.
—— DEL CAPITAL, capital composite, asset structure.
—— DEL COSTO, cost breakdown.
—— EN LINOTIPO, linotype.
—— MECÁNICA, machine typesetting.
—— PROCESAL, settlement out of court.

—— TIPOGRÁFICA, typesetting.
COMPOSITOR, typesetter, compositor.
COMPOSTURA, rapair, overhauling.
COMPRA o ADQUISICIÓN, purchase, purchasing, buying.
—— A CRÉDITO o EN ABONOS, credit purchase.
—— A PLAZOS, installment buying.
—— A PRECIOS ESCALONADOS, scale buying.
—— ADICIONAL DE ACCIONES A MENOR PRECIO QUE LAS ORIGINALES, averaging down.
—— AL CONTADO, buying for cash.
—— COMPENSADORA, buying hedge.
—— CON TARJETA DE CRÉDITO, credit-card buying.
—— DE EMPRESAS, business purchasing.
—— DE TEMPORADA, seasonal purchase.
—— DE VALORES A PRECIO GLOBAL, lump-sum purchases.
—— DE VALORES PARA EFECTUAR UNA TRANSACCIÓN CORTA, short covering.
—— DIRECTA, direct buy.
—— EN COOPERATIVA DE TIENDAS INDEPENDIENTES, group buying.
—— EN FIRME, outright purchase.
—— GLOBAL o DE CONJUNTO o COMPRA EN CANASTA, basket purchase.
—— INTERMEDIA, intermediate purchase.
—— NO REGISTRADA, unrecorded purchase.
—— PARA ENTREGA INMEDIATA, sport purchase.
—— PARA USO INMEDIATO, hand-to-mouth buying.
—— POR TELECOMUNICACIÓN, telecommunication shopping.
—— SOBREVALUADA, overstated purchase.
—— SUBVALUADA, understated purchase.
—— Y LIQUIDACIÓN SUBSIGUIENTE, round turn.
—— Y VENTA DE ACCIONES POR EMITIR, when-issued trading.
COMPRAS, purchases.
—— A CRÉDITO, purchases on account.
—— A TÉRMINO, buying of futures.
—— CARGADAS EN CUENTA, charge purchases.
—— COMPENSADORAS o DE PREVISIÓN, hedge purchases.
—— DE COBERTURA, short covering.
—— DEL GOBIERNO, government purchases.
—— DEVUELTAS, purchases returned.
—— EN ABONOS, installment buying.
—— EN EL EXTRANJERO, offshore purchasing.
—— EN PLAZA, local purchases.
—— EXCESIVAS, overbought.
—— NETAS, net purchases.
—— PARA FUTURO, forward buying.
—— RECÍPROCAS, reciprocal buying.
COMPRADO o ADQUIRIDO, purchased
COMPRADOR, buyer, purchaser, vendee, client.
—— CON LÍMITE MÁXIMO DE PRECIO, marginal buyer.
—— CONSUMIDOR, consumer buyer.
—— DE BIENES RAÍCES, real estate purchaser.
—— DE BUENA FE, bona fide purchaser.
—— DE LA CONCESIÓN, franchisee.

—— DOMÉSTICO o NACIONAL, home buyer.
—— INSTITUCIONAL, institutional buyer.
—— RESIDENTE, resident buyer.
—— VIAJANTE, traveling buyer.
COMPRAR o ADQUIRIR o MERCAR, to purchase, to buy.
—— A COMISIÓN, to buy on commission.
—— A CRÉDITO o AL FIADO, to buy on credit.
—— A MENOR PRECIO QUE LO QUE VALE, underbuy.
—— A o DE, to buy from or purchase from.
—— A PLAZOS o EN ABONOS, to buy on installments or on time.
—— A PRECIOS ESCALONADOS o EN ESCALA, to buy on a scale.
—— AL POR MAYOR, to buy at wholesale.
—— CON REBAJA, to buy at a discount.
—— DE SEGUNDA MANO, to buy secondhand.
—— EN FIRME, to buy outright.
—— EN REMATE, to buy at auction.
—— POR CUENTA DEL DUEÑO, buy in.
—— POR CUOTAS, to buy on the installment plan.
COMPRAVENTA, bargain and sale, buying and selling, sale.
—— A FUTURO, futures trading.
—— DE TERRENOS, land deal.
—— DE VALORES, securities trading.
COMPRENSIÓN, comprehension, understanding.
COMPROBACIÓN, check, proof, verification.
—— CONTRA JUSTIFICANTES, vouching.
—— DE EFICACIA DEL ANUNCIO, copy testing.
—— DE EXISTENCIAS, stock check.
—— DE LA DEUDA, proof of debt.
—— DE LOS PASES AL MAYOR, proof of ledger posting.
—— DE MERCADOS, market test.
—— DE UNA DEUDA, evidence of indebtedness.
—— DE UNA SOLUCIÓN, check on a solution.
—— DEL ESTADO DE CUENTA, bank reconciliation.
—— DEL PRECIO UNITARIO, unit price proof.
—— DEL PRODUCTO, product testing.
—— DIARIA DE ENTRADAS Y SALIDAS, teller's proof.
—— INTERNA, internal check.
—— LÍNEA POR LÍNEA, line-by-line proof.
—— PERIÓDICA o VERIFICACIÓN PERIÓDICA, periodic checkup.
COMPROBADO EN LABORATORIO, laboratory-tested.
COMPROBANTE o VALE o JUSTIFICANTE, voucher.
—— AUDITADO, audited voucher.
—— DE ADEUDO, evidence of indebtedness.
—— DE ASIENTO, proof of posting.
—— DE CAJA CHICA, petty cash voucher.
—— DE CARGO, charge voucher.
—— DE DESEMBOLSO, 'disbursement voucher.
—— DE DIARIO, journal voucher.
—— DE EQUIPAJE, baggage check.
—— DE EXPORTACIÓN, export certificate.
—— DE GASTOS, expense voucher.
—— DE GUARDARROPA, coatroom check.
—— DE PAGO, receipt.
—— DE RECEPCIÓN DE MATERIALES, materials receipt.

—— DE RETIRO DE FONDOS, withdrawal voucher.
—— DE TRASPASO, transfer voucher.
—— DE VENTA, bill of sale.
—— DE VENTA CON DESCUENTO DEL COMERCIANTE, discounting merchant's sales voucher.
COMPROBANTES, vouchers.
—— A PAGAR, vouchers payable.
—— APROBADOS PARA PAGO, vouchers approved for payment.
—— DE PAGO EFECTUADOS, vouchers paid.
—— DE LOS DOCUMENTOS DE NÓMINA, vouching of payroll.
—— DE LOS EGRESOS DE CAJA CHICA, vouching of petty cash disbursements.
—— DE PLAZOS, installment vouchers.
COMPROBAR o VERIFICAR, to check, to verify, to prove.
—— DE NUEVO, recheck.
—— LA CAJA, to prove the cash.
COMPROMETER, to bind, to compromise, to appropriate, to promise.
—— LOCALIDADES, to book seats.
COMPROMETERSE, to become liable, to undertake.
—— A o RESPONDER DE, to undertake.
COMPROMETIDO, bound.
COMPROMISO, engagement, obligation, compromise, commitment.
—— A LARGO PLAZO, long-term commitment.
—— ARBITRAL, arbitration agreement.
—— DE ARRENDAMIENTO, lease commitments.
—— DE COMPRAVENTA, agreement of sale.
—— DE CRÉDITO, credit obligation.
—— DE JUBILACIÓN, pension commitment.
—— EVENTUAL, contingent liability.
—— INDIVIDUAL, individual commitment.
—— PARA UN DESEMBOLSO FUTURO, commitment.
—— PERSONAL o ENCOMIENDA PERSONAL, personal commitment.
—— PREVIO, previous engagement.
COMPROMISOS Y CONTINGENCIAS, commitments and contingencies.
COMPTÓMETRO, comptometer.
COMPUERTA, hatch, floodgate, gate.
—— DE ESCLUSA, lock gate.
—— PARA AGUA, water gate.
COMPUESTO, compound (interest), arranged, repaired.
COMPULSIÓN, duress.
COMPUTABLE, computable, admitted (assets).
COMPUTACIÓN, calculation, computation.
COMPUTADORA, computer.
—— ANALÓGICA, analogue computer.
—— ASÍNCRONA, asynchronous computer.
—— AUXILIAR o DE RESERVA, auxiliary computer.
—— CENTRAL, central computer.
—— DE CONTROL DE INVENTARIO, inventory-control computer.
—— DE CONTROL DE PASAJES DE AVIÓN, flight-reservation computer.
—— DE PROGRAMA ALMACENADO, stored-program computer.
—— DE TIEMPO COMPARTIDO, time-shared computer.
—— DE USO GENERAL, general-purpose computer.
—— DIFERENCIAL, incremental computer.
—— DIGITAL, digital computer.
—— ELECTRÓNICA, electronic computer.
—— FUENTE, source machine.
—— O COMPUTADOR EXPERIMENTAL, experimental computer.
—— PERSONAL, personal computer.
COMPUTAR, to compute, to calculate, to figure.
CÓMPUTO, computation, calculation.
COMÚN, common, ordinary.
—— ACUERDO, joint consent.
——, LO, the common run.
COMUNICACIÓN, communication, dispatch, call.
—— A GRAN DISTANCIA, long-distance call.
—— ADMINISTRATIVA, managerial communication.
—— AEROTERRESTRE, air-ground communication.
—— ASCENDENTE o HACIA NIVELES SUPERIORES, upward communication.
—— DESCENDENTE o HACIA EL NIVEL INFERIOR DE ADMINISTRACIÓN, communication downward.
—— EN DOS SENTIDOS o RECÍPROCA, two-way communication.
—— INFORMAL ENTRE EMPLEADOS PARA TRANSMITIR INFORMACIÓN DE PALABRA, grape vine.
—— INTERPERSONAL, interpersonal communication.
—— MASIVA, mass communication.
—— NO VERBAL, nonverbal communication.
—— ORGANIZACIONAL, organizational communication.
—— POR CARTA, correspondence.
—— PRIVILEGIADA, privileged communication.
—— RECORDATORIA, follow-up communication.
—— TIPO PARRA o VID, grapevine communication.
COMUNICACIONES DE LARGO ALCANCE, long-range communications.
COMUNICADO, official announcement.
—— DE PRENSA, press release.
COMUNICAR, to communicate, to inform, to advise, to announce, to transmit.
COMUNICARSE, to communicate, to get in touch.
COMUNIDAD, community, district, association, society.
—— AGRÍCOLA, agricultural community.
—— BRITÁNICA, British Commonwealth of Nations.
—— COMERCIAL, business community.
—— DE BIENES, community property, joint ownership.
—— DE INTERESES, community of interests.
—— ECONÓMICA EUROPEA, European Economic Community, Euromarket.
—— RESIDENCIAL, residential community.
—— SUBURBANA o POBLACIÓN SUBURBANA, suburban community.

CON (preposición), with.
——**BUENA INTENCIÓN**, well-meant.
——**CERTEZA o EN EFECTO**, sure enough.
——**CORTO TIEMPO DE AVISO**, short notice.
——**DESCUENTO DE**, subject to discount.
——**ESO**, thereby.
——**ESTO o ENTONCES**, therewith.
——**FALSAS APARIENCIAS**, under false pretense.
——**FECHA DE o FECHADO**, under date of.
——**MANO DE HIERRO o POR LA FUERZA**, with the strong arm.
——**MUCHO GUSTO**, with great pleasure.
——**PÉRDIDA**, at a sacrifice, out of pocket.
——**PERSONAL INSUFICIENTE**, undermanned.
——**QUE o CON LO CUAL**, wherewith.
——**RAZÓN o CON JUSTICIA**, in reason.
——**RAZÓN o SIN ELLA o CORRECTO o ERRÓNEO**, right or wrong.
——**REFERENCIA A o EN CUANTO A**, in reference to.
——**RELACIÓN A o RESPECTO A**, in relation to.
——**RESPECTO A o CON RELACIÓN A**, regarding, to regard with.
——**SEGURIDAD o CON CERTEZA**, for sure.
——**TAL QUE o DE MODO QUE**, so that, provided that.
——**TAL QUE LLEGUE o SIEMPRE QUE LLEGUE**, subject to arrival.
——**TRABAJO EXCESIVO o AGOBIADO DE TRABAJO**, overworked.
CONCEBIR, to understand, to have an idea.
——**O EXTENDER UN CHEQUE**, to make out a check.
——**O EXTENDER UNA LETRA**, to draw a bill of exchange.
CONCEDER, to grant, to allow, to concede.
——**CRÉDITO u OTORGARLO**, to extend credit, to grant credit.
——**EL CONTRATO**, to let the contract.
——**EXTENSIÓN o PRÓRROGA**, to grant an extension.
——**FIANZA**, act of surety.
——**INTERÉS**, to allow interest.
——**LICENCIA**, licensing, to issue a license, give leave of absence.
——**LICENCIAS**, grant licenses.
——**PLAZOS**, to give or extend terms.
——**UN DESCUENTO**, to allow a discount.
——**UN PRÉSTAMO**, to make a loan.
——**UNA COMISIÓN**, to allow a commission.
——**UNA PATENTE**, to grant a patent, to issue a permit.
——**UNA SOLICITUD**, to grant an application.
CONCEJAL, councilman.
CONCEJO, council, board.
——**DE ADMINISTRACIÓN**, board of directors.
——**MUNICIPAL**, board of aldermen, city council.
CONCENTRACIÓN, concentration, consolidation, recapitulation, summing up.
——**DE CAPITALES**, concentration of capital.
——**DE COMPRAS**, purchases cash summary.
——**DE EMPRESAS**, merger, consolidation.
——**DE PASES**, posting summary.
——**DE TRÁNSITO**, traffic congestion.
——**HORIZONTAL**, horizontal combination.
——**INDUSTRIAL**, syndicate trust.
——**VERTICAL**, vertical combination (all steps in production).
CONCEPTO, concept, idea, understanding, explanation, judgment.
——**DE CONTINUIDAD**, continuity concept.
——**DE CONTROL**, control concept.
——**DE DUALISMO**, dualism concept.
——**DE ENTIDAD**, entity concept.
——**DE FLUJO DE COSTOS**, cost-flow concept.
——**DE GASTO**, heading of expense.
——**DE MEDICIÓN**, measurement concept.
——**DE MERCADOTECNIA; COORDINACIÓN DEL PROCESO COMPLETO DE MERCADOTECNIA CON PRODUCCIÓN, FINANZAS, CONTABILIDAD, CONTROL ESTADÍSTICO Y PERSONAL**, marketing concept.
——**DE PERIODICIDAD**, periodicity concept.
CONCERNIR o ATAÑER, to pertain.
CONCERTAR, to adjust, to arrange, to agree, to conclude.
——**CITA**, to make an appointment with.
——**ENTREVISTA**, to arrange an interview.
——**NEGOCIOS**, to do business.
——**O HACER UN PACTO**, to make a deal.
——**SEGURO**, to take out insurance.
——**UN CONTRATO**, to make a contract.
——**UN PRÉSTAMO**, to negotiate a loan.
CONCESIÓN, concession, franchise, grant, rebate.
——**ARANCELARIA**, tariff concession.
——**COMERCIAL**, trade-in allowance.
——**DE AGUAS**, water concession.
——**DE CRÉDITO**, extension of credit, granting credit.
——**DE TIERRA**, land grant.
——**FISCAL**, corporate franchise.
——**MARINA (petróleo)**, offshore concession.
——**MINERA**, mining claim or concession.
——**PETROLERA**, oil concession.
——**SOCIAL**, corporate franchise or charter.
CONCESIONES A PLAZO FIJO, fixed-term franchises.
CONCESIONARIO, grantee, holder of a concession, licensee, concessionary.
——**DE LA PATENTE**, patentee, holder of a permit.
——**ÚNICO**, sole licensee.
CONCIERTO, concert, arrangement, bargain, agreement.
CONCILIACIÓN, conciliation, settlement, reconciliation.
——**A CUATRO COLUMNAS**, four column reconciliation.
——**CUADRADA**, block reconciliation.
——**DE BANCO**, bank reconciliation.
——**DE CUENTA**, reconciliation of account.
——**DE LOS EGRESOS**, reconciliation of disbursements.
——**DE LOS INGRESOS**, reconciliation of receipts.

—— DE SALDOS BANCARIOS, reconciliation of bank balances.
—— DEL SUPERÁVIT, reconciliation of surplus.
—— MENSUAL, monthly reconciliation.
CONCILIACIONES BANCARIAS DE FIN DE AÑO, year-end reconciliations.
CONCILIAR o AJUSTAR o CONCERTAR, to reconcile, to conciliate.
CONCIUDADANO, citizen.
CÓNCLAVE, meeting, assembly, convention.
CONCLUIR, to finish, to end, to close.
—— UN CONTRATO, to negotiate a contract.
—— UN NEGOCIO, to wind up an affair.
CONCLUSIÓN, conclusion, finish, inference, deduction.
CONCORDANCIA, rapport.
CONCRETERA, concrete mixer.
CONCRETO, concrete.
CONCURRENCIA, concurrence, competition, attendance, equality.
CONCURRIR, to meet, to compete, to attend, to agree.
—— A UNA LICITACIÓN, to submit a bid in competition.
—— O ACUDIR A UNA REUNIÓN, to attend a meeting.
CONCURSANTE, bidder, competitor.
CONCURSAR, to compete.
CONCURSO, contest, competition, competitive bidding, conference.
—— CON PREMIOS, prize contest.
—— DE ACREEDORES, creditor's meeting.
—— DE COMERCIANTES, dealer contest.
—— DE COMPETENCIA o DE POSTORES o DE PRECIOS, competitive bidding.
—— DE CONSUMIDORES, consumer contest.
—— DE MERECIMIENTOS, competitive examination for position.
—— DE OPOSICIÓN, competitive examination.
—— PUBLICITARIO, advertising competition.
CONCUSIÓN, extortion.
CONDADO, county.
CONDENA A PRISIÓN PERPETUA, life sentence.
CONDENACIÓN, damnation.
CONDENAR, to condemn, to disapprove, to blame.
—— O GRAVAR LOS GASTOS, to assess the costs.
—— O IMPONER UNA MULTA, to fine.
CONDICIÓN, condition, state, stipulation, specification.
—— DE QUE, A, provided that.
—— IMPLÍCITA o TÁCITA, tacit condition.
—— MALA, bad condition.
—— NECESARIA, necessary condition.
—— NEGATIVA, negative condition.
—— O EVENTO CONTABILIZABLE, accountable condition.
—— PRECEDENTE, precedent condition.
—— SUFICIENTE, sufficient condition.
CONDICIONES o TÉRMINOS o ESTIPULACIONES, terms.
—— ATMOSFÉRICAS o CLIMÁTICAS, weather conditions, climate.
—— COMERCIALES, trade terms, business conditions.
—— COMPETITIVAS o DE COMPETENCIA, competitive conditions.
—— CREDITICIAS, mercantile terms.
—— DE CONSIGNACIÓN, consignment terms.
—— DE COSTUMBRE, usual terms.
—— DE CRÉDITO o PLAZOS, terms of credit.
—— DE CRÉDITO COMERCIAL, mercantile credit terms.
—— DE ENTREGA, delivery terms.
—— DE ESCASEZ, conditions of scarcity.
—— DE EXPORTACIÓN, export status.
—— DE FIN DE MES, end-of-month terms.
—— DE LAS VENTAS MERCANTILES, mercantile terms of sale.
—— DE PAGO, payment terms, repayment terms.
—— DE PAGO ADELANTADO, prepayment terms.
—— DE PAGO AL CONTADO, cash terms.
—— DE TRABAJO o DE EMPLEO, working conditions.
—— DE VENTA A PLAZOS, installment terms.
—— DE VIDA, living conditions.
—— DEL CONTRATO, contract terms.
—— DEL DESCUENTO, discount terms.
—— INSEGURAS o NO ESTABLECIDAS, unsettled conditions.
—— LABORALES u OBRERAS, labor conditions.
—— MALSANAS o INMUNDAS, filthy conditions.
—— NORMALES, standard conditions.
—— NORMALES DE CRÉDITO, normal credit terms.
—— NORMALES DE TRABAJO, normal operating conditions.
—— O ESTADO DE LA OFERTA Y LA DEMANDA, supply-and-demand conditions.
—— O TÉRMINOS DE LA PÓLIZA, policy conditions.
—— O TÉRMINOS DE VENTA, terms of sale.
—— O TÉRMINOS SEMEJANTES, similiar terms.
CONDISCÍPULO o COMPAÑERO DE ESCUELA, schoolmate.
CONDOLENCIA, condolence.
CONDOMINIO, condominium, joint ownership, joint owner.
CONDONACIÓN o COMPENSACIÓN o BENEFICENCIA, relief.
CONDONAR, to remit debt or tax.
CONDUCCIÓN, conduction, transportation, cartage, driving.
—— DE AUTOMÓVILES, driving test.
CONDUCIR, to carry, to conduct, to drive, to convey.
—— PASAJEROS, to carry passengers.
—— TRATOS, to conduct negotiations.
—— UN TREN, run a train.
CONDUCTA, conduct, behavior, carrying, conveying.
—— ÉTICA, ethical behavior.
—— HUMANA, human behavior.

—— ORGANIZACIONAL, organizational behavior.
CONDUCTISMO, behaviorism.
CONDUCTISTA DE ORGANIZACIÓN, organizational behaviorist.
CONDUCTO, conduit, pipe line, chute.
—— DE EMBARQUE, loading chute for cattle.
—— DE RIEGO, irrigation canal.
—— O CANAL DE VENTILACIÓN, ventilation duct.
CONDUCTOR, driver, conductor, chauffer, conveyor.
—— DE ASCENSOR, elevator operator.
—— DE AUTOBÚS o DE ÓMNIBUS, bus driver.
—— DE BULTOS o PAQUETES, package conveyor.
—— DE CAMIÓN, truck driver, bus driver.
—— DE CORREA o DE BANDA, belt conveyor.
—— DE LOCOMOTORA, locomotive engineer, engine driver.
—— DE MANIOBRAS, yard conductor.
—— DE TAXI, taxi driver.
—— O DIRECTOR DE OBRAS, construction manager, resident engineer.
—— PORTÁTIL, wagon loader, portable conveyor.
CONDUCTORA, woman driver.
CONDUEÑO, joint owner.
CONEXIÓN, hookup.
CONFABULARSE, to collude.
CONFECCIÓN, manufacture (specially clothing), make-up, layout.
—— DE TARIFAS, rate making.
CONFECCIONADO, manufactured, ready-made.
—— A LA MEDIDA, made-to-order.
—— A MANO, handmade.
CONFECCIONAR, to manufacture, to prepare, to draw up, to make out.
—— ESTADÍSTICAS, to compile statistics.
—— UN ARANCEL, to make up a tariff.
—— UN PRESUPUESTO, to make an estimate, to prepare a budget.
—— UN PROYECTO, to prepare a design, to work up a plan.
CONFEDERACIÓN, federation, association, league.
—— DE TRABAJO, General Federation of Labor.
CONFERENCIA, conference, consultation, interview, lecture, pool.
—— DE PERSONA A PERSONA, person-to-person call.
—— DE PRENSA, press conference.
—— DE TELÉFONO A TELÉFONO, station-to-station call.
—— MARÍTIMA, shipping conference or pool.
CONFERENCIANTE, conferee, lecturer.
CONFERENCIAR, to consult, to confer, to lecture.
CONFERIR, to confer, to consult, to concede, to award.
—— PODERES, to empower.
—— UNA MEDALLA, to medal.
CONFESIÓN ESPONTÁNEA, voluntary confession.
CONFIABILIDAD, dependability, reliability.
—— ESTADÍSTICA, statistical reliability.

—— O SEGURIDAD DEL VENDEDOR, vendor's reliability.
CONFIABLE o DE CONFIANZA, trustworthy, reliable, dependable.
CONFIADO, presumptuous, confiding, assured.
CONFIANZA, confidence, trust, reliance.
——, DE, trustworthy, in confidence.
——, EN, confidentially, in confidence.
—— EN SÍ MISMO, self-confidence.
—— INTERPERSONAL, interpersonal trust.
—— MUTUA, mutual trust.
CONFIAR, to entrust, to commit, to trust.
—— EN, to count on, to rely on, to trust in.
CONFIDENCIA, confidence, trust, confidential information.
CONFIDENCIAL, confidential.
CONFIDENTE, confidential agent.
CONFIRMACIÓN, confirmation, acknowledgment.
—— BANCARIA, bank confirmation.
—— BANCARIA ESTÁNDAR, standard bank confirmation inquiry.
—— DE CUENTAS, confirmation of accounts, checking of balances by an auditor.
—— DE CUENTAS o FACTURAS POR COBRAR, account receivables confirmation.
—— DE EVIDENCIA, corroborating evidence.
—— DE HIPOTECAS Y PAGARÉS, mortgage-note confirmation.
—— DE INVENTARIOS, physical inventory.
—— DIRECTA, direct confirmation.
—— POR CORREO, confirmation by letter.
—— POSITIVA, positive confirmation.
—— SUPUESTA, negative confirmation.
CONFIRMADOR, attestor.
CONFIRMAR, to confirm, to ratify, to voucher.
CONFISCACIÓN, confiscation, expropriation.
CONFISCAR, to confiscate, to seize, to expropriate, to condemn.
—— UNA INVERSIÓN, expropriate an investment.
CONFITERÍA, confectionary, confectioner's shop.
CONFLAGRACIÓN, conflagration.
CONFLICTO, dispute, conflict.
—— COLECTIVO, labor dispute.
—— CON UN GREMIO DE OFICIO, trade dispute.
—— DE INTERESES, conflict of interest.
—— INTERPERSONAL, interpersonal conflict.
—— LABORAL u OBRERO, labor dispute.
—— O CHOQUE DE LA PERSONALIDAD, personality clash.
—— PROLETARIO, labor dispute.
CONFORMAR, to shape, to form, to adjust, to fit.
CONFORME, approval, acknowledgment, acceptance.
—— A, consistent with, in order.
—— A LA LEY, according to law.
—— A LAS INSTRUCCIONES, according to instructions.
—— A LOS FONDOS DISPONIBLES, within the amount available.

—CON, in agreement with.
CONFORMIDAD, agreement, approval, good order, acceptability, consent.
—, DE, correctly, as agreed.
CONFRATERNIDAD, brotherhood, friendship.
CONFRONTAR, to check, to compare, to confront.
CONFUNDIDO, mixed up.
CONFUNDIR o ENREDAR, to puzzle.
CONFUSIÓN, hassle, confusion, tumult, disorder, mess.
CONGELACIÓN, freezing, blocking.
—DE ALQUILERES, rent freeze.
—DE FONDOS, blocking of funds.
—DE JORNALES, wage freeze.
—DE PRECIOS, price freezing.
CONGELADO, frozen.
CONGELADOR, o CONGELADORA, freezer.
CONGESTIÓN, congestion, concentration.
—O EMBOTELLAMIENTO DEL TRÁNSITO, traffic congestion.
CONGESTIONAMIENTO o EMBOTELLAMIENTO DEL TRÁNSITO, traffic jam.
CONGREGACIÓN, assembly, meeting, fraternity.
CONGRESISTA, congressman, member of congress, delegate to a convention.
CONGRESO, congress, convention, assembly.
CONJETURA, conjecture, surmise, guess.
CONJETURAR, to guess.
CONJUNCIÓN, association, union, league, consolidation.
—O ASOCIACIÓN GREMIAL, labor federation.
CONJUNTAMENTE, jointly.
CONJUNTO, coowner, consignee, common joint, package.
—DE DATOS ESTADÍSTICOS, set of statistics.
—, EN, in all, all told.
CONJURAR, to conspire, to swear in.
CONMOCIÓN CIVIL, civil commotion.
CONMOVER o EXCITAR, to stir up.
CONMOVERSE, to be moved, to be touched.
CONMUTADOR, switchboard.
—TELEFÓNICO, telephone switchboard.
CONMUTAR, to barter, to exchange, to commute.
CONOCEDOR, expert, well informed.
CONOCER, to know, to consider, take up, deal with, review, to try.
CONOCERSE, to know oneself.
CONOCIMIENTO, knowledge, acquaintance, hearing, voucher, bill of lading.
—AÉREO, air waybill, air bill of lading.
—DE A BORDO, on-board bill of lading.
—DE ALMACÉN, dock warrant, warehouse receipt.
—DE CARGA, freight receipt, bill of lading.
—DE CARTA DE PORTE, certified bill of lading.
—DE CUSTODIA, custody bill of lading.
—DE CUSTODIA PARA BARCO EN PUERTO, port bill of lading.
—DE DEPÓSITO, warehouse receipt.
—DE EMBARQUE, bill of lading.
—DE EMBARQUE CERTIFICADO, certified bill of lading.
—DE EMBARQUE NO TRASPASABLE, straight bill of lading.
—DE EMBARQUE SIN RESTRICCIONES, clean bill of lading.
—DE EXPORTACIÓN, export bill of lading.
—DE FERROCARRIL, railroad bill of lading.
—DE RECIBO PARA EMBARQUE, received-for-shipment bill of lading.
—DE SOBRE-CUBIERTA, on-deck bill of lading.
—DE TRANSBORDO, transshipment bill of lading.
—DEL PRODUCTO, product knowledge.
—DIRECTO, through bill of lading.
—DIRECTO DE EXPORTACIÓN, through export bill of lading.
—DIRECTO UNIFORME DE CARGA PARA EXPORTACIÓN, uniform through bill of lading.
—EN BLANCO, straight bill of lading.
—MARÍTIMO, ocean bill of lading.
—NEGOCIABLE o A LA ORDEN, order bill of lading.
—ORIGINAL DE EMBARQUE, original bill of lading.
—TÉCNICO, know-how.
—TERRESTRE o DE TRANSPORTE INTERIOR, inland bill of lading.
—UNIFORME o NORMAL, uniform bill of lading.
CONOCIMIENTOS
—ADMINISTRATIVOS, management knowledge.
—TÉCNICOS, technical knowledge, technical expertise.
CONQUISTAS OBRERAS o PROLETARIAS, labor's gains.
CONSECUENCIAS DE LA POLÍTICA, policy implications.
CONSEGUIR, to attain, to obtain.
—EMPLEO, to get a job.
—CAPITAL, to raise capital.
—EL NEGOCIO, to get the business.
—GANANCIAS, to make a profit.
—U OBTENER UN PEDIDO, win an order.
—UN PUESTO, land job.
CONSEJERO, member of the board, attorney, adviser.
—DE IMPUESTOS DE LA EMPRESA, firm's tax attorney.
—DE INVERSIONES, investment counsel.
—DE PUBLICIDAD, advertising consultant or counsel.
—DE RELACIONES PÚBLICAS, public-relations counsel.
—JURÍDICO, legal adviser.
—O ASESOR VOCACIONAL, vocational adviser.
—PROPIETARIO, regular member.
—SUPLENTE, alternate member.
—TÉCNICO, technical consultant.
CONSEJEROS DIRECTORES, board of directors.
CONSEJO, board, commission, council, advice, piece of advice.
—ADMINISTRATIVO o DE ADMINISTRACIÓN o DE DIRECTORES, board of directors.

—— BANCARIO, bank board.
—— CONSULTIVO, advisory council, consulting board.
—— DE ARBITRAJE, arbitration board.
—— DE ASEGURADORES, board of underwriters.
—— DE ASESORES ECONÓMICOS, council of economic advisers.
—— DE AUDITORÍA, board of audit.
—— DE CONCILIACIÓN, conciliation board.
—— DE DIRECCIÓN, board of governors.
—— DE GABINETE o DE MINISTROS, cabinet.
—— DE GREMIOS, trade council.
—— DE PLANIFICACIÓN, planning board.
—— DE SALARIOS o JORNALES, wage board.
—— DE SANIDAD, board of health.
—— DISCIPLINARIO, discipline committee.
—— INDUSTRIAL, trade board.
—— LEGAL, legal advice.
—— PERICIAL o DE PERITOS, expert advice.
CONSEJO
—— DE ESTADO, council of ministers, cabinet.
—— DE LA RESERVA FEDERAL, Federal Reserve Board.
—— DE NORMAS DE AUDITORÍA, Auditing Standard Board.
—— DE NORMAS DE CONTABILIDAD FINANCIERA, financial accounting standard Board.
—— DE REVISIÓN o JURADO o TRIBUNAL, Trial Board.
—— DE SEGURIDAD, Security Council (United Nations).
—— EJECUTIVO, Board of Managers, Executive Committee.
—— JURÍDICO o LEGAL, Legal Advice.
—— MUNICIPAL o AYUNTAMIENTO, City Council, Board of Aldermen.
—— NACIONAL DE COMERCIO EXTERIOR, National Foreign Trade Council (USA).
CONSENSO, consensus.
CONSENTIMIENTO, consent, acquiescence.
CONSENTIR CON UNA SONRISA, smile assent.
CONSERJE, concierge, janitor, usher.
CONSERVA, preserves.
—— DE FRUTAS, fruit canning.
CONSERVAS, canned.
—— ALIMENTICIAS, canned goods.
—— DE CARNE, canned meat.
CONSERVACIÓN, maintenance, unkeep, conservation, canning.
—— DEL SUELO, soil conservation, land conservation.
—— DIFERIDA, deferred maintenance.
—— O MANTENIMIENTO DE VÍA, maintenance of way, track maintenance.
CONSERVADOR, custodian, curator, conservator.
CONSERVADURISMO, conservatism.
CONSERVAR, keep warm, to maintain.
—— LA DERECHA, to keep to the right.
—— LA IZQUIERDA, to keep to the left.
—— UN REGISTRO, to keep a record.

CONSIDERABLE, sizable.
CONSIDERACIÓN, consideration, advisement.
CONSIDERANDO, whereas.
CONSIDERAR o MEDITAR, study up.
—— O PONDERAR EL ASUNTO, weigh the matter.
CONSIDERARLO o PENSARLO, think it over.
CONSIGNA, orders, instructions, assignment, task, slogan.
—— DE EQUIPAJE, parcel check room.
CONSIGNACIÓN, consignment, shipment, address, appropriation, consignation.
——, A, on consignment.
—— DE, A LA, consigned to.
——, EN, consignment, pending, outstanding.
—— EN PAGO, deposit in payment of a debt.
—— PRESUPUESTAL, item of the budget.
—— REMITIDA, consignment out.
CONSIGNACIONES
—— DESPACHADAS, consignments out.
—— ENVIADAS, consignments out.
—— RECIBIDAS, consignments in.
CONSIGNADO A, consigned to.
CONSIGNADO PARA VENTA, consigned for sale.
CONSIGNADOR, consignor.
CONSIGNANTE, shipper, consignor.
CONSIGNAR, to consign, to address, to pay, to make an appropriation.
CONSIGNATARIO, consignee, trustee.
—— DE BUQUES, shipping agent.
CONSIGO MISMO, alone, by oneself.
CONSIGUIENTE, POR, consequently.
CONSISTENCIA, consistency.
CONSOCIO, copartner, associate, partner.
CONSOLA, console.
CONSOLIDABLE, fundable.
——, NO, nonfundable.
CONSOLIDACIÓN, consolidation, funding.
—— BANCARIA, bank consolidation.
—— DE COMPAÑÍAS MÚLTIPLES, multicompany consolidation.
—— DE SOCIEDADES, amalgamation.
—— HORIZONTAL DE EMPRESAS COMPETIDORAS, horizontal combination.
—— VERTICAL, vertical combination or merger.
CONSOLIDADO, funded.
CONSOLIDAR, to consolidate, to fund.
CONSORCIO, consortium, syndicate, conference.
—— BANCARIO, bank syndicate.
—— DE INVERSIONISTAS, investment trust.
—— DE OPERACIONES MERCANTILES, business trust.
—— DE REASEGURO, reinsurance syndicate.
—— O SINDICATO DE BIENES RAÍCES, real estate syndicate.
—— QUE DOMINA MATERIA PRIMA, integrated trust.
—— QUE MANEJA HIPOTECAS, mortgage pool.
CONSPIRACIÓN, conspiracy.
CONSTANCIA, record, evidence, certainty.
—— DE DEUDA, evidence of indebtedness.
——, DEJAR, to state for the record.

—— NOTARIAL, notary's attestation.
CONSTANCIAS, vouchers.
CONSTANTE, constant.
CONSTAR, to be evident, to be recorded, to show.
——, HACER, to put on record.
CONSTATAR, to verify, to confirm, to establish.
CONSTITUCIÓN, constitution, establishing, founding, setting up.
—— DE SOCIEDAD, incorporation procedure.
CONSTITUIR, to establish, to create, to appoint, to organize.
—— UNA COMPAÑÍA, to found a company.
—— UNA FIANZA, to furnish a bond.
—— UNA HIPOTECA, to place a mortgage.
—— UNA OFICINA, to establish an office.
CONSTRUCCIÓN, construction, building, structure.
—— DE BARCOS, shipbuilding.
—— DEFECTUOSA o DEFICIENTE, faulty construction.
—— NAVAL, shipbuilding.
—— O EDIFICACIÓN EN PROCESO, construction in process.
—— PESADA, heavy construction.
—— VIAL, road building.
CONSTRUCTOR, constructor, builder, construction.
—— COMERCIAL, commercial builder.
—— DE CAMINOS, road builder.
—— NAVAL, naval architect, shipbuilder.
CONSTRUIR, to construct, to build, to erect.
—— O ABRIR UN TÚNEL, to tunnel.
CÓNSUL, consul.
—— DE CARRERA, career consul, full-time official.
—— GENERAL, consul general.
—— HONORARIO, honorary consul.
—— INTERNO o EN FUNCIONES, acting consul.
CONSULADO, consulate.
CONSULTA, consultation, conference, meeting.
CONSULTANTE o CONSULTOR PUBLICITARIO, advertising consultant.
CONSULTAR, to consult, to plan, to provide for.
CONSULTOR, counselor, consultant, consulting.
—— DE INVERSIONES, investment advisory.
—— DE NEGOCIOS, business counselor.
—— DE SEGUROS, insurance counselor.
—— EN COMERCIO INTERNACIONAL, international trade consultant.
—— EN ECONOMÍA, economic adviser.
—— EN FINANZAS, financial adviser.
—— EXTERNO, outside consultant.
—— INTERNO, inside consultant.
—— JURÍDICO, legal adviser.
CONSULTORÍA, consulting office.
—— ESPECIALIZADA, expert counselling.
CONSULTORIO, information bureau.
CONSUMACIÓN, consummation, completion.
CONSUMIDOR o USUARIO o COMPRADOR, user, consumer, consuming.
—— DE ALTO INGRESO, high-income consumer.
—— DE BAJO INGRESO, low-income consumer.
—— FINAL, ultimate consumer, end user.

—— INDUSTRIAL, industrial user.
—— QUE TIENE TARJETA DE CRÉDITO, card-using costumer.
CONSUMIDORES LOCALES, local consumers.
CONSUMIR, to consume.
——, POR, unconsumed, on hand.
CONSUMISMO, consumerism.
CONSUMO, consumption.
—— DE AIRE, air rate.
—— DE COMBUSTIBLE, fuel consumption.
—— DE ENERGÍA, power consumption.
—— DE LA COMUNIDAD o PÚBLICO, community consumption.
—— DOMÉSTICO o NACIONAL, home consumption.
CONTABILIDAD, accounting, accountancy bookkeeping.
—— A BASE DE ACUMULACIONES, accrual method of accounting.
—— A BASE DE EFECTIVO, cash basis accounting.
—— ADMINISTRATIVA, administrative accounting, managerial accounting.
—— ANTICIPADA, forward accounting.
—— BASADA EN EL COSTO ACTUAL, current cost accounting.
—— CON FIJACIÓN DE RESPONSABILIDADES, responsibility accounting.
—— DE COSTO POR ÓRDENES, job-cost accounting.
—— DE COSTOS, cost accounting, cost finding.
—— DE COSTOS POR UNIDAD, batch costing.
—— DE DEPRECIACIÓN, depreciation accounting.
—— DE DISTRIBUCIÓN o DE MERCADEO, merchandising accounting.
—— DE EMPRESAS NO LUCRATIVAS, nonprofit accounting.
—— DE FIDEICOMISO o FIDUCIARIO, trust accounting.
—— DE FLUJO, throughput accounting.
—— DE FONDOS, fund accounting or accountability.
—— DE HERENCIAS o DE PATRIMONIOS, accounting for estates.
—— DE IMPUESTOS, tax accounting.
—— DE INVENTARIOS, inventory accounting.
—— DE LA COMPAÑÍA CONTROLADORA, controlling-company accounting.
—— DE LA COMPAÑÍA SUBSIDIARIA, subsidiary-company accounting.
—— DE PARTIDA SIMPLE, single-entry bookkeeping.
—— DE POSICIÓN, position bookkeeping.
—— DE PRESUPUESTOS, budgetary accounting.
—— DE RUTA CRÍTICA, critical-path accounting.
—— DE SUCESIONES, estate accounting.
—— DE VENTAS AL MENUDEO o AL DETALLE, retail accounting.
—— DE UNA ENTIDAD, entity accounting.
—— DEL INGRESO o RENTA NACIONAL, national income accounting.
—— DIFERIDA, accrual method of accounting.
—— FIDUCIARIA o DE FIDEICOMISO, fiduciary accounting.

—— FINANCIERA, financial accounting.
—— FISCAL o GUBERNAMENTAL, government accounting.
—— GENERAL DE LA EMPRESA, enterprise accounting.
—— GENERAL o COMERCIAL O CONTADURÍA GENERAL, general accounting.
—— INDUSTRIAL, manufacturing accounting.
—— MECANIZADA o CON MÁQUINA, mechanical accounting.
—— MERCANTIL o COMERCIAL, mercantile accounting.
—— POR ACTIVIDADES, activity accounting.
—— POR COMPUTADORA, computing accounting.
—— POR FUNCIONES, functional accounting.
—— POR PARTIDA DOBLE, double-entry accounting or bookkeeping.
—— POR TARJETAS PERFORADAS, punched card accounting.
—— PÚBLICA O CONTADURÍA PÚBLICA, public accounting.
—— SOCIAL, social accounting.
—— SUPERIOR, expert accountancy.
CONTABILIZACIÓN, posting, making entries, bookkeeping, accounting.
—— A LA VENTANILLA, window posting.
—— EN LAS OPERACIONES, recording operations.
—— MECÁNICA, machine posting.
CONTABILIZAR, to post, enter in the books, to account for.
CONTABLE, accountant, accounting.
CONTABLEMENTE, accountingwise.
CONTADO, cash, installment, payment.
——, AL, for cash, spot cash.
—— AL LLEGAR, DE, cash on arrival.
—— COMERCIAL, AL, payment within 30 days.
—— DE MOSTRADOR, cash down.
—— RABIOSO, cash down, cash on the nail.
—— RIGUROSO, spot cash.
CONTADOR, accountant, cashier, auditor.
—— ADMINISTRATIVO, staff accountant.
—— AUTORIZADO, certified public accountant.
—— AUXILIAR, assistant accountant, junior accountant, semisenior auditor.
—— DE AGUA, water meter.
—— DE ARTÍCULOS EN TRÁNSITO, transit teller.
—— DE COBRANZAS, collection teller.
—— DE COMPENSACIONES, clearing teller.
—— DE COSTOS, cost accountant.
—— DE ESTACIONAMIENTO, parking meter.
—— DE GAS, gas meter.
—— DE KILOMETRAJE, odometer, speedmeter.
—— DE PAGARÉS, note teller.
—— DE PRÉSTAMOS, loan teller, discount teller.
—— DE SERVICIO, service meter.
—— DIPLOMADO, certified or chartered accountant.
—— EN JEFE o PRINCIPAL, senior accountant, chief accountant, head teller.
—— ENCARGADO o RESPONSABLE, accountant in charge.

—— ESPECIALISTA EN IMPUESTOS, tax accountant.
—— FISCAL, government accountant.
—— GEIGER, Geiger counter.
—— GENERAL, general accountant.
—— INDEPENDIENTE, independent accountant.
—— INDUSTRIAL, industrial accountant.
—— JUNIOR, assistant accountant or bookkeeper.
—— MAYOR, chief accountant, expert accountant.
——, NO, nonaccountant.
—— PERITO, expert accountant.
—— PRIVADO, private accountant.
—— PROFESIONAL, professional accountant.
—— PÚBLICO, public accountant.
—— PÚBLICO TITULADO INDEPENDIENTE, independent certified public accountant.
—— PÚBLICO TITULADO, certified public accountant (C.P.A.), chartered accountant.
—— RESPONSABLE o ENCARGADO, in-charge accountant.
—— SEMISENIOR o CONTADOR SUBENCARGADO, semisenior accountant.
CONTADORA, woman teller, woman accountant.
—— DE MONEDA o DE DINERO, coin-counting machine, currency counter.
CONTADURÍA, accounting, accounting office or department.
—— ADMINISTRATIVA, management accounting.
—— DE CAMPO, field accounting.
—— DE COSTOS, cost accounting.
—— DE INVENTARIOS, inventory accounting.
—— GENERAL, general accounting.
—— PRESUPUESTARIA, budgetary accounting.
—— PÚBLICA, profession of a C.P.A.
CONTAMINACIÓN, pollution.
—— AMBIENTAL, environment pollution.
—— DE RECURSOS, resources pollution.
—— DEL AGUA, water pollution.
—— DEL AIRE, air pollution.
—— INDUSTRIAL, industrial pollution.
CONTAMINAR o CORROMPER o ENSUCIAR, to pollute.
CONTANTE Y SONANTE, cash, ready money.
CONTAR, to count, to relate, to tell. to enter.
—— CON, to count on, to possess, to enjoy, to trust.
—— CON SUFICIENTE CAPITAL, capital adequacy.
—— EL CUENTO, tell the story.
CONTENCIOSO, contentious, in dispute, litigious.
CONTENDER, to contest, to litigate.
CONTENDIENTE, competitor, litigant.
CONTENIDO, contents, content, volume.
—— DE UN LIBRO o TABLA DE MATERIAS o ÍNDICE, table of contents.
CONTENTO o SATISFECHO, well-content.
CONTEO, count, counting, tallying.
—— CÍCLICO, cycle count.
CONTESTA, answer, reply.
—— A VUELTA DE CORREO o RESPUESTA INMEDIATA, return mail.

CONTESTACIÓN-CONTRATACIÓN

CONTESTACIÓN, answer, reply, dispute.
——, A SU CARTA, EN, answering your letter.
—— JUDICIAL, lawsuit.
CONTESTAR, to answer, to reply, to contest, to confirm.
—— LA LLAMADA, to answer the telephone.
—— POR CARTA, write back.
CONTEXTO, context.
CONTIENDA, contest, dispute, debate.
CONTINENTE, mainland, container.
—— CONTINGENCIA, contingency, possibility, risk, casualty.
—— DE GUERRA, war risk.
—— DE VIDA, life risk.
CONTINGENCIAS
—— DE TRABAJO, occupational hazards.
—— EN GANANCIAS, gain contingencies.
CONTINUAR, to follow on, run on.
—— ESCRIBIENDO, write on.
CONTINÚE, go on.
CONTINUIDAD, continuity.
—— DE LA PUBLICIDAD, advertising continuity.
CONTINUO o ININTERRUMPIDO, uninterrupted.
CONTRA, contra, against.
—— DOCUMENTOS, against documents.
—— GIRO, against draft.
—— INCENDIO, fireproof, fire-resisting.
—— LA CORRIENTE, against the stream.
—— TODO RIESGO, against all risks.
—— O EN COMPARACIÓN CON o EN CONTRASTE CON, versus.
—— PRIMA, bonus, premium, free gift.
—— REEMBOLSO, against payment.
CONTRAALMIRANTE, rear admiral.
CONTRAASIENTO, contra entry, reversing entry.
CONTRAATACAR o DAR GOLPE POR GOLPE, strike back.
CONTRABANDEAR, smuggling, to trade illegally.
CONTRABANDISTA, bootlegger, smuggler.
CONTRABANDO, contraband, smuggling.
—— CONDICIONAL, conditional contraband.
—— DE GUERRA, contraband of war.
CONTRACARGAR, to charge back.
CONTRACARGO, charge-back, back charge.
CONTRACCIÓN, contraction, business letdown.
CONTRACOMPRA, counterpurchase.
CONTRACRÉDITO, contra credit.
CONTRACTUAL, contractual, by contract.
CONTRACUENTA, offset or contra account.
—— DE ENTRADAS, contra-revenue account.
CONTRACUENTAS DEL ACTIVO, contra-assets accounts.
CONTRADEMANDA, counterclaim.
CONTRAER, to contract, to incur.
—— DEUDA CON TASA VARIABLE o ADEUDO CON TIPO DE INTERÉS VARIABLE, variable-rate debt issue.
—— DEUDA CON TIPO DE INTERÉS FIJO, fixed-rate debt issue.
—— MATRIMONIO, to get married.
—— O ADQUIRIR SEGURO, to take out insurance.

—— RESPONSABILIDADES, to become liable.
—— UNA DEUDA, incur a debt.
—— UNA OBLIGACIÓN, to contract an obligation.
CONTRAFIANZA, indemnity bond, countersecurity.
CONTRAFIRMA, countersignature.
CONTRAGIRO, redraft.
CONTRAGOLPE, kickback, backlash.
CONTRAHECHO, spurious, counterfeit.
CONTRALOR, comptroller, controller, auditor.
—— ADUANERO, controller of customs.
—— DE CAMBIOS, exchange control.
—— DE COMPAÑÍA, corporate controller.
—— GENERAL, controller general.
CONTRALORÍA, controllership, comptrollership, auditing, auditor's office.
CONTRAMAESTRE, foreman, general foreman, master mechanic, mate.
CONTRAMARCAR, to matchmark, to countermark, to counterbrand.
CONTRAOFERTA, counteroffer, counterproposal.
CONTRAORDEN, counterorder, countermand, cancellation.
CONTRAPARTE, counterpart, other party to a contract, adversary in a lawsuit.
CONTRAPARTIDA, balancing entry, contra, reversing entry, counterbalancing item.
CONTRAPETICIÓN, counterclaim.
CONTRAPORTADA, back cover, fourth cover.
—— ANTERIOR, second cover.
—— INTERIOR o POSTERIOR, third cover, inside back cover.
CONTRAPRODUCENTE, unprofitable, self-defeating.
CONTRAPROPUESTA, counterproposal.
CONTRAPROYECTO, counterproject.
CONTRARIA, LLEVAR LA, to contradict, to oppose.
CONTRARIO, opponent, competitor, opposed, dissenting.
—— AL o POR EL CONTRARIO, on the contrary.
——, LO, the opposite.
CONTRARRECLAMACIÓN, offset, counterclaim.
CONTRARRESTAR o SOPORTAR, to withstand.
CONTRASEÑA, baggage check, token, receipt.
CONTRASEÑAL, counterbrand (cattle).
CONTRASTAR, to assay, to compare with a standard (weights and measures).
CONTRASTE, assay comparison with a standard, assay office.
CONTRATA, contract.
—— DE ARRIENDO, lease.
—— DE FLETAMENTO, charter party, contract of affreightment.
CONTRATACIÓN, contracting, transaction, trade, business.
—— COLECTIVA, collective bargaining.
—— DE EJECUTIVOS, executive recruiting.
—— DE PERSONAL o LABORAL, hiring people, employment, personnel hiring.
—— DE PERSONAL DE VENTAS, recruiting sales personnel.

—— DE SEGUROS, writing insurance, underwriting.
—— MINORITARIA, minority hiring.
—— Y CAPACITACIÓN DE TRABAJADORES, recruitment and trainings people.
CONTRATADO, under contract.
CONTRATANTE, contracting party.
—— COMPRADOR, bargainee.
—— O ENGANCHADOR DE PERSONAL, recruiting agent.
CONTRATAPA, back cover, fourth cover page, cover.
CONTRATAR, to engage, to contract, make a contract.
CONTRATISTA, contractor.
—— A DESTAJO, piecework contractor.
—— CAMIONERO, trucking contractor.
—— CONSTRUCTOR, building contractor.
—— DE CARTELES, outdoor-publicity contractor.
—— DE CONSTRUCCIÓN, o EDIFICACIÓN, building contractor.
—— DE OBRAS, general contractor.
—— DE PLOMERÍA o DE INSTALACIONES SANITARIAS, plumbing contractor.
—— DEL GOBIERNO, government contractor.
—— EN GENERAL, general contractor.
—— PRINCIPAL, prime contractor.
—— SANITARIO, plumbing contractor.
CONTRATO, contract, articles of agreement.
—— A COSTO MÁS HONORARIO, fee contract.
—— A DESTAJO, taskwork contract.
—— A FUTURO, futures contract.
—— A LARGO PLAZO, long-term contract.
—— A PRECIO GLOBAL o A SUMA ALZADA, flat-sum contract, lump-sum contract.
—— A PRECIOS UNITARIOS, unit-price contract.
—— A TÉRMINO, time bargain.
—— AFIRMATIVO, affirmative covenant.
—— BILATERAL, bilateral contract.
—— COLECTIVO, collective bargaining.
—— COLECTIVO DE ENGANCHE, contract with labor agent.
—— COLECTIVO DE TRABAJO, collective bargaining, collective contract.
—— COLECTIVO ENTRE EL SINDICATO Y LA EMPRESA, union-management collective bargaining.
—— COLECTIVO LABORAL, labor contract.
—— CON PRIMA Y MULTA, bonus and penalty contract.
—— CON SELLO, specialty contract.
—— CONDICIONAL, conditional contract.
—— CONJUNTO o MANCOMUNADO, joint contract.
—— CONMUTATIVO, commutative contract.
—— DE ACEPTACIÓN, acceptance agreement.
—— DE ADMINISTRACIÓN o A COSTO MÁS HONORARIOS, cost-plus contract.
—— DE AGENCIA, agency contract.
—— DE ANUALIDAD, annuity agreement.
—— DE ARRENDAMIENTO FINANCIERO, financial lease.
—— DE ARRENDAMIENTO o DE LOCACIÓN, lease.

—— DE ARRENDAMIENTO Y COMPRA, lease-purchase agreement.
—— DE ASOCIACIÓN o SOCIAL o COMPAÑÍA, partnership contract, articles of partnership, partnership agreement.
—— DE BONOS, bond covenant.
—— DE CAMBIO, exchange agreement.
—— DE COMPRAVENTA, contract of sale, purchase contract.
—— DE COMPROMISO o DE ARBITRAJE, arbitration agreement.
—— DE CONSIGNACIÓN, consignment contract.
—— DE EMBARQUE, shipment contract.
—— DE EMISIÓN, debenture agreement.
—— DE EMISIÓN DE BONOS, bond indenture.
—— DE EMPEÑO o DE PRENDA, collateral agreement.
—— DE EMPLEO, employment contract.
—— DE EMPLEO DE LOS MARINEROS, ship's article.
—— DE EMPRÉSTITO, bond indenture.
—— DE ESPACIO, space contract.
—— DE EXCEDENTES, excess treaty.
—— DE FLETAMENTO, charter party, contract of affreightment.
—— DE FLETAMENTO POR TONELADA, rate charter.
—— DE INDEMNIZACIÓN, indemnity contract.
—— DE LA ASOCIACIÓN PATRONAL, association agreement.
—— DE LA GERENCIA o LA ADMINISTRACIÓN, management contract.
—— DE LOCACIÓN DE SERVICIOS, contract for services.
—— DE OBRA, building or construction contract.
—— DE PAGOS DIFERIDOS, deferred payment contract.
—— DE PARTICIPACIÓN, equity contract.
—— DE PENSIÓN o DE ANUALIDAD, annuity contract.
—— DE PERMUTA, barter contract.
—— DE PRÉSTAMO, loan agreement.
—— DE PRÉSTAMO DEL CLIENTE, client's loan agreement.
—— DE RECLUTAMIENTO, contract to furnish workmen.
—— DE RENTA DE RETIRO, retirement income contract.
—— DE RENTA VITALICIA, life annuity agreement.
—— DE RETROVENTA, sale with option to buy back.
—— DE SOCIEDAD, deed of partnership, incorporation papers.
—— DE SUBSCRIPCIÓN, underwriting contract.
—— DE TAREA o DE DESTAJO, taskwork contract.
—— DE TODA LA VIDA, whole life contract.
—— DE TRABAJO, working agreement, employment contract.
—— DE TRANSPORTE, freight contract, contract of carriage.
—— DE TRUEQUE, barter contract.
—— DE VENTA, agreement of sale.
—— DE VENTA CONDICIONAL, conditional sales contract.

CONTRATOS-CONTROL

—— DE VENTA DEL TOTAL DE LA PRODUCCIÓN, output contract.
—— DE VENTA EN FIRME, firm sale contract.
—— DE VENTA Y ARRENDAMIENTO CON OPCIÓN DE RECOMPRA, self-and-leaseback agreement.
—— DE VENTAS A PLAZOS o EN ABONOS, installment contract.
—— DEL GOBIERNO, government contract.
—— EN FIRME, firm contract.
—— ESCRITO, written agreement, written contract.
—— IMPLÍCITO o TÁCITO, implied contract.
—— INCUMPLIDO o CADUCADO, forfeited contract, defaulted contract.
—— JUSTO DE FLETAMENTO, clean charter.
—— MUNDIAL, world contract.
—— NEGOCIADO, negotiated contract.
—— O CONVENIO DE FIDEICOMISO, trust agreement.
—— O CONVENIO DE SALVAMENTO, salvage agreement.
—— PARA BODEGA, freight contract.
—— POR REALIZARSE, executory contract.
—— PRENDARIO o CONVENIO PIGNORADO, pledge agreement.
—— PSICOLÓGICO, psychological contract.
—— PUBLICITARIO, advertising contract.
—— QUE PROHÍBE AFILIACIÓN CON UN SINDICATO, yellow-dog contract.
—— RENOVABLE o PRORROGABLE, renewable contract.
—— SIMULADO, simulated contract.
—— SOCIAL, partnership contract, incorporation papers.
—— SUSCRITO o HECHO, contract made.
—— TIPO, standard contract.
—— UNILATERAL, unilateral contract.
—— VERBAL, oral contract.
CONTRATOS
—— ABIERTOS o EN VIGOR o PENDIENTES, open contracts, open interests.
—— DE RENTA VITALICIA VARIABLE, variable life income contracts.
CONTRAVENCIÓN, infringement, contravention, breach of contract.
CONTRAVENIR, to violate, to infringe.
CONTRIBUCIÓN, tax, contribution, assessment, dues, quota.
—— A GASTOS GENERALES, contribution to overhead.
—— DE GUERRA, war tax.
—— DE MEJORAS, assessment for improvements.
—— FISCAL, federal or government tax.
—— GENERAL SOBRE LA RENTA o SOBRE INGRESO, income tax.
—— INMOBILIARIA, real-estate tax.
—— MUNICIPAL, municipal or city tax.
—— NOTARIAL, notary's fee.
—— PATRONAL, company contribution, employer's contribution.
—— SOBRE TRANSMISIÓN DE BIENES, transfer tax.
—— TERRITORIAL, land tax.
—— ÚNICA, nonrecurring tax.
CONTRIBUCIONES, contributions.
—— ACUMULADAS, accrued taxes.
—— ADUANALES, customs duties.
—— CARITATIVAS, charitable contributions.
—— O APORTES AL FONDO DE PENSIONES, pension contribution.
—— O APORTES DE CARÁCTER POLÍTICO, political contributions.
—— O APORTES DE LOS EMPLEADOS, employee contributions.
CONTRIBUIR, chip in, to contribute, to pay taxes.
CONTRIBUYENTE, contributor, taxpayer, contributory.
—— EVASOR o CAUSANTE QUE EVADE EL PAGO DE IMPUESTOS, tax dodger.
—— MOROSO, delinquent taxpayer.
CONTRINCANTE, competitor, opponent.
CONTROL, control, audit, inspection, supervision.
—— ADMINISTRATIVO, managerial control.
—— ADMINISTRATIVO INTERNO, internal administrative control.
—— AL TACTO, touch control, finger-tip control.
—— AUTOMÁTICO, automatic control.
—— CENTRALIZADO, centralized control.
—— CONTABLE INTERNO, internal accounting control.
—— DE ALIMENTACIÓN ANTICIPADA, feedforward control.
—— DE ARRANQUE Y PARADA, on-off control, start-stop control.
—— DE CALIDAD DE LA RETROALIMENTACIÓN, feedback quality control.
—— DE CALIDAD DEL PRODUCTO, product quality control.
—— DE CAMBIOS o DIVISAS, exchange control.
—— DE CLIMA, climate control, air conditioning.
—— DE COMPRAS POR DEPARTAMENTO, departmentalized purchases.
—— DE COSTOS, cost control.
—— DE COSTOS DEL PERSONAL, controlling personnel costs.
—— DE CRÉDITOS, credit control.
—— DE DESCARGA, clearance control.
—— DE ENTRADA (computación), input control.
—— DE EXISTENCIAS, stock control.
—— DE GASTOS o DE DESEMBOLSOS, expense control.
—— DE INVENTARIO COMPUTARIZADO, computarized inventory control.
—— DE INVENTARIOS, inventory control.
—— DE LA CALIDAD, quality control.
—— DE LA PRODUCCIÓN, production control.
—— DE MATERIAL, material control.
—— DE MERCADOTECNIA, marketing control.
—— DE MERCANCÍAS, merchandise control.
—— DE NATALIDAD, birth control.
—— DE NÓMINAS, payroll control.
—— DE PRECIOS, price control.

—— DE PRECIOS GUBERNAMENTALES, price control by government, government price control.
—— DE PRECIOS Y SALARIOS, wages and prices control.
—— DE PROCESOS, process control.
—— DE PROYECTOS, project control.
—— DE RETROALIMENTACIÓN, feedback control.
—— DE TRÁFICO o DE TRÁNSITO AÉREO, airport traffic control.
—— DE VARIABLES, variable inspection.
—— DE VENTAS, sales control.
—— DE VOLUMEN, volume control.
—— DEL MAYOR AUXILIAR, ledger control.
—— EFECTIVO, working control.
—— EJERCIDO POR JEFES POLÍTICOS, bossism.
—— ESTADÍSTICO, statistical control.
—— ESTADÍSTICO DE LA CALIDAD, statistical quality control.
—— ESTRATÉGICO, strategic control.
—— FINANCIERO o CONTROL DE LAS FINANZAS, financial control.
—— INDUSTRIAL, industrial control.
—— INTEGRADO AL EQUIPO (computación), hardware control.
—— INTERNO, internal control.
—— O REGULACIÓN DE TARIFAS, rate regulation.
—— O VIGILANCIA DEL TRÁNSITO, traffic regulation.
—— POR LOTE o EN LOTE, batch control.
—— PRESUPUESTARIO o DEL PRESUPUESTO, budgetary control.
—— REMOTO, remote control.
—— SATISFACTORIO, satisfactory control.
—— SECUENCIAL, sequential control.
—— Y DISPOSICIONES OFICIALES, government controls and regulations.
CONTROLES
—— COMPUTARIZADOS o DE COMPUTACIÓN, computer controls.
—— CONTABLES o DE CONTADURÍA, accounting controls.
—— DE APLICACIÓN, application controls.
—— DE LA DIRECCIÓN, administrative controls.
CONTROLADOR, controller.
—— DE TRÁFICO o DE TRÁNSITO AÉREO, air traffic controller.
CONTROLAR, to control, to inspect, to check, to verify.
CONTROVERSIA, controversy, dispute, contest.
—— OBRERA, labor dispute.
CONTUMACIA, default, contempt.
CONVALIDACIÓN, confirmation.
CONVALIDAR, to confirm, to ratify, to validate.
CONVENCER DE o INDUCIR A, talk into.
CONVENCIDO RESPECTO A, sold on.
CONVENCIMIENTO, conviction.
CONVENCIÓN, assembly, convention, contract.
—— DE TRABAJO, labor agreement.
CONVENIENCIA, A SU, at your convenience.

CONVENIENTE, satisfactory, convenient, fit, suitable.
CONVENIO, contract, agreement, accord, deal, arrangement.
—— ABIERTO, open treaty.
—— AFIRMATIVO, affirmative covenant.
—— BILATERAL, bilateral agreement, bilateral contract.
—— COLECTIVO DE TRABAJO, contract with a labor union.
—— CONDICIONAL, conditional contract.
—— CONTRACTUAL, contractual agreement.
—— DE ACEPTACIÓN, acceptance agreement.
—— DE ANUALIDAD, annuity agreement.
—— DE ARRENDAMIENTO, rental agreement.
—— DE ARRENDAMIENTO NETO, net lease arrangement.
—— DE ASOCIACIÓN o CONTRATO DE SOCIEDAD COMANDITARIA, partnership agreement.
—— DE AVERÍA, warranty of average.
—— DE COMPENSACIONES, clearing agreement.
—— DE COMPRA, commitment.
—— DE COMPRAVENTA, contract of sale.
—— DE FIDEICOMISO, trust agreement.
—— DE FLETAMENTO, charter party.
—— DE INQUILINATO, leasehold agreement.
—— DE LA ASOCIACIÓN PATRONAL, association agreement.
—— DE LIBERACIÓN DE RESPONSABILIDADES, hold-harmless agreement.
—— DE LICENCIA, licensing agreement.
—— DE OBLIGACIÓN AMORTIZABLE, debenture agreement.
—— DE PAGO DE PENSIONES, pension agreement.
—— DE PAGOS DIFERIDOS, deferred payment contract.
—— DE PRÉSTAMO DEL CLIENTE, client's loan agreement.
—— DE PRÉSTAMO Y DEPÓSITO DE FONDOS, loan agreement and funding.
—— DE PRÉSTAMOS INTERNACIONAL, international lending agreement.
—— DE PRORRATEO FIJO, fixed treaty.
—— DE REASEGURO, reinsurance agreement.
—— DE RECIPROCIDAD o CONVENIO COMERCIAL DE RECIPROCIDAD, reciprocal agreement.
—— DE RECOMPRA o DE ADQUISICIÓN, repurchase agreement.
—— DE REEMBOLSO o CONTRATO DE REINTEGRO, repayment agreement.
—— DE TRUEQUE, barter agreement.
—— DE VALOR LÍQUIDO, equity contract.
—— DE VENTA EN FIRME, firm sale contract.
—— DEL BALANCE GENERAL, balance sheet covenant.
—— DEL GOBIERNO, government contract.
—— ESCRITO, written contract.
—— FINAL, closing agreement.
—— LEGAL, legal association.

—— MAESTRO o PATRÓN, master contract, master agreement.
—— MOROSO, defaulted contract.
—— O COMPROMISO DE COMPRA, purchase commitment.
—— O CONTRATO DE REASEGURO, reinsurance treaty.
—— O CONTRATO NEGATIVO, negative covenant.
—— PARA CONTROL DE VENTAS, selling pool.
—— POSTAL, postal convention.
—— SOBRE BONIFICACIONES, bonus agreements.
—— SOBRE FRANQUICIA, franchise agreement.
—— SOCIAL, articles of partnership.
—— VERBAL, verbal contract.
CONVENIOS
—— DE GARANTÍA, security agreements.
—— LEGALES, legal arrangements.
CONVENIR, to convene, to assemble, to agree, to arrange.
—— CON, to agree with, arrange with.
—— EN, to agree on, to make agreement.
CONVERSACIÓN, conference, conversation, talk.
——, EN, in conference with.
—— TELEFÓNICA, telephone' talk.
CONVERSADOR, talker.
CONVERSIÓN, conversion refunding.
—— DE DATOS, data conversion.
—— DE ENERGÍA ELÉCTRICA DE OCÉANOS, ocean thermal energy conversion.
—— DE MONEDA o DIVISA EXTRANJERA, foreign currency translation.
—— INVOLUNTARIA, involuntary conversion.
—— MONETARIA, currency translation.
CONVERTIBILIDAD, convertibility, liquidity.
—— DE MONEDAS o DIVISAS, convertibility of currencies.
CONVERTIBLE, convertible.
CONVERTIR, to convert.
—— EN o CAMBIAR EN, turn into.
—— EN DINERO, to turn into cash.
CONVIDAR, to invite, to bid, to treat.
—— U OBSEQUIAR CON VINO, to wine.
CONVOCACIÓN, call, summons.
—— DE ACREEDORES, call for creditors meeting.
—— DE ASAMBLEA DE ACCIONISTAS, notice of stockholders' meeting.
CONVOCAR, to call, to summon.
—— A JUNTA, to call a meeting.
—— A LICITACIÓN o A SUBASTA, to call for bids.
—— A UNA AUDIENCIA, to give notice of a hearing.
CONVOCATORIA, notice of a meeting, summons.
—— A JUNTA DE ACCIONISTAS, calling stockholders' meeting.
—— DE LA ASAMBLEA DE ACCIONISTAS, notice of shareholders meeting.
—— PARA PROPUESTAS, call for bids.
CONVOY, convoy, railroad train.
—— CARGUERO, freight train.
—— DE CAMIONES, train or fleet of trucks.
—— DE FLETE, freight train.
—— DE FURGONES, wagon train.
—— FERROVIARIO, railroad train.
COÑAC o BRANDY, brandy.
COOPERACIÓN, cooperation.
—— INTERPERSONAL, interpersonal cooperation.
COOPERAR, to cooperate.
COOPERATIVA, cooperative organization.
—— AGRÍCOLA, agricultural cooperation.
—— DE AHORROS Y PRÉSTAMOS o SOCIEDAD DE CAPITALIZACIÓN, saving and loan association.
—— DE COMERCIANTES AL DETALLE, retailer-cooperative.
—— DE COMPRAS, purchasing cooperative.
—— DE CONSUMO, consumers' cooperative.
—— DE CRÉDITO, union credit.
—— DE MERCADEO O DISTRIBUCIÓN, marketing cooperative.
—— SUPERVISADA POR EL ESTADO o POR EL GOBIERNO, government-supervised cooperative.
COOPERATIVISMO, cooperative enterprise.
COOPERATIVO, cooperative.
COORDINACIÓN, coordination.
—— DE AUDITORÍA, audit scheduling.
—— DE ESFUERZOS, coordination of effort.
—— DE OFERTA DE VALORES, timing of security offerings.
COORDINADOR, coordinator.
—— REGIONAL o DE ZONA, regional coordinator.
COORDINAR, to coordinate.
COPAR, to corner, to monopolize.
COPARTÍCIPE, copartner, joint.
COPIA, copy, transcript.
—— A PRENSA, press copy.
—— AL CARBÓN, carbon copy.
—— AZUL o HELIOGRÁFICA o AL FERROPRUSIATO, blueprint.
—— CERTIFICADA o REGISTRADA, certified copy, office copy.
—— DE ARCHIVO o POR ARCHIVAR, file copy.
—— DE RECIBO, receiving copy (invoice).
—— DE RECIBO DE FACTURA, receiving copy.
—— DE REMISIÓN o DE EMBARQUE, shipping copy.
—— DEL ALMACÉN, warehouse copy.
—— DEL CLIENTE, customer copy.
—— DUPLICADA, duplicate copy.
—— FIEL, true copy.
—— FOTOSTÁTICA, photostat.
—— LEGALIZADA o AUTORIZADA, certified copy.
—— MAESTRA o MATRIZ, master copy.
—— PARA EL DIARIO, day book copy.
—— PARA PASES Y ESTADÍSTICA, costing and statistical copy.
—— RECORDATORIA o DE INSISTENCIA, follow-up copy.
—— TRIPLICADA, triplicate copy.
COPIAS
—— DE FACTURAS, copy invoices.
—— DE RECIBOS, copy receipts.
COPIADOR, copier, copyist, copybook.

—— DE CARTAS, letter copybook.
—— DE FACTURAS, invoice copybook.
COPIADORA, any copying device.
COPIAR, to copy.
—— DE, write after.
COPILOTO, copilot.
COPRESIDENTE, cochairman.
COPROPIEDAD, jointly property, joint ownership.
COPROPIETARIO, coproprietor, co-owner, part owner.
COQUE, coke.
—— DE ALTO HORNO, blast-furnace coke.
—— DE PETRÓLEO, petroleum coke.
COQUETA, flirt.
COQUETEAR, to flirt.
COQUETEO, flirting.
CORAZA, protective covering, shield.
CORAZÓN, heart.
——, DE, heartly, sincerely.
CORAZONADA, hunch, premonition.
CORBATA, necktie.
CORCHETE, cramp, latch, bracket.
CORCHO, cork.
CORCHOLATA, bottle cap, crown cap.
CORDEL o CABO, rope, cord.
CORDELERÍA o SOGUERÍA, rope shop.
CORDELERO o SOGUERO, ropemaker.
CORDIALES SALUDOS, kind regards.
CORDILLERA, mountain range.
CORDÓN, cord, strand of rope, lace, sidewalk curb.
—— HUELGUISTA o DE PIQUETES, picket line (strike).
—— O CADENA DE TIENDAS, chain of stores.
—— O FILA DE GENTE, queue, waiting line.
CORDONERO, ropemaker.
CORDURA o JUICIO o SENTIDO COMÚN, sanity.
CORNAMUSA, cleat, bitt.
CORONA (moneda inglesa), krone.
CORPORACIÓN, corporation, company, guild, body corporate.
—— AFILIADA o ASOCIADA, affiliated corporation.
—— CERRADA, closed corporation.
—— CIVIL, civil corporation.
—— CON EXISTENCIA DE HECHO, de facto corporation.
—— CONTROLADA o DOMINADA, controlled company.
—— DE BENEFICENCIA, fraternal association, nonprofit corporation.
—— DE DERECHO o DE FUERO, de jure corporation.
—— DE SERVICIOS PÚBLICOS, public service corporation.
—— DE VIDA TEMPORAL, collapsible corporation.
—— ECONÓMICA, business corporation.
—— ESPECULATIVA, commercial enterprise.
—— ESTATAL, domestic corporation.
—— FEDERAL DE SEGUROS DE DEPÓSITO, federal deposit insurance corporation.
—— FILIAL o SUBSIDIARIA, subsidiary corporation.
—— FINANCIERA, financial corporation, moneyed corporation.
—— FINANCIERA DE REHABILITACIÓN, Reconstruction Finance Corporation (USA).
—— FINANCIERA INTERNACIONAL o INTERNACIONAL DE CRÉDITOS, International Finance Corporation.
—— GREMIAL, guild.
—— MERCANTIL, business corporation.
—— MUNICIPAL, municipal corporation, municipal borough.
—— MUTUALISTA, mutual corporation, mutual company.
—— NO FINANCIERA, nonfinancial corporation.
—— NO LUCRATIVA, nonprofit enterprise.
—— O EMPRESA PRIVADA DE INTERÉS PÚBLICO o EMPRESA MIXTA, quasi-public corporation.
—— O SOCIEDAD NO LUCRATIVA, nonprofit corporation.
—— O SOCIEDAD SIN ACCIONES, nonstock corporation.
—— PRIVADA o SOCIEDAD PARTICULAR, private corporation.
—— PROPIETARIA, proprietary company, close corporation.
—— PÚBLICA, public corporation, political corporation.
—— RELIGIOSA, religious corporation.
—— VOLUNTARIA, common-law corporation.
CORPULENTO o FORNIDO o FUERTE, stout.
CORRAL, stockyard cattle pen
—— DE EMBARQUE, cattle-loading pen.
—— DE MADERAS, lumberyard.
—— O PATIO DE ALMACENAMIENTO, store yard.
CORRALÓN, yard, store yard, vacant lot.
—— DE MATERIALES, material yard, store yard.
CORREA, belt, strap, band.
—— ARTICULADA o DE CADENA, chain belt.
—— TRANSPORTADORA, belt conveyor.
CORREAS DE SEGURIDAD, safety straps.
CORRECCIÓN, correction, adjustment, correctness, accuracy.
—— DE PRUEBAS, proofreader.
CORRECTOR, corrector.
—— DE IMPRENTA, proofreader, corrector of the press.
—— DE PRUEBAS o DE IMPRENTA, proofreader.
CORREDOR, broker, canvasser, passage, corridor.
—— ADUANAL o AGENTE ADUANAL, customhouse broker.
—— ALGODONERO, cotton broker.
—— AMBULANTE, canvasser.
—— AZUCARERO, sugar broker.
—— COLEGIADO, member of the exchange.
—— DE ACCIONES o AGENTE DE BOLSA o BOLSISTA, stockbroker.
—— DE APUESTAS, bookie, bookmaker.
—— DE BIENES RAÍCES, realtor, real estate broker.
—— DE BOLSA, floor broker.
—— DE BONOS, bond broker.

—— DE CAMBIOS o LETRAS, foreign-exchange broker, bill broker.
—— DE CARGA o DE FLETES, cargo broker, freight broker.
—— DE COMERCIO, salesman, canvasser, broker.
—— DE DOCUMENTOS COMERCIALES, commercial paper broker.
—— DE EXPORTACIONES, export broker.
—— DE FLETAMENTOS, charter or chartering broker.
—— DE FLETES MARÍTIMOS, ocean-freight broker.
—— DE FINCAS, realtor.
—— DE GANADO, livestock broker.
—— DE HIPOTECAS, mortgage broker.
—— DE IMPORTACIONES, import broker or factor.
—— DE LA BOLSA EXTERIOR, outside broker.
—— DE LANA, wool broker.
—— DE LONJA, commodity-exchange broker.
—— DE MERCADO DE FRUTOS, produce broker.
—— DE OPCIONES, put-and-call broker, privilege broker.
—— DE PAGARÉS, note broker.
—— DE PLAZA, canvasser, local salesman.
—— DE PRÉSTAMOS, discount broker.
—— DE PRODUCTOS PARA ENTREGA INMEDIATA, spot broker.
—— DE PROPIEDADES, real-estate broker.
—— DE SEGUROS, insurance broker, insurance agent.
—— DE SEGUROS MARÍTIMOS, marine-insurance broker.
—— DE TIERRAS, land agent.
—— DE TÍTULOS RENTABLES, investment broker.
—— DE VALORES o DE LA BOLSA, securities broker, security dealer.
—— DE VENTAS, selling broker.
—— MARÍTIMO, ship broker.
—— NOTARIO, notary public.
—— O AGENTE DE PRÉSTAMOS, discount broker.
—— PUBLICITARIO, advertising solicitor.
—— PÚBLICO, notary public.
—— QUE NEGOCIA FUERA DE LA BOLSA, street broker.
—— TITULADO, commissioner of deeds, notary public.
—— VIAJERO, canvasser, solicitor.
CORREDORES QUE PIDEN PRESTADO o PRESTAN ACCIONES PARA VENTAS AL DESCUBIERTO, loan crowd.
CORREDURÍA, brokerage, broker's office.
——, ORDEN DE, broker's order.
CORREGIR, to correct.
CORRELACIÓN, correlation.
—— CRONOLÓGICA, time correlation.
—— CRUZADA, cross-correlation.
—— DE RANGOS, rank correlation.
CORREO, mail, post, post office, courier.
—— AÉREO o AEROPOSTAL, air mail.
—— APARTE, POR, under separate cover.
—— CERTIFICADO o REGISTRADO, registered mail.
—— CON REEMBOLSO C.O.D., parcel post.
—— DE CUARTA CLASE, fourth-class mail.
—— DE PRIMERA CLASE, first-class mail.
—— MARÍTIMO, sea post.
—— O CORRESPONDENCIA DE SEGUNDA CLASE, second-class mail.
—— ORDINARIO, regular mail.
CORRER, to run, to flow, to extend, to accrue.
——, A TODO, at full speed.
—— CON LOS GASTOS, to bear the costs.
—— POR CUENTA DE UNO, to be one's affair.
—— RIESGOS, take risks.
CORRESPONDENCIA, correspondence, mail.
—— AÉREA, air mail.
—— DE TERCERA CLASE, third-class mail.
—— ENVIADA o DE SALIDA, outgoing mail.
—— MANEJADA ELECTRÓNICAMENTE, electronic mailing.
—— MATUTINA, morning mail.
—— NO CERTIFICADA o NO REGISTRADA, unregistered mail.
—— NO RECLAMADA, unclaimed mail.
—— QUE LLEGA, incoming mail.
CORRESPONDIENTE, correspondent, corresponding, suitable, due.
CORRESPONSAL, correspondence clerk, correspondent agent.
CORRETAJE, brokerage, broker's fee.
CORRIDA, series.
—— DE COMPUTADORA, computer run.
—— DE DATOS DE PRUEBA, test-data run.
—— DE PRUEBA, trial run.
CORRIDAS MENSUALES DE COMPUTADORA, computer monthly runs.
CORRIENTE, stream, river, electric current.
—— DE AGUA, RÍO o ARROYO, watercourse.
—— DE CONSUMO, consumption flow.
—— DE EFECTIVO, cashflows.
—— DE INTERESES, interest flow.
—— DE INVERSIONES, investment flow.
—— DE MERCANCÍAS, commodity flow.
CORROBORACIÓN DE EVIDENCIA, corroborating evidence.
CORRUPCIÓN, decay, deterioration, corruptibility, venality.
—— POLÍTICA o INMORALIDAD POLÍTICA, political corruption.
CORTA VISTA, short sight.
CORTADOR, cutter, butcher.
—— DE CAÑA, sugar-cane cutter.
CORTAMUESTRAS o CORTADOR DE MUESTRAS, sample cutter.
CORTAPLUMAS o NAVAJA, penknife.
CORTAR, to cut, to dilute, cutback, to cut out, to cut off.
—— ÁRBOLES, to log.
—— LA COMUNICACIÓN TELEFÓNICA, to cut off, to ring off.
—— LA CUENTA, to close and balance the account.
—— LOS LIBROS, to close the books.

—— O SUSPENDER EL CRÉDITO, to stop credit.
—— UN SUELDO o SACAR EL SALDO, take off a balance
CORTE, cut, cutting, dilution, settlement.
—— DE CAJA, closing and balancing the cash.
—— DE CUENTAS SALDADAS, ruling closed accounts.
—— DE FIN DE AÑO, year-end cutoff.
—— DE MADERA EN PIE o DERECHO DE BOSQUE, stumpage.
—— DE OPERACIONES, close-out.
—— DE PRODUCCIÓN, cutback of production.
—— DE TRAJE, material for a garment.
—— EN INVENTARIO, inventory cutoff.
—— HECHO POR EL CLIENTE, client's inventory cutoff.
—— O REDUCCIÓN DE LAS VENTAS, sales cutoff.
CORTE, court, commission.
—— DE JUSTICIA, court house.
—— DE QUIEBRAS, court of bankruptcy.
CORTEJADOR o PRETENDIENTE, wooer.
CORTÉS o ATENTO o BIEN EDUCADO, polite.
CORTESÍA, courtesy, days of grace.
——, DE, complimentary, gratis.
CORTINA, curtain, shade, screen.
—— DE HUMO, smoke screen.
CORTO, short, scant, lacking.
—— DE o ESCASO DE, short of.
—— DE VISTA, short-sighted.
—— PLAZO, short-dated.
COSA u OBJETO, thing.
——, COMO SI TAL, as if nothing happened.
—— FÁCIL o SEGURA, cinch.
—— JUZGADA, res judicata.
—— MUY FÁCIL DE HACER, push-over.
COSAS, goods.
—— INMUEBLES, real estate.
—— MUEBLES, personal property.
COSECHA, harvesting, harvest, yield, crop.
—— ALGODONERA, cotton crop.
—— CAÑERA, sugar-cane crop.
—— DE TABACO, tobacco crop.
—— DE TRIGO, wheat crop, wheat harvest.
—— DE VINOS, vintage.
—— ESCASA, short crop.
——, LEVANTAR LA, harvesting.
—— TABACALERA, tobacco crop.
COSECHADORA, harvesting machine.
—— DE ALGODÓN, cotton picker.
—— DE FORRAJE, mowing machine.
COSECHAR, to harvest.
COSECHERO, harvester, crop owner, grower, planter.
—— DE FRUTAS, fruitgrower.
COSEDORA, stitching or sewing machine.
—— DE ALAMBRE, wire-stitching machine.
—— DE SACOS, bag sewer.
COSER, to sew.
COSIDO, sewn.
—— A MANO, hand-sewn.
—— A MÁQUINA, machine-sewn.

CONSIGNATARIO, cosigner, cosignatory.
COSMÉTICOS, cosmetics, beauty preparations.
COSQUILLAS, TENER, to be tickling.
COSTA, coast, shore, cost, expense.
——, A TODA, at all costs, by all available means.
COSTADO, side.
——, AL, alongside.
COSTAL, bag, sack.
COSTAR, to cost.
COSTE, cost, price.
COSTEABLE, productive, profitable, financially sound.
COSTEAR, to defray, pay the cost of, to sail along the coast.
—— EL ARRENDAMIENTO DIRECTAMENTE, direct-lease financing.
COSTEO, costing, paying the coat.
—— DEL INVENTARIO, inventory pricing.
—— DIRECTO, direct costing.
—— POR ABSORCIÓN, absorption costing.
—— POR LOTE o PARTIDA, batch costing.
—— POR PROCEDIMIENTO o POR PROCESO, process costing.
—— TOTAL, full costing.
—— VARIABLE, variable costing.
COSTERO, coasting vessel, coast.
COSTO, cost, expense, price, effort.
—— A LARGO PLAZO, long-run cost.
—— A PLENA CAPACIDAD, capacity cost.
——, A PRECIO DE, at cost.
—— ABSORBIDO o APLICADO, absorbed cost.
—— ACTUAL DE REPOSICIÓN o DE REEMPLAZO, current replacement cost.
—— ADICIONAL o SOBRECARGA, after cost.
—— AGOTADO, depleted cost.
——, AL, at cost.
—— ALTERNATIVO, alternative cost.
—— AMORTIZADO, amortized cost.
—— ANTES DE IMPUESTOS, pre-tax cost.
—— ANTICIPADO, anticipated cost.
—— APLICADO, applied cost.
—— ASIGNADO, allocated cost.
—— ATRIBUIDO o IMPUTABLE, imputed cost.
—— BÁSICO, basic cost.
—— BRUTO DE MERCANCÍA VENDIDA, gross cost of merchandise sold.
—— CAPITALIZADO, capitalized cost.
—— CLASIFICADO, classified cost.
—— COMPARATIVO, comparative cost.
—— COMÚN o CONJUNTO, common cost.
—— CONJUNTO o MANCOMUNADO, joint cost.
—— CONSTANTE o FIJO, standing cost.
—— CONTROLABLE, controllable cost.
—— CORRIENTE o ACTUAL, current cost.
—— DE ABSORCIÓN, absorption cost.
—— DE ACARREO o DE CONDUCCIÓN, cartage cost.
—— DE ADMINISTRACIÓN o ADMINISTRATIVO, administrative cost.
—— DE AGOTAMIENTO, stockout cost.

COSTO

—— DE ALMACENAJE, storage cost.
—— DE ANUALIDAD, annuity cost.
—— DE ARTÍCULOS ADQUIRIDOS o COMPRADOS, cost of goods purchased.
—— DE ARTÍCULOS POR VENDER PRESUPUESTADO, budgeted cost of goods sold.
—— DE CAPACIDAD NO UTILIZADA, idle-capacity cost.
—— DE CAPITAL CON EMISIÓN DE ACCIONES PREFERENTES, cost of preferred equity capital.
—— DE CARGA o PUESTA EN MARCHA, starting-load cost.
—— DE COMERCIALIZACIÓN, marketing cost.
—— DE COMPRA, actual cost.
—— DE CONSTRUCCIÓN, construction cost.
—— DE DEMOLICIÓN, removal cost.
—— DE DESEMBOLSO CORRIENTE, current-outlay cost.
—— DE DESPLAZAMIENTO, opportunity cost, replacement cost.
—— DE DISTRIBUCIÓN, distribution cost.
—— DE EDIFICACIÓN, building cost.
—— DE EMPRESA, enterprise cost.
—— DE ENERGÍA, cost of power.
—— DE FABRICACIÓN o FABRIL, factory or manufacturing cost.
—— DE FABRICACIÓN UNITARIO, unit manufacturing cost.
—— DE FABRICACIÓN Y VENTA, cost of manufacturing and selling.
—— DE FINANCIAMIENTO, financing cost.
—— DE FONDOS, cost of funds.
—— DE GARANTÍA, warranty cost.
—— DE INACTIVIDAD o PARADA, shutdown cost.
—— DE INICIACIÓN o ARRANQUE DE OPERACIONES, start-up cost.
—— DE INTERESES, interest cost.
—— DE LA ENERGÍA, cost of power.
—— DE MANEJO DE MATERIALES, material-handling cost.
—— DE MANEJO o DESPACHO, handling cost.
—— DE MANO DE OBRA, labor cost, labor expenses.
—— DE MAQUINARIA Y EQUIPO, machinery and equipment costs.
—— DE MERCADO o EN PLAZA, market cost, market price.
—— DE MERCADOTECNIA o DE COMERCIALIZACIÓN, cost of marketing.
—— DE MERCANCÍAS, merchandise cost.
—— DE MERCANCÍAS o ARTÍCULOS VENDIDOS, cost of goods sold.
—— DE NEGOCIO DETALLISTA o MINORISTA, cost of retailing.
—— DE NUEVAS ACCIONES COMUNES EMITIDAS, cost of newly issued equity.
—— DE OBTENCIÓN DE LAS MERCANCÍAS, merchandise procurement cost.
—— DE OBTENER INFORMACIÓN, information gathering cost.
—— DE OPERACIÓN, operating cost.
—— DE OPORTUNIDAD, opportunity cost, bargain.
—— DE ORGANIZACIÓN, organization cost.
—— DE ORIGEN, prime cost.
—— DE PENSIÓN o DE JUBILACIÓN, pension cost, annuity cost.
—— DE POSESIÓN, holding cost.
—— DE PRODUCCIÓN, production cost, cost of production.
—— DE RENDIMIENTO, output cost.
—— DE REPOSICIÓN DE ACTIVO, asset replacement cost.
—— DE REPOSICIÓN o DE SUSTITUCIÓN, replacement cost.
—— DE REPOSICIÓN o REEMPLAZO, cost of reproduction.
—— DE SALDOS EXCESIVOS, excess cash balance cost.
—— DE SALDOS INSUFICIENTES, short cost.
—— DE SERVICIOS ANTERIORES, prior service cost.
—— DE SOSTENIMIENTO, upkeep.
—— DE SUBSISTENCIA, cost of living.
—— DE SUSTITUCIÓN, standby cost.
—— DE TIEMPO, time cost.
—— DE TRABAJO TERMINADO, cost of job completed.
—— DE TRANSFORMACIÓN, conversion cost.
—— DE TRANSPORTACIÓN, transportation cost.
—— DE UTILIDADES o GANANCIAS RETENIDAS, cost of retained earnings, retained earnings cost.
—— DE VENTAS, cost of sales.
—— DE VENTAS A PLAZO o COSTO DE VENTAS EN ABONOS, cost of installment sales.
—— DE VIDA, cost of living.
—— DECRECIENTE o DESCENDENTE, decreasing cost.
—— DEL CAPITAL, capital cost, cost of capital.
—— DEL CAPITAL COMÚN, equity capital cost, cost of equity capital.
—— DEL CAPITAL COMÚN DESPUÉS DE DEDUCIR IMPUESTOS, after-tax cost of equity.
—— DEL CAPITAL COMÚN SIN DIVIDENDOS, no dividend cost of equity.
—— DEL CAPITAL CON DEUDA, cost of capital for debt.
—— DEL CAPITAL CON EMISIÓN DE PASIVO, cost of debt capital.
—— DEL NEGOCIO MINORISTA o DETALLISTA, cost of retailing.
—— DEL PASIVO, cost of debt.
—— DEL PASIVO ANTES DE IMPUESTOS, pre-tax cost of debt.
—— DEL PASIVO DESPUÉS DE DEDUCIR IMPUESTOS, after tax cost of debt.
—— DEL PERIODO, period cost.
—— DEL PRODUCTO, product cost.
—— DEL USUARIO, user cost.
—— DEPRECIADO, depreciated cost.
—— DESEMBOLSADO, outlay cost.
—— DIFERENCIAL, differential cost.
—— DIRECTO DE LA PRODUCCIÓN, direct cost of production.
—— DIRECTO DE NEGOCIOS, direct business cost.
—— DIRECTO INICIAL, initial direct cost.

—— **DIRECTO** o **PRIMO** o **PRIMARIO**, direct or prime cost.
—— **DISTRIBUIDO**, allocated cost.
—— **ECONÓMICO**, economic cost.
—— **EFECTIVO**, actual cost.
—— **ELUDIBLE**, escapable cost.
—— **EROGADO**, out-of pocket cost.
—— **ESCALONADO**, stepped cost.
—— **ESPECIFICADO**, specification cost.
—— **ESPECÍFICO**, specific cost.
—— **ESTÁNDAR BÁSICO**, basic standard cost.
—— **ESTÁNDAR IDEAL**, ideal standard cost.
—— **ESTÁNDAR NORMAL**, normal standard cost.
—— **FIJO**, fixed cost.
—— **GENERAL**, indirect cost.
—— **GLOBAL** o **TOTAL**, bunched cost.
—— **HISTÓRICO AJUSTADO**, adjusted historical cost.
—— **HISTÓRICO** o **PRIMITIVO** o **DE INVERSIÓN**, historical cost.
—— **HUMANO**, human cost.
—— **IDENTIFICABLE** o **DIRECTO**, traceable cost.
—— **INCONTROLABLE**, noncontrollable cost.
—— **INCREMENTAL**, incremental cost.
—— **INCURRIDO**, consumed cost, historical cost.
—— **INDIRECTO**, indirect cost.
—— **INDIRECTO FIJO**, fixed manufacturing overhead.
—— **INDUSTRIAL**, cost of production.
—— **INEVITABLE**, unavoidable cost.
—— **INICIAL**, first cost, prime cost.
—— **INICIAL** o **PRECIO CORRIENTE**, cost or market.
—— **MARGINAL DE CAPITAL**, marginal cost of capital.
—— **MARGINAL DE RECURSOS**, marginal cost of funds.
—— **MÁS CANTIDAD CONVENIDA**, cost-plus.
—— **MÁS HONORARIO FIJO**, cost plus fixed fee.
—— **MÁS PORCENTAJE**, cost plus percentage, force account.
—— **MEDIO** o **PROMEDIO**, average cost.
—— **MENOS AGOTAMIENTO**, cost less depletion.
—— **MENOS AMORTIZACIÓN**, cost less amortization.
—— **MENOS DEPRECIACIÓN**, cost less depreciation.
—— **NETO** o **REDONDO**, flat cost.
—— **NO DEPRECIADO** o **SIN DEPRECIACIÓN**, undepreciated cost.
—— **NO PRODUCTIVO**, nonproductive cost.
—— **NO RECUPERADO**, unrecovered cost.
—— **NO VENCIDO**, unexpired cost.
—— **NORMAL**, normal cost, standard cost.
—— **O MERCADO**, cost or market.
—— **O MERCADO, EL MÁS BAJO**, cost or market, whichever is lower.
—— **ORIGINAL DEPRECIADO**, depreciated original cost.
—— **ORIGINAL** o **DE ADQUISICIÓN**, first cost.
—— **PERDIDO**, sunk cost.
—— **PERTINENTE**, relevant cost.
—— **POR ALCANZAR**, target cost.
—— **POR ELEMENTO** o **CONCEPTO**, object cost.

—— **POR ÓRDENES DE FABRICACIÓN**, job-order cost.
—— **POR PEDIDO** o **POR ORDEN**, cost per order.
—— **POR TEMPORADA**, seasonal cost.
—— **POR VOLUMEN**, volume cost.
—— **PREVIO**, estimated cost.
—— **PREVISTO**, anticipated cost.
—— **PRIMARIO** o **COSTO DIRECTO** o **PRECIO DE FÁBRICA**, prime cost.
—— **PRIMITIVO**, aboriginal cost.
—— **PRIMO**, conversion cost.
—— **PROGRAMADO** o **PROYECTADO**, scheduled cost.
—— **PROHIBITIVO**, prohibitive cost.
—— **PROMEDIO**, average cost.
—— **PROMEDIO DEL CAPITAL**, average cost of capital.
—— **PROMEDIO** o **PONDERADO DE CAPITAL**, weighted average cost of capital.
—— **PRONOSTICADO** o **PREVISTO**, predicted cost.
—— **PRORRATEADO**, prorated cost.
—— **REAL**, real cost, actual cost, historical cost.
—— **REAL DE LA PRODUCCIÓN**, actual cost of production.
—— **REAL DE MANO DE OBRA** o **COSTO VERDADERO DE MANO DE OBRA**, actual labor cost.
—— **RECUPERABLE**, recovery cost.
—— **REDISTRIBUIDO**, redistributed cost.
—— **REDUCIDO**, low cost, reduced cost.
—— **RELACIONADO**, related cost.
—— **RESIDUAL**, residual cost.
—— **SEGÚN FACTURA**, invoice cost.
—— **SEGURO, FLETE, COMISIÓN E INTERESES**, cost, insurance, freight, commission and interest.
——, **SEGURO, FLETE Y CAMBIO**, cost, insurance, freight and exchange (C.I.F.&E.).
——, **SEGURO Y FLETE**, cost, insurance and freight (C.I.F.).
—— **SEMIVARIABLE**, semivariable cost.
—— **SEPARABLE**, separable cost.
—— **SUPLEMENTARIO**, supplementary cost.
—— **TABULAR DEL SEGURO**, tabular cost of insurance.
—— **TOTAL ACUMULADO**, cumulative total cost.
—— **TOTAL DE CAPITAL**, overall cost of capital.
—— **TOTAL** o **GLOBAL**, aggregate cost, all-in cost.
—— **TOTAL** o **GLOBAL ANUAL**, annual total cost.
—— **UNITARIO**, unit cost.
—— **UNITARIO MARGINAL**, marginal unit cost.
—— **VARIABLE**, shifting cost.
—— **VARIABLE INDIRECTO**, variable overhead.
—— **VARIABLE POR UNIDAD**, variable cost per unit.
—— **VENCIDO** o **CADUCADO**, expired cost.
—— **Y FLETE**, cost and freight (C & F).
—— **Y RIESGO DE**, cost and risk of.
—— **Y RIESGO PROPIO**, own cost and risk of.
—— **Y SEGURO**, cost and insurance (C & I).
COSTOS, costs, expenses.
—— **ACARREADOS**, costs incurred.
—— **ADMINISTRATIVOS**, managed costs.
—— **ASIGNABLES** o **ADJUDICABLES**, allocable costs.

COSTOSO-COTIZACIONES

—— CÍCLICOS DE CONSERVACIÓN, cyclical holding costs.
—— COMPROMETIDOS u OBLIGADOS, committed costs.
—— COMPUESTOS o MIXTOS, mixed costs.
—— CONEXOS, joint costs.
—— CORRIENTES o EN LIBROS o COSTOS DE MANEJO, carrying costs.
—— DE ADQUISICIÓN, procurement costs.
—— DE COBRANZA, collection costs.
—— DE DESARROLLO o DE FOMENTO, development costs.
—— DE EJECUCIÓN, executory costs.
—— DE EMBALAJE, packing expense.
—— DE EMBARQUE DEL VENDEDOR, vendor's shipping costs.
—— DE EMISIÓN, flotation costs, issuing costs.
—— DE EMISIÓN DE ACCIONES, stock issue costs.
—— DE EXPEDICIÓN, shipping charges.
—— DE EXPLORACIÓN, exploration costs.
—— DE EXPLOTACIÓN o DE OPERACIÓN, operating expenses.
—— DE INCUMPLIMIENTO o DE MOROSIDAD, default costs.
—— DE INSTALACIÓN, installation costs.
—— DE INVESTIGACIÓN DE MERCADO, marketing research costs.
—— DE INVESTIGACIÓN Y DESARROLLO, research and development costs.
—— DE LA NUEVA EMISIÓN DESPUÉS DE IMPUESTOS, after-tax flotation costs.
—— DE LA PRIMA POR REEMBOLSO ANTICIPADO DESPUÉS DE IMPUESTOS, after-tax call premium costs.
—— DE MANEJO Y ADMINISTRACIÓN, procurement and management costs.
—— DE MANO DE OBRA DIRECTA, direct labor costs.
—— DE MANTENIMIENTO, maintenance costs.
—— DE MECANIZACIÓN, tooling costs.
—— DE MOROSIDAD o DE ATRASO, delinquency costs.
—— DE OBTENCIÓN, acquisition costs.
—— DE REUBICACIÓN, relocation costs.
—— DE SALDOS EXCESIVOS, long costs.
—— DE SERVICIO, service costs.
—— DE TERRENO, land costs.
—— ESPERADOS, expected costs.
—— ESTÁNDAR, standard costs.
—— ESTÁNDAR CORRIENTES, current standard costs.
—— ESTIMADOS, estimated costs.
—— INDIRECTOS DE FABRICACIÓN, indirect manufacturing costs.
—— INDIRECTOS DE PRODUCCIÓN, manufacturing overhead costs.
—— INDIRECTOS DEPARTAMENTALES, department overhead costs.
—— INVENTARIALES, inventoriable costs.
—— MARGINALES, marginal costing.
—— MÚLTIPLES, multiple costs.
—— NO DISTRIBUIDOS DE LAS VENTAS, undistributed costs of sales.
—— NORMALES, standard costs.
—— PERIÓDICOS o EN FUNCIÓN DEL TIEMPO, periodical costs.
—— POR ÓRDENES DE TRABAJO, job costs.
—— POR PROCESOS, process costs.
—— PREDETERMINADOS, predetermined costs.
—— PREFIJADOS, standard costs.
—— PRELIMINARES DE PRODUCCIÓN, preproduction costs.
—— PRESUPUESTADOS, budgeted costs, estimated costs.
—— PRONOSTICADOS, predicted costs.
—— PRORRATEADOS o DISTRIBUIDOS, apportioned costs.
—— PROYECTADOS, scheduled costs.
—— REPETITIVOS, recurring costs.
—— SEMIFIJOS, semi-fixed costs.
—— TOTALES, total costs.
—— TOTALES DE MANEJO, total carrying costs.
—— TOTALES DE OPERACIÓN, total operating costs.
—— TOTALES DE PEDIDO, total ordering costs.
—— UNITARIOS DE PRODUCCIÓN, unit production costs.
—— VARIABLES, variable costs.
—— VERDADEROS, actual costs.
COSTOSO, expensive, costly, dear, high-priced.
COSTUMBRE, custom, usage, practice.
—— COMERCIAL, business practice.
——, COMO DE, as usual.
—— DE PLAZA, custom of the trade.
—— DEL COMERCIO o DE PLAZA, trade usage.
COSTUMBRES
—— DE LA SOCIEDAD, customs of society.
—— DEL COMPRADOR, buyer habits.
COSTURERA, seamstress.
COTA, quota, classification of a ship, elevation.
COTEJAR, to collate, to compare, to check.
——, CON REFERENCIA A, EN CUANTO A, to reference.
COTEJO, comparison, checking.
COTIDIANO, daily.
COTIZABLE, quotable.
COTIZACIÓN, quotation, price, list of prices, contribution, dues.
——, A LA, at the market.
—— A PRECIOS UNITARIOS, unit-price bid.
—— AL CIERRE, closing price.
—— CAMBIARIA, rate of exchange.
—— DE CIERRE, closing quotation.
—— DE CLAUSURA o DE CIERRE, closing quotation.
—— DE COMPETENCIA, competitive bid.
—— DE PRECIOS, price quotation.
—— DE VALORES, listing securities.
—— EN BOLSA, stock exchange price.
—— GLOBAL, lump-sum bid.
—— LIBRE A BORDO (L.A.B.), free on board pricing.
—— PARA CHEQUE, check rate.
—— PARA ENTREGA FUTURA, forward quotation.
COTIZACIONES
—— DE APERTURA, opening prices.
—— DIARIAS DE CIERRE, closing daily prices.

—— EXTREMAS, high and low prices.
COTIZADO, quoted.
—— EN LA BOLSA, quoted on the exchange.
COTIZADOR, quoter.
COTIZAR, to quote.
—— PRECIOS MÁS BAJOS, underquote.
COTO MINERO, mining district.
COVARIANCIA, covariance.
COYOTE, speculator in stocks or in foreign, exchange broker, unscrupulous business agent.
COYUNTURA, ocassion, opportunity.
—— ALCISTA, period of rising prices.
—— BAJA, hard times.
CRASO, gross, fat, greasy.
CREACIÓN DE DEPÓSITOS, deposit creation.
CREACIÓN DE FONDOS, installment funding.
CRÉAME o BAJO MI PALABRA, take my word for it.
CREAR, to establish, to institute.
—— UNA EMPRESA, to found a business.
—— UNA RESERVA, to set up a reserve.
CREATIVIDAD, creativity.
CRECER, to grow up.
CRECIDA, flood (river).
CRECIENTE, growing, crescent, increasing.
—— DE LA MAREA, flood tide.
CRECIMIENTO, growth, increment, increase.
—— DE LA DEMANDA, growth of demand.
—— DE POBLACIÓN, population increase.
—— DE PRODUCTIVIDAD DESCENDENTE, declining productivity growth.
—— DEL DEPÓSITO, deposit growth.
—— DEMOGRÁFICO, population growth, demographic growth.
—— DEMOGRÁFICO MUNDIAL, world population growth.
—— ECONÓMICO, economic growth.
—— O DESARROLLO DEL PRODUCTO, product growth.
—— SANO o BUENO, healthy growth.
—— Y DESARROLLO ECONÓMICO, economic growth and development.
CREDENCIAL, evidence, certificate, letter of credit.
—— DE SOCIO o AFILIADO, membership card.
—— O LICENCIA PARA AUTOMOVILISTA, driver's license.
CRÉDITO, credit, accommodation, credit entry, reputation.
——, A, on credit.
—— A CORTO PLAZO, short-term credit.
—— A GASTOS GENERALES, burden credit.
—— A LARGO PLAZO, long-term credit.
—— A PLAZO PENDIENTE DE PAGO, outstanding installment credit.
—— ABIERTO o EN BLANCO, open credit.
—— AGRÍCOLA o AGRARIO, farm credit.
—— AL CONSUMIDOR, consumer credit.
—— AL DESCUBIERTO, overdraft credit, open credit.
—— BANCARIO, bank credit.
—— COMERCIAL, commercial credit, goodwill.
—— COMERCIAL o MERCANTIL INTERNACIONAL, international trade credit.

—— CONCEDIDO POR EL BANCO, bank credit.
—— CONFIRMADO, confirmed credit.
—— CONJUNTO, joint credit.
——, DAR, to believe.
—— DE ACEPTACIÓN, acceptance credit.
—— DE CAJA, cash credit.
—— DE CONSUMO, consumer credit.
—— DE CUENTA CORRIENTE, open account credit.
—— DE ESTABLECIMIENTO, investment credit.
—— DE FIRMA, unsecured credit.
—— DE NEGOCIACIÓN, negotiation credit.
—— DE SUMINISTRO, farm loan.
—— DEL BANCO COMERCIAL A CONSUMIDORES, commercial bank consumer credit.
—— DEL VENDEDOR, vendor's credit.
—— DIRECTO A LA NÓMINA o LA LISTA DE RAYA, direct payroll crediting.
—— DOMÉSTICO, consumer credit.
—— DUDOSO o MOROSO, doubtful credit.
—— EN CUENTA CORRIENTE, charge account credit.
—— EN DESCUBIERTO, overdraft credit.
—— ESCASO, tight money.
—— ESTATAL, government credit.
—— FIDUCIARIO, credit guaranteed by a trust.
—— FISCAL, government credit.
—— FISCAL DIFERIDO POR INVERSIONES, deferred investment credit.
—— FISCAL POR INVERSIONES, investment credit.
—— FLOTANTE, open credit.
—— HIPOTECARIO, mortgage credit.
—— ILIMITADO, unlimited credit.
—— INDIVIDUAL o PERSONAL, individual credit.
—— INMOBILIARIO, credit for purchase of real estate.
—— INTERNACIONAL, international credit.
—— IRREVOCABLE, straight credit, irrevocable credit.
—— LIBRE, open credit, unconfirmed credit.
—— MANCOMUNADO, joint credit.
—— MERCANTIL, commercial or financial standing.
—— MERCANTIL CONSOLIDADO, consolidated goodwill.
—— MERCANTIL NEGATIVO, badwill, negative goodwill.
—— MERCANTIL o COMERCIAL, trade credit.
—— MOBILIARIO, credit secured by personal property.
—— NAVAL, credit for shipping operation.
—— NEGADO, denial of credit.
—— NO APROVECHADO, unborrowed balance.
—— NO ASEGURADO o NO GARANTIZADO, unsecured credit.
—— NO CONFIRMADO o SIN CONFIRMAR, unconfirmed credit.
—— NO EN ABONOS, noninstallment credit.
—— NO HIPOTECARIO A CONSUMIDORES, nonmortgage consumer credit.
—— PARA CONSTRUCCIÓN DE VIVIENDAS, housing credit.
—— PARA EL MERCADO MONETARIO, money market credit.

—— PARA EXPORTACIÓN, 'export credit.
—— PARA GASTOS DE CAPITAL, investment credit.
—— PARA GIROS A LA VISTA, sight credit.
—— PARA IMPUESTO SOBRE INVERSIÓN, investment tax credit.
—— PARA IMPUESTO SOBRE INVERSIÓN PASADO A OTRA CUENTA, investment tax credit carry-over.
—— PARA PRODUCCIÓN, production credit.
—— PARA VENTAS A PLAZOS, installment credit.
—— PERIÓDICO, periodic credit.
—— PERSONAL o GARANTÍA INDIVIDUAL, personal trust.
—— PIGNORATICIO, secured credit.
—— POR IMPUESTO PAGADO EN EL EXTRANJERO, foreign tax credit.
—— POR REMESA, remittance credit.
—— POR UTILIDADES EXCEDENTES, excess-profit credit.
—— PRENDARIO, credit on chattel mortgage, secured credit.
—— PRIVILEGIADO o PREFERIDO, preferred credit.
—— PROVISIONAL, bridge-over.
—— REEMBOLSABLE, reinbursement credit.
—— RESTRINGIDO o LIMITADO, tight credit.
—— ROTATIVO o REVOLVENTE, revolving credit.
—— SIMPLE, simple credit.
—— TERRITORIAL, credit secured by real estate.
—— TOTAL, total credit extended.
—— VERIFICADO, confirmed credit.
CRÉDITOS
—— A GASTOS GENERALES, burden credit, applied overhead.
—— ACTIVOS, assets, credits on claims receivable.
—— AGRÍCOLAS, rural credits.
—— CONGELADOS, frozen credits.
—— DIFERIDOS, deferred credits.
—— FISCALES DIFERIDOS SOBRE INVERSIONES, deferred investment tax credits.
—— IMPORTANTES o CONSIDERABLES, material credits.
—— INACTIVOS, frozen credits.
—— INCOBRABLES, bad debts.
—— PASIVOS, liabilities, credits or claims payable.
CREDO, beliefs.
CREENCIA RELIGIOSA, religious affiliation, religious background.
CREENCIAS, beliefs.
CREMALLERA, zipper, rack (mechanical).
CREO QUE NO, I don't think so.
CRÍA, breeding, raising, litter.
—— DE GALLINAS, chicken farming.
—— DE GANADO, ranching, cattle raising.
—— DE GANADO LANAR o CRIANZA DE OVINOS, wool growing.
—— OVINA, sheep raising.
CRIADA, waitress, maid servant.
CRIADERO, breeding place, nursery (plant).
—— DE PECES, fish hatchery.
—— DE POLLOS, chicken farm.

CRIADO o PAJE, servant, valet.
CRIADOR, breeder, stock farmer.
—— DE AVES, poultry farmer.
—— DE OVEJAS, sheep raiser.
—— GANADERO o PECUARIO, cattle rancher.
CRIANZA, raising.
—— DE NIÑOS, raising children, child rearing.
—— Y EDUCACIÓN DE NIÑOS, upbringing.
CRIAR, to breed, to create.
—— GANADO, raise cattle.
CRIOLLO, domestic, national, creole.
CRISIS, crisis.
—— CREDITICIA, credit crunch.
—— DE ENERGÍA, energy crunch, energy crisis.
—— DE LIQUIDEZ o DE CONVERTIBILIDAD, liquidity crisis.
—— ECONÓMICA, business depression, bad times, slump.
—— NERVIOSA, nervous breakdown.
—— OBRERA, labor trouble.
CRISTAL, glass, crystal.
—— ARMADO, wire glass.
—— DE SEGURIDAD, safety glass.
—— IRROMPIBLE, safety or nonshattering glass.
CRISTALERÍA, glassware, glass shop.
CRITERIO, judgment, criterion, standard, policy, practice.
—— COMERCIAL, business judgment.
—— DE DECISIÓN, decision criterion.
—— DE VALOR, value judgment.
—— IMPOSITIVO, system of taxation.
—— MAXIMAX, maximax criterion.
CRITERIOS
—— DE INVERSIÓN, investment decision criteria.
—— MÚLTIPLES, multiple criteria.
—— PARA EVALUACIÓN DE PROYECTOS DE INVERSIÓN, capital budgeting decision criteria.
CRÍTICA, criticism, censure.
—— PÚBLICA Y MORDAZ, slating.
CRITICAR o MOLESTAR, pick on.
CROMADO, chromium-plated.
CROMOTIPIA, color printing.
CRÓNICA, news article.
CRONISTA, one who writes for newspapers, reporter.
—— DEPORTIVO, sports writer.
CRONOMETRADOR, timer, timekeeper.
CRONOMETRAJE, timing.
CRONOMETRAR, to time.
CRONOMETRISTA, timer, timekeeper.
CRONÓMETRO, stop watch.
CROQUIS o ESQUEMA o DISEÑO, sketch.
CRUCE, crossing, intersection, crossbreeding.
—— A DESNIVEL, grade separation.
—— A NIVEL, grade crossing.
—— DE FERROCARRIL, railroad crossing.
—— INFERIOR, undergrade crossing.
—— SUPERIOR, overhead crossing.
CRUCERO, road crossing.

CRUCIGRAMA, puzzle, crossword.
CRUDO, crude, burlap, rough.
CRUZA, crossbreeding.
CRUZADO DE BRAZOS, idle, laid-off, unemployed.
CRUZAMIENTO, crossing, crossbreeding.
—— DEL CHEQUE, crossing a check.
—— DEL GANADO, crossbreeding.
CRUZAR, to cross, crossbreed, to cancel.
—— UN RÍO EN BARCO, ferry.
CRUZARSE, to intersect, to cross in the mail (correspondence).
—— DE BRAZOS, to do nothing, remain inactive.
CUADERNILLO DE NOTAS, notebook.
CUADERNO, notebook, memorandum book, blankbook.
—— DE APUNTES, copybook.
—— DE BITÁCORA o DE NAVEGACIÓN, logbook.
—— DE EJERCICIOS, workbook.
—— DE ESCRITURA, writing book.
—— DE HOJAS SUELTAS, loose-leaf notebook.
—— DE TAQUIGRAFÍA, stenographer's notebook.
—— EN BLANCO, blankbook.
—— TALONARIO, stub book.
—— O TALONARIO DE CHEQUES, checkbook.
CUADRA, city block.
CUADRADO o EN CUADRO, square.
CUADRANTE, dial.
—— DE SINTONIZACIÓN, tuning dial.
CUADRÁTICO, quadratic.
CUADRILLA, gang, crew, squad, party.
—— CAMINERA, road gang.
—— DE CARGA, freight handlers.
—— DE DÍA, day shift.
—— DE ESTIBA, hold crew.
—— DE ESTIBADORES, longshore gang.
—— DE MANTENIMIENTO o DE REPARACIONES, repair gang, maintenance crew.
—— DE MUELLE, stevedores, dock gang.
—— DE NOCHE, night shift.
—— DE PEONES, labor gang.
—— DE PERFORACIÓN, drilling crew.
—— DE SALVAMENTO o EQUIPO DE URGENCIA, wrecking crew.
—— DE TRABAJO DE TIEMPO COMPLETO, full-time crew.
—— DE URGENCIA, wrecking gang.
—— O EQUIPO DE REPARACIONES, repair gang.
—— O ESTIBADORES DE MUELLE, shore gang.
CUADRILLA-HORA, gang-hour.
CUADRO o ILUSTRACIÓN o PINTURA, picture, square, table of figures.
—— ANUNCIADOR o INDICADOR, indicator board.
—— CONMUTADOR, switchboard.
—— DE COTIZACIONES, big board, quotation board.
—— DE DISTRIBUCIÓN, switchboard.
—— DE GOBIERNO, control board.
—— DE HONOR, roll of honor.
—— DE INSTRUMENTOS, instrument board.
—— DE PROPUESTAS, bidding schedule.

—— FINANCIERO, financial statement.
—— MURAL, wall chart.
—— O PROGRAMA ANEXO, supporting schedule.
—— O PROGRAMA DE DEMANDA, demand schedule.
CUÁDRUPLE, fourfold.
CUADRUPLICADO, quadruplicate.
¿CUÁL?, which one?
—— DE ELLOS, which of them?
—— ES CUÁL, which is which?
CUALESQUIERA o EL QUE o LO QUE, whichever.
CUALITATIVO, qualitative.
CUALQUIER COSA QUE o LO QUE SEA o TODO LO QUE SEA, whatever.
—— MARCA DE CALIDAD, any good brandy.
—— PERSONA, any person whatever.
CUALQUIERA, any one.
—— QUE o QUIENQUIERA QUE, whoever.
CUÁNDO o CUANDO, how soon, when.
—— ACÁ, DE?, since when.
—— , AUN, even through.
—— , DE VEZ EN, once in a while, now and then, sometimes.
—— ESTÉ VACÍO DEVUÉLVASE A, when empty return to.
—— LE CONVENGA, at your convenience.
—— MENOS, at least.
—— QUIERA, whenever.
¿CUÁNTAS VECES?, how often.
CUANTÍA, quantity, amount, count, importance.
CUANTIFICACIÓN, quantification.
CUANTIFICADOR, quantifier.
—— UNIVERSAL, universal quantifier.
CUANTIFICAR, to quantify.
CUANTIL, quantile.
CUANTITATIVO, quantitative.
¿CUÁNTO? o CUANTO, how much?
—— A, EN, in regard to.
—— ANTES, as soon as possible, at once, without delay.
—— , EN, inasmuch as, when.
—— TIEMPO, how long?
—— VALE? how much is it?
¿CUÁNTOS?, how many?
CUARENTENA o PONER EN CUARENTENA, quarantine.
CUARTEL, barracks, quarters, city district.
—— DE BOMBEROS, fire-house.
—— DE POLICÍA, police station.
—— GENERAL, headquarters, head office.
—— , NO DAR, give no quarter.
CUARTELMAESTRE, quartermaster.
CUARTETO, quartet.
CUARTIL, quartile.
CUARTILLA, sheet of paper, typewritten sheet.
CUARTO o HABITACIÓN o ESPACIO, room, quarter, fourth.
—— DE ALMACENAR, stock room, storeroom.
—— DE CALDERAS, boiler room.
—— DE CÍRCULO, quadrant.
—— DE EMBARQUES, shipping room.

CUASI-CUENTA 113

—— DE GALÓN, quart.
—— DE LOS OFICIALES, wardroom.
—— DE MANDO, control room.
—— DE MÁQUINAS, engine room.
—— DE MUESTRAS, sample room.
—— DE TABLERO, board room (broker's office).
—— DE VENTAS, salesroom.
—— DEL TABLERO DE COTIZACIÓN DE ACCIONES, board room.
—— PARA CLASIFICACIÓN DE CORRESPONDENCIA, mailing room.
—— Y COMIDA, board and lodging.
CUASI o CASI, quasi.
CUASIACREEDOR, quasi creditor.
CUASICOMPETENCIA, quasi competition.
CUASICONTRATO, quasi contract.
CUASICORPORACIÓN, quasi corporation.
CUASILEGAL, quasi-legal.
CUASIMONOPOLIO, quasi monopoly.
CUASI-PRODUCTO o CUASI-RENTA, cuasi rent or quasi rent.
CUATREAR, to steal cattle.
CUATRERO, cattle thief.
CUATRIMESTRE, period of four months.
CUATRO, four.
—— VÍAS, DE, four lane (highway), four-track (railroad).
CUBA, tank, vat, tub, cask.
CUBETA, bucket, pail, keg, tub.
CUBICACIÓN, cubical contents, volume.
CUBICAR, to compute volumes.
CÚBICO, cubic, cubical.
CUBIERTA, deck, cover, top, coverage, cover (magazine).
—— DE BORDO LIBRE, main or freeboard deck.
—— DE LONA, tarpaulin, canvas cover.
—— DE POZO, well deck.
—— DE UN LEGAJO, folder.
—— PRINCIPAL, main deck.
CUBIERTO, cover, roof, covered, paid.
——, A, cover, safe, secure.
—— DE, A, hedged or protected against.
—— ÍNTEGRAMENTE, paid in full.
CUBIERTOS, cutlery.
CUBO, bucket, pail, cubical, contents, hub.
—— DE EXTRACCIÓN, mine bucket.
CUBRIR, to cover, to pay, to meet.
—— DE o UNTAR CON, spread over.
—— EL CARGO o LA PLAZA, to fill the position.
—— EL COSTO, to cover the cost.
—— EL RIESGO, to cover the risk.
—— EL VALOR, to pay the amount.
—— LOS GASTOS, to pay expenses, to meet expenses.
—— UNA REGIÓN, to cover a territory.
—— UNA VACANTE o UNA PLAZA, to fill a vacancy.
CUCHARA, spoon, bucket, ladle, scoop.
CUCHARÓN, bucket, scraper.
—— DE EXTRACCIÓN, mine bucket.

—— VOLCADOR, dump bucket.
CUCHICHEAR o SECRETEAR, whisper.
CUCHILLA, knife, razor blade, pocketknife.
CUCHILLERÍA, cutlery, cutlery shop, cutlery factory.
CUCHILLO, knife.
—— AFILADO, sharp knife.
CUELLO DE BOTELLA, bottleneck.
CUENCA, valley, basin, watershed.
—— CARBONÍFERA o HULLERA, coal basin.
—— HIDROGRÁFICA o COLECTORA, drainage area, watershed.
—— PETROLERA, oil pool, oil basin.
CUENTA, account, bill, statement, count, calculation.
——, A, on account.
—— A ORDEN CONJUNTA, two-signature account.
—— ABIERTA, open or current account.
—— ACREEDORA, credit account.
—— ACTIVA o CORRIENTE, active account.
—— ADJUNTA, adjunct account.
—— AUXILIAR o SUBCUENTA, subsidiary account, adjunct account.
—— BANCARIA DE TRANSFERENCIA AUTOMÁTICA, automatic transfer account.
—— BANCARIA DEL COMERCIANTE o DEL NEGOCIANTE, merchant's bank account.
—— BANCARIA NO REGISTRADA, unrecorded bank account.
—— CEDIDA, assigned account.
—— COLECTIVA o CONJUNTA, joint account.
—— COMBINADA, omnibus account.
—— COMERCIAL, trade account.
—— COMERCIAL o MERCANTIL POR COBRAR, trade account receivable.
—— COMERCIAL POR PAGAR, trade account payable.
—— COMPLEMENTARIA, contra account.
—— COMPUESTA o MIXTA, compound account.
—— CON, EN, in account with.
—— CONFORME o CONVENIDA, stated account.
—— CONTINUA, running account.
—— CONTROLADORA o DE CONTROL, control or controlling account.
—— CORRIENTE, current account, open account, charge account.
—— CORRIENTE BANCARIA, checking account.
——, DARSE, to realize.
—— DE ABSORCIÓN, absorption account.
—— DE ACCIONES COMUNES, common stock account.
—— DE ACLARACIONES DE NÓMINA, payroll clearing account.
—— DE ACTIVIDAD, activity account.
—— DE ACTIVO MÚLTIPLE, multiple-asset account.
—— DE ADELANTOS o DE ANTICIPOS, drawing account.
—— DE AHORRO, savings account, thrift account.
—— DE ALMACÉN, inventory account.
—— DE ANTICIPOS SOBRE SUELDOS, imprest payroll account.
—— DE APROPIACIONES o CONSIGNACIÓN, appropriation account.

—— DE BALANCE, closing account.
—— DE BALANCE DE RESULTADOS, income statement account.
—— DE BONOS POR PAGAR, bond payable account.
—— DE CAJA, cash account.
—— DE CAPITAL, capital account.
—— DE CAPITAL DEL BANCO, bank's capital account.
—— DE CAPITAL SOCIAL, common stock account.
—— DE CAPITAL SOCIAL o DE PARTICIPACIÓN, equity account.
—— DE CIERRE, closing account.
—— DE CLIENTE DEL MAYOR, sundry debtors' account.
—— DE COMISIÓN, commission account.
—— DE COMPRAS, purchase account.
—— DE CONCILIACIÓN o DE RECONCILIACIÓN, reconciliation account.
—— DE CONSIGNACIÓN, consignment account.
—— DE CONSIGNACIONES REMITIDAS, consignment out account.
—— DE CONTINUIDAD, continuing account.
—— DE CONTROL DE BANCOS, cash control.
—— DE CONVERSIÓN o DE CANJE, conversion account.
—— DE COSTO POR ORDEN DE PRODUCCIÓN, job costing.
—— DE CUSTODIA, custodian or safekeeping account.
—— DE CRÉDITO, line of credit, loan account.
—— DE CHEQUES, checking or current account.
—— DE CHEQUES DEL TARJETAHABIENTE, cardholder's checking account.
—— DE CHEQUES QUE DEVENGA INTERÉS, interest-bearing checking account.
—— DE DECLARACIÓN DE INGRESOS, income statement account.
—— DE DÉFICIT o DEFICITARIA, deficit account.
—— DE DEPÓSITO, deposit account.
—— DE DEPÓSITO DEL CONSUMIDOR, customer's deposit account.
—— DE DESCUENTOS POR COBRAR, trade notes receivable account.
—— DE DESCUENTOS Y PREMIOS, premium and discount account.
—— DE DETALLE o PORMENORIZADA, detail account.
—— DE DEVOLUCIÓN, charges for redraft.
—— DE EFECTIVO, cash account.
—— DE EFECTIVO PARA DIVIDENDOS, dividend cash account.
—— DE EFECTIVO PARA SUELDOS, payroll cash account.
—— DE ENTRADAS o DE INGRESOS, revenue account.
—— DE EXPORTADOR, exporter's account.
—— DE EXTRACCIONES, drawing account.
—— DE FLETE, freight bill.
—— DE FLETE DE ENVÍO o DE SALIDA, freight-out account.
—— DE FONDOS BANCARIOS DEL CONSUMIDOR, customer's deposit account.
—— DE GANANCIAS, income account.
—— DE GASTOS, expense account.
—— DE GASTOS DEL CLIENTE, client's expense account.
—— DE GASTOS DEL PERSONAL DE VENTAS, sales salaries expense account.
—— DE GASTOS o DESEMBOLSOS, expense account.
—— DE GASTOS Y PRODUCTOS, profit and loss account.
—— DE INGRESOS, revenue account.
—— DE INGRESOS o DE RESULTADOS, income account.
—— DE INGRESOS Y GASTOS, revenue and expense summary.
—— DE INTERESES COBRADOS, interest income account.
—— DE INTERESES PAGADOS, interest expense account.
—— DE INTERESES POR COBRAR ACUMULADOS, accrued interest receivable account.
—— DE INVENTARIO, inventory account.
—— DE LIQUIDACIÓN, realization account.
—— DE LIQUIDACIÓN o DE COMPENSACIÓN, clearing account.
—— DE LOS INTERESADOS, POR, for account of whom it may concern.
—— DE MARGEN, margin account.
—— DE MAYOR DIVIDIDA, split ledger account.
—— DE MERCANCÍAS o DE MERCADERÍAS, merchandise account.
—— DE NÓMINA o CUENTA DE RAYA, payroll account.
—— DE OPERACIONES CON PROVEEDORES, supplier's operating account.
—— DE OPERACIONES DIVERSAS, miscellaneous operating account.
—— DE ORDEN, offset account.
—— DE ORDEN o DE MEMORÁNDUM, memorandum account.
—— DE PASIVO A CORTO PLAZO, current liability account.
—— DE PASIVO ACUMULADO o DEVENGADO, accrued liability account.
—— DE PATRIMONIO, capital account or proprietorship account.
—— DE PÉRDIDAS POR SINIESTRO, casualty loss account.
—— DE PÉRDIDAS Y GANANCIAS, profit and loss account.
—— DE PERSONA FALLECIDA, deceased account.
—— DE PLAZA, local account.
—— DE PRÉSTAMOS, loan account.
—— DE PRIMAS SOBRE ACCIONES, share-premium account.
—— DE PRODUCTOS, income account.
—— DE PROPIEDAD o DE PATRIMONIO, proprietor's account.
—— DE PROVEEDOR, supplier's account.
—— DE PROVEEDORES o ACREEDORES, sundry creditors account.
—— DE REGISTRO, trust account, memorandum account.

CUENTA

—— DE RENTA, income account.
—— DE REPARACIONES, repairs account.
—— DE RESERVA DE PARTICIPACIÓN, equity reserve account.
—— DE RESERVA o DE PROVISIÓN, provision account.
—— DE RESULTADO, economic account.
—— DE RESUMEN, summary or profit and loss account.
—— DE RETIROS, drawing account.
—— DE SALARIOS o JORNALES, wages account.
—— DE SEGURO, underwriting account.
—— DE SERVICIOS PÚBLICOS, utility bill.
—— DE SOBRANTES Y FALTANTES DE CAJA, cash over and short account.
—— DE SUBSCRIPCIONES, call account.
—— DE SUBSCRIPCIONES PAGADERAS, call account (stock).
—— DE SUELDOS, salaries account.
—— DE SUELDOS DEL PERSONAL DE VENTAS, sales salaries account.
—— DE SUELDOS POR PAGAR, salaries payable account.
—— DE SUPERÁVIT PAGADO, paid-in capital account.
—— DE SUSPENSIÓN o DE TRÁNSITO, suspense or clearing account.
—— DE TRANSACCIÓN u OPERACIÓN, transaction account.
—— DE VENTA, bill of sale.
—— DE VENTAS, sales account.
—— DE VENTAS DE REZAGO, scrap sales account.
—— DEL ACREEDOR, creditor account.
—— DEL ACTIVO, asset account.
—— DEL AUXILIAR DE ALMACÉN, stores ledger account.
—— DEL AUXILIAR DE CLIENTES, sales ledger account.
—— DEL BALANCE GENERAL o DEL ESTADO DE CONTABILIDAD, balance sheet account.
—— DEL CLIENTE o DEL MARCHANTE, merchant's account.
—— DEL COMPRADOR, buyer's account.
—— DEL COMPRADOR A LARGO PLAZO, long account.
—— DEL FALTANTE, deficiency account.
—— DEL FONDO, fund account.
—— DEL IMPORTADOR, importer's account.
—— DEL MAYOR DE CLIENTES o DEL MAYOR DE VENTAS, customer ledger account.
—— DEL PRESUPUESTO, budget document.
—— DEL RESTAURANTE, check.
—— DEL SÍNDICO, receiver's account.
—— DEL VENDEDOR AL DESCUBIERTO, short account.
—— DEUDORA, debit account.
—— DIVIDIDA, divided account.
—— DUDOSA o MOROSA, slow or doubtful account.
—— EMBARGADA, attached account.
—— EN CUSTODIA, custodial account.
—— EN DESCUBIERTO, account overdrawn, account with overdraft, privilege.
—— EN EL EXTERIOR o EN EL EXTRANJERO, external account.

—— EN GARANTÍA, assigned account.
—— EN ORO, gold account.
—— EN SUSPENSO o TRANSITORIA, suspense account.
—— ENTRE COMPAÑÍAS, intercompany account.
—— FIDUCIARIA o DE REGISTRO, trust account.
—— FINANCIERA, financial account.
—— FIRMADA, receipted bill.
—— GARANTIZADA o ASEGURADA, secured account.
—— IMPRODUCTIVA, dead account.
—— IMPUGNADA o DE CONTROVERSIA, disputed account.
—— INACTIVA, inactive account, frozen account.
—— INACTIVA POR FALTA DE MARGEN, restricted account.
—— INCOBRABLE o MALA, bad account.
—— INDIVIDUAL o PERSONAL, individual account.
—— INTERVENIDA, attached account.
—— LIQUIDADA, closed account or clearing account.
—— MAESTRA DE CONTROL, master control account.
—— MALA, bad debt.
—— MERCANTIL DE COMPRAVENTA, trading account.
—— MIXTA o COMPUESTA, mixed account.
—— NO VÁLIDA o NULA, invalid account.
—— NOMINAL o DE RESULTADOS, nominal account.
—— PAGADA, account settled.
—— PAGADA CON LENTITUD, slow-paying account.
—— PASADA o GIRADA, account rendered.
—— PATRIMONIAL, capital account, proprietary account.
—— PATRIMONIAL DEL BANCO, bank's capital account.
—— PENDIENTE o POR PAGAR, outstanding account, unsettled account.
—— PERSONAL o INDIVIDUAL, personal account.
—— POR COBRAR, receivable account.
—— POR COBRAR DESCONTADA, receivable-discounted account.
—— POR COBRAR EN ABONOS o A PLAZOS, installment receivable.
—— POR COBRAR FACTURADA, receivable-billed account.
—— POR COBRAR o POR RECIBIR, account receivable.
——, POR NUESTRA, for our account.
—— POR PAGAR DE OPERACIONES o TRANSACCIONES, trade payable.
—— PRIMARIA, primary account.
—— PRINCIPAL, main heading.
—— PROFORMA, pro forma account.
—— PROPIA, own account.
—— PROPIA, POR, for own account.
—— REGRESIVA, countdown.
—— RESERVADA o SEGREGADA, segregated account.
—— SALDADA, closed account.
—— SECRETA, secret account.
—— SECUNDARIA o SUBORDINADA, secondary account.
—— SIN GARANTÍA, unsecured account.
—— SIN MOVIMIENTO, inactive account.

—— SUBSIDIARIA, subaccount.
—— T, T-account.
—— TENER EN, to bear in mind.
—— TERMINAL o FINAL, terminal account.
—— TRANSITORIA, suspense account.
—— VENCIDA, due account, account past due.
—— VENCIDA Y NO PAGADA, overdue account, past-due account.
—— VIGENTE, open account.
—— Y RAZÓN, DAR, to give an accounting.
—— Y RIESGO DE, POR, for account and risk of.

CUENTAS
—— A COBRAR, accounts receivable.
—— A COBRAR A LARGO PLAZO, long-term receivables.
—— A COBRAR DECONTADAS, discounted receivable accounts.
—— A COBRAR NETAS, net receivable accounts.
—— A COBRAR PIGNORADAS, pledged accounts
—— A PAGAR A ABASTECEDORES o A PROVEEDORES, suppliers payable accounts.
—— A PAGAR DE PROVEEDORES, trade payable accounts.
—— A PLAZO, installment accounts.
—— ACREEDORAS O POR PAGAR, accounts due, accounts payable.
—— CANCELADAS, accounts written off.
—— CLASIFICADAS ALFABÉTICAMENTE, alphabetically filed accounts.
—— CLASIFICADAS NUMÉRICAMENTE, numerically filed accounts.
—— COBRABLES, receivables.
—— COMERCIALES POR COBRAR, trade receivables.
—— CONGELADAS, frozen accounts.
—— CONJUNTAS, joint accounts.
—— DE BALANCE, balance-sheet accounts.
—— DE BIENES INMUEBLES, property accounts.
—— DE CAPITAL DE SOCIOS, partners' capital account.
—— DE CLIENTES, customers' accounts.
—— DE COBRANZAS, collection accounts.
—— DE COBRO CONTRA ENTREGA, collection-on delivery accounts.
—— DE COSTOS, cost accounts.
—— DE DOBLE CONTROL, dual control accounts.
—— DE EJERCICIO, budgetary accounts.
—— DE INGRESOS Y GASTOS, income and expense accounts.
—— DE OPERACIÓN o RESULTADOS, operating accounts.
—— DE ORDEN o COMPENSADAS, memoranda accounts, offset accounts.
—— DE PRODUCTIVIDAD, income accounts.
—— DE PROPIEDADES o DE BIENES INMUEBLES, property accounts.
—— DE PROVEEDORES o ACREEDORES, sundry creditors.

—— DE RESULTADOS, earnings statements.
—— DE SUSCRIPCIONES CON INCUMPLIMIENTO DE PAGO, defaulted subscription accounts.
—— DEL ACTIVO Y DEL PASIVO, asset and liabilities accounts.
—— DEL INGRESO o RENTA NACIONAL, national income accounts.
—— DEL LIBRO AUXILIAR o DEL MAYOR, ledger accounts.
—— DEL PASIVO, liability accounts.
—— DEL PATRIMONIO DE LOS DUEÑOS, owners' equity accounts.
—— DIVERSAS POR COBRAR, miscellaneous receivables.
—— DUPLICADAS, duplicate accounts.
—— EN ABONOS, installment accounts.
—— EN ABONOS VENCIDAS, installment accounts due.
—— GENERALES o PRINCIPALES, general accounts.
—— INCOBRABLES, uncollectible accounts, bad accounts, worthless accounts.
—— MANCOMUNADAS o EN PARTICIPACIÓN, joint accounts.
—— MATERIALES, general accounts (not personal).
—— MOROSAS, doubtful debts.
—— NO RENDIDAS o NO PASADAS, unrendered bills.
—— NOMINALES o DE PÉRDIDAS Y GANANCIAS, profit and loss accounts.
—— PENDIENTES, outstanding accounts.
—— PENDIENTES DE PAGO, outstanding bills, outstanding accounts.
—— POR COBRAR A CLIENTES, customer trade receivables, open trade accounts receivables.
—— POR COBRAR A CORTO PLAZO, short-term receivables.
—— POR COBRAR CON GARANTÍA COLATERAL, accounts receivable pledging.
—— POR COBRAR NO NEGOCIABLES, nontrade receivable.
—— POR COBRAR VIGENTES, outstanding receivables.
—— POR PAGAR A CORTO PLAZO, short-term accounts payable.
—— POR PAGAR ATRASADAS, past due accounts payable.
—— POR PAGAR DE PLAZA, local payables.
—— POR PAGAR o A PAGAR, payable accounts, bill book, invoice register.
—— PRESUPUESTARIAS, budgetary accounts.
—— REALES o DEL BALANCE GENERAL, real accounts.
—— VARIAS o DIVERSAS, sundry accounts.
—— Y DOCUMENTOS POR COBRAR o PARTIDAS A COBRAR, receivables.

CUENTAHABIENTE, holder of an account.
CUENTAKILÓMETROS, speedometer (kilometers).
CUENTAMILLAS, mileage indicator, speedometer (miles).

CUENTO o **NARRACIÓN** o **RELATO**, tale.
—— **DEL TÍO**, get-rich-quick, scheme, confidence game.
—— **PICANTE**, juicy story.
CUERDA, cord, line, rope, cord of wood.
——, **BAJO**, secretly, underhandely.
—— **DE ALGODÓN**, cotton rope.
—— **DE CÁÑAMO**, Manila rope.
CUERO, leather, hide, skin.
—— **ARTIFICIAL**, imitation leather.
—— **CRUDO**, rawhide.
—— **DE BECERRO**, calfskin.
—— **DE CAIMÁN**, alligator skin.
—— **DE CERDO**, pigskin.
—— **DE CORDERO**, lambskin.
—— **DE POTRO** o **DE CABALLO**, horsehide.
—— **DE SUELA**, sole leather.
—— **LANAR** o **DE CARNERO**, sheepskin.
—— **VACUNO** o **DE VACA**, cowhide.
CUEROS o **PIELES**, skins.
—— **CURTIDOS**, tanned hides.
—— **DE FRIGORÍFICO**, packer hides.
—— **DE RES**, cattle hides.
—— **SIN CURTIR**, undressed hides.
CUERPO, body, corps, party, substance.
—— **CONSULAR**, consular body.
—— **DE ADMINISTRACIÓN**, executive personnel.
—— **DE AGRIMENSORES**, survey party.
—— **DE BIENES**, total of assets.
—— **DE BOMBEROS**, fire brigade.
—— **DE CONSEJEROS**, consulting or advisory board.
—— **DE DIRECTORES**, board of directors, executive staff.
—— **DE INGENIEROS**, engineer corps.
—— **DE LA HERENCIA**, estate corpus.
—— **DE REDACCIÓN**, editorial staff.
—— **DE REDACTORES DE PERIÓDICO**, editorial staff.
—— **DE VIGILANCIA**, police force.
—— **LEGISLATIVO**, legislative body.
—— **POLICIACO**, police force.
CUESTA, hill, slope.
—— **ABAJO**, down grade.
—— **ARRIBA** o **ASCENDENTE**, uphill, up grade.
CUESTIÓN, question, matter, affair.
—— **DE DERECHO**, matter of law.
—— **DE PRINCIPIOS**, a matter of principle.
——, **EL ASUNTO EN**, the matter at issue.
—— **PREVIA**, previous question.
CUESTIONES, affairs, matters.
—— **CONTABLES**, accounting matters.
—— **CORPORATIVAS**, corporate affairs.
—— **FINANCIERAS**, financial matters.
—— **MONETARIAS**, money matters.
CUESTIONARIO, questionnaire.
—— **DE CONTROL INTERNO**, internal control questionnaire.
—— **DE ENCUESTA** o **DE ESTUDIO**, survey questionnaire.
—— **PARA PRUEBA DE USO EN EL HOGAR**, home use test questionnaire.
—— **POR CORREO**, mail questionnaire.
CUIDADO, care, attention, watch out.
——, **CON**, with care.
——, **DE, AL**, in care of.
—— **DE LA SALUD**, health care.
—— **MÉDICO** o **ATENCIÓN MÉDICA**, medical care.
——, **TENER**, to be careful.
CUIDADOSO, careful.
CUIDAR o **VIGILAR** o **ATENDER**, to tend.
—— **DE**, to take charge of, to be responsible for, to take care of.
CULPA, fault, negligence, guilt, blame.
—— **CONTRACTUAL**, breach of contract.
——, **ECHAR LA**, to blame.
CULPABLE, guilty.
CULTIVADOR o **COSECHADOR** o **GANADERO**, raiser.
—— **DE TRIGO**, wheat farmer.
CULTIVAR, to cultivate, to till.
CULTIVO, cultivation, crop.
—— **DEL CAMPO**, farming.
——, **EN**, under cultivation.
—— **INTENSIVO**, intensive cultivation.
CULTIVOS
—— **DE REGADÍO**, irrigated crops.
—— **INDUSTRIALES**, industrial crops.
CULTO o **ADORACIÓN** o **REVERENCIA**, worship.
CUMPLA CON SU OBLIGACIÓN, do your part.
CUMPLEAÑOS, birthday.
——, **FIESTA DE**, birthday party.
CUMPLIDOR o **CONFIABLE** o **FORMAL**, reliable, dependable.
CUMPLIMIENTO, performance, fulfillment, satisfaction.
—— **DE DISPOSICIONES LEGALES**, legal commitments.
—— **DE LAS LEYES**, enforcement of laws.
CUMPLIR, to fulfill, to perform, to discharge, to execute.
—— **CON**, to comply, to fulfill.
—— **CON ESPECIFICACIONES**, to meet specifications.
—— **EL CONTRATO**, to carry out the contract.
—— **EL PEDIDO**, to fill the order.
—— **LA PRUEBA**, to pass the test.
—— **SU PALABRA**, to keep one's word.
—— **UN COMPROMISO**, to meet an obligation.
—— **UNA CITA**, to keep an engagement.
—— **UNA CONDENA**, to serve a term in prison.
—— **UNA OBLIGACIÓN** o **UN COMPROMISO**, to discharge an obligation.
CUMPLIRSE EL PLAZO, to mature, to expire.
CÚMULO DE MERCANCÍAS, overstocking.
CUNICULTURA, rabbit raising.
CUÑA, quoin, wedge, chock.
CUÑADA, sister-in-law.

CUÑADO, brother-in-law.
CUÑO, mint stamp, die, mint.
——NACIONAL, national coinage.
CUOTA, dues, rate, fare, quota, share, fee.
——A DESTAJO o POR TAREA, task rate.
——ARANCELARIA, import duty.
——DE EMISIÓN, admission fee.
——DE AGOTAMIENTO, depletion rate.
——DE AGUA, water rate or tax.
——DE ASISTENCIA, attendance fees.
——DE AVERÍA, average contribution.
——DE CONTRIBUCIÓN, dues, assessment.
——DE DEPRECIACIÓN, depreciation rate.
——DE EROGACIÓN o DE GASTO, expenditure rate.
——DE ESPERA, waiting charge.
——DE EXPORTACIÓN, export quota.
——DE EXPRESO, express rate.
——DE FIANZA, bond premium.
——DE FLETE, freight rate.
——DE GREMIO, union dues.
——DE IGUALACIÓN, equalization fee.
——DE IMPORTACIÓN, import quota, import duty.
——DE IMPUESTO, tax rate.
——DE INGRESO, entrance fee, admission fee.
——DE INSCRIPCIÓN, listing or registration fee.
——DE PATENTE, patent fee.
——DE RETRIBUCIÓN, rate of return.
——DE SALARIO, wage rate.
——DE SEGURO, insurance rate.
——DE VENTA, sales quota.
——DIARIA, ly rate, rate per day.
——FIJA, flat ee.
——IMPONIBLE, taxable value.
——IMPOSITIVA, tax rate.
——MENSUAL, monthly quota.
——MORTUORIA, death benefit.
——POR TAREA, task rate.
——SIN INTERÉS, flat fee.
——SIN PAGAR, commission receivables.
——SINDICAL o GREMIAL, union dues, syndication fees.
——SOCIAL, dues to an association.
CUOTAS
——ADUANALES, customs fees.
——ADUANERAS, customhouse fees.
——DE AMARRAJE, side wharfage.
——DE ARQUEO, admeasurement or surveyor's fees.
——DE ASOCIACIONES o GREMIOS, membership dues.
——DE CUARENTENA, quarantine fees.
——DE ENTRADA, entry fees.
——DE EXPRESO, express rates.
——DE FONDEO, anchorage dues.
——DEDUCIDAS DE SUELDOS, salary allotments.
——DEL CAPITAL DEL PUERTO, harbor master's fees.
——DEL SEGURO SOCIAL o DE PREVISIÓN SOCIAL, social security contribution.
——DEVENGADAS, accrued commissions.

——MENSUALES DE VENDEDORES, monthly sales quota.
CUPO, share, tax rate, quota, capacity, space.
——BANCARIO, line of credit.
——DE CRÉDITO, line of credit.
——DE GASTOS, expense quota.
——DE IMPORTACIÓN, import quota.
——DE PASAJEROS, passenger capacity.
——MARÍTIMO o DE EMBARQUE, cargo space.
——, TENER, to have room.
CUPÓN, coupon, trading stamp, dividend warrant, coupon stock.
——DE ACCIÓN, dividend coupon.
——DE CRÉDITO o DE COMPRAS, credit coupon.
——DE DIVIDENDO, dividend coupon, dividend warrant.
——DE INTERÉS, coupon rate.
——DE RESPUESTA, reply coupon.
——DE SEGURO, insurance certificate.
——REDIMIBLE o AMORTIZABLE, redeemable coupon.
——VENCIDO, matured coupon, maturing coupon.
CUPÓN-RESPUESTA, reply coupon.
CUPONES
——A PAGAR, coupons payable.
——NO VENCIDOS, unexpired coupons.
——PUBLICITARIOS, trading stamps.
CURA, curing, seasoning, cure, healing.
——DE URGENCIA, first aid.
CURADOR, administrator, curator, conservator.
CURAR, to cure, to season, to give medical attention.
CURSAR, to attend, to take action on, to dispatch, to send out, to issue.
——FONDOS, to finance, to make an appropriation.
CURSILLO, course of instruction.
CURSO, course, circulation, quotation, price, direction, route.
——DE ELABORACIÓN, EN, in process.
——DE LA VIDA, lifetime.
——DE LIQUIDACIÓN, EN, in process of settlement.
——DE OFERTA, bid price.
——DEL CAMBIO, rate of exchange.
——, EN, under way, going on, current.
——FORZOSO, fiat (money).
——LEGAL, legal tender.
——NORMAL DEL VIAJE, ordinary course of transit.
——O ASIGNATURA DE ESPECIALIZACIÓN EN E.U.A., major.
CURTICIÓN o CURTIDURÍA, tanning.
CURTIDO, leather, tanned.
——AL CROMO, chrome-tanned.
CURTIDOR, tanner.
CURTIDURÍA, tanning, tannery.
CURTIR, to tan leather.
CURVA, curve.
——CERRADA, sharp turn.
——DE AHORRO, saving schedule.

—— DE CONSUMO FAMILIAR, family consumption schedule.
—— DE CONSUMO o DE GASTO, consumption schedule.
—— DE COSTOS, cost curve.
—— DE CRECIMIENTO, growth curve.
—— DE DEMANDA, demand curve.
—— DE FRECUENCIA, frequency curve.
—— DE INDIFERENCIA, indifference curve.
—— DE MORTALIDAD, mortality curve.
—— DE NIVEL, contour line.
—— DE OFERTA o CUADRO DE OFERTA, supply schedule.
—— DE PROBABILIDADES, probability curve.
—— DE RENDIMIENTO o DE PRODUCCIÓN, yield curve.
—— DE RENDIMIENTO DE TESORERÍA o DE FONDOS PÚBLICOS, treasury yield curve.
—— DE VIDA PROBABLE, probable-life curve.
—— DE VIDA Y SUPERVIVENCIA, survivor-life curve.
—— DEL COSTO DEL CAPITAL, cost-of-capital curve.
—— INCOMPLETA DE SUPERVIVENCIA, stub-survivor curve.
—— NORMAL, normal curve.

CURVAS
—— DE DEMANDA PARA EL PRODUCTO Y FACTORES DE PRODUCCIÓN, demand curves for output and input.
—— DE INVERSIÓN, investment schedules.

CUSTODIA, custody, safekeeping, custodian ship.
—— DE FONDOS Y VALORES, safe keeping of funds and securities.
—— DE VALORES, safekeeping of securities.
——, EN o BAJO CUSTODIA, in safekeeping, custodianship.

CUSTODIAR, to take care of, to have charge of.

CUSTODIO, custodian, warden, watchman, custodial.
—— DE PROPIEDAD EXTRANJERA, alien property custodian.

CH

CHACOTA, noisy, mirth.
—, **HACER,** make fun of, to turn into ridicule.
CHÁCHARAS, notions, knickknacks.
CHACHAREAR, to prate, to chatter.
CHALÁN, horse trader, flat boat.
— **TRANSBORDADOR DE VAGONES,** car float.
CHALANA, lighter, barge, flatboat.
— **CISTERNA o TANQUE,** tank barge.
CHALANERO, lighterman, bargeman.
CHALECO, vest, waistcoat, jacket.
CHALET, chalet, hut.
CHALUPA, launch, small vessel.
CHALUPERO, boatman.
CHAMARRA, jacket, sweater.
CHAMBA, job, position, employment.
CHAMBÓN, incapable, unskilled, unqualified.
CHAMBONADA, blunder.
CHANCHULLO, sharp practice, trickery, graft, smuggling.
CHANTAJE, blackmail.
CHANTAJISTA, blackmailer.
CHANZA, joke, jest, fun.
CHAPA, sheet, plate; (auto) license plate.
— **ACANALADA,** corrugated sheet metal.
— **DE CIRCULACIÓN,** license plate.
— **DE HIERRO,** sheet iron.
— **DE IDENTIFICACIÓN,** identification plate.
— **DE PATENTE o MATRÍCULA,** number plate, license plate.
— **DEL FABRICANTE,** name plate.
— **DESPLEGADA,** expanded metal.
— **O LÁMINA METÁLICA,** sheet metal.
CHAPADO A LA ANTIGUA, old-fashioned.
CHAPEADO, plywood, veneering, plated.
— **AL CROMO,** chrome-plated.
— **DE LATÓN,** brass-plated.
CHAPISTA o CHAPITERO, sheet-metal worker, tinsmith.
CHAPISTERÍA, sheet-metal work.
CHAPOTEAR, to wade.
CHAPOTEO, splash, splatter.
CHAPUCERÍA, botch, botching, bungling.
CHAPUCERO, clumsy, rough, bungling.
CHAPURREAR, to jabber (a language).
CHAQUETA, jacket.
— **TEJIDA,** sweater.
CHARLAR, to chat, to prattle.
CHARLATÁN, prater, babbler, quack.
CHARLATANERÍA, garrulity, verbosity, quackery.
CHASCO, trick, joke, disappointment.
—, **LLEVARSE UN,** to be disappointed.
CHASQUEAR o ESTALLAR, to snap.
CHASQUIDO o CASTAÑETEO CON LOS DEDOS, snap.
CHATARRA, scrap iron, junk.
— **DE FUNDICIÓN,** foundry or melting scrap.
CHATARRERÍA, junk shop, junk yard.
CHATARRERO, junk dealer.
CHATO, flat, flat-nosed.
CHEQUE, check, (Great Britain) cheque.
— **AL PORTADOR,** check to bearer.
— **ALTERADO,** altered check.
— **BANCARIO,** bank check.
— **CADUCADO o VENCIDO,** stale check.
— **CANCELADO o ANULADO,** canceled check.
— **CERTIFICADO,** certified check.
— **COBRADO o LIQUIDADO,** cashed check.
— **COMO PAGO COMPLETO,** check in full settlement.
— **CON FECHA ANTERIOR o ANTEFECHADO,** antedated check.
— **CON FECHA POSTERIOR,** postdated check.
— **CON MARCA CONFIDENCIAL,** marked check.
— **CRUZADO o RAYADO,** crossed check.
— **DE CAJA o DE ADMINISTRACIÓN,** cashier's check.
— **DE CAMBIO o DE CANJE,** exchange check.
— **DE GERENCIA,** officer's check.
— **DE MOSTRADOR,** counter check.
— **DE PAGO DE SUELDO,** payroll check.
— **DE PAGO NO RECLAMADO,** unclaimed payroll check.
— **DE RAYA o DE PAGO,** pay check.
— **DE REGALO,** gift certificate.
— **DE REINTEGRO,** reimbursement check.
— **DE RETIRO,** withdrawal check.
— **DE TESORERÍA,** treasury or government check.
— **DE VENTANILLA,** counter check.
— **DE VIAJERO,** traveler's check.
— **DEL BANCO,** official check.
— **DEL PÚBLICO,** counter check.
— **DEL TESORERO o DEL BANCO,** treasurer's check.
— **DESVUELTO,** returned check.
— **EN BLANCO o FIRMADO EN BLANCO,** blank check.
— **EN BLANCO DE LA COMPAÑÍA,** blank company check.
— **EN DESCUBIERTO,** rubber check.
— **FALSIFICADO o FALSO,** forged check.
— **FIRMADO POR EL CAJERO DEL BANCO COBRADOR,** teller's check.
— **FISCAL,** government check.
— **INTERVENIDO,** certificated check.
— **INUTILIZADO,** spoiled check.
— **NO RAYADO,** open check.
— **PAGADO DEVUELTO,** paid check returned.
— **PENDIENTE,** outstanding check.
— **PERFORADO,** punch-card check.
— **PERSONAL,** personal check.
— **POR CESANTÍA,** time check.
— **POSFECHADO,** postdated check.
— **POSTAL,** postal note or money order.
— **RECIBIDO SIN FIRMA,** unsigned check received.
— **REHUSADO,** dishonored check.
— **SIN COBRAR,** unpresented check.
— **SIN FIRMA,** unsigned check.
— **SIN FONDO o EN DESCUBIERTO,** rubber check.

CHEQUE-COMPROBANTE o **PÓLIZA-CHEQUE,** voucher check.
CHEQUES
—— **AL COBRO,** checks for collection.
—— **COMPENSADOS** o **CANJEADOS,** checks cleared.
—— **DEVUELTOS,** checks returned.
—— **EMITIDOS** o **EXPEDIDOS,** checks drawn.
—— **EN CONSIGNACIÓN,** traveler's checks outstanding.
—— **LIQUIDADOS,** cashed check.
—— **NO COBRADOS** o **PENDIENTES DE PAGO,** checks outstanding.
——, **REGISTRO DE,** checks register.
——, **TALÓN DE,** check stub.
CHEQUEADOR, check.
CHEQUEAR, check off, to check, to verify.
—— **EQUIPAJES,** to check baggage.
CHEQUEO, checking, verifying.
CHEQUERA, checkbook.
CHICA o **JOVENCITA,** young girl.
CHICLE, chewing gum, chicle.
CHICO DE OFICINA, office boy.
CHICHARRA, buzzer.
CHIFLADO, crazy, crackbrained.
CHIFLAR, to whistle, to hiss.
CHIFLIDO, whistle, hiss.
CHILLAR, to scream, to screech, to shiek.
CHILLIDO, screech, scream, shrill sound.
CHIMENEA, chimney, fireplace, hearth.
CHINCHE, thumbtack.

CHIQUILLADA, childish.
CHIRIPA, gratuity, tip.
CHISME, gossip.
CHISMEAR, to gossip, to tattle.
CHISMOGRAFÍA, small talk, gossip.
CHISMOSO o **CUENTISTA,** taleteller.
CHISTAR, to mumble, to mutter.
——, **SIN,** without saying a word.
CHISTE u **OCURRENCIA,** witty saying, stroke of wit.
——, **CONTAR** o **DECIR UN,** to tell a joke.
CHISTOSO, funny, witty.
CHOCAR, to shock, to collide, to strike.
—— **DE FRENTE,** to collide head-on.
CHOFER, cabman, chauffer, driver.
—— **DE CAMIÓN,** truck driver.
—— **DE PLAZA,** taxicab driver.
CHOQUE, collision, shock, impact.
—— **DE ALCANCE,** rear-end collision.
—— **DE FRENTE,** head-on collision.
CHORICERÍA, sausage shop.
CHORREAR, to drip, to spout.
CHOTEAR, to make fun of.
CHOTEO, chaffing, jeering.
CHOZA, hut, cabin, hovel.
CHUCHERÍAS, knickknacks, notions.
CHUCHO o **CAMBIAVÍA,** switch, siding, railway switch.
—— **DE DESCARRILAR,** derail switch.
—— **MUERTO,** dead-end siding.
CHUPADOR o **TONTO,** sucker.
CHUSMA, mob, rabble, crowd.

D

DACTILOGRAFÍA, typist.
DACTILOGRAMA, fingerprint.
DÁDIVA, dowry.
DADO DE BAJA EN LIBROS, charged off.
DAMA, lady.
DAÑAR, to damage, to spoil.
DAÑO, damage, loss, injury.
—— A PROPIEDAD AJENA, property damage.
—— FÍSICO, physical damage.
—— PERSONAL, personal injury.
—— PREMEDITADO, willful damage.
DAÑOS
—— A LA PROPIEDAD, damage to property.
—— ANTICIPADOS, prospective damages.
—— CORPORALES o PERSONALES, bodily injuries.
—— DURANTE EL TRÁNSITO, damage in transit.
—— ESTIPULADOS, stipulated damages.
—— INDIRECTOS, indirect damages.
—— LIQUIDADOS o DETERMINADOS, liquidated damages.
—— MATERIALES o DE PROPIEDAD, property damages.
—— MONETARIOS, pecuniary damages.
—— NO DETERMINADOS o NO LIQUIDADOS, unliquidated damages.
—— OCURRIDOS, losses incurred.
—— POR ACCIDENTE, accidental damage.
—— POR HUMO, smoke damage.
—— POR VIENTO, wind damage.
—— PUNITIVOS o PENALES, punitive damages, exemplary damages.
——, TASACIÓN DE, adjustment of claims.
—— Y PERJUICIOS (legal), damages.
DAR, to give.
—— A ENTENDER, to let on.
—— AUDIENCIA, to give a hearing.
—— AVISO, to give notice.
—— CAMBIO o VUELTO, to make change.
—— CARPETAZO, to table, to pigeonhole.
—— CONSENTIMIENTO o CONSENTIR, to yield consent.
—— CONTRA, to collide with, to strike against.
—— CONTRAMARCHA, to reverse.
—— CUENTA, to account for, to report.
—— CURSO, to start going, to put through, to expedite.
—— DE ALTA, to employ, to enter, to register.
—— DE BAJA, to cancel, to charge off, to retire, to discharge.
—— EJEMPLO, set an example.
—— EN ARRIENDO, to lease, to rent.
—— EN EL BLANCO, hit the mark.
—— EN PRENDA, to pledge, to pawn.
—— EN QUÉ PENSAR, to give rise to suspicions.
—— ENTRADA, to enter, to admit, to accept.
—— FE, to attest, to witness.
—— FIADO, to grant credit.
—— FIANZA, to give bond.
—— FIN, to finish, to complete.
—— GANANCIA, to yield a profit.
—— GRACIAS o AGRADECER, to thank.
—— GRIMA, to strike with despair, terror.
—— INGRESO o ADMITIR EN CASA o EN LA SOCIEDAD, to take in.
—— INTERÉS, to bear interest.
—— LA BIENVENIDA o ACOGER o RECIBIR CON GUSTO, to welcome.
—— LA HORA, to tell the hour.
—— LA MANO, to shake hands.
—— LA RAZÓN A, to say a person is right.
—— LAS ESPALDAS, to turn one's back.
—— LAS GRACIAS CON UNA SONRISA, to smile one's thanks.
—— O HACER UNA BROMA, to play a joke.
—— ÓRDENES o INSTRUCCIONES, to instruct.
—— PODER, to empower.
—— POR CANCELADO, to cancel.
—— POR HECHO, to give effect, to take for granted.
—— POR SENTADO, to take for granted.
—— PRESTADO o A PRÉSTAMO, to lend.
—— PRINCIPIO, to begin.
—— PRÓRROGA, to extend the time.
—— QUÉ DECIR, to give rise to criticism, to give occasion for censure.
—— RAZÓN, to explain, to give information.
—— RECIBO, (bill) to receipt.
—— SALIDA, to charge off, to write off, to sell.
—— SATISFACCIÓN o DISCULPA, to apologize.
—— UN ABRAZO, to embrace.
—— UN DESCUENTO, to allow a discount.
—— UN GRITO, to utter a cry.
—— UN PASEO o UNA VUELTA, to go walking or to take a walk.
—— UN TIRÓN o SACAR DE UN TIRÓN, to yank.
—— UNA CARRERA o HACER UNA CORRIDA, to sprint.
—— UNA COMISIÓN, to allow a commission.
—— UNA VUELTA, to swing about.
DARSE
—— BUENA VIDA, to live high.
—— CUENTA DE, to realize, to get wise.
—— ÍNFULAS, to put on airs.
—— LA MANO o DARSE UN APRETÓN DE MANOS, to shake hands.
—— POR ENTERADO, to acknowledge.
—— POR VENCIDO, to give up.
—— PRISA, to make haste, to hurry up.
DÁRSENA, wet dock, basin.
DATO, date, item, entry.
DATOS, data, information.
—— ACUMULADOS, accrued items.
—— ANOTADOS, recorded data.
—— COMPARATIVOS, comparative data.
—— CONTABLES, accounting data.
—— CONTABLES SUBYACENTES, underlying accounting data.
—— CRUZADOS, cross-sectional data.

—— DE COMPRA, purchasing data.
—— DE COMPUTADORA, computer printout.
—— DE ENTRADA, input data.
—— DE LOS VUELOS, logging flight data.
—— DE MUESTRA, sample data.
—— DE NÓMINA, payroll data.
—— DE SALIDA, output data.
—— DE TARJETAS PERFORADAS, punched card data.
—— DE VENTAS, sales data.
—— DEFINITIVOS o FINALES, final data.
—— DEL ARCHIVO DE CRÉDITO, credit file data.
—— DEL CENSO, census data.
—— DEL REGISTRO MAESTRO, master record data.
——, ELABORACIÓN o PROCESAMIENTO DE, data processing.
—— ESTADÍSTICOS, statistical data.
—— FINANCIEROS, financial data.
—— FINANCIEROS COMPUESTOS, composite financial data.
—— GLOBALES, overall data.
—— MAGNÉTICOS, magnetic information.
—— NO AUDITADOS, unaudited data.
—— O INFORMACIÓN ALMACENADA, internal input.
—— ORIGINALES, raw data.
—— PERSONALES, personal data.
——, PROCESAMIENTO ELECTRÓNICO DE, electronic data processing.
—— RESERVADOS DE PROCESOS INDUSTRIALES o SECRETO PROFESIONAL, trade secret.
—— SERIADOS, serial data.
—— TÉCNICOS, technical data.
DE, of, from.
—— ACCIONISTAS, stockholders'.
—— ACUERDO CON LAS CIRCUNSTANCIAS, in the circumstance.
—— ACUERDO CON LAS DISPOSICIONES, under the provisions.
—— AHORA EN ADELANTE, from now on.
—— ALCANCE MUNDIAL o INTERNACIONAL, worldwide.
—— ALGÚN MODO o POR ALGUNA RAZÓN, somehow, in some respect.
—— ARRIBA ABAJO, from top to bottom.
—— BUEN CORAZÓN o AFECTUOSO, warm-hearted.
—— BUEN GUSTO, in good taste.
—— BUENA FE u HONRADAMENTE, on the square.
—— BUENAS MANERAS o BIEN EDUCADO, well-mannered.
—— CALIDAD INFERIOR, third rate.
—— CARA AL VIENTO, in the wind's eye.
—— CIERRE AUTOMÁTICO, self-closing.
—— CIERTO MODO o HASTA CIERTO PUNTO, in a sort.
—— CONTADO, cash.
—— CORTA VIDA, shortlived.
—— CUALQUIER MODO, any way, in any wise or way.
—— CUANDO EN CUANDO o A INTERVALOS, between whiles.
—— DERECHO, de jure.
—— DÓNDE o DE QUÉ CAUSA o POR CONSIGUIENTE, whence.
—— DOS CARAS O FALSO, two-faced.
—— DOS FILOS, two-edged.
—— EDAD, in years.
—— ESCASA INTELIGENCIA, weak-headed.
—— ESTO o DE ESO, thereof.
—— GRAN VISIÓN, farsighted.
—— HABLA ESPAÑOLA o HISPANOHABLANTE, Spanish-speaking.
—— HABLA INGLESA, English-speaking.
—— HECHO, de facto.
—— HOY EN OCHO DÍAS, a week from today.
—— IMPORTANCIA o IMPORTANTE, significant.
—— IMPORTANCIA FUNDAMENTAL, of vital importance.
—— INTELIGENCIA VIGOROSA, strong-minded.
—— LA HOJA ANTERIOR o DEL FRENTE, brought forward.
—— LANA o LANUDO, woolen.
—— LO CUAL o DE LO QUE o CUYO, whereof.
—— MADERA o DE PALO, wooden.
—— MAL EN PEOR, from bad to worse, worse and worse.
—— MAL GUSTO, in bad taste.
—— MAREA o PERIÓDICO, tidal.
—— MODO ANÁLOGO, in like sort.
—— MODO QUE o PARA QUE o A FIN DE QUE, so that.
—— NINGÚN MODO, in no way, in no wise.
—— NINGUNA MANERA, in the least.
—— OFICINISTAS o DE EMPLEADOS, clerical.
—— OJOS MUY ABIERTOS, wide-eyed.
—— ONDA CORTA, short-wave.
—— PALABRA, in word, by word of mouth.
—— PASO RÁPIDO o LIGERO, swift-footed.
—— PIES A CABEZA, from tip to toe.
—— POCO ALCANCE, shortrange.
—— PRECIO INSUFICIENTE, underpriced.
—— PRIMER RANGO, top ranking.
—— PRIMERA CLASE, first rate.
—— PRIMERA MANO, firsthand.
—— PROPIEDAD FISCAL o DE UN ESTADO, state-owned.
—— PUERTA EN PUERTA, from door to door.
—— PURA RAZA o CASTA o SANGRE, thoroughbred.
—— QUÉ SIRVE o PARA QUÉ o ES INÚTIL, what is the use of?.
—— RAZA o CASTA LEGÍTIMA, true-bred.
—— REMEDIO o REMEDIABLE, remedial.
—— REPENTE, all at once, all of a sudden.
—— SALIDA o QUE SALE RUMBO A UN PUERTO EXTRANJERO, outward bound.
—— SANGRE CALIENTE o ENTUSIASTA, warm-blooded.
—— SEGUNDA CLASE o INFERIOR, second-rate.
—— SEGUNDA MANO o DE OCASIÓN o USADO, secondhand.
—— SERVICIO o TRABAJANDO, on duty.
—— SERVICIO TRIPLE, triple-duty.
—— SORPRESA, by surprise.
—— SU PUÑO Y LETRA, in one's own writing.

—— SUELDO INSUFICIENTE o MAL RETRIBUIDO, underpaid.
—— TEMPORADA o DE ESTACIÓN, seasonal.
—— TODOS MODOS o DE CUALQUIER MODO, at any rate.
—— TRABAJADORES, workmen's.
—— TRES TURNOS o DE JORNADA TRIPLE, three-shift.
—— ULTRAMAR o DE ALTA MAR, ocean going.
—— UN GOLPE o DE UN TIRÓN, at one stroke.
—— UN LADO A OTRO, to and fro.
—— UN MODO u OTRO o DE ALGÚN MODO, somehow or other, whether or not.
—— UNA OJEADA o DE UNA MIRADA, at one view.
—— UNA VEZ o AL MISMO TIEMPO, at once.
—— UNA VÍA, one-way.
—— USTED SINCERAMENTE, sincerely yours.
—— VENTA o EN VENTA, on sale.
—— VENTAS EXCESIVAS, oversold.
—— VERAS? o ¿ASÍ? o ¡NO DIGA!, is that so?
—— VEZ EN CUANDO, from time to time, now and then, off and on.
—— VIAJERO, traveler's.
—— VIVA VOZ, voice vote.
DEBAJO DE o BAJO, underneath.
DEBATE, debate.
DEBE, debit, charge.
—— LLEGAR, due to arrive.
—— SALIR, due to leave.
—— Y HABER, debit and credit.
DEBER, to owe, obligation, duty, debt.
DEBERES, duties.
—— IMPOSITIVOS, tax obligations.
DEBIDO, due, payable, proper.
—— CURSO DE LA LEY, due process of law.
DEBIENTE, debtor, owing.
DÉBIL, weak, bearish.
DEBILIDAD o FLAQUEZA o DECAIMIENTO, weakness.
DEBILITAR o DEBILITARSE, to weaken.
DÉBITO, debt, debit, charge.
—— A FACTURAS POR PAGAR, accounts payable debit.
—— DIFERIDO, deferred debit.
DÉCADA, decade.
DECADENCIA, slump, depression.
—— DEL PRODUCTO o MENGUA DEL PRODUCTO, product decline.
DECAER, to flag, to lapse.
DECAIMIENTO o RECESO ECONÓMICO, slump, business depression.
DECANO, senior, dean.
DECENA, ten.
DECENAL, ten-day.
DECENIO, ten years.
DECENTE, decent, honest, kind.
DECEPCIONAR, to disappoint.
DECIDIR, to decide, to resolve, to determine.
DECIGRAMO, decigram.
DECIL, decile.
DECÍMETRO, decimeter.

—— CUADRADO, square decimeter.
—— CÚBICO, cubic decimeter.
DECIR, to say, to tell, to speak.
—— DISPARATES, talk nonsense.
——, ES o QUIERE DECIR, that is to say.
—— NI PÍO, NO, not to say a word.
DECISIÓN, decision, verdict, judgment.
—— ESTADÍSTICA, statistical decision.
—— FINAL, terminal decision.
—— INJUSTA, raw deal.
—— JUDICIAL, finding, judicial decision.
——, MODELOS DE, decision models.
—— NO PROGRAMADA, nonprogrammed decision.
—— PROGRAMADA o PLANEADA, programmed decision.
DECISIONES
——, ÁRBOL DE, decision tree.
—— DE LA CORTE, court ruling.
—— DE MERCADOTECNIA o DE COMERCIALIZACIÓN, marketing decisions.
—— ECONÓMICAS, economic decisions.
—— GUBERNAMENTALES, governmental decisions.
—— PÚBLICAS, public decisions.
DECLARACIÓN, declaration, statement, tax report.
—— ARANCELARIA o DE ADUANA, bill of entry, customs declaration.
—— DE ARTÍCULOS LIBRES DE DERECHOS, free entry.
—— DE CONCURSO o DE QUIEBRA, declaration of bankruptcy.
—— DE DERECHOS, bill of rights.
—— DE EQUIPAJE, baggage declaration.
—— DE EXPEDICIÓN, shipping notice or memorandum, shipping order.
—— DE EXPORTACIÓN, shipper's export declaration.
—— DE FIDEICOMISO, declaration of trust.
—— DE INGRESOS, income statement.
—— DE INGRESOS INCLUSIVO, all-inclusive income statement.
—— DE INSOLVENCIA, decree of insolvency.
—— DE QUIEBRA, declaration of bankruptcy.
—— DE RENTA, income-tax return.
—— DE SALIDA, entry outward.
—— DEFINITIVA, showdown, final declaration.
—— DEL CARGAMENTO, cargo summary.
—— DEL IMPUESTO SOBRE LA RENTA, income-tax return.
—— ENMENDADA, amended return.
—— FALSA, false return.
—— FISCAL o MANIFESTACIÓN DEL IMPUESTO, income-tax report.
——, FORMULARIO DE, statement form.
—— JUDICIAL DE QUIEBRA, adjudication of bankruptcy.
—— JURADA, affidavit, sworn declaration.
—— PARA REINTEGRO, drawback entry.
—— PARA TRANSPORTE Y EXPORTACIÓN, transportation-and-exportation entry.
—— SIN JURAMENTO, statutory declaration.
—— SOBRE ACLARACIONES, disclosure statement.

DECLARACIONES
— DEL PAGO DE IMPUESTO DE EMPRESAS o DECLARACIÓN FISCAL DE EMPRESAS, corporate tax returns.
— DEL PAGO DE IMPUESTOS DE PERSONAS FÍSICAS, individual tax returns.
— POR ESCRITO, written representation.
— PÚBLICAS, public statements.
DECLARADO, stated.
—, CAPITAL, stated capital.
— DE MENOS, understated.
—, VALOR, stated value.
DECLARANTE, avower.
DECLARAR, to declare, to state, to depose.
— BAJO JURAMENTO, to swear, to make an affidavit.
— CESANTE, to lay off, to dismiss.
— CULPABLE, find guilty.
— EN QUIEBRA, declare bankrupt.
— LA HUELGA, to call a strike.
— UN DIVIDENDO, to declare a dividend.
DECLARARSE EN HUELGA, to go on strike.
DECLARATORIA, declaration, statement, explanation.
DECLINACIÓN EN LA UTILIDAD ECONÓMICA, decline in economic usefulness.
DECODIFICADOR, decoder.
DECOMISAR, to seize, to confiscate.
DECOMISO, seizure, confiscation.
DECORACIÓN, decoration.
— DE APARADORES, window decoration.
— DE INTERIORES, interior decoration.
DECORADOR, decorator.
— DE APARADORES o ESCAPARATES, window dresser.
DECRECER, to fall, to decrease.
DECRECIENTE, reducing.
DECREMENTO, decrement.
DECRETAR, to decree, to decide.
— EL PARO, to call a strike.
DECRETO, decree, judicial decision.
— SUPREMO o PRESIDENCIAL, executive decree.
DEDUCCIÓN, deduction.
— DE LOS INGRESOS, income deduction.
— ESTÁNDAR, standard deduction.
— EXCESIVA, overdeduction.
— INSUFICIENTE, underdeduction.
DEDUCCIONES
— ADMISIBLES o PERMISIBLES, allowable deductions.
— DE INGRESOS, deductions from income.
— DE IMPUESTOS, tax write-offs.
— DEL INGRESO BRUTO, deductions from gross income.
— DEL INGRESO NETO, deductions from net income.
— EN SUELDOS, payroll deductions.
— ESPECIALES, special deductions.
— FIJAS, fixed deductions.
— INADMISIBLES o PARTIDAS NO DEDUCIBLES, unallowable deductions.
— NO VARIABLES, non-variable deductions.
— POR GASTOS DE FAMILIA, dependent deductions.
— VARIABLES, variable deductions.
DEDUCIDO EL DESCUENTO, less discount.
DEDUCIR, to reduce, to deduct, to subtract.
DEFECTO, defect, flaw, fault, shortcoming.
— DE DISEÑO, design flaw.
— DE PAGO, default.
DEFECTOS PERMISIBLES, allowable defects.
DEFECTUOSO, faulty, defective, imperfect, unsound.
DEFENDER o APOYAR o SACAR LA CARA POR, to stand up for, to stick up for.
DEFENSA, defense, protection, shelter.
—, LEGÍTIMA, self-defense (law).
— PROPIA, self-defense.
DEFENSOR, defender, supporter.
DEFICIENCIA, deficiency, defect, shortage.
— DEL ENTRENAMIENTO, training deficiency.
DEFICIENCIAS FINANCIERAS BANCARIAS, bank's financial weaknesses.
DÉFICIT, deficit, shortage, underage, deficiency.
— DE DÓLARES, dollar gap.
— DE LA BALANZA DE PAGO, balance-of-payments deficit.
— DE RESERVA ACUMULATIVO, cumulative reserve deficit.
— DEL PRESUPUESTO, budget deficit.
— EN EL PRESUPUESTO FEDERAL, federal budget deficit.
— FISCAL, deficit spending.
— PRESUPUESTAL, budget showing a deficit.
DEFICITARIOS, GASTOS, deficit spending.
DEFINICIÓN, definition.
DEFLACIÓN, deflation.
DEFORESTACIÓN, deforestation.
DEFORMAR, to deform, to disfigure.
DEFORMIDAD, deformity.
DEFRAUDADOR, defaulter, defrauder.
DEFRAUDAR, to defraud, to default, to cheat.
DEGRADACIÓN, degradation.
— AMBIENTAL, environmental degradation.
DEGRADAR, to demote, to disrate, to reduce in rank.
DEJACIÓN, assignment, abandonment.
— DE BIENES, assignment.
DEJADO DE EMBARCAR, short-shipped.
DEJADO EN PRENDA, pledged.
DEJAR, to leave, to abandon, to permit.
— A SALVO, to protect, to hold harmless.
— ABIERTO, to leave open.
— CADUCAR, to allow lapse.
— CESANTE, to dismiss from employment.
— CONSTANCIA, to put on record.
— DE FUNCIONAR, to shut down, to cease to operate.

—— DICHO o DEJAR MENSAJE, to leave word.
—— EL EMPLEO, to quit the employment.
—— EN PAZ, to leave alone.
—— ENTRAR, to let in.
—— ESCRITO, to leave in writing.
—— GANANCIA, to produce a profit.
—— LIBRE, to let off.
—— PASAR, to let through.
—— PÉRDIDA, to show a loss.
—— SIN EFECTO, to cancel, to annul.
—— UNA LÍNEA EN BLANCO, to skip a line.
—— VIUDA, to widow.
DEL, contraction of de and el.
—— BARCO, ship's.
—— EMBARCADOR o EXPEDIDOR, shipper's.
—— FABRICANTE AL MAYORISTA, AL DETALLISTA Y AL CONSUMIDOR, manufacturer to wholesaler to retailer to consumer.
—— MISMO MODO QUE, like.
—— OTRO LADO, on the other side.
—— SEGURO SOCIAL, social-security.
—— VENDEDOR, vendor's.
DELANTE, before, in front, ahead.
—— DE, in front of, ahead of.
DELATAR, to inform against, to accuse, to denounce.
DELATOR, informer, accuser, denouncer.
DELEGACIÓN, committee, delegation, proxy, branch office.
—— DE AUTORIDAD, delegation of authority.
—— DE PODER, delegation of power.
DELEGADO, deputy, representative, delegate.
—— DE TALLER o REPRESENTANTE DEL GREMIO, shop deputy.
—— DE TRÁNSITO, chief of traffic department.
—— DEL GREMIO o DIPUTADO SINDICAL, walking delegate.
—— SINDICAL, union delegate, union steward.
—— SUPLENTE, alternate delegate.
DELEITE, pleasure, delight.
DELETREAR, to spell.
DELETREO, spelling.
DELGADO, thin, lean, slender, slim.
DELIBERACIÓN, deliberation, advisement.
DELICADO, delicate, gentle, refined.
DELINCUENCIA, delinquency.
—— JUVENIL, juvenile delinquency.
DELINCUENTE, delinquent, defaulter.
DELINEANTE, draftman, designer.
DELINEAR, to design, to draw.
DELIRIO DE GRANDEZA, delusions of grandeur.
DELITO, delict, offense, crime, transgression.
—— CIVIL, civil injury, tort.
—— CONTRA LA PROPIEDAD, damage to property.
—— DE EMPLEADO DE OFICINA, white-collar crime.
—— DE INCENDIO, arson.
—— HECHO CON COMPUTADORA, computer crime.
DEMANDA, demand, request, claim, necessity.

——, A LA, on demand.
—— AGREGADA, aggregate demand.
—— CIVIL, civil liability.
—— COLECTIVA o DE GRUPO, collective demand.
—— CONJUNTA o MANCOMUNADA, joint demand.
—— DE ACREEDOR-INVERSIONISTA, creditor-investor lawsuit.
—— DE BIENES, demand for goods.
—— DE DINERO, money demand.
—— DE DIVISAS, foreign exchange needed.
—— DE EMPLEO, employment wanted, demand for labor.
—— DE, EN, bound for.
—— DE GARANTÍA, warranty claim.
—— DE LOS CONSUMIDORES, consumer demand.
—— DE PRÉSTAMO DE TEMPORADA, seasonal loan demand.
—— DE PRÉSTAMOS, loan demand, borrowing demand.
—— DE RECURSOS, demand for resources.
—— DE TEMPORADA o DE ESTACIÓN, seasonal demand.
—— DE TRABAJO o DE MANO DE OBRA, labor demand, demand for labor.
—— DIFERIDA o APLAZADA, deferred demand.
—— ELÁSTICA, elastic demand.
——, ELASTICIDAD DE LA, demand elasticity.
—— EN CONJUNTO o TOTAL, aggregate demand.
—— INDIRECTA, indirect demand, derived demand.
—— INELÁSTICA, inelastic demand.
—— INSATISFECHA, unsatisfied demand.
—— JUDICIAL, lawsuit.
—— LEGAL, legal action.
——, NIVEL DE LA, level of demand.
——, OFERTA Y, supply and demand.
—— PENAL, criminal liability.
—— POR DAÑOS Y PERJUICIOS, claim for damages, suit for damages.
—— POR MONOPOLIO, antitrust complaint.
—— POR RESPONSABILIDAD PERSONAL, personal liability lawsuit.
—— POR VÍA PENAL, criminal charges.
—— POTENCIAL, potential demand.
DEMANDAS DEL CONSUMIDOR, consumer demands.
DEMANDADO, defendant.
DEMANDADOR, plaintiff, claimant.
DEMANDANTE, seller, consumer; (legal) plaintiff.
DEMANDAR, to demand, to claim, to sue, to require.
—— EN JUICIO, to sue.
—— POR DAÑOS Y PERJUICIOS, to sue for damages.
DEMÁS, other.
——, LOS, others, the others.
——, POR, uselessly, in vain.
DEMASIADO o EXCESIVO, too much, too, too many.
—— TARDE, too late.
—— TEMPRANO, too early.
DEMASIADOS, too many.

DEMENCIA, dementia, insanity.
DEMÉRITO, depreciation, demerit, loss, damage.
DEMOCRACIA, democracy.
—— **EN EL CENTRO DE TRABAJO,** workplace democracy.
—— **SOCIAL,** social democracy.
DEMOGRAFÍA, demography.
—— **TEÓRICA,** theoretical demography.
DEMOGRÁFICO, ANÁLISIS, population analysis.
DEMOLEDOR, wrecker, demolishing, wrecking.
—— **DE EDIFICIOS,** building wrecker.
DEMOLER, to demolish, to tear down.
DEMOLICIÓN, wrecking, demolition.
DEMORA, demurrage, delay.
—— **DE PAGOS,** delaying payment.
—— **EN PAGAR,** arrearage.
—— **INEVITABLE,** unavoidable delay.
DEMORAR, to delay, to stop over, to be late.
DEMOSTRACIÓN, demonstration, statement.
—— **O COMPROBACIÓN INDIRECTA,** indirect proof.
DEMOSTRAR, to demonstrate, to prove.
—— **CAPACIDAD,** to show ability.
—— **CONFIANZA,** to show confidence.
—— **UN TEOREMA,** to prove a theorem.
DENEGACIÓN, refusal, denial, disapproval.
DENEGAR, to deny, to refuse.
—— **LA SOLICITUD,** to dismiss an application.
—— **UNA RECLAMACIÓN** to reject a claim.
DENOMINACIÓN, title, denomination, designation.
—— **DEL PUESTO,** position title.
DENOTAR, to show, to denote.
—— **UN AUMENTO,** to show an increase.
—— **UNA PÉRDIDA,** to show a loss.
DENSIDAD, density.
—— **DE CARACTERES,** character density.
—— **DE CONSUMO,** density of consumption.
—— **DE PROBABILIDAD, FUNCIÓN DE,** probability density function.
—— **DEL TRÁFICO,** traffic density.
—— **DEMOGRÁFICA,** population density.
DENTAR, to indent.
DENTRO, inside, within.
—— **DE,** in, within.
—— **DE POCO,** shortly, soon, presently.
—— **DE TRES MESES,** within three months.
—— **DE UNA HORA,** within an hour.
DENUNCIA, report, announcement, notice, accusation, denouncement.
—— **DE ACCIDENTE,** accident report.
—— **DE EXTRAVÍO,** notice of loss.
—— **DE PÉRDIDA,** notice of loss.
DENUNCIAR, to inform against, to report, to proclaim, to denounce.
DEPARTAMENTALIZACIÓN, departmentalization.
DEPARTAMENTO, department, division, section, apartment.
—— **ADMINISTRATIVO,** staff department.
—— **AMUEBLADO,** furnished apartment.
—— **DE AHORROS,** savings department.
—— **DE AUDITORÍA,** auditing department.
—— **DE CAJA,** cashier's department.
—— **DE CAJA DE SOCIEDAD ANÓNIMA,** corporate treasury.
—— **DE CLASIFICACIÓN DE CONSUMIDORES o DE CLIENTES,** customer classification department.
—— **DE COBRANZAS,** collection department.
—— **DE COMERCIO,** department of commerce.
—— **DE COMPRAS o SECCIÓN DE COMPRAS,** purchasing department.
—— **DE CONTABILIDAD o DE CONTADURÍA,** accounting department.
—— **DE CORREOS,** post-office department.
—— **DE COSTOS,** cost department.
—— **DE CRÉDITO,** credit department.
—— **DE CRÉDITO BANCARIO O DEPARTAMENTO BANCARIO DE CRÉDITO,** bank's credit department.
—— **DE CRONOMETRAJE DE TIEMPO,** timekeeping department.
—— **DE CUENTAS o FACTURAS POR COBRAR,** accounts receivable department.
—— **DE DOS PISOS,** duplex apartment.
—— **DE EMBARQUES,** shipping department, dispatch department.
—— **DE FINANZAS,** finance department.
—— **DE INCENDIO,** fire department.
—— **DE INGENIERÍA,** engineering department.
—— **DE INVESTIGACIÓN,** research department.
—— **DE JUSTICIA,** justice department.
—— **DE MAQUINADO DE PIEZAS,** machining department.
—— **DE MERCADOTECNIA o DE COMERCIALIZACIÓN,** marketing department.
—— **DE NÓMINAS,** payroll department.
—— **DE OPERACIÓN,** operating department.
—— **DE PASAJES,** passenger department.
—— **DE PERSONAL,** personnel department.
—— **DE PLANIFICACIÓN,** planning department.
—— **DE POLICÍA,** police department.
—— **DE PRÉSTAMOS A PLAZO o A TÉRMINO,** installment loan department.
—— **DE PRÉSTAMOS BANCARIOS,** bank's loan department.
—— **DE PROCESAMIENTO DE DATOS,** data processing department.
—— **DE PRODUCCIÓN,** production department.
—— **DE PROPAGANDA o DE PUBLICIDAD,** advertising department.
—— **DE RECEPCIÓN,** receiving department.
—— **DE RESGUARDO Y PAGARÉS,** collateral and note department.
—— **DE REVISIÓN DE CUENTAS,** auditing department.
—— **DE SERVICIO,** service department.
—— **DE SERVICIO A CLIENTES,** customer service department.
—— **DE SERVICIO DEL PRODUCTO,** product service department.
—— **DE SALUD,** health department.
—— **DE TRABAJO,** labor department.

—— **DE TRÁFICO,** traffic department.
—— **DE VENTAS** o **SECCIÓN DE VENTAS,** sales department.
—— **DE VENTAS AL POR MAYOR,** wholesale department.
—— **DEL MAYOR GENERAL,** general ledger department.
—— **FIDUCIARIO** o **DEPARTAMENTO DE FIDEICOMISO,** trust department.
——, **JEFE DE,** department head.
—— **JURÍDICO** o **LEGAL,** legal department, legal staff.
—— **PARA ACUMULACIÓN DE COSTOS,** cost center.
DEPARTAMENTOS
—— **A ESTRENAR,** apartments for first occupancy.
—— **HORIZONTALES** o **EN CONDOMINIO,** co-operative apartments.
DEPENDENCIA, branch office, department, bureau, trust.
—— **REGULADORA GUBERNAMENTAL,** governmental regulatory agency.
DEPENDER, to depend, to rely on.
—— **DE,** to rely.
DEPENDIENTA, woman salesclerk, saleswoman.
DEPENDIENTE, dependent, clerk in a store, salesclerk.
—— **DE ALMACÉN,** storekeeper, stock clerk.
—— **DE MOSTRADOR,** salesclerk.
—— **DE VENTAS AL MENUDEO,** retail clerk.
—— **ECONÓMICO,** dependent.
—— **FACTURADOR,** bill clerk.
—— **VIAJERO,** travelling salesman.
DEPORTAR, to deport, to exile.
DEPORTE, diversion, amusement, recreation, sport.
—— **DE YATES** o **NAVEGACIÓN** o **PASEO EN YATE,** yachting.
DEPORTES o **ACTIVIDADES DEPORTIVAS,** sports.
—— **JUVENILES,** youthful sports.
DEPORTISTA, sportsman.
DEPORTIVO o **DEPORTIVISMO,** sporting.
DEPOSITANTE, depositor, bailor.
—— **DE VALORES,** security depositor.
DEPOSITAR, to deposit, to impound, to check.
—— **UN VOTO,** to cast a ballot.
DEPOSITARIO, depositary, bailee, trustee.
—— **DE BONOS,** bond trustee.
—— **JUDICIAL,** receiver.
DEPÓSITO, deposit, down payment, bailment, storehouse.
—— **A LA VISTA,** demand deposit, sight deposit.
—— **A LA VISTA QUE DEVENGA INTERÉS,** interest-bearing demand deposit.
—— **A PLAZO** o **A TÉRMINO,** time deposit.
—— **A PLAZO DEL PRESTATARIO,** borrower's time deposit.
—— **A PLAZO FIJO,** fixed term deposit.
—— **ADUANERO** o **DE ADUANA,** customs warehouse.
—— **AFIANZADO,** bonded warehouse.
——, **ALMACÉN DE,** bonded warehouse.

—— **BANCARIO,** bank deposit.
—— **BANCARIO NOCTURNO,** night depository.
—— **COMERCIAL,** business deposit.
—— **CON LÍMITE DE TASA** o **DE TIPO,** rate limit deposit.
—— **CON TASA** o **TIPO FLUCTUANTE,** rate fluctuating deposit.
—— **DE ADUANA,** customs warehouse.
—— **DE AHORROS,** savings deposit.
—— **DE AHORROS NO PERSONALES,** nonpersonal savings deposit.
—— **DE AHORROS PERSONALES** o **DEPÓSITO INDIVIDUAL DE AHORROS,** personal savings deposit.
—— **DE BASURA,** waste bin, wastebasket.
—— **DE DINERO EN EL EXTRANJERO,** foreign office deposit.
—— **DE EQUIPAJES,** baggage room.
—— **DE GARANTÍA,** security deposit.
—— **DE GIRO DE SOCIEDAD ANÓNIMA,** corporate demand deposit.
—— **DE HERRAMIENTAS,** toolroom.
—— **DE MADERAS,** lumberyard.
—— **DE MERCANCÍAS,** storage of merchandise.
—— **DE PAQUETES** o **DE EQUIPAJES DE MANO,** parcel room.
—— **DE SEGURIDAD,** strong room, vault.
—— **DE SOCIEDAD ANÓNIMA,** corporate deposit.
—— **DE TEMPORADA** o **ESTACIONAL,** seasonal deposit.
—— **DEL CLIENTE DETALLISTA,** retail customer deposit.
—— **DIRECTO,** direct deposit.
—— **DISPONIBLE** o **EXIGIBLE A LA VISTA,** demand deposit.
——, **EN,** in bond.
—— **EN CUENTA BANCARIA,** bank deposit.
—— **EN CUENTA CORRIENTE,** demand deposit.
—— **EN CUENTA DE AHORROS,** savings deposit.
—— **EN CUSTODIA,** safekeeping.
—— **EN FIDEICOMISO,** escrow.
—— **ESPECIAL** o **EN CONSIGNACIÓN,** special deposit, trust deposit.
—— **FISCAL,** government warehouse.
—— **FRANCO,** warehouse in a free port.
—— **FRIGORÍFICO DEL HOGAR,** cold-storage warehouse.
—— **INICIAL,** initial principal deposit.
—— **IRREGULAR,** irregular deposit.
——, **MERCANCÍAS EN,** bonded goods.
—— **MERCANTIL,** bailment.
—— **OFICIAL** o **FEDERAL** o **ESTATAL** o **MUNICIPAL,** public deposit.
—— **PARA TRANSACCIÓN** u **OPERACIÓN,** transaction deposit.
—— **PARA USO ESPECIAL,** specific deposit.
—— **QUE DEVENGA** o **PRODUCE INTERÉS,** interest-bearing deposit.
—— **QUE NO DEVENGA INTERÉS,** noninterest-bearing deposit.
—— **REGULAR,** regular deposit.
—— **TIPO TRANSACCIÓN,** transaction-type deposit.

DEPÓSITOS
— **DEL ESTADO o GUBERNAMENTALES,** governmental deposits.
— **EFECTIVOS O PRIMARIOS,** primary deposits.
— **EN BANCOS,** deposits in banks.
— **EN TRÁNSITO,** deposits in transit.
— **INTERBANCARIOS,** interbank deposits.
— **, INTERESES SOBRE,** interest on deposits.
— **REINTEGRABLES,** returnable deposits.
— **SECUNDARIOS,** secondary deposits.
— **SOBRE LICITACIONES o SOBRE PROPUESTAS,** deposits on bids.

DEPRECIABLE, depreciable.
DEPRECIACIÓN, depreciation, markdown.
— **A BASE DE ANUALIDADES,** annuity method of depreciation.
— **A BASE DE INTERÉS COMPUESTO,** compound-interest method.
— **ACELERADA,** accelerated depreciation.
— **ACUMULADA o DEVENGADA,** accrued depreciation.
— **ADECUADA,** depreciation adequacy.
— **BASADA EN EL COSTO UNITARIO DE PRODUCCIÓN,** unit-cost depreciation.
— **CARGADA EN LIBROS,** book depreciation.
— **, CARGO POR,** depreciation charge.
— **CONCEDIDA,** allowed depreciation.
— **DE ACUMULACIONES,** backlog depreciation.
— **DE COSTO Y MANTENIMIENTO,** cost-plus maintenance depreciation.
— **DE INMUEBLES Y EQUIPO,** property and equipment depreciation.
— **DE LA MONEDA o DEL DINERO,** money depreciation.
— **DE LA PRODUCCIÓN,** production depreciation.
— **DEL DÓLAR,** dollar depreciation.
— **DEL EDIFICIO o DE LA CONSTRUCCIÓN,** building depreciation.
— **DEL MERCADO,** market depreciation.
— **EN LÍNEA RECTA,** straight-line depreciation.
— **EXTRAORDINARIA,** extraordinary depreciation.
— **FISCAL,** allowed depreciation.
— **GLOBAL,** blanket depreciation.
— **INSUFICIENTE,** underdepreciation.
— **MATERIAL o FÍSICA,** physical depreciation.
— **NO ADMISIBLE,** unallowable depreciation.
— **, NORMAS DE,** depreciation policy.
— **OBSERVADA o APLICABLE,** observed depreciation.
— **ORDINARIA,** ordinary depreciation.
— **POR CARGOS DECRECIENTES,** decreasing charge method of depreciation.
— **POR DESUSO,** obsolescence.
— **POR FONDO DE AMORTIZACIÓN,** sinking-fund method depreciation.
— **POR EL MÉTODO DE DIFERENCIA EN VALORES DE TASACIÓN,** appraisal method of depreciation.
— **POR EL MÉTODO DE VIDA COMPUESTA,** composite rate depreciation, group depreciation.
— **POR EL MÉTODO DIRECTO o DEPRECIACIÓN POR ANUALIDADES UNIFORMES,** straight-line method depreciation.
— **POR PORCENTAJE FIJO,** fixed rate method depreciation, depreciation by fixed percentage of decreasing book value.
— **POR SALDO DECRECIENTE,** diminishing-balance depreciation.
— **POR SUMA DE LOS DÍGITOS,** sum-of-the-digits method depreciation.
— **POR TASACIÓN,** appraisal or inventory method.
— **POR VALOR DECRECIENTE,** diminishing value method depreciation.
— **REAL o VERDADERA,** actual depreciation.
— **REALIZADA,** realized depreciation.
— **, RESERVAS PARA,** depreciation allowances.
— **TEÓRICA,** theoretical depreciation.

DEPRECIADO, VALOR, scrap value.
DEPRECIAR, to depreciate, to devalue, to mark down.
DEPRECIARSE, to depreciate, to decrease in value.
DEPRESIÓN, business depression, hard times, down turn.
— **ECONÓMICA,** economic depression, trade depression.
DEPRIMIR, to press, to depress.
DEPURACIÓN, auditing and adjusting, clearing.
DEPURAR, to purify, to clear, to relieve.
DERECHO, grant, concession, right, law, fee, straight.
— **A LA HUELGA,** right to strike.
— **A SUFRAGIO,** right to vote.
— **ADMINISTRATIVO,** administrative law.
— **AL TRABAJO,** right to work.
— **CIVIL,** civil law.
— **COMERCIAL,** commercial law.
— **CONSUETUDINARIO,** unwritten law.
— **CORPORATIVO,** corporation law.
— **CREDITICIO,** creditor's rights.
— **DE ACCIÓN,** chose in action.
— **DE ACCIÓN LEGAL,** right of action.
— **DE ARRENDAMIENTO,** leasehold.
— **DE ASILO,** right of property.
— **DE AUTOR o DE PROPIEDAD LITERARIA,** copyright.
— **DE BOSQUE,** timber rights, stumpage.
— **DE DESPIDO,** right to discharge.
— **DE HUELGA o DE IR A UN PARO LABORAL,** right to strike.
— **DE IMPRESIÓN o DE REPRODUCCIÓN,** copyright.
— **DE LOS NEGOCIOS,** commercial or business law.
— **DE MESA EN RESTAURANTE,** cover charge.
— **DE MINAS,** mining rights.
— **DE MONTE o DE BOSQUE,** timber rights.
— **DE PALABRA,** right to speak.
— **DE PASO o DE VÍA o LIBERTAD DE TRÁNSITO,** right of way.
— **DE PATENTE,** patent right.
— **DE PRIORIDAD,** pre-emptive right.
— **DE PROPIEDAD,** equity, proprietary rights.

—— DE RETENCIÓN, right of retention.
—— DE REUNIÓN, right of assembly.
—— DE SUBSCRIPCIÓN, rights.
—— DE SUCESIÓN, reversionary interest.
—— DE UN ARRENDATARIO A SU COSECHA, emblements.
—— DE UN ARTESANO DE RETENCIÓN DE SU TRABAJO HASTA COBRARLO, artisan's lien.
—— DE VOTAR o ELECTORAL, right to vote, voting power.
—— ESCRITO o LEY ESCRITA, written law, statute law.
—— FISCAL, tax law.
—— HIPOTECARIO, law of mortgages.
—— INTERNACIONAL, international law, law of nations.
—— LABORAL u OBRERO o DEL TRABAJO, labor laws.
—— MARÍTIMO o DEL MAR, law of vessels, maritime or admiralty law.
—— MERCANTIL, business law, law merchant.
—— PATRIMONIAL, proprietary or capital equity.
—— PENAL, criminal law.
—— PERSONAL, personal law.
—— PREFERENTE o SUPERIOR, prior claim.
—— PRENDARIO, right of lien, lien.
—— PRIVADO, private law.
—— PÚBLICO, public law.
—— RELATIVO, relative right.
—— ROMANO, Roman law.
—— SINDICAL, right to organize.
——, TENER, to have a right.
DERECHOS, duties, taxes, fees, rights.
—— ADQUIRIDOS o ESTABLECIDOS, vested interests, vested rights.
—— ADUANEROS o ARANCELARIOS, customs duties.
—— AL VALOR, ad valorem duties.
—— CIVILES, civil rights.
—— COMERCIALES, trade rights.
—— COMPUESTOS, compound duties.
——, CON, rights on.
—— CONDICIONALES, contingent duty.
—— CONSULARES, consular fees.
—— DE ADUANA, customs duties.
—— DE ADUANA EN EL EXTRANJERO, overseas duty.
—— DE ADUANA SEGÚN VALOR, ad-valorem duty.
—— DE AGENCIA, agent's commission.
—— DE AGUA, water rights.
—— DE ALMACENAJE, warehouse charges, yardage fee.
—— DE ANCLAJE DE BARCOS, anchorage dues, berthage.
—— DE ANTIGÜEDAD, seniority rights.
—— DE ARQUEO, admeasurement fees.
—— DE ATERRIZAJE, landing fees.
—— DE ATRAQUE, dock charges, dockage, berthage.
—— DE AUTOR, copyright.
—— DE AUTOR Y REGALÍAS, copyrights and royalties.
—— DE COBRANZA, collection fees.
—— DE COMPENSACIÓN, clearance fees.
—— DE CRUCE DE CANAL, canal tolls.

—— DE CUSTODIA, custodian's fees.
—— DE DEPÓSITO, warehouse charges.
—— DE DESEMBARQUE, landing charges.
—— DE DESPIDO o DE DASAHUCIO, right to discharge.
—— DE DISTRIBUCIÓN, distribution rights.
—— DE ENTRADA, entrance fees, import duties.
—— DE ESCLUSA, lockage, locking charges.
—— DE ESTACIONAMIENTO, parking fees.
—— DE ESTADO DE COMPRAR PROPIEDAD PRIVADA PARA USO PÚBLICO, eminent domain.
—— DE EXCLUSIVIDAD, exclusive rights.
—— DE EXPLORACIÓN o DE SONDEO, exploration rights.
—— DE EXPORTACIÓN, export duties.
—— DE FABRICACIÓN, patent royalty.
—— DE FARO, lighthouse dues, light dues, beaconage.
—— DE HERENCIA o LEGADO, legacy duty.
—— DE IMPORTACIÓN o DE INTERNACIÓN o DE ENTRADA, import duties.
—— DE JUBILACIÓN o PENSIÓN, pension rights.
—— DE LA MINORÍA, minority rights.
—— DE LANCHAJE, lighterage charges.
—— DE LAS ACCIONES, stock rights.
—— DE LICENCIA, license fees, franchise tax.
—— DE LOS ACCIONISTAS, stockholders' rights.
—— DE MANIOBRA, handling charges.
—— DE MATRÍCULA Y ENSEÑANZA, tuition fees.
—— DE MINERAJE, mining royalty.
—— DE MUELLE, doc charges, wharf dues, wharfage, pies dues.
—— DE NAVEGACIÓN, navigation fees.
—— DE PARTICIPACIÓN, participating rights.
—— DE PISO, dock charges.
—— DE PÓLIZA, surcharge on premium.
—— DE PROPIEDAD o PATRIMONIALES, property rights.
—— DE PROPIEDAD LITERARIA, copyright.
—— DE PUERTO o PORTUARIOS, port dues.
—— DE REGISTRO o DE INSCRIPCIÓN, registration fees.
—— DE REMOLQUE, towage fees, towage, towing charges.
—— DE RIEGO, irrigation rights, irrigation dues.
—— DE SALIDA, export duty.
—— DE SALVAMENTO, salvage money.
—— DE SANIDAD, health inspection fees.
—— DE SUBSCRIPCIÓN, subscription rights.
—— DE TONELAJE, tonnage dues.
—— DE TRÁNSITO, transit duties.
—— DE USO DE PATENTES, royalties on patents.
—— DE VENTA, selling rights.
—— DIFERENCIALES, differential duties.
—— ESPECÍFICOS, specific duties.
—— ESTATALES, government fees, duties or taxes.
—— FISCALES, taxes, duties, revenue, revenue tariff.
—— FLUVIALES, river dues.
—— FUNDAMENTALES o PRIMARIOS, primary rights.
—— HUMANOS, human rights.

—— IMPOSITIVOS, taxes, duties.
—— INDIVIDUALES, private rights.
—— MINEROS, mining rights, mineral rights.
—— NATURALES, natural rights.
—— PARA RENTA PÚBLICA, revenue duties.
—— PENALES, penalty duty.
—— PESQUEROS o DE PESCA, fishing rights.
—— PETROLEROS, oil rights.
—— POR USO DE PATENTES, royalties on patents.
—— PORTUARIOS, harbor dues, port charges, port duties.
—— RECIBIDOS POR USO DE PATENTE, patent royalty.
—— REGISTRADOS, copyrighted.
—— RESERVADOS, all rights reserved.
—— SOBRE ACCIONES, stock rights.
—— SUBTERRÁNEOS o DE EXPLOTACIÓN SUBTERRÁNEA, subsurface rights.
—— VARIABLES o FLEXIBLES, flexible tariff, multiple tariff.
—— Y DEBERES, rights and duties.
DERECHOHABIENTE, successor, beneficiary.
DERIVADA, derivative.
—— NORMAL, normal derivative.
—— PARCIAL, partial derivative.
DERIVAR DE o DEMOSTRAR LA PROCEDENCIA DE, to trace back.
DEROGAR, to annul, to revoke.
DERRAMAMIENTO o DESGASTE, wasting.
—— DE SANGRE, bloodshed.
DERRAMAR O VERTER, to spill, to spread, to shed.
DERRAME, leakage, spillage, waste.
—— DE PETRÓLEO EN EL MAR, oil spill.
DERRETIR o FUNDIR, to melt.
DERRIBAR o DEMOLER, to wreck, to demolish, to pull down.
DERROCAR, to overthrow, to tear down, to demolish.
DERROCHADOR, wasteful.
DERROCHAR o MALGASTAR, to waste, to squander.
DERROTA, defeat, route.
DERROTAR, to defeat, to destroy.
DERRUMBAMIENTO, collapse, washout.
DERRUMBE, collapse.
—— DE PRECIOS, price slump.
—— DE TIERRA, landslide.
DESABRIGADO o SIN CASA o SIN ASILO, unsheltered.
DESACATAR, to disregard, to show disrespect.
DESACIERTO, error, mistake.
DESACREDITAR, to discredit, to injure the credit of.
DESACUERDO, disagreement, discrepancy.
DESAFIAR LA COMPETENCIA, to meet competition.
DESAFORAR, to deprive of authority, to discharge, to dismiss.
DESAFORTUNADO o DE MALA SUERTE, unlucky, unfortunate.
DESAFUERO, excess, outrage.
DESAGRADABLE o REPULSIVO, unpleasant.
DESAGRADAR, to displease, to offend.
DESAGRADECIDO o INGRATO, ungrateful.

DESAGRADO, dissatisfaction.
DESAGRAVIO, compensation, satisfaction.
DESAGÜE, drainage, drain, outlet.
—— SUBTERRÁNEO, underdrain.
DESAHUCIADO, hopeless, past recovery.
DESAHUCIAR, to dispossess, to discharge, to denounce.
DESAHUCIO, ejectment, dispossession, eviction.
DESAIRAR, to default, to dishonor.
DESAJUSTE, breakdown, ban order, disagreement, maladjustment.
—— ENTRE LA ORGANIZACIÓN Y EL INDIVIDUO, individual-organization mismatch.
DESALENTAR, to discourage, to dismay.
DESALIENTO, dismay, discouragement.
DESALIÑADO o DESARREGLADO o EN DESORDEN, untidy.
DESALOJAMIENTO, displacing, dispossession, eviction.
DESALOJAR, to dispossess, to evict, to vacate.
DESALQUILADO o SIN RENTAR, unrented, untenanted.
DESAMARRAR, to cast off.
DESAMPARADO o ABANDONADO, uncared for.
DESAMPARAR, to abandon, to quit, to dismantle.
DESAMPARO, abandonment.
DESANIMAR, to dishearten, to discourage.
DESANIMARSE, to lose heart.
DESAPARECER, to disappear, to cause.
DESAPROBACIÓN, disallowance, disapproval.
DESAPROBADO, unapproved.
DESAPROBAR, to disapprove.
DESAPROVECHAR, to fail to take advantage of.
—— LA OPORTUNIDAD DE COMPRAR o VENDER, to lose the market.
DESARMADO, knocked down, dismantled, laid up, out of commission, unarmed.
DESARMAR, to dismantle, to disassemble, to laid up.
DESARME, dismantling, disassembly.
DESARREGLO, bad order, disorder.
DESARROLLAR, to develop, to work out, to promote.
—— NUEVOS RAMOS, to branch out.
DESARROLLARSE, to grow up.
DESARROLLO, development.
—— DE HABILIDADES o DE PERICIA, skill development.
—— DE LA DEMANDA, growth of demand.
—— DE LA ORGANIZACIÓN, organization development.
—— DE MERCADOS, market development.
—— DE RECURSOS, resource development.
—— DEL GRUPO, group development.
—— DEL NUEVO PRODUCTO, new-product development.
—— DEL PRODUCTO, product development.
—— DEL PROTOTIPO DEL NUEVO PRODUCTO, new-product prototype development.
—— DEMOGRÁFICO, population development.
—— ECONÓMICO, economic development.

—— EQUILIBRADO, balanced growth.
—— HIDROELÉCTRICO, hydroelectric development.
—— MENTAL SEGÚN LA EDAD, mental age.
—— TECNOLÓGICO o PROGRESO TECNOLÓGICO, technological development.
DESARRUGAR, unwrinkle.
DESASEADO o INMUNDO, unclean.
DESASTRE, disaster.
—— NATURAL, natural disaster.
DESATAR o DESABROCHAR, to untie, to unfasten.
DESATARSE, to break loose.
DESATENCIÓN, default, dishonor.
DESATENDER, to disregard, to neglect, to default, to dishonor.
DESATENTO, inattentive, careless, discourteous.
DESATINO, blunder nonsense, folly.
DESATRACAR, to cast off, to leave the berth.
DESAUTORIZADO, unauthorized.
DESAUTORIZAR, to deny or to rescind authority.
DESAVENENCIA, disagreement, dispute.
DESAYUNARSE, to take breakfast.
DESAYUNO, breakfast, light breakfast.
DESBALANCE, unfavorable trade balance.
DESBARAJUSTE, bad order, confusion.
DESBARATAR, to wreck, to demolish, to waste.
DESBORDAR, to overflow, to lose one's temper.
DESCALABRO, disaster, catastrophe, failure.
DESCALIFICAR, to withdraw authorization, to disqualify.
DESCAMISADO, ruined, broke, very poor.
DESCANSAR, to rest, to be quiet.
DESCANSO, rest, suspensión of work.
—— ANUAL, vacation.
—— DE EMPLEADOS, employee break.
—— DOMINICAL, Sunday off.
—— OBLIGATORIO, paid holiday.
—— RETRIBUIDO o REMUNERADO, vacation with pay.
DESCAPITALIZACIÓN, decapitalization, capital depletion.
DESCARADO, impudent, barefaced.
DESCARGA o DESCARGUE o DESEMBARCO, unlading, unladen, discharge, dumping.
——, A LA, unloading.
DESCARGADERO, unloading platform, wharf, berth.
DESCARGADOR, stevedore, dock laborer.
DESCARGAR, to unload, to credit, to charge out, to acquit.
—— EL SALDO, to take off a balance.
—— UNA DEUDA, to discharge a debt.
DESCARGO, acquitment, receipt, discharge, unloading.
DESCARO, impudence, effrontery.
DESCARRILADO o DESVIADO, off the track.
DESCARRILAMIENTO, derailment.
DESCARRILAR, to derail, to be derailed.
DESCARRILARSE, run off the track.
—— EL TREN, wreck a train.
DESCARTAR, to scrap, to discard.
DESCENDER, to steal down.

DESCENSO, fall, decline, lowering.
—— ECONÓMICO, economic decline.
DESCENTRALIZACIÓN, decentralization.
—— ADMINISTRATIVA, management decentralization.
DESCENTRALIZAR, to decentralize.
DESCIFRADOR, decoder.
DESCIFRAR, to decode, to decipher, to puzzle out.
—— EL MENSAJE, to decode the message.
—— MENSAJES, message decoding.
DESCOLGAR o BAJAR o TOMAR NOTA DE, to take down.
—— EL TELÉFONO PARA HABLAR, to pick up the receiver.
DESCOMPONER, to disarrange, to upset.
DESCOMPOSICIÓN, separation, breaking down, breakdown, (mechanical) bad order.
—— DE LA ESTRUCTURA DEL CAPITAL, capital structure breakdown.
—— EN FACTORES, factorization.
DESCOMPOSTURA, disarrangement, disadjustment.
DESCOMPUESTO, broken-down, out-of-order, desintegrated, out of service.
DESCONCERTAR, to disturb, to confuse, to disarrange.
DESCONCIERTO, disagreement, disarrangement.
DESCONECTAR o DESENCHUFAR, to unplug.
DESCONFIANZA, mistrust, distrust, lack of confidence.
DESCONFIAR, to mistrust, to have no confidence in.
DESCONGELAR, to unfreeze.
DESCONOCER, to disregard, to fail to recognize, to ignore.
DESCONOCIDO, unknown, ungrateful, stranger.
DESCONTABILIZAR, to write off, to take out of the books.
DESCONTABLE, discountable, bankable.
DESCONTAR, to discount, to deduct, to allow.
—— UNA LETRA, to discount a bill.
—— UNA LETRA DE CAMBIO, to negotiate a draft.
DESCONTENTO, dissatisfaction, dissatisfied.
—— DE EMPLEADOS, employee dissatisfaction.
DESCONTINUAR, to discontinue, to dismiss.
DESCONTROLADO o INGOBERNABLE, uncontrolled.
DESCRÉDITO, discredit, lack of credit.
DESCRIBIR, to describe, to delineate, to sketch.
DESCRIPCIÓN, description.
—— DE LA TAREA o DEL PUESTO, job description.
—— DE LAS PARTIDAS, nature of items.
—— DE VALORES o TÍTULOS, description of securities.
—— ESCRITA o REVALUACIÓN o AUMENTO DE VALOR EN LIBROS, write-up.
—— ESTADÍSTICA, statistical description.
—— O DESGLOSE DE LOS ELEMENTOS DE UNA TAREA, operation breakdown.
—— TABULAR, tabular description.
DESCUBIERTO o DESTAPADO, uncovered.
——, AL, openly, manifestly.

—, EN, unpaid, lacking sufficient funds.
DESCUBRIMIENTO, discovery, find, detection.
DESCUBRIR, to discover, to find out, to unveil, to tell on.
DESCUENTO, discount, allowance, rebate.
—, A, below par, at a discount.
— A INTERÉS COMPUESTO, compound discount.
— A PARROQUIANOS, allowances to customers.
— AMORTIZADO, discount amortized.
— BANCARIO, bank discount.
— BANCARIO COMPUESTO, compound bank discount.
— CADUCADO, lapsed or forfeited discount.
— CAMBIARIO, exchange discount.
— COMERCIAL o MERCANTIL, commercial discount, bank discount, trade discount.
— COMPUESTO, compound discount.
—, CON, at a discount.
— CONTINUO, continuous discounting.
— DE CAJA, cash discount.
— DE CANJE, exchange discount.
— DE DISTRIBUIDOR o DE COMERCIANTE, distributor discount.
— DE EMISIÓN, stock discount.
— DEL GIRO, trade discount.
— EN ACCIONES PREFERENTES, discount on preferred stock.
— EN BONOS o SOBRE BONOS, bond discount, debt discount.
— EN COMPRAS o REBAJADA POR PAGO AL CONTADO, purchase discount.
— EN EFECTIVO, cash discount.
— EXTERNO, bank discount.
— NO AMORTIZADO, unamortized discount.
— NO APROVECHADO, missed discount.
— NO DEBIDO o NO GANADO, unearned discount.
— PARA REVENTA, trade or resale discount.
— PERDIDO, lost discount.
— POR CANTIDAD, quantity discount.
— POR CARGA COMPLETA, bulk discount.
— POR FACTURACIÓN TOTAL, bulk discount.
— POR PAGO AL CONTADO, cash discount.
— POR PAGO EN TÉRMINO, cash discount.
— POR PRONTO PAGO, cash or sales discount, pront payment discount.
— POR REVENTA, resale discount.
— POR VOLUMEN DE COMPRA, volume discount, quantity discount.
— PREFERENCIAL, channel discount.
— RECIBIDO, discount earned.
— SECUNDARIO, secondary discount.
— SIMPLE, simple discount.
— SOBRE BONOS NO AMORTIZADOS, unamortized bond discount.
— SOBRE DEUDA NO AMORTIZADA, unamortized debt discount.
— SOBRE VENTAS, sales discount.
—, TIPO DE, discount rate.
—, VENTA CON, discount sale.

— VERDADERO, true discount.
DESCUENTOS
— A EMPLEADOS, employee discounts.
— CONCEDIDOS, discount allowed.
— EN CADENA o EN SERIE, chain or compound discount.
— EN VENTAS, sales or cash discounts.
— NO AMORTIZADOS, unamortized discount (bond).
— PENDIENTES, unearned discount.
— POR FLETE, freight allowances.
— POR PRONTO PAGO, trade discounts for early payment.
— POR PRONTO PAGO QUE SE PIERDEN, lost trade discounts.
— PROMOCIONALES, promotional discounts.
— SECRETOS, secret discounts.
— SOBRE COMPRAS, purchase discounts.
— Y ANTICIPOS, discounts and advances.
DESCUIDADO, careless, negligent.
DESCUIDAR, to neglect, to overlook, to forget.
DESCUIDO, neglect, carelessness, negligence.
DESDE, from, since.
— AHORA, from now on.
— CUÁNDO? o ¿DE CUÁNDO ACÁ?, since when?.
— ENTONCES, since then, ever since.
— LUEGO, immediately, of course.
— QUE, since, ever since.
DESDOBLAR, to unfold.
DESEAR, to desire, to wish.
— SABER o MARAVILLARSE DE o SORPRENDERSE, to wonder.
DESECACIÓN, drying.
DESECHAR, to discard, to scrap, to reject.
DESECHO, scrap, junk.
DESECHOS, scraps, waste, wasters, rejects, debris, rubbish.
— DE CINC, zinc scrap.
— DE INGENIOS o CENTRALES AZUCAREROS, sugar-mill wastes.
— INDUSTRIALES, industrial wastes, trade wastes.
— NUCLEARES, nuclear waste.
DESEMBARCADERO, landing place, wharf.
DESEMBARCAR o ARRIBAR, to disembark, to go ashore, to discharge, to unload.
DESEMBARCO, unloading, discharge, landing.
DESEMBOLSAR, to pay out, to disburse, to spend.
DESEMBOLSO, cash expenditure, disbursement, expense.
— BÁSICO, basic expenditure.
— CAPITALIZABLE, capital expenditure.
— DE CAPITAL, capital outlay.
— FINANCIERO, financial outlay.
— INICIAL DE CAPITAL, initial capital outflows.
— RESIDUAL, residual outlay.
DESEMBOLSOS
— CORRIENTES, current outlays.
— DE CAPITAL, capital expenditures.
— DE CONSUMO, consumption expenditures.

—— DE COSTO, cost outlays.
—— DE EFECTIVO, cash outlays, cash disbursements.
—— DE INVERSIÓN, investment expenditures.
—— DE LOS CONSUMIDORES, consumer expenditures.
—— DE SALARIOS, wage disbursements.
—— DEDUCIBLES, deductible expenditures.
—— DEL CLIENTE, client's expense account.
—— DEL GOBIERNO, government expenditures.
—— DEL GOBIERNO EN BIENES DE CAPITAL, government capital outlays.
—— EN EFECTIVO, disbursement of cash.
—— FISCALES, fiscal expenditures.
—— FRAUDULENTOS, fraudulent disbursements.
—— FUTUROS, future cash outlays.
—— POR CAJA CHICA, petty cash disbursements.
—— TOTALES, total outflows.
DESEMPACAR o DESEMPAQUETAR, to unpack.
DESEMPAQUETAR, to unpack, to remove packing.
DESEMPEÑAR, to redeem, to recover, to perform, to accomplish.
—— LAS FUNCIONES DE, to serve as.
—— UN PUESTO, to fill a position.
—— UN TRABAJO SIMULADAMENTE, role playing.
DESEMPEÑO, performance, fulfillment, position.
—— INDIVIDUAL, individual performance.
DESEMPLEADO, unemployed.
DESEMPLEAR, to discharge, to dismiss.
DESEMPLEO, unemployment.
—— CÍCLICO, cyclical unemployment.
—— EN MASA, mass unemployment.
—— ESTACIONAL o DE TEMPORADA, seasonal unemployment.
—— GENERAL, general unemployment.
—— IMPUESTO PARA EL, unemployment tax.
—— PENOSO o DIFÍCIL, hard-core unemployment.
——, SEGURO DE, unemployment insurance.
—— TECNOLÓGICO o DESOCUPACIÓN POR MECANIZACIÓN DE INDUSTRIA, technological unemployment.
DESENCADENAR, to unchain, to free, to break loose.
DESENCANTO, disenchantment, disillusion.
DESENCUADERNAR, to unbind.
DESENFRENADO O LIMITADO, unrestrained.
DESENGANCHAR o DESCOLGAR, to unhook.
DESENGANCHE, unhooking.
DESENGAÑO, heartbroken.
DESENGAÑAR, to undecive, to disabuse.
DESENLACE, outcome.
DESENMARAÑAR o DESENREDAR, to wind out.
DESENMASCARAR o DESCUBRIR, to unmask.
DESENREDAR, to disentangle, to unravel, to loose.
DESENROLAR, discharge from the crew.
DESENROLLAR o DESPLEGAR, to unroll.
DESENTERRAR, to unearth.
DESENVOLVER, to unfold, to unwrap, to unroll.
DESENVUELTO, unabashed.
DESEQUILIBRADO o DESNIVELADO, unbalanced.

DESEQUILIBRAR, to unbalance.
DESEQUILIBRIO, unbalance, desequilibrium.
—— DEL DÓLAR, dollar desequilibrium.
—— PRESUPUESTAL, unbalance of the budget.
DESERTAR, to desert, to abandon.
DESERTOR, deserter, turncoat.
DESESPERAR, to dispair, to lose hope.
DESESTIMAR, to undervalue, to reject.
—— UNA RECLAMACIÓN, to refuse a claim.
—— UNA SOLICITUD, to reject an application.
DESFALCADOR embezzler.
DESFALCAR, to embezzle.
DESFALCO, embezzlement, defalcation.
—— MEDIANTE CHEQUES NO REGISTRADOS, kiting checks.
DESFASAMIENTO CRONOLÓGICO, time lag.
DESFAVORABLE, unfavorable, contrary.
DESFILAR, to march, to parade.
DESFILE, parade.
DESFORESTACIÓN, deforestation.
DESGARBADO, clumsy.
DESGARRAR o ARRANCAR, to tear.
DESGASTARSE o GASTARSE, to wear out.
DESGASTE, erosion, abrasion, wear.
—— A LA INTEMPERIE, weathering.
—— NATURAL o POR EL USO, ordinary wear and tear.
DESGLOSAR, to break down, to distribute.
DESGLOSE, removal of annotations.
—— DE GASTOS, expenditure break-down.
—— DE LAS VENTAS, sales dissections.
—— DE LÍNEAS DE PRODUCTOS, product-line break-down.
—— DE UNA TAREA, job breakdown.
—— DE VENTAS, sales breakouts.
—— DEMOGRÁFICO, demographic breakout.
DESGRACIA, fatality, accident, bad luck.
——, CAER EN, to lose favor.
——, POR, unfortunately.
DESGRAVAR, to remove a lien, to exempt from tax.
DESGUACE, demolition, breaking up.
—— DE BUQUES, shipbreaking.
DESHACER, to undo, to cancel, to annul.
—— EL CONTRATO, to rescind the contract.
DESHACERSE, to unload, to sell out.
—— DE, to get rid of, to work off.
—— EN LÁGRIMAS, to burst into tears.
DESHECHO, broken down, spoiled.
DESHONESTO, inmodest, dishonorable, dishonest.
DESIERTO, deserted, lonely, desert.
DESIGNACIÓN, appointment.
DESIGNADO o NOMBRADO, nominate.
DESIGNAR, to appoint, to name, to designate.
DESIGUAL o DISPAR, unequal.
DESIGUALDAD, inequality.
—— DE LA RENTA o DEL INGRESO, inequality of income.
—— ECONÓMICA, economic inequality.
DESINFECTAR, to desinfect.
DESINTEGRACIÓN, desintegration.

—— ATÓMICA, atomic fission.
DESINTEGRAR, to desintegrate.
DESINTERÉS, lack of interest, desinterest.
DESINTERESADO o GENEROSO, unselfish.
DESISTIR, to stop, to desist, to cease.
—— DE LA INSTANCIA, to abandon a suit.
DESLEAL, disloyal, faithless.
DESLIGAR o DESATAR, to unbind.
DESLINDE, marking boundaries.
DESLIZAR, to slide, to slip.
DESMANCHAR, to remove blots or stains.
—— EN SECO o LAVAR EN SECO, to dry-clean.
DESMAYAR, to faint, to dismay, to discourage.
DESMAYO, dismay, discouragement, swoon.
DESMEDIDO o ILIMITADO, unmeasured.
DESMEJORAR, to debase, to impair, to become worse.
DESMEMORIADO, forgetful.
DESMENTIR, to deny, to refute.
DESMENUZAR, to crumble, to shred.
DESMERECER, to deteriorate.
DESMONTAJE, teardown.
DESMONTAR, to dismantle, to demount, to disassemble.
DESMORALIZAR, to corrupt, to demoralize, to deprave.
DESNATAR, to skim.
DESNIVELADO, unbalanced.
DESNIVELAR, to unlevel, to make uneven.
DESNUDAR o DESVESTIR o QUITARSE LA ROPA, to undress.
DESNUTRICIÓN, malnutrition, underfeeding.
DESOBEDECER, to disobey.
DESOBEDIENTE o QUE NO CUMPLE SUS DEBERES, undutiful.
DESOCUPACIÓN, unemployment, unoccupancy, dispossession.
DESOCUPADO o VACANTE o LIBRE, vacant, unoccupied, not busy.
DESOCUPAR, to vacate, to move out.
—— EL ESTABLECIMIENTO, to vacate the premise.
DESOCUPARSE, to quit a job.
DESORDENAR, to desarrange, to disorder, to upset.
DESORDEN, disorder, confusion, riot.
DESORGANIZACIÓN, lack of organization.
DESORGANIZAR, to break up, to disorganize.
DESPACHADO, issued.
DESPACHADOR, sender, dispatcher, shipper.
—— DE GASOLINA, filling-station attendant.
—— DE TRENES, train dispatcher.
—— DIRECTO, drop shipper.
DESPACHADORES.
—— DIRECTOS, desk jobbers.
DESPACHAR, to ship, to dispatch, to expedite, to fill.
—— BOLETOS, to sell tickets.
—— EN ADUANA, (customs) to clear out.
—— LA CORRESPONDENCIA, to attend to correspondence.
—— UN PEDIDO, to fill an order.
DESPACHO, office, shipment, sale, business, trade, bureau.
—— A DEPÓSITO, clearance for warehouse.
—— ADUANAL, customhouse clearance, customs clearance.
—— CABLEGRÁFICO, cablegram.
—— DE ABOGADOS, law office.
—— DE BEBIDAS o CANTINA, saloon, barroom.
—— DE EQUIPAJES, baggage room.
—— DE INFORMACIÓN, information desk or bureau.
—— DE PASAJES, booking office.
—— DE SALIDA, clearance.
—— DE UN PROYECTO DE LEY, passing a bill.
—— DIRECTO, drop shipment.
—— O EXPEDICIÓN DE MERCANCÍAS, shipment of goods.
—— PARTICULAR u OFICINA PRIVADA, private office.
DESPACIO, slowly, little by little.
DESPECTIVO, depreciatory, contemptuous.
DESPEDAZAR, to tear into pieces, to cut asunder.
DESPEDIDA, discharge, dismissal, send-off.
DESPEDIDO, laid-off.
DESPEDIR, to dismiss, to discharge, to lay off.
—— A LA FRANCESA, to take French leave, to sneak away.
—— A UN EMPLEADO o LIQUIDARLO, discharge an employee, to fire.
DESPEDIRSE, to resign, to quit, to take leave.
—— DE, to take leave of.
DESPEGAR, to unglue, to detach, to come off.
DESPEGARSE o LEVANTAR VUELO, to take off.
DESPEGUE, (aviation) take off.
DESPEJAR UN REGISTRO, to clear a register.
DESPEJE AUTOMÁTICO DE TOTALES, automatic total clearing.
DESPELLEJAR o PELAR, to skin.
DESPENSA, storeroom, grocery store.
DESPERDICIAR, to scrap, to waste.
—— TIEMPO, to waste time.
—— UNA OPORTUNIDAD, to miss an opportunity.
DESPERDICIO, waste.
——, MATERIALES DE, scrap materials.
DESPERDICIOS o ESCOMBROS o BASURA, refuse, scrap, junk, waste, rubbish.
—— DE HIERRO, junk, scrap iron.
—— DE PAPEL, wastepaper.
—— INDUSTRIALES, industrial wastes.
—— METÁLICOS, scrap metal.
DESPERFECTO, damage, injury, breakdown.
DESPERTADOR, awakening, alarm clock.
DESPERTAR, to wake up, to awake, to recall.
DESPIADADO o POCO AMABLE o ÁSPERO, unkind.
DESPIDO, discharge, dismissal, layoff.
—— COMPENSADO, discharge with severance pay.
—— DE PERSONAL, firing people.
—— TEMPORAL o CESANTÍA TEMPORAL, short-term layoff.
DESPIDOS EN EL EXTRANJERO, foreign payoffs.

DESPIERTO, awake, watchful.
DESPILFARRAR, to waste, to squander.
DESPILFARRO, wastage, loss.
—— **DE FONDOS PÚBLICOS,** boondoggling.
DESPISTADO, off-the track.
DESPLAZAMIENTO, displacement, relocation, discharge.
—— **DE LA DEMANDA,** shift of demand.
—— **DE PERSONAL DEBIDO AL AVANCE TECNOLÓGICO,** technological displacement.
—— **DE UN EMPLEADO POR OTRO DE MÁS ANTIGÜEDAD,** bumping.
DESPLAZAR o DESPEDIR, to lay off, to discharge, to displace, to replace.
DESPLEGADO, display.
DESPLIEGUE, fanout.
—— **DE RENDIMIENTOS,** yield spreads.
DESPLOMARSE, to be reduced in value.
DESPLOME, collapse, leaning downfall.
DESPOBLAR, to depopulate, to desolate.
DESPOJAR o ROBAR o DESMANTELAR, to strip.
DESPOJO, plunder, spoliation.
DESPRECIABLE, negligible.
DESPRECIADO, unhonored.
DESPRECIAR, to despise, to scorn, to neglect.
DESPRECIO, scorn, contempt.
DESPRENDER o DESPEDAZAR, to tear off.
DESPREOCUPADO, unworried, impartial.
DESPRESTIGIAR, to discredit, to damage a reputation.
DESPRESTIGIO, poor standing.
DESPREVENIDO, off guard, unaware, unprepared, not ready.
DESPROPORCIONADO, out of proportion.
DESPROVISTO o DESABASTECIDO, unprovided.
—— **DE,** unprovided with.
—— **DE EXISTENCIAS,** lacking stock.
—— **DE RECURSOS,** without means, lacking resources.
DESPUÉS, after, later on.
—— **DE, NO,** not later than.
—— **DE ACEPTADO,** after acceptance.
—— **DE ESO o DESPUÉS o DE ALLÍ EN ADELANTE,** thereafter.
—— **DE HORAS DE OFICINA,** after hours.
—— **DE LO CUAL o SOBRE LO CUAL o ENTONCES,** whereupon.
DESQUITAR, to recoup.
DESQUITE, winning back, recovery, compensation.
DESTACAMENTO, station, post.
DESTACAR, to emphasize, to bring out, to highlight.
DESTAJO, taskwork, piecework.
——, **TRABAJO A,** task work.
DESTARTALADO, broken down, dilapidated.
DESTECHAR, to unroof.
DESTELLAR o CENTELLEAR, to twinkle.
DESTIERRO, exile, banishment.
DESTILADOR, distiller, still.

DESTILAR, to distill.
DESTILERÍA, distillery, refinery, still.
DESTINADO, bound for.
DESTINAR, to appoint, to designate, to destine.
DESTINATARIO, addressee, consignee, remittee.
—— **O CONSIGNATARIO FINAL,** ultimate consignee.
DESTINO, destination, employment, assignment.
—— **DEL INGRESO,** disposal of income.
—— **FINAL,** ultimate destination.
DESTITUCIÓN, dismissal, displacement.
—— **DE UN FUNCIONARIO,** removal of an officer.
DESTITUIR, to discharge, to dismiss, lay off.
DESTORNILLADOR o ATORNILLADOR, screwdriver.
DESTRABAR, to unlock, to release.
DESTREZA EN NAVEGACIÓN o NATACIÓN o DEPORTES ACUÁTICOS, watercraft.
DESTRONAR, to dethrone, to overthrow.
DESTROZAR, to destroy, to shatter.
DESTROZO, ruin, destruction.
DESTRUCCIÓN, destruction.
DESTRUIR, to demolish, to destroy, to wipe out.
DESUNIDO o DESARTICULADO, unjointed.
DESUSO, obsoleteness, obsolescence, disuse.
——, **EN,** not use, obsolete.
DESVALORACIÓN o DESVALORIZACIÓN, devalorization.
—— **ACUMULADA,** accumulated depreciation.
DESVÁN, attic, garret.
DESVANECERSE o DESAPARECER, to vanish, to melt away.
DESVELADO, watchful, vigilant.
DESVELAR, to keep awake, to go without sleep.
DESVENTAJA, disadvantage, handicap.
—— **COMPETITIVA EN ULTRAMAR o EN EL EXTRANJERO,** competitive disadvantage overseas.
DESVENTAJOSO, unfavorable, disadvantageous.
DESVERGONZADO o DESCARADO, unblushing.
DESVERGÜENZA, impudence, shamelessness, shame.
DESVESTIDO o DESNUDO, unclad.
DESVIACIÓN, detour, deviation, diversion.
—— **DE RUTA,** deviation.
—— **ESTÁNDAR o NORMAL,** standard deviation.
—— **ESTÁNDAR DE LA POBLACIÓN,** population standard deviation.
—— **MEDIA,** average deviation, mean deviation.
—— **POR RETRASO,** deviation by delay.
DESVIADERO, siding, turnout.
—— **DE FERROCARRIL,** railroad siding.
DESVIAR o CAMBIAR, to switch, to detour, to divert, to turn aside.
DESVIARSE, to deviate, to branch off.
DESVÍO, detour, siding, diversion.
DESVIRTUAR, to invalidate, to impair.
DETALLADA, VISTA, close-up view.
DETALLAR, to itemize, to retail, to detail.
DETALLE, detail, retail, item.
—— **PUBLICITARIO,** publicity release.

DETALLES
—— DE DEDUCCIONES, deduction details.
—— DE ENTREGA, delivery details.
—— DE PERCEPCIONES, pay details.
DETALLISTA, retailer, retail.
—— DE ALIMENTOS o DE VÍVERES, food retailer, groceryman.
—— EN PEQUEÑA ESCALA, small-scale retailer.
—— INDEPENDIENTE, independent retailer.
DETALLISTAS, retail outlets.
DETECCIÓN DE FRAUDE o MALVERSACIÓN, fraud detection.
DETECTIVE, detective.
DETECTOR, detector.
—— DE MENTIRAS, lie detector.
DETENER, to retain, to reserve, to detain, to delay.
—— EL PAGO, to stop payment.
DETENIDO POR VIENTOS CONTRARIOS, wind-bound.
DETERIORABILIDAD DEL PRODUCTO, product perishability.
DETERIORADO, damaged, impaired.
DETERIORARSE, to deteriorate.
DETERIORO, wear and tear, deterioration, depreciation.
—— ACELERADO, accelerated depreciation.
—— AMBIENTAL, environmental degradation.
—— DE CAPITAL, capital impairment.
—— DEL DÓLAR, dollar depreciation.
—— FÍSICO, physical deterioration.
—— Y DESGASTE, wear and tear.
DETERMINACION, determination, resolution.
—— DE LA RENTA, income determination.
—— DE COSTOS CON FIJACIÓN DE RESPONSABILIDADES, cost responsibility.
—— DEL COSTO DEL PRODUCTO, product costing.
—— DEL MONTO DE LA PÉRDIDA, ascertainment of loss.
—— DEL PRECIO, price determination.
—— DEL TAMAÑO DE LA MUESTRA, sample size determination.
DETERMINAR, to determine, to fix, to specify.
DETONAR, to detonate, to explode.
DETRACCIÓN, withdrawal, deduction, kickback.
DETRACTOR, detractor.
DETRÁS, behind, after, back.
—— DEL TELÓN, backstage.
DETRIMENTO, detriment, damage.
DEUDA, debt, indebtedness.
—— A CORTO PLAZO, short-term debt.
—— A LARGO PLAZO, long-term debt.
—— A PAGAR EN ABONOS, installment debt.
—— A PLAZO, installment debt.
—— ACTUAL A LARGO PLAZO DE FABRICACIÓN, current manufacturing long-term debt.
—— ANTIGUA, old debt.
—— ATRASADA, arrears.
—— BRUTA CONSOLIDADA, gross bonded debt.
—— COMERCIAL INTERNACIONAL, international trade obligation.
—— CON, ESTAR EN, to be indebted to.
—— CON TASA FIJA, fixed-rate debt issue.
—— CON TASA OPCIONAL, option-rate debt.
—— CON TASA VARIABLE, variable-rate debt.
—— CONSOLIDADA, funded debt.
—— CONTABILIZADA, book debt.
—— CONVERTIBLE, convertible debt.
—— DEL CONSUMIDOR, consumer debt.
—— DEL DUEÑO DE CASA, householder debt.
—— DEL GOBIERNO, government debt.
—— EFECTIVA, active debt, net debt.
—— EN BONOS, bonded debt.
—— EN LIBROS o DEUDA SEGÚN EL MAYOR, book debt.
—— EN MORA, overdue debt.
—— EXTERIOR o EXTERNA, external debt, foreign debt.
—— FIJA, fixed debt.
—— FLOTANTE, floating or unfunded debt.
—— GARANTIZADA, bonded debt.
—— GENERAL, general obligation.
—— GUBERNAMENTAL o ESTATAL, government debt.
—— HIPOTECARIA, mortgage indebteness.
—— IMPOSITIVA, tax liability.
—— INTERIOR o NACIONAL, domestic debt.
—— LIQUIDADA o SALDADA, liquidated debt.
—— MALA o INCOBRABLE, bad debt.
—— MOROSA, bad debt.
—— MUNICIPAL SOLIDARIA, full-faith-and-credit debt.
—— NACIONAL o PÚBLICA, national debt.
—— NACIONAL BRUTA, gross national debt.
—— NACIONAL EXTERIOR, external national debt.
—— NACIONAL INTERNA, internal national debt.
—— NETA CONSOLIDADA, net bonded debt.
—— NO CONVERTIBLE, nonconvertible debt.
—— NO GARANTIZADA, unsecured debt.
—— OFICIAL o PÚBLICA, public debt.
——, PAGARÉ POR UNA, bill of debt.
—— PASADA u OBLIGACIÓN VENCIDA, past debt.
—— PENDIENTE, outstanding debt, unpaid debt.
—— POR JUICIO, judgment debt.
—— POR PAGAR o LIQUIDAR, unliquidated debt.
—— PREFERENTE, privileged debt.
—— PRIVILEGIADA o PREFERENTE, preferred debt.
—— PÚBLICA PERPETUA, perpetual public debt.
—— QUE CAUSA INTERÉS, active debt.
—— QUE DEVENGA INTERÉS, interest-bearing obligation.
—— QUE NO CAUSA INTERÉS, passive debt.
—— SIN INTERÉS, barren money.
—— SOBREPUESTA, overlapping debt.
—— SUBORDINADA o SECUNDARIA, subordinated debt.
—— VENCIDA o CADUCADA, stale debt.
DEUDAS
—— GRANDES o CONSIDERABLES, heavy debts.
—— INCOBRABLES DADAS DE BAJA EN LIBROS, bad debts charged off.
—— INTERNAS o NACIONALES, internal debts.

—— **LEGÍTIMAS**, just debts.
DEUDOR, debtor, debit, indebted.
——, **ESTADO**, debtor nation.
—— **HIPOTECARIO**, mortgagor.
—— **INSOLVENTE**, lame duck.
—— **MOROSO** o **ATRASADO**, delinquent debtor.
—— **POR JUICIO**, judgment debtor.
—— **PRENDARIO**, maker of a chattel mortgage.
—— **QUEBRADO**, bankrupt.
DEUDORES, trade debtors.
—— **DIVERSOS** o **VARIOS**, sundry debtors.
DEVALUACIÓN, devaluation.
—— **DE LA MONEDA** o **DE LA DIVISA**, currency devaluation, money devaluation.
—— **DEL DÓLAR**, dollar devaluation.
DEVALUAR, to devaluate.
DEVASTAR, to devastate, to ruin.
DEVENGADA, NÓMINA, accrued payroll.
DEVENGADO, earned, accrued.
——, **ACTIVO**, accrued asset.
DEVENGADOS, accrued, earned.
——, **INGRESOS**, earned revenues, accrued income.
——, **INTERESES**, interest income, accrued interest.
——, **SUELDOS Y JORNALES**, accrued salaries and wages.
DEVENGAR, to earn, to accrue, to draw (interest).
—— **FLETE**, to bear freight charges.
—— **INTERESES**, to bear interest, to draw interest.
—— **SUELDO**, to be on a salary, to earn a salary.
DEVOLUCIÓN, refunded, drawback, restitution, devolution, return.
—— **DE DINERO**, money returned.
—— **DE IMPUESTOS**, tax refund.
—— **DE MERCANCÍAS**, return of goods, return of merchandise.
—— **SOBRE VENTAS** o **RENDIMIENTO DE VENTAS**, sales return.
DEVOLUCIONES o **INGRESOS** o **GANANCIAS**, returns.
—— **SOBRE COMPRAS**, purchases returns.
—— **Y BONIFICACIONES**, returns and allowances.
DEVOLVER, to send back, to return, to refund.
DEVOTO, devout, pious.
DEVUELTO o **RESTITUIDO**, returned.
DEVUÉLVASE AL REMITENTE o **AL EXPEDIDOR**, return to sender.
DÍA, day.
——, **AL**, up-to-day.
—— **CIVIL** o **NATURAL**, calendar day.
—— **CORRIDO**, calendar day.
—— **DE ACCIÓN DE GRACIAS EN E.U.A.**, Thanksgiving Day.
—— **DE AÑO NUEVO**, New Year's day.
—— **DE ASUETO** o **DE DESCANSO**, day off, holiday.
—— **DE FIESTA**, holiday.
—— **DE FIESTA NACIONAL**, national holiday.
—— **DE FIESTA OFICIAL**, legal holiday.
—— **DE GANGAS** o **DE REBAJAS**, bargain day.
—— **DE LABOR** o **LABORABLE**, working day.
—— **DE LAS MADRES**, Mother's Day.
—— **DE LIQUIDACIÓN**, settlement date, account day.
—— **DE LOS PADRES**, Father's Day.
—— **DE PAGO** o **DÍA DE RAYA**, payday, value date.
—— **DE PLAZA**, market day.
—— **DE POR MEDIO**, every other day.
—— **DE SAN VALENTÍN**, St. Valentine's Day.
—— **DE TRABAJO** o **LABORABLE**, workday, working day.
—— **DE VIGILIA**, Fast Day, fish day.
—— **DEL AVISO**, notice day.
—— **DEL SANTO**, name day.
—— **DEL TRABAJO**, (U.S.A.) Labor Day.
——, **EL OTRO**, the other day.
—— **EN DÍA**, from day to day.
—— **FERIADO** o **FESTIVO**, holiday.
—— **HÁBIL**, business or working day.
——, **HOY EN**, nowdays.
—— **INHÁBIL** o **VACANTE**, nonworking day.
—— **LIBRE**, day off.
—— **LLUVIOSO**, rainy day.
—— **MENOS PENSADO, EL**, one of these days.
—— **SIGUIENTE**, next day.
—— **TRAS DÍA**, day in and day out.
DÍAS.
——, **A LOS POCOS**, a few days later.
—— **CORRIDOS**, running days.
—— **DE ATRASO**, days past due.
—— **DE PAGA TRIMESTRAL**, quarter days.
—— **DOMINGOS Y FERIADOS**, Sundays and holidays.
—— **FECHA**, days, after date.
—— **FERIADOS** o **DE ASUETO**, vacation.
—— **NATURALES**, calendar days.
—— **PASADOS, EN**, some days ago.
DÍAS-HOMBRE, man-days.
DIABLO, poor devil.
DIAGNÓSTICO, diagnosis.
—— **FINANCIERO**, financial diagnosis.
DIAGRAMA, diagram, chart, graph.
—— **DE BLOQUE**, block diagram.
—— **DE CONTROL**, control chart.
—— **DE DISPERSIÓN**, scatter diagram.
—— **DE EJECUCIÓN**, progress chart.
—— **DE FASES**, phase diagram.
—— **DE FLUJO**, flow sheet, flow diagram.
—— **DE FLUJO DE ESTADOS FINANCIEROS**, flow chart o financial statements.
—— **DE FLUJO DE SISTEMAS**, systems flowchart.
—— **DE ORGANIZACIÓN DE UNA EMPRESA** u **ORGANIGRAMA**, organization chart.
—— **DE PROCESO**, process chart.
—— **DE PUNTOS**, dot chart.
—— **DE SERIES MÚLTIPLES**, multiple series diagram.
—— **DEL PUNTO DE EQUILIBRIO**, break-even chart.
DIAMANTE, diamond.
—— **EN BRUTO**, uncut diamond, rough diamond.
—— **NEGRO**, black or carbon diamond.
DIÁMETRO, diameter.
—— **EXTERIOR**, external diameter.
DIARIO, daily paper, day's business, daybook, logbook newspaper.

——, A, daily, every day.
——, ASIENTOS DE, journal entries.
—— AUXILIAR, auxiliary journal.
—— CENTRAL, general journal.
—— DE CAJA, cash journal.
—— DE COMPENSACIONES, clearing-house blotter.
—— DE COMPRAS, purchase journal, purchases book.
—— DE DESEMBOLSOS, cash-disbursement journal.
—— DE EMBARQUES, shipments journal.
—— DE ENTRADAS, receipts journal.
—— DE ENTRADAS DE CAJA, cash-receipts journal.
—— DE FACTURAS, invoice journal.
—— DE FIDEICOMISO, trust journal.
—— DE FUTUROS, futures journal.
—— DE NAVEGACIÓN, logbook.
—— DE NÓMINAS, payroll journal.
—— DE PRODUCTOS TERMINADOS, finished-goods journal.
—— DE REQUISICIONES o PEDIDOS, requisition journal.
—— DE SALIDAS DE CAJA, disbursements journal, cash payments journal.
—— DE TRASPASOS, transfer journal.
—— DE VENTAS, sales book, sales journal, sales day book.
—— GENERAL, general journal.
—— MATUTINO, morning paper.
—— MAYOR, ledger journal.
—— NAVAL o NÁUTICO, logbook.
——, PÓLIZAS DE, journal vouchers.
—— SIMPLE u ORDINARIO, simple journal.
—— SUBSIDIARIO, subsidiary journal.
—— VESPERTINO, evening paper.
DIARIO-BORRADOR, daybook.
DIARIO-CAJA, cashbook, cash journal.
DIBUJANTE, draftsman, draftswoman.
—— COMERCIAL, advertising artist, commercial artist.
—— DE CARTELES, designer of posters or show cards.
—— DE RÓTULOS, sign designer.
—— PUBLICITARIO, commercial artist.
DIBUJAR, to draw, to make a drawing.
—— A ESCALA, to draw to scale.
DIBUJO, drawing, design, plan, pattern.
—— A ESCALA, scale drawing.
—— A LÁPIZ, pencil drawing.
—— ANIMADO, animated cartoon.
—— DE LÍNEA, line drawing.
—— DE TALLER, shop drawing.
—— DETALLADO, detail drawing.
—— PUBLICITARIO o DE PROPAGANDA, advertising drawing.
DIBUJOS DE CONTORNO, outline drawings.
DICCIONARIO, dictionary.
DICE, SE, they say, it is said.
DICHO o REFRÁN o RELATO, saying.
DICTADO, dictation.

DICTADOS DE LA MODA, fashion trends.
DICTADOR, dictator.
DICTADURA, dictatorship.
DICTÁFONO, dictating machine, dictaphone.
DICTAMEN, judgment, opinion, report.
—— ANUAL, annual report.
—— CONTABLE, auditor's report or certificate.
—— DE AUDITORÍA, auditor's certificate.
—— DE CAJA, cash report.
—— DE CONTROL, control report.
—— DE COSTOS, cost report.
—— DE RECOPILACIÓN DEL CONTADOR, account's compilation report.
—— DEL AUDITOR, auditor's report, auditor's opinion.
—— DEL CONTADOR, accountant's certificate.
—— DESFAVORABLE, adverse report.
—— PERICIAL, expert opinion.
DICTÁMENES DE CRÉDITO, credit reports.
DICTAMINAR, to give an opinion, to pass judgment.
DICTAR, to dictate, to direct.
—— O DAR UNA CONFERENCIA, to deliver a lecture.
DICHO Y HECHO, no sooner said than done.
DIDÁCTICO, MATERIAL, teaching aids.
DIESTRO, right, able, right hand.
DIETA, daily salary, per diem.
—— DE SUBSISTENCIA, subsistence diet.
DIEZ o DECENA, ten.
DIEZMO, tax of ten per cent.
DIFAMACIÓN ORAL, defamation of character.
DIFAMADOR, detractor.
DIFERENCIA, difference, discrepancy, disagreement.
——, A, unlike.
—— DE PESO, CON, off-weight.
—— DE RANGOS, rank difference.
—— DESFAVORABLE, unfair difference.
—— FAVORABLE, favorable difference.
DIFERENCIAS
—— POR UBICACIÓN GEOGRÁFICA, geographical differentials.
—— TABULARES, tabular differences.
DIFERENCIACIÓN, differentiation.
—— DEL PRODUCTO, product differentiation.
—— ORGANIZACIONAL, organizational differentiation.
DIFERENCIAL, differential.
—— DE PAGO AL HOMBRE Y A LA MUJER POR TRABAJO IGUAL, sex differential.
—— DEL INTERÉS, interest differential.
——, GEOMETRÍA, differential geometry.
—— POR CALIDAD, quality differential.
—— SEMÁNTICO, semantic differential.
DIFERENCIALES
—— DE INGRESOS o ENTRADAS, income differentials.
—— DE PRECIO, price differentials.
—— GEOGRÁFICOS DE PRECIO, geographical price differentials.

DIFERENTE o **DISTINTO** o **A DIFERENCIA DE,** unlike.
DIFERIDA, ANUALIDAD, deferred annuity.
DIFERIDO, deferred.
——, **INGRESO,** deferred income.
——, **PAGO,** deferred payment.
——, **PASIVO,** deferred liability.
DIFERIDOS, CARGOS, deferred charges.
DIFERIDOS, CRÉDITOS, deferred credits.
DIFERIMIENTO, deferral, deferment.
DIFERIR, to postpone, to defer, to extend, to put over.
—— **DE,** differ from.
DIFÍCIL, difficult, arduous, hard.
—— **SALIDA,** not easily salable.
DIFICULTAD, difficulty, trouble.
DIFICULTAR, to make difficult.
DIFUSIÓN, diffusion, distribution, coverage.
DIFUSORA, broadcasting station.
DIGITALES, fingerprints.
DÍGITO, digit, digital.
—— **BINARIO,** binary digit.
—— **DE VERIFICACIÓN,** check digit.
—— **DECIMAL,** decimal digit.
DIGNATARIO, dignitary, official.
DIGNIDAD u **HONORABILIDAD,** dignity.
DIGNO o **MERECEDOR,** worthy.
—— **DE ASCENSO** o **MERECEDOR DE AUMENTO DE SUELDO,** worthy of promotion.
—— **DE CONFIANZA** o **CONFIABLE,** reliable.
—— **DE MENCIÓN,** worthy of notice.
DIJO QUE VENDRÍA, he said he would come.
DILAPIDAR, to waste, to squander, to dissipate.
DILATAR, to defer, to delay.
DILIGENCIA, diligence, affair, business.
—— **DE EMBARGO** o **DE DECOMISO,** attachment proceedings.
—— **DE INVENTARIO,** taking inventory.
——, **HACER UNA,** to do an errand.
——, **PROCESAL,** legal action, court proceeding.
DILIGENCIAS, formalities.
DILIGENTE, diligent, industrious.
DILUCIÓN, dilution, watering.
DILUIDO o **DESVALORIZADO** o **INFLADO,** watered.
DILUVIO, deluge.
DIMENSIÓN, dimension.
—— **BÁSICA,** basic dimension.
DIMINUTO o **MENUDO,** tiny.
DIMENSIÓN, resignation, renunciation, waiver.
DIMITIR, to resign, to quit, to give up.
DINÁMICA, dynamics.
—— **DE GRUPO,** group dynamics.
—— **DEMOGRÁFICA,** population dynamics.
DINAMISMO, aggressiveness, drive.
DINAMITA, dynamite.
DINERAL, wealth.
DINERO, money, funds.
—— **A LA ORDEN,** call money.
—— **A LA VISTA,** call money.
—— **A PLAZOS,** time money.

—— **ABUNDANTE A BAJO INTERÉS,** easy money.
—— **AL CONTADO** o **EFECTIVO** o **DINERO CONTANTE Y SONANTE,** ready money.
—— **CARO,** dear money.
—— **CONTANTE Y SONANTE,** ready money, cash, specie.
—— **DE CURSO LEGAL,** legal tender.
—— **DE RESERVA** o **DE AHORRO,** spare money.
—— **DE TALONARIO,** checkbook money.
—— **DEPOSITADO EN EL BANCO,** cash in bank, deposits in banks.
—— **DEVUELTO,** money back, money returned.
——, **EL QUE GANA,** moneymaker.
—— **EN CAJA,** cash on hand.
—— **EN CUENTA DE CHEQUES,** checking account funds.
—— **EN EFECTIVO** o **DE CONTADO,** cash funds, hard cash.
—— **EN MANO,** cash down, spot cash.
—— **EN METÁLICO** o **EFECTIVO,** specie.
—— **FÁCIL,** easy money.
—— **FALSO,** counterfeit money.
—— **IMPRODUCTIVO,** barren money.
—— **INACTIVO,** idle cash.
——, **OFERTA DE,** money supply.
—— **PARA SOBORNO** o **FONDOS PARA CORRUPCIÓN POLÍTICA,** slush fund.
——, **PERSONA DE,** person well off, person of means.
—— **PRESTADO A ALTO INTERÉS,** dear money.
—— **PRESTADO A LA DEMANDA,** call money.
—— **REEMBOLSABLE SOBRE DEMANDA,** call money.
—— **SUELTO,** small change.
DIOS, God.
——, **POR,** for heaven's sake, goodness.
——, **¡VÁLGAME,** bless me.
DIPLOMA, diploma, license, credentials.
DIPLOMACIA, diplomacy.
DIPLOMADO, licensed, registered, certified, professional man.
DIPLOMAR, to license, to grant a professional degree.
DIPLOMÁTICO, diplomatic, tactful.
DIPUTADO, congressman, deputy, delegate.
DIQUE, dock, dike, dam.
—— **FLOTANTE,** floating dry dock.
—— **O DÁRSENA DE MAREA,** tidal basin.
—— **SECO,** dry dock, cofferdam.
DIRECCIÓN o **ADMINISTRACIÓN,** address, administration, management, bureau.
—— **BANCARIA,** bank management.
—— **CABLEGRÁFICA,** cable address.
—— **COMERCIAL,** business address.
—— **COMPARATIVA,** comparative management.
—— **DE EGRESOS,** disbursing office.
—— **DE EMPRESAS,** administration.
—— **DE ESFUERZO,** direction of effort.
—— **DE HIGIENE** o **DE SALUBRIDAD,** health department.

DIRECCIONES-DIRIGIRSE A

—— DE LA RESERVA FEDERAL, Federal Reserve Board.
—— DE NEGOCIOS, business management.
—— DE OBRAS PÚBLICAS, department of public Works.
—— DE PERSONAL, leading people.
—— DE PRECIOS, price leadership.
—— DE PREVISIÓN SOCIAL, welfare department.
—— DE TRABAJO, Labor Department.
—— DE TRÁNSITO, traffic division or bureau.
—— DE VENTAS, sales management.
—— DE VETERANOS, veterans' administration.
—— DE VIALIDAD, Highway Department.
—— EQUIVOCADA, misaddress, misdirection.
—— FINANCIERA, financial management.
—— GENERAL, headquarters, main office.
—— GENERAL DE IMPUESTOS, Tax Department.
—— INTERNACIONAL DE NEGOCIOS, International management.
—— IZQUIERDA, left-hand drive.
—— PARA DEVOLUCIÓN, return address.
—— PERSONAL o DEL DOMICILIO, home address.
—— POSTAL, mailing or post-office address.
—— REGISTRADA, registered address.
—— TELEGRÁFICA, cable address, telegraphic address.
DIRECCIONES, LISTA DE, mailing list.
DIRECTA, PUBLICIDAD, direct-mail advertising.
DIRECTIVA, board of directors, directorate, directive.
—— BANCARIA, bank board.
—— DE ASEGURADORES, board of underwriters, board of directors, directive.
——, JUNTA, managing board, board of directors.
DIRECTIVO, executive, director, directive, managerial.
—— DE MERCADOTECNIA, marketing executive, marketing director.
DIRECTOR, director, manager, member of the board of directors.
—— ADMINISTRATIVO, executive director.
—— ARTÍSTICO, art editor.
—— ASOCIADO, fellow director.
—— AUXILIAR, assistant manager.
—— COMERCIAL, business manager.
—— DE ANUNCIOS, advertising manager, director of publicity.
—— DE BANCO, bank manager.
—— DE CAMBIOS, chief money trader.
—— DE CAMPAÑA, campaign manager.
—— DE CAMPO, field manager.
—— DE COLOCACIONES, placement director.
—— DE CONTABILIDAD, accountant general.
—— DE CRÉDITOS, credit manager.
—— DE EMPRESA o DIRECTOR DE SOCIEDAD ANÓNIMA, corporate manager.
—— DE ESCENA, stage manager.
—— DE ESPECTÁCULOS o DE TEATRO, showman.
—— DE ESTACIÓN, station director.
—— DE EXPLOTACIÓN, operations manager.
—— DE FINANZAS, chief financial officer, financial officer.
—— DE GRUPO, group head.
—— DE INGENIERÍA, engineering manager.
—— DE INVESTIGACIONES, research director.
—— DE LÍNEA, line manager.
—— DE MÉTODOS, methods director.
—— DE OBRAS, works manager.
—— DE ORQUESTA, conductor.
—— DE PRODUCCIÓN, production manager.
—— DE PROYECTOS, design manager.
—— DE PROYECTOS DE INVERSIÓN, capital budget officer.
—— DE PUBLICIDAD, advertising manager.
—— DE RELACIONES PÚBLICAS, public relations manager.
—— DE SECUNDARIA, high-school principal.
—— DE SUCURSAL, branch manager.
—— DE TRÁNSITO, traffic director.
—— DE UN COLEGIO, headmaster.
—— DE VENTAS, market director, sales manager, sales executive.
—— GENERAL, general manager, director general.
—— GENERAL DE VENTAS, general sales manager.
—— GERENTE, managing director, manager.
—— INTERNACIONAL, international manager.
—— LEGO, lay director.
—— MÉDICO, medical director.
—— O JEFE DE PERSONAL, personnel manager.
—— PROFESIONAL, professional manager.
—— SUPLENTE, alternate director.
—— TITULAR, regular director.
DIRECTORA, woman director.
—— O ADMINISTRADORA, woman manager.
DIRECTORIO, directory, board of directors, directorate.
—— CLASIFICADO, classified directory.
—— DE COMERCIO, trade directory.
—— EJECUTIVO, executive board or committee.
—— INDUSTRIAL o COMERCIAL o ANUARIO COMERCIAL, trade directory, industrial directory.
—— TELEFÓNICO o GUÍA DE TELÉFONOS, telephone directory.
DIRIGENCIA SINDICAL, union or labor leadership.
DIRIGENTE o LÍDER, leader, manager, director.
—— DE LA COMUNIDAD, community leader.
—— DE NEGOCIOS, business manager.
—— DE TALLER, shop superintendent.
—— RELIGIOSO o GUÍA RELIGIOSO, religious leader.
DIRIGENTES OBREROS o GREMIALES o SINDICALES, labor leaders.
DIRIGIR, to manager, to direct, to conduct, to address.
—— LA PALABRA, to make a speech.
—— UNA JUNTA, to chair a committee.
DIRIGIRSE A, to head towards, to address, to resort to, to head for.

DIRIGIRSE A LA ASAMBLEA, to address a meeting.
DIRIMIR, to settle, to adjust, to cancel.
—— LA QUERELLA, to settle a complaint.
DISCIPLINA, discipline, instruction, training.
DISCIPLINAR, to train, to discipline, to marshal.
DISCÍPULO o PUPILO, pupil, apprentice.
DISCO, disk, dial, record.
—— DE LARGA DURACIÓN, long-playing record.
—— MAGNÉTICO, magnetic disk.
—— SELECTOR o DE LLAMADA o PARA MARCAR, dial of automatic telephone.
DISCORDIA o DISPUTA, contention, dissent, disagreement.
DISCREPANCIA, discrepancy, dissent, disagreement.
DISCRETO, discrete, prudent.
DISCRIMINACIÓN, discrimination, description.
—— DE LAS MINORÍAS, discrimination against minorities.
—— DE SEXO, sex discrimination.
—— EN EL PRECIO, price discrimination.
—— POR EDAD, age discrimination.
—— RACIAL, race discrimination, racial discrimination.
DISCRIMINAR, to discriminate.
DISCULPA, apology, excuse.
DISCULPAR, to excuse, to apologize.
DISCURSO, speech, lecture, dissertation.
DISCUTIR, to discuss, to talk over.
DISENTIR o NO ESTAR DE ACUERDO, to differ with.
DISEÑADOR, designer.
DISEÑAR, to design, to sketch.
DISEÑO, design, sketch.
—— DE ENVOLTURA, package design.
—— DE INTERIORES, interior design.
—— DE INVESTIGACIÓN, research design.
—— DE SISTEMAS, systems design.
—— DEL PRODUCTO, product design.
—— DEL TRABAJO o DE LA TAREA, job design.
—— EXPERIMENTAL, experimental design.
—— HECHO CON COMPUTADORA, computer-aided design.
—— INFLEXIBLE, inflexible design.
—— PARA CONTINGENCIAS, contingency design.
DISFRAZ, mask, costume, disguise.
DISFRAZAR, to disguise, to masquerade.
DISFRUTAR, to benefit by, to enjoy.
DISGUSTAR, to dislike, to displease.
DISGUSTO, dissatisfaction, dispute.
——, A, against one's will.
——, ESTAR A, to be ill at ease, uncomfortable.
DISIDENTE, dissident, dissenter.
DISIMULAR, to feign, to overlook.
DISLOCAR, to displace, to dislocate.
DISMINUCIÓN, decrease.
—— DE DEMANDA DE PRÉSTAMO o FLOJA DEMANDA DE PRÉSTAMO, slak loan demand.
—— DE NEGOCIOS, business slowdowns.
—— DE POBLACIÓN, population decline.
—— DE VENTAS DEBIDO A TEMPORADA, seasonal sales slump.
—— DEL MERCADO, market decline.
—— PROPORCIONAL DE ACCIONES, reserve splitup.
DISMINUIR, to decrease.
—— EL PRECIO, to fall in price.
—— GASTOS, to reduce expenses.
—— LA VELOCIDAD, to slow down.
DISOLUCIÓN, dissolution, liquidation.
—— O LIQUIDACIÓN DE PROBLEMAS, problem dissolving.
DISOLVER, to dissolve.
—— O RESCINDIR EL CONTRATO, to rescind the contract.
—— UNA CORPORACIÓN, to liquidate a corporation.
DISPARAR, to release, to unlock.
—— UN ARMA, to fire.
DISPARATADO, wrong.
DISPARATE, blunder.
DISPENSAR, to dispense, exempt.
—— DE, to do without.
DISPÉNSEME, excuse me, I beg your pardon.
DISPERSIÓN, dispersion, variability.
—— GEOGRÁFICA DEL MERCADO, geographical dispersion of market.
DISPONER, dispose, to order, to arrange for, to direct.
DISPONIBILIDAD, availability, liquidity.
—— DE CRÉDITO, availability of credit.
—— DE MANO DE OBRA, availability of labor.
—— DE OBREROS, labor availability.
—— DE RECURSOS, resource availability.
—— DE TIEMPO DE MÁQUINA, availability of machine time.
DISPONIBLE, expendable, available, disposable, on hand.
DISPONIBLES, FONDOS, available funds.
DISPONIBLES, RECURSOS, available resources.
DISPOSICIÓN, disposition, disposal, decision, arrangement.
—— DE ÁNIMO, mood.
—— DE BASURAS o ELIMINACIÓN DE BASURAS, garbage disposal, waste disposal.
—— DE LA FÁBRICA, factory layout.
—— DE LA NÓMINA, payroll arrangement.
—— DE LA RENTA CORRIENTE, disposal of current revenue.
—— DE REGISTROS, record layout.
—— DEL EQUIPO o DISTRIBUCIÓN DE LA PLANTA, plant layout.
—— DEL FLUJO DE TRABAJO, work flow layout.
—— DEL INGRESO NETO, disposition of net income.
—— DEL PRODUCTO, product layout.
—— ESTATUTARIA, statutory provision.
—— GUBERNAMENTAL, government edict.
—— SOBRE IMPORTACIONES, import regulation.
DISPOSICIONES, arrangements, requirements.
—— DE PRUEBA, test setups.
—— DE TRÁNSITO, traffic regulations.

DISPOSITIVO-DISTRIBUIDOR

—— DEL IMPUESTO FEDERAL, federal income tax regulations.
—— FISCALES SOBRE GANANCIAS DE CAPITAL, capital gains tax regulations.
—— GUBERNAMENTALES, government regulations.
—— TRIBUTARIAS, tax laws.
DISPOSITIVO, device, appliance, dispositive, fixture.
—— BANCARIO ELECTRÓNICO, electronic banking device.
—— DE ALMACENAMIENTO, storage device.
—— DE ALMACENAMIENTO DE DATOS, memory.
—— DE SEGURIDAD, safety device.
—— DE TRANSFERENCIA DE FONDOS, electronic transfer device.
—— ELECTRÓNICO DE SEGURIDAD, electronic security.
DISPUESTO, ready, disposed.
—— A CUALQUIER COSA, up to anything.
——, ESTAR, to be in the mood.
DISPUTA, dispute, contest, wrangle.
——, EN, at issue.
—— SOBRE SALARIOS o DESACUERDOS SOBRE JORNALES, wage dispute.
DISPUTAR, to compete for, to contest, to dispute.
DISTANCIA, distance.
DISTANCIADO, far apart.
DISTINGUIR, to distinguish, to tell apart.
DISTINTIVO, employee's badge.
DISTORSIÓN, vias, distortion.
—— DE MENSAJES AL PASAR A NIVELES INFERIORES, distortions downward.
DISTORSIONAR, to distort.
DISTRACCIÓN DE FONDOS, misappropriation.
DISTRAER, to divert, to embezzle.
DISTRAÍDO, absent-minded, inattentive.
DISTRIBUCIÓN, distribution, disposal, allotment, breakdown.
——, AGENCIA DE, distribution agency.
—— AL DETALLE o DETALLISTA, retail distribution.
—— ALEATORIA, random distribution.
—— ASIMÉTRICA, skew distribution.
—— BINOMIAL, binomial distribution.
—— BINOMIAL DE PROBABILIDADES, binomial probability distribution.
——, CANAL DE, channel of distribution.
——, CENTRO DE, distribution center.
—— CONJUNTA, joint distribution.
——, COSTOS DE, marketing costs.
—— DE ACCIONES, stock split-up.
—— DE COSTOS, cost distribution.
—— DE FRECUENCIA, frequency distribution.
—— DE GASTOS, expense distribution.
—— DE INGRESOS, income distribution.
—— DE LA DEMANDA, distribution of demand.
—— DE LA FÁBRICA, factory layout.
—— DE LA NÓMINA, payroll distribution.
—— DE LA POBLACIÓN, population distribution.
—— DE LA POBLACIÓN POR EDADES, age distribution of the population.
—— DE LA PROPAGANDA, advertising allocation.
—— DE LA RENTA, distribution of income.
—— DE LA RIQUEZA, distribution of wealth.
—— DE LA UTILIDAD, profit breakdown.
—— DE LA UTILIDAD NETA, apportionment of net income.
—— DE LAS GANANCIAS, profit sharing.
—— DE LOS GASTOS DE FABRICACIÓN, burden distribution.
—— DE LOS IMPUESTOS, tax distribution.
—— DE MEDIAS DE MUESTREO, distribution of sample means.
—— DE MERCANCÍAS o COMERCIALIZACIÓN DE MERCANCÍAS, marketing.
—— DE MUESTREO, sampling distribution.
—— DE PROBABILIDADES, probability distribution.
—— DE RECURSOS, allocation of resources.
—— DEL COSTO, cost breakdown.
—— DEL IMPUESTO SOBRE LA RENTA, income tax allocation.
—— DEL INGRESO, income distribution, income allocation, distribution of income.
—— DEL INGRESO FAMILIAR, distribution of family income.
—— DEL TRABAJO, work distribution, distribution of labor.
—— EQUITATIVA DEL INGRESO, equitable distribution of income.
—— ESTACIONARIA, stationary distribution.
—— ESTADÍSTICA, statistical distribution.
—— DISCRETA, discrete distribution.
—— DOBLE, double distribution.
—— FIDUCIARIA, fiducial distribution.
—— FÍSICA, physical distribution.
—— LOCAL, local distribution.
—— NORMAL, normal distribution.
—— NORMAL ESTÁNDAR, standard normal distribution.
—— ÓPTIMA, optimal distribution or allocation.
—— ORIGINAL, primary distribution, parent distribution.
—— PERSONAL DEL INGRESO, personal distribution of income.
—— POR EDADES, age distribution.
—— POR SEXOS, sex structure.
—— POR ZONA GEOGRÁFICA, geographical distribution.
—— POR ZONA INDUSTRIAL, industrial distribution.
—— PROPORCIONAL, proportional distribution.
—— SECUNDARIA, secondary distribution.
—— TEÓRICA, theoretical distribution.
—— UNIFORME, uniform distribution.
DISTRIBUIBLE, distributable, available for dividends.
DISTRIBUIDOR, distributor (all senses), dealer, distributive, distributing.

—— AL MAYOREO, wholesale distributor.
—— DE AUTOMÓVILES, automobile dealer.
—— DE FRUTAS, fruit dealer.
—— DE MAQUINARIA, equipment dealer.
—— INDUSTRIAL, industrial distributor.
DISTRIBUIR, to distribute.
—— RECURSOS, allocate resources.
—— UN DIVIDENDO, to pay a dividend.
DISTRITO, district, territory.
—— ADUANERO, customs district.
—— COMERCIAL, business district.
—— COMERCIAL CENTRAL, central business district.
—— FINANCIERO, financial district.
—— FRANCO, free zone.
—— MAYORISTA, wholesale district.
—— PETROLERO, oil field.
—— PORTUARIO, port district.
—— URBANO, urban district.
DISTURBIO, disturbance, outbreak.
—— POLÍTICO o AGITACIÓN POLÍTICA, political turmoil.
DISUADIR o SONSACAR, to talk out of.
DIURNO, diurnal, day.
DIVAGAR, to roam, to ramble, to disgress.
DIVÁN, divan, sofa.
DIVERGIR, to diverge, to dissent.
DIVERSIDAD, diversity.
—— CULTURAL, cultural diversity.
—— DE PRODUCCIÓN, diversity of production.
DIVERSIFICACIÓN, diversification.
—— INDUSTRIAL, industrial diversification.
—— POR ZONAS GEOGRÁFICAS, geographical diversification.
DIVERSIÓN, fun.
DIVERSIONES o ENTRETENIMIENTOS, recreation, amusement, entertainment.
DIVERSOS, sundries.
——, INGRESOS, miscellaneous income.
DIVERTIDO, amusing, funny, entertaining.
DIVERTIR, to amuse, to entertain.
DIVERTIRSE o PASAR UN BUEN RATO, to have a good time.
DIVIDENDO, dividend, bonus.
—— ACTIVO, dividend, dividend payable.
—— ACUMULATIVO, cumulative dividend.
—— ADICIONAL o EXTRA, extra dividend.
—— ANTICIPADO, anticipated bonus.
—— ANUAL, annual dividend.
—— ATRASADO, dividend in arrears, arrears of dividend.
—— CARGADO CONTRA EL CAPITAL, dividend capital.
—— CASUAL u OCASIONAL, irregular dividend.
—— COMPLEMENTARIO, extra dividend.
—— CON CRECIMIENTO INTERMITENTE, intermittent dividend growth.
—— CON LIQUIDACIÓN DE LA PÓLIZA, termination dividend.
—— CON LIQUIDACIÓN DE PÓLIZA POR MUERTE DEL ASEGURADO, mortuary dividend.
—— CONDICIONAL, contingent dividend.
—— CONSTANTE Y A PERPETUIDAD, constant perpetual dividend.
—— DE ACCIONES COMUNES, common stock dividend.
—— DE ACUMULACIÓN, deferred dividend.
—— DE BIENES o EN ESPECIE, property dividend.
—— DE BONOS o DE TÍTULOS, bond dividend.
—— DE CAPITAL o DE LIQUIDACIÓN, liquidating dividend.
—— DE FIN DE AÑO, year-end dividend.
—— DE IMPUESTO DIFERIDO, bailout.
—— DE LIQUIDACIÓN ESPECIAL, special-settlement dividend.
—— DE PASIVO, liability dividend, assessment.
—— DE SUSPENSIÓN, surrender dividend.
—— DE VENCIMIENTO, maturity bonus, maturity dividend.
—— DECLARADO, declared dividend.
—— DEVENGADO o ACUMULADO, accrued dividend.
—— DIFERIDO, deferred bonus.
—— EN ACCIONES, dividend on shares, stock dividend.
—— EN ACCIONES ORDINARIAS, common stock dividend.
—— EN BIENES o DE BIENES, property dividend.
—— EN EFECTIVO, cash dividend.
—— EN ESPECIES, dividend in kinds.
—— FINAL o DEFINITIVO, final dividend.
—— GARANTIZADO, guaranteed dividend or bonus.
—— INCLUIDO, cum dividend.
—— INICIAL, initial dividend.
—— NO ACUMULATIVO, noncumulative dividend.
—— NO PAGADO, unpaid dividend.
—— NO RECLAMADO, unclaimed dividend.
—— NORMAL u ORDINARIO, regular dividend.
—— OMITIDO, passed dividend.
—— PAGADO, dividend paid.
—— POR COBRAR, account dividend.
—— POR INTERÉS EXCEDENTE, interest dividend.
—— POR PAGAR, dividend payable.
—— PREFERENCIAL, preferred dividend.
—— PROPUESTO, proposed dividend.
—— QUE AUMENTA A TASA CONSTANTE, dividend growing at a constant rate.
—— RECIBIDO, dividend received.
—— REGULAR EN EFECTIVO, regular cash dividend.
—— SEMESTRAL, semiannual dividend.
—— SOCIAL, social dividend.
—— TRIMESTRAL, quarterly dividend.
—— VENCIDO, dividend payable.
—— VIRTUAL, consent dividend.
DIVIDENDOS
—— A ACCIONISTAS, dividends to stockholders.
—— A ACCIONISTAS MINORITARIOS, dividends to minority stockholders.

—ACTUALES, prevailing dividends.
—ACUMULADOS o DEVENGADOS, accrued dividends, accumulated dividends.
—ATRASADOS, accumulated dividends.
—COMPENSATORIOS, equalizing dividends.
—CON PARTICIPACIÓN, participating dividends.
—CARGADOS CONTRA EL CAPITAL, capital dividends.
— DE CONTADO, cash dividends.
—DECLARADOS, declared dividends.
—DEVENGADOS, dividend income.
—EN ACCIONES, stock dividends.
—EN ACCIONES PREFERENCIALES, preference stock dividends.
—EN ACCIONES RECIBIDOS, stock dividends received.
—EN EFECTIVO DECLARADOS, cash dividends declared.
—EN PAGARÉS, scrip dividends.
—ESPERADOS, anticipated dividends.
—EXTRAORDINARIOS, extraordinary dividends.
—GARANTIZADOS, guaranteed dividends.
—, IMPUESTO SOBRE, dividends tax.
—NO RECLAMADOS o NO COBRADOS, unclaimed dividends.
—OMITIDOS, omitted dividends.
—ORDINARIOS o USUALES, ordinary dividends.
—ORDINARIOS EN EFECTIVO, ordinary cash dividends.
—PAGADOS EN EFECTIVO o AL CONTADO, cash dividends paid.
—PARCIALES, interim dividends.
—POR COBRAR, dividends receivable.
—POR PAGAR, account dividends.
—POR PAGAR EN EFECTIVO, cash dividends payable.
—PREFERENTES o PREFERENCIALES ANUALES, annual preferred dividends.
—PROVISIONALES, interim dividends.
—SOBRE ACCIONES COMUNES u ORDINARIAS, dividends on common stock.
DIVIDIR, to divide.
—LA COMISIÓN, to split the commission.
DIVISA, device, badge, national currency.
—ELÁSTICA, elastic currency.
—FUERTE, hard currency.
—NACIONAL, national monetary unit.
DIVISAS
—A LA VISTA, demand exchange.
—DE CAMBIO, foreign exchange, foreign currency.
—EN DÓLARES, dollar exchange.
—EN LIBRAS ESTERLINAS, sterling exchange.
—EN MANO o CAMBIO ACTUAL, spot exchange.
—EXTRANJERAS, foreign exchange.
—INTERNACIONALES, foreign-exchange assets.
DIVISIÓN, division, distribution, section, bureau, split-up.
—COMERCIAL, marketing division.

—DE ACCIONES, stock splits.
—DE LA ACCIÓN, stock split-up.
—DE LA COMISIÓN, fee splitting.
—DE MAQUINARIA, machinery division.
—DE SISTEMAS DE DESPERDICIO, waste system division.
—DEL INGRESO, division of income.
—DEL TRABAJO, division of labor.
—POR DEPARTAMENTOS, departmentalization.
DIVORCIAR, to divorce, to separate.
DIVORCIO, divorce, disunion.
DIVORCIOS, TASA DE, divorce rate.
DIVULGACIÓN, publication, publicity, information.
DIVULGAR o PROPAGAR, to publish, to make known, to announce, to spread abroad.
DIVULGARSE UN HECHO, leak out.
DOBLAR, to fold, to double, to turn.
—A LA DERECHA, to turn right.
—A LA IZQUIERDA, to turn left.
—LA ESQUINA, to turn a corner.
—TURNO, to work two shifts.
DOBLE, dual, double, duplex, twofold.
—CUOTA SOBRE VALOR EN LIBROS, double-declining balance.
—ESPACIO, DAR, to double-space.
—IMPOSICIÓN, double taxation.
—IMPOSICIÓN FISCAL, double income taxation.
—INDEMNIZACIÓN, double indemnity, double damages.
—INDEMNIZACIÓN DE VIAJEROS, travel indemnity.
—, MUESTREO, two-sampling.
—, PARTIDA, double entry.
—PERSONALIDAD, split personality.
—REGISTRO DE SALDO, double crossfooter.
—RESPONSABILIDAD, double liability.
—SALARIO o SUELDO, double time.
—SERVICIO, double-duty.
—TRIBUTACIÓN, double taxation.
—TURNO o TIEMPO DOBLE, double shift.
DOCENA, dozen.
DOCENTE, educational, teaching.
DÓCIL, docile, yielding.
DOCTOR, (academic) doctor, (medicine) physician.
—DE LA COMPAÑÍA, company doctor.
DOCTORA, woman physician.
DOCTRINA DOMINICAL, sunday school.
DOCUMENTACIÓN, documents, documentation.
—COMPROBATORIA, supporting documents, vouchers.
—CONFORME o EN REGLA, documents in order.
—DEL BARCO, ship's papers.
DOCUMENTAR, to document, to furnish documents, to bill.
DOCUMENTO, document, promissory note.
—A PLAZO INTERMEDIO, intermediate-term note.
—ANTERIOR, foregoing document.
—COMERCIAL, trade note.
—COMERCIAL PENDIENTE DE PAGO, commercial paper outstanding.

—— CON OPCIÓN DE PAGO ANTICIPADO, acceleration note.
—— CONSTITUTIVO o DE CONSTITUCIÓN, incorporation papers.
—— DE ANTICIPO DE IMPUESTOS, tax-anticipation note.
—— DE CAMBIO, bill of exchange.
—— DE CRÉDITO, credit instrument.
—— DE EMBARQUE, shipping bill.
—— DE ESTADO o TRATADO POLÍTICO, state paper.
—— DE GARANTÍA, accomodation note.
—— DE GIRO, draft.
—— DE IDENTIDAD, identity card.
—— DE PROPIEDAD, title deed.
—— DE PRUEBA o QUE SE APORTA, exhibit.
—— DE TRÁNSITO, bill of lading.
—— DE VENTA, bill of sale.
—— ESCRITO A MANO, handwritten document.
—— FALSIFICADO, forgery.
—— FALSO o FRAUDULENTO, false document, false instrument.
——, FECHA DEL, date of paper.
—— FUENTE, source document.
—— NEGOCIABLE, marketable paper, negotiable instrument, negotiable paper.
—— POR PAGAR A LARGO PLAZO, long-term note payable.
—— QUE DEVENGA INTERÉS, interest-bearing note.
—— VENCIDO, past-due note.
DOCUMENTOS
—— A COBRAR, bills receivable, documents for collection, notes receivable.
—— A PAGAR, bills payable.
—— A VENCER, unmatured bills.
—— AL PORTADOR, bearer paper, bearer instruments.
—— CAMBIARIOS, bills of exchange.
—— COMERCIALES, commercial papers.
—— COMERCIALES POR COBRAR, trade notes receivables.
—— CON VENCIMIENTO, debentures due.
—— CONTRA ACEPTACIÓN, documents against acceptance.
—— CONTRA PAGO, documents against payment.
—— DE COBRO INMEDIATO o A LA VISTA, drafts and bills sight notes.
—— DE CRÉDITO DE COBRO INMEDIATO, cash credit instruments.
—— DE DEUDA PÚBLICA, government notes or bonds.
—— DE EMBARQUE, shipping documents, shipping papers, transportation documents.
—— DE EMBARQUE MARÍTIMO, ocean shipping documents.
—— DE FRANQUICIA o DE SALIDA, clearance papers.
—— DE INVERSIÓN, investment securities.
—— DE INVERSIÓN PIGNORADOS o VALORES DE INVERSIÓN PIGNORADOS, pledged investment securities.
—— DE LA OFICINA CENTRAL, home office records.
—— DE TRABAJO o PAPELES DE TRABAJO, working papers.
—— DE TRABAJO DE AUDITORÍA, audit working papers.
—— DE VALOR o VALIOSOS, valuable papers.
—— DEL DIAGRAMA DE FLUJO, flow chart documentation.
—— DESCONTADOS, bills discounted.
—— EN CARTERA, bills on hand.
—— EN MORA o INCUMPLIDOS, bills in default.
—— FINANCIEROS, financial records.
—— FUNDAMENTALES, underlying documents.
—— GARANTIZADOS CON COLATERAL, notes secured by collateral.
—— MARÍTIMOS o DE TRANSPORTE MARÍTIMO, ocean documents.
—— NEGOCIABLES, negotiable instruments, commercial papers, bank items.
—— NO PAGADOS o RECHAZADOS, dishonored notes.
—— NO VENCIDOS, notes not due.
—— ORIGINALES, original records.
—— POR COBRAR DESCONTADOS, notes receivable discounted.
—— SIN GARANTÍA, unsecured notes.
—— VENCIDOS, bills due.
DÓLAR, dollar.
—— DE VALOR CONSTANTE, constant dollar.
—— LIBRE, dollar in the open market.
—— SOBREVALORADO, overvalued dollar.
—— SUBVALUADO, undervalued dollar.
DÓLAR-MERCANCÍA, commodity dollar.
DOLENCIA, ache, disease.
DOLER, to pain, to ache.
DOLO, fraud, fake, sham.
DOLOR, pain, aching, sorrow.
—— AGUDO, sharp pain.
—— DE CABEZA, headache, worry, trouble, pain, sorrow.
DOLORIDO, doleful, painful.
DOLOROSO, painful.
DOMADO o MANSO o DÓCIL, tame.
DOMADOR o AMANSADOR, tamer.
DOMAR, to tame, to break in.
DOMÉSTICO, domestic, home, internal, national.
DOMICILIO, home, address, residence, domicile, place of business.
—— COMERCIAL, business address.
—— LEGAL, legal residence, legal address.
DOMINANTE, leading, dominant.
DOMINAR, to dominate, to master, to rule, to stand out.
DOMINGO o DOMINICAL, sunday.
DOMINIO, domain, ownership, control, command, mastery.
—— ABSOLUTO, fee simple.
—— EMINENTE DE PROPIEDAD PRIVADA POR EL ESTADO, eminent domain.
—— FISCAL, government ownership.

—— PÚBLICO, public or government property.
DON, gift, present.
—— DE GENTES, wining manners.
—— DE MANDO, capacity for supervision or for leadership.
DONACIÓN, donation, gift, contribution.
—— EN EFECTIVO, cash donation.
—— EN ESPECIE, gift in kind.
DONACIONES, contributions.
—— A INSTITUCIONES DE BENEFICENCIA, charitable donations.
—— DE CAPITAL, donated capital.
—— GUBERNAMENTALES, government grants.
——, IMPUESTOS SOBRE, gift tax.
—— Y SUBSIDIOS A LA AGRICULTURA, gifts and relief in agriculture.
DONADOR, donor, giver.
DONAIRE, grace, elegance, gentility.
DONAR, to give, to bestow, to donate.
DONATIVO, donation, contribution.
—— DEL GOBIERNO FEDERAL, grant-in-aid.
—— EN EFECTIVO, cash donation.
DONATIVOS, contributions, donations.
DONCELLA, maid, servant, maiden.
DONDE, where, in which.
——, A, where, whereto.
——, EN, where?
—— O ADONDE o EN DONDE o POR DONDE, where.
——, POR, whereabouts?
DONDEQUIERA, anywhere, wherever.
—— QUE, wherever.
DORADO, gold plating, gold-plated.
DORMIR, to sleep, to rest.
—— A PIERNA SUELTA o PROFUNDAMENTE, to sleep soundly, to be fast asleep.
—— COMO UN LIRÓN, to sleep like a log.
—— FUERA DE CASA, to sleep out.
DORMITORIO, bedroom, dormitory.
DORSO, back of a document.
DOS, two.
—— POR TRES, EN UN, in a twinkling.
—— TANDAS, DE o DE DOBLE TURNO, double-shift.
—— VECES o AL DOBLE, twice.
DOTACIÓN, supply, equipment, allowance, emolument.
—— DE CAPITAL AGRÍCOLA, farm capital equipment.
—— DE PERSONAL, staffing.
—— MENSUAL o MENSUALIDAD, monthly salary.
—— O SUMINISTRO DE AGUA, water supply.
DOTADO, equipped with.
DOTAL, PÓLIZA, endowment policy.
DOTAR, to man, to provide, to furnish.
—— CON, to provide with.
DOTE, endowment, capability, talents, dowery, marriage portion.
—— CON RENTA VITALICIA, life income endowment.
DRAGA, dredge.
DRAGAMINAS, mine sweeper.

DRAGAR, to dredge.
DRAMA, play, drama.
DRAMATURGO, playwright.
DRENAJE, drainage.
DRENAR, to drain.
DROGA, drug, bad debt.
DROGADICTO, drug addict.
DROGUERÍA, drugstore, drug business.
DUALISMO, dualism.
DUCHA, shower bath.
DUCHO, experienced, expert, skilled.
DUDA, doubt.
——, SIN, certainly, doubtless.
DUDAR, to doubt, to hesitate.
DUDOSAS, CUENTAS, doubtful accounts.
DUDOSO o SOSPECHOSO o DISCUTIBLE, questionable.
DUELAS, barrel staves.
—— PARA PISOS, flooring boards.
—— PARA TECHOS, shingles.
DUELO, sorrow, grief, affliction.
——, ESTAR DE, to be mourning.
DUEÑO, owner, proprietor.
—— ABSOLUTO, absolute owner.
—— DE GARAJE, garage owner.
—— DE LA PATENTE, patent owner, patentor.
—— DE, SER, to own, to be master of.
—— DE SÍ MISMO, self-controlled.
—— O TIMONEL DE YATE o DEPORTISTA DE YATES, yachtsman.
—— REGISTRADO, registered owner.
DUEÑOS, CAPITAL DE LOS, owners' equity accounts.
DULCERÍA, confectionary shop or bakery or factory.
DULCES, sweets, candy, confectionary.
DULZURA, sweetness, honey.
DUOPOLIO, duopoly.
DUPLICACIÓN, duplication.
—— DE DOCUMENTOS, offset.
DUPLICADO, duplicate.
—— DEL CERTIFICADO DE ALMACÉN, warehouse warrant.
—— EXACTO, exact duplicate.
DUPLICADORA o DUPLICADOR, duplicator, copying machine.
DUPLICAR, to duplicate, to double.
—— LA DISTRIBUCIÓN, double distribution.
DURA TAREA, hard job.
DURABLE, durable.
——, EQUIPO, durable equipment.
DURACIÓN, duration, currency.
—— DE ESTUDIO DE TIEMPO, observation period.
—— DE LA CARTERA, portfolio's duration.
—— DE LA PATENTE, term of patent, life of a patent.
—— DE LA VIDA, life span, length of life.
—— DE SERVICIO, length of service, service life.
—— DE TIEMPO, length.
—— DEL VUELO, flying time.
—— ÓPTIMA, optimum life.

DURADERO, lasting, durable.
——, **ACTIVO,** durable asset.

DURADEROS, BIENES, durable goods.

DURANTE, during.

DURAR, to hold over, to last, to endure.

DUREZA, hardness, roughness.

DURMIENTE, sleeping.

DURO, hard, rough, harsh, tough.

E

ECOLOGÍA, ecology.
ECONOMETRÍA, econometrics.
ECONOMÍA, economy, savings, economics.
—— **AGRÍCOLA**, agricultural economics.
—— **APLICADA**, applied economics.
—— **ARTESANAL**, handicraft economy.
—— **AUTOSUFICIENTE**, self-sufficient economy.
—— **BASADA EN EL SERVICIO PRESTADO**, service-oriented economy.
—— **BASADA EN UN SOLO PRODUCTO**, monoeconomy.
—— **CAPITALISTA**, capitalist economy.
—— **CERRADA**, closed economy.
—— **CONTROLADA**, controlled economy.
—— **DE ABUNDANCIA**, surplus economy.
—— **DE COMBUSTIBLE**, fuel economy.
—— **DE COMPETENCIA**, competitive economy.
—— **DE ESPACIO**, space saving.
—— **DE GASTOS** o **DE COSTO**, cost saving.
—— **DE LA LOCALIDAD** o **DE LA POBLACIÓN**, town's economy.
—— **DE LIBRE EMPRESA**, free-enterprise economy.
—— **DE MERCADO LIBRE**, free-market economy.
—— **DE PRECIOS**, market-price economy.
—— **DE PRODUCCIÓN**, production economics.
—— **DE RECEPCIÓN**, recessionary economy.
—— **DE TIEMPO**, timesaving.
—— **DE TRABAJO**, worksaving.
—— **DEFICITARIA** o **DE ESCASEZ**, deficit economy, economy of scarcity.
—— **DEL BIENESTAR**, welfare economics.
—— **DESAFIANTE** o **DEMANDANTE**, challenging economy.
—— **DIRIGIDA** o **INTERVENIDA**, managed or directed economy, statism.
—— **DOMÉSTICA**, home economics.
—— **EN EL COSTO** o **DE GASTOS**, cost saving.
—— **EN EXPANSIÓN** o **EN AUMENTO**, expanding economy.
—— **EQUILIBRADA** o **AJUSTADA**, balanced economy.
—— **ESTACIONARIA**, stationary economy.
—— **INTERNA**, domestic economy.
—— **MATEMÁTICA**, mathematical economics.
—— **MIXTA**, mixed economy.
—— **MODERNA**, modern economics.
—— **MONETARIA**, money economy.
—— **MUNDIAL**, world economics.
—— **NACIONAL**, national economy, applied political economy.
—— **NEOCLÁSICA**, neoclassical economics.
—— **ORIENTADA A LA PRODUCCIÓN**, production-oriented economy.
—— **ORIENTADA AL MERCADO**, market-oriented economy.
—— **PLANIFICADA** o **PROGRAMADA**, planned economy.
—— **POLÍTICA**, economics, political economy.
—— **PRÁCTICA**, applied economics.
—— **PRIVADA**, private economy.
—— **PRÓSPERA**, booming economy.
—— **SOCIAL**, social economy.
—— **SUBDESARROLLADA**, backward economy, underdeveloped economy.
ECONOMÍAS, savings, economics.
—— **DE ESCALA**, economics of scale.
—— **DEL PRESTATARIO**, borrower's savings.
ECONÓMICA, economic.
——, **AYUDA**, economic aid.
——, **ESTABILIDAD**, economic stability.
——, **INDEPENDENCIA**, economic independence.
——, **LIBERTAD**, economic freedom.
——, **POLÍTICA**, economic policy.
——, **VIDA**, economic life.
ECONÓMICAMENTE FACTIBLE, economically feasible.
ECONÓMICO, economic, financial, cheap.
——, **CICLO**, business cycle.
——, **DESARROLLO**, economic development.
——, **SISTEMA**, economic system.
ECONOMISTA, economist.
ECONOMIZADOR DE TIEMPO, timesaving.
ECONOMIZAR, to economize, to save.
—— **ESPACIO**, save space.
—— **MANO DE OBRA**, save labor.
ECÓNOMO, trustee, curator, custodian.
ECUACIÓN, equation.
—— **BINOMIAL**, binomial equation.
—— **CONTABLE**, accounting equation.
—— **CUADRÁTICA** o **DE SEGUNDO GRADO**, quadratic equation.
—— **CÚBICA** o **DE TERCER GRADO**, cubic equation.
—— **DE PATRIMONIO** o **DE SOLVENCIA**, proprietorship equation.
—— **DE PRIMER GRADO**, first-order equation.
—— **DE REGRESIÓN**, regression equation.
—— **DE SOLVENCIA**, proprietorship equation.
—— **DE UNA CURVA**, equation of a curve.
—— **DEL CAPITAL**, proprietorship equation.
—— **DEL TAMAÑO DE LA MUESTRA**, sampling size equation.
—— **DIFERENCIAL**, differential equation.
—— **LINEAL**, linear equation.
——, **MIEMBRO DE**, member of an equation.
ECUACIONES
—— **SIMULTÁNEAS**, simultaneous equations.
——, **SISTEMAS DE**, system of equations.
——, **TEORÍA DE LAS**, theory of equations.
ECHAR, to cast, to throw, to discharge, to dismiss, to issue.
—— **A ANDAR**, (machine) to start.
—— **A PERDER**, to spoil.
—— **A PUNTAPIÉS**, to kick out.
—— **ABAJO**, to wreck, to demolish, to knock off.
—— **AL AGUA** o **ECHAR AL MAR**, to throw overboard.
—— **AL CORREO**, to mail, to post.
—— **DE MENOS**, to miss.
—— **EN CARA**, to throw in one's face.

——FUERA o QUITARSE, to throw off.
——LA CULPA A OTRO, to throw the blame on another, to shift the blame.
——LA RESPONSABILIDAD A OTRA PERSONA o ELUDIR UNA RESPONSABILIDAD, to pass the buck.
——MANO, to seize.
——MANO DE, to resort to.
——RAÍCES, to take root.
——SUELAS, to sole.
——TIERRA, to forget about.
——TIERRA A, to bury, to drop a matter, to hush up.
——UN DISCURSO, to make a speech.
——UNA SIESTA, to take a nap, to nap.
ECHARSE ATRÁS, to back out.
——ECHARSE EN LA CAMA o ACOSTARSE, to hit the sack, to go to bed.
ECHARSE UN TRAGO, to take a drink.
EDAD, age.
——, DE, of age, elderly.
——MADURA, mature age, maturity.
——, MAYOR DE, of legal age.
——, MENOR DE, underage, minor.
EDADES, DISTRIBUCIÓN DE LA POBLACIÓN POR, age distribution of the population.
EDICIÓN, edition, publication, publishing, issue.
——AGOTADA, out of print.
——DOMINICAL, sunday edition.
——EXTRA, special edition.
——MATUTINA, morning edition.
——VESPERTINA, evening edition.
EDIFICACIÓN, construction, edification.
EDIFICAR, to build, to construct, to erect.
EDIFICIO, building.
——, COSTO DEL, building cost.
——DE APARTAMENTOS o DEPARTAMENTOS, apartment building or house.
——DE DOS PLANTAS, two-story building.
——DE OFICINAS, office building.
——DE OFICINAS COMERCIALES, business office building.
——DE OFICINAS TÉCNICAS, professional office building.
——DE RENTA, income-producing building, income property, rental-income building.
——DE TIENDA POR DEPARTAMENTOS, department store building.
——DE VECINDAD, multiple-family dwelling.
——DESOCUPADO, vacant building.
EDIFICIOS
——DE RECREO DE LA COMPAÑÍA, company recreation facilities.
——DESOCUPADOS, idle facilities.
EDITOR, publisher, editor, publishing.
——DE PERIÓDICO, newspaper publisher.
EDITORIAL, editorial, publishing house.
EDITORIALISTA, editorial writer.
EDUCACIÓN, education, breeding, manners.
——FÍSICA, physical culture.

——OBLIGATORIA UNIVERSAL, universal compulsory education.
——PRIVADA, private education.
——PÚBLICA, public education.
——VISUAL, visual instruction.
——VOCACIONAL, vacational training.
EDUCACIONAL o EDUCATIVO, educational.
EDUCAR, to educate, to instruct, to train.
EFECTIVIDAD, effectiveness, efficacy, efficiency.
EFECTIVO, cash, specie, final.
——A CORTO PLAZO, short-term cash.
——APROVECHABLE o DISPONIBLE, available cash.
——CON PEDIDO, cash with order.
——, CORRIENTE o FLUJO DE, cash-flow.
——DE CAJA, cash items.
——, DESEMBOLSOS EN, cash disbursements, disbursements of cash.
——, DINERO, ready cash.
——, EN, in cash.
——EN CAJA, currency or cash on hand.
——EN CAJA Y BANCOS, cash on hand and in banks.
——EN CUENTA DE AHORROS, cash in savings account.
——EN EL BANCO, cash in bank.
——EN TRÁNSITO, cash in transit.
——, HACER, to cash, to collect.
——, INGRESOS EN, cash receipts.
——NO APLICADO, unapplied cash.
——NO DEPOSITADO EN BANCO, undeposited cash.
——OCIOSO, idle cash, idle cash holdings.
——, PAGAR EN, to pay cash.
——PARA USO CORRIENTE, vault cash.
——RECIBIDO POR VENTAS A CRÉDITO, credit, sales-cash receipts.
——RESTRINGIDO o LIMITADO, retricted cash.
——, SALDO EN, cash balance.
——Y CHEQUES RECIBIDOS, cash and checks received.
EFECTO, effect, purpose.
——A COBRAR, bill receivable, note receivable.
——, AL, for that purpose, to that end.
——CAMBIARIO, bill of exchange.
——DE LAS VENTAS, impact of sales.
——, EN, in fact, as a matter of fact, actually.
EFECTOS, goods, chattels, merchandise, bills, drafts.
——A COBRAR o AL COBRO, bills receivable, bills for collection, notes receivable.
——A COBRAR DE CLIENTES o DOCUMENTOS A CARGO DE CLIENTES, trade customers note receivable.
——A COBRAR DE FUNCIONARIOS Y EMPLEADOS, notes receivables from officers and employees.
——A LIQUIDAR, payables.
——A PAGAR, bills payable, notes payable, payables.
——A PAGAR SERIADOS, serial notes payable.
——A PLAZO, time paper.
——AL PORTADOR, bearer paper.
——AGRÍCOLAS, agricultural paper.

—— BANCARIOS, bank paper.
—— COMERCIALES, commercial paper.
—— DE CAJA, cash items.
—— DE COMERCIO, commercial or business paper, negotiable instruments.
—— DE CONSUMO, consumer goods.
—— DE ESCRITORIO, office supplies, stationary.
—— DE OFICINA, office supplies.
—— DE SONIDO, sound effects.
—— DEL GOBIERNO, government obligations.
—— DESCONTADOS, bills discounted.
—— EN CARTERA, bills on hand, securities in hand.
—— EN TRÁNSITO, items in transit.
—— EXTRANJEROS, foreign drafts, bills of exchange.
—— FISCALES, government paper or notes.
—— NEGOCIABLES DE UNA SOLA FIRMA, straight paper.
—— NO INVENTARIADOS, unscheduled property.
—— PERSONALES, personal effects.
—— POR COBRAR, uncollected items.
—— PÚBLICOS, public securities, government bonds.
—— SECUNDARIOS, side effects.
—— VARIOS POR COBRAR, miscellaneous receivables.
—— Y MATERIALES, materials and supplies.
EFECTUAR, to carry out, to effect, to make.
—— NEGOCIOS, to do business.
—— O HACER ESCALA, to make a stop.
—— UN CONTRATO, to make a contract.
—— UNA ELECCIÓN, to hold an election.
—— UNA VENTA, to make a sale, to effect a sale.
EFICACIA, efficacy, efficiency.
—— DE LA PUBLICIDAD, pulling power.
EFICAZ, effective, efficient.
EFICIENCIA, efficiency, efficacy, ability.
—— DE LA FÁBRICA, plant efficiency.
—— DE LA MERCADOTECNIA, marketing efficiency.
—— DE LA PRODUCCIÓN, manufacturing efficiency.
—— ECONÓMICA, economic efficiency.
—— MARGINAL, marginal efficiency.
—— SEMEJANTE A LA DE MÁQUINA, machinelike efficiency.
EGOÍSTA, selfish, egoistic.
EGRESAR, to graduate (college), to withdraw, to charge off.
EGRESO, egress, exit, charge-off.
EGRESOS, expenditures, outlay, outage.
—— DE CAJA, cash disbursed.
—— DE PRESUPUESTO o PRESUPUESTALES, budget expenditures.
—— FISCALES, government expenditures.
EJE, axle, axis, shaft.
EJECUCIÓN, execution, performance, judgment, foreclosure.
—— DE LAS LEYES, enforcement of laws.
—— DE PROYECTOS, implementation of project.
—— DE UN PROGRAMA, carrying out a plan.

—— DEL PROGRAMA DE MERCADOTECNIA, marketing program implementation.
—— DEL TRABAJO, job performance.
—— ESPECÍFICA, specific performance.
—— HIPOTECARIA o DE HIPOTECA, foreclosure of a mortgage.
—— INDIVIDUAL o SINGULAR, foreclosure by one creditor.
——, INFORME DE, performance report.
—— ORGANIZACIONAL, organizational performance.
EJECUTABLE, workable.
EJECUTANTE o ACTOR, performer.
EJECUTAR, to execute, to perform, to carry out.
—— BIENES, to attach property.
—— O HACER REPARACIONES, to make repairs.
—— O SURTIR UN PEDIDO, to fill an order.
—— UNA HIPOTECA, to foreclose a mortgage.
—— UNA LEY, to enforce.
EJECUTIVO, executive, official, administrative.
—— DE CONSENTIMIENTO, compliance officer.
—— DE CUENTAS, account executive.
—— DE FINANZAS, chief financial officer.
—— DE INVERSIONES, investment officer.
—— DE INVESTIGACIÓN, research executive.
—— DE LÍNEA, line executive.
—— DE NIVEL o RANGO MEDIO, junior executive.
—— DE PLATA, full-time officer.
—— DE PRÉSTAMOS, loan officer.
—— DE PRÉSTAMOS BANCARIOS, bank's loan officer.
—— DE VENTAS, sales manager.
—— PRINCIPAL, top executive, chief executive officer.
—— SUBALTERNO, minor executive.
EJECUTIVOS
—— DE INGENIERÍA PETROLERA, petroleum engineering staff.
—— DE PERSONAL o ASESORES DE PERSONAL, personal staff.
—— ESPECIALIZADOS, specialized staff.
—— PRINCIPALES, major executives.
EJECUTOR, executive, executor.
EJEMPLAR, example, specimen, pattern, model.
—— ATRASADO, back number.
—— COMPROBANTE, voucher copy.
—— DE MUESTRA, sample copy.
—— GRATUITO o GRATIS, free or complimentary copy.
—— SUELTO, single copy.
EJEMPLO, instance, example.
——, POR, for instance, for example.
EJERCER, to practice, to carry on, to perform, to exert.
—— LA ABOGACÍA o LA PROFESIÓN DE ABOGADO, practice of law.
—— LA PROFESIÓN ADMINISTRATIVA, management practice.
—— UNA PROFESIÓN, to practice a profession.
EJERCICIO, practice, exercise, employment.
—— ANUAL, calendar year.

—— CONTABLE, accounting or fiscal year, accounting period.
—— DE OPOSICIÓN, competitive examination.
—— ECONÓMICO, fiscal year.
——, EN, in office, practicing, present.
—— FINANCIERO, fiscal year.
—— GRAVABLE, taxable year.
——, HACER, to exercise.
—— IMPOSITIVO, assessment period, tax year.
—— PROFESIONAL, practice of a profession.
EJÉRCITO, army, armed forces.
—— DE SALVACIÓN, salvation army.
—— PERMANENTE, standing army.
EJIDO o TERRENO PÚBLICO, public land, communal farm.
EL, the.
—— ANCHO MUNDO, the wide world.
—— AÑO PASADO, last year.
—— AÑO PRÓXIMO o ENTRANTE, next year.
—— ARTE DEL GRABADO DE MADERA o XILOGRAFÍA, xylography.
—— DOBLE, twice as much
—— ESTÁ BIEN, he is well.
—— GOLPE DE GRACIA, the last straw.
—— MEJOR o DE PRIMERA CLASE, tops.
—— PODER DE JUZGAR o JUICIO, the power of judging.
—— QUE OTORGA DESCARGO, releasor.
—— QUE RECIBE DESCARGO, releasee.
—— SITIO QUE NO LE CORRESPONDE, the wrong place.
—— TÍO SAM (los E.U.A.), Uncle Sam.
—— VALOR DE LA EDUCACIÓN, the worth of education.
ELABORACIÓN, manufacture, fabrication, processing.
—— DE ALIMENTOS, food processing.
—— DE CARNES, meat packing.
—— DE DATOS, data processing.
—— DE RECIBOS, receipt writing.
—— DEL PRESUPUESTO, budget preparation.
——, EN, in process.
—— MANUAL DE LA NÓMINA, manually-prepared payroll.
ELABORADO A MANO, handmade.
ELABORADO A MÁQUINA, machine-made.
ELABORAR UNA LEY, to draft a law.
ELASTICIDAD, elasticity.
—— CRUZADA, cross-elasticity.
—— DE LA DEMANDA, demand elasticity.
—— DE LA DEMANDA DE MERCANCÍAS, elasticity of commodity demand.
—— DE LA DEMANDA DEBIDO AL PRECIO, price elasticity of demand.
—— DE LA OFERTA, supply elasticity.
—— DE LA OFERTA Y LA DEMANDA, elasticity of supply and demand.
—— DE PRECIO, price elasticity.
—— DEL INGRESO, income elasticity.
—— UNITARIA, unitary elasticity.
ELÁSTICO, elastic, rubber band, spring.
ELECCIÓN, election, selection.
——, A SU, at your option.
—— DE SECRETARIO, selection of a secretary.
—— DEL BANCO, selecting a bank.
—— DEL TRANSPORTADOR o TRANSPORTISTA, option of the carrier.
ELECCIONES PRIMARIAS, primary election.
ELECTO, appointee, elected, named.
ELECTOR, elector, voter.
ELECTORA, woman voter.
ELECTORADO, electorate.
ELECTRICIDAD, electricity.
ELECTRICISTA, electrician.
—— DE OBRAS, wireman.
ELÉCTRICO, electric, electrical.
ELECTRÓNICA, electronics.
ELECTRÓNICO, electronic.
—— COMPUTADOR o COMPUTADORA, electronic computer.
ELEGANCIA, elegance, neatness.
ELEGIR, to elect, to choose.
—— JURADO, to strike a jury.
ELEMENTO, element, component.
—— NOMINAL o DE RESULTADOS, nominal element.
—— OBRERO, working class.
ELEMENTOS, elements, tools, persons.
—— DE EVALUACIÓN DE PROYECTOS DE INVERSIÓN, elements of capital budgeting.
—— DE PRODUCCIÓN, production elements.
—— DE TRANSPORTE, transportation equipment.
—— PRODUCTIVOS, producers' or production goods, capital goods.
ELEVACIÓN, elevation, increase.
—— DE COSTOS, increase of cost.
—— INFLACIONARIA DE JORNALES, wage-push inflation.
—— INFLACIONARIA DE LA DEMANDA, demand-pull inflation.
ELEVADO, high.
ELEVADOR, elevator, lift, hoist.
—— DE AUTOMÓVILES, automobile lift.
—— DE BANDA o DE CORREA, belt elevator.
—— DE CARGA, freight elevator, lift truck.
—— DE PASAJEROS, passenger elevator.
—— MONTACARGAS, fork truck.
ELEVADORISTA, elevator operator, elevator service man.
ELEVAR, to raise, to elevate, to hoist, to lift, to increase.
—— AL MÁXIMO, to maximize.
—— PRECIOS, to raise prices.
ELIMINACIÓN, elimination, clearance.
—— DE BASURAS, garbage disposal.
—— DE NUEVES, casting out nines.
ELOGIAR, to praise, to laud.
ELUDIBLE, escapable.
ELUDIR, to elude, to evade.

EMBAJADA-EMPAQUE

—— IMPUESTOS, to evade taxes.
EMBAJADA, embassy, legation.
EMBAJADOR, ambassador.
EMBALAJE, baling, packing, packing charge.
—— DE EXPORTACIÓN, export packing.
—— EN HUACAL, crating.
——, INSTRUCCIONES PARA, packing instructions.
EMBALAR, to pack, to bale, to box.
EMBALDOSADO, tile paving.
EMBARCACIÓN, boat, vessel, embarkation.
—— DE CABOTAJE, coasting vessel.
—— DE PESCA, fishing boat.
—— FLUVIAL, river boat.
EMBARCADERO, loading, platform ferry, ferry slip.
—— FLOTANTE, landing stage.
EMBARCADOR o EXPEDIDOR o REMITENTE, shipper.
EMBARCAR, to load, to ship, to embark.
EMBARCARSE, to embark, to board a train.
EMBARGADO, garnishee.
EMBARGADOR, lienor.
EMBARGAR, to embargo, to attach.
EMBARGO, embargo, attachment, garnishment, seizure
—— DE BIENES DEL DEUDOR, garnishment.
——, SIN, however, notwithstanding.
EMBARQUE, forwarding, shipment, dispatch.
—— A GRANEL, loading in bulk.
—— AÉREO, aircraft shipment.
——, CONOCIMIENTO DE, bill of lading.
—— DIRECTO, direct shipment.
—— DIRECTO DEL FABRICANTE AL DETALLISTA, drop shipment.
—— EN CONSIGNACIÓN, shipment on consignment.
——, FACTURA DE, shipping bill.
——, GASTOS DE, shipping charges.
—— MARÍTIMO, ocean shipment.
—— PUNTUAL, prompt shipment.
—— SOBRE CUBIERTA, loading on deck, on-deck shipment.
EMBARQUES, shipments.
—— FACTURADOS AL COSTO, shipments billed at cost.
EMBAUCAMIENTO, confidence game, swindle, cheating.
EMBAUCAR, to swindle, to chear, to trick.
EMBLEMA, emblem, device, employee's badge.
EMBOBAR, to amuse, to entertain, fascinate.
ÉMBOLO, piston.
EMBORRACHAR o EMBORRACHARSE, to get drunk, to intoxicate.
EMBOSCAR, to place in ambush.
EMBOTELLADORA, bottling machine, bottling plant.
EMBOTELLAMIENTO, traffic jam, congestion, bottleneck.
EMBOTELLAR, to bottle.
EMBRAGUE, clutch.
EMBRIAGARSE, to get drunk.
EMBRUTECER, to brutalize, to make irrational.
EMBUDO, funnel, hopper, bin.

EMBULLARSE o ENTUSIASMARSE, to get ready for a ball, to be gay.
EMBUSTE, fraud, cheating, trick.
EMBUSTERO, crook, trickster.
EMERGENCIA, emergency.
EMIGRAR, to emigrate.
EMINENTE, eminent, high, prominent.
EMISIÓN, issuing, issue, emission, output, broadcasting.
——, BANCO DE, bank of issue.
—— CIRCULANTE, currency.
——, COSTO DE, issuance cost.
—— DE ACCIONES, stock issue.
—— DE ACCIONES DE CAPITAL, capital stock issuance.
—— DE BONOS, bond issue, issuance of bonds.
—— DE BONOS SERIADA, serial bond issues.
—— DE CARTAS DE CRÉDITO, issue of letters of credit.
—— DE INFORME, issuance of report.
—— DE VALORES, flotation of securities.
—— DE VALORES A LARGO PLAZO, issuing long-term securities.
—— DE VALORES DE PASIVO, debt offering.
—— DEL INFORME DE AUDITORÍA issuing the audit report.
—— EXCESIVA, overissue.
EMISOR, issuer, issuing, emitting.
EMISORA, broadcasting station.
EMITIDO, issued.
EMITIR, to issue, to emit, to broadcast, to send out.
—— JUICIO SOBRE FINANZAS, financial diagnosis.
—— UN CHEQUE, to draw a check.
—— UN EMPRÉSTITO, to float a loan.
—— UN GIRO, to draw a draft.
—— UN INFORME, to issue a report.
—— VALORES, to float securities.
—— VOTO, to cast a ballot.
EMOCIÓN, emotion.
EMOCIONANTE o CONMOVEDOR, thrilling, stirring.
EMOCIONAR, to move, to touch, to arouse emotion in.
EMOLUMENTO, emolument, salary, fee.
EMPACADO, packing, packed.
—— O ENVASADO AL VACÍO, vacuum-packed.
EMPACADOR, baler, packer.
EMPACADORA, any packing device, woman packer, canning factory.
—— DE CARNE, meat-packing plant.
EMPACAR, to pack, to bale, to package.
EMPADRONADOR, census taker.
EMPADRONAMIENTO, to take list, census, voting list.
EMPADRONAR, to register, to take a census.
EMPALME, junction, joint, connection, intersection.
EMPANTANAR o ENCHARCAR, to swamp.
EMPAPADO o HECHO UNA SOPA, wet through.
EMPAPELAR, to wrap in paper, to paper a wall.
EMPAQUE o ENVASE, packing, packaging.
—— A GRANEL, jumble pack.
—— DEL PRODUCTO, product packing.

——LOCAL, local packing.
——MÚLTIPLE, multiple packaging.
——PARA EXPORTACIÓN, export packing.
EMPAQUETADORA, packing machine.
EMPAQUETAR, to pack, to package.
EMPAREDADO, sandwich.
EMPAREDAR o TAPIAR, to wall.
EMPAREJAMIENTO, matching smoothing.
EMPARENTAR, to become related by marriage.
EMPASTADURA, bookbinding.
EMPASTAR, to paste, (book) to bind.
EMPATAR, to tie up, to make fast.
EMPATE, tie vote, joint, splice.
EMPECINADO, subborn.
EMPEÑAR, to pawn, to hypothecate, to pledge.
EMPEÑO, pledge, contract, engagement, commitment, pawnshop.
EMPEÑOS, CASA DE, pawnshop.
EMPEORAR, to get worse, to impair.
EMPEZAR, to begin, to commence, to start.
EMPÍRICO, empirical, rule-of-thumb.
EMPIRISTA, empiricist.
EMPLAZAMIENTO, location, arrangement, summons, writ of summons.
——DE HUELGA, strike call.
EMPLAZAR, to summon, to subpoena, to place, to locate.
——A, to make a demand on.
——A HUELGA, to call a strike.
EMPLEADA, woman employee.
——DE MOSTRADOR, saleswoman.
——DE TIENDA, shopgirl, saleswoman.
EMPLEADO, employee, clerk, office employee, underclerk.
——A CARGO DEL CORREO, mail clerk.
——A SUELDO, salaried employee.
——ACTUAL o EN FUNCIONES, current employee.
——BANCARIO, bank clerk.
——BANCARIO DE LAS CAJAS DE SEGURIDAD, vault attendant
——CESANTE, discharged employee.
——CLAVE, key employee.
——CODIFICADOR, coding clerk.
——COMPETENTE o APTO, qualified employee.
——DE ALMACÉN, warehouse clerk, stockroom clerk.
——DE COBRANZAS, billing clerk.
——DE CONFIANZA, confidential clerk.
——DE ESCRITORIO, clerical staff, office force.
——DE LICENCIAS, license clerk.
——DE MOSTRADOR o DEPENDIENTE DE TIENDA, salesclerk.
——DE OFICINA, clerical employee.
——DE PLANTILLA, regular or permanent employee.
——DE TALLER, shop clerk.
——DE TIEMPO COMPLETO o DE PLANTA, full-time employee.
——DEL GOBIERNO, public employee, bureaucrat.
——DESPACHADOR, shipping clerk.
——ENCARGADO DE LA NÓMINA, payroll clerk.
——ENCARGADO DE LOS CAMAROTES DE UN BARCO, room steward.
——ENCARGADO DE PEDIDOS, order clerk.
——ENCARGADO DE PRÉSTAMOS, loan clerk.
——FACTURADOR, bill clerk.
——FICTICIO, fictitious employee.
——INCAPACITADO, disable employee.
——PRINCIPAL, senior clerk.
——PÚBLICO, officeholder.
——PÚBLICO EN CAMPAÑA DE REELECCIÓN, incumbent.
——QUE SE SUPERA, self-actualized employee.
——RESPONSABLE DE PEDIDOS, acceptance clerk.
——RETIRADO, retired employee.
——SUBALTERNO, junior clerk.
——SUBORDINADO, subclerk.
——TALENTOSO o INGENIOSO, talented employee.
——TARDÍO o MOROSO, tardy employee.
——VOTANTE Y ACCIONISTA, stockholder-voter employee.
EMPLEADOS, employees.
——, ADELANTOS A, advances to employees.
——, ADEUDOS DE, due from employees.
——, BENEFICIOS A, employee benefits.
——DE OFICINA, office force, clerical staff.
——EN PRODUCCIÓN, employees in production.
——INCAPACITADOS, disabled employees.
——, NUEVOS, junior officers.
——, PARTICIPACIÓN DE LOS, employee's shareholdings.
——PÚBLICOS, bureaucracy.
EMPLEAR, to employ, to hire, to use.
——PERSONAL, hiring people.
EMPLEO, employment, job, occupation, calling, placement, use.
——A CORTO PLAZO, short-term employment.
——CLAVE, key position.
——DE TIEMPO COMPLETO, full employment.
——DE TIEMPO PARCIAL o POR HORAS, part-time employment.
——GARANTIZADO, guaranteed job.
——INDEPENDIENTES, self-employment.
——NO DESAFIANTE, unchallenging job.
——PROVECHOSO, gainful employment.
——SIN FUTURO, dead-end job.
——SIN POSIBILIDAD DE PROGRESO, blind-alley job.
——SOLICITADO o SE BUSCA COLOCACIÓN, position wanted, situation wanted.
——VACANTE, position open, situation open.
——VITALICIO, lifetime employment.
EMPOBRECER, to impoverish, to become poor.
EMPRENDEDOR, enterpriser, entrepreneur.
EMPRENDER, to carry on, to undertake, to engage in, to take up.
——EL VIAJE DE REGRESO, to start back.
——LA MARCHA, to start up, to get going.
——UNA OBRA, to tackle a job.

EMPRESA, concern, company, undertaking, enterprise, adventure.
—— **AFILIADA**, associated company, allied company.
—— **AGRÍCOLA**, agricultural enterprise.
—— **AL MENUDEO PROPIEDAD DEL FABRICANTE**, manufacturer's retail store.
—— **ALIMENTADORA**, feeder organization.
—— **ANUNCIADORA**, advertising agency.
—— **ASEGURADORA**, insurance carrier or company, underwriter.
—— **AUTOMOTRIZ**, automobile manufacturer.
—— **BIEN ARRAIGADA**, well-established firm.
—— **CAMIONERA**, motor carrier, trucking company.
—— **CENTRALIZADA**, centralized firm.
—— **COLECTIVA**, joint adventure, partnership, corporation.
—— **COMERCIAL**, commercial company.
—— **CON ASOCIACIÓN DE CAPITALES**, corporate joint venture.
—— **CON DEBILIDAD FINANCIERA**, weak concern.
—— **CON SOLVENCIA ECONÓMICA**, rated concern.
—— **CONDUCTORA o TRANSPORTADORA**, common carrier.
—— **CONGLOMERADA**, conglomerate company.
—— **CONJUNTA**, joint or common enterprise.
—— **CONSTRUCTORA**, construction company, building firm.
—— **DE AGUA POTABLE o COMPAÑÍA DE ACUEDUCTO**, water company.
—— **DE ARTÍCULOS EMPACADOS**, packaged-goods firm.
—— **DE AUTOTRANSPORTE**, motor-trucking company.
—— **DE BANCA DE VALORES**, investment banking firm.
—— **DE BIENES RAÍCES**, real estate venture.
—— **DE CONTADORES**, accounting firm.
—— **DE DEPÓSITOS DE SEGURIDAD**, safe-deposit company.
—— **DE DIVERSIONES**, amusement enterprise.
—— **DE EMBARQUE o NAVIERA**, shipping company.
—— **DE ESCASO CAPITAL**, under-capitalized firm.
—— **DE FIANZAS o FIADORA**, bonding or surety company.
—— **DE FINANZAS**, guarantee society.
—— **DE FUERZA MOTRIZ o ELECTRICIDAD**, power company.
—— **DE GAS**, gas company.
—— **DE NEGOCIOS**, business enterprise.
—— **DE OPERACIONES FINANCIERAS**, business finance company.
—— **DE PARTICIPACIÓN PÚBLICA**, publicly owned company.
—— **DE PRODUCTOS MÚLTIPLES**, multiproduct firm.
—— **DE PROPIETARIO ÚNICO**, one-man concern.
—— **DE SERVICIO POR CORREO**, mail order house.
—— **DE SERVICIOS**, service industry.
—— **DE SERVICIOS PÚBLICOS**, public utility company, public utility corporation.
—— **DE TIENDAS EN CADENA**, chain store company.
—— **DE TRANSPORTE AÉREO**, air carrier, air line.
—— **DE TRANSPORTE LOCAL DE PASAJEROS Y EQUIPAJE**, transfer company.
—— **DE TRANSPORTE MARÍTIMO**, sea carrier, ocean carrier, cargo carrier.
—— **DE TRANSPORTE PARTICULAR o PRIVADO**, institutional carrier.
—— **DE TRANSPORTE POR LANCHONES**, barge line.
—— **DE TRANSPORTE PÚBLICO**, carrier service, public carrier.
—— **DE TRANSPORTE VIAL**, highway carrier.
—— **DEL GOBIERNO**, government enterprise.
—— **DESCENTRALIZADA**, decentralized firm.
—— **DONDE SE INVIERTE**, investee corporation.
—— **EDITORA o EDITORIAL**, publishing house.
—— **EMPACADORA**, packing company.
—— **EN ETAPA DE DESARROLLO**, development stage enterprise.
—— **EN MARCHA o EN FUNCIONAMIENTO**, going concern.
—— **EN PARTICIPACIÓN**, joint undertaking.
—— **EN QUIEBRA**, business failure.
—— **ESTATAL**, government-owned company.
—— **EXPORTADORA**, export house.
—— **FABRICANTE DE TEMPORADA o FÁBRICA DE TEMPORADA**, seasonal manufacturing firm.
—— **FABRIL**, manufacturing concern.
—— **FARMACÉUTICA**, pharmaceutical firm.
—— **FERROVIARIA o DE FERROCARRIL**, railroad company.
—— **FILIAL o SUBSIDIARIA**, subsidiary or controlled company.
—— **FINANCIERA**, financial institution.
—— **FISCAL u OFICIAL**, government enterprise.
—— **FUERTE**, strong concern.
—— **IMPORTADORA**, import firm.
—— **INDUSTRIAL**, industrial company, industrial enterprise, manufacturing company.
—— **INVERSIONISTA**, investor corporation, investment trust, mutual fund.
—— **INVERSIONISTA DE CAPITAL LÍQUIDO**, closed-end investment company.
—— **INVERSIONISTA DE CAPITAL VARIABLE**, open-end investment company.
—— **LEGAL**, legal enterprise.
—— **LIBRE**, free enterprise.
—— **LUCRATIVA**, profit organization, profit enterprise.
—— **MANUFACTURERA DE TAMAÑO MEDIANO**, medium-sized manufacturing company.
—— **MARÍTIMA o NAVIERA**, shipping company.
—— **MATRIZ**, parent company, home office.
—— **MERCANTIL**, commercial enterprise, business concern, trading enterprise.
—— **MIXTA**, mixed enterprise.
—— **NACIENTE**, upstart enterprise.
—— **NACIONAL**, domestic concern.

——NAVIERA o COMPAÑÍA ARMADORA, shipping company.
——NO AFILIADA, unrelated business.
——NO CLASIFICADA, unrated company.
——NO LUCRATIVA, nonprofit company, nonprofit organization.
——NO MERCANTIL, nontrading enterprise.
——NO PÚBLICA, nonpublic company.
——OPERADORA o DE EXPLOTACIÓN, operating company.
——PRIVADA o PARTICULAR, private enterprise, private business enterprise.
——PÚBLICA, public company.
——PÚBLICA DE TRANSPORTE, liner service.
——QUE FABRICA ALIMENTOS, food company.
——QUE FABRICA EQUIPO ELECTRÓNICO, electronic industry.
——QUE PRESTA SERVICIOS, service firm.
——QUE PROPORCIONA INFORMACIÓN FINANCIERA, financial information company.
——QUE TIENDE AL CRECIMIENTO, growth-oriented company.
——QUE TIENE PÉRDIDAS, loss corporation.
——REGISTRADA, listed corporation.
——REMOLCADORA, towing company.
——SIDERÚRGICA, steel company.
——TENEDORA, holding company.
EMPRESAS
——CÍCLICAS, cyclical industries.
——COMPETIDORAS, competing firms.
——ESTATALES, government enterprises, state enterprises.
——FILIALES o ASOCIADAS, related concerns.
——MUNICIPALES, municipal utilities.
——PÚBLICAS o FISCALES, government enterprises.
——QUE VENDEN AL MENUDEO o MINORISTAS, retailing firms.
EMPRESARIA o CONTRATISTA, woman contractor.
EMPRESARIO, contractor, employer, entrepreneur, enterpriser.
——DE OBRA, contractor, builder.
——DE TRANSPORTE, shipping agent, forwarder.
——DEL SECTOR PRIVADO, private sector employer.
——DEL SECTOR PÚBLICO, public sector employer.
EMPRÉSTITO, loan.
——BANCARIO, bank loan.
——BANCARIO INTERNACIONAL, international bank loan.
——CON GARANTÍA, collateral loan.
——CON TIPO DE INTERÉS FLOTANTE, floating rate loan.
——DE CAPITAL, capital loan.
——DE GUERRA, war loan.
——DE RENTA PERPETUA, perpetual loan.
——EN ABONOS, installment lending.
——EN EL EXTRANJERO, external loan.
——EXTERIOR o EXTRANJERO, foreign loan.
——FORZADO, forced loan.
——HIPOTECARIO, mortgage lending.

——INTERIOR, domestic loan.
——INTERNACIONAL, international loan.
——OBLIGATORIO, forced loan.
——PARA FACTURAS POR COBRAR, accounts receivable loan.
——PARA MEJORA DE RESIDENCIA, home improvement loan.
——PÚBLICO, public loan, government loan.
——SOBRE LAS EXISTENCIAS, inventory loan.
EMPUJAR o ACTIVAR o PROMOVER, to push, to impel, to shove.
EMPUJE o INICIATIVA, push, energy.
EN, in, as, for, on, upon, into, of.
——ADMINISTRACIÓN o EN CONFIANZA, in trust.
——ALGUNA PARTE, somewhere.
——APUROS o ESCASO DE DINERO, short of funds, in deep water.
——AQUEL TIEMPO o ENTONCES o DESPUÉS, then.
——BLANCO, blank.
——BOGA o DE MODA, in style, in vogue.
——BREVE, shortly.
——BROMA o DE BURLA, for sport.
——BRUTO o NO ELABORADO, unwrought.
——BUEN ESTADO DE FUNCIONAMIENTO, in working order.
——CAMINO o DE PASO, on the way.
——COMBATE o BAJO EL FUEGO ENEMIGO, underfire.
——CONJUNTO, as a whole.
——CONSIDERACIÓN, under consideration.
——CONSIGNACIÓN, on consignment.
——CONSTRUCCIÓN u OBRA EN CONSTRUCCIÓN, under construction.
——CONTACTO o EN COMUNICACIÓN, in touch with.
——DECADENCIA, on the wane.
——DONDE o DONDE o EN LO CUAL, wherein.
——EL PISO o EN EL SUELO, underfoot.
——EL VACÍO, in a vacuum.
——ESA OCASIÓN, on that occasion.
——ESAS MISMAS PALABRAS o CLARAMENTE, in so many words.
——ESO o EN ELLO o ALLÍ DENTRO, therein.
——ESPERA DE LLEGADA, waiting arrival.
——EXHIBICIÓN, on view.
——EXISTENCIA, in stock, on hand.
——FUNCIÓN DE, in terms of.
——GENERAL o EN CONJUNTO, on the whole.
——GRAN ESCALA o EN GRANDE, on a large scale.
——HILERA o HILERA, single file.
——HUELGA, on strike.
——JUEGO o COMPROMETIDO, at stake.
——LA BODEGA o BAJO CUBIERTA, under deck.
——LA FUENTE o EN EL ORIGEN, at the source.
——LA PARTE ALTA DE LA CIUDAD, uptown.
——LA PISTA o EN EL RASTRO, on the track.
——LA VENTA DEL ACTIVO, on the disposal of assets.
——LAS PEORES CIRCUNSTANCIAS, at the worst.
——LÍNEA RECTA, stright-line.
——LO POSIBLE, as far as possible.
——LOS INTERVALOS, between times.

—— LOS ÚLTIMOS AÑOS o EN AÑOS RECIENTES, of late years.
—— MARCHA o EN CURSO, under way.
—— MI OPINIÓN o EN MI CONCEPTO, to my thinking.
—— OTRA PARTE, somewhere else.
—— OTROS TÉRMINOS, on other words.
—— OTROS TIEMPOS o ANTIGUAMENTE, in old times.
—— PARTICULAR o ESPECIALMENTE, in particular.
—— PEQUEÑA ESCALA o EN PEQUEÑO, on a small scale.
—— PRIMER LUGAR, in the first place.
—— QUE o SOBRE LO CUAL o SOBRE QUE, whereon.
—— QUÉ TÉRMINOS, upon what terms.
—— REALIDAD, in fact, at heart.
—— REPARACIÓN o EN PROCESO DE REPARACIÓN, under repair.
—— RESUMEN o EN SUMA, in sum, in a word.
—— SECRETO o SECRETAMENTE, in secret.
—— SEGUIDA o INMEDIATAMENTE, stright away.
—— SEÑAL DE, in token of.
—— SERIE, PRODUCCIÓN, standardized production, mass production.
—— SERVICIO o EN OPERACIÓN, in use, on stream.
—— SU CABAL JUICIO, sound of mind.
—— SUMA o EN RESUMEN, in short.
—— SUSPENSO, in suspense.
—— TESTIMONIO DE LO CUAL, in witness whereof.
—— TIEMPO OPORTUNO o EN SAZÓN, in season.
—— TIERRA, on shore.
—— TODO EL CAMINO o HASTA EL FIN, all the way.
—— TRÁNSITO o EN CAMINO, in transit.
—— UN INSTANTE o EN UN ABRIR Y CERRAR DE OJOS, in no time.
—— VANO, in vain.
—— VENTA, on offer, for sale.
—— VERDAD, in fact.
—— VIGOR, in effect, in force, outstanding.
—— VIRTUD DE o EN RAZÓN DE, in virtue of.
—— VIRTUD DE ESTE, hereunder.
—— VIRTUD DE LO CUAL, in witness whereof.
—— VISTA DE o RESPECTO DE, in view of.
ENAJENACIÓN, alienation, selling.
—— FORZOSA, expropiation, condemnation.
ENAJENAR, to alienate, to transfer, to sell, to dispose of.
ENAMORAR, to make love.
ENAMORARSE, to fall in love.
ENANO, dwarf, small.
ENCABEZADO, caption, heading.
—— DE CUENTA, account heading.
—— DE LA FACTURA, heading of the invoice.
—— DE PERIÓDICO, news headline.
ENCABEZAMIENTO, heading, caption, heading-up.
—— DE CARTAS, letterhead.
—— DE FACTURA, billhead.
—— DE UN ESTADO CONTABLE, statement heading.
ENCABEZAR, to draw up, to head, to lead.
ENCADENAR, to chain, to fetter.
ENCAJE, lace, cash position, cash reserve.

—— EFECTIVO, actual reserve, cash reserve.
—— EXCEDENTE, excess reserve.
—— LEGAL, legal reserve.
—— METÁLICO, specie reserve.
—— O COBERTURA EN EFECTIVO, specie reserve.
ENCALLADO, ashore.
ENCALLAMIENTO VOLUNTARIO, voluntary stranding.
ENCALLAR, to strand, to run aground, to beach.
ENCAMINAR, to route, to forward, to direct.
—— LOS NEGOCIOS, to get the business going.
ENCANTAR, to charm, to enchant, to fascinate.
ENCARAR, to face, to aim.
—— LOS HECHOS, to face the facts.
ENCARCELAR, to imprison, to clamp.
ENCARECER, to raise the prices.
ENCARECIMIENTO, rise in price.
ENCARGADO, man in charge, foreman.
—— DE, in charge.
—— DE ALMACÉN o ALMACENISTA, storekeeper.
—— DE APLICAR TIPOS DE FLETE, rate clerk.
—— DE AVISOS DE LLEGADA, notice clerk.
—— DE COMPRAS, purchasing agent.
—— DE COSTOS, cost clerk.
—— DE CRÉDITO, credit man.
—— DE EQUIPAJES, baggagemaster.
—— DE EXISTENCIAS o ALMACENISTA, stockman.
—— DE EXPEDICIONES o EMBARQUES, shipping clerk.
—— DE FACTURACIÓN, bill clerk.
—— DE LA BARRA o CANTINERO, bartender, saloon-keeper.
—— DE LAS FACTURAS, invoice clerk.
—— DE LICENCIAS, license clerk.
—— DE OFICINA, office manager.
—— DE PERMISOS DE DESPACHO, permit clerk.
—— DE PÓLIZAS POR PAGAR, voucher clerk.
—— DE PONER CLAVES o CODIFICAR, coding clerk.
—— DE PRODUCCIÓN, production manager.
—— DE REGISTRO DE ALMACÉN, storage record clerk.
—— DE REGISTRO DE BONOS, bond register.
—— DE REPARACIÓN Y SERVICIO, service man.
—— DE RESOLVER DISTURBIOS, disturbance handler.
—— DEL LIBRO MAYOR o AUXILIAR, ledger clerk.
ENCARGAR, to charge, to commission, to entrust.
ENCARGARSE DE, to take charge of, to attend to, to look after, to undertake.
ENCARGO, order, requisition, asignment, charge.
——, SOBRE, to order, custom-made.
ENCARIÑARSE, to become fond of.
ENCARRILAR, to set right, to put on the right track.
—— UN NEGOCIO, to start a business going.
ENCAUZAR, to sue, to prosecute.
ENCENDER LA LUZ, to switch on, to light up, to turn on.
ENCENDERSE, catch fire.
ENCERAR, to wax.
ENCERRAR, to include, to confine, to shut in, to lock in.
—— EN CÍRCULO, ringed round.

ENCICLOPEDIA, encyclopedia.
ENCIMA, above, at the top.
—— DE, on.
—— DE LA PAR, above par.
—— DE, POR, over, above, regardless of.
——, QUITARSE DE, to get rid of, shake off.
ENCOGER, to shrink, to shorten.
—— DE HOMBROS, to shrug the shoulders.
ENCOMENDAR, to entrust, to recommend, to commission.
ENCOMIENDA, parcel post, charge, commission.
—— O DESPACHO POSTAL, parcel post.
ENCONTRAR, to find, to meet.
—— APOYO, to meet with support.
—— CULPABLE, to find guilty.
—— EMPLEO, to get a job.
—— PETRÓLEO, to strike oil.
—— UN OBSTÁCULO, to strike a snag.
ENCONTRARSE o TROPEZAR CON, to meet, to come across, to run into.
ENCRUCIJADA o INTERSECCIÓN CON GLORIETA, rotary intersection.
ENCUADERNACIÓN, bookbinding.
ENCUADERNADOR, binder, bookbinder.
ENCUADERNAR, to bind, bookbinding.
ENCUBIERTO, undisclosed.
ENCUBRIR, conceal, to include, to involve.
—— INFORMACIÓN, to withhold information.
ENCUENTRO, encounter, meeting, collision.
—— DE, SALIR AL, to go to meet.
ENCUESTA, inquest, survey, study, investigation, poll.
—— A COMERCIANTES, dealer interview.
—— A DOMICILIO, door-to-door survey.
—— DE ACCIDENTE, accident enquiry.
—— DE ACTITUDES DE EMPLEADOS SOBRE SU EMPLEO, attitude survey.
—— DE OPINIONES, opinion survey.
—— DEL MERCADO PREVIO AL ANUNCIO, advertising survey.
—— DEL TRÁFICO, traffic survey.
—— MEDIANTE ENTREVISTA PERSONAL, personal interview survey.
—— PERSONAL o CARA A CARA, face-to-face survey.
—— PILOTO o DE PRUEBA, pilot survey.
—— POLÍTICA, political poll.
—— POR CORREO, mail survey, postal inquiry, postal survey.
—— POR MUESTREO, sampling survey.
—— POR TELÉFONO, telephone survey.
—— PÚBLICA, public poll.
ENCUESTAS
—— AL AZAR, haphazard sampling.
—— DE MERCADOTECNIA, forecasting surveys.
ENCURTIDOS o PEPINILLOS, pickles.
ENCHUFAR o CONECTAR UN APARATO ELÉCTRICO, to plug in.
ENCHUFE, (electricity) plug.
ENDEBLE, feeble.

ENDEREZAR, to straighten, to set right.
ENDEUDADO, in debt, indebted.
ENDEUDARSE, to contract a debt.
ENDOSADOR, endorser.
ENDOSANTE, endorser.
—— POSTERIOR, subsequent endorser.
ENDOSAR, to endorse.
ENDOSO o AVAL, endorsement.
—— AL PORTADOR, blank endorsement.
—— ANTERIOR, previous endorsement.
—— BANCARIO, bank endorsement.
—— COMPLETO, full endorsement, special endorsement.
—— CONDICIONAL o LIMITADO, conditional endorsement, qualified endorsement.
—— DE COBERTURA AMPLIA, extended-cover endorsement.
—— DE COBERTURA DE LA PÓLIZA, policy coverage endorsement.
—— DEL CHEQUE, check endorsement.
—— EN BLANCO, blank endorsement.
—— EN PRENDA o EN GARANTÍA, endorsement pledging collateral.
—— PLENO, full endorsement.
—— POR AVAL, accomodation endorsement.
—— SIN RESTRICCIÓN, nonrestrictive endorsement.
ENDOSOS
—— AL COBRO, collection items, drafts for collection.
ENDROGARSE, to go into debt.
ENDULZAR, to sweeten, to soften.
ENEMIGO, enemy, foe, adverse.
—— MALO, EL, the devil.
ENEMISTAR, to make enemies, to become an enemy.
ENERGÉTICOS, RECURSOS, energy resources.
ENERGÍA, energy, power.
—— ATÓMICA, atomic energy.
—— DE SALIDA, output.
—— DEL HIDRÓGENO, hydrogen energy.
—— DEL VIENTO, o ENERGÍA EÓLICA, wind energy.
—— ELÉCTRICA, electric energy.
—— GEOTÉRMICA, geothermal energy.
—— HIDRÁULICA, water power.
—— HIDROELÉCTRICA, hidroelectric energy.
—— NUCLEAR, nuclear power.
—— PERSONAL o FIRMEZA PERSONAL, personal strength.
—— PRIMARIA, prime power.
—— RENOVABLE o APROVECHABLE, renewable energy.
—— SOLAR, solar energy.
—— TÉRMICA o DE VAPOR, steam power.
ENÉRGICO, lively, energetic.
ENFARDADOR, packer, baler.
ENFARDAR, to pack, to bale.
ENFARDO, bailing, packing.
ENFERMAR, to fall ill, to make ill.
ENFERMEDAD, illness, disease, sickness.

——, COMPENSACIONES POR, sickness benefits.
—— MENTAL, mental illness.
—— NO PROFESIONAL, nonoccupational disease.
—— PROFESIONAL o INDUSTRIAL, occupational disease.
——, SEGURO DE, health insurance.
ENFERMERA o NODRIZA, nurse.
—— GRADUADA o CAPACITADA, trained nurse.
ENFERMIZO, sickly, infirm, unhealthy.
ENFERMO, ill, sick, diseased.
—— DE PELIGRO o DE MUERTE, sick to death.
——, PONERSE, to get sick, to feel sick.
ENFOQUE, approach.
—— CONCRETO, factual approach.
—— PROMISORIO, benefit approach.
—— SELECTIVO, selective approach.
ENFRASCADO, very busy, tied-up, envolved.
ENFRENAR o FRENAR, to brake.
ENFRENTAR, to face, to confront, to oppose.
—— LA COMPETENCIA, to meet competition.
ENFRENTE DE, in front of, opposite.
ENFRIADOR, cooler, refrigerator.
—— DE AGUA, water cooler.
ENFRIAR, to cool down or off.
ENFURECIDO o FURIOSO, wild-eyed.
ENFURRUÑARSE o PONERSE DE MAL HUMOR, to sulk.
ENGANCHADOR, labor, scout, recruiter, coupler.
ENGANCHAR, to hook, to couple, to engage, to recruit labor, to team.
ENGANCHE, down payment, deposit, coupling.
ENGAÑAR, to defraud, to cheat, to swindle, to trick.
ENGAÑO, fraud, double-dealing.
ENGAÑOSO, misleading, false, fraudulent, tricky.
ENGAVETAR, to file, to pigeonhole.
ENGLOBADOS, PEDIDOS, lumped orders.
ENGLOBAR, to lump, to concentrate.
ENGOMAR, to gum.
ENGORDADOR DE GANADO, cattle feeder.
ENGORDAR o AUMENTAR DE PESO, to put on weight, to fatten.
ENGRANAR, to gear, to put in gear.
ENGRANE o ENGRANAJE, gear, gearing.
ENGRAPADORA, stapler.
ENGRAPAR o PRESILLAR, to staple.
ENGRASAR o ENSEBAR, to oil, to lubricate, to grease, to slush.
ENGRASE, lubrication, greasing.
ENGREÍDO, conceited, swellhead.
ENGREÍR, to make vain, to elate.
ENHORABUENA, congratulation, all right.
ENHUACALADO, crating.
—— PARA EXPORTACIÓN, export crating.
ENJABONAR o ADULAR, to soap.
ENJUAGAR o LIMPIAR, to rinse.
ENJUICIAMIENTO o PROCESAMIENTO, prosecution, suit.
—— CIVIL, civil procedure.
ENJUICIAR, to bring suit, to try a case, to pronounce judgment.

ENLACE, connection, contact man.
—— DE COMUNICACIÓN, communication link.
ENLATADA o ENLATADO, canning.
—— DE FRUTAS, fruit canning.
—— DE LEGUMBRES, vegetable packing.
ENLATADORA, canning factory.
ENLATAR, to can, to clear.
ENLISTAR, to list, to enlist.
ENLOQUECER, to madden, drive, insane.
ENLOQUECIMIENTO, madness, insanity.
ENLOSAR, to pave with tiles or flags.
ENMARAÑAR, to tangle, to entangle.
ENMENDAR, to amend, to revise, to correct.
ENMIENDA, amendment, revision, correction.
ENMOHECER u OXIDAR, to rust.
ENMUDECER, to silence, to become dumb.
ENOJARSE, to get mad, to lose one's temper.
ENREDAR o EMBROLLAR o CONFUNDIR, to tangle.
ENREDARSE, to get into difficulties.
ENREDO, entanglement, tangle, puzzle, falsehood.
ENRIQUECER, to enrich.
ENRIQUECERSE, to get rich.
ENRIQUECIMIENTO, enrichment.
—— DEL TRABAJO, job enrichment.
—— SIN CAUSAS, unjust enrichment.
ENROJECER o RUBORIZARSE, to redden.
ENROLAR, to list, to tabulate, to recruit.
—— LA TRIPULACIÓN, ship a crew.
ENROLLAR, to roll, to roll up, to coil.
ENROSCAR, to twine, to twist.
ENSACADOR, sacker.
ENSACAR, to sack.
ENSAMBLADOR, assembler, framer, joiner.
ENSAMBLAJE, assembling, joining, joint.
—— DE AUTOMÓVILES, automobile assembly.
—— LOCAL, local assembly.
EMSAMBLAR, to assemble, to frame, to join.
ENSANCHAR, to expand, to increase, to enlarge, to widen.
—— UN NEGOCIO, to expand a business.
ENSANCHE, extension, expansion.
ENSAYAR o RECITAR, to rehearse, to assay, to try out, to test.
ENSAYO, assay, test, experiment, tryout.
—— DE CAMPAÑA o EN OBRA, field test.
—— DE DISPERSIÓN, dispersion test.
—— DE FÁBRICA, shop test.
—— DE MONTAJE, assembly test.
—— DE MUESTRAS, sample testing.
—— ESTADÍSTICO, statistical test.
—— O PILOTO, PLANTA DE, pilot plant.
ENSENADA, cove, inlet.
ENSEÑANZA, vocational, vocational training, teaching.
—— POR CORRESPONDENCIA, correspondence school.
—— VISUAL, visual aid.
ENSEÑAR, to teach, to instruct, to train, to show.
ENSERES, fixtures, equipment, chattels.

—— CASEROS o DOMÉSTICOS, household appliances, housewares, household equipment.
—— ELÉCTRICOS, electrical appliances.
ENSILADO DE BAGAZO, bagasse silage.
ENSILAJE, ensilage, silage.
ENSUCIAR, to stain, to soil, to smear.
ENTABLAR, to begin, to initiate.
—— DEMANDA, to bring suit, to present a demand.
—— RELACIONES, to establish relations.
ENTE, institution, entity.
ENTENDER o COMPRENDER, to understand.
——, DAR A, to insinuate, to hint.
——, DE, to be familiar with, experienced in.
——, SEGÚN MI, in my opinion.
ENTENDERSE CON, to have dealings or relations with, to get along with.
ENTENDIDO, DARSE POR, to take notion, to pay attention.
ENTENDIDO, NO DARSE POR, to pay no attention, pretend not to understand.
ENTENDIMIENTO, understanding, agreement.
ENTERADO DE ALGO, awareness.
ENTERAR, to advice, to inform, to discharge.
ENTERARSE, to learn to find out.
—— DE, to learn, to become familiar with.
ENTEREZA, entireness, character.
—— DE CONTRATO, entirety of contract.
ENTERO, entire, whole, sound, whole number.
ENTIDAD, entity, bureau, department, institution.
—— ASEGURADORA, insurance carrier or company.
—— BANCARIA, banking house, bank.
—— COMERCIAL, business concern, commercial house.
—— COMERCIAL ESTABLECIDA, in business.
—— CONTABLE, accounting entity.
—— CREDITICIA, credit grantor or institution.
—— DE BENEFICENCIA, welfare agency.
—— DE BENEFICIOS MUTUOS, mutual benefit organization.
—— DE IMPUESTOS CORPORATIVO, corporate tax entity.
—— ECONÓMICA, economic entity.
—— GUBERNAMENTAL, government-owned agency.
—— LEGAL, legal entity.
—— MERCANTIL, business entity.
—— PATRONAL, employing company.
—— PROLETARIA, labor organization.
—— PÚBLICA, public entity.
—— PRIVADA, nonpublic entity.
—— SOCIAL, social entity.
—— SOCIOECONÓMICA, socioeconomic entity.
ENTIERRO, burial, funeral, grave.
ENTINTAR, to ink.
ENTONAR o TEMPLAR, to tone.
ENTONCES, then, at the time.
——, DESDE, from then on.
——, HASTA, up to then.
——, POR, at the time.
ENTONGAR, to stack, to tier, to pile.

ENTRADA, entrance, arrival, admission, deposit, down payment, (accounting) entry.
—— ANUAL EN EFECTIVO, annual cash inflow.
—— BRUTA, gross cash inflow.
——, CUOTA DE, entrance fee.
—— DE CAPITALES AL PAÍS, capital inflow.
—— DE DEPÓSITOS, deposit inflow.
—— DE EFECTIVO DEL VALOR DE DESECHO, salvage value cash inflow.
—— DE INFORMACIÓN o DE DATOS, information input, inflow.
—— EN EFECTIVO o AL CONTADO, cash inflow.
—— GENERAL o PUESTO SIN RESERVAR, unreserved seat.
—— GRATIS o LIBRE, admission free, free entry, free admission.
—— MANUAL, manual input.
—— MARGINAL, marginal revenue.
—— PARA ALMACÉN AFIANZADO, warehouse entry.
—— PARA REINTEGRO, drawback entry.
—— PROMEDIO, average income.
ENTRADA/SALIDA, (computing) input/output.
ENTRADAS
—— BRUTAS, gross income, revenue.
—— CORRIENTES Y DE CAPITAL, current and capital receipts.
—— DE CAJA, cash receipts.
—— DE CIERRE, closing entries.
—— DE MATERIALES, receipts of materials.
—— DE OPERACIÓN o DE EXPLOTACIÓN, operating revenue.
—— DEL AÑO EN CURSO, current-year earnings.
—— DEL BANCO, bank's income.
—— EN EFECTIVO, cash earnings.
—— ESTACIONALES o FLUJOS DE TEMPORADA, seasonal inflow.
—— MENSUALES EN EFECTIVO, monthly cash inflows.
—— NETAS, net receipts.
—— NETAS BANCARIAS, bank's net income.
—— NETAS DE OPERACIÓN DESPUÉS DE DEDUCIR IMPUESTOS, after-tax net operating income.
—— PAGADAS POR ANTICIPADO o HABERES DIFERIDOS, prepaid income.
—— POR CONCEPTO DE COMISIONES, commission income.
—— POR DIVISAS EXTRANJERAS, foreign exchange income.
—— QUE NO REPRESENTAN INGRESOS, nonrevenue receipts.
—— RESTRINGIDAS, restricted receipts.
—— Y SALIDAS, receipts and expenditures.
—— Y SALIDAS DE CAJA, cash receipts and disbursements.
—— Y SALIDAS DE EFECTIVO, cash inflow and outflow.
ENTRANTE, incoming, next, recess.
ENTRAR, to enter, to walk in, to step in.
—— A HURTADILLAS, to sneak in.
—— EN EL ASUNTO, to go in (into) the matter.
—— EN FUNCIONES, to take office.
—— EN PRENSA, to go to press.

ENTRE-ENVOLVER 161

—— EN VIGOR, to take effect, become effective.
——, NO, to keep out.
—— PRECIPITADAMENTE, to rush in.
ENTRE, between, among, amidst, within.
—— BANCOS, interbank.
—— COMILLAS, in quotation marks.
—— COMPAÑÍAS AFILIADAS, intercompany.
—— COMPAÑÍAS, CUENTAS, intercompany account.
—— LA VIDA Y LA MUERTE, between life and death.
—— MANOS, on hand, in hand.
—— NOSOTROS o ENTRE USTED Y YO, between you and me.
—— OTRAS COSAS, for one thing.
—— TANTO, meanwhile, in the meantime, in the interim.
ENTREGA, delivery, payment, issue, edition.
—— A DOMICILIO, home delivery.
—— CERCANA, near-by delivery.
——, CONDICIONES DE, delivery terms.
—— CONTRA REEMBOLSO, cash on delivery.
—— DE EQUIPAJE, baggage delivery.
—— DE PUERTA EN PUERTA, store-door delivery.
—— EN DEPÓSITO, bailment.
—— EN FECHA FUTURA, forward or future delivery.
—— ESPECIAL o INMEDIATA, special delivery, spot delivery.
——, FECHA DE, date of delivery.
—— INCOMPLETA, short delivery.
—— PUNTUAL o RÁPIDA, prompt delivery.
—— SIN CARGO POR FLETE, freight allowed.
ENTREGADO, delivered.
—— A CUENTA, traded in.
—— AL PIE DE LA OBRA, delivered on the work.
ENTREGAR, to deliver, to hand over, to turn over, to turn in.
—— A CUENTA o NEGOCIAR, trade in.
—— UN PEDIDO, to execute an order.
ENTRÉGUESE A, to be delivered to.
ENTREMETIDO, meddler, intruder, snoopy.
ENTRENADOR, trainer, coach.
ENTRENAMIENTO, training, breaking in.
—— A BASE DE SIMULACIÓN, simulation training.
—— CON INSTRUCTOR, coaching training.
—— DE SENSIBILIDAD, sensitivity training.
—— DE PERSONAL, staff training.
—— MEDIANTE DESEMPEÑO DE UN PAPEL, role playing training.
—— MEDIANTE ESTUDIOS DE CASOS, case studies training.
—— O PRÁCTICA CONTRA INCENDIO, fire drill.
ENTRENAR, to train, to break in.
ENTREPISO o ENTRESUELO, mezzanine.
ENTRETENIDO, amusing, absent minded.
ENTRETENIMIENTO, entertainment, amusement.
ENTREVISTA, interview, conference, audience.
—— A DISTRIBUIDORES, dealer interview.
—— CON, in conference with.
—— DE PRUEBA, test interview.

—— DEL EMPLEADO AL DEJAR LA EMPRESA, exit interview.
—— ESTRUCTURADA, structured interview.
—— FORMAL, formal interview.
—— INFORMAL, informal interview.
—— NO DIRECTIVA o CON LIBERTAD DE EXPRESIÓN, nondirective interview.
—— PERSONAL, personal interview.
ENTREVISTADO, interviewee, person interviewed, respondent.
ENTREVISTADOR, interviewer, customers' man.
—— DE PERSONAL, personnel interviewer.
ENTREVISTAR, to interview.
ENTREVISTARSE CON, to have an interview with.
ENTROMETERSE o SOBORNAR, to tamper with.
ENTRONCAR, to connect, to make a junction.
ENTRONQUE, junction.
ENTUBAR, to pipe.
ENTUSIASMO, enthusiasm.
ENUMERADOR CENSAL, census taker.
ENUMERAR, to enumerate.
ENUNCIADO, statement.
ENUNCIAR o DECLARAR o FIRMAR, to state.
ENVASADOR o EMPAQUETADOR, packer.
ENVASAR o EMPAQUETAR o ENVOLVER, to package, to pack, to can.
ENVASE, container, packing, packing case, package.
—— DE CARTÓN, pasteboard box.
—— DE EMBARQUE, shipping container.
—— DE LATA, tin can.
—— DE MATERIAL A GRANEL, bulk packaging.
—— LOCAL, local packing.
—— MÚLTIPLE, multiple package.
—— NO SELLADO, unsealed package.
—— ORIGINAL, original package.
—— PARA CARGA AÉREA, air freight container.
—— UNITARIO, unit packaging.
ENVEJECER, to grow old, to become old, to grow in years.
ENVEJECERSE, to grow old.
ENVEJECIMIENTO, aging.
—— DE LA POBLACIÓN o DEMOGRÁFICO, population aging.
ENVIAR o DESPACHAR o REMITIR, to send, to ship, to forward, to dispatch.
—— A BUSCAR, to send for.
—— A PASEO, to dismiss without ceremony.
—— FONDOS, to remit funds.
—— UNA CUENTA, to render an account.
ENVICIAR, to corrupt, to teach bad habits to.
ENVIDIA, jealousy, envy.
ENVIDIAR, to envy.
ENVÍO, shipment, remittance.
—— DE CHEQUES, mailing checks.
ENVIUDADO o ENVIUDADA, widowed.
ENVOLTURA, cover, wrapper, wrapping, wrap.
ENVOLVER o EMPAPELAR, to wrap, to bundle, to package.

EPIDEMIA, epidemic.
EPÍGRAFE, caption, heading, title.
EPÍLOGO, epilogue.
ÉPOCA, period, time, date of maturity.
—— **DE CELO,** mating season.
—— **DE DEPRESIÓN,** bad times.
—— **DE INVIERNO,** winter season, winter time.
—— **DE SECA o DE SEQUÍA,** dry season.
—— **DE VERANO,** summer time.
—— **NAVIDEÑA,** Christmas season.
—— **O ESTACIÓN DE LLUVIAS,** rainy season.
—— **O TEMPORADA DE VENTAS,** selling season.
EQUIDAD, equity, fairness, justice.
EQUIDISTANTE, half-way.
EQUIFINALIDAD, equifinality.
EQUILIBRADO, DESARROLLO, balanced growth.
EQUILIBRAR, to balance, equilibrate.
EQUILIBRIO, equilibrium, balance.
—— **COMPETITIVO,** competitive equilibrium.
—— **DE LA OFERTA Y LA DEMANDA,** equilibrium of supply and demand.
—— **DE PLENO EMPLEO,** full-employment equilibrium.
—— **DE PODER DE NACIONES,** balance of power.
—— **DE PRECIOS,** equilibrium of prices.
—— **DE SALARIOS,** equilibrium of wages.
—— **DEL COMERCIO EXTERIOR,** balance of trade.
—— **DEL CONSUMIDOR,** consumer equilibrium.
—— **DEL MERCADO DE CAPITALES,** capital market equilibrium.
—— **DINÁMICO,** dynamic equilibrium.
—— **ECOLÓGICO,** ecological balance.
—— **ESTABLE,** stable equilibrium.
——, **PUNTO DE,** break-even point.
EQUIPAJE, baggage, luggage.
—— **DE MANO,** hand baggage.
—— **EN EXCESO,** excess baggage.
EQUIPAR, to fit out, to equip, to rig.
EQUIPARACIÓN, comparison, collation.
—— **DE SALARIOS,** provision of equal pay for equal work.
—— **DEL FLETE,** freight equalization.
EQUIPARAR EL TRABAJO CON LA PERSONA, person-job match.
EQUIPO, equipment, outfit, furnishings, rig, crew.
—— **AGRÍCOLA,** farm equipment, agricultural equipment.
—— **AUXILIAR,** auxiliary equipment.
—— **BANCARIO,** bank equipment.
—— **CONTRA LA CONTAMINACIÓN,** pollution equipment.
—— **DE AIRE ACONDICIONADO,** air conditioning equipment.
—— **DE ALUMBRADO o DE ILUMINACIÓN,** lighting equipment.
—— **DE ATLETISMO,** athletic team.
—— **DE CALEFACCIÓN,** heating equipment.
—— **DE COMPUTACIÓN,** cumputer equipment.
—— **DE COMPUTADORA,** hardware.
—— **DE EMERGENCIA o DE URGENCIA,** emergency facilities, wrecking gang.
—— **DE ENTREGA o REPARTO,** delivery equipment.
—— **DE ESCRITURA,** writing materials.
—— **DE FÁBRICA,** standard equipment.
—— **DE FUNCIONES CRUZADAS,** cross-functional team.
—— **DE LA ALTA GERENCIA,** top management.
—— **DE LABORATORIO,** laboratory equipment.
—— **DE MANEJO DE MATERIALES,** materials-handling device, materials-handling equipment.
—— **DE MOVIMIENTO DE TIERRA,** earth-moving equipment.
—— **DE PERFORACIÓN,** drilling rig.
—— **DE PERFORACIÓN DE PETRÓLEO,** oil drilling equipment.
—— **DE RAYOS X,** x-ray equipment.
—— **DE RELEVO o TURNO DE RELEVO,** relief shift.
—— **DE REPARACIÓN,** repair kit.
—— **DE REPARTO,** delivery equipment.
—— **DE SEGURIDAD,** safety equipment.
—— **DE SONDEO,** drilling gang.
—— **DE SUSTITUCIÓN,** standby equipment.
—— **DE TARJETAS PERFORADAS,** punched-card equipment.
—— **DE TRANSPORTE,** transportation equipment.
—— **DE VENTILACIÓN,** ventilation equipment.
—— **DURABLE,** durable equipment.
—— **FUERA DE LÍNEA,** (computers) off-line equipment.
—— **NORMAL o REGLAMENTARIO,** standard equipment.
—— **O CUADRILLA DE REPARACIONES,** repair gang.
—— **O PERSONAL DE VENTAS,** sales team, sales equipment.
—— **OBSOLETO,** obsolete equipment.
—— **PARA AHORRAR TRABAJO,** labor-saving device.
—— **PARA CONTROL DE LA CONTAMINACIÓN,** pollution-control equipment.
—— **PARA EXTINGUIR INCENDIOS,** fire-fighting equipment.
—— **PARA FABRICAR PAPEL,** paper-making equipment.
—— **PERIFÉRICO DE COMPUTACIÓN,** peripheral equipment.
—— **USADO,** used equipment.
—— **Y EFECTOS DE OFICINA,** office equipment and supplies.
EQUITACIÓN, riding, horsemanship.
EQUITATIVO, fair, just, equitable.
——, **JUEGO,** fair game.
EQUIVALENTE, equivalent, tantamount.
—— **EN DINERO,** money equivalent.
EQUIVOCACIÓN, misunderstanding, error, mistake, blunder.
—— **NO INTENCIONAL,** unintentional mistake.
EQUIVOCADO, mistaken, wrong, erroneous.
EQUIVOCARSE, to blunder, to make a mistake.
ERA, age, era.
—— **ESPACIAL,** space-age.
ERARIO o HACIENDA PÚBLICA, public treasury.

ERGONOMÍA, ergonomics.
EROGABLE, spendable.
EROGACIÓN, contribution, expenditure, appropriation
—— BÁSICA, basic expenditure.
—— CAPITALIZABLE, capital expenditure.
—— CORRIENTE, current expenditure.
—— DE COSTO, cost outlay.
EROGACIONES, expenses, outgo.
—— ACUMULADAS, accrued expenditures.
—— CORRIENTES, current outlays.
EROGAR, to spend, to contribute.
ERUDITO, learned person, erudite.
ERRAR, to make a mistake, to miss.
—— O PERDER EL TREN, to miss the train.
ERRATA DE IMPRENTA, misprint.
ERRÓNEO, erroneous, wrong
ERROR, error, mistake, slip-up.
—— ABSOLUTO, absolute error.
—— ACUMULATIVO, accumulative error.
—— ALEATORIO, random error.
—— COMPENSADO, offsetting error.
—— CONSTANTE, systematic error.
—— CRASO, gross error.
—— DE APROXIMACIÓN, approximation error.
—— DE CÁLCULO, mathematical mistake.
—— DE ESCRITURA, clerical error
—— DE IMPRENTA, printer's error.
—— DE INVENTARIO, inventory error.
—— DE MÁQUINA, mistake in typing.
—— DE MUESTREO, sampling error.
—— DE OBSERVACIÓN, observational error.
—— DE PLUMA, clerical error.
—— DE REDONDEO, rounding error.
—— DEL FABRICANTE, manufacturer's error.
—— ESTÁNDAR, standard error.
—— ESTÁNDAR DE ESTIMACIÓN, standard error of estimate.
—— ESTÁNDAR DE LA MEDIA ARITMÉTICA, standard error of the mean.
—— GRAVE, blunder.
—— IMPORTANTE, material error.
—— INSIGNIFICANTE, inmaterial error.
——, MARGEN DE, margin of error.
—— PERSONAL, clerical mistake.
—— PROBABLE, probable error.
—— SIN IMPORTANCIA, immaterial error.
—— TIPOGRÁFICO o DE IMPRENTA, misprint, typographical error.
—— TOLERABLE, tolerable error.
ERRORES o FALLAS, pitfalls.
—— DE CONTABILIDAD, accounting errors.
—— DE DECISIÓN, decision errors.
—— DE RECOPILACIÓN DE DATOS, data collection errors.
—— MENORES, minor errors.
—— QUE NO SE COMPENSAN, noncounterbalancing errors.
—— QUE SE COMPENSAN, counterbalancing errors.

——, REDONDEO DE LOS, rounding off of errors.
ES ASUNTO CONCLUIDO o NO HAY MÁS QUE HABLAR, that is that.
ES DECIR, that is to say.
ES JUSTO o ES LÓGICO, it stands to reason.
ES POR ESO QUE, that is why.
ES POSIBLE, that may be.
ES UNA VERGÜENZA o ES UNA LÁSTIMA, it is a shame.
ESA, NO VENGA CON, you don't say, don't tell me that.
ESBELTO, slender and well built.
ESCABULLIRSE, to slip away, to sneak away, to escape.
ESCALA, stopping place, stop, call, scale, ladder
—— DE EMERGENCIA, fire escape.
—— DE EQUIDAD PERSONAL, personal equity scale.
—— DE EQUIDAD SOCIAL, social equity scale.
—— DE JORNALES DEL SINDICATO o DEL GREMIO, union scale wage rates.
—— DE MILLAS, scale of miles.
—— DE MORTALIDAD, mortality table.
—— DE PAGOS o DE SUELDOS, pay scale.
—— DE PORCENTAJES, scale of percentages.
—— DE SALARIOS, wage scale.
—— DEL TABULADOR, tabulator scale.
——, EN GRAN, on a large scale.
—— EN, HACER, to stop at.
—— INTERMEDIA o PARADA INTERMEDIA EN UN VIAJE, stop-over.
—— MUNDIAL, global scale.
—— NACIONAL, national scale.
—— NORMAL, standard scale.
—— PERTINENTE, relevant range.
—— SOCIAL, scale of living.
ESCALAFÓN, list of members, scale of wages, register of employees.
—— DE ANTIGÜEDAD, seniority list.
ESCALAR, to climb, to break in.
ESCALERA, stair, stairway, ladder, staircase.
—— ADMINISTRATIVA, managerial ladder.
—— AUTOMÁTICA, escalator.
—— DE LA PROFESIÓN, career ladder.
—— DE MANO, ladder, stepladder.
—— DE SALVAMENTO o DE ESCAPE, fire escape.
—— DE SERVICIO, service stairs.
—— ELÉCTRICA o MECÁNICA, escalator.
—— RODANTE, escalator.
ESCALOFRÍO, chill, shiver.
ESCALÓN o PELDAÑO, stair.
ESCALONADO, escalation.
ESCALONAR LAS HORAS DE TRABAJO, stagger working hours.
ESCAMAR o FORMARSE INSTRUCCIONES, to scale.
ESCAMOTEAR, to swindle, to cheat.
ESCANDALIZAR, to scandalize, to shock.
ESCÁNDALO, tumult, scandal, commotion, uproar.
ESCAPAR, to escape, to run away, to flee.
—— EN UNA TABLA, to have a narrow escape.

ESCAPARATE o VITRINA o APARADOR, window show, cabinet, wardrobe, shopwindow.
——, **EXPOSICIÓN DE,** window display.
ESCAPARSE, to run away, to leak.
ESCAPE, escape, flight, evasion.
——, **A,** at full speed.
—— **DE EMERGENCIA,** fire escape.
ESCARCHA, white, frost, rime.
ESCARMIENTO, warning, lesson, punishment.
ESCASA DEMANDA, little demand.
ESCASA FLUCTUACIÓN DE PRECIOS, trading market.
ESCASEAR, to run short, to become scarce.
ESCASEZ, scarcity, shortage.
—— **DE ABASTECIMIENTO,** tight supply.
—— **DE CAPITAL,** shortage of capital.
—— **DE CAPITAL DE TRABAJO,** working capital shortage.
—— **DE DÓLARES,** dollar shortage, dollar gap.
—— **DE MANO DE OBRA,** labor shortage.
—— **DE MATERIALES,** materials shortage.
—— **DE PERSONAL,** understaffing.
—— **DE RECURSOS MATERIALES,** scarcity of material means.
—— **ECONÓMICA,** economic scarcity.
ESCASO u ONEROSO, scarce, short.
—— **ABASTECIMIENTO,** undersupply.
—— **DE,** short of.
—— **DE BRACEROS,** weak-handed.
—— **DE DINERO,** short of money.
—— **DE PERSONAL,** understaffed.
—— **DESARROLLO o SUBDESARROLLO,** underdevelopment.
—— **RENDIMIENTO,** small profit.
ESCASOS RECURSOS, scarce resources.
ESCATIMAR, to curtail, to lessen.
—— **PRECIOS,** to cut prices.
ESCENA, stage, scenery, scene.
ESCENARIO o ESCENA o ETAPA, stage.
ESCENIFICAR o MONTAR OBRA TEATRAL, to stage.
ESCLARECER o ACLARAR, to throw light on.
ESCLAVITUD, slavery.
ESCLAVIZAR, to slave, to enslave.
ESCLAVO, slave.
ESCLUSA, navigation lock, canal lock.
ESCOBA, broom.
ESCOBAZO, ECHAR A, to kick out, to dismiss roughly.
ESCOGER o ELEGIR, to choose, to select, to pick out.
ESCOGIDA, selection, selected tobacco.
ESCOLTA, (nautical) convoy.
ESCOLTAR, to convoy.
ESCOMBRERA, waste pile.
ESCOMBROS, rubbish, debris.
ESCONDER, to hide, to conceal.
ESCONDITE, JUGAR AL, to play hide and seek.
ESCOPETA, shotgun.
ESCORIA o CHATARRA, slag, clinker.
ESCOTILLA, hatchway, hatch.
ESCRIBANO, clerk, clerk of the court, secretary.
—— **PÚBLICO o DE REGISTRO,** notary public.

ESCRIBIENTE, clerk.
ESCRIBIR o REDACTAR, to write.
—— **A DOBLE ESPACIO,** double-space.
—— **A MÁQUINA,** to type, to typewrite.
ESCRITO, writing, document, brief, written.
—— **A MÁQUINA,** typewritten.
—— **BREVE,** brief.
——, **DECLARACIONES POR,** written declarations.
——, **POR,** in writing.
ESCRITOR o AUTOR o LITERATO, writer.
ESCRITORA, woman writer.
ESCRITORIO, desk, office.
—— **JURÍDICO,** law office.
—— **PARTICULAR,** private office.
—— **SECRETARIAL,** secretarial desk.
ESCRITURA o ESCRITO, writing, deed, policy, contract.
—— **A MÁQUINA,** typewriting.
—— **AL TACTO,** touch typing.
—— **CONSTITUTIVA Y ESTATUTOS,** constitution and bylaws.
—— **DE ASOCIACIÓN,** articles of partnership.
—— **DE CESIÓN,** deed of assignment.
—— **DE COMPRA,** deed.
—— **DE COMPRAVENTA,** bill of sale, deed.
—— **DE CONSTITUCIÓN o CONSTITUTIVA,** deed of constitution, corporation charter, articles of association.
—— **DE CONSTITUCIÓN DEL BANCO,** bank charter.
—— **DE CONSTITUCIÓN ESTATAL,** state charter.
—— **DE CONSTITUCIÓN NACIONAL,** national charter.
—— **DE CONSTITUCIÓN SOCIAL,** articles of association.
—— **DE EMISIÓN DE BONOS,** bond indenture.
—— **DE FIANZA,** bail bond.
—— **DE FIDEICOMISO o FIDUCIARIA,** trust indenture, trust deed.
—— **DE FUNDACIÓN u ORGANIZACIÓN,** charter, certificate of organization.
—— **DE HIPOTECA,** mortgage deed.
—— **DE INCORPORACIÓN,** articles of incorporation, incorporation papers.
—— **DE PRÉSTAMOS E HIPOTECA,** bond and mortgage.
—— **DE PROPIEDAD o DE TRASPASO,** title deed.
—— **DE PROPIEDAD CON GARANTÍA DE TÍTULO,** warranty deed.
—— **DE SEGURO,** insurance policy.
—— **DE SOCIEDAD o SOCIAL,** incorporation charter, deed of partnership.
—— **DE TRASPASO,** deed of conveyance, title deed.
—— **DE VENTA,** bill of sale.
—— **DE VENTA CONDICIONADA,** trust deed of sale.
—— **DEL CONTRATO DE BALANCE,** balance sheet covenant.
—— **MATRIZ,** notary's original document.
—— **NOTARIAL,** notarial certificate, acknowledgment.
—— **PÚBLICA,** public document.

ESCRITURAR, to notarize, to make a written contract, to enter.
ESCRÚPULO, qualm, pennyweight.
ESCRUTADOR, teller, inspector of election.
ESCRUTAR, to scrutinize, to count votes.
ESCRUTINIO, investigation, counting of votes, scrutiny.
—— HECHO POR LEGISLATURA, legislative scrutiny.
—— PÚBLICO o ENCUESTA PÚBLICA, public scrutiny.
ESCUADRA o PATRULLA o BRIGADA, squad.
ESCUADRÓN DE EXPLORADORES o DE GUÍAS, scout troup.
ESCUCHAR, to listen, to mind.
ESCUDERO o ACOMPAÑANTE DE UNA DAMA o HACENDADO (Inglaterra), squire.
ESCUDRIÑAR, to seak.
ESCUELA o COLEGIO, school, schoolhouse.
—— ARTESANAL o DE OFICIOS, trade school.
—— COMERCIAL, business college.
—— DE ARTES Y OFICIOS o ESCUELA INDUSTRIAL o ARTESANAL, trade school.
—— DE BAILE, dancing school.
—— DE DERECHO o DE LEYES, law school.
—— DE ENTRENAMIENTO, training school.
—— DE INTERNOS o INTERNADO, boarding school.
—— DE MEDICINA, medical school.
—— DE SEGUNDA ENSEÑANZA EN E.U.A., high school.
—— DE VESTÍBULO, vestibule school.
—— GRATUITA, charity school.
—— PARROQUIAL o ECLESIÁSTICA, church school.
—— PARTICULAR, private school.
—— PRIMARIA, primary and grammar school.
—— PÚBLICA o COLEGIO PÚBLICO, public school.
—— SUPERIOR, college or university.
—— VOCACIONAL, vocational school.
ESCULPIR o TALLAR, to sculpt.
ESCULTOR, sculptor.
ESCULTORA, sculpture.
ESCURRIR EL BULTO, to sneak away.
ESCURRIRSE o SALIR SIN SER OBSERVADO, to slip out.
ESE o ESA o AQUEL o AQUELLA, that.
ESFERA u ORBE o CÍRCULO DE ACCIÓN, sphere.
—— DE INVERSIÓN, sphere of inversion.
ESFÉRICO o ESFÉRICA, spherical.
ESFORZARSE, to strive, to make an effort.
ESFUERZO, courage, effort, vigor.
—— BÉLICO, war effort.
—— FÍSICO, physical effort.
—— INEFICAZ, weak effort.
—— MENTAL, mental effort.
—— ORGANIZADO, organized endeavor.
——, VOLUNTAD DE, supply of effort,
ESFUERZOS HUMANOS, human endeavors.
ESGRIMA o MANEJO DE LA ESPADA, swordplay.
ESLABONAR, to link.
ESLINGA o BRAGA u HONDA, sling.
—— DE PLATAFORMA, platform or trade sling.
ESMALTE, enamel.
ESMERADO, careful, high-finished.

ESO, that thing.
—— MISMO, the very thing.
——, NO ES, it isn't that.
—— NO LO CREO, I don't believe that.
—— NO TIENE DISCUSIÓN o ES INÚTIL DISCUTIRLO o SIN DUDA, no use of talking.
——, POR, for that, for that reason.
—— SE ENTIENDE o POR SUPUESTO, that is understood.
ESPACIAR o SEPARAR, to space.
ESPACIO o LUGAR, space, room.
—— DE ALMACENAJE, storage space.
—— DE CARGA, cargo space.
—— DE ESTACIONAMIENTO, parking space.
—— DE MUESTRAS o ESPACIO MUESTRA, sample space.
—— DE PISO, floor space.
——, GEOMETRÍA DEL, solid geometry.
—— LIBRE, clearance.
—— MÉTRICO, metric space.
—— VECTORIAL, vector space.
ESPADA, sword.
ESPADACHÍN o ESGRIMISTA, swordsman.
ESPALDA, back, shoulders.
——, DAR LA, to turn one's back on.
——, POR LA, from behind, in the back.
ESPALDAS DE UNO, HABLAR POR LAS, to talk behind one's back.
ESPALDAS MOJADAS u OBREROS MEXICANOS QUE ENTRAN ILEGALMENTE EN ESTADOS UNIDOS, wetbacks.
ESPANTAPÁJAROS o ESPANTAJO, scarecrow.
ESPANTAR, to scare, to frighten, to chase.
ESPAÑOL o CASTELLANO (el idioma), Spanish.
ESPARCIDO o DIFUNDIDO, widespread.
ESPARCIR, to scatter, to spread.
ESPARCIRSE o DESPARRAMARSE, scatter.
ESPECIAL, special, extraordinary.
——, EN, specially, in particular.
ESPECIALIDAD o RASGO CARACTERÍSTICO, specialty.
ESPECIALIDADES, specialties.
—— FARMACÉUTICAS, proprietary drug.
ESPECIALISTA, specialist.
—— DE LA CONDUCTA, behavioral scientist.
—— DE PERSONAL DE PLANEACIÓN, planning-staff specialist.
—— EN BANCA Y VALORES, banking and security specialist.
—— EN MERCADOTECNIA, marketing expert.
—— EN PLANIFICACIÓN ESTRATÉGICA, strategic planning specialist.
—— EN RELACIONES LABORALES, labor relations specialist.
—— INDUSTRIAL, industry specialist.
—— O PERITO TÉCNICO, technical specialist.
ESPECIALIZACIÓN, specialization.
—— DEL TRABAJO o DE LA MANO DE OBRA, specialization of labor.
—— HORIZONTAL, horizontal specialization.
—— TÉCNICA, technical specialization.
ESPECIAS, spices.
ESPECIE, kind, sort, species, certificate.

—— DE SALCHICHA, wiener.
——, DONACIÓN EN, gift in kind.
——, EN, in species, in kind.
——, INGRESO EN, income in kind.
ESPECIES FISCALES, government obligations.
ESPECIFICACIÓN, specification, itemizing, detailed statement.
—— DE DATOS, data specification.
—— DE SISTEMAS, system specification.
—— DE TAREAS o TRABAJOS, job specification.
—— NORMAL, standard specification.
ESPECIFICACIONES o NORMAS, specifications.
—— DE DISEÑO, design specifications.
—— DE EMBARQUE, shipping specifications.
—— DE PATENTE, patent specifications.
—— DEL MATERIAL, stock specifications.
—— DEL NUEVO PRODUCTO, new-product specifications.
—— FISCALES, government specifications.
—— GENERALES, general specifications.
—— NORMALES, standard specifications.
ESPECIFICAR, to specify, to itemize.
ESPECÍFICO o CARACTERÍSTICO, specific.
ESPÉCIMEN o MUESTRA o TESTIGO, specimen.
—— DE FIRMA, specimen signature
ESPECTÁCULO, show, spectacle.
——, DAR UN, to make a scene.
—— DE CABARET, floor show.
ESPECTADOR, beholder, spectator.
ESPECULACIÓN, speculation, adventure, venture.
—— BURSÁTIL o EN LA BOLSA DE VALORES, stock speculation.
——, CUENTA DE, bear account.
—— EN ACCIONES o CORRETAJE DE ACCIONES, stock-jobbing.
—— EN PARTICIPACIÓN CON OTROS, joint venture.
—— EVENTUAL, adventure.
—— MERCANTIL, trading, commercial operations.
——, VALORES DE, equity securities.
ESPECULADOR o AGIOTISTA o BOLSISTA, speculator.
—— TEMERARIO, plunger.
ESPECULADORES A LA BAJA, bear.
ESPECULAR, to speculate, to trade, to make money.
—— A LA ALZA, speculate for a raise.
—— A LA BAJA, bear the market, to speculate for a fall in prices.
—— AL ALZA, bull the market.
ESPECULATIVO, speculative, commercial, for profit.
——, NO, noncommercial.
ESPEJO, mirror, looking-glass.
ESPERA, abeyance, waiting, stay.
——, COLA o LÍNEA DE, waiting line, queue.
——, DE, EN, waiting for, expecting.
——, EN, in abeyance.
——, SALA DE, waiting-room.
ESPERANZA, hope.
—— DE VIDA, life expectancy, expectation of life.
—— MATEMÁTICA, mathematical expectation.

——, NO HAY, there is no hope, the case is hopeless.
ESPERANZADO, hopeful.
ESPERAR, to expect, to wait for, to hope.
—— ÓRDENES, to wait orders.
ESPERE UN MOMENTO, just a minute.
ESPESAR o ENGROSAR, to thicken.
ESPESO, thick, dense, heavy.
ESPESOR o GROSOR, thickness.
ESPETAR UNA PREGUNTA, pop a question.
ESPÍA, spy.
ESPIAR o ACECHAR, to spy, to pry.
ESPIGA o CLAVIJA, peg, pin.
ESPIGÓN, jetty, pier, dock.
—— DE ATRAQUE, pier, wharf.
ESPINA, DAR MALA, to cause suspicion or anxiety.
——, SACARSE LA, to get even.
ESPIRAL, spiral.
—— INFLACIONARIA, inflationary spiral.
ESPÍRITU o TEMPLE o ENERGÍA, spirit.
—— DE CONTRADICCIÓN, contradictory temper.
—— MALIGNO, the devil.
—— O TRABAJO DE EQUIPO, teamwork, cooperation.
ESPONJA, sponge.
ESPOSA o MUJER CASADA o SEÑORA, wife.
ESPOSO, husband, spouse.
ESPUMA, lather, froth, foam.
ESPURIO, spurious, false, bogus, counterfait.
ESQUELETO, crate, blank form, frame, skeleton.
ESQUEMA, scheme, plan sketch, diagram.
—— DE CODIFICACIÓN, coding scheme.
—— DE TRABAJO, working sketch.
ESQUEMATIZAR, to outline, to sketch.
ESQUÍ, ski.
—— ACUÁTICO, water ski.
——, CAMPO DE, ski resort.
ESQUIAR, to ski.
ESQUILA, sheepshearing.
ESQUILMAR, to cheat, to swindle.
ESQUINA, corner.
——, A LA VUELTA DE LA, around the corner.
——, DOBLAR LA, to turn the corner.
ESQUINAZO, DAR, to avoid, to evade.
ESTÁ A LA DISPOSICIÓN DE USTED, you are welcome to it.
ESTÁ BIEN, all right.
ESTÁ ESCRITO, it is written.
ESTA MISMA NOCHE, this very night.
ESTABILIDAD o FIRMEZA o SOLIDEZ, stability.
—— AMBIENTAL, environmental stability.
—— DE LA EMPRESA, stability of enterprise.
—— DE LA VARIANCIA, stability of variance.
—— DE LAS UTILIDADES, stability of earnings.
—— DE LOS PRECIOS, price stability.
—— DEL INGRESO NACIONAL, stability of national income.
—— ECONÓMICA, economic stability.
—— EMOCIONAL, emotional stability.
ESTABILIZACIÓN, stabilization, seasoning.

ESTABILIZADORES-ESTADÍSTICAS

—— ARTIFICIAL o CONVENCIONAL DE PRECIOS, pegging.
—— DE SALARIOS, wage stabilización.
ESTABILIZADORES AUTOMÁTICOS DE LA ECONOMÍA, automatic stabilizers in the economy.
ESTABILIZAR, to stabilize, to freeze.
ESTABLE o FIRME, stable, steady.
ESTABLES, PRECIOS, stable prices.
ESTABLECER, to establish, to set up, to found.
—— CONTROLES, setting up controls.
—— LA CUOTA, to assign a rate.
—— NORMAS, to set up standards.
—— PRIORIDAD, to marshal.
—— UN FEDEICOMISO, to found a trust.
—— UN PRECIO, to fix a price.
ESTABLECERSE, to become established, to set up in business.
ESTABLECIDO, NEGOCIO, going concern.
ESTABLECIMIENTO, establishment, institution, installation.
—— BANCARIO, banking institution.
—— COMERCIAL DEL CENTRO, downtown shopping center.
—— DE CRÉDITO, credit institution.
—— DE DISTRIBUCIÓN o DE REPARTO, distribution outlet.
—— DE LOS HORARIOS, making up the timetable.
—— DEL BANCO, bank premises.
—— DEL OBJETIVO, goal setting.
—— DETALLISTA, retail store.
—— MAYORISTA, wholesale establishment.
—— MERCANTIL, business enterprise, mercantile house.
—— NACIONAL DE DEPÓSITO, domestic depository institution.
—— SINDICALIZADO, union shop.
ESTABLECIMIENTO o TIENDAS EN CADENA, chain stores.
ESTABLO, cattle, barn, stable.
ESTACA o VARILLA o BASTÓN, stick.
ESTACAR o DEMARCAR CON ESTACAS., to stake out.
ESTACIÓN o TEMPORADA, season, station, depot, stop, (taxi) stand.
—— AGRÍCOLA EXPERIMENTAL, agricultural experiment station.
—— CENTRAL, central station, powerhouse, generating plant.
—— CONSOLIDADA, union station.
—— DE AUTOBUSES, bus station, bus depot.
—— DE BOMBEO, pumping plant.
—— DE CAMIONES o DE TRANSPORTE VIAL, truck terminal, truck depot.
—— DE CARGA, freight station.
—— DE CONSULTA, inquiry station.
—— DE FERROCARRIL, railroad station.
—— DE GASOLINA, gas station, filling station, service center.
—— DE INTERCAMBIO o DE TRANSBORDO, interchange station, transfer station.

—— DE MERCANCÍAS, goods station.
—— DE RADIO, radio station.
—— DE SEQUÍA, dry season.
—— DE TELEVISIÓN o TELEVISORA, television station, television broadcasting station.
—— DE TRABAJO, work station.
—— DE TRABAJO ADMINISTRATIVO, managerial work-station.
—— DE TRÁNSITO, transit station.
—— DE VENTAS BAJAS o ESTACIÓN FLOJA, slack season.
—— DE VIAJEROS, passenger station.
—— DIFUSORA o EMISORA, broadcasting station.
—— EMISORA, transmitting station.
—— GENERADORA o ELÉCTRICA, central station.
—— INALÁMBRICA, radio station.
—— INVERNAL, winter season.
—— METEOROLÓGICA, weather station.
—— NAVAL, naval base or station.
—— O CUARTEL DE POLICÍA, police station.
—— RECEPTORA, receiving station.
—— REPETIDORA, relay station.
—— TERMINAL, terminal station.
ESTACIONAMIENTO, parking, seasoning (lumber), parking space.
—— DE AZOTEA, roof-top parking.
—— DURANTE TODA LA NOCHE o NOCTURNO, all-night parking.
—— EN DOBLE FILA, double parking.
—— EN UNA SOLA BANDA, single parking.
—— FUERA DE LA CALLE, off-street parking.
—— GRATIS PARA AUTOMOVILISTAS, drive-in facility.
—— PROHIBIDO, no parking.
—— SOTERRADO, underground parking.
ESTACIONAR, to park a car.
ESTACIONARIO o FIJO, stationary.
ESTACIONARSE o ESTACIONAR UN VEHÍCULO, to park.
ESTADÍA, demurrage, stay, lay days.
ESTADÍAS, lay days.
ESTADÍGRAFO, statistician.
ESTADIO, stadium, race course.
ESTADISTA, statistician, statesman.
ESTADÍSTICA o CIENCIA DE LA ESTADÍSTICA, statistics.
—— APLICADA A LA BIOLOGÍA, biostatistics.
—— COMERCIAL, business statistics.
——, CONFIANZA, statistical reliability.
—— DE LA POBLACIÓN, population statistics.
—— DE MUESTREO, sampling statistics.
—— DE PRUEBAS, test statistics.
—— DE VOLUMEN, volume statistics.
—— DEMOGRÁFICA, vital statistics.
—— DESCRIPTIVA, descriptive statistics.
——, ESTIMACIÓN, statistical estimation.
—— LABORAL, labor statistics.
—— MATEMÁTICA, mathematical statistics.
ESTADÍSTICAS
—— ACTUALES, current statistics.
—— DE VENTAS, sales statistics.
—— DEMOGRÁFICAS, demographic statistics.
——, TÉCNICAS, statistical techniques.

ESTADÍSTICO o ESTADÍGRAFO, statistician, statistical.
—, ANÁLISIS, statistical analysis.
ESTADO, condition, status, statement, state, staff, nation.
— ACTUAL, present status.
— ACUMULATIVO, cumulative statement.
— ANUAL, annual statement.
— AUXILIAR, supporting statement.
— BANCARIO o DEL BANCO, bank statement.
— BENEFACTOR, welfare state.
— CIVIL, civil status (married or single).
— CONDENSADO DE RESULTADOS Y UTILIDADES RETENIDAS, condensed statement of income and retained earnings.
— COMPARATIVO, comparative statement.
— CONDENSADO, condensed statement, condensed balance sheet.
— CONDENSADO DE RESULTADOS Y UTILIDADES RETENIDAS, condensed statement of income and retained earnings.
— CONSOLIDADO, consolidated statement.
— CONTABLE ANUAL, annual financial statement.
— DE ACTIVO Y PASIVO o ESTADO DE SITUACIÓN FINANCIERA, statement of assets and liabilities.
— DE ACTUALIZACIÓN o SUPUESTO, giving-effect statement.
— DE ALARMA, state of emergency.
— DE ÁNIMO, state of mind.
— DE ARTICULACIÓN o TABULACIÓN, articulation statement.
— DE AVERÍAS, average statement.
— DE CAJA o DE EFECTIVO, cash statement.
— DE CAPITAL CONTABLE, statement of shareholders'equity.
— DE CAPITAL EN GIRO, statement of working capital.
— DE CARGOS Y DESCARGOS, charge-and-discharge statement.
— DE CONCILIACIÓN, reconciliation statement.
— DE CONCILIACIÓN DE CAPITAL, capital reconciliation statement.
— DE CONSOLIDACIÓN, consolidating statement.
— DE CONTABILIDAD, balance sheet.
— DE CONTABILIDAD AUTORIZADO, certified balance sheet.
— DE CONTABILIDAD COMBINADO, combined balance sheet.
— DE CONTABILIDAD CONSOLIDADO, consolidated balance sheet.
— DE COSTO DE ARTÍCULOS PRODUCIDOS, cost of manufactured statement.
— DE COSTO DE FABRICACIÓN, manufacturing statement.
— DE COSTO DE VENTAS, cost of sales statement.
— DE COSTOS POR FUNCIONES, functional statement.
— DE CUENTA, accounting, statement of account, bank statement.

— DE CUENTA AL CORTE EMITIDO POR EL BANCO, cutoff bank statement.
— DE CUENTA DE GASTOS, trading statement.
— DE CUENTA DE PROVEEDORES, suppliers' statement.
— DE CUENTAS DEL CLIENTE, customer's statement.
— DE CUENTAS DEL DEPOSITANTE, depositor' statement.
— DE CUENTA DETALLADO, itemized statement.
— DE CUENTA MENSUAL, monthly statement.
— DE ENTRADAS Y SALIDAS DE CAJA, cash receipts and disbursements statement.
— DE FLUJO, flow statement.
— DE FLUJO DE CAJA o DE EFECTIVO, cash-flow statement.
— DE FLUJO DE FONDOS, funds-flow statement.
— DE GANANCIAS, profit statement.
— DE GANANCIAS Y PÉRDIDAS, profit-and-loss statement.
— DE GASTOS, expense statement.
— DE GASTOS Y PRODUCTOS, statement of earnings and expenses.
— DE GUERRA o DE SITIO, martial law, state of war.
— DE INGRESOS, earnings statement, income statement.
— DE INGRESOS CONSOLIDADOS, consolidated income statement.
— DE INGRESOS DE LA OPERACIÓN, operating performance income statement.
— DE INGRESOS DE TEMPORADA, seasonal revenue statement.
— DE INGRESOS, GANANCIAS Y PÉRDIDAS, income and profit and loss statement.
— DE INGRESOS SENCILLOS, single-step income statement.
— DE INGRESOS Y EGRESOS o ESTADO DE INGRESOS Y DESEMBOLSOS, statement of income and expenses, statement of income and disbursements.
— DE INSUMO-PRODUCTO, input-output statement.
— DE LA CÁMARA DE COMPENSACIÓN, clearinghouse statement.
— DE LA MUJER CASADA, wifehood.
— DE LA PLAZA, market report.
— DE LIQUIDACIÓN, liquidation statement.
— DE LIQUIDEZ, liquidity position.
— DE LIQUIDEZ BANCARIO, bank's liquidity position.
— DE LOS INVENTARIOS o DE EXISTENCIAS, stock situation.
— DE LOS NEGOCIOS, business conditions, statement of affairs.
— DE OPERACIÓN o DE OPERACIONES, operating statements, statement of operations.
— DE ORIGEN Y APLICACIÓN DE FONDOS, statement of application of funds.
— DE ORIGEN Y DISPOSICIÓN, source-and-disposition statement.
— DE PAGOS DEL EMPLEADO, employee's pay status.

ESTADOS

—— DE PARTICIPACIÓN NETA DE LOS ACCIONISTAS o ESTADO DE INVERSIÓN DE LOS ACCIONISTAS, statement of stockholders' equity.
—— DE PERCEPCIONES Y DESEMBOLSOS, statement of receipts and disbursements.
—— DE PÉRDIDAS Y GANANCIAS CONSOLIDADO, consolidated profit and loss statement.
—— DE PÉRDIDAS Y GANANCIAS EN FORMA CORRIDA, narrative form in income statement.
—— DE PÓLIZAS, policy exhibit.
—— DE POSICIÓN FINANCIERA, statement of financial position.
—— DE PRODUCCIÓN, production statement.
—— DE PRODUCTOS Y GASTOS, statement of revenues and expenditures.
—— DE PROPIEDAD, statement of ownership.
—— DE REALIZACIÓN Y LIQUIDACIÓN, statement of realization and liquidation.
—— DE RECAPITULACIÓN o CONCENTRACIÓN, recapitulation statement.
—— DE RECONCILIACIÓN BANCARIA, bank statement reconciliation.
—— DE RECURSOS o DE FONDOS, funds statement.
—— DE RECURSOS Y SU APLICACIÓN, statement of resources and their application.
—— DE RENDIMIENTOS, income sheet, earning statement.
—— DE RESULTADOS, statement of earnings.
—— DE RESULTADOS INCLUSIVO, all-inclusive income statement.
—— DE RESULTADOS PROFORMA, pro forma income statement.
—— DE SALDOS, schedule of balances.
—— DE SITUACIÓN, bank return, general balance sheet.
—— DE SUPERÁVIT, surplus statement.
—— DE SUPERÁVIT CONSOLIDADO, statement of consolidated surplus.
—— DE UTILIDADES, income or profit statement.
—— DE UTILIDADES RETENIDAS EN EL NEGOCIO, statement of retained profits.
—— DE VENTAS, account sales.
—— DEL ACTIVO Y PASIVO, balance sheet.
—— DETALLADO o PORMENORIZADO, itemized statement.
—— DEUDOR, debtor nation.
—— DIARIO DE CAJA, daily cash statement.
—— ECONÓMICO, economic status.
—— EN FECHA INTERMEDIA, interim statement.
—— ESTABLE o ESTACIONARIO, steady state.
—— ESTIMADO DE LIQUIDACIÓN, statement of affairs and liquidation.
—— FALSIFICADO o FALSO, false statement.
—— FINANCIERO, financial statement, balance sheet.
—— FINANCIERO ACTUAL, current financial statement.
—— FINANCIERO ANUAL, annual financial statement.
—— FINANCIERO AUDITADO, audited financial statement.
—— FINANCIERO BÁSICO, basic financial statement.
—— FINANCIERO CERTIFICADO, certified financial statement.
—— FINANCIERO COMBINADO, combined financial statement.
—— FINANCIERO CONGLOMERADO o AGRUPADO, conglomerate financial statement.
—— FINANCIERO CONSOLIDADO, consolidated financial statement.
—— FINANCIERO DE AGRUPAMIENTO, group financial statement.
—— FINANCIERO DEL PRESTATARIO, borrower financial statement.
—— FINANCIERO DESCRIPTIVO, descriptive financial statement.
—— FINANCIERO FALSO, false financial statement.
—— FINANCIERO PARA FINES ESPECIALES, special-purpose financial statement.
—— FINANCIERO PARA OBTENER CRÉDITO, credit statement.
—— FINANCIERO PARA USO GENERAL, all-purpose financial statement.
—— FINANCIERO PERSONAL o SITUACIÓN FINANCIERA INDIVIDUAL, personal financial statement.
—— FINANCIERO PREDETERMINADO, forward financial statement.
—— FINANCIERO PROFORMA, pro forma statement.
—— FINANCIERO PROYECTADO, projected financial statement.
—— FINANCIERO SIN AUDITAR, unaudited financial statement.
—— FÍSICO o ESTADO DE SALUD, physical condition.
—— GENERAL ANALÍTICO, analytic balance sheet.
—— HASTA LA FECHA DE CORTE DE OPERACIONES, cut-off statement.
—— LEGAL, legal status.
—— MAYOR, staff.
—— MIGRATORIO, immigration status.
—— PIVOTE CON GRAN ELECTORADO QUE PUEDE CAMBIAR EL RESULTADO DE LA ELECCIÓN DE UN PARTIDO A OTRO, pivotal state.
—— QUE ARMONIZA CONFLICTOS ENTRE VECINOS, buffer state.

ESTADOS

—— CONSOLIDADOS, consolidated statements.
—— DE CUENTA MENSUALES, month-end statements.
—— DE RESULTADOS DE ETAPAS MÚLTIPLES, multiple-step income statements.
—— FINANCIEROS, financial statements.
—— FINANCIEROS BASADOS EN EFECTIVO, cash-basis financial statements.
—— FINANCIEROS COMPARATIVOS, comparative financial statements.
—— FINANCIEROS COMPILADOS, compiled financial statements.

——FINANCIEROS DE USO GENERAL, general-purpose financial statements.
——FINANCIEROS EN MONEDA EXTRANJERA, foreign currency financial statements.
——FINANCIEROS ENGAÑOSOS, misleading financial statements.
——FINANCIEROS HOMOGÉNEOS, common-size financial statements.
——FINANCIEROS PROVISIONALES, interim financial statements.
——PROFORMA, pro forma statements.
——UNIDOS, United States.
ESTAFA, swindle, fraud, double-dealing.
ESTAFADOR, crook, swindler, welsher.
ESTAFAR o TIMAR o HACER TRAMPAS, to swindle, to defraud, to victimize.
ESTAFETA, courrier, post, diplomatic mail.
ESTALLAR o REVENTAR, to explode, to pop.
ESTAMBRE o HILO DE LANA, wool yarn.
¿ESTAMOS?, is it agreed?, do you understand?
ESTAMPA, print, engraving.
——O SELLO o ESTAMPILLA DE CORREO, postmark.
ESTAMPADORA, printing machine.
ESTAMPADOS, printed fabrics.
ESTAMPAR o IMPRIMIR, to stamp.
ESTAMPILLA o SELLO DE CORREO AÉREO, air-mail stamp.
——FISCAL, revenue stamp.
——O SELLO PARA TRANSFERENCIA DE ACCIONES, transfer stamp.
——POSTAL o DE CORREO, postage stamp.
ESTANCAMIENTO, tied-up, stagnation.
——DE LA PRODUCTIVIDAD, productivity stagnation.
——ECONÓMICO, economic stagnation, stagnation.
——SECULAR, secular stagnation.
ESTANCAR, to suspend, to monopolize, to corner.
ESTANCIA, landed estate, cattle ranch, stock farm, living room.
——EN PUERTO, stay in port.
ESTÁNDAR o NORMA, standard.
——ACEPTABLE PARA LA INDUSTRIA, acceptable industry standard.
——DE COMPARACIÓN o NORMA DE COMPARACIÓN, standard of comparison.
——DE COSTO, cost standard.
——DE VIDA, living standard, standard of living.
——, DESVIACIÓN, standard deviation.
——FLEXIBLE, flexible standard.
——INTERNACIONAL, international standard.
ESTÁNDARES INDUSTRIALES, industry standards.
ESTANDARIZAR o UNIFORMAR, to standardize.
ESTANTE o ENTREPAÑO o ANAQUEL, shelf, stand, cabinet.
——PARA EXHIBICIÓN, display stand.
——PORTÁTIL o MOVIBLE, portable stand.
ESTANTERÍA, shelving.
——DE LIBROS, bookshelves.
——DESMONTABLE, portable shelving.
ESTAÑO o LATA, tin.

——EN LINGOTES, pig tin.
ESTAR, to be.
——A LA ALTURA DE o SER CAPAZ DE, to be up to.
——A SALVO o HABER SALIDO DE UNA DIFICULTAD, to be out of woods.
——ACOSTUMBRADO, to be used.
——ALERTA o TENER CUIDADO, to be on the watch.
——ANSIOSO o ALARMADO, to have the wind up.
——CONFORME CON, to stand with.
——CONSCIENTE DE ALGO, awareness.
——DE ACUERDO, to agree.
——DE ACUERDO CON, to agree with.
——DE BUEN HUMOR, to be in good spirit.
——DE MÁS, to be in the way, to be unnecessary.
——DE PIE o RESISTIR, to stand.
——EN, to be in.
——EN ACECHO, to lie in wait.
——EN DESACUERDO o EN DISCORDIA, to be at variance.
——EN DIFICULTADES FINANCIERAS, to be embarrased.
——EN EL CAMINO o EN LA VÍA o ESTORBAR, to be in the way.
——EN GRANDE, to be in luxury.
——EN LO CIERTO, to be right.
——ENFERMO DE, to be ill with.
——EXCLUIDO DE PRÉSTAMOS, shut-off from borrowing.
——FUERA DE PRÁCTICA o NO ESTAR EN FORMA, to be out of practice.
——FUERA DE SÍ O ESTAR LOCO, to be out of one's wits.
——IMPLICADO o ENROLLADO EN, to be wrapped up in.
——LEVANTADO, to be up.
——MUY OCUPADO o ATAREADO, to be hard at work.
——NECESITADO, to be in want.
——PEOR QUE ANTES o ESTAR EN PEORES CIRCUNSTANCIAS, to be worse off.
——PERDIDO o ARRUINADO, to be undone.
——PREOCUPADO o ANGUSTIADO, to be worried.
——PRESENTE o ASISTIR, to be present.
——SANO o ESTAR BIEN, to be all right.
——SEGURO o SIN DUDA, to be sure.
——SOLO o SER EL ÚNICO, to stand alone.
——TRISTE, to be out of spirit.
ESTARCIR, to stencil.
ESTARSE CALLADO, to keep quiet.
ESTÁTICO o ESTÁTICA o PERTURBACIÓN ELÉCTRICA ATMOSFÉRICA, static.
ESTATISMO, statism.
ESTATIZAR, to convert to government or operation.
ESTATUIDO o ESTABLECIDO POR LEY, statutory.
ESTATUIR, to enact, to charter, to establish.
ESTATUTO o LEY o DECRETO o REGLAMENTO, statute, bylaw, charter.
ESTATUTOS, articles of association, bylaws.
——SOCIALES, bylaws.
ESTE o ESTA o ESTO, this.

—— LADO PARA ARRIBA, this side up.
ESTENOGRAFÍA, shorthand, stenography.
ESTENÓGRAFO o ESTENÓGRAFA, stenographer.
ESTENOTIPIA o TAQUIGRAFÍA A MÁQUINA, stenotypy.
ESTENOTIPISTA, stenotypist.
ESTERA, cargo mat, slat conveyor.
ESTÉRIL o INFECUNDO o IMPRODUCTIVO, sterile, unfruitful.
ESTERILIZAR, to sterilize.
ESTERLINA o PLATA FINA o PURO o DE LEY, sterling.
ESTÉSE QUIETO o NO SE MUEVA, sit still.
ESTIBA o APILAR EN BODEGA o ALMACENAJE, stowage, loading, trimming.
ESTIBADOR, dock worker, stevedore, longshoreman, stower.
—— PORTUARIO, longshoreman.
ESTIBAR, to stow, to trim, to load cargo.
ESTILISTA, stylist.
ESTILIZAR o DISEÑAR A LA MODA, to stylize, to design.
ESTILO o MODA, mode, style, fashion, face.
——, DE, usual, customary.
—— DEL PRODUCTO, product style.
——, POR EL, of that kind, like that.
ESTILOGRÁFICA, fountain pen.
ESTIMACIÓN, estimate, estimating, appraisal.
—— BAJA, undervaluation.
—— COMERCIAL, market value.
—— DE DIFERENCIAS, difference estimation.
—— DE LA POBLACIÓN, population estimate.
—— DE PORCENTAJES, ratio estimation.
—— DE REQUERIMIENTOS DE CAJA, estimate of cash requirements.
—— ESTADÍSTICA, statistical estimation.
—— MEDIA, mean estimation.
—— PARA PAGO, estimate for payment.
—— POR INTERVALO, interval estimation.
—— TOTAL, overall estimate.
ESTIMACIONES
—— CONTABLES, accounting estimates.
—— PARA FORMULAR EL PRESUPUESTO, budget estimates.
ESTIMADO, estimate, estimated, steemed.
——, BALANCE GENERAL, pro forma balance sheet.
—— DE LOS INGRESOS POR COMPRAS, estimated buying income.
—— DEL PERSONAL NECESARIO, personal requirements estimate.
—— SEÑOR, dear sir.
—— TOTAL, overall estimate.
ESTIMAR o APRECIAR, to estimate, to regard highly, to figure out, to prize.
ESTIMULAR o HALAGAR, to stimulate, to encourage.
ESTÍMULO, incentive, encouragement, inducement.
—— AL COMPRADOR, buyer motivation.
—— AL PERSONAL, motivating people.
ESTÍMULO-RESPUESTA, stimulus-response.
ESTÍMULOS
—— AL EMPLEADO, employee incentives.
—— FINANCIEROS, financial incentives.

ESTIPENDIO, stipend, fee, pay.
ESTIPULACIÓN o CONVENIO, stipulation, specification.
ESTIPULACIONES DE GARANTÍA DE PRÉSTAMOS A PLAZO, security provisions of term loans.
ESTIPULACIONES DEL ARRENDAMIENTO, lease provisions.
ESTIPULADO o PACTADO, stipulated.
ESTIPULAR o PACTAR, to stipulate, to covenant, to specify.
ESTIRAR o ALARGAR, to stretch.
ESTIRÓN o TIRÓN o REMOLCADOR, tug.
ESTO, this.
——, A TODO, meanwhile.
—— ES QUE, POR, this is the reason, this is why.
——, POR, for this reason, on this account.
ESTOCÁSTICO, (estadística), stochastic.
ESTOCÁSTICOS, PROCESOS, stochastic processes.
ESTOPA, cotton waste, tow.
—— DE LANA, wool waste.
ESTORBAR o CERRAR EL PASO, to stand in the way, to disturb, to hinder.
ESTORBO, obstruction, nuisance, hindrance.
ESTORNUDAR o ESTORNUDO, sneeze.
ESTRABISMO o MIRADA BIZCA, squint.
ESTRAGO, damage, destruction.
ESTRATAGEMA, trick, stratagem.
ESTRATEGIA, strategy.
—— A CORTO PLAZO o DE CORTO ALCANCE, short-range strategy.
—— A LARGO PLAZO, long-range strategy.
—— DE DOTACIÓN DE PERSONAL, staffing strategy.
—— DE PRECIOS, pricing strategy.
—— DE SEGMENTACIÓN DEL MERCADO, market segmentation strategy.
—— DE UN JUEGO, strategy of a game.
—— EMPRESARIAL, corporate strategy.
—— EN MERCADOTECNIA, marketing strategy.
—— MAESTRA, master strategy.
—— MAXIMIN, maximin strategy.
—— MILITAR, military strategy.
—— POLÍTICA, political strategy.
—— PUBLICITARIA, advertising strategy.
ESTRATEGIAS DIVERSAS DE FIJACIÓN DE PRECIOS, alternate pricing strategies.
ESTRATÉGICO, strategic.
ESTRATEGO o ESTRATEGA, strategist.
ESTRATIFICACIÓN, stratification.
—— DE CLASES SOCIALES, social class stratification.
—— DEL GRUPO CONSUMIDOR, consumer group stratification.
—— ECONÓMICA, economic stratification.
—— SOCIAL, social stratification.
ESTRATIFICADO o ESTRATIFICADA, stratified.
ESTRATIFICAR, to stratify.
ESTRECHAR, to tighten, to narrow.
ESTRECHEZ, trouble, urgency.
—— O ESCASEZ DE CRÉDITO, tightness of credit.
ESTRECHO, narrow, bottleneck, tight, close.

ESTRELLA o SOBRESALIENTE o ACTOR, star.
ESTRELLAS, VER LAS, to see the stars, to feel racking pain.
ESTRELLARSE, to crash, to collide.
ESTREMECER, to shake, to tremble.
ESTREMECERSE o EMOCIONARSE, to thrill.
ESTRENAR, to run in, to inaugurate, to begin.
———, SIN, brand new, unused.
ESTRENO, commencement, inauguration, debut opening.
ESTRIBERÓN, steppingstone.
ESTRIBOS, PERDER LOS, to talk nonsense, to lose one's head.
ESTROPEADO, broken-down, damaged.
ESTROPEAR, to damage, to ruin, to spoil.
ESTRUCTURA, structure, building, construction.
——BANCARIA, banking construction.
——COMPLEJA DE CAPITAL, complex capital structure.
——DE ACERO, steelwork.
——DE GRUPO, group structure.
——DE LA CONTABILIDAD, accounting structure.
——DE LA ECONOMÍA, framework of the economy.
——DE LA ORGANIZACIÓN o DE LA EMPRESA, organization structure.
——DE LOS CANALES DE MERCADOTECNIA, marketing channel structure.
——DE ORGANIZACIÓN ORIENTADA AL PRODUCTO, product-oriented organization structure.
——DE PRECIOS, price structure.
——DE TARIFAS, rate structure.
——DEL CAPITAL, asset or capital structure.
——DEL CAPITAL DEL BANCO, bank's capital structure.
——DEL DERECHO, the pattern of the law.
——DEL MERCADO, market structure.
——ECONÓMICA, economic structure.
——ECONÓMICA DEL PAÍS, country's economic structure.
——FISCAL, system of taxation.
——PERMANENTE, permanent structure.
——POLÍTICA DEL PAÍS, country's political structure.
——SIMPLE DE CAPITAL, simple capital structure.
——SOCIAL DEL PAÍS, country's social structure.
ESTRUCTURACIÓN DE UN PRESUPUESTO, budget construction.
ESTRUCTURAL o DE CONSTRUCCIÓN, structural.
ESTUCHE, case, box, slipcase.
——O EQUIPO DE REPARACIÓN, repair kit.
ESTUDIANTADO, student body, students.
ESTUDIANTE o ALUMNO o DISCÍPULO, student, scholar.
——DE SEGUNDO AÑO, sophomore.
——NO GRADUADO, undergraduate.
——SIN GRADO ACADÉMICO, nondegree student.
ESTUDIAR, to study, to plan.
——EL PROBLEMA, to approach the problem.
ESTUDIO, study, investigation, survey, research, design.
——DE CAMPO, field survey.
——DE CLIENTES EN PERSPECTIVA, consumer research.
——DE COSTOS, cost study.
——DE MERCADO, market study, market survey.
——DE MOVIMIENTOS, motion study.
——DE OPINIONES, opinion poll.
——DE RECURSOS HUMANOS, manpower survey.
——DE RECURSOS NATURALES, resource survey, natural resources survey.
——DE TIEMPO DE EJECUCIÓN DE TAREAS, time study.
——DE TIEMPO Y TAREA, time and task study.
——DEL MERCADO PREVIO AL ANUNCIO, advertising survey.
——DEL MERCADO Y DE LA PROPAGANDA, advertising research.
——DEL TRABAJO, work study.
——ESTADÍSTICO, statistical study.
——GENERAL DE MERCADO, general market survey.
——PRELIMINAR, preliminary study, pilot study.
——SANITARIO, sanitary survey.
——SEGMENTARIO, cross-section study.
ESTUFA o COCINA, stove, range, heater.
——PARA COCINAR, kitchen stove.
ESTUPIDEZ o NECEDAD, stupidity.
ESTÚPIDO o TONTO o NECIO, stupid.
ETAPA, working day, period of time, stage.
——COMPETIDORA, competitive stage.
——DE INTRODUCCIÓN, pioneering stage.
ETAPAS
——DE COBRANZA, stages of collection.
——DEL CICLO DE VIDA DEL PRODUCTO, product life cycle stages.
——DEL PROCESO DE DECISIÓN, decision process stages.
——PUBLICITARIAS, advertising stages.
ETERNIZAR, to perpetuate, to eternize.
ETERNO o INOPORTUNO, timeless.
ÉTICA, ethics, moral, philosophy.
——COMERCIAL o DE LOS NEGOCIOS, business ethics.
——LABORAL, work ethics.
——PROFESIONAL, professional ethics.
——PUBLICITARIA, ethics of advertising, advertising ethics.
ÉTICO, ethical.
ETIQUETA, label, tag.
———, DE, formal.
——DE EMBARQUE, shipping tag.
——DE INVENTARIO, inventory tag.
——DE PRECIO, price tag.
——PARA PAQUETE POSTAL, mailing label.
ETIQUETADO, labeling.
ETIQUETADORA, labeling machine.
ETIQUETAR o ROTULAR, to label, to tag.
EURODÓLAR, eurodollar.
EUTANASIA, mercy killing.
EVACUAR, to vacate, to deal with, to empty.
EVADIBLE, escapable.
EVADIR, to evade, to elude, to avoid.
——PAGO DE IMPUESTOS, to evade taxes.

EVADIRSE o FUGARSE, to abscond.
EVALUACIÓN, evaluation, valuation, appraisal.
—— DE ACTUACIÓN o EJECUCIÓN, performance appraisal.
—— DE ARRENDAMIENTO FINANCIERO, lease evaluation.
—— DE CAPITAL, appraisal capital.
—— DE LA EVIDENCIA, evaluation of evidence.
—— DE LA INVERSIÓN, investment evaluation.
—— DE LOS DAÑOS, measure of damages.
—— DE PROYECTOS, project evaluation.
—— DE PROYECTOS DE INVERSIÓN A LARGO PLAZO, long-term investment project evaluation.
—— DE PROYECTOS DE INVERSIÓN INTERNACIONALES, international capital budgeting.
—— DE PUESTOS u OFICIOS, job evaluation.
—— DE ÚLTIMAS ENTRADAS-PRIMERAS SALIDAS, last-in-first-out valuation (LIFO).
—— DEL PROGRAMA DE MERCADOTECNIA, marketing program evaluation.
—— DEL RIESGO DE FALTA DE PAGO, credit risk assessment.
—— DEL TAMAÑO DE LA MUESTRA, sample size evaluation.
—— DESPUÉS DE LA COMPRA, postpurchase evaluation.
—— ECONÓMICA DE LA NACIÓN, country assessment.
—— SOBRE LA MARCHA, ongoing evaluation.
EVALUADOR, evaluator.
EVALUAR, to appraise, to assess, to evaluate.
EVAPORAR o VAPORIZAR, to evaporate, to vaporize.
EVAPORARSE, to vapor.
EVASIÓN o ESCAPE, evasion.
—— DE DIVISAS, loss of foreign exchange.
—— DE IMPUESTOS o EVASIÓN FISCAL, tax evasion, tax avoidance.
—— O FUGA DE CAPITALES, flight of capital.
EVENTO, event, contingency, possibility, casualty.
—— ECONÓMICO, economic event.
—— IMPREVISTO, contingent event.
—— SOCIAL, social event.
EVENTOS
—— INDEPENDIENTES, independent events.
—— SUBSECUENTES, subsequent events
—— Y CONDICIONES, events and conditions.
EVENTUAL, contingent, fortuitous, occasional.
——, PASIVO, contingent liabilities.
EVIDENCIA, evidence, proof.
—— ADICIONAL, supporting evidence.
—— DE AUDITORÍA, audit evidence.
—— DE CONTADURÍA, accounting evidence.
EVIDENTE, it is clear, it is evident.
EVITAR, to avoid, to prevent.
—— GASTOS, to save expense.
—— MOLESTIAS, to save trouble.
—— PROBLEMAS, problem-avoiding.
—— UN CHOQUE, to swing clear.
EVOLUCIÓN, evolution.
—— DEL CAPITAL, capital turnover.

—— O ROTACIÓN DEL INVENTARIO, inventory turnover.
EX (prefijo), out, out of, off, formerly.
—— CUPÓN, ex cupon, ex interest.
—— DIRECTOR, past director.
—— DIVIDENDO, ex dividend.
—— PRESIDENTE, ex-president, former president.
EXACCIÓN, exaction, extortion, levy.
—— DE IMPUESTOS, tax levy.
—— DE TRIBUTOS, levy.
EXACTITUD, accuracy, correctness.
EXACTO, exact, correct, accurate.
EXAGERAR, to overstate, to overdo, to exaggerate.
EXAMEN, examination, inspection, inquiry, survey, review.
—— DE AUDITORÍA, audit examination.
—— DE CAPACIDAD MENTAL, mental test.
—— DE COMPETENCIA, competence test.
—— DE CONOCIMIENTOS, educational test.
—— DE DOCUMENTOS ORIGINALES, original records examination, inspection of original records.
—— DE ENTRADA, entrance examination.
—— DE INVERSIONES, investment analysis.
—— DE LA MUESTRA, sample examination.
—— DE MANEJO, driving test.
—— DE PRÉSTAMOS, loan review.
—— FINAL, final examination.
—— FÍSICO o MÉDICO, physical examination, physical test.
—— PARCIAL, midterm examination.
—— POR RAYOS X, x-ray examination.
—— PRÁCTICO, practical examination.
EXAMINAR, to examine, to inspect, to investigate, to survey.
—— A FONDO, to see into.
—— U HOJEAR UN LIBRO, to run through.
EXCAVADORA, power shovel, any excavating machine.
EXCEDENTE, excess, overage, surplus.
—— DE ALIMENTOS, food surplus.
—— DE CAPITAL, capital surplus.
—— DE EXISTENCIA, surplus stock.
—— DE GUERRA, war surplus (material).
—— DE PAGO, overpayment.
—— DE PERSONAL, personnel surplus, overstaffed.
—— DE REVALUACIÓN, revaluation excess.
—— DE SUPERÁVIT DE RESERVA, reserve surplus.
—— DEL CONSUMIDOR, consumer's surplus.
——, OFERTA, excess supply.
—— PARA DISTRIBUCIÓN, distribution surplus.
—— SIN CONSIGNAR, unappropriated surplus.
EXCEDENTES
—— AGRÍCOLAS, surplus crops.
—— DE COSECHAS, crop surpluses.
—— DE COSTO, cost overruns.
—— DE EXISTENCIAS, stock surplus, surplus stock.
——, FONDOS, surplus cash.
EXCEDER, to outgo, to exceed, to surpass, to overdo.
—— LA MARCA, to beat the record.

EXCEDERSE EN OTORGAR CRÉDITO, overextend credit.
EXCELENTE, excellent, good!, fine!, first-rate.
EXCÉNTRICO o EXTRAVAGANTE, screwball.
EXCEPTO, except, excepting.
EXCEPTUAR, to except.
EXCESIVAS, GANANCIAS, excess profits.
EXCESIVO, excesive, extortionate.
EXCESO, excess, surplus, overage.
—— **DE CAPITAL,** overcapitalization.
—— **DE CARGA,** overload.
—— **DE CIRCULANTE,** inflation.
—— **DE EFECTIVO,** excess idle cash.
—— **DE EQUIPAJE,** excess baggage.
—— **DE INFORMACIÓN,** information overload.
—— **DE PÉRDIDA,** excess loss (reinsurance).
—— **DE PERSONAL,** overstaffing.
—— **DE PESO,** overweight.
—— **DE PORTE,** overcharge for freight.
—— **DE TARA,** supertare.
—— **DE TRABAJO,** excess work.
—— **DE UTILIDADES o DE GANANCIAS,** excess profits.
—— **DE UTILIDADES, IMPUESTOS SOBRE EL,** excess-profits tax.
EXCLUIR, to dismiss, to exclude, to keep out.
EXCLUSIÓN, exclusion.
EXCLUSIONES DE COBERTURA DE UNA PÓLIZA, policy coverage exclusions.
EXCLUSIVO, exclusive, sole.
EXCURSIÓN, trip, excursion, tour.
EXCURSIONISTA, tourist, excursionist.
EXCUSA, excuse.
—— **DE PROTESTO,** waiver of protest.
EXCUSADO o INODORO, water closet, toilet room.
EXCUSAR, to excuse, to avoid.
EXDELINCUENTE o INDIVIDUO CON ANTECEDENTES PENALES, exoffender.
EXENCIÓN o FRANQUICIA, exemtion, exception.
—— **DE IMPUESTOS,** tax exemption.
—— **POR PERSONAS A CARGO,** exemption for dependents.
EXENTO, exempt, free, clear.
—— **DE CONTRIBUCIÓN o IMPUESTO,** tax-exempt.
—— **DE DERECHOS ADUANALES,** customs-exempt, duty-free.
—— **DE FRANQUEO POSTAL,** post-free.
—— **DE GRAVAMEN,** free from encumbrances.
—— **DE RESPONSABILIDAD,** without liability.
EXHIBICIÓN, exhibition, exposition, discovery, show.
—— **AUTOMOVILÍSTICA,** automobile show.
—— **DE ESCAPARATE o APARADOR,** window display.
—— **DE MERCANCÍA,** merchandise display.
—— **DE MOSTRADOR,** counter display.
—— **DE PUBLICIDAD,** advertising exhibition.
—— **DE UNA PELÍCULA ANTES DE PRESENTARLA AL PÚBLICO o PREESTRENO,** preview.
—— **DEL PRODUCTO,** product display.
—— **FERROVIARIA o PROPAGANDA POR FERROCARRIL,** railway advertising.

—— **GRÁFICA,** graphic display.
—— **PARA MINORISTAS,** dealer display.
—— **RODANTE,** traveling display.
EXHIBIR, to exhibit, to display, to make a payment.
EXIGENCIA, demand, requirement, request.
EXIGIR, to levy, to demand, to need, to require.
—— **EL PAGO,** to enforce payment.
—— **RESPONSABILIDAD,** to place responsibility.
EXILIADO, exiled, banished.
EXILIAR, to exile, to banish.
EXIMIR, to exempt, to except.
—— **DE DERECHOS,** to exempt from duties.
EXISTENCIA, stock (goods).
—— **BÁSICA o MÍNIMA,** base stock, protective stock.
—— **DE SEGURIDAD,** safety stock, safety stock balance.
—— **EN ALMACÉN,** warehouse stock, in stock.
—— **EN CAJA o EN EFECTIVO,** cash on hand.
—— **EN DEPÓSITO o EN ALMACÉN,** depot stock.
—— **EN EL BANCO,** cash in bank.
——, **MERCANCÍA EN,** inventory on hand.
—— **REAL,** actual stock.
—— **VISIBLE,** visible supply.
EXISTENCIAS o ACCIONES o VALORES, stock.
—— **AGROPECUARIAS,** farm stocks.
—— **AL FINAL DEL PERÍODO,** end-of period stocks.
——, **AUMENTO DE LAS,** increase in stocks.
——, **CAMBIO EN LAS,** change in stocks.
—— **DE LAS EMPRESAS,** business inventories.
—— **DE REPUESTO,** stock of spare parts.
—— **DISPONIBLES,** stock in hand.
—— **EN RESERVA,** reserve stock.
—— **EXCEDENTES,** surplus stock.
—— **FÍSICAS,** stock on hand.
—— **MÍNIMAS,** minimum stocks.
——, **MOVIMIENTO o ROTACIÓN DE,** stock turnover.
—— **NO RENOVABLES,** closed stock.
—— **PEDIDAS,** stock on order.
—— **SIN MOVIMIENTO,** dead stock.
—— **TERMINADAS,** finished stock.
EXISTENTE, on hand, in stock.
ÉXITO, success, result.
——, **NO TENER,** to fall flat.
—— **ORGANIZACIONAL o ADMINISTRATIVO,** organizational success.
——, **PROBABILIDAD DE,** probability of success.
—— **REPENTINO,** overnight success.
EXITOSO o PRODUCTIVO, successful.
ÉXODO DE CAPITALES, flight of capital.
EXONERAR, to exonerate, to release, to discharge.
—— **DE IMPUESTOS,** to exempt from taxes.
EXPANDIR, to expand, to extend.
EXPANSIÓN, expansion, extension.
—— **DE LA INDUSTRIA,** industry expansion.
—— **DEL CRÉDITO,** credit expansion.
—— **ECONÓMICA,** economic expansion.
—— **MÚLTIPLE DEL CRÉDITO,** multiple expansion of credit.
EXPATRIAR, to emigrate, to expatriate, to leave one's country.

EXPECTACIÓN, expectancy.
EXPECTATIVA, expectation, expectancy.
—— DE PÉRDIDA, loss expectancy.
—— DE VIDA, life expectancy, equation of life.
EXPECTATIVAS DE VENTAS, sales expectations.
EXPEDICIÓN, sending, forwarding, shipping, voyage.
—— DE ADUANA, customhouse clearance.
—— DE DOCUMENTOS, issuance.
—— DE FLETES, freight forwarding.
—— DE TÍTULOS, bond issue.
—— DE UN CERTIFICADO, issuance of a certificate.
—— O DESPACHO DE MERCANCÍAS, shipment of goods.
EXPEDIDO, issued.
EXPEDIDOS, CHEQUES, checks drawn.
EXPEDIDOR, shipper, shipping agent, forwarder, dispatcher.
—— DE CARGA, cargo forwarder.
—— DE CARGA AÉREA, air-freight forwarder.
—— DE UN CHEQUE, drawer of a check.
EXPEDIDORES DE FLETES, freight forwarders.
EXPEDIENTE, file of papers, record, expedient, proceeding.
—— CONTINUO DE AUDITORÍA, continuing audit file.
—— DE ANTECEDENTES DE CRÉDITO, credit file.
—— DE ANTECEDENTES DE CRÉDITO DEL SOLICITANTE, applicant credit file.
—— DE APREMIO, action for collection.
—— DE DESPIDO, notice of discharge.
—— DE ITINERARIO, route file.
—— DE LA AGENCIA DE CRÉDITO, credit bureau file.
—— O PAPELEO BUROCRÁTICO, red tape, formalities.
EXPEDIR, to expedite, to issue, to send off.
—— BOLETOS, to sell tickets.
—— UN CERTIFICADO, to issue a certificate.
—— UN CHEQUE, to draw a check, to issue a check.
—— UN GIRO, to draw a draft.
—— UN RECIBO, to give a receipt.
—— UNA FACTURA, to make out a bill.
—— UNA LETRA DE CAMBIO, to issue a draft.
—— UNA LICENCIA, to issue a permit.
—— UNA PÓLIZA, to issue a policy.
EXPENDEDOR, dealer, retail, merchant, ticket seller.
EXPENDIO, disbursement, sale, retail store.
—— DE BEBIDAS, liquor store, saloon.
—— DE BEBIDAS Y BOCADILLOS, snack bar.
—— DE BOLETOS o DESPACHO DE BILLETES, ticket office.
—— DE FRUTAS, fruit stand.
EXPENDIOS, sales outlet.
—— MÚLTIPLES, multiples retail outlets.
EXPENSAS DE, A, chargeable to, for the account of.
EXPERIENCIA, experience, experiment, test.
—— DE ENTRENAMIENTO DEL EMPLEADO, employee's training experience.
EXPERIMENTACIÓN, experimentation.
—— EN MERCADOTECNIA, marketing experimentation.
—— SISTEMÁTICA, systematic experimentation.
EXPERIMENTADO, experienced, expert.

EXPERIMENTAL, experimental.
——, GRANJA, pilot farm.
EXPERIMENTAR, to test, to experiment.
—— DAÑO, to be damaged.
—— UNA PÉRDIDA, to suffer a loss.
EXPERIMENTO, experiment.
EXPERTO, expert, skillful.
—— EN ADMINISTRACIÓN, management scientist.
—— EN HUELLAS DIGITALES, fingerprint expert.
—— EN RELACIONES GUBERNAMENTALES EXTRANJERAS, government foreign relations expert.
—— TÉCNICO o PERITO TÉCNICO, technical expert.
—— VALUADOR, expert appraiser.
EXPIRACIÓN, expiration, termination.
—— DEL DESEMBOLSO, outlay expiration.
EXPIRAR, to expire, to lapse, to run out.
EXPLICACIÓN, explanation.
EXPLORACIÓN, exploration, prospecting, scanning.
—— DE PETRÓLEO, oil exploration.
—— DEL NUEVO PRODUCTO, new-product exploration.
—— MARINA, offshore exploration.
EXPLORADOR, prospector, scanner, wildcatter.
—— ÓPTICO, optical scanner.
EXPLORAR o BUSCAR, to prospect, to explore, to scan.
EXPLOSIÓN, explosion.
—— DEMOGRÁFICA, population explosion.
—— EMOCIONAL, emotional outburst.
EXPLOSIVO, explosive.
EXPLOTACIÓN, exploitation.
—— AGRÍCOLA, farming.
—— AGROPECUARIA, husbandry.
——, CAPITAL DE, working capital.
—— COLONIAL, colonial exploitation.
—— CONJUNTA, joint operation.
—— DE LA COSECHA, crop operation.
—— DE MINA DE HULLA, coal mining.
—— DEL TRABAJO, exploitation of labor.
——, EN, in operation.
——, FORESTAL o DE MADERA o DE BOSQUES, logging, lumbering.
—— GANADERA, livestock operation, stock raising.
——, GASTOS DE, operating charges.
—— MINERA, mining.
—— MUTUA DE DERECHOS DE PATENTE, cross licensing.
EXPLOTAR, to exploit, to operate, to carry on, to work.
—— UN NEGOCIO, to run a business.
EXPONER, to declare, to explain, to exhibit, to expose.
—— A LA INTEMPERIE, to weather.
EXPORTACIÓN, export, exporting, exportation.
——, CONDICIONES DE, export status.
—— DE OBREROS, labor exportation.
——, DERECHOS DE, export duty.
EXPORTACIONES, SUBSIDIO A, export subsidy.
EXPORTADOR, exporter.

EXPORTADORA, CASA, export house.
EXPORTAR, to export.
EXPOSICIÓN, display, exposition, fair, show, showing.
—— **COMERCIAL,** trade show.
—— **DE ESCAPARATE o APARADOR,** window display.
—— **DE MODAS,** fashion show.
—— **LEGAL,** legal exposure.
—— **O FERIA INTERNACIONAL o MUNDIAL,** world's fair.
—— **PECUARIA o GANADERA,** cattle fair or show.
—— **QUE ACOMPAÑA A UNA SOLICITUD DE PODER,** proxy statement.
EXPOSITOR, exhibitor, commentator.
EXPRESIÓN, expression, statement, declaration.
EXPRESIVO, affectionate, kind, expressive.
EXPRESO, express, express package, specific.
—— **AÉREO,** air express.
EXPRIMIR o COMPRIMIR o PRENSAR, to squeeze.
EXPROFESOR, former lecturer.
EXPROPIACIÓN, condemnation, expropriation.
EXPROPIAR, to condemn, to expropriate, to commander.
—— **UNA INVERSIÓN,** expropriate an investment.
EXPULSAR, to expel, to eject.
EXPULSIÓN, ejection.
—— **DE FORMULARIOS,** form ejection.
EXTENDER, to extend, to expand, to enlarge, to draw up, to spread.
—— **EL PLAZO,** to extend the time.
—— **LOS ASIENTOS,** to make the entries.
—— **PÓLIZAS,** to write policies.
—— **UN CHEQUE,** to write a check.
—— **UN DOCUMENTO,** to write a document.
—— **UN RECIBO,** to issue a receipt.
—— **UNA FACTURA,** to make out a bill.
EXTENDERSE o ESTIRARSE, stretch out.
EXTENDIDO A LA ORDEN, made out in the name.
EXTENSIÓN, extension, expanse, extent.
—— **DE LA VERIFICACIÓN CONTABLE,** audit scope.
—— **DE PÓLIZA DE SEGURO,** coverage area.
—— **DE UN CERTIFICADO,** issuance of certificate.
—— **DEL RIESGO,** exposure.
EXTERIOR, foreign, external, outside, abroad.
——, **COMERCIO,** foreign trade.
——, **DEUDA,** foreign debt.
——, **MERCADO,** foreign market.
——, **VIAJES AL,** foreign travel.
EXTERIORMENTE, out.
EXTERNO o EXTERIOR, external, exterior.
EXTINGUIDOR, extinguisher.
—— **DE ESPUMA,** foam fire extinguisher.

—— **DE INCENDIOS,** fire extinguisher.
EXTINGUIR, to quench, to extinguish, to annul.
—— **O APAGAR UN INCENDIO,** to put out a fire.
EXTINTOR, fire extinguisher.
EXTORSIÓN, extorsion, blackmail, overcharge, difficulty.
—— **POR AMEDRENTAMIENTO o BANDOLERISMO,** racketeering.
—— **SISTEMATIZADA,** racket.
EXTORSIONADOR, racketeer.
EXTORSIONAR, to blackmail.
EXTORSIONISTA, profiteer, extortioner, racketeer.
EXTRA, extra.
EXTRACCIÓN o RETIRO o BAJA, withdrawal, extraction.
—— **ADUANAL,** withdrawal from the customhouse.
—— **DE CARBÓN MINERAL o HULLA,** coal mining.
—— **DE MUESTRAS,** sampling.
—— **DE PETRÓLEO,** oil production.
EXTRACCIONES o FONDOS RETIRADOS o EGRESOS, withdrawals.
—— **DE EXISTENCIAS,** withdrawals from stock.
EXTRACONTABLE, not based on books, not shown in the books.
EXTRACTO, except, abstract, summary.
—— **DE CUENTA,** statement of account.
EXTRADICIÓN, extradition.
EXTRAER, to extract, to exploit.
—— **FONDOS,** to draw cash.
—— **MINERAL,** to mine.
EXTRALIMITARSE, to act beyond one's authority.
EXTRANJERO, foreign, alien, foreigner, stranger.
——, **CAMBIO,** foreign exchange.
——, **EN EL,** abroad.
——, **INVERSIÓN EN EL,** foreign investment.
——, **IRSE AL,** to go abroad.
EXTRAÑAR, to miss, to find strange.
EXTRAÑO, odd, unusual, queer.
EXTRAOFICIAL, unofficial.
EXTRAORDINARIO, extraordinary.
EXTRAPOLACIÓN, extrapolation.
EXTRAVAGANTE, excentric, unusual, queer, odd.
EXTRAVIADO, lost, missing.
EXTRAVIAR, to mislead, to misguide.
EXTRAVIARSE o PERDERSE, to get lost, to go astray, miscarry.
EXTRAVÍOS Y HALLAZGOS, lost and found.
EXTREMO, extreme, end, limit, utmost.
—— **ORIENTE,** Far East.
—— **TRASERO,** tail end.

F

FÁBRICA, factory, mill, shop, plant.
— **AUTOMATIZADA o CON CONTROLES AUTOMÁTICOS,** automated factory.
—, **COSTO DE o COSTO DIRECTO DE,** prime cost.
— **DE ACERO,** steelworks, steel mill.
— **DE AGUJAS,** needle factory.
— **DE ALGODÓN,** cotton mill.
— **DE AZÚCAR o INGENIO AZUCARERO,** sugar mill.
— **DE BIZCOCHOS,** cookie factory.
— **DE CEMENTO,** cement mill.
— **DE CERVEZA,** brewery.
— **DE CIGARROS,** cigar factory.
— **DE CONSERVAS o DE PRODUCTOS ENLATADOS,** canning plant or cannery.
— **DE EMBUTIDOS,** sausage factory.
— **DE FÓSFOROS o DE CERILLOS,** match factory.
— **DE GAS,** gas plant, gasworks.
— **DE HARINA,** flour mill.
— **DE HELADOS,** ice-cream factory.
— **DE HERRAMIENTAS,** tool factory.
— **DE HIELO,** ice plant.
— **DE MALETAS,** luggage factory.
— **DE PAPEL,** paper mill.
— **DE PINTURAS,** paint factory.
— **DE ROPA,** clothing industry.
— **DE TEJIDOS o TEXTIL,** textile mill.
— **DE TEJIDOS DE LANA,** woolen mill.
— **DE TEJIDOS DE PUNTO,** knitting mill.
— **DE VARIOS PRODUCTOS,** multipurpose plant.
— **EMPACADORA o DE CARNE,** meat-packing plant.
— **EN EL EXTRANJERO,** overseas factory.
— **FILIAL o SUBSIDIARIA,** branch factory.
—, **MAYOR DE,** manufacturing ledger.
—, **PRECIO NETO DE,** mill net.
— **SIN OBREROS o AUTOMÁTICA,** workless factory.
FABRICACIÓN, fabrication, manufacture, building.
— **CASERA, DE,** homemade.
— **DE MAQUINARIA PESADA,** heavy manufacturing.
— **DE METALES,** metal fabrication.
— **DE MUEBLES,** furniture manufacture.
— **DE VEHÍCULOS,** vehicle manufacturing.
— **EN MASA o EN SERIE,** mass production.
— **EN PROCESO,** manufacturing in process, goods in process.
—, **GASTOS INDIRECTOS DE,** factory overhead.
— **LIGERA,** light manufacturing.
—, **ORDEN DE,** job order.
— **PESADA,** heavy manufacturing.
FABRICADO, fabricated.
— **A LA ORDEN,** custom-built, made-to-order.
— **SOBRE PEDIDO,** made-to-order.
FABRICANTE, manufacturer, fabricator, maker, builder.
— **AL CONSUMIDOR, DEL,** manufacturer direct to consumer.
— **AL INTERMEDIARIO, DEL,** manufacturer to agent middleman.
— **AL MAYORISTA, AL DETALLISTA, AL CONSUMIDOR, DEL,** manufacturer to wholesaler to retailer to consumer.
— **DE ACERO,** steel manufacturer.
— **DE AUTOMÓVILES o DE CARROS,** automobile manufacturer, carbuilder.
— **DE BIENES o ARTÍCULOS DE CONSUMO,** consumer goods manufacturer.
— **DE BIENES DE CONSUMO EMPACADOS,** consumer packaged-goods manufacturer.
— **DE CERVEZA,** brewer.
— **DE HERRAMIENTAS,** toolmaker.
— **DE JUGUETES,** toymaker.
— **DE VIOLINES,** violin maker.
— **DETALLISTA,** manufacturer-retailer.
— **EN MEDIANA ESCALA,** medium-sized manufacturer.
— **MAYORISTA,** manufacturer-wholesaler.
— **NACIONAL o DOMÉSTICO,** homemaker.
— **PRINCIPAL,** major manufacturer.
FABRICANTES, manufacturers.
—, **AGENTE DE,** manufacturers' agent.
—, **REPRESENTANTE DE,** manufacturers' representative.
FABRICAR, to manufacture, to fabricate, to build, to construct, to process.
FABRIL, industrial, manufacturing, factory.
—, **CARGA,** general factory overhead.
FÁCIL, easy, convenient, handy, facile.
— **DE OBTENER o DISPONIBLE,** readily, available.
— **DE VENTA o PRONTA SALIDA,** ready sale.
FACILIDAD, easy.
— **DE REALIZACIÓN DE VALORES,** marketability of securities.
FACILIDADES, facilities.
— **DE PAGO,** easy terms of payment.
— **PORTUARIAS,** port facilities.
FACILITAR, to facilitate, to supply.
— **FONDOS o FINANCIAR,** to put up money.
— **INFORMACIÓN o INFORMES,** to furnish information.
— **O DAR CRÉDITO,** to relax credit.
FÁCILMENTE o PRONTAMENTE o LUEGO, readily.
FACTIBLE, feasible, workable.
FACTOR, factor, agent.
— **DE ACUMULACIÓN,** accumulation factor.
— **DE CARGA,** load factor.
— **DE CONVERSIÓN,** conversion factor.
— **DE CORRECCIÓN,** correction factor.
— **DE DEMANDA,** demand factor.
— **DE DISPONIBILIDAD,** availability factor.
— **DE EFICIENCIA,** efficiency factor.
— **DE INFLACIÓN,** inflation factor.
— **DE PONDERACIÓN,** weighting factor.
— **DE POTENCIA,** power factor.
— **DE PRODUCCIÓN,** output factor.
— **DE SEGURIDAD,** factor of safety, safety factor.

——ESENCIAL, prime factor.
——ESTACIONAL, seasonal factor.
——ÚNICO, unique factor.
FACTORES
——DE LA DEMANDA EN MERCADOS DE CAPITAL, demand factors in capital markets.
——DE LA OFERTA EN MERCADOS DE CAPITAL, supply factors in capital markets.
——DE PROBABILIDAD, probability factors.
——DE PRODUCCIÓN, production factors.
——USADOS PARA EVALUACIÓN DE CRÉDITO, credit evaluation factors.
FACTORÍA, factorage, agency, factory.
FACTORIAL, factorial.
FACTORIZACIÓN, factorization.
FACTURA, invoice, bill, manufacture.
——COMERCIAL, commercial invoice.
——CONSULAR, consular invoice.
——DE ARTÍCULOS IMPORTADOS, customs invoice.
——DE COMPRA, purchase invoice.
——DE EMBARQUE o DE EXPEDICIÓN, shipping bill, shipping memorandum.
——DE EQUIPAJE, baggage receipt.
——DE FLETE, freight bill.
——DE GASTOS, expense account.
——DE MERCANCÍAS VENDIDAS, bill of goods.
——DE PLAZA, local bill.
——DE PROVEEDORES, suppliers' invoice.
——DE TRÁNSITO, transit certificate.
——DE VENTA, sales invoice.
——DE VENTA DIARIA, daily sales invoice.
——DEFINITIVA o FINAL, final invoice.
——DEL VENDEDOR, vendor invoice.
——FIRMADA o CANCELADA, receipted bill.
——LEGALIZADA, certified true invoice.
——ORIGINAL, original invoice.
——PAGADA, paid invoice.
——POR PAGAR, bill payable.
——, PRECIO DE, invoice price.
——PROFORMA o SIMULADA, pro forma invoice.
——PROVISIONAL, preliminary invoice, provisional invoice.
——SIN PÓLIZA, unvouchered invoice.
FACTURAS
——A RECIBIR o POR COBRAR, invoices receivable, accounts receivable.
——A VENCER, invoices falling due.
——CON MUCHOS RENGLONES, multi-line invoices.
——DESPACHADAS, billings.
——, ENVÍO DE, issuance of invoice.
——NUMERADAS, numbered invoices.
——O CUENTAS A PAGAR, bills payable, accounts payable.
——POR COBRAR, accounts receivable.
——POR COBRAR PRENDARIAS, accounts receivable pledging.
FACTURACIÓN, billing, invoicing, booking.
——ACTUAL o CORRIENTE, current billing.
——DE COMISIONES, commission billing.
——DE SERVICIOS PÚBLICOS, public utilities billing operations.
——INMEDIATA, prompt billing.
——PROVISIONAL, interim billing.
FACTURADOR, bill clerk.
FACTURADORA, invoicing machine, billing machine, woman bill clerk.
FACTURAR, to bill, to invoice.
——DE NUEVO, rebill.
——LAS MERCANCÍAS VENDIDAS, to bill goods sold.
——UN EMBARQUE o REMESA, to invoice a shipment.
FACTURISTA, bill clerk, biller.
FACULTAD, authority, power, faculty, branch of learning.
——DE ELECCIÓN, option.
——DE IR A LA HUELGA, right to strike.
——DE VOTAR, voting power.
——DEL APODERADO, power of proxy.
FACULTADES ANALÍTICAS, analytical, skills analytical.
FACULTAR, to authorize, to empower.
FACHA, appearance, look, aspect.
FACHENDÓN o ARROGANTE o ENGREÍDO, snob.
FAENA, task, work, job.
FAJA, band, bandage, girdle, strip.
FALSA MONEDA, counterfeit money.
FALSEAR, to forge, to counterfeit, to falsify.
FALSEDAD, error, mistake, falsehood.
FALSIFICACIÓN, bogus, forgery, misrepresentation.
——O ADULTERACIÓN DE REGISTRO, record falsification.
FALSIFICADO, CHEQUE, forged check.
FALSIFICADOR, counterfeiter, forger.
FALSIFICAR, to fake, to falsify, to forge, to adulterate.
FALSO, false, dishonest, untrue.
——, EN, falsely, without proper support.
——FLETE, dead freight.
——TESTIMONIO, perjury, slander, libel, imposture.
FALTA, fault, defect, failure, error, violation.
——DE, A, for want of.
——DE ACEPTACIÓN, nonacceptance.
——DE ALIMENTACIÓN, underfeed.
——DE AUTORIDAD, authority gap.
——DE CAPITAL o SUBCAPITALIZACIÓN, undercapitalization.
——DE DEMANDA o SUBDEMANDA, underdemand.
——DE DINERO o DE FONDOS, shortage of funds, short of money.
——DE ENERGÍA, energy crunch.
——DE ENTREGA, nondelivery.
——DE FONDOS, insufficient funds.
——DE NEGOCIOS, lack of business.
——DE OBREROS o DE MANO DE OBRA, labor shortage.
——DE PAGO, dishonor, nonpayment, default.
——DE PAGO AL VENCIMIENTO, dishonor at maturity.
——DE PESO, underweight, short weight.
——DE SEGURIDAD, lax security.
——, HACER, to be necesary, to be missing.

——, SIN, for sure, without fault.
FALTABA MÁS, NO, of all things.
FALTAN FONDOS, insufficient funds.
FALTANTE, shortage, lacking.
—— EN CAJA o DE CAJA, cash shortage.
—— EN EXISTENCIAS, stock shortage.
—— EN LOS RECURSOS FINANCIEROS, fund gap.
FALTANTES
—— DE EFECTIVO, cash shortfall.
—— EN INVENTARIOS, out of stock positions.
—— Y SOBRANTES, shortage and overage.
FALTAR, to come short, to be lacking, to default.
—— A LA PALABRA, to break faith.
—— A LA VERDAD, to lie.
—— A UNA CITA, to break an appointment.
—— AL RESPETO, to treat disrespectfully.
—— O RETENER EL PAGO, to withhold payment.
FALTO o DESPROVISTO DE, void of, short, lacking, defective.
—— DE EDUCACIÓN o IGNORANTE, uneducated.
—— DE VENTILACIÓN, unventilated.
—— DE VISIÓN PARA LOS NEGOCIOS o MIOPE, shortsighted.
FALLA, breakdown, failure, defect.
—— DE DISEÑO, design flaw.
—— DE ENERGÍA o DE CORRIENTE ELÉCTRICA, power failure.
—— DEL PRODUCTO o DEFECTO DEL PRODUCTO, product failure.
—— EN CAJA, cash shortage.
—— EN LA COMUNICACIÓN, communication breakdown.
—— MECÁNICA, mechanical fault.
FALLAR, to fail, to break down, to be lacking.
—— EL TIRO, to miss the fire.
FALLECIMIENTO, death, bankruptcy, failure, expiration.
FALLO, decision, judgment, debt of record.
—— CONDENATORIO, verdict of guilt.
—— JUDICIAL, court decision.
——, PRONUNCIAR UN, return a verdict.
FALLOS DEL TRIBUNAL, court rulings.
FAMA, fame, reputation, rumor.
—— PÚBLICA, reputation, goodwill (comercial).
FAMILIA, family.
—— PROLETARIA o DE CLASE OBRERA, working-class family.
FAMILIAR, familiar, common, domestic.
——, SEGURO, family insurance.
FAMILIARES, BONIFICACIONES, family allowances.
FAMILIARIZARSE, to acquaint oneself, to become familiar with.
FANAL, signal light.
FANÁTICO, fanatic sports fan.
FANFARRÓN o ALARDOSO, bluffer, vaunter.
FANFARRONADA, bluff.
FANTASEAR, to fancy, to imagine.
FANTASÍA, fantasy, fancy, imagination.
FANTASÍAS o ARTÍCULOS DE FANTASÍA, fancy goods.

FARDO, bale, bundle.
—— DE CARGA, freight package.
—— DE EXPRESO, express package.
—— POSTAL, parcel-post package.
FARMACÉUTICO, pharmaceutical, druggist.
FARMACIA, drugstore, pharmacy, chemist's shop.
FÁRMACO o MEDICAMENTO, drug.
—— O MEDICINA MILAGROSA, miracle drug.
FARO, lighthouse, beacon, headlight.
FAROL, lantern, lamp.
—— DE TRÁFICO o SEMÁFORO, traffic light.
——, ECHAR UN, to bluff.
—— TRASERO, tail lamp.
FARSANTE, fake, comedian, humbug.
FASE, phase.
FASTIDIAR, to bother, to annoy, to bore.
FATALIDAD, fatality.
FATIGA, fatigue, stress.
FATIGADO POR EL VIAJE o CANSADO DEL VIAJE, travel worn.
FAVOR, favor, service.
——, A SU, in your favor.
—— DE, please (a request).
—— DE, A, in favor of, to the order of.
—— DE MANDAR CHEQUE, please remit.
—— DEL PÚBLICO, consumer acceptance.
——, POR, please.
FAVORABLE, favorable, advantageous, promising.
FAVORECER, to favor, to help, to patronize.
FE, testimony, validity, faith.
——, DAR, to give credit, to attest, to certify.
——, DE BUENA, in good faith.
——, DE MALA, in bad faith.
—— DE NACIMIENTO, birth certificate.
——, TENER, to have faith in.
FECUNDIDAD, fecundity, fertility.
FECHA, date, date line.
—— ADELANTADA, DE, dated ahead.
—— DE ACUMULACIÓN, accrual date.
—— DE ADQUISICIÓN u OBTENCIÓN, date of acquisition.
—— DE APARICIÓN, issuance date.
—— DE AUDITORÍA, audit date.
—— DE CIERRE, closing date, press date.
—— DE CORTE, cutoff date.
—— DE CORTE o DE CIERRE DE OPERACIONES, close-out date.
—— DE EMBARQUE, shipping date, sailing date.
—— DE EMISIÓN o EXPEDICIÓN, date of issue.
—— DE FABRICACIÓN, date of manufacture.
—— DE FACTURA, invoice date.
—— DE LA TRANSACCIÓN, transaction date.
—— DE LLAMADA o DE DEMANDA, call date.
—— DE PAGO, payment date.
—— DE PUBLICACIÓN, publication date.
—— DE RECEPCIÓN, receiving date.
—— DE REGISTRO, date of record.
—— DE REGISTRO PARA DIVIDENDO, record date.
—— DE REMESA o DE ENTREGA, date of delivery.

—— DE SALIDA, date of sailing.
—— DE VENCIMIENTO DE UNA PÓLIZA, policy expiration date, policy maturity date.
—— DE VENCIMIENTO o CADUCIDAD, expiration date.
—— DEL CHEQUE o FECHA DE EXPEDICIÓN DEL CHEQUE, check date.
—— DEL DOCUMENTO, date of paper.
—— DEL INFORME, report date.
—— ECONÓMICA, fiscal date.
——, EN PRÓXIMA, at an early date.
—— EQUIVOCADA, misdate.
—— FISCAL, fiscal date.
—— FUTURA, ENTREGA EN, forward delivery.
——, HASTA LA, to date.
—— LÍMITE, deadline, cutoff date.
—— LÍMITE DE ENTREGA, delivery deadline.
—— MEDIA DE UNA CUENTA, average date of an account.
—— MEDIA DE UN VENCIMIENTO, average due date.
—— PROMEDIO, average date.
FECHAS, A ESTAS, by now.
FECHADO CON ANTERIORIDAD, back-dating.
FECHAR, to date (a letter, etc.).
FECHORÍA, malfeasance, official grafting.
FEDERACIÓN AMERICANA DEL TRABAJO, American Federation of Labor.
FEDERAL, federal.
FELICIDAD, happiness, good luck, felicity.
FELICITACIÓN, felicitation, greeting.
—— O PALMADITA EN LA ESPALDA, slap on the back.
FELICITAR, to congratulate, to felicitate.
FELIZ, happy, lucky, fortunate.
—— LLEGADA, safe arrival.
FEMINISMO, feminism.
FENÓMENO, phenomenon.
FERIA, fair, market, bazaar, holiday.
—— COMERCIAL, trade fair.
—— DE, HACER, to display, to boast.
—— MUNDIAL o EXPOSICIÓN INTERNACIONAL, world's fair.
FERIAR, to trade, to merchandise, to barter.
FERRETERÍA, hardware, hardware store, ironwork.
—— GRUESA o PESADA, heavy hardware.
—— LIGERA, light hardware.
FERROCARRIL, railway, railroad.
—— DE DESTINO, delivering carrier, terminal carrier.
—— DE DOBLE VÍA, double-track railroad.
—— DE VÍA ANGOSTA, narrow-gage railroad.
—— DEL ESTADO, state railway.
—— ELÉCTRICO, electric railroad.
—— FUNICULAR, cable railroad or railway.
—— SUBTERRÁNEO, subway, underground railroad.
—— TERMINAL, terminal railroad.
—— TRONCAL, trunk-line railroad.
—— URBANO, street railroad.
FERROCARRILERO DE PATIO, yardman.
FERTILIDAD, fertility.
FERTILIZAR, to fertilize.

FESTEJAR, to entertain, to feast, to celebrate.
FESTEJO, entertainment, celebration, festival.
FESTIVO, jolly, holiday.
FEUDALISMO, feudalism.
FIADO, AL, on credit.
FIADO, VENTA AL, sale on credit.
FIADOR, bailor, warrantor, backer, surety.
——, DAR, to give surety.
——, SALIR, to go surety.
FIAMBRES, delicatessen, cold meats.
FIANZA, bail, bond, surety, guaranty.
—— ADUANAL o DE ADUANA, customs bond.
——, BAJO, on bail.
——, BONOS DE, fidelity bonds.
—— COMÚN u ORDINARIA, common bail.
—— DE ADMISIÓN DE EXTRANJEROS, alien-admission bond.
—— DE ALMACÉN, warehouse bond.
—— DE BUQUE A TÉRMINO, vessel term bond.
—— DE CESIONARIO, bond of assignee.
—— DE CONTRATISTA, contract bond.
—— DE CUMPLIMIENTO, performance bond.
—— DE DESEMBARQUE, landing bond.
—— DE ENTRADA, entry bond.
—— DE EXPORTACIÓN, export bond.
—— DE FIDEICOMISO o FIDUCIARIA, fiduciary bond.
—— DE FIDELIDAD o DE MANEJO, fidelity bond.
—— DE FIDELIDAD PARA EMPLEADOS, schedule bond.
—— DE HORAS EXTRAORDINARIAS, overtime bond.
—— DE LICITACIÓN o DE POSTURA, bid bond.
—— DE PAGO, payment bond.
—— DE PERMISIONARIO, license bond.
—— DE RECLAMANTE, claim bond.
—— DE RESPONSABILIDAD CIVIL, liability bond.
—— DE SEGURIDAD, surety bond.
—— DE SUMINISTRO, supply bond.
—— DE TENEDOR DE LICENCIA, permit bond.
—— DE TÍTULO o DE PROPIEDAD, title bond.
—— DE TRIBUNALES o DE LITIGANTE, court bond.
—— JUDICIAL, judicial or judiciary bond.
—— LEGAL, statutory bond.
—— MANCOMUNADA, joint bond.
—— PARA MULTA u OBLIGACIÓN PENAL, penal bond.
—— PERSONAL o PARTICULAR, personal bond, personal surety.
—— PIGNORATICIA o GARANTÍA COLATERAL, collateral security.
—— SOBRE IMPUESTOS DE CONSUMO, excise bond.
FIAR, to give credit, to bond, to guarantee, to entrust.
——, SER DE, to be trustworthy.
FIARSE DE, to rely on.
FIBRA, fiber, staple, energy, stamina.
—— ARTIFICIAL, man-made fiber.
FIBRAS
—— TEXTILES, textile fibers, staple fibers.
—— VEGETALES, vegetable fibers.
FICTICIO, fictitious.
FICHA, file card, slip, brass check.

FICHAS DE DEPÓSITO AL BANCO-FINANCIAMIENTO

—— DE COSTO, cost card.
—— DE DEPÓSITO, deposit slip.
—— DE DEPÓSITO BANCARIO, bank deposit slip.
—— DE ENTREGA DE MATERIALES, material issue slip.
FICHAS DE DEPÓSITO AL BANCO, bank paying-in slips.
FICHAR, to make the anthropometric chart, to blacklist.
FICHERO, card catalogue, card index, card file.
—— GIRATORIO, wheel-type filing, rotary card file.
—— O ARCHIVERO VERTICAL VISIBLE, vertical visible file.
FIDEICOMISARIO, fideicommissary, administrator.
—— CON DERECHO A VOTO, voting trustee.
FIDEICOMISO, trust.
——, COMPAÑIA DE, trust company.
—— COMPLEJO, complex trustee.
—— DE PENSIONES, pension trust.
—— DE SEGURO, insurance trust.
—— DE SEGURO DE VIDA, life-insurance trust.
—— DE SOCIEDAD ANÓNIMA, corporate trust.
—— DE VOTOS o ELECTORAL, voting trust.
——, ESCRITURA DE, trust indenture.
—— EXPRESO o EXPLÍCITO, express trust.
—— FIJO, fixed trust.
—— IMPLÍCITO, implied trust.
—— IRREVOCABLE, irrevocable trust.
—— PASIVO o SIMPLE, naked trust.
—— QUE PARTICIPA DE UTILIDADES, profit-sharing trust.
—— REVOCABLE, revocable trust.
—— SIMPLE, simple trust.
—— SIN DEPÓSITO DE FONDOS, unfunded trust.
—— TESTAMENTARIO, testamentary trust.
FIDELIDAD, fidelity.
FIDUCIARIO, fiduciary, trustee, fiducial.
——, AGENTE, custodian trustee.
——, FONDO, trust fund.
FIEL, honest, faithful, loyal, true, pointer of a scale.
FIERRO o HIERRO, iron, branding iron, cattle brand.
FIESTA, holiday.
——, AGUAR LA, to mar one's pleasure.
——, ESTAR DE, to be in good mood.
—— OFICIAL, legal holiday.
—— RETRIBUIDA, paid holiday.
——, SE ACABÓ LA, it's all over, drop it.
FIGURA SIMÉTRICA, symmetric figure.
FIJA, HORA, time agreed on.
FIJACIÓN, fixing, stability.
—— DE CARTELES, billposting.
—— DE PRECIO DE PRÉSTAMOS, loan pricing.
—— DE PRECIOS, price fixing.
—— DE PRECIOS DE LÍNEA DE PRODUCTOS, product-line pricing.
—— DE PRECIOS DE PRODUCTOS MÚLTIPLES, multiple-product pricing.
—— DE PRECIOS DE TRANSFERENCIA, transfer pricing.
—— DEL OBJETIVO, goal setting.

—— O ESTABILIZACIÓN DE PRECIOS, price fixing.
FIJAR, to fix, to settle, to determine.
—— CARTELES, post bills.
—— DAÑOS Y PERJUICIOS, to assess damages.
—— LA TARIFA, to assign a rate.
—— O ESTABLECER PRECIO, to set a price.
—— PRECIO EXCESIVO, to overprice.
—— TARIFAS, tariff making.
FIJARSE EN MINUCIAS, split hairs.
FIJO, fixed, stationary, permanent.
——, DE, certainly.
——, PASIVO, fixed liability.
——, PRECIO, fixed price.
FILA, row, tier, line, range.
—— DE ESPERA, waiting line, queue.
——, EN, in a row.
——, ESTAR EN, to be in line.
——, PONERSE EN, to line up.
FILANTROPÍA, philanthropy.
—— DE UNA CORPORACIÓN, corporate philanthropy.
FILÁNTROPO, philanthropist.
FILATELIA, philately.
FILATELISTA, philatelist.
FILIACIÓN, connection, relationship, personal description.
FILIAL, branch, local, affiliated, subsidiary.
—— DE AGENCIA DE SEGUROS, insurance agency subsidiary.
FILMAR, to make motion pictures, to photograph on microfilm.
FILOSOFÍA, philosophy.
—— DE LA ORGANIZACIÓN, philosophy of organization.
FILÓSOFO, philosopher.
FIN, end, conclusion, object, purpose.
——, AL, at last, at long.
——, DE, A, in order to, so as to.
—— DE AÑO, year-end.
—— DE MES, end of month.
—— DE QUE, A, in order that.
—— DE SEMANA, week end.
——, EN, finally, lastly, in short.
——, POR, at last.
——, SIN, endless, numberless.
—— Y AL CABO, AL, in the long run, at last, after all.
FINES
—— DE CONTABILIDAD o FINES CONTABLES, accounting purposes.
—— O PROPÓSITO DE LA ORGANIZACIÓN, purpose of organization.
FINADO CON TESTAMENTO, testate decedent.
FINAL, final, conclusion, end.
——, AL, at length.
——, CONSUMIDOR, ultimate consumer.
——, INVENTARIO, ending inventory.
FINANCIAMIENTO, financing.
—— A CONSUMIDORES, financing consumers.
—— A CORTO PLAZO, short-term finance.
—— A COSTO FIJO, fixed-cost financing.

—— A LARGO PLAZO, long-term finance.
—— A PLAZOS o EN ABONOS, installment financing.
—— APARTE DEL ESTADO DE SITUACIÓN FINANCIERA, off balance sheet financing.
—— COMERCIAL, financing business.
—— CON ACCIONES, stock financing.
—— DE ALMACENAJE o FINANCIAMIENTO PARA ALMACENAR MERCANCÍAS, warehousing financing.
—— DE ARRIENDO, lease financing.
—— DE CASA MÓVIL, mobile home financing.
—— DE COMERCIO EXTERIOR, foreign-trade financing.
—— DE CUENTAS POR COBRAR, accounting receivable financing.
—— DE DEUDA, debt financing.
—— DE IMPORTACIONES, import financing.
—— DE RECIBO FIDUCIARIO, trust receipt financing.
—— DEL INVENTARIO o DE LAS EXISTENCIAS, inventory financing.
—— EN EL EXTRANJERO, external financing, foreign financing.
—— EXTERNO, outside financing.
—— INTERNO, internal borrowing.
—— NO PRESUPUESTADO, backdoor financing.
—— PARA CONSTRUCCIÓN, construction financing.
—— POR VENTA DE PARTICIPACIÓN, equity financing.
—— PROVISIONAL, interim financing.
—— TEMPORAL, temporary financing.
FINANCIAR, to finance.
—— FACTURAS A COBRAR, accounting receivable financing.
FINANCIERA, financial institution.
——, POLÍTICA, financial policy.
——, SITUACIÓN, financial condition.
FINANCIERO, financier, financial.
FINANZAS, finance.
—— DE CAMPAÑA POLÍTICA, political campaign finance.
—— DE LAS SOCIEDADES ANÓNIMAS o CORPORACIONES, corporate finance.
—— DEL MERCADO, market finance.
—— INTERNACIONALES, international finance.
—— PÚBLICAS, public finance.
FINCA, small farm, real estate.
—— GANADERA, cattle ranch.
—— LECHERA, dairy farm.
—— RÚSTICA o RURAL, farm, country property.
FINGIDO, false, made up.
FINGIR, to pretend, to feign, to imagine.
FINIQUITAR, to pay off.
FINIQUITO, release, quittance, discharge, payment in full.
FINO, fine, refined, fineness.
FIRMA, signature, firm, concern, firm name.
—— AUTORIZADA o ACREDITADA, authorized signature.
—— COMERCIAL, firm signature, commercial house.
—— COMISIONISTA, commission house.

—— DE BANCA DE INVERSIONES, investment banking firm.
—— DE BOLSISTA o DE LA BOLSA, brokerage firm.
—— DE CONTADORES, accounting firm.
—— DE CHEQUES, signing checks.
—— DE INGENIERÍA, engineering firm.
—— DE UN SOCIO DE LA BOLSA, member firm.
—— DEL CHEQUE, check signature.
—— EN BLANCO, blank signature.
—— EXPORTADORA, export house.
—— FACSÍMIL, facsimile signature.
—— IMPORTADORA, import house.
—— INVERSIONISTA, investment company.
—— MAYORISTA o COMERCIO AL POR MAYOR, wholesale house.
—— O EMPRESA DE CONTADORES PÚBLICOS, public accounting firm.
—— PUBLICITARIA, advertising agency.
FIRMAMENTO o CIELO, sky.
FIRMANTE, signer, signatory, subscriber.
FIRMAR o SUSCRIBIR, to sign.
—— CONTRATO, to execute a contract.
—— MANCOMUNADAMENTE, to sign jointly.
FIRME, solid, firm, stable, steady, groundwork.
——, COMPRA EN, outright purchase.
——, DE, steadily, strongly.
——, EN, definitive, final.
FISCAL, fiscal, district attorney, auditor, controller.
——, AÑO, fiscal year.
FISCALES, NORMAS, tax regulations.
FISCALÍA, inspector's office.
FISCALIZACIÓN, supervision, inspection, financial direction or control.
—— DE LOS COSTOS DE UNA EMPRESA, cost control.
FISCALIZADOR, inspector, supervisor.
FISCALIZAR, to prosecute, to censure, to inspect.
FISCO, national treasury, national government.
FÍSICA, physics (science).
FÍSICO o MATERIAL, physical, physicist.
FISIOLOGÍA, physiology.
FISIOLÓGICO, physiological.
FISIÓLOGO, physiologist.
FLACO, weak, lean.
FLAMANTE, bright, brandnew.
FLAQUEAR, to weaken, to be depressed.
FLAQUEZA, weakness, leanness, frailty.
FLECHA, arrow, dart.
FLEJE, band, hoop, iron strap, strip.
—— DE HIERRO, strap iron.
FLETADOR o ENCARGADO DEL FLETAMENTO DE UN BUQUE, ship charterer, freighter.
FLETAMENTO, charter, affreightment.
—— DE UN BUQUE, ship charter.
—— DE UN BUQUE CON IGUALES DERECHOS QUE EL PROPIETARIO DEL MISMO, bareboat charter.
—— POR BODEGA, space charter.
—— POR TIEMPO o A PLAZO, time charter.
—— POR VIAJE, trip charter.

FLETAR-FLUJOS 183

—— POR VIAJE REDONDO, round-trip charter, voyage charter.
FLETAR, to freight, to charter, to hire.
FLETE, freight, freight rate, freight charges.
—— A COBRAR, freight collect.
—— AÉREO, air freight.
—— CONSOLIDADO, joint rate.
—— CORRIDO, through freight.
—— DE ENTRADA o DE LLEGADA, freight-in.
—— DE IDA, freight outwards.
—— DE VUELTA, freight home.
—— EVENTUAL, freight contingency, collectible freight.
—— GLOBAL o TOTAL, lump freight.
—— INTERIOR, inland freight.
——, LIBRE DE, freight free.
—— MARÍTIMO o DE ALTURA, ocean freight.
—— O PORTE DE FERROCARRIL, rail freight, railroad freight.
—— PAGABLE A DESTINO, freight collect.
—— PAGADO, freight paid, advance freight.
—— PAGADO CON ANTICIPACIÓN, advance freight.
—— PARA PAQUETES PEQUEÑOS, parcel rate.
—— POR BARCO Y CAMIÓN, truck-water rate.
—— POR COBRAR, carriage forward, freight forward.
—— POR VAGÓN COMPLETO, carload rate.
—— TERRESTRE, land freight.
FLETES
—— DE MERCANCÍAS DESPACHADAS, transportation-out.
—— DE MERCANCÍAS RECIBIDAS, transportation-in.
—— Y ACARREOS SOBRE COMPRAS, freight in, transportation-in.
—— Y ACARREOS SOBRE VENTAS, freight out.
FLEXIBILIDAD, flexibility.
FLEXIBLE, flexible.
FLOJEAR, to slacken, to grow weak.
FLOJO, soft, weak, dull, inactive.
FLOR DE LA VIDA, prime of life, bloom of youth.
FLOR Y NATA, flower, elite.
FLORES, DECIR o ECHAR, to flatter, to pay compliments.
FLORERÍA, flower shop, florist.
FLORICULTURA, raising flowers.
FLOTA, fleet.
—— AÉREA o FUERZA AÉREA, air forces.
—— AÉREA COMERCIAL, commercial air fleet.
—— DE ALTA MAR, offshore fleet.
—— DE CAMIONES, fleet of trucks.
—— DE REPARTO, delivery fleet.
—— MERCANTE, merchant marine.
—— PESQUERA, fishing fleet.
—— PETROLERA, fleet of tankers.
FLOTADOR, float, floating.
FLOTANTE, floating, afloat, bluffer.
——, DEUDA, floating debt.
FLOTAR, to float, to wave.
FLOTE, floating.
——, A, afloat.

——, ESTAR o MANTENERSE A, to have enough to live on.
FLOTILLA, fleet.
—— DE CAMIONES, truck fleet.
FLUCTUACIÓN, fluctuation.
—— A CORTO PLAZO, short-term fluctuation.
—— F LOS TIPOS DE CAMBIO, exchange rate fluc...
—— ESTACIONAL DE DEPÓSITOS, seasonal deposit fluctuation.
FLUCTUACIONES
—— DE TEMPORADA o DE ESTACIÓN, seasonal fluctuations.
—— DEL MERCADO, market fluctuations.
—— DEL MUESTREO, sampling fluctuations.
—— DEL PRECIO DE ACCIONES, stock price fluctuations.
FLUCTUAR, to fluctuate.
FLUIDO, fluid.
FLUIR, to flow.
FLUJO, flow.
—— ANUAL DE EFECTIVO INICIAL, initial annual cash flow.
—— CONTINUO, steady flow.
—— DE ARTÍCULOS DE CONSUMO, commodity flow.
—— DE CAPITAL DE TRABAJO, working capital flow.
—— DE CONSUMO, consumption flow.
—— DE DEPÓSITOS, deposit outflow.
—— DE EFECTIVO, cash capital flow.
—— DE EFECTIVO DESCONTADO, discounted cash flow.
—— DE EFECTIVO NETO, net cash flow.
—— DE EFECTIVO POR ACCIÓN, cash flow per share.
—— DE EFECTIVO PROFORMA, pro forma cash flow.
—— DE FONDOS, cashflows.
—— DE GASTOS o CORRIENTE DE GASTOS, spending stream.
—— DE INFORMACIÓN, information flow.
—— DE INTERESES, interest flow.
—— DE INVERSIONES, investment flow.
—— DE MATERIALES Y PIEZAS, material flow.
—— DE MERCANCÍAS o PRODUCTOS, flow of goods.
—— DE OPERACIONES o TRANSACCIONES, flow of transactions.
—— DE RECURSOS FINANCIEROS, funds flow.
—— DEL PRODUCTO, product flow.
—— DEL TRABAJO, work flow.
—— INCREMENTAL DE CIRCULANTE, incremental cash flow.
—— NETO DE EFECTIVO DE OPERACIÓN, net operating cash flow.
—— NETO ESPERADO, expected net cash flow.
—— O MOVIMIENTO DE COSTOS, cost flow.
—— O MOVIMIENTO DE DEPÓSITOS BANCARIOS, deposit flow.
FLUJOS
—— ANUALES DE EFECTIVO, annual cash flows.
—— DE EFECTIVO COMBINADOS, combined cash flows.

—— **FINANCIEROS,** financial flows.
FOCO, light, beam, focus, center.
—— **COMERCIAL,** business center.
—— **DE ALUMBRADO o ELÉCTRICO,** light bulb, incandescent lamp.
FOGATA, fire, blaze, bonfire.
FOGONERO, fireman, stoker, truck-driver's helper.
FOJA, leaf, sheet, folio.
FOLIACIÓN, numbering.
FOLIADOR, numbering machine.
FOLIADORA, paging machine.
FOLIAR, to number pages, to folio, to postmark, to post.
FOLIO, folio, page.
FOLLETO, booklet, folder, brochure, leaflet.
FOLLETOS DEL VENDEDOR o FOLLETOS DE PROMOCIÓN DE VENTAS, sales literature.
FOMENTADOR, booster, promotor, developer.
—— **DE BIENES RAÍCES COMERCIALES,** commercial real estate developer.
—— **O PROMOTOR DE VENTAS,** sales developer.
FOMENTAR, to promote, to boots, to found, to develop.
FOMENTO, development, promotion.
—— **DE VENTAS,** sales promotion.
—— **O PROMOCIÓN DEL COMERCIO,** trade promotion.
FONDA, restaurant, inn.
FONDEADERO, anchorage, berth.
FONDEAR, to anchor, to drop anchor.
FONDISTA o FONDERO, innkeeper.
FONDO, fund, stock, store, bottom, base.
——, **A,** perfectly, throughly.
—— **AGOTADO o DISIPADO,** depleted fund.
—— **AMORTIGUADOR,** buffer pool.
—— **BANCARIO A PLAZO o A TÉRMINO,** term bank fund.
—— **CORRIENTE o ACTUAL,** current fund.
—— **DE AGENCIA,** agency fund.
—— **DE AGENCIA Y FIDEICOMISO,** trust-and-agency fund.
—— **DE AMORTIZACIÓN,** sinking fund.
—— **DE AMORTIZACIÓN DE PRIMERA HIPOTECA,** first mortgage sinking fund.
—— **DE ANUALIDAD,** annuity fund.
—— **DE AYUDA,** endowment.
—— **DE BENEFICENCIA o PARA CARIDAD,** endowment fund.
—— **DE BIENESTAR,** welfare fund.
—— **DE BONOS,** bond fund.
—— **DE CAJA CHICA,** petty cash fund.
—— **DE CAMBIO,** change fund.
—— **DE CAPITAL DE TRABAJO,** working-capital fund.
—— **DE COMERCIO,** stock in trade.
—— **DE COMPAÑÍA MATRIZ,** holding company fund.
—— **DE COMPAÑÍA TENEDORA DE ACCIONES,** holding company fund.
—— **DE CUSTODIA,** trust fund.
—— **DE DEPRECIACIÓN,** depreciation fund.
—— **DE EMERGENCIA,** emergency fund.
—— **DE ESTABILIZACIÓN o ESTABILIZADOR,** stabilization fund.
—— **DE FIDEICOMISO o FONDO FIDUCIARIO,** trust fund.
—— **DE GARANTÍA,** guarantee fund.
—— **DE IMPREVISTOS,** contingency fund.
—— **DE IMPUESTOS ESPECIALES,** special-assessment fund.
—— **DE INGRESOS ESPECIALES,** special-revenue fund.
—— **DE JUBILACIÓN SIN CUOTA DEL EMPLEADO,** non-contributory pension.
—— **DE MERCADO MONETARIO,** money market fund.
—— **DE PENSIÓN PARTICULAR o PERSONAL,** private pension fund.
—— **DE PENSIONES,** pension fund.
—— **DE PENSIONES DE EMPLEADOS,** employee pension fund.
—— **DE PENSIONES o DE JUBILACIONES,** superannuation fund.
—— **DE PLANTA,** plant fund.
—— **DE PREVISIÓN o DE BIENESTAR,** welfare fund.
—— **DE PROPIEDAD COMÚN,** hotchpot.
—— **DE REDENCIÓN o DE AMORTIZACIÓN o DE RESCATE,** redemption fund.
—— **DE RENOVACIÓN,** replacement fund.
—— **DE REPOSICIÓN,** renewal fund.
—— **DE RESERVA,** reserve fund.
—— **DE RESERVA PARA CATÁSTROFES,** catastrophe reserve.
—— **DE RETIRO,** retirement fund.
—— **DE RETIRO DE LOS GOBIERNOS ESTATAL Y LOCAL,** state and local retirement fund.
—— **DE SEGURO,** insurance fund.
—— **DE SEGURO PROPIO,** self-insurance fund.
—— **DE SERVICIO PÚBLICO,** utility fund.
—— **DE TRABAJO,** working fund.
—— **DE TRABAJO CONSOLIDADO,** consolidated working fund.
—— **DEFICITARIO,** deficit fund.
—— **DISPONIBLE o GASTABLE,** expendable fund.
——, **DOBLE,** false bottom.
—— **EDITORIAL,** publisher's list of books.
—— **EN EFECTIVO DEL RETIRO DE ACCIONES,** stock redemption cash fund.
—— **ESPECIAL,** special fund.
—— **ESTUDIANTIL,** student fund.
—— **FIJO,** imprest fund.
—— **FIJO DE TRABAJO,** imprest working fund.
—— **GENERAL,** general fund.
—— **GENERAL DE LA DEUDA CONSOLIDADA,** general bonded-debt fund.
—— **GENERAL PARA ACTIVOS FIJOS,** general fixed-assets fund.
—— **MUTUALISTA o MUTUO,** mutual fund, open-end investment company.
—— **MUTUALISTA DEL MERCADO MONETARIO,** money market mutual fund.
—— **MUTUALISTA NO LIMITADO,** open-end mutual fund.
—— **NO DISPONIBLE,** nonexpendable fund.

—— PARA ACCIDENTES, accident fund.
—— PARA AMORTIZACIÓN DE OBLIGACIONES, bond sinking fund.
—— PARA AMPLIACIÓN DE PLANTA, plant expansion fund.
—— PARA COMPENSACIÓN POR MUERTE, mortuary fund.
—— PARA CONTINGENCIAS, contingency fund.
—— PARA GASTOS, expense fund.
—— PARA HUELGA o PARO, strike fund.
—— PARA INTERESES, interest fund.
—— PARA MEJORAS LOCALES, local-improvement fund.
—— PARA PRÉSTAMOS, loan fund.
—— PARA REDIMIR ACCIONES, stock redemption fund.
—— PARA SOBORNO MILLONARIO, whitemail bribery fund.
—— PARTICULAR DE PENSIONES NO ASEGURADO, private noninsured pension fund.
—— RESTRINGIDO, restricted fund.
—— REVOLVENTE, revolving fund.
—— REVOLVENTE PERMANENTE o FONDO ROTATIVO PERMANENTE, permanent revolving fund.
—— ROTATIVO PARA GASTOS MENORES, imprest fund.
——, TENER BUEN, to be good at heart.
FONDOS, funds.
——, ANDAR MAL DE, to be short of money.
—— BANCARIOS, bank funds.
—— COBRADOS, collected funds.
—— CONGELADOS, frozen or blocked funds.
—— DE CAPITAL o PATRIMONIALES, capital funds.
—— DE LOS DEPOSITANTES, depositors' funds.
—— DE PREVISIÓN, provident funds.
—— DE RESERVA, coverage.
—— DISPONIBLES, uncommitted funds, cash and bank deposits.
—— EN CUENTAS DE CHEQUES, checking account funds.
—— EN EFECTIVO, cash funds.
—— EN EL EXTRANJERO, funds abroad.
—— EN TÍTULOS, equity funds or funding.
—— EXCEDENTES, surplus cash.
—— FEDERALES o DE LA RESERVA FEDERAL, Federal Funds.
—— INMOVILIZADOS, funds tied up.
—— PARA FLUCTUACIÓN DE PRECIOS DEL INVENTARIO, inventory reserves.
—— PÚBLICOS o HACIENDA PÚBLICA, public funds, government bonds.
—— RECAUDADOS, collected funds.
——, SIN, out of cash.
—— SIN ASIGNACIÓN, unassigned funds.
—— SIN INVERTIR, uninvested funds.
—— SOBRANTES o EXCEDENTES, surplus funds.
—— SOCIALES, BAJOS, underworld.
—— TOTALES NO CAPITALIZADOS, total noncapital funds.
—— VITALICIOS, life annuities.

FONTANERO, pipe layer, plumber.
FORÁNEO, foreign, out-of-town.
FORASTERO, stranger, out-of-town.
FORJA, forge.
FORJADO o LABRADO, wrought.
FORJADOR, forger, counterfeiter, blacksmith.
FORJAR, to forge, to frame, to shape.
FORMA, form, blank form, format.
—— ACOSTUMBRADA o USUAL, customary form.
—— AMPLIA, broad form.
—— CORRIDA, running form.
—— DE DIARIO, journal form.
—— DE INFORME o REPORTE, report form.
—— DE PAGO, terms, method of payment.
—— DE PAGO EN EFECTIVO, cash terms.
—— DE PÓLIZA TIPO, standard policy form.
—— DE SALDOS DECRECIENTES, reducing-balance form.
——, EN, in due form, in good shape, properly.
—— NARRATIVA, narrative form.
—— O FORMULARIO PARA TELEGRAMA, telegraph form.
—— QUE, DE, so as, so that.
FORMAS DE SEGURO, forms of coverage.
FORMACIÓN, formation, forming, form, format.
—— DE CAPITAL, capital formation.
—— DE TÉCNICOS, training of technicians.
—— DE UN GRUPO o INTEGRACIÓN DE UN GRUPO, team building.
—— INTERNA DE CAPITAL, domestic capital formation.
—— PROFESIONAL, vocational training.
FORMAL, businesslike, formal, proper, serious.
FORMALIZAR, to legalize, to execute, to formalize.
FORMALIZARSE, to settle down, to become serious.
FORMAR, to form, to shape.
—— MEJOR OPINIÓN DE, to think better of.
—— PARTE DE, to become a member of (an organization, etc.).
FORMATO, format, blank form.
—— DE INSTRUCCIÓN, instruction format.
FÓRMULA, formula, blank form.
—— DE CRECIMIENTO, growth formula.
—— DE INTERÉS COMPUESTO, compound-interest formula.
—— DE INTERÉS SIMPLE, simple interest formula.
—— DE PROPUESTA, form of proposal.
—— DEL TAMAÑO DE LA MUESTRA, sample size formula.
FORMULACIÓN, formulation, making.
—— DE DECLARACIONES FISCALES, tax return preparation.
—— DE PLANES, policy making.
—— DE UN PRESUPUESTO, budget construction.
—— DEL PROGRAMA DE MERCADOTECNIA, marketing program formulation.
FORMULAR, to draw up, to make out, to formulate.
—— O HACER PREGUNTAS, to ask questions.
—— O HACER UN PEDIDO, to place an order.

—— UN ASIENTO, to draft an entry.
—— UNA RECLAMACIÓN, to file a claim.
FORMULARIO, blank form.
—— CENSAL o DE CENSO, census schedule.
—— DE DECLARACIÓN, statement form.
—— DE IMPUESTO RETENIDO, withholding-tax form.
—— DE INVENTARIO, inventory sheet.
—— DE PEDIDOS, order blank.
—— DE PÓLIZA, voucher form.
—— DE PROPUESTA, proposal form.
—— DE SOLICITUD, application form, application blank.
—— DE SOLICITUD DE CRÉDITO, credit form.
—— EN BLANCO, blank form.
—— IMPRESO, printed form.
—— O MODELO TIPO, standard blank.
—— PARA INFORME DE ACCIDENTE, accident-report blank.
FORMULARIOS IMPRESOS o MODELOS EN BLANCO, printed forms.
FORMULISMO, red tape, formulism.
FORNIDO o FORZUDO, strong-bodied.
FORO, forum, court of justice, bar.
FORRAJE, fodder, feed, forage.
—— ENSILADO, silage.
—— PARA GANADO, cattle feed.
FORRAR, to line.
FORRO, lining, sheathing, cover, liner.
FORTALEZA, fortitude, force, fortress.
FORTÍN, fortin.
FORTUITO, fortuitous, accidental.
FORTUNA, fortune, wealth, resources.
——, POR, fortunately, luckily.
FORZADOS, TRABAJOS, (penal) hard labor.
FORZAR, to force, to compel, to take by force.
FORZOSO, compulsory, obligatory.
——, HEREDERO, heir apparent.
——, PARO, unemployment.
FÓSFOROS o CERILLOS, matches.
—— DE CERA, wax match.
FOSO, pit, hole in the ground.
FOTO o FOTOGRAFÍA, photo, photograph, shot.
FOTOCOPIA, photocopy.
FOTOCOPIAR, to blueprint, to make a photocopy.
FOTOGRAFÍA, photography, photograph, photography shop.
—— EN COLORES o A COLOR, color photography.
—— INSTANTÁNEA, snapshot.
FOTOGRAFIAR, to photograph.
FOTÓGRAFO, photographer.
FOTOGRAMETRÍA AÉREA, aerial surveying.
FRAC, dress coat.
FRACASAR, to break down, to fail, to fall through, to be unsuccessful.
FRACASO, failure, ruin, breakdown.
—— COMPLETO, dead failure.
—— EN LA COMUNICACIÓN, communication breakdown.
—— ORGANIZACIONAL, organizational failure.

FRACCIÓN, fraction, section.
—— CONSTANTE DE MUESTREO, uniform sampling fraction.
—— DE MUESTREO, sampling fraction.
—— DECIMAL CONTINUA o PERIÓDICA, circulating decimal.
—— O PORCIÓN DEL COSTO, cost fraction.
FRACCIONAL o FRACCIONARIO, fractional.
FRACCIONAMIENTO, dividing up, subdivision, fractionation.
—— DE ACCIONES, stock split-up.
FRACCIONAR, to fraction, to fractionate.
FRÁGIL, fragile, breakable.
FRAGUA, forge.
FRAGUAR, to forge, to plan, to plot, to scheme.
FRANCESA, DESPEDIRSE A LA, to take French leave.
FRANCO, franc, free time, free, exempt, clear.
—— A BORDO, free on board (F.O.B.).
—— DE DERECHOS, duty-free.
—— DE DERECHOS ADUANALES, customs-exempt.
—— DE EMBALAJE, free packing, no charge for packing.
—— EN EL MUELLE, free on dock, ex quay.
—— O LIBRE DE PORTE, postage free, post-free, carriage-free.
—— SOBRE MUELLE, free alongside (F.A.S.), ex quay.
—— SOBRE RIELES, loaded on cars, F.O.B.
FRANCOTIRADOR, sniper.
FRANQUEADORA, franking or stamping machine, postage meter.
FRANQUEAR, to exempt, to be free, to prepay (postage).
—— UNA CARTA, to stamp a letter.
FRANQUEO, postage, franking, prepayment, clearance.
—— AÉREO, air-mail postage.
—— DE RESPUESTA PAGADO o CONTESTACIÓN PREPAGADA, prepaid reply.
FRANQUEZA, CON, frankly.
FRANQUICIA, franchise, grant, concession, exemption, privilege.
—— A PLAZO FIJO, fixed-term franchise.
—— ADUANERA o ARANCELARIA, exemption from customs duties.
—— DE CARGA POR AVIÓN, air clearance.
—— FISCAL, tax exemption.
—— POSTAL, postal permit, franking privilege.
—— TELEGRÁFICA, telegraph frank.
FRASCO, bottle, flask, vial.
FRASE o EXPRESIÓN, phrase.
—— DE CAMPAÑA o LEMA, slogan.
—— HECHA, proverb, saying.
FRATERNAL, fraternal.
FRATERNIDAD, fraternity, brotherhood.
FRAUDE, fraud.
—— CON AYUDA DE COMPUTADORA, computer-aided fraud.
—— DE LA ADMINISTRACIÓN, management fraud.
—— DEL EMPLEADO, employee fraud.

—— EN EMPRESAS o EN SOCIEDADES ANÓNIMAS, corporate fraud.
—— O ENGAÑO HECHO EN COMPUTADORA, computer fraud.
FRAUDULENTO, fraudulent.
——, DESEMBOLSO, fraudulent disbursement.
FRAZADA o MANTA, blanket.
FRECUENCIA, frequency, incidence.
——, CON, frequently.
—— DE LA PUBLICIDAD o DE LA PROPAGANDA, advertising frequency.
—— DE OCURRENCIA, frequency of occurrence.
FREGADERO, sink, kitchen sink.
FREGAR o RESTREGAR, to scrub.
FREÍR SERÁ EL REÍR, AL, he laughs best who laughs last.
FRENAR, to brake.
FRENO, brake.
—— A LA COMPETENCIA, restraint on competition.
—— AFLOJADO, brake off.
—— APLICADO, brake on.
—— DE PEDAL, foot brake.
—— MANUAL o DE MANO, hand brake.
FRENTAZO, rebuff, turning down.
FRENTE, front, frontage, face of a document.
—— A, opposite.
—— A FRENTE, face to face.
—— A, HACER, to face a problem.
—— DE, AL, in charge of, at the head of.
——, NO TENER DOS DEDOS DE, not to have any sense at all.
—— POLÍTICO, political front.
FRESADO, milling, routing.
FRESAR, to mill, to face, to machine.
FRESCO, fresh, cool, newly come, just made.
——, ESTAR o QUEDAR, to be disappointed.
——, HACER, to be cool (of atmosphere).
——, QUEDARSE, to act cooly, to show no concern or scruple.
FRIGORÍFICO, meat-packing plant, cold-storage plant, refrigerator ship.
FRÍO, cold, unmoved.
——, HACER, to be cold (weather).
——, TENER, to be cold, to feel cold (of person).
FRONTERA, border, frontier.
—— INTERNACIONAL, international boundary.
FRONTERIZO, at the border.
FROTAR o RESTREGAR, to wipe.
FRUNCIR EL CEÑO o EL ENTRECEJO, to frown.
FRUSTRACIÓN, frustration.
FRUSTRAR, to frustrate.
FRUTA, fruit.
FRUTAS
—— SECAS, dried fruits.
—— Y LEGUMBRES ENLATADAS o EN CONSERVA, canned fruits and vegetables.
FRUTAL, fruit tree, fruit-bearing.
FRUTERÍA, fruit store.
FRUTERO, fruit dealer.

FRUTICULTOR, fruitgrower.
FRUTO DE, SACAR, to derive benefit from.
FRUTOS DEL PAÍS, domestic commodities, national products.
FUEGO, fire.
—— INTENCIONAL, incendiary fire.
—— LENTO, slow fire.
——, PEGAR, to set afire.
FUEGOS ARTIFICIALES, fireworks.
FUENTE, source, fountain, spring.
—— DE ABASTECIMIENTO o SUMINISTRO, source of supply.
—— DE BEBER, drinking fountain.
—— DE INFORMACIÓN, source of information.
—— DE SODA, soda fountain.
—— ESENCIAL, ultimate source.
FUENTES
—— DE DATOS, data sources.
—— DE FONDOS, sources of funds.
—— DE INFORMACIÓN CREDITICIA, sources of credit information.
—— DE INGRESOS, sources of revenue.
—— DE LIQUIDEZ o CONVERTIBILIDAD, liquidity sources.
—— DE MATERIAS PRIMAS, sources of raw materials.
—— DE RECURSOS INTERNACIONALES, sources of international funds.
—— DE RIQUEZA NATURALES, natural resources.
—— DE SUPERÁVIT, sources of the surplus.
—— INTERNAS, domestic sources.
FUERA, out, outside.
—— DE, outside of.
—— DE ALCANCE, out of reach.
—— DE BOLSA, VALORES NEGOCIADOS, unlisted securities.
—— DE CASA, outdoor.
—— DE DIFICULTADES o FLOTANTE, above water.
—— DE DUDA, past a doubt, past question.
—— DE LA CIUDAD, out-of-town.
—— DE LA LÍNEA, below the line.
—— DE LA VÍA o DEL CAMINO, off-the road.
—— DE LÍNEA, off-line, out-of-line.
—— DE LUGAR, out-of-place, irrelevant.
—— DE MODA, out of use.
—— DE ORDEN, out of order.
—— DE PERIODO, noncurrent.
—— DE PROPÓSITO, beside the point.
—— DE REGISTRO, out-of-register.
—— DE SERVICIO, out-of-service.
—— DE SÍ, out of one's mind.
—— DE TEMPORADA, out-of-season.
—— DE TIEMPO o INTEMPESTIVO, out of season.
—— DE USO, out-of-date, out-of-use, obsolete.
—— DEL CAMINO o APARTADO, out of the way.
—— DEL PAÍS, abroad.
——, HACIA, outward.
——, POR, on the outside.
FUERO DEL TRABAJO, labor laws.

FUERTE, strong, fort.
—— **COSA, ES**, it is very hard.
—— **PÉRDIDA**, heavy loss.
FUERZA, force, power.
——, **A LA**, by main force, with the utmost effort.
—— **AÉREA**, air force.
—— **DE MANO DE OBRA**, hand power.
—— **DE TRABAJO**, labor force, working force.
—— **DE VOLUNTAD o VIGOR o PUJANZA**, will power.
—— **ECONÓMICA**, economic power.
——, **ECHAR A LA**, to force out.
—— **DIRECTRIZ DE LA EMPRESA**, organization's driving force.
—— **HIDRÁULICA**, water power.
—— **LABORAL u OBRERA**, working or labor force.
—— **LABORAL FEMENINA**, women work force.
—— **LEGAL**, force of law.
—— **MOTRIZ o MOTORA**, power.
—— **O ENERGÍA, COSTO DE**, cost of power.
——, **POR o POR LA FUERZA**, to be necessary.
—— **PÚBLICA**, police power.
—— **SUPERIOR**, superior force.
FUERZAS
—— **ARMADAS o EJÉRCITO**, armed forces or army.
——, **COBRAR**, to recover one's strength.
—— **DE MAR Y TIERRA**, naval and land forces.
—— **Y RESTRICCIONES COMPENSADORAS**, countervailing forces and restraints.
FUGA, escape, flight, leak, runaway, elopement.
—— **DE AGUA**, leak.
——, **PONER EN**, to put to flight, rout.
FUGARSE, to abscond, to run away.
—— **DE LA CÁRCEL**, jail break.
FUGITIVO, absconder, fugitive.
FULANO, so and so.
—— **DE TAL**, John Doe.
FUMADOR, smoker, addicted to smoking.
FUMAR, to smoke.
FUNCIÓN, operation, function, duty.
—— **ARITMÉTICA**, arithmetic function.
—— **CUADRÁTICA**, quadratic function.
—— **DE AUDITORÍA o DE REVISIÓN CONTABLE**, auditing function.
—— **DE COMUNICACIÓN**, communication function.
—— **DE CONTROL**, controlling function.
—— **DE COSTO**, cost function.
—— **DE DIRECCIÓN o LIDERATO**, leading function.
—— **DE DISTRIBUCIÓN**, distribution function.
—— **DE DOTACIÓN DE PERSONAL**, staffing function.
—— **DE, EN**, in terms of.
—— **DE MOTIVACIÓN**, motivating fuction.
—— **DE ORGANIZACIÓN**, organizing function.
—— **DE PLANEACIÓN**, planning function.
—— **DE PRODUCCIÓN**, production function.
—— **DE TOMA DE DECISIONES**, decision making function or role.
—— **DE VARIEDADES**, variety show, vaudeville.
—— **DEL CONSUMO**, consumption function.
—— **FINANCIERA**, financial function.
—— **LINEAL**, linear function.
—— **OBJETIVO**, objective function.
—— **TRIGONOMÉTRICA**, trigonometric function.
FUNCIONES
—— **ADMINISTRATIVAS**, managerial functions.
—— **DE ASESORÍA**, staff functions.
—— **DE LA MERCADOTECNIA**, marketing functions.
—— **DE LÍNEA**, line functions.
—— **DEL DINERO**, functions of money.
—— **DEL PRESUPUESTO**, functions of the budget.
——, **EN**, in office, on duty.
FUNCIONA BIEN, QUE, going.
FUNCIONAL, functional, operating, useful.
FUNCIONAMIENTO, operation.
—— **AUTOMÁTICO**, self-operating.
——, **EN**, operating, going, in business.
FUNCIONAR, to run, to work, to operate.
FUNCIONARIO, official, officer, executive.
—— **A CARGO DE CUENTAS**, account executive.
—— **ADUANAL**, customs official.
—— **ASISTENTE o MENOR**, junior manager.
—— **AUTORIZADO u OFICIAL DIPLOMADO**, certifying officer.
—— **CONTABLE**, accounting officer.
—— **DE FINANZAS**, financial officer.
—— **DE INVERSIONES**, investment officer.
—— **DE LA SECCIÓN DE FIDEICOMISO**, trust officer.
—— **DE LÍNEA**, line executive.
—— **DE OPERACIÓN**, operating officer.
—— **DE PRÉSTAMOS BANCARIOS**, bank's loan officer.
—— **DE SALUBRIDAD**, health official.
—— **DE TIEMPO COMPLETO**, full-time officer.
—— **DE UN PARTIDO**, party official.
—— **EJECUTIVO EN JEFE**, chief executive officer.
—— **FISCAL**, financial officer, treasury official.
—— **LEGO**, lay officer.
—— **POR NOMBRAMIENTO**, appointed official.
—— **PÚBLICO**, public official, public officer.
—— **QUE FIRMA CHEQUES**, checks-signing official.
—— **RESPONSABLE**, responsible officer.
—— **SUBALTERNO**, minor executive.
FUNCIONARIOS
——, **ADEUDOS DE**, due from officers.
—— **ADMINISTRATIVOS**, staff executives.
——, **SUELDOS DE**, officers' salaries.
FUNDA, sheath, case, envelope, slipcase.
—— **PARA DORMIR A LA INTEMPERIE**, sleeping bag.
FUNDACIÓN, foundation, establishment, endowed institution.
—— **DE BENEFICENCIA**, endowment institution.
—— **DE INVESTIGACIÓN NO LUCRATIVA**, nonprofit research foundation.
FUNDADOR, founder, organizer, promoter.
——, **ACCIONES DE**, founders' capital stock.
FUNDAMENTO, groundwork, foundation, basis.
FUNDAMENTOS DE MERCADOTECNIA (las cinco funciones interrelacionadas: diseño del producto, fabricación, publicidad y ventas, distribución, facturación y cobranza), marketing fundamentals.

FUNDAR, to found, to establish, to set up, to float.
—— UNA EMPRESA o UN NEGOCIO, to found a business.
FUNDICIÓN, casting, foundry, smelting.
—— DE ACERO, steel foundry.
—— DE HIERRO, iron foundry.
—— DE TIPOS, type casting.
FUNDIDOR, smelter, foundryman, founder.
FUNDIR, to cast, to melt, to smelt, to blow out, to merge (corporation).
FUNDO, land, rural, property.
FUNERAL, funeral.
FUNERARIO o FUNERARIA, funeral.
FUNGIBLE, fungible, expendable.
FUNGIR, to act in some capacity.
FUNICULAR, cable railway.
—— AÉREO, aerial tramway.
FURGÓN, carload, van, freight car.
—— DE CARGA, freight car.
—— DE EQUIPAJES, baggage car.
—— DE MUDANZAS, moving or furniture van.
—— POSTAL, mail car.
FURGONES, TARIFAS DE, carload rates.
FUROR, HACER, to be the rage.
FUSIBLE, fusible, (electricity) fuse.
FUSIL, gun, rifle, musket.
FUSILAMIENTO, execution by shooting.
FUSILAR, to shoot, to execute by shooting.
FUSIÓN, merger, consolidation, fusion.
—— BANCARIA, bank merger, bank consolidation.
—— DE EMPRESAS, amalgamation.
—— DE EMPRESAS COMERCIALES, merger.
—— DE EMPRESAS DESCENDENTES, downstairs merger.
—— DE FONDOS, fund pool.
—— DE LAS OFICINAS CENTRALES, headquarters pool.
—— DE UNA COMPAÑÍA CON OTRA, merger assessment.
—— ESTATUTARIA, statutory merger.
—— HORIZONTAL, horizontal merger, merger of competing companies.
—— VERTICAL o CONSOLIDACIÓN VERTICAL, vertical combination.
—— VERTICAL DE EMPRESAS, vertical merger.
FUSIONAR, to consolidate, to merge.
FUTURISMO, futurism.
FUTURISTA, futurist.
FUTURO, future.
—— CERCANO, near future.
——, EN LO, hereafter.
——, VALOR, future value.
FUTUROS, futures.
—— DE GRANOS, grain futures.
—— DE LANA o LANA PARA ENTREGA FUTURA, wool futures.
—— EN EL MERCADO CAMBIARIO, forward foreign exchange market.
——, MERCADO DE, forward market.
—— MUNDIALES, world-contract futures.

G

GABELA, tax, duty.
GABINETE, cabinet, stateroom.
—— **DE TRABAJO**, work room.
GACETA, gazette, newspaper.
GACETERO, news writer, seller of newspaper.
GACETILLA, town talk, personal-news column.
GAFAS, goggles, spectacles.
GAGUERA, stuttering.
GALA DE, HACER, to be proud of, boast of.
GALANTEAR, to court, to woo.
GALARDÓN, reward, recompense, prize.
GALERA, galley, wagon, van, shed.
GALERADA, galley proof, type in one galley, wagonload.
GALERÍA, gallery, lobby, corridor, art museum.
—— **DE PINTURAS**, picture gallery.
GALIMATÍAS, gibberish.
GALÓN, galon.
GALOPE, A, hurriedly, speedily.
GALVANIZADO o CUBIERTO CON CINC, zinc-coated.
GALVANIZAR, to zinc.
GALVANOPLASTIA, electroplating, electrotypy.
GALLETAS, crackers, biscuits.
GALLINA, hen, coward, chicken-hearted person.
GANA, appetite, desire, mind.
——, **DE BUENA**, willingly.
——, **DE MALA**, unwillingly.
——, **NO ME DA LA**, I don't want to, I won't.
—— **O GANAS DE, TENER**, to feel like, to want to.
GANADERÍA, animal husbandry, stock raising, stock farm, cattle ranch.
GANADERO o HACENDERO o RANCHERO, rancher, cattleman, drover.
—— **CRIADOR**, stock farmer.
GANADO, cattle, livestock, earned (commercial).
—— **BOVINO**, beef cattle.
—— **CABALLAR o EQUINO**, horses.
—— **CAPRINO**, goats.
—— **DE CARNE**, beef cattle.
—— **LECHERO**, dairy cattle.
—— **MENOR**, small cattle.
—— **PARA CARNE**, meat animals.
—— **VACUNO**, beef cattle, cattle.
GANADOR o VENCEDOR, winner.
GANADOS, INTERESES, interest carried.
GANANCIA, profit, earnings, bonus.
——, **A**, at a profit.
—— **A CORTO PLAZO**, shortfall.
—— **ACTUARIAL**, actuarial gain.
—— **ADICIONAL**, boot.
—— **AJENA AL GIRO**, extraneous earnings.
—— **BRUTA o EN BRUTO**, gross profit.
—— **BRUTA NO REALIZADA**, gross unrealized gain.
——, **CON**, at a profit.
—— **DE RENTAS**, interest income.
—— **EN CUENTA DE PARTICIPACIÓN**, gain on venture.
—— **GRAVABLE o RENTA SUJETA A IMPUESTO**, taxable income.
—— **INESPERADA**, windfall.
—— **LÍQUIDA o NETA**, net profit.
——, **MAXIMIZAR LA**, to maximize profits.
—— **NETA CONJUNTA o GLOBAL**, aggregate net profitability.
—— **NETA REALIZADA**, net realized gain.
—— **O PÉRDIDA**, gain or loss.
—— **O UTILIDAD MÍNIMA**, minimum profit.
—— **POR POSESIÓN**, holding gain.
—— **POR PRONTO DESPACHO**, dispatch earning.
—— **POR RENTAS NO DEVENGADAS**, unearned rent income.
—— **REALIZADA**, realized gain.
—— **REALIZADA POR POSESIÓN**, realized holding gain.
—— **SEGÚN LIBROS**, book profit.
GANANCIAS
—— **BRUTAS**, gross earnings.
—— **DE CAPITAL**, capital gains.
—— **DE CAPITAL A CORTO PLAZO**, short-term capital gains.
—— **DE CAPITAL A LARGO PLAZO**, long-term capital gains.
—— **DE EXPLOTACIÓN o DE OPERACIÓN**, operating earnings, operating profit.
—— **DISTRIBUCIÓN DE LAS**, profit sharing.
—— **ECONÓMICAS**, economic profits.
—— **EXCEDENTES**, excess earnings, surplus earnings.
—— **EXCESIVAS o EXTRAORDINARIAS**, excess profits.
—— **FUERA DE OPERACIONES**, non-operating earnings.
—— **GRAVABLES o UTILIDADES GRAVABLES**, taxable profits.
—— **NETAS**, net earnings, net profits.
—— **NETAS DE CAPITAL A LARGO PLAZO**, net long-term gains.
—— **NO DISTRIBUIDAS o POR REPARTIR**, individed profits.
—— **NO REALIZADAS**, unrealized gains.
—— **O UTILIDADES SOBRE EL CAPITAL**, return on shareholder equity.
—— **POR ACCIÓN**, earnings per share.
—— **POR INTERESES**, interest earnings.
—— **POR REALIZAR**, paper profits.
—— **PROBABLES**, estimated profits.
—— **REINVERTIDAS EN BIENES DE PRODUCCIÓN**, reinvested earnings.
—— **REPARTIDAS**, distributed profits.
—— **REPETITIVAS**, recurring earnings.
—— **SEGÚN LIBROS**, book profit.
—— **SOBRANTES**, surplus earnings.
—— **Y PÉRDIDAS ACTUARIALES**, actuarial gains and losses.
GANAR, to earn, to gain, to win.
—— **DINERO**, to make money.

—— EL PLEITO, to win a suit.
—— FÁCILMENTE o ABUSAR DE, to walk over.
—— LA COMPETENCIA o LA OPOSICIÓN, to win a competition.
—— LA ELECCIÓN, to win an election.
—— SUPERÁVIT, to earn a surplus.
GANARSE EL ASCENSO, to win promotion.
GANARSE EL SUSTENTO, to make a living.
GANARSE LA VIDA o MANTENERSE, to support one's self.
GANARSE TODOS LOS APLAUSOS, to steal the show.
GANCHO, hook, plunger.
GANGA, bargain, cinch, snap.
——, A PRECIO DE, at bargain price.
GARABATEAR, to scribble.
GARABATO, hook, scrawl, scribble.
GARAJE, garage.
GARANTE, bondsman, guarantor, warrantor.
GARANTÍA o SEGURIDAD, warranty, guaranty, security.
—— ABSOLUTA, absolute guaranty.
—— BANCARIA, bank guaranty.
—— COLATERAL, collateral warranty.
—— COLATERAL, BONOS DE, collateral trust bonds.
—— CON EXCEPCIONES, exceptive warranty.
—— CONDICIONAL, conditional guaranty.
——, CUENTA EN, assigned account.
—— DE COBERTURA, covering warranty.
—— DE COMPRA DE ACCIONES, stock warranty.
—— DE CONSIGNACIÓN, appropriate warranty.
—— DE MERCADO DE PRODUCTOS, commodities market warrant.
—— DE PRÉSTAMO, loan collateral
—— DE SEGURIDAD MARÍTIMA, warranty of seaworthiness.
—— DE SERVICIO DEL PRIMER AÑO, first-year labor warranty.
—— DE TÍTULO, warranty of title.
—— ESCRITURA o EXPRESA, affirmative warranty.
—— HIPOTECARIA, real security.
—— PERSONAL, personal security.
—— PRENDARIA, collateral security, collateral.
—— PROMISORIA, promissory warranty.
—— PROVISIONAL, binder.
—— SIN RESTRICCIÓN, absolute guaranty.
—— SUBSIDIARIA, collateral security.
GARANTÍAS
—— COLATERALES, endorsement guarantees.
—— DE COMPRA DE ACCIONES, stock purchase warrants.
—— DE RUTA, trading warranties.
—— IMPLÍCITAS, implied warranties.
—— USUALES, usual covenants.
GARANTIZADA o GARANTIZADO, guaranteed, warrantee, warranted.
——, CUENTA, secured account.
——, DEUDA, bonded debt.
GARANTIZAR, to guaranty, to guarantee, to warrant.

—— CON COLATERAL, collateralize.
GARETE, AL, adrift (nautical).
GARFIO, hook, gaff.
GARGANTA, TENER BUENA, to a good singer.
GARITA, cabin, cab, booth.
—— DE CENTINELA, sentry box.
GARITO, gambling house, gambling join.
GARRA, ECHARLE A UNO LA, to grasp, to arrest, to imprison one.
GARRAFÓN, carboy, demijohn.
GARROTE, club, cudgel.
——, DAR, to execute with the garrote.
GAS, gas.
—— COMBUSTIBLE, fuel gas.
—— DE ALUMBRADO, illuminating gas.
—— DE PETRÓLEO, oil gas.
—— EMBOTELLADO, bottled gas.
—— HILARANTE, laughing gas.
—— LACRIMÓGENO, tear gas.
—— LICUADO, liquefied petroleum gas.
—— NATURAL o DE BOCA DE POZO, natural gas or oil-well gas.
—— POBRE, producer gas.
GASODUCTO, gas pipeline.
GASOLINA, gasoline.
—— CORRIENTE, motor fuel.
—— ESPECIAL o DE ALTO OCTANAJE, premium gasoline, high-octane gasoline.
—— REGULAR o DE BAJO OCTANAJE, regular gasoline, low-grade gasoline.
GASOLINERA o GASOLINERÍA, filling station.
GASÓMETRO, gas meter, gasometer, gasholder.
GASTABLE, spendable, expendable, exhaustible, wasting.
GASTADO, outworn, worn-out, used-up, spent.
—— O DETERIORADO POR LA INTEMPERIE, weather worn.
GASTADOR, spender.
GASTAR, to spend, to exhaust, to disburse, used up.
GASTARSE o CONSUMIR o MERMAR, to wear away, to wear, to wear out.
GASTO, expense, disbursement, charge wear.
—— A PAGAR, charges collect or forward.
—— ANUAL POR ARRENDAMIENTO o POR ARRIENDO, annual lease expense.
—— BÁSICO, basic expenditure.
—— BRUTO DE LAS PROPIEDADES o DE LOS BIENES, gross premises expenses.
—— CAPITALIZADO, capitalized expense.
—— COMERCIAL, business spending.
—— CONSTANTE o FIJO, standing expense.
—— CORRIENTE o NORMAL, current expense.
—— DE AVERÍA, average disbursement.
—— DE CAPITAL, capital outlay.
—— DE COMPENSACIÓN, compensation expense.
—— DE CUENTAS DE COBRO DUDOSO, bad debt expense.
—— DE DESARROLLO o DE FOMENTO, development expense.

—— DE FACTURA INCOBRABLE, bad debt expense.
—— DE LOS NEGOCIOS, business spending.
—— DE SEGUROS, insurance expense.
—— DE VENTA, selling cost, selling expense.
—— DEDUCIBLE DE IMPUESTOS, tax-deductible expense.
—— DEL PERÍODO, period expense.
—— DIFERIDO o APLAZADO, deferred expense.
—— EROGADO, out-of-pocket.
—— EVENTUAL, contingent charge.
—— EXTRAORDINARIO, extraordinary expense, after-cost.
—— FIJO, capital charge.
—— FINANCIERO, finance charge.
—— GENERAL DE OPERACIÓN, general operating expense, general overhead.
—— INÚTIL, waste of money.
—— MERCANTIL, commercial expense.
—— NACIONAL BRUTO, gross national expenditure.
—— NETO DE LAS PROPIEDADES o DE LOS BIENES, net premises expense.
—— POR AGOTAMIENTO, depletion expense.
—— POR DEPRECIACIÓN, depreciation charge.
—— POR SERVICIO o RETRIBUCIÓN POR SERVICIO PRESTADO, service fee.
—— POR SERVICIO BANCARIO, bank service charge.
—— PÚBLICO o GUBERNAMENTAL, government spending.
—— RECUPERABLE, recovery expediture.
—— VARIABLE, variable expense.
GASTOS o DESEMBOLSOS, spending, charges, expenses, costs.
—— ACUMULADOS, accrued expenses.
—— ADUANALES o ARANCELARIOS, customs expenses.
—— ANTICIPADOS o ADELANTADOS, charges prepaid, prepaid expenses.
—— ANUALES POR IMPUESTOS, carrying charges.
—— BANCARIOS, bank charges.
—— CAUSADOS, accrued expenses.
—— COMERCIALES, business expenses.
——, COMISIÓN Y, fees and expenses.
—— CORRIENTES, revenue expenditure, running expenses, current charges.
—— CORRIENTES DE EXPLOTACIÓN, current operating expenses.
——, CUENTA DE, account of charges.
—— DE ACARREO, hauling charges.
—— DE ADMINISTRACIÓN, administrative expenses, managing expenses.
—— DE ALMACENAJE Y FLETES, freight and warehouse expenses.
—— DE AUDITORÍA Y LEGALES, auditing and legal expenses.
—— DE CAJA CHICA, petty cash expenditures.
—— DE CAPITAL, capital charges or expenditures.
—— DE COBRANZA, collection expenses.
—— DE CONSUMO, consumption expenditures.
—— DE CONTABILIDAD, bookkeeping expenses.
—— DE CONTRATACIÓN, writing overhead.
—— DE CORREO o FRANQUEO, postage expense.
—— DE COSTO, cost outlays.
—— DE DISEÑO ARQUITECTÓNICO, architectural design fees.
—— DE ELABORACIÓN o DE FABRICACIÓN, factory or shop manufacturing cost.
—— DE EMBALAJE, packing expenses.
—— DE EMBARQUE o DE EXPEDICIÓN, shipping charges.
—— DE EMISIÓN DE BONOS o DE TÍTULOS, bond issue expenses.
—— DE ENTREGA, delivery charges.
—— DE ENVÍO o DE MANIOBRA, switching charges.
—— DE ESCRITORIO, office costs, clerical expenses, stationery expenses.
—— DE ESTABLECIMIENTO o GASTOS INICIALES, starting costs.
—— DE EXCAVACIÓN, excavation fees.
—— DE EXPEDICIÓN o DESPACHO, shipping expenses.
—— DE EXPLOTACIÓN o DE OPERACIÓN, operating charges, operating expenses.
—— DE EXPRESO, express charges.
—— DE FÁBRICA, factory expenses.
—— DE FABRICACIÓN, factory burden, manufacturing overhead.
—— DE FABRICACIÓN ABSORBIDOS EN EXCESO, over absorbed burden.
—— DE FABRICACIÓN APLICADOS AL PRODUCTO, burden applied to product.
—— DE FABRICACIÓN EN PROCESO, burden in process.
—— DE FABRICACIÓN INCURRIDOS, actual burden expenses.
—— DE FABRICACIÓN INDIRECTOS, factory overhead.
—— DE FABRICACIÓN NO ABSORBIDOS, unabsorbed burden.
—— DE FAMILIA o FAMILIARES, family expenses, family expenditure.
—— DE FLETE, freight charges.
—— DE HOSPITALIZACIÓN o DE HOSPITAL, hospital expenses.
—— DE IMPRESIÓN, printing expenses.
—— DE INSTALACIÓN, installation expenses.
—— DE INVERSIÓN, investment expenditures.
—— DE INVESTIGACIÓN DE MERCADO, market research expenses.
—— DE LOS CONSUMIDORES, consumer expenditures.
—— DE MANEJO o DE MANIPULACIÓN, handling charges.
—— DE MANTENIMIENTO o DE SUBSISTENCIA, living expenses, maintenance charges.
—— DE MANUFACTURA, factory expenses, manufacturing expenses.
—— DE MUELLAJE o DE LANCHAJE, terminal charges.
—— DE NEGOCIOS, business expenses.
—— DE OFICINA, office expenses.
—— DE OPERACIÓN, running expenses.
—— DE ORGANIZACIÓN, organization expenses.

GASTOS

—— DE PAPELERÍA, stationery expenses, stationery costs.
—— DE PROMOCIÓN, promotion expenses.
—— DE PROPAGANDA O DE PUBLICIDAD, advertising expenses.
—— DE PROPAGANDA PAGADOS POR ADELANTADO, prepaid advertising.
—— DE PROTESTO, protest charges, protest fee.
—— DE REALIZACIÓN, costs of disposal.
—— DE REPARACIÓN, repair expenses.
—— DE REPARTO, delivery expenses.
—— DE REPRESENTACIÓN, allowances, incidental expenses.
—— DE SERVICIO DE INVERSIÓN, investment services.
—— DE SOBRESTADÍA, demurrage.
—— DE TENENCIA, occupancy expenses.
—— DE TRÁFICO, traffic expenses.
—— DE TRANSFORMACIÓN O DE MANUFACTURA, factory expenses or burden.
—— DE TRANSPORTE O ACARREO, transportation expenses.
—— DE VENTA, selling expenses.
—— DE VENTA Y ADMINISTRACIÓN, selling and administrative expenses.
—— DE VENTA Y EMBARQUE, selling and shipping expenses.
—— DE VIAJE, travel expenses, travelling expenses.
—— DE VIAJE DE FUNCIONARIOS, office travel expenses.
—— DEDUCIBLE, deductible expenditures.
—— DEFICITARIOS, deficit spending.
—— DEL FONDO DE RETIRO DE ACCIONES, stock redemption fund expenses.
—— DEL HOGAR O DE LA FAMILIA, household spending.
—— DEL IMPUESTO PREDIAL, property tax expenses.
—— DEVENGADOS, accrued expenses.
—— DIRECTOS, direct or prime cost, direct expenses.
—— EFECTIVOS, out-of-pocket expenses or actual expenses.
—— EN EFECTIVO, cash disbursements, cash outlays.
—— EN EFECTIVO DE OPERACIÓN, cash operating expenditures.
—— ESCOLARES, tuition.
—— EXCESIVOS, overspending.
—— EXTRAORDINARIOS, nonrecurring expenses.
—— FIJOS, fixed charges, indirect cost, constant costs.
—— FINANCIEROS, financial expenses, finance charges.
—— FINANCIEROS PASADOS, retrospective finance charges.
—— FISCALES, fiscal expenditures.
—— FRAUDULENTOS, fraudulent disbursements.
—— FUERTES O CUANTIOSOS, heavy charges.
—— FUNERARIOS O DE SEPELIO, funeral expenses.
—— GENERALES, general expenses, overhead, burden, undistributed cost.
—— GENERALES ADMINISTRATIVOS, managerial overhead, administrative overhead.
—— GENERALES ANUALES, annual overhead.
—— GENERALES DE FABRICACIÓN, manufacturing overhead.
—— GENERALES DE FABRICACIÓN EFECTUADOS, actual burden expenses.
—— GENERALES DE LA FÁBRICA, general factory overhead, factory burden.
—— GENERALES DE LA OBRA, job overhead.
—— GENERALES DE VENTA, selling overhead.
—— GENERALES DEL CONTRATISTA, contractor overhead.
—— GENERALES DEL PERSONAL ADMINISTRATIVO o GASTOS GENERALES DE LA DIRECCIÓN, staff overhead.
—— GENERALES DEPARTAMENTALES, departmental burden.
—— GENERALES DIRECTOS, direct overhead.
—— GENERALES DIRECTOS DE FÁBRICA, direct factory overhead.
—— GENERALES FIJOS, overhead expenses, fixed overhead charges.
—— GENERALES VARIABLES, variable burden.
—— GUBERNAMENTALES, government expenditures.
—— IMPREVISTOS, contingencies.
—— INCIDENTALES, incidental expenses.
—— INDIRECTOS, indirect expenses, overhead charges.
—— INDIRECTOS ANUALES, annual overhead.
—— INDIRECTOS DE FABRICACIÓN, factory expense or burden or overhead.
—— INDIRECTOS DE OFICINA, office overhead.
—— INDIRECTOS DEPARTAMENTALES, departmental overhead.
—— LEGALES O JURÍDICOS, legal expenses.
—— MÉDICOS O DE ATENCIÓN MÉDICA, medical expenses.
—— MENORES O MENUDOS, petty expenses, petty-cash expenditures.
—— MILITARES, military expenditures.
—— MISCELÁNEOS O DIVERSOS, miscellaneous expenses.
—— NO ABSORBIDOS O NO DISTRIBUIDOS, unabsorbed expenses.
—— NO CAPITALIZABLES, noncapitalizable expenditures.
—— NO DE CAJA, noncash expenses.
—— NO DEDUCIBLES, non-deductible expenses.
—— NO EN EFECTIVO, noncash expenditures.
—— NO OPERATIVOS, non-operating expenses.
—— ORDINARIOS O CORRIENTES, current expenditures, current charges.
—— PAGADOS POR ADELANTADO O CARGOS DIFERIDOS, prepaid expenses.
—— PARTICULARES O PERSONALES, particular charges.
—— POR COBRAR, charges collect.

—— POR COMISIONES SOBRE VENTAS, sale commission expenses.
—— POR COMPRAS, purchases expenditure.
—— POR IMPUESTOS, income tax expenses.
—— POR INTERESES, interest expenses.
—— POR PAGAR A CORTO PLAZO, accrued current liabilities.
—— POR SERVICIO DE DEPÓSITO, deposit service charges.
—— POR SERVICIO DE AGUA, GAS Y ELECTRICIDAD, utilities expenses.
—— POR TEMPORADA, seasonal expenses.
—— PREOPERACIONALES, preoperating expenses.
—— PREPAGADOS, deferred charges, prepaid expenses.
—— PRESUPUESTADOS, estimated charges.
—— PRESUPUESTALES, budget expenditures.
—— PRORRATEADOS, apportioned costs.
—— PROYECTADOS, budgeted expenses.
—— PÚBLICOS EN BIENES Y SERVICIOS, government expenditures on goods and services.
—— PÚBLICOS EN LA RENTA o INGRESO NACIONAL, government expenditures in national income.
—— PÚBLICOS MILITARES, government expenditures for war.
—— PÚBLICOS PARA EL BIENESTAR, government expenditures for welfare.
—— REALES o VERDADEROS DE FÁBRICA, actual factory expenses.
—— REPETITIVOS, recurring expenses.
—— SECRETARIALES, secretarial expenses.
——, SIN, without protest.
—— SOBRE PRÉSTAMOS AL CONSUMIDOR, consumer loan charges.
—— SUBORDINADOS o COMPLEMENTARIOS, ancillary charges.
—— VARIOS o DIVERSOS, sundry expenses.
GASTRONÓMICOS, OBREROS, hotel and restaurant workers.
GATO (mecánica), jack.
—— ENCERRADO, fishy business, something fishy.
—— POR LIEBRE, DAR, to cheat, to sell gold bricks.
GATT, (General Agreement on Tariffs and Tade), Acuerdo General sobre Tarifas y Comercio.
GAVETA, locker, drawer, till.
—— ARCHIVADORA o DE ARCHIVO, filing drawer.
GAZAPO, great lie, blunder, mistake.
GEMELO o MELLIZO, twin.
GENEALOGÍA o LINAJE o ÁRBOL GENEALÓGICO, pedigree.
GENERACIÓN DE INFORMES, report generation.
GENERADOR, generator.
—— DE PROGRAMAS DE INFORMES, RPG (report program generator).
—— DE VAPOR DE AGUA o CALDERA DE VAPOR, boiler, steam boiler.
GENERAL, general.

——, CLÁUSULA, blanket clause.
——, EN, o POR LO GENERAL, in the main, in general, generally.
GENERALÍSIMO, supreme commander.
GENERALMENTE ACEPTADOS, generally accepted.
GENERAR VAPOR o EVAPORARSE, to steam.
GÉNERO, class, kind, description, cloth, fabric.
—— DE COMERCIO, line of business.
—— HUMANO, mankind, human race.
GÉNEROS, dry goods, drapery, textiles, commodities.
—— DE COMERCIO, wares.
—— DE LINO, linen goods.
—— DE PUNTO, knit goods.
—— PARA TRAJES, coatings.
—— PARA VESTIDOS, dress goods.
GENEROSO, open-handed.
GENIAL, brilliant, genius-like, cheerful.
GENIO, ingenuity, genius, character.
——, DE BUEN, good nature.
——, DE MAL, bad or ill temper.
GENTE, people, folk, crowd.
—— BAJA, lower class, rabble.
—— DE BIEN, honest people, decent people.
—— DE EMPRESA, businessmen.
—— JOVEN, young blood.
—— MENUDA, children.
—— RICA QUE VIAJA EN AVIÓN Y FRECUENTA CENTROS VACACIONALES, jet set.
—— SENCILLA, plain people.
——, SER, to be a somebody.
GENTÍO, crowd, mob, throng.
GENUINO, genuine.
GEOGRÁFICO, geographical.
GEOLOGÍA, geology.
GEÓLOGO, geologist.
—— PETROLERO, oil geologist, petroleum geologist.
GEOMETRÍA, geometry.
—— ANALÍTICA, analytic geometry.
—— BIDIMENSIONAL, two-dimensional geometry.
—— DEL ESPACIO, space geometry, solid geometry.
—— DESCRIPTIVA, descriptive geometry.
—— ESFÉRICA, spherical geometry.
—— TRIDIMENSIONAL, three-dimensional geometry.
—— VECTORIAL, vector geometry.
GEOMÉTRICO, geometric.
GERENCIA, administration, management, manager's office.
——, ALTA, top management.
—— DE OFICINAS, office management.
—— DE PRODUCCIÓN, production management.
—— DE VENTAS, sales management.
—— GENERAL, general management, general manager's office.
—— INFERIOR, lower management.
—— MIOPE o ADMINISTRACIÓN SIN VISIÓN COMERCIAL, shortsighted management.
—— O JEFATURA DE TRÁFICO, traffic manager's.

GERENTE, manager, director, administrator, factor.
—— ADMINISTRADOR, managing director.
—— COMERCIAL, business manager.
—— DE ADMINISTRACIÓN DE CONTRATOS, contract administration manager.
—— DE CAMPAÑA, campaign manager.
—— DE CAMPO, field manager.
—— DE COBRANZAS, collection manager.
—— DE COMPRAS, purchasing agent.
—— DE CONSTRUCCIÓN, construction manager.
—— DE CRÉDITO, credit manager.
—— DE CRÉDITO MERCANTIL, mercantile credit manager.
—— DE CUENTAS, account manager.
—— DE DISTRIBUCIÓN, distribution manager.
—— DE DISTRITO o DE TERRITORIO, district superintendent or manager.
—— DE FABRICACIÓN, manufacturing manager.
—— DE IMPORTACIÓN, import manager.
—— DE INGENIERÍA, engineering manager.
—— DE INVERSIONES, investment manager.
—— DE INVESTIGACIÓN, research manager.
—— DE LA BÓVEDA, vault manager.
—— DE LÍNEA, line manager.
—— DE LÍNEA DE PRODUCTOS, product line manager.
—— DE MERCADOTECNIA, marketing manager.
—— DE PERSONAL, personnel manager.
—— DE PRODUCCIÓN, production manager.
—— DE PRODUCTOS, product manager.
—— DE PROGRAMA, program manager.
—— DE PUBLICIDAD, advertising manager.
—— DE SERVICIOS, service manager.
—— DE SUCURSAL o DE DEPENDENCIA, branch manager.
—— DE TRÁFICO, traffic manager.
—— DE TRANSPORTES, transportation manager.
—— DE UNIDAD o DIRECTOR DE UNIDAD, unit manager.
—— DE VENTAS, sales manager, marketing manager, merchandising manager.
—— DE VENTAS DE DIVISIÓN, divisional sales manager.
—— DE VENTAS DE EXPORTACIÓN, export-sales manager.
—— DE VENTAS REGIONAL o POR ZONA, area-sales manager.
—— DE VENTAS REGIONALES, field sales manager.
—— DEL NUEVO PRODUCTO, new-product manager.
—— DEL SECTOR PÚBLICO o DIRECTOR DEL SECTOR PÚBLICO, public-sector manager.
—— EN FUNCIONES, practicing manager.
—— GENERAL, general manager.
—— INTERNACIONAL, international manager.
—— NACIONAL DE VENTAS, national sales manager.
—— O DIRECTOR DE PLANIFICACIÓN, planning manager.
—— O DIRECTOR DE PLANIFICACIÓN DEL PRODUCTO, product-planning manager.
—— O DIRECTOR DE PROYECTOS, project manager.
—— O JEFE DE PLANTA, plant manager.
—— REGIONAL DE VENTAS, regional sales manager.
—— SUBALTERNO, subordinate manager.
GESTIÓN, effort, action, negotiation.
—— COMERCIAL, marketing, commercial service.
——, EN, under negotiation, in process of collection by legal means.
—— JUDICIAL, judicial proceeding, legal action.
GESTIONES PARA OBTENER EMPLEO, canvassing for a job.
GESTIONAR, to negotiate, to handle, to deal with, to manage, to apply for.
—— LA JUBILACIÓN, to apply for a pension.
—— UN EMPRÉSTITO, to negotiate a loan, to place a loan.
—— UN PERMISO, to apply for a permit.
—— UNA PATENTE, to apply for a license.
GESTO o VISAJE o MUECA, wry face.
GESTOS, HACER, to make a face, to gesticulate.
GESTOR, promoter, agent, representative, negotiator.
—— COMERCIAL, marketer, manager.
—— MEDIADOR, agent middleman.
GIBA, nuisance, annoyance.
GIMNASIO, gymnasium.
GIRA, trip, journey, tour.
GIRADA, CUENTA, account rendered.
GIRADO, drawee.
GIRADOR, drawer, maker.
GIRAR, to draw, to do business, to trade, to turn over, to whirl.
—— A CARGO DE, to draw against, to value upon.
—— DINERO, to draw cash.
—— O DAR INSTRUCCIONES, to issue instructions.
—— SOBRE o CONTRA, to draw on.
—— UNA LETRA, to draw a bill or draft.
GIRATORIO o ROTATIVO, rotary.
GIRO, draft, turnover, business, enterprise, turn, winding.
—— A LA VISTA, sight draft.
—— A PLAZO, time draft.
—— ACEPTADO, acceptance.
—— ACEPTADO POR UN BANCO, bank acceptance, balance acceptance.
—— AL EXTRANJERO, foreign draft.
—— APLAZADO, delayed draft.
—— BANCARIO, bank draft or money order, banking business.
—— BANCARIO EN DESCUBIERTO, bank overdraft.
—— CABLEGRÁFICO, cable draft.
—— COMERCIAL, commercial or trade draft.
—— CON ENDOSO DOBLE, three-party draft.
—— DE CAPITAL, capital turnover.
—— DE COBRANZA o DE COBRO, collection draft.
—— DE FAVOR, accommodation bill or draft.
—— DE NEGOCIO, line of business, course of business.
—— DE PAGO, pay draft.

—— DOCUMENTAL, documentary draft.
—— EN DESCUBIERTO, overdraft.
—— ENDOSADO o ACEPTADO, two-party draft.
—— FORÁNEO, foreign draft.
—— MERCANTIL, commercial operations.
—— PAGADERO CONTRA MERCANCÍA RECIBIDA, arrival draft.
—— PARA ACEPTACIÓN, draft for acceptance.
—— POSTAL, postal money order, post-office order, postal order.
—— POSTAL INTERNACIONAL, international money order.
—— TELEGRÁFICO, wire transfer, telegraph money order.
——, TOMAR OTRO, to change one's mind, to take another course.
GIROS DESCONTADOS, drafts or bills discounted.
GIS, crayon.
GLOBAL, global, overall.
——, SALDO, overall balance.
GLORIA, SABER A, to taste delicious.
GLOSAR, to annotate, to audit.
GLOSARIO, glossary.
GOBERNADOR, governor.
—— GENERAL, governor general.
GOBERNANTE o GOBERNADOR o REGLA, ruler.
GOBERNAR, to govern, to manage, to drive.
GOBIERNO, government, control, management, driving.
——, COMPRAS DEL, government purchases.
—— DE LA NACIÓN EXTRANJERA, foreign nation's government.
——, DEUDA DEL, government debt.
—— DEL POPULACHO, mob rule.
—— DICTATORIAL, authoritarian.
——, EMPRESA DEL, government enterprise.
—— ESTATAL, state government.
—— FEDERAL, federal government.
—— HUÉSPED o GOBIERNO ANFITRIÓN, host government.
—— LOCAL, local government.
——, PARA SU, for your guidance.
——, RENTAS DEL, government revenue.
GOCE, enjoyment, joy, privilege.
—— DE JUBILACIÓN, right to a pension.
GOLETA, schooner.
GOLF o DEPORTE DEL GOLF, golf.
GOLFO, gulf.
GOLPAZO o TRASTAZO o PORRAZO, thump.
GOLPE, blow, stroke, hit, knock.
——, DAR, to make a hit, to be a sensation.
——, DE, suddenly, all at once.
—— DE ESTADO, coup d'etat.
—— DE FORTUNA, stroke of fortune, lucky hit.
—— DE MAR, surge, heavy sea.
——, DE UN, at one blow, all at once.
—— MILITAR, military coup.
—— Y PORRAZO, DE, unexpectedly, unawares.

GOLPEAR, to hit, to beat, to strike, to knock.
—— LIGERAMENTE, tap.
GOLPIZA, beating, thrashing.
GOMA, gum, rubber, rubber tire, rubber band, eraser.
—— DE BORRAR, rubber eraser.
—— DE MASCAR o CHICLE, chewing gum.
—— PARA TINTA, ink eraser.
GOMÍGRAFO o SELLO DE GOMA, rubber stamp.
GÓNDOLA, gondola car.
GORDA, HACERSE LA VISTA, to pretend not to see, to wink at.
GORDO, fat, corpulent, stout, plump.
GORILA, gorilla.
GORRA, cap, bonnet.
——, DE, at other people expense, sponging.
GORRO DE DORMIR, nightcap.
GOTA, drop.
—— A GOTA, drop by drop.
—— GORDA, SUDAR LA, to sweat blood.
GOTEAR, to leak.
GOZAR DE REPUTACIÓN, to have a good reputation.
GOZNE, hinge.
GOZO, NO CABER DE, to be very happy, to be in high spirits.
GRABACIÓN, engraving, recording, etching, record.
GRABADO, engraving, gravure, engraved.
—— A LA CERA, wax engraving.
—— EN ACERO, steel-plate engraving.
—— EN CINC, zinc etching.
—— EN MADERA, xylograph, woodcut, wood engraving.
GRABADOR, engraver, dictaphone needle.
—— EN MADERA, xylographer.
—— DE CINTA, tape recorder.
GRABAR, to engrave, to make a dictaphone record.
GRACIA, grace, favor, gift, remission of debt.
——, CAER EN, to please.
—— DE, HACER, to excuse from, to free from.
——, ¡QUÉ!, how funny!, how fine!.
GRACIAS, thank you, thanks.
—— A DIOS, thank heaven.
GRACIOSO, graceful, attractive, comic.
GRADERÍA CUBIERTA, grandstand.
GRADO, grade, class, rate, step, rank, degree.
—— DE LIBERTAD, degree of freedom.
—— DE LICENCIATURA, undergraduate degree.
—— DE OCTANO u OCTANAJE, octane rating.
—— DE TERMINACIÓN, stage of completion.
——, EN ALTO, to great extent.
—— UNIVERSITARIO, university degree.
GRADUADO, graduate, graded.
—— PRACTICANTE o EN ENTRENAMIENTO, trainee graduate.
—— UNIVERSITARIO, university graduate.
GRADUAR, to graduate, to classify, to adjust.
GRADUARSE, to graduate, to take a degree.

GRÁFICA, graph, diagram, chart.
—— **DE BARRAS,** bar chart.
—— **DE CONTROL,** control chart.
—— **DE COSTOS,** cost curve.
—— **DE DEMANDA,** demand curve.
—— **DE DISTRIBUCIÓN NORMAL,** normal distribution chart.
—— **DE EJECUCIÓN DE UN TRABAJO PARA MEJORARLO,** operations chart.
—— **DE FLUJO,** flow chart or charting.
—— **DE FLUJO DE PROCESO,** process flow chart.
—— **DE FLUJO DE PROGRAMA,** program flowchart.
—— **DE FRECUENCIA,** frequency chart.
—— **DE GANTT DE PROGRAMACIÓN DEL TRABAJO,** Gantt's work-scheduling chart.
—— **DE ORGANIZACIÓN MATRICIAL,** matrix organization chart.
—— **DE TENDENCIA,** trendline graph.
—— **DE VOLUMEN,** volume chart.
—— **DEL PUNTO DE EQUILIBRIO,** break-even chart.
—— **DIAGRAMA DE DISPERSIÓN,** scatter diagram.
—— **O DIAGRAMA DE SECTORES,** sector chart.
—— **PARA ATRIBUTOS,** chart for attributes.
——, **SOLUCIÓN,** graphical solution.
—— **TRIDIMENSIONAL,** three-dimensional chart.
GRÁFICAS
—— **COMPUTARIZADAS,** computer graphics.
—— **DE MICROMOVIMIENTOS PARA ESTUDIO DE TAREAS,** micromotion charts.
GRAFICADOR, graph plotter.
GRÁFICO, graphic, pictoral, graph, diagram, chart.
GRAMÓLOGO (estenografía), word sign.
GRAMÁTICA, grammar.
GRAMO, gram, gramme.
GRAN, great, large, big.
—— **CABOTAJE,** great coasting trade.
—— **ESCALA, PRODUCCIÓN EN,** large-scale production.
—— **GANANCIA,** cleanup.
—— **JURADO DE ACUSACIÓN,** grand jury.
—— **NEGLIGENCIA o DESCUIDO,** gross negligence.
—— **PÉRDIDA,** heavy loss.
—— **RIESGO,** bad risk.
—— **TOTAL,** grand total.
GRANDE, great, large, big.
——, **EN,** on a large scale, at wholesale.
GRANDES NEGOCIOS, big business.
GRANDIOSO, grand, superb.
GRANEL, A, in bulk, loose.
GRANERO, grain bin, grain-producing country.
GRANIZADA, hailstorm.
GRANJA, farm, grange.
—— **AVÍCOLA,** chicken farm.
—— **COLECTIVA,** collective farm.
—— **EXPERIMENTAL o PILOTO,** pilot farm.
—— **MODELO,** model farm.
—— **PORCINA,** pig farm.
GRANJAS, INGRESO DE, farm income.
GRANJERO, farmer, agricultural farm.

GRANO, grain.
——, **IR AL,** to come to the point.
GRANOS ALIMENTICIOS, food grain.
GRAPA, clamp, clutch, staple, clip.
GRASA, grease, fat, slag.
—— **DE CERDO,** lard.
GRATIFICACIÓN, gratification, bonus to an employee, gratuity, reward, professional fee, primage.
—— **ANUAL,** annual bonus.
—— **EN EFECTIVO,** cash bonus.
—— **NAVIDEÑA,** Christmas bonus.
GRATIFICAR o RECOMPENSAR, to reward, to pay a bonus, to tip.
GRATIS, cost free, gratis, free, gratuitous.
GRATO o AGRADABLE, pleasant.
GRATUITO, free, gratuitous.
GRAVABLE, taxable, dutiable, assessable, subject to duty.
——, **NO,** nontaxable.
——, **RENTA,** taxable income.
GRAVAMEN, encumbrance, tax, lien.
—— **ARANCELARIO o ADUANAL,** import duty.
—— **BANCARIO,** banker's lien.
—— **DEL PRESTAMISTA,** lender's lien.
—— **DEL TRANSPORTADOR,** carrier's lien.
—— **DEL VENDEDOR,** vendor's lien.
—— **EQUITATIVO,** equitable lien.
—— **ESPECÍFICO,** particular lien, special lien.
—— **FIDUCIARIO o DE FIDEICOMISO,** trust lien.
—— **FISCAL,** federal tax.
—— **FLOTANTE o CORRIENTE,** floating lien.
—— **HIPOTECARIO,** mortgage.
—— **INDIRECTO,** indirect tax.
—— **MARÍTIMO,** maritime lien, admiralty lien.
—— **NO LIQUIDADO,** unliquidated encumbrance.
—— **POR FALLO,** judicial mortgage.
—— **POR JUICIO,** judgment lien.
—— **POR IMPUESTOS NO PAGADOS,** tax lien.
—— **PRECEDENTE,** prior lien.
—— **SOBRE BIENES MUEBLES,** chattel mortgage.
—— **SOBRE EL PRECIO DE COMPRA,** purchase-money obligation.
—— **TRIBUTARIO,** tax assessment.
GRAVÁMENES
—— **A LOS NEGOCIOS,** business taxes.
—— **DE CUENTAS POR COBRAR,** pledge receivables.
—— **FISCALES,** federal taxes.
—— **FLOTANTES,** floating collateral liens.
——, **LIBRE DE,** free from encumbrances.
GRAVAR, to excise, to assess, to tax, to encumber.
GRAVE o SERIO, serious.
GRAVEDAD, gravity, seriousness.
——, **DE,** serious, seriously, dangerously.
GREMIAL, labor union, trade association, union, trade-union, trade, guild.
——, **NO,** nonunion.
GREMIALISMO o SINDICALISMO, unionism, organized labor.

GREMIO, labor union, trade association, craft union.
—— DE COMERCIANTES, trade board.
—— DE PATRONOS, employers' association.
—— INTERNACIONAL, international union.
—— LOCAL, local union.
—— MARÍTIMO, maritime union.
—— O SINDICATO DE ESTIBADORES, shore union.
—— OBRERO, trade union, labor union.
GREÑA, ANDAR A LA, to argue excitedly, to pull each other's hair (of women).
GRIFO, faucet.
GRIMA, DAR, to disgust, to cause discouragement or fear.
GRIS, gray.
GRITAR o CHILLAR o VOCIFERAR, to scream.
GRITO o ALARIDO, yell.
—— EN EL CIELO, PONER EL, to cry to heaven, to make a great fuss, to complain loudly.
GROSERO, rudeness, rough, rude, plain.
GRÚA, crane, derrick, hoist.
—— CORREDIZA o MÓVIL, traveling crane.
—— DE A BORDO, ship crane.
—— DE AUXILIO o DE SALVAMENTO, wrecking crane.
—— DE CARRETÓN, wagon crane.
—— DE MUELLE, wharf crane, shore crane, quay crane.
—— DE ORUGAS o DE ESTERAS, caterpillar crane or crawler.
—— DE PUENTE, gantry crane.
—— DE TORRE, tower crane.
—— DE TRANSBORDO, transfer crane.
—— FLOTANTE, floating crane, derrick boat.
—— PARA CARGA PESADA, heavy-lift crane.
—— PARA USO GENERAL, utility crane.
GRUESO, EN, in gross, in bulk, by wholesale.
GRUPO, group, battery, set.
—— ADMINISTRATIVO, management team.
—— CONSOLIDADO, consolidated group.
—— DE AUDITORÍA, audit team.
—— DE COMPRA, purchase group.
—— DE CONTROL, control group.
—— DE CUENTAS, set of accounts, class of accounts.
—— DE EMPRESA, venture group.
—— DE ENLACE EN UNA COMPAÑÍA, liaison group.
—— DE FONDOS, fund group.
—— DE REFERENCIA, reference group.
—— DE SEGURO RECÍPROCO, reciprocal exchange.
—— DE TRABAJO, work group.
—— ENCARGADO DEL INVENTARIO, client's inventory team.
—— EXPERIMENTAL o DE EXPERIMENTACIÓN, experimental group.
—— O AGRUPACIÓN DE INTERÉS PÚBLICO, public group.
—— O MINORÍA QUE EJERCE PRESIÓN POLÍTICA, pressure group.
—— PARA VENTA DE VALORES, selling group.
—— SANGUÍNEO, blood group.
—— SOCIAL, social group.
GRUPOS
—— DE LOS INGRESOS MÁS BAJOS, lowest income groups.
—— DE POBLACIÓN, population groups.
GUAJIRO, farmer, farm laborer (Cuba).
GUANTE, glove.
——, ECHAR EL, to challenge, to seize, to grasp.
GUAPO, courageous, valiant, handsome, goodlooking, brave, daring.
GUARAPO, juice of the sugar cane.
GUARDA, guard, custody, keeping.
—— ADUANAL, customhouse officer.
—— FORESTAL, forest warden.
GUARDABOSQUE, ranger, forest keeper.
GUARDABRISA o PARABRISAS, windshield (auto).
GUARDACAMPESTRE, rural policeman.
GUARDACARTAS, letter file.
GUARDACOSTAS, revenue cutter.
GUARDAEQUIPAJE, baggage master.
GUARDAESPALDAS, bodyguard.
GUARDAFRENO, brakeman, trainman.
GUARDAJURADO, private police officer.
GUARDALMACÉN, storekeeper, warehouseman, shopkeeper.
GUARDAMETA, goalkeeper.
GUARDAR o CONSERVAR, to guard, to keep, to stow, to protect.
—— EN CUSTODIA, to hold in safekeeping.
—— SILENCIO, to keep silent.
GUARDARRIEL, wing rail.
GUARDARROPA, clothes closet, coatroom wardrobe, coatroom attendant.
GUARDARSE DE, to guard against, to keep from.
GUARDÁRSELA A UNO, to bide one's time to take revenge on.
GUARDAVÍAS o CHUCHERO, switchman, trackwalker.
GUARDERÍA INFANTIL o CRIADERO o VIVERO, nursery.
GUÁRDESE EN LUGAR FRESCO, keep in cool place.
GUARDIA, protection, custody, guard, watch.
——, ESTAR EN, to be on guard.
—— MARINA, midshipman.
—— MUNICIPAL, policeman.
—— NOCTURNA, night shift.
—— O POLICÍA RURAL, rural police.
——, SALIR DE, to come off guard.
GUARDIÁN, watchman, warden custodian, policeman, guardian.
GUARECERSE, to take shelter.
GUARIDA, hide-out, den, cave.
GUARISMO, figure, number.
GUARNICIONES, fittings, trimmings.
GUASA o PATRAÑA o INTERROGATORIO, quiz, joking, fun.
——, DE, in fun, jokingly.
GUBERNAMENTAL, governmental.
GUBERNAMENTALES, government.
—— CONCESIONES, government grants.

GUERRA-GUSTOSO 199

——, **PAGOS DE TRANSFERENCIA,** government transfer payments.
——, **SUBSIDIOS,** government subsidies.
GUERRA o ARTE MILITAR o LUCHA, war.
—— **A MUERTE,** war to the death.
—— **CIVIL,** civil war.
——, **DAR,** to bother, to annoy, to trouble.
—— **DE PRECIOS,** price war.
——, **DECLARAR LA,** to declare war.
——, **EN PIE DE,** up in arms.
—— **FRÍA,** cold war.
——, **IMPUESTO DE,** war tax.
—— **MUNDIAL,** world war.
——, **NEUROSIS DE,** shell shock.
—— **TOTAL,** total war.
GUERREAR o HACER LA GUERRA, to war.
GUÍA, guide, handbook, directory, permit, receipt.
—— **AÉREA,** air waybill, bill of lading.
—— **AÉREA DE ADUANA,** customs air waybill.
—— **COMERCIAL,** business or trade directory.
—— **DE ADUANA,** customhouse clearance.
—— **DE ALMACENAJE,** warehouse entry.
—— **DE CARGA,** cargo receipt, freight receipt, bill of lading, waybill.
—— **DE CARGA AÉREA,** air consignment note, air waybill.
—— **DE CARGA CON FLETE LIBRE,** no-charge billing.
—— **DE CARGA CON GASTOS DE FLETE,** revenue waybill.
—— **DE CARGA EXPORTADA,** outward manifest.
—— **DE CARGA IMPORTADA,** inward manifest.
—— **DE DEPÓSITO,** warehouse receipt.
—— **DE EMBARQUE,** bill of lading, ship's receipt.
—— **DE EMPAQUE,** loading list.
—— **DE ESTUDIO,** study guide.
—— **DE EXPORTACIÓN,** export waybill, export permit.
—— **DE FERROCARRIL,** railway guide.
—— **DE LIBRE TRÁNSITO,** transit permit.
—— **DE MUELLE,** dock receipt.
—— **DE TRÁNSITO,** transit permit.
—— **DE TRANSPORTE,** air waybill.
—— **DE TURISMO o DE VIAJES,** tour guide.
—— **DE VIAJEROS,** itinerary.
—— **DEL VAPOR,** ship's receipt.
—— **INDUSTRIAL,** trade directory.
—— **INTERNACIONAL,** copy of transit permit.
—— **O DIRECTORIO DE PROFESIONALES,** professional directory.
—— **O DIRIGENTE DEL EQUIPO o DIRIGENTE DEL GRUPO,** team leader.
—— **O TALÓN DE PAQUETE POSTAL o BOLETA DE EXPEDICIÓN,** parcel-post receipt.
—— **POSTAL,** postal receipt.
—— **TELEFÓNICA o DIRECTORIO TELEFÓNICO,** classified telephone directory.
GUIADOR, leader, director, driver.
GUIAR, to guide, to drive.
GUILLOTINA, guillotine, paper cutter, shear.
GUINCHE, hoisting engine, winch.
GUINCHERO, hoist runner, winchman, craneman.
GUIÑAR o PESTAÑEAR o PARPADEO o GUIÑO, wink.
GUIÓN, hyphen, dash, outline.
GUIONISTA DE CINE O TELEVISIÓN, script-writer.
GUISAR, to cook or dress (food).
GUITARRISTA, guitar player.
GUSTAR o CATAR o EXPERIMENTAR, to taste, to dry.
—— **DE,** to like, to have a liking for, to enjoy.
GUSTO o SABOR o PALADAR, taste, tasting, pleasure, liking.
—— **A, TOMAR EL,** to take a liking for.
——, **CON MUCHO,** with great pleasure.
——, **COSA DE,** tasty, fancy article.
——, **DARSE,** to have a good time, to live well.
—— **DE LOS CONSUMIDORES o DEL PÚBLICO,** consumers' taste.
—— **EN CONOCERLO, TENGO MUCHO,** I am very glad to meet you (on being introduced).
——, **ESTAR A,** to be comfortable, to be contented.
GUSTOSO o SABROSO o DE BUEN GUSTO, tasty.

H

HA EXPIRADO EL PLAZO o SE HA VENCIDO, time is up.
HA LLEGADO LA HORA, the hour is up.
HABER, credit, credit balance, salary, verb to have.
—— CONTABILIZADO, book credit.
—— EN LIBROS, book credit.
—— GATO ENCERRADO, smell a rat.
—— SOCIAL, assets of a partnership or a corporation.
—— TERMINADO, to be through.
—— TERMINADO CON, to be through with.
—— Y DEBER, assets and liabilities.
HABERES, property, resources, wages, goods.
—— DIFERIDOS, deferred credits, prepaid or unearned income.
HÁBIL o EXPERTO o DIESTRO, skillful, capable, qualified, competent.
HABILIDAD o PERICIA, expertise, skill, ability.
—— ADMINISTRATIVA, management ability, managerial expertise.
—— ECONÓMICA, financial strength.
—— EMPRESARIAL, entrepreneurial ability.
—— EN MERCADEO, marketing skill.
—— INNATA, inborn ability.
—— MANUAL, handicraft.
—— SOCIAL o HABILIDAD PARA CUESTIONES SOCIALES, social skill.
—— TÉCNICA, technical skill.
HABILIDADES
—— ANALÍTICAS, analytical skills.
—— EN LENGUA EXTRANJERA, foreign language skills.
HABILITACIÓN, fitting out, outfit, financing.
HABILITAR, to equip, to fit out, to provide, to finance.
HABITACIÓN o ALOJAMIENTO, housing, room, apartment, dwelling, occupancy.
——, CENSO DE, census of housing.
HABITACIONES, living quarters.
—— ECONÓMICAS, low-rent housing.
HABITANTE, resident, inhabitant.
HABITAR, to live, to inhabit.
HÁBITOS DEL COMPRADOR, buyer habits.
HÁBITOS o COSTUMBRES PERSONALES, personal habits.
HABLA, conversation, language, speech.
—— INGLESA, DE, English-speaking.
——, QUITAR EL, to cease speaking to, to cut.
HABLADURÍA, impertinent speech, gossip.
HABLAR o CONVERSAR, to talk, to speak.
—— A, to talk to, to speak to.
—— A LA ASAMBLEA, address a meeting.
—— CLARO, speak up.
—— CON, to have a word with.
—— CON FRANQUEZA o SIN RODEOS, to speak out.
—— DE NEGOCIOS, talk business.
—— DISPARATES, to talk nonsense.
—— EN NOMBRE DE, to speak for.
—— EN SECRETO, to talk in a whisper.
—— SIN PARAR, talk on.
—— SIN RODEOS, to speak one's mind.
HABLE, NO, be quiet.
HACE, since.
——, CUÁNTO TIEMPO, how long ago?
—— MUCHO TIEMPO, long ago.
—— O SOPLA EL VIENTO. it is windy.
—— POCO, not long ago.
—— POCO RATO, a little while ago.
—— UN AÑO, year ago.
—— UNA SEMANA, week ago.
HACENDADO, planter, ranch owner, sugar-mill owner.
HACENDISTA, economist, financial expert.
HACER, to make, to do.
—— AERODINÁMICO EL FLUJO DEL TRABAJO, streamlining work motion.
—— AGUA, to leak.
—— AMISTADES, to make friends.
—— APUESTAS, betting.
—— ARREGLOS PARA, to have done.
—— BAJAR, work down.
—— BALANCE o FIJAR EL SALDO, strike a balance.
—— BUEN TIEMPO, to be good weather.
—— BUENAS MIGAS, to mix well.
—— CASO, to mind, to pay attention.
—— CITA, to make a date, to make an appointment with.
—— COLA, stand in line.
—— COMO QUE o HACER COMO SI, to act as if.
—— COMPETENCIA, to compete.
—— COSQUILLAS o HALAGAR, to tickle.
—— CUMPLIR, to enforce.
—— DINERO, to make money.
—— ECONOMÍAS, tighten one's belt.
—— EFECTIVO, to cash, to negotiate, to collect.
—— EFECTIVO UN CHEQUE, to cash a check.
—— EL BALANCE DE CAJA, to make up the cash.
—— EL BALANCE DE COMPROBACIÓN, take off a trial balance.
—— ÉNFASIS, highlight.
—— ENTREGA, to deliver.
—— ESCALA, touch and stay.
—— ESCALA EN, stop over at.
—— ESCALA EN UN PUERTO, touch at a port.
—— FALTA, to be lacking, to be missing.
—— FRENTE A, to face, to prepare for, to deal with, to meet (demands, etc).
—— FRENTE A LA COMPETENCIA, meet competition.
—— FUROR, to make a hit.
—— GALA DE, to make a show of.
—— GUERRA, to make war.
—— INVENTARIO, to make stock, to take inventory.
—— JURAMENTO, to take an oath.
—— JUSTICIA, render justice.
—— LA MALETA o EMPACAR, pack a bag.

—— LA RONDA, to make the round.
—— MAL o HACER DAÑO, to do wrong.
—— MAL TIEMPO, to be bad weather.
—— MEMORIA, to remember.
—— NEGOCIOS, to do business, to trade.
—— O HACERSE EL TONTO, to play the fool, to play dumb.
—— O TENER CALOR, to be warm.
—— O TOMAR INVENTARIO, take and inventory.
—— PAGOS, payoffs.
—— PAGOS PARCIALES o ABONOS, to make partial payments to.
—— PEDAZOS, to break or tear to pieces.
—— PROPUESTA, to make a bid.
—— PROPUESTA MÁS BAJA, underbid.
—— REFERENCIAS CRUZADAS, cross-index.
—— RESPONSABLE, hold responsible.
—— SU CAPRICHO o SALIRSE CON LA SUYA, to have one's way.
—— SUPLENCIA, for substitute.
—— TARIFAS o FIJAR ARANCELES, to tariff.
—— TESTAMENTO, to make one's will.
—— UN ACUERDO, make an agreement.
—— UN EMPRÉSTITO, raise a loan.
—— UN PEDIDO o UNA ORDEN, to give or place an order.
—— UN VIAJE, take a journey.
—— UNA APUESTA, lay a wager.
—— UNA CONCESIÓN o CEDER UN POCO, stretch a point.
—— UNA EXCEPCIÓN, to make an exception.
—— UNA JUGADA, to make a move.
—— UNA PELÍCULA DE CINE, to film.
—— UNA PREGUNTA, to ask a question, to put a question.
—— UNA PROPUESTA, to submit a bid.
—— UNA REBAJA, to allow a discount.
—— UNA SOLICITUD o PRESENTARLA, to file an application.
—— UNA VISITA, to pay a visit.
—— UNO CUANTO PUEDE o HACER LO SUMO POSIBLE, to do one's utmost.
—— UNO LO QUE GUSTE, to suit one's self.
—— USO DE LA PALABRA, to make a speech.
—— VALER, to enforce, to put into effect.
HACERSE
—— A UN LADO, to step aside.
—— CARGO DE o ENCARGARSE DE, to take over.
—— RICO, to get rich.
—— TARDE, to be late, to grow late.
HACÉRSELE A UNO AGUA LA BOCA, to make one's mouth water.
HACIA, to.
—— ADELANTE, forward.
—— ARRIBA, upward.
—— ATRÁS, backward.
—— EL OESTE, westward.
—— EUROPA, PARTIR, to leave for Europe.

HACIENDA, treasury, finance, property, landed estate, farm, cattle ranch.
—— COLECTIVA, collective farm.
—— GANADERA o DE GANADO, cattle ranch, stock farm.
—— O PROPIEDAD DEL ESTADO, government property.
—— PÚBLICA, public treasury, government finance.
HAGA LO QUE GUSTE, do as you like.
HÁGALO USTED MISMO, do it yourself.
HALAGADOR, promising, encouraging.
HALAGAR, to flatter, to coax, to allure.
HALLAR, to find, to discover, to find out.
—— O TENER APROBACIÓN, to meet with approval.
—— TRABAJO, to strike work.
HALLARSE EN APUROS o ESTAR AFLIGIDO, to be in trouble.
HALLAZGOS DEL AUDITOR, auditor's findings.
HAMBRE, hunger, famine.
——, PASAR, to go hungry.
——, TENER, to be hungry.
HAMPA o BAJO MUNDO, underworld.
HARAGÁN, idler, lazy, loafer.
HARINA, flour, meal.
—— DE AVENA, oat flour, oatmeal.
—— DE CENTENO, rye flour.
—— DE MAÍZ, corn meal, cornstarch.
—— DE OTRO COSTAL, another matter, a horse of a different color.
—— DE TRIGO, wheat flour.
HASTA, till, until, up to, as far as.
—— AHORA, heretofore, up to now, as yet, thus far.
—— AQUÍ, so far.
—— AQUÍ MUY BIEN o ESO ESTÁ BIEN, so far so good.
—— CIERTO PUNTO, to a certain extent.
—— DÓNDE?, how far?
—— DONDE YO SÉ o QUE YO SEPA, so far as I know.
—— ENTONCES, until then.
—— HOY o AL DÍA o AL CORRIENTE, up to date.
—— LA FECHA, to date.
—— LA VISTA o HASTA LUEGO, (in parting) so long, see you later, good-bye.
—— MAÑANA, until tomorrow, see you tomorrow.
—— MÁS NO PODER, to the utmost, to the limit.
—— NUEVA ORDEN, till further orders.
—— NUEVO AVISO, till-forbid, until further notice, until further advised.
—— QUE, until.
—— QUE SE REVOQUE, until cancelled.
HAY, there is.
—— DE QUÉ, NO, you are welcome, don't mention it.
——, QUÉ, what's the matter? what's happening?
—— QUE TEMER, NO, one should not fear.
—— REMEDIO, NO, it can't be helped.
HAZAÑA, deed, feat, heroic deed.
HECTÁREA, hectare.

HECTOLITRO, hectoliter.
HECHIZAR, to bewitch, to enchant, to charm.
HECHO, fact, deed, a trade, made, ready-made.
—— A LA MEDIDA o A LA ORDEN, custom-build, made-to-order, tailor-made.
—— A MANO, handmade.
—— A MÁQUINA, machine-made.
——, BIEN, well done or made, all right.
—— EN FÁBRICA, factory-made.
—— EN EL EXTRANJERO, foreign-made.
—— EN EL PAÍS, homemade.
——, MAL, wrong, badly done or made.
HECHOS EVIDENTES, hard facts.
HECHURA, making, workmanship.
HEDOR o HEDIONDEZ, stink.
HEGEMONÍA DE LOS PRODUCTOS, product leadership.
HELADA, frost, nip.
HELADO, ice cream.
HELAR, to ice, to freeze, to astonish.
HELICÓPTERO, helicopter.
HELIPUERTO, heliport.
HELÓ LA SANGRE, SE ME, my blood curdled.
HEME AQUÍ, here I am.
HEMEROTECA, newspaper and magazine library.
HENDIDURA o GRIETA o FRACTURA, split.
HENO, hay.
HERALDO, herald, harbinger.
HEREDAD, tract of cultivated land, country estate.
HEREDADO, owing real estate, heir to property.
HEREDAR, to inherit, to deed to another.
HEREDERO, heir, inheritor.
—— DE LA NUDA PROPIEDAD, remainderman.
—— FORZOSO, heir apparent.
—— LEGAL, heir at law.
—— UNIVERSAL, residuary legatee.
HERENCIA, inheritance, heritage, legacy.
——, IMPUESTO SOBRE LA, inheritance tax.
HERIDA, wound, injury.
HERIDO, wounded, injured.
——, MAL, dangerously wounded.
HERIR, to wound, to stab, to strike, to hurt.
HERMANA o SOR (monja), sister.
—— CARNAL, whole sister.
—— DE LA CARIDAD, sister of charity.
—— GEMELA, twin sister.
HERMANASTRA o HERMANASTRO, stepsister, stepbrother.
HERMANDAD, brotherhood (labor), guild, sisterhood, fraternity.
HERMANDADES DE FERROCARRILEROS, railway brotherhoods.
HERMANO, brother.
—— CARNAL, blood brother.
—— DE LECHE, foster brother.
—— GEMELO, twin brother.
—— POLÍTICO, brother-in-law.
HERMÉTICO o IMPERMEABLE o A PRUEBA DE AGUA, watertight.

HERMOSO, beautiful, handsome.
HÉROE, hero.
HERRADURA, horseshoe.
HERRAJES, iron fittings, hardware.
HERRAMENTAL, tool bag, tool chest.
HERRAMIENTA, tool.
—— DE JARDÍN, garden tool.
—— DE MANO o MANUAL, hand tool.
—— MECÁNICA, machine tool, power-driven tool.
HERRAMIENTAS
—— MECÁNICAS, power tools.
—— PEQUEÑAS, small tools.
HERRAR, to brand cattle, to shoe a horse.
HERRERÍA, ironwork, blacksmithing, blacksmith shop.
HERRERO, blacksmith.
HERRUMBRE, rust, iron taste.
HERVIR, to boil, to seethe.
HEURÍSTICO, heuristic.
HEXADECIMAL, hexadecimal (computers).
HEZ DEL PUEBLO, LA, the scum of the people, the scum of society.
HÍBRIDO, hybrid.
HIDRÁULICO, hydraulic.
HIDROCARBURO, hydrocarbon (petroleum and natural gas).
HIDROELÉCTRICO, hydroelectric.
HIDRÓGENO, hydrogen.
HIDROGRAFÍA, hydrography.
HIDROMETALURGIA, hydrometallurgy.
HIDROPLANO, hydroplane, seaplane.
HIELO, ice.
—— SECO, dry ice.
HIERBA, grass, feed, fodder, herb.
——, MALA, weed.
HIERRO, iron, any iron implement.
—— COCHINO, pig iron.
—— DE FUNDICIÓN o DE HIERRO FUNDIDO, cast iron.
—— EN LINGOTE, ingot iron, pig iron.
—— FORJADO o FRAGUADO, wrought iron.
—— LAMINADO, sheet iron.
——, VARILLA DE, round iron.
—— VIEJO o DE DESECHO, junk, scrap iron or metal.
HÍGADOS, HASTA LOS, to the heart.
HIGIENE, hygiene.
—— O SALUD PÚBLICA, public health.
HIGIENISTA, hygienist.
HIJASTRA, stepdaughter.
HIJASTRO, stepchild.
HIJO, son, junior.
—— ADOPTIVO, adopted child.
—— DE FAMILIA, minor.
—— DE LECHE, foster child.
—— ILEGÍTIMO o BASTARDO, illegitimate child.
—— NATURAL, natural child.
—— NATURAL DE UN SOLDADO, war baby.
—— POLÍTICO, son-in-law.
HILADO, yarn, spinning.

HILANDERÍA, spinning mill.
HILAR o GIRAR, to spin.
HILAZA, yarn, coarse yarn.
HILO, thread, string, yarn.
—— DE DESPERDICIO, yarn wastes.
—— DE RAYÓN, rayon yarn.
—— O CORDEL PARA ENVOLVER, wrapping twine.
HIMNO NACIONAL, national anthem.
HINCAPIÉ EN, HACER, to emphasize, to dwell upon.
HINCARSE DE RODILLA, to kneel down.
HINCHAR o INFLAR o ENGREÍR, to swell.
HINCHAZÓN, swelling, tumefaction, vanity, airs.
HIPNOTIZAR, to hypnotize.
HIPO, hiccup.
HIPÓCRITA, hypocrite.
HIPÓDROMO o ESTADIO, race course, race track.
HIPOTECA, mortgage, hypothecation.
—— A COBRAR, mortgage receivable.
—— A PAGAR, mortgage payable.
—— ABIERTA SIN LÍMITE DE IMPORTE, open mortgage.
—— AVALADA POR EL ESTADO, government-backed mortgage.
——, BONOS DE PRIMERA, first-mortgage bonds.
—— CANCELADA o CERRADA, closed mortgage.
—— COLECTIVA, blanket mortgage.
—— CON GARANTÍA DE OTRA HIPOTECA, sub-mortgage.
—— CON PARTICULARES, privately held mortgage.
—— CON RESPALDO DEL ESTADO, government-backedmortgage.
—— CON TASA AJUSTABLE, adjustable-rate mortgage.
—— CON TASA FIJA o CON INTERÉS FIJO, fixed-rate mortgage.
—— CON TASA RENEGOCIABLE, renegotiable-rate mortgage.
—— CONJUNTA o DE PARTICIPACIÓN, participating mortgage.
—— CONSOLIDADA, consolidated mortgage.
—— DE APARTAMENTO o DE DEPARTAMENTO, apartment mortgage.
—— DE ARRENDAMIENTO O INQUILINATO, leasehold mortgage.
—— DE BIENES MUEBLES, chattel mortgage.
—— DE CASA o DE RESIDENCIA, home mortgage, residential mortgage.
—— DE REINTEGRACIÓN, refunding mortgage.
—— DE TASA o TIPO VARIABLE, variable-rate mortgage.
—— DE PRIMER GRADO o PRIMERA HIPOTECA, first mortgage.
—— EN SEGUNDO GRADO o SEGUNDA HIPOTECA, second mortgage.
—— FIDUCIARIA, trust mortgage.
—— GENERAL, general mortgage, blanket mortgage.
—— MARÍTIMA, maritime mortgage.
—— NO RESIDENCIAL, nonresidential mortgage.
—— PAGADERA A PLAZOS, installment mortgage.
—— PARA CONSTRUCCIÓN, construction mortgage.

—— PRECEDENTE, underlying mortgage.
—— PRENDARIA o MOBILIARIA, chattel mortgage.
—— SIN LÍMITE DE IMPORTE, open-end mortgage.
—— SOBRE BIENES RAÍCES, real estate mortgage.
—— TÁCITA, tacit mortgage.
—— VOLUNTARIA o CONVENCIONAL, conventional mortgage.
HIPOTECAS POR PAGAR, mortgage note payable.
HIPOTECAR, to mortgage, to hypothecate, to bond.
HIPOTECARIA, ESCRITURA, mortgage deed.
HIPOTECARIO, mortgagee, hypothecary, mortgage.
——, BANCO, mortgage bank.
——, PRÉSTAMO, mortgage loan.
——, TÍTULO, mortgage bond.
HIPÓTESIS, hypothesis.
—— ALTERNATIVA, alternate hypothesis.
—— ESTADÍSTICAS, statistical hypothesis.
—— NULA O FALSA, null hypothesis.
HISPANOAMERICANO, Spanish-American.
HISPANOHABLANTE, Spanish-speaking.
HISTOGRAMA, histogram, bar graph.
HISTORIA, history, story, tale.
—— CLÍNICA, clinical record.
—— DE LA EMPRESA, firm's history.
—— FINANCIERA, financial history.
—— MUNDIAL, world history.
—— NATURAL, natural history.
—— O ANTECEDENTES DE LOS PAGOS, payment histories.
HISTORIAS, DEJARSE DE, cut out the nonsense, stop fooling.
HISTORIADOR, historian.
HISTÓRICO, historical.
HISTORIETA CÓMICA, comic strip.
HITO EN HITO, MIRAR DE, to stare at.
HOGAR, hearth, home, household.
——, ENSERES PARA EL, household equipment.
HOJA, leaf, sheet, blade, pane, window sash.
—— CARTA, letter-size sheet.
—— DE BALANCE, balance sheet.
—— DE COBRO, collection ticket.
—— DE COMPENSACIONES o LIQUIDACIONES, clearing sheet.
—— DE COMPROBACIÓN o DE PRUEBA, proof sheet, audit sheet.
—— DE CONCENTRACIÓN, summary sheet.
—— DE CONCILIACIÓN, reconciliation sheet.
—— DE COSTO, cost sheet.
—— DE COSTO POR ÓRDENES DE TRABAJO, job cost sheet.
—— DE COSTO POR PEDIDO, job-order cost sheet.
—— DE COSTO POR PROCESOS, process cost sheet.
—— DE DETALLE o ANÁLISIS, spread sheet.
—— DE INGRESOS, income sheet.
—— DE INSTRUCCIONES, instructions sheet.
—— DE INVENTARIO, inventory sheet.
—— DE ITINERARIO o DE RUTA, route sheet, waybill.
—— DE JORNALES DEVENGADOS, time sheet.
—— DE PAGOS, cash sheet.

—— DE PAGOS POR CHEQUE, payment cash sheet.
—— DE PASES o ASIENTOS, posting sheet.
—— DE PEDIDOS, order blank.
—— DE RESPALDO, backing sheet.
—— DE SERVICIOS, record.
—— DE TARJA, tally sheet.
—— DE TIEMPO SEMANAL, weekly time sheet.
—— DE TRABAJO, worksheet.
—— DE TRABAJO DE SEIS COLUMNAS, six-column work sheet.
—— DE VIDA, personal record.
—— DE VOTACIÓN, ballot.
—— DIARIA DE JORNALES DEVENGADOS, daily time sheet.
——, DOBLEMOS LA, no more of that.
—— MATRIZ o DE CONTROL, backing sheet.
—— O ESTADO DE TRABAJO, working sheet.
—— O PAPEL DE ESTAÑO, tin foil.
—— RESUMEN, lead schedule.
—— SUELTA o VOLANTE, leaflet, handbill.
HOJAS
—— DE TRABAJO MÚLTIPLES, multiple working papers.
—— SUELTAS, DE, loose-leaf.
HOJALATA O LÁMINA ESTAÑADA, tin plate.
HOJALATERÍA, tinware, tin shop.
HOLGAZÁN, lazy, idle.
HOMBRE, man, male.
—— AL AGUA, man overboard.
—— CLAVE DE UNA COMPAÑÍA, key man, organization man.
—— DE BIEN, man of his word, reliable man.
—— DE EMPRESA, entrepreneur, enterpriser, businessman.
—— DE EMPUJE o MUY ENÉRGICO, go-getter, live wire.
—— DE ENLACE o DE CONTACTO, contact man.
—— DE ESTADO, statesman.
—— DE JUICIO o DE CRITERIO, a man with good sense.
—— DE NEGOCIOS, businessman.
—— DE PALABRA, man of his word.
—— IDÓNEO EN DIVERSOS TRABAJOS, all-round man.
—— PUDIENTE o RICO, a man of means.
——, SER MUY, to be quite a man.
—— SERVIL, yes man.
—— SINCERO o FRANCO, plain man.
HOMBROS, ENCOGERSE DE, to shrug the shoulders.
HOMENAJE, homage, obeisance.
——, RENDIR, to pay homage to.
HOMICIDIO, murder.
—— PREMEDITADO, (law) murder in the first degree.
HONESTIDAD, honesty.
HONOR, honor, dignity, rank.
——, POR, for honor, supra protest.
——, POR MI, upon my honor.
HONORABILIDAD, dignity.
HONORARIO, fee, honorarium, honorary.
—— CONDICIONAL, contingent fee.

—— DE UN CONVENIO, commitment fee.
—— FACULTATIVO o PROFESIONAL, professional fee.
—— VARIABLE, variable fee.
HONORARIOS
—— ANUALES DE AUDITORÍA, annual audit fees.
—— DE AUDITORÍA, audit fees.
—— DE AUDITORÍA VENCIDOS, overdue audit fees.
—— DE COLOCACIÓN, placement fees.
—— DE CORRETAJE, brokers' commissions or fees.
—— DE DISEÑO ARQUITECTÓNICO, architectural design fees.
—— DE ESTABILIZACIÓN, equalization fees.
—— DE GERENCIA o ADMINISTRACIÓN, management fees.
—— DE LOS ADMINISTRADORES o DIRECTORES, directors' fees.
—— DE REGISTRO o DE ARCHIVO, filing fees.
—— DEL CONTADOR, accounting fees.
—— FIDUCIARIOS o GASTOS DE FIDEICOMISO, trust fees.
—— LEGALES, legal fees.
—— MÁXIMOS DE AUDITORÍA, maximum audit fees.
—— MÉDICOS, medical fees.
—— MÍNIMOS DE AUDITORÍA, minimum audit fees.
—— O DERECHOS DEL PRÁCTICO DE PUERTO, pilot fees.
—— O RETRIBUCIÓN FIJA, fixed fees.
—— TOTALES POR AUDITORÍA, total audit fees.
HONRADEZ, honesty, probity, integrity.
HONRADO, honest, honorable.
HONRAR, to honor, do honor to.
HORA, hour, time.
——, A BUENA, at the proper time, opportunely.
——, A LA, on the hour.
——, A ÚLTIMA, at the last moment.
—— DE ACOSTARSE, bedtime.
—— DE ALMUERZO o MERIENDA, lunch hour.
—— DE ATAQUE u HORA o MOMENTO CRÍTICO (militar), zero hour.
—— DE CENAR, supper time.
—— DE MÁXIMA ACTIVIDAD, peak hour.
—— DE MÁXIMO TRÁFICO, peak-hour traffic.
—— DE PARTIDA o DE SALIDA, leaving time.
—— DE TRABAJO, labor hour.
—— DE VERANO, daylight-saving time or summer time.
—— DEL TROPEL o DE MAYOR MOVIMIENTO URBANO, rush hour.
—— ES, QUÉ, what time is it?
—— OFICIAL o LEGAL u HORA DEL MERIDIANO, standard time.
——, POR, hourly.
HORA-HOMBRE u HORA-MANO DE OBRA, man-hour.
HORA-MÁQUINA, machine-hour.
HORAS
—— CORRIDAS, running hours.
—— DE CONSULTA, office hours (doctor, etc.).
—— DE CONTRATACIÓN, trading hours.
—— DE DESPACHO o DE OFICINA, business hours.
—— DE MÁXIMO TRÁNSITO, rush hours.
—— DE OFICINA o HÁBILES, office hours.

—— DE VISITA u HORARIO DE VISITA, visiting hours.
—— ESTÁNDAR DE PREPARACIÓN, standard preparation hours.
—— ESTÁNDAR PERMITIDAS, standard hours allowed.
—— EXTRAS o EXTRAORDINARIAS, overtime.
—— LABORABLES o DE TRABAJO, working hours, labor hours.
—— LIBRES, leisure hours.
—— NORMALES, normal hours.
——, POR, by the hours.
HORARIO, timetable, schedule of hours of work, hourly.
—— DE OFICINA, business hours, office hours.
—— DE TRABAJO, working hours.
—— DE VERANO, daylight-saving time.
HORIZONTAL, horizontal, concerning cooperative apartments or office buildings.
HORIZONTE, horizon.
—— DE PLANEACIÓN, planning horizon.
—— O PANORAMA DE INVERSIÓN, investment horizon.
HORMA, mold, model, shoe last.
HORNILLA u HORNILLO, hot plate.
HORNO, furnace, kiln, oven.
—— CREMATORIO, incinerator.
—— DE FUNDICIÓN, blast furnace, smelting furnace.
—— ELÉCTRICO, electric furnace.
HORRORIZAR, to horrify, to terrify.
HORTICULTURA, horticulture.
HOSPEDAJE, lodging, lodging house.
—— Y COMIDA o CUARTO Y COMIDA, room and board, board and lodging.
HOSPEDAR, to house, to lodge, to harbor.
HOSPEDERÍA, hotel, inn, lodging.
HOSPICIO, orphan asylum.
HOSPITAL, hospital.
—— DE SANGRE, field hospital.
—— DEL CONDADO, county hospital.
HOSPITALIZACIÓN, hospitalization.
HOSPITALIZAR, to hospitalize.
HOSTIL o POCO AMISTOSO, unfriendly.
HOTEL, hotel, villa.
HOTELERO, hotelkeeper, hotel owner, hotel manager, hotel runner.
HOY, today, now, at the present time, nowdays.
—— A MAÑANA, DE, before tomorrow, when you least expect it.
—— DÍA, nowdays.
—— EN ADELANTE, DE, from now on.
—— MISMO, this very day.
—— POR HOY, at the present time, for the present.
HOYO o FOSO, pit, hole, excavation.
HUACAL, crate.
HUELGA, o PARO OBRERO, strike, leisure.
—— EN APOYO A OTROS HUELGUISTAS, secondary strike.

—— DE BRAZOS CAÍDOS O HUELGA PASIVA, sit-down strike.
—— DE HAMBRE, hunger strike.
—— DE PROTESTA, protest strike.
—— DE SOLIDARIDAD o DE APOYO, sympathetic strike.
—— DESAUTORIZADA o ILÍCITA, wildcat strike.
——, EN, on strike.
—— GENERAL, general strike.
—— ILEGAL, illegal strike.
—— LABORAL, labor strike.
—— NO AUTORIZADA o ILEGAL, outlaw strike.
—— PARA ESTABLECER JURISDICCIÓN, jurisdictional strike.
—— PATRONAL, lockout.
—— PORTUARIA, strike of stevedores.
—— SENTADA, sit-down strike.
HUELGAS, TUMULTOS Y CONMOCIONES CIVILES, strikes, riots and civil commotions.
HUELGUISTA, striker.
HUELLA, footprint, tract, footstep.
HUÉRFANO, orphan.
HUERTA, orchard, truck garden.
—— DE LEGUMBRES u HORTALIZAS, vegetable garden.
HUERTO, orchard, truck garden, fruit garden.
HUESO, bone, core, stone.
——, A OTRO PERRO CON ESE, tell that to the marines.
HUESOS, ESTAR EN LOS, to be nothing but skin and bones.
HUESOS MOLIDOS, TENER LOS, to be tired, to death.
HUÉSPEDES, host, lodger, boarder.
——, CASA DE, boarding house.
HUIDA, flight, escape, outlet.
—— O FUGA DE CAPITALES, flight of capital.
HUIR, to run away.
—— DE, to keep away from, to avoid.
HULE o GOMA ELÁSTICA, rubber, oilcloth.
——, BANDA DE, rubber band.
—— NATURAL, native rubber.
—— SINTÉTICO, synthetic rubber.
HULLA o CARBÓN DE PIEDRA, coal, soft coal.
—— DE FRAGUA, blacksmith coal.
HUMANIDAD, mankind.
HUMANISMO INDUSTRIAL industrial humanism.
HUMANO, human.
——, SER, human being.
HUMANOS, RECURSOS, human resources.
HUMEDAD, moisture, humidity, dampness.
HUMEDECER, to moisten, to dampen.
HÚMEDO o MOJADO o LLUVIOSO, wet.
HUMO, smoke, fume, vapor.
HUMOS, ECHAR, to put on airs.
HUMOR, humor, temper, wit.
——, ESTAR DE BUEN, to be gay or in good spirits.
——, ESTAR DE MAL, to be in bad humor or spirits.
HUMORISTA, humorist, humorous.
HUNDIMIENTO, sinking.

HUNDIRSE, to sink, to collapse, to fall in, to cave in.
HURACÁN, hurricane.
HURTADILLAS, A, on the sly, by stealth.
HURTAR o RATEAR, to pilfer, to rob, to steal.
HURTO o ROBO, theft, stealing, pilferage, robbery.
——**MAYOR,** grand larceny.
HUSMEAR, to get wind of, to scent, to nose.

I

IDA, departure, outward trip.
—, **FLETE DE**, outward freight.
— **Y VUELTA** o **IDA Y REGRESO**, round trip, out-and-home, out and back.
IDAS Y VENIDAS, comings and goings.
IDEA, idea, notion.
— **APROXIMADA**, rough idea.
— **MUY ATRACTIVA**, far fetched idea.
IDEAS, beliefs.
IDEAR, to design, to plan.
IDÉNTICO A, identical with.
IDENTIDAD, identity.
— **CONTABLE**, accounting identity.
IDENTIFICACIÓN, identification.
— **CON LA TAREA** o **CON EL TRABAJO**, task identity.
IDIOMA, language, tongue.
IDIOTA, idiot, idiotic.
IDÓNEO o **COMPETENTE**, competent, qualified, capable.
IGNORANCIA, ignorance.
IGNORANTE, unlearned, ignorant.
— **DE**, unacquainted with.
IGUAL, equal, uniform, consistent.
— **AL QUE**, as well as, the same as.
—, **ME ES**, it makes no difference to me, is all the same to me.
IGUALA, stipulation, retainer.
IGUALACIÓN, equating, matching, equalization.
IGUALAR, to equalize, to equate, to be equal.
— **A**, to match.
IGUALDAD, equality, equation, uniformity.
IGUALES OPORTUNIDADES EN EL EMPLEO o **EN EL TRABAJO**, equal employment opportunity.
IGUALITARISMO, equalitarianism.
— **RACIAL**, racial equalitarianism.
IGUALMENTE, likewise.
ILEGAL, illegal, unlawful.
ILEGIBLE, illegible.
ILEGÍTIMO, illegitimate, unlawful.
ILESO o **SANO Y SALVO**, unharmed, unhurt.
ILETRADO, uncultured, ignorant.
ILÍCITO, illegal, illicit, unlawful.
ILIMITADO o **SIN RESTRICCIÓN**, unrestricted.
ILÓGICO, illogical.
ILUMINAR, to illuminate, to light.
ILUSIONES SOBRE, HACERSE, to bank on.
ILUSTRACIÓN, illustration, explanation, elucidation.
ILUSTRADOR, illustrator.
ILUSTRAR, to illustrate a publication, to enlighten, to explain.
IMAGINAR, to imagine, to think up, to figure out.
IMAGINARSE, to figure.
IMÁN, magnet.
— **LEVANTADOR**, lifting magnet.

IMBÉCIL o **ZOPENCO**, woodenhead, imbecile.
IMITADO, false, spurious.
IMITAR, to imitate, to mimic.
IMPACIENTE, impatient, anxious.
IMPAGABLE, unpayable.
IMPAR o **DESIGUAL**, uneven.
—, **NÚMERO**, odd number.
IMPARCIAL, impartial.
IMPARCIALIDAD, impartiality.
— **O EQUIDAD DE ESTADOS FINANCIEROS**, financial statement fairness.
IMPARTIR, to distribute, to transmit.
IMPASIBLE, unaffected.
IMPÁVIDO, dauntless, intrepid.
IMPEDIMENTO, encumbrance, handicap, impediment.
— **FÍSICO**, disability.
IMPEDIR, to stop from, to interfere with, to prevent, to hinder.
— **LA ENTRADA** o **INTERCEPTAR**, shut off.
IMPERAR, to command, to reign, to prevail.
IMPERDONABLE o **INEXCUSABLE**, unpardonable, unforgivable.
IMPERECEDERO, undying.
IMPERFECCIÓN, imperfection, flaw, defect.
IMPERFECTO, imperfect, defective.
IMPERICIA, inexperience, inexpertness.
IMPERIO, empire, command, dominion.
— **DE LA LEY, EL**, rule of law.
IMPERMEABLE, waterproof clothing, raincoat.
IMPERTINENCIA, impertinence, nonsense.
IMPERTURBABLE o **IMPASIBLE**, undisturbed.
ÍMPETU, impetus.
IMPIEDAD, unholiness.
IMPLANTAR, to establish, to introduce.
IMPLEMENTO DE JARDÍN, garden tool.
IMPLEMENTOS, implements, tools.
— **AGRÍCOLAS**, agricultural implements, farm implements.
IMPLICACIÓN, implication.
— **PERSONAL**, personal involvement.
IMPLICACIONES A LARGO PLAZO, long-term implications.
IMPLICAR, to involve, to implicate.
IMPLÍCITO, implied, implicit.
IMPONER, to impose, to asses, to levy.
— **CONDICIONES**, to bring to terms.
— **CONTRIBUCIONES**, to levy taxes.
— **UNA MULTA**, to impose a fine.
— **UNA TAREA**, to set a task.
IMPONERSE, to assume an obligation, to impose one's authority.
IMPONIBLE, taxable, assessable, dutiable.
IMPOPULAR, unpopular.
IMPORTA, ESO NO, I don't care about that, that makes on difference to me.
IMPORTA, NO, never mind.
IMPORTA, QUÉ, what does it matter? what difference does it make?

IMPORTACIÓN, importing, importation, imports.
——, ARTÍCULO DE, import article.
—— CONTROLADA o LIMITADA, restricted imports.
——, DERECHO DE, import duty.
——, LICENCIA DE, import license.
IMPORTADOR, importer, importing.
—— DE VÍVERES, produce merchant.
IMPORTANCIA, importance, materiality.
—— O TAMAÑO DE UN NEGOCIO, size of a business.
IMPORTANTE, important, amounting to.
IMPORTAR, amount to, to be worth, to import, to be important, to matter.
IMPORTE, amount, price, value.
—— A COBRAR, collectible amount.
—— A PAGAR, amount due.
—— A RIESGO, amount at risk.
—— ANUAL DE LA RENTA, total annual rental expense.
—— BRUTO, gross amount.
—— DE FACTURA, amount of invoice.
—— DE MULTA, penal sum.
—— DE LA REMESA, amount of remittance.
—— DE TASACIÓN DE VALORES, appraised value of securities.
—— DEL CHEQUE, check amount.
—— DEL IMPUESTO, tax bill.
—— DEL INVENTARIO EN DÓLARES, dollar value of inventory.
—— ESTIMADO DE GASTOS, estimated cash outlays.
—— GLOBAL, lump sum.
—— ÍNTEGRO, full amount.
—— LÍQUIDO, net amount.
—— MEDIO o PROMEDIO, average amount.
—— NETO, net amount.
—— NOMINAL, nominal amount.
—— PIGNORADO, pledged amount.
—— TOTAL, gross amount.
—— TOTAL DEL INVENTARIO, total inventory amount.
—— TRIMESTRAL, quarterage.
IMPORTUNAR, to importune, to dun, to pester.
IMPORTUNO, importunate, inopportune, persisting.
IMPOSIBILIDAD, impossibility, disability.
—— DE NEGAR LO AFIRMADO ANTERIORMENTE, estoppel.
IMPOSIBILITADO, helpless, disabled, without means, poor.
IMPOSIBLE, impossible, incapacitated.
——, CASI, next to impossible.
IMPOSICIÓN, taxation, tax, assessment.
—— DE CAPITALES, investment of capital.
—— DEL PATRIMONIO, capital levy.
—— FISCAL, federal or national tax.
IMPOSTOR, impostor.
IMPRÁCTICO o NO PRÁCTICO, unpractical.
IMPRECISO o INDEFINIDO o VAGO, unprecise.
IMPRENTA, presswork, printing shop, printing house, printing.
——, LIBERTAD DE, freedom of the press.

IMPRESCINDIBLE, indispensable, essential.
IMPRESIÓN, print-out, printing, printed matter, impression.
—— A COLOR, color printing.
—— A MANO, hand composition.
—— DE LA CINTA, ribbon print.
—— DEL CERO, zero print.
—— EN ROTATIVO, rotary printing.
IMPRESO, printed, stamped, printed matter, pamphlet.
—— DE PEDIDO, order form.
—— EN AMBAS CARAS o LADOS, printed on both sides.
—— O MODELO PARA PEDIDOS, requisition form.
—— PARA RESPUESTA, reply form.
IMPRESOS, printed matter.
IMPRESOR o TIPÓGRAFO, printer.
IMPRESORA, printer, imprinter.
—— DE ALTA VELOCIDAD, high-speed printer.
—— DE COLUMNAS MÚLTIPLES, multicolumn printer.
—— DE COMPUTACIÓN, computer printer.
—— DE TIPO DE MÁQUINA DE ESCRIBIR, typewriter type printer.
—— POR RENGLONES, line printer.
—— TERMINAL (computación), terminal typewriter.
IMPREVISTO, contingency, unforseen.
IMPRIMADOR o FULMINANTE o LIBRO PRIMERO DE LECTURA, primer.
IMPRIMIR o HACER UNA TIRADA DE LIBROS o REVISTAS, to print, to imprint.
IMPROBABLE, unlikely.
IMPRODUCTIVO, unprofitable, unproductive.
——, CAPITAL, dead stock.
——, DINERO, barren money.
IMPROPIO, out-of-place, unbecoming.
IMPRORROGABLE, nonrenewable, not extendible, not postponable.
IMPROVISO, unexpected, unforseen.
——, DE, suddenly.
IMPRUDENTE, unwise, imprudent, improvident.
IMPUESTO, tax, duty, assessment, impost.
—— A COBRAR, tax receivable.
—— A LA ESTIBA, stevedore tax.
—— A LA EXPORTACIÓN, export duty.
—— A LA EXPORTACIÓN DE CAPITALES, capital export tax.
—— A LA HERENCIA, death duty.
—— A LAS GANANCIAS DE CAPITAL o IMPUESTO AL CAPITAL, capital gains tax.
—— A PAGAR o POR PAGAR, tax payable.
—— ACUMULADO, tax accrual.
—— ACUMULADO SOBRE SUELDOS, payroll tax accruals.
—— ADICIONAL o SOBRETASA o RECARGO TRIBUTARIO, surtax, supplementary tax.
—— ADUANAL o ARANCELARIO, customs duties.
—— AL CONSUMO, excise or consumption tax.
—— AL TRABAJO, occupational tax, occupation tax.
—— AL VALOR AGREGADO (IVA), value-added tax.
—— ATRASADO o MOROSO, delinquent tax.
—— BÁSICO o NORMAL, normal tax.

IMPUESTO

—— COBRADO o RECAUDADO, tax collected.
—— DE EXCESO DE UTILIDADES, excess profits tax.
—— DE EXPLORACIÓN, surface tax.
—— DE EXPLOTACIÓN, exploitation tax, royalty.
—— DE EMIGRACIÓN, head tax.
—— DE LUJO, luxury tax.
—— DE MEJORA, assessment for improvements.
—— DE PEAJE, toll.
—— DE PLUSVALÍA, property-increment tax.
—— DE SUCESIÓN, estate tax, death duty.
—— DE TESORERÍA o GRAVAMEN DE TESORERÍA, treasury tax.
—— DEL SEGURO SOCIAL, social-security tax, social tax.
—— DEL TIMBRE, stamp duty.
—— DIFERIDO, deferred tax.
—— DIFERIDO CON SALDO ACREEDOR, deferred income tax credit.
—— DIFERIDO CON SALDO DEUDOR, deferred income tax debit.
—— DIRECTO, direct tax.
—— ESPECIAL DE COOPERACIÓN, special assessment.
—— FEDERAL, federal tax.
—— FEDERAL SOBRE LA RENTA, federal income tax.
—— FISCAL, national or federal tax.
—— INDIRECTO, indirect or excise tax.
—— INDIVIDUAL SOBRE LA RENTA, individual income tax.
—— INTERNO, excise tax, internal-revenue tax.
—— LOCAL, local tax.
—— MUNICIPAL, municipal tax.
—— NACIONAL SOBRE LA RENTA, federal income tax.
—— NETO, net tax.
—— O CONTRIBUCIÓN DE GUERRA, war tax.
—— PAGADO POR ADELANTADO, tax paid in advance.
—— PARA EL DESEMPLEO, unemployment tax.
—— PARA MEJORAS, betterment tax.
—— PARA OBRAS PÚBLICAS, public-works tax.
—— PARA VOTAR, poll tax.
—— PATRIMONIAL o DE PATRIMONIO, capital tax.
—— PER CÁPITA, head tax.
—— POR COBRAR, tax assessed.
—— POR CONTAMINACIÓN, pollution tax.
—— POR EXTRACCIÓN, severance tax.
—— POR PAGAR, tax liability.
—— POR PAGAR DE TRABAJO POR CUENTA PROPIA, self-employment taxes payable.
—— POR PRIVILEGIO, franchise tax.
—— PORTUARIO, port duties.
—— PREDIAL, real estate tax.
—— PREDIAL ACUMULADO, accrued property taxes.
—— PREDIAL POR PAGAR, property tax payable.
—— PROGRESIVO o ESCALONADO, progressive tax, graduated taxation.
—— PROPORCIONAL, proportional tax.
—— REGRESIVO, regressive tax.
—— RETENIDO, withheld tax, withholding tax.
—— SOBRE BIENES, property tax.
—— SOBRE BIENES RAÍCES o IMPUESTO PREDIAL, real estate tax.
—— SOBRE CONCESIONES o SOBRE FRANQUICIAS, franchise tax.
—— SOBRE CONSUMO o VENTAS EN EL PAÍS, excise tax.
—— SOBRE DIVERSIONES, amusement tax.
—— SOBRE DIVIDENDOS, dividend tax.
—— SOBRE DOCUMENTOS, documentary tax.
—— SOBRE DONACIONES o DONATIVOS, gift tax.
—— SOBRE EL CAPITAL o SOBRE LA PROPIEDAD, capital levy.
—— SOBRE EL CAPITAL SOCIAL o SOBRE EL CAPITAL DECLARADO, capital stock tax.
—— SOBRE EL EXCESO DE UTILIDADES, excess-profits tax.
—— SOBRE EL INGRESO PERSONAL, personal income tax.
—— SOBRE EL VALOR DEL TERRENO, land value tax.
—— SOBRE ESPECTÁCULOS, admissions tax.
—— SOBRE FÁBRICA, tax on plant.
—— SOBRE HERENCIAS Y LEGADOS, inheritance tax.
—— SOBRE INGRESOS BRUTOS, turnover tax.
—— SOBRE INMUEBLES, realty tax.
—— SOBRE LA NÓMINA, payroll tax.
—— SOBRE LA PRODUCCIÓN, production tax.
—— SOBRE LA PROPIEDAD, capital levy.
—— SOBRE LA RENTA, income tax.
—— SOBRE LA RENTA DE SOCIEDADES ANÓNIMAS, corporation income tax.
—— SOBRE LA RENTA DIFERIDO, deferred federal income tax.
—— SOBRE LA RENTA PAGADO, federal income tax paid.
—— SOBRE LA RENTA PERSONAL, personal income tax.
—— SOBRE LA RENTA POR PAGAR, income tax payable.
—— SOBRE LA VENTA DE ACCIONES o IMPUESTO DE TRANSFERENCIA, transfer tax.
—— SOBRE LAS GANANCIAS o SOBRE LOS RÉDITOS, income tax.
—— SOBRE REMESA DE FONDOS AL EXTRANJERO, exchange tax.
—— SOBRE RENTAS POR PAGAR DIFERIDO, deferred income tax liability.
—— SOBRE TRANSFERENCIA DE ACCIONES, stock-transfer tax.
—— SOBRE UTILIDADES, tax on profits, profit tax.
—— SOBRE UTILIDADES DE SOCIEDADES ANÓNIMAS, corporate income tax.
—— SOBRE UTILIZACIÓN DE BIENES, use tax.
—— SOBRE VENTAS, sales tax.
—— SOBRE VENTAS POR PAGAR, sales tax payable.
—— SOBRE VIAJES EN AVIÓN, airplane tax.
—— SUCESORIO o TESTAMENTARIO, estate tax.
—— SUNTUARIO o DE LUJO, luxury tax.
—— SUSTITUTIVO DE LA HERENCIA, substitute inheritance tax.
—— TERRITORIAL, land tax.

——, TIPO DE, tax rate.
——ÚNICO, single tax.
——URBANO, municipal tax.
——VIAL, highway-user tax.
IMPUESTOS, taxes.
——A LOS NEGOCIOS, business taxes.
——ACUMULADOS o VENCIDOS, accrued taxes.
——ACUMULADOS SOBRE SUELDOS, accrued payroll taxes.
——ATRASADOS o VENCIDOS, back taxes.
——COBRADOS, taxes collected.
——CORPORATIVOS o DE SOCIEDADES ANÓNIMAS, corporate taxes.
——CORRIENTES o ACTUALES, current taxes.
——DE LA NÓMINA, payroll taxes.
——DE TRÁNSITO, transit duties.
——ESTATALES, state taxes.
——ESTATALES POR TRANSFERENCIA, state transfer taxes.
——, EXACCIÓN DE, tax levy.
——FEDERALES, federal taxes.
——INCOBRABLES, uncollectible taxes.
——LOCALES, local taxes.
——MENORES SOBRE CONSUMO, nuisance taxes.
——MUNICIPALES, municipal taxes.
——NETOS, net taxes.
——PAGADOS POR ADELANTADO, prepaid taxes.
——POR PAGAR, taxes payable, income tax withholding.
——POR PAGAR EN EL EXTRANJERO, foreign income taxes.
——POR PAGAR SOBRE SUELDOS, payroll taxes payable.
——POR PAGAR SOBRE VENTAS, liability for sales taxes.
——PROGRESIVOS SOBRE EL INGRESO, progressive income taxes.
——SOBRE ARTÍCULOS DE CONSUMO, excise expenses.
——SOBRE CONSUMO, excise taxes.
——SOBRE LA PROPIEDAD DE BIENES RAÍCES, property taxes.
——SOBRE LA RENTA DE SOCIEDADES DE CAPITAL, corporate income taxes.
——SOBRE LA RENTA DIFERIDOS o APLAZADOS, deferred income taxes.
——SOBRE OPERACIONES INTERNAS, internal revenue taxes.
——SOBRE PRIMAS, premium taxes.
——SOBRE VENTAS o SOBRE CONSUMO, user taxes, internal revenue taxes.
IMPULSAR, to drive, to push, to induce, to operate.
IMPULSO, impulse, push.
——A, DAR, to set off.
IMPULSOR, promoter, booster.
IMPUNE, unpunished.
IMPUTADO, imputed.
IMPUTAR, to impute, to assign, to apply.
INACCESIBLE, unaproachable, out-of-reach.
INACEPTABLE, unacceptable.

INACTIVO, inactive, dead, dull.
——, ESTAR, to mark time.
INADECUADO, inadequate, illsuited.
INADMISIBLE, out-of-the-question, unallowable.
INADVERTIDO o INVISIBLE, unseen.
INAGOTABLE o SEGURO, unfailing.
INAGUANTABLE o INSOPORTABLE, unendurable, unbearable.
INALCANZABLE, unobtainable.
INALIENABLE, inalienable.
INALTERADO o INVARIABLE, unchanged.
INAMOVIBLE, nonremovable.
INAPELABLE, unappealable.
INAPLAZABLE, undeferable.
INAPRECIABLE, unvaluable, unvalued.
INAPROPIADO o INADECUADO, unsuitable.
INASEQUIBLE o INALCANZABLE, unattainable.
INASISTENCIA, absence, nonattendance.
INASTILLABLE o IRROMPIBLE, shatterproof, nonshattering.
INATRACTIVO, unattractive.
INAUGURACIÓN, opening, installation, inauguration.
INCALIFICABLE, unspeakable, unqualifiable.
INCANSABLE o INFATIGABLE, untiring, tireless.
INCAPACIDAD, disability, incompetence, incapacity.
——FÍSICA, physical disability.
——JURÍDICA, civil disability.
——O INVALIDEZ ABSOLUTA, total disability.
——O INVALIDEZ PARCIAL, partial disability.
——PARCIAL PERMANENTE, permanent partial disability.
——PARCIAL TEMPORAL, temporary partial disability.
——PERMANENTE, permanent disability.
——POR ENFERMEDAD, disability due to illness.
——TEMPORAL, temporary disability.
——TOTAL PERMANENTE, permanent total disability.
——TOTAL TEMPORAL, temporary total disability.
INCAPACITADO, disabled, disqualified, legally incompetent.
INCAPAZ, incapable, unfit, incompetent, not qualified.
INCAUTACIÓN, attachment, seizure.
INCAUTAR, to attach, to expropiate, to impound.
INCAUTARSE, to hold until claimed, to seize (law).
INCAUTO, unwary, heedless.
INCENDIAR, to fire.
INCENDIARSE, to catch fire.
INCENDIO, fire, hostile fire.
——INTENCIONAL o MALICIOSO, arson.
——FORESTAL, forest fire.
——, SEGURO CONTRA, fire insurance.
INCENTIVO, incentive, stimulus, inducement.
——O ESTÍMULO LIBRE DE IMPUESTOS, tax-free incentive.
INCENTIVOS, incentives.

—A LA PRODUCCIÓN, production incentives.
—AL EMPLEADO, employee incentives.
—COMERCIALES, trade incentives.
—FINANCIEROS, financial incentives.
—MONETARIOS, monetary incentives.
—O ESTÍMULOS EN LOS SALARIOS, wage incentives.
INCERTIDUMBRE o DUDA o INSEGURIDAD, uncertainty, doubt.
—AMBIENTAL, environmental uncertainty.
INCIDENCIA, incidence, burden, charge.
—DE ACCIONES, accident frequency.
INCIDENTAL, incidental.
INCIDENTE, incident, accident.
INCIDENTES DE COMERCIO, lease and good will.
INCIERTO, uncertain, unsure.
INCINERADOR, incinerator.
INCINERAR, to incinerate.
INCISO, paragraph, subsection, clause.
INCITAR o IMPULSAR, to prompt, to incite, to excite, to spur.
INCIVILIZADO, uncivilized.
INCLEMENTE o DESPIADADO o CRUEL, unmerciful.
INCLINACIÓN o TENDENCIA, inclination, tendency, penchant, bent.
INCLINARSE, to lean.
—A o TENDER A, to verge toward.
INCLUIR, to enclose, to include, to incorporate.
INCLUSO, inclosed, including.
INCOBRABLE, noncollectible, uncollectible, irrecoverable.
INCOBRABLES, CUENTAS, bad debts, uncollectible accounts.
INCÓGNITA, unknown quantity.
INCOMBUSTIBLE, fireproof.
INCOMODAR o MOLESTAR, to trouble, to annoy, to inconvenience.
INCOMODARSE, to be annoyed, to be angered.
INCOMODIDAD o MOLESTIA, nuisance.
INCÓMODO o DESAGRADABLE, uncomfortable.
INCOMPATIBLE, uncongenial, uncompatible.
INCOMPETENCIA, incompetence, incompetency.
INCOMPETENTE, incompetent, unfit, disqualified.
INCOMPLETO o NO TERMINADO, uncompleted, unfinished.
INCOMPRENSIBLE, uncomprehensible.
INCONCEBIBLE, inthinkable.
INCONCLUSO, unfinished, unconclusive.
INCONDICIONAL o ABSOLUTO, unconditional.
—, ACEPTACIÓN, clean acceptance.
INCONEXO o NO RELACIONADO, unconnected.
INCONFESABLE, shameful.
INCONFORME, dissenting.
INCONFORMIDAD, disagreement, dissent, unacceptability.
INCONFUNDIBLE o INEQUÍVOCO, unmistakable.
INCONGRUENCIA, incongruency.
INCONMOVIBLE, immovable, unyielding, unbending.
INCONSCIENTE, unwitting, unconscious, unaware.

INCONSISTENTE o INSUBSTANCIAL, inconsistent, unsubstantial.
INCONSTITUCIONAL, unconstitutional.
INCONTABLE, innumerable, uncountable.
INCONVENIENTE, drawback, objection, difficulty.
—, SERIO, serious handicap.
INCONVERTIBLE, nonconvertible, inconvertible.
INCORPORACIÓN, incorporation.
—BANCARIA, bank merger.
—DE COMPAÑÍAS DESCENDENTES, downstairs merger.
INCORPORADO, corporate.
INCORPORADOR, incorporator.
INCORPORAR, to incorporate, to merge, to absorb, to amalgamate.
INCORRECCIÓN, incorrectness, inaccuracy, impropriety.
INCORRECTO, incorrect, wrong.
INCORRUPTO, uncorrupted, untainted.
INCOSTEABILIDAD, financial impracticableness.
INCREDULIDAD, unbelief.
INCRÉDULO o IRRELIGIOSO, unbeliever.
INCREÍBLE, incredible, unbelievable.
INCREMENTAL, incremental.
INCREMENTAR, to increase, to add to.
INCREMENTO, increment, increase.
—DE PRODUCTIVIDAD, growth of productivity.
—NO GANADO o PLUSVALÍA, unearned increment.
—O AUMENTO DE CAPITAL BANCARIO, raising bank capital.
—POR REVALUACIÓN, revaluation increment.
INCRIMINAR, to incriminate, to exaggerate.
INCUBACIÓN, breeding.
INCUESTIONABLE, unquestioned.
INCULPAR, to accuse, to inculpate, to blame.
INCULTO o IGNORANTE, uninformed, uncultivated.
INCUMPLIDO, unfulfilled.
—, CONTRATO, forfeited contract.
INCUMPLIMIENTO, failure to perform, nonfulfillment, noncompliance, default.
—DE CONTRATO, breach of contract.
—DE FIDEICOMISO, breach of trust.
INCUMPLIR EL CONTRATO, breach the agreement.
INCURABLE, incurable, hopeless.
INCURRIR, to incur, to become liable to.
—O COMETER UN ERROR, to commit an error, to make a mistake.
INCURSIÓN o INVASIÓN REPENTINA, raid.
INCURSIONAR o INVADIR o ATACAR, to raid.
INDAGACIÓN, investigation, inquiry.
—DE ANTECEDENTES DE CRÉDITO, credit inquiry.
—VERBAL, oral inquiry.
INDAGACIONES, inquiries.
INDAGAR o ESCUDRIÑAR o EXPLORAR, to inquire, to investigate, to search.
INDEBIDAMENTE o IRREGULARMENTE, unduly.
INDEBIDO, out of place, undue, improper, illegal.
INDECENTE o SUCIO, indecent, nasty, obscene.
INDECISIÓN, indecision, irresolution.

INDECISO, undecided, uncertain, doubtful.
INDECOROSO o **INDIGNO**, unbecoming, improper.
INDEFENSO o **DESPREVENIDO** o **INCAUTO**, defenseless, unguarded.
INDEFINIDO, undefined, vague, undefinite.
INDEMNE, unhurt, undamaged.
INDEMNIZACIÓN, indemnity, compensation, indemnification.
——**COMPENSATORIA**, compensatory damage.
——**DE ASISTENCIA MÉDICA**, medical-attendance indemnity.
——**DE INCAPACIDAD**, disability benefits.
——**DOBLE** o **DOBLE INDEMNIZACIÓN**, double indemnity.
——**NOMINAL**, nominal damages.
——**POR ACCIDENTE**, accident benefits.
——**POR CESANTÍA** o **POR DESAHUCIO**, dismissal or severance pay.
——**POR CUARENTENA**, quarantine indemnity.
——**POR DEFUNCIÓN**, death benefit fund.
——**POR DESAHUCIO**, terminal wage, termination pay.
——**POR DESPIDO**, dismissal indemnity.
——**POR ENFERMEDAD**, sick benefits.
——**POR EXPROPIACIÓN** o **POR CONFISCACIÓN**, condemnation award.
——**POR GASTOS QUIRÚRGICOS**, surgical indemnities.
INDEMNIZAR, to indemnify, to compensate.
INDEPENDENCIA, independence.
——**DEL AUDITOR**, auditor's independence.
——**ECONÓMICA**, economic independence.
INDEPENDIENTE, independent.
INDEPENDIZAR, to free, to become independent, to emancipate.
INDEPENDIZARSE, to make oneself independent.
INDESEABLE, undesirable, unwelcome.
INDETERMINADO o **INDECISO**, undetermined.
INDICACIÓN, hint, indication, manifestation.
INDICADOR, indicator, gage, sign, index.
——**DE COMBUSTIBLE**, fuel gauge (auto).
——**DE MERCADO**, market indicator.
——**DE NIVEL DE AGUA** o **FLUVIÓMETRO**, water gauge.
——**ELÉCTRICO AUTOMÁTICO DE COTIZACIONES Y NOTICIAS**, ticker.
——**FINANCIERO**, financial indicator, financial index, stock market averages.
——**O MEDIDOR DE VACÍO**, vacuum gauge.
INDICAR, to indicate, to hint, to suggest.
ÍNDICE, index, index card, catalogue, hand of a instrument, sign, pointer.
——**COMERCIAL**, business index.
——**CRUZADO**, cross reference.
——**DE ACTIVIDAD**, activity ratio.
——**DE APALANCAMIENTO**, leverage ratio.
——**DE BIENESTAR**, comfort index.
——**DE CANTIDAD**, quantity index.
——**DE CAPACIDAD**, capacity ratio.
——**DE CAPITAL**, capital ratio, proprietary ratio.
——**DE CAPITAL DE TRABAJO** o **DE CAPITAL EN GIRO**, working-capital ratio.
——**DE CAPITAL LÍQUIDO A ACTIVO FIJO**, owner's equity to fixed asset ratio.
——**DE CAPITAL LÍQUIDO A PASIVO TOTAL**, liabilities to worth ratio.
——**DE COBROS**, collection ratio.
——**DE COMPROBANTES** o **DE PÓLIZAS**, voucher index.
——**DE CONVERTIBILIDAD** o **DE LIQUIDEZ**, liquidity ratio.
——**DE CORRELACIÓN**, index of correlation.
——**DE COSTO UNITARIO**, unit cost index.
——**DE COSTOS COMPUESTOS DE CONSTRUCCIÓN**, composite construction cost index.
——**DE CRECIMIENTO**, rate of growth.
——**DE EMPLEO** o **DE OCUPACIÓN**, employment index number.
——**DE INCENDIOS**, burning ratio.
——**DE MORTALIDAD**, mortality rate, death rate.
——**DE MOVIMIENTO**, turnover ratio.
——**DE MOVIMIENTOS EN LA BOLSA DE VALORES**, Dow-Jones Averages.
——**DE PRECIOS**, price index.
——**DE PRECIOS AL CONSUMIDOR**, consumer price index.
——**DE PRECIOS AL MAYOREO**, wholesale price index.
——**DE PRECIOS AL MENUDEO**, retail-price index.
——**DE PRODUCCIÓN**, production index.
——**DE RENDIMIENTO**, profit ratio.
——**DE ROTACIÓN**, rate of turnover.
——**DE SOLVENCIA**, ratio of solvency.
——**DE TARJETAS**, card index.
——**DE UTILIDAD** o **DE GANANCIA**, profitability ratio.
——**DE UTILIDAD BRUTA**, gross-profit ratio.
——**DE VALOR UNITARIO**, unitary value index.
——**DE VALORES**, value index.
——**DE VENTAS**, sales index, sales ratio.
——**DE VENTAS A ACTIVO FIJO**, sales to fixed assets ratio.
——**DE VENTAS A CAPITAL LÍQUIDO**, equity turnover ratio.
——**DEL COSTO DE LA VIDA**, cost of living index.
——**DEL INVENTARIO**, index of inventory.
——**FINANCIERO**, financial ratio.
——**MEDIO**, average rate.
——**NO PONDERADO**, unweighted index.
——**O TASA DE NATALIDAD**, birthrate.
——**VITAL**, vital index.
ÍNDICES
——**DE LOS TÉRMINOS DE INTERCAMBIO**, term-of-trade indexes.
——**SOBRE VENTAS**, sales ratios.
INDIFERENTE o **IMPASIBLE** o **FRÍO**, unconcerned, indifferent.
INDIGNAR, to anger, to irritate.
INDIGNO o **DESMERECEDOR**, unworthy, undeserving, unbecoming.
INDIRECTA, hint, innuendo.
——, **MANO DE OBRA**, indirect labor.

INDIRECTAS, ECHAR, to make insinuations.
INDIRECTO, indirect.
——, **IMPUESTO,** indirect tax.
INDISCIPLINA, breach of discipline, lack of training.
INDISCIPLINADO, undisciplined.
INDISCRETO o SIN TACTO, tactless, indiscreet, unwise, rash.
INDISPUESTO o ENFERMIZO, unwell.
INDISPUTABLE, indisputed, incontestable.
INDIVIDUAL, individual.
INDIVIDUO, individual, fellow, person, member.
—— **CON IMPEDIMENTO,** disadvantage individual.
—— **CON PERSONALIDAD,** personable individual.
—— **CON RETARDO MENTAL,** mentally ratarded individual.
—— **DE ENLACE EN UNA EMPRESA,** liaison individual.
—— **PEREZOSO,** lazy individual.
—— **RUIN o SUJETO SERVIL o BAJO,** sneaky individual.
—— **SIN ÉTICA o SIN ESCRÚPULOS,** unethical individual.
INDOCUMENTADO, lacking documents.
ÍNDOLE, nature, disposition, class.
INDOMABLE o INGOBERNABLE, ungovernable.
INDÓMITO, untamed, unruly.
INDUCIR, to induce, to persuade, to influence.
INDUDABLE o SEGURO, undoubted, certain, unquestionable.
INDULTAR, to pardon, to set free.
INDULTO, pardon, forgiveness, amnesty (legal).
INDUSTRIA, industry, manufacturing, business, trade.
—— **AGRÍCOLA o AGRARIA,** farm industry, agricultural industry.
—— **ALIMENTARIA o DE ALIMENTOS,** food industry.
—— **AUTOMOTRIZ,** automobile industry.
—— **AZUCARERA,** sugar industry.
—— **BANCARIA,** banking industry.
—— **BIOLÓGICA,** bioscience industry.
—— **CAMIONERA,** trucking business.
—— **CAUCHERA o HULERA,** rubber industry.
—— **CERVECERA,** brewing trade or industry.
—— **CINEMATOGRÁFICA o FÍLMICA,** motion-picture industry.
—— **CLAVE o ESENCIAL,** key industry.
—— **CON PROTECCIÓN ADUANAL,** sheltered industry.
—— **CONSERVERA o DE CONSERVAS,** canning industry.
—— **CURTIDORA o TENERÍA,** tanning industry.
—— **DE ALTA TECNOLOGÍA,** high tecnology industry.
—— **DE BIENES DE CAPITAL,** capital-goods industry.
—— **DE BLUSAS Y VESTIDOS,** blouses and dresses industry.
—— **DE CONJUNTOS, FALDAS Y CHAQUETAS,** suits, skirts and coats industry.
—— **DE EQUIPO DE OFICINA,** office equipment industry.
—— **DE EXTRACCIÓN DE METALES,** metal mining industry.
—— **DE INSTRUMENTOS CIENTÍFICOS PROFESIONALES,** professional scientific instruments industry.
—— **DE LA CERÁMICA,** ceramics industry.
—— **DE LA CONFECCIÓN,** apparel industry.
—— **DE LA CONSTRUCCIÓN,** building industry, construction industry.
—— **DE LA LANA,** woolen industry.
—— **DE LA PESCA,** fishing industry.
—— **DE LA PIEDRA, ARCILLA Y VIDRIO,** stone, clay and glass industry.
—— **DE LA SEDA,** silk industry.
—— **DE LA SILVICULTURA,** forestry industry.
—— **DE LAS PIELES,** fur industry.
—— **DE MAQUINARIA,** machinery industry.
—— **DE MAQUINARIA ELÉCTRICA,** electric machinery industry.
—— **DE MÁQUINAS-HERRAMIENTAS,** machine-tool industry.
—— **DE MATERIAL BÉLICO,** ordnance industry.
—— **DE MEDIOS DE PRODUCCIÓN,** capital-goods industry.
—— **DE METALES ELABORADOS,** fabricated metals industry.
—— **DE METALES PRIMARIOS,** primary metals industry.
—— **DE NEUMÁTICOS o LLANTERA,** tire industry.
—— **DE PLÁSTICOS,** plastics industry.
—— **DE PROCESAMIENTO DE ALIMENTOS,** food processing industry.
—— **DE PRODUCCIÓN CONTINUA,** continuous-process industry.
—— **DE PRODUCTOS QUÍMICOS,** chemicals industry.
—— **DE SERVICIO,** intangible industry, service industry.
—— **DE TEXTILES ELABORADOS,** fabricated textiles industry.
—— **DE TRANSFORMACIÓN,** processing or manufacturing industry.
—— **DEL ACERO o INDUSTRIA SIDERÚRGICA,** steel industry.
—— **DEL CALZADO,** footwear industry.
—— **DEL CUERO,** leather industry.
—— **DEL ESTAÑO,** tin industry.
—— **DEL TRANSPORTE,** transportation industry, carrying trade.
—— **DEL TRANSPORTE AÉREO,** airline industry.
—— **DEL VESTIDO,** clothing industry.
—— **DOMÉSTICA o NACIONAL,** national industry, homework.
—— **EDITORIAL,** publishing industry.
—— **ELÉCTRICA,** electrical industry.
—— **ELECTRÓNICA,** electronics industry.
—— **EMPACADORA,** canning industry.
—— **EN CIERNES o INCIPIENTE,** infant industry.
—— **EN GRAN ESCALA,** large-scale industry.
—— **ENERGÉTICA,** energy industry.
—— **EXTRACTIVA,** extractive industry, primary industry.
—— **FOSFORERA o CERILLERA,** wax-match industry.
—— **GALLETERA,** biscuit industry.

—— GANADERA, livestock industry.
—— GRÁFICA, printing, graphic arts.
—— HARINERA, flour industry.
—— IMPRESORA, printing industry.
—— LECHERA, dairying.
—— LICORERA, liquor industry.
—— MADERERA o DE LA MADERA, lumber or timber industry.
—— MARGINAL, marginal industry.
—— MUEBLERA, furniture industry.
—— NAVAL, shipping business, shipbuilding industry.
—— OLIGOPOLISTA, oligopolistic industry.
—— PANADERA, bakery industry.
—— PAPELERA o DE FABRICACIÓN DE PAPEL, paper industry.
—— PECUARIA, livestock raising.
—— PESADA o DE MANUFACTURA, heavy industry.
—— PETROLERA, oil or petroleum industry.
—— PRIVADA o EMPRESA PARTICULAR, private industry.
—— QUE CONSUME CAPITAL, capital-consuming industry.
—— QUÍMICA, chemical industry.
—— RAYONERA, rayon industry.
—— RELOJERA, watch industry.
—— RURAL, farm industry.
—— SECUNDARIA, secondary industry.
—— SOMBRERERA, millinery industry.
—— TABAQUERA, tobacco industry, cigar industry.
—— TEXTIL, textile industry, textile mill.
—— VIDRIERA, glass industry.
—— VINÍCOLA o LICORERA, wine industry.
—— VITIVINÍCOLA, winegrowing industry.
—— ZAPATERA, shoe industry.
INDUSTRIAS
—— ALIMENTICIAS o DE ALIMENTOS, food industries.
—— CÍCLICAS, cyclical industries.
—— DE GASTRONOMÍA o GASTRONÓMICAS, food industries.
—— LIGERAS, light industries.
—— O EMPRESAS DE SERVICIOS PÚBLICOS, utility industries.
INDUSTRIAL, industrialist, manufacturer, industrial.
——, CARTEL, industry cartel.
——, EMPRESA, industrial concern, industrial enterprise.
INDUSTRIALISMO, industrialism.
INDUSTRIALIZACIÓN, industrialization, production, manufacture.
—— DE PAÍSES POCO DESARROLLADOS, industrialization of less developed countries.
—— Y AGRICULTURA, industrialization and agriculture.
INDUSTRIALIZAR, to industrialize, to process, to manufacture.
INECUACIÓN, inequation.
INÉDITO, unpublished.
INEFICACIA o INEFICIENCIA, inefficiency, inefficacy.

INEFICAZ, ineffective, invalid.
INELUDIBLE, inevitable, inescapable.
INENARRABLE o INEXPLICABLE, unutterable.
INEPTITUD o INCOMPETENCIA, unfitness, ineptitude, incompetency.
INEPTO o LERDO, unapt, unqualified.
INERTE, inert.
INESPERADO o REPENTINO, unexpected, unforeseen.
INESTABILIDAD, instability.
—— CÍCLICA, cyclical instability.
—— ECONÓMICA, economic instability.
—— EN LA AGRICULTURA, instability in agriculture.
—— POLÍTICA, political instability.
INESTABLE, unstable, unsound, unsettled.
INESTIMABLE, invaluable.
INEVITABLE o INELUDIBLE, unavoidable, unevitable.
INEXACTITUD, inaccuracy, error.
INEXACTO o INCORRECTO, incorrect, wrong, inaccurate.
INEXISTENTE, fictitious, nonexistent.
INEXORABLE o FIRME, unyielding, unbending.
INEXPERIENCIA, inexperience.
INEXPERTO, unskilled, untrained, unexperienced.
—— EN LOS NEGOCIOS o ANTICOMERCIAL, unbusinesslike.
INEXPLICABLE o EXTRAÑO, unaccountable, unexplainable.
INEXPLORADO, unexplored, uncharted.
INEXPLOTADO o NO APROVECHADO, unexploited, undeveloped, unworked.
INFALIBLE, infallible.
INFANTE, infant.
INFANTERÍA, infantry.
—— DE MARINA, marine corps.
INFANTIL, infant, childlish.
——, TASA DE MORTALIDAD, infant mortality rate.
INFATIGABLE, tireless, unwearied.
INFELICIDAD o DESDICHA o DESGRACIA, unhappiness.
INFELIZ, unhappy, unfortunate, poor devil.
INFERENCIA, inference, implication.
—— ESTADÍSTICA, statistical inference.
INFERIOR, inferior, lower, under, lesser.
INFERIR, to infer, to imply.
INFIEL o DESLEAL, faithless, unfaithful.
INFIERNOS, LOS QUINTOS, the end of the world.
INFINITO o ILIMITADO, unbounded.
INFLACIÓN, inflation, conceit, vanity.
—— CREDITICIA, credit inflation.
—— DE COSTOS, cost inflation.
—— DESENFRENADA o INCONTROLADA o GALOPANTE, runaway inflation.
—— DESLIZANTE o ASCENDENTE, creeping inflation.
—— MONETARIA, currency inflation.
—— MUNDIAL, world-wide inflation.
—— POR SOBREPRECIO, markup inflation.
—— PROVOCADA POR LOS VENDEDORES, seller's inflation.
—— QUE COEXISTE CON ESTANCAMIENTO ECONÓMICO, stagflation.

INFLACIONARIO, inflationary.
INFLACIONISTA, inflationist, inflationary.
INFLAR, to inflate, to exaggerate.
—— **LA NÓMINA CON NOMBRES FICTICIOS,** padding of payroll.
INFLEXIBLE o FIRME o INTRANSIGENTE, uncompromising, unbending, unyielding.
INFLUENCIA, influence.
—— **ADMINISTRATIVA,** managerial influence.
—— **EN,** to have influence on, to affect.
INFORMACIÓN, information, report, inquiry, inquest, data.
—— **BREVE,** brief.
—— **CONFIDENCIAL o PRIVADA,** confidential information.
—— **DE CRÉDITO,** credit report.
—— **DE ENTRADA,** information input.
—— **DE VENTAS,** sales tips.
—— **DEL CENSO,** census data.
—— **DEL EXPEDIENTE DE CRÉDITO,** credit file data.
—— **EN LA FUENTE,** information at source.
—— **ENGAÑOSA o NO DIGNA DE CONFIANZA,** misleading information.
—— **ERRÓNEA,** misinformation.
—— **FINANCIERA,** financial reporting, financial data.
—— **FINANCIERA MIXTA,** composite financial data.
—— **FINANCIERA PROVISIONAL,** interim financial information.
——, **FUENTE DE,** source of information, contact.
—— **HISTÓRICA COMPARATIVA,** comparative historical information.
—— **IMPARCIAL o CONFIABLE,** fair information.
—— **INTEGRADA,** integrated information.
—— **INTERNA,** inside information.
——, **PARA SU,** for your information.
—— **POR SEGMENTOS,** segment information.
—— **RECIBIDA,** input.
—— **REVISADA CONTABLEMENTE,** audited data.
——, **SERVICIO DE,** information service.
—— **SOBRE EL MERCADO,** market information.
—— **SOBRE EL PRESUPUESTO,** budget reporting.
—— **SUPLEMENTARIA,** supplementary information.
INFORMADOR, reporter, informer, giving information.
INFORMAL, informal, unbusinesslike, unreliable (person).
INFORMANTE, informant.
INFORMAR, to report, to inform, to advise, to embody.
—— **POR ESCRITO,** in writing.
—— **SOBRE MALA CONDUCTA o DAR PITAZO DE MALA CONDUCTA,** whistle blowing.
INFORMARSE DE, to find about, to get acquainted with.
INFORME, report, information, reference, account, statement.
—— **ACTUALIZADO DEL AUDITOR,** updated audit report.
—— **ANUAL,** annual report.
—— **ANUAL A LOS ACCIONISTAS,** annual report to stockholders.
—— **ANUAL BANCARIO,** bank's annual report.
—— **BREVE,** flash report.
—— **CERTIFICADO o DICTAMEN CON SALVEDADES,** qualified report.
—— **CON PROPÓSITO ESPECIAL,** special-purpose report.
—— **CONFIDENCIAL,** confidential report.
—— **CORTO o BREVE,** short-form report.
—— **DE ABSTENCIÓN,** disclaimer report.
—— **DE AGENCIA DE CRÉDITO,** credit bureau's report.
—— **DE ARQUEO,** auditor's report.
—— **DE ARRENDAMIENTOS,** reporting of leases.
—— **DE AUDITORÍA,** audit report, auditor's report.
—— **DE AVALÚO,** appraisal report.
—— **DE AVANCE,** progress report.
—— **DE AVANCE DE TRABAJO u OPERACIÓN,** progress report.
—— **DE CAJA,** cash report.
—— **DE CALIDAD o DICTAMEN DE CALIDAD,** quality report.
—— **DE COMPILACIÓN DEL CONTADOR,** accountant's compilation report.
—— **DE CONTROL,** control report.
—— **DE CORTO PLAZO,** short-term report.
—— **DE COSTOS,** cost report.
—— **DE CRÉDITO,** credit report.
—— **DE DATOS COMERCIALES,** business data report.
—— **DE LARGO PLAZO,** long-term report.
—— **DE LÍMITES AUTORIZADOS DE COMPRAS,** open-to-buy report.
—— **DE MATERIALES RECIBIDOS,** receiving report.
—— **DE OPERACIÓN,** operating report.
—— **DE PEDIDOS NO SURTIDOS,** backlog reporting.
—— **DE PRODUCCIÓN DIARIA,** daily production report.
—— **DE PRODUCTIVIDAD,** productivity report.
—— **DE RECEPCIÓN,** receiving report.
—— **DE RESULTADOS o DE EJECUCIÓN,** performance report.
—— **DE SITUACIÓN DE CLIENTES,** customer status report.
—— **DE TIEMPO,** time report.
—— **DE VALUACIÓN o TASACIÓN,** appraisal report.
—— **DE VENTAS,** sales account.
—— **DE VENTAS ATRASADAS,** sales backlog report.
—— **DE VENTAS COMPUTARIZADO,** computer-based report.
—— **DE VISITA AL CLIENTE,** customer call report.
—— **DEL CONTADOR,** accountant's report.
—— **ESPECIAL,** special report.
—— **ESTÁNDAR,** standard report.
—— **ESTÁNDAR ABREVIADO,** standard short-form report.
—— **FINANCIERO,** financial statement or report.
—— **GENERAL,** overall report.
—— **INTERNO,** internal reporting or report.
—— **LARGO,** long-form report.

—— MENSUAL, monthly report.
—— NEGATIVO, adverse report.
—— PROVISIONAL, interim report.
—— REEXPEDIDO DEL AUDITOR, reissued audit report.
—— SEMANAL, weekly report.
—— SOBRE ACCIDENTE, accident report.
—— SOBRE CAPITAL DE TRABAJO, working capital report.
—— SOBRE PRESUPUESTO, budget report.
INFORMES
—— DE CRÉDITO, credit reports, credit referrals.
—— DE INVENTARIO, inventory reports.
INFORTUNADO, unlucky, unfortunate.
INFRACCIÓN, infringement, breach, infraction.
—— DE LA LEY, breaking the law.
—— DEL CONTRATO, breach of contract.
INFRACTOR, infringer, breaker, violator, transgressor.
INFRINGIR, to infringe, to violate.
INFRUCTUOSO, unproductive, unprofitable, unsuccessful.
ÍNFULAS, DARSE, to put on airs.
INFUNDADO o IMPROCEDENTE, unfounded, groundless.
INGENIERA, woman engineer.
INGENIERÍA, engineering.
—— AGRÍCOLA o AGRONÓMICA, agricultural engineering, agronomy.
—— AUTOMOTRIZ, automotive engineering.
—— DE CAMINOS o INGENIERÍA VIAL, road engineering.
—— DE CONTROL, control engineering.
—— DE FABRICACIÓN o DE PRODUCCIÓN, manufacturing engineering.
—— DE MÉTODOS, methods engineering.
—— DE LA ERA ESPACIAL, space-age engineering.
—— DE LOS PRODUCTOS, product engineering.
—— DE PRODUCCIÓN, production engineering.
—— DE SEGURIDAD o DE PREVENCIÓN DE ACCIDENTES, safety engineering.
—— DE SISTEMAS, systems engineering.
—— DE TRÁNSITO, traffic engineering.
—— ECONÓMICA, engineering economics.
—— INDUSTRIAL, industrial engineering.
—— MECÁNICA, mechanical engineering.
—— NAVAL, marine engineering.
—— URBANA, municipal engineering.
—— VIAL o DE CAMINOS, highway engineering.
INGENIERO, engineer.
—— AGRÓNOMO o AGRÍCOLA, agricultural engineer.
—— ASISTENTE, junior engineer.
—— AUTOMOTRIZ, automobile engineer.
—— CONSULTOR, consulting engineer.
—— CIVIL, civil engineer.
—— DE DESARROLLO, development engineer.
—— DE DISEÑO, design engineer.
—— DE FÁBRICA, works engineer.
—— DE FABRICACIÓN, manufacturing engineer.
—— DE INVESTIGACIÓN Y DESARROLLO, research and development engineer.
—— DE MÉTODOS, methods engineer.
—— DE MINAS o INGENIERO MINERO, mining engineer.
—— DE PLANTA o DE FÁBRICA, plant engineer.
—— DE PRODUCCIÓN, production engineer.
—— DE PROYECTOS, project engineer.
—— DE RADIO o RADIOTECNICO, radio engineer.
—— DE SEGURIDAD, safety engineer.
—— DE SISTEMAS, systems engineer.
—— DE TRÁNSITO, traffic engineer.
—— ELECTRICISTA, electrical engineer.
—— ELECTRÓNICO, electronics engineer.
—— EN ENERGÍA NUCLEAR o INGENIERO NUCLEAR, nuclear engineer.
—— EN INSTRUMENTOS, instrumentation engineer.
—— FORESTAL, forestry engineer.
—— HIDRÁULICO, hydraulic engineer.
—— INDUSTRIAL, industrial engineer.
—— JEFE, chief engineer.
—— MECÁNICO, mechanical engineer.
—— METALÚRGICO, metallurgical engineer.
—— NAVAL, marine engineer.
—— PETROLERO, petroleum engineer.
—— QUÍMICO, chemical engineer.
—— SANITARIO, public health engineer, sanitary engineer.
—— TASADOR o EVALUADOR, valuation engineer.
—— TEXTIL, textile engineer.
—— VENDEDOR, sales engineer.
INGENIO, ingenuity, skill, talent, mill, plant.
—— AZUCARERO, sugar mill.
INGENIOSO, ingenious, witty.
INGENUO, naive, open-hearted, simple, ingenuous.
INGLÉS, English.
INGLESA, A LA, in the English fashion.
INGRESAR, to come in, to deposit, to enter, to cover into, be received.
—— EN UNA EMPRESA, to join the firm.
INGRESO, admission, entrance, entry, start of employment, income.
—— ANTES DEL PAGO DE INTERESES E IMPUESTOS, earnings before interest and taxes.
—— BRUTO, gross income.
—— CONTABLE ANTES DE IMPUESTOS, pretax accounting income.
—— DE CUENTA MERCANTIL o INGRESO DE CUENTA DE COMPRAVENTA, trading account income.
—— DE EQUILIBRIO, equilibrium income.
—— DE FAMILIA, family income.
—— DE GRANJA, farm income.
—— DE INVERSIONES, investment income.
—— DE LA FAMILIA o DEL HOGAR, household income.
——, DEDUCCIÓN DEL, revenue deduction.
—— DEL BANCO, bank's income.
—— DEL FONDO DE RETIRO DE ACCIONES, stock redemption fund income.
—— DEL NEGOCIO, business income.

—— DESVIADO SOBRE INVERSIONES, diverted investment income.
—— DISPONIBLE, spending income.
——, DISTRIBUCIÓN DEL, revenue breakdown.
—— EN ESPECIE, income in kind.
—— EXENTO DE IMPUESTO o ENTRADAS LIBRES DE IMPUESTO, tax-exempt interest income.
—— FIDUCIARIO o ENTRADAS DE FIDEICOMISO, trust income.
—— GLOBAL o PERCEPCIÓN TOTAL, total income, bunched income.
—— IMPONIBLE, taxable income.
—— MARGINAL, marginal revenue.
—— MEDIO, average revenue.
—— MÍNIMO DE SUBSISTENCIA, minimum-subsistence income.
—— NACIONAL BRUTO, gross national income.
—— NETO BANCARIO, bank's net income.
—— NETO ESPERADO, expected net cash inflow.
—— NO GANADO o HABERES DIFERIDOS, unearned income.
—— O RENTA NACIONAL, national income.
—— O RENTA QUE NO DEVENGA INTERÉS, noninterest income.
—— O RENTA TOTAL, total revenues.
—— O RENTA TOTAL GRAVABLE, total taxable income.
——, OPERACIÓN DE, revenue transaction.
—— PARA FINANCIAMIENTO DE ARRIENDO, lease financing income.
—— PERIÓDICO, periodic income.
—— PERIÓDICO DEL INVERSIONISTA, periodic investor income.
—— PERSONAL DISPONIBLE, disposable personal income.
—— POR ARRIENDOS, rental income.
—— POR COMISIONES, commission income.
—— POR CUOTAS DE FRANQUICIA, franchise fee revenue.
—— POR DIVIDENDOS, dividend income.
—— POR PERSONA o PER CÁPITA, per capita income.
—— POR REGALÍAS o POR DERECHOS, royalty income.
—— POR RENTAS, rental revenue.
—— POR VENTA DE BIENES RAÍCES, real estate sales revenue.
—— POR VENTA DE TERRENOS, retail land sales revenue.
—— POR VENTAS PREVISTO, projected sales revenues.
—— PROCEDENTE DEL TRABAJO, labor income.
—— PROMEDIO o MEDIO, average income, average revenue, income averaging.
—— REGULAR COMO DIVIDENDOS, regular dividend income.
—— SUBORDINADO o CIRCUNSTANCIAL, but-for income.
—— TOTAL LIBRE DE IMPUESTOS o TOTAL DE ENTRADAS SIN IMPUESTOS, total tax-exempt income.
INGRESOS, revenue, receipts.
—— A COBRAR o NO VENCIDOS, unrealized income.
—— ACUMULADOS, accrued revenue, accrued income.
—— AJENOS A LA OPERACIÓN, nonoperating income, nonoperating revenue.
—— ANUALES, annual revenues.
—— ANUALES EN EFECTIVO, annual cash inflow.
—— APLAZADOS, deferred revenue.
—— BRUTOS, gross receipts.
—— BRUTOS AJUSTADOS, adjusted gross income.
—— CONSOLIDADOS DE OPERACIONES, consolidated operating revenues.
—— CORRIENTES, current income.
——, CUENTA DE, income account.
—— DE EXPLOTACIÓN, operating income.
—— DE LA CIUDAD, city's revenues.
—— DE LOS CONSUMIDORES, incomes of consumers.
—— DE OPERACIÓN, business receipts, operating income.
—— DE OPERACIÓN NETOS, net operating earnings.
—— DE OPERACIÓN NETOS DESPUÉS DE DEDUCIR IMPUESTOS, after-tax net operating income.
—— DE PRESUPUESTO o PRESUPUESTALES, budget receipts.
—— DE REGALÍAS DIFERIDOS, deferred royalty income.
—— DE REPARTO, delivery fees.
—— DE SERVICIOS PÚBLICOS CUNJUNTOS, joint-facilities income.
—— DE TRABAJO POR CUENTA PROPIA, self-employment income.
—— DEL AÑO EN CURSO, current-year earnings.
—— DEL GOBIERNO, government revenue.
—— DESIGUALES, uneven incomes.
—— DEVENGADOS, earned income, accrued income, earned revenues.
—— DIFERIDOS, deferred revenue or income.
——, DISTRIBUCIÓN DE, income distribution.
—— DIVERSOS, miscellaneous income.
—— EFECTIVOS, revenue receipts.
—— EN EFECTIVO, cash receipts, cash earnings..
—— ESTIMADOS, estimated revenues.
—— FINANCIEROS, financial cash inflows, financial incomes.
—— FISCALES, government income.
——, FUENTES DE, sources of revenues.
—— INTERNOS, internal revenue.
—— MISCELÁNEOS, miscellaneous revenue.
—— NACIONALES, national income.
—— NETOS, net income, residual net income.
—— NETOS FINANCIEROS, net financial income.
—— NO APLICADOS, unappropriated income.
—— NO DEVENGADOS o NO PERCIBIDOS, unearned revenues.
—— NO RELACIONADOS CON EL NEGOCIO, unrelated business income.
—— O ENTRADAS POR VENTAS, sales revenue.
—— O ENTRADAS REQUERIDAS, required earnings.

—— PARA FINANCIAR ARRIENDOS, lease financial income.
—— PERSONALES, personal income.
—— POR CARGA, freight receipts, freight income.
—— POR EL CAMBIO EXTRANJERO, foreign exchange income.
—— POR IMPUESTOS, revenue from taxes.
—— POR INCAPACIDAD, disability income.
—— POR INTERESES, interest revenue, interest income.
—— POR INTERESES Y DIVIDENDOS, interest and dividend income.
—— RECIBIDOS CON ANTICIPACIÓN, prereceived income.
—— REPETITIVOS, recurring revenues.
—— SEMESTRALES o ENTRADAS SEMESTRALES, semiannual earnings.
—— SUCESORIOS o TESTAMENTARIOS, estate income.
—— TRIBUTARIOS, tax receipts.
—— Y GASTOS o INGRESOS Y EGRESOS, income and expense, revenue and expense.
—— Y SU DISTRIBUCIÓN, income and its distribution.
INHABILITADO, out of order, disabled, brokendown, disqualified.
INHABILITAR, to disqualified, to disable, to render unfit.
INHABITADO, vacant, uninhabited.
INICIAL, initial.
——, INVENTARIO, beginning inventory.
INICIAR, to open, to initiate, to commence.
—— NEGOCIACIONES, to open negotiations.
INICIATIVA, initiative, motion.
—— DE LEY, proposed law, bill.
—— PRIVADA, private initiative, private enterprise.
INICUO, wrongful.
INIGUALABLE, unequaled, unrivaled, unmatched.
ININTELIGIBLE, unintelligible.
INJURIAR, to insult, to offend, to annoy.
INJUSTICIA, injustice, iniquity, wrong.
INJUSTIFICABLE o INEXCUSABLE, unjustifiable.
INJUSTO, injust, unfair, inaccurate.
INMATERIAL o SIN IMPORTANCIA, immaterial.
INMEDIATO, immediate, next, close.
INMEJORABLE, superb, unsurpassable.
INMERECIDO, undeserved, unmerited.
INMIGRACIÓN, immigration.
INMIGRANTE, immigrant.
INMIGRAR, to immigrate.
INMORAL, immoral.
INMÓVIL, motionless, fixed.
INMOVILIZACIÓN DEL CAPITAL, lockup of capital.
INMOVILIZAR, to immobilize, to tie up, to block.
INMUEBLES, real estate, immovables.
——, BIENES, real estate.
INMUNIDAD, immunity, exemption.
INMUTABLE o IMPASIBLE o FRÍO, unmoved.
INNATO, innate, inborn.
INNECESARIO, nonessential, unnecessary, needless.

INNEGABLE, undeniable.
INNEGOCIABLE, nonnegotiable, nontransferable.
INNOVACIÓN, innovation.
—— DEL NUEVO PRODUCTO, new product innovation.
—— DEL PROGRAMA DE MERCADOTECNIA, marketing program innovation.
INNOVACIONES DE LOS COMPETIDORES, competitors' innovations.
INNOVADOR, innovator, original, enterprising.
INNOVAR, to innovate.
INNUMERABLE, uncounted, numberless.
INNUMERABLES, thousand and one.
INOCENTE, innocent, harmless, simple.
INODORO, toilet room, water closet.
INOFENSIVO, harmless, inoffensive.
INOLVIDABLE, unforgettable.
INOPORTUNO, illtimed, untimely.
INOXIDABLE, nonrusting, rustless, rust-resisting, rustproof.
INQUIETO o INTRAQUILO, restless, uneasy, anxious.
INQUIETUD, unrest.
INQUILINATO, lease (law).
INQUILINO, lessee, tenant, renter.
INQUINA, hard feelings, aversion.
INSACIABLE, insatiable, greedy.
INSALUBRE o MALSANO, unhealthful, unsanitary.
INSATISFACCIÓN DE EMPLEADOS, employee dissatisfaction.
INSATISFACTORIO o INACEPTABLE, unsatisfactory.
INSATISFECHO o DESCONTENTO, unsatisfied, unsettled.
INSCRIBIR, to register, to book, to inscribe, to record.
—— O REGISTRAR UN PEDIDO, to enter an order.
INSCRIBIRSE, to register, to enroll.
INSCRIPCIÓN, inscription, registration, record, billing.
—— DE ESTUDIANTES o MATRICULARSE O REGISTRARSE LOS ESTUDIANTES, students enrollment.
INSCRITO, registered, listed, of record.
INSEGURIDAD, insecurity, unsafety.
INSEGURO, unsafe.
INSENSIBLE o IMPASIBLE, unfeeling.
INSEPULTO, unburied.
INSERCIÓN, insertion, insert.
—— DE CUARTO DE PÁGINA, quarter-page insertion.
—— DE MEDIA PLANA, half-page insertion.
INSERTAR, to insert, to write in, to introduce.
INSERVIBLE o INÚTIL, good for nothing, useless.
INSESGADO, unbiased.
INSIGNIA, device, badge, insignia, decoration.
INSIGNIFICANTE, negligible.
INSÍPIDO o DESABRIDO, tasteless, insipid.
INSISTIR, to insist, to persist in.
INSOBORNABLE, unbribable.
INSÓLITO o NO USUAL, unusual, unaccustomed.
INSOLUTO, unpaid.
INSOLVENCIA, insolvency, bankruptcy.

INSOLVENTE-INSTRUCCIÓN

—— DE SOCIEDAD ANÓNIMA, corporate insolvency.
—— NOTORIA, notorious insolvency.
—— SIN BIENES EMBARGABLES, open insolvency.
INSOLVENTE, insolvent, bankrupt.
INSOPORTABLE, unbearable, intolerable.
INSOSPECHADO, unsuspected.
INSOSTENIBLE, untenable.
INSPECCIÓN, inspection, survey.
—— AL AZAR o ESPORÁDICA, spot inspection.
—— BANCARIA, bank examination.
—— DE LOS LIBROS DE CONTABILIDAD, examination of books.
—— ESTRICTA o SEVERA, tightened inspection.
—— EXHAUSTIVA, screening inspection.
—— PARA ACEPTACIÓN, acceptance inspection.
—— POR MUESTREO, sampling inspection.
—— RESTRINGIDA o LIMITADA, curtailed inspection.
—— SELECTIVA o ELIMINATORIA, screening inspection.
—— SUBTERRÁNEA, underground survey.
INSPECCIONAR, to inspect, to examine.
INSPECTOR, inspector, examiner, supervisor.
—— ADUANERO, customs inspector.
—— DE BANCOS, bank examiner.
—— DE CONSTRUCCIÓN o DE EDIFICIOS, building inspector.
—— DE SEGUROS, insurance examiner.
—— VIAJERO, traveling inspector.
INSTALACIÓN, installation, plant, erection, mounting.
—— DE ALMACENAMIENTO DE CARGA, freight storage facility.
—— DE INDUSTRIAS DIVERSAS, industrial diversification.
—— DE MÁQUINAS-HERRAMIENTAS PARA EL PROCESO DE PRODUCCIÓN, production process retooling.
—— DE SERVICIOS A CLIENTES, customer service facility.
—— O PLANTA ELÉCTRICA, power plant.
—— O PLANTA PILOTO, pilot plant.
—— PARA DESCARGA Y ALMACENAMIENTO, unloading and storage facility.
—— PRODUCTIVA o PLANTA PRODUCTIVA, productive facility.
INSTALACIONES
—— DE FIDEICOMISO o FIDUCIARIAS, trust facilities.
—— DE LA TERMINAL, terminal facilities.
—— DE MERCADOTECNIA, marketing facilities.
—— DE PRODUCCIÓN, production facilities.
—— DE RECREO DE LA COMPAÑÍA, company recreation facilities.
—— DE SALIDA, output facilities.
—— DE SERVICIOS, service facilities.
—— O MEDIOS DE ALMACENAMIENTO, storage facilities.
—— OCIOSAS, idle facilities.
—— PARA ATENCIÓN DE LA SALUD, health facilities.
—— PARA CARGA, loading facilities.

—— PARA EL MANEJO DE CARGA, cargo-handling facilities.
—— PORTUARIAS, port facilities.
—— RECREATIVAS o DE DIVERSIÓN, recreation facilities.
INSTALADOR DE CAÑERÍA o PLOMERO, pipeman, plumber.
INSTALAR, to install, to erect, to inaugurate.
—— MÁQUINAS-HERRAMIENTAS, to tool up.
INSTALARSE EN, to move in.
INSTANCIA, instance, action, request, process.
—— DE, A, at the request of.
—— DE ARBITRAJE, arbitration proceeding.
INSTAR, to press, to urge.
INSTIGADOR, agitator.
INSTINTO, instinct, flair.
—— DE CONSERVACIÓN, instinct of self-preservation.
INSTITUCIÓN, institution, establishment.
—— BANCARIA, banking house.
—— BURSÁTIL, stock exchange.
—— CÍVICA, civic center.
—— DE AHORROS, savings institution, thrift institution.
—— DE BENEFICENCIA, charitable institution.
—— DE CRÉDITO, credit institution, credit bank.
—— DE CUIDADO DE NIÑOS, child-care facilities.
—— DE CUIDADO DIURNO DE NIÑOS, day-care facility.
—— DE FIANZAS, bonding or surety institution.
—— DE INVESTIGACIÓN DE CRÉDITOS, credito bureau.
—— DE PRÉSTAMOS o PRESTAMISTA, lending institution.
—— DE PRÉSTAMOS AL CONSUMIDOR, consumer loan company.
—— FIDUCIARIA o DE FIDEICOMISO, trust company.
—— FINANCIERA, financial institution.
—— HIPOTECARIA o DE CRÉDITO INMOBILIARIO, mortgage bank or company.
—— NACIONAL DE DEPÓSITO, domestic depository institution.
—— O AGRUPACIÓN SOCIAL, social institution.
—— RELIGIOSA, religious institution.
INSTITUCIONES
—— FINANCIERAS DE PRÉSTAMO, financial lending institutions.
—— INTERNACIONALES DE PRÉSTAMO, overseas lending institutions.
—— NO LUCRATIVAS, nonprofit institutions.
INSTITUCIONAL, institutional.
INSTITUIR, to found, to institute, to establish.
INSTITUTO, institute, institution of learning.
—— AMERICANO DE CONTADORES PÚBLICOS TITULADOS, American Institute of Certified Public Accountants.
—— O SALÓN DE BELLEZA, beauty parlor, beauty shop.
INSTRUCCIÓN, instruction, training, teaching, education.

—— DE DIRECCIONES MÚLTIPLES (computación), multiple-address instruction.
—— INDIVIDUAL o ADIESTRAMIENTO PERSONAL, personal coaching.
—— O ENSEÑANZA VOCACIONAL, vocational training.
—— O ENTRENAMIENTO DE PERSONAL, manpower training.
—— PRIMARIA, primary education.
—— SECUNDARIA, high-school education.
—— SUPERIOR, higher or college education.
INSTRUCCIONES, directions, instructions, orders.
—— ADICIONALES, further instructions.
—— DE EMBARQUE, shipping instructions.
—— DE ENTREGA, delivery instructions.
—— PARA EMPAQUE o EMBALAJE, packing instructions.
——, SIN, no orders.
INSTRUCTIVO, instruction sheet, sheet, rules, instructive.
INSTRUCTOR, instructor, coach, teacher.
INSTRUIDO, well-read, learned, well-educated.
INSTRUIR, to instruct, to teach, to advise, to put in legal form.
INSTRUMENTACIÓN, instrumentation.
INSTRUMENTAL, equipment, tools, instruments.
—— Y SUMINISTROS QUIRÚRGICOS, surgical appliances and supplies.
INSTRUMENTO, instrument, document, appliance.
—— A CORTO PLAZO o DOCUMENTO A CORTO PLAZO, short-term instrument.
—— AL PORTADOR, bearer instrument.
—— DE PUBLICIDAD, advertising aid.
—— DE TÍTULO, document of title.
—— O MEDIO DE PROMOCIÓN, promotional device.
INSTRUMENTOS
—— DE CAPITAL, capital goods.
—— DE INVERSIÓN, investment securities.
—— INTERNACIONALES DE CRÉDITO, international credit instruments.
—— NEGOCIABLES, commercial paper, negotiable instruments.
—— ÓPTICOS, optical instruments.
INSUBORDINARSE, to rebel, to mutiny.
INSUFICIENCIA, insufficiency, inadequacy.
—— O FALTA DE EMPLEADOS, shorthanded.
—— DE EXISTENCIAS, understocking.
INSUFICIENTE, insufficient, inadequate, short.
INSULTAR, to insult, to call names, to have a fit.
INSUMO, investment, expenditure, input.
—— O INGRESO TOTAL, total input.
—— -PRODUCTO, input-output.
INSUMOS
—— DE LA ADMINISTRACIÓN, management inputs.
—— DE PRODUCCIÓN, production inputs.
INSUPERABLE o INFRANQUEABLE, unsurmountable, insuperable.
INSURRECCIÓN, rebellion, insurrection.
INTACTO o ENTERO, intact, unbroken, undamaged.
INTACHABLE, irreproachable.

INTANGIBLE, intangible, not subject to seizure.
——, ACTIVO, intangible assets.
——, PROPIEDAD, intangible property.
INTANGIBLES, intangibles.
INTEGRACIÓN, integration, payment, make-up.
—— DE LAS OFICINAS CENTRALES, headquarters pool.
—— DE VARIAS ETAPAS DE PRODUCCIÓN, vertical integration.
—— DEL PROGRAMA DE MERCADOTECNIA, marketing program integration.
—— HORIZONTAL o DE EMPRESAS COMPETIDORAS, horizontal integration.
—— LATERAL, lateral combination.
—— ORGANIZACIONAL, organizational integration.
—— VERTICAL EN AGRICULTURA, vertical integration in agriculture.
INTEGRADO, integrated.
—— POR, made up of.
INTEGRAL, integral, whole, self-contained.
——, CÁLCULO, integral calculus.
—— DOBLE, double integral.
—— MÚLTIPLE, multiple integral.
INTEGRAR, to integrate, to reimburse, to pay up, to make up.
—— CAPITAL, to pay up capital.
INTEGRIDAD, integrity, honesty, wholeness.
—— DEL INDIVIDUO, individual's integrity.
—— U HONRADEZ ADMINISTRATIVA, management integrity.
ÍNTEGRO, integral, full, complete, whole.
INTELECTO, intellect, understanding.
INTELIGENCIA, intelligence, mind, understanding.
——, COCIENTE DE, intelligence quotient (I. Q.).
——, EN LA, in the understanding.
INTELIGENTE, intelligent, talented, bright, smart.
INTEMPERIE, bad weather, open air.
——, A LA, outdoors, in the open air.
INTEMPERISMO o INTEMPERIZACIÓN, weathering.
INTEMPESTIVO, out-of-season, unseasonable, untimely, inopportune.
INTENCIÓN, intention, purpose.
INTENCIONAL o PREMEDITADO, willful, on purpose, intentional.
INTENDENCIA, headquarters, intendancy.
—— MUNICIPAL o AYUNTAMIENTO, city hall, mayor's office.
INTENDENTE, intendant, commissioner, superintendent.
INTENSIVO, intensive.
INTENTAR, to intend, to attempt.
INTENTOS HUMANOS, human endeavors.
INTERACCIÓN, interaction.
—— DE LA ORGANIZACIÓN Y EL INDIVIDUO, individual-organization interaction.
—— DEL GRUPO, group interaction.
—— DEL INDIVIDUO, people interaction.
INTERBANCARIO, interbank.
INTERCALAR, to interpolate, to insert, to place between.

INTERCAMBIAR, to interchange.
—— MERCANCÍAS, to barter.
INTERCAMBIO, interchange, exchange, trade.
—— COMERCIAL, international trade.
—— ENTRE RENDIMIENTO Y RIESGO, risk-return trade-off.
INTERCEPCIÓN DE COMUNICACIÓN TELEFÓNICA, wire tapping.
INTERÉS, interest, attraction, inducement.
—— A CORTO PLAZO, short-term interest.
—— A RECIBIR, interest receivable.
—— ACUMULADO POR PAGAR, accrued interest payable.
—— ASEGURABLE, insurable interest.
—— ASEGURADO, insured interest.
—— BRUTO, gross interest.
—— COBRADO SIN DEVENGAR, unearned interest collected.
—— COMPUESTO, compound interest, compounding.
—— COMPUESTO ANUAL, annual compound interest.
—— COMPUESTO CONTINUO, continuous compounding.
——, CON, interest-bearing.
—— CORRIENTE u ORDINARIO, ordinary interest.
—— DE BENEFICIO, beneficial interest.
—— DE LUCRO, profit motive.
—— DEVENGADO, interest earned, accrued interest, interest income.
—— ECONÓMICO, economic interest.
—— EN EFECTIVO, cash interest.
—— EXACTO, exact interest.
—— EXCEDENTE, excess interest.
—— FIJO, BONO A, active bond.
—— IMPLÍCITO, implicit interest.
—— IMPUTADO, imputed interest.
—— LEGAL, legal interest, interest at legal rate.
—— LIBRE o EXENTO DE IMPUESTOS, tax-free interest.
—— MAYORITARIO, majority interest, control interest.
—— MAYORITARIO EN UNA SUBSIDIARIA, majority-owned subsidiary.
—— MINORITARIO, minority interest.
—— NACIONAL, national interest.
—— NETO o LÍQUIDO, net interest.
—— NETO o PURO, pure interest.
—— NO DEVENGADO, unearned interest.
—— NO DEVENGADO SOBRE PRÉSTAMO, unearned loan interest.
—— NOMINAL, interest at nominal rate.
—— O PARTICIPACIÓN PERSONAL EN UNA EMPRESA, personal stake.
—— PAGADO, interest paid.
—— PAGADO POR ADELANTADO, prepaid interest.
—— PENAL, penal interest.
—— PRIVILEGIADO, prime rate.
—— PÚBLICO, public interest.
——, QUE DEVENGA, interest-bearing.
—— RESIDUAL, residual interest.
—— SIMPLE, simple interest.
——, SIN, noninterest-bearing.
—— SOBRE OBLIGACIONES DEL ESTADO, interest on government bonds.
—— SOBRE PRÉSTAMOS MARÍTIMOS, marine interest.
—— SOBRE TÍTULO o SOBRE VALOR BURSÁTIL, security interest.
—— SOCIAL, partnership.
—— VENCIDO, interest due.
—— VENCIDO A PAGAR, matured interest payable.
INTERESES, interests.
—— A LARGO PLAZO, long-term interest.
—— ACUMULADOS, accrued interest.
—— ATRASADOS, arrears of interest.
—— BAJISTAS, short interest.
—— CAPITALIZADOS, interest capitalized.
—— CREADOS, vested interest.
—— DEVENGADOS, interest carried.
—— EN SALDOS BANCARIOS, interest on bank balances.
—— GANADOS, earned interest.
——, GASTOS POR, interest expenses.
——, INGRESOS POR, interest revenues.
—— LIBRES DE IMPUESTOS, interest free of tax.
—— MORATORIOS, interest on late payment.
—— MOROSOS o ATRASADOS, delinquent interest.
—— NO DEVENGADOS, unmatured interest.
—— PAGADOS, interest paid, interest expense.
—— PATRIMONIALES, proprietary interest.
—— POR COBRAR, interest income receivable, interest receivable.
—— POR PAGAR, interest payable.
—— POR PERCIBIR, interest receivable.
—— POR PRÉSTAMO PERSONAL, interest on personal borrowing.
—— RECIBIDOS POR ANTICIPADO, unearned interest received.
—— SOBRE DEPÓSITOS interest on deposits.
—— SOBRE LA HIPOTECA, mortgage interest expense.
—— SOBRE PRÉSTAMOS, interest on loan.
—— SOBRE PRÉSTAMOS A PLAZO, interest of term loans.
—— SOBRE VALORES, interest on securities.
—— SUPERPUESTOS, overlapping interest.
—— SUPERPUESTOS DESPUÉS DE IMPUESTOS, after-tax overlapping interest.
—— VENCIDOS, interest due.
—— VENCIDOS POR COBRAR, accrued interest receivable.
—— VENCIDOS POR PAGAR, accrued interest payable.
INTERESADO, interested party, interested, concerned, selfish.
——, ESTAR, to be interested.
INTERESTATAL, interstate, international.
INTERFERENCIA, interference.
INTERFONO, interphone.
ÍNTERIN, interim.

INTERINATO, temporary services or occupancy.
INTERINO, provisional, acting, pro tempore.
INTERIOR, internal, interior, domestic, inland.
——, COMERCIO, domestic trade.
——, MERCADO, domestic market.
INTERIORIDADES, private matters, family secrets.
INTERMEDIARIO, middleman, jobber, intermediary, go between.
—— DE IMPORTACIONES, import middleman.
—— FINANCIERO, financial intermediary.
—— MAYORISTA, wholesale middleman.
INTERMEDIARIOS DE FLETES, freight forwarders.
INTERMEDIO, middle, intermediate.
—— DE, POR, through, with the help of.
INTERMISIÓN, intermission.
INTERNA, internal, domestic.
——, DEUDA NACIONAL, internal national debt.
INTERNAS, RENTAS, internal revenues.
INTERNACIÓN, importing, import.
INTERNACIONAL, international.
——, COMERCIO, international trade.
INTERNADO, internee, boarding, school system.
INTERNAR, to import, to enter.
—— INTERNISTA (medicina), internist.
INTERNO, internal, domestic, boarding student.
—— BRUTO, PRODUCTO, gross domestic product.
INTERPERSONAL, interpersonal.
INTERPOLACIÓN, interpolation.
INTERPOLAR, to interpolate.
INTERPONER, to mediate, to present.
—— LA DEMANDA, to bring suit.
INTERPONERSE, to interfere.
INTERPRETACIÓN, interpretation, translation.
—— ESTADÍSTICA, statistical interpretation.
INTERPRETAR, to interpret, to translate.
—— EL MENSAJE, to decore the message.
INTÉRPRETE, interpreter.
INTERROGACIÓN, interrogation, question.
INTERROGADOR, interrogator.
INTERROGANTE, interrogative, question mark.
INTERROGAR, to interrogate, to question.
INTERRUMPIR, to interrupt, to break off.
INTERRUPTOR, interrupter, switch (electricity).
—— DE ARRANQUE, starting switch.
—— DE TRES DIRECCIONES, three-way switch.
INTERVALO, interval.
—— DE APLAZAMIENTO, interval of deferment.
—— DE CLASE, class interval.
—— DE CONFIANZA, confidence interval.
—— DE MUESTREO, sampling interval.
—— TOTAL, total range.
INTERVALOS
——, A, on and off.
—— DE PRECISIÓN, precision intervals.
INTERVENCIÓN, intervention, supervision, auditing.
—— DE CUENTAS, auditing accounts.
—— DE LOS PRECIOS, price control.
—— DEL GOBIERNO, government intervention.

INTERVENIR, to audit, to control, to supervise, to inspect, to intervene.
—— COMO TERCERO, arbitrage.
—— LAS CUENTAS, to audit, auditing accounts.
INTERVENTOR, auditor, controller, inspector, supervisor.
—— DE AVERÍAS, average surveyor.
—— DE PRECIOS, price administrator.
—— DE SOCIEDAD ANÓNIMA, corporate controller.
—— GENERAL, auditor-general.
INTESTADO, intestate, descent.
INTIMIDAD, intimacy, privacy.
ÍNTIMO, intimate, internal, intermost.
INTOCABLE, untouchable.
INTOLERABLE, unbearable.
INTRADUCIBLE, untranslatable.
INTRAESTATAL, intrastate.
INTRANQUILO o MOLESTO, uneasy, restless, worried.
INTRANSFERIBLE, nontransferable, unassignable.
INTRANSMISIBLE, not transferable.
INTRASPASABLE, untransferable.
INTRATABLE, intractable, unsociable, rude.
INTRIGA, intrigue, entanglement.
INTRIGAS POLÍTICAS o MAQUINACIONES SECRETAS, wirepulling.
INTRODUCCIÓN, introduction, insertion, importing.
—— DEL PRODUCTO o PRESENTACIÓN DEL PRODUCTO AL PÚBLICO, product introduction.
INTRODUCIR, to introduce, to put in, to import.
INTRODUCTORIO, introductory.
INTROMISIÓN, meddling, insertion.
INTROVERSIÓN, introversion.
INTRUSO, intruder, interloper, outsider.
INTUICIÓN, intuition.
INUNDACIÓN, flood, inundation.
INÚTIL, useless, fruitless, unserviceable.
INUTILIDAD, uselessness, incapacity.
INUTILIZAR, to render useless, to spoil.
INÚTILMENTE, for nothing.
INVADIR, to invade, to encroach upon.
INVALIDAR, to nullify, to invalidate, to annul.
INVALIDEZ, disability, invalidity.
—— ABSOLUTA, total disability.
INVÁLIDO, invalid, disabled person, null, void, sick.
INVARIABLE, unvariable, constant, unvarying.
INVENCIBLE o INCONQUISTABLE, unconquerable.
INVENCIÓN, invention, device.
INVENDIBLE, unsalable, unmarketable.
INVENTAR, to invent, to fib.
—— UNA DISCULPA, think up an excuse.
INVENTARIAR, to inventory, to take stock.
INVENTARIO, inventory, schedule, take stock.
—— A PROMEDIO COMPENSADO, weighted-average inventory
—— AL COSTO, inventory at cost.
—— AL VALOR DEL MERCADO, inventory at market.
—— COMO GARANTÍA COLATERAL, inventory pledging.

INVENTIVA-INVERSIONES

—— CONSTANTE o CONTINUO, continuous inventory, perpetual or book inventory.
——, CUENTA DE, inventory account.
—— DE ARTÍCULOS USADOS, trade-in inventory.
—— DE FIN DE AÑO, year-end inventory.
—— DE MATERIAS PRIMAS, raw materials inventory.
—— DE MENUDEO, retail inventory.
—— DE MERCANCÍAS, stock-taking.
—— DE MERCANCÍA EN CONSIGNACIÓN, inventory on consignment.
—— DE MERCANCÍAS o EFECTOS, merchandise inventory.
—— DE MOVIMIENTO LENTO, slow-moving inventory.
—— DE PERSONAL EJECUTIVO, executive-personnel inventory.
—— DE PRODUCTOS EN PROCESO, work or goods in process inventory.
—— DE PRODUCTOS FABRICADOS o MANUFACTURADOS, manufactured goods inventory.
—— DE PRODUCTOS TERMINADOS, finished goods inventory.
—— DE PRUEBA, check inventory.
—— DE SUBCOMPONENTES COMPRADOS, purchased subcomponent inventory.
—— DE TIENDAS, shop audit.
—— DE TRABAJO EN PROCESO, work in process inventory.
—— DE VALORES DE UN CORREDOR, security dealer's inventory.
—— EN CONSIGNACIÓN, consignment inventory.
—— EN EXCESO, excess inventory.
—— EN LIBROS, book inventory.
—— EN PROCESO o EN ELABORACIÓN, inventory in process.
—— EN TRÁNSITO, inventory in transit.
—— ESTIMATIVO, estimated inventory.
—— FINAL o DE SALIDA o DE CIERRE, ending inventory, closing inventory,
—— FÍSICO o REAL, visual inventory, physical inventory.
—— FÍSICO DE FIN DE AÑO, year-end physical inventory.
—— GENERAL, balance sheet.
—— INFLADO, bloated inventory.
—— INICIAL o DE ENTRADA o DE APERTURA, beginning inventory, opening inventory.
—— INTERMEDIO, interim inventory.
—— MIXTO, mixed inventory.
—— NO VENDIBLE, unsalable inventory.
—— O EXISTENCIA DE SUMINISTROS, supply inventory, inventory of supplies.
—— OBSOLETO, obsolete inventory.
—— ÓPTIMO, optimal inventory.
—— PARCIAL, sample inventory.
—— PERMANENTE o PERPETUO, perpetual inventory, running inventory.
—— POR UNIDADES, unit inventory.
—— PROMEDIO, average inventory.
—— RESIDUAL, salvage inventory.

——, ROTACIÓN DEL, inventory turnover.
—— SOBREVALUADO, overstated inventory.
—— SUBVALUADO, understated inventory.
—— VALORADO o VALUADO, valued inventory.
INVENTIVA, inventiveness, ingenuity.
INVENTO, invention, device.
INVENTOS
—— QUE AHORRAN CAPITAL, capital-saving inventions.
—— QUE AHORRAN SUELO, land-saving inventions.
—— QUE AHORRAN TRABAJO, labor-saving inventions.
INVENTOR, inventor, fibber.
—— DE LO QUE AMPARA LA PATENTE, patent inventor.
—— INDEPENDIENTE, free-lance inventor.
INVERNADERO, hothouse.
INVERNAR o PASAR EL INVIERNO, to winter, to fatten cattle.
INVERSA, A LA, on the contrary.
INVERSIÓN, investment, expenditure, outlay, reversing.
—— BANCARIA, bank investment.
—— COMERCIAL, trade investment.
——, CORRIENTE DE, investment flow.
—— DE CAPITAL, capital investment, capital expenditure.
—— DE PAGO INCUMPLIDO, investment in default.
—— DEL PROPIETARIO, owner's investment.
—— DIRECTA EN EL EXTRANJERO, direct foreign investment.
—— DOMINANTE, controlling interest.
—— EN ACTIVO FIJO o EN CAPITAL INMOVILIZADO, fixed capital.
—— EN INVENTARIO, inventory investment.
—— EN VALORES o TÍTULOS, security investment.
—— EXCESIVA, overinvestment.
—— EXTRANJERA, foreign investment.
—— GLOBAL, lump-sum investment.
—— INCREMENTAL, incremental investment.
—— LEGAL, legal investment.
—— NEGATIVA, negative investment.
—— NETA, net investment.
—— PATRIMONIAL, invested capital.
—— PRIVADA o PARTICULAR, private investment.
—— PRODUCTIVA, productive investment, good investment.
—— PROPIETARIA, proprietary investment.
—— PRUDENTE, prudent investment.
——, RENDIMIENTO DE LA, return on investment.
—— SEGURA, safe investment.
—— TEMPORAL, temporary investment.
—— TOTAL o GLOBAL, aggregate investment.
——, VALORES DE, investment securities.
INVERSIONES
—— A CORTO PLAZO, short-term investments.
—— A LARGO PLAZO, long-term investments.
—— A LARGO PLAZO EN ACCIONES, long-term stock investments.
——, COMPAÑÍAS DE, investment trust.

223

—— CORRIENTES, current investments.
—— DE CARTERA, portfolio investments.
—— DEL TERRATENIENTE, owner's investment.
—— EN ACCIONES, stock investments.
—— EN EL FONDO DE RETIRO DE ACCIONES, stock redemption fund investments.
—— EN FONDOS, investments in funds.
—— EN HIPOTECAS, investments in mortgages.
—— EN VALORES, investments in securities or stocks.
—— EN VALORES DE FÁCIL REALIZACIÓN, current investments.
—— ENTRE EMPRESAS, incorporate investments.
—— EXTRANJERAS, foreign investments.
—— FIJAS, fixed investments.
—— INOPORTUNAS, ill-timed investments.
—— PERMANENTES, permanent investments.
INVERSIONISTA, investor, public investor.
—— ACTUAL, present investor.
—— EN ACCIONES o TÍTULOS BANCARIOS, bank stock investor.
—— EN PATRIMONIO, equity investor.
—— EXTERNO, outside investor.
—— EXTRANJERO, foreign investor.
—— POTENCIAL, potential investor.
INVERTIR, to invest, to spend, to reverse.
—— DINERO EN UN NEGOCIO FRACASADO o ECHAR DINERO BUENO AL MALO, throw good money after bad.
INVESTIGACIÓN, investigation, research, exploration, inquest.
—— BANCARIA, bank examination.
—— CIENTÍFICA, research.
—— DE AUDITORÍA, auditing research.
—— DE CLIENTES EN PERSPECTIVA, consumer research.
—— DE COMERCIANTES, dealer survey.
—— DE COSTOS, cost study.
—— DE CRÉDITO, credit inquiry, credit investigation.
—— DE CUENTAS, account research.
—— DE ENCUESTA Y RETROALIMENTACIÓN, survey research and feedback.
—— DE LA SOLVENCIA PERSONAL, credit investigation.
—— DE MERCADO, market research, market survey.
—— DE MOTIVACIONES, motivation research.
—— DE OPERACIONES, operations research.
—— DE PRECIOS, price research, pricing research.
—— DE PRODUCTOS, product research.
—— DE PUERTA EN PUERTA, door-to-door survey.
—— DE TÍTULO DE PROPIEDAD, title investigation.
—— DEL PETRÓLEO, oil research.
—— ECONÓMICA, economic research.
—— EN CIRCUITOS MERCANTILES, trade investigation.
—— EXPERIMENTAL, experimental research.
—— EXPLORATORIA, exploratory research.
—— GENERAL DE MERCADO, general market survey.
—— O ESTUDIO PRELIMINAR, preliminary survey.

—— OPERACIONAL, operational research.
—— PUBLICITARIA, advertising research.
—— SOBRE EL TERRENO, on-the-spot investigation.
—— Y DESARROLLO, research and development.
INVESTIGADOR, investigator, inspector, researcher.
—— BANCARIO, bank examiner.
—— DE LA CIENCIA DE LA CONDUCTA, behavioral science researcher.
—— DE RECLAMACIONES, claim investigator.
—— EN ECONOMÍA, economic researcher.
INVESTIGAR, to investigate, to study, to research work, to canvass.
INVESTIR o DAR POSESIÓN DE UN CARGO o PASAR UN TÍTULO o DERECHO A, to vest in, to confer upon.
INVICTO, undefeated, unbeaten, unvanquished.
INVIDENTE, sightless.
INVIERNO o DE INVIERNO, winter.
——, ESTACIÓN o TEMPORADA DE, winter season.
——, HORA DE, winter time.
——, REFUGIO o LUGAR DE, winter resort.
INVITACIÓN, invitation.
INVITADO, guest, invited person.
INVITAR o CONVIDAR, to invite, to entice.
INVOLUCRAR, to involve, to implicate.
INVOLUNTARIAMENTE o SIN INTENCIÓN, undesignedly.
INYECCIÓN DE CAPITAL, capital infusion.
IR, to go, to move, to walk.
—— A BORDO, to go aboard.
—— A BUSCAR, to go get, to fetch.
—— A HUELGA o A UN PARO, to go on strike.
—— A LA QUIEBRA, to go into bankruptcy.
—— A MEDIAS, to go fifty-fifty, to go halves.
—— A NADAR, go for a swim.
—— ADELANTE, to go ahead, to go on, at the front.
—— AL GRANO, speak to the point.
—— AL TRABAJO, to go to work.
—— CON CUIDADO, to be careful.
—— CONTRA LA CORRIENTE, to go against the tide.
—— DE COMPRAS o DE TIENDAS, to go shopping.
—— DE VACACIONES, to go on vacation.
—— DESPACIO o NO APURARSE, take it easy.
—— O PASAR EN ZIGZAG o ZIGZAGUEAR, to zigzag.
—— PASANDO o PASÁNDOLA, to be getting along, to be so so.
—— Y VENIR o PASEARSE, walk up and down.
IRASCIBLE, irritable, irascible.
IRRACIONAL, irrational.
IRRAZONABLE, unreasonable.
IRREAL o IMAGINARIO, unreal.
IRREGULAR, irregular, informal, abnormal.
IRREGULARIDAD, irregularity.
—— IMPORTANTE, material irregularity.
—— INSIGNIFICANTE, immaterial irregularity.
IRREMEDIABLE, ACCIÓN, debenture stock.
IRREMPLAZABLES, RECURSOS, irreplaceable resources.
IRRESPETUOSO, disrespectful.
IRRESPONSABLE, irresponsable, not liable.

IRREVENTABLE (auto), proof against blowout.
IRREVOCABLE, irrevocable.
IRRIGACIÓN POR ASPERSIÓN, spray irrigation.
IRRIGAR, to irrigate.
IRRISORIO, ridiculous, insignificant.
IRRITAR, to anger, to irritate, to exasperate.
IRROMPIBLE, unbreakable.
IRSE, move away.
—— **A PIQUE,** to sink.
—— **A SU CASA** o **A SU TIERRA,** go to home.
ISLA, island.

ITINERARIO, itinerary, timetable, schedule.
—— **DE MONTAJE,** assembly routing.
—— **U HORARIO DE LLEGADAS Y SALIDAS DE TRENES,** train schedule, railroad guide.
IZAR, to hoist, to haul up.

IZQUIERDA, left.
——, **A LA,** to the left.
——, **ALA,** left wing.
IZQUIERDISTA, leftist, radical (politics).
IZQUIERDO, left, left-handed.

J

JABA, basket, crate.
JABÓN, soap.
—— EN POLVO, soap powder.
JABONERÍA o FÁBRICA DE JABÓN, soap factory.
JABONERO, soapmaker.
JALAR o HALAR, to pull, to haul.
JAMÁS, never.
——, NUNCA, never, nevermore.
JARDÍN, garden.
—— BOTÁNICO, botanical garden.
—— INFANTIL, kindergarten.
—— O PARQUE ZOOLÓGICO o ZOOLÓGICO, zoo, zoological garden.
JARRA, jar.
JARRÓN o VASO, vase.
JEFA, woman leader.
JEFATURA, headquarters, division department, the chief executives.
—— DE POLICÍA, police headquarters.
—— DE TRÁNSITO, traffic bureau.
JEFE, chief, head, boss, leader.
—— COCINERO, chef.
—— COMERCIAL, marketing executive.
—— CONTADOR, chief accountant, accountant general, head teller.
—— CORREDOR DE DINERO, chief money trader.
—— DE ALMACÉN, storeroom clerk.
—— DE COBRANZAS, collection manager.
—— DE COMEDOR, headwaiter.
—— DE CONTABILIDAD, head bookkeeper, chief accountant, accounting executive.
—— DE CONSTRUCCIÓN, construction manager, superintendent.
—— DE CORREOS, postmaster.
—— DE CRÉDITO, credit manager.
—— DE CUADRILLA o CAPATAZ DE BRIGADA, squad boss.
—— DE CUADRILLA DE OBREROS, crew manager.
—— DE DEPARTAMENTO, department head.
—— DE DIVISIÓN, division head.
—— DE ESTACIÓN, station master.
—— DE ESTADO, chief of state.
—— DE FABRICACIÓN, production manager.
—— DE GRUPO, group head, group leader.
—— DE INFORMACIÓN, news editor.
—— DE INVESTIGACIONES, research director.
—— DE MAQUINARIA, master mechanic, chief engineer.
—— DE OFICINA, office manager, chief clerk, head of department.
—— DE OPERACIÓN, chief operating officer.
—— DE OPERARIOS, labor foreman.
—— DE PERSONAL, personnel manager.
—— DE POLICÍA, chief of police or commissioner.
—— DE POLICÍA, DE CONDADO u OFICIAL MAYOR, sheriff.
—— DE PROYECTOS, chief designer.
—— DE PUBLICIDAD, publicity manager.
—— DE REDACCIÓN DE UN PERIÓDICO, city editor, editor in chief.
—— DE TALLER, shop foreman, master mechanic.
—— DE TURNO, shift boss.
—— DE VENTAS, sales manager.
—— EJECUTIVO, executive head, chief executive.
—— EJECUTIVO DE CRÉDITO, chief credit officer.
—— MECÁNICO, master mechanic.
—— SUPERIOR, superior.
JERARQUÍA, hierarchy grade, rank, class, body of officials.
—— DE AUTORIDAD, hierarchy of authority.
—— DE NECESIDADES, hierarchy of needs.
—— VERTICAL, vertical hierarchy.
JERGA, jargon, slang.
JINETE, rider, horseman, trooper.
—— DE CARRERAS DE CABALLOS, jockey.
JINETEO, lapping.
JIRA, trip, picnic, tour, outing, excursion.
—— DE INSPECCIÓN, inspection trip.
—— DE NEGOCIOS, business trip.
JOCOSIDAD o BUFONADA O TRAVESURA, waggery.
JORNADA, day's work, day's journey, working or business day.
——, AL FIN DE LA, at the end.
—— BURSÁTIL, session of the stock exchange.
—— DE OCHO HORAS, eight-hour day.
—— DE TRABAJO o LABORAL, working hours.
—— DE VERANO, summer working hours.
—— DOBLE, double shift.
—— NOCTURNA o TURNO NOCTURNO, night shift.
—— O TURNO ÚNICO, single shift.
JORNAL, wage, day's wages.
——, A, by the hour, by day's work.
—— A DESTAJO o POR UNIDAD DE OBRA, piece wages.
—— DEL PEÓN, labor rate.
—— DIARIO, daily wages.
—— MÍNIMO, minimum wage.
—— OBRERO, labor wages.
—— POR HORA, hourly wages, time wages.
JORNALES
—— ADEUDADOS o ATRASADOS, back wages.
—— DE ESTIBADORES, dock wages.
—— DEVENGADOS, accrued wages.
—— EN DINERO, money wages.
——, ESCALA DE, wage rates.
—— IMPRODUCTIVOS, unproductive wages.
—— MÁXIMOS FIJADOS, wage ceiling.
—— PRODUCTIVOS, productive wages.
—— REALES, real wages.
—— TOPES, wage limits.
JORNALERO, workman, laborer, worker, wage earner, journeyman.

JOROBA, hump in a railroad yard.
JOVEN o NOVICIO o INEXPERTO, young, young man, young fellow.
JÓVENES, LOS, young people.
JOYERÍA, jewelry, jewelry store or factory.
JUBILACIÓN, retirement, pensioning, pension, retirement pension.
—— POR VEJEZ, old-age pension.
JUBILADO, pensioner.
—— POR ANTIGÜEDAD, service pensioner.
—— POR INVALIDEZ, disability pensioner.
JUBILAR o JUBILARSE, to pension, to retire.
JÚBILO o ALEGRÍA, joy.
JUDICIAL, judicial, juridical.
JUEGO, game, play, sport, gambling.
——, CONOCERLE A UNO EL, to know one's intentions.
—— DE BOLSA, stock speculation.
—— DE CARTAS, card game.
—— DE DESEMPATE (deportes), play-off.
—— DE DINERO, gambling.
—— DE FACTURAS, invoice set.
—— DE HERRAMIENTAS, tool kit, set of tools.
—— DE LIBROS, set of books.
—— DE OPERACIONES, operational game.
—— DE PALABRAS, quibble, pun, play upon words.
—— DE PORCELANA, set of china.
—— DE SUMA CERO, zero-sum game.
—— DE TOCADOR, toilet set.
—— JUSTO o EQUITATIVO, fair game.
—— LIMPIO, fair play, square deal.
——, PARTIDA DE UN, play of a game.
——, POR, for fun.
JUEGOS
—— AL AIRE LIBRE, outdoor sports.
—— COMPUTARIZADOS, computarized gaming.
—— DE SIMULACIÓN, simulation games.
JUERGA o PARRANDA o BORRACHERA, spree.
JUEZ, judge, justice, umpire.
—— DE QUIEBRA, referee in bankruptcy.
—— DE PAZ, justice of the peace.
—— TERCERO, referee, umpire, arbitrator.
JUGADA, play, move, trick, ill turn.
——, HACERLE A ALGUIEN UNA MALA, to play a dirty trick on someone.
JUGADOR o COMEDIANTE o MÚSICO, player.
—— DE BOLSA, stock speculator.
—— EN EQUIPO, team player.
—— PROFESIONAL, professional gambler.
JUGAR o DIVERTIRSE o BROMEAR, to play, to sport, to gamble.
—— A LA ALZA, to bull the market, to buy for the rise.
—— A LA BAJA, to bear the market.
—— A LAS CARTAS o A LOS NAIPES, to play cards.
—— A PARES O NONES, odd or even.
—— AL AZAR, gambling.
—— EL TODO POR EL TODO o AVENTURARLO TODO, stake all.

—— EN LA BOLSA DE VALORES, to play the market, to dabble in stocks.
—— UN PARTIDO o UNA PARTIDA, play a game.
JUGARRETA, tricky operations, bad play, nasty trick.
JUGO, juice.
—— DE NARANJA, orange juice.
JUGUETE, toy, plaything.
JUGUETERÍA, toy factory, toyshop.
JUGUETERO o COMERCIANTE DE JUGUETES, toy dealer.
JUICIO, judgement, lawsuit, trial, sense.
—— CIVIL, civil lawsuit.
—— COMERCIAL, business judgement.
—— DE AMPARO, injunction.
—— DE APREMIO, suit for collection of a debt.
—— DE ARBITRAJE, arbitration proceeding, arbitration award.
—— DE CONCILIACIÓN, conciliation proceedings.
—— DE QUIEBRA, bankruptcy proceedings, action to handle the affairs of a bankruptcy.
—— DE RESPONSABILIDAD, suit for damages.
——, EL ACTO DE JUZGAR, the act of judging.
—— EN CORTE DE APELACIONES, appeals court trial.
—— HIPOTECARIO, foreclosure of a mortgage, foreclosure.
—— LABORAL, action under labor laws.
——, NO ESTAR EN SU, to be out of one's senses.
——, PERDER EL, to go mad, to become insane.
—— POR INCUMPLIMIENTO DE CONTRATO, assumpsit.
—— POR JURADO, trial by jury.
—— POR LA RESPONSABILIDAD DEL PRODUCTO, product liability lawsuit.
—— POR VIOLACIÓN DE PATENTE, patent-infringement suit.
—— PRELIMINAR, hearing.
—— PROCESAL, trial jury.
—— PÚBLICO, public trial.
—— SANO o BUEN JUICIO, sound judgement.
——, TENER, to be wise, to be cautions.
JUNGLA DE LA TEORÍA ADMINISTRATIVA, management theory jungle.
JUNTA, board, council, meeting, committee, commission.
—— ADMINISTRATIVA o ADMINISTRADORA, board of directors or managers.
—— ADMINISTRATIVA DEL BANCO, bank's executive committee.
—— ANUAL, annual meeting.
—— APLAZADA, meeting adjourned.
—— ASESORA o CONSULTIVA, consulting board.
—— CELEBRADA DURANTE LA MERIENDA, luncheon meeting.
—— COORDINADORA, coordinating committee.
—— CORPORATIVA, corporate meeting.
—— DE ACCIONISTAS o ASAMBLEA DE ACCIONISTAS, stockholders' meeting.
—— DE ACCIONISTAS, CONVOCATORIA A, calling stopholdersmeeting.
—— DE ACREEDORES, creditors' meeting.

—— DE AMILLARAMIENTO, board of assessors.
—— DE APELACIÓN DE IMPUESTOS, board of tax appeals.
—— DE ARBITRAJE, arbitration board.
—— DE ASEGURADORES, board of underwriters.
—— DE ASESORES ECONÓMICOS, council of economic advisers.
—— DE CAMBIOS, exchange board.
—— DE COMERCIO, board of trade.
—— DE CONCILIACIÓN, conciliation board, conciliation meeting.
—— DE EDUCACIÓN, school board, board of education.
—— DE ELECCIONES, election board.
—— DE FIJACIÓN DE IMPUESTOS, tax assessment board.
—— DE LA DIRECCIÓN, administrative committee.
—— DE NORMAS DE AUDITORÍA, auditing standard board.
—— DE REVISIÓN, board of equalization.
—— DE SÍNDICOS o DE PATRONES, board of trustees.
—— DE VIGILANCIA, vigilance committee.
—— DEL CONSEJO, board meeting.
—— DEL CONSEJO DE ADMINISTRACIÓN, board's committee.
—— DIRECTIVA o DE ADMINISTRADORES, board of directors.
—— ELECTORAL, board of elections.
—— EXTRAORDINARIA, special meeting.
—— MARÍTIMA, shipping conference.
—— NO PROGRAMADA, unscheduled meeting.
—— O ASAMBLEA GENERAL, general meeting, full meeting.
—— ORDINARIA o REGULAR, regular meeting.
—— PERPETUA DE FIDEICOMISARIOS, self-perpetuating board of trustees.
—— POLÍTICA SECRETA PARA ELEGIR CAUDILLOS Y PLANEAR CAMPAÑAS, caucus.
—— PROGRAMADA o PLANEADA, scheduled meeting.
—— QUINCENAL, biweekly meeting.
—— REVISORA DE AVALÚOS, board of review.
—— SECRETA, chamber council.
—— SEMANAL DE ENTRENAMIENTO, weekly training meeting.
—— SEMANAL DE LA ADMINISTRACIÓN, weekly staff meeting.
—— SINDICAL, board of governors.
JUNTAR, to join, to connect, unite.
JUNTO, near, close at hand.
—— A, next to, by, beside.
—— CON, together with.
——, TODO, all together, at same time.
JUNTOS, all together.
JURADO, jury, juror, sworn.
—— CALIFICADOR, commission of award in a competition.
—— SUPLENTE, talesman.
JURAMENTADO, sworn.
JURAMENTAR o TOMAR JURAMENTO, to swear in.
JURAMENTO, oath, vow.
—— DE CARGO, oath of office.
—— FALSO, perjury.
JURAR o DECLARAR BAJO JURAMENTO, to swear, to declare under oath, to vow.
—— EL CARGO, to take the oath of office.
—— EN FALSO, to commit perjury.
—— POR, to swear by.
—— Y PERJURAR, swear up and down.
JURÍDICA, PERSONA, legal person.
JURÍDICO-LABORAL, concerning labor legislation.
JURISDICCIÓN, jurisdiction, district, province.
—— O LUGAR DEL CRIMEN, venue.
JURISDICCIONAL, jurisdictional.
JURISPRUDENCIA, jurisprudence, law, legislation.
—— ADMINISTRATIVA, administrative law.
—— COMERCIAL, commercial law.
JUSTA, contest, competition.
JUSTICIA, justice.
——, LA, the police, the authorities, officers of the law.
—— SOCIAL, social justice.
JUSTIFICACIÓN, proof, authentication, verification.
—— DE CARGOS Y ABONOS, vouch charges and credits.
JUSTIFICANTE, voucher, proof.
JUSTIFICANTES, vouching.
—— DE CHEQUES PAGADOS, vouching of paid checks.
—— DE EGRESOS EN EFECTIVO, vouching of cash disbursements.
—— DE INGRESOS EN EFECTIVO, vouching of cash receipts.
—— DE LAS FACTURAS DE ACREEDORES, vouching of creditors' invoices.
—— O COMPROBANTES DE VENTAS, vouching of sales.
JUSTIFICAR, to justify, to prove, to verify, to stablish.
JUSTIFICATIVO, supporting, verifying, proving.
JUSTO, fair, correct, exact, tight.
——, RENDIMIENTO, fair return.
JUSTOS Y PECADORES, just and the unjust.
JUVENIL, juvenile, youthful.
JUVENTUD o LA JUVENTUD o LOS JÓVENES, youth.
JUZGADO, court.
—— DE ADUANAS, customs court.
—— DEL TRABAJO, labor court.
JUZGAR, to adjude, to judge.
—— MAL, to misjudge.

KARDISTA, kardex clerk.
KERMÉS, quermes, fair, festival.
KEROSÉN, kerosen.
KILOCICLO, kilocycle.

KILOGRAMO, kilogram.
KILOLITRO, kiloliter.
KILOMETRAJE, distance in kilometers.
KILÓMETRO, kilometer.
KILOVATIO, kilowatt.
KILOVATIO-HORA, kilowatt-hour.
KILOWATIO, kilowatt.
KIOSCO, kiosk, newsstand.

L

LABIA, TENER MUCHA, to be a good talker.
LABOR, work, labor, task, job, cultivation.
—— **AGRÍCOLA,** farming.
—— **BURSÁTIL,** stock-exchange operations.
—— **DEL EMPLEADO,** employee work.
LABORES
—— **DE RUTINA,** routine duty.
—— **HULLERAS,** coal workings.
—— **PORTUARIAS,** stevedoring.
LABORATORIO, laboratory.
—— **DE INVESTIGACIÓN,** research laboratory.
LABORATORIOS DE LOS ASEGURADORES, underwriters' laboratories.
LABOREO, reeving (nautical), exploitation, development (mining).
LABORIOSO, industrious, arduous, laborious.
LABRANZA, tilling, cultivation, farm land, working.
LABRAR, to work, to cultivate, to till, to carve, to tool.
LACA, lac, gum lac.
LACRAR, to injure or impair (health), to seal with wax.
LACRE, sealing wax.
LADEARSE O INCLINARSE o GRATIFICAR, to tip.
LADO o COSTADO o CARA, side, margin, edge.
—— **A LADO,** side by side.
——, **AL,** near, at hand, next door, at one side.
——, **DEJAR A UN,** to set aside.
—— **DEL HABER,** credit side.
——, **HACERSE A UN,** to get out of the way, to move aside.
——, **POR OTRO,** on the other hand.
LADRILLO, brick.
LADRÓN o ESTAFADOR, thief, prowler.
—— **DE CAJAS FUERTES,** safe-cracker.
—— **DE TIENDAS,** shoplifter.
LADRONA, woman thief.
LAGO, lake.
LAGUNA o ESTANQUE, pond.
LAMENTAR o DEPLORAR, to wail.
LAMENTO o LAMENTACIÓN, wailing.
LÁMINA, plate, sheet.
LAMINADOR, rolling mill.
LÁMPARA, lamp.
—— **DE SEGURIDAD,** safety lamp.
—— **ELÉCTRICA,** electric lamp or bulb.
LANA o DE LANA, wool.
—— **ARTIFICIAL,** shoody.
—— **DE ACERO,** steel wool.
—— **DE VIDRIO,** glass wool.
—— **SINTÉTICA,** wool substitute.
—— **VIRGEN,** virgin wool.
LANCE, adventure, incident, event, occurrence.
LANCHA, launch, lighter, scow.
—— **AUTOMOTRIZ,** motorboat, motor launch.
—— **DE SANIDAD,** health officer's launch.
—— **SALVAVIDAS o DE SALVAMENTO,** lifeboat.
LANCHAJE, lighterage, ferriage.
LANCHÓN, lighter, barge, flatboat, scow.
—— **PETROLERO,** oil barge.
—— **TANQUE,** tank barge.
LANZAMIENTO, launching, ejectmen.
—— **NACIONAL** national launch.
LANZAR, to disposses, to throw, to launch.
—— **AL MERCADO,** throw on the market, put on sale, commercial launch.
LANZARSE A UNA EMPRESA, embark on an enterprise.
—— **DE UN SALTO,** spring away.
LÁPIZ, pencil, graphite, black lead, crayon.
—— **MARCADOR,** marker.
LAPSO, lapse, period of time, error.
—— **PARA TERMINACIÓN DEL CONTRATO,** contract time.
LARGA, delay.
—— **A LA o AL FIN Y AL CABO,** in the long run, in the end.
——, **A LA CORTA o A LA,** sooner or later.
——, **DAR,** to put off, to delay.
—— **DISTANCIA (teléfonos),** long-distance.
—— **VIDA, DE,** long-lived.
LARGARSE o IRSE, scram.
LARGO, length, long.
—— **DE AQUÍ,** get out of here.
——, **PASAR DE,** to pass by without stopping.
—— **PLAZO,** long term, long-range, at long date.
—— **PLAZO, INTERESES A,** long-term interest.
—— **PLAZO, PASIVO A,** funded debt, long-term liability.
LÁSTIMA, QUÉ, what a pity, what a shame.
LASTIMAR, to hurt.
LASTRE, ballast, dead cargo.
—— **DE AGUA,** water ballast.
——, **EN (náutico),** in ballast.
LATA, can, a tin, tin can, annoyance, nuisance.
——, **DAR LA,** to pester with too much talk.
—— **PARA LECHE o DE LECHE,** milk can.
LATERAL, lateral.
LATÓN CORRIENTE, yellow brass.
LAUDO, award, decision.
LAUREAR, to honor, to reward, to crown with laurel.
LAVABLE, washable.
LAVABO o LAVAMANOS, lavatory, washroom washbasin.
—— **PARA HOMBRES o CABALLEROS,** men's room.
LAVADO o LAVADURA, washing.
—— **DE CEREBRO,** brainwashing.
LAVADORA o MÁQUINA DE LAVAR, washing machine.
—— **DE PLATOS,** dishwasher.
LAVANDERÍA, laundry.
LAVAR o FREGAR LA LOZA, to wash, to wash off.
—— **EL CEREBRO,** to brainwash.
—— **Y USAR,** wash-and-wear.

LAVATORIO o CUARTO DE LAVAR, washroom, lavatory.
LAZO, sling, loop, choker.
LEAL o FIEL, loyal, true-hearted.
——, COMPETENCIA, fair trade, fair competition.
—— SABER Y ENTENDER, best of knowledge and belief.
LEALTAD, loyalty, fidelity, allegiance.
—— A LA MARCA, brand loyalty.
—— DE LOS CLIENTES o MARCHANTES, customer's loyalty.
—— DEL COMERCIANTE, dealer loyalty.
LECCIÓN, lesson.
——, DAR UNA, to give a lesson, to say a lesson.
LECTOR, reader.
—— DE PERIÓDICOS, newspaper reader.
LECTORA, reader.
—— DE CARACTERES, character reader.
—— ÓPTICA DE CARACTERES, optical character reader.
LECTORA-CLASIFICADORA, reader-sorter.
LECTORA-PERFORADORA DE TARJETAS, card read-punch unit.
LECTURA, reading.
—— CUIDADOSA, perusal.
—— MAGNÉTICA (computación), magnetic reading.
—— ÓPTICA, optical reading.
LECHE, milk.
—— EN POLVO o DESECADA, milk powder, dried milk.
—— ENTERA, whole milk.
LECHERÍA, dairy, dairying.
LEER, to read.
—— DE CABO A RABO, read through.
—— DE CORRIDO, read offhand.
—— EN VOZ ALTA, read aloud.
—— ENTRE LÍNEAS, read between lines.
—— TODO EL ESCRITO, read over.
—— Y CORREGIR PRUEBAS DE IMPRENTA, proofread.
LEGADO, legacy, representative, deputy.
—— DE BIENES MUEBLES, devise.
LEGAJO, bundle of papers, file, docket.
LEGAL, legal, lawful, loyal, true.
——, ACTIVO, legal assets.
LEGALIZACIÓN, authorization.
LEGALIZAR, to legalize, to execute, to validate.
LEGAR, to delegate, to bequeath, to depute.
LEGATARIO, legatee, legatary, devisee.
—— RESIDUAL o HEREDERO UNIVERSAL, residuary legatee.
LEGIBLE, readable, legible.
LEGISLACIÓN, legislation.
—— COMERCIAL, commercial laws.
—— DE SEGURIDAD SOCIAL, social security legislation.
—— LABORAL, labor laws.
—— PARA REGULAR LA EMISIÓN Y VENTA DE VALORES, blue-sky laws.
—— SOBRE CONTROL DE CONTAMINACIÓN, pollution control legislation.

LEGISLATURA ESTATAL, estate legislature.
LEGÍTIMO, legitimate, genuine, authentic, trueborne.
LEGO, layman, ignorant, lay.
LEGUMBRE o VERDURA u HORTALIZA, vegetable.
—— CONGELADA, frozen vegetable.
LEJANO ORIENTE, Far East.
LEJOS, far, off.
——, A LO, at a great distance, in a distance.
—— DE LA COSTA, off the coast.
——, IR o LLEGAR, to go far, to be successful.
LEMA o REFRÁN o FRASE DE CAMPAÑA, slogan, symbol, catchword.
LENCERÍA, linen goods, linen trade.
LENGUA, language, tongue.
—— EN LENGUA, DE, from mouth to mouth.
——, MORDERSE LA, to control oneself, to hold one's tongue.
LENGUAJE, language.
—— ARTIFICIAL, artificial language.
—— COMÚN DE MÁQUINA, common machine language.
—— DE MÁQUINA, machine language, computer code.
—— FACIAL, facial language.
—— GESTICULADO, gestural language.
—— LOCAL o NACIONAL, local language.
—— MEDIANTE MOVIMIENTOS DEL CUERPO, body language.
—— MEDIANTE POSTURAS, postural language.
—— ORIENTADO A UN TIPO DE PROBLEMAS, problem-oriented language.
LENTE o LUPA, reading glass.
LENTES, glasses.
LENTO o DESPACIO, slow.
LEÑA, cordwood, firewood.
LEÑADOR, woodchopper, woodman.
LEÑERA, woodbin.
LESIÓN o PERJUICIO, injury (corporal), damage, breach of contract (legal).
—— MENOR, nonserious injury.
—— MORTAL, fatal injury.
—— NO MORTAL, nonfatal injury.
—— POR ACCIDENTE, accidental injury.
—— PREMEDITADA, willful injury.
—— PROFESIONAL o DE TRABAJO, occupational injury.
LESIONADO, injured, injured man.
LESIONAR, to injure, to damage, to impair.
LETARGO DE COMPETIDORES, competitive lethargy.
LETRA, draft, bill, document, handwriting, letter of the alphabet.
—— A, date draft-.
—— A COBRAR, bill receivable.
—— A CORTO PLAZO, short-term bill.
—— A LA VISTA o CHEQUE, sight draft, sight bill.
—— A LARGO PLAZO, long bill.
—— A PLAZO o A TÉRMINO, time bill, time draft, usance bill.
—— A PLAZOS, installment draft.

—— A SESENTA DÍAS VISTA, sixty-day bill of exchange.
—— ABIERTA, open credit.
—— ACEPTADA, acceptance bill.
—— AL COBRO, collection draft.
——, AL PIE DE LA, literally.
—— BANCARIA o DE BANCO, bank or banker's bill or draft.
—— BANCARIA ASEGURADA, bank note secured.
—— BANCARIA NO PAGADA, bank's defaulted note.
—— COMERCIAL, commercial draft, draft.
—— CURSIVA, italics.
—— DE CAMBIO, draft, bill of exchange.
—— DE CAMBIO ACEPTADA, accepted bill of exchange.
—— DE CAMBIO COMERCIAL, trade bill.
—— DE CAPITAL CONVERTIBLE, convertible capital note.
—— DE CORTO PLAZO, short bill.
—— DE CRÉDITO, letter of credit.
—— DE DEFERENCIA, accommodation bill.
—— DE FAVOR, accommodation draft.
—— DE IMPORTACIÓN, import draft.
—— DE MOLDE, printed letter, print.
—— DE PLAZA, local draft.
—— DE REMESA o DE SALIDA, outward bill.
—— DE UNA SOLA FIRMA o PAGARÉ SIN ENDOSO, single-name paper.
—— DEL NAVIERO o DEL EMBARCADOR, shipper's draft.
—— DOCUMENTADA o DOCUMENTARIA, documentary draft.
——, EXTENDER o GIRAR UNA, to draw a draft.
—— HIPOTECARIA, short-term mortgage bond.
—— INICIAL, initial.
—— MANUSCRITA, handwriting, longhand.
—— MAYÚSCULA o DE CAJA ALTA, upper-case.
—— NEGRILLA o NEGRITA, bold-faced letter.
—— PAGADERA ANTES DE ENTREGAR LOS DOCUMENTOS, payment bill.
—— PAGADERA CONTRA MERCANCÍA RECIBIDA, arrival draft.
—— PAGADERA EN DÓLARES, dollar bill.
—— PAGADERA EN LIBRAS ESTERLINAS, sterling draft.
—— PARA ACEPTACIÓN, draft for acceptance.
—— PARA COMPRAVENTA DE PRODUCTOS, commodity draft.
—— POR PAGAR, bill payable.
—— PROTESTADA, protested bill.
—— RECHAZADA, dishonored bill.
—— REDONDA (imprenta), roman letter.
——, TENEDOR DE UNA, bill holder.
LETRAS
—— A COBRAR, bills receivable, notes receivable.
—— A PAGAR, bills payable, notes payable.
—— AL COBRO, bills for collection.
—— DESCONTADAS, bills discounted.
—— MINÚSCULAS o DE CAJA BAJA, lower-case or small letter.
—— PARA ENTREGA FUTURA, foreign-exchange futures, forward exchange.
—— POR COBRAR, incoming bills.

LETRADO, lawyer, counselor, literate.
——, ASESOR o CONSULTOR, legal adviser.
LETRERO, sign, billboard, placard, label.
—— DE PARADA, stop sign.
—— DE TRÁFICO, road sign, traffic sign.
—— EN EL TOPE DE UN RASCACIELO, sky sign.
—— PUBLICITARIO, advertising sign.
LEVA, cam.
LEVADURA o FERMENTO, yeast.
LEVANTADOR, lifter, elevator, hoist.
LEVANTAMIENTO, lifting, raising, survey, uprising.
—— POLÍTICO, political upheaval.
—— TOPOGRÁFICO o PLANIMETRÍA o ARQUEO o ESCRUTINIO, survey.
LEVANTAR o ELEVAR, to lift, to raise, to take up, to uplift.
—— ACTA, the write up the minutes, to file a report.
—— EL CENSO o CENSAR, take a census.
—— EL EMBARGO, to release the attachment.
—— FALSO TESTIMONIO, to bear false witness, to accuse falsely.
—— LA HUELGA, to call-off the strike.
—— LA SESIÓN, to adjourn the session.
LEVANTARSE o PONERSE DE PIE, to stand up, to get up.
—— DE LA CAMA, to get up.
—— DE UN SALTO, upspring.
LEVAR ANCLAS o ZARPAR, to weigh anchor.
LEY, law, statute, standard, fineness.
—— ARANCELARIA o CÓDIGO DE ADUANAS, tariff law.
—— CLAYTON, Clayton Act.
—— CONSTITUCIONAL, corporation charter.
——, DE BUENA, genuine, sterling.
—— DE LA ESCASEZ o CARESTÍA, law of scarcity.
—— DE LA OFERTA Y LA DEMANDA, law of supply and demand.
——, DE MALA, crooked, disreputable.
—— DE MERCADOS, marketing law.
—— DE PATENTES, patent law.
—— DE QUIEBRAS, act of bankruptcy, bankruptcy law.
—— DE RENDIMIENTOS CRECIENTES, law of increasing returns.
—— DE RENDIMIENTOS DECRECIENTES, law of diminishing returns.
—— DE SEGURIDAD SOCIAL, Social Security Act.
—— DE UTILIDADES DECRECIENTES, law of diminishing utility.
—— DEL EMBUDO, oppresive law, one-sided agreement.
—— DEL JORNAL MÍNIMO, minimum-wage law.
—— DEL TALIÓN, retaliation law, law of retaliation.
—— DEL TRABAJO, labor code, labor statute.
—— DISTRIBUTIVA, distributive law.
—— ESCRITA o DERECHO ESCRITO, statutory law.
—— FISCAL, tax law.
—— HIPOTECARIA, mortgage law.
—— MARCIAL, martial law.

LEYES-LIBRO

—— NO ESCRITA (legal), common law.
—— ORGÁNICA, organic act, constitution, charter (corporation).
—— PENAL, criminal law.
—— QUE PERMITE AL FABRICANTE REGULAR LOS PRECIOS DE REVENTA, fair-trade law.
—— SOBRE FRAUDES, statute of frauds.
—— TÁCITA, tacit law.
LEYES
—— CONTRA EL MONOPOLIO, antitrust laws.
——, CUMPLIMIENTO DE LAS, compliance with the law, obeying the law.
—— DE IMPUESTOS o LEYES FISCALES, tax laws.
—— DE IMPUESTO SOBRE DONACIONES, gift tax laws.
—— DE PATRIMONIO FAMILIAR, homestead laws.
—— DE PROBABILIDAD, laws of probability.
—— DE TRÁFICO o DE TRÁNSITO, traffic laws.
—— DE USURA o DE AGIO, usury laws.
—— DEL IMPUESTO FEDERAL, federal income tax laws.
—— DEL IMPUESTO SOBRE LA RENTA, federal tax codes.
—— FISCALES, financial laws, fiscal laws.
—— INDUSTRIALES, industrial laws.
—— LABORALES o DEL TRABAJO, labor laws.
—— MUNICIPALES, zoning laws.
—— SOBRE COMPENSACIONES POR ACCIDENTES DE TRABAJO, workmen's compensation acts.
—— Y DISPOSICIONES PENDIENTES, pending laws and regulations.
LEYENDA, legend, inscription, reading matter.
LIBELO, libel.
LIBERACIÓN, release, quittance, exemption, deobligation.
—— ADUANERA, customs release.
—— DE MERCANCÍAS, release of goods.
—— FEMENINA o MOVIMIENTO DE LIBERACIÓN FEMENINA, women's liberation.
LIBERTAD, freedom, liberty, right, privilege, exemption.
—— ARANCELARIA, free trade.
—— CONDICIONAL, probation.
—— DE COMERCIO, free trade.
—— DE EMPRESA, freedom of enterprise, free enterprise.
—— DE IMPRENTA o DE PRENSA, freedom of the press.
—— DE PALABRA, free speech.
—— DE TRABAJO, right to work.
—— ECONÓMICA, economic freedom.
——, EN, at liberty.
—— INDIVIDUAL, individual freedom.
LIBERTADOR, liberator.
LIBERTINO, libertine.
LIBRA (peso de 16 onzas), pound.
—— ESTERLINA, pound sterling.
LIBRADO, drawee.
—— EN BANCARROTA, bankrupt drawee.
LIBRADOR, drawer.
LIBRANZA, draft, bill, treasury note.

LIBRAR, to free, to issue, to draw, to release.
—— CONTRA, to draw on.
—— LA BATALLA, to engage in battle.
LIBRARSE DE, to get rid of.
LIBRE, free, clear, exempt, disengaged.
—— A BORDO (L.A.B.), free on board (FOB), loaded on cars.
—— AL COSTADO DEL BUQUE, free alongside ship (FAS).
—— ALBEDRÍO, free will.
—— CAMBIO, free exchange, free trade, uncontrolled rate of exchange.
—— COMERCIO, free trade.
—— COMPETENCIA, free competition.
—— DE DERECHOS, duty-free.
—— DE FLETE, freight free.
—— DE GASTOS, free of charges, without protest.
—— DE GRAVAMEN, free from encumbrances, free and clear.
—— DE IMPUESTO o DE CONTRIBUCIÓN, tax-free, tax-exempt.
—— DE PORTE, postage-free.
—— EMPRESA o INICIATIVA, free enterprise.
—— EMPRESA, ECONOMÍA DE, free-enterprise economy.
—— EN VAGÓN, free on car, F.O.B, loaded on cars.
——, MERCADO, free market.
—— SOBRE CAMIÓN, free on truck.
—— SOBRE MUELLE, free on quay.
LIBRERÍA, bookstore, book trade.
LIBRERO, bookseller, bookcase.
LIBRETA, notebook, memorandum book.
—— DE AHORROS, savings-bank book.
—— DE BANCO, passbook.
—— DE CAJA DE AHORROS o LIBRETA DE DEPÓSITO o LIBRETA DE BANCO, passbook.
—— DE CUENTA CORRIENTE o DE BANCO, passbook, bankbook.
—— DE CHEQUES, checkbook.
—— DE JORNALES o DE TIEMPO, time book.
—— DE PRECIOS, price book.
LIBRO, book.
—— AGOTADO, out-of-print.
—— AUXILIAR, auxiliary journal.
—— AUXILIAR DE GASTOS o MAYOR DE GASTOS INDIRECTOS, expense ledger.
—— BORRADOR o DE ANOTACIONES, record book, daybook.
—— COPIADOR, copybook, letter book.
—— DE ACCIONES o MAYOR DE ALMACÉN, stock ledger.
—— DE ACTAS o DE MINUTAS, minute book.
—— DE ALMACÉN o DE MERCANCÍAS, stock book.
—— DE APUNTES, notebook, memorandum book.
—— DE BALANCES, trial-balance book, balance-sheet book.
—— DE CAJA, cashbook.
—— DE CAJA CHICA, petty cash book.
—— DE CLAVES, code book.
—— DE COMPRAS, purchase book.

—— DE COMPROBANTES, voucher record.
—— DE CONSULTA, reference book.
—— DE CUENTAS, book of accounts, account book, ledger.
—— DE CUENTAS POR PAGAR o COBRAR, bill book.
—— DE ENTRADA FINAL, book of final entry.
—— DE ENTRADA ORIGINAL, book of original entry, posting medium.
—— DE ENTRADA SECUNDARIA, book of secondary entry.
—— DE ENTRADA USADO EN LA CONTABILIDAD DE CORREDORES DE BOLSA, blotter.
—— DE ENTRADAS, receiving record.
—— DE ENTRADAS DE CAJA, cash-receipts journal.
—— DE EXISTENCIAS o DE ALMACÉN, stock book, stock record.
—— DE FACTURAS, invoice book, invoice register, bill book.
—— DE HOJAS SUELTAS, loose-leaf book.
—— DE LETRAS, bill book.
—— DE MAYOR VENTA, best seller.
—— DE NAVEGACIÓN (náutica), logbook.
—— DE NOTAS, booklet.
—— DE NOTAS DE AUDITORÍA, audit note book.
—— DE PEDIDOS o DE ÓRDENES, order book.
—— DE PÓLIZAS, voucher register.
—— DE RECIBOS, receipt book.
—— DE REGISTROS o DE MATRÍCULAS, register book.
—— DE TARIFAS, rate book.
—— DE TEXTO, textbook.
—— DE TRANSFERENCIA DE ACCIONES, stock transfer book.
—— DE VENTAS, sales journal.
—— DE VUELOS, plane's logbook.
—— DIARIO, journal, daybook.
—— EMPASTADO o ENCUADERNADO, hardcover, bound book.
—— EN RÚSTICA o POPULAR, paperback, paperbound.
—— MAYOR, ledger, book of final entry.
—— MAYOR DE CLIENTES, customer's ledger.
—— MAYOR DE COMPRAS, purchase or creditors' or account payable ledger, purchase ledger.
—— MAYOR DE CONSOLIDACIÓN, consolidation ledger.
—— MAYOR DE COSTOS, cost ledger.
—— MAYOR DE FÁBRICA, manufacturing ledger.
—— MAYOR DE FABRICACIÓN, factory ledger.
—— MAYOR DE OBRAS EN PROCESO, construction in progress ledger.
—— MAYOR DE VALORES, security ledger.
—— MAYOR DE VENTAS, sales ledger, sales or customer's ledger.
—— MAYOR GENERAL, general ledger.
—— TALONARIO, stub book.
LIBROS
—— AUXILIARES, subsidiary books.
—— DE ASIENTO ORIGINAL, books of original entry.
—— DE CONTABILIDAD, books of account.
—— DE CONTABILIDAD DE LA OFICINA CENTRAL, home office records.
—— DE ENTRADAS, receiving records.
—— DE LA SOCIEDAD ANÓNIMA, corporate books.
—— O REGISTROS DE COMPRA, purchasing records.
——, VALOR EN, book value.
—— Y REGISTROS CONTABLES, accounting books and records.
LICENCIA, license, permit, leave of absence.
—— COMERCIAL, business license.
——, CON, on leave.
—— DE CAMBIO, exchange permit.
—— DE CONSTRUCCIÓN, building permit.
—— DE EXPORTACIÓN, export permit.
—— DE FABRICACIÓN, manufacturing rights, building permit.
—— DE IMPORTACIÓN, import permit, import license.
—— DE MANEJAR o CONDUCIR, driver's license, automobile license.
—— DE PATENTE, patent license.
—— DE TRANSBORDO, transshipment permit.
—— DE VENDEDOR o LICENCIA DE AGENTE DE VENTAS, salesman's license.
—— PARA RADIODIFUSIÓN, broadcasting license.
—— POR ENFERMEDAD, sick leave.
LICENCIADO, lawyer, professional man, licensed.
LICENCIATURA, degree of licenciate.
LICITACIÓN, bidding, taking bids, competitive bids.
LICITADOR, bidder.
—— RESPONSABLE, responsible bidder.
LICITAR, to bid in competition, to take bids, to put in a bid.
LICOR, liquor.
—— DESTILADO DE CEBADA, CENTENO, whiskey.
LICORERÍA, liquor factory or store, saloon.
LID, EN BUENA, by fair means.
LÍDER, leader.
—— LABORAL o SINDICAL, labor leader.
LIDERATO, leadership.
—— DE PERSONAL, leading people.
—— DEL ESTADO, government leadership.
—— FORMAL, formal leadership.
—— INFORMAL, informal leadership.
—— SINDICAL, labor leaders, labor leadership.
LIDERAZGO, leadership.
LIDIAR, to fight, to contend, to struggle.
LIENZO, linen, fabric.
LIGADURA o ATADURA o LAZO o NUDO, tie, binder, ligature.
LIGAR, to tie, to bind, to fasten.
LIGERA, A LA, quickly, briefly.
LIGERO o PEQUEÑO o INSIGNIFICANTE, slight, light, fast.
LIMA, file.
—— PARA UÑAS, nail file.
LIMBO, ESTAR EN EL, absent in mind, to be distraugh.

LIMITACIÓN, limitation.
—— DE RECURSOS o ESCASEZ DE RECURSOS, resource limitations.
LIMITACIONES .
—— DE CAPITAL, capital constraint.
—— DEL PRODUCTO, product limitations.
LIMITADO, limited, restricted.
LIMITAR, to limit, to bound, to restrict.
LÍMITE, limit, boundary.
—— AUTORIZADO DE COMPRAS, open to buy.
—— DE CALIDAD PROMEDIO DEL PRODUCTO FABRICADO, average outgoing quality limit.
—— DE CRÉDITO, credit limit, line of credit.
—— DE CRÉDITO BANCARIO, bank's line of credit.
—— DE CRÉDITO DEL CLIENTE, customer' credit standing.
—— DE ENDEUDAMIENTO, debit limit.
—— DE LA PRODUCCIÓN, boundary production, marginal production.
—— DE PRECIO, price ceiling.
—— DE PRECISIÓN, precision range.
—— DE TRANSACCIONES DE UNA PERSONA EN EL DÍA, trading limit.
—— DE TRES MILLAS, three-mile limit.
—— DE VELOCIDAD, speed limit.
——, FECHA, cutoff date.
—— INFERIOR DE PRECISIÓN, lower precision limit.
—— LEGAL DE PRÉSTAMO, legal lending limit.
—— LEGAL DE PRÉSTAMO BANCARIO, bank's legal lending limit.
—— SUPERIOR DE CONTROL, upper control limit.
—— SUPERIOR DE PRECISIÓN, upper precision limit.
LÍMITES
—— DE CONFIANZA, confidence limits.
—— DE LA CIUDAD, city limits.
—— DE TOLERANCIA, tolerance limits.
—— FIDUCIARIOS, fiducial limits.
—— MÁXIMOS DE USURA o AGIO, usury ceilings
LIMPIADOR, cleaner, wiper, cleaning.
—— DE VENTANAS, window cleaner.
LIMPIAPARABRISAS, windshield, wiper.
LIMPIAR, to clean, to cleanse, to purify.
—— EN SECO, to dry-clean.
LIMPIEZA, cleaning, honesty, impartiality.
LIMPIO, clean, clear, free, net.
——, JUGAR, to play fair.
——, PONER EN, to make a clean copy.
——, SACAR o PONER EN, to conclude, to make out, infer.
LINAJE, lineage, family.
LINDERO o LINDE, property line, boundary, bordering.
LINDO o BONITO o BUENO o SUFICIENTE, pretty.
LÍNEA, line, figure.
—— AÉREA o DE AVIACIÓN, airline, airway.
—— AÉREA COMERCIAL, commercial air fleet.
—— CAMIONERA, motor-truck line, motorbus line.
—— DE AUTOBUSES, bus line.
—— DE CAMIONES o EMPRESA DE TRANSPORTE VIAL, truck line.
—— DE CARGA AUTOMOTRIZ, motor freight line.
—— DE CRÉDITO, line of credit.
—— DE CRÉDITO BANCARIA, bank's line of credit.
—— DE CRÉDITO COMERCIAL, line of trade credit.
—— DE CRÉDITO DE LA EMPRESA, firm's credit line.
—— DE ENSAMBLE o DE ENSAMBLAJE, assembly line.
—— DE ESCRITURA, writing line.
—— DE FLOTACIÓN (náutica), water line.
—— DE FLUJO, flow line.
—— DE MAYOREO, wholesale line.
—— DE MONTAJE, assembly line, production line.
—— DE MUESTRAS, sample line.
—— DE NAVEGACIÓN, shipping route, trade route.
—— DE PRODUCCIÓN, production line.
—— DE PRODUCTOS, line of products.
—— DE PUNTOS o PUNTEADA, dotted line.
—— DE TENDENCIA, trend line.
—— DE TRÁNSITO o LÍNEA DE CIRCULACIÓN o CARRIL, traffic line.
—— DE TRANSMISIÓN o DE TRANSPORTE, transmission line.
—— DE TRANVÍA o TROLE, trolley line, street railway.
—— DE VAPORES o DE BARCOS, steamship line.
—— DEL MERCADO DE CAPITALES, capital market line.
——, EN, on-line, in line, row.
—— FÉRREA o FERROVIARIA, railroad, railroad track.
—— NAVIERA, line of steamers.
—— OCUPADA (teléfono), busy line.
——, PERSONAL DE, line staff.
—— PRINCIPAL o TRONCAL, trunk line.
—— RECTA, straight line, right line.
—— TELEFÓNICA PRIVADA, private wire.
LÍNEAS, MUESTREO POR, line sampling.
LINEAL, linear, lineal.
——, PROGRAMACIÓN, linear programming.
LINGOTE, ingot, pig, bloom, billet.
—— DE ORO, gold bullion.
LINO, linen, flax, canvas, linseed.
LINOTIPISTA, linotypist, linotype operator.
LINOTIPO, linotype, linotype machine.
LINTERNA, lamp, lantern, light.
LÍO, bundle, pack, intrigue, conspiracy.
——, ARMAR UN, to mess up, to tangle.
——, HACERSE UN, to become confused, to get into a mess.
LÍQUIDA, GANANCIA, net profit.
LIQUIDACIÓN, clearing, liquidation, settlement, close-out, payoff.
—— A PLAZO, term settlement.
—— BANCARIA DE DIVIDENDO EN EFECTIVO, bank's cash dividend payout.
——, CUENTA DE, realization account.
—— DE BALANCES, clearing.
—— DE CUENTAS A PAGAR ANTIGUAS, settlement of old accounts payable.
—— DE DIVIDENDOS, dividend payout.

—— DE FACTURAS, breakdown or distribution of invoices.
—— DE IMPUESTOS o DECLARACIÓN DE IMPUESTOS, tax returns.
—— DE IMPUESTOS CONSOLIDADA, consolidated tax return.
—— DE LA COMPAÑÍA COLECTIVA, partnership liquidation.
—— DE LA CUENTA, settlement of the account.
—— DE MERCANCÍAS, clearance sale.
—— DE PERSONAL, firing people.
—— DE SALDOS, remnant sale.
—— DE SOCIEDAD, dissolution of partnership.
—— DE UN NEGOCIO, close of business.
—— DE VALORES, clearing securities.
—— DE VENTAS, account sales.
—— DE VERANO, summer sale.
—— DEL SALDO, settlement of balance.
—— EN PLAZOS o EN ABONOS, liquidation in installments.
—— FINAL o DEFINITIVA, final settlement.
—— FORZADA DE UN NEGOCIO, forced liquidation of a business.
——, VENTA DE, clearing sale.
LIQUIDADO o PAGADO, liquidated, paid-off.
LIQUIDADOS, CHEQUES, cashed checks.
LIQUIDADOR, liquidator, receiver, paymaster.
LIQUIDAR, to settle, to liquidate, to close out, to pay-off, to discharge.
—— CUENTAS, to clear accounts.
—— EL HOTEL, to check out.
—— EL NEGOCIO, to go out of business, to close down.
—— LA EMPRESA, wind up a business.
—— LA MERCANCÍA, sell off.
—— LAS EXISTENCIAS, to sell off the stock.
—— TODO, sell out.
—— UN GIRO, to honor a draft.
—— UNA CUENTA, to settle an account.
—— UNA DEUDA, to discharge a debt.
—— UNA RECLAMACIÓN, to settle a claim.
LIQUIDEZ, liquidity.
—— DE LA EMPRESA, liquidity of the firm's equity.
—— DE LA OFERTA DE ORO, liquidity of gold supply.
—— DE LOS RECURSOS FINANCIEROS, funds liquidity.
—— DE VALORES REALIZABLES, liquid marketable securities.
—— DESCENDENTE, declining liquidity.
LÍQUIDO, liquid, balance, net, clear.
——, BENEFICIO, clear profit.
——, CAPITAL, net worth.
—— IMPONIBLE, amount of assessment, taxable income.
LÍQUIDOS ENVASADOS, wet goods, wet cargo.
LISIADO, injured, hurt.
LISO o PULIDO, smooth, even.
LISONJEAR, to flatter.
LISONJERO o ADULADOR, smooth-spoken.
LISTA, list, schedule, roll, strip, band, roster.

—— BLANCA o LISTA DE PERSONAS DE CONFIANZA, white list.
—— DE ASISTENCIA, roll, roll call.
—— DE BULTOS o GUÍA DE EMPAQUE, packing list.
—— DE COMPROBACIÓN o DE COTEJO, checklist.
—— DE CONTRIBUYENTES, tax list.
—— DE CORREOS, general delivery.
—— DE CHEQUES RECIBIDOS, cash receipt listing.
—— DE DIRECCIONES o DE CORRESPONDENCIA, mailing list.
—— DE ENTRADAS DE CAJA, cash receipt listing.
—— DE EQUIPAJE, baggage list.
—— DE LA TRIPULACIÓN DE UN BARCO, muster roll.
—— DE MATERIALES, bill of materials.
—— DE OPERACIONES o TRANSACCIONES, listing of transactions.
—— DE PIEZAS o PIEZAS DE REPUESTO, part list.
—— DE PRECIOS o CATÁLOGO DE PRECIOS, price catalog.
—— DE PRECIOS DEL MAYORISTA, wholesale price list.
—— DE RAYA o NÓMINA, payroll, wages sheet.
—— DE RAYA POR PAGAR, accrued payroll.
—— DE SOLICITANTES o DE ASUNTOS PENDIENTES, waiting list.
—— DE TASA DE INTERÉS, interest rate schedule.
—— DE TRANSFERENCIA DE CRÉDITO, credit transfer list.
—— DE VIAJEROS, passenger list.
——, EN, listed.
—— ESTÁNDAR DE MATERIALES, standard bill of materials.
—— MAESTRA DE PRECIOS, master price list.
—— NEGRA, black list.
—— O ITINERARIO DE SALIDAS, schedule of sailings.
——, PASAR, to call the roll.
——, PRECIO DE, book value.
LISTADO, listing, listed.
—— DE INVENTARIO DE PRODUCTOS TERMINADOS, finished goods inventory listing.
—— DEL INVENTARIO FINAL, final inventory listing.
—— EXHAUSTIVO, exhaust listing.
—— MÚLTIPLE, multiple listing.
—— PREVIO, pre-list.
LISTAR, to list.
LISTERO, timekeeper, tally clerk.
LISTO o PREPARADO o DISPUESTO, ready, quick, clever.
—— PARA USARSE, ready to use.
LITERA, bunk, berth.
—— ALTA, upper berth.
—— BAJA, lower berth.
LITERATO, literary, literary person, writer.
LITIGACIÓN, litigation.
LITIGAR, to litigate, to dispute, to contend.
LITIGIO, lawsuit, suit, dispute, contest.
—— FISCAL, tax litigation.
—— PENDIENTE, pending litigation.
LITOGRAFÍA (arte), lithography, lithograph.
LITÓGRAFO, lithographer.

LITORAL o **TERRENO COSTERO,** water front, shore, coast.
LITRO, liter.
LO, the, things.
—— **DE SIEMPRE,** the same old story.
—— **QUE QUIERAS,** whatever you wish.
LOCAL, local, premises, place of business, site, room.
—— **DE EXHIBICIÓN,** showroom.
—— **DE VENTAS,** salesroom.
—— **DEL BANCO,** bank premises.
—— **DEL MERCADO,** market place.
——, **MERCADO,** local market.
——, **VALOR,** local value.
LOCALIZACIÓN, location, site, localization.
—— **Y CORRECCIÓN EN PROGRAMAS DE COMPUTADORAS,** debug.
LOCALIZADOR DE RECURSOS, resource allocation.
LOCALIZAR, to localize, to locate, to place, to lay out.
LOCATARIO, lesser, bailee.
LOCO, mad, lunatic, insane, crazy.
—— **DE ATAR,** raving mad.
—— **DE CONTENTO, ESTAR,** to be mad with joy.
LOCOMOTORA, locomotive.
—— **DE MANIOBRAS** o **DE PATIO,** switch engine, yard engine.
LOCUAZ o **HABLADOR,** talkative.
LOCUTOR DE RADIO o **ANUNCIADOR DE RADIO,** radio announcer, radio speaker.
LODO o **CIENO** o **FANGO,** slush, mud.
LOGARITMO, logarithm.
—— **COMÚN,** common logarithm.
LOGARITMOS, TABLA DE, table of logarithms.
LÓGICA, logic.
—— **DE PROCESAMIENTO,** processing logic.
—— **MATEMÁTICA** o **SIMBÓLICA,** symbolic or mathematical logic.
LÓGICO, logical.
LOGÍSTICA, logistics.
LOGRAR, to attain, to succeed in, to realize, to win.
—— **O DESCUBRIR EL ORIGEN,** track down.
—— **ÉXITO,** to meet with success.
—— **UNA GANANCIA,** to make a profit.
LOGRO, success, profit, gain, interest.
—— **DEL OBJETIVO,** goal attainment.
—— **PERSONAL,** personal achievement.
LOGROS DEL EMPLEADO, employee achievement.
LONA, canvas, sailcloth, tarpaulin.
LONCHERÍA, lunch room.
LONGEVO, long-lived.
LONGITUD, length, longitude.
LONJA, produce, exchange, provision, store.
—— **ALGODONERA,** cotton exchange.
—— **AZUCARERA,** sugar exchange.
—— **DE ACCIONES,** stock exchange.
—— **DE CEREALES** o **DE GRANOS,** grain exchange.
—— **DE COMERCIO** o **DE PRODUCTOS,** produce exchange.

—— **DE PRODUCTOS,** commodity or produce exchange, board of trade.
—— **DE VALORES,** stock and commodity exchange.
—— **MERCANTIL,** mercantile exchange, produce exchange.
LOTE, batch, lot, allotment, share, participation, tract of land.
—— **AL POR MAYOR,** wholesale lot.
—— **DE ESTACIONAMIENTO,** parking space.
—— **DE INFORMACIÓN,** block of information.
—— **FRACCIONARIO,** fractional lot.
—— **INCOMPLETO** o **MENOS DE UN LOTE,** odd lot.
—— **IRREGULAR,** job lot.
—— **ÓPTIMO,** optimal order quantity.
—— **POR MENOS DE CARRO COMPLETO,** less-than-car-load lot.
—— **REDONDO,** round lot.
—— **UNIFORME,** even lot.
LOTERÍA, lottery, raffle.
LOZA, chinaware, porcelain.
LUBRICANTE, lubricant.
LUBRICAR, to lubricate.
LUCES, lights.
——, **A TODAS,** any way, everywhere.
—— **DE TRÁFICO** o **DE TRÁNSITO,** traffic lights.
LUCRATIVO o **PRODUCTIVO,** profit-making, profitable, remunerative, commercial.
LUCRO, profit.
—— **BRUTO,** gross profit.
—— **LÍQUIDO,** net profit.
——, **PERSPECTIVAS DE,** profit outlook.
LUCHA, wrestling, dispute, strife, struggle.
—— **DE CLASES,** class struggle.
LUCHADOR, wrestler, fighter.
LUCHAR CON o **FORCEJEAR CONTRA** o **ESFORZARSE,** to wrestle, to fight, to struggle.
LUEGO, immediately, presently, afterwards, at once.
——, **DESDE,** of course, at once, to begin with.
——, **HASTA,** (in taking leave), so long, see you later.
LUGAR o **SITIO** o **PUESTO,** place, site, spot, space, room.
—— **A, DAR,** to give rise to.
—— **DE, EN,** instead of, in-lieu of.
—— **DE EMBARQUE,** loading point.
—— **DE ENTREGA,** delivery point.
—— **DE ESTACIONAMIENTO** o **EDIFICIO DE ESTACIONAMIENTO,** parking facilities.
—— **DE PROBLEMA,** trouble spot.
—— **DE TRABAJO,** job site.
——, **FUERA DE,** out of place, irrelevant.
—— **INVERNAL,** winter resort.
—— **O ZONA FRANCA,** free zone.
LUJO, luxury.
——, **IMPUESTO DE,** luxury tax.
LUJOSO, luxurious.
LUMBRE, fire.
LUNA, plate glass, lens, moon.

—— DE MIEL, honeymoon.
——, ESTAR EN LA, to be absent-minded, to be distracted.
LUNAR, lunar.
LUPA, magnifying glass.
LUTO, mourning.
——, ESTAR DE, to be mourning.
LUZ, light, span, lighthouse.

—— DE PARADA o DE ALTO, stop light.
—— DEL DÍA, daylight.
—— DEL SOL, sunlight.
—— INTERMITENTE, flashing light.
——, SALIR A LA, to come out, to be published, to leak out.
—— VERDE DE TRÁNSITO, green light.
—— ZODIACAL, zodiacal light.

LL

LLAMA o **FLAMA,** flame.
LLAMADA, call, appeal, reference mark.
—— **A LICITACIÓN** o **A PROPUESTAS,** invitation to bidders, call for bids.
—— **DE INCENDIOS,** fire alarm.
—— **DE LARGA DISTANCIA,** long-distance call.
—— **DE SOCORRO** (náutica), S.O.S.
—— **DE TELÉFONO A TELÉFONO,** station-to-station call.
—— **EQUIVOCADA** (teléfonos), calling a wrong number.
—— **LOCAL,** local call.
—— **POR COBRAR,** collect call.
—— **TELEFÓNICA,** telephone call, phone call.
—— **TELEFÓNICA DE PERSONA A PERSONA,** person-to person call.
LLAMAR, to call, to name, to call up, to ring.
—— **A CAPÍTULO** o **A CUENTAS,** to call to accounts.
—— **A JUNTA,** to call a meeting.
—— **A LA PUERTA,** tap at the door.
—— **A LICITACIÓN** o **A PROPUESTAS,** call for bids.
—— **AL ORDEN,** to call to order.
—— **LA ATENCIÓN,** to call attention, to attention.
—— **POR TELÉFONO,** to ring up, to phone.
—— **SILBANDO,** to whistle for.
LLANERO o **VAQUERO,** cowboy.
LLANO, plain, simple, even, flat.
LLAVE o **CLAVE** o **TECLA,** key, wrench, valve, cock, faucet.
—— **DE TUBO** o **STILLSON,** pipe wrench.
—— **DE TUERCAS,** wrench.
——, **ECHAR LA,** to lock.
—— **INGLESA,** monkey wrench.
—— **MAESTRA** o **DE PASO,** master key, monkey wrench.
—— **O GRIFO DE TRES VÍAS,** three-way cock.
LLAVERO, key ring, housekeeper.
LLEGADA, arrival, coming.
——, **A LA,** on arrival.
LLEGAR, to arrive, to reach, to come.
—— **A** o **ALCANZAR** u **OBTENER,** to reach home.
—— **A CASA,** reach home.
—— **A LA MAYORÍA DE EDAD,** to become of age.
—— **A LAS MANOS,** to come to blows.
—— **A SABER,** to find out, to get to know.
—— **A SER,** to become, to get to be.
—— **A UN ACUERDO** o **A UN ARREGLO,** to reach an agreement, to reach an understanding, come to terms.
——, **AL,** on arrival.
—— **BIEN** o **SIN NOVEDAD,** arrive safely.
——, **POR,** arriving, to arrive.
—— **TARDE,** to be late, miss the boat.
LLENAR, to fill, to satisfy.
—— **DE,** to fill with.
—— **UN FORMULARIO** o **UN MODELO,** to fill out a form.
—— **UNA NECESIDAD,** to meet a need.
—— **UNA SOLICITUD,** to fill an application.
—— **UNA VACANTE,** to fill a position.
LLENO, full.
—— **DE BOTE EN BOTE,** brimful, full to the brim.
LLEVAR, to carry, to convey, to take, to carry away, to obtain, to charge.
—— **A CABO** o **EJECUTAR,** to carry out, to finish, to carry through.
—— **A CUESTAS,** to carry on one's shoulders or back.
—— **A REMATE** o **REMATAR,** put up at auction.
—— **AL CORRIENTE,** to keep posted.
—— **AL CRÉDITO** o **AL HABER,** to credit.
—— **AL DÉBITO,** to debit, to charge.
—— **CONSIGO,** to carry along with one, to carry with it.
—— **CUENTAS,** to keep accounts.
—— **EL INVENTARIO,** to take inventory.
—— **FIANZA,** to be bonded.
—— **LA CONTABILIDAD,** to keep the accounts.
—— **LA CONTRA,** to oppose, to contradict.
—— **LA CUENTA DE,** to keep track of, keep tab on.
—— **LA DELANTERA,** to be ahead, to lead.
—— **LA PEOR PARTE,** to have the worse of it, to get the worst of.
—— **LAS DE PERDER,** to be in a bad way or situation.
—— **LO MEJOR,** to get the best.
—— **LOS LIBROS,** to keep books.
—— **UN REGISTRO,** to keep a record.
—— **VENTAJA,** to take an advantage.

LLEVARSE EL CONTRATO, to win the contract.
LLEVARSE EL PREMIO GORDO, hit the jackpot.
LLEVARSE UN CHASCO, to be disappointed.
LLORAR, to cry, to weep, to whine.
LLOVER, to rain.
—— **A CÁNTAROS** o **DILUVIAR,** to rain cats and dogs, pour down.
—— **COPIOSAMENTE** o **CAER UN AGUACERO,** heavy rain.
LLUEVA O NO, rain or shine.
LLUVIA, rain, shower.
—— **COPIOSA,** heavy rainfall.

MACROECONOMÍA, macroeconomics.
MACROECONÓMICA, POLÍTICA, macroeconomic policy.
MACROINSTRUCCIÓN (computación), macroinstruction.
MACROMERCADOTECNIA, macromarketing.
MACHACAR o MARTILLAR, to pound.
MACHO, male, shaft, mandrel, spindle.
MACHOTE o FORMULARIO, blank form, memorandum of agreement.
MADERA, lumber timber, wood.
—— **COMPRIMIDA o LAMINADA PARA PAREDES**, wallboard.
—— **DE CONSTRUCCIÓN**, building timber.
—— **EN PIE**, stumpage, standing timber.
—— **LAMINADA o CONTRACHAPADA**, plywood.
—— **PARA ASERRAR**, timber fit to be sawed.
MADERAMEN u OBRA DE CARPINTERÍA, woodwork.
MADERERÍA o DEPÓSITO DE MADERA, lumber yard.
MADERERO, logger, lumber dealer, timber dealer.
MADERO, timber.
MADRASTRA, stepmother.
MADRE POLÍTICA, mother-in-law.
MADRINA, godmother, bridesmaid.
MADRUGADA, DE, at daybreak.
MADURAR, to ripen, to mature.
MADUREZ, maturity.
—— **O FLORECIMIENTO DEL PRODUCTO**, product maturity.
—— **PSICOLÓGICA**, psychological maturity.
MADURO o EN SAZÓN, ripe, mature.
MAESTRA o MAESTRO DE ESCUELA, schoolteacher.
——, **MUESTRA**, master sample.
MAESTRO, journeyman, master workman, principal, master, teacher.
—— **ALBAÑIL**, master mason.
—— **CARPINTERO**, master, carpenter.
—— **DE ESCRITURA**, writing master.
—— **DE OBRAS**, master builder.
—— **DE TALLER u OFICIAL**, workmaster.
—— **MECÁNICO**, master mechanic.
MAGAZÍN, magazine.
MAGIA BLANCA, white magic.
MAGISTERIO, mastery, teaching profession, mastership.
MAGNAVOZ, loud-speaker.
MAGNÉTICO, magnetic.
MAGRO, lean.
MAÍZ, corn.
MAJADERÍA, foolishness, nonsense.
MAL, bad.
—— **ARCHIVADO**, misfield.
—— **CARÁCTER**, hot tempered.
—— **COMPORTAMIENTO**, misbehavior.
—— **DE MONTAÑA**, mountain sickness.
—— **EN PEOR, DE**, from bad to worse.
—— **ENTENDIDO**, misunderstanding.
—— **ESTADO**, bad condition.
—— **FUNCIONAMIENTO**, malfunction.
—— **HUMOR o MAL GENIO**, bad temper.
—— **QUE POR BIEN NO VENGA, NO HAY**, everything is for the best.
—— **RECIBIDO o MAL ACOGIDO**, unwelcome.
—— **TIEMPO**, bad weather, stress of weather.
—— **TRATO o TRATO DURO**, rough handling.
—— **VENTILADO o SOFOCANTE**, stuffy.
MALA ACCIÓN, misdoing.
MALA ACTUACIÓN, wrongdoings.
MALA ADMINISTRACIÓN, mismanagement, bad management.
MALA CONDUCTA, misconduct.
MALA CONDUCTA DE UNA CORPORACIÓN, corporate misconduct.
MALA, CUENTA, bad debt.
MALA DECLARACIÓN, false declaration.
MALA FAMA, bad name.
MALA FE, bad faith.
MALA SALUD o PERSONA ENFERMIZA, poor health, ill health.
MALA SUERTE, hard luck, tough luck, tough break.
MALA VOLUNTAD, ill will.
MALAS, A, on bad terms, in a unfriendly way.
MALAS o POR BUENAS, POR, willingly or by force.
MALACATE, hoist, hoisting engine, winch.
—— **DE MINA o DE EXTRACCIÓN**, mine hoist.
—— **DE TRACTOR**, tractor hoist.
MALACATERO u OPERADOR DE MONTACARGAS, winch driver.
MALBARATAR o VENDER A BAJO PRECIO, undersell.
MALCRIADA o MALCRIADO, ill-bred, rude.
MALDICIÓN, damnation.
MALECÓN, sea wall, bulkhead, quay.
MALENTENDIDO, misunderstanding.
MALES DERIVADOS DE LA COMPETENCIA, evils of competition.
MALETA, suitcase, bag, valise, grip.
——, **HACER LA**, to pack one's bag or suitcase.
MALETERÍA, luggage factory or store, luggage.
MALETÍN o MALETILLA, handbag.
MALGASTAR o DESPERDICIAR, to waste, misspend, to squander.
—— **DINERO**, waste money.
—— **EL TIEMPO DURMIENDO**, sleep away.
—— **EL TIEMPO HABLANDO**, talk away.
—— **TIEMPO**, waste time.
MALGENIUDO o DE MAL CARÁCTER, hot tempered, ill-tempered.
MALHUMORADO u HOSCO, sulky.
MALICIA, malice.
—— **PREMEDITADA**, malice aforethought.
MALO o MALIGNO, evil, wicked, unrighteous.
MALOS MANEJOS, mismanagement.
MALOGRAR, to waste, to lose, to spoil.
MALPARADO, SALIR, to get the worst.

MALSANO o INSALUBRE, unhealthful.
MALTA, malt.
MALTRATAR, to mistreat, to handle roughly.
MALTRATO, rough handling, mistreatment, abuse.
MALVADO o PERVERSO, wrongdoer.
MALVERSACIÓN, malversation, misappropriation.
—— DE ACTIVOS, misappropriation of assets.
—— DE FONDOS, misappropriation of funds.
—— Y ROBO, embezzlement and theft.
MALVERSADOR, defaulter, embezzler.
MALVERSAR, to embezzle.
MALLA, mesh of a net.
—— o TEJIDO DE ALAMBRE, wire fabric.
MANADA, flock, herd.
MANANTIAL, fountain, well.
—— DE AGUA MINERAL o BALNEARIO, spa.
MANAR o FLUIR, to well.
MANCO, one-handed.
MANCOMUNIDAD, union, association, joint liability.
—— DE PRODUCCIÓN, output pool.
MANCHA o TINTE, stain.
MANCHAR o TEÑIR, to stain, to smear, to soil.
MANDADERO, office boy, messenger.
MANDAMÁS, boss, big shot.
MANDAMIENTO, writ, warrant, order.
—— DE DESALOJO o DE LANZAMIENTO, writ of ejectment.
—— DE EJECUCIÓN o EJECUTORIA, writ of execution.
—— DE EMBARGO, writ of attachment.
—— DE LANZAMIENTO, writ of assistance.
—— DEL TRIBUNAL A UN FUNCIONARIO PÚBLICO PARA CUMPLIR SU DEBER, mandamus.
—— PARA ENTREGA DE BIENES MUEBLES, writ of delivery.
MANDANTE, mandator, principal, constituent.
MANDAR, to send, to order, to drive, to rule.
—— A DOMICILIO, to deliver at home.
—— A PAGAR, to have paid, to order paid.
—— DECIR, to send word.
MANDATARIO, agent, attorney, governor.
MANDATO, mandate, power of attorney, commission, charge, writ.
—— DE RESTITUCIÓN, writ of restitution.
—— GENERAL, general power of attorney.
MANDO, command, control, drive, order, operation.
—— A MANO, hand control, hand operation.
——, TOMAR EL, to take command.
MANDÓN, leader, chief, head, haughty person.
MANEJADO A MANO, manually operated.
MANEJAR, to handle, to manage, to drive, to run.
—— CASA, to keep house.
—— GENTE, to handle men.
—— LAS COSAS o RESOLVERLAS, work it.
—— UN NEGOCIO o ADMINISTRAR UNA EMPRESA, run a business.
MANÉJESE CON CUIDADO, handle with care.
MANEJO, handling, driving, management, operation.

—— A ALTA VELOCIDAD, high-speed driving.
—— A GRANEL, bulk handling.
—— DE GASTOS, expense management.
—— DE LA TENSIÓN O DE LA ALTERACIÓN PERSONAL, stress management.
—— DE MATERIALES, material handling.
—— DESCUIDADO, rough handling.
—— ILÍCITO DE FONDOS, misappropriation of funds.
MANERA, manner.
——, DE ALGUNA, in some way, somehow.
——, DE NINGUNA, in no way, by no means, not at all.
MANERAS, DE TODAS, at any rate.
MANGO, handle, haft.
MANGONEAR, to graft, to meddle, to loiter, to exploit an official job.
MANGUERA, hose, inner tube.
—— PARA INCENDIOS, fire hose.
MANÍA, mania, hobby.
MANIBLANCO o INOCENTE, white-handed.
MANICOMIO, madhouse.
MANIFESTACIÓN O DECLARACIÓN DE QUIEBRA, declaration of bankruptcy.
MANIFESTAR O EXPONER o PROMULGAR, set forth, to declare, to stay, to show.
MANIFIESTO, manifest, cargo summary, passenger list, statement.
—— ADUANAL, customs manifest.
—— DE CARGA, cargo manifest.
—— DE RUTA, waybill.
—— DE TODOS LOS INGRESOS POR CARGA, freight sheet.
—— DEL EXPEDIDOR, shipper's manifest.
——, PONER DE, to make evidence, to show plainly.
MANIJA, crank, handle, lever, drawer pull.
MANIOBRA, operation, control, handling, manipulation.
—— LEGAL, legal maneuvering.
—— POLÍTICA, political maneuvering.
MANIOBRAR, to operate, to handle, to drill.
MANIPULACIÓN, handling, manipulation.
—— DEL MERCADO, rigging the market.
MANIPULAR, to handle, to process.
—— CARGA, work cargo.
MANIPULEO, tactful handling, handling.
MANIQUÍ, dummy.
MANO, hand, coat, quire.
——, A, on hand, by hand.
——, A LA, handy, at hand.
—— A MANO, face to face, on equal terms.
——, DAR UNA, to give or lend a hand.
—— DE OBRA, hand labor, labor, workmanship, handicraft, work force.
—— DE OBRA BARATA, cheap labor.
—— DE OBRA CALIFICADA, skilled labor.
—— DE OBRA DIRECTA, direct labor.
—— DE OBRA DISPONIBLE, labor availability.
—— DE OBRA EN PROCESO, labor in process.

—— DE OBRA ESCASA o FALTA DE MANO DE OBRA, tight labor market.
—— DE OBRA EXTRANJERA, foreign labor.
—— DE OBRA INDIRECTA, indirect labor.
—— DE OBRA OCIOSA, iddle labor, lost time.
—— DE OBRA PRODUCTIVA, productive labor.
—— DERECHA, right hand.
MANOS A LA OBRA, to work, bear a hand.
MANOS AFUERA, hands-off.
MANOS ARRIBA, stick them up.
MANOJO, bundle, hand of tobacco.
MANÓMETRO, steam gauge, pressure gauge.
MANOTEAR, to gesticulate, to cuff.
MANTA, woolen blanket, coarse cotton fabric.
MANTECA, lard, butter.
—— DE CERDO o DE PUERCO, lard.
MANTENER, to maintain, to support, to keep up.
—— EL PRECIO, hold the price.
—— EXISTENCIAS, to carry a stock.
—— LA COMUNICACIÓN TELEFÓNICA, hold the line.
—— LA PALABRA, to keep one's word.
—— RELACIONES, to keep in touch, to maintain relations.
MANTENERSE AL DÍA, to keep up to-date.
MANTENERSE ALEJADO, to keep away.
MANTENERSE FIRME o RESISTIR, stand out.
MANTENERSE UNIDOS, stand together.
MANTÉNGASE SECO, keep dry.
MANTENIMIENTO, maintenance, upkeep, subsistence.
—— DE EQUIPO, maintenance of equipment.
—— DE LA PLANTA, plant maintenance.
—— DE VÍA, maintenance of way, track maintenance.
—— DEL PRECIO, price maintenance.
MANTISA, mantissa.
MANUAL, manual, handbook, hand.
—— DE CONTABILIDAD, accounting manual.
—— DE INSTRUCCIONES, instruction book.
—— DE PROCEDIMIENTOS, procedure manual.
—— DE TIPOS DE TARIFA, rate manual.
—— IMPRESO, written manual.
—— PARA VENDEDORES, sales manual.
MANUFACTURA, manufacture, manufacturing, factory.
—— DE MALA CALIDAD, shoddy manufacture.
—— DE MAQUINARIA PESADA, heavy manufacturing.
—— EN PROCESO, work in process.
—— FALSA, shoddy workmanship.
—— LIGERA, light manufacturing.
MANUFACTURADO, manufactured.
MANUFACTURADOS, PRODUCTOS, manufactured products.
MANUFACTURAR, to manufacture, to process, to fabricate.
MANUSCRITO (imprenta), manuscript, copy, written, longhand.
MANZANA DE CIUDAD, city block.
MAÑA, DARSE, to manage, to contrive.

MAÑANA, tomorrow, morning.
—— AL MEDIODÍA, tomorrow noon.
——, HASTA, until tomorrow.
—— MISMO, tomorrow without fail, surely.
—— POR LA MAÑANA, tomorrow morning.
—— POR LA NOCHE, tomorrow night.
—— POR LA TARDE, tomorrow afternoon.
MAÑOSO, tricky, dishonest, skillful.
MAPA, map.
—— DE FLUJO o DE CIRCULACIÓN DEL TRÁFICO, traffic-flow map.
—— DE TERRENO ACOTADO, plat.
—— METEOROLÓGICO, weather chart.
—— VIAL O CAMIONERO, road map.
MAQUETA, model, dummy, nock-up.
MAQUILAR, to make anything to order.
MÁQUINA, engine, machine, automobile.
——, A TODA, at full speed.
—— AUTOMÁTICA, automatic machine.
—— AUTOMÁTICA DE SERVICIOS BANCARIOS, automated teller machine.
—— CALCULADORA o DE CALCULAR, calculating machine.
—— CLASIFICADORA, sorting machine, sorter.
—— CON CARACTERÍSTICAS AUTOMÁTICAS DE ALIMENTACIÓN DE ESPACIOS, automatic line-feeding features machine.
—— CON CARRO DE ALIMENTACIÓN AL FRENTE, front fees carriage machine.
—— CON CUATRO TOTALIZADORES, four-register machine.
—— CONTADORA, accounting machine.
—— CORRIENTE DE REGISTRO DIRECTO, direct-entry machine.
—— DE ANÁLISIS CON TOTALIZADORES MÚLTIPLES, multi-total analysis machine.
—— DE COMPOSICIÓN, typesetting machine.
—— DE CONTABILIDAD, posting or bookkeeping machine.
—— DE CONTABILIDAD CONECTADA EN LÍNEA, on-line accounting machine.
—— DE CONTABILIDAD DE CARRO LARGO, wide-carriage accounting machine.
—— DE CONTABILIDAD DE ESCRITORIO, desk bookkeeping machine.
—— DE CONTABILIDAD TOTALMENTE AUTOMÁTICA, fully automated bookkeeping machine.
—— DE COSER, sewing machine.
—— DE DICTAR, dictaphone, dictating machine.
—— DE DOS TOTALIZADORES, two-total machine.
—— DE ESCRIBIR, typewriter, typewriting machine.
—— DE ESCRIBIR ACCIONADA POR CINTA, tape-operated typewriter.
—— DE ESCRIBIR ELÉCTRICA, electric typewriter.
—— DE ESCRIBIR PORTÁTIL, portable typewriter.
—— DE FACTURAR, billing machine.
—— DE IMPRIMIR, stamping machine, imprinter.
—— DE MOLER CARNE, meat grinder.
—— DE PRUEBA o DE ENSAYO, testing machine.

—— DE UN TOTALIZADOR, single total machine.
—— DE VALIDACIÓN, validating machine.
—— DE VAPOR o A VAPOR, steam engine.
—— DE VENTA AUTOMÁTICA o TRAGANÍQUELES, slot machine, vending machine.
—— DIESEL, diesel engine.
—— ELECTORAL, voting machine.
—— ELECTRÓNICA DE CONTABILIDAD, electronic accounting machine.
—— ELECTRÓNICA DE DICTAR, electronic dictating machine.
—— ENSACADORA o LLENADORA DE SACOS, sack filler.
—— ESTAMPADORA DE FIRMAS, signature stamp machine.
—— ENVOLVEDORA, wrapping machine.
—— FACTURADORA, invoicing machine.
—— FRANQUEADORA, postage-metering machine.
—— IMPRESORA DE DIRECCIONES, addressing machine.
—— LAVADORA AUTOMÁTICA, automatic washing machine.
—— MECANOGRÁFICA DE CONTABILIDAD, typewriter accounting machine.
—— PERFORADORA, perforating machine.
—— PERFORADORA IMPRESORA, pounching and printing machine.
—— RAYADORA, ruling machine.
—— REGISTRADORA, recording machine, cash register.
—— REPRODUCTORA, reproduction machine.
—— TABULADORA, tabulating machine.
—— VENDEDORA DE BILLETES, ticket-vending machine.
—— VENDEDORA DE CIGARROS, CONFITURAS, SELLOS, ETC, vending machine.
—— VENDEDORA DE MERCANCÍA, merchandising machine.
—— VENDEDORA DE SELLOS DE CORREO o FRANQUEADORA, stamp-vending machine.
MÁQUINA-HORA, machine time.
MÁQUINAS
—— DE OFICINA, office machines.
—— Y EQUIPO DE OFICINAS, office machines and equipment.
MÁQUINAS-HERRAMIENTA, machine-tools.
MAQUINACIÓN, plotting, machination.
MAQUINADO DE UNA PIEZA, machining.
MAQUINARIA, machinery.
—— AGRÍCOLA, farm machinery.
—— DE EXTRACCIÓN, mining machinery.
—— DE PRODUCCIÓN, production machinery.
—— DE TRANSPORTE DE MATERIALES, material handling machinery.
—— EMPAQUETADORA, packing machinery.
—— ESPECIALIZADA, specialized machinery.
—— EXCEDENTE, leftover machinery.
—— OBSOLETA o ANTICUADA, obsolete machinery.
—— PARA CONSTRUCCIÓN, construction equipment.
—— Y EQUIPO, machinery and equipment.

MAQUINISTA, hoist runner, operator of an engine, winchman, locomotive engineer.
—— DE GRÚA, craneman.
—— EN JEFE (náutica), chief engineer.
—— NAVAL, marine engineer, engineer officer.
—— O INGENIERO DE PATIO, yard engineer.
MAR, sea, ocean.
—— AGITADO, swelling sea.
——, AL, overboard.
—— BRAVO o MAR PICADO, rough sea, heavy sea.
—— TERRITORIAL o COSTERO, territorial waters, marine belt, marginal sea.
MARAVILLA o PRODIGIO o ADMIRACIÓN, wonder.
MARAVILLADO, in wonder.
MARBETE, tag, label, baggage check.
—— O ETIQUETA DE PRECIO, price tag.
MARCA, brand, make, mark, record.
—— COMERCIAL o DE COMERCIO, brand name, merchant's trademark.
——, DE, trademark.
—— DE COMPROBACIÓN o SEÑAL DE COMPROBACIÓN, tick mark.
—— DE CHEQUEO, check mark.
—— DE FÁBRICA, manufacturer's trademark.
—— DE FÁBRICA REGISTRADA, registered trademark.
—— DE LÁPIZ, pencil markings.
—— DE VENTA, brand, sales record.
—— DEL PRODUCTO, product branding.
—— FAMILIAR, family brand.
—— GENERAL, blanket brand.
—— INDIVIDUAL, individual brand.
—— MUNDIAL, world's record.
—— PARTICULAR, private brand.
—— REGISTRADA, registered trademark, trademark, trade name.
MARCAS
—— DE EMBARQUE, shipping marks.
—— NO REGISTRADAS, unregistered marks.
MARCADOR, marker, indicator, gage, assayer.
—— DE TIEMPO, time recorder, timekeeper.
—— O ANOTADOR o PERSONA QUE ANOTA LOS TANTOS DE UN JUEGO, score keeper.
MARCAPASO, pacemaker.
MARCAR o SEÑALAR, to mark, to brand, to register, to indicate, to dial.
—— EL NÚMERO, to dial the number.
MARCO, frame, mark, doorcase, window case.
—— DE TRABAJO, framework.
MARCHA, movement, progress, running, self-starter.
—— ATRÁS, backing up.
—— DE LOS NEGOCIOS, course of business.
——, EMPRESA EN, going concern.
——, EN, in operation, working, going, under way, go on, let's go.
——, SOBRE LA, at once, right away, right off.
—— Y PARADA (máquinas de oficina), start-stop, on-off.
MARCHANTE, steady customer, merchant, dealer, jobber.

MARCHAR, to go, to move, to function, to progress.
MARCHARSE, walk away.
MARCHITARSE o AJARSE, to wilt.
MAREA, tide.
—— ALTA o LLENA, high tide.
—— BAJA, low tide.
——, CONTRA VIENTO Y, against all odds, come what may.
MAREADO, seasick.
MAREARSE, to become seasick.
MAREO, seasickness, nausea.
MARFIL, ivory.
MARGEN, margin, occasion.
—— ADICIONAL, additional markon.
—— AMPLIO, wide margin.
—— BRUTO, gross margin.
—— BRUTO DE OPERACIONES, gross operating spread.
—— BRUTO EN MERCANCÍAS, gross merchandise margin.
—— DE CONTRIBUCIÓN, contribution margin.
—— DE ERROR, margin of error.
—— DE INTERÉS, interest margin.
—— DE LA DEUDA LEGAL, legal debt margin.
—— DE LA LEY, AL, illegal.
—— DE LOS REGLAMENTOS, AL, against the rules.
—— DE PRECIO, price margin.
—— DE SEGURIDAD, margin of safety.
—— DE UTILIDAD o DE GANANCIA o DE BENEFICIO, margin of profit.
—— DE UTILIDAD BRUTA, gross profit margin.
—— DE UTILIDAD DE OPERACIÓN, operating profit margin.
—— DE UTILIDAD UNITARIO, unit profit margin.
—— DE VARIACIÓN, range of variation.
—— DEL INTERÉS NETO EN DÓLARES, dollar net interest margin.
—— DEL PORCENTAJE DE INTERÉS NETO, percent net margin.
—— EN MANUFACTURA o FABRICACIÓN, manufacturing margin.
—— EN VENTAS, margin on sales.
—— ENTRE COSTO Y PRECIO DE VENTA, initial markup, markon.
—— TOTAL DE CONTRIBUCIÓN, total contribution margin.
MARGINAL, marginal.
——, ENTRADA, marginal revenue.
MARIDO, husband.
—— Y MUJER, man and wife.
MARINA, seacost, seamanship, ships of a nation.
—— DE GUERRA o ARMADA, navy.
—— MERCANTE, merchant marine.
MARINERO o MARINO, seaman, sailor.
MARINEROS Y ESTIBADORES, maritime labor.
MARINO o MARÍTIMO, marine, maritime, nautical, seaman.
MARISCAL, marshal.
—— DE CAMPO, field marshal.

MARISCOS o PRODUCTOS MARINOS, sea food, shellfish.
MARITAL, marital.
MARÍTIMO, maritime, marine, ocean.
MARMOLERÍA, marble shop, marble work.
MARRULLERO, deceiver, coaxer, sly.
MARTILLO, hammer, auction room.
MÁS, more, plus, over.
—— ADELANTE, later on.
——, ALGO, any more.
—— ALTO o SUPERIOR, uppermost.
—— ANTIGUO o MAYOR o PRINCIPAL, senior.
—— BIEN, rather.
——, CADA VEZ, more and more.
—— DE, upward of.
—— DE DOS, more than two.
—— DE LO QUE ÉL SABE, more than he knows.
—— DE UNA VEZ, more than once.
—— LEJANO, further.
——, NO, no more.
—— O MENOS, more or less, plus or minus.
—— PRONTO, sooner.
—— TARDAR, A, at the latest.
—— TARDE O MÁS TEMPRANO, sooner or later.
MASA, mass, volume, crowd, assets, means, wealth.
——, AGARRAR A UNO CON LAS MANOS EN LA, to catch someone in the act.
——, EN, in bulk.
—— O PÚBLICO CONSUMIDOR, consuming public.
——, PRODUCCIÓN EN, mass production.
—— TRABAJADORA o LABORAL, working people.
MÁSTIL, mast, post.
MATADERO, slaughterhouse.
MATANZA, slaughtering, slaughterhouse, butcher shop.
—— DE CERDOS, hog slaughter.
—— DE GANADO o SACRIFICIO DE RESES, slaughter.
MATAR, to kill, to extinguish, to put death, to cancel.
—— CON ARMA DE FUEGO o DISPARAR o FUSILAR, to shoot.
—— DE ABURRIMIENTO, to bore to death.
—— EL TIEMPO, to kill time.
MATARIFE, slaughterer, slaughterhouse worker.
MATEMÁTICAS, mathematics.
—— APLICADAS, applied mathematics.
—— DE LAS FINANZAS o FINANCIERAS, mathematics of finance.
—— SUPERIORES o AVANZADAS, higher mathematics.
MATEMÁTICO, mathematician, mathematical.
MATERIA, matter, affair, subject, material, topic.
——, ENTRADA EN, get down to business, to come to the point.
—— PARA TABLEROS, outdoor copy.
—— PRIMA, raw material.
MATERIAS
—— PRIMAS, raw materials.
—— PRIMAS EN PROCESO, raw materials in process.

MATERIAL, material, equipment, mansory.
—— A GRANEL, bulk material.
—— AVERIADO o DAÑADO o DETERIORADO, spoilage.
—— DE ACABADO, finishing material.
—— DE DESECHO o DE DESPERDICIO, waste material, scrap, rejects.
—— DE PRÁCTICA, assignment material.
—— DE PROPAGANDA o DE PUBLICIDAD, advertising supplies, advertising matter or material.
—— FERROVIARIO o RODANTE, rolling stock.
—— INDIRECTO, indirect material.
—— NO ELABORADO, unworked material.
—— PARA CONSTRUCCIÓN, building material.
—— PLÁSTICO, plastic material.
—— QUE ENTRA EN UN PROCESO, direct material.
—— REVOLVENTE, revolving stock.
—— SOBRANTE o REZAGO, salvage materials.
—— UNIFORME o TIPO, standard material.
—— USADO, used material.
MATERIALES
—— DE POCO MOVIMIENTO, slow-moving materials.
—— DESPERDICIADOS o DE DESECHO, scrap materials.
—— EN PROCESO, materials in process.
—— EN TRÁNSITO, materials in transit.
——, LISTA DE, bill of materials.
—— OBSOLETOS EN DESUSO, obsolete materials.
—— PARA CONSTRUCCIÓN, household building materials.
—— PARA ENVASAR, packing materials.
—— RECUPERABLES, savable materials.
——, RECURSOS, material resources.
—— Y SERVICIOS, materials and services.
—— Y SUMINISTROS, materials and supplies.
MATINAL, morning.
MATRÍCULA, register, list, license, charter.
—— O LICENCIA DE CONDUCTOR, driver's license.
MATRICULAR, to enroll, to register, to enter, to list.
MATRICULARSE o REGISTRARSE, enrollment.
MATRIMONIO o CASAMIENTO, marriage, matrimony.
—— DE PROFESIONISTAS, dual career marriage.
—— ENTRE PARIENTES, intermarriage.
—— POR PODER, marriage by proxy.
MATRIZ, matrix, original, master record, counterfoil, main, principal.
—— CERO, zero matrix.
—— DE LAS GANANCIAS, pay-off matrix.
——, OFICINA, home office.
—— UNITARIA, unitary matrix.
—— Y SUBSIDIARIA, parent and subsidiary.
MATUTINO, morning paper, morning.
MÁXIMA, maximum.
—— GANANCIA POSIBLE, maximum possible pay-off.
—— PROBABILIDAD, maximum likelihood.
—— VELOCIDAD, top speed.
MAXIMIZACIÓN, maximization.
—— DE UTILIDADES o DE GANANCIAS, profit maximization.
—— DEL PATRIMONIO DEL ACCIONISTA, shareholder wealth maximization.

MAXIMIZAR o ELEVAR AL MÁXIMO, to maximize.
—— LAS GANANCIAS o UTILIDADES, to maximize profits.
MÁXIMO, maximum.
—— DE PRECIOS, price ceiling.
—— LÍDER, chief executive, supreme head.
MAYOR, chief, head, superior, ledger, principal, greater, older.
——, AL POR, at wholesale.
—— AUXILIAR o SUBMAYOR, subsidiary ledger.
—— AUXILIAR DE CLIENTES, customer's ledger.
—— AUXILIAR DE OPERACIÓN, operating ledger.
—— AUXILIAR PRIVADO, private ledger.
—— DE ACCIONES o REGISTRO DE ACCIONISTAS, share register.
—— DE ACREEDORES, creditors' ledger, accounts payable.
—— DE ACTIVO FIJO o DE BIENES, property ledger.
—— DE APROPIACIONES o ASIGNACIONES, appropriation ledger.
—— DE ASIGNACIONES, allotment ledger.
—— DE BIENES DE CAPITAL o DE LA PLANTA, plant ledger.
—— DE CLIENTES, customers' ledger.
—— DE COLOCACIONES u OBLIGACIONES, liability ledger.
—— DE CONSOLIDACIÓN, consolidation ledger.
—— DE COSTOS, cost ledger.
—— DE CUENTAS A COBRAR o POR COBRAR, accounts receivable ledger, receivables ledger.
—— DE CUENTAS A PAGAR, accounts payable ledger.
—— DE CUENTAS TRANSFERIDAS, transfer ledger.
—— DE DEUDORES, sales or accounts receivable ledger.
—— DE EDAD, of age, of full age.
—— DE ELIMINACIONES, elimination ledger.
—— DE ESTADOS MENSUALES, statement ledger.
—— DE EXISTENCIAS o DE ALMACÉN, store ledger.
—— DE FÁBRICA o DE MANUFACTURA o DE PRODUCCIÓN, factory ledger.
—— DE FIDEICOMISO, trust ledger.
—— DE GASTOS DE FABRICACIÓN, manufacturing expense ledger.
—— DE GASTOS DE OPERACIÓN, operating expense ledger.
—— DE GASTOS INDIRECTOS, expense ledger.
—— DE ÍNDICE VISIBLE, visible-index ledger.
—— DE INVERSIONES, investment ledger.
—— DE MATERIALES, materials ledger, stores ledger.
—— DE OBRAS EN PROCESO, construction in process ledger.
—— DE PARTIDAS ACUMULADAS, accrual ledger.
—— DE PRODUCTOS EN PROCESO, work in process ledger.
—— DE PRODUCTOS TERMINADOS, finished-goods ledger.
—— DE PROVEEDORES, accounts-payable or purchase ledger.

—— DE SUBSCRIPCIONES, subscription ledger.
—— DE VALORES FIJOS, fixed assets ledger.
—— DE VENTAS PROVISIONALES, memorandum ledger.
—— DEL ACTIVO FIJO, plant ledger.
—— ESTADÍSTICO, statistical ledger.
—— GENERAL, general ledger.
——, LIBRO, ledger.
—— PRINCIPAL, general ledger.
—— PROGRESIVO, progressive ledger.
—— QUE, greater than.
MAYORAL, stage driver, cattle tender, streetcar conductor.
MAYORDOMO, foreman, janitor, headwaiter, chief steward.
MAYOREO o VENDER AL POR MAYOR, wholesale trading.
MAYORÍA, majority age.
—— DE ACCIONES, controlling stock ownership.
—— DE EDAD, legal age.
—— SUFICIENTE, working majority.
MAYORISTA O COMERCIANTE AL POR MAYOR, wholesaler, wholesale merchant.
—— CORRIENTE, regular wholesaler.
—— DE BIENES DE CONSUMO, wholesaler of consumer goods.
—— DE PAGUE Y LLEVE, cash-and-carry wholesaler.
—— DE PRODUCTOS o ARTÍCULOS INDUSTRIALES, wholesaler of industrial goods.
—— DE SERVICIO COMPLETO, full-service wholesaler.
—— DE SERVICIO LIMITADO, limited-service wholesaler.
—— DE UN SOLO PRODUCTO o UNA SOLA RAMA, single-line wholesaler.
—— INDEPENDIENTE, independent wholesaler.
—— INTERMEDIARIO, wholesaler middleman.
—— LOCAL, local wholesaler.
——, MERCADO, wholesaler market.
MAYORISTA-MINORISTA, wholesaler-retailer.
MAYORISTAS o COMERCIANTES AL POR MAYOR, wholesale dealers.
MAYORITARIO, majority.
MAYÚSCULA, capital letter, upper-case.
MECÁNICA, mechanics, mechanism.
—— DEL PAGO DE DIVIDENDOS, mechanics of dividend payments.
MECÁNICO, mechanics, machinist, engineer, mechanical.
—— DE VUELO, flight engineer.
—— ELECTRICISTA, electrician, electrical repairman.
—— JEFE O JEFE MECÁNICO, master mechanic.
MECANISMO, mechanical, gear.
—— IMPULSOR, actuating mechanism.
MECANIZACIÓN, mechanization.
—— DE LA NÓMINA, mechanization of payroll.
MECANIZAR, to mechanize.
MECANÓGRAFA, typist, office girl.

MECANOGRAFÍA o DACTILOGRAFÍA o ESCRITURA A MÁQUINA, typewriting.
—— AL TACTO o ESCRITURA AL TACTO, touch typing.
MECANOGRAFIAR o ESCRIBIR A MÁQUINA, to type, to typewrite.
MECANÓGRAFO o DACTILÓGRAFO, typist, typewriter.
MECHA, wick, fuse (of explosive).
MEDALLA, medal.
MEDIA, mean, stocking, hose.
—— ANUAL, TASA, mean annual rate.
—— ARITMÉTICA, arithmetical mean.
—— ARMÓNICA, harmonic mean.
—— DE MUESTRA, sample mean.
—— DE POBLACIÓN, population mean.
—— ENTRADA, half admission fee.
—— GEOMÉTRICA, geometric mean.
—— MATEMÁTICA, mathematical mean.
—— MÓVIL, moving mean.
—— NOCHE, midnight.
—— PAGA, half pay.
—— PONDERADA, weighted mean.
—— PROPORCIONAL, proportional mean.
—— TAREA, half time.
—— TARIFA, half fare.
—— TINTA, halftone.
—— VELOCIDAD, half speed.
—— VERDADERA, true mean.
——, VIDA, mean lenght of life.
MEDIAS, hosiery, stockings.
MEDIADOR, mediator, broker, middleman.
—— COMERCIAL, jobber, middleman.
MEDIADOS DE SEMANA, midweek.
MEDIANA, median.
MEDIANO, medium, fair, middling.
MEDIANTE, by means of.
——, DIOS, God willing.
—— ENTREGA, on delivery.
MEDIAR, to mediate, to intervene as a broker or middleman.
MEDICINA o MEDICAMENTO, medicine.
—— DE PATENTE o ESPECIALIDAD FARMACÉUTICA, patent medicine.
—— SOCIAL, social medicine.
—— SOCIALIZADA, socialized medicine.
—— VETERINARIA, veterinary medicine.
MEDICIÓN, measurement, gaging, survey.
—— CUANTITATIVA, quantitative measurement.
—— DE LOS INGRESOS, income measurement.
—— DEL MERCADO, market measurement.
—— DEL PRODUCTO NACIONAL BRUTO, measurement of gross national product.
—— DEL TRABAJO, measurement of work.
MEDICIONES, measurements.
MÉDICO, doctor, physician, medical.
—— DE CABECERA, family physician.
—— DE LA COMPAÑÍA, company doctor.
—— FORENSE, medical examiner, coroner.
—— GENERAL, medical man.
—— RESIDENTE, house physician.

—— RESIDENTE DE UN HOSPITAL, intern.
MEDIDA, measure, measurement, size, rule, measuring tape.
——, A LA, custom made, made to order.
—— AGRARIA, land measure.
—— CÚBICA o DE CAPACIDAD, cubic measure.
—— DE IMPRENTA, type measure.
—— DE LA PROBABILIDAD, measure of probability.
—— DE LONGITUD o LINEAL, measure of length.
—— DE LOS INGRESOS, income measurement.
—— DE PESO, measure of weight.
—— DE SUPERFICIE o CUADRADA, square measure, surface measure.
—— DE UTILIZACIÓN, usage rate.
—— DE VOLUMEN, measure of volume.
—— DE VOLUMEN DE LÍQUIDOS, liquid measure.
—— DE VOLUMEN PARA SEMILLAS, bushel.
—— MÉTRICA, metric size.
—— NORMAL o ESTÁNDAR, standard measure.
—— PARA ÁRIDOS o PRODUCTOS SECOS, dry measure.
——, POR, by the piece, unit-price.
—— QUE, A, at the same time, according as, while.
MEDIDAS, measurements, measures, arrangements.
—— DE ASOCIACIÓN, measures of association.
—— DE CAUSALIDAD, measures of causation.
—— DE DISPERSIÓN, measures of dispersion.
—— DE SEGURIDAD, safety precautions.
—— DE TENDENCIA CENTRAL, measures of central tendency.
—— SANITARIAS o DE HIGIENE, sanitary measures.
MEDIDOR, measurer, batcher, measuring device, gage, sizer, meter.
—— DE AGUA, water meter.
—— DE CALIFICATIVOS, attribute gage.
MEDIO, medium, mean, field, activity, means.
—— ACABAR, A, semifinished.
—— AMBIENTE, environment.
—— AMBIENTE FÍSICO, physical environment.
—— AMBIENTE INCIERTO o INESTABLE, uncertain environment.
—— AMBIENTE TECNOLÓGICO, technological environment.
—— CAMINO, A, half-way.
—— COMPETITIVO, competitive environment.
——, COSTO o COSTO PROMEDIO, average cost.
—— CULTURAL, cultural environment.
—— DE CAMBIO o DE PAGO, medium of exchange.
—— DE COMUNICACIÓN EN MERCADOTECNIA, marketing communication vehicle.
—— DE PAGO, instrument of payment.
—— DE, POR, by means of.
—— DE PRODUCCIÓN, facility.
—— DE PROPAGANDA o DE PUBLICIDAD, advertising medium, advertising vehicle.
—— DE REGISTRO, recording medium.
—— DE VIDA, a living.
—— DÍA FESTIVO, half holiday.
—— ECONÓMICO, economic environment.
—— HERMANO o HERMANASTRO, stepbrother.

——, IMPORTE, average amount.
—— INFORMATIVO o DE INFORMACIÓN, informational environment.
—— MORAL, moral environment.
—— OESTE (E.U.A.), Middle West.
—— ORIENTE o ESTE, Middle East.
—— PASAJE, half fare.
—— POLÍTICO, political environment.
—— PRECIO, half price.
—— PUBLICITARIO, advertising device, advertising medium.
—— SOCIAL, social environment.
—— SUELDO o PAGO, half pay.
—— TAMAÑO, DE, half-size.
—— TONO, halftone (printing).
—— USAR, A, secondhand, party used.
MEDIOS, means.
—— ALTERNATIVOS DE COMERCIALIZACIÓN, alternate marketing channels.
—— DE EXPEDICIÓN, shipping facilities.
—— DE PRODUCCIÓN, capital goods, producers' or production goods.
—— DE SUBSISTENCIA, subsistence, means of support.
—— DE TRANSPORTE, transportation facilities.
—— IMPRESOS, print media.
—— LEGALES, legal measures.
—— PUBLICITARIOS, advertising media.
—— Y FINES, means and ends.
MEDIOCRIDAD, mediocrity.
MEDIODÍA, EN PLENO, in broad daylight.
MEDIR, to measure, to gauge, to valve, to meter.
—— EL TAMAÑO DE o CALIBRAR, to size.
—— EL TIEMPO o CRONOMETRAR, to time.
—— LAS PALABRAS AL HABLAR o HABLAR CON CUIDADO, weigh one's words.
MEDITERRÁNEO, midland.
MEJOR, better, best.
——, A LO, when least expected, perhaps.
—— DICHO, rather, more properly.
——, LO, the best.
—— POSTOR, EL, lowest or highest bidder.
——, TANTO, so much the better.
MEJORA, improvement.
MEJORAS, betterments, improvements.
—— A PROPIEDAD ARRENDADA, leasehold improvements.
—— DE TERRENOS, land improvements.
—— DEL EMPLEADO, employee growth.
—— O MEJORAMIENTO DEL PROCESO, process improvements.
MEJORAR, to improve, to outbid.
MEJORARSE, to improve, to get better, to look up.
MEJORÍA, improvement, betterment, enchancement.
—— DE LOS NEGOCIOS, recovery of business.
MELAZA, molasses.
MELLAR, to indent, to notch.
MEMBRESÍA EN CLUB, club membership.

MEMBRETE, heading, letterhead.
MEMORÁNDUM O APUNTE, memorandum, notebook.
—— **ANUAL,** annual report.
——, **EN,** on memorandum.
MEMORIA, memory, report, payroll, storage.
—— **ANUAL A LOS ACCIONISTAS,** annual report to stockholders.
—— **AUXILIAR MAGNÉTICA** (computación), magnetic backing store.
—— **BORRABLE** (computación), erasable memory.
——, **DE,** by heart.
—— **DE ACCESO ALEATORIO** (computación), random-access memory.
—— **DE ALMACENAMIENTO DE UNA COMPUTADORA,** backing store.
—— **DE COMPUTADORA,** computer memory.
—— **DE NÚCLEOS MAGNÉTICOS,** core store memory.
——, **HACER,** to remember, to recollect.
—— **INTERMEDIA** (computación), buffer.
—— **MAGNÉTICA,** magnetic memory.
—— **O ALMACENAMIENTO SECUNDARIO,** secondary storage.
MEMORIZAR, to store, to memorize.
MENCIÓN, mention.
—— **DE HONOR,** honorable mention.
MENCIONAR, to name.
MENEO o TAMBALEO, waddle.
MENGUADO, impaired, diminished, decreased.
MENGUAR o DECAER, to wane.
MENOR, minor, less, smaller, younger.
——, **AL POR,** at retail.
—— **DE EDAD,** underage.
——, **QUE,** less than.
MENORES, TRABAJO DE, child labor.
MENOS, less, minus.
——, **ECHAR DE,** to miss, come away without, feel the absence of.
——, **LO,** the least.
——, **POCO MÁS O,** more or less, about.
——, **POR LO,** at least.
MENOSPRECIADO, underrate.
MENOSPRECIAR o SUBESTIMAR, to underestimate.
MENSAJE o AVISO, message.
—— **CABLEGRÁFICO,** cablegram.
—— **COMERCIAL,** commercial.
—— **COMERCIAL ENTRE DOS PROGRAMAS,** spot announcement.
—— **ESCRITO,** written message.
—— **NOCTURNO,** night message.
—— **RADIAL o RADIOGRAMA,** radio message.
—— **URGENTE,** urgent message.
—— **VERBAL,** verbal message.
MENSAJES PUBLICITARIOS MÚLTIPLES, multiple advertising messages.
MENSAJERO, messenger.
—— **DE TELÉGRAFO,** telegraph messenger.
MENSUAL, monthly.
MENSUALIDAD, monthly salary, monthly payment.
MENSUALIDADES, monthly payments, monthly installments.
MENTAL, mental.
MENTE, mind.
—— **SANA o CABAL JUICIO,** sound and disposing mind.
MENTIR, to lie.
MENTIRA, lie, untruth.
——, **PARECE,** it seems impossible.
MENTIRILLA, white lie.
MENTIROSO, liar, false, deceptive, lying.
MENTOR, mentor.
MENÚ, menu, bill of fare.
MENUDEO o DETALLE o AL DETALLE, retail.
——, **A PRECIO DE,** at retail.
MENUDO, small change.
——, **A,** often.
MERCADEO, marketing.
—— **DE LÍNEAS DE PRODUCTO,** product-line marketing.
MERCADER o COMERCIANTE, merchant.
MERCADERÍA o MERCANCÍA, merchandise, goods, commodities.
MERCADERÍAS o MERCANCÍAS
—— **DE CONTRABANDO,** smuggled goods, contraband.
—— **EN EXISTENCIAS,** goods in stock.
—— **Y SERVICIOS,** goods and services.
MERCADO, market.
—— **A LA BAJA,** heavy market.
—— **ABIERTO,** open market, free market.
—— **ACTUAL,** spot market, present market.
—— **AGRÍCOLA,** agricultural market.
—— **ALCISTA o A LA ALZA,** strong market, bull market.
—— **ALGODONERO,** cotton market.
—— **AZUCARERO,** sugar market.
—— **BAJISTA,** bear market.
—— **BANCARIO,** banking market.
—— **BURSÁTIL,** stock market, securities market.
—— **CAFETALERO,** coffee market.
—— **COMERCIAL o MERCANTIL,** commercial market.
—— **COMÚN EUROPEO,** Europe's Common Market.
—— **COOPERATIVO,** cooperative market.
—— **CORPORATIVO,** corporate market.
—— **CORRESPONSAL,** correspondent market.
—— **DE ABASTO,** provision market.
—— **DE ACCIONES o DE PATRIMONIO,** equity market.
—— **DE ALZA RÁPIDA,** runaway market.
—— **DE ARTÍCULOS ESCASOS A PRECIOS EXCESIVOS,** gray market.
—— **DE BIENES DE CONSUMO,** commodity market.
—— **DE BONOS,** bond market.
—— **DE BONOS DE SOCIEDAD ANÓNIMA,** corporate bond market.
—— **DE CAPITALES,** capital market.
—— **DE CEREALES,** grain market.
—— **DE COMPRADORES,** buyers' market.
—— **DE CONSUMO,** consumer market.

MERCADOS-MERCANCÍAS

—— DE DEPÓSITOS, deposit market.
—— DE DESCUENTOS, discount market.
—— DE DIVISAS EXTRANJERAS o DE CAMBIO, foreign-exchange market.
—— DE DOCUMENTOS o VALORES NEGOCIABLES, commercial paper market.
—— DE EMPRÉSTITOS EXTRANJEROS, foreign loan market.
—— DE ESPECIALIDADES EN PIELES, speciality leather market.
—— DE EXPORTACIÓN, export market.
—— DE FONDOS DE LA RESERVA FEDERAL, federal funds market.
—— DE FUTUROS, exchange market, futures market, contract market.
—— DE INMUEBLES, real estate exchange.
—— DE PRECIOS DECRECIENTES, declining market.
—— DE PRÉSTAMOS, loan market.
—— DE PRÉSTAMOS AL CONSUMIDOR o AL CLIENTE, consumer loan market.
—— DE PRODUCTOS o DE LA PRODUCCIÓN, product market or exchange.
—— DE PRODUCTOS AGRÍCOLAS, farmers' market.
—— DE PRUEBA, test market.
—— DE RECURSOS, resources market, market for resources.
—— DE SEDA, silk market.
—— DE SEGUNDA MANO, secondhand market.
—— DE TRABAJO, labor market.
—— DE TRASLAPE, overlapping market.
—— DE VALORES o DE LA BOLSA, stock market, securities exchange.
—— DE VERDURAS, vegetable market.
—— DEL EXTRANJERO, overseas market.
—— DEL VENDEDOR, seller's market.
——, ECONOMÍA DE LIBRE, free market economy.
—— EN DEPRESIÓN, depressed market.
——, EN EL, on the market, in the market.
—— ESTATAL, government market.
—— EXTERIOR o EXTERNO o EXTRANJERO, foreign market.
—— FINANCIERO, strong or steady market.
—— FIRME, strong or steady market.
—— FLOJO o DÉBIL, weak market, sagging market, dull market.
—— FUERA DE BOLSA, over-the-counter market.
—— GANADERO o DE GANADO, livestock or cattle market.
—— GEOGRÁFICO, geographical market.
—— INACTIVO, flat market.
—— INDUSTRIAL, industrial market.
—— INESTABLE o INSEGURO, unsteady market.
—— INMEDIATO, ready market.
—— INSTITUCIONAL, institutional market.
—— INTERIOR o NACIONAL, home market, domestic market.
—— INTERMEDIARIO, intermediary market.
—— IRREGULAR, irregular market.
—— LANERO o DE LANA, wool market.

——, LANZAR AL, to put on the market.
—— LIBRE DE ORO, gold free market.
—— LIBRE o ABIERTO, free or open market.
—— LIBRE o NO RESERVADO, unreserved market.
—— LOCAL, local market.
—— LOCAL DE MANO DE OBRA, local labor market.
—— MAYORISTA o AL POR MAYOR, wholesale market.
—— METROPOLITANO, metropolitan market.
—— MINORISTA o AL DETALLE, retail market.
—— MONETARIO o DE DINERO, money market.
—— MONOPOLISTA, monopolistic market.
—— MUNDIAL, world market, world-wide market.
—— NACIONAL, domestic market.
—— NEGRO o CLANDESTINO, black market.
—— OFICIAL, official or controlled market.
—— OLIGOPOLISTA, oligopolistic market.
—— PARA ENTREGA INMEDIATA, spot market.
—— PARA IMPORTACIONES, market imports.
—— PORCINO, hog market.
—— POTENCIAL, potential market.
——, PRECIO DE, market price.
—— PRIMARIO, primary market.
—— PÚBLICO, public market.
—— REAL o ACTUAL, effective market.
—— REGIONAL DE MANO DE OBRA o FUERZA DE TRABAJO REGIONAL, regional labor market.
—— RESERVADO, reserved market.
—— RESGUARDADO o PROTEGIDO, protected market.
—— RESIDENCIAL, residential market.
—— RURAL, rural market.
—— SECUNDARIO o SUBORDINADO, secondary market.
——, TENDENCIA DEL, market trend.
—— TRANQUILO o CALMADO, quiet market.
MERCADOS
——, INVESTIGACIÓN DE, marketing research, market research.
—— MAYORISTAS SECUNDARIOS, secondary wholesale markets.
MERCADOTECNIA, marketing.
—— DIRECTA, direct marketing.
MERCANCÍA, goods, wares, merchandise, trade.
—— DE BAJA DEMANDA, low-turnover merchandise.
—— DE GRAN DEMANDA, high-turnover merchandise.
—— EN REMATE o LIQUIDACIÓN, distress merchandise.
—— NO PIGNORADA, merchandise not pledged.
—— OBSOLETA, obsolete merchandise.
—— PERECEDERA o ALIMENTOS DETERIORABLES, perishable food.
—— RECIBIDA, incoming merchandise.
MERCANCÍAS o ARTÍCULOS COMERCIALES o GÉNEROS, goods, wares, commodities.
—— DE SALIDA LENTA, slow-moving goods.
—— EN ALMACÉN, stock on hand.
—— EN CONSIGNACIÓN, consignment shipment, goods shipped on consignment.
—— EN DEPÓSITO, bonded goods.
—— EN EXISTENCIA o DISPONIBLES, inventory on hand.

—— EN TRÁNSITO, goods in transit, in transit stock.
—— FACTURADAS, goods invoiced.
——, FLUJO DE, flow of goods.
—— LIBRES DE DERECHO, free goods.
—— MANUFACTURADAS o ARTÍCULOS FABRICADOS, manufactured goods.
—— RECIBIDAS, goods received.
—— RECUPERADAS, merchandise recovered, repossessed merchandise.
—— SIN ENVOLVER, unwrapped goods.
—— VENDIBLES o DE FÁCIL VENTA, salable goods.
—— VENDIDAS, goods sold.
—— VENDIDAS A CRÉDITO, goods sold on credit.
MERCANTIL, mercantile, commercial, mercenary.
——, DERECHO, commercial law.
MERCANTILISMO, commercialism, mercantilism.
MERCANTILISTA, mercantilist, commercialist, commercial, mercenary.
MERCED DE, ESTAR A, to live at the expense of.
MERCERÍA, small wares, dry-goods store.
MERCOMÚN, European Common Market.
MERECER, to merit, to deserve, to be worth.
MERECIDO, deserved, well-earned.
MERENDAR, to lunch, to have a snack.
MERENDERO, lunch room, coffee shop.
MERIDIONAL o AUSTRAL o DEL SUR, Southern.
MERIENDA, lunch, light meal, luncheon, snack.
MÉRITO, merit.
—— DE, HACER, to mention.
MERMA, decrease, shrinkage, leakage, outage, degradation, depreciation.
—— EN ENTRADA, diminishing returns.
MES, month.
—— ACTUAL o EN CURSO, current month, this month.
—— ANTEPASADO, month before last.
—— CIVIL, calendar month.
—— ENTRANTE o PRÓXIMO, next month.
——, HACE UN, month ago.
—— NATURAL o CALENDARIO, calendar month.
—— PASADO o ÚLTIMO PASADO, last month.
—— SIGUIENTE AL PRÓXIMO, month after next.
—— TRAS MES, month after month.
—— VENIDERO, coming month.
MESES
—— DEL CONTRATO, trading months.
—— FECHA, months after date.
MESA, table.
—— DE DIBUJO, drafting table, drawing table.
—— DE PUBLICACIÓN, publication desk.
—— DE TRABAJO, worktable, workbench.
—— DIRECTIVA, board of directors.
—— REDONDA, round table.
MESA-ESCRITORIO o MESA-PUPITRE, writing table.
MESADA, monthly rate of pay, monthly salary or allowance.
MESERA, waitress.
MESERO, waiter.
MESÓN, tavern, counter, bar.

MESONERO o FONDISTA, innkeeper, host, hostess.
MESTIZO, mixed, mongrel.
META, goal, target, objective.
—— DE PARTICIPACIÓN EN EL MERCADO, market share goal.
—— U OBJETIVO DE MERCADO, market target.
METAS
—— DE OPERACIÓN INTERNAS, internal operating targets.
—— U OBJETIVOS SOCIALES, social goals.
METAL, metal, brass, bronze.
—— BLANCO o ALPACA, white metal.
—— DE IMPRENTA, type metal.
—— ESTRATÉGICO, strategic metal.
—— PRECIOSO EN BARRAS, bullion.
METÁLICO, cash, specie, metallic, metal.
METALISTERÍA, metalwork, metalworking.
METALIZADO, money-mad.
METALURGIA, metallurgy.
METALURGISTA, metallurgist.
METER, to put in, to get in, to insert, to introduce.
—— BULLA, to make a noise.
—— CIZAÑA, to sow discord.
—— CON VIOLENCIA o REUNIR, whip in.
—— O HACER ENTRAR, work in.
—— SECRETAMENTE, slip in.
METÓDICO, formal, methodical.
MÉTODO, method, technique.
—— CONFIABLE o SEGURO, sound method.
—— CUANTITATIVO, quantitative method.
—— DE ANUALIDADES, annuity method.
—— DE BONOS EN CIRCULACIÓN, bonds-outstanding method.
—— DE CARGOS DECRECIENTES, decreasing-charge method.
—— DE CODIFICACIÓN, coding method.
—— DE COSTO, cost method.
—— DE DEPRECIACIÓN, depreciation method.
—— DE DEPRECIACIÓN Y CONSERVACIÓN COMBINADAS, combined depreciation and upkeep method.
—— DE ENCUESTA o INVESTIGACIÓN, survey method.
—— DE EXISTENCIAS BÁSICAS, base-stock method.
—— DE GRUPO o DE BLOQUE, block method.
—— DE HORAS DE TRABAJO, working-hours method.
—— DE INSPECCIÓN VISUAL, viewing method.
—— DE INTERCALACIÓN, stuffing method.
—— DE INTERÉS COMPUESTO, compound-interest method.
—— DE INVENTARIO, inventory method.
—— DE LA SUMA DE LOS DÍGITOS DE LOS AÑOS VARIOS, sum-of-the-years-digits method.
—— DE LA UTILIDAD BRUTA, gross profit method.
—— DE LÍNEA RECTA, straight-line method.
—— DE MÍNIMOS CUADRADOS, least-squares method.
—— DE MONTE CARLO, Monte Carlo Method.
—— DE PAGOS ANUALES IGUALES, equal-annual-payment method.
—— DE PARTICIPACIÓN, equity method.

—— DE PORCENTAJE FIJO, fixed rate method.
—— DE PRODUCCIÓN, production method.
—— DE PROVISIÓN DECRECIENTE, diminishing-provision method.
—— DE PRUEBA Y ERROR, trial-and-error method.
—— DE RENDIMIENTO, yield method.
—— DE SALDOS DECRECIENTES, reducing-balance method, declining balance method.
—— DE UTILIDAD DIFERIDA EN VENTAS A PLAZOS, installment method of accounting.
—— DE VALORACIÓN DEL INVENTARIO BÁSICO, base-stock method of valuation.
—— DE VIDA COMPUESTA, composite-life method.
—— DEL EQUIVALENTE DE LA CERTIDUMBRE, certainty-equivalent approach.
—— DEL FONDO DE AMORTIZACIÓN, sinking-fund method.
—— DEL PRECIO UNITARIO DEL GANADO, unit-livestock-price method.
—— EMPÍRICO o MÉTODO DE TANTEO, rule of thumb.
—— ESTÁNDAR o PATRÓN, standard method.
—— INDUCTIVO, inductive method.
—— PRÁCTICO, rule-of-thumb method.
MÉTODOS, methods.
—— DE CLASIFICACIÓN, ranking methods.
—— DE LA COMPAÑÍA, company policies.
—— ESTADÍSTICOS, statistical methods.
—— ESTADÍSTICOS DE MÚLTIPLES VARIABLES, multivariate statistical methods.
—— DE FIJACIÓN DE PRECIOS, pricing methods.
—— DE PRUEBA, testing methods.
—— NORMALIZADOS o UNIFORMADOS, standardized methods.
METODOLOGÍA CIENTÍFICA, scientific methodology.
MÉTRICO, metric, metrical.
——, SISTEMA, metric system.
METRO, meter, rule, scale, subway.
—— CUADRADO, square meter.
—— CÚBICO, cubic meter.
METRÓPOLI, metropolis.
MEZCLA, mixture, blending, mix.
—— DE NIEBLA Y HUMO, smog.
—— DE PRODUCTOS VENDIDOS, sales mix.
MEZCLADO, mixed.
MEZCLADORA, mixer.
MEZCLAR, to mix.
MEZQUINO o TACAÑO, niggard, stingy, mean, petty.
MÍ QUÉ, A, I don't care.
MICROBIOLOGÍA, microbiology.
MICROCOMPUTADORA, microcomputer.
—— DE ESCRITORIO, desk-top microcomputer.
—— DEL HOGAR o CASERA, home microcomputer.
—— PERSONAL, personal microcomputer.
MICROECONOMÍA, microeconomics.
MICRÓFONO, microphone.
—— MANUAL, hand microphone.
MICROMERCADOTECNIA, micromarketing.
MICROONDA, microwave.
MICROPELÍCULA, microfilm.

MICROPROCESADORA, microprocessor.
MICROSCOPIO, microscope.
MICROSEGUNDO, micro-second.
MIEDO, TENER, to be afraid, to fear.
MIEL, honey, molasses.
—— DE ABEJA, honey.
—— FINAL o DE PURGA, final molasses, blackstrap.
MIEMBRO, member.
—— ASOCIADO, fellow member.
—— DE LA FIRMA, member of the firm.
—— DE LA JUNTA DIRECTIVA, board member.
—— DE UNA ECUACIÓN, member of an equation.
—— DEL PROFESORADO DE UN CENTRO EDUCATIVO, faculty member.
—— TITULAR o EN PROPIEDAD, regular member.
—— VITALICIO, life member.
MIEMBROS DEL PERSONAL ADMINISTRATIVO o DEL CUERPO DIRECTIVO, staff members.
MIENTRAS, while, whilst, when.
—— MÁS PRONTO MEJOR, the sooner the better.
—— QUE, as long as, so long as.
—— TANTO, in the meantime, meanwhile.
MIGAS, HACER BUENAS, to agree readily with one.
MIGAS, HACER MALAS, to disagree readily with one.
MIGRACIÓN, migration.
—— DE TRABAJADORES o BRACEROS, migration of workers.
——, OFICINA DE, migration office.
MIGRAR, to migrate.
MIL o MILLAR, thousand.
MILICIA, militia.
MILIGRAMO, milligram.
MILILITRO o CENTÍMETRO CÚBICO, milliliter.
MILÍMETRO, millimeter.
MILISEGUNDO, millisecond.
MILITANTE, militant.
MILITAR DE GUERRA, military, military man.
MILLA, mile.
—— CUADRADA, square mile.
—— NÁUTICA, nautical mile.
—— ORDINARIA o TERRESTRE, statute mile.
MILLA-TONELADA, ton-mile.
MILLAJE, mileage.
MILLÓN, million.
MILLONARIO, millionaire.
MILLONÉSIMA PARTE DEL SEGUNDO, microsecond.
MIMAR o ACARICIAR, to pet, to pamper, to fondle.
MIMEOGRAFIAR, to mimeograph.
MIMEÓGRAFO, mimeograph.
MINA, mine, graphite, lead of a pencil.
—— A CIELO ABIERTO o DE CANTERA, strip mine.
—— DE HIERRO, iron mine.
—— HULLERA o DE CARBÓN DE PIEDRA, coal mine.
MINERA, COMPAÑÍA, mining company.
MINERAL, ore, mineral, mining district.
—— DE CINC, zinc ore.
—— DE HIERRO, iron ore.
—— ESTRATÉGICO, strategic mineral.
—— POBRE o DE BAJA LEY, low-grade ore.

—— RICO o DE ALTA LEY, high-grade ore.
MINERALOGÍA, mineralogy.
MINERÍA o DE EXPLOTACIÓN DE MINAS, mining.
—— DE LA HULLA, coal mining.
MINERO, miner, mining, mine operator.
MINIATURA, miniature.
MINICOMPUTADORA o MINICOMPUTADOR, minicomputer.
MINIMIZAR, to minimize.
MÍNIMO, least, smallest, minimum.
——, SUELDO, minimum wage.
MÍNIMOS CUADRADOS, least squares.
MINISTERIO, ministry, government department, agency.
—— DE AGRICULTURA, Department of Agriculture.
—— DE COMERCIO, Department of Commerce, Board of Trade.
—— DE COMUNICACIONES, Ministry of Communications.
—— DE ESTADO, State Department.
—— DE GOBERNACIÓN, Ministry of the Interior.
—— DE GUERRA, War Deparment.
—— DE HACIENDA, Treasury Department.
—— DE OBRAS PÚBLICAS, Department of Public Works.
—— DE RELACIONES EXTERIORES, Ministry of Foreign Affairs.
—— DE TRABAJO Y PREVISIÓN, Ministry of Labor and Social Welfare.
—— DEL TESORO, Deparment of the Treasure.
MINISTRO, minister, minister (diplomat), cabinet minister, judge.
—— DE DIOS, clergyman.
—— DE JUSTICIA, Attorney General.
—— DE RELACIONES EXTERIORES, Minister or Secretary of Foreign Affairs.
—— O SECRETARIO DE AGRICULTURA, Secretary of Agriculture.
—— SIN CARTERA, minister without portfolio.
MINORÍA, minority.
MINORISTA o COMERCIANTE AL POR MENOR, retail merchant, retailer.
MINORITARIOS, INTERESES, minority interest.
MINUTA, memorandum, note, rough draft, bill of fare.
—— DEL CONSEJO DE ADMINISTRACIÓN, board of director minute.
MINUTO, AL, right away, at once.
MIOPE, shortsighted, nearsighted.
MIRA, look out! (warning or threat).
MIRADA, glance, gaze, look.
—— DE SOSLAYO, side glance.
MIRADOR, viewer, observatory, enclosed balcony.
MIRAR o ECHAR UNA OJEADA A, to take a look at, to look, to see, to regard.
—— BIEN, to think much of, to esteem.
—— CON DESPRECIO o NO DAR IMPORTANCIA, think nothing of.
—— CON FIJEZA o CLAVAR LA MIRADA, to stare.

—— MAL, to have a bad opinion of, to disapprove.
MIRÓN, beholder, spectator, by-stander.
MISERABLE, miserable, unhappy, vile, wicked, mean.
MISCELÁNEO, miscellaneous.
MISERIA, misery.
MISIONERO, missionary.
MISMO o IGUAL, same, similar, like, equal.
——, AHORA, right away.
—— DA, LO, it makes no difference, it's all the same.
—— DE SIEMPRE, LO, the same all story.
——, EL O LO MISMO, the same.
——, YO, by myself.
MISTERIO, mystery.
MISTERIOSO o PAVOROSO, uncanny.
MITAD, half, middle.
——, A LA, half middle.
—— DE PRECIO, half price.
—— DEL AÑO, midyear.
MITIGACIÓN DE DAÑOS, mitigation of damages.
MITIN, meeting.
—— POPULAR, mass meeting.
MITO, myth.
MITOLOGÍA, mythology.
MIXTO, MUESTREO, mixed sampling.
MOBILIARIO, furniture, movables.
—— DOMÉSTICO, household furnishings.
—— Y ENSERES DE OFICINA, office furniture and fixtures.
—— Y EQUIPO, furniture and fixtures.
MOBILIDAD DEL CRÉDITO, mobility of credit.
MOCIÓN, motion, proposal.
MODA, style, fashion.
—— ADMINISTRATIVA, management fad.
——, DE, in fashion, fashionable.
——, ESTAR DE, to be in style or in fashion.
——, PASADO DE, out of style.
MODELAR, to model.
MODELO, model, pattern, standard, blank form.
—— A ESCALA, scale model.
—— ANALÓGICO, analogue model.
—— BASADO EN COMPUTADORA, computer-based model.
—— DE ADOPCIÓN, adoption pattern.
—— DE CANTIDAD ECONÓMICA DE PEDIDO, economic order quantity model.
—— DE CONTRATO, contract form, form of contract.
—— DE CONTROL DE INVENTARIO, inventory control model.
—— DE DIARIO, journal form.
—— DE DISTRIBUCIÓN, distribution pattern.
—— DE FACTURA, invoice form, billhead.
—— DE LA CAJA NEGRA, black-box model.
—— DE MERCADOTECNIA, marketing model.
—— DE PÓLIZA, policy form.
—— DE PROGRAMACIÓN LINEAL, linear programming model.

—— DE PUBLICIDAD, advertising model.
—— DE REGRESIÓN STAR, Star regression model.
—— DE RENDIMIENTO, yield model.
—— DE SOLICITUD, application blank.
—— DE SOLICITUD ESCRITO o FORMA DE SOLICITUD POR ESCRITO, written application form.
—— DESCRIPTIVO DE MERCADOTECNIA, marketing descriptive model.
—— DETERMINÍSTICO DE MERCADOTECNIA, marketing deterministic model.
—— DINÁMICO DE MERCADOTECNIA, marketing dynamic model.
—— ECONÓMICO, economic model.
—— ESTADÍSTICO DE DECISIÓN, statistical decision model.
—— ESTOCÁSTICO DE MERCADOTECNIA, marketing stochastic model.
—— EXPLÍCITO DE MERCADOTECNIA, marketing explicit model.
—— GENERAL, general pattern.
—— ICÓNICO, iconic model.
—— IMPLÍCITO DE MERCADOTECNIA, marketing implicit model.
—— IMPRESO, blank or printed form.
—— MATEMÁTICO DE MERCADOTECNIA, marketing mathematical model.
—— MATEMÁTICO DE PROGRAMACIÓN, mathematical programming model.
—— NORMALIZADO DE SOLICITUD DE CRÉDITO, standardized credit application form.
—— NORMATIVO DE MERCADOTECNIA, marketing normative model.
—— PARA DEPÓSITOS, deposit slip.
—— PREDICTIVO DE MERCADOTECNIA, marketing predictive model.
—— REDUCIDO, scale model.
—— SIMBÓLICO, symbolic model.
—— SIMPLEX, Simplex model.
—— SOCIOECONÓMICO, socioeconomic model.
—— TIPO DE ARRIENDO o NORMA DE ARRENDAMIENTO, standard lease form.
MODELOS
—— ALEATORIOS, stochastic models.
—— DE DECISIÓN, decision models.
—— DE POBLACIÓN, population models.
—— DE POLÍTICAS DE DIVIDENDOS, dividend policy models.
—— ECONÓMICOS, economic models.
—— EN MERCADOTECNIA, models in marketing.
—— ESTOCÁSTICOS, stochastic models.
—— O PATRONES DE COMPORTAMIENTO, behavior patterns.
—— PARA LA ADMINISTRACIÓN DEL EFECTIVO, cash management models.
—— PARA EVALUACIÓN DE ACCIONES, security evaluation models.
—— Y DISEÑOS, models and designs.
MODERADOR, moderator.
MODERAR, to moderate, to temper.

MODERNIZAR, to modernize.
MODERNO, modern.
MODESTIA, modesty.
MODESTO o SENCILLO o SIN PRETENSIONES, unpretending.
MÓDICO, PRECIO, moderate price.
MODIFICACIÓN, revision, amendment.
—— DE CONDUCTA o DE COMPORTAMIENTO, behavior modification.
MODIFICAR o MODIFICARSE, to modify, to revise.
MODO, mode, manner, way, method.
——, DE CUALQUIER, by all means.
——, DE NINGÚN, by no means.
——, EN CIERTO, in a manner.
—— QUE, DE, so that, and so.
—— U OTRO, DE UN, in one way or another.
MODOS, DE TODOS, anyway, at any rate.
MODULACIÓN, modulation.
MÓDULO, module.
MOHO o HERRUMBRE u ORÍN, rust, moss, mould.
MOJADO o EMPAPADO, soggy, wet, damp, moist.
—— Y SUCIO, sloppy.
MOJAR o HUMEDECER, to wet.
MOJARSE o CALARSE, to get wet.
MOLDE, mold, form, matrix, pattern.
MOLDEADOR, foundryman.
MOLER, to grind, to mill.
—— A PALOS, to give a through beating.
MOLESTAR o FASTIDIAR o ATORMENTAR, to tease, to molest, to annoy, to bother.
MOLIENDA, grinding, milling.
MOLINERO, miller, milling, millworker.
MOLINO, mill, grinder.
—— DE TRIGO, flour mill.
—— DE VIENTO, windmill.
—— HARINERO, flour mill, gristmill.
—— O CENTRAL AZUCARERO, sugar mill.
MOLOTE, riot, civil disturbance.
MOMENTO, moment.
——, AL, in a moment, in a minute.
MONA, DORMIR LA, to sleep off a drunk.
MONARCA, monarch.
MONARQUÍA, monarchy, kingdom.
MONASTERIO, monastery.
MONEDA, money, currency, coin.
—— ACUÑADA, coin, hard cash.
—— BLOQUEADA, blocket currency.
—— CONGELADA o CONTROLADA, managed currency.
—— CONTANTE, cash, ready money.
—— DE CURSO FORZOSO, fiduciary money.
—— DE CURSO LEGAL o CORRIENTE, legal tender.
—— DE LA TESORERÍA, treasury currency.
—— DE ORO, gold coin, gold piece.
—— DE PLATA, silver coin.
—— DEPRECIADA o DE VALOR INESTABLE, soft currency, depreciated currency.
—— DEVALUADA, devaluated currency.

——DIVISIONARIA o FRACCIONARIA, token money, small money, fractional currency.
——ELÁSTICA, elastic currency.
——ESTABLE, sound money.
——EXTRANJERA, foreign currency.
——FALSA o FALSIFICADA, bad coin, counterfeit money.
——FIDUCIARIA, fiat money, fiat money.
——INESTABLE, unsound currency.
——LIBRE, free currency.
——LOCAL, local currency.
——NACIONAL, currency.
——, PAGAR CON LA MISMA, to pay back in one's own coin.
——, PAPEL, paper currency.
——REPRESENTATIVA, representative money.
——SUELTA o MENUDO, small change.
MONEDERO, moneybag.
MONETARIA, OFERTA, money supply.
MONETARIO, monetary, financial.
MONITOR, monitor.
MONOCULTIVO, monoculture, raising only one crop.
MONOGRAFÍA DE INVESTIGACIÓN, research monograph.
MONOPOLIO, monopoly, trust.
——BANCARIO, bank monopoly.
——FISCAL, government monopoly.
——PURO, pure monopoly.
MONOPOLISTA, monopolist, monopolistic.
MONOPOLIZADOR, monopolist, monopolistic.
MONOPOLIZAR, to monopolize.
MONOPRODUCTOR, producing only one crop or product.
——MONOPSONIO, monopsony, buyer's monopoly.
MONORRIEL, monorail.
MONSTRUOSO o INHUMANO, unnatural.
MONTA, DE POCA, of little importance or account.
MONTACARGA o MONTACARGAS, freight elevator, winch, material hoist, windlass.
——DE CADENA, chain block, chain hoist.
——DE MANO, hand winch.
MONTADOR, erector, installer.
——O INSTALADOR DE CALDERAS Y TUBERÍAS DE VAPOR, steam fitter.
MONTAJE, erector, mounting, assembly.
——DE AUTOMÓVILES, automobile assembly.
——EN CADENA o PROGRESIVO, progressive assembly.
——LOCAL, assembly.
MONTAÑA, mountain, woodland, highlands.
MONTAR, to organize, to establish, to set, to mount, to assemble.
——EN CÓLERA, to fly into a rage.
MONTE, forest, woodland.
——DE PIEDAD, government pawnshop.
MONTEPÍO o CASA DE EMPEÑOS, pawnshop, pension fund.
MONTERÍA, hunting, hunt, chase.

MONTO, amount, sum.
——DE ENVÍO, amount of remittance.
——DE LA ANUALIDAD, amount of an annuity.
——DE LA FACTURA, amount of invoice.
——DE LA QUIEBRA o DE LA BANCARROTA, estate of bankrupt.
——DE 1 A INTERÉS COMPUESTO, compound amount of 1.
——DE 1 A INTERÉS COMPUESTO POR PERÍODO, compound amount of 1 per period.
——DEL CHEQUE, check amount.
——GLOBAL, lump sum.
——NOMINAL o VALOR AL VENCIMIENTO, maturity value.
——PAGADERO AL VENCIMIENTO, value of a note.
——DE SUELDOS Y SALARIOS, wages and salaries cash outflow.
MONTÓN o PILA, pile, head, job lot.
——DE DESPERDICIOS, scrap heap.
——DE GENTE, crow, multitude.
MORAL, moral, ethics, morality.
——DE LOS NEGOCIOS, business ethics.
MORALEJA, moral, lesson.
MORALIZAR, to moralize.
MORATORIA, moratorium, moratory.
MORDIDA, graft, official extortion.
MORIR o FALLECER, to die, pass away.
——DE HAMBRE o MATAR DE HAMBRE, to starve.
——, HASTA, till death.
MOROS EN LA COSTA, HAY, the coast is not clear.
MOROSIDAD, slowness, delay in payment.
——EN PRÉSTAMOS, loan delinquency.
MOROSO, delinquent, in default, tardy.
——PERO SOLVENTE, slow, but OK.
——O PERSONA QUE PAGA ATRASADA, slow-pay.
MOROSOS, delinquent, delinquent interest.
MORTALIDAD, mortality.
——DIFERENCIAL, differential mortality.
——ESPERADA o PREVISTA, expected mortality.
——INFANTIL, TASA DE, infant mortality rate.
——REAL o VERDADERA, actual mortality.
——, TASA DE, mortality rate, death rate.
MORTIFICAR, to bother, to mortify, to annoy, to bex.
MORTUORIO, mortuary.
MOSCA MUERTA, one who feigns meekness.
MOSTRADOR, counter.
——O TAQUILLA DE PASAJES, ticket counter.
——O VENTANILLA DE PASAJES DE AVIÓN, airline ticket counter.
MOSTRAR o ENSEÑAR, to show, to demonstrate.
——DÉFICIT, to show a deficit.
——EL CAMINO, lead the way.
——GANANCIAS, to show a profit.
——RESULTADOS, show results.
MOTE o APODO, slogan, nickname, motto.
MOTEL, motel.
MOTÍN o REBELIÓN, mutiny, riot, tumult.
——RACISTA, race riot.

MOTIVACIÓN, motivation.
— A SUBORDINADOS PARA QUE SE SUPEREN EN EL TRABAJO, motivation of subordinates for advancement at work.
— AL EMPLEADO, employee motivation.
— DEL COMPRADOR, buyer motivation.
— DEL PERSONAL, motivating people.
MOTIVO, motive, reason, motif.
— DE GANANCIA, profit motif.
— DE QUEJA, grounds for complaint.
—, POR NINGÚN, under no circumstances.
MOTIVOS
— DE COMPRA, buying motives.
— DEL FRAUDE, reasons for fraud.
MOTOCICLETA, motorcycle.
MOTOESQUIADOR, snowmobile.
MOTÓN, tackle, block, pulley block.
— DIFERENCIAL, differential block or hoist.
MOTONETA, motor scooter, small motor vehicle.
MOTOR, motor engine, driving.
— A CHORRO, jet engine.
— DE ACEITE o PETRÓLEO, oil engine.
— DE DOS TIEMPOS, two-cycle engine.
— DE FUERA DE BORDA, outboard motor.
— MARINO, marine engine.
MOTORISTA o CONDUCTOR, motorman, chauffer, operator of a crane, engineer of a motorboat.
MOVER o MUDARSE, to move, to drive, to actuate.
MÓVIL, mobile, portable.
— DE LUCRO, profit motive.
MOVILIDAD, mobility, transportation, traveling.
MOVILIZAR, to movilize, to transport, to operate, to manage.
MOVIMIENTO o MANIOBRA, movement, activity.
— BANCARIO, turnover of deposits, velocity of demand deposits.
— CÍCLICO, cyclical movement.
— CONTINUO, perpetual motion.
— CONTINUO DE DINERO Y MERCANCÍAS EN LA ECONOMÍA, circular flow.
— DE CAPITAL, capital movement.
— DE DERECHOS CIVILES, civil rights movement.
— DE HUMANIZACIÓN LABORAL o DEL TRABAJO, work humanization movement.
— DE LAS COMPRAS, routine of purchasing.
— DE MATERIAS PRIMAS, raw-materials turnover.
— DE MERCANCÍAS, merchandise turnover.
— DE PERSONAL, changes in personnel.
— DE PRECIOS, price movement.
— DE REFORMA LABORAL o DEL TRABAJO, work reform movement.
— DE RELACIONES HUMANAS, human relations movement.
— DE RENOVACIÓN DE EXISTENCIAS, stock turnover.
— DE RESISTENCIA CLANDESTINA, underground movement.
— DEL ACTIVO TOTAL, total assets turnover.
— DEL CAPITAL, turnover of capital.
— DEL INVENTARIO, stock turnover.
— DEL INVENTARIO DE EXISTENCIAS, turnover of inventories.
—, EN, on the move, in motion.
— O ROTACIÓN DE LAS CUENTAS, account turnover.
— OBRERO o SINDICAL, labor movement.
— RÁPIDO, quick motion.
MOVIMIENTOS
— BALANCEADOS, self-balancing.
— DIARIOS DE EXISTENCIAS, daily stock movements.
MOZALBETE, lad.
MOZO, waiter, porter, steward, helper.
— DE ABORDO, steward.
— DE ESTACIÓN, station porter.
— DE HOTEL, bellboy.
MUCHACHO, kid, boy, youngster.
— DE ESCUELA o COLEGIAL, schoolboy.
— DE OFICINA, office boy.
— ENCARGADO DE EXISTENCIAS, stock-boy.
— MENSAJERO, messenger boy.
MUCHÍSIMO, very much.
MUCHÍSIMOS, very many, a great many.
MUCHO, much, very much, a great deal.
— MENOS, NI, nor anything like it.
— QUE, NO HACE, not long since.
MUCHOS o MUCHAS, many.
MUDANZA, moving, change, removal.
MUDARSE, to move, to shift.
MUDO, mute, dumb, wordless.
MUEBLE, piece of furniture.
— DE ARCHIVO, filing cabinet.
MUEBLES o MOBILIARIO, furniture, furnishings, movables, personal property.
— ARCHIVADORES, filing cabinets.
— DE ACERO PARA OFICINA, steel office furniture.
— DE BAÑO, plumbing fixtures.
— DE JARDÍN, lawn furniture.
— DEL HOGAR, household furniture.
— Y ENSERES o ÚTILES, furniture and fixtures.
MUEBLERÍA, furniture factory, furniture store.
MUECA, face, grimace.
MUELLE, spring, wharf, pier, dock, quay, platform.
— DE ADUANA, legal quay.
— DE CARGA, loading platform.
— DE TRANSBORDO, transfer wharf.
— EMBARCADERO, loading wharf.
MUERTE, death, destruction.
— ACCIDENTAL, accidental death.
—, DE MALA, of no account, insignificant.
— NATURAL, natural death.
— REPENTINA, sudden death.
MUESCA, notch, groove.
MUESTRA, sample, pattern, model, indication.
— ALEATORIA o AL AZAR, random sample.
— ALEATORIA COMPLEJA, complex random sample.
— ALEATORIA ESTRATIFICADA, stratified random sample.
— ALEATORIA SIMPLE, simple random sample.

—— COMPENSADA, balanced sample.
—— DE CONGLOMERADO, cluster sample.
—— DE CONGLOMERADO EN DOS ETAPAS, two-stage cluster sample.
—— DE CRITERIO o DE JUICIO, judgment sample.
—— DE POBLACIÓN, sample of population.
—— DE PROBABILIDAD, probability sample.
—— DE PROPAGANDA, advertising sample.
—— DEL UNIVERSO, sample of universe.
—— ESTRATIFICADA, stratified sample.
—— FIJA, fixed sample.
—— MAESTRA, master sample.
—— NO ALEATORIA, nonrandom sample.
—— PILOTO, pilot sample.
—— PONDERADA, weighted sample.
—— POR ZONA o SECTOR, area sample.
—— PRINCIPAL, master sample.
—— REPRESENTATIVA, representative sample.
—— SIMPLE, simple sample.
—— SIN VALOR, sample without value.
——, TAMAÑO DE LA, sample size.
——, VALIDEZ DE LA, validity of sample.
MUESTRAS
—— APAREADAS, matched sample.
—— DE, DAR, to show signs of.
—— DE VENTA, selling samples.
——, PROMEDIO DE, sample average.
MUESTRARIO, line of samples, collection of samples, sample case, sample book.
MUESTREAR o CATEAR, to sample.
MUESTREO o CATEO, sampling.
—— ALEATORIO, random sampling.
—— ALEATORIO RESTRINGIDO, restricted random sampling.
—— ALEATORIO SIMPLE, simple random sampling.
—— ALEATORIO SIN LIMITACIÓN, unrestricted random sampling.
—— CON REEMPLAZO, sampling with replacement.
—— DE ACEPTACIÓN, acceptance sampling.
—— DE ACEPTACIÓN DE LOTE, lot-acceptance sampling.
—— DE ATRIBUTOS, attribute sampling.
—— DE DOS FASES, two-phase sampling.
—— DE ETAPAS MÚLTIPLES, multistage sampling.
—— DE PARADA o ARRANCADA, stop-or-go sampling.
—— DE PRODUCTO EN BLOQUE o EN MASA, bulk sampling.
—— DE PROBABILIDAD, probability sampling.
—— DE TRABAJO, work sampling.
—— DOBLE, double sampling.
—— EN DOS ETAPAS, two-stage sampling.
—— EN ROTACIÓN, rotation sampling.
——, ENCUESTA POR, sampling survey.
——, ERROR DE, sampling error.
—— ESTADÍSTICO, statistical sampling.
—— ESTRATIFICADO, stratified sampling.
—— INTENSIVO, intensive sampling.
—— LIMITADO o RESTRINGIDO, curtailed sampling.
—— MIXTO, mixed sampling.
—— MULTIFÁSICO, multiphase sampling.
—— MÚLTIPLE o SECUENCIAL, multiple or sequential sampling.
—— POR ÁREA o POR ZONA, area sampling.
—— POR CUOTAS, quota sampling.
—— POR EL MÉTODO DE LOTERÍA, lottery sampling.
—— POR LÍNEAS, line sampling.
—— PROPORCIONAL, proportional sampling.
—— REPRESENTATIVO, representative sampling.
—— SECUENCIAL o EN SERIE, sequential sampling.
—— SIMPLE, single sampling.
—— SIN REEMPLAZO, sampling without replacement.
—— SISTEMÁTICO, systematic sampling.
——, UNIDAD PRIMARIA DE, primary sampling unit.
—— UNITARIO, unitary sampling.
—— VARIABLE, variable sampling.
—— ZONAL, zonal sampling.
MUJER o SEXO FEMENINO, woman, female.
—— DE MUNDO, woman of the world.
—— DE NEGOCIOS, businesswoman.
—— FORZADA A LA PROSTITUCIÓN, white slave.
—— PROFESIONISTA, career woman.
—— TESTIGO, woman witness.
MULTA, fine, penalty.
—— ADUANAL, customs fine.
—— ANTICIPADA o PAGO ADELANTADO DE MULTA, prepayment penalty.
—— CIVIL, civil penalty.
—— MONETARIA, pecuniary penalty.
—— O CASTIGO POR EDAD, age penalty.
—— POR REEMBOLSO, repayment with penalty.
—— SOBRE EL INTERÉS, interest penalty.
—— Y BONIFICACIÓN, bonus penalty.
MULTAR, to fine, to penalize, to impose a penalty.
MULTICOLINEALIDAD, multicollinearity.
MULTIFAMILIAR o EDIFICIO MULTIFAMILIAR, multiple-family housing.
MULTIMILLONARIO, multimillionaire.
MULTINACIONAL, multinational.
MÚLTIPLE, manifold, multiple.
MÚLTIPLES ENTRADAS, TABULACIÓN DE, cross tabulation.
MULTIPLICACIÓN, multiplication.
MULTIPLICADOR, multiplier, multiplying.
—— DE APALANCAMIENTO, leverage multiplier.
—— DE EQUIDAD, equity multiplier.
MULTIPLICADORA, multiplying machine.
MULTIPLICAR, to multiply.
MÚLTIPLO, multiple.
MULTIPROGRAMACIÓN (computación), multiprogramming.
MULTITUD, crowd, multitude.
MUNDIAL, world, world-wide.
——, POBLACIÓN, world population.
MUNDO, world.
—— ANIMAL, animal world.
—— DE LOS NEGOCIOS, business world.
——, GRAN, high society, high life.

—— **MINERAL**, mineral world.
——, **TENER MUCHO**, to know life or the world.
——, **TODO EL**, everybody.
—— **VEGETAL**, vegetable world.
MUNICIPAL, municipal.
MUNICIPALIDAD, municipality, subdivision of a province, city hall, municipal government.
MUÑECA (anatomía), wrist.
——, **RELOJ DE, o RELOJ DE PULSERA**, wrist watch.
MURAL o CARTEL, wall poster.
MURMURACIÓN, gossip, grumbling, slander.
MURMURAR, to mutter, to whisper.
MURO, wall.
MUSEO, museum.
MÚSICA, music, musical composition, sheet music.
—— **A OTRA PARTE, VAYA USTED CON LA**, get out, don't bother me.

MÚSICO, musician.
MUTILAR, to mutilate.
MUTUALISMO, mutualism, mutual organization.
MUTUALISTA, mutual, member of a beneficial association.

MUY o MUCHO o MISMO o PROPIO, very, greatly, most.
—— **A MENUDO**, too often.
—— **AJUSTADO o AJUSTADO AL CUERPO**, tight fitting.
—— **ALEJADOS o APARTADOS**, wide apart.
—— **BUENO**, pretty good, very good.
—— **DE NOCHE**, late at night.
—— **DESPIERTO o VIGILANTE**, wide-awake.
—— **LEJOS**, far off, far away, a long way off.
—— **SEGURO**, dead sure.
—— **SEÑOR MÍO**, Dear Sir.
—— **SEÑORES MÍOS**, gentlemen.

N

NACER o DESARROLLARSE o BROTAR, to be born, spring up.
—— **DE PIE,** to be born lucky.
NACIMIENTO, birth.
——, **DE,** from birth.
NACIÓN, nation, country.
—— **ACREEDORA,** creditor nation.
—— **DEUDORA,** debtor nation.
—— **EXPORTADORA DE PETRÓLEO,** oil-exporter nation.
—— **IMPORTADORA DE PETRÓLEO,** oil-importing nation.
NACIONES
——, **SOCIEDAD DE LAS,** League of Nations.
—— **UNIDAS,** United Nations.
NACIONAL, native citizen, national, domestic.
——, **DEUDA,** national debt.
—— **INTERNA, DEUDA,** internal national debt.
NACIONALIDAD, nationality, citizenship.
—— **DEL EXPORTADOR,** exporter's nation.
—— **DEL IMPORTADOR,** importer's nation.
—— **ORIGINAL,** national origin.
—— **ORIGINAL DEL SOLICITANTE,** applicant's national origin.
NACIONALISMO, nationalism.
—— **ECONÓMICO,** economic nationalism.
—— **INDUSTRIAL,** industrial nationalism.
NACIONALISTA, nationalist, nationalistic.
NACIONALIZACIÓN, nationalization, naturalization.
—— **DE INDUSTRIAS,** nationalization of industries.
NACIONALIZAR o INCAUTAR EL ESTADO BIENES PRIVADOS, to nationalize.
NADA, nul.
——, **DE,** (after thanks), you are welcome, don't mention it.
—— **DE ESO o NO HAY TAL COSA,** not such a thing, not at all, no so.
—— **MÁS,** nothing else.
NADADOR, swimmer.
NADAR, to swim.
—— **CONTRA LA CORRIENTE,** swim against the stream.
NADIE, no one, nobody, none.
—— **MÁS,** nobody else.
NAFTA, naphta, gasoline.
—— **DE ALTO OCTANAJE,** high-octane gasoline.
NAIPE, playing card, deck of cards.
NANOSEGUNDO (millonésima parte de un segundo), nanosecond.
NARANJA, orange.
NARANJAL, orange grove.
NARANJO, orange tree.
NARCÓTICO, narcotic.
NARICES, METER LAS, to snoop.

NARICES, TENER AGARRADO POR LAS, to lead by the nose.
NARRACIÓN, narration.
NARRADOR o CUENTISTA, story teller.
NARRAR, to narrate.
NARRATIVO, narrative.
NATACIÓN, swimming.
NATALICIO, birthday.
NATIVO, native, domestic.
NATURAL, natural, native.
NATURALEZA, nature, disposition, nationality.
—— **DE LA EVIDENCIA,** nature of evidence.
NATURALIZACIÓN, naturalization.
NAUFRAGAR o ARRUINAR, to wreck, to be wrecked.
NAUFRAGIO, shipwreck.
NÁUSEAS, TENER, be sick to one's stomach.
NÁUTICA, navigation.
NÁUTICO, nautical.
NAVAJA DE AFEITAR o RASURAR, razor.
NAVAL, naval, maritime, marine.
NAVE, ship.
—— **AÉREA,** aircraft.
—— **ESPACIAL,** spacecraft.
NAVEGACIÓN, navigation, sailing, ocean traffic.
—— **COSTERA o DE CABOTAJE,** coasting shipping.
—— **DE ALTURA,** high-seas sailing.
—— **FLUVIAL,** inland navigation, river navigation.
NAVEGAR, to navigate, to sail, to voyage.
—— **EN YATE,** to yacht.
NAVIDAD, Christmas.
NAVIERO o ARMADOR, shipowner, ship operator.
NAVÍO, ship, vessel.
—— **DE TRES PUENTES,** three-decker.
—— **o BARCO DE GUERRA,** warship.
NEBLINA, fog.
NECESARIO, necessary.
NECESIDAD o FALTA o ESCASEZ, want, need, necessity.
NECESIDADES, requirements, needs.
—— **DE AMOR o CARIÑO,** love needs.
—— **DE ESTIMA o APRECIO,** esteem needs.
—— **DE LIQUIDEZ o CONVERTIBILIDAD,** liquidity needs.
—— **DE PERSONAL,** manning requirements.
—— **DE SEGURIDAD,** safety needs.
—— **DE SUPERACIÓN PERSONAL,** self-actualization needs.
—— **DE TEMPORADA,** temporary needs.
—— **ECONÓMICAS,** economic wants.
—— **FISIOLÓGICAS,** physiological needs.
—— **HUMANAS,** human wants, human needs.
—— **ILIMITADAS,** unlimited wants.
—— **o CARENCIAS DE LAS PERSONAS,** people needs.
NECESITAR, to want, to lack.
—— **DE,** to need, be in need of.
NECIO, stupid, ignorant, foolish.
NEGACIÓN, negation, denial, disclaimer.
—— **DE CRÉDITO,** denial of credit.
NEGAR, to deny, to refuse, to disclaim, to refute.
—— **EL CONSENTIMIENTO,** withhold one's consent.
—— **EL SALUDO,** no to speak to, to cut.

—— LA ACEPTACIÓN, refuse acceptance.
NEGARSE, to refuse, to decline.
NEGATIVA, refusal, denial.
—— DE TRABAJAR, refusal to work.
NEGATIVO, negative.
NEGLIGENCIA, negligence.
—— COMÚN, ordinary negligence.
—— CRIMINAL, criminal negligence.
—— INTENCIONAL, willful negligence.
NEGLIGENTE, negligent, careless.
NEGOCIABLE, negotiable, assignable, marketable.
——, PAPEL, negotiable paper.
NEGOCIABLES, VALORES, marketable securities.
NEGOCIACIÓN, negotiation, transaction, commercial house, business.
—— COLECTIVA, collective bargaining.
—— CON TÍTULOS o EMISIÓN DE VALORES DE RENTA FIJA, trading of equity.
—— DE ACCIONES o JUEGO DE BOLSA, stock trading.
—— DE TERRENOS, land deal.
—— EN GIRO, going concern.
NEGOCIACIONES HÁBILES, shrewd negotiations.
NEGOCIADO, bureau, department, division, business.
—— DE PRENSA, press section or bureau.
—— u OFICINA DE NORMAS, bureau of standards.
NEGOCIADOS, VALORES COTIZADOS Y, securities listed and traded.
NEGOCIADOR, negotiator, negotiating.
NEGOCIANTE o INTERMEDIARIO, jobber, merchant, trader, dealer, businessman.
—— A COMISIÓN, commission man.
—— DE ACEPTACIONES, acceptance dealer.
—— DE CASAS MÓVILES, mobile home dealer.
—— DE VALORES o TÍTULOS u OBLIGACIONES, securities dealer.
—— DEL MERCADO MONETARIO, money market dealer.
—— o COMERCIANTE EN MADERA, wood dealer.
NEGOCIAR, to negotiate, to trade, to bargain, to deal, to discount.
—— o VENDER UNA LETRA, negotiate a bill.
—— UN EMPRÉSTITO, to negotiate a loan, to effect a loan.
NEGOCIO, business, transaction, commerce.
—— A COMISIÓN, commission business.
—— CON PÉRDIDA o ENDEUDADO o CON SALDO ROJO, in the red.
—— DE LIBROS, book trade.
—— DE TAMAÑO MEDIANO, medium-sized business.
—— EN MARCHA, going concern.
—— FLOJO o BAJA EN EL NEGOCIO, slack business.
—— FUERA DE LA BOLSA, off-board transaction.
—— ILEGAL o PROHIBIDO, contraband.
—— INSUFICIENTE, undertrading.
—— INÚTIL o MALO, white elephant.
—— LÍCITO o LEGÍTIMO, legitimate business.
—— MARÍTIMO o NAVIERO, shipping business.
—— NO FINANCIERO, nonfinancial business.
—— o ACTIVIDAD SUPLEMENTARIA, side line.
—— PEQUEÑO o INDUSTRIA PEQUEÑA, small business.
—— REDONDO, good bargain, good business.
—— TURÍSTICO, tourist business.
NEGOCIOS
——, ADMINISTRACIÓN DE, business administration.
—— BANCARIOS, banking business.
——, CICLO DE LOS, business cycle.
——, GRANDES, big business.
—— INTERNACIONALES, international business.
—— INTRAESTATALES, intrastate business.
——, PARALIZACIÓN DE, business stagnation.
—— PARTICULARES FAMILIARES, family holding corporations.
—— o ASUNTOS PERSONALES, personal business.
—— o TRANSACCIONES URGENTES, pressing business.
—— POR PAGAR u OPERACIONES COMERCIALES POR LIQUIDAR, trades payables.
NEGRERO o ESCLAVISTA, slaver, slave trader.
NEGRITA o NEGRILLA (imprenta), boldface.
NEMOTECNIA, mnemonics.
NETA, GANANCIA, clear profit.
NETA, UTILIDAD, clear profit.
NETO, net, clear, pure.
——, CAPITAL DE TRABAJO, net working capital.
—— DE CUENTAS Y DOCUMENTOS POR COBRAR, net receivables.
NEUMÁTICO o LLANTA, tire, pneumatic.
—— SIN CÁMARA, tubeless tire.
NEUTRAL, neutral.
NEUTRALIZAR, to neutralize.
NEVADA, snowfall.
NEVAR, to snow.
NEVERA, icebox, refrigerator.
NEVERÍA o HELADERÍA, ice-cream parlor.
NEXO o UNIÓN, bond, tie, union.
NI, neither, nor.
—— MÁS NI MENOS, just so.
—— SIQUIERA, not even.
NIETA, NIETO, granddaughter, grandson.
NIEVE, snow, water ice.
NIHILISMO o REVUELTA CONTRA LA AUTORIDAD, nihilism.
NILÓN, nylon.
NINGÚN, neither.
—— MODO, DE, not at all, noway, by no means.
NINGUNA, nothing, none.
—— MANERA, DE, no, not.
—— OTRA PARTE, EN, nowhere else.
—— PARTE, EN, nowhere.
—— SUCURSAL, no branch.
NINGUNO, nobody.
NIÑERA, baby sitter, nurse-maid.
—— POR HORA, baby sitter.
NIÑO, DESDE, from infancy, from childhood.
NÍQUEL, nickel, coin of five cents.
NIQUELADO, nickel-plated, nickel-plating.
NIVEL, level.
——, A, level, true.

—— ACEPTABLE DE CALIDAD, acceptable quality level.
—— DE BIENESTAR o DE VIDA, standard of living.
—— DE CALIDAD RECHAZABLE, rejectable quality level.
—— DE CONFIANZA, confidence level.
—— DE CONSUMO, level of consumption.
—— DE EMPLEO Y PRODUCCIÓN, employment and output level.
—— DE INGRESOS, income level.
—— DE INVENTARIO, inventory level.
—— DE PRECIOS, price level.
—— DE REPOSICIÓN DE MERCANCÍA, reorder level.
—— DE SALARIOS o DE JORNALES, wage level.
—— DE SIGNIFICACIÓN o SIGNIFICANCIA, level of significance.
—— DE SUBSISTENCIA, subsistence level.
—— DE VENTAS, sales level.
—— DE VIDA, level of living, standard of living.
—— DEL MAR, sea level.
—— DEL OBRERO AL ENTRAR A TRABAJAR, entry-level worker.
—— ELEVADO DE EMPLEO, high employment.
—— ESCOLAR, educational level.
—— GENERAL DE PRECIOS, general price level.
—— O GRADO DE DEMANDA, level of demand.
NIVELES
—— DE CAPITAL, capital levels.
—— DE CAPITAL EN RELACIÓN AL ACTIVO, capital-to-asset levels.
—— DE EJECUTIVOS, staffing levels.
—— DE EXISTENCIAS, stock levels.
—— DE EXISTENCIAS DE SEGURIDAD, safety stock levels.
—— DE PLANIFICACIÓN, levels of planning.
—— DE PRECIOS FLUCTUANTES, fluctuating price levels.
—— DE PRECIOS, price levels.
—— DE PRODUCCIÓN, production levels.
—— DE SALARIOS o SUELDOS DE EMPLEADOS, employees salary levels.
—— MÁXIMOS Y MÍNIMOS DE EXISTENCIAS, minimum-maximum stock levels.
NIVELACIÓN, grading, leveling.
NIVELAR, to level, to equalize.
—— EL PRESUPUESTO, to balance the budget.
—— LA CARGA, strike cargo.
—— LA PRODUCCIÓN, production leveling.
NÍVEO, snow white.
NO, no, not, nay.
——, A QUE, I bet you won't, I bet that isn't so.
—— AJUSTADO o POR AJUSTAR, unadjusted.
—— ALCANZAR, to come short.
—— AMORTIZADO, unamortized.
—— ANOTADO, unrecorded.
—— APLICADO o NO CONCEDIDO, unappropriated.
—— APROVECHABLE, unusable.
—— APROVECHAR, pass up.
—— ASEGURABLE, uninsurable.
—— ASENTADO o EN CUENTA, unentered.
—— ASIGNADO, unallocated.
—— AUDITADO, unaudited.
—— AUTORIZADO o SIN PERMISO o SIN LICENCIA, unlicensed.
—— CALIFICADO, unskilled.
—— CLASIFICADO, unclassified.
—— COMERCIABLE o INVENDIBLE, unmarketable.
—— COMPROBADO o NO VERIFICADO, unchecked.
—— COMPROMETIDO o NO DISPONIBLE, uncommitted.
—— CONFIABLE, untrustworthy.
—— CONFIRMADO, unconfirmed.
—— CONSOLIDADO, unconsolidated.
—— CONSUMIDOS o NO ABSORBIDOS, unabsorbed.
—— CONTROLADO o NO REGLAMENTADO, unregulated.
—— CONVENIENTE o NO PRUDENTE, unadvisable.
—— CONVERTIDO, unconverted.
—— CORREGIDO, uncorrected.
—— COTIZADO, unlisted.
—— COTIZADOS, VALORES, unlisted securities.
—— DECLARADO, undeclared.
—— DEJAR NADA SIN HACER, to leave nothing undone, spare no efforts.
—— DEPOSITADO, undeposited.
—— DEPRECIADO, undepreciated.
—— DESCUBIERTO, undetected.
—— DESEMBOLSADO, undisbursed.
—— DESPACHADO o NO SURTIDO, unfilled.
—— DIGNO DE CONFIANZA, unreliable.
—— DISPONIBLE, unavailable.
—— DISTRIBUIDOS, undistributed.
—— EMITIDOS, unissued.
—— EMPLEABLE o INCOMPETENTE PARA EMPLEO, unemployable.
—— ENTREGADO, undelivered.
—— ENVIADO POR CORREO, unmailed.
—— ENVIDIADO, unenvied.
—— ENVUELTO, unwrapped.
—— ES ASÍ o ESO NO ES VERDAD, not so.
—— ES EXTRAÑO QUE, no wonder that.
—— ESCRITO o EN BLANCO, unwritten.
—— ESENCIAL o INDISPENSABLE, unessential.
—— ESTÁ EN SUS MANOS o A SU CARGO, off your hands.
—— ESTUDIADO, unstudied.
—— EXAMINADO, unexamined.
—— EXPERIMENTADO, untried.
—— EXPUESTO, unexposed.
—— FACTIBLE, unfeasible.
—— FINANCIERO, nonfinancial.
—— GANADO o NO DEVENGADO, unearned.
—— GARANTIZADO o NO ASEGURADO o SIN COLATERAL, unsecured.
—— GIRADO o NO EXTRAÍDO, undrawn.
—— HABER REMEDIO PARA, to be up with.
—— HAY PASO, no thoroughfare.
—— HAY TIEMPO QUE PERDER, there is no time to spare.

—— HAY TRATO, nothing doing.
—— IMPORTA, never mind.
—— INCORPORADO, unincorporated.
—— INTENCIONAL o INVOLUNTARIO, unintentional.
—— INTENTADO, unattempted.
—— INTERESADO, uninterested.
—— LEÍDO o ILITERATO, unread.
—— LUCRATIVA, nonprofit.
—— MÁS, no more, only.
—— MAYOR QUE, not greater than.
—— MENOS QUE, not less than.
—— MIEMBRO, nonmember.
—— MOLESTADO o QUIETO, untroubled.
—— MOVERSE o ESTARSE QUIETO, stand still.
—— NECESITADO, unwanted.
—— NECESITAR, to have no use for.
—— NEGOCIABLE, non-negotiable.
—— NUEVO o DE SEGUNDA MANO, used.
—— OBSERVADO, unnoticed.
—— OBSTANTE o SIN EMBARGO, notwithstanding.
—— OFICIAL, unofficial.
—— ORGANIZADO o NO AGREMIADO, unorganized.
—— PAGADO, dishonored.
—— PAGAR EL DIVIDENDO, to pass a dividend.
—— PERCATARSE DE o NO TENER CONOCIMIENTO DE, to be unaware of.
—— PERMISIBLE, unallowable.
—— PIGNORADO, unpledged.
—— PONDERADO, unweighted.
—— PROBADO, untested.
—— PROGRAMADO, unscheduled.
—— PUBLICADO o INÉDITO, unpublished.
——, PUES, but no, not so.
—— REALIZADO, unrealized.
—— RECLAMADO, unreclaimed.
—— RECUPERADO o NO AMORTIZADO, unrecovered.
—— REGISTRADO, unregistered.
—— REHABILITADO, undischarged.
—— RELACIONADO o NO EMPARENTADO, unrelated.
—— REPARTIDO o NO DISTRIBUIDO, undivided.
—— REQUERIDO o NO PEDIDO, uncalled.
—— RESERVADO o SIN RESTRICCIÓN, unreserved.
—— RESIDENTE, nonresident.
—— RESTITUIBLE o NO REEMBOLSABLE, unrefundable.
—— RESUELTO, unresolved.
—— SALIR O QUEDARSE EN CASA, stay in.
—— SE DEJE CAER, do not drop.
—— SE PREOCUPE, forget it, don't worry.
—— SEA QUE, lest, or else.
—— SELLADO o ABIERTO, unsealed.
—— SISTEMÁTICO, unsystematic.
—— SOÑADO, undreamed.
—— TASADO, ungraded.
—— TENER RAZÓN, to be in the wrong.
—— TIENE REMEDIO, it is hopeless.
—— UTILIZADO, unutilized.
—— VALE LA PENA HACER EL CAMBIO, the change is not worth making.
—— VENCIDO, unmatured.
—— VENCIDO, SEGURO, unexpired insurance.
—— VOLVER, stay away.
NOBLEZA, dignity.
NOCIÓN, notion, concept.
NOCTURNO, night.
——, TURNO, night shift.
NOCHE, night.
—— A LA MAÑANA, DE LA, unexpectedly.
——, AYER EN LA, last night.
——, DE, overnight.
—— DE ESTRENO, opening night.
——, DE o POR LA NOCHE, at night, by night, in the night time.
——, DE TODA LA, nightlong.
——, MUY DE, late at night.
NOCHEBUENA, Christmas eve.
NODRIZA o AMA DE CRIANZA o DE LECHE, wet nurse.
NOMBRADO, appointee, named, insured.
NOMBRAMIENTO, appointment, nomination.
—— DE FIDEICOMISARIO o SÍNDICO, appointment of trustee.
NOMBRAR, to name, to appoint, to nominate, to designate.
—— o DESIGNAR DE NUEVO, to reappoint.
—— UN ABOGADO, to appoint an attorney.
NOMBRE, name, reputation, noun.
—— COMERCIAL o RAZÓN SOCIAL, trade name.
—— DE, EN, in the name of, on behalf of, by authority of.
—— DE PILA, first name, Christian name.
—— DE PROPIEDAD o COMERCIO, proprietary name.
—— LEGAL DE LA EMPRESA, legal name.
——, NO TENER, to be unspeakable.
—— Y APELLIDO, full name.
NÓMINA, payroll, list, statement.
—— ACUMULADA, accrued payroll.
—— DE EMPLEADOS o DE OFICINISTAS, clerical payroll, office payroll.
—— DE FÁBRICA, factory payroll.
—— DE OBREROS, labor payroll.
—— DE SOCIOS o AGREMIADOS, membership list, list of members or partners.
—— DE SUELDOS, salary roll, payroll.
—— DE SUPERINTENDENCIA, supervisory payroll.
—— DEVENGADA, accrued payroll.
—— MENSUAL, monthly payroll
—— QUINCENAL, semi-monthly payroll.
—— SEMANAL, weekly payroll.
NÓMINAS DIVIDIDAS, split payrolls.
NOMINACIÓN o NOMBRAMIENTO, nomination.
NOMINADO, nominee for election.
NOMINADOR, nominator.
NOMINAL, nominal, registered, face amount.
——, VALOR, par value, face value.
NOMINATORIO, nominee.
NOMÓGRAFO, nomograph, nomographer.
NOMOGRAMA, alignment chart, nomograph, nomogram.
NON, uneven number, odd number, odd.

NONIO o VERNIER, vernier.
NORDESTE, Northeast.
NORMA o MODELO o PATRÓN, norm, standard, pattern, rule.
—— CORRIENTE, current practice.
—— DE COSTO, cost standard.
—— DE EJECUCIÓN DE TRABAJO, standard of field work.
—— DE ESTADOS FINANCIEROS, financial statement standard.
—— DE PRODUCCIÓN, output standard, production standard.
—— DE RENDIMIENTO o DE EJECUCIÓN, standard of performance.
—— DE RENDIMIENTO DIARIO, daily performance standard.
—— DE VIDA, standard of living, norm of living.
—— GENERAL, general pattern.
—— INDUSTRIAL ACEPTABLE, acceptable industry standard.
—— INTERNACIONAL, international standard.
—— TÉCNICA, technical standard.
NORMAS
—— CONTABLES, accounting standards.
—— CONTRACTUALES, general specifications.
—— DE ADECUACIÓN DE CAPITAL, capital adequacy standards.
—— DE AUDITORÍA, auditing standards.
—— DE AUDITORÍA GENERALMENTE ACEPTADAS, generally accepted auditing standards.
—— DE CALIDAD, quality standards.
—— DE COMPORTAMIENTO, standards of performance.
—— DE COMPRA, purchasing standards.
—— DE CONDUCTA DE GRUPO, group standards.
—— DE CONTABILIDAD, accounting policy.
—— DE CRÉDITO, credit standards.
—— DE GASTOS DEL HOGAR, household expenditures.
—— DE GRUPO, group standards.
—— DE INDEPENDENCIA EN AUDITORÍA, auditing standards of independence.
—— DE INGENIERÍA, engineering standards.
—— DE PRODUCCIÓN, production policies or standards.
—— DE SEGURIDAD, safety standards.
—— DE TRÁNSITO, traffic rules.
—— DEL CONSEJO DE ASEGURADORES, Underwriters Standards.
—— FINANCIERAS, financial policies.
—— FISCALES o IMPOSITIVAS, tax regulations.
—— FUNDAMENTALES, basic policies.
—— INDUSTRIALES, industry standards.
—— LEGALES DE CALIDAD, legal standards of quality.
—— MONETARIAS, monetary standards.
—— o DE POLÍTICAS DE DEPRECIACIÓN, depreciation policy.
—— PARA FIJAR PRECIOS, pricing policies.
—— QUE RIGEN EL INFORME, standards of reporting.

NORMAL, normal, standard.
——, ESCUELA, normal school.
——, PRECIO, standard price.
NORMALISTA, normal school student.
NORMALIZACIÓN, normalization.
—— DE LAS TAREAS, job standardization.
NORMALIZADO o UNIFORMADO, standardized.
NORMALIZAR, to standardize.
NOROESTE, Northwest.
NOS COMPLACE o NOS ES GRATO, we are pleased to.
NOSOTRAS o NOSOTROS, we.
NOSTÁLGICO, homesick, lonesome.
NOTA, note, memorandum, statement, list, annotation.
—— AL CALCE o AL PIE DE PÁGINA, footnote.
—— DE ABONO o DE CRÉDITO, credit memorandum, credit note.
—— DE ADEUDO o DE CARGO, debit note, debit memorandum.
—— DE AVISO DE PAGO, prompt note.
—— DE COBRANZA, collection memorandum.
—— DE CONSIGNACIÓN, consignment note, letter of transmittal.
—— DE CRÉDITO, credit advice, credit memorandum.
—— DE DÉBITO, debit advice.
—— DE DEDUCCIÓN o DE DESCUENTO, deduction slip.
—— DE EMBARQUE o BOLETA DE EXPEDICIÓN, shipping note or memorandum.
—— DE ENTREGA, receiving note.
—— DE ENVÍO, shipping notice, memorandum invoice.
—— DE EXPEDICIÓN, dispatch note.
—— DE GASTOS, expense account.
—— DE OFERTA, bid, offer, proposal.
—— DE PEDIDO, memorandum order, requisition, purchase order.
—— DE RECEPCIÓN o DE RECIBO, receipt.
—— DE REMISIÓN, delivery note or shipping note.
—— DE VENTA o FACTURA, bill, sales slip, sale note.
—— MARGINAL o AL MARGEN, marginal note.
NOTAS
—— DE CRÉDITO, credit memoranda.
—— DE REQUISICIÓN DE ALMACÉN, stores requisition notes.
—— NEGOCIABLES, negotiable instruments.
NOTACIÓN, notation.
—— o ACOTACIONES A LOS ESTADOS FINANCIEROS, annotations to financial.
—— ESTADÍSTICA, statistical notation.
—— FACTORIAL, factorial notation.
NOTAR o ADVERTIR, to notice, to note, to annotate, to enter.
NOTARÍA, notary's office.
NOTARIAL, notarial.
NOTARIO PÚBLICO, notary public.
NOTICIA, news, advice.
—— DE PRENSA, press notice.
—— IMPORTANTE, big news.

NOTICIAS
—, ATRASADO DE, behind the times.
—— FIDEDIGNAS, reliable information.
NOTICIARIO, newcast, news report.
NOTICIERO, newsreel, news bulletin, news report, reporter.
—— RADIAL, radio news broadcast.
NOTICIÓN, great news.
NOTIFICACIÓN, notification, advice.
—— DE ABANDONO, tender of abandonment.
—— DE ADEUDO, advice note.
—— DE ARRIBO, freight or arrival notice.
—— DE DEMANDA, notice of claim.
—— DE ENTREGA, delivery notice.
NOTIFICAR o COMUNICAR, to notify, to advice, to give notice.
NOTORIEDAD, notoriety.
NOVATADA, hazing, beginner's blunder.
NOVATO, freshman, beginner, novice, apprentice.
NOVEDAD, innovation, novelty.
—, SIN, nothing new, as usual, everything OK.
NOVEL, novel, new.
NOVELA, novel, story, fiction.
—— SENSACIONAL DE MISTERIO o POLICIACA, thriller.
NOVELISTA, novelist.
NOVENTA, ninety.
—— DÍAS DE FECHA, ninety days date.
NOVIA, bride, fiancée, sweetheart.
—— DE UN SOLDADO DE GUERRA, war bride.
NOVIAZGO, courtship, betrothal.
NOVICIO o PRINCIPIANTE, novice, newman, apprentice.
NUBES
—— ESTAR EN LAS, to daydream to be up in the clouds.
—— POR LAS, sky-high price.
NUCLEAR, nuclear.
—, ENERGÍA, nuclear energy.
NUDO, knot, nautical mile, difficulty.
—— EN LA GARGANTA, great affliction, lump in one's throat.
NUERA, daughter in law.
NUESTRO CARGO, A, for our account, drawn on us.
NUEVA, new.
—, CUENTA, new account.
—— EMISIÓN, reissue.
NUEVE, nine.
NUEVO, new.
—— AVISO, further advice, further information.
—, DE, over again, anew.
—— DE FÁBRICA, brand new, unused.
—— EMPLEADO, newcomer.
—— O FLAMANTE, brand-new, spick and span.
—, QUÉ HAY DE, what's new? what's the news?
—— SALDO DE LA CUENTA, new account balance.
NUEVOS PRODUCTOS, new products.
NULIDAD, straw man, nobody, nullity.
NULO, void, null.
—— Y SIN VALOR, null and void.

NUMERACIÓN, numbering, numeration, size.
NUMERAR, to number, to count, to compute.
NUMÉRICO, numerical.
NUMÉRICOS, SISTEMAS, number systems.
NÚMERO, number, figure, numeral, digit.
—— ALEATORIO, random number.
—— ATRASADO DE UNA REVISTA, back number.
—— CARDINAL, cardinal number.
—— COMPLEJO, complex number.
—, DE, regular member of a limited association.
—— DE BANCO ASIGNADO POR LA ASOCIACIÓN DE BANQUEROS AMERICANOS, ABA number.
—— DE CATÁLOGO, catalogue number.
—— DE CLAVE, key number, code number.
—— DE CÓDIGO, code number.
—— DE CUENTA, account number.
—— DE CUENTA DEL CLIENTE, customer account number.
—— DE CHEQUE, check number.
—— DE IDENTIFICACIÓN DE UNA ZONA POSTAL EN E.U.A., zip code.
—— DE LICENCIA o MATRÍCULA, license number.
—— DE LA TARJETA DEL SEGURO SOCIAL, social-security number.
—— DE LISTA, schedule number.
—— DE MIEMBROS SINDICALES, union membership.
—— DE MUESTRA, sample number.
—— DE ORDEN, job number, serial number.
—— DE PIEZA, part number.
—— DE REGISTRO o MATRÍCULA, registration number.
—— DE SERIE o DE FÁBRICA, serial number, shop number.
—— DE SOCIOS, membership.
—— DE SUBCUENTA, subaccount number.
—— DEL RECIBO, receipt number.
—— ELEGIDO AL AZAR, random number.
—— ENTERO, integer, whole number.
—— EQUIVOCADO (teléfono), wrong number.
—— IMAGINARIO, imaginary number.
—— IMPAR, odd number.
—— ÍNDICE, index number.
—— IRRACIONAL, irrational number.
—— MIXTO, mixed number.
—— NEGATIVO, negative number.
—— o TÍTULO DEL HILO, yarn number.
—— ORDINAL, ordinal number.
—— PAR, even number.
—— POSITIVO, positive number.
—— PRIMO, prime number.
—— RACIONAL, rational number.
—— REDONDO, round number.
—— ROMANO, roman numeral.
—, SIN, numberless.
—— SUELTO (revista), single copy.
—— TELEFÓNICO, telephone number.
NÚMEROS
—, CONJUNTO DE, set of numbers.
—— DE PÓLIZA, policy numbers.
—— O CIFRAS CLAVES, key figures.

——REDONDOS, EN, in round numbers.
——SIGNIFICATIVOS, significant digits.
NUNCA o JAMÁS, never.
NUPCIALIDAD, TASA DE, marriage rate.
NUPCIAS, CASARSE EN SEGUNDAS, to marry for a second time.

NUTRICIÓN, nutrition.
NUTRIR o ALIMENTAR, to nourish, to support.

ÑAME, yam.
ÑAPA, premium, bonus, extra, lagniappe.
ÑATO, pug-nosed.
ÑOÑERÍA, dotage, drivel.
ÑOÑO, timid, shy, feeble.

OBEDECER, to obey.
OBEDIENTE o DÓCIL, obedient.
OBISPO, bishop.
OBJECIÓN o INCONVENIENTE, objection, demurrer.
OBJETAR, to object.
OBJETIVO o META, objective, goal.
—— **COMÚN,** common goal.
—— **DE GRAN PRIORIDAD,** high-priority goal.
—— **DESAFIANTE,** challenging objective.
—— **ECONÓMICO,** economic goal.
—— **ELEVADO o DIFÍCIL DE ALCANZAR,** lofty goal.
—— **ORGANIZACIONAL,** organizational objective.
OBJETIVOS
—— **ADMINISTRATIVOS,** management goals.
—— **CORPORATIVOS,** corporate objectives.
—— **DE AUDITORÍA,** audit objectives.
—— **DE COMPORTAMIENTO,** behavioral objectives.
—— **DE DESARROLLO ADMINISTRATIVO,** management development objectives.
—— **DE ESTRUCTURA ORGANIZACIONAL,** organizational structure objectives.
—— **DE LA ADMINISTRACIÓN DEL EFECTIVO,** cash management objectives.
—— **DE LA COMERCIALIZACIÓN,** marketing objectives.
—— **DE LA EMPRESA,** corporate goals.
—— **DEL CAPITAL,** capital objectives.
—— **DEL TRABAJO,** work goals.
—— **FINANCIEROS,** financial objectives.
—— **INDIVIDUALES o METAS PERSONALES,** personal goals.
—— **OPERACIONALES,** operational objectives.
OBJETO, object.
—— **ANTIGUO,** antique.
—— **O FIGURA DE CERA,** waxwork.
OBJETOS o ARTÍCULOS DE FANTASÍA, fancy goods.
OBLEA u HOSTIA, wafer.
OBLIGACIÓN, obligation, bond, engagement, debenture, duty.
—— **A LARGO PLAZO,** long-term obligation.
—— **A PAGAR,** bond payable.
—— **AL PORTADOR,** bearer bond.
—— **AMORTIZABLE,** debenture bond.
—— **BAJO ARRIENDO DE CAPITAL,** obligation under capital lease.
—— **CAMBIARIA,** liability on a bill of exchange.
—— **COMERCIAL INTERNACIONAL,** international trade obligation.
—— **, CON,** under obligation.
—— **CONJUNTA o MANCOMUNADA,** joint obligation or bond.
—— **CONTRACTUAL o CONVENCIONAL,** contractual obligation.
—— **CONVERTIBLE,** convertible debenture bond.
—— **CONVERTIBLE NO HIPOTECARIA DE CAPITAL,** convertible capital debenture.
—— **DE AGENCIA FEDERAL,** agency note.
—— **DE ARRIENDO,** lease obligation.
—— **DE CRÉDITO,** credit obligation.
—— **DE DAR CUENTA,** accountability.
—— **DE EMPRÉSTITO,** loan bond.
—— **DE FERROCARRILES,** railway bond.
—— **DE FIDEICOMISO,** trust bond.
—— **DE INTERÉS,** interest obligation.
—— **DE PASIVO,** debt obligation.
—— **DEL FONDO,** fund obligation.
—— **ESTATAL,** government agency bond.
—— **EXENTA DEL PAGO DE IMPUESTO,** tax-exempt obligation.
—— **GENERAL,** general obligation.
—— **HIPOTECARIA DEL FONDO DE AMORTIZACIÓN,** sinking fund debenture.
—— **IMPLÍCITA,** implied obligation.
—— **INCONDICIONAL,** simple bond.
—— **ÍNTEGRA VENCIDA,** full obligation due.
—— **LEGAL,** statutory obligation.
—— **MORAL,** moral obligation.
—— **NO HIPOTECARIA,** debenture.
—— **NO HIPOTECARIA CONVERTIBLE,** convertible debenture.
—— **NO HIPOTECARIA DE CAPITAL,** capital debenture.
—— **NO PAGADA o PENDIENTE,** outstanding obligation, outstanding debenture.
—— **NOMINATIVA SIN GARANTÍA,** registered debenture.
—— **O DEUDA DE CORTO VENCIMIENTO,** short-maturity obligation.
—— **O DEUDA DE LA CORPORACIÓN FEDERAL,** federal corporation obligation.
—— **O DEUDA FINANCIERA EXTRANJERA,** foreign financial obligation.
—— **O RESPONSABILIDAD LEGAL,** legal liability.
—— **O RESPONSABILIDAD LIMITADA,** limited liability.
—— **O RESPONSABILIDAD PERSONAL,** personal liability.
—— **PERPETUA,** perpetual debenture.
—— **PRIMARIA,** primary liability.
—— **QUE DEVENGA INTERÉS,** interest-bearing obligation.
—— **REDIMIBLE,** callable bond.
—— **REGISTRADA,** registered warrant.
—— **SECUNDARIA,** secondary liability.
—— **SOLIDARIA,** several obligation.
—— **TOTALMENTE GRAVABLE,** fully taxable obligation.
OBLIGACIONES, liabilities, bonds, debentures, equities.
—— **A COBRAR,** bills receivables.
—— **A CORTO PLAZO,** short-term obligations.
—— **A DOS FIRMAS o DOCUMENTOS MANCOMUNADOS,** two-name paper.
—— **A LA VISTA,** demand liabilities.
—— **A LARGO PLAZO,** long-term liabilities.
—— **A LOS DEPOSITANTES,** deposit liabilities.

—— A PAGAR, bills payable.
—— A PAGAR ACUMULADAS, accrued liabilities.
—— APREMIANTES, pressing obligations.
—— BANCARIAS, bank liabilities.
—— BENEFICIARIAS, profit sharing debentures.
—— CONTRAÍDAS, obligations incurred.
—— COTIZABLES o NEGOCIABLES, marketable bonds.
—— DE CAPITAL, capital commitments.
—— DE ORGANISMOS FEDERALES, federal agency obligations.
—— DE TESORERÍA, treasury obligations.
—— DEL ESTADO, government paper.
—— DEL FONDO DE PENSIONES, pension fund obligations.
—— DEL PLAN DE PENSIONES, pension plan obligations.
—— EN TESORERÍA, treasury bonds.
—— FISCALES EMITIDAS CON DESCUENTO, discount bills.
—— MERCANTILES, commercial paper.
—— MUNICIPALES, municipal bonds.
—— NO MONETARIAS, nonmonetary liabilities.
—— PENDIENTES, outstanding debt securities, outstanding bills, obligations outstanding.
—— POR COMPRAS, purchase obligations.
—— POR PAGAR, payable bonds.
—— PRINCIPALES, underlying bonds.
—— RELATIVAS A PENSIONES, pension obligations.
—— SIN GARANTÍA COLATERAL o TANGIBLE, debenture bonds.
—— SUBORDINADAS, junior bonds.
—— VENCIDAS, matured bonds.
OBLIGACIONISTA, bondholder, bankholder.
OBLIGADO, under obligation, undebted, obligee, obligor, committed.
—— SOLIDARIO, several obligor.
OBLIGAR, to oblige, to compel.
OBLIGARSE, to bind one's self, make a commitment.
OBLIGATORIO, compulsory, obligatory, binding.
—— POR LEY, compulsory under law.
OBRA, work, job, project, structure.
—— CLÁSICA, standard work.
—— DE ARTE, work of art.
—— DE CONSULTA, reference work.
—— DE ROMANOS, demanding work, big order.
—— EN EJECUCIÓN, work under way or in process.
—— EN NUESTRO PODER (correspondencia comercial), we are in receipt of.
——, HACER MALA, to do a bad turn.
—— MAESTRA, masterpiece.
—— O DE UNIDAD DE CONSTRUCCIÓN, project.
——, PONER MANOS A LA, to undertake, set to work on.
—— SOCIAL o ASISTENCIA SOCIAL, welfare work.
OBRAS
—— PORTUARIAS, port works, harbor works.
—— PÚBLICAS, public works.
—— VIALES, road works.

OBRAR, to work, to operate, to act, to construct.
—— RECTAMENTE, to be on the level.
—— SOLAPADAMENTE, sneak.
OBRERA, workingwoman, woman worker.
OBRERO, laborer, workman, worker, wage earner, labor.
—— A HORARIO COMPLETO, full-time worker.
—— A JORNAL, day laborer.
—— AGRÍCOLA, farm hand, agricultural worker.
—— DE FÁBRICA, mill hand, factory worker.
—— DE LA CLASE MEDIA, middle-class worker.
—— DE PLANTA, regular or permanent workman.
—— HÁBIL o CALIFICADO, skilled workman.
—— MARGINAL o DE RENDIMIENTO MÍNIMO, marginal worker.
—— MECÁNICO, mechanic repairman.
—— MIGRATORIO, floater, boomer, migratory workman.
—— NO AGREMIADO, nonunion man.
—— PORTUARIO, dockman.
—— QUE TRABAJA POR HORA, hourly employee.
—— RETRASADO o TRABAJADOR TARDÍO, tardy worker.
—— TEMPORERO, part timer, temporary laborer.
OBREROS, workpeople, labor, man power.
—— DESOCUPADOS, iddle labor.
—— DESPEDIDOS o CESANTES, discharged workmen.
—— GASTRONÓMICOS, restaurant workers.
—— O PEONES NO CALIFICADOS, unskilled labor.
—— PETROLEROS, oil-field workers.
OBSCURECER, to obscure, to darken.
OBSEQUIAR, to make presents to, make a gift of, to entertain, to give away.
OBSEQUIO, gift, present.
—— SIMBÓLICO, token gift.
OBSERVACIÓN, observation, objection, exception.
—— CIENTÍFICA, scientific observation.
—— DEL INVENTARIO, inventory observation.
——, EN, under observation.
OBSERVACIONES o ADVERTENCIAS, remarks.
OBSERVADOR SOCIAL, social observer.
OBSERVAR, to observe, to watch, to remark.
OBSOLESCENCIA, obsolescence.
—— DE INVENTARIOS, inventory obsolescence.
—— DEL PRODUCTO, product obsolescence.
—— TECNOLÓGICA, technological obsolescence.
OBSOLETO, obsolete.
OBSTÁCULO, barrier, obstacle.
OBSTÁCULOS AL COMERCIO, barriers to trade.
OBSTINADO, stubborn, obstinate.
OBSTRUCCIÓN, blocking, blockade.
OBSTRUCCIONAR, to obstruct, to hinder, to delay.
OBSTRUIR, to obstruct.
—— EL TRÁNSITO, tie up the transit.
—— LA APROBACIÓN DE LEYES EN UN CUERPO LEGISLATIVO, filibuster.
OBTENCIÓN, procurement.
—— DE DATOS COMERCIALES, business data collection.

—— DE FONDOS, fund raising.
—— DE FONDOS PARA PRIMA DE SEGURO, insurance premium funding.
—— DE INFORMACIÓN, information collection.
—— DE UTILIDADES EXCESIVAS o USURA, profiteering.
OBTENER o CONSEGUIR, to get, to obtain, to procure.
—— CAPITAL, raise capital.
—— RECURSOS o CONSEGUIR FONDOS, raise funds.
—— UTILIDADES, to make a profit.
OBVIO o EVIDENTE, obvious, evident.
OCASIÓN u OPORTUNIDAD, occasion, opportunity, bargain.
——, DE, second-hand, at a bargain.
——, EN, at times.
OCASIONAL o CASUAL, occasional.
OCASIONALMENTE, on occasion.
OCASIONAR o ACARREAR UNA PÉRDIDA, produce a loss.
OCCIDENTAL o NOVELA o PELÍCULA DE VAQUEROS DEL OESTE DE E.U.A., western.
OCÉANO, ocean.
OCIO, leisure.
——, RATOS DE, spare time.
OCIOSO, idle, unemployed.
——, ESTAR, to mark time.
OCTANAJE, octane rating.
OCULAR, TESTIGO, eye witness.
OCULTAR, to hide, to conceal.
OCUPACIÓN o EMPLEO, occupation, job, trade, employment, occupancy, business.
——, CATEGORÍA DE, occupational status.
—— INÚTIL o PERDER EL TIEMPO, waste of time.
—— LUCRATIVA o BIEN RETRIBUIDA, gainful employment.
—— TOTAL o PLENA, full employment.
—— Y PRODUCCIÓN, employment and output.
OCUPACIONAL, occupational.
OCUPADO, busy, engaged, occupied.
OCUPAR, to occupy, to fill, to employ.
—— UNA PLAZA, to fill a position.
OCUPARSE DE, to engage in, to attend to, to take care of.
OCURRENCIA, ocurrence, afterthought.
—— DE LOS FLUJOS, timing of cashflows.
—— DE LOS INGRESOS, timing of cash inflows.
OCURRENTE, humorous or funny, witty.
OCURRIR, to occur.
OCURRIRSE, to come to mind, to occur.
ODIAR, to hate.
ODIO, hate, hatred.
OESTE o PONIENTE u OCCIDENTE, West.
OFENDER, to offen.
OFENSA, offense.
OFERTA, bid, proposal, offer.
—— A PRUEBA, pretest offer.
—— ANTICIPADA, beating the gun.
—— DE ACCIONES COMUNES u ORDINARIAS, common stock offering.
—— DE COMPRA, tender offer.
—— DE DINERO, money supply.
—— DE EMPLEO o DE COLOCACIÓN, position offered, employment offer.
—— DE MERCANCÍA COMBINADA o MIXTA, combination merchandise offer.
—— DE PAGO, tender of payment.
—— DE PERSONAL, personnel supply.
—— DE RECURSOS, supply of resources.
—— DE TRABAJADORES, labor supply.
—— DE TRABAJO, job opening.
—— DE VALORES AL PÚBLICO, public offering.
—— DEL MERCADO, market supply.
—— EN FIRME, firm offer.
—— ESPECIAL, special offering.
—— EXCEDENTE, excess supply.
——, LA MEJOR, best bid, best offer.
—— PRIVADA DE VALORES, private offering.
—— RETIRADA, bid withdraw.
—— Y DEMANDA, bid and ask, supply and demand.
—— Y LA DEMANDA, LEY DE LA, law of supply and demand.
OFICIAL, officer, official, clerk, journeyman.
—— ADUANERO, custom official.
—— AUTORIZADO o ACREDITADO, licensed officer.
—— DE CUARENTENA o DE SANIDAD, health officer.
—— DE ESTADO MAYOR, staff officer.
—— DE JUSTICIA, court officer, bailiff.
—— EN EL EXTRANJERO, foreign official.
—— ENCARGADO DE LA CARGA, cargo officer.
—— MAYOR, chief clerk.
—— O FUNCIONARIO RETIRADO, retired officer.
—— RESPONSABLE, accountable officer.
—— VETERANO, veteran officer.
OFICIALÍA, clerkship.
OFICIALIDAD, body of officers.
OFICIAR DE, to act as.
OFICINA, office, agency, department, bureau.
——, ALQUILER DE LA, office rent.
—— AUTOMATIZADA, automated office.
—— BANCARIA, banking office, bank house.
—— CENTRAL o MATRIZ o PRINCIPAL, headquarters, home or main office.
—— CONTABLE, countinghouse, accounting department.
—— DE AGENCIA, agency office.
—— DE ARRENDAMIENTO, rental office.
—— DE CAMBIO, money-exchange office.
—— DE CAMPO, field office.
—— DE CATASTRO, land office.
—— DE COLOCACIONES, employment bureau, labor exchange.
—— DE COMERCIALIZACIÓN, merchandising department.
—— DE COMERCIO INTERNACIONAL, bureau of international commerce.
—— DE COMPENSACIONES, clearing house.
—— DE COMPRAS o DE ADQUISICIONES, purchasing department.

—— DE CONTROL DE CAMBIOS, exchange-control agency.
—— DE CORREOS o CORREO, post office.
—— DE CRÉDITO, credit bureau.
—— DE DISTRIBUCIÓN, distribution agency.
—— DE ENSAYO o ANÁLISIS, assay office.
—— DE ESTADÍSTICA LABORAL, bureau of labor statistics.
—— DE INFORMACIÓN COMERCIAL, commercial agency.
—— DE INSCRIPCIÓN o MATRÍCULA, register office.
—— DE OBJETOS PERDIDOS, lost and found department.
—— DE PATENTES Y MARCAS, patent and trademark office.
—— DE PEDIDOS, order office.
—— DE PRÉSTAMOS, loan office.
—— DE RECAUDACIÓN, collection department.
—— DE RECEPCIÓN DE CORRESPONDENCIA, mail room.
—— DE REGISTRO, booking office, registry, register office.
—— DE SUCURSAL DE VENTAS, branch sales office.
—— DE TAQUILLA DE BOLETOS DE TEATRO, theater box office.
—— DE TELÉGRAFOS, telegraph office.
—— DE TIMBRES o ESTAMPILLAS, stamp office.
—— DE VENTAS, sales department.
—— DEL CONTADO, accountant's office.
—— FEDERAL DE INVESTIGACIÓN (E.U.A.), Federal Bureau of Investigation (FBI).
—— GENERAL, headquarters.
—— GUBERNAMENTAL, bureau.
—— LOCAL o REGIONAL, resident office.
—— MATRIZ, home office, main office.
—— METEOROLÓGICA DE ESTADOS UNIDOS, Weather Bureau.
—— O DIRECCIÓN DE MARCAS, trademark office.
—— O INSTITUCIÓN DE PRÉSTAMOS AL CONSUMIDOR, consumer loan office.
—— O NEGOCIADO DE SERVICIOS, service bureau.
—— PRINCIPAL, main of home office.
—— REGIONAL DE COBRANZA, regional collection office.
—— REGISTRADA, registered office.
—— REGULADORA GUBERNAMENTAL, governmental regulatory agency.
—— SUCURSAL, field office, branch office.
OFICINAS DE LICENCIAS, licensing department.
OFICINISTA, office employee, clerk.
—— BANCARIO, bank clerk.
—— ENCARGADO DE PEDIDOS, order or acceptance clerk.
—— O EMPLEADO A SUELDO, white-collar worker.
—— PAGADOR, payroll clerk.
—— PRINCIPAL, chief clerk.
OFICIO, trade, craft, handicraft, occupation.
—— CALIFICADO, skilled trade.
—— CLAVE, key job.
——, DE, officially, by trade.

OFICIOS MANUALES, handicrafts, manual occupations.
OFRECE ALGO, SE, he wants something.
OFRECER, to offer, to bid, to present, to show, to quote.
—— DEMASIADO, to overbid.
—— EMPLEO, furnish employment.
—— EN REMATE, to put up at auction.
—— GARANTÍA, furnish a guaranty.
—— PRECIOS MÁS BAJOS o SOCAVAR, undercut.
OFRECIMIENTO, offering.
OÍDO, ear.
——, AL, by ear, whispering.
——, DECIR AL, to whisper.
—— FINO, quick ear.
OÍDOS, DAR, to lend an ear, to believe.
OÍR DECIR, hear it said.
OJALÁ, God grant, I hope so.
OJALÁ FUERA VERDAD, wish it were true.
OJEADA, glance, glimpse.
OJIVA, ogive.
OJO, eye.
—— ALERTA, look sharp.
—— DE LA CARA, VALE UN, to be worth a mint.
—— DE LA CERRADURA, keyhole.
——, TENER BUEN, to have a good eye.
OJOS
—— CERRADOS, A, blindly, without reflection.
——, EN UN ABRIR Y CERRAR DE, in the twinkling of an eye.
——, NO PEGAR LOS, not to sleep a wink.
OLA, wave.
—— DE CALOR, heat wave.
—— DE FRÍO o FRÍA, cold wave.
—— DE HUELGAS, wave of strikes.
OLEODUCTO, oil pipe line, petroleum pipe line.
OLER, to smell.
OLFATO, scent, flair, sense of smell.
OLIGOPOLIO, oligopoly.
OLIMPIADA o JUEGOS OLÍMPICOS, olympic games.
OLOR u OLFATO, smell.
OLVIDADIZO o DESATENTO, unmindful.
OLVIDAR, to forget.
OLVIDÁRSELE A UNO ALGO, to forget something.
OLVIDO, omission.
——, ECHAR AL, to forget.
OLLA DE GRILLOS, great confusion, pandemonium.
OMISIÓN o NEGLIGENCIA, omission, nonfeasance, neglect.
OMITIR, to omit.
—— EL DIVIDENDO, to pass the dividend.
—— LA DECLARACIÓN Y PAGO DE UN DIVIDENDO, to pass a dividend.
ÓMNIBUS, bus, omnibus.
—— DE DOS PISOS, double-deck bus.
ONDA, wave.
—— CORTA, DE, short-wave.
—— DE SONIDO o SONORA, sound wave.
—— LARGA, long wave.

—— SÍSMICA, seismic wave.
ONDEAR o AGITAR, to wave, to ripple, to flicker.
ONZA, ounce.
OPCIÓN, option, choice.
—— DE COMPRA DE ACCIONES CONDICIONADA, qualified stock option.
—— DE COMPRA DE VALORES, option to purchase, call.
—— O ELECCIÓN DEL VENDEDOR, seller's option.
—— RESTRINGIDA DE COMPRA DE ACCIONES, restricted stock option.
—— SALDADA o LIQUIDADA, paid-option.
OPCIONES
—— CADUCADAS, options lapsed.
—— DE COMPRA Y PRIMAS, call provisions and premiums.
—— DE RENOVACIÓN, renewal options.
—— PARA LIQUIDAR UNA RECLAMACIÓN, settlement options.
ÓPERA, opera.
OPERACIÓN, operation, working, transaction, trade, deal, venture.
—— ARRIESGADA, venture.
—— AUTOMÁTICA, automatic operation.
—— AUXILIAR o SUBSIDIARIA, auxiliary operation.
—— COMERCIAL INTERNACIONAL, international transaction.
—— DE CAMBIO, exchange transaction.
—— DE LÍNEA DE ENSAMBLE o DE MONTAJE, assembly-line operation.
—— DE LOS PASES, posting run.
—— DE MÁQUINA, machine operation.
—— DE RECEPCIÓN DE PAGOS, cash receipt transaction.
—— DILATADA, time-consuming operation.
—— EN GRAN ESCALA, large-scale operation.
—— EN PEQUEÑA ESCALA, small-scale operation.
—— EN SERIE o ESCALONADA, serial operation.
—— FINANCIERA INTERNACIONAL, international financial transaction.
——, GASTOS DE, operating expenses.
—— IMCOMPLETA, incomplete transaction.
—— INTERNA, internal transaction.
—— INVERSA, reverse operation.
—— MANUAL, manual operation.
—— MERCANTIL DE IMPORTACIÓN-EXPORTACIÓN, import-export transaction.
—— NORMAL o DE RUTINA, routine operation.
—— SECUENCIAL, sequential operation.
—— SIMULTÁNEA, parallel operation.
OPERACIONES, operations, trading.
—— A LA VISTA, spot transaction.
—— BANCARIAS o DE BANCO, banking.
—— BANCARIAS INTERNACIONALES, international banking.
—— BANCARIAS NACIONALES, nation-wide banking.
——, CIERRE DE, close of business.
—— COMPENSATORIAS CON ACTIVOS Y PASIVOS, hedging assets and liabilities.

—— CON MONEDA o DIVISA EXTRANJERA, foreign currency transaction.
—— CON PERSONAS ASOCIADAS, related party transactions.
—— CONTABLES, accounting transactions.
—— DE COTEJO, logical operations.
—— DE LOS NEGOCIOS, business operations.
—— DE SUCURSALES o DEPENDENCIAS, branch operations.
—— DE VENTA CON ARRENDAMIENTO, sale-leaseback transactions.
—— DE VENTA DE SERVICIOS, service sale transactions.
—— EN EFECTIVO, cash transactions.
—— EN MARCHA, on-going operations.
—— EN o DE VENTANILLA, over-the-counter transactions.
—— FINANCIERAS MULTINACIONALES, multinational financial operations.
—— INTERNACIONALES, international business.
—— MARÍTIMAS, shipping trade or business.
—— MATRICIALES, matrix operations.
—— NO AUTORIZADAS POR ESCRITURAS, ultra vires.
—— NO EN EFECTIVO, noncash transactions.
—— PORTUARIAS, port operations.
—— VECTORIALES, vector operations.
OPERACIONAL, operational.
OPERADOR, engine runner, operator, workman.
—— CINEMATOGRÁFICO, motion-picture worker.
—— DE DATOS DE ENTRADA, input data operator.
—— DE GRÚA, crane or derrick operator.
—— DE MÁQUINA, machine operator.
—— DE TELÉFONO o TELEFONISTA, telephone operator.
—— DE TORNO, lathe operator.
—— TELEGRÁFICO o TELEGRAFISTA, telegraph operator.
OPERADORA u OPERARIA, woman operator or worker.
OPERANDO, operand.
OPERAR, to run, to operate, to work, to carry on.
OPERARIA, workgirl.
OPERARIO o JORNALERO o TRABAJADOR, workingman, worker, operator.
—— APTO PARA VARIOS EMPLEOS o MOZO PARA TODO TRABAJO, utility man.
—— CALIFICADO o COMPETENTE, qualified operator, skilled workman.
—— DE BANCO, bench worker, bench workman.
—— DE TALLER, shopworker.
—— SIN ADIESTRAMIENTO o INEXPERTO, raw employee, unskilled workman.
OPERATIVO o EN OPERACIÓN, operative, operating.
OPINIÓN, opinion.
—— ADVERSA o NEGATIVA, adverse opinion.
—— AUTORIZADA o CALIFICADA, qualified opinion.
—— AUTORIZADA DEL AUDITOR, auditor's qualified opinion.
——, CAMBIAR DE, to change one's mind.

—— DE EJECUTIVOS, executive judgment.
—— DEL AUDITOR MODIFICADA, modified auditor's opinion.
—— NO AUTORIZADA, unqualified opinion.
—— NO AUTORIZADA DEL AUDITOR, auditor's unqualified opinion.
—— PERSONAL, personal view.
—— PÚBLICA, public opinion.
OPINIONES, ENCUESTA DE, opinion survey.
OPONER u OBJETAR, to oppose.
OPONERSE A, work against.
OPORTUNAMENTE o A TIEMPO, timely.
OPORTUNIDAD, opportunity, timeliness, opening, chance.
——, DE, at a bargain.
—— DE VENTAS, sales opportunity.
—— ECONÓMICA, economic opportunity.
——, EN SU, at the proper time.
OPORTUNIDADES
—— DE EMPLEO o DE TRABAJO, employment opportunities.
—— DE INVERSIÓN, investment opportunities.
OPORTUNISTA, opportunist.
OPORTUNO, well-timed, opportune, timely, seasonable.
OPOSICIÓN, opposition, objection.
——, CONCURSO DE, competitive examination.
OPOSITOR, competitor, opponent, objector.
OPRESIÓN, oppresion.
OPRIMIR o AGOBIAR, to oppress.
OPTAR, to opt, to select, to choose.
ÓPTICA, optics.
ÓPTICO, optical, optician.
OPTIMISMO, optimism.
ÓPTIMO, optimal, optimum, best.
OPUESTO, opposite.
OPULENTO, opulent, wealthy.
ORACIÓN o SENTENCIA, sentence.
ORADOR o CONFERENCISTA, speaker.
ORAL o VERBAL, oral, verbal.
——, EXAMEN, oral, examination.
ORATORIA, oratory.
—— PÚBLICA, public speaking.
ÓRBITA, orbit.
—— TERRESTRE, terrestrial orbit.
ORDEN, order, instruction, sequence, succession.
——, A LA, to order, negotiable.
—— CONFLICTIVA o CONTRADICTORIA, conflicting order.
—— DE, A LA, to the order of.
—— DE COMPRA, purchase order.
—— DE COMPRA o VENTA AL PRECIO CORRIENTE, market order.
—— DE CORREDURÍA, broker's order.
—— DE ENTREGA, delivery order, dock warrant, payment order.
—— DE ENTREGA Y PAGO INMEDIATO, spot order.
—— DE LOS ASIENTOS, sequence of entries.
—— DE PAGO, payment order.

—— DE PAGO POR TELÉGRAFO, telegraphic transfer.
—— DE PRODUCCIÓN o DE FABRICACIÓN, production order.
—— DE RETIRADA DE FONDOS, withdrawal order.
—— DE TALLER, shop order.
—— DE TRABAJO o DE TAREA, work order.
—— DE TRABAJO DE CONSTRUCCIÓN, construction work order.
—— DE TRABAJO o DE PRODUCCIÓN, job order.
—— DE VENTA, sales order.
—— DEL DÍA, order of the day, agenda of a meeting.
——, EN, in good order, in turn, in order.
—— ESPECIAL o PEDIDO ESPECIAL, special order.
——, FUERA DE, out of order.
—— JUDICIAL court order.
—— NEGOCIABLE DE RETIRO DE FONDOS, negotiable order of withdrawal.
—— O CONOCIMIENTO DE EMBARQUE, shipping order.
—— O PEDIDO GRANDE, large order.
—— O PEDIDO SECUENCIAL, sequential order.
—— PARA COMPRA Y VENTA AL MISMO PRECIO, matched order.
—— PERMANENTE o FIJA, standing order.
ÓRDENES
——, A SUS, at your service.
—— ATRASADAS, back orders.
—— DE COMPRAS PENDIENTES, unfilled orders.
—— DE INVERSIÓN DEL BANCO, bank's investment orders.
—— DE PAGO PENDIENTES, warrants payable.
—— DEL CLIENTE, customer order file.
ORDENACIÓN, arrangement, planning, ordinance.
ORDENADA, ordinate.
ORDENADOR, distributor, adviser, principal.
—— DIFERENCIAL (computación), incremental computer.
—— ELECTRÓNICO DIGITAL, digital computer.
ORDENANZA, statute, ordinance, order, messenger, janitor.
—— MUNICIPAL, city ordinance.
ORDENAR, to order, to arrange, put in order.
—— MANUALMENTE EN SECUENCIA NUMÉRICA (computación), hand-sorted into numerical order.
—— UN PEDIDO, to book an order.
—— UNA VISITA, to set a hearing.
ORDINARIO, ordinary, common, regular.
——, DE, usually, regularly.
OREJAS, AGUZAR LAS, to prick up one's ears.
ORFANATO, orphanage.
ORFEBRERÍA, silversmithing, goldsmithing.
ORGÁNICO, organic.
ORGANIGRAMA, organizational chart, personal diagram.
ORGANISMO, organization, association, organism.
—— DE PREVISIÓN, welfare institution.
—— ESTATAL, state agency.
—— FEDERAL, federal agency.

—— LOCAL, local agency.
—— MERCANTIL, business entity.
—— OFICIAL, government bureau or department.
—— PÚBLICO, public body.
ORGANISMOS INTERNACIONALES, international agencies.
ORGANIZACIÓN, organization.
—— ADMINISTRATIVA o DE DIRECCIÓN, staff organization.
—— BASADA EN EL MERCADO, market organization.
—— BASADA EN EL PRODUCTO, product organization.
—— BASADA EN EL PRODUCTO Y EN EL MERCADO, product/market organization.
—— COLECTIVA o GENERAL, blanket organization.
—— COMERCIAL, business organization, commercial enterprise.
—— CONSERVADORA, analyzer organization.
—— DE BENEFICIOS MUTUOS, mutual benefit organization.
—— DE COMPAÑÍA POR LÍNEAS DE PRODUCTOS, departmentalizing.
—— DE LA COMUNIDAD, commonwealth organization.
—— DE LA MERCADOTECNIA u ORGANIZACIÓN MERCANTIL, marketing organization.
—— DE LA OFICINA, office organization.
—— DE LÍNEAS Y DE EJECUTIVOS, line and staff organization.
—— DE NEGOCIOS, organization of business.
—— DE SERVICIOS NO LUCRATIVA, nonprofit service organization.
—— DE TIENDAS EN CADENA, chain store organization.
—— EN LÍNEA, line organization.
—— FUNCIONAL, functional organization.
—— GEOGRÁFICA, geographical organization.
—— HUMANA, human organization.
—— INTERNACIONAL, international organization.
—— LUCRATIVA, profit-seeking organization.
—— MATRICIAL, matrix organization.
—— MECANÍSTICA, mechanistic organization.
—— NO LUCRATIVA, non-profit organization.
—— O EMPRESA INNOVADORA Y PROGRESISTA, prospector organization.
—— O EMPRESA PASIVA, reactor organization.
—— O ESTRUCTURA DE UNA EMPRESA, enterprise structure.
—— O SINDICATO OBRERO, labor union.
—— ORGÁNICA, organic organization.
—— QUE FUNCIONA A LA DEFENSIVA, defender organization.
ORGANIZACIONAL, organizational.
ORGANIZADOR, organizer, incorporator, organizing.
——, COMITÉ, committee on arrangements.
—— DE SINDICATOS OBREROS, union organizer.
ORGANIZAR, to organize.
ÓRGANO, agency, medium, appliance.
—— EJECUTIVO, executive staff, governing body.

—— REGULADOR o CUERPO REGULADOR, regulatory body.
ORGULLOSO o ARROGANTE, proud.
ORIENTACIÓN, orientation, counseling.
—— PROFESIONAL o VOCACIONAL, vocational counseling.
ORIENTAR, to orientate, to orient.
ORIENTE o ESTE, East.
—— MEDIO, Middle East.
ORIGEN, origin.
—— RECIENTE DE LA INFORMACIÓN, information recency.
ORIGINAL (imprenta), original, manuscript.
ORIGINAR o CREAR, to originate.
ORILLA, shore, margin, suburb, edge.
——, A LA, near a place, on the brink.
ORILLAR, to border, to arrange.
ORO, gold.
—— ACUÑADO o AMONEDADO, gold coin.
—— ENCHAPADO, gold plating or filling.
—— NATIVO, native gold.
—— NEGRO, petroleum.
ORO-MONEDA, monetary gold.
ORQUESTA, orchestra.
ORTOGRAFÍA, ortography, spelling.
ORUGA, caterpillar, tractor.
OSADO, daring, bold.
OSTENTAR o ALARDEAR, to vaunt.
OSTENTOSO, sumptuous, magnificent.
OSTIONERÍA, oyster bar.
OSTRA u OSTIÓN, oyster.
OSTRACISMO, ostracism.
OTOÑO, autum, fall.
OTORGA, QUIEN CALLA, silence gives consent.
OTORGAMIENTO, execution, grant, granting, license.
OTORGANTE, grantor.
—— DE CRÉDITO COMERCIAL, commercial credit grantor.
OTORGAR, to grant, to agree, to consent, to promise.
—— ANTE NOTARIO PÚBLICO, to execute before a notary.
—— CRÉDITO, to give credit.
—— FIANZA, to furnish a bond, to put up a bond.
—— UN DOCUMENTO, to execute a document.
—— UN PERMISO, to issue a permit.
—— UN PREMIO, to award a prize.
—— UNA PATENTE, to grant a patent.
OTRA, other.
—— COSA o ALGO MÁS, something else.
—— PARTE, POR, on the other hand.
—— PERSONA o ALGÚN OTRO, somebody else.
—— VEZ, once more.
OTRAS DEDUCCIONES, other deductions.
OTRAS ENTRADAS o INGRESOS, other revenue.
OTRO, other.
——, COMO DIJO EL, as someone said.
—— DÍA, some other day.

——DÍA, AL, on the next day.
——MODO, DE, otherwise.
——TIEMPO, EN, once upon a time.
——, UNO A, each other.
OTROS
——ACTIVOS, other assets.
——GASTOS, other expenses.
——IMPUESTOS, other taxes.
——INGRESOS, other income.
——PASIVOS u OBLIGACIONES, other liabilities.
——TANTOS, as many more.
OVEJA, sheep.
——NEGRA o DESCARRIADA, black sheep.
OVEROL, overalls.
OVILLO, HACERSE UN, to cower, to get all tangled up, to become confused.
OVINO, sheep.
OXÍGENO, oxygen.
OYENTE, hearer.

P

PABELLÓN national flag, tent, shed.
PACA, bale, package, bale of goods.
PACIENZUDO, exceedingly patient.
PACIFICADOR o RECONCILIADOR, peacemaker.
PACIFICAR, to pacify.
PACÍFICO, unwarlike.
PACIFISTA, pacifist.
PACOTILLA, DE, of poor or inferior quality.
PACTO o CONVENIO, covenant, agreement, deal, contract.
—— **COLECTIVO,** job agreement, contract with labor union.
—— **CONJUNTO,** joint agreement.
—— **DE CABALLEROS,** gentlemen's agreement.
—— **DE COMERCIO,** commercial treaty.
—— **DE NO AGRESIÓN ENTRE NACIONES,** nonagression pact.
—— **DE RETROVENTA o DE RECOMPRA,** repurchase agreement.
—— **DE TRABAJO,** employment contract.
—— **LABORAL,** labor agreement.
PADRASTRO, stepfather.
PADRE o MADRE, parent.
PADRES o PROGENITORES, parents.
PADRINAJE, sponsorship.
PADRINO, godfather.
PADRÓN, census list, register.
—— **DE ORO,** gold standard.
PAGA, payment, pay, wages.
—— **A DESTAJO,** pay by the job.
—— **EXTRAORDINARIA,** overtime pay.
—— **LÍQUIDA,** take-home pay.
PAGADA, CUENTA, account settled.
PAGADERO, payable, due.
—— **A LA ORDEN,** payable to order.
—— **A LA PRESENTACIÓN,** payable on demand.
—— **A LA VISTA o A LA PRESENTACIÓN,** pay at sight, due on demand.
—— **A OTROS FONDOS,** due to other funds.
—— **AL CONTADO,** payable cash down.
—— **AL ENTREGAR,** payable on delivery.
—— **AL PORTADOR,** pay to bearer.
—— **CONTRA DOCUMENTOS,** payable against documents.
—— **DE OTROS FONDOS,** due from other funds.
—— **EN EFECTIVO o AL CONTADO,** pay in cash, payable in cash.
—— **POR ADELANTADO,** payable in advance.
PAGADO o LIQUIDADO, paid.
—— **POR ADELANTADO o DIFERIDO,** prepaid.
—— **POR ANTICIPADO o PORTE PAGADO,** prepaid.
—— **TOTALMENTE,** paid in full.
PAGADOR, payer, paymaster, paying teller.
—— **DE IMPUESTOS,** taxpayer.
—— **OFICIAL,** disbursing officer.
PAGADURÍA, paymaster's office, cashier's office.

PAGAR, to pay, to discharge, to settle up.
—— **A CUENTA,** pay on account.
—— **A LA ENTREGA,** pay on delivery.
—— **A PLAZOS,** pay by installments.
—— **AL RECIBIR,** cash on delivery (C.O.D.).
—— **AL VENCIMIENTO, A,** payable at maturity.
—— **DAÑOS Y PERJUICIOS,** pay damages.
——, **EFECTOS A,** bills payable.
—— **EL PATO o LOS VIDRIOS ROTOS,** to get the blame, be the scapegoat.
—— **EN EFECTIVO,** paying cash.
—— **EN EXCESO,** to overpay.
—— **POR ADELANTADO o POR ANTICIPADO,** pay in advance.
—— **POR ANTICIPADO,** to prepay.
—— **UNA DEUDA,** to discharge a debt.
PAGARÉ, note, promissory note, note of hand.
—— **A LA VISTA o A LA PRESENTACIÓN,** demand note.
—— **A LARGO PLAZO POR COBRAR,** long-term note receivables.
—— **A PLAZO INTERMEDIO,** intermediate-term note.
—— **BANCARIO INCUMPLIDO,** bank's defaulted note.
—— **DE CAPITAL,** capital note.
—— **DE CAPITAL CONVERTIBLE,** convertible capital note.
—— **DE CAPITAL NO CONVERTIBLE,** nonconvertible capital note.
—— **DE FAVOR o DE CORTESÍA,** accomodation note.
—— **DE PRIMERA HIPOTECA,** first-mortgage note.
—— **DE TESORERÍA AL VENCIMIENTO,** maturity treasury note.
—— **DEL ASEGURADO PARA LA PRIMA,** premium note.
—— **ENDOSADO,** endorsed bill.
—— **FISCAL o DE TESORERÍA,** treasury bill, government note
—— **GARANTIZADO POR ACCIONES,** stock note.
—— **HIPOTECARIO,** mortgage note.
—— **HIPOTECARIO AL PORTADOR,** bearer mortgage note.
—— **MANCOMUNADO,** joint note.
—— **NO ASEGURADO o LETRA NO ASEGURADA,** unsecured promissory note.
—— **O LETRA CON TASA FLOTANTE,** floating-rate note.
—— **POR UNA LETRA o POR UNA DEUDA,** bill of debt.
—— **PRENDARIO o CON GARANTÍA o CON RESGUARDO,** collateral note.
—— **SIN INTERÉS,** non-interest bearing note.
—— **VENCIDO,** due bill, mature note.
PAGARÉS
—— **A BANCOS,** notes payable to banks.
—— **A COBRAR,** notes receivable.
—— **A CORTO PLAZO,** short-term loan notes.
—— **A LA VISTA,** demand notes.
—— **A LARGO PLAZO,** long-term promissory notes.
—— **A LARGO PLAZO POR COBRAR,** long-term notes receivable.
—— **A PARTICULARES,** notes payable to individuals.
—— **A PROVEEDORES,** notes payable to suppliers.
—— **A SOCIOS,** notes payable to partners.

—— DESCONTADOS, notes discounted.
—— RENOVADOS o PRORROGADOS, renewed notes.
PÁGINA, page, folio.
—— DE MUESTRA, specimen page.
—— TIPOGRÁFICA, type page.
PAGINAR, to page, to paginate.
PAGO, payment.
—— A CUENTA, payment on account, partial payment.
—— A HUELGUISTAS, strike pay.
—— A PLAZOS, installment payments, time payments.
—— A SUMA ALZADA o GLOBAL, lump-sum payment.
—— ADICIONAL, additional payment.
—— ADICIONAL o EXTRAORDINARIO, extra pay.
—— AL CONTADO o EN EFECTIVO, cash payment, cash on the nail, spot cash.
—— AL CONTADO Y TRANSPORTE A CARGO DEL COMPRADOR, cash and carry.
—— ANTES DE EMBARCAR, cash before shipment.
—— ANTES DE ENTREGA, cash before delivery (C.B.D.).
—— ANTICIPADO, advance payment, imprest, early payment.
—— ANTICIPADO DE JORNALES, advance on wages.
—— APLAZADO o DIFERIDO, deferred payment.
—— ATRASADO o MOROSO, delinquent payment.
—— COMPLEMENTARIO, additional payment.
—— CONDICIONES DE, payment terms.
—— CONTRA DOCUMENTOS DE EMBARQUE, cash against documents.
—— CONTRA ENTREGA, cash on delivery (C.O.D.).
—— DE ACARREO o DE TRANSPORTE, cartage bill.
—— DE ARRENDAMIENTO o DE RENTA, rental payment.
—— DE CAPITAL DEL PERIODO, principal repayment due.
—— DE COMISIONES, payment of commissions.
—— DE CUPONES, coupon payments.
—— DE ENTRADA, inpayment.
—— DE FINANCIAMIENTO A CORTO PLAZO, repayment of short-term financing.
—— DE FLETAMENTO, charter money.
—— DE HORAS EXTRAS, overtime payment.
—— DE IMPUESTO DIFERIDO, deferred tax.
—— DE INCENTIVOS o ESTÍMULOS, pay incentives.
—— DE INTERÉS ANUAL, annual interest payment.
—— DE INTERÉS SIN IMPUESTOS o EXENTO DE GRAVAMEN, tax-exempt interest payment.
—— DE INTERESES DEL PERIODO, interest payment due.
—— DE INTERESES SOBRE BONOS o SOBRE TÍTULOS, bond interest.
—— DE INTERESES Y CAPITAL, interest plus principal repayment.
—— DE LETRA A LA VISTA o A LA PRESENTACIÓN, sight draft payment.
—— DE NÓMINA, meeting the payroll.
—— DE OBLIGACIONES ACTUALES, current obligations.

—— DE PASIVO A LARGO PLAZO, long-term debt repayment.
—— DE PRÉSTAMOS, repayment of borrowings, loan payments.
—— DE PRIMA DE SEGURO, insurance premium payment.
—— DE REPARTO DE UTILIDADES A EMPLEADOS, profit-sharing payments to employees.
—— DE RESCATE, redemption payment.
—— DE SERVICIOS, payment for services.
—— DE SUELDOS, payroll payoff.
—— DE SUELDOS EN MERCANCÍAS, truck system.
—— DE TRABAJO EXTRA, extra wages.
—— DE TRANSFERENCIA o DE TRASPASO, transfer payment.
—— DEDUCIBLE o DESCONTABLE, deductible expense.
—— DEL FONDO DE AMORTIZACIÓN, sinking fund payment.
—— DESPUÉS DE ENTREGA, cash after delivery.
—— DIRECTO DE LETRA o FACTURA, direct bill paying.
—— EN EFECTIVO POR ADELANTADO, cash in advance.
—— EN EL ACTO, cash down.
—— EN SEÑAL DE OBLIGACIÓN, token payment.
—— EN TRÁNSITO, cash receipt in transit.
—— EXCESIVO, overpayment.
—— EXTRA, premium pay.
—— EXTRA PARA SEGUNDO Y TERCER TURNOS, shift differential.
—— EXTRA POR PRODUCCIÓN ADICIONAL, production bonus.
—— INCENTIVO o DE ESTÍMULO, incentive payment.
—— INCOMPLETO, underpayment.
—— INICIAL o DE ENTRADA, down payment, first installment.
—— INMEDIATO, cash on the nail, payment ready.
—— INMEDIATO AL CONTADO, prompt cash.
—— MENSUAL DE HIPOTECA, monthly mortgage payment.
—— NEGADO o REHUSADO, payment refused.
—— OBLIGATORIO, contractual payment.
——, ORDEN DE, money order.
—— PARCIAL DE UNA COMPRA, trade-in.
—— PARCIAL o A CUENTA, progress payment, installment, partial payment.
—— POR CONSIGNACIÓN, payment into court.
—— POR ENFERMEDAD, sick pay.
—— POR MÉRITO O MERECIMIENTO, merit pay.
—— POR SERVICIOS RECIBIDOS, compensation for services.
—— POR TIEMPO TRABAJADO, time-based pay.
——, PRONTO, early payment.
—— PUNTUAL, prompt payment.
—— SUSPENDIDO, payment stopped.
—— TOTAL, pay in full, payment in full.
—— TRIMESTRAL, quarterly payment.
PAGOS
—— A PLAZO DE HIPOTECA o POR HIPOTECA, mortgage installments.

—— A PLAZO o EN ABONOS, easy payments.
—— ACTUALES RECIBIDOS, current cash receipts.
—— ANTICIPADOS, prepayments.
—— CONDICIONALES, conditional payments.
—— CORRIENTES, current payments.
—— DE CAPITAL A LA FECHA, principal payments to date.
—— DE DIVIDENDOS, dividend payments.
—— DE INTERESES A LA FECHA, interest payments to date.
—— DE TRANSFERENCIAS DE NEGOCIOS, business transfer payments.
—— DE TRANSFERENCIAS GUBERNAMENTALES, government transfer payments.
—— DEL CLIENTE RECIBIDOS POR CORREO, customer mail receipt.
—— DUDOSOS o SOSPECHOSOS EN EL EXTRANJERO, questionable payments abroad.
—— EFECTUADOS, cash disbursements.
—— EN EFECTIVO, specie payments.
—— EN EFECTIVO o CHEQUES, cash paid.
—— INTERNACIONALES, BALANZA DE, balance of international payments.
—— PARCIALES o EN ABONOS, installments.
—— POR ARRENDAMIENTO o POR ARRIENDO, leased payments.
—— RECIBIDOS POR CORREO, mail receipts.
—— SUSPENDER, to stop payments.
PÁGUESE A LA ORDEN DE, pay to the order of.
PÁGUESE AL PORTADOR, pay to bearer.
PAÍS, country, nation, land, region.
—— CONSUMIDOR, consumer country.
—— DE MONOCULTIVO, one-crop country, single-crop country.
—— DE ORIGEN, home.
——, DEL, domestic, national.
—— EN VÍAS DE DESARROLLO, developing nation or country.
—— EXTRANJERO, foreign country.
—— HUÉSPED o ANFITRIÓN, host country.
—— INDUSTRIALIZADO, industrialized country.
—— POCO DESARROLLADO, less developed country.
—— POLÍTICAMENTE INESTABLE, politically unestable country.
—— PRODUCTOR o PAÍS QUE FABRICA PRODUCTOS, producer country.
PAÍSES
—— MUY DESARROLLADOS, highly developed countries.
—— SUBDESARROLLADOS, underdeveloped countries.
PAISAJE, region, zone, area.
PAJA, straw.
PAJAS, NO DORMIRSE EN LAS, to be very vigilant.
PÁJARO GORDO o DE CUENTA, big gun, person of importance.
PALA, shovel.
PALABRA o VOCABLO, word.
—— ACUÑADA o INVENTADA, coined word.
—— CLAVE, key word.

—— DE HONOR, word of honor, upon my honor.
—— DE LONGITUD FIJA (computación), fixed word-length.
—— DE LONGITUD VARIABLE, variable word-length.
——, EMPEÑAR LA, to pledge one's word.
——, LIBERTAD DE, freedom of speech.
——, LLEVAR LA, to be spokesman.
——, PEDIR LA, to ask for the floor (at a meeting)
—— POR PALABRA o LITERALMENTE, word for word.
——, TENER LA, to have the floor.
PALABRAS DURAS u OFENSIVAS, rough words.
PALACIO, palace.
—— DE JUSTICIA, court house.
PALADEAR, to taste with pleasure, to relish.
PALANCA, leverage, lever.
—— DE CAPITAL o RELACIÓN ENTRE BENEFICIO Y GASTOS FIJOS, capital leverage.
—— DE OPERACIÓN, operating leverage.
—— FINANCIERA, financial leverage.
PALANQUITA, key, small lever.
PALCO, theatre box.
PÁLIDO, white-faced, pale face, pale.
PALIQUE, chitchat, small talk.
PALIZA, beating with a stick, thrashing.
PALMA, GANAR o LLEVARSE LA, to win the prize, to carry the day.
PALMADA, pat, hand, applause, slap.
PALMO DE NARICES, DEJAR A UNO CON UN, to disappoint one, to leave one out in the cold.
PALO, pole, mast, wood, tree.
PALOS, DAR DE, to beat, to drub, to thrash.
PAMPLINA, nonsense, frivolity, trifle.
PAN, bread.
—— CALIENTE, VENDER COMO, to sell like hot cakes.
—— DE CENTENO, black bread.
—— GANARSE EL, to earn a living, to earn one's bread and butter.
—— SE LO COMA, CON SU, let him take the consequences, it's his funeral.
—— VIEJO, stale bread.
PANADERÍA, backery, baking industry.
PANCARTA, placard, poster.
PANCISTA, one who is on the fence.
PANDEARSE o DOBLEGARSE, to sag.
PANEL, panel, bulletin board.
—— DE CONTROL o DE MANDO, control board.
—— DE INSTRUMENTOS, instrument board.
PANFLETO, brochure, booklet, pamphlet.
PÁNICO BURSÁTIL o FINANCIERO, financial panic.
PANQUÉ, hot cake.
PANTALONES, trousers.
—— DE DRIL, jeans.
PANTALLA, screen, lamp, shade.
—— DE CINE, movie screen.
—— DE TELEVISIÓN, television screen.
—— DE VIDEO CONECTADA A UNA COMPUTADORA, computer-linked video screen.
—— DE VIDEO REMOTA, remote video screen.
—— GRÁFICA, graphic display.

PANTANO o **CIÉNAGA,** swamp.
PAÑALES, ESTAR EN, to have little knowledge or experience, to be in one's or its infancy.
PAÑO, cloth.
—— **DE LÁGRIMAS,** one who sympathizes and consoles.
PAÑOS CALIENTES, half measures.
PAÑOL, storeroom, bin, bunker.
PAÑUELO, handkerchief.
PAPA o **PONTÍFICE,** pope.
PAPEL, paper, document, function.
—— **ADMINISTRATIVO,** managerial role.
—— **AÉREO,** air-mail paper.
—— **BLANCO,** white paper.
—— **BORRADOR,** scratch paper.
—— **CARBÓN,** carbon paper.
—— **CLAVE,** key role.
—— **COMERCIAL** o **DE COMERCIO,** commercial paper, trade paper.
—— **COUCHÉ,** art or coated paper.
—— **CUADRICULADO** o **MILIMÉTRICO,** cross-section or graph or coordinate paper.
—— **DE ALUMINIO,** aluminum foil.
—— **DE CALCAR** tracing paper, carbon paper.
—— **DE CARTAS** letter paper, note paper.
—— **DE CHINA,** India paper.
—— **DE DESECHO,** waste paper, scrap paper.
—— **DE EMPACAR,** packing paper.
—— **DE ENVOLVER** o **DE ENVOLTURA,** wrapping paper.
—— **DE ESCRIBIR,** writing paper.
—— **DE ESTRAZA,** rag paper.
—— **DE IMPRENTA** o **DE PERIÓDICOS,** newsprint, print paper, newsstock.
—— **DE LA CULTURA,** role of culture.
—— **DE LIJA,** sand paper.
—— **DE REGISTRO,** register paper.
—— **DEL GOBIERNO,** role of government.
—— **DEL PRONÓSTICO DE VENTAS,** sales forecasting role
——, **DESEMPEÑAR** o **HACER UN,** to play a role.
—— **EN RAMA,** paper stock.
—— **EN ROLLO,** roll paper.
—— **ENCERADO,** waxed paper.
—— **ESTÉNCIL** o **PARA ESTARCIDO,** stencil paper.
——,**HACER BUEN** o **MAL,** to make a good or bad showing.
—— **INFORMATIVO,** informational role.
—— **INTERPERSONAL,** interpersonal role.
—— **MEMBRETADO,** letterhead.
—— **MEMBRETADO DE UNA EMPRESA,** firm letterhead.
—— **MONEDA,** money paper, paper currency, soft money.
—— **MONEDA DE CIRCULACIÓN FORZADA,** emergency money.
—— **MONEDA DE E.U.A.,** greenback.
—— **MONEDA FRACCIONARIO,** fractional paper currency.
—— **MONEDA NO CONVERTIBLE,** paper standard.
—— **NEGOCIABLE** o **TRANSMISIBLE,** negotiable paper.
—— **OFFSET,** offset paper.
—— **OFICIO,** official-size paper.
—— **PARA MÁQUINA DE ESCRIBIR,** typewriter paper.
—— **QUE DESEMPEÑA LA COMUNIDAD,** organizational role.
—— **QUE REPRESENTA UNA PERSONA,** role.
—— **RAYADO,** ruled paper.
—— **REACTIVO,** test paper.
—— **REFERENTE A TOMA DE DECISIONES,** decision role.
—— **SELLADO** o **TIMBRADO,** official stamped paper.
—— **SIN CARBÓN,** no carbon required paper.
—— **TIMBRADO,** stamped paper.
PAPELES
—— **DE TRABAJO,** working papers.
—— **DE TRABAJO DEL AUDITOR,** audit working papers.
—— **DE TRABAJO PARA CONSULTA FUTURA,** carry-forward working papers.
—— **FIDUCIARIOS,** bonds.
—— **MOJADOS** worthless documents.
—— **U HOJAS DE TRABAJO VERTICALES,** vertical working papers.
PAPELEO, red tape, excessive paperwork.
—— **BUROCRÁTICO,** bureaucratic red tape.
—— **DUPLICADO** o **DOBLE,** duplicate paperwork.
PAPELERÍA, stationery, stationery store, paper products.
—— **CONTINUA,** continuous stationery.
—— **Y ARTÍCULOS DE ESCRITORIO,** stationery.
—— **Y ÚTILES DE ESCRITORIO,** stationery and supplies.
PAPELETA, ballot, leaflet, slip.
—— **DE ADMISIÓN** o **DE ENTRADA,** admission ticket.
—— **DE VOTACIÓN,** ballot.
—— **POR INFRACCIÓN DE TRÁNSITO,** traffic ticket.
PAPELÓN, ostentations, boastful.
PAQUETE, bundle, package, packet boat.
—— **AÉREO,** air parcel post, air liner.
——, **DE,** brand new, de luxe.
—— **DE ACCIONES,** block of stock.
—— **DE BENEFICIOS ADICIONALES DEL EMPLEADO,** fringe benefit package.
—— **DE DECISIÓN DEL PRESUPUESTO BASE CERO,** zero-base budgeting decision package.
—— **DE DISCOS,** disk pack.
—— **DE PROGRAMAS DE COMPUTADORA,** computer software package.
—— **POSTAL,** parcel-post package.
PAQUETES POSTALES, SERVICIO DE, parcel post service.
PAR, par, equal, pair.
——, **A LA,** at pair.
—— **DE ZAPATOS,** pair of shoes.
—— **EN PAR, DE,** wideopen.
——, **IR A LA,** to go halves, have an equal share.
PARA, for, to, in order to, toward, wherefore.
—— **ABREVIAR,** for short.
—— **ENTONCES,** by then.
—— **MI CAPOTE, DIJE,** I said to myself.

—— QUÉ, what for? what is the use?.
—— QUIEN o POR QUIEN, for whom.
—— SIEMPRE, for good, forever.
PARABRISAS, windshield.
PARACAÍDAS, parachute.
PARADA, stop, stopping place, shutdown.
—— COMPLETA, dead stop.
—— DE AUTOBUSES, bus stop.
—— DE AUTOMÓVILES DE PLAZA, cab stand.
—— DOBLAR LA, to double the stake or bid.
PARADERO, railroad station, stopping place, parking space, taxi stand.
—— DE AUTOMÓVILES DE ALQUILER o SITIO o PIQUERA, taxi stand.
PARADO o DESEMPLEADO, unemployed worker, unemployed, idle, shut down.
PARAGUAS o SOMBRILLA, umbrella.
PARAGÜERÍA, umbrella store.
PARALELO o ANÁLOGO, parallel.
PARALIZACIÓN, stagnation, shut down.
—— DE NEGOCIOS, business stagnation.
—— ECONÓMICA, economic stagnation.
PARALIZADO POR HUELGA, strike-bound.
PARALIZAR, to stop, to shut down.
—— o SUSPENDER EL TRABAJO, suspend work.
PARÁMETRO, parameter.
PARAR, to stop, to stand up, shut down.
—— EN SECO o BRUSCAMENTE, stop short.
—— LA OREJA, to prick one's ears.
—— LA PRODUCCIÓN, to stop production.
——, SIN, without delay, instantly.
PARCELA, parcel of land, piece of ground.
—— SIN CONSTRUIR, vacant lot.
PARCIAL, partial.
PARCIALIDAD, discrimination, partiality, partial, payment.
PARCHE (farmacia), plaster, sticking plaster, patch, botch.
PARECE, it would seem.
——, ME, it seems to me.
—— MENTIRA, it's hard to believe, it seems incredible.
——, SEGÚN, apparently, as it seems.
PARECERSE, look alike, to resemble each other.
PARECIDO, BIEN o MAL, good or bad looking.
PARED o MURO o TAPIA, wall.
—— DE ANUNCIOS, billboard.
—— MEDIANERA, party wall.
PAREDES OYEN, LAS, walls have ears.
PAREJA, team, pair, team of horses.
—— EN LA QUE LOS DOS TIENEN CARRERA, dual career couple.
PARÉNTESIS, ENTRE, by the way.
PARIDAD, parity, par.
—— CAMBIARIA, par of exchange.
—— COMPETITIVA o DE COMPETENCIA, competitive parity.
PARIENTE, relative, relation.
—— CERCANO, near relation.

—— LEJANO, distant relation.
PARLAMENTARIO, member of a parliament or of a congress, parliamentary.
PARO, shutdown, walkout, stoppage, unemployment.
—— FORZOSO, unemployment, lockout.
—— GENERAL, general strike.
—— OBRERO, strike, labor stoppage, unemployment.
—— PLANEADO o PROGRAMADO, planned shut down.
PARQUE, park, field, lot, equipment.
—— DE DIVERSIONES o ATRACCIONES, amusement park.
—— DE FERIAS, fairgrounds.
PARQUÍMETRO, parking meter.
PARRANDA, ANDAR o IR DE, to have a gay time, to go on a lark.
PARRILLA, broiler, furnace, grate, toaster.
PARROQUIANO, customer, client.
PARTE, part, share, interest, party.
—— o INFORME, report, dispatch, communication.
——, DE ALGÚN TIEMPO A ESTA, for some time past.
—— DE, DE, on the side of, in the name of, on behalf of.
——, DE MI, on my part, on my side.
—— DE PRENSA, newspaper report.
—— DEL ACCIDENTE, accident report.
——, HACER DE SU, to do one's best, to do one's part.
—— INTERCAMBIABLE o DE REPUESTO, interchangeable part, spare part.
—— INTERESADA, party in interest, interested party.
—— POR AVISAR, notify party.
——, POR MI, as for me, as far as I am concerned.
——, POR OTRA, on the other hand, in another direction.
—— POR PARTE, part by part.
—— SUPERIOR, upside.
PARTES
—— ASOCIADAS o AFILIADAS, related parties.
—— AUTOMOTRICES, automotive parts.
—— CONTRATANTES, contracting parties.
—— SOBRANTES o PIEZAS DE DESECHO, scrap parts.
PARTERA, midwife.
PARTICIPACIÓN, share, interest, participation, equity, notice.
—— COMO MUESTRA o EN PRENDA, token participation.
—— DE LA COMPAÑÍA MATRIZ, parent's equity.
—— DE LOS ACCIONISTAS, stockholders' equity.
—— DE LOS ACREEDORES, creditors' equity.
—— DE LOS EMPLEADOS, share of employees.
—— DE LOS SOCIOS EN UNA COMPAÑÍA LIMITADA, partners' capital contributions.
—— DEL CONCESIONARIO DE UN TERRENO EN LA PRODUCCIÓN DE PETRÓLEO Y GAS OBTENIDA DEL MISMO, working interest.
—— DEL DUEÑO, owner's equity.

—— DEL PERFORADOR DE UN POZO DE PETRÓLEO, oil and gas payment.
—— EN EL CAPITAL SOCIAL, equity claims.
—— EN EL INGRESO, income share.
—— EN EL MERCADO, market share, share of the market.
—— EN LA COBRANZA, contingent fee.
—— EN LA PRODUCCIÓN, production-sharing.
—— EN LAS GANANCIAS, share of profits.
—— EN LAS PÉRDIDAS, loss-sharing.
—— EN LAS UTILIDADES o EN LOS BENEFICIOS, profit sharing, gain sharing.
—— EN LAS REGALÍAS, royalty interest.
—— EN LOS INGRESOS SIN ADELANTAR NINGUNA CANTIDAD PARA GASTOS, carried interest.
—— EXTRAÑA, outside interest.
—— MINORITARIA, minority interest.
—— RESIDUAL, residual share.
—— SOBRE REGALÍAS, overriding royalty interest.
PARTICIPACIONES, holdings.
—— EN LA PROPIEDAD, ownership equities.
PARTICIPANTES EN EL MERCADO DE CAPITAL, capital market participants.
PARTICIPAR, to inform, to notify, to share.
PARTÍCIPE, sharer, partner, participator.
PARTICULAR, private party, particular, personal, private.
PARTIDA, departure, item, lot, shipment, consignment, entry, certificate.
—— ANUAL, annual entry.
—— ARANCELARIA, item of tariff.
—— COMPUESTA, compound entry.
—— CONTABLE, accounting entry.
—— CONTRA-PASIVO, contra equity.
—— DE CAJA, cash item, cash entry.
—— DE CAZA, hunting party.
—— DE COMPLEMENTO, complementing entry.
—— DE COSTO, expense item.
—— DE CRÉDITO, credit entry.
—— DE DEFUNCIÓN, death certificate.
—— DE MERCANCÍAS VENDIDAS, bill of goods.
—— DE NACIMIENTO, birth certificate.
—— DE PESCA, fishing party.
—— DEL INVENTARIO, inventory item.
—— DEUDORA, debit entry.
—— DISPONIBLE o A MANO, item on hand.
—— DOBLE, double entry.
—— EN CONSIGNACIÓN, item on consignment.
—— EN EXCESO, excess item.
—— EN TRÁNSITO, item on transit.
—— FICTICIA DEL INVENTARIO, fictitious inventory item.
—— GLOBAL, lump-sum item.
—— JUGADA POR DOS PERSONAS, twosome.
—— O ARTÍCULO DE MOVIMIENTO LENTO, slow-moving item.
—— O EFECTOS A COBRAR o VALOR AL COBRO, receivable.
—— OBSOLETA, obsolete item.

——, PUNTO DE, starting point.
—— SIMPLE o SENCILLA, single entry.
PARTIDAS
—— ACUMULADAS, accrued items.
—— AL COBRO, items for collections, receivables.
—— DE AJUSTE DE AUDITORÍA, audit adjusting entries.
—— DE CARGO, charge items.
—— DE CIERRE, closing entries.
—— DE LOS BARCOS, sailings.
—— DE REAJUSTE, adjusting entries.
—— DE RECLASIFICACIÓN DE AUDITORÍA, audit reclasifying entries.
—— DE USO ESPECIAL, special-purpose items.
—— DIFERIDAS, suspense items.
—— MONETARIAS, monetary items.
—— NO MONETARIAS, nonmonetary items.
—— PAGADAS POR ANTICIPADO, prepaid items.
—— PENDIENTES, outstanding items.
—— POR COBRAR PENDIENTES, outstanding receivables.
PARTIDARIO, partisan, advocate.
PARTIDO, political party, district, territory, advantage, profit.
—— DE, SACAR, to take advantage of, to turn to advantage.
—— LABORISTA (Inglaterra), Labor Party.
—— POLÍTICO, political party.
—— POLÍTICO EN EL EXTRANJERO, foreign political party.
—— SOCIALISTA, socialist party.
——, TOMAR, to make up one's mind, to decide.
PARTIR, to divide, to leave, to depart, start off.
—— DE LA FECHA, A, from the date.
—— o DIVIDIR LA DIFERENCIA, split the difference.
PARTO, ESTAR DE, to be in labor.
PASADA, DE, on the way, by the way.
PASADA, MALA, bad turn, mean trick.
PASADO, past, last.
—— DE MODA, out-of-fashion.
—— MAÑANA, day after tomorrow.
PASAJE, fare, trip, passage money, passage, corridor.
—— DE IDA Y VUELTA, round trip.
—— DE PRIMERA CLASE, first-class passage.
PASAJERO o VIAJERO, passenger, traveler, hotel guest.
PASANDO, IR, to manage, to get along.
PASANDO POR, by way of.
PASANTE, learner, student, apprentice, lawyer's clerk.
PASAPORTE, passport.
—— DEL BUQUE, sea letter, ship's passport.
PASAR, to pass, to transfer, to convey.
—— A, carry.
—— A NADO, swim across.
—— A NUEVA CUENTA, to bring forward.
—— ADELANTE UN SALDO o UNA SUMA, carry forward.
—— AL DIARIO, to journalize.

—— AL MAYOR, to post.
—— CHEQUE FALSO, to cash a bad check.
—— EL RATO, to kill time.
—— EL TIEMPO, while away the time.
—— EN SILENCIO, steal along.
—— LA LISTA DEL PERSONAL, call the roll.
—— LA NOCHE, to stay overnight.
—— LA PRUEBA, stand the test.
—— LAS PARTIDAS AL LIBRO MAYOR, post the ledger.
—— LOS ASIENTOS, to post the books.
—— POR ALTO, pass over, to overlook.
—— POR ENCIMA DE, to go over the head of.
—— UN INVENTARIO, to take inventory.
—— UNA PRUEBA, pass a test.
PASATIEMPO, hobby, amusement.
PASCUA DE NAVIDAD, yuletide.
PASE, permit, pass, swap.
—— A MÁQUINA SOBRE UNA CUENTA, machine-posted account.
—— AL MAYOR o ASIENTO, posting.
—— DE LISTA, roll call.
—— DIFERIDO o APLAZADO, delayed posting.
—— PARA EL CINE, movie pass.
—— PARA EL TEATRO, theater pass.
—— SALTEADO, dodge posting.
PASES, hedging.
—— AL LIBRO DE CAJA Y BANCOS, cash book posting.
—— AL LIBRO MAYOR, posting the ledger.
—— DE CADA DÍA, each day's postings.
—— DE CARGO AL REGISTRO DE VENTAS, sales ledger posting.
—— DE COBRANZA, cash postings.
PASEO, walk, sidewalk, path.
——, DAR UN, to take a walk, to take a ride.
——, ENVIAR A, to send one about one's business.
PASIVO, liabilities, passive, pertaining to pensions.
—— A CORTO PLAZO, short-term liabilities.
—— A FAVOR DE TERCERO, liability to an outsider.
—— A LARGO PLAZO, long-term liabilities.
—— AL TIPO DE MERCADO, market rate liabilities.
—— ACUMULADO o DEVENGADO, accrued liabilities.
—— ACUMULADO POR PENSIONES, accrued pension liabilities.
—— ASUMIDO o SUPUESTO, assumed liabilities.
—— BANCARIO, bank liabilities.
—— CAPITAL CONTABLE, debt equity.
—— CIRCULANTE, TOTAL DE, total current liabilities.
—— COMERCIAL, trade liabilities, current liabilities.
—— COMERCIAL ACUMULADO, accrued current liabilities.
—— CON APOYO ECONÓMICO, leveraged debt.
—— CONSOLIDADO, funded debt.
—— CONTINGENTE o EVENTUAL, contingent liabilities, indirect liabilities.
—— CONVERTIBLE, outstanding convertible debt.
—— CORRIENTE o CIRCULANTE, current or floating liabilities.
——, CUENTA DE, liability account.

—— DE CAPITAL, capital liabilities.
—— DE VENCIMIENTO PRÓXIMO, maturing liability.
—— DECLARADO, stated liabilities.
—— DIFERIDO, deferred liabilities.
—— DIRECTO, direct liabilities.
—— EXIGIBLE o INMEDIATO, current liabilities.
—— FIJO, fixed or funded liability, capital liabilities.
—— FISCAL PERSONAL, personal tax liability.
—— GARANTIZADO o ASEGURADO, secured liability.
—— INDIRECTO, indirect liabilities.
—— MANCOMUNADO, joint liability.
—— NO DEPOSITADO, nondeposit liabilities.
—— NO GARANTIZADO, unsecured liability.
—— NO PAGADO o INSOLUTO, unpaid liabilities.
—— POR DEPÓSITOS, liability on deposits.
—— REAL, actual liabilities, cash liabilities.
—— REPRESENTADO POR BONOS, bonded debt.
—— SOCIAL, partnership debts, partnership liability.
—— TRANSITORIO o POR AJUSTAR, unadjusted liabilities, accrued or deferred liabilities.
—— VENCIDO, matured, liability, obligations due and payable.
—— Y CAPITAL CONTABLE, liabilities and stockholders' equity.
—— Y CAPITAL LÍQUIDO, liability and net worth.
PASO, step, passage, pass.
—— A NIVEL, grade crossing.
—— A PASO, step by step.
——, ABRIRSE, to get through.
—— ACERTADO o ATINADO, wise move.
——, DE, in transit, by the way.
——, INFERIOR, underpass, undergrade.
——, PROHIBIDO EL, no traspassing, keep out.
——, SALIR DEL, to get out of the difficulty, to get by.
—— SUPERIOR, overpass, overhead crossing.
PASTA, paste, board cover.
PASTEL, pied type, cake, pie.
—— DE BODA, wedding cake.
PASTELERÍA, pastry, pastry shop.
PASTIZAL, pasture, grazing land.
PASTO, pasture, feed, hay.
PATA, foot, leg (of an animal, table, chair, etc.).
—— DE PALO, wooden leg.
——, MALA, bad luck.
——, METER LA, to intermeddle, butt in.
PATAS ARRIBA, heels over head, upside down, on one's back.
PATANA, lighter.
PATEADURA, kicking, severe reprimand, stamping of the feet.
PATEAR, to kick.
PATENTABILIDAD DEL PRODUCTO, product patentability.
PATENTAR, to patent.
PATENTE, patent, grant, permit, license, evident.

—— **CONCEDIDA** o **DADA,** patent granted.
—— **DE ACARREADOR,** cartman's license.
—— **DE GIRO,** license to work at a trade or to carry on a line of business.
—— **DE LANCHAJE,** lighterage license.
—— **DE NAVEGACIÓN,** sea letter, ship's passport.
—— **PENDIENTE** o **SOLICITADA,** patent pending or applied for.
PATENTES Y CRÉDITO MERCANTIL, patents and goodwill.
PATERNALISMO, paternalism.
PATÍN, skid, shoe, slide.
PATINES, skate.
PATINADOR, skater.
PATINAJE, skating, skidding, slipping.
PATINAR, to skate, to skid.
—— **EN HIELO,** iceskate.
PATIO, inner court, yard.
—— **DE ALMACENAJE,** store yard.
—— **DE CARGA,** freight yard.
—— **DE ENTREGA,** delivery yard.
—— **DE TANQUES,** tank farm.
—— **O CAMPO DE RECREO,** playground.
—— **O CORRALÓN DE MATERIALES,** storage yard.
—— **O PLAZA DE ESTACIONAMIENTO,** parking place.
PATITAS EN LA CALLE, PONER DE, to discharge, to bounce.
PATO, PAGAR EL, to be the scapegoat, to suffer undeserved punishment.
PATO SALVAJE, wild duck.
PATRAÑA, fake, fabulous story, humbug.
PATRIA, native land.
PATRIMONIO, patrimony, capital, net worth, proprietary equity.
—— **COMÚN,** common equity.
—— **DE LOS ACCIONISTAS,** stockholders' equity.
—— **DEL ACCIONISTA,** shareholder wealth.
—— **EN BIENES RAÍCES DE UNA PERSONA,** estate.
—— **FISCAL,** government owner.
—— **LÍQUIDO,** net worth.
—— **NACIONAL,** national wealth.
—— **O CAPITAL DE SEGURO DE VIDA,** life insurance estate.
PATROCINADOR, sponsor, patron.
—— **DE SERVICIOS,** service sponsor.
PATROCINAR, to sponsor, to patronize.
PATROCINIO, patronage, sponsorship.
—— **CONJUNTO,** share sponsorship.
PATRÓN, employer, enterpriser, standard, norm.
—— **DE ADOPCIÓN,** adoption pattern.
—— **DE CAMBIO ORO** o **DE DIVISAS EN ORO,** gold-exchange standard.
—— **DE ESTARCIR** o **CALADO** o **ESTÉNCIL,** stencil.
—— **DE ORO** o **PATRÓN ORO,** gold standard.
—— **MONETARIO,** standard of value.
—— **O NORMA FAMILIAR,** the family pattern.
—— **ÚNICO,** single standard.
PATRONES
—— **DE CONSUMO,** consumption patterns.

—— **DE CONSUMO FAMILIARES,** family consumption patterns.
—— **MONETARIOS,** monetary standards.
PATRONATO, trusteeship, board of trustees, league, patronage.
PATRONO, employer, trustee, patron, sponsor, landlord, boss.
PATRULLA o **RONDA,** patrol, gang, squad.
—— **DE TRÁNSITO,** traffic squad.
PATRULLERO, patrolman.
PAUTA, guide lines, standard, rule, pattern.
PAVIMENTAR o **EMPEDRAR,** to pave.
PAVIMENTO, pavement.
PAVO, COMER, to be a waliflower at a dance.
PAYASADA, clownish joke or action.
PAZ, peace.
——, **DEJAR EN,** to leave alone.
——, **EN,** at peace, quite, even.
PE A PA, DE, throughly, from beginning to end, from A to Z.
PEAJE, toll.
—— **DE INSTALACIONES PORTUARIAS,** marine port facilities toll.
—— **DE PUENTE,** bridge toll.
—— **O DERECHO DE AEROPUERTO,** airport toll.
PEATÓN, pedestrian, foot passenger.
PECADO o **CULPA,** sin.
PECADOR, sinner, offender, unjust.
PECUARIO, pertaining to cattle.
PECULADO, peculation, graft
PECUNIARIO, monetary, pecuniary.
PECHO, TOMAR A, to take to heart.
PECHO Y ESPALDA, ENTRE, in the stomach.
PECHUGA, white meat.
PEDAGOGO, teacher, educator, pedagogue.
PEDAZOS, HACER, to break to pieces.
PEDIDO, order, requisition, demand, petition.
—— **A PRUEBA** o **DE PRUEBA,** trial order.
—— **ADICIONAL,** supplementary order.
—— **AL CONTADO,** cash order.
—— **CON LÍMITE DE PRECIO,** limited order.
—— **DE COMPRA,** purchase order or requisition.
—— **DE ENTREGA DIFERIDA,** back order.
—— **ECONÓMICO,** economic order quantity.
—— **EN FIRME,** firm order.
—— **INDIVIDUAL** o **PERSONAL,** individual order.
—— **NO SURTIDO** u **ORDEN DE COMPRA PENDIENTE,** unfilled sales order.
—— **PENDIENTE DE SURTIR,** open order.
—— **U ORDEN CABLEGRÁFICA,** cable order.
—— **U ORDEN REPETIDA,** repeat order.
—— **URGENTE,** rush order.
—— **VERBAL,** verbal order.
PEDIDOS
—— **EN CARTERA** o **NO DESPACHADOS,** backlog, unfilled orders, unshipped orders.
—— **EN PIE** o **PENDIENTES,** open orders.
—— **ENGLOBADOS,** lumped orders.
—— **ESCASOS,** light orders.

—— POR RECIBIR, on order status.
PEDIMENTO, petition, claim, bill.
PEDIR u ORDENAR, to order, to request, to demand, to claim.
—— A AUTOMOVILISTAS TRANSPORTACIÓN GRATIS o PEDIR AVENTÓN, hitchhike.
—— DE BOCA, A, according to desire.
—— O MANIFESTAR CON AHÍNCO, to urge upon.
—— O SOLICITAR UN PUESTO, to apply for a job.
PEGAR, to paste, to stick, to glue, to hit.
—— CON GOMA, to gum.
—— FUEGO A, to set fire to.
—— LOS OJOS, NO, not to sleep a wink.
PEGÁRSELA A UNO, to fool one, make one swallow a story.
PEINE, comb, card, rack.
PELA, DAR o PEGAR UNA, to whip, give a whipping to.
PELADO o ARRANCADO o SIN UN CENTAVO, broke, penniless.
PELEA, battle, fight.
—— DE BOXEO, prize fight.
PELEARSE, to come to blows, to part company.
PELETERÍA, leather shop, fur trade, stock of furs.
PELÍCULA, film, motion picture.
—— CINEMATOGRÁFICA, motion-picture film.
—— EDUCATIVA, training film, educational film.
—— FOTOGRÁFICA, camera film.
—— MUDA, silent film.
—— RADIOGRÁFICA, X-ray film.
PELIGRO, danger, distress, hazard, risk.
——, CON, at risk.
——, CORRER, to be in danger.
——, EN, in distress.
—— MORAL, moral hazard.
PELIRROJO, red-haired, redhead.
PELO, hair, filament.
—— A, TOMAR EL, make fun of, pull someone leg.
—— DE TONTO, NO TENER UN, to be bright, quick or clever.
—— EN PECHO, DE, daring, brave, strong.
PELOS EN LA LENGUA, NO TENER, to be outspoken.
PELOTERA o TUMULTO, riot, tumult, brawl.
PELUQUERÍA, barbershop.
PELLEJO, skin, peel, pelt.
—— A, QUITAR EL, to speak ill of, gossip about.
——, JUGARSE EL, to risk one's life.
——, SALVAR EL, to save one's skin.
PELLIZCAR, to pinch.
PENA o PESAR, regret, grief, penalty, worry.
——, ESTAR CON MUCHA, to be very sorry, to be greatly mortified.
—— O CASTIGO PECUNIARIO, fine.
——, VALER LA, to be worthwhile, to be worth the trouble.
PENAS, A DURAS, with great difficulty, just barely.
PENAL, penal, penitentiary.
PENALIDAD, penalty.
—— SOBRE EL INTERÉS, interest penalty.

PENDENCIA o RIÑA, squabble.
PENDIENTE, grade, gradient, outstanding, pending, unsettled, upgrade.
——, CUENTA, unsettled account, outstanding bill.
—— DE COBRO, outstanding.
—— DE LIQUIDACIÓN, unliquidated.
—— DE PAGO, unpaid.
——, DEUDA, unpaid debt, unpaid balance.
—— PRONUNCIADA, heavy grade.
PENETRACIÓN, penetration, insight.
PENETRAR, to penetrate.
—— FURTIVAMENTE, steal in.
PENIQUE EN INGLATERRA o CENTAVO DE DÓLAR EN E.U.A., penny.
PENITENCIARÍA, penitentiary.
—— O CÁRCEL DEL ESTADO, state prison.
PENOSO o IRRITANTE, trying, painful, hard.
PENSADO, deliberate, premeditated.
——, BIEN, wise, proper.
——, MAL, unwise, foolish.
——, TENER, to have in view, to intend.
PENSAMIENTO o REFLEXIÓN, thinking, thought, idea, mind.
PENSAR, to think.
PENSIÓN, pension, annuity, boardinghouse.
—— ALIMENTICIA, alimony.
—— ANUAL CONDICIONADA, conditional annuity.
—— DE GRUPO, group annuity.
—— DE INVALIDEZ disability benefit.
—— DE VIUDEZ, widow's pension.
—— DIFERIDA, deferred annuity.
—— DOTAL, endowment annuity.
—— GARANTIZADA POR COMPAÑÍA DE SEGUROS, insured pension.
—— O ANUALIDAD DE RETIRO o JUBILACIÓN, retirement allowance.
—— POR ANCIANIDAD o POR VEJEZ, old-age pension.
—— POR ANTIGÜEDAD o DE VEJEZ, old-age pension, service pension.
—— VITALICIA, life pension, single-life annuity.
PENSIONES o JUBILACIONES A LOS ANCIANOS, pensions for the aged.
PENSIONAR, to pension.
PENSIONISTA, pensioner, boarder, annuitant.
PENÚLTIMO, next to the last.
PEÓN, laborer, unskilled laborer.
—— DE MUELLE, dock laborer, wharfman, stevedore, longshoreman.
—— EVENTUAL, casual worker.
—— RURAL o CAMPESINO, farm hand.
PEOR, worse.
—— QUE, worse and worse, that is even worse.
—— QUE NUNCA, worse than ever.
——, TANTO, so much the worse.
PEQUEÑA DEPRESIÓN small depression.
PEQUEÑO, little, small, petty.
—— COMERCIANTE, small businessman.
—— NEGOCIO, small business.
PER CÁPITA, per capita.

PER CÁPITA, INGRESO, per capita income.
PERAS A CUARTO, PONER LAS, to bring one to reason.
PERAS AL OLMO, PEDIR, to expect the impossible, to go on a wildgoose chase.
PERCANCE, misfortune, mischance.
PERCENTIL, percentile.
PERCEPCIÓN perception, sensing, collection, receipt.
—— **BRUTA,** gross pay.
—— **CLARA DE IDEAS,** intuition.
—— **SELECTIVA,** selective perception.
PERCEPCIONES, receipts.
—— **ANUALES,** annual revenues.
PERCIBIR, to collect, to receive.
—— **O GANAR UN SUELDO,** draw a salary.
PERCHA, rack, hatrack, clothes tree.
PERCHERO, clothes rack, rack.
PERDEDOR, loser.
PERDER, to lose, to forfeit.
—— **DE VISTA,** to lose sight of.
—— **DINERO,** to lose money.
—— **EL JUICIO o EL SESO,** to go out of one's mind.
—— **EL TRABAJO,** to lose a job, to lose one's job.
—— **EL TREN,** to miss the train.
—— **GANANCIAS POR VENTAS TARDÍAS,** overstay the market.
—— **HASTA LA CAMISA,** to lose one's shirt.
—— **LA OPORTUNIDAD,** to miss an opportunity.
—— **LOS ESTRIBOS,** to lose one's temper.
—— **TERRENO,** to lose ground.
—— **TIEMPO,** lose time.
PERDERSE O DESPERDICIARSE, to go to waste, to get lost, to deteriorate.
PÉRDIDA, forfeiture, damage, loss, waste, leakage.
—— **ACCIDENTAL,** accidental loss.
—— **ACTUARIAL,** actuarial loss.
—— **BRUTA,** gross loss.
—— **BRUTA NO OBTENIDA,** gross unrealized loss.
——, **CON,** at a loss.
—— **CONSECUENTE o CONSIGUIENTE,** consequential loss.
—— **CONTABLE o SEGÚN LIBROS,** book loss.
—— **DE ACTIVOS,** asset loss.
—— **DE CAPITAL,** capital loss.
—— **DE EXPLOTACIÓN u OPERACIÓN,** operating loss.
—— **DE LA COSECHA,** crop failure.
—— **DE LA VISTA o DE LA VISIÓN,** loss of sight.
—— **DE UTILIDAD,** lost usefulness.
—— **DEDUCIBLE DEL IMPUESTO,** tax deductible loss.
—— **EN ACTIVO FIJO RETIRADO o VENCIDO,** loss on fixed assets retired or sold.
—— **EN CAMBIOS NO REALIZADA,** unrealized exchange loss.
—— **EN RECUPERACIONES,** loss on repossession.
—— **EXTRAORDINARIA,** extraordinary loss.
—— **INVISIBLE,** concealed loss.
—— **NETA,** net loss, salvage loss.
—— **NETA DE OPERACIÓN PASADA A OTRA CUENTA,** net operating carry-over.

—— **NETA FINAL,** ultimate net loss.
—— **NETA IMPREVISTA,** net unrealized loss.
—— **NETA OBTENIDA,** net realized loss.
—— **PARCIAL,** partial loss.
—— **POR CATÁSTROFE MAYOR,** shock loss.
—— **REAL o EFECTIVA,** actual loss.
—— **SUFRIDA,** realized loss.
—— **TOTAL EFECTIVA,** absolute total loss.
—— **TRASLADABLE A PERÍODOS ANTERIORES,** carry-over.
—— **Y GANANCIA,** loss and gain.
PÉRDIDAS
—— **ANTERIORES A LA OPERACIÓN,** preoperating losses.
—— **BRUTAS EN PRÉSTAMOS,** gross loan losses.
—— **CON EFECTO RETROACTIVO,** loss carrybacks.
—— **CON EFECTOS POSTERIORES,** loss carryforwards.
—— **DE CAPITAL,** capital losses.
—— **DE CAPITAL A CORTO PLAZO,** short-term capital losses.
—— **DE CAPITAL A LARGO PLAZO,** long-term capital losses.
—— **EN PRÉSTAMOS,** loan losses.
—— **EN VENTA DE BIENES,** capital losses.
—— **ESTIMADAS POR CONTINGENCIAS,** loss contingencies.
—— **INCURRIDAS,** losses incurred.
—— **NETAS DE CAPITAL,** net-capital losses.
—— **NETAS DE OPERACIÓN,** net operating losses.
—— **NETAS EN PRÉSTAMOS,** net loan losses.
—— **NO REALIZADAS,** unrealized losses.
—— **POR AJUSTE DE INVENTARIO,** inventory losses.
—— **POR CUENTAS INCOBRABLES o CUENTAS DUDOSAS,** credit losses, bad-debt loss.
—— **POR SINIESTROS,** casualty losses.
—— **RECUPERADAS,** losses recovered.
—— **Y GANANCIAS o RESULTADOS,** profit and loss.
—— **Y GANANCIAS, ESTADO DE,** income statement.
PERDIDO, lost.
——, **ESTAR,** to be missing.
PERDÓN, pardon, remission of debt.
PERDONAR, to pardon, to forgive.
——, **NO,** not to overlock another mistake, no to omit or spare.
—— **UNA DEUDA,** to remit a debt.
PERDONE, pardon me, excuse me.
PERDÓNEME, beg your pardon.
PERDURABLE, durable.
PERECEDERO, perishable.
PERECER o MARCHITARSE, to perish.
PEREGRINAR, to travel, to roam.
PERENGANO o MENGANO, So and So.
PEREZOSO, lazy, idler.
PERFECCIÓN, A LA, perfectly.
PERFECCIONAMIENTO, betterment, improvement.
PERFECCIONAR, to perfect, to improve.
PERFECTO, perfect.
PERFIL, profile, outline.

—— DE ACTITUD DEL EMPLEADO, employee attitude profile.
—— DE ALUMINIO, aluminum shape.
—— DE HABILIDAD DEL EMPLEADO, employee skill profile.
—— DE TIPO DE TRABAJO PROMEDIO, average job type profile.
—— DEMOGRÁFICO, demographic profile.
PERFORACIÓN, punch out, perforation, drilling.
—— CON TALADRO DE DIAMANTE, diamond drilling.
—— COSTAFUERA o SUBMARINA, offshore drilling.
—— O CONSTRUCCIÓN DE TÚNELES, tunnelling.
—— PETROLERA EXPLORATORIA, wildcat drilling.
—— SUBMARINA, offshore drilling.
—— TERRESTRE, onshore drilling.
PERFORADO, punched.
PERFORADOR, perforator, punch, drill runner.
PERFORADORA, punching or perforating machine.
—— DE CINTA (computación), punching tape machine, tape punch.
—— DE CINTA DE PAPEL, paper-tape recorder.
—— DE TARJETAS, card-punch machine, punching machine.
—— MANUAL o DE TECLA, key punch.
PERFORAR u HORADAR, to punch, to perforate, to drill, to bore.
PERFUMERÍA, perfumery, perfumery shop.
PERICIA, skill, expertness.
—— ADMINISTRATIVA, managerial expertise.
—— EN INVERSIONES ADMINISTRATIVAS, managerial investment expertise.
PERILLA, knob.
——, DE, to the purpose, in the nick of time.
PERIÓDICO o DIARIO, newspaper, periodical, periodic.
—— COTIDIANO, daily paper.
—— MATUTINO, morning paper.
—— O REVISTA COMERCIAL, trade journal.
—— SEMANAL, weekly paper.
—— SENSACIONALISTA, yellow journalism.
—— VESPERTINO, evening newspaper.
PERIÓDICOS, newspapers.
PERIODISMO, journalism, newspaper work.
PERIODISTA, newspaperman, newspaperwoman.
—— RADIOFÓNICO, newscaster.
PERÍODO o PLAZO o PUNTO (puntuación), period.
—— ACTUAL o CORRIENTE, current period.
—— BASE o DE BASE, base period.
—— CONTABLE, accounting period.
—— DE ABUNDANCIA o DE PROSPERIDAD, boom times.
—— DE AMORTIZACIÓN o LIQUIDACIÓN, payout period.
—— DE APROPIACIÓN o ASIGNACIÓN, appropiation period.
—— DE ARRANQUE, start-up time.
—— DE CONGELAMIENTO, cooling period.
—— DE DESCANSO o PAUSA, rest period, relief period.
—— DE ESPERA, waiting period.

—— DE ESTRENO DE UNA MÁQUINA, break-in period.
—— DE GRACIA (seguro de vida), grace period.
—— DE GRACIA DE UNA PÓLIZA, policy grace period.
—— DE GRAN DESEMPLEO, high unemployment.
—— DE INTERÉS COMPUESTO, compound interest period.
—— DE LA AUDITORÍA, audit period.
—— DE ORIGEN, origin period.
—— DE PROTECCIÓN, discovery period.
—— DE RECAUDACIÓN, collection period.
—— DE RECESO, business depression.
—— DE REDENCIÓN o LIQUIDACIÓN, payoff period.
—— DE RESTITUCIÓN o DE REEMBOLSO, payback period.
—— DE TENENCIA, holding period.
—— DE VACACIONES o DÍAS FERIADOS, vacation time.
—— DE VALIDEZ DE UNA LETRA DE CAMBIO, currency of a bill.
—— DE VIGENCIA DE VALORES, security's life.
—— FISCAL, accounting period.
—— IMPRODUCTIVO, barren period.
—— INACTIVO o FLOJO, slack period.
—— INICIAL DE ACONDICIONAMIENTO o ASENTAMIENTO MECÁNICO, running-in period.
—— MEDIO DE COBRANZAS, average collection period.
—— NORMAL, normal period.
—— O ANUALIDAD DE LA RENTA, rent period.
—— PRESUPUESTAL, budget period.
—— SUBSIGUIENTE o SUBSECUENTE, subsequent period.
PERÍODOS
—— CRÍTICOS DE OCUPACIÓN EN LA OFICINA, peak periods in the office.
—— DE RECESIÓN o DEPRESIÓN, recession periods.
—— INFLACIONARIOS, inflationary booms.
—— NO ANUALES, nonannual periods.
PERIPECIA, incident, situation, change of fortune.
PERITAJE, expert appraisal, expert testimony.
—— ADUANAL, export appraisal of imports.
PERITO, expert, appraiser, skilled workman.
—— COMERCIAL, expert accountant.
—— CONTADOR, expert accountant.
—— CONTADOR DE COSTOS, cost accountant.
—— DE SEGUROS, insurance counselor.
—— MERCANTIL, expert accountant.
—— TESTIGO, expert witness.
—— VALUADOR o TASADOR, expert appraiser.
PERJUDICAR, to injure, to damage.
PERJUICIO, damage, injury, loss.
PERLAS, DE, perfectly, just right, to the point.
PERMANECER UNIDOS, stick together.
PERMANENCIA, permanence, duration, attendance, occupancy.
;—— DEL EMPLEO, job security.
PERMANENTE, permanent, durable.
PERMISIONARIO, licensee, holder of a permit.
PERMISO, permit, permission, license.
——, CON, excuse me.

—— DE CAMBIO, exchange permit, foreign-exchange permit.
—— DE CARGAR, landing permit, stamp note.
—— DE CIRCULACIÓN o DE MANEJAR, driver's license.
—— DE CONSTRUCCIÓN CONCEDIDO, building permit issued.
—— DE DESCARGA o DE ALIJO, unloading permit.
—— DE DESEMBARQUE, landing permit.
—— DE DESPACHO, shipping permit.
—— DE EMBARQUE, loading permit.
—— DE EXPORTACIÓN, export permit.
—— DE IMPORTACIÓN, import permit, importation certificate.
—— DE LIBERACIÓN, release order.
—— DE PASO o DERECHO DE VÍA, right of way.
—— DE REIMPORTACIÓN, bill of store.
—— DE RETIRO DE MERCANCÍAS DE ALMACÉN, warehouse-withdrawal permit.
—— DE TRANSBORDO, transshipment delivery note.
—— OFICIAL PARA ADMINISTRAR UN NEGOCIO, business license.
—— PARA AUSENCIA o LICENCIA, leave of absence.
—— PARA CONSTRUIR o EDIFICAR, building permit.
—— PARA IR A TIERRA, shore leave.
—— PROVISIONAL, side entry.
PERMITIR, to permit.
PERMUTACIÓN, permutation.
PERMUTAR, to barter, to exchange, to permute.
PERNO o TORNILLO, bolt, spike, pin, stud.
PERNOCTAR, to pass the night.
PERO, but, yet, except.
PEROS A, PONER, to find fault with.
PERPETRAR, to commit, to perpetrate.
PERPETUAR, to perpetuate.
PERPETUIDAD, perpetuity, perpetual annuity.
PERPETUO o VITALICIO, perpetual.
——, BONO, annuity bond.
PERRO, dog.
—— CALIENTE, hot dog, frankfurter.
—— GUARDIÁN, watchdog.
—— VIEJO, wise old dog.
PERROS Y GATOS, COMO, like cats and dogs.
PERSEGUIR, to pursue, to persecute.
PERSEVERANTE, undismayed.
PERSIANA, window blind.
PERSISTIR, to persist, to hold on, stick at it.
PERSONA, person.
—— A PERSONA, DE, (telephone) person to person, man to man.
—— BRILLANTE o TALENTOSA, gifted people.
—— CASERA u HOGAREÑA, stay-at-home.
—— CON DESVENTAJA, disadvantage individual.
—— CON IMPEDIMENTO FÍSICO o DEFECTO FÍSICO, handicapped person.
—— CONFIABLE o DIGNA DE CONFIANZA, reliable person.
—— DEDICADA A LAS RELACIONES PÚBLICAS, human relationist.
—— DEDICADA AL ARTE, artist.
—— DESTACADA, standout.
——, EN, in person.
—— ENTREVISTADA, interviewee, respondent.
—— FÍSICA o NATURAL, natural person.
—— HABILIDOSA EN DIVERSOS TRABAJOS, handyman.
—— HONRADA, square shooter.
—— IMPORTANTE, big shot.
—— INFLUYENTE, big gun.
—— INVÁLIDA, invalid.
—— JURÍDICA o MORAL o LEGAL, artificial person, juristic person, company.
—— JURÍDICA o SOCIAL, legal person.
—— MUNDANA, wordling.
—— NO CONFIABLE, unreliable person.
—— O INFORMADOR SOBRE MALA CONDUCTA, whistle blower.
—— PREVISTA, foreseen person.
—— QUE ACTUALMENTE DEPENDE DE OTRA, present dependent.
—— QUE ENDOSA UN DOCUMENTO A FAVOR DE OTRA, endoser.
—— QUE FIRMA CHEQUES, check signer.
—— QUE GARANTIZA UN PAGARÉ, collateral signature (in a note).
—— QUE REDACTA LOS ESTADOS CONTABLES Y NOTAS, staffman.
—— QUE SE GANA LA VIDA, breadwinner.
—— QUE TIENE Y PAGA APUESTAS, stakeholder.
—— QUE TOMA DECISIONES, decision maker.
—— QUE TRABAJA POR CUENTA PROPIA, self-employed.
—— RESPONSABLE, accountable person.
—— TARDÍA O DEMORADA, latecomer.
——, TERCERA, third party.
PERSONAS
—— A CARGO DE OTRA, dependents.
—— DE INGRESOS o RENTAS BAJAS, low-income group.
—— DE SOLVENCIA ECONÓMICA, high-income class.
—— ENTREVISTADAS EN LA ENCUESTA, survey interviewees.
—— QUE POSEEN ACCIONES BANCARIAS, bank's stockholders.
PERSONAL, personnel, crew, organization, executive staff.
—— ADMINISTRATIVO o DE ADMINISTRACIÓN, executive staff.
—— CAPACITADO DE REEMPLAZO, trained replacement personnel.
—— CORPORATIVO, corporate staff.
—— DE AUDITORÍA, audit staff.
—— DE AUDITORÍA INTERNA, internal audit staff.
—— DE CAMPO EXPERIMENTADO, experienced field personnel.
—— DE INVESTIGACIÓN, research staff.
—— DE LAS OFICINAS PRINCIPALES, corporate headquarter staff.
—— DE LÍNEA, line staff, operating personnel.

—— DE MANTENIMIENTO o DE SERVICIO, maintenance crew, repair men.
—— DE MERCADOTECNIA o DE COMERCIALIZACIÓN, marketing staff.
—— DE OFICINAS, clerical force, office force.
—— DE REDACCIÓN, editorial staff.
—— DE RELACIONES PÚBLICAS o ESPECIALISTAS EN RELACIONES PÚBLICAS, public relations staff.
—— DE SEGURIDAD, security guards.
—— DE TIEMPO COMPLETO, full-time staff.
—— DE TRABAJO o DE TAREAS DE RUTINA, routine-task personnel.
—— DE VENTAS o VENDEDORES, sales people, sales personnel, sales force.
—— DEL DEPARTAMENTO DE COMPUTACIÓN, computer department staff.
—— EJECUTIVO, senior staff, executive personnel.
—— EN GENERAL, general staff personnel.
—— ENCARGADO DE EFECTUAR AUDITORÍAS, audit team.
—— EVENTUAL, casual or temporary workers.
—— EXCEDENTE o SOBRANTE, surplus personnel.
—— INACTIVO, idle personnel.
—— INDISPENSABLE o CLAVE, key men.
——, INGRESO, personal income.
—— MARÍTIMO, officers and crew.
——, NECESIDADES DE, manning requirements.
—— OBRERO o DE TRABAJO, working force, man power, workmen.
—— OCIOSO, idle personnel.
—— SUBORDINADO, rank and file, subordinate personnel.
PERSONALES, BIENES MUEBLES, personal assets.
PERSONALIDAD, personality, legal status or capacity.
PERSPECTIVA, outlook, prospects.
—— DE LOS NEGOCIOS, business outlook.
—— DE LUCRO o DE ENRIQUECIMIENTO, profit outlook.
PERSPICACIA, insight.
PERSPICAZ, quick-witted, sagacious, acute.
PERSUADIR, to persuade.
PERSUASIÓN o PODER DE CONVENCIMIENTO, persuasiveness.
PERTENECER, to belong, to concern.
PERTENENCIA, ownership, property.
PÉRTIGA o POSTE, pole.
PERTINENTE o APROPIADO, relevant, pertinent, to the point.
PERTRECHAR, to supply, to equip, to store.
PERTRECHOS, stores, tools, supplies.
PERTURBADO, mentally unbalanced.
PERTURBAR, to perturb.
PERVERTIR, to pervert, to corrupt.
PESA, weight, counterweight.
PESAS Y MEDIDAS, weights and measures.
PESACARTAS, letter scale.
PESADILLA, nightmare.
PESADO, heavy, slow sluggish.

PESADOR, scaleman, weigher.
PESADORA-ENVASADORA, weighing and packaging machine.
PESAJE, weighing.
PÉSAME, condolence.
——, DAR EL, to extend one's sympathy.
PESAR o CONSIDERAR, to weigh, to cause regret, sorrow or repentance.
—— DE, A, in spite of, notwithstanding.
—— MÍO, A, A MI PESAR, in spite of me, against my wishes.
PESAROSO, sorry.
PESCA, fishing.
—— DE ALTURA, high-sea fishing.
—— DE BALLENAS, whale fishing.
PESCADO, fish.
—— AHUMADO, smoked fish.
PESE A QUIEN PESE, whatever anybody says or does, let them say what they will.
PESE, AUNQUE LE, however much it may displease you.
PÉSIMO, worst.
PESO, weight, scale, charge.
—— BASE, base weight.
—— BRUTO, gross weight.
——, CAERSE DE SU, to be self-evident, to go without saying.
—— DE ANIMALES VIVOS, live weight.
—— DE CARGAMENTO o DE EMBARQUE, shipping weight.
—— DE DESCARGA, landed weight.
—— DE EMBARQUE, shipping weight.
—— DE MERCANCÍAS SEGÚN EXPEDIDOR, shippers's weight.
—— DEL ENVASE, open tare.
—— FIJO, fixed weight.
—— LEGAL, standard weight.
—— MUERTO, dead weight, dead load.
—— NETO, net weight.
—— SECO, dry weight.
—— UNITARIO, unit weight.
—— VIVO, live weight.
PESQUERA, fishery, fishing grounds.
PESQUERÍA, fishing industry.
—— DE OSTIONES o DE OSTRAS, oyster fishery.
PESQUISA, quest, investigation, enquiry.
PESTAÑA, tab.
PESTAÑAS, QUEMARSE LAS, to burn the midnight oil.
PESTAÑEAR, to wink, to blink.
PESTE o PLAGA o PERSONA o COSA MOLESTA, pest.
PESTES, ECHAR, to utter insults.
PESTILLO, door latch, bolt of a lock.
——, CORRER O PONER EL, bolt the door.
PETATE, LIAR EL, to pack up and go.
PETICIÓN, requisition, petition, claim, inquiry.
——, A, by request.
—— DE, at the request of.
—— DE PROPUESTAS, call for bids.
—— DE QUIEBRA, petition in bankruptcy.

—— O SOLICITUD VOLUNTARIA, voluntary petition.
PETRÓLEO, mineral oil, oil, petroleum.
—— COMBUSTIBLE, fuel oil.
—— CRUDO, crude oil.
—— PROBADO o CANTIDAD COMPROBADA DE PETRÓLEO EXISTENTE EN UN YACIMIENTO, proved oil.
—— SIN REFINAR, crude oil.
—— SUBMARINO o FUERA DE LA COSTA, offshore oil.
PETROLIZAR, to oil.
PICA EN FLANDES, PONER UNA, to achieve a triumph.
PICANTE, pricking, highly seasoned, piercing.
PICAPLEITOS, quarrelsome person, pettifogger, shyster.
PICARDÍA, trickery, cheating, crookedness.
PÍCARO, naughty, scamp, rogue.
PICO, beak, pick, sharp point of any kind.
——, TENER MUCHO, to talk too much.
PIE, foot, basis, base, support.
——, A, on foot.
—— CON BOLA, NO DAR, to miss one's calling.
——, CON BUEN o MAL, rain or shine, come what may.
—— CUADRADO, square foot.
—— CÚBICO, cubic foot.
—— DE IMPRENTA, imprint, publisher's or printer's title.
—— DE LA COLUMNA, foot of the column.
—— DE LA LETRA, AL, literally, to the letter.
—— DEL MUELLE, AL, at the dock.
PIES
—— A CABEZA, DE, from head to foot.
—— EN POLVOROSA, PONER, to flee, take it on the lam.
—— NI CABEZA, NI, neither head nor tail.
PIEDAD, pity, godliness, mercy.
——, POR, for pity's sake.
PIEDRA, stone, block.
—— ANGULAR, cornerstone.
—— PRECIOSA, jewel.
PIEL, hide, skin, leather, fur.
—— CURTIDA, tanned hide.
PIERDA UD. CUIDADO, don't worry!, forget it!.
PIERNA SUELTA, DORMIR A, to sleep like a dog.
PIEZA, piece, part, member, room.
—— DE REPUESTO, interchangeable part.
—— DE ROPA, garment.
—— EN ELABORACIÓN, workpiece.
PIEZAS
—— DE AUTOMÓVIL, automotive parts.
—— DE REPUESTO, spare parts, service parts.
—— DESGASTADAS, worn parts.
—— SANITARIAS, plumbing fixtures.
—— SUELTAS DE REPUESTO, replacement spare parts.
PIFIA, error, blunder.
PIGNORACIÓN, pignoration, hypothecation, collateral, loan, pawning.
—— DE VALORES, pledge of securities.
PIGNORADA, CUENTA, pledged account.

PIGNORADO, pledged.
PIGNORAR, to pignorate, to pledge, to hypothecate.
PILA, stack, pile, heap, water tap.
—— DE EXISTENCIA, storage pile, stockpile.
——, NOMBRE DE, Christian name, given name.
PILOTO, first officer, pilot, mate, chauffer.
—— DE ALTURA, sea pilot.
—— DE PRUEBAS, test pilot.
——, PLANTA, pilot plant.
—— TITULADO, licensed pilot.
PILLAJE, pillage, theft.
PILLO, roguish, shrewd, sly, rascal.
PINITOS, HACER, to begin to walk.
PINO, pine.
—— BLANCO, white pine.
PINOTEA, yellow pine.
PINTADO, EL MÁS, the best, cleverest.
PINTAR, to picture, to paint.
PINTOR, painter.
PINTURA, paint, painting.
—— AL ÓLEO o DE ACEITE, oil paint, oil painting.
—— CON PISTOLA, spray painting.
PINZA, clamp, clip, pliers.
PIÑATA, hanging pot.
PIONERO, pioneer, initiator, preliminary.
PIQUE, ECHAR A, to sink a ship.
—— IRSE A, to founder, to capsize, to sink.
PIQUERA, taxi stand, low-class saloon.
PIQUETE, picket.
PIRÁMIDE, pyramid.
—— ADMINISTRATIVA, managerial pyramid.
PIRATA, pirate.
PIRATERÍA, piracy, pirating, robbery.
—— AÉREA, air piracy, skyjacking.
PIROPEAR, to pay compliments, to flirt with.
PIROTECNIA, pyrotechnics.
PIRUETAS A, HACER, to do stunts, to cut capers.
PISADA, footstep, footprint.
PISADAS DE, SEGUIR LAS, to follow in the footsteps of, to follow the example of.
PISCINA o ALBERCA DE NATACIÓN, swimming pool.
PISO, story, floor, pavement.
—— ALTO, upper floor or story.
—— BAJO, ground or first floor.
—— MÁS ALTO, EL, top floor.
PISTA, traffic lane, runway, landing strip.
—— A, SEGUIR LA, to be on the trail of.
—— DE CARRERAS, race track.
—— DE DESPEGUE Y ATERRIZAJE DE AVIONES, airport runway, landing strip runway.
—— DE PATINAJE, skating rink.
PITAZO, whistle signal.
PITILLO, cigarette.
PITO, whistle, horn.
——, NO ME IMPORTA UN, I don't care a straw.
——, NO VALER UN, not to be worth a straw.
PIVOTE o EJE o ESPIGA, pivot.
PIZARRA, slate, blackboard, bulletin board.

PIZARRÓN-PLANIFICACIÓN

—— DE ANUNCIOS, billboard, bulletin board.
—— DE CONTROL, switchboard.
PIZARRÓN, blackboard.
PLACA, plate, slab, sheet.
—— DE IDENTIFICACIÓN, identification badge.
—— DE LICENCIA o DE MATRÍCULA, license plate.
—— DEL FABRICANTE, shop plate.
PLACA-MARCA, name plate.
PLÁCEMES, ESTAR DE, to be in luck.
PLACER, pleasure.
PLAN, plan, scheme, program, policy.
—— ANTIMONOPOLIO, antitrust policy.
—— ANUAL DE MERCADOTECNIA, annual marketing plan.
—— BASADO EN LA ANTIGÜEDAD, aging schedule.
—— BIENAL, two-year plan.
—— DE ACUMULACIÓN, accumulative schedule.
—— DE ADMINISTRACIÓN DE ENERGÍA, energy management program.
—— DE AHORRO DE ENERGÍA, energy-saving program.
—— DE AHORROS ASEGURADOS o GARANTIZADOS, insurance savings plan.
—— DE AVANCE DEL TRABAJO, progress schedule.
—— DE AYUDA AL EMPLEADO, employee assistance program.
—— DE AYUDA AL EXTRANJERO, foreign-aid program.
—— DE BENEFICIOS ADICIONALES PARA EL EMPLEADO, cafeteria compensation.
—— DE BONIFICACIONES o DE PRIMA, bonus plan.
—— DE COMPRA DE ACCIONES, stock-purchase plan.
—— DE CONSUMO FAMILIAR, family consumption schedule.
—— DE CUENTAS, card of accounts.
—— DE DISTRIBUCIÓN o MERCADEO, marketing plan.
—— DE DIVIDENDOS SOBRE LOS SALARIOS, wage-dividend plan.
—— DE ESTUDIOS, school curriculum.
—— DE FINANCIAMIENTO, financing plan.
—— DE INCENTIVOS, incentive plan.
—— DE LA ORGANIZACIÓN, plan of organization.
—— DE LARGO ALCANCE o A LARGO PLAZO, long-range plan.
—— DE LIQUIDACIÓN, settlement plan.
—— DE MERCADOTECNIA o PROGRAMA DE COMERCIALIZACIÓN, marketing plan.
—— DE OPCIÓN DE COMPRA DE ACCIONES, stock option plan.
—— DE OPERACIONES, plan of routing.
—— DE PENSIONES, pension plan.
—— DE RETIRO DEL EMPLEADO QUE TRABAJA POR CUENTA PROPIA, self-employed retirement plan.
—— DE TRABAJO, work plan, construction program.
—— DE UNIDAD DE BENEFICIO, unit-benefit plan.
—— DE UTILIDADES ANUALES, annual profit plan.
—— DE UTILIDADES DE LA EMPRESA, firm's profit plan.
—— DE VENTAS, sales policy or plan.
—— DEL ASEGURADO DEL PAGO AUTOMÁTICO DE SU PRIMA, preauthorized premium payment plan.
—— GENERAL, outline.
—— MAESTRO, master plan.
—— MARSHALL, Marshall Plan.
—— O PROGRAMA DE REPARTO DE UTILIDADES, profit-sharing plan.
—— O PROYECTO DE UTILIDADES, profit plan.
—— PARA CONTINGENCIA o EVENTUALIDADES, contingency plan.
—— PARA RETIRO o JUBILACIÓN, plan for retirement.
—— PRESUPUESTAL, budgeting.
—— PUBLICITARIO, advertising scheme, advertising program.
—— QUINQUENAL o DE CINCO AÑOS, five-year plan.
PLANES
—— DE ACCIÓN, policies.
—— DE BENEFICIOS DEFINIDOS, defined-benefit plans.
—— DE EGRESOS o GASTOS DEL GOBIERNO, government spending plans.
—— DE JUBILACIONES Y REPARTO DE UTILIDADES A EMPLEADOS, pension and profit-sharing plans.
—— DE PENSIÓN FINANCIADOS, funded pension plans.
——, FORMULACIÓN DE, policy-making.
PLANA MAYOR, chief executives, general management.
PLANCHA o LÁMINA DE METAL, plate, sheet.
PLANCHAR, to iron, to press (clothes).
PLANEACIÓN o PLANIFICACIÓN, planning.
—— DE ABAJO HACIA ARRIBA, bottom-up planning.
—— DE ARRIBA HACIA ABAJO, top-down planning.
—— DE PROYECTOS NO LUCRATIVOS, nonprofit organizational planning.
—— DE RECURSOS o PROGRAMACIÓN DE RECURSOS, planning resources.
—— DE VIDA Y CARRERA, life and career planning.
—— DEL NUEVO PRODUCTO, new-product planning.
—— GRÁFICA, graphic planning.
—— INTERMEDIA, intermediate planning.
—— Y PROGRAMACIÓN PRESUPUESTAL, planning-programming budgeting.
—— Y TOMA DE DECISIONES, planning and decision making.
PLANEADO o PROGRAMADO, planned.
PLANEAR, to plan, map out.
—— UN TRABAJO o UNA TAREA, to plan a job.
PLANIFICACIÓN, planning.
—— A LARGO PLAZO, long-range planning.
—— DE AUDITORÍA, audit planning.
—— DE LA MANO DE OBRA, manpower planning.
—— DE LA MERCADOTECNIA, marketing planning.
—— DE LA PRODUCCIÓN, production planning.
—— DE LA UTILIDAD o LA GANANCIA, profit planning.
—— DEL PRODUCTO, product planning.
—— DE RECURSOS HUMANOS, human resource planning.

—— DE VENTAS, sales planning.
—— DEL PRECIO, price planning.
—— DEL PRESUPUESTO, budget planning.
—— DEL PRODUCTO, product planning.
—— ESTRATÉGICA, strategic planning.
—— GRÁFICA, graphic planning.
—— OPERACIONAL u OPERATIVA, operational planning.
PLANIFICADA, ECONOMÍA, planned economy.
PLANIFICADOR, planner.
—— ADMINISTRADOR, planner-manager.
—— EJECUTIVO o DIRECTIVO, staff planner.
—— EN GRAN ESCALA, long-range planner.
PLANILLA, blank, tabulation, list, schedule, list of candidates.
—— DE EMPAQUE, loading list.
—— DE EMPLEADOS, office payroll.
—— DE JORNALES o DE OBREROS, labor payroll.
—— DE PAGO, payroll.
—— DE SUELDOS, salary payroll.
—— O LISTA DE MATERIALES, bill of material.
PLANO, plane, plan, drawing, map.
—— ACOTADO, contour chart.
—— DE EJECUCIÓN, working drawing, working plan.
—— DE TALLER, shop drawing.
——, LEVANTAR UN (topografía), to survey, to make a survey.
PLANTA, plant, installation, ground plan, equipment, floor.
—— ALTA, upper floor.
—— ARMADORA DE AUTOMÓVILES, auto assembly plant.
—— BAJA, ground floor.
—— BUROCRÁTICA, public employees.
—— DE ADEREZO DE AVES DE CORRAL, poultry-dressing plant.
—— DE AGUA POTABLE o ACUEDUCTO, waterworks.
—— DE DESARMAR o DEMOLER AUTOS, wrecking plant.
—— DE ENERGÍA NUCLEAR, nuclear power plant.
—— DE FUNDICIÓN, smelting plant.
—— DE LAMINACIÓN o LAMINADOR, rolling mill.
—— DE LAVADO EN SECO, dry cleaning plant.
—— DE PROCESAMIENTO o DE ELABORACIÓN, processing plant.
—— DE VAPOR, steam plant.
—— DEL GOBIERNO CONSTRUIDA EN ÉPOCA DE GUERRA, war plant.
—— DESARMADORA DE AUTOS, automobile wrecking plant.
—— ELÉCTRICA o GENERADORA DE ELECTRICIDAD, power plant, electric plant, power house.
—— EMBOTELLADORA, bottling plant.
—— ENSAMBLADORA o ARMADORA, assembling plant.
—— FABRICANTE DE ALAMBRE, wire mill.
—— GENERADORA DE ENERGÍA, central station.
—— GENERADORA DE VAPOR DE AGUA o CASA DE CALDERAS, boilerhouse.

—— GENERADORA NUCLEAR, nuclear generating facility.
—— HIDROELÉCTRICA, hydroelectric plant, water-power plant.
—— INACTIVA o PARADA, idle plant.
—— INMUEBLES Y EQUIPO, plant, property and equipment.
—— MODELO, model plant.
—— PILOTO o DE PRUEBAS, pilot plant.
—— REFRIGERADORA o FRIGORÍFICO, packing house.
—— SIDERÚRGICA o ACERÍA, steelworks, steel mill.
—— SUBSIDIARIA o FILIAL, branch plant.
—— TÉRMICA AUXILIAR, stand-by power plant, steam stand-by plant.
—— TERMONUCLEAR, thermonuclear plant.
PLANTACIÓN, plantation, planting.
PLANTAR o IMPLANTAR, to plant, to erect, set up.
PLANTEAMIENTO, statement, setting up, laying out.
—— DEL PROBLEMA, statement of problem.
PLANTEAR, to establish, found, set up, to lay out.
—— UNA CUESTIÓN o UN ASUNTO, raise a question.
—— UNA RECLAMACIÓN, to put in a claim.
PLANTEL, nursery, garden, educational institution.
PLANTILLA o MODELO o PATRÓN, pattern, template, model.
PLANTÓN, ESTAR DE, to be fixed in a place for a long time.
PLÁSTICO, plastic.
PLATA, silver, money.
—— ALEMANA o NÍQUEL, nickel silver, German silver.
——, EN, in a word, in plain language, briefly.
—— FINA o ESTERLINA, sterling silver.
——, QUEDARSE SIN, to be pennyless, broke.
PLATAFORMA, platform, flat truck.
—— DE CARGA, loading dock, loading platform.
—— O MUELLE DE TRANSBORDO, transfer platform.
PLÁTANO, banana, plantain.
PLATEADO, silver plating, silver-plated.
PLATEAR, to plate.
PLATERÍA, silverware, silver trade.
PLATERO, silversmith.
PLATO, dish, plate; (cook) dish, mess.
—— DE SEGUNDA MESA, second-hand, makeshift.
——, NO QUEBRAR UN, to be harmless.
—— PRINCIPAL, main course.
PLAYA, beach, yard.
PLAZA, small park, yard, market, commercial center, position, job.
—— BURSÁTIL, securities market.
—— DE FERIAS, fairgrounds.
—— DE MERCADO, market place.
—— DE OFICINISTA o DE EMPLEADO, office job.
—— O PUESTO DE SUPERVISOR, supervisory job.
—— O SOLAR DE ESTACIONAMIENTO, parking lot.
—— FLOJA, weak market, dull market.
—— VACANTE, position open.
PLAZO o ABONO, installment, closing date, term, period, duration.

——, A, on credit, in installments.
——, A CORTO, at short date.
——, BREVE, DE, short-term.
——, CON POCO, on short notice.
——, CRÉDITO A, installment credit.
——DE COBRANZA, collection period.
——DE CONTRATO, contract time.
——DE ENTREGA, lead time, time of delivery.
——DE VALIDEZ o DE VIGENCIA, validity period.
——DE VENCIMIENTO, expiry date.
——DEL DESCUENTO, term of discount.
——FIJO o DETERMINADO, fixed term.
——FIJO, PRÉSTAMO A, time loan.
——FINAL o LÍMITE, deadline.
——MEDIO, average due date.
——PROMEDIO DE COBRANZA, average collection period.
——PRUDENCIAL, reasonable time.
PLAZOS
——, A, on installments, on terms.
——CÓMODOS, easy terms.
——, COMPRAS A, installment buying.
PLEAMAR, high tide.
PLEBE, common people, populace.
PLEBISCITO, plebiscite.
PLEGAR, to fold, to crimp.
PLEITO lawsuit, strife, litigation, dispute.
——CIVIL, civil suit.
——, PONER, to sue, to bring suit against.
PLENA, full, complete.
——AUTORIDAD, full authority.
——CARGA, full load.
——OCUPACIÓN, full employment.
PLENO, full meeting, retained line, full, completo.
——DE LA COMISIÓN, full committee.
——DÍA, EN, in broad daylight.
——FUNCIONAMIENTO, EN, in full blast.
——INVIERNO, midwinter.
——VERANO, mindsummer.
PLENOS PODERES, plenary powers, broad powers, full powers.
PLICA, (law) escrow.
PLIEGO, folder, file of papers, document, envelope.
——DE ADUANA, bill of entry.
——DE CONDICIONES, specifications, bidding conditions, bid.
——DE LICITACIÓN o DE PROPUESTAS, information for bidders, bidding form, proposal.
——DE PETICIÓN o DE MODELO DE SOLICITUD, application blank.
PLOMADA, plumb, plumb bob, plummet.
PLOMERÍA, plumbing, plumber's shop.
PLOMERO, plumber, lead worker.
PLOMO, A, vertically, plumb.
PLOMO, ANDAR CON PIES DE, to proceed with the utmost caution.
PLUMA, pen, feather, boom (derrick).

——, AL CORRER DE LA o A VUELA PLUMA, written in haste.
——FUENTE o ESTILOGRÁFICA, fountain pen, stylographic pen.
PLUMERO, feather duster.
PLURAL, plural.
PLURALIDAD, plurality.
PLUSVALÍA, goodwill, unearned increment, increased value.
——ADQUIRIDA, acquired goodwill.
——MERCANTIL, goodwill.
——NEGATIVA, negative goodwill.
POBLACIÓN, population, town, small city.
——ASIMÉTRICA, skewed population.
——DE DERECHO, de jure population.
——DE HECHO o PRESENTE, de facto population.
——DE MUESTRA o POBLACIÓN MUESTRAL, sample population.
——DESCONOCIDA, unknown population.
——FINITA, finite population.
——INFINITA, infinite population.
——MUNDIAL, world population.
——NORMAL o ESTÁNDAR, standard population.
——OBRERA, labor force.
——ORIGINAL, parent population.
——REAL o ACTUAL, actual population.
——, TAMAÑO DE LA, population size.
POBLADO, town, settlement.
POBLAR, to people, to occupy, to cultivate.
POBRE, poor, low-grade.
——DE ESPÍRITU o PUSILÁNIME, weak-minded.
——DE MÍ, woe is me.
——DIABLO, poor devil.
POBRECITO, poor thing, poor little thing.
POBREZA, poverty.
POCA, little, small.
——COSA, nothing much.
——IMPORTANCIA, DE, unimportant.
POCERO, well driller.
POCO, little, scanty, small.
——COMÚN, uncommon.
——COMUNICATIVO, uncommunicative.
——COSTOSO, inexpensive.
——DE, UN, a little.
——, DENTRO DE, in a short time, soon.
——DESPUÉS, a while after.
——DESPUÉS DE, soon after.
——FAMILIAR o POCO COMÚN, unfamiliar.
——FEMENINO o IMPROPIO DE UNA DAMA, unladylike.
——MÁS o MENOS, more or less.
——, POR, almost, nearly.
——, TENER EN, to think little of, to set little value on.
PODER, proxy, power, warrant of attorney.
——ADQUISITIVO, buying power, purchasing power.
——COMPENSADOR, countervailing power.
——DE COMPRA DE LAS MASAS, mass purchasing power.

—— DE FIDEICOMISO, trust power.
—— ECONÓMICO, economic power.
—— EJECUTIVO, executive power.
—— ESPECIAL, special power of attorney.
—— GENERAL, general power of attorney.
—— LUCRATIVO, earning power.
—— MÁS, NO, to be exhausted, to be all in.
—— O FUERZA ECONÓMICA MUNDIAL, world economic power.
—— POLÍTICO, political power.
——, POR, by authority, by proxy.
—— PRODUCTIVO, earning power.
—— SOCIAL, social power.
—— VER A UNO NI PINTADO, NO, to detest one, to find one absolutely unbearable.
——, VOTACIÓN POR, voting by proxy.
PODERES FINANCIEROS BANCARIOS, bank's financial strengths.
PODRIDO, rotten, putrid.
—— EN DINERO, rolling in money.
PÓKER, poker (card game).
POLEA, pulley, block pulley, sheave.
—— DE TROLE, trolley.
POLICÍA, police force, policeman.
—— MILITAR, military police.
—— O AGENTE DE TRÁNSITO, traffic policeman, traffic squad.
—— SECRETA, secret service.
—— VIAL, highway police.
POLICIACO, police.
POLIFACÉTICO, many-sided, versatile, diverse.
POLÍGONO DE FRECUENCIA, frequency polygon.
POLÍGRAFO, polygraph.
POLÍTICA, policy, politics, approach.
—— A CORTO PLAZO, short-term policy.
—— ANTIMONOPOLISTA, antitrust policy.
—— ARANCELARIA o ADUANAL, tariff policy.
—— DE ALTA PRODUCCIÓN, high-output policy.
—— DE CANALES, channel policy.
—— DE CAPITALIZACIÓN, capitalization policy.
—— DE CONSOLIDACIÓN, consolidation policy.
—— DE CRÉDITO AL CONSUMIDOR, consumer credit policy.
—— DE DEPRECIACIÓN, depreciation policy.
—— DE DIVIDENDOS, dividend policy.
—— DE LA COMPAÑÍA o DE LA SOCIEDAD ANÓNIMA, corporate policy.
—— DE LA FIRMA o DE LA EMPRESA, firm policy.
—— DE LA OFICINA, office politics.
—— DE LA RENTA o DEL INGRESO, income policy.
—— DE PRECIO ÚNICO, one-price policy, single-price policy.
—— DE PRECIOS, price policy.
—— DE PRECIOS BAJOS, low-price policy.
—— DE PRECIOS VARIABLES, variable-price policy.
—— DE PRÉSTAMOS, loan policy.
—— DE PUERTAS ABIERTAS, open-door policy.
—— DE VENTAS, sales policy, sales approach.

—— DEL BUEN VECINO, Good Neighbor Policy.
—— DEMOGRÁFICA, population policy.
——, ECONOMÍA, political economy.
—— ECONÓMICA, economic policy, economics, national economy.
—— ECONÓMICA ESTABILIZADORA, stabilizer.
—— ERRÓNEA o EQUIVOCADA, unsound policy.
—— EXTERIOR, foreign policy.
—— EXTERIOR BIPARTIDISTA, bipartisan foreign policy.
—— FINANCIERA, financial policy, national economy.
—— FISCAL, government fiscal policy, fiscal policy.
—— FISCAL DEL GOBIERNO, government monetary policy.
—— HACENDARIA, financial policy.
—— IMPOSITIVA o HACENDARIA, tax policy.
—— INTERNACIONAL, international politics.
—— LABORAL u OBRERA, labor policy.
—— LOCAL o INTERNA, local politics.
—— MACROECONÓMICA, macroeconomic policy.
—— MONETARIA o PECUNIARIA, monetary policy.
—— MONETARIA RESTRINGIDA o AJUSTADA, tight monetary policy.
—— NACIONAL, national politics.
—— NACIONAL DE SALARIOS o JORNALES, national wage policy.
—— OFICIAL u ORDEN PÚBLICO, public policy.
—— ORGANIZACIONAL, organizational politics.
—— PUBLICITARIA o DE PROPAGANDA, advertising policy.
—— REGIONAL, regional politics.
POLÍTICAS
—— CONTABLES, accounting policies.
—— CONTRA EL MONOPOLIO, government antitrust policies.
—— DE CAPITALIZACIÓN, accounting capitalization policy.
—— DE COMPRA, purchasing policies.
—— DE COMUNICACIÓN MEDIANTE LA MERCADOTECNIA, marketing communication policies.
—— DE CRÉDITO Y REEMBOLSO, credit and refund policies.
—— DE LA ORGANIZACIÓN, policies of organization.
—— DE MERCADOTECNIA o DE COMERCIALIZACIÓN, marketing policies.
—— DE PERSONAL, personnel policies.
—— DE PRODUCCIÓN, production policies.
—— DE PRODUCTOS, product policy.
—— DE PROMOCIÓN, promotion policy.
—— DE VENTA PERSONAL, personal selling policies.
—— IMPOSITIVAS DEL GOBIERNO, government's taxing policies.
—— USADAS EN MARCAS, brand policy.
POLÍTICO, political, politician.
POLITIQUERÍA, politics, low politics, political trash.
PÓLIZA, policy, warrant, permit, payroll voucher.
—— A LARGO PLAZO, long-term policy.
—— A TÉRMINO, term policy.

—— ABIERTA, permanent cover, running policy, blanket policy, open policy.
—— COMPUESTA o INTEGRAL, blanket or compound policy.
—— CON OPCIÓN DE COBRO DE EFECTIVO AL VENCIMIENTO, policy cash option.
—— CON VENCIMIENTO FIJO o DE PLAZO FIJO, time policy.
—— CONTRA RIESGOS DE ACARREO, transit policy.
—— DE ANUALIDAD, annuity policy.
—— DE AVERÍAS, average policy.
—— DE BODEGA A BODEGA o DE ALMACÉN A ALMACÉN, warehouse-to-warehouse policy.
—— DE CARGA, cargo policy, bill of lading.
—— DE COMPRA, disbursement or cash voucher.
—— DE CONTABILIDAD, work sheet.
—— DE DIVIDENDO GARANTIZADO, guaranteed-dividend policy.
—— DE EGRESO o DE DESEMBOLSO, disbursement voucher.
—— DE EMBARQUE, bill of lading, export permit.
—— DE EXPECTATIVA DE VIDA, life expectancy policy.
—— DE EXPORTACIÓN, export permit.
—— DE FIDELIDAD, fidelity bond.
—— DE FLETAMENTO, charter party.
—— DE GRUPO, group policy.
—— DE INCAPACIDAD, accident policy.
—— DE INDEMNIZACIÓN GLOBAL o TOTAL, aggregate indemnity policy.
—— DE JUEGO, gambling policy, wager policy.
—— DE PAGO, payment voucher.
—— DE PRIMA ÚNICA, one-payment policy.
—— DE PROTECCIÓN DE FAMILIA, family-protection policy.
—— DE RENTA FAMILIAR, family income policy.
—— DE RENTA VITALICIA, life-income policy.
—— DE SEGURO, insurance policy.
—— DE SEGURO CONTRA INCENDIO Y ROBO, fire-and-theft policy.
—— DE SEGURO DE PAQUETES POSTALES, parcel-post policy.
—— DE SEGURO DE VIDA, life insurance policy.
—— DE SEGURO DE VIDA A DIEZ PAGOS, ten-payment life policy.
—— DE SEGURO MARÍTIMO, marine insurance policy.
—— DE SEGURO POR ANUALIDAD, annuity insurance policy.
—— DE TRANSFERENCIA o DE TRASPASO, transfer voucher.
—— DE UBICACIÓN MÚLTIPLE, multiple-location policy.
—— DE VIAJE, voyage policy.
—— DE VIDA MANCOMUNADA, joint life policy.
—— DE VIDA MODIFICADA, modified life policy.
—— DEL SEGURO, title insurance policy.
—— DOTAL, endowment policy.
—— DOTAL A DIEZ AÑOS, ten-year endowment policy.
—— DOTAL DE RETIRO, retirement endowment policy.
—— DOTAL DIFERIDA, deferred endowment policy.
—— DOTAL PURA, pure-endowment policy.
—— ESPECÍFICA, specific policy.
—— FAMILIAR, family policy.
—— FLOTANTE, floating or floater policy, open policy.
—— GENERAL, master policy.
—— ILIMITADA, unlimited policy.
—— MODELO, sample policy.
—— PAGADA ÍNTEGRAMENTE o SEGURO SALDADO, paid-up policy.
—— PARA RIESGOS MÚLTIPLES, multiple-coverage policy.
—— PARA RIESGOS PARTICULARES, special-risk policy.
—— POR PAGAR, unpaid voucher.
—— PRENDARIA, pawn ticket.
——, PRÉSTAMO SOBRE, policy loan.
—— REEMITIDA, reissued policy.
—— SIN BENEFICIOS MÉDICOS, ex-medical policy.
—— SIN VALOR DECLARADO o PREFIJADO, unvalued policy.
—— SOBRE RIESGOS DE TRANSPORTE, transportation policy.
—— SOBRE RIESGOS DE VIAJE, trip transit policy.
—— VALUADA o DE VALOR DECLARADO, valued policy.
—— VIGENTE o EN VIGOR, insurance in force.
PÓLIZA-CHEQUE, voucher check.
PÓLIZAS, policies.
—— DE DIARIO, journal vouchers.
—— DE SEGURO A PLAZO, term insurance policies.
—— DE TRANSFERENCIA, transfer vouchers.
POLIZÓN, stowaway, vagrant, tramp, parasite.
POLO, pole.
—— NORTE, North Pole.
—— SUR, South Pole.
POLUCIÓN o CONTAMINACIÓN ATMOSFÉRICA, air pollution.
POLVO, powder, dust.
——, MORDER EL, to bite the dust, be defeated.
—— Y PAJA, LIMPIO DE, without toil or hardship, free from all charges.
PÓLVORA, gunpowder, powder.
——, NO HABER INVENTADO LA, not to be a genius, to be dull.
POLVORÍN, magazine.
POLLERÍA, poultry market.
PONDERACIÓN, weighting.
PONDERADA, MUESTRA, weighted sample.
PONDERADO o ESTIMADO, weighted, considered.
PONENCIA, judgment, arbitration, motion.
PONENTE, arbitrator, referee, proposer.
PONER o COLOCAR, to put, to place, to set.
—— A PUNTO o AJUSTAR o AFINAR UN AUTOMÓVIL o UN INSTRUMENTO MUSICAL, tune up.
—— AL DÍA, up-date, to bring up to date.
—— CLAVES, coding.
—— COMO NUEVO, to humiliate, to reprimand.
—— COTO, put up a stop.

—— DE ACUERDO, to reach an agreement.
—— DE SU PARTE, to do one's part or one's best.
—— EL SELLO o SELLAR, affix the seal.
—— EL TREN EN MARCHA, start a train.
—— EN CAMINO, to set out, to start, to take off.
—— EN CLARO, to clarify, to explain.
—— EN CLAVE, encode, to code.
—— EN CUENTA, to enter in the account.
—— EN DEPÓSITO, to bond.
—— EN DUDA, call in question.
—— EN LIMPIO, to make a clean copy of.
—— EN MARCHA EL SISTEMA, system start-up.
—— EN RIDÍCULO, to make ridiculous.
—— EN VENTA, put on sale, put up for sale.
—— LAS CUENTAS AL DÍA, to bring the accounts up to date.
—— MALA CARA, to give a dirty look, to make a wry face.
—— O PONERSE COLORADO, to blush, to turn red, shame.
—— PLEITO, to sue, to file suit.
—— POR ESCRITO, put in writing, set down.
—— PRECIOS, pricing, to fix a price.
—— PUNTO FINAL A UN ASUNTO, have it out.
—— REPAROS, to make objetions.
PONERLO AL TANTO o ADVERTIRLE A UNO LO QUE PASA, to put one wise.
PONERSE, get to.
—— A CUBIERTO, to hedge, to cover the hazard.
—— A TRABAJAR, get to work.
—— DE PIE, to stand up.
—— DE PRISA LA ROPA, LOS GUANTES, ETC, slip on.
—— EN COMUNICACIÓN CON o COMUNICARSE CON UNA PERSONA, to put in touch with.
—— EN MARCHA, start off, to start, get going.
POPULACHO, mob, rabble.
POPULAR, popular.
POPULISMO, populism.
POR, for, through, by, via, per.
—— AHORA, for the time being.
—— ALGÚN TIEMPO, for a while, all this while.
—— ALLÍ, that way.
—— AMOR DE DIOS, for God's sake.
—— AÑO, per annum, by the year.
—— APROBAR, subject to approval.
—— AQUÍ, this way.
—— BARCO, by water.
—— BUENAS o POR MALAS, for better or for worse.
—— CARTA, by letter.
—— CIENTO, per cent.
—— CONDUCTO DE, through.
—— CONSIGUIENTE o POR LO TANTO, therefore.
—— CONTESTAR, unanswered.
—— CONTRATO, by contract.
—— CORREO, by mail.
—— CORREO APARTE, under separate cover.
—— CUANTO, whereas.
—— CUANTOS, whereas, clauses.
—— CUENTA DE, at expense of, for the account of.
—— DECIRLO ASÍ, so to speak.
—— DIOS, for Heaven's sake.
—— DÓNDE o POR QUÉ CAMINO?, which way?.
—— DUPLICADO, in duplicate.
—— EL MISMO MOTIVO, by the same token.
—— ENCIMA, thereon.
—— ENCIMA DE, over.
—— EQUIVOCACIÓN, by mistake.
—— ERROR, by mistake.
—— ESCRITO, in writing.
—— ESO, wherefore.
—— ESTO, therefor.
—— FALTA DE, for want of.
—— FERROCARRIL, by rail.
—— FERROCARRIL Y VÍA ACUÁTICA, by rail and water.
—— FIN, at last, finally.
—— HORA, per hour, hourly.
—— HORAS, by the hours.
—— LA PRESENTE, hereby, hereunder.
—— LAS NUBES, sky high.
—— LO CUAL, whereby.
—— LO MISMO, for that very reason.
—— LLEGAR, to arrive.
—— MI HONOR, upon my honor.
—— MI PALABRA, upon my word.
—— MI PARTE, on my part.
—— MILLAR, by the thousand.
—— MUCHO QUE, so much as.
—— NO DECIR, not to say.
—— NO DECIR NADA DE, not to mention.
—— NUESTRA CUENTA, at our expense.
—— ORDEN DE, under instructions from.
—— OTRA PARTE, moreover.
—— PAGAR, payable.
—— PESO, by weight.
—— PIEDAD, for pity sake.
—— PODER, by power of attorney, by proxy.
—— QUÉ?, why, wherefore.
—— QUÉ NO? why not.
—— QUIEN, by whom.
—— RADIO, on the air.
—— REGLA GENERAL, as a rule, in general.
—— SI ACASO, in case, if by chance.
—— SÍ MISMO, all by one's self.
—— SIEMPRE, forever.
—— SUPUESTO, of course.
—— SUPUESTO QUE NO, certainly not.
—— TELÉFONO, by telephone.
—— TELÉGRAFO, by wire.
—— TÉRMINO MEDIO, on an average.
—— TIERRA, overland.
—— TODAS PARTES, all over, every way, far and wide.
—— TODO, throughout.
—— TRIPLICADO, in triplicate.
—— TURNO, in rotation.
—— TURNOS, by turns.
—— UNANIMIDAD, with one voice.
—— USTED, for your sake.

—VENCER, undue, unmatured, not yet due.
—VÍA DE, by way of.
PORCELANA, Chinaware, China porcelain.
PORCENTAJE, percentage, percent.
—— DE AUSENCIA o DE FALTANTES, absence rate.
—— DE MARGEN BRUTO, gross margin percentage.
—— DE RENDIMIENTO DE LA INVERSIÓN, percentage return on investment.
—— DE TOLERANCIA DE DEFECTOS POR LOTE, lot tolerance percent defective.
—— DE UTILIDAD o BENEFICIO, profit rate.
—— DE UTILIDAD BRUTA, gross-profit rate.
—— DEFECTUOSO, percent defective.
—— RETENIDO, retained percentage.
PORCIÓN, part, portion, share, lot, allotment.
PORFIAR, to persist.
PORMENOR, particular, detail.
PORMENORIZAR, to detail, to itemize.
PORQUE, because, for, as, in order that.
PORRA, bludgeon, club, maul.
PORTACARTAS, mailbag.
PORTADA, front cover of a magazine.
—— DE UN LIBRO, front cover.
—— POSTERIOR, back cover.
PORTADO, BIEN o MAL, well (poorly) dressed or behaved.
PORTADOR, bearer, payee, beneficiary.
——, CHEQUE AL, check to bearer.
—— DE LETRA, bullholder.
—— DE SEGUROS, insurance carrier.
——, ENDOSO AL, blank endorsement.
—— O TENEDOR DE UNA LETRA o BENEFICIARIO, payee.
—— TÍTULO AL, bond payable to bearer.
PORTAFOLIO, portfolio, brief case.
—— DE ACTIVO Y PASIVO, asset liability portfolio.
—— DE INVERSIÓN DEL BANCO, bank's investment portfolio.
—— DE PRÉSTAMOS DEL BANCO, bank's security portfolio.
—— DE TÍTULOS BANCARIOS, bank's security portfolio.
—— DEL ACTIVO, asset portfolio.
—— DEL PRÉSTAMO BRUTO, gross loan portfolio.
PORTAMONEDAS o BOLSA, purse, coin holder.
PORTAPAPELES, file folder.
PORTÁTIL, portable.
PORTAZO, DAR UN, to slam the door.
PORTE, freight, carriage, charges, postage.
—— A PAGAR, carriage forward.
—— DE CORREO AÉREO, air-mail postage.
—— DEBIDO o A PAGAR, freight collect.
—— FRANCO, postage or carriage free.
—— GRATUITO, free billing.
—— O ASPECTO PERSONAL o APARIENCIA PERSONAL, personal appearance.
—— PAGADO, carriage paid, freight prepaid, postpaid.
—— PAGADO ANTICIPADAMENTE, advance freight.
—— POR COBRAR, freight at destination.
—— POR EXPRESO, express charges.
—— POSTAL, postage.
PORTEADOR, carrier.
—— PÚBLICO, common carrier.
PORTERÍA, janitor's room, gatekeeper's post.
PORTERO, janitor, porter, doorman, gatekeeper.
PORTÓN, gate, large door, crossing gate.
PORVENIR, future, time to come.
POS, EN, after, behind, in pursuit of.
POSADA, inn, tavern, hotel, public house.
POSADERO, hotelkeeper.
POSDATA, P.S. (postscript).
POSEEDOR, holder, bearer, owner, possessor.
—— DE ACCIONES, stockholder.
—— DE INFORMACIÓN FINANCIERA DE PRIMERA MANO, insider.
—— DE OBLIGACIONES, bondholder.
—— DE PATENTE, patentee, holder of a patent.
POSEER, to own, to hold, to possess.
—— BIENES RAÍCES, to own real estate.
POSEÍDO, ESTAR, to be possessed.
POSESIÓN o TENENCIA, holding, possession, ternure, ownership.
—— DE ACCIONES, stock ownership.
—— ILEGAL DE FONDOS, misappropriation of assets.
—— LEGAL, legal possession.
—— NATURAL O FÍSICA, natural possession.
POSESIONARSE, to give possession.
POSESOR, possessor, holder, owner.
POSFECHADO o FECHADO DESPUÉS, postdated.
POSGUERRA o POSTGUERRA, postwar, postwar period.
POSIBILIDAD, likelihood, possibility.
POSIBLE, possible, feasible.
——, EN LO, as far, insofar, as possible.
POSICIÓN, location, position, standing, statement of condition, item.
—— COMERCIAL, commercial standing, commercial position.
—— DE NEGOCIAR o REGATEAR, bargaining position.
—— FINANCIERA PUJANTE, strong financial position.
—— INACTIVA o NEUTRA, neutral position.
—— O CARGO QUE TIENE UNA PERSONA EN UNA EMPRESA, status.
—— O SITUACIÓN FINANCIERA, financial position.
—— VENTAJOSA, vantage ground.
POSITIVO, positive, certain, matter-of-fact.
POSPONER, to postpone, to put off, to think less of.
POSTAL, postal, postal card.
——, GIRO, money order, post-office order.
POSTE, post, pillar.
—— DE PARADA, stopping place, taxi stand.
—— DE SEÑALES, signpost.
—— INDICADOR, guidepost.
POSTERIOR, rear, back, subsequent.
—— A, subsequent to.
POSTIZO, false, detachable, removable, artificial.
POSTOR, bidder, tenderer.

——, EL MEJOR, highest bidder.
—— FAVORECIDO, successful bidder.
—— MÁS BAJO, low bidder, lowest bidder.
—— SIMULADO, by-bidder, puffer.
POSTRE, A LA, at last, finally.
POSTULADO, axiom, postulate.
POSTULANTE, postulant, petitioner.
POSTULAR, to demand, to request, to petition.
POSTURA, bidding, bid, agreement, position, situation, placing.
—— DESEQUILIBRADA, unbalanced bid.
—— EQUILIBRADA, balanced bid.
POTABLE, potable, drinkable.
POTAJE, pottage, porridge.
POTE, jug, pot, jar.
POTENCIA, power, force, strength.
—— MUNDIAL, world power.
—— NOMINAL o AFORADA, rated power.
—— O ENERGÍA DE RESERVA, surplus power.
—— SECUNDARIA o ENERGÍA SECUNDARIA, secondary power.
POTENCIAL, potential, prospective, possible.
—— DE LA INDUSTRIA, industry potential.
—— DE VENTAS, sales potential.
—— DEL MERCADO, market potential.
——, MERCADO, potential market.
—— O FUERZA LABORAL, labor, man power.
POTENTE o PODEROSO, powerful.
POTOSÍ, great wealth.
POZO, well, pit, shaft.
—— DE EXPLORACIÓN, test pit.
—— DE MINA O DE EXTRACCIÓN, mine shaft.
—— DE PETRÓLEO, oil well.
—— DE PRUEBA, test well.
—— EXPLORATORIO o DE CATEO (petróleo), wildcat well.
—— MARINO (petróleo), offshore well, marine well.
—— PETRÓLEO FUERA DE CONTROL, wild well.
PRÁCTICA, practice, policy, method, routine.
—— ACEPTADA o ADMITIDA, accepted or standard practice.
—— COMERCIAL, trade practice, business practice, commercial usage.
—— CONTABLE, accounting practice.
—— DE LA ADMINISTRACIÓN, management practice.
——, EN LA, in practice.
——, MATERIAL DE, assignment material.
—— PUBLICITARIA, advertising methods or policy.
PRÁCTICAS
—— COMERCIALES DESLEALES, unfair trade practices.
—— DE CORRUPCIÓN EN EL EXTRANJERO, foreign corrupt practices.
—— DESLEALES, unfair practices.
—— INDUSTRIALES CONFLICTIVAS, conflicting industry practices.
PRACTICABILIDAD, workability.
PRACTICANTE, trainee, practitioner, hospital intern, doctor's assistant.
—— DE ADMINISTRACIÓN, management trainee.
PRACTICAR, to practice, to perform, carry out.

—— UN EXAMEN, to make an examination.
—— UNA INVESTIGACIÓN, to make an investigation.
PRÁCTICO, pilot, skilled worker, practical.
—— DE PUERTO, harbor pilot.
PREÁMBULO, foreword.
PREAUDITORÍA, preaudit.
PREBENDA, featherbedding.
PRECAUCIÓN, precaution.
PRECAVIDO, cautious, guarded.
PRECEDENTE, precedent, preceding.
PRECEDER, to precede.
PRECINTAR, to strap, to bind.
PRECIO, price, charge, worth, consideration.
—— A DESTAJO o POR PIEZA, piece price.
—— ACTUAL o CORRIENTE, current or market price.
—— AL CONTADO o DE CONTADO, cash price.
—— AL DETALLE, retail price.
—— ALZADO o GLOBAL, lump sum.
—— ATRACTIVO, charm price.
—— BAJO o BARATO o ECONÓMICO, low price.
—— BASE o DE GARANTÍA, support price.
—— BRUTO, gross price.
—— COMERCIAL JUSTO, fair-trade price.
—— COMPETIDOR o DE COMPETENCIA, competitive price.
—— COMPUTADO o CALCULADO, computed price.
—— CON REBAJA, trade price.
—— CONTROLADO, administered price.
—— CORRIENTE, market value.
—— DE ABASTECIMIENTO, supply price.
—— DE ACCIÓN, stock price.
—— DE ADQUISICIÓN o DE COMPRA, purchase price.
—— DE AMORTIZACIÓN o DE REDENCIÓN, call price.
—— DE APERTURA, opening price (stock exchange).
—— DE CATÁLOGO o DE LISTA, list price.
—— DE CIERRE, closing price.
—— DE COMPETENCIA o DE SUBASTA, bidding price.
—— DE COMPRA, buying price, purchase price.
—— DE COMPRA ESTÁNDAR, standard purchase price.
—— DE CONVENIO o DE COMPROMISO, commitment price.
—— DE COSTO, cost price.
—— DE DEMANDA, asking or offer price, call price.
—— DE DESECHO, scrap price.
—— DE DISTRIBUIDOR o MAYORISTA, trade price.
—— DE EMISIÓN, issue price.
—— DE ENTRADA, admission fee.
—— DE ENTREGA, delivery price.
—— DE EQUILIBRIO, equilibrium price.
—— DE FÁBRICA, factory price, factory cost.
—— DE FACTURA, invoice price.
—— DE FUTUROS o A FUTUROS, futures prices.
—— DE GANGA o DE BARATA o DE OCASIÓN, bargain price.
—— DE LAS ACCIONES, share price.
—— DE LIQUIDACIÓN, making-up price.
—— DE MAYOREO, wholesale price.
—— DE MENUDEO o AL POR MENOR, retail price.

PRECIOS

—— DE MERCADO, market price.
—— DE METAL PARA ACUÑACIÓN, mint price.
—— DE OFERTA, bid price, supply price.
—— DE OLIGOPOLIO, oligopoly price.
—— DE OLIGOPSONIO, oligopsony price.
—— DE PARIDAD, parity price.
—— DE PENETRACIÓN, skim pricing.
—— DE PLAZA o DE MERCADO, market price, going price.
—— DE PROMOCIÓN, price leader.
—— DE PRUEBA Y ERROR, trial-and-error pricing.
—— DE REGATEO, negotiated price.
—— DE RESCATE o DE DEMANDA, redemption price.
—— DE RESCATE AL VENCIMIENTO DEL BONO, redemptiom price of bond at maturity.
—— DE REVENTA, resale price.
—— DE SOBREMARCA FLEXIBLE, flexible markup pricing.
—— DE SUBASTA, auction price.
—— DE SUBSCRIPCIÓN, subscription price.
—— DE VALORES, market security price.
—— DE VENTA, sales price, selling price, asking price.
—— DE VENTA ACTUAL, current selling price.
—— DE VENTA DE ACCIONES COMUNES u ORDINARIAS, common stock sales price.
—— DE VENTA DEL ARTÍCULO, item's selling price.
—— DE VENTA DEL PRODUCTO, selling price of product.
—— DE VENTA EN EFECTIVO, cash price.
—— DE VENTA POR UNIDAD, selling price per unit.
—— DE VENTA POR UNIDAD DE PRODUCCIÓN, selling price per unit output.
—— DE ZONA, zone pricing.
—— DEFINITIVO o DETERMINADO, fixed or set price.
—— DEL BONO, bond's price.
—— DEL DINERO o DE LA MONEDA, currency price, price of money.
—— DEL TRABAJO, price of labor.
—— DEL VENDEDOR, vendor's price.
—— DETALLADO, itemized price.
—— DOMINANTE, ruling price.
—— EN EL MERCADO MUNDIAL, world-market price.
—— ESCALONADO, escalation price.
—— ESTABLE, close price.
—— ESTÁNDAR o NORMAL, standard price.
—— ESTRATOSFÉRICO o PROHIBITIVO, skyrocketing price.
—— FACTURADO, billing price.
—— FIJADO A MÁQUINA, machine pricing.
—— FIJO o ESTABLECIDO, set price.
—— FIJO DE REVENTA, fixed resale price.
—— FINAL, long price.
—— FIRME o ESTABLE, firm price.
—— FLOJO, slumping price.
—— FUERA DE LA BOLSA, street price.
—— GLOBAL o GENERAL, overhead price.
—— INALTERADO, unchanged price.
—— INMEDIATO, spot price.
—— INSUFICIENTE, undercharge.
—— JUSTO o EQUITATIVO, fair price.
—— LA CABEZA DE UNO, PONER A, to set a price on one's head.
—— LIBRE, free price.
—— LIBRE A BORDO, free on board price.
—— LÍMITE o TOPE, limiting price.
—— MÁXIMO o TOPE, top price.
—— MEDIO o PROMEDIO, average price.
—— MÍNIMO, lowest price.
—— MÍNIMO DE VENTA, upset price.
—— MÍNIMO FIJADO, reserve price, upset price.
—— MÓDICO, moderate price.
—— MUNDIAL, world price, world-market price.
—— NEGOCIADO DE MERCADO, negotiated market price.
—— NETO, net price, flat price.
—— NETO DE FACTURA, net invoice price.
—— NETO DE FÁBRICA o PRECIO NETO DE FÁBRICA, factory net, millnet price.
—— NETO INVERSO, netback price.
——, NO TENER, to be invaluable, to be priceless.
—— NOMINAL, asking price.
—— NORMAL o REGULAR, normal price.
—— PARA ENTREGA FUTURA, future price.
—— PARA ENTREGA INMEDIATA o PRECIO INMEDIATO, spot price.
—— PARA EXPORTACIÓN, export price.
—— POR ALCANZAR, target price.
—— POR LIBRA, pound price.
—— POR UNIDAD o UNITARIO, price per unit, unit price.
—— PÚBLICO o ABIERTO, open price.
—— PUESTO EN DESTINO, landed price.
—— RAZONABLE, reasonable price.
—— REAL o VERDADERO, real price, effective price.
—— REBAJADO o DE BARATILLO, cut rate, reduced price.
—— REDONDO o GLOBAL, all-round price.
—— REDUCIDO, low price, cut price.
—— REGULAR, standard price.
—— REMUNERATIVO o LUCRATIVO, profit price.
—— SECULAR, secular price.
—— SEGÚN CONTRATO, contract price,.
—— SEGÚN EL COEFICIENTE DE CARGA, load-factor pricing.
—— SEGÚN EL ÍNDICE DE RENDIMIENTO, rate-of return pricing.
—— SIN REBAJA, net cash.
—— TOPE o PRECIO MÁXIMO, ceiling price.
——, ÚLTIMO, final price.
—— UNITARIO PROMEDIO, average unit price.
—— VERDADERO, actual price.

PRECIOS

—— AGRÍCOLAS o DE PRODUCTOS AGRÍCOLAS, farm prices.
—— ASCENDENTES o PRECIOS EN ALZA, rising prices.
—— BURSÁTILES, stock-exchange quotations.

—— COMPETITIVOS DE MENUDEO o AL DETALLE, competitive retail pricing.
—— CONSTANTES, constant prices.
—— CONTABLES o FANTASMAS, accounting prices (shadow prices).
—— CONTROLADOS o DIRIGIDOS, controlled prices.
—— CORRIENTES o ACTUALES DEL MERCADO, current market prices.
—— DE ACCIONES o VALORES BANCARIOS, bank stock prices.
—— DE COMPRADOR Y VENDEDOR o DE OFERTA Y DEMANDA, bid and asked prices.
—— DE CONTRATO DE FUTUROS, futures contract prices.
—— DE ENTREGA, delivered prices.
—— DE LOS RECURSOS, resource pricing.
—— DESCENDENTES, falling prices.
—— ESTABLES o DE POCA FLUCTUACIÓN, steady market, stable prices.
—— FACTURADOS, billing prices.
——, FIJACIÓN DE, price fixing.
—— FIRMES, stable prices.
——, GUERRA DE, price war.
—— MÁXIMOS Y MÍNIMOS DEL AÑO, yearly range.
—— MEDIOS AL POR MAYOR, average wholesale prices.
—— NORMALES, prevailing prices.
——, POLÍTICA DE, price policy.
—— USUALES o DE COSTUMBRE, customary prices.
PRECIPITACIÓN, precipitation.
—— PLUVIAL, rainfall.
PRECIPITAR, to rush, to hasten.
PRECIPITARSE, to rush, to throw oneself headlong.
PRECISIÓN, accuracy, necessity, precision.
—— MÁXIMA, upper precision.
PRECISO, accurate, exact, precise.
——, TIEMPO, just time enough.
PRECOMERCIALIZACIÓN DEL PRODUCTO, product precommercialization.
PRECURSOR, forerunner.
PREDATAR, to predate.
PREDECESOR, predecessor.
PREDECIR, to forecast, to predict.
PREDICADOR, preacher.
PREDICAR, to preach.
PREDICCIÓN o PRONÓSTICO, forecast, prediction.
—— O PRONÓSTICO DEL TIEMPO, weather forecast.
PREDICCIONES ECONÓMICAS, economic forecasting.
PREDIO, real estate.
—— RÚSTICO o RURAL, farm, rural property.
—— URBANO, city property.
—— PREDISPONER EN CONTRA DE, turn against.
PREDISPOSICIÓN, partiality, bias.
—— DEL CONSUMIDOR, consumer predisposition.
PREDISPUESTO, partial, biased.
PREESCOLAR, preschool.
PREFABRICADO, premanufactures, prefabricated.
PREFACIO o PRÓLOGO, foreword, preface.
PREFERENCIA, preference, priority, discrimination.

—— DE LIQUIDEZ, liquidity preference.
—— DEL CONSUMIDOR, consumer preference.
PREFERENTE, preferential, preferred, preferable.
PREFERIR, to prefer.
PREFINANCIAMIENTO, prefinancing.
PREGUNTA, question, query.
—— ABIERTA o DISCUTIBLE, open question.
——, ANDAR A LA CUARTA, to be penniless.
—— CAPCIOSA, leading question.
—— CON LIBERTAD DE RESPUESTA, open-end question.
——, HACER UNA, to ask a question.
—— INDISCRETA, not a fair question.
PREGUNTAR, to question, to query.
PREINVENTARIO, preinventory.
PREJUICIO, prejudice.
—— RACIAL, racial prejudice.
—— PRELIMINAR, preliminary.
PREMANUFACTURADO, premanufactures, prefabricated.
PREMATURO, premature, untimely.
PREMIADO, prize winner, prize winning.
PREMIO, prize, bonus, premium, reward.
——, A, at a premium, above par.
—— DEVENGADO o GANADO, earned premium.
—— GORDO o MAYOR, big or first prize.
—— POR AHORRO EN EL COSTO, cost-saving award.
—— SOBRE ACCIONES, stock premium.
——, VENTA CON, premium selling.
PREMISAS o ASERTOS DE LA ORGANIZACIÓN, premises of organization.
PREMURA, urgency, pressure, dunning.
PRENDA, security, garment, pawn, earnest money.
—— DE VESTIR, garment, article of clothing.
——, EN, as a pledge, as a security.
——, SOLTAR, to commit oneself.
PRENDAS DE FANTASÍA, costume jewelry.
PRENDARIA, HIPOTECA, chattel mortgage.
PRENDARIO, PAGARÉ, collateral note.
PRENDER, to seize, to switch on (light).
—— FUEGO, set on fire.
PRENSA, press, newspapers.
——, DAR A LA o PUBLICAR, to publish.
—— DE IMPRIMIR, printing press.
—— DE PERIÓDICOS, the press, newspapers.
—— EMPAQUETADORA, packaging press, bailing press.
——, ENTRAR EN, to go to press.
PRENSAR, to press.
PRENSISTA, pressman, operator of a press.
PRENUPCIAL, premarital.
PREOCUPACIÓN, worry, preoccupation.
PREOCUPADO, worried, preoccupied, concerned.
PREOCUPAR o INQUIETAR, to worry, to preoccupy, to prejudice.
PREOCUPARSE, to worry, to be preoccupied.
PREPARACIÓN, preparation, getting ready, compound.

—— DE COMPROBANTE Y PAGO, vouchering and payment.
—— DE PERSONAL, developing people.
—— DEL GRUPO, group development.
—— FARMACÉUTICA, pharmaceutical preparation.
PREPARAR, to prepare, get ready.
—— UN ASIENTO Y ANOTARLO, to journalize.
PREPARARSE, make ready.
PREPONDERAR, to overweight.
PRERROGATIVA, prerrogative.
PRESCINDIR DE, to dispense with, to do without, to disregard, to omit.
PRESCRIBIR, to specify, to dispose, to prescribe, to out-law.
PRESCRIPCIÓN, prescription.
PRESCRIPCIONES TÉCNICAS, technical instructions or specifications.
PRESENCIA, presence.
——, TENER BUENA, to have a good presence.
PRESENCIAR UN ACCIDENTE, to witness an accident.
PRESENTACIÓN, presentation, introduction, presentment.
——, A LA, at call, on presentation, at sight, on demand.
—— DE DATOS, reporting of data.
—— DE LOS ESTADOS, statement presentation.
—— DE PRUEBAS, burden of proof, filing proofs.
—— DE SOLICITUD, filing a petition.
—— DE UNA PROPUESTA, submission of a proposal.
—— DEL BALANCE GENERAL, balance sheet presentation.
PRESENTAR, to present, to show, to offer.
—— A LA ACEPTACIÓN, present for acceptance.
—— AL PAGO, present for payment.
—— CUENTAS, to account.
—— LA RENUNCIA, to tender a resignation.
—— O HACER UNA PROPOSICIÓN, submit a proposition.
—— RAZONABLEMENTE, present fairly.
—— UN INFORME, to hand in a report, to make a report, present, present a report.
—— UNA CUESTIÓN o HACER UNA OBSERVACIÓN, raise a point.
—— UNA PERSONA, to introduce.
—— UNA RECLAMACIÓN o HACERLA, to file a claim.
—— UNA SOLICITUD, filing a petition, to file an application.
PRESENTARSE, show up, to report, to appear, be present.
PRESENTE, present, gift.
——, AL, at present.
——, LA, this letter.
——, POR EL, for the present.
——, TENER, to bear in mind.
PRESENTIR, to have a presentiment, to predict.
PRESERVAR o CONSERVAR, to preserve.
PRESIDENTA, chairwoman, woman president.
PRESIDENTE, president, chairman.
—— CESANTE o SALIENTE, outgoing president.
—— DE LA JUNTA DIRECTIVA o DEL CONSEJO DE DIRECTORES, chair of the board, chairman of the board of directors.
—— DEL CONSEJO o DE LA JUNTA, chairman of the board.
—— DEL CONSEJO MUNICIPAL, city council chairman.
—— EJECUTIVO, executive chairman.
—— ELECTO, elect president.
—— EN FUNCIONES, acting president, now in office president.
—— INTERINO, acting chairman.
—— PROVISIONAL, temporary chairman.
PRESIDIO, penitentiary.
PRESIDIR, to preside, to dominate, to control.
—— UN COMITÉ, chair a committee.
PRESIÓN, pressure.
——, DE BAJA, low-pressure.
—— DE TIEMPO, time pressure.
—— DEL PÚBLICO, public pressure.
—— ECONÓMICA, economic pressure.
—— POLÍTICA o TENSIÓN POLÍTICA, political pressure.
PRESIONES INFLACIONARIAS, inflationary pressures.
PRESO o PRISIONERO, prisioner.
PRESTACIÓN, lending, payment, remittance, loan, aid, assistance.
—— DE ACCIONES SIN INTERÉS, flat stock loan.
—— FAMILIAR, family allowance.
PRESTACIONES
—— A EMPLEADOS, employee benefits.
—— ADICIONALES AL SUELDO, fringe benefits.
PRESTADO, DAR, to lend.
PRESTADO, PEDIR o TOMAR, to borrow.
PRESTAMISTA, money broker, moneylender, pawnbroker, pawnee.
—— HIPOTECARIO, mortgage lender.
—— MARGINAL, marginal borrower.
PRÉSTAMO, loan, lending, borrowing, accommodation.
—— A CORTO PLAZO, short-term loan, short money.
—— A LA FIRMA, signature loan.
—— A LA INDUSTRIA, industrial loan.
—— A PAGAR CON GARANTÍA, secured loan payable.
—— A PLAZO o A TÉRMINO, time loan, installment lending.
—— A PLAZO FIJO, term loan, time loan.
—— A REQUERIMIENTO, demand loan.
—— A VISTA, demand or call loan.
—— AGRARIO, farm loan, agricultural loan.
—— AL ASEGURADO PARA PAGO DE PRIMA, premium loan.
—— AL CLIENTE EN ABONOS, consumer installment loan.
—— AL CONSUMIDOR CON TASA FLOTANTE, floating rate consumer loan.
—— AMORTIZADO o DADO DE BAJA, charged off loan.
—— ASEGURADO, secured loan.
—— AUTOMÁTICO DE PRIMA, automatic premium loan.
—— BANCARIO, bank loan.

—— BANCARIO GARANTIZADO, secured bank loan.
—— BANCARIO INTERNACIONAL, international bank loan.
—— BANCARIO SIN GARANTÍA, unsecured bank loan.
—— COLATERAL, collateral loan.
—— COLATERAL DE CORRETAJE, brokerage collateral loan.
—— COMERCIAL o MERCANTIL, commercial loan.
—— COMERCIAL A PLAZO o A TÉRMINO, commercial term loan.
—— COMERCIAL PARA CAPITAL DE TRABAJO, working capital commercial loan.
—— CON INTERÉS VARIABLE, variable rate loan.
—— CON TARJETA DE CRÉDITO, credit card loan.
—— CON TASA FIJA, fixed-rate loan.
—— CON TASA FLOTANTE, floating rate loan.
—— DADO DE BAJA EN LIBROS, charging off loan.
—— DE AMORTIZACIÓN ANTICIPADA, callable loan.
—— DE CAPITAL, capital loan.
—— DE CORREDOR, broker's loan.
—— DE DINERO, cash loan.
—— DEL ASEGURADOR AL ASEGURADO SOBRE EL VALOR DE LA PÓLIZA, policy loan.
—— DEL MERCADO MONETARIO, money market loan.
—— DIRECTO, unsecured loan.
—— DIRECTO PARA COMPRA DE AUTOMÓVIL, direct automobile loan.
—— EN EL EXTRANJERO, external loan.
—— ESTACIONAL DE CAPITAL DE TRABAJO, seasonal working capital loan.
—— EVENTUAL, single loan.
—— EXTRANJERO, foreign loan.
—— FORZADO, forced loan.
—— GARANTIZADO, loan secured or secured loan.
—— HIPOTECARIO o FIDUCIARIO, mortgage loan.
—— HIPOTECARIO PARA CONSTRUCCIÓN, construction mortgage loan.
—— INCOBRABLE o IRRECUPERABLE, uncollectible loan.
—— INDIRECTO PARA COMPRA DE AUTOMÓVIL, indirect automobile loan.
—— INDIVIDUAL PENDIENTE, individual outstanding loan.
—— INTERIOR o NACIONAL, domestic loan.
—— INTERNACIONAL, international loan.
—— LIBRE DE INTERESES, interest-free loan.
—— MARÍTIMO, maritime loan, respondentia.
—— MEDIANO, medium-quality loan.
—— MEDIANTE CAJERO AUTOMÁTICO, debit card lending.
—— MERCANTIL DE TEMPORADA, commercial seasonal loan.
—— NO AMORTIZADO, straight loan.
—— NO ASEGURADO o NO GARANTIZADO, unsecured loan.
—— NO HIPOTECARIO, nonmortgage loan.
—— PAGADERO A LA DEMANDA, demand loan.

—— PAGADERO AL SOLICITARLO, call loan.
—— PAGADERO EL DÍA SIGUIENTE, overnight loan.
—— PAGADERO ÍNTEGRAMENTE, single-payment loan.
—— PARA ADQUISICIÓN DE CASA o RESIDENCIA, home loan.
—— PARA ARRENDAMIENTO, lease loan.
—— PARA CAPITAL DE TRABAJO, working capital loan.
—— PARA COMPRA DE VALORES, securities purchase loan.
—— PARA CONSTRUCCIÓN, construction loan.
—— PARA EDIFICACIÓN, building loan.
—— PARA FINANCIAR AUTOMÓVIL, automobile loan, automobile lending.
—— PARA INVENTARIO, inventory loan.
—— PARA MEJORA DE RESIDENCIA, home improvement loan.
—— PARA PETRÓLEO Y GAS, oil and gas lending.
—— PARA PRODUCCIÓN, production loan, producer loan.
—— PARA RESPALDAR EL INVENTARIO, inventory lending.
—— PARTICULAR, individual loan.
—— PENDIENTE, outstanding loan.
—— PERSONAL o INDIVIDUAL, personal loan.
—— PERSONAL SIN CONCEDER, individual outstanding loan.
—— PIGNORATICIO DE CORRETAJE, brokerage collateral loan.
—— POR ABONO EN CUENTA DE DEPÓSITO, deposit loan.
—— PREFERENCIAL RURAL, country prime loan.
—— PRENDARIO o PIGNORADO, pledge loan.
—— PROBLEMÁTICO, problem loan.
—— SEGURO, sound loan.
—— SIN GARANTÍA COLATERAL, debenture loan.
—— SIN INTERÉS, flat loan.
—— SIN INTERESES, interest-free loan.
—— SOBRE ACUMULACIÓN, renegotiated loan, loan on nonaccrual.
—— SOBRE BIENES RAÍCES o PRÉSTAMO INMOBILIARIO, real estate loan.
—— SOBRE GRANJA Y RANCHO, farm and ranch lending.
—— SOBRE HIPOTECA DE CASA o DE RESIDENCIA, home mortgage loan.
—— SOBRE PRODUCTOS o ARTÍCULOS, commodity loan.
—— VOLÁTIL, volatile loan.
—— Y ARRIENDO, lend-lease.
PRÉSTAMOS
—— A CORTO PLAZO, short-term borrowing.
—— A PAGAR o PENDIENTES DE PAGO, loans payable.
—— A PAGAR SIN GARANTÍA, unsecured loans payable.
—— AL CONSUMIDOR, consumer loans, consumer lending.
—— AL EXTRANJERO, foreign loans.

—— AMORTIZADOS, loans charged off.
—— BANCARIOS A CORTO PLAZO, short-term bank loans.
—— BANCARIOS DE TEMPORADA, seasonal bank loans.
—— BANCARIOS PENDIENTES DE PAGO, bank's loans outstanding.
—— CON INTERÉS DESCONTADO, discounted loans.
—— CONTRA GUÍAS DE ALMACÉN, warehouse loans.
—— CORRIENTES o ACTUALES, current loans.
—— DE PARTICIPACIÓN, participation loans.
—— DE PLAZO MEDIO, intermediated term loans
—— DE SOCIEDADES ANÓNIMAS, corporate borrowing.
—— EN ABONOS o A PLAZOS, installment loans.
—— EN CARTERA, portfolio loans.
—— EN DESCUBIERTO MEDIANTE CAJERO AUTOMÁTICO, debit card overdraft loans.
—— EN EURODÓLARES, eurodollar loans.
—— MERCANTILES o COMERCIALES, business loans.
—— MIXTOS o COMPUESTOS, loan mix.
—— PARA ADMINISTRACIÓN DE PEQUEÑAS EMPRESAS, small business administration loans.
—— PARA CUENTAS POR COBRAR, accounts receivable loans.
—— PARA EL CONSUMO, consumption loans.
—— PARA FINANCIAMIENTO DE EQUIPO, equipment financing loans.
—— PARA LÍNEAS DE CRÉDITO, line-of credit borrowing.
—— PERSONALES PEQUEÑOS, remedial loans.
—— Y DESCUENTOS, loans and discounts.
PRESTAR, to lend, to borrow, to assist.
—— ATENCIÓN, to pay attention.
—— AUXILIO o AYUDA, to lend a hand, to help.
—— CON SEGURIDAD COLATERAL, lend on collateral.
—— DINERO, put out funds.
—— FIANZA, to give bond.
—— JURAMENTO, to take an oath.
PRESTATARIO, borrower.
—— COMERCIAL o MERCANTIL, commercial borrower, business borrower.
—— DEL CONSUMIDOR o DEL CLIENTE, consumer borrower.
—— QUE TRABAJA A PLAZOS o EN ABONOS, installment borrower.
PRESTIGIO, prestige, goodwill.
PRESUMIDO, presumptuous, conceited, airy.
PRESUMIR, to presume.
PRESUNTO, presumptive.
—— CLIENTE, prospective customer.
—— HEREDERO, heir apparent.
PRESUPUESTAR, to estimate, to budget.
PRESUPUESTO, estimate, budget, estimated, budgeted.
—— ADMINISTRATIVO, administrative budget.
—— AJUSTABLE o ELÁSTICO o FLEXIBLE, flexible budget.
—— APROXIMADO, rough estimate.

—— BASE CERO, zero-base budgeting.
—— CONTINUO o PERMANENTE, continuous budget.
—— CORRIENTE o ACTUAL, current budget.
—— DE ACTIVO FIJO, capital budget.
—— DE ASIGNACIONES, appropriation budget.
—— DE CAJA, cash budget.
—— DE CAPITAL EN CONDICIONES DE CERTIDUMBRE, capital budgeting under certainty.
—— DE CAPITAL EN CONDICIONES DE RIESGO, capital budgeting under risk.
—— DE CAPITAL NECESARIO, capital requirements budget.
—— DE CAPITAL PARA PEQUEÑAS EMPRESAS, capital budgeting for small business.
—— DE COMPRA, purchase budget.
—— DE CONSTRUCCIÓN, construction bid.
—— DE CONTINGENCIA o EVENTUAL, contingency budget.
—— DE COSTO DE ARTÍCULOS VENDIDOS, cost of goods sold budget.
—— DE DISTRIBUCIÓN, distribution budget.
—— DE EFECTIVO o DE CAJA, cash or financial budget.
—— DE EFECTIVO DE LA EMPRESA, firm's cash budget.
—— DE ENTRADAS Y SALIDAS DE CAJA, cash budget.
—— DE FLUJO DE EFECTIVO o DE FONDOS, cash flow budget.
—— DE GASTOS ADMINISTRATIVOS, administrative expense budget.
—— DE GASTOS DE CAPITAL, capital budget.
—— DE GASTOS DE DISTRIBUCIÓN, distribution expense budget.
—— DE GASTOS DE INVESTIGACIÓN Y DESARROLLO, research and development expense account.
—— DE GASTOS GENERALES, overhead budget, expense budget.
—— DE GASTOS GENERALES DE FABRICACIÓN, manufacturing overhead budget.
—— DE INGRESOS Y EGRESOS, budget.
—— DE MANO DE OBRA, direct labor budget.
—— DE MANTENIMIENTO, maintenance budget.
—— DE MATERIALES, materials budget.
—— DE OPERACIÓN, ordinary or operating budget.
—— DE PLENA OCUPACIÓN, full employment budget.
—— DE PRODUCCIÓN, production budget.
—— DE PROMOCIÓN DE VENTAS, sales promotion budget.
—— DE PUBLICIDAD, advertising budget.
—— DE TRABAJO, performance budget.
—— DE TRES COLUMNAS, three-tiered budget.
—— DE VENTAS, sales budget.
—— DEL AÑO ACTUAL, current year budget.
—— DEL GOBIERNO FEDERAL, federal government budget.
—— DESNIVELADO o DEFICITARIO, unbalanced budget.
—— EQUILIBRADO o AJUSTADO, balanced budget.
—— ESTÁTICO, static budget.
—— EXTRAORDINARIO, special budget.

—— FAMILIAR, family budget.
—— FEDERAL DE GASTOS, federal budget.
—— FIJO, fixed budget.
—— FINANCIERO, financial budget.
—— FÍSICO, physical budget.
—— GENERAL DE OPERACIÓN, overall operating budget.
—— MAESTRO o GENERAL, master budget.
—— MÍNIMO DE COMODIDAD, minimum-confort budget.
—— MÍNIMO DE SUBSISTENCIA, minimum-subsistence budget.
—— MÓVIL o VARIABLE, moving budget.
——, NIVELAR EL, to balance the budget.
—— NO BALANCEADO, unbalanced budget.
—— PARA ENTRENAMIENTO o ADIESTRAMIENTO, training budget.
—— PERPETUO o CONSTANTE, perpetual budget.
—— PRELIMINAR, preliminary estimate.
—— PROGRESIVO, progressive schedule.
—— VARIABLE o AJUSTABLE, variable budget.
PRETENDER, to try, to pretend, to solicit, to claim.
PRETEXTO, pretense, pretext, excuse.
PREVALECER, to prevail.
PREVARICACIÓN, betrayal.
PREVENCIÓN, prevention, forethought, precaution, warning, foresight.
—— DE ACCIDENTES, accident prevention.
—— DE INCENDIOS, fire prevention.
PREVENIR, to give warning, to provide for, to overcome, to avoid.
PREVENTIVO, preventive, precautionary, tentative.
PREVIO, prior, previous, foregoing.
——, EXAMEN, preliminary examination.
PREVISIÓN, foresight, forecast, prevision.
PRIMA, premium, bonus, bounty, subsidy.
—— A EXPORTACIONES, export subsidy, export bounty, drawback.
—— A PLAZOS, installment premium.
—— ANUAL, annual bonus.
—— ANUAL NETA, net annual premium.
—— ANUAL UNIFORME, level premium.
—— BÁSICA, basic premium
—— BRUTA (seguros), tabular premium.
—— BRUTA o TOTAL, gross premium, book premium.
—— COBRADA CON ANTICIPACIÓN, advance premium.
—— DE AMORTIZACIÓN DE UN BONO (antes de su vencimiento), call premium.
 cimiento), call premium.
—— DE CAPITAL, capital bonus.
—— DE DEVOLUCIÓN, return premium.
—— DE EMISIÓN, stock premium.
—— DE ESTÍMULO o DE INCENTIVO, incentive premium.
—— DE FIANZA, bond premium.
—— DE NAVIDAD, Christmas bonus.
—— DE REASEGURO, reinsurance premium.
—— DE REDENCIÓN, call premium.
—— DE RENOVACIÓN, renewal premium.
—— DE RESCATE o DE REDENCIÓN, redemption premium.
—— DE RESTABLECIMIENTO, restoration premium.
—— DE RIESGO, risk or pure premium.
—— DE SEGURO, insurance premium.
—— DE SEGURO DE VIDA, life insurance premium.
—— DECRECIENTE, reducing premium.
—— DEFINITIVA o FINAL, final premium.
—— DEVENGADA o GANADA, earned premium.
—— EN ACCIONES, premium on capital stock.
—— EN ACCIONES PREFERENTES, premium on preferred stock.
—— EN BONOS POR PAGAR, premium on bond payable.
—— EN METÁLICO, cash bonus.
—— ESTIPULADA, stipulated premium.
—— NETA, pure premium, net premium.
—— NETA o MATEMÁTICA, mathematical premium, net premium.
—— NETA ÚNICA, net single premium.
—— NIVELADA, level premium.
—— O BONO ESCALONADO, step bonus.
—— O PAGO EXTRA POR PRODUCCIÓN SOBRE LO NORMAL, above-standard bonus.
—— PAGADA POR ENTREGA APLAZADA, backwardation.
—— POR CONVERSIÓN, conversion premium.
—— POR RIESGO, risk premium.
—— POR RIESGO DE DISMINUCIÓN DEL PODER ADQUISITIVO, purchasing power risk premium.
—— POR SEGURO DE RESPONSABILIDADES, liability insurance premium.
—— POR TIEMPO EXTRAORDINARIO, overtime premium.
—— SIN PAGO ADICIONAL, direct premium.
—— SOBRE ACCIONES COMUNES, premium on common stock.
—— SOBRE BONOS NO AMORTIZADOS, unamortized bone premium.
—— ÚNICA, single premium.
—— VENCIDA Y DIFERIDA, premium due and deferred.
—— Y MULTA, bonus and penalty.
PRIMAS
—— ATRASADAS, arrears of premium.
—— DE RESCATE, redemption premiums.
—— DE SEGUROS ACUMULADAS o VENCIDAS, accrued insurance premiums.
—— DE SEGUROS NO VENCIDAS, unexpired insurance premiums.
—— DE SEGUROS PAGADOS POR ADELANTADO, prepaid insurance premiums.
—— INGRESADAS (seguros), premium income.
—— MENOS PÉRDIDAS, underwriting profit.
—— POR VACACIONES, holiday pay accruals.
PRIMAVERA, spring, springtime.
PRIMER, first.

—— **DESCUENTO,** primary discount.
—— **GRAVAMEN,** first lien.
—— **LUGAR, EN,** first of all.
—— **MINISTRO,** prime minister.
—— **OFICIAL,** chief mate, chief officer, first officer, first mate.
—— **OFICINISTA,** head clerk, chief clerk.
—— **PILOTO,** chief pilot, first mate.
—— **PISO,** main floor, first floor.
—— **PLAZO o ABONO,** first installment.
PRIMERA
—— **CALIDAD, DE,** first class.
—— **CLASE,** first class.
—— **CURACIÓN,** first aid.
——, **DE,** first-class, high-grade.
—— **DE CAMBIO,** first of exchange, principal bill.
—— **HIPOTECA,** first mortgage.
—— **VISTA, A,** at first sight.
PRIMERAS
——, **DE BUENAS A,** at once, suddenly.
—— **ENTRADAS PRIMERAS SALIDAS,** first-in-first-out (FIFO).
PRIMERO, first, primary, prime.
PRIMEROS AUXILIOS, first aid.
PRIMITIVO, primitive.
PRIMO HERMANO o PRIMA HERMANA, own cousin.
PRINCIPAL, principal, capital, main, chief, principal sum.
—— **DE LA HERENCIA,** estate corpus.
—— **DEL FIDEICOMISO,** trust principal.
PRINCIPALES OBLIGACIONES, underlying bonds.
PRINCIPIANTE, apprentice, beginner.
PRINCIPIAR, lead off, to begin, to start.
PRINCIPIO, principle, start, outset, starting.
——, **AL,** in the beginning, at first.
—— **DE COSTO o MENOS,** cost-or-less principle.
——, **EN,** in principle, essentially.
PRINCIPIOS
—— **DE CONTABILIDAD,** accounting principles.
—— **DE CONTABILIDAD FINANCIERA,** financial accounting principles.
—— **DE CONTABILIDAD GENERALMENTE ACEPTADOS,** generally accepted accounting principles.
PRIORIDAD, priority, preference, seniority.
—— **ABSOLUTA o TERMINANTE,** absolute priority.
—— **POR ANTIGÜEDAD EN EL EMPLEO,** job seniority, occupational seniority.
—— **PRINCIPAL o SUPERIOR,** top priority.
PRIORIDADES
—— **DE LA ORGANIZACIÓN,** priorities of organization.
—— **DE OBJETIVOS,** goal priorities.
PRISA, hurry, rush, urgency, haste.
——, **A TODA,** at full speed.
——, **CORRER,** to be urgent.
——, **DARSE,** to make haste.
——, **DE,** in haste.
——, **EJECUTAR DE,** rush through.
——, **ESTAR DE,** to be in a hurry.

——, **TENER MUCHA,** to be in a rush.
PRISIÓN o CÁRCEL, prison, jail.
PRIVACÍA INDIVIDUAL o PERSONAL, individual privacy.
PRIVADAMENTE, privately.
PRIVADO, private, personal.
——, **ASUNTO,** private affair.
PRIVILEGIADO, privileged, patentee, preferred, preferential.
PRIVILEGIO, franchise, concession, patent, copyright.
—— **DE INTRODUCCIÓN,** patent on a device introduced from a foreign country.
—— **DE INVENCIÓN,** patent on an invention.
—— **DE REDENCIÓN DIFERIDA,** deferred call privilege.
——, **IMPUESTO DE,** franchise tax.
PRO DE, EN, in behalf of, for the benefits of.
PROBABILIDAD, probability, likelihood.
—— **CONDICIONAL,** conditional probability.
—— **DE ERRORES,** probability of errors.
—— **DE ÉXITO,** probability of a success.
—— **DE MUERTE,** probability of death.
—— **DE OCURRENCIA,** probability of occurrence.
—— **DE PÉRDIDA,** loss expectancy.
—— **DE SUPERVIVENCIA,** probability of survival.
—— **DE VIDA,** expectation of life.
—— **ESTADÍSTICA,** statistical probability.
——, **FUNCIÓN DE,** probability function.
—— **MATEMÁTICA,** mathematical probability.
——, **MUESTRA DE,** probability sample.
PROBABILIDADES
—— **BINOMIALES,** binomial probabilities.
—— **OBJETIVAS,** objective probabilities.
—— **PONDERADAS,** weighted probabilities.
—— **SUBJETIVAS,** subjective probabilities.
PROBABLE, probable.
—— **CLIENTE,** prospect.
PROBADO, proved, tested, tried.
PROBADOR o ENSAYADOR, tester.
PROBAR, to prove, to test, to sample, to try.
—— **FORTUNA,** try one's luck, to take one's chances.
PROBARSE ROPA, try on.
PROBIDAD, honesty, integrity.
PROBLEMA o DIFICULTAD, problem.
—— **AGRÍCOLA, EL,** the farm problem.
—— **DE BÚSQUEDA DE ERROR,** trouble location problem.
—— **DE COLAS,** queueing problem, lining-up problem.
—— **DE CRÉDITO,** credit crunch.
—— **DE PÉRDIDA DE TIEMPO,** time-wasting problem.
——, **PLANTEAMIENTO DEL,** statement of problem.
PROBLEMAS
—— **DE CLIENTES Y SERVICIO,** customer-service problems.
—— **DE COMERCIALIZACIÓN o MERCADOTECNIA,** marketing problems.
—— **DE FABRICACIÓN,** manufacturing problems.

—— FAMILIARES, family problems.
—— FINANCIEROS, financial embarrassment.
—— PERSONALES, personal problems.
—— URBANOS HABITACIONALES, housing urban problems.
PROBO u HONESTO, honest, fair, upright.
PROCEDENCIA u ORIGEN, origin, source, point of departure, justification.
PROCEDER o ACTUAR, to take action, to be in order, to proceed.
—— CONTRA, to take action against, to proceed against.
PROCEDIMIENTO, process, method, proceeding, procedure.
—— ADMINISTRATIVO o DE LA DIRECCIÓN, administrative proceeding.
—— COMPUTARIZADO DE COBRANZA o DE FACTURACIÓN, computarized billing operations.
—— DE AJUSTES, adjustment procedure.
—— DE COMPRA, purchase routine.
—— DE CONTABILIDAD, accounting procedure.
—— DE ENLACE, loop plan.
—— DE OPERACIÓN, operational procedure.
—— DE ORGANIZACIÓN, organization procedure.
—— DE POLÍTICA, policy procedure.
—— DE QUIEBRA, bankruptcy proceedings.
—— DE REIVINDICACIÓN, grievance procedure.
—— DE VENTAS, sales routine.
—— PARLAMENTARIO PARA DETENER UN DEBATE PARA ASEGURAR UN VOTO, cloture rule.
PROCEDIMIENTOS
—— ANALÍTICOS DE REVISIÓN, analitycal review procedures.
—— CONTABLES, accounting procedures.
—— CONTABLES DE EMPRESA, company accounting procedures.
—— DE AUDITORÍA, auditing procedures.
—— DE QUIEBRA, bankruptcy proceedings.
—— LEGALES o JURÍDICOS, legal proceedings.
—— MANUALES, manual procedures.
PROCESAMIENTO, processing, prosecution.
—— DE ALIMENTOS, food processing.
—— DE DATOS (computación), information processing, data processing.
—— DE DATOS COMPUTARIZADOS, computarized data processing.
—— DE DATOS DISTRIBUIDOS, distributed data processing.
—— EN LÍNEA, on-line processing.
—— ESTADÍSTICO, statistical processing.
—— INTEGRADO DE DATOS, integrated data processing.
—— POR LOTE o POR CARGA, batch processing.
PROCESAR, to process, to indict, to manufacture, to sue, to prosecute.
—— UN PEDIDO, to get an order cleared.
PROCESIÓN, procession, parade, act of proceeding or issuing forth.
PROCESO, process, processing, action.

—— ADMINISTRATIVO, management process.
—— CONTENCIOSO, lawsuit.
—— CONTINUO, continuous process.
—— DE ADOPCIÓN, adoption process.
—— DE ADOPCIÓN DEL NUEVO PRODUCTO, new-product adoption process.
—— DE AUDITORÍA, audit process.
—— DE COMUNICACIÓN, communication process.
—— DE EDICIÓN DE UN LIBRO, editing process.
—— DE FABRICACIÓN o DE ELABORACIÓN, manufacturing process.
—— DE INNOVACIÓN, innovation process.
—— DE INSTALAR MÁQUINAS-HERRAMIENTAS PARA NUEVOS PRODUCTOS, retooling process.
—— DE LIQUIDACIÓN, EN, in process.
—— DE LLEVAR REGISTROS, recording-keeping process.
—— DE MUESTREO, sampling process.
—— DE PLANEACIÓN Y PRODUCCIÓN, production-planning process.
—— DE PLANIFICACIÓN ESTRATÉGICA, strategic planning process.
—— DE PRODUCCIÓN, production process.
—— DE PRUEBA, test case.
—— DE RAMIFICACIÓN, branching process.
—— DE REGISTRO Y TABULACIÓN DE DATOS, data recording and tabulation process.
—— DE RETROALIMENTACIÓN, feedback process.
—— DE SOLUCIÓN DE PROBLEMAS, problem-solving process.
—— DE TOMA DE DECISIONES, decision-making process.
—— DEL PRESUPUESTO BASE CERO, zero-base budgeting process.
—— ECONÓMICO, economic process.
——, EN, in process.
—— EN CASCADA, cascade process.
—— ESTADÍSTICO, statistical processing.
—— HIPOTECARIO, foreclosure suit.
—— INFLACIONARIO, inflationary process.
—— ITERATIVO, iterative process.
——, MANUFACTURA EN, work in process.
—— PATENTADO, patented process.
—— PRODUCTIVO, productive process.
—— QUE CONSUME TIEMPO, time-consuming process.
PROCESOS
——, COSTOS POR, process costs.
—— DE MERCADOTECNIA o DE COMERCIALIZACIÓN, process of marketing.
—— ESTOCÁSTICOS, stochastic processes.
—— SEGUIDOS POR LOS TRIBUNALES, court proceedings.
—— Y FÓRMULAS SECRETAS, secret processes and formulas.
PROCLAMAR, to proclaim.
PROCURA, procuration, power of attorney.
PROCURACIÓN, proxy, power of attorney, procurement, diligence.

—— O GESTIÓN PARA OBTENER ALIMENTOS, food procurement.
PROCURADOR, attorney in fact, attorney.
—— DE SÍNDICO, attorney general.
—— GENERAL, attorney general.
—— JUDICIAL, attorney at law.
PROCURAR, to procure, to obtain, to try, to endeavor.
—— DINERO, raise money.
PRODIGIO, prodigy.
PRODUCCIÓN, output, production, product, throughout.
——, BIENES DE, producer goods.
—— BRUTA, gross output.
—— BRUTA NACIONAL, gross national product.
—— CONJUNTA, joint production.
——, COSTEO POR ÓRDENES DE, job-order costing.
——, COSTO DE, cost of production, prime cost.
—— DE BAJO COSTO, low-cost production.
—— DE LA FÁBRICA, plant output.
—— DE LÍNEA DE ENSAMBLE, assembly product.
—— DE MINERAL, mineral production.
—— DE PETRÓLEO, oil development, oil production.
—— DE TEMPORADA o DE ESTACIÓN, seasonal production.
—— DEFECTUOSA, defective work.
—— DESCENDENTE, make down.
—— DIRECTA, direct production.
—— DISEMINADA o DISPERSA, scattered production.
—— ECONÓMICA, economic production.
—— EN GRAN ESCALA, large-scale production, full-scale production.
—— EN MASA, mass production.
—— EN PEQUEÑA ESCALA, small-scale production.
—— EN PROCESO, stock in process.
—— EN SERIE, standardized production, mass production.
—— EQUIVALENTE o IGUAL, equivalent production.
—— ESTÁNDAR o TIPO, standard performance.
—— FINAL, final output.
—— INDIRECTA, indirect production.
—— INDUSTRIAL, industrial production.
——, INSUMOS DE, production inputs.
—— NACIONAL, national output, national product.
—— NORMAL, routine production.
——, NORMAS DE, production standards.
—— O GENERACIÓN DE CRÉDITO, credit production.
—— ÓPTIMA, optimum output.
—— PILOTO, pilot production.
—— PLANIFICADA o PLANEADA, planned production.
—— POR HORA, hourly production.
—— POR HORA-HOMBRE, output per man hour.
—— REAL, actual output.
—— RECTILÍNEA, straight-line production.
—— REDUCIDA, reduced output.
—— TERMINADA, finished output.
—— TOTAL, total output.

PRODUCIDO o FABRICADO, made, proceeds, amount realized.
PRODUCIR, to produce, to yield, to cause.
—— BENEFICIO, yield a profit.
—— INTERESES, to bear interest.
—— MENOS DE LO NORMAL, fall down.
PRODUCTIVIDAD, productivity, rate of production, revenue, profitableness.
—— DEL CAPITAL, productivity of capital.
—— DESCENDENTE o FLOJA, slumping productivity.
—— DESLIZANTE, slipping productivity.
—— MARGINAL, marginal productivity.
—— NETA DEL CAPITAL, net productivity of capital.
—— SIEMPRE CRECIENTE, ever-increasing productivity.
—— SUBNORMAL, impaired productivity.
PRODUCTIVO, productive, profitable.
——, NO, nonproductive.
PRODUCTO, product, yield, income, production, proceeds.
—— ACABADO, finished product.
—— AGRÍCOLA o AGRARIO, farm product.
—— ALIMENTARIO, food commodity.
—— ANUAL MUNDIAL, world's annual output.
—— BÁSICO, basic yield, staple commodity.
—— BRUTO, gross proceeds.
—— DE CALIDAD, quality product.
—— DE DESECHO o DE DESPERDICIO, waste product.
—— DE EXPORTACIÓN, export commodity.
—— DE INVERSIONES, income from investments.
—— DE LA ADMINISTRACIÓN, management output.
—— DE LA INVERSIÓN, investment yield.
—— DE LÍNEA DE MONTAJE, assembly product.
—— DE VENTAS, proceeds of sale.
—— DEL NEGOCIO, business income.
—— EN PROCESO, in-process product.
—— FINAL, end product.
—— INDUSTRIAL, industrial product.
——, INSUMO Y o INSUMO-PRODUCTO, input-output.
—— INTERMEDIO, in-process product.
—— INTERNO, domestic product.
—— INTERNO BRUTO, gross domestic product.
—— LÍQUIDO, net proceeds.
—— LÍQUIDO DEL GIRO, proceeds of drafts.
—— MARGINAL, marginal product.
—— MARGINAL DE ENTRADA, marginal revenue product.
—— NACIONAL BRUTO, gross national product.
—— NACIONAL NETO, net national product.
—— NETO, net yield, net produce, net avails, proceeds.
—— NETO DE UNA OPERACIÓN, proceeds.
—— O ARTÍCULO COMERCIAL, commercial product, marketable good.
—— O PRODUCCIÓN TOTAL, total output.
—— OBTENIDO DE LA VENTA DE OBLIGACIONES, debenture capital.
—— PECUARIO, animal product.
—— PETROQUÍMICO, petrochemical.

—— PRINCIPAL, staple.
—— QUÍMICO, chemical.
—— QUÍMICO AGRÍCOLA, agricultural chemical.
—— REAL, actual output.
—— SECUNDARIO o DERIVADO o SUBPRODUCTO, by-product.
—— SEMITERMINADO o SEMIELABORADO, semifinished product.
—— SIN MARCA DE FÁBRICA, unbranded.
—— VECTORIAL, vector product.
PRODUCTOS
—— A GRANEL o VOLUMINOSOS, bulk commodities or products.
—— ACABADOS o TERMINADOS, finished products.
—— AFINES o SEMEJANTES, allied products.
—— AGRÍCOLAS o DEL CAMPO, farm or agricultural products.
—— ALIMENTICIOS o ALIMENTARIOS, foodstuffs, food products.
—— ANIMALES O PECUARIOS, animal products.
—— AZUCAREROS, sugar products.
—— CEREALES, grain products.
—— COMPLEMENTARIOS, complementary commodities.
—— DE BELLEZA, cosmetics.
—— DE CALIDAD SUPERIOR, uppers.
—— DE CARNE, meat products.
—— DE CONSUMO, consumer goods.
—— DE CONSUMO PRIMARIO o DE PRIMERA NECESIDAD, primary necessities.
—— DE LA VENTA, proceed from sale.
—— DE MARCA, branded goods.
—— DE PAPEL, paper products.
—— DE PESCADO, fish products.
—— DEL HOGAR, household goods.
—— DIFERIDOS, deferred revenues.
—— DOMÉSTICOS o FRUTOS DEL PAÍS, native produce.
—— ECHADOS A PERDER o DETERIORADOS, spoiled goods.
—— EN PROCESO o EN CURSO DE ELABORACIÓN, goods in process.
—— EN TRÁNSITO, goods in transit.
—— ENLATADOS, canned goods.
—— FABRICADOS o MANUFACTURADOS, manufactured products.
—— FÍSICOS, spot commodities.
—— FORESTALES o DE BOSQUES, forest products.
—— INTERMEDIOS, intermediate or capital goods.
—— LÁCTEOS o LECHEROS, milk or dairy products.
—— , LÍNEA DE, product line.
—— LÍQUIDOS, net avails.
—— METÁLICOS o DE METAL, metal products.
—— MÚLTIPLES, multiple products.
—— NACIONALES, domestic commodities, national products.
—— NO CONSUMIDOS, unabsorbed commodities.
—— O ARTÍCULOS TERMINADOS NO COMERCIALES, unmarketable finished goods.
—— PARA ENTREGA FUTURA, commodity futures.

—— PERECEDEROS, perishable products.
—— PETROLÍFEROS O PETROLEROS, petroleum products.
—— PLÁSTICOS, plastic products.
—— QUÍMICOS, chemicals, chemical products.
—— SECUNDARIOS, byproducts.
—— SIDERÚRGICOS, iron and steel products.
—— SIMULTÁNEOS, joint products.
—— TEXTILES, textile products.
—— VEGETALES, vegetable products.
—— Y GASTO DE VALORES, security income and expense.
PRODUCTOR, producer.
—— A BAJO COSTO, low-cost producer.
PROFANO, layman, profane.
PROFESAR o MANIFESTAR, to profess.
PROFESIÓN, profession, occupation, trade.
PROFESIONAL, professional, professional man or woman, trade.
—— DE LA PRENSA, newspaperman.
—— , NO, nonprofessional, nonoccupational.
PROFESIONISTA, professional man or woman.
PROFESOR, professor, teacher.
—— AGREGADO, assistant professor.
—— DE MEDIO TIEMPO, part-time teacher.
—— DE TIEMPO COMPLETO, full-time teacher.
—— HONORARIO, emeritus professor.
—— TITULAR, full professor.
—— VISITANTE, visiting professor.
PROFESORADO, faculty, professorship, body of teachers.
PROFORMA, pro form, preliminary draft of a document.
PROGRAMA, program, plan, schedule, scheme, agenda.
—— ANTERIOR, program preceding.
—— AUSPICIADO POR EL ANUNCIANTE, sponsored program.
—— CINEMATOGRÁFICO, film program.
—— CODIFICADO, coded program.
—— COMPARTIDO o DE PARTICIPACIÓN, participating program.
—— DE ACTUALIZACIÓN, carry-forward schedule.
—— DE ACUMULACIÓN, accumulative schedule.
—— DE ADIESTRAMIENTO DE OBREROS, labor training program.
—— DE ADMINISTRACIÓN DE ENERGÍA, energy management program.
—— DE AHORRO DE ENERGÍA, energy-saving program.
—— DE ASIGNACIÓN DE PERSONAL DE VENTAS, sales force allocation program.
—— DE AUDITORÍA, audit program.
—— DE AVANCE DE LA OBRA, speed schedule.
—— DE AYUDA AL EMPLEADO, employee assistance program.
—— DE AYUDA MILITAR, military aid program.
—— DE BIENESTAR SOCIAL, social welfare program.

PROGRAMAS-PROGRESO

—— DE BÚSQUEDA Y SOLUCIÓN DE FALLAS, troubleshooting program.
—— DE CIRCUITO CERRADO, closed-circuit program.
—— DE COMPUTADORA, computer program, computer software.
—— DE COMUNICACIÓN EN MERCADOTECNIA, marketing communication program.
—— DE CORRECCIÓN POR COMPUTADORA, computer edit program.
—— DE DEMANDA, demand schedule.
—— DE DEMOCRACIA EN EL CENTRO DE TRABAJO, workplace democracy program.
—— DE DESARROLLO DE LA ORGANIZACIÓN, organization development program.
—— DE DESARROLLO DEL PRODUCTO, product-development program.
—— DE DESEMBOLSOS, disbursement schedule.
—— DE DIVERSIFICACIÓN DE PRODUCTOS, product diversification program.
—— DE EDUCACIÓN CONTINUA, program of continuing education.
—— DE EDUCACIÓN ESPECIAL o DE REMEDIO, remedial education program.
—— DE ENERGÍA ATÓMICA, atomic-energy program.
—— DE ENTREGA, delivery schedule.
—— DE ENTRENAMIENTO o ADIESTRAMIENTO training program.
—— DE ENTRENAMIENTO DE PERSONAL DE OFICINA, office training program.
—— DE ESTUDIO DEL TRABAJO, work-study program.
—— DE EXPANSIÓN, expansion program.
—— DE EXPANSIÓN DE CAPITAL, capital expansion program.
—— DE INSERCIONES PUBLICITARIAS, space schedule.
—— DE INVESTIGACIÓN, research program.
—— DE JUBILACIÓN TEMPRANA o ANTICIPADA, early-retirement program.
—— DE MERCADOTECNIA o DE COMERCIALIZACIÓN, marketing program.
—— DE MICROCOMPUTADORA (computación), microcomputer program.
—— DE NOTICIAS, news report, news broadcast.
—— DE PAGOS, payment schedule.
—— DE PROMOCIÓN, promotional program.
—— DE PROMOCIÓN DE VENTAS, sales promotion program.
—— DE PRUEBA o DE ENSAYO, test routine.
—— DE RECREACIÓN DE LA COMUNIDAD, community recreation program.
—— DE REVISIÓN DE PRÉSTAMOS, loan review program.
—— DE SEGURIDAD, safety program.
—— DE TARJETAS DE CRÉDITO BANCARIAS, bank card program.
—— DE TASA DE INTERÉS, interest rate schedule.
—— DE TELEVISIÓN, television program, telecast.
—— DE TRABAJO, work program.
—— DE TRABAJO ALTERNATIVO, alternative work schedule.
—— DE TRABAJO FLEXIBLE, flexible work schedule.
—— DE VENCIMIENTOS, maturity schedule, lapsing schedule.
—— ESPACIAL, space program.
—— FEDERAL DE SEGURO DE SALUD o MÉDICO, Federal Health Insurance Program (Medicare) U.S.A.
—— FORMULADO POR EL FABRICANTE DE LA COMPUTADORA, processor program.
—— FUENTE (computación), source program.
—— FUENTE COBOL, COBOL source program.
—— GENERAL o BASE, master schedule.
—— GRABADO, recorded program, transcribed program.
—— MAESTRO DE PRODUCCIÓN, master production schedule.
—— O PLAN DE ESTUDIOS, curriculum.
—— O PLAN DE OFERTA, supply schedule.
—— O PLAN DE PRODUCCIÓN, production schedule.
—— O PLAN DE VENTAS, sales program.
—— POR VENCIMIENTO o PLAN SEGÚN ANTIGÜEDAD, aging schedule.
—— QUE SIGUE, program following.
—— RADIAL o DE RADIO, radio program.
—— SIN PATROCINADOR, sustaining program.
PROGRAMAS
—— DE ORIENTACIÓN, lead schedules.
—— DE REDUCCIÓN DE COSTOS, cost-reduction programs.
—— DE SEGUROS, insurance schedules.
—— DE SUMINISTRO DE MATERIALES, material input schedules.
—— GUBERNAMENTALES, government programs.
PROGRAMACIÓN, programming.
—— ANTICIPADA, preprogramming.
—— DE AUDITORÍA, audit programming, audit scheduling.
—— DE LA PRODUCCIÓN, production scheduling.
—— DINÁMICA (computación), dynamic programming.
—— LINEAL, lineal programming.
—— MATEMÁTICA PARA EVALUACIÓN DE PROYECTOS DE INVERSIÓN, mathematical programming in capital budgeting.
—— POR ENTEROS o EN ENTEROS, integer programming.
—— POR METAS, goal programming.
PROGRAMADO, scheduled, programmed.
PROGRAMADOR (computación), programmer.
—— DE SISTEMAS, system programmer.
PROGRAMAR o PLANEAR, to program, to plan, to schedule.
PROGRESAR, to progress, to advance.
PROGRESIÓN, progressiveness.
—— ARITMÉTICA, arithmetic progression.
—— ARMÓNICA, harmonic progression.
—— GEOMÉTRICA, geometric progression.
PROGRESIVO, progressive, advancing.
PROGRESO o AVANCE, progress.
—— TECNOLÓGICO, technological progress.

PROHIBICIÓN, interdict, prohibition, forbidding.
PROHIBIDA LA ENTRADA, no admittance.
PROHIBIDO, prohibited.
—— **EL ESTACIONAMIENTO** o **PROHIBIDO ESTACIONARSE,** no parking.
—— **FIJAR CARTELES,** post no bills.
—— **FUMAR,** no smoking.
PROHIBIR o **VEDAR,** to prohibit, to forbid.
PROHIBITIVO, prohibitive.
PRÓJIMO, fellow man, neighbor.
PROLETARIO, working-class, proletarian, common laborer.
—— **MOROSO** o **ATRASADO,** delinquent borrower.
PRÓLOGO, prologue, preface, foreword.
PROLONGADO, lengthy.
PROLONGAR UN PLAZO, to grant an extension of time.
PROMEDIO, average, mean.
—— **ANUAL DEL COSTO TOTAL ACUMULADO,** average annual cumulative total cost.
—— **ARITMÉTICO,** arithmetical average or mean.
—— **COMÚN DE MERCANCÍA,** commodity average.
—— **DE ACCIONES VIGENTES,** average shares outstanding.
—— **DE CONSUMO,** average consumption.
—— **DE EXISTENCIA DE MERCANCÍA,** average inventory.
—— **DE MANO DE OBRA,** average labor cost.
—— **DE MUESTRAS,** sample average.
—— **DE TASA DE INTERÉS PAGADA,** average interest rate paid.
—— **DE VIDA,** mean life expectancy.
—— **GENERAL (Seguro Marítimo),** general average.
—— **GEOMÉTRICO,** geometric average.
——, **INGRESO,** average income, average revenue.
—— **MENSUAL,** monthly average.
—— **MÓVIL** o **VARIABLE,** moving average.
—— **PONDERADO,** weighted average.
—— **PROGRESIVO,** progressive average.
—— **SIMPLE,** simple average.
PROMESA, promise, pledge, option, provisional contract.
—— **DE PAGO,** promise to pay.
PROMETEDOR, hopeful, promising.
PROMETER, to promise.
PROMISORIO, promissory.
PROMOCIÓN, promotion, advancement, following up, prosecution.
—— **DE UNA INDUSTRIA COMPLETA,** industrywide promotion.
—— **DE VENTAS,** sales promotion.
—— **DEL EMPLEADO,** employee advancement.
—— **POR ANTIGÜEDAD,** promotion by seniority.
PROMOCIONAL, promotional.
——, **VENTA,** promotional selling.
PROMOTOR, backer, promoter, booster.
—— **DE DESARROLLO URBANO,** land developer.
PROMOVER o **FOMENTAR,** to promote, to demand, to advance, work up.

—— **DESÓRDENES** o **ARMAR ESCÁNDALO,** stir up a storm.
—— **UN PRÉSTAMO,** to float a loan.
PRONOSTICADOR forecaster.
—— **METEOROLÓGICO,** weather forecaster.
PRONOSTICAR, to forecast.
PRONÓSTICO, forecast, prediction.
—— **A CORTO PLAZO,** short-term forecast, short-range forecast.
—— **AMBIENTAL EXTERNO,** external environment forecast.
—— **ANUAL,** annual forecast.
—— **DE CRITERIO,** judgemental forecast.
—— **DE EFECTIVO,** cash forecast.
—— **DE LA UTILIDAD,** earning forecast.
—— **DE LO OPORTUNO DEL EVENTO,** event timing forecast.
—— **DE SERIE CRONOLÓGICA,** time series forecast.
—— **DE VENTAS,** sales forecast.
—— **DE VENTAS DEL NUEVO PRODUCTO,** new-product sales forecast.
—— **DEL ACTIVO PROMEDIO,** forecast average assets.
—— **DEL MERCADO,** market forecast.
—— **DEL PRODUCTO,** product forecast.
—— **DEL RESULTADO,** outcome forecast.
—— **DEL RESULTADO DEL EVENTO,** event outcome forecast.
—— **DEMOGRÁFICO,** population forecast.
—— **ECONÓMICO ACTUAL** o **PRESENTE,** current economic forecast.
—— **FINANCIERO,** financial forecast.
—— **INDUSTRIAL,** industry forecast.
—— **MENSUAL,** monthly forecast.
—— **O PREDICCIÓN DEL TIEMPO,** weather forecast.
—— **SEMESTRAL,** semiannual forecast.
—— **TRIMESTRAL,** quarterly forecast.
PRONÓSTICOS
—— **A LARGO PLAZO,** long-term forecasts.
—— **COMERCIALES,** business forecasts.
—— **DE MERCADOTECNIA** o **DE COMERCIALIZACIÓN,** marketing predictions.
—— **ECONÓMICOS,** economic forecasting.
—— **EMPRESARIALES,** company forecasts.
—— **MEDIANTE COMPUTADORAS,** computer forecasting methods.
PRONTO, prompt, ready, soon, quick, promptly.
—— **COMO, TAN,** as soon as.
——, **DE,** suddenly.
—— **EMBARQUE,** early shipment.
—— **PAGO,** early payment, prompt payment.
—— **PAGO DE CUENTAS,** prompt payment of bills.
—— **PAGO, DESCUENTOS POR,** cash discounts.
——, **POR LO,** in the meantime, for the time being.
PRONTUARIO, notebook, handbook.
PRONUNCIAMIENTO, announcement, pronuncement.
—— **OFICIAL DE AUDITORÍA,** official auditing pronouncement.
PRONUNCIAR, to pronunce, to utter, to articulate.

—— UN DISCURSO, to make a speech.
PROPAGANDA o PUBLICIDAD, advertising, propaganda.
—— DE CASA EN CASA, house-to-house canvassing.
—— DE INTRODUCCIÓN o DE AVANZADA, pioneering advertising.
—— DE LANZAMIENTO DE UN PRODUCTO AL MERCADO, introductory campaign.
—— DIRECTA, direct advertising.
—— EDUCACIONAL, educational advertising.
—— EN EL ENVASE, package advertising.
—— EN LA VÍA PÚBLICA, outdoor advertising.
—— O PUBLICIDAD POR RADIO, radio advertising, on the air.
—— O PUBLICIDAD PROFESIONAL, professional advertising.
—— PARA MINORISTAS, trade advertising.
—— POR RED DE TELEVISIÓN, network TV advertising.
—— POR TELEVISIÓN, television advertising.
—— PROVECHOSA o LUCRATIVA, profitable advertising.
—— TÉCNICA, technical advertising.
PROPAGANDISTA, publicity writer, press agent, chief of publicity.
PROPASARSE, to overstep all bounds, to take undue liberties.
PROPENSIÓN, trend, tendency.
—— AL AHORRO, propensity to save.
PROPENSO, prone, inclined, disposed.
PROPIEDAD, property, ownership, proprietorship, real estate.
—— ABANDONADA, abandoned property.
—— ALQUILADA, leased property.
—— COLECTIVA, partnership property.
—— COMÚN, common property, community property.
—— CONJUNTA o EN CONDOMINIO, joint property, joint ownership.
—— CUBIERTA POR HIPOTECA, mortgage premise.
—— DE CASAS o VIVIENDAS, residential property.
—— DE EDIFICIOS, commercial property.
—— DE UNA SOLA PERSONA, sole proprietorship.
—— DEL GOBIERNO o DEL ESTADO, government ownership.
—— EN DOMINIO PLENO, estate in fee simple.
—— EN RENTA, income property.
—— EXTRANJERA, DE, foreign-owned.
—— FIJA, fixed property.
—— HORIZONTAL, condominium.
——, IMPUESTO SOBRE LA, property tax, capital levy.
—— INDIVIDUAL, single proprietorship, individual proprietorship.
—— INDUSTRIAL, industrial or intangible property.
—— INMUEBLE o INMOBILIARIA o RAÍZ, real estate.
—— INTANGIBLE, intangible property.
—— LITERARIA, literary property, copyright.
—— MANCOMUNADA, estate in common.
—— MINERA, mining property.
—— MUEBLE, goods and chattels.
—— NO AGRÍCOLA, nonfarm property.
—— O DERECHO DE PARTICIPACIÓN, equity ownership.
—— ORIGINAL, original estate.
—— PERSONAL, personal property.
—— PRIVADA, private ownership, private property.
—— RAÍZ o BIENES RAÍCES, real property.
—— RESERVADA, property reserved.
—— RÚSTICA o RURAL, farm land.
PROPIEDADES, holdings.
—— BANCARIAS, bank premises.
—— MUEBLES e INMUEBLES, real and personal property.
—— O BIENES DE PETRÓLEO Y GAS, oil and gas properties.
—— O BIENES MUEBLES, personal property.
——, TERRENOS Y EDIFICIOS, properties.
PROPIETARIO, owner, proprietor, landlord, proprietary.
—— ABSOLUTO, freeholder.
—— ARRENDADOR, owner-lessor.
—— DE CAMIONES o CONTRATISTA DE TRANSPORTE, truck owner.
—— DE CASA, homeowner.
—— DE CASA DE CLASE MEDIA, middle-class homeowner.
—— DE INMUEBLES o DE TERRENO, landowner.
—— SIN RESTRICCIÓN, absolute owner.
—— ÚNICO, sole owner.
PROPINA, tip, gratuity, fee.
PROPIO, proper, own, suitable, fit.
——, AMOR, self-esteem, pride.
PROPONENTE, bidder, aplicant, proponent.
PROPONER, to propose, to bid, to offer, put forward, to tender.
PROPORCIÓN, proportion, ratio.
—— DE CAPITAL, capital ratio.
—— DE ENFERMOS, sick rate.
—— DE INVALIDEZ, disability rate.
—— DE MUESTRA, sample proportion.
—— DIRECTA, direct proportion.
——, EN, pro rata.
—— INVERSA, inverse proportion.
PROPORCIONAL, proportional.
PROPORCIONAR, to supply, furnish, to proportion.
—— FONDOS, to fund.
—— GARANTÍA, furnish a guaranty.
—— INFORMACIÓN, furnish information.
PROPOSICIÓN, proposal, bid, proposition.
—— DE COMPRA, bid, offer.
—— PARA OBTENER PRÉSTAMO, loan proposal.
PROPÓSITO, purpose, intention, design, aim.
——, A, on purpose, opportune.
——, FUERA DE, beside the point, irrelevant.
PROPUESTA, bid, proposal, tender.
—— A PRECIOS UNITARIOS, unit-price bid.
—— A SUMA ALZADA, lump-sum bid.
—— DE COMPETENCIA, competitive bid.
—— DE CONSTRUCCIÓN, construction bid.

—— DE PRÉSTAMO, loan proposal.
—— DESEQUILIBRADA, unbalanced bid.
—— INFORMAL, irregular bid.
—— MÁS BARATA o MÁS BAJA, lowest bid.
PROPUESTAS, bids.
—— PÚBLICAS, open bidding.
PRORRATA, A, pro rata, in proportion.
PRORRATEADOS, pro rated.
—— A ADMINISTRACIÓN, prorated to administration.
—— A VENTAS, prorated to sales.
——, GASTOS, apportioned costs.
PRORRATEAR, to apportion, to prorate.
PRORRATEO, proration, apportionment.
—— DE LA OBLIGACIÓN, apportionment of the liability.
—— DEL COSTO, cost apportionment.
PRÓRROGA, postponement, extension.
—— DE ABONO, installment extension.
—— DE CRÉDITO, credit extension.
—— DE PRÉSTAMO, loan renewal.
PRORROGAR, to postpone, to extend, to defer, put over.
—— EL VENCIMIENTO DE HIPOTECA, extend a mortgage.
—— LA JUNTA, to adjourn the meeting.
—— UN PAGARÉ, extend a note.
PROSCRIPTO o PROSCRITO, exile, proscribed person.
PROSEGUIR, to pursue, to prosecute, to proceed.
PROSPECTO, prospectus, prospective, customer, prospect.
—— PRELIMINAR, red-herring prospectus.
PROSPERAR, to thrive, to prosper, to succed, to win.
PROSPERIDAD, prosperity, success, good business, boom.
—— CÍCLICA, cyclical boom.
—— REPENTINA, boom.
PRÓSPERO, prosperous, favorable.
PROTAGONISTA, protagonist, hero, leader.
PROTECCIÓN, protection, cover, protecting.
—— AL CONSUMIDOR, consumer protection.
—— ARANCELARIA o ADUANERA, tariff protection.
——, ARANCELES DE, protective tariffs.
—— DE MARCAS COMERCIALES, protecting trademarks.
—— DEL COMERCIO o DEL NEGOCIO, business protection.
—— E INDEMNIZACIÓN, protection and indemnity.
—— FISCAL, tariff protection.
—— INICIAL, initial coverage.
—— INMEDIATA DEL SEGURO, immediate benefit.
—— MEDIANTE SEGUROS, insurance protection.
PROTECCIONISMO, protectionism.
PROTECCIONISTA, protective, protectionist.
PROTECTOR, protector, protective.
PROTEGER, to protect, to ward.
PROTEGIDO, protected.
—— O RESGUARDADO CONTRA, protected against.

PROTESTA, protest, protestation.
—— POR FALTA DE PAGO, protest for nonpayment.
PROTESTAR, to protest, take exception, to affirm, to declare, to announce.
—— CONTRA, to protest, to deny the validity of.
—— DE, to protest against.
—— UNA LETRA, to protest a draft.
PROTESTO, protest.
—— GASTOS DE, protest fee.
PROTOTIPO, prototype, original model.
PROVECHO, benefit, advantage, profit.
——, DE, useful.
—— PARA, SER DE, to be good for.
——, SIN, no use.
PROVECHOSO, profitable, useful.
PROVEEDOR, supplier, vendor, purveyor, storekeeper.
—— COMERCIAL, trade supplier.
—— DE ALIMENTOS, caterer.
—— DE CAPITAL, supplier of capital.
—— DE MATERIALES, material supplier.
—— MAYORISTA, wholesale supplier.
PROVEEDORES, suppliers, trade creditors.
PROVEER o SUMINISTRAR, to furnish, to supply, to provide, to purvey.
—— DE LEÑA, to wood.
—— DE PERSONAL, to staff.
—— EN EXCESO, to oversupply.
PROVEERSE, to stock up, lay in a supply.
—— DE, lay in, to provide oneself with.
PROVINCIA, country, province.
PROVISIÓN, furnishing, supplying, provisions, supply, stock, allowance.
—— PARA CUENTAS INCOBRABLES, allowance for uncollectible.
—— PARA CUENTAS MALAS, provision for bad debts.
—— PARA DEPRECIACIÓN, allowance for depreciation, depreciation expense.
—— PARA IMPUESTO SOBRE UTILIDADES, provisions for income tax.
PROVISIONES, supplies, groceries, provisions.
—— DE REPUESTO, stock of spares.
—— PARA PÉRDIDAS EN INVENTARIO, inventory loss provisions.
—— PARA VIAJE o TRAVESÍA MARÍTIMA, sea stores.
PROVISIONAL, temporary, provisional.
PROVISTO, provived, stocked, supplied.
—— DE, provived or supplied with.
PROVOCAR, to provoke, to facilite, to promote.
PRÓXIMA SEMANA O SEMANA ENTRANTE, next week.
PRÓXIMA VEZ, LA, next time.
PRÓXIMAMENTE, soon, approximately.
PRÓXIMO, proximate, next.
—— A LLEGAR, due to arrive.
—— PASADO, last month.
PROYECCIÓN, projection, design, plan, planning.
—— DE AUDITORÍA, audit planning.
—— FINANCIERA, financial projection.
—— MÓVIL o VARIABLE, moving projection.

PROYECTAR, to design, to plan, to devise, to engineer, to project, to scheme.
PROYECTIL, missile.
PROYECTISTA, designer, planner, projector.
PROYECTO, project, development, design, plan, scheme.
—— **A LARGO PLAZO,** long-term project.
—— **ANUAL DE MERCADOTECNIA,** annual marketing plan.
—— **ANUAL DE UTILIDADES,** annual profit plan.
—— **DE CONTRATO,** draft of contract.
—— **DE DESARROLLO Y CONSTRUCCIÓN,** development and construction project.
—— **DE INVERSIÓN DE CAPITAL,** capital project.
—— **DE INVESTIGACIÓN,** research project.
—— **DE INVESTIGACIÓN DE MERCADO,** market research project.
—— **DE LA COMUNIDAD,** community project.
—— **DE LEY,** bill.
—— **DE PUBLICIDAD,** advertising program.
—— **DE SALUD PÚBLICA,** public health project.
—— **DE VIVIENDAS o HABITACIONAL,** housing development.
—— **DEL PROCESO,** process layout.
—— **EN GRAN ESCALA,** full-scale project.
—— **HABITACIONAL ECONÓMICO o DE BAJA RENTA,** low-rent housing project.
—— **HIDROELÉCTRICO,** hydroelectric development.
—— **IMPRODUCTIVO,** unsound project.
—— **PILOTO o EXPERIMENTAL,** pilot project.
—— **ÚNICO,** single-project operation.
PROYECTOS
—— **COMBINADOS,** combined projects.
—— **DE ALTO RENDIMIENTO,** high-yield projects.
—— **DE BAJO RENDIMIENTO,** low-yield projects.
—— **DE CAPITAL A LARGO PLAZO,** long-term capital projects.
—— **DE CONTINGENCIA o EVENTUALES,** contingency projects.
—— **DE DESARROLLO DE ENERGÍA,** power development projects.
—— **DE INVERSIÓN DE CAPITAL,** capital investment projects.
—— **DE INVESTIGACIÓN GUBERNAMENTALES,** government research projects.
—— **DE REEMPLAZO,** replacement projects.
—— **MARGINALES,** marginal projects.
—— **MUTUAMENTE EXCLUSIVOS,** mutually exclusive projects.
PRUDENTE, prudent, judicious, tactful, circumspect.
PRUEBA, proof, test, trial, evidence, workout, probation.
——, **A,** on approval, on trial.
—— **A CERO,** cipher proof, zero proof.
—— **BILATERAL,** two-sided test.
—— **CIRCUNSTANCIAL,** circumstantial evidence.
—— **DE AGUA, A,** waterproof.
—— **DE APTITUD EN VENTAS,** sales aptitude test.

—— **DE CALOR, A,** heatproof.
—— **DE CAMPO,** field test.
—— **DE CAPACIDAD o DE APTITUD,** aptitude test.
—— **DE COMPARACIÓN POR PARES,** paired comparison test.
—— **DE CONOCIMIENTOS,** educational test.
—— **DE CORTE DEL INVENTARIO,** inventory cutoff test.
—— **DE CUMPLIMIENTO,** test of compliance.
—— **DE DOBLE OPERACIÓN,** dual run proof.
—— **DE ESTABILIDAD,** stability test.
—— **DE FÁBRICA o DE TALLER,** shop test, mill or factory test.
—— **DE FALSIFICACIONES, A,** forgery-proof.
—— **DE FRECUENCIAS,** frequency test.
—— **DE FUEGO o DE INCENDIO, A,** fireproof, firesafe.
—— **DE GALERA (imprenta),** galley proof.
—— **DE GOLPES, A,** shockproof.
—— **DE HABILIDAD SIN LIMITACIÓN DE TIEMPO,** power test.
—— **DE HIPÓTESIS,** hypothesis testing.
—— **DE HUMEDAD, A,** moistureproof.
—— **DE IDENTIFICACIÓN,** recognition test.
—— **DE IMPRENTA o DE PÁGINA,** page proof, press proof.
—— **DE IMPRENTA DIRECTA,** direct proof.
—— **DE INTEGRIDAD o DE ENTEREZA,** completeness test.
—— **DE INTERÉS,** proof of interest.
—— **DE INTERÉS VOCACIONAL,** vocational interest test.
—— **DE LA NÓMINA DE SUELDOS,** payroll test.
—— **DE LOS ASIENTOS,** testing of entries.
—— **DE MERCADO,** market testing.
—— **DE PÉRDIDA,** proof of loss.
—— **DE PROPORCIONES o RAZONES,** ratio test.
—— **DE RENDIMIENTO o DE PRODUCCIÓN,** performance test.
—— **DE REPRODUCCIÓN,** reproduction proof.
—— **DE SELECCIÓN DE EMPLEO,** employment selection test.
—— **DE SERVICIO,** service test.
—— **DE SUELOS,** soil test.
—— **DE VALIDACIÓN,** validation test.
—— **DE VALIDEZ,** validity check.
—— **DE ZONAS DE VENTAS,** sales-area test.
—— **"DEL ÁCIDO",** acid-test (ratio).
—— **DEL LÍMITE,** limit test.
—— **DEL PRODUCTO,** product trial, product testing.
—— **DESTRUCTIVA,** destructive test.
—— **DOCUMENTAL o ESCRITA,** documentary evidence.
—— **EN FÁBRICA,** mill or factory test.
—— **FINAL,** final test, finals.
——, **HACER LA,** to try, to test.
—— **LEGAL,** legal evidence.
—— **MECÁNICA,** machine proof.
——, **MERCADO DE,** test market.
—— **O ENSAYO AUTOEVALUADO,** self-scored test.

—— O EXAMEN DE INTELIGENCIA, intelligence test.
—— PARA EL ARCHIVO, proof for files.
—— PARA EL AUTOR, author's proof (printing).
——, PEDIDO DE, trial order.
——, PONER A, to try, put to the test.
—— POR TARJETA DE CONTROL, control card proof.
—— POR TRASPASO, pick-up proof.
—— POR TRASPASO DOBLE, double pick-up proof.
—— PRELIMINAR, pretest.
—— -T, T-test.
—— UNILATERAL, one-sided test.
—— VISUAL, sight test.
PRUEBAS, tests.
—— AISLADAS, test checks.
—— CONSECUTIVAS, sequence tests.
—— DE CONTABILIDAD, accounting evidence.
—— DE CUMPLIMIENTO, compliance test.
—— DE DISPERSIÓN (estadística), dispersion tests.
—— DE DIVIDENDOS, tests of dividends.
—— DE DOBLE PROPÓSITO o DUALES, dual-purpose tests.
—— DE MERCADO, market tests.
—— DE PERSONALIDAD, personality tests.
—— DE PLANTA PILOTO, pilot plant tests.
—— DE PRECIO EN INVENTARIO, inventory pricing tests.
—— DE VARIANCIA, variance tests.
—— DE VENTAS, sales tests.
—— ESTADÍSTICAS, statistical testing.
—— O ENSAYOS DE AJUSTE, tests of fit.
—— PSICOLÓGICAS, psychological tests.
—— SUBSTANTIVAS, substantive tests.
—— SUCESIVAS, successive trials.
PSICOGRAFÍA, psychographic.
PSICOLÓGICO, psychological.
PÚAS, ALAMBRE DE, barbed wire.
PUBLICACIÓN, publication, publishing.
—— COMERCIAL, business publication.
—— DE NOTICIAS PERIODÍSTICAS, news release.
—— PERIÓDICA, periodical journal.
—— TÉCNICA o COMERCIAL, trade publication.
PÚBLICAMENTE, openly, in open show.
PUBLICAR, to publish, to announce, to give out, make public.
PÚBLICAS, public.
——, OBRAS, public works.
——, RELACIONES, public relations.
PUBLICIDAD, publicity, advertising.
—— AÉREA, skywriting.
—— CINEMATOGRÁFICA, film advertising, motion-picture advertising.
—— COMERCIAL, trade literature.
—— COMERCIAL POR RADIO, radio commercial.
—— COMPETIDORA o DE COMPETENCIA, competitive advertising.
—— COMPLEMENTARIA o DE APOYO, supplementary advertising.
—— CON CARTELES, poster advertising.
—— COOPERATIVA, cooperative advertising.

—— DE INTERCESIÓN o MEDIACIÓN, advocacy advertising.
—— DE LANZAMIENTO, initial campaign.
—— DE TEMPORADA, seasonal advertising.
—— DIRECTA, direct advertising, consumer advertising.
—— DIRECTA NO POR CORREO, unmailed direct advertising.
—— EDUCATIVA, educational advertising.
—— EN LA PRENSA, press advertising.
—— EN LA VÍA PÚBLICA, open-air advertising.
—— EN REVISTAS, magazine advertising.
—— EN VEHÍCULOS, transportation advertising.
—— EXTERNA o AL AIRE LIBRE, outdoor advertising.
—— INSTITUCIONAL, public-relations advertising.
—— LOCAL, local advertising.
—— MINORISTA, retail advertising.
—— NACIONAL o DEL FABRICANTE, national advertising.
—— O PROPAGANDA POR CORREO DIRECTO, direct-mail advertising.
—— PERIODÍSTICA, newspaper advertising.
—— POR EXHIBICIÓN, display advertising.
—— POR RADIO, radio advertisement.
—— POR RADIO Y TELEVISIÓN, radio and television advertising.
—— POR RADIODIFUSIÓN, broadcasting advertising.
—— POR TELEVISIÓN, TV advertising.
—— PROMOCIONAL, promotional advertising.
—— RECORDATORIO, reminder advertising.
PUBLICISTA, publicist, press agent, advertising consultant.
—— PROFESIONAL, advertising expert.
PUBLICITARIA, advertising.
——, BATALLA, advertising battle.
——, POLÍTICA, advertising policy.
PÚBLICO, public, notorious.
—— CONSUMIDOR, consuming public.
——, EMPRÉSTITO, government loan, public loan.
—— EN GENERAL, general public.
——, GASTO, government spending.
—— INVERSIONISTA, investing public.
——, MERCADO, public market.
PÚBLICOS, FONDOS, public funds.
PUCHEROS, HACER, to pout, protrude the lips.
PUEBLERINO, townspeople.
PUEBLO, village, town, people.
PUEDE QUE, perhaps, it may be that.
PUEDE USARNOS COMO REFERENCIA, you may refer to us.
PUENTE, bridge, deck.
—— COLGANTE, suspension bridge.
—— CHALÁN, ferry bridge.
—— DE DOBLE VÍA, double-track bridge.
—— DE PEAJE, toll bridge.
—— DE TRASBORDO, transfer table, bridge crane.
—— GIRATORIO, swing bridge.
—— TRANSBORDADOR, transfer bridge, ferry bridge, aerial ferry.

PUERTA-BÁSCULA, weighbridge.
PUERCO o CERDO, hog, pig.
PUERTA, door, gate.
—— **ABIERTA, POLÍTICA DE,** open-door policy.
——, **ACOMPAÑAR A LA,** to show one to the door.
—— **CERRADA, A,** behind locked doors, privately.
—— **CONTRA FUEGO o A PRUEBA DE INCENDIO,** fire door.
—— **CORREDIZA o DE CORREDURA,** sliding door.
—— **DE EMERGENCIA,** emergency exit, emergency door.
—— **DE LA BÓVEDA DE UN BANCO,** vault door.
—— **EN LAS NARICES, DAR CON LA,** to slam the door in one's face.
—— **GIRATORIA,** swing door, revolving door.
—— **LATERAL,** side door.
—— **RODANTE DE ACERO,** rolling steel door.
—— **TRASERA,** back door.
PUERTAS
—— **ADENTRO,** indoors.
—— **ADENTRO, DE,** secretly, confidentially.
PUERTO, harbor, port.
—— **ABIERTO AL COMERCIO EXTRANJERO,** treaty port.
—— **ADUANERO o DE ENTRADA,** port of entry.
—— **AÉREO o AEROPUERTO,** airport.
—— **DE COMERCIO MUNDIAL,** world port.
—— **DE DESTINO o DE DESCARGA,** port of destination.
—— **DE EMBARQUE,** port of loading, port of shipment.
—— **DE EMBARQUE DESIGNADO,** named port of shipment.
—— **DE ESCALA o DE TRANSBORDO,** port of call.
—— **DE FLETAMENTOS,** charter market.
—— **DE MATRÍCULA,** port of registry.
—— **DE PROCEDENCIA,** port of origin.
—— **DE SALIDA o PARTIDA,** port of departure.
——, **DERECHOS DE,** harbor dues.
—— **FINAL o TERMINAL,** port of delivery.
—— **FISCAL,** port of entry.
—— **FLUVIAL,** river port.
—— **FRANCO o LIBRE,** free port, open port.
—— **INTERMEDIO,** intermediate port.
—— **MARÍTIMO o DE MAR,** maritime port, seaport.
—— **MARÍTIMO FLUVIAL,** inland seaport.
—— **PESQUERO,** fishing port.
—— **PETROLERO,** oil port.
—— **SEGURO,** safe port.
PUES, because, for, as, since, inasmuch.
—— **BIEN,** so then, now then, all right then.
—— **NO,** not at all, not so.
—— **SÍ,** yes, indeed, most certainly.
PUESTA, setting, placing.
—— **DE UN ASTRO,** setting.
—— **EN FUNCIONAMIENTO,** starting up, putting to work.
PUESTO, position, job, employment, post, placed, stand.
—— **A BORDO,** free on board (F.O.B.).
—— **A INTERÉS,** out at interest.

—— **CLAVE,** key position.
—— **CUBIERTO POR EXAMEN DE SELECCIÓN,** competitive position.
—— **DE CONFIANZA,** confidential position, position of trust.
—— **DE DIRECCIÓN,** managerial position.
—— **DE PERIÓDICOS,** newsstand.
—— **DE PRIMEROS AUXILIOS o DE SOCORRO,** first-aid station.
—— **DE REVISTAS,** magazine stand.
—— **DE VERDURAS,** vegetable stall.
—— **FIJO o DE PLANTA,** steady job.
—— **O PLAZA SUBALTERNA,** subordinate position.
—— **VACANTE,** position open or vacant.
PUESTOS ANTERIORES, former positions held.
PÚGIL, pugilist, boxer, prize fighter.
PUGNA, ESTAR EN, to be in conflict, disagree.
PUJA, a bid, highest bidder.
—— **EL QUE MÁS,** highest bidder.
PUJAS, bidding at auction.
PUJAR, to bid up, raise the offer, outbid.
—— **EN UNA SUBASTA,** bid at auction.
PULCRO, neat, tidy, trim.
PULGADA, inch.
—— **CUADRADA,** square inch.
—— **CÚBICA,** cubic inch.
PULGAS, SER DE o TENER MALAS, to be ill-tempered, to be easily piqued or fretted.
PULIR, to polish.
PULPA, pulp.
—— **DE MADERA,** wood pulp.
—— **PARA PAPEL,** paper pulp.
PULSERA, wrist bandage, bracelet.
PULSO, pulse, pulsation, beat.
—— **A, TOMAR EL,** to feel the pulse of.
—— **ACELERADO,** quick pulse.
PUNTA, point.
—— **EN BLANCO, DE,** all dressed up.
——, **ESTAR DE,** to be on bad terms.
PUNTADA, (sewing) stitch, hint.
PUNTAPIÉ, kick with the toe of the shoe.
PUNTILLA, brad, finishing nail.
PUNTILLAS, DE, on tiptoe, softly, gently.
PUNTO, point, period, stop, stitch.
—— **BÁSICO o BASE PARA FIJACIÓN DE UN PRECIO,** basing point.
—— **CRÍTICO,** critical point.
—— **DE DESTINO,** point of destination.
—— **DE EMBARQUE,** loading point.
—— **DE ENTREGA,** delivery point.
—— **DE EQUILIBRIO,** break-even point.
—— **DE EQUILIBRIO FINANCIERO,** financial break-even point.
—— **DE EQUILIBRIO, GRÁFICA DEL,** break-even chart.
—— **DE FUSIÓN,** melting point.
—— **DE NIVELACIÓN o IGUALACIÓN,** equalization point.
—— **DE ORIGEN,** point of origin.
—— **DE PARTIDA,** starting point.

―― DE REFERENCIA, bench mark.
―― DE REORDEN, reorder point.
―― DE REPOSICIÓN AUTOMÁTICA, automatic reorder point.
―― DE RESISTENCIA, resistance point.
―― DE RUPTURA, breakpoint.
―― DE SALIDA, shipping point, point of shipment.
―― DE SEPARACIÓN DE COSTOS, splitoff point.
―― DE VENTAS, sales point.
―― DE VISTA, point of view, viewpoint, standpoint.
―― DE VISTA LEGAL, legal standpoint.
―― DECISIVO, turning point.
――, EN, on the dot, exactly.
―― EN BOCA, silence.
―― EN CUESTIÓN, point of issue.
―― FINAL, period, full stop.
―― FINAL A, PONER, to put a stop to.
――, HASTA CIERTO, to a certain extent.
―― ÓPTIMO, optimal point.
―― POR PUNTO, point by point, in detail.
―― Y COMA, semicolon.
―― Y SEGUIDO, period and no paragraph.
PUNTOS
―― A TRATAR EN UNA JUNTA, agenda, order of the day.
―― DESTACADOS o NOTABLES, highlights.
――, DIAGRAMA DE, dot chart.
―― SUSPENSIVOS, suspension points.
PUNTUACIÓN, punctuation, quotation.
―― ACUMULADA, cumulative score.
―― BRUTA, raw score.
―― DEL CRÉDITO, credit scoring.
―― OBTENIDA EN LA PRUEBA DE CAPACIDAD MENTAL, mental ability tests score.
PUNTUALIDAD EN PAGOS, promptness of payments.
PUNTUAR, to punctuate, to point.
PUNZADORA, punching machine.
PUNZÓN, punch, puncher, driver.
PUÑADO, handful.
PUÑO, handful, handle, grip.
PUÑOS, HOMBRE DE, valiant man, strong.
PUPILO o MENOR EN TUTELA, pupil, ward, boarder.
PUPITRE, desk, writing desk, school desk.
PURA SANGRE, DE, throughbred.
PURA SUERTE, sheer luck.
PURA VERDAD, LA, plain truth, the honest truth.
PURGAR, to purge, to cleanse, to take a purge.
PURIFICAR, to purify, to refine, to clean.
PURO, pure, unmixed, cigar.
PUSILÁNIME, nearsighted.
PUTREFACTO, putrid, decayed, rotten.

QUE, QUÉ, CUAL, CUÁL, EL CUAL, LA CUAL, EL QUE, LO QUE, which, that, what.
—— COMPARATIVO, than.
—— DUERME DONDE TRABAJA, sleep-in.
—— DURA UN AÑO, yearlong.
—— EXCEDE TODO RÉCORD, record-breaking.
—— HAY DE, QUÉ HAY EN CUANTO A, what about?
—— LÁSTIMA! too bad, what a pity.
—— MÁS?, what else? what then? what about it?
—— MÁS DA, what's the difference?
—— NO, but what.
—— NO ESTÁ A LA VISTA, out of side.
——, NO HAY DE, don't mention it.
—— NO PROMETE, unpromising.
—— NO VIENE AL CASO o FUERA DE LA CUESTIÓN, out of the question.
——, PARA, what for?
—— PASA?, what is the matter? what is up?
—— PASARÁ SI, what if.
——, POR, why?
—— QUERRÁ?, I wonder what he wants?
—— QUIERE DECIR USTED?, what do you mean.
—— SE ESTÁ HACIENDO, in the making.
—— SE EXPLICA POR SÍ MISMO, self-explanatory.
—— SE MANTIENE A SÍ MISMO, self-supporting.
—— SE TRATA, DE, what is the question?
—— SE VAYA, let him go.
—— SIMPATIZA o COMPRENSIVO, sympathetic.
—— TIENE LARGA PERMANENCIA, of long standing.
——, UN NO SE, a certain something.
—— YO SEPA, to my knowledge.
QUEBRADO, fraction, bankrupt, broken.
QUEBRANTAMIENTO DE CONTRATO, breach of contract.
QUEBRANTAR UNA LEY, to violate a law.
QUEBRANTO, great loss, breakage, damage, shortage.
QUEBRAR, to crush, to fail, become bankrupt, to smash.
QUEDAMOS, EN QUÉ, what is your final decision?
QUEDAR, to remain, to left over, to stop.
—— ATRÁS, to get or be left behind.
—— BIEN o MAL, to acquit oneself well or badly.
—— CESANTE, to be laid off, to be unemployed.
—— FRESCO, not to mind, to remain undisturbed or indifferent.
QUEDARSE o PERMANECER, to remain.
—— ACOSTADO, stay in bed.
—— CORTO, to fall short.
—— FUERA o NO ENTRAR, stay out.
—— PERPLEJO o NO SABER UNO QUÉ HACER o DECIR, to be at wits end.
QUEJA, complaint.
—— CONTRA MONOPOLIO, antitrust complaint.

—— ENGAÑOSA o PERVERSA, misleading claim.
QUEJAS
—— DE CLIENTES o MARCHANTES, customer complaints.
—— DE LOS CONSUMIDORES, consumer complaints.
QUEJARSE, to complain.
QUEMADOR, burner.
—— DE PETRÓLEO, oil burner.
QUEMAR, to burn, to sacrifice.
QUEMARSE o REVENTAR, to burn out, to blow.
QUERELLA o QUEJA, complaint, dispute, contest.
QUERER o ESTAR RESUELTO A, to will.
—— DECIR, to mean, to wish, to desire.
QUERIDO, dear, lover, honey.
QUICIO, SACAR DE, to exasperate, to unhinge.
QUIEBRA, bankruptcy, failure, loss, damage, crack, crash.
—— BANCARIA, bank failure.
—— DEL MERCADO DE ACCIONES o DE LA BOLSA DE VALORES, stock market crash.
—— FRAUDULENTA, fraudulent bankruptcy.
—— INVOLUNTARIA, involuntary bankruptcy.
—— JUDICIAL, adjudication of bankruptcy.
QUIEBRAS, LEY DE, bankruptcy proceedings.
QUIEN, QUIENES, EL QUE, LA QUE, LOS QUE, LAS QUE, QUIÉN, QUIÉNES, who.
—— ES? who is it?
—— HABLA MÁS TRABAJA MENOS, he who talks most, works least.
—— LO DIGA ESTÁ EQUIVOCADO, whoever says it is mistaken.
QUIERA
——, COMO USTED, as you like, let it be so.
——, CUANDO, at any time, whenever.
——, DONDE, anywhere, whereever.
—— QUE SEA, COMO, any case.
QUIERAN o QUISIERAN o HICIERA, would.
QUIETO o CALLADO o TRANQUILO, quiet, still, steady, undisturbed.
QUIJADA o MORDAZA, jaw.
QUILATE, carat.
QUÍMICA, chemistry.
—— BIOLÓGICA o BIOQUÍMICA, biochemistry.
—— INDUSTRIAL, industrial chemistry.
—— INORGÁNICA, inorganic chemistry.
—— ORGÁNICA, organic chemistry.
QUÍMICO o BOTICARIO, chemist.
QUINCALLA, small wares, household hardware.
QUINCALLERÍA, light hardware or metalware, notions.
QUINCENA, half-month, half-month's pay, semimonthly installment.
QUINQUENAL, PLAN, five-year plan.
QUINQUENIO o PERIODO DE CINCO AÑOS, five-year period.
QUINTA, county house, villa.
QUINTAL (cien libras), hundredweight.
—— MÉTRICO, quintal.

QUINTETO, quintet.
QUINTO ANIVERSARIO DE BODA, wooden wedding.
QUINTUPLICADO, quintuplicate.
QUÍNTUPLO, quintuple.
QUIRÓFANO, operating room, operating theater.
QUIRÚRGICO, surgical.
QUISQUILLOSO o SUSCEPTIBLE, touchy, fastidious.

QUITA (legal), acquittance, release, rebate.
—— **DE AHÍ**, away with you, out of my sight.
QUITAMANCHAS, stain remover.
QUITAR o DESTRUIR o ELIMINAR, to remove.
—— **DE UN ASIENTO o DERRIBAR A UN JINETE**, unseat.
—— **LA GARANTÍA**, release a guaranty.
QUIZÁS o TAL VEZ o ACASO, perhaps.
QUÓRUM, quorum.

R

RÁBANO POR LAS HOJAS, TOMAR EL, to be off the track, to be entirely mistaken.
RABIA o FUROR o IRA, rage.
——, **TENER,** to have a grudge against.
RABIAR o ENFURECERSE, to rage.
RABO DEL OJO, MIRAR CON EL, to look out of the corner of the eye.
RACIAL, racial.
RACIÓN, ration.
RACIONAL, NÚMERO, rational number.
RACIONALIZAR, to rationalize.
RACIONAMIENTO, rationing.
—— **DE CAPITAL,** capital rationing.
RACIONAR, to ration.
RACHA o SURGIMIENTO, surge.
—— **DE ALZA,** spurt.
—— **DE COMPRAS,** surge of buying.
—— **U OLA DE VENTAS,** ware of selling, selling wave.
RADA, anchorage, roads, roadstead.
RADIADOR, radiator.
RADIAL o RADIADO, radial.
——, **GUÍA,** radio program.
——, **LOCUTOR,** radio announcer.
RADIÁN, radian.
RADIAR o IRRADIAR, to radiate, to broadcast, to radio.
RADICADO EN, settled or established in.
RADICAL o EXTREMADO, radical.
RADICAR UNA CAUSA, to bring suit.
RADICARSE, to take root, to settle, to locate.
RADIO, radium (producto químico); radio (aparato).
—— **DE ACCIÓN,** range.
—— **DE BOLSILLO,** pocket radio.
—— **DE MESA,** portable radio.
—— **PORTÁTIL,** walkie-talkie.
RADIOCOMUNICACIÓN, radio communication, wireless.
RADIODIFUSIÓN o DIFUSIÓN, broadcasting, radio broadcasting.
—— **LOCAL,** spot broadcasting.
RADIODIFUSORA DE CANAL REGIONAL, regional-channel station.
RADIOEMISORA o RADIODIFUSORA, broadcasting station.
RADIOESCUCHA, radio listener.
RADIOFARO, radio beacon, radiophare.
RADIOGRAFÍA, radiography, X-ray picture.
RADIOGRAFIAR o TOMAR RADIOGRAFÍA, to X-ray.
RADIOGRAMA, radiogram.
RADIOLOGÍA, radiology.
RADIÓLOGO, radiologist.
RADIOMECÁNICO, radio serviceman.
RADIOOPERADOR u OPERADOR DE RADIO, radio operator.
RADIOPATRULLA, radio patrol.
RADIORRECEPTOR o RECEPTOR DE RADIO, radio receiver.
RADIOTÉCNICO, radio engineer.
RADIOTELEFONÍA, radiotelephony, wireless telephony.
RADIOTELEGRAFÍA, radiotelegraphy, wireless telegraphy.
RADIOTELEGRAFISTA, radiotelegraph operator.
RADIOTELÉGRAFO, radiotelegraph.
RADIOTELEGRAMA, radiotelegram.
RADIOYENTE, radio listener.
RÁFAGA o RACHA, puff of wind.
RAÍZ, root.
—— **CUADRADA,** square root.
—— **CÚBICA,** cube root.
—— **DE, A,** right after, close to.
RAÍCES
——, **BIENES,** real estate, real assets, real property.
——, **ECHAR,** to take root, become settled or fixed.
RAJARSE, to split open, to break one's promise, to back down.
RAJATABLA, A, by all means, at any cost, one way or another.
RAMA, line of business, branch, leaf.
RAMAS, ANDARSE POR LAS, to beat about the bush.
RAMAL, feeder line.
RAMO, field, branch, section, division.
—— **DE ABARROTES o VÍVERES,** grocery line.
—— **DE NEGOCIOS,** line of business.
—— **DE PAPELERÍA,** stationery trade.
RAMPA, ramp, slope.
—— **DE ACCESO,** approach or accommodation ramp.
—— **DE CARGA,** loading ramp.
RANCHERO, farmer, rancher.
RANCHO, ranch, mess, board.
—— **DE GANADO,** cattle ranch.
—— **DE LA FAMILIA o HACIENDA PROPIEDAD DE LA FAMILIA,** family's ranch.
RANGO, rank, grade, position, degree, standing.
—— **DE SALARIO,** rate range.
—— **DE UNA MATRIZ,** rank of a matrix.
RAPE, AL, cropped, cut close or short.
RÁPIDA, rapid, fast.
——, **INFLACIÓN,** runaway inflation.
—— **LIQUIDACIÓN, ACTIVO DE,** quick assets.
RAPIDEZ, speed.
—— **DE AVANCE DEL TRABAJO,** rate of progress.
RÁPIDO o VELOZ, rapid, fast, quick.
RAPTO, kidnapping, rapture.
RAQUETA, racket.
RARA VEZ o RARAMENTE, seldom.
RARO o EXTRAÑO, rare, unusual.
RASCACIELOS, skyscraper.
RASGO o CARACTERÍSTICA, trait, characteristic, feature.
RASGOS, A GRANDES, breadly, in outline.
—— **DE LA PERSONALIDAD,** personality traits.

RASGÓN o **RASGADURA** o **DESGARRADURA** o **LÁGRIMA**, tear.
RASO, A CAMPO, in the open air.
RASPAR o **RASCAR**, to scrape, to crase.
RASTRA (auto), trailer.
RASTRAS, A, dragging, by force, unwillingly.
RASTRO, scrap pile, junk yard, slaughter house, track, trace, footprint.
RASURADORA, shaver.
—— **ELÉCTRICA**, electric shaver.
RATA o **RENEGADO**, rat.
RATEAR o **HURTAR** o **CARTEREAR**, pick pockets.
RATERÍA, petty theft, pilferage, shoplifting.
RATERO, sneak thief, pilferer, shoplifter.
RATIFICACIÓN, ratification, confirmation.
—— **DE CUENTAS**, confirmation of accounts.
RATIFICAR o **CONFIRMAR**, to ratify, to approve.
RATITO, little while.
RATO o **TIEMPO** o **MIENTRAS QUE** o **AL MISMO TIEMPO QUE** o **AUN CUANDO**, while.
——, **PASAR EL**, to lose time, to pass the time.
RATOS
——, **A**, from time to time, at intervals.
—— **DE OCIO** o **MOMENTOS LIBRES**, odd moments.
—— **DESOCUPADOS** u **OCIOSOS**, spare time.
RAYA, line, dash, boundary, payroll, day's wages.
——, **PASAR DE LA**, to go too far, to overstep the mark.
——, **TENER A UNO A**, to hold one at bay.
RAYADO, ruling, ruled.
—— **DE CIERRE**, rule off.
—— **SENCILLO**, single ruling.
RAYADOS DEL AUXILIAR DE CLIENTES, ledger rulings.
RAYAR, to rule, to stripe, to pay wages.
—— **EN** o **ACERCARSE A**, to verge on.
RAYO, ray, stroke of lighting.
—— **DE SOL**, sunbeam.
RAYOS X, X-rays.
RAYÓN, rayon.
—— **VISCOSA** o **RAYÓN DE VISCOSA**, viscose rayon.
RAZA o **ESTIRPE** o **GENERACIÓN** o **CARRERA**, race.
——, **DE**, pure-bred, blooded.
—— **DEL SOLICITANTE**, applicant's race.
RAZÓN o **RELACIÓN** o **COEFICIENTE** o **PROPORCIÓN** o **ÍNDICE**, ratio, rate, reason.
—— **BENEFICIO/COSTO**, cost/benefit ratio.
—— **COMERCIAL**, firm name, commercial house.
——, **DAR LA**, to agree with, to admit that a person is right.
—— **DE, A**, at the rate of.
—— **DE, DAR**, to give an account of, to account for.
—— **DE DEPRECIACIÓN**, depreciation rate, rate of depreciation.
—— **DE DEUDA** o **ÍNDICE DE DEUDA**, debt ratio.
—— **DE GASTOS**, expense ratio.
—— **DE LA RENTABILIDAD**, earning power ratio.
—— **DE LA ROTACIÓN DE CUENTAS POR COBRAR** o **ÍNDICE DE MOVIMIENTO DE FACTURAS POR PAGAR**, accounts receivable turnover ratio.
—— **DE LA ROTACIÓN DE INVENTARIOS**, inventory turnover ratio.
—— **DE LAS VARIANCIAS**, variance ratio.
—— **DE LIQUIDEZ**, quick ratio.
—— **DE PRECIOS A INGRESOS**, price-earning ratio.
—— **DE RENDIMIENTO**, payout ratio.
—— **DE SALARIO**, rate of pay.
—— **DE VENTAS A PARTICIPACIÓN** o **CAPITAL NETO**, equity turnover ratio.
—— **DEL CIRCULANTE**, current ratio.
—— **DEL COSTO**, cost ratio.
—— **DEL COSTO VARIABLE**, variable-cost ratio.
—— **DEL INGRESO BRUTO**, gross profit ratio.
—— **DEL INGRESO MARGINAL**, marginal-income ratio.
—— **DEL PERÍODO DE COBRO PROMEDIO**, average collection period ratio.
—— **DEL RENDIMIENTO DEL CAPITAL INVERTIDO**, return on invested capital ratio.
—— **ENTRE ACTIVO DISPONIBLE Y PASIVO A CORTO PLAZO** o **RELACIÓN DE SOLVENCIA INMEDIATA**, acid-test ratio.
—— **ENTRE LA UTILIDAD Y EL INTERÉS**, times-interest ratio.
—— **INVERSA**, inverse ratio.
—— **LÓGICA**, sound reason.
——, **NO TENER**, to be wrong or mistaken.
—— **O PROPORCIÓN DIRECTA**, direct ratio.
—— **PASIVO/CAPITAL CONTABLE**, debt/equity ratio.
——, **PERDER LA**, to become insame.
—— **SOCIAL**, firm name, trade, name, firm, partnership, business name.
——, **USTED TIENE**, you are right.
RAZONES DE CAPITAL, equity ratios.
RAZONABILIDAD o **EQUIDAD**, fairness.
RAZONABLE, razonable, fair, moderate, open-mindedness.
RAZONABLEMENTE, fairly.
RAZONAMIENTO o **RACIOCINIO**, reasoning.
—— **ANALÍTICO**, analytic thinking.
—— **DEDUCTIVO**, deductive reasoning.
—— **ESTRATÉGICO**, strategic thinking.
—— **FLEXIBLE**, flexible thinking.
—— **INDIRECTO** o **LATERAL**, lateral thinking.
—— **LÓGICO**, logical thinking.
—— **SIMBÓLICO**, symbolic reasoning.
—— **SINTÉTICO**, synthetic thinking.
—— **VERTICAL** o **DIRECTO**, vertical thinking.
RAZONAR o **DISCURRIR**, to reason, to attest, to ratiocinate.
REABRIR o **REANUDAR**, to reopen.
REACCIÓN, reaction, response.
——, **AVIÓN A**, jet plane.
—— **DE PRECIOS**, reaction of prices.
—— **DEL INDIVIDUO**, people reaction.
—— **NUCLEAR EN CADENA**, nuclear chain reaction.
REACCIONAR o **RESPONDER**, to react, to respond.
REACTOR, reactor.
—— **DE HIDRÓGENO**, hydrogen reactor.
—— **NUCLEAR**, nuclear reactor.

—— TÉRMICO, thermal reactor.
REAL o EFECTIVO, actual, real, royal.
——, COSTO, actual cost.
——, PAGO, actual payment.
——, PRECIO, actual price, effective price.
REALIDAD o VERACIDAD, truth.
——, EN, truly, in fact, really.
REALIMENTACIÓN, feedback (all senses).
—— NEGATIVA, negative feedback.
—— POSITIVA, positive feedback.
REALIZABLE, realizable, salable, liquid.
——, NO, nonliquid.
REALIZACIÓN, realizing, sale, close-out, liquidation, performance.
—— DE GANANCIAS, profit taking.
—— DE LA GERENCIA, management performance.
—— DE LAS OPERACIONES, operating performance, current operating performance.
—— DE LOS INGRESOS, revenue realization.
—— DE MERCANCÍAS, sale of merchandise at reduced price.
—— DEL INGRESO, income realization.
REALIZADO u OBTENIDO o EFECTUADO, realized.
REALIZAR, to perform, to carry out, to dispose of, turn into cash, to liquidate.
—— EL NEGOCIO, to close the deal.
—— O CELEBRAR UNA ASAMBLEA, to hold a meeting.
—— U OBTENER GANANCIAS, take profits.
—— UNA TAREA, to do a job.
—— UNA VENTA, to effect a sale.
REALMENTE o VERDADERAMENTE, really, actually, indeed.
REANUDAR, to renew, to resume.
—— LOS PAGOS, to resume payments.
REASEGURADOR, reinsurer, reinsurance carrier.
REASEGURAR, to reinsure.
REASEGURO o CONTRASEGURO, reinsurance.
—— DE CARTERA, portfolio reinsurance.
—— DE CONVENIO o DE TRATADO, treaty reinsurance.
—— DE PARTICIPACIÓN, participating reinsurance.
—— POR CUOTAS, quota reinsurance.
—— PRORRATEADO, share reinsurance.
REBAJA, discount, rebate, reduction, deduction.
—— DE COMPRA, purchase discount (cash payment).
—— DE IMPUESTOS, abatement of taxes.
—— DE INVENTARIO, inventory write-down.
—— DE PRECIO, price allowance.
—— DE TASAS, rate cutting.
—— POR CANTIDAD, quantity discount.
—— POR PRONTO PAGO, cash discount.
REBAJAS
—— A EMPLEADOS, employee discounts.
—— DE PRECIOS DE COMPRA, purchase allowances.
—— POR COBRAR, rebates receivable.
—— POR GASTOS DE FAMILIA, family allowances.
—— SOBRE COMPRAS, discount earned.
—— SOBRE VENTAS, discount allowed.
REBAJAR, to cut down, to reduce, to dilute.
—— EL PRECIO, to lower the price.

—— EL SUELDO, to cut a salary.
REBAJARSE, to lower or humble oneself.
REBANADA o TAJADA o LONJA, slice.
REBANAR o CORTAR EN TAJADAS, to slice.
REBAÑO, flock, herd, drove.
REBASAR, to exceed, go beyond; (nautical) to sail past.
REBATIR, to repel, to beat or drive back, to refute.
REBELARSE o SUBLEVARSE o ALZARSE, to rebel.
REBELDÍA, EN, by default.
REBELIÓN o SUBLEVACIÓN o INSURRECCIÓN, rebellion.
REBUSCAR, to search carefully.
RECADO o MENSAJE, message, errand, reminder.
—— TELEFÓNICO, telephone message.
RECALCAR, to emphasize, to cram, to pack.
RECALENTAR, warm over.
RECÁMARA o HABITACIÓN, room, suite of furniture.
RECAMBIAR, to rechange, to reexchange.
RECAPACITAR, to think carefully, to refresh one's memory.
RECAPITALIZACIÓN, recapitalization, refinancing.
RECAPITULAR o RESUMIR, to recapitulate, to sum up.
RECARGAR o REACTIVAR, to reload, to overcharge, to overload.
RECARGO, loading, overload, surcharge, extra charge, markup.
—— DE PRECIO, overcharge.
—— DE PRECIOS o COSTO MÁS BENEFICIO, cost-plus-pricing, overcharge.
—— DE RENOVACIÓN, renewal loading.
—— DE TARIFA, extra fare.
—— IMPOSITIVO, surtax.
RECAUDABLE, collectible.
RECAUDACIÓN, collection, collector's office.
—— ARANCELARIA, tariff revenue.
—— DE CUENTAS POR COBRAR, account receivable collection.
RECAUDACIONES, revenues, collections.
—— FISCALES, tax collections, fiscal receipts.
—— MUNICIPALES, city's revenues.
RECAUDADOR, collector, tax collector.
—— DE ADUANAS o ADMINISTRADOR DE ADUANAS, collector of customs.
—— DE IMPUESTOS, collector of taxes, income tax collector, tax collector.
—— DE RENTAS INTERNAS, collector of internal revenue.
RECAUDAR, to collect.
RECAUDO, A BUEN, under custody, well guarded, safe.
RECELAR, to distrust, to fear, to suspect.
RECELOSO, suspicious, distrustful.
RECEPCIÓN, receiving, receipt, acceptance, reception.
—— DE ARTÍCULOS, receipt of goods.
—— DE MERCANCÍAS, acceptance of a shipment.
RECEPCIONISTA o EMPLEADO DE RECEPCIÓN, receptionist.
RECEPTOR, receiver, consignee.

—— DE CARGA, receiver of carge.
RECESIÓN o DEPRESIÓN o RETROCESO, recession.
—— COMERCIAL o DEPRESIÓN DE LOS NEGOCIOS, business recession.
—— ECONÓMICA o DEPRESIÓN ECONÓMICA, economic recession, business recession.
——, PERIODOS DE, recession periods.
RECESO, depression, hard times, recess.
—— COMERCIAL o BAJA ECONÓMICA, business depression.
—— EN EL TRABAJO, employee break.
—— PARA TOMAR CAFÉ, coffee break.
RECESOS ECONÓMICOS CÍCLICOS, cyclical downturns.
RECETA o RECETA DE COCINA, recipe.
RECIBÍ o PAGO RECIBIDO, received payment.
RECIBIDO o ACEPTADO, received.
RECIBIDOR, receiving clerk, receiving teller.
RECIBIMIENTO, welcome, reception.
RECIBIR, to receive, to accept.
—— AVISO DE, hear from.
—— EL JURAMENTO, administer an oath.
RECIBO, receipt.
——, ACUSAR, to acknowledge receipt.
—— CONDICIONAL, binding receipt.
—— DE, AL, on receipt of.
—— DE APROPIACIÓN o ASIGNACIÓN, appropriation receipt.
—— DE CARGA, freight or cargo receipt.
—— DE DEPÓSITO, deposit receipt.
—— DE DEPÓSITO EN ALMACÉN PÚBLICO o RECIBO DE ALMACENAJE, warehouse receipt.
—— DE DEVOLUCIÓN, return receipt.
—— DE EMBARQUE, shipping receipt.
—— DE EQUIPAJE, baggage receipt.
—— DE MERCANCÍA EN ALMACÉN, receipts of stores.
—— DE PAGO, payer's receipt.
—— DE TRANSPORTE VIAL, truck receipt.
——, ESTAR DE, to be at home to callers.
—— FIDUCIARIO, trust receipt.
—— NEGOCIABLE, negotiable receipt.
—— PROVISIONAL, I. O. U.
—— PROVISIONAL DE ALMACENAJE, field warehouse receipt.
—— VIRTUAL o IMPLÍCITO, constructive receipt.
RECIBOS DE PAGO, pay receipts.
RECIÉN CASADO, newlywed.
RECIÉN LLEGADO, newly arrived, newcomer.
RECIÉN NACIDO, newborn.
RECIENTEMENTE, newly, recently.
RECINTO, precinct.
RECIPIENTE, container, vessel.
—— A PRESIÓN, pressure vessel.
—— DE PLATA, sterling holloware.
—— PLATEADO, silverplate holloware.
—— RETORNABLE, returnable container.
RECIPROCIDAD, reciprocity.
—— MULTINACIONAL, multinational reciprocity.
RECÍPROCO o MUTUO, reciprocal.
RECITAR o RELATAR o NARRAR, to recite.

RECLAMACIÓN o DEMANDA, claim, demand, objection.
—— DE ACREEDORES, creditors' claim.
—— DE PAGO DE SEGURO DE DESEMPLEO, unemployment insurance claim.
—— DE PÉRDIDAS POR INCENDIO, fire-loss claim.
—— DECOMISADA, forfeited claim.
—— FRAUDULENTA o FALSA, false claim.
—— POR DAÑOS CORPORALES, personal injury claim.
—— POR INCAPACIDAD, disability claim.
RECLAMACIONES
—— MENORES, petty claims.
—— POR INCAPACIDAD, disability claims.
—— RECHAZADAS, resisted claims.
—— SIN CANCELAR, outstanding claims.
—— VENCIDAS, claims due.
RECLAMANTE DE LA COMPENSACIÓN DE UNA PÓLIZA, claimant.
RECLAMAR, to lay claim, to claim, to reclaim, oppose.
—— EN JUICIO, to sue, to contradict, to put in a claim.
RECLAMO, claim, demand, protest.
—— POR MUERTE o DEMANDA POR MUERTE DEL ASEGURADO, death claim.
RECLAMOS PUBLICITARIOS, advertising appeals.
RECLASIFICAR, to reclassify.
RECLUIR o APARTAR, to seclude.
RECLUSIÓN o AISLAMIENTO o SOLEDAD, seclusion.
—— PERSONAL, solitary confinement.
RECLUSO, inmate.
RECLUTA o NOVICIO, recruit.
RECLUTAMIENTO O CONTRATACIÓN DE PERSONAL, recruitment.
RECLUTAR o ENGANCHAR o ALISTAR, to recruit.
RECOBRAR o RECUPERAR, to recover, to get back, to recoup, to collect.
—— EL ALIENTO, to catch one's wind, to get one's breath back.
—— O COBRAR LA CAZA, retrieve.
RECOBRO, recover.
RECODO, bend, twist, turn of a road, a river, etc.
RECOGER, to gather, to collect, pick up.
—— LA BASURA, to scavenge.
—— PASAJEROS, to take on passengers.
—— UNA CARGA, to pick up a load.
RECOGIDA, pickup, withdrawal.
RECOGIDAS Y ENTREGAS, pickups and deliveries.
RECOLECCIÓN, collection, summary, harvest, gathering, picking.
—— DE INFORMACIÓN, data gathering.
RECOLECTAR, to gather, to collect.
RECOMENDACIÓN o CONSEJO, recommendation.
—— VERBAL, word-of-mouth advertising.
RECOMENDACIONES DE CLIENTES, referrals of clients.
RECOMENDAR o ACREDITAR, to recommend.
RECOMPENSA, compensation, remuneration.
—— EXTRÍNSECA, extrinsic reward.
—— INTRÍNSECA, intrinsic reward.

—— MATERIAL o ECONÓMICA, material reward.
RECOMPENSAR, to compensate, to reward.
RECOMPRA o READQUISICIÓN, repurchase.
RECOMPUTAR o REFORMAR, to recast.
RECONCILIARSE, to become reconciled.
RECONOCIDO, acknowledged, grateful, obliged.
RECONOCER o ADMITIR, to recognize, to examine, to inspect, to verify.
—— EL GREMIO o SINDICATO, recognize the union.
—— LA FIRMA, verify the signature.
RECONOCIMIENTO o AGRADECIMIENTO, recognition, acknowledgment, inspection, investigation.
—— DE AVERÍA, damage survey.
—— DE CALIDAD, quality recognition.
—— DE FIRMA, authentication of signature.
—— DE MARCA, brand recognition.
—— DEL MÉRITO DEL EMPLEADO, employee recognition.
—— DEL PROBLEMA, problem recognition.
—— DEL SINDICATO o GREMIO, union recognition.
—— MÉDICO, medical examination.
—— O INSPECCIÓN ADUANAL, customs inspection.
RECONSTRUIR o REEDIFICAR, to rebuild.
RECOPILACIÓN, summary, digest, compilation.
—— DE DATOS, data collection, collecting data.
RECOPILAR, to compile, to digest, to summarize.
RÉCORD, BATIR EL, to break the record.
RECORDAR o ACORDARSE, to remember, keep in mind, put in mind.
RECORDATORIA, copia, follow-up copy.
RECORDATORIO o ADVERTENCIA, reminder, reminding.
—— DE ATRASO o DE MOROSIDAD, delinquency note.
—— DE COBRANZA, collection reminder.
—— DE FECHAS VENIDERAS, tickler.
RECORRER, to go over, to read over; (mechanics) to pass over.
RECORRIDO o CARRERA, run, path, travel, trip.
RECORTE o REDUCCIÓN DEL PERSONAL, layoff, discharge.
RECORTE DE PERIÓDICO, press clipping.
RECOSTARSE, lie back.
RECREAR o DIVERTIR o ENTRETENER, to recreate, to amuse, to delight.
RECRIMINACIÓN o REPROCHE, recrimination.
RECRIMINAR o REPROCHAR, to recriminate.
RECTA, LÍNEA, straight line, right line.
RECTIFICAR o CORREGIR o ENMENDAR, to rectify, to correct.
RECTITUD, honesty, accuracy, rightness.
RECTO, honest, straight, straightforward, severe.
RECTOR, rector, director, college president.
RECTORADO, rectorate.
RECTORÍA, rectorship, curacy.
RECUENTO, recount, check tally, inventory, count.
—— DE CAJA, cash count.
—— DE REGISTRO, record count.
—— DE VALORES, security count.
—— DEL AUDITOR, audit count.

—— DEL CLIENTE, client's count.
—— FÍSICO, physical inventory.
RECUERDO o MEMORIA, recollection.
RECUPERACIÓN, salvage, recovery, repossession.
—— BRUTA EN PRÉSTAMOS, gross loan recoveries.
—— DE DATOS, data retrieval.
—— DE DEPRECIACIÓN, recapture of depreciation.
—— DE INFORME, report retrieval.
—— DE LA INVERSIÓN, investment recovery.
—— DE RECURSOS, resource recovery.
—— DE RECURSOS, DIVISIÓN DE, resource recovery division.
—— DEL COSTO, cost recovery.
—— ECONÓMICA o MEJORÍA ECONÓMICA, business recovery, business upturn.
—— EN EL CICLO ECONÓMICO, through in business cycles.
—— TEMPORAL DE PRECIO, rally.
RECUPERAR, to recover, to recoup, to collect, to reclaim.
—— DATOS, retrieve data.
—— PÉRDIDAS, recover losses.
RECURRIR, to resort, to apply.
RECURSO, resource, remedy, petition.
—— CONTENCIOSO, appeal to the courts.
——, SIN, without help, definitively.
RECURSOS, resources, means, facilities.
—— AGRÍCOLAS, agricultural resources.
——, ASIGNACIÓN DE, allocation of resources.
—— ECONÓMICOS o FINANCIEROS, financial resources, means, funds.
—— ENERGÉTICOS, energy resources.
—— FORESTALES, timberlands.
—— HUMANOS, human resources.
——, MERCADO DE, market for resources.
—— NATURALES, natural resources.
——, OFERTA DE, supply of resources.
—— PETROLEROS, oil petroleum resources.
—— SIN APROVECHAR, undeveloped resources.
RECHAZAR, to reject, to refuse, to repel.
RED, net, network.
——, CAER EN LA, to fall into the trap.
—— DE ENERGÍA, power system.
—— DE SUCURSALES, network of branch offices.
—— ELECTRÓNICA DE LA ERA ESPACIAL, space-age electronic networks.
—— FERROVIARIA, railroad system.
—— TELEFÓNICA, telephone system.
REDACCIÓN o FRASEOLOGÍA, wording, editing, editorial staff.
—— DE RESOLUCIONES, drafting of resolutions.
—— DE TEXTOS, copy writing.
REDACTAR, to draw up, to write up, to edit.
—— LA ORDEN DEL DÍA, write up the agenda.
—— TEXTO, write copy.
—— UN CONTRATO, write a contract, to draw up a contract.
—— UNA PÓLIZA, to write a policy.
REDACTOR, editor.

—— ARTÍSTICO o GRÁFICO, art editor.
—— DE NOTICIAS, news editor.
—— O ARTISTA INDEPENDIENTE, free lance.
—— PUBLICITARIO o DE TEXTOS, copywriter.
REDADA, netful, catch; roundup of suspects, criminals, etc.
REDEDOR, AL, around, about.
REDENCIÓN, redemption, retiring.
—— DE ACCIONES, stock redemption.
—— DE LA DEUDA, retirement of debt.
—— DEL CAPITAL DE UNA DEUDA, amortization.
——, PERÍODO DE, payoff period.
REDESCONTAR, to rediscount.
REDESCUENTO, rediscount.
REDIMIR o RESCATAR o AMORTIZAR, to redeem, to payoff, to call in.
—— EL CAPITAL DE UNA DEUDA, to amortize.
—— UNA HIPOTECA, to payoff a mortgage.
REDISEÑO DEL PRODUCTO, product redesign.
REDISTRIBUCIÓN, redistribution, reapportionment.
—— DE COSTOS, circulation of costs.
—— DEL INGRESO, income redistribution.
RÉDITO o ENTRADAS, proceeds, revenue, return, rent, interest.
—— ANUAL o BENEFICIO o RENDIMIENTO ANUAL, annual return.
—— NORMAL, current yield.
RÉDITOS
—— ACUMULADOS, accrued revenue.
—— SOBRE DEPÓSITOS, interest on deposits.
REDITUABLE, profit-producing.
REDITUAR, to produce, to yield.
—— INTERESES, to bear interest.
REDONDA, A LA, all around, roundabout.
REDONDEAR, to round off.
—— UNA CANTIDAD, round off.
REDONDEO DE ERRORES, round off errors.
REDONDO o CIRCULAR o SINCERO o (boxeo) ASALTO, round.
REDONDOS, EN NÚMEROS, in round numbers.
REDUCCIÓN, reduction.
—— A ESCALA, scale-down.
—— DE COSTOS, cost cutting.
—— DE GASTOS, expense reduction.
—— DE HORAS DE TRABAJO PARA EVITAR CESANTÍAS, work-sharing.
—— DE IMPUESTOS, tax reduction, tax cut.
—— DE LA SATISFACCIÓN CON EL TRABAJO, declining job satisfaction.
—— DE PRECIOS, price cutting.
—— DE TARIFAS o DE CUOTAS, rate cutting.
—— DE UN PRECIO ESTABLECIDO, markdown.
—— DE UTILIDAD, profit squeeze.
—— DE UTILIDADES POR ACCIÓN, dilution of earnings per share.
—— DEL CAPITAL, capital impairment.
—— DEL VOLUMEN DE PRODUCCIÓN o DISMINUCIÓN DE PRODUCCIÓN, cutback.
—— EN EL COSTO, cost reduction.

REDUCIDO, PRECIO, reduced price, cut price.
REDUCIR, to reduce, to curtail, to decrease.
—— A RUTINA, routinize.
—— COSTOS, cut expenses.
—— LOS GASTOS, reduce expenses, keep down expenses.
—— OPERARIOS A CLASIFICACIÓN INFERIOR, downgrading.
—— PRECIOS RADICALMENTE, slash prices.
—— PROGRAMAS DE INVERSIÓN, curtail investment program.
REEDIFICAR, to rebuild.
REEDITAR, to reprint.
REELECCIÓN, reelection.
REELEGIR, to reelect.
REEMBARCAR o REEXPEDIR, to reship.
REEMBARGO, reattachment.
REEMBARQUE o REEXPEDICIÓN, reshipment.
REEMBOLSAR o REINTEGRAR, to reimburse, to refund, to redeem.
REEMBOLSO, reimbursement, refund, repayment, redemption, drawback.
—— DE APROPIACIÓN, appropriation reimbursement.
—— DE BONOS o RESTITUCIÓN DE TÍTULOS, bond refunding.
—— DE ESTAMPILLAS COMERCIALES, stamp redemption.
—— DE GASTOS, expense refunds.
—— DE IMPUESTOS, income tax refund.
—— DE PASIVO, debt repayment.
—— DE PRÉSTAMO, loan repayment.
—— DEL CAPITAL, return of principal.
—— EN EFECTIVO, cash refund.
REEMPLAZAR o REPONER o SUBSTITUIR, to replace, to renew, to supersede.
—— U OCUPAR UNA VACANTE, to fill a vacancy.
REEMPLAZO o REPOSICIÓN, replacement, substitution, supersession.
REEMPLEO, recall to work.
REENTRADA DE MERCANCÍAS EN ADUANA, re-entry.
REESTABLECIMIENTO DE BUENAS RELACIONES ENTRE ESTADOS, rapprochement.
REEXPEDIR, to forward, to reship.
REFACCIÓN, financing, loan, repairs, spare part, replacement.
REFACCIONES o REPUESTOS o PIEZAS DE REPUESTO, repair parts, spare parts.
—— PARA AVIONES o PIEZAS DE REPUESTO DE AVIONES, aircraft spares.
REFACCIONAR, to repair, to finance, furnish money.
REFERENCIA o MENCIÓN, reference, character.
—— BANCARIA, bank reference.
—— COMERCIAL, trade reference.
—— CRUZADA ALFABÉTICA, alphabetical cross-reference.
—— DE AUDITORÍA, audit trail.
—— DE FOLIO, folio reference.
REFERENCIAS o ANTECEDENTES o INFORMES, references.

—— BANCARIAS, bank references.
—— PARA CONCEDER CRÉDITO, credit references.
—— PROPORCIONADAS POR COMPAÑÍAS FINANCIERAS, finance company reference.
REFERENDO o PLEBISCITO, referendum.
REFERENTE, referring, relating.
REFERIR o REMITIR o HACER REFERENCIA, to refer.
REFERIRSE A, to refer.
REFINACIÓN, refining, processing.
—— DE PETRÓLEO, oil refining.
REFINADO, fine.
REFINANCIAMIENTO, refinancing.
REFINANCIAR o SUMINISTRAR NUEVO CAPITAL, to refinance.
REFINAR o PURIFICAR, to refine.
REFINERÍA, refinery.
—— DE AZÚCAR, sugar refinery.
—— DE METALES, metal refinery.
—— DE PETRÓLEO, oil refinery.
REFLEXIÓN, reflection, meditation, thought.
REFORMA, amendment, alteration, improvement, revision.
—— AGRARIA, land reform.
REFORMAS Y REPARACIONES, alterations and repairs.
REFORMAR, to reform, to amend, to mend.
REFORMATORIO, reformatory, corrective.
REFORZAR o FORTALECER, to reinforce.
REFRÁN, proverb, saying.
—— ANTIGUO, an old saying, slogan.
REFRENAR o REPRIMIR o LIMITAR, to restrain.
REFRENDAR, to countersign, to authenticate.
REFRENDO o CONTRASEÑA, countersignature.
REFRESCAR, to refresh, to cool.
—— LA MEMORIA, to refresh the memory.
REFRESCARSE, to cool off, to take the fresh air.
REFRESCO o GASEOSA o BEBIDA REFRESCANTE, soft drink, refreshment.
REFRIGERADO, refrigerated.
REFRIGERADOR, refrigerator, freezer, ice box.
REFRIGERAR, to refrigerate.
REFRIGERIO, refreshment.
REFUERZO o REFORZAMIENTO, reinforcement.
REFUGIADO o ASILADO, refugee.
REFUGIARSE o GUARECERSE, take shelter.
REFUGIO o ALBERGUE, refuge, shelter.
—— ANTIAÉREO o REFUGIO CONTRA ATAQUE AÉREO, air-raid shelter.
—— DE PEATONES, traffic island.
—— FISCAL, tax shelter.
REFUNDIR LA DEUDA, to reborrow.
REFUNFUÑAR o QUEJARSE, to grumble, to growl.
REFUTAR, to refute, to disprove.
REGADERA, watering pot, sprinkler.
REGADÍO, irrigation.
REGALAR u OBSEQUIAR, to make a present, give away, to present, to treat.
REGALÍA o GRATIFICACIÓN, bonus, royalty, commission, privilege.
—— PASCUAL o NAVIDEÑA, Christmas bonus.

REGALÍAS, royalties.
—— DE MINERAJE, mining royalties.
REGALO, gift, present, bonus.
——, DE, complimentary, gratis.
—— DE CUMPLEAÑOS, birthday present.
—— O TARJETA DEL DÍA DE SAN VALENTÍN ENVIADO AL NOVIO o LA NOVIA, valentine.
—— DE NAVIDAD, Christmas present.
REGAÑADIENTES, A, unwillingly, grumblingly.
REGAÑAR, to snarl, to growl, reprehend.
REGAÑO, reprimand, snarl, scolding.
REGAR, to irrigate, to water, to sprinkle.
REGATA, regatta.
—— DE YATES, yacht race.
REGATEAR, to bargain, to trade, to sell at retail, beat down.
REGATEO, bargaining, trading, retail selling.
REGENTE, ruling regent.
RÉGIMEN o SISTEMA SOCIAL, regime, system policy, rule.
—— ALIMENTICIO, diet.
—— DICTATORIAL, dictatorship.
—— O DIETA LÁCTEA, milk diet.
REGIMIENTO, regiment.
REGIÓN o TERRITORIO, region, district, territory.
—— ALGODONERA, cotton belt.
—— DE MAÍZ, corn belt.
—— DE VENTAS, sales territory.
—— FABRIL, manufacturing district.
—— PETROLERA, oil field, oil zone.
—— POLÍTICA, body politic.
REGIONAL, regional, sectional, local.
REGISTRADO o CERTIFICADO, registered, examined, searched, recorded.
REGISTRADOR o ENCARGADO DE MATRÍCULAS o INSCRIPCIONES, registrar, recorder.
—— DE ACCIONES DE CAPITAL, capital stock registrar.
—— DE LA PROPIEDAD, recorder of deeds.
—— ELÉCTRICO DE PRECIOS, stock ticker.
REGISTRADORA, CAJA, cash register.
REGISTRAR o ANOTAR, to book, to record, to register, to check, to list.
—— LA MARCA, to trademark.
—— LAS HORAS TRABAJADAS, keep time.
—— UNA CASA, search a house.
—— UNA HIPOTECA, record a mortgage.
—— UNA MARCA DE FÁBRICA, register a trademark.
—— UNA PÉRDIDA, to show a loss.
—— UNA TRANSACCIÓN, recording a transaction.
REGISTRARSE EN UN HOTEL o INSCRIBIRSE, check in.
REGISTRO o INSCRIPCIÓN o ACTA o EXPEDIENTE, record, file, log, booking, registration, journal.
—— AUXILIAR, supporting record.
—— CON ACUSE DE RECIBO, registration with receipt requested.
—— CRONOLÓGICO, chronological record.
—— DE ACCIONISTAS, stock register, stockholders' register, stock ledger.
—— DE ACEPTACIONES, acceptance register.

—— DE ALMACENAMIENTO, storing register.
—— DE ASCENSOS DEL EMPLEADO, employee's promotion record.
—— DE ASISTENCIA, attendance record, attendance board.
—— DE AUSENCIAS o LIBRO DE FALTANTES, absentee record.
—— DE CAJA, cashbook.
—— DE COBRANZAS, collection register.
—— DE COMISIONES A VENDEDORES, salesmen's commission records.
—— DE COMPRAS, purchase register, purchase record.
—— DE COMPRAS Y VENTAS, purchase-and-sales register.
—— DE COMPROBANTES, voucher register.
—— DE CONSIGNACIONES, consignments register.
—— DE CONTROL, control register.
—— DE CRECIMIENTO, growth record.
—— DE CRÉDITO DEL CONSUMIDOR, consumer's credit record.
—— DE CUENTA DE GASTOS, expense account record.
—— DE CUENTAS, account register.
—— DE CUPONES, coupon book.
—— DE CHEQUES, check register.
—— DE DATOS, data recording.
—— DE DESCUENTOS, discount register.
—— DE DEVOLUCIONES AL ALMACÉN, returned-to-stores record.
—— DE DOCUMENTOS, note or bill register.
—— DE DOCUMENTOS A COBRAR, notes receivable register.
—— DE EFECTOS A PAGAR, notes payable register.
—— DE EXISTENCIAS, inventory register, stock record.
—— DE FACTURAS, bill book, invoice register.
—— DE GASTOS, expense register.
—— DE HOJAS CAMBIABLES, loose-leaf book, loose-leaf ledger.
—— DE INGRESOS, income register.
—— DE INSCRIPCIÓN, inscription register.
—— DE LETRAS o PAGARÉS, bill register, bills-payable register.
—— DE MEMORIA (computación), memory register.
—— DE NÓMINA, payroll register, payroll record.
—— DE PAGOS, cash disbursements register.
—— DE PAGOS MALOS, bad pay record.
—— DE PAGOS RECIBIDOS, cash receipts record.
—— DE PRÉSTAMOS, loan register.
—— DE PRIMAS, premium register.
—— DE PRODUCTOS, product register.
—— DE PROGRAMA (computación), program register.
—— DE RENTAS o ALQUILERES, rent roll.
—— DE SALARIOS, wages book.
—— DE SEGUROS, insurance register.
—— DE TRANSFERENCIAS, stock-transfer record.
—— DE VALORES, security register.
—— DE VENTAS, sales register.
—— DE VIAJE REDONDO, round trip check-in.

—— DEL LOCAL COMERCIAL, record of business location.
—— DIARIO DE JORNALES DEVENGADOS, daily time sheet.
—— EN DETALLE o MARGEN BRUTO o DIFERENCIA ENTRE OFERTA Y DEMANDA o DISPERSIÓN o PROPAGACIÓN, spread.
—— FISCAL, tax roll.
—— ÍNDICE, index register.
—— INFORMAL, informal record.
—— MAESTRO, master record.
—— MAGNÉTICO, magnetic record.
—— MÚLTIPLE, multiple register.
—— NACIONAL DE CRÉDITO POR COMPUTADORA, nationwide computer credit record.
—— SALDADOR o DE SALDO, crossfooter.
—— UNITARIO, unit record.
REGISTROS, records, set of books.
—— ACTUALIZADOS, up-to-date records.
—— CODIFICADOS, coded records.
—— CONTABLES, bookkeeping account.
—— CONTABLES DE LA EMPRESA, company's accounting records.
—— DE CONTABILIDAD o CONTABLES, accounting records.
—— DE COSTOS, cost records.
—— DE INVENTARIO PERPETUO, perpetual inventory records.
—— DE PERSONAL, personnel records.
—— DE VENTAS, sales records.
—— FINANCIEROS, financial records.
—— GENERALES, general records.
—— LEGIBLES PARA COMPUTADORA, machine readable records.
—— MÚLTIPLES, multiple records.
—— Y DOCUMENTOS DE CAJA, cash records.
REGLA, rule, ruler.
—— CONFUSA, confusing rule.
—— CONTRADICTORIA, contradictory rule.
—— DE BENEFICIO DE IMPUESTOS, tax-benefit rule.
—— DE CÁLCULO, slide rule.
—— DE DECISIONES, decision rule.
—— DE MEDIR, measuring stick.
—— DE TRES, rule of three.
—— DEL COMERCIANTE, merchant's rule.
——, EN o EN BUEN ESTADO, in order.
—— GENERAL, POR, as a general rule.
REGLAS
—— DE CONDUCTA o COMPORTAMIENTO, rules of conduct.
—— DE ÉTICA, ethical rules.
—— LABORALES, work rules.
—— PARA CODIFICACIÓN Y CLASIFICACIÓN, rules for coding and classifying.
REGLAMENTACIÓN, rules, regulation.
—— DE LOS SERVICIOS PÚBLICOS, public utility regulations.
—— O FIJACIÓN DE PRECIOS, price fixing.
—— URBANÍSTICA, zoning rules.

REGLAMENTO o NORMA, rules, regulations, by-laws.
—— DE EDIFICACIÓN, building code.
—— DE ESTACIONAMIENTO, parking rules.
—— DE LOS SERVICIOS PÚBLICOS, public utility regulation.
—— DE OPERACIONES, trading rules.
—— DE TRÁNSITO o DE TRÁFICO, traffic rules.
—— DE UNA SOCIEDAD, articles of association.
—— INTERNO, bylaws.
—— POSTAL, postal regulations.
REGLAMENTOS
—— APLICABLES AL INGRESO PERSONAL, personal income tax regulations.
—— INTERIORES, bylaws.
REGRESAR o VOLVER, to return, walk back.
—— A CASA, return home.
REGRESIÓN, regression.
REGRESO, return, coming or going back.
——, A MI, on my return.
——, ESTAR DE, to be back.
REGULACIÓN, regulation, adjustment, control.
—— BANCARIA, banking regulation.
—— DE LOS SERVICIOS PÚBLICOS, public utility regulation.
—— O CONTROL DE TRÁFICO, traffic control.
REGULACIONES GUBERNAMENTALES, government regulations.
REGULADOR, regulator, governor, throttle valve, adjuster.
REGULAR, to adjust, to regulate, regular, so-so, fair.
——, POR LO, as a rule, usually.
REGULARMENTE, regularly, as a rule, ordinarily.
REHABILITACIÓN, reinstatement, restoration, rehabilitation, repairs.
—— DE QUIEBRA, bankruptcy discharge.
—— O RECUPERACIÓN FINANCIERA, financial rehabilitation.
REHABILITAR o RESTABLECER, to rehabilitate, to overhaul, to reinstate.
REHACER, to remake, to rebuild.
REHECHO, made over.
REHÉN, EN, as a hostage.
REHUIR, to avoid, to reject, to withdraw.
REHUSAR o NEGARSE A o RECHAZAR, to refuse, to decline, to reject.
—— EL PAGO, refuse payment.
—— UNA PROPUESTA, reject a proposal.
REIMPORTACIÓN o REINTERNACIÓN, reimportation, reimport.
REIMPORTAR, to reimport.
REIMPRESIÓN o TIRADA o TIRAJE, reprint.
REIMPRIMIR, to reprint.
REINO, kingdom, realm.
—— UNIDO, United Kingdom.
REINTEGRAR o RESTITUIR, to reimburse, to refund, to reintegrate.
REINTEGRO, refunding, reimbursement, repairment, liquidation, dividend.

—— DE APROPIACIÓN o ASIGNACIÓN, appropriation refund.
—— DE PRÉSTAMO, loan repayment.
—— O REBAJA DE DERECHOS ADUANALES, duty drawback.
REINVERSIÓN, reinvestment, plowback.
—— DE UTILIDADES, reinvestment of earnings.
REINVERTIDO, reinvested.
REINVERTIR, to reinvest.
REÍR, to laugh, to giggle.
—— A CARCAJADAS, to laugh loudly.
REITERACIÓN, CARTAS DE o CARTAS DE RECORDATORIO, follow-up letters.
REJA, grate, lattice.
REJAS, ENTRE, behind bars.
REJUVENECER o REJUVENECERSE, to grow young again, to rejuvenate, to make young.
RELACIÓN o NARRACIÓN, relation, report, list, schedule, statement.
—— A, CON, as regards.
—— ACTIVO LÍQUIDO A DEUDA TOTAL, worth-debt ratio.
—— CAPITAL-PRODUCTO, capital-output ratio.
—— DE BULTOS, packing list.
—— DE CAPITAL A ACTIVOS, capital to assets ratio.
—— DE COBROS, list of collections.
—— DE CONVERSIÓN, conversion ratio.
—— DE COSTO, VOLUMEN Y UTILIDADES, cost-volume-profit relationship.
—— DE DEPÓSITOS A CAPITAL, deposits-to-capital ratio.
—— DE GANANCIAS Y PÉRDIDAS, profit and loss ratio.
—— DE GASTOS, expense account or statement.
—— DE HIJOS A MUJERES, child-woman ratio.
—— DE MATERIALES, bill of materials.
—— DE OCUPACIÓN, occupancy ratio.
—— DE OFERTA Y DEMANDA DE VALORES, technical position.
—— DE PEDIDOS NO SURTIDOS, backlog of orders.
—— DE PRÉSTAMO A DEPÓSITO, loan-to-deposit ratio.
—— DEL CIRCULANTE, current ratio.
—— DIRECTA, direct ratio.
—— EXISTENCIA-VENTAS, stock-sales ratio.
—— FIDUCIARIA, fiduciary relationship.
—— INTERPERSONAL, interpersonal relationship.
—— INVERSA, inverse ratio.
—— JURADA, sworn statement.
—— O RAZÓN DE UTILIDAD, profit ratio.
—— O TIPO DE CAMBIO, rate of exchange.
—— PORMENORIZADA, itemized statement.
—— PRECIO-UTILIDAD POR ACCIÓN, price-earnings ratio.
RELACIONES o TRATOS o PARIENTES, relations.
—— AMISTOSAS o CORDIALES, friendly relations.
—— COMERCIALES o DE NEGOCIOS, business relations, business connections.
—— CON LOS EMPLEADOS o CON EL PERSONAL, employee relations.

—— **CON, TENER,** to have relations with, to be acquainted with.
—— **EXTERIORES o ASUNTOS EXTERIORES,** foreign affairs.
—— **HUMANAS,** human relations.
—— **LABORALES u OBRERAS o DEL TRABAJO,** labor relations, industrial relations, work relations.
—— **OBRERO-PATRONALES,** labor relations, work relations.
—— **PÚBLICAS,** public relations.
RELACIONARSE, to become acquainted, to be related or connected.
RELAJARSE o REPOSAR o TRANQUILIZARSE, relax.
RELAJO o DESORDEN o CONFUSIÓN, disorder, confusion, tumult, joke.
RELÁMPAGO o DESTELLO, flash.
RELATAR o REFERIR, to relate.
RELATO, report, statement, narrative, account.
RELEVAR o SOCORRER o LIBRAR, to relieve, to substitute, to release.
RELEVO o RELE o RELEVADOR, relay, relief, shift.
RELIEVE, PONER DE, to bring out, to emphasize.
RELIGIÓN o CREENCIA, religion.
—— **DEL SOLICITANTE,** applicant's religion.
RELIGIOSO o RELIGIOSA o DEVOTO, religious.
RELOJ, watch, clock.
—— **DE BOLSILLO,** watch.
—— **DE NÓMINA,** payroll clock.
—— **DE PARED,** clock, wall clock.
—— **DE POBLACIÓN o QUE CUENTA LA POBLACIÓN,** population clock.
—— **DE PULSERA o DE MUÑECA,** wrist watch.
—— **DIGITAL DE BOLSILLO QUE FUNCIONA CON BATERÍA,** battery-power digital watch.
—— **DIGITAL DE PULSERA,** digital watch.
—— **MARCADOR DE TIEMPO o RELOJ REGISTRADOR,** time clock.
—— **PARA TOMAR TIEMPO o CRONÓMETRO,** stop watch, chronometer.
—— **PARA VELADOR o SERENO,** watchman's clock, watch clock.
——, **POR,** to work by the hour.
RELOJERO, watchmaker, clockmaker.
RELLENAR, to refill, to fill up.
—— **O AUMENTAR LA NÓMINA CON PERSONAL INEXISTENTE,** payroll padding.
RELLENO, stuffed, stuffing, repletion, filling.
—— **DE CUENTAS,** stuffing the accounts.
REMANENTE, remainder, balance, residue.
REMAR o BOGAR o IMPELER, to paddle.
REMATAR, to finish, top out, to auction, knock down at auction, to take bids.
REMATE, competitive bidding, auction, finishing price, foreclosure.
—— **AL MARTILLO,** auction sale.
—— **DE CUENTAS,** closing of accounts.
—— **DE LA CARGA DE UNA BODEGA,** topping off.
—— **DE MERCANCÍAS DAÑADAS POR INCENDIO,** fire sale.
—— **JUDICIAL,** judicial sale.

—— **PARA REVENTA,** trade sale.
REMEDIO o MEDICINA, medicine, remedy, recourse.
——, **NO TENER,** to be unavoidable, to be no help for.
—— **QUE, NO HAY MÁS,** there is nothing else to do but.
——, **SIN,** hopeless, inevitable.
REMENDAR o REPARAR, to mend, to patch, to repair, to correct, to touch up.
REMERO, rower.
REMESA o REMISIÓN, remission, remittance, shipment, notice.
—— **A LA SUCURSAL,** remittance to branch.
—— **AL EXTRANJERO,** foreign remittance.
——, **BOLETA DE,** remittance slip.
—— **DE FONDOS,** transfer of funds.
—— **DE LA OFICINA PRINCIPAL,** shipment from home office.
—— **DE LA SUCURSAL,** remittance from branch.
—— **DIRECTA,** drop shipment.
—— **FACTURADA AL COSTO,** shipment billed at cost.
——, **NOTIFICACIÓN DE,** remittance advice.
—— **PARCIAL,** partial shipment.
—— **POR VÍA TERRESTRE,** overland shipment.
REMESAS
—— **EN TRÁNSITO o ENVÍOS EN CAMINO,** remittances in transit.
—— **PENDIENTES,** remittances pending or due.
REMISIÓN, shipment, remittance, sending, remission, waiver.
REMITENTE, shipper, consignor, remitter, sender.
REMITIDA, CONSIGNACIÓN, consignment out.
REMITIR o ENVIAR, to remit, to forward, to transmit, to dispatch.
—— **UNA DEUDA,** to cancel a debt.
REMO, oar, arm, wing.
REMOCIÓN o DESTITUCIÓN o TRASLADO, removal, discharge.
REMODELAR o RECONSTRUIR, to remodel.
REMOJAR o EMPAPAR, to soak.
REMOLACHA, sugar beet.
REMOLCADOR, tugboat, tug, towing truck.
—— **DE ALTA MAR,** seagoing tug.
REMOLCAR o MOVER CON REMOLQUE, to tow, to tug.
REMOLÓN, indolent, lazy.
REMOLQUE, tow, towing, trailer.
——, **A,** in tow.
—— **DE CARRETÓN o DE QUINTA RUEDA,** wagon trailer.
—— **DE LANCHAS,** tow of barges.
—— **PARA CAMIÓN o CAMIÓN-RASTRA,** truck trailer.
—— **TANQUE,** tank trailer.
REMORDIMIENTO o COMPUNCIÓN, remorse.
REMOTO o DISTANTE o EXTRAÑO, remote.
REMUNERACIÓN o RETRIBUCIÓN, remuneration, compensation.
—— **A LOS FUNCIONARIOS,** executive compensation.
—— **EXTRAORDINARIA,** overtime pay.
—— **JUSTA o RAZONABLE,** just compensation.

—— SEGÚN PRODUCTIVIDAD, incentive wages.
—— VALIOSA, valuable consideration.
REMUNERAR o RETRIBUIR o RECOMPENSAR, to remunerate, to compensate.
RENCOR, hard feelings, animosity, grudge.
RENDIJA, crack, crevice, cleft.
RENDIMIENTO o PRODUCTO o RÉDITO o BENEFICIO, yield, output, revenue, duty.
—— A LA DEMANDA, asked yield.
—— A LA OFERTA o LA PROPUESTA, bid yield.
—— ACTUAL, current yield.
—— ACTUAL DE DIVIDENDOS, current dividend yield.
—— AL VENCIMIENTO, yield to maturity.
—— ANTICIPADO, prospective yield.
—— ANUAL, annual value.
—— BAJO, low output.
—— BRUTO, gross receipts, gross yield.
—— BRUTO DE INVERSIONES ACCIONES, gross return on stock investment.
—— CRECIENTE, increasing returns.
—— DE BONOS, bond yield.
—— DE LA INVERSIÓN, investment yield, return on investment.
—— DE LA INVERSIÓN PROMEDIO, weighted average investment.
—— DE LA PRODUCCIÓN, production output.
—— DE VENTAS, sales yield.
—— DECRECIENTE, decreasing returns.
—— DEL ACTIVO, return on assets.
—— DEL ACTIVO TOTAL, return on total assets.
—— DEL BANCO, bank's performance.
—— DEL CAPITAL, return on capital, yield of capital.
—— DEL CAPITAL CONTABLE, return on stockholder's equity.
—— DEL CAPITAL INVERTIDO, return on invested capital.
—— DEL DIVIDENDO, dividend yield.
—— DEL VALOR LÍQUIDO, return on equity.
—— DESPUÉS DE IMPUESTOS, after-tax return.
—— EFECTIVO, retrospective yield.
—— ELEVADO, high output.
—— EN DÓLARES, dollar yield, dollar return.
—— EN EFECTIVO, cash yield.
—— EN EL PUNTO DE EQUILIBRIO, break-even yield.
—— EN EL TRABAJO, job performance.
—— ESPERADO, expected return.
—— FINANCIERO, financial performance.
—— JUSTO, fair return.
—— MECÁNICO, mechanical efficiency.
—— MERCANTIL, business income.
—— NETO, net yield, proprietary income.
——, NIVEL DE, return level.
—— NO LOGRADO, unrealized return.
—— NORMAL, normal return.
—— RESIDUAL, residual return.
—— SOBRE LA INVERSIÓN, return on investments.
——, TASA DE, rate of return.
—— TOTAL, overall efficiency.

RENDIMIENTOS
—— CORRIENTES, current income.
—— DECRECIENTES o UTILIDADES DECRECIENTES, diminishing returns.
—— DESCENDENTES, declining returns.
—— EN EFECTIVO, cash returns.
——, ESTADO DE, earnings statement.
—— MARGINALES DECRECIENTES, diminishing marginal returns.
—— TOTALES, overall returns.
RENDIR o PRODUCIR o REDITUAR, to yield, to produce, to render, to return.
—— CUENTAS, to give or render an account.
—— DE CANSANCIO, tire out.
—— HOMENAJE, render homage.
—— INTERÉS, to bear interest.
—— LAS ARMAS, to surrender, to throw down the arms.
—— O PRESENTAR UN INFORME, submit a report.
—— UTILIDAD o PRODUCIR UNA GANANCIA, show a profit.
RENDIRSE, to surrender, to give up, to worn out.
RENEGADO o DESERTOR, renegade.
RENEGAR, to deny insistently, to detest.
RENGLÓN, line of business, item, line of printing or typing.
—— AUXILIAR, side line.
—— COMPLETO, full line.
—— DE GASTO, expense item.
—— DE MERCANCÍAS, merchandise line.
—— DE VENCIMIENTO, EN EL, on the due line.
—— SEGUIDO, single spacing.
—— SEGUIDO, A, the next moment, immediately after.
RENOVABLE o PRORROGABLE, renewable, replaceable.
——, NO, nonrenewable.
RENOVACIÓN o EXTENSIÓN o PRÓRROGA, renewal, replacement, renovation.
—— AUTOMÁTICA o REPOSICIÓN AUTOMÁTICA, automatic reinstatement.
—— DE ADEUDOS VENCIDOS, refinancing of maturing debt.
—— DE EXISTENCIAS, stock turnover.
—— DE PRÉSTAMO, loan renewal.
—— URBANA, urban renewal.
RENOVAR, to renew, to replace, to renovate.
—— EL PEDIDO, to reorder.
—— EXISTENCIAS, to restock.
RENTA, income, revenue, rent, annuity.
—— ACUMULADA, accrued income.
—— ANTIGUA, ancient rent.
—— ANUAL, annual rent, yearly income.
—— ANUAL EN EFECTIVO, annual cash inflow.
—— BRUTA o ENTRADAS BRUTAS, gross income or rent.
—— BRUTA AJUSTADA, adjusted gross income.
—— CORRIENTE, current revenue.
—— DE FAMILIA, family income.
—— DE GRANJA, farm income.

—— DE INCAPACIDAD o POR INVALIDEZ, disability benefit.
—— DE LA OFICINA, office rent.
—— DE LA TIERRA, land rent.
—— DE LAS FAMILIAS, income of households.
—— DE LAS SOCIEDADES DE CAPITAL, IMPUESTOS SOBRE LA, corporate income taxes.
—— DE MONOPOLIO, monopoly revenue.
—— DE RETIRO, retirement income.
—— DE UNA ANUALIDAD, rent of an annuity.
—— DE UNA ANUALIDAD ORDINARIA, rent of ordinary annuity.
—— DEL ESTADO, internal revenue.
—— ECONÓMICA, economic rent.
—— EN EFECTIVO o AL CONTADO, cash rent.
—— FIJA, fixed income.
—— FISCAL o INGRESO DEL ESTADO, public revenue.
—— GANADA, earned income.
—— IMPONIBLE o GRAVABLE, taxable income.
——, IMPUESTO SOBRE LA, income tax.
—— MENSUAL, monthly income.
—— MARGINAL, marginal revenue.
—— MONETARIA, monetary income or wage.
—— NACIONAL, national income.
—— NACIONAL DE EQUILIBRIO, equilibrium national income.
—— OBLIGATORIA, executory lease.
—— PERSONAL, personal income.
—— POR PAGAR ACUMULADA o RENTA VENCIDA ACUMULADA, accrued rent payable.
—— PROMEDIO, average revenue.
—— RECIBIDA POR ADELANTADO, rent received in advance.
—— TERRITORIAL, internal revenue, land tax.
—— VITALICIA, life annuity.
—— VITALICIA CONJUNTA, joint life annuity.
RENTAS
—— ANUALES, annual revenues.
—— CORRIENTES o INGRESOS ACTUALES, current revenues.
—— DE EXPLOTACIÓN, operating revenue.
—— DEL GOBIERNO, government revenue.
—— DEVENGADAS, accrued revenue.
—— ESTIMADAS, estimated revenues.
—— FINANCIERAS, financial income.
—— INTERNAS, internal revenue.
—— NETAS, net revenues.
—— PERCIBIDAS, earned revenues.
—— POR COBRAR, lease payment receivable, rent receivable.
RENTABILIDAD, earning power, income return.
—— CÍCLICA, cyclical profitability.
—— POTENCIAL, potential profitability.
RENTABLE, rentable, income-producing.
RENTAR, to yield, to produce, to rent.
RENTISTA, bondholder, annuitant, fundholder.
RENUENTE o REACIO, unwilling.
RENUNCIA, resignation, waiver, abandonment, disclaimer.
—— DE CITACIÓN o DE AVISO, waiver of notice.
—— DE DERECHOS o ABANDONO DE DERECHOS, abandonment of rights, waiver of rights.
—— DE MARCA, abandonment of trademark.
—— DE UN FUNCIONARIO, resignation of an officer.
RENUNCIAR, to resign, to give up, to waive, to relinquish.
—— A UN PROYECTO, ETC, to give up a plan, etc.
REÑIR o PELEAR, to quarrel, to wrangle, to squabble.
—— DE PALABRA, to have words.
REORDENAR o REPETIR EL PEDIDO, to reorder.
REORGANIZACIÓN, reorganization.
REORGANIZAR, to reorganize.
REPARACIÓN, repair, overhauling, restoration, reparation, repair work.
—— DE BULTOS DE CARGA AVERIADOS, voyage repairs.
—— Y MANTENIMIENTO, repairs and maintenance.
REPARACIONES o COMPOSTURAS, repairs.
—— DIFERIDAS o APLAZADAS, deferred repairs.
—— EXTRAORDINARIAS, extraordinary repairs.
—— PROVISIONALES, temporary repairs.
REPARADOR o COMPONEDOR, repairman, serviceman.
REPARAR, to repair, to restore, to compensate.
REPAROS, PONER, to make objections.
REPARTIBLE, distributable.
REPARTICIÓN, distribution, division.
—— DE GASTOS, expense distribution.
—— DE GASTOS GENERALES, burden adjustment.
—— DEL COSTO, cost apportionments.
REPARTIDOR o DISTRIBUIDOR, distributor, dispatcher, dispenser.
—— DE CARGA, loan dispatcher.
REPARTIMIENTO, distribution, apportionment.
REPARTIR, to distribute, to share, to dispense.
—— GANANCIAS ACUMULADAS, cut a melon.
REPARTO, distribution, real estate development, suburb.
—— A DOMICILIO, delivery service.
—— DE EQUIPAJE, baggage delivery.
—— DE LA VENTA LÍQUIDA, apportionment of net income.
—— DE REMANENTES, patronage dividend.
—— DE UTILIDADES o PARTICIPACIÓN DE LOS EMPLEADOS EN LAS UTILIDADES DE UNA COMPAÑÍA, profit sharing, profit-sharing bonus.
—— PROPORCIONAL DE ACCIONES, splitoff.
REPASAR, to go over, to examine, to review, to audit.
REPASO, revision, review of a lesson.
REPATRIACIÓN DE CAPITALES, repatriation of capital.
REPENTE, DE, suddenly.
REPENTINO o APRESURADO, sudden.
REPETICIÓN, repetition, reiteration, replication.
—— AUTOMÁTICA DE LA IMPRESIÓN, automatic repeat printing.
REPETIR o REITERAR, to repeat, play back.
—— LA SUMA, to refoot.
REPETITIVO o RECURRENTE, recurring.

REPISA, shelf, mantelpiece, console.
REPLANTEAR, to restate a problem.
REPLICAR, to reply, to answer back, to argue.
REPORTAJE, reporting, press conference or interview.
REPORTAR o INFORMAR, to obtain, to carry, to bring, to report.
REPORTE o INFORME, report.
—— ANUAL BANCARIO, bank's annual report.
—— DE ACCIDENTE, accident report.
—— DE AUDITORÍA, auditor's report.
—— DE ENTRADA DE MERCANCÍAS, goods inwards notes.
—— FINANCIERO, financial report.
—— O INFORME ANUAL, annual report.
REPORTERA o PERIODISTA o CRONISTA, woman reporter.
REPORTERO o PERIODISTA o CRONISTA, reporter.
REPOSICIÓN, replacement, reinstatement, rehabilitation.
——, COSTO DE, replacement cost.
REPOSTERÍA, confectionery, pastry shop.
REPREGUNTA, (law) cross-examination.
REPRENDER o CENSURAR, to reprehend, to rebuke.
REPRENSIÓN, censure.
REPRESA o EMBALSE, reservoir, dam, stoppage.
REPRESENTACIÓN, representation, standing, play, performance.
REPRESENTANTE, representative, agent.
—— ACREDITADO, authorized agent.
—— DE COMERCIO, commission man.
—— DE COMPRAS, buying agent.
—— DE FABRICANTES, manufacturers' representative.
—— DE PLAZA, local representative.
—— DE VENTAS, field salesman.
—— DE VENTAS EN EL EXTRANJERO, overseas sales representative.
—— DE ZONA, field representative.
—— DIRECTO, direct representative.
—— EXCLUSIVO o ÚNICO, sale representative.
—— REGIONAL, district representative.
—— VIAJERO DE CRÉDITO, traveling credit representative.
REPRESENTAR, to represent, to declare.
REPRIMIR o REFRENAR, to repress, to quell.
REPROBAR, to disapprove, not to pass (in an examination), to flunk, to fail.
REPROCHAR ALGO A UNO, to reproach someone for something.
REPRODUCCIÓN o DUPLICADO, reproduction.
REPRODUCIR, to reproduce.
REPUESTO o RECAMBIO, spare, stock, store.
——, DE, spare, extra.
REPUESTOS o PIEZAS DE REPUESTO o REFACCIONES, spare parts.
REPULSA o RECHAZO, repulse.
REPUTACIÓN, reputation, standing, credit.
—— COMERCIAL, goodwill, commercial standing.
—— FINANCIERA, financial standing.
—— INDUSTRIAL, industrial goodwill.
REQUERIDO o DEMANDADO, required.
REQUERIMIENTO, requirement, demand, requisition, summons, injunction.
—— DE CAJA o EFECTIVO, cash requirements.
—— JUDICIAL, injunction.
REQUERIR o DEMANDAR, to require.
REQUISA, tour of inspection, round.
REQUISICIÓN o SOLICITUD, inspection, demand, purchase, requisition.
—— AL ALMACÉN o VALE AL ALMACÉN, stores requisition.
—— DE MATERIALES, materials requisition.
—— DE PRECIOS, request for quotation.
REQUISITO, requisite, requirement.
REQUISITOS
—— DE INVENTARIO, inventory requirements.
—— DEL FONDO DE AMORTIZACIÓN, sinking fund requirements.
RESALTAR, to stand out, to project, to rebound.
—— A LA VISTA, to be self-evident.
RESARCIMIENTO, indemnity, compensation, reparation, repayment, recovery, comeback.
RESARCIR, to indemnify, to compensate.
RESBALAR o DESLIZARSE, to slide, to slip.
RESBALÓN, slip, fault, error.
RESCATABLE, callable, redeemable.
RESCATAR o SALVAR, to rescue, to redeem, to salvage, to recover.
RESCATE o RECUPERACIÓN, redemption, recapture, barter, ransom.
——, PRECIO DE, redemption price.
——, VALOR DE, surrender value.
RESCINDIR, to annul, to cancel.
—— LA MOCIÓN, withdraw a motion.
RESCISIÓN o ANULACIÓN, rescission, annulment.
RESELLAR, to countermark, to recoin, to surcharge (stamp).
RESENTIDO, resentful, offended.
RESEÑA, review, outline.
RESERVA, reservation, reserve, exception.
—— ACTUARIAL, actuarial reserve.
—— BANCARIA, bank reserve.
—— CONSOLIDADA, funded reserve.
—— CONTINGENTE o FONDO EVENTUAL, contingent reserve.
——, CUENTA DE, reserve account.
—— DE, A, with the intention of.
—— DE AMORTIZACIÓN, amortization reserve, reserve for sinking fund.
—— DE CAPITAL, capital reserve.
—— DE DIVISAS EXTRANJERAS, foreign currency reserve.
—— DE EXCEDENTE, proprietary reserve.
—— DE EXISTENCIA, stockpile.
—— DE GARANTÍA, coverage.
—— DE GARANTÍA DE LAS GANANCIAS, earnings coverage.

—— DE PASAJE, reservation.
—— DE PASIVO o PARA OBLIGACIONES, liability reserve.
—— DE POSTGUERRA, postwar reserve.
—— DE RENOVACIÓN, reserve for replacements.
—— DE SEGURO PROPIO, reserve for self-insurance.
—— DE SUPERÁVIT, surplus reserve.
——, EN, in store, in reserve.
—— EN EFECTIVO o DE EFECTIVO, cash reserve.
—— ENCUBIERTA, secret or inner reserve.
—— ENCUBIERTA EN LIBROS, hidden reserve, undisclosed reserve.
—— ESTABILIZADORA DE DIVIDENDOS, dividend-equalization reserve.
—— ESTABILIZADORA DE GASTOS o RESERVA DE NIVELACIÓN, equalization reserve.
—— EXTRAORDINARIA, extraordinary reserve.
—— FINAL o TERMINAL, final reserve
——, FONDO DE, reserve fund.
—— FRACCIONARIA, fractional reserve.
—— GENERAL, general reserve.
—— GENERAL DE OPERACIÓN, working reserve.
——, GUARDAR, to be discret, act with discretion.
—— HÍBRIDA, hybrid reserve.
—— INICIAL, initial reserve.
—— LEGAL o ENCAJE LEGAL, legal reserve, estatutory reserve.
—— MARGINAL, marginal reserve.
—— MATEMÁTICA, mathematical reserve.
—— MEDIA, mean reserve.
—— MENTAL, mental reservation.
—— MIXTA, mixed reserve.
—— MONETARIA PARA PÉRDIDA EN PRÉSTAMOS, loan loss reserve.
—— MONETARIA QUE NO DEVENGA INTERÉS, nonearning reserve.
—— PARA ACCIDENTES, reserve for accident compensation, reserve for accidents.
—— PARA ACCIDENTES INDUSTRIALES o DE TRABAJO, industrial-accident reserve.
—— PARA AGOTAMIENTO, reserve for depletion.
—— PARA AMORTIZACIÓN, reserve for amortization.
—— PARA AMPLIACIÓN, reserve for expansion.
—— PARA AMPLIACIÓN DE PLANTA, reserve for plant expansion.
—— PARA AUMENTAR EL CAPITAL CIRCULANTE, reserve for working capital.
—— PARA AYUDA A EMPLEADOS, relief fund reserve.
—— PARA BAJAS DE MERCADO, reserve for market decline.
—— PARA BENEFICENCIA, benefit-fund reserve.
—— PARA BONIFICACIONES, allowance reserve, reserve for allowances.
—— PARA CONTINGENCIAS ESPECIALES, special contingency reserve.
—— PARA CONTINGENCIAS GENERALES, general contingency reserve.
—— PARA CUENTAS DUDOSAS o PARA COBROS DUDOSOS, reserve for doubtful accounts.
—— PARA CUENTAS INCOBRABLES, reserve for uncollectible accounts.
—— PARA CUENTAS MALAS, reserve for bad debts.
—— PARA DEPRECIACIÓN, depreciation reserve, reserve for depreciation.
—— PARA DEPRECIACIÓN Y AMORTIZACIÓN, reserve for depreciation and amortization.
—— PARA DESCUENTOS, reserve for discounts.
—— PARA DESUSO, obsolescense reserve.
—— PARA DEUDAS INCOBRABLES, reserve for bad debts.
—— PARA EVENTUALIDADES o CONTINGENCIAS, contingency surplus.
—— PARA FONDO DE AMORTIZACIÓN, sinking fund reserve.
—— PARA GASTOS INDIRECTOS, reserve for overhead.
—— PARA GRAVÁMENES, reserve for encumbrances.
—— PARA IMPREVISTOS, reserve for contingencies.
—— PARA IMPUESTO SOBRE LA RENTA, income tax reserve.
—— PARA IMPUESTOS, reserve for taxes, provision for taxes.
—— PARA INDEMNIZACIONES, reserve for indemnities.
—— PARA MANTENIMIENTO, maintenance reserve.
—— PARA PARTICIPACIÓN DE EMPLEADOS EN LAS UTILIDADES DE UNA EMPRESA o RESERVA PARA REPARTO DE UTILIDADES, reserve for employees profit sharing, profit-sharing reserve.
—— PARA PENSIONES, pension reserve, pension fund reserve.
—— PARA PÉRDIDAS o SINIESTROS, reserve for losses.
—— PARA PÉRDIDAS EN INVENTARIOS, reserve for inventory losses.
—— PARA PÉRDIDAS OCURRIDAS, loss reserve.
—— PARA PÉRDIDAS POR INCENDIO, reserve for fire loss.
—— PARA PÉRDIDAS POR INUNDACIÓN, reserve for flood loss.
—— PARA PRIMAS NO DEVENGADAS, unearned premium reserve.
—— PARA RENEGOCIACIONES, renegotiation reserve.
—— PARA RENOVACIONES Y SUSTITUCIONES, reserve for renewals and replacements.
—— PARA REPARACIONES, reserve for repairs.
—— PARA REPOSICIÓN o REEMPLAZO, replacement reserve.
—— PARA RESCATE DE OBLIGACIONES, reserve for bond redemption.
—— PARA RETIRADOS o JUBILADOS, retirement reserve.
—— PARA RETIRO DE ACCIONES PREFERENTES, reserve for retirement of preferred stock.
—— PARA REVALUACIÓN, revaluation reserve.
—— PARA SEGURO, insurance reserve.
—— PARA USO, DESGASTE, OBSOLESCENCIA o INSUFICIENCIA, reserve for wear, tear, obsolescence or inadequacy.

—— PARA VARIACIONES DEL INVENTARIO, inventory reserve.
—— POR AGOTAMIENTO, depletion allowance.
—— REAL o VERDADERA, true reserve.
—— REALIZABLE, liquid reserve.
—— REGULADORA, qualifying reserve.
—— SECRETA u OCULTA, secret reserve.
—— SECUNDARIA, secondary reserve.
——, SIN, freely, openly.
—— TÉCNICA, technical reserve, unearned premium reserve.

RESERVAS
—— AURÍFERAS, gold reserve.
—— BANCARIAS, bank reserves.
—— COMPLEMENTARIAS DEL ACTIVO, reserves deductible from assets.
—— DE AGOTAMIENTO, depletion reserves.
—— DE CAPITAL, capital reserves.
—— DE CONVERTIBILIDAD, liquidity reserves.
—— DE GAS EXISTENTES EN UN YACIMIENTO, gas reserves.
—— DE HULLA o CARBÓN DE PIEDRA, coal reserves.
—— DE INGRESOS, revenue reserves.
—— DE LIQUIDEZ, liquidity reserves.
—— DE OPERACIÓN, operating reserves.
—— DE PARTICIPACIÓN, equity reserves.
—— DE PASIVO CIRCULANTE, current-liability reserves.
—— DE PETRÓLEO, oil reserves.
—— DE PREVISIÓN, provident reserves.
—— DE PRONTA DISPONIBILIDAD, primary reserves.
—— DE TASACIÓN o DE VALUACIÓN, valuation or offset reserves.
—— DEL NEGOCIO, earning retained in business.
—— EXCESIVAS o EXCEDENTES, excess reserves.
—— FORZOSAS, legal reserves.
—— METÁLICAS, cash reserves.
—— MONETARIAS, monetary reserves, money stock.
—— PARA CONSUMO DE CAPITAL, capital consumption allowances.
—— PARA CONTINGENCIAS o EVENTUALIDADES, contingency reserves.
—— PARA CUENTAS DUDOSAS o DE COBRO DIFÍCIL, allowance for bad debts.
—— PARA DESUSO, obsolescence reserves.
—— PARA FLUCTUACIÓN DE PRECIOS DEL INVENTARIO, inventory reserves.
—— PARA GASTOS, expense reserves.
—— PRIMARIAS DEL BANCO, bank's primary reserves.
—— PRIMARIAS EXCEDENTES, excess primary reserves.
—— PRIMARIAS OBLIGATORIAS, required primary reserves.
—— PROBADAS, proved reserves.
—— PROVISIONALES, nonsurplus reserves.
—— VOLUNTARIAS, voluntary reserves.
RESERVACIÓN, reservation, booking.
—— DE HOTEL, hotel reservation.
RESERVACIONES PARA CARGA, freight booking.

RESERVADO o DISCRETO, reserved, prudent, cautious, confidential, private office.
RESERVADOS TODOS LOS DERECHOS o RESERVADOS TODOS LOS DERECHOS DE REPRODUCCIÓN, all rights reserved.
RESERVAR o CONSERVAR, to reserve, to exempt, to retain.
—— ASIENTO, book a seat.
—— DERECHOS, reserve rights.
—— PASAJE, to reserve passage.
RESFRIADO, COGER UN, to catch a cold.
RESGUARDAR, to protect, to shelter.
RESGUARDO, binder, guard, shelter, security, collateral.
—— ADUANAL, body of customs police.
—— DE ALMACÉN, warehouse receipt.
—— DE MUELLE, dock receipt.
—— DE PRÉSTAMO, loan collateral.
—— DE RENTAS, body of revenue officers.
—— NEGOCIABLE, marketable collateral.
RESIDENCIA o DOMICILIO o MORADA, residence, domicile, dwelling unit.
RESIDENCIAL, residential, housing development.
RESIDENTE o HABITANTE, resident, dweller.
—— O INQUILINO VITALICIO, tenant for life.
RESIDIR o VIVIR, to reside.
RESIDUAL o RESTANTE, residual, residuary.
RESIDUO o RESTO o SOBRANTE, residue, remainder, scrap.
RESIGNARSE A o TOLERAR o CONFORMARSE CON, put up with.
RESINA, resin.
—— SINTÉTICA, synthetic resin.
RESISTENCIA o PODER o FIRMEZA, strength, resistance.
—— A COMPRAR, sales resistance.
—— DE MATERIALES, strenght of materials.
—— PASIVA, passive resistance.
RESISTENTE, resistant, strong.
—— A LA INTEMPERIE, weather-resistant.
RESISTIR u OPONERSE o RECHAZAR, to resist, to tolerate, to endure.
—— O HACER FRENTE A, stand against.
RESISTIRSE, hang back, to resist, to struggle.
RESOLUCIÓN o DETERMINACIÓN o DECISIÓN, resolution, cancellation, decision.
—— DE PROBLEMAS, problem resolving.
—— DEFINITIVA, final decision.
—— IRREFLEXIVA, snap judgment.
—— O SOLUCIÓN DE CONFLICTOS, conflict resolution.
RESOLUCIONES, REDACCION DE, drafting of resolutions.
RESOLVER, to resolve, to determine, to solve, to decide.
—— ALGO, get away with it.
—— EL PROBLEMA, do the trick.
—— LA CONTIENDA o LA DISPUTA, settle a dispute.
—— UNA DIFICULTAD, pull through.
—— UNA HUELGA, settle a strike.
RESONANCIA, TENER, to attract attention.

RESOPLIDO o SOPLO o BOCANADA, puff.
RESORTE, spring, rubber band.
RESPALDADO, TÍTULO, endorsed bond.
RESPALDAR o APOYAR, to back, to support, to back up, to stand behind.
RESPALDO, support, backing, security, guaranty.
—— DE ORO, gold reserve.
—— DEL INTERÉS, interest coverage.
—— FINANCIERO, financial backing.
RESPECTO, relation, respect, reference point, matter.
—— A, CON, as regards.
—— A o EN CUANTO A, referring to.
——, A ESTE, with respect to this.
——, AL, in the matter.
RESPETAR o ESTIMAR, to respect.
RESPETO o CONSIDERACIÓN, respect, regard, consideration.
——, FALTAR AL, to be disrespectful to.
—— PROPIO, self-respect.
RESPETUOSAMENTE DE USTEDES, respectfully yours.
RESPETUOSO, respectful.
RESPIRACIÓN, respiration, breathing.
——, FALTARLE A UNO LA, to get short of breath.
RESPIRADOR, respirator.
RESPIRAR, to breath, to get breath.
RESPONDER o CONTESTAR, to reply, to answer.
—— DE o POR, to guarantee, be responsible for, to account for, to answer for.
—— LLAMADA, call back.
RESPONSABILIDAD u OBLIGACIÓN, responsibility, accountability, liability.
—— CIVIL, public liability.
—— COLECTIVA, collective responsibility.
—— COMPLETA o TOTAL, full liability.
—— CONJUNTA, joint responsibility.
——, CUENTAS DE, liability accounts.
—— DEL ALMACENISTA, warehouseman's liability.
—— DEL CONTADOR, accountant's responsibility.
—— DEL CONTRATISTA, job liability.
—— DEL EMPLEADO, employee responsibility.
—— DEL FLETADOR, charterer's liability.
—— DEL FONDO, fund liability.
—— DE LOS DIRECTORES, liability of directors.
—— DEL NAVIERO, shipowner's liability.
—— DERIVADA DEL PLAN DE PENSIONES, pension liability.
—— ECONÓMICA, financial liability.
—— ESTATUTARIA, statutory liability.
—— HACIA TERCEROS, public liability.
—— ILIMITADA, unlimited liability.
—— INDIVIDUAL, individual responsibility.
—— LEGAL, legal responsibility.
—— LIMITADA, restricted liability.
—— MANCOMUNADA Y SOLIDARIA, joint-and-several liability.
—— PENAL, criminal liability.
—— POR DAÑOS CORPORALES, personal-injury liability, bodily-injury liability.
—— POR DAÑOS MATERIALES, property-damage liability.
—— POR ENDOSO o AVAL, liability for endorsement.
—— POR INCUMPLIMIENTO DE CONTRATO, liability for breach of contract.
—— SOBRE PROPIEDADES o BIENES MUEBLES, property accountability.
—— SOCIAL, social responsibility.
—— SOCIAL DE UNA CORPORACIÓN, corporate social responsibility.
RESPONSABILIDADES DEL PERSONAL ADMINISTRATIVO, staff responsibilities.
RESPONSABLE, responsible, one who is liable, reliable, accountable.
—— DE, in charge.
RESPUESTA, answer, reply, response.
—— DEL CONSUMIDOR, consumer response.
—— PAGADA, prepaid reply.
RESTA o SUSTRACCIÓN, substraction.
RESTABLECER o RESTAURAR, to restore, to reestablish.
RESTAR, to substract.
—— LA TARA AL PESAR UNA COSA, to tare.
RESTAURACIÓN o RENOVACIÓN, restoration, repairing.
RESTAURANTE, restaurant, restoran.
—— DE COMIDAS RÁPIDAS, fast-food restaurant.
—— EN CADENA o CADENA DE RESTAURANTES, chain restaurant.
RESTAURAR, to restore.
RESTITUCIÓN o DEVOLUCIÓN, restitution, refunding.
——, PERIODO DE, payback period.
RESTITUIBLE, returnable, refundable.
——, NO, nonreturnable.
RESTITUIR o REEMBOLSAR o DEVOLVER, to pay back, to refund, to return.
—— A, cover into.
RESTO o DIFERENCIA o SALDO o DESCANSO, rest, balance, remainder.
——, ECHAR EL, to do one best, to stake one's all.
RESTOS o RETAZOS, odds and ends.
RESTREGAR o FROTAR, to rub.
RESTRICCIÓN, restriction, restraint.
—— CREDITICIA, credit restriction.
—— DE COMERCIO, restraint of trade.
—— DE EFECTIVO, cash constraint.
—— DE LAS IMPORTACIONES, restraint on imports.
—— DE MANO DE OBRA, labor constraint.
—— DE TIEMPO DE MÁQUINA, machine time constraint.
—— DEL EFECTIVO DISPONIBLE, cash available constraint.
—— FINANCIERA, financial constraint.
——, SIN, nonrestrictive.
RESTRICCIONES
—— A LOS PRÉSTAMOS, loan restrictions.
—— COMERCIALES, trade restrictions.
—— DE EFECTIVO, restrictions on cash.
—— LEGALES, legal restrictions.

RESTRINGIR o LIMITAR, to restrict, to impound.
—— CRÉDITO, tighten credit.
RESUELTO o QUE NO VACILA, unhesitating.
RESUELLO, SIN, breathless.
RESULTADO, result, answer, outcome, outgrowth.
——, COMO, as a result.
—— DE LAS VENTAS, sales outcome.
RESULTADOS, profit and loss, results.
—— DE ENCUESTA DE OPINIÓN, opinion survey results.
—— DE LA OPERACIÓN, results from operation.
—— DE LA INVESTIGACIÓN DEL AUDITOR, auditor's findings.
—— DE LAS OPERACIONES, operating results.
—— DE LAS VENTAS, sales results.
—— DE UNA INVESTIGACIÓN, findings.
—— POSIBLES, possible outcomes.
RESULTAR o ACABAR, to result, to turn out, to work out.
—— DE, to result from.
RESUMEN o RECOPILACIÓN, digest, summary, recapitulation, abstract.
—— BIOGRÁFICO DEL EMPLEADO, employee's biographical summary.
—— DE DATOS COMERCIALES, business data summary.
—— DE MATERIAL RECIBIDO, summary of material received.
—— DE MATERIAL USADO, summary of material used.
—— DE NOTICIAS, news wrap-up.
—— DEL INFORME ANUAL, annual reports summary.
—— DE PASES AL MAYOR, summary of postings to ledger, abstract of postings.
——, EN, in short.
RESUMIDAS CUENTAS, EN, in short, briefly.
RESUMIR o COMPENDIAR, to summarize, to abstract, to sum up.
RESURGIMIENTO INDUSTRIAL, industrial recovery, business upturn.
RESURTIDO DE EXISTENCIAS, reordering of stocks.
RETAGUARDIA, rearguard.
——, A, in the rear.
RETAR, to challenge, to dare.
RETARDAR o ATRASAR o DEMORAR o DILATAR, to retard, to delay, to slow.
—— EL TRABAJO o AMINORARLO, work slowdown.
RETARDO, delay, retardation.
RETARDOS EN LOS PAGOS, arrears.
RETENCIÓN o RETENTIVA, retention, withholding, detention.
—— DEL CAPITAL SOCIAL, retention of stockholder equity.
—— DEL IMPUESTO, withholding of tax.
—— DEL VALOR LÍQUIDO, equity retention.
RETENCIONES Y DETENCIONES, restraints and detainments.
RETENEDOR, withholding agent, detainer.
—— DEL IMPUESTO SOBRE LA RENTA, income tax collector.

RETENER, to hold, retain, to withhold, to keep.
—— EN LA FUENTE, withhold at the source.
—— JUDICIALMENTE, to attach.
RETENIDAS, SUMAS, amounts withheld.
RETENIDO, withheld, retained.
——, IMPUESTO, withholding tax.
RETIRABLE, callable.
—— A LA PAR, callable at par.
—— CON PREMIO, callable at premium.
——, NO, noncallable.
RETIRADA o RETRAIMIENTO o REFUGIO, retreat.
—— DE UN SOCIO, withdrawal of a partner.
RETIRADO o AMORTIZADO, retired.
RETIRAR, to withdraw, to call, to retire.
—— A UN EMBAJADOR DE SU CARGO, recall an ambassador.
—— DE LA CIRCULACIÓN, withdraw from circulation.
—— EFECTIVO, to draw, to withdraw cash.
—— EL APOYO, withdraw support.
—— EL CRÉDITO, to cancel credit.
—— FONDOS, withdraw funds.
—— LA PROPUESTA, withdraw a bid.
—— LA SOLICITUD, withdraw the application.
—— MERCANCÍAS, withdraw merchandise.
RETIRARSE o JUBILARSE o RETROCEDER, to retire, to withdraw, to retreat.
—— DE LA ASAMBLEA, walkout of a meeting.
—— DE LOS NEGOCIOS, retire from business, to withdraw from business.
—— DEL NEGOCIO o NO HACER NEGOCIO, give up business.
—— O ELUDIR UN COMPROMISO, back out.
RETIRO o JUBILACIÓN o RETIRADA, retirement, withdrawal, retreat.
——, CASA DE, retirement home.
—— DE ACTIVO, retirement of assets.
—— DE ALMACÉN, warehouse withdrawal.
—— DE BONOS, bond retirement.
—— DE INMUEBLES, property retirement.
—— DE LAS CUENTAS, pulling the accounts.
—— DE VALORES DE PASIVO CONVERTIBLE, retirement of convertible debt.
——, EDAD DE, retirement age.
—— EN PERSPECTIVA, prospective retirement.
——, PENSIÓN DE, retirement allowance.
——, PLAN DE, retirement plan.
——, PROMEDIO DE, retirement rate.
——, UNIDAD DE, retirement unit.
RETIROS
——, CONTABILIDAD DE, retirement accounting.
——, CUENTAS DE, drawing accounts.
——, CURVA DE, retirement curve.
—— DE CAJA, withdrawals of cash.
—— DE EXISTENCIA, withdrawals from stock.
——, MÉTODO DE, retirement method.
——, TABLA DE, retirement table.
RETO, challenge, threat, menace.
—— ADMINISTRATIVO, management challenge.

RETOCAR o **CORREGIR,** touch up.
RETORCER, to twist, to contort.
RETORNAR, to return, to give back, to go back.
RETORNO, return, repayment, coming back.
——, **CARGA DE,** o **CARGA DE DEVOLUCIÓN,** return cargo.
RETORTERO, TRAER AL, to twist one around, to deceive with false promises.
RETRACAR o **RETRAER** o **RETIRAR,** to retract.
RETRACTARSE, withdraw a statement, to retract, take back one's work.
RETRAIMIENTO, seclusion, retreat, retirement.
RETRASADO, late, in arrears, backward, underdeveloped.
RETRASAR u **OBSTACULIZAR,** set back, to delay, to defer, to put off.
RETRASO, retardation, delay, tardiness, lag.
—— **EN LA INNOVACIÓN,** innovation lag.
RETRASOS, arrears.
—— **DE DEPRECIACIÓN,** arrears of depreciation.
RETRATISTA, portrait painter.
RETRATO, portrait, picture, photograph.
RETRETE o **INODORO** o **EXCUSADO,** water closet.
RETRIBUCIÓN, fee, recompense, compensation, salary, wages.
—— **AL CORREDOR,** brokerage fees.
—— **BRUTA,** gross earnings.
—— **DEL AUDITOR POR REVISIÓN CONTABLE,** audit fees.
—— **DEL CONTADOR,** accounting fee.
—— **FIJA,** fixed fee.
—— **IGUAL PARA IGUAL TRABAJO** o **IGUAL PAGO PARA IGUAL TRABAJO,** equal pay for equal work.
—— **MODERADA,** moderate income.
—— **NETA,** net earnings.
—— **POR ENTREGA,** delivery fee.
—— **POR HORA,** hourly earnings.
—— **SOBRE LA INVERSIÓN,** return on the investment.
RETRIBUIR, to pay, to remunerate.
RETROACTIVO, retroactive.
RETROALIMENTACIÓN, feedback.
—— **DE LA INFORMACIÓN,** information feedback.
—— **RECIBIDA DEL TRABAJO REALIZADO,** job feedback.
—— **Y ARRASTRE,** carryback-carryforward.
RETROCEDER, turn back, step back, stand back, run back.
RETROCESO o **VUELTA ATRÁS,** throwback, return, decline, setback.
—— **ECONÓMICO,** economic depression.
RETRÓGRADO, retrogressive, retrograde, reactionary.
RETROSPECTIVO, retrospective.
REUNIÓN o **JUNTA,** meeting, gathering, reunion, pool, syndicate.
—— **ANUAL,** annual meeting.
—— **DE ACCIONISTAS,** stockholders' meeting.
—— **DE ACREEDORES,** meeting of creditors.
—— **DE ENFRENTAMIENTO,** face-to-face meeting.
—— **DE LA JUNTA DIRECTIVA,** directors' meeting.
—— **DE LOS RESIDENTES DE UN MUNICIPIO,** town meeting.
—— **DE PRENSA,** press conference.
—— **DE UN GRUPO DE CONSUMIDORES PARA TRATAR ASUNTOS,** consumer panel.
—— **DE VENTAS** o **SOBRE VENTAS,** sales meeting.
—— **PARA ESTUDIO DE PROBLEMAS** o **CLÍNICA,** clinic.
—— **PLENARIA,** full meeting.
—— **QUINCENAL,** biweekly meeting.
REUNIR o **RECAUDAR** o **JUNTAR,** to collect, to gather.
—— **DINERO,** to collect funds.
REUNIRSE, to assemble, to meet, to convene.
—— **CON UNA PERSONA,** to meet with.
REVALIDACIÓN, revalidation.
REVALIDAR, to revalidate, to confirm.
REVALIDARSE, to take an examination for a degree.
REVALUACIÓN o **REVALORIZACIÓN,** revaluation.
—— **O REVALORIZACIÓN DE LA MONEDA,** revaluation of currency.
REVANCHA, revenge, retaliation.
REVELACIÓN o **DESCUBRIMIENTO,** disclosure.
—— **LEGAL,** legal exposure.
REVELAR o **DIVULGAR** o **MANIFESTAR,** to reveal, to disclose, develop.
REVENDEDOR, middleman, reseller, retailer, jobber, dealer.
—— **FINAL,** final reseller.
—— **INTERMEDIO,** intermediate reseller.
REVENDER, to resell, to retail.
REVENTA, resale, subsale.
REVENTAR o **EXPLOTAR,** to blow out, to burst, to blow up.
REVENTÓN, blowout.
REVERSIBLE, reversionary, reversible.
REVERSIÓN, reversion.
—— **DE PROPIEDAD AL ESTADO,** escheat.
REVERSO u **OPUESTO** o **DORSO** o **REVÉS,** reverse, back of a document.
—— **DE LA MEDALLA,** the absolute opposite.
REVÉS o **RETROCESO** o **CONTRARIEDAD,** setback, reverse, misfortune, back.
——, **AL,** on the contrary, wrong, side out, backwards.
REVESTIRSE o **ARMARSE DE PACIENCIA,** to arm oneself with patience.
REVISAR o **EXAMINAR,** to inspect, to examine, to review, to audit, to overhaul, to audit.
—— **LAS CUENTAS,** to audit.
REVISIÓN, revision, examination, review, inspection.
—— **ADUANAL,** customs inspection.
—— **CONTABLE** o **DE CUENTAS,** audit, auditing of accounts.
—— **DE LA AUDITORÍA,** audit examination.
—— **DE LA GESTIÓN GERENCIAL** o **ADMINISTRATIVA,** management review.
—— **DE LOS LIBROS DE CONTABILIDAD,** examination of books.
—— **DE PRÉSTAMOS,** loan review.

REVISIONES DEL PRESUPUESTO-RIESGOS 333

—— DE SALARIOS Y SUELDOS, pay review.
—— DE TÍTULO, search of title.
—— MÉDICA o RECONOCIMIENTO MÉDICO, medical examination.
—— PARA ACEPTACIÓN, acceptance inspection.
—— RÁPIDA (no detallada), scan.
REVISIONES DEL PRESUPUESTO, budget revisions.
REVISOR o INSPECTOR, inspector, auditor, overseer.
REVISTA, magazine, review, examination.
—— COMERCIAL, trade magazine.
—— DE GRAN CIRCULACIÓN, mass publication.
—— DEL MERCADO, market report.
—— GREMIAL, trade paper.
—— O PUBLICACIÓN PERIÓDICA, periodical.
——, PASAR, to review, to inspect.
—— SEMANAL o SEMANARIO, weekly magazine.
—— TÉCNICA, technical journal.
—— TRIMESTRAL, quarterly magazine.
REVIVIR o RESTAURAR, to revive.
REVOCACIÓN, revocation, abrogation, abolition.
REVOCAR o ANULAR, to revoke.
REVOLTIJO o REVOLTILLO, mess, jumble, tangle.
REVOLTOSO, turbulent, mischievous, rebel.
REVOLUCIÓN, revolution.
—— DE FONDOS, capital turnover.
—— INDUSTRIAL, industrial revolution.
REVOLVENTE o ROTATIVO, revolving.
REVOLVER, to turn over, to turn upside down.
REVÓLVER DE SEIS TIROS, six-shooter.
REVUELTA o REBELIÓN o SUBLEVACIÓN, revolt, disturbance, revolution.
REY o REY EN NAIPES Y AJEDREZ, king.
REYERTA o RIÑA o BRONCA, quarrel.
REZAGAR, to defer, to sort out, to scrap.
REZAGARSE, hang back, to fall behind, to lag.
REZAGO, salvage material, remainder, scrap.
REZAGOS, leftovers, remnants, scraps, dead letters.
REZAR, to pray, to say mass.
RIBERA, shore, bank, riverside.
RICO o ACAUDALADO o ADINERADO, rich.
RIDÍCULO, ridiculous, odd, queer.
——, PONER EN, to make a fool of, to expose to ridicule.
——, PONERSE o QUEDAR EN, to make oneself ridiculous.
RIEGO o REGADÍO, irrigation, sprinkling, watering.
RIEL o CARRIL, rail.
RIELERO o GUARDAVÍA, trackman, track laborer.
RIENDA SUELTA, DAR, to give free reins to.
RIENDAS, TOMAR LAS, to take the reins.
RIESGO o PELIGRO, hazard, risk, venture, casualty.
——, A, at risk.
—— A LA SEGURIDAD, security risk.
—— CAMBIARIO o DE DIVISAS, foreign exchange risk.
—— COLECTIVO, joint adventure, collective hazard.
—— COMÚN, common venture.
——, CORRER UN, run a risk.
—— DE AUDITORÍA, audit risk.
—— DE BAJA DE PRECIOS, risk of falling prices.

—— DE CONFIANZA EXCESIVA, risk of overreliance.
—— DE GUERRA, war risk.
—— DE INCENDIO o PELIGRO DE INCENDIO, fire hazard.
—— DE LA CARGA, cargo risk.
—— DE LA TASA o TIPO DE INTERÉS, interest rate risk.
—— DE LIQUIDEZ o DE CONVERTIBILIDAD, liquidity risk.
—— DE MERCANCÍAS SOBRE MUELLE, wharf risk.
—— DE PÉRDIDA, pure risk.
—— DE TERCERO, third-party risk.
—— DE VIDA, life risk.
—— DEL CAPITAL, capital risk.
—— DEL COMPRADOR, caveat emptor, buyer's risk.
—— DEL CONSUMIDOR, consumer's risk.
—— DEL CRÉDITO o RIESGO DE CONCEDER CRÉDITO, credit risk.
—— DEL MANEJO DE CAPITAL BANCARIO, back's capital risk.
—— DEL PODER ADQUISITIVO DE LA EMPRESA, purchasing-power risk of firm.
—— DEL PORTADOR, carrier's risk.
—— DEL PRODUCTOR, producer's risk.
—— DEL VENDEDOR, seller's risk, caveat venditor.
—— EVIDENTE, obvious risk.
—— FINAL, ultimate risk.
——, GRAN, bad risk.
——, LIMITACIÓN DEL, risk constraints.
—— MARÍTIMO, marine risk, maritime adventure.
—— MATERIAL, physical hazard.
—— MORAL, moral hazard.
—— PROFESIONAL, occupational hazard.
—— PROFESIONAL SIN NEGLIGENCIA, ordinary hazards.
—— PROTEGIDO, protected risk.
RIESGOS
—— ACCIDENTALES, casualty risks.
—— ASEGURABLES, insurable risks.
—— BANCARIOS, bank risks.
—— DE DETERIORO o DESPERFECTO, risk of deterioration.
—— DE HURACÁN, windstorm hazard.
—— DE INVERSIONES DE CAPITAL, business risks.
—— DE LA AVIACIÓN, aviation hazard.
—— DE MAR, sea risks.
—— DE OPERACIÓN, operating risks.
—— DE OPERACIÓN EXTERNOS, external operating risks.
—— DE OPERACIÓN INTERNOS, internal operating risks.
—— DE TRANSPORTE, transportation hazards.
—— DEL MAR, perils of the sea.
—— DEL MERCADO, market risks.
—— DEL MUESTREO, sampling risks.
—— EN LOS CRÉDITOS, credit risks.
—— FINANCIEROS, financial risks.
—— MORALES, moral hazards.
—— NO ASEGURABLES, uninsurable risks.
—— NO VENCIDOS, unexpired risks.
—— NORMALES, ordinary hazards.
—— PREFERENTES, preferred risks.

—— SOCIALES, riots and civil commotion, risks of strikes.
RIESGOSO, hazardous, risky.
——, NO, nonhazardous.
RIFA o SORTEO, raffle, scuffle, wrangle.
RIFAR, to raffle.
RIGOR, EN, as a matter of fact, strictly.
RINCÓN, corner, nook, cosy corner.
RIÑA o PELEA o TRIFULCA, row.
RÍO, river.
—— ABAJO, down the river.
—— ARRIBA, up the river, upstream.
RIPIO, rubbish, debris.
RIQUEZA, wealth, worth, richness, abundance.
—— DE LAS NACIONES, wealth of nations.
——, DISTRIBUCIÓN DE LA, distribution of wealth.
—— MOBILIARIA, personal property.
—— NACIONAL, national wealth.
—— Y DERECHOS, wealth and claims.
—— Y PRODUCCIÓN, wealth and output.
RISA, laugh, laughter.
——, DESTERNILLARSE o REVENTAR DE, to burst or hold one's sides with laughter.
RISOTADA, outburst of laughter, horse laugh.
RISUEÑO o SONRIENTE, smiling, pleasing.
RITMO o PASO, pace.
RITO o CEREMONIA, rite.
RIVAL o COMPETIDOR, rival.
RIVALIDAD o COMPETENCIA ENTRE PERSONAS, rivalry, competition.
ROBAR o HURTAR, to steal, to rob, to graft.
ROBLE BLANCO, white oak.
ROBO o HURTO o SUSTRACCIÓN o PILLAJE, robbery, theft, graft.
—— CON ESCALO, burglary.
—— DE MERCANCÍAS, theft of merchandise.
—— DE UN EMPLEADO, employee theft.
—— EN EL CENTRO DE TRABAJO, workplace theft.
ROBOS, SEGURO CONTRA, burglary insurance.
ROBOT o AUTÓMATA, robot.
—— INDUSTRIAL, industrial robot.
ROBUSTO, heavy-set, robust.
ROCIADA o ROCÍO o DUCHA, spray.
ROCIADOR, sprayer.
—— AUTOMÁTICO, automatic sprinkler.
—— AUTOMÁTICO PARA EXTINCIÓN DE INCENDIOS, sprinkler system.
ROCIAR o PULVERIZAR UN LÍQUIDO, to spray, to sprinkle.
RODADURA o BALANCEO o ENROLLAMIENTO, rolling.
RODAR, to roll, to turn on wheels, to film, to shoot.
—— LA BOLA, DEJAR, to let things alone.
—— O PROYECTAR UNA PELÍCULA, to shoot a movie or a moving picture.
RODEAR, to round up, to fence.
RODEO, detour, roundup, rodeo.
RODILLA, knee.
RODILLAS, DE, on one's knees.
RODILLAS, DOBLAR o HINCAR LAS, to kneel down.

RODILLO o CILINDRO, roller.
ROGAR o SUPLICAR o REZAR, to pray, sue for.
——, HACERSE DE, to have to be coaxed.
ROL, list, roll.
—— DE PAGO o NÓMINA, payroll.
—— DE TRIPULACIÓN, roll of seamen, muster roll.
ROLDANA, pulley wheel, caster.
ROLLO, log, roller, coil, roll.
—— IMPRESO, printed roll.
ROMANA o PESA, scale, steelyard.
—— DE MOSTRADOR, counter scale.
—— DE VÍA, track scale.
ROMERÍA, picnic, excursion, tour.
ROMPE y RASGA, undaunted, free and easy, brave.
ROMPECABEZAS, puzzle, riddle.
ROMPEHUELGAS o ESQUIROL, strikebreaker, scab.
ROMPEOLAS, jetty, breakwater.
ROMPER o VIOLAR o ANULAR, to break, to smash, to shatter.
—— EL CONTRATO, to break the contract.
—— EL FUEGO, to open fire.
—— LA HUELGA, break a strike.
—— LA REGLA o VIOLARLA, breach the rule.
—— RELACIONES CON, break with.
RON, rum.
RONCAR, to snore, to roar, to brag.
RONDA, round of a watchman, patrol, round.
RONDAR, to hang around.
—— LA CALLE, to flirt on the street.
ROPA o VESTIDOS o INDUMENTARIA, apparel, clothing, wearing apparel, garments.
——, A QUEMA, at close range.
—— BLANCA o MANTELERÍA, white goods.
—— DE CABALLERO, men's wear.
—— DE NIÑOS, children's clothing.
—— DE TRABAJO, work clothing.
—— INTERIOR, underwear.
—— LIMPIA, clean laundry.
—— SUCIA, soiled laundry.
ROPERO, clothes locker, wardrobe, closet, checkroom.
ROSCA, screw and nut, screw thread.
ROTACIÓN, rotation, movement, activity, displacement.
—— DE ACTIVOS o MOVIMIENTO DE ACTIVOS, asset turnover.
—— DE ANUNCIOS o DE PUBLICIDAD, rotation of advertisements.
—— DE ARTÍCULOS DE CONSUMO, finished goods turnover.
—— DE CUENTAS POR COBRAR, receivable turnover, account receivable turnover.
—— DE CULTIVOS o DE COSECHAS, crop rotation.
—— DE EJECUTIVOS, executive turnover.
—— DE EMPLEOS, rotation of jobs.
—— DE EXISTENCIAS o DEL INVENTARIO, inventory turnover.
—— DE JORNALEROS o DE OBREROS, turnover of labor, labor turnover.

—— DE MERCANCÍAS, stock-turn.
—— DE PERSONAL, employee turnover.
—— DE PERSONAL EN EL TRABAJO, job rotation.
—— DEL ACTIVO FIJO, fixed-asset turnover.
—— DEL AUDITOR, auditor rotation.
—— DEL CAPITAL DE TRABAJO o GIRO DEL CAPITAL, capital turnover.
ROTAR o GIRAR o DAR VUELTAS, to rotate, to revolve.
ROTATIVO, CRÉDITO, revolving credit.
REGULAR, to letter, to label, to address, to place a heading or title, to tag.
ROTULISTA o PINTOR DE LETREROS, sign painter.
RÓTULO, label, sign, title.
—— DE LUZ o ANUNCIO LUMÍNICO, electric sign.
—— ENGOMADO, sticker.
ROTUNDO, categorical, round, rotund.
ROTURA o DESTROZO, smash, fracture, breakage.
ROZAMIENTO, friction, rubbing.
RUBIA o RUBIO, blond, golden, fair.
RUBRICAR, to sign, to initial.
RUBRICAR, FIRMAR Y SELLAR, sign and seal.
RUBRO, title, caption, subheading.
—— O GIRO DE INDUSTRIA, line of business.
—— O RAZÓN SOCIAL, firm name.
RUDO o DESCORTÉS o POCO AFABLE, ungracious, rude, rough.
RUEDA o DISCO o VOLANTE o TIMÓN DE AUTO, wheel.
—— DE PERIODISTAS o DE PRENSA, news conference, press conference.
——, HACER LA, to keep after, to flatter, to cajole.
—— MATINAL o DE LA MAÑANA, morning session.
RUEGO o SÚPLICA o ALEGATO, plea.
RUFIÁN, pimp, ruffian, pander.
RUIDO o BULLA, noise.
——, HACER o METER, to make a noise, to attract attention.
—— QUE LAS NUECES, SER MÁS EL, much ado about nothing.
—— SECO o CHASQUIDO, pop.
RUIDOSO o ESTREPITOSO, noisy.
RUINA, ruin, collapse.
—— FINANCIERA, financial ruin.
—— O ESTRAGO EN LA LÍNEA DE PRODUCCIÓN, downstream havoc.
RUMBO, direction, route, course.
—— A o CAMINO DE, on the way to.
—— A, CON, bound for.
RUMOR, rumor, murmur, report.
RUNRUN, rumor, purr.
RURAL o CAMPESTRE, rural.
——, ÁREA, rural area.
RÚSTICA, EN, unbound, paper-bound, paper cover.
RÚSTICO, rustic, rural, coarse.
RUTA o VÍA o ITINERARIO, route, routing.
—— AÉREA, airway, airline.
—— CRÍTICA o CAMINO CRÍTICO, critical path.
——, EN, en route.
—— FLUVIAL, river route.
—— MARÍTIMA, seaway.
—— O VÍA ACUÁTICA, water route.
—— VIAL, highway route.
RUTINA, routine, custom, habit.
—— DE CARGA, loading routine.
RUTINARIO o RUTINA o COSTUMBRE, routine, unimaginative.

S

SÁBADO, Saturday.
SÁBANA, sheet, bed sheet.
SÁBANAS, PEGÁRSELE A UNO LAS, to rise late.
SABELOTODO, wise guy.
SABE, QUIÉN, perhaps, who knows!
SABER o CONOCER, to know, to know how, to be able.
—, A, namely, to wit.
— DE, to know of, be familiar with, to hear of or from.
—, HACER, to inform, to let know.
— LO QUE DEBE HACERSE, to know better.
— QUÉ HACER, NO, to be at loss.
SABIDURÍA, wisdom.
SABIO o ERUDITO o ILUSTRADO, wise, learned, wise man, scientist.
SABLAZO, DAR UN, to touch someone for a loan.
SABOR, taste, flavor.
SABOREAR, to flavor, to savor, to taste with pleasure, to enjoy.
SABOTAJE, sabotage.
SABROSO, tasty, delicious, delightful.
SACACLAVOS, nail puller.
SACAPUNTAS, pencil sharpener.
SACAR, to draw, to take out, withdraw, to put out, stick out.
— A LA VENTA, to put on sale.
— A PASEAR, to take out for a walk.
— A REMATE o A SUBASTA, to auction, to call for bids.
— ADELANTE, to carry forward, to execute.
— DE QUICIO o SACAR A UNO DE SUS CASILLAS, to drive crazy, to exhaust one's patience.
— DEL ALMACÉN, withdraw from storage.
— EL CUERPO, to get out, to dodge, to shun.
— EL PROMEDIO, strike an average.
— EL TOTAL, take off the total.
— EN CLARO o EN LIMPIO, to arrive at the conclusion, to conclude.
— LA CARA POR, to stand for, to defend.
— LA CUENTA, to figure out.
— O RETIRAR DINERO, to draw cash.
— PARTIDO o VENTAJA DE, to take advantage of, to profit by, to put to good use.
— PATENTE, take out a patent.
— PIEZAS DE UN VEHÍCULO PARA ARREGLAR OTRO, cannibalize.
— PROVECHO, to derive a profit.
— UNA COPIA, to make a copy.
— UNA MUESTRA, take a sample, to sample.
— UNA PRUEBA DE IMPRENTA, to pull a proof.
— UNA TARIFA, post a tariff.
SACARSE UN PREMIO, to draw a prize.
SACERDOTE o CURA, priest.
SACO, sack, bag, pouch, coat.

— DE NOCHE, overnight bag.
— O BOLSA PARA DINERO, money pouch.
— ROTO, NO ECHAR EN, not to forget, not to ignore.
SACRO, sacrum, holy.
SACUDIDA o CHOQUE o GOLPE o SUSTO, shock, jerk, shake.
SACUDIR, to shake, shake off.
SAETA, arrow, dart, shaft.
SAGACIDAD, sagacity, sagaciousness.
SAGAZ, farsighted, discerning, farseeing.
SAGRADA ESCRITURA, Holy Writ.
SAGRADO, sacred, consecrated, holy.
SAL, salt.
SALA, room, court, tribunal, division of a court.
— DE DESCANSO, rest room.
— DE DESPACHO, shipping room.
— DE ESPERA o ANTESALA, waiting room.
— DE EXHIBICIÓN, showroom, wareroom.
— DE EXHIBICIÓN RENTADA, rented showroom.
— DE HOSPITAL, hospital ward.
— DE JUNTAS o DE SESIONES, assembly hall, board room.
— DE JUSTICIA, court of justice.
— DE MÁQUINAS, engine room.
— DE REVISIÓN DE EQUIPAJE, baggage-inspection room.
— EXHIBIDORA DE VENTAS POR CATÁLOGO, catalog showroom.
SALARIO, wages, salary.
— ACTUAL, prevailing rate of wages.
— BAJO o REDUCIDO, low wage.
— BÁSICO, basic wage, base pay.
— BRUTO, gross pay.
— DE HAMBRE, starvation wages.
— DIARIO, daily wage.
— DOBLE, double time.
— EN EFECTIVO, monetary wage.
— EXTRAORDINARIO o TIEMPO EXTRA, overtime.
— GRAVABLE o IMPONIBLE, taxable pay.
— INICIAL, starting rate or pay.
— JUSTO o EQUITATIVO, fair wages.
— LIBRE o EXENTO DE IMPUESTOS, tax-free pay.
— MÍNIMO, minimum wage.
— MÍNIMO PARA VIVIR o SALARIO DE SUBSISTENCIA, subsistence wages.
— NETO, net pay.
— NOMINAL o EN EFECTIVO, nominal wage.
— O PERCEPCIÓN SEMANAL, weekly earnings.
— OBRERO o SINDICAL, union wage.
— POR HORA, hourly wages, hourly earnings, per-hour pay rate.
— POR TAREA, piece rate.
— REAL, real wage.
— SEGÚN CAPACIDAD, merit rating.
— SEGÚN OFICIO, occupational wages.
— TRIMESTRAL, quarterly wages.
SALARIOS
— ACUMULADOS POR PAGAR, accrued payroll.

SALCHICHA-SALE PRIMERO LO QUE ENTRA PRIMERO

—, **AUMENTO DE LOS,** increase in wage rates.
— **CAÍDOS,** accrued wages, arrears of salaries.
— **MONETARIOS,** money wages.
— **NEGOCIADOS,** labor wages settlements.
— **NO RECLAMADOS o NO COBRADOS,** unclaimed wages.
— **O JORNALES NO PAGADOS,** wages unpaid.
SALCHICHA, sausage.
SALCHICHONERÍA, sausage shop or factory.
SALDADA, CUENTA, account closed.
SALDADO, paid-up.
SALDAR o LIQUIDAR, to balance, to settle, to liquidate, to sell out, to pay up.
— **CUENTAS,** to liquidate.
— **LOS LIBROS,** to close or balance the books, balance of the books.
— **UNA DEUDA,** to discharge a debt.
— **O LIQUIDAR UNA CUENTA,** balance an account.
SALDO, balance, settlement, liquidation, remnants.
— **ACREEDOR,** credit balance.
— **AL FINAL DEL EJERCICIO,** end-of-period balance.
— **ANTERIOR,** balance forwarded, previous balance.
— **BANCARIO,** bank balance.
— **COMERCIAL,** balance of trade.
— **COMPENSADOR o REMUNERADOR,** compensating balance.
— **COMPROMETIDO,** obligated balance.
— **CONTABLE,** book balance (inventory).
— **CORRIENTE,** running balance.
— **DE APERTURA,** opening balance.
— **DE CAPITAL PENDIENTE DE PAGO,** outstanding principal balance.
— **DE CIERRE,** closing balance.
— **DE COMPENSACIÓN o RECIPROCIDAD,** compensatory balance.
— **DE COMPENSACIÓN BANCARIO,** compensating bank balance.
— **DE CUENTA,** account balance, balance of the account.
— **DE CUENTA DE AHORROS DEL CLIENTE,** customer's saving account balance.
— **DE CUENTAS DE VENTAS,** sales account balance.
— **DE CUENTAS POR COBRAR,** receivable balance.
— **DE DEPÓSITO CERO,** zero deposit balance.
— **DE DESCUENTO NO AMORTIZADO,** unamortized discount balance.
— **DE EFECTIVO ÓPTIMO,** optimal cash balance.
— **DE LA CUENTA DE CAPITAL,** capital account balance.
— **DE LA HIPOTECA,** mortgage balance.
— **DE PEDIDOS,** order balance.
— **DECRECIENTE,** diminishing balance.
— **DEL EJERCICIO ANTERIOR,** balance of previous period.
— **DEL FONDO,** fund balance.
— **DEL LIBRO MAYOR o DEL MAYOR,** ledger balance.
— **DEL PRESENTE AÑO,** current-year balance.
— **DEL TARJETAHABIENTE,** cardholder balance.
— **DESFAVORABLE,** unfavorable balance of trade.
— **DEUDOR o AL DEBE,** debit balance.
— **DISPONIBLE o APROVECHABLE,** available balance.
— **EN EFECTIVO,** cash balance.
— **EN EL BANCO,** bank cash balances.
— **EN VALOR,** value balance.
— **FINAL,** final balance, full settlement, ending balance.
— **GLOBAL,** overall balance.
— **INSOLUTO,** remaining balance.
— **LÍQUIDO,** net balance.
— **MARGINAL,** marginal balance.
— **MENSUAL,** monthly balance.
— **NEGATIVO,** negative balance, unfavorable balance of trade.
— **NO ASIGNADO,** unallocated balance, unappropriated balance.
— **NO EJERCICIO o NO GASTADO,** unexpended balance.
— **NO GRAVADO,** unencumbered balance.
— **O RESTO DE EXISTENCIA,** balance of stock.
— **PAGADERO,** balance due.
— **PENDIENTE,** balance outstanding.
— **POR PAGAR,** amount payable.
— **PROFORMA,** pro forma balance.
— **PROMEDIO DE EFECTIVO,** average cash balance.
— **SEGÚN BALANZA DE COMPROBACIÓN,** balance per trial balance.
— **SOBRE PRÉSTAMO PENDIENTE DE PAGO,** outstanding loan balance.
SALDOS
— **ACREEDORES MUY ANTIGUOS,** long-standing credit balances.
— **BANCARIOS QUE DEVENGAN o PRODUCEN INTERÉS,** interest-bearing bank balances.
— **DE CUENTA A FIN DE AÑO,** year-end account balances.
— **DE CUENTA DE CHEQUES,** checking account balances.
— **DE CUENTAS DE CLIENTES,** customer account balances.
— **DE CUENTAS POR COBRAR,** amounts receivable balances.
— **DE LOS AGENTES,** balances with agents.
— **DEL IMPUESTO PREDIAL ACUMULADO,** accrued property tax balances.
— **EN CERO,** zero balances.
— **INACTIVOS o SIN MOVIMIENTO,** inactive balances.
— **NUEVOS,** new balances.
— **OCIOSOS DE EFECTIVO DE LA EMPRESA,** firm's idle cash balances.
— **PRECAUTORIOS DE EFECTIVO DE LA EMPRESA,** firm's idle cash balances.
— **QUE NO PRODUCEN INTERÉS,** nonearning cash balances.
— **VENCIDOS,** past-due accounts.
SALE PRIMERO LO QUE ENTRA PRIMERO, (inventory) firs-in-first-out, FIFO.

SALIDA O PARTIDA, exit, departure, sailing, outgo, way out.
—— **ANTES DE TIEMPO,** early departure.
—— **DE CAPITALES DEL PAÍS o SALIDA DE DIVISAS,** capital outflow, drain of foreign exchange.
—— **DE COMPUTADORA,** computer output.
—— **DE DEPÓSITOS,** deposit outflows.
—— **DE EMERGENCIA o DE SEGURIDAD PARA INCENDIO,** fire exit.
—— **DE FONDOS,** funds outflows.
—— **DE INFORMACIÓN,** outflow.
—— **NETA,** net cash outflow.
——, **SIN,** dead end (street).
SALIDAS
—— **DE ALMACÉN,** issue of stores, material drawn from stock.
—— **DE DINERO,** outflows.
—— **O EGRESOS DE CAJA,** cash disbursed, cash disbursements.
SALIENTE, outgoing, tab, lug.
SALINA o MINA DE SAL, salt mine, saltworks.
SALIR, to get out, to leave, to depart, to sail, to turn out.
—— **BIEN o TENER ÉXITO,** to succeed, to do well, to be successful.
—— **CON BIEN,** to make good, to be successful.
—— **DE,** to dispose of, get rid of.
—— **DE COMPRAS,** to go shopping.
—— **DEL MUELLE,** undock.
—— **DE REPENTE,** start up.
—— **DE SUS CASILLAS,** to lose one's temper.
—— **DE VACACIONES,** to go on vacation.
—— **EN BUSCA DE,** start after.
—— **O RESULTAR BIEN,** turn out well.
—— **PERDIENDO,** to lose, come out a loser.
—— **RÁPIDAMENTE o A TODA PRISA,** rush out.
SALIRSE, to leak (tank or roof).
—— **A HURTADILLAS o ESCABULLIRSE,** sneak out.
—— **CON LA SUYA,** to get away with it, to have one's way.
SALIVA, GASTAR, to talk in vain.
SALÓN, large room, exposition, show.
—— **DE BAILE,** dance hall, ballroom.
—— **DE BELLEZA,** beauty parlor, beauty shop.
—— **DE CONCIERTOS,** music hall.
—— **DE CONFERENCIAS,** conference room.
—— **DE EXPOSICIÓN,** showroom.
—— **O LOCAL DE VENTAS,** salesroom.
SALTAR o BRINCAR, to jump, to spring, to skip.
—— **A CONCLUSIONES,** to jump to conclusions.
—— **A LA VISTA,** to be self-evident.
—— **POR ENCIMA DE,** to jump over.
SALTO, leap, spring, jump.
SALUD, health, healthy, welfare, greetings, to you health!
——, **A SU,** your health.
—— **FÍSICA,** physical health.
—— **MENTAL,** mental health.
SALUDABLE, wholesome, healthful.

SALUDAR, to salute, to greet, to bow to.
SALUDO, greeting, salutation.
SALVACIÓN, salvation, safety, salvage.
SALVAGUARDA o PROTECCIÓN DE ACTIVOS, safeguarding of assets.
SALVAGUARDIA, safeguard, safekeeping, custody, protection.
SALVAJE o SILVESTRE o MONTÉS o FIERO, wild.
SALVAMENTO, salvage, wrecking.
—— **MILITAR,** military salvage.
SALVAR, to salvage, to span, to overcome.
—— **DE UN NAUFRAGIO o DE UN INCENDIO,** to salvage.
—— **EL PELLEJO,** to save one's skin.
—— **LAS APARIENCIAS,** to keep up appearances, to save face.
SALVARSE, to be saved, to save oneself.
—— **EN UNA TABLA,** to have a close shave.
SÁLVESE EL QUE PUEDA, everyone for himself.
SALVAVIDAS, lifesaver, life preserver, life belt.
SALVEDAD o EXCEPCIÓN, exception, reservation.
SALVO, safe, excepted, excepting.
——, **A,** safely, without injury.
—— **BUEN COBRO,** subject to collection.
—— **CONTRAORDEN o REVOCACIÓN,** unless countermanded.
—— **ERROR u OMISIÓN,** errors and omissions excepted.
—— **ERRORES,** errors excepted.
—— **INDICACIÓN CONTRARIA,** unless otherwise noted.
—— **QUE,** save that.
—— **VARIACIÓN,** subject to variation.
SALVOCONDUCTO, safe-conduct, pass, permit.
SANAR o CURAR, to heal, to cure.
SANCIÓN, sanction, authorization, ratification.
—— **PENAL,** criminal penalty.
SANCIONES
—— **ECONÓMICAS,** economic sanctions.
—— **Y MULTAS FISCALES,** tax penalties.
SANCIONAR, to penalize, to authorize, to approve.
—— **O PONER UNA MULTA,** to impose a fine.
SANGRAR, to indent (printing).
SANGRE, blood, race, family.
—— **A LA CABEZA, SUBÍRSELE A UNO LA,** to become excited, to lose control of oneself.
—— **FRÍA, EN,** in cold blood.
SANIDAD, sanitation, health, soundness.
SANITARIO o HIGIÉNICO, sanitary, sanitarian, toilet.
SANO, sane.
——, **CORTAR POR LO,** to take quick action.
—— **Y SALVO,** safe and sound.
SANTO, holy.
—— **DÍA, TODO EL,** the whole day long.
—— **Y SEÑA,** password, watch word.
SAQUE, a serve (in tennis), kick-off (in foot-ball), etc.
SAQUEAR, to plunder, to loot.
SAQUEO, pillage, theft.
SARDINA EN LATA, COMO, packed like sardines.

SARNA, MÁS VIEJO QUE LA, as old as Methuselah.
SARTÉN POR EL MANGO, TENER LA, to have the command, control or advantage.
SASTRE, tailor, tailor-made suit.
SASTRERÍA, tailor shop, tailoring, tailor's shop.
SATÉLITE, satellite (country).
—— DE COMUNICACIÓN, communications satellite.
SATISFACCIÓN, satisfaction, settlement, enjoyment.
—— CON EL TRABAJO, job satisfaction.
—— DEL EMPLEADO, employee satisfaction.
—— EN LA VIDA, life satisfaction.
SATISFACER o LIQUIDAR, to satisfy, pay in full, to indemnify.
—— LAS CONDICIONES, to meet the conditions.
—— O CUBRIR LA DEMANDA, to meet the demand.
—— UNA NECESIDAD, fill a need.
SATISFACTORIO o CONVENIENTE, satisfactory.
SATISFECHO, satisfied, content.
SATURAR, to saturate.
SAZÓN, A LA, at that time.
——, EN, on time, ripe, in season.
SE, himself, to himself, herself, itself, themselves, yourself, each other.
—— ALQUILA o SE RENTA, for rent.
—— BUSCA COLOCACIÓN, position wanted.
—— CANCELAN, cancel each other.
—— CORRE LA VOZ QUE, it is whispered that.
—— DICE QUE, it is whispered that.
—— NECESITA o SE SOLICITA, wanted.
—— NECESITAN EMPLEADOS, help wanted.
—— TRAMA ALGO, something is in the wind.
—— VENDE o EN VENTA, for sale.
SEA USTED BIENVENIDO, you are welcome (when giving thanks).
SECA, drought.
SECAS, A, merely, simply.
SECADORA DE ROPA, clothes dryer.
SECAR, to dry, to season.
SECARSE, run dry.
SECCIÓN o DIVISIÓN, section, division, department, bureau.
—— COMERCIAL, business district.
—— DE ANUNCIOS o DE PUBLICIDAD, advertising department.
—— DE CARTERA, loan department.
—— DE SOLICITUD DE CARGAS, freight-sales department.
—— LIBRE, clearance.
—— O DEPARTAMENTO DE AHORROS, savings department.
—— TRANSVERSAL, cross section.
SECCIONES DEL AUXILIAR DE CLIENTES, sales ledger sections.
SECO, EN, high and dry.
SECRETARIA, woman secretary.
—— PARTICULAR, private secretary.
SECRETARÍA, secretary's office, government department, secretariat.

—— DE AGRICULTURA, Department of Agriculture.
—— DE ESTADO, Department of Foreign Affairs.
—— DE HACIENDA, Treasury Department.
—— DE SALUD, Health Department.
—— DE TRÁNSITO, Traffic Bureau.
—— O MINISTERIO DEL TRABAJO, Labor Department.
SECRETARIADO, secretariat, secretaryship, secretarial work.
SECRETARIAL, secretarial.
SECRETARIO, secretary, court clerk.
—— AUXILIAR, assistant secretary.
—— DE ACTAS, recording secretary.
—— DE AYUNTAMIENTO, town clerk.
—— DE COMERCIO, Secretary of Commerce.
—— DE ESTADO o DE RELACIONES EXTERIORES, Secretary of State.
—— DE HACIENDA o DEL TESORO, Secretary of the Treasure.
—— DE PRENSA o DE INFORMACIÓN, press secretary.
—— DE SALUD, Secretary of Health and Public Welfare.
—— DEL TRABAJO, Secretary of Labor.
—— EJECUTIVO, excutive secretary.
—— PARTICULAR, private secretary.
—— TESORERO, secretary treasurer.
SECRETO u OCULTO o RESERVADO, secret, secret or confidential file.
—— DE ESTADO, top secret.
——, EN, in private, confidentially.
SECTOR, sector.
—— DE CONSUMO, consumption sector.
—— DE EMPRESAS o EMPRESARIAL, enterprise sector.
—— DE INVERSIÓN, investment sector.
—— FAMILIAR, household sector.
—— PRIVADO, private sector.
—— PÚBLICO, public sector.
SECUENCIA, follow-up.
—— DE LAS OPERACIONES, sequence of operations.
SECUENCIAL, sequential.
SECUESTRO, seizure, kidnapping, attachment.
SECULAR, secular.
SECUNDAR o APOYAR o APADRINAR, to second, to back, to promote, to approve.
SECUNDARIO, secondary, subsidiary, accessory.
——, PRODUCTO, by product.
SECUNDARIOS, BONOS, junior bonds.
SED, thirst, drought, eagerness.
——, TENER, to be thirsty.
SEDA, silk.
——, SER COMO UNA o SER UNA SEDA, to be sweet-tempered.
—— SILVESTRE o VIRGEN, wild silk.
SEDE, headquarters, central office, court.
—— O SECCIÓN DE OPERACIONES, headquarters.
SEDERÍA, silk store, silk mill.
SEDUCIR, to seduce, to corrupt.
SEGMENTACIÓN, segmentation.
—— DEL MERCADO, market segmentation.

—— DEMOGRÁFICA DEL MERCADO, demographic market segmentation.
—— GEOGRÁFICA DEL MERCADO, geographical market segmentation.
—— SICOGRÁFICA DEL MERCADO, phychographic market segmentation.
SEGMENTO, segment.
—— DEL MERCADO, market segment.
SEGREGACIÓN, separation of cargo of different kinds.
—— O SEPARACIÓN DEL TRABAJO, job segregation.
—— POLÍTICA, apartheid.
SEGREGAR, to segregate, to separate.
SEGUIDA, EN, forthwith, immediately.
SEGUIMIENTO o PERSEGUIDOR DE COBROS, collection follow-up.
SEGUIR, to follow, to pursue, run after.
—— A, walk after.
—— ADELANTE, to move on.
—— EL CONSEJO, to follow advice.
—— EL RASTRO, to trace.
—— INSTRUCCIONES, to follow instructions.
—— LA CORRIENTE, to go with the tide.
—— LA PISTA, to track.
—— U OBEDECER ÓRDENES, to obey orders.
—— UNA CARRERA, to pursue.
—— VIVIENDO, to live on.
SEGÚN, according to, as per, depending on, pursuant to.
—— AVISO, as advised.
—— CONVENIDO, as agreed.
—— DERECHO, according to law.
—— ESTA LEY, under this act.
—— INSTRUCCIONES, as per instructions.
—— LAS CONDICIONES DE, under the terms of.
—— ME CONSTA, to my knowledge.
—— MUESTRA, as per sample.
—— SE DICE, by report.
—— SU PEDIDO, as per order.
—— VALOR, ad valorem.
—— Y COMO, that depends, just as.
SEGUNDA, second.
—— CLASE, second cabin.
—— COPIA, second copy.
—— DE CAMBIO, second of exchange.
—— HIPOTECA, second-mortgage, secondary mortgage.
—— HIPOTECA, BONOS DE, second-mortgage bonds.
—— LENGUA, second language.
—— LLAMADA o SEGUNDO AVISO, second call.
—— MANO, DE, secondhand.
—— VÍA, second via.
SEGUNDO, second, mate.
—— COLEGA DE AUDITORÍA, second audit partner.
—— CONTEO, second count.
—— DÍA DE LIQUIDACIÓN, ticket day.
—— MAQUINISTA, second engineer.
—— PILOTO, second mate, copilot.
—— PISO, second floor.
—— SUPERINTENDENTE, assistant superintendent.
—— TURNO, second shift.
SEGURIDAD, safety, security, warranty.
—— ANTE TODO, safety first.
——, CAJA DE, safe-deposit box.
—— COLATERAL, collateral security, collateral.
——, CON, o CON TODA SEGURIDAD, with absolute certainty.
—— DE DOCUMENTOS DE TRABAJO, security of working papers.
—— DE LA FAMILIA, family security.
—— DEL EMPLEO, job security.
—— DEL PRODUCTO, product safety.
—— ECONÓMICA, economic security.
—— O DE PREVISIÓN SOCIAL, social security.
—— PERSONAL, personal security.
SEGURO, sure, safe, reliable, certainty, permit, insurance.
—— A TÉRMINO, term insurance.
—— ABIERTO o FLOTANTE, blanket insurance.
—— ADICIONAL, supplementary insurance.
—— AÉREO, aviation insurance.
—— COLECTIVO, group insurance, joint insurance.
—— COLECTIVO CONTRA ENFERMEDAD, group sickness insurance.
—— COLECTIVO DE INCAPACIDAD, group disability coverage.
—— COLECTIVO DE SALUD, group health insurance.
—— COLECTIVO OBRERO o DE TRABAJADORES, workmen's collective insurance.
—— COLECTIVO PARA SINDICATOS, labor union group insurance.
—— CON GARANTÍA COLATERAL o PRENDARIA, collateral insurance.
—— CONTRA ACCIDENTES, accident insurance.
—— CONTRA ACCIDENTES (excepto incendio, vida y marítimo), casualty insurance.
—— CONTRA ACCIDENTES DE AVIACIÓN o ACCIDENTES AÉREOS, aviation-accident insurance, aircraft-accident insurance.
—— CONTRA ACCIDENTES DE TRABAJO, industrial insurance.
—— CONTRA ACCIDENTES Y ENFERMEDADES, accident and health insurance.
—— CONTRA ATRACO, holdup insurance.
—— CONTRA CESE DE NEGOCIOS, business-interruption insurance.
—— CONTRA CHOQUE DE AUTOMÓVILES, automobile collision insurance, collision insurance.
—— CONTRA DAÑOS BÉLICOS, war-damage insurance.
—— CONTRA DAÑOS CAUSADOS POR AGUA, water-damage insurance.
—— CONTRA DAÑOS DE AVIONES, aircraft-damage insurance.
—— CONTRA DAÑOS POR CONDENSACIÓN, moisture insurance.
—— CONTRA DAÑOS POR RAYOS, lightning insurance.

SEGURO

—CONTRA DAÑOS POR TERREMOTO o SEGURO CONTRA TERREMOTO, earthquake insurance.
—CONTRA DAÑOS POR TORMENTA, weather insurance.
—CONTRA DAÑOS POR VIENTO, wind insurance.
—CONTRA DEFICIENCIA o FALTA DE CAPITAL, capital deficiency insurance.
—CONTRA ENFERMEDADES, sickness insurance.
—CONTRA EXPLOSIÓN DE CALDERAS, boiler explosion insurance.
—CONTRA EXPLOSIONES, explosion insurance.
—CONTRA FALSIFICACIÓN, forgery insurance.
—CONTRA GASTOS MÉDICOS MAYORES, major medical insurance.
—CONTRA HELADA, frost insurance.
—CONTRA HURACÁN Y TORNADO, hurricane insurance, windstorm insurance.
—CONTRA INCUMPLIMIENTO DE CONTRATO, contract insurance.
—CONTRA INUNDACIÓN o SEGURO DE INUNDACIÓN, flood insurance.
—CONTRA PÉRDIDAS DE COMPAÑÍAS TRANSPORTISTAS, common carrier's insurance.
—CONTRA PÉRDIDAS DE COSECHAS, crop insurance.
—CONTRA PÉRDIDAS DE INGRESOS, loss-off-income policy.
—CONTRA PÉRDIDAS POR HUELGA, strike insurance.
—CONTRA PÉRDIDAS POR LLUVIA, rain insurance.
—CONTRA PÉRDIDAS POR VIOLACIÓN DE PATENTE, patent insurance.
—CONTRA QUIEBRA BANCARIA, bank guaranty.
—CONTRA RESPONSABILIDAD CIVIL, liability insurance, third-party insurance.
—CONTRA RESPONSABILIDAD CIVIL SOBRE AUTOMÓVILES, automobile liability insurance.
—CONTRA RESPONSABILIDAD DEL DUEÑO, owner's liability insurance.
—CONTRA RESPONSABILIDAD POR NEGLIGENCIA, negligence-liability policy.
—CONTRA RIESGO POLÍTICO, political risk insurance.
—CONTRA RIESGOS o CONTRA SINIESTROS, casualty coverage.
—CONTRA RIESGOS DE AUTOTRANSPORTE, motor-transit insurance.
—CONTRA ROBO, robbery insurance, theft insurance.
—CONTRA ROBO DE AUTOMÓVILES, automobile theft insurance.
—CONTRA ROTURA DE VIDRIOS, plate glass insurance.
—CONTRA TODO RIESGO, full coverage, all-risk insurance.
—CONTRA VANDALISMO, vandalism insurance.
—COOPERATIVO, cooperative insurance.
—DE ALQUILERES, rent insurance.
—DE ANCIANIDAD o DE VEJEZ, old-age insurance.
—DE AUTOMÓVILES, automobile insurance.
—DE AVIÓN, airplane insurance.
—DE BENEFICIOS o GANANCIAS, profit insurance.
—DE BENEFICIOS POR TODA LA VIDA, lifetime policy.
—DE BIENES o DE LA PROPIEDAD, property insurance.
—DE CALDERAS, steam-boiler insurance.
—DE COMPENSACIÓN o DE COMPENSACIÓN LEGAL, compensation insurance.
—DE COMPENSACIÓN o DE INDEMNIZACIÓN POR ACCIDENTES, compensation insurance.
—DE CORRESPONDENCIA CERTIFICADA o REGISTRADA, registered mail insurance.
—DE DEMOLICIÓN, demolition insurance.
—DE DEPÓSITO BANCARIO, deposit insurance, insurance of bank deposit.
—DE DEPRECIACIÓN, depreciation insurance.
—DE DERRAMES, leakage insurance.
—DE DESEMPLEO o DE PARO, unemployment insurance.
—DE DINERO Y VALORES, money and securities insurance.
—DE DOBLE INDEMNIZACIÓN, double indemnity coverage, accidental-death benefit.
—DE ELEVADORES o ASCENSORES, elevator insurance.
—DE ENFERMEDAD o DE INVALIDEZ, health insurance.
—DE EQUIPAJE, baggage insurance.
—DE ESCALO, burglary insurance.
—DE ESCALO DE OFICINA, office-burglary insurance.
—DE EXISTENCIAS, insurance on stocks of merchandise.
—DE FIANZA, fidelity insurance.
—DE FIDELIDAD, surety insurance, fidelity insurance, corporate bonding.
—DE FLETES, freight insurance.
—DE FRANQUICIA, franchise insurance.
—DE GANADO o SEGURO PECUARIO, livestock insurance.
—DE GASTOS DE HOSPITAL e INTERVENCIÓN QUIRÚRGICA, hospital-and-surgical coverage.
—DE GRUPO, collective insurance, group insurance.
—DE GRUPO CONTRA ACCIDENTES, group accident insurance.
—DE HOSPITALIZACIÓN, hospitalization insurance.
—DE INCENDIO o CONTRA INCENDIO, fire insurance.
—DE INDEMNIZACIÓN, indemnity insurance.
—DE INQUILINATO o ARRENDAMIENTO, leasehold insurance.
—DE INVALIDEZ o DE INCAPACIDAD, disability insurance.
—DE LA ASOCIACIÓN, partnership insurance.
—DE LA CARGA o DEL CARGAMENTO, cargo insurance.
—DE MAYOREO, wholesale insurance.

—— DE MERCANCÍAS EN MUELLE, dock insurance.
—— DE MOTÍN, riot insurance.
—— DE PAGOS APLAZADOS, deferred-payment insurance.
—— DE PAQUETES POSTALES, parcel post insurance.
—— DE PRIMA NO DEVENGADA, unearned premium insurance.
—— DE PROTECCIÓN CONTRA ADEUDOS, borrower's protective insurance.
—— DE PROTECCIÓN DEL CAPITAL, capital insurance.
—— DE RENTA, annuity insurance.
—— DE RESPONSABILIDAD, liability insurance.
—— DE RESPONSABILIDAD A PASAJEROS, passenger-liability insurance.
—— DE RESPONSABILIDAD CIVIL, public liability insurance.
—— DE RESPONSABILIDAD PATRONAL, employers' liability insurance.
—— DE RESPONSABILIDAD POR FIDEICOMISO, fiduciaries' liability insurance.
—— DE RESPONSABILIDAD PROFESIONAL, professional liability insurance.
—— DE RIESGOS MÚLTIPLES, multiple-perfil underwriting.
—— DE SEQUÍA, drought insurance.
—— DE TÉRMINO RENOVABLE, renewable term insurance.
—— DE TODA LA VIDA, whole file insurance.
—— DE TRANSPORTE, transportation insurance.
—— DE TRANSPORTE AÉREO, aircraft insurance, air insurance.
—— DE UN SOLO RIESGO, single-risk insurance.
—— DE UN TÍTULO DE PROPIEDAD, title insurance.
—— DE USO Y OCUPACIÓN, use-and-occupancy insurance.
—— DE VALORES, securities insurance.
—— DE VALORES DE LA CAJA DE CAUDALES, safe-deposit box insurance.
—— DE VALORES EN CAJA FUERTE, mercantile safe policy.
—— DE VEJEZ o DE ANCIANIDAD, old-age insurance.
—— DE VIAJE o DE VIAJERO, traveler's insurance.
—— DE VIAJE EN AVIÓN, aviation-ticket policy.
—— DE VIDA, life insurance.
—— DE VIDA A PLAZO, term life insurance.
—— DE VIDA COLECTIVO o DE GRUPO, group life insurance.
—— DE VIDA CON PRIMAS PAGADAS DE POR VIDA, straight life insurance.
—— DE VIDA DE BANCOS DE AHORROS, savings bank life insurance.
—— DE VIDA DOTAL, endowment life insurance.
—— DE VIDA EN NEGOCIOS, business life insurance.
—— DE VIDA ENTERA o TOTAL, whole-life insurance.
—— DE VIDA ORDINARIO, ordinary life insurance.
—— DE VIDA TEMPORAL, temporary life insurance.
—— DE VIDA, VALOR DE RESCATE DE, cash surrender value of life insurance.
—— DEL CASCO DE UN BUQUE, vessel insurance.
—— DOTAL o DE CAPITAL DIFERIDO, endowment insurance.
—— DOTAL CON RENTA VITALICIA, life income endowment.
—— EN TRÁNSITO, insurance in transit.
—— FAMILIAR, family insurance.
—— HIPOTECARIO, mortgage insurance.
—— INDUSTRIAL, industrial insurance.
—— LABORAL, workmen's insurance.
—— MARÍTIMO o DE MAR, marine insurance.
—— MÉDICO, medical insurance.
—— NACIONAL DE DESEMPLEO, federal unemployment insurance.
—— NO VENCIDO, unexpired insurance.
—— OBRERO o DE OBREROS, workmen's compensation insurance.
—— PAGADERO EN CUOTAS o A PLAZOS, installment insurance.
—— PAGADO POR ANTICIPADO, prepaid insurance.
—— PERSONAL (vida, enfermedad, accidente), personal insurance.
——, PÓLIZA DE, insurance policy.
——, PRIMA DE, insurance premium.
—— PROPIO, self-insurance.
—— PRORROGADO o APLAZADO, extended-term insurance.
—— QUE CUBRE ADEUDO DEL ASEGURADO EN CASO DE MUERTE, credit life insurance.
—— RECÍPROCO o MUTUO, reciprocal insurance.
—— SALDADO, paid-up insurance.
—— SALDADO REDUCIDO, reduced paid-up insurance.
—— SOBRE EL CRÉDITO, credit insurance.
—— SOCIAL, social insurance, social security.
—— SOCIAL DE VEJEZ, old-age benefit.
—— TEMPORAL, term insurance.
—— TEMPORAL POR UN AÑO, single-year term insurance.
—— TEMPORAL RENOVABLE ANUALMENTE, yearly-renewable term insurance.
—— TOTAL, all-in insurance.
—— VOLUNTARIO, voluntary insurance.
SEGUROS, AGENTE DE, insurance agent.
SEIS, six.
SELECCIÓN, selection, screening.
—— AL AZAR o ALEATORIA, random selection.
—— DE LA MUESTRA, sample selection.
—— DE MUESTRAS, sample selection.
—— DE NUEVOS EMPLEADOS, selection of new employees, employee's selection.
—— DE UNA AGENCIA PUBLICITARIA, choosing an advertising agency.
—— DEL NUEVO PRODUCTO, new-product screening.
—— HECHA POR EL CONSUMIDOR, consumer choice.
—— SIN REEMPLAZO, selection without replacement.
—— SISTEMÁTICA, systematic selection.
SELECCIONAR o ELEGIR o ESCOGER, to select, to choose, to pick out, pick over.

SELECTIVIDAD, selectivity.
SELECTIVO, selective.
SELECTO, select, prime, choice.
SELVA, forest, wood, jungle.
—— VIRGEN, virgin forest.
SELLADO o TIMBRADO, stamped, stamping, stamp tax.
SELLAR, to close, to stamp, to seal, to affix stamps.
SELLO, seal, stamp.
—— DE CORREO o SELLO POSTAL o ESTAMPILLA, postage stamp.
—— DE CORREO AÉREO, air-mail stamp.
—— DE LACRE, wax seal.
—— DE PLOMO Y ALAMBRE, wire seal.
—— DE RECIBO, receipt stamp.
—— E INICIALES DEL CAJERO, cashier's stamp.
—— NOTARIAL, notarial seal.
—— NUMERADOR, numbering stamp.
SELLOS DEL IMPUESTO DE CONSUMO, revenue stamps.
SEMÁFORO o LUZ o SEÑAL DE CIRCULACIÓN, traffic light.
SEMANA, week.
—— ACTUAL o EN CURSO, this week.
—— ANTEPASADA, week before last.
—— COMERCIAL, business week.
—— DE NÓMINA, payroll week.
—— ENTRANTE o VENIDERA o PRÓXIMA, next week.
——, ENTRE, any week day except Saturday.
—— LABORAL, work week.
—— PASADA, last week.
—— SANTA, Holy Week.
—— SIGUIENTE A LA PRÓXIMA, week after next.
—— TRAS SEMANA, week in week out.
SEMANAL, weekly.
SEMANARIO, weekly publication, weekly.
SEMÁNTICA, semantics.
SEMÁNTICO, semantic.
SEMBLANTE, ESTAR DE MAL o TENER MAL SEMBLANTE, to look ill or pale.
SEMBRAR o PLANTAR, to seed, to plant, to sow.
SEMEJANTE o EQUIVALENTE, like, similar, such.
SEMESTRAL, half-yearly, semiannual, biannual.
SEMESTRE, half a year, six months, semester.
SEMIANUAL, semiannual, biannual.
SEMIDORMIDO, sleepy, half sleep.
SEMIELABORADO o SEMIFABRICADO, semiprocessed, semimanufactured.
SEMIFINALISTA, semifinalist.
SEMILLAS, grains, cereals (except wheat and barley).
SEMINARIO, seminar, convention, assembly, meeting.
SEMIOFICIAL, semiofficial.
SEMIORGANIZACIÓN, quasi-reorganization.
SEMITERMINADO, semifinished.
SENADO, senate, senate hall.
SENADOR, senator.
SENCILLO o SIMPLE o ÚNICO o SOLO, single, simple, subsidiary, small change.

SENDA o VÍA DE CIRCULACIÓN o DE TRÁNSITO, traffic lane.
SENO (matemática), sine.
SENOS, REGLA DE LOS, law of sines.
SENSACIÓN, emotion, sense.
——, HACER, to be or make a sensation.
SENSATEZ, good sense.
SENSATO o JUICIOSO, judicious, sensible, wise.
SENSIBILIDAD, sensitivity.
SENSIBLE o DELICADO, sensitive, considerable.
SENTADO, DAR POR, to take for granted.
SENTAR o ANOTAR o REGISTRAR, to enter, to post.
SENTARSE, sit down, to sit.
—— A LA MESA o SENTARSE A COMER, sit at table.
SENTENCIA, opinion, judgment, award.
—— JUDICIAL, judicial decision, legal decision, court judgment.
—— PENAL, prison sentence.
SETENCIAR, to decide, to judge, to sentence, to award.
SENTIDO, sense, meaning, direction.
—— COMÚN, common sense.
—— CONTRARIO AL DE LAS MANECILLAS DEL RELOJ, counterclockwise.
—— DE EQUIDAD, sense of fairness.
—— DE LAS MANECILLAS DEL RELOJ, clockwise.
—— O VÍA ÚNICA DE CIRCULACIÓN, one-way traffic.
—— PROPIO, proper sense.
——, SIN, unconscious, meaningless.
SENTIDOS, CON MIS CINCO, with all my heart and soul.
SENTIR o LAMENTAR, to regret, to feel, to perceive.
SENTIRSE DISPUESTO A, to feel like.
SEÑA, sign, token, gesture.
SEÑAS PERSONALES, personal description.
SEÑAL, signal, sign, tab, mark.
—— DE DESCARGA, clear signal.
—— DE DOBLAR o DAR VUELTA, turn signal.
—— DE, EN, in proof of, in token of.
—— DE LLAMADA, dial tone, calling signal.
—— DE PARADA, stop sign.
—— DE PRECAUCIÓN, caution sign.
—— DE REPOSICIÓN, reorder signal.
—— DE RUTA, route marker.
—— DE SEPARACIÓN DE EXISTENCIAS, earmarking stocks.
—— O BANDERA QUE INDICA EL ESTADO DEL TIEMPO, weather signal.
SEÑALES DE TRÁNSITO o DE TRÁFICO, traffic signals.
SEÑALAR o INDICAR, to mark, to name, to appoint, to sign, to point out.
—— CON PRECISIÓN, to pinpoint.
—— EL ERROR, to throw out the error.
—— O ARROJAR UN SALDO, show a balance.
—— UN DÍA, to appoint a day.
—— UNA FECHA, to set a day.
SEÑOR, sir, mister, Mr., gentleman.
SEÑORA, lady, mistress, madam.
SEÑORITA, miss, Miss, young lady.

SEPA, QUE YO, as far as I know, to my knowledge.
SEPARACIÓN, spacing, separation, dismissal.
—— **DE LAS CUENTAS,** offsetting accounts.
—— **DOBLE o DOBLE ESPACIO,** double spacing.
—— **VOLUNTARIA DEL EMPLEO,** resignation, quitting.
SEPARAR O AISLAR, to isolate, to separate, to detach, to remove, to dismiss.
—— **CARGOS DE CRÉDITOS,** sort debits from credits.
—— **CON UNA MARCA,** to mark out.
—— **POR PESO,** weigh out.
SEPARARSE, to separate, to quit, to resign, to withdraw.
—— **DE,** to part with.
SEPELIO, funeral, burial.
SÉPTUPLO, sevenfold.
SEPULCRO, grave, tomb.
SEQUÍA o SECA, drought.
SER, to be, essence, substance, being.
—— **APROBADO,** pass (passing an examination).
—— **DURADERO,** wear well.
—— **JUSTO,** stand to reason.
—— **LÓGICO,** stand to reason.
—— **, LLEGAR A,** to become.
—— **MALO,** to be wrong.
—— **O ENTE SOCIAL,** social being.
—— **RAZONABLE,** listen to reason.
—— **TESTIGO,** to be witness of.
SERENIDAD, serenity, calm, presence of mind.
SERENO o VELADOR, watchman.
—— **, AL,** in the night air.
SERIADO, serial.
SERICULTURA, silk culture.
SERIE, series.
—— **ALEATORIA,** random series.
—— **, DE,** serial.
—— **DE FLUJOS DE EFECTIVO,** cashflow streams.
—— **DE FRECUENCIAS,** frequency series.
—— **DE LIBROS,** set of books.
—— **DE PRÁCTICA,** practice set.
—— **DE PRUEBAS,** battery of tests.
—— **DE TIEMPOS,** time series.
—— **, EN,** mass production.
—— **ESTADÍSTICA,** statistical series.
—— **, NÚMERO DE,** serial number.
SERIEDAD, gravity, seriousness, reliability, dependability.
—— **FALTA DE,** unreliability, frivolity.
SERIO, serious, conscientious, businesslike, dependable.
—— **, EN,** seriously.
SERVICENTRO o ESTACIÓN DE SERVICIO, service station, servicenter.
SERVICIAL, serviceable, obliging, accommodating, kind.
SERVICIO, service, accommodation, duty, agency, bureau.
—— **ACTIVO (militar),** active service.
—— **AÉREO,** air service.
—— **AUTOMÁTICO DE CAJA,** automatic teller.
—— **AUTOMÁTICO TELEFÓNICO DE LARGA DISTANCIA,** direct distance dialing.
—— **BANCARIO CASERO,** home banking.
—— **BANCARIO DE TRANSFERENCIA,** telephone-transfer service.
—— **BANCARIO POR CORREO,** bank-by mail.
—— **CABLEGRÁFICO,** cable service.
—— **CAMIONERO o DE AUTOBUSES,** bus service.
—— **, DE o EN SERVICIO,** on duty.
—— **DE AGUA, GAS, ELECTRICIDAD, COMUNICACIONES, ETC.,** utilities.
—— **DE ALMACENAMIENTO,** storage service.
—— **DE ARRENDAMIENTO,** rental market.
—— **DE CARGA AÉREA,** cargo lift.
—— **DE FERROCARRIL,** railway service.
—— **DE INFORMACIÓN,** information service.
—— **DE LA DEUDA,** debt service.
—— **DE PAQUETES POSTALES o ENVÍOS POSTALES,** parcel post service, parcel post.
—— **DE PASAJE,** passenger service.
—— **DE PUERTA EN PUERTA,** door-to-door service.
—— **DE RECOGIDA Y ENTREGA DE MERCANCÍAS,** pickup and delivery service.
—— **DE REMOLQUE PARA CAMIÓN,** piggyback service.
—— **DE SUMINISTRO DE GAS,** gas service.
—— **DE TRANSPORTE,** transportation service.
—— **DE TRANSPORTE SUBTERRÁNEO o METRO,** subway, underground railway.
—— **DE TRENES,** train service.
—— **DEL MAYORISTA AL DETALLISTA,** wholesaler's service to the retailer.
—— **DEL MAYORISTA AL FABRICANTE,** wholesaler's service to the manufacturer.
—— **DENTAL,** dental care.
—— **, EN,** in service, in use.
—— **EN VUELO,** in-flight service.
—— **FERROVIARIO,** railroad service.
—— **FISCAL INTERNO,** internal revenue service.
—— **LIBRE DE CUENTA DE CHEQUES,** free-checking account.
—— **LIGERO o LIVIANO,** light duty.
—— **MILITAR,** military service.
—— **NACIONAL o INTERIOR,** domestic service.
—— **NOTICIOSO o DE NOTICIAS,** news service or agency.
—— **O DE TRABAJO PESADO,** ordinary service.
—— **O USO MÚLTIPLE, DE,** multiple-duty.
—— **ORDINARIO o USUAL,** ordinary service.
—— **POSTAL o DE CORREO,** mail service.
—— **PRESTADO A LA COMUNIDAD,** community service.
—— **PRESTADO POR EL VENDEDOR,** vendor's service.
—— **RÁPIDO o EXPRESO,** express service.
—— **SECRETO,** secret service.
—— **SIN RIESGO,** risk-free service.
—— **SOCIAL,** social service.
—— **TÉCNICO,** technical service.
—— **TELEFÓNICO,** telephone service.
SERVICIOS, services.
—— **ACTUARIALES,** actuarial services.

SERVIDOR-SIGNO 345

—— ADMINISTRATIVOS o DE LA GERENCIA, management services.
—— AL CLIENTE, customer service.
—— ASISTENCIALES o SOCIALES, social service.
——, BIENES Y, goods and services.
—— COBRADOS SOBRE DEPÓSITOS, services charges on deposits.
—— COMERCIALES, commercial services.
—— CONJUNTOS o MANCOMUNADOS, joint services.
—— CONTABLES, accounting services.
—— DE APOYO, support services.
—— DE ASESORÍA, advisory services.
—— DE AUDITORÍA, auditing services.
—— DE CONSULTORÍA, business consultation.
—— DE CONSULTORÍA ADMINISTRATIVA, management advisory service.
—— DE CONTABILIDAD COMPUTARIZADOS, computarizado bookkeeping services.
—— DE ESTAFETA o EXPRESO o DE MENSAJERO, courier services.
—— DE FACTURACIÓN MENSUAL, monthly billing services.
—— DE GAS, gas services.
—— DE HOSPITAL o ATENCIÓN HOSPITALARIA, hospital services.
—— DE INGENIERÍA, engineering services.
—— DE INVERSIÓN, investment services.
—— DE LA COMPAÑÍA o PRESTADOS POR LA COMPAÑÍA, company services.
—— DE SALUD, health facilities.
—— DE VIGILANCIA o DE MONITOREO, monitoring services, janitorial services.
—— EDUCATIVOS o EDUCACIONALES, educational services.
—— ELÉCTRICOS, electric service.
—— FINANCIEROS, financial services.
—— FISCALES, tax services.
—— JURÍDICOS o LEGALES, legal services.
—— MÉDICOS, medical services.
—— NEGOCIABLES, marketable services.
——, DE PAGO DE, payment for services.
—— PRESTADOS, services rendered.
—— PRESTADOS POR CARTA DE CRÉDITO, letter-of-credit services.
—— PRODUCTIVOS, productive services.
—— PROFESIONALES, professional engagement, professional services.
—— PÚBLICOS, public services, public utilities, government services.
—— PÚBLICOS, INDUSTRIAS DE, public-utility industries.
—— SANITARIOS, sanitary services.
SERVIDOR DEL ESTADO o EMPLEADO GUBERNAMENTAL, government employee.
SERVIDUMBRE, right of way, servitude, easement, employees.
—— DE PROPIEDADES, easement.
SERVILLETA, napkin.
SERVIR o ABASTECER o AYUDAR, to serve.

—— A, to wait on.
—— A LA MESA, to wait at table.
—— DE MODELO, sit for.
—— PARA NADA, NO, to be good for nothing.
SERVIRSE DE, to make use of.
SERVOMECANISMO, servomechanism.
SESGADO, biased.
SESGAR o INCLINAR, to slant, to skew.
SESGO, skew.
SESIÓN o JORNADA, session, meeting.
—— DE CLAUSURA, closing session.
—— DE INAUGURACIÓN, opening session.
—— DE LA DIRECTIVA, board meeting.
——, LEVANTAR LA, to adjourn the meeting.
—— MATINAL, morning session.
—— O REUNIÓN ORDINARIA, regular meeting.
SESO, brain, brains, intelligence.
——, NO TENER, not to have common sense.
——, PERDER EL, to go crazy, to lose one's head.
SEUDÓNIMO, pen name.
SEVERO, severe.
SEXENIO, six-year.
SEXO, sex.
SI, if, whether.
—— ACASO, just in case, if by chance.
——, DEBE ESTAR LOCO, why, he must be mad.
——, FUERA DE, beside himself.
—— LO FUERE, if so.
—— LO HICIERA USTED, if you would do it.
——, POR o POR NO, in any case.
—— SUCEDE LO PEOR, if the worst come to the worst.
—— USTED ME HACE EL FAVOR, if you please.
——, VOLVER EN, to regain consciousness, to come to.
SICOANALISTA o PSICOANALISTA, psychoanalyst.
SICÓLOGO o PSICÓLOGO, psychologist.
SIDERURGIA, siderurgy, steel or iron industry, steel mill.
SIDERÚRGICO, steelmaker, steelworker, siderurgical.
SIDO DE, QUÉ HA, what has become of?
SIEMPRE, always.
——, PARA o POR SIEMPRE, forever.
—— QUE o SIEMPRE Y CUANDO, whenever, provided that.
SIERRA, saw, mountain range.
SIGLAS, initials.
—— DE CHRISTMAS, Xmas.
SIGLOS DE LOS SIGLOS, POR TODOS LOS, forever and ever.
SIGNATARIO, signatory, signer, maker of a note.
SIGNIFICADO o ACEPCIÓN, meaning, effect.
—— DE LA TAREA, task significance.
SIGNO, sign, signal, mark, symbol.
—— ALGEBRAICO, algebraic sign.
—— DE IGUALDAD (=), equal sign.
—— DE INTERROGACIÓN (?), question mark.
—— DE POR CIENTO (%), percentage sign.

—— MÁS o POSITIVO (+), plus or addition sign.
—— MENOS o NEGATIVO (−), minus or substraction sign.
SIGNOS DE PUNTUACIÓN, punctuation marks.
SIGUE CARTA, letter follows.
SIGUIENTE, following, next.
—— OPERACIÓN DE PASE, next posting operation.
SILBAR o CHIFLAR, to whistle, to whiz.
—— UNA TONADA, whistle a tune.
SILBATO, whistle.
SILENCIO, silence, noiselessness.
——, GUARDAR, to keep quiet.
—— POR FAVOR, quiet please.
SILENCIOSO, silent.
SILVICULTURA o CIENCIA FORESTAL, forestry, forestation.
SILLA, chair.
—— DE MONTAR, saddle.
—— DE RUEDAS, wheel chair.
—— DE TIJERA, folding chair, camp stool.
—— ELÉCTICA, hot seat, electric chair.
SILLETAZO, blow with a chair.
SIMBÓLICO, symbolic.
SIMBOLIZACIÓN, symbolization.
SÍMBOLO, symbol, mark.
—— QUE DESCRIBE UNA OPERACIÓN, code.
SIMETRÍA, symmetry.
SIMÉTRICA, FIGURA, symmetric figure.
SIMPATÍA, sympathy, liking, friendly feeling.
SIMPÁTICO o PERSONA SIMPÁTICA, appealing, pleasant, nice.
SIMPATIZANTE o DEFENSOR o PARTIDARIO, supporter.
SIMPATIZAR o COMPADECERSE, to sympathize, to be congenial.
SIMPLE o SENCILLO o CORRIENTE, plain.
SIMPLIFICACIÓN, simplification.
—— DE TRABAJOS o TAREAS, work simplification.
SIMPLIFICAR, to simplify.
SIMPOSIO, symposium.
SIMULACIÓN, simulation.
—— MONTECARLO, Montecarlo simulation.
—— POR COMPUTADORA o EN COMPUTADORA, computer simulation.
SIMULACRO, simulacrum, image, idol.
—— DE ATAQUE AÉREO o PRUEBA PARA REFUGIO ANTIAÉREO, air-raid drill.
—— DE INCENDIO, fire drill.
SIMULACROS MILITARES o DE GUERRA, war games.
SIMULADO, simulated, imitation, false.
SIMULAR, to simulate, to pretend.
SIMULTÁNEAS, ECUACIONES, simultaneous equations.
SIN, without.
—— ACABAR, unfinished.
—— AMBAGES o SIN RODEOS, in plain language.
—— AMUEBLAR, unfurnished.
—— APOYO, unsupported.
—— APROVECHAR, unworked.
—— AUTORIZACIÓN, unauthorized.

—— AVERÍA o SIN DAÑO, undamaged.
—— AYUDA, unaided, single-handed.
—— BENEFICIO DE RECUPERACIÓN, without benefit.
—— BRILLO, dull.
—— CANCELAR, uncancelled.
—— COMPROMISO, without engagement.
—— CORTAR o SIN DETALLAR (aplicado a piedras preciosas), uncut.
—— COSTO, cost free.
—— DAÑOS, uninjured.
—— DEMORA, without delay.
—— DEMOSTRAR, unproved.
—— DEPÓSITO DE FONDOS, unfunded.
—— DESARROLLAR, undeveloped.
—— DESEMBOLSAR, unexpended.
—— DEUDAS, out of debt.
—— DINERO, penniless, hard up strapped.
—— DIRECCIÓN, undirected.
—— DISFRAZ, undisguised.
—— DISMINUCIÓN, undiminished.
—— EFECTO, null, void.
—— EMBARGO, however, nevertheless, notwithstanding.
—— EMPAQUETAR, unpackaged.
—— EMPLEO, out-of-work.
—— ENCUADERNAR, unbound.
—— ENGANCHE O PAGO INICIAL, no down payment.
—— ESCALA o PARADA, nonstop.
—— ESPERANZA, past hope, hopeless.
—— ESPOSA, wifeless.
—— ESTAMPAR, unstamped.
—— ESTRENAR o USAR, brand new, unused.
—— EXCEDER DE, not exceeding.
—— EXCEPCIÓN, without exception.
—— EXISTENCIA, out-of-stock.
—— ÉXITO, unsuccessful.
—— EXPRESIÓN, unexpressive.
—— FALTA, without fail.
—— FECHA, undated.
—— FIJAR FECHA, without day.
—— FIN, without end, endless.
—— FIRMAR, unsigned.
—— FONDOS, no funds.
—— GARANTÍA, no collateral, unwarranted.
—— GARANTÍA, PRÉSTAMOS BANCARIOS, unsecured bank loans.
—— HACER, undone.
—— HERIDA, unwounded.
—— IMPORTANCIA o INMATERIAL, immaterial.
—— INSTRUCCIÓN, untaught.
—— INTERÉS, ex-interest.
—— INTERÉS, PAGARÉ, a non-interest-bearing note.
—— INTERRUPCIÓN, right along.
—— INVERTIR, uninvested.
—— JUSTIFICACIÓN, without justification.
—— LAVAR, unwashed.
—— LIMITACIÓN, unlimited.
—— MANCHA, unblemished.
—— MERMA, indiminished.

—— MEZCLA, unmixed.
—— MIEDO, unafraid.
—— MIRAMIENTOS o SIN CONSIDERACIÓN, without any regard to.
—— MONTAR, unassembled.
—— MURALLAS, unwalled.
—— NINGÚN TEMOR, nothing daunted.
—— OBJETO, for no purpose.
—— OBLIGACIÓN, without obligation.
—— PAR, unmatched.
—— PESO, weightless.
—— PRECIO, unpriced.
—— PRECIO MÍNIMO FIJADO, without reserve.
—— PREJUICIOS NI PREFERENCIAS, without prejudice and vias.
—— PREPARACIÓN, offhand.
—— PREVIO AVISO, without due notice.
—— PROBLEMAS, trouble-free.
—— PROPAGANDA, unadvertised.
—— PROTECCIÓN, unprotected.
—— PROTESTO, without protest.
—— QUE YO LO VIERA o SIN VERLO, without my seeing him.
—— RAZÓN, out-of-reason.
—— RECLAMAR, unclaimed.
—— RECURSOS, without recourse.
—— RECURSOS ECONÓMICOS, insolvency.
—— REFINAR o IMPURO, unrefined.
—— REPARAR, unrepaired.
—— RESERVA, outright.
—— RESOLVER, unsolved.
—— RESTRICCIÓN, unlimited.
—— RIESGO, safe.
—— SEGURO, uninsured.
—— SENTIDO COMÚN, void of common sense.
—— SEÑAS, undirected.
—— SIGNIFICADO, unmeaning.
—— SOLUCIÓN, unsolved.
—— SOSTÉN, unsupported.
—— SUBVENCIÓN, unsubsidized.
—— TEMOR, without fear.
—— TERMINAR, undone.
—— TRABAJO, out of job, jobless, out of work.
—— UN CENTAVO, broke, stone-broke.
—— URBANIZAR, undeveloped (real estate).
—— USAR, unused.
—— VACILAR, straight off.
—— VALOR, nothing-worth, worthless, valueless.
—— VALOR COMERCIAL, no commercial value, N.C.V.
—— VALOR NOMINAL, without par value.
—— VALOR VERDADERO, wildcat.
—— VENDER, unsold.
—— VIENTO, windless.
SINCERIDAD o FRANQUEZA, sincerity.
SINCERO, straight-out, sincere, outright, whole-hearted.
SINCRONIZAR, to syncronize; (radio) to tune in.
SINDICAL, union.

——, NO, nonunion.
SINDICALISMO, syndicalism, unionism, syndication, association.
—— INDUSTRIAL, industrial unionism.
—— ROJO, communist-dominated unionism.
SINDICALISTA, unionist, union, union man.
SINDICALIZACIÓN OBLIGATORIA, compulsory union membership.
SINDICALIZAR o SINDICALIZARSE, to syndicalize, to unionize.
SINDICATO, syndicate, pool, union, association.
—— AGRÍCOLA, farmers' union, agricultural association, farm bureau.
—— BANCARIO, bank syndicate.
—— DE COMPRA, purchase syndicate.
—— DE SUBSCRIPTORES, underwriting syndicate.
—— GREMIAL, trade guild.
—— INDEPENDIENTE, community union.
—— INTERNACIONAL, international union.
—— LOCAL, local syndicate.
—— MARÍTIMO, maritime union.
—— NACIONAL, national union.
—— O GREMIO FERROCARRILERO, railroad union.
—— O GREMIO INDUSTRIAL, vertical union.
—— O UNIÓN ADUANERA, customs union.
—— OBRERO, labor union.
—— PARA VENTA DE VALORES, selling syndicate.
—— PATRONAL o DE PATRONES, employers' association.
—— SIN LÍMITE DE AFILIADOS, open union.
SÍNDICO, syndic, trustee, auditor, receiver, equity receiver.
—— AUXILIAR, ancillary receiver.
—— DE QUIEBRA, receiver in bankruptcy, trustee in bankruptcy.
—— TITULAR, regular official.
SINERGIA, synergy.
—— ADMINISTRATIVA, management synergy.
—— DEL COSTO, cost synergy.
—— DEL MERCADO, market synergy.
—— TECNOLÓGICA, technological synergy.
SINGULAR, singular, unique, individual.
SINIESTRO, damage, loss. disaster, accident.
SINO, but, except, besides.
—— TAMBIÉN, NO SÓLO..., not only... but also.
SINRAZÓN, wrong, injury, injustice.
SÍNTESIS, synthesis.
SINTÉTICO, synthetic.
SINTETIZAR, syntesize, to sum up.
SINTONIZAR, tune in, to tune.
SINVERGÜENZA, scoundrel, rascal, shameless person.
SIQUIATRA o PSIQUIATRA, psychiatrist.
SIQUIATRÍA o PSIQUIATRÍA, psychiatry.
SIQUIERA, at least, though, although, whether, otherwise.
——, NI, not even.
SÍRVASE AVISAR, please advise.
SÍRVASE USTED MISMO, help yourself.
SIRVIENTA, female servant, maid.

SIRVIENTE, servant, attendant.
SISTEMA, system.
—— ABIERTO DE INFORMACIÓN, open system information.
—— ABIERTO O DEPENDIENTE DEL MEDIO QUE LO RODEA, open system.
—— BANCARIO, banking system.
—— BANCARIO DE EVALUACIÓN DE CRÉDITO, bank's credit scoring system.
—— BINARIO, binary number.
—— CAPITALISTA, capitalism.
—— CENTRALIZADO DE CONTABILIDAD, centralized accounting system.
—— CENTRALIZADO DE PROCESAMIENTO DE DATOS, centralized data-processing system.
—— CERRADO O AUTOSUFICIENTE, closed system.
—— CODIFICADO EN BINARIO, binary coding system.
—— COLUMNAR O TABULAR, columnar system.
—— COMERCIAL, business system.
—— CONTABLE, accounting system.
—— CONTABLE COMPUTARIZADO, computarized accounting system.
—— CONTABLE DE LA EMPRESA, company's accounting system.
—— CONTINENTAL, continental system.
—— DE ADMINISTRACIÓN DE INFORMACIÓN, management information system (MIS).
—— DE ALMACENAJE, warehouse system.
—— DE ARCHIVO, filing system, record keeping.
—— DE AUDITORÍA, auditing system.
—— DE BANCOS CORRESPONSALES, correspondent banking system.
—— DE COMERCIALIZACIÓN, marketing system.
—— DE COMPRAS, purchasing system.
—— DE COMPRAS Y DISTRIBUCIÓN, purchasing and distribution system.
—— DE COMPROBANTES, voucher system.
—— DE COMUNICACIÓN, communicating system.
—— DE CONTABILIDAD, system of accounts, accounting system.
—— DE CONTABILIDAD DE COSTOS, cost accounting system.
—— DE CONTABILIDAD INTEGRADO, integrated accounting.
—— DE CONTADURÍA, accounting system.
—— DE CONTROL CONTABLE, accounting control system.
—— DE CONTROL DE CONTAMINACIÓN, pollution control system.
—— DE COORDENADAS, coordinate system (mathematics).
—— DE COORDENADAS CARTESIANAS, cartesian coordinate system.
—— DE COSTEO ESTÁNDAR, standard cost system.
—— DE COSTO, cost system.
—— DE COSTO POR PROCESO, process cost.
—— DE COSTOS, costing system.
—— DE COSTOS ESTÁNDAR, standard-cost system.
—— DE COSTOS ESTIMADOS, estimating-cost system.
—— DE COSTOS POR PEDIDOS ESPECÍFICOS, specific-order cost system.
—— DE COSTOS POR TAREA, job-cost system.
—— DE CUENTA DOBLE, double-account system.
—— DE DISEÑO MEDIANTE COMPUTADORA, computer-aided design system.
—— DE ECUACIONES, system of equations.
—— DE EVALUACIÓN DE CRÉDITO CONCEDIDO A PERSONAS, credit evaluation system.
—— DE EVALUACIÓN Y RECOMPENSA, evaluation-reward system.
—— DE FABRICACIÓN MEDIANTE COMPUTADORA, computer-aided manufacturing system.
—— DE FONDO FIJO, imprest system.
—— DE IMPUESTOS, tax system.
—— DE ÍNDICE, indexing system.
—— DE INTERCAMBIO, system of exchange.
—— DE INVENTARIO, inventory system.
—— DE INVENTARIO PERIÓDICO, periodic inventory system.
—— DE JUBILACIONES O PENSIONES, pension plan.
—— DE LIBRE EMPRESA, free-enterprise system.
—— DE MANEJO DE INVENTARIOS, inventory-management system.
—— DE NEGOCIOS, business system.
—— DE OPERACIÓN BANCARIO, banking system.
—— DE ÓRDENES DE PRODUCCIÓN, production order system.
—— DE PARTICIPACIÓN DE UTILIDADES, profit-sharing system.
—— DE PARTIDA DOBLE, double-entry system.
—— DE PRECIO MÚLTIPLE, multiple-piece rate plan.
—— DE PRECIOS, price system.
—— DE PROCESAMIENTO ELECTRÓNICO DE DATOS, EDP system.
—— DE PROCESAMIENTO POR LOTES O POR CARGA, batch-processing system.
—— DE PUNTO BASE, basing-point system.
—— DE REGISTRO DE DATOS, record system.
—— DE RESERVA FEDERAL, Federal Reserve System.
—— DE RETROALIMENTACIÓN, feedback system.
—— DE TAREA Y PRIMA, task-and-bonus system.
—— DE TARJETAS O DE FICHAS, card system.
—— DE TARJETAS DE INFORMACIÓN, card reporting system.
—— DE TARJETAS VISIBLES, visible-card system.
—— DE TAYLOR DE TRABAJO A DESTAJO DIFERENCIAL, Taylor's differential piece-rate system.
—— DE TRANSFERENCIA DE CRÉDITO, credit transfer system.
—— DE TRANSPORTE PÚBLICO, transport system.
—— DECIMAL, decimal system.
—— DECIMAL CODIFICADO EN BINARIO, binary-coded decimal system.
—— DISTRIBUIDO DE PROCESAMIENTO DE DATOS, distributed data-processing system.
—— ECONÓMICO, economic system.
—— ELECTRÓNICO DE TRASFERENCIA DE FONDOS, electronic funds transfer system.

—— FERROVIARIO, railroad system.
—— JURÍDICO o LEGAL, legal system.
—— MANUAL, manual system.
—— MECANIZADO, mechanized system.
—— MÉTRICO DECIMAL, metric system.
—— MNEMÓNICO o MNEMOTÉCNICO, mnemonic system.
—— MONETARIO, monetary system.
—— MONETARIO NACIONAL, nation's monetary system.
—— MONITOR, monitor system.
—— NACIONAL DE TARJETA DE CRÉDITO BANCARIA, national bank card system.
—— NUMÉRICO BINARIO, binary number system.
—— NUMÉRICO CON BASE DE DIEZ Y SEIS, hexadecimal.
—— O ARCHIVO DE RECORDATORIO, reminder file.
—— PEDAGÓGICO, educational system.
—— POLÍTICO, political system.
—— PROGRESIVO DE SALARIOS, progressive wages system.
—— SIMBÓLICO DE PROGRAMACIÓN, symbolic programming system.
—— SOCIAL, social system.
—— SOCIAL IGUALITARIO, egalitarianism.
—— TIPO o MODELO, standard practice.
—— TRIBUTARIO o IMPOSITIVO, tax system.
—— UNIFORME DE CONTABILIDAD, uniform accounting system.
—— VIAL, system of highways.
SISTEMAS
—— DE CARRETERAS, highway systems.
—— DE COMPUTACIÓN EN LÍNEA, online computer systems.
—— DE IMPUESTOS, tax systems.
—— DE IMPUESTOS ESTATALES, state tax system.
—— DE INFORMACIÓN EN MERCADOTECNIA, marketing information system.
—— DE JUBILACIÓN CON CUOTAS DE EMPLEADOS, contributory pension plans.
—— MECANIZADOS, machine system.
—— NUMÉRICOS, number systems.
SISTEMÁTICO, systematic.
SISTEMATIZAR, systematize.
SITIO, site, small farm, country house, building lot, taxi stand.
—— DE TRABAJO, job site.
——, PONER, to lay siege.
——, QUEDAR EN EL, to die on the spot.
SITIOS DE OPERACIONES, trading posts.
SITUACIÓN, location, condition, statement, appropriation, position, situation.
—— DE CONVERTIBILIDAD BANCARIA, bank's liquidity position.
—— DE EFECTIVO DIARIA, daily cash position.
—— DE LAS PARTIDAS POR COBRAR, condition of the receivables.
—— DE LIQUIDEZ, liquidity position.
—— DE PAGO, statement for progress payment.

—— DEL CAPITAL DE TRABAJO, working capital position.
—— ECONÓMICA, economic status.
—— FISCAL, tax status.
—— LABORAL, labor conditions.
—— MONETARIA, money position.
—— O ESTADO DE CAPITAL DEL BANCO, bank's capital position.
—— O ESTADO DEL CRÉDITO, credit status.
—— O POSICIÓN FINANCIERA, financial position, financial standing.
SITUAR, to locate, to place, to spot, to appropriate, to remit, to park.
—— O COLOCAR UN PEDIDO, to place an order.
SO PRETEXTO DE, under the pretext of.
SOBERANÍA, sovereignty.
—— NACIONAL, national severeignty.
—— O DERECHOS DE LOS ESTADOS, states' rights.
SOBERANO, sovereign, supreme, pound sterling.
SOBERBIO o ARROGANTE, proud, arrogant, haughty.
SOBORNO, bribe, graft, public bribery, bribery.
—— DE FUNCIONARIOS EN EL EXTRANJERO, foreign officials bribery.
—— DE TESTIGO, (law) sobornation of perjury.
—— EN EL EXTRANJERO, foreign bribery.
—— MILLONARIO, whitemail bribe.
—— O COHECHO CON POCO DINERO, lubrication bribe.
—— O COHECHO NACIONAL, domestic bribery.
—— POLÍTICO, official extortion.
SOBRA, surplus, excess, left-over.
——, DE, more than enough, over and above.
SOBRANTE, excess, surplus, overage.
—— DE ALIMENTOS, food surplus.
—— DE CAJA, cash over.
—— DE GUERRA, war surplus.
—— Y FALTANTE, over-and-short.
SOBRANTES, surplus stock.
—— DE COSECHAS, crop surpluses.
—— DE COSTOS, cost overruns.
—— DEL GOBIERNO (U.S.A.), Government surplus.
—— Y FALTANTES, overages and shortage.
—— Y FALTANTES, CUENTA DE, over and short account.
—— Y FALTANTES DE EFECTIVO, cash over and short.
—— Y FALTANTES EN CAJA, CUENTA DE, cash over and short account.
SOBRAR, to exceed, to surpass, to have in excess.
SOBRE, envelope, on, upon, over.
—— ABIERTO, unsealed envelope.
—— AÉREO, air-mail envelope.
—— CON CINTA o CORDÓN, tie envelope.
—— CON DIRECCIÓN PARA CONTESTACIÓN, self-addressed envelope.
—— CON VENTANILLA TRANSPARENTE, window envelope.
—— DE CONTESTA ROTULADO, self-addressed return envelope.
—— DE PAGO, pay envelope.

—— MANERA, excessively, beyond measure.
—— PAR o SOBRE LA PAR, above par.
—— PARA CONTESTACIÓN, return envelope.
—— PARA MUESTRAS POR CORREO, sample envelope.
—— ROTULADO, tag envelope.
—— SEPARADO, POR, under separate cover.
—— TAMAÑO OFICIO, official envelope, official-size envelope.
—— TIMBRADO, stamped addressed envelope.
—— TIPO CARTA o SOBRE TAMAÑO CARTA, letter-size envelope.
—— TODAS LAS COSAS, above all things.
SOBREABSORCIÓN, overabsorption.
SOBRECAPITALIZAR, to overcapitalize.
SOBRECARGA, overload, overhead, general expense, burden.
—— DE INFORMACIÓN, information overload.
—— DEPARTAMENTAL, departmental burden.
SOBRECARGAR o EXCEDER EN PESO, weight down, to overload, to overcharge, to apply a surcharge.
SOBRECARGO, supercargo, purser, overcharge.
SOBRECOSTO, oncost, extra cost.
SOBRECUOTA, extra fare.
SOBREENTENDER, to assume, to understand.
SOBREENTENDIDO, understood.
SOBREESTIMACIÓN, overstating.
—— DE CUENTAS POR COBRAR, overstating accounts receivable.
—— DE PRECIOS DE ACCIONES, overstated stock prices.
—— DE UTILIDADES, overstated profits.
—— DE VENTAS, overstating sales.
SOBREEXPANSIÓN, overexpansion.
SOBREGASTO, extra expense.
SOBREGIRAR, to overdraw.
SOBREGIRO, overdraft.
—— APARENTE, technical overdraft.
—— BANCARIO, bank overdraft.
—— REAL, actual overdraft, bank overdraft.
—— SEGÚN LIBROS, overdraft per books.
SOBREIMPRESIÓN, surprint, overprint.
—— DE LA MÁQUINA, machine overprinting.
SOBREIMPUESTO, surtax.
SOBRELLEVAR, to carry, to bear, to ease, get away with.
SOBREMARCA EN EL COSTO, markup on cost.
SOBREMARCA EN EL PRECIO DE VENTA, markup selling price.
SOBREMEDIDA o EXTRAGRANDE, oversize.
SOBREMESA, session after dinner.
SOBRENOMBRE, surname, nickname.
SOBREPASAR, to exceed.
SOBREPESO, overweight.
SOBREPOBLACIÓN, overpopulation.
SOBREPONER, to put over, to overcome, to overlap.
SOBREPRECIO, surcharge, markup, additional price, bonus, premium.
SOBREPRIMA, additional premium, expense constant, loading.

SOBREPRODUCCIÓN, overproduction.
SOBREPUESTO, overlapping.
SOBREPUJAR EN BENEFICIO DEL VENDEDOR, bid in, to outbid.
SOBRESALIENTE, outstanding, excelling, surpassing.
SOBRESALIR, to stand out, to excel, to be prominent.
SOBRESEIMIENTO, supersedeas, nonsuit.
SOBRESUELDO, extra pay, bonus.
—— PASCUAL, Christmas bonus.
SOBRETASA, supertax, surtax, overtime.
SOBRETODO, overcoat, topcoat.
SOBREVALUADO, overstated.
SOBREVIVIENTE, survivor, surviving.
SOBREVIVIR, to survive, to outlive.
SOBRINA, niece.
SOBRINO, nephew.
SOCAVAR, to undermine, to excavate.
SOCIAL, pertaining to a partnership or to a corporation, social.
—— O EN ACCIONES, CAPITAL, capital stock, stock capital, share capital.
—— , SERVICIO, social service.
SOCIALISMO, socialism.
—— ESTATAL, state socialism.
SOCIALIZAR, to socialize.
SOCIEDAD, society, partnership, association, corporation, company.
—— ABIERTA, open corporation.
—— ANÓNIMA o POR ACCIONES, stock company, corporation, incorporated company.
—— ANÓNIMA DE SEGUROS, stock carrier, stock company.
—— ANÓNIMA DOMINANTE, controlling corporation.
—— ANÓNIMA ESPECULATIVA, business corporation.
—— ANÓNIMA ESTATAL, state chartered institution.
—— ANÓNIMA FINANCIERA, financial corporation.
—— ANÓNIMA MULTINACIONAL, multinational corporation.
—— ANÓNIMA NACIONAL, domestic corporation.
—— ANÓNIMA REGIDA POR LA NACIÓN, national chartered institution.
—— ANÓNIMA SUBSIDIARIA o FILIAL, controlled corporation.
—— ASEGURADORA, underwriters, insurance company.
—— COLECTIVA, general partnership.
—— COMANDITARIA o LIMITADA, commandite, limited partnership.
—— COMERCIAL, trading company.
—— CONSTITUIDA, chartered corporation.
—— COOPERATIVA DE PRÉSTAMOS PARA EDIFICACIÓN, building and loan association.
—— DE AHORRO Y PRÉSTAMO, savings and loan association.
—— DE BENEFICENCIA o PREVISIÓN, welfare society.
—— DE CAPITAL, corporate enterprise.
—— DE CARTERA, investment trust.

—— DE CRÉDITO, credit institution, credit union.
—— DE CUIDADO PERPETUO, perpetual care society.
—— DE FAMILIA, family partnership.
—— DE LA CRUZ ROJA, Red Cross Society.
—— DE PARTICIPACIÓN, investment trust.
—— DE PRÉSTAMOS PARA EDIFICACIÓN, mutual loan association.
—— DE RESPONSABILIDAD LIMITADA, limited liability company.
—— DE SEGUROS MUTUOS, mutual insurance company.
—— DE VIDA TEMPORAL, collapsible corporation.
—— EMISORA DE ACCIONES, stock corporation.
—— EN COMANDITA, partnership in commendam, commandite, silent partnership.
—— EN COMANDITA POR ACCIONES, joint-stock association, joint-stock company.
—— EN EL EXTRANJERO, foreign corporation.
—— EN PARTICIPACIÓN, joint venture.
——, ESCRITURA DE, articles of partnership.
—— FIDUCIARIA o DE FIDEICOMISO, trust company.
—— FILIAL, subsidiary company.
—— INVERSIONISTA, open-end trust, investment trust, mutual fund.
—— INVERSIONISTA SIN RESTRICCIONES, flexible trust.
—— LIMITADA, special partnership.
—— MATRIZ, parent company.
—— MERCANTIL, mercantile society, trading corporation.
—— MERCANTIL COLECTIVA, trading partnership.
—— MUTUA o MUTUALISTA, mutual company, benefit society.
—— O ASOCIACIÓN CIVIL, civil partnership, civil society.
—— O ASOCIACIÓN NO COMERCIAL, society.
—— O EMPRESA LUCRATIVA, profit-marking corporation.
—— OPULENTA O RICA, affluent society.
—— PARCIALMENTE LIMITADA, limited partnership.
—— PARTICULAR, private corporation.
—— PARTICULAR DE SERVICIO PÚBLICO, private utility.
—— QUE NEGOCIA EN MOSTRADOR, over-the-counter corporation.
—— REGULAR COLECTIVA, general partnership.
—— SELECTA, select society.
—— SIN CLASES, classless society.
—— UNIVERSAL, universal partnership.
—— VOLUNTARIA, common-law corporation.
SOCIO, member, partner, associate.
—— ACTIVO, active partner.
—— ADMINISTRADOR o GERENTE, managing partner.
—— CAPITALISTA, silent partner, financial partner.
—— COMANDITARIO, working partner, silent partner.
—— CON RESPONSABILIDAD LIMITADA, limited liability partner, special partner.
—— DE LA FIRMA, member of the firm.
—— GENERAL o REGULAR, general partner.
—— INDUSTRIAL, working partner.
—— MENOR o MINORITARIO, junior partner.
—— NOMINAL, nominal partner.
—— PRINCIPAL o SUPERIOR, senior partner.
—— SECRETO, sleeping partner, secret partner.
SOCIOLOGÍA, social science.
SOCORRO, help, assistance.
—— O AYUDA A DOMICILIO, outdoor relief, home relief.
——, PUESTO DE, first-aid station.
SOFOCAR, to choke, to suffocate.
SOGA, rope.
—— AL CUELLO, CON LA, imminent danger.
SOL, sun, monetary unit of Peru.
—— A SOL, DE, from sunrise to sunset.
SOLAPAR, to overlap, to cover up, to conceal.
SOLAR, piece of ground, plot.
—— DE ESTACIONAMIENTO, parking lot.
—— PARA EDIFICAR, building lot.
SOLAS, A, in private, alone, by oneself.
SOLDADO, soldier.
—— RASO, private.
SOLDADOR, welder.
SOLDADURA, welding, soldering, weld, solder.
—— OXIACETILÉNICA, oxyacetylene welding.
SOLDAR, to weld, to braze, to solder.
SOLEMNE DISPARATE, huge blunder, downright foolishness.
SOLICITACIÓN, solicitation.
SOLICITADO, applied for, good demand, popular.
——, NO, unasked.
SOLICITANTE, applicant, petitioner, solicitor.
—— DE CRÉDITO, loan applicant, seeker of credit.
—— INSOLVENTE, noncredit worthy applicant.
—— O PRESTATARIO DE CAPITAL, borrower of capital.
—— SOLVENTE, credit worthy applicant.
SOLICITAR, to seek, to solicit, apply for, to canvass.
—— EL DIVORCIO, sue for divorce.
—— EMPLEO, to seek employment, look for a job.
—— PROPUESTAS, to call for bids.
—— UN PRÉSTAMO, to borrow.
—— UN PUESTO, apply for a job.
—— Y OBTENER, sue out.
SOLICITUD, application, demand, request, inquiry, petition.
——, A, on request.
—— DE APROPIACIÓN o ASIGNACIÓN, appropriation request.
—— DE CAMBIO EXTRANJERO, application of foreign exchange.
—— DE COMPRA, purchase requisition, request for purchase.
—— DE CONFIRMACIÓN, confirmation request.
—— DE COTIZACIÓN, request for quotation, inquiry for prices.
—— DE EMPLEO, application for employment, position wanted.
—— DE INGRESO, application for admission.

—— DE MATERIAL, materials requisition.
—— DE MERCANCÍAS, merchandise requisition.
—— DE PRÉSTAMO, loan call, loan application, request for a loan.
—— DE PRÉSTAMO A PLAZO o EN ABONO, installment loan application.
—— DE PRÉSTAMO HECHA POR UNA MUJER, woman loan applicant.
—— DE REEMBOLSO, application for payment.
—— DE REGISTRO, application for registration.
—— DE SEGURO DE VIDA, application for life insurance.
—— O PETICIÓN DE CRÉDITO, credit application, credit request.
—— O PETICIÓN DE PATENTE, application for patent.
SOLIDARIDAD, solidarity.
SOLIDEZ FINANCIERA, financial strength, financial soundness.
SOLIDIFICAR, to solidify.
SÓLIDO o MACIZO o FIRME, solid.
SOLO, alone, unattended, unaccompanied.
SOLTAR, to let go, cast off, unfasten, to loose, to unlock.
SOLTARSE, snap off.
SOLTERA, unmarried woman.
SOLTERO, unmarried man.
SOLTERÓN, old bachelor.
SOLTERONA, old maid.
SOLTURA, release, agility.
SOLUCIÓN, solution, answer, settlement.
—— DE PROBLEMAS, problem solving.
—— DE PROBLEMAS ADMINISTRATIVOS, managerial problem solving.
—— GRÁFICA, graphical solution.
SOLUCIONES ALTERNAS o ALTERNATIVAS, alternative solutions.
SOLUCIONADOR DE PROBLEMAS, problem solver.
SOLUCIONAR, to work out, to solve, to overcome.
—— UNA HUELGA, to settle a strike.
SOLVENCIA, solvency, financial standing, responsibility.
—— DE UNA EMPRESA, solvency of a firm.
—— ECONÓMICA, financial responsibility.
—— FINANCIERA, financial solvency.
—— MORAL, good reputation.
SOLVENTAR o FINANCIAR, to finance, to settle, to satisfy.
—— CONTRATO DE ARRENDAMIENTO, lease financing.
SOLVENTE, solvent, responsible, free of debt.
SOLLOZAR o LLORIQUEAR, to whimper.
SOMBRA, shadow, shade, darkness, ghost.
——, NO SER NI SU, to be but the shadow of one's former self.
SOMBRERO, hat.
SOMETER, to submit.
—— A LA DECISIÓN DE ÁRBITROS, refer to arbitration.
—— A VOTACIÓN, ut to a vote.
—— O HACER UNA PROPUESTA, to make a bid.
—— O PRESENTAR LA RENUNCIA, to resign.

—— O REFERIR AL ARBITRAJE, to submit to arbitration.
SOMETIDO A JUICIO, on trial.
SON, SIN TON NI, without rhyme or reason.
SONÁMBULO, sleepwalker.
SONAR, to sound, to ring.
SONDEAR, to plumb, to take soundings.
SONDEO, sounding, exploring.
SONIDO, sound, noise.
—— ACOMPASADO, tick, tictac.
SONREÍR, to smile.
SONRISA, smile.
SONSACAR, to draw (one) out, to entice, to lure away.
SOÑAR, to dream.
SOÑARLO, NI, not even to dream of it.
SOPA, ESTAR HECHO UNA, wet through to the skin.
SOPETÓN, DE, all of a sudden.
SOPLÁRSELA A UNO, to deceive one.
SOPLETE, blowpipe, torch.
—— DE SOLDAR, welding torch.
SOPLO o FUMADA o BOCANADA, whiff.
SOPLÓN o SOPLONA, denunciatory, squealer, informer.
SOPORTAR, to support, to bear.
—— LA PÉRDIDA, bear the loss.
—— O CUBRIR EL COSTO, to meet the cost.
SOPORTE, support, rest, bearing.
SORBER, to sip.
SORDO, deaf, soundproof.
—— COMO UNA TAPIA, stone-deaf.
SORDOMUDO, deaf and dumb, deafmute.
SORPRENDER, to steal upon, to astonish, to surprise.
SORPRESA, surprise.
SORTEAR, to raffle, to draw or cast lots for.
SORTEO, drawing by lot.
—— DE LA LOTERÍA, lottery drawing.
——, POR, by lot.
SORTIJA, finger ring, ring.
SOSEGARSE, to calm down, to quiet down.
SOSPECHA, suspicion.
SOSPECHAR o DESCONFIAR, to suspect, to mistrust.
—— UNA INTRIGA o GATO ENCERRADO, smell a rat.
SOSTÉN, support, steadiness.
SOSTENER o MANTENER, to maintain, to assist, to uphold.
—— EL PRECIO, to keep up the price.
SOSTENERSE, to support or maintain oneself.
SOSTENIMIENTO, support, maintenance.
—— DE UN NIÑO, child support.
SÓTANO, cellar, basement.
—— DE REFUGIO, storm cellar.
SU, (pronombre posesivo), his, her, its, their, one's, your.
—— AFECTÍSIMO, yours affectionately.
—— AFECTÍSIMO SERVIDOR, yours very cordially.
—— ALTEZA, your highness.
—— ATENTA, DE... your favor of.

—— **SEGURO SERVIDOR,** yours very faithfully, yours very truly.
SUAVIZAR, to soften, to smooth, to ease.
SUBA, rise, appreciation.
SUBADMINISTRADOR, assistant manager.
SUBAGENCIA, subagency.
SUBAGENTE, subagent, subproducer.
SUBALQUILAR, to sublet, to sublease.
SUBALQUILER, sublease.
SUBALTERNO, subordinate, assistant, helper.
SUBARRENDADOR, sublessor.
SUBARRENDAR, to sublease, to sublet.
SUBARRENDATARIO, subtenant, sublessee, under-tenant.
SUBARRIENDO, subtenancy, underlease, sublease.
SUBASEGURADO, underinsured.
SUBASTA, public auction sale, competitive bidding auction.
——, **AVISO DE,** bidding notice.
—— **JUDICIAL,** judicial sale.
—— **LEGAL,** legal auction.
—— **O LICITACIÓN PÚBLICA,** public letting, public auction, public sale.
——, **VENTAS DE,** auction sales.
SUBASTADOR, auction broker, auctioneer.
SUBASTAR, to auction, to take bids.
SUBAUDITOR, subauditor, assistant auditor.
SUBCAJERO o SUBCAJERA, assistant cashier.
SUBCAPATAZ o CABO DE CUADRILLA, straw boss, sub-foreman.
SUBCAPITALIZADO, undercapitalized.
SUBCENTRAL, substation.
SUBCOMISARIO, assistant on deputy commissioner.
SUBCOMITÉ, subcommittee.
SUBCOMPONENTE, subcomponent.
SUBCOMPRADOR, subpurchaser.
SUBCONSCIENTE, subconscious.
SUBCONSUMO, underconsumption.
SUBCONTADOR, assistant cashier, assistant accountant.
SUBCONTRALOR, assistant controller.
SUBCONTRATAR, to subcontract, contract out.
SUBCONTRATISTA, subcontractor.
—— **DEL GOBIERNO,** government subcontractor.
SUBCONTRATO, subcontract.
SUBCUENTA, subheading, subaccount, subsidiary account.
SUBDELEGADO, subdelegate.
SUBDELEGAR, to subdelegate.
SUBDEPARTAMENTO, subdepartment.
SUBDESARROLLADA, ECONOMÍA, backward economy.
SUBDESARROLLADO, underdeveloped.
SUBDESARROLLADOS, PAÍSES, underdeveloped countries.
SUBDESARROLLO, underdevelopment.
—— **ECONÓMICO,** economic underdevelopment.
SUBDIRECCIÓN, subbureau, subdepartment.
SUBDIRECTOR o SUBGERENTE, assistant manager, associate director.

SUBDIVISIÓN, subdivision, branch.
—— **DE ACCIONES,** stock split-up.
SUBDIVISIONES DE GASTOS, expenditure break-downs.
SUBEMPLEO, underemployment.
SUBEN LOS PRECIOS, prices are up.
SUBESTACIÓN, substation.
SUBESTIMACIÓN, understatement.
—— **DE LA OBLIGACIÓN FISCAL,** understatement of tax liability.
SUBESTIMAR, underestimate, to undervalue.
SUBGERENCIA, assistant manager's office.
SUBGERENTE, submanager, assistant manager.
SUBGOBERNADOR, deputy governor.
SUBGRUPO, subgroup, subassembly.
SUBIDA, promotion, advancement, rise, upgrade.
—— **DE PRECIOS,** rise of prices.
—— **REPENTINA,** upsurge.
SUBÍNDICE, subscript, subindex,
SUBINQUILINO, subtenant, sublessee.
SUBINSPECTOR, subinspector, assistant inspector.
SUBIR o ASCENDER, to upgrade, to rise, to advance, to climb.
—— **A BORDO,** to go on board.
—— **A ESCONDIDAS,** steal up.
—— **A PIE,** walk up.
—— **AL BANQUILLO o ESTRADO DE LOS TESTIGOS,** to take witness stand.
—— **CORRIENDO,** whip up.
—— **DE PRONTO,** to zoom.
—— **DE TONO o ALTERARSE,** to raise one's voice, to be more outspoken.
—— **LA ESCALERA,** go up stairs.
—— **O AUMENTAR PRECIOS,** raise prices.
—— **Y BAJAR PASAJEROS,** to take on and let off passengers.
SÚBITO, DE, suddenly.
SUBJEFE, subchief, subforeman, assistant chief.
SUBJETIVO, subjective.
SUBLEVAR, to raise in rebellion, to incite to rebellion.
SUBLOCATARIO, sublessee.
SUBMARINO, undersea, of shore, submarine.
SUBMUESTRA, subsample.
SUBMÚLTIPLO, submultiple.
SUBNIVEL, sublevel.
SUBNORMAL, subnormal, substandard, underaverage.
SUBOCUPACIÓN, underemployment.
SUBOFICIAL, petty officer, subordinate official.
SUBORDINADO, subordinate.
SUBORDINAR, to subordinate, to subject.
SUBPOBLACIÓN, underpopulation.
SUBPRODUCTO, subproduct, by-product.
SUBPROGRAMA, subprogram.
SUBRAYAR, to underline, to underscore.
SUBROGACIÓN, subrogation.
SUBRUTINA (computación), subroutine.
SUBSALDO, subbalance.

SUBSANAR, to correct, to overcome, to adjust, to arrange.
—— **UNA PÉRDIDA**, to make good a loss.
SUBSCRIBIR, to subscribe, to underwrite, to sign.
—— **FIANZAS**, write bonds.
SUBSCRIPCIÓN, subscription.
—— **DE ACCIONES**, stock subscription.
—— **DE SUSTITUCIÓN**, standby underwriting.
SUBSCRIPCIONES A COBRAR, subscriptions receivable.
SUBSCRIPTOR, signer, subscriber, underwriter.
—— **DE BONO**, bond underwriter.
SUBSCRITO, CAPITAL COMÚN, common stock subscribed.
SUBSECCIÓN, subsection, subdepartment, subparagraph.
SUBSECRETARIA, assistant secretary's office.
SUBSECRETARIO, subsecretary, assistant secretary, undersecretary.
SUBSECUENTE, subsequent.
SUBSIDIAR, to subsidize, to bear the cost.
SUBSIDIARIA, subsidiary company.
—— **ASOCIADA**, fellow subsidiary.
—— **DE AGENCIA DE SEGUROS**, insurance agency subsidiary.
—— **QUE PERTENECE TOTALMENTE A LA EMPRESA**, wholly owned subsidiary.
SUBSIDIARIAS EXTRANJERAS CONSOLIDADAS, consolidated foreign subsidiaries.
SUBSIDIO, subsidy, benefit, subvention, tax.
—— **A EXPORTACIONES**, export bounty.
—— **A LA RENTA**, rent subsidy.
—— **DE PRECIO**, price support.
—— **DEL SERVICIO DE CORREO**, mail subsidy.
—— **DIFERENCIAL DE OPERACIÓN**, operating-differential subsidy.
—— **FEDERAL**, grant-in-aid.
—— **PARA VIVIENDAS**, housing subsidy.
—— **POR INVALIDEZ**, sick benefit.
—— **POR VEJEZ**, old-age benefit.
SUBSIDIOS
—— **AL PARO**, strike benefits.
—— **FEDERALES**, federal revenue sharing.
—— **GUBERNAMENTALES**, government subsidies.
SUBSIGUIENTE, subsequent.
SUBSISTENCIA, subsistence.
SUBSISTIR, to subsist, to last, to live.
SUBSTANCIAS o PRODUCTOS QUÍMICOS, chemicals.
SUBSTANTIVO, substantive.
SUBSTITUCIÓN o REEMPLAZO, substitution, replacement.
SUBSTITUIR, to substitute, to surrogate.
SUBSTITUTO, substitute.
SUBSTRAER, to substract, to take off, to remove.
SUBSUELO, basement, subsoil.
SUBTERRÁNEO, underground, subway.
SUBTESORERÍA, subtreasury.
SUBTESORERO, subtreasurer, assistant treasurer.
SUBTOTAL, subtotal.

SUBTOTALES, subtotals.
SUBUNIDAD, subunit.
SUBURBANO, suburban.
SUBURBIO, suburb, outskirt.
SUBVALORACIÓN, understatement of value.
SUBVALUADO, undervalued.
SUBVENCIÓN, grant, subvention, bounty, subsidy.
—— **COMPENSADORA**, countervailing subsidy.
—— **DE EXPORTACIÓN**, export bonus.
—— **PARA PAGAR LA RENTA**, rent subsidy.
—— **PARA VIVIENDAS**, housing subsidy.
SUBVENCIONES PARA EL COSTO DE VIDA, cost of living allowances.
SUBVENCIONAR, to subsidize.
SUBVENIR o SUFRAGAR, to provide, to defray.
—— **O SUFRAGAR GASTOS**, to defray costs.
SUBVERSIÓN, subversion, overthow.
SUBYUGAR o SOMETER, to subdue, to subjugate.
SUCEDA LO QUE SUCEDA, come what may.
SUCEDER o ACONTECER, to happen, to take place.
—— **A**, to succeed.
SUCESIÓN, succession, estate, sequence, series.
—— **DE MANDO**, chain of command.
—— **DE NÚMEROS**, sequence of numbers.
—— **HEREDITARIA**, natural succession.
—— **INTESTADA**, intestate succession, heirs at law.
SUCESIVAMENTE, Y ASÍ, and so on.
SUCESIVO, successive.
SUCESO, event.
—— **O EVENTO ALEATORIO**, random event.
—— **ECONÓMICO**, economic event.
SUCESOR o HEREDERO, successor, heir.
SUCIO, dirty, filthy, dishonest.
SUCROSA, cane sugar, sucrose.
SUCURSAL, branch of a business house, branch office.
—— **BANCARIA**, branch bank.
—— **DE OFICINA DE CORREOS**, branch post office.
——, **DIRECTOR DE**, branch manager.
—— **EN ULTRAMAR**, overseas branch, foreign branch.
SUDADERA, sweat shirt.
SUDAR, to sweat.
SUDESTE, Southeast.
SUDOESTE, Southwest.
SUDOR, sweat.
SUECO, HACERSE EL, to pretend not to hear.
SUELA, leather, bas, sill.
SUELDO, salary.
——, **A**, on a salary.
—— **ATRASADO**, back pay.
—— **BASE**, base pay.
—— **DE CESANTÍA**, severance pay, termination pay.
—— **DE DESPIDO**, dismissal pay.
—— **DE RETIRO**, retirement pay.
—— **DE SUBSISTENCIA**, living wage, minimum wage.
—— **DESEADO**, desired salary.
—— **DESPUÉS DE DEDUCCIONES**, take-home pay, spendable earnings, disposable income.

—— ÍNTEGRO o COMPLETO, full pay.
—— PROFESIONAL, professional wages.
—— SEMANAL o POR SEMANA, weekly salary.
—— SIN DEDUCCIONES, straight salary.
SUELDOS
—— ACUMULADOS A PAGAR, accrued salaries payable.
—— ACUMULADOS A VENDEDORES, sales salaries accrued.
—— ANTERIORES, back pay.
—— DE DIRECTORES, directors salaries.
—— DE FUNCIONARIOS, employee salaries.
—— DE OFICINA, office salaries.
—— DE OFICINA ACUMULADOS, office salaries accrued.
—— DE VENDEDORES, salesmen's salaries.
—— DEL PERSONAL DE OFICINA, clerical salaries.
—— GENERALES DE OFICINA, general office salaries.
—— NO COBRADOS o NO RECLAMADOS, unclaimed pay.
—— O SALARIOS DE FÁBRICA, factory salaries.
—— PAGADOS AL PERSONAL DE VENTAS, sales salaries expense.
—— VENCIDOS, accrued salaries.
—— Y JORNALES DEVENGADOS, accrued salaries and wages.
SUELO, floor, ground, soil.
——, EN EL, on the floor.
SUELTO o FLOJO u HOLGADO, loose, not packaged, unattached, unfixed.
—— DE LENGUA, outspoken.
SUEÑO, sleep, dream.
——, ECHAR UN, to take a nap.
—— PROFUNDO, sound sleep.
SUERTE, luck, fortune, hazard.
——, POR, by chance, luckily.
——, TENER, to be lucky.
SUÉTER, sweater.
—— CERRADO, pullover.
SUFICIENCIA, sufficiency, adequacy, capability.
SUFICIENTE, good enough, sufficient, adecuate.
SUFRAGAR o COSTEAR, to defray, pay the cost of, to vote.
—— LOS GASTOS, to meet expenses, to meet the costs.
SUFRAGIO, vote.
SUFRIR, to support, to under, to suffer, to sustain.
—— DAÑOS, sustain damage.
—— O TENER UNA PÉRDIDA, to suffer a loss.
—— UN ACCIDENTE, to have an accident.
SUGERENCIA o INDICACIÓN, suggestion.
SUGERIR o INSINUAR, to suggest.
SUICIDARSE, to commit suicide.
SUICIDIO, suicide.
SUJETADOR o PASADOR o BROCHE, fastener, clip.
SUJETAPAPELES, paper clip.
SUJETAR o SOMETER, to subject, to fasten, to hold fast.

SUJETO, person, individual, subject, liable.
—— A, subject to.
—— A APROBACIÓN, on approval.
—— A AVISO, subject to notice.
—— A CAMBIO, subject to change.
—— A DAÑO o DETERIORO, damageable.
—— A DERECHOS, dutiable.
—— A IMPUESTO o CON IMPUESTO, taxable.
—— A LA ACEPTACIÓN, subject to acceptance.
——, BUEN, nice guy, good sport.
—— EMPRENDEDOR, go-getter.
SUMA, addition, sum, footing, amount, summation, summary, total.
—— A LA VUELTA, balance carried forward, carry-over.
—— ALGEBRAICA, algebraic sum.
—— ALZADA o GLOBAL, lump sum.
—— ANTERIOR, amount brought forward.
—— CIERTA O DEFINIDA, amount certain, sum certain.
—— CRUZADA, crossfoot.
—— DE TASACIÓN, amount of assessment.
—— DEBIDA o ADEUDADA, amount due.
—— DEL ACTIVO CIRCULANTE, total current assets.
——, EN, in short, to sum up.
—— HORIZONTAL, cross-addition.
—— O MONTO DEL CAPITAL, capital sum.
—— O TOTAL DE UNA COLUMNA, footing.
—— REDONDA, round sum.
—— Y SIGUE, sum carried forward, amount carried forward, carried over.
SUMAS
—— EMITIDAS, amounts issued.
—— PENDIENTES DE PAGO, amounts outstanding.
—— RETENIDAS, amounts withheld.
—— Y ASIENTOS, footings and postings.
SUMADORA, adding machine, summator.
—— CALCULADORA, adding calculator.
—— TABULADORA, adding-tabulating machine, adding-listing machine.
SUMAR o AÑADIR, to add, to add up, to figure up, to foot, to total.
—— LA RECONCILIACIÓN, foot the reconciliation.
—— NUEVAMENTE, to refoot.
—— VERTICAL Y HORIZONTALMENTE, to refoot and crossfoot, to cross check.
SUMIDERO, sink, sewer, drain.
SUMINISTRAR o PROVEER, to furnish, to supply, to provide.
—— O APORTAR FONDOS, to provide funds.
SUMINISTRO, supply, furnishing.
—— DE AGUA, water supply.
SUMINISTROS, supplies.
—— DE FÁBRICA, factory supplies.
—— DISPONIBLES, supplies on hand.
SUMISIÓN, submission.
SUMO, high, grade, supreme.
——, A LO, at the outside.
——, EN GRADO, to a very great extent, highly.

SUPEDITAR o **VENCER**, to override, to furnish, to supply.
SUPERACIÓN, advancement, promotion, surpassing, self-attainment, excelling.
SUPERAR, to overcome, to surpass, to exceed, to surmont.
—— **UNA DIFICULTAD**, to tide over.
SUPERÁVIT, excess, surplus, overage, capital surplus.
—— **ACUMULADO**, accumulated surplus.
—— **ADQUIRIDO**, acquired surplus.
—— **ASIGNADO**, appropriated surplus.
—— **CONSOLIDADO**, consolidated surplus.
—— **CORRIENTE**, current surplus.
——, **CUENTA DE**, surplus account.
—— **DE CAPITAL**, additional paid-in capital, capital surplus.
—— **DE CONSOLIDACIÓN**, surplus from consolidation, consolidation surplus.
—— **DE GARANTÍA**, guaranty surplus.
—— **DE REVALUACIÓN**, revaluation surplus.
—— **DE UTILIDADES**, surplus earnings, earned surplus.
—— **DEL PRESUPUESTO**, budget surplus.
—— **DEL PRESUPUESTO NO APLICADO**, unappropriated budget surplus.
—— **DEVENGADO**, earned surplus, current surplus, operating surplus.
—— **DISPONIBLE**, free surplus.
—— **DONADO**, donated surplus.
—— **EN LA FECHA DE ADQUISICIÓN**, surplus at date of acquisition.
—— **EN LIBROS**, book surplus.
—— **EXCEDENTE DEL FONDO**, fund surplus.
—— **GANADO**, earned surplus.
—— **GANADO FECHADO**, dated earned surplus.
—— **GANADO NO APLICADO**, unappropriated earned surplus.
—— **INTACTO**, unimpaired surplus.
—— **LIBRE**, free surplus.
—— **MIXTO**, mixed surplus.
—— **NO COMPROMETIDO**, uncommitted surplus.
—— **NO DE OPERACIÓN**, nonoperating surplus.
—— **NO REPARTIDO**, undivided surplus.
—— **NO RESERVADO**, unreserved surplus.
—— **PAGADO**, contributed surplus, paid-in surplus.
—— **POR TASACIÓN** o **VALUACIÓN**, appraisal surplus.
—— **PRESUPUESTAL**, budget surplus.
—— **PRESUPUESTARIO DE PLENO EMPLEO**, full-employment budget surplus.
—— **REALIZADO**, realized surplus.
—— **RESERVADO**, surplus reserves.
—— **RESTRINGIDO**, restricted surplus.
SUPERBANCARIO, superintendent of banks.
SUPERCARRETERA, superhighway.
SUPERCOSTO o **COSTO EXCESIVO**, excessive cost.
SUPERFICIE, area, surface.
—— **CILÍNDRICA**, cylindrical surface.
—— **ESFÉRICA**, spherical surface.
—— **PLANA**, plane area.
SUPERFLUO o **INNECESARIO**, unnecessary.
SUPERGANGA, great bargain.
SUPERGRAVAR, to overtax.
SUPERINTENDENTE, superintendent.
—— **AUXILIAR**, assistant superintendent.
—— **BANCARIO**, superintendent of banks.
—— **DE MUELLE**, pier superintendent.
—— **DE TERMINAL DE FERROCARRIL**, terminal superintendent.
—— **O DIRECTOR DE PRODUCCIÓN**, production manager.
—— **O JEFE DE PLANTA**, plant superintendent.
SUPERIOR, superior, upper, better.
——, **EL PISO**, the upper floor (story).
SUPERMERCADO, supermarket.
SUPERNUMERARIO, supernumerary.
SUPERPOBLACIÓN, overpopulation.
SUPERPOTENCIA, superpower.
SUPERPRODUCCIÓN, overproduction.
SUPERPRODUCTIVIDAD DE UN OBRERO, rate busting.
SUPERVISAR o **INSPECCIONAR**, to supervise, to superintend.
SUPERVISIÓN, supervision.
—— **DEL ESTADO**, state supervision.
SUPERVISOR, supervisory foreman, overseer, supervisor, superintendent.
—— **DE BODEGA**, warehouseman.
—— **DE PERSONAL**, personnel supervisor.
—— **DE PRIMERA LÍNEA**, first-line supervisor.
—— **DE TALLER**, shop supervisor.
—— **DE VENTAS**, sales manager.
—— **O JEFE DE TURNO**, shif boss.
SUPERVIVENCIA, survival, survivorship.
—— **DEL GRUPO**, group survival.
—— **DEL MÁS APTO**, survival of the fittest.
SUPERVIVIENTE, survivor.
SUPLANTAR, to supplant, to forge, to alter by fraud.
SUPLEMENTARIO, supplementary.
SUPLEMENTO, supplement.
—— **DOMINICAL**, Sunday supplement.
SUPLENTE, alternate, substitute, deputy.
——, **MIEMBRO**, alternate member.
SUPLICAR o **ROGAR**, to implore, to petition, to beg.
SUPONER, to suppose, to entail.
SUPOSICIÓN, supposition, surmise.
SUPREMA, CORTE o **TRIBUNAL SUPREMO**, Supreme Court.
SUPREMO, supreme, highest, paramount.
SUPRESIÓN, deletion, elimination.
—— **DE CEROS**, zero suppression.
—— **O ELIMINACIÓN DE BARRIOS BAJOS**, slum clearance.
SUPRIMIR, to suppress, to delete, to abate, to cancel.
—— **EL SERVICIO**, to discontinue the service.
SUPUESTO o **SUPOSICIÓN**, assumption, supposition.
——, **POR**, of course, naturally.

SURGIR u **OCURRIR,** to come up, to issue, to spout.
SURTIDO, stock, assortment, supply, assortments.
—— **DE MERCANCÍAS,** line of goods.
—— **DE PRODUCTOS,** line of products.
—— **DE REFACCIONES,** stock of parts.
—— **ESCASO,** short supply.
—— **EXCESIVO,** oversupply.
SURTIDOR, jet, dispenser, supplier.
—— **DE GASOLINA,** metering pump, filling station.
SURTIR o **SUMINISTRAR,** to furnish, to supply, to stock, to purvey.
—— **EFECTO,** to take effect, to produce results, become effective.
—— **EL MERCADO,** to supply the market.
—— **UN PEDIDO,** to fill or execute an order, fill out an order.
SURTIRSE, to stock up, to lay in a supply.
SUSCEPTIBLE, susceptible, sensitive, touchy.
SUSCRIPTOR o **ABONADO,** subscriber, signer.
—— **DE TELÉFONO,** telephone subscriber.
SUSCRIPTORES DE ACCIONES REQUERIDAS PARA EL PAGO, call-up capital.
SUSCRITO, subscribed, undersigned.
SUSODICHO, above-mentioned, aforesaid.
SUSPENDER, to suspend, to discontinue, to interrupt, to lay off, call off.
—— **LA SESIÓN,** to adjourn.
—— **LA VISTA,** adjourn the hearing.
—— **O DEJAR EL TRABAJO,** stop work, to knock off.
—— **PAGOS,** to stop payments, to suspend payments.
—— **UN PEDIDO,** to hold up an order.
SUSPENDIDO, PAGO, payment stopped.
SUSPENSIÓN, suspension, cessation, adjournment.
—— **DE FUEGO,** cease-fire.
—— **O CESE DE PAGOS,** suspension of payments, stop payment.
—— **TEMPORAL DE UN JUEGO** o **PARTIDO,** time-out.
SUSPENSO, suspense, astonished.
SUSPICACIA, suspicious, distrust.
SUSTENTAR, to advocate, to support, to maintain.
—— **UNA CONFERENCIA,** to hold an interview.
SUSTENTO o **MANTENIMIENTO,** maintenance, support.
SUSTITUCIÓN, supersession, stand-by.
—— **O REEMPLAZO DE EQUIPO,** replacement equipment.
SUSTITUTO, substitute, surrogate.
SUSTO, scare, fright.
——, **DAR UN,** to frighten, to scare.
SUTIL o **ASTUTO** o **PERSPICAZ,** subtle, keen, clever.
SUYAS, UNA DE LAS, one of his pranks or tricks.

T

TABACO o **PURO**, tobacco, cigar.
—— **EN RAMA**, o **SIN DESPALILLAR**, leaf or unstemmed.
—— **HABANO**, Havana cigar, Havana tobacco.
TABAQUERÍA, tobacco factory, tobacco store.
TABAQUERO, tobacco dealer or worker, cigar maker.
TABERNA o **FONDA**, public house, tabern, saloon.
TABERNERA o **CANTINERA**, barmaid.
TABERNERO, bartender.
TABIQUE o **CANCEL** o **PARED DIVISORIA**, partition.
—— **SORDO**, double partition wall.
TABLA, board, table, tabulation.
——, **A RAJA**, at any price.
—— **ANALÍTICA**, analytic schedule.
—— **DE AMORTIZACIÓN**, amortization schedule.
—— **DE ANUALIDADES**, annuity table.
—— **DE CONTINGENCAS** o **EVENTUALIDADES**, contingency table.
—— **DE CONVERSIÓN**, conversion table.
—— **DE CORRELACIÓN**, correlation table.
—— **DE EXPECTATIVA DE VIDA**, graduate life table.
—— **DE GANANCIA** o **DE LIQUIDACIÓN**, payoff table.
—— **DE INCAPACIDAD (seguros)**, disability table.
—— **DE LOGARITMOS**, table of logarithms.
—— **DE MATERIAS**, table of contents.
—— **DE MORTALIDAD**, mortality table, life table.
—— **DE MORTALIDAD DE RENTISTAS**, annuity mortality table.
—— **DE MORTALIDAD GENERAL**, aggregate life table.
—— **DE NÚMEROS ALEATORIOS**, table of random numbers.
—— **DE RENDIMIENTO DE BONOS** u **OBLIGACIONES**, bond yield table.
—— **DE VIDA OBSERVADA**, observed life table.
—— **RASA DE, HACER**, to ignore entirely, to set at nought.
—— **RESUMEN**, summary table.
——, **SALVARSE EN UNA**, to have a narrow escape.
—— **SELECTA DE MORTALIDAD**, select mortality table.
—— **ÚLTIMA DE MORTALIDAD**, ultimate mortality table.
TABLAS
—— **DE AMORTIZACIÓN DE BONOS**, bond table.
—— **DE IMPUESTOS**, tax table.
—— **DE INCAPACIDAD**, disability tables.
—— **DE INTERÉS**, interest tables.
—— **DE INTERÉS COMPUESTO**, compound interest tables.
—— **DE MORTALIDAD** o **CUADROS ACTUARIALES**, actuarial tables.
——, **QUEDAR**, to make clean sweep.
TABLERO, board, panel, switchboard, bulletin board, blackboard, keyboard.
—— **DE ANUNCIOS** o **LETRERO**, singboard.
—— **DE AVISOS** o **PIZARRA DE LLAMADAS**, call board.
—— **DE CONTROL** o **DE CONMUTADORES** o **DE DISTRIBUCIÓN**, switchboard, panel board, control panel.
—— **DE COTIZACIONES (bolsa)**, quotation board, big board.
—— **DE DIBUJO**, drafting board.
—— **DE INSTRUMENTOS**, instrument board.
—— **DE NOTICIAS**, bulletin board.
—— **DE RESULTADOS** o **DE PUNTUACIÓN**, score board.
—— **METÁLICO**, metal panel.
—— **PARA CÁLCULOS ARITMÉTICOS** o **ÁBACO**, abacus.
TABLILLA, small board, batten, cleat.
—— **DE ANUNCIOS** o **PIZARRA DE ANUNCIOS**, billboard.
—— **DE ESCRIBIR**, writing board.
—— **DE NOTICIAS** o **AVISOS**, notice board, bulletin board.
TABULACIÓN, tabulation.
—— **DE DATOS** o **ENLISTAR DATOS**, data tabulation.
—— **DE DOBLE ENTRADA**, cross tabulation.
—— **DE MÚLTIPLES ENTRADAS**, cross tabulation.
—— **SELECTIVA**, selective tabulation.
TABULADO, listed.
TABULADORA o **TABULADOR**, tabulator, checker, timekeeper.
—— **DE TARJETAS PERFORADAS**, punched card tabulator.
—— **IMPRESORA**, printing tabulator.
TABULAR, to tabulate, columnar, tabular.
—— **DE LA SUMADORA** o **TIRA DE PAPEL PARA SUMADORA**, adding-machine tape.
TACAÑO, stingy, niggardly, knavish, tight fisted.
TÁCITO o **NO EXPRESADO**, tacit, unspoken.
TÁCTICA, tactical, tactic; (military) tactics.
—— **POLÍTICA**, political tactics.
TÁCTICO, tactician.
TACTO, touch, touching, feeling, tact.
TACHA A, PONER, to find fault with.
TACHADURA, erasure, blotting out.
TACHAR, to stike out, to delete, to cross out.
—— **LO ESCRITO**, to obliterate.
TAJAR, to cut, to cleave.
TAL o **SEMEJANTE** o **DICHO**, such, so as.
—— **CASO**, such a case.
—— **COMO** o **A SABER POR EJEMPLO**, such as.
—— **HOMBRE**, such a man.
—— **O CUAL**, such and such.
—— **PARA CUAL**, two of a kind.
——, **QUÉ?**, hello, how d'ye do?, how are you?
—— **VEZ**, perhaps.
—— **Y TAL COSA**, thus and so.
TALA o **CORTE DE MADERA**, woodcutting.
TALABARTERO, saddler, harness maker.
TALADRAR o **PERFORAR**, to perforate.
TALADRO, drill, drill hole.
TALANTE, DE BUEN, with good grace, in a good mood.
TALANTE, DE MAL, in a bad mood, unwillingly.
TALENTO, skill, talent.

—— OCIOSO o DESAPROVECHADO, idle talent.
TALÓN o NOTA o BOLETO, stub, coupon, receipt, check.
—— DE CHEQUE, check stub.
—— DE ENTREGA, dock warrant.
—— DE EQUIPAJE o COMPROBANTE DE EQUIPAJE, baggage check.
—— DE FERROCARRIL, bill of lading.
—— DE GUÍA POSTAL, postal receipt.
—— DE INTERÉS, coupon rate.
—— DE PORTE AÉREO, air waybill.
TALONARIO o LIBRO TALONARIO, stub book.
—— DE CERTIFICADO DE ACCIONES, stock-certificate book.
—— DE CHEQUES o CHEQUERA o LIBRETA DE CHEQUE, checkbook.
—— DE CHEQUES PERSONAL, personal checkbook.
TALLA, size, carving.
——, DE, (of person) prominent.
—— EN MADERA, wood carving.
TALLER o TIENDA o ALMACÉN o FÁBRICA, shop, workshop, mill, factory.
—— DE COMPOSICIÓN DE LA INDUSTRIA GRÁFICA, composing room.
—— DE ENCUADERNACIÓN, bindery.
—— DE FUNDICIÓN, foundry.
—— DE IMPRESIÓN, printing shop, pressroom.
—— DE MÁQUINAS o DE MECÁNICA, machine shop.
—— DE MODELADO, pattern shop.
—— DE REPARACIÓN DE AUTOMÓVILES, carshop.
—— DE REPARACIONES, repair shop.
—— DE SERVICIOS, service station.
—— DE TRABAJO SEGÚN PEDIDO, custom job shop.
—— NO SINDICALIZADO, open shop.
—— PROPIO, inside shop.
—— SINDICALIZADO, union shop.
TAMAÑO o DIMENSIONES o MEDIDA, size.
—— CARTA, letter size.
—— DE LA CIUDAD, city size.
—— DE LA EMPRESA, size of the business, size of the company.
—— DE LA FAMILIA, family size.
—— DE LA MUESTRA, sample size.
—— DE LA POBLACIÓN, population size.
—— DE LOTE ECGNÓMICO, economic lot size.
—— DEL INVENTARIO, inventory size.
—— DEL LOTE, size of batch.
—— DEL MERCADO, market size.
—— DEL PERSONAL DE VENTAS, sales force size.
—— DEL PRODUCTO, product size.
—— GIGANTE, king size.
—— LEGAL u OFICIO, legal size.
—— MEDIANO, DE, medium-sized.
—— MEDIO, middle size.
—— NATURAL, full size.
—— NORMAL o CORRIENTE, standard size.
—— OFICIO, official size.
—— ÓPTIMO, optimal size.

—— PROMEDIO DE LA MUESTRA, average sample number.
—— Y ESTILO DE UN LIBRO, format.
TAMBIÉN o IGUALMENTE, as well, also, too.
TAMBOR, drum, reel.
——, A GOLPE DE, at the beating of the drum.
—— GIRATORIO DE METAL, revolving metal drum.
TAMPOCO, neither, not either.
TAN, as, so, so much.
—— BIEN COMO o TANTO COMO o LO MISMO QUE o ASÍ COMO, as well as.
—— PRONTO COMO, as soon as.
—— SÓLO, only merely.
TANGIBLE, tangible.
TANQUE o DEPÓSITO, tank, vat, reservoir.
—— DE ALMACENAMIENTO o DE DEPÓSITO, storage tank.
—— PARA AGUA, water tank.
TANTAS VECES, so often.
TANTEAR o SONDEAR, sound out.
TANTEO, guesswork, tryout, inspection, examination.
——, AL, by eye, by trial, as an estimate.
——, MÉTODO DE, rule-of-thumb method.
TANTEOS o ENSAYOS SUCESIVOS, trial and error.
TANTO, so much, that much.
—— CADA UNO, A, at so much a piece.
—— MEJOR, so much the better.
—— MENOS, so much the less.
——, NO SER PARA, no to be so bad as that.
—— PEOR, so much the worse.
—— POR CIENTO, percent.
—— POR CIENTO DE DIVIDENDO, dividend rate.
—— POR CIENTO DE UTILIDAD BRUTA, gross profit rate.
—— POR CIENTO DE UTILIDADES, percent earnings.
——, POR LO, therefore, for that reason.
TANTOS, so many, that many.
—— POR CIENTO, ESCALA DE, scale of percentages.
TAPA, (advertising) lid, top, cover, front or first cover.
—— POSTERIOR, (publicity or book) back cover, fourth cover page.
TAPABOCA, slap on the mouth.
TAPADERA, lid, cover, cap, top.
TAPAR, to cover, to plug, to plug up.
TAPETE, rug.
——, ESTAR SOBRE EL, to be under discussion.
TAPIA, wall, wall fence.
——, MÁS SORDO QUE UNA, deaf as a post.
TAPICERÍA o TAPIZADO, upholstery, tapestry.
TAPÓN, plug, cork, cap, stopper.
—— DE ROSCA, screw cap.
TAPUJO, pretext, subterfuge.
TAQUIGRAFÍA o ESTENOGRAFÍA, shorthand, stenography.
TAQUÍGRAFO o TAQUÍGRAFA, stenographer.
—— PARLAMENTARIO, court stenographer.

TAQUILLA, rack of pigeonholes, ticket office, box office, cashier's window.
—— DE SALIDA DE EXISTENCIAS, supply check-out counter.
—— O CASILLA DE VENTAS, sales booth.
—— RECAUDADORA, collector's window.
TAQUILLERO o BOLETERO, ticket agent, teller.
TAQUIMECANÓGRAFO, stenographer.
TARA, tare, defect.
—— ADUANERA o LEGAL, costume or legal tare, schedule tare.
—— REAL, actual tare.
TARAJE, tare weight.
TARAMBANA o BUSCAPLACERES, playboy.
TARAR o PESAR SIN CARGA, weigh light, to weigh before loading.
TARDANZA, delay, lateness, tardiness.
—— EN CONCEDER PRÉSTAMO, loan delinquency.
TARDAR, A MÁS, at the latest.
TARDE, afternoon, late.
—— EN TARDE, DE, now and then, once in a while, from time to time.
——, MAL Y NUNCA, late and bad.
——, MÁS, later on.
—— O TEMPRANO, sooner or later.
——, PARA LUEGO ES, by and by will be too late.
—— QUE NUNCA, MÁS VALE, better late than never.
TARDÍO, late, slow.
TAREA, taskwork, piecework, job, task, quantity of work.
—— DIFÍCIL, heavy task.
—— DURA, hard job.
—— PESADA, DE, heavy, duty.
TARIFA, tariff, rate, fare.
—— ADUANAL o ADUANERA, customs tariff.
—— BÁSICA, basic rate, one-time rate.
—— CAMIONERA, motorbus rates.
—— CLAVE, key rate.
—— COMBINADA, combination rate.
—— COMPLETA DE VIAJE REDONDO, full round-trip fare.
—— CONJUNTA, joint tariff.
—— CONSOLIDADA o CORRIDA, through rate.
—— CONVENCIONAL o ARANCEL CONTRACTUAL, conventional tariff.
—— DE ACUEDUCTO, water rates.
—— DE ANUNCIOS o TARJETA-TARIFA, rate card.
—— DE AVALÚO, ad valorem duties.
—— DE CARGA MIXTA o GENERAL, mixed-car rate.
—— DE CORRESPONDENCIA, letter rates.
—— DE DERECHOS PORTUARIOS, port tariff.
—— DE EXCURSIÓN, excursion rate, tourist rate.
—— DE EXPERIENCIA, experience rating.
—— DE EXPRESO, express rates.
—— DE FURGÓN, carload rate.
—— DE GRUPO, group or block rate.
—— DE IMPUESTOS, tax schedules.
—— DE MENOS DE CARRO COMPLETO, less-than-carload rate.
—— DE PASAJE o VIAJE, passenger tariff.
—— DE PEAJE, toll rates.
—— DE RECONOCIMIENTO, recognition rate.
—— DE REPRESALIA, retaliation tariff.
—— DE SALARIO EFECTIVO, effective pay rate.
—— DE SUBSCRIPCIONES, subscription rates.
—— DE TRANVÍA, streetcar fare.
—— DIFERENCIAL, flexible tariff.
—— DIURNA, day rate.
—— ESCALONADA o TIPO ESCALONADO, step rate.
—— ESTÁNDAR DE MANO DE OBRA, standard labor rate.
—— FIJA, bound rate.
—— FISCAL, schedule of import duties.
—— MÍNIMA, minimum rate.
—— NOCTURNA, night rate.
—— O CUOTA DE CARGA, freight rate.
—— OFICIAL, open rates.
—— POR CARROS COMPLETOS, carload rate.
—— POR CLASES, class rate.
—— POR DISTANCIA, distance rates, mileage rates.
—— POR LÍNEA, line rate.
—— POSTAL o DE CORREOS, postage rates.
—— POSTAL AÉREA o TARIFA DE CORREO AÉREA, airmail rate.
—— POSTAL PARA LIBROS, book post.
—— PREFERENTE o PREFERENCIAL, preferential tariff, preferential rates.
—— PROHIBITIVA, prohibitive tariff.
—— PROVISIONAL POR EMERGENCIA, emergency rates.
—— SALARIAL, wage rate.
—— TABULADA, manual rate.
—— TELEFÓNICA, telephone rates.
—— ÚNICA, single tariff, flat rate.
TARIFAS, rates, schedules of rates.
—— DE FERROCARRIL, railroad rates.
—— DE FLETE, freight rates.
—— DE PUBLICIDAD o CUOTAS DE PROPAGANDA, advertising rates.
—— REGULARES POR DÍA, per diem rates.
TARJA o CONTEO, tally.
TARJADOR o APUNTADOR DE CARGA, tally clerk.
TARJAR o CONTAR, to tally, to check.
TARJETA o FICHA, card.
—— COMERCIAL o DE PRESENTACIÓN, business card.
—— DE AFILIACIÓN AL GREMIO, working card.
—— DE ALMACÉN, inventory register.
—— DE ARCHIVO, filing card.
—— DE ASISTENCIA, attendance timecard.
—— DE CRÉDITO, credit card.
—— DE CRÉDITO BANCARIA, bank credit card.
—— DE CUENTA CORRIENTE, current account card.
—— DE DÉBITO o DE ADEUDO, debit card.
—— DE EXISTENCIA, stock card.
—— DE FIRMAS, signature card.
—— DE IDENTIFICACIÓN o DE IDENTIDAD, identity card.
—— DE INVENTARIO FÍSICO, inventory tag.

TARJETAS-TASA

—— DE PERCEPCIONES o DE INGRESOS, earnings card.
—— DE REGISTRO, record card.
—— DE REGISTRO DE PERCEPCIONES, earnings record card.
—— DE REGISTRO DE PERCEPCIONES DEL EMPLEADO, employee's earning record card.
—— DE REGISTRO DE TIEMPO, time clock card.
—— DE RELOJ o TARJETA DE TIEMPO, time card.
—— DE SERVICIOS, service card.
—— DE TIEMPO o BOLETA DE SUELDO GANADO, time ticket, clock card.
—— DE TIEMPO DE TRABAJO, job-time card, timecard.
—— DE TIEMPO DEL EMPLEADO, employee clock card.
—— DE VERIFICACIÓN OMITIDA, missing inventory count card.
—— DE VISITA, visiting card.
—— DEL AUXILIAR DE ALMACÉN, stores ledger card.
—— DEL AUXILIAR DE CLIENTES, ledger card.
—— DEL MAYOR DE CUENTAS POR COBRAR o DEL MAYOR DE DEUDORES, accounts receivable ledger card.
—— IMPRESA, printed card.
—— MAESTRA, master card.
—— MAESTRA DE CONTROL, master control card.
—— PARA RESPUESTA, reply card.
—— PERFORADA, punched card.
—— POSTAL, postcard.
—— SEPARADA PARA CADA CONCEPTO, separate account card.
—— SINDICAL o GREMIAL, union card.
—— SUMARIA o DE RESUMEN, summary card.
—— TARJETA-CUENTA o FICHA-CUENTA, account card.
TARJETAS DE CUENTAS INEXISTENTES, non-existing account cards.
TARJETAHABIENTE o PERSONA QUE TIENE TARJETA DE CRÉDITO, cardholder.
—— NO ROTATIVO, nonrevolving cardholder.
—— ROTATIVO, revolving cardholder.
TARJETERO, card file, cardcase.
—— GIRATORIO, rotary card file.
TARRO, large can, jar.
TARTAMUDEAR, to stutter.
TARTAMUDEO, stuttering.
TARTAMUDO, stutterer.
TASA o TARIFA o EVALUACIÓN, rate, valuation, rating, tax.
—— A CORTO PLAZO, short rate.
—— AJUSTADA, adjusted rate.
—— ANTES DE DEDUCIR IMPUESTOS, before-tax rate.
—— ANUAL o TIPO DE INTERÉS ANUAL, annual rate.
—— ANUAL COMPUESTA, compounded annual rate.
—— BANCARIA, bank rate.
—— BÁSICA, base rate.
—— CON PORCENTAJE ANUAL, annual percentage rate.
—— CONVENIDA o ACORDADA, agreed rate.
—— DE ACCIDENTE, accident frequency.
—— DE ACTIVIDAD, activity rate.
—— DE AUSENTISMO, absenteeism rate.

—— DE CAMBIO, rate of exchange.
—— DE CASTIGO, penalty rate.
—— DE COBERTURA DE INTERÉS, interest coverage ratio.
—— DE COMISIÓN, commission rate.
—— DE CONVERSIÓN, conversion rate.
—— DE CRECIMIENTO, growth rate.
—— DE CRECIMIENTO ANUAL, annual growth rate.
—— DE CRECIMIENTO DE VENTAS, sales growth rate.
—— DE DEFUNCIONES o FATALIDAD, fatality rate.
—— DE DESCUENTO, discount rate.
—— DE DESCUENTO AUTORIZADA, official discount rate.
—— DE DESCUENTO BANCARIO, bank discount rate.
—— DE DESCUENTO DE LA RESERVA FEDERAL, federal reserve discount rate.
—— DE DESCUENTO LIBRE DE RIESGO, risk-free discount rate.
—— DE DESEMPLEO, unemployment rate.
—— DE DESVIACIÓN, deviation rate.
—— DE DISOLUCIÓN DE MATRIMONIOS, marriage dissolution rate.
—— DE DIVIDENDO EN ACCIONES, stock dividend rate.
—— DE EQUILIBRIO, cutoff rate.
—— DE EXPERIENCIA, experience rating.
—— DE FECUNDIDAD o FERTILIDAD, fertility rate.
—— DE FLETE, freight rate.
—— DE GASTOS GENERALES, overhead rate.
—— DE IMPUESTO ACTUAL, current tax rate.
—— DE IMPUESTO AL INGRESO MARGINAL, marginal income tax rate.
—— DE IMPUESTO PROBABLE, expected tax rate.
—— DE IMPUESTOS DE LA SOCIEDAD ANÓNIMA, corporate tax rate.
—— DE INFLACIÓN, inflation rate.
—— DE INFLACIÓN FUTURA, future inflation rate.
—— DE INTERÉS, rate of interest, interest rate.
—— DE INTERÉS ALTA, high interest rate.
—— DE INTERÉS ANUAL, annual interest rate.
—— DE INTERÉS ATRIBUIDA, imputed interest rate.
—— DE INTERÉS DEL MERCADO, market interest rate.
—— DE INTERÉS EN DEPÓSITOS BANCARIOS, interest rate on bank deposits.
—— DE INTERÉS LIBRE DE RIESGO, risk-free interest rate, default-free interest rate.
—— DE INTERÉS NOMINAL, nominal interest rate.
—— DE INTERÉS PERDIDA, forfeited interest rate.
—— DE INTERÉS PERDIDO, lost-interest rate.
—— DE INTERÉS PRIVILEGIADA, prime rate.
—— DE INTERÉS SIMPLE, simple interest rate.
—— DE INTERÉS SIMPLE ANUAL, annual simple interest rate.
—— DE INTERÉS SOBRE PRÉSTAMO A PLAZO, installment loan interest rate.
—— DE INTERÉS SOBRE PRÉSTAMOS, loan interest rate.
—— DE INTERÉS SOBRE PRÉSTAMOS A CORTO PLAZO, call rate.
—— DE INVERSIÓN, investment rate, net yield.

—— DE LIQUIDACIÓN DE DIVIDENDOS, dividend payout ratio.
—— DE MATRIMONIOS o DE NUPCIALIDAD, marriage rate.
—— DE MORTALIDAD, death rate, mortality rate.
—— DE MORTALIDAD INFANTIL, infant mortality rate.
—— DE MORTALIDAD NEONATAL, neonatal mortality rate.
—— DE MORTALIDAD POR EDAD, age-specific death rate.
—— DE NATALIDAD, birth rate, natality rate.
—— DE NATALIDAD RURAL, rural birth rate.
—— DE NATALIDAD URBANA, urban birth rate.
—— DE PEAJE, toll rate.
—— DE PÉRDIDA EN PRÉSTAMOS, loan loss rate.
—— DE PRIMA, rate of premium.
—— DE QUEJAS, grievance rate.
—— DE REDESCUENTO, rediscount rate.
—— DE REINVERSIÓN, reinvestment rate.
—— DE REINVERSIÓN INTERNA, internal reinvestment rate.
—— DE RENDIMIENTO, rate of return, yield rate, effort rating.
—— DE RENDIMIENTO ANUAL, annual rate of return.
—— DE RENDIMIENTO INCOSTEABLE, unprofitable rate of return.
—— DE RENDIMIENTO INTERNA, internal rate of return.
—— DE RENDIMIENTO PROMEDIO, average rate of return.
—— DE RENOVACIÓN, renewal rate.
—— DE ROTACIÓN DE PERSONAL, turnover rate.
—— DE SALARIO o JORNAL, wage rate.
—— DE SEGURO, insurance rate.
—— DE TIMBRE, stamp rate.
—— DE UTILIDAD BRUTA, rate of gross profit.
—— DEL IMPUESTO PREDIAL o CATASTRAL, real estate rate.
—— ESTABLECIDA o DECLARADA, stated rate.
—— FIJA DE DEPÓSITO DE FONDOS o DE CONSOLIDACIÓN, fixed-funding rate.
—— HISTÓRICA, historical rate.
—— LIBRE DE RIESGOS, risk-free rate, defaul-free rate.
—— MARGINAL DE IMPUESTO, marginal tax rate.
—— MEDIA ANUAL, mean annual rate.
—— NETA DE REPRODUCCIÓN, net reproduction rate.
—— NOMINAL, nominal rate, bank discount.
—— POR HORA, hourly rate.
—— POSTAL o CUOTA DE FRANQUEO, postal rate.
—— PREFERENCIAL DE INTERÉS SOBRE PRÉSTAMOS, prime lending rate.
—— PREFERENCIAL DE PRÉSTAMO, prime loan rate.
—— PREFERENCIAL NACIONAL, minimal prime rate.
—— PREFERENCIAL NACIONAL PROMEDIO, average national prime rate.
—— PRIMA o TASA DE INTERÉS PRIVILEGIADA, prime rate.
—— PRIMA AUMENTADA, prime plus.
—— PRIMA DE INTERÉS, prime interest rate.
—— PRIMA DE INTERÉS BANCARIO, bank prime interest rate.
—— REAL, effective rate of interest.
—— REAL DE INTERÉS, real interest rate.
—— SUPLEMENTARIA, surcharge rate.
—— TRIBUTARIA, tax rate.

—— VERDADERA, true rate.
TASAS
—— DE MERCADO DE DINERO INTERNACIONAL, international money-market rates.
—— DE USURA o DE AGIO, usury rate.
—— NORMALIZADAS DE MORTALIDAD, standardized death-rates.
TASABLE o IMPONIBLE, taxable, ratable, appraisable.
TASACIÓN, appraisal, valuation, rating, assessment.
—— BAJA o SUBVALUACIÓN, undervaluation.
—— CERTIFICADA, certified appraisal.
—— DE CAPITAL, appraisal capital.
—— DE DAÑOS, adjustment of claims.
—— JURADA o JURAMENTO ESTIMATIVO, sworn appraisal.
—— OFICIAL, assessed valuation.
—— PERICIAL o DE PERITO, export appraisal.
—— SEGÚN RENDIMIENTO, yield basis.
TASADO o VALUADO, rated, appraised.
TASADOR, appraiser, assessor, valuer.
—— MARÍTIMO, marine appraiser.
TASAR, to grade, to appraise, to tax, to assess, to rate.
—— UNA PÉRDIDA, adjust a loss.
TATARABUELA, great-great-grandmother.
TATARABUELO, great-great-grandfather.
TATUAJE, tattoo.
TAXI o AUTOMÓVIL DE ALQUILER, taxi, taxicab.
TAXÍMETRO, taximeter.
TAZA, cup, cupful, bowl.
TÉ, tea.
—— BAILABLE, tea dance.
TEATRO o ANFITEATRO o COLISEO, theater, playhouse.
—— DE LA ÓPERA, opera-house.
TECLA, key, hook, plunger.
——, DAR EN LA, to strike it right, to find the way.
—— DE CORRECCIÓN DE MÁQUINA DE ESCRIBIR, correction key.
—— DE NO-SUMA, nonadd key.
—— DE RESTA, substract key.
—— DE SALDOS, balance key.
—— DE SUBTOTAL, subtotal key.
—— DE TOTALES, total key.
—— ESPACIADORA, spacing bar.
—— MAESTRA, master key.
—— TABULADORA o DE TABULACIÓN, tabulation key.
TECLADO, keyboard, keyset.
—— CONDENSADO DE DIEZ TECLAS, ten key keyboard.
—— DE LA CONSOLA, console keyboard.
—— DE LA MÁQUINA DE ESCRIBIR, typewriter keyboard.
—— DESPLEGADO, full keyboard.
—— UNIVERSAL, universal keyboard.
TECLEAR, to typewrite, to finger a keyboard.
TÉCNICA, technique, engineering.
—— CONTABLE, accountancy.

—— DE CONTROL ESTADÍSTICO DE LA CALIDAD, statistical quality control technique.
—— DE ENTRENAMIENTO, training technique.
—— DE EVALUACIÓN Y REVISIÓN DE PROGRAMAS, program evaluation and review technique (PERT).
—— DE LA CIENCIA DE LA ADMINISTRACIÓN, management science technique.
—— DE LA PRODUCCIÓN, production know how.
—— DE PROGRAMACIÓN GRÁFICA, graphical scheduling technique.
—— DE VENTAS o DE COMERCIALIZACIÓN, selling technique salesmanship.
—— ELECTRÓNICA o ELECTRÓNICA, electronics.
—— ESTADÍSTICA DE MÍNIMOS CUADRADOS, least-squares statistical technique.
TÉCNICAS
—— ADMINISTRATIVAS o GERENCIALES, management techniques.
—— COMPUESTAS, composite techniques.
—— DE ADMINISTRACIÓN PARTICIPATIVA, participative management techniques.
—— DE AUDITORÍA, audit techniques.
—— DE CONTROL DE COSTOS, cost control techniques.
—— DE INGENIERÍA DE PRODUCCIÓN, production engineering techniques.
—— DE INVESTIGACIÓN, research techniques.
—— DE OBTENCIÓN DE EVIDENCIA, (penal) evidence-gathering techniques.
—— DE PRODUCCIÓN, production techniques.
—— DE PRONÓSTICO o DE PREDICCIÓN, forecasting techniques.
—— DE PRONÓSTICOS DE VENTAS, sales forecasting techniques.
—— ESTADÍSTICAS, statistical techniques.
—— PRESUPUESTARIAS, budgeting techniques.
TECNICISMO, technical term, red tape, technicalities.
—— BUROCRÁTICO, bureaucratic red tape.
TÉCNICO, expert, technician, engineer, technical.
—— CONTABLE, expert accountant.
—— DE SERVICIO, service technician.
—— DE SERVICIO DE ZONA, field service technician.
—— DE TELEVISIÓN o INGENIERO EN TELEVISIÓN, television engineer.
—— ELECTRICISTA, electrical engineer.
—— EN INSTRUMENTOS, instrumentation engineer.
—— EN SISTEMAS, systems engineer.
—— FISCAL, tax expert.
—— HIDRÁULICO, hydraulic engineer.
—— INDUSTRIAL, industrial engineer.
——, NO, nontechnical.
—— PUBLICITARIO o PUBLICISTA, advertising consultant.
TECNOCRACIA, technocracy.
TECNOLOGÍA, technology.
—— DE AHORRO DE ENERGÍA, energy-saving technology.
—— DE COMPUTACIÓN, computer technology.

—— DE LA EMPRESA, corporate technology.
—— DE LA ERA ESPACIAL, space-age technology.
—— DE LAS COMUNICACIONES, communications technology.
—— DE LÍNEAS DE ENSAMBLE, long-linked technology.
—— DE PRODUCCIÓN, production technology.
—— DEL PRODUCTO, product technology.
—— DEL RAYO LÁSER, laser technology.
—— INTENSIVA, intensive technology.
—— MEDIADORA, mediating technology.
—— MICROELECTRÓNICA, microelectronic technology.
TECNOLÓGICO, technological.
TECNÓLOGO, technologist.
TECHAR, to roof.
TECHO o TECHADO, roof, ceiling.
TEDIOSO o PESADO, tiresome, dull.
TEJA o BALDOSA o AZULEJO, tile.
TEJADO, tile roof.
—— DE CINC, tin roof.
TEJEDORA o TEJEDOR, weaver.
TEJEMANEJE, cleverness, knack.
TEJER o TRAMAR, to weave.
TEJIDO o TEXTURA, weaving, fabric, texture.
TEJIDOS, textiles.
—— DE ALGODÓN, cotton goods, cotton fabrics.
—— DE LANA, woolen fabrics.
—— DE PUNTO, knit goods, knitted fabrics.
—— IMPERMEABLES, waterproof fabrics.
TELA, cloth, fabric.
—— DE ALGODÓN, cotton.
—— DE ENCUADERNAR, book cloth.
—— DE JUICIO, EN, in doubt, under careful consideration.
—— METÁLICA, wire gauze, wire netting, wire screening.
—— PARA UNIFORMES, uniform cloth.
TELAS, dry goods, drapery.
—— DE FANTASÍA, fancy fabrics.
—— PARA ESTAMPAR, print cloth.
—— PLÁSTICAS, plastic fabrics.
TELEAUDITORIO, television audience.
TELECOMUNICACIÓN, telecommunication.
TELEDIFUSIÓN o TRANSMISIÓN POR TELEVISIÓN, telecast, television broadcasting.
TELEFÉRICO, aerial tramway.
TELEFONAZO o TELEFONEMA, telephone call.
TELEFONEAR o LLAMAR POR TELÉFONO, to telephone, to phone, to call up.
TELEFONEMA o MENSAJE TELEFÓNICO, telephone message.
TELEFONISTA, telephone operator.
TELÉFONO, telephone.
—— AUTOMÁTICO, dial telephone.
—— DE MONEDAS, coin telephone.
—— DE PARED, wall telephone.
——, VENTA POR, telephone selling.
TELEGRAFÍA, telegraphy.

—— ALÁMBRICA, wire telegraphy.
—— INALÁMBRICA o SIN HILOS, wireless telegraphy.
TELEGRAFIAR o ENVIAR MENSAJE TELEGRÁFICO, to wire, to telegraph.
TELEGRÁFICO, telegraphic.
——, GIRO, telegraph money order.
TELEGRAFISTA, telegraph operator.
TELEGRAMA, telegram.
—— CIFRADO o EN CLAVE, coded message or code message.
—— CON RESPUESTA PAGADA, telegram with reply prepaid.
—— DE TARIFA ORDINARIA, full-rate telegram.
—— DIFERIDO, deferred message.
—— ORDINARIO, straight telegram.
——, PONER UN, to send a telegram.
—— POR COBRAR, collect telegram.
—— VERIFICADO, repeated message.
TELEIMPRESORA o MÁQUINA TELETIPO, teleprinter, teletype machine.
TELEPATÍA, telepathy.
TELETIPO, teletype.
TELEVIDENTE o TELESPECTADOR, televiewer.
TELEVISAR o TRANSMITIR o RECIBIR IMÁGENES POR TELEVISIÓN, to televise.
TELEVISIÓN, television.
—— DE CIRCUITO CERRADO, closed-circuit television.
TELEVISOR, television set.
TELÓN, curtain.
——, BAJAR o CORRER EL, to drop the curtain.
——, SUBIR o LEVANTAR EL, to raise the curtain.
TEMA o ASUNTO, theme.
—— A TRATAR o PRINCIPAL, subject matter.
—— O LEMA DE LA PUBLICIDAD, advertising theme.
TEMARIO, agenda, order of the day.
TEMBLANDO, ESTAR, to teeter.
TEMBLAR o ESTREMECERSE, to tremble, to shake, to quake.
TEMBLOR o ESTREMECIMIENTO, tremor, trembling, quake.
TÉMPANO DE HIELO, iceberg.
TEMPERAMENTO o DISPOSICIÓN, temperament.
—— VIOLENTO, sharp temper.
TEMPERATURA o FIEBRE, temperature, fever.
TEMPESTAD o TORMENTA, storm.
TEMPLADO o AFINADO, tune in.
TEMPLAR o AFINAR, to tune.
TEMPLE, temper, disposition, courage, frame of mind.
TEMPORADA, season.
——, DE, seasonal.
—— DE LLUVIA o LLUVIOSA, rainy season.
—— DE MÁXIMA ACTIVIDAD, peak season.
—— DE SEQUÍA, dry season.
—— DE TURISMO o TURÍSTICA, tourist season.
——, FLUCTUACIÓN DE, seasonal fluctuation.
—— INACTIVA o ESTACIÓN MUERTA, off season.
TEMPORAL o TRANSITORIO o INTERINO, temporary.
TEMPRANO, early.

——, TARDE o, sooner or later.
TEN CON TEN, tact, wisdom, adroitness.
TENAZ, tenacious, firm, strong.
TENDENCIA, tendency, trend.
—— A ALARGAR EL TRABAJO PARA TERMINARLO EN EL TIEMPO DISPONIBLE, Parkinson Law.
—— A LARGO PLAZO, long-term trend, long-time trend.
—— A LOS ACCIDENTES, accident proneness.
—— ASCENDENTE, upward trend.
—— BAJISTA, heavy market.
—— CENTRAL, central tendency.
—— CÍCLICA, cyclical trend.
—— DE LOS PRECIOS, price trend.
—— DE PRECIOS A LARGO PLAZO, major trend.
—— DE UTILIDAD DESCENDENTE, declining profitability trend.
—— DEL MERCADO, market trend.
—— ESTACIONAL o DE TEMPORADA, seasonal trend.
—— HACIA ARRIBA o ALZA EN EL COMERCIO, upswing.
—— LINEAL, linear trend.
—— POLÍTICA, political trend.
—— SECULAR, secular trend.
—— SOCIAL o MOVIMIENTO SOCIAL, social trend.
—— TECNOLÓGICA, technological trend.
TENDENCIAS
—— ANUALES, annual trends.
—— COMERCIALES, business trends.
—— DE LA MODA, fashion trends.
—— DEL MERCADO, market trends.
—— ECONÓMICAS, economic trends.
—— MUNDIALES, world trends.
—— O NORMAS FAMILIARES, family patterns.
—— SALARIALES, wage rate trends.
TENDENCIOSO, slanted.
TENDERO, shopkeeper, storekeeper.
TENDIDO DE TUBERÍA, pipe line, pipe laying.
TENDRÍA USTED LA BONDAD? o ¿SERÍA USTED TAN AMABLE?, would you be so kind?
TENEDOR, holder, payee, beneficiary, fork.
—— BONA FIDE o DE BUENA FE, bona fide holder.
—— DE ACCIONES, stockholder.
—— DE ACCIONES COMUNES u ORDINARIAS, common stockholder.
—— DE BONO HIPOTECARIO, mortgage bondholder.
—— DE BONOS, bondholder.
—— DE LIBROS, bookkeeper.
—— DE LICENCIA o DE PATENTE, permittee.
—— DE OBLIGACIONES, holder of debentures.
—— DE OPCIÓN, optionee.
—— DE PAGARÉ, noteholder.
—— DE PÓLIZA o ASEGURADO, policyholder.
—— DE PRENDA o DEPOSITARIO, pledgee.
—— DE TÍTULOS, security holder.
—— DE UN BILLETE, ticket holder.
—— DE UNA LETRA, bill holder, holder bill.
—— DE UNA OBLIGACIÓN, obligee.
—— DE VALORES, holder of securities.
—— INSCRITO, registered holder.

—— LEGÍTIMO o DE BUENA FE, holder in due course, innocent holder for value.
—— POR ENDOSO, endorsee.
TENEDURÍA, bookkeeping.
—— DE LIBROS, bookkeeping.
—— DE LIBROS POR PARTIDA SIMPLE, single-entry bookkeeping.
TENEMOS EL GUSTO DE o NOS COMPLACE, we take pleasure in.
TENENCIA, holding, stock, tenure, occupancy, tenancy.
—— CONJUNTA, joint tenancy.
—— DE BONOS ENTRE COMPAÑÍAS, intercompany bondholdings.
—— EN COMÚN, tenant or tenancy in common.
TENER, to have, to hold, to own.
—— ASEGURADO, to have insured.
—— BANCARROTA, go to the wall.
—— BUENA LETRA, write a good hand.
—— BUENA SUERTE, to be lucky.
—— BUENAS RELACIONES CON o ESTAR EN BUENOS TÉRMINOS CON, to be in good terms with.
—— CUIDADO, to watch one's step.
—— CUIDADO CON, to watch out for.
—— CUPO o ESPACIO, to have room.
—— EN CUENTA o HACERSE CARGO DE, take into account, reckon with.
—— ENTRADAS Y GASTOS IGUALES, break even.
—— EXCESO DE PERSONAL, to overstaff.
—— ÉXITO, to succeed.
—— FUNDAMENTO, to hold water.
—— GANAS DE, to feel like.
—— HAMBRE, to be hungry.
—— INTERÉS, to be interested.
—— LA CULPA DE, to be to blame for.
—— LA PALABRA, to have the floor.
—— LA RESPONSABILIDAD, hold responsible.
—— LUGAR, to take place, to occur.
—— MALA FE, to have bad faith.
—— MALAS RELACIONES CON, to be in bad terms with.
—— MENTE DIRECTORA, mastermind.
—— MUCHA ACTIVIDAD EN NEGOCIOS, hustle.
—— NOTICIAS DE, to hear of, to get word from.
—— PRESENTE, to bear in mind, to take account of.
—— PRISA, to be in hurry.
—— QUE HACER FRENTE A, to be up against.
—— QUE VER CON, to have to do with.
—— RAZÓN, to be right.
—— RAZÓN, NO, to be wrong.
—— SENTIDO, to make sense.
—— SUERTE, to be lucky.
—— AUMENTO DE SUELDO, to win a raise.
—— UN DESEO, to make a wish.
—— UNA AUDIENCIA, to hold a hearing.
—— UNA PÉRDIDA, to incur a loss.
—— UNA REUNIÓN, to hold a meeting.
—— VIGENCIA, to be in force, to attach.
—— VOTO, to have a voice.

TENERLAS TODAS CONSIGO, NO, to be worried, to be anxious.
TENERSE FIRME, sit tight.
TENIENTE, deputy, subordinate official lieutenant.
—— CORONEL, lieutenant colonel.
—— GENERAL, lieutenant general.
TENIS o JUEGO DE TENIS, tennis.
TENISTA, tennis player.
TENSIÓN o ESFUERZO EMOCIONAL o MENTAL, tension.
—— EMOCIONAL, emotional strain.
—— OCUPACIONAL o PROFESIONAL, occupational stress.
TENSO o ALTERADO, uptight, tense, tight.
TENTACIÓN, temptation.
TENTAR o INCITAR o SEDUCIR, to tempt.
TENTATIVA, experiment, tentative, attempt.
TENTATIVO o PROVISIONAL tentative.
TENTEMPIÉ, light luncheon, a bite.
TEÑIR, to dye, to tinge, to stain.
TEOREMA, theorem.
—— DE PITÁGORAS, Pythagorean theorem.
—— DEL RESIDUO, remainder theorem.
TEORÍA, theory.
—— COGNOSCITIVA, cognitive theory.
—— DE LA CONTRIBUCIÓN, contribution theory.
—— DE LA DEMANDA, theory of demand.
—— DE LA ECONOMÍA, theory of economics.
—— DE LA ORGANIZACIÓN, organization theory.
—— DE LA PROBABILIDAD, probability theory.
—— DE LA RELATIVIDAD, relativity theory.
—— DE LA RENTA, theory of rent.
—— DE LAS DECISIONES, decision theory.
—— DE LAS ECUACIONES, theory of equations.
—— DE PROBABILIDADES, game theory.
—— DEL MUESTREO, sampling theory.
—— DEL PRECIO, price theory.
—— ESTADÍSTICA, statistical theory.
—— GENERAL DE SISTEMAS, general systems theory.
—— MALTUSIANA DE LA POBLACIÓN, Malthus theory of population.
TEÓRICO, theoretical, theorist.
—— DE FINANZAS, financial theorist.
—— DE LA ADMINISTRACIÓN o DE LA DIRECCIÓN, management theorist.
TERCER, third.
—— OFICIAL o PILOTO, third mate.
—— PISO o TERCERA PLANTA, third floor.
—— TURNO, graveyard shift.
TERCERA, third.
—— CLASE o CLASE TURÍSTICA, third class.
—— PERSONA, third person.
—— VELOCIDAD, third speed.
TERCERAS PERSONAS DEMANDANTES, third-party plaintiffs.
TERCERÍA, arbitration, mediation intervention.
TERCERO, third party, arbitrator, mediator, intervener.

—— EN DISCORDIA, umpire, referee between two disputants.
TERCO u OBSTINADO o TESTARUDO, stubborn, stiff-backed, stiff-necked.
TERGIVERSAR, to tergiversate.
TÉRMICO o TERMAL, thermal.
TERMINABLE o LIMITABLE, terminable.
TERMINACIÓN o FIN, termination.
—— DE LA FACTURA, invoice completion.
—— DEL CONTRATO, termination of contract.
—— DEL SEGURO, termination of insurance.
TERMINADO, finished, expired.
TERMINAL, terminal.
—— DE CAMIONES, bus station, truck terminal.
—— DE COMPUTADORA EN LÍNEA, on-line computer terminal.
—— DE COMPUTADORA REMOTA, remote computer terminal.
—— DE ENTRADA Y SALIDA, input-output terminal.
—— DE VIDEO, video terminal.
—— MARÍTIMA, marine terminal, ocean terminal.
—— REMOTA DE BANCO, remote bank terminal.
TERMINAR o ACABAR o CADUCAR, to terminate, to finish, to complete, to close.
TÉRMINO, term, completion, end.
—— CLAVE, key term.
—— DE LA PÓLIZA, policy period.
—— DE PRESCRIPCIÓN o ESTATUTO DE LIMITACIONES, statute of limitations.
—— MEDIO, average.
—— MEDIO, POR, on an average.
—— O PLAZO DE ENTREGA, time of delivery.
——, PÓLIZAS DE SEGURO A, term insurance policies.
TÉRMINOS
—— CONTABLES, EN, accountingwise.
—— DE COMERCIO EXTERIOR, terms of trade.
—— DEL CONTRATO, contract terms.
—— DE DESCUENTO, discount terms.
——, EN BUENOS, in plain language.
——, EN OTROS, in other words.
—— PARA CONCEDER CRÉDITO, credit terms.
TERMINOLOGÍA, terminology.
TÉCNICA, technical terminology.
TERMODINÁMICA, thermodynamics.
TERMOELÉCTRICO, thermoelectric.
TERMOESTABLE, thermosetting.
TERMÓMETRO, thermometer.
TERMONUCLEAR, thermonuclear.
TERMOPLÁSTICO, thermoplastic.
TERMOSTATO, thermostat.
TERQUEDAD u OBSTINACIÓN, stubbornness, obstinacy.
TERRATENIENTE, landowner, property owner.
TERRAZA, terrace, border in a garden.
TERREMOTO o TEMBLOR DE TIERRA, earthquake.
TERREMOTOS, SEGURO DE o CONTRA, earthquake insurance.
TERRENO, ground, land, lot, plot.
—— BALDÍO u OCIOSO, vacant lot, wasteland.
—— DE LABOR o DE CULTIVO, farm land.
—— ESCABROSO, rough ground.
—— MADERERO o BOSQUE, timberland, timber track.
—— MARGINAL, marginal land.
—— MINADO, mine field.
—— PARA EDIFICAR, building site.
—— PETROLÍFERO, oil-bearing land.
—— PROPIEDAD DE LA EMPRESA, company-owned property.
—— VIRGEN, wild land.
TERRESTRE, inland, land, overland.
TERRITORIAL, CONTRIBUCIÓN, land tax.
TERRITORIO, region, territory, district.
—— DE VENTAS, sales territory.
TERTULIA, HACER, to gather for conversation, to sit around and talk.
TESIS, thesis, dissertation.
TESORERA, woman treasurer.
TESORERÍA, treasury, treasurer's office, treasury house.
——, ACCIONES EN, treasury stock.
TESORERO, treasurer.
—— AUXILIAR, assistant treasurer.
—— DE LA COMPAÑÍA, treasurer of the company.
—— DE UNA CORPORACIÓN o SOCIEDAD, corporate treasurer.
—— DEL GOBIERNO, government treasurer.
TESORO, treasury, exchequer, metalic reserves.
TESTADOR, testator, legator, bequeather.
TESTAFERRO, figurehead, straw man, dummy.
TESTAMENTARIA o TESTAMENTARIO, testamentary, estate of deceased.
TESTAMENTO, testament, will.
—— CERRADO o ESCRITO, sealed testament.
—— OLÓGRAFO, holographic will.
TESTAR, to erase, croos out, to underline, to make a will.
TESTARUDO, stubborn, hardheaded.
TESTIFICAR o ATESTIGUAR o DAR FE o DECLARAR COMO TESTIGO, to witness, to testify, to attest.
TESTIGO, attestor, witness, testimony evidence, sample.
—— DE CARGO, witness for the prosecution.
—— DE DESCARGO, witness for the defense.
—— PERICIAL, expert witness.
—— PRESENCIAL u OCULAR, eyewitness.
TESTIMONIAR, to testify, to attest.
TESTIMONIO, testimony, certified copy, testimonial, attestation.
—— DE OÍDAS, hearsay evidence.
——, EN, DE LO CUAL, in witness whereof.
—— NOTARIAL, notarial certificate.
—— PERICIAL, expert testimony.
TEXTIL o TEJIDO, textile.
TEXTILES o TEJIDOS SINTÉTICOS, synthetic textiles.
TEXTO, text, copy.
—— NARRATIVO o DE HISTORIA, narrative copy.
—— PARA DIARIOS, newspaper copy.

—— PUBLICITARIO, advertising copy, commercial copy.
TÍA, aunt, good old woman.
——, CUÉNTASELO A TU, tell it to the marines.
——, NO HAY TU, there is no use, nothing doing.
TIBURÓN o ESTAFADOR, shark.
TIEMPO o PLAZO o PERÍODO, time, term, weather.
—— A ESTA PARTE, DE UN, for some time.
——, A SU, in due time.
—— AL TIEMPO, DAR, to wait patiently, to bide one's time.
—— COMPARTIDO, time-sharing.
—— COMPLETO, full time.
—— COMPLETO, PERSONAL DE, full-time staff.
—— DE ACCESO A UNA COMPUTADORA, access time.
—— DE CAZA o ÉPOCA DE CACERÍA, hunting season.
—— DE CERO GRADOS DE TEMPERATURA, zero weather.
—— DE COMPENSACIÓN, compensatory time.
—— DE DEPÓSITO DEL CHEQUE, check-clearing time.
—— DE ENTREGA, lead time, delivery time.
—— DE ENTREGA DEL PRODUCTO, product delivery time.
—— DE ESPERA, stand-by time, waiting time.
—— DE EJECUCIÓN DE UN TRABAJO, execution time.
—— DE FABRICACIÓN, manufacturing lead time.
—— DE LA EMPRESA u HORAS POR CUENTA DE LA COMPAÑÍA, company time.
—— DE MÁQUINA APROVECHABLE, availability of machine time.
—— DE OPERACIÓN, elapsed time.
—— DE PREPARACIÓN, make-ready time.
—— DE PREPARACIÓN DE UNA MÁQUINA, setup time.
—— DE REACCIÓN, reaction time.
—— DE UNA ANUALIDAD, term of an annuity.
—— DESPEJADO, fine weather.
—— DISPONIBLE o TIEMPO DE ESPERA, stand-by time.
—— DOBLE, double time, double shift.
—— ESTÁNDAR DE MANO DE OBRA, standard labor time.
—— ESTÁNDAR DE MÁQUINA, standard machine time.
—— EXTRA o EXTRAORDINARIO, overtime.
——, HAGA BUEN o MAL, rain or shime.
—— IMPRODUCTIVO, down time.
—— INACTIVO u OCIOSO, idle time.
—— LIBRE o DESOCUPADO, spare time.
—— MUERTO, dead time, dull season.
—— NO LABORABLE, off hours.
—— NORMAL u OFICIAL, normal time, standard time.
—— ORDINARIO, regular time.
—— PARCIAL o MEDIO TIEMPO, part-time.
——, PERDER EL, to waste time.
—— PERDIDO, lost time.
—— REAL, real time.
—— TEMPESTUOSO o BORRASCOSO, stormy weather.
—— ÚTIL, uptime.
—— VERDADERO SOLAR, true-time.

—— Y MEDIO, time and a half.
TIEMPO-MÁQUINA, machine time.
TIEMPOS DIFÍCILES, hard times, depression, times of stress.
TIENDA, store, shop, tent, wareroom.
—— CERCANA o DE FÁCIL ACCESO, convenience store.
—— DE ANTIGÜEDADES, antique shop.
—— DE ARTÍCULOS DE REGALO, gift shop.
—— DE AUTOSERVICIO, self-service store.
—— DE BARATILLO, secondhand store.
—— DE COOPERATIVA, cooperative store.
—— DE DESCUENTO, discount house.
—— DE FOTOGRAFÍA o FOTOGRAFÍA, photography shop.
—— DE LA COMUNIDAD o DEL PUEBLO, community store.
—— DE LÍNEA LIMITADA, limited line store.
—— DE MENUDEO PROPIEDAD DE LA COMPAÑÍA, company-owned retail store.
—— DE MERCANCÍA ESPECIAL o SELECTA, speciality store.
—— DE MERCANCÍAS DE TODAS CLASES, variety store.
—— DE MERCANCÍAS EN GENERAL, general merchandise house, general store.
—— DE PERFUMES o PERFUMERÍA, perfumery shop.
—— DE TRASTOS VIEJOS, junk shop.
—— DE VENTAS AL CONTADO, cash store.
—— DE VÍVERES, grocery store, delicatessen.
—— DEL FABRICANTE, factory outlet.
—— DEPARTAMENTAL o POR DEPARTAMENTOS, department store.
—— DEPARTAMENTAL METROPOLITANA, metropolitan department store.
—— DETALLISTA o DE VENTAS AL POR MENOR, retail store.
—— MATRIZ DE VARIAS SUCURSALES, parent store.
—— PROPIEDAD DE LA COMPAÑÍA, company-owned store.
—— SUCURSAL o FILIAL, branch store.
TIENDAS
—— DE SOCIEDADES ANÓNIMAS, corporate chain.
—— EN CADENA o POR DEPARTAMENTOS, integrated stores, chain stores.
TIENE MUCHO MÁS DE CUARENTA AÑOS, well over forty.
TIENTAS, ANDAR A, to grope in the dark, to feel one's way.
TIERRA o SUELO, earth, soil, land, ground.
—— ADENTRO o EL INTERIOR DE UN PAÍS, upcountry.
—— DE CULTIVO o TERRENO AGRÍCOLA, farm land, cultivated land.
—— DE NADIE, no man's land.
—— DE PASTO o DE PASTOREO, grassland, pasture.
—— DE RIEGO, irrigated farm land.
——, ECHAR POR, to overthrow, to ruin, to destroy.
——, EN, ashore.
—— VEGETAL, soil.
—— VIRGEN, virgin soil.
TILDAR, to cross out, to check off.

TILÍN, HACER, to please, to become a favorite.
TIMBRAR o SELLAR, to seal, to stamp.
TIMBRE, seal, stamp, call bell.
—— **DE ALARMA,** alarm bell.
TÍMIDO, timid, shy, faint-hearted.
TIMO o ESTAFA, swindle, crooked deal.
——, **DAR UN,** to swindle.
—— **DEL EMPLEADO,** employee crooked deal.
TINO, acumen, keen insight, good judgment, tact.
——, **A BUEN,** at guesswork.
——, **SIN,** without moderation, without sense.
TINTA, ink, tint.
—— **CHINA,** India ink.
—— **DE COLOR,** colored ink.
—— **DE ESCRIBIR,** writing ink.
—— **DE IMPRENTA,** printer's ink.
—— **INVISIBLE,** sympathetic ink, invisible ink.
—— **MAGNÉTICA,** magnetic ink,
—— **PARA ESTARCIDO o ESTÉNCIL,** stencil ink.
—— **ROJA,** red ink.
——, **SABER DE BUENA,** to know of good authority.
TINTERO, inkstand, inkwell.
——, **DEJAR o QUEDÁRSELE A UNO EN EL,** to forget completely.
TINTORERÍA, dye house, cleaning establishment.
TIOVIVO o CIRCUNLOQUIO, roundabout.
TIPO o SÍMBOLO o SIGNO o LETRA DE IMPRENTA, type, standard, rate.
—— **ACTUAL DE CAMBIO,** exchange current.
—— **BANCARIO,** bank rate.
—— **BÁSICO DE PAGO,** base rate of pay.
—— **DE ALQUILER o CANON DE ARRENDAMIENTO,** rental rate.
—— **DE CAMBIO o CAMBIARIO,** rate of exchange, exchange rate.
—— **DE CAMBIO LIBRE,** free rate of exchange, open-market rate of exchange.
—— **DE CAMBIO MONETARIO,** monetary exchange.
—— **DE CAMBIO OFICIAL,** official exchange rate.
—— **DE CAMBIO PARA CHEQUE,** check rate.
—— **DE CIERRE o CAMBIO,** closing rate.
—— **DE CUENTAS,** class of accounts.
—— **DE DEPRECIACIÓN,** depreciation rate.
—— **DE DESCUENTO,** discount rate.
—— **DE DIEZ PUNTOS (imprenta),** ten-point type.
—— **DE FLETE,** freight rate.
—— **DE IMPUESTO o TASA TRIBUTARIA,** tax rate.
—— **DE IMPUESTOS AJUSTABLES,** adjustable tax rates.
—— **DE INTERÉS,** interest rate, rate of interest, price of money.
—— **DE INTERÉS ALTO,** high interest rate.
—— **DE INTERÉS SOBRE CRÉDITOS o TASA DE PRÉSTAMO,** borrowing rate.
—— **DE INTERÉS SOBRE PRÉSTAMO A PLAZO,** installment loan interest rate.
—— **DE INTERÉS SOBRE PRÉSTAMOS,** lending rate, loan interest rate.
—— **DE LIQUIDACIÓN DE DIVIDENDO EN EFECTIVO,** cash dividend payout ratio.
—— **DE NEGOCIO MERCANTIL o COMERCIAL,** business type.
—— **DE OPCIÓN DE VENTAS DE ACCIONES,** put.
—— **DE PÉRDIDA EN PRÉSTAMOS,** loan loss rate.
—— **DE PRIMA,** premium rate.
—— **DE RECARGO TRIBUTARIO,** surtax rate.
—— **DE RENDIMIENTO,** yield rate.
—— **DE SEGURO,** insurance rate.
—— **DE SUELDO o CUOTA DE SALARIO,** rate of pay.
—— **DEL MERCADO,** market rate.
—— **FIJO o TARIFA ÚNICA,** flat rate.
—— **HISTÓRICO,** historical rate.
—— **ILEGAL DE INTERÉS,** illegal interest.
—— **O TASA DIFERENCIAL,** differential rate.
—— **REAL DE INTERÉS o TASA REAL DE INTERÉS,** effective interest rate.
—— **REBAJADO POR VOLUMEN DE CARGA,** volume freight rate.
——, **TENER BUEN,** to be handsome.
TIPOS
—— **DE CAMBIO DE MERCADO LIBRE,** free market exchange rates.
—— **DE CAMBIO FLEXIBLES,** flexible exchange rates.
—— **DE CAMBIO OFICIALES,** official exchange rates.
—— **DE TARIFA,** tariff rates.
TIPOGRAFÍA, typography, printing shop.
TIPÓGRAFO, typographer, type setter.
TIPÓMETRO, type gage.
TIRA, strip, fall line.
—— **CÓMICA o HISTORIETA CÓMICA,** comic strip.
—— **DE CONTROL,** journal sheet, control strip.
—— **DE CUPONES,** sheet of coupons.
—— **MAGNÉTICA,** magnetic strip.
—— **Y AFLOJA,** give and take, fast and loose.
TIRABUZÓN, corkscrew.
TIRADA, edition, issue, circulation, printing.
——, **DE UNA,** at one stretch.
TIRADOR, shooter, pressman.
TIRAFONDO o TORNILLO DE METAL PARA MADERA, wood screw.
TIRALÍNEAS, ruling pen.
TIRANDO, IR, to get along.
TIRANTE, guy rope.
TIRAR o JALAR, to pull, to haul, to discard, to throw away.
TIRITAR o TEMBLAR, to shiver.
TIRO, issue, edition, hauling, length, mine shaft.
—— **AL BLANCO,** target practice.
——, **ERRAR EL,** to miss mark, to be mistaken.
—— **POR LA CULATA, SALIR EL,** to miss fire.
TIROS, NI A, not for love or money, not by a long shot.
TIRÓN o ESTIRÓN, yank.
——, **DE UN,** at once, at one stroke.
TIROTEO, gunfire.
TÍTERE CON CABEZA, NO QUEDAR o DEJAR, to cut to pieces, to destroy or be destroyed entirely.

TITUBEAR, to totter, to hesitate.
TITULADO, licensed, registered, certified.
TITULAR, healding, holder of an office, security holder, title, regular.
—— **DE LICENCIA**, holder of a permit or license.
—— **DE UNA OFICINA**, head of a department.
TÍTULO o DENOMINACIÓN o INSCRIPCIÓN, title, right, certificate, bond, license.
—— **A LA ORDEN**, order instrument.
—— **A PAGAR**, bond payable.
—— **AL PORTADOR**, bearer instrument, bond payable to bearer.
—— **ASEGURADO CON HIPOTECA**, mortgage-backed bond.
—— **CONVERTIBLE**, convertible bond.
—— **DE, A**, on the score of, in the capacity of, as a.
—— **DE ABOGADO**, law degree.
—— **DE COMPRAVENTA**, bill of sale.
—— **DE CONTADOR PÚBLICO**, certified public accountant.
—— **DE CRÉDITO**, credit instrument.
—— **DE GARANTÍA**, junior security.
—— **DE LA DEUDA NACIONAL**, government bond.
—— **DE PROPIEDAD FRAUDULENTO**, defective title.
—— **DE RENTA VITALICIA**, perpetual bond.
—— **DE UN RENGLÓN**, sidehead.
—— **DE VENCIMIENTO APLAZADO**, continued bond.
—— **ESTATAL**, government agency bond.
—— **HIPOTECARIO**, mortgage bond.
—— **MINERO**, mining clain.
—— **MOBILIARIO**, unregistered or bearer bond.
—— **MUNICIPAL GRAVABLE**, taxable municipal bond.
—— **PROVISIONAL DE ACCIONES**, preorganization certificate.
—— **RESPALDO o ENDOSADO**, endorsed bond.
—— **SIN GARANTÍA**, debenture.
—— **SOCIAL**, stock certificate.
—— **UNIVERSITARIO**, university degree.
TÍTULOS
—— **A LARGO PLAZO**, long-term securities.
—— **BURSÁTILES o DE BOLSA**, listed securities.
—— **DE AHORRO**, savings bonds.
—— **DE CAPITAL**, capital securities, capital issues.
—— **DE CRÉDITO u OBLIGACIONES**, debentures.
—— **DE INTERÉS FIJO**, nonequity securities.
—— **DE PROPIEDAD**, possessory titles.
—— **DE RENDIMIENTO FIJO o DE RENTA**, fixed-income securities.
—— **DE RENDIMIENTO VARIABLE**, equity securities.
—— **EN CARTERA**, bondholdings.
—— **EXPEDIDOS POR EL GOBIERNO**, government-issued securities.
——, **FONDOS EN**, equity funds.
—— **GUBERNAMENTALES**, government bonds.
—— **INDUSTRIALES**, industrial securities.
—— **MOBILIARIOS o VALORES NO REGISTRADOS**, unregistered securities.
—— **O VALORES FINANCIEROS**, financial securities.

—— **PARA COMPRA DE EQUIPO**, equipment bonds.
—— **PÚBLICOS**, municipal securities.
—— **RENTABLES o DE INVERSIÓN**, investment securities.
TOALLA, towel.
TOCADISCOS, record player.
TOCADO DE LA CABEZA, ESTAR, to be of unsound mind.
TOCADOR, powder room, toilet.
TOCAR, to touch, to lay hands on.
—— **A LA PUERTA**, to knock at the door.
—— **EN**, touch on.
—— **LA BOCINA**, blow the horn, sound the horn.
—— **UN INSTRUMENTO**, play an instrument.
TOCARLE A UNO EL TURNO, to be one's turn.
TOCÓN O CEPA, stump.
TODA, whole, all, every, full
—— **CLASE DE**, all storts of.
—— **COSTA, A**, at any price.
—— **LA NACIÓN, DE**, nation-wide.
—— **PLANA, A**, full-page.
TODAS LAS PARTIDAS DEL PASIVO, all liability.
TODAVÍA o SIN EMBARGO o NO OBSTANTE o PERO o MÁS, yet, still, even.
—— **NO**, not yet.
TODO, all, the whole, every.
——, **ANTE**, first of all, in the first place.
——, **CON**, still, however.
—— **EL (seguido del sustantivo)**, the whole.
—— **EL DÍA**, the whole day.
—— **EL PAÍS**, the whole country.
—— **LO CUAL**, all of which.
—— **LO LARGO, A**, at full length.
—— **O NINGUNO**, all or none.
—— **POR EL TODO, JUGAR EL**, to stake or risk all.
—— **RIESGO**, all risks.
——, **SOBRE**, above all, specially.
TODOS LOS PAGOS AL CONTADO o EN EFECTIVO, all cash items.
TOLDO, tent, tarpaulin, automobile top.
TOLERANCIA, tolerance, allowance.
—— **DE CANTIDAD**, tolerance in quantity.
—— **DE MENOS**, minus tolerance.
—— **EN PESO o DE PESO**, weight tolerance, weight draft.
—— **MÁXIMA**, maximum tolerance.
—— **NATURAL**, natural tolerance.
—— **TOTAL**, total tolerance.
TOLERAR o SOPORTAR, to tolerate, to endure.
TOLVA, bin, hopper, feeder.
—— **DE CARGA**, loading hopper.
TOMA, taking, receiving, intake, outlet.
—— **DE AGUA PARA INCENDIOS**, fire plug.
—— **DE AGUA POTABLE**, water service.
—— **DE DECISIONES**, decision making.
—— **DE DECISIONES COLECTIVAS**, collective decision making.
—— **DE DECISIONES COMBINADAS**, pooled decision making.

—— DE DECISIONES ESTADÍSTICAS, statistical decision making.
—— DE DECISIONES DEPENDIENTES DEL COSTO, cost-dependent decision making.
—— DE DECISIONES INDIVIDUALES, individual decision making.
—— DE EXISTENCIAS, stocktaking.
—— DE POSESIÓN, taking office, taking possession.
TOMADOR, taker, drawee, payee, heavy drinker.
—— O ENCARGADO DE TIEMPO, time clerk, timekeeper.
TOMAR o COGER, to take, to catch, to grasp.
—— A BROMA, to take as a joke.
—— A PECHO, take to heart.
—— DICTADO EN TAQUIGRAFÍA, take dictation.
—— EL PELO, to make fun of, to make fool of.
—— EL PELO A UNO, pull one's leg.
—— EL SALDO ANTERIOR, pick up the previous balance.
—— EN ARRIENDO, to lease, to rent.
—— EN CUENTA, to take under advisement, to consider.
—— EXISTENCIAS, to take stock.
—— INVENTARIO, to take inventory.
—— LA DELANTERA, to have the upper hand.
—— LA PALABRA, to take the floor.
—— LA PUERTA, to go out of the house, be off.
—— LAS ARMAS, take arms.
—— MEDIDAS o HACER ARREGLOS, to make arrangements, to take steps.
—— NOTAS, take notes.
—— PARTE EN, to take a hand in.
—— POSESIÓN DE UN CARGO, take office.
—— UN ATAJO, take a short cut.
—— UN PEDIDO, to take an order.
—— UNA CARTA EN TAQUIGRAFÍA, take a letter.
—— UNA RESOLUCIÓN, to adopt a resolution, to pass a resolution.
TOMARSE LA MOLESTIA, to take the trouble.
TÓMBOLA, charity raffle, fair.
TÓMELO o DÉJELO, take it or leave it.
TON NI SON, SIN, without rhyme or reason.
TONADA o TONO, tune.
TONEL, cask, barrel.
—— DE EXTRACCIÓN, ore basket.
TONELADA, ton.
—— BRUTA o LARGA, long or gross ton (2240 pounds.)
—— CORTA, short ton (2000 pounds).
—— MÉTRICA, metric ton.
TONELAJE, tonnage, burden.
—— DE CARGA, cargo dead-weight tonnage.
—— OFICIAL (náutica), registered tonnage.
TONO, DARSE, to put on airs.
—— DE LLAMADA, ringing signal.
—— DE OCUPADO, busy signal.
——, GENTE DE BUEN, smart set.
TONTO o NECIO, fool, silly, stupid.
——, HACERSE EL, to play the fool.

TOPE, top, limit, stop, bumper.
—— DE TABULACIÓN o DEL TABULADOR, tabular stop.
—— DONDE TOPE, strike where it will.
——, HASTA EL, up to the top or the brim.
—— O MÁXIMA TASA DE INTERÉS, interest rate ceiling.
TÓPICO, topical, local.
TOPOGRAFÍA, topography, surveying.
TOPOGRÁFICO, topographical.
TOPÓGRAFO, topographer, surveyor.
TOQUE o GOLPE, stroke, knock, tap, touch.
—— DE QUEDA, curfew.
—— DE SILBATO, whistle blast.
TORBELLINO, whirlwind.
TORCEDURA, wryness, wrap.
TORCER, to twist, to wrap, to wrench.
——, NO DAR EL BRAZO A, to be obstinate.
TORCERSE, wrap, twist.
TORCIDO, wry, twist.
TORMENTA, tempest, storm.
—— DE CEREBROS, brainstorming.
—— DE NIEVE, snowstorm.
—— ELÉCTRICA, thunderstorm.
TORNAR o DAR LAS ESPALDAS, to turn a cold shoulder.
TORNEAR, to turn on a lathe, to machine.
TORNEO, tournament, contest.
TORNERO, lathe operator, turner, hoist runner.
TORNILLO, screw, bolt, vise.
—— DE ALIMENTACIÓN, feed screw.
——, FALTARLE A UNO UN, not to have much sense.
TORNILLOS, APRETARLE A UNO LOS, to put the screw on someone.
TORNIQUETE, turnstile, turnbuckle.
TORNO, lathe, drum, hoisting engine, turnstile.
—— A, EN, regarding, about, in connection with.
—— DE EXTRACCIÓN, mine hoist.
—— DE MANIVELA, hand winch.
TORO, bull.
TORPE, dull, slow, awkward.
TORPEZA, turpitude, stupidity, clumsiness.
TORRE, tower, turret.
—— DE CONTROL, control tower.
—— DE PERFORACIÓN o DE SONDEO o PETROLERA, oil derrick.
—— DE TRANSMISIÓN, transmission tower.
—— INALÁMBRICA o RADIODIFUSORA, radio tower.
TORRENTE DE VOZ, powerful voice.
TORSIÓN, twist.
TORTÍCOLIS, stif neck.
TORTILLA, VOLVERSE o VOLTEARSE LA, to turn the scale, to take a course contrary to the expected.
TORTUGUISMO o PASO DE JICOTEA, organized obstruction of production, slow down, sabotage.
TOSCO, coarse, rough.
TOSTADOR, electric toaster.
TOSTAR, to toast, to roast.
TOTAL, total, sum total.
—— BRUTO, gross total.

TOTALES-TRABAJO

—— DE CUENTAS POR PAGAR, total accounts payable.
—— DE DEDUCCIONES, total deductions.
—— DE LA POBLACIÓN, population total.
—— DE LAS FACTURAS, invoice totals.
—— DE LOS ADEUDOS, total indebtedness.
—— DE PRUEBA, proof total.
—— DE SALIDAS HASTA LA FECHA, total issued to date.
—— DE VALORES DE RESCATE, aggregate valuation.
——, EN, in short, to sum up.
—— GENERAL, grand total.
—— INSUFICIENTE, underfooting.
—— NETO DE VENTAS, net sales total.
——, PAGO, payment in full.
——, SEGURO, all-in insurance.
TOTALES POR LOTE, batch totals.
TOTALITARIO, totalitarian.
TOTALIZADOR, accumulator, totalizer.
—— PARA SUMAR, additive register.
TOTALIZAR, add up, to totalize, to finish.
—— HORIZONTALMENTE EL DIARIO, crossfooting the journal.
TOTALMENTE PAGADO, paid in full, full-paid.
TRABAJADOR u OBRERO, workman, laborer, worker.
—— A DESTAJO, taskworker.
—— A DOMICILIO, homeworker.
—— A JORNAL, wageworker.
—— AMARILLO, strikebreaker, blackleg.
—— DE ESTACIÓN o DE TEMPORADA, seasonal worker.
—— DE MUELLE o PORTUARIO, stevedore, dock laborer.
—— DE OFICINA, office worker.
—— DE CAMPO, farm hand.
—— FERROVIARIO, railroad worker.
—— MIGRATORIO, casual worker.
—— NO CALIFICADO, unskilled worker.
—— NO SINDICALIZADO, nonunion workman.
—— O EMPLEADO A SUELDO, salaried employee.
—— OCASIONAL, occasional worker.
—— OFICIAL o EMPLEADO DEL GOBIERNO, government employee.
—— U OBRERO CALIFICADO, skilled worker.
—— U OBRERO SEMICALIFICADO, semiskilled worker.
TRABAJADORES
—— GASTRONÓMICOS, hotel workers.
—— MARÍTIMOS, maritime labor.
—— SINDICALIZADOS, union labor, organized labor.
——, SINDICATO DE, labor union.
—— U OBREROS MIGRATORIOS, migratory labor.
TRABAJADORA, woman worker.
—— DE FÁBRICA, woman factory hand.
TRABAJANDO, on the job.
TRABAJAR o LABORAR, to work, to handle, to fabricate.
—— A MÁQUINA, to machine.
—— ASIDUAMENTE, to toll.
—— EN, work at.
—— LO MÁS DURO POSIBLE, work one's head off.
—— POR JORNAL INFERIOR, underwork.

TRABAJO, work, job, labor, duty.
—— A COMISIÓN, on comission.
—— A DESTAJO o POR PIEZA, piecework.
—— A JORNAL, time work, day labor.
—— ACCIDENTAL o TEMPORAL, odd job, occasional work.
——, ACCIDENTE DE, work accident.
—— ARTÍSTICO, art work.
——, BOLSA DE, employment bureau or exchange.
—— CALIFICADO o DE ARTESANO, skilled labor.
——, CAPITAL DE, working capital.
—— CASERO o A DOMICILIO, homework.
—— CLANDESTINO Y DESLEAL, dirty work.
—— CLAVE, key job.
—— CON METALES, metalwork.
—— CON PLAZO LÍMITE, deadline job.
——, COSTAR, to take a lot of effort, to be hard to do.
—— CHAPUCERO o CORRIENTE, sloppy work.
—— DE CAMPO u OBRAS DE CAMPAÑA, field work.
—— DE CARPINTERÍA, carpentry.
—— DE COMPLETACIÓN o COMPLEMENTARIO, follow-up work.
—— DE CONTABILIDAD o DE CONTADURÍA, bookkeeping work.
—— DE ESTANCAMIENTO, dead-end job.
—— DE INTERMEDIARIOS, work of midlemen.
—— DE INVESTIGACIÓN, research work.
—— DE LABORATORIO, laboratory work.
—— DE MENORES, child labor.
—— DE OFICINA o DE ESCRITORIO, office work, paper work, desk work, clerical work.
—— DE OFICINA EXCESIVO, excessive paper work.
—— DE PLOMERÍA o DE CAÑERÍA, pipe fitting.
—— DE PRESIDIARIOS o DE PRESOS, convict labor, prison labor.
—— DE TALLER, shopwork.
—— DE TURNO o POR TURNO, shift work.
—— DE URGENCIA, emergency work, rush work.
—— DE VERANO, Summer job.
—— DEFECTUOSO, defective work.
—— DE EMPLEADO, employee work.
—— DILATADO, time-consuming work.
—— DIURNO, day work daytime work.
—— EN CADENA o EN SERIE, assembly-line operation.
—— EN EQUIPO, teamwork.
—— EN PROCESO o EN CURSO, work-in process.
—— ENTREGADO, laid down.
—— EXTRA o EXTRAORDINARIO, extra work, overtime work.
—— FINAL DE AUDITORÍA o AUDITORÍA FINAL, final audit work.
—— FORZADO, forced labor.
—— FUERA DE CICLO, out-cycle work.
—— FUERA DEL LUGAR DE LA OBRA, off-site employment.
——, FUERZA DE, labor force.
—— INDIRECTO, indirect labor.
—— INSALUBRE, unhealthful employment.

—— INTERPERSONAL, interpersonal role.
—— INUTILIZADO o ECHADO A PERDER, spoiled work.
—— JUSTO o IMPARCIAL, fair treatment.
—— LENTO, slowdown.
—— LIVIANO, light work, light duty.
—— MANUAL, manual labor, handwork, craft.
—— MÍNIMO, least work.
—— NO CALIFICADO, unskilled labor.
—— NO SINDICAL, nonunion job.
—— NOCTURNO, night work.
—— O CARGA DE TRABAJO DE AUDITORÍA, audit workload.
—— O COMPROMISO DE AUDITORÍA, audit engagement.
—— O LABOR REMUNERATIVA, remunerative work.
—— PARA AYUDA A CESANTES, work relief.
—— PARCIAL o DE MEDIO TIEMPO, part-time job.
——, PASAR, to have a hard time.
—— PESADO, hard job, heavy work, heavy duty.
—— POR HACER, work to do.
—— POR HORAS, time-clock work.
—— POSTERIOR A LA AUDITORÍA, post-audit work.
—— PRELIMINAR DE AUDITORÍA, preliminary audit work.
—— PRODUCTIVO, direct labor, productive work.
——, ROTACIÓN DEL, labor turnover.
—— SECRETARIAL, secretarial work.
—— SEGURO, guaranteed job.
—— VOLUNTARIO, voluntary work.
TRABAJOS
—— DE ARTESANÍAS o ARTESANALES, arts and crafts, handicraft.
—— DE HERRERÍA, ironworks.
—— FORZADOS, hard labor.
—— U OBRAS PÚBLICAS, public works.
TRABALENGUAS, tongue twister.
TRABAR AMISTAD, to become friends.
TRABÁRSELE LA LENGUA A UNO, to become tongue-tied.
TRACTOR, tractor, caterpillar.
—— AGRÍCOLA, farm tractor.
—— DE ORUGAS o DE CARRILES, caterpillar or crawler tractor.
—— DE RUEDAS, wheel tractor.
—— REMOLCADOR o DE ARRASTRE, tow tractor.
TRACTORISTA, tractor operator.
TRADUCCIÓN, translation.
TRADUCIR o INTERPRETAR, to translate.
TRADUCTOR, translator.
—— DE LENGUAJE, language translator.
—— PÚBLICO, official public translator.
TRAER, to bring, to cause, to handle, to wear.
—— A UNO ENTRE OJOS, to be suspicious of one.
—— BENEFICIOS, to be profitable.
—— DAÑO, to cause damage.
—— ENTRE MANOS, to have in hand.
—— Y LLEVAR, to gossip.
TRAFICANTE, trader, deadler, jobber, barterer.
—— DE ESCLAVOS, slave trader.
TRAFICAR, to traffic, to deal, to trade, to travel.

TRÁFICO, traffic, transit, trade.
—— A CORTA DISTANCIA, short-distance traffic.
—— A LARGA DISTANCIA, through traffic.
—— AÉREO, airplane traffic.
—— CREDITICIO, money lending.
—— DE CARGA, freight traffic.
—— DE VIAJEROS o DE PASAJEROS, passenger traffic.
—— FERROVIARIO, railroad traffic.
—— INTENSO, heavy traffic.
—— TURÍSTICO, tourist travel.
TRAGALEGUAS, brisk walker.
TRAGAR, to swallow, to engulf.
—— A UNA PERSONA, NO, not to be able to stand a person.
—— EL ANZUELO, to allow oneself to be deceived.
TRAGO, ECHAR UN, to take a drink.
TRAICIÓN, treason, treachery.
——, A, treacherously.
TRAICIONAR, to double-cross, to betray.
TRAIDOR, betrayer, treacherous.
TRAJE, suit of clothes, clothing, dress.
—— DE BAÑO, swimsuit.
—— DE BODA o NUPCIAL, wedding dress.
—— DE BUZO, diving suit.
—— DE PAISANO, civilian clothes.
—— DE TRABAJO, overalls, work clothes.
—— SASTRE, tailor made suit.
TRAJES o PRENDAS DEPORTIVAS, sports clothes.
TRAMA, to weave, to plot, to scheme.
TRAMITACIÓN, procedure, carrying out, handling, practice.
TRAMITAR, to carry out, to handle.
TRÁMITE, step, procedure, business transaction, handling.
——, EN, pending, being handled.
TRAMPA, fraud, bad debt, swindle, trap, foul play, frame-up.
—— ESTRATÉGICA, strategic pitfall.
TRAMPAS, HACER, to cheat.
TRAMPOLÍN, springboard.
TRAMPOSO, swindler, tricky, chiseler, crooked.
TRANCE, A TODO, at all costs, at any price.
TRANQUE DE TRÁFICO, traffic jam.
TRANQUILIZAR, to calm, quiet down.
TRANSACCIÓN, transaction, settlement, compromise.
—— COMPLETA o TERMINADA, complete transaction.
—— CONTINGENTE u OPERACIÓN EVENTUAL, contingent transaction.
—— DE CAPITAL o DE PARTICIPACIÓN, equity transaction.
—— DE CHEQUE, checking transaction.
—— DE DIVISAS, exchange transaction.
—— DE EFECTIVO Y RECOMPRA, cash repurchase transaction.
—— DE ENTRADAS DE CAJA, cash receipts transaction.
—— DE IMPORTACIÓN-EXPORTACIÓN, import-export transaction.

TRANSACCIONES-TRANSPORTAR

—— DE LIBRE COMPETENCIA, arm's length transaction.
—— DE PRÉSTAMO NACIONAL, domestic lending transaction.
—— EXTERNA, external transaction.
—— FICTICIA, wash transaction.
—— FINANCIERA INTERNACIONAL, international financial transaction.
—— INCOMPLETA, incomplete transaction.
—— INTERNA, internal transaction.
—— INTERNACIONAL, international transaction.
—— MERCANTIL o DE NEGOCIOS, business transaction.
—— U OPERACIÓN DE CRÉDITO, credit transaction.
—— U OPERACIÓN DE LETRA A PLAZO, time draft transaction.
TRANSACCIONES, transactions, dealings.
—— BANCARIAS, bankings operations.
—— CON EL EXTERIOR, external transactions.
—— DE MERCANCÍAS, commodity transactions.
—— ENTRE COMPAÑÍAS, intercompany transactions.
—— NO REGISTRADAS EN BOLSA, over-the-counter transactions.
TRANSBORDADOR, ferryboat, ferry bridge.
TRANSBORDAR, to transfer, to tranship, break bulk.
TRANSBORDO, transfer, transshipment.
TRANSCRIBIR, to transcribe.
TRANSCRIPCIÓN, transcription.
TRANSDUCTOR, transducer.
TRANSEÚNTE, transient sojourner.
TRANSFERENCIA, transfer, conveyance, assignment.
—— A GASTOS DE PARTE DEL VALOR DE UN ACTIVO, write down.
—— BANCARIA, bank transfer.
—— BANCARIA POSTAL, bank-post remittance.
—— CABLEGRÁFICA, cable transfer of money.
—— DE ACCIONES, transfer of shares.
—— DE ACTIVO A CAMBIO DE ACCIONES, spinoff.
—— DE BLOQUE, block transfer.
—— DE CAPITAL, capital transfer.
—— DE CRÉDITO, credit transfer.
—— DE EFECTIVO, transfer of cash.
—— DE RESULTADOS NETOS DE OPERACIÓN, net operations carryback and carry-forward.
—— DE VALORES, transfer of stocks.
—— DEL MAYOR o REGISTRO AUXILIAR, ledger transfer.
—— ELECTRÓNICA DE FONDOS, electronic fund transfer.
—— EN SERIE DE DATOS, serial transfer.
—— LIBRE DE IMPUESTO LEGAL, legal tax-free transfer.
—— NEGATIVA, negative transfer.
——, PAGOS DE, transfer payments.
——, PÓLIZAS DE, transfer couchers.
—— POSTAL, mail transfer.
TRANSFERENCIAS
—— ENTRE SUCURSALES, interbranch transfers.
—— INTERBANCARIAS, interbank transfers.

—— INTERNAS o NACIONALES, domestic transfers.
TRANSFERIBLE, transferable, assignable.
——, NO, nonassignable.
TRANSFERIR o TRASLADAR o TRASPASAR, to transfer, to convey, turn over.
TRANSFORMACIÓN, transformation, processing, conversion.
—— CIRCULAR, circular transformation (mathematics).
—— DE LA VARIABLE, variate transformation.
—— INDUSTRIAL, manufacture, fabrication, processing.
—— LINEAL, linear transformation.
TRANSFORMAR, to transform, to process.
TRANSGREDIR o VIOLAR, to transgress.
TRANSGRESOR, transgressor.
TRANSIGIR, to compromise, to settle, to give in.
TRANSITAR o CIRCULAR, to transit, to travel.
—— POR LA DERECHA, to keep to the right.
TRÁNSITO, transit, traffic, transition.
—— AÉREO, air traffic.
——, EN, in transit.
—— EN CARRETERA, highway traffic.
—— MARÍTIMO, sea traffic.
——, SE PROHÍBE EL, no throughfare.
——, SEÑAL DE, traffic sign.
—— TERRESTRE o POR CARRETERA, transit by land, land traffic.
—— URBANO o INTERURBANO, local transit.
—— VIAL, highway traffic.
TRANSITORIO, transient, transitional, temporary.
TRANSMISIÓN, transmission, transmittal, transfer.
—— DE FUERZA o DE ENERGÍA, power transmission.
—— DE INFORMACIÓN, information transmission.
—— DE NOTICIAS, news broadcast.
—— O TRASLADO DE PROPIEDAD, transfer of title.
TRANSMITIR, to transmit, to transfer, forward.
—— INFORMACIÓN A LA MEMORIA DE LA COMPUTADORA, read-in.
—— INFORMACIÓN FUERA DE LA COMPUTADORA, read-out.
—— MENSAJES EN CLAVE, to message encoding.
—— ÓRDENES, transmit orders.
—— POR TELEVISIÓN, to telecast.
TRANSPORTACIÓN, transportation, transport.
—— FLUVIAL, river transportation.
—— LIBRE, free haul.
—— O TRANSPORTE AÉREO, air transportation.
—— POR AIRE, airbone, air transportation.
—— VIAL o POR CARRETERA, road transportation.
TRANSPORTADOR, conveyor, carrier, transporter, common carrier.
—— DE BANDA o DE CORREA, belt conveyor.
—— DE LÍNEA DE ENSAMBLE, assembly-line conveyor.
—— DE PAQUETES o BULTOS, package conveyor.
—— DE RUEDAS, wheel conveyor.
—— SIN FIN, screw conveyor.
TRANSPORTAR, to transport, to carry, to convey, to haul.

TRANSPORTE, transport, transportation, carriage, posting the ledger.
—— **ACUÁTICO,** water carrier.
—— **AÉREO DE CARGA,** air cargo transportation, air transportation.
—— **AÉREO NACIONAL,** domestic airlines.
—— **CAMIONERO,** truck transportation.
—— **DE ALTA MAR,** offshore transportation.
—— **DE SALIDA,** outward transportation, transportation out.
—— **DE TROPAS,** troop carrier.
—— **EXPRESO,** express carrier.
—— **FERROVIARIO,** railway transportation.
—— **MARÍTIMO,** shipping trade, ocean transportation, maritime transportation.
—— **MARÍTIMO DE REMOLQUES,** sea trucking.
—— **O ACARREO DE PETRÓLEO,** oil transportation.
—— **POR CORREO EXPRESO,** head-end business.
—— **POR FERROCARRIL Y AVIÓN,** rail-air service.
—— **POR FERROCARRIL Y CAMIÓN,** rail-truck service.
—— **POR MAR, RÍO o LAGO,** water carriage.
—— **TERRESTRE,** ground or land transportation, onshore transportation.
TRANSPORTISTA, shipping agent, forwarder, freight broker, carrier.
—— **POR CONTRATO,** contract carrier.
TRANVÍA, trolley car, street railway, street car, tramway.
—— **AÉREO,** aerial tramway.
TRAPICHE, small sugar mill, small cane mill.
TRAPISONDA, bustle, brawl, clatter.
TRAPO o HARAPO, rag, cloth.
——, **PONER COMO UN,** to reprimand severely, to dress down.
TRAQUETEAR, to shake, to jolt, to jerk.
TRASATLÁNTICO o TRANSATLÁNTICO, ocean liner.
TRASCENDER, to extend, to spread.
TRASLACIÓN, transfer, removal, moving.
—— **AL MAYOR,** posting the ledger.
TRASLADAR, to move, to transfer, to postpone, to adjourn.
—— **LOS ASIENTOS,** to post the ledger.
—— **UNA CUENTA POR SU SALDO,** carry down.
TRASLADARSE, to move to another place.
TRASLADO, copy, transfer, transcript.
—— **AL MAYOR,** posting the ledger.
—— **DE EQUIPAJE,** baggage transfer.
—— **DE IMPUESTOS,** shifting taxes.
—— **ENTRE SUCURSALES,** branch transfers.
—— **O MOVIMIENTO DE LA CARGA,** shifting of cargo.
TRASLAPAR, to overlap.
TRASLUZ, AL, against the light.
TRASNOCHAR, to sit up all night, to spend the night, to watch.
TRASPAPELADO, misplaced.
TRASPAPELAR, to misplace.
TRASPAPELARSE, to become mislaid other papers.
TRASPASAR, to assign, to transfer, to convey, to traspass, to make over.

—— **EL SALDO BAJO LA LÍNEA,** carry down.
—— **EL TÍTULO,** vest the title.
—— **UN CONTRATO,** assign a contract.
TRASPASO, assignment, cession, conveyance, transfer.
—— **DE BIENES,** transfer of assets.
—— **DE DERECHO DE PATENTE,** assignment of patent.
—— **DE SALARIO,** assignment of wages.
—— **DE SALDOS,** balance forward.
—— **O TRANSFERENCIA DE ACCIONES,** transfer of stock.
TRASPIÉ, stumble, slip.
TRASTE CON, DAR AL, to spoil, to ruin, to destroy.
TRASTO, utensil, piece of junk, piece of furniture.
TRASTOS DE COCINA, kitchen utensils.
TRASTORNAR, upset, turn upside down.
TRASTORNO, upheaval, trouble, upset, disorder, disturbance.
—— **CIVIL,** commotion.
TRATA, trade, commerce, bill of exchange.
—— **DE BLANCAS,** white slavery.
—— **DE ESCLAVOS,** slave trade.
—— **DE ESO, NO SE,** that isn't the question.
TRATABLE o AMIGABLE, friendly, sociable.
TRATADO, treaty, agreement, treatise (book).
—— **COMERCIAL o DE COMERCIO,** commercial treaty, trade agreement.
—— **DE COMPENSACIÓN,** clearing agreement.
—— **DE RECIPROCIDAD COMERCIAL,** reciprocal trade agreement.
—— **FISCAL,** international tax agreement.
—— **MULTILATERAL,** convention.
TRATAMIENTO, treatment, processing, handling.
—— **ANTISONORO,** acoustic treatment.
TRATANTE, dealer, trader.
TRATAR, to discuss, to treat, to deal with, to negotiate, to bargain.
—— **ACERCA DE,** to treat of, to deal with a subject.
—— **CON DESPRECIO,** turn the cold shoulder.
TRATO, negotiation, deal, trade, agreement, treaty, treatment.
—— **COMERCIAL,** business dealing.
—— **DE COMERCIO,** commercial treaty.
—— **HECHO,** it's deal.
—— **JUSTO,** fair deal, fair treatment.
——, **MAL,** ill-usage, ill-treatment.
—— **O CONVENIO COLECTIVO,** collective bargaining.
——, **TENER BUEN,** to be pleasant, affable or sociable.
TRAVÉS, MIRAR DE, to squint, to look out of the corner of one's eye.
TRAVESURA, mishief.
TRAVIESA, IR A CAMPO, to go cross-country, to take a short cut.
TRAZADO, design, sketch, draft, outline.
—— **ORIGINAL,** original design.
TRAZAR, to lay out, to design, to scheme, to route.
TRAZO, tracing.
—— **DE LÁPIZ,** pencil work.

TRAZOS o INDICACIONES, traces.
——, LÍNEAS DE, dashed line.
TRECE, ESTARSE EN SUS, to persist in one's opinion, to stick to it.
TRECHO, stretch, distance, space.
——EN TRECHO, DE, at certain distances of intervals.
TREINTA, thirty.
——DÍAS FECHA, A, at thirty days date.
TREN, train, equipment, outfit, staff.
——CORREO o POSTAL, mail train.
——DE AUXILIO, wrecking train.
——DE CARGA, freight train.
——DE ENSAMBLAJE, assembly line.
——DE ESCALAS o LOCAL, accommodation train.
——DE HORARIO, scheduled train.
——DE ITINERARIO, regular train.
——DE PRODUCCIÓN DE PAQUETES, package production line.
——DE RECREO, excursion train.
——DE REMOLQUES, trailer train.
——DE TRABAJO, work train.
——DE VIDA, standard of living, life style.
——DIRECTO o EXPRESO, express or through train.
——EXTRA o ESPECIAL, extra train, special train.
——RÁPIDO DE TARIFA ALTA, limited train.
TREPAR, to climb, to mount.
TREPIDAR, to jar.
TRES, three.
——TURNOS, DE, three-shift.
TRETA o ENGAÑO, trick, frame-up.
TRIÁNGULO, triangle.
TRIBU SALVAJE, wild tribe.
TRIBUNA, tribune.
TRIBUNAL o JUZGADO, tribunal, court, board, commission, court of justice.
——DE ARBITRAJE, court of arbitration.
——DE CONCILIACIÓN, conciliation board.
——DE CUENTAS, general accounting office, official auditing department, office of controller of the currency or chancellor of the exchequer.
——DE DERECHO, court of law.
——DE EQUIDAD, court of equity.
——DE HONOR, court of honor.
——DE JUSTICIA, court house, court of justice, law court.
——DE MENORES, juvenile court.
——DE RECLAMACIONES, court of claims.
——DEL TRABAJO, labor court.
——MARÍTIMO, admiralty court.
——O CORTE DE APELACIONES, court of appeals.
——SUPREMO, supreme court.
TRIBUNALES
——, DEMANDAR o LLEVAR A LOS, to sue at court.
——, FIANZA DE, court bond.
TRIBUTABLE, taxable, subject to tax.
TRIBUTACIÓN, system of taxation, contribution.
——DIRECTA, direct tax.

——, DOBLE, double taxation.
——ESCALONADA, graduated taxation.
——FISCAL, federal tax.
——PROGRESIVA, progressive taxation.
TRIBUTAR, to pay taxes or contributions.
TRIBUTARIA, BASE, tax base.
TRIBUTO, tax, contribution, tribute, tallage.
——O IMPUESTO DE IMPORTACIÓN, import or customs duty.
——PATRIMONIAL, capital levy.
——SOBRE LA RENTA PERSONAL, individual income tax.
TRIFÁSICO, three-phase (electricity).
TRIFULCA o RIÑA, squabble, row.
TRIGAL o CAMPO DE TRIGO, wheat field.
TRIGO, wheat.
——SUAVE, soft wheat.
TRIGONOMETRÍA, trigonometry.
——ESFÉRICA, spherical trigonometry.
——PLANA, plane trigonometry.
TRIMESTRALMENTE, quarterly.
TRINAR, to get furious.
TRINEO, sledge.
TRIPAS CORAZÓN, HACER DE, to pluck up heart.
TRIPLE, threefold, triple.
——IMPOSICIÓN o TRIBUTACIÓN, triple taxation.
TRIPLICADO, triplicate.
——, POR, triplicate.
TRIPLICAR, to triplicate.
TRIPULACIÓN, personnel, crew not including officers.
——DE TREN, train crew.
——DEL AVIÓN, air crew.
TRIPULANTE, member of the crew.
TRIS, EN UN, almost, within an ace.
TRISTE, sad, gloomy, sorrowful.
TRITURAR, to crush, to triturate.
TRIUNFAR, to win, to triumph, to conquer.
TRIUNFO, winning, victory.
——, COSTAR UN, to be exceedingly difficult.
——, FÁCIL, walkover.
TRIZAS, HACER, to knock to pieces, to tear to bits.
TROCAR o PERMUTAR, to permute, to exchange, to trade, to barter.
TROCHA, trail, gate, traffic lane, tread, gauge.
——ANCHA, wide gauge.
——ANGOSTA, narrow gauge.
TROFEO, trophy, military insignia.
TROLEBÚS, trolley coach or bus.
TRONAR CON UNO, to fall out with one.
TRONCO, log, team of horses, (line) trunk.
——, ESTAR HECHO UN, to be fast asleep.
TROPA, troops, crowd, herd, drove.
——DE CAMIONES, fleet of trucks.
——DE MARINA, marines.
TROPAS o EJÉRCITO, troops.
——DE ASALTO, storm troops.
——DE DESEMBARQUE, landing forces.

TROPEZAR, to trip.
TROPEZONES, A, by fits and start, falling and rising.
TROZO o PEDAZO, chunk.
TRUCO, trick, artifice.
TRUEQUE, barter, trade, exchange.
——**DE, A,** in exchange for.
TRUST DE VOTAR, voting trust.
TÚ o USTED, you.
——**MISMO,** yourself.
——**, TRATAR DE,** to be on intimate terms with.
TUBERÍA o CAÑERÍA, piping, pipe line, pipework, conduit.
——**CORRIENTE o ESTÁNDAR,** standard pipe.
——**DE FUNDICIÓN,** cast-iron pipe.
——**DE PRESIÓN,** pipe line.
——**DE VAPOR,** steam pipe.
TUBO, pipe, tube.
——**DE DESAGÜE,** waste pipe.
——**DE ENSAYO,** test tube.
——**DE VACÍO,** vacuum tube.
——**DE VAPOR,** steam tube.
——**MUESTREADOR o DE MUESTREO,** sampling tube.
TUERTAS, A, contrariwise, on the contrary.
TUERTO, one-eyed.
TUMBA, grave, tomb.
TUMBAR o DERRIBAR, tumble over.
TUMBARSE o RECOSTARSE, to lie down.
TUMBO, DAR UN, to turn a somersault.
TUMULTO o DESORDEN, riot, turmoil.
TÚNEL, tunnel.
——**AERODINÁMICO,** wind tunnel.

TURBARSE, to get disturbed, confused or mixed up.
TURBINA, turbine.
——**A VAPOR,** steam turbine.
——**DE REACCIÓN,** turbojet.
TURBOCOMPRESOR, turbocompressor.
TURBOCONDENSADOR, turbocondenser.
TURBOGENERADOR, turbogenerator.
TURBOHÉLICE, turboprop.
TURBORREACTOR, turboreactor, turbojet.
TURISMO, tourism, tourist trade.
——**, DE,** touring.
TURISTA, tourist.
TURNAR, to work by turns.
TURNARSE, take turns.
TURNO, shift, turn, session.
——**DE DÍA,** day shift.
——**DE MADRUGADA,** graveyard shift, third shift.
——**DE MEDIANOCHE,** midnight shift.
——**DE NOCHE o NOCTURNO,** night shift.
——**DE NUEVE HORAS,** nine-hour shift.
——**DE RELEVO,** relief shift.
——**DE TARDE,** swing shift.
——**DE TRABAJO,** work shift.
——**DISCONTINUO,** split shift.
——**DOBLE,** two-shift operation.
——**, EN,** in turn, on duty.
——**EXTRAORDINARIO,** extra shift.
——**, POR SU,** in one's turn.
TUTEAR, to use the familiar "tú" in addressing a person.
TUTIPLÉN, A, abundantly.
TUTOR, tutor, guardian.

UBICACIÓN, site, location.
—— DEL ALMACÉN DE INVENTARIOS, inventory storage location.
—— DEL MERCADO, market location.
—— DEL PRODUCTO, product positioning.
—— O LOCALIZACIÓN DE PLANTA, plant site.
UBICAR, to locate.
—— UN PRÉSTAMO, to place a loan.
ÚLTIMA, last, latest, ultimate, final.
—— FILA, rear rank, rear row.
—— HORA, closing, hour, deadline, last minute.
—— HORA, A, at the latest minute.
—— MODA, new fashion, latest style.
—— VOLUNTAD, last will.
ÚLTIMAMENTE, ultimately, of late.
ULTIMAR o CONCLUIR, to close, to finish, to consumate.
—— EL NEGOCIO, to close a deal, sign up.
—— LOS ARREGLOS, to complete arrangements.
ULTIMÁTUM, ultimatum, final decision.
ÚLTIMO, last, final, latest, ultimate.
—— CONSUMIDOR, ultimate consumer.
—— EN ENTRAR PRIMERO EN SALIR, last-in-first-out (LIFO).
—— MEDIO, last resort.
——, POR, finally, lastly.
—— PRECIO, lowest price.
—— RECURSO, last resort.
—— SALDO, ultimate balance.
—— TURNO, graveyard shift.
ULTRACORTA, ONDA, ultrashort wave.
ULTRAJAR, to outrage, to insult, to rape.
ULTRAMAR, overseas.
——, DE, overseas, from across the sea.
——, EN, abroad.
ULTRAMODERNO, ultramodern.
ULTRARRÁPIDO, high-speed.
ULTRASÓNICO, ultrasonic, supersonic.
ULTRAVELOZ, high-speed.
UMBRAL, threshold, beginning.
UN, one, a, an.
—— DÍA SÍ Y OTRO NO, every other day.
—— AÑO INCONDICIONAL, (legal) year certain.
—— DÓLAR DE LO QUE SE COMPRA, a dollar worth of.
—— FAVOR, a good turn.
—— HOMBRE DE EDAD, a man in years.
UNA, a, an.
—— PULGADA MÁS o MENOS, within an inch.
—— SALIDA o ESCAPATORIA, a way out.
—— SEMANA SÍ Y OTRA NO, week about.
—— VEZ, once.
—— Y OTRA VEZ, time and time again.
UNÁNIME, unanimous.
UNANIMIDAD, unanimity.
——, POR, unanimously.
UNCIR, to yoke.
UNICIDAD, uniqueness.
ÚNICO, sole, only, unequaled.
—— EN SU CLASE, unique.
——, FACTOR, unique factor.
UNIDAD, unit, unity.
—— ARITMÉTICA, arithmetic unit.
—— CENTRAL DE PROCESAMIENTO, central processor.
—— O ENTIDAD CONTABLE, accounting unit.
—— DE ÁREA o DE SUPERFICIE, unit of area.
—— DE AUDIO-RESPUESTA, audio-response unit.
—— DE CAPITALIZACIÓN, capitalization unit.
—— DE CINTA, tape handlers.
—— DE COSTEO, costing unit.
—— DE COSTO, cost unit.
—— DE DEPRECIACIÓN, depreciation unit.
—— DE EMISIÓN, output unit.
—— DE ENDOSO, endorsing unit.
—— DE LONGITUD, unit of length.
—— DE MANDO, unity of command.
—— DE MASA, mass unit.
—— DE MEDIDA, measuring unit, unit of measure.
—— DE MEMORIA, memory unit.
—— DE MUESTRA, sample unit.
—— DE MUESTREO, unit of sampling.
—— DE ORGANIZACIÓN, organizational unit.
—— DE PESO, unit of weight.
—— DE PRODUCCIÓN, production unit.
—— DE REEMPLAZO, replacement unit.
—— DE RESPONSABILIDAD CONTABLE, accountability unit.
—— DE SERVICIO, service unit.
—— DE TEMPERATURA, unit of temperature.
—— DE TIEMPO, unit of time.
—— DE TRABAJO o PRODUCCIÓN, work unit, unit of work.
—— DE VENTA, sales unit.
—— DE VIVIENDA, housing unit.
—— DEL ACTIVO FIJO, fixed assets unit, plant unit.
—— DEL SISTEMA INGLÉS DE MEDIDAS, English unit of measure.
—— DEL SISTEMA MÉTRICO DECIMAL, metric unit.
—— ECONÓMICA, economic unit.
—— EXHIBIDORA o DE EXPOSICIÓN, display unit.
—— FAMILIAR, household.
—— INTERNACIONAL, international unit.
—— MAESTRA, master unit.
—— MAGNÉTICA DE ALMACENAMIENTO, cell.
—— MERCANTIL o COMERCIAL, business unit.
—— MONETARIA, monetary unit, unit of currency.
—— NEGOCIABLE, trading unit.
—— NORMAL o PATRÓN, standard unit.
—— PARA ASIGNACIÓN DE COSTOS, cost center.
—— PRINCIPAL, principal unit.
—— TÉRMICA BRITÁNICA, British thermal unit.
UNIDADES
—— DE CONSUMO, consumer units.

—— DE VIVIENDA CONSTRUIDAS, housing units constructed.
—— DEFECTUOSAS, defective units.
—— EN PROCESO, units in process.
—— TERMINADAS o FABRICADAS, finished units.
UNIDO, united.
UNIFICACIÓN, unification.
UNIFICAR, to unify.
UNIFORMAR, to standardize, to put uniform.
UNIFORME, uniform.
—— DISTRIBUCIÓN, uniform distribution.
——, NO, nonstandard.
UNIFORMIDAD, standardization, uniformity.
—— DE LAS TAREAS, job standardization.
——, PRUEBA DE, uniformity trial.
UNILATERAL, PRUEBA, one-side test.
UNIÓN, consolidation, merger, union, coupling, labor union.
—— ADUANERA, tariff union, customs union.
—— DE ACCIONES, stock pool.
—— DE CRÉDITO, credit union.
—— GREMIAL u OBRERA, labor union or federation.
—— SOVIÉTICA, Soviet Union.
UNIPERSONAL, unipersonal, one-man.
UNIR, to merge, to connect, to combine, to consolidate.
UNIRSE, to unit, to join, to bring together, to marry.
UNÍSONO, AL, in unison, together, unanimously.
UNITARIO o UNITARIA, unitary.
——, ÍNDICE DE COSTO, unit cost index.
——, ÍNDICE DE VALOR, unitary value index.
——, MUESTREO, unitary sampling.
UNIVALENTE, single-valued.
UNIVERSAL, universal, well-informed.
UNIVERSIDAD, university.
UNIVERSITARIO, ESTUDIANTE, university student.
UNIVERSO, universe, population.
UNO o UNA, one, a, an.
—— A OTRO, one another.
—— A UNO, by one.
—— MEJOR, a better one.
—— POR UNO, one by one, one at a time.
—— QUE OTRO, a few, one or more.
—— U OTRO, some or other.
UNOS CUANTOS, a few.
UNOS Y OTROS, all of them.
UNTAR LAS MANOS, to brive, to grease the palm.
UNTARSE, to embezzle.
UÑA Y CARNE, SER, to be inseparable friends, to be hand in glove.
UÑAS, AFILAR LAS, to try one's best, to sharpen one's wits.
URBANISMO o URBANIZACIÓN, town planning, urbanization.
URBANISTA, city planner.
URBANIZACIÓN, urbanization, city planning.
URBANIZADO, TERRENO, urbanized land.
URBANIZAR, to urbanize, to plan a city.

URBANO, urban, in the city, municipal.
URBE, large city, metropolis.
URGENCIA, urgency, emergency.
——, CON, urgently.
——, CURA DE, emergency treatment.
URGENTE, urgent, pressing, rush.
URGIDO DE FONDOS, in need of funds.
URGIR, to urge, to be urgent, to press.
URNA, ballot box, urn, glass case.
USADO, used, well-worn, secondhand, begin used.
USAR, to use, to make use of, to wear.
—— LA PATENTE, work a patent.
—— SU PROPIO JUICIO, use your own judgment.
USARSE, wear off.
USO o COSTUMBRE, usage, custom, practice, wear.
—— COMERCIAL, commercial usage.
—— CONSTANTE, hard usage.
——, DE, used, secondhand.
—— DE DIVIDENDOS PARA ADQUISICIÓN DE SEGURO ADICIONAL, dividend additions.
—— DE LICENCIA, EN, on leave.
—— DE RAZÓN, discernment, thinking for oneself.
——, EN, in use, in service.
——, EN BUEN o EN BUEN ESTADO, in good condition.
—— FINAL, end use.
—— INDEBIDO, infringement.
—— LIVIANO o TRABAJO LIGERO, light duty.
—— Y DESGASTE, wear and tear.
USOS ORDINARIOS o COMUNES, common purposes.
USTED, DE, your, yours.
USUAL, usual, customary, familiar.
USUARIO, user, holder of a concession.
USUFRUCTO, (law) usufruct; enjoyment, profit.
USUFRUCTUAR, to enjoy the usufruct, to be productive or fruitful.
USUFRUCTUARIO, beneficiary owner.
—— VITALICIO, life tenant.
USURA, unlawful interest, usury, profit.
USURERO, usurer, profiteer, money lender, pawnbroker.
USURPACIÓN, usurpation, infringement of patent or trademark rights.
USURPADOR, usurper.
USURPAR, to usurp.
—— EL PODER, to accroach.
UTENSILIO, utensil, tool, device.
—— DE COCINA, kitchenware.
UTENSILIOS, utensils.
—— CASEROS, household appliances.
ÚTIL, useful, profitable, effective, tool.
——, VIDA, useful life.
ÚTILES, equipment, furnishings, tools, implements.
—— DE ESCRITORIO o DE OFICINA, office equipment, office supplies.
—— DE LABRANZA, agricultural implements.
UTILERÍA o EQUIPO, outfit, equipment.
UTILIDAD, utility, profit, usefulness.

UTILIDADES

—— ANTERIOR A LA ADQUISICIÓN, preacquisition profits.
—— ANTES DE DEDUCIR EL IMPUESTO, profit before tax.
—— ANTES DEL PAGO DE IMPUESTO, pretax profit.
—— ANTICIPADA, anticipated profit.
—— ANUAL, yearly income.
—— BRUTA, gross profit, trading income, trading profits.
—— BRUTA DIFERIDA EN VENTAS A PLAZOS, profit on installment sales, deferred gross.
—— BRUTA EN VENTAS, gross profit on sales.
—— BRUTA OBTENIDA, realized gross profit.
—— BRUTA OBTENIDA EN VENTAS A PLAZOS, profit on installment sales realized gross.
—— CRECIENTE, increased returns.
—— DE EXPLOTACIÓN, operating profit or income.
—— DE FUNCIONAMIENTO, operating profit.
—— DECRECIENTE, diminishing returns.
—— DEL AÑO FISCAL, income of the fiscal year.
—— DESPUÉS DE DEDUCIR EL IMPUESTO, profit after tax.
—— EN CAMBIOS NO REALIZADA, unrealized exchange gain.
—— EN INVENTARIOS, inventory profit.
—— EN LIBROS, book income.
—— EN OPERACIONES, operating profit.
—— EN VENTA DE ACTIVO FIJO, profit on sales of fixed assets.
—— EN VENTA DE PROPIEDADES, profit on sale of property.
—— EN VENTAS, sales income.
—— ESTÁNDAR o NORMAL, standard profit.
—— GRAVABLE, taxable profit.
—— LIBRE, balance of income.
—— LÍMITE, marginal utility.
—— LÍQUIDA o NETA, net profit.
—— MARGINAL, marginal income, marginal utility.
—— MARGINAL CRECIENTE, increasing marginal utility.
—— MARGINAL DE SERVICIO, marginal utility.
—— MARGINAL DECRECIENTE, diminishing marginal utility.
—— NETA, net income after tax, clear profit.
—— NETA AJUSTADA, adjusted net profit or income.
—— NETA CONSOLIDADA, consolidated net income.
—— NETA DE OPERACIÓN, net operating profit, net operating income.
—— NETA DESPUÉS DE IMPUESTOS, net profit after taxes.
—— NETA DESPUÉS DE INTERESES E IMPUESTOS, net income after interest and taxes.
—— NETA EN VENTAS, net profit on sales, net selling profits.
—— NETA FINANCIERA, net financial income.
—— NETA POR ACCIÓN COMÚN, net income per common share.
—— NETA PROPIA, own net profit.
—— O BENEFICIO CONTABLE, earned surplus, book profit, accounting profit.
—— O BENEFICIO MÁXIMO, maximum profit.
—— O GANANCIA DEL CONTRATISTA, contractor profit.
—— O GANANCIA INESPERADA, windfall profit.
—— OBTENIDA, obtained profit.
—— POR COSTO ACTUAL, current cost income.
—— POR PRODUCTOS, profit by products.
—— POR TEMPORADA o ESTACIÓN, seasonal revenue.
—— POR TERRITORIOS, profit by territories.
—— PREVIA A LA CONSOLIDACIÓN, profit prior to consolidation.
—— PREVIA A LA CONSTITUCIÓN DE LA EMPRESA, profit prior to incorporation.
—— PÚBLICA, public utility.
—— PURA, pure profit.
—— REALIZADA u OBTENIDA, realized income.
—— REALIZADA EN VENTAS A PLAZOS, realized profit on installment sales.
—— SUPUESTA, assumed profit.
—— UNITARIA, unit profit, profit per unit.
—— VENCIDA o CADUCADA, expired utility.
UTILIDADES, profits, earnings, profitability.
—— A CORTO PLAZO, short-term profits.
—— A LARGO PLAZO, long-term profits.
—— ANTES DE CONSIDERAR EL INTERÉS MINORITARIO, income before minoritary interest.
—— ANTES DE IMPUESTOS, net income before taxes.
—— ANTES DE INTERESES E IMPUESTOS, net income before interest and taxes.
—— APARENTES, book profit.
—— APLICADAS, applied profits.
—— CAPITALIZADAS, capitalized profits.
—— COMPLETAMENTE DILUIDAS, fully diluted earning.
—— CONTINGENTES, contingent profits.
—— DE CAPITAL, capital gains.
—— DE OPERACIÓN, operating profit.
—— DE PRÉSTAMOS o DE EMPRÉSTITOS, return on loans.
—— DE SOCIEDADES ANÓNIMAS, corporate income, corporate profits.
—— DE VALORES o DE TÍTULOS, return on securities.
—— DEL EJERCICIO FISCAL, fiscal year profits.
—— DESPUÉS DE IMPUESTOS, net earnings after taxes, after-tax profitability.
—— DEVENGADAS, accrued income.
—— DIFERIDAS, deferred income.
—— DISTRIBUIDAS, distributed profits.
—— ECONÓMICAS, economic profits.
—— ENTRE COMPAÑÍAS AFILIADAS, intercompany profits.
—— ENTRE DEPARTAMENTOS, interdepartmental profits.
—— ESTIMADAS, estimated profits.
—— EXCEDENTES, excess earning, excess profits.
—— EXTRAORDINARIAS, extraordinary gains.
—— INFLADAS, inflated profits.

—— LÍQUIDAS, net profits.
—— MONETARIAS, money profits.
—— NETAS, residual net profit, net profits.
—— NO DISTRIBUIDAS, undistributed profits, undivided profits.
—— NO REPARTIDAS, undistributed earnings.
—— O GANANCIAS ACUMULADAS, accumulated profits, accumulated income.
—— ORDINARIAS, ordinary income.
—— PARTICIPACIÓN EN LAS, profit sharing, income sharing.
—— POR ACCIÓN, earnings per share.
—— POR ACCIÓN PRIMARIA, primary earnings per share.
—— POR ACCIÓN TOTALMENTE DILUIDAS, fully diluted earnings per share.
—— POR APLICAR, unappropriated profits.
—— POR DEPARTAMENTOS, departmental profits.
—— POR VENTA DE BIENES, capital gains.
—— PRO-INDIVISO, community income.
—— REALIZADAS u OBTENIDAS, realized profits.

—— REINVERTIDAS, reinvested profits.
—— REPARTIBLES o POR REPARTIR, distributable profits, earnings available for dividends.
—— RETENIDAS, retained income, undistributed profits.
—— RETENIDAS ASIGNADAS, retained earnings appropriated.
—— RETENIDAS DE LA COMPAÑÍA PRINCIPAL, retained earnings of parent.
—— SOBRANTES, surplus earnings.
—— SOBRE VENTAS, selling profits.
UTILITARIO, utilitarian, commercial, for profit.
UTILIZABLE, utilizable, salvageable.

UTILIZACIÓN, utilization, availment.
—— DE DESECHOS, wastes disposal.
—— DEL PRESUPUESTO, budget utilization.
—— LUCRATIVA DEL CAPITAL EN PRÉSTAMO, trading on the equity.
UTILIZAR, to utilize, to reclaim.
UVA, HECHO UNA, very drunk.

VACA, cow, cowhide.
VACACIÓN, vacation, vacancy.
VACACIONES, vacation, vacations.
—— DE PASCUA, Eastern vacation.
—— RETRIBUIDAS o PAGADAS, vacation with pay.
VACACIONISTA o VERANEANTE, vacationist.
VACANTE, vacancy, unoccupied, open (position).
VACIADERO o BASURERO, dump.
VACIADO, casting, dumping.
VACIAR o VERTER, to pour, to empty.
VACILAR, to vacillate, to warer.
VACÍO o AL VACÍO, vacuum.
—— INFLACIONARIO, inflationary gap.
VACUNA, vaccine.
VACUNACIÓN, vaccination.
VACUNAR, to vaccinate.
VACUNOS, cattle.
VAGABUNDO, stroller, vagrant, vagabond.
VAGANCIA, vagrancy.
VAGAR o CALLEJEAR, to stroll.
—— SIN RUMBO, knock about.
VAGO o INDEFINIDO, vague, roaming, vagrant.
VAGÓN, car, freight car, wagon, coach.
—— BLINDADO, armored car.
—— CAÑERO, cane car (sugar).
—— CARBONERO, coal car.
—— COMPLETO o CARRO COMPLETO, carload lot.
—— CORREO o POSTAL, mail car, postal car.
—— DE COLA, caboose.
—— DE EQUIPAJE o CARRO DE EQUIPAJE, baggage car.
—— DE FERROCARRIL, railroad car.
—— DE GANADO o JAULA, cattle car.
—— DE MINERAL, ore car.
—— DE PASAJEROS o DE VIAJEROS, passenger car.
—— DE REMOLQUE, trailer.
—— DE VOLTEO, dump car.
—— FRIGORÍFICO, refrigerator car.
—— MOTOR, rail car.
—— PLANCHA, flatcar.
—— RESTAURANTE, dining car.
VAGONADA, carload.
VAGONETA, station wagon.
—— RURAL, estate wagon.
VAJILLA, tableware.
—— DE ACERO INOXIDABLE, stainless steel flatware.
—— DE MESA, dinner set.
—— DE PLATA, sterling flatware.
—— PLATEADA, silverplate flatware.
VALE, voucher, promissory note, warrant, paybill.
—— AL ALMACÉN, stores requisition.
—— DE PEDIDO, purchase order.
—— DE TESORERÍA, treasury note.
—— EN SERIE, serial note.

——, MÁS, o MÁS VALIERA, it is better, it would be better.
—— O COMPROBANTE DE CAJA, cash voucher.
—— POSTAL o DE CORREO, postal note, money order.
—— REVISADO, audited voucher.
VALES
—— A COBRAR, bills for collection.
—— A PAGAR, payables.
—— POR PAGAR, vouchers payable, notes payable.
VALER, to worth, to value, to cost, to be worth, to amount to.
——, HACER, to turn to account.
—— LA PENA, to be worth while.
—— SU PESO EN ORO, to be worth its weight in gold.
VALERSE DE, to make use of, to take advantage of.
VALERSE DE SU INGENIO PARA VIVIR o VIVIR DE GORRA, to live by one's wits.
VALERSE, NO PODER, to be helpless.
VÁLGAME DIOS, good heavens!
VALÍA, value, valuation, worth.
VALIDACIÓN, validation.
VALIDAR o CONVALIDAR, to validate.
VALIDEZ, validity, soundness.
—— DE LA MUESTRA, validity of the sample.
—— DE UNA PRUEBA, strength of a test.
VÁLIDO, valid, good.
VALIENTE, valiant, brave, courageous.
VALIJA, valise, mailbag.
—— DE CORRESPONDENCIA, mailbag, mail box.
—— DIPLOMÁTICA, diplomatic pouch.
VALIOSO, valuable, wealthy, influential.
VALOR o IMPORTE o PRECIO, value, worth, price, amount.
—— A CAMBIO, trade-in value.
—— A LA PAR o VALOR DE PARIDAD, par value.
—— A LA PAR DEL BONO, bond par value.
—— A PAGAR o PAGADERO, payable.
—— ABSOLUTO, absolute value.
—— ACORDADO o FIJADO, value agreed upon.
—— ACTUAL, current value, present worth.
—— ACTUAL A INTERÉS COMPUESTO, compound present worth.
—— ACTUAL DE INGRESOS FUTUROS, future cash inflows.
—— ACTUAL DE LA HIPOTECA, mortgage principal.
—— ACTUAL DE UNA ANUALIDAD, present value of an annuity.
—— ACTUAL DE UNA DEUDA, present amount of a debt.
—— ACTUAL DE 1, present value of 1.
—— ACTUAL DE 1 POR PERÍODO, present value of 1 per period.
—— ACTUAL DEL DOCUMENTO, present value of note.
—— ACTUAL DESCONTADO, present discounted value.
—— ACTUAL NETO, net present value.
—— ACTUARIAL, actuarial value.
—— ACTUARIAL ACTUAL, actuarial present value.
—— ACUMULADO, accumulated value.

—AGREGADO o GLOBAL, aggregate value, added value.
—AL COBRO, value for collection.
—AL VENCIMIENTO, maturity value, value at maturity.
—ASEGURABLE, insurable value.
—BRUTO, gross value.
—BRUTO EN LIBROS, gross book value.
—BURSÁTIL o GARANTÍA o TÍTULO, security.
—CAPITALIZADO o DE CAPITALIZACIÓN, capitalized value.
—CAPITALIZADO DEL BONO o DEL TÍTULO. bond principal value.
—CATASTRAL, assessed value.
—COMERCIAL, market value, goodwill.
—COMERCIAL, SIN, no commercial value.
—COMPARATIVO, comparative value.
—COMPUESTO DE UNA ANUALIDAD, compound value of an annuity.
—CONDICIONAL, conditional value.
—CONSTANTE, constant valuation.
—CONVENIDO, agreed value.
—CREDITICIO DEL CONSUMIDOR o SOLVENCIA DEL CLIENTE, consumer's credit worthiness.
—CRÍTICO, critical value.
—DE ABANDONO, abandonment value.
—DE BALANCE, book value.
—DE BONO o MONTO DEL TÍTULO, bond value.
—DE CAMBIO, exchange value.
—DE CANCELACIÓN DE SEGURO DE VIDA, cash surrender value of life insurance.
—DE COMPRA, buying price, purchase price.
—DE CONVERSIÓN, conversion value.
—DE COSTO, cost value.
—DE DAÑO o PERJUICIO, nuisance value.
—DE DESCUBRIMIENTO, discovery value.
—DE DESECHO, salvage receipts, scrap value, junk value.
—DE EMISIÓN, issue price.
—DE ENSAYO, assay-office value.
—DE FACTURA, invoice value.
—DE GARANTÍA PREFERENTE, senior security.
—DE GARANTÍA SECUNDARIA, junior security.
—DE INVERSIÓN, investment value.
—DE LA CAPACIDAD DE GANANCIA, earning-capacity value.
—DE LA EMPRESA, enterprise value.
—DE LA FACTURA, invoice value.
—DE LA RENTA, return figures.
—DE MERCADO o VALOR EN PLAZA, market value.
—DE MERCADO ACTUAL o CORRIENTE, current market value.
—DE MERCADO DEL BONO, bond market value.
—DE MONOPOLIO, monopoly value.
—DE MOSTRADOR o DE VENTANILLA, over-the-counter value, counter value.
—DE NEGOCIO EN MARCHA, going concern value.
—DE PÓLIZA DE SEGURO, value of an insurance policy.

—DE PROMOCIÓN, pioneering value.
—DE REALIZACIÓN o LIQUIDACIÓN, realization value.
—DE REALIZACIÓN FORZADA o DE VENTA FORZOSA, forced sale value.
—DE REALIZACIÓN INMEDIATA, break-up value.
—DE REDENCIÓN, redemption value.
—DE REEMPLAZO DE ACTIVO, asset replacement cost.
—DE REPRODUCCIÓN, reproduction value.
—DE RESCATE, surrender value, call price.
—DE RESCATE DE SEGURO DE VIDA, cash surrender value of life insurance.
—DE REVENTA, resale value.
—DE REZAGO o DE RECUPERACIÓN, salvage value.
—DE SALIDA, exit value.
—DE SERVICIO, service value.
—DE TASACIÓN o DE AVALÚO, appraised value, assessed valuation.
—DE USO, value in use, wearing value.
—DE VENTA, selling price or value.
—DE VENTA EQUITATIVO, just value.
—DECLARADO o ESTABLECIDO, stated value, declared value.
—DECLARADO DE ACCIONES SIN VALOR NOMINAL, stated capital.
—DEL BONO, bond's price.
—DEL BONO AL VENCIMIENTO, bond maturity value.
—DEL CAPITAL, capital cost.
—DEL DINERO EN CUANTO A TIEMPO, time value of money.
—DEL DÓLAR, dollar value.
—DEL INVENTARIO, inventory value.
—DEL MERCADO TOTAL, aggregate market value.
—DEL PRODUCTO NACIONAL BRUTO, value of gross national product.
—DEL SEGURO, insurance value.
—DEPRECIADO, depreciated value, scrap value.
—DERIVADO o IMPUTADO, imputed or derived value.
—DESCONTADO, discounted value.
—ECONÓMICO, economic value, economic worth, economic good.
—ECONÓMICO DEL ACTIVO, economic asset value.
—EFECTIVO, proceeds.
—EN ARRIENDO, rental value.
—EN CAMBIO, trade-in value, exchange value.
—EN CUENTA, value in account.
—EN EFECTIVO, cash value.
—EN GARANTÍA o EN PRENDA, value secured.
—EN LIBROS o VALOR DE BALANCE, book value, carrying value.
—EN LIBROS ACEPTABLE, acceptable book value.
—EN LIBROS DEL ACTIVO, carrying value of assets.
—EN LIBROS DEL BONO, carrying value of bond.
—EN LIBROS INACEPTABLE, unacceptable book value.
—EN LIBROS POR ACCIÓN, book value per share.

VALORES 383

— EN LIQUIDACIÓN, liquidation value.
— EQUITATIVO, fair value, fair market value.
— ESPERADO, expected value.
— ESTADÍSTICO DE LA MUESTRA, sample statistic.
— ESTIMADO, estimated value.
— FÍSICO o TANGIBLE, physical value.
— FUTURO, future value.
— FUTURO DEL CAPITAL, future capital value.
— GARANTIZADO, underlying security.
— GLOBAL o TOTAL, total value, lump sum.
— GLOBAL AGREGADO, aggregate value added.
— GRAVABLE o CATASTRAL, taxable value.
— IMPONIBLE, assessed valuation, dutiable value.
— INCADUCABLE, nonforfeited value.
— INSTRUMENTAL, instrumental value.
— INTANGIBLE, intangible value.
— ÍNTEGRO, full amount.
— INTRÍNSECO, intrinsic value, tangible value.
— JUSTO DE MERCADO, fair market value.
— LIQUIDABLE, cash surrender value, equity of a policy.
— LIQUIDABLE DE LA PÓLIZA, policy value, policy equity.
— LÍQUIDO, equity, net value, property equity.
— LÍQUIDO COMÚN, common equity.
— LÍQUIDO DE BIENES RAÍCES, real estate equity.
— LÍQUIDO DE PROPIEDAD, proprietary equity.
— LÍQUIDO DE UN PAGARÉ, the proceeds of a note.
— LÍQUIDO DEL BALANCE GENERAL, balance sheet equity.
— LOCAL, local value.
— MEDIO, mean value.
— MONETARIO, money's worth.
— NETO o LÍQUIDO, net value, clear value.
— NETO DE LA FACTURA, net invoice value.
— NETO EN LIBROS, net book value, carrying value.
— NETO REALIZABLE, net realizable value.
— NOMINAL o A LA PAR, face par.
— NOMINAL o VALOR IMPRESO, face value, nominal value, face amount.
— NOMINAL DE LA PÓLIZA, face of the policy.
— NOMINAL DEL BONO, bond face value.
— NOMINAL DEL PAGARÉ, face of note.
— NOMINAL, SIN, no-par value.
— NORMAL, normal value.
— NUMÉRICO, numerical value.
— OBJETIVO, objective value.
— ÓPTIMO, optimum value.
— PARA EXPORTACIÓN, export value.
— PARA PRÉSTAMOS, loan value, borrowing power.
— PONDERADO, weighted value.
— PREFERENTE, preferred value.
— PUBLICITARIO, publicity value.
— RAZONABLE, fair value, sound value.
— REAL o DE MERCADO, real value, market value.
— REALIZABLE, actual market.

— REALIZABLE DE RENTA FIJA, marketable debt security.
— REALIZABLE DE RENTA VARIABLE, marketable equity security.
— REALIZABLE EN EFECTIVO, actual cash value.
— RECIBIDO, value received.
— RECUPERABLE, recovery value.
— RESIDUAL o DE DESECHO, residual value, scrap value.
— RESTANTE DE UNA HIPOTECA, equity from mortgage.
— RETENIDO, value retained.
— SEGÚN LIBROS, book value, ledger value.
—, SIN, no value, no-account.
— SIN DEPRECIAR, undepreciated value.
— SOCIAL, social value.
— SÓLO DISPONIBLE PARA EL INVERSIONISTA, businessman's investment.
— SUBJETIVO, subjective value.
— TANGIBLE, tangible value.
— TERMINAL, terminal value.
— TOTAL, aggregate value, full amount.
— TOTAL ACTUAL, aggregate present value.
— TOTAL DE AMORTIZACIÓN, aggregate redemption value, mandatory redemption value.
— TRASLADABLE A PERÍODOS ANTERIORES, carryback.
— VERDADERO DE POBLACIÓN, true population value.
VALORES, securities, bonds, assets.
— A CORTO PLAZO, short-term securities.
— A LARGO PLAZO, long-term securities.
— AL COBRO, bills for collection, receivables.
— AL PORTADOR o TÍTULO A LA ORDEN, bearer securities.
— AMORTIZABLES, amortizable assets.
— APROBADOS, securities approved for investments.
— BANCARIOS, bank paper, bank money.
— BURSÁTILES o DE BOLSA, listed securities.
— BURSÁTILES COTIZADOS, quoted stock.
— CONGELADOS, frozen assets, blocked assets.
— CONVERTIBLES, convertible securities.
— COTIZABLES, marketable securities.
— COTIZADOS Y NEGOCIADOS, securities listed and traded.
— DE ACTIVO, asset values.
— DE CAPITAL, capital assets.
— DE COMERCIO, marketable securities.
— DE EMPRESAS DE SERVICIOS PÚBLICOS, public-utility securities.
— DE ESPECULACIÓN, equity securities.
— DE ESPECULACIÓN DE PRECIO BAJO, cats and dogs.
— DE INTERÉS FIJO, funded securities.
— DE INVERSIÓN, asset values, investment securities.
— DE LA COMPAÑÍA, firm's stock.

—— DE LA DEUDA DEL GOBIERNO, government debt securities.
—— DE LOS GOBIERNOS ESTATAL Y LOCAL, state and local government securities.
—— DE PAGO ANTICIPADO DE IMPUESTOS, tax-anticipation securities.
—— DE PASIVO, marketable debt.
—— DE PRECIO VOLÁTIL, price-volatile securities.
—— DE PRIMERA CLASE CON PRECIOS SUPERIORES DE DEMANDA, blue-chip stock.
—— DE RENTA FIJA, fixed-income securities.
—— DE RENTA VARIABLE, common stocks, equity securities.
—— DE SOCIEDADES ANÓNIMAS, corporate securities.
—— DE TESORERÍA o VALORES DEL ERARIO, treasury securities.
—— EMITIDOS POR EL ESTADO, government-issued securities.
—— EN CARTERA, portfolio investment, portfolio holdings.
—— EN CUSTODIA, securities held in safekeeping.
—— EN EFECTIVO, cash holdings.
—— EN LA CUENTA MERCANTIL, trading account securities.
—— ESPECULATIVOS o INESTABLES, unsound securities.
—— ESTÁNDAR, standard values.
—— ESTATALES, government securities.
—— ESTATALES NO PIGNORADOS, unpledged government securities.
—— ESTATALES Y MUNICIPALES, state and municipal securities.
—— EXENTOS DE IMPUESTOS, tax-exempt securities.
—— EXTRANJEROS, foreign securities.
—— FALSIFICADOS, forged securities.
—— FIDUCIARIOS, notes.
—— FIJOS o INMOVILIZADOS, fixed assets.
—— FIJOS INTANGIBLES, intangible fixed assets.
—— FIJOS TANGIBLES, tangible fixed assets.
—— FISCALES, government bonds.
—— GARANTIZADOS, nonforfeiture values.
—— GRAVABLES, taxable securities.
——, IMPORTE ESTIMADO DE LOS, appraised value of securities.
—— INDEPENDIENTES, independent values.
—— INDUSTRIALES, industrial securities.
—— INMATERIALES, unsecured assets.
—— LEGALES PARA INVERSIÓN POR FIDUCIARIOS, trustee stock.
—— MATERIALES o FÍSICOS, physical assets.
—— MERCANTILES, commodities, commercial paper.
—— MUESTRALES, sample values.
—— MUNICIPALES, municipal securities.
—— NACIONALES, government obligations.
—— NEGOCIABLES, marketable securities, negotiable securities.
—— NO COTIZADOS, unlisted securities.
—— NO VENDIDOS EN LA BOLSA, over-the-counter securities.

—— OFICIALES, government obligations.
—— PARA INVERSIÓN, investment securities.
—— PATRIMONIALES, capital assets.
—— PIGNORADOS o TÍTULOS PRENDARIOS, pledged securities.
—— POR EMITIR, security open.
—— PÚBLICOS, public securities.
—— QUE APORTAN INGRESOS, income-producing securities.
—— QUE PRODUCEN INTERESES, interest-earning securities.
—— REALIZABLES, liquid assets, quick assets.
—— RESPALDADOS POR HIPOTECAS, mortgage-backed securities.
—— SIN COTIZACIÓN o NO COTIZADOS, unlisted stock.
—— SIN INTERÉS FIJO, unfunded securities.
—— SUJETOS A DILUCIÓN, dilutive securities.
—— TRANSITORIOS, unadjusted assets.
—— VIGENTES o EN CIRCULACIÓN, outstanding securities.
VALORACIÓN, appraisal, valuation, valorization.
—— AL COSTO ESTÁNDAR, valuation at standard cost.
—— DEL INVENTARIO, inventory valuation.
—— EN EL ORDEN DE PRIMERAS ENTRADAS PRIMERAS SALIDAS, first-in-first-out valuation.
VALORADO o VALUADO, valued.
VALORADOR o TASADOR, appraiser.
VALORAR, to appraise, to value, to valorize.
—— EN EXCESO o SOBREVALORAR, to overvalue.
—— EN MENOS, to undervalue.
—— LA PÉRDIDA, appraise the loss.
VALORIZACIÓN, valorization, valuation, appraisal.
VALUACIÓN, valuation, appraisal.
—— ADUANAL, customhouse assessment.
—— AL COSTO ESTIMADO, valuation at estimated cost.
—— AL COSTO PROMEDIO, valuation at average cost.
—— CONTABLE, accounting valuation.
——, CUENTA DE, valuation account.
—— DE BONOS, bond valuation.
—— DE CRÉDITO, credit appraisal.
—— DE DAÑOS o LIQUIDACIÓN DE LA RECLAMACIÓN, adjustment of claims.
—— DE INMUEBLES, PLANTA Y EQUIPO, valuation of property, plant and equipment.
—— DE LA PRODUCCIÓN, valuation of output.
—— DE LAS EXISTENCIAS o DEL INVENTARIO, inventory valuation.
—— DEL TRABAJO, job evaluation.
—— DOBLE, dual valuation.
—— EXCESIVA, overstatement.
—— FISCAL o AVALÚO CATASTRAL O AMILLARAMIENTO, assessment, assessed valuation, appraised value.
VALUADOR o TASADOR, appraiser.
—— DE ADUANA, merchant appraiser.
VALUAR o EVALUAR o TASAR, to appraise, to rate, to evaluate.

VÁLVULA o LLAVE, valve.
—— DE ADMISIÓN DE AIRE, (radiocommunication) vacuum valve.
—— DE DERIVACIÓN, by-pass valve.
—— DE PURGA, blow-off valve.
—— DE SEGURIDAD, safety valve.
—— DE TRES PASOS o VÍAS, three-way valve.
VALLA, fence, barricade.
—— PARANIEVES, snow fence.
VALLE o CUENCA, valley.
VAMOS A VER o DÉJAME PENSAR, let me see.
VANDALISMO, vandalism.
VÁNDALO o FORAJIDO, vandal.
VANGUARDIA, vanguard.
VANIDOSO o VANO, vain.
——, EN, in vain.
VAPOR, steam, vapor, ship, steamer.
——, A TODO, under full steam.
—— CARGUERO o DE CARGA, freighter, cargo boat.
—— CORREO, mail steamer.
—— DE AGUA, water vapor.
—— DE ESCAPE, waste steam.
VAQUERÍA, dairy herd, herd of cows.
VAQUERO o LLANERO, cowboy, dairyman.
VARA, pole, stick, rod.
—— ALTA, TENER, to have influence or authority.
—— DE MEDIR, yardstick.
VARADO, aground, stranded, ashore.
VARAR, to run aground, to be stranded.
VARIABILIDAD, (statistics) variability.
—— CÍCLICA, cyclical instability.
VARIABLE, variable, shifting.
—— ALEATORIA, random variable.
—— DEPENDIENTE, dependent variable.
—— ESTADÍSTICA, variate.
—— ESTADÍSTICA NORMAL, normal variate.
—— ESTANDARIZADA, standardized variate.
—— ESTOCÁSTICA, stochastic variable.
—— INDEPENDIENTE, independent variable.
VARIABLES
—— DE HOLGURA, slack variables.
—— DE SUPERÁVIT, surplus variables.
VARIACIÓN, variation, variance, tolerance.
—— ALEATORIA, random variation.
—— CÍCLICA, cyclical variation.
—— DE LAS MUESTRAS, sample variation.
—— DE TEMPERATURA, temperature range.
—— DE UNA VARIABLE, variance of a variate.
—— DE VALOR, value variance.
—— DE VALOR ADMITIDA, tolerance in value.
—— DEL INVENTARIO, inventory variation.
—— DEL JORNAL PARA TRABAJO IGUAL, wage differentials.
—— DEL MUESTREO, sampling variation.
—— DEL PRESUPUESTO, budget variance.
—— DEL PROMEDIO, variation from the average.
—— DEL TIPO, variance or variation from standard.
—— DIRECTA, direct variation.
—— EN CANTIDAD, quantity variation.
—— EN CAPACIDAD, capacity variation.
—— EN COSTO, cost variance.
—— EN EFICIENCIA, efficiency variance.
—— EN EL COSTO DE MATERIALES, material cost variance.
—— EN EL GASTO, spending variance.
—— EN LA MEZCLA, mix variance.
—— EN LOS GASTOS INDIRECTOS, overhead variance.
—— EN MANO DE OBRA, labor variance.
—— EN PRECIO, price variance, rate variance.
—— EN PRECIO DE COMPRA, purchase price variance.
—— ESTACIONAL o DE TEMPORADA, seasonal variation.
—— ESTACIONAL MÓVIL, moving seasonal variation.
—— FAVORABLE, favorable difference.
—— FÍSICA, physical variance.
—— INDUSTRIAL, manufacturing variation.
—— INTERNA, internal variance.
—— INVERSA, inverse variation.
—— O LÍMITES DE PRECIOS, price range, range of prices.
VARIANCIA, variance.
—— AGRUPADA, pooled variance.
——, PRUEBAS DE, variance tests.
VARIANCIAS, RAZÓN DE, variance ratio.
VARIAR, to vary.
—— DE OPINIÓN, to change one's mind.
VARIAS, CUENTAS, sundry accounts.
VARIEDAD, class, kind, variety.
—— DE LA PERICIA o DE LA HABILIDAD, skill variety.
—— DE PRODUCCIÓN, diversity of production.
VARILLA, bar, rod, stem.
—— DE SOLDADURA o DE SOLDAR, welding rod.
VARIOS, various, miscellaneous, sundry, several.
—— ACTIVOS, sundry assets.
VASO, glass.
VÁSTAGO, stem, tiller.
—— DE ÉMBOLO, piston rod.
—— DE VÁLVULA, valve stem.
VASTO, vast, extensive, large.
VATICINAR o PRONOSTICAR, to foretell, to predict, to divine.
VAYA!, well go!, come!, now!
VECES DE, HACER LAS, to take the place of.
VECES, POCAS o RARAS, seldom, rarely.
VECINDAD, neighborhood, vicinity.
VECINDARIO, neighborhood, legal residence.
VECINO, neighbor, resident.
VECTOR, vector.
VECTORIAL, ANÁLISIS, vector analysis.
VEDA, close season, prohibition, interdiction by law.
VEDAR, to veto.
VEGA, lowland, flat lowland.
—— DE TABACO, tobacco plantation.
VEGETARIANO, vegetarian.
VEHÍCULO, vehicle, medium, means.
—— DE DOS RUEDAS, two-wheeler.
—— DE OCASIÓN, used car.

—— DE REPARTO, delivery or pickup truck.
—— MOTORIZADO, motor vehicle.
—— PARA DIVERSIÓN o RECREO, recreational vehicle.
—— PUBLICITARIO o DE PROPAGANDA, advertising medium.
—— Y MATERIAL RODANTE, vehicle and rolling stock.
VEHÍCULOS, CARTELES EN LOS, car cards.
VEINTE CENTAVOS DE AZÚCAR, twenty cents worth of sugar.
VEJEZ o ANCIANIDAD, old age.
VELA, sail, wake, watch, candle.
——, A TODA, with all sails up and full wind, with heart and soul.
——, EN, without sleep, vigilantly.
——, HACERSE A LA, to set sail.
VELADA, period of night work, evening party.
VELADOR, watchman, nightguard, caretaker.
VELAR, to watch, to stay up, to work at night.
—— POR, to watch over.
VELERO o BARCO DE VELA, sailing vessel, sailmaker.
VELO, DESCORRER EL, to pull of the mask.
VELOCIDAD, velocity, speed.
—— DE CIRCULACIÓN DEL DINERO, velocity of money.
—— MEDIA, over-all speed.
—— MEDIA DE MARCHA, running speed.
VELOCÍMETRO, speedometer.
VELÓDROMO, velodrome, bicycle race course.
VELORIO, dull, party, vigil preceding burial.
VELOZ, swift, high-speed, fast.
VENA, vein; (mineralogy) lode.
——, ESTAR DE, to be in the mood.
VENÁTICO, cranky, daft, inconstant.
VENCER, become due, fall due, to expire, to beat, to mature.
——, SIN, not due.
—— UN PLAZO, to mature.
VENCIDA, ANUALIDAD, annuity due.
VENCIDA, CUENTA, account past due.
VENCIDO, expired, broken down, due, accrued, overdue, past due.
——, NO, not due.
VENCIDOS, INTERESES, interest due.
VENCIMIENTO, maturity, expiry, expiration, maturity date, validity.
—— A CORTO PLAZO, short maturity, short-term maturities.
—— A LARGO PLAZO, long maturity, long-term maturity.
——, A PAGAR AL, payable at maturity.
—— ADELANTADO o ACELERADO, accelerated maturity.
—— ANTERIOR, DE, past due.
—— COMÚN, average due date.
—— CORRIENTE, current maturity.
—— DE LA CARTERA o DEL PORTAFOLIO, portfolio's maturity.
—— DOTAL, maturity as an endowment.
—— INMINENTE, impending maturity.

VENCIMIENTOS, bills payable.
VENDA, bandage, blindfold.
VENDEDOR, seller, vendor, salesman.
—— AMBULANTE, huckster, peddler, pushheart man.
—— COMISIONADO, missionary salesman.
—— CON LÍMITE MÍNIMO DE PRECIO, marginal seller.
—— DE AUTOS USADOS, used-car dealer.
—— DE LA CONCESIÓN, franchisor.
—— DE o AL MENUDEO, rataiker.
—— DE PRODUCTOS ESPECIALES, specialty salesman.
—— DE PUERTA EN PUERTA, door-to-door seller.
—— DE UNA COMPAÑÍA, company salesman.
——, DEL, seller's.
—— MAYORISTA, wholesaler.
—— VIAJANTE, traveling salesman.
VENDEDORA, saleswoman, saleslady.
VENDER, to sell, to vend, dispose of.
—— A COMISIÓN, sell on commission.
—— A o EN CONSIGNACIÓN, sell on consignment.
—— A CRÉDITO o A PLAZO o AL FIADO, sell on credit.
—— A PRUEBA, sell on approval.
—— ACCIONES, sell equity.
—— AL CONTADO o DE CONTADO, sell for cash.
—— AL MAYOREO, sell at wholesale, to wholesale.
—— AL MENUDEO, sell at retail.
—— BOLETOS, sell tickets.
—— CARO, to sell dear, to be of difficult access.
—— COMO PAN CALIENTE, to sell like hot cakes.
—— CON GANANCIA o UTILIDAD, sell at a profit.
—— CON PÉRDIDA, sell at a loss.
—— DE CASA EN CASA, to peddle.
—— EN DESCUBIERTO, to sell short.
—— EN SUBASTA PÚBLICA, sell at auction, to auction.
—— MÁS QUE LA DEMANDA, to oversell.
—— PARA ENTREGA FUTURA, sell forward.
—— PASIVO, sell debt.
—— POR PESO, sell by weight.
VÉNDESE o SE VENDE, for sale.
VENDIBILIDAD, marketability, salability.
VENDIBLE o NEGOCIABLE, marketable, salable.
——, NO, nonmarketable.
VENDIDO, sold, sold-out.
——, ESTAR, to be duped, to be exposed to great risks.
VENDIMIA, vintage.
VENGA LO QUE SEA, come what will, happen what may.
VENGANZA, vengeance, revenge.
VENGARSE, to take revenge.
—— O DESQUITARSE DE, to get square with.
VENGATIVO, vengeful.
VENIDO, BIEN, welcome.
VENIR, to come, to arrive, to arise.
—— A MENOS, to decline, to decay.
—— COMO ANILLO AL DEDO o VENIR DE PERILLA, to come in the nick of time, to fit the case.
VENIRSE ABAJO, to fall down, to fail, to collapse.

VENTA, selling, sale.
— A CRÉDITO, credit sale, charge sale.
— A DOMICILIO o DE PUERTA EN PUERTA, door-to-door selling.
— A EMPRESAS AFILIADAS, intercompany sales.
—, A LA, o EN VENTA, on sale, for sale.
— A PLAZOS, installment sale, time selling.
— A PRECIO SUPERIOR AL NORMAL, selling at premium.
— A PRECIOS ESCALONADOS, scale selling.
— A PRUEBA, sale on approval.
— AL FIADO, sale on credit, on credit sale.
— AL POR MENOR o AL DETALLE, retail sale.
— ANTICIPADA, preselling.
— APARENTE u FICTICIA, wash sale.
— BARATA, bargain sale.
— BLANCA, white sale.
— CARGADA EN CUENTA, charge sale.
— COMPENSADORA, selling hedge, short hedge.
—, COMPROBANTE DE, bill of sale.
— CON ARRENDAMIENTO, sale lease-back.
— CON DESCUENTO, discount sale.
— CON ELECCIÓN DE FECHA DE ENTREGA, call sale.
— CON PRIMA, premium selling.
— CON RESERVA, conditional sale.
— DE ACCIONES COMUNES, common stock sale.
— DE ACCIONES EN DESCUBIERTO, selling against the box.
— DE ACCIONES EN MANO, long sale.
— DE ACCIONES POR SUMA GLOBAL, lump sum sales of stock.
— DE BALANCE, inventory sale.
— DE BLOQUE DE ACCIONES, block sale.
— DE BUENA FE, bona fide sale.
— DE CONCESIONES, franchise sale.
— DE CONTADO o AL CONTADO, cash sale.
— DE EXPORTACIÓN, export sale.
— DE GANGA, bargain sale.
— DE LETRAS FUTURAS, forward sale.
— DE LIQUIDACIÓN, clearance sale.
— DE LOS MAYORISTAS, jobbing sale.
— DE OFERTAS o DE LIQUIDACIÓN, bargain sale.
— DE PAGOS DIFERIDOS, deferred-payment sale.
— DE PRODUCTOS, product sale.
— DE REZAGOS o DE ARTÍCULOS SOBRANTES, rummage sale.
— DE SEGUROS DE INCENDIO, selling fire insurance.
— DE SERVICIOS, service sale.
— DE URGENCIA, distress selling.
— DE VALORES, security sale.
— DE VALORES A LARGO PLAZO, selling long-term securities.
— DE VALORES DE INVERSIÓN, disposal of investment securities.
— DIRECTA, direct sale, direct selling, outright sale.
— DIRECTA POR CORREO, direct-mail selling.
— EFECTUADA o CONSUMADA, executed sale.
— EN DESCUBIERTO, short selling, short sale.
— EN EL EXTRANJERO A PRECIOS REDUCIDOS, dumping.
— EN FIRME, firm or outright sale.
— EN SUBASTA, auction sale.
—, ESCRITURA DE, bill of sale.
— FÁCIL, ready sale.
— FORZOSA, forced sale.
—, GASTOS DE, selling costs.
— LOCAL, local selling.
— NO VÁLIDA o NULA, invalid sale.
— O SUBASTA JUDICIAL, judicial sale, foreclosure sale, execution sale.
— PARA BALANCE, preinventory sale.
— PARA ENTREGA INMEDIATA, spot sale.
— POR CONFIRMAR o A PRUEBA, memorandum sale.
— POR CORREO, mail-order selling, mail-order business.
— POR EXPROPIACIÓN GUBERNAMENTAL, government-forced condemnation sale.
— POR INTERMEDIARIO o INDIRECTA, indirect selling.
— POR MÁQUINAS EXPENDEDORAS, automatic merchandising.
— POR TELÉFONO, telephone selling.
— POTENCIAL, potential sale.
— PROFORMA, pro forma sale.
— PROMOCIONAL, promotional selling.
— SIMULADA, simulated sale.
— SOBREVALUADA, overstated sale.
— SUBVALUADA, understated sale.
— Y ARRENDAMIENTO POSTERIOR DE UNA PROPIEDAD POR EL VENDEDOR, sale-and-lease-back.
VENTAS
— A CLIENTES SELECTOS, selective selling.
— A COMISIÓN, commission sales.
— A CRÉDITO A CLIENTES FIJOS, account sales, charge sales.
— A CRÉDITO ANUALES, annual credit sales.
— A PLAZOS O EN ABONOS, installment sales.
— AL CONTADO, cash sales.
— AL MAYOREO Y MENUDEO, wholesale and retail trade.
— AL MENUDEO o AL DETALLE, retailing, retail sales.
— AL MENUDEO DE CASA EN CASA, house-to-house retailing.
— AL MENUDEO EN GRAN ESCALA, large-scale retailing.
— AL MENUDEO POR CORREO, mail-order retailing.
— BRUTAS, gross sales.
— CON ARRENDAMIENTO, sale leasebacks.
— CON DESCUENTO, off-list selling.
— CON MÁQUINAS, machine sales.
— CUANTIOSAS o GRANDES, heavy sales.
— DE BIENES RAÍCES, real estate sales.
— DE COMERCIANTES o NEGOCIANTES, merchant sales.
— DE MOSTRADOR, counter sales.
— DE NAVIDAD, Christmas sales.
— DE TERRENOS A PLAZOS, retail land sales.
— DE TIENDAS EN CADENA, chain store sales.

—— DE TRANSFERENCIA INTERTERRITORIALES, interterritorial transfer sales.
—— DIRECTAS AL CONTADO, outright cash sales.
—— EN CONSIGNACIÓN, consignment sales.
—— EN GRAN ESCALA, large-scale selling.
—— EN SUBASTA, auction sales.
—— EN VENTANILLA, over-the-counter sales.
——, EQUIPO DE, sales team.
—— EXTRANJERAS o AL EXTRANJERO, foreign sales.
—— FICTICIAS, wash sales.
—— HISTÓRICAS, historical sales.
—— MÁXIMAS, peak sales.
—— NACIONALES o INTERNAS, domestic sales.
—— NETAS, net sales.
—— NETAS AL CONTADO, net cash sales.
—— PARA ENTREGA INMEDIATA, spot sales.
—— POR DISTRITO, sales by district.
——, RENDIMIENTO DE, sales yield, proceeds from sales.
—— SIN PRECIO FIJADO, unfixed sales.
——, TERRITORIO DE, sales territory.
VENTAJA, gain, advantage, profit.
—— A, LLEVAR, to be ahead of, to have advantage over.
—— ABSOLUTA o TOTAL, absolute advantage.
—— COMPARATIVA, comparative advantage.
—— EN IMPUESTOS, tax advantage.
VENTANA, window.
——, ECHAR LA CASA POR LA, to go to a lot of expense.
VENTANILLA, wicket.
—— DE CAJA, cash window, cashier's window.
—— DE DESCUENTOS, discount window.
—— DE INFORMES, information window.
—— DE SALIDA DE HERRAMIENTAS, toolroom check-out counter.
—— O TAQUILLA DE BILLETES, ticket window.
—— O TAQUILLA DE CAJERO, teller's window.
—— PARA SERVICIO BANCARIO A CLIENTELA CON AUTOMÓVIL, drive-up window.
VENTILACIÓN, ventilation.
VENTILAR, to ventilate, to discuss.
VENTURA, A LA, at a risk, at random.
VENTURA, POR, by chance.
VER u OBSERVAR, to see, to look into, to examine.
——, A!, let's see.
—— CON, NO TENER QUE, to have nothing to do with.
—— EL CIELO ABIERTO, to see a great opportunity.
——, ESTAR POR, to remain to be seen.
—— QUE, see that.
VERANEANTE o VACACIONISTA, Summer boarder, vacationist.
VERANO, Summer.
VERBAL, verbal, oral.
VERBOSIDAD, wordiness, verbiage.
VERDAD, truth, veracity, verity.
——, EN, indeed, truly, really.
——, FALTAR A LA, to lie.

VERDADES, DECIR CUATRO, to speak one's mind freely.
VERDADERAMENTE, truly.
VERDADERO o CIERTO, true.
VERDE, green, green fodder for cattle.
VERDULERÍA, greengroceries.
VEREDA, side road, path, trail.
——, ENTRAR POR LA, to come to reason, to do one's duty.
VEREDICTO, verdict, decision.
—— FAVORABLE, favorable verdict.
—— O FALLO DESFAVORABLE, unfavorable verdict.
VEREMOS, ALLÁ, we shall see, time will tell.
VERGÜENZA, shame, shyness, bashfulness.
——, PERDER LA, to be shameless.
—— PÚBLICA, open shame.
——, TENER, to be ashamed, to be shy.
VERIFICACIÓN, verification, checking, proving, carrying out.
—— DE ALGUNAS PARTIDAS, spot checking.
—— DE COMPROBANTES EN SERIE, block vouching.
—— DE CUENTAS, auditing.
—— DE LA CAJA, proof of cash.
—— DE PARIDAD, parity check.
—— DE PRUEBA DEL INVENTARIO, inventory test counts.
—— FÍSICA DEL INVENTARIO, physical inventory counts.
—— O COMPROBACIÓN DEL TRÁNSITO, traffic audit.
VERIFICADOR, verifier, inspector.
VERIFICADORA, verifier, proof machine.
—— DE TARJETAS, card verifier.
VERIFICAR o COMPROBAR, to verify, check up, to test, to carry out.
—— EL ESTADO DEL CRÉDITO, credit check.
—— EL PAGO, to make payment.
—— O EFECTUAR UN SORTEO, to hold a drawing (lottery).
—— O HACER UN CENSO, to take a census.
—— O TENER ENTREVISTA, to have an interview.
—— UN DEPÓSITO, to make a deposit.
—— UNA VENTA, to effect a sale.
VERIFICATIVO, confirming, verifying.
VERJA, grate, grating.
VERSADO, versed, experienced, qualified, skillful.
VERSAL, capital letter.
VERSALITA, small capital.
VERSAR SOBRE, to deal with, take up.
VERSÁTIL, versatile, changeable.
VERSE o VISITARSE, see one another.
VERSIÓN, version, translation.
VERTEDERO, dumping place, weir, spillway.
VERTER, to pour, to dump.
VERTICAL, vertical.
VÉRTICE, vertex.
VESTÍBULO, lobby, vestibule, porch.
VESTIDO, dress, clothes.
—— O ROPA DE ETIQUETA, evening clothes, evening dress.

—— DE SEÑORA, women's wear.
—— HECHO, ready-made clothing.
VESTIDOS, clothing, wearing apparel.
—— O GÉNEROS DE LANA, woolens.
VESTIR, to taillor.
—— BIEN, to dress well or in good taste.
—— DE PAISANO o DE CIVIL, to dress in civilian clothes.
—— O REVESTIR DE, to vest with.
VESTUARIO, vestry, clothing, wearing apparel, dressing room.
VETAR, to veto.
VETERANO, veteran, old-timer.
—— INCAPACITADO, disabled veteran.
VETERINARIA, veterinary.
VETERINARIO o MÉDICO VETERINARIO, horse doctor, veterinary, veterinarian.
VETO, veto.
VEZ, turn, time, occasion.
——, ALGUNA QUE OTRA, once in a while, occasionally.
—— DE, EN, instead of.
—— EN CUANDO, DE, once in a while, from time to time.
—— QUE, UNA, in as much as.
VÍA, route, way, road, track, procedure.
—— ANCHA, wide-gage track.
—— CONTENCIOSA, legal action.
—— DE ABASTECIMIENTO, supply line.
—— DE AGUA, leak.
—— DE BÁSCULA, scale track.
—— DE CARENA, marine railway.
—— DE CARGA, loading track, freight track.
—— DE CIRCULACIÓN o DE TRÁFICO, traffic lane.
—— DE CIRCULACIÓN CONTINUA, freeway.
—— DE COMUNICACIÓN, transportation route.
—— DE, EN, in the process of.
—— DE GRÚA, crane runway.
—— DE NAVEGACIÓN INTERIOR, inland waterway.
—— DE PATIO o DE PLAYA, yard track.
—— DE TRANSFERENCIA o DE TRANSBORDO, transfer track.
—— DE TRANSPORTE, routing.
—— FÉRREA o FERROVIARIA, railroad track.
—— FÉRREA TRONCAL, main line, trunk-line railway.
—— FLUVIAL, waterway, navigable stream.
—— O RUTA MARÍTIMA, ocean route.
—— PERMANENTE, permanent way.
—— PRINCIPAL o DE RECORRIDO, main or running track.
—— PÚBLICA, thoroughfare.
—— RÁPIDA DE CIRCULACIÓN CONTINUA, expressway.
—— TELEFÓNICA, telephone line.
—— TELEGRÁFICA, telegraph line.
—— TERRESTRE, land or overland route.
—— ÚNICA, single track.
VÍAS Y MEDIOS, ways and means.
VIABILIDAD, viability, practicability.

VIADUCTO, viaduct.
VIAJANTE, traveler, commercial traveler, traveling.
—— A COMISIÓN, commission agent.
—— DE COMERCIO, commercial traveler.
VIAJAR, to travel, to journey.
—— POR PLACER, to tour.
VIAJE, trip, travel, voyage.
—— AL EXTERIOR o AL EXTRANJERO, foreign travel.
—— CON ESCALAS, tour.
—— DE INSPECCIÓN, inspection trip.
—— DE NEGOCIOS AL EXTRANJERO, overseas business trip.
—— DE NOVIOS, wedding trip.
—— DE PLACER, pleasure trip.
—— DE PRUEBA, trial trip.
—— DE REGRESO, return trip.
——, GASTOS DE, travel expenses.
—— O GIRA DE NEGOCIOS, business trip.
—— REDONDO o DE IDA Y VUELTA, round trip, out-and-home.
—— SENCILLO o DE IDA, one-way trip.
—— SIN ESCALA, nonstop trip.
VIAJERO, voyager, traveler, passenger, traveling.
—— COMERCIANTE, traveling salesman, commercial traveler.
VIÁTICOS, allowance for traveling expenses.
VIBRACIÓN, vibration.
VIBRAR, to vibrate.
VICARIO, vicar.
VICE, vice.
—— ALMIRANTE, vice-admiral.
—— CANCILLER, vice-chancellor.
—— CÓNSUL, vice-consul.
—— CONSULADO, vice-consulate.
—— MINISTRO, assistant secretary or minister.
—— PRESIDENTE, vice-president, vice-chairman.
—— PRESIDENTE ENCARGADO DE VENTAS, vice-president in charge of sales.
—— REGENTE, vice-regent.
VICIO, defect, flaw.
—— OCULTO, hiden or latent defect.
VICIOSO, vicious, defective, faulty.
VICTORIA, victory, triumph.
——, CANTAR, to proclaim a victory.
VID o PARRA, vine.
VIDA, life.
—— COMPUESTA, composite life.
——, COSTO DE, cost of living.
——, DE POR, for life.
—— DE SERVICIO, service life.
—— DEL ACTIVO, asset's life.
—— DISPONIBLE, remaining life.
—— ECONÓMICA, economic life.
—— ESPERADA, expected life.
—— ESTIMADA o PROBABLE, estimated life.
—— FÍSICA, physical life.
——, GANARSE LA, to earn a living.
——, JUGARSE LA, to take one's life in one's hands.
—— MANCOMUNADA, joint life.

—— MEDIA, mean lifetime.
——, NIVEL DE, standard of living.
—— PROBABLE DE UNA PERSONA, life expectancy.
—— PROMEDIO, average life.
—— SILVESTRE, wild life.
—— ÚTIL, useful life.
—— ÚTIL DE LA MAQUINARIA, expected life of machinery.
—— ÚTIL DEL ACTIVO, asset's life expectancy.
—— ÚTIL PREVISTA, expected useful life.
VIDEO, video.
VIDEOFRECUENCIA, video frequency.
VIDRIERA DE EXHIBICIÓN, show window, showcase.
VIDRIERÍA, glass shop, glass factory, glassware.
VIDRIO, glass.
—— ALAMBRADO, wire glass.
—— COMÚN o PARA VENTANA, window glass.
—— DE AUMENTO, magnifying glass.
—— O CRISTAL IRROMPIBLE, unbreakable glass.
VIEJO, old man.
—— DICHO, old saying.
VIENE ESO, A QUÉ, to what purpose is that?
VIENTO o AIRE, wind.
—— DE COLA, tail wind (aviation).
—— DE PROA, head wind.
—— EN POPA, CON, going well, successful.
VIGENCIA, term of a contract, duration, life, attachment.
—— DE LA GARANTÍA, life of guaranty.
—— DE LA PÓLIZA, term of insurance.
—— DE UN CONTRATO, life of a contract.
—— DE UN SEGURO, term of insurance.
—— DEL RIESGO, attachment of risk.
——, EN, in effect, in force, outstanding.
VIGENTE, outstanding, in force, unexpired.
VIGÍA, watch, outlook.
VIGILANCIA, supervision, inspection, vigilance, watching.
—— DE COSTAS, coast guard.
—— O ATENCIÓN DE LINEAMIENTOS, follow-up guidelines.
VIGILANTE, watchman, guard, policeman.
—— DE TRÁNSITO, traffic policeman.
—— NOCTURNO, night watchman.
VIGILAR, to watch, to inspect, to supervise, to guard.
—— A, to keep watch over.
VIGILIA, vigil, watchfulness.
——, DÍA DE, day of abstinence.
VIGOR, strength, vigour, force, energy.
——, EN, in force, in effect, outstanding.
VIL, no good.
VILLA, village.
VINATERÍA, wine shop, wine trade.
VINATERO, wine merchant, vintner.
VINICULTURA, winegrowing, vine growing.
VINO, wine.
—— BLANCO, white wine.
—— DE MESA, table wine.
—— PICADO o RANCIO, stale wine, old wine.

—— TINTO, red wine.
VIÑA o VIÑEDO, vineyard.
VIÑADOR, vineyard worker.
VIÑATERO, vineyard owner.
VIÑETA, vignette.
VIOLACIÓN, violation, infringement, breach.
—— DE CONTRATO, breach of contract.
—— DE GARANTÍA (seguro marítimo), breach of warranty.
—— DE JURAMENTO, oath-breaking.
—— DE LAS NORMAS o LAS REGLAS DE LA EMPRESA, company rules violation.
—— DE PATENTE, patent infringement.
—— O INFRACCIÓN DEL REGLAMENTO DE TRÁNSITO, traffic violation.
VIOLACIONES DE LA SEGURIDAD, safety violations.
VIOLADOR, infringer, trespasser.
—— DE PERTENENCIA, claim jumper.
VIOLAR, to infringe, to violate, to trespass.
—— EL ACUERDO, breach the agreement.
VIOLENCIA, violence.
—— O INCLEMENCIA DEL TIEMPO, stree of weather.
VIOLENTO, SENTIRSE, to be embarrassed.
VIOLÍN, violin.
VIOLINISTA, violin player.
VIRAR, (nautics) to tack, take another way.
VIRREY, viceroy.
VIRTUAL, virtual.
VIRTUD, virtue.
—— DE, EN, in or by virtue of.
—— DE, TENER LA, to have the power to, the quality of.
VIRTUDES DE LA COMPETENCIA, virtues of competition.
VISA, visa, visé.
—— CONSULAR, consular visa.
—— DE TRÁNSITO, transit visa.
VISADO, visa, visé.
VISAR, to visa, to certify, to countersing.
VISCOSA, viscose, viscous.
VISIBLE, visible.
VISIÓN, sight, vision.
VISIONES, VER, to be deluded, to be seeing things.
VISITA, call, visit, inspection.
——, DE, visiting.
—— DE INSPECCIÓN, inspection tour.
——, HACER UNA, to pay a call or a visit.
——, TENER, to have company or callers.
VISITADOR, visitor, inspector.
—— FISCAL, government inspector.
VISITANTE, visitor, caller.
VISITAR, to call on, to visit, to inspect.
VISITARSE, to visit.
VÍSPERA DE AÑO NUEVO, New Year's Eve.
VÍSPERAS DE, EN, in the eve of.
VISTA, view, sight, interview.
——, A LA, at sight, visible, on display.
——, A PRIMERA, at first glance.
—— AFORADOR, customs appraiser.

—— AGUDA, DE, quick-sighted.
—— DE, EN, in view of, considering.
—— DEL PÚBLICO, A LA, public spotlight.
—— GORDA, HACER LA, to pretend not to see, to wink at.
——, HASTA LA, good-by.
—— ORAL, hearing.
—— PENETRANTE, sharp sight.
——, PRÉSTAMOS PAGADEROS A LA, call loans.
—— PÚBLICA, public hearing.
VISTA, customs inspector.
—— DE ADUANA, customs official or employee.
VISTAZO, DAR UN, to glance at, give a look at.
VISTO, evident, clear.
—— BUENO, approval, approved, OK.
——, NUNCA, unheard of.
——, POR LO, apparently, as is clear from the above.
—— QUE, inasmuch as, whereas.
VISUAL, visual.
VISUALIZAR, to visualize.
VITAL, vital, essential.
VITALICIA o VITALICIO, during life, lasting for life.
——, PENSIÓN, life pension.
——, RENTA, life annuity.
VITICULTOR, winegrower, grape grower.
VITICULTURA, vine growing, viticulture.
VITRINA, showcase, display case, show window.
—— DE PARED, wall case.
VIUDA, widow.
VIUDEZ, widowhood.
VIUDO, widower.
VIVA VOZ, DE, by word of mouth.
VÍVERES, foodstuffs, provisions, groceries.
VIVIENDA, dwelling, house.
—— DE UNA SOLA CASA, housing unit.
—— FAMILIAR, housing, dwellings.
—— POPULAR, low-cost housing.
VIVIENDAS, housing, lodgings, quarters.
—— BARATAS, low-rent housing.
—— OBRERAS, workmen's housing.
VIVIR o HABITAR, to live, to dwell, be alive.
—— A LO GRANDE o EN GRANDE, to live it up, to live a grand life.
—— DE SOCORRO o DE AYUDA, on relief.
—— MAL, riotous living.
VIVO o ENÉRGICO, live, zippy.
VOCABLO, vocable, word, term.
VOCABULARIO, vocabulary.
VOCACIÓN, vocation, occupation, trade.
VOCACIONAL, vocational.
VOCAL, committeeman, member of a board or commission, director.
—— EJECUTIVO, executive director.
—— EN PROPIEDAD, regular member.
—— O MIEMBRO TITULAR, regular member.
—— SUPLENTE, alternate member.
VOCEADOR o VENDEDOR DE PERIÓDICOS, news vendor, newsboy.

VOCERO, spokesman.
VOLADOR, flier, aviator.
VOLADURA, blasting, blast, explosion.
VOLANTE, office memorandum, loose sheet or slip of paper; (auto) steering wheel.
—— A LA IZQUIERDA, left-hand drive.
—— A LA DERECHA, right-hand drive.
—— DE CRÉDITO, credit memorandum.
—— DE DÉBITO o DE CARGO, debt memorandum.
—— DE DEPÓSITO, deposit slip, paying-in slip.
—— DE NÓMINA, pay advice slip.
—— GUÍA, guide slip.
—— O TARJETA DE ANÁLISIS, analysis ticket.
VOLAR, to fly, to blow up, to blast.
——, ECHAR A, to divulge, to disseminate.
VOLÁTIL o INCONSTANTE, volatile.
VOLATILIDAD, volatility.
—— DE LAS VENTAS, sales volatility.
—— DE PRECIOS, price volatility.
VOLCAMIENTO, dumping.
VOLCAR, to overturn, tip over.
VOLCARSE, to capsize.
VOLTEAR, to overturn, to dump, to turn.
VOLTERETA, turnabout.
VOLUMEN, volume, bulk.
—— BRUTO DE VENTAS, gross sales volume.
—— DE COMERCIO, overturn.
—— DE MÁQUINA, machine unit volume.
—— DE NEGOCIOS, volume of business.
—— DE PRODUCCIÓN, production volume.
—— DE TRÁNSITO, volume of traffic.
—— DE UN CUBO, volume of a cube.
—— DE UNA ESFERA, volume of a sphere.
—— DE VENTAS, sales volume.
—— DEL INVENTARIO, inventory size.
—— O MONTO DEL PRÉSTAMO, loan volume.
—— UNITARIO, unit volume.
VOLUNTAD, will, goodwill.
——, A, at will, at pleasure.
——, DE BUENA, with pleasure, willingly.
—— DE ESFUERZO, supply of effort.
——, DE MALA, unwillingly.
—— RECIA, strong-willed.
VOLUNTARIO, volunteer, voluntary.
VOLVER, to return, to turn.
—— A COMPROBAR, to recheck.
—— A ESCRIBIR, to rewrite, write over again.
—— A MECANOGRAFIAR, to retype.
—— A PAGAR, to resume payment.
—— AL REVÉS, turn inside out.
—— ATRÁS, to come or go back.
—— EN SÍ, to come to.
—— LA CARA, turn around.
—— LA ESPALDA, turn tail.
—— LOCO, to drive crazy.
—— O REGRESAR AL TRABAJO, return to work.
—— PRONTO, to hurry back.
—— SOBRE SUS PASOS, to retrace one's steps.
VOLVERSE CONTRA, to turn against.

VÓRTICE, vortex, whirlpool.
VOTACIÓN, voting, polling.
——ACUMULATIVA, o CUMULATIVA, cumulative, voting.
——DIRECTA POR MAYORÍA, direct majority voting.
——EFECTUADA LEVANTANDO LAS MANOS, vote by show of hands.
——POR PODER, voting by proxy.
VOTANTE, voter.
VOTAR, to poll, to vote.
——A FAVOR o EN PRO, to vote for.
——EN CONTRA, to vote against.
——POR PODER, vote by proxy.
——SOBRE, vote on.
VOTO, ballot, vote, suffrage.
——DE CONFIANZA, vote of confidence.
——DE GRACIAS, vote of thanks.
——O JURAMENTO DE MATRIMONIO, marriage vow.
——PARTIDO o DIVIDIDO, split ballot.
——PLURAL, plural vote.
——POR UNANIMIDAD, unanimous vote.
VOZ, voice, word, term.
——, CORRER LA, to be said, to be rumored.
——EN CUELLO, A, in a loud voice, shouting.
VUELO, flight, flying.
——, ALZAR o LEVANTAR, to fly, to take off, to depart.
——, DE ALTO, of great importance, of high standing.
——DE ITINERARIO, scheduled flight.
——DE PROPAGANDA, advertising flight.
——ESPECIAL, nonscheduled flight.
——EXPERIMENTAL o DE PRUEBA, test flight.
——SIN ESCALA, nonstop flight.
VUELTA o GIRO, turn, return, revolution.
——A LA DERECHA, right turn.
——A LA IZQUIERDA, left turn.
——DE, A, in the course of, by return mail.
——DE CORREO, A, by return mail or post.
——EN REDONDO o EN U, U turn.
——, ESTAR DE, to have returned, to be back.
——HACIA ARRIBA o ALZA EN LOS NEGOCIOS, upturn, upswing.
——Y MEDIA, PONER DE, to give a dressing down or a going over.
VUELTO, change out of payment, change.
VULCANIZAR, to vulcanize, to mend a tire.
VULGAR, vulgar, common, ordinary.
VULGARIDAD, vulgarity.
VULGARISMO o JERGA, slang.

W

WHISKEY, whiskey.
—— **A GRANEL,** bulk whiskeys.
WINCHE, winch, hoist.
WINCHERO, hoist runner, winchman.

X

XENOFOBIA u ODIO A EXTRAÑOS, xenophobia, hatred of foreigners.
XILÓFONO o ESPECIE DE MARIMBA, xylophone.

Y

Y, and.
—— **ASÍ SUCESIVAMENTE,** and so forth.
—— **COSAS POR EL ESTILO,** and all that.
—— **ESO QUÉ IMPORTA?** what does it matter?
—— **QUÉ SÉ YO, QUÉ MÁS,** and what not.
YA, right away, already, now, at once.
—— **LO CREO o SÍ, POR CIERTO,** yes, of course, yes indeed.
—— **NO,** no longer.
—— **QUE,** now that.
—— **SEA QUE QUIERAS o NO,** whether you will or not.
—— **VOY,** I am coming.
YACER, to lie (in the grave) to be lying down.
YACIMIENTO, deposit, field, bed.
—— **AURÍFERO,** gold field, gold deposit.
—— **DE GAS,** gas field.
—— **DE HULLA o CARBÓN DE PIEDRA,** coal field.
—— **DE MINERAL,** ore deposit, vein, lode.
—— **PETROLÍFERO,** oil field.
YARDA o VARA INGLESA o PATIO o CERCADO, yard.
—— **CUADRADA,** square yard.
—— **CÚBICA,** cubic yard.
YARDAJE o CUBICACIÓN EN YARDAS, yardage.
YATE, yacht.
YEGUA, mare.
YEMA, bud, egg yolk, shoot.
——, **DAR EN LA,** to hit the nail on the head.
YERBA, grass, weed.
YERMO, waste, desert, uncultivated.
YERNO o HIJO POLÍTICO, son-in-law.
YERRO o ERROR, mistake, error, fault.
—— **DE IMPRENTA,** typographical error, misprint.
YESERO, dealer in gypsum or plaster, plasterer.
YESO, gypsum, plaster.
YIP, jeep.
YO MISMO, I myself.
YODO, iodine.
YUCA, yucca, cassave.
YUGO o YUNTA o ESCLAVITUD, yoke.
—— **SACUDIR EL,** to throw off the yoke.
YUNQUE, anvil, hard-working person.
YUNTA, pair, team of bullocks.
—— **DE BESTIAS DE TIRO,** yoke of draft animals.
YUTE, (fiber) jute fabric.
YUXTAPONER, to juxtapose, to place next to each other.

Z

ZACATE, hay, fodder, straw.
ZAFAR, to loosen, to untie, to free, to clear.
ZAFARSE, to slip away, to get rid of.
—— **O QUITARSE RÁPIDAMENTE LA ROPA, LOS GUANTES, ETC,** slip off.
ZAFRA o COSECHA DE CAÑA DE AZÚCAR, sugar crop.
ZAGA, rear end, back part.
——, **A LA,** falling behind, losing out.
——, **NO IR A LA,** not to be less than, to be as good as.
ZAGUÁN, entrance hall, vestibule.
ZALAMERO, flatterer, wheedler, fawner.
ZAMBO, knock-kneed.
ZAMBULLIR o SUMERGIR, to plunge.
ZANCA, long leg, shank.
ZANCADAS, EN DOS, in a jiffy, in no time.
ZANCADILLA, sudden catch, to trip one.
ZÁNGANO, idler, loafer.
ZANGUANGO, lazy, sluggish, silly.
ZANJA, ditch, trench.
ZANJAR, to settle amicably, to adjust.
ZAPATERÍA, shoe trade, shoe factory.
ZAPATERO, shoemaker, shoe dealer.
—— **REMENDÓN,** shoe repairer, cobbler.
ZAPATILLA, slipper, pump.
ZAPATO o CALZADO, shoe.
——, **SABER DÓNDE APRIETA EL,** to know where the shoe pinches.
ZAPATOS DE HULE, overshoes, rubbers.
ZARANDEAR, to move to and fro, to winnow, to stir and move nimbly.
ZARCO, light-blue eyes.
ZARPAR o NAVEGAR, to sail, put to sea.
—— **PARA,** sail for.
ZARZUELA, musical comedy.
ZIMOLOGÍA o CIENCIA DE LA FERMENTACIÓN, zymology.
ZIMÓLOGO, zymologist.
ZINC o CINC, zinc.
ZIPIZAPE, row, rumpus, scuffle.

ZODIACO zodiac.
ZONA o DISTRITO o SECCIÓN o TERRITORIO, zone, district, area, region.
—— ADUANERA, customs area.
—— ALGODONERA, cotton belt.
—— CÁLIDA, warm zone.
—— COMERCIAL, business district.
—— DE CARGA, loading zone.
—— DE DEPRESIÓN, depressed area.
—— DE ESPERA, waiting zone, turning zone.
—— DE ESTACIONAMIENTO, parking space.
—— DE EVOLUCIÓN, turning basin.
—— DE INDIFERENCIA, zone of indifference.
—— DE INFLUENCIA, zone of influence, sphere of interest.
—— DE MAÍZ, corn belt.
—— DE MERCADO, market area.
—— DE PREFERENCIA, zone of preference.
—— DE SERVICIOS PRIMARIOS, primary service area.
—— DE TIENDAS, shopping district.
—— DE VENTAS, sales area.
—— DE VÍA, right of way.
—— DEL CANAL, Canal Zone (Panama).
—— ESCOLAR, school zone.
—— FABRIL, manufacturing district.
—— FISCAL, taxing district, assessment district.
—— FRANCA o LIBRE, free zone.
—— FRÍA, frigid zone.
—— GANADERA, cattle country.
—— INUNDADA, flooded area.
—— MERCANTIL CENTRAL, central business district.
—— PETROLERA, oil field.
—— POBLADA, populated area.
—— POSTAL, postal zone.

——, REPRESENTANTE DE, field representative.
—— RESIDENCIAL, residential neighborhood.
—— TABACALERA, tobacco region.
—— TÓRRIDA, torrid zone.
ZONAS POCO POBLADAS, underdeveloped regions.
ZONIFICACIÓN, zoning.
ZONIFICAR o DIVIDIR EN ZONAS, to zone.
ZONZO, dull, stupid, silly.
ZOOLOGÍA, zoology.
ZOOLÓGICO, PARQUE, zoo, zoological garden.
ZOÓLOGO, zoologist.
ZOOTECNIA, zootechnics.
ZOOTÉCNICO, zootechnical.
ZOQUETE, ugly, little person, blockhead.
ZORRA, sly person, hand truck, small car.
—— DE HORQUILLA, fork truck.
ZORRO, fox, knave, foxy person.
—— PLATEADO, silver fox.
ZOZOBRA, worry, anguish, anxiety.
ZOZOBRAR, to sink, to capsize.
ZUMBAR, to buzz, to hum.
ZUMBIDO o ZUMBAR COMO BALA, zip.
—— CONTINUO, (dial tone) steady humming.
ZUMO, juice, sap.
ZUNCHO, hoop, strap, band.
—— DE CAJÓN, box strap.
ZUNCHOS PARA FARDOS, bale bands.
ZURCIR, to darn, to mend.
ZURDO, left-handed.
ZURRAPA, less, rubbish, trash.
ZURRAR, to spank, to whip, to flog.
ZUTANO Y MENGANO, so and so or Tom, Dick and Harry.

—oOo—